Duden
Das große Kreuzworträtsel-
LEXIKON

Duden

Das große Kreuzworträtsel-LEXIKON

9., überarbeitete und erweiterte Auflage

Dudenverlag
Berlin

Bibliografische Information der Deutschen Bibliothek
Die Deutsche Bibliothek verzeichnet diese Publikation in der Deutschen Nationalbibliografie; detaillierte bibliografische Daten sind im Internet über http://dnb.dnb.de abrufbar.

Bibliographisches Institut GmbH, Mecklenburgische Straße 53, 14197 Berlin

Redaktion: Juliane von Laffert in Zusammenarbeit mit KANZLIT Pressebüro KG und Rätselservice Ruepp
Herstellung: Ursula Fürst
Umschlaggestaltung: Büroecco, Augsburg
Umschlagabbildung: Anna-Lena Sonnack
Satz: Doerr + Schiller GmbH, Stuttgart
Druck und Bindung: CPI books GmbH, Birkstraße 10, 25917 Leck

Printed in Germany
ISBN 978-3-411-05439-8

Eine kleine Geschichte des Kreuzworträtsels

Ein Kreuzworträtsel, erläutert das »Deutsche Universalwörterbuch« von Duden, ist ein »Rätsel, bei dem zu ratende Wörter buchstabenweise in ein System von senkrecht und waagrecht sich kreuzenden Reihen von quadratischen Kästchen eingetragen werden müssen«. Das erste Kreuzworträtsel, entwickelt von einem Journalisten namens Arthur Wynne, erschien am 21. Dezember 1913 in der Sonntagsbeilage »Fun« der amerikanischen Tageszeitung »New York World«.

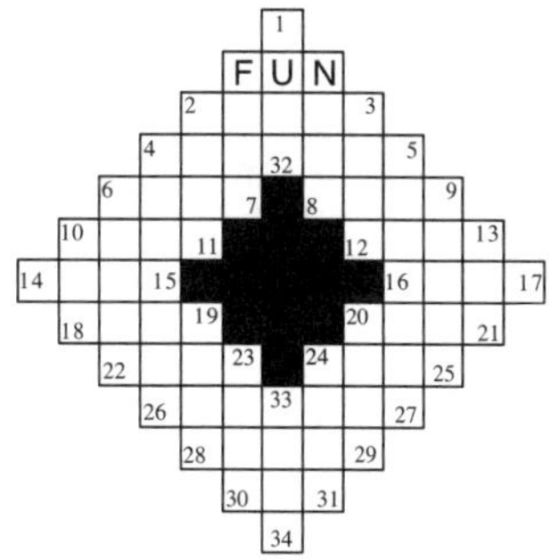

Das Rätsel, das Wynne aus dem Vorbild eines »Magischen Quadrats« (das ist ein quadratisches Zahlenschema, bei dem Zeilen-, Spalten- und Diagonalsummen alle dieselbe Zahl ergeben) entwickelte, hatte eine diamantenähnliche Rautenform. Die Fragen standen neben den Buchstabenkästchen. Das Wort »Fun« war vorgegeben.

In der Folgezeit verbreitete sich das Kreuzworträtsel von New York aus über ganz Amerika und 1922 schwappte die Welle hinüber ins Heimatland des Erfinders, nach Großbritannien. Der europäische Kontinent wurde schließlich ab Mitte der 1920er-Jahre vom Rätselfieber infiziert. Als erste deutsche Zeitung stellte 1925 die »Berliner Illustrirte« ein eigenes Kreuzworträtsel vor.

Am 1. Februar 1930 veröffentlichte die »Times« ihr erstes Kreuzworträtsel. Von nun an war der Siegeszug des Kreuzworträtsels nicht mehr aufzuhalten. Ab den 1930er-Jahren gab es Kreuzworträtsel in immer mehr Sprachen und die Gemeinde der Kreuzworträtsellöser wuchs unablässig. »Kreuzworträtseln« wurde weltweit zum Volkssport und Training für das Gehirn – und ist es bis heute geblieben.

Wir wünschen den Benutzern des Kreuzworträtsel-Lexikons weiterhin viel Freude und Erfolg.

Die Dudenredaktion

So funktioniert dieses Buch

Das neue Duden Kreuzworträtsel-Lexikon gibt zuverlässige Antworten auf die Fragen, die sich beim Lösen von Kreuzworträtseln ergeben. Es orientiert sich dabei am Rätselalltag, d. h., es berücksichtigt in erster Linie solche Fragen und Antworten, die in Rätseln tatsächlich gebräuchlich sind. Auch veraltetes Wortgut sowie landschaftliche, österreichische und schweizerische Ausdrücke werden aufgeführt, ebenso ganz neue wie Stevia, Hipster oder Elbphilharmonie. Denn auch Rätselproduzenten wie unsere Partneragenturen Kanzlit und Ruepp gehen mit der Zeit.

In der Regel sind die Stichwörter, die an der **fetten Schrift** zu erkennen sind, Substantive. Antworten, die sich auf die entsprechenden Verben oder Adjektive beziehen, lassen sich daraus jedoch einfach ableiten. Dort, wo das nicht der Fall ist, sind auch Nichtsubstantive als eigenständige Suchbegriffe aufgeführt.

Die Suchbegriffe sind alphabetisch geordnet. Unter jedem **fetten Suchbegriff** (Stichwort) finden sich eine oder mehrere Antworten, die gemäß ihrer Buchstabenzahl aufsteigend angeordnet sind. Die Buchstabenzahl wird durch eine vorangestellte Zahl signalisiert. Alle Antworten mit der gleichen Buchstabenzahl sind in sich ebenfalls alphabetisch geordnet.

Beispiel: **Umgangssprache**
5 Idiom, Slang
6 Jargon
7 Dialekt, Mundart

Bei den Antworten haben wir die in Kreuzworträtseln übliche Schreibweise verwendet:
Die Umlaute ä, ö, ü sind aufgelöst in ae, oe, ue und zählen als zwei Buchstaben; ß wird als ss geschrieben und ebenfalls als zwei Buchstaben gezählt. Apostrophe, Akzente und Bindestriche werden zwar auch in den Antwortbegriffen angegeben, sie zählen jedoch nicht für die Länge des Lösungswortes, da sie beim Ausfüllen der Kreuzworträtselspalte entfallen.
Beispiel: Aus Tête-à-tête wird im Rätsel Teteatete.

Verweise, die Sie am Verweispfeil ▸ erkennen, führen Sie zu sinngleichen Fragewörtern, unter denen Lösungen zu finden sind; »▸ auch« weist auf einen sinnverwandten Begriff hin, unter dem Sie andere Lösungen finden können.
Beispiel: »undefinierbar ▸ unbestimmt« bedeutet, dass man die Antworten unter dem Fragewort »unbestimmt« suchen soll.

Finden Sie einen Fragebegriff nicht (z. B. »französische Hauptstadt«), so sollten Sie nach ähnlichen Begriffen suchen (im Beispiel: »Hauptstadt von Frankreich«). Auch empfiehlt es sich, bei der Suche nach Lösungswörtern gefundene Antworten selbst wieder als Fragestichwörter nachzuschlagen. So finden Sie z. B. unter »übertriebener Streich« nur die Antworten »Schabernack« und »Eulenspiegelei«. Zusätzliche Möglichkeiten stehen unter »Schabernack«:

Schabernack
2 Uz
3 Jux, Ulk

Die alphabetische Einordnung der Fragewörter erfolgt konsequent nach den fetten Hauptstichwörtern, und zwar nach den Alphabetisierungsregeln der Duden-Rechtschreibung; d. h., Umlaute werden wie die entsprechenden Vokale eingeordnet und ß wird als ss behandelt. Auch die **halbfetten** Unterstichwörter sind in sich alphabetisch angeordnet; die klein gedruckten Partikel werden dabei nicht berücksichtigt. So wird eine optimale Übersichtlichkeit erreicht.

Beispiel: **Anhänger**
· einer Einheitslehre
6 Monist
· der Freikörperkultur
6 Nudist

Der Punkt, der vor den Unterstichwörtern steht, ersetzt das Hauptstichwort. Hat dieses die Form ... **(e, er, es)** ..., so ist der entsprechende Ausdruck einzusetzen.

Beispiel: **deutsch (e, er, es) ...**
· Schriftsteller
(steht für »deutscher Schriftsteller«)

Fragewörter werden in der Regel voll ausgeschrieben; in Kreuzworträtseln findet man jedoch aus Raumgründen oftmals Abkürzungen. In Zweifelsfällen schlagen Sie unter »Abkürzung für ...« nach.

Die Kolumnentitel, das sind die Stichwörter, die auf jeder Doppelseite oben links und oben rechts stehen, markieren die Fragewörter des jeweiligen Alphabetbereichs.
Es gilt: Oben links steht das erste Fragestichwort, oben rechts das letzte des betreffenden Alphabetbereichs.

A

Aa
8 Bergbach
Aachener ...
· **Gebäck**
6 Printe
· **Lebkuchen** (Mz.)
7 Printen
· **Sehenswürdigkeit**
3 Dom
7 Ponttor
9 Kaiserdom
12 Karlsschrein
· **Sportstätte**
6 Tivoli
· **Universität** (Abkürzung)
4 RWTH
· **Wahrzeichen**
13 Elisenbrunnen
aalförmig(e, er, es) ...
· **Fisch**
5 Ilger
7 Muraene
8 Lamprete, Neunauge
· **Lurch**
3 Olm
· **Meeresraubfisch**
7 Muraene
Aalgabel
5 Elger
Aalquappe
5 Rutte
Aalraupe
5 Ruppe
6 Quappe, Ruette
8 Truesche
Aar
5 Adler
Aas
5 Luder
7 Kadaver
10 Tierleiche
Aas als Köder
5 Luder
Aasblume
8 Stapelie
aasfressend(e, er, es) ...
· **Fisch**
4 Wels
6 Waller
· **Raubtier**
6 Hyaene
7 Schakal
Aasgeier
6 Kondor
Aaskäfer
12 Totengraeber
Aasvertilger
5 Geier
Aasvogel
5 Geier
6 Kondor, Marabu
ab
3 weg
4 fort
Abakus
11 Rechenbrett
Abänderung
5 Umbau
8 Revision
9 Umformung, Variation
12 Modifikation
Abart
8 Spielart, Variante
9 Variation, Varietaet
10 Abweichung
Abart ...
· *des* **Basalts**
7 Dolerit
· *der* **Braunkohle**
6 Lignit
· *eines* **chemischen Elements**
6 Isotop
· *des* **Iltisses**
9 Frettchen
· *des* **Sauerstoffs**
4 Ozon
abartig
6 abnorm, anomal
7 pervers
Abbau
7 Abbruch
9 Demontage, Zerlegung
12 Demontierung
Abbau von Maschinen
9 Demontage
Abbauprodukt des Indigos
6 Isatin
abbauwürdige Kohlenschicht
5 Floez
Abbild
3 Dia
4 Foto
5 Kopie, Photo
6 Grafik
7 Graphik
8 Portraet, Portrait
9 Faksimile, Fotokopie, Konterfei
10 Fotografie, Photokopie
12 Photographie, Reproduktion
Abbild der Erde
6 Globus
Abbitte
14 Entschuldigung
Abbruch
6 Abriss
9 Demontage
Abbruchwerkzeug
10 Brecheisen
Abc
8 Alphabet
Abc-Buch
5 Fibel
ABC-Staat
5 Chile
9 Brasilien
11 Argentinien
Abdampf
7 Brueden
Abdankung
9 Demission
10 Abdikation, Ruecktritt
Abdecker
8 Schinder
Abdeckung um Griff und Schlüsselloch
10 Tuerschild
Abdichtung
10 Isolierung
Abdichtungsmittel
4 Kitt, Pech, Teer, Werg
5 Gummi
9 Glaswolle
11 Fensterkitt
Abdikation
9 Abdankung
Abdomen
9 Bauchraum
Abdruck
4 Spur
5 Kopie, Mater, Repro

6 Siegel
7 Faehrte, Moulage, Stempel
12 Reproduktion

Abdruck ...
· *von* **Rädern**
4 Spur
· *eines* **Stichs**
7 Estampe

Abels ...
· **Bruder**
4 Kain, Seth
· **Vater**
4 Adam

Abendandacht
6 Vesper

Abendanzug
3 Cut
5 Frack
7 Smoking

Abendbrot
6 Dinner, Souper, Vesper
9 Nachtmahl

Abendgesellschaft
6 Soiree

Abendkleid
4 Robe

Abendland
6 Europa
8 Okzident

Abendmahl
9 Kommunion
11 Eucharistie

Abendmahlfeier
5 Agape
9 Kommunion

Abendmahlgefäß
5 Kelch

Abendmahlsbrot
6 Hostie, Oblate

Abendmahlsoblate
6 Hostie

Abendsignal beim Militär
13 Zapfenstreich

Abendständchen
8 Serenade

Abendstern
5 Venus
7 Luzifer
8 Hesperos, Hesperus
10 Phosphorus

Abendtrunk
15 Daemmerschoppen

Abenteuer
6 Wagnis
8 Erlebnis
12 Seitensprung

Abenteurer
6 Bandit, Vagant
7 Waghals
9 Desperado, Hasardeur
12 Draufgaenger

Aberglaube
4 Wahn
8 Wahnidee
9 Hexenwahn

abermalig
6 erneut

abermals
6 erneut, wieder

Abersinn
10 Aberglaube

Aberwitz
10 Aberglaube

Abessinien
10 Aethiopien

abessinisch(e, er, es) ...
► äthiopisch(e, er, es) ...

Abfahrt
5 Start
7 Abreise, Tallauf
8 Aufbruch, Talfahrt

Abfahrtslauf
6 Slalom
12 Riesenslalom

Abfahrtslauf in Wengen
16 Lauberhornrennen

Abfall
4 Hede, Rest, Span, Werg
5 Abhub, Muell, Spreu, Unrat
6 Abraum, Fetzen, Lumpen, Schutt, Spaene
7 Schrott, Strazza
8 Kehricht, Schlacke
9 Ausschuss, Geruempel, Hausmuell, Makulatur

Abfall ...
· *beim* **Dreschen**
5 Spreu
· *von* **Ladungen**
6 Fegsel

Abfallabladeplatz
7 Deponie
10 Muellhalde
12 Muelldeponie

Abfallbehälter
9 Container
10 Muelleimer, Muelltonne, Papierkorb
14 Muellcontainer

Abfalldeponie
10 Muellhalde

Abfalleimer
10 Mistkuebel, Muell- eimer

abfallendes ...
· **Gelände**
4 Hang
5 Leite
9 Steilhang

Abfallgrube
5 Kippe

Abfallplatz
5 Grube, Halde
7 Deponie
10 Muellplatz
12 Muelldeponie

Abfallprodukt ...
· *beim* **Dreschen**
5 Spreu
· *beim* **Hobeln**
4 Span
6 Spaene
· *beim* **Mahlen**
5 Kleie
· *beim* **Sägen**
9 Saegemehl

Abfertigung
9 Bedienung
10 Expedition

Abfertigungsfenster
8 Schalter

Abfeuern
9 Schiessen

Abfindung
7 Abstand, Apanage
9 Abgeltung, Ausgleich, Pauschale
14 Entschaedigung

Abflug
5 Start

Abflugpiste
9 Startbahn

Abfluss
4 Rohr, Siel
5 Gosse, Gully, Kanal, Rinne
6 Graben, Kloake, Roehre
8 Senkloch
9 Rinnstein
11 Senkschacht

Abfluss des ... ► Fluss

Abflussgraben
5 Rinne

Abflussröhrchen
5 Draen, Drain
Abfolge
5 Serie
7 Sequenz
Abfolge allen Geschehens
4 Zeit
Abformung
4 Guss
6 Abguss
11 Nachbildung
Abführmittel
5 Aloin
6 Laxans, Sennes
7 Laxativ, Rizinus
8 Agar-Agar, Latwerge, Laxantia, Paraffin
10 Belladonna, Bittersalz, Rizinusoel
13 Faulbaumrinde
14 Sennesblaetter
Abfüllgerät
8 Trichter
Abgabe
4 Maut, Zins, Zoll
6 Obolus, Steuer, Tribut
7 Beitrag, Gebuehr
Abgabe ...
· *in* **Badeorten**
7 Kurtaxe
· *an den* **Staat**
6 Steuer
14 Mehrwertsteuer
Abgabendruck
10 Steuerlast
Abgangszeugnis einer Hochschule
10 Exmatrikel
Abgasnebel
4 Smog
Abgasreiniger
3 Kat
11 Katalysator
Abgasrohr am Auto
7 Auspuff
abgebaute Strecke (Bergwerk)
6 Altung
abgebrannt
3 arm
5 blank
6 pleite
9 mittellos
abgebrüht
3 roh
4 kalt
7 herzlos
8 gerissen
9 abgefeiht, abgefeimt
11 abgestumpft
13 unempfindlich
abgedroschen
3 fad
4 fade
5 banal, platt
7 hornalt, trivial
8 geistlos
9 stereotyp
abgefeimt ► abgebrüht
abgegrenzt(e, er, es) ...
· **Anbaufläche**
4 Feld
· **Areal**
11 Grundstueck
· **Gebiet**
4 Bann
6 Bezirk
8 Distrikt
· **Klosterraum**
5 Zelle
6 Klause
· **Weide**
6 Koppel
abgegriffene ...
· **Äußerung**
10 Platituede
11 Plattituede
abgeholzt
4 kahl
abgeholztes ...
· **Waldstück**
8 Lichtung, Schneise
10 Kahlschlag
abgekämpft
5 muede
10 erschoepft
abgeklärt
5 weise
8 gelassen
Abgekochtes
3 Sud
5 Absud
6 Dekokt
abgelegen
3 jwd, oed
4 fern
6 einsam
8 entlegen
abgelegene Gegend
7 Einoede
abgemessene ...
· **Menge**
5 Dosis
6 Ration
7 Einheit, Portion
abgeneigt
6 unhold
8 unwillig
11 distanziert
Abgeordnetenbezüge
7 Diaeten
Abgeordnetengruppe
8 Fraktion
Abgeordnetenhaus
9 Parlament
Abgeordneter
8 Mandatar
11 Delegierter, Deputierter
14 Parlamentarier, Volksvertreter
abgerichtetes Suchtier
9 Spuerhund
abgerissenes
· **Stück Gewebe**
11 Stofffetzen
Abgesandte
11 Beauftragte
15 Unterhaendlerin
Abgesandter (► auch Abgeordneter)
8 Emissaer
9 Missionar
10 Geheimbote
13 Unterhaendler
Abgesang
5 Epode
abgeschieden ► abgelegen
abgeschlossen
2 zu
7 perfekt, separat
8 isoliert, komplett
10 verriegelt
abgeschlossenes ...
· **Stadtviertel**
5 Getto
6 Ghetto
abgeschmackt
3 fad, lau
4 fade
5 banal, platt, schal
abgeschrägte Kante
4 Fase
abgesondert
7 einzeln, separat

8 getrennt, isoliert
9 separiert
abgesonderte Glaubensgruppe
5 Sekte
abgesonderter ...
· **Stadtteil**
5 Getto
6 Ghetto
Abgesottenes
3 Sud
5 Absud, Siede
6 Auszug, Dekokt
7 Extrakt
abgespannt
4 matt
5 muede
6 fertig
7 schlaff, schlapp
8 ermattet
10 erschoepft
abgestanden
5 schal
abgesteckt(e, er, es) ...
· **Goldgräberfeld**
5 Claim
· **Straßenführung**
6 Trasse
· **Strecke**
4 Bahn, Kurs
5 Loipe, Piste, Route, Runde
6 Etappe, Trasse
8 Rennbahn, Rundkurs
9 Abschnitt
abgestillter Säugling
12 Flaschenkind
abgestumpft
5 dumpf
10 abgebrueht, dickfellig, gefuehllos
11 lethargisch
13 unempfindlich
abgetan
3 aus, out
5 passé
6 fertig
7 beendet
abgeteilt(e, er, es) ...
· **Gartenfläche**
4 Beet
· **Grundstück**
8 Parzelle
· **Raum**
7 Separee
· **Strandsee**
6 Lagune
abgetrennt
8 isoliert
abgezehrt
5 hager, mager
12 ausgemergelt
abgezogen(e, er, es) ...
· **Haut mit Federn**
4 Balg
· **Kopfhaut**
5 Skalp
· **Tierhaut**
4 Balg
Abglanz
6 Reflex
10 Spiegelung
11 Widerschein
Abgott
4 Idol
6 Goetze
7 Fetisch
Abgottschlange
3 Boa
8 Anakonda
abgrenzbarer Lebensraum
6 Biotop
Abgrenzung
4 Ecke, Rand, Zaun
5 Bande, Kante, Limes, Limit, Mauer, Pfahl
6 Sperre
8 Barriere
Abgrund
5 Kluft, Leere, Tiefe
6 Hoelle, Krater, Nichts, Spalte
7 Schlund
8 Schlucht
10 Verderbnis
Abguss
7 Moulage
Abgussform
5 Model
7 Matrize
Abhandenkommen
7 Verlust
Abhandlung
5 Essay
6 Arbeit, Exposé
7 Aufsatz, Beitrag, Exposee, Traktat
10 Monografie
11 Denkschrift, Monographie
Abhang
5 Halde, Leite
7 Neigung
8 Schraege
9 Boeschung
Abhang am Meer
11 Steilkueste
abhängig
6 hoerig, unfrei
8 gebunden, indirekt, suechtig
abhängiger Lehnsmann
6 Vasall
abhängiges Satzglied
6 Aktand
Abhängigkeit
5 Sucht
10 Hoerigkeit
Abheben eines Luftfahrzeuges
7 Take-off
Abhilfe
7 Heilung, Remedur
9 Besserung, Linderung
12 Verbesserung
Abholzen des Waldes
5 roden
Abhorchen
12 Auskultation
Abirrung
6 Laster
10 Abweichung, Perversion
Abitur
3 Abi
6 Matura
12 Baccalauréat, Bakkalaureat
13 Reifepruefung
14 Hochschulreife
Abiturbescheinigung
12 Reifezeugnis
Abkapselung
9 Isolation
11 Absonderung, Quarantaene
Abklatsch
8 Klischee
Abkochbrühe
3 Sud
Abkochung ▶ Abgekochtes
Abkommen
4 Bund, Pakt
7 Vertrag
8 Buendnis, Einigung, Kontrakt
9 Abmachung, Agreement
10 Konvention

12 Vereinbarung
13 Uebereinkunft

Abkömmling
4 Erbe, Kind, Sohn
5 Enkel
6 Spross
7 Derivat, Enkelin, Tochter, Urenkel
9 Nachfahre, Urenkelin
11 Sproessling

Abkömmlinge
8 Parentel

Abkühlung
9 Erkaltung

Abkürzung
11 Abbreviatur

Abkürzung für ... (▶ auch chemisches Zeichen für, Einheitenzeichen für, Kurzform für)

· **a conto**
2 ac
· **Abbildung**
3 Abb
· **Abfahrt**
3 Abf
· **Abgabenordnung**
2 AO
· **Abgasuntersuchung**
2 AU
· **Abgeordneter**
3 Abg
· **abgeschlossen**
3 abg
· **Abhandlung**
3 Abh
· **Abholung**
3 Abh
· **Abkommen**
3 Abk
· **Abkürzung**
3 Abk
· **Abonnement**
3 Abo
· **Absatz**
3 Abs
· **Abschiedsgruß**
4 ciao
6 Tschau
· **Absender**
3 Abs
· **Abteilung**
3 Abt
· **ad libitum**
2 al
· **Adjektiv**
3 Adj
· **Adjutant**
3 Adj
· **Administration**
3 Adm
· **Adresse**
3 Adr
· **afrikanisch**
5 afrik
· **Air Force**
2 AF
· **Air France**
2 AF
· **akademisch**
4 akad
· *einen* **akademischen Grad**
2 Dr
4 Prof
· **Akkusativ**
3 Akk
· **Aktenzeichen**
2 AZ
· **Aktiengesellschaft**
2 AG
· **Alabama** (USA)
2 Al
3 Ala
· **Alaska** (USA)
2 Ak
4 Alas
· **allgemein**
4 allg
· **Allgemeine Deutsche Gebührenordnung**
4 ADGO
· **Allgemeine Elektricitäts-Gesellschaft**
3 AEG
· **Allgemeine Geschäftsbedingungen**
3 AGB
· **Allgemeine Ortskrankenkasse**
3 AOK
· **Allgemeiner Deutscher Automobil-Club**
4 ADAC
· **Allgemeiner Deutscher Nachrichtendienst**
3 ADN
· **Allgemeiner Studentenausschuss**
4 AStA
· **Allgemeiner Turnverein**
3 ATV
· **allmählich**
4 allm
· **Altes Testament**
2 AT
· **Aluminiumtitanat**
3 ATI
· **am angeführten Ort**
3 aaO
· **amerikanisch**
4 amer
8 amerikan
· **amerikanische Bundespolizei**
3 FBI
· **amerikanische Militärpolizei**
2 MP
· **amerikanische Zustimmung**
2 ok
4 okay
· **Amperestunde**
2 Ah
· **Amtsgericht**
2 AG
· **Angebot**
3 Ang
· **Anhang**
3 Anh
· **Ankunft**
3 Ank
· **Anlage**
3 Anl
· **Anmeldung**
3 Anm
· **Anmerkung**
3 Anm
· **Annahme**
3 Ann
· **Anno Domini**
2 AD
· **Anrainer**
3 Anr
· **Ansage**
3 Ans
· **ansteckend**
4 anst
· **Antiblockiersystem**
3 ABS
· **Apothekengesetz**
3 APG
· **Arbeitsgemeinschaft**
2 AG

4 Arge
- **Arbeitsrecht**
  2 AR
- **Arkansas** (USA)
  2 Ar
  3 Ark
- **Artikel**
  3 Art
- **Assessor**
  3 Ass
- **Associated Press**
  2 AP
- **Astrologie**
  4 Astr
- **Atlantikpakt**
  4 NATO
- **auf Gegenseitigkeit**
  2 aG
- **auf Zeit**
  2 aZ
- **Auflage**
  4 Aufl
- **Ausführungsbestimmung**
  2 AB
- **Ausführungsverordnung**
  3 AVO
- **Ausgabe**
  4 Ausg
- **außer Dienst**
  2 aD
- **außer Plan**
  2 aP
- **außer Tarif**
  2 AT
- **außerordentlich**
  2 ao
- **Auswärtiges Amt**
  2 AA
- **Auszubildender**
  5 Azubi
- **Autobahn**
  3 BAB
- **Bahnhof**
  3 Bhf
- **Band**
  2 Bd
- **Bank Deutscher Länder**
  3 BDL
- **Bankleitzahl**
  3 BLZ
- **Bauaufsichtsamt**
  3 BAA
- **Bauelement**
  2 BE
- **Bayerischer Rundfunk**
  2 BR
- **Beamter auf Lebenszeit**
  3 BAL
- **Bedienung**
  3 Bed
- **Begründung**
  4 Begr
- **Belgien, Holland, Luxemburg**
  7 BENELUX
- **belgischer Franc**
  3 bFr
- **Bemerkung**
  3 Bem
- **Berufsschullehrer**
  3 BSL
- **besonders**
  3 bes
- **betreffend**
  4 betr
- **Betriebsleitung**
  2 BL
- **Betriebsrat**
  2 BR
- **betrifft**
  4 betr
- **Bewohner**
  3 Bew
- **bezahlt**
  2 bz
  3 bez
- **beziehungsweise**
  3 bzw
- **Bezirk**
  3 Bez
- *einen* **Bibelteil**
  2 AT, NT
- **Bildschirmarbeitsplatz**
  3 BAP
- **Bits pro Sekunde**
  3 Bps
- **bitte wenden**
  2 bw
- **Blatt**
  2 Bl
- **Bogen**
  2 Bg
- **Branchentelefonbuch**
  3 BTB
- **Britische Luftwaffe**
  3 RAF
- **British Broadcasting Corporation**
  3 BBC
- **British Museum**
  2 BM
- **brutto**
  4 btto
- **Bruttoregistertonne**
  3 BRT
- **Bundesarbeitsgericht**
  3 BAG
- **Bundesausbildungsförderungsgesetz**
  6 BAFoeG
- **Bundesautobahn**
  3 BAB
- **Bundesgartenausstellung**
  3 BGA
  4 BuGA
- **Bundesheer**
  2 BH
- **Bundesinnenministerium**
  3 BMI
- **Bundespräsident**
  3 Bpr
- **Bundesrepublik Deutschland**
  3 BRD
- **Bundeswirtschaftsministerium**
  4 BMFW
- **Bürgerliches Gesetzbuch**
  3 BGB
- **Büstenhalter**
  2 BH
- **California** (USA)
  2 Ca
  3 Cal
- **Cent**
  1 c
  2 ct
- **Central Intelligence Agency**
  3 CIA
- **chemisch**
  4 chem
- **Chief Quarter**
  2 CQ
- **Christlich-Demokratische Union**
  3 CDU
- **Christlich-Soziale Union**
  3 CSU
- **circa**
  2 ca
- **Colorado** (USA)
  2 Co
  3 Col

- **Columbia** (USA)
  2 DC
- **Compagnie**
  2 Co
  3 Cie
- **Connecticut** (USA)
  2 Ct
  4 Conn
- **Corps consulaire**
  2 CC
- **Corps diplomatique**
  2 CD
- **cum tempore**
  2 ct
- **Dakota** (USA)
  3 Dak
- **dänische Krone**
  3 dkr
- **das heißt**
  2 dh
- **das ist**
  2 di
- **datiert**
  3 dat
- **Dativ**
  3 Dat
- **Delaware** (USA)
  2 De
  3 Del
- **der Ältere**
  3 dAe
- **der Große**
  3 dGr
- **der Jüngere**
  2 dJ
- **dergleichen**
  3 dgl
- **derzeit**
  2 dz
- **desgleichen**
  3 dto
  5 desgl
- **deutsch**
  2 dt
  5 dtsch
- **Deutsche Bundesbahn**
  2 DB
- **Deutsche Bundespost**
  2 BP
  3 DBP
- **Deutsche Demokratische Republik**
  3 DDR
- **Deutsche Industrie-Norm**
  3 DIN
- **Deutsche Landwirtschafts-Gesellschaft**
  3 DLG
- **Deutsche Lebens-Rettungs-Gesellschaft**
  4 DLRG
- **Deutsche Olympische Gesellschaft**
  3 DOG
- **Deutsche Presse-Agentur**
  3 dpa
- **Deutsche Sportkonferenz**
  3 DSK
- **Deutscher Alpenverein**
  3 DAV
- **Deutscher Entwicklungsdienst**
  3 DED
- **Deutscher Fußball-Bund**
  3 DFB
- **Deutscher Gewerkschaftsbund**
  3 DGB
- **Deutsches Arzneibuch**
  3 DAB
- **Deutsches Bundespatent**
  3 DBP
- **Deutsches Reichspatent**
  3 DRP
- **Deutsches Reisebüro**
  3 DER
- **Deutsches Rotes Kreuz**
  3 DRK
- **Dezibel**
  2 dB
- **Dinar**
  3 din
- **Diplom**
  4 Dipl
- **Diplomatisches Korps**
  2 CD
- **dito**
  3 dto
- **diverses**
  3 div
- **Doktor**
  2 Dr
- **Doppelzentner**
  2 dz
- **Dutzend**
  4 Dtzd
- **ebenda**
  3 ebd
- **Edition**
  2 Ed
- **ehemals**
  3 ehm
- **ehrenhalber**
  2 eh, hc
- **eigentlich**
  5 eigtl
- **eingetragener Verein**
  2 eV
- **Eisernes Kreuz**
  2 EK
- **Elektroenzephalogramm**
  3 EEG
- **Elektrokardiogramm**
  3 EKG
- **Elektronenvolt**
  2 eV
- **elektronische Spurhaltekontrolle**
  3 ETC
- **emeritus**
  2 em
- **englisch**
  4 engl
- **englische Luftwaffe**
  3 RAF
- **Erdgeschoss**
  2 EG
  4 Erdg
- **Erstausgabe**
  2 EA
- **et cetera**
  3 etc
- **Euer Ehren**
  2 EE
- **Eurocheque**
  2 EC
- **Eurocity**
  2 EC
- **Europäische Atomgemeinschaft**
  7 EURATOM
- **Europäische Freihandelszone**
  4 EFTA
- **Europäische Gemeinschaft**
  2 EG
- **Europäische Rechnungseinheit**
  3 ECU
- **Europäische Währungsunion**
  3 EWU

- **Europäische Weltraumbehörde**
  3 ESA
- **Europäische Wirtschaftsgemeinschaft**
  3 EWG
- **Europäische Zahlungsunion**
  3 EPU, EZU
- **Europäischer Wirtschaftsrat**
  4 OEEC
- **Europäisches Fernsehen**
  10 Eurovision
- **Europäisches Währungsabkommen**
  3 EWA
- **Europameister**
  2 EM
- **Europaunion**
  2 EU
- **evangelisch**
  2 ev
- **Evangelische Kirche in Deutschland**
  3 EKD
- **eventuell**
  4 evtl
- **ex officio**
  2 eo
- **Exemplar**
  4 Expl
- **exklusive**
  4 exkl
- **Exzellenz**
  3 Exz
- **Fachgruppe**
  2 FG
- **Familie**
  3 Fam
- **ferner, folgende**
  2 ff
- **Fernschreibdienst**
  5 TELEX
- **Fernsehen**
  2 TV
- **Firma**
  2 Fa
- **Florida** (USA)
  2 Fl
  3 Fla
- **Flugbetrieb**
  2 FB
- **Fluss**
  2 Fl
- **folgende**
  1 f
- **Forint**
  2 Ft
- **fortissimo**
  2 ff
- **Franc**
  2 Fr
- **franko**
  2 fr
- **französisch**
  3 frz
- **Frau**
  2 Fr
- **Fräulein**
  3 Frl
- **Freie Demokratische Partei**
  3 FDP
- **Freie Deutsche Jugend**
  3 FDJ
- **Freikörperkultur**
  3 FKK
- **Fußballverein**
  2 FC, FK, FV
- **Fußball-Weltverband**
  4 FIFA
- **geboren**
  3 geb
- **Gebrüder**
  4 Gebr
- **gegebenenfalls**
  3 ggf
- **gegründet**
  4 gegr
- **Gemeinde**
  3 Gem
- **genannt**
  3 gen
- **Generalmusikdirektor**
  3 GMD
- **Genossenschaft**
  3 Gen
- **Georgia** (USA)
  2 Ga
- **geschieden**
  5 gesch
- **Geschwister**
  6 Geschw
- **gesehen**
  3 ges
- **Gesellschaftsform**
  2 AG, KG
  3 OHG
  4 GmbH
  5 eGmbH
- **Gesetzbuch**
  2 GB
- **gestorben**
  4 gest
- **Gewerbeordnung**
  4 GewO
- **gezeichnet**
  3 gez
- **Gleichstrom**
  2 GS
- **Golfclub**
  2 GC
- **Gran Turismo**
  2 GT
- **griechisch**
  2 gr
  6 griech
- **Grundgesetz**
  2 GG
- **Grundumsatz**
  2 GU
- **Handelsgesetzbuch**
  3 HGB
- **Handelsregister**
  2 HR
- **Hauptbahnhof**
  3 Hbf
- **Hauptstadt**
  5 Hptst
- **Hawaii** (USA)
  2 Ha
- **hebräisch**
  4 hebr
- **heilig**
  2 hl
- **Hektar**
  2 ha
- **Hektoliter**
  2 hl
- **Hektopond**
  2 HP
- **Herausgeber**
  2 Hg
  4 Hrsg
- **Herr**
  2 Hr
- **Herzogtum**
  4 Hzgt
- **Herztöne**
  2 HT
- **Hessischer Rundfunk**
  2 HR

- **High Fidelity**
  4 HiFi
- *eine* **Himmelsrichtung**
  2 NO, NW, SO, SW
  3 NNO, NNW, ONO, OSO, SSO, SSW, WNW, WSW
- **hoc est**
  2 he
- **holländisch**
  4 holl
- **Honorar**
  3 Hon
- **honoris causa**
  2 hc
- **ibidem**
  2 ib
- **Idaho** (USA)
  2 Id
- **idem**
  2 id
- **Ihre Hoheit**
  2 IH
- **Ihre Majestät**
  2 IM
- **Illinois** (USA)
  3 Ill
- **im Auftrag**
  2 iA
- **im Bau**
  2 iB
- **im Ganzen**
  2 iG
- **im Hause**
  2 iH
- **im Jahre**
  2 iJ
- **im Ruhestand**
  2 iR
- **im Wesentlichen**
  2 iW
- **Imperativ**
  3 Imp
- **Imperator Rex**
  2 IR
- **imprimatur**
  4 impr
- **in der Trockenmasse**
  3 iTr
- **in Kürze**
  2 iK
- **in Vertretung**
  2 iV
- **Indiana** (USA)
  2 In
  3 Ind
- **Industrie- und Handelskammer**
  3 IHK
- **Industriegewerkschaft**
  2 IG
- **Ingenieur**
  3 Ing
- **Inhaber**
  3 Inh
- **inklusive**
  4 incl, inkl
- **Inland**
  3 Inl
- **Intercity**
  2 IC
- **Intercityexpress**
  3 ICE
- **Interessengemeinschaft**
  2 IG
- **international**
  3 int
- **internationale Arbeiterorganisation**
  3 IAO
- **internationale Arbeitsorganisation**
  3 IAO
- **Internationale Automobilausstellung**
  3 IAA
- **Internationale Fernmelde-Union**
  3 ITU, UTU
- **Internationale Flüchtlingsorganisation**
  3 IRO
- **Internationale Gartenbauausstellung**
  3 IGA
- **Internationale Kulturorganisation**
  6 UNESCO
- **Internationale Polizeiorganisation**
  8 INTERPOL
- **internationale Standardbuchnummer**
  4 ISBN
- **Internationaler Automobil-Verband**
  3 FIA
- **Internationaler Fußballverband**
  4 FIFA
- **Internationaler Kinderhilfsfonds**
  6 UNICEF
- **Internationaler Luftverkehrsverband**
  4 IATA
- **Internationaler Schriftstellerverband**
  3 PEN
- **Internationaler Tennisverband**
  3 ATP
- **Internationales Olympisches Komitee**
  3 IOC, IOK
- **Internationales Rotes Kreuz**
  3 IRK
- **Iowa** (USA)
  2 Ia
- **italienisch**
  4 ital
- **Jahresnachweis**
  2 JN
- **Jahrgang**
  2 Jg
- **Jahrhundert**
  2 Jh
- **Jahrtausend**
  2 Jt
  3 Jtd
- **Jesuitenorden**
  2 SJ
- **Joule**
  1 J
- **Jugendherberge**
  2 JH
- **jugoslawische Münze**
  3 Din
- **junior**
  2 jr
  3 jun
- **Jurisprudenz**
  3 jur
- **kaiserlich-königlich**
  3 kuk
- **Kalifornien** (USA)
  2 Ca
  3 Cal
- **Kalorie**
  3 cal, Kal
- **Kandidat**
  4 cand
- **Kansas** (USA)
  2 Ks
  4 Kans

- **Kanton**
  2 Kt
- **Kapitel**
  3 Kap
- **Karteneinheit** (EDV)
  2 KE
- **kartoniert**
  4 kart
- **katholisch**
  4 kath
- **Kentucky** (USA)
  2 Ky
- **Kernkraftwerk**
  3 KKW
- **Kindertagesstätte**
  4 Kita
- **Klasse**
  2 Kl
- **knock-out**
  2 ko
- **Kommanditgesell-schaft**
  2 KG
- **königlich**
  3 kgl
- **königliche Luftwaffe** (englisch)
  3 RAF
- **Königreich**
  3 Kgr
- **Konsularisches Korps**
  2 CC
- **Konto**
  3 Kto
- **Kopeke**
  3 Kop
- **Kraftfahrzeug**
  3 Kfz
- **Krone** (Münze)
  2 Kr
- **Kubikzentimeter**
  3 ccm
- **Lagerordnung**
  2 LO
- **Landessozial-gericht**
  3 LSG
- **Landesversicherungs-anstalt**
  3 LVA
- **Landeszentralbank**
  3 LZB
- **Landkreis**
  2 LK
- **Landrat**
  2 LR
- **Landwirtschaftsorgani-sation der UN**
  3 FAO
- **Langspielplatte**
  2 LP
- **Lastenausgleich**
  3 LAG
- **Lastkraftwagen**
  3 Lkw
- **lateinisch**
  3 lat
- **laufend**
  3 lfd
- **laut**
  2 lt
- **ledig**
  3 led
- **Leinen**
  2 Ln
- **Leitzahl**
  2 LZ
- **letzten Endes**
  2 lE
- **limited**
  3 ltd
- **linke Hand** (Musik)
  2 LH
- **links**
  1 l
- **Literatur**
  3 Lit
- **Löschfahrzeug**
  2 LF
- **Louisiana** (USA)
  2 La
- **lutherisch**
  4 luth
- **Madame**
  3 Mme
- **Mademoiselle**
  4 Mlle
- **Magister**
  3 Mag
- **Maine** (USA)
  2 Me
- **Männergesang-verein**
  3 MGV
- **männlich**
  1 m
- **Manuskript**
  2 Ms
  4 Mskr
- **Mark**
  1 M
- **Markka**
  2 mk
- **Maryland** (USA)
  2 Md
- **maskulin**
  4 mask
- **Massachusetts** (USA)
  2 Ma
  4 Mass
- **mathematisch**
  4 math
- **medizinisch**
  3 med
- **medizinisch-technische Assistentin**
  3 MTA
- **mehrfach**
  4 mhrf
- **Mehrzahl**
  2 Mz
- **meines Erachtens**
  2 mE
- **meines Wissens**
  2 mW
- **Meister**
  4 Mstr
- **Member of Parliament**
  2 MP
- **Mesdames**
  4 Mmes
- **Mesdemoiselles**
  5 Mlles
- **Messieurs**
  2 MM
- **mezzoforte**
  2 MF
- **Michigan** (USA)
  2 Mi
  4 Mich
- **Military Police**
  2 MP
- **Milliarde**
  2 Md
  3 Mrd
- **Milliliter**
  2 ml
- **Million**
  3 Mio
  4 Mill
- **Millisekunde**
  2 MS
- **Minister**
  3 Min

- **Minnesota** (USA)
  2 Mn
  4 Minn
- **Mississippi** (USA)
  2 Ms
  4 Miss
- **Missouri** (USA)
  2 Mo
- **Mister**
  2 Mr
- **Mistress**
  3 Mrs
- **mit anderen Worten**
  3 maW
- **Mitglied des Bundestages**
  3 MdB
- **Mitglied des Landtages**
  3 MdL
- **Mittelalter**
  2 MA
- **mitteleuropäische Sommerzeit**
  4 MESZ
- **mitteleuropäische Zeit**
  3 MEZ
- **mobile Datenerfassung**
  3 MDE
- **mobiles Einsatzkommando**
  3 MEK
- **monatlich**
  3 mtl
- **Monatsnamen**
  3 Apr, Aug, Dez, Feb, Jan, Jul, Jun, Mai, Mrz, Nov, Okt
  4 Sept
- **Monseigneur**
  3 Mgr
  4 Msgr
- **Monsieur**
  1 M
- **Monsignore**
  3 Mgr
  4 Mgre, Mons, Msgr
- **Montag**
  2 Mo
- **Montana** (USA)
  2 Mt
  4 Mont
- **motorisiert**
  3 mot
- **Motorrad**
  3 Krd, Mrd
- **Motorschiff**
  2 MS
- **Mount**
  2 Mt
- **nach Christus**
  4 nChr
- **Nachbemerkung**
  2 NB
- **Nachfolger**
  5 Nachf
- **Nachschrift**
  2 NS
- **national**
  3 nat
- **Nationales Olympisches Komitee**
  3 NOK
- **Nationalität**
  3 Nat
- **Nebenbemerkung**
  2 NB
- **Nebenfluss**
  4 Nbfl
- **Nebraska** (USA)
  2 Nb
  4 Nebr
- **Negativ**
  3 Neg
- **netto**
  3 nto
- **Neues Testament**
  2 NT
- **Nevada** (USA)
  2 Nv
  3 Nev
- **New Jersey** (USA)
  2 NJ
- **New Mexico** (USA)
  2 NM
- **New York** (USA)
  2 NY
- **Niederfrequenz**
  2 NF
- **Nitroglyzerin**
  3 NGL
- **Nordatlantikpakt**
  4 NATO
- **Norddakota**
  2 ND
- **Norddeutscher Rundfunk**
  3 NDR
- **Norden**
  1 N
- **Nordnordost**
  3 NNO
- **Nordnordwest**
  3 NNW
- **Nordost**
  2 NO
- **Nordrhein-Westfalen**
  3 NRW
- **Nordwest**
  2 NW
- **Normalnull**
  2 NN
- **North Carolina** (USA)
  2 NC
- **notabene**
  2 NB
- **November**
  3 Nov
- **Numero**
  2 No
- **Nummer**
  2 Nr
- **oben angeführt**
  2 oa
- **Oberbayern**
  3 Obb
- **Oberbürgermeister**
  2 OB
- **Oberfinanzkasse**
  3 OFK
- **Oberinspektor**
  2 OI
- **Oberlandesgericht**
  3 OLG
- **Oberpostdirektion**
  3 OPD
- **Oberverwaltungsgericht**
  3 OVG
- **Objekt**
  3 Obj
- **offene Handelsgesellschaft**
  3 OHG
- **offiziell**
  4 offz
- **Ohio** (USA)
  2 Oh
- **ohne Wert**
  2 oW
- **okay**
  2 ok
- **Oklahoma** (USA)
  2 Ok
  4 Okla
- *das* **Olympische Komitee**
  3 IOC

- **Operationscode**
  2 OC
- **Operationssaal**
  2 OP
- **Opus**
  2 op
- **Oregon** (USA)
  2 Or
  3 Ore
- **Organisation**
  3 Org
- **Organisation amerikanischer Staaten**
  3 OAS
- **Organisation für Erziehung, Wissenschaft und Kultur der UN**
  6 UNESCO
- **Österreichischer Rundfunk**
  3 ORF
- **osteuropäische Zeit**
  3 OEZ
- **pädagogisch**
  4 paed
- **Papierwährung**
  2 PW
- **Pennsylvania** (USA)
  2 Pa
- **per Adresse**
  2 pA
- **per mille**
  2 pm
- **per procura**
  2 pp
  3 ppa
- **Personenkraftwagen**
  3 Pkw
- **persönlich**
  4 pers
- **Pfennig**
  2 Pf
  3 Pfg
- **Pferdestärke**
  2 PS
- **philosophisch**
  4 phil
- **Plural**
  2 Pl
- **Polizeihauptwache**
  3 PHW
- **Position**
  3 Pos
- **positiv**
  3 pos
- **Postscheckamt**
  5 PSchA
- **Postskriptum**
  2 PS
- **Präsident**
  5 Praes
- **Privatdozent**
  2 PD
- **pro tempore**
  2 pt
- **Professor**
  4 Prof
- **Provinz**
  4 Prov
- **Provision**
  4 Prov
- **Prozent**
  2 vH
- **Public Relations**
  2 PR
- **Punkt**
  3 Pkt
- **Quadratmeter**
  2 qm
- **Quadratzentimeter**
  3 qcm
- **Radio Bremen**
  2 RB
- **Radius**
  1 r
- **Rappen**
  2 Rp
- **Raummeter**
  2 RM
- **Realgymnasium**
  2 RG
- **Rechnungsnummer**
  3 Rnr
- **Redakteur**
  3 Red
- **Referendar**
  3 Ref
- **reformiert**
  3 ref
- **Regierung**
  3 Reg
- **Regierungsbezirk**
  5 RegBz
- **Registertonne**
  2 RT
- **Religion**
  3 Rel
- **Republik**
  3 Rep
- **République Française**
  2 RF
- **respiratorischer Quotient**
  2 RQ
- **Rhein**
  2 Rh
- **Rheinland**
  4 Rhld
- **Rhesusfaktor**
  2 Rh
- **Rhode Island** (USA)
  2 RI
- **rinforzando**
  2 rf
- **Ringrichter**
  2 RR
- **römisch-katholisch**
  2 rk
- **Rotes Kreuz**
  2 RK
- **Royal Air Force**
  3 RAF
- **rund**
  2 rd
- *einen* **Rundfunksender**
  2 BR, DF, HR, SR
  3 NDR, SDR, SFB, SWF, WDR
  4 RIAS
- **russisch**
  4 russ
- **russische Münze**
  3 kop
- **Saarländischer Rundfunk**
  2 SR
- **Saint**
  2 St
- **Sainte**
  3 Ste
- **Samstag**
  2 Sa
- **Sankt**
  2 St
- **Santa**
  3 Sta
- **Santo**
  3 Sto
- **Schilling**
  2 sh
  3 Sch
- **Schweizerische Post**
  3 PTT
- **Science-Fiction**
  2 SF
- **Seemeile**
  2 sm

- **Seenotruf**
  3 SOS
- **Segelschiff**
  2 SS
- **Seine Exzellenz**
  2 SE
- **Seine Majestät**
  2 SM
- **Seiner Majestät Schiff**
  3 SMS
- **Selbstbedienung**
  2 SB
- **Sender Freies Berlin**
  3 SFB
- **Senior**
  3 sen
- **Shilling**
  2 sh
- **Siedepunkt**
  2 SP
- **siehe oben**
  2 so
- **siehe unten**
  2 su
- **Sinfonie**
  4 Sinf
- **Singular**
  4 Sing
- **sinus**
  3 sin
- **so viel wie**
  3 svw
- **Sonntag**
  2 So
- **South Carolina** (USA)
  2 SC
- **sowjetische Nachrichten-agentur**
  4 TASS
- **Sowjetunion**
  2 SU
  5 UdSSR
- **Sozialdemokratische Partei Deutschlands**
  3 SPD
- **Sozialistische Einheits-partei Deutschlands**
  3 SED
- **Sozialistische Sowjetre-publik**
  3 SSR
- **Spalte**
  2 Sp
- **spanisch**
  4 span
- **Sportclub**
  2 SC
- **Sportverein**
  2 SV
- **Sportvereine**
  3 TUS
- **Sportvereinigung**
  2 SV
- *einen* **Sprengstoff**
  3 TNT
- **Steinkohleeinheit**
  3 SKE
- **Strafgesetzbuch**
  4 StGB
- **Strafprozessordnung**
  4 StPO
- **Straße**
  3 Str
- **Straßenverkehrs-ordnung**
  4 StVO
- **Stück**
  2 St
- **Stunde**
  3 Std
- **stündlich**
  4 stdl
- **Süddeutscher Rundfunk**
  3 SDR
- **Südostasienpakt**
  5 SEATO
- **Südsüdwest**
  3 SSW
- **Südwestfunk**
  3 SWF
- **Summa**
  2 Sa
- **Tankwagen**
  2 TW
- **Tarif für Angestellte**
  3 BAT
- **Tarifordnung**
  2 TO
- **tausend**
  3 tsd
- **technisch**
  5 techn
- **Technische Hochschule**
  2 TH
- **Technische Universität**
  2 TU
- **Teilzahlung**
  2 TZ
- **Telefon**
  3 Tel
- **Television**
  2 TV
- **Tennessee** (USA)
  2 Tn
  4 Tenn
- **Texas** (USA)
  2 Tx
  3 Tex
- **theologisch**
  5 theol
- **Titel**
  3 Tit, Ttl
- **Tonabnehmer**
  2 TA
- **Tonne**
  1 t
- **topografische Karte**
  2 TK
- **Touringclub der Schweiz**
  3 TCS
- **Trans-Europ-Express**
  3 TEE
- **trigonometrischer Punkt**
  2 TP
- **Trinitrotoluol**
  3 TNT
- **Tschechische Republik**
  2 ČR
- **Tschechoslowakei**
  4 CSFR
- **Tuberkulose**
  2 Tb
  3 Tbc
- **Turbinenantrieb**
  5 Turbo
- **Turbinenschiff**
  2 TS
- **Turn- und Sportverein**
  3 TuS
- **Turnerschaft**
  2 TS
- **ultimo**
  3 ult
- **Ultrakurzwelle**
  3 UKW
- **Ultraviolett**
  2 UV
- **unbekanntes Flugobjekt**
  3 UFO
- **und dergleichen**
  4 udgl
- **und oft**
  2 uo
- **und so weiter**
  3 etc, usw

- **und weiter**
  2 uw
- **Unfalldatenschreiber**
  3 UDS
- **Union der Sozialistischen Sowjetrepubliken**
  5 UdSSR
- **United Kingdom**
  2 UK
- **United Nations**
  2 UN
  3 UNO
- **United Press**
  2 UP
- **United Press International**
  3 UPI
- **United States**
  2 US
- **United States of America**
  3 USA
- **Universität**
  4 Univ
- **unseres Erachtens**
  2 uE
- **unseres Wissens**
  2 uW
- **unter anderem**
  2 ua
- **unter Umständen**
  2 uU
- **Unterhaltsbetrag**
  2 UB
- **Unteroffizier vom Dienst**
  3 UvD
- **ursprünglich**
  5 urspr
- **Utah** (USA)
  2 Uh, Ut
- **Valuta**
  3 val
- **Variation**
  3 Var
- **Verband der Kriegsbeschädigten**
  3 VdK
- **Verband Deutscher Elektrotechniker**
  3 VDE
- **Verband für Arbeitsstudien**
  4 REFA
- **Verein Deutscher Ingenieure**
  3 VDI
- **Vereinigte Arabische Emirate**
  3 VAE
- **Vereinigte Staaten von Amerika**
  3 USA
- **Vereinte Nationen**
  2 UN
  3 UNO
- **vergleiche**
  3 vgl
- **verheiratet**
  4 verh
- **Verlag**
  3 Vlg
- **Verrechnungseinheit**
  2 VE
- **Verwaltung**
  4 Verw
- **verwitwet**
  4 verw
- **Virginia** (USA)
  2 Va
- **Volksrepublik**
  2 VR
- **Volkswagen**
  2 VW
- **Volt**
  1 V
- **vom Hundert**
  2 vH
- **vom Tausend**
  2 vT
- **von oben**
  2 vo
- **vor Christus**
  4 vChr
- **vorigen Monats**
  2 vM
- **vormals**
  4 vorm
- **Vorsitzender**
  4 Vors
- **Vorstand**
  5 Vorst
- **Wanderkarte**
  2 WK
- **Washington** (USA)
  2 Wa
- **Wasserklosett**
  2 WC
- **weiblich**
  1 w
- **Weltarbeitsorganisation**
  3 IAO
- **Weltgesundheitsorganisation**
  3 WHO
- **Weltkinderhilfswerk**
  6 UNICEF
- **Weltpostverein**
  3 UPU
- **Weltwetterorganisation**
  3 WMO
- **Westdeutscher Rundfunk**
  3 WDR
- **westeuropäische Zeit**
  3 WEZ
- **westliches Verteidigungsbündnis**
  4 NATO
- **Wiederholung**
  2 Wh
  4 Whlg
- **Winterschlussverkauf**
  3 WSV
- **Witwe**
  3 Wwe
- **Zentigramm**
  2 cg
- **Zentiliter**
  2 cl
- **Zentimeter**
  2 cm
- **Zielpunkt**
  2 ZP
- **zivil**
  3 ziv
- **Zivilprozessordnung**
  3 ZPO
- **Zloti**
  2 Zl
- **zu Händen**
  2 zH
- **Zugmaschine**
  2 ZM
- **zum Beispiel**
  2 zB
- **zum Teil**
  2 zT
- **zurzeit**
  2 zz
  3 zzt
- **zusammen**
  3 zus

- **zuzüglich**
  3 zuz
  4 zzgl
- **Zweites Deutsches Fernsehen**
  3 ZDF
- **zwischen**
  2 zw

Ablage
4 Bord
6 Archiv
9 Garderobe
11 Registratur

Ablage ...
- *für* **aromatische Zutaten**
  12 Gewuerzregal
- *für* **Besteckteile**
  10 Messerbank
- *für* **ein Besteckteil**
  15 Messerbaenkchen
- *von* **Gabel und Messer**
  11 Besteckbank

Ablagemappe
6 Ordner
11 Aktendeckel

Ablageordner
4 Akte

Ablagerung
4 Satz
6 Sinter
8 Sediment
9 Bodensatz

Ablagerung ...
- *am* **Gebiss**
  9 Zahnstein
- *des* **Pleistozäns**
  5 Loess

Ablass
9 Indulgenz

Ablassprediger
6 Tetzel

Ablauf
4 Zeit
5 Folge, Rinne
8 Handlung, Programm
11 Mechanismus

Ablauf ...
- *der* **meteorologischen Vorgänge**
  6 Wetter
- *auf* **Schiffen**
  4 Gatt
  8 Speigatt

Ableben
3 Tod
6 Exitus

Ablegen eines Ordensgelübdes
7 Profess

Ableger
6 Senker, Spross
11 Sproessling

ablehnender ...
- **Ausruf**
  3 iwo
- **Bescheid**
  6 Absage

Ablehner
9 Verneiner

Ablehnung
3 nie
4 nein
6 Absage, Refues
7 niemals

Ablehnung des Krieges
10 Pazifismus

Ableitung
8 Nachweis
9 Deduktion
10 Herleitung

Ablenkung
7 Abdrift, Abtrift, Beugung
8 Brechung
10 Aberration
11 Zerstreuung

Ableugnung
6 Abrede
11 Bestreitung

Ablieferungsstelle
5 Depot

Ablösung eines Beobachters
11 Wachwechsel

Abmachung ▶ Abkommen

Abmagerung
9 Abzehrung

Abmagerungsmaßnahme
5 Diaet
9 Fastenkur, Hungerkur

Abmessung
6 Format
7 Groesse
9 Dimension, Dosierung

Abmessungsbegriff
5 Hoehe, Tiefe
6 Breite, Laenge
7 Volumen

Abnäher
8 Keilnaht

Abnahme
4 Kauf
7 Schwund, Verlust
9 Minderung
12 Verminderung

Abnehmen des Bartes
5 Rasur

abnehmend
9 degressiv

Abnehmer
5 Kunde
7 Kaeufer
9 Konsument
11 Verbraucher
12 Auftraggeber

Abneigung
4 Hass
5 Unmut
6 Unlust
7 Abscheu
8 Aversion
10 Antipathie, Widerwille

abnorm
11 regelwidrig
13 ungewoehnlich

Abonnent
8 Bezieher

Abonnentinnen
10 Leserinnen

Abordnung
10 Delegation, Vertretung

Abort
2 WC
5 Lokus
7 Abtritt, Klosett, Latrine, Pissoir
8 Toilette

Abrahams ...
- **Frau**
  4 Sara
  5 Sarah
- **Sohn**
  5 Isaak
  6 Ismael

Abraum
6 Abfall, Schutt

Abrechnung
5 Fazit, Rache
6 Bilanz
11 Liquidation

Abrechnungsbeleg
9 Kassenbon

Abrede
7 Dementi
8 Leugnung, Widerruf

10 Ableugnung
11 Bestreitung
12 Vereinbarung
Abreibung
4 Haue
5 Senge
7 Pruegel
8 Frottage
Abreise
8 Wegfahrt
abrichten
7 zaehmen
Abrichter ...
· *von* **Tieren**
8 Dompteur, Dresseur
13 Tierbaendiger
17 Raubtierbaendiger
Abriegelung
5 Kette
6 Kordon
Abriss
4 Plan
6 Layout, Skizze
7 Entwurf
8 Lehrbuch
9 Demontage, Leitfaden, Zeichnung
10 Kompendium
Abrüstung
15 Demobilisierung
Absage
4 Nein
Absatz
5 Markt
6 Alinea, Hacken, Sockel
7 Verkauf
8 Paragraf
9 Nachfrage, Paragraph
Absatz in Quellen
6 Sinter
Absatzgestein
6 Sinter
Absatzkartell
8 Syndikat
absatzlose Schuhe
10 Ballerinas
absatzloser ...
· **Schuh**
6 Opanke
8 Mokassin
Absatzpolitik
9 Marketing
Absauggerät
8 Absorber
9 Exhaustor
Abschattung
6 Nuance
abschätzig für ...
· **Beamter**
9 Buerokrat
· **Gedicht**
4 Poem
· **Geld**
6 Mammon
· **Reichtum**
6 Mammon
· **Zeitung**
7 Gazette
Abscheu
4 Ekel
5 Graus
6 Grauen, Greuel, Horror
7 Graeuel, Grausen
8 Schauder
9 Entsetzen
10 Widerwille
abscheulich
5 eklig
12 widerwaertig
Abschied
7 Weggang
8 Laufpass, Scheiden, Trennung
Abschiedsgruß
3 ade
4 ciao
5 adieu, valet
6 Servus
8 Lebewohl
abschirmen
6 decken
9 schuetzen
Abschlag
6 Rabatt, Skonto
7 Disagio
Abschlag ...
· *bei* **Börsenkursen**
7 Disagio
· *beim* **Fußball**
7 Abstoss
abschlägige Antwort
▶ Ablehnung
Abschlagszahlung
4 Rate
9 Vorschuss
abschließend
9 definitiv
10 endgueltig
Abschluss
4 Coda, Ende
5 Reife
6 Bilanz, Finale, Finish, Sperre
8 Ergebnis, Resultat
11 Endergebnis
Abschlusskante
4 Rand
Abschlussprüfung
6 Abitur, Examen
Abschlussrand
5 Kante
Abschlussraum in Kirchen
5 Apsis
Abschmelzen bei Gletschern
8 Ablation
Abschnitt
4 Aera
5 Kupon, Phase
6 Coupon, Etappe, Passus, Sektor, Spanne
7 Segment, Sektion, Stadium
8 Paragraf
9 Paragraph
10 Zeitspanne
12 Streckenteil
Abschnitt ...
· *eines* **Arbeitstages**
7 Schicht
· *einer* **Bahnlinie**
7 Strecke
· *eines* **Buches**
7 Kapitel
· *einer* **Entwicklung**
5 Phase
· *eines* **Gesetzes**
7 Artikel
8 Paragraf
9 Paragraph
· *einer* **Jahreszeit**
11 Herbstmonat
· *des* **Korans**
4 Sure
· *des* **Lebens**
5 Alter
6 Jugend
· *eines* **Schriftsatzes**
6 Passus
· *eines* **Schriftstücks**
8 Paragraf
9 Paragraph
· *im* **Sport**
4 Bahn, Lauf, Satz
5 Runde, Spiel

7 Drittel
8 Halbzeit
9 Durchgang
· *eines* **Zinsscheins**
5 Kupon
6 Coupon
Abschrägung im Holz
4 Fase
Abschreibung
12 Amortisation
Abschrift
5 Kopie
6 Doppel
8 Duplikat
11 Durchschlag
12 Zweitschrift
Abschürfung
8 Hautriss, Schramme
abschüssig
4 jaeh
5 steil
6 schief
7 schroff
Abschwächung
10 Maessigung
12 Deeskalation
Abschweifung
6 Exkurs
9 Abstecher
abseits
4 fern
5 neben
8 entfernt, entlegen
9 abgelegen
Absender
9 Adressant, Expedient
Absetzung
9 Enthebung
10 Entlassung
Absicht
4 Idee, Plan, Ziel
5 Wille, Zweck
6 Taktik
7 Vorsatz
8 Vorhaben
9 Intention
10 Konzeption
absichtlich
7 bewusst
10 vorbedacht
11 willentlich
12 demonstrativ, vorsaetzlich
13 ausdruecklich
Absichtsvorhaben
8 Planziel
Absinthzutat
11 Wermutkraut
absolut
4 ewig, ganz
7 restlos, voellig
8 durchaus
9 gaenzlich, unbedingt
10 ganz und gar
13 bedingungslos, unumschraenkt
absolute Neuheit
5 Novum
absoluter Superlativ
6 Elativ
Absolution
12 Lossprechung
Absolutismus
16 Alleinherrschaft
Absolvent
9 Pruefling
Absolvent einer Hochschule
10 Akademiker
absonderlich
6 bizarr
7 abstrus, seltsam, skurril
11 exzentrisch, merkwuerdig, verschroben
Absonderlichkeit
8 Kuriosum
Absonderung
4 Harn
5 Eiter, Galle
6 Inkret, Sekret
7 Schleim
8 Schweiss, Speichel, Trennung
9 Isolation, Sekretion, Sezession
10 Isolierung
11 Abstraktion, Quarantaene
12 Ausscheidung, Internierung
Absonderung ...
· *von* **Bienen**
5 Wachs
· *einer* **Drüse**
6 Sekret
· *von* **Infektionsverdächtigen**
11 Quarantaene
· *der* **Leber**
5 Galle
· *der* **Speicheldrüse**
8 Speichel
Absonderungsorgane
7 Druesen
Abspannung
9 Ermattung, Ermuedung
10 Muedigkeit
12 Erschoepfung
Absperrarmatur
6 Ventil
Absperrorgan
7 Armatur
Absperrung
4 Zaun
6 Gatter, Gitter, Klappe, Kordon, Riegel, Ventil
8 Barriere, Blockade, Schieber
10 Schlagbaum, Umzaeunung
11 Postenkette
Abspielgerät ...
· *für* **Compact Discs**
9 CD-Player
· *für* **Schallplatten**
14 Plattenspieler
Absprache
8 Abkommen, Einigung
9 Abmachung
12 Vereinbarung
13 Uebereinkunft
14 Uebereinkommen
Absprung
5 Start
Absprunganlage (Skisport)
13 Sprungschanze
Absprunggerät
10 Fallschirm
Abstammung
7 Abkunft
8 Herkunft
9 Herkommen
10 Deszendenz, Provenienz
Abstammungslehre
11 Darwinismus
Abstammungsnachweis
9 Stammbaum
Abstand
6 Luecke
7 Distanz
9 Intervall
10 Entfernung
14 Zurueckhaltung
Abstandsminderung
11 Annaeherung

Abstecher
4 Trip
5 Umweg
6 Exkurs
7 Ausflug
Abstellraum
6 Garage, Kammer, Keller, Remise
7 Abseite
8 Schuppen
11 Besenkammer
12 Rumpelkammer
Absterben von Gewebeteilen
7 Nekrose
Abstieg
10 Niedergang
Abstimmung
4 Wahl
8 Wahlgang
9 Plebiszit
11 Akklamation
12 Hammelsprung, Koordination
14 Volksbefragung
abstoßend
4 fies
8 repulsiv
13 unsympathisch
abstrakt
6 irreal
10 unwirklich
11 begrifflich, theoretisch
Abstraktion
15 Begriffsbildung
Abstreitender
7 Leugner
Abstufung
3 Ton
4 Grad
6 Nuance
Absud
3 Sud
6 Dekokt
7 Extrakt
9 Abkochung
absurd
7 grotesk
8 unsinnig
9 ungereimt
10 sinnwidrig
11 widersinnig
13 hirnverbrannt

Abt ...
· *von* **Cluny**
5 Berno, Odilo
Abtei
7 Kloster
12 Klosterstift
Abtei ...
· *bei* **Garmisch**
5 Ettal
· *in* **Oberbayern**
5 Ettal
· *in* **Oberfranken**
4 Banz
· *in* **Österreich**
4 Melk
13 Kremsmuenster
· *im* **Schwarzwald**
10 Sankt Peter
12 Sankt Blasien
Abteil
5 Coupé, Kupee
6 Kabine
Abteilung
4 Fach
5 Rotte
6 Gruppe, Rubrik, Sparte
7 Ressort, Sektion
8 Distrikt
Abteilungsleiter (Druckerei)
6 Faktor
Abtragen ...
· *einer* **Schuld**
7 Tilgung
12 Amortisation
Abtragung der Erdoberfläche
7 Erosion
Abtransport
6 Abfuhr
8 Abholung
abtrennbare Blätterlage
5 Block
Abtrennung eines Körperteils
10 Amputation
Abtreten von der Bühne
6 Abgang
Abtretung
7 Abandon, Zession
12 Ueberlassung
Abtrieb
9 Abholzung
10 Kahlschlag
Abtritt
2 WC
3 Klo
5 Abort
7 Latrine
8 Toilette
abtrünnig
7 treulos
10 abgefallen, haeretisch
12 wortbruechig
15 fahnenfluechtig
Abtrünniger
6 Ketzer
7 Apostat, Renegat
9 Verraeter
10 Haeretiker
12 Schismatiker
Abwandlung
5 Abart
8 Variante
9 Variation
10 Abweichung, Modulation
11 Abaenderung
12 Modifikation
abwärts
5 herab, hinab
6 nieder
8 hinunter
abwärts geneigte Bergseite
6 Abhang
Abwärtsneigung
8 Gefaelle
abwaschbare Papiertapete
9 Linkrusta
abwaschen
7 spuelen
Abwaschlauge
11 Spuelwasser
Abwasseranlage
5 Kanal
10 Rieselfeld
12 Kanalisation
Abwasserkanal
4 Siel
6 Kloake
Abwasserreinigung
11 Klaeranlage
Abwasserrinnstein
5 Gosse
abwechselnd
10 alternativ
11 umschichtig
Abwechslung
9 Ablenkung
abwechslungslos
3 oed
5 trist

8 einerlei
10 langweilig
Abwehr
6 Parade, Schutz
9 Defensive, Resistenz
10 Widerstand
12 Verteidigung
Abwehrstoff im Körper
11 Antikoerper
abweichend
6 abnorm, anomal
7 deviant
8 abnormal
abweichende Spielart
8 Variante
Abweichler
9 Dissident
Abweichung
6 Exkurs, Nuance
9 Parallaxe
10 Aberration
abweisen
8 ablehnen, abwehren
9 abstossen, abwimmeln
10 verweigern
abweisend
4 herb
5 eisig, kuehl
7 sproede
12 verschlossen, widerborstig
Abwendung
6 Abkehr
abwerten
11 herabsetzen
abwertend für ...
· **Deutscher**
6 Piefke
· **dick**
4 fett
· **dicker Bauch**
5 Wampe, Wanst
· **Malerarbeit**
8 Pinselei
· **Pferd**
4 Gaul
abwertend: schlechtes Getränk
7 Gebraeu
Abwertung
9 Minderung
11 Devalvation
abwesend
3 weg
4 fort
6 absent
9 unterwegs, zerstreut
12 unaufmerksam
Abwesenheit
6 Absenz
Abwesenheitsbeweis
5 Alibi
abwickeln
8 abrollen
9 erledigen, vollenden
11 liquidieren
12 durchfuehren
Abwicklung
11 Liquidation
Abzahlung
4 Rate
7 Tilgung
12 Amortisation
Abzeichen
5 Fahne, Nadel
6 Bouton, Emblem, Symbol, Wappen
8 Plakette, Schleife, Sinnbild
9 Insignien, Insignium
10 Ehrennadel
12 Anstecknadel, Ehrenzeichen
Abziehen
11 Subtraktion
Abzug (► auch Abschrift)
5 Kopie
6 Dekort, Doppel, Rabatt, Skonto
7 Diskont
8 Kuerzung
Abzug ...
· *vom* **Darlehen**
6 Damnum
· *am* **Gewehr**
4 Hahn
abzüglich
4 ohne
5 minus
7 weniger
Abzugsgraben
4 Dole
6 Rigole
7 Abfluss
Abzugskanal
5 Kamin
6 Kloake
11 Schornstein
abzuziehende Zahl
10 Subtrahend
Abzweigung
3 Ast
5 Gabel
8 Gabelung, Kreuzung, Kreuzweg
Achsel
8 Schulter
Achselstück
9 Epaulette
Achsnagel
6 Luense
Acht
4 Bann
6 Verruf
8 Aechtung
10 Ausschluss, Verdammung
11 Ausstossung, Verstossung
achtbar
9 ehrenhaft
achtbare Würde
10 Ehrsamkeit
achte Tonleiterstufe
6 Oktave
Achteck
7 Oktogon
achtel Bogengröße
5 Oktav
Achtelkreis
6 Oktant
achten
5 ehren
6 sorgen
9 achtgeben, achthaben, aufpassen, schaetzen, wuerdigen
10 anerkennen
12 respektieren
ächten
8 verfemen
11 brandmarken
achter Buchstabe des griechischen Alphabets
5 Theta
Achtflächner
8 Oktaeder
achtlos
12 leichtfertig, unaufmerksam, unvorsichtig
achtsam
9 umsichtig
10 vorsichtig
achtstimmiges Musikstück
6 Oktett
Achtung
4 Ehre
6 Obacht, Wuerde

7 Ansehen, Geltung, Pietaet, Respekt
8 Renommee, Vorsicht
10 Vorbedacht
12 Ehrerbietung
14 Hochschaetzung, Wertschaetzung

Ächtung
4 Acht, Bann
10 Ausschluss
11 Verstossung

Achtung erweisen
5 ehren

Achtungserweis
6 Ehrung

Acker
4 Feld, Land

Ackerbau
10 Agrikultur

Ackerbaubetrieb (USA)
4 Farm

Ackerbaukunde
9 Agronomie

Ackerertrag
5 Ernte

Ackerfrucht
6 Rueben
7 Gemuese
10 Kartoffeln

Ackergerät ▶ Landwirtschaftsgerät

Ackergrenze
4 Rain

Ackergrenzen
5 Raine

Ackerknecht
3 Enk

Ackerknolle
8 Erdapfel
9 Kartoffel

Ackerkrume
5 Humus
10 Muttererde

Ackerland
4 Feld

Ackermaß
4 Rute
5 Acker, Dekar
6 Hektar, Morgen
7 Juchart, Juchert, Tagwerk

Ackerpferd
4 Gaul

Ackerrand
4 Rain
8 Feldsaum
10 Feldgrenze, Flurgrenze

Ackerrinne
6 Furche

Ackerschädling
15 Kartoffelkaefer

Ackerstreifen
6 Gewann

Ackerunkraut
4 Mohn, Rade
5 Lolch, Miere, Segge, Simse, Winde
6 Distel, Quecke, Trespe, Twalch
8 Hederich, Kornrade
9 Gauchheil
10 Ackerroete, Knoeterich, Kreuzkraut

Adams ...
· **Frau**
3 Eva
6 Lilith

Adaption
9 Anpassung
10 Gewoehnung

adäquat
10 angemessen

Additionsergebnis
5 Summe

Additionszeichen
4 plus

ade
5 adieu
8 Lebewohl

Adebar
6 Storch

Adel
8 Noblesse
12 Aristokratie

Adelsprädikat
2 zu
3 von, zum

Adelsstand ▶ Adel

Adelstitel
4 Edle, Graf
5 Baron, Edler, Prinz
6 Freiin, Fuerst, Herzog, Ritter
7 Baronin, Graefin
8 Baroness, Burggraf, Freifrau, Freiherr, Fuerstin, Herzogin, Landgraf, Markgraf
9 Kurfuerst, Pfalzgraf

Adelstitel von Elton John
3 Sir

Ader
4 Vene
5 Aorta
7 Arterie

Aderverhärtung
8 Sklerose

adhoc
7 spontan

Adjektiv
7 Beiwort

Adlatus
6 Helfer
7 Adjunkt, Famulus, Gehilfe

Adler
3 Aar

Adlernest
5 Horst

Adlerstein
5 Aetit

adlig
4 edel
5 nobel
7 vornehm

Adlige ...
· *am* **Hof**
7 Hofdame
8 Edeldame

Administration
10 Verwaltung

Adoration
8 Anbetung
13 Vergoetterung

Adressant
8 Absender

Adressat
10 Empfaenger

Adresse
9 Anschrift

adrett
4 nett
6 sauber
8 gepflegt
10 ordentlich
11 sympathisch

Adriahafen
4 Bari, Pola, Pula
5 Fiume, Kotor, Split, Trani
6 Ancona, Durres, Pesaro, Ragusa, Rijeka, Rimini, Triest, Trogir
7 Pescara, Spalato, Venedig
8 Brindisi, Molfetta
9 Dubrovnik

Adriahalbinsel
7 Istrien

Adriainsel
2 Iz
3 Ist, Krk, Pag, Rab, Vir, Vis, Zut
4 Brah, Cres, Hvar
6 Kornat, Losinj
7 Korcula
Adriawind
4 Bora
Adriazufluss
7 Rubikon
Adstringens
5 Alaun
Adverb
2 da
3 nie, nun, oft
4 bald, dort, ganz, hier, mehr, sehr, viel
5 daran, darin, nicht, wenig
6 damals, danach, selten
12 Umstandswort
Advokat
6 Anwalt
12 Rechtsanwalt
Aera
9 Abschnitt, Zeitalter
Aeronaut
10 Luftfahrer
12 Luftschiffer
Aeroplan
8 Flugzeug
Affäre
7 Skandal, Vorfall
9 Sensation
10 Streitfall
11 Kontroverse, Streitsache
12 Streitigkeit
Affekt
7 Gefuehl, Wallung
8 Erregung
9 Aufregung
12 Leidenschaft
15 Gemuetsbewegung
affektiert
5 eitel
7 geziert
11 aufgeblasen, gekuenstelt
12 unnatuerlich
Affenart
3 Lar
4 Lori, Maki, Vari
5 Drill, Indri, Katta, Lemur, Magot, Makak, Potto
6 Babuin, Gibbon, Pavian, Rhesus
7 Gorilla, Mangabe, Siamang
8 Mandrill, Wollaffe
9 Gruenaffe, Kapuziner, Meerkatze, Ohrenmaki, Orang-Utan
10 Baerenmaki, Bruellaffe, Fingertier, Rhesusaffe, Schimpanse
11 Klammeraffe
Affenbrotbaum
6 Baobab
affig ► affektiert
Affinität
14 Verwandtschaft
16 Uebereinstimmung
afghanisch(e, er, es) ...
· **Fluss**
5 Kabul
7 Herirud, Hilmend
· **Hauptstadt**
5 Kabul
· **Hochgebirge**
10 Hindukusch
· **König**
8 Padischa
· **Münze**
3 Pul
7 Afghani
· **Stadt**
5 Herat
8 Kandahar
· **Stamm**
6 Afridi, Durani
· **Wüste**
8 Registan
Afrikaforscher
5 Barth
6 Peters, Rohlfs
7 Stanley
8 Wissmann
9 Bernatzik, Nachtigal
11 Livingstone
afrikanisch(e, er, es) ...
· **Affenbrotbaum**
6 Baobab
· **Antilope**
4 Kudu
6 Impala
· **Berg**
3 Kon, Sil, Ulu, Zab
4 Kibo, Meru
5 Dendi, Kenia, Kollo, Tahat
7 Kirunga, Mawensi
8 Komsberg, Kuroworo
9 Brandberg, Nimbaberg, Ruwenzori, Tafelberg, Waterberg
10 Keeromberg, Schneeberg, Zwarteberg
11 Kamerunberg
14 Kilimandscharo
· **Bergland**
8 Usambara
· **Bier**
5 Pombe
6 Panibe
· **Brotgetreide**
5 Hirse
· **Buckelrind**
4 Zebu
· **Buschkatze**
6 Serval
· **Dickhäuter**
7 Elefant, Nashorn
8 Nilpferd
10 Flusspferd, Rhinozeros
· **Eiche**
5 Iroko
· **Feigenbaum**
8 Sykomore
· **Flussmündung**
8 Nildelta
· **Furnierholz**
5 Limba
· **Gebirge**
3 Rif
5 Atlas
6 Hoggar
7 Ahaggar, Habesch
9 Antiatlas, Ruwenzori
13 Witwatersrand
· **Geheimbund**
6 Mau-Mau
· **Getreidepflanze**
5 Hirse
· **Giftschlange**
5 Mamba
9 Puffotter
· **Hafenstadt**
3 Eil
4 Bata, Bone, Ehil, Ifni, Lome, Oran, Safi, Sfax, Sues, Suez, Susa
5 Accra, Beira, Ceuta, Dakar, Derna, Duala, Kribi, Lagos, Rabat, Sirte, Tunis
6 Agadir, Algier, Annaba, Bissau, Durban, Luanda,

Meregh, Tanger, Tetuan, Tobruk
7 Bengasi, Bizerta, Conakry, Hurgada, Kenitra, Larache, Mombasa
8 Bathurst, Djibouti, Kapstadt, Misurata, Monrovia, Port Said, Tripolis
9 Dschibuti
10 Alexandria, Casablanca, Daressalam, Libreville, Mogadischu

· **Halbinsel**
5 Sinai

· **Hartholz**
6 Makore

· **Hauptstadt**
3 Boe
4 Lomé
5 Dakar, Kairo, Lagos, Rabat, Tunis
6 Algier, Bamako, Bangui, Banjul, Bissau, Harare, Jaunde, Kigali, Luanda, Lusaka, Maputo, Maseru, Niamey
7 Abidjan, Conakry, Djibuti, Entebbe, Kampala, Karthum, Mbabane, Nairobi, St. Denis, Windhuk
8 Fort Lamy, Freetown, Kinshasa, Lilongwe, Mafeking, Monrovia, Ndjamena, Pretoria, Tripolis, Usumbura, Wagadugu, Windhoek
9 Bujumbura, Dschibuti, Gaberones, Porto Novo, Salisbury
10 Addis Abeba, Libreville, Mogadischu, Nouakchott
11 Brazzaville, Ouagadougou, Santa Isabel
12 Antananariva

· **Heilpflanze**
4 Aloe

· **Hochebene**
5 Barka

· **Horntier**
3 Gnu
4 Kudu, Zebu
6 Ducker
7 Bueffel, Gazelle, Nashorn
8 Antilope
10 Hartebeest

· **Huftier**
5 Okapi, Zebra
6 Quagga
7 Giraffe

· **Insel**
5 Mafia, Palma, Pemba
7 Annabon, Canaria
8 Principe, Sansibar
9 Lanzarote, Mauritius, Teneriffa
10 Madagaskar, Seychellen
11 Fernando Poo, Gran Canaria, Ile de France, Sankt Helena
13 Fuerteventura

· **Kropfstorch**
6 Marabu

· **Kuhantilope**
3 Gnu

· **Landschaft**
5 Sudan
6 Nubien
8 Kalahari, Usambara
13 Otavibergland

· **Laufvogel**
7 Strauss

· **Liliengewächs**
4 Aloe

· **Marder**
7 Zorilla

· **Möbelholz**
6 Makoré

· **Musikinstrument**
5 Sanga
7 Marimba

· **Naturschutzgebiet**
8 Kalahari
9 Serengeti
19 Krueger Nationalpark

· **Palmenart**
3 Ita

· **Panzerechse**
8 Krokodil

· **Politiker**
5 Obote

· **Raubtier**
5 Loewe
6 Serval

· **Reisegesellschaft**
6 Safari

· **Runddorf**
4 Kral

· **Salzsumpf**
6 Schott

· **Sandsturm**
6 Haboob

· **See**
7 Abaisee, Debosee, Edkusee, Kiwusee, Merusee, Tanasee
8 Ngamisee, Rukwasee, Tafelbai
9 Albertsee, Bittersee, Burlussee, Dilolosee, Edwardsee, Kwaniasee, Manokasee, Mariutsee, Njassasee, Nyassasee, Rudolfsee, Tschadsee
10 Leopoldsee, Schirwasee
11 Mensalehsee, Viktoriasee
12 Bangweolosee
13 Tanganjikasee, Tanganyikasee

· **Siedlervolk**
5 Buren

· **Sprache**
3 Ewe, Ful, Gur, Ibo, Kru, Kwa
4 Nuba, Nupe, Xosa, Zulu
5 Bantu, Ngala, Tonga, Wadai
6 Amhara, Haussa, Herero, Joruba, Massai, Somali, Tuareg, Yoruba
7 Kirundi, Suaheli, Turkama
8 Mandingo
9 Afrikaans, Amharisch, Kabylisch, Kisuaheli
14 Hottentottisch

· **Sprachgruppe**
5 Bantu

· **Staat**
4 Mali, Togo
5 Benin, Gabun, Ghana, Kenia, Kenya, Kongo, Niger, Sudan
6 Angola, Gambia, Guinea, Libyen, Malawi, Ruanda, Sambia, Tschad, Uganda
7 Burundi, Kamerun, Lesotho, Liberia, Marokko, Namibia, Nigeria, Senegal, Somalia
8 Aegypten, Algerien, Botswana, Djibouti, Mosambik, Simbabwe, Tansania, Tunesien
9 Mauritius, Swasiland
10 Abessinien, Basutoland,

Madagaskar, Moçambique, Suedafrika
11 Burkina Faso, Mauretanien, Sierra Leone
12 Guinea-Bissau
15 Elfenbeinkueste
16 Sao Tomé e Príncipe
· **Stamm**
3 Ado, Dor, Ewe, Fan, Ibo, Yao
4 Hutu, Nuba, Zulu
5 Bantu, Masai, Swasi, Tutsi
6 Basuto, Batuti, Berber, Dahome, Haussa, Herero, Joruba, Libyer, Massai, Mauren, Nubier, Owambo, Somali, Tuareg, Ubangi, Waluta
7 Basundi, Kabylen, Suaheli, Watussi
8 Beduinen, Mandingo, Pygmaeen
10 Aethiopier, Madegassen
11 Betschuanen
12 Buschmaenner, Hottentotten
· **Stechfliege**
6 Tsetse
12 Wadenstecher
· **Steppenhuftier**
5 Zebra
· **Storch**
4 Ibis
· **Storchenvogel**
4 Ibis
6 Marabu
· **Strom**
3 Nil
5 Kongo, Niger
6 Oranje, Schari
7 Limpopo, Sambesi, Senegal
· **Tier**
3 Gnu
4 Affe, Kudu, Zebu
5 Loewe, Okapi, Zebra
6 Ducker, Gepard, Hyaene, Pavian, Quagga, Serval
7 Bueffel, Elefant, Gazelle, Giraffe, Gorilla, Leopard, Nashorn, Schakal
8 Antilope, Krokodil
9 Erdferkel
10 Flusspferd, Hartebeest, Schimpanse
12 Elenantilope
13 Warzenschwein
· **Urwaldhospital**
9 Lambarene
· **Viehseuche**
6 Nagana
· **Vogel**
4 Ibis, Jako
6 Marabu
7 Trongon
8 Bandfink
9 Goldweber, Sekretaer
10 Feuerweber
11 Graupapagei, Madenhacker
· **Volk**
3 Ewe
7 Kaffern
· **Völkergruppe**
5 Bantu
· **Vulkan**
4 Fako, Meru
· **Waldgiraffe**
5 Okapi
· **Wasserfall**
8 Victoria
· **Wildpferd**
5 Zebra
· **Wildreservat**
9 Serengeti
· **Wüste**
3 Lut
5 Namib
6 Sahara
8 Kalahari
· **Wüstensturm**
5 Samum
· **Zwergvolk**
3 Efe
8 Pygmaeen

afroamerikanischer Tanz
5 Stomp

Ägadische ...
· **Insel**
7 Levanzo
9 Favignana, Marettimo

Ägäische ...
· **Insel**
3 Kos
5 Korfu, Kreta
· **Inseln**
6 Rhodos
8 Kykladen, Sporaden

Agamemnons ...
· **Frau**
13 Klytaemnestra
· **Sohn**
5 Orest
7 Orestes
· **Tochter**
7 Elektra
9 Iphigenie

Agavenart
4 Aloe

Agavenbranntwein
6 Meskal

Agavenfaser
5 Sisal

Agent
5 Spion
7 Spitzel
9 Vertreter
11 Mittelsmann
12 Kundschafter

Agentengruppe
12 Spionagering

Agententätigkeit
8 Spionage

Aggregatzustand
3 Eis, Gas
4 fest
5 Dampf
6 Plasma
8 fluessig
10 gasfoermig

Aggressor
8 Eroberer
9 Angreifer, Bezwinger

agil
4 rege
6 regsam, wendig
9 beweglich

Agitation
5 Hetze
12 Aufwiegelung

Agitator
6 Hetzer
10 Aufwiegler

Agonie
10 Todeskampf

Agreement
8 Abkommen
9 Abmachung
13 Uebereinkunft

Agrikultur
8 Ackerbau
14 Landwirtschaft

ägyptisch(e, er, es) ...
- **Bauer**
  6 Fellak
  8 Fellache
- **Baumwolle**
  4 Mako
- **Bauwerk**
  6 Sphinx
  7 Obelisk
  8 Pyramide
- **Bilderschrift**
  12 Hieroglyphen
- **Exkönig**
  5 Faruk
- **Friedensnobelpreisträger**
  5 Sadat
- **Gebirge**
  5 Sinai
- **General**
  5 Nabib
- **Gott**
  2 Ra, Re
  3 Mat
  4 Amun, Seth, Thot
  5 Ammon
  6 Anubis, Osiris
- **Gottheit**
  3 Bes, Ese, Geb, Hor, Min, Mut, Nil, Nut
  4 Aton, Atum, Ptha
  5 Anher, Chons, Jusas, Month, Neith, Nilus, Sebak, Sobek, Sokar, Soker
  6 Bastet, Chnemu, Chonsu, Neilus, Onuris, Tefnut, Typhon, Upuaut
  7 Canobus, Nephtys, Sachmet, Sechmet
  8 Bubastis
- **Göttin**
  4 Isis
- **Hafenstadt**
  4 Sues, Suez
  6 Abukir, el Duba, Kosser
  7 Kosseir, Rosetta
  8 Ismailia, Port Said
  10 Alexandria
- **Halbinsel**
  5 Sinai
- **Hauptgott von Karnak**
  4 Amun
- **König**
  5 Faruk
  6 Cheops, Ramses
  8 Echnaton, Tutmosis
  11 Tutenchamun
- **Königin**
  4 Teje
  8 Berenike
  9 Kleopatra, Nofretete
- **Königstitel**
  6 Pharao
- **Münze**
  7 Piaster
- **Pharaonin**
  9 Kleopatra
- **Politiker**
  5 Sadat
  6 Nasser
  7 Mubarak
- **Pyramiden**
  6 Cheops
  7 Chefren
  9 Mykerinos
- **Stadt am Nil**
  6 Assuan
- **Strom**
  3 Nil
- **Wasserstraße**
  9 Sueskanal, Suezkanal

Ahle
6 Pfriem

Ahn
7 Vorfahr
10 Stammvater, Vorgaenger

Ahnenforschung
10 Genealogie

Ahnentafel
9 Stammbaum

Ahnenverehrung
8 Manismus

Ahnherr
10 Stammvater

ähnlich
6 analog
8 verwandt
12 entsprechend

ähnliches Wesen
8 Ebenbild

Ähnlichkeit
10 Affinitaet

Ahnung
4 Idee
8 Instinkt, Verdacht
9 Vermutung
10 Mutmassung, Vorgefuehl

Ährenborste
6 Granne

Ährenbündel
5 Garbe

Air
5 Miene
7 Fluidum, Haltung
8 Aussehen

akademisch(e, er, es) ...
- **Abkürzung**
  2 Dr, em, hc, MA
  3 jur, Lic, med
  4 Dipl, grad, phil, Prof
  5 habil, theol
- **Behörde**
  5 Senat
- **Examensnote**
  4 rite
  8 cum laude
  13 magna cum laude, summa cum laude
- **Grad in England**
  6 Master
- **Halbjahr**
  8 Semester
- **Titel**
  5 Dekan
  6 Doktor, Dozent
  8 Magister
  9 Professor

Akazie
7 Robinie

Akkordeon
13 Ziehharmonika
15 Schifferklavier

Akkordlohn (im Bergbau)
7 Gedinge

akkurat
5 exakt, genau
7 praezis
11 sorgfaeltig
12 gewissenhaft

Akne
8 Mitesser

Akne, Mitesser
11 Hautproblem

Akquisiteur
6 Werber

Akquisition
4 Kauf
6 Erwerb
7 Einkauf
11 Anschaffung, Kundengewinnung

Akrobat
6 Artist

akrobatische Darbietung
9 Trapezakt
akrobatischer Tanz
5 Limbo
Akt
5 Szene
6 Aufzug
7 Vorgang
8 Handlung
9 Massnahme
10 Dramenteil
16 Nacktdarstellung
Akte
7 Urkunde
8 Dokument
9 Protokoll
13 Schriftstueck
Aktenaufschrift
6 Rubrum
Aktenbündel
7 Dossier
8 Faszikel, Konvolut
Aktenhefter
6 Ordner
Aktensammlung
5 Aktei
6 Archiv
11 Registratur
13 Dokumentation
Aktenschrank
11 Registratur
Aktentasche
5 Mappe
Akteur
4 Mime
10 Darsteller, Teilnehmer
12 Schauspieler
Aktie
5 Share
6 Anteil
10 Wertpapier
12 Anteilschein
Aktienabschnitt
5 Kupon
6 Coupon
Aktiengewinnanteil
9 Dividende
Aktienmarkt
6 Boerse
Aktienminderwert
7 Disagio
Aktion
3 Tat
4 Werk
7 Vorgang
8 Ereignis, Handlung
9 Geschehen, Verfahren
10 Taetigkeit
12 Unternehmung
Aktionär
9 Teilhaber
14 Gesellschafter
aktiv
4 agil, rege
6 eifrig, taetig
7 wirksam
11 tatkraeftig
Aktiva
5 Haben
6 Besitz
8 Guthaben
aktiver Auktionsteilnehmer
6 Bieter
aktives Bewegungsorgan
6 Muskel
Aktrice
5 Mimin
11 Kuenstlerin
12 Darstellerin
14 Schauspielerin
Aktualität
9 Zeitnaehe
15 Gegenwartsnaehe
aktuell
2 in
6 modern
aktuell(e, er, es) ...
· **Bericht**
8 Panorama
9 Reportage
· **Fernsehsendung**
5 Heute
10 Tagesschau
· **Nachricht**
9 Neuigkeit
Akustik
10 Schallehre
11 Schalllehre
akustisch(e, er, es) ...
· **Phänomen**
3 Ton
4 Echo, Hall, Phon
5 Klang
6 Schall
8 Nachhall, Resonanz
· **Verstärker**
12 Lautsprecher
· **Wahrnehmen**
6 hoeren
akut
7 wichtig
10 bedrohlich
akute Blutarmut
9 Oligaemie
Akzent
3 Ton
4 Note
7 Gewicht, Tonfall
8 Betonung
9 Nachdruck
10 Aussprache, Tonzeichen
akzentuieren
7 betonen
11 hervorheben
Akzentuierung
8 Betonung
akzeptabel
9 annehmbar
Alarmanlage
6 Sirene
11 Feuermelder
Albaner
8 Skipetar
albanisch(e, er, es) ...
· **Berg**
4 Deja, Guka
5 Krrab
8 Valamare
· **Dichter**
4 Rada
6 Fishta
· **Exkönig**
4 Zogu
· **Hafenstadt**
5 Vlore
6 Durres, Valona
7 Durazzo, Sarande
· **Hauptstadt**
6 Tirana
· **Insel**
5 Sasan
6 Saseno
· **Königsname**
6 Achmed
· **Nachrichtenbüro**
3 ATA
· **Nationalheld**
9 Kastriota
10 Skanderbeg
· **Nationaltracht**
10 Fustanella
· **See**
10 Skutarisee

- **Staatsmann**
  6 Leschi
  7 Hodscha
- **Währung**
  3 Lek
  7 Quintar

albern
4 dumm
5 affig
8 daemlich, kindisch, toericht
10 einfaeltig

albern(e, er, es) ...
- **Benehmen**
  8 Kinderei
- **Kerl**
  6 Kasper
- **Streich**
  5 Unfug

Albert Schweitzers Urwalddorf
9 Lambarene

Albinoform ...
- *des* **Iltisses**
  5 Frett
  9 Frettchen

Aldermann
8 Ratsherr, Stadtrat
9 Aeltester, Vorsteher

Alepponuss
8 Pistazie

alert
6 frisch, munter

alexandrinisch(e, er, es) ...
- **Mathematiker**
  6 Euklid
  10 Apollonios, Apollonius
- **Philosoph**
  6 Philon

Alfagras
7 Esparto

Algenforscher
8 Algologe

Algenpflanze
4 Tang

algerisch(e, er, es) ...
- **Berberstamm**
  6 Zuaven
  7 Kabylen
- **Berg**
  5 Tahat
- **Freiheitskämpfer**
  8 Ben Bella
- **Gebirge**
  5 Atlas
  6 Hoggar
  7 Ahaggar
- **Geröllwüste**
  3 Reg
- **Münze**
  5 Dinar
- **Staatsmann**
  11 Boumedienne

alias
4 oder
5 sonst
6 anders

Alibi
7 Ausrede
18 Abwesenheitsbeweis

Alk
6 Teiste

Alkalimetall
6 Kalium
7 Caesium, Lithium, Natrium, Zaesium
8 Francium, Rubidium

alkalische Lösung
5 Lauge

alkalisches Mittel
6 Natron

Alkaloid
4 Cola, Kola, Tein
5 Opium, Taxin
6 Chinin, Kodein, Kokain, Kurare
7 Atropin, Coffein, Koffein, Morphin, Nikotin, Zytisin
8 Meskalin, Morphium
9 Strychnin

Alkohol
8 Spiritus
9 Weingeist

alkoholfreie Gaststätte
7 Tearoom

alkoholfreies ...
- **Getränk**
  4 Cola, Limo
  8 Limonade

Alkoholgegner
12 Temperenzler

Alkoholgehalt
8 Promille

Alkoholiker
7 Trinker

alkoholisch(e, er, es) ...
- **Einreibemittel**
  15 Franzbranntwein
- **Getränk**
  3 Ale, Gin, Met, Rum
  4 Bier, Flip, Grog, Korn, Sake, Sekt, Wein
  5 Arrak, Bowle, Wodka
  6 Brandy, Cognac, Kognak, Likoer, Pernod, Punsch, Sherry, Whisky
  7 Absinth, Aquavit, Genever, Kuemmel, Obstler, Rotwein, Schnaps
  8 Anisette, Cocktail
  9 Gluehwein, Slibowitz, Weinbrand, Weissbier, Weisswein
  10 Branntwein, Champagner, Chartreuse, Schaumwein
  13 Burgunderwein
  17 Kuemmelbranntwein
- **Getränk aus einem Blütenextrakt**
  11 Rosenlikoer
- **Getränk aus Obst**
  16 Zwetschenschnaps
- **Getränk bestimmter Güte**
  14 Qualitaetswein
- **Getränk zu Mahlzeiten**
  9 Tischwein
- **Getränke**
  5 Weine
  11 Spirituosen
- **Heißgetränk**
  4 Grog
  6 Punsch
  9 Gluehwein
  14 Schwedenpunsch
  16 Feuerzangenbowle
- **Mischgetränk**
  5 Drink
- **Mischgetränk mit Ei**
  4 Flip
- **Mixgetränk**
  4 Fizz, Flip, Grog, Sour
  5 Bowle, Daisy, Drink, Julep, Sling
  6 Cooler, Crusta, Punsch
  7 Cobbler, Collins
  8 Cocktail, Highball, Sangaree
  9 Gluehwein
- **Mixgetränkeausschank**
  11 Cocktailbar

alkoholisiert
11 angetrunken

Alkoholverbindung
5 Ester

Alkoholverbot
11 Prohibition
All
4 Welt
5 Natur
6 Kosmos
8 Weltraum
9 Universum
alle ...
· **Angehörigen**
14 Verwandtschaft
· **Innenorgane**
10 Eingeweide
· **ohne Ausnahme**
5 jeder
· **Soldaten der Streitkräfte**
6 Truppe
· **Sportpferde eines Besitzers**
9 Rennstall
· **zwei**
5 beide
Allee
11 Baumstrasse, Parkstrasse
Allee ...
· *in* **Berlin**
14 Unter den Linden
· *in* **Düsseldorf**
3 Koe
12 Koenigsallee
· *in* **Paris**
13 Champs Elysées
· *in* **Wien**
4 Ring
11 Ringstrasse
Allegorie
6 Symbol
8 Sinnbild
9 Gleichnis
15 Personifikation
allein
4 solo
6 einsam
7 einzeln
8 isoliert
9 verlassen
10 vereinsamt
allein stehendes Gebäude
10 Einzelhaus
Alleinanspruch
7 Monopol
Alleinerbe
13 Universalerbe
Alleingang (Fußball)
4 solo
Alleinhandelsrecht
7 Monopol
Alleinherrschaft
8 Diktatur
9 Monarchie
Alleinherrscher
6 Tyrann
7 Monarch
8 Autokrat, Diktator
alleiniges Original
6 Unikat
Alleinstehender
6 Single
allerdings
4 aber
allergische ...
· **Erkrankung**
9 Heufieber
12 Heuschnupfen, Nesselfieber
Allerlei
5 Varia
9 Potpourri, Quodlibet
10 Kunterbunt
allerletzter Aufschub
11 Galgenfrist
allerorten
8 ueberall
allerseits
8 generell
9 allgemein
Allerweltskerl
12 Tausendsassa
alles
9 insgesamt, jegliches
11 saemtliches
alles verneinender Mensch
8 Nihilist
allgemein
8 allseits, generell
9 umfassend, universal
10 allerseits, summarisch, universell
11 gewoehnlich, schlechthin
allgemein verständlich
8 populaer
allgemein(e, er, es) ...
· **Ansehen**
4 Ehre
· **Beachtung**
8 Aufsehen
· **Grundsatz**
6 Maxime
· **Preisauftrieb**
8 Teuerung
· **Straferlass**
8 Amnestie
allgemeingültig
8 generell
Allgemeinheit
8 Publikum
15 Oeffentlichkeit
Allgewalt
10 Omnipotenz
Allheilmittel
7 Arkanum, Panazee, Theriak
Allianz
4 Bund, Liga, Pakt
8 Buendnis
9 Koalition
Alliteration
8 Stabreim
Allmacht ▶ Allgewalt
allmählich
7 langsam
8 graduell
10 sukzessive
allmähliche Neugliederung
14 Strukturwandel
allmähliches Entstehen
11 Entwicklung
Allmutter
5 Natur
Allroundgerät fürs Garen
13 Kombidaempfer
allseitig ▶ allumfassend
alltäglich
4 fade
5 banal
12 abgedroschen
Alltagsbekleidung
13 Strassenanzug
Alltagseinerlei
5 Trott
Alltagsrhythmus
5 Trott
allumfassend
9 universal
10 universell
Allüren
8 Benehmen
9 Auftreten
10 Erscheinen
Alm
5 Senne
9 Bergweide, Bergwiese
Alma Mater
12 Universitaet

Almanach
8 Jahrbuch, Kalender
Almbäuerin
8 Sennerin
Almenbauer
6 Senner
Almenrausch
9 Alpenrose
Almhirt
4 Senn
6 Senner
Almosen
4 Gabe
6 Obolus, Spende
10 Liebesgabe
Almosenempfänger
7 Bettler
Almosenheischen
8 Bettelei
Almrausch
9 Alpenrose
Almwirtschaft
8 Sennerei
Alp
5 Senne
9 Bergweide, Bergwiese, Traummahr
13 Nachtgespenst
Alpenblume
6 Enzian
9 Alpenrose, Edelweiss
Alpengebirgsstock
4 Rigi
5 Albis, Sella
6 Moench, Tauern
7 Arlberg, Bernina
9 Dolomiten, Karwendel, Marmolata, Silvretta
10 Hohe Tauern, Karawanken
Alpengipfel
2 Ot
3 Err
4 Isel
5 Eiger, Toedi
6 Moench, Ortler, Titlis
7 Ankogel, Pilatus, Saentis, Schlern
8 Hochobir, Jungfrau, Pfaender, Watzmann
9 Dachstein, Hochstuhl, Langkofel, Marmolata, Montblanc, Monte Rosa, Nebelhorn, Venediger, Zugspitze
10 Drei Zinnen, Matterhorn, Piz Bernina, Wetterhorn, Wildspitze
11 Aletschhorn
13 Grossglockner
14 Finsteraarhorn
Alpengipfel ...
· *im* **Berner Oberland**
5 Eiger
· *in* **Südtirol**
6 Ortler
Alpengletscher
5 Roseg
6 Ferner, Gorner
7 Aletsch
8 Pasterze
Alpengruppe
7 Bernina
8 Raetikon
Alpenhirt ▶ Almhirt
Alpenhütte
8 Sennerei
Alpenpass
3 Foo
4 Fern, Jaun, Lueg, Ofen
5 Achen, Furka, Gemmi, Loibl, Pyhrn, Stein, Strub, Tenda, Thurn, Turlo
6 Albula, Gerlos, Iseran, Jaufen, Julier, Maloja, Mendel, Susten, Tauern
7 Arlberg, Bernina, Brenner, Bruenig, Cayolle, Flueela, Forclas, Glandon, Grimsel, Klausen, Nufenen, Reschen, Schober, Simplon
8 Galibier, Karersee, Lautaret, Septimer, Spluegen
9 Lukmanier, Sellajoch, Semmering
10 Bernardino, Katschberg
11 Loetschberg, Timmelsjoch
12 Groednerjoch, Hochtannberg, Stilfserjoch
13 San Bernardino, Sankt Bernhard, Sankt Gotthard
Alpenpflanze
5 Speik
6 Akelei, Enzian
7 Aurikel
8 Eisenhut, Gemswurz
9 Almrausch, Alpenhelm, Alpenrose, Edelweiss, Taumantel
10 Alpenlilie, Alpennelke, Bergkiefer, Gemskresse, Silberwurz, Soldanelle, Steinnelke
11 Wucherblume
12 Glockenblume, Loeffelkraut, Troddelblume
13 Alpenveilchen, Taeschelkraut, Teufelskralle
15 Alpengloeckchen
Alpenrepublik
11 Oesterreich
Alpenrose
9 Almrausch
11 Almenrausch
Alpensänger
6 Jodler
Alpensee
5 Ritom
6 Eibsee, Irrsee
7 Mondsee
8 Achensee, Ammersee, Bodensee, Comer See, Gardasee, Wuermsee, Zuger See
9 Genfer See, Kochelsee, Tegernsee
10 Koenigssee, Schliersee, Schwarzsee, Staffelsee, Walchensee, Weissensee, Zuerichsee
11 Woerthersee, Wolfgangsee
12 Lago Maggiore
14 Starnberger See
19 Vierwaldstaetter See
Alpental in Vorarlberg
8 Montafon
Alpentier
4 Gams
5 Gemse
6 Gaemse
8 Kolkrabe
9 Hornviper, Steinbock, Steinhuhn
10 Alpendohle, Murmeltier, Schneehase, Schneehuhn, Steinadler
13 Gletscherfloh
14 Alpenspitzmaus
15 Alpensalamander

Alpenübergang ▶ Alpenpass
Alpenveilchen
7 Zyklame
Alpenvorland
7 Allgaeu
Alpenweide
3 Alm, Alp
4 Alpe
5 Senne
Alpenwind
4 Foen
5 Foehn
Alpenwirtschaft
8 Sennerei
Alphabet
3 Abc
Alphirt
4 Senn
alpines Skirennen
8 Kandahar
Alpinist
11 Bergsteiger
Alpinistin
13 Bergsteigerin
als ...
· **Anlage beigefügt**
5 anbei
· **Mannequin oder Dressman arbeiten**
6 modeln
· **Sieger in Besitz nehmen**
8 erbeuten
alsbald
8 sogleich
also
4 ergo
5 daher, somit
6 mithin
7 demnach, deshalb
8 folglich
10 demgemaess
13 infolgedessen
alt
5 antik
6 betagt
7 bejahrt, ergraut
alt(e, er, es) ...
· **Anredeform**
2 Er
3 Sie
4 Dero
8 Erlaucht
11 Durchlaucht, Wohlgeboren
· **Apothekergewicht**
4 Gran, Unze
· **Aristokratie**
6 Uradel
· **asiatischer Volksstamm**
6 Hunnen
8 Mongolen
· **asiatisches Reitervolk**
6 Hunnen
8 Mongolen
· **assyrische Hauptstadt**
5 Assur
· **astronomisches Instrument**
6 Gnomon
8 Astrolab, Dreistab
15 Armillarsphaere
· **Automobil**
8 Oldtimer
· **Bezeichnung für Gepäck**
6 Bagage
· **Brillenform**
7 Kneifer
· **deutsches Freigericht**
4 Feme
· **deutsches Gewicht**
4 Unze
· **englische Goldmünze**
6 Guinee
· **englische Münze**
4 Real
9 Rosenobel
· **Erzählung**
4 Maer, Saga, Sage
· **Feldmaß**
4 Hufe, Joch, Rute
5 Acker
6 Morgen
7 Juchart, Juchert, Tagwerk
· **Feldzugteilnehmer**
7 Veteran
· **Feuerwaffe**
11 Vorderlader
· **Florentiner Geschlecht**
6 Medici
· **Flughafen von München**
4 Riem
· **Form des Klaviers**
7 Spinett
· **französische Grafschaft**
5 Anjou, Blois, Maine, Rodez
6 Poitou
8 Auvergne, Touraine
9 Champagne
· **französische Landschaft**
9 Normandie
· **französische Münze**
3 Ecu, Sou
5 Livre
6 Denier, Double
8 Louisdor
11 Napoleondor
· **französische Versdichtung**
3 dit
· **französischer Tanz**
7 Menuett
9 Quadrille
· **französisches Herrschergeschlecht**
7 Bourbon
· **germanischer Stamm**
5 Goten, Ubier
6 Angeln, Katten, Sueben, Sweben
7 Bataver, Chatten, Cimbern, Friesen, Kimbern, Sachsen
8 Ostgoten, Teutonen, Vandalen, Wandalen
9 Alemannen, Bajuwaren, Burgunder, Cherusker, Westgoten
11 Hermunduren, Langobarden, Markomannen
· **Geschichten**
8 Kamellen
· **Getreidemaß**
5 Metze
6 Malter
8 Scheffel
· **Gewicht**
3 Lot
4 Gran, Unze
· **Goldmünze**
6 Gulden
7 Dukaten, Pistole, Zechine
8 Louisdor
· **Hafen Roms**
5 Ostia
· **Handfeuerwaffe**
7 Muskete
11 Vorderlader
· **Handschrift**
9 Pergament
· **Hanseschiff**
5 Kogge
· **Hauptstadt Ägyptens**
10 Alexandria

- **Hauptstadt Assyriens**
  5 Assur
  6 Ninive
- **Hauptstadt Äthiopiens**
  5 Aksum
- **Hauptstadt der Inka**
  5 Cuzco
- **Heldenepos**
  5 Ilias
  6 Aeneis, Iliade
  7 Odyssee
- **Herr**
  6 Senior
- **Hohlmaß**
  5 Fuder, Metze, Quart, Zuber
  6 Oxhoft, Sester
  7 Klafter
  8 Scheffel
- **Holzblasinstrument**
  8 Schalmei
- **Holzmaß**
  4 Ster
  7 Klafter
- **indianisches Kulturvolk**
  4 Inka, Maya
  7 Azteken, Olmeken
  8 Tolteken
- **italienische Münze**
  5 Scudo
- **italienischer Herrschertitel**
  4 Doge
- **Jagdwaffe**
  5 Bogen, Pfeil, Speer
- **japanische Münze**
  3 Sen
- **Junggeselle**
  9 Hagestolz
- **Kampfschutz**
  4 Helm
  6 Panzer, Schild, Visier
  7 Bruenne, Kuerass
  8 Harnisch, Topfhelm
  12 Kettenpanzer
- **Kaufherrengeschlecht**
  6 Fugger, Welser
- **Kirchenstrafe**
  4 Bann
- **Klavierform**
  7 Spinett
- **Kleidungsstück**
  8 Klamotte
- **Königreich in Nordafrika**
  8 Numidien
- **Kopfbedeckung**
  6 Hennin
  7 Kapotte
  9 Dreispitz, Zweispitz
- **körniger Gebirgsschnee**
  4 Firn
- **Körpermaß**
  5 Zuber
- **Kraftfahrzeug**
  8 Oldtimer
- **Krieger**
  7 Veteran
- **Kunstgegenstände**
  13 Antiquitaeten
- **Kupfermünze**
  6 Heller
  7 Kreuzer
- **Land am Mittelmeer**
  10 Phoenizien
- **Längenmaß**
  4 Zoll
- **lateinische Bibelübersetzung**
  5 Itala
- **Mann**
  5 Greis
  10 Methusalem
- **mesopotamischer Stadtstaat**
  5 Larsa
- **Monatsname** ▶ altdeutscher Monatsname
- **Name der Bretagne**
  8 Armorika
- **Name der Dardanellen**
  10 Hellespont
- **Name der Donau**
  8 Danuvius
- **Name der Krim**
  6 Tauris
- **Name der Mosel**
  7 Mosella
- **Name des Griechen**
  7 Hellene
- **Name des Iran**
  7 Persien
- **Name des März**
  7 Lenzing
- **Name des westlichen Balkans**
  8 Illyrien
- **Name für Basel**
  7 Basilia
- **Name für Djakarta**
  7 Batavia
- **Name für Edelknabe**
  4 Page
  6 Knappe
- **Name für England**
  9 Britannia
- **Name für Florenz**
  9 Florentia
- **Name für Griechenland**
  6 Hellas
- **Name für Istanbul**
  6 Byzanz
  14 Konstantinopel
- **Name für Köln**
  16 Colonia Agrippina
- **Name für London**
  9 Londinium
- **Name für Oslo**
  10 Kristiania
- **Name für Paris**
  7 Lutetia
- **Name für Rom**
  4 Roma
- **Name für Thailand**
  4 Siam
  7 Formosa
- **Name für Wien**
  9 Vindobona
- **Name von Syrien**
  7 Aramaea
- **Name von Taiwan**
  7 Formosa
- **Name von Tallinn**
  5 Reval
- **niederländische Münze**
  4 Deut
- **niedriges Liegesofa**
  5 Diwan
- **österreichischer Adelstitel**
  4 Edle
  5 Edler
- **Papierzählmaß**
  4 Ries
- **Pferd**
  6 Kracke, Maehre
- **Plunder**
  4 Kram
- **römische Provinz**
  10 Lusitanien
- **römischer Grenzwall**
  5 Limes
- **römisches Geschlecht**
  6 Julier
  7 Flavier
  8 Claudier

· **russisches Längenmaß**
5 Werst
· **Saiteninstrument**
4 Lyra
5 Domra, Gambe, Harfe, Laute, Leier
6 Fiedel, Sister
7 Bariton, Bassett, Cembalo, Kithara, Psalter
10 Aeolsharfe, Trumscheit
· **Schiffskörper**
5 Wrack
· **Schiffstyp**
10 Raddampfer
· **Schlager**
5 Oldie
· **Schlagwaffe**
5 Keule
· **Schnee**
4 Firn
6 Ferner, Firner
· **Schneidermaß**
4 Elle
· **Schreittanz**
6 Pavane, Reigen
· **Schriftzeichen**
4 Rune
11 Hieroglyphe
· **Schusswaffe**
5 Bogen
8 Arkebuse, Armbrust, Balliste
· **schwedisches Adelsgeschlecht**
4 Wasa
· **Silbermünze**
6 Batzen
· **Spießwaffe**
4 Pike
10 Hellebarde
· **Sprache**
6 Latein
10 Griechisch, Hebraeisch
· **Stadt im Libanon**
6 Balbek
7 Baalbek
· **Stadt in Ägypten**
4 Sais
5 Luxor
6 Abydos, Theben
7 Memphis
10 Heliopolis
· **Stadt in Mesopotamien**
5 Larsa
· **Stadt in Persien**
4 Susa
8 Ekbatana
10 Persepolis
· **Städtebund**
5 Hanse
· **Straßenleuchte**
7 Laterne
10 Gaslaterne
· **Streichinstrument**
5 Fidel
· **südbabylonischer Volksstamm**
7 Sumerer
· **Tanz**
5 Gigue
6 Hopser, Reigen
7 Gavotte, Menuett
9 Allemande, Sarabande
· **Trockenmaß**
5 Meste
6 Metzen
· **Volk in Nordeuropa**
8 Germanen
· **Volksstamm in Frankreich**
7 Gallier
· **Volksstamm in Italien**
5 Osker
6 Italer, Umbrer
7 Sabiner, Volsker
8 Etrusker, Samniten
· **Volksstamm in Kleinasien**
5 Lyder
6 Luwier
7 Galater, Phryger
8 Hethiter, Isaurier
9 Kimmerier
· **Volksstamm in Nordeuropa**
8 Germanen
· **Volksstamm in Schottland**
6 Pikten, Skoten
· **Volksstamm in Westeuropa**
6 Basken, Iberer, Kelten
7 Gallier
· **Waffe**
4 Pike
5 Keule, Lanze, Pfeil
6 Rapier
7 Schwert
8 Armbrust, Balliste
9 Faustkeil, Partisane, Schleuder, Streitaxt
10 Hellebarde, Pfeilbogen
11 Morgenstern
· **Wasserhebemaschine**
10 Schoepfrad
· **Wegemaß**
5 Meile
· **weiser Ratgeber**
6 Nestor
· **Wort für Abhilfe**
7 Remedur
· **Wort für einen Verwandten**
5 Eidam, Oheim
· **Wort für Gepäck**
6 Bagage
· **Wort für Hafen**
4 Port
· **Wort für Intrige**
6 Kabale
· **Wort für jetzt**
4 itzo, itzt
· **Wort für Kennzahl**
6 Numero
· **Wort für Krieg**
5 Orlog
· **Wort für Leinen**
6 Linnen
· **Wort für Schwiegersohn**
5 Eidam
· **Wort für Tabak**
5 Tobak
· **Wort für Tante**
5 Muhme
· **Wort für Witwe**
5 Witib
6 Wittib
· **Wort für Zoll**
4 Maut
· **Wurfspieß**
3 Ger
· **Wurfwaffe**
5 Lanze
9 Schleuder
· **Zählmaß**
4 Gros
6 Mandel, Schock
· **Zeug**
7 Plunder
· **Zupfinstrument**
5 Laute

altägyptisch(e, er, es) ...
· **Gott**
2 Ra, Re
4 Amun, Seth

5 Ammon, Horus
6 Osiris
· **Göttin**
4 Isis
6 Hathor
· **Handschriften**
6 Papyri
· **heiliger Stier**
4 Apis
· **König**
6 Ramses
8 Echnaton
11 Tutanchamun, Tutenchamun
· **Königsgrabmal**
8 Pyramide
· **Königsname**
6 Cheops, Ramses
· **Königstitel**
6 Pharao
· **Krug**
6 Kanope
· **Stadt**
4 Sais
5 Luxor, Tanis
6 Abydos, Karnak, Theben
7 Dendera, Memphis
8 El Amarna
10 Heliopolis

Altan
6 Balkon
7 Soeller

altarabisches Reich
4 Saba

Altaraufsatz
7 Retabel
8 Messpult

Altarbaldachin
8 Ziborium
10 Tabernakel

Altargerät
5 Kelch, Kreuz
9 Monstranz

Altargewand
8 Parament

Altarnische
5 Apsis
6 Koncha, Konche

Altarplatte
5 Mensa

Altarraum
6 Abaton
11 Sanktuarium

Altarsakrament
9 Abendmahl
11 Eucharistie

altathenischer Gesetzgeber
5 Solon

altathenisches Gericht
7 Areopag

altbabylonischer ...
· **König**
8 Belsazar
9 Hammurabi
12 Nebukadnezar

altbabylonisches ...
· **Gewicht**
5 Sekel
7 Schekel

Altbuchhändler
8 Antiquar

altbyzantinischer Statthalter
6 Exarch

altchinesische Dynastie
3 Han

altchinesischer ...
· **Weiser**
6 Laotse
8 Konfutse
9 Konfuzius

altchristliches Liebesmahl
5 Agape

altdänischer ...
· **König**
3 Dan
4 Gorm

altdeutsch(e, er, es) ...
· **Abgabe**
4 Bede
· **Apothekergewicht**
4 Gran, Unze
· **Flächenmaß**
4 Hufe, Joch, Rute
6 Morgen
7 Tagwerk
· **Flüssigkeitsmaß**
5 Anker, Quart
· **Freigericht**
4 Feme
· **Gebäck**
6 Brezel
· **Getreidemaß**
4 Last
6 Malter
· **Gewicht**
3 Lot
4 Mark, Unze
5 Pfund, Quent
7 Zentner
· **Heldenepos**
10 Nibelungen
14 Nibelungenlied
15 Hildebrandslied
· **Hohlmaß**
3 Ohm
4 Mass
5 Anker, Fuder, Metze, Quart
6 Oxhoft
8 Scheffel
· **Längenmaß**
4 Elle, Fuss, Rute, Zoll
5 Linie, Meile
6 Spanne
7 Klafter
· **Laufspiel**
7 Barlauf
· **Mengenmaß**
6 Mandel, Schock
· **Monatsname**
5 Maien
6 Heuert
7 Brachet, Eismond, Ernting, Hartung, Julmond, Lenzing
8 Gilbhart, Heilmond, Lenzmond, Nebelung, Weinmond
9 Brachmond, Erntemond, Nebelmond, Ostermond, Rosenmond, Scheiding, Wonnemond
10 Christmond, Herbstmond
· **Münze**
5 Albus, Taler
6 Batzen, Gulden, Heller
7 Dukaten, Kreuzer
8 Groschen
· **Name für Oktober**
9 Weinmonat
· **Narrenfigur**
4 Till
12 Eulenspiegel
· **Rechtsbuch**
12 Laienspiegel

alte Bezeichnung für ...
· **August**
7 Ernting
· **Barbier**
5 Bader
· **Bettnische**
7 Alkoven

· **eine giftige Lösung**
7 Vitriol
· **Fähnrich**
7 Kornett
· **fahrender Student**
7 Scholar
· **Fahrrad**
9 Veloziped
· **Januar**
7 Eismond
· **Onkel**
5 Oheim
· **Preuße**
7 Borusse
· **Tante**
5 Muhme
· **Unteroffizier**
8 Korporal
Alteisen
7 Schrott
altenglischer Sagenheld
9 Robin Hood
altenglisches Heldengedicht
7 Beowulf
Altenteil
10 Ausgedinge
älterer Name für Estragon
6 Dragon
alternativ
9 wahlweise
12 wechselweise
alternativer Personenkreis
5 Szene
Alternsforschung
12 Gerontologie
Altersbezeichnung
4 jung
Altersgeld
5 Rente
7 Pension
10 Ruhegehalt
Altersgeldempfänger
7 Rentner
Altersheilkunde
9 Geriatrie
altersschwach
5 senil
7 zittrig
Altersschwäche
8 Marasmus
Altersversorgung
5 Rente
7 Pension
9 Leibrente

Altertum
6 Antike
altertümlich
5 antik
9 archaisch
10 antiquiert
altertümliche Dinge
13 Antiquitaeten
Altertumsforscher
11 Archaeologe
ältest(e, er, es) ...
· **Bibelübersetzung**
5 Itala
· **Gelehrter einer Wissenschaft**
6 Nestor
· **Sohn Noahs**
3 Sem
· **weiblicher Vorfahr**
6 Urahne
Ältestenrat
5 Senat
Ältestenrecht
8 Seniorat
Ältester
6 Nestor, Senior
9 Presbyter
altfranzösische Dichtung
11 Rolandslied
altgedienter Soldat
7 Veteran
Altgeige
5 Viola
8 Bratsche
altgeliebter Schlager
9 Evergreen
altgermanisch(e, er, es) ...
▶ germanisch ...
altgriechisch(e, er, es) ...
· **Arzt**
11 Hippokrates
· **Bauwerk**
9 Parthenon
11 Erechtheion
· **Bergnymphe**
6 Oreade
· **Bildhauer**
6 Skopas
7 Antenor, Phidias
8 Polyklet
· **Blasinstrument**
5 Aulos
· **Danklied**
5 Paean

· **Deckelgefäß**
6 Kanope
· **Dichter**
5 Aesop, Homer
6 Hesiod, Lukian, Pindar
7 Thespis
8 Anakreon, Menander, Pindaros, Plutarch, Theokrit, Xenophon
9 Aeschylos, Aeschylus, Aischylos, Euripides, Sophokles
10 Thukydides
12 Aristophanes
· **Dichterin**
6 Sappho
7 Korinna
· **Dichterross**
7 Pegasus
· **Erfinder**
5 Heron
10 Archimedes
· **Fabeldichter**
5 Aesop
· **Fährmann der Unterwelt**
6 Charon
· **Fluss der Unterwelt**
4 Styx
5 Lethe
7 Acheron
· **Geldeinheit**
6 Talent
· **Geliebte**
7 Hetaere
· **Geschichtsschreiber**
7 Herodot, Zosimus
8 Polybios, Xenophon
10 Thukydides
· **Gesetzgeber**
5 Solon
6 Drakon
· **Gewand**
6 Chiton, Peplon, Peplos
7 Chlamys
8 Himation
· **Gewicht**
4 Mina, Mine
6 Talent
7 Drachme
· **Gott**
3 Pan
4 Ares, Eros, Zeus
5 Apoll, Hades, Hymen, Ladon, Pluto, Titan
6 Aeolos, Aeolus, Apollo,

Asopos, Boreas, Erebos, Helios, Hypnos, Ikelos, Kratos, Kronos, Nereos, Nereus, Triton, Uranos, Zephyr
7 Anteros, Apollon, Chronos, Ganymed, Okeanos, Phoebus, Priapos, Proteus
8 Aeskulap, Alpheios, Dionysos, Hephaest, Hyperion, Morpheus, Poseidon, Thanatos
9 Asklepios, Hymenaeos, Phantasos
10 Hephaestos, Hephaistos

· **Götterberg**
5 Olymp

· **Götterbote**
6 Hermes

· **Götterbotin**
4 Iris

· **Göttermutter**
4 Hera

· **Göttervater**
4 Zeus

· **Göttin**
2 Ge
3 Ate, Bia, Deo, Eos, Nyx
4 Aura, Dike, Enyo, Eris, Gaea, Gaia, Hebe, Hera, Hore, Iris, Klio, Leto, Nike, Ossa, Rhea, Styx
5 Elpis, Erato, Metis, Moira, Penia, Tyche
6 Aglaia, Athene, Charis, Eirene, Hekate, Hestia, Peitho, Phoebe, Psyche, Selene, Tethys, Thalia, Themis, Thetis, Urania
7 Artemis, Astraea, Demeter, Erinnye, Euterpe, Hygieia, Nemesis
8 Charitin, Kalliope, Lachesis
9 Aphrodite, Mnemosyne
10 Persephone

· **Grabsäule**
5 Stele

· **Hafenstadt**
5 Aulis

· **Hauptstamm**
5 Dorer
6 Jonier

· **Heerführer**
9 Agamemnon

· **Held**
4 Ajax
6 Achill, Aeneus, Nestor
8 Achilles, Diomedes, Herakles, Odysseus, Tantalus
9 Achilleus, Agamemnon, Idomeneos, Idomeneus, Patroklos, Patroklus

· **Helden**
10 Argonauten

· **Heldenepos**
5 Ilias
7 Odyssee

· **Historiker** ▶ Geschichtsschreiber

· **Jüngling**
6 Adonis, Ephebe

· **König von Theben**
7 Oedipus

· **Kriegsschiff**
6 Triere

· **Landschaft**
4 Elis
5 Doris, Malis
6 Achaia, Aeolis, Attika, Epirus, Ionien, Lokris, Phokis
7 Argolis, Laurion
8 Aetolien, Arkadien, Boeotien, Lakonien, Magnesia, Thrakien
9 Messenien
10 Makedonien, Thessalien

· **Lustspieldichter**
8 Menander
12 Aristophanes

· **Lyriker**
6 Ibykus
8 Anakreon

· **Marktplatz**
5 Agora

· **Mathematiker**
6 Euklid, Pappus, Thales
7 Hippias, Pytheas
8 Archytas
10 Apollonius, Archimedes, Pythagoras
11 Hippokrates
12 Eratosthenes

· **Meergott**
8 Poseidon

· **Meerschlange**
5 Hydra

· **Mondgöttin**
6 Selene

· **Münze**
4 Mine
6 Lepton, Obolos, Stater, Talent

· **nationales Fest**
9 Olympiade

· **Nationalheiligtum**
7 Olympia

· **Opferschale**
6 Phiale

· **Orakelstätte**
5 Delos
6 Delphi, Klaros

· **Paradies**
7 Elysion, Elysium

· **Philosoph**
4 Zeno
5 Plato, Zenon
6 Epikur, Euklid, Platon, Thales
7 Epiktet, Gorgias, Hippias, Leukipp
8 Aristipp, Demokrit, Diodorus, Heraklit, Sokrates, Xenophon
9 Kleanthes, Periander
10 Anaxagoras, Anaximenes, Aristippos, Demokritos, Empedokles, Pythagoras, Xenokrates, Xenophanes
11 Aristoteles

· **Philosophenschule**
4 Elea, Stoa
8 Akademie
9 Peripatos

· **Philosophenschüler**
6 Eleate

· **Physiker**
5 Heron
10 Archimedes

· **Provinz** ▶ Landschaft

· **Rachegöttin**
6 Alekto
7 Erinnye, Megaira
8 Eumenide

· **Rundbau**
6 Tholos

· **Sagengestalt**
3 Ino
4 Ajax
5 Argus, Atlas, Danae, Gorgo, Jason, Medea, Midas, Niobe, Orest, Paris, Titan

6 Achill, Aeneas, Atreus, Augias, Baucis, Charon, Europa, Hektor, Helena, Ikaros, Ikarus, Nestor, Pollux, Sirene, Sphinx, Zyklop
7 Ariadne, Elektra, Jokaste, Kentaur, Oedipus, Orestes, Orpheus, Theseus, Zentaur
8 Antigone, Daedalos, Daedalus, Eurydike, Herakles, Herkules, Odysseus, Penelope, Philemon, Tantalus
9 Achilleus, Agamemnon, Iphigenie, Pygmalion
10 Amphitryon, Kassiopeia, Prokrustes, Prometheus

· **Sagenschiff**
4 Argo

· **Saiteninstrument**
4 Lyra
7 Kithara
10 Aeolsharfe

· **Sänger**
5 Arion
7 Orpheus

· **Schildbürgerstadt**
6 Abdera

· **Seher**
8 Tiresias
9 Teiresias

· **Seherin**
4 Agon
6 Pythia
9 Kassandra

· **Staatsmann**
6 Kineas
8 Perikles
9 Aristides
10 Alkibiades
11 Kleisthenes
12 Themistokles

· **Stadt**
5 Milet
6 Abdera, Sparta

· **Stadtburg**
9 Akropolis

· **Stadtstaat**
5 Polis

· **Stamm**
5 Dorer, Thyle
6 Dorier, Ionier
7 Achaeer, Aeolier

· **Tempelstadt**
6 Delphi

· **Tragödiendichter**
9 Aeschylus, Aischylos, Euripides, Sophokles

· **Trinkschale**
5 Kylix

· **Turnier**
4 Agon

· **Ungeheuer**
5 Hydra
6 Scylla, Skylla, Szylla
9 Charybdis
10 Minotaurus

· **Unterwelt**
5 Hades
8 Tartarus

· **Volksstamm**
5 Dorer

· **Volksversammlung**
5 Agora

· **Wächter**
5 Argus

· **Waldgeist**
5 Satyr

· **Weiser**
4 Bias
5 Solon
6 Thales
10 Pythagoras

· **Zauberin**
5 Circe, Kirke

Altgut
4 Kram
5 Muell
7 Plunder, Troedel

Althändler
8 Troedler

althergebracht
11 ueberkommen
12 traditionell, ueberliefert

altindisch(e, er, es) ...

· **Dichtung**
4 Veda, Weda
7 Rigweda
9 Kamasutra
11 Pancatantra, Sukasaptati
12 Bhagavadgita, Upanischaden

· **heilige Schrift**
4 Veda, Weda

· **religiöse Schriften**
11 Upanishaden

· **Sprache**
4 Pali
7 Prakrit
8 Sanskrit

altiranisch(e, er, es) ...

· **König**
5 Kyros
6 Darius, Xerxes
7 Dareius
8 Kambyses
10 Artaxerxes

· **Lichtgott**
6 Ormuzd
10 Ahuramazda

· **Prophet**
11 Zarathustra

· **Stadt**
4 Susa

· **Volk**
5 Meder
7 Parther

altirische Kriegerkaste
5 Fiann

altisländisch(e, er, es) ...

· **Prosawerk**
4 Saga

· **Sagensammlung**
4 Edda

· **Schrifttum**
4 Edda

altitalienisches Volk
8 Etrusker

Altjahresabend
9 Silvester

altjapanisches Adelsgeschlecht
7 Samurai

altjüdische Geheimsekte
7 Essener

altjüdischer König
3 Ela

altkeltisch(e, er, es) ...

· **Dichter**
6 Ossian

· **Sagengestalt**
5 Artus, Iwain, Iwein
6 Isolde
7 Tristan
8 Lancelot, Lanzelot

· **Sänger**
5 Barde

altkirchlicher Lobgesang
6 Tedeum

altklug
7 vorlaut
8 naseweis

Altmetall
7 Schrott
altmexikanisches ...
· **Volk**
4 Maja, Maya
7 Azteken, Olmeken
8 Tolteken
altmodisch
5 passé
6 zopfig
7 obsolet
8 unmodern
9 ueberholt, ueberlebt
altmodischer ...
· **Damenhut**
7 Kapotte
9 Kapotthut
altmodisches Fahrzeug
7 Vehikel
altnordisch(e, er, es) ...
· **Blasinstrument**
4 Lure
· **Dichter**
3 Tiu
6 Skalde
· **Dichtung**
4 Edda, Saga
· **Gott**
3 Tin
4 Odin
5 Bragi, Hoedr, Wodan, Wotan
· **Horn**
4 Lure
· **Jagdhorn**
4 Lure
· **Sagensammlung**
4 Edda
· **Schriftzeichen**
4 Rune
· **Seefahrervolk**
8 Wikinger
· **Totengöttin**
3 Hel
altorientalische Kopfbedeckung
5 Mitra
altorientalischer ...
· **Volksstamm**
5 Juden, Lyder, Meder, Syrer
6 Perser
7 Akkader, Assyrer, Parther, Sabaeer
8 Amoriter, Aramaeer, Hebraeer, Hethiter, Moabiter
9 Churriter, Kimmerier, Nabataeer
10 Aethiopier, Babylonier, Kanaanaeer, Phoenizier
Altpapier
9 Makulatur
altpersisch ▶ altiranisch
altperuanische Adelskaste
4 Inka
altrömisch ▶ römisch
altrussisch(e, er, es) ...
· **Adliger**
5 Bojar
· **Dorfgemeinde**
3 Mir
· **Längenmaß**
5 Werst
Altsachse
6 Saxone
altsächsische Evangeliendichtung
7 Heliand
Altschnee im Gebirge
4 Firn
Altschneegletscher
6 Firner
altsemitisch(e, er, es) ...
· **Gott**
4 Baal
· **Liebesgöttin**
7 Astarde, Astarte
altspanische Bevölkerung
6 Iberer
altspanischer Tanz
9 Sarabande
altsprachlich
12 humanistisch
altsprachliches ...
· **Schulfach**
6 Latein
10 Griechisch
Altstadt von Amsterdam
3 Dam
Altsteinzeit
14 Palaeolithikum
altsteinzeitlicher Mensch
12 Neandertaler
altväterlich
15 patriarchalisch
altwalisische Königssage
9 Artussage
Altwaren
4 Kram
6 Ramsch
7 Troedel
Altwarenhändler
8 Troedler
13 Lumpensammler
aluminiumähnliches Metall
6 Indium
Aluminiumerz
6 Bauxit
Aluminiumfolie
8 Stanniol
Aluminiumlegierung
5 Dural
6 Aldrey, Aludur, Aluman, Alusil, Lautal
Aluminiumoxid
7 Tonerde
am ...
· **Rande liegend**
8 peripher
· **Tag vorher**
7 gestern
· **Tagesanfang**
5 frueh
6 zeitig
· **vergangenen Tag**
7 gestern
am Band getragenes Schmuckstück
15 Kettenanhaenger
Amaryllisgewächs
5 Agave
6 Clivia, Nerine
8 Narzisse
11 Osterglocke
16 Schneegloeckchen
Amateur
4 Laie
9 Dilettant, Liebhaber
10 Autodidakt, Nichtprofi
13 Nichtfachmann
Amateurin
5 Laiin
Amazone
8 Reiterin
Ambition
7 Ehrgeiz, Streben
9 Bestreben, Interesse
Ambulanz
11 Hilfsstelle, Unfallwagen
12 Feldlazarett, Krankenwagen
Ameise
4 Emse
5 Miere
ameisenartiges Insekt
7 Termite

Ameisenbär
8 Pangolin
Ameisenbeutler
6 Numbat
Ameisenigel
12 Schnabeligel
Amerikaner
6 Yankee
amerikanisch(e, er, es) ...
· **Admiral**
4 Byrd
6 Nimitz
· **Anthropologe**
6 Dalton
· **Anthropologin**
4 Mead
· **Arzneipflanze**
4 Koka
11 Kokastrauch
· **Astronaut**
4 Bean, Duke
5 Evans, Glenn, Haise, Irwin, Roosa, Scott, Weitz, White, Young
6 Aldrin, Anders, Borman, Cernan, Conrad, Cooper, Eisele, Gordon, Kerwin, Lousma, Lovell, Worden
7 Collins, Grissom, Schirra, Schmitt, Shepard, Swigert
8 Garriott, McDivitt, Mitchell, Stafford
9 Armstrong, Carpenter, Mattingly
10 Cunningham
11 Schweickart
· **Astronom**
4 Hale, Hall
5 Gould
6 Hubble, Lowell
7 Russell, Shapley
· **Automarke**
4 Ford
5 Buick, Dodge
7 Lincoln, Mercury, Pontiac, Rambler
8 Cadillac, Chrysler, Plymouth
9 Chevrolet, Oldsmobil
· **Autostadt**
7 Detroit
· **Bakteriologe**
4 Salk
6 Enders
· **Ballspiel**
6 Soccer
8 Baseball, Football
10 Basketball
· **Baptistenprediger**
6 Graham
· **Bär**
6 Grisli
7 Grizzly
10 Grislibaer
11 Grizzlybaer
· **Bauernhof**
4 Farm
5 Ranch
· **Berg**
4 Poas
5 Huila, Irazu, Misti
6 Colima, Cumbal, Isluga, Sajama, Sangay, Sorata, Telica, Tolima, Tuxtla, Volcan
7 Atitlan, Cataaca, Huascan, Iliniza, Illampu, Orizaba, Roroima
8 Antisana, Coropuna, Cotopaxi, Illimani, Mont Pelé, Pikes Pik
9 Aconcagua, Black Dome, Blue Ridge, Cotacachi, Eliasberg, Forelberg, Huascaran, Itacolumi, Mac Kinley, Monte Tina, Paricutin, Pichincha, Silillica, Tajumulco, Villarica, Zuckerhut
10 Chimborazo, Parinacota
11 Mount Darwin
12 Citlaltepetl, Iztaccihuatl, Mount Harward, Mount Rainier, Mount Whitney, Popocatepetl, Tinguiririca
13 Mount Columbia, Mount McKinley
15 Mount Washington
· **Berglöwe**
4 Puma
· **Berühmtheit**
4 Ford
5 Astor
6 Gallup, Hilton, Morgan
7 Pullman
8 Carnegie
10 Vanderbilt
11 Rockefeller
· **Beutelratte**
7 Opossum
· **Bildhauer**
4 Ward
5 Smith
6 Bufano, Calder, Ferber, Lipton, Milles, Palmer, Powers
7 Lippold, Roberts
8 Crawford
9 Greenough, Lipschitz
· **Bundespolizei** (Abkürzung)
3 FBI
· **Bundesstaat** (USA)
4 Iowa, Ohio, Utah
5 Idaho, Maine, Texas
6 Alaska, Hawaii, Kansas, Nevada, Oregon
7 Alabama, Arizona, Florida, Georgia, Indiana, Montana, New York, Vermont, Wyoming
8 Arkansas, Colorado, Delaware, Illinois, Kentucky, Maryland, Michigan, Missouri, Nebraska, Oklahoma, Virginia
9 Louisiana, Minnesota, New Jersey, New Mexico, Tennessee, Wisconsin
10 California, Norddakota, Sueddakota, Washington
11 Connecticut, Kalifornien, Mississippi, North Dakota, Rhode Island, South Dakota
12 New Hampshire, Nordkarolina, Pennsylvania, Suedkarolina, West Virginia
13 Massachusetts, North Carolina, South Carolina
· **Chemiker**
4 Urey
5 Bloch, Flory, Libby
6 Calvin, Conant
7 Pauling
8 Langmuir
· **Diplomat**
6 Bunche, Kennan, Murphy
9 Kissinger
· **Dirigent**
6 Maazel
9 Bernstein

- **Entertainer**
  5 Davis, Kelly
  6 Martin
  7 Sinatra
- **Erfinder**
  4 Bell, Colt, Ford
  5 Morse
  6 Edison, Fulton, Wright
  8 Franklin
  9 Remington
  12 Westinghouse
- **Fantasyserie** (Game of Ö)
  7 Thrones
- **Feldmaß**
  4 Acre
- **Fernsehchoreograf**
  4 Reed
- **Filmgattung**
  7 Western
- **Filmkomiker**
  5 Hardy, Lewis
  6 Laurel
- **Filmmetropole**
  9 Hollywood
- **Filmpreis**
  5 Oscar
- **Filmregisseur**
  4 Ford, King, Wood
  5 Allen, Ashby, Capra, Cukor, Hawks, Kazan, Lloyd, Mille, Wyler
  6 Disney, Huston, Koster, Kramer, Litvak, Welles, Whyler, Wilder
  7 Chaplin, Fleming
  8 Dieterle, Griffith
  9 Hitchcock, Spielberg
- **Filmschauspieler**
  4 Dean, Gere, Hope, Peck
  5 Allen, Arlen, Beery, Berry, Clift, Crane, Davis, Flynn, Fonda, Gable, Grant, Lloyd, Mason, Power, Quinn, Tracy, Wayne
  6 Bogart, Brando, Cooper, Cotten, Crosby, Curtis, Hopper, Hudson, Keaton, Laurel, Marvin, Newman, Welles
  7 Astaire, Bronson, Brynner, Chaplin, Douglas, Granger, Perkins, Sinatra, Skelton, Stewart, Widmark
  8 Chandler, Eastwood, Goldblum, Hoffmann
  9 Fairbanks, Lancaster, Valentino
- **Filmschauspielerin**
  3 Day, Loy
  4 Rome
  5 Baker, Davis, Kelly, Novak, O'Hara, Wyman, Young
  6 Bacall, Baxter, Hobson, Lamarr, Monroe, Prowse, Seberg, Taylor, Turner
  7 Allyson, Colbert, Darnell, de Carlo, Garland, Hayward, Hepburn, McLaine, Roberts, Russell, Swanson, Winters
  8 Clarisse, Crawford, Fontaine, Gardener, Hayworth, Williams
  9 Mansfield
- **Finanzmann**
  4 Ford
  5 Dawes, Young
  6 Morgan
  8 Carnegie
  10 Morgenthau, Vanderbilt
  11 Rockefeller
- **Flagge**
  13 Sternenbanner
- **Flieger**
  4 Byrd
  9 Lindbergh
- **Flugstützpunkt**
  7 Airbase
- **Flugzeugtyp**
  6 Boeing
- **Folklore**
  9 Bluegrass
  12 Countrymusic
- **Forscher** ▶ Erfinder
- **Frauenname**
  4 Lana
- **Fußball**
  6 Soccer
- **Gebirge**
  5 Anden
  11 Alleghenies, Kordilleren, Sierra Madre
  12 Sierra Nevada
  14 Rocky Mountains
- **Geheimbund**
  10 Ku-Klux-Klan
- **Geheimdienst** (Abkürzung)
  3 CIA
- **Geigenvirtuose**
  7 Menuhin
- **Geländewagen**
  4 Jeep
- **General**
  3 Lee
  4 Clay
  5 Grant
  6 Patton
  8 Marshall
  9 MacArthur
  10 Eisenhower
- **Gewicht**
  3 Ton
  4 Unze
- **Giftschlange**
  15 Klapperschlange
- **Gitarre**
  5 Banjo
- **Glücksspiel**
  5 Poker
- **Großindustrieller**
  4 Ford
  5 Astor
  8 Pullmann
  10 Guggenheim, Vanderbilt
  11 Rockefeller
- **Hacksteak**
  9 Hamburger
- **Halbinsel**
  6 Alaska, Avalon, Nocoya
  7 Boothia, Florida, Nugsuak, Yucatan, Yukatan
  8 Labrador, Melville
  9 Manhattan, Paraguana
  10 Cornwallis, Cumberland, Long Island, Patagonien
- **Hauptstadt**
  4 Lima
  5 La Paz, Quito, Sucre
  6 Belize, Bogota, Habana, Mexiko, Ottawa, Panama
  7 Caracas, Cayenne, Havanna, Managua, San José, San Juan
  8 Asunción, Brasilia, Kingston, Santiago
  9 Guatemala
  10 Georgetown, Mexico City, Mexiko City, Montevideo, Panama City, Paramaribo, Washington
  11 Buenos Aires, Port of

Spain, San Salvador, Tegucigalpa
12 Port-au-Prince, Santo Domingo
15 Santiago de Chile
- **Himmelslabor**
6 Skylab
- **Hohlmaß**
4 Gill, Pint, Pipe
6 Barrel, Bushel, Gallon
- **Hohlmaß für Wein**
4 Pipe
- **Hotelier**
6 Hilton
- **Imbiss**
9 Hamburger
12 Cheeseburger
- **Indianer** ▶ Indianerstamm
- **Insel**
4 Kuba
5 Haiti
6 Chiloe, Tobago
7 Curaçao, Jamaika, Tortuga
8 Barbados, Trinidad
9 Feuerland, Vancouver
10 Baffinland, Cornwallis, Martinique, Puerto Rico
- **Inselgruppe**
7 Bahamas
8 Antillen, Bermudas
9 Galapagos
14 Falklandinseln
- **Instrumentalvirtuose**
7 Cliburn, Menuhin
- **Instrumentenbauer**
8 Steinway
- **Jazzmusiker**
5 Prima, Tatum, Young
6 Mingus, Morton, Parker, Pollak, Powell
7 Goodman, Hampton
9 Armstrong, Ellington
- **Jazztanz**
9 Jitterbug
- **Karitasverband**
4 Care
- **Kartenspiel**
5 Poker
- **Kleinhirsch**
4 Pudu
- **Kleinkuchen im Förmchen**
6 Muffin
- **Komponist**
5 Loewe, Sousa
6 Barber, Berlin, Porter
7 Rodgers
8 Gershwin
9 Bernstein
11 Hammerstein
- **Kriminalist**
6 Hoover
- **Krokodil**
6 Kaiman
- **Kuckuck**
3 Ani
- **Landgut**
8 Hazienda
- **Landwirtschaftsbetrieb**
4 Farm
5 Ranch
- **Längenmaß**
4 Foot, Inch, Mile, Yard
- **Liliengewächs**
5 Agave
- **Literat**
5 Areet
- **Luftschiffhafen**
9 Lakehurst
- **Maiswhisky**
7 Bourbon
- **Maler**
6 Hopper
7 Pollock
8 Whistler
9 Feininger
- **Maler und Glaskünstler**
7 Tiffany
- **Malerin**
5 Moses
- **Männermodel**
7 Kroenig
- **Männername**
4 John
- **Marderart**
5 Skunk
9 Stinktier
- **Mathematiker**
6 Wiener
- **Mediziner**
4 Cori, Duve
5 Doisy, Luria, Minot
6 Beadle, Gasser, Murphy, Watson, Weller
7 Axelrod, Cushing, Flexner, Hershey, Robbins, Schally, Theiler, Whipple
8 Erlander, Hartline, Kronberg, Richards
9 Delbrueck, Lederberg, Nirenberg
10 Sutherland
11 Landsteiner
- **Mikrobiologe**
5 Luria
- **Militärfahrzeug**
4 Jeep
- **Militärkraftwagen**
4 Jeep
- **Mischgetränk**
4 Fizz, Flip
5 Shake
7 Cobbler
8 Cocktail
- **Mittelmeer**
13 Golf von Mexiko
15 Karibisches Meer
- **Möbeldesigner**
5 Eames
- **Modechefredakteurin**
7 Wintour
- **Modedesigner**
6 Jacobs, Lauren
8 Hilfiger
- **Modedesignerin**
4 Wang
5 Karan
- **Modefotograf**
5 Ritts
- **Model und Schauspielerin**
5 Upton
- **Modeschöpfer**
6 Lauren
- **Mondfähre**
5 Eagle
10 Challenger
- **Münze**
3 Bit
4 Cent, Dime, Peso
5 Colon, Eagle, Sucre
6 Dollar, Escudo
7 Bolivar, Centime, Cordoba, Guarani, Lempira, Quetzal
8 Cruzeiro
- **Musikgattung**
4 Jazz, Rock
5 Blues
6 Gospel
9 Dixieland, Rock 'n' Roll, Spiritual
11 Rock and Roll

- **Nachrichtendienst** (Abkürzung)
  2 AP, UP
- **Nachrichtensatellit**
  9 Early Bird
- **Nationalspiel**
  8 Baseball
- **Nerz**
  8 Mink
- **Nobelpreisträger für Chemie**
  3 Lee
  4 Cram, Urey
  5 Brown, Flory, Libby, Moore, Stein, Taube
  6 Calvin, Harden, Summer
  7 Giauque, Onsager, Pauling, Seaborg, Stanley
  8 Anfinsen, Hoffmann, Langmuir, Lipscomb, McMillan, Mulliken, Northrop, Richards, Vigneaud, Woodward
  10 Herschbach
- **Nobelpreisträger für Frieden**
  4 Gore, Hull, King, Mott, Root
  5 Arrow, Balch, Dawes, Obama
  6 Addams, Bunche, Butler, Carter, Wiesel, Wilson
  7 Borlaug, Kellogg, Pauling
  8 Marshall, Williams
  9 Kissinger, Roosevelt
- **Nobelpreisträger für Literatur**
  4 Buck
  5 Lewis
  6 Bellow, O'Neill, Singer
  8 Faulkner
  9 Hemingway, Steinbeck
- **Nobelpreisträger für Medizin**
  4 Cori, Duve, Rous, Wald
  5 Bloch, Cohen, Doisy, Hench, Hubel, Luria, Minot, Ochoa, Smith, Tatum, Temin, Yalow
  6 Beadle, Enders, Gasser, Holley, Morgan, Muller, Murphy, Palade, Sperry, Watson, Weller
  7 Axelrod, Cormack, Edelman, Hershey, Huggins, Kendall, Khorona, Lipmann, Sanchez
  8 Blumberg, Cournand, Erlander, Gajdusek, Hartline, Kronberg, Richards
  9 Baltimore, Delbrueck, Guillemin, Lederberg, Nirenberg
  10 McClintock, Sutherland
  11 Landsteiner
- **Nobelpreisträger für Physik**
  4 Lamb, Rabi, Ting, Yang
  5 Bethe, Bloch, Esaki, Kusch, Pauli, Segre, Stern
  6 Barden, Cooper, Fowler, Glaser, Townes, Wigner, Wilson
  7 Alvarez, Bardeen, Compton, Feynman, Giaever, Glashow, Penzias, Purzell, Richter
  8 Anderson, Brattain, Bridgman, Davisson, GellMann, Lawrence, Millikan, Schawlow, Shockley, van Vleck, Weinberg
  9 Michelson, Rainwater, Schwinger
  10 Hofstadter, Schrieffer
  11 Bloembergen, Chamberlain
- **Nobelpreisträger für Wirtschaft**
  5 Hicks, Simon, Solow, Tobin
  6 Debreu, McGill
  7 Kuznets, Schultz, Stigler
  8 Buchanan, Friedman, Koopmans, Leontief
  9 Samuelson
- **Nobelpreisträgerin für Physik**
  13 Goeppert-Mayer
- **Normzeichen**
  3 ASA
- **Nussbaum**
  7 Hickory
- **Ozeanflieger**
  9 Lindbergh
- **Pantherkatze**
  6 Jaguar
- **Papagei**
  3 Ara
- **Pelzjäger**
  7 Trapper
- **Pfefferfresser**
  5 Tukan
- **Pferd**
  7 Mustang
- **Philosoph**
  5 Dewey, James, Quine, Royce
  6 Peirce
  9 Santayana, Whitehead
- **Physiker**
  4 Lamb, Rabi, Ting, Yang
  5 Bethe, Bloch, Brown, Esaki, Gamow, Gibbs, Henry, Kusch, Libby, Lyman, Segre, Tesla
  6 Barden, Cooper, Forest, Glaser, Teller, Townes, Wigner, Wilson
  7 Alvarez, Bardeen, Compton, Feynman, Giaever, Glashow, Goddard, Penzias, Purcell
  8 Anderson, Brattain, Bridgman, Davisson, Gell Mann, Langmuir, Lawrence, Millikan, Shockley, van Vleck, Weinberg
  9 Michelson, Rainwater, Schwinger
  10 Hofstadter
  11 Oppenheimer
- **Physikerin**
  13 Goeppert-Mayer
- **Polarforscher**
  4 Cook
- **Politiker**
  4 Clay, Hull, Root
  5 Dawes, Dewey, Lodge
  6 Byrnes, Dulles, Kellog, McCloy, Motley, Wright
  7 Acheson, Kellogg
  8 Franklin, Marshall
  9 Stevenson
- **Präsident**
  4 Bush, Ford, Polk, Taft
  5 Adams, Buren, Grant, Hayes, Nixon, Obama, Tyler
  6 Arthur, Carter, Hoover, Monroe, Pierce, Reagan, Taylor, Truman, Wilson

7 Clinton, Harding, Jackson, Johnson, Kennedy, Lincoln, Madison
8 Buchanan, Coolidge, Fillmore, Garfield, Harrison, McKinley, VanBuren
9 Cleveland, Jefferson, Roosevelt
10 Eisenhower, Washington
· **Psychologe**
5 Rhine
6 Gesell, Watson
7 Skinner
· **Raketentyp**
5 Titan
7 Polaris
· **Raubtier**
4 Onza, Puma
6 Jaguar, Kuguar, Ozelot
· **Raumfähre**
8 Columbia
9 Discovery
10 Challenger
· **Raumfahrtbasis**
10 Kap Kennedy
13 Cape Canaveral
· **Raumfahrtbehörde** (Abkürzung)
4 NASA
· **Raumfahrtprogramm**
6 Apollo
· **Raummaß**
6 Barrel
· **Raumsonde**
7 Mariner
· **Reihentanz**
4 Slop
· **Reiterspiel**
5 Rodeo
· **Revolver**
4 Colt
· **Riesenkröte**
3 Aga
· **Riesenschlange**
8 Anakonda
· **Rinderhirt**
6 Cowboy
· **Sachbuchautor**
6 Asimov
· **saloppes Kleidungsstück**
9 Jeansrock
· **Sänger**
6 Crosby, Dupree
7 Sinatra
9 Armstrong
· **Satellit**
5 Relay, Triad
6 Lageos
7 Telstar
· **Schauspielerin**
5 Lohan
· **Scheidungsparadies**
4 Reno
· **Schneesturm**
8 Blizzard
· **Schnellstraße**
7 Highway
· **Schokokuchenstück**
7 Brownie
· **Schriftsteller**
3 Poe
5 Albee, Bogan, Bowen, Eliot, Green, Henry, Moore, Olson, O'Neil, Pound, Segal, Twain, Wolfe
6 Alcott, Algren, Bellow, Capote, Cooper, Ferber, Hobart, Keller, London, Mailer, Millay, O'Neill, Porter, Wilder
7 Emerson, Kerouac, Thoreau, Whitman
8 Caldwell, Faulkner, Franklin, McCarthy, Melville, Salinger, Sherwood, Sinclair, Williams
9 Dickinson, Doolittle, Dos Passos, Hawthorne, Hemingway, Mark Twain, Steinbeck
10 Fitzgerald, Longfellow
· **Schriftstellerin**
4 Buck
5 O'Hara
6 Miller, Parker
8 Mitchell
· **Schwirrvogel**
7 Kolibri
· **Seebad**
5 Miami
· **Sexualforscher**
6 Kinsey
7 Masters
· **Showstar**
6 Martin
· **Silberlöwe**
4 Puma
· **Silbermünze**
4 Dime
· **Sonnensonde**
6 Helios
· **Staat**
3 USA
4 Kuba, Peru
5 Chile, Haiti
6 Belize, Guyana, Kanada, Mexiko, Panama, Tobago
7 Ecuador, Guayana, Jamaika, Surinam, Uruguay
8 Bolivien, Honduras, Paraguay, Trinidad
9 Brasilien, Costa Rica, Guatemala, Kolumbien, Nicaragua, Venezuela
10 El Salvador
11 Argentinien
17 Vereinigte Staaten
22 Dominikanische Republik
· **Stahlkönig**
8 Carnegie
· **Starfotograf**
6 Avedon
· **Starzwillinge**
5 Olsen
· **Stinktier**
5 Skunk
· **Südstaatengeneral**
3 Lee
· **Supermodel der 60er**
8 Sedgwick
· **Supermodel der 90er**
10 Turlington
· **Süßkartoffel**
6 Batate
· **Swingmusiker**
5 Brown
6 Miller
· **Tanz**
3 Jig
5 Blues, Mambo, Rumba, Samba, Tango, Twist
7 Onestep
8 Foxtrott
9 Jitterbug, Rock 'n' Roll
10 Charleston
12 Boogie Woogie
· **Tänzer**
5 Kelly
7 Astaire
· **Techniker** ► Erfinder

- **Topmodel**
  4 Renn
  5 Rhoda
  10 Heatherton
- **Trickfilmer**
  6 Disney
- **Unpaarzeher**
  5 Tapir
- **Urbewohner**
  5 Indio
  8 Indianer
- **Verteidigungsministerium**
  8 Pentagon
- **Viehfarm**
  5 Ranch
- **Volkstanz**
  11 Squaredance
- **Vollzugsbeamter**
  7 Sheriff
- **Währungseinheit**
  6 Dollar
- **Wapitihirsch**
  3 Elk
- **Wasserfall**
  7 Niagara
- **Wasserstraße**
  11 Panamakanal
- **Wettersatellit**
  5 Tiros
  6 Nimbus
- **Wildpferd**
  7 Mustang
- **Wildrind**
  5 Bison
- **Wildschwein**
  6 Pekari
- **Wirbelsturm**
  7 Tornado
  8 Hurrikan
- **Wolf**
  6 Kojote
- **Wühlmaus**
  10 Bisamratte
- **Zahlenlotto**
  5 Bingo
- **Zeichner**
  6 Disney
- **Zeitungskönig**
  6 Hearst
- **Zierpflanze**
  5 Loasa
- **Zupfinstrument**
  5 Banjo
- **Zustimmung** (Abkürzung)
  2 ok

Amme
5 Bonne
10 Kinderfrau
11 Naehrmutter

Ammoniaklösung
12 Salmiakgeist

Ammoniakverbindung
4 Amid, Amin
7 Salmiak

Amnestie
11 Begnadigung, Straferlass

amorph
7 formlos
10 gestaltlos
11 strukturlos

Amortisation
7 Tilgung
9 Loeschung
12 Abschreibung

Amouren
12 Liebschaften

Ampelfarbe
3 Rot

Amphibie
5 Lurch, Molch

Amphitheater in Rom
9 Kolosseum

Amsel
5 Merle
14 Schwarzdrossel

Amsterdamer Wasserstraße
6 Gracht

Amt
6 Charge, Posten
7 Priorat
8 Behoerde, Funktion

Amt ...
- *des* **Fakultätsvorstehers**
  7 Dekanat
- *des* **Kantors**
  8 Kantorat
- *des* **Papstes**
  10 Pontifikat

Ämterherrschaft
11 Buerokratie

amtlich
9 foermlich, offiziell

amtlich(e, er, es) ...
- **Anordnung**
  5 Edikt
  6 Dekret, Erlass
  10 Bestimmung, Verfuegung, Verordnung
- **Aushang**
  8 Aufgebot
- **Beglaubigung**
  11 Beurkundung
- **Bekanntgabe**
  8 Aufgebot, Bulletin
- **Bescheinigung**
  10 Zertifikat
- **Erlass** ► amtliche Anordnung
- **Festsetzung**
  8 Bescheid
- **Grundbuch**
  8 Kataster
- **Mitteilung**
  10 Kommuniqué
- **Name Irlands**
  4 Eire
- **Niederschrift einer Aussage**
  9 Protokoll
- **Schriftstück**
  7 Urkunde
- **Sicherstellung**
  15 Beschlagnahmung
- **Untersuchung**
  7 Enquete
- **Verfügung** ► amtliche Anordnung
- **Wettstelle**
  11 Totalisator

Amtsbereich
7 Ressort
8 Dezernat

Amtsbereich ...
- *eines* **Bischofs**
  6 Bistum
  8 Dioezese, Sprengel

Amtsbewerber
8 Kandidat

Amtsbezeichnung
5 Titel

Amtsbote
6 Weibel

Amtsenthebung
10 Suspension

Amtsniederlegung
9 Abdankung, Demission

Amtssiegel
7 Stempel

Amtsstube
5 Buero
6 Office, Revier
7 Kanzlei

Amtstitel in einer Gemeinde
14 Buergermeister
Amtstracht
4 Robe
5 Ornat, Talar
6 Barett
Amtsvordruck
8 Formular
Amtswürde
5 Titel
Amtszeichen
6 Siegel
7 Stempel
Amtszimmer ▶ Amtsstube
Amulett
8 Talisman
12 Zaubermittel, Zauberschutz
13 Schutzzeichen
14 Gluecksbringer
Amundsens Luftschiff
5 Norge
amüsant
6 lustig
7 spassig
10 kurzweilig
12 unterhaltend, unterhaltsam, vergnueglich
Amüsement
5 Spass
10 Vergnuegen
11 Vergnuegung
an ...
· *der* **Frontseite**
4 vorn
5 vorne
· *der* **Oberfläche**
3 auf
· *jenem* **Ort**
4 dort
· *der* **Seite**
5 neben
· *der* **Spitze**
5 vorne
· *dieser* **Stelle**
2 da
· *der* **Vorderseite**
4 vorn
an menschliche Nähe gewöhntes Lebewesen
8 Haustier
analog
7 gemaess
8 aehnlich
11 sinngemaess
12 entsprechend
Analogie
12 Aehnlichkeit, Entsprechung
16 Uebereinstimmung
Analyse
9 Darlegung, Zerlegung
12 Untersuchung
Anämie
9 Blutarmut
Anarchie
15 Gesetzlosigkeit
Anarchist
6 Rebell
9 Desperado
10 Aufruehrer
11 Umstuerzler
Anatolien
10 Kleinasien
Anbau
5 Annex
6 Kultur
13 Pflanzenzucht
anbaufähig
5 urbar
anbei
10 beiliegend
11 in der Anlage
anbeißen
5 nagen
8 knabbern
Anbetung
9 Huldigung
13 Vergoetterung
anbieten
10 offerieren
Anblick
4 Bild
5 Schau, Szene
6 Aspekt
8 Eindruck
Andacht
5 Gebet
10 Versenkung
13 Versunkenheit
andächtiges Nachdenken
10 Meditation
andalusischer Tanz
8 Flamenco
andauernd
4 stet
5 immer, stets
6 stetig
7 immerzu
8 bleibend, staendig
9 permanent
12 fortwaehrend
14 gleich bleibend
Anden
11 Kordilleren
Andengeier
6 Kondor
Andengipfel
9 Aconcagua
10 Chimborazo
Andenkamel
4 Lama
Andenken
8 Souvenir
10 Erinnerung
Andenstaat
4 Peru
Andentier
4 Lama
anderer Name ...
· *der* **Amsel**
5 Merle
· *der* **Biene**
4 Imme
· *der* **Kartoffel**
8 Erdapfel
· *für den Monat* **Mai**
10 Wonnemonat
· *der* **Nase**
10 Riechorgan
· *des* **Pfifferlings**
8 Gelbling
· *des* **Türken**
6 Osmane
· *der* **Ulme**
7 Ruester
· *der* **Venus**
10 Abendstern
11 Morgenstern
· *der* **Viper**
5 Otter
· *für* **Wotan**
4 Odin
anderer Name des Feldthymians
11 Feldkuemmel
anderes Wort für Kopf
5 Haupt
ändern
7 wandeln
8 umbilden, wechseln
9 abwandeln
11 umgestalten
12 konvertieren

andernfalls
5 sonst
anders
5 alias
9 different, heterogen
15 unterschiedlich
andersartig
5 fremd
9 ungewohnt
Andersdenkender
9 Dissident
andersgläubig
9 heterodox
Änderung
7 Wechsel
8 Wandlung
9 Variation
10 Revirement
Änderung ...
· *der* **Erbanlage**
8 Mutation
· *eines* **Gebäudes**
5 Umbau
Änderungsantrag
10 Amendement
andeuten
9 umreissen
Andeutung
3 Tip
4 Tipp, Wink
6 Skizze
7 Hinweis
10 Fingerzeig
andeutungsweise
3 vag
4 vage
10 unbestimmt
Andrang
5 Sturm
6 Fuelle, Zulauf
7 Zustrom
9 Gedraenge
10 Draengelei
Aneignung
8 Annexion
13 Inbesitznahme
16 Besitzergreifung
Aneinanderhaften
9 Adhaesion
Anekdote
11 Histoerchen
13 Geschichtchen
Anemone
12 Windroeschen

Anerbieten
7 Offerte
9 Vorschlag
anerkannt
7 gueltig
9 arriviert, offiziell
10 zugelassen
11 autorisiert, verbindlich
anerkannte Bibelübersetzung
7 Vulgata
Anerkennung
3 Lob
4 Dank, Ehre, Lohn
5 Eloge
7 Applaus, Beifall
10 Belobigung, Wuerdigung
13 Lobeserhebung
Anfahrt
5 Start
8 Hinreise
anfallartiger Schmerz
5 Kolik
Anfang
5 Start
6 Beginn
7 Anbruch, Auftakt
8 Ursprung
10 Einleitung, Eroeffnung
anfangen
7 angehen, starten
8 beginnen
Anfänger
5 Neuer
7 Neuling
8 Lehrling, Newcomer
9 Debuetant, Greenhorn, Youngster
13 Gruenschnabel
anfänglich
4 erst
Anfangsbuchstabe
7 Initial
8 Initiale
Anfangsbuchstabe des griechischen Alphabets
5 Alpha
Anfangsform
5 Urtyp
10 Archetypus
Anfangskapital
10 Grundstock
Anfassstück
5 Griff, Stiel

Anfechtung
8 Berufung
9 Einspruch
10 Verlockung, Versuchung
11 Appellation, Verfuehrung
Anfertiger
· *von* **Haarersatz**
15 Perueckenmacher
Anfertigung
10 Produktion
11 Fabrikation, Herstellung
Anflug
5 Hauch
11 Kleinigkeit
Anfluggenehmigung
14 Landeerlaubnis
anfordern
8 erbitten
Anforderung
5 Abruf, Bitte
6 Gesuch
7 Pflicht
8 Ersuchen
9 Verlangen
12 Obliegenheit
Anforderung von Warenteilposten
5 Abruf
Anfuhr
9 Lieferung
11 Anlieferung, Antransport
Anführer
4 Boss, Chef
6 Leiter
10 Haeuptling, Kommandeur
12 Befehlshaber
14 Raedelsfuehrer
Anführer ...
· *der* **Angelsachsen**
5 Horsa
· *der* **Argonauten**
5 Iason, Jason
· *im* **Bauernkrieg**
5 Geyer
8 Muentzer
12 Berlichingen
· *der* **Donkosaken**
5 Rasin
· *der* **Hugenotten**
5 Rohan
· *der* **Hussiten**
6 Prokop
· *eines* **Kreuzzuges**
8 Bouillon
10 Barbarossa, Loewenherz

Anführungsstriche
15 Gaensefuesschen
Angabe
9 Prahlerei, Protzerei, Snobismus
14 Aufschneiderei
Angabe ...
· *vor* **Gericht**
7 Aussage
· *beim* **Tennis**
9 Aufschlag
· *der* **Uhr**
4 Zeit
Angaben zur Person
11 Personalien
angängig
8 passabel
angeben
7 prahlen
Angeber
4 Beau, Snob
5 Protz
7 Blender, Prahler
9 Prahlhans, Renommist
10 Gernegross, Windmacher
angebetetes Vorbild
4 Idol
angeboren
6 genuin
8 konnatal
10 hereditaer, kongenital
angeborene ...
· **Fähigkeit**
6 Anlage, Talent
8 Begabung
11 Veranlagung
angeborener Naturtrieb
8 Instinkt
Angebot
6 Antrag, Offert
7 Offerte
9 Vorschlag
angebracht
7 passend
8 opportun
angebundenes Haustier
10 Kettenhund
angeheitert
7 trunken
9 berauscht, betrunken
10 beschwipst
Angehörige
6 Anhang
7 Familie
9 Verwandte
18 Familienmitglieder
Angehörige ...
· *eines* **bestimmten Ordens**
14 Franziskanerin
· *einer* **Sängergruppe**
9 Choristin
Angehörigenkreis
14 Verwandtschaft
Angehöriger ...
· *des* **Adels**
8 Edelmann
10 Aristokrat
· *eines* **asiatischen Reitervolkes**
5 Hunne
· *eines* **baltischen Volksstammes**
4 Este, Live, Liwe, Lure, Sele
5 Lette
7 Litauer
· *eines* **Bantustammes**
6 Herero
· *einer* **belgischen Volksgruppe**
5 Flame
7 Wallone
· *einer* **christlichen Glaubensgemeinschaft**
6 Hussit
7 Baptist, Maronit, Mormone, Quaeker
8 Katholik, Mennonit, Unierter
9 Adventist, Calvinist, Hugenotte, Kalvinist, Methodist, Puritaner, Waldenser
10 Herrnhuter, Lutheraner, Protestant
11 Zwinglianer
12 Reformierter
· *eines* **deutschen Fürstenhauses**
5 Welfe
6 Salier
7 Staufer
8 Askanier, Wettiner
10 Karolinger
11 Ludolfinger
13 Wittelsbacher
· *einer* **europäischen Völkergruppe**
5 Balte, Baske, Gaele, Kelte, Slawe
6 Romane
7 Bretone, Germane, Grieche
12 Skandinavier
· *eines* **germanischen Stammes**
10 Markomanne
· *einer* **hinduistischen Sekte**
4 Sikh
· *eines* **Hirtenvolkes**
6 Nomade
· *einer* **indischen Kaste**
5 Paria, Sudra
8 Brahmane, Vaischya
10 Kschatriya
· *einer* **indischen Religionsgemeinschaft**
4 Sikh
5 Hindu, Jaina, Parse
· *der* **nordischen Rasse**
5 Arier
· *des* **öffentlichen Dienstes**
7 Beamter
· *einer* **orientalischen Völkergruppe**
5 Semit
· **osteuropäischer Völker**
5 Slawe
· *des* **Parlaments**
11 Deputierter
12 Abgeordneter
14 Parlamentarier, Volksvertreter
· *der* **römischen Plebs**
8 Plebejer
· *eines* **Staates**
7 Buerger
· *einer* **Theatergruppe**
8 Ensemble
· *der* **Turkstämme in Russland**
5 Tatar
· *eines* **Turkvolkes**
6 Usbeke
· *eines* **wandernden Volkes**
4 Romi
6 Nomade
8 Zigeuner
· *einer* **Weltreligion**
4 Jude
5 Hindu
6 Christ, Daoist, Moslem, Muslim, Taoist
8 Buddhist, Muselman

10 Schintoist
11 Konfuzianer
· *eines* **Zwergvolkes**
7 Pygmaee
Angehöriger einer Subkultur
7 Hipster
angekeimtes Getreide
4 Malz
Angeklagter
10 Delinquent
13 Beschuldigter
Angelegenheit
4 Fall
5 Chose, Sache, Thema
7 Affaere
8 Anliegen, Ereignis
10 Gegenstand, Vorkommnis
angelegte Gelder
9 Depositen
Angelgerät
4 Netz, Rute
5 Reuse
7 Kescher
Angelköder
6 Fliege
Angelsachse
5 Brite
angemessen
7 wuerdig
8 adaequat, gehoerig
9 geziemend
10 angebracht
11 gebuehrlich
12 entsprechend
angenehm
4 lieb, nett
6 bequem, kommod
7 passend
9 behaglich
10 erfreulich
11 sympathisch
angenehm(e, er, es) ...
· **Äußeres**
12 Gepflegtheit
14 Attraktivitaet
· **Duft**
5 Aroma
· **Empfindung**
6 Genuss
· **Temperatur**
6 Waerme
angenommen
6 fiktiv
angenommener Wechsel
6 Akzept
angeordnete Blumen
7 Gesteck
Anger
9 Dorfwiese
13 Gemeindewiese
angeregt
4 froh
6 kregel, munter
7 lebhaft
8 animiert
9 froehlich
angereichert
12 konzentriert
angeschlagen
6 groggy
8 verletzt
11 beschaedigt, mitgenommen
12 erschuettert
angesehen
6 ehrbar
8 beruehmt, geachtet, populaer
10 geschaetzt, renommiert
11 respektiert
angesehene ...
· **Mitglieder der Gesellschaft**
8 Notabeln
12 Honoratioren
Angesicht
7 Antlitz
angespannte Aufmerksamkeit
13 Konzentration
angespitzter Balken
5 Pfahl
Angestellte in der Apotheke (Abkürzung)
3 PTA
angestellte Leiterin eines Haushalts
8 Hausdame
angestrebter Urlaubsort
9 Reiseziel
angestrengtes ...
· **Lernen**
6 Pauken
9 Bueffelei
angetrunken
4 blau
10 beschwipst
angetrunkener Wanst
9 Bierbauch
angewandte Naturwissenschaft
7 Technik
angewiesen
9 abhaengig
Angewohnheit
6 Manier, Spleen
7 Marotte
angezeigt
9 indiziert
Angleichung
9 Anpassung
12 Assimilation
14 Harmonisierung
Angler
12 Petrijuenger
Anglergruß
9 Petri Dank, Petri Heil
angloamerikanischer
· **Feiertag** (31. Oktober)
9 Halloween
Angoraziegenwolle
6 Mohaer, Mohair
Angreifer
9 Aggressor
angrenzend
7 nebenan
10 benachbart
angrenzendes Ausland
12 Nachbarstaat
Angriff
5 Sturm
7 Ansturm, Attacke, Einfall
8 Anschlag, Invasion, Vorstoss
9 Offensive, Ueberfall
10 Aggression
Angriffsspieler (Fußball)
13 Innenstuermer
Angst
3 Alb, Alp
5 Bange, Scheu, Sorge
6 Bammel, Furcht, Phobie
Angsthase
8 Feigling
9 Hasenfuss
11 Duckmaeuser
ängstlich
4 bang, feig
5 bange, feige, scheu
6 mutlos
7 verzagt
9 furchtsam

Angsttraum
3 Alb, Alp
anhaftende Eigenschaft
7 Merkmal
anhaltend
6 stetig
7 dauernd
9 chronisch, permanent
10 persistent
14 ununterbrochen
anhaltend(e, er, es) ...
· **Dürre**
8 Troeckne
· **Klagen**
8 Gejammer
· **Krankheit**
6 Leiden
Anhaltevorrichtung
6 Bremse
Anhaltspunkt
7 Zeichen
8 Handhabe, Verdacht
Anhang
5 Annex
7 Familie, Gefolge
8 Appendix, Nachtrag
11 Nachschrift
12 Gefolgschaft
Anhänger
3 Fan
6 Tender
7 Trailer
8 Beiwagen
10 Mitlaeufer, Nachfolger
11 Gefolgsmann
Anhänger ...
· *des* **Arius**
7 Arianer
· *einer* **bejahenden Weltanschauung**
8 Optimist
· *einer* **Einheitslehre**
6 Monist
· *der* **Freikörperkultur**
6 Nudist
· *der* **Geisterlehre**
9 Spiritist
· *einer* **jüdischen Bewegung**
7 Zionist
· *einer* **kommunistischen Lehre**
6 Maoist
7 Marxist
8 Leninist
9 Stalinist, Trotzkist
· *des* **Königtums**
8 Royalist
10 Monarchist
· *einer* **Kunstrichtung**
6 Kubist
7 Dadaist
11 Pointillist
12 Fiktionalist
13 Expressionist, Impressionist
· *der* **Lehre Jesu**
6 Christ
· *der* **Lehre Laotses**
6 Daoist, Taoist
· *der* **Lehre Mohammeds**
6 Moslem, Muslim
· *der* **Lehre Moses'**
4 Jude
8 Israelit
· *der* **Lehre Zarathustras**
5 Parse
· *des* **Marxismus**
9 Kommunist, Sozialist
· *der* **Monarchie**
8 Royalist
10 Monarchist
· *einer* **negativen Weltanschauung**
8 Nihilist
9 Pessimist
· *einer* **Philosophenschule**
5 Eleat
7 Stoiker
9 Epikureer
10 Platoniker
13 Neuplatoniker
· *einer* **philosophischen Weltanschauung**
7 Realist
8 Idealist, Nihilist
10 Pragmatist
11 Materialist
· *einer* **politischen Weltanschauung**
6 Maoist
7 Marxist
8 Demokrat, Faschist, Leninist, Pazifist, Royalist
9 Anarchist, Kommunist, Liberaler, Sozialist, Stalinist
10 Chauvinist, Monarchist
11 Nationalist
· *eines* **Religionsstifters**
7 Apostel, Juenger
9 Maertyrer, Missionar
10 Glaeubiger, Verkuender
· *der* **römischen Kirche**
8 Katholik
· *eines* **schweizerischen Reformators**
9 Calvinist, Kalvinist
11 Zwinglianer
· *des* **Sozialismus**
7 Marxist
9 Sozialist
· *eines* **tschechischen Reformators**
6 Hussit
· *der* **Weltfriedensidee**
8 Pazifist
· *des* **Zoroaster**
5 Parse
Anhänger zum Transport von Booten
7 Trailer
anhänglich
4 treu
Anhänglichkeit
5 Treue
11 Ergebenheit
12 Freundschaft
Anhängsel
5 Annex
8 Appendix
Anhangsgebilde des Auges
12 Traenenkanal
anhäufen
7 sammeln
Anhäufung
4 Pulk
5 Halde, Masse, Menge
7 Ballung, Hortung
8 Sammlung
10 Agglomerat, Ansammlung, Kumulation
12 Akkumulation
13 Agglomeration
anheimelnd
5 traut
10 gemuetlich
Anhöhe
4 Berg
5 Kuppe
6 Huegel
8 Erhebung
Anhöhe bei Jerusalem
7 Oelberg
animalisch
8 tierisch

Anisbranntwein
6 Pastis
8 Anisette
Ankauf
6 Erwerb
Ankerplatz
3 Kai
4 Mole, Pier
5 Reede
Ankerplatz vor dem Hafen
5 Reede
Ankertonne
4 Boje
Ankerwinde
5 Spill
Anklage
13 Anschuldigung, Inkrimination
Ankläger
12 Staatsanwalt
Anklagevertreter
12 Staatsanwalt
Anklang
7 Beifall
8 Aufnahme, Resonanz
9 Sympathie
11 Reminiszenz
Ankleidehelferin
12 Garderobiere
Ankleideraum
8 Toilette
9 Garderobe
ankündigen
7 ansagen
12 bekannt geben
Ankündigung
4 Avis
6 Ansage
7 Anzeige
8 Programm, Prospekt
11 Bekanntgabe
12 Plakatierung
Ankündigung des Kommens
9 Anmeldung
Ankunft
7 Landung
9 Einlaufen
10 Eintreffen, Erscheinen
Ankunftshalle auf Flughäfen
7 Arrival
Anlage
6 Talent
7 Kapital
8 Begabung
11 Investition
12 Installation, Investierung
Anlage ...
· *zur* **Autoreinigung**
12 Waschstrasse
· *für* **Freizeitsport**
9 Kegelbahn
· *zur* **Hautbräunung**
8 Solarium
· *zur* **Holzkohlengewinnung**
6 Meiler
· *für* **Pferdesport**
9 Hippodrom
12 Trabrennbahn
· *für* **Pflanzenzucht**
9 Treibhaus
· *zur* **Salzgewinnung**
6 Saline
Anlage mit Blütenpflanzen
12 Blumengarten
Anlass
5 Grund, Motiv
7 Anstoss, Ursache
9 Auslosung
10 Beweggrund
11 Gelegenheit
Anlassen des Motors
7 starten
Anlasser
7 Starter
11 Kickstarter
Anlauf
5 Start
7 Versuch
Anlegemauer im Hafen
3 Kai
Anlegen von Fahrwegen
11 Strassenbau
Anlegestelle ...
· *für* **Schiffe**
3 Kai
4 Mole, Pier
5 Hafen, Reede
Anleihe
6 Kredit
8 Darlehen
Anleihen
5 Fonds
Anleihepapier
4 Bond
10 Obligation, Pfandbrief
anleiten
8 anweisen
Anleitung
4 Tipp
7 Hinweis
8 Beratung
9 Anweisung
10 Unterricht, Vorschrift
11 Information, Instruktion
Anliegen
5 Bitte
6 Wunsch
8 Ersuchen
Anlieger
7 Nachbar
8 Anrainer, Anwohner
anmaßend
5 frech
6 dreist
8 arrogant, insolent
11 impertinent
12 praetentioes, ueberheblich, unverschaemt
Anmaßung
7 Duenkel
8 Arroganz
Anmelderaum in Büros
9 Vorzimmer
Anmeldung zum Rennen
7 Nennung
Anmerkung
4 Note
5 Notiz
6 Glosse
8 Fussnote
9 Kommentar
10 Ergaenzung, Marginalie
12 Erlaeuterung
Anmut
6 Charme, Grazie, Scharm, Zauber
8 Liebreiz
12 Lieblichkeit
13 Holdseligkeit
anmutige ...
· **weibliche Naturgeister**
5 Elfen, Nixen
· **Wesen**
7 Grazien
anmutiger ...
· **Naturgeist**
4 Elfe, Nixe
annähernd
4 etwa, fast, rund
5 zirka
6 beinah
7 beinahe

9 ungefaehr
12 approximativ
Annahme
7 Empfang, Fiktion, Meinung
9 Hypothese, Rezeption, Vermutung
10 Mutmassung
13 Unterstellung
Annahme an Kindes statt
8 Adoption
Annalen
11 Jahrbuecher
annehmbar
8 leidlich, passabel
9 plausibel
10 akzeptabel
annehmen
7 glauben
8 vermuten
9 mutmassen
Annehmlichkeit
4 Reiz
6 Genuss
Annexion
9 Aneignung, Besetzung
10 Okkupation
annfallsweise auftretende Atemnot
6 Asthma
Annonce
7 Anzeige, Inserat
Anode
9 Elektrode
anomal
7 abartig
10 abweichend
Anomalie ...
· *des* **Auges**
6 Myopie
10 Presbyopie
13 Astigmatismus, Hypermetropie
15 Kurzsichtigkeit, Weitsichtigkeit
anonym
8 namenlos
9 ungenannt
Anorak
12 Kapuzenjacke
Anorak mit Kapuze
5 Parka
Anordnung
5 Edikt, Gebot, Order
6 Aufbau, Befehl, Erlass, Layout
7 Geheiss
9 Direktive, Regulativ
10 Gliederung, Verfuegung
11 Arrangement, Disposition
Anordnung der Fäden eines Gewebes
9 Fadenlauf
anorganische ...
· **Säure**
10 Salzsaeure
14 Salpetersaeure, Schwefelsaeure
anorganischer Stoff
7 Mineral
anormal
9 krankhaft
11 regelwidrig
Anpasser
11 Opportunist
Anpassung
7 Mimikry
8 Adaption
10 Adaptation, Gewoehnung
11 Adaptierung
12 Akkomodation, Assimilation
15 Akklimatisation
16 Akklimatisierung
Anpassungsvorrichtung
7 Adapter
Anpflanzung
5 Anbau
6 Kultur
8 Plantage
Anrainer
7 Nachbar
8 Anlieger
Anrecht
8 Anspruch
Anrede
2 du, Er
3 ihr, Sie
4 Frau, Herr
9 Fraeulein, Majestaet
Anrede ...
· *eines* **Bischofs**
9 Exzellenz
· *von* **französischen Königen**
4 Sire
· *für* **Fremde**
3 Sie
· *eines* **Fürsten**
6 Hoheit
11 Durchlaucht
· *für* **Geistliche**
11 Hochwuerden
· *eines* **Kaisers**
9 Majestaet
· *eines* **Kardinals**
7 Eminenz
· *für* **Männer**
4 Herr
· *für* **Ordensbrüder**
10 Ehrwuerden
· *für den* **Papst**
10 Heiligkeit
· *unter* **Sozialisten**
7 Genosse
· *eines* **Universitätsrektors**
14 Spektabilitaet
· *für* **Vertraute**
2 du
Anrede für den Mann
4 Herr
Anredefall
7 Vokativ
Anredefürwort
3 dir, ihr
anregend
8 belebend
10 animierend
12 stimulierend
anregendes ...
· **Getränk**
3 Tee
6 Kaffee
· **Mittel**
9 Stimulans
13 Aphrodisiakum
Anregung
4 Idee, Tipp
6 Anreiz, Impuls
7 Anstoss, Hinweis
10 Initiative
11 Ermunterung, Inspiration
12 Aufmunterung
Anreiz
6 Impuls
7 Ansporn, Antrieb
Anrichte
7 Buefett, Kredenz
9 Sideboard
Anrüchigkeit
5 Odium
Anruf
2 he

Anruf eines Schiffes
4 ahoi
Anrufung Gottes
5 Gebet
Ansage
4 Avis
6 Diktat
10 Conférence
Ansage ... (Skat)
· *auf* **Kontra**
2 Re
· *zur* **Niederschrift**
6 Diktat
Ansager
8 Sprecher
9 Moderator
12 Conférencier
Ansammlung
4 Pulk
5 Bande, Masse, Menge, Meute, Rotte, Schar
6 Gruppe, Haufen
7 Auflauf, Ballung
12 Akkumulation
13 Konzentration
ansässig
6 hiesig
8 heimisch
11 eingesessen, einheimisch
Anschaffung
4 Kauf
6 Erwerb
7 Einkauf
9 Erwerbung
11 Akquisition
anschaulich
6 farbig
7 konkret
8 bildlich, lebendig
9 plastisch
11 illustrativ
13 eindruecklich
Anschauung
4 Idee
6 Glaube
7 Ansicht, Meinung
9 Denkweise, Intuition
10 Auffassung
11 Betrachtung, Einstellung
Anschauungsart
11 Mentalitaet
anscheinend
10 vermutlich
11 mutmasslich
Anschlag
6 Plakat
7 Affiche, Aushang
8 Attentat, Sabotage
Anschlagsäule
13 Litfasssaeule
Anschlussvorrichtung
7 Adapter
Anschlussvorrichtung für Strom
7 Stecker
anschmiegsam
4 zart
5 weich
9 zaertlich
Anschrift
7 Adresse
Anschriftenverzeichnis
10 Adressbuch
Anschuldigung
7 Anklage, Vorwurf
13 Inkrimination
Anschwärzer
9 Verraeter
10 Denunziant
Anschwellung
5 Beule
Anschwellung am Hals
5 Kropf
Ansehen
3 Ruf
4 Ehre, Ruhm
6 Nimbus, Wuerde
7 Achtung, Geltung, Leumund
8 Prestige, Renommee
10 Autoritaet, Reputation
11 Beliebtheit
12 Beruehmtheit, Popularitaet
14 Wertschaetzung
ansehnlich
9 bedeutend, stattlich
11 respektabel
12 reputierlich
13 betraechtlich, eindrucksvoll
14 repraesentativ
ansehnliches Gebäude
7 Bauwerk
Ansicht
6 Aspekt
7 Anblick, Meinung
8 Erachten
10 Auffassung, Standpunkt
11 Betrachtung, Einstellung
12 Ueberzeugung
13 Gesichtspunkt
Ansiedler
8 Kolonist
Ansiedlung
3 Ort
4 Dorf
5 Stadt
6 Weiler
7 Kolonie
8 Gemeinde
Ansiedlung aus wenigen Gehöften
6 Weiler
Ansinnen
6 Begehr
8 Zumutung
9 Verlangen, Vorschlag
Anspiel ...
· *beim* **Eishockey**
5 Bully
· *beim* **Tennis**
9 Aufschlag
Ansporn
6 Anreiz
8 Auftrieb
11 Ermunterung
Ansprache
4 Rede
5 Toast
Ansprache ...
· *bei einer* **Feier**
8 Festrede
· *beim* **Festmahl**
9 Tischrede
· *des* **Papstes**
10 Allokution
ansprechend
4 nett
6 adrett
11 sympathisch
Anspruch
5 Recht
7 Anrecht
9 Forderung, Verlangen
12 Anwartschaft, Berechtigung
anspruchslos
6 simpel
7 einfach
8 primitiv, schlicht
9 genuegsam
10 bescheiden
11 spartanisch

anspruchslose Zimmerpflanze
12 Phoenixpalme
anspruchsvoll
8 kritisch
9 ambitioes
11 waehlerisch
12 unbescheiden
anspruchsvolle Zimmerpflanze
12 Tempelglocke
Anstalt
4 Heim
8 Institut
9 Pensionat
Anstalt bei Bielefeld
6 Bethel
Anstaltsschüler
5 Eleve
6 Alumne
8 Interner
Anstaltsschülerin
6 Alumna, Elevin
7 Interne
Anstand
5 Moral, Mores, Sitte, Zucht
6 Tugend
8 Benehmen, Betragen
9 Erziehung
11 Sittsamkeit
anständig
4 fair
5 loyal
6 honett
7 ehrlich, honorig, integer, korrekt, redlich, serioes, sittsam
8 sittlich
9 moralisch
10 schicklich
13 rechtschaffen
Anstandsbuch
6 Knigge
Anstandsregeln
8 Etikette
ansteckend
10 infektioes
ansteckende ...
· **Krankheit**
4 Lues, Pest, Ruhr
5 Lepra, Mumps
6 Grippe, Masern, Pocken, Typhus
7 Aussatz, Cholera, Malaria, Roeteln, Tollwut, Tripper
8 Blattern
9 Influenza, Milzbrand, Scharlach
10 Diphtherie, Gelbfieber, Paratyphus, Windpocken
11 Fleckfieber, Keuchhusten, Spitzpocken, Stickhusten, Tuberkulose
14 Kinderlaehmung
15 Schlafkrankheit
Anstecknadel
6 Spange
7 Brosche
8 Plakette
11 Zierschmuck
Ansteckplakette
6 Button
Ansteckung
6 Infekt
9 Infektion
11 Infizierung
Ansteigen der Börsenkurse
6 Hausse
anstelle
5 statt
7 anstatt
Anstellerei
5 Getue
6 Gehabe
7 Geziere
8 Ziererei
9 Pruederie
Anstellung
3 Job
6 Arbeit
Anstellung ...
· *als* **Beamter**
10 Bestallung
· *beim* **Theater**
10 Engagement
Anstifter
7 Urheber
9 Initiator
10 Hintermann, Verfuehrer
Anstimmen
10 Intonation
Anstoß
5 Grund, Motiv
6 Anlass, Impuls
7 Ansporn, Antrieb, Ursache
8 Anregung
10 Beweggrund
anstößig
6 lasziv
7 obszoen
10 skandaloes
anstößiger Witz
4 Zote
anstößiges ...
· **Ereignis**
7 Skandal
9 Aergernis
anstreichen
8 tuenchen
Anstreicher
5 Maler
anstrengen
8 bemuehen
Anstrengung
5 Eifer, Muehe
6 Arbeit
7 Ehrgeiz, Einsatz, Muehsal
8 Strapaze
Anstrichmittel
4 Lack
5 Farbe
8 Oelfarbe
13 Kunstharzlack
Ansturm
3 Run
7 Attacke
Ansuchen
5 Bitte
6 Wunsch
7 Eingabe
8 Petition
antarktisch(e, er, es) ...
· **Halbinsel**
4 Ross
10 Grahamland
· **Schwimmvogel**
7 Pinguin
· **Vulkan**
6 Erebus
11 Mount Erebus
Anteil
4 Part, Teil
5 Aktie, Quote, Rolle
6 Ration
7 Beitrag, Portion, Quantum
10 Kontingent
Anteil an Glyceriden
10 Fettgehalt
Anteilnahme
5 Guete
6 Trauer
7 Beileid, Mitleid
9 Interesse, Kondolenz

10 Mitgefuehl
Anteilsabschnitt ...
· *einer* **Aktie**
5 Kupon
6 Coupon
Anteilschein
3 Kux, Los
4 Bond
5 Aktie, Share
10 Obligation, Pfandbrief, Wertpapier
Antennenart
5 Dipol
12 Richtantenne
13 Ferritantenne
20 Gemeinschaftsantenne
Anthrazit
10 Glanzkohle, Steinkohle
Antialkoholiker
12 Abstinenzler
antik
13 altertuemlich
antik(e, er, es) ...
· **Abgesang**
5 Epode
· **Ausruf**
7 Heureka
· **Bauwerk in Rom**
8 Pantheon
9 Colosseum, Kolosseum
10 Engelsburg, Titusbogen
12 Amphitheater
13 Trajanssaeule
· **Bauwerk in Trier**
8 Basilika
10 Porta Nigra
13 Kaiserthermen
· **Bühnenbauwerk**
12 Amphitheater
· **Dichterross**
7 Pegasus
· **Dreiruderer**
6 Triere
· **Epos**
5 Ilias
6 Aeneis
7 Odyssee
· **Fabelwesen**
6 Sphinx
· **Fünfkampf**
10 Pentathlon
· **Gedicht**
5 Epode
· **Gefäß**
7 Amphore
· **Gewand**
4 Toga
6 Tunika
7 Chlamys
· **Grenzbefestigung**
5 Limes
· **Grenzstein**
6 Zippus
· **griechische Hafenstadt**
5 Aulis
· **griechische Landschaft**
5 Doris
6 Attika, Epirus, Lokris, Phokis
7 Argolis
8 Aetolien, Arkadien, Boeotien, Kilikien, Lakonien, Phrygien
9 Messenien
10 Makedonien
· **griechische Stadt**
5 Argos, Athen, Milet
6 Abdera, Kroton, Mykene, Olynth, Priene, Smyrna, Sparta, Theben
7 Chalkis, Eleusis, Ephesos, Ephesus, Mykenae, Stagira, Tanagra
9 Epidauros, Epidaurus
· **Hafen Athens**
8 Phaleron
· **Hafen Roms**
5 Ostia
· **Hallenbau**
8 Basilika
· **Hirtenlied**
6 Ekloge
· **Hirtenpfeife**
9 Panfloete
· **Hochzeitsgesang**
5 Hymen
· **Inselreich im Norden**
5 Thule
· **Instrument**
5 Aulos
· **Königreich in Arabien**
4 Saba
· **Krug mit Doppelhenkel**
7 Amphora, Amphore
· **Land im Iran**
6 Medien
· **Landschaft in Italien**
6 Latium
7 Samnium
8 Etrurien
· **Landschaft in Kleinasien**
5 Troas
6 Karien, Lydien, Lykien, Mysien
7 Aeolien
8 Kilikien, Phrygien, Pisidien, Zilizien
9 Bithynien
10 Pamphylien
12 Paphlagonien
· **Landschaft in Palästina**
6 Judaea
7 Samaria
8 Galilaea
· **Landschaft in Persien**
6 Medien
8 Baktrien
· **Landschaft in Südarabien**
4 Saba
· **Landschaft in Syrien**
10 Phoenizien
· **Lehrstätte**
6 Lyzeum
8 Akademie
· **Leuchtturm**
6 Pharos
· **Mischwesen**
6 Sphinx
· **Name der Dardanellen**
10 Hellespont
· **Name Deutschlands**
9 Germanien
· **Name Frankreichs**
7 Gallien
· **Name Italiens**
6 Italia
· **Name Trojas**
5 Ilion, Ilium
· **Orakelstätte**
5 Cumae, Delos
6 Delphi, Didyma, Dodona
· **Ort auf Kreta**
7 Knossos
· **Rechenbrett**
6 Abakus
· **Redekunst**
5 Topik
· **Reich am Tigris**
4 Elam
· **Reich in Arabien**
4 Saba
· **Reich in Kleinasien**
6 Lydien, Pontos, Pontus
8 Phrygien

· **Reich in Mesopotamien**
5 Akkad, Sumer
8 Assyrien
10 Babylonien
· **Reich in Südarabien**
4 Saba
· **Reitervolk**
7 Skythen
· **Ruinenstadt in Italien**
7 Pompeji, Stabiae
11 Herculaneum, Herkulaneum
· **Rundtheater**
12 Amphitheater
· **Saiteninstrument**
4 Lyra
5 Leier
7 Psalter
10 Aeolsharfe
· **Schaukämpfer**
9 Gladiator
· **Schicksalsgöttin**
5 Parze
· **Schiff**
6 Bireme, Triere
7 Galeere, Pentere, Trireme
10 Quadrireme
· **Schlachtenort**
5 Issos
7 Salamis
8 Marathon
11 Thermopylen
· **Schreibmaterial**
6 Stilus
7 Papyrus
9 Diptychon, Pergament
· **Schriftzeichen**
4 Rune
11 Hieroglyphe
· **Seeungeheuer**
6 Scylla, Skylla
9 Charybdis
· **Sonnenuhr**
6 Gnomon
· **Sprache**
6 Latein
10 Griechisch, Lateinisch
· **Stadt**
5 Athen, Atria, Babel, Milet, Troja
6 Nicaea, Nikaea, Ninive, Sikyon, Theben
7 Ephesus, Knossos
8 Pergamon, Philippe, Plataeae, Tusculum
10 Alexandria
13 Halikarnassos
· **Stadt am Euphrat**
7 Babylon
· **Stadt am Tigris**
6 Ninive
· **Stadt am Vesuv**
7 Pompeji
11 Herculaneum, Herkulaneum
· **Stadt in Italien**
4 Elea
· **Stadt in Jonien**
5 Milet
· **Stadt in Persien**
4 Susa
· **Theaterstück**
5 Medea
7 Elektra, Orestie
8 Alcestis, Alkestis, Antigone
9 Iphigenie
10 Amphitryon, Andromache, Lysistrata, Lysistrate, Oedipus Rex
13 Koenig Oedipus
· **Vase**
7 Amphora
· **Versmaß**
6 Jambus
8 Anapaest, Daktylus
9 Hexameter, Trochaeus
10 Heptameter, Pentameter
· **versunkenes Land**
8 Atlantis
· **Volk im Iran**
5 Meder
· **Volksstamm in Italien**
8 Etrusker
· **wachsüberzogene Schreibtafel**
5 Kodex
· **Wasserleitung**
9 Aquaedukt
· **Weissagerin**
6 Pythia
· **Weissagung**
6 Orakel
· **Werk der Philosophie**
5 Menon, Staat
6 Physik, Poetik
7 Gorgias, Phaidon
8 Apologie, Gastmahl
10 Metaphysik, Protagoras
· **Wettkampf**
4 Agon
· **Wettkämpfer**
9 Gladiator
· **Wurfgeschütz**
8 Balliste

Antike
8 Altertum

Antillenbewohner
6 Karibe

Antilleninsel
4 Kuba, Saba
5 Aruba, Haiti, Nevis
6 Tobago
7 Bahamas, Barbuda, Curaçao, Grenada, Jamaika, Tortuga
8 Barbados, Trinidad
10 Guadeloupe, Martinique, Montserrat, Puerto Rico, Santa Lucia

Antilopenart
3 Gnu
4 Kudu, Oryx, Tora
5 Gemse, Goral, Kaana, Saiga, Sassi
6 Ducker, Impala, Nilgau
7 Gazelle
8 Riedbock
10 Hartebeest, Wasserbock, Wildebeest
14 Saebelantilope

Antipathie
9 Ablehnung, Abneigung

Antiquaschrift
9 Italienne

Antithese
15 Gegenbehauptung

Antlitz
7 Gesicht
9 Angesicht

Antrag
5 Bitte
6 Gesuch
7 Eingabe
8 Ersuchen, Petition

Antrieb
5 Drang, Motiv
6 Impuls
7 Ansporn, Anstoss, Dynamik

Antriebsgeschoss
6 Rakete

Antriebsmaschine
5 Motor

6 Dynamo
7 Turbine
9 Generator, Ottomotor, Triebwerk
11 Dieselmotor
12 Elektromotor
Antriebsmittel ...
· *für* **das Auto**
3 Gas
6 Benzin, Diesel
Antriebsschraube
9 Propeller
Antriebsvorrichtung
6 Goepel
8 Rosswerk, Wellbaum
Antritt der Nachfolge
10 Uebernahme
Antwort
6 Replik
10 Entgegnung, Erwiderung
Antwort ...
· *auf* **Kontra** (Skat)
2 Re
8 Rekontra
antwortheischender Satz
5 Frage
Anwalt
7 Advokat
12 Fuersprecher
13 Rechtsberater
14 Rechtsbeistand
Anwaltskunde
6 Klient
7 Mandant
Anwaltskundin
8 Klientin
Anwaltspraxis
7 Kanzlei
9 Advokatur
Anwaltsrede
9 Plaedoyer
Anwärter
8 Aspirant, Assessor, Bewerber, Kandidat
10 Referendar
Anwartschaft
10 Kandidatur
anweisen
8 anleiten
Anweisung
3 Rat
5 Order, Regie
6 Befehl
7 Auflage
9 Anordnung, Direktive
10 Wegleitung
11 Instruktion
Anweisung ...
· *für* **die Gemüsezubereitung**
11 Salatrezept
· *für* **die Mieter**
11 Hausordnung
Anwendung
6 Nutzen
8 Gebrauch
11 Applikation
Anwendung von Zwang
6 Gewalt
Anwendungssoftware
3 App
Anwendungstrick
4 Dreh
5 Kniff
Anwesen
3 Gut, Hof
6 Besitz
9 Besitztum
11 Grundbesitz, Grundstueck
anwesend
2 da
4 hier
5 dabei
7 zugegen
8 praesent
9 vorhanden
12 gegenwaertig
anwidern
5 ekeln
Anwohner
7 Nachbar
Anwurf
5 Ruege, Tadel
8 Nachrede
Anzahl
4 Gros
5 Haufe, Herde, Masse, Menge, Schar, Summe
6 Gruppe, Haufen, Schock
7 Dutzend, Quantum
Anzahl ...
· *der* **Kegel**
4 neun
· *der* **Lebensjahre**
5 Alter
Anzapfung
7 Anstich
11 Pumpversuch
Anzeichen
4 Omen
5 Indiz
7 Merkmal, Symptom, Vorbote
10 Indikation
Anzeige
4 Avis
6 Insert
7 Annonce, Inserat, Offerte
Anzeige ...
· *des* **Kalenders**
5 Datum
· *der* **Uhr**
4 Zeit
Anzeigenaufgeber
8 Inserent
Anzeigenwerber
11 Akquisiteur
anziehend
9 attraktiv
11 interessant, sympathisch
anziehendes Eisen
6 Magnet
Anziehungskraft
6 Appeal
9 Sexappeal
11 Gravitation
Anziehungskraft ...
· *der* **Erde**
7 Schwere
11 Gravitation, Schwerkraft
· *zwischen* **Molekülen**
9 Kohaesion
Anzug
5 Tenue
Anzugform
9 Einreiher
10 Zweireiher
anzüglich
5 spitz
6 pikant
10 zweideutig
anzügliche Erwähnung
10 Anspielung
Anzünder
7 Fidibus
Aorta
15 Hauptschlagader
apart
4 nett
5 eigen
6 adrett
7 elegant, reizend
8 reizvoll
9 besonders
10 eigenartig
13 geschmackvoll

apathisch
11 unbeteiligt
12 teilnahmslos
13 gleichgueltig, unempfindlich
Aperitif
5 Byrrh, Cynar, Picon
6 Pernod, Ricard
7 Campari, Cinzano, Martini
8 Dubonnet, Vermouth
Apfelbranntwein
8 Calvados
Apfelsine mit dunklem Fleisch
10 Blutorange
Apfelsinenart
5 Navel
6 Orange
7 Satsuma
9 Mandarine, Pomeranze
10 Bergamotte, Klementine
Apfelsorte
6 Boskop, Rambur
7 Kalvill, Rambour, Renette
8 Jonathan, Parmaene
9 Delicious, Spitzling, Taeubling
10 Morgenduft, Streifling
11 Goldrenette, Granny Smith, Guelderling, James Grieve, Landsberger, Maschansker
12 Goldparmaene, Wachsrenette
13 Bismarckapfel, Gravensteiner
15 Golden Delicious
Apfelwein
4 Most
Apfelwein aus Frankreich
5 Cidre
Aphrodite
5 Venus
10 Anadyomene
apodiktisch
10 endgueltig
14 unumstoesslich, unwiderleglich
Apogäum
8 Erdferne
Apokalypse
11 Offenbarung
Apostel
7 Juenger
8 Sendbote, Sendling

Apostel ...
· *der* **Bayern**
7 Emmeran
· *der* **Deutschen**
10 Bonifatius
· *der* **Eskimos und Grönländer**
5 Egede
· *der* **Franken**
6 Kilian
· *der* **Friesen**
10 Willibrord
· *der* **Gallier**
6 Martin
· *der* **Iren**
7 Patrick
10 Columbanus
· *des* **Jesus**
5 Judas, Lukas, Simon
6 Markus, Paulus, Petrus, Thomas
7 Andreas, Jakobus
8 Johannes, Matthias
9 Matthaeus, Philippus, Thaddaeus
13 Bartholomaeus
· *des* **Nordens**
6 Ansgar
· *der* **Preußen**
8 Adalbert
· *der* **Slawen**
6 Kyrill
9 Methodius
Apotheke
7 Offizin
Apotheker
10 Pharmazeut
Apothekerbuch
12 Dispensorium
Apothekergefäß
7 Moerser
Apothekergehilfe
8 Provisor
Apothekergewicht
4 Gran, Unze
5 Graen
7 Skrupel
Apotheose
11 Schlussbild, Verklaerung
14 Verherrlichung
15 Vergoettlichung
Apparat
6 Geraet
8 Maschine

Appartement
6 Zimmer
7 Wohnung
Appeal
8 Zugkraft
9 Anziehung
12 Ausstrahlung
Appell
6 Aufruf
7 Mahnung
8 Antreten
12 Aufforderung
Appendix
6 Anhang, Ansatz
8 Fortsatz
9 Blinddarm
10 Anhaengsel
12 Wurmfortsatz
Appetit
7 Esslust
appetitanregende Vorspeise
11 Horsdoeuvre
appetitanregendes Getränk
8 Aperitif
Appetithäppchen
9 Kostprobe
appetitlich
6 frisch, lecker
9 delizioes, einladend, koestlich
10 verlockend
Applaus
7 Beifall
11 Akklamation
Apposition
10 Beifuegung
Aprikose
7 Marelle, Marille
Aprikosenbranntwein
6 Barack
April
9 Ostermond
apropos
9 uebrigens
15 nebenbei bemerkt
Aquamarin
6 Beryll
Aquarienfisch ▶ Zierfisch
Äquivalent
9 Gegenwert
12 gleichwertig
Ära
6 Epoche
9 Zeitalter
10 Zeitspanne

Ära Luthers
16 Reformationszeit
Araberfürst
4 Emir
Araberhengst bei Karl May
3 Rih
Araberstamm
4 Asra
7 Senussi
8 Beduinen
10 Amalekiter
Araberviertel nordafrikanischer Städte
6 Kasbah
Arabeske
8 Ornament
9 Tanzfigur
arabisch für ...
· **Berggipfel**
3 Ras
· **Brunnen**
3 Bir
· **Markt**
3 Suk
· **Meerenge**
3 Bab
· **Nichtmohammedaner**
5 Kafir
· **Satan**
8 Schaitan
· **Sohn**
3 Ben, Ibn
· **Vater**
3 Abu
arabisch(e, er, es) ...
· **Artikel**
2 al, el, il
· **Arzt im Mittelalter**
5 Mesue
8 Avicenna
· **Dichter**
5 Antar
6 Hariri
10 Omar Kayyam
· **Dynastie**
7 Ibn Saud
8 Omajaden
9 Fatimiden
· **Fürstentitel**
3 Aga
4 Emir
· **Fürstentum**
6 Emirat
· **Gebetsrufer**
7 Muezzin
· **Gedichtform**
5 Gasel
· **Geistlicher**
5 Mulla
6 Mullah
· **Gelehrter**
5 Hakim
· **Getränk**
3 Kat
· **Getreidepflanze**
5 Durra
· **Gewand**
3 Aba
6 Burnus
· **Gewürzmischung**
11 Razelhanout
· **Goldmünze**
5 Dinar
· **Gruß**
5 Salam, Salem, Selam
12 Salem aleikum
· **Hafenstadt**
4 Aden
6 Kuwait, Kuweit
7 Hodaida, Hodeida, Makalla
· **Halbinsel**
5 Katar, Sinai
8 Mosandam
· **Hauptstadt**
4 Aden, Riad, Sana
5 Amman, Kairo, Rabat, Tunis
6 Algier, Bagdad, Beirut, Kuwait, Kuweit, Maskat
8 Ash Shaab, Damaskus, Tripolis
· **Herrscherhaus**
4 Saud
· **Kapuzenmantel**
6 Burnus
· **König**
4 Saud
5 Talal
6 Faisal
7 Hussein
· **Königreich**
5 Jemen
9 Jordanien
12 Saudi-Arabien
· **Königreich im Altertum**
4 Saba
· **Kopfbedeckung**
3 Fes
· **Krummschwert**
4 Seif
· **Küstengebiet**
4 Asir
8 Hedschas
· **Küstensegler**
3 Dau
4 Dhau
· **Männername**
3 Ali
6 Hassan
7 Hussein, Ibrahim
· **Mantel**
3 Aba
4 Haik
· **Mantelumhang**
5 Abaya
· **Märchenvogel**
3 Rok
4 Roch
· **Monatsname**
5 Safar
· **Name Abrahams**
7 Ibrahim
· **Name Gottes**
5 Allah
· **Name Jesu**
3 Isa
· **Nomaden**
8 Beduinen
· **Nomadenvolk**
5 Kedar
· **Ochsengespann**
5 Araba
· **Philosoph**
8 Averroes, Avicenna
· **Provinz**
4 Asir
· **Rechtsgelehrter**
5 Mufti
· **Reiterkampfspiel**
8 Fantasia
· **Richter**
4 Kadi
5 Mulla
· **Sagenvogel**
3 Rok
· **Schiff**
3 Dau
4 Dhau
7 Baggala
· **Schreibschrift**
5 Talik
6 Neschi

- **Segelschiff**
  3 Dau
  4 Dhau
- **sozialistische Partei**
  5 Baath
- **Staat**
  4 Irak, Oman
  5 Jemen, Katar, Sudan, Yemen
  6 Kuwait, Kuweit, Libyen, Syrien
  7 Bahrain, Libanon, Marokko
  8 Aegypten, Algerien, Tunesien
  9 Jordanien
  12 Saudi-Arabien
  17 Vereinigte Emirate
- **Stadt**
  3 Sur
  4 Aden, Doha, Hama, Homs, Maan, Riad, Sana
  5 Akaba, Amman, Basra, Haleb, Kairo, Mekka, Mokka, Mosul, Riyad, Sanaa
  6 Aleppo, Bagdad, Beirut, Djidda, Kirkuk, Kuwait, Kuweit, Maskat, Medina, Mossul, Nedjef
  7 Ar Rijad, Dhahran, Er Riyad, Hodaida, Hodeida, Kerbela, Makalla
  8 Damaskus
- **Sultanat**
  4 Oman
- **Titel**
  4 Emir, Imam
  5 Mudir
  6 Sultan
- **Volksliedersammlung**
  6 Hamasa
- **Vorbeter**
  4 Imam
- **Wüste**
  5 Akkaf, Nefud, Rimal
  7 Hammada
  14 Nubische Wueste
- **zweimastiges Schiff**
  3 Dau
  4 Dhau
- **zweirädriger Karren**
  5 Araba

aramäisch für Vater
4 Abba

Arbeit
3 Job, Tun
4 Fron, Werk
6 Dienst, Posten, Stelle
7 Aufgabe
8 Leistung, Stellung
10 Engagement, Taetigkeit
14 Beschaeftigung

Arbeit ...
- *der* **Leibeigenen**
  4 Fron
- *mit* **Nadel und Faden**
  8 Naeherei
- *der* **Vertreter**
  12 Aussendienst

Arbeiter
12 Werktaetiger

Arbeiter außerhalb seines Wohnorts
7 Pendler

Arbeitgeber
11 Unternehmer

Arbeitnehmer
8 Arbeiter
12 Angestellter
14 Lohnempfaenger

Arbeitnehmerin
16 Fabrikarbeiterin

Arbeitnehmerorganisation
12 Gewerkschaft

arbeitsam
5 emsig
8 fleissig, tuechtig

Arbeitsanzug ▶ Arbeitskleidung

Arbeitsausstand
6 Streik
10 Warnstreik
13 Generalstreik

Arbeitsentgelt
4 Gage, Lohn
6 Gehalt, Salaer
7 Honorar

Arbeitsergebnis
7 Produkt

arbeitsfreier ...
- **Gedenktag**
  8 Feiertag
- **Wochentag**
  8 Feiertag

Arbeitsgebiet
6 Sparte
7 Domaene
16 Betaetigungsfeld

Arbeitsgefährte
7 Kollege
11 Mitarbeiter

Arbeitsgerät
8 Werkzeug

Arbeitsgerät im Büro
6 Locher

Arbeitsgruppe
4 Team
5 Rotte
6 Partie
7 Kolonne, Schicht

Arbeitshose
9 Bluejeans

Arbeitskampfmaßnahme
6 Streik
8 Ausstand

Arbeitskleidung
6 Kittel, Montur
7 Overall, Uniform
14 Mantelschuerze

Arbeitskraft auf Zeit
8 Aushilfe

Arbeitsleistung
6 Dienst

Arbeitsmaschine
7 Roboter

Arbeitsmaterial des Töpfers
3 Ton

Arbeitsmittel
9 Werkstoff
11 Rohmaterial

Arbeitsniederlegung
6 Streik
10 Warnstreik

Arbeitsnorm
6 Akkord

Arbeitspferd
4 Gaul

Arbeitsplattform im Glashaus
13 Gaertnertisch

Arbeitsplatz
3 Job
6 Stelle

Arbeitsraum ...
- *des* **Künstlers**
  6 Studio
  7 Atelier

arbeitsscheu
4 faul
6 traege

Arbeitsscheuer
9 Faulenzer
13 Drueckeberger

Arbeitsschicht
6 Turnus
Arbeitsschluss
10 Feierabend
Arbeitssklave
4 Kuli
Arbeitsstätte
5 Labor
6 Stelle, Studio
7 Betrieb
9 Werkstatt
12 Laboratorium
Arbeitsstoff
8 Material
Arbeitstag
7 Werktag
Arbeitstagung
7 Enquete
Arbeitsüberladung
16 Ueberanstrengung
Arbeitsumfang
6 Pensum
arbeitsunfähig
5 krank
8 invalide
Arbeitsunfähiger
8 Invalide
Arbeitsunterbrechung
5 Pause
Arbeitsunwilliger ▶ Arbeitsscheuer
Arbeitsvermögen
7 Energie
Arbeitsweise
6 Akkord, System
7 Methode, Schicht, Technik
9 Verfahren
Arbeitszeit
7 Schicht
Archäopteryx
7 Urvogel
Archenbauer
4 Noah
Architekt
10 Baumeister
12 Baukuenstler
architektonische Kunstrichtung
7 Baustil
architektonisches ...
· **Gepräge**
4 Stil
7 Baustil
Architektur
8 Baukunst
Archivalien
8 Urkunden
12 Aktenstuecke
Areal
12 Bodenflaeche
Arena
6 Manege
arg
5 boese, uebel
7 schlimm
8 schlecht
arge ...
· **Bedrängnis**
3 Not
· **Lage**
3 Not
argentinisch(e, er, es) ...
· **Berg**
9 Aconcagua
· **Besitzloser**
11 Descamisado
· **Biochemiker**
6 Leloir
· **Diktator**
5 Peron
· **Gebirgszug**
5 Anden
16 Sierra von Cordoba
· **Grassteppe**
5 Pampa
· **Halbinsel**
6 Valdez
· **Komponist**
5 Kagel
· **Landschaft**
5 Anden, Monte
6 Pampas
9 Feuerland, Gran Chaco
10 Patagonien
12 Ostfeuerland
· **Meerenge**
15 Magellanstrasse
· **Münze**
4 Peso
7 Centavo
9 Argentino
· **Nationalgericht**
7 Puchero
· **Nationaltanz**
5 Tango
· **Nobelpreisträger für Chemie**
6 Leloir
· **Nobelpreisträger für Medizin**
7 Houssay
· **Politiker**
4 Roca
5 Illia, Mitre, Ortiz, Peron, Rosas
7 Lonardi, Ongania, Ramirez
8 Alfonsin, Aramburu, Belgrano, Hipolito
· **Provinz**
5 Chaco, Jujuy
7 Mendoza, Santa Fe, Tucuman
9 Entre Rios
11 Buenos Aires
· **Schriftsteller**
6 Borges, Marmol
7 Andrade
8 Obligado
9 Sarmiento
10 Echeverría
· **Tierart**
4 Puma
6 Jaguar
11 Guerteltier
· **Viehhirt**
6 Gaucho
Ärger
3 Wut
4 Zoff, Zorn
5 Grimm, Unmut
6 Kummer
7 Knatsch, Missmut, Trouble, Unwille
8 Ungemach, Verdruss
10 Alteration
11 Verstimmung
ärgerlich
3 arg
5 boese
Ärgernis
4 Qual
5 Eklat, Plage, Uebel
6 Greuel
7 Anstoss, Blamage, Graeuel, Skandal
8 Verdruss
Arglist
6 Malice, Tuecke
10 Hinterlist
arglistige Täuschung
6 Betrug

arglos
4 naiv
7 harmlos
10 einfaeltig, zutraulich
14 leichtglaeubig
argloses Vertrauen
15 Gutglaeubigkeit
Argonautenführer
5 Iason, Jason
Argwohn
8 Verdacht
10 Misstrauen, Mutmassung
14 Verdaechtigung
Aristokrat
7 Adliger
Aristokratie
4 Adel
15 Adelsherrschaft
aristokratisch
5 adlig
arithmetisches Mittel
12 Durchschnitt
Arkade
5 Bogen
10 Mauerbogen
Arktis
10 Polarkreis
11 Polargebiet
Arktisbewohner
6 Eskimo
12 Groenlaender
arktisch(e, er, es) ...
· **Dauerfrostdecke**
8 Polareis
· **Gewässer**
13 Nordpolarmeer
· **Nutztier**
3 Ren
7 Rentier
· **Raubtier**
7 Eisbaer
10 Polarfuchs
· **Schneehütte**
4 Iglu
· **Vogel**
3 Alk
5 Lumme
6 Teiste
7 Tordalk
8 Albatros
· **Volk**
5 Inuit
6 Lappen
7 Eskimos

arm
4 karg
5 knapp
8 duerftig, primitiv
9 besitzlos, mittellos
10 beduerftig, Not leidend
11 unbemittelt
13 bedauernswert
15 hilfsbeduerftig
Arm der Weichsel
5 Nogat
Armatur des Waschbeckens
10 Wasserhahn
Armaturenbrett
11 Schalttafel
Armee
4 Heer
6 Truppe
11 Streitmacht
Ärmelaufschlag
6 Stulpe
11 Manschetten
ärmellos(e, er, es) ...
· **Bekleidungsstück**
10 Jeansweste
· **Jacke**
5 Gilet, Weste
6 Bolero
· **Kleidungsstück**
5 Weste
· **Mantel**
6 Poncho, Umhang
· **Pullover**
9 Pullunder
· **Umhang**
4 Cape
Ärmelverschluss
16 Manschettenknopf
armenisch(e, er, es) ...
· **Berg**
6 Ararat
· **Filzmütze**
6 Kalpak, Kolpak
· **Hauptstadt**
6 Eriwan
· **Kirchenvater**
6 Mesrop
· **Ruinenstadt**
3 Ani
· **Sackpfeife**
8 Zuggarah
Armenpflege
9 Fuersorge
11 Sozialhilfe

armer ...
· **Teufel**
8 Hascherl
9 Schlucker
Armgelenk
8 Ellbogen
10 Ellenbogen
Armleuchter
8 Flambeau
10 Kandelaber
ärmlich
4 mies
8 schaebig
Armmuskel
6 Bizeps
7 Trizeps
Armring
4 Reif
6 Reifen
armselig
4 karg
7 popelig
8 aermlich, duerftig
9 spaerlich
11 kuemmerlich
armseliges ...
· **Haus**
4 Kate
6 Huette
9 Bruchbude
Armut
3 Not
5 Elend
6 Dalles, Mangel, Misere
14 Beduerftigkeit
15 Mittellosigkeit
Aroma
4 Duft
5 Blume
6 Bukett
9 Geschmack
10 Wohlgeruch
aromatisch duftende Gewürzpflanze
11 Wermutkraut
aromatisch(e, er, es) ...
· **Getränk**
3 Tee
4 Mate
6 Kaffee
· **Getränk mit viel Zusatz**
11 Milchkaffee
· **Gewürz**
4 Zimt
10 Zimtstange

- **Harz**
  6 Myrrhe
  9 Weihrauch
- **Schäume** (Gastronomisch)
  7 Espumas

aromatischer Lippenblütler
15 Zitronenmelisse
aromatisierter Süßstoff
14 Vanillinzucker
Aronstabgewächs
5 Calla, Kalla
6 Kalmus
11 Drachenwurz
14 Schlangenkraut
Arrangement
9 Anordnung
13 Uebereinkunft
Arrangement von Milchprodukten
11 Kaeseplatte
arrangierte ...
- **Luftreise**
  11 Charterflug
- **Sessel und Sofa**
  10 Sitzgruppe

Arrest
4 Haft
6 Karzer
10 Nachsitzen
Arrest in der Soldatensprache
3 Bau
Arrestant
9 Haeftling
Arrestgebäude
6 Karzer
10 Gefaengnis
11 Haftanstalt
Arrestraum
5 Zelle
arrogant
9 anmassend
10 hochmuetig
11 duenkelhaft, eingebildet
12 ueberheblich
14 herausfordernd
arroganter Mensch
4 Snob
Arroganz
6 Hybris
7 Duenkel
8 Insolenz
9 Anmassung
16 Ueberheblichkeit
Arsenal
8 Zeughaus
11 Waffendepot, Waffenlager
Art
3 Typ
4 Form, Stil
5 Genre, Genus, Natur, Rasse, Sorte, Typus, Weise, Wesen
6 Muster, System
7 Gattung, Methode, Spezies
8 Benehmen, Betragen, Naturell
9 Verfahren, Verhalten
Art ...
- *der* **Alltagsgestaltung**
  10 Lebensstil
- *von* **Bewusstseinszustand**
  7 Hypnose
- *von* **Devisen**
  9 Geldserie
- *des* **Eppichs**
  14 Bleichsellerie
- *des* **Gehens**
  7 Gangart
- *eines* **Gemäldes**
  9 Stilleben
  10 Stillleben
- *einer* **Katastrophenwarnung**
  8 Oelalarm
- *der* **Swingmusik**
  4 Jive
- *und* **Weise**
  6 Manier
- *und* **Weise eines Menschen**
  9 Wesensart

arteigen
10 spezifisch
Arten von Werbeträgern
6 Medien
artenreichste Tiergruppe
8 Insekten
Arterie
4 Ader
8 Pulsader
10 Schlagader
Arterienerweiterung
9 Aneurysma
Arterienverkalkung
15 Arteriosklerose
Arterienverschluss
7 Infarkt
artfremdes Eiweiß
7 Antigen
Arthritis
17 Gelenkentzuendung
artig
4 brav, lieb, nett
7 folgsam, sittsam
8 gehorsam, gesittet, hoeflich
10 manierlich
11 wohlerzogen
Artigkeit
10 Kompliment
Artikel
3 das, der, die, ein
4 eine, Ware
5 eines
7 Bericht, Produkt
8 Warenart
10 Abhandlung, Gegenstand
15 Geschlechtswort
Artikulation
7 Sprache
10 Aussprache
Artist
7 Akrobat, Gaukler
8 Jongleur
11 Seiltaenzer
Artistenbühne
6 Zirkus
7 Varieté
8 Varietee
Artistenfahrzeug
6 Einrad
Artistenschaukelreck
6 Trapez
artistische ...
- **Schaubühne**
  7 Varieté
  8 Varietee
- **Schaustätte**
  6 Zirkus
- **Vorführung**
  11 Kunststueck

Artunterteilung
5 Rasse
Artusritter
4 Erek
5 Gawan, Iwain, Iwein
6 Gawain, Gawein, Merlin
7 Tristan
8 Lancelot, Parsifal, Parzival
9 Lohengrin

artverschieden
9 heterogen
artverwandt
8 aehnlich
Arve
12 Zirbelkiefer
Arznei
5 Pille, Salbe
6 Dragee
7 Medizin
8 Tablette
9 Praeparat
10 Heilmittel, Medikament
Arzneiart
5 Asant
arzneiartiges Fischfettprodukt
9 Lebertran
Arzneiauszug
7 Tinktur
Arzneibehälter
6 Kapsel, Phiole, Roehre
7 Ampulle
Arzneiberater
10 Pharmazeut
15 Pharmavertreter
Arzneifläschchen
7 Ampulle
Arzneiform
3 Tee
5 Pille, Salbe
6 Dragee, Kapsel
7 Tropfen
8 Granulat, Tablette
9 Zaepfchen
Arzneikügelchen
5 Pille
6 Pillen
Arzneikunde
9 Pharmazie
Arzneimenge
5 Dosis
Arzneimischung
6 Mixtur
Arzneimittel
10 Medikament
11 Antibiotika
12 Antibiotikum
14 Pharmazeutikum
Arzneimittelgeschäft
8 Apotheke
Arzneipflanze
4 Aloe, Anis
5 Alant
6 Akelei, Arnika, Kalmus, Salbei, Wermut
7 Beifuss, Fenchel, Ginseng, Kamille, Melisse
8 Baldrian, Beinwell, Eisenhut, Faulbaum, Lavendel, Rosmarin, Sanddorn, Wegerich
9 Engelwurz, Fingerhut, Hamamelis, Leinkraut
10 Belladonna, Eisenkraut, Eukalyptus
11 Tollkirsche
Arzneiröhrchen
7 Ampulle
Arzneirohstoff
5 Droge
Arzneivorrat für unterwegs
13 Reiseapotheke
Arzneizäpfchen
13 Suppositorium
Arzt
7 Chirurg, Dentist, Medikus, Urologe
8 Allopath
9 Internist, Mediziner, Neurologe, Paediater
10 Homoeopath, Kardiologe, Nephrologe, Orthopaede, Psychiater
11 Dermatologe, Gynaekologe
12 Heilkundiger
15 Psychotherapeut
Arzt ...
· *im* **Altertum**
5 Galen
11 Dioskurides, Hippokrates
· *aus* **Ephesos**
5 Rufus
· *im* **Mittelalter**
9 Eisenbart
10 Paracelsus
· *im* **negativen Sinn**
8 Pfuscher
10 Scharlatan
11 Kurpfuscher, Quacksalber
· *im* **Orient**
5 Hakim
· *in der* **Türkei**
5 Hakim
ärztlich(e, er, es) ...
· **Arbeitsraum**
6 Praxis
· **Beratung**
12 Konsultation
· **Bescheinigung**
6 Attest
· **Besuch**
6 Visite
· **Betäubung**
7 Narkose
· **Betäubungsmittel**
6 Aether, Evipan
7 Lachgas
10 Chloroform
· **Eingriff**
7 Schnitt
8 Punktion
9 Operation
· **Gehilfin** (Abkürzung)
3 MTA
· **Gerätschaften**
11 Instrumente
· **Instrument**
5 Sonde, Zange
7 Klammer, Spritze
8 Pinzette, Skalpell
10 Stethoskop
· **Sprechstunde**
10 Ordination
· **Urteil**
8 Diagnose
· **Verordnung**
3 Kur
6 Rezept
7 Massage, Packung
8 Bettruhe, Schonung
11 Bestrahlung
· **Vorprüfung**
8 Physikum
· **Vorsorgemaßnahme**
7 Impfung
· **Zeugnis**
6 Attest
Asbestart
6 Amiant
9 Serpentin
Asbestzementschiefer
7 Eternit
Aschenbehälter
4 Urne
6 Ascher
12 Aschenbecher
Aschenbrödel
12 Aschenputtel
äsen
6 grasen, weiden
7 fressen

aseptisch
8 keimfrei
Asiat ▶ asiatisches Volk
asiatisch(e, er, es) ...
· **Bastfaser**
4 Jute
· **Berg**
3 Apo, Gya, Ida, Nia, Tur
5 Makau, Sinai, Tabor
6 Ararat, Elbrus, Karmel, Kasbek, Semeru, Uschba
7 Alagoes, Belucha, Dansang, Everest, Sawelan
8 Adamspik, Afmajana, Blagodat, Demawend, Kerintji, Kini Balu, Krakatau, Pik Lenin
9 Indrapura, Rakapushi
10 Chantengri, Dhaulagiri, Mustaghala
11 Fudschijama, Gaurisankar, Nanga Parbat, Pik Kaufmann
12 Mount Everest
· **Buckelrind**
4 Zebu
· **Düftemassage** (2 Wörter)
7 Scentao
· **Eroberer**
5 Etzel, Timur
6 Attila
13 Dschingis Khan
· **Eselsart**
6 Onager
· **Fürstentitel**
4 Chan, Khan
· **Gebirge**
4 Ghat
5 Altai, Pamir, Sinai
6 Alatau, Elbrus, Elburs, Kunkun, Taurus
7 Kasdagh, Kwenlun, Libanon, Nilgiri
8 Himalaja, Kaukasus, Nanschan
9 Karakorum, Tienschan
10 Hindukusch
11 Antilibanon
· **Gebirgsrind**
3 Jak, Yak
· **Gecko**
5 Tokee
· **Gemüseart**
9 Chinakohl
· **Gemüse im Teigmantel**
15 Fruehlingsrolle
· **Gewürzkraut**
9 Basilikum
· **Gewürzpflanze**
12 Zitronengras
· **Giftschlange**
5 Kratt
6 Bungar
15 Brillenschlange
· **Göttin**
7 Astarte
· **Grenzgebirge**
4 Ural
· **Großkatze**
5 Tiger
· **Großregion**
9 Ostindien
· **Halbesel**
5 Kulan
6 Onager
· **Halbinsel**
5 Jamal, Korea, Sinai
6 Malaya, Taimyr
7 Arabien, Gujerat, Malakka
9 Schantung
10 Kleinasien
· **Harzart**
5 Asant
· **Hauptstadt**
4 Aden, Riad, Sana
5 Amman, Dakka, Delhi, Hanoi, Kabul, Lhasa, Seoul, Tokio
6 Ankara, Bagdad, Beirut, Kuwait, Kuweit, Manila, Maskat, Peking, Quezon, Rangun, Taipeh
7 Bangkok, Colombo, Karachi, Punakha, Teheran
8 Damaskus, Djakarta, Katmandu, Neu-Delhi, Pnompenh, Singapur
9 Islamabad, Jerusalem, Karatschi, Singapore, Ulan Bator, Vientiane
10 Pjoengjang, Rawalpindi
11 Kuala Lumpur
· **Heilpflanze**
7 Ginseng
· **Herrschertitel**
4 Chan, Khan
5 Kalif, Mogul, Schah, Tenno
6 Sultan
11 Maharadscha
· **Hirschart**
4 Sika
6 Sambar
· **Hochgebirgsrind**
3 Jak, Yak
· **Hochland**
4 Iran
5 Pamir, Tibet
7 Juennan
8 Armenien, Mongolei
· **Horntier**
7 Gazelle
8 Antilope
· **Hühnervogel**
4 Pfau
· **Insel**
4 Bali, Cebu, Java
5 Banka, Ceram, Hondo, Luzon, Macao, Panay, Perim, Samar, Sumba, Timor
6 Batjan, Borneo, Ceylon, Cypern, Flores, Hainan, Honshu, Imbros, Lombok, Lubuan, Madura, Negros, Penang, Taiwan, Zypern
7 Amboina, Bahrain, Bahrein, Celebes, Formosa, Honschu, Kiushiu, Kurilen, Mindoro, Okinawa, Palawan, Sokotra, Sumatra, Sumbawa
8 Belitung, Hokkaido, Honschiu, Karafuto, Kiuschiu, Mindanao, Sachalin, Schikoku, Singapur, Sri Lanka
· **Inselgruppe**
8 Molukken
9 Malediven
10 Indonesien
11 Philippinen, Sundainseln
· **Kaiserreich**
5 Japan
· **Kleidungsstück**
6 Kaftan
· **Kletterpflanze**
6 Rotang
· **Königreich**
4 Laos, Siam
5 Nepal
8 Thailand

9 Jordanien
12 Saudi-Arabien
· **Kopfbedeckung**
6 Kalpak
· **Körnerfrucht**
4 Reis
· **Landschaft**
8 Sibirien
· **Lastenträger**
4 Kuli
· **Nomade**
5 Avare, Aware
· **Ölpflanze**
5 Sesam
· **Raubtier**
5 Tiger
· **Reitervolk**
6 Avaren, Awaren, Hunnen
7 Tataren
· **Religion**
10 Buddhismus
· **Sagenkönigin**
9 Semiramis
· **Salzsee**
7 Aralsee
· **Schlaginstrument**
6 Tamtam
· **See**
7 Aralsee, Biwasee, Datusee, Kukunor
8 Bandasee, Isniksee, Issykkul, Kaspisee, Nirissee, Sundasee, Timorsee, Tonlesap, Tsiaosee, Urmiasee
9 Baikalsee, Balchasch, Rotes Meer, Totes Meer, Tungtiang
10 Gelbes Meer, Gudi Sirreh, Paujuensee, Saissansee
13 Schwarzes Meer, See Genezareth
14 Kaspisches Meer
· **Seerose**
5 Lotus
· **Seidenwollbaum**
5 Semal
· **Speisepilz**
8 Shiitake
· **Staat**
4 Irak, Iran, Laos, Oman, Siam
5 Birma, Burma, China, Japan, Jemen, Korea, Nepal, Yemen
6 Bhutan, Cypern, Indien, Israel, Kuwait, Kuweit, Sikkim, Syrien, Taiwan, Zypern
7 Bahrain, Formosa, Libanon, Persien, Tuerkei, Vietnam
8 Abu Dhabi, Malaysia, Mongolei, Pakistan, Russland, Singapur, Sri Lanka, Thailand
9 Jordanien, Malediven, Nordkorea, Suedkorea
10 Bangladesh, Indonesien, Kambodscha
11 Afghanistan, Bangladesch, Philippinen
12 Saudi-Arabien
13 Maskat und Oman
16 Arabische Emirate
· **Steppenkatze**
5 Manul
· **Steppenschaf**
5 Arkal
· **Sturm**
6 Taifun
· **Tagelöhner**
4 Kuli
· **Teil der Türkei**
9 Anatolien
· **Tempelbau**
6 Pagode
· **Überrock**
6 Kaftan
· **Volk, Volksgruppe**
2 Li, Mo
3 Kha, Lao, Man, Meo, Moi, Mon, Tai, Yao
4 Ainu, Akit, Bhil, Bugi, Gond, Juit, Komi, Kuki, Lolo, Lubu, Mari, Miao, Moso, Naga, Nung, Paii, Rade, Sikh, Thai
5 Badju, Bicol, Dajak, Inder, Jaken, Jakun, Kafir, Karen, Khmer, Khond, Luren, Mansi, Meder, Moken, Moros, Nanak, Newar, Nuyer, Oraon, Oriya, Ossen, Pnong, Punan, Sakai, Samal, Schan, Selon, Senoi, Syrer, Tamil, Toala, Udehe, Wedda
6 Alanen, Araber, Awaren, Bagobo, Bihari, Bisaya, Brahni, Djarai, Drusen, Galela, Gurier, Gurkha, Hunnen, Kurden, Manoto, Parsen, Perser, Raglai, Santal, Sarten, Semang, Sherpa, Sindhi, Syrier, Teluga, Tobelo, Tschin, Ugrier
7 Alfuren, Altaier, Assyrer, Bhutija, Ilocano, Itelmen, Jakuten, Japaner, Javaner, Jesiden, Lamuten, Luschai, Malaien, Miautse, Mundari, Oiraten, Palaung, Skythen, Tataren, Tibeter, Tingian, Tuerken, Uiguren, Usbeken, Wogulen
8 Abchasen, Afghanen, Armenier, Birmanen, Burjaten, Burmesen, Chinesen, Georgier, Kacheten, Kasachen, Kirgisen, Koreaner, Korjaken, Leptscha, Mandschu, Manipuri, Mongolen, Ostjaken, Siamesen, Thuschen, Torgoten, Tungusen, Weddiden
9 Adscharen, Ambonesen, Andamaner, Assamesen, Bachtiare, Burjaeten, Filipinos, Inguschen, Jukagiren, Kandresen, Kaschmiri, Kaukasier, Samojeden, Turkmenen
10 Bachtiaren, Baschkiren, Belutschen, Jenissejer, Kabardiner, Kalmuecken, Karagassen, Karalpaken, Makassaren, Pandschabi
11 Gudscherati, Philippinos, Radschputen, Seldschuken, Singhalesen, Vietnamesen
12 Tscherkessen, Tschuktschen, Tschuwaschen
13 Tschetschenen

· **Vulkan**
6 Ararat
8 Krakatau
9 Asamajana
11 Fudschijama
· **Wasserbüffel**
4 Arni
· **Wildhuhn**
7 Bankiva
· **Wind**
5 Buran, Samum
6 Taifun
7 Tornado
8 Hurrikan
· **Wolfsmilchgewächs**
6 Kroton
· **Wüste**
3 Lut
4 Gobi, Thar
5 Kewir, Nefud, Tharr
6 Hanhai
· **Zauberpriester**
8 Schamane
· **Zierbaum**
5 Ginko
6 Ginkgo
· **Ziergras**
10 Rutenhirse
· **zweirädriger Wagen**
7 Rikscha

Askese
9 Entsagung
10 Enthaltung
14 Enthaltsamkeit

Asket
4 Jogi, Yogi
7 Buesser

Aspekt
5 Blick
7 Anblick, Ansicht
10 Standpunkt, Vorzeichen
11 Beurteilung
13 Gesichtspunkt

Asphalt
7 Erdpech

Aspik
6 Suelze

Aspirant
8 Bewerber, Kandidat
9 Anwaerter

Aspis
11 Hutschlange
15 Brillenschlange

Ass beim deutschen Kartenspiel
4 Daus

Assekuranz
12 Versicherung

Assessor
9 Anwaerter

Assistent
6 Helfer
7 Famulus, Gehilfe
8 Beistand
10 Hilfskraft
11 Mitarbeiter

Assistentin
8 Gehilfin

Assistenz
5 Hilfe
8 Beistand, Zuarbeit
9 Mitarbeit

Assoziation
10 Verbindung
11 Annaeherung, Vereinigung

assyrisch(e, er, es) ...
· **Feldherr**
10 Holofernes
· **Gottheit**
2 Ea
3 Anu, Bel, Sin, Utu
4 Adad, Baal, Nabo, Nebo
5 Assur, Enlil, Istar, Samas, Tamuz
6 Damuzi, Marduk, Nergal
7 Astarte, Ischtar, Ninurta
8 Annunaki, Ningersu
9 Bel Marduk, Schamasch
· **Hauptstadt**
5 Akkad, Assur
6 Ninive
· **Kaiserin**
9 Semiramis
· **König**
6 Sargon
8 Sanherib, Sarrukiu
9 Hammurabi
10 Adadninari, Sardanapal
11 Salmanassar, Tiglatninib
12 Nebukadnezar
· **Sagenkönigin**
9 Semiramis
· **Stufentempel**
8 Zikkurat
· **Volksstamm**
7 Sumerer

Ast
5 Zweig

Ästhet
11 Kunstfreund, Schoengeist
14 Kunstliebhaber

ästhetischer
· **Anblick**
14 Formschoenheit

Astrologe
11 Sterndeuter

Astrologe ...
· *des* **Mittelalters**
11 Nostradamus
· **Wallensteins**
4 Seni

astrologischer ...
· **Aspekt**
6 Trigon
11 Konjunktion

astrologisches Gestirnsschema
8 Horoskop

Astronaut
10 Raumfahrer
14 Weltraumfahrer

Astronautik
9 Raumfahrt
13 Weltraumfahrt

Astronom
4 Hale, Hall, Witt, Wolf
5 Adams, Brahe, Encke, Galle, Gauss, Havel
6 Bessel, Halley, Kepler, Lowell, Newton, Struve
7 Bradley, Cassini, Celsius, Galilei, Laplace
8 Herschel, Hipparch, Huyghens, Lagrange, Riccioli
9 Aristarch
10 Hipparchos, Kopernikus, Ptolemaeus
11 Aristarchos
12 Schiaparelli
13 Regiomontanus

Astronomie
10 Sternkunde
12 Himmelskunde

astronomisch(e, er, es) ...
· **Begriff**
3 All, Hof, Ort, Ost, Pol, Tag
4 Bahn, Jahr, Luft, Mond, Nord, Nova, Reif, Ring, Sued, West, Zeit, Zone
5 Abend, Achse, Aphel,

Basis, Klima, Komet, Kranz, Licht, Masse, Monat, Nacht, Nadir, Nebel, Osten, Phase, Sonne, Stern, Woche, Wolke, Zenit
6 Aether, Azimut, Breite, Globus, Himmel, Kosmos, Krater, Laenge, Meteor, Minute, Norden, Planet, Radius, Strahl, Stunde, Sueden, Umlauf
7 Gestirn, Kompass, Neumond, Nordpol, Perikel, Quadrat, Quartal, Schweif, Sekunde, Sphaere, Suedpol, Tendenz, Trabant, Weltall
8 Aequator, Apogaeum, Ekliptik, Eruption, Fixstern, Halbmond, Horizont, Horoskop, Kalender, Meridian, Meteorit, Ortszeit, Polhoehe, Prognose, Rotation, Satellit, Spektrum, Sterntag, Tagkreis, Teleskop, Vollmond, Weltraum, Windrose
9 Anziehung, Aszendent, Firmament, Halbkugel, Lichtjahr, Lichtzeit, Mondphase, Nordlicht, Polarzone, Ringnebel, Sternbild, Sternjahr, Tierkreis, Universum
10 Abendstern, Brennpunkt, Finsternis, Helligkeit, Jahreszeit, Leitstrahl, Meteorring, Mondsichel, Nebelfleck, Nebensonne, Peripherie, Polarachse, Polarkreis, Schaltjahr, Sonnenjahr, Sonnenring, Sonnenzeit, Sternkarte, Sternwarte, Sternweite, Umlaufbahn, Umlaufzeit, Weltenraum, Wendekreis
11 Atmosphaere, Breitengrad, Doppelstern, Hoehenkreis, Kulmination, Laengengrad, Magnetnadel, Meteorstaub, Meteorstein, Mondgebirge, Planetarium, Schwerkraft, Sonnenfleck, Sonnenregen, Spiralnebel, Sterndeuter, Sternenzelt, Sterngruppe, Sternhaufen, Sternhimmel, Wandelstern
12 Kernschatten, Milchstrasse, Mittagshoehe, Mittagslinie, Nullmeridian, Sonnensystem, Sternkatalog, Stundenkreis, Zeitrechnung
13 Observatorium, Scheitelkreis, Scheitellinie, Scheitelpunkt, Steinmeteorit, Sternschnuppe, Sternspektrum, Stundenwinkel, Verfinsterung, Vertikalkreis
14 Himmelskoerper, Mondfinsternis
15 Anziehungskraft, Himmelsgewoelbe
16 Sonnenfinsternis

· **Beobachtungsstelle**
10 Sternwarte
13 Observatorium

· **Einheit**
6 Parsec, Parsek
9 Lichtjahr

· **Instrument**
4 Mire
6 Globus, Oktant
7 Bussole, Kompass, Sextant, Spiegel
8 Fernrohr, Teleskop
9 Astrograf, Bolometer, Fotometer, Heliograf, Reflektor, Regulator
10 Astrograph, Heliograph, Heliometer, Mikrometer, Photometer, Sternkarte
11 Spektroskop
15 Spiegelteleskop

· **Richtungswinkel**
6 Azimut

· **Station**
10 Sternwarte
13 Observatorium

· **Tafeln**
11 Ephemeriden

Astwerk
6 Geaest

Asyl
4 Heim
6 Bleibe, Obdach
9 Freiplatz, Freistatt
12 Zufluchtsort
13 Notunterkunft

Atelier
6 Studio
10 Filmstudio

Atem
4 Luft, Odem
5 Hauch, Puste
8 Spiritus

atembares Gasgemisch
4 Luft

Atemmesser
10 Spirometer

Atemnotleiden
6 Asthma
10 Bronchitis

Atempause
4 Rast
8 Erholung
11 Entspannung
12 Verschnaufen
13 Unterbrechung

Atemröhre der Muschel
5 Sipho

Atemschutzgerät
8 Gasmaske

athenisch ► auch griechisch

athenischer ...

· **Tempel**
9 Parthenon
11 Erechtheion

athenisches Wahrzeichen
9 Akropolis

Äther
6 Himmel

ätherisch
6 astral
9 hauchzart, himmlisch

ätherische Öle
4 Olea

ätherisches Öl
5 Oleum

äthiopisch(e, er, es) ...

· **Berg**
5 Dendi, Kollo
9 Ras Dedjen
10 Ras Daschan

· **Fürstentitel**
3 Ras

· **Hafenstadt**
5 Assab
7 Massana

· **Herrschertitel**
5 Negus

- **Marathonläufer**
  5 Abebe
- **Provinz**
  7 Eritrea
- **See**
  7 Tanasee
  12 Stephaniesee

Athlet
5 Boxer
6 Ringer, Werfer
7 Laeufer
8 Sportler, Springer, Sprinter
11 Kraftmensch
12 Gewichtheber, Wettkaempfer

Äthylalkohol
8 Spiritus
9 Weingeist

Atlantikinsel
4 Fogo
5 Fayal, Ferro, Meloe, Palma
6 Gomera, Irland, Island, St. Paul
7 Bahamas, Madeira
8 Bissagos, Boavista, Kap Verde, Sao Tiago
9 Ascension, Teneriffa
10 Porto Santo
11 Gran Canaria, Sankt Helena
15 Grossbritannien

Atlantikinselgruppe
6 Azoren
7 Kanaren
8 Antillen, Bermudas
14 Falklandinseln
16 Kanarische Inseln

Atlantikpakt
4 NATO

Atlasgewebe
5 Satin

atmen
11 respirieren

Atmosphäre
4 Luft
5 Druck, Flair
6 Umwelt
8 Luftraum, Stimmung
9 Gashuelle, Luftdruck
10 Lufthuelle
11 Masseinheit
12 Druckeinheit

atmosphärisch(e, er, es) ...
- **Funkenentladung**
  5 Blitz
- **Lichterscheinung**
  5 Blitz
  9 Nordlicht
  10 Polarlicht, Regenbogen
- **Niederschlag**
  5 Hagel, Regen
  6 Schnee
- **Schallereignis**
  6 Donner
- **Spiegelung**
  11 Fata Morgana

Atmung
11 Respiration

Atmungsorgan
5 Lunge

Atmungsorgan ...
- *der* **Fische**
  5 Kieme
  6 Kiemen

Atoll
13 Koralleninsel

Atoll der Marshallinseln
8 Eniwetok

Atom
15 Materieteilchen

Atomanlage
6 Meiler
7 Reaktor
10 Atommeiler
11 Kernreaktor
13 Kernkraftwerk
16 Schneller Brueter
18 Siedewasserreaktor

atomar
7 nuklear

atomares ...
- **Teilchen**
  3 Ion
  7 Neutron
  8 Elektron

Atomart
6 Isotop, Nuklid

Atombaustein
6 Proton

Atombestandteilchen
17 Elementarteilchen

Atomenergieanlage
13 Kernkraftwerk

Atomgruppe
7 Radikal

Atomkern
7 Nukleus

Atomkernspaltung
7 Fission

Atomkernverschmelzung
6 Fusion

Atomkraft
11 Kernenergie

Atommeiler
7 Reaktor
11 Kernreaktor

Atomreaktor
6 Meiler

Atomreaktorart
7 Brueter
16 schneller Brueter

Atom-U-Boot ...
- *bei* **Jules Verne**
  8 Nautilus
- *der* **USA**
  8 Nautilus

Atomverbindung
7 Molekel
8 Molekuel

Atomzerfall
15 Radioaktivitaet

Atomzertrümmerung
7 Fission
12 Kernspaltung
14 Kernumwandlung, Kettenreaktion
15 Nuklearspaltung

Atride
8 Menelaos
9 Agamemnon

Atrium
8 Innenhof

Atropa
11 Tollkirsche

Atrophie
7 Schwund
10 Abmagerung
13 Muskelschwund

Attacke
7 Angriff
8 Vorstoss

Attacke beim Fechten
14 Klingenangriff

Attentat
8 Anschlag
9 Gewalttat, Ueberfall
12 Mordanschlag

Attest
7 Zeugnis
9 Gutachten
12 Beglaubigung
13 Bescheinigung

attisch ► griechisch
Attitüde
7 Haltung
8 Gebaerde, Stellung
11 Einstellung
Attraktion
4 Clou
8 Schlager, Zugkraft
9 Anziehung, Zugstueck
11 Glanznummer
12 Prachtnummer
15 Anziehungskraft
attraktiver, hübscher machen
12 verschoenern
Attrappe
5 Dummy, Falle
11 Nachbildung
12 Schaupackung
Attribut
7 Beigabe, Merkmal
9 Abzeichen
10 Beifuegung
11 Eigenschaft, Kennzeichen
Attribut Brigitte Bardots
11 Schmollmund
ätzende ...
· **Flüssigkeit**
5 Lauge
6 Saeure
Ätzkunst
7 Kaustik
9 Radierung
11 Schabmanier
Ätzmittel
12 Hoellenstein
Aubergine
10 Eierfrucht
11 Eierpflanze
auch
9 ebenfalls
11 desgleichen
auch ...
· **genannt**
5 alias
· **Grünkohl genannt**
9 Federkohl
Audienz
7 Empfang
9 Anhoerung, Zulassung
11 Unterredung, Verhandlung
12 Unterhaltung
14 Aufmerksamkeit
Auditorium
8 Hoersaal
12 Hoererschaft
14 Zuhoererschaft
Auerochse
2 Ur
8 Wildrind
auf ...
· *das* **Atom bezogen**
6 atomar
· **barsche Weise verletzend**
6 bissig
· *die* **Begrüßung des Babys einstellen**
19 Geburtsvorbereitung
· *dem* **Boden aufsetzen**
6 landen
· *die* **eigene Person bezogen**
6 selbst
· *die* **Form bezogen**
6 formal
· **Frauen anziehend wirkender Mann**
10 Ladykiller
· **gehtís**
4 hopp
· *das* **Innere bezogen**
6 intern
· **keinen Fall**
3 nie
· **Klatsch erpicht**
9 neigierig
· *die* **Landwirtschaft bezogen**
5 agrar
· *dem* **laufenden**
5 à jour
· **Licht reagierender Unterbrecher**
19 Daemmerungsschalter
· **mehrere verteilter Betrag**
6 Umlage
· *den* **Mond bezogen**
5 lunar
· **Nahrung verzichten**
7 hungern
· **Neuigkeiten erpicht**
9 neugierig
· *einem* **Schiff in Dienst treten**
8 anheuern
· *die* **Sterne bezogen**
6 astral
· *einem* **Stuhl Platz nehmen**
6 setzen
· **Tempo Drängender**
9 Antreiber
· *dem* **Weg über (lat.)**
3 via
· *diese* **Weise**
2 so
Aufbahrungsgerüst
8 Katafalk
Aufbau
3 Bau
4 Plan
7 Gefuege, Geruest, Montage
8 Struktur
10 Gliederung, Konzeption
11 Aufstellung, Disposition, Entwicklung
12 Konstruktion
15 Zusammenfuegung
Aufbau ...
· *einer* **chemischen Verbindung**
8 Synthese
· *von* **Kraftwagen**
10 Karosserie
· *von* **Maschinen**
7 Montage
12 Konstruktion
aufbauend
11 konstruktiv
aufbegehrend
5 frech
6 kiebig
9 zaenkisch
aufbereiteter Kraftstoff
7 Gemisch
aufbereitetes Pflanzsubstrat
8 Saaterde
aufbewahrte Sachen
8 Asservat
Aufbewahrung
8 Lagerung
Aufbewahrungsgefäß für Hostien
8 Ziborium
Aufbewahrungskiste für Geld, Schmuck
11 Schatztruhe
Aufbewahrungsort
5 Depot, Lager
6 Ablage

Aufbewahrungsort für ...
· **Akten**
6 Ablage
· **Ernteprodukte**
4 Silo
8 Speicher
10 Kornkammer
12 Getreidesilo
16 Getreidespeicher
· **Wertsachen**
4 Hort, Safe
6 Tresor
11 Geldschrank
12 Schatzkammer, Schliessfach
Aufbewahrungsort für Fußbekleidung
12 Schuhschrank
aufbinden
6 loesen
7 lockern
aufblasbares Kinderspielzeug
10 Luftballon
aufbrausend
6 hitzig
10 cholerisch, jaehzornig
aufbrausender ...
· **Ärger**
3 Wut
4 Rage, Zorn
· **Mensch**
10 Choleriker
Aufbruch
5 Start
7 Abfahrt, Abreise, Weggang
aufdringlich
5 frech
6 dreist
7 laestig
8 insolent
9 anmassend, penetrant
11 impertinent, zudringlich
12 unverschaemt
aufdringliche Reklame
6 Tamtam
Aufdringlichkeit
9 Anmassung, Frechheit, Penetranz
12 Dreistigkeit
16 Unverschaemtheit
aufeinander ...
· **bezogen**
8 reziprok
10 korrelativ
Aufeinanderfolge
5 Reihe, Serie
Aufeinanderfolge ...
· **zweier Vokale**
4 Hiat
6 Hiatus
aufeinanderfolgend
9 sukzessiv
10 konsekutiv
Aufeinanderprallen
13 Zusammenstoss
Aufenthalt
4 Halt, Rast, Stop
5 Logis, Pause, Stopp
6 Besuch, Visite
7 Station, Wohnung
Aufenthaltsnachweis
5 Alibi
Aufenthaltsort
7 Domizil
8 Wohnsitz
Aufenthaltsort ...
· *der* **Asen**
6 Asgard
· *der* **griechischen Götter**
5 Olymp
· *der* **Helden nach dem Tode**
6 Avalon
8 Walhalla
auferlegte Bürde
9 Belastung
Auferstehungsfest
6 Ostern
Auffahrt
5 Korso, Rampe
auffallend
6 bizarr, poppig
7 markant
8 eklatant, frappant, merklich
9 besonders
10 beachtlich
11 phaenomenal
13 ungewoehnlich
17 aussergewoehnlich
auffallend schnell
6 rasant
auffallende Gesichtsfarbe
5 Roete
auffallender Unterschied
10 Diskrepanz
auffällig
7 mondaen
auffälliger Anfangsbuchstabe
7 Initial
Auffangbehälter ...
· *für* **Wasser**
8 Zisterne
10 Regentonne
Auffassung
7 Ansicht, Meinung, Theorie
8 Verstand
9 Auslegung
10 Standpunkt
11 Einstellung, Vorstellung
12 Dafuerhalten, Ueberzeugung
14 Interpretation
Auffassungsgabe
5 Grips
11 Intelligenz
Auffassungskapazität
11 Gedaechtnis
Auffassungsweise
11 Mentalitaet
Aufforderung
5 Bitte
6 Appell, Wunsch
7 Mahnung
8 Ersuchen
9 Ultimatum
Aufforderung ...
· *zum* **Besuch**
9 Einladung
· *zum* **Eintreten**
6 Herein
· **sich wegzubegeben**
5 Abruf
Aufführung
8 Benehmen
10 Wiedergabe
11 Vorstellung
Aufführung zu wohltätigen Zwecken
7 Benefiz
Aufführungsvorbereitung
5 Probe
Auffüllgerät für Rahm
12 Sahneloeffel
Aufgabe
3 Amt
5 Thema
6 Pensum
7 Auftrag, Exempel, Lektion, Pflicht, Problem

8 Funktion, Raeumung, Verzicht
9 Lernstoff, Preisgabe
10 Bestimmung
12 Obliegenheit
13 Verpflichtung
Aufgabe des Geistlichen
9 Seelsorge
Aufgang
5 Rampe
6 Treppe
10 Freitreppe
Aufgangspunkt eines Gestirns
9 Aszendent
Aufgeber einer Postsache
9 Adressant
aufgeblasen
5 eitel, frech
6 patzig
8 arrogant, blasiert
10 affektiert, geckenhaft, hochnaesig
11 duenkelhaft, eingebildet, prahlerisch, stutzerhaft
15 wichtigtuerisch
aufgebracht
4 wild
6 erbost, erregt, rasend, zornig
7 gereizt, wuetend
10 entruestet, indigniert
aufgebrachtes Schiff
5 Prise
Aufgebrachtsein
3 Wut
6 Aerger
8 Erregung
aufgebraucht
4 alle
aufgedonnert
5 affig
13 herausgeputzt
aufgedreht
5 fidel
6 lustig
9 froehlich
11 aufgekratzt, uebermuetig
13 stimmungsvoll
aufgedunsen
11 geschwollen
12 aufgetrieben, verschwollen
aufgeklärt
7 wissend
8 gebildet
14 vorurteilsfrei
Aufgeld
4 Agio
Aufgelegtheit
8 Stimmung
aufgenähtes Muster
11 Applikation
aufgeräumt
6 heiter, sauber
10 ordentlich
aufgerautes ...
· **Gewebe**
7 Flanell
9 Walkstoff
aufgeregt
6 erregt
7 nervoes
9 exaltiert, kribbelig
11 echauffiert
Aufgeregtsein
12 Lampenfieber
aufgerolltes Tuch
11 Stoffballen
aufgeschichteter Haufen
6 Stapel
Aufgeschichtetes
4 Feim
5 Dieme, Feime, Stoss
6 Haufen, Stapel
aufgeschichtetes Tischlermaterial
10 Holzstapel
aufgeschlagene Eier in Wasser garen
9 pochieren
aufgeschlossen
5 offen
8 tolerant
12 empfaenglich
aufgeschüttete Befestigung
7 Erdwall
aufgeschütteter Unterbau
4 Damm
aufgesetzter Getreidehaufen
5 Hocke
aufgestellter Leitsatz
5 These
aufgeweckt
3 vif
4 klug, wach
5 alert
6 munter
7 lebhaft
11 intelligent
12 interessiert
aufgeweichte ...
· **Erde**
6 Morast
7 Schlamm
aufgewirbelter Schmutz
10 Staubwolke
Aufgliederung
15 Differenzierung
aufgrund
5 wegen
7 infolge
Aufguss
5 Sauce, Sosse
Aufgussgetränk
3 Tee
4 Mate
6 Kaffee
10 Gruenertee
12 Filterkaffee
Aufgusstierchen
10 Infusorien
Aufhänger
5 Haken
6 Buegel
Aufhebung
9 Kassation
12 Annullierung
Aufhebung von Sündenstrafen
6 Ablass
aufhellen
6 toenen
8 bleichen
Aufklärung
9 Belehrung
11 Information
13 Unterrichtung
Aufklebebild
7 Collage
Aufkleber
7 Etikett
10 Abziehbild
Auflage
5 Decke, Gebot, Menge
6 Abgabe, Erlass, Steuer
7 Pflicht
9 Anordnung, Bedingung
10 Bestimmung, Richtlinie
Auflauf
6 Tumult
9 Getuemmel
10 Ansammlung
11 Suessspeise

Auflaufen eines Schiffes
8 stranden
Auflehnung
5 Trotz
7 Revolte
8 Meuterei
9 Rebellion
10 Revolution, Widerstand
Auflösung
7 Analyse
8 Ergebnis, Resultat
10 Erklaerung
11 Liquidation, Zerstreuung
Auflösung ...
· *einer* **Ehe**
9 Scheidung
· **jeglicher Ordnung**
5 Chaos
Aufmachung
11 Ausstattung
Aufmarsch
5 Umzug
10 Kundgebung
11 Versammlung
aufmerksam
3 vif
4 hell, rege, wach
6 galant
7 achtsam, wachsam
8 hoeflich
12 interessiert, zuvorkommend
Aufmerksamkeit
4 Acht
6 Obacht
7 Achtung
8 Praesent, Sorgfalt
9 Augenmerk, Teilnahme
12 Hoeflichkeit
13 Konzentration
Aufnahme
4 Bild, Foto
5 Photo
7 Empfang
8 Beitritt
9 Betreuung, Bewirtung, Rezeption
10 Belichtung, Fotografie
11 Begruessung
12 Photographie
Aufnahmefähigkeit
10 Kapazitaet
17 Fassungsvermoegen
Aufnahmegerät
6 Kamera
8 Mikrofon, Recorder, Rekorder
10 Magnetofon
11 Magnetophon
Aufnahmeraum
6 Studio
7 Atelier
Aufpasser
5 Wache
6 Hueter, Posten
8 Wachmann, Waechter, Zerberus
Aufpassversteck
5 Lauer
aufpeitschender Redner
8 Agitator
Aufprall
5 Stoss
Aufputschen im Sport
6 Doping
Aufrechnung
12 Kompensation
aufrecht
6 gerade
8 lotrecht
9 senkrecht
aufregend
9 empoerend, turbulent
10 dramatisch
12 beunruhigend, sensationell
13 abenteuerlich, erschuetternd
16 nervenaufreibend
aufregender Krimi
8 Thriller
aufregendes Erlebnis
9 Abenteuer
Aufregung
6 Unruhe, Wirbel
7 Emotion, Trouble
9 Turbulenz
10 Exaltation
11 Nervositaet
12 Lampenfieber
aufreibend
9 ermuedend
12 erschoepfend, verbrauchend
Aufrichten der Federn
8 plustern
aufrichtig
5 offen
6 lauter
7 ehrlich
10 freimuetig, wahrhaftig
16 wahrheitsliebend
aufrichtige Gesinnung
11 Redlichkeit
Aufriss
4 Plan
6 Skizze
7 Entwurf, Konzept
9 Zeichnung
10 Konzeption
Aufrollvorhang
5 Rollo
Aufruf
6 Appell
Aufruhr ▶ Aufstand
Aufrührer
6 Rebell
8 Agitator, Empoerer, Meuterer
9 Insurgent
13 Revolutionaer
15 Aufstaendischer
aufrührerischer Lärm
7 Krawall
aufsässig
7 trotzig
8 renitent
10 feindselig
13 widerspenstig
Aufsässiger
8 Meuterer
Aufsässigkeit
8 Renitenz
Aufsatz
5 Essay
6 Aufbau
7 Artikel, Beitrag, Bericht
9 Reportage
10 Abhandlung, Dekoration
11 Darstellung
Aufsaugung
10 Absorption
Aufschaukelung
10 Eskalation
Aufschlag (Geld)
4 Agio
Aufschlag ...
· *an* **Kleidungsstücken**
5 Stoss
6 Krempe, Revers, Stulpe
aufschlussreich
10 instruktiv
11 interessant

Aufschneider
7 Angeber, Blender, Prahler
9 Bramarbas, Prahlhans
10 Gernegross, Scharlatan, Windmacher
12 Muenchhausen
Aufschnitt
5 Belag, Wurst
Aufschrift
4 Memo
5 Notiz, Titel
7 Adresse, Epitaph, Hinweis
9 Inschrift
Aufschub
5 Frist, Pause
8 Dilation, Stundung
9 Vertagung
10 Aussetzung, Moratorium
11 Prorogation
12 Prolongation, Verzoegerung
Aufschüttung
4 Damm, Wall, Wehr
5 Halde, Warft
Aufschwung an der Börse
6 Hausse
Aufsehen
5 Eklat
6 Furore
7 Skandal
9 Sensation, Spektakel
Aufseher ▶ Aufpasser
Aufseher ...
· *im* **Zoo**
7 Waerter
11 Tierwaerter
Aufsicht
5 Obhut, Wache
6 Dienst, Schutz
7 Kuratel
9 Kontrolle
10 Inspektion
12 Ueberwachung
Aufsicht zum Schutze
9 Bewachung
Aufsichtsbeamter
6 Kustos
7 Kurator
11 Kontrolleur
Aufsichtsbeamter bei der Eisenbahn
16 Fahrdienstleiter
Aufsichtsbehörde
7 Eichamt
10 Kuratorium
Aufsichtsbezirk
9 Inspektur
Aufsichtsgeistlicher
5 Dekan
aufsprühendes Wasser
6 Gischt
Aufspüren
5 Suche
6 suchen
7 fahnden
8 Fahndung
Aufspürung
5 Suche
8 Fahndung
aufstacheln
6 hetzen
Aufstand
6 Putsch, Tumult, Unruhe
7 Aufruhr, Revolte
8 Erhebung, Meuterei
9 Empoerung, Rebellion
10 Revolution
12 Insurrektion
13 Volkserhebung
Aufständischer
6 Rebell
8 Empoerer
9 Insurgent
10 Aufruehrer, Revoluzzer
13 Revolutionaer
Aufstellung
5 Konto, Liste
7 Katalog, Tabelle
8 Rechnung
10 Uebersicht
11 Verzeichnis
Aufstellung ...
· *zu* **besorgender Waren**
13 Einkaufsliste
· **hintereinander**
5 Reihe
· *von* **Spitzenschlagern**
8 Hitliste
Aufstieg
8 Karriere
Auftakt
6 Anfang, Beginn
10 Eroeffnung
aufteilen
8 dosieren
Aufteilung
9 Dosierung
10 Gliederung
11 Disposition
12 Distribution
auftischen
9 servieren
Auftrag
5 Belag, Order
6 Befehl, Mandat
7 Aufgabe, Mission, Sendung, Weisung
9 Anweisung
Aufträge erteilen
6 ordern
Auftragen von Farbe
8 Anstrich
Auftraggeber
5 Kunde
6 Klient
7 Mandant
9 Besteller
Auftraggeber eines Anwalts
6 Klient
Auftraggeberkreis
8 Klientel
auftragshalber
13 kommissarisch
Auftragsrückbuchung
6 Storno
Auftragszuteilung
7 Vergabe
Auftrieb
7 Ansporn
11 Ermunterung
Auftritt
5 Krach, Szene
6 Streit
Auftrittsfläche ...
· *im* **Theater**
6 Buehne
· *im* **Zirkus**
6 Manege
Auftropfstein
9 Stalagmit
Aufwand
4 Pomp
5 Luxus, Prunk
6 Kosten, Pracht
13 Verschwendung
Aufwandsentschädigung
6 Spesen
Aufwartefrau
8 Putzfrau
Aufwärter
9 Kalfaktor
aufwärts
5 empor, hinan
aufwärts hierher
6 herauf

Aufwärtsentwicklung
9 Besserung
11 Fortschritt
aufwärtsgerichtete Warmluftströmung
7 Thermik
Aufwendung von Geld
7 Ausgabe
Aufwiegelung
5 Hetze
9 Agitation, Demagogie
Aufwiegler
6 Hetzer
8 Agitator
10 Hetzredner
12 Einpeitscher
Aufzeichnung
5 Notiz
6 Skizze
7 Annalen, Chronik, Notizen, Vermerk
9 Protokoll
10 Stenogramm
13 Niederschrift
Aufzeichnung der Herzströme (Abkürzung)
3 EKG
Aufzeichnungsgerät ...
· *für* **Fernsehsendungen**
13 Videorecorder, Videorekorder
Aufzeichnungszettel
9 Merkblatt
Aufziehen ...
· *von* **Pflanzen**
5 Zucht
· *von* **Tieren**
5 Zucht
8 Aufzucht
Aufzug
3 Akt
4 Lift
5 Szene
6 Gewand
8 Elevator, Kleidung
9 Fahrstuhl, Garderobe
10 Bekleidung
11 Paternoster, Szenenfolge
Aufzug ...
· *für* **Wintersportler**
7 Skifuni, Skilift
11 Schlepplift
Aufzugführer
7 Liftboy

aufzwingen
11 oktroyieren
Auge
6 Gucker
8 Keimling, Sehorgan
Auge ...
· *des* **Gesetzes**
7 Polizei
· *der* **Rose**
11 Triebknospe
· *beim* **Würfelspiel**
5 Point
Augenarzt
13 Ophthalmologe
Augenausdruck
5 Blick
Augenblick
2 Nu
6 Moment
augenblicklich
3 nun
5 jetzt
6 gerade, soeben, sofort
7 aktuell
8 momentan
12 gegenwaertig
13 unverzueglich
augenblicklich(e, er, es) ...
· **Situation**
4 Lage
· **Stimmung**
5 Laune
· **Verfassung**
6 Status
7 Zustand
Augenbrauenstift
6 Crayon
Augendeckel
3 Lid
augenfällig
7 evident
8 deutlich, eklatant, offenbar
10 auffaellig
14 offensichtlich
Augenflüssigkeit
6 Traene
Augenglas
6 Brille
7 Binokel, Kneifer, Lorgnon, Monokel, Zwicker
9 Lorgnette
10 Haftschale, Lesebrille
Augenhaar
6 Wimper

Augenheilkunde
14 Ophthalmologie
Augenhornhaut
6 Cornea, Kornea
Augenkrankheit
4 Star
6 Iritis
7 Glaukom, Trachom
9 Granulose
10 grauer Star
11 gruener Star
15 Kurzsichtigkeit, Weitsichtigkeit
Augenlinse bei optischen Geräten
6 Okular
Augenmerk
9 Beachtung
14 Aufmerksamkeit
Augenprüfung
7 Sehtest
Augenschein
7 Anblick, Evidenz
12 Feststellung
augenscheinlich
7 evident
Augenschutz
12 Sonnenbrille
Augenteil ▶ Teil des Auges
Augenwassertropfen
6 Traene
Augenweide
6 Freude, Genuss, Labsal
10 Entzuecken, Vergnuegen
Augenwimper
5 Zilie
Augenzeuge
9 Zuschauer
10 Beobachter
Augsburger ...
· **Kaufmannsgeschlecht**
6 Fugger, Welser
· **Kupferstecher**
6 Kilian
· **Maler**
7 Holbein
· **Schutzgöttin**
4 Cisa
· **Siedlung**
8 Fuggerei
August
7 Ernting
9 Erntemond
Auktion
13 Versteigerung

Auktionsteilnehmer
6 Bieter
Aula
8 Festsaal
Aura
3 Air
8 Charisma
12 Ausstrahlung
Aureole
14 Heiligenschein
Aurum
4 Gold
aus ...
· *dem* **Altertum**
5 antik
· *einem* **bestimmten Schmuckstein bestehend**
5 jaden
· **Bronze**
5 ehern
· **dem Grund**
4 weil
· **Eisen**
5 ehern
· **Fasern gesponnener Faden**
4 Garn
· **freier Regung**
7 spontan
· **gebranntem Ton**
5 irden
7 toenern
· **innerer Ursache entstehend**
7 endogen
· **Leid zugenommenes Gewicht**
11 Kummerspeck
· *der* **Mode gekommen**
3 out
· *dem* **Mund fließender Speichel**
6 Geifer
· **Samen gezogene Pflanze**
8 Saemling
· **sandhaltigem Ton**
6 lehmig
· *dem* **selben Land stammende Frau**
12 Landsmaennin
· **tiefstem Herzen**
5 innig
· **Ton**
5 irden
· **Walspeck gewonnenes Öl**
4 Tran
· **Werg gemacht**
5 heden
Aus- und Eingangsanlage
8 Drehtuer
Ausarbeitung
7 Entwurf
8 Elaborat
9 Expertise
Ausatmung
10 Exhalation, Expiration
Ausbacken ...
· *in* **Fett**
9 fritieren
10 frittieren
Ausbesserer von Kleidung
14 Flickschneider
Ausbesserung
9 Reparatur
12 Restauration
Ausbesserungsstätte
4 Dock, Werk
5 Werft
6 Garage
9 Werkstatt
Ausbeute
6 Ertrag, Gewinn, Profit
8 Ergebnis, Resultat
Ausbeutung
8 Wucherei
ausbilden, anleiten
8 erziehen
Ausbilder
6 Lehrer
7 Meister, Trainer
11 Instrukteur
Ausbilder für Autolenker
10 Fahrlehrer
Ausbilderin für Schrittfolgen zur Musik
12 Tanzlehrerin
Ausbildungsanstalt für Lehrer
7 Seminar
Ausbildungszeit
5 Lehre
Ausblick
11 Perspektive
Ausbreitung
9 Expansion
10 Entfaltung
Ausbruch
6 Anfall
8 Eruption
Ausbürgerung
16 Denaturalisation
Ausdauer
6 Geduld
9 Gleichmut
10 Zaehigkeit
14 Beharrlichkeit, Bestaendigkeit
ausdauernder Fleiß
9 Emsigkeit
Ausdehnung
4 Raum
5 Hoehe, Tiefe, Weite
6 Breite, Kuerze, Laenge, Umfang
7 Ausmass, Flaeche, Groesse
9 Dimension, Extension
11 Erweiterung, Territorium
Ausdehnung nach oben
5 Hoehe
Ausdehnungsbegriff
4 hoch, kurz, lang, tief, weit
5 breit, Hoehe, Tiefe, Weite
6 Breite, Kuerze, Laenge
Ausdehnungsbestreben
13 Imperialismus
Ausdehnungsrichtung
5 Tiefe
Ausdruck
4 Wort
5 Geste, Miene, Mimik
6 Formel
7 Begriff
Ausdruck ...
· *beim* **Bergsteigen**
8 Abseilen
· *beim* **Boxen**
2 ko
5 Haken
6 Gerade
· *des* **Ekels**
4 pfui
· *beim* **Fechten**
5 Finte
7 Ausfall, Riposte
· *beim* **Fußballspiel**
3 Aus, Tor
7 Abseits
8 Elfmeter, Halbzeit
9 Freistoss, Strafraum
10 Strafstoss
· *von* **Gedanken**
7 Sprache
· *des* **Missfallens**
5 Ruege, Tadel

· *beim* **Skatspiel**
2 As, re
4 Bock, Null
6 kontra, Ramsch
· *der* **Verwunderung**
2 ei
· **zögerlicher Zustimmung**
4 naja
ausdrücklich
5 extra
6 betont, eigens
8 deutlich, explizit
9 besonders, foermlich
Ausdrucksbewegung
5 Geste
8 Gebaerde
ausdrucksfähig
9 expressiv, plastisch
Ausdrucksform
4 Stil
Ausdruckskunst
5 Mimik
ausdruckslos
3 tot
4 kalt
5 starr
6 glasig
8 erstarrt
12 nichts sagend, nichtssagend
13 gleichgueltig
ausdrucksvoll
9 expressiv
10 pathetisch
Ausdrucksweise
4 Form, Stil
6 Pathos
7 Diktion
8 Gepraege, Praegung
auseinander laufend
9 divergent
Auseinandergehen von Meinungen
9 Divergenz
Auseinanderklaffen
10 Diskrepanz
Auseinandersetzung
4 Zank
5 Duell, Fehde, Kampf, Krach, Krieg, Szene, Zwist
6 Disput, Rezess, Streit
7 Debatte, Polemik, Prozess
8 Auftritt, Konflikt
9 Rededuell, Zwiespalt
10 Diskussion
11 Kontroverse, Widerstreit, Wortgefecht
12 Streitigkeit
13 Konfrontation
Auseinanderstreben
9 Divergenz
auserlesen
4 edel
5 prima
7 delikat, elitaer
8 exquisit
11 erstklassig
12 hervorragend
Auserlesenes
5 Elite
Ausfahrt
3 Tor
6 Portal
Ausfall
5 Manko, Minus
7 Verlust, Wegfall
8 Versagen
10 Fehlbetrag
Ausfertigung
10 Zertifikat
Ausflucht
5 Finte
7 Ausrede, Evasion, Vorwand
8 Notluege
Ausflug
4 Ritt, Tour, Trip
5 Fahrt, Reise
6 Partie
9 Abstecher, Exkursion, Wanderung
Ausflügler
7 Tourist
8 Urlauber, Wanderer
Ausforschung
8 Spionage
9 Erkundung
Ausfuhr
6 Export
ausführbar
7 machbar
8 moeglich
11 praktikabel
ausführen
3 tun
6 machen
ausführende Gewalt
9 Exekutive
Ausfuhrhändler
9 Exporteur
ausführlich
5 exakt, genau
9 haargenau, umfassend
11 detailliert
Ausführung
9 Darlegung
Ausführungsart
10 Modalitaet
Ausfuhrverbot
7 Embargo
Ausgabe
6 Kosten
7 Auflage, Edition
8 Emission
Ausgabenanstieg
15 Kostenexplosion
Ausgangsgebilde
4 Keim
Ausgangspunkt
5 Basis, Start
6 Anfang, Ansatz, Beginn
8 Ursprung, Zentrale
9 Fundament, Grundlage
10 Startplatz
Ausgangsstelle
11 Ansatzpunkt
ausgebaggerte ...
· **Erdmassen**
6 Aushub
9 Erdaushub
ausgebautes Dachgeschoss
8 Mansarde
Ausgeber von Wertpapieren
8 Emittent
ausgebratener Speckwürfel
6 Griebe
ausgedehnt
4 lang, tief, weit
5 breit, gross
8 extensiv
9 bedeutend, geraeumig, gestreckt
ausgedehnte Fahrt
9 Rundreise
ausgedehntes Gastmahl
6 Gelage
ausgedient
3 alt, out
5 passé
6 passee
8 veraltet
10 antiquiert
ausgefräste Rille
3 Nut

ausgefüllt
6 massiv
ausgeglichen
5 quitt, ruhig
8 gelassen
10 harmonisch
11 apollinisch
Ausgehbekleidung
6 Mantel
10 Pelzmantel
ausgehobene Erdrinne
6 Graben
ausgehöhlte Stelle
8 Hohlraum
ausgehöhlter Kürbis
9 Kalebasse
Ausgehverbot
10 Hausarrest
ausgeklügelt
10 raffiniert
11 sophistisch
Ausgeklügeltes
7 Finesse
ausgekocht
6 listig, schlau
8 gerissen
10 raffiniert
11 verschlagen
12 durchtrieben
ausgelassen
4 toll
6 albern
11 uebermuetig
12 bacchantisch, unbekuemmert
ausgelassenes Fest
5 Orgie
ausgelernter ...
· **Handwerker**
7 Geselle, Meister
ausgeliehenes ...
· **Geld**
6 Kredit
8 Darlehen
ausgenommen
4 ohne
ausgeprägt
7 markant, typisch
10 profiliert
16 charakteristisch
ausgerechnet
4 just
ausgerottete Wildrinder
3 Ure
ausgerottetes Wildrind
2 Ur
ausgeruht
3 fit
6 erholt
ausgesetztes Baby
10 Findelkind
ausgestanzte Vorlage
9 Schablone
ausgestochenes Rasenstück
4 Sode
ausgestorben(e, er, es) ...
· **Elefant**
6 Mammut
8 Mastodon
· **Feuerlandindianer**
3 Ona
· **Kopffüßer**
7 Ammonit
· **Riesenechsen**
7 Saurier
· **Riesenvogel**
3 Moa
13 Archaeopteryx
· **Tauchvogel**
9 Riesenalk
· **Tier**
2 Ur
3 Moa
6 Dronte, Mammut, Quagga
7 Saurier
9 Auerochse
· **Vogel Neuseelands**
3 Moa
· **Volk in Mittelamerika**
6 Mangue
ausgestoßene Vulkanmasse
7 Auswurf
Ausgestoßener
5 Paria
ausgestreuter Samen
4 Saat
ausgesucht
7 erlesen
8 exklusiv, exquisit
ausgetrocknet
4 arid
ausgetrocknetes Wüstenflusstal
4 Wadi
ausgeübte ...
· **Herrschaft**
5 Macht
· **Macht**
6 Gewalt
ausgewachsen
4 reif
ausgewachsenes Insekt
5 Imago
ausgewalztes ...
· **Metall**
5 Blech, Folie
ausgewogene Ernährung
9 Mischkost
Ausgewogenheit
8 Harmonie
ausgezeichnet
4 toll
5 famos, prima, super
6 klasse
7 bestens, erlesen
8 exquisit
9 exzellent, praechtig
ausgezeichnetes Ansehen
7 Weltruf
ausgiebig
9 reichlich
11 ertragreich
ausgiebig genießen
9 schwelgen
Ausgießer
5 Zotte
Ausgleich
6 Ersatz
7 Balance, Entgelt
8 Handicap
9 Vergleich
10 Kompromiss
11 Aequivalent
12 Abfinfindung, Egalisierung, Kompensation
13 Gleichgewicht
14 Entschaedigung
Ausgleichsgetriebe
12 Differential, Differenzial
Ausgrabung
4 Fund
10 Entdeckung
Ausgrabung von Toten
11 Exhumierung
Ausguck
3 Lug
8 Mastkorb
Ausgussröhrchen
6 Tuelle
Aushang
6 Plakat
13 Werbeanschlag

Aushang vor der Eheschließung
8 Aufgebot
Aushebegerät
6 Bagger, Spaten
8 Schaufel
ausheben
6 graben
12 ausschachten
Aushilfe
6 Ersatz
7 Reserve
9 Assistenz, Vertreter
10 Vertretung
Aushilfsstoff
6 Ersatz
8 Surrogat
Aushöhlung
10 Exkavation
Aushorcher
9 Kalfaktor
Auskochflüssigkeit
5 Absud
Auskommen
4 Brot
8 Existenz
9 Unterhalt
auskundschaften
6 suchen
8 forschen
9 baldowern
10 spionieren
12 ausbaldowern
Auskundschafter
5 Agent, Spion
Auskundschaftung
8 Spionage
Auskunft
3 Tip
4 Tipp, Wink
6 Angabe
7 Antwort, Hinweis
8 Bescheid, Referenz
10 Fingerzeig
11 Information
Auskunftei
8 Detektei
13 Detektivbuero
Auskunftseinholung
9 Nachfrage
11 Erkundigung
Auslage
10 Dekoration
12 Schaufenster
Auslagen
6 Kosten, Spesen
8 Unkosten
Auslagenbezahlung
10 Erstattung
Auslagengestalter
10 Dekorateur
ausländische ...
· **Geldwährung**
6 Sorten, Valuta
ausländischer Arbeitnehmer
12 Gastarbeiter
ausländisches Geld
7 Devisen
Auslassungszeichen
9 Apostroph
Auslauf
4 Loch
8 Oeffnung
Auslauf für Hunde
7 Zwinger
Auslauffeld ...
· *auf* **Flugplätzen**
5 Piste
8 Rollfeld
Auslaugung
7 Erosion
10 Extraktion
Ausleger
6 Deuter
8 Traverse
9 Erklaerer, Interpret
Auslegung
6 Glosse, Lesart
7 Analyse, Deutung, Exegese
9 Kommentar
10 Erklaerung
12 Erlaeuterung
14 Interpretation
Auslese
5 Elite
9 Selektion
Auslöschung
7 Tilgung
Auslöser
4 Reiz
5 Grund, Motiv
6 Anlass, Quelle
8 Stimulus
10 Beweggrund
12 Veranlassung
Auslosung
7 Tombola
8 Lotterie
Auslösung
9 Induktion
Ausmaß
6 Format
7 Groesse
9 Abmessung, Dimension
10 Ausdehnung
Ausnahme
9 Exzeption
10 Sonderfall
Ausnahmebewilligung
7 Dispens
Ausnahmeerscheinung
8 Anomalie
Ausnahmesituation
7 Notfall
auspolstern
9 wattieren
ausprobieren
6 testen
Auspuffausstoß
5 Abgas
Auspuffemission
4 Russ
6 Abgase
Auspuffentgifter
11 Katalysator
Ausputz
6 Zierat
7 Zierrat
Ausrede
5 Luege
6 Flause
7 Vorwand
8 Notluege
9 Schwindel
ausreichend
5 genug
10 suffizient
Ausrichter
11 Organisator
Ausruf
11 Exklamation
Ausruf ...
· *der* **Erleichterung**
3 huh, puh
· *des* **Erstaunens**
2 ah, oh
3 ach, aha, oho, oje
4 nanu
· *der* **Missbilligung**
4 pfui
· *des* **Schmerzes**
2 au
3 aua

· *der* **Überraschung**
2 ho
3 oho
· *der* **Verwunderung**
2 ah
Ausrufer
6 Herold
7 Ansager, Buettel
13 Marktschreier
14 Gemeindediener
Ausrufwort
12 Interjektion
Ausruhemöglichkeit
9 Rastplatz
Ausrüstung
6 Geraet, Outfit
7 Armatur
8 Zubehoer
9 Armierung, Ruestzeug
Aussage
6 Angabe
9 Bekundung
10 Aeusserung, Behauptung, Mitteilung
Aussagebekräftigung
3 Eid
6 Schwur
Aussagender vor Gericht
5 Zeuge
Aussähilfe
8 Saatband
Aussatz
5 Lepra
ausschachten
6 graben
8 ausheben
Ausschachtung
10 Exkavation
Ausschank
3 Bar
5 Theke
6 Buffet
Ausschau
3 Lug
Ausscheidung
3 Kot
6 Sekret
7 Schleim
8 Schweiss, Speichel
9 Exkrement, Exkretion
Ausscheidung ...
· *der* **Nadelhölzer**
4 Harz
· *des* **Pottwals**
5 Amber, Ambra

Ausscheidungsorgan
5 Niere
Ausscheidungsspiel
19 Qualifikationsspiel
Ausschlag ...
· *auf* **der Haut**
5 Ekzem
7 Flechte
8 Exanthem
11 Guertelrose
· *des* **Pendels**
10 Elongation
ausschließlich
3 nur
6 allein
8 exklusiv, speziell
9 lediglich
Ausschluss
16 Disqualifikation
Ausschmückung
4 Zier
5 Dekor
6 Zierat, Zierde
7 Zierrat
8 Ornament
10 Dekoration, Verzierung
Ausschnitt
6 Sektor
7 Segment
9 Abschnitt, Dekolleté
10 Dekolletee
Ausschreitung
6 Exzess, Terror
7 Krawall
Ausschuss
6 Abfall, Ramsch, Schund
7 Gremium, Komitee
10 Kommission
13 Koerperschaft
Ausschuss bei Kaffeebohnen
6 Triage
Ausschussware
6 Ramsch, Schund
ausschweifender Mensch
8 Libertin
Ausschweifung
5 Orgie
6 Exzess
11 Libertinage
Aussehen
3 Air
4 Look
7 Fluidum, Haltung

außen
6 extern
8 peripher
Außenbegrenzung
4 Rain, Rand
5 Bande, Kante
6 Grenze
7 Bankett
Aussendung
8 Emission
Außenseiter
4 Kauz
5 Freak
7 Outcast
8 Outsider
10 Sonderling
13 Eigenbroetler
Außenstände
6 Aktiva
7 Aktiven
8 Guthaben
9 Debitoren
Außenteil ...
· *des* **Buches**
6 Deckel
7 Einband
8 Umschlag
außer ...
· **Dienst**
7 inaktiv
· **Geltung sein**
5 ruhen
äußer(e, er, es) ...
· **Anstoß**
6 Anlass
· **Begrenzung einer Fläche**
4 Rand
· **Form**
7 Gestalt
· **Gestalt**
4 Form
· **Linie eines Körpers**
6 Umriss
· **Ortsbezirk**
9 Stadtrand
· **Schicht eines Milchprodukts**
10 Kaeserinde
außeramtlich
6 privat
außerdem
4 noch
5 extra
6 ferner
7 daneben

außerehelich
9 illegitim
Äußeres
4 Bild, Form, Look
6 Huelle, Rahmen, Schale, Schein
7 Fassade, Gestalt
9 Exterieur
11 Erscheinung, Oberflaeche
außergewöhnlich
5 enorm
6 genial
7 eminent
12 exzeptionell, sensationell
13 extraordinaer
außergewöhnliches ...
· **Ereignis**
9 Phaenomen, Sensation
Außerirdischer (englisch)
5 Alien
Außerirdischer ...
· *in* **einem Filmklassiker**
2 ET
· *in* **einer TV-Serie**
3 Alf
äußerlich
6 extern
7 formell
außerordentlich ▶ außergewöhnlich
außerordentlicher Professor
15 Extraordinarius
äußerst
4 sehr
6 extrem
7 eminent, hoechst, maximal
10 hochgradig
12 uebertrieben
16 ausserordentlich
äußerst sorgfältig
7 penibel
außerstädtisches ...
· **Domizil**
8 Landhaus
13 Wochenendhaus
äußerste Sorgfalt
7 Akribie
Äußerung
4 Wort
7 Aussage
9 Bemerkung
Äußerung ...
· *der* **Frömmigkeit**
5 Gebet
· *von* **Schmerz**
5 Klage
7 Jammern
8 Stoehnen
Aussicht
5 Blick
6 Aspekt, Chance
7 Anblick, Zukunft
8 Hoffnung, Panorama, Prospekt
11 Perspektive
Aussichtspunkt
8 Bellevue
Aussichtsturm
5 Warte
Aussiedler
8 Kolonist
Aussiedlung
11 Evakuierung
ausspannen
7 erholen
Ausspiegelung
10 Endoskopie
Aussprache
6 Akzent, Disput
7 Debatte, Hearing, Tonfall
10 Diskussion, Kolloquium
11 Eroerterung
12 Artikulation
Aussprachezeichen
5 Tilde, Trema
6 Akzent
7 Cedille
Aussprechen eines Wunsches
5 Bitte
Ausspritzmundstück
5 Duese
Ausspruch
5 Zitat
6 Bonmot, Diktum
7 Sentenz
Ausspruchssammlung
3 Ana
13 Zitatenschatz
Ausstand
6 Streik
ausstatten, gestalten
10 dekorieren
Ausstattung
7 Mitgift
8 Dotation, Staffage
9 Aussteuer, Interieur
11 Einrichtung, Moeblierung
· *für* **das erste Kind**
16 Erstlingswaesche
ausstechen
7 stanzen
Ausstellung
5 Messe, Schau
6 Boerse
Ausstellungsgebäude
6 Museum
Ausstellungsraum
5 Salon
7 Galerie
Ausstellungsschrank
7 Vitrine
Ausstellungsstück
7 Exponat
Aussteuer
6 Ehegut
7 Mitgift
8 Dotation
Ausstoß
8 Emission
Ausstoßung ...
· *aus* **der Kirche**
15 Exkommunikation
· *aus* **einer Gemeinschaft**
8 Aechtung
Ausstrahlung
2 Od
4 Aura
5 Flair, Odium
7 Fluidum
9 Emanation
11 Atmosphaere
Ausstrahlungskraft
8 Charisma
austauschbare Funktionseinheit (EDV)
5 Modul
Austauschspielkarte
5 Joker
Austauschverhältnis zwischen Währungen
8 Paritaet
Austernprodukt
5 Perle
Austragungsort ...
· *für* **Boxkämpfe**
4 Ring
7 Boxring
· *für* **Skispringen**
7 Schanze

australisch(e, er, es) ...
- **Berg**
  5 Mt. Isa
  6 Mt. Hann
  7 Mt. Bruce, Mt. Cooke
  8 Mount Isa, Musgrave
  9 Mount Hann
  10 Capoompeta, Mount Bruce, Mount Cooke
  12 Mount Seaview, Mount William
- **Beutelbär**
  5 Koala
- **Beuteltier**
  6 Kuskus, Wombat
  8 Kaenguru
  9 Kaenguruh
- **Bundesstaat**
  8 Victoria
  9 Tasmanien
  10 Queensland
  12 Neusuedwales
  14 Nordaustralien, Suedaustralien, Westaustralien
- **Flusslauf zur Regenzeit**
  5 Creek
- **Holzgewächs**
  9 Kasuarine
  10 Eukalyptus
- **Insel**
  4 Beru, Cato
  5 Adele, Bigge, Elcho
  6 Barrow
  8 Melville
  9 Tasmanien
  10 Neuseeland
- **Inselwelt**
  10 Melanesien
- **Kletterbeutler**
  4 Kusu
  6 Kuskus
- **Laufvogel**
  3 Emu
  4 Kiwi
  6 Kasuar
- **Myrtenbaum**
  10 Eukalyptus
- **Nobelpreisträger für Literatur**
  5 White
- **Nobelpreisträger für Medizin**
  6 Burnet, Eccles
- **Politiker**
  6 Fraser
  7 McMahon
- **Säugetier**
  5 Dingo
  8 Kaenguru
  9 Kaenguruh
  10 Beuteltier
- **Schachtelhalmbaum**
  9 Kasuarine
- **Schafleder**
  5 Basil
- **See**
  7 Eyresee, Salzsee
- **Seekuh**
  6 Dugong
- **Sopranistin**
  5 Melba
- **Staatssprache**
  8 Englisch
- **Straußenvogel**
  3 Emu
- **Tier**
  3 Emu
  4 Kusu
  5 Dingo, Koala
  6 Kasuar, Wombat
  7 Strauss
  8 Kaenguru
  9 Kaenguruh
  10 Beuteltier
  11 Kloakentier
  12 Schnabeltier
- **Topmodel**
  4 Kerr
- **Ureinwohner**
  10 Aborigines
- **Ureinwohnerstamm**
  5 Dieri
- **Wildhund**
  5 Dingo
- **Wurfholz**
  8 Bumerang
- **Wüste**
  10 Sandwueste
  12 Gibsonwueste, Tanamiwueste
  14 Victoriawueste
- **Zimmerfarn**
  11 Silbereiche

Austritt ...
- **angesammelter Flüssigkeit**
  6 Erguss
- *von* **Großbritannien aus der EU**
  6 Brexit

Ausübung
  6 Praxis

Auswahl
  5 Elite, Probe
  6 Muster
  9 Selektion, Sortiment
  10 Kollektion
  11 Querschnitt

Auswahl der Besten
  5 Elite

Auswanderer
  8 Emigrant

auswärtig
  6 extern

auswärtige ...
- **Besitzung**
  7 Kolonie
- **Vertretung einer Regierung**
  8 Konsulat
  9 Botschaft
  13 Gesandtschaft

Auswaschung
  7 Erosion

Auswechslung
  9 Austausch

Ausweg
  5 Hilfe
  6 Flucht
  7 Loesung

Ausweichen beim Fechten
  5 Volte

ausweichend
  6 evasiv

Ausweis
  4 Pass
  8 Dokument
  9 Kennkarte, Reisepass
  10 Zertifikat
  12 Legitimation
  15 Personalausweis

Ausweis des Weidmanns
  10 Jagdschein

Ausweisung
  9 Exmission

Ausweitung
  9 Expansion

auswendig lernen
  10 memorieren

Auswirkung
  6 Effekt, Erfolg

8 Ergebnis, Resultat
10 Konsequenz
Auswuchs an Tierköpfen
4 Horn
Auswurf
6 Schund, Sputum
Auswurfgestein
4 Bims, Lava, Tuff
Auszehrung
8 Atrophie
12 Schwindsucht
Auszeichnung
3 Lob
4 Ehre
5 Orden, Preis, Titel
6 Ehrung
8 Medaille
10 Dekoration
13 Etikettierung
Auszeichnungszettel an Waren
7 Etikett
ausziehbare Backmasse
11 Strudelteig
ausziehbares Sehrohr der U-Boote
8 Periskop
Auszubildender
5 Azubi, Stift
8 Lehrling
auszubildender Soldat
6 Rekrut
auszufüllendes Testpapier
10 Fragebogen
Auszug
5 Infus, Probe, Treck, Zitat
6 Essenz, Exodus
7 Extrakt, Exzerpt, Tinktur, Weggang
8 Raeumung
9 Leseprobe
10 Wiedergabe
Auszug aus pflanzlichen Stoffen
7 Extrakt
Auszüge aus Röstbohnen
13 Kaffeeextrakt
auszuhalten
11 ertraeglich
Autarkie
15 Eigenversorgung, Unabhaengigkeit
16 Selbstaendigkeit
18 Selbststaendigkeit
authentisch
4 echt
9 verbuergt
13 urspruenglich
Auto
13 Kraftfahrzeug
Autoabgasreiniger
3 Kat
11 Katalysator
Autoabstellfläche
7 Carport
9 Parkplatz
Autoanhalter
7 Tramper
Autoanhaltestrecke
8 Bremsweg
Autobahn (Abkürzung)
3 BAB
Autobahneinrichtung
7 Bankett
9 Leitlinie, Parkplatz, Rastplatz, Standspur
10 Kriechspur, Leitplanke
11 Raststaette
12 Notrufsaeule, Ueberholspur, Vorwegweiser
13 Gruenstreifen
Autobahnrestaurant
8 Rasthaus
Autobeleuchtung
9 Fernlicht
10 Standlicht
Autobesitzer
6 Halter
Autobus
7 Omnibus
Autoeinstellraum
6 Garage
Autoersatzteil
10 Reserverad
Autogestell
7 Chassis
Autogramm
7 Widmung
9 Namenszug
10 Schriftzug
12 Unterschrift
Autohotel
5 Motel
Autokennzeichen ▶ Kraftfahrzeugkennzeichen
Autolenkexamen
12 Fahrpruefung
Automarke
2 MG, VW
3 BMW, DAF, DKW, MAN, NSU
4 Audi, Fiat, Ford, Glas, Nash, Opel, Puch
5 Adler, Buick, Deutz, Dodge, Horch, Krupp, Lloyd, Maico, Skoda, Steyr, Tatra
6 Abarth, Austin, Hudson, Jaguar, Lancia, Morris, Talbot
7 Bentley, Bugatti, Citroen, Ferrari, Hanomag, Lincoln, Magirus, Maybach, Packard, Peugeot, Pontiac, Porsche, Renault, Sunbeam, Triumph
8 Borgward, Buessing, Cadillac, Chrysler, Henschel, Maserati, Wanderer, Zuendapp
9 Alfa Romeo, Auto Union, Chevrolet, Hotchkiss
10 Austro Fiat, Hansa Lloyd, Oldsmobile, Rolls Royce, Studebaker, Volkswagen
11 Daimler Benz, Hutchkinson
12 Mercedes Benz
automatisch
12 selbsttaetig
14 unwillkuerlich
automatische Bewegung
6 Reflex
Automobil
10 Kraftwagen, Motorwagen
13 Kraftfahrzeug
Automobilklub (Abkürzung)
3 AvD
4 ADAC
Automobiltyp ▶ Kraftfahrzeug
Automobilwettbewerb mit Sonderprüfungen
6 Rallye
Automodell der Frühzeit
8 Oldtimer
Autonomie
15 Unabhaengigkeit
16 Selbstaendigkeit, Selbstverwaltung
18 Selbststaendigkeit
Autopsie
7 Sektion
11 Augenschein

14 Leichenbeschau
15 Leichenoeffnung

Autor
6 Texter
7 Dichter, Urheber
8 Essayist, Reporter
9 Romancier, Schreiber, Verfasser
10 Dramatiker, Journalist, Librettist
14 Schriftsteller

Autor kürzerer Abhandlungen
8 Essayist

Autor/Autorin von ...

- **Agnes Bernauer**
  6 Hebbel
- **Alle Menschen werden Brüder**
  6 Simmel
- **Alraune**
  5 Ewers
- **Amphitryon**
  6 Kleist
  7 Molière, Plautus
  9 Giraudoux
- **Andromache**
  9 Euripides
- **Anna Karenina**
  7 Tolstoi
- **Ansichten eines Clowns**
  5 Boell
- **Antigone**
  7 Anouilh
  9 Sophokles
- **Ariane**
  4 Anet
- **Aus dem Leben eines Taugenichts**
  11 Eichendorff
- **Baal**
  6 Brecht
- **Barbara Blomberg**
  9 Zuckmayer
- **Bekenntnisse des Hochstaplers Felix Krull**
  4 Mann
  10 Thomas Mann
- **Bello Gallico**
  6 Caesar
- **Berlin Alexanderplatz**
  7 Doeblin
- **Biedermann u. d. Brandstifter**
  6 Frisch
- **Billard um halb zehn**
  5 Boell
- **Bonjour tristess**
  5 Sagan
- **Buddenbrooks**
  4 Mann
  10 Thomas Mann
- **Candida**
  4 Shaw
- **Cid**
  9 Corneille
- **Clavigo**
  6 Goethe
- **Dame Kobold**
  8 Calderon
  17 Calderon de la Barca
- **Dantons Tod**
  8 Buechner
- **Das Bildnis des Dorian Gray**
  5 Wilde
- **Das Dschungelbuch**
  7 Kipling
- **Das einfache Leben**
  8 Wiechert
- **Das Glasperlenspiel**
  5 Hesse
- **Das Schloß**
  5 Kafka
- **Das Totenschiff**
  6 Traven
- **David Copperfield**
  7 Dickens
- **Decamerone**
  9 Boccaccio
- **Der abenteuerliche Simplicissimus**
  14 Grimmelshausen
- **Der alte Mann und das Meer**
  9 Hemingway
- **Der arme Heinrich**
  9 Hauptmann
  14 Hartmann von Aue
- **Der Arzt am Scheideweg**
  4 Shaw
- **Der Besuch der alten Dame**
  11 Duerrenmatt
- **Der Biberpelz**
  9 Hauptmann
- **Der Bürger als Edelmann**
  7 Moliere
- **Der fröhliche Weinberg**
  9 Zuckmayer
- **Der gallische Krieg**
  6 Caesar
- **Der Geizige**
  7 Molière
- **Der Glöckner von Notre-Dame**
  4 Hugo
- **Der Graf von Monte Christo**
  5 Dumas
- **Der grüne Heinrich**
  6 Keller
- **Der gute Mensch von Sezuan**
  6 Brecht
- **Der Hauptmann von Köpenick**
  9 Zuckmayer
- **Der Heiratsantrag**
  9 Tschechow
- **Der Idiot**
  11 Dostojewski
- **Der Kaufmann von Venedig**
  11 Shakespeare
- **Der kaukasische Kreidekreis**
  6 Brecht
- **Der Menschenfeind**
  7 Molière
- **Der Name der Rose**
  3 Eco
- **Der Prinz von Homburg**
  6 Kleist
- **Der Prozeß**
  5 Kafka
- **Der Revisor**
  5 Gogol
- **Der Schelm von Bergen**
  9 Zuckmayer
- **Der Seewolf**
  6 London
- **Der Stechlin**
  7 Fontane
- **Der Stellvertreter**
  8 Hochhuth
- **Der Sturm**
  11 Shakespeare
- **Der Tunnel**
  10 Kellermann
- **Der Turm**
  8 Tellkamp
  12 Hofmannsthal

- **Der Untertan**
  4 Mann
  12 Heinrich Mann
- **Der Vater**
  10 Strindberg
- **Der verlorene Sohn**
  8 Wiechert
- **Der Widerspenstigen Zähmung**
  11 Shakespeare
- **Der Zauberberg**
  4 Mann
  10 Thomas Mann
- **Der zerbrochene Krug**
  6 Kleist
- **Des Teufels General**
  9 Zuckmayer
- **Die Abenteuer des braven Soldaten Schwejk**
  5 Hasek
- **Die Blechtrommel**
  5 Grass
- **Die Bluthochzeit**
  11 Garcia Lorca
- **Die Chronik der Sperlingsgasse**
  5 Raabe
- **Die Clique**
  8 McCarthy
- **Die drei Musketiere**
  5 Dumas
- **Die drei Schwestern**
  9 Tschechow
- **Die Dreigroschenoper**
  6 Brecht
- **Die ehrbare Dirne**
  6 Sartre
- **Die Elenden**
  4 Hugo
- **Die Feuerzangenbowle**
  6 Spoerl
- **Die Fliegen**
  6 Sartre
- **Die Forsyte-Saga**
  10 Galsworthy
- **Die Frösche**
  12 Aristophanes
- **Die gelehrten Frauen**
  7 Molière
- **Die Glasmenagerie**
  8 Williams
- **Die Göttliche Komödie**
  5 Dante
  14 Dante Alighieri
- **Die Haut**
  9 Malaparte
- **Die Hochzeit der Feinde**
  6 Andres
- **Die Hose**
  9 Sternheim
- **Die Irre von Chaillot**
  9 Giraudoux
- **Die Kameliendame**
  5 Dumas
- **Die Möwe**
  9 Tschechow
- **Die Mutter**
  5 Gorki
- **Die Pest**
  5 Camus
- **Die Ratten**
  9 Hauptmann
- **Die Räuber**
  8 Schiller
- **Die Schatzinsel**
  9 Stevenson
- **Die Troerinnen**
  9 Euripides
- **Die Vögel**
  12 Aristophanes
- **Die Weber**
  9 Hauptmann
- **Die Wildenten**
  5 Ibsen
- **Die Wolken**
  12 Aristophanes
- **Doktor Schiwago**
  9 Pasternak
- **Don Carlos**
  8 Schiller
- **Don Quichotte**
  9 Cervantes
- **Effi Briest**
  7 Fontane
- **Egmont**
  6 Goethe
- **Ein Sommernachtstraum**
  11 Shakespeare
- **Einen Jux will er sich machen**
  7 Nestroy
- **Elektra**
  9 Giraudoux, Hauptmann, Sophokles
- **Emil und die Detektive**
  8 Kaestner
- **Emilia Galotti**
  7 Lessing
- **Endstation Sehnsucht**
  8 Williams
- **Es muss nicht immer Kaviar sein**
  6 Simmel
- **Eurydike**
  7 Anouilh
- **Faust**
  6 Goethe
- **Fräulein Julie**
  10 Strindberg
- **Germania**
  7 Tacitus
- **Germinal**
  4 Zola
- **Gespenster**
  5 Ibsen
- **Gösta Berling**
  9 Lagerloef
- **Götter, Gräber und Gelehrte**
  5 Ceram, Marek
- **Gruppenbild mit Dame**
  5 Boell
- **Gullivers Reisen**
  5 Swift
- **Hamlet**
  11 Shakespeare
- **Hedda Gabler**
  5 Ibsen
- **Heidi**
  5 Spyri
- **Helden**
  4 Shaw
- **Hermann und Dorothea**
  6 Goethe
- **Herr Puntila und sein Knecht Matti**
  6 Brecht
- **Hunger**
  6 Hamsun
- **Hyperion**
  10 Hoelderlin
- **Ilias**
  5 Homer
- **Im Westen nichts Neues**
  8 Remarque
- **Iphigenie in Aulis**
  6 Goethe
  9 Euripides, Hauptmann
- **Ivanhoe**
  5 Scott
- **Jedermann**
  12 Hofmannsthal

- **Jud Süß**
12 Feuchtwanger
- **Julius Caesar**
11 Shakespeare
- **Kater Murr**
8 Hoffmann
- **Katharina Knie**
9 Zuckmayer
- **Kim**
7 Kipling
- **Kleiner Mann, was nun?**
7 Fallada
- **König Lear**
11 Shakespeare
- **König Ödipus**
9 Sophokles
- **Krebsstation**
12 Solschenizyn
- **Krieg und Frieden**
7 Tolstoi
- **Lady Chatterley**
8 Lawrence
- **Lausbubengeschichten**
5 Thoma
- **Lederstrumpf**
6 Cooper
- **Leonce und Lena**
8 Buechner
- **Liebelei**
10 Schnitzler
- **Lulu**
8 Wedekind
- **Lumpazivagabundus**
7 Nestroy
- **Lysistrata**
12 Aristophanes
- **Macbeth**
11 Shakespeare
- **Madame Bovary**
8 Flaubert
- **Maria Stuart**
8 Schiller
- **Maß für Maß**
11 Shakespeare
- **Medea**
7 Anouilh
9 Euripides
11 Grillparzer
- **Meines Vaters Pferde**
4 Laar
- **Michael Kohlhaas**
6 Kleist
- **Minna von Barnhelm**
7 Lessing
- **Moby Dick**
8 Melville
- **Momo**
4 Ende
- **Mord im Dom**
5 Eliot
- **Nachtasyl**
5 Gorki
- **Nana**
4 Zola
- **Nathan der Weise**
7 Lessing
- **Nora**
5 Ibsen
- **Odyssee**
5 Homer
- **Oliver Twist**
7 Dickens
- **Örtlich betäubt**
5 Grass
- **Othello**
11 Shakespeare
- **Peer Gynt**
5 Ibsen
- **Penthesilea**
6 Kleist
- **Phädra**
6 Racine
- **Professor Unrat**
4 Mann
12 Heinrich Mann
- **Pygmalion**
4 Shaw
- **Quo vadis**
11 Sienkiewicz
- **Robinson Crusoe**
5 Defoe
- **Romeo und Julia**
11 Shakespeare
- **Schinderhannes**
9 Zuckmayer
- **Schuld und Sühne**
11 Dostojewski
12 Dostojewskij
- **Soll und Haben**
7 Freytag
- **Später Sieg**
6 Cronin
- **Spiel im Schloss**
6 Molnar
- **Stalingrad**
8 Plievier
- **Stella**
6 Goethe
- **Stiller**
6 Frisch
- **Tartuffe**
7 Molière
- **Tolldreiste Geschichten**
6 Balzac
- **Torquato Tasso**
6 Goethe
- **Tote Seelen**
5 Gogol
- **Unsere kleine Stadt**
6 Wilder
- **Vater Goriot**
6 Balzac
- **Viel Lärm um nichts**
11 Shakespeare
- **Vom Winde verweht**
8 Mitchell
- **Wallenstein**
8 Schiller
- **Warten auf Godot**
7 Beckett
- **Was ihr wollt**
11 Shakespeare
- **Weh dem der lügt**
11 Grillparzer
- **Wem die Stunde schlägt**
9 Hemingway
- **Wilhelm Meisters Lehrjahre**
6 Goethe
- **Wilhelm Tell**
8 Schiller
- **Winnetou**
3 May
- **Woyzeck**
8 Buechner

Autoreifen
4 Pneu

Autorennbahn
4 Avus
5 Monza
6 Le Mans
7 Sebring, Zeltweg
8 Solitude
9 Zandvoort
10 Hockenheim, Monte Carlo
11 Silverstone
12 Indianapolis, Nuerburgring

Autorenschutzverband
4 Gema
6 VG Wort
14 VG Wissenschaft

Autoriemen
4 Gurt
15 Sicherheitsgurt

Autorin
9 Urheberin
11 Verfasserin
Autorisation
9 Vollmacht
13 Ermaechtigung
Autorität
3 Ruf
6 Nimbus
7 Achtung, Ansehen
8 Renommee
Autosignalgerät
4 Hupe
Autostadt bei Detroit
7 Pontiac
Autosternfahrt
6 Rallye
Autostopper
7 Tramper
8 Anhalter
10 Hitchhiker
Autostraßenlokal
11 Raststaette
Autoteil
3 Rad
4 Dach, Heck, Hupe, Tank
5 Achse, Feder, Felge, Haube, Kerze, Motor, Pedal
6 Bremse, Kolben, Lenker, Rahmen, Reifen, Steuer
7 Armatur, Auspuff, Blinker, Chassis, Heizung, Kuehler, Lenkrad, Lenkung, Leuchte, Schloss, Starter, Verdeck, Wischer
8 Anlasser, Batterie, Federung, Getriebe, Kupplung, Oelwanne, Vergaser, Zylinder
9 Bereifung, Schaltung, Steuerrad, Verteiler
10 Handbremse, Wagenheber
12 Rueckspiegel, Scheinwerfer
Autotour
5 Fahrt
Autotramp ▶ Autostopper
Autounfall-Schutzvorrichtung
6 Airbag
Autoversicherung
5 Kasko
9 Teilkasko, Vollkasko
11 Haftpflicht
Autozusatzleuchte
10 Nebellampe
Auwaldpflanze
11 Baerenlauch
Avantgardist
7 Pionier
9 Initiator, Vorreiter
11 Bahnbrecher, Trendsetter, Vorkaempfer
13 Schrittmacher
Avenue
5 Allee
12 Hauptstrasse
13 Prachtstrasse
Aversion
9 Abneigung
10 Antipathie
11 Widerwillen
Aviatik
9 Flugwesen
11 Flugtechnik
Avis
9 Nachricht
10 Mitteilung, Voranzeige
12 Ankuendigung
Axiom
9 Grundsatz, Hypothese
Axt
4 Beil
5 Barte
Azoreninsel
4 Pico
5 Corvo, Fayal
6 Flores
8 Graciosa, São Jorge, Terceira
9 São Miguel
10 Santa Maria
aztekischer ...
· **Gott**
4 Xipe
8 Tonatiuh
9 Coatlicue
10 Huehuetotl
11 Ixcozauhqui
12 Quetzalcoatl
· **König**
8 Itzcoatl
9 Cuathemoc, Moctezuma, Montezuma
10 Cuitlahuac, Quauthemoc
azur
10 himmelblau

B

Baas (niederländisch)
4 Chef, Herr
7 Meister
Babel
7 Babylon
Baby
9 Saeugling
11 Kleinstkind
12 Neugeborenes
Babybag für unterwegs
11 Tragetasche
Babybekleidung
13 Strampelanzug
Babybett
5 Wiege
11 Stubenwagen
Babygrabschreaktion
11 Greifreflex
Babykost
3 Mus
4 Brei, Saft
5 Milch
11 Muttermilch
17 Saeuglingsnahrung
Babylon
5 Babel
babylonisch(e, er, es) ...
· **Epos**
10 Gilgamesch
· **Feldherr**
10 Holofernes
· **Gewichtseinheit**
5 Sekel
7 Schekel
· **Gott**
2 Ea
3 Anu, Bel, Sin
4 Apsu, Baal, Nabo, Nabu, Nebo, Nebu
5 Enlil, Istar, Kingu, Tamuz
6 Marduk, Moloch, Nergal, Nimrod, Tiamat
7 Ischtar
9 Schamasch

B

- **Götterkönig**
  6 Marduk
- **Göttin**
  5 Istar, Nintu
  6 Alluta, Nanaea
  7 Astarte, Ischtar
- **Herrscher**
  6 Turmes
  8 Belsazar
  9 Hammurabi
  12 Nebukadnezar
- **Himmelsgott**
  3 Anu
- **König**
  12 Nabopolassar
- **Münze**
  5 Sekel
- **Priester**
  5 Beros
- **Stadt**
  5 Akkad, Babel
  6 Nippur
  7 Babylon
- **Stufentempel**
  8 Zikkurat
- **Sturmdämonin**
  6 Lilith
- **Volk**
  7 Sumerer

Babymundtuch
4 Latz
9 Laetzchen

Babypflegevlies
10 Oeltuecher

Babys erste Spielwiese
12 Krabbeldecke

Babysauger
9 Schnuller

Babyschnuller
6 Nuckel

Babysitter
4 Amme
5 Bonne, Nurse
10 Kinderfrau
14 Kindermaedchen

Babyspielzeug
6 Rassel

Babytrainer mit Musik
11 Spieltrapez

Bacchanal
5 Orgie
6 Gelage
11 Trinkgelage

Bacchusbegleiter
3 Pan
5 Satyr

Bach
7 Rinnsal
9 Gewaesser

Bache
7 Wildsau
11 Wildschwein

Bachstelze
9 Wippsterz
10 Wippsteert

Backanweisung
6 Rezept

Backbestandteil
12 Vollkornmehl

backbord
5 links

Backe
5 Wange

Backenbart
6 Fraise
10 Koteletten

Backenknochen
8 Jochbein

Backenstreich
8 Ohrfeige
11 Maulschelle

Backenzahn
5 Molar

Bäckereiprodukt ► Backware

Backfisch
4 Girl
8 Teenager

Backform
5 Model

Backgerät
5 Blech

Backgewürz
4 Anis, Zimt
6 Safran
7 Vanille
8 Orangeat, Zitronat

Background
11 Hintergrund

Backhohlraum im Küchenherd
6 Roehre

Backmasse
4 Teig
8 Germteig, Hefeteig
9 Brandteig
10 Kuchenteig, Muerbeteig
12 Blaetterteig

Backmittel
2 Ei
4 Hefe, Mehl

Backstein
6 Ziegel
7 Klinker

Backsteinbrennerei
8 Ziegelei

Backtriebmittel
4 Germ, Hefe
6 Baerme, Natron
9 Pottasche, Sauerteig
10 Backpulver
14 Hirschhornsalz

Backtrog
5 Molle, Mulde

Backutensil
9 Nudelholz
10 Teigroller
12 Dressiersack

Backware
4 Brot, Keks, Laib, Weck
5 Stute, Torte
6 Brezel, Kipfel, Kuchen, Printe, Semmel, Waffel, Wecken
7 Brioche, Kipferl, Krapfen
8 Schrippe, Zwieback
9 Broetchen, Hoernchen, Lebkuchen, Weissbrot
11 Kuemmelbrot
12 Marmorkuchen

Backwerk
9 Sandtorte
10 Topfkuchen

Backwerk ...
- *aus* **einem Kolbengetreide**
  8 Maisbrot
- *mit* **Füllung**
  11 Nusskipferl
  13 Nusshoernchen
- *aus* **Karotten**
  13 Moehrenkuchen
- *mit* **Karottenanteil**
  13 Moehrenkuchen
- *aus* **Roggen und Weizen**
  8 Graubrot
- *zum* **Rösten**
  9 Toastbrot
- *mit* **Schalenfrüchten**
  10 Nusskuchen

Backzutat
4 Eier, Fett, Mehl
5 Milch

B

9 Backaroma
11 Rosenwasser
Baconstreifen
11 Speckbarden
Bad
6 Dusche, Kurort, Therme
Badeanstalt an der See
9 Strandbad
Badeanzug
9 Einteiler
Badebekleidung
5 Tanga
6 Bikini, Trikot
8 Badehose
Badegelände
3 See
4 Lido, Meer, Ufer
5 Fluss, Teich
6 Kueste, Strand, Weiher
7 Gestade
Badeküsten
8 Straende
Badeort (▶ auch Kurort)
3 Aix, Ems, Orb, Spa, Wyk
4 Arco, Boll, Daun, Hall, Linz, Roda, Suhl, Sulz, Unna
5 Amrum, Arosa, Baden, Bozen, Davos, Flims, Graal, Ischl, Juist, Laboe, Lienz, Meran, Miami, Nizza, Oelze, Ragaz, Soden, Sulza, Toelz, Treis, Vichy
6 Aachen, Aussee, Buesum, Cammin, Cannes, Cochem, Dieppe, Erbach, Honnef, Ischia, Kampen, Kochel, Koenig, Kreuth, Lugano, Luzern, Murnau, Ording, Ragusa, Rimini, Sachsa, Salzig, Suelze, Uerzig, Velden, Vilbel, Wartha
7 Aibling, Ajaccio, Altenau, Antibes, Driburg, Fiesole, Gastein, Gmunden, Hofheim, Homburg, Kolberg, Krumbad, La Baule, Locarno, Mosbach, Nauheim, Ostende, Perugia, Pyrmont, Rapallo, Reinerz, Ristbad, Seeheim, Selters, Teinach, Titisee, Todtnau, Triberg, Tutzing, Wiessee, Wildbad, Wimpfen, Zermatt
8 Altenahr, Bertrich, Biarritz, Brighton, Cuxhaven, Eisenach, Garmisch, Goegging, Harzburg, Hastings, Hersfeld, Karlsbad, Miesbach, Montreux, Neuenahr, Neustadt, Niendorf, Noordwyk, Oldesloe, Osterode, Rappenau, Sassnitz, Segeberg, Sulzbach, Todtmoos
9 Ahrweiler, Andermatt, Braunlage, Deauville, Duerkheim, Duerrheim, Engelberg, Godesberg, Heilbronn, Jagstfeld, Kissingen, Kreuznach, Marienbad, Meersburg, Norddeich, Peterstal, Salzbrunn, Salzuflen, Schwartau, Semmering, Starnberg, Steinhude, Villingen, Wiesbaden, Wildungen, Zinnowitz
10 Baden-Baden, Bellinzona, Bergzabern, Bernkastel, Gelnhausen, Hofgastein, Hofgeismar, Hohensalza, Interlaken, Karlsbrunn, Kuenzelsau, Liebenzell, Oeynhausen, Rilchingen, Ruhpolding, Saeckingen, Schwalbach, Vlissingen, Wangerooge, Westerland
11 Badenweiler, Gandersheim, Gluecksburg, Langenargen, Liebenwerda, Mergentheim, Poertschach, Reichenhall, Swinemuende, Travemuende, Ueberlingen, Warnemuende, Woerishofen
12 Eckernfoerde, Salzdetfurth, Scheveningen
13 Berchtesgaden, Oberlahnstein
14 Donaueschingen, Friedrichshall, Traben-Trarbach
Badeort an der Kieler Förde
5 Laboe
Bader
7 Barbier
11 Heilgehilfe
Bäderheilkunde
11 Balneologie
Badestrand
4 Lido, Ufer
7 Gestade
Badestrand auf Honolulu
7 Waikiki
Badeufer
6 Strand
Badeutensilien
14 Schwimmflossen
Badezelle
6 Kabine
Badezusatz
8 Aromaoel
badisch(e, er, es) ...
· **Freischarenführer**
6 Hecker
· **Ingenieur**
6 Gerwig
· **Insel im Bodensee**
6 Mainau
· **Landschaft**
8 Breisgau
· **Weinbaugebiet**
7 Ortenau
8 Breisgau
9 Kraichgau
11 Bergstrasse, Kaiserstuhl
Badminton
9 Federball
Bagage
4 Pack
5 Tross
7 Gepaeck
8 Gesindel
Bagagetruppe
5 Tross
Bagatelle
8 Lappalie
9 Kleinkram
10 Banalitaet, Nebensache
11 Kleinigkeit
Bagger
7 Greifer
8 Scrapper
9 Schrapper
Baggersee
9 Kiesgrube

B

Bahama-Insel
3 Cat
5 Abaco, Exuma
6 Acklin, Andros, Inagua
7 Watling
9 Eleuthera, Mariguana

Bahn
3 Weg, Zug
4 Kurs, Spur, Tram
5 Linie, Loipe, Piste, Route, Runde
7 Tramway
8 Rundkurs, Streifen, Zeltteil

Bahn ...
· *von* **Himmelskörpern**
5 Orbit
· *für* **Pferderennen**
9 Hippodrom

Bahnabteil
5 Coupé, Kupee

Bahnanlage
5 Gleis
6 Signal
7 Bahnhof
9 Stellwerk

Bahnbediensteter
9 Schaffner
10 Lokfuehrer

bahnbrechend
9 saekulaer
13 revolutionaer

bahnbrechende Leistung
10 Pioniertat

Bahnbrecher
7 Pionier
11 Vorkaempfer, Wegbereiter
12 Avantgardist

Bahngleisquerholz
8 Schwelle

Bahn-Haus-Spediteur
14 Bahncamionneur

Bahnhof
7 Station
11 Haltestelle

Bahnhofsfahrzeug
10 Rangierlok

Bahnlinie
7 Strecke

Bahnschiene
5 Gleis

Bahnsteig
6 Perron

Bahnstreckenwerk
10 Liniennetz

Bahnverbindung
6 Eilzug

Bahnwagencoupé
6 Abteil

Bahnzugmaschine (Kurzwort)
3 Lok
4 E-Lok

Bahre
5 Trage

Bai
4 Golf
5 Bucht
9 Meerbusen
11 Meeresbucht

Bajazzo
5 Clown
9 Hanswurst
13 Possenreisser

Bajuware
5 Bayer

Bakel
5 Stock

Bakschisch
4 Gabe
7 Almosen
9 Trinkgeld
11 Schmiergeld

Bakterienart
4 Coli, Koli
6 Coccus, Kokken, Kokkus, Vibrio
8 Spirille, Tuberkel
9 Gonokokke, Spirillen
11 Spirochaete

Bakterienzucht
6 Kultur

Bakterium
8 Bazillus
9 Einzeller, Spaltpilz

Balance
7 Schwebe
13 Gleichgewicht

bald
4 fast
5 frueh
6 gleich, zeitig
10 demnaechst

Baldachin
9 Stoffdach
10 Betthimmel

Baldriangewächs
5 Narde

Baleareninsel
5 Ibiza
7 Cabrera, Menorca, Minorca
8 Mallorca, Pityusen
9 Dragonera
10 Formentera

Balg
4 Haut, Leib
5 Bauch, Goere, Wanst
8 Luftsack, Tierhaut
10 Quaelgeist
13 Puppenkoerper

Balge
5 Priel

balgen
5 toben
11 herumtollen

Balgerei
8 Rangelei, Rauferei
9 Pruegelei

Balkanbewohner
5 Serbe
6 Kroate
7 Albaner, Bosnier, Bulgare, Grieche, Rumaene, Slowene
8 Albanier, Mazedone
9 Jugoslawe
10 Makedonier, Mazedonier

Balkanfleischgericht
8 Raznjici

Balkanhauptstadt
5 Athen, Sofia
6 Tirana
7 Belgrad
8 Bukarest

Balkanlandschaft
10 Makedonien, Mazedonien

Balkanstaat
8 Albanien, Kroatien
9 Bulgarien, Rumaenien, Slowenien
11 Jugoslawien
12 Griechenland

Balkanvolk
6 Serben
10 Makedonier, Mazedonier

Balken
6 Strebe
7 Stuetze, Traeger

Balken im Dachstuhl
6 Pfette

Balkenwerk
7 Gebaelk

B

Balkon
5 Altan, Erker
6 Altane, Empore, Vorbau
7 Soeller
8 Terrasse
Balkonblume
7 Geranie
Balkondach
7 Markise
Balkonpflanze
4 Efeu
5 Wicke
6 Azalee, Salvie, Zinnie
7 Begonie, Fuchsie, Geranie, Lobelie, Petunie, Verbene, Zyklame
8 Clematis, Gloxinie
9 Balsamine, Heliotrop, Hortensie
10 Pelargonie
15 Kapuzinerkresse
Ball
4 Fest
8 Tanzfest
10 Maskenfest
11 Sportgeraet
Ballade
7 Gedicht
8 Tanzlied
10 Erzaehlung, Geschichte
Ballade ...
· *von* **Bürger**
6 Lenore
· *von* **Goethe**
9 Erlkoenig
· *von* **Schiller**
9 Die Glocke
Ballen
4 Pack
5 Kollo
7 Klumpen
Ballerina
9 Taenzerin
13 Solotaenzerin
Ballett
10 Tanzgruppe, Tanztruppe
11 Buehnentanz
12 Tanzensemble
Ballett von ...
· **Adam**
7 Giselle
· **Bayer**
9 Puppenfee
· **Blacher**
6 Hamlet
8 Chiarina
9 Quadrille
10 Lysistrata
11 Harlekinade
· **Chatschaturjan**
6 Gayane
9 Spartakus
· **de Falla**
9 Dreispitz
12 Liebeszauber
· **Delibes**
6 Sylvia
8 Coppelia
· **Dukas**
6 La Peri
· **Egk**
7 Abraxas
8 Georgica
· **Hindemith**
6 Daemon
8 Antiquar
9 Herodiade
· **Honegger**
9 Semiramis
· **Krenek**
6 Mammon
· **Milhaud**
6 Salade
· **Prokofieff**
10 Cinderella
13 Romeo und Julia
· **Ravel**
6 Bolero
7 La Valse
· **Rimski-Korsakow**
12 Scheherazade
· **Satie**
6 Parade
· **Strauss, Richard**
11 Schlagobers
· **Strawinsky**
7 Orpheus
10 Feuervogel, Kuss der Fee, Petruschka, Pulcinella
11 Kartenspiel
12 Reineke Fuchs
14 Bauernhochzeit
15 Apollon Musagete, Fruehlingsopfer
· **Tschaikowsky**
11 Nussknacker, Schwanensee
12 Dornroeschen
· **Williams**
3 Job
Ballettaufzeichnung
12 Choreografie
13 Choreographie
Ballettgestalter
10 Choreograf
11 Choreograph
Ballettmitglied
7 Taenzer
9 Ballerina, Ballerino, Taenzerin
11 Balletteuse
14 Primaballerina, Primoballerino
Ballettpose
8 Arabeske
Ballettröckchen
4 Tutu
Ballettschüler
5 Eleve
Ballettschülerin
6 Elevin
Balletttanz
9 Pas de deux
ballige ...
· **Speise**
5 Kloss
7 Knoedel
Ballkleid
4 Robe
Ballon
5 Kugel
6 Kolben, Reifen
Ballraum
8 Tanzsaal
Ballspiel
4 Golf, Polo
5 Rugby
6 Hockey, Kegeln, Pelota, Soccer, Squash, Tennis
7 Bowling, Cricket, Kricket, Krocket, Radball, Radpolo
8 Baseball, Football, Fussball, Handball, Korbball, Pingpong
9 Badminton, Faustball, Federball, Prellball
10 Basketball, Feldhockey, Rollhockey, Schlag-

B

ball, Volleyball, Wasserball
11 Tischtennis, Voelkerball
Ballspielbegriff
3 Aus, Tor
7 Abseits
8 Halbzeit
Ballsportanlage
11 Tennisplatz
Ballsportler
9 Radballer
Ballsportlerin
9 Spielerin
Ballzuspiel
4 Pass
Balsam
5 Salbe
6 Labsal
Balsamharz
6 Myrrhe
Balte
4 Este
5 Lette
7 Litauer
Baltin
5 Estin
6 Lettin
9 Litauerin
baltisch(e, er, es) ...
· **Erzähler**
6 Thiess
11 Bergengruen
· **Hauptstadt**
4 Riga
5 Reval, Wilna
· **Insel**
4 Moon
5 Dagoe, Oesel
· **Land**
7 Estland, Litauen
8 Lettland
· **Landschaft**
7 Livland
· **Meer**
6 Ostsee
· **Randstaaten**
8 Baltikum
· **Staat**
7 Estland, Litauen
8 Lettland
· **Volk**
5 Esten
6 Letten
7 Litauer
Balustrade
9 Bruestung, Gelaender
Balz
11 Liebesspiel
banal
3 fad
4 fade
5 flach, platt
7 trivial
9 laeppisch
11 alltaeglich, gewoehnlich
12 abgedroschen, nichts sagend
Bananenart
4 Musa
6 Pisang
Banause
6 Piefke
8 Ignorant, Spiesser
10 Kleingeist
12 Ungebildeter
Band
4 Gurt
5 Combo, Faden, Litze
6 Fessel, Kordel, Schnur, Tresse
7 Kapelle
8 Streifen
9 Bindfaden, Orchester
Band zum Schnüren der Schuhe
6 Senkel
bandartiges Bauelement
4 Sims
Bande
4 Gang, Pack, Rand
5 Horde, Meute, Schar
6 Clique
7 Fesseln
8 Gesindel
9 Beziehung, Umrandung
10 Begrenzung, Verbindung
Banderilla
10 Wurfspiess
Banderillero
13 Stierkaempfer
Banderole
10 Steuerband
14 Steuerstreifen
bandförmige Algen
4 Tang
Bändigung
7 Dressur
Bandit
7 Raeuber
8 Gangster
9 Desperado
10 Abenteurer, Verbrecher
11 Wegelagerer
Bandmuster
8 Arabeske
Bandschleife
7 Rosette
8 Schleife
Bandschlinge
4 Oese
8 Schleife
Bandwurmlarve
8 Drehwurm
Bange
5 Angst, Sorge
6 Furcht
9 furchtsam
10 aengstlich
bange Unruhe
5 Sorge
banges Gefühl
5 Sorge
Bankansturm
3 Run
4 Agio, Bond
Bankbegriff
4 Agio, Aval, Giro, Kurs, Pari, Zins
5 Agien, Aktie, Bonus, Depot, Ekart, Konto, Kupon, Saldo
6 Aktiva, Boerse, Coupon, Kredit, Scheck, Skonto, Storno, Valuta
7 Devisen, Disagio, Diskont, Einlage, Passiva, Rendite, Solvenz, Wechsel
8 Bonitaet, Darlehen, Emission, Festgeld, Floating, Guthaben, Hypothek, Leitzins, Parikurs
9 Arbitrage, Briefkurs, Dividende, Girokonto, Sparkonto
10 Sperrkonto, Verzinsung, Zinstermin
11 Spareinlage

12 Bankleitzahl, Dauerauftrag
18 Dispositionskredit

Bänkelsängerlied
7 Moritat

Bankett
8 Festmahl
9 Ehrenmahl
14 Seitenstreifen

Bankfach
4 Safe
6 Tresor

Bankhalter
8 Croupier

Bankkunde
6 Sparer

Banknote
5 Sorte
6 Schein
10 Geldschein
14 Zehneuroschein
15 Fuenfeuroschein
17 Hunderteuroschein, Zwanzigeuroschein
18 Fuenfzigeuroschein

Banknoten
4 Geld

Bankrott
4 Ruin
6 Fiasko, Pleite
7 Konkurs
16 zahlungsunfaehig
20 Zahlungsunfaehigkeit

banktechnischer Begriff
7 Eckzins

Bann
4 Acht
6 Verruf
8 Aechtung
10 Ausschluss
11 Verstossung

Banner
5 Fahne
6 Panier
9 Standarte
11 Feldzeichen

Bannmeile
10 Schutzzone
11 Sperrbezirk, Sperrgebiet

Bannspruch
8 Anathema

Bantustamm
3 Ewe
4 Ambo, Zulu
5 Duala, Kongo, Swasi, Tonga, Xhosa
6 Baluba, Basuto, Herero, Ovambo, Waluta
7 Kaffern, Suaheli
8 Muongoni
10 Wanjamwesi
11 Betschuanen

Bantustamm ...

· *in* **Namibia**
6 Herero

· *in* **Natal**
4 Zulu

Bantuvolk
4 Zulu
5 Swazi, Xhosa
10 Betschuana

Baobabgewächs
13 Affenbrotbaum

Bar
5 Theke
6 Tresen
9 Ausschank, Nachtklub, Nightclub
10 Nachtlokal

Bär ...

· *aus* **Das Dschungelbuch**
4 Balu

· *in* **der Fabel**
4 Petz

Baracke
10 Holzhuette
11 Behelfshaus, Behelfsheim
13 Notunterkunft
17 Behelfsunterkunft

barbarisch
3 roh
7 grausam
12 unbarmherzig

Barbier
5 Bader
6 Figaro
7 Friseur
8 Coiffeur

Bärenart
5 Panda
6 Grisli
7 Eisbaer, Grizzly
9 Braunbaer, Nasenbaer, Waschbaer
10 Grislibaer, Kragenbaer
11 Grizzlybaer

Bärenklau
8 Akanthus

Barett
5 Toque

Bargeld aus eigenem Geschäft
8 Entnahme

bargeldloser Zahlungsverkehr
4 Giro

Bargetränk
5 Drink
9 Longdrink

Bargewinn
6 Erloes

Barkarole
10 Gondellied, Liebeslied
12 Schifferlied

Barkasse
7 Beiboot
9 Hafenboot, Motorboot

Barke
4 Boot, Kahn
6 Nachen

Barkeeper
5 Mixer
7 Barmann

barmherzig
6 guetig
7 gnaedig
9 mitleidig

barmherziger Helfer
9 Samariter

Barometer
10 Wetterglas
15 Luftdruckmesser

Baron
8 Freiherr

Barras
7 Kommiss
8 Militaer

Barrenstange
4 Holm

Barriere
6 Sperre
8 Schranke
10 Schlagbaum
12 Bahnschranke

Barrikade
6 Sperre
7 Schanze
14 Strassensperre

barsch
3 rau
4 grob, rauh
6 bruesk, scharf

7 schroff
12 unfreundlich
Barschart
6 Schill, Zander
10 Kaulbarsch
14 Papageienfisch
Bart
6 Fraese
8 Kinnbart, Vollbart
9 Schnauzer, Spitzbart, Stutzbart
10 Backenbart, Knebelbart, Koteletten
11 Schnauzbart, Schnurrbart
Bartanflug
5 Flaum
Bartentfernung
5 Rasur
Bartschergerät
12 Rasiermesser
13 Rasierapparat
Bartschur mit einem Apparat
12 Elektrorasur
Barttracht ▶ Bart
Barzahlungsnachlass
6 Skonto
Basar
5 Markt
8 Kaufhaus
9 Kaufhalle, Warenhaus
Base
5 Lauge
6 Kusine
7 Cousine
Baseballspieler
7 Faenger
Basilisk
5 Echse
6 Leguan
9 Fabeltier, Geschuetz
Basis
6 Sockel
8 Standort, Unterbau
9 Fundament, Grundlage, Grundzahl, Plattform
10 Grundlinie
13 Ausgangspunkt
Basis ...
· *für* **bestimmte Brotarten**
8 Vollkorn
· *des* **Rechnens**
10 Einmaleins

Basisstück eines Ganzen
9 Unterteil
Baskenmütze
5 Béret
Basketball
8 Korbball
baskische Terrororganisation
3 ETA
baskisches Ballspiel
6 Pelota
Basler ...
· **Internist**
3 His
· **Spezialität**
9 Mehlsuppe
Basse
4 Eber
6 Keiler
Bassgeige
7 Violine
10 Kontrabass
Bassin
6 Becken
8 Aquarium
Bastard
7 Hybride
Bastardhund
6 Koeter
Bastei
7 Bastion
8 Bollwerk
Bastelmaterial
9 Sperrholz
basteln an einer Sache
8 tuefteln
Bastelwerkzeug ▶ Bastlerwerkzeug
Bastfaser
4 Jute
5 Ramie
Bastfaserbündel
5 Bimli
Bastion
5 Feste
6 Bastei
7 Festung
8 Bollwerk
Bastlerwerkzeug
9 Laubsaege
10 Sandpapier
Bataille
5 Kampf
7 Gefecht
8 Schlacht

Batterie
4 Akku
11 Akkumulator, Stromquelle
Batzen
6 Muenze, Stueck
7 Klumpen
Bau
5 Knast, Zelle
8 Gebaeude
10 Tierhoehle
11 Haftanstalt
Bauarbeitergerät
8 Sandsieb
Bauart
3 Typ
6 Modell
Bauch
4 Leib
5 Wamme, Wampe
7 Abdomen
8 Hohlraum, Laderaum
Bauchfett
4 Flom
5 Flaum
6 Flomen
bauchig(e, er, es) ...
· **Flasche**
7 Karaffe
11 Bocksbeutel
· **Gefäß**
4 Krug
5 Kanne
6 Phiole
· **Glas**
15 Cognacschwenker
· **Weinglas**
6 Roemer
Bauchmitte
5 Nabel
Bauchorgan
4 Milz
Bauchpilz
6 Bovist
8 Erdstern
10 Staeubling
12 Stinkmorchel
Bauchredner
13 Ventriloquist
Bauchspeicheldrüse
8 Pankreas
Baude
6 Huette
10 Berghuette, Schutzhaus
12 Schutzhuette

B

Bauer
4 Bube
6 Farmer, Kaefig
8 Agrarier, Landmann, Landwirt
10 Spielkarte
11 Schachfigur, Vogelkaefig
Bäuerin
8 Landfrau
bäuerlich(e, er, es) ...
· **Alleinerbe**
6 Anerbe
· **Anwesen**
3 Gut, Hof
6 Erbhof
7 Gehoeft
· **Besitz**
7 Anwesen
· **Dienerschaft**
7 Gesinde
· **Gehilfin**
4 Magd
Bauernangriff (Schach)
5 Gabel
Bauernfang
4 Nepp
Bauernfänger
6 Gauner, Nepper
7 Luegner
8 Heuchler
9 Betrueger
13 Falschspieler
Bauerngut
6 Heimet
Bauernhaus ohne Land
7 Resthof
Bauernhof
3 Gut
4 Kate
7 Gehoeft
Bauernmagd
4 Dirn
baufällig
6 morsch
Bauführer
6 Polier
Bauhandwerker
5 Maler
6 Gipser, Glaser, Maurer
8 Klempner, Spengler, Tischler, Zimmerer
9 Rohrleger, Schlosser, Schreiner, Steinmetz
10 Dachdecker, Elektriker, Ofensetzer, Stuckateur, Stukkateur, Tapezierer, Zimmermann
12 Fliesenleger
Bauhilfsarbeiter
10 Handlanger
Bauhilfsstoff
4 Kalk
Bauholz
5 Bohle, Brett, Diele, Latte
6 Balken, Pfette
8 Kantholz, Rundholz
9 Schalholz
Bauhütte
7 Baracke
Baukunst
11 Architektur
Baum
4 Mast
5 Stamm
7 Pflanze
10 Hebegeraet, Ladegeraet
12 Holzgewaechs
Baum der Tropen
5 Palme
Baumart
4 Arve, Eibe, Erle, Espe, Ilex, Ulme
5 Ahorn, Birke, Buche, Eiche, Esche, Linde, Palme, Pinie, Tanne, Weide, Zeder
6 Akazie, Fichte, Foehre, Kiefer, Mispel, Pappel
7 Laerche, Latsche, Lorbeer, Oelbaum, Platane, Ruester, Teebaum
8 Hornbaum, Kastanie, Magnolie, Nussbaum, Pistazie, Zypresse
9 Araukarie, Buchsbaum, Eberesche, Gummibaum, Hagebuche, Hainbuche, Judasbaum, Judenbaum, Kakaobaum, Legfoehre, Mangobaum
10 Feigenbaum, Kaffeebaum, Lebensbaum, Mammutbaum, Papayabaum, Stechpalme, Weissbuche
11 Drachenbaum, Gleditschie, Goetterbaum, Schirmpalme
12 Maulbeerbaum
13 Kornelkirsche
14 Muskatnussbaum
baumartiges Gras
6 Bambus
Baumaschine
4 Kran
5 Ramme
6 Bagger
8 Radlader
9 Bulldozer
12 Betonmischer, Planierraupe
Baumaterial
4 Holz
5 Stein
6 Granit
11 Ziegelstein
Baumbestand
4 Hain, Wald
7 Gehoelz, Waldung
8 Dickicht
9 Waeldchen
10 Waldstueck
baumbestandene Straße
5 Allee
baumbestandenes Grasland
7 Savanne
Baumeidechse
6 Iguana, Leguan
10 Chamaeleon
Baumeister
9 Architekt
Baumfaser
4 Bast
Baumfrucht
4 Nuss
5 Apfel, Birne
6 Eichel, Marone, Quitte
7 Kirsche, Pflaume
8 Kastanie, Pfirsich
9 Buchecker, Holzapfel
11 Esskastanie, Tollkirsche
Baumkunde
11 Dendrologie
baumlose ...
· **Kältesteppe**
6 Tundra
· **Region**
6 Steppe
Baumreptil
10 Chamaeleon
Baumrinde
5 Borke

B

Baumrinde zum Gerben
4 Lohe
Baumschädling
12 Borkenkaefer
Baumschule
9 Arboretum
Baumspitze
6 Wipfel
Baumstraße
5 Allee
Baumteil
3 Ast
5 Blatt, Gabel, Krone, Rinde, Stamm, Zweig
6 Wipfel, Wurzel
Baumumhüllung
5 Rinde
Baumuster
6 Modell
8 Maquette
Baumverzweigung
8 Astgabel
Baumwolle
6 Cotton
Baumwollgarn
5 Twist
Baumwollgewebe
4 Mako, Samt
5 Cloth, Krepp, Linon, Pikee, Pique, Twill
6 Chintz, Croisé, Etamin, Gingan, Kaliko, Kattun, Nessel, Perkal, Sammet, Velvet, Wallis, Zephir
7 Frottee, Kambrik, Velours
8 Barchent, Kretonne, Moleskin, Popeline, Renforce, Tarlatan
10 Mousseline
Baumwollhemd
5 Shirt
Baumwollhose
5 Jeans
Baumwollsamt
6 Velvet
Baumwollstoff
5 Denim, Drell, Drill
6 Kattun
Baumwollstoff für Betten
6 Inlett
Baustein
6 Quader
Baustein der Materie
4 Atom
Baustil ...
· *des* **Mittelalters**
5 Gotik
7 Romanik
Baustoff (▶ auch Baumaterial)
3 Ton
4 Filz, Gips, Glas, Holz, Kalk, Kies, Kitt, Lehm, Sand, Teer
5 Beton, Stein
6 Zement, Ziegel
Bauteil des Motors
9 Oelfilter
Bauvorarbeiter
6 Polier
Bauweise
4 Stil
Bauwerk
3 Dom, Tor
4 Burg, Haus, Oper, Silo, Turm
5 Feste, Halle, Mauer, Villa
6 Kirche, Palais, Palast, Saeule, Tempel
7 Bruecke, Denkmal, Festung, Kaserne, Obelisk, Schloss, Stadion, Theater
8 Bungalow, Gebaeude, Hochhaus, Miethaus, Minarett, Monument, Muenster, Parkhaus, Pavillon, Staudamm, Wohnhaus
9 Buerohaus, Kraftwerk, Wohnblock
10 Doppelhaus, Gefaengnis, Kathedrale, Reihenhaus, Sanatorium
11 Fernsehturm, Krankenhaus, Planetarium, Spielkasino
12 Mietskaserne
13 Wolkenkratzer
Bauwerk in ...
· **Athen**
9 Parthenon
· **Berlin**
8 Funkturm
9 Reichstag
16 Brandenburger Tor
· **Brüssel**
7 Atomium
· **Dresden**
7 Zwinger
· **Frankfurt/Main**
6 Roemer
· **London**
5 Tower
· **Lübeck**
10 Holstentor
· **Moskau**
5 Kreml
· **Paris**
10 Eiffelturm
· **Rom**
9 Colosseum, Petersdom
· **Straßburg**
8 Muenster
· **Trier**
10 Porta Nigra
· **Washington**
7 Capitol
bayerisch für ...
· **Almhirt**
6 Senner
· **Backhuhn**
5 Hendl
· **Felskopf**
4 Nock
· **Junge**
3 Bua
· **knusprig**
5 resch
· **leichtsinniger Mensch**
8 Hallodri
· **Meerrettich**
4 Kren
· **Messe**
4 Dult
· **Rettich**
4 Radi
· **Rückentrage**
5 Kraxe
· **Schlitten**
5 Rodel
· **Schnapsgläschen**
8 Stamperl
· **Spaß**
5 Gaudi
bayerisch(e, er, es) ...
· **Abtei**
5 Ettal
· **Alpenschilderer**
3 Noe
· **Barockkünstler**
4 Asam

B

· **Benediktinerkloster**
5 Ettal
· **Berg**
5 Arber
8 Watzmann
9 Zugspitze
· **Bierkrug**
4 Mass
8 Masskrug
· **Bierrettich**
4 Radi
· **Bildhauer**
15 Riemenschneider
· **Bodenseestadt**
6 Lindau
· **Dreiflüssestadt**
6 Passau
· **Feldhauptmann**
13 Schweppermann
· **Flusslandschaft**
6 Inntal
7 Isartal
· **Grasland**
5 Egart
· **Herrschergeschlecht**
11 Wittelsbach
· **Herzog**
5 Odilo
7 Tassilo
· **Humorist**
8 Valentin
10 Weissferdl
· **Jahrmarkt**
4 Dult
· **Klosterdorf**
5 Ettal
· **Klosterlikör**
7 Ettaler
· **Kriegsgott**
3 Eru
· **Kurzform für Theresia**
4 Resi, Resl
· **Künstlerfamilie**
4 Asam
· **Mädchen**
6 Dirndl
· **Männerkosename**
5 Seppl
· **Politiker**
4 Ertl
5 Ehard
6 Goppel
7 Stoiber, Strauss, Streibl
· **Porzellanstadt**
4 Selb
· **Puppenspieler**
5 Pocci
· **Regierungsbezirk**
7 Franken
8 Schwaben
9 Oberpfalz
10 Oberbayern
11 Oberfranken
12 Niederbayern, Unterfranken
13 Mittelfranken
· **Schloss**
9 Linderhof
11 Nymphenburg
12 Schleissheim
14 Herrenchiemsee, Hohenschwangau, Neuschwanstein
· **Schriftsteller**
5 Thoma
9 Ganghofer
· **See**
6 Eibsee
7 Riegsee, Simssee
8 Ammersee, Badersee, Chiemsee, Wuermsee
9 Hopfensee, Kochelsee, Tegernsee
10 Koenigssee, Schliersee, Staffelsee, Walchensee, Weissensee
11 Waginger See
14 Starnberger See
· **Singart**
6 Jodeln
· **Spaß**
5 Gaudi
· **Sport**
12 Fingerhakeln
· **Stadt am Bodensee**
6 Lindau
· **Symbolgestalt**
7 Bavaria
· **Universitätsstadt**
6 Passau
7 Bamberg
8 Augsburg, Bayreuth, Erlangen, Muenchen
9 Nuernberg
10 Regensburg
· **Vergnügen**
5 Gaudi
· **Volksdichter**
5 Thoma
· **Volksfest**
11 Oktoberfest
· **Volkstanz**
13 Schuhplattler

bayerisch-böhmisches Grenzgebirge
11 Boehmer Wald

Bazillus
8 Bakterie
9 Spaltpilz

beabsichtigt
7 geplant
10 intendiert

beachtlich
4 toll
8 grandios, imposant
9 bedeutend, bedeutsam

Beachtung
6 Obacht

Beachtung aller Umstände
7 Umsicht

Beamte höheren Ranges
5 Raete

Beamtenanwärter
8 Assessor
10 Referendar

Beamtenanwärterin
12 Referendarin

Beamtenentlohnung
7 Adjutum

Beamtenschwur
7 Treueid

Beamtentitel
3 Rat
6 Baurat, Hofrat, Rektor
7 Amtmann, Amtsrat, Attache, Kanzler, Postrat
8 Assessor, Direktor, Minister, Schulrat
9 Assistent, Inspektor, Kommissar, Konrektor, Professor, Sekretaer
10 Gouverneur, Praesident, Referendar
12 Bundesanwalt, Legationsrat, Staatsanwalt
13 Oberinspektor
14 Ministerialrat
15 Amtsgerichtsrat, Staatssekretaer
16 Senatspraesident

Beamtenwechsel
10 Revirement

Beamter des gehobenen Dienstes
7 Amtmann
Beanstandung
5 Ruege, Tadel
6 Kritik, Mangel
7 Einwand, Vorwurf
9 Einspruch
11 Reklamation
bearbeiten des Ackerbodens
5 eggen
bearbeitetes ...
· **Holzstück**
5 Bohle, Brett, Diele, Latte
6 Balken, Leiste
Beau
4 Geck
7 Stutzer
Beau, Adonis
10 Schoenling
Beaufsichtigung
5 Obhut
9 Kontrolle
12 Ueberwachung
Beauftragte
10 Abgesandte
15 Unterhaendlerin
Beauftragter
5 Agent
9 Vertreter
11 Abgesandter
Beautykonzerngründerin
5 Arden
6 Lauder
10 Rubinstein
bebautes Ortsgebiet
5 Etter
Beben
6 Tremor
7 Zittern
9 Vibration, vibrieren
bebildern
12 illustrieren
bebilderte Zeitung
12 Illustrierte
bebildertes Warenverzeichnis
7 Katalog
Becher
4 Glas
5 Kelch, Pokal
12 Trinkgefaess
Becherkeim
8 Gastrula
Becken
5 Mulde, Senke
6 Bassin, Kessel, Schale, Zimbel
7 Stausee
9 Tiefebene
10 Bodensenke
Becken zwischen Fränkischer und Schwäbischer Alb
4 Ries
Beckenrichthilfe für Kleinkinder
10 Spreizhose
Bedacht
4 Ruhe
7 Umsicht
8 Sorgfalt, Vorsicht
11 Ueberlegung
Bedarf
6 Fehlen, Mangel
9 Nachfrage
11 Anforderung
bedauerlich
6 schade
bedauerlicherweise
6 leider
Bedauern
4 Reue
7 Mitleid
9 Leidwesen, Teilnahme
10 Mitgefuehl
11 Anteilnahme
Bedauern des eigenen Tuns
4 Reue
bedauernswert
3 arm
7 elendig, unselig
8 aermlich, armselig, duerftig
9 miserabel
11 kuemmerlich
bedeckende Fläche
12 Ueberdachung
bedeckt
6 wolkig
8 bewoelkt
bedeckter Abzugsgraben
4 Dole
Bedeckung
6 Geleit, Schutz
7 Eskorte
Bedeckung des Himmels
10 Bewoelkung
Bedenken
6 Kritik
7 Reserve, Skepsis, Skrupel, Zweifel
bedenklich
6 dubios
7 ominoes, prekaer, suspekt
8 kritisch, misslich
9 schwierig
10 unheilvoll
11 verdaechtig, zweifelhaft
Bedenkzeit
5 Frist
bedeuten
8 bekunden
bedeutend
5 gross
7 wichtig
8 beruehmt, imposant, relevant, wertvoll
9 gewichtig, prominent
bedeutend(e, er, es) ...
· **Augenblicke**
11 Hoehepunkte
· **Fachmann**
10 Autoritaet
· **Gotteshaus**
11 Karlskirche, Paulskirche
Bedeutung
3 Ruf
4 Idee, Sinn, Wert
5 Tenor
6 Belang, Gehalt, Inhalt
7 Ansehen, Geltung, Gewicht
8 Relevanz
bedeutungslos
5 banal, platt
6 gering
9 unwichtig
10 irrelevant
Bedienstetentracht
6 Livree
Bedienung
4 Ober
7 Kellner, Service
9 Kellnerin
Bedienungsanlage für Eisenbahnsignale
9 Stellwerk

B

Bedienungsgeld
6 Servis
7 Service
Bedienungsteil ...
· *im* **Auto**
8 Gaspedal
· *von* **Maschinen**
7 Armatur
bedingt
7 relativ
Bedingtheit
12 Relativitaet
Bedingung
4 Aber
5 Regel
7 Auflage
9 Kondition, Reglement, Vorbehalt
Bedingungsform
11 Konditional
bedingungslos
7 absolut
11 kategorisch
Bedrängen des Gegners
8 Rempelei
Bedrängnis
3 Not
5 Armut, Elend, Noete
6 Klemme
7 Engpass, Notlage
8 Drangsal
13 Schwierigkeit
Bedrohung
6 Gefahr
11 Gefaehrdung
bedruckte Geschenkumhüllung
11 Papierbogen
Beduinenhäuptling
7 Scheich, Scheikh
Beduinenmantel
6 Abbaye, Burnus
Beduinenstamm
6 Aneseh
Bedürfnis
6 Mangel
8 Notdurft
9 Verlangen
bedürfnislos
7 einfach
8 schlicht
9 asketisch
10 bescheiden

bedürftig
3 arm
5 elend
9 mittellos
10 Not leidend
beeindruckend
8 imposant
12 faszinierend
beeinflussbar
5 labil
Beeinflussung
9 Steuerung
10 Suggestion
12 Manipulation
Beeinträchtigung
8 Handicap, Handikap
beendet
3 aus
6 fertig, vorbei
Beendigung
7 Aufgabe
12 Niederlegung
Beerdigung
10 Begraebnis, Beisetzung, Bestattung
Beerensorte
8 Erdbeere, Himbeere
9 Blaubeere, Brombeere
10 Kronsbeere
11 Heidelbeere
12 Preiselbeere, Schwarzbeere, Stachelbeere
13 Johannisbeere
Beeteinfassung
7 Rabatte
Beethovens ...
· **dritte Symphonie**
6 Eroika
· **Geburtsstadt**
4 Bonn
· **Lehrer**
5 Neefe
· **Oper**
7 Fidelio
· **Symphonie**
6 Eroica, Eroika, Neunte
9 Pastorale
Beetplastik
11 Gartenzwerg
befähigt
6 begabt
8 geeignet
10 talentiert
12 qualifiziert

Befähigung
5 Reife
6 Anlage, Talent
7 Eignung, Koennen
8 Begabung
9 Qualitaet
10 Fertigkeit
befangen
5 scheu
7 gehemmt
8 verlegen
9 einseitig, subjektiv
10 aengstlich
11 schuechtern
14 voreingenommen
Befangenheit
5 Scheu
Befehl
4 Ukas
5 Gebot, Order
6 Dekret, Erlass
7 Auftrag, Weisung
8 Kommando
9 Anordnung, Anweisung
befehlen
8 anweisen
Befehlsbefolgung
8 Gehorsam
Befehlsform
9 Imperativ
Befehlsgewalt
8 Kommando
Befehlshaber
10 Kommandant, Kommandeur
befestigter Stadtteil in russischen Städten
5 Kreml
befestigtes ...
· **Hafenufer**
3 Kai
4 Mole
Befestigungsanlage
4 Burg, Fort
5 Feste
7 Kastell
9 Zitadelle
Befestigungsmittel
3 Tau
4 Band, Clip, Gips, Keil, Kitt, Leim, Niet, Ring, Seil
5 Anker, Faden, Folie, Hafte, Haken, Nadel, Nagel, Stift

6 Duebel, Haftel, Kleber, Klemme, Knoten, Spange
7 Klammer
8 Kleister, Schlinge, Schraube
9 Klebeband, Klebstoff, Kunstharz
10 Heftzwecke, Klebefolie, Reissnagel, Stecknadel, Wasserglas
11 Heftklammer
14 Waescheklammer
16 Sicherheitsnadel

Befestigungsmittel für Zierdecken
16 Tischtuchklammer

Befestigungspfahl
8 Palisade

Befinden
7 Ergehen, Zustand
10 Verfassung

beflissen
5 emsig
6 eifrig
7 bemueht
8 fleissig
9 eilfertig

Beförderung
8 Aufstieg, Berufung
9 Ernennung, Spedition, Transport
10 Avancement

Beförderungsgebühr
5 Porto
6 Fracht

Beförderungsgut ► Ladung

Beförderungsmittel
3 Bus, Jet, Lkw, Pkw, Rad, Zug
4 Auto, Bahn, Boot, Kahn, Kanu, Krad, Lift, Taxe, Taxi, Tram
5 Floss, Moped, S-Bahn, U-Bahn, Wagen
6 Airbus, Aufzug, Ballon, Faehre, Laster, Rakete, Schiff
7 Autobus, Dampfer, Fahrrad, Omnibus, Postbus, Rikscha, Skilift
8 Bergbahn, Droschke, Flugzeug, Hochbahn, Lastauto, Motorrad, Seilbahn, Zeppelin
9 Eisenbahn, Fahrstuhl, Lastwagen, Taxameter
10 Freiballon, Helikopter, Kraftwagen, Luftschiff, Rolltreppe, Sessellift, Triebwagen, Trolleybus
11 Schwebebahn
12 Strassenbahn
13 Kraftfahrzeug
14 Untergrundbahn

Befragung
4 Test
7 Umfrage
9 Interview, Recherche
12 Konsultation

Befreier
6 Retter
8 Erloeser

Befreier Südamerikas
7 Bolivar

Befreiung
6 Ablass, Indult
7 Dispens, Rettung
9 Erloesung, Exemption
10 Absolution, Degagement
12 Emanzipation

Befreiung ...
- *von* **einer Last**

13 Erleichterung
- *von* **Qualen**

9 Erloesung
- *von* **Sündenstrafen**

6 Ablass

Befremden
9 Erstaunen
12 Verwunderung

befriedigt
4 satt
8 erfuellt
9 zufrieden

Befriedigung
12 Satisfaktion

befristete Transaktion
15 Termingeschaeft

befruchtete Eizelle
4 Keim

Befruchtung
10 Konzeption
11 Empfaengnis

Befugnis
5 Recht
6 Lizenz
8 Anspruch
9 Erlaubnis, Kompetenz, Vollmacht
11 Genehmigung
12 Autorisation, Berechtigung, Legitimation
13 Autorisierung, Ermaechtigung

Befund
8 Diagnose, Ergebnis, Resultat
9 Gutachten
12 Begutachtung, Feststellung

begabt
4 klug
6 faehig
8 begnadet, geeignet, tuechtig
9 veranlagt
10 talentiert

Begabung
5 Genie
6 Anlage, Talent

begangenes Unrecht bestrafen
6 ahnden

Begebenheit
7 Episode, Vorfall
8 Ereignis
9 Geschehen
13 Angelegenheit

Begegnung
5 Match, Spiel, Treff
7 Meeting, Treffen
10 Rendezvous
13 Zusammenkunft
15 Zusammentreffen

Begehren
5 Trieb
6 Wunsch
7 Geluest
8 Begierde, Postulat
9 Forderung, Verlangen
12 Leidenschaft

begehrlich
6 gierig
8 luestern

begehrter Schmuckstein
12 Harlekinopal

Begehung eines Treubruchs
12 Ehrlosigkeit

begeisternd
4 toll

begeistert
3 weg

B

9 entzueckt
11 hingerissen
14 enthusiastisch

begeisterter ...
· **Anhänger**
3 Fan
10 Enthusiast, Schwaermer

Begeisterung
4 Elan
5 Jubel, Verve
6 Freude, Furore, Taumel
7 Ekstase, Hingabe
8 Inbrunst
10 Entzuecken
12 Enthusiasmus

Begierde
4 Lust
5 Drang, Sucht, Trieb
6 Begehr, Libido
8 Begehren

Begierden
8 Gelueste

begierig
7 erpicht

Beginn
5 Start
6 Anfang
7 Anbruch, Auftakt
10 Eroeffnung

Beginn ...
· *eines* **Dienstes**
7 Antritt
· *eines* **Fußballspiels**
7 Anstoss
· *eines* **Menüs**
6 Entree
9 Vorspeise
· *eines* **Rennens**
5 Start
· *des* **Rückweges**
6 Umkehr
· *einer* **Silbe**
6 Anlaut
· *eines* **Wortes**
6 Anlaut

beginnen
7 starten
8 anfangen

Beginnsignal
11 Startschuss

Beglaubigung
6 Attest, Diplom, Schein, Testat
7 Urkunde
8 Dokument
10 Akkreditiv, Vidimation, Zertifikat
12 Legitimation, Verifikation

begleitender Himmelskörper
8 Satellit

Begleiter
6 Freund, Sozius
7 Kamerad, Trabant
8 Satellit
9 Gefaehrte
11 Gefolgsmann

Begleiter ...
· *des* **Achill**
9 Patroklos, Patroklus
· *der* **Aphrodite**
4 Amor, Eros
6 Cupido, Kupido
· *des* **Apollo**
5 Greif
· *des* **Apostel Paulus**
5 Titus
8 Barnabas
· *des* **Bacchus**
4 Faun
5 Silen
7 Silenos
8 Maenaden
· *des* **Dionysos**
4 Faun
5 Satyr, Silen
· *des* **Don Giovanni**
9 Leporello
· *des* **Don Quichote**
11 Sancho Pansa
· *von* **Jason**
6 Kastor, Neleus, Peleus
7 Admetos, Telamon, Theseus
8 Euphemos, Herakles
10 Argonauten
· *von* **Karl dem Großen**
6 Alkuin
7 Einhard
8 Paladine
· *von* **Karl May im Orient**
5 Halef
· *des* **Nikolaus**
8 Ruprecht
14 Knecht Ruprecht
· *von* **Orest**
7 Pylades
· *eines* **Planeten**
4 Mond
7 Trabant
· *von* **Robinson**
7 Freitag
· *der* **Venus**
4 Amor, Eros
6 Cupido, Kupido

Begleiterin ...
· *der* **Artemis**
4 Aura
· *von* **Tarzan**
4 Jane

Begleiterin des Bacchus
10 Bacchantin

Begleitschiff
6 Tender

Begleitung
6 Geleit
7 Eskorte, Gefolge

beglückt
5 selig

beglücktes Aufnehmen
6 Genuss

Beglückung
6 Freude

Begnadigung
8 Amnestie
9 Vergebung
10 Absolution, Verzeihung
11 Straferlass

Begnadung
8 Charisma

begraben ▶ beerdigen

Begräbnis
10 Beerdigung, Beisetzung, Bestattung, Funeralien

Begräbnisessen
3 Ims
14 Leichenschmaus

Begräbnisgabe
5 Kranz

Begräbnisstätte
4 Grab
5 Gruft
6 Krypta
8 Friedhof, Kirchhof
9 Mausoleum

begrenzt
3 eng
5 knapp
6 schmal
9 limitiert
11 beschraenkt

Begrenzung
4 Rand, Saum, Zaun

5 Bande, Kante, Limes, Limit, Mauer, Seite
7 Maximum, Minimum
10 Limitation
11 Demarkation

Begrenzung des Eishockeyfeldes
5 Bande

Begriff ...
· *der* **antiken Rhetorik**
5 Topos
· *beim* **Boxen**
2 ko
6 Clinch
7 Infight
8 Nahkampf
· *der* **Bruchrechnung**
6 Nenner, Teiler
7 Zaehler
11 Hauptnenner
· *der* **chinesischen Philosophie**
3 Jin, Tao, Yin
4 Jang, Yang
· *in der* **Fechtkunst**
5 Volte
· *aus der* **Fernsehtechnik**
3 MAV
· *im* **Fußball**
3 Aus, Tor
4 Ecke
7 Abseits, Abstoss, Anstoss, Ausball, Einwurf
8 Elfmeter, Halbzeit
9 Freistoss, Strafraum
10 Strafstoss
13 Unentschieden
· *beim* **Golf**
3 Par
· *der* **Grammatik**
4 Fall
5 Kasus
· *beim* **Handballspiel**
6 Abwurf
11 Siebenmeter
· *der* **japanischen Philosophie**
3 Zen
· *aus der* **Raumfahrt**
16 Schwerelosigkeit
· *des* **räumlichen Abstands**
5 Naehe, Tiefe, Weite
10 Entfernung
· *in der* **Reitkunst**
6 Parade
· *beim* **Roulett**
4 Noir, Zero
5 Rouge
7 Dutzend
· *der* **Sternkunde**
9 Tierkreis
· *beim* **Tennis**
2 As
6 Doppel, Einzel
8 Einstand
9 Aufschlag
· *aus dem* **Verlagswesen**
7 Auflage, Ausgabe
· *der* **Weltwirtschaft**
6 Export, Import
12 Aussenhandel
· *der* **Wetterkunde**
4 Hoch, Tief
5 Regen
8 Millibar
9 Kaltfront, Warmfront
11 Regengebiet

Begriff der Wohnkultur
15 Biedermeierstil

Begriffsbestimmung
7 Analyse, Deutung
10 Definition, Erklaerung

Begriffsfanatiker
8 Ideologe

Begriffsgattung
3 Art
5 Reihe
6 Gruppe, Klasse, System
7 Gattung, Ordnung
9 Kategorie

Begriffskunde
10 Ideografik
11 Ideographik

Begriffsschrift
10 Ideografie
11 Ideographie

begründend
6 kausal

Begründer ...
· *der* **Berliner Akademie**
7 Leibniz
· *der* **Berliner Universität**
8 Humboldt
· *des* **deutschen Postwesens**
7 Stephan
· *der* **Dichtform Limerick**
4 Lear
· *des* **ersten Reisebüros**
4 Cook
· *der* **Grafologie**
6 Michon
· *des* **Jesuitenordens**
6 Loyola
· *der* **katholischen Gesellenvereine**
7 Kolping
· *der* **Landerziehungsheime**
5 Lietz
· *der* **Landwirtschaftslehre**
5 Thaer
· *der* **Mengenlehre**
6 Cantor
· *von* **Microsoft**
5 Gates
· *der* **Mineralogie**
8 Agricola
· *der* **modernen Türkei**
8 Atatuerk
· *der* **neuen Olympischen Spiele**
9 Coubertin
· *der* **optischen Werke in Jena**
5 Zeiss
· *der* **Pockenschutzimpfung**
6 Jenner
· *des* **politischen Zionismus**
5 Herzl
· *des* **Pragmatismus**
5 James
· *der* **Psychoanalyse**
5 Freud
· *der* **Relativitätstheorie**
8 Einstein
· *der* **schlesischen Bergwerksindustrie**
5 Reden
· *der* **Sowjetunion**
5 Lenin
· *des* **Tierpark Stellingen**
9 Hagenbeck
· *des* **Völkerbundes**
6 Wilson
· *des* **Weltpostvereins**
7 Stephan

begründet
8 fundiert

begründeter Tatbestand
5 Indiz

Begründung
8 Argument

B

Begrüßen durch Schiffsflaggen
6 Dippen
Begrüßung
7 Empfang
Begünstigung
7 Benefiz
10 Benefizium, Foerderung, Protektion
Begünstigung ...
· *der* **Unzucht**
8 Kuppelei
· *von* **Verwandten**
10 Nepotismus
17 Vetternwirtschaft
Begutachtung
9 Expertise
begütert
5 reich
10 vermoegend, wohlhabend
begüterte ...
· **Menschen**
6 Reiche
11 Millionaere
12 Milliardaere
behaarte ...
· **Tierhaut**
4 Fell, Pelz
behäbig
4 dick, fett
5 traeg
6 traege
13 schwerfaellig
behaglich
5 traut
6 bequem, mollig
8 angenehm
10 gemuetlich
11 komfortabel
behaglich eingerichteter Vorraum
9 Wohndiele
Behaglichkeit
7 Komfort
Behaglichkeit empfinden
11 wohlfuehlen
Behälter ...
· *für* **Babyfläschchen**
11 Flaschenbox
· *für* **Bäckereiprodukte**
8 Brotkorb
10 Brotkasten
· *aus* **Blech**
4 Dose
· *für* **Briefe**
8 Postsack
· *mit* **Deckel**
4 Dose
· *für* **Eingekochtes**
11 Einmachglas, Einweckglas
· *für* **Eingelegtes**
13 Konservendose
· *für* **flüssige Babynahrung**
11 Saugflasche
· *aus* **Holz**
5 Kiste
6 Kasten
· *für* **Hühnerprodukte**
8 Eierkorb
· *aus* **Jute**
4 Sack
· *zur* **Lagerung von Bier**
4 Fass
· *für* **Mahlzeiten**
8 Brotdose
· *für* **Mürbeteigtörtchen**
13 Tortelettform
· *aus* **Papier**
4 Sack
5 Tuete
· *für* **Paste**
4 Tube
· *für* **Pfeile**
7 Koecher
· *zur* **Reifung des Weins**
4 Fass
· *für* **Reptilien**
9 Terrarium
· *aus* **Stoff**
4 Sack
6 Kasten
Behälter, zum Kaffeeservice gehörend
10 Zuckerdose
Behältnis ...
· *für* **eine Speisewürze**
12 Essigflasche
· *für* **flüssiges Fett**
10 Oelflasche
· *aus* **gegerbter Tierhaut**
11 Lederbeutel
· *für* **Toilettengegenstände**
10 Necessaire, Nessessaer
behände
4 agil
5 alert, flink, rasch
7 gewandt, schnell
behandelter Stoff
5 Thema
Behandlung
3 Kur
6 Pflege
7 Wartung
8 Prozedur, Therapie
9 Verfahren
Behandlung ...
· **gegerbter Tierhaut**
11 Lederpflege
· *mit* **Heilschlamm**
13 Felketherapie
· *mit* **Trauben**
12 Vinotherapie
Behandlungstechnik
20 Craniosacraltherapie
Behang
8 Draperie
10 Faltenwurf
beharrlich
4 fest, stur, zaeh
5 ruhig
6 stetig
7 stoisch
8 gelassen, konstant
9 unentwegt
10 ausdauernd, konsequent
11 hartnaeckig
Behauptung
5 These
6 Angabe
7 Ansicht, Aussage, Meinung
8 Leitsatz
Behausung
4 Iglu, Tipi, Zelt
6 Huette, Wigwam
Behausung ...
· *der* **Eskimos**
4 Iglu
· *der* **Indianer**
6 Wigwam
Behelf
5 Hilfe
6 Ausweg, Ersatz
8 Surrogat
10 Notloesung
11 Provisorium
Behelfsheim
7 Baracke
behelfsmäßig
11 notduerftig
12 provisorisch

B

Behelfsstück
6 Ersatz
Behelfsunterkunft
5 Lager
Behelfswohnung
4 Zelt
5 Lager
7 Baracke
Beherbergungsbetrieb
5 Hotel, Motel
7 Gasthof, Pension
8 Gasthaus, Herberge
10 Hotel garni
Beherbergungs-gewerbe
10 Hotellerie
beherrschend
8 dominant
beherrscht
7 gefasst
13 diszipliniert
Beherrschtheit
9 Disziplin
15 Selbstdisziplin
beherzt
5 kuehn, mutig
6 tapfer
7 resolut
9 wagemutig
10 couragiert
12 entschlossen
Beherztheit
3 Mut
7 Courage, Schneid
9 Kuehnheit
10 Tapferkeit
behilflich
9 gefaellig
Behinderung
7 Hemmnis
8 Handicap, Handikap
Behinderung ...
· *beim* **Eishockey**
5 Check
· *beim* **Luftholen**
7 Atemnot
Behörde
3 Amt
4 Bahn, Post
5 Buero
6 Bauamt, Fiskus, Kammer
7 Gericht, Kanzlei, Polizei
8 Meldeamt
9 Finanzamt, Jugendamt, Kulturamt, Magistrat, Regierung, Sozialamt
10 Arbeitsamt, Standesamt, Verwaltung
11 Katasteramt, Ministerium
12 Dienststelle
Behörde ...
· *in* **Badeorten**
13 Kurverwaltung
· *für* **Havarien**
6 Seeamt
· *der* **Regierung**
11 Ministerium
Behördenstelle
7 Instanz
Behördenzuständigkeit
9 Kompetenz
12 Instanzenweg
behördlich zugelassen
10 approbiert
behördliche Genehmigung
6 Lizenz
Behütetsein
12 Geborgenheit
behutsam
4 fein, lind, zart
5 sacht
6 sachte
7 achtsam, sorgsam
8 schonend, taktvoll
10 vorsichtig
Behutsamkeit, Milde
9 Sanftheit
Beiboot
3 Gig
5 Dingi, Jolle
6 Kutter
7 Pinasse
8 Barkasse
Beichtvater
12 Poenitentiar
beidäugig
9 binokular
beiderseitig
9 bilateral
beidlebig
10 amphibisch
beieinander
8 zusammen
9 beisammen
Beifahrer
6 Sozius
Beifahrerin
5 Sozia
Beifall
3 Lob
5 Jubel
6 Furore
7 Applaus, Ovation
9 Huldigung, Klatschen
10 Zustimmung
11 Akklamation, Anerkennung
Beifallklatscher
8 Claqueur
Beifallskundgebung
7 Ovation
Beifallsruf
5 Bravo
10 Bravissimo
Beifügung
6 Anlage
8 Attribut
10 Apposition
Beifußgewächs
6 Wermut
8 Estragon
9 Almrausch, Eberraute
11 Mutterkraut
Beigabe
6 Anhang
10 Supplement
beige
10 sandfarben
beigefügt
5 anbei
beigefügte Substanz
6 Zusatz
Beigefügtes
6 Anlage
beigegebener Offizier
8 Adjutant
Beihilfe
9 Assistenz
10 Subvention
Beikost ...
· *zum* **Eisbein**
9 Sauerkohl
· *zum* **Grillen**
10 Krautsalat
Beil
3 Axt
5 Barte, Hacke
Beilage
6 Anlage, Zugabe
8 Beiblatt
10 Ergaenzung
beiläufig
4 etwa

B

8 nebenbei
9 en passant
beiläufige Anführung
10 Erwaehnung
beiläufiger Einfall
12 Nebengedanke
Beilegung ...
· *eines* **Streites**
9 Ausgleich, Vergleich
11 Schlichtung
Beileid
9 Kondolenz, Teilnahme
10 Mitgefuehl
11 Anteilnahme
Beileidsbekundung
9 Kondolenz
beiliegend
11 in der Anlage
beimengen
11 hinzufuegen
Bein des Wildes
4 Lauf
beinahe
4 fast
5 zirka
6 beinah, nahezu
9 ungefaehr
10 annaehernd
Beiname
8 Kognomen
Beiname ...
· **Achills**
6 Pelide
· *der* **Aphrodite**
6 Kypris
10 Anadyomene, Kallipygos
· *des* **Apoll**
7 Musaget, Phoebus
9 Musagetes
· *der* **Artemis**
6 Phoebe
· *der* **Athene**
6 Pallas
· **Buddhas**
7 Gautama
· *von* **Christus**
7 Heiland
· **Dantes**
9 Alighieri
· *der* **Demeter**
5 Chloe
· *von* **Eisenhower**
3 Ike
· **Friedrich Wilhelms I.**
14 Soldatenkoenig
· *von* **Guevara**
3 Che
· *des* **Hades**
5 Pluto
· *des* **Janus**
6 Bizeps
· **Jesu**
7 Heiland, Messias
8 Christus
9 Nazarener
· *des* **Judas**
9 Ischariot
· *des* **Jupiter**
7 Pluvius
· **Kaiser Friedrichs I.**
10 Barbarossa
· **Ludwigs XIV.**
12 Sonnenkoenig
· *des* **Mars**
5 Ultor
· *des* **Räuberhauptmanns Johann Bückler**
14 Schinderhannes
· **Richards I.**
10 Loewenherz
· **Venedigs**
12 Lagunenstadt
Beinbekleidung
4 Hose
7 Strumpf, Stutzen
8 Gamasche
11 Kniestrumpf, Strumpfhose
15 Feinstrumpfhose
Beine des Federwildes
8 Staender
Beingelenk
4 Knie
8 Knoechel
Beinhaus
6 Karner, Kerner
8 Ossarium
Beinkleid
4 Hose
9 Hosenrock
10 Nietenhose, Pluderhose
Beinkleid ...
· *mit* **Bruststück**
8 Latzhose
· *aus* **einem gerippten Gewebe**
8 Cordhose
beinlose Larve
4 Made
Beinmuskel
4 Wade
Beinspreize
6 Spagat
9 Graetsche
Beinteil
3 Zeh
4 Fuss, Knie, Wade, Zehe
5 Ferse
8 Knoechel, Meniskus, Schenkel
9 Kniekehle, Wadenbein
10 Kniegelenk, Schienbein
11 Kniescheibe
12 Oberschenkel, Sprunggelenk
13 Unterschenkel
beiordnendes Bindewort
4 aber
Beiordnung
11 Assoziation
12 Koordination
Beisammensein
12 Geselligkeit
Beisatz
10 Apposition
beisetzen ► beerdigen
Beisetzung
10 Beerdigung, Begraebnis, Bestattung
13 Einaescherung
Beisitzer
8 Assessor
Beispiel
4 Fall
6 Modell, Muster
7 Exempel, Vorbild
beispielhaft
11 vorbildlich
12 exemplarisch
13 mustergueltig
Beispielsfall
10 Praezedenz
beißend
6 bissig, scharf
8 ironisch
9 penetrant
11 sarkastisch
beißender ...
· **Spott**
4 Hohn
9 Sarkasmus
Beißschutz für Hunde
8 Maulkorb

B

Beißwerkzeug
4 Zahn
Beistand
5 Hilfe
6 Anwalt, Helfer
7 Adlatus
8 Ratgeber
9 Assistent, Assistenz, Sekundant
14 Unterstuetzung
Beistehender
6 Helfer
10 Handlanger
beistimmender Zuruf
11 Akklamation
Beistrich
5 Komma
Beitrag
5 Hilfe
6 Abgabe, Anteil, Obolus, Umlage
7 Gebuehr, Praemie
10 Scherflein
Beitreibung
7 Inkasso
10 Einziehung
Beiwagen
6 Sozius, Tender
9 Anhaenger
Beiwagen an der Lok
6 Tender
Beiwerk
5 Zutat
8 Staffage, Zubehoer
11 Accessoires
Beiwort
8 Adjektiv
Beizmittel
5 Alaun
bejahen
8 billigen
9 zustimmen
bejahende Antwort
6 Zusage
bejahrt
3 alt
bejahrter Mann
5 Greis
Bejahung
9 Billigung
10 Zustimmung
11 Affirmation
Bejammernswerte
6 Elende

Bekämpfung eines Brandes
8 loeschen
bekannt
6 publik
7 namhaft, ruchbar
8 offenbar, populaer, vertraut
9 angesehen, notorisch, prominent
10 renommiert
bekannt ...
· **geben**
7 ansagen
11 ankuendigen
bekannt(e, er, es) ...
· **Ausspruch**
5 Zitat
· **Clown**
5 Grock, Rivel
· **deutsche Käsesorte**
8 Tilsiter
· **deutscher Flieger**
4 Udet
· **deutscher Luftschifffahrer**
7 Eckener
8 Zeppelin
· **Kinderchor**
19 Wiener Saengerknaben
21 Leipziger Thomanerchor
22 Regensburger Domspatzen
· **Moselwein**
10 Nacktarsch
· **Musical**
4 Cats, Hair
8 Anatevka
· **Pariser Nachtlokal**
5 Maxim
7 Pigalle
11 Moulin Rouge
· **Rheinfelsen**
7 Lorelei, Loreley
· **Straße in Graz**
11 Herrengasse
· **Zuchthaus in New York**
8 Sing Sing
Bekanntentreffpunkt
9 Stammbeiz
10 Stammlokal
11 Stammkneipe
Bekanntgabe
10 Mitteilung
11 Verbreitung

Bekanntgabe der Eheschließung
14 Heiratsanzeige
Bekanntmachung
5 Edikt
6 Erlass, Plakat
8 Bulletin
12 Proklamation
Bekanntschaften
13 Freundeskreis
Bekenntnis
5 Dogma, Lehre
6 Glaube
7 Beichte, Glauben
8 Religion
10 Anschauung, Konfession
11 Gestaendnis
12 Ueberzeugung
Bekleidung
9 Garderobe
Bekleidung der Mönche
5 Kutte
Bekleidungsstück
3 Cut, Hut
4 Cape, Hemd, Hose, Jupe, Kilt, Latz, Muff, Pelz, Robe, Rock, Slip, Toga, Wams
5 Anzug, Bluse, Dress, Frack, Haube, Jabot, Jacke, Jeans, Joppe, Kappe, Kleid, Kutte, Muffe, Ornat, Pulli, Sakko, Schal, Schuh, Stola, Talar, Weste
6 Anorak, Bikini, Binder, Blazer, Bolero, Burnus, Dirndl, Fliege, Gewand, Janker, Jumper, Kaftan, Kapuze, Kasack, Kimono, Kittel, Kragen, Livree, Mantel, Mieder, Montur, Muetze, Pyjama, Raglan, Sarong, Schuhe, Schurz, Socken, Sutane, Tracht, Trikot, Tunika, Turban, Umhang
7 Corsage, Cutaway, Gehrock, Guertel, Haenger, Jackett, Kamisol, Komplet, Korsett, Kostuem, Neglige, Overall, Paletot, Sandale, Schlips, Smoking, Soutane, Spenzer,

B

Stiefel, Strumpf, Sweater, Uniform
8 Badehose, Breeches, Bundhose, Galosche, Gamasche, Halstuch, Hemdhose, Kniehose, Kopftuch, Krawatte, Leibchen, Oberhemd, Pelerine, Polohemd, Puffhose, Pullover, Pumphose, Reithose, Schleier, Schleppe, Schuerze, Strohhut, Zylinder
9 Badeanzug, Badekappe, Ballkleid, Beinkleid, Bluejeans, Chemisett, Covercoat, Einreiher, Galoschen, Gamaschen, Garderobe, Handschuh, Hausanzug, Hausjacke, Hemdbluse, Hosenrock, Klubweste, Korselett, Lederhose, Nachthemd, Pelzjacke, Petticoat, Sporthemd, Ueberrock, Unterhemd, Unterrock, Windbluse, Windjacke
10 Bademantel, Badeschuhe, Dufflecoat, Faltenrock, Lederjacke, Lederweste, Morgenrock, Pantoffeln, Pelzmantel, Pluderhose, Schlafrock, Schluepfer, Sportdress, Sportjacke, Trenchcoat, Unterkleid, Zweireiher
11 Dirndlkleid, Glockenrock, Huefthalter, Kombination, Ledermantel, Lodenmantel, Regenmantel, Schlafanzug, Strickjacke, Strickkleid, Strumpfhose, Taschentuch, Traegerrock, Ueberzieher
12 Baskenmuetze, Hosentraeger, Hueftguertel, Kostuemjacke, Unterwaesche, Wintermantel
13 Buestenhalter, Knickerbocker, Matrosenanzug, Strumpfhalter
14 Manchesterhose, Trainingsanzug

Bekleidungsstück ...
· *für* **Babys**
12 Strampelhose
· *der* **Serviererin**
15 Servierschuerze

Bekleidungstendenz
9 Modetrend

Beklemmung
3 Alb
5 Angst
6 Furcht
8 Albdruck, Albtraum, Alpdruck, Alptraum

bekömmlich
3 gut
6 gesund, labend
7 heilsam
8 nahrhaft

beköstigen
7 naehren, speisen
8 bewirten
10 verpflegen

Bekräftigung
3 Eid
6 Schwur, Siegel
10 Handschlag

bekunden
8 bedeuten

Belag
7 Schicht

Belag im Zimmer
12 Teppichboden

Belagerung
8 Blockade

Belang
9 Bedeutung, Interesse
11 Wichtigkeit

belanglos
9 unwichtig
10 irrelevant
11 unerheblich
12 unwesentlich
14 nebensaechlich

Belanglosigkeit
8 Lappalie
9 Bagatelle
10 Banalitaet, Irrelevanz
11 Kleinigkeit

belastend
10 gravierend

belastender Umstand
5 Indiz

belästigen
7 stoeren
10 behelligen
11 molestieren
13 inkommodieren

Belästigung
6 Insult
7 Anmache
15 Zudringlichkeit

Belastung ...
· *des* **Kontos**
4 Soll
5 Debet

belebend
8 anregend
11 erfrischend
12 stimulierend

belebend wirkende Substanz
9 Riechsalz

Beleg
6 Beweis, Testat
7 Urkunde
8 Dokument, Nachweis, Quittung
9 Unterlage

belegen
8 besetzen

Belegschaft
8 Personal
10 Mannschaft

belegt
6 heiser
10 ausgebucht, reserviert
12 dokumentiert, nachgewiesen

belegt(e, er, es) ...
· **Brot**
6 Stulle
8 Sandwich
· **Brot mit Spiegelei**
11 Strammermax
· **Schnitte für die Schule**
10 Pausenbrot
· **Weißbrothäppchen**
7 Kanapee

belehrend
10 informativ, instruktiv
16 schulmeisterlich

belehrende Erzählung
5 Fabel

belehrendes Erlebnis
9 Erfahrung

Belehrung
11 Information, Instruktion
13 Unterrichtung

B

beleibt
4 dick, rund
5 feist
6 mollig
8 dicklich, pummelig
9 korpulent
beleidigend
9 kraenkend
10 verletzend
12 ehrenruehrig
beleidigt
7 pikiert
9 gekraenkt, verstimmt
Beleidigung
6 Insult
7 Affront, Injurie
9 Kraenkung
Beleihung
7 Lombard
belesen
8 gebildet
13 kenntnisreich
beleuchtet
4 hell
Beleuchtung
5 Licht
Beleuchtung auf einem Möbel
10 Tischlampe
Beleuchtungskörper
4 Spot
5 Ampel, Kerze, Lampe
6 Fackel, Funzel, Roehre
7 Blinker, Lampion, Laterne, Leuchte
10 Gaslaterne
12 Scheinwerfer
Belgier
5 Flame
7 Wallone
belgisch(e, er, es) ...
· **Astronom**
8 Quetelet
· **Badeort**
3 Spa
6 Knokke
7 Ostende
· **Baumeister**
4 Suys
5 Minne, Velde, Vigne
6 Bourla, Negker
7 Berlage, Lalaing, Meunier, Simonis
8 Lambeaux, Poelaert, Roelandt
· **Bergbaugebiet**
8 Borinage
· **Bildhauer**
7 Meunier
· **Chemiker**
6 Solvay
· **Grafiker**
8 Baertson, Masereel
· **Industriestadt**
8 Luettich
9 Charleroi
· **Käse**
9 Limburger
· **Komponist**
5 Absil
6 Franck, Gretry
8 Gassmann
10 Schoemaker
· **König**
6 Albert
7 Leopold
8 Baudouin, Philippe
· **Königin**
7 Fabiola
· **Königsschloss**
6 Laeken
· **Landschaft**
5 Fagne
7 Brabant, Campine, Limburg
8 Ardennen, Borinage, Flandern, Hageland, Hennegau
9 Haspengau
10 Kempenland
· **Luftfahrtgesellschaft** (Abkürzung)
6 SABENA
· **Maler**
4 Rops
5 Ensor
6 Malpas
7 Meunier, Wappers, Wauters
8 Laermans, Magritte, Masereel, Vlaminck
· **Mediziner**
6 Claude
7 Heymans
· **Modedesigner**
6 Simons
· **Nobelpreisträger für Chemie**
9 Prigogine
· **Nobelpreisträger für Frieden**
4 Pire
9 Beernaert
10 La Fontaine
· **Nobelpreisträger für Literatur**
11 Maeterlinck
· **Nobelpreisträger für Medizin**
6 Bordet, Claude
7 Heymans
· **Politiker**
5 Spaak
· **Provinz**
5 Namur
7 Brabant, Campine, Limburg
8 Hennegau, Luettich
9 Antwerpen
11 Ostflandern
12 Westflandern
· **Radrennfahrer**
5 Sercu
6 Merckx
· **Rennstrecke**
6 Zolder
· **Schlachtenort**
8 Waterloo
· **Schriftsteller**
5 Claes
6 Coster, Mockel
7 Simenon
8 De Coster
9 Rodenbach, Streuvels, Verhaeren
10 Timmermans
11 Maeterlinck
· **Seebad**
3 Spa
6 Knokke
7 Ostende
13 Blankenberghe
· **Teil des Schiefergebirges**
8 Ardennen
· **Volksgruppe**
6 Flamen
8 Wallonen
· **Volksstamm in Gallien**
5 Remer
beliebig
9 ad libitum
beliebt
7 begehrt, gaengig, gefragt

B

8 geachtet, populaer
9 anerkannt, angesehen
10 geschaetzt, renommiert
beliebte ...
· **Garten-, Zierpflanze**
15 Loewenmaeulchen
· **Pflanze im Dezember**
15 Weihnachtsstern
· **Topfpflanze**
17 Korallenbaeumchen
beliebter alter Schlager
5 Oldie
beliebtes ...
· **Weihnachtsessen**
11 Gaensekeule
· **Zimmergewächs**
12 Zwergpfeffer
Beliebtheit
5 Gunst
7 Achtung, Ansehen
8 Renommee
12 Popularitaet
Belobigung
12 Auszeichnung
Belohnung
5 Preis
7 Praemie
10 Verguetung
12 Auszeichnung
Belüfter
10 Ventilator
belustigend
6 witzig
7 komisch, spassig
8 amuesant
10 erheiternd
Belustigung
4 Hetz
5 Gaudi, Spass
10 Amuesement, Vergnuegen
11 Erheiterung
Bemächtigung
7 Zugriff
9 Aneignung
10 Okkupation
bemäntelter Spott
6 Ironie
bemerkenswert
7 wichtig
9 bedeutend, bedeutsam
11 interessant
15 aufschlussreich
Bemerkung
4 Wort
5 Notiz
6 Kritik
8 Fussnote
9 Ausspruch, Kommentar
10 Erklaerung
12 Feststellung
bemittelt
5 reich
7 betucht
9 beguetert
10 vermoegend, wohlhabend
bemühen
7 streben
8 trachten
Bemühung
5 Eifer
7 Einsatz
11 Anstrengung
benachbart
3 nah
benachbarter Raum
11 Nebenzimmer
benachrichtigen
9 mitteilen
12 unterrichten
Benachrichtigung
4 Avis, Post
5 Anruf, Brief, E-Mail, Karte, Kunde
7 Meldung, Telefax
9 Schreiben
10 Mitteilung
11 Information
13 Fernschreiben
Benachteiligung
8 Handicap, Handikap
Benediktenkraut
6 Cnicus
Benediktinerabtei
4 Melk
5 Cluny, Emaus, Ettal, Farfa
6 Beuron, Bobbio, Corvey, Regino
10 Einsiedeln, Maria Laach, Wessobrunn
Benediktion
5 Segen, Weihe
7 Segnung
Benefizium
5 Lehen
7 Wohltat
8 Pfruende
13 Beguenstigung
Benehmen
3 Art
6 Manier
7 Alluere, Anstand, Gebaren, Haltung
8 Allueren, Betragen, Etikette, Fuehrung, Manieren
9 Auftreten, Verhalten
11 Umgangsform
Beneluxstaat
7 Belgien
9 Luxemburg
11 Niederlande
Benennung
4 Name
5 Titel
6 Angabe
11 Bezeichnung, Nominierung
Bengel
3 Bub
5 Junge, Range
6 Flegel, Knirps
7 Lausbub, Luemmel, Steppke
8 Wildfang
10 Lausejunge
13 Dreikaesehoch
Benimmbuch
6 Knigge
benommen
5 dumpf
8 betaeubt, taumelig
10 schwindlig
Benommenheit
4 Tran
5 Sopor
6 Taumel
9 Schwindel
benötigt man zum Spülen
10 Netzmittel
Benötigtes
6 Bedarf
benötigtes Werkzeug
6 Geraet
Benotung
6 Zensur
Benutzer ...
· *von* **Fahrzeugen**
6 Fahrer
7 Insasse
8 Fahrgast
9 Passagier
Benzinbehälter
4 Fass, Tank
8 Kanister
15 Reservekanister

Benzinsorte
5 Super
6 Normal
beobachten
6 peilen
8 belauern
10 bespitzeln
Beobachter
5 Zeuge
6 Posten
7 Kiebitz, Spaeher
9 Zuschauer
10 Augenzeuge, Betrachter
11 Abgesandter, Wachtposten
Beobachtung
10 Verfolgung
11 Observation
Beobachtungsposten
5 Wache, Warte
7 Ausguck
10 Sternwarte
11 Wetterwarte
12 Kontrollturm
13 Observatorium
Beobachtungszeit
11 Quarantaene
bequem
4 faul
6 kommod, leicht, traege
7 passend
8 angenehm, behaebig, guenstig, muehelos
9 behaglich
10 gemuetlich
11 komfortabel
bequeme ...
· **Sitzgelegenheit**
4 Sofa
5 Couch, Diwan
6 Sessel
8 Ottomane
9 Lehnstuhl
10 Clubsessel, Klubsessel, Lehnsessel, Ohrenstuhl
12 Polsterstuhl
13 Schaukelstuhl
bequemer Schuh
6 Treter
Bequemlichkeit
7 Komfort
13 Behaglichkeit
beratend
11 konsultativ
beratende Körperschaft
6 Beirat
Berater
4 Pate
5 Tutor
6 Mentor
7 Sponsor
8 Ratgeber
10 Konsultant
Berater im diplomatischen Dienst
7 Attache
Beratung
7 Debatte, Session
9 Konferenz, Konsilium
11 Eroerterung
12 Konsultation, Kundendienst
berauschend
10 narkotisch
Berber ... (Einzahl)
· *der* **Sahara**
5 Targi
6 Tuareg
berberische Hirtennomaden
6 Tuareg
berberischer Hirtennomade
5 Targi
Berberstamm
5 Shilh
6 Brakna, Tuareg
7 Beraber, Kabylen
8 Beni Mzab, Guanchen, Schelluh, Schloech
10 Rifkabylen
Berbervolk der Sahara
6 Tuareg
berechnete Zuteilung
6 Ration
berechneter Zeitpunkt der Geburt
8 Stichtag
Berechnung
4 Plan
7 Absicht, Kalkuel, Vorsatz
11 Kalkulation, Voranschlag
berechtigen
7 befugen
8 erlauben
12 autorisieren, ermaechtigen
berechtigt
6 befugt
9 anerkannt, motiviert
11 autorisiert, legitimiert
15 bevollmaechtigt
berechtigte Forderung
8 Anspruch
Berechtigung
7 Anrecht
8 Befugnis
9 Vollmacht
12 Legitimation
13 Ermaechtigung
Berechtigung zum Entree
14 Eintrittskarte
Berechtigungsbescheinigung
7 Ausweis
beredsam
8 eloquent
Beredsamkeit
5 Suada
8 Eloquenz
beredt
8 beredsam, eloquent
11 redegewandt
12 zungenfertig
Bereich
4 Teil, Zone
5 Rayon
6 Bezirk, Gebiet, Gegend, Region, Sektor, Sparte
7 Domaene, Sektion
8 Distrikt
9 Abschnitt, Abteilung
10 Fachgebiet
Bereich ...
· *des* **Oberkörpers**
6 Achsel
· *der* **Popularisation**
18 Verbreitungsgebiet
Bereifung
4 Pneu
5 Pneus
6 Reifen, Spikes
bereit
5 parat
6 fertig, willig
7 gewillt, willens
8 gesonnen
9 geruestet, startklar
bereits
5 schon
7 laengst
Bereitschaft
13 Gutwilligkeit

B

Bereitschaft zur Buße
4 Reue
Bereitschaftsruf
5 Alarm
6 Obacht
7 Achtung
8 Vorsicht
Bereitstellung ...
· *einer* **Flüssigkeit**
16 Wasserversorgung
· *von* **Geldmitteln**
12 Finanzierung
bereitwillig
4 gern
5 gerne
7 freudig
Berg
6 Huegel
8 Erhebung
Berg ...
· *in den* **Abruzzen**
9 Gran Sasso
· *im* **Allgäu**
8 Gruenten
9 Hoher Ifen, Nebelhorn
· *in den* **Alpen**
3 Err
4 Isel, Rigi
5 Albis, Eiger, Mythe, Sella, Toedi
6 Moench, Ortler, Titlis
7 Ankogel, Arlberg, Bernina, Pilatus, Saentis, Schlern
8 Hochobir, Jungfrau, Pfaender, Watzmann
9 Dachstein, Hochstuhl, Marmolata, Mont Cenis, Montblanc, Monte Rosa, Nebelhorn, Sonnblick, Venediger, Zugspitze
10 Drei Zinnen, Matterhorn, Wetterhorn, Wildspitze
13 Grossglockner, Kitzsteinhorn
14 Finsteraarhorn, Grossvenediger
16 Dreiherrenspitze
· *in den* **Anden**
9 Ausangate
11 Chimborasso
· *in* **Armenien**
6 Ararat
· *bei* **Athen**
8 Hymettos
· *bei* **Baden-Baden**
6 Merkur
· *auf* **Bali**
5 Agung
· *im* **Bayerischen Wald**
5 Arber, Lusen, Osser
· *bei* **Berchtesgaden**
8 Watzmann
10 Hochkalter, Hoher Goell
12 Obersalzberg
· *im* **Berner Oberland**
5 Eiger
6 Moench
8 Jungfrau
10 Wetterhorn
11 Schreckhorn
14 Finsteraarhorn
· *der* **Berninagruppe**
8 Piz Palue
· *im* **Böhmer Wald**
5 Arber, Susen
6 Rachel
· *auf* **Borneo**
4 Raja
5 Besar, Murud
6 Tebang
8 Kinabalu
· *bei* **Bregenz**
8 Pfaender
· *im* **Breisgau**
11 Kaiserstuhl
· *aus* **Eisenerz in Schweden**
6 Taberg
· *im* **Elbrus**
8 Demawend
· *im* **Engadin**
3 Lad
· *im* **Erzgebirge**
8 Keilberg
9 Auersberg
11 Fichtelberg, Rammelsberg
· *der* **Everestgruppe**
6 Makalu
· *im* **Fichtelgebirge**
10 Ochsenkopf
· *bei* **Frankfurt/Main**
8 Feldberg
· *der* **Gesetzgebung Mosis**
5 Horeb
· *der* **Glarner Alpen**
5 Vorab
· *im* **Glatzer Bergland**
10 Heuscheuer
· *mit der* **Gralsburg**
13 Montsalwatsch
· *in* **Graubünden**
2 Ot
3 Alv, Err
· *im* **Grazer Bergland**
5 Osser
· *in* **Griechenland**
4 Ossa
5 Olymp
· *auf* **Grönland**
5 Forel
· *der* **Haardt (Pfalz)**
6 Kalmit
· *im* **Harz**
7 Brocken
8 Wurmberg
· *im* **Hegau**
10 Hohentwiel
· *bei* **Heidelberg**
11 Koenigstuhl
· *im* **Himalaja**
3 Api
6 Makalu
9 Annapurna, Nand a Devi
10 Dhaulagiri
11 Gaurisankar, Nanga Parbat
12 Mount Everest
13 Kangchenjunga
· *der* **Hohen Tauern**
6 Hafner
7 Ankogel
· *im* **Hunsrück**
9 Erbeskopf
· *des* **Ida-Gebirges (Kreta)**
5 Leuka
· *in* **Indien**
3 Abu
· *in* **Indonesien**
3 Awu
· *bei* **Innsbruck**
4 Isel
8 Solstein
9 Hafelekar
13 Patscherkofel
· *in* **Irland**
6 Nephin
· *auf* **Ischia**
6 Epomeo
· *auf* **Island**
5 Askja, Hekla
11 Bardarbunga
· *in* **Japan**
3 Aso

- *in* **Jerusalem**
  4 Zion
  7 Oelberg
  8 Golgatha
- *in* **Kalifornien**
  11 Mount Wilson
  12 Mount Palomar
- *in* **Kanada**
  5 Logan
- *im* **Kanton Bern**
  6 Gurten
- *bei* **Kapstadt**
  9 Tafelberg
- *im* **Karakorum**
  7 Dapsang
- *in den* **Karawanken**
  8 Hochobir
- *bei* **Kassel**
  8 Meissner
- *im* **Kaukasus**
  6 Elbrus, Kasbek
- *bei* **Kitzbühel**
  10 Hahnenkamm
- *der* **Klöster**
  5 Athos
- *bei* **Königswinter**
  11 Drachenfels
- *in den* **Kordilleren**
  7 Illampu
- *auf* **Korsika**
  5 Cinto
- *auf* **Kreta**
  3 Ida
- *auf* **Kuba**
  8 Turquino
- *bei* **Landsberg/Warthe**
  5 Klams
- *im* **Lausitzer Gebirge**
  7 Lausche
  9 Czornebog, Czorneboh
- *bei* **Lugano**
  3 Bre
- *bei* **Luzern**
  4 Rigi
  7 Pilatus
- *auf* **Madeira**
  5 Ruivo
- *auf* **Mallorca**
  9 Puig Mayor
- *in* **Mittelitalien**
  12 Monte Cassino
- *in* **Oberschlesien**
  8 Annaberg
- *bei* **Oberstdorf**
  9 Nebelhorn
- *im* **Odenwald**
  7 Malchen
  9 Melibokus
  11 Koenigstuhl
  12 Katzenbuckel
- *in* **Ostafrika**
  4 Meru
- *in* **Palästina**
  5 Tabor
- *auf den* **Philippinen**
  3 Apo
  5 Mayon
  9 Malaspina
- *im* **Pindos**
  6 Lakmos
- *in den* **Pyrenäen**
  5 Aneto
- *am* **Rhein**
  11 Drachenfels
- *in der* **Rhön**
  11 Wasserkuppe
- *im* **Riesengebirge**
  6 Kynast
  10 Sturmhaube
  11 Schneekoppe
- *bei* **Rio de Janeiro**
  9 Zuckerhut
- *in* **Rumänien**
  6 Nemira
- *bei* **Salzburg**
  8 Gaisberg
  10 Untersberg
- *der* **Salzburger Kalkalpen**
  11 Moenchsberg
- *bei* **Samaden**
  2 Ot
- *bei* **Sankt Moritz**
  3 Err
- *im* **Säntisgebirge**
  7 Saentis
- *auf* **Sardinien**
  3 Ala
- *in* **Schottland**
  6 Lomond
  8 Ben Nevis
- *im* **Schwarzwald**
  6 Blauen, Kandel
  7 Belchen, Kniebis
  8 Feldberg, Hornkopf
  12 Herzogenhorn, Hornisgrinde, Schauinsland
- *in der* **Schweiz**
  5 Mythe, Vorab
  8 Wildhorn
  9 Bella Tola, Hausstock, Oldenhorn, Weisshorn
  10 Sustenhorn
  11 Aletschhorn, Blinnenhorn, Ringelspitz, Wildstrubel
- *im* **Siebengebirge**
  11 Drachenfels
- *auf* **Sizilien**
  5 Aetna, Lauro
- *im* **Spessart**
  10 Geiersberg, Hahnenkamm
- *auf* **Sri Lanka** (Ceylon)
  8 Adamspik
  9 Adams Peak
  14 Piturutalagala
- *in* **Südtirol**
  4 Lana
  6 Ortler
- *auf* **Sumatra**
  5 Dempo
  6 Leuser
  8 Kerintji
- *im* **Taunus**
  8 Feldberg
- *im* **Taurus**
  3 Ala
- *im* **Teutoburger Wald**
  9 Bielstein
  10 Grotenburg
- *im* **Thüringer Wald**
  10 Kickelhahn
- *in der* **Toskana**
  6 Amiata
- *in der* **Türkei**
  6 Ararat, Bozdag
- *in der* **Venedigergruppe**
  16 Dreiherrenspitze
- *am* **Vierwaldstättersee**
  4 Rigi
- *in den* **Vogesen**
  7 Belchen, Hohneck
  14 Grosser Belchen, Kleiner Belchen
- *im* **Wettersteingebirge**
  8 Kreuzeck
  9 Alpspitze, Zugspitze
- *bei* **Wien**
  10 Kahlenberg
  12 Leopoldsberg
- *bei* **Zell am See**
  13 Kitzsteinhorn
  14 Schmittenhoehe

B

· *im* **Zentralmassiv**
9 Puy de Dome
· *bei* **Zermatt**
10 Matterhorn
· *der* **Zillertaler Alpen**
7 Olperer
· *bei* **Zürich**
5 Albis
Bergabhang
5 Halde, Leite
Bergarbeiter
5 Hauer
6 Knappe, Kumpel, Mineur
8 Bergmann
10 Bergknappe
Bergbahn
4 Lift
6 Aufzug
7 Skilift
8 Babylift, Seilbahn
10 Gondellift, Sessellift
11 Kabinenbahn, Schlepplift, Schwebebahn, Zahnradbahn
13 Drahtseilbahn
Bergbau betreffend
6 montan
Bergbauanlage
4 Kaue, Mine
5 Floez, Grube, Halde, Lutte, Pumpe, Streb, Zeche
7 Querbau, Rutsche, Schacht, Stollen, Tagebau, Versatz
8 Bausohle, Bohrloch, Strebbau, Tuebbing
9 Berghalde, Bremsberg
10 Querschlag
11 Foerderband, Foerderkorb, Foerderturm
12 Foerdersohle
13 Wetterschacht
Bergbaugerät
4 Haue
5 Eisen
8 Schaufel
9 Bergbarte, Schlaegel
10 Bohrhammer
11 Wetterlampe
12 Pickelhammer
15 Schraemmaschine
Bergblume
6 Arnika, Enzian
9 Alpenrose, Edelweiss
Bergdrache
10 Tatzelwurm
Bergdurchstich
6 Tunnel
Bergeinschnitt
3 Kar, Tal
5 Cañon, Klamm
8 Schlucht
Bergfenchel
5 Sesel
Bergfried
6 Donjon
8 Belfried, Burgturm, Wehrturm
9 Hauptturm
Berggasthof
5 Baude
6 Huette
10 Schutzhaus
12 Schutzhuette
Berggeist
4 Gnom
5 Troll
Berggipfelform
5 Kegel, Kofel, Kogel, Kuppe
Berggruppe
7 Gebirge
Berggruppe ...
· *im* **Berner Oberland**
11 Bluemlisalp
· *bei* **Budapest**
5 Matra
· *der* **Dolomiten**
10 Drei Zinnen
11 Rosengarten
· *in* **Graubünden**
5 Adula
· *in den* **österreichischen Alpen**
6 Tauern
9 Dolomiten
· *in der* **Pfalz**
11 Donnersberg
Berghang
5 Leite
Bergkamm
4 Grat
Bergkammlinie
4 Grat
Bergkammlinien
4 Grat
Bergkegel
5 Kuppe
Bergkiefer
4 Arve
7 Latsche
9 Legfoehre
Bergkloster ...
· *in* **Bulgarien**
4 Rila
· *in* **Griechenland**
5 Athos
7 Meteora
· *in* **Italien**
12 Monte Cassino
Bergland ...
· *im* **Allgäu**
7 Adeberg
· *in* **Belgien**
8 Ardennen
· *zwischen* **Erzgebirge und Lausitz**
19 Elbsandsteingebirge
· *in* **Frankreich**
6 Morvan
13 Zentralmassiv
· *im* **Mainviereck**
8 Spessart
· *in* **Namibia**
5 Otavi, Otawi
· *am* **Oberrhein**
8 Odenwald
11 Kaiserstuhl
· *in* **Schottland**
5 Morar
· *der* **USA**
10 Black Hills
· *in* **Vorarlberg**
13 Bregenzer Wald
Berglöwe
4 Puma
bergmännisch für ...
· **enge Kluft**
5 Liese
· **Tiefe**
5 Teufe
bergmännisch(e, er, es) ...
· **Begriff**
3 Ort
4 Ader, Berg, Feld, Gang, Haue, Hund, Hunt, Kaue, Korb, Last, Mine, Seil, taub
5 Abbau, Bruch, Fahrt, Floez, Halde, Hauer, Lampe, Liese, Sohle, Streb, Teufe, Zeche
6 Abraum, Gezaeh, Knappe, Knauer, Mutung, Schurf, Schurz, vor Ort, Wetter

7 Anfahrt, Bergrat, Blaeser, Gebrech, Gezaehe, Huthaus, Laugung, Querbau, Schicht, Stempel, Stollen, Strecke, Tagebau, Versatz
8 Abteufen, Ausfahrt, Bausohle, Bergmann, Bergwerk, Bohrloch, Fahrturm, Fuellort, Geleucht, Keilhaue, Seilkorb, Strebbau, ueber Tag, unter Tag, Vortrieb
9 Abteufung, Bergeisen, Berghalde, Bergleder, Bergrecht, Bergregal, Drahtseil, Geleuchte, Gewinnung, Grubenbau, Grubengas, Pechkohle, Sohlenbau, Sprengung, Strebebau

· **Beruf**
5 Hauer
6 Knappe, Kumpel
7 Bergrat, Steiger
8 Bergmann
11 Fahrsteiger, Foerdermann, Oberbergrat, Obersteiger
12 Bergassessor, Markscheider
13 Bergtechniker, Wettersteiger
14 Elektrosteiger, Schachtsteiger, Schiesssteiger
16 Maschinensteiger
18 Elektrofahrsteiger

· **Gruß**
9 Glueckauf

· **Längenmaß**
7 Lachter

· **Sozialversicherung**
11 Knappschaft

Bergmassiv
5 Stock

Bergmassiv ...
· *in* **Graubünden**
3 Err
· *am* **Isonzo**
3 Kru
· *im* **Kanton Wallis**
6 Collon
· *in* **Südtirol**
9 Dolomiten

Bergnymphe
6 Oreade

Bergpfad
5 Steig, Stieg
8 Saumpfad

Bergrücken
4 Grat, Kamm
5 Kegel, Kuppe

Bergrücken ...
· *der* **Glarner Alpen**
5 Etzel
· *am* **Rhein**
10 Niederwald
· *an der* **Weser**
7 Suentel
· *zwischen* **Weser und Leine**
3 Ith
· *am* **Zürcher See**
5 Albis

Bergschlucht
5 Klamm

Bergspitze
3 Pic, Pik, Piz
4 Horn, Peak, Pico
6 Gipfel

Bergstamm ...
· *in* **Ostindien**
5 Kondh
· *in* **Vietnam**
5 Chema

Bergsteigergerät
8 Eishaken

Bergsteigergruppe
10 Seilschaft

Bergstock ...
· *in den* **Abruzzen**
9 Gran Sasso
· *der* **Albula-Alpen**
3 Err
· *der* **Berner Alpen**
6 Altels, Titlis
· *im* **Kanton Schwyz**
4 Rigi
· *der* **nördlichen Kalkalpen**
3 Rax
7 Raxalpe
10 Schneeberg
· *der* **Salzburger Kalkalpen**
10 Untersberg
· *im* **Salzkammergut**
9 Schafberg
· *des* **Schwarzwaldes**
7 Kniebis
· *in der* **Schweiz**
3 Err
4 Rigi
5 Moron, Pisoc
6 Alvier
8 Axenberg
· *der* **Silvretta-Gruppe**
5 Tasna
· *in* **Spanien**
10 Montserrat
· *bei* **St. Moritz**
3 Err
· *der* **Stubaier Alpen**
5 Saile
· *am* **Vättersee**
6 Omberg

Bergübergang
4 Joch, Pass
5 Toerl
7 Scharte

Berg-und-Tal-Bahn
10 Achterbahn

Bergung aus Gefahr
7 Rettung

Bergungsschlitten
4 Akia, Akja

Bergweide
3 Alm, Alp
4 Alpe
5 Matte

Bergwerksanlage
4 Gang, Mine
5 Grube, Zeche
7 Schacht, Stollen

Bergwerksaufzug
11 Foerderkorb

Bergwiese
4 Alpe

Bergwild
4 Gams
5 Gemse
6 Gaemse
9 Steinbock

Bergzacke
5 Zinne

Bergziege
4 Gams
5 Gemse
6 Gaemse

Bergzug ...
· *bei* **Braunschweig**
3 Elm
· *an der* **Elbe**
19 Elbsandsteingebirge

B

· *in* **Rheinland-Pfalz**
6 Haardt
· *in der* **Steiermark**
16 Fischbacher Alpen
· *an der* **Weser**
12 Wesergebirge
13 Weserbergland
Bericht
4 Avis
6 Exposé, Report
7 Exposee, Meldung, Rapport, Referat
8 Bulletin
9 Reportage
10 Erzaehlung, Mitteilung
11 Darstellung, Information, Sachvortrag, Schilderung
Berichterstatter
8 Chronist, Referent, Reporter, Sprecher
9 Erzaehler
10 Journalist
13 Korrespondent
Berichterstattung
7 Referat, Vortrag
9 Reportage
11 Information
Berichtigung
7 Dementi
9 Korrektur
Berieselung zum Feuerschutz
9 Sprinkler
Berittener
6 Reiter
Berliner ...
· **Arzt**
7 Virchow
8 Hufeland
10 Sauerbruch
· **Autorennbahn**
4 Avus
· **Bauwerk**
8 Funkturm, Zeughaus
9 Reichstag
10 Staatsoper
12 Siegessaeule
14 Olympiastadion
16 Brandenburger Tor, Deutschlandhalle
17 Gedaechtniskirche
· **Bierart**
6 Weisse
· **Bürgermeister**
4 Suhr
5 Vogel
6 Brandt, Momper, Reuter, Stobbe
7 Albertz, Diepgen, Schuetz
8 Wowereit
11 Weizsaecker
· **Eckensteher**
3 Ede
5 Nante
· **Flughafen**
5 Gatow, Tegel
11 Schoenefeld
· **Fluss**
5 Havel, Spree
· **Gewässer**
7 Wannsee
· **Glas Bier**
5 Molle
· **Hautarzt**
6 Lassar
· **Hotel**
5 Adlon
9 Kempinski
· **Kabarettist**
5 Neuss
6 Gruner
· **kleiner Junge**
7 Steppke
· **Komiker**
5 Carow
· **Komponist**
5 Kollo
6 Lincke, Meisel, Nelson
8 Kuenneke
· **Krankenhaus**
7 Charité
· **Maler**
5 Kolbe, Zille
6 Koenig
7 Blechen
8 Hosemann
10 Liebermann
· **Operettenkomponist**
5 Kollo
6 Lincke
8 Kuenneke
· **Original**
5 Nante
· **Pfannkuchen**
7 Krapfen
· **Platz**
4 Alex
· **Promenadenstraße**
6 Kudamm
14 Unter den Linden
15 Kurfuerstendamm
· **Regierung**
5 Senat
· **Schlagersänger**
6 Buhlan
· **Schriftsteller**
8 Schnurre
· **Sender**
3 SFB
4 Rias
· **Spezialität**
5 Molle
6 Weisse
7 Bulette, Eisbein
9 Weissbier
15 Weisse mit Schuss
· **Spitzname**
3 Ede
· **Sportanlage**
4 Avus
14 Olympiastadion
· **Sportverein**
6 Hertha
· **Stadtteil**
5 Tegel
6 Pankow
7 Spandau, Treptow, Wedding
8 Steglitz
9 Koepenick, Kreuzberg, Neukoelln, Tempelhof
10 Mariendorf, Tiergarten, Weissensee, Zehlendorf
11 Lichtenberg, Schoeneberg, Wilmersdorf
12 Blankenfelde, Lichterfelde
13 Reinickendorf
14 Charlottenburg, Friedrichshain, Prenzlauer Berg
· **Straße** (Kurzwort)
6 Kudamm
· **Symbolfigur**
4 Baer
8 Berolina
· **Wahrzeichen**
8 Funkturm
· **Wappentier**
4 Baer
· **Witzfigur** ▶ Eckensteher
· **Wort für naseweises kleines Mädchen**
5 Goere

· **Zeichner**
5 Zille
Berliner Promifriseur
4 Walz
berlinerisch für prima
6 knorke
Berner ...
· **Alpenpass**
5 Gemmi
· **Landschaft**
8 Emmental
Bernina-Alpengipfel
5 Palue
8 Piz Palue
Bernina-Alpengletscher
5 Roseg
berüchtigt
6 gemein
8 schlecht, verrufen
Beruf
3 Job
4 Fach
5 Stand
6 Arbeit, Metier
7 Gewerbe
10 Profession, Taetigkeit
Beruf ...
· *im* **Baugewerbe**
5 Maler
6 Gipser, Glaser, Maurer, Polier
7 Monteur
8 Klempner, Spengler, Statiker, Tischler, Zimmerer
9 Architekt, Rohrleger, Schlosser, Schreiner, Steinmetz
10 Baufuehrer, Dachdecker, Elektriker, Handwerker, Ofensetzer, Pflasterer, Stuckateur, Tapezierer, Zimmermann
11 Anstreicher, Bauarbeiter, Bautischler, Kaminsetzer, Kranfuehrer, Steinsetzer
12 Bauschlosser, Betongiesser, Fliesenleger, Geruestbauer, Installateur, Maurerpolier, Parkettleger, Plattenleger, Zimmerpolier
14 Elektromonteur
15 Heizungsmonteur
· *in der* **Chemie**
8 Laborant
· *im* **Einzelhandel**
11 Marktleiter
· *der* **Feinmechanik**
9 Uhrmacher
· *in* **Forschung, Unterricht oder Wissenschaft**
7 Geograf, Geologe, Oekonom, Zoologe
8 Astronom, Chemiker, Erfinder, Erzieher, Forscher, Geograph, Laborant, Physiker, Theologe
9 Botaniker, Ingenieur, Mediziner, Paedagoge, Philologe, Philosoph, Soziologe
10 Historiker, Mineraloge, Pharmazeut, Psychiater
11 Archaeologe, Biochemiker, Statistiker
12 Atomphysiker, Bibliothekar, Privatdozent
15 Diplomingenieur
· *der* **Gastronomie**
4 Koch, Ober
7 Kellner
8 Barmixer
9 Bedienung, Gastronom, Kellnerin
· *im* **Gesundheitswesen**
4 Arzt
7 Chirurg, Dentist, Drogist, Hebamme, Masseur, Pfleger, Urologe
8 Allopath, Laborant, Tierarzt, Zahnarzt
9 Apotheker, Augenarzt, Internist, Mediziner, Neurologe, Paediater
10 Frauenarzt, Homoeopath, Orthopaede, Pharmazeut, Psychiater, Sanitaeter, Veterinaer
11 Dermatologe, Gynaekologe
12 Anaesthesist, Pharmakologe
13 Heilpraktiker, Roentgenologe
14 Lungenfacharzt
15 Psychotherapeut
16 Krankenschwester
· *im* **grafischen Gewerbe**
15 Mediengestalter
· *in der* **Holzindustrie**
7 Fraeser
8 Floesser, Foerster, Tischler
9 Boettcher, Drechsler, Forstwart, Schnitzer, Schreiner
10 Fassbinder, Zimmermann
11 Holzfaeller, Stellmacher
12 Forstmeister, Oberfoerster, Waldarbeiter
14 Revierfoerster
· *in der* **Kunst**
5 Maler
6 Geiger
7 Cellist, Dichter, Literat, Musiker, Pianist, Saenger, Statist, Taenzer
8 Dirigent, Essayist, Kritiker, Organist
9 Architekt, Arrangeur, Bildhauer, Komponist, Regisseur, Repetitor, Romancier
10 Choreograf, Kunstmaler, Librettist, Tanzlehrer
11 Choreograph, Restaurator
12 Gesanglehrer, Opernsaenger, Schauspieler
13 Feuilletonist
14 Ballettmeister, Schriftsteller
15 Instrumentalist
· *in der* **Lederindustrie**
6 Gerber
7 Sattler
8 Schuster
9 Lohgerber, Taeschner, Zurichter
10 Kuerschner
11 Schuhmacher
· *in der* **Metallindustrie**
6 Dreher, Former, Nieter, Walzer
7 Fraeser, Giesser, Monteur, Schmied, Wickler
8 Klempner, Spengler
9 Emailleur, Lackierer, Schleifer, Schlosser
10 Schweisser
11 Feilenhauer, Galvaniseur
13 Autoschlosser
14 Werkzeugmacher

B

- *im* **Modebereich**
  8 Topmodel
- *in der* **Nahrungsmittelindustrie**
  7 Baecker, Metzger, Selcher
  8 Konditor
  9 Fleischer
  10 Schlachter
  12 Fleischhauer
  20 Lebensmittelhaendler
- *im* **Presse- oder Verlagswesen**
  5 Autor
  6 Lektor
  7 Drucker
  8 Archivar, Fotograf, Kritiker, Layouter, Reporter, Verleger, Zeichner
  9 Disponent, Expedient, Kolumnist, Korrektor, Lithograf, Publizist, Redakteur, Stenograf
  10 Hersteller, Journalist, Lithograph, Photograph, Retuscheur, Stenograph
  11 Akquisiteur, Buchdrucker, Ghostwriter, Illustrator, Sortimenter
  12 Bildreporter, Buchhaendler, Karikaturist
  13 Bildredakteur, Korrespondent
  15 Verlagskaufmann
- *im* **Rechtswesen**
  5 Notar
  6 Anwalt, Jurist
  7 Advokat, Richter
  8 Assessor, Syndikus
  9 Beisitzer
  10 Referendar
  11 Treuhaender
  12 Patentanwalt, Rechtsanwalt, Staatsanwalt
  14 Gerichtsdiener
  15 Kriminalbeamter
  18 Gerichtsvollzieher
- *der* **Schönheitspflege**
  18 Diplomkosmetikerin
- *in der* **Textilindustrie**
  5 Weber
  6 Naeher, Wirker
  7 Buegler, Faerber, Spinner, Stepper, Sticker
  8 Stricker
  9 Appreteur, Hutmacher, Kloeppler, Leinweber, Schneider, Zurichter
  11 Knopfmacher, Zuschneider
  13 Strumpfwirker
- *im* **Tourismus**
  11 Reiseleiter
- *im* **Transport- oder Verkehrswesen**
  5 Lotse, Pilot
  6 Fahrer, Reeder
  7 Flieger, Monteur, Seemann, Steward
  8 Schiffer
  9 Chauffeur, Schaffner, Spediteur
  10 Dienstmann, Fahrlehrer, Fernfahrer, Taxifahrer, Zugfuehrer
  11 Eisenbahner, Zollbeamter
  12 Parkwaechter, Zugbegleiter
  14 Bordmechaniker, Strassenbahner
  16 Lokomotivfuehrer
- *in der* **Unterhaltungsbranche**
  5 Autor, Clown
  6 Akteur, Artist, Cutter, Solist
  7 Ansager, Komiker, Musiker, Saenger, Statist, Taenzer
  8 Dirigent, Humorist, Komparse, Reporter, Sprecher
  9 Arrangeur, Dramaturg, Intendant, Kassierer, Komponist, Moderator, Operateur, Produzent, Redakteur, Regisseur, Repetitor, Souffleur, Verleiher
  10 Ausstatter, Beleuchter, Choreograf, Darsteller, Discjockey, Diskjockey, Impresario, Inspizient, Kameramann, Librettist, Quizmaster, Tonmeister, Vorfuehrer
  11 Bildmischer, Chansonnier, Choreograph, Chorsaenger, Garderobier, Kabarettist, Kassiererin, Requisiteur, Solotaenzer, Spielleiter, Tanzmeister
  12 Buehnenmaler, Conférencier, Korrepetitor, Opernsaenger, Schauspieler, Toningenieur, Tonschneider, Tontechniker, Trickmeister
  13 Bildregisseur, Bildschneider, Bildtechniker, Drehbuchautor, Kapellmeister, Maskenbildner, Radiosprecher
  14 Aufnahmeleiter, Ballettmeister, Buehnenbildner, Konzertmeister
- *in der* **Werbung**
  10 Fotomodell

beruflich
13 professionell

berufliche Arbeit
6 Dienst

beruflicher ...
- **Aufstieg**
  14 Karriereleiter
- **Fachhelfer**
  7 Berater

Berufsanwärter
9 Volontaer

Berufsausbildung
5 Lehre

Berufserfahrung
6 Praxis

Berufsfußballspieler
5 Profi
13 Lizenzspieler

Berufskraftfahrer
9 Chauffeur

berufsmäßig
13 professionell

Berufssportler
5 Profi
12 Professional

Berufsstand
10 Handwerker

Berufstätigkeit
6 Arbeit, Erwerb
17 Erwerbstaetigkeit

Berufsverband
5 Gilde, Zunft
6 Innung
11 Vereinigung
12 Gemeinschaft, Gewerkschaft
14 Genossenschaft

Berufung
6 Rekurs
7 Hinweis
9 Ernennung
10 Bestallung, Einsetzung
11 Appellation
beruhigendes Verhalten von Kleinkindern
14 Daumenlutschen
Beruhigungsmittel
4 Brom
6 Kodein
7 Sedativ
8 Baldrian, Laudanum, Morphium
9 Sedativum
12 Tranquilizer
berühmt
7 bekannt, namhaft
8 illuster, populaer
9 prominent
10 renommiert
berühmt(e, er, es) ...
· **Bergsteiger**
7 Trenker
· **Chirurg**
10 Sauerbruch
· **Clown**
5 Grock, Rivel
12 Charlie Rivel
· **englische Würztunke**
14 Worcestersosse
· **Sohn Greifswalds**
20 Caspardavidfriedrich
Berühmtheit
9 Prominenz
Berühmtheiten, Promis
5 Stars
berühren
8 anfassen
Berührung
7 Kontakt
13 Fuehlungnahme
Berührungsempfinden
8 Tastsinn
Berührungslinie
8 Tangente
Berührungsschalter
6 Sensor
Berührungsverbot
4 Tabu
Besatz
4 Gorl
5 Biese, Borte, Galon, Gimpe, Litze
6 Franse, Galone, Paspel, Quaste, Schnur, Spitze, Tresse, Volant
7 Ruesche
8 Borduere, Garnitur, Posament
Besatzstreifen an Uniformen
6 Tresse
Besatzung
4 Crew
8 Garnison
9 Bemannung
10 Mannschaft
beschädigt
6 defekt, kaputt
8 laediert, versehrt
10 ramponiert
beschädigtes ...
· **Buch**
10 Remittende
· **Schiff**
8 Havarist
Beschädigung
4 Leck, Loch, Riss
5 Bruch, Fleck
6 Defekt
7 Havarie, Schaden
10 Verletzung
Beschädigung im Stoff
4 Riss
Beschaffenheit
3 Art
5 Guete, Weise, Wesen
7 Zustand
9 Charakter, Qualitaet
10 Konsistenz
11 Eigenschaft
12 Konstitution
Beschäftigung
3 Job
6 Arbeit, Erwerb, Metier
8 Handwerk
10 Broterwerb, Taetigkeit
13 Arbeitsstelle
Beschäftigungsstätte
12 Arbeitsplatz
Beschämung
7 Blamage
Beschau
7 Sektion
8 Pruefung, Revision
9 Kontrolle, Musterung
10 Inspektion
12 Besichtigung, Untersuchung
beschaulich
5 ruhig, still
9 idyllisch
10 besinnlich
12 kontemplativ
beschauliche Ruhe
5 Musse
Beschaulichkeit
5 Idyll, Musse
6 Idylle
13 Kontemplation
14 Besinnlichkeit
Beschauzeichen
5 Punze
Bescheid
4 Avis, News, Post
5 Anruf, Kunde
7 Antwort
8 Auskunft
9 Nachricht
10 Mitteilung
11 Information
bescheiden
6 gering, modest
7 einfach, maessig, sittsam
8 demuetig, duerftig
9 genuegsam
11 spartanisch
12 anspruchslos
13 beduerfnislos
Bescheidenheit
13 Genuegsamkeit
Bescheinigung
4 Pass
5 Beleg
6 Attest, Testat
7 Ausweis, Urkunde, Zeugnis
8 Dokument, Quittung
9 Kennkarte
10 Zertifikat
12 Bestaetigung
Beschimpfung
6 Insult
10 Schmaehung
11 Beleidigung
Beschirmerin der Kunst
4 Muse
beschlagen
4 firm
6 kundig
8 versiert

B

9 kompetent
13 kenntnisreich
Beschlagnahme
6 Kaptur
7 Embargo
8 Kaperung
9 Pfaendung, Sequester
10 Einziehung
12 Konfiskation
13 Sequestration
Beschleuniger ...
· *für* **Elementarteilchen**
8 Betatron
9 Zyklotron
11 Synchrotron
beschleunigt
5 eilig, rasch
7 eilends, express, schnell
beschleunigte Fracht
6 Eilgut
beschließende Körperschaft
3 Rat
Beschluss
6 Dekret
9 Anordnung, Entscheid
10 Resolution, Verfuegung, Verordnung
12 Entscheidung
Beschlussvorschlag
6 Antrag
beschränken
8 einengen
9 begrenzen
10 limitieren, reduzieren
beschränkend
10 restriktiv
beschränkt
3 eng
4 dumm
8 borniert
9 limitiert
beschränkte Studienzulassung
14 Numerus clausus
Beschränkung
4 Mass
5 Limit
6 Grenze
7 Maximum, Minimum
9 Einengung, Reduktion
10 Limitation
11 Limitierung, Maessigkeit, Restriktion
12 Begrenztheit
beschreibende ...
· **Völkerkunde**
11 Ethnografie
12 Ethnographie
Beschreibung
6 Report
7 Bericht
11 Darstellung, Deskription, Schilderung
Beschriftung
4 Text
7 Legende
9 Inschrift
10 Erklaerung
11 Inskription
Beschuldiger
7 Klaeger
Beschuldigter
11 Angeklagter
Beschuldigung
5 Klage
7 Anklage, Vorwurf
12 Bezichtigung
13 Inkrimination
Beschützer
7 Goenner
9 Protektor
10 Schirmherr, Schutzherr
Beschützerin
4 Muse
8 Patronin
Beschützter
7 Protégé
10 Guenstling
Beschwerde
4 Last, Veto
5 Klage, Plage, Uebel
6 Leiden, Rekurs
7 Muehsal, Schmerz
9 Einspruch
11 Reklamation
Beschwerdeführer
9 Reklamant
beschwerlich
7 laestig, muehsam
9 muehevoll
11 anstrengend, strapazioes
Beschwerlichkeit
8 Strapaze
Beschwörungsformel
11 Abrakadabra
Beseitigung
8 Behebung
11 Elimination
Beseitigung von Missständen
7 Abhilfe
Besen
5 Feger
9 Handfeger
Besenginster
10 Brahmbusch
besessen
6 gierig
Besessenheit
4 Gier
5 Sucht
7 Ekstase, Passion
11 Verzueckung
12 Leidenschaft
13 Abhaengigkeit
besetzt
4 voll
6 belegt
8 verziert
9 okkupiert
11 geschmueckt
Besetzung
8 Einnahme
9 Eroberung
10 Okkupation
16 Rollenverteilung
Besichtigung
10 Inspektion, Visitation
besinnlich
9 idyllisch
11 beschaulich
12 kontemplativ, nachdenklich
besinnliche Mußezeit
8 Festtage
besinnliches Ende
8 Ausklang
besinnungslos
11 ohnmaechtig
Besitz
3 Gut, Hof
4 Habe, Wert
7 Anwesen
8 Eigentum
9 Vermoegen
11 Grundstueck, Territorium
Besitz eigener vier Wände
16 Eigentumswohnung
besitzanzeigendes ...
· **Fürwort**
3 ihr
4 dein, euer, ihre, mein, sein
5 deine, ihrer, meine, unser

besitzen
5 haben
Besitzentzug
10 Enteignung
Besitzer
4 Erbe, Herr
6 Eigner, Patron
7 Inhaber
8 Hausherr, Hauswirt
11 Eigentuemer
Besitzer ...
· *eines* **Herrenhauses**
11 Schlossherr
· **industrieller Anteilscheine**
9 Aktionaer
· *einer* **Kunstausstellung**
8 Galerist
· *eines* **Lokals**
8 Gastwirt
· *des* **Nibelungenhorts**
9 Siegfried
Besitzergreifung
4 Raub
9 Aneignung, Diebstahl
10 Erbantritt, Okkupation, Usurpation
Besitzform im Mittelalter
5 Lehen
Besitzlosigkeit
5 Armut
Besitznachfolger
4 Erbe
Besitztum ...
· *eines* **Winzers**
7 Weingut, Wingert
Besoldung
4 Gage, Lohn
6 Gehalt, Salaer
7 Entgelt, Honorar
9 Einkommen, Verdienst
10 Verguetung
besonder(e, er, es) ...
· **Anlage**
4 Gabe
· **Ansehen**
6 Nimbus
· **Art einer Gattung**
7 Spezies
· **Ausstrahlung**
4 Aura
8 Charisma
· **Entspannungsmaßnahme**
18 Reflexzonenmassage
· **Form des Sauerstoffs**
4 Ozon
· **Note**
8 Gepraege
· **Schnelligkeit**
8 Eiltempo
· **Tag**
7 Festtag
· **Wesenszug einer Person**
8 Eigenart
Besonderheit
5 Abart
7 Merkmal, Version
8 Ausnahme, Eigenart, Original, Raritaet, Variante
9 Eigenheit, Varietaet
10 Abweichung, Seltenheit
11 Spezifitaet
12 Spezialitaet
13 Exklusivitaet, Originalitaet, Singularitaet
15 Individualitaet
besonders
4 sehr
5 apart, extra
6 betont, eigens
8 exklusiv, reizvoll, speziell
13 eigentuemlich
besonders ...
· **guter Rebensaft**
15 Jahrhundertwein
· **starke Verteidigung**
11 Abwehrblock
· **wertvoll**
4 edel
Bespannung einer Trommel
4 Fell
Besprechung
9 Rezension
10 Diskussion, Wuerdigung
11 Eroerterung, Unterredung
Besserung
4 Heil
Besserwisser
8 Meckerer, Noergler
10 Rechthaber
13 Neunmalkluger
best(e, er, es) ...
· **Schulnote**
4 Eins
· **Teil einer Speise**
14 Gustostueckerl
· **Zeugnisnote**
4 eins
· **Zimtsorte**
6 Kaneel
Bestallung
11 Approbation
Bestallungsurkunde
6 Patent
Bestand
3 Ist
5 Dauer, Lager
6 Status, Vorrat
8 Inventar
9 Ruecklage
12 Fortbestehen
beständig
4 stet, treu
6 stabil, stetig
8 konstant
9 dauerhaft
10 ausdauernd
12 zuverlaessig
14 gleich bleibend
Beständigkeit
5 Dauer
11 Stabilitaet
12 Kontinuitaet
Bestandsaufnahme
8 Inventur
Bestandteil
5 Glied, Zutat
6 Anteil, Detail, Stueck
8 Zubehoer
10 Einzelheit, Ingrediens, Ingredienz, Komponente
Bestandteil ...
· *des* **Atomkerns**
6 Proton
7 Neutron
· *von* **Backwaren**
4 Mehl
· *des* **Bestecks**
5 Gabel
6 Messer
7 Loeffel
10 Obstmesser, Teeloeffel
11 Fischmesser, Tortengabel
13 Dessertmesser
· *des* **Bienenwachses**
5 Zerin
· *des* **Blutes**
5 Serum
6 Plasma, Wasser
10 Erythrozyt, Leukozyten
11 Haemoglobin

B

13 Blutfarbstoff
15 Blutkoerperchen
· *des* **Eies**
6 Dotter, Eigelb, Eiklar, Schale
7 Eiweiss
· *der* **Erdatmosphäre**
4 Luft, Neon, Ozon
5 Argon, Xenon
6 Helium
10 Sauerstoff, Stickstoff
11 Wasserdampf, Wasserstoff
12 Kohlendioxid
· *der* **Erdkruste**
7 Mineral
· *der* **fetten Öle**
5 Olein
· *vieler* **Flussnamen**
4 Ache
· *von* **Früchten**
4 Kern, Saft
6 Schale
· *der* **Galle**
5 Bilin
· *eines* **Ganzen**
4 Teil
10 Komponente
· *des* **Kaffees**
7 Koffein
· *des* **Kamillenöls**
6 Azulen
· *des* **Kokablattes**
6 Kokain
· *der* **Luft**
10 Sauerstoff, Stickstoff
· *des* **Magensaftes**
6 Pepsin
· *der* **Milch**
4 Rahm
· *der* **Nahrung**
13 Ballaststoffe
· *der* **Öle**
8 Geraniol
· *der* **Ölfarbe**
6 Firnis
9 Terpentin
· *des* **Opiums**
6 Kodein
7 Morphin
8 Morphium, Narkotin
· *des* **Pfefferminzöls**
7 Menthol
· *der* **Röhrenknochen**
4 Mark
· *der* **Schokolade**
5 Kakao, Milch
· *von* **schottischen Namen**
2 Mc
3 Mac
· *des* **Tabaks**
7 Nikotin
· *des* **Tees**
4 Tein
· *der* **Zelle**
4 Kern
· *des* **Zellkerns** (Abkürzung)
3 DNS
9 Chromosom

Bestandteil eines Geduldspieles
10 Puzzleteil

Bestärkung
11 Affirmation
12 Bestaetigung
13 Bekraeftigung

Bestätigung
6 Attest, Placet, Plazet
8 Quittung
10 Zustimmung
11 Affirmation, Approbation
12 Konfirmation, Ratifikation
13 Bescheinigung

bestatten ► beerdigen

Bestattungsgefäß
4 Urne

Bestattungsschrein
4 Sarg

Bestattungsstätte
4 Grab

Bestattungsunternehmen
19 Beerdigungsinstitut

beste Phase für neue Setzlinge
10 Pflanzzeit

bestechlich
7 korrupt
9 kaeuflich
11 korrumpiert

Bestechungsgeld im Orient
10 Bakschisch

Bestechungsskandal
18 Korruptionsaffaere

Besteck für Reis-, Nudelgerichte
12 Essstaebchen

Besteckteil
5 Gabel
6 Messer
7 Loeffel
10 Essloeffel
11 Kuchengabel
13 Sossenloeffel

bestehen
4 sein

bestehend
8 existent
9 vorhanden

bestellen einer Ware
6 ordern

Besteller von Waren
12 Auftraggeber

bestellter Pfleger
7 Kurator

Bestellung
5 Order
7 Auftrag
9 Nachricht
10 Feldarbeit, Kommission
11 Anforderung

Bestellung an das Christkind
12 Wunschzettel

Bestenauslese
5 Elite

bestens
5 prima
7 optimal
9 exzellent
11 erstklassig

bestens ausgestattet
6 de luxe

Bester
6 Erster, Sieger

Bestfall
7 Optimum

bestialisch
3 roh
6 brutal, gemein
7 grausam
8 viehisch
10 vandalisch
12 unmenschlich
13 fuerchterlich

Bestie
6 Untier
7 Rohling
8 Raubtier, Unmensch
9 Ungeheuer

bestimmend
14 determinierend

bestimmender Erbfaktor
3 Gen

B

bestimmt
3 fix
4 fest
6 gewiss, sicher
9 abgemacht, definiert, energisch
10 festgelegt, garantiert, vereinbart
11 festgesetzt, kategorisch
14 unabaenderlich

bestimmt(e, er, es) ...
· **Anteil**
6 Achtel
7 Drittel, Neuntel, Siebtel, Viertel
· **Augenkontakt**
11 Seitenblick
· **Ausdrucksform**
8 Popkunst
· **Backmasse**
8 Hefeteig
· **Backwerk**
11 Speckkuchen
· **Blumenbukett**
13 Nelkenstrauss
· **Bücher**
13 Fachliteratur
· **deutscher Artikel**
3 das, der, die
· **englischer Artikel**
3 the
· **Ernährungsform**
9 Trennkost
· **Erzieher**
11 Pflegevater
· **Essgefäße**
20 Fruehstuecksgeschirr
· **Fleischstück**
13 Schweinebauch
· **französischer Artikel**
2 la, le
3 les
· **Frisiergerät**
9 Stielkamm
· **Fußbekleidung**
14 Stulpenstiefel
· **Gebäck**
11 Quarkkuchen
· **Gebäudeabdeckung**
10 Ziegeldach
· **Gemüseanbaufläche**
8 Hochbeet
· **Gerät auf Spielplätzen**
14 Klettergeruest
· **Geschmeide**
12 Nasenschmuck
· **Gewächs auf der Fensterbank**
13 Zimmerpflanze
· **Handelsplatz**
11 Wochenmarkt
· **Herrenunterwäsche**
11 Boxershorts
· **italienischer Artikel**
1 i
2 il, la, le, lo
3 gli
· **Jackett-, Anzugsjacke**
12 Doppelreiher
· **Kaffeeart**
9 Kapuziner
10 Pharisaeer
· **Kalendertag**
5 Datum
· **Kaltspeise**
13 Schinkensalat
· **Klecks**
11 Tintenfleck
· **Konserve**
15 Buechsenfleisch
· **Kontrakt**
11 Mietvertrag
· **Kopfbedeckung**
11 Sportmuetze
· **Leuchte**
11 Haengelampe
· **Mahlzeit**
13 Linsengericht
· **Menge**
4 Mass, Teil, Zahl
5 Dosis
6 Anteil, Anzahl, Partie, Posten
7 Einheit, Quantum
10 Quantitaet
· **Milchprodukt**
9 Kochkaese
· **militärische Kleidung**
15 Generalsuniform
· **Nahrungsmittel**
13 Frischgemuese
· **Obst für die Saftverarbeitung**
9 Mostbirne
· **Ort**
4 Ziel
5 Lokus, Punkt, Start
6 Stelle
· **Pappschachtel**
11 Schuhkarton
· **Regal**
11 Buecherbord
· **Schüssel**
13 Suppenterrine
· **Sorte**
3 Art
· **spanischer Artikel**
2 el, la
3 las, los
· **Sporenflanze**
12 Blaetterpilz
· **Stück der Kleidung**
8 Oberteil
· **Südfruchtsorte**
10 Kochbanane, Mehlbanane
11 Zwergbanane
· **Tafelgeschirrsatz**
10 Teeservice
· **Tasche**
11 Kollegmappe
· **Tassenart**
13 Schnabeltasse
15 Schnabelhaeferl
· **Teil eines Ganzen**
7 Drittel, Neuntel, Zehntel
· **Temperatur**
12 Gefrierpunkt
· **Trockenpräparat**
13 Suppenwuerfel
· **Wirtschaftsbereich**
10 Baubranche
· **Wolllieferant**
11 Merinoschaf
· **Zeitpunkt**
5 Datum, Frist
6 Moment, Schlag, Termin
10 Augenblick
13 Glockenschlag

Bestimmung
3 Los
5 Fatum, Regel, Zweck
6 Dekret, Erlass, Gesetz, Kismet
7 Analyse, Deutung, Fuegung, Mission, Satzung
9 Anordnung, Reglement, Schicksal
10 Definition, Verfuegung, Verordnung, Vorschrift
15 Praedestination

B

Bestleistung
6 Rekord, Spitze
7 Maximum, Optimum
10 Weltrekord
Bestplatzierte (Sport)
8 Siegerin
Bestrafung
7 Ahndung
11 Zuechtigung
12 Massregelung
Bestrahlungsgerät
10 Quarzlampe
11 Hoehensonne
13 Rotlichtlampe
Bestreben
7 Versuch
9 Bemuehung
bestricken
8 betoeren, umgarnen
Bestseller
3 Hit
6 Renner
7 Reisser
8 Knueller, Schlager
14 Verkaufserfolg
16 Verkaufsschlager
Bestsellerautor
6 Simmel
Bestückung
9 Armierung
Bestückung von Jets mit Proviant
8 Catering
bestürzt
5 starr
6 ratlos
7 perplex
9 betroffen
11 fassungslos
12 konsterniert
Bestwert
7 Maximum, Optimum
11 Hoechstnote
Besuch
5 Logis
6 Visite
Besucher
4 Gast
8 Publikum
9 Zuschauer
Besucher honoris causa
9 Ehrengast
Besucherliste
10 Gaestebuch

betagt
3 alt
7 bejahrt
8 steinalt
betagte ...
· **Person**
4 Alte
5 Alter
betagtes Gebäude
6 Altbau
Betätigung
3 Job, Tun
4 Werk
6 Arbeit
14 Beschaeftigung
Betätigung im Schnee
8 Skisport
betäuben
10 berauschen
13 einschlaefern, narkotisieren
15 chloroformieren
betäubend
14 narkotisierend
betäubt
8 benommen
10 bewusstlos
11 ohnmaechtig
Betäubung
7 Narkose
11 Anaesthesie
Betäubungsmittel
5 Opium
6 Aether
7 Lachgas
10 Chloroform, Narkotikum
Beteiligung
9 Teilnahme
13 Partizipation, Partnerschaft
Beteiligung am Gewinn
8 Tantieme
Betelpalmenfrucht
9 Arekanuss
Beteuerung
3 Eid
6 Schwur
9 Geloebnis
12 Versicherung
betonen
11 hervorheben
12 akzentuieren

betont
4 sehr
5 extra
6 eigens
8 deutlich
9 besonders, pointiert
10 auffallend, ostentativ
11 akzentuiert
13 hervorgehoben
betont ...
· **bequemer Bekleidungstrend**
12 Freizeitmode
· **ungezwungen**
10 burschikos
Betonung
5 Iktus
6 Akzent, Hebung
12 Hervorhebung
13 Akzentuierung
Betonungszeichen
4 Akut
6 Akzent, Gravis
10 Zirkumflex
Betonunterstand
6 Bunker
betören
8 umgarnen
10 bestricken
betörend
7 reizend
8 reizvoll
10 berueckend, bezaubernd
11 entzueckend
14 verfuehrerisch
betrachtend
12 kontemplativ
Betrachter
9 Zuschauer
10 Beobachter
beträchtlich
4 sehr, viel
5 enorm, gross
9 bedeutend
10 ansehnlich
11 umfangreich
Betrachtungsweise
6 Aspekt
11 Blickwinkel, Perspektive
Betrag
5 Preis, Summe
6 Posten
11 Kostenpunkt

Betrag für überlassenes Mobiliar
15 Abstandszahlung
Betragen
6 Benimm
8 Benehmen
Betreiber einer Gaststätte
4 Wirt
betreuen
7 pflegen
9 versorgen
Betreuer
5 Coach
7 Pfleger, Trainer
9 Animateur
10 Fuersorger, Impresario
Betreuerin von Kleinkindern
11 Tagesmutter
Betreuung
5 Obhut
6 Pflege, Schutz
7 Service, Wartung
9 Fuersorge
10 Versorgung
Betreuung des Säuglings
10 Babypflege
Betrieb
4 Werk
5 Buero, Firma
6 Fabrik, Rummel, Trubel, Zulauf
7 Andrang, Treiben
9 Geschaeft
11 Unternehmen
13 Etablissement, Niederlassung
15 Geschaeftigkeit
Betrieb ...
· *der* **Bierherstellung**
8 Brauerei
· *der* **Fischindustrie**
10 Raeucherei
· *zur* **Förderung von Bodenschätzen**
4 Mine
8 Bergwerk
· *der* **Getreideverarbeitung**
6 Muehle
· *der* **Metallindustrie**
8 Walzwerk
9 Eisenwerk, Giesserei
14 Gesenkschmiede
· *der* **Milchverarbeitung**
8 Molkerei
· *der* **Textilindustrie**
7 Weberei
8 Wirkerei
9 Spinnerei
betrieblicher ...
· **Arbeitsbereich**
7 Ressort
9 Abteilung
betriebsam
4 agil, rege
5 aktiv, emsig
6 eifrig
7 ruehrig
8 fleissig, hektisch
11 geschaeftig
Betriebsführung
10 Management
Betriebslokal
7 Kantine
Betriebsprüfer
10 Controller
Betriebsspeiseraum
7 Kantine
Betriebsstörung
5 Panne
6 Defekt
betroffen
9 bestuerzt
11 erschrocken
12 konsterniert
betrogener Ehemann
7 Hahnrei
betrübt
7 traurig
10 deprimiert
Betrug
3 Lug
4 Nepp
5 Luege
7 Mogelei
8 Gaunerei
9 Schiebung, Schwindel
10 Faelschung, Taeuschung
12 Manipulation
Betrüger
5 Filou
6 Ganove, Gauner, Mogler, Nepper
7 Gaukler, Halunke, Preller
9 Faelscher
10 Defraudant, Scharlatan
13 Bauernfaenger
15 Beutelschneider
betrunken
3 dun
4 blau
8 besoffen
9 berauscht
10 beschwipst
Betrunkenheit
6 Rausch
Bett
4 Koje
5 Lager, Liege
8 Pritsche
Bettbeheizer
12 Waermflasche
Bettbezug
6 Zieche
Bettelmönch
9 Mendikant
12 Franziskaner
Bettfeder
5 Daune
Bettfedernhülle
6 Inlett
Betthimmel
9 Baldachin
Bettlaken
8 Leintuch
Bettlersprache
5 Argot
9 Rotwelsch
Bettnische
7 Alkoven
Bettpolster
8 Matratze
17 Federkernmatratze
Bettsofa
5 Diwan
11 Schlafcouch
Betttuch
5 Laken
Bettüberwurf
10 Tagesdecke
Bettverschlag
4 Koje
Bettzeug für Kleinkinder
17 Babysteppbettchen
Beugemuskel am Arm
6 Bizeps
beugen
6 biegen
8 kruemmen
Beugung
7 Biegung, Flexion
9 Kruemmung

B

10 Abwandlung, Abweichung, Verletzung
11 Deklination, Konjugation
Beule
5 Delle
7 Hoecker
8 Woelbung
10 Schwellung
Beunruhigung
5 Angst, Sorge
beurkundender Jurist
5 Notar
beurkundet
8 testiert
12 dokumentiert
Beurkundung
9 Protokoll
10 Zertifikat
12 Verifikation
13 Dokumentation
Beurkundungsbeamter
5 Notar
Beurkundungskanzlei
8 Notariat
Beurteiler
6 Lehrer, Zensor
8 Kritiker
9 Gutachter, Rezensent
Beurteilung
4 Note
6 Kritik, Zensur
7 Zeugnis
8 Diagnose, Ermessen
9 Bewertung, Gutachten, Praedikat, Rezension
10 Einstufung
13 Einschaetzung
15 Leumundszeugnis
Beute
4 Fang, Raub
5 Kaper, Prise
7 Raubgut
9 Diebesgut
Beutel
4 Sack
5 Tuete
6 Boerse, Tasche
8 Futteral
9 Portmonee
10 Geldtasche
12 Portemonnaie
beutelartige Handtasche
9 Pompadour
Beutelratte
7 Opossum
Beuteltier
4 Kusu
5 Koala
6 Kuskus, Wombat
7 Opossum
8 Kaenguru
9 Kaenguruh, Zebrahund
Bevölkerung
7 Buerger
9 Einwohner
10 Population
11 Ureinwohner
Bevölkerungslehre
10 Demografie
11 Demographie
bevollmächtigt
6 befugt
11 autorisiert, ermaechtigt
Bevollmächtigter
7 Delegat
9 Prokurist
Bevollmächtigung
7 Prokura
12 Autorisation
bevor
3 ehe
4 eher
6 vorher
10 frueher als
Bevormundung
9 Gaengelei
bevorrechtigter Stand
4 Adel
bevorzugte Sitzgelegenheit
14 Lieblingsstuhl
bevorzugtes ...
· **Gasthaus**
10 Stammbeisl, Stammlokal
11 Stammkneipe
Bewacher
6 Hueter, Posten
8 Waechter
Bewacher ...
· *des* **Hades**
8 Kerberos, Zerberus
· *des* **Nibelungenhorts**
6 Fafner, Fafnir
bewachter ...
· **Durchgang**
6 Sperre
11 Zollstation
Bewachung
5 Obhut
6 Schutz
8 Aufsicht
bewaffnete ...
· **Bürgerwehr**
5 Miliz
· **Reiter im Mittelalter**
7 Reisige
Bewaffnung
8 Ruestung
bewahrend
11 konservativ
Bewahrheitung
12 Verifikation
bewährt
6 probat
7 erprobt
8 getestet
Bewahrung der Sauberkeit
11 Reinhaltung
Bewährungsversuch
4 Test
5 Probe
bewandert
4 firm
6 kundig
8 versiert
10 beschlagen, sattelfest
bewegende ...
· **Kraft**
7 Antrieb, Dynamik
Beweggrund
5 Motiv
6 Anlass
9 Intention
beweglich
3 vif
4 agil, rege
5 flink, mobil
6 regsam
8 ambulant, flexibel, lebendig
9 elastisch
beweglich(e, er, es) ...
· **Eingabegerät** (EDV)
4 Maus
· **Fest**
6 Ostern
9 Pfingsten
10 Karfreitag
· **Gliederpuppe**
10 Hampelmann, Marionette
· **Habe**
6 Moebel
7 Hausrat
· **Knochenverbindung**
6 Gelenk

· **Körperteil**
5 Glied
· **Plastik**
6 Mobile
· **Verbindung**
6 Gelenk
· **Vermögen**
7 Fahrnis
· **Verschluss**
6 Klappe
· **Zimmerschmuck**
6 Mobile
Beweglichkeit
7 Schwung
9 Agilitaet
10 Mobilitaet, Vitalitaet
12 Elastizitaet, Gelenkigkeit
13 Flexibilitaet
Bewegung
· *um eine* **Achse**
7 Drehung
8 Rotation
· *des* **Flusses**
9 Stroemung
· *der* **Kontinente**
5 Drift
· *im* **Kreis**
6 Umlauf
Bewegungsart
4 Gang, Lauf, Tanz, Trab
5 Fahrt
6 Galopp
7 Schritt
9 Dauerlauf
10 Schlendern
Bewegungsgröße
6 Impuls
Bewegungslänge eines Kolbens
3 Hub
Bewegungslehre
7 Kinetik, Motorik
8 Mechanik
9 Kinematik
10 Phoronomie
bewegungslos
5 ruhig, starr, steif
6 leblos, reglos, ruhend
8 erstarrt
Bewegungsorgan der Fische
6 Flosse
Bewegungsraum
7 Auslauf
Bewegungsrhythmus
4 Takt
Bewegungstherapie im Becken
14 Waterbalancing
Bewegungsübung
9 Gymnastik
Bewegungsübungen im brusthohen Wasser
11 Aquajogging
Beweis der Tapferkeit
8 Mutprobe
beweisend
10 ostentativ
12 demonstrativ
Beweisführung
9 Ableitung, Deduktion
10 Herleitung
13 Argumentation, Demonstration
Beweisgrund
5 Axiom
8 Argument
Beweismittel
8 Argument
Beweisperson
5 Zeuge
Beweisstück
5 Beleg, Indiz
7 Zeugnis
8 Dokument, Quittung
Beweiszettel
5 Beleg
8 Quittung
Bewerber
6 Freier
8 Aspirant, Kandidat
9 Anwaerter
11 Interessent
Bewerbung
6 Gesuch
10 Kandidatur
12 Anwartschaft
Bewertung ▶ Beurteilung
Bewertungsnote
9 Praedikat
Bewilligung
2 Ja
6 Jawort, Lizenz, Plazet, Zusage
9 Erlaubnis
10 Gewaehrung, Konzession
11 Genehmigung
Bewirtungsgewerbe
11 Gastronomie
Bewohner
6 Mieter
7 Insasse
11 Ansaessiger
Bewohner ...
· *des* **alten Mexiko**
6 Azteke
· *einer* **Antilleninsel**
10 Jamaikaner
· *der* **Arktis**
6 Eskimo
· *eines* **asiatischen Inselstaates**
7 Japaner
· *des* **Balkans**
6 Kroate
· *des* **Baltikums**
4 Este
· **Belgiens**
5 Flame
7 Wallone
· **Bosniens**
7 Bosniak
· *von* **Bremen**
7 Hanseat
· *eines* **deutschen Bundeslandes**
5 Hesse
6 Sachse
· *des* **deutschen Reichs**
7 Preusse
· *einer* **deutschen Stadt**
8 Aachener
· *eines* **Eilands**
9 Insulaner
· *eines* **Erdteils**
5 Asiat
9 Afrikaner
· *einer* **französischen Halbinsel**
7 Bretone
· *einer* **französischen Insel**
5 Korse
· *eines* **Gebiets in Böhmen**
11 Egerlaender
· *einer* **griechischen Insel**
6 Kreter
· *von* **Hamburg**
7 Hanseat
· *der* **Hauptstadt der Schweiz**
6 Berner
· *einer* **italienischen Insel**
5 Sarde
· *von* **Kanada**
8 Kanadier

B

· *des* **Kantons Uri**
5 Urner
· *von* **Karien**
5 Karer
· *von* **Lübeck**
7 Hanseat
· *von* **Lydien**
5 Lyder
6 Lydier
· *von* **Monaco**
9 Monegasse
· *von* **Nahost**
6 Araber
7 Israeli
· *der* **Niederlande**
10 Hollaender
· *eines* **österreichischen Bundeslandes**
7 Steirer, Tiroler
· *der* **Pyrenäen**
5 Baske
6 Basken
· *einer* **Stadt an der Donau**
5 Ulmer
· *einer* **Stadt in NRW**
8 Aachener
· *von* **Troja**
5 Troer
8 Trojaner
· *der* **tschechischen Hauptstadt**
6 Prager
· *von* **Westtschechien**
6 Boehme
Bewohnerin ...
· *eines* **europäischen Staats**
7 Ungarin
· *einer* **französischen Halbinsel**
8 Bretonin
Bewuchs des Kopfes
5 Haare
bewundernswert
9 admirabel
bewusst
11 absichtlich, willentlich
bewusstlos
11 ohnmaechtig
Bewusstlosigkeit
4 Koma
8 Ohnmacht
Bewusstsein
5 Geist, Sinne
6 Wissen
7 Absicht
8 Verstand
10 Erkenntnis
Bewusstseinsspaltung
13 Schizophrenie
bezahlter Tanzpartner
6 Gigolo
Bezahlung
4 Gage, Lohn
5 Heuer, Preis
6 Gehalt, Kosten, Salaer
7 Entgelt, Honorar
10 Verguetung
Bezahlung ...
· *für* **einen anderen**
7 Auslage
· *in* **freien Berufen**
7 Honorar
bezaubern
8 becircen, bezirzen
10 verfuehren
bezaubernd
4 chic
5 apart
6 adrett, schick
7 reizend
8 charmant, reizvoll
10 berueckend
11 entzueckend
12 faszinierend
Bezauberung
11 Faszination
bezeichnend
7 markant, typisch
13 symptomatisch
16 charakteristisch
Bezeichnung
4 Name
6 Angabe, Signum
7 Hinweis, Vermerk
Bezeichnung für ...
· **Auge oder Ohr**
11 Sinnesorgan
· **Christus**
7 Heiland
8 Erloeser
· **Esel**
8 Lasttier
· **Kamel**
8 Lasttier
· **Maus oder Ratte**
8 Nagetier
· **Mineralwasser**
7 Selters
· **Vasallen**
6 Mannen
· **Wein**
9 Rebensaft
Bezeichnung für die Beschaffenheit eines Netzes
11 feinmaschig
Bezeugung
6 Testat
Beziehen einer Wohnung
6 Einzug
Bezieher
5 Kunde
8 Abnehmer, Abonnent
Beziehung
5 Bezug, Draht, Faden
7 Betreff, Kontakt
8 Relation
10 Verbindung
beziehungslos
6 einsam
8 isoliert
Beziehungspunkt
6 Anhalt
beziehungsweise
10 respektive
Bezirk
3 Gau
4 Zone
5 Areal, Kreis, Rayon
6 Gebiet, Gegend, Kanton, Region, Revier, Sektor
7 Bereich, Flaeche, Provinz, Terrain, Umkreis
8 Distrikt, Gelaende, Ortsteil, Umgegend
9 Stadtteil
10 Landesteil, Landstrich
11 Territorium
12 Bodenflaeche
Bezirk des Pfarrers
7 Pfarrei
Bezug
7 Betreff
8 Hinsicht
bezüglich
7 relativ
bezügliches ...
· **Fürwort**
7 Relativ
9 Relativum
15 Relativpronomen
bezugsfertiges Haus
6 Neubau
Bezwinger
6 Sieger

8 Eroberer
9 Aggressor
Bezwinger eines Gipfels
9 Ersteiger
Bias
13 Verfaelschung
Bibelauslegung
7 Exegese
8 Exegetik
Bibelteil
2 AT, NT
5 Psalm
6 Briefe
7 Psalmen
10 Apokalypse, Evangelium
14 Altes Testament, Neues Testament
Bibelübersetzung
5 Itala
7 Vulgata
8 Peschita
11 Lutherbibel, Septuaginta
13 Zuercher Bibel
15 Sixto Clementina
Bibelwort
6 Losung
Biberbau
4 Burg
Biberratte
6 Nutria
Biberschwanz
5 Kelle
Bibliothek
9 Buecherei
15 Buechersammlung
biblisch(e, er, es) ...
· **Berg**
4 Zion
5 Horeb, Sinai, Tabor
6 Ararat, Gilboa, Hermon, Karmel
7 Garizim, Oelberg
8 Golgatha
· **Buch**
4 Amos, Esra, Hiob, Joel, Jona, Ruth
5 Hosea, Josua, Micha, Nahum
6 Baruch, Daniel, Esther, Exodus, Haggai, Jesaja, Judith, Numeri, Obadja, Salomo, Samuel, Sirach
7 Chronik, Genesis, Habakuk, Jeremia, Koenige, Nehemia, Psalter, Richter
8 Hesekiel, Hohelied, Johannes, Maleachi, Sacharja, Zephanja
9 Hohes Lied, Hoheslied, Levitikus, Matthaeus
13 Deuteronomium
17 Apostelgeschichte
· **Eigenname**
5 Korah
· **Fluss**
6 Jordan
· **Frauengestalt**
3 Eva, Lea
4 Ruth
5 Hagar, Maria, Naemi, Noemi, Rahel, Sarah
6 Dalila, Debora, Delila, Esther, Isebel, Judith, Miriam, Mirjam, Salome
7 Abigail, Rebekka, Susanna
8 Bathseba
9 Bathsebee
· **Freudenruf**
8 Hosianna
· **Garten**
10 Gethsemane
· **Gesetz**
7 Dekalog
10 Zehn Gebote
· **Gestalt**
5 Moses
7 Lazarus
· **Gewicht**
4 Beka, Gera, Mine
6 Talent
7 Schekel
· **Götze**
4 Baal
· **Himmelsbrot**
5 Manna
· **Hoher Priester**
3 Eli
5 Annas
6 Hyrkan
· **Jäger**
6 Nimrod
· **Katastrophe**
8 Sintflut
· **König**
3 Asa, Ela
4 Ahab, Amon, Amri, Jehu, Joas, Omri, Saul
5 Abiam, Achab, Baesa, David, Hiram, Hosea, Joram, Josia, Nahum, Nehum, Pekah, Simri, Ussia
6 Ahasja, Amazia, Asarja, Haggai, Hiskia, Joahas, Sallum, Salomo
7 Athalja, Herodes, Jeremia, Manasse, Menahem, Nehemia, Pekahja, Salomon
8 Jerobeam, Jojachin, Rehabeam, Sacharja
9 Abimelech, Aristobul, Serubabel
14 Herodes Agrippa
· **Königreich**
4 Saba
· **Landschaft**
4 Edom, Juda, Moab, Saba
6 Galaad, Israel, Judaea, Kanaan
7 Aramaea, Idumaea, Jesreel, Samaria
8 Galilaea
9 Bethanien
· **Männergestalt**
3 Dan, Ela, Eli, Gad, Ham, Job, Lot, Noe, Sem
4 Abel, Adam, Ahas, Esau, Esra, Hiob, Joab, Joas, Juda, Kain, Levi, Mesa, Noah, Onan, Saul, Seth, Uria
5 Aaron, Abner, Arodi, Asser, David, Elias, Enoch, Isaak, Jakob, Jesse, Jesus, Jonas, Josua, Jubal, Judas, Laban, Moses, Ruben, Sebak, Simon, Urias, Zodok
6 Baruch, Bileam, Gideon, Henoch, Ismael, Japhet, Joseph, Josias, Nimrod, Raguel, Salome, Salomo, Samson, Samuel, Saulus, Simeon, Sirach, Thubal
7 Abraham, Absalom, Elieser, Elrasar, Ephraim, Goliath, Kaiphas, Lazarus, Manasse, Nehemia, Rehebam, Salomon, Sebalon, Zubalon

B

8 Barnabas, Benjamin, Ezechias, Jerobeam, Jonathan, Josaphat, Potiphar, Sulamith
9 Malachias, Mardochai, Serubabel, Zacharias, Zorubabel
10 Methusalah, Methusalem
11 Jesus Sirach, Melchisedek
· **Maß**
3 Bat, Hin, Kab, Kor, Log
4 Epha, Rute, Seah
5 Homer, Meile
6 Letech
7 Issaron, Stadion
9 Sabbatweg
· **Monatsname**
2 Ab
4 Adar, Elul, Ljar
5 Nisan, Sebat, Sivan
6 Tammus, Tebeth
7 Chislev, Tischri
12 Marcheschwan
· **Name für Jerusalem**
5 Ariel, Salem
· **Name Gottes**
5 Jahve
6 Adonai, Jehova
7 Zebaoth
· **Nomadenstamm**
9 Ammoniter
· **Ort**
3 Lod
4 Akko, Dora, Enon, Kana, Nain, Silo, Siph
5 Asdod, Babel, Ekron, Emaus, Hadid, Hazor, Joppe, Kedes, Lydda, Salem, Sidon, Socho, Sodom, Tyrus
6 Bethel, Emmaus, Gibeon, Hebron, Modein, Sichem
7 Askalon, Jericho, Samaria
8 Bethesda, Caesarea, Golgatha, Gomorrha, Nazareth, Tiberias
9 Bet Safata, Beth Semes, Bethabara, Bethanien, Bethlehem, Jerusalem, Kapernaum
10 Betdschala, Gethsemane
· **Paradiesgarten**
4 Eden
· **Patriarch**
6 Henoch
· **Prophet**
4 Amos, Esra, Hiob, Joel, Jona
5 Elias, Elisa, Hosea, Isaia, Jonas, Micha, Nahum
6 Abdias, Baruch, Daniel, Haggai, Isaias, Jesaia, Jesaja, Josias, Nathan, Obadja, Samuel
7 Habakuk, Jeremia, Nehemia
8 Ezechiel, Hesekiel, Jeremias, Maleachi, Sacharja, Zephania, Zephanja
9 Malachias, Sophonias
· **Quelle bei Jerusalem**
5 Gihon
· **Riese**
4 Enak
7 Goliath
· **Riesenstammvater**
4 Enak
· **Riesenvolk**
8 Enakiter
· **See**
10 Genezareth
11 Tiberiassee
· **Silbermünze**
10 Silberling
· **Stammmutter**
3 Eva
· **Stammvater**
3 Ham, Noe, Sem
4 Adam, Noah
5 David, Isaak, Jakob
7 Abraham
· **Sündenstadt**
5 Sodom
8 Gomorrha
· **Traumland**
5 Ophir
· **Überschwemmungskatastrophe**
8 Sintflut
· **Unglücksbringer**
4 Uria
· **Urvater**
4 Adam
· **Volk**
3 Gog
5 Magog
8 Amoriter, Aramaeer, Enakiter, Idumaeer, Moabiter
9 Ammoniter, Chaldaeer, Philister, Samariter
10 Amalekiter, Hasmonaeer, Israeliten, Kanaaniter, Makkabaeer, Phoenizier
· **Wüstennahrung**
5 Manna

bieder
4 brav
5 artig, plump
6 wacker
9 ehrenwert
10 anstaendig, einfaeltig
13 rechtschaffen

Biedermann
8 Bonhomme

Biedermeier
11 Kunstepoche

biegen
6 beugen
8 kruemmen

biegsam
4 rank
8 flexibel
9 beweglich, elastisch
11 geschmeidig

biegsamer …
· **Zweig**
4 Rute
5 Gerte

Biegung
5 Beuge, Knick, Kurve

Biene
4 Imme

Bienenart
6 Hummel

Bienenerzeugnis
5 Honig, Wachs
10 Wabenhonig

Bienenhaus
10 Immenstock

Bienenkönigin
6 Weisel

Bienenkrankheit
12 Nosemaseuche

Bienenmännchen
6 Drohne

Bienenname in einem Kinderbuch
4 Maja

Bienenprodukt ► Bienenerzeugnis

Bienenwohnung
5 Stock

Bienenzellenbau
4 Wabe

Bienenzucht
7 Imkerei
Bienenzüchter
5 Imker
7 Bentner
bierähnliches russisches Getränk
5 Kwass
Biergefäß
4 Fass, Glas, Mass
5 Halbe, Molle, Tulpe
6 Humpen, Seidel, Stange
7 Stiefel
8 Masskrug
Bierglas
6 Seidel
Bierglas ...
· *mit* **Henkel**
7 Kruegel
8 Bierkrug, Masskrug
Bierhersteller
6 Brauer
Bierkäppchen
7 Zerevis
Bierlokal
6 Kneipe
13 Braeustueberl
Bierrettich
4 Radi
Biersorte
3 Ale, Alt
4 Pils
5 Lager, Stout
6 Porter, Weisse
7 Altbier, Pilsner
8 Bockbier, Malzbier, Pilsener
9 Rauchbier, Starkbier, Weissbier
10 Weizenbier
11 Gerstenbier, Maerzenbier
Bierstadt in Westböhmen
6 Pilsen
Bierwürze
6 Hopfen
Bierzutat
4 Malz
6 Hopfen, Wasser
Biest
4 Vieh
6 Bestie, Untier
Bigamie
9 Doppelehe
bigott
10 froemmelnd
12 heuchlerisch, scheinheilig
Bilanz
5 Fazit, Stand
8 Ergebnis
9 Abschluss
10 Abrechnung, Rueckblick, Ueberblick
Bild
4 Foto
5 Photo, Stich
6 Grafik, Skizze
7 Anblick, Graphik
8 Aquarell, Aufnahme, Eindruck, Gemaelde, Portraet, Portrait
9 Abklatsch, Konterfei, Medaillon, Radierung
Bild ...
· *von* **beschaulichen Zuständen**
6 Idylle
· **ländlichen Friedens**
5 Idyll
Bildaufnahmegerät
10 Filmkamera
11 Fotoapparat
13 Videorecorder, Videorekorder
Bildband
5 Album
Bildberichterstatter
12 Fotoreporter
13 Photoreporter
Bilddruckgitternetz
6 Raster
Bildeinfassung
6 Rahmen
9 Umrahmung
12 Passepartout
bildende ...
· **Kunst**
6 Grafik
7 Graphik, Malerei, Plastik
8 Skulptur
11 Architektur, Bildhauerei
· **Künstlerin**
10 Zeichnerin
bildender ...
· **Künstler**
5 Maler
8 Grafiker, Radierer
9 Bildhauer, Graphiker
13 Kupferstecher
· **Künstlerin**
11 Bildhauerin
Bilderausstellung
15 Gemaeldegalerie
Bilderrätsel
5 Rebus
10 Vexierbild
Bildersammlung
5 Album
7 Galerie
10 Pinakothek
15 Gemaeldegalerie
Bilderschrift
12 Hieroglyphen
Bilderstürmer
10 Ikonoklast
Bildgeschichte
5 Comic
10 Comicstrip
bildhaft
8 lebendig
9 plastisch
11 anschaulich
bildhafte ...
· **Erzählung**
9 Gleichnis
· **Redewendung**
8 Metapher
9 Gleichnis
Bildhauer
9 Plastiker, Schnitzer, Skulpteur, Steinmetz
Bildhauerarbeit ▶ Plastik
Bildhauermaterial
3 Ton
4 Bein, Gips, Gold, Holz, Zink
5 Beton, Eisen, Stein, Wachs
6 Bronze, Granit, Kupfer, Marmor, Metall
7 Messing
9 Elfenbein, Kalkstein, Sandstein
10 Kunststoff, Terrakotta
Bildhauerporträt
6 Bueste
Bildhauerwerkzeug
3 Lot
6 Bohrer, Hammer, Raspel, Zirkel
7 Meissel
8 Faeustel, Schlegel
9 Faustkeil, Schlaegel

B

12 Tasterzirkel
13 Modellierstab
Bildkapsel
9 Medaillon
bildlich
10 figuerlich, symbolisch
11 allegorisch
12 metaphorisch
13 gleichnishaft
bildliche ...
· **Wendung**
8 Metapher
9 Allegorie
bildliches Erinnerungsvermögen
7 Eidetik
Bildloch der Kamera
6 Blende
bildlose Tarockkarte
5 Laton
Bildnachbesserung
8 Retusche
bildnerisches Verfahren eines Künstlers
10 Maltechnik
Bildnis
6 Abbild
8 Gemaelde, Portraet, Portrait
9 Abbildung, Konterfei, Zeichnung
Bildnisse aus dem Alltag
12 Genremalerei
bildsam
10 lernfaehig
Bildsäule
6 Statue
Bildseite einer Medaille
5 Avers
Bildspeicher
10 Bildplatte, Magnetband
Bildspeicherung
12 Aufzeichnung
Bildstock
8 Klischee
Bildstreifen
4 Film
5 Comic, Strip
Bildteppich
5 Kelim
7 Gobelin
10 Tapisserie
Bildtonapparat
13 Videorecorder, Videorekorder
Bildung
5 Geist
6 Aufbau, Kultur, Niveau, Wissen
8 Klugheit
9 Formation
10 Gestaltung
11 Aufstellung, Gelehrtheit, Intelligenz
15 Zusammenschluss
Bildung von Eis
9 Vereisung
Bildungsstand
6 Niveau
Bildungsstätte
6 Kolleg, Lyzeum, Museum, Schule
7 College, Seminar, Theater
8 Akademie, Institut, Internat
9 Gymnasium
10 Hochschule, Oberschule, Realschule
11 Volksschule
12 Berufsschule, Gesamtschule, Mittelschule, Universitaet
13 Gewerbeschule, Handelsschule, Klosterschule, Kunstakademie, Polytechnikum, Realgymnasium
15 Volkshochschule, Werkkunstschule
Bildungsurlaub
12 Studienreise
Bildunterschrift
7 Legende
Bildwerfer
6 Beamer
7 Diaskop, Episkop
9 Projektor
10 Epidiaskop
12 Diaprojektor
18 Projektionsapparat
Bildwerk aus bunten Steinen
6 Mosaik
Bildwirkereiprodukt
11 Wandteppich
bildwirksam
7 fotogen
8 photogen
bildwirksame Filmidee
3 Gag
Bildzeichen
6 Symbol
8 Signatur
9 Ideogramm
10 Pictogramm, Piktogramm
Billardausdruck
5 Bande, Cadre, Effet, Point, Queue, Stoss
6 Doublé, Dublee
9 Fehlstoss, Kopfstoss
11 Contrestoss, Karambolage, Mittelstoss
Billett
5 Karte
6 Ticket, Zettel
9 Fahrkarte
10 Fahrschein
14 Eintrittskarte
billig
6 simpel
7 einfach
8 ordinaer, primitiv, wohlfeil
9 preiswert
billigen
7 bejahen
9 zustimmen
billiger ...
· **Jakob**
9 Hausierer
16 Strassenhaendler
billiges Kleid
6 Fummel
Billigung
14 Sanktionierung
Billigwarenvertrieb
10 Ausverkauf
Bimssteintuff
5 Trass
binär
4 dual
binäre ...
· **Einheit**
3 Bit
4 Byte
Binde
4 Band, Tuch
7 Bandage, Verband
10 Wundschutz
Bindegewebestrang
5 Sehne
Bindegewebsgeschwulst
6 Fibrom

Bindehautentzündung
14 Conjunctivitis, Konjunktivitis
Bindemittel
3 Oel
4 Kitt, Lehm, Leim
6 Binder, Zement
7 Moertel
8 Kleister
Bindemittel für Soßen
6 Eigelb
binden
6 zurren
bindend
13 obligatorisch
bindender Auftrag
6 Befehl
Binder
7 Schlips
8 Krawatte
Bindestrich
5 Divis
6 Hyphen
Bindewort
2 da, ob, so, wo
3 als, bis, ehe, und
4 aber, also, auch, dann, dass, denn, doch, oder, seit, weil, wenn, zwar
5 bevor, daher, damit, darum, desto, falls, indem, somit, sonst, sowie, wobei, woher, wohin, zudem
6 darauf, ferner, jedoch, obwohl, sobald
7 dennoch, deshalb, nachdem, solange
8 deswegen, trotzdem, waehrend, zugleich
11 Konjunktion
Bindfaden
5 Zwirn
6 Bendel, Kordel, Schnur, Spagat
7 Baendel
Bindung
6 Fessel
7 Heftung, Liaison
9 Beziehung
10 Engagement
12 Freundschaft, Skihalterung
binnen
9 innerhalb

Binnengewässer
3 See
5 Teich
Binokel
6 Brille
8 Fernglas, Fernrohr
9 Augenglas, Mikroskop
Binse
5 Rusch
biochemischer ...
· **Wirkstoff**
5 Enzym
7 Ferment
Biograf ...
· **Goethes**
9 Eckermann
· **Karls des Großen**
7 Einhard
Biografie
8 Memoiren
10 Lebensbild
18 Lebensbeschreibung
Biologie
11 Lebenskunde
biologisch(e, er, es) ...
· **Begriff**
8 Tierwelt
12 Pflanzenwelt
· **Disziplin**
7 Botanik, Genetik
8 Zoologie
13 Anthropologie
· **Entwicklung**
9 Evolution
Birkengrün
4 Maie
5 Maien
birmanische ...
· **Münze**
3 Bat
4 Kyat
birmanischer Tempelbau
6 Pagode
birnenförmige Frucht
7 Avocado
birnenförmiges Glasgefäß
6 Phiole
Birnensorte
5 Lucas
8 Gellerts
9 Alexander, Gute Luise
10 Bergamotte
11 Butterbirne, Christbirne
13 Pastorenbirne
14 Williams Christ

bis
6 soweit
7 solange
bis ...
· *zum* **Hals hinaufreichend**
15 hochgeschlossen
· **jetzt**
4 noch
6 bisher
Bisam
7 Moschus
Bischof ...
· *der* **Westgoten**
7 Ulfilas, Wulfila
bischöfliche ...
· **Hauptkirche**
3 Dom
10 Kathedrale
bischöfliches Rundschreiben
11 Hirtenbrief
Bischofsamt
9 Episkopat
Bischofsamtsbereich
6 Bistum
8 Dioezese
Bischofskirche
3 Dom
Bischofsmütze
5 Infel, Inful, Mitra
Bischofssprengel
6 Bistum
8 Dioezese
Bischofsstab
5 Pedum
9 Krummstab
10 Hirtenstab
Bischofsversammlung
6 Konzil
bisherige Existenz
8 Vorleben
Bismarcks ...
· **Geburtsort**
12 Schoenhausen
· **Sterbeort**
13 Friedrichsruh
Bissen
6 Happen
9 Haeppchen
bissig
5 spitz
6 mokant
10 spoettisch
11 sarkastisch

B

bissiges Sinngedicht
5 Xenie
Bistum
8 Dioezese
Bistumsverleihung
10 Investitur
bisweilen
8 manchmal, mitunter
12 gelegentlich
Bitte
5 Frage, Gebet
6 Gesuch, Wunsch
8 Anliegen, Ansuchen, Ersuchen, Petition
Bitte um Auskunft
7 Anfrage
bitten
8 ersuchen
bitter
4 hart, herb
11 schmerzlich
Bitterapfelsine
9 Pomeranze
bitterer ...
· **Hohn**
5 Spott
9 Sarkasmus
· **Spott**
4 Hohn
Bittererde
8 Magnesia
13 Magnesiumoxid
bitterkalt
5 eisig
Bitterkeit
5 Groll
Bittermittel
6 Amarum
Bitterweinart
6 Wermut
Bittgang
10 Prozession
Bittgebet
7 Litanei
Bittschrift
6 Antrag, Gesuch
7 Eingabe
8 Petition
Bittsteller
6 Petent
10 Supplikant
bituminöser Schiefer
8 Ichthyol
bizarr
7 seltsam
10 wunderlich
11 merkwuerdig
Blähsucht
8 Tympanie
9 Flatulenz
Blamage
6 Fiasko, Pleite
7 Schande, Schimpf, Schmach
8 Reinfall
13 Blossstellung
16 Kompromittierung
blank
4 rein
5 glatt, nackt
6 sauber
9 glaenzend
blanker Schein
5 Glanz
blanko
4 leer
13 unausgefuellt
Blankovordruck
8 Formular
Bläschenausschlag
6 Herpes
11 Guertelrose
14 Guertelflechte
blasen
5 tuten
Blasen ziehendes Heilmittel
12 Senfpflaster
Blasenbildung
6 Schaum
Blasenentzündung
8 Zystitis
Blasenkeim
8 Blastula
Blasenspiegel
9 Cystoskop, Zystoskop
Blasenwurm
5 Quese
Blashorn
4 Tute
blasiert
8 arrogant
10 hochmuetig, hochnaesig
11 aufgeblasen, eingebildet, snobistisch
blasierter Angeber
4 Snob
Blasinstrument
4 Horn, Lure, Oboe, Tuba, Zink
6 Cornet, Fagott, Floete, Kleddi, Pfeife, Piston, Pommer, Zinken
7 Alphorn, Althorn, Altoboe, Bassett, Bomhart, Bommert, Clairon, Clarino, Cornett, Fanfare, Helikon, Kornett, Okarina, Piccolo, Pikkolo, Posaune, Saxofon, Serpent
8 Basshorn, Basstuba, Hautbois, Jagdhorn, Saxophon, Schalmei, Sousafon, Trombone, Trompete, Waldhorn
9 Bombardon, Dudelsack, Harmonika, Heckelfon, Krummhorn, Naturhorn, Panfloete, Panpfeife, Sousaphon, Tenorhorn
10 Altposaune, Bombardino, Flageolett, Heckelphon, Klarinette, Kontrabass, Oboedamore, Querfloete, Querpfeife, Rohrfloete, Sackpfeife
11 Blockfloete, Fluegelhorn
12 Englischhorn, Kontrafagott, Sopranfloete, Waldhorntuba
13 Mundharmonika, Piccolofloete, Pikkolofloete
14 Bassklarinette
Blasmusiker
6 Oboist
7 Hornist, Pfeifer
8 Floetist
9 Trompeter
10 Kornettist, Saxofonist
11 Saxophonist
Blasphemie
16 Gotteslaesterung
blass
4 fahl
6 bleich
7 farblos
blassblau
6 livide
Blässe
7 Bleiche
8 Fahlheit
13 Farblosigkeit
blassgelb
5 creme

B

Blässhuhn
5 Ralle
blassrot
4 rosa
blassroter ...
· **Wein**
4 Rosé
7 Clairet
11 Weissherbst
Blatt Papier
5 Bogen
Blättchen
5 Folie
7 Lamelle, Zeitung
blattdünnes Metall
5 Folie
Blätter der Bäume
4 Laub
Blätterkelch
6 Becher
Blättermagen
6 Omasus
7 Psalter
Blatternarbe
5 Pocke
Blätterpilz
7 Reizker
8 Egerling
10 Champignon
12 Schwefelkopf
Blätterteighörnchen
9 Croissant
Blätterteigpastete
7 Bouchee, Timbale
8 Krustade
9 Vol-au-vent
Blätterwerk
4 Laub
Blattfaser der Zwergpalme
5 Afrik
Blattgebilde bei Gräsern
6 Spelze
Blattgemüse
4 Kohl
5 Kraut, Salat
6 Spinat
7 Mangold
Blattgrün
11 Chlorophyll
Blatthalter des Setzers
7 Tenakel
Blattholz
7 Furnier
Blatthornkäfer
9 Maikaefer
10 Junikaefer, Mistkaefer, Skarabaeus
11 Rosenkaefer
12 Hirschkaefer, Pillendreher
Blattkäfer
7 Erdfloh
Blattlausart
7 Reblaus
Blattlaushonig
7 Mehltau
Blattnervatur
8 Aederung
Blattpfeife
5 Fiepe
Blattrankenpflanze
11 Gartenwicke
Blattrückseite
5 Verso
6 Revers
Blattvorderseite
5 Avers, Rekto
Blattwerk
4 Laub
Blattzinn
8 Stanniol
blau ...
· **blühende Blume**
8 Veilchen
16 Vergissmeinnicht
blau(e, er, es) ...
· **Farbe**
4 Azur, Bleu
6 Indigo, Kobalt
8 Azurblau
10 Himmelblau, Ultramarin
11 Koenigsblau
· **Farbe des Himmels**
4 Azur
· **Farbstoff**
4 Waid
6 Indigo
· **Farbton**
4 cyan, zyan
10 marineblau
· **Halbedelstein**
11 Lapislazuli
· **Jeansstoff**
5 Denim
· **Spätburgunder** (Rebsorte)
9 Pinotnoir
· **Stunde an der Bar**
9 Happyhour
Blaubeere
9 Bickbeere
11 Heidelbeere
Blaufelchen
5 Renke
6 Balche
Blaujacke
7 Matrose, Seemann
9 Seefahrer
Blausäure
15 Zyanwasserstoff
Blausäuregift
8 Zyankali
Blauspat
8 Lazulith
Blauspecht
7 Kleiber
Blechbehälter
4 Dose, Fass
7 Buechse
8 Kanister
Blechblasinstrument
4 Horn, Tuba
7 Kornett, Posaune, Saxofon
8 Sousafon, Trompete
9 Bombardon, Tenorhorn
Blechbüchse
4 Dose
Blechner
8 Klempner, Spengler
Bleibe
4 Asyl, Heim
5 Logis
6 Obdach
7 Wohnung
8 Herberge, Quartier
10 Nachtlager, Unterkunft
13 Nachtquartier
bleibend
7 durabel, haltbar, zeitlos
8 remanent
9 dauerhaft
bleich ▶ blass
Bleichmittel
5 Chlor
9 Chlorkalk
20 Wasserstoffsuperoxid
Bleichsucht
8 Chlorose
Bleifarbe
7 Mennige
Bleiglanz
7 Galenit

Bleisiegel
6 Plombe
Bleistifteinlage
4 Mine
Bleistreifen der Setzer
8 Reglette
Bleiverbindung
6 Minium
blendend hell
5 grell
Blendenöffnung
7 Apertur
Blendwerk
4 Trug
6 Humbug, Schein
8 Trugbild
10 Hokuspokus, Taeuschung
Blessur
5 Wunde
10 Verwundung
Blick nach allen Seiten
7 Umschau
Blickbereich
8 Sehweite
Blickwinkel
6 Aspekt
11 Perspektive
13 Gesichtspunkt
blind(e, er, es) ...
· **Leidenschaft**
10 Fanatismus
· **Wut**
4 Rage
· **Zorn**
3 Wut
4 Rage
Blinddarmentzündung
12 Appendizitis
Blinddarmfortsatz
8 Appendix
Blindenschrifterfinder
7 Braille
Blindfisch
5 Inger
Blindgänger
5 Niete
8 Versager
Blindheit
7 Anopsie
Blindschacht im Bergbau
6 Gesenk
Blindwiderstand
8 Reaktanz
blindwütig
9 fanatisch
blindwütiger ...
· **Zerstörer**
7 Vandale, Wandale
9 Berserker
Blinkfeuer
10 Leuchtturm
Blinkzeichen
11 Lichtsignal
Blitz und Donner
8 Gewitter
Blitzart
10 Kugelblitz
11 Linienblitz
blitzend
9 fulminant
Blitzschutz
8 Ableiter
Block
5 Klotz
6 Kloben
7 Brocken, Klumpen
Blockade
6 Sperre
7 Embargo
Blockflöte
6 Flauto
blockfrei
7 neutral
12 unparteiisch
Blockiervorrichtung
11 Arretierung
Blocksberg
7 Brocken
Blocksbergfest
14 Walpurgisnacht
Blockschrift
7 Antiqua
blöd
3 irr
4 dumm
5 debil
6 albern, dement, stupid
7 stupide
8 borniert
9 idiotisch
Blödsinn
6 Demenz, Unsinn
7 Idiotie, Nonsens, Quatsch
blonde Frau
8 Blondine
bloß
3 nur
4 aber
5 nackt
6 allein, einzig, jedoch
9 lediglich
10 huellenlos
11 unbekleidet
Bloßstellung
7 Blamage, Schande, Schmach
10 Entlarvung
11 Beschaemung
12 Demaskierung
16 Kompromittierung
Blüchers Generalstabschef
9 Gneisenau
Blue Jeans
10 Nietenhose
Bluff
5 Luege, Mache, Trick
10 Hokuspokus, Taeuschung
12 Irrefuehrung
13 Vorspiegelung
blühende Pflanze
5 Blume
blühendes Rankgewächs
9 Duftwicke
Blume
4 Duft, Iris, Mohn, Rose
5 Aroma, Aster, Lilie, Malve, Nelke, Phlox, Tulpe, Wicke, Winde
6 Akelei, Bluete, Bukett, Dahlie, Krokus, Lupine, Primel, Reseda, Wuerze, Zinnie
7 Anemone, Aurikel, Begonie, Fuchsie, Geranie, Levkoje, Lobelie, Petunie, Pflanze, Tagetes
8 Clematis, Georgine, Gladiole, Gloxinie, Goldlack, Goldwurz, Narzisse, Veilchen
9 Amaryllis, Buschrose, Hortensie, Hyazinthe
10 Immortelle, Leberblume, Loewenmaul, Montbretie, Nachtkerze, Osterblume, Pelargonie, Strohblume
11 Cosmosblume, Kosmosblume, Ringelblume, Rittersporn, Sonnenblume, Wucherblume
12 Chrysantheme, Flammenblume, Glockenblume, Koenigskerze, Mittagsblume, Schwertlilie

13 Schleierkraut, Tausendschoen
15 Gaensebluemchen
16 Stiefmuetterchen, Vergissmeinnicht

Blume ...
· *beim* **Bier**
6 Schaum
· *der* **Liebe**
4 Rose

Blumenarrangement
7 Gebinde

Blumenband
8 Girlande

Blumenbeet
7 Rabatte

Blumenbinder
7 Florist

Blumenbinderin
9 Floristin

Blumenfee
4 Elfe

Blumenfläche
10 Ziergarten

Blumenfülle
4 Flor

Blumengebinde
4 Bund
6 Bukett, Feston
7 Strauss

Blumengefäß
4 Topf, Vase
6 Schale

Blumengewinde
5 Kranz
6 Feston
8 Girlande

Blumenkind
6 Hippie

Blumenkohl
7 Karfiol

Blumensteckkunst
7 Ikebana

Blumenstrauß
6 Bukett

Blumentier
7 Koralle

blusenartiger Frauenkittel
6 Kasack

Blutabnahme
8 Aderlass

Blutandrang
7 Wallung
10 Kongestion

Blutarmut
7 Anaemie
9 Oligaemie
11 Bleichsucht

Blutaustritt ...
· *ins* **Gewebe**
8 Haematom
10 Bluterguss

Blutbahnen des Körpers
5 Adern

Blutdorn
10 Berberitze

Blüte
5 Blume

Blüte vor dem Öffnen
6 Knospe

Blutegelwirkstoff
7 Hirudin

Blüten der Salweide
13 Palmkaetzchen

Blütenform
5 Kelch

Blütenhonig
6 Nektar

Blütenlese
10 Anthologie

blütenloser Schoss der Rose
10 Blindtrieb

Blütenpracht
4 Flor

Blütenspross
6 Knospe

Blütenstand
5 Aehre, Dolde, Rispe
6 Glocke, Kolben, Traube, Wickel
8 Geschein
9 Kaetzchen, Koerbchen

Blütenstaub
6 Pollen

Blütenteil
5 Blatt, Kelch, Krone, Narbe
6 Knospe
7 Griffel, Perigon, Stempel
8 Perianth
9 Kronblatt
10 Huellblatt, Staubblatt, Staubfaden
11 Fruchtblatt, Staubbeutel
12 Bluetenboden, Fruchtknoten

Blutentnahme
8 Aderlass

Blütenzierpflanze
6 Azalee

Bluterguss
8 Haematom

Bluterkrankheit
11 Haemophilie

Blütezeit einer Pflanze
10 Floreszenz

Blutfarbstoff
11 Haemoglobin

Blutfaserstoff
6 Fibrin

Blutflüssigkeit
5 Serum
6 Plasma

Blutgefäß
4 Ader, Vene
5 Aorta
7 Arterie
10 Schlagader

Blutgefäßverengung
7 Stenose
8 Stenosis

Blutgefäßverstopfung
7 Embolie

Blutgerinnsel
6 Pfropf
8 Pfropfen, Thrombus
10 Blutpfropf

Blutgerinnselbildung
9 Thrombose

Blutgerüst
8 Schafott

Blutgeschwulst
10 Haemangiom

Blutgruppenmerkmal
12 Rhesusfaktor

Blutkörperchen
8 Leukozyt
10 Erythrozyt

Blutkrankheit
7 Anaemie, Leukose
9 Leukaemie
11 Haemophilie
13 Polyzythaemie

Blutkreislauf
11 Zirkulation

Blutplättchen
10 Thrombozyt

Blutrache
8 Vendetta

blutreiche Geschwulst
6 Fungus

blutsaugend(e, er, es) ...
· **Gespenst**
6 Vampir

· **Ungeziefer**
4 Egel, Floh, Laus
5 Wanze, Zecke
6 Bremse
7 Schnake
· **Wurm**
4 Egel
Blutsauger
4 Egel
6 Vampir
8 Blutegel
Blutschande
6 Inzest
blutstillendes ...
· **Mittel**
5 Alaun
11 Adstringens
Blutsverwandter (▶ auch Verwandter, Verwandte)
5 Agnat
6 Kognat, Nepote
Bluttat
4 Mord
9 Totschlag
Blutübertragung
11 Transfusion
blutunterlaufener Streifen
7 Strieme
Blutvergiftung
6 Sepsis
8 Toxaemie
Blutwurst (umgangssprachlich)
6 Blunze
7 Blunzen
Blutwurz
10 Tormentill
Blutzirkulation
9 Kreislauf
Boa
5 Stola
9 Pelzstola
Boaschlange
8 Anakonda
15 Koenigsschlange
Bobbahn
8 Eiskanal
Bocksprung
8 Kapriole
Boden
5 Basis, Grund
6 Buehne, Kammer
9 Grundlage
10 Dachkammer

Bodenabtragung
7 Erosion
Bodenanreicherung
8 Duengung
13 Gruenduengung
Bodenart
3 Ton
4 Erde, Kies, Klei, Lehm, Sand
5 Acker, Grund, Humus, Loess
6 Mergel, Podsol
Bodenaushub
8 Baugrube
Bodenbearbeitungsgerät mit Zinken
10 Grabeforke
Bodenbelag
3 PVC
4 Kork
7 Fliesen, Parkett, Teppich
8 Linoleum, Stragula
Bodenbelag ...
· *aus* **feinem Gewebe**
11 Samtteppich
· *aus* **Pflanzenfasern**
10 Kokosmatte
Bodenbestandteil
5 Humus
Bodenbewegung am Hang
9 Erdrutsch
bodendeckende Gartenstaude
12 Hornveilchen
Bodendunst
5 Brint, Nebel, Wasen
Bodenentwässerung
8 Draenage, Drainage
Bodenerhebung
4 Berg
6 Huegel
Bodenerhebungen
5 Berge
Bodenertrag
5 Ernte
Bodenerzeugnis
9 Naturalie
Bodenfläche
5 Areal
6 Bezirk
7 Flaeche
Bodengüte
8 Bonitaet
Bodenkunde
9 Pedologie

Bodenleben
7 Edaphon
Bodennutzung
5 Anbau
8 Ackerbau
Bodenplatte
6 Fliese
Bodensatz
4 Trub
5 Grund
8 Abschaum, Residuum, Sediment
9 Sinkstoff
10 Ablagerung
Bodensatz beim Wein
4 Trub
Bodenschatz
3 Erz
4 Gold
5 Kohle
6 Erdgas, Erdoel, Kupfer, Metall, Platin, Silber
7 Mineral
9 Edelstein
10 Braunkohle, Steinkohle
Bodenseefisch
11 Blaufelchen
Bodenseehafen
6 Lindau
7 Bregenz
8 Konstanz
9 Meersburg, Rorschach
10 Romanshorn
11 Ueberlingen
15 Friedrichshafen
Bodenseeinsel
6 Lindau, Mainau
9 Reichenau
Bodenseelandschaft
5 Hegau
Bodensenke
3 Tal
5 Mulde
6 Graben
bodenständig
8 heimisch, sesshaft
10 autochthon, urwuechsig
Bodenturnübung
3 Rad
5 Rolle, Salto
6 Spagat
8 Radwende, Schraube
9 Flugrolle, Handstand, Kopfstand
10 Hechtrolle

11 Liegestuetz, Ueberschlag
12 Spreizsprung, Strecksprung
Bodenvertiefung
5 Mulde, Senke
Bodenzustand
4 Gare
Bodypainting
14 Koerpermalerei
Bogen
3 Tor
5 Blatt, Kurve, Waffe
6 Papier, Portal
7 Biegung, Rundung
8 Gewoelbe, Woelbung
9 Kruemmung
Bogengang
5 Laube
6 Arkade
7 Arkaden
Bogengeschoss
5 Pfeil
Bogenhalle
6 Loggia
Bogenhanf
10 Sanseverie
Bogenlänge
5 Arkus
Bogenreihe
7 Arkaden
Bogensprung
7 Lancade
8 Kurbette
Bogenverzierung
6 Feston
Bohle
4 Bord
5 Brett, Diele
6 Planke
böhmisch(e, er, es) ...
· **Bier**
7 Pilsner
· **Forscher**
6 Mendel
· **Industriewerk**
5 Skoda
· **Komponist**
7 Smetana
· **Königsname**
6 Wenzel
7 Ottokar
· **Landschaft**
8 Egerland
· **Mittelgebirge**
10 Erzgebirge
· **Reformator**
3 Hus
· **Rundtanz**
5 Polka
· **Zeichner**
5 Kubin
Bohnenkraut
7 Saturei
12 Pfefferkraut
Bohnerbesen
3 Mop
4 Mopp
Bohnertuch
10 Wolllappen
Bohrmuschel
6 Pholas
Bohrschnecke
6 Natica, Nerita
bolivianisch(e, er, es) ...
· **Berg**
6 Sorata
7 Illampu
8 Illimani
· **Lasttier**
4 Lama
6 Alpaka
· **Münze**
9 Boliviano
· **Politiker**
7 Bolivar
Bolle
7 Zwiebel
Bollwerk
3 Kai
4 Mole, Pier, Wall, Wand, Wehr
5 Buhne, Mauer
6 Bastei, Schutz
7 Bastion, Schanze
11 Befestigung
bolschewistischer ...
· **Führer**
5 Lenin
6 Stalin
7 Trotzki
Bombardon
8 Basstuba
bombastisch
7 pompoes
11 hochtrabend, schwuelstig
Bombe
13 Sprengkoerper
bombensicherer ...
· **Raum**
6 Bunker
9 Kasematte
10 Unterstand
Bon
8 Quittung
9 Anweisung, Gutschein
12 Kassenzettel
Bonbon
5 Drops
7 Praline, Zuckerl
8 Pralinee
9 Karamelle, Naschwerk, Suessware
Bonität
4 Wert
5 Guete
6 Ertrag
10 Bodenguete
18 Zahlungsfaehigkeit
Bonmot
4 Witz
6 Pointe
9 Ausspruch, Wortspiel
12 Geistesblitz
Bonus
6 Anteil, Gewinn, Rabatt, Zugabe
7 Praemie
8 Nachlass
9 Dividende
10 Verguetung
11 Ueberschuss
12 Gewinnanteil
Bonvivant
8 Lebemann
Boom
6 Bluete, Hausse
14 Hochkonjunktur
Boot ...
· *der* **Malaien**
4 Prau
· *in* **Venedig**
6 Gondel
Bootsanlegestelle
4 Steg
7 Bruecke
Bootsart
3 Dau, Gig
4 Dhau, Ewer, Kahn, Kanu, Prau
5 Barke, Dingi, Einer, Jacht, Jolle, Kajak, Moses, Yacht, Zille
6 Achter, Gondel, Nachen, Piroge, Schiff, Vierer, Zweier

7 Einbaum, Pinasse
8 Barkasse, Canadier, Dschunke, Faltboot, Kanadier
9 Katamaran, Ruderboot, Schinakel, Segelboot
10 Paddelboot
12 Schlauchboot

Bootsführer in Venedig
10 Gondoliere

Bootsgast
7 Matrose

Bootsgattung
5 Einer
6 Achter, Vierer, Zweier
12 Doppelzweier

Bootskörper
5 Rumpf

Bootsrennen
7 Regatta

Bootsschutzhülle
10 Persenning

Bootssport
6 Rudern, Segeln

Bootssportler
5 Kanut
6 Kanute, Segler
7 Ruderer

bootssportliche Eröffnung im Frühling
8 Ansegeln

Bootsteil
3 Bug
4 Heck, Kiel, Mast
5 Anker, Dolle, Ducht, Pinne, Ruder, Segel, Skull, Spake, Stake
6 Fender, Klampe, Planke, Riemen, Steuer, Steven
7 Schwert
8 Dollbord

Bootszubehör
5 Ruder

Bord
4 Deck, Rand
5 Brett, Regal

Bordeauxwein
5 Médoc, Palus
6 Graves
8 Bazadais
9 Haut Brion, Sauternes
12 Saint Emilion, Saint Estephe
14 Chateau Margaux

Bordell
4 Puff
11 Freudenhaus

Borg
4 Pump
6 Kredit
7 Anleihe

borgen
6 leihen
9 verleihen

Borke
5 Rinde
6 Kruste, Schorf

Borkenkäfer
3 Ips
8 Ruessler

Born
5 Bronn, Quell
6 Quelle
7 Brunnen
10 Heilquelle
11 Jungbrunnen

bornierter Starrsinn
14 Engstirnigkeit

borsaures Salz
5 Borat

Börse
9 Portmonee
10 Geldbeutel
12 Portemonnaie

Börse für Gartenfreunde
17 Pflanzenflohmarkt

Börsenansturm
3 Run

Börsenaufgeld
4 Agio

Börsenaufgelder über Nennwerten
5 Agien

Börsenauftrag
5 Order, Ordre

Börsenbegriff ▶ Bankbegriff

Börsenbericht
9 Kurstafel
10 Kurszettel

Börsenkaufmann
6 Makler

Börsenmaklergebühr
8 Courtage

Börsenpapier
5 Aktie, Fonds, Share
6 Devise, Valeur
7 Einlage, Wechsel
8 Effekten
10 Obligation, Pfandbrief, Stammaktie, Volksaktie, Wertpapier
11 Aktienpaket
12 Vorzugsaktie

Börsenpreis
4 Kurs
9 Kassakurs

Börsenspekulant
6 Jobber
10 Boersianer

Börsenspekulation
8 Agiotage

Börsentageswert
4 Kurs

Börsentageswerte
5 Kurse

Borste
4 Haar
7 Stachel

Borstenbüschel
5 Quast

Borstenhaar
4 Seta

Borstentier
7 Schwein, Wildsau

Borstenwurm
4 Pier
6 Palolo, Serpel
8 Sandwurm
9 Regenwurm
11 Roehrenwurm

borstig
8 struppig, zerzaust

Borte
4 Band
5 Galon, Litze
6 Besatz, Galone, Schnur, Tresse
9 Zierkante

Borusse
7 Preusse

Borverbindung
5 Borax

bösartig
7 maligne
10 pernizioes

bösartig(e, er, es) ...
· **Hinterlist**
10 Heimtuecke
· **Tier**
6 Bestie
· **Tierfalle**
11 Tellereisen

Böschung
4 Hang

5 Halde, Leite
6 Abhang
Böschungsabsatz
5 Berme
böse
3 arg
5 uebel
7 boshaft, garstig, ruchlos, schlimm
9 teuflisch
15 niedertraechtig
böse Geister Ahrimans
3 Dew
böser ...
· **Geist**
5 Satan
6 Asmodi, Daemon, Samiel, Teufel, Unhold
8 Mephisto
14 Mephistopheles
Böses
5 Uebel
böses ...
· **Weib**
4 Hexe
5 Furie
7 Megaere
9 Xanthippe
boshaft
5 boese
6 gemein, giftig
8 haemisch
12 uebel wollend
boshaft(e, er, es) ...
· **Auslachen**
5 Spott
· **Gehässigkeit**
5 Haeme
· **Necken**
7 aergern
Bosheit
3 Arg, Wut
4 Hohn, List, Zorn
6 Aerger, Tuecke
7 Infamie, Unwille
8 Schikane
10 Gemeinheit, Hinterlist
12 Niedertracht
Boss
4 Chef
6 Leiter
11 Arbeitgeber
12 Vorgesetzter
böswillige Zerstörung
8 Sabotage
Botanik
13 Pflanzenkunde
botanisch(e, er, es) ...
· **Anlage**
4 Beet, Park
6 Garten
9 Treibhaus
10 Dachgarten, Obstgarten
12 Gewaechshaus
· **Anlage auf natürlicher Basis**
9 Biogarten
· **Begriff**
3 Ast
4 Alge, Auge, Bast, Dorn, Farn, Gras, Halm, Harz, Holz, Keim, Kern, Kork, Korn, Laub, Mark, Moos, Nuss, Obst, Pilz, Rebe, Reis, Rohr, Saat, Same, Wald
5 Achse, Aehre, Beere, Blatt, Borke, Busch, Dolde, Faser, Flora, Hecke, Kelch, Kraut, Krone, Lippe, Nadel, Narbe, Ranke, Raute, Rinde, Rispe, Ruebe, Samen, Spore, Sporn, Stamm, Staub, Stiel, Trieb, Tuete, Wedel, Zelle, Zweig
6 Bluete, Eichel, Frucht, Garten, Geaest, Gewebe, Huelle, Huelse, Kapsel, Klette, Knolle, Knospe, Knoten, Kolben, Mandel, Pollen, Reisig, Roehre, Schaft, Schale, Schote, Sporen, Spross, Staude, Stumpf, Traube, Zapfen
7 Ableger, Aussaat, Flechte, Griffel, Lamelle, Schuppe, Spindel, Stachel, Stempel, Stengel, Strauch, Zwiebel
8 Gehaeuse, Keimling, Kernhaus, Saatkorn, Saemling, Staengel
9 Deckblatt, Haarkranz, Kaetzchen, Keimblatt, Kronblatt, Milchsaft, Schraubel, Steckling
10 Blattgruen, Jahresring, Kelchblatt
11 Befruchtung, Bestaeubung, Bluetenkorb, Chlorophyll, Fruchtstand, Samenkapsel, Schoessling, Staubbeutel, Wurzelstock
12 Bluetenblatt, Fruchtknoten, Staubgefaess
· **Männerberuf**
8 Gaertner
· **Sammlung**
9 Herbarium
Bote
3 Boy
6 Herold, Kurier, Melder
7 Abholer
9 Zusteller
11 Laufbursche
12 Brieftraeger, Ueberbringer
Botengang
9 Besorgung
Botin der Frigg
3 Gna
Botschaft
4 News
5 Kunde
7 Meldung, Mission
9 Ambassade, Nachricht, Neuigkeit
10 Evangelium, Kundgebung, Mitteilung
Botschafter
5 Legat
7 Nuntius
8 Diplomat
9 Gesandter
11 Abgesandter, Ambassadeur
Botschafter des Papstes
7 Nuntius
Botschaftsangehöriger
7 Attaché
Botschaftsgebäude
9 Ambassade, Botschaft
Böttcher
6 Kuefer
8 Buettner
10 Fassbinder, Schaeffler
Böttcherbeil
6 Segerz
Böttcherwerkzeug
5 Beuge
8 Schlegel

B

Bottich
5 Wanne, Zuber
6 Buette, Kuebel
9 Holzwanne
Bottichmacher
6 Kuefer
Boudoir
11 Damenzimmer
Bouillabaisse
10 Fischsuppe
Boulevard
6 Avenue
Boutique
4 Bude, Shop
5 Laden, Stand
9 Geschaeft, Kramladen
Boutique für Kleidung
9 Modesalon
Box
4 Fach, Raum
5 Stand
6 Garage, Kamera, Kasten
8 Postfach
9 Verschlag
11 Pferdestand
Boxausdruck
2 ko
3 aus, fit
5 Break, Fight, Haken, Linke, Punch, Runde
6 Clinch, Finish, Gerade, groggy, Rechte
7 Auslage, Bandage, Infight
8 Betreuer, Knock out, Nahkampf, Sidestep, Sparring, Uppercut
9 Doublette, Kinnhaken, Maisbirne, Punktsieg, Schwinger
10 Leberhaken, Tiefschlag
11 Ringrichter
12 Guertellinie, Niederschlag
14 Aufwaertshaken
Boxkampfleiter
11 Ringrichter
Boxkampfstätte
4 Ring
Boxtraining
8 Sparring
Boy
3 Bub
4 Bote, Page
Boykott
7 Embargo
Brache
7 Oedland
Brachse
4 Blei
6 Brasse
Bracke
8 Jagdhund, Laufhund, Querholz
9 Spuerhund
Bramme
10 Eisenblock
Branche
4 Fach
6 Sparte
9 Abteilung
10 Fachgebiet
11 Berufszweig
16 Wirtschaftszweig
Branchenkenner
7 Experte, Insider
8 Fachmann
Brand
4 Glut, Lohe
5 Durst, Feuer
7 Nekrose
8 Nekrosis
12 Feuersbrunst
Brandbekämpfer
13 Feuerwehrmann
Brandbekämpfungsgerät
13 Feuerloescher
brandenburgische Dynastie
12 Hohenzollern
Brandfackel
5 Fanal
Brandmal
6 Stigma
brandmarken
7 aechten
8 verfemen
Brandmarkung
8 Aechtung
Brandrest
5 Asche, Rauch
Brandstiftungstrieb
9 Pyromanie
Brandung
6 Gischt
Brandwache
9 Feuerwehr
Brandy
10 Branntwein
Branntwein
3 Gin, Rum
4 Koem, Korn, Marc, Raki
5 Arrak, Gilka, Wodka
6 Brandy, Cognac, Kognak, Whisky
7 Absinth, Aquavit, Genever, Kuemmel, Schnaps, Trester, Whiskey
8 Armagnac, Calvados
9 Slibowitz, Sliwowitz, Wacholder, Weinbrand
11 Kirschgeist
Branntwein aus Rosinen
4 Raki
Branntweinbrennerei
12 Destillation
brasilianisch(e, er, es) ...
· **Amtssprache**
13 Portugiesisch
· **Berg**
8 Itatiaia
13 Pico da Neblina
· **Bundesstaat**
5 Bahia
· **Cocktail mit Limetten**
10 Caipirinha
· **Erdnuss**
7 Arachis
· **Fußballspieler**
4 Pele
8 Sokrates
· **Goldmünze**
7 Milreis
· **Gummisucher**
11 Serengueiro
· **Handelsstadt**
8 Tererina
· **Hauptstadt**
8 Brasilia
· **Indianer**
8 Botokude
· **Indianerstamm**
4 Pano, Tupi
5 Aruak, Taino
6 Tukano
7 Goajiro, Guarani, Kariben
8 Arawaken, Karaiben
· **Insel**
7 São Paul
9 Trinidade
· **Kaffeestadt**
6 Santos
· **Kaisername**
5 Pedro
· **Karnevalsstadt**
3 Rio

- **Lagunenstadt**
  6 Recife
- **Modetanz**
  7 Lambada
- **Pianist**
  6 Freire, Gelber
- **Raubfisch**
  7 Piranha
- **Raubtier**
  6 Jaguar
- **Schriftsteller**
  5 Amado
  7 Alencar
- **Staat**
  4 Acre, Para
  5 Amapa, Bahia, Ceara, Goias, Piaui
  6 Parana
  7 Alagoas, Guapore, Maranao, Paraiba, Sergipe
  8 Amazonas
  9 Rio Branco
  10 Mato Grosso, Pernambuco
- **Steppenlandschaft**
  6 Llanos
- **Supermodel**
  9 Buendchen
- **Tanz**
  5 Samba
- **Topmodel**
  8 Ambrosio
- **Trockenwald und Busch**
  6 Sertao
- **Währung**
  4 Real, Reis
  7 Centavo, Milreis
  8 Cruzeiro
- **Wohnhaus**
  6 Maloka
- **Zuckerrohrschnaps**
  7 Cachaca

Brasilnuss
8 Paranuss

braten
7 roesten

Bratenaufguss
5 Tunke

Bratensaft
3 Jus
5 Beize, Sauce, Sosse, Tunke

Bratenstück
5 Filet, Steak
7 Roulade
8 Kotelett
9 Karbonade, Rumpsteak, Schnitzel
13 Schmorfleisch

Bratensud von Jungrindern
9 Kalbsfond

Bratgefäß
6 Pfanne, Tiegel
10 Bratpfanne, Roemertopf
12 Schmortiegel

Bratrohr
8 Backofen

Bratrost
5 Grill
8 Barbecue

Bratrost mit Stromanschluss
12 Elektrogrill

Bratsche
5 Viola
8 Altgeige, Armviola

Bratschen
6 Violen

Brauch
3 Uso
4 Mode, Usus
5 Regel, Sitte
6 Usance
9 Tradition
10 Gewohnheit, Konvention
13 Gepflogenheit
14 Ueberlieferung

brauchbar
6 patent
8 geeignet
9 nuetzlich, praktisch
11 praktikabel

Brauchbarkeit
7 Eignung

braucht man fürs Barbecue
12 Grillfleisch

Brauer
14 Bierhersteller

Brauereianlage
7 Sudhaus
8 Fuhrpark
9 Maelzerei
10 Abfuellung, Gaerkeller
11 Lagerkeller

Brauereibehälter
4 Fass

Brauereiberuf
7 Maelzer
11 Braumeister

Brauereiprodukt
4 Bier
7 Altbier
9 Lagerbier, Weissbier
10 Weizenbier

Braugerste
4 Malz

Braumischung
7 Maische

Braumittel
4 Hefe

Braumittel, Gärstoff
8 Bierhefe

Braunalgen
7 Seetang

brauner ...
- **Farbstoff**
  5 Sepia, Siena, Umber, Umbra
  6 Bister

Braunfisch
8 Tuemmler

braunhaarig
8 bruenett

Braunkohlenart
6 Lignit

Braunkohlenkoks
5 Grude

Braunkohlenprodukt
7 Brikett

Braunschweiger ...
- **Biersorte**
  4 Gose
  5 Mumme
- **Dynastie**
  6 Welfen
- **Sehenswürdigkeit**
  5 Loewe
  7 Rathaus

Bräunungsinstitut
12 Sonnenstudio

Bräunungsstudio
8 Solarium

Braurückstand
6 Treber

Brause
7 Sprudel
8 Limonade

Brause, Wasserstrahlverteiler
9 Duschkopf

Brauseabteil
11 Duschkabine

Brausebad
6 Dusche

brausen
5 tosen

B

7 tuschen
8 rauschen
Braut
8 Verlobte
11 Zukuenftige
Brautbegleiterin
12 Brautjungfer
Brautschaft
7 Mitgift
9 Aussteuer
10 Heiratsgut
Brautschau
6 Freite
7 Werbung
8 Freierei
Brautschmuck
5 Kranz
6 Diadem
8 Schleier
11 Myrtenkranz
13 Jungfernkranz
Brautwerber
6 Freier
Brautwerbung
6 Antrag
brav
4 lieb
5 artig
6 bieder, tapfer, wacker
7 folgsam, fuegsam
8 gehorsam
9 ehrenwert
11 wohlerzogen
13 rechtschaffen
Bravheit
9 Artigkeit
12 Hoeflichkeit
Bravour
3 Mut
4 Elan
5 Verve
Bravourstück
11 Glanznummer
12 Paradenummer
Break
11 Pferdewagen
12 Konterschlag
15 Rhythmuswechsel
Brecher
4 Woge
5 Welle
10 Sturzwelle
Brechmittel
8 Emetikum
Brechnussbaumgift
9 Strychnin
Brechreiz
6 Nausea
Brechruhr
7 Cholera
Brechung
10 Refraktion
Bredouille
6 Klemme
11 Bedraengnis
breiartiges Gericht
7 Gruetze
breiförmige ...
· **Speise**
3 Mus
6 Pueree
8 Apfelmus
14 Kartoffelstock
15 Erdaepfelpueree, Kartoffelpueree
breit
4 weit
5 largo
breit(e, er, es) ...
· **Einfahrt**
3 Tor
· **Kopfkissen**
7 Pfulmen
· **Liegesofa**
5 Couch
· **Pfad**
3 Weg
· **Schlips**
8 Plastron
· **Straße**
9 Boulevard
breite, lange Teigware
9 Bandnudel
breitkrempiger Hut
8 Sombrero
Breitling
7 Sprotte
Bremens Wahrzeichen
6 Roland
bremsen
6 hemmen
12 verlangsamen
Bremsminderung
6 Fading
Bremsschwung beim Skilauf
8 Telemark
Bremsvorrichtung
9 Hemmschuh
brennend
4 akut
Brenner
9 Alpenpass
12 Destillateur
Brenngas
5 Butan
6 Propan
Brennholzstück
6 Scheit
Brennöl
7 Kerosin
Brennpunkt
5 Fokus
Brennstoff
3 Gas, Oel
4 Holz, Koks, Torf
5 Butan, Grude, Kohle, Sprit
6 Benzin, Erdgas, Erdoel, Propan
7 Brikett, Heizoel, Kerosin
8 Spiritus
9 Anthrazit, Holzkohle
10 Braunkohle, Presskohle, Steinkohle
Brennstoffbehälter
4 Tank
8 Kanister
Brennstoffherstellungsort
7 Gaswerk
Brennstoffmangel
12 Energiekrise
brenzlig
6 heikel
9 verbrannt
10 bedenklich
Bresche
4 Loch, Riss
6 Luecke
9 Durchlass
10 Einschnitt, Mauerbruch
Brett
3 Ski
4 Bord, Holz
5 Bohle, Diele, Latte
6 Planke, Platte
Brett von Fässern
9 Fassdaube
Bretterbau
4 Bude
7 Baracke
8 Schuppen
9 Verschlag

B

Brettergestell
5 Regal
Bretterstoß
6 Stapel
Bretterverkleidung
8 Schalung
Brettspiel
2 Go
4 Dame, Puff
5 Halma, Salta
6 Gammon, Gobang, Muehle, Schach
7 Eckdame, Malefiz
8 Blockade, Monopoly, Trictrac
9 Fuchsjagd, Tokadille
10 Backgammon, Fang den Hut, Tricktrack
Brettverkleidung
8 Schalung
Breve des Papstes
5 Bulle
Brevier
6 Auszug
9 Gebetbuch
12 Stundengebet
Brief
7 Billett, Epistel, Urkunde
9 Schreiben, Zuschrift
10 Wertpapier
Brief der Apostel
7 Epistel
Briefabsender
9 Adressant
Briefempfänger
8 Adressat
Briefgeld
5 Porto
Briefgut
4 Post
Briefmarke
15 Postwertzeichen
Briefmarkenkunde
10 Philatelie
Briefmarkensammler
11 Philatelist
Briefpartner
13 Korrespondent
Briefträger
8 Postbote
9 Zusteller
Briefumschlag
6 Kuvert
Briefverschluss
6 Siegel
Briefwechsel
13 Korrespondenz
Brikett
10 Presskohle
Brillant
7 Diamant
8 grandios
9 glaenzend
10 grossartig
Brille
7 Binokel, Einglas, Klemmer, Kneifer, Lorgnon, Monokel, Zwicker
8 Haftglas, Pincenez
9 Augenglas, Lorgnette
11 Augenschutz
Brillenbehälter
4 Etui
Brillenfachmann
7 Optiker
12 Augenoptiker
Brillenform
7 Kneifer, Zwicker
Brillenfutteral
4 Etui
Brillenschlange
5 Aspis, Kobra
13 Ringhalskobra
14 Uraeusschlange
brisant
8 explosiv
11 hochaktuell
Brise
4 Wind
7 Seewind
8 Fahrwind
9 Segelwind
Britannien
7 England
britannischer Sagenkönig
5 Artus
Britin
8 Schottin
12 Englaenderin
britisch(e, er, es) ... ▶ englisch(e, er, es) ...
· **Entertainer**
6 Antony
· **Modedesigner**
7 Mcqueen
8 Galliano
· **Modedesignerin**
8 Westwood
· **Modekonzerngründer**
8 Burberry
· **Models**
10 Delevingne
· **Modeschöpfer**
5 Perry
· **Schuhdesigner**
4 Choo
· **Stoffmuster**
12 Schottenkaro
· **Supermodel der 60er**
9 Shrimpton
· **Topmodel**
6 Dellal
Bröckchen auf Gebäck
8 Streusel
Brocken
5 Block, Klotz
11 Bruchstueck
Brocken in der Sage
10 Blocksberg
Brodem
4 Atem, Luft
5 Dampf, Dunst, Hitze, Nebel, Qualm
8 Schwaden
Bromaceton
10 Traenengas
Bromverbindung
6 Bromat, Bromit
Bronchienspiegel
11 Bronchoskop
Bronzeposaune
4 Lure
Brosame
5 Krume
7 Kruemel
Brosche
5 Fibel, Klipp, Nadel
6 Spange
7 Agraffe
12 Anstecknadel, Schmucknadel
Brot rösten
7 toasten
Brot- und Getreidebrei als Diät
10 Schrothkur
Brotaufstrich
9 Marmelade
10 Kunsthonig, Verhackert, Weichkaese
12 Brimsenkaese
13 Kraeuterkaese
14 Sardellenpaste
15 Sardellenbutter, Sauerrahmbutter

16 Ribiselmarmelade
20 Hausmacherleberwurst

Brotbelag
3 Mus
5 Gelee, Honig, Kaese, Sirup, Speck, Wurst
6 Butter
8 Schinken
10 Aufschnitt, Konfituere
13 Lachsschinken

Brötchen
4 Kipf, Weck
5 Wecke
6 Kipfel, Semmel, Wecken, Weggli
8 Knueppel, Schrippe

Brötchen ...
· *mit* **heißem Würstchen**
6 Hotdog
7 Hot Dog

Brotform
4 Kipf, Laib, Zopf
6 Wecken
7 Stollen

Brotgetreide
4 Korn
6 Dinkel, Gerste, Roggen, Weizen

Brothersteller
7 Baecker

Brotherstellungsbetrieb
9 Baeckerei

Brotkante
5 Knast, Knust, Ranft, Rinde

Brotkörper
4 Laib

Brotkrümel
7 Broesel, Brosame, Kruemel
10 Broeckchen

Brotrinde
5 Kante
6 Kruste

Brotröster
7 Toaster

Brotscheibe
5 Bemme
6 Stulle
8 Schnitte

Brotschnitte mit geräuchertem Fleisch
12 Schinkenbrot

Brotsorte
8 Baguette
9 Mischbrot, Weissbrot
10 Grahambrot, Roggenbrot, Weizenbrot
11 Knaeckebrot, Kommissbrot
12 Pumpernickel, Vollkornbrot
13 Holzlukenbrot, Leinsamenbrot

Bruch
4 Fehn, Luch, Moor, Moos, Riss
5 Knick, Sumpf
6 Spalte, Sprung
7 Fraktur
10 Entzweiung

brüchig
4 lose
6 locker, morsch, muerbe

bruchrauer Mauerstein
6 Quader

Bruchschrift
7 Fraktur

Bruchstück
4 Teil
5 Torso
7 Scherbe
8 Fragment, Rudiment, Splitter, Truemmer

Bruchteil
6 Achtel
7 Drittel

Brücke
4 Steg
7 Kontakt, Teppich, Viadukt
9 Uebergang
10 Verbindung, Zahnersatz
13 Ueberfuehrung

Brücke ...
· *in* **London**
11 Tower Bridge
· *bei* **San Franzisco**
10 Golden Gate
· *in* **Venedig**
6 Rialto

Brückengewölbe
5 Bogen

Brückenschiff
6 Ponton

Bruder ...
· *von* **Abel**
4 Kain
· *des* **Ehepartners**
8 Schwager
· *von* **Fafner**
3 Otr
· *von* **Gretel** (Märchen)
7 Haensel
· *von* **Jakob**
4 Esau
· *von* **Kain**
4 Abel
· *von* **Martha und Maria**
7 Lazarus
· *von* **Moses**
5 Aaron
· *von* **Mutter und Vater**
5 Onkel
· *von* **Remus**
7 Romulus
· *von* **Romulus**
5 Remus

Bruder von ...
· **Agamemnon**
8 Menelaos
· **Apoll**
4 Ares, Mars
6 Hermes, Merkur
8 Hephaest, Vulcanus, Vulkanus
· **Attila**
5 Bleda
· **Egil**
7 Wieland
· **Hagen**
8 Dankwart
· **Juno**
5 Orkus
6 Neptun
· **Kassandra**
5 Paris
6 Hektor
· **Menelaos**
9 Agamemnon
· **Odin**
2 Ve, We
4 Vili, Wili
· **Osiris**
4 Seth
· **Petrus**
7 Andreas
· **Wieland**
4 Egil
5 Egill

Brudermörder
4 Kain

Bruderschaft
12 Kongregation

B

Brühe
3 Sud
5 Absud, Suppe
6 Jauche
brüllen (Hirsch)
7 roehren
Brunnen
4 Born
5 Bronn, Quell
6 Quelle
Brunnentempel
9 Nymphaeum
Brunst
6 Brunft
brüsk
4 jaeh
6 abrupt, barsch
7 schroff
12 unvermittelt
Brust
5 Busen
6 Bueste
Brustdrüse
6 Thymus
Brustdrüse ...
· **junger Rinder**
10 Kalbsbries
· *beim* **Kalb**
5 Bries
Brustfell
6 Pleura
10 Rippenfell
Brustfellentzündung
9 Pleuritis
Brustharnisch
7 Kuerass
8 Plastron
Brusthöhlenspiegel
11 Thorakoskop
Brustknochen
5 Rippe
Brustkorb
6 Thorax
Brustkorbknochen
5 Rippe
9 Brustbein
Brustkreuz
9 Pektorale
Brustpanzer der Ritter
8 Harnisch
Brustschutz des Fechters
8 Plastron
Brüstung
6 Reling
9 Gelaender
10 Balustrade
Brustwarze der Säugetiere
5 Zitze
Brut
5 Fasel
brutal
3 roh
6 rabiat
9 gewaltsam
10 gefuehllos
11 bestialisch
12 gewalttaetig, unmenschlich
14 ruecksichtslos
brutaler Rohling
8 Unmensch
Brutalität
6 Gewalt, Roheit
7 Rohheit
10 Gemeinheit
12 Bestialitaet
Bruthenne
6 Glucke
Brutstätte
4 Nest
6 Hoehle
Brutstätte diebischer Vögel
11 Elsternnest
Bruttoerlös
9 Rohertrag
Bub
3 Boy
5 Junge, Knabe
6 Knirps
10 Spielkarte
Buch ...
· *des* **Alten Testaments**
4 Hiob
6 Esther
7 Nehemia
· *der* **Bibel**
4 Esra
· *des* **Islam**
5 Koran
· *der* **Juden**
6 Talmud
· *des* **Pentateuch**
6 Exodus, Numeri
7 Genesis
9 Leviticus
13 Deuteronomium
· *der* **Psalmen**
7 Psalter
· *über* **Rechtschreibung**
5 Duden
· *über* **Umgangsformen**
6 Knigge
Buch der Bibel ▶ biblisches Buch
Buchabschnitt
7 Kapitel
Buchart
5 Atlas, Roman
7 Lexikon
8 Bildband, Fachbuch, Sachbuch
10 Bilderbuch, Broschuere, Kinderbuch
11 Taschenbuch, Woerterbuch
13 Enzyklopaedie
Buchaufbau
6 Layout
Buchausgabe
4 Werk
7 Edition
Buchbindergerät
6 Presse
8 Falzbein, Heftlade
9 Leimwalze
11 Pressbalken
Buchbinderleinen
6 Kaliko
7 Buckram
Buchdruckerei
7 Offizin
Buchdruckerkunst
10 Typografie
11 Typographie
Buchdruckverfahren
6 Offset
8 Rotation
9 Hochdruck, Rotaprint, Siebdruck, Tiefdruck
10 Flachdruck, Lichtdruck, Steindruck
11 Kupferdruck, Offsetdruck, Tiegeldruck
12 Rollenoffset
Bucheinbandart
5 Leder
6 Leinen
9 Halbleder
Buchenfrucht
5 Ecker
6 Buchel
8 Buchnuss
9 Buchecker

B

Buchenland
8 Bukowina
Bücher herausgeben
7 edieren
Bücherbesessenheit
11 Bibliomanie
Bücherbretter
5 Borde
6 Regale
Bücherei
10 Bibliothek
Bücherfreund
9 Leseratte
Bücherfreundschaft
12 Bibliophilie
Büchergestell
4 Bord
5 Regal
Büchersammlung
10 Bibliothek
Bücherverzeichnis
7 Katalog
12 Bibliografie
13 Bibliographie
Buchformat
5 Folio, Oktav, Quart, Sedez
6 Duodez
Buchführung
8 Gebarung
Buchführungsbegriff
3 EDV
4 Etat, Soll, Wert
5 Beleg, Bonus, Debet, Frist, Haben, Konto, Saldo
6 Bilanz, Ertrag, Gewinn, Kredit, Skonto
7 Ausgabe, Verlust
8 Darlehen, Einnahme, Guthaben
9 Abschluss, Belastung, Hauptbuch
10 Gutschrift
Buchhalter
5 Clerk
Buchhaltung
12 Buchfuehrung
Buchhandlungszweig
6 Grosso, Verlag
9 Sortiment
11 Antiquariat, Kunsthandel
Buchhülle
7 Einband
8 Umschlag
Buchkritik
9 Rezension
Buchmacherkurse
4 Odds
8 Vorgaben
Buchprüfer
7 Revisor
Buchsbaum
3 Bux
Buchse
4 Hose
8 Zylinder
9 Steckdose
Büchse
4 Dose
6 Flinte, Gewehr
8 Konserve
Buchseite
5 Blatt
Buchseiten vor Textbeginn
7 Titelei
Buchseitennummerierung
6 Pagina
11 Paginierung
Buchseitenüberschrift
13 Kolumnentitel
Büchsenfleisch
10 Corned Beef, Cornedbeef
Buchspalte
7 Kolumne
Buchstabe
6 Letter, Versal
8 Majuskel, Minuskel
12 Kapitaelchen
Buchstabe des deutschen Alphabets
6 Eszett
Buchstaben auf einer geweihten Osterkerze
2 AO
Buchstabenfolge
3 Abc
8 Alphabet
Buchstabenrechnung
7 Algebra
Buchstabenschlüssel
6 Clavis
Buchstabenverbindung
7 Ligatur
Buchstabenversetzrätsel
8 Anagramm
buchstäblich
5 exakt, genau
Bucht
3 Bai
4 Golf, Haff, Lido
5 Busen, Fjord
6 Becken, Bodden, Foerde
9 Meerbusen
Bucht des Atlantiks
7 Biskaya
Buchteil
5 Blatt, Bogen, Seite
6 Deckel
7 Titelei, Vorsatz, Vorwort
8 Nachwort, Register, Umschlag
9 Impressum
10 Einleitung, Geleitwort
11 Einfuehrung
12 Illustration, Schmutztitel
14 Schutzumschlag
18 Inhaltsverzeichnis
Buchüberschrift
5 Titel
Buchungsaufhebung
6 Storno
Buchungsergebnis
5 Saldo
Buchungsnummer
12 Aktenzeichen
Buchungsunterlage
5 Beleg
Buchungszeitraum im Hotel
13 Uebernachtung
Buchunternehmer
8 Verleger
Buchweizen
9 Heidekorn
Buchweizengewicht
11 Heidensterz
Buckel
5 Beule
7 Hoecker, Ruecken
Buckelrind
4 Zebu
Bückling
6 Diener
10 Verbeugung
14 Raeucherhering
Buddel
7 Flasche
Buddelkasten für die Kleinen
9 Sandkiste
Buddelutensil für Kinder
15 Strandspielzeug
Buddha der Chinesen
2 Fo

Buddhas ...
· **indischer Name**
6 Gotama
7 Gautama
10 Siddhartha
· **Lieblingsjünger**
6 Ananda
buddhistisch(e, er, es) ...
· **Endziel**
7 Nirwana
· **Kloster**
6 Vihara
· **Priester**
4 Lama
5 Bonze
· **Schriftsprache**
4 Pali
· **Tempel**
6 Pagode
· **Tempelfahnen**
5 Tanka
Budget
4 Etat
8 Haushalt
13 Haushaltsplan
Büfett
5 Theke
8 Anrichte
11 Schanktisch
15 Geschirrschrank
Büfettfräulein
11 Kaltmamsell
Büfettier
4 Wirt
6 Zapfer
Büffel
4 Anoa, Arni
5 Bison
6 Wisent
7 Buffalo, Kerabau, Mindoro
Buffo
7 Komiker, Saenger
12 Opernsaenger
16 Operetten-saenger
Bug
9 Vorschiff
12 Vorderschiff
13 Schiffsspitze, Schulter-blatt
Bugbalken
6 Steven
Bügelgerät
11 Plaetteisen
Büglerin
10 Plaetterin
Bugspill
10 Ankerwinde
Buhle
5 Kebse
7 Hetaere
8 Geliebte, Kebsweib
buhlend
7 werbend
Buhne
5 Hoeft
6 Hoefte, Kribbe, Stacke
8 Uferdamm
10 Uferschutz
Bühnenaufzug
3 Akt
Bühnenausstattungsstück
5 Revue
Bühnenberater
9 Dramaturg
Bühnenberühmtheit
4 Diva, Star
Bühnenbild
5 Szene
7 Kulisse
8 Prospekt, Szenerie
10 Dekoration
Bühnendarbietung
4 Show
5 Revue, Schau
Bühnendarsteller
6 Akteur
12 Schauspieler
16 Burgschauspieler
Bühnendarstellung für junge Menschen
13 Kindertheater
Bühnendekoration
7 Kulisse
Bühnendichter
10 Dramatiker
Bühnenfach
4 Alte
5 Buffo, Naive
6 Charge
9 Bonvivant
Bühnengröße
4 Star
Bühnenhaus
7 Theater
Bühnenkante
5 Rampe
Bühnenkünstler
4 Mime
12 Opernsaenger, Schau-spieler
Bühnenkünstlerin
9 Saengerin
Bühnenleiter
9 Intendant
Bühnenmagier
11 Illusionist
Bühnenneuling
9 Debuetant
Bühnenpart
5 Rolle
Bühnenpartwechsel
12 Rollentausch
Bühnenpremiere
15 Erstauffuehrung
Bühnenschiebewand
7 Kulisse
Bühnenstück
4 Oper
5 Drama, Posse, Revue
7 Musical
8 Einakter, Komoedie, Operette
9 Lustspiel, Melodrama, Mysterium, Pantomime, Singspiel, Tragoedie
10 Schauspiel
11 Trauerspiel
Bühnenszene
8 Auftritt
Bühnentanz
4 Step
5 Stepp
7 Ballett
Bühnentonstück
4 Oper
Bühnenwart
10 Inspizient
Bukanier
10 Seeraeuber
Bukett
4 Duft
5 Blume
7 Gebinde, Strauss
13 Blumenstrauss
Bukoliker
4 Voss
6 Vergil
8 Theokrit
bulgarisch(e, er, es) ...
· **Berg**
5 Botew
6 Vitosa
7 Mussala, Perelik

· **Gebirge**
4 Rila
5 Pirin
6 Balkan
7 Rhodope, Witosch
11 Sarnena Gora, Srednja Gora
· **Kloster**
4 Rila
· **Münzen**
4 Lewa
· **Seebad**
5 Varna, Warna
· **Währungseinheit**
3 Lev, Lew
4 Lewa
8 Stotinka

Bulle
5 Stier
6 Erlass
7 Urkunde
11 Papsterlass

Bulletin
7 Bericht
12 Tagesbericht
13 Verlautbarung
14 Bekanntmachung, Krankenbericht

Bumerang
8 Wurfholz
15 Kehrwiederkeule

Bummel
9 Promenade
11 Spaziergang

Bummel am Tagesende
16 Abendspaziergang

Bummler
7 Flaneur
8 Troedler

Bund
3 Ehe
4 Gurt, Liga
5 Garbe, Union
7 Buendel, Kartell, Liaison, Verband, Vertrag
8 Buendnis
10 Verbindung
11 Foederation, Vereinigung
15 Zusammenschluss

Bündel
4 Pack

Bündel von Schriftstücken
4 Akte

Bundesdistrikt der USA
8 Columbia

Bundeshauptstadt der ...
· **Schweiz**
4 Bern
· **USA**
10 Washington

Bundeskriminalamt der USA
3 FBI

Bundesland der Schweiz
6 Kanton

Bundestagspräsidentin
6 Renger
9 Suessmuth

Bundestrainer ...
· *des* **Deutschen Fußballbundes**
4 Loew
5 Vogts
6 Schoen
7 Derwall, Ribbeck, Voeller
9 Herberger, Klinsmann
11 Beckenbauer

Bündner Alpengipfel
5 Kesch

Bündnis
4 Liga, Pakt
5 Union
7 Allianz, Entente
9 Koalition
11 Vereinigung

Bündnis der NATO
12 Atlantikpakt

Bunker
5 Depot
9 Kasematte
10 Schutzraum, Unterstand

bunt
6 farbig
7 lebhaft
8 scheckig
9 koloriert
10 farbenfroh, mehrfarbig, vielfarbig

bunt(e, er, es) ...
· **Bilderfolge**
11 Kaleidoskop
· **Blattwerk**
10 Herbstlaub
· **Gemisch**
8 Allerlei
· **Herbstblume**
5 Aster
· **Papagei**
3 Ara
· **Papierschnitzel**
8 Konfetti
· **Television**
13 Farbfernsehen
· **Treiben**
6 Trubel

Buntmetall
4 Zink, Zinn
6 Bronze, Kupfer
7 Messing

Bürde
4 Last, Leid
7 Ballast, Pflicht
9 Belastung
13 Verantwortung, Verpflichtung

Burenführer
5 Botha, Dewet, Smuts
7 Krueger
9 Pretorius

Burg
5 Feste
7 Festung, Kastell
10 Rittersitz
12 Festungswerk
14 Festungsanlage
18 Befestigungsanlage

Burg ...
· *der* **„Goldenen Stadt"**
9 Hradschin
· *im* **Aargau**
8 Habsburg
· *in* **arabischen Städten**
5 Kasba
· *von* **Athen**
9 Akropolis
· *in* **Bayern**
9 Nuernberg, Trausnitz
10 Burghausen, Marienberg
· *von* **Belgrad**
10 Kalimegdam
· *in der* **Eifel**
8 Nuerburg
· *von* **Eisenach**
8 Wartburg
· *an der* **Elbe**
13 Albrechtsburg
· *im* **Elsass**
14 Hohkoenigsburg
· *in* **Frankreich**
4 Metz
5 Laval, Niort
6 Angers, Chalus, Chinon, Lassay, Luynes
7 Falaise, Grignan
8 Langeais, Tarascon
11 Carcassonne

12 Aigues Mortes
13 Chatellerault
· *bei* **Göppingen**
12 Hohenstaufen
· *bei* **Göttingen**
6 Plesse
10 Hardenberg
· *von* **Granada**
8 Alhambra
· *im* **Hegau**
10 Hohentwiel
· *in* **Italien**
5 Nurag
6 Trient
7 Canossa, Capitol, Kapitol
10 Engelsburg
11 Campidoglio
14 Castel del Monte
· *von* **Koblenz**
15 Ehrenbreitstein
· *an der* **Lahn**
4 Diez
6 Runkel
8 Weilburg
· *am* **Main**
8 Wertheim
10 Miltenberg
· *an der* **Mosel**
4 Eltz
5 Alkas, Alken, Arras
6 Cochem, Kobern
· *von* **Moskau**
5 Kreml
· *an der* **Nahe**
9 Ebernburg
· *an der* **Nogat**
10 Marienburg
· *in* **Österreich**
12 Kreuzenstein
13 Forchtenstein, Hochosterwitz, Hohensalzburg
· *in* **Ostpreußen**
10 Marienburg
· *von* **Paris**
8 Bastille
· *von* **Prag**
9 Hradschin
· *am* **Rhein**
4 Katz, Maus
5 Pfalz
7 Lahneck, Nolling
8 Rheineck
9 Gutenfels, Marksburg, Rheinfels
10 Rheinstein, Treuenfels
11 Drachenfels, Stolzenfels
15 Ehrenbreitstein
· *von* **Rom**
7 Kapitol
10 Engelsburg
· *an der* **Saale**
7 Saaleck
10 Rudelsburg
· *an der* **Salzach**
10 Burghausen
13 Hohensalzburg
· *von* **Salzburg**
13 Hohensalzburg
· *in der* **Schweiz**
6 Schwyz
7 Sargans
· *in* **Spanien**
6 Malaga, Toledo
7 Alcazar, Alkazar, Granada, San Juan
8 Alcazaba, Alhambra
9 Salobrena
· *in der* **Südeifel**
4 Eltz
· *im* **Taunus**
8 Saalburg
11 Koenigstein
· *in* **Thüringen**
7 Saaleck
8 Wartburg
10 Rudelsburg
· *von* **Würzburg**
10 Marienberg

Bürge
6 Garant
12 Gewaehrsmann

burgenländisches Gewässer
13 Neusiedler See

Bürger
8 Staedter
9 Bourgeois, Einwohner

Bürger ...
· *der* **größten deutschen Stadt**
8 Berliner
· *der* **Schweizer Hauptstadt**
6 Berner

Bürgergesetz (Abkürzung)
3 BGB

Bürgerin
· *der* **französischen Hauptstadt**
9 Pariserin

bürgerlich
5 zivil
6 bieder

bürgerliche Kleidung
5 Zivil

bürgerliches Recht
10 Zivilrecht

Bürgermeister
7 Schulze
11 Schultheiss
14 Stadtoberhaupt
15 Verwaltungschef
17 Gemeindevorsteher

Bürgermeister ...
· *in* **England**
5 Major
· *in* **Frankreich**
5 Maire
· *in* **Italien**
7 Podesta
· *in* **Polen**
7 Starost
· *bei* **Rembrandt**
3 Six
· *in* **Spanien**
7 Alkalde
· *in den* **USA**
5 Major

Bürgerschaftsvertretung
9 Magistrat

Bürgersteig
7 Fussweg
8 Gehsteig, Trottoir

Bürgerwehr
5 Miliz

Burggemach
8 Kemenate

Burgherr
6 Ritter
8 Edelmann

Burgherrin
8 Edelfrau

Bürgschaft
4 Aval
6 Obligo
7 Gewaehr, Haftung, Kaution
8 Garantie
10 Sicherheit
15 Gewaehrleistung

Bürgschaftsbrief
10 Akkreditiv

Bürgschaftsgegenstand
5 Pfand

B

Burgunderkönig
6 Gernot
7 Gunther
8 Giselher
Burgunderkönigin
8 Brunhild
9 Bruenhild, Brunhilde
Burgunderwein
4 Ruly
5 Givry, Macon
6 Beaune, Morgon
7 Chablis, Fleurie, Musigny, Pommard
8 Montagny
9 Maconnais, Meursault
10 Beaujolais, Chalonnais, Chambertin, Richebourg
burgundische ...
· **Frauenhaube**
6 Hennin
· **Hauptstadt**
5 Dijon
Burgverlies
6 Kerker
Burgwächter
8 Burgvogt
burlesk
7 spassig
10 possenhaft
Burleske
5 Farce, Posse
7 Schwank
8 Groteske, Schnurre
Büro
3 Amt
6 Kontor, Office
7 Kanzlei
10 Amtszimmer
12 Dienststelle, Schreibstube
16 Geschaeftsstelle
Büro ...
· *einer* **Behörde**
11 Amtskanzlei
· *in* **den eigenen vier Wänden**
10 Homeoffice
· *eines* **Rechtsanwalts**
7 Kanzlei
Büroangestellter
10 Buchhalter
Bürogerät
6 Hefter, Locher
8 Computer
12 Heftmaschine, Tischrechner
13 Diktiergeraet, Kleincomputer
15 Schreibmaschine
Büromöbel
12 Schreibtisch
Büromöbelstück
9 Drehstuhl
Bürostunden
10 Dienstzeit
Burschenschaft
10 Verbindung
13 Studentenbund
burschikos
4 kess
5 flott
6 frisch
11 ungezwungen
Bürzel
5 Sterz
Busch
4 Wald
7 Strauch
8 Bueschel, Dickicht, Gebuesch
9 Dschungel, Unterholz
10 Niederholz, Niederwald
Büschel
4 Bund
5 Quast, Tolle
6 Bausch, Schopf
buschige Blütenpflanze
12 Rosenstrauch
Buschmesser
7 Machete
Buschwald
3 Loh
7 Macchia
Buschwindröschen
7 Anemone
Busenfreund
7 Intimus
Bußbereitschaft
4 Reue
Buße
6 Strafe, Suehne, Umkehr
7 Auflage
9 Ausgleich
16 Wiedergutmachung
Büßer
11 Reumuetiger
bußfertig
5 reuig
Bußfertigkeit
4 Reue
Bußpsalm
8 Miserere
Busstation
11 Haltestelle
Busstreckennetz
10 Liniennetz
Bußübung
6 Askese
7 Einkehr
Büstenhalter
2 BH
6 Mieder
Büstenpfeiler
5 Herme
Bütte
5 Wanne, Zuber
7 Bottich
9 Waschfass
Büttel
7 Scherge
8 Haescher
12 Gerichtsbote
Butterblume
10 Hahnenfuss
16 Sumpfdotterblume
Butterfass
4 Karn
Button
9 Abzeichen
12 Schmuckknopf
13 Meinungsknopf
byzantinisch(e, er, es) ...
· **Feldherr**
6 Narses
7 Belisar
· **Historiker**
6 Prokop
· **Humanist**
9 Bessarion
· **Kaiser**
4 Leon
5 Zenon
6 Justin, Manuel
7 Balduin, Michael, Romanos
8 Basilius, Tiberios
9 Basileios, Justinian
10 Konstantin, Nikephoros, Theodosius
· **Kaiserhaus**
8 Komnenen
· **Kaiserin**
3 Zoe

5 Irene
6 Eirene
8 Theodora
· **Prinzessin**
9 Theophano, Theophanu
· **Reich**
6 Ostrom
18 Ostroemisches Reich
· **Statthalter**
6 Exarch
Byzanz
8 Istanbul
14 Konstantinopel

C

Cab
7 Kutsche
8 Droschke
11 Einspaenner
Cachenez
5 Schal
8 Halstuch
Caisson
10 Senkkasten
Camionbeiwagen
9 Anhaenger
Camper
6 Zelter
Campingbehausung
4 Zelt
Campingfahrzeug
7 Caravan
9 Wohnmobil, Wohnwagen
Campinggegenstand
4 Zelt
5 Grill
6 Hering, Kocher
7 Seesack
8 Zeltstab
9 Wohnwagen
10 Schlafsack, Sturmleine, Zeltpflock, Zeltstange
12 Kochgeschirr, Luftmatratze
15 Petroleumkocher
Campingobdach
4 Zelt
Campingvergnügen
6 zelten
Cape
5 Kotze
6 Umhang
Caravan
9 Wohnwagen
Castingshow mit Heidi Klum
4 GNTM
CDU-Politiker/-in
4 Kohl
6 Barzel, Merkel, Spaeth
7 Dregger
8 Geissler
9 Schaeuble
10 Biedenkopf
12 Schwarzhaupt
Cellospielerin
9 Cellistin
Ceylons offizieller Name
8 Sri Lanka
Chaiselongue
4 Sofa
5 Couch, Diwan, Liege
9 Liegesofa
Chaldäa
10 Babylonien
Chalkografie
11 Kupferstich
Chalzedon
5 Achat
Champignon
8 Egerling, Weidling
Champion
7 Favorit, Meister
9 Rekordler
10 Rekordmann
12 Rekordhalter
Championat
13 Meisterschaft
Chance
8 Aussicht, Hoffnung, Okkasion
11 Gelegenheit, Gluecksfall
12 Moeglichkeit
Change
11 Geldwechsel
Chanson
4 Lied, Song
7 Couplet
10 Brettllied
12 Kabarettlied
Chaos
4 Wust
6 Gewirr
8 Wirrwarr
9 Unordnung
10 Tohuwabohu, Verwirrung
13 Durcheinander
Charakter
3 Art, Typ
4 Form
5 Natur, Typus, Wesen
7 Merkmal
8 Gepraege
9 Gesinnung, Sinnesart, Wesensart
11 Temperament
15 Persoenlichkeit
Charakterbild
5 Image
Charaktereigenschaft
3 Mut
4 Neid
5 Treue
6 Anlage, Geduld
7 Ehrgeiz, Neugier
8 Egoismus, Fairness, Feigheit, Toleranz
9 Eigensinn, Neugierde
Charakterformung
9 Erziehung
Charakteristik
7 Merkmal
9 Wesenszug
11 Kennzeichen
charakteristisch
7 typisch
9 praegnant
11 ausgepraegt, bezeichnend
charakteristisches Merkmal
8 Eigenart
Charakterzug
9 Wesensart
Charge
3 Amt
4 Grad, Last, Rang
5 Serie
6 Ladung, Wuerde
10 Dienstgrad, Fuellstoff, Nebenrolle
Charisma
12 Ausstrahlung

C

Chariten
6 Aglaia, Thalia
10 Euphrosyne
charmant
6 adrett
7 anmutig, reizend
8 lieblich
11 bestrickend
Charme
5 Anmut
8 Liebreiz
Charta
7 Urkunde
8 Leitsatz
9 Grundsatz
11 Grundgesetz
Chassis
6 Rahmen
11 Fahrgestell
Chauffeur
6 Fahrer, Lenker
11 Kraftfahrer
Chaussee
7 Strasse
11 Landstrasse
16 Ueberlandstrasse
Chef
4 Boss
6 Leiter, Oberer
7 Inhaber, Meister
8 Besitzer, Direktor
9 Anfuehrer, Oberhaupt, Vorsteher
12 Vorgesetzter
Chef ...
· *einer* **Abordnung**
17 Delegationsleiter
· *eines* **österreichischen Bundeslandes**
15 Landeshauptmann
Chefarzt (österreichisch)
9 Primarius
Chefin einer Zweigstelle
14 Filialleiterin
Chefpilot
8 Kapitaen
Chemiefaser ▶ Kunstfaser
Chemiefaserstoff
11 Acetatseide
chemisch(e, er, es) ...
· **Abkömmling**
7 Derivat
· **Begriff**
3 Gas, Ion, Mol
4 Amid, Amin, Atom, Base, Buna, Cyan, Form, Gips, Ozon, Salz, Satz, Soda, Teer
5 Alaun, Alkyl, Asche, Borax, Butan, Druck, Duese, Ester, Faser, Fiber, Kohle, Lauge, Phase, Purin
6 Aether, Aethyl, Alkali, Anilin, Asbest, Benzol, Cyanid, Dioxid, Ferrit, Filter, Firnis, Formel, Glutin, Glykol, Grafit, Gruppe, Haerte, Hydrat, Hydrit, Isotop, Kolben, Mastix, Metall, Methan, Methyl, Nitrat, Osmose, Pepsin, Phenol, Propyl, Pulver, Saeure, Sulfat, Sulfid, Sulfit, Valenz
7 Albumin, Aldehyd, Alkohol, Amalgam, Analyse, Arsenik, Chlorat, Chlorid, Element, Energie, Fluorid, Fluorit, Gaerung, Gemenge, Graphit, Halogen, Isopren, Kalorie, Kolloid, Loesung, Nitrose, Nuklein, Pipette, Reagenz, Salmiak, Silikat
8 Acetylen, Aethylen, Aetzkali, Alkaloid, Ammoniak, Ammonium, Bleioxid, Dreifuss, Emulsion, Formalin, Glykogen, Glyzerin, Hydrogen, Hydroxid, Hydroxyl, Jodoform, Karbonat, Katalyse, Knallgas, Kristall, Messglas, Mischung, Molekuel, Naphthen, Naphthol, Nitrogen, Paraffin, Phosphat, Phosphid, Phosphin, Reaktion, Salpeter, Schlacke, Schwefel, Spaltung, Spektrum, Spiritus, Sublimat, Substanz, Synthese, Zinkbase, Zinkoxid, Zyankali
9 Adhaesion, Bleiglanz, Borsaeure, Chlorkalk, Diffusion, Eisenoxid, Explosion, Flintglas, Indikator, Kohaesion, Konverter, Legierung, Metalloid, Oelsaeure, Oxidation, Raffinade, Reduktion, Zelluloid, Zellulose
10 Becherglas, Bikarbonat, Bittersalz, Blausaeure, Bleichkalk, Bleinitrat, Bleisulfat, Bromsilber, Chloroform, Experiment, Fettsaeure, Filtration, Gerbsaeure, Kohlenoxid, Kunstfaser, Kupferoxid, Metalloxid, Naphthalin, Pechblende, Salzsaeure, Sauerstoff, Siedepunkt, Speckstein, Stickstoff, Temperatur, Wasserglas, Wertigkeit, Zinkblende
11 Aequivalenz, Aminosaeure, Atomgewicht, Atomtheorie, Chlorsilber, Darstellung, Elektrolyse, Essigsaeure, Flusssaeure, Glaubersalz, Hydrogenium, Katalysator, Kohlehydrat, Kohlenstoff, Nitrogenium, Paraffinoel, Quecksilber, Reagenzglas, Sublimation, Verbrennung, Verdampfung, Verdunstung, Wasserdampf, Wasserstoff
12 Aethylaether, Benzolsaeure, Destillation, Eisenvitriol, Gefrierpunkt, Kalisalpeter, Kieselsaeure, Kohlendioxid, Kohlensaeure, Kondensation, Kupfernitrat, Kupfersulfat, Methylaether, Natriumlauge, Schmelzpunkt, Silberbromid, Silbernitrat, Silbersulfid, Terpentinoel, Wassergehalt
13 Aethylalkohol, Aluminiumoxid, Ameisensaeure, Bunsenbrenner, Halogengruppe, Kohlenmonoxid, Kupfervitriol, Lackmuspapier, Methylalkohol, Salizylsaeure, Scheidewasser, Schwarzpulver, Schwefelblume, Schwefeleisen, Stearinsaeure
14 Blutlaugensalz, Jodwasserstoff, Kaliumkarbonat,

Kalkstickstoff, Loesungsmittel, Neutralisation, Phosphorsaeure, Polymerisation, Salpetersaeure, Schwefelsaeure, Stickstoffoxid, Strukturformel
15 Aggregatzustand, Quecksilberoxid, Radioaktivitaet, Siedetemperatur, Spektralanalyse
- **Element**
3 Bor, Cer, Jod, Zer
4 Gold, Niob, Uran, Zink, Zinn
5 Argon, Arsen, Astat, Aurum, Chlor, Chrom, Eisen, Fluor, Radon, Selen, Titan, Xenon
6 Barium, Bismut, Curium, Erbium, Ferrum, Helium, Indium, Kalium, Kobalt, Kupfer, Mangan, Neodym, Nickel, Osmium, Platin, Radium, Silber, Sulfur, Tantal, Tellur, Wismut
7 Antimon, Caesium, Gallium, Hafnium, Holmium, Iridium, Kadmium, Kalzium, Krypton, Lanthan, Lithium, Natrium, Rhenium, Rhodium, Terbium, Thorium, Wolfram, Yttrium
8 Aktinium, Argentum, Europium, Francium, Lutetium, Nobelium, Phosphor, Polonium, Rubidium, Samarium, Schwefel, Silizium, Skandium, Thallium, Vanadium
9 Aluminium, Americium, Berkelium, Beryllium, Gadolinum, Germanium, Magnesium, Molybdaen, Neptunium, Palladium, Plutonium, Praseodym, Ruthenium, Strontium, Ytterbium, Zirkonium
10 Dysprosium, Lawrentium, Promethium, Sauerstoff, Stickstoff, Technetium
11 Californium, Einsteinium, Kalifornium, Kassiopeium, Kohlenstoff, Mendelevium, Quecksilber, Wasserstoff
12 Protactinium, Protaktinium
14 Kurtschatowium
- **Experimentiergefäß**
7 Retorte
8 Kochglas
11 Reagenzglas
- **Feinfiltervorgang**
6 Osmose
- **Flüssigkeiten**
6 Laugen
7 Saeuren
- **Grundstoff**
7 Element
- **Lösungsmittel**
6 Aceton, Azeton
- **Prüfmittel**
7 Reagenz
- **Reagenz**
7 Lackmus
- **Salzbildner**
7 Halogen
- **Untersuchung**
7 Analyse
- **Verbindung**
4 Zyan
5 Borax, Elain, Ester, Indol, Keton
6 Epoxid, Epoxyd, Isomer, Karbid, Natron
7 Nitrose
8 Alkaloid, Perborat
11 Kohlehydrat
- **Verwandtschaft**
10 Affinitaet
- **Werkstatt**
5 Labor
12 Laboratorium
- **Zeichenkette**
6 Formel
- **Zusatz**
7 Additiv

chemisches Zeichen für ...
- **Actinium**
2 Ac
- **Aluminium**
2 Al
- **Americium**
2 Am
- **Antimon**
2 Sb
- **Argon**
2 Ar
- **Arsen**
2 As
- **Astat**
2 At
- **Barium**
2 Ba
- **Berkelium**
2 Bk
- **Beryllium**
2 Be
- **Bismut**
2 Bi
- **Blei**
2 Pb
- **Bor**
1 B
- **Brom**
2 Br
- **Cadmium**
2 Cd
- **Californium**
2 Cf
- **Cäsium**
2 Cs
- **Cer**
2 Ce
- **Chlor**
2 Cl
- **Chrom**
2 Cr
- **Curium**
2 Cm
- **Dysprosium**
2 Dy
- **Einsteinium**
2 Es
- **Eisen**
2 Fe
- **Erbium**
2 Er
- **Europium**
2 Eu
- **Fermium**
2 Fm
- **Fluor**
1 F
- **Francium**
2 Fr
- **Gadolinium**
2 Gd
- **Gallium**
2 Ga

C

C

· **Germanium**
2 Ge
· **Gold**
2 Au
· **Hafnium**
2 Hf
· **Hahnium**
2 Ha
· **Helium**
2 He
· **Holmium**
2 Ho
· **Indium**
2 In
· **Iod**
1 I
· **Iridium**
2 Ir
· **Jod**
1 J
· **Kalium**
1 K
· **Kalzium**
2 Ca
· **Kobalt**
2 Co
· **Kohlenstoff**
1 C
· **Krypton**
2 Kr
· **Kupfer**
2 Cu
· **Kurtschato-vium**
2 Ku
· **Lanthan**
2 La
· **Lawrencium**
2 Lr
· **Lithium**
2 Li
· **Lutetium**
2 Lu
· **Magnesium**
2 Mg
· **Mangan**
2 Mn
· **Mendelevium**
2 Md
· **Molybdän**
2 Mo
· **Natrium**
2 Na
· **Neodym**
2 Nd
· **Neon**
2 Ne
· **Neptunium**
2 Np
· **Nickel**
2 Ni
· **Niob**
2 Nb
· **Nobelium**
2 No
· **Osmium**
2 Os
· **Palladium**
2 Pd
· **Phosphor**
1 P
· **Platin**
2 Pt
· **Plutonium**
2 Pu
· **Polonium**
2 Po
· **Praseodym**
2 Pr
· **Promethium**
2 Pm
· **Protacti-nium**
2 Pa
· **Quecksilber**
2 Hg
· **Radium**
2 Ra
· **Radon**
2 Rn
· **Rhenium**
2 Re
· **Rhodium**
2 Rh
· **Rubidium**
2 Rb
· **Ruthenium**
2 Ru
· **Samarium**
2 Sm
· **Sauerstoff**
1 O
· **Scandium**
2 Sc
· **Schwefel**
1 S
· **Selen**
2 Se
· **Silber**
2 Ag
· **Silizium**
2 Si
· **Stickstoff**
1 N
· **Strontium**
2 Sr
· **Tantal**
2 Ta
· **Technetium**
2 Tc
· **Tellur**
2 Te
· **Terbium**
2 Tb
· **Thallium**
2 Tl
· **Thorium**
2 Th
· **Thoron**
2 Tn
· **Thulium**
2 Tm
· **Titan**
2 Ti
· **Uran**
1 U
· **Vanadium**
1 V
· **Wasserstoff**
1 H
· **Wismut**
2 Bi
· **Wolfram**
1 W
· **Xenon**
2 Xe
· **Ytterbium**
2 Yb
· **Yttrium**
1 Y
· **Zink**
2 Zn
· **Zinn**
2 Sn
· **Zirkonium**
2 Zr

Chemotechniker
8 Laborant

Cheruskerfürst
5 Armin
7 Hermann
8 Arminius

Cherusker-fürstin
9 Thusnelda

Chiffre
4 Zahl
6 Ziffer
7 Zeichen
8 Kennwort
10 Geheimwort, Schluessel
13 Geheimschrift, Geheimzeichen

chilenisch(e, er, es) ...
· **Ausfuhrprodukt**
3 Jod
4 Gold
5 Borax, Kohle
6 Erdoel, Kupfer, Silber
7 Bleierz
8 Eisenerz, Salpeter
9 Manganerz
· **Autor**
5 Rojas
6 Neruda
· **Autorin**
7 Allende
· **Berg**
6 Osorno
9 El Calbuco
· **Besitzloser**
5 Rotos
· **Dichterin**
7 Mistral
· **Dünger**
5 Guano
8 Salpeter
· **Furnierholz**
6 Laurel
· **Getreidemaß**
6 Almude
· **Insel**
5 Mocha
6 Chiloe, Chonos
7 Campana, Hanover, Rapanui
8 San Felix
9 Santalnes
10 Osterinsel, Wellington
· **Landbesitzer**
8 Criollos
· **Lyriker**
6 Neruda
· **Münze**
4 Peso
7 Centavo
· **Nobelpreisträger für Literatur**
6 Neruda
7 Mistral
· **Pianist**
5 Arrau
· **Politiker**
7 Allende
8 Pinochet
· **Vulkan**
6 Osorno
9 Al Calbuco
· **Währung**
4 Peso
7 Centavo
· **Wasserfälle**
10 Pilmaiquen
· **Weinmaß**
6 Barril
· **Wüste**
7 Atacama

Chiletanne
9 Araukarie

Chinaforscher
8 Sinologe

Chinagras
5 Ramie

Chinarindenbaum
8 Cinchona

chinesisch(e, er, es) ...
· **Bauwerk**
5 Mauer
11 Grosse Mauer
· **Beamter**
8 Mandarin
· **Berg**
5 Gambu
6 Tangla
10 Wutaischan
12 Minya Gongkar
· **Buch der Wandlungen**
5 I Ging
· **Dynastie**
3 Han, Hia, Kin, Sin, Sui
4 Chin, Chou, Hsia, Ming, Sung, Tang
5 Ching, Juean, Shang, Tsing, Wutai, Yuean
6 Sankuo, Schang, Tschou
8 Mandschu
10 Nanpeichao
· **Ehrenbezeugung**
5 Kotau
· **Erfindung**
6 Papier
7 Kompass
9 Porzellan
13 Schiesspulver
· **Flächenmaß**
2 Mu, Pu
3 Hao, Mau, Meu, Mow
4 Kung
· **Flöte**
2 Yo
· **Frucht mit rauer Schale**
7 Litschi
· **Geldeinheit**
4 Tael
5 Liang
8 Renminbi
· **General**
17 Tschiang Kaitschek
· **Gewichtsmaß**
2 Ho, Hu, Li, Pu
3 Fan, Fen, Jin, Kin, Lei, Mow, Tan
4 Chin, Kung, Mehs, Tael
5 Chang, Ching, Liang, Picul, Pikul, Tschi, Tsien
7 Tschang, Tsching
· **Grenzfluss**
4 Amur
· **großblättrige Teesorte**
8 Souchong
· **Halbinsel**
8 Liaotung
9 Laitschou, Schantung
· **harmonische Wohnraumgestaltung**
8 Fengshui
· **Hauptstadt** (Rotchina)
6 Peking, Taipeh
· **Hausboot**
6 Sampan
· **Heilverfahren**
10 Akupunktur
· **Hunderasse**
8 Chow-Chow, Pekinese
· **Insel**
6 Hainan, Quemoy, Taiwan
7 Formosa
10 Tschuschan
· **Kaiser**
7 Kiaking
8 Kienlung, Kuangsue, Taukuang
12 Jungtschoeng
· **Kleinbär**
5 Panda
· **Kochtopf**
3 Wok

C

· **Landschaft**
11 Mandschurei
· **Längenmaß**
2 Li, Pu, Tu
3 Fan, Fen
4 Tsun
5 Tschi
7 Tschang
· **Lastenträger**
4 Kuli
· **Laute**
4 Pipa
· **Lyriker**
4 Li Po, Tu Fu
7 Li Taipo
· **Maler**
10 Ku Kaitschi
· **Meerenge**
13 Fukienstrasse
· **Münze**
3 Fen
4 Cent, Tael, Yuan
5 Tsjao
· **Musikinstrument**
2 Yo
3 Kin, Kou
4 King, Pipa
· **Nahrungsmittel**
4 Reis
7 Trepang
· **Nobelpreisträger für Physik**
3 Lee
4 Yang
11 Tsung Dao Lee
· **Obstbaum**
11 Litschibaum
· **Philosoph**
5 Mehti
6 Laotse
7 Mengtse, Tschu Hi
8 Konfutse
9 Konfuzius
· **Politiker**
3 Hua, Mao
9 Mao Zedong, Sun Jatsen, Sun Yatsen
10 Mao Tsetung, Tschu Enlai
17 Tschiang Kaitschek
· **Provinz, Region**
4 Hope
5 Honan, Hopeh
8 Sinkiang
9 Schantung
· **Religion**
3 Dao, Tao
8 Daoismus, Taoismus
14 Konfuzianismus
· **Revolutionär**
3 Mao
9 Mao Zedong
10 Mao Tsetung
· **Schlaginstrument**
4 King
· **Schriftsteller**
4 Tu Fu
6 Po Kuei
7 Li Taipo
9 Lin Yutang
14 Wang Tschingwei
· **Schule**
3 Ngu
· **See**
6 Taisee
7 Kukunor
8 Dalainor, Tsaiosee, Tungting
9 Pojangsee, Poyangsee, Tengrinor
10 Hungtsesee
11 Tungtingsee
· **Segelschiff**
8 Dschunke
· **Tagelöhner**
4 Kuli
· **Volksliedersammlung**
8 Schiking
· **Volksreligion**
8 Daoismus, Taoismus
· **Währungseinheit**
4 Yuan
· **Weiser**
6 Laotse
8 Konfutse
9 Konfuzius
· **Weltgesetz**
3 Tao
· **Wohnboot**
6 Sampan
· **Würdenträger**
8 Mandarin
· **Zither**
3 Kin
· **Zwerghund**
8 Pekinese

chininhaltige Droge
10 Chinarinde

chininhaltiges Getränk
5 Tonic

Chip
5 Jeton, Marke
7 Bauteil
9 Spielgeld
10 Spielmarke
11 Schaltkreis

Chirurg
4 Arzt
8 Wundarzt
9 Operateur

Chirurg bei der Arbeit
9 Operateur

chirurgisch
8 operativ

chirurgisch(e, er, es) ...
· **Eingriff**
9 Operation
10 Amputation
15 Transplantation
· **Instrument**
6 Kauter
8 Lanzette, Skalpell
· **Nähfaden**
6 Katgut

Chlorophyll
10 Blattgruen

chlorsaures Salz
7 Chlorat

Chlorverbindung
7 Chlorat, Chlorid, Chlorit

Chlorwasserstoff
10 Salzsaeure

Chor
6 Empore
9 Altarraum, Singschar
10 Singgruppe
11 Vokalgruppe
13 Gesangsgruppe, Saengergruppe, Vokalensemble
18 Saengervereinigung

Choral
11 Kirchenlied

Choreografie
9 Tanzregie
12 Ballettregie
16 Tanzaufzeichnung, Tanzbeschreibung

Chorfrau
9 Kanonisse

C

Chorhemd der Priester
4 Albe
Chorherr
9 Kanonikus
Chorleiter
6 Kantor
8 Dirigent
15 Saengerdirigent
Chorraum
4 Bema
12 Presbyterium
Chorsänger
7 Chorist
Chorschranke
7 Lettner
Chorwerk
5 Messe, Missa
7 Kantate, Passion
9 Oratorium
Chose
5 Sache
13 Angelegenheit
Chrisam
7 Salboel
Christbaum
10 Tannenbaum
14 Weihnachtsbaum
Christbaumschmuck
5 Kerze, Kugel
6 Kugeln, Spitze
7 Lametta
10 Engelshaar
christlich(e, er, es) ...
· **Feiertag**
6 Ostern
7 Busstag, Firmung
8 Auffahrt
9 Kommunion, Pfingsten, Weihnacht
10 Christfest, Einsegnung, Karfreitag
11 Allerseelen, Heiligabend, Weihnachten
12 Fronleichnam, Herz Jesu Fest, Konfirmation, Totensonntag
13 Allerheiligen, Buss- und Bettag, Heiliger Abend
15 Dreikoenigsfest, Gruendonnerstag
16 Reformationsfest
17 Mariae Himmelfahrt
18 Christi Himmelfahrt
· **Gebet**
10 Vaterunser
· **Heilsbotschaft**
10 Evangelium
· **Herberge**
6 Hospiz
· **Kardinaltugend**
5 Liebe
6 Geduld, Glaube
8 Hoffnung
· **Liebesmahl**
5 Agape
· **Mitleid**
8 Erbarmen
· **Sakrament**
3 Ehe
5 Taufe
9 Abendmahl
· **Symbol**
5 Kreuz
Christmette
22 Weihnachtsgottesdienst
Christmond
8 Dezember
Christus
5 Jesus
7 Heiland, Messias
8 Erloeser
Christusmonogramm
3 IHS
Chronik
7 Annalen, Bericht
8 Jahrbuch, Tagebuch
12 Aufzeichnung
13 Jahresbericht
14 Geschichtswerk
chronisch
7 dauernd
9 anhaltend
chronische Gelenkerkrankung
8 Arthrose
Chronologie
9 Zeitfolge, Zeitkunde
12 Zeitrechnung
Chronometer
3 Uhr
10 Zeitmesser
Chrysantheme
9 Goldblume, Margarite, Margerite
10 Marguerite
11 Gaenseblume, Winteraster, Wucherblume
12 Frauenbalsam, Massliebchen
Cinemawerbung
11 Kinoreklame
circa
4 etwa, rund
5 zirka
6 nahezu
9 ungefaehr
Cissus
6 Klimme
City
5 Stadt
7 Zentrum
8 Altstadt
9 Stadtkern
10 Innenstadt, Stadtmitte
17 Geschaeftsviertel
clever
4 klug
5 smart
6 listig, wendig
8 gerissen
9 geschickt
Clinch ...
· *beim* **Boxen**
8 Klammern
10 Festhalten
12 Umklammerung
Clique
4 Gang
5 Bande, Rotte
6 Gruppe
8 Kluengel
10 Sippschaft
Clou
9 Sensation, Zugnummer
10 Hoehepunkt
11 Glanznummer, Knalleffekt
12 Paradenummer
Clown
7 Bajazzo, Pierrot
8 Harlekin
9 Hanswurst
10 Hampelmann, Komoediant, Spassvogel
11 Spassmacher
12 Dummer August

Clown im Zirkus Knie
17 Chicky Altenburger
Coach
5 Wagen
7 Kajuete, Trainer
8 Betreuer
Cockpit
10 Fahrersitz
13 Pilotenkabine
Cocktail
4 Fizz, Flip, Sour
5 Daisy, Julep, Sling
6 Cooler, Crusta
7 Cobbler, Collins, Eggnogg
8 Getraenk, Highball
9 Manhattan
11 Mixgetraenk
Cocktail-Mixbecher
6 Shaker
Code
10 Gesetzbuch, Schluessel
Cognacglas
9 Schwenker
Coiffeurladen
12 Friseursalon, Frisoersalon
College
10 Hochschule
Columbo-Darsteller
4 Falk
Combo
4 Band
6 Gruppe
7 Kapelle
8 Ensemble
Comedyserie mit Martina Hill
13 Knallerfrauen
Comicfigur
3 Tim
5 Goofy, Micky
6 Donald, Obelix
7 Asterix
8 Dagobert
Comichund
6 Idefix
7 Struppi
Computer
12 Rechenanlage
16 Elektronengehirn
17 Elektronenrechner
Computer für TV
3 Ted
Computerart
6 Laptop
12 Heimcomputer, Minicomputer
13 Mikrocomputer, Supercomputer
16 Personalcomputer
Computerbediener
8 Operator
Computerfachmann
10 Analytiker
12 Informatiker
Computerfehler
3 Bug
5 Error
Computerfeind
5 Virus
Computerhilfsmittel
4 Tool
Computerinhalt
5 Datei
Computerprogramm
8 Software
Computersprache
3 ADA
4 ELAN, LOGO
5 ALGOL, BASIC, COBOL
6 Pascal
7 Fortran
9 Assembler
computertechnischer ...
· **Begriff**
3 Bit, Bug, Job
4 Byte, Chip
5 Datei, Input, Modem, Modul
6 Dialog, Output
7 Display, Dropout
8 Compiler, Diskette, Hardware, Operator, Software
9 Assembler, Prozessor
10 Dispatcher, Magnetband
Computerwissenschaft
10 Informatik
Conférence
6 Ansage
Conférencier
7 Ansager
8 Sprecher
9 Moderator
Container
9 Behaelter
18 Transportbehaelter
Cordart
10 Manchester
Couchpolster
10 Sofakissen
Count
4 Graf
Countdown
13 Vorstartphase
Coup
4 Hieb
6 Schlag
11 Handstreich
Couplet
7 Chanson
Coupon
3 Bon
Courage
3 Mut
7 Schneid
10 Tapferkeit
11 Beherztheit
couragiert
7 beherzt
Courtoise
12 Hoeflichkeit
Cousin
6 Vetter
Cousine
4 Base
Couturier
12 Modedesigner
Cowboy
8 Kuhjunge
10 Rinderhirt
Cowboyfest
5 Rodeo
Cowboyhut
7 Stetson
Cowboyreiterschau
5 Rodeo
Crack
10 Rauschgift
12 Spitzenpferd
15 Spitzensportler
Creme
4 Rahm
5 Paste, Sahne, Salbe
9 Hautsalbe
11 Oberschicht
12 Schaumspeise
cremefarben
4 ecru
5 beige
8 mattgelb
9 blassgelb

Crew
9 Besatzung
Cup
5 Pokal
12 Turnierpreis
Cut
7 Gehrock

D

da
4 dort, hier, weil
5 zumal
7 zugegen
8 anwesend
Dach ...
· *der* **Mundhöhle**
6 Gaumen
· *der* **Welt**
5 Pamir
Dachabschluss
5 First
6 Giebel
Dachbalken
6 Sparre
Dachboden
6 Buehne
7 Soeller
8 Speicher
Dachdeckmaterial
4 Blei, Reet, Ried
5 Stroh
6 Schilf, Ziegel
7 Eternit
8 Schiefer, Schindel
9 Teerpappe, Wellblech, Zinkblech
12 Biberschwanz
Dachdichtungsart
7 Teerung
Dachfenster
4 Luke
5 Gaube
Dachform
6 Kuppel
8 Pultdach, Walmdach, Zeltdach
9 Flachdach
10 Satteldach
11 Mansarddach
16 Krueppelwalmdach
Dachgeschoss
8 Mansarde
Dachrinne
6 Kandel, Traufe
7 Kaennel
Dachs in der Fabel
8 Grimbart
Dachsfell
8 Schwarte
Dachshund
6 Dackel, Teckel
Dachstuhl
7 Gebaelk
Dachteil
4 Walm
5 First, Haube, Raehm, Rinne
6 Binder, Giebel, Kandel, Pfette, Sparre, Strebe, Traufe
10 Regenrinne
Dachterrassenwohnung
9 Penthouse
Dackel
6 Teckel
9 Dachshund
dafür
3 pro
dagegen
4 anti
6 contra, kontra
daheim
7 zu Hause
Dahlienart
8 Georgine
Dakapo (Mehrzahl)
7 Zugaben
dalmatinisch(e, er, es) ...
· **Hafenstadt**
5 Kotor
7 Cattaro
· **Hauptstadt**
9 Dubrovnik
· **Insel**
3 Krk, Pag, Rab, Vis
4 Brac, Cres, Hvar, Olib
5 Cazza, Lissa, Mljet, Molat, Susac, Susak, Unije
6 Brazza, Brioni, Kornat, Losinj, Melita, Murter
7 Korcula, Lastovo
· **Küstengebiet**
6 Kotari
· **Stadt**
4 Omis, Senj
5 Kotor, Split, Zadar
6 Ragusa, Trogir
7 Sibenik
9 Dubrovnik
damals
5 einst
6 ehedem
7 dazumal, frueher, vormals, weiland
9 einstmals
10 seinerzeit
Damastgewebe
6 Lampas
Damenbadeanzug
9 Einteiler
Damenbadebekleidung
6 Bikini
Damenbegleiter auf Reisen
10 Beautycase
damenhaft
8 ladylike
Damenhut
5 Haube, Kappe, Toque
6 Muetze, Schute
7 Topfhut
8 Strohhut
9 Kapotthut, Pelzkappe
10 Pelzmuetze
11 Florentiner
Damenkleidung ► Damengarderobe
Damenkleidungsstück
11 Jackenkleid
Damenkränzchen
13 Kaffeeklatsch
Damenmantel
7 Paletot
8 Mantille
9 Redingote
Damenmantel mit Kapuze
8 Capuchon
Damenmodegeschäft
8 Hutsalon
Damenschlupfschuh mit Absatz
10 Pantolette

D

Damenschuh
5 Pumps, Sabot
7 Sandale, Slipper
8 Trotteur
9 Ballerina
10 Sandalette
11 Stiefelette
13 Stoeckelschuh

Damenstrümpfe
6 Nylons

Damenunterkleidung
4 Body, Hemd, Slip
5 Tanga
6 Mieder
7 Bustier, Dessous, Korsett
8 Bodysuit, Garnitur, Leibchen
9 Korselett, Petticoat, Trikotage, Unterrock
10 Schluepfer, Unterkleid
11 Strumpfhose
12 Bodystocking
13 Buestenhalter, Strumpfhalter

Damenzimmer
7 Boudoir

dämlich
4 dumm
5 bloed
6 albern
11 toelpelhaft

Damm
3 Kai
4 Mole, Pier, Wall, Wehr
5 Buhne, Deich

Dämmerung
9 Zwielicht
10 Halbdunkel

dämmrige Beleuchtung
10 Halbdunkel

Dämon
5 Geist, Troll
6 Teufel
7 Ungeist

dämonisch
8 besessen
9 teuflisch

Dampf
5 Dunst
6 Brodem, Wrasen
8 Schwaden

Dampfbad
5 Sauna

Dampfbad mit Alpenheu
10 Kraxenofen

Dampfbadbehandlung
10 Okkaidobad

Dampfdruck
7 Tension

Dampfer
7 Steamer

Dämpfer ...
· *der* **Geige**
7 Sordine, Sordino

Dampfgebilde
8 Schwaden

Dampfmaschinenteil
6 Kolben, Regler, Ventil
8 Exzenter, Schieber, Zylinder
9 Kreuzkopf
10 Schwungrad
11 Dampfkessel, Kondensator, Kurbelwelle, Pendelkugel
12 Kolbenstange, Pleuelstange
13 Drosselklappe

Dampfschiff
7 Dampfer, Steamer

Dämpfungsmaß
5 Neper

danach
4 dann
6 darauf

Dandy
4 Beau, Geck, Snob
7 Angeber
8 Modenarr

Dänemark in der Landessprache
7 Danmark

Dänenprinz
6 Hamlet

dänisch(e, er, es) ...
· **Abgeordnetenhaus**
9 Folketing
· **Arzt**
6 Finsen
· **Astronom**
5 Brahe
6 Roemer
· **Atomphysiker**
4 Bohr
8 Aage Bohr
9 Niels Bohr
· **Berg**
10 Himmelberg
· **Botaniker**
6 Hansen
· **Bucht**
4 Belt, Sund
8 Kattegat
11 Grosser Belt, Kleiner Belt
· **Butterbrot**
12 Smoerrebroed
· **Chemiker**
7 Thomsen
· **Filmkomiker**
3 Pat
8 Patachon
· **Flagge**
8 Danebrog
· **Forscher**
4 Bohr
9 Bartholin
· **Frauenname**
4 Asta
6 Dorthe
· **Geograf**
9 Rasmussen
· **Goldmünze**
12 Christiandor
· **Grenzwall**
8 Danewerk
· **Hafenstadt**
6 Aarhus, Gedser, Lohals, Nyborg, Roedby, Roenne
7 Aalborg, Esbjerg, Korsoer
8 Hirthals, Roskilde
9 Nykoebing
10 Helsingoer, Koebenhavn, Kopenhagen, Sonderburg
13 Frederikshavn
· **Halbinsel**
8 Juetland
· **Hauptstadt**
10 Koebenhavn, Kopenhagen
· **Held**
3 Dan
· **Hohlmaß**
3 Ahm
· **Insel im Kattegat**
6 Anholt, Laesoe, Samsoe
8 Hesseloe
· **Insel im Oresund**
6 Amager
8 Saltholm
· **Insel in der Arktis**
9 Groenland
· **Insel in der Nordsee**
4 Roem
5 Fanoe, Manoe
6 Mandoe, Roemoe

- **Insel in der Ostsee**
  3 Als, Fyn
  4 Moen
  5 Aeroe, Alsen
  6 Fuenen, Samsoe
  7 Falster, Laaland, Lolland, Seeland
  8 Bornholm
  9 Langeland, Sjaelland
- **Insel südlich von Fünen**
  5 Aeroe
- **Inselgruppe im Atlantik**
  8 Faeroeer
- **Kap**
  6 Skagen
- **Komponist**
  4 Enna, Gade
  6 Klenau, Lassen
  9 Boerreson
- **Königin**
  6 Ingrid
- **Königsname**
  4 Erik, Gorm, Knud, Knut, Olaf, Sven
  5 Kanut, Niels
  6 Harald, Johann, Magnus
  7 Godfred
  8 Frederik, Kristian, Valdemar, Waldemar
  9 Christian, Friedrich, Gottfried
- **Längenmaß**
  4 Alen
- **Märchendichter**
  8 Andersen
- **Mediziner**
  3 Dam
  4 Worm
  5 Krogh
  6 Finsen
  7 Fibiger
  8 Jacobson
- **Meerenge**
  4 Belt
  8 Kattegat
- **Münze**
  4 Oere
  5 Krone
- **Nobelpreisträger für Frieden**
  5 Bajer
- **Nobelpreisträger für Literatur**
  6 Jensen
  9 Gjellerup
  11 Pontoppidan
- **Nobelpreisträger für Medizin**
  3 Dam
  5 Krogh
  6 Finsen
  7 Fibiger
- **Nobelpreisträger für Physik**
  4 Bohr
  9 Mottelson
- **Parlament**
  7 Rigsdag
  9 Folketing, Landsting
- **Philosoph**
  11 Kierkegaard
- **Physiologe**
  5 Krogh
- **Polarforscher**
  6 Bering
  9 Rasmussen
- **Politiker**
  4 Hall
  5 Bajer, Zahle
  7 Brandes
  8 Berntsen
  9 Rasmussen, Struensee
  10 Bernstorff
- **Prinzessin**
  9 Benedikte
- **Sagenheld**
  4 Toko
  5 Ogier, Tokko
  6 Holger
- **Sagenkönig**
  5 Hawad, Krake
  6 Hettel
- **Sagenprinz**
  6 Hamlet
- **Schauspielerin**
  7 Nielsen
- **Schriftsteller**
  4 Bang, Munk, Soya
  5 Abell, Ewald
  7 Brandes, Heiberg, Holberg, Lauesen, Sibbern
  8 Andersen
  9 Gjellerup, Grundtvig, Michaelis
  11 Kierkegaard
- **Schriftstellerin**
  6 Blixen
- **Seefahrer**
  6 Bering
- **Stadt auf Fünen**
  6 Odense
- **Währung**
  5 Krone
- **Währungseinheit**
  5 Krone
- **Zither**
  5 Humle

Dankgeschenk
9 Belohnung

dann
6 danach, darauf

Dantes Jugendliebe
8 Beatrice

Danziger ...
- **Getränkespezialität**
  10 Goldwasser
- **Schriftsteller**
  5 Grass
- **Sehenswürdigkeit**
  7 Krantor
  8 Artushof, Zeughaus
  12 Marienkirche

darauf
4 dann
6 danach

Darbietung
4 Show
5 Schau
6 Nummer
7 Vortrag
8 Auftritt
11 Vorfuehrung, Vorstellung
13 Praesentation

Dardanellen
10 Hellespont

Dargebrachtes
4 Gabe
5 Opfer

Darlegung
6 Exposé
7 Entwurf, Exposee
10 Erklaerung, Exposition
11 Ausfuehrung
13 Demonstration

Darlehen
6 Kredit
7 Anleihe

Darling
8 Liebling

Darmausgang
4 Anus
5 After

D

Darmeinlauf
6 Klysma
8 Klistier
Darmentzündung
9 Enteritis
Darmschmarotzer
8 Bandwurm, Spulwurm
9 Madenwurm
Darmträgheit
11 Obstipation, Verstopfung
Darmüberfunktion
8 Diarrhoe
9 Durchfall
Darmverschluss
5 Ileus
darreichen
5 geben
Darsteller
4 Mime
6 Akteur
7 Statist
8 Komparse
9 Interpret
12 Schauspieler
Darstellung
3 Akt
4 Bild, Demo
6 Grafik, Skizze
7 Graphik, Plastik, Version
8 Gemaelde
9 Schaubild, Zeichnung
10 Ueberblick, Wiedergabe
11 Schilderung
12 Illustration, Konstruktion
13 Demonstration
Darstellung ...
· *des* **duldenden Christus**
8 Ecce homo
· *der* **Erdoberfläche**
9 Landkarte
· *der* **Himmelfahrt Mariae**
7 Assunta
· *des* **nackten Körpers**
3 Akt
· *einer* **Person**
9 Abbildung
Darstellungsweise
4 Stil
darum
7 deshalb
das ...
· **Altertum**
6 Antike
· **Altertum betreffend**
5 antik
· **andere Ich**
8 Alter Ego
· **Äußere gestalten**
6 stylen
· **Baltische Meer**
6 Ostsee
· **biblische Himmelsbrot**
5 Manna
· **britische Königshaus** (Mz.)
6 Royals
· **erste Buch Mose**
7 Genesis
· **Feld bestellen**
6 ackern
· **Ganze**
5 alles
· **Gegenteil bezeichnende Vorsilbe**
3 dis
· **gesamte Dasein**
5 Leben
6 Lebtag
· **gesamte Schrifttum**
9 Literatur
· **Grüne**
5 Natur
· **Haar pflegen, frisieren**
8 buersten
· **Meer betreffend**
7 maritim
· **Prinzip des künstlichen Regens**
19 Bewaesserungssystem
· **Seewesen betreffend**
7 maritim
· **Seiende** (philosophisch)
3 Ens
· **Umtopfen**
12 Verpflanzung
· **Unsterbliche**
5 Seele
Dasein
5 Leben
8 Bestehen, Existenz
Daseinsablauf
5 Leben
daseinsbejahend
10 lebensfroh
12 optimistisch
Daseinsfreude
10 Lebenslust
Daseinsqualität
10 Lebensstil
dasselbe
4 dito
Dasselfliege
6 Bremse
Daten für Ausweise
11 Personalien
Datenausgabe
6 Output
Dateneingabe
5 Input
Datenendgerät
8 Terminal
10 Bildschirm
Datensammlung
5 Datei
Datenspeicherwerk
5 Datei
Datenträger
8 Diskette
Datenverarbeitung (Abkürzung)
3 EDV
dattelartige Frucht
6 Jujube
Datum
3 Tag
6 Termin
9 Zeitpunkt
10 Zeitangabe
Datumsanzeiger
8 Kalender
Dauer
4 Zeit
5 Frist, Weile
6 Laenge, Spanne
7 Bestand
8 Zeitraum
9 Permanenz
10 Ausdehnung, Zeitspanne
12 Fortbestehen
Dauerbelastung
6 Stress
Dauerbezug
10 Abonnement
Dauergebäck
4 Keks
8 Zwieback
dauerhaft
4 fest
5 solid
6 solide, stabil
7 durabel, haltbar
10 bestaendig
Dauerhaftigkeit
11 Stabilitaet

Dauerläuten kleiner Glocken
8 Gebimmel
Dauermagnetwerkstoff
6 Alnico
Dauermiete
10 Abonnement
dauernd
5 immer, stets
8 bleibend, konstant, staendig
9 chronisch, permanent
10 bestaendig
12 fortwaehrend
13 unaufhoerlich
14 ununterbrochen
dauernder Körperschaden
9 Gebrechen
Dauerverkaufserfolg
10 Longseller
Dauerware
8 Konserve
Dauerware vom Schwein
13 Raeucherspeck
Dauerwurst
6 Salami
8 Cervelat
9 Cabanossi, Hartwurst
10 Landjaeger, Plockwurst
12 Schlackwurst
Daunenvogel
9 Eiderente
Dauphin
9 Kronprinz
11 Thronfolger
Daus
2 As
Davids ...
· **Feldherr**
4 Joab, Uria
5 Urias
· **Frau**
6 Michal, Michol
7 Abigail
8 Bathseba, Bethseba
· **Gegner**
7 Goliath
· **Sohn**
6 Salomo
7 Absalom, Salomon
· **Vater**
4 Isai
davon
3 weg
4 fort
dazu
5 sogar
9 obendrein
DDR-Geheimdienst (Kurzwort)
5 Stasi
Debakel
4 Pech, Ruin
6 Fiasko, Pleite
7 Konkurs
10 Misserfolg
Debatte
6 Dialog
10 Aussprache, Diskussion
11 Eroerterung, Kontroverse, Wortgefecht
18 Auseinandersetzung
Debattenbeginn
8 Einstieg
Debet
4 Soll
6 Schuld
9 Belastung
Debitor
9 Schuldner
Debitoren
11 Forderungen
13 Aussenstaende
Debüt
12 Erstauftritt
Debütant
7 Neuling
9 Anfaenger, Greenhorn
Deck
4 Bord
Deckblatt
6 Tektur
Decke
5 Plaid
deckelartiger Verschluss
6 Klappe
Deckelbehälter
4 Dose, Etui, Korb, Sarg, Topf
5 Kanne, Truhe
6 Karton, Kasten
7 Buechse, Schrein
8 Kassette, Kochtopf
9 Sarkophag, Schachtel, Schatulle
decken
9 schuetzen
10 abschirmen
Deckendekoration
8 Soffitte
Deckengemälde
13 Freskomalerei
Deckengewölbe
6 Kuppel
Deckenverkleidung ...
· *aus* **Holz**
8 Taeflung
9 Taefelung
Deckgarn zum Vogelfang
6 Tirass
Deckmantel
7 Tarnung
Deckname
9 Pseudonym
Deckoffizier
9 Bootsmann
Decköffnung
4 Luke
Deckschicht
5 Belag
8 Hangende, Ueberzug
deckungsgleich
9 kongruent
Deduktion
6 Beweis
9 Ableitung
10 Herleitung
Defekt
5 Panne
6 Fehler, kaputt
7 entzwei, Schaden
9 Gebrechen, Plattfuss, schadhaft
11 beschaedigt
Defekt im Strumpf
10 Laufmasche
defekte Stelle
4 Loch
defensiv Fußball spielen
6 mauern
Defensive
6 Abwehr
12 Verteidigung
Defilee
6 Parade
12 Vorbeimarsch
definitiv
8 bestimmt
10 endgueltig, massgebend
12 entscheidend
Defizit
5 Manko
6 Mangel
7 Verlust

8 Einbusse, Passivum
10 Fehlbetrag
Deformation
10 Verformung
11 Entstellung, Missbildung
13 Verunstaltung
deftig
4 derb
deftige ...
· **Backware**
10 Bauernbrot
· **Gemüsesorte**
11 Wirsingkohl
· **Mahlzeit**
17 Bauernfruehstueck
Degen
6 Espada, Rapier
Degenbehälter
7 Scheide
Degeneration
7 Abstieg, Verfall
9 Entartung
10 Niedergang
degenerieren
8 entarten
Degengehänge
8 Portepee
Degensportler
7 Fechter
Degradierung
12 Erniedrigung, Herabsetzung
13 Wertminderung
15 Herabwuerdigung
dehnbar
6 duktil
7 biegsam
8 flexibel
9 beweglich, elastisch
dehnbares ...
· **Gewebe**
7 Elastik, Stretch
· **Material**
5 Gummi
9 Kautschuk
Dehnbarkeit
12 Elastizitaet
Dehnung
7 Tension
Dehnungszeichen
10 Zirkumflex
Deich
4 Damm
deichgeschütztes ...
· **Land**
4 Koog
6 Polder
Deichschleuse
4 Siel
Dekade
8 Zehnzahl
9 Jahrzehnt
Dekadenz
7 Verfall
9 Entartung
Dekan
7 Dechant
14 Superintendent
19 Fakultaetsvorsteher
Deklamation
7 Vortrag
10 Rezitation, Wiedergabe
Deklaration
10 Erklaerung, Wertangabe
11 Zollmeldung
13 Inhaltsangabe
Deklination
7 Beugung
10 Abweichung
13 Winkelabstand
deklinierbares Wort
5 Nomen
Dekolleté
10 Ausschnitt
14 Halsausschnitt
Dekor
4 Zier
5 Motiv
6 Muster, Zierat, Zierde
7 Schmuck, Zierrat
10 Verzierung
14 Randverzierung
Dekoration
5 Orden
7 Kulisse
8 Medaille
10 Gestaltung
11 Ausstattung, Buehnenbild
12 Auszeichnung, Ehrenzeichen
14 Ausschmueckung
dekorativ blühende Zimmerpflanze
10 Tillandsie
dekorative ...
· **Herbstfrucht**
11 Zierkuerbis
· **Kübelpflanze**
12 Schmucklilie
· **Zimmerpflanze**
13 Korallenbeere
dekorativer Busch
11 Zierstrauch
Dekret
6 Erlass
Delegat
11 Abgesandter
17 Bevollmaechtigter
Delegation
9 Abordnung
Delfinart
6 Beluga, Narwal
7 Zahnwal
8 Grindwal, Tuemmler, Weisswal
delikat
6 heikel, lecker
9 koestlich
10 auserlesen, bedenklich
11 appetitlich
14 wohlschmeckend
delikates Krebsfleisch
18 Langustenschwaenze
Delikatesse
6 Genuss
8 Feinheit, Feinkost
10 Comestible, Hochgenuss
12 Leckerbissen
Delikatessenart
12 Leberpastete
18 Gaenseleberpastete
Delikt
3 Tat
8 Straftat, Vergehen, Verstoss
10 Verbrechen, Verfehlung
Deliktmerkmal
10 Tatbestand
Delinquent
6 Taeter
10 Verbrecher
11 Angeklagter, Missetaeter, Uebeltaeter
Delirium
6 Rausch
8 Wahnsinn
10 Verwirrung
deliziös
9 koestlich
11 schmackhaft
Delle
5 Beule

10 Vertiefung
12 Blechschaden
dem ...
· **Säugling Windeln umlegen**
7 Wickeln
· **Zeitgeist entsprechende Körperform**
16 Schoenheitsideal
Demagoge
8 Agitator
14 Volksverhetzer
15 Volksverfuehrer
Demarkation
10 Abgrenzung, Begrenzung
12 Grenzziehung
Demarkationslinie
6 Grenze
Dementi
8 Widerruf
12 Berichtigung, Zuruecknahme
15 Richtigstellung
Demimonde
8 Halbwelt
9 Unterwelt
Demission
10 Entlassung, Ruecktritt
demnach
8 folglich
demnächst
4 bald
7 alsbald
10 naechstens
Demokratie
15 Volksherrschaft
Demonstration
6 Beweis
9 Bekundung, Darlegung
10 Erklaerung, Kundgebung
11 Vorfuehrung
12 Erlaeuterung
17 Protestkundgebung
Demontage
5 Abbau
7 Abbruch
9 Zerlegung
Demoralisation
11 Entmutigung
14 Entsittlichung, Zuchtlosigkeit
demütig
5 devot
7 ergeben
12 unterwuerfig
demütige Ehrerweisung
5 Kotau
Demutsgeste
8 Kniefall
demzufolge
4 also, ergo
7 demnach
8 folglich
13 infolgedessen
den ...
· **Ackerboden auflockern**
5 eggen
· **Atomkern betreffend**
7 nuklear
· **Bart abschneiden**
8 rasieren
· **Fetus betreffend**
5 fetal
· **Göttern eine Gabe darbringen**
6 opfern
· **Inhalt entnehmen**
6 leeren
9 entleeren
· **Mond betreffend**
5 lunar
· **Mund betreffend**
4 oral
· **Rasen belüften**
13 vertikutieren
· **Sinn von Schriftzeichen erfassen**
5 lesen
· **Wald abholzen**
5 roden
Dengel
8 Schneide
Denkart
7 Ansicht, Meinung
9 Gesinnung
10 Auffassung, Standpunkt
11 Einstellung, Mentalitaet
14 Weltanschauung
denkbar
8 moeglich
10 potentiell, potenziell
Denken
6 Noesis
9 Reflexion
10 Reflektion
Denker
9 Philosoph
15 Geistesarbeiter
Denkfehler
6 Irrtum
11 Trugschluss
Denklehre
5 Logik
Denkmal
8 Monument
Denkmalunterbau
6 Sockel
Denkorgan
6 Gehirn
denkrichtig
7 logisch
Denkschrift
4 Memo
10 Memorandum
Denkspiel
4 Quiz
Denksport
5 Raten
9 Ratespiel
Denksportaufgabe
5 Rebus
7 Raetsel
9 Quizfrage
10 Mixraetsel, Vexierbild
12 Schachstudie, Wabenraetsel
13 Schachproblem, Silbenraetsel, Zahlenraetsel
14 Zahlenknobelei
15 Schwedenraetsel
16 Kreuzwortraetsel, magisches Quadrat
Denksporttätigkeit
12 Raetselraten
Denkspruch
5 Gnome
Denkvermögen
5 Ratio
8 Vernunft, Verstand
9 Intellekt
11 Intelligenz
Denkweise ► Denkart
Denkwissenschaft
11 Philosophie
denkwürdig
7 epochal
8 sekulaer
Denkwürdigkeiten
8 Memoiren
Denkzettel
5 Lehre
6 Strafe

D

7 Verweis
8 Notabene
dennoch
4 doch, zwar
8 trotzdem
Dentallaborant
13 Zahntechniker
Denunziant
6 Petzer
7 Spitzel
9 Verraeter
12 Anschwaerzer
Departement ...
· *in* **Frankreich**
3 Ain, Lot, Var
4 Aube, Aude, Cher, Eure, Gard, Gers, Jura, Nord, Oise, Orne, Tarn
5 Aisne, Corse, Doubs, Drôme, Indre, Isère, Loire, Marne, Meuse, Rhône, Seine, Somme, Yonne
6 Allier, Ariege, Cantal, Creuse, Landes, Loiret, Lozère, Manche, Nièvre, Sarthe, Savoie, Vendée, Vienne, Vosges
7 Ardèche, Aveyron, Belfort, Corrèze, Gironde, Herault, Mayenne, Moselle
8 Ardennes, Bas-Rhin, Calvados, Charente, Dordogne, Morbihan, Vaucluse
9 Finistère, Haut-Rhin
Dependance
11 Zweigstelle
13 Nebengebaeude, Niederlassung
Depesche
9 Telegramm
10 Funkspruch
13 Funknachricht
14 Drahtnachricht
Deplatzierung
13 Fehlbesetzung
Deportation
10 Verbannung
13 Verschleppung
Depot
5 Lager
7 Bahnhof, Einlage, Filiale
10 Niederlage
12 Aufbewahrung, Sammelstelle
13 Niederlassung
Depotraum
10 Lagerhalle
Depotverwalter
8 Lagerist
Depression
4 Tief
5 Krise, Senke
9 Schwermut, Tiefdruck, Tiefpunkt
12 Mutlosigkeit
20 Niedergeschlagenheit
depressiv
11 truebsinnig
12 schwermuetig
Deputation
9 Abordnung, Ausschuss
10 Vertretung
Deputierter
12 Abgeordneter
der ...
· **1. Tag in Schule**
11 Einschulung
· **20. Hochzeitstag**
17 Porzellanhochzeit
· **blaue Planet**
4 Erde
· **Erlöser**
5 Jesus
· **hundertste Teil**
7 Prozent
· **nach dem Zweiten**
7 Dritter
· **päpstliche Hof**
5 Kurie
· **römische Herakles**
8 Herkules
· **rote Planet**
4 Mars
· **Stille Ozean**
7 Pazifik
· **Usus im Speiseplan** (Mz.)
15 Essgewohnheiten
· **Zwillingsbruder des Pollux**
6 Castor, Kastor
derart
2 so
derb
3 rau, roh
4 grob, hart, rauh
5 drall, plump, ruede, stark
6 robust, stramm
8 kraeftig, ordinaer
derb für Essen
5 Frass
derber ...
· **Mensch**
7 Grobian
· **Streich**
6 Possen
derbkomisches ...
· **Lustspiel**
5 Farce, Posse
7 Schwank
Derby
6 Rennen
12 Galopprennen, Pferderennen
dermatologisch unbedenklich
12 hautschonend
Derwisch
5 Fakir
12 Bettelmoench
derzeit
3 nun
5 jetzt
derzeitiger ...
· **Stand**
3 Ist
6 Status
des ...
· **Lesens Unkundiger**
10 Analphabet
· **Menschen Innerstes**
5 Seele
Desaster
7 Unstern
Deserteur
12 Ueberlaeufer
17 Fahnenfluechtiger
desgleichen
4 auch, dito
6 ebenso
9 ebenfalls
deshalb
4 drum
5 daher, darum
7 dadurch
8 deswegen, insofern
13 infolgedessen
Design
7 Entwurf
10 Gestaltung
Designer
9 Entwerfer

Designer neuer Kleider
13 Modeschoepfer
Desillusion
13 Enttaeuschung, Ernuechterung
Desinfektion
9 Abtoetung
10 Entgiftung, Entkeimung
11 Entseuchung
13 Sterilisation
Desinfektionsmittel
3 Jod
4 Kalk
5 Borax, Chlor, Lysol
6 Karbol, Kresol, Phenol
7 Alkohol, Kreosot
8 Formalin, Jodoform
9 Chloramin, Chlorkalk
11 Formaldehyd
Desinfektor
12 Kammerjaeger
desinfizieren
9 entkeimen
desolat
8 trostlos
10 vereinsamt
despektierlich
9 abfaellig
10 respektlos
11 abschaetzig
15 geringschaetzig
Desperado
6 Bandit
7 Raeuber
10 Abenteurer
Despot
6 Tyrann
8 Diktator
10 Machthaber
15 Gewaltherrscher
Despotie
6 Terror
8 Diktatur, Tyrannei, Willkuer
16 Gewaltherrschaft
Dessert
3 Eis
7 Kompott, Pudding
9 Nachtisch
10 Nachspeise
11 Cremespeise, Suessspeise
Dessertwein
5 Samos
6 Malaga, Sherry
7 Madeira, Marsala, Tokaier
8 Jenerodi, Portwein, Vinsanto
9 Tarragona
Dessin
4 Plan
6 Muster
7 Entwurf, Vorlage
Dessous
7 Waesche
12 Damenwaesche, Unterwaesche
Destillationsgefäß
7 Retorte
Destillationsprodukt
4 Teer
6 Benzin, Gasoel
7 Alkohol
9 Petroleum
Detail
4 Teil
6 Stueck
10 Einzelheit, Einzelteil
11 Bestandteil, Kleinigkeit
12 Einzelposten, Einzelstueck
Detektei
14 Auskunftsbuero
16 Ermittlungsbuero
Detektiv
9 Ermittler
11 Kriminalist
14 Geheimpolizist
determiniert
8 bestimmt
10 festgelegt
Detonation
5 Knall, Krach
9 Entladung, Explosion
Deuter
9 Interpret
deutlich
4 klar
6 betont
9 eindeutig, plastisch
10 auffallend, profiliert
11 anschaulich, artikuliert
12 ueberzeugend
13 verstaendlich
19 unmissverstaendlich
deutlich ...
· **machen**
9 erklaeren
10 erlaeutern
deutliche ...
· **Aussprache**
12 Artikulation
· **Erwähnung**
15 Apostrophierung
Deutlichkeit
7 Drastik, Evidenz
8 Klarheit
deutsch(e, er, es) ...
[▶ auch altdeutsch(e, er, es) ...]
· **Adelsgeschlecht**
6 Nassau, Welfen
12 Hohenstaufen, Hohenzollern
· **Adelstitel**
4 Graf
5 Baron, Prinz
6 Freiin, Fuerst, Herzog, Ritter
7 Baronin, Graefin, Komtess
8 Baroness, Burggraf, Freifrau, Freiherr, Fuerstin, Komtesse, Landgraf, Markgraf
9 Baronesse, Kurfuerst, Pfalzgraf
10 Prinzessin
11 Burggraefin, Kurfuerstin, Landgraefin, Markgraefin
12 Pfalzgraefin
· **Admiral**
4 Heye, Spee
6 Raeder, Scheer
7 Canaris, Doenitz, Tirpitz
· **Alpenvorland**
7 Allgaeu
· **Anrede**
4 Frau, Herr
9 Fraeulein
· **Archäologe**
10 Schliemann
· **Arzt**
3 Erb
4 Koch
5 Borst, Krehl
7 Behring, Ehrlich, Virchow, Warburg, Windaus
8 Kussmaul
9 Hahnemann, Uhlenhuth
10 Paracelsus
11 Pettenkofer, Weizsaecker

D

- **Astronom**
  6 Kepler, Olbers
  10 Kopernikus
- **Atomforscher**
  4 Born, Hahn
  5 Bothe
  6 Geiger, Planck
  7 Ardenne
  10 Heisenberg
- **Automobilpionier**
  4 Benz
  7 Daimler
- **Badeort**
  3 Ems, Orb
  5 Berka, Essen, Soden, Toelz
  6 Abbach, Elster, Muskau, Sachsa, Vilbel
  7 Aibling, Berneck, Doberan, Homburg, Nauheim, Pyrmont, Teinach, Waldsee, Wimpfen, Wurzach
  8 Harzburg, Hersfeld, Kohlgrub, Muenster, Neuenahr, Neustadt, Rappenau, Segeberg
  9 Duerkheim, Godesberg, Kissingen, Kreuznach, Krozingen, Niedernau, Peterstal, Salzuflen, Salzungen, Schwartau, Steinbeck, Wildungen
  10 Baden-Baden, Bergzabern, Hoenningen, Lauterberg, Liebenzell, Oeynhausen, Schwalbach
  11 Badenweiler, Gandersheim, Gleisweiler, Langensalza, Lippspringe, Mergentheim, Reichenhall, Woerishofen
  13 Frankenhausen
  14 Friedrichshall
- **Bankier**
  3 Abs
  10 Herrhausen
- **Berg, Gebirge**
  3 Alb
  4 Harz, Teck
  5 Alpen, Arber, Eifel, Hardt, Rhoen
  6 Haardt, Taunus
  7 Belchen, Brocken, Deister, Heuberg, Kniebis, Solling
  8 Auerberg, Beerberg, Ederkopf, Feldberg, Flaeming, Kreuzeck, Meissner, Odenwald, Spessart, Wallberg, Watzmann
  9 Auersberg, Erbeskopf, Hainleite, Hassberge, Hunsrueck, Kalkalpen, Kreuzberg, Nebelhorn, Schurwald, Wetzstein, Zugspitze
  10 Bauersberg, Erzgebirge, Hesselberg, Hohentwiel, Ochsenkopf, Petersberg, Rosstrappe, Sturmhaube, Vogelsberg, Westerwald
  11 Boehmerwald, Donnersberg, Drachenfels, Eggegebirge, Fichtelberg, Frankenwald, Heuchelberg, Kaiserstuhl, Koenigstuhl, Kyffhaeuser, Schwarzwald, Steigerwald, Wasserkuppe, Wendelstein, Wetterstein
  12 Hohenstaufen, Hornisgrinde, Katzenbuckel, Koenigsstuhl, Lennegebirge, Leupoldstein, Maedelegabel, Obersalzberg, Predigtstuhl, Schauinsland, Wesergebirge
  13 Siebengebirge, Weserbergland
  14 Benediktenwand, Braunarlspitze, Fichtelgebirge, Rothaargebirge, Thueringerwald
  15 Rheingaugebirge
- **Bezeichnung für Adjektiv**
  7 Beiwort
- **Bildhauer**
  5 Kolbe, Stoss
  7 Barlach
  8 Penzoldt
  9 Dannecker, Lehmbruck, Rueckriem, Schlueter
  11 Feichtmayer
  15 Riemenschneider
- **Binnensee**
  6 Eibsee
  7 Mueritz, Titisee, Wannsee
  8 Ammersee, Arendsee, Bodensee, Chiemsee
  9 Kochelsee, Mummelsee, Tegernsee
  10 Koenigssee, Schliersee, Schluchsee, Staffelsee, Walchensee
  11 Ruppiner See
  13 Schweriner See
- **Blödelbarde**
  4 Otto
- **Buchdrucker**
  5 Unger
  9 Gutenberg
- **Bucht**
  4 Haff
  6 Bodden
  7 Dollart
  9 Jadebusen
- **Bundeshauptstadt**
  6 Berlin
- **Bundeskanzler/-in**
  4 Kohl
  6 Brandt, Erhard, Merkel
  7 Schmidt
  8 Adenauer
  9 Kiesinger, Schroeder
- **Bundesland**
  6 Bayern, Berlin, Bremen, Hessen
  7 Hamburg, Sachsen
  8 Saarland
  10 Thueringen
  11 Brandenburg
  13 Niedersachsen, Sachsen-Anhalt
  14 Rheinland-Pfalz
  17 Baden-Wuerttemberg, Schleswig-Holstein
  18 Nordrhein-Westfalen
  21 Mecklenburg-Vorpommern
- **Bundespräsident**
  3 Rau
  5 Gauck, Heuss, Wulff
  6 Herzog, Luebke, Scheel
  8 Carstens
  9 Heinemann
  11 Weizsaecker
- **Burg**
  4 Eltz
- **Chansonnette**
  4 Knef

- **Chemiker**
  4 Auer, Hahn, Kuhn, Mohr, Munk
  5 Alder, Bosch, Diels, Eigen, Frank, Haber, Knorr, Kolbe, Krebs, Lunge, Lynen, Reppe, Stahl
  6 Achard, Baeyer, Bunsen, Dafert, Engler, Gmelin, Graebe, Liebig, Loewig, Magnus, Nernst, Schott, Werner
  7 Balling, Behring, Bergius, Buchner, Classen, Clusius, Curtius, Fischer, Geitner, Hofmann, Lambert, Landolt, Lepsius, Martius, Ostwald, Wallach, Wieland, Woehler
  8 Boettger, Duisberg, Klaproth, Marggraf
  9 Butenandt, Fresenius
  10 Erlenmeyer, Staudinger, Strassmann
  11 Doebereiner, Pettenkofer
- **Comedian**
  4 Knop
- **Dichter** ► deutscher Schriftsteller
- **Dichterfürst**
  6 Goethe
- **Dirigent**
  5 Masur
  6 Walter
  7 Strauss
  9 Klemperer
  12 Furtwaengler
- **Dokument für Schwangere und Gebärende**
  10 Mutterpass
- **Drag Queen**
  5 Jones
- **Eiskunstläuferin**
  4 Witt
  6 Kilius
- **Eisschnelllaufzentrum**
  6 Inzell
- **Epos**
  14 Nibelungensage
- **Erfinder**
  3 Ohm
  4 Abbe, Benz, Opel, Otto, Reis
  5 Bosch, Braun, Drais, Knorr, Linde
  6 Bunsen, Diesel, Geiger, Halske, Liebig, Wankel
  7 Daimler, Henlein, Junkers, Leipniz, Litfass, Schwarz, Siemens
  8 Boettger, Guericke, Roentgen, Zeppelin
  9 Gutenberg, Helmholtz
  10 Fahrenheit, Lilienthal
  12 Gabelsberger
- **Farbfernsehsystem**
  3 Pal
- **Feldherr**
  4 Illo, Leeb, List, Roon, York
  5 Dietl, Goltz, Kluge
  6 Buelow, Kleist, Moltke, Paulus, Rommel, Seeckt, Zieten
  7 Wrangel
  8 Bluecher, Guderian, Haeseler, Litzmann, Manstein, Seydlitz
  9 Gneisenau, Heeringen, Mackensen, Rundstedt, Witzleben
  10 Clausewitz, Falkenhain, Hindenburg, Kesselring, Kluck Tilly, Ludendorff, Manteuffel, Schlieffen
  11 Derfflinger, Scharnhorst, Wallenstein
  13 Lettow-Vorbeck
- **Finanzexperte**
  3 Abs
- **Flächenmaß**
  2 Ar
  5 Acker
  6 Hektar, Morgen
  7 Tagwerk
- **Flieger**
  4 Udet
- **Flieger/Fliegerin**
  5 Beese
  8 Beinhorn
- **Fluss**
  5 Weser
- **Forschungsschiff**
  6 Meteor
- **Fotograf, Künstler**
  9 Tillmanns
- **Frauenrechtlerin**
  5 Cauer, Lange
  6 Zetkin
  9 Schwarzer
- **Fürstenbund**
  9 Rheinbund
- **Fürstenhaus**
  6 Salier, Welfen
  7 Staufer
  8 Askanier, Wettiner
  10 Karolinger
  12 Hohenzollern
  13 Wittelsbacher
- **Fußball-Bundestrainer**
  4 Loew
  5 Vogts
  6 Schoen
  7 Derwall, Ribbeck, Voeller
  9 Herberger, Klinsmann
  11 Beckenbauer
- **Fußballspieler**
  4 Held, Kahn, Lahm, Rahn
  5 Klose, Maier, Turek, Vogts
  6 Brehme, Haller, Libuda, Netzer, Seeler, Walter
  7 Ballack, Briegel, Hoeness, Moeller, Morlock, Mueller, Overath, Voeller
  8 Breitner, Haessler
  9 Grabowski, Klinsmann, Matthaeus, Szymaniak, Tilkowski
  10 Littbarski, Rummenigge, Schumacher
  11 Augenthaler, Beckenbauer
  12 Schnellinger
  14 Schweinsteiger
- **Gartenfigur**
  5 Zwerg
- **Geldreformer**
  6 Gesell
- **Geograf**
  5 Krebs, Maull, Penck
  7 Wegener
  8 Humboldt
- **Germanist**
  5 Grimm, Leyen, Wrede
  6 Neckel, Panzer
  7 Gundolf
- **Grenzfluss**
  4 Oder
  5 Rhein
- **Großstadt**
  4 Bonn, Gera, Kiel
  5 Essen, Hagen, Halle,

Herne, Koeln, Mainz, Neuss, Trier
6 Aachen, Berlin, Bochum, Bremen, Erfurt, Kassel, Siegen, Witten
7 Bottrop, Dresden, Hamburg, Koblenz, Krefeld, Leipzig, Luebeck, Potsdam, Rostock, Zwickau
8 Augsburg, Chemnitz, Dortmund, Duisburg, Freiburg, Hannover, Mannheim, Muelheim, Muenchen, Muenster, Solingen
9 Bielefeld, Darmstadt, Frankfurt, Heilbronn, Karlsruhe, Magdeburg, Nuernberg, Offenbach, Oldenburg, Remscheid, Stuttgart, Wiesbaden, Wolfsburg, Wuerzburg, Wuppertal
10 Goettingen, Heidelberg, Leverkusen, Oberhausen, Osnabrueck, Regensburg, Salzgitter
11 Bremerhaven, Duesseldorf
12 Braunschweig, Ludwigshafen, Saarbruecken
13 Gelsenkirchen, Wilhelmshaven
14 Kaiserslautern, Recklinghausen
16 Moenchengladbach

· **Hafenstadt**
4 Kiel
5 Emden, Husum
6 Bremen, Wismar
7 Hamburg, Luebeck, Rostock
8 Cuxhaven
9 Flensburg, Stralsund
11 Bremerhaven, Travemuende
13 Wilhelmshaven

· **Heidedichter**
5 Loens

· **Heldendichtung**
14 Nibelungenlied

· **Herrschername**
4 Karl, Otto
5 Franz
6 Arnulf, August, Joseph, Lothar, Ludwig, Wenzel
7 Leopold, Philipp, Wilhelm
8 Heinrich
9 Ferdinand, Friedrich, Sigismund
10 Barbarossa, Maximilian

· **Historiker**
3 Roh
4 Fest, Mann
5 Dehio, Ranke, Reich, Sybel
6 Haller, Marcks, Menzel, Oncken, Ritter
7 Droysen, Gundolf, Leibniz, Lessing, Mommsen, Niebuhr
8 Bachofen, Dahlmann, Meinecke, Schlegel
9 Delbrueck, Lamprecht
10 Schnitzler, Treitschke
11 Giesebrecht

· **Hochgeschwindigkeitszug**
3 ICE

· **Hochschule für Gestaltung** (1919 bis 1933)
7 Bauhaus

· **Humanist**
5 Brant
6 Celtis, Hutten, Reuter
7 Neander, Sabinus, Schedel
8 Eichrodt, Reuchlin, Rhodeman, Tritheim
9 Cellarius, Peutinger
10 Camerarius, Mosellanus, Pirkheimer
11 Pirckheimer

· **Humorist**
7 Erhardt

· **Ingenieur**
4 Benz, Otto
6 Diesel
7 Daimler, Siemens
10 Lilienthal

· **Insel** ▶ deutsche Nordseeinsel, ▶ deutsche Ostseeinsel

· **Jesuit**
4 Spee

· **Jugendorganisation**
10 Pfadfinder

· **Jugendschriftsteller**
3 May
7 Karl May

· **Kabarettistin**
4 Vita
5 Noack
6 Wieder
7 Herking, Lorentz, Waldoff
9 Schlueter

· **Kaisergeschlecht**
6 Salier
7 Ottonen, Staufer
12 Hohenzollern
13 Wittelsbacher

· **Kaiserin**
5 Agnes
7 Augusta
8 Adelheid, Viktoria

· **Kaiserstadt**
6 Aachen

· **Kardinal**
3 Bea
5 Galen
6 Frings, Jaeger
8 Doepfner, Hoepfner
9 Faulhaber

· **Kartenspiel**
4 Skat
5 Rommé
6 Bridge, Ramsch, Rommee, Tarock
7 Canasta
8 Quartett
9 Schafkopf
10 Doppelkopf
13 Einundzwanzig
14 Kartenlotterie
15 Sechsundsechzig

· **Käsesorte**
7 Mainzer

· **katholischer Kirchenmusiker**
3 Ett

· **Klavierbauer**
9 Bechstein, Bluethner

· **Koch und Gastronom**
6 Oehler

· **Komiker**
4 Otto
6 Erhard, Loriot

· **Komponist**
3 Egk, Fux, Ott
4 Bach, Berg, Knab, Marx, Orff, Wolf
5 Blech, Bruch, Burck, Finck, Gluck, Graun, Hasse, Henze, Kollo,

Liszt, Loewe, Reger, Senfl, Spohr, Weber
6 Albert, Bialas, Borris, Brahms, Cramer, Dostal, Eybler, Hiller, Hummel, Keiser, Kuhnau, Kullak, Kusser, Lincke, Lothar, Mahler, Meisel, Muffat, Quantz, Schein, Schulz, Wagner
7 Blacher, Distler, Fortner, Haendel, Hassler, Hoeffer, Krieger, Nicolai, Pepping, Raymond, Reimann, Reutter, Scheidt, Schuetz, Silcher, Stamitz, Strauss, Walther
8 Hartmann, Hoffmann, Kaminski, Kreutzer, Kuenneke, Lortzing, Pfitzner, Schreker, Schumann, Telemann, Zumsteeg
9 Beethoven, Buxtehude, Cornelius, Hindemith, Holzbauer, Marschner, Meyerbeer, Pachelbel, Reichardt, Schroeder
10 Praetorius, Schoenberg
11 Dittersdorf, Humperdinck, Mendelssohn

· **Kraftwagenerfinder**
4 Benz

· **Kriegsauszeichnung**
11 Ritterkreuz
13 Eisernes Kreuz
14 Deutsches Kreuz

· **Kunstflieger**
4 Udet

· **Landeshauptstadt**
4 Kiel
5 Mainz
6 Berlin, Bremen, Erfurt
7 Dresden, Hamburg, Potsdam
8 Hannover, Muenchen, Schwerin
9 Magdeburg, Stuttgart, Wiesbaden
11 Duesseldorf
12 Saarbruecken

· **Landschaft**
4 Baar, Ries
5 Baden, Hegau, Lippe, Pfalz, Senne
6 Angeln, Anhalt, Barnim, Bayern, Boerde, Hadeln, Hessen, Wische
7 Allgaeu, Altmark, Bauland, Emsland, Ermland, Franken, Hellweg, Kurmark, Lausitz, Linzgau, Maifeld, Masuren, Neumark, Ortenau, Pommern, Sachsen, Samland, Schwalm, Wagrien
8 Breisgau, Flaeming, Grabfeld, Holledau, Holstein, Lechfeld, Odenwald, Prignitz, Rheingau, Saarland, Schwaben, Spessart, Stormarn, Vogtland, Westrich, Wetterau
9 Ammerland, Donaumoos, Friesland, Hafelland, Hallertau, Jeverland, Kraichgau, Loessnitz, Nordbaden, Oberpfalz, Oldenburg, Rheinland, Sauerland, Schlesien, Schleswig, Suedbaden, Uckermark, Westfalen
10 Oberbayern, Oberhessen, Soederland, Thueringen
11 Brandenburg, Butjadingen, Mainfranken, Mecklenburg, Oberfranken, Oberlausitz, Ostpreussen, Rheinhessen, Schorfheide, Schwarzwald
12 Dithmarschen, Hohenzollern, Muensterland, Niederbayern, Ostfriesland, Unterfranken
13 Mittelfranken, Niederlausitz, Niedersachsen, Nordfriesland, Westfriesland

· **Landschaft am Bodensee**
5 Hegau

· **Landsmann**
5 Hesse
6 Franke

· **Längenmaß**
3 Lot, Ohm
4 Elle, Fuss, Rute, Zoll

· **Liedermacher**
3 Mey
5 Roski, Wader
6 Wecker
8 Biermann
10 Degenhardt

· **Maler**
3 Dix
4 Asam, Klee, Marc, Veit
5 Ernst, Grosz, Kluge, Macke, Nolde, Runge, Thoma
6 Duerer, Menzel
7 Corinth, Cranach, Holbein, Richter, Slevogt
8 Beckmann, Carstens, Gebhardt, Hosemann, Kaulbach, Kirchner, Overbeck, Penzoldt, Rottmann, Rottmayr, Schinkel, Spitzweg
9 Feininger, Feuerbach, Kandinsky, Modersohn, Pechstein
10 Liebermann, Schwitters

· **Malerin**
7 Muenter
8 Kollwitz
15 Modersohn-Becker

· **Märchen**
8 Rapunzel
12 Aschenputtel, Dornroeschen, Rotkaeppchen
13 Aschenbroedel
14 Schneewittchen
15 Rumpelstilzchen
16 Haensel und Gretel

· **Marxist**
5 Bebel
6 Engels
10 Liebknecht

· **Marxistin**
9 Luxemburg

· **Maß**
5 Pfund

· **Mathematiker**
5 Artin, Frege, Gauss, Hesse, Klein, Pfaff, Study, Weber
6 Cantor, Kepler, Landau, Peschl
7 Clepsch, Hilbert, Leibniz, Riemann
8 Dedekind, Kaestner
9 Lipschitz, Minkowski
11 Tschirnhaus, Weierstrass

· **Mineraloge**
4 Mohs

D

D

- **Mittelgebirge** ▶ deutscher Berg
- **Möbeldesigner**
  4 Maly
- **Modedesigner**
  4 Joop
  6 Unrath
  9 Lagerfeld, Michalsky
  10 Kretschmer
  11 Gloeoeckler
- **Modedesignerin**
  9 Griesheim
- **Modefotograf**
  7 Baldauf
  8 Gundlach
- **Modefotografin**
  7 Unwerth
- **Model**
  7 Knappik, Nitsche
  8 Nasemann
- **Model und Moderatorin**
  6 Gercke
- **Model und TV-Moderatorin**
  4 Klum
  6 Gercke
- **Moderatorin und Autorin**
  5 Roche
  7 Kuttner
- **Modeschöpfer**
  13 Karllagerfeld
- **Modeschöpferin**
  6 Sander
  7 Strehle
  9 Jilsander
- **Modezar**
  13 Karl Lagerfeld
- **Motorenerfinder**
  4 Otto
  6 Wankel
- **Münze**
  4 Mark
  5 Krone
  6 Batzen, Heller
  7 Dukaten, Kreuzer, Pfennig
  8 Groschen
  10 Reichsmark, Rentenmark
  11 Kaisertaler
- **Name für Champignon**
  8 Egerling
- **Name für Gingerale**
  10 Ingwerbier
- **Naturheilkundiger**
  6 Kneipp
  7 Schroth
  9 Hahnemann
- **Nebenfluss der Donau**
  5 Brenz
- **Nobelpreisträger für Chemie**
  4 Hahn
  5 Bosch, Eigen, Haber
  6 Baeyer, Nernst, Wittig
  7 Bergius, Fischer, Ostwald
  9 Butenandt
- **Nobelpreisträger für Frieden**
  6 Brandt, Quidde
  9 Ossietzky
  10 Stresemann
- **Nobelpreisträger für Literatur**
  4 Mann
  5 Boell, Grass, Hesse, Heyse
  6 Eucken
  7 Mommsen, Mueller
  9 Hauptmann
- **Nobelpreisträger für Medizin**
  4 Koch
  5 Neher
  7 Behring, Ehrlich, Sakmann
  9 Forssmann
- **Nobelpreisträger für Physik**
  4 Born, Laue, Wien
  5 Bothe, Braun, Hertz, Stark
  6 Franck, Jensen, Lenard, Planck
  8 Einstein, Roentgen
  10 Heisenberg, Moessbauer
- **Nordseeinsel**
  4 Sylt
  5 Amrum, Foehr, Juist
  6 Borkum, Hallig, Mellum
  7 Baltrum, Neuwerk
  8 Langeoog, Pellworm, Trischen
  9 Helgoland, Langeness, Norderney
  10 Nordstrand, Scharhoern, Spiekeroog, Wangerooge
- **Normenzeichen**
  3 DIN
- **Ostseeinsel**
  3 Oie
  4 Kirr, Koos, Poel, Vilm
  5 Ruden
  6 Ruegen, Ummanz, Usedom, Wollin
  7 Fehmarn
  9 Hiddensee
- **Pädagoge**
  4 Nohl, Otto
  5 Campe, Lietz
  6 Geheeb
  7 Basedow, Flitner, Froebel, Herbart, Steiner, Suevern, Wyneken
  10 Diesterweg
  15 Kerschensteiner
- **Parlament**
  9 Bundestag
- **Philosoph**
  4 Apel, Kant, Litt, Nohl, Oken, Otto, Wust
  5 Bauer, Bloch, Carus, Cohen, Frege, Fries, Hegel, Huber, Lange, Lipps, Lotze, Misch, Weber, Wolff, Wundt
  6 Adorno, Baader, Engels, Eucken, Fichte, Gehlen, Hamann, Herder, Jacobi, Klages, Krings, Kuelpe, Natorp, Nelson, Simmel, Stumpf, Zeller
  7 Dilthey, Dingler, Driesch, Fechner, Fischer, Gadamer, Haeckel, Herbart, Husserl, Jaspers, Lambert, Leibniz, Lessing, Rickert, Scheler, Strauss
  8 Brentano, Buechner, Duehring, Guardini, Habermas, Hartmann, Reimarus, Spengler
  9 Avenarius, Feuerbach, Heidegger, Holzapfel, Nietzsche, Pufendorf, Schelling, Thomasius, Troeltsch, Vaihinger
  10 Baumgarten, Horkheimer, Keyserling, Windelband
  11 Mendelssohn
  12 Schopenhauer
  13 Trendelenburg
  14 Schleiermacher
- **Physiker**
  3 Ohm
  4 Abbe, Arco, Auer, Born, Hahn, Laue, Mach, Wien

5 Bothe, Braun, Eigen, Fuchs, Gauss, Hertz, Jolly, Justi, Kundt, Linde, Luest, Mayer, Stark, Stern, Vogel, Weber
6 Geiger, Graetz, Jensen, Jordan, Lenard, Lommel, Magnus, Nernst, Planck, Ritter, Segner
7 Ardenne, Clusius, Fechner, Gerlach, Hittorf, Karolus, Wehnelt
8 Clausius, Dessauer, Einstein, Guericke, Roentgen, Scheiner
9 Helmholtz, Kirchhoff
10 Barkhausen, Fahrenheit, Fraunhofer, Heisenberg, Kohlrausch, Moessbauer, Poggendorf, Sommerfeld
11 Lichtenberg, Weizsaecker

- **Pianist/Pianistin**

3 Ney
5 Sauer, Stech, Wieck
6 Buelow, Cramer, Giesen, Kempff
8 Backhaus
9 Gieseking
10 Eschenbach

- **Politiker/Politikerin**

4 Apel, Bahr, Ertl, Gysi, Heck, Kiep, Kohl, Lehr, Zinn
5 Bebel, Benda, Ebert, Ehmke, Erler, Focke, Heuss, Kogon, Leber, Loebe, Maier, Mende, Papen, Pieck, Stein, Stoph, Sydow, Vogel, Wirth, Wulff
6 Arendt, Barzel, Brandt, Ehlers, Eisner, Engels, Eppler, Erhard, Gagern, Goppel, Hassel, Katzer, Luebke, Merkel, Reuter, Roeder, Scheel, Schmid, Wehner
7 Caprivi, Naumann, Schmidt, Strauss
8 Adenauer, Albrecht, Bismarck, Bluecher, Bruening, Carstens, Genscher, Hoecherl, Honecker, Rathenau, Ulbricht
9 Erzberger, Filbinger, Goerdeler, Heinemann, Kiesinger, Lambsdorf, Schaeuble, Schroeder, Thaelmann
10 Armansperg, Hardenberg, Hindenburg, Lafontaine, Liebknecht, Ollenhauer, Schleicher, Schumacher, Steinmeier, Stresemann, Windthorst
11 Scheidemann, Stoltenberg, Westerwelle
12 Friedensburg, Gerstenmaier, Stauffenberg

- **politische Partei**

3 CDU, CSU, FDP, PDS, SPD

- **Popsängerin**

4 Nena

- **Raketenforscher**

5 Braun
6 Oberth
7 Saenger

- **Rebensaft**

9 Moselwein, Rheinwein

- **Rechenmeister**

4 Ries, Roth
5 Riese
6 Ceulen
9 Faulhaber

- **Rechtschreibebuch**

5 Duden

- **Rechtslehrer**

4 Wolf
6 Kohler
7 Ihering

- **Reeder**

6 Ballin
8 Woermann

- **Reformator**

6 Luther
11 Melanchthon

- **Regisseur**

6 Barlog, Gobert, Jugert, Tykwer
7 Hilpert, Ophuels, Staudte, Stemmle, Wenders
8 Emmerich, Kaeutner, Lubitsch
9 Weidemann
10 Fassbinder, Gruendgens
12 Schloendorff

- **Regisseurin**

7 Doerrie

- **Reichskanzler**

4 Cuno, Marx
5 Papen, Wirth
6 Buelow, Luther
7 Caprivi, Mueller
8 Bismarck, Bruening, Hertling
9 Hohenlohe
10 Schleicher, Stresemann
11 Scheidemann

- **Reichspräsident**

5 Ebert
10 Hindenburg

- **Rotweingebiet**

12 Wuerttemberg

- **Sagengestalt**

3 Ute
4 Mime, Till
5 Etzel, Hagen
6 Gernot, Gudrun, Laurin, Roland, Volker
7 Gunther, Lorelei, Loreley, Wieland
8 Alberich, Brunhild, Dietrich, Giselher, Ruediger, Siegmund
9 Kriemhild, Ruebezahl, Siegfried, Sieglinde
10 Hildebrand
13 Rattenfaenger
14 Schimmelreiter

- **Sänger**

5 Tawil

- **Schauspieler**

3 Ode
4 Graf, Held, Hinz, Kinz, Kowa, Lenz, Loos, Piel, Rose, Todd, Wenk, Wery
5 Adorf, Bahro, Bildt, Boehm, Diehl, Drews, Ewert, Felmy, Forst, Frank, Goetz, Grimm, Gross, Haack, Hasse, Holst, Hoven, Kainz, Kerst, Knuth, Lange, Leibl, Loeck, Lorre, Neuss, Prack, Stahl, Stolz, Treff, Veidt, Vogel, Wicki, Wuest
6 Albers, Angely, Balser, Birgel, Breuer, Caspar, Clarin, Dahlke, Diessl, Dongen, Dorsch, Fernau, Froebe, George, Giller, Gobert, Godden, Hansen,

D

Hebbel, Holtei, Juhnke, Kinski, Krauss, Lieven, Lingen, Lommel, Lothar, Lowitz, Marian, Moissi, Neuber, Odemar, Platte, Preiss, Sessak, Sieber, Slezak, Stuewe, Waldau, Wangel, Wieman, Wimmer, Wolter, Wussow
7 Borsche, Deltgen, Deutsch, Fischer, Forster, Fritsch, Gebuehr, Girardi, Gutwell, Huebner, Iffland, Kampers, Kieling, Klinger, Kortner, Krueger, Kurrent, Leibelt, Liedtke, Minetti, Mueller, Paulsen, Regnier, Richter, Roberts, Schroth, Theimer, Ullrich, Wegener
8 Bethmann, Bollmann, Borchers, Buchholz, Collande, Hartmann, Hoeflich, Jannings, Juergens, Kirchner, Kloepfer, Ruehmann, Soehnker, Thomalla, Tressler, Waescher
9 Bleibtreu, Froehlich, Hoerbiger, Hubschmid, Meyerinck, Mosbacher, Quadflieg, Schneider, Schollwer
10 Bassermann, Gruendgens, Hesterberg, Hubschmidt, Schoenherr, Stankowski, Vespermann, Wohlbrueck
11 Fuchsberger, Hildebrandt, Matterstock, Schoenboeck, Westermeier
12 Biederstaedt, Kuhlenkampff

· **Schauspielerin**
2 Im
3 Dor
4 Baal, Eyck, Glas, Horn, John, Knef, Koch, Matz, Rahl
5 Hoppe, Krahl, Uhlen, Wieck
6 Ahrens, Berger, Bruehl, Feiler, Giehse, Harvey, Horney, Kruger, Markus, Meisel, Palmer, Schell, Sommer, Tiller, Weigel, Weiser, Werner
7 Dagover, Durieux, Engelke, Koczian, Peitsch, Riemann, Schmitz, Valente, Wessely, Ziemann
8 Dietrich, Leuwerik, Sandrock, Valentin
9 Hielscher, Schygulla
10 Soederbaum, Tschechowa
11 Liebeneiner
14 Flickenschildt

· **Schauspielerin, Sängerin**
10 Catterfeld

· **Schreibschrift**
10 Suetterlin

· **Schrift**
7 Fraktur

· **Schriftsteller**
3 Bab, May, Ott
4 Apel, Bamm, Benn, Brod, Eich, Eyth, Heym, Lenz, Mann, Roth
5 Arndt, Boell, Busch, Busse, Campe, Ernst, Ewers, Fried, Fulda, Graff, Grass, Grimm, Groth, Gruen, Hauff, Hebel, Heine, Hesse, Kafka, Kluge, Loens, Musil, Nabor, Nowak, Opitz, Otten, Raabe, Rilke, Rothe, Sachs, Storm, Thoma, Trakl, Ulitz, Unger, Weber, Zweig
6 Andres, Brecht, Fichte, George, Gmelin, Goethe, Griese, Hebbel, Herder, Herzog, Keller, Kleist, Knigge, Krolow, Kugler, Ludwig, Miegel, Pechel, Platen, Seidel, Spoerl, Uhland, Walser
7 Doeblin, Fallada, Fleming, Fontane, Gellert, Goerres, Klabund, Lessing, Luserke, Nossack, Novalis, Stifter, Vischer, Vulpius, Wichert
8 Borchert, Brentano, Buechner, Chamisso, Claudius, Doerfler, Fechtner, Gryphius, Hoffmann, Kaestner, Kotzebue, Langbehn, Penzoldt, Scheffel, Schiller, Schlegel, Wedekind, Wiechert, Winckler
9 Bechstein, Ganghofer, Gottsched, Hauptmann, Klopstock, Tucholsky, Zuckmayer
10 Hoelderlin, Liliencron, Ringelnatz
11 Bergengruen, Eichendorff, Freiligrath, Gerstaecker, Langgaesser, Morgenstern
12 Enzensberger, Fallersleben, Feuchtwanger, Hofmannsthal
14 Grimmelshausen

· **Schriftstellerin**
4 Baum, Huch, Keun, Knef, Kolb, Kurz, Link, Noll, Wolf
5 Arnim, Chezy, Domin, Frank, Fried, Funke, Maron
6 Droste, Kirsch, Le Fort, Lefort, Rinser, Seidel, Viebig
7 La Roche, Seghers
8 Bachmann, Doenhoff, Fleisser, Guenther, Kronauer, Ossowski, Schlegel
9 Aichinger, Brueckner, Kaschnitz, Varnhagen
13 Courths-Mahler
15 Ebner-Eschenbach

· **Seehafen** ▶ Hafenstadt

· **Seeräuber**
12 Stoertebeker

· **Seifenoper** (Abk.)
4 GZSZ

· **Sondersteuer** (Kurzwort)
4 Soli

· **Sozialist**
4 Marx
5 Bebel, Pieck
6 Brandt, Engels, Wehner
8 Lassalle, Weitling
10 Liebknecht, Ollenhauer, Schumacher

· **Spielkarte**
4 Ober
5 Unter

· **Spielkartenfarbe**
3 Rot
4 Herz, Laub
5 Gruen, Kreuz

6 Eckern, Eichel, Herzen
8 Eckstein, Schellen, Schippen
9 Schueppen
· **Sprachforscher**
5 Duden
11 Konrad Duden
· **Sprachwissenschaft**
10 Linguistik
· **Staatsmann** ▶ deutscher Politiker
· **Städtebund**
5 Hanse
· **Stardesigner**
6 Colani
· **Strom** ▶ deutscher Fluss
· **Supermodel der 60er**
9 Veruschka
· **Tänzer und Choreograf**
5 Soost
· **Theologe**
6 Cremer
7 Ritschl, Wichern
8 Bultmann, Dibelius, Fliedner, Guardini, Niemeyer
9 Ratzinger
10 Bonhoeffer, Doellinger, Gollwitzer, Niemoeller, Schweitzer
13 Bodelschwingh
· **Topmodel**
5 Garrn
6 Knuppe, Patitz
7 Padberg, Stegner
· **Turnvater**
4 Jahn
· **TV-Koch**
4 Rach
8 Henssler
· **TV-Moderator**
7 Geissen
8 Hartwich, Plasberg
· **TV-Moderatorin**
5 Eckes
7 Ludowig
· **TV-Sender**
3 ARD, ZDF
· **Umstandswort**
5 daran
· **Universitätsstadt**
3 Ulm
4 Bonn, Jena, Kiel
5 Halle, Koeln, Mainz, Trier
6 Aachen, Berlin, Bochum, Bremen, Passau, Siegen
7 Bamberg, Giessen, Hamburg, Leipzig, Marburg, Rostock
8 Bayreuth, Dortmund, Erlangen, Freiburg, Hannover, Konstanz, Mannheim, Muenchen, Muenster
9 Bielefeld, Frankfurt, Karlsruhe, Stuttgart, Tuebingen, Wuerzburg
10 Goettingen, Greifswald, Heidelberg, Regensburg
11 Duesseldorf
12 Saarbruecken
14 Kaiserslautern
· **Volksmusiksängerin**
6 Hertel
· **Volksstamm**
6 Bayern, Hessen
7 Franken, Friesen, Pommern, Sachsen
8 Ostfalen, Schwaben
9 Alemannen, Schlesier, Westfalen
10 Ostfriesen, Thueringer
11 Nordfriesen, Ostpreussen
13 Mecklenburger, Niedersachsen
· **Vorsilbe**
2 er, un
3 auf, aus, top, ver, zer
· **Wappentier**
5 Adler
· **Weinbaugebiet**
3 Ahr
4 Nahe, Saar
5 Baden, Mosel, Pfalz, Ruwer
7 Franken
8 Bodensee, Rheingau, Schwaben
10 Rheinpfalz
11 Mainfranken, Rheinhessen
12 Wuerttemberg
· **Weltstadt**
6 Berlin
· **Werbeikone**
4 Klum
· **Zeichner**
5 Busch, Zille
6 Menzel
· **Zirkusunternehmen**
5 Krone
9 Sarrasani
· **Zoologe**
5 Brehm

deutsch-amerikanischer Raketeningenieur
5 Braun

deutsch-amerikanisches Topmodel und Moderatorin
4 Klum

deutsch-äthiopisches Model
4 Nuru

Deutscher
5 Bayer, Hesse
6 Franke, Friese
7 Schwabe
8 Pfaelzer, Westfale
12 Rheinlaender

Deutschkunde
11 Germanistik

Deutschlands höchster Berg
9 Zugspitze

deutsch-luxemburgischer Grenzfluss
3 Our

Deutung
6 Lesart
9 Auslegung
10 Erklaerung
12 Erlaeuterung
14 Interpretation

Deutung der Gestirnkonstellationen
8 Horoskop

Devise
5 Motto, Tenor
6 Losung, Parole, Slogan
10 Leitspruch, Schlagwort, Sinnspruch, Wahlspruch
12 Wappenspruch
14 Zahlungsmittel

devital
6 leblos
11 abgestorben

devot
5 fromm
7 ergeben
8 demuetig
12 kriecherisch, unterwuerfig

Dezennium
9 Jahrzehnt

dezent
4 zart

D

9 gedaempft
10 schicklich
12 unauffaellig
14 unaufdringlich, zurueck-haltend

Dezenz
16 Verschwiegenheit

Dezernat
11 Sachbereich
17 Geschaeftsbereich

Dezimierung
11 Reduzierung, Vernichtung

diabolisch
9 hoellisch, satanisch, teuflisch

Diadem
5 Krone
9 Stirnband, Stirnreif
10 Stirnbinde, Stirnkrone

Diadoche
8 Seleukos
9 Antigonos, Antipater
10 Lysimachos, Ptolemacus

Diagnose
10 Bestimmung, Erkenntnis
12 Feststellung

Diagramm
6 Schema
9 Schaubild

Diagramm ...
· *der* **Herzströme**
3 EKG
· *der* **Hirnströme**
3 EEG

diakritisches Zeichen
7 Cedille

Dialekt
5 Idiom, Slang
7 Mundart, Sprache

Dialog
6 Disput
7 Debatte
9 Gespraech
11 Wechselrede
13 Zwiegespraech

Diamant am Zepter des russischen Zaren
5 Orlow

Diamantenreinheitsgrad
5 Pikee

Diamantenstadt in Süd-afrika
9 Kimberley

Diarium
8 Tagebuch

Diät
9 Schonkost

Diäten
10 Tagegelder
18 Abgeordneten-gehalt

dicht
2 zu
3 nah
7 kompakt

dicht ...
· **anliegend**
7 hauteng
· **dabei**
3 nah
· **gedrängt**
3 eng

dicht(e, er, es) ...
· **Baumanpflanzung**
4 Wald
· **Nebel**
4 Smog
· **Nebel in England**
3 fog
· **Rauch**
5 Qualm

Dichter
4 Poet
6 Epiker
7 Lyriker

Dichter ...
· *des* **Faust**
6 Goethe
· *der* **Ilias**
5 Homer
· *der* **Lorelei**
5 Heine

Dichtergott
6 Apollo

dichterisch
7 lyrisch
8 poetisch

dichterisch für ...
· **Adler**
3 Aar
· **Ameise**
4 Emse
· **Arbeit**
3 Tun
· **Atem**
4 Odem
· **Brunnen**
4 Born
5 Bronn, Quell
7 Bronnen
· **Diamant**
6 Demant
· **Dichter**
4 Poet
· **drohen**
6 dreuen
· **edel**
4 hehr
· **ehrlich**
6 lauter
· **erhaben**
4 hehr
· **Fährmann**
5 Ferge
· **Felder**
7 Gefilde
· **fliehen**
8 fleuchen
11 entfleuchen
· **Flügel**
7 Fittich
8 Fittiche
· **Flüssigkeit**
4 Nass
· **Frühling**
4 Lenz
· **gebietet**
6 gebeut
· **Gedicht**
4 Poem
· **Gefahr**
7 Faehrde
8 Faehrnis
· **gegen**
5 wider
· **Geruch**
4 Ruch
· **Glanz**
5 Glast
· **golden**
7 guelden
· **Hafen**
4 Port
· **Hauch**
4 Odem
· **Hecke**
3 Hag
· **hübsch**
4 hold
· **Kämpfer, Krieger**
6 Kaempe
· **Kissen**
6 Pfuehl
· **Knochen**
6 Gebein

· **Lebenshauch**
4 Odem
· **Liebe**
5 Minne
· **Lied**
5 Weise
· **Löwe**
3 Leu
· **Lustwäldchen**
4 Hain
· **Mädchen**
4 Maid
· **mild**
4 lind
· **Monat**
4 Mond
· **nach**
3 gen
· **Nadelwald**
4 Tann
· **niemals**
6 nimmer
· **Pferd**
4 Ross
· **Polster**
6 Pfuehl
· **Quelle**
4 Born
· **Russen**
7 Reussen
· **Schmuck**
10 Geschmeide
· **Schutz**
4 Hort
· **Schwanz**
7 Schweif
· **Träne**
6 Zaehre
· **Wald**
3 Hag
4 Tann
· **Wasser**
4 Nass
· **Welt**
3 All
· **Wiesenlandschaft**
2 Au
3 Aue
· **Zufluchtsort**
4 Port

dichterisch/poetisch für Wäldchen
4 Hain

Dichterross
7 Pegasos, Pegasus

Dichtersitz
7 Parnass

Dichtkunde
6 Poetik

Dichtkunst
5 Lyrik
6 Poesie

Dichtung
3 Ode
4 Epik, Epos, Fama, Poem, Saga, Sage
5 Drama, Eloge, Essay, Fabel, Hymne, Lyrik, Posse, Prosa, Roman, Xenie
6 Elegie, Mythos, Poesie, Satire, Sketch, Xenion
7 Ballade, Gedicht, Legende, Novelle, Romanze, Schwank
8 Epigramm, Groteske, Komoedie, Libretto, Maerchen
9 Humoreske, Lustspiel, Tragoedie
10 Erzaehlung, Schauspiel
11 Trauerspiel
13 Buehnenstueck, Tragikomoedie
14 Kurzgeschichte

Dichtung ...
· **Homers**
5 Ilias
6 Iliade
7 Odyssee
· **Vergils**
6 Aeneis

Dichtung in freier Form
5 Prosa

Dichtungsmaterial
4 Kitt, Pech, Teer, Werg
5 Gummi
7 Silikon
9 Glaswolle

dick
4 fett
5 drall, feist, stark
6 massig, mollig, mopsig, ueppig
7 beleibt, fuellig
8 pummelig, rundlich
9 fleischig, stattlich
10 fettleibig
11 vollschlank

dick(e, er, es) ...
· **Bauch**
5 Wampe, Wanst
· **Brett**
5 Bohle
6 Planke
· **Buch**
7 Waelzer
8 Schwarte
· **Farbauftrag**
7 Impasto
· **Honigsäfte**
4 Seim
· **Obstbrei**
3 Mus
· **Pfahl**
6 Pflock
· **Pflanzenstängel**
6 Strunk
· **Schnur**
6 Strick
· **Seil**
3 Tau
6 Strick, Trosse
· **Strick**
4 Seil
· **Zweig**
3 Ast

dickbauchiges Hanseschiff
5 Kogge

Dickblatt
5 Sedum
9 Fetthenne

dickblättriges Liliengewächs
4 Aloe

Dickdarmentzündung
7 Colitis, Kolitis

dicken Rauch ausstoßen
7 qualmen

Dickfelligkeit
7 Phlegma
9 Lethargie

dickflüssig
4 zaeh
6 saemig, seimig, viskos
7 klumpig

dickflüssig(e, er, es) ...
· **Absonderung**
7 Schleim
· **Masse**
4 Brei
· **Saft**
5 Sirup

D

D

- **Tunke**
  9 Majonaese
  10 Mayonnaise
- **Zuckersaft**
  5 Sirup

Dickflüssigkeit
10 Saemigkeit

Dickhäuter
5 Tapir
7 Elefant, Nashorn
8 Nilpferd
10 Flusspferd, Rhinozeros

Dickicht
5 Busch
6 Geaest
8 Gebuesch
9 Gestruepp, Roehricht, Unterholz

dickköpfig
4 stur
11 eigensinnig, eigenwillig

Dickwurzel
6 Knolle

die ...
- **Alpen betreffend**
  5 alpin
- **Art zu leben, Zusammenleben**
  12 Modusvivendi
- **Chinesische Birne**
  5 Nashi
- **City betreffend**
  15 innerstaedtisch
- **Ehe brechend**
  6 untreu
- **eigene Person**
  3 ich
- **ersten Zähne**
  11 Milchgebiss
- **ersten Zähne bekommen**
  6 zahnen
- **Fixsterne betreffend**
  7 stellar
- **Frisur formen**
  6 stylen
- **Gnade Gottes verleihen**
  6 segnen
- **Heilige Schrift**
  5 Bibel
- **hohe Schule der Speisenbereitung**
  9 Kochkunst
- **Kochkunst betreffend**
  11 kulinarisch
- **Landwirtschaft betreffend**
  5 agrar
- **Länge verringern**
  7 kuerzen
- **menschliche Existenz**
  6 Dasein
- **Minister einer Regierung**
  8 Kabinett
- **Neue Welt**
  7 Amerika
- **Pole betreffend**
  5 polar
- **Rippen verbindender Knochen**
  9 Brustbein
- **Schöpfung**
  5 Natur
- **Schuhunterseite verstärken**
  8 besohlen
- **Snobs unter den Reichen**
  6 Jetset
- **Sonne betreffend**
  5 solar
- **Sterne betreffend**
  6 astral

Dieb
6 Gauner
9 Spitzbube
10 Einbrecher, Kleptomane, Langfinger

Diebesgut
4 Sore
5 Beute

diebischer Vogel
6 Elster

Diebshelfer
6 Hehler
8 Komplize

Diebsschlüssel
8 Dietrich

Diebstahl
4 Raub
7 Plagiat
8 Einbruch
10 Entwendung
12 Unterschleif, Veruntreuung
13 Hinterziehung
14 Unterschlagung

Diebstahlschutz
9 Fussangel
11 Alarmanlage

Diele
4 Flur, Gang
5 Brett, Tenne
6 Entree
7 Vorraum
8 Hausflur, Korridor
9 Vorzimmer
11 Tanzparkett
14 Fussbodenbrett

dienende ...
- **indische Kaste**
  5 Paria
  6 Shudra
- **Treue**
  11 Ergebenheit

Diener
3 Boy
5 Groom, Lakai
6 Butler, Knecht
7 Bursche, Famulus
8 Domestik, Faktotum
9 Bueckling
10 Verbeugung

Diener ...
- *des* **Don Quichotte**
  5 Pansa
  12 Sancho Pansa
- *im* **Livree**
  5 Lakai

Dienerin
4 Magd, Zofe

Dienerkleidung
6 Livree

Dienerschaft
7 Gesinde
8 Personal

Dienst
5 Beruf, Hilfe
6 Arbeit
7 Einsatz, Pflicht, Service
8 Leistung

Dienstältester
5 Doyen

Dienstantritt
8 Einstand

Dienstanweisung
11 Instruktion

Dienstanzug
7 Uniform

Dienstbereich
7 Ressort
8 Sprengel

Dienstbezüge
4 Lohn
6 Gehalt
9 Besoldung
11 Arbeitslohn

Dienstenthebung
9 Kassation
10 Entlassung, Suspension
Dienstflagge am Auto
7 Stander
Dienstgrad
4 Rang
5 Stufe
6 Charge
Dienstgrad ...
· *bei* **der Bundeswehr**
5 Major
6 Oberst
7 General
8 Kanonier, Leutnant, Schuetze
9 Faehnrich, Gefreiter, Hauptmann
Dienstkleidung
4 Robe
5 Ornat, Talar
6 Livree, Montur
7 Uniform
10 Amtstracht
Dienstleistung
7 Service
dienstlicher Ungehorsam
15 Insubordination
Dienstmahlzeit
12 Arbeitsessen
Dienstmann (Bahn)
14 Gepaecktraeger
Dienstordnung
9 Reglement
Dienstraum eines Anwalts
7 Kanzlei
Dienstschwur
7 Amtseid
Dienststelle
3 Amt
5 Buero
6 Office
7 Kanzlei
8 Behoerde
9 Amtsstube
Dienststelle eines Geistlichen
8 Pfarramt
Dienststellenvorsteherin
13 Bueroleiterin
Dienststellenwechsel
10 Versetzung
Dienststempel
6 Siegel
dienstunfähig gewordener Geistlicher
6 Emerit
dienstuntauglich
7 invalid
8 invalide, versehrt
Dienstvorschrift
9 Anweisung, Direktive, Reglement
Dienstweg
12 Instanzenweg
Dienstzimmer
5 Buero
diesig
5 trueb
6 neblig
7 dunstig
diesige ...
· **Luft**
4 Smog
5 Nebel
diesjährig
6 heurig
different
8 ungleich
10 abweichend
11 verschieden
15 unterschiedlich
Differenz
4 Rest
5 Zwist
7 Abstand
10 Fehlbetrag, Restbetrag
11 Kontroverse, Uneinigkeit, Unterschied
13 Unstimmigkeit
diffizil
6 heikel
9 schwierig
diffus
4 wirr
6 unklar
8 unscharf
9 nebelhaft, zerstreut
10 undeutlich
12 verschwommen
13 weitschweifig
Diktat
5 Zwang
6 Ansage, Befehl
11 Nachschrift
13 Niederschrift
Diktatur
8 Despotie, Tyrannei
14 Totalitarismus
16 Gewaltherrschaft
Diktierapparat/Diktiergerät
8 Diktafon
9 Diktaphon
Diktion
4 Stil
14 Ausdrucksweise
Dilemma
3 Not
5 Krise
6 Klemme, Misere
7 Notlage
10 Zwangslage
Dilettant
4 Laie
7 Amateur
8 Stuemper
13 Nichtfachmann
Dill
10 Baerenwurz
11 Gurkenkraut
Dimension
5 Hoehe, Tiefe, Weite
6 Breite, Laenge
7 Bereich, Groesse
9 Abmessung
10 Ausdehnung
Diner
5 Essen
9 Festessen
11 Mittagessen
Ding
5 Sache
6 Geraet, Objekt
7 Koerper
10 Gegenstand
Ding zum Gebrauch
9 Utensilie
Dinge
4 Zeug
Dinge wegschaffen
10 beseitigen
dinglich
4 real
15 gegenstaendlich
Dingwort
10 Substantiv
Dinosaurier
12 Brontosaurus
13 Tyrannosaurus
Diözese
6 Bistum

Diphthong
8 Zwielaut
10 Doppellaut
Diplom
7 Urkunde, Zeugnis
10 Ehrenbrief
12 Auszeichnung
Diplomat
5 Legat
6 Konsul
7 Attaché, Nuntius
9 Gesandter, Vertreter
11 Botschafter
Diplomatie
11 Gewandtheit, Staatskunst
20 Verhandlungsgeschick
diplomatisch(e, er, es) ...
· **Begriff**
11 Aide-mémoire
· **Eilbote**
6 Kurier
· **Leiter einer Institution**
5 Doyen
· **Schriftstück**
4 Note
10 Kommunikee, Kommuniqué
· **Schritt**
8 Demarche
· **Vertretung**
7 Mission
8 Konsulat
9 Botschaft
13 Gesandtschaft
Diplomkauffrau
14 Betriebswirtin
Diplomlandwirt
7 Agronom
direkt
4 live
10 geradewegs, unumwunden
11 unmittelbar
direkte Rede
11 Oratio recta
Direktion
7 Leitung
8 Fuehrung, Vorstand
Direktive
7 Weisung
8 Massgabe
9 Anordnung, Anweisung
10 Richtlinie, Vorschrift
11 Richtschnur
Direktor
6 Leiter
9 Vorsteher
11 Schulleiter
Direktübertragung
11 Livesendung
Dirigentennotenheft
8 Partitur
Dirigentenstab
9 Taktstock
Dirigismus
18 Wirtschaftslenkung
Dirne
7 Hetaere, Kokotte
8 Callgirl
13 Prostituierte
15 Freudenmaedchen
Disharmonie
7 Misston
9 Missklang
11 Uneinigkeit
13 Unstimmigkeit
Diskant
6 Fistel
10 Oberstimme
11 Gegenstimme
12 Fistelstimme
Diskont
5 Abzug
7 Vorzins
9 Zinsabzug
Diskothek
9 Tanzlokal
15 Plattensammlung
Diskrepanz
9 Zwiespalt
15 Missverhaeltnis
diskret
8 heimlich, schonend, taktvoll
12 unauffaellig, verschwiegen
17 wohl unterschieden
Diskretion
4 Takt
16 Verschwiegenheit
Diskus
11 Wurfscheibe
Diskussion
7 Debatte
10 Aussprache
11 Eroerterung
Diskussionsleiter
9 Moderator
Diskussionstagung
9 Symposium
10 Kolloquium
Dispens
6 Urlaub
9 Befreiung
disperses Gebilde
6 Schaum
Disposition
4 Form, Plan
7 Entwurf, Planung, Zustand
8 Befinden, Stimmung, Vorsorge
9 Anordnung, Kondition
10 Einteilung, Gliederung, Verfassung, Verfuegung
12 Vorbereitung
Disqualifikation
10 Ausschluss
Dissertation
12 Doktorarbeit
Dissident
10 Abweichler, Freidenker
15 Andersdenkender
16 Konfessionsloser
Dissonanz
9 Missklang
11 Uneinigkeit
13 Unstimmigkeit
Distanz
7 Abstand
10 Entfernung
14 Reserviertheit, Zurueckhaltung
Distelfink
9 Stieglitz
Distelgewächs
5 Karde
11 Artischocke
Distribution
10 Verteilung
Distrikt
3 Gau
5 Kreis
6 Bezirk, Gebiet
7 Bereich
9 Abteilung
10 Landstrich
Disziplin
4 Fach
7 Ordnung, Strenge
10 Fachgebiet
14 Beherrschtheit
15 Unterrichtsfach
18 Selbstbeherrschung
dito
4 auch

6 ebenso
11 desgleichen, gleichfalls
Divergenz
10 Abweichung
divers
11 verschieden
Dividend
7 Zaehler
Dividende
12 Gewinnanteil
Dividendenschein
5 Kupon
6 Coupon
dividieren
6 teilen
Divis
11 Bindestrich
14 Teilungsstrich
Division
7 Teilung
14 Truppenverband
Divisionsergebnis
8 Quotient
Divisor
6 Nenner
Diwan
4 Bett, Sofa
5 Couch, Liege
8 Bettsofa, Wandsofa
9 Liegesofa
Döbel
5 Aitel
doch
7 dennoch
8 trotzdem
Dodekanesinsel
3 Kos
5 Leros
Dogma
8 Lehrsatz
12 Glaubenssatz
Dogmatik
13 Glaubenslehre
Doktorarbeit
12 Dissertation
Doktortitel (Abkürzung)
2 Dr
5 Dr med
6 Dr phil
Doktrin
5 Lehre
8 Lehrsatz
9 Grundsatz
11 Lehrmeinung
Dokument
5 Beleg
6 Beweis
7 Urkunde
8 Nachweis
12 Beweisstueck
Dokumentarbericht
6 Report
7 Feature
9 Reportage
Dokumentenablage
5 Aktei
Dolch
4 Kris
7 Stilett
Dolchverletzung
5 Stich
Dolde
12 Bluetenstand
Dolde von Beeren
6 Traube
Doldengewächs
4 Anis, Merk
5 Berle, Silge
6 Aralie, Kerbel
7 Fenchel
9 Mannstreu
10 Baerenklau, Pimpinelle, Waldkerbel
12 Kaelberkropf, Liebstoeckel, Stranddistel
Dolerit
6 Basalt
Dolmen
4 Grab
9 Steingrab
Dolmetscher
11 Uebersetzer
Dom
8 Muenster
10 Kathedrale
14 Bischofskirche
Domäne
9 Staatsgut
10 Fachgebiet
13 Wirkungskreis
Domherr
6 Propst
9 Kanoniker, Kapitular
Dominostein mit Doppelzahl
5 Pasch
Domizil
4 Heim
7 Wohnung
8 Wohnsitz
14 Aufenthaltsort
Domizil unter dem Dach
16 Mansardenwohnung
Dompfaff
6 Gimpel
Dompteur
8 Dresseur
13 Tierabrichter, Tierbaendiger
Don Quijotes ...
· **Begleiter**
11 Sancho Pansa
· **Gegner**
10 Windmuehle
· **Pferd**
9 Rosinante
Donar
4 Thor
Donars Hammer
9 Mjoellnir
Donaudurchbruch
11 Eisernes Tor
Donaulandschaft
5 Lobau
6 Wachau
Donaumündungsarm
5 Kilia
Donaustädter
5 Ulmer
12 Regensburger
13 Ingolstaedter
Donauzufluss ... ▶ Nebenfluss ...
Donkosakenführer
5 Rasin
Doppel
5 Kopie, Match, Mixed
6 Partie
8 Dublette, Duplikat
9 Abschrift, Doublette
11 Durchschlag
12 Durchschrift, Tennispartie, Zweitschrift
doppeldeutig
10 ambivalent
Doppelehe
7 Bigamie
Doppelfahrrad
6 Tandem
Doppelgänger
6 Double
8 Ebenbild

D

doppelgeschlechtlich
8 androgyn, zwittrig
9 bisexuell
doppelgesichtiger römischer Gott
5 Janus
Doppelgipfel im Böhmerwald
5 Arber
doppelkohlensaures ...
· **Natrium**
6 Natron
· **Salz**
10 Bikarbonat
Doppelkontinent
7 Amerika
8 Eurasien
doppelköpfiger Haltebolzen
4 Niet
Doppelkringel
6 Brezel
Doppellaut
9 Diphthong
Doppelreihe als Ehrengasse
7 Spalier
Doppelrumpfboot
9 Katamaran
Doppelsalz
5 Alaun
Doppelsinn
10 Amphibolie
Doppelspiel beim Tennis
5 Mixed
Doppelspieler
6 Double
Doppelstern ...
· *im* **Orion**
5 Rigel
· *im* **Perseus**
5 Algol
Doppelstück
4 Paar
8 Dublette, Duplikat
doppelte Buchführung
6 Doppik
doppeltes Filetsteak
13 Chateaubriand
Doppeltreffer
4 Ambe
8 Dublette
Doppelwertigkeit
10 Ambivalenz
Doppelzug beim Schach
7 Rochade
Dorade
10 Goldbrasse
Dorado
8 Goldland, Paradies
Dorf
3 Ort
4 Kaff
6 Weiler
8 Gemeinde, Siedlung
9 Ortschaft
12 Marktflecken
Dorfbarbier
5 Bader
Dörfer und Städte
4 Orte
Dorfgemeinschaft in Altrussland
3 Mir
dörfliche Gegend
4 Land
Dorfplatz
5 Anger
Dorfschenke
4 Krug
Dorfschulze
11 Schultheiss
Dorfwiese
5 Anger
Dorn für Laufschuhe
5 Spike
Dornhaifleisch
6 Seeaal
Dörrfrüchte
8 Backobst
11 Trockenobst
Dörrgerät
5 Darre
Dörrobstfigur
17 Zwetschkenkrampus
Dörrobstschnitzel
6 Hutzel
Dorsch
4 Leng
5 Torsk
8 Kabeljau, Laberdan
10 Klippfisch, Stockfisch
11 Schellfisch
dort
2 da
Dose
4 Etui
7 Buechse
9 Behaelter, Schachtel
Dosennahrung
13 Fischkonserve
dosieren
8 zumessen
9 aufteilen
Dosis
4 Gabe
5 Menge, Prise
Dossier
3 Akt
4 Akte, Heft
7 Buendel
8 Faszikel
9 Aktenheft, Geheimakt
10 Aktenstoss
11 Aktenstueck
12 Aktenbuendel
Dotation
7 Mitgift
9 Aussteuer, Ehrengabe, Schenkung, Zuwendung
Dotter
6 Eigelb
Double
6 Doppel
8 Stuntman
13 Doppelspieler, Ersatzspieler
Dozentur
11 Lehrauftrag
13 Lehrerlaubnis
Drache
6 Fafner, Fafnir
8 Lindwurm
10 Fluggeraet, Tatzelwurm, Tazzelwurm
11 Flugapparat, Segelschiff
14 Wikingerschiff
Drachenechse
5 Waran
Drachenviereck
7 Deltoid
Dragée, ...
· **Dragee**
5 Pille
7 Konfekt
8 Tablette
Drahtbügel
6 Krampe
Drahtgeflecht
6 Rastel
drahtig
6 nervig, sehnig
drahtlose Telegrafie
4 Funk
Drahtnachricht
5 Telex

8 Depesche
9 Telegramm
13 Fernschreiben
Drahtseil
6 Trosse
Drahttauwerk
5 Brook
Drahtwicklung
5 Spule
Drahtzaun
4 Fenz
5 Etter
Drahtzieher
9 Anstifter
10 Hintermann
Drahtziergeflecht
8 Filigran
drakonisch
4 hart
6 streng
Drall
5 Effet
7 Drehung, Torsion, Windung
8 Drillung
10 Drehimpuls
Drall des Balles
4 Spin
Drama
10 Schauspiel
11 Buehnenwerk
Drama ...
· *von* **Goethe**
5 Tasso
6 Stella
· *von* **Ibsen**
4 Nora
dramatisch
8 erregend, spannend
9 aufregend
dramatisch(e, er, es) ...
· **Gedicht**
7 Ballade
· **Sprechgesang**
9 Rezitativ
· **Tonstück**
9 Oratorium
Dramaturgie
12 Buehnenkunde, Theaterkunde
15 Schauspiellehre
Dramengestalt ...
· *bei* **Goethe**
5 Faust, Goetz, Tasso
6 Egmont
· *bei* **Schiller**
4 Posa, Tell
· *bei* **Shakespeare**
4 Lear
5 Romeo
6 Hamlet
7 Macbeth, Othello
Dramenteil
3 Akt
5 Szene
6 Aufzug
8 Auftritt
Drang
5 Druck, Trieb
7 Ehrgeiz, Streben
9 Bestreben, Sehnsucht, Verlangen
Drang zur Schnelligkeit
4 Eile
Drängender
9 Antreiber
drastisch
7 wirksam
8 deutlich, merklich
11 unverbluemt
Draufgängertum
7 Schneid
Dreck
5 Muell, Unrat
6 Abfall
7 Schlamm, Schmutz
Dreh
5 Drall, Finte, Kniff, Trick
9 Handgriff
10 Handhabung, Kunstgriff
drehbare Walze
5 Rolle
drehbarer Schiffskran
5 Davit
Drehflügel
5 Rotor
Drehflügelflugzeug
8 Autogiro
Drehgriff
3 Rad
6 Kurbel
Drehhebel
6 Reitel
Drehimpuls
5 Drall
Drehkörper
7 Kreisel
Drehorgel
11 Leierkasten
Drehorgel drehen
6 leiern
Drehpunkt
3 Pol
5 Achse, Mitte
7 Zentrum
Drehpunkt der Erdachse
3 Pol
Drehschwung
9 Pirouette
Drehstab
5 Achse
Drehstrom
12 Wechselstrom
Drehteil an Maschinen
5 Rotor
Drehung
4 Tour
5 Wende
7 Wendung
8 Rotation
Drehzahl
8 Frequenz
Drehzahlmesser
13 Tourenzaehler
drei ...
· **Musikanten**
4 Trio
7 Terzett
· **Töne im Taktteil**
6 Triole
dreiatomiger Sauerstoff
4 Ozon
Dreibeingestell
6 Stativ
dreidimensionale Aufnahme
9 Hologramm
Dreieck
8 Triangel
dreieckig(e, er, es) ...
· **Beisegel**
9 Spinnaker
· **Flagge**
6 Wimpel
7 Stander
· **Vorsegel**
7 Kluever
Dreiecksberechnung
13 Trigonometrie
Dreieckslinie
5 Basis, Hoehe
17 Seitenhalbierende, Winkelhalbierende

Dreiecksseite
7 Kathete
10 Hypotenuse
Dreieinigkeit
9 Trinitaet
Dreierherrschaft
10 Triumvirat
dreifache Papstkrone
5 Tiara
dreifacher Torerfolg
8 Hattrick
Dreifachgeburt
9 Drillinge
Dreifaltigkeit
9 Trinitaet
Dreifingerfaultier
2 Ai
Dreiflüssestadt in Bayern
6 Passau
Dreigespann
5 Triga
6 Troika
Dreiheit
5 Trias
6 Triade
dreijährliche Veranstaltung
9 Triennale
Dreikampf im Sport
9 Triathlon
Dreikäsehoch
3 Bub
5 Junge
6 Knirps
7 Steppke
9 Hosenmatz
10 Gernegross
Dreiklangstoß
5 Tusch
Dreiklangtrompete
7 Fanfare
Dreikönigsfest
10 Epiphanias
dreimastiges Segelschiff
4 Bark
Dreisatzrechnung
10 Regeldetri
dreiseitige Pyramide
9 Tetraeder
dreist
4 kess
5 frech
9 furchtlos, vorwitzig
11 impertinent, unverfroren
12 unverschaemt
dreistellige Zahl
7 Hundert
dreiteiliger Altaraufsatz
10 Triptychon
dreiteiliges Literaturwerk
8 Trilogie
Dreitonintervall
4 Terz
dreiundzwanzigster Buchstabe des griechischen Alphabets
3 Psi
dreiwertiger Alkohol
8 Glyzerin
Dreizack
7 Trident
Dreizahl
6 Triade
Dreizehn- bis Neunzehnjähriger
8 Teenager
Drellgewebe
8 Drillich
Dreschabfall
5 Spreu
Dresche
4 Haue
5 Senge
7 Pruegel
Dreschertrag
6 Drusch
Dreschplatz
5 Tenne
Dresdener ...
· **Arzt**
5 Carus
· **Bauwerk**
7 Zwinger
Dresseur
8 Dompteur
dressiertes Raubtier
8 Tanzbaer
Dressur
10 Abrichtung
Dressurleine
5 Longe
Dressurübung
5 Volte
6 Levade, Pesade
8 Kapriole
9 Courbette, Pirouette
Drill
7 Schliff
dringend
4 akut
5 eilig
6 noetig
7 wichtig
9 notwendig
dringende ...
· **Nachricht**
8 Eilbrief
9 Telegramm
12 Expressbrief
13 Fernschreiben
dringender Bedarf
11 Benoetigung
Dringlichkeitsvermerk
4 eilt
dritt(e, er, es) ...
· **Fall in der Sprachlehre**
5 Dativ
· **Fastensonntag**
5 Okuli
· **Potenz**
5 Kubus
· **Sinfonie Beethovens**
6 Eroica
· **Sohn Adams**
4 Seth
· **Stufe der Tonleiter**
4 Terz
· **Ton vom Grundton**
4 Terz
Droge
10 Rauschgift
14 Arzneirohstoff
dröge
7 trocken
10 langweilig
Drogenszenenbegriff
3 LSD
4 Koks
5 Crack, Hasch, Joint
6 Dealer, Junkie
8 Cannabis
11 Crystal Meth
drohender Rat
7 Warnung
drohendes Unheil
6 Gefahr
dröhnender Ton
4 Hall
Drohung
5 Zwang
9 Noetigung, Ultimatum
10 Erpressung
drollig
5 ulkig
6 lustig, putzig

7 komisch, skurril, spassig
9 schnurrig
11 possierlich, verschroben
drollige Bilderserie
5 Comic
drolliger Luftsprung
8 Kapriole
Dromedar
5 Kamel
Droschkenfahrer
13 Taxichauffeur
drosselartiger Vogel
11 Steinroetel
drüben
8 jenseits
Druck
5 Zwang
8 Pression
Druckabsatz
6 Alinea
druckausübende Maschinen
7 Pressen
Druckbehälter für den Kocher
10 Gasflasche
Druckbuchstabe
4 Type
6 Letter
Druckeinheit
3 Bar
4 Atue, Torr
6 Pascal
11 Atmosphaere
drückende Wärme
8 Schwuele
Druckerei
7 Offizin
Druckerlaubnis
10 Imprimatur
Druckerzeugnis
4 Buch, Heft
7 Annalen, Chronik, Journal, Katalog, Lexikon, Magazin, Traktat, Zeitung
8 Almanach, Kalender, Prospekt
10 Bilderbuch, Broschuere, Flugzettel, Handzettel
11 Taschenbuch, Zeitschrift
13 Enzyklopaedie
Druckfehler
7 Erratum
Druckform
5 Model
Druckgitter
6 Raster
Druckhebel
5 Taste
Druckkolonne
6 Spalte
Druckmaschine
6 Presse
Druckmaschinenteil
5 Rakel
Druckmesser
9 Manometer
Druckmittel
11 Repressalie
Drucknachbildung
9 Faksimile
Druckreihe
5 Zeile
Drucksache an alle Haushalte
15 Postwurfsendung
Druckschriftgrad
6 Cicero
Druckspalte
7 Kolumne
Druckstock
8 Klischee
Drucktechnik
9 Siebdruck
14 Rotationsdruck
drucktechnischer ...
· **Begriff**
4 Falz, fett, Perl, Satz, Text, Type
5 Abzug, Druck, Fahne, Folio, mager, Notiz, Oktav, Petit, Quart, Seite
6 Absatz, Duodez, Einzug, Format, Glosse, Korpus, Kritik, kursiv, Layout, Letter, Litera, Platte, Presse, Raster, Rubrik, Schiff, Setzer, Signet, Spalte
7 Affiche, Andruck, Anzeige, Auflage, Ausgabe, Buckram, Edition, Einband, Feature, Fraktur, Geviert, Initial, Inserat, Kapitel, Kolumne, Konzept, Kurrent, Legende, Ligatur, Matrize, Meldung, Negativ, Positiv, Spiegel, Titelei, Umbruch, Umdruck, Vorsatz
8 Akzidenz, Bildtext, Bleisatz, Broschur, Fotosatz, Fuellsel, Gravuere, halbfett, Initiale, Klischee, kompress, Majuskel, Praegung, Rotation, Signatur, Versalie, Vorspann
9 Aufmacher, Autotypie, Copyright, Faksimile, Impressum, Leerzeile, Lichtsatz, Makulatur, Photosatz
10 Aufmachung, Broschuere, Hauptzeile, Hochformat, Imprimatur, Konkordanz, Manuskript, Querformat, Unterzeile, Widerdruck
11 Durchschuss, Offsetdruck, Satzspiegel, Schoendruck, Schriftgrad, Stereotypie, Winkelhaken
13 Spaltenbreite, Zwischentitel
drucktechnisches ...
· **Gerät**
5 Rakel
6 Presse, Raster, Winkel
7 Tenakel
Druckverfahren
6 Offset
8 Linotype, Rotation
9 Buchdruck, Hochdruck, Rotaprint, Siebdruck, Tiefdruck
10 Flachdruck, Lichtdruck, Steindruck
11 Lithografie
12 Lithographie, Rollenoffset
14 Rotationsdruck
15 Kupfertiefdruck
Druckvorlage
10 Manuskript
Druckwerküberschrift
9 Buchtitel
Drude
4 Hexe
8 Zauberin
Drudenfuß
8 Fuenfeck
10 Pentagramm
Drüsenabsonderung
6 Sekret
Drüsengeschwulst
6 Adenom

D

Drüsensaft
6 Inkret, Sekret
Drüsenwirkstoff
5 Enzym
6 Hormon
Dschungelheld
6 Tarzan
Duckmäuser
6 Mucker
8 Feigling, Kriecher
9 Hasenfuss
11 Leisetreter
13 Drueckeberger
Duckstein
4 Tuff
Dudelsack
7 Musette
10 Sackpfeife
Duellzeuge
9 Sekundant
Duett
10 Zwiegesang
Duft
5 Aroma, Blume, Hauch, Odeur
6 Bukett, Geruch
10 Wohlgeruch
Duft des Rebensaftes im Glas
10 Weinbukett
duftende ...
· **Gartenblume**
4 Iris, Rose
5 Lilie, Nelke, Viole, Wicke
6 Reseda, Salvie
7 Levkoje
8 Edelrose, Gardenie, Goldlack, Lavendel, Veilchen
9 Heliotrop
· **Raumpflanze**
11 Zimmerblume
duftendes Harzgemisch
9 Weihrauch
duftig
10 aromatisch
Duftspender
10 Rauchkerze
Duftstoff
5 Amber, Ambra, Bisam, Odeur, Zibet
6 Myrrhe, Parfum
7 Juchten, Kumarin, Moschus, Parfuem
8 Lavendel, Rosenoel
9 Weihrauch
10 Riechstoff
12 Bergamottoel
Duftwasser
6 Parfum
Duldsamkeit
8 Toleranz
dumm
5 bloed
7 stupide
8 toericht
9 unwissend
dummdreist
5 frech
11 impertinent
12 unverschaemt
dumme Handlung
6 Eselei
dummes ...
· **Zeug**
6 Unsinn
7 Nonsens, Quatsch
9 Bloedsinn
Dummheit
6 Betise, Eselei
7 Torheit
9 Toelpelei
11 Stupiditaet
12 Unwissenheit
Dummkopf
3 Tor
4 Depp, Narr
5 Idiot
6 Dussel
7 Toelpel, Trottel
9 Tolpatsch
10 Kleingeist, Tollpatsch
14 Einfaltspinsel
Dummy
8 Attrappe
9 Blindband
12 Schaupackung
dumpf dröhnender Lärm
8 Gepolter
dumpfer Schlag
4 Bums
Düne im Meer
8 Sandbank
Dünengras
11 Strandhafer
Dung
4 Mist
Düngemittel
4 Kali, Kalk, Mist
5 Guano
6 Jauche, Mergel
7 Kompost
8 Blutmehl, Salpeter
10 Hornspaene, Stickstoff, Thomasmehl
11 Knochenmehl
12 Kalksalpeter, Knochenasche
13 Chilesalpeter, Nitrophosphat
dunkel
6 obskur, unklar
7 duester, finster, schwarz
8 ungewiss
Dünkel
7 Hochmut
8 Arroganz
9 Anmassung
dunkelbraun
5 umber, umbra
dunkelbraune Wasserfarbe
6 Bister
dünkelhaft
5 stolz
8 arrogant, spleenig
10 hochmuetig
11 eingebildet
dunkl(e, er, es) ...
· **englisches Bier**
5 Stout
6 Porter
· **Gebäck**
11 Schwarzbrot
· **Gestein**
6 Basalt
· **Tagesteil**
5 Nacht
· **Vorgefühl**
6 Ahnung
dünn
4 fein, zart
5 duerr, hager, mager
6 schmal
7 schwach
8 fluessig, zierlich
9 schuetter
dünn ...
· **bewachsen**
5 licht
· **gewalzte Metallplatte**
5 Blech
dünn(e, er, es) ...
· **Ast**
5 Zweig
· **Blättchen**
5 Folie
7 Lamelle

· **Brühe**
5 Lorke
· **Buch**
4 Heft
· **Edelholzblatt**
7 Furnier
· **Gebäck**
6 Oblate
· **Gewebe**
4 Flor, Gaze, Mull
6 Etamin
7 Chiffon, Organdy
9 Georgette
· **Kalkanstrich**
7 Tuenche
· **Kontaktblättchen**
7 Lamelle
· **krauses Material**
11 Krepppapier
· **Lederstreifen**
5 Keder
· **Metallplättchen**
5 Blech
6 Lamina
· **Pfannkuchen**
5 Crêpe
· **Röhrchen**
7 Kanuele
· **Schicht aus flüssigem Fett**
7 Oelfilm
· **Seil**
6 Strick
· **Stange**
4 Stab
· **Stoffeinlage**
6 Futter
· **Überzug**
5 Belag
· **Verpackungsmaterial**
15 Einschlagpapier
· **Weidenstock**
5 Gerte
· **Zinn**
8 Stanniol
dünnschalige Zitrusfrüchte
8 Limetten
Dunst
4 Smog
5 Dampf, Nebel
6 Ahnung, Brodem, Wrasen
Dunst über dem Meer
8 Seenebel
Dunstgebilde
8 Schwaden
Dunstgebilde am Himmel
5 Wolke
Dunstglocke
4 Smog
dunstig
5 trueb
6 diesig, neblig, truebe
durch
3 mit, per
durch ... (Milch)
· **Gärung verdorben**
5 sauer
· *die* **Nase sprechen**
7 naeseln
· *ein* **Sieb streichen**
9 passieren
durchaus
7 absolut, partout
durchaus nicht
11 keinesfalls
Durchblick im Brett
7 Astloch
Durchbohrung
11 Perforation
durchbrochen
5 à jour
durchbrochenes ...
· **Gewebe**
6 Spitze
9 Grenadine
durchdacht
10 methodisch
durchdringend
5 stark
6 scharf
8 beissend, stechend, strident
9 penetrant
durchdringende Feuchtigkeit
6 Naesse
durcheinander
4 wirr, Wust
5 Chaos
6 Gewirr, Tumult, Wirbel
8 Ramasuri, Wirrwarr
9 Charivari, Getuemmel
10 Kunterbunt, Mischmasch, Tohuwabohu, Verwirrung
12 Kuddelmuddel
Durchfahrt
6 Portal, Tunnel
7 Passage
Durchfall
8 Diarrhoe
11 Darmkatarrh
Durchfuhr von Waren
7 Transit
durchführbar
11 praktikabel
Durchgang
3 Tor
4 Flur, Furt
6 Portal, Rennen, Umlauf
7 Passage, Stechen, Transit
8 Korridor, Oeffnung
Durchgangshindernis
6 Sperre
8 Barriere, Schranke
durchgeführte Handlung
3 Tat
durchgehend
5 immer, stets
7 dauernd
8 staendig
9 permanent
14 kontinuierlich, ununterbrochen
durchgehender Hosenanzug
8 Jumpsuit
durchgeistigt
10 aetherisch
durchgekocht
3 gar
durchgezeichnete Kopie
5 Pause
Durchhieb im Wald
8 Schneise
durchlässig
6 poroes
7 undicht
8 loechrig
9 permeabel
durchlässiges Material
12 Filterpapier
durchlaufend
14 kontinuierlich
durchleuchten
8 roentgen
durchlocht
10 perforiert
Durchmesser
5 Linie, Sehne
6 Gerade
7 Kaliber
8 Diameter
Durchnässungsschutz
14 Gummiunterlage

D

Durchscheinbild
3 Dia
10 Diapositiv
durchscheinend
7 diaphan
11 transparent
durchscheinender Gips
9 Alabaster
durchschimmernd
10 opaleszent
12 opalisierend
durchschimmerndes Mineral
4 Opal
Durchschlag
5 Seihe
Durchschnitt
4 Norm
5 Mitte
6 Mittel
10 Mittelmass, Mittelwert
durchschreitbare Flussstelle
4 Furt
Durchschrift
5 Kopie
6 Doppel
8 Duplikat
Durchsicht
8 Pruefung, Revision
9 Kontrolle
12 Nachpruefung
durchsichtig
4 klar
11 transparent
durchsichtig(e, er, es) ...
· **Farbüberzug**
4 Lack
5 Lasur
· **Gewebe**
4 Flor, Gaze
5 Tuell, Voile
7 Bobinet
9 Netzstoff
· **Glocke**
9 Glassturz
· **Material**
4 Glas
Durchsichtigkeit
11 Transparenz
Durchsuchung
6 Razzia
Durchsuchung einer Person
10 Visitation
durchtrainiert
3 fit
6 topfit
durchtrainierter Mensch
8 Sportler
durchtrieben
4 link
5 smart
6 clever
10 raffiniert
durchtriebener Mensch
6 Gauner
durchwatbare Flussstelle
4 Furt
durchweg
8 generell
dürftig
4 karg
5 knapp
7 mickrig
8 aermlich, armselig, primitiv, schlecht
9 spaerlich
dürr
4 arid, welk
5 hager, mager
7 trocken
8 verdorrt
11 vertrocknet
dürres Astholz
6 Reisig
Dusche
6 Brause
Düsenflugzeug
3 Jet
5 Jumbo
düster
5 trist
6 dunkel
7 finster
Dynamik
3 Pep
4 Elan
7 Schwung
12 Lebendigkeit
14 Bewegungslehre
dynamisch
5 vital
7 lebhaft
11 schwungvoll
15 temperamentvoll
dynamische
· **Form des Gehens** (2 Wörter)
13 Nordicwalking
Dynamo
9 Generator
13 Stromerzeuger
Dynastie
10 Geschlecht
13 Herrscherhaus
Dynastie ...
· *in* **England**
5 Tudor
7 Windsor
· *in* **Frankreich**
5 Anjou
7 Bourbon, Orléans
9 Bourbonen
· *in* **Italien**
7 Savoyen
· *in den* **Niederlanden**
7 Oranien
· *in* **Russland**
7 Romanow
· *in* **Schweden**
4 Wasa
· *in* **Spanien**
12 Bourbon-Parma

E

Eau de Cologne
15 Koelnischwasser
Ebbe
6 Fallen
9 Tiefstand
Ebbe ...
· *und* **Flut**
5 Tiden
8 Gezeiten
eben
4 plan
5 flach, glatt
9 kuerzlich
Ebenbild
6 Abbild
8 Duplikat
9 Konterfei
ebenbürtig
6 gleich

7 wuerdig
9 kongenial
10 angemessen
12 gleichwertig

Ebene
7 Flaeche
8 Tiefland
9 Flachland, Niederung

Ebene bei Augsburg
8 Lechfeld

ebenfalls
4 auch, dito
6 ferner
9 ausserdem
11 desgleichen

Ebenmaß
8 Harmonie
9 Symmetrie
10 Gleichmass
14 Ausgewogenheit

ebenso
7 genauso, unisono

Eber
6 Keiler

Eberesche
10 Teufelbaum
11 Elsbeerbaum, Sperberbaum, Teufelsbaum
13 Vogelbeerbaum

Eberwurz
6 Distel
9 Saudistel
10 Golddistel, Sonnenrose
12 Silberdistel, Wetterdistel

Echo
7 Anklang
8 Nachhall
9 Widerhall

Echse, die ihre Hautfarbe wechselt
10 Chamaeleon

Echsenart
4 Teju
5 Agame, Gecko, Waran
6 Leguan
8 Eidechse, Krokodil
9 Schleiche
10 Chamaeleon
11 Kragenechse
12 Bergeidechse, Perleidechse, Zauneidechse
14 Blindschleiche

echsenartiges Fabeltier
6 Drache

echt
4 edel, rein
6 genuin
7 ehrlich, primaer, typisch
8 gediegen, original
9 originaer, originell, verbuergt
10 natuerlich, urwuechsig
11 authentisch
13 unverfaelscht, urspruenglich

Echtheit
13 Originalitaet

Echtheitserklärung
12 Bestaetigung, Legitimation

Ecke
6 Winkel
7 Eckball

Eckfeld des Halmabretts
3 Hof

eckig
6 kantig

Eckstein
4 Karo

Eckstoß ...
· *beim* **Fußball**
4 Ecke
6 Corner

Eckzahn ...
· *des* **Keilers**
5 Hauer, Waffe
7 Haderer
· *des* **Rotwildes**
7 Grandel

ecuadorianisch(e, er, es) ...
· **Berg**
8 Cotopaxi
11 Chimborasso
· **Indianerstamm**
4 Cara
6 Kechua
7 Jivaros, Saparos
8 Ketschua
· **Münze**
5 Sucre
· **Sprache**
8 Ketschua, Spanisch
· **Stadt**
4 Loja
5 Quito
6 Ambato, Cuenca
8 Riobamba, Santa Ana
9 Guayaquil
· **Vulkan**
6 Sangay
8 Antisana, Cotopaxi

edel
4 echt, hehr
5 adlig, nobel
7 erlesen, kostbar, vornehm
10 reinrassig
11 grossmuetig

Edelblume
4 Rose

Edelblumenextrakt
10 Rosensirup

Edelgas
4 Neon
5 Argon, Radon, Xenon
6 Helium
7 Krypton

Edelholz
4 Teak
8 Ebenholz, Mahagoni
10 Palisander, Sandelholz

Edelkastanie
6 Marone

Edelknabe
4 Page

Edelmann
6 Junker, Ritter
7 Adliger

Edelmetall
4 Gold
6 Osmium, Platin, Silber
7 Iridium, Rhodium
9 Palladium, Ruthenium
10 Feinsilber
11 Quecksilber

Edelmetallart
7 Altgold

Edelmetallgewicht
4 Gran, Unze
5 Graen, Karat

edelmütig
8 generoes

Edelpelz
3 Feh
4 Nerz, Seal
5 Bisam, Fuchs, Iltis, Otter, Zobel
6 Nutria, Ozelot
7 Seehund
8 Hermelin, Rotfuchs
9 Blaufuchs, Persianer
10 Chinchilla
11 Silberfuchs

E

E

Edelpflaume
9 Reneklode
Edelpilz
10 Champignon
Edelpilzkäse
9 Camembert, Roquefort
Edelrost
6 Patina
edelste Wandbekleidung aus Stoff
12 Seidentapete
Edelstein
4 Jade, Onyx, Opal
5 Achat, Lapis, Pyrit, Quarz, Rubin, Topas
6 Apatit, Azurit, Beryll, Calcit, Granat, Jadeit, Jaspis, Olivin, Saphir, Sarder, Thulit, Zirkon, Zitrin
7 Diamant, Fluorit, Karneol, Lasurit, Melanit, Nephrit, Peridot, Smaragd, Spinell, Tuerkis
8 Almandin, Amazonit, Amethyst, Brillant, Edelopal, Haematit, Magnesit, Malachit, Pleonast, Rhodonit, Sardonyx, Turmalin, Vesuvian
9 Aquamarin, Aventurin, Bernstein, Blutstein, Brasilian, Chalcedon, Demantoid, Edelquarz, Edeltopas, Goldtopas, Grossular, Heliotrop, Kapgranat, Mondstein, Moosachat, Oligoklas, Rosatopas, Tigerauge
10 Alexandrit, Chrysolith, Chrysopras, Falkenauge, Katzenauge, Labradorit, Meerschaum, Milchquarz, Rauchquarz, Rauchtopas, Rosenquarz, Speckstein
12 Azurmalachit, Bergkristall, Chrysoberyll, Rhodochrosit
13 Amazonenstein, Labradorstein
15 Quarzkatzenauge
Edelsteingeschmeide
14 Diamantschmuck
Edelsteingewicht
5 Karat
Edelsteinglanz
5 Feuer
Edelsteinimitation
5 Talmi
6 Simili, Strass
9 Imitation
Edelsteinnachahmung
▶ Edelsteinimitation
Eden
8 Paradies
14 Paradiesgarten
Edikt
5 Gebot
6 Befehl, Erlass
9 Anordnung
10 Verfuegung, Verordnung
Edition
6 Verlag
7 Ausgabe
9 Nachdruck
10 Herausgabe
edle gezüchtete Blume
10 Gartenrose
edles Warmblutpferd
10 Lipizzaner
EDV-... (auch ▶ computertechnischer Begriff)
· **Anwender**
4 User
· **Befehl zum Beenden von Programmen**
4 quit
· **Begriff**
3 Bit, RAM, ROM
5 Error, print, reset
7 Numerik
9 Datenbank
17 Datenverarbeitung
· **Bildschirm**
16 Computerterminal
· **Dateneingabe**
5 input
· **Fehler**
5 Error
· **Gerät**
6 Tablet
8 Computer
16 Personalcomputer
· **Informationsnetz**
13 Datenautobahn
· **Liebhaber**
13 Computerfreak
· **Schaltungseinheit**
5 Modul
· **Sichtgerät**
7 Display
· **Speichereineit**
4 Chip
· **Sprache für zurücksetzen**
5 reset
· **Systemeindringling**
6 Hacker
Effekt
5 Folge
6 Erfolg
7 Wirkung
8 Eindruck, Leistung, Resultat
10 Konsequenz
Effekten
11 Wertpapiere
14 Boersenpapiere
effektiv
7 lohnend, wirksam
8 greifbar, wirklich
10 nachhaltig
12 tatsaechlich
effektives Kräftigungsprogramm
14 Muskeltraining
Effektzwirn
6 Bouclé
Effet
5 Drall
effilieren
11 beschneiden
egal
6 gleich
8 einerlei
11 gleichartig
13 gleichgueltig
Egalisierung
9 Ausgleich
12 Ausgleichung
Egerling
10 Champignon
Egoismus
8 Ichsucht
9 Eigennutz, Eigensinn
11 Selbstsucht
Egozentrik
14 Ichbezogenheit
ehe
5 bevor
ehedem
5 einst
Ehefrau
6 Gattin

8 Gemahlin
10 Angetraute
ehelich
11 verheiratet
ehelos
5 ledig
11 zoelibataer
13 unverheiratet
ehemalig
7 frueher
ehemalig(e, er, es) ...
· **amerikanischer Militärsender** (Abkürzung)
3 AFN
· **äthiopischer Fürst**
3 Ras
· **äthiopischer Kaisertitel**
5 Negus
· **Beamtentitel**
9 Geheimrat
· **Beamter bei Hofe**
17 Zeremonienmeister
· **Berliner Flughafen**
9 Tempelhof
· **Berliner Rundfunksender**
4 Rias
· **Bezeichnung für Unkraut**
9 Wildkraut
· **brasilianischer Fußballer**
4 Pele
· **britische Münze**
8 Shilling
· **britisches Weltreich**
6 Empire
· **Buchformat**
5 Oktav
· **Bundeskanzler**
7 Kreisky
· **Bundespräsident**
5 Heuss
6 Scheel
8 Carstens
9 Heinemann
· **Bundestagspräsidentin**
6 Renger
9 Suessmuth
· **chinesischer Parteichef**
3 Mao
· **chinesisches Gewicht**
4 Tael
· **deutsche Kupfermünze**
6 Dreier
· **deutsche Münze**
5 Taler
· **deutsche Währung**
2 DM
· **deutscher Boxer**
9 Schmeling
· **deutscher Landsmann**
7 Preusse
· **deutscher Nationalspieler**
6 Seeler
· **deutscher Radsportler**
5 Altig
· **Dorfbarbier**
5 Bader
· **Druckmaßeinheit** (Abkürzung)
2 At
3 atm
4 Atue
· **englisches Königshaus**
5 Tudor
· **Fadenstärkemaß**
3 Den
6 Denier
· **Formel-1-Fahrer**
4 Hill
5 Lauda, Prost, Senna
6 Fangio, Piquet
7 Stewart
10 Schumacher
· **französisches Papiergeld**
10 Assignaten
· **Frauenberuf**
10 Kammerzofe
· **Fußballnationalspieler**
6 Seeler
· **Gebiet in Kleinasien**
6 Lydien
· **Gerät der Bauern**
12 Dreschflegel
· **Getreidemaß**
6 Malter
· **Gewicht**
5 Pfund
· **Hausangestellte**
8 Dienerin
· **Hausangestellter**
6 Diener
· **Hausmeister an Schulen**
6 Pedell
· **Herren Venedigs**
5 Dogen
· **Herrscher von Genua**
4 Doge
· **israelisches Gesangsduo**
6 Ofarim
· **japanische Adlige**
7 Samurai
· **japanisches Längenmaß**
3 Rin
· **Kolonialsoldat**
6 Askari
· **König der Saudis**
6 Faisal
· **König von Libyen**
5 Idris
· **Kriegsschiff**
6 Bireme
· **lettische Münze**
3 Lat
· **Luftdruckeinheit**
4 Torr
· **Marktplätze**
6 Agoren
· **Maßeinheit der Kraft**
4 Pond
· **Maßeinheit des Drucks**
3 atm
· **Modetanz**
7 Letkiss
· **Münchner Flughafen**
4 Riem
· **Name für Grundbesitzer**
6 Magnat
· **Name von Äthiopien**
10 Abessinien
· **Name von Benin**
7 Dahomey
· **Name von Iran**
7 Persien
· **Name von Simbabwe**
9 Rhodesien
· **Name von Sri Lanka**
6 Ceylon
· **Name von Wolgograd**
10 Stalingrad
· **orientalischer Herrscher**
5 Mogul
· **österreichischer Bundespräsident**
5 Jonas
6 Renner
7 Klestil
8 Waldheim
14 Kirchschlaeger
· **Papstpalast**
7 Lateran
· **persische Kaiserin**
6 Soraya
· **persischer Monarch**
5 Schah

E

- **portugiesische Besitzung**
  3 Goa
- **portugiesische Münze**
  7 Milreis
- **Postkutscher**
  10 Postillion
- **Prügelstrafe**
  9 Bastonade
- **Raummaß für Holz**
  4 Ster
- **Raummaß für Schiffe** (Abkürzung)
  3 BRT
- **Raumstation für Kosmonauten**
  3 Mir
- **Reiternomade**
  5 Aware
- **Reitersoldat**
  4 Ulan
  5 Husar
- **Rundfunksender in Berlin**
  4 Rias
- **russische Gewichtseinheit**
  3 Pud
- **russische Monarchin**
  5 Zarin
- **russischer Monarch**
  3 Zar
- **russisches Parlament**
  4 Duma
- **Sammlung berühmter Zitate**
  3 Ana
- **Schriftzeichen**
  4 Rune
  11 Hieroglyphe
- **Schulklasse**
  5 Prima, Sexta
  6 Quarta, Quinta, Tertia
  7 Sekunda
- **schwedische Popgruppe**
  4 Abba
- **schwedischer Tennisstar**
  4 Borg
- **Skirennfahrer**
  7 Klammer, Schranz
  8 Wasmeier
  10 Neureuther
- **sowjetischer Diktator**
  6 Stalin
- **sowjetischer Minister**
  7 Gromyko
- **sowjetischer Staatschef**
  8 Andropow
- **spanische Goldmünze**
  7 Dublone
- **spanische Hochadlige**
  7 Granden
- **spanische Königin**
  3 Ena
- **spanischer Statthalter**
  4 Alba
- **Stadt in Nordbabylonien**
  5 Akkad
- **Straßenleuchte**
  10 Gaslaterne
- **thailändische Münze**
  5 Tikal
- **türkische Gewichtseinheit**
  4 Okka
- **türkischer Beamtentitel**
  3 Aga
- **türkischer Offizierstitel**
  3 Aga
- **türkischer Sultanspalast**
  6 Serail
- **türkischer Titel**
  3 Beg, Bei, Bey
- **US-Präsident**
  4 Bush
  6 Carter, Reagan
  7 Clinton, Kennedy
- **US-Raumfahrtprogramm**
  6 Apollo, Gemini
- **Vorhut des Heeres**
  5 Harst
- **Wanderberuf**
  16 Scherenschleifer
- **Wort für Widerspruch**
  6 Rekurs
- **Zitatensammlung**
  3 Ana

ehemals
5 einst
7 dazumal, frueher

Ehemann
5 Gatte
6 Gemahl
15 Lebensgefaehrte

Ehemann der Tochter
13 Schwiegersohn

Ehemann, dessen Frau verreist ist
11 Strohwitwer

Ehepaar mit Kindern
7 Familie

eher
5 bevor
6 lieber, vorher
7 frueher
8 vielmehr

ehern
4 fest, hart
6 eisern
9 unbeugsam

Ehescheu
9 Misogamie

Eheschließung
6 Heirat
7 Trauung
8 Hochzeit
11 Vermaehlung

Ehesymbol
8 Trauring

Eheverfehlung
7 Untreue

Eheversprechen
9 Verlobung
13 Heiratsantrag

Ehrabschneider
10 Beleidiger

Ehrabschneidung
6 Insult
7 Rufmord
11 Verleumdung
12 Diffamierung

ehrbar
6 bieder, honett
7 honorig
9 honorabel
10 anstaendig
11 achtenswert, respektabel
13 rechtschaffen

Ehre
3 Ruf

ehren
6 achten
9 schaetzen

Ehrenabzeichen
5 Orden

Ehrenbezeigung
5 Gruss, Salut, Salve
8 Honneurs, Reverenz

Ehrenbrief
6 Diplom
7 Urkunde

Ehrengabe
13 Gratifikation

Ehrengasse
7 Spalier

Ehrengeleit
7 Eskorte
Ehrengruß
5 Salut, Salve
ehrenhaft ▶ ehrbar
ehrenhaftes ...
· **Spiel**
8 Fairplay
9 Fair Play
ehrenhalber (Abkürzung)
2 eh, hc
Ehrenname Jesu
8 Christus
Ehrenplakette
5 Orden
Ehrensalve
5 Salut
Ehrenstrafe im Mittelalter
7 Pranger
Ehrentag
9 Jubilaeum
10 Geburtstag
Ehrentag eines Elternteils
9 Muttertag
Ehrentitel
6 Konsul
7 Eminenz, Senator
9 Exzellenz
Ehrenurkunde
6 Diplom
Ehrenvorstellung
7 Benefiz
ehrenwert
4 brav
6 bieder
7 achtbar
Ehrerbietung
5 Gruss
6 Diener, Knicks
7 Achtung, Honneur, Respekt
8 Reverenz
9 Bueckling, Kratzfuss
10 Verbeugung
Ehrfurcht
7 Achtung, Pietaet, Respekt
Ehrfurcht gebietend
4 hehr
Ehrgeiz
7 Streben
8 Ambition
13 Geltungstrieb
ehrgeizige Frau
9 Streberin
ehrgeiziger Mensch
7 Streber
Ehrgeizling
7 Streber
ehrlich
4 fair
5 reell
6 lauter, sauber
7 redlich
10 anstaendig, aufrichtig
13 rechtschaffen
Ehrlichkeit
12 Arglosigkeit
ehrlos
5 infam
6 falsch, gemein
12 veraechtlich
15 niedertraechtig
Ehrloser
4 Lump
6 Schuft
7 Schurke
Ehrlosigkeit
7 Infamie, Schande, Schimpf
12 Niedertracht
Ehrung
3 Lob
4 Dank
7 Lobrede
10 Wuerdigung
12 Auszeichnung
ehrwürdig
8 erlaucht
ehrwürdige alte Frau
7 Matrone
ehrwürdiger ...
· **alter Mann**
7 Padrone
9 Patriarch
Ei der Laus
5 Nisse
Eibisch
5 Malve
6 Althee
7 Althaea
8 Hibiskus
12 Wetterroesel
Eichelschwamm
12 Stinkmorchel
Eichhörnchenfell
3 Feh
Eichhörnchennest
5 Kobel
Eichmaß
6 Etalon
Eid
6 Schwur
8 Geluebde
Eidbruch
7 Meineid
Eidechsenart ▶ Echsenart
eidesstattliche Versicherung
9 Affidavit
Eidgenosse
9 Schweizer
Eidotter
6 Eigelb
Eier ...
· *des* **Fisches**
5 Rogen
· *des* **Vogelnestes**
6 Gelege
· *von* **Wassertieren**
5 Laich
Eier hervorbringen (Huhn)
5 legen
Eierauflauf
7 Soufflé
8 Soufflee
Eierfrucht
9 Aubergine
Eierkuchen
5 Crêpe, Krepp
6 Plinse
7 Omelett
8 Omelette
11 Pfannkuchen
13 Palatschinken
Eierpusch
10 Loewenzahn
Eierspeise
6 Setzei
7 Omelett, Ruehrei
9 Spiegelei
11 Pfannkuchen
13 Palatschinken
Eierteigware
5 Nudel
8 Spagetti
9 Makkaroni, Spaghetti
Eifelkratersee
4 Maar
Eifellandschaft
4 Venn
6 Ahrtal

E

Eifelstädtchen
4 Daun
6 Adenau
Eifelstädtchen am Nürburgring
6 Adenau
Eifer
6 Fleiss
9 Emsigkeit
11 Ruehrigkeit
12 Strebsamkeit
Eiferer
9 Fanatiker
Eifersucht
4 Neid
9 Missgunst
10 Rivalitaet
Eiform (Mehrzahl)
5 Ovale
eiförmig
4 oval
5 ovoid
eifrig
8 fleissig
eifriger Leser
11 Buecherwurm
Eigelb
6 Dotter
Eigelege von Wassertieren
5 Laich
eigen
9 sonderbar
11 waehlerisch
Eigenart
3 Typ
4 Tick
5 Typus, Wesen
6 Manier
8 Gepraege, Naturell
9 Charakter
11 Seltsamkeit
13 Originalitaet
15 Individualitaet
eigenartig
6 kurios
7 ominoes, seltsam
8 reizvoll
9 originell
11 merkwuerdig
13 bemerkenswert
Eigenbrötler
4 Kauz
8 Original
10 Sonderling
12 Aussenseiter
13 Einzelgaenger
eigene ...
· **Lebensbeschreibung**
13 Autobiografie
14 Autobiographie
eigengesetzlich
7 autonom
11 unabhaengig
eigenhändig
6 selbst
Eigenliebe
8 Egoismus, Ichsucht
10 Narzissmus
11 Selbstsucht
eigenmächtig
14 selbstherrlich
Eigenname ...
· **Buddhas**
7 Gautama
· *von* **Irland**
4 Eire
· *einer* **italienischen Stadt**
6 Napoli
7 Firenze
· *von* **Japan**
6 Nippon
· *von* **Norwegen**
5 Norge
Eigenpreisung
9 Selbstlob
eigens
3 nur
5 extra
8 speziell
9 besonders
10 namentlich
15 ausschliesslich
Eigenschaft
3 Art, Zug
5 Wesen
6 Anlage, Talent
7 Merkmal
8 Attribut
9 Qualitaet, Wesenszug
10 Faehigkeit
16 Charakteristikum
Eigenschaftswort
8 Adjektiv
Eigensinn
5 Trotz
8 Sturheit
eigensinnig
4 stur
7 trotzig
11 dickkoepfig, halsstarrig, hartnaeckig
12 starrkoepfig
13 unzugaenglich, widerspenstig
eigensinniges Kind
9 Trotzkopf
eigenständig
6 autark
7 autonom
eigensüchtiger Mensch
6 Egoist
eigentlich
5 quasi
8 faktisch
Eigentum
4 Habe
6 Besitz
7 Kapital
9 Vermoegen
Eigentümer
6 Eigner, Halter
7 Inhaber
8 Besitzer
Eigentümerin
10 Besitzerin
Eigentümlichkeit
3 Art
6 Cachet
Eigentumsdelikt
4 Raub
6 Betrug
8 Einbruch
9 Diebstahl
12 Veruntreuung
13 Hinterziehung
14 Unterschlagung
eigenwillig
8 spleenig
10 kaprizioes
Eigner
8 Besitzer
11 Eigentuemer
Eignung
13 Brauchbarkeit, Qualifikation
Eignungsprüfung
4 Test
Eignungstest
8 Pruefung
16 Aufnahmepruefung
Eihaut
6 Amnion
Eiklar
7 Eiweiss

Eiland
5 Insel
Eiland im Pazifik
10 Osterinsel
Eilande im Südatlantik
14 Falklandinseln
Eilandsbewohner
9 Insulaner
Eilbote
6 Kurier
8 Stafette
11 Expressbote
Eile
4 Hast
5 Hetze, Tempo
14 Ueberstuerzung
eilen
6 hasten, hetzen
eilends
5 rasch
11 schleunigst
eilig
3 fix
5 flink, rasch
6 hastig, hurtig, rasant
eiliges Entweichen
6 Flucht
Eilnachricht
8 Depesche
9 Telegramm
12 Expressbrief
13 Fernschreiben
Eimasse von Wassertieren
5 Laich
Eimer
6 Kuebel
ein ...
· **Asiat**
7 Siamese
· **bestimmter Teil der Einbaumöbel**
12 Kuechenzeile
· **bestimmtes Kombinationsmöbel**
10 Schlafsofa
· **bisschen**
5 etwas
· **Dessert** (Schweiz)
14 Caramelkoepfli
· **deutscher Crepe**
15 Eierpfannkuchen
· **Elternteil**
5 Vater
6 Mutter
· **Erdteil**
5 Asien
· **Farbton**
9 blassrosa
· **Farbton, siena**
8 rotbraun
· **Filzhut**
6 Fedora
· **Fleischgericht**
12 Schmorbraten
14 Geschnetzeltes
· **französischer Möbelstil**
13 Louisphilippe
· **Ganzes**
6 Eintel
· **Gasthaus besuchen**
9 einkehren
· **Geliermittel**
8 Agaragar
· **Gerät zusammenbauen**
9 montieren
· **Geschmacksverstärker**
8 Glutamat
· **Getränk kosten, probieren**
6 nippen
· **Gewürz**
10 Ceylonzimt
· **Glas Schnaps schnell trinken**
6 kippen
· **italienisches Fischgericht** (3 Wörter)
12 Fruttidimare
· **italienisches Gericht**
10 Polpettone
13 Fruttacondita
· **Kinderspielzeug**
14 Kaufmannsladen
· **Lied vortragen**
6 singen
· **mexikanisches Gericht**
7 Burrito
· **Milchprodukt**
8 Labkaese
· **Mineral**
4 Spat
· **Nachlass erhalten**
5 erben
· **Platz im Kfz**
8 Autositz
· **Reibkäse**
13 Parmesankaese
· **Sauermilchkäse**
7 Quargel
· **Schiff erbeuten**
6 kapern
· **Schiff stürmen**
6 entern
· **ShoppingBehälter**
12 Einkaufskorb
· **Signalhorn betätigen**
5 hupen
· **Tagfalter**
7 Admiral
· **Umlaut**
2 ae, oe, ue
· **wenig**
5 etwas
· **Zehntel einer Maßeinheit**
4 dezi
Einatmung
10 Inhalation
einäugiger ...
· **Riese**
4 Oger
6 Kyklop, Zyklop
8 Polyphem
einbalsamierte Leiche
5 Mumie
Einband
8 Umschlag
10 Buchhuelle
Einbau
12 Installation
Einbaum ...
· *der* **Naturvölker**
4 Kanu
5 Kanoe
6 Piroge
einbegriffen ▶ einschließlich
Einberufung
12 Mobilmachung
17 Gestellungsbefehl
Einbildung
4 Wahn
7 Duenkel, Hochmut
8 Chimaere, Fantasie, Illusion
9 Phantasie
10 Suggestion
11 Imagination, Spekulation, Vorstellung
13 Halluzination
Einbildungskraft
8 Fantasie
9 Phantasie

E

E

Einblicklinse an optischen Geräten
6 Okular
Einbrecher
4 Dieb
6 Bandit
7 Raeuber
Einbrenne
8 Schwitze
Einbringen ...
· *der* **Baumfrüchte**
9 Obsternte
· *der* **Feldfrüchte**
5 Ernte
Einbuße
7 Schaden, Verlust
Eindämmen eines Flussbettes
11 Regulierung
eindeutig
4 klar
8 deutlich
eindringlich
5 ernst
6 betont
8 bestimmt, intensiv
10 instaendig
13 ausdruecklich
14 nachdruecklich
Eindruck
4 Spur
6 Effekt
7 Wirkung
8 Anschein
10 Empfindung, Impression, Vertiefung
eindrucksvoll
7 wirksam
8 imposant
11 imponierend
eine ...
· **Anmeldung zurückziehen**
7 absagen
· **Apfelsorte**
6 Elstar
8 Braeburn, Jonagold
· **Art Schneidersitz**
9 Lotossitz
· **Ausdehnung**
6 Laenge
· **Computersprache**
4 Logo
· **Diät** (Abkürzung, umgangssprachlich)
3 FdH
· *der* **drei Chariten**
6 Aglaia, Thalia
10 Euphrosyne
· *der* **Erinnyen**
6 Alekto
7 Megaere
9 Tisiphone
· **Feldsalatsorte**
12 Valerianella
· *der* **Gezeiten**
4 Ebbe, Flut
· *der* **Gorgonen**
6 Medusa, Meduse
· *der* **Grundfarben**
5 Vater
· **Grundstoffart**
6 Metall
· **Hochschule besuchen**
9 studieren
· *der* **Horen**
4 Dike
· **Individualreisende**
17 Rucksacktouristin
· **Käsesorte**
7 Fontina
9 Bergkaese
10 Caerphilly, Leidsekaas, Sahnekaese
11 Hirtenkaese, Wensleydale
12 Kuemmelkaese
15 Friesenagelkaas
16 Doublegloucester
· *der* **Kontoseiten**
4 Soll
5 Haben
· **Kuchensorte**
10 Kaesetorte
· *in* **ländlichen Gebieten Tätige**
8 Landfrau
· **Last hochziehen**
6 hieven
· **Mahlzeit**
7 Eintopf
· **Menge**
4 viel
· **Million Ohm**
6 Megohm
· **mobile Wärmequelle**
12 Heizstrahler
· *der* **Musen**
4 Klio
5 Erato
6 Thalia, Urania
7 Eunomia, Euterpe
8 Kalliope
9 Melpomene
10 Polyhymnia
11 Terpsichore
· *der* **Nereiden**
6 Thetis
· *der* **Nornen**
3 Urd
· **Nussart**
12 Johannisnuss
· **Richtung bestimmen**
6 peilen
· **Salatsorte**
6 Rucola
· **Schulzensur**
3 gut
· **Sektflaschengröße**
6 Magnum
· **Speise**
13 Tellerfleisch
· **Speise schmücken, verzieren**
9 garnieren
· **Sternkundige**
10 Astronomin
· **Telefonverbindung herstellen**
7 anrufen
Einehe
9 Monogamie
einen ...
· **Baum absägen**
7 faellen
· **Einkaufsbummel machen**
7 shoppen
· **Geschmack auf sich wirken lassen**
9 geniessen
· **hohen Einsatz wagen**
6 pokern
· **Hund scheren**
7 trimmen
· **Kuchen verzieren**
9 garnieren
· **Motor frisieren**
5 tunen
· **Motor in Gang setzen**
7 starten
· **Wein auf Geschmack prüfen**
11 degustieren
· **Wein umfüllen**
11 dekantieren

einer …
· *der* **Apostel**
6 Paulus, Petrus
· **Axt ähnlich**
4 Beil
· *der* **die Schafe hütet**
5 Hirte
· *der* **Erzengel**
5 Uriel
6 Rafael
7 Gabriel, Raphael
· *der* **Evangelisten**
6 Markus
· **Gefahr knapp entgehen**
9 entrinnen
· *der* **Kaiser von 962 bis 1002**
6 Ottone
· *der* **kleinen Propheten**
5 Hosea
· **Meinung**
5 einig
· *der* **Ozeane**
8 Atlantik
· *der* **Raben Odins**
5 Hugin, Mumin
· *der* **sich gerne prügelt**
6 Raufer
· *der* **Sinne**
6 Gehoer, Geruch
· *der* **Titanen**
10 Prometheus
· *der* **vier Winkel im Boxring**
4 Ecke
· *der* **Vornamen Kischs**
4 Egon
einerlei
4 egal
9 Monotonie
13 gleichgueltig
eines …
· *der* **Mainzelmännchen**
3 Det
· **Sinnes**
5 einig
· *der* **Sinnesorgane**
3 Ohr
4 Auge, Nase
einfach
6 frugal, simpel
8 primitiv, schlicht
9 elementar, idyllisch
10 bescheiden
11 spartanisch, unscheinbar
12 anspruchslos
13 unkompliziert
einfach(e, er, es) …
· **Boot**
4 Kanu
7 Einbaum
· **Eiweißkörper**
7 Protein
· **Essen**
13 Hausmannskost
· **Gericht**
12 Eintopfessen
· **Fahrzeug**
5 Karre
6 Karren
· **Haus**
6 Huette
· **Holzbau**
7 Baracke
· **Holzfackel**
4 Kien
· **Holzhütte**
4 Bude
· **Kartoffelsuppe**
10 Zudelsuppe
· **Lagerstätte**
8 Pritsche
· **Mahlzeit**
7 Eintopf
14 Eintopfgericht
· **Schrank**
5 Spind
· **Schuppen**
7 Baracke
9 Verschlag
· **Segelflugzeug**
7 Gleiter
· **US-Soldat** (Abkürzung)
2 GI
· **Wagen**
5 Karre
· **Wasserfahrzeug**
4 Boot
· **Wort**
7 Simplex
· **Zimmer**
4 Bude
Einfachheit
12 Simplizitaet
13 Primitivitaet
einfachstes Lebewesen
9 Einzeller
Einfahrt
3 Tor
4 Flur
6 Portal
7 Ankunft, Landung
Einfall
3 Gag
4 Idee
7 Gedanke
8 Invasion
9 Eingebung, Intuition
11 Erleuchtung, Inspiration
12 Geistesblitz
einfallsreich
7 gewitzt, pfiffig
Einfallsreichtum
8 Fantasie
9 Phantasie
14 Erfindungsgabe
Einfalt
8 Dummheit
9 Naivitaet
15 Beschraenktheit
einfältig
4 dumm, naiv
6 albern, arglos, simpel
8 kindisch, toericht
10 treuherzig
11 toelpelhaft
einfältiger …
· **Mensch**
3 Tor
4 Narr
6 Trotte
Einfaltspinsel
3 Tor
4 Depp, Narr
6 Dussel, Simpel
7 Toelpel, Trottel
8 Dummkopf
Einfamilienhaus
5 Villa
8 Bungalow
9 Eigenheim
einfarbig
3 uni
9 monochrom
15 monochromatisch
einfarbiges Gewebe mit Muster
6 Damast
Einfassung
4 Rand, Saum, Zaun
5 Borte, Kante, Knick, Litze, Zarge
6 Rahmen
7 Rabatte

8 Borduere
9 Umrandung
11 Einfriedung
Einfassung von Bildern
6 Rahmen
einfetten
5 oelen
9 schmieren
einflammiges Speisengargerät
9 Gaskocher
Einflieger
9 Testpilot
Einfluss
3 Ruf
5 Macht
7 Geltung, Wirkung
8 Renommee
10 Autoritaet
Einflussnahme
12 Manipulation
einflussreich
8 maechtig
9 machtvoll
einflussreiche High Society
6 Jetset
einförmig
3 oed
4 oede
7 farblos, monoton, reizlos, uniform
9 eintoenig, ermuedend
10 langweilig
15 abwechslungslos
einförmige Aufzählung
7 Litanei
Einförmigkeit
8 Einerlei
9 Monotonie
12 Uniformitaet
Einfräsung
4 Nute
Einfriedung
4 Fenz, Zaun
5 Hecke, Knick, Mauer
6 Gatter, Gitter, Pferch
10 Gartenzaun
Einfrierung der Gehälter
9 Lohnstopp
Einfühlung; Klang
14 Nachempfindung
Einfuhr
6 Import
Einführen von Flüssigkeit in den Körper
8 Infusion
Einfuhrgebühr
4 Zoll
10 Schutzzoll
Einfuhrgeschäft
12 Importhandel
Einfuhrhändler
9 Importeur
Einfuhrsteuerermittlung
11 Zollfahnder
Einführung
6 Prolog
7 Vorrede, Vorwort
9 Anleitung
10 Initiation, Investitur
12 Introduktion
Eingabe
6 Antrag, Gesuch
8 Petition
10 Memorandum
11 Bittschrift, Denkschrift
Eingang
3 Tor
4 Tuer
5 Tuere
6 Anfang, Entree, Portal
7 Empfang, Zutritt
10 Eintreffen, Zustellung
Eingangshalle
9 Vestibuel
Eingangsraum
6 Entree
eingearbeitete Mannschaft
4 Team
eingearbeiteter Teil im Schuh
13 Zwischensohle
eingebildet
5 eitel
6 irreal
8 arrogant, blasiert
9 imaginaer
10 hochmuetig, unwirklich
11 duenkelhaft, snobistisch
12 ueberheblich
eingebildeter ...
· **Kranker**
8 Simulant
11 Hypochonder
Eingebildetheit
7 Duenkel
8 Arroganz
eingeboren
8 heimisch
eingebügelte Falte
7 Plissee
Eingebung
4 Idee
7 Einfall, Gedanke
9 Intuition
11 Erleuchtung, Inspiration
12 Geistesblitz
eingedeichtes ...
· **Marschland**
4 Koog
6 Polder
eingedickt(e, er, es) ...
· **Brühe**
14 Fleischextrakt
· **Flüssigkeit**
5 Sirup
10 Konzentrat
· **Rahm als Soßenzusatz**
7 Schmant
· **Saft**
5 Gelee, Sirup
· **süßer Baumsaft**
10 Ahornsirup
· **Süßholzsaft**
8 Lakritze
eingefleischter Junggeselle
9 Hagestolz
eingefräste Rille
3 Nut
eingefügter Kommentar
17 Zwischenbemerkung
eingeführte Ware
6 Import
eingehend besprechen
9 eroertern
eingehende Besprechung
11 Eroerterung
eingeladener Besucher
4 Gast
eingelegt(e, er, es) ...
· **Ei**
5 Solei
· **Fisch**
10 Oelsardine, Salzhering
· **Frucht**
10 Essiggurke
· **Gemüse**
9 Sauerkohl
· **Gemüsefrucht**
9 Senfgurke
10 Essiggurke

11 Perlzwiebel
12 Mixedpickles
· **Hering**
4 Sild
8 Rollmops
14 Bismarckhering
· **kleine Gurke**
9 Cornichon
· **Knospe**
5 Kaper
· **Locke**
10 Schneckerl
· **Tierprodukt**
5 Solei
· **Weißkohl**
10 Sauerkraut
Eingemachtes
4 Obst
8 Fruechte, Konserve
9 Marmelade
10 Konfituere
eingesalzener ...
· **Fisch**
8 Laberdan
10 Klippfisch, Stockfisch
eingesalzenes Nahrungsmittel
13 Poekelfleisch
eingesäuertes Viehfutter
6 Silage
eingeschaltet
2 an
eingeschränkt
7 bedingt
eingetragenes Warenzeichen
11 Schutzmarke
Eingeweide
7 Gedaerm
Eingeweide ...
· *vom* **Tier**
7 Gedaerm, Kutteln
8 Gedaerme, Gekroese
9 Innereien, Kaldaunen
Eingeweihter
5 Adept
9 Mitwisser
10 Vertrauter
eingezäunte ...
· **Fläche für Tiere**
5 Weide
6 Koppel, Pferch
eingezäunter Auslauf für Hunde
7 Zwinger
eingezuckerte ...
· **Schale von Zitrusfrüchten**
8 Orangeat, Zitronat
Einglas
7 Monokel
Eingliederung
11 Integration
eingreifen
10 einmischen
11 Einmischung
Eingriff
9 Massnahme, Operation
10 Verletzung
12 Intervention, Nichtachtung
einheimisch(e, er, es) ...
· **Frau**
11 Inlaenderin
· **Getreidesorte**
5 Emmer, Hafer, Hirse
6 Dinkel, Gerste, Roggen, Weizen
7 Einkorn
8 Zweikorn
10 Buchweizen
· **Giftpilz**
8 Erdstern, Risspilz
9 Faelbling
10 Satanspilz, Speiteufel
11 Fliegenpilz, Giftreizker, Pantherpilz
12 Giftegerling
13 Birkenreizker, Speitaeubling
15 Gallenroehrling, Kartoffelbovist, Tigerritterling
19 Knollenblaetterpilz
· **Giftschlange**
10 Kreuzotter
· **Orchidee**
5 Orant
6 Orchis
7 Ragwurz
8 Nestwurz
9 Sumpfwurz, Zweiblatt
11 Frauenschuh, Knabenkraut
· **Raubtier**
5 Dachs, Fuchs, Iltis, Kuder, Otter
6 Marder, Wiesel
8 Hermelin
9 Frettchen, Wildkatze
10 Fischotter
· **Reptil**
8 Eidechse
· **Schlange**
12 Ringelnatter
· **Waldtier**
3 Reh
· **Wild**
3 Reh
4 Hase
einheimsen
6 nehmen
9 kassieren
Einheit ...
· *für* **ebene Winkel**
3 Gon
· *zur* **Größenmessung**
4 Mass
· *der* **Lautstärke**
3 Fon
4 Phon
· *der* **Materienmenge**
3 Mol
· *des* **musikalischen, rhythmischen Ablaufs**
4 Takt
· *der* **Stoffmenge**
3 Mol
· *der* **Stromstärke**
6 Ampère
· *beim* **Telefonieren**
8 Zeittakt
· *aus* **zehn Gliedern**
6 Dekade
· *von* **zehn Tagen**
6 Dekade
Einheitenzeichen für ...
· **Ar**
1 a
· **Atmosphäre**
2 at
3 ata, atm
· **Atmosphärenüberdruck**
4 atue
· **Bruttoregistertonne**
3 BRT
· **Candela**
2 Ca
· **Coulomb**
1 C
· **Dekameter**
3 dam
· **Denier**
3 den
· **Deziliter**
2 dl

E

E

- **Dezimeter**
  2 dm
- **Gramm**
  1 g
- **Hektar**
  2 ha
- **Hektoliter**
  2 hl
- **Kilogramm**
  2 kg
- **Kilokalorie**
  4 kcal
- **Kilometer**
  2 km
- **Kilowatt**
  2 kW
- **Kilowattstunde**
  3 kWh
- **Knoten**
  2 kn
- **Lumen**
  2 lm
- **Lux**
  2 lx
- **Megahertz**
  3 MHz
- **Megatonne**
  2 Mt
- **Meter**
  1 m
- **Millibar**
  2 mb
- **Millimeter**
  2 mm
- **Minute**
  3 min
- **Nettoregister-tonne**
  3 NRT
- **Newton**
  1 N
- **Pfund**
  3 Pfd
- **Seemeile**
  2 sm
- **Sekunde**
  1 s
  3 sek
- **Tonne**
  1 t
- **Watt**
  1 W

einheitlich
3 uni
6 gleich
7 genormt, homogen, uniform
13 gleichmaessig

einheitlicher Farbton
3 uni

Einheitslehre
8 Monismus

Einheitsmuster
4 Norm

einhöckriges Kamel
8 Dromedar

Einhufer
4 Esel, Muli
5 Mulus, Pferd, Zebra
8 Maultier

Einhüllung in Dunst
10 Umnebelung

einig
5 innig
7 konform
9 friedlich
16 uebereinstimmend

einige
6 manche
7 diverse, etliche, mehrere
12 verschiedene

Einigung
9 Abmachung
13 Uebereinkunft

Einigungsbewegung der Christenheit
8 Oekumene

einjährig
7 annuell

einjähriges Fohlen
5 Enter

Einkauf
11 Akquisition, Anschaf-fung

Einkauf ohne Service
15 Selbstbedienung

Einkaufsanlage
6 Center

Einkaufsbehälter
4 Korb
6 Tasche

Einkaufsbummel
8 Shopping

Einkaufsstätte
9 Warenhaus
10 Supermarkt

Einkehr
4 Reue
9 Besinnung
10 Meditation

Einkerbung
3 Nut

Einkerbung im Gelände
3 Tal

Einklang
7 Unisono
8 Harmonie
16 Uebereinstimmung

Einkommen
4 Gage, Lohn, Sold, Zins
5 Rente
6 Gehalt, Salaer
7 Bezuege, Diaeten, Ent-gelt, Honorar, Pension, Revenue
8 Loehnung, Pfruende, Tantieme
9 Besoldung, Bezahlung, Dividende, Verdienst
10 Entlohnung
11 Honorierung

Einkommen nach Abzügen
9 Nettolohn

Einkorn
6 Dinkel

Einkreisungsjagd
13 Kesseltreiben

Einladende
11 Gastgeberin

Einladender
9 Gastgeber

Einlage ...
- *im* **Füllfederhalter**
  7 Patrone
- *in* **Kleidungsstücken**
  15 Schulterpolster
- *im* **Schreibstift**
  4 Mine

Einlasskarte
7 Ausweis, Billett

Einlauf
8 Klistier

Einlegearbeit
6 Mosaik
8 Intarsia
9 Intarsien

Einlegesauce
8 Marinade

Einleitung
6 Prolog
7 Vorrede, Vorwort
8 Vorspann, Vorspiel
9 Introitus, Praeambel

10 Ouvertuere
11 Prolegomena
12 Introduktion
Einleitungstanz
9 Polonaise
einleuchtend
4 klar
7 evident
9 plausibel
12 augenfaellig, ueberzeugend
13 verstaendlich
Einmachzusatz
20 Konservierungsmittel
einmalige Zahlung
9 Abfindung
Einmaliges
6 Unikat, Unikum
Einmannruderboot
5 Skiff
Einmaster
4 Slup
5 Tjalk
6 Kutter
einmastiges Flussschiff
5 Mutte
Einmischung
12 Intervention
Einmütigkeit
8 Harmonie
9 Eintracht
10 Konkordanz
16 Uebereinstimmung
Einnahme
6 Erloes, Gewinn
9 Verdienst
einnehmen
7 erobern
8 stuermen
Einöde
6 Wueste
9 Wuestenei
10 Einsamkeit
16 Abgeschiedenheit
einordnen
9 sortieren
11 rubrizieren, subsumieren
Einordnung
14 Klassifikation
einpacken, ...
· **einwickeln**
9 umhuellen
· **umhüllen**
10 einwickeln
einpassen
9 justieren
Einpauker
9 Repetitor
12 Korrepetitor
Einpeitscher
6 Hetzer
10 Aufwiegler, Hetzredner
Einpflanzung
12 Implantation
einprägsam
7 markant
10 instruktiv
11 anschaulich
einrädriges ...
· **Fahrzeug**
5 Karre
10 Schubkarre
Einrede
4 Veto
7 Einwand, Einwurf
9 Einspruch
Einreibemittel
3 Oel
5 Creme, Paste, Salbe
6 Balsam
7 Tinktur
8 Vaseline
einreiben
6 cremen
Einreihung
10 Klassement
Einrichter
9 Justierer
Einrichtung
8 Institut, Inventar, Mobiliar
9 Anordnung
10 Gestaltung
11 Ausstattung, Bearbeitung, Institution, Moeblierung
12 Installation, Organisation
13 Etablissement
Einrichtung für Bankkunden
5 Konto
Einrichtungsgegenstand
4 Bank, Bett, Sofa
5 Couch, Diwan, Lampe, Liege, Regal, Stuhl, Tisch, Truhe
6 Buffet, Hocker, Kissen, Moebel, Sessel
7 Bruecke, Eckbank, Kanapee, Laeufer, Schrank, Teppich, Vertiko, Vitrine, Vorhang
8 Anrichte, Ottomane, Vorleger
9 Regalwand, Stehlampe
10 Klubsessel, Nachttisch
11 Wandschrank
12 Chaiselongue
14 Kleiderschrank
Einrichtungsgegenstände ...
· *für* **die Kleinsten**
12 Kindermoebel
· *aus* **Rattan**
10 Korbmoebel
eins im anderen
10 ineinander
Einsager beim Theater
9 Souffleur
Einsagerin beim Theater
10 Souffleuse
einsalzen
7 poekeln
einsam
3 jwd, oed
4 oede
6 allein
8 entlegen, solitaer
9 abgelegen, unbewohnt, verlassen
12 menschenleer
einsame Gegend
7 Einoede
einsames Inselleben
11 Robinsonade
Einsatz bei Gefahr
8 Nothilfe
einsatzbereit
3 fit
einsatzfähig
11 alarmbereit
Einschaltstufe des Backofens
9 Oberhitze
Einschätzung
7 Wertung
8 Ermessen
11 Beurteilung
einschließlich
4 samt
7 mitsamt
9 implizite, inklusive
11 inbegriffen

E

Einschließung
8 Blockade
9 Okklusion
Einschnitt
3 Nut, Tal
5 Kerbe
6 Luecke, Zaesur
7 Scharte
8 Inzision
9 Durchlass
einschränkend
10 restriktiv
Einschränkung
4 aber
7 Einwand
9 Vorbehalt
11 Reduzierung, Restriktion
Einschränkung des Geldumlaufs
9 Deflation
Einschulungsfähigkeit
10 Schulreife
Einsegnung evangelischer Christen
12 Konfirmation
einsehbar
4 klar
9 plausibel
einseifen
9 betruegen
11 schmeicheln
einseitig
9 subjektiv
10 doktrinaer, parteiisch, unilateral
Einseitigkeit
9 Vorurteil
Einsenkung im Gelände
5 Mulde
Einsicht
6 Raeson, Raison
8 Vernunft
Einsickerung
12 Infiltration
Einsiedelei
6 Klause
8 Kartause
9 Eremitage
Einsiedler
6 Eremit
8 Klausner
Einsiedlerorden
10 Kartaeuser
Einskunstlaufsprung
7 Toeloop
Einspänner
3 Cab, Gig
7 Dogcart
einspännige Droschke
3 Cab
Einspritzung
9 Injektion
Einspruch
4 Veto
6 Rekurs
7 Einrede, Protest
Einspruchsrecht
4 Veto
einst
7 ehemals, frueher
Einsteckpflock
7 Pfosten
Einsteller
6 Regler
12 Steuergeraet
einstellige ...
· **Zahl**
4 acht, drei, eins, neun, vier, zwei
5 fuenf, sechs
6 sieben
Einstellknopf
6 Regler
Einstellmarke für Fernrohre
4 Mire
Einstellraum
6 Garage, Kammer, Remise
8 Schuppen
9 Verschlag
Einstieg
4 Luke, Tuer
5 Tuere
einstimmig
7 unisono
einstöckiges ...
· **Gebäude**
7 Baracke
8 Bungalow, Pavillon
einstudierte Stücke
10 Repertoire
Einstudierung
9 Einuebung
Einsturztrichter im Karst
6 Doline
einstweilig
12 provisorisch
einstweilige Amtsenthebung
10 Suspension
Eintagsfliege
10 Ephemeride
Eintänzer
6 Gigolo
Eintauchkochvorrichtung
9 Wasserbad
einteilen
11 disponieren, rationieren
einteilige Babykleidung
13 Strampelanzug
einteiliger Schutzanzug
7 Overall
Einteilungsbegriff
3 Art
5 Menge, Rasse, Reihe, Sorte, Stamm, Typus
6 Klasse
7 Familie, Gattung, Ordnung
9 Kategorie
10 Geschlecht
eintönig ▶ einförmig
eintönige Musik
7 Gedudel
eintöniges ...
· **Gerede**
6 Sermon
7 Geleier, Litanei
Eintönigkeit
9 Monotonie
Eintopfgericht
8 Labskaus, Ritscher
9 Irish Stew, Irishstew
11 Erbsensuppe, Linsensuppe
13 Pichelsteiner
Eintracht
6 Friede
7 Frieden
8 Harmonie
16 Uebereinstimmung
einträglich
7 lohnend
8 lukrativ, rentabel
14 Gewinn bringend
Eintragung
5 Notiz
Eintragungsliste von Universitäten
8 Matrikel
Eintreffen
6 Kommen
7 Ankunft, Landung
10 Erscheinen

Eintritt
6 Anfang, Beginn, Entree, Zugang
Eintritt ins Leben
6 Geburt
Eintrittsbillett
10 Platzkarte
Eintrittsgeld
6 Entree
Eintrittskarte
6 Ticket
7 Billett
9 Freikarte
einüben
6 lehren, lernen, pauken
7 drillen
10 exerzieren
einundzwanzigster Buchstabe des griechischen Alphabets
3 Phi
Einverleibung
8 Annexion
9 Aneignung, Requester
11 Besitznahme
13 Inbesitznahme
Einverständnis
2 Ja
6 Jawort, Plazet, Zusage
7 Konsens
9 Billigung, Erlaubnis
10 Zustimmung
11 Genehmigung
Einwand
4 aber
7 Einrede
8 Bedenken
10 Gegengrund
11 Widerspruch
14 Einschraenkung
Einwanderer
9 Immigrant
einwandfrei
5 prima
6 sauber
7 astrein, korrekt
8 makellos, tadellos
9 fehlerlos, untadelig
Einweggeschirrteil
10 Pappbecher
12 Plastikgabel
13 Plastikbecher, Plastikmesser
14 Plastikbesteck, Plastikloeffel
Einwegmundtuch
15 Papierserviette
Einweichmittel
4 Soda
11 Seifenlauge
Einweihung
10 Initiation
einwertige Atomgruppe
6 Phenyl
Einwilligung
15 Einverstaendnis
Einwohner
7 Buerger
Einwohner ...
· *des* **antiken Italiens**
6 Italer
· *eines* **Nahoststaats**
7 Israeli
· *einer* **Stadt in Niedersachsen**
8 Mellener
Einwohnerverzeichnis
10 Adressbuch
Einzahl
8 Singular
Einzahlungsformular
9 Zahlkarte
Einzelaufzählung
13 Spezifikation
Einzeldarbietung
4 Solo
Einzeldarsteller
6 Solist
Einzeldarstellung
10 Monografie
11 Monographie
Einzelfakten
5 Items
Einzelfaktum
4 Item
Einzelgänger
4 Kauz
10 Sonderling
12 Aussenseiter
13 Eigenbroetler, Individualist
Einzelheit
6 Aspekt, Detail
Einzeljagd
6 Pirsch
Einzelkünstlerin
8 Solistin
Einzeller
4 Alge
6 Amoebe
8 Bakterie
9 Protozoon
einzelliges ...
· **Lebewesen**
5 Virus
6 Amoebe
8 Bakterie
Einzelmensch
6 Person
10 Individuum
einzeln
5 apart
6 allein
7 separat
9 gesondert, singulaer
11 abgesondert, partikulaer
einzeln ...
· **gefasster Edelstein**
8 Solitaer
· **lebender Mönch**
6 Eremit
Einzelposten
8 Position
Einzelraum
5 Stube, Zelle
6 Kammer, Zimmer
7 Separee
8 Kabinett
Einzelsängerin
8 Solistin
Einzelstück
6 Unikat
8 Exemplar
Einzelvortrag
4 Solo
Einzelvortragender
6 Solist
Einzelwesen
10 Individuum
Einziehen von Geld
7 Inkasso
Einziehung
12 Konfiskation
13 Beschlagnahme
einzig(e, er, es) ...
· **Ausfertigung**
6 Unikat
· **englischer Papst**
7 Hadrian
· **Nachlassempfänger**
10 Alleinerbe
· **polnischer Papst**
7 Wojtyla
einzigartig
8 einmalig

9 originell, singulaer
17 aussergewoehnlich

Einzigartiges
6 Unikum

Einzimmerwohnung
9 Apartment
11 Appartement, Garçonnière

E

Eipulver
9 Trockenei

eirund ▶ eiförmig

eirunde Fläche
4 Oval

Eisen anziehender Gegenstand
6 Magnet

Eisenabfälle
6 Spaene
7 Schrott

Eisenbahncoupé
6 Abteil

Eisenbahner
6 Heizer
7 Bremser
9 Rangierer, Schaffner
10 Lokfuehrer, Zugfuehrer
11 Kontrolleur
14 Weichensteller
16 Fahrdienstleiter, Lokomotivfuehrer, Schrankenwaerter, Streckenarbeiter

Eisenbahnfähre
7 Trajekt

Eisenbahnfahrplan
8 Kursbuch

Eisenbahnfahrzeug
3 Lok
4 Lore
6 Tender, Waggon
8 Draisine
9 Diesellok, Postwagen, Tieflader
10 Elektrolok, Kuehlwagen, Lokomotive, Rangierlok, Triebwagen
11 Gueterwagen, Schienenbus, Schlafwagen, Speisewagen

Eisenbahnsignalanlage
9 Stellwerk

eisenbahntechnischer ...
· **Begriff**
3 Zug
4 Bake, Halt, Netz
5 Block, Gleis
6 Eilzug, Signal, Weiche
7 Abfahrt, Ankunft, Bahnhof, Express, Fernzug, Geleise, Schiene, Station, Strecke
8 Barriere, Einfahrt, Eurocity, Fahrzeit, Gegenzug, Kupplung, Schranke, Unterbau
9 Fahrdraht, Fahrkarte, Intercity, Kontrolle, Laeutwerk, Netzkarte, Notbremse, Uebergang, Vorortzug, Warnkreuz
10 Endstation, Interregio, Platzkarte, Schnellzug, Signalmast
11 Abfertigung, Bahnkoerper, Gepaecknetz, Oberleitung, Sackbahnhof, Verspaetung
14 Nahverkehrszug
15 Streckenwaerter
16 Intercityexpress

Eisenbahnwagen
6 Waggon

Eisenbahnwagen mit Eigenantrieb
10 Triebwagen

Eisenbahnwaggon
11 Gueterwagen

Eisenbeton
10 Stahlbeton

Eisenblock
6 Bramme

Eisenblock zum Schmieden
6 Amboss

Eisenerz
5 Pyrit
7 Minette, Siderit
8 Haematit, Magnetit, Markasit, Rasenerz
9 Eisenkies, Eisenspat
10 Eisenstein

Eisenfraß
4 Rost

eisenhaltige ...
· **Nahrung**
12 Blattgemuese
16 Vollkorngetreide

eisenhaltiges Mineral
3 Erz

Eisenhowers Spitzname
3 Ike

Eisenhut
6 Aconit
8 Aconitum, Sturmhut
10 Hahnenfuss, Kopfschutz

Eisenhutgift
8 Aconitin

Eisenkies
5 Pyrit

Eisenklumpen
5 Luppe

Eisenkraut
7 Verbena, Verbene
10 Verbenazee

Eisenoxid
4 Rost

Eisenoxidumwandler
9 Entroster

Eisenspat
7 Siderit

Eisenstift
4 Niet
5 Haken, Nagel, Niete
10 Nietbolzen

Eisenwerk
6 Huette
8 Walzwerk
9 Giesserei

eisern
4 hart
5 ehern
12 unerbittlich, unnachgiebig
13 kompromisslos

Eisgipfel bei Zermatt
6 Pollux

Eisheilige
6 Sophie

Eisheiliger
6 Servaz
7 Bonifaz, Pankraz
8 Mamertus
9 Servatius
10 Bonifatius, Pankratius

Eishockeyanspiel
5 Bully

Eishockeyscheibe
4 Puck

Eishockeyspielabschnitt
7 Drittel

Eishockeystrafstoß
7 Penalty

eisiger ...
· **Schneesturm**
8 Blizzard

- **Überzug**
  4 Reif
  7 Raureif

Eiskrautgewächs
12 Mittagsblume

Eiskunstlaufdisziplin
8 Paarlauf

Eiskunstlauffigur
4 Mond
5 Bogen, Wende
6 Achter, Dreier, Zirkel
7 Flieger, Libelle, Spirale
9 Pirouette
12 Doppeldreier, Todesspirale

Eiskunstlaufsprung
4 Axel, Flip, Lutz
5 Euler
6 Thoren
7 Salchow
10 Doppelaxel, Rittberger

Eiskunstlaufwettbewerb
4 Kuer
7 Eistanz, Pflicht

Eismeerhafen Russlands
11 Archangelsk

Eismond
6 Januar

Eisniederschlag
5 Hagel

Eisprung
9 Ovulation

Eisprunghemmer
5 Pille
16 Ovulationshemmer

Eisschießen
7 Bosseln, Curling

Eisscholle
5 Flarr
7 Packeis
8 Treibeis

Eisschützenmannschaft
10 Moarschaft

Eisstrom im Gebirge
9 Gletscher

Eiszeitalter
7 Glazial
8 Diluvium
11 Pleistozaen

eiszeitlich
7 glazial

eiszeitliches Faultier
11 Megatherium

Eiszeittier
6 Mammut

eitel
5 affig
6 kokett
10 affektiert
14 gefallsuechtig

Eitelkeit
10 Koketterie
11 Gefallsucht

Eiteransammlung
7 Abszess

Eiterbläschen
6 Pustel

Eitergeschwür
7 Abszess
8 Furunkel

eitler ...

- **Fant**
  4 Geck, Snob
- **Selbstbewunderer**
  7 Narziss

Eiweiß
6 Eiklar

Eiweiß ...

- *im* **Zellkern**
  3 RNA, RNS
  17 Ribonukleinsaeure

Eiweißbaustein im Muskel
7 Kreatin

eiweißhaltige Pflanze
4 Soja

Eiweißkörper
5 Muzin
6 Globin, Glutin, Kasein, Myosin
7 Albumen, Albumin, Keratin, Nuklein, Proteid, Protein
8 Globulin, Kollagen, Lezithin
10 Fibrinogen
11 Haemoglobin

Eiweißstoff in der Milch
6 Kasein

Ekel
5 Graus
6 Degout
7 Abscheu, Grausen
8 Aversion, Noergler, Scheusal
9 Abneigung, Entsetzen, Uebelkeit
10 Ueberdruss, Widerwille

ekeln
8 anwidern

Eklat
5 Knall, Krach
7 Skandal
8 Aufsehen

eklatant
8 offenbar
11 offenkundig
15 augenscheinlich

eklig
5 boese
7 garstig

Ekstase
11 Verzueckung

ekuadorianisch ▶ ecuadorianisch

Ekzem
7 Flechte
9 Ausschlag
13 Hautausschlag

Elan
3 Pep
7 Dynamik, Schwung
10 Vitalitaet
12 Begeisterung, Enthusiasmus

elastisch
7 dehnbar
8 flexibel

elastisch(e, er, es) ...

- **Aufhängung**
  8 Federung
- **Gewebe**
  7 Stretch
- **Kordel**
  9 Gummiband
- **Stahldraht**
  5 Feder
- **Werkstoff**
  5 Gummi
  9 Hartgummi

Elbhafen
7 Hamburg

Elbinsel bei Hamburg
12 Finkenwerder

Elbstädter
8 Torgauer

Elch
3 Elk
4 Elen

Elchbulle
9 Schaufler

Elchgeweih
8 Schaufel

Eldorado
8 Goldland, Paradies
9 Traumland
Elefant ...
· *der* **Vorzeit**
6 Mammut
8 Mastodon
Elefantenführer
5 Mahut
6 Kornak
Elefantenkörperteil
7 Ruessel
Elefantenstoßzahn
9 Elfenbein
elegant
4 chic, fein
5 apart, fesch, flott, nobel
6 schick
7 erlesen, modisch, mondaen, vornehm
10 kultiviert
elegant(e, er, es) ...
· **Damenzimmer**
7 Boudoir
· **Einfamilienhaus**
5 Villa
· **Kutsche**
7 Karosse
8 Equipage
· **Mann**
4 Beau
elegisch
9 wehmuetig
12 schwermuetig
elegischer Gesang
9 Klagelied
Elektras ...
· **Bruder**
5 Orest
7 Orestes
· **Mutter**
13 Klytaemnestra
· **Schwester**
9 Iphigenie
· **Vater**
9 Agamemnon
elektrisch ...
· **geladene Teilchen**
5 Ionen
· **geladenes Teilchen**
3 Ion
· **gesteuerter Schalter**
6 Relais
· **leitende Stoffgruppe**
7 Metalle

elektrisch(e, er, es) ...
· **Anschluss**
6 Buchse
7 Kontakt, Stecker
· **Anschlussstelle**
9 Steckdose
13 Verteilerdose
· **Anschlussteil**
7 Stecker
· **Aufheizgerät**
15 Warmhalteplatte
· **Bedienungsanlage**
10 Schaltpult
· **Einheit** ▶ elektrische Maßeinheit
· **Energie**
5 Strom
9 Drehstrom
11 Gleichstrom
12 Wechselstrom
· **Entladung**
5 Blitz
9 Elmsfeuer
· **Gargerät**
8 Friteuse
9 Fritteuse
· **Heißlufttrockner**
4 Foen
5 Foehn
· **Leiter**
4 Gold
6 Kupfer, Silber
9 Elektrode, Konduktor
· **Leiterplatte**
7 Platine
· **Leitung**
5 Kabel
· **Lichterscheinung**
5 Blitz
9 Elmsfeuer, Nordlicht
10 Polarlicht
· **Lichtquelle**
10 Gluehlampe
· **Maßeinheit**
3 Ohm
4 Volt, Watt
5 Farad
6 Ampere
· **Messgerät**
7 Zaehler
9 Voltmeter
10 Voltameter
11 Amperemeter, Elektroskop
12 Elektrometer, Galvanometer
· **Minuspol**
7 Kathode
· **Musikinstrument**
11 Synthesizer
12 Hammondorgel
· **Pluspol**
5 Anode
· **Pol**
5 Anode
7 Kathode
· **Röstgerät**
7 Toaster
· **Schalteinrichtung**
6 Relais
· **Schaltungseinheit**
5 Modul
· **Schutzeinrichtung**
6 Erdung
7 Automat
9 Isolation, Sicherung
10 Isolierung
25 Fehlerstromschutzschalter
· **Schwingungszustand**
5 Phase
· **Störung**
11 Kurzschluss
· **Strom**
9 Drehstrom
11 Gleichstrom
12 Wechselstrom
· **Stromerzeuger**
4 Akku
6 Dynamo
7 Turbine
8 Batterie
9 Generator
· **Stromspeicher**
4 Akku
8 Batterie
11 Akkumulator
· **Taste**
13 Lichtschalter
Elektrizität
5 Strom
Elektrizitätsteilchen
8 Elektron
Elektrizitätsträger
3 Ion
5 Ionen
10 Elektronen
elektroakustische Maßeinheit
3 Bel

elektrochemischer Vorgang
11 Elektrolyse
Elektrode
5 Anode
7 Kathode
Elektrokardiogramm (Abkürzung)
3 EKG
Elektronenbeschleuniger
8 Betatron
9 Zyklotron
Elektronengehirn
8 Computer
Elektronenröhre
5 Diode
6 Audion, Triode
elektronisch(e, er, es) ...
· **Bauteil**
6 Roehre
10 Transistor
· **Briefsendung**
5 E-Mail
· **Datenaustausch über Computer**
5 E-Mail
· **Datenverarbeitung** (Abkürzung)
3 EDV
· **Fühler**
6 Sensor
· **Lesegerät**
7 Scanner
· **Rechner**
8 Computer
· **Schalter zur Raumüberwachung**
15 Bewegungsmelder
· **Ziffer**
5 Digit
elektrotechnisch(e, er, es) ...
· **Begriff**
9 Drehstrom
· **Schutzmaßnahme**
6 Erdung
Element (▶ auch chemisches Element)
7 Urstoff
10 Grundstoff, Naturkraft
11 Bestandteil, Naturgewalt
13 Wesensmerkmal
elementar
7 einfach
11 fundamental

Elementarlehrbuch
5 Fibel
7 ABC-Buch
Elementarteilchen
4 Atom, Myon, Pion
5 Boson, Meson, Quark
6 Baryon, Lepton, Photon, Proton
7 Hyperon, Neutron, Nukleon
8 Elektron, Neutrino, Positron
10 Antiproton
Elementengruppe
8 Edelgase
Elen
4 Elch
Elend
3 Not
4 mies
6 Misere
7 Notlage
8 Unglueck
9 miserabel
10 hinfaellig
Elendsviertel
4 Slum
6 Favela
Eleve
8 Schueler
Elfenkönig
3 Erl
6 Oberon
Elfenkönigin
7 Titania
Elfenschuh
6 Akelei
elfisches Wesen
12 Rautendelein
Elfmeter beim Fußball
10 Strafstoss
elfter Buchstabe des griechischen Alphabets
6 Lambda
Elite
7 Auslese, Auswahl
11 Oberschicht
Elitetruppe
5 Garde
Eller
4 Erle
Eloge
6 Ehrung
7 Lobrede
10 Kompliment

Eloquenz
12 Beredsamkeit
Elritze
7 Pfrelle, Pfrille
elsässischer ...
· **Gelehrter**
7 Lambert
· **Wein**
5 Pinot
8 Sylvaner
11 Edelzwicker
15 Gewuerztraminer
Eltern mit Kindern
7 Familie
elternloses ...
· **Kind**
5 Waise
10 Findelkind
Elternteil (statistisch)
5 Elter, Vater
6 Mutter
Elternteil ...
· *der* **Ehegatten**
15 Schwiegermutter
· *einer* **Herrscherin**
14 Koeniginmutter
Emanzipation
8 Freigabe
9 Befreiung
14 Gleichstellung
18 Gleichberechtigung
Emanzipationsziel
18 Gleichberechtigung
Embargo
7 Boykott
20 Ausfuhrbeschraenkung
Emblem
6 Symbol, Wappen
7 Kokarde
8 Sinnbild
9 Abzeichen
11 Kennzeichen, Wahrzeichen
14 Hoheitszeichen
Embryo
5 Fetus
6 Foetus
embryonales Haarkleid
6 Lanugo
Emigration
12 Auswanderung
eminent
9 aeusserst
Emirat ...
· *am* **Persischen Golf**
4 Oman

E

5 Dubai
6 Kuwait
7 Bahrain
9 Abu Dhabi
Emissär
11 Abgesandter
Emission
6 Abgabe, Abgase
8 Ausstoss
10 Aussendung
Emotion
7 Gefuehl
8 Erregung
9 Aufregung
15 Gemuetsbewegung
emotionale Übertreibung
15 Gefuehlsduselei
Empfang
4 Cour
5 Lever
6 Cercle, Erhalt
7 Audienz
8 Aufnahme
9 Rezeption
11 Begruessung
13 Entgegennahme
Empfang bei Hofe
6 Cercle
empfangend
6 passiv
8 rezeptiv
Empfänger
8 Adressat
Empfänger/-in ...
· *von* **Altersruhegeld**
7 Rentner
9 Rentnerin
empfänglich
7 geneigt
8 sensibel
9 anfaellig
14 aufgeschlossen
Empfängnis
10 Konzeption
11 Befruchtung
Empfängnisverhütung
13 Kontrazeption
Empfangsapparat
10 Funkgeraet
Empfangsbescheinigung
8 Quittung
Empfangsbüro
9 Rezeption
Empfangsgebäude
7 Bahnhof
8 Terminal
9 Flughafen
Empfangsgerät
5 Radio
9 Fernseher
12 Radioapparat
14 Fernsehapparat
Empfangsraum
5 Foyer, Halle, Salon
Empfangsschalter im Hotel
► Empfangsbüro
Empfangsschein
8 Quittung
Empfangszimmer ► Empfangsraum
empfehlen
5 raten
11 vorschlagen
empfehlenswert
4 klug
6 ratsam
9 nuetzlich
Empfehlung
3 Rat, Tip
5 Gruss
7 Angebot, Hinweis
8 Auskunft, Referenz
9 Vorschlag
empfindlich
4 fein, zart
7 reizbar
8 sensibel, sensitiv
11 feinfuehlig, gefuehlvoll, sentimental
empfindliche Pflanze
6 Mimose
empfindsam
8 sensibel
11 feinfuehlig
Empfindsamkeit
11 Feingefuehl
13 Sensibilitaet
Empfindung
6 Ahnung
7 Gefuehl
8 Eindruck
9 Sentiment
10 Impression
11 Wahrnehmung
Empfindungsleitbahn des Körpers
4 Nerv
Empfindungsorgan
4 Sinn
Empfindungsstrang
4 Nerv
Empfindungsursache
4 Reiz
Empfindungsvermögen
12 Sensualitaet
empirisch
17 erfahrungsgemaess
empirische Verhaltensforschung
9 Ethologie
empor
9 aufwaerts
Empore
4 Rang
6 Podium
7 Galerie
14 Kirchengalerie
empörend
10 skandaloes
Empörer
6 Rebell
emporgekommen
9 arriviert
Emporhebung
9 Elevation
Emporkömmling
6 Yuppie
8 Parvenue
9 Homo novus
10 Aufsteiger, Neureicher
empört
10 indigniert
Empörung
3 Wut
4 Rage
7 Aufruhr, Revolte
8 Meuterei
9 Rebellion
11 Entruestung
Emse
6 Ameise
emsig
4 rege
5 aktiv
6 eifrig
7 rastlos, ruehrig
8 fleissig, tuechtig
9 umtriebig
en vogue
2 in
Endbetrag
5 Summe
Ende
4 Rest

5 Neige
6 Exitus, Grenze, Spitze
7 Schluss

Ende ...

· *der* **Arbeitszeit**
10 Feierabend

· *der* **Frostperiode**
9 Tauwetter

· *in der* **Funksprache**
4 over

· *des* **Jahres**
9 Silvester

· *des* **Karnevals**
14 Aschermittwoch

· *des* **Lebens**
3 Tod

· *eines* **Nähutensils**
11 Nadelspitze

· *eines* **Wasserlaufs**
8 Muendung

· *einer* **Wurst**
11 Wurstzipfel

Endergebnis
5 Fazit
8 Resultat
11 Quintessenz

endgültig
4 fest
9 definitiv
11 verbindlich

Endkampf ...

· *im* **Sport**
5 Spurt
6 Finale, Finish
7 Stechen
8 Endspurt
17 Elfmeterschiessen

endloses ...

· **Gerede**
6 Sermon
7 Gelaber, Palaver

Endpunkt
4 Ziel
7 Schluss

Endpunkt einer Fahrt
9 Reiseziel

Endspiel
6 Finale

Endspielteilnehmer
8 Finalist

Endstellung ...

· *beim* **Schach**
4 Matt, Patt

Endstriche für Antiquaschriften
7 Serifen

Endstück ...

· *des* **Brotes**
5 Knust
8 Scherzel

Endsumme
5 Fazit
8 Ergebnis, Resultat

Endverbraucherin
11 Konsumentin

energetisches Gebäudedokument
11 Energiepass

Energie
5 Eifer, Kraft
8 Tatkraft
9 Nachdruck
12 Willenskraft

Energie ...

· *aus* **erneuerbaren Quellen**
9 Oekostrom

· **erzeugendes Werk**
3 AKW

· *für* **Motoren**
10 Treibstoff

· *der* **Sonne**
8 Strahlen

Energie, Elan
12 Schwungkraft

Energieerzeuger
9 Generator, Kraftwerk

Energieform
6 Waerme

Energieliste von Lebensmitteln
12 Kalorienplan

Energiemenge
5 Quant
7 Quantum

Energiequelle
3 Gas, Oel
4 Holz, Torf, Wind
5 Kohle, Sonne, Strom
6 Biogas, Erdgas, Erdoel, Wasser
9 Atomkraft, Kernkraft
11 Wasserkraft

Energieteilchen
5 Quant

Energieträger ▶ Energiequelle

Energieumsatz
17 Kalorienverbrauch

energisch
6 streng
7 resolut

eng
5 dicht, knapp
6 schmal
8 begrenzt
9 gedraengt

eng ...

· **anliegend** (Mode)
11 figurbetont

· **bemessen**
5 knapp

· **vertraut**
5 innig, intim

eng(e, er, es) ...

· **Ausströmöffnung**
5 Duese

· **Berührung**
12 Tuchfuehlung

· **Biegung**
14 Haarnadelkurve

· **Durchgang**
4 Gatt

· **elastische lange Hose**
7 Leggins

· **Raum**
5 Zelle

· **Straße**
5 Gasse

· **Tal**
5 Canon, Klamm
6 Canyon

· **Verbindung**
7 Liaeson, Liaison
8 Liierung

· **Vertrauter**
7 Intimus

· **Waldschlucht**
5 Tobel

Engagement
10 Anstellung

Engel
6 Cherub, Seraph
10 Gottesbote

Engel von Sibirien
12 Braendstroem

Engelfigur
5 Putte

Engelfisch
6 Rochen

Engelkraut
9 Sonnentau

E

Engelwurz
7 Theriak
8 Angelika
engherzig
7 penibel
8 pingelig, spiessig
9 kleinlich
10 intolerant, pedantisch
11 philistroes
Engherzigkeit
4 Geiz
9 Knauserei
England
9 Britannia
10 Britannien
England, Schottland und Wales
15 Grossbritannien
Engländer
5 Brite
englisch für ...
· **Aal**
3 eel
· **Abend**
7 evening
· **Abendessen**
6 dinner, supper
· **aber**
3 but
· **Abflugsteig**
4 gate
· **acht**
5 eight
· **Acker**
5 field
· **Aktie**
5 share
· **alkoholisches Mischgetränk**
5 drink
· **alkoholisches Mixgetränk**
8 cocktail
· **alt**
3 old
· **Alter**
3 age
· **Ameise**
3 ant
· **Amme**
5 nurse
· **an**
2 at, on
· **Anfang**
5 start
· **Anführer**
6 leader
· **angeschlagen**
6 groggy
· **Anhänger**
3 fan
· **Arbeit**
3 job
4 work
6 labour
· **Art, sein Leben zu gestalten**
9 Lifestyle
· **Atem**
6 breath
· **auf**
2 on
· **auflebender alter Schlager**
5 Oldie
· **Auge**
3 eye
· **Ausflug**
4 trip
· **Aussehen**
4 look
· **Außenseiter**
8 Outsider
· **Auto**
3 car
· **Bad**
4 bath
· **Barzahlung**
4 cash
· **Baum**
4 tree
· **Baumwolle**
6 cotton
· **begeisterter Anhänger**
3 fan
· **bei**
2 at
· **Bein**
3 leg
· **beliebter Schlager**
3 hit
· **Bergarbeiter**
5 miner
· **Bergspitze**
4 peak
· **Berufssportler**
12 professional
· **Bett**
3 bed
· **Bienenkorbfrisur**
7 Beehive
· **Bier**
4 beer
· **blau**
4 blue
· **Blickfang**
10 Eyecatcher
· **Blut**
5 blood
· **Boot**
4 boat
· **Boxenstopp** (2 Wörter)
7 Pitstop
· **Brauch**
3 use
· **Brennmaterial aus Holz**
6 Pellet
· **Brief**
6 letter
· **Briefpost**
4 mail
· **Brot**
5 bread
· **Bruder**
7 brother
· **Buch**
4 book
· **Bucht**
3 bai
· **Dame**
4 lady
· **damenhaft**
8 ladylike
· **Damenhandtasche**
6 Clutch
· **Damenrasierer**
9 Ladyshave
· **Damenrock**
5 Skirt
· **Damenschlafanzug**
8 Babydoll
· **Damenschlupfschuhe**
5 Mules
· **Damenschuh mit Absatz**
9 Slingback
· **Dampf**
5 steam
· **Dampfer**
7 Steamer
· **Darlehen**
4 loan
· **deutsch**
6 german

- **Deutschland**
  7 Germany
- **dichter Nebel**
  3 fog
- **Dieb**
  5 thief
- **Diener**
  6 butler
- **Dienststelle**
  6 office
- **direkt**
  4 live
- **Drall des Balls**
  4 spin
- **Drehort**
  3 set
- **drei**
  5 three
- **dreiviertellanger Mantel**
  4 Coat
- **drogenunabhängig**
  5 clean
- **du**
  3 you
- **Ehe**
  8 marriage
- **Ei**
  3 egg
- **Eiche**
  3 oak
- **eine Schönheits-operation**
  8 Facelift
- **Eingeweihter**
  7 Insider
- **Einheit**
  4 unit
- **eins**
  3 one
- **Eis**
  3 ice
- **Eisen**
  4 iron
- **Elendsviertel**
  4 slum
- **Elle**
  3 ell
- **Ende**
  3 end
- **er**
  2 he
- **es**
  2 it
- **essen**
  3 eat
- **fangen**
  5 catch
- **Fass**
  6 barrel
- **Feldlager**
  4 camp
- **Fenster**
  6 window
- **Feuer**
  4 fire
- **Fitnesstraining**
  7 Workout
- **Fläche**
  4 area
- **Fleisch**
  4 meat
- **Fliege**
  3 fly
- **Flughafen**
  7 airport
- **Fluss**
  5 river
- **Formgestalterin**
  9 Stylistin
- **Fotoaufnahmesession**
  8 Shooting
- **Frau**
  4 wife
  5 woman
  8 mistress
- **Fräulein**
  4 miss
- **frei**
  4 free
- **Freiheit**
  7 freedom, liberty
- **Friede**
  5 peace
- **Frühstücksspeck**
  5 bacon
- **Führer**
  6 leader
- **fünf**
  4 five
- **für**
  3 for
- **Furcht**
  4 fear
- **Fuß**
  4 foot
- **Fußballtor**
  4 goal
- **gastronomische Dienst-leistung**
  8 Catering
- **Gebiet**
  4 area
- **gebleicht**
  8 bleached
- **Gebrauch**
  3 use
- **Gedicht**
  4 poem
- **Gefangenen-lager**
  4 camp
- **geheim**
  6 secret
- **gelb**
  6 yellow
- **Geschäft**
  8 business
- **Geschäft (machen)**
  4 deal
- **Gesetz**
  3 law
- **Gesetzloser**
  6 outlaw
- **Gesicht**
  4 face
- **Gesundheit**
  6 health
- **Getränk zum Sonnen-untergang**
  9 Sundowner
- **Getreide**
  4 Corn
- **gewandt**
  5 smart
- **Gipfel**
  3 top
- **Glück**
  7 fortune
  9 happiness
- **Graf**
  4 earl
- **Gräfin**
  8 countess
- **groß**
  3 big
  5 great
- **große Henkel-tasche**
  7 Shopper
- **grün**
  5 green
- **gut**
  4 good
- **Haar**
  4 hair

E

- **Hafen**
  4 port
  7 harbour
- **Hafer**
  4 oats
- **halt**
  4 stop
- **Handel**
  4 deal
- **Hauch**
  5 touch
- **Hauptmann**
  7 captain
- **Hauptstadt**
  7 capitel
- **Hausfrau**
  9 Housewife
- **Haut**
  4 skin
- **hautenger Stretchanzug**
  7 Catsuit
- **Hautstraffung**
  7 Lifting
- **Heim**
  4 home
- **Held**
  4 hero
- **Hemd**
  5 shirt
- **Herr**
  3 Sir
  6 Mister
- **Herzog**
  4 duke
- **Himmel**
  3 sky
  6 heaven
- **Hirsch**
  4 deer
- **Hitze**
  4 heat
- **hoch**
  4 high
- **Holz**
  4 wood
- **Hunde**
  4 Dogs
- **Hut**
  3 hat
- **in gehobener Stimmung**
  4 high
- **in Ordnung**
  8 allright
- **Information**
  7 message
- **Ingwer**
  6 ginger
- **Irland**
  7 Ireland
- **Irrtum**
  5 error
  7 mistake
- **ist**
  2 is
- **ja**
  3 yes
- **Jahr**
  4 year
- **Jargon**
  5 slang
- **jetzt**
  3 now
- **jung**
  5 young
- **Junge**
  3 boy
- **Kamerarekorder**
  9 Camcorder
- **Kampf**
  5 fight
- **Kämpfer**
  7 fighter
- **Kapuzenpullover**
  6 Hoodie
- **Kartoffel**
  6 potato
- **Kasse**
  4 cash
- **Katze**
  3 cat
- **Kaugummi**
  3 gum
- **Kind**
  5 child
- **Kinderpflegerin**
  5 nurse
- **Kleidergröße**
  4 Size
- **Kleidung: größer als nötig**
  9 oversized
- **kleine Häppchen**
  10 Fingerfood
- **kleine Mahlzeit**
  5 snack
- **kleiner Rührteigkuchen**
  7 Cupcake
- **kleines Flaschen-gebinde**
  7 Sixpack
- **klug**
  6 clever
  7 prudent
- **Knabe**
  3 boy
- **König**
  4 king
- **Königin**
  5 queen
- **königlich**
  5 royal
- **Konzern**
  5 trust
- **Körperkunst** (2 Wörter)
  7 Bodyart
- **Körperpflegemittel**
  10 Bodylotion
- **Körperschmuck**
  8 Piercing
- **kosmetische Gesichts-operation**
  11 Facelifting
- **Krabben**
  7 shrimps
- **Krawatte**
  3 tie
- **Kreuz**
  5 cross
- **Küche**
  7 kitchen
- **Kuchenkugel am Stiel**
  7 Cakepop
- **Kunst**
  3 art
- **kurz**
  5 short
- **kürzere Abhandlung**
  5 essay
- **Land**
  7 country
- **Landhaus**
  7 cottage
- **Landhausart**
  12 Countrystyle
- **Landstraße**
  4 road
- **Landstreicher**
  5 tramp
- **langer Wollstrumpf**
  9 Legwarmer
- **Lebensart**
  9 Lifestyle
- **Lebensstil**
  9 Lifestyle

- **leichte Damenschuhe**
  5 pumps
- **leichte Mittagsmahlzeit**
  5 lunch
- **Leiter**
  6 leader
- **Leitfaden für Fragen des Stils**
  10 Styleguide
- **Licht**
  5 light
- **Liebe**
  4 love
- **Liebhaberei**
  5 hobby
- **Liebling**
  7 darling
- **Lied**
  4 song
- **Lippe**
  3 lip
- **Lippen**
  4 Lips
- **Loch**
  4 hole
- **Löwe**
  4 lion
- **Luft**
  3 air
- **Luftpost**
  7 airmail
- **Lüge**
  3 lie
- **Macht**
  5 power
- **Mädchen**
  4 girl
- **Magen**
  7 stomach
- **Mahlzeit**
  4 meal
- **Make-up für die Lippen**
  8 Lipgloss
- **Mann**
  3 man
- **Mannequin**
  5 model
- **Männer**
  3 men
- **Mansardenwohnung**
  4 Loft
- **Marmelade**
  3 jam
- **Meer**
  3 sea
  5 ocean
- **mehr**
  4 more
- **mein**
  2 my
- **Meinung**
  7 opinion
- **mich**
  2 me
- **Miederhöschen**
  5 Panty
- **mir**
  2 me
- **Mittagessen**
  5 lunch
- **Mixgetränk**
  5 shake
- **Modestil**
  4 look
- **Modestil der 80erJahre**
  8 Oversize
- **modeverrückter Mensch**
  11 Fashionista
- **modische Grundausstattung**
  6 Basics
- **modischelegant**
  11 Fashionable
- **Mond**
  4 moon
- **Morgen**
  7 morning
- **Mund**
  5 mouth
- **Musikkapelle**
  4 band
- **Mutter** (Koseform)
  2 Ma
  6 mother
- **nach**
  2 to
- **Nachricht**
  7 message
- **Nachrichten**
  4 news
- **Nacht**
  5 night
- **Nagel**
  4 Nail
- **Nägel**
  5 Nails
- **naturbelassenes Essen** (2 Wörter)
  8 Slowfood
- **Nebel**
  3 fog
- **Neid**
  4 envy
- **nein**
  2 no
- **Nelke**
  4 pink
- **neu**
  3 new
- **Neuigkeit**
  4 news
- **Neuling**
  9 greenhorn
- **neun**
  4 nine
- **Niederlage**
  6 defeat
- **niemand**
  6 nobody
- **Niveau**
  5 level
- **Not**
  4 need
  6 misery
- **nun**
  3 now
- **Nuss**
  3 nut
- **Oberst**
  7 colonel
- **Obst**
  5 fruit
- **oder**
  2 or
- **offen**
  4 open
- **Ohr**
  3 ear
- **Öl**
  3 oil
- **Osten**
  4 east
- **Paar**
  4 pair
  6 couple
- **Pantoletten**
  5 Mules
- **Pastete**
  3 pie
- **Persönlichkeitsbild**
  5 image

E

E

- **Pfeffer**
  6 Pepper
- **Pferd**
  5 horse
- **Pferderennen**
  5 Derby
- **pfiffig**
  5 smart
- **Pokalwettbewerb**
  3 cup
- **Polizei**
  6 police
- **Polizist**
  3 cop
- **Preis**
  5 price
- **Preisgrenze**
  5 limit
- **Puder**
  6 powder
- **Punkt**
  5 point
- **Rabe**
  5 raven
- **Rakete**
  6 rocket
- **Rauschgift-zigarette**
  5 joint
- **Recht**
  5 right
- **Rede**
  6 speech
- **Regen**
  4 rain
- **Reh**
  3 roe
- **Reise**
  4 trip
  6 travel
  7 Journey
- **Reißverschluss**
  6 Zipper
- **roh**
  4 rude
- **Rollenbesetzung**
  7 Casting
- **Roman**
  5 novel
- **rosa**
  4 pink
- **rot**
  3 red
- **Rücken**
  4 back
- **Rückkehr**
  6 return
- **Rückschlag** (Sport)
  6 return
- **Ruhm**
  5 glory
- **Rührei**
  12 Scrambledegg
- **Rute**
  3 rod
- **Sache**
  5 thing
- **sanft**
  4 soft
- **Sankt**
  5 saint
- **Schau**
  4 show
- **Schiene**
  4 rail
- **schimmerndes Make-up**
  11 Highlighter
- **Schlafzimmer**
  7 Bedroom
- **Schlagzeile**
  8 headline
- **Schlange**
  5 snake
- **Schlangen**
  6 snakes
- **Schlauchschal**
  4 Loop
- **schlecht**
  3 bad
- **Schluss**
  3 end
- **Schnee**
  4 snow
- **Schneider**
  6 tailor
- **Schnellgerichte** (2 Wörter)
  8 Fastfood
- **Schnellimbiss**
  8 Fastfood
- **Schönheit**
  6 Beauty
- **Schönheitsinstitut**
  10 Beautyfarm
- **Schönheitssalon**
  10 Beautyfarm
  12 Beautycenter
- **Schreibfeder**
  3 pen
- **Schriftstück**
  5 paper
- **Schuhe mit Keilabsätzen**
  6 Wedges
- **Schwester**
  6 sister
- **Schwimmbecken**
  4 pool
- **sechs**
  3 six
- **See**
  3 sea
  4 lake
- **sein**
  2 be
- **Selbstporträt**
  6 Selfie
- **sie**
  3 she
- **sieben**
  5 seven
- **Sieg**
  7 victory
- **sind**
  3 are
- **slipähnliches Mieder-höschen**
  5 Panty
- **Sohn**
  3 son
- **Sonne**
  3 sun
- **Sorge**
  4 care
- **Soße zum Eintunken**
  3 Dip
- **spannende Film-handlung**
  6 action
- **spät**
  4 late
- **spezielles Top**
  10 Neckholder
- **spielen**
  4 play
- **Spitzenschlager**
  3 hit
- **Sportgröße**
  5 crack
- **sportlicher Schuh**
  7 Sneaker
- **Sportmannschaft**
  4 team
- **Sportschuh**
  7 Sneaker
- **Spurt**
  5 speed

- **Staat**
  5 state
- **Steckenpferd**
  5 hobby
- **Stein**
  5 stone
- **Stelle**
  3 job
- **Stern**
  4 star
- **Steuer**
  4 taxe
- **Strand**
  5 beach
- **Straße**
  4 road
  6 street
- **Strümpfe bis über das Knie**
  9 Overknees
- **Strumpfhose ohne Füßlinge**
  7 Leggins
- **Stufe**
  5 level
- **Süden**
  5 south
- **süß**
  5 sweet
- **Tag**
  3 day
- **Tasche**
  3 bag
- **Tausch**
  4 deal
- **Taxi**
  3 cab
- **Tee**
  3 tea
- **Teil, das man haben muss**
  8 Musthave
- **Tennisplatz**
  5 court
- **Tennisschläger**
  6 racket
- **Teufel**
  5 devil
- **tief**
  4 deep
- **Tinte**
  3 ink
- **Tisch**
  5 table
- **Tochter**
  8 daughter
- **Topf**
  3 pot
- **Torwart**
  10 goalkeeper
- **Traum**
  5 dream
- **Treffen**
  7 meeting
- **Trinkgeld**
  3 tip
- **trocken**
  3 dry
- **Turnschuhe**
  8 Sneakers
- **Uhr**
  5 clock, watch
- **und**
  3 and
- **ungesunde Lebensmittel**
  8 Junkfood
- **unmodern**
  3 out
- **uns**
  2 us
- **Varieté**
  4 show
- **Vater**
  3 dad
  5 daddy
  6 father
- **veraltet**
  3 out
- **Verbrechen**
  5 crime
- **Verein**
  4 club
- **verfilzte Haarsträhnen**
  10 Dreadlocks
- **Verkauf**
  4 sale
- **verkaufen**
  4 sell
- **Verkaufsladen**
  5 store
- **Verlierer**
  5 loser
- **Verneinung**
  2 no
  5 never
- **Verrat**
  7 treason
- **Verschönerung, Umstylen**
  8 Makeover
- **Versuch**
  4 test
  5 trail
- **Verzierung auf Kleidungsstücken**
  6 Badges
- **vier**
  4 four
- **volkskundliches Aussehen**
  9 Ethnolook
- **von**
  2 of
- **Wagen**
  3 car
- **Warenlager**
  5 store
- **warme Winterschuhe**
  9 Moonboots
- **Waschbrettbauch**
  7 Sixpack
- **Weg**
  3 way
- **Weich**
  4 soft
- **Welt**
  5 world
- **wenn**
  2 if
- **wer**
  3 who
- **Werbekurzfilm**
  4 spot
- **Wette**
  3 bet
- **Wetter**
  7 weather
- **Wettkampf**
  5 match
- **wir**
  2 we
- **Woche**
  4 week
- **Wochenende**
  7 weekend
- **wunderbar**
  9 wonderful
- **Zahl**
  6 number
- **Zeh**
  3 toe
- **zehn**
  3 ten

E

- **Zeile**
  4 line
- **Zeit**
  4 time
- **zeitgemäß**
  8 up to date
- **Zeitpunkt für zwanglose Feste** (2 Wörter)
  9 Partytime
- **Zerkleinerungsmaschine**
  8 Shredder
- **Ziel**
  3 end
  6 target
- **Zielscheibe**
  6 target
- **Zitrone**
  5 lemon
- **zu**
  2 to
- **zu gut für einen Anlass gekleidet**
  10 overstyled
- **zu schlecht angezogen**
  12 underdressed
- **Zucker**
  5 sugar
- **Zug**
  5 train
- **Zukunft**
  6 future
- **Zustand**
  5 state
- **zwanzig**
  6 twenty
- **zwei**
  3 two
- **Zwiebel**
  5 onion

englisch(e, er, es) ...

- **Abkürzung für Frau**
  3 Mrs
- **Abkürzung für Sekunde**
  3 sec
- **Adelstitel**
  3 Sir
  4 Duke, Earl, Lady, Lord, Peer
  5 Count
  6 Gentry, Knight
  7 Baronet, Duchess
  8 Countess, Marquess, Viscount
  12 Viscountesse
- **Admiral**
  5 Blake, Drake
  6 Nelson
- **Afrikaforscher**
  5 Bruce
  7 Stanley
  11 Livingstone
- **Anrede**
  3 Sir
  6 Mister
- **Anrede für Fräulein**
  4 Miss
- **Arktisforscher**
  3 Rae
- **Artikel**
  1 a
  2 an
  3 the
- **Astronom**
  4 Airy, Wren
  5 Adams
  6 Halley
  7 Bradley
  9 Eddington
- **Auswärtiges Amt**
  13 Foreign Office
- **Bakteriologe**
  7 Fleming
- **Ballspiel**
  5 Rugby
  7 Kricket, Krocket
  9 Badminton
- **Baustil**
  5 Tudor
- **Begrüßung**
  2 Hi
- **Bejahung**
  3 yes
- **Berg**
  7 Snowdon
- **Biersorte**
  3 Ale
  5 Stout
  6 Porter
- **Bildhauer**
  5 Moore
  7 Epstein
  8 Armitage, Chadwick
- **Bindewort**
  3 and
- **Biologe**
  6 Huxley
- **Bischof**
  6 Becket
  7 Beckett
- **Branntwein**
  6 Whisky
- **Briefanrede**
  4 dear
- **Chemiker**
  6 Dalton
- **Designerin**
  5 Guild
- **Dichter**
  5 Eliot
- **Dramatiker**
  4 Shaw
- **Dramenkönig**
  4 Lear
  5 Henry
  7 Richard
- **Dynastie**
  5 Tudor
  7 Windsor
- **Eliteuniversität**
  6 Oxford
- **Erdumsegler**
  5 Drake
- **Erfinder**
  4 Watt
  5 Darby
  7 Faraday
  8 Bessemer
  9 Arkwright
- **Expremier**
  5 Blair, Brown, Major
  6 Attlee
  8 Thatcher
  9 Churchill
- **Feldherr**
  8 Cromwell
  10 Cumberland, Wellington
  11 Marlborough
- **Feldmaß**
  4 acre
- **Filmkomiker**
  7 Chaplin
  14 Charlie Chaplin
- **Filmregisseur**
  4 Reed
- **Flächenmaß**
  4 Acre
- **Flüssigkeitsmaß**
  6 Barrel
- **Frauenkurzname**
  3 Ann
- **Frauenname**
  3 Ann, Eve
  4 Jane, Joan, Lana, Maud

5 Daisy, Ethel, Helen, Jenny, Mabel, Sarah
- **Frühstücksspeck**
5 Bacon
- **Fürwort**
2 he, me, us, we
3 she
- **Gaststätte**
3 Inn, Pub
- **geistlicher Titel**
4 Dean
- **Getreidebranntwein**
6 Whisky
- **Gewicht**
5 pound
- **Gewichtsmaß für Butter**
3 tub
- **Gewürz**
6 Piment
- **Glücksspiel**
5 Bingo
- **Graf**
4 Earl
- **Grafschaft**
3 Ely
4 Kent, York
5 Berks, Derby, Devon, Essex, Wight, Wilts
6 Dorset, Durham, London, Radnor, Surrey, Sussex
7 Bedford, Denbigh, Heshire, Lincoln, Norfolk, Rutland, Suffolk, Warwick
8 Anglesey, Cardigan, Cheshire, Cornwall, Hereford, Monmouth, Pembroke, Somerset, Stafford
9 Berkshire, Carnarvon, Glamorgan, Hampshire, Lancaster, Leicester, Middlesex, Wiltshire, Worcester, Yorkshire
10 Carmarthen, Cumberland, Derbyshire, Devonshire, Gloucester, Huntingdon, Lancashire, Montgomery, Shropshire
11 Befordshire, Dorsetshire, Northampton, Oxfordshire, Westmorland
12 Bedfordshire, Lincolnshire, Peterborough, Rutlandshire, Warwickshire
13 Herefordshire, Hertfordshire, Somersetshire, Staffordshire
14 Cambridgeshire, Leicestershire, Northumberland, Worcestershire
15 Buckinghamshire, Gloucestershire, Huntingdonshire, Nottinghamshire
- **Hafenstadt**
5 Dover
- **Herrenanrede**
3 Sir
- **Herzogtitel**
4 duke
- **Hochadliger**
4 Peer
- **Hohlmaß**
4 pint, pipe
6 barrel
- **Hohlmaß für Wein**
4 pipe
- **Hunderasse**
7 Mastiff
- **Ingenieur**
4 Watt
6 Fowler
10 Stephenson
- **Insel**
3 Man
4 Sark
5 Lundy, Sercq, Wight
6 Jersey, Scilly
7 Bardsey
8 Alderney, Anglesey, Guernsey
- **Jagdhund**
6 Beagle
- **Kartenspiel**
5 Poker, Whist
6 Bridge
- **Käsesorte**
7 Chester
9 Sagederby
- **Komponist**
4 Byrd
5 Parry, Scott
6 Delius
7 Britten, Purcell
8 Sullivan
- **Königin**
4 Anna, Mary
5 Maria
8 Victoria, Viktoria
9 Elisabeth, Elizabeth, Katharina, Margareta
- **Königinnenname**
4 Anna
- **Königsname**
5 Georg
- **konservative Partei**
7 Torries
- **Konservativer**
4 Tory
- **Korbballspiel**
10 Basketball
- **Krankheit**
8 Rachitis
- **Kronkolonie in Südeuropa**
9 Gibraltar
- **Landadel**
6 Gentry
- **Längenmaß**
3 ell
4 foot, inch, mile, yard
- **Luftwaffe**
3 RAF
- **Maler**
3 Cox
4 Hunt, Lely, Nash, Opie
5 Bacon, Blake
6 Morris, Romney, Turner
7 Hogarth, Millais
8 Lawrence, Reynolds, Rossetti
9 Constable
12 Gainsborough
- **Männerkosename**
5 Teddy
- **Männerkurzname**
3 Ian, Joe, Sam, Ted, Tom
4 Dick, Stan
5 Steve
- **Männername**
3 Ron
5 Kevin
6 Edward, Norman
- **Mathematiker**
4 Wren
5 Green
6 Briggs, Napier, Newton, Stokes
7 Russell, William
8 Hamilton
- **Mediziner**
6 Lister
- **Milchprodukt**
12 Chesterkaese

E

E

- **Möbelstil**
  11 Chippendale
- **Modedesignerin**
  9 Mccartney
- **Münze**
  5 Penny
- **Münze bis 1971**
  8 shilling
- **Münzen**
  5 pence
- **Nationalgericht**
  8 Porridge
- **Nobelpreisträger für Chemie**
  4 Todd
  5 Aston, Soddy, Synge
  6 Barton, Harden, Martin, Perutz, Porter, Ramsay, Sanger
  7 Haworth, Kendrew, Norrish
  8 Mitchell, Robinson
  9 Cornforth, Wilkinson
  10 Rutherford
  11 Hinshelwood
  15 Crowfoot-Hodgkin
- **Nobelpreisträger für Frieden**
  6 Angell, Cremer
  7 Boyd-Orr
  9 Henderson, Noel-Baker
  11 Chamberlain
- **Nobelpreisträger für Medizin**
  4 Dale, Hill, Katz, Ross
  5 Chain, Crick, Krebs
  6 Adrian, Florey, Huxley, Porter
  7 Fleming, Hodgkin, Hopkins, Medawar, Wilkins
  10 Hounsfield
  11 Sherrington
- **Nobelpreisträger für Physik**
  4 Mott, Ryle
  5 Bragg, Dirac, Gabor
  6 Barkla, Hewish, Powell, Wilson
  7 Thomson
  8 Appleton, Blackett, Chadwick, Cockroft, Rayleigh
  9 Josephson
  10 Richardson
- **Nobelpreisträger für Wirtschaft**
  5 Lewis, Meade
- **Nobelpreisträger/-in für Literatur**
  5 Eliot
  7 Golding, Kipling, Lessing, Russell
  9 Churchill
  10 Galsworthy
- **Pastete**
  3 Pie
- **Pferderennplatz**
  5 Ascot, Epsom
- **Philosoph**
  4 Ayer, Hume, Mill, More
  5 Bacon, Locke, Smith
  6 Austin, Hobbes, Huxley, Keynes, Russel
  7 Russell, Spencer, Toynbee
  9 Whitehead
- **Physiker**
  5 Bragg, Joule
  6 Newton
  10 Rutherford
- **Politikerin**
  8 Thatcher
- **Polizist**
  5 Bobby
  10 Konstabler
- **Popgruppe**
  7 Beatles
  13 Rolling Stones
- **Porzellanmanufaktur**
  8 Wedgwood
- **Prinzessin**
  4 Anne
  5 Diana
  8 Margaret
- **Radiosender** (Abkürzung)
  3 BBC
- **Rassehund**
  6 Beagle
  7 Terrier
- **Regisseur**
  9 Hitchcock
- **Rosinenspeise**
  11 Plumpudding
- **Rundfunkgesellschaft** (Abkürzung)
  3 BBC
- **sächliches Fürwort**
  2 it
- **Sagenheld**
  4 Hood
- **Sagenkönig**
  4 Lear
  5 Artus
  6 Arthur
- **Schauspieler**
  4 Kean, Todd
  5 Grant, Mason
  6 Burton, Howard
  7 Chaplin, Olivier
  8 Guinness, Laughton
- **Schauspielerin**
  5 Leigh
  6 Taylor
  7 Hepburn
- **Schriftsteller**
  3 Fry, Map, Mee
  4 Lamp, Rowe, Shaw
  5 Angel, Bacon, Barns, Bates, Blair, Burke, Byron, Defoe, Doyle, Eliot, Hardy, Scott, Shute, Swift, Wells, Wilde, Yeats, Young
  6 Bulwer, Butler, Conrad, Coward, Cronin, Dryden, Greene, Huxley, Jonson, Malory, Milton, Morgan, Orwell, Pinter, Ruskin, Sidney, Spring, Sterne, Thomas
  7 Addison, Bennett, Burnett, Chapman, Chaucer, Deeping, Dickens, Forster, Johnson, Kipling, Marryat, Maugham, Osborne, Raleigh, Roberts, Shelley, Ustinov, Wallace, Walpole, Webster
  8 Browning, Campbell, Disraeli, Fielding, Fletcher, Forester, Geoffrey, Gollancz, Kingsley, Lawrence, Macauley, Marshall, Meredith, Sheridan, Tennyson, Thompson
  9 Goldsmith, Mansfield, Priestley, Stevenson, Swinburne
  10 Chesterton, Galsworthy, Richardson
  11 Shakespeare
- **Schriftstellerin**
  5 Waugh, Woolf
  6 Bronte, Steele

8 Christie
9 du Maurier
· **Schulstadt**
4 Eton
· **Seebad**
5 Dover
8 Brighton
11 Bournemouth
· **Seeheld**
5 Drake
· **Seemann**
4 Cook
5 Drake
6 Baffin, Hudson, Nelson
7 Raleigh
9 Vancouver
· **Spitzenschlager**
6 Tophit
· **Staatsgefängnis**
5 Tower
· **Staatsmann**
3 Fox, Pym
4 Eden, Peel, Pitt
5 Bacon, Bevan, Bevin, Blair, Heath, Major
6 Keynes, Rhodes, Wilson
7 Baldwin, Halifax
8 Aberdeen, Cromwell, Disraeli
9 Callaghan, Churchill, Gladstone
11 Chamberlain
12 Chesterfield
· **Südpolforscher**
5 Scott
· **Supermodel**
4 Moss
· **Tageszeitung**
5 Times
· **Thronfolger**
7 Charles
· **Topmodel**
4 Deyn, Lowe
9 Donaldson
· **Universitätsstadt**
6 Oxford
9 Cambridge
· **Wacholderschnaps**
3 Gin
· **Wegemaß**
4 mile
· **weiblicher Kosename**
5 Nelly
· **Weltumsegler**
4 Cook
· **Wollgewebe**
5 Tweed
· **Wurfspiel**
5 Darts
· **Zahlenglücksspiel**
5 Bingo
· **Zeitung**
5 Times
· **Zustimmung**
2 ok
englische Kurzform für ...
· **Auto**
3 car
· **Michael**
4 Mike
· **Weihnachten**
4 X-mas
engmaschig
5 dicht
Engpass
7 Hohlweg
engstirnig
8 borniert
11 beschraenkt
12 kleinkariert
Engtal der Donau
6 Wachau
ennuyant
3 fad, oed
4 fade, oede
10 langweilig
enorm
6 immens, riesig
7 masslos
8 gewaltig
9 ungeheuer
11 erstaunlich
13 betraechtlich
16 ausserordentlich
17 aussergewoehnlich
enorme Menge
5 Masse
entarten
12 degenerieren
entartet
7 pervers
8 dekadent
11 degeneriert
Entartung
12 Degeneration
entbehrlich
8 unnoetig
13 ueberfluessig
Entbehrung
3 Not
6 Mangel
11 Frustration
Entbindung
6 Geburt, Partus
11 Niederkunft
Entbindung vor der 37. Woche
11 Fruehgeburt
Entbindungshelferin
7 Hebamme
Entbindungsraum
10 Kreisssaal
Entblößungszwang
15 Exhibitionismus
Entdecker
6 Finder
Entdecker ...
· *von* **Amerika**
4 Leif
5 Colon
8 Columbus, Kolumbus
· *der* **Asepsis**
6 Lister
10 Semmelweis
· *des* **Blutkreislaufes**
6 Harvey
· *der* **Chloroformnarkose**
7 Simpson
· *des* **Cholerabazillus**
4 Koch
· *des* **Diphtherieserums**
7 Behring
· *des* **Gravitationsgesetzes**
6 Newton
· *des* **Insulins**
4 Best
7 Banting
· *der* **Kernspaltung**
4 Hahn
7 Meitner
10 Strassmann
· *von* **Mexiko**
6 Cortez
· *von* **Neuem**
8 Erfinder
· *von* **Neuseeland**
4 Cook
6 Tasman
· *von* **Ostindien**
4 Gama
· *des* **Penicillins**
7 Fleming
· *von* **Peru**
7 Pizarro

E

- *der* **Philippinen**
  8 Magellan
  9 Magalhaes
- *der* **Radioaktivität**
  9 Becquerel
- *des* **Radiums**
  5 Curie
- *der* **Schilddrüsenkrankheit**
  7 Basedow
- *des* **Seewegs nach Indien**
  4 Gama
- *des* **Südpols**
  8 Amundsen
- *des* **Transhimalaja**
  5 Hedin
- *des* **Tuberkelbazillus**
  4 Koch
- *des* **Wasserstoffs**
  9 Cavendish
- *der* **X-Strahlen**
  8 Roentgen

entdeckte Utensilien
10 Fundsachen
Entdeckung
4 Fund
10 Ausgrabung
Enteignung
12 Konfiskation
13 Expropriation
15 Verstaatlichung
Entengattung
6 Saeger
Entenwal
8 Doegling
Enterich
5 Erpel
Entertainer
10 Showmaster
11 Unterhalter
entfernt
4 weit
6 weitab
8 entlegen
entferntes Gewitter
14 Wetterleuchten
Entfernung
7 Abstand, Distanz
12 Exstirpation
Entfernung ...
- *vom* **geraden Weg**
  10 Abweichung
- *des* **Inhaltes**
  7 Leerung

Entfernungsbegriff
3 nah
4 fern, weit
5 Ferne, Naehe, Weite
8 Umgebung
Entflohene
12 Ausbrecherin
Entführer
9 Kidnapper
Entführung
4 Raub
10 Kidnapping
entgaste Steinkohle
4 Koks
entgegen
5 wider
6 contra, kontra
7 zuwider
entgegengesetzt
5 polar
8 kontraer
9 diametral, umgekehrt
entgegenkommend
6 kulant
10 freundlich, konziliant
11 verbindlich
Entgegennahme
6 Erhalt
7 Empfang
Entgegennahme an Ort und Stelle
8 Abholung
Entgegnung
6 Replik
7 Antwort
10 Erwiderung
Entgelt
4 Gage, Lohn
6 Gehalt, Salaer
7 Honorar
9 Besoldung, Bezahlung
10 Verguetung
Entgelt ...
- *der* **Freiberufler**
  7 Honorar
- *bei* **Havarie**
  9 Bergelohn
- *für* **Wohnung**
  5 Miete

Entgleisung
7 Fauxpas
enthaaren
9 epilieren
enthalten reichlich Vitamin C
14 Zitrusfruechte
enthaltsam
6 keusch
7 maessig
9 abstinent, asketisch
enthaltsamer Mensch
5 Asket
Enthaltsamkeit
6 Askese, Karenz
8 Verzicht, Zoelibat
9 Abstinenz
Enthaltsamkeit beim Essen
6 Fasten
enthülste Weizenkörner
7 Graupen
Enthusiasmus
12 Begeisterung
Enthusiast
3 Fan
9 Anhaenger
enthusiastisch
10 begeistert
11 hingerissen
entkeimen
13 desinfizieren
Entkeimung
10 Antisepsis
12 Desinfektion
13 Sterilisation
15 Pasteurisierung
Entkleidungsnummer
10 Striptease
Entkleidungstänzerin
10 Stripperin
Entkoloriermittel
10 Entfaerber
Entkommen
6 Flucht
Entkräftung
8 Marasmus
Entlassung
7 Weggang
8 Abschied
10 Kuendigung
11 Rausschmiss
Entleerungsrohr
7 Abfluss
Entlüfter
9 Exhaustor
10 Ventilator
Entlüftungseinrichtung
5 Abzug
Entmannter
6 Eunuch
7 Kastrat

Entmannung
10 Kastration
entmutigt
6 mutlos
7 verzagt
10 deprimiert
13 demoralisiert
Entnahme von Flüssigkeit
8 Punktion
Entpflichtung
7 Dispens
Enträtselung
7 Loesung
Entrechteter
5 Paria
6 Sklave
7 Outcast
Entrückung
7 Ekstase
Entrüstung
9 Empoerung
11 Indignation
entsaften
10 auspressen
Entsafter
12 Fruchtpresse
Entsagung
6 Askese
8 Verzicht
9 Preisgabe
11 Resignation
Entschädigung
6 Ersatz
9 Abfindung, Ausgleich, Rekompens
10 Reparation, Verguetung
12 Kompensation
16 Wiedergutmachung
Entscheid des Papstes
9 Dekretale
entscheidend
7 dezisiv
10 endgueltig
entscheidender ...
· **Boxsieg**
9 Knock-out
· **Handgriff**
4 Dreh
Entscheidung
4 Wahl
5 Krise, Votum
6 Dekret, Urteil
9 Anordnung, Beschluss, Machtwort
10 Entschluss, Hoehepunkt, Verfuegung
Entscheidung des Richters
6 Urteil
Entscheidungsrecht
6 Option
entschieden
7 resolut
9 dezidiert
13 selbstbewusst
Entschließung
9 Beschluss
10 Resolution
entschlossen
5 mutig
6 bereit
7 beherzt, gewillt, resolut, willens
9 energisch
10 kurzerhand
11 tatkraeftig, zielstrebig
Entschlusskraft
10 Initiative
Entschuldigung
6 Pardon
9 Vergebung
10 Verzeihung
Entschuldigungslüge
7 Ausrede, Vorwand
entseelt
3 tot
6 leblos
Entsetzen
5 Angst, Graus
6 Furcht, Grauen, Horror
7 Abscheu, Grausen, Schreck
8 Schauder
entsetzliches Geschehen
7 Inferno
entspannende Beschäftigung
5 Spiel
entspannt
5 ruhig
6 erholt, locker
8 zwanglos
Entspannung
4 Ruhe
5 Musse
6 Siesta
7 Detente
8 Erholung
Entspannung im Pool
12 Aquawellness
entsprechend
6 analog
7 gemaess, homolog
8 adaequat
Entsprechung
7 Pendant
8 Analogie
9 Parallele
11 Gegenstueck
entstandener Defekt
13 Beschaedigung
Entstehung
6 Genese
11 Entwicklung
Entstehung des Lebens
9 Biogenese
Entstehungsgeschichte
7 Genesis
21 Schoepfungsgeschichte
entstelltes ...
· **Bild**
8 Zerrbild
9 Karikatur
Entstellung
5 Luege
10 Verdrehung, Verzerrung
13 Verfaelschung
enttäuscht
10 frustriert
Enttäuschung
6 Kummer
11 Desillusion, Erbitterung, Frustration
13 Ernuechterung
Enttäuschung am Werktag
12 Alltagsfrust
Entwässerung
8 Drainage
Entwässerungsgraben
5 Draen
Entwässerungsröhrchen
5 Draen
Entweichen
6 Flucht
7 fliehen
Entweihung
10 Schaendung
entwendet
7 geklaut
entwendeter ...
· **Gegenstand**
5 Beute, Prise
Entwendung
4 Raub
8 Wegnahme

9 Diebstahl
13 Hinterziehung
14 Unterschlagung

entwerfen, ausarbeiten
11 konzipieren

Entwicklung
6 Genese
10 Entstehung

Entwicklungsabschnitt
5 Phase
7 Stadium

Entwicklungsbeschleunigung
12 Akzeleration

Entwicklungsbild beim Foto
7 Negativ

Entwicklungsjahre
9 Pubertaet

Entwicklungslinie ▶ Entwicklungsrichtung

Entwicklungsrichtung
5 Trend
7 Tendenz

Entwicklungsstadium ...
· *bei* **Insekten**
5 Imago, Larve, Puppe

Entwicklungsstufe
5 Phase
7 Stadium

entwicklungsverzögert
10 retardiert

Entwurf
4 Idee, Plan
6 Abriss, Design, Layout, Modell, Muster, Schema, Skizze
7 Aufriss, Konzept, Projekt
10 Gestaltung, Konzeption

Entwurf einer Zeichnung
4 Riss

entzogenes Wohlwollen
7 Ungnade

Entzücken
5 Wonne
6 Freude
7 Ekstase
9 Seligkeit

entzückend
4 nett
5 apart
7 huebsch, reizend
8 charmant, reizvoll
10 berueckend, bezaubernd, zauberhaft
11 bestrickend

entzündbar
8 brennbar
11 entflammbar, inflammabel
16 feuergefaehrlich

entzündlicher Vorgang
11 Vereiterung

entzündliches Wundsekret
5 Eiter

Entzündung
6 Angina
7 Katarrh
12 Inflammation

Entzündung ...
· *des* **Rachenraums**
6 Angina
· *der* **Talgdrüsen**
4 Akne

entzwei
6 defekt, kaputt

entzweien
10 verkrachen

Entzweiung
7 Teilung
8 Spaltung, Trennung

Enurese
11 Bettnaessen

Enzian
8 Gentiana

Enzyklopädie
7 Lexikon
12 Grosslexikon
15 Nachschlagewerk

Enzym
7 Ferment

ephemer
9 kurzlebig
14 voruebergehend

ephemeres Fieber
13 Eintagsfieber

Epidemie
4 AIDS, Pest
5 Lepra
6 Pocken, Seuche
7 Aussatz, Cholera

Epigone
9 Nachahmer
10 Nachfolger

Epigraf
9 Inschrift

Epigramm
6 Spruch
7 Gedicht
9 Spottvers
10 Aufschrift, Sinnspruch
11 Sinngedicht

Epiker
7 Dichter
9 Erzaehler

Epilepsie
9 Fallsucht, Veitstanz

epileptischer ...
· **Anfall**
8 Haut Mal
9 Grand Mal, Petit Mal

Epilog
7 Nachruf
8 Ausklang, Nachwort, Nekrolog

episch-dramatisches Gedicht
7 Ballade

Episkopat
11 Bischofsamt
14 Bischofswuerde

Episode
5 Flirt
8 Liebelei
13 Nebenhandlung, Zwischenspiel

Epistel
6 Lesung
12 Apostelbrief

Epoche
4 Aera
7 Periode
8 Zeitraum
9 Abschnitt, Zeitpunkt
10 Wendepunkt, Zeitspanne
13 Zeitabschnitt

Epoche ab 1871
13 Gruenderjahre

Epode
7 Gedicht
8 Abgesang

Epos ...
· *der* **Antike**
6 Aeneis, Iliade
7 Odyssee
· *von* **Homer**
5 Ilias
7 Odyssee
· *von* **Klopstock**
7 Messias
· *des* **Mittelalters**
8 Parzival
10 Gudrunlied
11 Rolandslied
14 Nibelungenlied

15 Hildebrandslied
· *von* **Vergil**
6 Aeneis
Epos
· *der* **Antike**
5 Ilias
Eppich, Gemüse- und Gewürzpflanze
15 Knollensellerie
Equipage
7 Kutsche
Equipe
10 Mannschaft
Erbanlage
3 Gen
Erbarmen
7 Mitleid
10 Mitgefuehl
erbärmlich
9 klaeglich, miserabel
11 jaemmerlich
Erbauer
9 Architekt
10 Baumeister
12 Konstrukteur
Erbauer ...
· *der* **Arche**
4 Noah
· *des* **Eiffelturms**
6 Eiffel
· *des* **ersten Luftschiffes**
8 Zeppelin
· *des* **Panamakanals**
7 Lesseps
· *des* **Sueskanals**
7 Lesseps
Erbauung
10 Errichtung
Erbauungsschrift
7 Traktat
8 Postille
Erbbild
7 Genotyp
9 Genotypus
Erbbiologie
7 Genetik
Erbe
5 Legat
8 Nachlass
9 Nachkomme
10 Nachfolger
12 Vermaechtnis
18 Hinterlassenschaft
erbetene ...
· **Auskunft**
6 Angabe
· **Mitteilung**
3 Rat
8 Auskunft
Erbfaktor
3 Gen
Erbfaktoren
4 Gene
Erbfolgeordnung
7 Majorat
Erbgesundheitslehre
7 Eugenik
erbitterter Gegner
5 Feind
Erblasser
8 Testator
erblich
6 genuin
9 angeboren
10 hereditaer, kongenital
erbliches Blutmerkmal
12 Rhesusfaktor
erblicken
5 sehen
Erbschaft
8 Nachlass
12 Vermaechtnis
Erbsenhülse
6 Schote
Erbsenschote
6 Huelse
Erbträger
3 Gen
Erbveränderung
8 Mutation
Erdabsatz
8 Terrasse
Erdabtragung
7 Erosion
Erdachsenendpunkt
3 Pol
7 Nordpol, Suedpol
Erdachsenschwankung
8 Nutation
Erdalkalimetall
6 Barium, Radium
7 Calcium, Kalzium
9 Beryllium, Magnesium, Strontium
Erdaltertum
12 Palaeozoikum
Erdanziehung
11 Gravitation, Schwerkraft
Erdapfel
9 Kartoffel
Erdarbeiten
7 Tiefbau
Erdart
3 Ton
4 Lehm
5 Humus
6 Mergel
Erdarten
4 Tone
Erdaufschüttung
4 Wall
5 Warft
Erdball
6 Globus
9 Erdenrund, Weltkugel
Erdbebenanzeiger
10 Seismograf, Seismoskop
11 Seismograph, Seismometer
Erdbebenherd
10 Epizentrum
Erdbebenkunde
7 Seismik
erdbeerfarben
6 fraise
Erdbegleiter
7 Trabant
8 Satellit
Erdbirne
10 Topinambur
erdbraun
4 kaki
5 khaki
erdbraune Farbe
5 ocker
erdbrauner Farbstoff
5 Umbra
Erde
4 Welt
5 Boden, Grund, Humus, Krume
6 Globus
7 Scholle
Erdenbürger
6 Mensch
Erdfarbe
4 kaki
5 khaki
erdfarben
4 kaki
5 khaki, ocker, umbra
Erdferne
8 Apogaeum

E

Erdformation
4 Jura, Lias, Perm, Raet
5 Devon, Silur, Trias
6 Dogger, Karbon
8 Kambrium
Erdforscher
7 Geologe
Erdgas
6 Methan
Erdgebiet ohne Pflanzenwuchs
6 Wueste
Erdgeist
4 Gnom
5 Troll, Wicht, Zwerg
6 Alraun, Kobold
7 Alraune
16 Wichtelmaennchen
Erdgeschichte
8 Geologie
Erdgeschichtler
7 Geologe
erdgeschichtliche Formation
▶ Erdformation
Erdgeschoss
8 Parterre
13 Rez-de-chaussée
Erdgöttin
4 Gaea
Erdhalbkugel
11 Hemisphaere
Erdhöhle des Fuchses
3 Bau
Erdhörnchenart
10 Murmeltier
erdichtet
6 fiktiv
erdichtete ...
· **Erzählung**
4 Maer
8 Maerchen
Erdichtung
7 Fiktion
Erdinneres
4 Kern
5 Magma
Erdkugel
6 Globus
Erdkunde
9 Geografie
10 Geographie
Erdlängenkreis
8 Meridian
Erdloch
4 Riss
5 Grube, Kluft
6 Krater, Spalte
Erdmesser
7 Geodaet
8 Geometer
12 Markscheider
Erdmittelalter
10 Mesozoikum
Erdnähe
9 Perigaeum
Erdneuzeit
9 Neozoikum
11 Kaenozoikum
Erdoberflächendelle
10 Bodensenke
Erdöllagerstätte
7 Oelfeld
Erdölleitung
8 Pipeline
Erdölprodukt
6 Benzin, Benzol, Diesel
7 Bitumen
8 Vaseline
9 Petroleum
Erdölschiff
6 Tanker
Erdpech
7 Asphalt, Bitumen
Erdpol
7 Nordpol, Suedpol
Erdrauch
7 Fumaria
9 Feldraute
Erdrinde
12 Lithosphaere
Erdrinne
6 Graben
Erdrosselung
13 Strangulation
Erdrutsch
5 Ruefe
Erdsatellit
4 Mond
Erdschicht im Tagebau
6 Abraum
Erdstufe am Hang
8 Terrasse
Erdteil
5 Asien
6 Afrika, Europa
7 Amerika
8 Eurasien
9 Antarktis, Kontinent
10 Australien
Erdtrabant
4 Mond
8 Satellit
Erdüberflutung
8 Sintflut
Erdumlaufbahn
5 Orbit
Erdvermessung
9 Geodaesie
Erdvermessungsgerät
9 Theodolit
Erdwall
4 Damm
5 Deich
Erdwissenschaft
8 Geologie
Erdzeitalter
4 Jura, Lias
5 Devon, Silur, Trias
6 Karbon, Kreide
8 Kambrium, Quartaer, Tertiaer
Ereignis
5 Event
7 Vorgang
9 Geschehen, Happening, Sensation
11 Begebenheit
13 Veranstaltung
Ereignis ...
· *ohne* **eigenes Zutun**
6 Zufall
· *in* **München**
11 Oktoberfest
Ereignisablauf
7 Hergang
9 Geschehen
Ereignisgrund
5 Motiv
7 Ursache
Eremit
8 Klausner
10 Einsiedler
erfahren
8 versiert
10 beschlagen, routiniert
erfahrene ...
· **Fachfrau**
8 Kennerin
· **Klugheit**
8 Weisheit
Erfahrung
6 Praxis
7 Empirie, Routine
8 Kenntnis

Erfahrungsbeweis
10 Experiment
erfahrungsgemäß
8 induktiv
9 empirisch
11 pragmatisch
Erfahrungslehre
7 Empirie
Erfahrungsmensch
9 Empiriker
11 Pragmatiker
erfassen
6 nehmen
Erfinder
7 Urheber
Erfinder ...
· *des* **Akkumulators**
6 Plante
· *der* **Antenne**
5 Popow
· *der* **Äthernarkose**
6 Morton
· *des* **Augenspiegels**
9 Helmholtz
· *des* **Automobilmotors**
4 Otto
6 Diesel
7 Daimler
· *der* **Autotypie**
6 Horgan
· *des* **Barometers**
10 Torricelli
· *des* **Bieres**
9 Gambrinus
· *der* **Bildtelegrafie**
4 Korn
· *der* **Blindenschrift**
7 Braille
· *des* **Blitzableiters**
8 Franklin
· *einer* **Bremse**
5 Knorr
· *der* **Buchdruckerkunst**
9 Gutenberg
· *des* **Büstenhalters**
6 Crosby
· *der* **Chloroformnarkose**
7 Simpson
· *des* **Dampfkochtopfes**
5 Papin
· *der* **Dampfmaschine**
4 Watt
5 Papin
· *des* **Dampfschiffes**
6 Fulton
· *der* **Differenzialrechnung**
6 Newton
7 Leibniz
· *des* **Diphtherieserums**
7 Behring
· *der* **drahtlosen Telegrafie**
7 Marconi
· *der* **Draisine**
5 Drais
· *des* **Drehkolben-motors**
6 Wankel
· *des* **Drehstrommotors**
5 Tesla
· *des* **Druckknopfes**
5 Bauer
· *der* **Druckluftbremse**
5 Knorr
12 Westinghouse
· *des* **Dynamits**
5 Nobel
· *der* **Dynamomaschine**
7 Siemens
· *des* **Echolots**
4 Behm
· *der* **Einheitspatrone**
7 Flobert
· *des* **Eisenbetons**
6 Monier
· *der* **Eismaschine**
5 Linde
· *der* **elektrischen Rechen-maschine**
6 Eckert
7 Mauchly
· *der* **Elektrisier-maschine**
8 Guericke
· *des* **Esperanto**
8 Zamenhof
· *des* **Fahrrads**
5 Drais
· *des* **Fahrstuhls**
6 Weigel
· *der* **Farbfotografie**
8 Lippmann
· *des* **Fernrohrs**
6 Kepler
7 Galilei
· *des* **Fernschreibers**
5 Morse
· *des* **Fernsehens**
6 Nipkow
· *des* **Fernsprechers**
4 Bell, Reis
· *des* **Films**
6 Edison, Latham
7 Lumiere, Messter
· *des* **Flaschenzuges**
10 Archimedes
· *des* **Fleischextrakts**
6 Liebig
· *des* **Flugzeugs**
10 Lilienthal
· *der* **Fotografie**
6 Niepce, Talbot
8 Daguerre
· *des* **Funkalphabets**
5 Morse
· *des* **Funktelegrafen**
7 Marconi
· *der* **Gasbeleuchtung**
7 Murdock
· *des* **Gasglühlichts**
4 Auer
· *des* **Gasmotors**
4 Otto
· *des* **Gleitflugzeuges**
10 Lilienthal
· *des* **Globus**
6 Behaim
· *der* **Glühlampe**
6 Edison, Goebel
· *des* **Grammofons**
6 Edison
8 Berliner
· *der* **Kältemaschine**
5 Linde
· *des* **Kraftwagens**
4 Benz
7 Daimler
· *des* **Kreiselkompasses**
9 Anschuetz
· *des* **Kreiskolben-motors**
6 Wankel
· *der* **Kurzschrift**
6 Stolze
· *der* **Laterna magica**
7 Kircher
· *des* **Laufrades**
5 Drais
· *der* **Lokomotive**
10 Stephenson
· *des* **Luftballons**
11 Montgolfier
· *der* **Luftpumpe**
8 Guericke
· *des* **Luftreifens**
6 Dunlop

E

- *des* **Luftschiffes**
  8 Zeppelin
- *der* **Margarine**
  7 Mouries
- *des* **Maschinengewehrs**
  5 Maxim
- *des* **mechanischen Webstuhls**
  10 Cartwright
- *des* **Metallflugzeugs**
  7 Junkers
- *des* **Mikrofons**
  6 Hughes
- *des* **Motorflgzeugs**
  6 Wright
- *des* **Motorrades**
  7 Daimler
- *der* **Nähmaschine**
  12 Madersperger
- *des* **Nylons**
  9 Carothers
- *der* **Pendeluhr**
  7 Huygens
- *des* **Penicillins**
  7 Fleming
- *des* **Perlons**
  7 Schlack
- *der* **Plakatsäule**
  7 Litfass
- *des* **Porzellans**
  8 Boettger
- *der* **Quantentheorie**
  6 Planck
- *des* **Quecksilberthermometers**
  10 Fahrenheit
- *der* **Rechenmaschine**
  8 Leibnitz
- *der* **Relativitätstheorie**
  8 Einstein
- *des* **Revolvers**
  4 Colt
- *des* **Rollfilms**
  7 Eastman
- *der* **Rotationskolbenmaschine**
  6 Wankel
- *des* **Saxofons**
  3 Sax
- *der* **Schallplatte**
  8 Berliner
- *des* **Schießpulvers**
  7 Schwarz
- *der* **Schiffsschraube**
  6 Ressel
  8 Ericsson
- *der* **Schnellpresse**
  6 Koenig
- *des* **Schwerölmotors**
  6 Diesel
- *der* **Spektralanalyse**
  6 Bunsen
  9 Kirchhoff
- *der* **Spinnereimaschine**
  9 Arkwright
- *der* **Spinnmaschine**
  9 Arkwright
- *des* **Stahlbetons**
  6 Monier
- *des* **Steindruckes**
  10 Senefelder
- *des* **Steinguts**
  8 Wedgwood
- *der* **Strumpfwirkmaschine**
  3 Lee
- *des* **synthetischen Gummis**
  7 Hofmann
- *der* **Taschenuhr**
  7 Henlein
  12 Peter Henlein
- *des* **Telefons**
  4 Reis
- *der* **Telegrafie**
  5 Morse
- *des* **Thermometers**
  10 Fahrenheit
- *des* **Tonfilms**
  4 Engl, Vogt
  7 Masolle
- *der* **Unruhe für Uhren**
  7 Henlein
- *des* **Viertaktmotors**
  4 Otto
- *des* **Zählrohrs**
  6 Geiger
- *der* **Zentrifuge**
  8 Guericke
- *des* **Zündhütchens**
  3 Egg
- *des* **Zwölftonsystems**
  5 Hauer

Erfinderschutz
6 Patent

Erfindungsgabe
8 Fantasie, Ingenium
9 Phantasie
12 Kreativitaet
13 Ingeniositaet
16 Einfallsreichtum

Erfolg
4 Sieg
6 Effekt, Gewinn
7 Triumph, Wirkung
8 Ergebnis, Resultat

Erfolg ...
- *im* **Sport**
  3 Tor
  4 Goal, Sieg
  5 Punkt
  6 Rekord

erfolgreich (e, er, es) ...
- **Artikel**
  8 Knueller
- **Forscher**
  9 Entdecker
- **Laufbahn**
  8 Karriere
- **Schlager**
  3 Hit

Erfolgsbuch
7 Reisser
10 Bestseller

Erfolgsfilm
7 Reisser

Erfolgsschlager
3 Hit
9 Evergreen
11 Gassenhauer

Erfolgszuversicht
10 Optimismus
16 Siegesgewissheit

erforderlich
6 noetig
9 notwendig
13 obligatorisch

erforderliche Menge
6 Bedarf

Erforschung
9 Recherche
11 Exploration

Erforschung der öffentlichen Meinung
10 Demoskopie

Erforschungssatellit
9 Mondsonde

erfreulich
8 angenehm, guenstig

erfreulicher Anblick
10 Augenweide

erfrischen
5 baden, laben

Erfrischung
6 Labsal
Erfrischungsgetränk (Abkürzung)
4 Limo
5 Drink
6 Brause
7 Sprudel
8 Limonade
Erfrischungssalon
8 Eisdiele
Erfrischungsstand
7 Eisbude
erfundene Jagdgeschichten
12 Jaegerlatein
ergänzend
4 dazu
ergänzendes Gegenstück
7 Pendant
Ergänzung
6 Zusatz
7 Beigabe, Beiwerk, Pendant
8 Nachtrag
10 Accessoire, Supplement
ergeben
4 treu
6 getreu
7 folgsam
11 anhaenglich, untertaenig
Ergebnis
5 Fazit, Folge
6 Effekt, Erfolg
7 Loesung, Wirkung
8 Resultat
9 Endeffekt
Ergebnis einer Messung
4 Wert
Ergebung
7 Aufgabe
12 Kapitulation
ergo
4 also
5 somit
7 demnach
8 folglich
13 infolgedessen
ergötzlich
8 amuesant
ergreifen
6 fassen
Ergreifung
7 Zugriff
Ergriffenheit
8 Ruehrung
14 Erschuetterung
Ergussgestein
6 Basalt
14 Effusivgestein
erhaben
4 hehr
6 konvex
7 vornehm
8 festlich
10 pathetisch
12 vorspringend
13 majestaetisch
erhaben geschnittener Stein
5 Kamee
erhabene Rundung
8 Woelbung
erhabenes Bildwerk
6 Relief
Erhalt
7 Empfang
erhalten
8 bekommen
12 konservieren
erhaltend
11 konservativ
erhaltenes Geld
8 Einnahme
erheblich
4 sehr
8 relevant
Erhebung
4 Berg
6 Huegel
7 Umfrage
8 Aufstand, Meuterei
9 Empoerung, Rebellion
12 Insurrektion
erheiternde Wirkung
5 Komik
Erhitzer ...
· *für* **die Säuglingsnahrung**
15 Babykostwaermer
· *für* **Kleinstkindernahrung**
15 Flaschenwaermer
erhitzt
11 echauffiert
Erhitzung von Erzen
6 Roeste
erhöht(e, er, es) ...
· **Bühne**
6 Podium
· **Fußbodenteil**
7 Estrade
· **Gleisanlage**
8 Bahndamm
· **Kirchenraum**
4 Chor
· **Körpertemperatur**
6 Fieber
· **Platz**
6 Empore
7 Estrade, Galerie
· **Schlafstätte**
8 Hochbett
· **Sitz für die Kleinen**
11 Kinderstuhl
· **Sitzplätze**
6 Empore
· **Sitzreihen**
8 Tribuene
· **Verladebühne**
5 Rampe
Erhöhung
8 Anhebung
erholen
10 ausspannen
Erholung
3 Kur
4 Rast
5 Musse, Pause
6 Ferien, Urlaub
8 Freizeit
12 Regeneration
14 Rekonvaleszenz
Erholung im Wasser
12 Aquawellness
Erholungsort
3 Bad
6 Kurort, Seebad
7 Badeort, Heilbad
10 Luftkurort, Sanatorium
13 Sommerfrische
Erikagewächs
10 Heidekraut
erinnernder Mahnruf
7 Memento
Erinnerung
4 Memo
7 Mahnung
8 Andenken, Gedenken
10 Rueckblick
11 Gedaechtnis, Reminiszenz
Erinnerungen
8 Memoiren
13 Reminiszenzen

E

Erinnerungsbauwerk
7 Denkmal
Erinnerungsbild
7 Engramm
Erinnerungsbuch
5 Album
11 Sammelalbum
Erinnerungsstätte
7 Denkmal, Mahnmal
8 Monument
9 Mausoleum
Erinnerungsstück
8 Andenken, Souvenir
Erinnerungstafel
7 Marterl
Erinnerungsverlust
7 Amnesie
9 Vergessen
Erinnye
5 Furie
7 Megaere
8 Eumenide
12 Rachegoettin
erkälten
10 verkuehlen
Erkaltung
11 Auskuehlung
Erkältung
6 Grippe, Husten
7 Katarrh
9 Influenza
Erkältungserscheinung
6 Husten, Niesen
Erkennen einer Krankheit
8 Diagnose
Erkenntlichkeit
4 Dank
11 Anerkennung
Erkenntnis
6 Gnosis
8 Einsehen, Einsicht
12 Apperzeption
Erkenntnislehre
6 Noetik
13 Epistemologie
Erkennungswort
6 Losung
Erkennungszeichen
3 Mal
5 Marke
7 Merkmal
Erkennungsziffer
7 Chiffre
Erker am Haus
6 Vorbau

erklären
10 erlaeutern
Erklärer
9 Interpret
Erklärung
7 Deutung
9 Darlegung
11 Ausfuehrung, Deklaration
12 Erlaeuterung, Proklamation
13 Manifestation
14 Interpretation
Erklärung vor Gericht
7 Aussage
Erkrankung ...
· *durch* **Abkühlung**
10 Erkaeltung
· *der* **Leber**
9 Gelbsucht
Erkundigung
5 Frage
9 Nachfrage
Erlass
4 Ukas
5 Edikt, Irade
6 Dekret
7 Weisung
8 Amnestie
9 Anordnung
10 Bestimmung, Verfuegung, Verordnung
Erlass ...
· *von* **Kaisern und Königen**
5 Edikt
· *des* **Papstes**
5 Breve, Bulle
· *des* **Sultans**
5 Irade
· *des* **Zaren**
4 Ukas
Erlaubnis
6 Lizenz, Plazet
9 Billigung
10 Konzession, Permission, Zustimmung
11 Genehmigung
Erlaubnis haben
7 duerfen
Erläuterer
9 Erklaerer
erläutern
9 erklaeren
Erläuterung
6 Anhang, Glosse
9 Auslegung, Darlegung, Kommentar
14 Interpretation
15 Exemplifikation
Erle
5 Eller
Erlebnis
8 Eindruck
9 Abenteuer
10 Impression
erlebnishungrige Frau
11 Abenteuerin
Erlebnishungriger
10 Abenteurer
erledigt
6 fertig, vorbei
8 knock-out
erlegtes Wild
5 Beute
erleichtert
4 froh
9 zufrieden
erlernte Tätigkeit
5 Beruf
erlesen
4 edel
7 elegant, kostbar
8 exquisit, wertvoll
9 exzellent
10 ausgesucht, kultiviert
12 hervorragend, vortrefflich
erlesene Früchte
9 Tafelobst
Erleuchtung
4 Idee
7 Einfall
9 Eingebung, Intuition
11 Inspiration
12 Geistesblitz
erlittene ...
· **Peinigung**
4 Qual
6 Tortur
erlittener Schaden
7 Verlust
Erlogenes
3 Lug
5 Bluff
9 Schwindel
Erlös
6 Ertrag, Gewinn
7 Rendite
8 Einnahme
10 Reingewinn

Erlöser
5 Jesus
6 Retter
7 Heiland, Messias
8 Befreier
Erlöser aus einer Gefahr
6 Retter
ermächtigt
6 befugt
9 kompetent
Ermächtigung
9 Vollmacht
Ermahnung
12 Aufforderung
Ermattung
9 Ermuedung
Ermittler
8 Detektiv
Ermittlung
7 Enquete
9 Recherche
11 Inquisition
12 Ausforschung, Untersuchung
Ermittlung von Kosten
11 Kalkulation
Ermittlungsbüro
8 Detektei
Ermordung
9 Totschlag
ermüdend
3 oed
7 monoton
14 einschlaefernd
ermüdet
4 matt
7 schlapp
10 erschoepft
Ermüdung
9 Ermattung
Ernährungsform
5 Diaet
Ernennung
10 Nomination
11 Designation, Nominierung
erneuerte ...
· **Schuhsohle**
7 Doppler
12 Schuhdoppler
Erneuerung
6 Reform
10 Renovation
11 Reformation, Renovierung
12 Reformierung, Regeneration, Restauration
14 Modernisierung, Rekonstruktion
Erniedrigung
11 Degradation
15 Herabwuerdigung
ernstes Musikstück
9 Oratorium
ernsthaft
7 serioes
8 gediegen
10 anstaendig
Ernsthaftigkeit
12 Serioesitaet
Ernte
6 Ertrag
Erntearbeiter
9 Schnitter
Erntegerät
5 Sense
6 Sichel
10 Maehbinder
12 Maehdrescher, Maehmaschine
Erntemonat
7 Ernting
Ernüchterung
11 Desillusion
13 Enttaeuschung
17 Desillusionierung
Eroberer
7 Invasor
9 Aggressor, Bezwinger
12 Konquistador
erobern
8 besetzen, stuermen
9 einnehmen
Eröffnung
6 Beginn
7 Auftakt
10 Ouvertuere
Eröffnung ...
· *im* **Schach**
8 Spanisch
12 Sizilianisch
Eröffnungsart ...
· *im* **Schachspiel**
6 Gambit
10 Fianchetto
Eröffnungsmusik (Ballett)
6 Entree
Eröffnungsrede
9 Ansprache
Eröffnungsregatta
8 Ansegeln
Eröffnungsstück der Suite
7 Intrade
Erörterung
6 Disput, Exkurs
7 Debatte, Diskurs
8 Beratung
10 Diskussion
Erörterung ...
· *im* **Parlament**
7 Debatte
17 Bundestagsdebatte
Eroscenter
7 Bordell
Erotik
11 Liebeskunst
erotisch
4 sexy
Erpel
8 Enterich
erpicht
6 gierig
9 versessen
Erpressung
9 Noetigung
Erprobung
4 Test
7 Versuch
8 Pruefung
10 Experiment
erquicken
5 laben
Erquickung
4 Labe
6 Labsal
erregbar
7 reizbar
9 irritabel
erregbarer Mensch
10 Choleriker
erregen
6 wecken
11 hervorrufen
erregende Spannung
8 Dramatik
erregendes ...
· **Ereignis**
5 Drama
9 Sensation
Erreger
4 Keim
5 Virus
7 Mikrobe
8 Bakterie, Bazillus

E

erregt
7 gereizt, unruhig
11 aufgebracht
erregtes Streitgespräch
6 Disput
Erregung
3 Wut
4 Rage, Reiz, Zorn
6 Affekt
7 Emotion
Erregungsauslöser
4 Reiz
8 Stimulus
Errichter
7 Erbauer
8 Gruender
12 Konstrukteur
Errichtung
3 Bau
6 Aufbau
Errichtung von Gebäuden
7 Hausbau
Errungenschaft
4 Kauf
11 Akquisition
Ersatz
6 Behelf
7 Reserve
8 Aushilfe, Prothese, Surrogat
9 Ausgleich
12 Substitution
14 Entschaedigung
Ersatzanspruch
7 Regress
Ersatzdarsteller
6 Double
Ersatzkörperteil
8 Prothese
Ersatzmann
4 Vize
9 Reservist, Substitut, Suppleant
Ersatzreifen im Auto
10 Reserverad
Erschaffer
7 Kreator
9 Schoepfer
Erscheinung
6 Vision
7 Phantom
8 Gespenst
9 Phaenomen
Erscheinungsbild
8 Aussehen
Erscheinungsfest
10 Epiphanias
15 Dreikoenigsfest
Erscheinungsform
3 Art
7 Habitus
8 Aussehen, Variante
9 Phaenotyp, Varietaet
Erscheinungsvermerk
9 Impressum
Erschlaffung
6 Atonie
7 Paresis
erschlossenes Areal
7 Bauland
erschöpft
4 matt
5 muede
6 groggy
10 abgespannt, ausgepumpt
11 abgekaempft
Erschöpfung
9 Ermattung
Erschöpfungserscheinung
7 Apathie
Erschöpfungszustand
12 Neurasthenie
erschütterndes ...
· **Leid**
6 Tragik
9 Tragoedie
erschüttert
6 bewegt
9 ergriffen
11 aufgewuehlt, fassungslos
Erschütterung
5 Stoss
9 Vibration
Erschütterung ...
· *des* **Erdbodens**
8 Erdbeben, Erdstoss
erschwerend
10 gravierend
erschwerte Aufnahmefähigkeit
13 Lernschwaeche
Erschwerung
8 Handicap, Handikap
12 Komplikation
Erspartes
11 Notgroschen
erst
5 zuvor
7 primaer
erst(e, er, es) ...
· **Anstoß**
10 Initiative
· **Barthaare**
5 Flaum
· **Buch Mose**
7 Genesis
· **deutscher Bundeskanzler**
8 Adenauer
· **deutscher Bundespräsident**
5 Heuss
· **deutscher Reichskanzler**
8 Bismarck
· **deutscher Reichspräsident**
5 Ebert
· **dreistellige Zahl**
7 hundert
· **Erdsatellit**
7 Sputnik
· **europäische Universität**
7 Bologna
· **Frau**
3 Eva
· **Frau Jakobs**
3 Lea
· **Gang** (Menü)
6 Entree
· **Gebiss**
11 Milchzaehne
· **Geige**
9 Primgeige
· **Geiger**
6 Primas
14 Konzertmeister
· **General der Heilsarmee**
5 Booth
· **Generalsekretär der UNO**
3 Lie
· **Halswirbel**
5 Atlas
· **Hilfe für Verletzte**
10 Notverband
· **in der Klasse**
6 Primus
· **Januar**
7 Neujahr
· **Kanalschwimmerin**
6 Ederle
· **Kaufrate**
9 Anzahlung
· **König von Israel**
4 Saul

- **Kosmonaut**
  7 Gagarin
- **lateinische Bibelübersetzung**
  5 Itala
- **Lesebuch**
  5 Fibel
- **Mensch**
  4 Adam
- **Mondlandefähre**
  5 Eagle
- **Mörder**
  4 Kain
- **Mordopfer**
  4 Abel
- **öffentliche Aufführung**
  13 Urauffuehrung
- **öffentliches Auftreten**
  6 Debuet
- **Opernsängerin**
  10 Primadonna
- **Preis**
  11 Hauptgewinn
- **römischer Kaiser**
  8 Augustus
- **Sängerin**
  10 Primadonna
- **Schullesebuch**
  5 Fibel
- **Sohn Adams**
  4 Kain
- **Sohn Noahs**
  3 Sem
- **Solotänzerin**
  8 Assoluta
  14 Primaballerina
- **Stoß** (Sport)
  7 Anspiel
- **Stufe der Tonleiter**
  6 Tonika
- **Tänzerin**
  9 Ballerina
  14 Primaballerina
- **technischer Test**
  9 Probelauf
- **Tonstufe**
  4 Prim
  5 Prime
- **US-Präsident**
  10 Washington
- **Wurf** (Sport)
  7 Anspiel
- **Zeit der Ehe**
  13 Flitterwochen
- **zweistellige Zahl**
  4 zehn

erstarrtes Wasser
3 Eis

Erstattung ...
- *der* **Fahrtkosten**
  8 Wegegeld
  10 Benzingeld

Erstattungsanspruch
7 Regress

Erstauftritt
5 Debut
6 Debuet
8 Premiere

erstaunlich
5 enorm
11 frappierend
12 verblueffend

Erstbesteiger des Mount Everest
7 Hillary

Erster
6 Bester, Sieger

Erstgeborener
11 Stammhalter

Erstgeburtsrecht
12 Primogenitur

erstklassig
5 prima
11 vorzueglich
12 hervorragend

Erstklässler
11 Abcschuetze

Erstlingsfeder
5 Daune

erstmalig öffentlich Auftretende
11 Debuetantin

erstrebter Punkt
4 Ziel

Erstrecht
10 Prioritaet

Erstürmung eines Schiffes
8 Enterung

Ersuchen
5 Bitte
6 bitten
8 Petition

erteilte ...
- **Befugnis**
  9 Vollmacht
- **Erlaubnis**
  8 Befugnis

Erteilung der Gesetzeskraft
8 Sanktion

Ertönen von Glocken
7 Laeuten

Ertrag
4 Zins
5 Ernte
6 Erloes, Gewinn, Nutzen, Profit
7 Rendite
8 Ausbeute, Einnahme

ertragloser Boden
7 Oedland

ertragreich
8 ergiebig, rentabel
9 fruchtbar, produktiv

Eruption
6 Erguss
8 Ausbruch

eruptiv(e, er, es) ...
- **Ausbruch**
  6 Erguss
- **Ausströmen**
  9 ergiessen

Eruptivgestein
4 Bims, Lava, Tuff
6 Basalt, Diabas, Diorit, Gabbro
7 Porphyr
8 Melaphyr

erwägenswert
10 diskutabel

erwärmen
6 heizen

erwarteter Sieger
7 Favorit

Erweiterung
5 Anbau
6 Ausbau

Erwerb
4 Kauf, Lohn
9 Einkommen, Verdienst
11 Akquisition, Anschaffung

Erwerb gegen Zahlung
6 Ankauf

erwerben
8 aneignen
9 einkaufen

Erwerbslosigkeit
16 Arbeitslosigkeit

Erwerbstätigkeit
5 Beruf
6 Arbeit
14 Beschaeftigung
16 Berufstaetigkeit

E

E

erwerbsunfähig
7 invalid
8 invalide
Erwerbung
4 Kauf
11 Anschaffung
Erwiderung
6 Replik
7 Antwort
9 Gegenrede
10 Entgegnung
Erwiderung auf Kontra
2 Re
Erwirtschaftetes
6 Ertrag
Erwünschtes
9 Desiderat
erzählend
6 episch
erzählend(e, er, es) ...
· **Dichter**
6 Epiker
· **Dichtkunst**
4 Epik
· **Dichtung**
4 Epos, Saga, Sage
5 Fabel, Roman, Story
6 Mythos
7 Ballade, Legende, Novelle
8 Maerchen
10 Geschichte
Erzähler
6 Epiker
7 Dichter
9 Novellist, Romancier
Erzählungsform
7 Parabel
Erzbergwerk
4 Mine
Erzbischof
6 Primas
9 Patriarch
10 Metropolit
Erzbischof von Genua
4 Siri
Erzengel
5 Uriel
7 Gabriel, Michael, Raphael
Erzeuger
9 Fabrikant, Produzent
10 Hersteller
Erzeugnis
4 Ware
7 Artikel, Produkt
8 Fabrikat
Erzeugnis ...
· *ohne* **chemische Zusätze**
12 Naturprodukt
· **hoher Güte**
16 Qualitaetsarbeit
Erzeugung
10 Produktion
11 Fabrikation
Erzgang
4 Ader
Erzhafen in Norwegen
8 Kirkenes
Erzieher
5 Tutor, Vater
6 Eltern, Lehrer, Mentor
7 Vormund
9 Paedagoge
Erzieher ...
· **Samuels**
3 Eli
· *für* **Vierbeiner**
12 Hundetrainer
Erzieherehepaar
6 Eltern
12 Pflegeeltern
13 Adoptiveltern
Erziehergremium
12 Elternbeirat
Erzieherin
5 Bonne, Nurse
6 Mutter
8 Lehrerin
10 Paedagogin
11 Gouvernante
12 Hauslehrerin
14 Kindermaedchen
erzieherisch
12 paedagogisch
erzieherische Härte
7 Strenge
Erziehung
5 Zucht
7 Anstand
Erziehungsanstalt
8 Internat
13 Fuersorgeheim
Erziehungsanstalt für Mädchen
9 Pensionat
Erziehungslehre
10 Paedagogik
erzielter ...
· **Effekt**
7 Wirkung
· **Treffer**
3 Tor
Erzittern ...
· *des* **Bodens**
5 Beben
8 Erdbeben
Erzpocher
5 Hauer
6 Haeuer
Erzschelm
12 Eulenspiegel
erzürnt
10 veraergert
11 aufgebracht
Erzürntheit
3 Wut
5 Grimm
Erzvater
9 Patriarch
Erzvater im Alten Testament
7 Abraham
Erzverarbeitungslehre
11 Metallurgie
erzwungen
8 ertrotzt
9 gewaltsam
11 widerwillig
12 unfreiwillig
Esaus ...
· **Bruder**
5 Jakob
· **Mutter**
7 Rebekka
· **Vater**
5 Isaak
Esel
7 Langohr
8 Einhufer, Grautier
Eselei
7 Torheit
Eselsabart
8 Maulesel, Maultier
Eselsart
6 Onager
Eselsruf
3 iah
Eskalation
10 Steigerung
14 Aufschaukelung
Eskapade
12 Seitensprung
Eskimoboot
5 Kajak, Umiak
Eskimohund
5 Husky

Eskimohütte
4 Iglu
Eskimojacke
6 Anorak
Eskorte
6 Geleit
10 Begleitung
11 Ehrengeleit
17 Begleitmannschaft
Esprit
4 Witz
5 Geist
Essay
7 Aufsatz, Versuch
10 Abhandlung
essbar(e, er, es) ...
· **blütenlose Pflanze**
11 Austernpilz
· **Dinge**
7 Nahrung
10 Viktualien
12 Lebensmittel
14 Nahrungsmittel
· **Früchte**
4 Obst
6 Beeren
· **Geflügelinnerei**
11 Gaenseleber
· **Kastanienfrucht**
6 Marone
· **Kolbenpflanze**
10 Zuckermais
· **Kultur auf Käse** (Roquefort)
8 Edelpilz
· **Meeresschnecke**
7 Abalone
· **Meerestier**
11 Schellfisch
· **Meermuschel**
6 Auster
· **Naturprodukt**
12 Gartenfrucht
· **Pflanzen**
7 Gemuese
· **Pflanzenteil**
6 Frucht
· **Schaum**
8 Eischnee
· **Schwamm** (Mz.)
8 Mehlpilz
· **Sporenpflanze**
8 Mehlpilz
· **Stachelhäuter des Atlantiks**
7 Seeigel
· **Teil des Obstes**
13 Fruchtfleisch
· **Tiereingeweide**
7 Innerei, Kutteln
9 Innereien, Kaldaunen
Eßbares zum Grillen
12 Bauchfleisch
Essbedürfnis
6 Hunger
7 Appetit
Essbesteckteil für den Nachtisch
14 Dessertloeffel
Esse
4 Lohe
5 Kamin
6 Schlot
9 Rauchfang
11 Schornstein
Essen
4 Mahl
5 Diner, Lunch, Menue
6 Dinner, Speise
7 Nahrung
8 Gastmahl, Mahlzeit
Essener ...
· **Großbau**
10 Grugahalle
· **Konzern**
5 Krupp
Essenplan
12 Speisezettel
Essenspause
10 Jausenzeit
Essensversorgung
9 Bewirtung
Essenz
5 Geist, Wesen
6 Auszug, Gehalt
9 Wesenheit
essenziell
7 wichtig
10 wesentlich
Essenzubereiter
4 Koch
Esser
9 Verzehrer
Essgefäße
8 Geschirr
Essgefäße beim Zelten
15 Campinggeschirr
Essgerät
5 Gabel
6 Messer
7 Besteck, Loeffel
8 Geschirr
9 Staebchen
Essgeräte für eine Person
7 Besteck
Essgerätesatz
13 Silberbesteck
Essgeräusch
9 Schmatzen
Essgeschirr
4 Napf
5 Tasse
6 Platte, Schale, Teller
7 Terrine
8 Sauciere
9 Schuessel
Essgier
14 Gefraessigkeit
Essigäther
5 Ester
Essigbaum
4 Rhus
Essiggeist
6 Aceton, Azeton
essigsaures ...
· **Salz**
6 Acetat, Azetat
Esskastanie
6 Marone
Esskastanien
7 Maronen
Esslokal
8 Gasthaus
9 Wirtshaus
10 Restaurant, Wirtschaft
11 Gaststaette, Imbissstube
Essraum ...
· *in* **Betrieben**
7 Kantine
· *für* **Studenten**
5 Mensa
Essservice
13 Tafelgeschirr
Esstrieb
6 Hunger
Este
5 Balte
Estland, Lettland und Litauen
8 Baltikum

E

estnisch(e, er, es) ...
- **Hauptstadt**
  5 Reval
  7 Tallinn
- **Name für Estland**
  5 Eesti
- **Ostseeinsel**
  5 Oesel
- **Universitätsstadt**
  5 Tartu
  6 Dorpat

Estragon
7 Beifuss
etablierte Gesellschaft
13 Establishment
Etablissement
7 Bordell
Etage
5 Stock
8 Geschoss
9 Stockwerk
Etagere
7 Gestell
8 Stellage
Etappe
3 Weg
5 Phase, Route, Stufe
Etat
6 Budget
8 Haushalt
13 Haushaltsplan
14 Staatshaushalt
Ethik
5 Moral, Sitte
9 Wertlehre
10 Morallehre
11 Sittenlehre
ethisch
8 sittlich
9 moralisch
ethische Haltung
8 Purismus
ethischer ...
- **Begriff**
  4 Ehre, Reue
  5 Ethos, Luege, Moral, Sitte, Treue
  6 Schuld, Suehne, Tugend, Wuerde
  8 Gewissen, Wahrheit
  9 Charakter, Gesinnung
  12 Sittengesetz, Sittlichkeit

ethnische ... (Mehrzahl)
- **Gruppe**
  4 Roma
  5 Sinti

Ethnologie
12 Voelkerkunde
Ethologie
19 Verhaltensforschung
Ethos
5 Moral, Sitte
12 Sittlichkeit
18 Pflichtbewusstsein
Etikett
5 Label
9 Aufkleber
10 Schildchen
11 Preisschild
Etikette
6 Sitten
11 Zeremoniell
12 Hoeflichkeit
13 Umgangsformen
etliche
6 einige, manche
7 mehrere
Etui
6 Huelle, Kapsel
8 Futteral
9 Behaelter
etwa
4 rund
5 quasi, zirka
9 eventuell, ungefaehr
10 vielleicht
14 gleichermassen
16 schaetzungsweise
etwas ...
- **befühlen**
  9 beruehren
- **ebenfalls verzehren**
  8 mitessen
- **rühmend empfehlen**
  9 anpreisen
- *vom* **Schiff an Land schaffen**
  8 anlanden
- **zurückgebliebener Jugendlicher**
  15 Spaetentwickler

etwas, worüber man nicht spricht
4 Tabu
Eucharistie
9 Abendmahl, Kommunion
14 Altarsakrament
Eucharistiefeier
14 Altarsakrament
eucharistisches Brot
6 Hostie
Eugenik
23 Erbgesundheitsforschung
Eulenart
3 Uhu
4 Kauz
8 Waldkauz
9 Steinkauz
12 Schleiereule
Eulenspiegelei
6 Scherz
7 Streich
Eulenvogel ► Eulenart
euphemisch
13 beschoenigend
Euphorie
6 Rausch
7 Ekstase
eurasischer Staatenbund
3 GUS
eurasisches Gebirge
4 Ural
Europa und Asien
8 Eurasien
Europäer
3 Ire
4 Este, Pole
5 Balte, Brite, Daene, Finne, Flame, Lette, Russe, Serbe, Ungar
6 Kroate, Zyprer
7 Albaner, Belgier, Bulgare, Grieche, Litauer, Rumaene, Schotte, Schwede, Slowake, Slowene, Spanier, Wallone
8 Franzose, Malteser, Norweger, Tscheche, Ukrainer, Zypriote
9 Deutscher, Islaender, Italiener, Jugoslawe, Monegasse, Schweizer
10 Andorraner, Englaender, Hollaender, Portugiese
11 Luxemburger, Sanmarinese
12 Skandinavier
13 Niederlaender, Oesterreicher
15 Liechtensteiner

Europäer ...
- *im* **Baltikum**
  4 Este
  5 Lette

Europäerin
6 Finnin
8 Schottin, Schwedin
9 Tschechin

Europäerin ...
- *im* **Baltikum**
  5 Estin
  6 Lettin

europäisch(e, er, es) ...
- **Atomforschungsgesellschaft**
  7 Euratom
- **Atomforschungszentrum**
  4 CERN
- **Binnenmeer**
  6 Ostsee
- **Fluss**
  4 Maas
- **Freihandelszone**
  4 EFTA
- **Fürstentum**
  6 Monaco
  13 Liechtenstein
- **Gebirgszug**
  5 Alpen
  6 Balkan
  7 Apennin
  8 Karpaten
  9 Apenninen, Pyrenaeen
- **Gemeinschaft**
  2 EG
- **Grenzgebirge**
  4 Ural
- **Großherzogtum**
  9 Luxemburg
- **Hauptstadt**
  3 Rom
  4 Bern, Oslo, Prag, Roma, Wien
  5 Athen, Paris, Sofia, Vaduz
  6 Berlin, Dublin, Lisboa, London, Madrid, Monaco, Moskau, Tirana, Zagreb
  7 Belgrad, Nikosia
  8 Bruessel, Budapest, Bukarest, Helsinki, Lissabon, Valletta, Warschau
  9 Amsterdam, Luxemburg, Reykjavik, San Marino, Stockholm
  10 Kopenhagen
- **Hochgebirge**
  5 Alpen
- **Hochgebirgsteil**
  8 Ostalpen
- **Inselbewohner**
  3 Ire
  5 Brite, Korse, Sarde
  9 Irlaender, Islaender
- **Inselstaat**
  5 Malta
  6 Irland, Island
  7 Ireland
  15 Grossbritannien
- **Inselvolk**
  4 Iren
  6 Briten
- **Königreich**
  7 Belgien, Spanien
  8 Norwegen, Schweden
  9 Daenemark
  11 Niederlande
  15 Grossbritannien
- **Luftfahrtprojekt**
  11 Eurofighter
- **Meer**
  6 Ostsee
  7 Nordsee
- **Rakete**
  6 Ariane
- **Randgebirge**
  15 Alpenauslaeufer
- **Staat**
  5 Malta, Polen
  6 Irland, Island, Monaco, Ungarn
  7 Andorra, Belgien, Holland, Italien, Schweiz, Serbien, Spanien, Vatikan
  8 Albanien, Finnland, Kroatien, Norwegen, Portugal, Schweden, Slowakei
  9 Bulgarien, Daenemark, Luxemburg, Rumaenien, San Marino, Slowenien
  10 Frankreich, Montenegro
  11 Deutschland, Niederlande, Oesterreich
  12 Griechenland, Vatikanstaat, Vatikanstadt
  13 Liechtenstein
  15 Grossbritannien
  20 Tschechische Republik
  25 Bundesrepublik Deutschland
- **Staat in der Landessprache**
  6 Italia
- **Strom**
  2 Po
  3 Don
  4 Ebro, Elbe, Kama, Oder
  5 Donau, Rhein, Rhone, Tiber, Wolga
  6 Dnjepr, Moldau, Themse
  8 Weichsel
  9 Petschora
- **Trägerrakete**
  6 Ariane
- **TV-Satellit**
  5 Astra
- **Ureinwohner**
  7 Germane
- **Völkergruppe**
  6 Balten, Basken, Finnen, Kelten, Lappen, Slawen
  7 Romanen
  8 Germanen, Magyaren
- **Vulkan**
  4 Etna
  5 Aetna, Askja, Hekla, Vesuv
  9 Stromboli
- **Währungseinheit**
  4 Euro
- **Weltraumorganisation**
  3 ESA
- **Wildrind**
  6 Wisent
- **Zwergstaat**
  7 Andorra

Euterteil
5 Zitze

Evakuierung
8 Raeumung
11 Aussiedlung

evangelische ...
- **Christen**
  7 Unierte
  10 Hugenotten, Lutheraner
  11 Reformierte
  12 Protestanten
- **Würdenträgerin**
  10 Bischoefin

evangelischer Hilfsgeistlicher
6 Diakon

Evangelist
5 Lukas
6 Markus

E

8 Johannes, Prediger
9 Matthaeus
14 Wanderprediger
Evangelium
13 Frohbotschaft
14 Frohe Botschaft, Heilsbotschaft
Evastochter
4 Frau
8 Maedchen
Event
8 Ereignis
13 Veranstaltung
eventuell
10 vielleicht
15 moeglicherweise
evident
8 glasklar, offenbar
11 offenkundig
12 einleuchtend
15 augenscheinlich
ewig
5 immer, stets
6 endlos
7 zeitlos
8 immerdar
9 unendlich
13 unaufhoerlich
ewig lange Zeiten
6 Aeonen
ewige Stadt
3 Rom
Ewigkeit
4 Aeon
9 Weltalter
exakt
5 genau
7 praezis, sorgsam
8 praezise, treffend
10 gruendlich
11 sorgfaeltig
12 gewissenhaft
exaktes Zitat
8 Wortlaut
exaltiert
10 empfindsam, ruehrselig
11 ueberspannt
Examen
8 Pruefung
Examinand
8 Kandidat
9 Pruefling
Exchampion
10 Altmeister

Exegese
14 Bibelauslegung
Exekution
11 Hinrichtung
13 Vollstreckung
Exempel
6 Muster
7 Aufgabe
8 Beispiel
Exemplar
6 Muster, Stueck
12 Einzelstueck
exemplarisch
11 vorbildlich
12 beispielhaft
13 mustergueltig
Exfrau von Boris Becker
4 Babs
Exhaustor
8 Absauger, Geblaese
10 Entluefter, Ventilator
Exhibitionist
13 Sittenstrolch
Exhumierung
10 Ausgrabung
Exil
10 Emigration, Verbannung
14 Verbannungsort
existent
2 da
4 real
8 wirklich
9 bestehend, vorhanden
Existenz
5 Leben
6 Dasein
9 Auskommen, Unterhalt
existenzialistischer ...
· **Philosoph**
5 Camus
6 Sartre
7 Jaspers
9 Heidegger
11 Kierkegaard
Existenzniveau
14 Lebensstandard
Exitus
3 Tod
7 Ableben, Sterben
Exkaiserin ...
· *des* **Iran**
5 Farah
6 Soraya

exklusiv
6 feudal
7 vornehm
Exkommunikation
4 Bann
11 Kirchenbann
17 Kirchenausschluss
Exkremente
9 Faekalien
Exkurs
6 Anhang, Zusatz
10 Abhandlung
12 Abschweifung
Exkursion
7 Ausflug
9 Lehrfahrt, Streifzug, Wanderung
11 Lehrausflug
12 Studienfahrt
Exmission
8 Raeumung
Exodos
11 Schlusschor, Schlussteil
13 Schlussgesang
Exodus
6 Auszug
9 Bibelteil
11 Abwanderung
12 Auswanderung
exotisch
5 fremd
10 fremdartig
14 fremdlaendisch
exotisch(e, er, es) ...
· **Ampelblattpflanze**
10 Geweihfarn
· **Ampelfarn**
10 Elchgeweih
· **Edelholz**
4 Teak
· **Frucht**
4 Kiwi
· **Frucht, Baumtomate**
9 Tamarillo
· **Harz**
9 Weihrauch
· **Käfigvogel**
13 Wellensittich
· **Pflanzenfaser**
9 Sisalhanf
· **Raubkatze**
5 Tiger
6 Gepard
7 Leopard

- **Stachelpflanze**
  6 Kaktee
- **Vogel**
  7 Papagei
- **Zierpflanze**
  8 Orchidee

Expansion
10 Ausdehnung
11 Ausbreitung

Expedient
8 Absender
9 Versender
13 Versandleiter
18 Reisebuerokaufmann

Expedition
15 Forschungsreise
16 Versandabteilung

Experiment
4 Test
5 Probe
6 Wagnis
7 Versuch

Experiment mit Samen
9 Keimprobe

Experimentiergefäß
7 Retorte
11 Reagenzglas

Experte
6 Kenner
7 Koenner
8 Fachmann
9 Gutachter, Routinier
10 Sachkenner, Spezialist
15 Wissenschaftler

Expertin
8 Kennerin

Expertise
9 Gutachten

explodieren
7 platzen

explodierender ...
- **Stern**
  4 Nova
  9 Supernova

Explosion
5 Knall, Krach
6 Schlag
7 Bersten, Krachen, Platzen
9 Sprengung
10 Detonation

Explosionsauslösung
8 Zuendung

Explosionsgeräusch
5 Knall

Explosivgeschoss
4 Mine
5 Bombe
6 Rakete
7 Torpedo
11 Handgranate

Explosivmaterial ▶ Explosivstoff

Explosivstoff
3 TNT
7 Melinit
13 Nitroglyzerin, Schiesspulver, Schwarzpulver
14 Nitrozellulose, Trinitrotoluol
16 Knallquecksilber

Exponent
8 Hochzahl
9 Vertreter
13 Repraesentant

Export
7 Ausfuhr
9 Biersorte

Exposé
4 Plan
6 Skizze
7 Entwurf

Expräsident von Südafrika
7 Mandela

express
5 eilig, rasch
7 eiligst, schnell
9 schleunig
10 namentlich
11 schleunigst

expressis verbis
13 ausdruecklich

expressiv
13 ausdrucksvoll

expressive Musik
4 Soul

exquisit
4 edel
7 erlesen, kostbar
9 exzellent
10 ausgesucht
11 erstklassig, vorzueglich

extern
8 draussen
10 ausserhalb, auswaertig
11 aeusserlich

extra
6 aussen, ausser, eigens
8 nebenbei
9 ausserdem, besonders
10 ausserhalb
11 zusaetzlich
13 ausdruecklich

extra scharfe Würztunke
12 Tabascososse

Extrablatt
13 Sonderausgabe

Extrakt
6 Auszug, Essenz
13 Herausloesung

Extraraum ...
- *im* **Lokal**
  7 Separee, Separée

extravagant
8 versnobt

extrem
5 krass
6 scharf
7 radikal
11 ausgepraegt

extrem ...
- **gekleideter Mann**
  4 Geck
- **komfortabler Dampfer**
  10 Luxusliner

extrem(e, er, es) ...
- **Lichtverstärker**
  5 Laser
- **Überlebensfähigkeit**
  8 Anabiose

Extremist
5 Ultra
10 Radikalist

Extremität
3 Arm
5 Glied
10 Gliedmasse

exzellent
8 exquisit
11 vorzueglich
12 hervorragend, vortrefflich
13 ausgezeichnet

Exzess
5 Orgie
13 Ausschreitung, Ausschweifung, Masslosigkeit

E

F

F

Fabel
4 Fama, Maer
10 Erzaehlung
Fabelflugtier
5 Greif
fabelhaft
10 grossartig
11 erstaunlich
17 aussergewoehn-lich
Fabelland
5 Thule
6 Dorado, Utopia
8 Arkadien, Atlantis, Eldorado, Paradies
15 Schlaraffenland
Fabelname ...
· *des* **Adlers**
3 Aar
· *des* **Bären**
4 Petz
5 Braun
· *des* **Dachses**
8 Grimbart
· *des* **Esels**
7 Langohr
· *des* **Fuchses**
7 Reineke
· *der* **Füchsin**
11 Frau Reineke
· *des* **Hahnes**
7 Henning
· *des* **Hasen**
5 Lampe
· *des* **Katers**
6 Murner
· *des* **Löwen**
3 Leo, Leu
· *des* **Storches**
6 Adebar
· *des* **Wolfes**
7 Isegrim
Fabeltier
6 Drache
7 Drachen, Einhorn, Werwolf
8 Basilisk, Lindwurm
10 Tatzelwurm
Fabeltier des Meeres
12 Seeungeheuer
Fabelvogel
5 Greif
Fabelwesen
3 Fee
4 Elfe, Gnom
5 Greif, Troll
6 Meduse, Sphinx
7 Kentaur, Phoenix, Zentaur
Fabrik
4 Werk
7 Betrieb
Fabrikat
4 Ware
5 Marke
7 Artikel, Produkt
9 Erzeugnis
Fabrikrestaurant
7 Kantine
Fabrikschornstein
4 Esse
6 Schlot
Fabrikzeichen
5 Marke
9 Trademark
12 Warenzeichen
Fach
4 Lade
5 Regal, Zweig
6 Gebiet, Rubrik, Sparte
7 Branche, Ressort
9 Abteilung, Disziplin, Schublade
Fach im Zugabteil
11 Gepaecknetz
Facharbeiter
6 Bohrer, Heizer
7 Fraeser
9 Justierer
10 Maschinist, Mechaniker
14 Feinmechaniker
Facharbeiter an Kraftmaschinen
6 Heizer
Facharzt
6 Anatom
7 Chirurg, Dentist, Urologe
8 Hautarzt, Zahnarzt
9 Internist, Neurologe, Paediater
10 Frauenarzt, Kardiologe, Kinderarzt, Orthopaede, Psychiater
11 Dermatologe, Gynaekologe
13 Roentgenologe
15 Psychotherapeut
Facharzt für Operationen
7 Chirurg
Fachärztin
11 Orthopaedin
Fachausdruck
8 Terminus
17 Terminus technicus
Fachausdruck
· *der* **Akustik**
11 Beschallung
Fachausdruck beim Fußball
► Fußballausdruck
Fachauskunft
8 Beratung
Fachbearbeiter
9 Dezernent
Fachbericht
7 Referat
Fachblatt
5 Organ
fächerartige Flussmündung
5 Delta
Fächerpalme
3 Dum, Eta, Ita
Fachgebiet
6 Sparte
7 Bereich, Ressort
9 Disziplin
Fachgebiet der Medizin
8 Urologie
Fachgeschäft
8 Drogerie
Fachgespräch
10 Kolloquium
Fachgröße
9 Koryphaee
10 Kapazitaet
Fachhelferin
9 Beraterin
10 Ratgeberin
Fachhilfe leisten
7 beraten
Fachhochschule
8 Akademie
9 Technikum
13 Kunstakademie, Polytechnikum
14 Konservatorium

Fachingenieur
8 Statiker
fachkundig ▶ fachmännisch
Fachleute
12 Spezialisten
fachlich sicher
4 firm
fachliche Unterweisung
8 Beratung
Fachmann
6 Kenner
7 Experte, Koenner
10 Spezialist
17 Sachverstaendiger
Fachmann für Rebensäfte
10 Weinkenner
fachmännisch
7 gekonnt
12 qualifiziert
13 professionell
fachmännisches Urteil
9 Gutachten
Fachmediziner (▶ auch Facharzt)
7 Urologe
8 Zahnarzt
9 Augenarzt, Ohrenarzt
10 Orthopaede
Fachsprache
6 Jargon
12 Terminologie
Fachverkäufer
7 Drogist
Fachvortrag
7 Referat
Fachwerkgebäude
10 Riegelhaus
Fachwirkung
7 Kolorit
Fachwort
8 Terminus
Fachzeitung
5 Organ
Fackel
8 Kienspan
fad
5 banal, schal
10 ungewuerzt
11 abgestanden, alltaeglich
12 geschmacklos, nichts sagend
Fädchen
5 Faser
6 Fussel
Faden
4 Garn
5 Faser, Zwirn
Faden ...
· *zum* **Ausbessern**
9 Stopfgarn
· *aus* **Darm**
6 Katgut
· *zur* **Dentalpflege**
9 Zahnseide
Fäden aus Ziegenwolle
8 Haargarn
Fadengewichtseinheit
3 Den
6 Denier
Fadenloch
9 Nadeloehr
Fadennudeln
8 Spagetti
9 Spaghetti
Fadenreste
6 Flusen
Fadenrolle
5 Spule
fadenscheinig
9 abgenutzt
14 vordergruendig
Fadenspule
9 Garnrolle
Fadenstärke (Abkürzung)
3 Den
Fadenverschlingung
6 Knoten
Fadenwurm
7 Aelchen
8 Nematode, Trichine
fad-witziges Wortspiel
7 Kalauer
fähig
5 habil
6 begabt
7 passend
8 geeignet, tauglich, tuechtig
10 talentiert
Fähigkeit
4 Gabe
6 Talent
7 Eignung, Koennen
8 Begabung, Geschick
fahl
5 blass
6 bleich
fahles Pferd
5 Falbe
Fahlheit
7 Blaesse, Bleiche
13 Farblosigkeit
Fahndung
5 Suche
10 Aufspueren
11 Aufspuerung
Fahndungsblatt
10 Steckbrief
Fahndungsstreife
6 Razzia
Fahne
6 Banner, Flagge
9 Standarte
Fahne ...
· **Dänemarks**
8 Danebrog
· **Frankreichs**
9 Trikolore
Fahnenflucht
9 Desertion
Fahrausweis ▶ Fahrkarte
Fahrbahn ...
· *für* **Fahrräder**
6 Radweg
· **neben einer Straße**
6 Radweg
Fahrbahnmarkierung
10 Haltelinie
Fahrbahnstreifen
4 Spur
fahrbar
5 mobil
13 transportabel
fahrbar(e, er, es) ...
· **Bagger**
4 Trax
· **Beistelltisch**
12 Servierwagen
· **Dampfmaschine**
3 Lok
10 Lokomotive
15 Dampflokomotive
· **Serviertisch**
8 Teewagen
· **Transportbehälter für Waren**
13 Einkaufswagen
Fährboot
4 Naue
fahrende ...
· **Leute**
8 Artisten
10 Zirkusvolk
14 Nichtsesshafte

F

Fahrer
6 Lenker
8 Steuerer
9 Chauffeur, Schoffoer
Fahrerkopfschutz
4 Helm
10 Schutzhelm
12 Integralhelm
Fahrerlaubnis
13 Fuehrerschein
Fahrersitz im Flugzeug
7 Cockpit
Fahrgast
6 Sozius
7 Insasse
9 Beifahrer, Mitfahrer, Passagier
Fahrgastbetreuerin
10 Stewardess
Fahrgästeverzeichnis
14 Passagierliste
Fahrgastschiff
16 Passagierdampfer
Fahrgeschwindigkeitsmesser
5 Tacho
10 Tachometer
Fahrgestell
7 Chassis
Fahrgestell für Trabrennen
5 Sulky
fahrig
7 nervoes, reizbar
9 aufgeregt
14 unkonzentriert
fahriger Mensch
8 Schussel
Fahrkarte
6 Ticket
7 Billett
9 Flugkarte, Umsteiger
Fahrkartenkontrolleurin
11 Schaffnerin
fahrlässig
10 unbesonnen
11 absichtslos
Fährmann
5 Ferge
Fährmann der griechischen Mythologie
6 Charon
Fahrplanübersicht
8 Kursbuch
Fahrpreisanzeiger
9 Taxameter
Fahrpromenade
5 Korso
Fahrrad
4 Velo
Fahrrad ...
· *mit* **Hilfsmotor**
5 Moped, Solex
6 Mokick
· *für* **unwegsames Gelände**
11 Trekkingrad
· *für* **zwei Personen**
6 Tandem
Fahrradteil
3 Rad, Zug
4 Nabe
5 Felge, Pedal
6 Dynamo
7 Klingel, Speiche
9 Schaltung
10 Lenkstange, Ruecktritt
11 Schutzblech
Fahrradvorläufer
8 Draisine
Fahrradzubehör
9 Luftpumpe
Fahrspur ...
· *von* **Zügen**
5 Gleis
7 Geleise
Fahrstuhl
4 Lift
6 Aufzug
11 Paternoster
Fahrt
4 Trip
5 Reise
7 Ausflug
Fahrt ...
· *nach* **Hause**
9 Heimreise
· *mit dem* **Segelboot**
5 Toern
· *zum* **Zielort**
7 Anreise
Fahrt der Neuvermählten
14 Hochzeitsreise
Fährte
7 Abdruck
Fahrtenbuch für Schiffe
7 Logbuch
Fahrtenschreiber
9 Tachograf
10 Tachograph
Fahrtrichtung
4 Kurs
5 Route
Fahrtrichtung eines Flugzeugs
4 Kurs
Fahrtweg
10 Reiseroute
Fahrtwind
5 Brise
Fahrunterricht Erteilender
10 Fahrlehrer
Fahrwasserkundiger
5 Lotse
Fahrwasserrinne im Wattenmeer
5 Priel
Fahrweg für den Urlaub
10 Reiseroute
Fahrzeug ▶ Verkehrsmittel
Fahrzeug ...
· *für* **Babys**
11 Kinderwagen
· *für* **Kinder**
6 Roller
7 Dreirad, Kettcar
11 Seifenkiste
· *für* **Kleinkinder**
5 Buggy
10 Sportwagen
· *für* **Kranke**
9 Rollstuhl
· *mit* **Ladefläche**
14 Lastkraftwagen
· *im* **Straßenbau**
10 Dampfwalze
· *im* **Weltall**
10 Raumschiff
Fahrzeug wenden
11 reversieren
Fahrzeugbesitzer
6 Halter
Fahrzeugluftreifen
4 Pneu
Fahrzeugoberbau
10 Karosserie
Fahrzeugschaden
5 Beule, Delle, Panne
6 Defekt
8 Schramme
9 Autopanne
Fahrzeugteil
3 Rad
5 Achse

8 Wagenrad
9 Hinterrad, Vorderrad
Fahrzeugversicherung
5 Kasko
9 Teilkasko, Vollkasko
11 Haftpflicht
Faible
4 Hang
7 Neigung
8 Vorliebe
9 Schwaeche
Faible ...
· *für* **England**
11 Anglophilie
· *für* **Frankreich**
12 Frankophilie
fair
6 sauber
7 ehrlich, redlich
10 anstaendig
12 regelgemaess
faire Gesinnung
10 Loyalitaet
Fäkalien
10 Exkremente
14 Ausscheidungen
Fakir
4 Yogi
5 Asket
Faksimile
9 Nachdruck
12 Reproduktion
Fakt ► Faktum
Faktor
7 Umstand
12 Druckmeister, Multiplikant
13 Multiplikator
14 Setzereileiter
Faktotum
6 Diener, Helfer
7 Gehilfe
Faktum
8 Tatsache
10 Tatbestand
11 Sachverhalt
Faktur
8 Rechnung
12 Lieferschein
Fakultas
16 Lehrberechtigung
fakultativ
8 wahlfrei
10 freiwillig
Fakultätsleiter
5 Dekan
Fakultätsverwaltung
7 Dekanat
Falbe
5 Pferd
falbes Pferd
8 Isabelle
Falkenabrichter
7 Falkner
9 Falknerin
Falkenjagd
5 Beize
Falkenmännchen
6 Terzel
Falkenvogel
5 Adler, Milan, Weihe
7 Habicht
9 Turmfalke
Falklandinseln
8 Malvinen, Malwinen
Fall
4 Bums
5 Kasus, Sache, Sturz
7 Abstieg
10 Niedergang, Vorkommnis
13 Angelegenheit
Fall in die Tiefe
7 Absturz
Fallbeil
8 Schafott
10 Guillotine
Fallen der Börsenkurse
6 Baisse
Fallensteller
7 Trapper
Fallhammer
5 Ramme
8 Rammbaer
Fallhöhe
8 Gefaelle
Fallklotz
5 Ramme
Fallklötze
6 Rammen
Fallreep
13 Schiffstreppe
falls
10 angenommen
Fallsucht
9 Epilepsie
Fallwind
4 Bora
5 Foehn
7 Mistral
falsch
5 irrig
6 unecht
8 verkehrt, verlogen
11 irrtuemlich
12 heuchlerisch, hinterlistig, unaufrichtig
falsch geleitete Post
10 Irrlaeufer
falsch(e, er, es) ...
· **Akazie**
7 Robinie
· **Aussage**
5 Luege
· **Eid**
7 Meineid
· **Folgerung**
11 Trugschluss
· **Glanz**
4 Tand
7 Flitter
9 Blendwerk
· **Glaube**
8 Haeresie, Irrlehre
· **Haarteil**
6 Toupet
8 Peruecke
· **Handeln**
6 Fehler
13 Fehlverhalten
· **Lebensführung**
5 Abweg
· **Nahrungsmittelauswahl**
14 Fehlernaehrung
· **Richtung**
6 Irrweg
· **Schein**
4 Trug
8 Trugbild
10 Taeuschung
· **Schmuck**
5 Talmi
6 Strass
· **Schwur**
7 Meineid
· **Spur**
6 Irrweg
· **Theorie**
8 Irrlehre
· **Vorbild**
4 Idol
· **Zähne**
10 Zahnersatz
· **Zeitungsmeldung**
4 Ente

F

F

Fälscher
9 Betrueger
10 Schwindler
Falschgeld
6 Bluete
Falschheit
3 Arg
Falschmünzer
9 Betrueger
Fälschung
9 Imitation
10 Falsifikat
Falsett
10 Kopfstimme
12 Fistelstimme
Falsifikat
10 Faelschung
faltbare(e, er, es) ...
· **Freizeitmöbelstück**
11 Sonnenstuhl
· **Tragetasche**
6 Beutel
· **Unterkunft**
4 Zelt
5 Biwak
· **Zimmereingangsklappe**
12 Lamellentuer
Falte
5 Knick, Kniff
Faltenbesatz
6 Krause
7 Ruesche
faltenlos
5 glatt
Faltenstoff
7 Plissee
Faltenwurf
6 Behang
8 Draperie
Falter
13 Schmetterling
14 Schmetterlinge
Falterlarve
5 Raupe
Falz
3 Nut
4 Fuge, Nute
Fama
3 Ruf
8 Geruecht
Familie ...
· *in* **„Dallas"**
5 Ewing
· **oder Ehe**
18 Lebensgemeinschaft
Familienältester
6 Senior
Familienangehörige
3 Oma
6 Mutter
7 Tochter
9 Schwester
11 Grossmutter
Familienangehöriger
3 Opa
4 Sohn
5 Vater
6 Bruder
10 Grossvater
Familienauto
3 Van
Familiendoktor
8 Hausarzt
Familienerbgut im Mittelalter
5 Allod
Familienfeier
5 Taufe
6 Heirat
8 Hochzeit
9 Kommunion, Verlobung
10 Geburtstag
12 Konfirmation
13 Erstkommunion
14 Silberhochzeit
15 goldene Hochzeit
Familienforscher
9 Genealoge
Familienforschung
10 Genealogie
Familienjüngster
6 Junior
8 Benjamin
Familienname
6 Zuname
8 Nachname
Familienname Napoleons
9 Bonaparte
Familienstammbaum
10 Ahnentafel
Familienstand
5 ledig
9 verwitwet
10 geschieden
11 verheiratet
Familienverband
5 Sippe
Familienzweig
5 Linie
famos
5 prima
9 praechtig, sagenhaft
10 grossartig
Famulus
6 Diener
7 Gehilfe
8 Schueler
9 Assistent
Fan
9 Anhaenger, Liebhaber
Fanal
6 Fackel, Signal
7 Zeichen
12 Feuerzeichen
Fanatiker
7 Eiferer
fanatisch
6 hitzig
7 eifernd
11 blindwuetig
fanatischer Nationalist
10 Chauvinist
Fang
5 Beute
Fangarm des Tintenfisches
8 Tentakel
Fanggerät ...
· *von* **Wilderern**
5 Falle
8 Schlinge
9 Tierfalle
Fangkorb für Wassertiere
10 Fischreuse
Fangleine der Cowboys
5 Lasso
Fangnetz
7 Kescher
Fangvorrichtung
5 Falle
Fant
4 Geck
5 Laffe
6 Fatzke
Fantasie
8 Trugbild
10 Einbildung, Traeumerei
11 Vorstellung
12 Hirngespinst
14 Erfindungsgabe
16 Einbildungskraft
fantasiearm
9 nuechtern, prosaisch

Fantast
7 Utopist
10 Schwaermer
fantastisch(e, er, es) ...
· **Erzähler**
8 Fabulant
· **Erzählung** (Abkürzung)
2 SF
8 Groteske
14 Sciencefiction
· **Literatur** (Abkürzung)
2 SF
Farbe (▶ auch Farben)
7 Couleur, Kolorit
Farbe ...
· *des* **Flieders**
4 lila
· *der* **Gesichtshaut**
5 Teint
· *der* **Hoffnung**
5 gruen
· *im* **Kartenspiel**
3 Pik
4 Herz, Karo
5 Kreuz, Treff
6 Eichel
8 Schellen
· *der* **Liebe**
3 Rot
· *des* **Neides**
4 gelb
· *der* **Reinheit**
5 weiss
· *beim* **Roulett**
4 noir
5 rouge
· *einer* **Stimme**
6 Timbre
· *des* **Tintenfisches**
5 sepia
· *der* **Trauer**
7 schwarz
· *der* **Treue**
4 blau
· *der* **Tropenkleider**
4 kaki
5 khaki
Farbe für die Haut
14 Selbstbraeuner
Färbebad
5 Kuepe
6 Flotte
Färbekessel
5 Kuepe
Färbemaschine für Gewebe
6 Jigger
Färbemittel
5 Henna
Farben
3 Rot
4 blau, gelb, grau, lila, rosa
5 braun, gruen, weiss
6 orange
7 schwarz, tuerkis, violett
Farbenblindheit
13 Achromatopsie
Farbenbrett
7 Palette
farbenfroh
4 bunt
Farbengrundstoff
4 Teer
6 Anilin
Farbenhalbring am Himmel
10 Regenbogen
Farbenlehre
9 Chromatik
Farbenmischbrett
7 Palette
farbenprächtiger ...
· **Schmetterling**
7 Admiral
· **Vogel**
4 Pfau
7 Papagei
Farbenzusatz
7 Leinoel
Färbergras
6 Reseda, Resede
Färberpflanze
3 Wau
4 Waid
5 Henna, Krapp
6 Reseda
9 Gilbkraut
Farbfolge (Prisma)
8 Spektrum
Farbgebung
7 Kolorit
8 Faerbung
farbig
4 bunt
9 koloriert
farbige Schreiber zum Malen
10 Buntstifte
farbiges Abzeichen
7 Kokarde
Farbkörper in der Haut
7 Pigment
Farbkunst auf glänzendem Gewebe
13 Seidenmalerei
farblich leicht verändern
6 toenen
farblos
7 reizlos
9 eintoenig
farbloses ...
· **Gas**
8 Ammoniak
11 Formaldehyd
12 Kohlendioxid
13 Kohlenmonoxid
Farblosigkeit
7 Blaesse
8 Fahlheit
10 Albinismus
Farbmesser
10 Chromoskop
Farbmischtafel
7 Palette
Farbschattierung
7 Toenung
Farbstoff
5 Henna, Kohle, Krapp, Ocker, Sepia, Umber, Umbra
6 Indigo, Karmin, Kobalt, Purpur, Safran
8 Karmesin, Zinnober
9 Zinkweiss
10 Cochenille
11 Koschenille
Farbton
4 azur, bleu, gold, grau, lila, oliv, pink, rosa
5 beige, creme, ocker, umbra
6 orange, purpur, reseda
7 weinrot
8 bruenett, flamingo, hellblau, perlgrau, zinnober
9 meergruen, ziegelrot, zinkweiss
10 kobaltblau
11 bordeauxrot, lachsfarben, semmelblond
12 scharlachrot
Farbüberzug
5 Lasur
Färbung
7 Kolorit
10 Farbgebung

F

Färbung ...
· *des* **Himmels**
8 Abendrot
9 Morgenrot
Farbwalze der Schnellpresse
6 Duktor
Farce
5 Posse
7 Schwank
8 Fuellsel, Fuellung, Groteske, Komoedie
9 Lustspiel
13 Zwischenspiel
Farm in Nordamerika
5 Ranch
Farmer
5 Bauer
7 Rancher, Siedler
8 Landwirt
Farngewächs
8 Baerlapp, Haarfarn
9 Adlerfarn
10 Frauenhaar
11 Hirschzunge, Koenigsfarn, Tuepfelfarn
Farre
5 Stier
Färse
3 Kuh
Fasanart
9 Goldfasan
Fasanengehege
9 Fasanerie
Fasanenvogel
4 Pfau
7 Rebhuhn
faschiertes Laibchen
13 Fleischlaberl
Fasching
6 Fasnet
8 Fasnacht, Karneval
9 Fastnacht
Faschingsfest
7 Gschnas
Faschingsgebäck
7 Krapfen
Faschingsgeck
4 Narr
Faschingstreiben
8 Narretei
Faschingszeit ▶ Fasching
Faser
5 Fiber, Zasel
Faser der Kokosnuss
4 Coir
Fasergewebe
8 Textilie
faseriges Mineral
6 Asbest
Faserpflanze
4 Hanf, Jute, Lein
5 Agave, Kapok, Kokos, Ramie, Sisal
6 Flachs
9 Baumwolle
Faserstoff des Blutes
6 Fibrin
Fashionberater für den Gesamtlook
11 Modestylist
Fass
5 Tonne
6 Barrel
Fass- und Greiftrainer für Säuglinge
10 Babytrapez
Fassade
5 Front
9 Hausfront
10 Schauseite
11 Vorderfront, Vorderseite
Fassbrett
5 Daube
Fassmacher
6 Kuefer
9 Boettcher
Fasson
4 Form, Stil
6 Muster
7 Machart, Schnitt
Fassseitenbrett
5 Daube
Fassung
7 Version
fassungslos
9 betroffen
12 konsterniert
Fassungsvermögen
6 Inhalt
7 Volumen
10 Kapazitaet, Rauminhalt
18 Aufnahmefaehigkeit
Fassverschluss
5 Spund
11 Spundzapfen
fast
5 knapp
6 beinah, nahezu
7 beinahe
8 ziemlich
10 annaehernd
fast ...
· **gar nicht**
4 kaum
· **geräuschlos**
5 leise
· **immer**
5 meist
7 zumeist
· **lautlos**
5 leise
· **nicht**
4 kaum
Fastenmonat der Moslems
7 Ramadan
Fastensonntag
6 Judika
9 Invokavit
FastfoodGaststätte
17 Schnellrestaurant
Fast-Food-Soßenklassiker
14 Tomatenketchup
Fastnacht ▶ Fasching
Fastnachtsausschuss
8 Elferrat
Fastnachtsende
14 Aschermittwoch
Fastnachtsgeck
4 Narr
Fastnachtsmontag
11 Rosenmontag
Fastnachtsruf
5 alaaf, helau
Faszination
12 Verzauberung
Fata ...
· **Morgana**
8 Trugbild
14 Luftspiegelung
16 Sinnestaeuschung
fatal
7 schlimm
8 peinlich
10 unangenehm
12 unerfreulich
faul
6 modrig, morsch, traege
7 muessig
8 untaetig
9 verdorben
12 phlegmatisch
13 schwerfaellig
Faulbaum
9 Kreuzdorn

Faulbrand
8 Gangraen
Faulendes
5 Moder
Faulenzer
7 Gammler
8 Tagedieb
10 Nichtsnutz
11 Taugenichts
14 Muessiggaenger
fauler ...
· **Witz**
4 Zote
7 Kalauer
faules Holz
4 Mulm
Faulheit
9 Nichtstun
11 Muessiggang
Fäulnisgift
6 Neurin
Faultier
2 Ai
4 Unau
10 Zweifinger
Fauna
8 Tierwelt
Faustfeuerwaffe
7 Pistole
Faustgewalt
14 Brachialgewalt
Faustkampf
5 Boxen
Faustkämpfer
5 Boxer
Fäustlinge für Kleinstkinder
14 Babyhandschuhe
Favela
4 Slum
14 Elendsquartier
favorisierter Star
17 Publikumsliebling
Favorit
10 Guenstling
Faxen
2 Uz
3 Jux, Ulk
4 Witz
5 Spass, Unfug
6 Possen, Unsinn
9 Grimassen
Fayence
7 Tonware
8 Steingut
Fazit
7 Wirkung
8 Endsumme, Ergebnis, Resuemee, Resultat
16 Schlussfolgerung
Feature
7 Bericht
14 Fernsehbericht
17 Dokumentarbericht
Fechtausdruck
4 Filo, Gang, Hieb
5 Finte, Stich, Stoss, Volte
6 Cercle, Mensur, Parade
7 Ausfall, Rimesse, Riposte, Treffer
8 Inkontro, Kavation
10 Tempostoss
Fechtbahn
7 Planche
Fechthandschuhteil
5 Stulp
Fechthieb
4 Prim, Terz
5 Quint
Fechtwaffe
5 Degen
6 Rapier, Saebel
7 Florett
Federball
9 Badminton
Federbett
5 Duvet
7 Plumeau, Tuchent
Federbettenstoff
6 Inlett
Federbusch
7 Panasch
Federbüschel
5 Haube
Federhalter
7 Fueller
Federhaube der Vögel
5 Holle
Federkleid der Vögel
8 Gefieder
Federmappe
6 Pennal
federnd
7 biegsam
8 flexibel
9 elastisch
federnde Hülse
6 Buchse
federndes Sprungtuch
9 Trampolin
Federschmuck
8 Aigrette
Federvieh
4 Ente, Gans, Hahn, Huhn, Pute
5 Erpel, Fasan, Henne, Puter, Taube
6 Ganter, Glucke, Gockel, Kueken
7 Goessel, Kuecken
8 Enterich, Perlhuhn, Poularde, Truthahn
10 Goesseling
Federwechsel ...
· *der* **Vögel**
6 Mauser
9 Mauserung
Federweiß
4 Talk
6 Talkum
9 Talkpuder
Federweißer
4 Most
6 Sauser
9 Neuer Wein
11 Traubenmost
Federwild
5 Fasan
7 Rebhuhn, Wachtel
8 Auerhahn, Birkhahn, Birkhuhn, Schnepfe, Wildente, Wildgans
9 Goldfasan, Haselhuhn, Stockente, Sumpfhuhn
10 Blaesshuhn
Federwolke
6 Zirrus
Federzange
8 Pinzette
Fee
4 Elfe
Feeling
7 Gefuehl
Fegefeuer
9 Vorhoelle
11 Purgatorium
fegen
6 kehren
Feger
5 Besen
6 Kehrer
Feh
17 Eichhoernchenfell
Fehde
5 Zwist

6 Streit
9 Unfrieden
Fehl
5 Makel, Tadel
Fehlbetrag
5 Manko, Minus
6 Abgang
7 Defizit, Verlust
Fehldruck
9 Makulatur
Fehlen
6 Absenz
fehlend(e, er, es) ...
· **Anlass**
14 Grundlosigkeit
· **körperliche Betätigung**
15 Bewegungsmangel
· **Sehvermögen**
9 Blindheit
· **Stück**
6 Luecke
· **Wissen**
8 Unwissen
14 Bildungsluecke
· **Zuständigkeit**
11 Inkompetenz
Fehler
4 Bock
5 Makel
6 Defekt, Irrtum, Lapsus, Patzer
8 Nachteil, Versehen, Verstoss
9 Missgriff, Schnitzer
fehlerfrei
6 intakt
7 korrekt, richtig
fehlerhaft
6 defekt, falsch
9 inkorrekt, schadhaft
fehlerhaft sprechen
7 lispeln
fehlerhaftes Produkt
5 Murks
Fehlgeburt
5 Abort
6 Abgang
7 Abortus
fehlgehen
5 irren
fehlgeleiteter Brief
10 Irrlaeufer
Fehlleitung
12 Irrefuehrung
Fehllos
5 Niete
Fehlschlag
4 Flop
5 Niete
6 Fiasko, Pleite
8 Reinfall
10 Misserfolg
Fehlschluss
6 Irrtum
8 Versehen
11 Trugschluss
Fehlstoß beim Billard
5 Kicks
Fehltritt
6 Suende
7 Fauxpas
8 Vergehen
11 Ausrutscher
Fehlurteil
6 Irrung
12 Justizirrtum
Feier
4 Fest, Fete
5 Party
7 Festakt
Feier ...
· *am* **1. Januar**
12 Neujahrsfest
· *für* **den Nachwuchs**
10 Kinderfest
· *beim* **Hausbau**
9 Aufrichte, Richtfest
feierlich
5 ernst
6 solenn
7 wuerdig
8 erhebend, festlich
10 pathetisch, wuerdevoll
feierlich(e, er, es) ...
· **Amtstracht**
4 Robe
5 Ornat
· **Anlass**
7 Festtag
· **Ansprache**
8 Festrede
· **Empfang**
7 Audienz
· **Eröffnung**
10 Einweihung
· **Essen zu zweit**
17 Candlelightdinner
· **Festgesang**
5 Hymne
· **Gedicht**
3 Ode
· **Gelübde**
5 Votum
· **Handlung**
5 Ritus
9 Zeremonie
11 Zeremoniell
· **katholische Messe**
7 Hochamt
· **Lied**
5 Hymne
6 Hymnus
· **Männerkleidung**
7 Gehrock
· **Umzug**
10 Prozession
· **Veranstaltung**
4 Gala
7 Festakt
· **Verleihung einer Auszeichnung**
7 Festakt
· **Versicherung**
3 Eid
6 Schwur
· **Versprechen**
8 Geluebde
9 Ehrenwort, Geloebnis
· **Zeremonie**
5 Weihe
· **Essen zu zweit**
17 Candlelightdinner
Feiertag
7 Festtag
Feiertag kurz vor Ostern
10 Karfreitag
feige
6 mutlos
7 schwach
10 aengstlich
Feigenkaktus
7 Opuntie
feiges Ausweichen
7 Kneifen
Feigling
5 Memme
9 Angsthase, Hasenfuss
feil
9 kaeuflich
Feilenart
6 Raspel
feilhalten
8 anbieten
9 verkaufen
Feilmaschine
6 Fraese

fein
4 zart
5 duenn, genau
6 grazil, schmal
7 anmutig, delikat, elegant, huebsch, praezis, schlank, vornehm
8 grazioes, praezise, zierlich
10 kultiviert
11 empfindlich
fein ...
· **beträpfeln**
9 berieseln
· **gehacktes Fleisch**
7 Haschee
· **gekleidet**
7 elegant
· **gemahlener Zucker**
9 Raffinade
· **gerippter Stoff**
9 Gabardine
· **geripptes Nähutensil**
8 Ripsband
· **regnen**
7 nieseln
· **schmeckend**
6 lecker
7 delikat
9 delizioes, koestlich
fein(e, er, es) ...
· **Abstufung**
6 Nuance
· **ägyptische Baumwolle**
4 Mako
· **Benehmen**
3 Pli
10 Courtoisie
· **Brauch**
8 Etikette
· **Damenmodegeschäft**
8 Hutsalon
· **Filtergerät**
8 Haarsieb
· **Gebäck**
10 Patisserie
· **Gestein**
4 Kies, Sand
· **Gewebe**
6 Batist
· **Gewebe des Altertums**
6 Byssus
· **Handarbeit**
14 Kloeppelspitze
· **Instinkt**
9 Spuersinn
· **Kaffeesorte**
5 Mokka
· **Kochkunst**
11 Gastronomie
· **Leder**
3 Kid
· **Mehlspeise**
12 Bischofsbrot
· **Pulver**
5 Puder
· **Schmutz**
5 Staub
· **Sitte**
8 Etikette
· **Spalt**
4 Riss
6 Fissur
· **Spott**
6 Ironie
· **Streupulver**
6 Talkum
· **Süßigkeit**
15 Nugatschokolade
16 Nougatschokolade
· **Unterschied**
6 Nuance
· **Wesen**
10 Urbanitaet
· **Wollart**
6 Angora, Merino
Feinbäcker
8 Konditor
Feinbäckerei
10 Konditorei
Feind
6 Gegner
8 Opponent
11 Widersacher
12 Gegenspieler
feindlich
9 aggressiv
10 gegnerisch
feindlich(e, er, es) ...
· **Agent**
5 Spion
· **Auseinandersetzung**
5 Krieg
· **Eindringlinge**
9 Invasoren
· **Einfall**
8 Invasion
· **Spion**
5 Agent
· **Vorstoß**
7 Angriff, Attacke
Feindschaft
5 Fehde
6 Streit
feindseliges Gefühl
4 Neid
Feindseligkeit
4 Zank
5 Fehde, Krieg
6 Streit
feine Hautöffnungen
5 Poren
feines Wollgewebe
6 Drapee
feinfühlend
4 zart
8 sensibel, taktvoll
10 empfindsam
11 empfindlich, mimosenhaft
12 zartbesaitet
Feinfühligkeit, Taktgefühl
10 Ruecksicht
Feingebäck
4 Keks
5 Torte
6 Baiser, Brezel, Kuchen, Waffel
7 Biskuit, Krapfen, Kringel, Makrone, Pastete
Feingebäck ...
· *mit* **Früchten**
9 Obsttorte
· *mit* **Kaffeegeschmack**
10 Mokkatorte
Feingefühl
4 Takt
11 Zartgefuehl
Feingeist
7 Aesthet
feingemahlene Raffinade
11 Staubzucker
Feingemüse
7 Spargel
9 Aubergine
feingeschnittener Pfeifentabak
4 Shag
Feingewicht bei Gold, Edelsteinen
5 Karat
feingliedrig
8 filigran

Feinheit
4 Form
5 Guete, Kniff
6 Detail, Nuance, Schick
7 Eleganz, Finesse
8 Brillanz
9 Qualitaet
10 Praezision, Raffinesse
11 Raffinement
Feinheitsmaß ...
· *für* **Garn**
3 den
6 Denier
feinkeramisches ...
· **Produkt**
6 Fliese, Kachel
8 Majolika, Steingut
9 Porzellan
10 Terrakotta
feinkörniges ...
· **Gestein**
4 Sand
· **Stärkemehl**
4 Sago
Feinkost
12 Delikatessen
13 Komestibilien
Feinkostladen
19 Delikatessgeschaeft
Feinleder
3 Kid
5 Nappa
Feinmechaniker
7 Optiker
9 Uhrmacher
11 Goldschmied
Feinmechanikerin
11 Uhrmacherin
Feinmessgerät
9 Goldwaage
10 Mikrometer, Schublehre
11 Tarierwaage
Feinscharnier ohne Gelenk
6 Brisur
Feinschmecker
7 Gourmet
9 Schlemmer
feinsinnig ▶ feinfühlend
feinst(e, er, es) ...
· **gefrorener Tau**
7 Raureif
· **Nadelarbeit**
9 Stickerei
· **Rohseide**
5 Grège
· **Schmutz**
5 Staub
· **Tonware**
9 Porzellan
feist
4 dick, fett
9 fleischig
10 dickleibig, fettleibig
Feld
4 Kamp
5 Acker, Platz
6 Gebiet, Gruppe, Sektor
9 Abschnitt
Feldbahnwagen
4 Lore
Feldbefestigung
6 Bunker
7 Schanze
Feldblume
4 Mohn
11 Klatschmohn
Feldeinfriedung
5 Knick
Felder beim Billard
5 Cadre
Feldertrag
5 Ernte
Felderträge
6 Ernten
Feldfrucht
4 Hanf, Klee, Kohl, Korn, Lein, Mais, Mohn, Raps, Senf
5 Bohne, Erbse, Hafer, Hirse, Kraut, Linse, Ruebe, Spelt, Spelz
6 Dinkel, Flachs, Gerste, Lupine, Roggen, Weizen
7 Luzerne, Rotklee
8 Erdapfel, Erdbirne, Feldklee, Getreide, Ruebsame
9 Blaukraut, Gruenkern, Heidekorn, Kartoffel, Kohlruebe, Krauskohl
10 Buchweizen, Esparsette, Topinambur, Weisskraut
Feldfrüchte einbringen
6 ernten
Feldgemeinschaft
8 Allmende
Feldgeschütz
6 Kanone
8 Haubitze
Feldgrenze
4 Rain
Feldhase
6 Krumme
Feldherr
8 Stratege
11 Heerfuehrer
Feldherr ...
· *des* **30-jährigen Krieges**
4 Illo
5 Tilly
6 Gallas
8 Mansfeld
11 Gustav Adolf, Piccolomini, Wallenstein
· **Alexanders des Großen**
8 Diadoche
10 Lysimachos
· **Davids**
5 Urias
· *des* **großen Kurfürsten**
11 Derfflinger
· **Justinians**
7 Belisar
· **Karls V**
4 Alba
· *im* **Krieg gegen Napoleon**
8 Bluecher
9 Gneisenau
10 Wellington
· **Maria Teresias**
4 Daun
· **Napoleons**
5 Murat
· **Nebukadnezars**
10 Holofernes
· **Wallensteins**
4 Illo
Feldhuhn
7 Rebhuhn, Wachtel
Feldjäger
7 Gendarm, Schuetz
Feldlager
4 Camp
5 Biwak
Feldmark
4 Flur
Feldmaß
2 Ar
4 Hufe, Joch, Rute
5 Acker
6 Hektar, Morgen
Feldmesser
7 Geodaet
8 Geometer
Feldnachtlager
5 Biwak

Feldrand
4 Rain
Feldraute
8 Erdrauch
Feldsalat
8 Rapunzel
Feldstecher
8 Fernglas
Feldstein
6 Felsit
Feldstück
4 Kamp
6 Gewann
Feldunkraut
10 Ackerwinde
Feldwache
7 Vedette
9 Vorposten
Feldzeichen
6 Banner, Panier
Fell ...
· *der* **Bärenrobbe**
4 Seal
8 Sealskin
· *der* **Pelzrobbe**
4 Seal
· *des* **Seebären**
4 Seal
Fellranzen
9 Tornister
Fellzuchtbetrieb
8 Nerzfarm
Fels
3 Lei
Felsblock im Meer
6 Klippe
Felsbrocken
5 Stein
Felsen ...
· *im* **Elbsandsteingebirge**
6 Bastei
· *im* **Harz**
10 Rosstrappe
· *am* **Mittelrhein**
7 Lorelei, Loreley
· *im* **Teutoburger Wald**
12 Externsteine
Felsenhöhle
6 Grotte
Felseninsel vor Marseille
2 If
Felsenklippe
4 Riff
Felsenriff
6 Klippe
Felsenschlucht
7 Abgrund
Felsgruppe bei Detmold
12 Externsteine
Felsnische
3 Kar
Felsschlucht
4 Klus
5 Klamm
Felssorte
11 Gesteinsart
Felsspalte
5 Kamin
Felsstück
5 Stein
Felsstücke
7 Gestein
Felswand
4 Fluh
Feminismus
14 Frauenbewegung
Fensterbehang
4 Stor
7 Gardine
12 Schalgardine
Fensterblende
10 Jalousette
Fensterblenden
11 Jalousetten
Fensterdekoration
6 Behang
Fensterglas
7 Scheibe
Fensterhaken
5 Haspe
Fensterladen
7 Spalett
fensterlose ...
· **Kammer**
6 Kabuff
· **Zimmernische**
7 Alkoven
Fensterschutz
5 Laden, Rollo
6 Balken
7 Markise
8 Jalousie, Rolladen
9 Rollladen
Fensterteil
11 Glasscheibe
Fensterverschluss
5 Laden
8 Rolladen
9 Rollladen
Fenstervorhang
5 Rollo, Store
7 Gardine, Rouleau
Fenstervorhänge
6 Stores
Fensterzone in einer Basilika
9 Obergaden
Ferien
6 Urlaub
8 Erholung
Ferienaufenthalt
13 Sommerfrische
Ferienbagage
12 Reisegepaeck
Feriendauer
11 Urlaubszeit
Ferienfahrt
12 Urlaubsreise
Feriengast
7 Tourist
8 Urlauber
Ferienreisender
8 Urlauber
Ferienzeit
6 Urlaub
Ferment
3 Lab
5 Enzym
Ferment im Kälbermagen
3 Lab
fern
3 weg
4 weit
6 weitab
7 weit weg
8 entlegen
9 abgelegen
Ferne
5 Weite
6 Fremde
7 Abstand
ferne ...
· **Position**
12 Entlegenheit
· **Sonne**
8 Fixstern
Ferne eines Planeten
5 Aphel
ferner
4 auch, item, noch
6 ebenso
9 ausserdem, ebenfalls
11 desgleichen

F

Ferner Osten
8 Ostasien
ferner, schützender Belag
10 Schutzfilm
Ferngespräch
5 Anruf
9 Telefonat
17 Telefonverbindung
Fernglas ▶ Fernrohr
Fernleitung
5 Kabel
Fernrohr
8 Teleskop
9 Refraktor
11 Feldstecher
Fernrohr fürs All
16 Weltraumteleskop
Fernschreiben
5 Telex
9 Telegramm
Fernschreiber
8 Telegraf
9 Telegraph
Fernsehbegriff (Abkürzung)
3 MAZ
Fernsehen
10 Television
Fernsehen direkt
4 live
Fernseher
10 Bildschirm
11 Mattscheibe
Fernsehfigur
3 Alf
5 Ernie
6 Samson
16 Mainzelmaennchen
fernsehgeeignet
7 telegen
Fernsehhund
6 Lassie
Fernsehpferd
4 Fury
Fernsehprofessor
5 Haber, Lesch
8 Ditfurth
Fernsehredakteur
9 Moderator
Fernsehsendung
4 Film, Show
5 Heute
7 Feature, Magazin
8 Panorama
10 Tagesschau
11 Nachrichten
Fernsehsprecherin
11 Moderatorin
Fernsehstar vom Planeten Melmac
3 Alf
Fernsehsystem
3 Pal
fernsehtechnischer Begriff
3 VHS
Fernsehunterricht
10 Telekolleg
Fernsicht
5 Blick
Fernsprechapparat
7 Telefon
Fernsprechbereich
8 Ortsnetz
Fernsprechleitung
17 Telefonverbindung
18 Telephonverbindung
Fernsprechraum
5 Zelle
6 Kabine
12 Telefonzelle
Fernsprechteilnehmer
7 Anrufer
Fernweh
9 Reiselust
Ferse
5 Hacke
Fersenstachel
5 Sporn
fertig
5 parat
6 bereit
7 beendet
8 erledigt
9 startklar, vollendet
13 abgeschlossen
fertig ...
· **gebacken**
3 gar
· **gebraten**
3 gar
· **gekocht**
3 gar
· **gestelltes Gebäude**
6 Neubau
· **zubereitet**
3 gar
fertiges Insekt
5 Imago
Fertiggericht
8 Konserve
13 Tiefkuehlkost
Fertigkeit
7 Koennen, Routine
8 Geschick
10 Faehigkeit
11 Gewandtheit
Fertigkeitstraining
6 Uebung
Fertigkleidung
10 Konfektion
Fertigteile zum Zusammenbauen
7 Bausatz
Fertigung
10 Produktion
11 Fabrikation, Herstellung
Fertigungsprodukt
4 Ware
9 Erzeugnis
fesch
5 flott
6 schick
7 elegant
9 schneidig
Fessel
5 Bande, Druck, Kette, Zwang
6 Gelenk
8 Knoechel
fesselnd
7 packend
8 spannend
11 interessant
12 faszinierend
fesselnde Wirkung
11 Faszination
fest
3 fix
4 Fete, firm, hart, stur
5 Feier, Party, solid, stark, starr
6 massiv, robust, sicher, solide, stabil, straff, stramm
7 haltbar, kompakt
8 bestimmt, staendig
9 standhaft, unbeugsam
10 bestaendig
11 unbeweglich
fest ...
· **anliegend**
3 eng
· *der* **Auferstehung**
6 Ostern
· *der* **Bauern**
9 Erntedank

- **eingebautes Möbelstück**
  11 Schrankwand
- **gegen etwas drücken**
  7 stemmen
- **gegründet**
  8 fundiert
  9 etabliert
- **gespannt**
  6 straff
- **installierte Möbel und Geräte**
  12 Einbaukueche
- *im* **Oktober**
  13 Erntedankfest
- **verbunden**
  4 treu
- **vorhaben**
  6 wollen

fest(e, er, es) ...
- **Absicht**
  5 Wille
- **Bewegungsabfolge zur Entspannung**
  10 Yogauebung
- **Boden**
  4 Erde
- **Einkommen**
  5 Fixum
- **Elemente**
  7 Metalle
- **Entschluss**
  7 Vorsatz
  9 Intention
- **Erdoberfläche**
  4 Land
- **Fußbekleidung**
  11 Haferlschuh
- **Gesinnung**
  5 Ernst
- **Gewebe**
  5 Drell
  6 Drilch
  8 Drillich
- **Hülle**
  6 Huelse
- **Kissengewebe**
  5 Drell
- **Körpergewebe**
  7 Knorpel
- **Kuchenboden**
  8 Knetteig
- **Masse harten Gesteins**
  4 Fels
- **Molkereiprodukt**
  12 Schnittkaese
- **Monatslohn**
  6 Gehalt
- **Ortungsgerät**
  12 Radarstation
- **Seezeichen**
  4 Bake
- **Vorhaben**
  4 Plan
- **Zeitpunkt**
  6 Termin
- **Zueinanderhalten**
  5 Treue

Festbeleuchtung
  9 Feuerwerk
  12 Illumination

festbinden
  6 zurren
  11 anschnallen

Festessen
  5 Diner
  6 Dinner, Souper
  7 Bankett, Schmaus
  8 Gastmahl
  9 Galadiner

Festgedicht
  3 Ode

Festgelage
  5 Orgie

festgelegt(e, er, es) ...
- **Ablauf**
  6 Turnus
  11 Reihenfolge
- **Spielfolge**
  8 Programm

Festgesang
  5 Hymne

festgesetzt(e, er, es) ...
- **Gebühr**
  4 Taxe
- **Preis**
  4 Taxe
- **Speisenfolge**
  5 Menue
- **Zahlungstermin**
  5 Frist
- **Zeitpunkt**
  6 Termin

Festgewand zur Namensgebung
  12 Taufkleidung

Festhaltegerät
  5 Haken, Zange
  6 Klemme
  7 Klammer

festhängen
  6 haften, heften

Festigkeit
  7 Staerke
  11 Stabilitaet
  14 Beharrlichkeit

Festigkeit eines Materials
  6 Haerte

Festigung
  14 Konsolidierung, Stabilisierung

Festival
  9 Festspiel

Festivität
  12 Festlichkeit

festkleben
  6 haften, heften

Festkleidung
  3 Boa, Cut
  4 Gala, Robe
  5 Frack, Stola
  7 Cutaway, Smoking
  8 Schleppe
  9 Ballkleid
  10 Abendkleid
  13 Cocktailkleid

Festkleidung für den Herrn
  10 Abendanzug

Festkneipe
  7 Kommers

Festland
  4 Erde
  7 Erdteil
  9 Kontinent

Festland aus Asien und Europa
  8 Eurasien

Festlandgewässer
  9 Binnensee

festländisch
  11 kontinental

Festlandsockel
  6 Schelf

festlandumgebende Wassermassen
  4 Meer

festlegend
  9 definitiv
  12 determinativ

Festlegung
  10 Bestimmung
  12 Entscheidung

festlich(e, er, es) ...
- **Abendanzug**
  5 Frack

F

- **Abendessen**
  6 Souper
- **Aufführung**
  4 Gala
- **Beerdigung**
  10 Funeralien
- **Begehung**
  5 Feier
- **Dienstbeginn**
  8 Einstand
- **Eingangsschmuck**
  9 Tuerkranz
- **Essen**
  5 Diner
  9 Galadiner
  10 Lammbraten
- **Herrenanzug**
  7 Smoking
- **Kleider**
  5 Galas
- **Kleidung**
  4 Gala
- **Mahl**
  5 Diner
- **Robe**
  10 Abendkleid
- **Schneidegerät**
  11 Tafelmesser
- **Tanzrobe**
  9 Ballkleid
- **Tanzveranstaltung**
  4 Ball
- **Umzug**
  5 Korso

Festlichkeit
  5 Feier
  11 Festivitaet

Festmahl
  7 Bankett

Festmahl mit Gästen
  5 Diner

festnehmen
  9 ergreifen

Festsaal ...
- *in* **der Universität**
  4 Aula
- *in* **Schulen**
  4 Aula

festsitzend
  6 sessil

Festspiel
  8 Festival

Festspielort ...
- *in* **Bayern**
  8 Bayreuth
  12 Oberammergau
- *in* **Belgien**
  6 Knogge
- *in* **Frankreich**
  6 Cannes
- *in* **Österreich**
  3 Erl
  7 Bregenz
  8 Salzburg
- *in der* **Schweiz**
  8 Montreux

feststehend
  3 fix
  5 starr
  7 fixiert
  8 konstant
  9 stereotyp

feststehender Ausdruck
  6 Formel

Feststellung
  6 Befund
  8 Diagnose

Feststellung ...
- *einer* **Person**
  14 Identifikation
  15 Identifizierung

Festtagsbraten
  9 Kalbshaxe

Festteilnehmer
  4 Gast
  7 Jubilar
  9 Ehrengast

Festtracht
  4 Gala

Festung ...
- *bei* **Brugg**
  8 Habsburg
- *im* **Mittelalter**
  4 Burg
- *am* **Rhein**
  15 Ehrenbreitstein

Festungsanlage
  4 Burg, Fort, Wall, Wehr
  5 Feste, Sappe
  7 Bastion, Erdwall, Eskarpe, Kastell, Schanze
  8 Bollwerk, Faschine
  9 Bergfried, Kasematte, Zitadelle
  10 Laufgraben

Festungsbollwerk
  6 Bastei

Festungsteil
  9 Esplanade

Festwert
  9 Konstante

Festzug
  5 Korso, Umzug
  6 Parade
  10 Prozession

Fete
  4 Fest
  5 Feier
  11 Festivitaet

Fetisch
  6 Abgott, Goetze

Fett
  3 Oel
  4 dick, Flom, Talg, Tran
  5 feist, oelig, Speck, Wachs
  6 Butter, Flomen, massig, mollig
  7 Lanolin, Schmalz, Stearin
  8 Paraffin
  9 korpulent, Margarine, schmierig

Fett ...
- *auf* **der Milch**
  4 Rahm
- **spaltendes Enzym**
  6 Lipase

fettähnlicher Stoff
  6 Lipoid

Fettansatzverfahren
  7 Mastkur

fettarm
  5 mager

Fettarmut
  9 Magerkeit

fette Tonerde
  4 Klei

fette, essbare Fleischbrühe
  10 Wurstsuppe

fetten
  5 oelen
  9 schmieren

fetter Marschboden
  4 Klei

fetter, englischer Hartkäse
  12 Chesterkaese

Fettfütterung von Tieren
  4 Mast

Fettgeschwulst
  5 Lipom

fetthaltiger Hautschutz
  9 Sonnenoel

fetthaltigster Teil der Milch
4 Rahm
Fetthenne
5 Sedum
12 Mauerpfeffer
fettig
5 oelig
6 tranig
9 schmierig
Fettleibigkeit
9 Fettsucht, Korpulenz
Fettprodukt zur Kerzenherstellung
7 Stearin
Fettsalbe
8 Vaseline
Fettschicht
5 Speck
Fettstückchen
6 Griebe
Fetttropfen auf der Suppe
4 Auge
fettundurchlässiges Papier
15 Pergamentpapier
Fetzen
4 Tuch
5 Wisch
6 Lappen, Lumpen, Stueck
7 Flicken
9 Schnitzel
feucht
4 nass
5 humid, klamm, tauig
7 benetzt
8 waessrig
feucht(e, er, es) ...
· **Boden**
4 Moor, Moos
5 Lache, Suhle, Sumpf
6 Morast
7 Schlamm, Schlick
· **Gelände**
2 Au
3 Aue
4 Moor
5 Sumpf
· **Niederung**
2 Au
3 Aue
· **Umschlag**
6 Wickel
9 Kompresse
· **Wiesengrund**
3 Aue
Feuchtbiotop
5 Teich
feuchtheiße Erdzone
6 Tropen
Feuchtigkeit
4 Nass
6 Naesse
7 Feuchte
Feuchtigkeit entziehen
8 trocknen
Feuchtigkeitsmesser
9 Hygroskop
10 Hygrometer
Feuchtigkeitsschaden an Textilien
10 Stockfleck
Feuchtpflegezellstoff
7 Oeltuch
feuchtwarm
7 schwuel
9 drueckend
feuchtwarmes, mildes Dampfbad
9 Caldarium
feudal
5 adlig, nobel
7 vornehm
8 exklusiv
10 prachtvoll
14 herrschaftlich
feudalistische Besitzform
5 Lehen
Feuer
4 Glut, Lohe
5 Brand
7 Schwung
11 Temperament
Feuer speiender Berg
6 Vulkan
Feueranfachgerät
9 Blasebalg
Feueranzünder
5 Flint
7 Fidibus
9 Brennglas, Feuerzeug, Zuendholz
10 Feuerstein
11 Streichholz
Feuerbestattungsanstalt
11 Krematorium
feuerfest(e, er, es) ...
· **Kleidung**
11 Asbestanzug
· **Mineral**
6 Asbest
· **Schmelzgefäß**
6 Tiegel
· **Ton**
9 Schamotte
feuergefährliche ...
· **Flüssigkeit**
6 Aether, Benzin, Benzol
8 Spiritus
Feuergeist
10 Salamander
Feuergott
4 Agni, Loki
6 Vulkan
8 Hephaest
10 Hephaistos
Feuerhaken
7 Stocher
Feuerkatastrophe
9 Waldbrand
Feuerkröte
4 Unke
Feuerkugel
6 Meteor
Feuerländer
3 Ona
Feuerlöschgerät
7 Spritze
Feuerreich in der Edda
6 Muspel
Feuerruf
6 feurio
Feuersbrunst
5 Brand
10 Grossbrand
12 Schadenfeuer
Feuerschutzwand
10 Brandmauer
Feuerschwamm
6 Zunder
Feuerspender
9 Feuerzeug, Zuendholz
11 Streichholz
Feuerstäbchen
9 Zuendholz
11 Streichholz
Feuerstein
3 Cer, Zer
5 Flint, Silex
6 Eolith
Feuerstelle
4 Esse, Herd, Ofen, Rost
5 Grill, Kamin
Feuerteilchen
5 Funke

F

Feuerwaffe
2 MP
3 Pak
4 Colt, Flak
6 Flinte, Gewehr, Kanone, Rakete
7 Buechse, Moerser, Muskete, Pistole
8 Browning, Drilling, Haubitze, Revolver, Terzerol, Tesching
9 Geschuetz, Karabiner
11 Minenwerfer, Panzerfaust
15 Maschinengewehr
16 Maschinenpistole
Feuerwasser
7 Schnaps
Feuerwehrfahrzeug
9 Loeschzug
12 Geraetewagen, Krankenwagen
13 Spritzenwagen
Feuerwehrgebäude
10 Brandwache
Feuerwehrgerät
5 Pumpe
6 Leiter
7 Spritze
Feuerwehrmann
12 Brandmeister
Feuerwelt
10 Muspelheim
Feuerwerker
13 Pyrotechniker, Sprengmeister
Feuerwerkskörper
5 Sonne
6 Frosch, Heuler, Rakete
7 Kracher
8 Feuerrad
10 Knallerbse, Schwaermer
11 Knallfrosch
13 Kanonenschlag
Feuerzeichen
5 Fanal
6 Signal
Feuilleton
10 Kulturteil
feurig
6 rassig
8 vehement
feurig roter Edelstein
9 Karfunkel
Fiaker
7 Kutsche
8 Droschke, Kutscher
14 Pferdedroschke
Fiasko
4 Ruin
6 Pleite
7 Konkurs, Verlust
8 Reinfall
10 Fehlschlag, Misserfolg
Fibel
5 Nadel
6 Spange
7 ABC-Buch, Agraffe, Brosche, Klammer
8 Lehrbuch, Lesebuch
Fiber
5 Faser
Fibrille
5 Faser
11 Gewebefaser, Nervenfaser
Fibula
6 Spange
7 Brosche, Klammer
9 Wadenbein
Fichtenharz
7 Galipot
fidel
6 heiter, lustig
9 froehlich, vergnuegt
Fidschi-Insel
5 Moala
Fieber
7 Pyrexie
10 Temperatur
Fieberbaum
10 Eukalyptus
fieberhaft
6 febril
fieberhaft(e, er, es) ...
· **Arbeit**
6 Hektik
· **Eile**
4 Hast
· **Hautausschlag**
12 Nesselfieber
· **Treiben**
6 Hektik
Fiebermittel
6 Chinin
7 Aspirin, Salizyl
10 Chinchonin
Fiebermücke
9 Anopheles
Fieberwahn
8 Delirium
fiebrige ...
· **Erkrankung**
6 Angina, Grippe
Fiedel
5 Geige
7 Violine
fiederblättrige Zimmerpflanze
10 Rippenfarn
fies
6 gemein
10 abstossend
fifty-fifty
7 geteilt
8 haelftig, halbiert
10 halbe-halbe
Fight
5 Duell, Kampf
6 Streit
7 Gefecht
8 Boxkampf
9 Zweikampf
Fighter
5 Boxer
8 Kaempfer
12 Draufgaenger
Figur
6 Statue
7 Gestalt
11 Koerperform
Figur ...
· *einer* **amerikanischen Oper**
4 Bess
5 Porgy
· *aus* **Der Struwwelpeter**
14 Daumenlutscher
· *aus einem* **deutschen Märchen**
11 Drosselbart
12 Aschenputtel, Dornroeschen, Froschkoenig, Rotkaeppchen
13 Rattenfaenger
14 Schneewittchen
15 Rumpelstilzchen
17 Gestiefelter Kater
· *bei* **Disney**
5 Bambi, Dumbo
· *bei* **Freitag**
4 Ingo
· *bei* **Gotthelf**
3 Uli
· *aus* **Himmelskörpern**
9 Sternbild

- *der* **hohen Schule**
  6 Levade, Pesade
- *bei* **Lessing**
  5 Minna
- *am* **Naumburger Dom**
  3 Uta
  8 Dietrich, Ekkehard
- *in* **New York**
  15 Freiheitsstatue
- *der* **Quadrille**
  3 Ete
- *beim* **Schachspiel**
  4 Dame, Turm
  5 Bauer
  6 Koenig
  7 Laeufer
  8 Springer
- *bei* **Thomas Mann**
  5 Krull
  10 Felix Krull
- *bei* **Tolstoi**
  12 Anna Karenina
- *bei* **Wilhelm Busch**
  6 Helene

Figur aus ...

- **1001 Nacht**
  7 Alibaba
- **Aida**
  7 Amneris, Radames, Ramphis
  8 Amonasro
- **Carmen**
  4 Jose
  6 Zuniga
  7 Micaela
  8 Mercedes
  9 Escamillo
- **Cavalleria rusticana**
  4 Lola
  5 Alfio, Lucia
  7 Turiddu
  8 Santuzza
- **Clavigo**
  5 Marie
  6 Buenco, Sophie
- **Cosi fan tutte**
  7 Alfonso, Despina
  8 Fernando
  9 Dorabella, Guglielmo
- **Der Bajazzo**
  5 Beppo, Canio, Nedda, Tonio
  6 Silvio
- **Der Barbier von Sevilla**
  6 Figaro, Rosine
  7 Bartolo, Basilio
  8 Fiorillo
  10 Marzelline
- **Der eingebidete Kranke**
  5 Argas
  7 Belinde
- **Der fliegende Holländer**
  4 Erik, Mary
  5 Senta
  6 Daland
- **Der Freischütz**
  2 Ma
  4 Kuno
  6 Agathe, Kaspar, Kilian, Samiel
  8 Aennchen
- **Der Kaufmann von Venedig**
  5 Gobbo, Tubal
  6 Porzia
  7 Antonio, Jessica, Lorenzo, Nerissa, Shylock, Solanio
- **Der Rosenkavalier**
  4 Ochs
  6 Annina, Duenna, Sophie
  7 Faninal
  8 Oktavian, Quinquin
  9 Valzacchi
  11 Marschallin
  15 Feldmarschallin
- **Der Vetter aus Dingsda**
  5 Julia
- **Der Widerspenstigen Zähmung**
  6 Bianca, Gremio, Schlau
  8 Baptista, Lucentio, Vicentio
  9 Hortensio, Katharina, Petruchio
- **Der zerbrochene Krug**
  3 Eve
  4 Adam, Rull
  5 Licht
  6 Marthe, Walter
- **Der Zigeunerbaron**
  5 Peter, Saffi
  6 Arsena, Czipra, Sandor, Zsupan
  7 Ottokar
  9 Mirabella
- **Des Teufels General**
  6 Harras, Harris
  9 Korrianke
- **Die Csardasfürstin**
  4 Boni, Feri
  5 Edwin, Stasi, Sylva
  7 Anhilte
- **Die Dreigroschenoper**
  3 Ede
  4 Lucy
  5 Brown, Filch, Jenny, Jimmy, Molly, Polly
  7 Kimball, Maeckie, Peachum
  13 Maeckie Messer
- **Die Entführung aus dem Serail**
  5 Osmin, Selim
  8 Belmonte, Pedrillo
  9 Blondchen, Konstanze
- **Die Fledermaus**
  5 Adele
- **Die Nibelungen**
  3 Ute
  5 Etzel, Hagen
  6 Gernot, Rumolt, Volker
  7 Gunther
  8 Alberich, Brunhild, Dankwart, Giselher, Ruediger, Siegmund
  9 Kriemhild, Sieglinde
  10 Hildebrand
- **Die verkaufte Braut**
  4 Hans, Muff
  5 Agnes, Kezal, Marie, Micha
  6 Wenzel
  8 Kathinka, Springer
  9 Esmeralda, Kruschina
- **Die Zauberflöte**
  6 Pamina, Tamino
  8 Papagena, Papageno, Sarastro
  10 Monostatos
- **Don Carlos**
  5 Eboli
- **Egmont**
  4 Alba
  5 Silva
  6 Jetter, Vansen
  9 Klaerchen
- **Ein Sommernachtstraum**
  4 Puck
  5 Troll
  6 Helena, Hermia, Oberon, Thispe, Zettel
  7 Schnauz, Theseus, Titania

F

· **Eine Nacht in Venedig**
5 Guido
· **Eugen Onegin**
4 Olga
· **Falstaff**
4 Ford
5 Alice, Cajus
6 Fenton, Pistol
7 Meg Page
8 Aennchen, Bardolph
· **Faust**
6 Marthe, Siebel, Wagner
7 Famulus
8 Gretchen, Mephisto, Valentin
9 Margarete
14 Mephistopheles
· **Fidelio**
5 Rocco
7 Leonore
9 Florestan
10 Marzelline
· **Figaros Hochzeit**
7 Bartolo, Basilio, Susanne
8 Almaviva
9 Cherubino
10 Marcellina
· **Hamlet**
7 Horatio, Laertes, Ophelia
8 Claudius, Gertrude, Polonius
· **La Bohème**
4 Mimi
· **La Traviata**
5 Flora, Georg
6 Alfred, Annina, Gaston
8 Violetta
· **Land des Lächelns**
2 Mi
4 Lisa, Lore
6 Gustav
7 Tschang
· **Macbeth**
6 Banquo, Duncan, Seyton
7 Fleance, Macduff, Malcolm
· **Madame Butterfly**
4 Goro, Kate
6 Nakodo, Suzuki
9 Cho-Cho-San, Linkerton
· **Maria Stuart**
5 Cecil, Hanna
6 Dudley, Melvil, Paulet, Talbot
8 Mortimer
9 Elisabeth
· **Minna von Barnhelm**
8 Tellheim
· **Mutter Courage**
5 Eilif
· **My Fair Lady**
5 Eliza
7 Freddie, Higgins
9 Doolittle, Pickering
· **Nabucco**
5 Rahel
6 Fenena, Ismael
7 Abdallo, Abigail, Nabucco
9 Zacharias
· **Nathan der Weise**
4 Daja
5 Recha
6 Nathan, Sittah
7 Saladin
· **Peer Gynt**
4 Aase
5 Helga
6 Anitra, Ingrid
7 Solveig
· **Rigoletto**
5 Borsa, Gilda
7 Marullo
8 Giovanna
9 Maddalena, Rigoletto
11 Sparafucile
· **Romeo und Julia**
6 Marcus, Tybalt
7 Capulet, Lorenzo
8 Benvolio, Gregorio, Montague
9 Balthasar
· **Tristan und Isolde**
5 Marke, Melot
8 Kurwenal
9 Brangaene
· **Wallenstein**
3 Max
4 Illo, Seni
· **West side story**
3 Doc
4 Riff, Tony
5 Anita, Chino, Maria
6 Krupke
8 Bernardo
· **Wilhelm Tell**
4 Kunz
5 Berta, Kuoni, Ruodi, Werni
6 Arnold, Hedwig, Rudolf, Walter
7 Gertrud, Gessler
8 Melchtal
9 Hildegard
10 Attinghaus, Baumgarten, Staufacher
· **Zar und Zimmermann**
5 Marie, Peter
6 Lefort
7 Syndham

Figurbetonung
18 Koerperbewusstsein
Figürchen
8 Figurine
figürlicher Gesimsstreifen
5 Fries
fiktive schweizerische Köchin
5 Bossi
Filetschnitte
5 Steak
9 Beefsteak
Filia
7 Tochter
Filiale
7 Agentur
10 Niederlage, Zweigbuero
11 Zweigstelle
12 Zweigbetrieb
13 Niederlassung
14 Zweiggeschaeft
Filibuster
5 Pirat
6 Korsar
10 Seeraeuber
Filius
4 Sohn
Film
10 Lichtspiel
Film der Beatles
4 Help
Filmapparat
6 Kamera
Filmatelier
6 Studio
11 Traumfabrik
Filmaufnahmegerät
6 Kamera
Filmbearbeiter
6 Cutter
Filmberuf
6 Cutter
9 Produzent, Regisseur

10 Kameramann
12 Schauspieler
Filmberühmtheit
4 Star
Filmbühne
4 Kino
10 Filmpalast
11 Lichtbuehne
Filmdrehbuch
6 Skript
Filmfachmann
7 Cineast
Filmfan
7 Cineast
Filmfestival ...
· *in* **Berlin**
9 Berlinale
· *in* **Venedig**
8 Biennale
Filmgesamtaufnahme
6 Totale
Filmgröße
4 Star
Filmkammer
7 Magazin
Filmkenner
7 Cineast
Filmmanuskript
6 Skript
8 Drehbuch
Filmpreis
5 Bambi, Oscar
Filmrolle ...
· *von* **Johnny Depp** (Cpt. Jack ...)
7 Sparrow
· *von* **Stan Laurel**
4 Doof
Filmsammlung
10 Cinemathek
Filmtheater
4 Kino
6 Cinema
11 Lichtspiele
14 Lichtspielhaus
Filmverleihgeschäft
9 Videothek
Filmvertriebsfirma
7 Verleih
Filmvorführer
9 Operateur
Filmvorführfläche
8 Leinwand
Filmvorlage
8 Drehbuch
Filmwitz
3 Gag
4 Clou
Filmzentrum in Amerika
9 Hollywood
Filmzubehör
8 Requisit
Filou
4 Dieb
6 Gauner, Schelm
8 Spitzbub
9 Spitzbube
10 Schlaukopf, Schwindler
12 Schlauberger
Filter
4 Sieb
Filtertuch
6 Seiher
Filz
17 Vetternwirtschaft
filziger Wollstoff
5 Loden
Filzmütze
6 Kalpak, Kolpak
Filzzelt
5 Jurte
7 Kibitka
Fimmel
4 Tick
6 Spleen
7 Marotte
Finale
4 Ende
6 Finish
7 Endlauf, Schluss
8 Endkampf, Endrunde, Endspiel
9 Abschluss
12 Schlussszene
finale Kontrolle
17 Abschlusspruefung
Finanzbehörde
6 Fiskus
Finanzen
6 Gelder
9 Vermoegen
10 Geldmittel
Finanzexperte
7 Bankier
finanziell
8 monetaer
finanziell(e, er, es) ...
· **Aufwand**
7 Zahlung
· **Geschäft**
11 Transaktion
· **Unterrichtsbeitrag**
9 Schulgeld
· **Verbesserung**
6 Zulage
· **Verpflichtung**
6 Schuld
Finanzier
7 Sponsor
9 Geldgeber
Finanzierungsform
7 Leasing
Finanzmann
6 Banker
9 Finanzier
Finanzmittel
6 Gelder
Findelhaus
10 Waisenhaus
Findelkind
5 Waise
8 Findling
Finden von Neuem
10 Entdeckung
findig
4 klug
6 schlau
7 pfiffig
13 einfallsreich
Finesse
8 Feinheit, Klugheit
10 Kunstgriff, Schlauheit
Fingerentzündung
6 Umlauf
Fingerhut
9 Digitalis
Fingerkraut
10 Gaensefuss, Gaenserich, Tormentill
11 Gaensegarbe
Fingernagelhalbmond
6 Lunula
Fingerreif
4 Ring
Fingerschmuck
4 Ring
7 Ehering
8 Trauring
Fingerspiel
4 Mora
Fingerspitzengefühl
4 Takt
Fingertier
6 Aye Aye

F

Fingerzeig
3 Tip
4 Tipp, Wink
7 Hinweis
Finish ▶ Finale
Finish im Rennen
8 Endspurt
Finkenvogel
5 Ammer
6 Gimpel, Zeisig
8 Bergfink, Buchfink, Dompfaff, Sperling
9 Goldammer, Gruenfink, Gruenling, Haenfling, Rohrammer, Stieglitz
10 Distelfink
11 Kernbeisser
13 Berghaenfling, Kanarienvogel
finnisch für Finnland
5 Suomi
finnisch(e, er, es) ...
· **Archipel**
11 Alandinseln
· **Architekt**
5 Aalto
8 Saarinen
· **Dampfbad**
5 Sauna
· **Feldmarschall**
10 Mannerheim
· **Hafenstadt**
3 Abo
4 Kemi, Oulu, Vasa
5 Vaasa
· **Harfe**
7 Kandele, Kantele
· **Heißluftbad**
5 Sauna
· **Komponist**
8 Sibelius
9 Palmgreen
· **Landschaft**
8 Karelien, Lappland
· **Läufer**
5 Nurmi
· **Münze**
5 Penni
· **Nationalepos**
8 Kalevala, Kalewala
· **Nobelpreisträger für Chemie**
8 Virtanen
· **Nobelpreisträger für Literatur**
11 Sillanpaeae
· **Politiker**
8 Kekkonen
· **Schriftsteller**
3 Aho
4 Kivi
11 Sillanpaeae
· **See**
4 Oulu
· **Völkergruppe**
5 Esten, Liven
6 Lappen
8 Karelier, Ostjaken
· **Währung**
6 Markka
8 Finnmark
Finnland in der Landessprache
5 Suomi
finster
6 dunkel, obskur
7 duester
Finsternis
10 Dunkelheit
Finte
4 Dreh
5 Trick
7 Vorwand
9 Ausflucht
13 Scheinangriff
Firlefanz
4 Kram
firm
4 fest
6 sicher
10 sattelfest
Firma
7 Betrieb
9 Geschaeft
11 Unternehmen
Firmament
6 Himmel
8 Horizont
11 Sternenzelt
15 Himmelsgewoelbe
Firmeninhaber
4 Boss, Chef
9 Fabrikant
11 Unternehmer
Firmenleiter
7 Manager
8 Direktor
Firmenleitung
8 Vorstand
9 Direktion
10 Management
Firmenmitbesitzer
9 Aktionaer
Firmennachfolger
10 Juniorchef
Firmenregister
12 Ragionenbuch
Firmenschaffung
9 Gruendung
Firmensymbol (Kurzwort)
4 Logo
Firmenteilnehmer
14 Gesellschafter
Firmenurheber
8 Gruender
Firmenvertreter
9 Reisender
Firmenvertretung
7 Agentur, Filiale
Firmenzeichen
5 Marke
Firmenzusammenschluss
6 Fusion
7 Konzern
Firn
9 Altschnee
Firnis
7 Leinoel
First
4 Dach, Kamm
5 Kante
6 Gipfel
First ...
· **Lady**
10 Erste Dame
16 Praesidentenfrau
Fisch ...
· *in* **den Voralpenseen**
5 Renke
· *in* **Würztunke**
8 Marinade
Fischart
3 Aal, Hai, Sei
4 Alse, Anke, Bars, Blei, Butt, Leng, Orfe, Salm, Urbe, Wels
5 Aitel, Aland, Alose, Barbe, Hecht, Lachs, Orade, Stint, Stoer, Umber
6 Aesche, Barsch, Beluga, Brasse, Doebel, Dorade,

Dorsch, Hausen, Hering, Merlan, Pricke, Rochen, Schlei, Seeaal, Ukelei, Zander
7 Aalbutt, Blauhai, Brachse, Elbbutt, Elritze, Felchen, Flunder, Fogosch, Forelle, Karpfen, Makrele, Muraene, Pfrilla, Piranha, Ploetze, Rotauge, Sardine, Schleie, Scholle, Sprotte, Sterlet, Uckelei
8 Aalraupe, Anchovis, Goldbutt, Heilbutt, Kabeljau, Lamprete, Maifisch, Neunauge, Rotfeder, Saibling, Sardelle, Schmerle, Seebarbe, Seelachs, Seezunge, Sterlett, Truesche, Tunfisch
9 Goldfisch, Hammerhai, Igelfisch, Katzenhai, Knurrhahn, Seeteufel, Steinbutt, Stichling, Thunfisch, Zitteraal
10 Barramunda, Bitterling, Flussbarbe, Goldbarsch, Goldbrasse, Gruendling, Klippfisch, Rheinlachs, Saegefisch, Seeforelle, Weissfisch, Zitterwels
11 Bachforelle, Blaufelchen, Goldmakrele, Kofferfisch, Schellfisch
12 Lanzettfisch, Lederkarpfen, Seepferdchen, Zitterrochen
13 Flussneunauge, Korallenfisch, Teufelsrochen
14 Petermaennchen, Spiegelkarpfen
15 Schlammpeitzker, Schleierschwanz

Fischatmungsorgan
6 Kiemen

Fischbehältnis
6 Kalter

Fischbein
5 Barte
8 Walbarte

Fischbrut
5 Laich

Fischdampfer
7 Trawler

Fische der Nervlinge
6 Alande

Fische, Krebse, Muscheln etc.
14 Meeresfruechte

Fischeier
5 Rogen
6 Kaviar

Fischer
6 Angler

Fischereifahrzeug
6 Kutter, Logger
7 Trawler

Fischereigerät ▶ Fischfanggerät

Fischereischiff
6 Logger

Fischerkahn
8 Weidling

Fischfanggerät
4 Netz
5 Angel, Hamen, Reuse
7 Kescher
9 Angelrute
11 Schleppnetz

Fischfangrequisit
10 Angelhaken

Fischfett
4 Tran

Fischgericht
8 Aalsuppe
11 Karpfenblau

Fischkaltgericht
12 Heringssalat

Fischknochen
6 Graete

Fischkonserve
8 Rollmops
10 Oelsardine
14 Bismarckhering

Fischkunde
12 Ichthyologie

Fischmarder
5 Otter

Fischöl
4 Tran

Fischöl als Zusatz zur Kindernahrung
9 Lebertran

Fischprodukt
9 Lebertran

Fischrogensalat
7 Taramas

Fischruder
6 Flosse

Fischspezialität
10 Brathering

Fischspezialität aus Kiel
8 Sprotten

Fischsuppe
13 Bouillabaisse

Fischwasserbehälter
8 Aquarium

Fischweib
10 Seejungfer
12 Meerjungfrau

Fischzugergebnis
4 Fang

fiskalischer Begriff
12 Steuerklasse

Fiskus
9 Finanzamt
11 Staatskasse

Fistel
5 Kanal

Fistelstimme
7 Falsett
10 Kopfstimme

Fistula
9 Panfloete
12 Hirtenfloete

fit
6 in Form
8 tauglich
14 durchtrainiert
15 leistungsfaehig

Fitnesskonzept
5 Zumba

Fitnessraum oder Dienstleister
11 Sportstudio

Fitnesstraining
8 Spinning

Fitnessübung
14 Hanteltraining

Fittich
7 Fluegel

Fitzbohne
10 Veitsbohne
12 Schnittbohne, Stangenbohne

fix
4 fest
5 eilig, flink, rasch
7 gewandt

fixe ...
· **Idee**
4 Tick
6 Grille, Irrtum, Spleen
7 Marotte

8 Schrulle
17 Zwangsvorstellung
Fixiermittel
7 Fixativ
9 Schellack
11 Kolophonium
Fixstern
4 Wega
5 Atair, Deneb, Rigel, Sonne
6 Castor, Kastor, Pollux, Sirius, Taurus
7 Antares, Canopus, Capella, Kapella, Zentaur
9 Aldebaran, Centaurus
10 Alpha Tauri
15 Proxima Centauri
Fixsternansammlung
12 Milchstrasse
Fixsterngruppe
9 Sternbild
Fixum
6 Gehalt
7 Entgelt
9 Einkommen, Festbezug, Verdienst
10 Festgehalt
Fjord
5 Bucht
11 Meeresbucht
fjordähnliche Bucht
9 Meeresarm
FKK-Anhänger
6 Nudist
flach
4 eben
5 platt
7 niedrig
10 huegelfrei
flach gedrückt
5 platt
flach(e, er, es) ...
· **Beschaffenheit**
8 Ebenheit
· **Boot**
3 Gig
4 Kanu
5 Kajak
7 Einbaum
8 Canadier, Kanadier
· **Frachtkahn**
5 Zille
· **Früchteschale**
10 Obstteller
· **Gefäß**
6 Schale
· **Gefäß für Frühkeimer**
10 Saatschale
· **Gefäß zur Anzucht**
13 Aussaatschale
· **Gewässerstelle**
7 Untiefe
· **Kopfbedeckung**
6 Barett
12 Baskenmuetze, Tellermuetze
· **Kuchen**
6 Fladen
· **Küstenbucht**
4 Haff
· **Küstengewässer**
6 Lagune
9 Strandsee
· **Küstensegelschiff**
4 Ewer
· **Landschaft**
5 Ebene
· **Lastschiff**
7 Trauner
· **Meeresbucht**
4 Wiek
· **Meeresteile**
7 Lagunen
· **Pfannkuchen**
6 Fladen
· **Schale als Essgerät**
6 Teller
· **Schnittholz**
5 Brett
7 Bretter
· **Schüssel**
6 Platte, Schale
· **Spangenschuh**
8 Maryjane
· **Stab des Arztes**
6 Spatel
· **Strandsee**
4 Haff
6 Lagune
· **Talsenke**
5 Mulde
· **Tasche**
5 Mappe
· **Topf**
6 Tiegel
· **Torte**
5 Waehe
· **Trinkgefäß**
10 Sektschale
· **weit ausgeschnittene Damenschuhe**
10 Ballerinas
Flachbildwerk
9 Basrelief
Flachbrustvogel
4 Kiwi
7 Strauss
Flachdachhaus
8 Bungalow
Flachdruckverfahren
6 Offset
10 Lichtdruck, Steindruck
11 Lithografie
12 Lithographie
Fläche
4 Feld, Raum
5 Areal, Boden, Ebene, Platz
6 Bezirk, Gebiet
7 Terrain
12 Bodenflaeche
Fläche zum Windeln wechseln
13 Wickelauflage
Flächenabschnitt im Forst
5 Jagen
Flächenbegrenzung
4 Rain, Rand
Flächeninhalt
5 Areal
Flächenmaß
2 Ar
3 Are
4 Acre, Hufe, Joch, Rute
6 Hektar, Morgen
7 Tagwerk
12 Quadratmeter
16 Quadratdezimeter, Quadratkilometer
17 Quadratmillimeter, Quadratzentimeter
Flächenmesser
10 Planimeter
Flächenverzierung
8 Arabeske
Flachland
5 Ebene
Flachs
4 Lein
Flachsabfall
4 Hede, Werg

Flachsbündel
5 Riste
Flachskamm
6 Riffel
Flachsprodukt
6 Leinen
9 Leinsamen
Flachssamen
8 Leinsaat
flackernde Flamme
4 Lohe
fladenartige Mehlspeise
6 Dalken
Flagge
5 Fahne
6 Banner, Wimpel
7 Stander
9 Standarte
Flagge ...
· **Frankreichs**
9 Trikolore
· *der* **USA**
13 Sternenbanner
Flaggengruß auf See
6 Dippen
Flaggenmast
12 Fahnenstange
Flaggenstange
10 Fahnenmast
Flair
7 Fluidum
11 Atmosphaere
flämischer ...
· **Geograf**
8 Mercator
· **Maler**
4 Dyck
6 Rubens
flämisches Nationalgericht
9 Waterzooi
Flamme
4 Lohe
Flammenblume
5 Phlox
Flammenglut
4 Lohe
Flammenzeichen
5 Fanal
Flammeri
7 Pudding
flandrisch(e, er, es) ...
· **Küstenfluss**
4 Yser
· **Stadt**
4 Gent
7 Bruegge
· **Zither**
6 Hommel
Flanellgewebe
8 Barchent
Flaneur
4 Geck
5 Stenz
9 Bummelant
10 Nichtstuer
Flanke
5 Seite
6 Sprung, Weiche
7 Fluegel
Flanke ...
· *beim* **Fußball**
7 Vorlage, Zuspiel
10 Hereingabe
Flasche
5 Pulle
6 Ballon, Buddel, Flakon
7 Gefaess, Karaffe
8 Versager
9 Dilettant
Flaschen für das Recycling
7 Altglas
Flaschenansammlung
8 Batterie
Flaschenbehälter
5 Kiste
9 Bierkiste
Flaschenform
11 Bocksbeutel
Flaschenkürbis
9 Kalebasse
Flaschenöffner
12 Korkenzieher
13 Stoppelzieher
14 Pfropfenzieher
Flaschenreihe
8 Batterie
Flaschenverschluss
4 Kork
5 Krone
6 Korken, Pfropf
8 Stoepsel
10 Kronenkork
12 Kronenkorken
Flaschenverschlussabheber
17 Kronkorkenoeffner
Flaschenzug
5 Winde
8 Elevator
Flaschner
8 Blechner, Klempner, Spengler
Flattergras
6 Milium
9 Waldhirse
flatterhaft
6 unstet
12 unbestaendig
flatterhaftes Geschöpf
8 Irrwisch
Flattertier
8 Flughund
10 Fledermaus
flau
3 mau
4 matt, mies
5 muede
7 lustlos, schwach
8 kraftlos, schlecht
12 schwaechlich
Flaumfeder
5 Daune
10 Eiderdaune
flauschiger Stoff
6 Ratine
Flause
5 Luege
7 Ausrede
10 Geschwaetz
12 Hirngespinst
Flausen
12 Fisimatenten
Flaute
6 Baisse
10 Windstille
Flechtbehälter mit Früchten
8 Obstkorb
Flechte
5 Ekzem
9 Ausschlag
13 Hautausschlag
Flechtmaterial
4 Bast, Hanf, Jute
6 Schilf
10 Peddigrohr
Flechtstoff
4 Bast, Jute
Flechtwerk
4 Korb
5 Matte
8 Geflecht
Flechtwerk für Böschungen
5 Hurde

Fleck
3 Mal, Ort
5 Markt, Platz
6 Klecks, Lappen, Stelle
7 Flicken, Schmutz
8 Spritzer
fleckenlos
4 rein
6 sauber
10 gesaeubert
Fleckenmuster
5 Moiré
Fleckenspezialist
9 Detacheur
Fleckfieber
6 Typhus
Fledermaus
6 Vampir
8 Flughund
10 Flederhund
11 Abendsegler
Flegel
6 Bengel, Ruepel
7 Grobian, Luemmel
Flegelei
5 Unart
13 Ungezogenheit
flegelhafter Kerl
6 Ruepel
Flegelhaftigkeit
8 Ruepelei
Flegeljahre
9 Pubertaet
flehentlich
10 instaendig
Fleisch ...
· *in* **Aspik**
6 Suelze
· *zum* **Grillen**
16 Holzfaellersteak
· *des* **jungen Rindes**
11 Kalbfleisch
· *vom* **jungen Schaf**
12 Lammkotelett
· *vom* **kastrierten Schaf**
12 Hammelbraten
· *zu* **kleinen Stücken verarbeiten**
12 frikassieren
· **räuchern**
7 selchen
· *des* **Wildes**
8 Wildbret
Fleischart
12 Schweinernes
Fleischbeilage
9 Apfelkren
13 Semmelknoedel
Fleischbeize
3 Sur
Fleischbrühe
8 Bouillon, Consomme, Consommé
Fleischcreme
6 Mousse
Fleischer
7 Metzger
10 Schlachter
Fleischereiprodukt
9 Bockwurst
10 Plockwurst
11 Salamiwurst
Fleischerunterlage
9 Hackklotz
Fleischerware
8 Rotwurst
Fleischextrakt
6 Bruehe
fleischfarbene Mode
4 Nude
Fleischfaserbündel
6 Muskel
fleischfressend(e, er, es) ...
· **Lebewesen**
8 Raubtier
· **Pflanze**
9 Sonnentau
12 Fliegenfalle
13 Kannenpflanze
17 Venusfliegenfalle
· **Vogel**
8 Aasgeier
9 Raubvogel
10 Greifvogel
Fleischfresser
9 Karnivore
Fleischfüllung
5 Farce
Fleischgelee
5 Aspik
Fleischgericht
6 Ragout
7 Gulasch, Kassler
8 Saumagen
9 Frikassee
10 Hackbraten
11 Filetbraten, Kalbsbraten, Rindsbraten
14 Schweinebraten
Fleischgericht ...
· *aus* **der Rinderlende**
11 Filetbraten
· *mit* **frischer Wurst**
14 Schlachtplatte
· *vom* **kastrierten Schaf**
12 Hammelbraten
· *mit* **Pilzen**
15 Jaegerschnitzel
· *mit* **Wurzelwerk**
19 Kasselerrippenspeer
Fleischhauer
7 Metzger
Fleischhülle
6 Panade, Panier
fleischig
7 pulpoes
9 sukkulent
Fleischkloß
5 Klops
7 Bulette
8 Boulette
10 Frikadelle
Fleischklößchen
9 Brisolett
10 Brisolette
Fleischkonserve
8 Pemmikan
10 Corned Beef, Cornedbeef
fleischlich
8 leiblich
11 koerperlich
fleischlose Ernährung
12 Vegetarismus
Fleischmaschine
4 Wolf
Fleischpastetchen
10 Rissolette
Fleischprodukt (► auch Wurstart)
5 Wurst
8 Schinken
10 Leberkaese
12 Fleischkaese
Fleischrolle
7 Roulade
Fleischsaftgallert
3 Jus
4 Fond
6 Suelze
Fleischscheibe
7 Tranche
Fleischschnitte
5 Steak

9 Schnitzel
14 Kalbsschnitzel
Fleischspeise
6 Braten
7 Eisbein, Gulasch
9 Beefsteak, Entrecote, Roastbeef
12 Lendenbraten, Rinderbraten
Fleischspeise in Teighülle
7 Pastete
Fleischstücke in Gallert
6 Suelze
Fleischsud
6 Bruehe
Fleischsülze
5 Aspik
Fleischsuppe
11 Kraftbruehe
Fleischton auf Gemälden
8 Inkarnat
Fleischtunke
5 Sauce, Sosse
11 Bratensosse
Fleischvergiftung
10 Botulismus
Fleischware
10 Presswurst
Fleischwerdung Christi
11 Inkarnation
Fleischwolf
16 Faschiermaschine
Fleiß
5 Eifer, Muehe
7 Absicht, Streben
12 Strebsamkeit, Tuechtigkeit
fleißig
5 emsig
6 eifrig
fleißiges ...
· **Insekt**
4 Emse, Imme
5 Biene
6 Ameise
· **Lieschen**
9 Balsamine
11 Springkraut
flexibel
7 beugbar, beugsam, biegsam, dehnbar
9 beweglich, elastisch
11 geschmeidig
flexible Gummileitung
8 Schlauch
flexibler Zollstock
8 Messband
Flexion
7 Beugung
11 Deklination, Konjugation
Flickarbeit
9 Reparatur
12 Ausbesserung
14 Instandsetzung
fliederfarben
4 lila
Fliegenart
6 Bremse, Muecke
10 Florfliege
12 Rinderbremse, Stubenfliege, Tsetsefliege
13 Eintagsfliege
14 Schmeissfliege
fliegend(e, er, es) ...
· **Brandteilchen**
6 Funken
· **Fisch**
8 Flughahn
11 Hochflieger
12 Meerschwalbe
13 Stachelbarsch
· **Hund**
6 Kalong
· **Personal**
5 Pilot
6 Funker
7 Kopilot, Steward
9 Navigator
10 Bordfunker, Stewardess
· **Untertasse**
3 Ufo
Fliegenfanggerät
4 Leim, Netz
8 Klatsche
Fliegenlarve
4 Made
Fliegenschnäppervogel
10 Grasmuecke, Rotschwanz
11 Rohrsaenger
Flieger
5 Pilot
6 Segler
8 Aeronaut
15 Flugzeugfuehrer
Fliegerstandort
5 Horst
Fliegertruppe
9 Luftwaffe
fliehen
9 weglaufen
Fliehkraft
16 Zentrifugalkraft
Fliese
6 Kachel, Platte
10 Plaettchen
Fließarbeitsanlage
7 Rutsche
9 Rolltisch
10 Fliessband
fließend(e, er, es) ...
· **Eis**
8 Eisstrom
9 Gletscher
· **Gewässer**
· **Vulkanmasse**
9 Lavastrom
Fließgewässer
4 Bach
5 Fluss, Strom
7 Rinnsal
8 Wildbach
Fließheck an Autos
8 Fastback
Fließpapier
12 Loeschpapier
flink
3 fix, vif
4 agil, rege
5 alert, eilig, flott, rasch
6 behend, hurtig, munter, regsam, wendig
7 behaend, behende, gewandt, lebhaft, schnell
8 behaende
9 beweglich, geschickt, geschwind
10 aufgeweckt
flink im Jargon
5 dalli
Flinkheit
9 Agilitaet
Flint
10 Feuerstein
Flinte
6 Gewehr
7 Buechse
10 Jagdgewehr
Flintglas
12 Kristallglas
Flirt
8 Liebelei
9 Taendelei
14 Techtelmechtel

F

Flitter
4 Kram, Tand
7 Plunder, Troedel
Flitterkram
9 Firlefanz
Flitterwöchner
16 Jungverheiratete
Flocke
8 Flankerl
Flohmarkt
12 Troedelmarkt
Flop
8 Reinfall
Flor
6 Bluete
9 Wohlstand
11 Kreppgewebe
12 Blumenfuelle
13 Bluetenfuelle
Flora
12 Pflanzenwelt
florale Fülle
12 Blumenpracht
Florentiner ...
· **Adelsgeschlecht**
6 Medici
· **Architekt**
12 Michelangelo
· **Dichter**
5 Dante
· **Kunstgalerie**
8 Uffizien
· **Politiker**
11 Machiavelli
· **Reformator**
10 Savonarola
florentinische Herrscher-dynastie
6 Medici
Florenz auf italienisch
7 Firenze
Florgewebe
4 Samt
7 Pluesch
Florin
6 Gulden
Floristin
14 Blumenbinderin
Floskel
9 Redensart
11 Redewendung
floßartiges Fahrzeug
5 Balsa
Flossenfüßer
5 Robbe
7 Seehund
12 Meerschnecke
Flößerstange
5 Stake
Flotationszusatz
6 Flotol
Flötenart
7 Piccolo, Pikkolo
9 Panfloete
10 Flageolett, Querfloete
11 Blockfloete
Flötenregister der Orgel
10 Flageolett
flott
4 chic, kess
5 fesch, flink, smart
6 leicht, schick
7 modisch, schnell
9 schneidig
10 burschikos
11 schwungvoll
Flotte
4 Navy
6 Armada, Marine
14 Schiffsverband
Flottenbasis
11 Kriegshafen, Stuetzpunkt
Flottenchef
7 Admiral
Flottenwesen
6 Marine
Fluch
7 Unsegen
10 Laesterung, Schmae-hung
Flucht Mohammeds
8 Hedschra
Fluchtburg
8 Refugium
flüchtig(e, er, es) ...
· **Augenblick**
2 Nu
· **Brennstoff**
3 Gas
7 Heizgas
· **Erlebnis**
7 Episode
· **Flüssigkeit**
6 Aceton, Aether, Benzin, Benzol
7 Alkohol
· **Verbrennungsrückstand**
5 Abgas
· **Zeichnung**
6 Skizze
Flüchtlingskolonne
5 Treck
Fluchtstab für Vermes-sungen
5 Jalon
Flugbahn
5 Kurve
7 Parabel
Flugbahnkunde
9 Ballistik
Flugbegleiter
7 Steward
Flügel
5 Piano, Seite, Trakt
6 Flanke
7 Fittich
8 Schwinge
9 Seitenbau
10 Seitenteil
11 Seitentrakt, Tragflaeche
Flügelaltar
9 Diptychon
10 Triptychon
Flügelhorn
7 Kornett
flügelloses ...
· **Insekt**
4 Floh, Laus
Flügelpferd
7 Pegasus
flugfähiges ...
· **Säugetier**
8 Flughund
9 Flugfuchs
10 Fledermaus
· **Tier**
5 Vogel
Flugfigur
4 Turn
5 Rolle, Runde
7 Looping
8 Schleife
Fluggast
9 Passagier
Fluggastbetreuerin
10 Stewardess
Fluggastbrücke
6 Jetway
7 Gangway
Fluggebiet
8 Luftraum
Fluggerät
6 Ballon
7 Drachen
15 Heissluftballon

Flughafen
4 Base
5 Basis, Horst
7 Airbase, Airport
8 Aeroport
Flughafen von ...
· **Amsterdam**
8 Schiphol
· **Berlin**
5 Gatow, Tegel
9 Tempelhof
11 Schoenefeld
· **Hamburg**
12 Fuhlsbuettel
· **London**
7 Croydon, Gatwick
8 Heathrow, Northolt
· **München**
4 Riem
· **New York**
8 Idlewild
14 Kennedy Airport
· **Paris**
4 Orly
9 Le Bourget
15 Charles de Gaulle
· **Prag**
6 Ruzyne
· **Rom**
9 Fiumicino
15 Leonardo da Vinci
· **Tel Aviv**
3 Lod
· **Uganda**
7 Entebbe
· **Wien**
9 Schwechat
· **Zürich**
6 Kloten
Flughafenhalle
8 Terminal
Flughafenlandebahn
5 Piste
Flughafenpiste
8 Rollbahn
9 Landebahn
Fluginsekten
7 Muecken
Flugkäfig für Vögel
7 Voliere
Flugkontrollturm
5 Tower
Flugkörper
6 Ballon, Rakete
Flugkörpergeschoss
13 Cruisemissile
Flugnavigator
5 Orter
Flugnotgerät
10 Fallschirm
Flugpionier
4 Udet
6 Fokker, Wright
7 Dornier
8 Zeppelin
9 Lindbergh
10 Lilienthal, Richthofen
13 Messerschmitt
Flugsandhügel
5 Duene
Flugschrift
7 Traktat
8 Pamphlet
10 Broschuere, Handzettel
Flugtier
5 Vogel
flugunfähiger ...
· **Jungvogel**
8 Nestling
· **Vogel**
3 Emu
4 Kiwi
5 Nandu
7 Pinguin, Strauss
Flugwesen
9 Fliegerei
10 Aeronautik
Flugzeugankunft
7 Landung
Flugzeugart
3 Jet
5 Jumbo
6 Bomber
7 Clipper, Gleiter
9 Eindecker, Turboprop
10 Aufklaerer, Fernbomber, Jagdbomber
11 Starfighter
12 Duesenjaeger, Jagdflugzeug, Lastensegler
13 Segelflugzeug, Sportflugzeug
14 Duesenflugzeug
Flugzeugbesatzung
4 Crew
Flugzeugeinheit
5 Kette
Flugzeugentführung
9 Hijacking
Flugzeugerprober
9 Testpilot
Flugzeugführer
5 Pilot
7 Copilot, Flieger
Flugzeugführung
10 Navigation
Flugzeughalle
6 Hangar
Flugzeugkommandant
8 Kapitaen
12 Flugkapitaen
Flugzeugmieter
9 Charterer
Flugzeugmotor
9 Triebwerk
15 Duesentriebwerk
Flugzeugpilotenkabine
7 Cockpit
Flugzeugstarthilfe
5 Winde
7 Schlepp
8 Katapult
9 Seilwinde
10 Motorwinde
Flugzeugteil
4 Heck
5 Rumpf
6 Kabine
7 Cockpit, Fluegel
9 Propeller, Triebwerk
11 Fahrgestell, Hoehenruder, Seitenruder, Tragflaeche
Flugzeugtyp
5 Piper
6 Airbus, Boeing, Cessna, Condor, Fokker
7 Douglas
8 Concorde
9 Iljuschin
Flugzeugverband
7 Staffel
10 Geschwader, Luftflotte
Fluidum
3 Air
5 Flair
8 Stimmung
11 Atmosphaere
12 Ausstrahlung
fluidumartige Ausstrahlung
4 Aura
Fluktuation
7 Wechsel

F

Flunder
4 Butt
7 Scholle
Flur
3 Ern
4 Gang, Mark
5 Acker, Boden, Diele, Flett
6 Entree
7 Vorraum
8 Korridor
9 Ackerland
10 Kulturland
Flurbuch
8 Kataster
Flurhüter
7 Schuetz
8 Bannwart
11 Feldpolizei, Feldschuetz, Flurschuetz
12 Feldpolizist
Flurmöbel
18 Garderobenstaender
Flurschaden
11 Wildschaden
Flurstück
6 Gewann
Fluse
6 Fussel
8 Faedchen
Fluss
5 Strom
9 Gewaesser
10 Wasserlauf
Fluss ... (▶ auch Nebenfluss)
· *durch* **Aberdeen**
3 Dee
· *zur* **Adria**
5 Etsch
7 Rubikon
· *in* **Afrika**
3 Nil
4 Adar, Bani, Juba, Ruki, Sebu, Tana, Vaal
5 Akobo, Benue, Djuba, Ituri, Kasai, Komoe, Kongo, Kotto, Mbomu, Niger, Ogowe, Sanga, Sobat, Uelle, Volta, Zaire
6 Atbara, Gambia, Kunene, Lomani, Lukuga, Muluja, Oranje, Rovuma, Sanaga, Schari, Ubangi
7 Bandama, Dschuba, Kubango, Limpopo, Lulonga, Pangani, Sambesi, Sankuru, Semliki, Senegal
8 Komadugu, Okavango
9 Blauer Nil
10 Medscherda, Weisser Nil
13 Gazellenfluss
· *in* **Ägypten**
3 Nil
· *in* **Albanien**
4 Drin
· *durch* **Amberg**
4 Vils
· *in* **Amerika**
3 Ene, Ica
4 Gila, Jary, Meta, Napo, Ohio, Para, Paru
5 Apure, Cauca, Jurua, Miami, Owens, Plata, Purus, Snake, Xingu, Yukon
6 Albany, Atrato, Biobio, Carson, Chubut, Dakota, Fraser, Hudson, Japura, Javari, Kansas, Manamo, Morona, Ottawa, Parana, Sonora
7 Abitibi, Alabama, Araguay, Berbice, Bermejo, Guapore, La Plata, Madeira, Maranon, Niagara, Orinoco, Potomac, Ribeira, Rio Beni, San Juan, Schingu, Surinam, Tapajoz, Ucayali, Uruguay
8 Amazonas, Apurimac, Arkansas, Chukamba, Colorado, Delaware, Guaviare, Huallaga, Humboldt, Illinois, Klondike, Merri Mac, Missouri, Paraguay, Parahyba, Pastassa, Red River, Rio Chico, Rio Negro, Rio Pecos, Rio Yaqui, St. Lorenz
9 Athabaska, Des Moines, Mackenzie, Parnahyba, Pilcomayo, Rio Grande, Rio Salado, Saint John, Tennessee, Tocantins, Vilcamayo, Wisconsin
11 Hudson River, Lorenzstrom, Mississippi, Saint Lorenz, Susquehanna, Yellowstone
12 Rio de la Plata, Saskatchewan
14 Tennessee River
· *durch* **Amsterdam**
6 Amstel
· *bei* **Ancona**
5 Esino
· *zum* **Aralsee**
3 Amu
· *in* **Armenien**
4 Aras
· *durch* **Aschaffenburg**
4 Main
· *in* **Asien**
2 Ik, Ob, Ui
3 Amu, Ili, Ket, Kur, Tas, Tom, Uil
4 Aksu, Amur, Aras, Assa, Buna, Hida, Ilim, Jalu, Jana, Kuma, Kura, Lena, Mahi, Maja, Moma, Onon, Oxus, Rion, Seja, Tura, Ural, Urup
5 Airai, Aldan, Argun, Atrek, Gogra, Halys, Indus, Irgis, Jumna, Kabul, Karun, Katun, Kuban, Menam, Nonni, Okawa, Peiho, Purna, Samba, Sindh, Tapti, Tarim, Terek, Tobol, Tschu, Usbej, Weiho, Witim
6 Abakan, Anabar, Anadyr, Angara, Barito, Bureja, Ganges, Ghagra, Goeksu, Hagari, Ingoda, Ischim, Jordan, Kapuas, Karasu, Kistna, Kolyma, Kuaiho, Mekong, Olekma, Olenek, Omolon, Orchon, Pahang, Saleph, Saluen, Salwen, Sangpo, Songka, Taimyr, Tigris, Ussuri, Wiljui
7 Abukuma, Alaseja, Bjelaja, Euphrat, Ghaggar, Hilmend, Hoangho, Hwangho, Irawadi, Irtysch, Jarkand, Kerulen, Krishna, Kumgang, Narbada, Orontes, Pekiang, Sakaria, Schilka, Selenga, Sungari, Tschuja, Wukiang
8 Amudarja, Brahmani,

Chatanga, Dschamma, Godawari, Hankiang, Jaxartes, Jenissei, Krischna, Mahanadi, Menderes, Minkiang, Sinkiang, Syr Darja, Tschinab, Tschulym, Tunguska, Tunkiang
9 Indigirka, Indragiri, Indrawadi, Julukiang, Ling Kiang, Madhumati, Mahananda, Menam Ping, Satledsch, Tschambal
10 Serafschan, Skamandros
11 Brahmaputra
12 Jangtsekiang
- *zwischen* **Asien und Europa**
4 Ural
- *zum* **Asowschen Meer**
3 Don
- *zum* **Atlantik**
5 Duero
- *in* **Australien und Ozeanien**
8 Burdekin, Flinders, Georgina, Victoria, Wooramel
9 Condamine, Fortescue, Mackenzie, Murchison, Swan River
10 Strickland
11 Barwon River, Culgoa River, Norman River, Palmer River
12 Alberga River, Darling River, Derwent River, Fitzroy River, Gilbert River, Murrumbidgee
13 Flinders River, Gascoyne River, Mitchell River
14 Ashburton River, Mackenzie River
15 Diamantina River, Hawkeburry River
- *durch* **Avignon**
5 Rhone
- *durch* **Bad Neuenahr**
3 Ahr
- *durch* **Bad Vilbel**
5 Nidda
- *in* **Baden**
3 Oos
- *durch* **Baden-Baden**
3 Oos
- *zum* **Balchaschsee**
3 Ili
- *der* **Balkanhalbinsel**
4 Drin, Save
5 Donau, Drina
6 Morava, Morawa, Wardar
7 Maritza
- *im* **Bayerischen Wald**
3 Ilz
5 Regen
- *in* **Bayern**
5 Aisch
- *in* **Belgien**
3 Lys
4 Maas, Yser
5 Demer, Nethe
6 Dender, Ourthe, Sambre
7 Schelde
- *durch* **Belgrad**
4 Save
5 Donau
- *durch* **Berlin**
5 Havel, Panke, Spree
- *durch* **Bern**
4 Aare
- *bei* **Bingen**
4 Nahe
5 Rhein
- *aus dem* **Bodensee**
5 Rhein
- *in* **Böhmen**
4 Eger, Iser
- *durch* **Bordeaux**
7 Garonne
- *in* **Bosnien-Herzegowina**
5 Bosna, Drina
- *in* **Brasilien**
9 Rio Grande
- *durch* **Bremen**
5 Weser
- *durch* **Budapest**
5 Donau
- *aus dem* **Chiemsee**
3 Alz
4 Ache
- *in* **China**
2 Ho
5 Tarim
6 Ossuri
7 Hoangho, Hwangho, Jangtse
- *durch* **Coburg**
3 Itz
- *durch* **Detmold**
5 Werre
- *in* **Deutschland**
2 Aa
3 Ahr, Ems, Enz, Ill, Ilz, Inn, Rur
4 Aach, Bode, Breg, Dill, Eder, Elbe, Eltz, Erft, Gera, Glan, Isar, Jade, Kyll, Lahn, Lech, Main, Murg, Naab, Nahe, Oder, Oker, Rems, Saar, Sieg, Urft
5 Aller, Donau, Eider, Fulda, Havel, Iller, Jagst, Leine, Lippe, Mosel, Netze, Regen, Rhein, Ruwer, Saale, Sauer, Spree, Traun, Trave, Uchte, Werra, Weser, Wuerm
6 Elster, Gutach, Kinzig, Kocher, Nagold, Neckar, Neisse, Pregel, Tauber, Wupper, Wutach
7 Brigach, Dreisam, Emscher, Loisach, Pegnitz, Regnitz, Schwalm, Sprotte, Unstrut
8 Altmuehl
- *zum* **Dollart**
3 Ems
- *durch* **Dresden**
4 Elbe
- *durch* **Duisburg**
4 Ruhr
- *aus der* **Eifel**
3 Ahr
4 Urft
5 Nette
6 Lieser
- *durch* **Ellwangen**
5 Jagst
- *im* **Engadin**
3 Inn
- *in* **England**
3 Dee, Don, Exe, Nen, Taw, Ure, Wye
4 Avon, Hull, Tyne
5 Stour, Trent, Tweed
6 Humber, Kennet, Medway, Severn, Themse
- *in* **Europa**
4 Elbe
- *in den* **Finnischen Meerbusen**
4 Newa
- *in* **Finnland**
8 Kalajoki
12 Kokemaenjoki

F

- *durch* **Florenz**
  4 Arno
- *in* **Frankreich**
  3 Ain, Arc, Ill, Tet, Var
  4 Arve, Aube, Aude, Cher, Gard, Oise, Orne, Tarn, Yser
  5 Aisne, Doubs, Isère, Loire, Marne, Meuse, Rhone, Saône, Seine, Sèvre, Somme
  6 Allier
  7 Durance, Garonne, Gironde, Hérault, Moselle
  8 Charente, Dordogne
- *durch* **Freiburg**
  7 Dreisam
- *durch* **Gerona**
  3 Ter
- *in* **Ghana**
  5 Volta
- *durch* **Gießen**
  4 Lahn
- *in den* **Golf von Bengalen**
  6 Ganges
- *durch* **Graz**
  3 Mur
- *durch* **Grenoble**
  5 Isère
- *in* **Griechenland**
  3 Iri
  4 Arda, Arta
  5 Axios
  6 Alfios, Asopos, Louros, Mestra, Nestos, Pyrros
  7 Acheron, Alphios, Peneios, Strymon
  8 Acheloos, Aliakmon, Alpheios, Megdobas
  9 Bouraikos, Salamvria
- *der* **griechischen Sage**
  8 Eridanus
- *der* **griechischen Unterwelt**
  4 Styx
  5 Lethe
  7 Acheron
  8 Eridanos
- *durch* **Halle**
  5 Saale
- *durch* **Hamburg**
  4 Elbe
  6 Alster
- *durch* **Hamm**
  5 Lippe
- *aus dem* **Harz**
  4 Bode, Bode, Ilse, Ilse, Oker, Oker
  5 Selke
- *im* **Heiligen Land**
  6 Jordan
- *aus dem* **Hohen Venn**
  3 Rur
- *in* **Holstein**
  5 Trave
- *aus dem* **Hunsrück**
  4 Nahe
  5 Ruwer
- *in* **Indien**
  4 Kusi
  5 Indus
  6 Ganges
  11 Brahmaputra
- *durch* **Innsbruck**
  3 Inn
- *im* **Irak**
  6 Tigris
  7 Euphrat
- *in* **Irland**
  4 Erne, Nore, Suir
  6 Barrow, Liffey, Slaney
  7 Shannon
  10 Blackwater
- *in* **Israel**
  6 Jordan
- *in* **Italien**
  2 Po
  3 Era
  4 Arno
  5 Allia, Etsch, Parma, Piave, Tiber
  6 Ticino
  7 Busento, Rubikon
- *in* **Kalifornien**
  3 Eel
- *in* **Kanada**
  5 Yukon
  6 Fraser
  9 Mackenzie
  12 Saskatchewan
- *zum* **Kanal**
  5 Seine
- *zum* **Kaspisee**
  4 Kura
- *an der* **Katalonischen Küste**
  3 Ter
- *im* **Kaukasus**
  5 Terek
- *durch* **Kempten**
  5 Iller
- *durch* **Kirchhain/Hessen**
  5 Wohra
- *in* **Kolumbien**
  7 Orinoko
- *durch* **Kroatien**
  3 Una
  4 Save
- *ins* **Kurische Haff**
  5 Memel
- *vom* **Ladogasee**
  4 Newa
- *durch* **Leningrad**
  4 Newa
- *durch* **Linz**
  5 Donau
- *durch* **Liverpool**
  6 Mersey
- *durch* **London**
  6 Themse
- *durch* **Lübeck**
  5 Trave
- *durch* **Lüttich**
  4 Maas
- *in* **Luxemburg**
  3 Our
- *durch* **Makedonien**
  4 Drin
- *bei* **Mannheim**
  5 Rhein
  6 Neckar
- *durch* **Marburg**
  4 Lahn
- *durch* **Meppen**
  3 Ems
- *durch* **Meran**
  5 Etsch
- *in* **Mexiko**
  5 Verde
  6 Sonora
- *in* **Mitteleuropa**
  4 Elbe, Oder
  5 Rhein
- *zum* **Mittelmeer**
  3 Tet
  4 Ebro
- *zum* **Mittelrhein**
  4 Lahn
- *in* **Mittelsibirien**
  3 Ona
- *durch* **Mönchengladbach**
  5 Niers

- *durch* **Montenegro**
  3 Lim
  4 Tara
- *durch* **Moskau**
  6 Moskwa
- *durch* **München**
  4 Isar
- *durch* **Münster**
  2 Aa
- *in* **Nahost**
  6 Jordan
- *durch* **Naumburg**
  5 Saale
- *durch* **Neuss**
  4 Erft
- *in den* **Niederlanden**
  3 Eem, Lek, Rur
  4 Maas, Roer, Waal
  6 IJssel
  7 Schelde
- *in* **Niedersachsen**
  4 Elbe
  5 Aller, Leine, Weser
- *bei* **Nizza**
  3 Var
- *in* **Nordamerika**
  4 Ohio
  5 Snake
  6 Hudson
  8 Arkansas, Colorado, Columbia, Delaware, Illinois, Missouri
  9 Tennessee
  11 Mississippi, Yellowstone
- *in* **Nordbayern**
  7 Pegnitz
- *in* **Nordportugal**
  3 Tua
- *in* **Nordrussland**
  5 Dwina, Onega
- *zur* **Nordsee**
  4 Elbe
- *zur* **Nordsee bei Aberdeen**
  3 Dee
- *in* **Nordwestdeutschland**
  3 Ems
- *in* **Nordwestfrankreich**
  4 Orne
- *in* **Nordwestrussland**
  5 Onega
- *in der* **Normandie**
  4 Orne
- *durch* **Nürnberg**
  7 Pegnitz
- *zum* **Ob-Busen**
  3 Tas, Taz
- *in* **Ostasien**
  4 Amur
- *in* **Österreich**
  3 Ill, Inn, Mur
  4 Drau, Enns, Ybbs
  5 Salza, Steyr, Thaya, Traun
  6 Ziller
  7 Saalach, Salzach
  8 Lassnitz, Schwarza
- *zur* **Ostsee**
  4 Rega
- *in* **Ostsibirien**
  4 Amur, Lena
- *an der* **ostspanischen Küste**
  3 Ter
- *in* **Pakistan**
  5 Indus
  6 Sutlej
  9 Satledsch
- *in* **Pandschab**
  6 Chenab
- *durch* **Paris**
  5 Seine
- *durch* **Passau**
  3 Ilz, Inn
  5 Donau
- *in* **Patagonien**
  5 Chico
- *aus dem* **Peipussee**
  5 Narwa
- *durch* **Perm**
  4 Kama
- *in* **Peru**
  7 Maranon, Ucayali
- *durch* **Pisa**
  4 Arno
- *in* **Polen**
  6 Neisse, Warthe
  8 Weichsel
- *in* **Pommern**
  4 Ihna, Leba, Rega
- *in* **Portugal**
  3 Tua
  4 Sado, Tejo
  5 Douro
  8 Guadiana
  12 Guadalquivir
- *durch* **Prag**
  6 Moldau
- *durch* **Regensburg**
  5 Regen
- *aus dem* **Riesengebirge**
  4 Elbe
  5 Bober
- *durch* **Riga**
  5 Duena
- *durch* **Rom**
  5 Tiber
- *durch* **Rosenheim**
  3 Inn
- *in* **Russland**
  2 Ob
  3 Don
  4 Amur, Jana, Kama, Lena, Newa, Ural
  5 Dwina, Onega, Tobol, Wolga
  6 Angara, Dnjepr, Kolyma, Moskwa, Ussuri
  7 Dnjestr, Irtysch
  8 Jenissei, Tunguska
  9 Indigirka, Petschora
- *durch* **Saint Louis**
  11 Mississippi
- *durch* **Salzburg**
  7 Salzach
- *durch* **Sankt Petersburg**
  4 Newa
- *im* **Sauerland**
  6 Ennepe
- *in* **Schottland**
  3 Dee, Don, Tay
  4 Ness, Spey, Tyne
  5 Tweed
- *ins* **Schwarze Meer**
  6 Dnjepr
- *in* **Schweden**
  3 Dal
  5 Byske, Goeta, Kalix
  6 Ljunga, Ljusna
- *in der* **Schweiz**
  3 Inn
  4 Aare, Thur
  5 Reuss
  6 Kander, Maggia
- *in* **Serbien**
  6 Morava, Morawa
- *durch* **Sevilla**
  12 Guadalquivir
- *in* **Sibirien**
  3 Tas
  4 Lena
- *durch* **Slawonien**
  4 Drau
- *in* **Slowenien**
  4 Reka

F

· *in* **Spanien**
3 Ega, Ter
4 Ebro, Tajo
5 Duero
· *aus dem* **Starnberger See**
5 Wuerm
· *in der* **Steiermark**
3 Mur
5 Muerz
· *zum* **Stettiner Haff**
4 Oder
· *durch* **Straßburg**
3 Ill
· *in* **Südafrika**
4 Vaal
7 Limpopo, Sambesi
11 Oranjefluss
· *in* **Südamerika**
6 Parana
· *in* **Südtirol**
5 Etsch
· *in* **Thailand**
3 Nan
5 Menam
6 Mekong
· *in* **Thüringen**
3 Ilm
· *durch* **Toledo**
4 Tajo
· *in der* **Toskana**
4 Arno
· *durch* **Turin**
2 Po
· *in der* **Ukraine**
6 Dnjepr
· *durch* **Ulm**
5 Donau
· *in den* **USA** ▶ Fluss in Nordamerika
· *in* **Venezuela**
7 Orinoco
· *durch* **Verden**
5 Aller
· *des* **Vergessens**
5 Lethe
· *durch* **Villach**
4 Drau
· *in* **Vorderasien**
7 Euphrat
· *in* **Vorderindien**
6 Ganges
· *durch* **Warschau**
8 Weichsel
· *zum* **Wash** (Englisch)
4 Nene
· *durch* **Weiden**
4 Naab
· *durch ein* **Weingebiet**
4 Saar
· *zum* **Weißen Meer**
5 Onega
· *in* **Westafrika**
5 Niger
· *in* **Westeuropa**
5 Rhein
· *im* **westlichen Asien**
3 Ili
· *in* **Zentralasien**
3 Ili
· *durch* **Zürich**
6 Limmat

Flussabschnitt nach der Quelle
8 Oberlauf

Flussarm ...
· *im* **Rheindelta**
3 Lek
5 Linge
6 IJssel

Flussbett in Afrika
4 Wadi

Flussbiegung
4 Knie
8 Maeander

Flusserweiterungsanlage
7 Uferbau

Flussfahrt mit Musik
16 Riverboatshuffle

Flussgeröllstück
11 Kieselstein

Flussgestade
4 Ufer

Flussgestein
4 Kies

Flussgott ...
· *der* **Griechen**
5 Ladon
6 Asopos, Peneos
7 Alpheus, Penelos
8 Acheloos, Alphaios

flüssig
6 liquid
10 verfuegbar

flüssig(e, er, es) ...
· **Arznei**
6 Liquor
· **Bodenschatz**
3 Oel
6 Erdoel
· **Brennstoff**
7 Heizoel
· **Dünger**
6 Guelle, Jauche
· **Fett**
3 Oel
· **Fliederbeergericht**
13 Holundersuppe
· **Gestein**
4 Lava
· **Hautpflege**
6 Lotion
13 Koerperlotion
· **Körperpflegeprodukt**
10 Massageoel
· **Kost für Kleinstkinder**
15 Flaschennahrung
· **Labung**
5 Trank, Trunk
· **Masse im Erdinnern**
5 Magma
· **Mörtel**
5 Speis
· **Speise**
5 Suppe
12 Gemuesesuppe
14 Kartoffelsuppe
· **Speisezutat**
9 Obstessig
· **Vorspeise**
6 Bruehe
8 Bouillon
9 Rindsuppe
10 Nudelsuppe
12 Gerstelsuppe, Karfiolsuppe

Flüssiggas
5 Butan, Gasol
6 Propan

Flüssigkeit
6 Wasser

Flüssigkeit ...
· *in* **den Adern**
4 Blut
· **entnehmen**
8 abzapfen
· *einer* **Tropennuss**
10 Kokosmilch
· *von* **Zitrusfrüchten**
12 Limettensaft

Flüssigkeitsbehälter
4 Fass, Glas, Krug, Napf, Tank, Topf

5 Eimer, Kanne, Kruke, Pokal, Tonne, Wanne, Zuber
6 Ballon, Becher, Flakon
7 Flasche, Gefaess, Karaffe
8 Kanister, Zisterne
11 Wasserkanne
12 Wasserkessel
Flüssigkeitsbehältnis
12 Trinkflasche
Flüssigkeitseinfüllgerät
8 Trichter
Flüssigkeitsentnehmer
5 Heber
7 Pipette
Flüssigkeitsgemisch
6 Mixtur
7 Loesung
8 Emulsion
Flüssigkeitsleitung
4 Rohr
8 Pipeline
Flüssigkeitsmaß ▶ Hohlmaß
Flüssigkeitsreiniger
6 Filter
Flussinsel
6 Werder
Flusslandestelle
6 Laende
Flusslandschaft
2 Au
Flusslauflandschaft
9 Simmental
Flusslauflandschaft in Tirol
7 Oetztal
Flussmündungsform
5 Delta
7 Aestuar
Flussmuschel
6 Najade
flussnahe Baumansammlung
8 Auenwald
Flussneunauge
6 Pricke
Flussniederung
2 Au
3 Aue
Flusspferd
8 Nilpferd
12 Hippopotamus
Flussrand
4 Ufer
9 Boeschung
Flussregulierung
13 Kanalisierung
Flussschlinge
4 Knie
8 Maeander
Flusstal
2 Au
3 Aue
Flusstal in Amerika
5 Canon
Flussübergang
4 Furt, Steg
5 Steig
7 Bruecke, Viadukt
Flussursprung
6 Quelle
Flussverbauung
4 Wehr
5 Buhne
Flusswindung
8 Maeander
Flusswirtschaft
9 Fischerei
flüstern
6 raunen
7 murmeln
Flut
4 Tide
7 Steigen
Flut ...
· *und* **Ebbe**
5 Tiden
8 Gezeiten
flutartiger Wasserguss
7 Schwall
Flutbrandung
5 Barre
Föderation
4 Bund
7 Verband
11 Staatenbund, Vereinigung
15 Zusammenschluss
föderatives Bundesorgan
9 Bundesrat
Fog
4 Smog
5 Nebel
Fohlen
5 Enter
7 Fuellen
9 Jungpferd
Föhn
12 Haartrockner
Föhre
5 Forle
6 Kiefer
Fokus
10 Brennpunkt
Folge
5 Kette, Reihe, Serie
6 Zyklus
7 Sequenz, Wirkung
8 Ergebnis, Resultat
9 Endeffekt
10 Auswirkung, Konsequenz
11 Fortsetzung
Folge ...
· *von* **drei gleichen Tönen**
6 Triole
· *von* **drei Werken**
8 Trilogie
· *der* **Schwerkraft**
17 Erdbeschleunigung
18 Fallbeschleunigung
· *von* **Stockungen**
4 Stau
9 Rueckstau
folgend
4 nach
6 hinter
folgenschwer
5 fatal
folgenschweres ...
· **Geschehen**
6 Unheil
· **Unglück**
11 Katastrophe
folgerichtig
7 logisch
10 konsequent
folgerichtiges Denken
5 Logik
Folgerung
5 Fazit
7 Schluss
10 Konsequenz
folgewidrig
6 falsch
9 unlogisch
12 inkonsequent
Folgewidrigkeit
7 Unlogik
11 Fehlschluss, Trugschluss
12 Inkonsequenz
Folgezeit
7 Zukunft
folglich
4 also, ergo
5 daher, darum
6 mithin
7 demnach, deshalb

8 deswegen, insofern
13 infolgedessen
folgsam
4 brav
5 artig
7 ergeben, fuegsam
8 gehorsam
11 wohlerzogen
Folie aus Zinn
8 Stanniol
Folklore
9 Volkslied, Volkstanz
10 Volkskunde
folkloristische Kleidung
6 Tracht
folkloristisches Singstück
9 Volkslied
Folter
4 Pein, Qual
6 Marter, Tortur
9 Peinigung
12 Misshandlung
folternde Qual
4 Pein
Fontäne
12 Wasserstrahl
13 Springbrunnen
foppen
6 necken
8 haenseln
Fopperei
6 Uzerei
Förde
5 Bucht
9 Meerbusen
11 Meeresbucht
Förderanlage
5 Pumpe
7 Rutsche
8 Elevator, Schnecke, Seilbahn
10 Fliessband, Schoepfrad
11 Foerderband, Foerderkorb
14 Schuettelrinne
Förderer
6 Helfer, Maezen
7 Goenner, Sponsor
9 Geldgeber, Protektor
Fördergerät
5 Pumpe
Forderung
8 Anspruch, Begehren, Postulat
9 Verlangen
Förderung
5 Abbau
9 Gewinnung
12 Exploitation
14 Unterstuetzung
Förderung ...
· *von* **Bodenschätzen**
7 Bergbau, Tagebau
· *von* **Mineralien**
5 abbau
Förderwagen
4 Hund, Lore
Forke
5 Gabel, Harke
8 Heugabel
9 Mistgabel
Form
3 Art, Typ
5 Figur, Modus, Typus, Weise
6 Kontur, Manier, Modell, Muster
7 Gestalt, Schnitt
8 Struktur
10 Gestaltung
Form ...
· *der* **Abstimmung**
8 Handmehr
12 Hammelsprung
· *der* **Anrede**
5 Duzen
6 Siezen
· *der* **Aufbewahrung**
12 Einkellerung
· *des* **Ausdrucks**
4 Stil
· *des* **Daseins**
5 Leben
· *eines* **einzelnen Gebäcks**
8 Brotlaib
· *des* **Kunstturnens**
9 Akrobatik
· *der* **Materie**
15 Aggregatzustand
· *des* **Nachtlagers** (...bett)
9 Boxspring
· *einer* **Regierung**
12 Absolutismus
· *des* **religiösen Erlebens**
6 Mystik
· *des* **Sauerstoffs**
4 Ozon
· *von* **sein**
3 ist
· *des* **Singens im Alpengebiet**
6 Jodeln
· *der* **Speisenbereitung, -darstellung**
9 Esskultur
Formalität
9 Formsache
13 Foermlichkeit
15 Aeusserlichkeit
Formänderung
11 Deformation
Format
4 Mass, Norm
5 Figur
6 Niveau
7 Groesse
9 Abmessung, Dimension, Zuschnitt
11 Normgroesse
Formation
5 Reihe
6 Truppe
7 Gefuege, Verband
10 Schichtung
13 Zeitabschnitt
Formation ...
· *des* **Mesozoikums**
4 Lias, Malm
6 Dogger
· *des* **Paläozoikums**
4 Perm
5 Devon, Silur
8 Kambrium
formbar
5 weich
9 plastisch
10 nachgebend
Formblatt
8 Formular, Vordruck
Formel
5 Regel
7 Floskel, Wendung
9 Redensart
11 Redewendung
Formelglied
4 Term
formelhaftes Bildsymbol
10 Piktogramm
formell
5 steif
9 foermlich
11 aeusserlich
Formenlehre
9 Grammatik
11 Morphologie

Former
8 Designer
9 Gestalter
Formgebung
6 Layout
7 Styling
10 Gestaltung
Formgestalter
7 Stylist
8 Designer
Formgestalter für Zeitgeschmack
11 Modestylist
förmlich
5 steif
6 formal
7 formell
9 offiziell
13 konventionell
förmliche ...
· **Anrede**
3 Sie
· **Handlung**
11 Zeremoniell
Förmlichkeit
8 Etikette
formlos
5 leger
6 amorph, salopp
10 nonchalant
Formlosigkeit
11 Nonchalance
Formsache
11 Formalitaet
15 Aeusserlichkeit
Formstück an Rohren
7 Fitting
Formular
8 Vordruck
9 Formblatt
10 Fragebogen
Formung
10 Gestaltung
Formveränderung
11 Deformation
Formvorrichtung
5 Model
6 Gesenk
Formwandel
12 Metamorphose
forsch
9 schneidig
10 burschikos
16 draufgaengerisch
Forscher
9 Entdecker, Gelehrter
15 Wissenschaftler
Forschung
12 Untersuchung, Wissenschaft
Forschungsanstalt
5 Labor
8 Institut
12 Laboratorium
13 Observatorium
Forschungsgerät im Weltraum
5 Sonde
Forschungsmittel
10 Experiment
Forschungsraum (Kurzwort)
5 Labor
Forschungsreise
10 Expedition
Forschungsweise
7 Methode
Forstabschnitt
5 Jagen
6 Beritt, Revier
Forstbeamter
8 Assessor, Foerster, Forstrat
10 Waldhueter, Wildhueter
11 Hegemeister
12 Forstgehilfe, Forstmeister, Jagdaufseher, Oberfoerster
14 Revierfoerster
Forstbezirk
6 Beritt, Revier
Forsthochschule
13 Forstakademie
Forstschädling
5 Nonne
7 Spanner, Spinner
12 Borkenkaefer
Forstschutzbezirk
8 Schonung
fort
2 ab
3 weg
7 Festung
Fortbestehen
5 Dauer
7 Bestand
Fortbestehen eines Zustands
7 Andauer
Fortbewegung
7 Gangart
Fortbewegung ...
· *zu* **Fuß**
5 Gehen
6 Laufen
14 Spazierengehen
· *zu* **Pferde**
4 Ritt
Fortbewegungsmittel
3 Rad
Fortdauer
10 Stetigkeit
12 Kontinuitaet
Fortpflanzung
10 Vermehrung
12 Reproduktion
fortpflanzungsfähig
9 fruchtbar
Fortpflanzungskörper der Pilze
5 Spore
Fortpflanzungsorgane
10 Genitalien
Fortpflanzungszelle
2 Ei
4 Same
5 Gamet
Fortsatz des Blinddarms
8 Appendix
fortschreitende ...
· **Entwicklung**
9 Evolution
· **Steigerung**
11 Progression
Fortschritt
8 Progress
9 Besserung
11 Entwicklung, Progression
12 Verbesserung
Fortsetzung
5 Folge
9 Anschluss
14 Weiterfuehrung, Wiederaufnahme
Fortsetzungsfolge
5 Serie
6 Serial
Fortuna
6 Erfolg, Glueck
14 Gluecksgoettin
Fortwendung
6 Abkehr
Forum
5 Markt, Runde

7 Gericht
10 Marktplatz
11 Gerichtshof, Versammlung
12 Richterstuhl
15 Gespraechsrunde

Fossil
7 Abdruck
13 Versteinerung

fossil(e, er, es) ...
· **Brennstoff**
3 Oel
· **Harz**
9 Bernstein
· **Tier**
7 Saurier
8 Stegadon
13 Archaeopterix

Foto
4 Bild
8 Aufnahme
9 Lichtbild

Fotoapparat
3 Box
6 Kamera
14 Polaroidkamera
19 Spiegelreflexkamera

Fotoapperat
12 Sucherkamera

Fotobuch
8 Bildband

Fotograf
12 Lichtbildner

Fotografie
4 Bild

fotografisch(e, er, es) ...
· **Arbeitsraum**
12 Dunkelkammer
· **Begriff**
3 Bad, Dia
4 Bild, Film, Foto
5 Blitz, Labor, Linse, Photo, Spule
6 Blende, Kamera, Platte, Stativ
7 Negativ, Positiv
8 Aufnahme, Farbfilm, Kassette, Objektiv, Rollfilm
9 Fixierbad, Lichtwert
10 Belichtung, Blitzlicht, Diapositiv, Entwickler, Farbfilter, Gegenlicht
· **Flüssigkeit**
9 Fixierbad
10 Entwickler
· **Gerät**
10 Filmkamera
17 Belichtungsmesser
· **Nachbildung** (Kurzwort)
5 Repro

Fotokopie
5 Kopie
10 Ablichtung

Fotomodell (englisch)
5 Model

Fotopionier
8 Daguerre

Fotoreise in Ostafrika
6 Safari

fototechnischer Begriff
5 Repro

Fotozubehör
4 Film
6 Filter, Platte, Stativ
8 Kassette, Rollfilm
10 Blitzlicht, Farbfilter
11 Lichtfilter, Lichtmesser
15 Elektronenblitz, Selbstausloeser
17 Belichtungsmesser

Foyer
7 Vorraum
8 Vorhalle
10 Wandelgang
11 Wandelhalle
16 Erfrischungsraum

Fracht
5 Kargo
6 Ladung
7 Ladegut
12 Transportgut

Frachtauslage
4 Zoll
9 Lagergeld

Frachtentladung bei Schiffen
8 Loeschen

Frachter
6 Schute, Tanker
8 Lastkahn, Leichter
9 Oeltanker
15 Containerschiff

Frachtkahn
5 Zille

Frachtklausel
3 cif, fas, fob

Frachtraum
7 Tonnage

Frachtsegelschiff
4 Ewer

Frachtstück
4 Pack
5 Kiste, Kollo, Paket
6 Ballen, Ballon, Karton, Kasten, Packen
9 Container

Frachtstücke (Kurzwort)
5 Kolli

Frachtverkehr
14 Warentransport
15 Guetertransport

Frachtvertrag
7 Charter

Frage
7 Problem, Raetsel
11 Erkundigung

Fragebogen
8 Formular, Vordruck

Fragelust
7 Neugier

fragend
9 skeptisch
12 interrogativ

Fragespiel
4 Quiz

Fragewort
2 wo
3 was, wem, wen, wer, wie
4 wozu
5 warum, wieso, woher, wohin, woran, wovon
6 wofuer
7 welches, weshalb
8 weswegen

fraglich
6 dubios
8 ungewiss, unsicher
11 zweifelhaft

Fraglichkeit
12 Ungewissheit

Fragment
5 Torso
10 Stueckwerk, Unfertiges
11 Bruchstueck
13 Unvollendetes

fragwürdig
6 dubios, obskur
7 ominoes, seltsam, suspekt
10 mysterioes
11 verdaechtig, zweifelhaft

Fraktion
12 Parteigruppe

Fraktur
5 Bruch

7 Schrift
12 Knochenbruch
frank
4 frei
5 offen
Frankenkönig
4 Karl, Otto
6 Pippin
8 Chlodwig
10 Theoderich
Frankfurter ...
· **Apfelweinviertel**
13 Sachsenhausen
· **Bauwerk**
6 Roemer
11 Paulskirche
· **Hauptgeschäftsstraße**
4 Zeil
· **Rathaus**
6 Roemer
fränkisch(e, er, es) ...
· **Hausflur**
3 Ern
4 Eren
· **Herrschergeschlecht**
6 Salier
10 Karolinger, Merowinger
11 Arnulfinger
· **Weinflaschenform**
11 Bocksbeutel
Franse
4 Saum
8 Posament
9 Fadensaum
Fransenbüschel
6 Quaste
7 Troddel
Franziskaner
9 Kapuziner, Klarissen, Minoriten
Franzose
7 Bretone
französisch für ...
· **Abendessen**
5 diner
· **acht**
4 huit
· **Alter**
3 age
· **Angelegenheit**
5 chose
· **Ankunft**
7 arrivée
· **Arbeit**
7 travail
· **Arm**
4 bras
· **Art**
5 genre
· **Atmosphäre**
5 flair
· **auch**
5 aussi
· **auf**
3 sur
· **Baby**
4 bébé
· **Bad**
4 bain
· **Ball**
3 bal
· **Baskenmütze**
5 Beret
· **Bauer**
6 paysan
· **Baum**
5 arbre
· **beliebt, modisch**
7 envogue
· **Berg**
4 mont
· **Bergspitze**
3 pic
· **Bett**
3 lit
· **Bezirk**
11 département
· **blau**
4 bleu
· **Blume**
5 fleur
· **breite Ringstraße**
9 Boulevard
· **Brüderlichkeit**
10 fraternité
· **Chefkoch** (3 Wörter)
15 Maitredecuisine
· **Chefkoch, Küchenchef** (3 Wörter)
15 Maitredecuisine
· **cremige Nachspeise**
7 Ganache
· **Damenkleiderstoff**
6 Cloque
· **danke**
5 merci
· **der**
2 le
· **deutsch**
8 allemand
· **Diamantenhalskette**
15 Brillantcollier
· **die**
2 la
· **Dienst**
7 service
· **Ding**
5 chose
· **Dorf**
7 village
· **drei**
5 trois
· **du**
2 tu
· **Duft**
5 odeur
· **durch**
3 par
· **durchaus**
7 partout
· **Durchgang**
7 passage
· **Ehre**
7 honneur
· **Eindruck**
10 impression
· **einfarbig**
3 uni
· **eins**
2 un
· **Eintopfessen**
8 Potaufeu
· **Eintracht**
8 concorde
· **Eintritt**
6 entrée
· **Einzelheit**
6 détail
· **Eisen**
3 fer
· **elf**
4 onze
· **Ende**
3 fin
· **er**
2 il
· **Erde**
5 terre
· **es**
2 il
· **etwas abräumen**
7 enlever
· **Fahne**
7 drapeau

F

- **Fahrkarte**
 6 billet
- **Fahrt**
 6 voyage
- **Farbe**
 7 couleur
- **Fehltritt**
 7 fauxpas
- **fein belegtes Stück Brot**
 6 Canape
- **feines Wollgewebe**
 6 Drapee
- **Feinkost, Delikatessen**
 11 Comestibles
- **Feinschmecker**
 7 gourmet
- **Feld**
 5 champ
- **Feuer**
 3 feu
- **Fleischbrühe**
 8 Consomme
- **flink**
 6 alerte
- **Flug**
 3 vol
- **Flugzeug**
 5 avion
- **Fluidum**
 5 flair
- **Folge**
 5 suite
- **Frankreich**
 6 France
- **Frau**
 5 femme
- **Fräulein**
 12 Mademoiselle
- **Freiheit**
 7 liberté
- **Freund**
 3 ami
- **Freundin**
 4 amie
- **Frühling**
 9 printemps
- **fünf**
 4 cinq
- **Fuß**
 4 pied
- **Gabel**
 10 Fourchette
- **Gattung**
 5 genre
- **Gaunersprache**
 5 argot
- **Geck**
 4 beau
- **gehacktes Fleisch**
 6 Hachee
- **Geist**
 6 esprit
- **gelb**
 5 jaune
- **Geld**
 6 argent
- **gemustertes Gewebe**
 6 Frappe
- **Genf**
 6 Genève
- **Gepäck**
 6 bagage
- **Geruch**
 5 odeur
- **Geschenk**
 7 present
- **Gesetz**
 3 loi
- **Getränk**
 7 Boisson
- **Gewebeart**
 4 Lame
- **Gold**
 2 or
- **Gott**
 4 dieu
- **groß**
 5 grand
- *im* **Großen**
 6 en gros
- **grün**
 4 vert
- **gut**
 3 bon
- **Gutschein**
 3 bon
- **halb**
 4 demi
- **halbgefrorene Speise**
 7 Parfait
- **Haltung**
 5 facon
- **Hand**
 4 main
- **Haus**
 6 maison
- **heilig**
 5 saint
- **Heinrich**
 5 Henri
- **Herbst**
 7 automne
- **Herzog**
 3 duc
- **hohe Schneiderkunst**
 (2 Wörter)
 12 Hautecouture
- **hundert**
 4 cent
- **Hut**
 7 chapeau
- **ich**
 2 je
 3 moi
- **in**
 2 en
 4 dans
- **Insel**
 3 île
- **ja**
 3 oui
- **Jagd**
 6 chasse
- **Kaffee mit Sahne**
 (2 Wörter)
 9 Cafecreme
- **kalt**
 5 froid
- **Karl**
 7 Charles
- **Kartenspiel**
 3 jeu
- **Katze**
 4 chat
- **Kellner**
 6 garçon
- **Kind**
 6 infant
- **klein**
 5 petit
- **Klößchen**
 8 Quenelle
- **König**
 3 roi
- **Königin**
 5 reine
- **königlich**
 5 royal
- **konzentrierter Fond**
 5 Fumet
- **Kopf**
 4 tête

- **Korsika**
  5 corse
- **krank**
  6 malade
- **Kreis**
  6 cercle
- **Kreuz**
  5 croix
- **Kugel**
  5 boule
- **Kunst**
  3 art
- **Kuss**
  6 baiser
- **Küste**
  4 cote
- **Leben**
  3 vie
- **lebendig**
  3 vif
  6 vivant
- **Liebe**
  5 amour
- **Löffel**
  8 Cuillere
- **Löwe**
  4 lion
- **Luft**
  3 air
- **man**
  2 on
- **Mann**
  5 homme
- **Meister**
  6 maître
- **Messer**
  7 Couteau
- **Mitternacht**
  6 minuit
- **Morgen**
  5 matin
- **Mut**
  7 courage
- **nach der Speisekarte** (3 Wörter)
  8 alacarte
- **Nacht**
  4 nuit
- **Naturseiden-faden**
  5 Grege
- **nebenbei bemerkt**
  7 a propos
- **nein**
  3 non
- **neun**
  4 neuf
- **nichts**
  4 rien
- **Null**
  4 zéro
- **oder**
  2 ou
- **ohne**
  4 sans
- **Ohr**
  7 oreille
- **Oper**
  5 opera
- **Osten**
  3 est
- **Palast**
  6 palais
- **Polizist** (ugs.)
  4 flic
- **Preis**
  4 prix
- **Punkt**
  5 point
- **Rebsorte Spät-burgunder** (2 Wörter)
  9 Pinotnoir
- **Recht**
  5 droit
- **Regenschirm**
  9 parapluie
- **Reise**
  6 voyage
- **Ritter**
  9 chevalier
- **rot**
  5 rouge
- **Ruhm**
  6 gloire
- **Sache**
  5 chose
- **Sankt**
  5 saint
- **Schlag**
  4 coup
- **Schliff im Benehmen**
  3 pli
- **Schloss**
  6 palais
  7 chateau
- **Schnecke**
  8 Escargot
- **Schnee**
  5 neige
- **Schönheit**
  6 Beaute
- **Schrei**
  3 cri
- **Schwachsinniger**
  6 Cretin
- **schwarz**
  4 noir
- **sechs**
  3 six
- **See**
  3 lac
- **Seele**
  3 âme
- **sehr**
  4 tres
- **sieben**
  4 sept
- **Sohn**
  4 fils
- **Sommer**
  3 été
- **Sonne**
  6 soleil
- **Spiel**
  3 jeu
- **sportliche Jacke mit Bund**
  7 Blouson
- **Stern**
  6 étoile
- *im* **Stil von**
  3 à la
- **Stoffart, Blasenkrepp**
  6 Cloque
- **Straße**
  3 rue
  5 route
  6 chemin
- **Streife**
  10 patrouille
- **Stutzer**
  4 beau
- **Tag**
  4 jour
- **Tanz**
  5 danse
- **tanzen**
  6 danser
- **Tanzschritt**
  3 pas
- **tausend**
  5 mille
- **Teller**
  8 Assiette

F

F

- **tiefer Halsausschnitt**
  9 Dekollete
- **Tier**
  4 bete
- **Tisch**
  5 table
- **Tod**
  4 mort
- **trinken**
  5 boire
- **Tür**
  5 porte
- **und**
  2 et
- **Unglück**
  7 malheur
- **unser**
  5 notre
- **Versammlung**
  9 assemblée
- **Verzeihung**
  6 pardon
- **vier**
  6 quatre
- **voll**
  5 plein
- **von**
  2 de
- **Vorspeisen**
  7 Entrees
- **vorwärts**
  5 allez
  6 allons
- **Wasser**
  3 eau
- **Weihnachten**
  4 noël
- **Wein**
  3 vin
- **Weinbrand oder Branntwein**
  8 Eaudevie
- **Weinfass aus Eichenholz**
  8 Barrique
- **weiß**
  5 blanc
- **Welt**
  5 monde
- **wenig**
  3 peu
- **Weste**
  5 gilet
- **Winter**
  5 hiver
- **Witz**
  6 esprit
- **wo**
  2 ou
- **Wohlgeruch**
  5 odeur
- **Wunder**
  7 miracle
- **zehn**
  3 dix
- **zwanzig**
  5 vingt
- **zwei**
  4 deux
- **zwischen**
  5 entre
- **zwölf**
  5 douze

französisch(e, er, es) ...

- **Abschiedsgruß**
  5 adieu
- **Adelsprädikat**
  2 de
  3 Duc
  4 Pair
  5 Baron, Comte
  6 Prince
  7 Baronne, Marquis, Vicomte
  8 Comtesse, Duchesse, Marquise
  9 Baronesse, Chevalier, Princesse
- **Akzentzeichen**
  4 Aigu
  5 Grave
  10 Zirkumflex
  11 Circonflexe
- **alte Münze**
  3 Sou
  5 Livre
  8 Louisdor
- **alter Tanz**
  7 Gavotte, Menuett
- **Anrede**
  4 Sire
  6 Madame
  8 Monsieur
  12 Mademoiselle
- **Anrede an einen Monarchen**
  4 Sire
- **Aperitif**
  6 Pernod, Ricard
- **Apfelbranntwein**
  8 Calvados
- **Apfelkuchen** (2 Wörter)
  10 Tartetatin
- **Apfelwein**
  5 Cidre
- **Artikel**
  2 la, le, un
  3 les, une
- **Arzt**
  7 Barnard, Pasteur
- **Astronom**
  5 Arago
  7 Laplace
  9 Leverrier
- **Atlantikhafenstadt**
  6 Nantes
- **Atomphysiker**
  6 Joliot
- **Autorennstrecke**
  6 Le Mans
- **Badeort**
  5 Nizza
  8 Arcachon
- **Bakteriologe**
  7 Pasteur
- **Baumeister**
  6 Eiffel, Vauban
- **Benediktinerabtei**
  5 Cluny
- **Bildhauer**
  5 Rodin
  6 Braque
  7 Maillol, Pigalle
- **Biologe**
  5 Jacob, Monod
- **Chansonnette**
  4 Piaf
  5 Greco
- **Chansonnier**
  6 Bécaud, Distel
  8 Aznavour
- **Chemiker**
  6 Perrin
  7 Moissan, Pasteur
  8 Grignard, Sabatier
  9 Lavoisier
- **Comicfigur**
  6 Obélix
  7 Astérix
- **Departement**
  4 Orne
- **Designer und Architekt**
  6 Starck

- **Dichter**
  4 Gide, Hugo, Sade, Zola
  5 Camus, Sorel
  6 Balzac, Racine, Sartre, Villon
  7 Anouilh, Ionesco, Molière, Rimbaud
  8 Flaubert, Rousseau, Verlaine, Voltaire
  9 Corneille
  10 Baudelaire, Maupassant
  11 Montesquieu
  13 Rochefoucauld
- **Dichterin**
  4 Sand
  5 Sagan, Stael
  8 Beauvoir
- **Dramatiker**
  5 Camus
  6 Achard, Pagnol, Racine, Sardou, Sartre, Scribe
  7 Anouilh, Moliere, Rostand
  8 Salactou
  9 Corneille
- **Entdecker**
  5 Curie, Monge, Papin
  6 Besson, Joliot, Lenoir, Niepce
  7 Braille, Pasteur, Réaumur
  8 Daguerre, Foucault
  9 Becquerel
- **Farbfernsehsystem**
  5 Secam
- **Festung**
  6 Verdun
  7 Belfort
- **Festungsbaumeister**
  6 Vauban
- **Filmkomiker**
  4 Tati
- **Filmregisseur**
  5 Malle
  6 Godard, Guitry, Renoir
- **Filmstar**
  5 Delon, Gabin
  6 Bardot, Marais, Morgan
  8 Belmondo
  9 Chevalier
- **Flagge**
  9 Trikolore
- **Fluggesellschaft**
  9 Air France
- **Flugzeugtyp**
  6 Mirage
- **Form von Heinrich**
  5 Henri
- **Form von Hieronymus**
  6 Jerome
- **Forscherehepaar**
  5 Curie
  6 Joliot
- **Frauenname**
  5 Aimée, Renée
  6 Denise, Jeanne, Nadine, Odette
  9 Madeleine
- **Fürstenanrede**
  4 Sire
- **Fürstentitel**
  3 Duc
- **Fürwort**
  2 tu
- **Gasthaus**
  6 Bistro
  7 Auberge
  9 Brasserie
- **Gebirge**
  4 Jura
  6 Morvan
  7 Vogesen
  8 Ardennen, Cevennen
  9 Meeralpen, Pyrenaeen
  13 Massif Central
- **Gebirgsdepartement**
  5 Alpes
- **Gebirgslandschaft**
  7 Vogesen
  8 Auvergne
  13 Zentralmassiv
- **Gemüseeintopf**
  11 Ratatouille
- **General**
  7 Leclerc
  8 de Gaulle
- **Gesellschaftsspiel**
  5 boule
- **Grenzlandschaft**
  6 Elsass
  10 Lothringen
- **Hafenstadt**
  4 Caen, Sète
  5 Brest
  6 Calais
  7 Bayonne
  8 Bordeaux
  9 Cherbourg, Dunkerque, Marseille
  11 Duenkirchen
- **Halbinsel**
  8 Bretagne
- **Hauptstadt**
  5 Paris
- **Herrschergeschlecht**
  5 Anjou
  7 Bourbon
  10 Kapetinger
- **Herrschername**
  5 Henri, Louis
  7 Charles
  8 Napoleon
- **hinweisendes Fürwort**
  2 ce
  3 cet
  5 cette
- **Historiker**
  4 Duby
  5 Ariès
  8 Voltaire
- **Humanist**
  5 Ramée, Ramus
- **Ingenieur**
  6 Eiffel
  7 Ardenne, Flobert, Lesseps
- **Insel**
  2 If, Ré
  7 Korsika
  11 Noirmoutier
  12 Porquerolles
- **Jagdbomber**
  6 Mirage
- **Jagdhund**
  6 Basset
- **Kaiserhaus**
  9 Bonaparte
- **Kampfflugzeug**
  6 Mirage
- **Kardinal**
  7 Mazarin
  9 Richelieu
- **Kartenglücksspiel**
  5 Tarot
  6 Pharao
- **Kartenspiel**
  6 Ecarté
- **Käsesorte**
  4 Brie
  8 Romadour
  9 Camembert, Roquefort
- **katholischer Pfarrer**
  4 Cure
- **Kleinmünze**
  3 Sou

F

· **Kofferfabrikant**
7 Vuitton
· **Komiker**
4 Tati
· **Komponist**
4 Adam, Aime, Lalo
5 Auber, Bizet, Dukas, Ibert, Lully, Mehul, Ravel, Satie
6 Albert, Franck, Godard, Gounod, Halevy, Rameau, Thomas
7 Berlioz, Débussy, Delibes, Milhaud, Poulenc, Roussel
8 Couperin, Maillart, Massenet, Messiaen
9 Boieldieu
10 Carpentier, Saint-Saens
· **Königsname**
5 Louis
· **Kosmetiker**
6 Rocher
· **Kräuterlikör**
10 Chartreuse
· **Kriegshafen**
5 Brest
6 Toulon
· **Kristallograf**
4 Hauy
· **Kronprinz**
7 Dauphin
· **kubistischer Maler**
5 Léger
· **Kugelspiel**
5 Boule
· **Küstengebiet**
7 Riviera
· **Küstengebirge**
7 Esterel
· **Landschaft**
4 Brie, Foix
5 Anjou, Bearn, Médoc
6 Artois, Elsass, Poitou
7 Burgund, Savoyen
8 Armagnac, Bretagne, Rhônetal
9 Normandie
· **Landsmann**
7 Bretone
· **leichter Rotwein**
6 Claret
· **Lied**
7 Chanson
· **Lustspieldichter**
7 Molière
· **Maler**
5 Corot, Degas, Léger, Manet, Monet, Redon
6 Braque, Ingres, Lebrun, Legros, Renoir, Rigaud, Seurat, Signac, Sisley, Vernet
7 Cézanne, Chagall, Daumier, Gauguin, Matisse, Pissaro, Prudhon, Utrillo
8 Delauney, Pissarro, Rousseau
9 Delacroix
15 Toulouse Lautrec
· **Malerin**
7 Valadon
· **Männermodel**
9 Giabiconi
· **Männername**
3 Guy
4 Ives, Jean, René
5 Alain, André, Henri, Louis, Raoul
6 Gaston, Jérôme, Pierre
7 Étienne, Gilbert, Maurice
· **Märchenriese**
4 Oger
· **Märchenwesen**
4 Oger
8 Magelone
· **Marschall**
4 Foch, Niel
5 Murat
6 Pétain
· **Mathematiker**
4 Thom
5 Monge
6 Ampère, Cauchy, Fermat, Galois, Moivre, Oresme, Pascal, Picard
7 Fourier, Laplace
8 Lagrange, Poincaré
9 Descartes
· **Mehrzahlartikel**
3 les
· **Milchprodukt**
9 Briekaese
· **Minnesänger**
10 Troubadour
· **Mittelgebirge**
7 Vogesen
· **Mittelmeerhafen**
4 Sète
6 Toulon
9 Marseille
· **Mittelmeerküste**
7 Riviera
· **Modedesigner**
6 Ungaro
7 Slimane
· **Model und Schauspielerin**
5 Casta
· **Modeschöpfer**
4 Dior
5 Patou
6 Cardin, Carven, Lanvin, Mugler
7 Balmain, Esterel, Hechter, Lacoste, Lacroix, Laroche, Rabanne, Scherer
8 Gaultier
9 Courrèges
12 Saintlaurent, Saint-Laurent
16 Yves Saint Laurent
· **Modeschöpferin**
5 Ricci
6 Chanel, Rykiel
10 Cocochanel
· **Münze**
3 Sou
5 Franc
7 Centime
8 Louisdor
· **Name der Maas**
5 Meuse
· **Name der Saar**
5 Sarre
· **Name des Rheins**
4 Rhin
· **Name für Korsika**
5 Corse
· **Name von Nizza**
4 Nice
· **Narrenspiel im 15./16. Jh.**
5 Sotie
6 Sottie
· **Nationalflagge**
9 Trikolore
· **Nationalheldin**
10 Jeanne d'Arc
· **Nationalhymne**
12 Marseillaise
· **Nobelpreisträger für Chemie**
5 Curie

6 Joliot
7 Moissan
8 Grignard, Sabatier
11 Joliot-Curie
- **Nobelpreisträger für Frieden**
5 Passy
6 Briand, Cassin
7 Buisson, Jouhaux, Renault
9 Bourgeois
- **Nobelpreisträger für Literatur**
4 Gide
5 Camus, Simon
6 France, Sartre
7 Bergson, Mauriac, Mistral, Rolland
8 Le Clezio
9 Prudhomme
- **Nobelpreisträger für Medizin**
6 Richet
7 Dausset, Laveran, Nicolle
10 Montaigner
- **Nobelpreisträger für Physik**
5 Curie, Dirac
6 Perrin
7 Broglie, Kastler
8 Lippmann
9 Becquerel, Guillaume
- **Opernkomponist**
4 Adam
5 Auber, Bizet
6 Albert, Gounod, Thomas
8 Maillart
9 Boieldieu
- **Perlwein**
10 Champagner
- **persönliches Fürwort**
2 tu
- **Pfarrer**
4 Curé
- **Philosoph**
5 Alain, Bayle, Camus, Comte, Leroy, Ramus, Renan, Sorel, Taine
6 Buffon, Cousin, Marcel, Nicole, Pascal, Sartre
7 Bergson, Diderot, Duhamel
8 Alembert, Gassendi, Lametrie, Rousseau, Voltaire
9 Condorcet, Descartes, Helvetius, Montaigne
11 Malebranche, Montesquieu
- **Physiker**
4 Biot
5 Arago, Curie, Papin, Petit
6 Ampère, Carnot, Fizeau, Joliot, Perrin
7 Broglie, Réaumur
8 Alembert, Gassendi, Mariotte
9 Becquerel, Guillaume
10 Berthollet
- **Politiker**
4 Blum, Veil
5 Debré, Faure, Favre, Ferry, Laval, Maret, Mayer, Nicot, Pinay, Ribot, Sully
6 Barres, Briand, Carnot, Combes, Dubois, Fleury, Fouché, Gaulle, Guizot, Jaurès, Jospin, Lebrun, Pétain, Philip
7 Colbert, Maginot, Malraux, Mazarin, Reynaud, Sarkozy, Schuman
8 Caillaux, Daladier, de Gaulle, Gambetta, Loucheur, Mac-Mahon, Mirabeau, Pompidou
9 Lafayette, Lamartine, Richelieu, Trautmann
10 Clemenceau, Mitterrand, Talleyrand
- **Politiker/Politikerin**
6 Chirac, Fillon
8 Hollande
- **politische Polizei**
6 Sureté
- **Porzellanmanufaktur**
6 Sèvres
- **Premierminister**
6 Jospin
- **Presseagentur**
3 AFP
- **Protestanten**
10 Hugenotten
- **Psychologe**
5 Binet, Lacan
- **Regisseur**
4 Tati
8 Truffaut
- **Revolutionär**
5 Marat
6 Danton
8 Mirabeau
11 Robespierre
- **Revuestar**
5 Baker
- **Revuetanz**
6 Cancan
- **Romanautorin**
5 Sagan
- **Romancier**
3 Sue
4 Anet, Gide, Sade
- **Rotweinsorte**
5 Médoc
8 Bordeaux
10 Beaujolais
- **Rundtanz**
6 Rondel
- **Sängerin**
4 Piaf
5 Gréco, Hardy
7 Mathieu
15 Mireille Mathieu
- **Satiriker**
8 Rabelais
- **Schaumwein**
7 Cremant
10 Champagner
- **Schauspieler**
4 Baur, Tati
5 Delon, Gabin, Talma
6 Guitry, Marais, Rachel
8 Barrault, Delaunay
9 Depardieu
- **Schloss**
3 Pau
5 Biron, Blois
6 Annecy, Chinon, Loches, Nantes, Saumur
7 Amboise, Brissac, Trianon, Vendome
8 Chambord, Cheverny, Tarascon, Valençay
9 Perpignan
10 Chateaudun, Versailles
11 Chenonceaux, Rambouillet
13 Fontainebleau
- **Schriftsteller**
4 Anet, Gide, Sade, Zola
5 Camus, Dumas, Green, Verne
6 Balzac
- **Schriftstellerfamilie**
5 Dumas

F

- **Schriftstellerin**
  4 Sand
  5 Duras
  7 Colette, Monnier
  8 Beauvoir, Sarraute
- **Schuhdesigner**
  9 Louboutin
- **Seebad**
  5 Nizza
  6 Cannes, Dieppe, Fréjus, Menton
  7 Antibes, La Baule
  8 Biarritz, St. Tropez
- **Showtanz**
  6 Cancan
- **Sozialist**
  6 Jaurès
- **Soziologe**
  5 Sorel
- **Speckkuchen**
  6 Quiche
- **Staatsphilosoph**
  5 Bodin
  11 Montesquieu, Tocqueville
- **Stadt an der Loire**
  7 Orléans
- **Stangenweißbrote**
  9 Baguettes
- **Tanz**
  6 Cancan
  7 Gavotte, Musette
  8 Chaconne
- **Tänzerin**
  5 Baker
- **Topmodel**
  5 Casta
- **unbestimmter Artikel**
  2 un
  3 une
- **Verneinung**
  3 non
- **Waffenschmied**
  7 Flobert
- **Währung**
  5 Franc
- **Wallfahrtsort**
  7 Lourdes
- **Walzer**
  7 Musette
- **Weinanbaugebiet an der Garonne**
  13 Entredeuxmers
- **Weinbaugebiet**
  5 Médoc
  6 Alsace, Elsass
  7 Burgund
  8 Bordeaux
  9 Bourgogne
- **Weinbezeichnung für trocken**
  3 sec
- **Weinbrand**
  6 Cognac, Kognak
  8 Armagnac
- **Weinsorte**
  8 Bordeaux
  9 Burgunder
- **weiße Rebsorte**
  10 Chardonnay
- **Weißwein**
  7 Chablis
- **Weltgeistlicher**
  4 Abbé
- **Widerstandsbewegung**
  10 Résistance
- **Zeichner**
  5 Sempé

französisch-englischer pantoffelähnlicher Damenschuh
  4 Mule

Fräsrille
  3 Nut

Fraß
  6 Futter
  10 Tierfutter, Viehfutter

Frater
  6 Bruder

Fraternisierung
  13 Verbruederung

Fratze
  5 Miene
  6 Visage
  8 Grimasse, Zerrbild
  9 Karikatur, Spottbild

Frau
  4 Dame, Weib
  6 Gattin
  8 Gemahlin
  11 Evastochter

Frau ...
- *der* **Antike**
  8 Germanin
- *aus einem* **fernen Land**
  6 Exotin
- *der* **Gesellschaft**
  4 Dame
- *von* **Nicolas Sarkozy**
  5 Bruni
- *im* **Paradies**
  3 Eva
- *des* **spanischen Königs Felipe**
  7 Letizia
- *im* **Wochenbett**
  10 Woechnerin

Frau von ...
- **Abraham**
  4 Sara
  5 Hagar, Sarah
- **Adam**
  3 Eva
- **Admetos**
  7 Alkeste
  8 Alkestis
- **Aga Khan**
  5 Begum
- **Agamemnon**
  12 Klytemnestra
  13 Klytaemnestra
- **Ahasver**
  6 Esther
- **Amenophis (IV.)**
  9 Nofretete
- **Amphion**
  5 Niobe
- **Amphitryon**
  7 Alkmene
- **Armin**
  9 Thusnelda
- **Augustus**
  5 Livia
- **Bacchus**
  7 Ariadne
- **Balder**
  4 Nana
- **Bismarck**
  7 Johanna
- **Brahms**
  9 Saraswati
- **Brutus**
  6 Porcia
- **Claudius**
  9 Agrippina, Messalina
- **David**
  6 Michal
  7 Abigail
  8 Bathseba
  9 Bethsabee
- **Dionysos**
  7 Ariadne
- **Donar**
  3 Sif
- **Echnaton**
  9 Nofretete

- **Erebus**
  3 Nox
- **Etzel**
  6 Helche
  9 Kriemhild
- **Fro**
  5 Freia
  6 Freyja
- **Gunther**
  8 Brunhild
  9 Bruenhild, Brunhilde
- **Hades**
  10 Persephone
- **Heinrich VIII.**
  4 Anna
- **Hektor**
  10 Andromache
- **Hephaistos**
  9 Aphrodite
- **Herakles**
  4 Hebe
- **Hermann dem Cherusker**
  9 Thusnelda
- **Isaak**
  7 Rebecca, Rebekka
- **Jakob**
  3 Lea
  5 Rahel
  6 Rachel
- **Jason**
  5 Medea
  6 Glauke, Kreusa
- **Jupiter**
  4 Juno
- **Kalif Ali**
  6 Fatima
- **Kronos**
  4 Rhea
  5 Rheia
- **Lohengrin**
  4 Elsa
- **Luther**
  4 Bora
  9 Katharina
- **Menelaos**
  6 Helena
- **Mohammed**
  6 Aischa
  10 Chadidscha
- **Napoleon I.**
  9 Josephine
  11 Marie Louise
- **Napoleon III.**
  7 Eugenie
- **Oberon**
  7 Titania
- **Odin**
  4 Fria
  5 Frigg, Frija
  6 Frigga
- **Ödipus**
  7 Iokaste
- **Odysseus**
  8 Penelope
- **Orkus**
  10 Persephone, Proserpina
- **Orpheus**
  8 Eurydike
- **Osiris**
  4 Isis
- **Othello**
  9 Desdemona
- **Paris**
  6 Helena
- **Perikles**
  7 Aspasia
- **Peron**
  5 Evita
- **Perseus**
  9 Andromeda
- **Philemon**
  6 Baucis
- **Pluto**
  10 Proserpina
- **Poseidon**
  10 Amphitrite
- **Priamos**
  6 Hekabe, Hekuba
- **Rembrandt**
  6 Saskia
  9 Hendrikje
- **Rubens**
  6 Helene
  8 Isabella
- **Saturnus**
  4 Rhea
- **Siegfried**
  9 Kriemhild
- **Sokrates**
  9 Xanthippe
- **Theseus**
  7 Antiope, Phaedra
  9 Hippolyta
- **Thor**
  3 Sif
- **Uranos**
  4 Gaea, Gaia
- **Uria**
  8 Bathseba
  9 Bethsabee
- **Vulcanus**
  5 Venus
- **Xerxes**
  6 Esther
- **Zeus**
  4 Hera

Frauen mit Kindern
7 Muetter

Frauenarzt
11 Gynaekologe

Frauenberuf
4 Amme
5 Nurse
6 Modell, Oberin
7 Aerztin, Hebamme, Koechin, Malerin, Weberin
8 Cutterin, Friseuse, Hausfrau, Lehrerin, Lektorin, Modistin, Naeherin, Putzfrau, Wirkerin
9 Ansagerin, Ballerina, Floristin, Kellnerin, Mannequin, Pflegerin, Pianistin, Saengerin, Stylistin, Taenzerin
10 Direktrice, Erzieherin, Fotografin, Gaertnerin, Grafikerin, Laborantin, Reporterin, Souffleuse, Stewardess
11 Assistentin, Graphikerin, Hutmacherin, Kassiererin, Kontoristin, Photomodell, Redakteurin, Schneiderin, Sekretaerin, Serviererin
12 Arzthelferin, Buchhalterin, Dekorateurin, Empfangsdame, Fuersorgerin, Journalistin, Photographin, Putzmacherin, Telefonistin, Verkaeuferin
13 Datentypistin, Haushaelterin, Kranzbinderin, Modeberaterin, Phonotypistin, Raumpflegerin, Reinmachefrau, Stenotypistin, Telephonistin, Zuschneiderin
14 Bibliothekarin, Blumenbinderin, Buchhaendlerin, Fotolaborantin,

F

Garderobenfrau, Schauspielerin, Wirtschafterin, Zimmermaedchen
15 Hausangestellte, Kinderfraeulein, Kinderpflegerin, Korrespondentin, Maskenbildnerin, Platzanweiserin
16 Kindergaertnerin, Krankenschwester, Sozialpaedagogin
18 Sprechstundenhilfe

Frauenbewegung
10 Feminismus

Frauenboot der Eskimos
5 Umiak

Frauenbüroberuf
11 Sekretaerin

Frauenfeind
5 Macho

Frauenfiguren von Niki de Saint Phalle
5 Nanas

Frauenflachs
9 Leinkraut

Frauengemach ...
· *einer* **Burg**
8 Kemenate
· *im* **Islam**
5 Harem

Frauengestalt als Sinnbild ...
· **Bayerns**
7 Bavaria
· **Berlins**
8 Berolina
· **Deutschlands**
8 Germania
· **Frankreichs**
8 Marianne

Frauengestalt im Hamlet
7 Ophelia

Frauengewand
5 Kleid

Frauenhaar
8 Adiantum, Milzfarn
9 Federgras, Hasenbrot
10 Zittergras

Frauenheilkunde
12 Gynaekologie

Frauenheld
4 Beau
6 Belami, Gigolo
7 Don Juan, Playboy
8 Casanova, Charmeur
14 Herzensbrecher
15 Schuerzenjaeger

Frauenheld, Herzensbrecher
10 Ladykiller

Frauenkittel
6 Kasack

Frauenkosename
4 Emmi
5 Lollo, Nanni
6 Gretel

Frauenkurzname ▶ weiblicher Vorname

Frauenliebling
6 bel ami

Frauenmantel
8 Ohmkraut, Taublatt, Taukraut
9 Hasenklee, Taumantel
10 Alchemilla, Milchkraut
11 Marienkraut, Silberkraut
12 Marienmantel

Frauenmantel aus Seide
8 Mantille

Frauenname ▶ weiblicher Vorname

Frauenrechtlerin
6 Emanze
10 Feministin
11 Blaustrumpf, Suffragette

Frauenrock
4 Jupe
6 Schoss

Frauenschleierhaube im Mittelalter
4 Rise

Frauenschuh
8 Orchidee

Frauensingstimme
3 Alt
6 Sopran
11 Mezzosopran
15 Koloratursopran

Frauensperson
4 Weib

Frauenturngerät
13 Schwebebalken

Frauenunterrock
5 Jupon
9 Krinoline

fraulich
7 feminin

Freak
10 Aussteiger

frech
4 keck, kess
6 dreist, kiebig, pampig, patzig
11 impertinent
12 unverschaemt

frech(e, er, es) ...
· **Göre**
5 Range
· **Junge**
6 Bengel
7 Lausbub
· **Mädchen**
4 Goer
· **Mensch**
7 Luemmel

frei
4 leer
5 frank, ledig, offen
6 franko, gratis, vakant
7 umsonst
8 zwanglos
9 degagiert, kostenlos, unbesetzt
10 ungebunden, verfuegbar
11 unabhaengig
13 unentgeltlich

frei ...
· **an Bord**
3 fob
· *von* **Feuchtigkeit**
7 trocken
· **hängendes Ruhenetz**
11 Haengematte
· **herabhängender Faden**
6 Franse
· **lebend**
4 wild
· **stehender Glockenturm**
8 Belfried
9 Campanile
· **stehendes Plättbrett**
11 Buegeltisch
· **stehendes Regal**
10 Raumteiler
· **von**
4 ohne

frei(e, er, es) ...
· **Angriff beim Fechten**
5 Coupe
· **Entscheidung**
6 Option
· **Platz**
6 Vakanz
9 Esplanade
· **Stelle im Wald**
8 Lichtung

- **Überschlag**
  5 Salto
- **Verteidiger beim Fußball**
  6 Libero

freiberufliches Entgelt
7 Honorar
Freibeuter
5 Kaper, Pirat
6 Korsar
10 Filibuster, Flibustier, Seeraeuber
Freibrief
7 Charter
8 Privileg
Freidenker
8 Libertin
9 Dissident, Freigeist
Freidenkerglaube
7 Deismus
Freier
6 Werber
8 Bewerber
11 Brautwerber
Freifrau
7 Baronin
Freifräulein
6 Freiin
9 Baronesse
Freigabe des Abflugs
14 Starterlaubnis
freigebig
6 guetig
7 honorig
8 generoes
9 spendabel
10 weitherzig
11 grosszuegig
freigebiger Gönner
6 Maezen
Freigebigkeit
8 Noblesse
Freigebühr
6 Franko
Freigehege für Tiere
8 Reservat
Freigeist ▶ Freidenker
Freigericht
4 Feme
freigestellt
10 fakultativ
Freigut im Mittelalter
5 Allod
Freiheit
8 Privileg, Vorrecht
10 Immunitaet
14 Souveraenitaet, Ungebundenheit
15 Unabhaengigkeit
16 Selbstaendigkeit
18 Selbststaendigkeit
freiheitliche Gesinnung
12 Liberalitaet
Freiheitsentzug
4 Haft
6 Arrest, Kerker
9 Festnahme, Zuchthaus
10 Gefaengnis, Verhaftung
11 Arretierung
12 Inhaftierung, Jugendarrest
21 Sicherheitsverwahrung
Freiheitsgesinnung
12 Liberalismus
Freiheitsheld
8 Jenatsch
Freiheitsheld der Tiroler
5 Hofer
Freiheitsstrafe ▶ Freiheitsentzug
Freiheitsverbrechen
10 Kidnapping, Kindesraub
11 Entfuehrung
12 Menschenraub
Freiherr
5 Baron
Freiherrnwürde
7 Baronie
Freikaufsumme
9 Loesegeld
Freikirchler
7 Baptist
Freikörperkultur
8 Nudismus
10 Naturismus
Freilager
5 Biwak
Freilicht in der Malerei
8 Pleinair
Freilichtbühne
12 Naturtheater
freiliegend
9 exponiert
Freilos beim Tennisturnier
4 Rast
Freiluftmöbel
10 Liegestuhl
Freimachung von Sendungen
9 Frankatur
Freimaurersymbol
5 Kelle
Freimaurervereinigung
4 Loge
9 Grossloge
Freimut
15 Offenherzigkeit
Freischärler
8 Guerilla, Partisan
11 Franktireur
14 Heckenschuetze
Freischlag beim Hockey
9 lange Ecke
Freisinn
12 Liberalismus
freisinnig
7 liberal
13 vorurteilslos
Freisprechung
10 Absolution
Freistatt
4 Asyl
6 Obdach
8 Zuflucht
freistehender Spitzpfeiler
7 Obelisk
Freistilringen als Show
7 Catchen
Freitag vor Ostern
10 Karfreitag
Freitisch für Hochschüler
7 Konvikt
Freitreppe an Burgen
5 Grede
Freiübungen
9 Gymnastik
freiwillig
7 spontan
10 fakultativ
11 ungezwungen
freiwillig(e, er, es) ...

- **Gabe**
  6 Spende
  7 Almosen
- **Krankenpfleger**
  9 Samariter
- **Mitarbeiter**
  6 Helfer
- **unentgeltliche Hilfe**
  7 Wohltat

Freiwilligentruppe
6 Legion
Freiwilliger
9 Volontaer
Freizeit
5 Musse, Pause
6 Ferien, Urlaub

8 Erholung
10 Feierabend
Freizeitausflug
7 Radtour
8 Velotour
Freizeitberater
9 Animateur
Freizeitbeschäftigung
5 Hobby, Spiel, Sport
7 Passion, spielen
11 Liebhaberei
12 Steckenpferd
Freizeithandwerker
7 Bastler
Freizeitlandschaft
10 Ferienpark
Freizeitlaufen
7 Jogging
Freizeitspaß im Freien
16 Skateboardfahren
Freizeitsport
7 Wandern
8 Minigolf
11 Windsurfing
Freizeitsportler
7 Amateur
fremdartig
8 exotisch
Fremde
5 Ferne, Weite
7 Ausland
fremde Währung
6 Valuta
Fremdenheim
5 Hotel, Motel
7 Gasthof, Pension
8 Gasthaus, Herberge
Fremdenverkehr
9 Tourismus, Touristik
Fremder
4 Gast
7 Tourist
9 Fremdling, Reisender
10 Auslaender, Logiergast
fremdes ...
· **Staatsgebiet**
7 Ausland, Enklave
Fremdgebiet
7 Ausland
Fremdgebiet ...
· *im* **andern Staat**
7 Exklave
· *im* **Staat**
7 Enklave
Fremdherrschaft
9 Besatzung
Fremdkapital
4 Pump
5 Leihe
8 Hypothek
10 Obligation
Fremdländer
4 Exot
5 Exote
fremdländisch
8 exotisch
fremdländische Frau
6 Exotin
Fremdländischer
4 Exot
Fremdwort für ...
· **Altertum**
6 Antike
· **ausschließlich**
8 exklusiv
· **danke**
5 merci
· **ebenso**
4 item
· **Elendsviertel**
4 Slum
· **erwachsen**
5 adult
· **gegen**
4 anti
· **Geschlecht**
5 Genus
· **Hochebene**
7 Plateau
· **im Jahre**
4 anno
· **Irrtum**
5 Error
· **Meinungsumfrage**
10 Demoskopie
· **Mitlaut**
9 Konsonant
· **Mundart**
7 Dialekt
· **Pöbel**
5 Plebs
· **Selbstlaut**
5 Vokal
· **Selbstlosigkeit**
10 Altruismus
· **Selbstsucht**
8 Egoismus
· **Soll**
5 Debet
· **Vernunft**
5 Ratio
· **Werbeschlagwort**
6 Slogan
Fremdwortgegner
6 Purist
Fremdwortteil ...
· **allein**
4 mono
· **fern**
4 tele
· **halb**
4 demi
· **jenseits**
5 ultra
· **neu**
3 neo
· **tausend**
4 Kilo
· **unter**
3 sub
· **vor**
4 prae
frenetisch
6 rasend, tobend
10 begeistert, stuermisch
frequentieren
8 besuchen
Frequenz
11 Haeufigkeit
15 Schwingungszahl
Frequenzband
5 Kanal
Frequenzeinheit
5 Hertz
Fresko
8 Wandbild
12 Wandgemaelde
Fressen (Wild)
5 Aesen, Frass
6 Atzung, Futter
10 Tierfutter, Viehfutter
Fressgefäss
4 Napf, Trog
Frettchen
5 Iltis
Freude
4 Lust
5 Gaudi, Jubel, Spass, Wonne
7 Gaudium
8 Frohsinn
9 Ergoetzen
10 Vergnuegen
11 Beglueckung

Freude am ...
· **Quälen**
8 Sadismus
· **Schmerz**
11 Masochismus
· **Tun**
4 Lust
· **Zusehen**
11 Voyeurismus
Freudenausbruch
5 Jubel
Freudengesang
9 Halleluja
Freudenhalle der nordischen Sage
7 Wingolf
Freudenhaus
4 Puff
7 Bordell
Freudenruf
3 hei
6 heissa
8 Hosianna
freudig
4 gern
5 gerne
freudige Erwartung
9 Vorfreude
freudlos
5 trist
7 traurig
12 schwermuetig
Freund
5 Spezi
6 Kumpel
7 Intimus, Kamerad, Partner
9 Begleiter, Gefaehrte, Geliebter, Liebhaber
10 Vertrauter
12 Verbuendeter
13 Wohlgesinnter
Freund ...
· *des* **Achill**
9 Patroklos, Patroklus
· *von* **Briefmarken**
11 Philatelist
· **Ciceros**
4 Tiro
· *von* **Dick**
4 Doof
· *von* **Doof**
4 Dick
· *von* **Ernie** (Sesamstraße)
4 Bert
· *von* **Fix und Foxi**
4 Lupo
· **Friedrichs des Großen**
5 Katte
· **Goethes**
5 Carus
6 Moritz, Zelter
8 Behrisch
· **Hein**
3 Tod
10 Sensenmann
· **Isoldes**
7 Tristan
· **Luthers**
11 Melanchthon
· *eines* **Mädchens**
9 Bekannter
· *des* **Orest**
7 Pylades
· *des* **Patroklos**
6 Achill
8 Achilles
· *des* **Sadismus**
6 Sadist
· *des* **Schönen**
7 Aesthet
Freunde aus dem Urlaub
18 Reisebekanntschaft
Freundeskreis
13 Bekanntschaft
Freundin ...
· **Goethes**
5 Stein
7 Vulpius
8 Herzlieb, Willemer
9 Schroeter
10 Schoenkopf, Schulthess
11 Goechhausen
· **Michelangelos**
7 Colonna
· **Odysseus'**
5 Circe
7 Kalypso
8 Nausikaa
· **Praxiteles'**
6 Phryne
· **Schillers**
4 Kalb
· **Voltaires**
8 Chatelet
Freundin in der Kindheit
15 Spielgefaehrtin
freundlich
4 lieb, nett
6 guetig, heiter
11 ansprechend, liebenswert, sympathisch
14 liebenswuerdig
freundlich gesinnt
7 zugetan
freundlich(e, er, es) ...
· **Aufnahme**
7 Anklang
· **Dienst**
8 Gefallen
· **Förderer**
7 Goenner
· **Gesinnung**
5 Guete, Gunst
9 Zuneigung
· **Spender**
5 Geber
· **Wesen**
10 Nettigkeit
Freundschaft
5 Treue
9 Sympathie, Zuneigung
13 Kameradschaft
Freundschaftsinseln
11 Tongainseln
Frevel
5 Untat
6 Suende
7 Unrecht
8 Sakrileg, Vergehen, Verstoss
10 Laesterung, Verbrechen
13 Versuendigung
frevelhafter Übermut
6 Hybris
Frevler
7 Suender
10 Verbrecher
11 Uebeltaeter
Friede
3 Pax
4 Ruhe
6 Stille
8 Harmonie
9 Einigkeit, Eintracht
Friedensbewegung
10 Pazifismus
Friedensgott
7 Forseti
Friedensgöttin
6 Eirene
Friedenslehre
6 Irenik
Friedensliebe
10 Pazifismus

Friedensnobelpreisträgerin
5 Balch, Ebadi
6 Addams, Gbowee, Karman, Menchú, Myrdal, Suu Kyi, Teresa
7 Maathai, Sirleaf, Suttner
8 Corrigan, Williams
Friedenspfeife der Indianer
7 Kalumet
Friedensversprechen
7 Urfehde
Friedensvogel
5 Taube
Friedhof
8 Kirchhof
9 Katakombe
10 Totenacker
11 Gottesacker
friedlich
4 brav, zahm
5 ruhig, still
8 irenisch
9 gutmuetig, idyllisch
10 harmonisch
12 konfliktfrei
friedliches Nebeneinander
10 Koexistenz
friedliebend
8 irenisch
12 pazifistisch
Friedlosigkeit als Strafe
4 Acht
Frieselstoff
7 Frottee
Friesenhausteil
8 Reetdach
friesisch für Insel
3 Oge
friesisch(e, er, es) ...
· **Frauenname**
4 Gesa
· **Inseln**
4 Roem, Sylt
5 Amrum, Fanoe, Foehr, Habel, Hooge, Juist, Manoe, Oland, Texel
6 Borkum, Groede, Roemoe
7 Ameland, Baltrum
8 Langeoog, Pellworm, Suedfall, Vlieland
9 Langeness, Norderney, Norderoog, Suederoog, Wangeroog
10 Boschplaat, Nordstrand, Spiekeroog, Wangerooge
11 Rottumeroog
12 Terschelling
· **Männerkurzname**
3 Jan
Friggs Botin
3 Gna
Frikadelle
7 Bulette
frisch
3 neu
4 jung, kalt
5 alert, kuehl
6 gesund, munter, rezent
7 lebhaft
Frische
6 Kuehle
frischer ...
· **Schnee**
4 Neue
9 Neuschnee
· **Wind**
5 Brise
Frischgetraute
13 Neuvermaehlte
Frischhalteanlage
7 Froster
9 Eiskeller, Kuehlfach
10 Eisschrank, Frigidaire, Kuehltruhe
11 Kuehltasche
12 Gefriertruhe, Kuehlschrank
13 Tiefkuehlfach
14 Tiefkuehltruhe
16 Tiefkuehlschrank
Frischhaltung
13 Konservierung
Frischkäse mit tropischen Früchten
12 Melonenquark
Frischluftzufuhr im Bergbau
11 Bewetterung
Friseur
6 Figaro
7 Barbier, Stylist
8 Coiffeur
Friseurgeschäft
5 Salon
Frisieren eines Motors
6 Tuning
Frisiergerät
4 Foen, Kamm
5 Foehn, Haube
6 Schere, Wickel
7 Buerste
8 Haarnetz
9 Haarnadel
10 Brenneisen, Haarklemme, Haarspange
11 Brennschere, Haarbuerste
12 Rasiermesser, Trockenhaube
13 Lockenwickler
Frisiergerät mit Etui
12 Einsteckkamm
Frisierhilfe
12 Lockenwickel
Frisierkunst
8 Coiffure
Frisiermittel
3 Oel
4 Fett
5 Spray
6 Pomade
7 Shampoo
8 Haarlack, Shampoon, Spuelung
9 Haarspray
10 Haarwasser
11 Brillantine
12 Haarfestiger
14 Schaumfestiger
Frisiertisch
8 Toilette
Frist
4 Ziel
6 Spanne, Termin
8 Zeitraum
9 Zeitpunkt
10 Bedenkzeit, Zeitspanne
Fristgewährung
8 Stundung
Frisur
10 Haartracht
Frisurart, Dutt
10 Haarknoten
frivol
8 schamlos
froh
6 heiter, lustig, munter
9 froehlich, vergnuegt, zufrieden
10 beschwingt
11 erleichtert
Frohbotschaft
10 Evangelium
Frohgefühl
6 Freude
fröhlich(e, er, es) ...
· **Feier**
4 Fest, Fete

- **Naturell**
  7 Frohmut
- **Stimmung**
  10 Heiterkeit

Fröhlichkeit
10 Heiterkeit

Frohlocken
4 Lust

Frohsinn
10 Heiterkeit
13 Froehlichkeit

fromm
8 glaeubig
9 religioes
10 andaechtig
15 gottesfuerchtig

fromm(e, er, es) ...
- **Büßer**
  5 Asket
- **Ehrfurcht**
  7 Pietaet
- **Sage**
  7 Legende
- **Wanderer**
  6 Pilger
  10 Wallfahrer

Frömmelei
10 Bigotterie
16 Scheinheiligkeit

frömmelnd
6 bigott
12 scheinheilig

Frömmigkeit
7 Pietaet
12 Gottesfurcht
13 Gottvertrauen, Religiositaet

Fron
12 Zwangsarbeit, Zwangsdienst
17 Herrschaftsdienst

Frondienst ▶ Fron

Front
10 Kampflinie, Stirnseite
11 Vorderseite
12 Grenzflaeche
13 Gefechtslinie
16 Kriegsschauplatz

frontal
6 en face
8 von vorne
11 frontseitig

Frontglas am Auto
17 Windschutzscheibe

Froschlarve
10 Kaulquappe

Froschlurch
4 Unke
6 Kroete
8 Bergunke
9 Erdkroete, Taufrosch
10 Grasfrosch, Laubfrosch
11 Teichfrosch
12 Wasserfrosch

Froschmensch
7 Taucher

Frostablagerung
7 Raureif
8 Rauhreif

Frostbarriere
7 Eisbank

frösteln
7 frieren

Frostgebilde
3 Eis
4 Reif
6 Harsch, Schnee
7 Raureif
8 Eisblume, Glatteis, Rauhreif
9 Eiszapfen
11 Eiskristall

Frostgebilde an Glasscheiben
8 Eisblume

frostig
4 kalt
5 eisig

frottieren
8 abreiben
10 abtrocknen

Frucht
4 Kiwi, Nuss
5 Apfel, Birne, Bohne, Ecker, Erbse, Feige, Linse, Olive
6 Ananas, Banane, Eichel, Limone, Mandel, Melone, Orange, Quitte, Tomate, Traube
7 Erdnuss, Kirsche, Kuerbis, Pflaume, Walnuss, Zitrone
8 Aprikose, Erdbeere, Himbeere, Paranuss, Pfirsich, Zwetsche
9 Apfelsine, Blaubeere, Brombeere, Hagebutte, Haselnuss, Kartoffel, Kokosnuss, Mandarine, Mirabelle, Nektarine, Reneklode, Zwetschge
10 Grapefruit, Kronsbeere, Pampelmuse, Topinambur, Weintraube
11 Heidelbeere, Navelorange, Reineclaude
12 Preiselbeere, Sauerkirsche, Schwarzbeere, Stachelbeere
13 Holunderbeere, Johannisbeere
15 Schattenmorelle
- *des* **Ölbaums**
  5 Olive

Frucht ...
- *eines* **asiatischen Nutzbaumes**
  9 Maulbeere
- *der* **Betelpalme**
  9 Arekanuss
- *der* **Buche**
  9 Buchecker
- *der* **Eberesche**
  9 Mehlbeere
- *der* **Edelkastanie**
  6 Marone
- *der* **Eiche**
  6 Eichel
- *des* **Feigenkaktus**
  11 Kaktusfeige
- *des* **Getreides**
  4 Korn
- *mit* **harter Schale**
  4 Nuss
- *der* **Heckenrose**
  9 Hagebutte
- *mit* **Kerngehäuse**
  5 Apfel
- *im* **Mutterleib**
  5 Fetus
  6 Embryo, Foetus
- *der* **Palme**
  6 Dattel
  9 Kokosnuss
- *der* **Rebe**
  6 Traube
  9 Weinbeere
  10 Weintraube

Fruchtauszug
3 Jus
4 Saft
5 Juice
7 Extrakt

F

fruchtbar
6 fertil
9 produktiv
11 ertragreich
fruchtbar(e, er, es) ...
· **Bodenart**
4 Klei
5 Loess
· **Bodenschicht**
5 Humus
· **Ebene**
6 Boerde
· **Küstenland**
6 Marsch
Fruchtbarkeit
11 Fertilitaet
Fruchtbarkeitsgott
3 Fro
4 Faun, Frey
5 Freyr
6 Faunus
7 Priapos
8 Dionysos
Fruchtbarkeitsgöttin
3 Deo
5 Ceres, Freia, Freya
6 Freyja
7 Artemis, Demeter
Fruchtbonbon
5 Drops
Fruchtbrei
3 Mus
Fruchtdessert
16 Rhabarberkompott
Früchte
4 Obst
Früchte tragendes Holzgewächs
8 Obstbaum
Früchtebranntwein
7 Obstler
Fruchteinbringung
5 Ernte
Fruchterzeugnis
5 Gelee
9 Marmelade
10 Konfituere
Früchteverkäufer
12 Obsthaendler
Fruchtflüssigkeit
4 Saft
Fruchtform
4 Nuss
5 Beere, Dolde
6 Huelse, Kapsel, Schote, Traube
Fruchtgärten um Damaskus
5 Ghuta
Fruchtgetränk
4 Most, Saft
5 Juice
8 Limonade
11 Himbeersaft, Ribiselsaft, Traubensaft
Fruchtgirlande
6 Feston
Fruchthülle
6 Huelse, Kapsel, Schale, Schote
fruchtige Schleckerei
10 Erdbeereis
fruchtiges Gebäck
10 Obstkuchen
Fruchtinneres
12 Kerngehaeuse
fruchtleere Getreidehalme
5 Stroh
Fruchtmark
4 Pulp
5 Pulpe
Fruchtpresse
6 Kelter
Fruchtsaft
4 Most
Fruchtsaftgallert
5 Gelee
Fruchtsaftgetränk
5 Juice
9 Orangeade
Fruchtstand
5 Aehre, Dolde, Rispe
6 Kolben, Traube, Zapfen
9 Kaetzchen
Fruchtstand einer Körnerpflanze
10 Maiskolben
Fruchtzucker
6 Inulin
8 Fructose, Fruktose
frühchristlicher Kirchenbau
8 Basilika
frühchristliches Liebesmahl
5 Agape
Frühdruck
9 Inkunabel
11 Wiegendruck
frühe Lebensjahre der Mannes
11 Knabenalter
früher
4 eher
5 einst
7 ehemals, einstig
8 zeitiger
früher ...
· **als**
3 vor
5 bevor
· *als* **erwartet**
5 schon
7 bereits
früher(e, er, es) ...
· **Abgabe an die Kirche**
5 Zehnt
· **Adelstitel in Russland**
5 Bojar
· **Adliger**
8 Edelmann
· **asiatischer Herrschertitel**
4 Khan
· **asiatischer Nomade**
5 Aware
· **äthiopischer Herrschertitel**
3 Ras
5 Negus
· **berittener Soldat**
4 Ulan
5 Husar
8 Dragoner
· **Berliner Sender** (Abkürzung)
4 Rias
· **chinesischer Staatsbeamter**
8 Mandarin
· **chinesisches Gewicht**
4 Tael
· **deutsche Münze**
5 Krone, Taler
6 Batzen, Gulden, Heller
7 Kreuzer, Pfennig
8 Groschen
9 Schilling
· **deutsche Währung**
2 DM, RM
10 Reichsmark
· **deutscher Städtebund**
5 Hansa, Hanse
· **deutsches Gewicht**
5 Quent
· **Feldmaß**
7 Tagwerk
8 Tagewerk

- **Form von wessen**
  3 wes
- **französische Silbermünze**
  3 ECU
- **französisches Herzogtum**
  7 Burgund
- **Fußbekleidung**
  13 Schnabelschuh
- **Gatte, Gemahl**
  6 Exmann
- **Gefängnis in Paris**
  8 Bastille
- **Geheimbund in Kenia**
  6 Mau Mau
- **geistliches Gericht**
  4 Send
- **Gerichtsbote**
  7 Buettel
- **Getränkelieferantin**
  9 Milchfrau
- **Goldmünze der USA**
  5 Eagle
- **Großbetrieb mit Handarbeit**
  10 Manufaktur
- **Handwerkervereinigung**
  5 Zunft
- **Heilverfahren**
  8 Milchkur
- **Herrschertitel in Russland**
  3 Zar
- **holländische Münze**
  4 Deut
- **Holzraummaß**
  4 Ster
  7 Klafter
- **indische Münze**
  4 Anna
- **iranischer Herrschertitel**
  5 Schah
- **Kirchenstrafe**
  4 Acht, Bann
- **Längenmaß**
  4 Elle, Rute, Zoll
  5 Meile
- **leichter Lanzenreiter**
  4 Ulan
- **Luftdruckmaß**
  4 Dorr
- **Maß der Fadenstärke**
  6 Denier
- **mechanisches Musikinstrument**
  11 Orchestrion
- **Name der Pyrenäenhalbinsel**
  6 Iberia
- **Name Thailands**
  4 Siam
- **Name von Ankara**
  6 Angora
- **Name von Istanbul**
  14 Konstantinopel
- **Name von Myanmar**
  5 Birma
- **Name von Sri Lanka**
  6 Ceylon
- **Name von Taiwan**
  7 Formosa
- **Name von Varanasi**
  7 Benares
- **Name von Zagreb**
  5 Agram
- **Narkosemittel**
  6 Aether
- **Oberhäupter in Venedig**
  5 Dogen
- **Papiermaß**
  4 Ries
- **Papstpalast**
  7 Lateran
- **polnischer Staatspräsident**
  6 Walesa
- **portugiesische Kolonie in Indien**
  3 Goa
- **portugiesischer Besitz in China**
  5 Macao
- **Reifrock der Frauen**
  9 Krinoline
- **reitender Eilbote**
  8 Stafette
- **Reitersoldat**
  5 Husar
- **Rekrutenaushebung**
  5 Levee
- **russische Dorfgemeinschaft**
  3 Mir
- **Schiffstyp**
  7 Galeere
- **schnelles Segelkriegsschiff**
  8 Fregatte
- **Schulgefängnis**
  6 Karzer
- **schwarzafrikanischer Soldat**
  6 Askari
- **spanische Kriegsflotte**
  6 Armada
- **spanischer Name für Sherry**
  5 Xeres
- **Sultanspalast**
  6 Serail
- **türkischer Anredetitel**
  6 Efendi
- **türkischer Ehrenwächter**
  6 Kawass
- **türkischer Titel**
  3 Aga
- **türkisches Nomadenvolk**
  6 Awaren
- **US-Raumfahrtprogramm**
  6 Apollo, Gemini
- **Verbrauchssteuer**
  6 Akzise
- **Verwaltungsbeamter**
  4 Vogt
- **Währung in Lettland**
  3 Lat
- **Zählmaß**
  4 Gros
  6 Mandel
- **Zehnpfennigstück**
  6 Nickel
  8 Groschen

frühere Bezeichnung für ...

- **(junge) Militärpferde**
  8 Remonten
- **Abteil**
  5 Coupe
- **Altersheim**
  11 Siechenhaus
- **Ausbilder**
  8 Lehrherr
- **Bahnsteig**
  6 Perron
- **Ballabend**
  7 Reunion
- **Bauerngehilfin**
  4 Magd
- **bequem**
  6 kommod
- **Beruf**
  6 Metier
- **Besuch**
  6 Visite

F

- **Bezirksverwalter**
  5 Drost
- *einen* **Bürger einer Monarchie**
  8 Untertan
- **Bürgersteig**
  8 Trottoir
- **Damenzimmer**
  7 Boudoir
- **Diele**
  6 Entree
- **Dienstbote**
  8 Domestik
- **Dienstmädchen**
  4 Magd
- **Erlass**
  5 Edikt
- **Erzählung**
  4 Maer
- **Fahrrad**
  9 Veloziped
- **Flugzeug**
  8 Aeroplan
- **Freund**
  8 Gevatter
- **Friseur**
  7 Barbier
- **Gepäck**
  6 Bagage
- **Handlungsgehilfe**
  6 Kommis
- **Hoferbe**
  6 Anerbe
- **Hofpersonal**
  7 Gesinde
- **Jungknecht**
  3 Enk
- **Kneifer**
  8 Pincenez
- **Kusine**
  4 Base
- **Lebensmittel**
  10 Viktualien
- **Lehrherr**
  9 Prinzipal
- **Leibeigener**
  6 Sklave
- **Leibwache der Fürsten**
  5 Garde
- **Liebesmahl**
  5 Agape
- **Mädchen**
  4 Maid
- **Märchen**
  4 Maer
- **Maskenball**
  7 Redoute
- **Onkel**
  5 Oheim
- **Pfarrer**
  6 Pfaffe
- **Rechtsanwalt**
  7 Advokat
- **Regenschirm**
  9 Parapluie
- **Sage**
  4 Maer
- **Sonnenschirm**
  7 Parasol
- **spanische Wand**
  8 Paravant
- **Türken**
  7 Osmanen
- **Turmwächter**
  7 Tuermer
- **Verwundung**
  7 Blessur
- **Vormundschaft**
  7 Kuratel
- **Vorraum**
  6 Entree
- **Wunder**
  7 Mirakel
- **Zeitung**
  7 Gazette
- **Zoll**
  4 Maut

Frühform ...
- *des* **Jazz**
  3 Rag
  7 Ragtime

frühgeschichtlich(e, er, es) ...
- **Blasinstrument**
  4 Lure
- **Gewandspange**
  5 Fibel
- **Zeitabschnitt**
  7 Eiszeit
  9 Eisenzeit, Steinzeit
  10 Bronzezeit

Frühgottesdienst
5 Mette

Frühjahr
4 Lenz
5 Maien
9 Fruehling, Maienzeit

Frühjahrsblume
11 Gartentulpe

Frühjahrsgemüse
7 Spargel

Frühjahrsveranstaltung
7 Maitanz

Frühling
4 Lenz

Frühlingsblume
5 Tulpe
6 Krokus, Primel
7 Anemone, Aurikel
8 Narzisse, Veilchen
9 Hyazinthe
10 Osterblume
11 Osterglocke
13 Maerzenbecher, Maigloeckchen
15 Schluesselblume
16 Schneegloeckchen, Traubenhyazinthe

Frühlingsfest
6 Ostern

Frühlingsgott
6 Baldur

Frühlingsgöttin
6 Ostara

Frühlingsmonat
3 Mai
4 Juni
5 April, Maerz
7 Lenzing
9 Ostermond, Wonnemond

frühreif
7 altklug, vorlaut
10 unkindlich

Frühstück im Freien
8 Picknick

Frühstücksspeck
5 Bacon

Frühvorstellung
7 Matinee

Frustration
13 Enttaeuschung

Fuchs ...
- *in* **der Fabel**
  7 Reineke
  8 Reinhart

Fuchsbau in der Tierfabel
10 Malepartus

Füchsin
5 Faehe

Fuchsschwanz
5 Lunte, Saege
9 Standarte

Fuchtel
4 Rute
5 Degen, Gerte, Knute, Stock
8 Peitsche
Fuge
3 Nut
4 Falz, Nute
5 Kanon, Rille, Ritze, Spalt
6 Furche, Runzel
fugenartig
5 fugal
6 fugato
fugenloser Fußboden
7 Estrich
Fugenmasse
4 Kitt
Fugenschnitt
4 Falz
fügsam
4 zahm
7 ergeben
8 gehorsam
Fügung
3 Los
5 Fatum
8 Geschick
9 Schicksal
fühlbar
8 palpabel
fühlbare Strafe
10 Denkzettel
fühlbarer Herzschlag
4 Puls
Fühler
6 Taster
7 Antenne
8 Tentakel
Fühlungnahme
7 Kontakt
10 Beruehrung
Fuhrbetrieb
9 Spedition
Fuhre
5 Fuder
6 Fracht, Ladung
führen Make-up-Beratungen durch
10 Visagisten
führender Jakobiner
11 Robespierre
Führer ...
· *der* **Argonauten**
5 Iason, Jason
· *im* **Bauernkrieg**
5 Geyer, Goetz
· *der* **Hugenotten**
7 Coligny
· *der* **Kosaken**
6 Ataman
· *der* **Makkabäer**
5 Judas
· *beim* **Militär**
8 Offizier
· *einer* **Räuberbande am Rhein**
14 Schinderhannes
· *eines* **Schiffes**
8 Kapitaen
· *durch* **unbekanntes Gebiet**
5 Lotse
Führerin
6 Chefin
8 Leiterin
11 Vorgesetzte
Führerschein
13 Fahrerlaubnis
Fuhrknecht
6 Karrer
Fuhrmann
8 Kutscher
10 Fuhrknecht
Führung
5 Regie
7 Leitung
9 Direktion
Führungsgremium
4 Stab
Führungsschicht
5 Elite
Führungstier
10 Leithammel
Fuhrunternehmer
9 Spediteur
Fuhrwerk
5 Karre, Wagen
7 Gespann, Kutsche
Fuhrwerkskolonne
5 Treck
Fuhrwerkslenker ▶ Fuhrmann
Fuhrwesen der Feldtruppe
5 Tross
Fülle
5 Masse, Menge
8 Reichtum
10 Ueberfluss
Fülle von Ackerfrüchten
10 Erntesegen
Füllen
5 Enter
6 Fohlen
9 Jungpferd
füllen (Lebensmittel)
9 farcieren
Füllgas für Leuchtröhren
4 Neon
Füllmasse für Metallzeichnungen
6 Niello
Füllsel für Fleisch
5 Farce
Füllung
5 Farce, Masse
6 Inhalt
8 Fuellsel
fulminant
9 glaenzend
11 mitreissend
Fundament
4 Fuss
5 Basis, Boden, Grund
6 Sockel
8 Grundbau, Unterbau
9 Grundlage
Fundort ...
· *von* **Mineralien**
5 Lager
9 Vorkommen
· *einer* **Venusstatue**
4 Milo
· **vorgeschichtlicher Menschen**
4 Roth
6 La Tène
10 Heidelberg, Neandertal
Fundus
5 Grund
6 Mittel
7 Bestand
9 Grundlage
Funeralien
10 Beerdigung, Begraebnis
fünf ...
· **Bücher Mose**
5 Thora
10 Pentateuch
Fünfeck
8 Pentagon
10 Drudenfuss
Fünfergruppe
8 Quintett
fünffüßiger Vers der Antike
10 Pentameter

F

Fünfkampf der Hellenen
10 Pentathlon
Fünfmaß
10 Pentameter
Fünfstromland
6 Punjab
9 Pandschab
fünfter ...
· **Buchstabe des griechischen Alphabets**
7 Epsilon
· **Sonntag nach Ostern**
6 Rogate
· **Tag der Karwoche**
15 Gruendonnerstag
fünfzackiger ...
· **Stern**
10 Drudenfuss, Pentagramm
Fungizid
8 Pilzgift
11 pilztoetend
Funk
5 Radio
10 Telegrafie
11 Telegraphie
Funkanlage
6 Sender
7 Antenne
Funkdarbietung
7 Sendung
Funknotruf ...
· *im* **Luftverkehr**
6 Mayday
· *auf* **See**
3 SOS
Funkortung
5 Radar
7 Peilung
Funkspruch
8 Depesche
Funkstation
6 Sender
Funksteuerung
13 Fernbedienung
Funkstille
10 Sendepause
Funktion
3 Amt
5 Zweck
7 Aufgabe
8 Leistung
9 Beziehung
10 Anstellung, Bestimmung, Taetigkeit
11 Verrichtung, Wirksamkeit
funktionelles Tischwerkzeug
14 Gemueseloeffel
Funktionsprüfung
5 Probe
Funktionsträger
5 Organ
Funkturm
6 Sender
9 Sendemast
Funkwellenempfänger
12 Richtantenne
Funkzubehör
7 Antenne
Funzel
5 Kerze, Lampe, Licht
für
3 pro
für ...
· **die Allgemeinheit Tätiger**
9 Politiker
· **immer**
4 ewig
· **Kinder gestaltbarer Ort im Freien**
19 Abenteuerspielplatz
· **Männer nach der Rasur**
10 Aftershave
· **richtig halten**
5 ahnen
· **sich allein**
7 einzeln
· **spröde Haarenden**
13 Spitzenfluids
· **strahlende Zähne**
9 Zahnweiss
· **wahr erklären**
10 versichern
Furche
3 Nut
4 Fuge, Nute
5 Falte, Rille, Rinne
6 Graben, Runzel
9 Querrinne
10 Einschnitt, Vertiefung
Furcht
5 Angst, Bange, Graus
7 Schreck
9 Schrecken
12 Unsicherheit
Furcht erregend
8 schaurig
furchtbares ...
· **Verbrechen**
9 Greueltat
10 Graeueltat
Furchtgefühl
5 Angst
6 Horror
furchtlos
5 mutig
furchtsamer Mensch
9 Angsthase
Furie
7 Erinnye
9 Xanthippe
12 Kratzbuerste, Rachegoettin
Furnierholz
5 Limba
8 Mahagoni
10 Palisander
Furore
7 Beifall
8 Aufsehen
11 Bewunderung
12 Begeisterung
Fürsorge
5 Obhut
6 Pflege
7 Karitas
9 Betreuung, Wohlfahrt, Zuwendung
10 Versorgung
11 Sozialhilfe
Fürsorgeeinrichtung
4 Asyl, Heim, Hort
7 Anstalt
9 Armenhaus
10 Altersheim, Jugendheim, Waisenhaus
11 Blindenheim, Waermestube
15 Obdachlosenasyl
Fürsorgeverband
7 Caritas
10 Rotes Kreuz
13 Innere Mission
17 Arbeiterwohlfahrt
fürsorgliche ...
· **Aufsicht**
5 Obhut
6 Schutz
Fürsprache
5 Gunst
9 Fuerbitte
Fürst
5 Prinz
6 Herzog, Regent
8 Erbprinz, Potentat

9 Erzherzog, Herrscher, Imperator
10 Landesherr
11 Grossherzog, Prinzregent
Fürst ...
· *in* **England**
4 Duke, King
6 Prince
· *in* **Frankreich**
3 Duc, Roi
8 Empereur
· *in* **Indien**
11 Maharadscha
· *im* **Islam**
5 Kalif
6 Chalif, Sultan
· *in* **Japan**
5 Tenno
6 Mikado
· *von* **Monaco**
7 Rainier
· *im* **Orient**
4 Chan, Emir, Khan
5 Mogul
9 Padischah
10 Grossmogul
· *in* **Russland**
3 Zar
· *der* **Waräger**
5 Rurik
Fürstendoktor
8 Leibarzt
Fürstengeschlecht
8 Dynastie
Fürstenhaus von Monaco
8 Grimaldi
Fürstenhaushalt
3 Hof
Fürstenname
8 Waldemar
Fürstensohn
5 Prinz
Fürstenstaat im Himalaja
6 Bhutan
Fürstentum ...
· *in* **Europa**
6 Monaco
13 Liechtenstein
Fürstin
8 Duchesse, Herzogin, Kaiserin, Koenigin, Regentin
10 Prinzessin
11 Erzherzogin
13 Grossherzogin
Fürstin ...
· *in* **Indien**
4 Rani
8 Maharani
· *von* **Monaco**
8 Charlene
Fürstinnenname
5 Irene
fürstlich(e, er, es) ...
· **Anrede**
6 Hoheit
8 Erlaucht
9 Majestaet
11 Durchlaucht
· **Diener**
5 Lakai
· **Emblem**
5 Krone
6 Zepter
· **Truppe**
5 Garde
Furunkel
14 Eitergeschwuer
Fürwort
8 Pronomen
Fusion
13 Verschmelzung
15 Zusammenschluss
Fuß
5 Basis, Grund
6 Sockel
Fußabtreter
5 Matte
8 Vorleger
9 Fussmatte
Fußballausdruck
2 EM, WM
3 Aus, Cup, Elf, Tor
4 Ball, Ecke, FIFA, Foul, Goal, Hand, Netz, Pass, Team, UEFA
5 Derby, Latte, Leder, Match, Mauer, Pokal, Sturm
6 Abgabe, Abwurf, Balken, Corner, Finale, Flanke, Libero
7 Abpfiff, Abseits, Abstoss, Angriff, Anpfiff, Anspiel, Anstoss, Deckung, Eckball, Einwurf, Stopper, Tormann, Tornetz, Torraum, Trainer, Treffer, Weltcup
8 Abschlag, Eckstoss, Elfmeter, Endspiel, Halbzeit, Kopfball, Stuermer, Torlinie
9 Abpfeifen, Aufsetzer, Ausgleich, Ausputzer, Dribbling, Flutlicht, Freistoss, Handspiel, Offensive, Querlatte, Selbsttor, Spielfeld, Steilpass, Strafraum, Torhueter, Torjaeger
10 Bundesliga, Fernschuss, Mittelfeld, Querbalken, Seitenwahl, Spieldauer, Strafstoss, Torpfosten
11 Abwehrmauer, Mittellinie, Rueckzieher, Seitenlinie, Spielmacher, Sturmspitze
12 Abseitsfalle, Platzverweis, Regionalliga, Steilvorlage
13 Aussenpfosten, Elfmeterpunkt, Pfostenschuss
15 Fallrueckzieher
Fußballbegriff
9 rote Karte
10 gelbe Karte
13 gelbrote Karte
Fußballberuf
7 Manager, Spieler, Trainer
17 Bundesligatrainer
Fußballbundesligist (Abkürzung)
3 HSV, KSC
Fußballfreistoß
7 Eckball
Fußballglücksspiel
4 Toto
Fußballklub ...
· *in* **Bielefeld**
7 Arminia
· *von* **Mailand**
5 Inter
· *von* **Rostock**
5 Hansa
Fußballmannschaft
3 Elf
4 Team
Fußballspiel
5 Match
Fußballspielbeginn
7 Anpfiff, Anstoss
Fußballspieler
6 Keeper, Kicker, Libero
7 Laeufer, Stopper, Tormann, Torwart
8 Stuermer

9 Ausputzer, Torhueter
10 Vorstopper
11 Linksaussen, Verteidiger
12 Halbstuermer, Rechtsaussen
13 Aussenlaeufer, Doppelstopper, Innenstuermer, Mittellaeufer
14 Aussenstuermer, Mittelstuermer, Reservespieler
15 Angriffsspieler, Deckungsspieler
17 Auswechselspieler, Mittelfeldspieler

Fußballspielpause
8 Halbzeit

Fußballteam
3 Elf

Fußballtreffer
3 Tor

Fußballwettbewerb
9 Europacup
11 Europapokal

Fußballwette
4 Toto

Fußbank
6 Hocker
7 Schemel

Fußbekleidung
5 Boots, Clogs, Pumps, Schuh
6 Opanke, Spikes
7 Pantine, Sandale, Slipper, Stiefel
8 Galosche, Gamasche, Latschen, Skischuh
9 Halbschuh, Hausschuh, Holzschuh, Lackschuh, Pampusche, Pantoffel, Schischuh, Schlappen, Turnschuh
10 Gummischuh, Lederschuh, Sandalette, Skistiefel, Sportschuh, Ueberschuh
11 Holzsandale, Lackstiefel, Stiefelette
12 Gummistiefel, Spangenschuh
14 Schnuerstiefel

Fußbekleidung ...
· *für* **Kleinkinder**
10 Babyschuhe
· *zum* **Wandern**
9 Bergschuh

Fußbodenbelag
3 PVC
4 Kork
6 Dielen, Fliese, Platte
7 Balatum, Estrich, Fliesen, Laeufer, Parkett, Teppich
8 Linoleum, Stragula
12 Spannteppich
15 Haargarnteppich

Fußbodenbrett
5 Diele

Fußbodenerhöhung
7 Estrade

Fußbodenpflegemittel
11 Bohnerwachs

FußbodenPflegetuch
10 Wolllappen

Fußbodenplatte
6 Fliese

Fussel
5 Fluse
11 Staubflocke

Fußgänger
7 Passant

Fußgelenk
6 Fessel
8 Knoechel

Fußgestell
6 Podium, Sockel
9 Piedestal

Fußgicht
7 Podagra
10 Zipperlein

Fußglied
3 Zeh
4 Zehe

Fußhebel
5 Pedal

Fußhebel ...
· *im* **Kfz**
8 Gaspedal
10 Bremspedal
14 Kupplungspedal

Fußkleidschlupfhilfe
12 Schuhloeffel
13 Schuhanzieher

Fußknöchel
5 Enkel

Fußleiste
6 Sockel
7 Lambrie
8 Lamperie

fußlose Insektenlarve
4 Made

fußloses ...
· **Kriechtier**
4 Wurm
8 Schlange

Fußmatte
8 Abtreter

Fußmissbildung
9 Klumpfuss

Fußnote
6 Glosse
9 Anmerkung
10 Marginalie

Fußpfad
3 Weg
4 Steg
5 Steig, Stieg

Fußpflege
9 Pedikuere

Fußpunkt
5 Basis, Nadir

Fußreise
6 Marsch
11 Spaziergang

Fußrücken
4 Rist
5 Spann

Fußsoldat
9 Grenadier
11 Infanterist

Fußspur
5 Tapfe
6 Stapfe, Tapfen

Fußstoß
5 Tritt

Fußstütze
7 Bandage, Einlage
11 Fersenkappe, Fersenleder
12 Einlegesohle

Fußstütze am Sattel
11 Steigbuegel

Fußteil
3 Zeh
4 Rist, Zehe
5 Enkel, Ferse, Sohle, Spann
6 Ballen, Fessel, Gelenk, Hacken
8 Knoechel, Zehnagel
12 Sprunggelenk

Fußteil ...
· *der* **Paarhufer**
5 Klaue
· *vieler* **Tiere**
3 Huf

Fußtruppe
10 Infanterie

Fußwanderung
11 Spaziergang
Fußweg
8 Gehsteig, Trottoir
12 Buergersteig
Fußwurzelknochen
10 Sprungbein
Futter
5 Frass
7 Nahrung, Polster
Futter ...
· *für* **alte Tiere**
10 Gnadenbrot
· *für ein* **Haustier**
11 Hundekuchen
Futteral
4 Dose, Etui
5 Bezug
6 Beutel, Huelle, Kapsel
7 Scheide
8 Ueberzug
16 Brillenbehaelter
Futterbehälter
4 Napf, Trog
5 Raufe
6 Krippe
9 Fressnapf
Futtergefäß ▶ Futterbehälter
Futtergewebe
5 Serge
Futterkrippe
5 Raufe
Futtermittel
3 Heu
4 Korn, Malz
5 Kleie, Samen, Spreu, Stroh
6 Schrot, Silage
7 Eicheln, Knollen
8 Getreide, Haecksel
9 Fischmehl
Futternapf
4 Trog
Futterpflanze
4 Gras, Klee, Mais
5 Hafer, Ruebe, Spark, Wicke
6 Gerste, Lupine
7 Luzerne, Ruebsen, Spergel
8 Saubohne
9 Kartoffel, Kohlruebe
10 Esparsette, Serradella, Tobinambur
11 Runkelruebe
Futterspeicher
4 Silo
Futterstoff
5 Serge, Twill
6 Koeper
9 Gloriette
Futterstroh
8 Haecksel
Futtertöpfchen
4 Napf
Futtertrog
5 Mulde
6 Krippe
Fütterung
4 Mast
6 Aesung, Atzung
Futur
7 Zukunft
Futurologie
20 Zukunftswissenschaft

G

Gabe
5 Dosis, Opfer
6 Anlage, Spende, Talent
7 Almosen
8 Begabung, Geschenk, Praesent
9 Angebinde, Vermoegen
10 Faehigkeit
11 Befaehigung, Veranlagung
Gabe ...
· *zum* **Christfest**
16 Weihnachtsteller
· *an* **die Gottheit**
5 Opfer
Gabel
5 Forke, Trage, Zweig
6 Geweih
8 Deichsel
9 Essgeraet
Gabelbissen
5 Snack
6 Imbiss
Gabelfrühstück
5 Lunch
6 Imbiss
8 Dejeuner
Gabelhirsch
6 Gabler
Gabelmücke
9 Anopheles
Gabelstapler
6 Karren
15 Transportkarren
Gabelteil
4 Zahn
5 Zacke, Zinke
Gabelung
10 Abzweigung
Gabelweihe
5 Milan
Gaben der Ceres
9 Zerealien
Gabenbehälter der Kirche
10 Opferstock
Gabler
4 Bock
6 Hirsch
7 Rehbock
Gaffelsegel
5 Besan
Gag
6 Pointe
7 Einfall
Gagat
9 Pechkohle
Gage
4 Lohn
6 Gehalt
7 Entgelt, Honorar
9 Bezahlung
10 Verguetung
Galadiner
9 Festessen
Galan
8 Liebster
9 Geliebter, Liebhaber
galant
8 hoeflich
10 aufmerksam, ritterlich
12 zuvorkommend
Galanterie
12 Hoeflichkeit
14 Ritterlichkeit
Galeere
11 Ruderschiff
Galeerensklave
6 Galeot

Galerie
4 Gang, Rang
6 Empore, Museum
8 Laufgang, Sammlung
13 Kunsthandlung, Kunstsammlung
16 Gemaeldesammlung
Galerie, die Bilder und Plastiken ausleiht
8 Artothek
Galerist
13 Kunsthaendler

G

Galgenhumor
12 Selbstironie
Galgenvogel
4 Lump, Rabe
6 Bandit, Gauner
8 Kolkrabe
9 Betrueger
Gallenfarbstoff
9 Bilirubin
10 Biliverdin
Gallenwirkstoff
6 Cholin
Gallert um Fisch oder Fleisch
5 Aspik
gallertartige ...
· **Substanz**
3 Gel
7 Kolloid
Gallerterzeuger
6 Pektin
8 Agar-Agar
11 Knochenleim
Gallertmasse
3 Gel, Jus
5 Aspik, Gelee
8 Gelatine
Gallien
10 Frankreich
gallische Provinz
10 Aquitanien
gallischer ...
· **Volksstamm**
5 Bojer
6 Aeduer
8 Arverner, Eburonen
Gallusgerbsäure
6 Tannin
Galon
5 Borte, Litze
6 Tresse
Galopp
4 Tanz
6 Kanter
7 Gangart
8 Rundtanz
Galosche
10 Gummischuh, Ueberschuh
Gambe
9 Kniegeige
Gambohanf
5 Kenaf
Gams
5 Gemse
6 Gaemse
Gämse
4 Gams
Gämse in der Jägersprache
4 Gams
Gämsenjunges
4 Kitz
gämsfarben
7 chamois
Gämsgehörn
6 Krucke
7 Krickel, Kricket
8 Krickeln
Gandhis Ehrentitel
7 Mahatma
Gang
3 Weg
4 Flur
5 Bande, Diele, Stufe
7 Galerie
8 Korridor
Gang des Viehs von den Almen
7 Abtrieb
Gangart
5 Trott
Gangart ...
· *der* **hohen Schule**
5 Volte
6 Levade, Pesade, Piaffe
7 Lançade
8 Kapriole, Kurbette
9 Courbette, Pirouette
· *des* **Islandponys**
4 Pass
5 Toelt
· *des* **Pferdes**
4 Pace, Pass, Trab
5 Toelt
6 Galopp, Kanter
7 Alluere, Passage, Renvers, Schritt, Travers
8 Karriere, Kurbette
9 Courbette
Gängelband
5 Leine
8 Aufsicht
9 Laufleine
Gangesebene am Himalaja
5 Tarai
Gangesmündungen
11 Sunderbunds
Ganggestein aus Quarz
5 Aplit
gängig
6 kurant
Gangregler im Uhrwerk
5 Unruh
Gangster
4 Dieb
6 Bandit, Ganeff, Ganove, Gauner
7 Raeuber
9 Betrueger, Spitzbube
10 Verbrecher
Gangstergruppe
4 Gang
5 Bande
Ganove ▶ Gangster
Gänschen
7 Goessel
Gänseart
8 Graugans, Wildgans
10 Schneegans
Gänseblümchen
9 Grasblume
12 Massliebchen
13 Tausendschoen
17 Tausendschoenchen
Gänsedistel
9 Hasenkohl
10 Milchkraut
12 Milchlattich, Schweinekohl
Gänsefüßchen
18 Anfuehrungsstriche
Gänsefußgewächs
5 Melde
6 Kochie
13 Guterheinrich
Gänserich
6 Ganser, Ganter
Gänsevogel
4 Ente
6 Schwan
ganz
4 heil
5 total
6 gesamt, in toto
7 restlos, voellig

8 komplett
9 ungeteilt
10 unversehrt
12 vollstaendig
ganz ...
· *und* **gar**
7 absolut
13 unumschraenkt
· **gefüllt**
4 voll
Ganzheit
10 Totalitaet
15 Geschlossenheit
ganzheitliches Gesundheitskonzept
8 Wellness
Ganzkörperwäsche für Säuglinge
7 Babybad
gänzlich
5 total
8 komplett
11 ausnahmslos
Ganzton in der Musik
5 Tonus
Garant
6 Buerge
12 Gewaehrsmann
Garantie
7 Gewaehr, Haftung, Kaution
10 Sicherheit
11 Buergschaft, Verbuergung
14 Sicherstellung
Garantie für den Gläubiger
5 Pfand
Garaus
3 Tod
4 Ende
9 Verderben
11 Vernichtung
Garbenhaufen ...
· *zum* **Trocknen**
5 Hocke
6 Mandel
Gardenie
10 Jasminrose
Garderobe
6 Ablage, Gewand
8 Kleidung
10 Bekleidung
12 Ankleideraum, Umkleideraum
13 Kleiderablage
Garderobe für den Nachwuchs
16 Kinderbekleidung
Garderoben-Aufhängungszubehör
13 Kleiderbuegel
Gardine
5 Store
6 Stores
7 Vorhang
Gardine längs gestreift
15 Lamellenvorhang
Gardinenstoff
4 Mull
5 Tuell, Voile
6 Etamin
10 Filettuell
11 Marquisette
gärender ...
· **Brotteig**
9 Sauerteig
· **Most**
5 Suser
6 Sauser
12 Federweisser
Gärfutter
6 Silage
Gärfutterbehälter
4 Silo
Gärfutterbereitung
8 Ensilage
Gargefäß
6 Kocher
8 Kochtopf
13 Dampfkochtopf
Gärmittel
4 Hefe
5 Enzym
7 Ferment
8 Weinhefe
Garn
5 Faden, Zwirn
9 Naehfaden
Garnaufwickler
5 Spule
Garnele
5 Krebs
6 Granat, Krabbe
8 Krevette
Garnfeinheitsgrad
3 den
5 Titer
6 Denier
Gärniederschlag
4 Trub
Garnison
8 Standort
Garnitur
3 Set
Garnrolle
5 Spule
6 Haspel
Garnstrang
5 Docke
Garnstück
5 Faden
9 Bindfaden
Garnwickel
11 Wollknaeuel
Garnwinde
6 Haspel
garstig
5 boese, eklig
9 ablehnend, haesslich
Gärstoff
4 Hefe
6 Zymase
Gartechnik
6 Backen
Garten ...
· **Eden**
8 Paradies
· **Gottes**
4 Eden
8 Paradies
· *am* **Ölberg**
10 Gethsemane
Garten-, Anlagenentwurf
10 Pflanzplan
Gartenaccessoire
10 Rosenbogen
Gartenammer
7 Ortolan
Gartenanlage
4 Beet, Park
5 Rasen
7 Rabatte, Rondell
8 Glashaus
12 Gewaechshaus
Gartenbau
11 Hortikultur
Gartenbauarchitekt
17 Landschaftsplaner
Gartenblume
4 Iris, Rose
5 Aster, Kalla, Lilie, Malve, Nelke, Phlox, Tulpe, Wicke, Winde
6 Akelei, Azalee, Cosmea, Dahlie, Enzian, Krokus,

Lupine, Mimose, Primel, Reseda, Zinnie
7 Anemone, Aurikel, Begonie, Fuchsie, Geranie, Glyzine, Levkoje, Lobelie, Petunie, Tagetes, Verbene, Zyklame
8 Eisenhut, Georgine, Gladiole, Gloxinie, Goldlack, Goldrute, Goldwurz, Lavendel, Magnolie, Maiblume, Narzisse, Oleander, Rosmarin, Veilchen, Zyklamen
9 Bartnelke, Buschrose, Dickblatt, Echinacea, Goldregen, Heliotrop, Herzblume, Hortensie, Hyazinthe, Mohnblume, Pechnelke, Samtblume, Stockrose, Zaunwinde
10 Christrose, Ehrenpreis, Federnelke, Feuerlilie, Gartenmohn, Heckenrose, Heidekraut, Helianthus, Herbstrose, Immortelle, Leberblume, Loewenmaul, Marguerite, Mauerraute, Montbretie, Nachtkerze, Osterblume, Pelargonie, Schneeball, Silberwurz, Sonnenrose, Steinnelke, Sternblume, Strohblume, Trollblume
11 Becherblume, Fingerkraut, Gartenmalve, Gartennelke, Goldmelisse, Pfingstrose, Ringelblume, Rittersporn, Schildblume, Sonnenblume, Wucherblume
12 Becherglocke, Chrysantheme, Flammenblume, Fuchsschwanz, Glockenblume, Koenigskerze, Mittagsblume, Rhododendron, Windroeschen
13 Alpenveilchen, Gelbweiderich, Kokardenblume, Kuckucksblume, Laternenblume, Maerzveilchen, Maigloeckchen, Schleierkraut, Tausendschoen
14 Indianernessel
15 Gaensebluemchen, Schlafmuetzchen, Schluesselblume
16 Schneegloeckchen, Stiefmuetterchen, Vergissmeinnicht
17 Himmelsschluessel

Gartenblume, Korbblütler
11 Herbstaster

Gartenbohne
6 Fisole

Gartenbratrost
15 Holzkohlengrill

Gartenerzeugnis
4 Kohl, Mais, Nuss
5 Apfel, Beere, Birne, Blume, Bohne, Erbse, Gurke, Lauch, Melde, Ruebe, Salat
6 Melone, Moehre, Porree, Quitte, Spinat, Tomate, Traube
7 Endivie, Gemuese, Gewuerz, Karfiol, Karotte, Kirsche, Kuerbis, Lattich, Mangold, Marille, Paprika, Pflaume, Rettich, Rotkohl, Spargel, Wirsing, Zwiebel
8 Aprikose, Chicorée, Erdbeere, Himbeere, Pastinak, Pfirsich, Portulak, Rotkraut, Sellerie, Zwetsche
9 Blaukraut, Brombeere, Gruenkohl, Kartoffel, Knoblauch, Kopfsalat, Mirabelle, Mohrruebe, Reneklode, Rhabarber, Rosenkohl, Schikoree, Weisskohl, Zwetschge
10 Blumenkohl, Topinambur
11 Artischocke, Reineclaude
12 Schnittlauch, Stachelbeere
13 Endiviensalat, Johannisbeere, Schwarzwurzel

Gartenfest
10 Grillparty

Gartenfestutensil
10 Grillzange

Gartengefäß
10 Giesskanne

Gartengerät
5 Eimer, Forke, Hacke, Harke, Kanne, Leine, Saege
6 Leiter, Maeher, Rechen, Schere, Schnur, Spaten
7 Sauzahn
8 Schaufel, Schlauch
9 Baumsaege
10 Baumschere, Giesskanne, Kultivator, Schubkarre
11 Rasenmaeher, Rasenschere
12 Heckenschere, Schiebkarren
13 Okuliermesser, Rasensprenger, Vertikutierer
14 Wasserschlauch
17 Rasenmaehmaschine

Gartenhaus
5 Laube
8 Pavillon, Salettel

Gartenhibiskus
12 Roseneibisch

Gartenkrähe
12 Eichelhaeher

Gartenmöbel
10 Liegestuhl
12 Sonnenschirm
17 Hollywoodschaukel

Gartenmöbelstück
12 Plastikstuhl

Gartenpartyleuchte
9 Windlicht

Gartenpflanze
14 Rotersonnenhut

Gartenpforte
6 Hoftor

Gartenstaude
11 Fackellilie

Gartenstiefmütterchen
6 Pensee

Gartenstrauch
10 Berberitze

Gartenstück
4 Beet
8 Parzelle

Gartenunkraut
5 Miere

Gartenwerkzeug mit vier Zinken
10 Grabegabel

Gartenzierpflanze
6 Resede
8 Ranunkel
12 Maedchenauge

Gärtner
16 Pflanzenzuechter
gärtnerische ...
· **Anlage**
4 Beet, Park
5 Rasen
7 Rabatte, Rondell
9 Treibhaus
11 Steingarten
· **Messe**
20 Gartenbauausstellung
Gärtnermesser
5 Hippe
Gärtnerutensil
11 Pflanzstock
Gärung
7 Aufruhr
12 Fermentation
Gärungsgetränk
4 Bier
Gärungsmittel
4 Hefe
Gasaustausch bei Lebewesen
6 Atmung
Gasbehälter
9 Gasometer
Gasdruck
7 Tension
Gasfernleitung
8 Pipeline
gasförmig(e, er, es) ...
· **Brennstoff**
5 Butan
6 Erdgas, Methan, Propan
7 Butylen
8 Acetylen, Azetylen, Stadtgas
· **Element**
4 Neon
5 Argon, Fluor, Radon, Xenon
6 Helium
7 Krypton
10 Sauerstoff, Stickstoff
11 Wasserstoff
· **Kohlenwasserstoff**
5 Butan
Gasgemisch um die Erde
4 Luft
Gashülle der Erde
11 Atmosphaere
Gaskammer im Fesselballon
9 Ballonett
Gasleitung
4 Rohr
8 Pipeline
Gasmann
7 Ableser
Gasmesser
6 Gasuhr
Gasometer
14 Erdgasspeicher
Gasse
3 Weg
7 Hohlweg, Passage
9 Durchgang
Gassenhauer
3 Hit
5 Oldie
8 Schlager
9 Evergreen
Gassenjunge
5 Gamin
7 Lausbub
Gassenvogel
5 Spatz
Gast
7 Fremder, Tourist
8 Besucher
9 Hospitant
Gastaufenthalt
6 Besuch
Gästebediener
7 Kellner
Gastgeber
4 Wirt
Gastgeberin
6 Wirtin
Gastgewerbe
10 Hotellerie
11 Gastronomie
Gasthausangestellter
4 Ober
Gasthausbesitzer
4 Wirt
8 Gastwirt
9 Gastronom
Gasthausbesuch
7 Einkehr
Gasthausrechnung
5 Zeche
Gasthaustheke
11 Schanktisch
Gasthörer an Hochschulen
9 Hospitant
gastlich
8 wirtlich
9 einladend
Gastmahl
5 Diner
7 Bankett
9 Festessen, Galadiner
Gastpflanze
7 Parasit
11 Schmarotzer
Gastronom
4 Wirt
8 Gastwirt, Hotelier
12 Restaurateur
Gastronomieangestellte
7 Barfrau
gastronomischer ...
· **Beruf**
4 Koch
8 Chefkoch
gastronomisches Unternehmen
20 Beherbergungsbetrieb
Gastroskopie
15 Magenspiegelung
Gastspielreise
7 Tournee
Gaststätte ► Gastwirtschaft
Gaststättenangestellte
7 Bardame
Gaststättenangestellter
4 Ober
7 Barmann, Kellner, Piccolo, Pikkolo
8 Barmixer
9 Barkeeper
11 Oberkellner
Gaststätteninhaber
4 Wirt
8 Gastwirt
9 Gastronom
Gastwirt
8 Kneipier
9 Gastronom
Gastwirtschaft
3 Bar
4 Café, Krug
5 Beisl, Beize, Hotel, Logis, Lokal, Motel, Pinte
6 Beisel, Bodega, Budike, Butike, Casino, Hospiz, Huette, Kasino, Klause, Kneipe
7 Gasthof, Kantine, Pension, Schenke, Tanzbar, Taverne
8 Bierhaus, Bierzelt, Destille, Dorfkrug,

Eisdiele, Herberge, Milchbar, Quartier, Rasthaus, Schaenke, Snackbar, Spelunke, Teestube
9 Bierhalle, Bierlokal, Bierstube, Tanzlokal, Weinlokal, Weinstube, Wirtshaus
10 Biergarten, Bierkeller, Braustuebl, Kaffeehaus, Ratskeller, Restaurant, Schutzhaus, Trinkhalle, Trinkstube, Unterkunft, Weinkeller, Wirtschaft
11 Braeustuebl, Gartenlokal, Raststaette, Weinschenke, Winzerstube
12 Bierschwemme, Restauration, Schutzhuette, Waldschaenke
16 Erfrischungsraum, Speisewirtschaft
18 Bahnhofswirtschaft

G

Gatte
4 Mann
6 Gemahl
7 Ehemann
10 Ehepartner

Gatte von ...
· **Abigail**
5 David, Nabal
· **Andromache**
6 Hektor
· **Andromeda**
7 Perseus
· **Ariadne**
8 Dionysos, Dionysus
· **Brunhilde**
7 Gunther
· **Desdemona**
7 Othello
· **Enite**
4 Erek
· **Eurydike**
7 Orpheus
· **Hagar**
7 Abraham
· **Hekuba**
7 Priamos
· **Helena**
5 Paris
8 Menelaos, Menelaus
· **Hera**
4 Zeus
· **Isis**
6 Osiris
· **Jokaste**
7 Oedipus
· **Juno**
7 Jupiter
· **Kriemhild**
5 Etzel
9 Siegfried
· **Lea**
5 Jakob
· **Medea**
5 Jason
· **Nofretete**
8 Echnaton
9 Amenophis
· **Penelope**
8 Odysseus
· **Rebekka**
5 Isaak
· **Sophia Loren**
5 Ponti
· **Thusnelda**
5 Armin
7 Hermann
8 Arminius
· **Xanthippe**
8 Sokrates

Gattenzwist
9 Ehestreit

Gatter
4 Zaun
6 Gehege, Gitter, Pferch
9 Schaltung

Gattin
4 Frau
7 Ehefrau
8 Gemahlin

Gattin von ... (▶ auch Frau von ...)
· **Abraham**
4 Sara
· **Aga Khan**
5 Begum
· **Agamemnon**
13 Klytaemnestra
· **Ägir**
3 Ran
· **Ahab**
6 Isebel
· **Amphitryon**
7 Alkmene
· **Äneas**
7 Lavinia
· **Atreus**
6 Aerope
· **Baal**
5 Baala
· **Baldur**
5 Nanna
· **Bernadotte**
7 Desirée
· **Dionysos**
7 Ariadne
· **Donar**
3 Sif
· **Erek**
5 Enite
· **Etzel**
9 Kriemhild
· **Gorbatschow**
6 Raissa
· **Hektor**
10 Andromache
· **Isaak**
7 Rebekka
· **Jason**
5 Medea
· **Lohengrin**
4 Elsa
· **Menelaos**
6 Helena
· **Mohammed**
6 Aischa
· **Mussolini**
7 Rachele
· **Oberon**
7 Titania
· **Odin**
5 Frigg
· **Oedipus**
7 Jokaste
· **Orpheus**
8 Eurydike
· **Peron**
5 Evita
· **Perseus**
9 Andromeda
· **Poseidon**
10 Amphitrite
· **Priamos**
6 Hekabe, Hekuba
· **Reagan**
5 Nancy
· **Siegfried**
9 Kriemhild
· **Sokrates**
9 Xanthippe

- **Thor**
  3 Sif
- **Wagner**
  5 Minna
  6 Cosima
- **Wodan**
  5 Frigg
- **Xerxes**
  6 Esther
- **Zeus**
  4 Hera

Gattung
3 Art, Typ
5 Genre, Genus, Menge, Rasse, Sippe, Sorte, Typus
6 Gruppe, Klasse, System
7 Familie, Ordnung, Spezies
9 Grundform, Kategorie
10 Geschlecht

Gattung der ...
- **Birkengewächse**
  4 Erle
- **erzählenden Dichtung**
  4 Epik
- **Frösche**
  4 Rana
- **Korbblütler**
  8 Zichorie
- **Malerei**
  5 Genre
- **Poesie**
  5 Lyrik
- **Reptilien**
  9 Schlangen

Gau
6 Bezirk, Gebiet, Gegend, Region
7 Provinz
10 Landschaft, Landstrich

Gaube ▶ Gaupe

Gaudi
2 Uz
3 Jux, Ulk
5 Spass, Unfug
6 Freude, Unsinn
7 Streich

Gaukler
5 Fakir
6 Magier
7 Magiker
8 Zauberer
11 Illusionist
14 Taschenspieler
15 Zauberkuenstler

Gauklerblume
9 Braunwurz
10 Affenblume
11 Maskenblume

Gaul
4 Ross
5 Pferd
6 Maehre
7 Klepper
12 Arbeitspferd

Gaumenfreude
6 Genuss

Gaumenlaut
8 Guttural

Gaumensegellaut
5 Velar

Gauner
4 Dieb, Lump
6 Ganove, Nepper
7 Luegner, Stehler, Strolch
8 Gangster, Heuchler, Tagedieb
9 Betrueger, Spitzbube
10 Einbrecher, Langfinger, Schwindler
11 Galgenvogel, Hochstapler, Taschendieb, Taugenichts
13 Bauernfaenger, Erbschleicher

Gaunerei
4 Nepp
6 Betrug
9 Schwindel
10 Taeuschung

Gaunergehilfe
3 Ede
6 Hehler

Gaunersprache
5 Argot
9 Rotwelsch

Gaunerwort für ...
- **Braut**
  5 Kalle
- **Diebesgut**
  4 Sore
- **Falschgeld**
  7 Blueten
- **Gauner**
  6 Ganeff
- **Gefängnis**
  5 Knast
- **Geld**
  4 Kies, Moos
  5 Pinke
- **Glück**
  6 Massel
- **Herberge**
  5 Penne
- **Kokain**
  4 Koks
- **Münzfälscher**
  6 Kipper, Wipper
- **Polizist**
  5 Bulle, Polyp

Gaunerzeichen
5 Zinke
6 Zinken

Gaupe
10 Dachaufbau

gazeartiges Baumwollgewebe
5 Marly

Gazegewebe
6 Etamin

Gazellenart
6 Impala

Gazette
7 Zeitung

Geäst eines Baumes
7 Astwerk

geäußerter Wunsch
5 Bitte

Gebäck
10 Sandkuchen
11 Sahnekuchen
14 Hefestueckchen

Gebäck ...
- *mit* **Fleischfüllung**
  7 Pastete
- *aus* **überzogenem Eischnee**
  10 Schaumkuss

Gebäckart ▶ Gebäcksorte
7 Waffeln

gebacken(e, er, es) ...
- **Kartoffelklößchen**
  9 Kroketten
  10 Croquetten
- **Kartoffelscheibchen**
  5 Chips
- **Speise**
  6 Gratin
  7 Auflauf
- **Teig**
  4 Brot, Weck
  6 Kuchen
  10 Plaetzchen

gebackenes Obst
10 Brataepfel

G

G

Gebäcksorte
4 Brot, Keks, Kipf, Laib, Weck, Zopf
5 Kranz, Torte, Wecke
6 Baiser, Beugel, Brezel, Eclair, Fladen, Kipfel, Kuchen, Oblate, Printe, Semmel, Stolle, Stuten, Waffel, Wecken
7 Beignet, Biscuit, Biskuit, Brioche, Krapfen, Kringel, Krokant, Makrone, Stollen, Strudel
8 Feinbrot, Schrippe, Striezel, Zwieback
9 Broetchen, Gugelhupf, Lebkuchen
10 Napfkuchen, Nussbengel, Plaetzchen, Salzbrezel, Salzstange, Schaumkuss, Windbeutel
11 Apfeltasche, Bienenstich, Florentiner, Kaesestange, Knaeckebrot, Pfeffernuss, Spekulatius
12 Apfelstrudel, Pumpernickel, Russischbrot, Salzstangerl
13 Liebesknochen, Rosinenkuchen, Schillerlocke
19 Berliner Pfannkuchen
gebälktragende ...
· **Frauengestalt**
4 Kore
· **Männerfigur**
6 Atlant
Gebälkträger
6 Atlant
9 Kanephore, Karyatide
geballte Hand
5 Faust
gebändigt
4 zahm
Gebärde
5 Geste
7 Zeichen
8 Bewegung
Gebärdenspiel
5 Mimik
6 Gestik
9 Pantomime
10 Pantomimik
Gebärdensprache
5 Mimik
6 Gestik
13 Gestikulation
Gebaren
7 Habitus
Gebärmutter
6 Uterus
Gebärraum
10 Kreisssaal
Gebäude
3 Bau
4 Haus, Kate
5 Villa
6 Huette
8 Bungalow, Hochhaus
Gebäude ...
· *für* **Altertümer**
6 Museen
· *in* **Berlin**
16 Brandenburger Tor
· *in* **Frankfurt**
6 Roemer
· *für* **Sammlungen**
6 Museum
· *mit* **Stuck an der Decke**
6 Altbau
· *für* **Theateraufführungen**
5 Odeon
· *in* **Venedig**
11 Dogenpalast
Gebäude in Lübecker Hinterhöfen
8 Ganghaus
Gebäudeabbruch
6 Abriss
Gebäudeart
10 Fertighaus
Gebäudeeingang
8 Haustuer
Gebäudeentwurf
7 Bauplan
Gebäudeerweiterung
5 Anbau
Gebäudeflügel
5 Trakt
Gebäudeteil
4 Dach, Raum, Saal, Tuer
5 Boden, Diele, Erker, Etage, First, Front, Halle, Kamin, Stock, Stube, Trakt, Tuere
6 Balkon, Empore, Giebel, Kammer, Keller, Kuppel, Loggia, Pforte, Portal, Saeule, Treppe, Zimmer
7 Fassade, Fenster, Pfeiler, Veranda, Vorraum, Wohnung
8 Geschoss, Gewoelbe, Hausflur, Lichthof, Mansarde, Speicher
9 Apartment, Dachboden, Dachstuhl, Fundament, Stockwerk
10 Hinterhaus
11 Appartement, Erdgeschoss, Giebelseite, Schornstein, Treppenhaus
Gebäudeveränderung
5 Umbau
Gebäudevergrößerung
5 Anbau
Gebäudeverwalter
11 Hausmeister
Gebäudevorbau
5 Erker
6 Balkon
Gebäudevorsprung
7 Risalit
Gebäudewart
11 Hausmeister
gebefreudig
9 freigebig, spendabel
11 grosszuegig
Gebeinaschegefäß
4 Urne
Gebeine
7 Knochen, Skelett
14 Knochengeruest
Gebeine von Heiligen
9 Reliquien
Gebeinurne
8 Ossarium
geben
7 reichen
10 darreichen
Geben auf Wechselseitigkeit
6 Tausch
Gebenedeite
7 Madonna
12 Gottesmutter
Geber
7 Spender, Stifter
8 Schenker
Geberlaune
14 Freizuegigkeit
Gebetbuch
6 Agende
7 Brevier, Missale

Gebetsanrede für Gott
4 Abba
Gebetsaufruf der Liturgen
6 Oremus
Gebetsende
4 Amen
Gebetsform
10 Rosenkranz
Gebetsmantel
6 Tallit
7 Tallith
Gebetsmühle der Lamaisten
5 Korle
Gebetsnische in der Moschee
6 Mihrab
Gebetsruf
8 Hosianna
Gebetsrufer im Islam
7 Muezzin
Gebetsschluss
4 Amen
Gebetsstunde
4 Hora, None
Gebetsstunden
5 Horen
Gebetsteppich
8 Namazlik
Gebetszusammenstellung
6 Agende
Gebiet
3 Gau
4 Fach, Feld, Land, Raum, Zone
5 Areal, Boden, Zweig
6 Bezirk, Gegend, Metier, Region, Sektor, Sparte
7 Bereich, Branche, Ressort, Sektion, Terrain
8 Distrikt, Gelaende
9 Abschnitt, Disziplin
10 Landesteil, Landschaft, Landstrich
11 Territorium
Gebiet ...
· *in* **Belgien**
8 Flandern
· *ohne* **Besitzer**
12 Niemandsland
· *am* **Bodensee**
7 Linzgau
· *in* **Böhmen**
8 Egerland
· *mit* **dauernder Schneebedeckung**
5 Nival
· *im* **ehemaligen Ostpreußen**
7 Ermland
· *mit* **hohem Luftdruck**
4 Hoch
· *am* **Indus**
8 Kaschmir
· **innerhalb der Staatsgrenzen**
6 Inland
· *am* **Jordan**
4 Moab
· *im* **Kanton Uri**
10 Urserental
· *der* **Mathematik**
7 Algebra
· *mit* **niedrigem Luftdruck**
4 Tief
· *in* **Norddeutschland**
8 Holstein
· *in* **Nordnamibia**
6 Owambo
· *um den* **Nordpol**
6 Arktis
· *an der* **Nordsee**
12 Dithmarschen
· *mit* **religiöser Minderheit**
8 Diaspora
· *in der* **Steiermark**
7 Ennstal
· **südlich der Sahara**
5 Sahel
· *in* **Südosteuropa**
7 Serbien
· *um den* **Südpol**
9 Antarktis
· *der* **Technik**
10 Elektronik
· *ohne* **Vegetation**
6 Wueste
· *in* **Vietnam**
6 Tonkin
· *in* **Westfalen**
13 Soester Boerde
· *am* **Zürichsee**
5 March
Gebieter
4 Herr
6 Regent
8 Potentat
9 Herrscher, Oberhaupt
10 Machthaber
Gebieterin
6 Herrin
gebieterisch
8 herrisch
gebieterische ...
· **Forderung**
5 Druck, Zwang
Gebietsaneignung
8 Annexion
10 Okkupation
Gebietsausschluss
7 Exklave
Gebietseinschluss
7 Enklave
gebietsmäßig
8 regional
Gebietsseuche
7 Endemie
Gebietsstreifen
4 Zone
gebietstypische Krankheit
7 Endemie
gebietsweise
8 regional
Gebilde
4 Ding, Form
5 Figur, Sache
6 Objekt
7 Gefuege, Gestalt, Koerper
8 Struktur
10 Gegenstand
Gebilde ...
· *von* **gewaltigem Ausmaß**
8 Ungetuem
· *am* **Himmel**
5 Wolke
· *aus* **Spielkarten**
10 Kartenhaus
gebildet
4 klug
7 belesen, gelehrt
8 studiert
10 kultiviert
Gebinde
4 Bund
5 Garbe, Kranz
6 Bukett
7 Bouquet, Buendel, Strauss
Gebirge
6 Massiv
9 Bergkette, Bergstock, Hoehenzug
10 Berggruppe, Bergmassiv
12 Gebirgsstock

G

Gebirge ...
- *in* **Afghanistan**
 10 Hindukusch
- *in* **Afrika**
 3 Rif
 5 Atlas
- *in* **Algerien**
 5 Atlas, Aures
- *in* **Amerika**
 5 Anden
 11 Kordilleren
- *der* **Antarktis**
 12 Vinsonmassiv
- *in* **Asien**
 5 Altai
 8 Himalaja, Kaukasus
 9 Karakorum, Tienschan
 10 Hindukusch
 15 Byrrangagebirge, Putoranagebirge
- *in* **Belgien**
 8 Ardennen
- *bei* **Budapest**
 5 Matra
- *in* **Bulgarien**
 6 Balkan
- *im* **Elsass**
 7 Vogesen
- *zwischen* **Europa und Asien**
 4 Ural
- *in* **Frankreich**
 7 Vogesen
 8 Cevennen
 9 Pyrenaeen
 13 Zentralmassiv
- *in* **Griechenland**
 4 Oeta
- *in* **Indien**
 12 Khasigebirge
- *im* **Iran**
 6 Elburs, Elwend
- *in* **Israel**
 6 Karmel
- *in* **Italien**
 7 Apennin
 8 Abruzzen
 9 Dolomiten
- *der* **Kalkalpen**
 9 Karwendel
- *der* **Karpaten**
 5 Tatra
 8 Beskiden
- *in* **Kleinasien**
 6 Taurus
- *auf* **Kreta**
 3 Ida
- *auf der* **Krim**
 5 Jaila
- *in* **Luxemburg**
 8 Ardennen
- *in* **Marokko**
 3 Rif
 5 Atlas
- *in* **Nordamerika**
 10 Appalachen
- *der* **Ostalpen**
 6 Tauern
- *in* **Polen**
 5 Tatra
 8 Beskiden, Karpaten
- *der* **Rätischen Alpen**
 9 Silvretta
- *in* **Russland**
 4 Ural
 5 Jaila
 8 Kaukasus
- *in der* **Schweiz**
 4 Rigi
 7 Bernina
- *in* **Sibirien**
 5 Altai
- *in der* **Slowakei**
 5 Tatra
 8 Karpaten
 10 Erzgebirge
- *in* **Slowenien**
 5 Karst
- *in* **Spanien**
 9 Pyrenaeen
- *in* **Südamerika**
 5 Anden
- *in* **Südfrankreich**
 13 Zentralmassiv
- *in* **Südosteuropa**
 6 Balkan
- *in* **Südwesteuropa**
 9 Pyrenaeen
- *in* **Tadschikistan**
 5 Pamir
- *in* **Thessalien**
 6 Pelion
- *des* **Tienschan**
 4 Alai
- *in der* **Tschechischen Republik**
 7 Sudeten

Gebirgsbach
 4 Ache

Gebirgsbahn
 4 Lift
 6 Aufzug
 7 Skilift
 8 Bergbahn, Seilbahn
 10 Sessellift
 11 Kabinenbahn, Schlepplift, Schwebebahn, Zahnradbahn
 12 Lastenaufzug, Materialbahn
 13 Drahtseilbahn
 15 Seilschwebebahn

Gebirgsbildung
 9 Orogenese

Gebirgseinschnitt
 3 Kar, Tal
 4 Pass
 5 Cañon, Klamm, Kluft, Kluse, Mulde, Senke, Toerl
 6 Kessel
 7 Hochtal
 8 Schlucht

Gebirgserhebung
 3 Pic, Pik, Piz
 4 Berg, Grat, Kamm, Peak, Pico
 5 Hoehe, Kegel, Kuppe, Spitz, Zacke, Zinne
 6 Gipfel, Klippe, Sattel, Sierra, Spitze
 7 Anhoehe, Plateau, Ruecken

Gebirgsfluss
 4 Ache
 8 Wildbach

Gebirgsform
 13 Faltengebirge

Gebirgsgruppe
 14 Ennstaler Alpen

Gebirgshaus
 5 Baude
 6 Huette
 9 Almhuette
 10 Schutzhaus
 12 Schutzhuette

Gebirgskamm
 4 Grat

Gebirgskette
 6 Sierra
 12 Glarner Alpen

Gebirgslandschaft
 11 Berner Alpen

Gebirgsmulde
 3 Kar

Gebirgsnische
3 Kar
Gebirgspflanze
4 Arve, Erle
5 Miere, Speik
6 Arnika, Enzian
7 Aurikel, Latsche
8 Gemswurz
9 Almrausch, Alpenerle, Alpenhelm, Alpenklee, Alpenrose, Edelweiss, Legfoehre
10 Alpenlilie, Bergkiefer
11 Almenrausch, Gaemskresse, Steinroesel, Wohlverleih
12 Zirbelkiefer
13 Alpenveilchen, Schwarzkiefer, Taeschelkraut, Teufelskralle
15 Bergwohlverleih
Gebirgsschlucht
5 Klamm
Gebirgsstock
6 Massiv
Gebirgsstock der Zentralschweiz
13 Sankt Gotthard
Gebirgstier
4 Gams
5 Gemse
6 Gaemse
9 Alpenhase, Steinbock, Steinhuhn
10 Alpendohle, Murmeltier, Schneefink, Schneehase, Schneehuhn, Steinadler
Gebirgstier ...
· *in* **Südamerika**
4 Lama
6 Alpaka
7 Guanako
Gebirgstruppe in Italien
6 Alpini
Gebirgsübergang
4 Pass
Gebirgsweg
5 Steig, Stieg
8 Saumpfad
Gebirgsweide
3 Alm
5 Matte
Gebirgszug ...
· *in* **Israel**
6 Karmel
· *der* **Ostalpen**
6 Tauern
Gebiss
6 Zaehne
8 Prothese
10 Zahnersatz
12 Zahnprothese
Gebissstange des Pferdes
7 Kandare
Gebissteil der Elefanten
9 Stosszahn
Gebissteile
6 Zaehne
Gebläse
10 Ventilator
12 Winderzeuger
Gebläsevorrichtung
9 Blasebalg, Exhaustor, Lederbalg
10 Entluefter, Fluegelrad, Kompressor, Ventilator
geblättert
8 lamellar
gebleichtes ...
· **Wachs**
7 Ceresin, Zeresin
geblendet
10 fasziniert
Geblüt
6 Erbgut
8 Erbmasse, Herkunft
10 Abstammung, Geschlecht
gebogen
5 krumm
6 konkav, konvex
9 gekruemmt
gebogen(e, er, es) ...
· **Gebäck**
7 Kipferl
· **Hiebwaffe**
6 Saebel
· **Metallstift**
5 Haken
· **Nagel**
6 Kramme, Krampe, U-Nagel
· **Nussgebäck**
14 Vanillekipferl
· **Wurfholz**
8 Bumerang
Geborgenheit
5 Obhut
6 Schutz
9 Betreuung, Fuersorge
Geborgtes
4 Borg, Pump
7 Anleihe
Gebot
5 Order, Regel
6 Befehl, Erlass, Gesetz
9 Anweisung, Forderung
Gebotsübertreter
7 Suender
Gebotsübertretung
6 Fehler, Suende
8 Vergehen, Verstoss
Gebotsverstoß
6 Suende
gebrannt(e, er, es) ...
· **Baustein**
6 Ziegel
7 Klinker
· **Ton**
10 Terrakotta
· **Tonware**
7 Keramik
· **Ziegel**
7 Klinker
· **Zucker**
7 Karamel
8 Karamell
gebraten(e, er, es) ...
· **Fleisch am Spieß**
10 Schaschlik
· **Fleischklößchen**
5 Klops
7 Bulette
10 Frikadelle
· **Fleischspieß**
10 Schaschlik
· **Fleischstück**
5 Steak
8 Kotelett
9 Beefsteak, Entrecote, Karbonade, Rumpsteak, Schnitzel
10 Filetsteak
20 Zwischenrippenstueck
· **Rippenstück**
9 Karbonade
Gebratenes
11 Geschmortes
Gebrauch
4 Usus
5 Sitte
6 Praxis
7 Nutzung
9 Anwendung, Benutzung
10 Verwendung

G

gebräuchlich
6 normal
7 gaengig, ueblich
gebrauchsfertig
5 parat
6 bereit
13 einsatzbereit
Gebrauchsgegenstand
7 Utensil
Gebrauchsgegenstände
10 Utensilien
Gebrauchsmöbel
5 Tisch
gebraucht
3 alt
Gebrauchtwarenhandlung
14 Secondhandshop
Gebrechen
6 Fehler, Leiden, Mangel
7 Schaden
8 Siechtum
9 Krankheit, Schwaeche
gebrechlich
5 siech
7 schwach
gebrochene Schrift
7 Fraktur
Gebühr
4 Maut, Satz, Taxe, Zoll
5 Porto, Tarif
6 Abgabe, Steuer
7 Beitrag, Entgelt, Honorar, Praemie
Gebühr für Briefbeförderung
5 Porto
Gebührenliste
5 Tarif
gebündelter Wasserausstoß
6 Strahl
gebündeltes Getreide
5 Garbe
gebunden(e, er, es) ...
· **Buch**
9 Hardcover
· **Druckwerk**
4 Buch
· **Heft**
10 Broschuere
· **Schreibblätter**
4 Heft
· **Tonstück**
6 Legato
Geburt
6 Partus
8 Herkunft
10 Abstammung, Entbindung
11 Niederkunft
Geburtenregelung
10 Verhuetung
13 Kontrazeption
15 Familienplanung
Geburtshelfer
4 Arzt
Geburtshelferin
7 Hebamme
Geburtshilfeoperation
13 Kaiserschnitt
Geburtsland
6 Heimat
Geburtsmal
5 Nabel
10 Bauchnabel
Geburtsort
6 Heimat
10 Heimatdorf, Vaterstadt
11 Heimatstadt
Geburtsort von ...
· **Bach**
8 Eisenach
· **Beethoven**
4 Bonn
· **Dürer**
9 Nuernberg
· **Einstein**
3 Ulm
· *den* **Gebrüdern Grimm**
5 Hanau
· *dem* **heiligen Franz**
6 Assisi
· **Jesus**
9 Bethlehem
· **Luther**
8 Eisleben
· **Mohammed**
5 Mekka
· **Mozart**
8 Salzburg
· **Schiller**
7 Marbach
Geburtsposition des Kindes
8 Kopflage
Geburtsschmerz
4 Wehe
Geburtsschmerzen
5 Wehen
Geburtssituation
8 Querlage
Geburtstag
8 Ehrentag
10 Wiegenfest
Geburtstag Mohammeds
6 Mewlud
Geburtstagsgruß
13 Happy birthday
Geburtsvorgang beim Schaf
6 Lammen
Gebüschformation
5 Hecke
Gebüschpflanzung
7 Boskett
Geck
4 Beau, Fant, Narr, Snob
5 Dandy, Laffe, Protz, Stenz
6 Fatzke
7 Angeber, Flaneur, Prahler, Stutzer
8 Lackaffe, Modenarr
9 Schniepel
10 Schoentuer
geckenhaft
5 eitel
Gedächtnis
5 Mneme
8 Andenken, Gedenken
10 Erinnerung
Gedächtnisfeier
9 Jubilaeum
Gedächtnisschulung
12 Mnemotechnik
Gedächtnisschwäche
7 Amnesie
15 Vergesslichkeit
Gedächtnisschwund
7 Amnesie
Gedächtnisspiel
6 Memory
Gedächtnisstätte
7 Denkmal, Mahnmal
8 Ehrenmal
Gedächtnisstütze
5 Notiz
6 Agenda, Agende
7 Vermerk
9 Merkhilfe
12 Eselsbruecke
gedämpft
6 dezent
14 unaufdringlich
gedämpft in der Musik
5 sordo
Gedanke
4 Idee, Plan

7 Einfall
9 Eingebung, Vorschlag
11 Inspiration, Vorstellung
Gedankenabschnitt
6 Phrase
Gedankenflug
8 Fantasie
9 Phantasie
Gedankeninhalt
5 Noema
Gedankenübertragung
10 Telepathie
Gedankenverbindung
11 Assoziation
gedankenverloren
8 abwesend
10 vertraeumt
gedanklich
6 mental
11 begrifflich, theoretisch
gedankliche Aussicht
9 Erwartung
Gedärm
7 Innerei
8 Gekroese
9 Kaldaunen
10 Eingeweide
Gedeck
3 Set
4 Menu
5 Menue
6 Kuvert
gedeckter Tisch
5 Tafel
Gedenkbuch
5 Album
Gedenken
5 Gruss
10 Erinnerung
11 Gedaechtnis
Gedenkfeier
8 Ehrentag
9 Jubilaeum
Gedenkmünze
8 Medaille, Plakette
Gedenkstätte
5 Bogen
6 Saeule
7 Denkmal, Mahnmal, Obelisk
8 Ehrenmal, Monument
9 Siegestor
12 Triumphbogen
Gedenkstätte ...
· *gegenüber* **Bingen**
17 Niederwalddenkmal
· *in* **Laboe**
14 Marineehrenmal
· *in* **Masuren**
17 Tannenbergdenkmal
· *im* **Teutoburger Wald**
15 Hermannsdenkmal
Gedenktag
7 Festtag
8 Feiertag
9 Jubilaeum
Gedicht
4 Poem, Reim
Gedichtform
3 Lai, Ode
4 Epos, Lied, Poem, Reim
5 Epode, Hymne, Xenie
6 Ekloge, Elegie, Ghasel, Hymnus, Sonett
7 Ballade
9 Distichon, Hexameter, Volksepos, Volkslied
10 Heldenepos, Heldenlied, Pentameter, Vierzeiler, Zweizeiler
Gedichtsammlung
5 Diwan
9 Analekten
10 Anthologie
13 Musenalmanach
Gedichtzeile
4 Vers
gedickter ...
· **Obstsaft**
5 Gelee, Sirup
gediegen
4 fein, rein
5 solid
6 sauber, solide
7 serioes, vornehm
gedienter Soldat
7 Veteran
Gedinge
6 Akkord
10 Akkordlohn, Stuecklohn
12 Akkordarbeit, Stueckarbeit
13 Gruppenakkord
gedörrte Gartenfrüchte
14 Trockengemuese
gedörrter Dorsch
10 Stockfisch
Gedränge
4 Enge
7 Andrang, Gewuehl
9 Getuemmel
gedrängt
3 eng
4 voll
5 knapp
7 kompakt
8 massiert
11 haufenweise, komprimiert, massenweise
gedrehte ...
· **Schnur**
5 Litze
6 Kordel
gedrehtes Band
6 Schnur
gedroschenes Getreide
4 Korn
gedruckte ...
· **Anzahl**
7 Auflage
· **Menge**
7 Auflage
Gedrücktheit
4 Tief
9 Schwermut
10 Depression
gedrungen
7 kompakt
8 staemmig
10 untersetzt
Geduld
4 Ruhe
5 Milde
7 Langmut
8 Ausdauer, Grossmut, Sanftmut
9 Gleichmut, Nachsicht
11 Duldsamkeit
geduldig
8 gelassen
11 gottergeben
12 quietistisch
Geduldsspiel
6 Puzzle
8 Patience
gedünstetes Rindfleisch
10 Saftbraten
geeignet
6 begabt, faehig
12 qualifiziert

G

G

geeignet ...
· *zum* **Fotografieren**
7 fotogen
· **fürs Fernsehen**
7 telegen
geeistes, meist alkoholisches Getränk
6 Frappe
Gefahr
3 Not
5 Krise
6 Krisis, Risiko, Wagnis
7 Drohung, Notlage
8 Faehrnis
9 Bedrohung
11 Bedraengnis, Gefaehrdung
Gefahr für ...
· **Alpinisten**
6 Lawine
9 Eislawine
11 Schneebrett, Steinschlag, Wettersturz
14 Wetterumschlag
· **Bergleute**
9 Grubengas
12 Schlagwetter, Stollenbruch
· **Kinder**
7 Verkehr
15 Strassenverkehr
· **Schiffe**
4 Riff
5 Barre, Orkan, Sturm
6 Klippe
7 Eisberg, Packeis, Untiefe
8 Treibeis
Gefahrenlage
8 Notstand
Gefahrenmeldung
5 Alarm
10 Warnsignal
Gefahrensignal
5 Alarm
Gefahrensituation
7 Notfall
gefährlich
5 boese
6 gewagt
7 drohend, riskant
8 kritisch
9 boesartig
10 bedenklich, bedrohlich, unheilvoll
11 risikoreich
13 beaengstigend

gefährlich(e, er, es) ...
· **afrikanischer Virus**
5 Ebola
· **Filmszene**
5 Stunt
· **Giftschlange**
15 Brillenschlange, Klapperschlange
· **Infektionskrankheit**
4 Aids
8 Gasbrand
· **Lage**
5 Krise
6 Krisis
· **Leidenschaft**
10 Eifersucht
· **Mineralfaser**
6 Asbest
· **Raubfisch**
3 Hai
· **Raufbold**
13 Messerstecher
· **Reptil**
12 Giftschlange
· **Situation**
5 Krise
6 Krisis
· **Substanz**
4 Gift
· **Tierseuche**
7 Tollwut
· **Unternehmung**
6 Risiko, Wagnis
9 Abenteuer
Gefahrmeldung
5 Alarm
Gefährt
5 Wagen
7 Vehikel
Gefährt ...
· *für* **Gehbehinderte**
9 Rollstuhl
16 Krankenfahrstuhl
· *für* **Kleinkinder**
5 Buggy
9 Babywagen
10 Sportwagen
11 Kinderwagen
Gefährte
5 Spezi
6 Freund, Kumpan
7 Genosse, Intimus, Kamerad, Partner
9 Begleiter
11 Busenfreund

Gefährte ...
· *des* **Apostels Paulus**
5 Lukas
· *des* **Don Quichotte**
11 Sancho Pansa
· *des* **Jason**
6 Kastor, Neleus, Peleus
7 Admetos, Telamon, Theseus
8 Euphemos, Herakles
Gefährtin
8 Freundin, Genossin
9 Kameradin, Partnerin, Vertraute
11 Begleiterin
Gefährtin der Artemis
4 Aura
gefahrvoll ▶ gefährlich
Gefahrvorwarnung
5 Alarm
Gefälle
6 Abhang
Gefälle einer Fläche
7 Neigung
Gefallen
6 Dienst, Freude
8 Belieben
9 Sympathie, Zuneigung
12 Liebesdienst
gefallener Kämpfer
9 Einherier
gefällig
6 kulant
9 hilfreich
Gefälligkeit
14 Entgegenkommen
Gefallsucht
9 Eitelkeit
10 Koketterie
gefallsüchtig
5 eitel
6 kokett
gefällte Bäume
8 Langholz
gefälschte Banknote
6 Bluete
Gefälschtes
10 Falsifikat
gefältelter Kleiderbesatz
7 Ruesche
gefälteltes Gewebe
7 Plissee
gefalteter ...
· **Papierstreifen**
7 Fidibus
9 Leporello

Gefangenenlager
4 Camp
Gefangenschaft
4 Haft
6 Arrest
9 Gewahrsam
12 Einkerkerung, Inhaftierung
15 Freiheitsentzug
Gefängnis
5 Knast
6 Arrest, Karzer, Kerker
7 Verlies
8 Kittchen, Singsing
9 Gewahrsam, Zuchthaus
11 Haftanstalt
12 Strafanstalt
15 Vollzugsanstalt
Gefängnisraum
5 Zelle
gefärbt
4 bunt
6 farbig
11 tendenzioes
gefärbter Baumwollstoff
5 Batik
gefärbtes Mineral
6 Apatit
Gefasel
7 Rederei
9 Gequassel
10 Geschwaetz
Gefäß
4 Ader, Dose, Fass, Glas, Krug, Napf, Pott, Tank, Topf, Trog, Urne, Vase, Vene
5 Buett, Butte, Eimer, Kanne, Kelch, Kruke, Molle, Pokal, Tasse, Tonne, Wanne, Zuber
6 Bassin, Becher, Becken, Boiler, Buette, Flacon, Flakon, Humpen, Kessel, Kuebel, Pfanne, Phiole, Roemer, Schale, Seidel, Teller, Tiegel
7 Amphore, Ampulle, Arterie, Bottich, Buechse, Flasche, Karaffe, Retorte, Terrine, Traenke
8 Aquarium, Blutader, Kanister, Kochtopf, Kuevette, Messglas, Schoppen, Ziborium
9 Badewanne, Kalebasse, Schuessel, Teekessel
10 Bratpfanne, Giesskanne, Kasserolle, Messbecher, Sektkuebel, Wassersack
11 Bettflasche, Feldflasche, Reagenzglas, Sektkuehler
12 Waermflasche
14 Thermosflasche
15 Schnellkochtopf
Gefäß ...
· *für ein* **alkoholisches Getränk**
8 Bierfass
· *für* **Blumen**
4 Vase
· *für* **den Nachtisch**
13 Dessertschale
· *zum* **Einkochen**
11 Einkochglas
12 Einsiedeglas
· *aus* **Glas mit Stöpsel**
11 Weinkaraffe
· *im* **Haushalt**
5 Eimer, Kanne
9 Putzeimer, Schuessel, Teekessel
11 Wassereimer
· *mit* **Henkel**
5 Eimer
· *für* **Kleintiere**
9 Terrarium
· *in der* **Küche**
8 Kochtopf
15 Schnellkochtopf
· *für ein* **Kuhprodukt**
10 Milchkanne
· *im* **Labor**
7 Retorte
11 Reagenzglas
· *der* **Parzivalsage**
4 Gral
· *für* **Schreibflüssigkeit**
10 Tintenfass
· *für* **Stimmzettel**
4 Urne
· *zum* **Teigkneten**
4 Trog
· *für* **Tierfutter**
4 Napf, Trog
6 Krippe
7 Traenke
· *für* **Treibstoff**
4 Tank
8 Kanister
· *für* **Tunke**
8 Saucière
· *für* **Wassertiere**
6 Bassin, Becken
8 Aquarium
11 Schaubecken
Gefäßgeschwulst
6 Angiom
gefasst
5 ruhig
7 stoisch
8 gelassen
Gefäßverschluss
7 Infarkt
9 Thrombose
Gefäßverstopfung
7 Embolie
Gefecht
5 Kampf
8 Bataille
12 Scharmuetzel
13 Schusswechsel
Gefechtslinie
5 Front
gefedertes Sprungtuch
9 Trampolin
gefeierte ...
· **Künstlerin**
4 Diva, Star
10 Primadonna
gefeit
5 immun
6 bereit, sicher
9 gewappnet, resistent
10 abgebrueht, geschuetzt
14 unempfaenglich
17 widerstandsfaehig
Gefieder
6 Federn
10 Federkleid
gefiederter Sänger
9 Singvogel
gefiedertes Käfigtier
13 Kanarienvogel
Gefiederwechsel
6 Mauser
9 Mauserung
Gefilde
5 Lande
6 Gegend, Region
10 Landschaft
Gefilde ...
· *der* **Asen**
6 Asgard

G

7 Idafeld
9 Idafoellr
· *der* **Seligen**
6 Himmel
7 Elysium
8 Jenseits, Paradies
gefilterter Zucker
9 Raffinade
geflammtes Gewebe
5 Chine
Geflecht
4 Korb, Netz, Zopf
5 Matte
6 Gewebe, Gitter, Plexus
8 Faschine
10 Gitterwerk, Verbindung
gefleckt(e, er, es) ...
· **Pferd**
7 Schecke
· **Rind**
7 Schecke
geflochten(e, er, es) ...
· **Backwerk**
4 Zopf
6 Brezel
· **Behälter**
4 Korb
8 Eierkorb
· **Brotsorte**
8 Hefezopf
· **Damenschuh**
6 Opanke
· **Gebäck**
8 Striezel
· **Haar**
4 Zopf
· **Nahrungsmittel**
8 Brotzopf
· **Schnur**
7 Schecke
· **Sitzmöbel**
10 Korbsessel
· **Strohhut**
6 Panama
Geflügel
4 Ente, Gans, Hahn, Huhn, Pfau, Pute
5 Erpel, Fasan, Henne, Puter, Taube
6 Ganter, Glucke, Gockel, Kapaun, Kueken, Tauber
7 Goessel, Kuecken
8 Enterich, Perlhuhn, Truthahn
9 Federvieh, Truthenne
10 Taeuberich
Geflügel zum Kochen
10 Suppenhuhn
Geflügelfett
7 Schmalz
13 Gaenseschmalz
Geflügelfüllsel
5 Farce
Geflügelgericht
5 Hendl
9 Backhendl, Brathendl
11 Entenbraten
Geflügelkrankheit
4 Pips, Roup, Zips
11 Huehnerpest, Kueckenruhr
Geflügelprodukt
2 Ei
5 Daune, Feder
10 Flaumfeder, Gaensefett
14 Huehnerfleisch
Geflügelräuber
5 Fuchs
6 Marder
7 Habicht
Geflügelrumpf
8 Karkasse
Geflügelstall
12 Taubenschlag
geflügelt(e, er, es) ...
· **Dichterross**
7 Pegasus
· **Fabeltier**
5 Greif
· **Liebesgötter**
6 Eroten
· **Wort**
5 Zitat
6 Bonmot
9 Redensart
Geflügelteil
11 Gaensebrust, Gaensekeule
Geflügelzuchtbetrieb
4 Farm
Gefolge
4 Stab
5 Staat, Suite, Tross
6 Anhang, Geleit
7 Eskorte
8 Hofstaat
10 Begleitung
Gefolge ...
· **altrussischer Fürsten**
9 Druschina
· *der* **Fürsten**
5 Suite
Gefolgsleute
6 Mannen
8 Vasallen
Gefolgsmann
5 Lakai
6 Satrap, Vasall
7 Paladin, Trabant
8 Satellit
Gefolgsmann ...
· **Jesu**
7 Juenger
· **Karls des Großen**
6 Roland
geformt
9 gestaltet
10 profiliert
geformtes Brot
4 Laib
gefrierender Niederschlag
8 Eisregen
Gefriergerät
10 Eisschrank
12 Kuehlschrank
14 Tiefkuehltruhe
Gefrierschutzmittel
6 Glykol
gefroren(e, er, es) ...
· **Leckerbissen**
8 Eisbombe
· **Schnee**
5 Hagel
6 Harsch
· **Süßspeise**
8 Sahneeis
· **Tau**
4 Reif
· **Wasser**
3 Eis
Gefrorenes
3 Eis
6 Sorbet
7 Eiskrem
8 Eiscreme
9 Fruchteis, Speiseeis
Gefüge
3 Bau
6 Aufbau
8 Struktur
9 Anordnung
10 Gliederung, Organismus, Schichtung
Gefüge von Stangen
9 Gestaenge

gefügig
4 brav, zahm
5 kirre
6 willig
7 folgsam
8 gehorsam
gefügig machen
7 zaehmen
Gefügigmachung
8 Zaehmung
Gefühl
4 Sinn, Takt
5 Flair, Seele
6 Ahnung, Gemuet
7 Behagen, Feeling, Gespuer
8 Instinkt, Tastsinn
9 Empfinden, Sentiment, Spuersinn, Unbehagen
10 Empfindung
11 Einstellung
12 Verstaendnis
Gefühl ...
· *des* **Abscheus**
4 Ekel
· *der* **Anerkennung**
11 Dankbarkeit
· *der* **Bedrohung**
5 Angst
· *der* **Sicherheit**
10 Beruhigung
· *der* **Zufriedenheit**
7 Behagen
Gefühle verletzen
8 kraenken
gefühllos ▶ gefühlskalt
gefühlsarm
5 kuehl
Gefühlsausbruch
8 Erregung
gefühlsbedingtes ...
· **Verhalten**
4 Reue
5 Laune
6 Affekt, Regung, Trauer
7 Emotion
8 Stimmung
12 Ressentiment
Gefühlsbereich
6 Gemuet
gefühlsbetont
8 affektiv
9 emotional, expressiv
10 pathetisch
gefühlsbetonte ...
· **Dichtung**
5 Lyrik
· **Seite des Menschen**
6 Gemuet
Gefühlsbewegung
6 Regung
8 Erregung
Gefühlsduselei
14 Ruehrseligkeit
16 Sentimentalitaet
Gefühlserregung
6 Pathos
gefühlskalt
3 roh
4 hart, stur
6 brutal, frigid, stumpf
7 grausam, lieblos
8 steinern
10 hartherzig
11 abgestumpft
13 gleichgueltig, unempfindlich
Gefühlskälte
13 Lieblosigkeit
Gefühlslage eines Menschen
8 Stimmung
Gefühlsleben
6 Gemuet
11 Seelenleben
gefühlsmäßig
8 intuitiv
9 emotional
10 emotionell, instinktiv
gefühlsmäßige ...
· **Erkenntnis**
9 Intuition
· **Handlung**
6 Affekt
7 Emotion
Gefühlsmensch
10 Romantiker
Gefühlsschwärmer
▶ Gefühlsmensch
Gefühlsverletzung
9 Kraenkung
Gefühlswallung
6 Regung
gefühlvoll
10 empfindsam, ruehrselig, seelenvoll
11 sentimental
gefüllt
4 voll
7 besetzt
gefüllt(e, er, es) ...
· **Eierkuchen**
13 Palatschinken
· **Kalbsschnitzel**
10 Cordonbleu
· **Mehlspeise**
7 Strudel
· **Omelett**
13 Palatschinken
· **Schmalzgebäck**
7 Beignet
· **Süßspeise**
11 Schaumrolle
· **Teigtaschen**
7 Ravioli
gefürchtet
8 verhasst
9 unbeliebt
11 gefaehrlich
gefürchtete Maifröste
10 Eisheilige
gegebene ...
· **Veranlagung**
4 Erbe
8 Naturell
gegebenenfalls
9 eventuell
10 vielleicht
15 moeglicherweise
Gegebenheit
4 Fakt, Lage
5 Stand
6 Fakten, Faktum, Status
8 Tatsache
9 Realitaet, Situation
Gegebenheiten
9 Umstaende
gegen
4 anti, etwa, fast, nach, nahe, rund
5 wider, zirka
6 kontra, nahezu
9 ungefaehr
gegen ...
· **Ansteckung gefeit**
5 immun
· **brüchige Nägel**
12 Nagelhaerter
· **Motten schützen**
9 einmotten
· **unreine Haut**
14 Gesichtswasser
Gegenangriff
6 Konter

G

Gegenansage beim Skat
6 kontra
Gegenargument
7 Einwand
Gegenbehauptung
9 Antithese
Gegenbild
7 Pendant
13 Doppelgaenger
Gegenbuchung
8 Ristorno
Gegend
4 Zone
6 Gebiet, Region
7 Bereich, Gefilde
8 Umgebung
9 Erdstrich
10 Landschaft
Gegend in Asien
7 Fernost
Gegendarstellung
9 Korrektur
Gegenerklärung ▶ Gegenrede
Gegenfüßler
8 Antipode
Gegengift
7 Antidot
9 Antidotum, Antitoxin
Gegengrund
7 Einwand
11 Widerspruch
Gegenleistung in Geld
9 Bezahlung
Gegenmaßnahme
6 Abwehr, Parade, Paroli, Reflex
7 Antwort
8 Reaktion, Revanche
12 Konterschlag
Gegenpartei
10 Opposition
Gegenpol ...
· *zur* **Anode**
7 Kathode
· *zur* **Kathode**
5 Anode
Gegenpunkt zum Zenit
5 Nadir
Gegenrede
6 Replik
7 Antwort
10 Entgegnung, Erwiderung
11 Widerspruch
Gegensatz (▶ auch Gegenteil)
8 Kontrast
9 Antithese, Differenz, Widerpart, Zwiespalt
10 Antithesis, Opposition
11 Feindschaft, Kontroverse, Unterschied, Widerspruch, Widerstreit
12 Antagonismus
Gegensatz ...
· *zur* **Materie**
5 Eidos, Geist
gegensätzlich
5 polar
7 paradox
8 kontraer
11 antinomisch
12 antithetisch
14 antagonistisch
16 kontradiktorisch, widerspruechlich
Gegensätzlichkeit
9 Antinomie, Dualismus
10 Polaritaet
Gegenschlag
6 Konter
8 Reaktion
gegenseitig
8 reziprok
gegenseitiger ...
· **Handel mit Waren**
6 Tausch
· **Wechsel**
9 Austausch
Gegenspieler
6 Gegner
8 Opponent
9 Widerpart
10 Antagonist
Gegenspieler Martin Luthers
3 Eck
Gegenstand
4 Ding, Idee
5 Sache, Stoff, Sujet, Thema
6 Gehalt, Inhalt, Objekt
7 Gebilde, Koerper, Materie
8 Entitaet, Material, Substanz
Gegenstand ...
· *des* **Gebrauchs**
7 Utensil
· *von* **Heiligen**
8 Reliquie
Gegenstände ...
· *in* **der Wohnung**
7 Hausrat
· *für* **die Kleinen**
13 Babyspielzeug
gegenständlich
4 real
7 konkret
8 greifbar, objektiv
Gegenströmung
8 Reaktion
Gegenstück
7 Pendant
8 Korrelat
12 Entsprechung
Gegenteil
8 Negation
9 Umkehrung, Widerpart
Gegenteil von ...
· **Abend**
6 Morgen
· **Abreise**
7 Anreise
· **absolut**
7 relativ
· **abstrakt**
7 konkret
· **aktiv**
6 passiv
· **alt**
3 neu
4 jung
· **Analyse**
8 Synthese
· **arm**
5 reich
· **Ausland**
6 Inland
· **außen**
5 innen
· **Baisse**
6 Hausse
· **böse**
3 gut
· **brutto**
5 netto
· **dunkel**
4 hell
· **Ebene**
7 Gebirge
· **Erlaubnis**
6 Verbot
· **Ernst**
6 Scherz

- **Export**
  6 Import
- **Ferne**
  5 Naehe
- **fest**
  4 lose
  6 locker
- **Flaute**
  4 Wind
- **Frau**
  4 Mann
- **Frieden**
  5 Krieg
- **Gebirge**
  5 Ebene
- **geschlossen**
  5 offen
- **Gesundheit**
  9 Krankheit
- **groß**
  5 klein
- **gut**
  5 boese
- **Hass**
  5 Liebe
- **hell**
  6 dunkel
- **Himmel**
  6 Hoelle
- **hin**
  3 her
- **Hitze**
  6 Kaelte
- **Höhe**
  5 Tiefe
- **Hölle**
  6 Himmel
- **Import**
  6 Export
- **Inland**
  7 Ausland
- **innen**
  6 aussen
- **jung**
  3 alt
- **Kälte**
  5 Hitze
- **kontra**
  3 pro
- **Krankheit**
  10 Gesundheit
- **Krieg**
  7 Frieden
- **Leben**
  3 Tod
- **Lee**
  3 Luv
- **Licht**
  8 Schatten
- **links**
  6 rechts
- **lose**
  4 fest
- **Luv**
  3 Lee
- **Mann**
  4 Frau
- **Morgen**
  5 Abend
- **Nacht**
  3 Tag
- **natürlich**
  10 kuenst-lich
- **negativ**
  7 positiv
- **netto**
  6 brutto
- **nichts**
  5 alles
- **oft**
  6 selten
- **Okzident**
  6 Orient
- **Orient**
  8 Okzident
- **passiv**
  5 aktiv
- **positiv**
  7 negativ
- **Praxis**
  7 Theorie
- **rechts**
  5 links
- **reich**
  3 arm
- **relativ**
  7 absolut
- **Schatten**
  5 Licht
- **schwarz**
  5 weiss
- **selten**
  3 oft
- **süß**
  5 sauer
- **Synthese**
  7 Analyse
- **Tadel**
  3 Lob
- **Tag**
  5 Nacht
- **Theorie**
  6 Praxis
- **Tod**
  5 Leben
- **Traum**
  12 Wirklichkeit
- **Wind**
  6 Flaute
- **Wirklichkeit**
  5 Traum

gegenüber
7 vis-à-vis
9 diametral

Gegenüberstellung
9 Vergleich
13 Konfrontation

Gegenvorschlag
11 Alternative

Gegenwart
5 Heute
8 Praesens, Praesenz
9 Jetztzeit, Teilnahme
11 Aktualitaet, Anwesenheit

gegenwärtig
2 da
3 nun
5 jetzt, parat
7 aktuell, derzeit
8 anwesend, momentan
14 augenblicklich

gegenwärtige Sachlage
11 Aktualitaet

gegenwartsbezogen
6 modern
7 aktuell, zeitnah

Gegenwartsform
8 Praesens

Gegenwartsform ...
- *von* **sein**
  3 bin
  4 seid

Gegenwehr
10 Widerstand

Gegenwert
5 Preis
6 Valuta
7 Entgelt
11 Aequivalent

Gegenwirkung
8 Reaktion

gegerbte Tierhaut
5 Leder

G

gegerbtes Ziegenleder
7 Saffian
Gegner
5 Feind
6 Rivale
8 Opponent
10 Antagonist, Konkurrent, Kontrahent
11 Widersacher
12 Gegenspieler
Gegner ...
· *beim* **Boxtraining**
16 Sparringspartner
· **Cäsars**
4 Cato
· **Luthers**
3 Eck
gegoren(e, er, es) ...
· **Agavensaft**
6 Pulque
· **Getränk aus Brot**
5 Kwass
· **Honigsaft**
3 Met
· **Milchprodukt**
5 Kefir
6 Jogurt
7 Joghurt
· **Stutenmilch**
5 Kumys
· **Traubensaft**
4 Wein
gegossen(e, er, es) ...
· **Druckbuchstabe**
4 Type
6 Letter
· **Edelmetall**
10 Goldbarren
· **Metall**
6 Barren
Gehabe
5 Getue
7 Alluere, Gebaren
gehacktes ...
· **Rindfleisch**
5 Tatar
· **Schweinefleisch**
4 Mett
Gehalt
4 Gage, Lohn, Sinn, Sold, Wert
5 Fixum, Heuer, Wesen
6 Essenz, Inhalt, Salaer
7 Entgelt, Honorar
8 Substanz
9 Bedeutung, Besoldung, Einkommen, Verdienst
gehaltlos
4 leer
7 trivial
11 unbedeutend
12 nichts sagend
14 oberflaechlich
Gehaltsbestandteil
8 Fahrgeld
10 Kindergeld
11 Kleidergeld
12 Ortszuschlag
15 Trennungszulage
Gehaltsempfänger
12 Angestellter, Arbeitnehmer
Gehaltskürzung
9 Lohnabzug
Gehaltsstufe
5 Tarif
16 Besoldungsgruppe
gehaltvoll
4 voll
8 ergiebig, wertvoll
12 inhaltsreich
gehandikapt
9 behindert
14 eingeschraenkt
gehärtete Bleikügelchen
6 Schrot
gehärtetes ...
· **Eisen**
5 Stahl
8 Rohstahl
gehässig
6 falsch, odioes
11 schadenfroh
12 hinterlistig
13 heimtueckisch, hinterhaeltig
gehässig schimpfen
6 keifen
Gehässigkeit
5 Haeme
gehäuft
3 oft
Gehäuse
3 Tor
6 Huelle, Kapsel, Kasten
9 Behaelter
10 Behaeltnis
gehbehindert
4 lahm
7 hinkend
Gehbewegung
7 Schritt
geheftetes ...
· **Buch**
9 Paperback
10 Broschuere
Gehege
3 Hag
6 Korral, Pferch
7 Paddock, Zwinger
8 Aviarium
9 Fasanerie
Gehege zur Hühnervogelzucht
9 Fasanerie
geheiligter Brauch
5 Ritus
geheim
6 anonym, intern, okkult
7 diskret
9 verborgen
11 vertraulich
Geheimagent
8 Emissaer
Geheimanschlag
6 Kabale
Geheimbote
8 Emissaer
Geheimbund ...
· *der* **Antike**
6 Mysten
7 Kariben
8 Orphiker
10 Mystagogen
· *in* **Europa**
10 Freimaurer
12 Rosenkreuzer
13 Rosenkreutzer
· *in* **Italien**
5 Mafia
9 Carbonari, Karbonari
10 Cosa Nostra
· *in* **Neapel**
7 Camorra, Kamorra
· *in* **Ostafrika**
6 Mau Mau
· *auf* **Sizilien**
5 Mafia
6 Maffia
· *in der* **USA**
10 Cosa Nostra, Ku-Klux-Klan
Geheimbündelei
12 Konspiration

G

Geheimdienst der USA
3 CIA
Geheimdienstler
5 Agent
Geheimermittler
8 Detektiv
Geheimhaltungsauflage
15 Schweigepflicht
Geheimkult
9 Mysterium
Geheimkult ...
· *auf* **Haiti**
4 Wodu
6 Voodoo
Geheimkunst
5 Magie
Geheimlehre
6 Gnosis
7 Kabbala
8 Alchemie, Alchimie, Esoterik
11 Okkultismus, Spiritismus
Geheimnis
4 Hehl
7 Arkanum, Raetsel
9 Mysterium
Geheimnisbrecher
9 Verraeter
Geheimnisbruch
6 Verrat
Geheimnislüftung
9 Preisgabe
geheimnisvoll
6 okkult
8 mystisch, orphisch
9 verborgen
10 mysterioes
11 raetselhaft
12 sibyllinisch
geheimnisvoll(e, er, es) ...
· **Ausstrahlung**
2 Od
· **Geschehen**
9 Mysterium
· **Inschrift**
9 Menetekel
· **Schale**
4 Gral
· **Weissagung**
6 Orakel
Geheimschriftschlüssel
4 Code, Kode
Geheimwissenschaft
▶ Geheimlehre

Geheimzeichen
7 Chiffre
8 Kennwort
Geheinheit
7 Schritt
Geheiß
5 Order
6 Befehl
9 Anordnung, Anweisung
gehemmt
11 gehandikapt
geheucheltes Weinen
15 Krokodilstraene
Gehfläche ...
· *im* **Zimmer**
5 Boden
9 Fussboden
Gehilfe
6 Helfer, Kommis
7 Adjunkt, Adlatus, Famulus
8 Adjutant, Komplice, Komplize
9 Assistent
Gehilfin der Hausfrau
15 Hausangestellte
Gehirn vom Schlachttier
6 Bregen
Gehirnentzündung
12 Encephalitis, Enzephalitis
Gehirnhautentzündung
10 Meningitis
Gehirnschlag
9 Apoplexie
Gehirntätigkeit
6 Denken
gehoben ...
· *für* **Adler**
3 Aar
· *für* **Erfrischung**
4 Labe
gehobenes ...
· **Lebensgefühl**
6 Freude
8 Euphorie
Gehöft
3 Gut, Hof
7 Anwesen
9 Bauernhof, Einoedhof
Gehölz
4 Baum, Hain, Wald
5 Busch, Forst
7 Waldung
8 Gebuesch, Kniehole, Schonung
9 Buschwerk, Gestruepp, Unterholz, Waeldchen
11 Strauchwerk
Gehölzkunde
11 Dendrologie
gehören zu Sommerfesten
12 Kalteplatten
Gehörknöchelchen
6 Amboss, Hammer
11 Steigbuegel
gehörlos
4 taub
Gehörn
6 Geweih
gehörnter Ehemann
7 Hahnrei
Gehörorgan
3 Ohr
gehorsam
4 brav
5 artig
7 folgsam
Gehorsamsverweigerung
8 Meuterei
gehörsmäßig
9 akustisch
Gehörsteinchen
7 Otolith
Gehörstörung
9 Hoersturz
gehört ...
· *in* **den Longdrink**
10 Eiswuerfel
· *in* **jedes Reisegepäck**
12 Kulturtasche
Gehrock
3 Cut
7 Cutaway
Gehstange
6 Stelze
Gehsteig
8 Trottoir
12 Buergersteig
Gehstütze für Kleinkinder
13 Lauflernhilfe
Gehunfähigkeit
6 Abasie
Gehweg
3 Weg
4 Pfad
7 Fussweg
Geier der Anden
6 Kondor

G

Geierart
6 Kondor
8 Aasgeier
9 Bartgeier, Kammgeier
11 Gaensegeier, Kuttengeier
12 Koenigsgeier, Laemmergeier, Moenchsgeier
Geifer
6 Saliva
8 Speichel
Geige
5 Gambe, Viola
6 Fiedel
7 Violine
8 Bratsche
11 Violoncello
Geigenbauer
4 Dier
5 Amati
7 Stainer, Testore
10 Stradivari
Geigenharz
11 Kolophonium
Geigenteil
4 Hals, Steg
5 Boden, Bogen, Decke, Saite, Zarge
6 Buegel, Wirbel
7 Sordine, Sordino
8 Daempfer, Schnecke
9 Schalloch
10 Bassbalken, Griffbrett, Schallloch
11 Kinnstuetze, Untersattel
12 Saitenhalter, Wirbelkasten
Geigentonerzeuger
5 Saite
Geigenvirtuose
5 Stern, Varga
7 Corelli, Heifetz, Menuhin
8 Oistrach, Paganini, Sarasate
Geisel
10 Leibbuerge
Geisha
9 Taenzerin
12 Tanzmaedchen
Geiß
5 Ziege
Geißbart
8 Wollgras
10 Maedesuess, Ziegenbart
11 Krampfkraut
Geißblattgewächs
8 Holunder
Geißel
5 Knute, Zilie
6 Wimper
8 Peitsche
Geißelbruder
10 Flagellant
Geißeltierchen
9 Flagellat
Geißfuß
7 Giersch, Kuhfuss, Spanner
Geist (▶ auch Geistererscheinung)
4 Idee, Witz
5 Genie, Ratio, Seele, Wesen
6 Esprit, Genius
8 Gespenst, Klugheit, Substanz, Vernunft, Verstand
9 Gesinnung, Intellekt
11 Intelligenz
Geist im altertümlichen Glauben
6 Daemon
Geister ...
· *der* **Verstorbenen**
5 Manen
7 Lemuren
8 Schatten
Geisterbeschwörer
8 Exorzist
9 Spiritist
Geistererscheinung
3 Alb, Alp, Fee
4 Elfe, Gnom, Hexe, Nixe, Spuk
5 Drude, Noeck, Troll
6 Daemon, Kobold, Schrat, Teufel
8 Gespenst, Irrlicht, Irrwisch, Ungetuem
9 Beelzebub, Nachtmahr, Ruebezahl, Ungeheuer
13 Klabautermann
14 Schimmelreiter
Geisterglaube
9 Animismus
10 Aberglaube
11 Okkultismus, Spiritismus
Geisterlehre
11 Spiritismus
Geisterstunde
11 Mitternacht
Geistesarbeiter
15 Intellektueller
Geistesarmut
7 Einfalt
8 Dummheit
15 Beschraenktheit
Geistesart
11 Mentalitaet
Geistesblitz
4 Idee
7 Einfall
9 Eingebung, Intuition
Geisteserkrankung
8 Psychose
Geistesgegenwart
15 Entschlusskraft
22 Reaktionsschnelligkeit
geistesgestört
3 irr
Geistesgröße
5 Genie
11 Genialitaet
Geisteshaltung
7 Habitus
11 Mentalitaet
13 Rationalismus
geisteskrank
3 irr
6 dement
7 imbezil
8 paranoid
9 idiotisch
11 schizophren
14 psychopathisch
Geisteskranker
5 Irrer
10 Psychopath
Geisteskrankheit
4 Wahn
5 Manie
7 Irrsinn
8 Paranoia, Psychose, Wahnsinn
9 Katatonie, Monomanie
10 Umnachtung
13 Schizophrenie
15 Verfolgungswahn
Geistesschwäche
7 Idiotie
10 Debilitaet
13 Imbezillitaet
Geistesträgheit
7 Phlegma
geistesverwandt
9 kongenial

Geisteswerk
4 Buch, Opus
Geisteswissenschaft
5 Ethik, Logik
6 Metrik, Poetik
7 Melodik
9 Aesthetik, Dialektik, Ontologie, Theologie
10 Ethnologie, Geschichte, Metaphysik, Mythologie, Paedagogik, Philologie, Soziologie
11 Germanistik, Philosophie, Psychologie
13 Anthropologie
15 Kunstgeschichte
geistig
6 ideell, mental, sublim
10 platonisch, spirituell
11 immateriell
13 intellektuell
geistig ...
· **beschränkt**
4 dumm
5 bloed, debil
6 bloede
10 einfaeltig, geistesarm
13 schwachsinnig
14 geistesschwach
· **beweglich**
4 rege
6 munter
· **rege**
4 wach
6 wendig
· **regsames Wesen**
10 Wendigkeit
geistig(e, er, es) ...
· **Anteilnahme**
9 Interesse
· **Ausdrucksform**
4 Stil
· **Befähigung**
6 Talent
· **Diebstahl**
7 Plagiat
· **Erwerb von Kenntnissen**
6 lernen
· **Fähigkeit**
11 Intelligenz
· **Formung**
7 Bildung
· **Gehalt**
4 Sinn
· **Geschulter**
15 Intellektueller
· **Gesinnung**
5 Ethos
· **Getränke**
11 Spirituosen
· **Hilfe**
3 Rat
· **Trägheit**
7 Phlegma
· **Umnachtung**
8 Wahnsinn
· **Vorstellung**
7 Gedanke
· **Wahrnehmen**
6 Noesis
· **Wert**
4 Sinn
6 Gehalt
geistlich
10 spirituell
geistlich(e, er, es) ...
· **Amt**
3 Abt
4 Abbé
5 Abate, Dekan, Doyen, Papst, Pater, Prior, Vikar
6 Diakon, Kaplan, Moench, Oberer, Oberin, Pastor, Propst
7 Bischof, Dechant, Domherr, Nuntius, Pfarrer, Praelat
8 Kardinal, Katechet, Parochus, Pastorat, Priester, Reverend, Superior, Vikariat
9 Kanonikus, Kapitular, Lizentiat, Lizenziat, Missionar, Patriarch, Presbyter
10 Erzbischof, Kirchenrat, Metropolit, Pontifikat
11 Archidiakon, Hofprediger, Weihbischof
13 Fuerstbischof
14 Oberkirchenrat, Superintendent
· **Amtsbereich**
6 Bistum
7 Dekanat, Pfarrei
8 Dioezese, Gemeinde, Parochie, Sprengel
10 Kirchspiel
· **Amtsbruder**
9 Konfrater
· **Amtstracht**
4 Albe
5 Inful, Mitra, Ornat, Tiara
7 Soutane
8 Messrock
· **Buch**
5 Bibel
6 Missal
7 Brevier, Missale, Psalter
8 Messbuch
9 Gebetbuch
10 Evangelium, Gesangbuch
11 Katechismus
· **Chorwerk**
9 Oratorium
· **Gesang**
9 Spiritual
· **Kleidungsstück**
5 Talar
· **Komposition**
4 Leis
5 Credo, Kyrie, Messe, Missa, Psalm
6 Choral, Gloria, Tedeum
7 Kantate, Litanei, Motette, Passion, Psalter, Requiem
9 Introitus, Kyrieleis, Oratorium
· **Lied**
5 Psalm
· **Orden**
7 Templer
8 Jesuiten, Malteser
9 Kapuziner, Minoriten, Ursulinen
10 Albigenser, Augustiner, Barnabiten, Guttempler, Johanniter, Karmeliter, Trappisten
11 Dominikaner, Karthaeuser
12 Benediktiner, Franziskaner, Ignorantiner, Kluniazenser, Tempelherren
13 Mechitaristen, Zisterzienser
14 Ursulinerinnen
15 Karmeliterinnen
· **Schauspiel**
13 Passionsspiel
14 Mysterienspiel
· **Übung**
10 Exerzitium, Meditation

· **Volkslied im Mittelalter**
4 Leis
· **Würdenträger**
7 Praelat
Geistliche, Seelsorgerin
9 Pfarrerin
Geistlicher
4 Pope
5 Pater, Vikar
6 Diakon, Kaplan, Pastor
7 Dechant, Pfarrer
8 Prediger, Priester
10 Seelsorger
12 Kanzelredner
Geistlicher der griechisch-orthodoxen Kirche
4 Pope
Geistlichkeit
6 Klerus
geistlos
3 oed
5 dumpf
geistreich
4 klug
6 witzig
8 spritzig
12 schlagfertig
geistreich(e, er, es) ...
· **Ausspruch**
6 Bonmot
10 Aphorismus
· **Bemerkung**
6 Aperçu
· **Einfall**
3 Gag
4 Idee
10 Aphorismus
· **Idee**
6 Aperçu
· **Schlusseffekt**
6 Pointe
· **Spass**
4 Witz
· **Verspottung**
7 Parodie
9 Karikatur
10 Persiflage
· **Witzwort**
6 Bonmot
geistvoll ▶ geistreich
geistvolle ...
· **Betrachtung**
5 Essay
10 Aphorismus

Geiz
4 Gier
7 Habgier
8 Geldgier, Habsucht, Raffgier
9 Knauserei
11 Sparsamkeit
13 Engherzigkeit, Knauserigkeit
geizen
8 knausern
Geizhals
4 Filz
6 Raffer
7 Knauser, Knicker
8 Raffzahn
14 Pfennigfuchser
geizig
9 knauserig
Geizkragen ▶ Geizhals
Gejammer
5 Klage
6 Geheul
7 Lamento
8 Geraunze, Gewinsel, Wehklage
9 Noergelei
gekeimte Gerste
4 Malz
gekelterter Fruchtsaft
4 Most
geklärte Flüssigkeit
7 Filtrat
geklebtes Bild
7 Collage
geknickte Buchseite
8 Eselsohr
gekocht
3 gar
gekochter Obstbrei
3 Mus
Gekochtes
3 Sud
gekochtes ...
· **Obst**
7 Kompott
· **Rindfleisch**
11 Siedfleisch
gekonnte Arbeit
8 Leistung
geköpertes Gewebe
6 Croise
gekränkt
7 pikiert
8 verletzt
9 beleidigt, verstimmt
gekräuselte Haare
6 Locken
gekrönter ...
· **Dichter**
9 Laureatus
· **Herrscher**
5 Prinz
6 Fuerst, Herzog, Kaiser, Koenig
gekrümmt(e, er, es) ...
· **Linie**
5 Bogen, Kreis, Kurve
7 Ellipse, Parabel, Spirale
8 Hyperbel, Maeander, Schlange, Zickzack
10 Serpentine
· **Rücken**
6 Buckel
gekühlte Suppe
10 Kaltschale
gekünstelt
10 affektiert, manieriert
12 unnatuerlich
gekünstelt(e, er, es) ...
· **Haltung**
4 Pose
· **Stil**
11 Manierismus
Gel
7 Kolloid
Gelächter
5 Spott
6 Lachen
7 Kichern
10 Heiterkeit
geladen(e, er, es) ...
· **Atom**
3 Ion
5 Anion
6 Kation
· **Besucher**
4 Gast
· **Kreis**
12 Gesellschaft
Gelage
5 Orgie
7 Bankett
9 Bacchanal
gelagerte Dinge
8 Vorraete
Gelände
5 Areal

Gelände ...
· *für* **Kinder**
10 Spielplatz
· **ringsum**
7 Umkreis
Geländebeschreibung
10 Topografie
11 Topographie
Geländeerhebung
4 Berg
6 Huegel
Geländefahrrad fahren
5 biken
Geländefahrzeug
4 Jeep
Geländeform
2 Au
3 Aue, Tal
4 Berg, Land, Moor, Moos, Raum
5 Ebene, Geest, Heide, Hoehe, Mulde, Platz, Senke
6 Graben, Huegel, Kessel, Krater, Marsch
7 Anhoehe, Flaeche, Gebirge, Hochtal, Terrain
8 Tiefland
9 Flachland, Hoehenzug, Niederung, Talkessel
10 Huegelland, Stufenland
11 Hochgebirge
13 Mittelgebirge
14 Flussniederung
geländegängiges ...
· **Fahrzeug**
4 Jeep
6 Panzer
7 Traktor, Trecker
· **Motorrad**
6 Enduro
Geländekamm
5 Krete
Geländeneigung
8 Gefaelle
9 Boeschung
Geländeprüfung für Motorräder
9 Motocross
Geländepunkt einer Karte
4 Kote
Geländer
6 Reling
9 Bruestung
10 Balustrade
Geländerstab
6 Tralje
Geländerstütze
8 Baluster
Geländerteil
8 Handlauf
Geländevertiefung
▶ Geländeform
Gelass
4 Raum
5 Zelle
6 Gemach, Kammer, Klause, Zimmer
8 Kemenate
gelassen
5 ruhig
7 gefasst, stoisch
Gelassenheit
9 Gleichmut
10 Stoizismus
Gelatine
7 Gallert
8 Gallerte
geläufig
9 habituell
gelb
4 gehl
gelb blühend(e, er, es) ...
· **Blume**
7 Teerose
· **Ölpflanze**
4 Raps
· **Strauch**
7 Ginster, Mahonie
9 Goldregen
14 Ginsterstrauch
gelb(e, er, es) ...
· **Bergkristall**
6 Oitrin, Zitrin
· **Blume**
7 Teerose
· **Farbstoff**
5 Morin
6 Lutein
7 Auramin
· **Fluss**
7 Hoangho, Huangho, Hwangho
· **Frucht**
9 Mirabelle
· **Gewürz**
6 Safran
· **Narzisse**
10 Osterblume
· **Pferd**
5 Falbe
· **Pflanzenfarbstoff**
6 Flavon
· **Rasse**
10 Mongoliden
· **Rübe**
6 Moehre
7 Karotte
9 Mohrruebe
· **Safranfarbstoff**
6 Krozin
· **Schmuckstein**
5 Topas
6 Citrin
9 Tigerauge
· **Teichrose**
6 Mummel
Gelbbleierz
8 Wulfenit
gelbbrauner ...
· **Uniformstoff**
4 Kaki
5 Khaki
gelbbräunlich
7 chamois
gelbgrünes giftiges Gas
5 Chlor
Gelbguss
7 Messing
gelbliche ...
· **Farbe**
4 falb, kaki
5 beige, khaki
6 bronze
7 chamois
9 erdfarben
10 sandfarben
Gelbling
9 Tagfalter
10 Kleefalter, Postillion
13 Schmetterling
Gelbreizker
11 Pfifferling
gelbrot
6 orange
Gelbrübe
7 Karotte
9 Mohrruebe
Gelbsucht
7 Ikterus
9 Hepatitis
Gelbwurz
7 Kurkuma

G

Geld
6 Mammon, Muenze, Schein
8 Banknote
14 Zahlungsmittel
Geld ...
· *in* **ausländischer Währung**
6 Valuta
· **investieren**
7 anlegen
· *für* **Investitionen**
7 Kapital
13 Kapitalbedarf
· *im* **Jargon**
5 Knete
6 Zaster
7 Moneten
· *im* **Volksmund**
4 Kies, Moos
6 Floehe, Kohlen, Mammon, Piepen, Zaster
7 Kroeten, Moneten, Penunse, Penunze
10 Pinkepinke
· **zurücklegen**
6 sparen
Geldadel
11 Plutokratie
Geldanleger
6 Sparer
Geldaufnahme
4 Pump
6 Kredit
7 Anleihe, Darlehn
8 Darlehen
Geldaufwendungen
6 Kosten
8 Ausgaben
Geldbehälter
4 Safe
5 Kasse
6 Boerse, Tresor
8 Kassette, Spardose
9 Geldkatze, Portmonee, Schatulle
10 Geldbeutel, Geldboerse
11 Brieftasche, Sparbuechse, Sparschwein
12 Portefeuille, Portemonnaie
13 Panzerschrank
Geldbeihilfe für Studenten
10 Stipendium
Geldbeitreibung
7 Inkasso
Geldbetrag
5 Summe
Geldbeutel
9 Portmonee
12 Portemonnaie
Geldbezug ...
· *im* **Alter**
5 Rente
7 Pension
8 Ruhegeld
Geldbörse
12 Portemonnaie
Gelddieb
11 Bankraeuber
Geldeinzahlung
7 Einlage
Geldeinziehung
7 Inkasso
Geldentschädigung
10 Reparation
14 Schmerzensgeld
Geldentwertung
9 Inflation
Geldfürst
5 Nabob
Geldgeber
6 Maezen
7 Sponsor
9 Finanzier
10 Glaeubiger
Geldgurt
5 Katze
Geldherrschaft
11 Plutokratie
Geldimitator
13 Falschmuenzer
Geldinstitut
4 Bank
9 Sparkasse
13 Postsparkasse
Geldinstitutart
12 Bausparkasse
Geldinstitutschef
12 Bankdirektor
Geldleistung
9 Bezahlung
geldlich
8 monetaer
9 pekuniaer
10 finanziell
geldloser Handel
6 Tausch
Geldmann
6 Banker
7 Bankier
9 Financier, Finanzier
Geldmittel
5 Fonds
8 Finanzen
Geldnehmer
7 Debitor
9 Schuldner
Geldnot
5 Armut
Geldrollenpaket
5 Grupp
Geldrückleger
6 Sparer
Geldschein
8 Banknote
Geldschließfach
4 Safe
6 Tresor
Geldsendung
9 Anweisung
12 Ueberweisung
13 Postanweisung
Geldstück
6 Muenze
Geldstücktelefon
17 Muenzfernsprecher
Geldsumme
6 Betrag
Geldverdiener
9 Ernaehrer
Geldverleiher
11 Kreditgeber
Geldwechsel
6 Change
Geldwechselstube
8 Exchange
Geldwert
5 Preis
9 Kaufkraft
Geldzahlung
11 Abfertigung
Geldzuschuss
7 Wechsel
10 Stipendium, Subvention
13 Monatswechsel
14 Unterstuetzung
Gelee
3 Jus
5 Juice
7 Gallert
8 Gallerte
Gelee aus Fleischsaft
5 Glace

geleeartige Masse
7 Gallert
gelegen
7 passend
8 guenstig
Gelegenheit
6 Anlass, Chance, Zufall
12 Moeglichkeit
Gelegenheit bieten
12 ermoeglichen
Gelegenheitsarbeit
3 Job
Gelegenheitsarbeiter
6 Jobber
11 Tageloehner
Gelegenheitskauf
8 Occasion, Okkasion
gelegentlich
10 episodisch
gelegentlich vorkommend
10 sporadisch
Gelehrsamkeit
6 Wissen
7 Bildung
Gelehrtensprache
6 Latein
Gelehrter
6 Nestor
8 Forscher
9 Professor
10 Akademiker, Studierter
15 Intellektueller, Wissenschaftler
Gelehrter ...
· *am Hofe* **Karls des Großen**
6 Alkuin
· *von* **Rotterdam**
7 Erasmus
· *von* **Sevilla**
6 Isidor
Geleis
8 Schienen
Geleit
6 Schutz
7 Eskorte
9 Bedeckung, Bewachung, Sicherung
Geleitwort
5 Motto
6 Devise
Geleitzug
6 Konvoi
Gelenk
5 Angel
6 Zapfen
9 Drehpunkt, Scharnier
Gelenk ...
· *des* **Armes**
8 Ellbogen
10 Ellenbogen
· *des* **Beines**
4 Knie
8 Knoechel
· *zwischen* **Ober- und Unterschenkel**
4 Knie
Gelenkband
8 Ligament
Gelenkentzündung
5 Gicht
8 Arthrose
9 Arthritis
Gelenkentzündung des Pferdes
4 Spat
Gelenkteil
5 Kugel
6 Kapsel
Gelenkwellenart
11 Kardanwelle
gelernter ...
· **Handwerker**
7 Geselle, Meister
Geliebte(r) von ...
· **Abaelard**
7 Heloise
· **Adonis**
9 Aphrodite
· **Amor**
6 Psyche
· **Antonius**
9 Cleopatra, Kleopatra
· **Aphrodite**
6 Adonis
· **Bess**
5 Porgy
· **Caesar**
9 Cleopatra, Kleopatra
· **Chloe**
7 Daphnis
· **Cleopatra** ► Kleopatra
· **Dalila, Delila**
6 Samson
· **Dante Alighieri**
8 Beatrice
· **Demeter**
6 Jasion
· **Hero**
7 Leander
· **Hölderlin**
7 Diotima
· **Isolde**
7 Tristan
· **Julia**
5 Romeo
· **Kleopatra**
6 Caesar
8 Antonius
· **Leander**
4 Hero
· **Ludwig XV. von Frankreich**
7 Dubarry
9 Pompadour
15 Madame Pompadour
· **Petrarca**
5 Laura
· **Porgy**
4 Bess
· **Romeo**
5 Julia
· **Samson**
6 Dalila, Delila
· **Tristan**
6 Isolde
· **Zeus**
2 Io
4 Leda, Leto
5 Danae
6 Semele
Geliebte/Geliebter
5 Buhle
geliehenes Auto
9 Mietwagen
Gelierstoff
6 Pektin
Gelingen
4 Sieg
6 Erfolg, Glueck
Gelöbnis
3 Eid
6 Schwur
8 Geluebde
11 Versprechen
Gelobtes Land
10 Palaestina
gelockt
5 kraus
6 lockig, wellig
gelockte Haare
6 Krause
geltende Gesetze
5 Recht

G

Geltung
3 Ruf
4 Wert
6 Nimbus
7 Ansehen, Leumund
8 Einfluss, Prestige, Renommee
9 Bedeutung
10 Autoritaet
14 Wertschaetzung
Geltungstrieb
7 Ehrgeiz
Gelüste
5 Drang
8 Begehren, Begierde
9 Verlangen
Gemach
4 Raum
6 Kammer, Zimmer
gemächlich
5 ruhig
7 langsam
Gemahl
4 Mann
5 Gatte
7 Ehemann
8 Ehegatte
Gemahl von ... ▶ Gatte von ...
gemahlener Schnupftabak
5 Rapee
gemahlenes ...
· **Getreide**
4 Mehl
6 Schrot
Gemahlin
4 Frau
6 Gattin
7 Ehefrau
9 Ehegattin
Gemahlin von ... ▶ Gattin von ...
Gemälde
4 Bild
6 Fresko
7 Bildnis, Gouache, Oelbild, Pastell, Tableau
8 Aquarell, Portrait
9 Konterfei, Stilleben
10 Landschaft, Oelmalerei, Stillleben
11 Temperabild
Gemälde ...
· *von* **da Vinci**
9 Mona Lisa
· *auf* **Kalkwand**
6 Fresko
Gemäldeeinfassung
6 Rahmen
12 Bilderrahmen
Gemäldeentwurf
6 Skizze, Studie
Gemäldesammlung
7 Galerie
10 Pinakothek
12 Kunstgalerie
Gemäldesammlung in ...
· **Florenz**
8 Uffizien
· **Leningrad**
9 Eremitage
· **Madrid**
5 Prado
· **München**
10 Pinakothek
· **Paris**
6 Louvre
gemaltes Laubwerk
9 Feuillage
Gemarkung
4 Flur
5 Grund
6 Bezirk, Gebiet
gemäß
4 laut, nach
6 analog
10 angemessen
12 entsprechend
gemästet
4 fett
gemästetes Junghuhn
6 Poulet
gemauerte ...
· **Uferstraße**
3 Kai
4 Mole, Pier
gemauertes Ufer
3 Kai
gemein
4 fies
5 infam
7 ruchlos
8 schaebig, schnoede
11 gewoehnlich
15 niedertraechtig
Gemeinde
3 Ort
4 Dorf
5 Markt, Sekte, Stadt
7 Kommune
13 Koerperschaft
Gemeinde in ... ▶ Stadt, Gemeinde in ...
Gemeindebezirk
9 Gemarkung
Gemeindegrund
9 Gemarkung
Gemeindehelfer
6 Diakon
Gemeindekassenleiter
9 Kaemmerer
Gemeindekirchenrat
12 Presbyterium
Gemeindeland
8 Allmende
Gemeindeoberhaupt
14 Buergermeister
18 Oberbuergermeister
Gemeindevertreter
11 Gemeinderat
14 Buergermeister
Gemeindevertretung
8 Stadtrat
11 Gemeinderat
Gemeindevorsteher
▶ Gemeindeoberhaupt
Gemeindewiese
5 Anger
Gemeindezentrum
7 Rathaus
10 Marktplatz, Stadtplatz
12 Rathausplatz
Gemeindezentrum ...
· *im* **alten Griechenland**
5 Agora
· *im* **alten Rom**
5 Forum
gemeine Bosheit
12 Niedertracht
Gemeinheit
5 Untat
7 Infamie
10 Schurkerei
12 Niedertracht
gemeinhin
5 vulgo
8 generell
gemeinnützig
6 sozial
Gemeinplatz
9 Platitude, Plattheit
10 Banalitaet, Platituede
11 Plattituede

gemeinsam
10 kooperativ
11 solidarisch
gemeinsam überlegen
7 beraten
Gemeinsamkeit
10 Affinitaet
Gemeinschaft
3 Ehe
4 Bund, Clan, Club, Crew, Gang, Klan, Klub, Team, Volk
5 Bande, Block, Gilde, Haufe, Herde, Horde, Kaste, Meute, Rotte, Rudel, Schar, Sekte, Sippe, Staat, Stamm
6 Clique, Gruppe, Klasse, Korona, Nation, Partei, Truppe, Verein, Zirkel
7 Einheit, Familie, Gremium, Kommune, Verband
8 Buendnis, Fraktion
9 Sozietaet
10 Konsortium
12 Gesellschaft, Gewerkschaft
13 Koerperschaft
14 Genossenschaft
gemeinschaftlich
9 kollektiv
gemeinschaftliche Arbeitsniederlegung
6 Streik
Gemeinschaftsarbeit
8 Teamwork
Gemeinschaftserziehung
11 Koedukation
gemeinschaftsfähig
6 sozial
gemeinschaftsfeindlich
7 asozial
Gemeinschaftsgesang
4 Chor
Gemeinschaftslied
5 Kanon
10 Rundgesang
gemeinschaftsschädlich
7 asozial
Gemeinschaftssinn
12 Freundschaft, Solidaritaet
13 Kameradschaft, Verbundenheit
Gemeinschaftswährung
4 Euro
Gemeinsinn
20 Zusammengehoerigkeit
gemeinverständlich
8 populaer
Gemeinwesen
4 Dorf
5 Staat, Stadt
7 Kommune
8 Gemeinde, Siedlung
Gemenge ...
· *von* **Stoffen**
6 Mixtur
8 Mischung
gemessen
11 zeremoniell
13 gravitaetisch, majestaetisch
gemessene Schwere
7 Gewicht
Gemetzel
8 Schlacht
Gemisch
3 Mix
6 Mixtur
7 Amalgam, Loesung
8 Emulsion, Mischung
11 Kombination, Konglomerat
Gemisch ...
· *zum* **Mauern**
5 Speis
7 Moertel
· *aus* **Sauerstoff und Wasserstoff**
8 Knallgas
· *aus* **Stickstoff und Sauerstoff**
4 Luft
Gemme
8 Intaglio
9 Edelstein
Gemmologe
17 Edelsteinkundiger
Gemse ▶ Gämse
gemsfarben ▶ gämsfarben
Gemsgehörn ▶ Gämsgehörn
Gemunkel
4 Fama
5 Ondit
6 Gerede
7 Klatsch, Tratsch
8 Geruecht
Gemüse
14 Paprikaschoten
Gemüse zu Brei oder Mus machen
9 puerieren
Gemüseart ▶ Gartenerzeugnis
Gemüsebeilage zum Grillen
15 Folienkartoffel
Gemüsefrucht
5 Gurke
6 Tomate
Gemüsegericht
12 Tomatensuppe
Gemüsekuchen
10 Lauchtorte
Gemüsepflanze
5 Bohne, Gurke, Salat
6 Spinat
7 Mangold, Rotkohl, Spargel, Zwiebel
8 Sellerie
9 Puffbohne
12 Artischocken, Eisbergsalat, Lauchzwiebel
13 Schwarzwurzel
15 Zwiebelgewaechs
Gemüserübe
7 Karotte
Gemüsesorte
6 Spinat
8 Chicorée
9 Schikoree
14 Schotenpfeffer
Gemüsesuppe
10 Minestrone
Gemüt
5 Wesen
8 Naturell
9 Charakter
11 Temperament
gemütlich
6 bequem, kommod
10 anheimelnd
gemütliches
· **Gespräch**
17 Plauderstuendchen
gemütliche Plauderei
7 Plausch
Gemütsart
5 Wesen
8 Naturell
11 Temperament, Veranlagung

G

Gemütsbewegung
3 Wut
4 Ekel, Hass, Rage, Reue, Zorn
5 Angst, Groll, Scham
6 Aerger, Affekt, Freude, Furcht, Regung, Trauer, Unlust
7 Emotion
8 Erregung
9 Empoerung
Gemütskrankheit ▶ Geisteskrankheit
Gemütsruhe
6 Geduld
9 Gleichmut
10 Stoizismus
12 Gelassenheit
Gemütsstimmung
5 Laune
Gemütszustand
5 Laune
8 Stimmung
gemütvoll
4 warm
10 seelenvoll
11 sentimental
Gen
9 Erbanlage
genagelter Bergschuh
8 Goiserer
genähter ...
· **Kleiderrand**
4 Saum
8 Saumnaht
genarbtes Leder
7 Chagrin
genau
5 exakt
6 streng, strikt, subtil
7 akkurat, korrekt, penibel, praezis
8 pingelig, praezise
9 akribisch, minutioes, minuzioes
10 ordentlich, pedantisch, puenktlich
11 sorgfaeltig
12 gewissenhaft
genau anvisieren
6 zielen
genaue ...
· **Nachbildung**
9 Faksimile
· **Überprüfung**
8 Revision
Genauigkeit
7 Akribie
9 Exaktheit, Praegnanz
10 Praezision
11 Akkuratesse
genauso
6 ebenso
Genealogie
14 Ahnenforschung
15 Sippenforschung
17 Familienforschung
genealogischer Begriff
▶ Verwandter, ▶ Verwandtschaft
genehm
7 passend
Genehmigung
5 Recht
6 Lizenz
9 Billigung, Erlaubnis
10 Konzession
12 Einwilligung, Ratifikation
Genehmigung zum Arztberuf
11 Approbation
geneigte ...
· **Fläche**
4 Hang
6 Abhang
9 Boeschung
geneigte Bergseite
▶ geneigte Fläche
Geneigtheit
4 Huld
General ...
· *im* **US-Bürgerkrieg**
3 Lee
· **Wallensteins**
4 Illo
Generalsekretär ...
· *der* **UNO**
3 Ban, Lie
5 Annan
7 Cuellar, U Thant
8 Waldheim
10 De Cuellar
12 Butros Ghali
13 Boutros Ghali, Hammarskjoeld
Generation
11 Altersstufe
13 Menschenalter
Generationsangehöriger
11 Zeitgenosse
Generator
6 Dynamo
13 Stromerzeuger
generell
9 allgemein
10 universell
16 allgemein gueltig
generieren
8 erzeugen
11 produzieren
generös
9 freigebig, spendabel
11 grossmuetig, grosszuegig
Generosität
15 Grosszuegigkeit
Genese
10 Entstehung
11 Entwicklung
Genesender
14 Rekonvaleszent
Genesis
6 Werden
8 Ursprung
9 Erzeugung, Werdegang
10 Entstehung, Schoepfung
11 Entwicklung, Erschaffung
Genesungsstätte
7 Kurheim
10 Sanatorium
13 Erholungsheim
Genesungsurlaub
3 Kur
Genetik
8 Erblehre
15 Vererbungslehre
Genfer ...
· **Reformator**
6 Calvin
· **Seewind**
5 Rebat
genial
4 klug
6 begabt
8 begnadet
12 bahnbrechend
13 schoepferisch
Genick
6 Nacken
Genießer
7 Gourmet

8 Bacchant, Gourmand, Lebemann
9 Epikureer, Luestling, Schlemmer
13 Feinschmecker

Genitalien
10 Schamteile
16 Geschlechtsteile

Genitiv
7 Wesfall

Genius
14 Schoepferkraft

Genosse
6 Freund, Kumpan, Kumpel, Sozius
7 Kamerad, Kollege, Partner
8 Komplice, Konsorte
9 Gefaehrte
14 Parteimitglied

Genossenschaft
4 Bund
9 Sozietaet
10 Konsortium
11 Vereinigung

Genotyp
6 Erbgut
7 Erbbild

Genre
3 Art, Typ
4 Stil
7 Gattung

genuesisch(e, er, es) ...
· **Fürst**
4 Doge
· **Seeheld**
5 Doria
11 Andrea Doria
· **Staatsmann**
5 Doria
· **Verschwörer**
6 Fiesco

genug
5 basta
7 punktum, sattsam
11 ausreichend

genügend
10 suffizient
11 hinreichend

genügsam
9 asketisch, zufrieden
10 bescheiden
11 spartanisch
12 anspruchslos

genügsame Schafrasse
13 Heidschnucken

Genugtuung
5 Busse, Rache
6 Suehne
7 Triumph
8 Revanche
10 Vergeltung
12 Satisfaktion

Genus
7 Gattung
10 Geschlecht

Genuss
4 Lust
5 Spass, Wonne
6 Freude
10 Vergnuegen

Genussgift
7 Alkohol, Koffein, Nikotin

Genussmensch
7 Phaeake, Sybarit
8 Bacchant, Lebemann
9 Epikureer, Geniesser, Luestling

Genussmittel
3 Tee
4 Bier, Sekt, Wein
5 Mokka, Tabak
6 Kaffee, Kognak, Likoer
7 Alkohol, Coffein, Koffein, Nikotin, Schnaps
8 Kautabak
10 Branntwein
12 Bohnenkaffee

genusssüchtige Frau
8 Lebedame

Geodät
10 Feldmesser
13 Landvermesser

geöffnet
3 auf

Geografie
8 Erdkunde

geografisch(e, er, es) ...
· **Begriff**
7 Erdteil, Erosion, Gebirge
8 Aequator, Archipel, Festland, Gradnetz, Meridian, Weltmeer
9 Formation, Geodaesie, Gewaesser, Kontinent, Landkarte, Polarzone, Subtropen
10 Binnenland, Kartennetz, Landschaft
11 Breitengrad, Laengengrad, Polargebiet
12 Luftaufnahme, Schneegrenze
14 Erdoberflaeche
· **Gebiet**
10 Landschaft
· **Kartenwerk**
5 Atlas
· **Lage**
11 Breitengrad, Laengengrad
· **Raumeinheit**
6 Geotop
· **Zone**
6 Tropen
9 Subtropen

geologisch(e, er, es) ...
· **Begriff**
4 Kies, Lehm, Salz, Sand
6 Basalt, Erdoel, Fossil, Granit, Kaolin, Mergel, Syenit
7 Faltung, Glimmer, Porphyr
8 Erdrinde, Feldspat, Melaphyr, Schiefer, Warmzeit
9 Erdkruste, Formation, Fossilien, Kalkstein, Sandstein, Zechstein
10 Auffaltung, Braunkohle, Gipsmergel, Steinkohle
11 Plattenkalk, Schichtform, Vulkanismus
12 Bruchfaltung, Dachschiefer, Rotliegendes
13 Buntsandstein
15 Plattentektonik
· **Formation**
4 Jura, Lias, Malm, Perm
5 Devon, Silur, Trias
6 Dogger, Karbon, Keuper, Kreide
8 Alluvium, Diluvium, Kambrium, Quartaer, Tertiaer
10 Ordovizium
11 Muschelkalk
13 Buntsandstein
· **Zeitalter**
10 Mesozoikum
11 Paleozoikum

Geometrie
9 Raumlehre

geometrisch(e, er, es) ...
· **Begriff**
3 Lot, Ort
4 Satz
5 Achse, Bogen, Ebene, Figur, Hoehe, Kegel,

Kreis, Kubus, Kugel, Kurve, Linie, Punkt, Raute, Sehne, Seite
6 Beweis, Gerade, Prisma, Quader, Radius, Sektor, Trapez, Winkel, Wurzel
7 Dreieck, Ellipse, Flaeche, Kathete, Koerper, Parabel, Polygon, Quadrat, Rhombus, Segment, Sekante, Spirale, Vieleck, Viereck, Volumen, Wuerfel
8 Hyperbel, Pentagon, Pyramide, Rechteck, Rhomboid, Scheitel, Schenkel, Tangente, Zylinder
9 Diagonale, Dimension, Parallele
10 Hypotenuse, Kreislinie, Peripherie
11 Durchmesser, Mittelpunkt, Planimetrie
12 Kegelschnitt
14 Parallelogramm
16 Mittelsenkrechte
17 Seitenhalbierende, Winkelhalbierende

· **Figur**
5 Kegel, Kreis, Kugel, Raute
6 Prisma, Quader, Trapez
7 Ellipse, Parabel, Quadrat, Rhombus, Vieleck, Wuerfel
8 Hyperbel, Pyramide, Sechseck, Zylinder
14 Parallelogramm

· **Körper**
5 Kegel, Kugel
8 Pyramide

· **Linie**
5 Kurve, Sehne

· **Muster**
8 Ornament

· **Zeichengerät**
6 Lineal, Zirkel
12 Kurvenlineal

· **Zeichnung**
7 Aufriss

geophysikalische Naturkraft
14 Erdmagnetismus

geordnet(e, er, es) ...

· **Ablage von Schriftstücken**
5 Reihe
11 Registratur

· **Dokument im Computer**
5 Datei

· **Flucht**
5 Liste

· **Verzeichnis**
9 Grusinien

Georgine
6 Dahlie

georgische Königin
6 Tamara

Geothermie
9 Erdwaerme

Gepäck für Kopfbedeckungen
9 Hutkoffer

Gepäckabteil im Auto
10 Kofferraum

Gepäcknische im Zelt
5 Apsis

Gepäckstück
5 Mappe, Plaid
6 Bagage, Beutel, Koffer, Tasche
7 Buendel, Seesack
8 Rucksack
9 Tornister
10 Aktenmappe, Handtasche
11 Aktentasche, Reisetasche

Gepäckstück für Kopfbedeckungen
9 Hutkoffer

Gepäckträger
10 Dienstmann

gepanzerte Ritterrüstung
8 Harnisch

gepflegt
4 chic
6 adrett, sauber
7 elegant, serioes

gepflegte Grünfläche
5 Rasen

gepflegter Mann
4 Herr

gepflegtes Grün mit Bäumen und Blumen
10 Parkanlage

Gepflogenheit
3 Uso
4 Usus
5 Sitte
6 Brauch, Praxis, Usance
9 Tradition
10 Gewohnheit

gepflügtes Feld
5 Acker

geplante Verkehrswegführung
6 Trasse

Geplauder
12 Schwaetzchen

gepökeltes ...

· **Fleisch**
5 Gnagi

· **Fleisch vom Schwein**
11 Rippenspeer

· **Fleischgericht**
7 Eisbein
8 Kasseler
10 Cornedbeef
11 Corned Beef

gepolstert(e, er, es) ...

· **Brustschutz**
4 Kumt
8 Plastron

· **Halsbügel der Zugtiere**
6 Kummet, Sessel

Gepräge
3 Art
4 Form, Stil
5 Wesen
7 Merkmal
8 Eigenart
9 Charakter, Wesensart, Wesenszug

geprägt(e, er, es) ...

· **Edelmetallmünzen**
10 Brakteaten

· **Metallscheibe**
6 Muenze
8 Medaille

· **Milieu**
5 Scene

Gepränge
4 Pomp
5 Prunk
6 Pracht

gepresste Fischfleischteile
6 Surimi

gepresster Süßstoff
13 Wuerfelzucker

gequetschte Nährmittel
7 Flocken

gerade
4 eben, just, pair
5 genau, jetzt, Linie, offen
6 direkt, soeben, Strahl
7 ehrlich, Strecke
8 momentan, vertikal
11 ungekruemmt

gerade ...
· **erst**
4 eben
· **jetzt**
4 eben
geradeaus
7 stracks
Geradflügler
6 Grille, Schabe
7 Ohrwurm, Termite
8 Heimchen, Heupferd, Kakerlak
11 Heuschrecke
Geradheit
12 Schlichtheit
14 Aufrichtigkeit
geradlinig
6 direkt, linear
geraspelte Backzutat
9 Kokosette
Gerät
7 Apparat
8 Requisit, Werkzeug
10 Instrument
11 Hilfsmittel
Gerät ...
· *zum* **Absaugen der Muttermilch**
10 Milchpumpe
· *der* **Akrobaten**
6 Trapez
· *zum* **Auftragen von Salbe**
6 Spatel
· *zum* **Ausdrücken von Obst**
10 Saftpresse
· *im* **Auto**
10 Tachometer
· *auf dem* **Bauernhof**
9 Mistgabel
· *zum* **Bereiten von warmem Wasser**
6 Boiler
· *des* **Bergmanns**
6 Forkel
· *des* **Bergsteigers**
4 Seil
6 Pickel
8 Rucksack
· *im* **Betonbau**
8 Ruettler
· *zum* **Betrachten von Dias**
5 Gucki
· *zum* **Bewegen von Lasten**
5 Hebel
11 Flaschenzug
· *zur* **Bodenauflockerung**
4 Egge
· *der* **Boxer**
9 Maisbirne
12 Punchingball
· *im* **Büro**
6 Lineal, Schere
7 Stempel
8 Computer
9 Bleistift
10 Bildschirm
11 Aktenordner, Radiergummi
12 Zeichenbrett
13 Stempelkissen
14 Kugelschreiber, Taschenrechner
15 Schreibmaschine
· *zur* **Datenübertragung**
5 Modem
· *zum* **Entnehmen von Flüssigkeit**
5 Heber
· *der* **Erdarbeiter**
5 Hacke
6 Spaten
8 Schaufel
· *zum* **Fegen**
5 Besen
· *zum* **Fischfang**
5 Angel, Reuse
7 Harpune
· *zur* **Flüssigkeitsentnahme**
7 Pipette
· *des* **Friseurs**
4 Kamm
6 Schere
· *zur* **GeschirrReinigung**
13 Spuelmaschine
· *der* **Gewichtheber**
6 Hantel
· *zur* **Gewichtsbestimmung**
5 Waage
· *für* **Gymnastik**
11 Medizinball
· *im* **Haushalt**
7 Oeffner
8 Trockner
10 Brotmesser
11 Buegeleisen, Waffeleisen
12 Kaffeemuehle
13 Waschmaschine
· *zum* **Heizen**
4 Ofen
· *zur* **Herstellung von Püree**
17 Kartoffelstampfer
· *der* **Kammmacher**
4 Iler
· *des* **Kellermeisters**
10 Stechheber
· *zum* **Kochen**
4 Ofen
· *zum* **Krankentransport**
5 Bahre, Trage
· *in der* **Küche**
4 Sieb
5 Reibe
· *im* **Kuhstall**
12 Melkmaschine
· *im* **Labor**
13 Bunsenbrenner
· *in der* **Landwirtschaft**
4 Egge
· *zur* **Lastenbewegung**
5 Hebel
· *zum* **Lockern des Ackerbodens**
4 Egge
· *zum* **Mähen**
5 Sense
6 Sichel
11 Rasenmaeher
· *des* **Maurers**
3 Lot
5 Kelle
11 Wasserwaage
· *zum* **Messen der Wassertiefe**
7 Echolot
· *zum* **Messen von Winkeln**
9 Theodolit
10 Goniometer
· *zum* **Reinigen von Getreide**
5 Tarar
· *zur* **Richtungsbestimmung**
7 Kompass
· *zur* **Schallortung**
5 Sonar
· *des* **Schneiders**
5 Nadel
6 Schere
· *zum* **Setzen von Pflanzen**
10 Pikierstab
· *zum* **Spalten**
3 Axt
4 Beil, Keil
· *der* **Sportfischer**
5 Angel

G

- *zur* **Strahlenzählung**
9 Zaehlrohr
13 Geigerzaehler
- *des* **Töpfers**
11 Drehscheibe
- *zum* **Umgraben**
6 Spaten
- *zum* **Wärmemessen**
11 Thermometer
- *zum* **Würzen**
13 Pfeffermuehle
- *zur* **Zahnpflege**
10 Munddusche
- *zum* **Zeichnen**
6 Lineal, Zirkel
9 Reisszeug
12 Kurvenlineal
- *zum* **Zeitmessen**
3 Uhr
11 Chronometer
- *zum* **Zerteilen von Fleisch**
13 Vorlegemesser
- *zum* **Ziehen von Notenlinien**
7 Rastral
- *zum* **Ziehen von Strichen**
6 Lineal

Gerät, Werkzeug zum Verquirlen
7 Ruehrer

Geräteschuppen
6 Remise

Gerätesportler
6 Turner
10 Reckturner

geräuchertes
- **Fleischstück**
12 Rollschinken

geräucherte ...
- **Fleischware**
5 Speck, Wurst
6 Salami
8 Schinken, Zervelat
9 Mettwurst

geräucherter ...
- **Fisch**
7 Sprotte
9 Bueckling
11 Raeucheraal
13 Schillerlocke
14 Raeucherhering

Geräuchertes
10 Geselchtes

geräumiges Familienauto
3 Van

Geräusch
3 Ton
4 Laut
5 Klang, Knall, Krach, Laerm, Rumor
6 Schall
9 Explosion, Widerhall

Geräusch ...
- *von* **Feuer**
8 Prasseln
- *des* **Gebirgsbaches**
7 Brausen
- *beim* **Gewitter**
6 Donner
- *von* **Rädern**
7 Rattern
- *von* **schleifenden Ketten**
7 klirren
- *der* **Sirene**
6 Heulen
- *des* **Wassers**
7 Brausen, Gurgeln, Rieseln
8 Rauschen
11 Plaetschern
- *von* **welkem Laub**
8 Rascheln
- *des* **Windes**
6 Heulen, Sausen
7 Brausen, Pfeifen

Geräuschbelästigung aus der Luft
9 Fluglaerm

geräuschlos
5 leise, still, stumm

geräuschvoll
4 laut

Gerbereibottich
6 Haspel

Gerbereiprodukt
10 Spaltleder

Gerberfett
6 Degras

Gerbmittel
4 Lohe
5 Alaun, Chrom, Eiche
6 Tannin
8 Dividivi
12 Alaunloesung

Gerbsäure
6 Tannin

gerecht
4 fair
8 objektiv, verdient
10 unbefangen
12 rechtdenkend, unparteiisch

Gerede
4 Fama
7 Gefasel, Klatsch, Palaver, Rederei, Tratsch
8 Geruecht, Nachrede
10 Geschwaetz

geregelter Zustand
7 Ordnung

geregeltes Vorgehen
10 Systematik

gereinigt
6 sauber
10 raffiniert
13 unverfaelscht

gereinigter Zucker
9 Raffinade

gereizt
6 erregt
7 nervoes, pikiert
8 hektisch
10 aergerlich, cholerisch

gereizter Zustand
8 Spannung

Gericht
4 Mahl
5 Essen
6 Kammer, Speise
7 Instanz
8 Mahlzeit, Tribunal
11 Strafkammer, Zivilkammer
14 Justizbehoerde

Gericht ...
- *aus* **Fleischstückchen**
6 Ragout
- *mit* **Fleischwürfeln zubereiten**
12 frikassieren
- *aus* **Hülsenfrüchten**
13 Erbseneintopf
15 Schnippelbohnen
- *von* **jungen Rindern**
10 Kalbskeule
- *aus* **Lauch**
13 Porreegemuese
- *aus* **mariniertem Fleisch**
11 Sauerbraten
- *im* **Menü**
4 Gang

gerichtlich
10 forensisch

gerichtliche ...
- **Entscheidung**
4 Haft

6 Arrest, Kerker, Spruch, Strafe, Urteil
9 Geldbusse, Zuchthaus
10 Freispruch, Gefaengnis, Geldstrafe
12 Schuldspruch, Verurteilung
13 Urteilsspruch
15 Freiheitsstrafe
16 Bewaehrungsfrist

gerichtliches Verfahren
7 Prozess

Gerichtsanzeige
5 Klage

Gerichtsbarkeit
12 Jurisdiktion, Justizhoheit

Gerichtsbeisitzer
8 Assessor, Schoeffe
12 Geschworener

Gerichtsbeschluss
6 Urteil

Gerichtsdiener
7 Buettel

Gerichtshof
5 Forum
6 Kammer
8 Judizium, Tribunal

Gerichtshof der Kurie
4 Rota

Gerichtsmedizin
13 Rechtsmedizin

Gerichtsordnung Karls V.
8 Carolina

Gerichtsplatz
8 Tribunal

Gerichtsschreiber
6 Aktuar

Gerichtssitzung
11 Verhandlung

Gerichtsstand
6 Kammer
7 Instanz

Gerichtstage im römischen Kalender
5 Fasti

Gerichtsverfahren
7 Prozess

Gerichtsverhandlung am Tatort
11 Lokaltermin

Gerichtsvollzieher
8 Exekutor, Pfaender

Gerichtswesen
6 Justiz

gerieben
5 smart
6 clever, schlau
12 durchtrieben

geriebene Semmel
10 Paniermehl

gering(e, er, es) ...
· **Entfernung**
5 Naehe
· **Stärke**
6 Duenne
· **Zeitspanne**
2 Nu
6 Kuerze

geringeltes Haar
5 Locke

geringfügig
5 klein, wenig
6 winzig
7 minimal
11 unbedeutend, verzeihlich
13 bedeutungslos
14 nebensaechlich

geringfügig ...
· **abweichende Spielart**
5 Abart
8 Variante

geringfügiger Fehler
8 Lappalie

Geringfügigkeit
9 Bagatelle
10 Nebensache
11 Kleinigkeit

geringschätzig
9 abfaellig
12 veraechtlich
14 despektierlich

geringwertiges Garn
8 Pelseide

Gerinnmittel
3 Lab

Gerinnsel
8 Pfropfen
12 Blutpfropfen

Gerippe
7 Skelett
14 Knochengeruest

gerippt(e, er, es) ...
· **Baumwollstoff**
10 Kordgewebe
· **Köpergewebe**
5 Serge
· **Stoff**
4 Cord, Kord, Rips
9 Gabardine
11 Schnuersamt, Stretchcord, Stretchkord

gerissen
3 fix
5 smart
6 clever, findig, listig, schlau
7 gewieft
8 gerieben
10 raffiniert
12 durchtrieben

Germane
7 Teutone
10 Markomanne

Germanentrank
3 Met

Germanien
11 Deutschland

germanisch(e, er, es) ...
· **Adliger**
7 Edeling
· **Asenheim**
6 Asgard
· **Blasinstrument**
4 Lure
· **Buchstabe**
4 Rune
· **Dichtung**
4 Edda
· **Donnergott**
4 Thor
· **Drachentöter**
9 Siegfried
· **Eisenmesser**
3 Sax
· **Frühlingsgöttin**
6 Ostara
· **Gefallenenhalle**
7 Walhall
8 Walhalla
· **Gewandnadel**
5 Fibel
· **Gott**
2 We
3 Ali, Ase, Fro, Nix, Tyr, Ziu
4 Loki, Odin, Thor, Wili
5 Donar, Freyr, Hoedr, Vidar, Wodan, Wotan
6 Balder, Baldur, Foseti, Hoenir, Njoerd
7 Forseti, Skirnir
8 Byleistr, Heimdall, Thuiskon
· **Götter**
4 Asen
5 Disen, Vanen, Wanen

G

· **Götterbotin**
3 Gna
· **Götterreich**
6 Asgard
· **Göttervater**
4 Odin
5 Wodan, Wotan
· **Gottheit**
3 Ase
4 Dise, Wane
5 Norne
8 Walkuere
· **Göttin**
3 Hel, Ran, Sif, Syn, Urd
4 Asin, Erke, Frea, Gerd, Grid, Idun, Laga, Lofn, Nott, Saga, Sygn, Vara
5 Frigg, Frija, Iduna, Joerd, Nanna, Rinda, Skadi, Skuld
6 Freyja, Frigga, Gefjon, Loeffa, Ostara
7 Asynien, Loeffna, Sjoefna
8 Verdandi
· **Grabstätte**
10 Huenengrab
· **Hauptwaffe**
5 Frame
· **Heerführer**
7 Odoaker
· **Heldenjungfrau**
8 Walkuere
· **Heldensage**
4 Edda
· **Honigwein**
3 Met
· **Lichtgott**
6 Baldur
· **Meeresriesin**
3 Ran
· **Riesentochter**
5 Skadi
· **Sagengeschlecht**
10 Nibelungen
· **Sagengestalt**
3 Ask, Nix, Ran, Ute
4 Egil, Geri, Gnom, Groa, Hate, Hati, Heid, Neck, Nixe, Surt, Ullr, Ymir
5 Alfar, Aslak, Baugi, Eldir, Embla, Freki, Fylla, Galar, Hagen, Holde, Hugin, Mimir, Noeck, Nunin, Uller
6 Fafnir, Fenris, Fjalar, Gernot, Gudrun, Oernir, Rother, Sigurd, Volker, Widolf
7 Alfadur, Gungnir, Gunther, Skjoeld, Wieland
8 Alberich, Brunhild, Dietrich, Farbaute, Giselher, Managarm, Neidhard, Siegmund, Sleipnir
9 Brunhilde, Siegfried
10 Hildebrand, Kriemhilde
· **Sagenriese**
5 Gymir
· **Sänger und Dichter**
6 Skalde
· **Schicksalsgöttin**
5 Norne
· **Schmuckreif**
5 Bauge
· **Schriftzeichen**
4 Rune
· **Seefahrervolk**
7 Chauken
8 Wikinger
9 Normannen
· **Suebenfürst**
8 Ariovist
· **Totenreich**
3 Hel
· **Trank**
3 Met
· **Ungeheuer**
10 Fenriswolf
15 Midgardschlange
· **Volk am Rhein**
5 Ubier
· **Volksstamm**
5 Goten, Ubier
6 Angeln, Bayern, Jueten, Rugier, Salier, Sueben
7 Bataver, Chatten, Franken, Friesen, Gepiden, Kimbern, Sachsen, Zimbern
8 Ostgoten, Schwaben, Semnonen, Silingen, Teutonen, Vandalen, Wikinger
9 Alemannen, Burgunder, Cherusker, Normannen, Westgoten
10 Cambrivier
11 Hermunduren, Langobarden, Markomannen
· **Volksversammlung**
5 Thing
· **Waffe**
3 Ger, Sax
· **Wassergeist**
3 Nix
4 Neck
5 Noeck
6 Necken
· **Wintersonnenfest**
3 Jul
· **Wurfspieß**
3 Ger
· **Zwergenfürst**
8 Alberich
· **Zwergenkönig**
6 Laurin
· **Zwergin**
6 Dwalin

Germteiggebäck
7 Buchtel
9 Golatsche, Kolatsche
16 Faschingskrapfen

Germteigmehlspeise
8 Rendling

gern, ...
· **gerne**
7 freudig
12 bereitwillig

Gernegroß
7 Angeber, Steppke

gerodet
5 urbar

Geröll
4 Kies
6 Schutt

Geröllhalde
4 Gand, Mure
7 Moraene

Geröllkies
5 Grien

Gerölllawine
11 Steinschlag

Geröllwüste in Afrika
3 Reg

Gerontologie
15 Altersforschung

geröstete Esskastanie
6 Marone

gerösteter Weißbrotwürfel
7 Crouton

geröstetes Brot
5 Toast

Gerstenkorn
5 Werre

Gerstensaft
4 Bier
Gerte
4 Rute
5 Zweig
8 Peitsche
10 Stoeckchen
Geruch
3 Ruf
4 Arom, Duft
5 Aroma, Blume, Hauch, Odeur
6 Bukett
7 Bouquet, Geltung, Gestank
Geruch bei der Fleischzubereitung
10 Bratenduft
Geruch, Geschmack
6 Aromen
Geruchsorgan
4 Nase
Geruchsstoff
6 Essenz
geruchstilgendes Mittel
3 Deo
Geruchsverschluss
6 Siphon
Gerücht
4 Fama
5 Odium, Ondit
6 Gerede
7 Klatsch
8 Nachrede
11 Hoerensagen
Gerüchteverbreitung
10 Kolportage
geruchtilgendes Mittel
9 Deodorant
geruhsamer ...
· **Sport**
6 Angeln
7 Billard
Gerümpel
4 Kram
6 Abfall
7 Altware, Plunder
8 Altwaren
10 Krimskrams
Gerüst
7 Gestell
8 Tragwerk
9 Gestaenge
Gerüst ...
· *für* **den Sarg**
8 Katafalk
· *für* **Hinrichtungen**
8 Schafott
gerüstet
5 parat
7 armiert
Gesalbter
8 Christus
gesalzener ...
· **Fisch**
8 Anchovis, Sardelle
9 Anschovis
10 Stockfisch
gesammelte ...
· **Schriftstücke**
5 Akten
8 Regesten
gesamt
4 ganz
5 alles, total
6 global
8 komplett
11 vollzaehlig
12 vollstaendig
Gesamtamerika
10 Panamerika
Gesamtanschauung
8 Weltbild
Gesamtansicht einer Landschaft
8 Panorama
Gesamtbetrag
5 Summe
gesamter Besitz
9 Vermoegen
Gesamterlös an Waren
6 Umsatz
Gesamthaftung
14 Solidarhaftung
Gesamtheit
5 Summe, Total
6 Gaenze
8 Ganzheit
10 Totalitaet
Gesamtheit ...
· *der* **baltischen Staaten**
8 Baltikum
· *der* **bekannten Persönlichkeiten**
9 Prominenz
· *der* **Betriebsangehörigen**
8 Personal
11 Belegschaft
· *der* **Bischöfe**
9 Episkopat
· *der* **Christen**
8 Oekumene
· *der* **Erbanlage**
7 Genotyp
8 Erbmasse
· *der* **Erdbevölkerung**
10 Menschheit
· *der* **Erde**
4 Welt
· *der* **essbaren Dinge**
7 Nahrung
12 Lebensmittel
· *an* **Fahrzeugen**
8 Fuhrpark
9 Wagenpark
· *der* **Gebärden**
6 Gestik
· *der* **Geistlichen**
6 Klerus
· *der* **Gene**
8 Erbmasse
· *der* **Gesetze**
5 Recht
· *der* **Lehrerschaft**
9 Kollegium
· *der* **Maßnahmen gegen das Altern**
9 Antiaging
· *der* **Medizin**
9 Heilkunde
· *eines* **Menschenalters**
10 Generation
· *der* **Nutzvögel**
9 Gefluegel
· *der* **Pazifikinseln**
8 Ozeanien
· *der* **Pflanzen an einem Ort**
7 Bewuchs
· *der* **Schöpfung**
5 Natur
· *der* **Schriftwerke**
9 Literatur
· *des* **Wissens**
12 Wissenschaft
· *der* **Zähne**
6 Gebiss
· *der* **Zeitungen**
6 Presse
Gesamtvergütung
9 Pauschale
Gesamtwerk eines Künstlers
6 Oeuvre

G

Gesandter
5 Doyen, Legat
7 Nuntius
8 Diplomat
11 Botschafter
13 Unterhaendler
Gesandter des Papstes
5 Legat
Gesangsdarbietung
4 Arie, Lied
5 Kanon
Gesangsgruppe
4 Chor
5 Duett
7 Terzett
8 Ensemble, Quartett, Quintett
10 Doppelchor, Frauenchor, Kinderchor
11 Kirchenchor, Maennerchor
13 Vokalensemble
gesangsmäßig
5 vokal
Gesangspaar
3 Duo
Gesangspart
6 Stimme
Gesangsrolle in einer Oper
6 Partie
Gesangsschule
14 Konservatorium
Gesangsstimme
3 Alt
4 Bass
5 Tenor
6 Sopran
7 Bariton
11 Mezzosopran
15 Koloratursopran
Gesangsstück
3 Duo
4 Arie, Lied
5 Kanon, Messe
6 Choral, Hymnus
7 Chanson, Couplet, Kantate, Kanzone, Moritat, Passion
8 Schlager
9 Oratorium, Spiritual, Volkslied
Gesangsübung
10 Singstunde
Gesangsverzierung
6 Flores
7 Triller
9 Koloratur
Gesangverein
4 Chor
8 Kurrende
9 Singkreis
Gesäß
2 Po
4 Popo
6 Steiss
7 Hintern
10 Hinterteil, Hosenboden
gesättigt
4 satt, voll
8 gefuellt
9 saturiert
Geschäft
3 Job, Tun
4 Coup, Shop, Werk
5 Beruf, Buero, Firma
6 Arbeit, Gewinn, Handel
7 Agentur, Betrieb, Filiale
8 Boutique, Einnahme, Notdurft
10 Profession, Taetigkeit, Vertretung
11 Transaktion, Unternehmen
12 Arbeitsplatz
Geschäft ...
· *für* **Büroartikel**
9 Papeterie
· *für* **Grünpflanzen**
11 Blumenladen
· *für* **keramische Erzeugnisse**
14 Porzellanladen
· *für* **Möbel und Accessoires**
16 Einrichtungshaus
· *mit* **Risiko**
11 Spekulation
geschäftig
4 rege
5 emsig
geschäftiges ...
· **Treiben**
6 Hektik, Trubel
· **Tun**
7 Treiben
Geschäftigkeit
14 Betriebsamkeit
geschäftlich(e, er, es) ...
· **Ertrag**
6 Gewinn
· **Gewinn**
6 Ertrag
· **Unternehmung**
11 Transaktion
Geschäftsauflösung wegen Zahlungsunfähigkeit
► Geschäftszusammenbruch
Geschäftsauftrag
10 Kommission
Geschäftsausgaben
6 Spesen
Geschäftsbedingungen
11 Konditionen
Geschäftsbereich
5 Zweig
6 Sektor, Sparte
7 Branche, Ressort
8 Dezernat
Geschäftsbereich eines Ministers
12 Portefeuille
Geschäftsbezeichnung
5 Firma
Geschäftsbrauch
6 Usance
Geschäftsbuch
6 Kladde
8 Inventar
9 Hauptbuch, Kontobuch
10 Kassenbuch
Geschäftseinlage
4 Mise
7 Kapital
Geschäftsführer
6 Leiter
7 Manager
8 Direktor, Syndikus
9 Prokurist
10 Impresario
Geschäftsgewinn
6 Ertrag
7 Rendite
9 Dividende
Geschäftsinhaber
4 Chef
Geschäftslage
10 Konjunktur
Geschäftsleitung
9 Direktion
Geschäftsmann
5 Agent
6 Makler
7 Manager
8 Haendler, Kaufmann

9 Fabrikant, Produzent
11 Businessman, Unternehmer
Geschäftsmann als Gönner eines Politikers
5 Amigo
Geschäftsmappe
11 Aktentasche
Geschäftsnebenstelle
7 Agentur, Filiale
11 Zweigstelle
Geschäftsordnung
6 Statut
7 Satzung
9 Reglement
Geschäftspartner
6 Sozius
8 Konsorte
9 Kompagnon, Teilhaber
14 Gesellschafter
Geschäftsraum
5 Buero
6 Kontor
Geschäftsreisender
6 Kommis
9 Vertreter
Geschäftsreport
16 Gebarungsbericht
Geschäftsschluss
10 Feierabend
Geschäftsschulden
7 Passiva
Geschäftsservice
12 Kundendienst
Geschäftsstelle
5 Buero
Geschäftsstellengehilfin
16 Bueroassistentin
Geschäftsstille
6 Flaute
Geschäftsstraße in New York
10 Wallstreet
Geschäftssymbol
13 Firmenzeichen
Geschäftsteilhaber
7 Partner
9 Kompagnon
geschäftstüchtig
8 gerieben, gerissen
9 geschickt
11 erfolgreich
Geschäftsunkosten
6 Spesen
Geschäftsunternehmung
5 Firma
Geschäftsvermittler
5 Agent
6 Makler
Geschäftsvermögen
6 Aktiva
7 Kapital
Geschäftsvollmacht
7 Prokura
Geschäftszentrum
14 Shoppingcenter
Geschäftszimmer
5 Buero
Geschäftszusammenbruch
7 Konkurs
8 Bankrott
Geschäftszweig
7 Branche
11 Modebranche
Geschäftszweigstelle
▶ Geschäftsnebenstelle
Geschehen
3 Tat
4 Fall
7 Vorfall, Vorgang
8 Ereignis
11 Begebenheit
Geschehensablauf
4 Zeit
10 Geschichte
Geschehnis ▶ Geschehen
Geschehnisabfolge
4 Zeit
6 Ablauf
11 Chronologie
Geschehnisfolge
6 Ablauf
7 Verlauf
gescheit
4 klug
5 weise
6 begabt, schlau
11 intelligent
Geschenk
4 Gabe
6 Spende
8 Dotation, Praesent, Stiftung
9 Angebinde, Zuwendung
10 Dedikation
11 Mitbringsel
13 Gratifikation
14 Aufmerksamkeit
Geschenk zur Einschulung
10 Schultuete
Geschenktafel
10 Gabentisch
Geschichte
7 Chronik
8 Historie
Geschichten zu Gehör bringen
8 vorlesen
geschichteter Heuhaufen
7 Schober
geschichtlich
10 historisch
12 diachronisch
geschichtliche Jahrbücher
7 Annalen
geschichtlicher Abschnitt
4 Aera
Geschichtsabschnitt
▶ Geschichtsepoche
Geschichtsepoche
4 Aera
6 Antike, Urzeit
7 Eiszeit, Neuzeit, Vorzeit
8 Altertum
9 Eisenzeit, Fruehzeit, Gegenwart, Steinzeit, Zeitalter
10 Bronzezeit, Kupferzeit
11 Mittelalter, Neolithikum, Renaissance
12 Altsteinzeit, Mesolithikum
13 Atomzeitalter
14 Palaeolithikum
Geschichtsforscher
10 Historiker
Geschichtsschreiber
8 Chronist
12 Historiograf
13 Historiograph
Geschichtswerk
7 Annalen, Chronik
Geschick (▶ auch Geschicklichkeit)
3 Los
5 Fatum
7 Fuegung
9 Schicksal
Geschicklichkeit
4 Gabe
6 Anlage, Talent
7 Eignung
8 Begabung
10 Faehigkeit, Fertigkeit

G

G

11 Befaehigung, Gewandtheit
16 Fingerfertigkeit

Geschicklichkeitskünstler
6 Artist
8 Jongleur

Geschicklichkeitsspiel
4 Jojo
6 Mikado
7 Diabolo

geschickt
4 klug
5 flink, smart
6 behend
7 behaend, gewandt

geschickt(e, er, es) …
· **Maßnahme**
4 List
9 Schachzug
· **Täuschung**
6 Taktik
· **Vorgehen**
4 Joch

Geschirr
4 Zaum
5 Kanne, Tasse
6 Kummet, Platte, Teller, Trense, Zuegel
7 Service, Terrine
8 Sauciere, Teekanne
9 Porzellan, Schuessel
10 Untertasse
11 Kaffeekanne

Geschirr …
· **reinigen**
9 abwaschen
· *für* **Schmorfleischeintopf**
15 Ragoutschuessel

Geschirrsatz
7 Service

Geschirrschrank
6 Buffet
7 Buefett
8 Anrichte

Geschirrstück für Süßspeisen
12 Kuchenteller

Geschirrteil
15 Sossenschuessel

Geschirrteil für Vorspeisen
11 Suppentasse

Geschlecht
3 Sex
4 Haus
5 Genus, Sexus, Sippe, Stamm
7 Familie, feminin, Gattung, Gebluet, neutral, Neutrum
8 Dynastie, maskulin, weiblich
9 Femininum, maennlich, saechlich
10 Maskulinum

Geschlechterabfolge
10 Generation

Geschlechterkunde
10 Genealogie

geschlechtlich
6 sexual
7 sexuell

geschlechtlich kalt
6 frigid

geschlechtliche Anziehung
9 Sexappeal

Geschlechtlichkeit
11 Sexualitaet

geschlechtsbetont
4 sexy

Geschlechtsdrüse
6 Gonade

Geschlechtshormon
6 Prolan
8 Androgen, Gestagen
9 Oestrogen
11 Androsteron, Progesteron, Testosteron

Geschlechtsleben
6 Erotik
11 Sexualitaet

geschlechtsreif
5 adult
9 erwachsen

Geschlechtsreifung
9 Pubertaet

Geschlechtsteile
10 Genitalien, Schamteile

Geschlechtstrieb
6 Libido

Geschlechtstrieb …
· *bei* **Tieren**
6 Brunft, Brunst

Geschlechtsverkehr
6 Coitus, Koitus

Geschlechtswort
7 Artikel

Geschlechtszelle
5 Gamet

geschliffen
6 scharf

geschliffen(e, er, es) …
· **Benehmen**
3 Pli
· **Diamant**
8 Brillant
· **Flasche**
7 Karaffe
· **Glas**
8 Kristall
· **Glasfläche**
7 Facette
· **Glasflasche**
7 Karaffe

geschlossen
2 zu
4 rund
7 vereint
8 allesamt, gesperrt, zusammen
9 einmuetig, gemeinsam, versperrt
10 abgerundet

geschlossen(e, er, es) …
· **Hausvorbau**
5 Erker
· **Kurve**
5 Kreis
7 Ellipse
· **PKW**
9 Limousine

Geschmack
4 Stil
5 Aroma, Gusto
7 Eleganz
8 Gefallen
9 Empfinden
10 Empfindung

Geschmack gebendes Gewächs
12 Wuerzpflanze

geschmacklos
4 fade
6 billig, simpel
7 stillos, taktlos
8 kitschig
12 abgeschmackt

geschmacklose Kunst
6 Kitsch

Geschmacksknospe
7 Papille

Geschmacksorgan
5 Zunge

Geschmacksrichtung
4 herb, Mode
5 sauer, suess, Trend
6 bitter, salzig
Geschmacksrichtung beim Sekt
8 extradry
Geschmacksstoff
5 Aroma
Geschmacksverirrung
6 Kitsch
geschmacksverstärkende Garzutat
10 Bratbutter
geschmackvoll
4 chic, fein
5 apart, nobel
6 dezent, schick, schoen
7 anmutig, elegant, huebsch, vornehm
8 gediegen, stilvoll
10 kultiviert
geschmackvoll gekleidet
7 elegant
Geschmeide
7 Juwelen
10 Edelsteine, Kleinodien
geschmeidig
4 rank
5 weich
6 grazil
7 biegsam, schlank
9 beweglich, elastisch
10 schmiegsam
16 anpassungsfaehig
geschmorte ...
· **Fleischrolle**
12 Rindsroulade
13 Rinderroulade
geschniegelt
10 aufgeputzt
14 zurechtgemacht
geschnitten(e, er, es) ...
· **Holz**
4 Stab
5 Bohle, Brett, Diele, Latte
6 Balken, Leiste
· **Stein**
5 Gemme, Kamee
6 Glyphe, Glypte
8 Intaglio
geschnörkelt
6 barock
Geschnürtes
7 Buendel
Geschöpf
4 Baby, Kind, Tier
5 Figur, Wesen
6 Mensch
7 Kreatur, Pflanze
9 Erzeugnis, Lebewesen
Geschoss
5 Boden, Etage, Kugel, Pfeil, Stock
6 Bolzen, Keller, Rakete
7 Harpune
8 Mansarde, Mezzanin, Parterre, Speicher
9 Stockwerk
10 Dachgarten, Schrapnell, Souterrain
11 Kartaetsche
Geschoss ...
· *mit* **Hülse**
7 Granate, Patrone
Geschossdrehung
5 Drall
geschraubt ▶ geziert
Geschraubtheit
5 Getue
6 Gehabe
8 Ziererei
Geschrei
3 Ruf
5 Laerm, Rumor
6 Geheul
7 Gezeter
8 Gebruell, Hilferuf
11 Zetermordio
geschriebene Buchstabenreihe
5 Zeile
geschriebenes Recht
6 Gesetz
Geschützart (Abkürzung)
4 Flak
geschützt
6 gefeit, sicher
12 ungefaehrdet
Geschütztsein
10 Sicherheit
Geschützuntergestell
7 Lafette
geschwänzter Lurch
5 Molch
Geschwätz
6 Gerede
7 Faselei, Gefasel, Klatsch, Rederei, Tratsch
geschwätzige Frau
11 Klatschbase
geschwind
5 rasch
6 behend
7 behaend, behende, schnell
8 behaende
13 unverzueglich
Geschwindigkeit
4 Eile, Elan, Hast
5 Hitze, Tempo
6 Rasanz
7 Schwung
13 Schnelligkeit
Geschwindigkeitsänderung
8 Bremsung
14 Beschleunigung
Geschwindigkeitsbegrenzung
10 Tempolimit
Geschwindigkeitsgrad
5 flott, rapid
7 langsam, schnell
Geschwindigkeitsmesser
3 Log
5 Tacho
10 Tachometer
Geschwister
7 Brueder
9 Drillinge, Mehrlinge, Vierlinge, Zwillinge
10 Schwestern
Geschwisterkind
4 Base
5 Neffe
6 Cousin, Kusine, Nichte, Vetter
7 Cousine
Geschworener
8 Schoeffe
12 Laienrichter
Geschwulst
4 Myom
5 Gliom, Lipom, Tumor, Ulcus, Ulkus
6 Adenom, Fibrom, Fungus, Kystom
7 Blastom
8 Schwaere
9 Wucherung
Geschwür
5 Ulkus

gesegnet
8 benedeit
10 gebenedeit
Geselle
6 Helfer
7 Gehilfe, Genosse, Kamerad
9 Gefaehrte
gesellig
11 umgaenglich
13 extravertiert
gesellig(e, er, es) ...
· **Damenrunde**
16 Kaffeekraenzchen
· **Gespräch**
12 Unterhaltung
· **Kreis**
4 Club, Klub
5 Kranz, Runde
6 Korona, Verein, Zirkel
10 Kegelrunde, Kraenzchen, Stammtisch
11 Liederkranz, Liedertafel
· **Plauderei**
12 Unterhaltung
· **Runde**
10 Stammtisch
· **Unterhaltung**
12 Konversation
· **Veranstaltung**
4 Ball, Fest, Fete
5 Party
7 Bankett, Empfang, Tanztee
9 Ballabend, Skatabend, Tanzabend, Tanzparty
10 Kegelabend, Kraenzchen
Geselligkeit
13 Beisammensein
Gesellschaft
2 AG, IG, KG
3 OHG
4 Bund, Club, GmbH
5 Firma, Kreis, Runde, Union
6 Gruppe, Klasse, Verein
9 Sozietaet
11 Foederation, Unternehmen, Vereinigung
12 Bevoelkerung
14 Genossenschaft
Gesellschaft für Musikrechte
4 Gema
Gesellschafter
6 Sozius
7 Partner
8 Konsorte
9 Aktionaer, Kompagnon, Teilhaber
10 Mitinhaber
11 Unterhalter
12 Kommanditist
gesellschaftlich(e, er, es) ...
· **Stellung**
4 Rang
· **Umgangsform**
8 Etikette
· **Verkehr**
6 Umgang
Gesellschaftsanzug
5 Frack
7 Smoking
Gesellschaftsform
11 Matriarchat, Patriarchat
Gesellschaftsinsel
3 Hao
4 Anaa
5 Murea, Tahaa
6 Moorea, Scilly, Tahiti
7 Maupiti
Gesellschaftskleidung der Dame
13 Abendtoilette
Gesellschaftskunde
10 Soziologie
Gesellschaftsraum
4 Saal
5 Salon
8 Kabinett, Klubhaus, Klubraum
9 Klublokal
10 Klubzimmer, Stammlokal, Stammtisch
12 Vereinslokal
Gesellschaftsreise in Afrika
6 Safari
gesellschaftsschädlich
7 asozial
Gesellschaftsschicht
4 Adel
5 Kaste, Stand
10 Buergertum
11 Bourgeoisie, Mittelstand, Proletariat
12 Aristokratie
15 Grossbuergertum
Gesellschaftsspiel
2 Go
4 Dame, Golf, Poch, Quiz, Skat
5 Boule, Halma, Lotto, Poker, Rommé, Whist
6 Boccia, Bridge, Domino, Kegeln, Mau Mau, Mikado, Muehle, Pokern, Puzzle, Rommee, Schach, Tarock
7 Billard, Bowling, Canasta, Diabolo, Knobeln, Malefiz, Roulett, Tombola
8 Lotterie, Monopoly, Quartett, Roulette, Scrabble, Wuerfeln
9 Schafkopf
10 Doppelkopf, Fang den Hut, Federspiel, Kegelspiel, Schafskopf
Gesellschaftstanz ▶ Tanz
12 Wienerwalzer
Gesellschaftswissenschaftler
9 Soziologe
Gesellschaftszimmer
5 Salon
Gesenk
4 Anke, Form
12 Schmiedeform
Gesenk zur Blechbearbeitung
4 Anke
Gesetz
3 Lex
4 Norm
5 Gebot, Recht, Regel
7 Prinzip
9 Anordnung, Grundsatz
10 Bestimmung, Rechtsnorm, Rechtssatz, Verfuegung, Verordnung, Vorschrift
Gesetzbuch
3 BGB, BHG, HGB
4 ABGB, StGB, StVO
5 Codex, Kodex, Thora
6 Talmud
12 Code Napoléon
Gesetzbuch ...
· *der* **Juden**
6 Talmud
· **Mose**
8 Paragraf
9 Paragraph
· **Mosis**
5 Thora

Gesetzesbruch
7 Unrecht
10 Verbrechen
Gesetzesnachtrag
7 Novelle
Gesetzessammlung
12 Kodifikation
Gesetzestreue
10 Loyalitaet
Gesetzesvorlage
7 Novelle
Gesetzesvortext
9 Praeambel
gesetzgebende Gewalt
11 Legislative
Gesetzgeber ...
· *im* **alten Athen**
5 Solon
6 Drakon
· *der* **Juden**
5 Moses
gesetzlich
5 legal
7 legitim
12 rechtmaessig
gesetzliche Regelung für Schwangere
12 Mutterschutz
Gesetzlichkeit
10 Legalitaet
Gesetzlosigkeit
8 Anarchie
gesetzmäßig ▶ gesetzlich
gesetzter ...
· **Zeitraum**
5 Frist
6 Termin
gesetzwidrig
7 illegal
8 verboten
9 illegitim
Gesicht
5 Traum
6 Vision
7 Ansehen, Antlitz
9 Angesicht, Traumbild
10 Augenlicht
12 Physiognomie
Gesichtsausdruck
3 Air
5 Miene, Mimik
11 Mienenspiel
12 Physiognomie
Gesichtsfalte
6 Runzel
Gesichtsfarbe
5 Roete, Teint
Gesichtsfarbe bei Verlegenheit
5 Roete
Gesichtsfeld
8 Horizont, Sehkreis
11 Blickwinkel, Perspektive
Gesichtsgebärden
11 Mienenspiel
Gesichtshaare
4 Bart
5 Braue, Flaum
6 Wimper
7 Stoppel
Gesichtshaartracht der Männer
4 Bart
Gesichtshaut
5 Teint
GesichtshautRegeneration
10 Biolifting
Gesichtsknochen
6 Kiefer
8 Jochbein, Keilbein, Siebbein
9 Nasenbein, Stirnbein
10 Oberkiefer
11 Traenenbein, Unterkiefer
13 Schlaefenbein
Gesichtskreis
7 Sphaere
Gesichtslarve
5 Maske
Gesichtsmaske
5 Larve
Gesichtsnerv
10 Trigeminus
Gesichtsoberhauttätowierung
15 Permanentmakeup
Gesichtspartie
4 Kinn
5 Backe, Wange
Gesichtspflege
7 Massage, Packung
8 Kosmetik
Gesichtspflege auf natürlicher Basis
11 Biokosmetik
Gesichtspickel
8 Mitesser
Gesichtspunkt
6 Aspekt, Detail, Moment
7 Annahme, Ansicht, Meinung
8 Position
9 Vermutung
10 Auffassung, Standpunkt
Gesichtsschutz am Helm
6 Visier
Gesichtsteil
3 Lid, Ohr
4 Auge, Bart, Kinn, Mund, Nase
5 Backe, Braue, Falte, Lippe, Stirn, Wange
6 Kiefer, Runzel, Stirne, Wimper
8 Kinnlade, Schlaefe
9 Gruebchen, Nasenbein, Oberlippe
10 Augenbraue, Oberkiefer, Unterlippe
11 Augenwimper, Unterkiefer
Gesichtsverfärbung
5 Roete
Gesichtsverkleidung
5 Larve, Maske
Gesichtsverzerrung
8 Grimasse
Gesichtszucken
3 Tic
Gesichtszüge
12 Physiognomie
Gesims
5 Wulst
9 Vorsprung
Gesimsstreifen
5 Fries
Gesinde
8 Personal
11 Dienstboten
12 Dienerschaft
15 Hausangestellte
Gesindel
3 Mob
4 Pack
5 Plebs
6 Bagage, Poebel
7 Gelumpe, Gesocks
8 Halbwelt, Kanaille
9 Gelichter, Unterwelt
Gesinnung
5 Ethos, Moral
7 Ansicht, Denkart, Haltung
9 Denkweise, Ideologie

G

11 Einstellung, Mentalitaet, Philosophie
12 Grundhaltung
14 Weltanschauung

Gesinnungsgenosse
12 Sympathisant

gesinnungslos
5 feige, infam
6 falsch, gemein, untreu
8 verlogen

Gesinnungswechsel
6 Umfall

gesittet
5 artig, zivil
10 kultiviert, manierlich

gesondert
7 separat

Gesottenes
3 Sud

gespaltene Haarspitzen
6 Spliss

gespaltenes Stück Holz
6 Scheit

Gespannkolonne
5 Treck

gespannt
5 prall
6 straff, stramm
9 neugierig

gesparte ...
· **Beträge**
10 Ruecklagen
11 Ersparnisse, Notgroschen

Gespenst
4 Spuk
5 Geist
6 Daemon, Lemure, Vampir
7 Phantom
8 Trugbild
11 Erscheinung, Spukgestalt, Truggestalt
13 Klabautermann

Gespensterfurcht
11 Aberglauben

Gespensterstory
14 Spukgeschichte

gespenstische Erscheinung
4 Spuk

gespenstisches ...
· **Wesen**
3 Alb, Alp

Gespielin des Dionysos
7 Maenade

Gespinst (► auch Gewebe)
4 Garn, Idee, Netz
5 Faden, Kokon
6 Gewebe
7 Einfall
8 Trugbild
11 Imagination, Inspiration, Spinnennetz

Gespinstpflanze
4 Lein
6 Nessel
9 Baumwolle

Gespräch
6 Dialog, Disput
7 Debatte, Diskurs, Plausch
9 Plauderei
10 Aussprache, Diskussion, Wortstreit
12 Konversation, Unterhaltung

Gespräch mit Gott
5 Gebet

gesprächig
8 redselig
10 mitteilsam
12 geschwaetzig

Gesprächsleiter
9 Moderator

Gesprächsstoff
5 Thema

Gesprächsstoffe
6 Themen
7 Themata

gespreizt ► geziert

gespreizter Pfauenschwanz
3 Rad

gesprenkelt
7 meliert

Gestade
4 Ufer
6 Kueste, Strand
10 Meeressaum

Gestalt
4 Bild, Form
5 Figur, Wuchs
6 Kontur, Person
7 Gebilde, Gefuege, Koerper
8 Aussehen, Struktur
11 Koerperform
16 Erscheinungsbild

Gestalt ...
· *bei* **Karl May**
8 Winnetou
15 Old Shatterhand

Gestalt aus ... ► Figur aus ...

gestalten, künstlerisch anordnen
11 arrangieren

gestaltend
9 plastisch

Gestalter
8 Designer
11 Organisator

Gestalter von Wohnungen und Gebäuden
15 Inneneinrichter

gestaltete Gebrauchsform
6 Design

gestalteter Raum ums Bett
10 Schlafoase

Gestaltlehre
11 Morphologie

gestaltlos
6 amorph

Gestaltung
9 Formation
10 Formgebung
12 Konstruktion

Gestaltungsentwurf
6 Layout

gestattet
7 erlaubt
9 bewilligt, gebilligt, genehmigt, zulaessig
10 konzediert
12 sanktioniert

Geste
4 Wink
5 Blick, Gruss
6 Nicken, Winken
8 Abwinken, Bewegung, Gebaerde, Zuwinken
10 Fingerzeig, Kopfnicken
12 Achselzucken, Handbewegung
14 Kopfschuetteln

Gesteinsablagerung
11 Konglomerat

Gesteinsart
3 Erz, Ton
4 Bims, Kalk, Lava, Tuff
5 Flint, Gneis, Norit, Ophit, Quarz
6 Adinol, Basalt, Bauxit, Diorit, Felsit, Flysch, Granit, Kreide, Marmor, Mergel
7 Dendrit, Dolerit, Dolomit, Mylonit, Peperin, Phyllit,

Plaener, Porphyr, Quarzit, Trachyt
8 Granulit, Melaphyr, Obsidian, Schiefer, Vulkanit
9 Bimsstein, Kalkstein, Leukophyr, Sandstein
10 Feuerstein
11 Muschelkalk
13 Buntsandstein, Ergussgestein, Tiefengestein
14 Eruptivgestein
15 Sedimentgestein

gesteinsbildendes Mineral
4 Talk

Gesteinsbruchstücke
7 Geroell

Gesteinsflüssigkeit
3 Gur

Gesteinsgebilde
4 Fels

Gesteinsgemenge
11 Konglomerat

Gesteinshohlraum
5 Druse

Gesteinskörnchen
4 Sand

Gesteinskunde
10 Lithologie
11 Mineralogie, Petrografie
12 Petrographie

Gesteinsmasse
9 Felsblock

Gesteinsschmelzfluss
4 Lava
5 Magma

Gesteinsschutt
7 Geroell, Moraene

Gesteinsspalte
7 Erzader

Gesteinsstruktur
6 Textur

Gestell
4 Bord
5 Regal
6 Rahmen, Stativ
7 Chassis, Geruest
8 Stellage, Unterbau

Gestell ...
· *für* **Bücher**
4 Bord
5 Regal
· *für* **Fahrräder**
15 Fahrradstaender
· *für* **Fotoapparate**
6 Stativ
· *für* **Gemälde**
9 Staffelei
· *zum* **Heutrocknen**
6 Reiter
· *für* **Kerzen**
8 Leuchter
· *zum* **Obsttrocknen**
5 Horde
· *für* **Zierrat**
4 Bord

Gestell zum Trocknen von Textilien
13 Waeschespinne

gestern
6 Vortag
13 Vergangenheit

gesticktes buntes Bild
12 Nadelmalerei

Gestikulation
8 Gebaerde
14 Gebaerdenspiel

Gestirn
4 Erde, Mond
5 Sonne, Stern
6 Planet
8 Fixstern
14 Himmelskoerper

Gestirnsforschung
10 Astronomie

Gestirnskonstellation
9 Sternbild

Gestöber
10 Schneefall
13 Schneetreiben

gestohlene ...
· **Ware**
4 Sore
9 Diebesgut

Gesträuch
5 Busch

gestreckt
4 lang
10 ausgedehnt

gestreifter Chalcedon
12 Muschelachat

gestreiftes ...
· **Gewebe**
4 Raye
· **Wildpferd**
5 Zebra

gestrenge Herren
10 Eisheilige

Gestrüpp
5 Hecke
8 Dickicht, Gebuesch
9 Buschwerk, Unterholz

Gestüt
5 Zucht
9 Rennstall
11 Pferdezucht

Gestüt für Kleinpferde
7 Ponyhof

Gesuch
5 Bitte
6 Antrag
8 Ansuchen, Ersuchen, Petition
11 Bittschrift

Gesuch ...
· *um* **Auskunft**
7 Anfrage
· *um* **Verzeihung**
7 Abbitte

Gesuchseinreicher
11 Bittsteller
13 Antragsteller

gesund
5 rosig
7 ruestig

gesund werden
7 genesen

Gesundbrunnen
8 Jungborn
10 Heilquelle

gesunde Nahrung
7 Biokost

Gesundheit
11 Wohlergehen
12 Wohlbefinden

gesundheitlich
8 sanitaer

Gesundheitskost
14 Vollwertkueche

Gesundheitslehre
7 Hygiene

gesundheitsschädlicher Stoff
4 Gift

Gesundheitsverlust
9 Krankheit
10 Erkrankung

Gesundmacher
4 Arzt
6 Heiler
9 Mediziner

Gesundung
7 Heilung
8 Erholung, Genesung
14 Rekonvaleszenz

gesungene katholische Messe
3 Amt
getäfelter Fußboden
7 Parkett
Getändel
5 Flirt
8 Liebelei
14 Techtelmechtel
geteertes Hanftau
4 Reep
geteilt
4 halb
8 getrennt
geteiltes Land
5 Korea
getestet
7 erprobt
Getobe
5 Laerm
Getöse
5 Krach, Laerm, Radau
7 Poltern
8 Gepolter
getragen
5 ernst
9 feierlich
10 pathetisch
Getränk
3 Ale, Gin, Met, Rum, Tee
4 Bier, Coca, Cola, Flip, Grog, Koem, Korn, Limo, Mate, Most, Pils, Raki, Saft, Sake, Sekt, Wein
5 Bowle, Drink, Fusel, Jerez, Juice, Kakao, Kwass, Milch, Mokka, Stout, Trunk, Wodka
6 Brandy, Brause, Cherry, Cognac, Enzian, Kaffee, Kognak, Likoer, Malaga, Pernod, Porter, Punsch, Sauser, Sherry, Wasser, Weisse, Wermut, Whisky
7 Absinth, Aquavit, Campari, Chianti, Cinzano, Genever, Kuemmel, Madeira, Marsala, Martini, Pilsner, Rotwein, Sangria, Schnaps, Schorle, Selters, Sprudel
8 Anisette, Aperitif, Bockbier, Coca Cola, Cocktail, Espresso, Heuriger, Limonade, Malzbier, Obstwein, Portwein, Vermouth
9 Duennbier, Gluehwein, Orangeade, Slibowitz, Weinbrand, Weissbier, Weisswein
10 Branntwein, Champagner, Chartreuse, Eierlikoer, Exportbier, Fruchtsaft, Malzkaffee, Schaumwein, Sodawasser, Weizenbier
11 Buttermilch, Kraeutertee, Maerzenbier, Magenbitter, Quellwasser, Traubensaft
13 Brunnenwasser, Mineralwasser, Selterswasser
Getränk ...
· *vor* **dem Essen**
8 Aperitif
· *aus* **den Dolden der Fliederbeere**
19 Holunderbluetensekt
· *in* **der Eisbar**
10 Milchshake
· *aus* **einer Südfrucht**
11 Orangensaft
· *aus* **Fliederbeerdolden**
19 Holunderbluetensaft
Getränkebehältnis
11 Bierflasche
Getränkefach im Hotelzimmer
7 Minibar
Getränkelage für alle Gäste
10 Lokalrunde
Getränkemischer
5 Mixer
9 Barkeeper
Getränkerest
5 Neige
Getränkerunde
4 Lage
Getränkeschrank
7 Hausbar
getränkte Vlieslappen
13 Feuchttuecher
Getratsch
4 Fama
6 Gerede
7 Klatsch
10 Geschwaetz
Getreide
4 Korn
6 Frucht
9 Zerealien
Getreide zerkleinern
6 mahlen
Getreide, Feldfrucht
8 Zerealie
Getreideanbaufläche
8 Maisfeld
Getreideart
3 Tef
4 Dara, Dari, Mais, Reis
5 Durra, Emmer, Hafer, Hirse, Spelt, Spelz
6 Dinkel, Durrha, Gerste, Roggen, Sorgho, Weizen
7 Einkorn, Kukuruz, Sorghum
9 Gruenkern, Zerealien
10 Buchweizen
Getreideblütenstand
5 Aehre
Getreidebündel
5 Docke, Garbe
Getreidedreschplatz
5 Tenne
Getreideeiweiß
6 Gluten
Getreideerzeugnis
4 Mehl
5 Kleie
6 Griess, Schrot
7 Flocken, Popcorn
8 Puffmais
10 Cornflakes
Getreidefrucht
4 Korn
8 Reiskorn
Getreidefruchtstand
5 Aehre
Getreidegericht
9 Haferbrei
Getreidehaufen
5 Dieme, Feime, Felme
6 Stadel
7 Schober
Getreidehülse
6 Spelze
Getreidekornschalen
5 Kleie
Getreidekrankheit
4 Rost
5 Brand
7 Mehltau
8 Gelbrost
9 Maisbrand
10 Mutterkorn

Getreidemahlgut
6 Griess
Getreidemaß
3 Imi
6 Bushel, Malter, Simmer, Wispel
Getreidenebenprodukt
5 Stroh
Getreideprodukt
▶ Getreideerzeugnis
10 Weizenmehl
Getreidereiniger
4 Fege
5 Tarar
6 Trieur
8 Windfege
Getreideschädling
8 Kornrade, Kornwurm
9 Blattlaus, Engerling, Kornmotte, Mehlmotte
10 Kornkaefer, Kornschabe
12 Mehlzuensler
13 Getreidemotte
Getreideschnaps
4 Korn
Getreideschnitt
5 Ernte
Getreidesnack
10 Kornriegel
Getreidesorte ▶ Getreideart
Getreidespeicher
4 Silo
7 Scheuer, Scheune
Getreidestängel
4 Halm
Getreideunkraut
4 Rade
8 Kornrade
Getreidezerkleinerungsmaschine
12 Schrotmuehle
getrennt
7 separat
8 isoliert
9 separiert
getreu
7 ergeben
getreue ...
· **Nachbildung**
9 Faksimile
· **Wiedergabe**
6 Abbild
Getreuer
9 Anhaenger
11 Gefolgsmann
Getriebe
6 Rummel
7 Betrieb, Treiben, Verkehr
8 Mechanik
9 Apparatur, Gestaenge, Schaltung, Triebwerk
10 Raederwerk
Getriebeflüssigkeit
3 Oel
Getriebensein
5 Hetze
Getriebeteil
5 Achse, Hebel, Kranz, Raste, Stift, Welle
6 Gelenk, Kurbel, Riemen, Sperre
7 Reibrad, Scheibe, Zahnrad
8 Gehaeuse, Schieber, Schraube
9 Zahnkranz
12 Differential, Differenzial
getrocknet(e, er, es) ...
· **Blut auf Wunden**
6 Schorf
· **Früchte**
6 Hutzel
9 Doerrobst
· **Grünfutter**
3 Heu
· **Pflanzensaft**
5 Manna
· **Weinbeere**
6 Rosine
8 Korinthe
9 Sultanine
getrübte Atmosphäre
5 Dunst
Getue
5 Faxen
6 Gehabe
8 Allueren, Ziererei
Getümmel
6 Rummel, Trubel, Tumult
7 Gewuehl, Theater, Treiben
9 Gedraenge
13 Durcheinander
Getuschel
4 Fama
5 Ondit
8 Gemunkel
geübt
8 versiert
9 bewandert
10 routiniert
geübter Praktiker
9 Routinier
Geübtheit
7 Routine
Gevatter
4 Pate
Gevattersmann
4 Pate
Gewächs
4 Baum
5 Kraut, Sorte, Zucht
6 Staude
7 Pflanze, Strauch
10 Geschwulst
Gewächs ...
· *in* **einem Behälter**
11 Topfpflanze
13 Kuebelpflanze
· *mit* **festem Stamm**
4 Baum
· *zur* **Gewinnung von Speisefett**
10 Oelpflanze
· *im* **maritimen Bereich**
13 Wasserpflanze
gewachsene Insel
5 Atoll
gewachsener ...
· **Stein**
4 Fels
6 Felsen
Gewächshaus
9 Orangerie, Treibhaus
Gewächsteil
3 Ast
4 Dorn
5 Aehre, Blatt, Dolde, Gabel, Ranke, Rispe, Stamm, Trieb, Zweig
6 Bluete, Frucht, Huelse, Knospe, Schote, Spross, Wurzel
7 Stengel
8 Staengel
11 Fruchtstand
gewagt
7 riskant
11 gefaehrlich, risikoreich
13 abenteuerlich
gewagtes ...
· **Geschäft**
11 Spekulation
· **Unternehmen**
10 Experiment

G

gewählt
7 gehoben, vornehm
gewählt(e, er, es) ...
· **Behörde**
10 Kantonsrat
· **Parlamentarier**
11 Abgeordnete
· **Volksvertretung**
9 Parlament
Gewährleistung
7 Haftung
8 Garantie
10 Sicherheit
11 Buergschaft
Gewahrsam
4 Haft
5 Obhut
6 Arrest
Gewährsleute
7 Buergen
Gewährsmann
5 Zeuge
6 Buerge, Garant
9 Informant
Gewährsurkunde
14 Garantieschein
Gewalt
5 Kraft, Macht, Zwang
8 Befugnis
10 Herrschaft
Gewaltherrschaft
6 Terror
8 Despotie, Diktatur, Tyrannei
gewaltig
5 enorm, gross
6 immens, massig, riesig
7 wuchtig
8 imposant, kolossal, maechtig
9 kraftvoll, machtvoll, titanisch
10 gigantisch, monumental
gewaltiger Jäger
6 Nimrod
Gewaltlosigkeit
10 Pazifismus
Gewaltregime
8 Diktator
gewaltsam
10 tyrannisch
gewaltsam geöffnete Liste
7 Bresche
gewaltsam(e, er, es) ...
· **Aneignung**
4 Raub
8 Annexion
· **Bezwinger**
8 Eroberer
· **Entwendung**
4 Raub
· **Maßregel**
9 Drakonade
· **Wegnahme**
4 Raub
gewalttätig
3 roh
6 brutal, rabiat
7 radikal
13 handgreiflich
gewalttätiger ...
· **Mensch**
7 Rabauke
9 Terrorist
Gewaltverbrechen
4 Mord, Raub
8 Attentat, Bankraub, Raubmord
9 Blutrache, Noetigung, Piraterie, Rebellion, Totschlag, Ueberfall
10 Kindesraub, Raufhandel
11 Entfuehrung, Meuchelmord, Pluenderung
12 Menschenraub
13 Brandstiftung
Gewaltverbrecher
5 Pirat
7 Moerder, Raeuber
10 Seeraeuber
11 Bankraeuber, Raubmoerder
gewalztes ...
· **Metall**
5 Blech
8 Stanniol
10 Weissblech
Gewand
4 Robe
5 Anzug, Dress, Kleid, Kluft
6 Montur, Schale, Tracht
7 Kostuem, Uniform
8 Kleidung
Gewand ...
· *eines* **Klosterbewohners**
12 Moenchskutte
· *aus* **weichem Gewebe**
9 Samtkleid
Gewand der ...
· **alten Griechen**
6 Chiton, Peplos
7 Chlamys
8 Himation
· **alten Römer**
4 Toga
5 Palla, Stola
6 Tunica, Tunika
· **Araber**
3 Aba
6 Burnus
· **Artisten**
6 Trikot
· **Beduinen**
6 Burnus
· **Diener**
6 Livree
· **Fußballer**
5 Dress
6 Trikot
13 Spielkleidung
· **Inderinnen**
4 Sari
· **Indios**
6 Poncho
· **Indonesierinnen**
6 Sarong
· **Japanerinnen**
6 Kimono
· **Juden**
6 Kaftan
· **katholischen Priester**
4 Albe
· **Naturvölker**
6 Schurz
12 Lendenschurz
· **Schotten**
4 Kilt
Gewandspange
5 Fibel
6 Fibula
7 Agraffe, Brosche
9 Schliesse
gewandt
3 fix
4 agil
5 alert, flink
6 behend, clever, munter, wendig
7 behaend, behende
8 behaende, gelenkig
9 beweglich, geschickt
Gewandtheit
3 Pli

7 Schliff
9 Agilitaet
16 Geschicklichkeit

Gewässer
3 Bai, Bay, See
4 Ache, Bach, Golf, Haff, Meer
5 Bucht, Busen, Delta, Fjord, Fleet, Fluss, Kanal, Ozean, Priel, Strom, Teich
6 Becken, Bodden, Foerde, Gracht, Lagune, Quelle, Weiher
7 Bergsee, Rinnsal, Stausee, Tuempel
8 Flussarm, Muendung, Weltmeer, Wildbach
9 Baggersee, Binnensee, Talsperre
10 Binnenmeer, Gebirgssee, Wattenmeer

Gewässer ... (▶ auch See ...)
· *im* **Bayerischen Wald**
9 Rachelsee
· *im* **finnischen Lappland**
8 Inarisee
· *bei* **Garmisch**
10 Riessersee
· *in* **Hamburg**
12 Aussenalster
· *in* **Kärnten**
9 Faaker See
10 Weissensee
11 Woerther See
12 Ossiacher See
15 Millstaetter See
· *in* **Kasachstan**
7 Aralsee
· *in* **Masuren**
8 Mauersee
· *in* **Mittelasien**
7 Aralsee
· *in* **Nordamerika**
7 Eriesee
· *in* **Norditalien**
7 Idrosee
· *in* **Nordwestrussland**
8 Onegasee
· *in* **Oberbayern**
9 Tegernsee
· *in* **Oberitalien**
8 Gardasee
· *in* **Pinzgau**
9 Zeller See
· *in* **Sibirien**
9 Baikalsee
· *in* **Tirol**
8 Achensee
· *in* **Ungarn**
10 Plattensee
· *in* **Vorarlberg**
8 Bodensee
· *an der* **Zugspitze**
6 Eibsee

Gewässerbeschreibung
11 Hydrografie
12 Hydrographie

Gewässerkunde
10 Hydrologie

Gewässerrand
3 Kai
4 Damm, Fels, Mole, Pier, Quai, Ufer, Wehr
5 Mauer
6 Felsen, Kueste, Strand
7 Gestade
9 Boeschung, Steilufer
11 Steilkueste

Gewässersediment
7 Schlamm

Gewässerverschmutzung
7 Oelpest

Gewebe
4 Netz, Zeug
5 Stoff
7 Gefuege
8 Gespinst

Gewebe ...
· *mit* **eingepresster Musterung**
6 Frappe
· *aus* **Flachs**
6 Leinen
· *mit* **Holz- oder Wellenmaserung**
5 Moire
· *aus* **Kunstfaser**
9 Synthetik
· *aus* **Metall**
4 Rost, Sieb
6 Filter, Gitter
· *mit* **Metallfäden**
4 Lame
5 Lamee
· *mit* **Schattierung**
5 Ombra
· *mit* **weicher Flordecke**
4 Samt

Gewebeart
4 Cord, Filz, Flor, Gaze, Jute, Kord, Lama, Lamé, Mako, Mull, Netz, Opal, Raye, Rips, Samt, Taft, Tuch
5 Atlas, Crepe, Drape, Drell, Flaus, Foule, Fries, Glace, Khaki, Koton, Krepp, Lamee, Linon, Loden, Moiré, Mungo, Natte, Nylon, Ombre, Orlon, Pikee, Rasch, Satin, Seide, Serge, Tuell, Tweed, Twill, Voile, Wolle, Zefir
6 Asbest, Batist, Boucle, Brokat, Chintz, Cotton, Damast, Dralon, Etamin, Felbel, Frotte, Gingan, Jersey, Kaliko, Kattun, Koeper, Kreton, Lampas, Lastex, Leinen, Linnen, Madras, Mohair, Molton, Nessel, Pepita, Perkal, Perlon, Ratine, Rupfen, Sammet, Struck, Textur, Tricot, Trikot, Velvet
7 Bobinet, Cheviot, Chiffon, Dueffel, Elastik, Etamine, Filuere, Flanell, Flausch, Foulard, Frottee, Gingham, Kalmuck, Kambrik, Kanevas, Krimmer, Lasting, Lavabel, Luester, Marengo, Mollino, Mouline, Nanking, Organdy, Organza, Orleans, Ottoman, Pluesch, Popelin, Schappe, Stramin, Swanboy, Trevira, Velours, Vigogne, Welline, Zanella
8 Barchent, Bourette, Buckskin, Cordsamt, Cretonne, Drillich, Duchesse, Duvetine, Homespun, Jacquart, Kamelott, Kammgarn, Kaschmir, Kretonne, Leinwand, Mockette, Moleskin, Musselin, Organsin, Popeline, Renforce, Rohseide, Schotten, Tartalan, Velveton, Zwillich

G

9 Baumwolle, Bourrette, Changeant, Charmeuse, Covercoat, Gabardine, Georgette, Glencheck, Gregseide, Halbseide, Kamelhaar, Krepeline, Levantine, Madapolam, Marocaine, Schirting, Textilien, Trikoline, Vigoureux, Wachstuch, Zibelline
10 Beiderwand, Crepe Satin, Ekrueseide, Kreppsatin, Kunstseide, Manchester, Mousseline, Rippensamt, Waschseide, Zindeltaft
11 Marquisette, Napolitaine, Streichgarn
12 Crepe de Chine
13 Kraeuselkrepp
14 Crepe Georgette
15 Kraeuselpluesch

G

Gewebeauswahl
15 Stoffkollektion
Gewebebänder
8 Streifen
Gewebebindung
6 Koeper, Leinen
8 Jacquard
Gewebefalte
10 Stoffbruch
Gewebeflüssigkeit
6 Lymphe
Gewebeimprägnierung
8 Appretur
Gewebekante
4 Egge
7 Salband
9 Salleiste
Gewebeknoten
5 Noppe
Gewebelehre
10 Histologie
Gewebemodell
11 Stoffmuster
Gewebeschlinge
6 Masche
Gewebeschwund
8 Atrophie
Gewebestreifen
4 Band
5 Borte, Litze
Gewebeteil
5 Faden, Faser, Kante, Noppe
6 Knoten
8 Schleife, Schlinge
Gewebeveredelung
8 Appretur
Gewebeverpflanzung
15 Transplantation
Gewebewassersucht
5 Oedem
Gewebsentfernung
9 Resektion
gewebtes Kleidungsstück
6 Textil
Gewehr in der Soldatensprache
6 Knarre
Gewehrsalve
5 Garbe
Geweih
7 Gehoern, Gewicht, Krickel, Stangen
9 Schaufeln
Geweih des Rehwilds
7 Gehoern
Geweihansatz
4 Rose
geweiht
6 sakral
Geweihteil
4 Ende
5 Gabel
6 Spiess, Stange
gewellte oder geringelte Strähne
9 Haarlocke
gewelltes ...
· **Haar**
6 Locken
9 Kraushaar, Krauskopf
10 Lockenhaar, Lockenkopf
Gewerbe
3 Job
5 Beruf
6 Arbeit, Metier
7 Branche
8 Handwerk
Gewerbebefugnis
6 Lizenz
Gewerbebetrieb
6 Fabrik
9 Bauernhof, Industrie
16 Handwerksbetrieb
Gewerbetreibender
8 Haendler, Kaufmann
10 Handwerker
11 Unternehmer
Gewerbeverband
6 Innung
Gewerbezweig
8 Handwerk
gewerblich Tätiger
10 Handwerker
gewerbsmäßiger Warenverkauf
6 Handel
Gewerk
5 Zunft
6 Innung
Gewese ► Getue
Gewicht
4 Last
5 Druck, Kraft, Wucht
6 Buerde, Ladung
7 Ballast, Gehoern, Schwere
9 Bedeutung
Gewicht ...
· *des* **Konserveninhalts**
8 Einwaage
· **vermindern**
8 abnehmen
· *des* **Verpackungsmaterials**
4 Tara
Gewichtheben
7 Reissen, Stossen
8 Druecken
Gewichthebeübung
7 Stossen
gewichtig
6 schwer
9 bedeutsam
Gewichtigkeit
7 Schwere
Gewichtseinheit (► auch Einheitenzeichen für ...)
3 Ton
4 Gran, Kilo, Unze
5 Graen, Gramm, Karat, Pfund, Pound, Tonne
6 Barrel, Talent
7 Zentner
9 Dekagramm, Dezigramm, Kilogramm
10 Milligramm, Zentigramm
13 Doppelzentner
Gewichtsklasse (Boxen)
6 Bantam
12 Federgewicht
13 Bantamgewicht, Leichtgewicht, Mittelgewicht,

Schwergewicht, Weltergewicht
14 Fliegengewicht
17 Halbschwergewicht
gewichtslos
11 federleicht
Gewichtsmesser
5 Waage
Gewichtsminderung
7 Abnahme
Gewichtsreduktionsmaßnahme
3 FdH
8 Slimming
13 Reduktionskur
14 Abmagerungskur
Gewichtsverlust
10 Abmagerung
gewieft
5 smart
6 clever, schlau
8 gerissen
10 raffiniert
12 durchtrieben
Gewinde
7 Spirale
Gewindebolzen
8 Schraube
Gewinn
4 Mehr
5 Ernte
6 Erloes, Ertrag, Nutzen, Profit
8 Ausbeute
10 Reinerloes
11 Ueberschuss
Gewinn ...
· **bringend**
7 lohnend
8 rentabel
12 eintraeglich
· *eines* **Kampfes**
4 Sieg
· *im* **Wettbewerb**
4 Sieg
Gewinnanteil
5 Bonus
7 Praemie
8 Ausbeute, Tantieme
9 Dividende
Gewinnanteilschein
3 Los
6 Coupon
Gewinne
7 Erloese
Gewinner
6 Erster, Sieger
7 Meister
12 Preistraeger
Gewinner beim Boxen
11 Punktsieger
Gewinnmöglichkeit
15 Verdienstspanne
Gewinnsituation
11 Ertragslage
Gewinnsucht
7 Ehrgeiz, Habgier
9 Pleonexie
10 Profitgier
Gewinn-und-Verlust-Rechnung
5 Saldo
Gewinnung
5 Abbau, Ernte
6 Ertrag, Frucht
8 Ausbeute
Gewinnung von Bodenschätzen
5 Abbau
gewirkter ...
· **Stoff**
6 Trikot
· **Unterwäschestoff**
8 Feinripp
Gewirr
5 Chaos
8 Wirrwarr
9 Unordnung
10 Tohuwabohu
13 Durcheinander
gewiss
6 sicher
7 positiv
8 bestimmt, freilich
10 garantiert
Gewissen
13 Verantwortung
18 Pflichtbewusstsein
gewissenhaft
5 exakt, genau
7 akkurat, penibel, sorgsam
9 minutioes, minuzioes, pfleglich
10 ordentlich, skrupuloes
11 sorgfaeltig
12 zuverlaessig
14 pflichtbewusst
gewissenlos
5 infam
7 perfide
10 skrupellos
16 pflichtvergessen
Gewissensbiss
4 Reue
5 Scham
7 Skrupel
13 Schuldgefuehl
gewissermaßen
5 quasi
9 gleichsam, sozusagen
Gewissheit
6 Wissen
8 Garantie
10 Sicherheit
12 Bestimmtheit, Ueberzeugung
Gewitter
8 Unwetter
Gewitterdonner
7 Grollen
Gewittererscheinung
3 Boe
5 Blitz, Hagel, Regen, Sturm
6 Donner
7 Graupel, Schauer
Gewittergrollen
6 Donner
Gewitterschutz
13 Blitzableiter
gewittrig
7 schwuel
gewitzt
6 clever, findig, schlau
7 pfiffig
8 versiert
Gewogenheit
5 Gunst
9 Sympathie, Zuneigung
10 Wohlwollen
Gewohnheit
3 Art, Uso
4 Usus
5 Sitte
6 Brauch, Manier, Uebung
7 Routine
9 Tradition
13 Handelsbrauch
Gewohnheitstrinker
11 Alkoholiker
gewöhnlich
6 billig, gemein, normal
7 einfach, ueblich, vulgaer
8 ordinaer, primitiv
9 unflaetig

gewöhnlicher Wochentag
6 Alltag
Gewöhnung
5 Sucht
6 Laster
7 Routine
9 Anpassung
12 Angewohnheit
Gewöhnung an veränderte Witterung
15 Akklimatisation
Gewölbe
5 Bogen
6 Keller, Kuppel
7 Rotunde
8 Runddach, Woelbung
10 Bogendecke, Mauerbogen
Gewölbebogen
6 Arkade
gewollte Handlung
3 Tat
gewonnener Stoff
5 Edukt
Gewühl
5 Chaos
6 Trubel
8 Gewimmel
9 Gedraenge, Getuemmel
gewürfeltes Muster
4 Karo
Gewürz
4 Anis, Dill, Dost, Malz, Salz, Senf, Ysop, Zimt
5 Asant, Chili, Curry, Essig, Kaper, Lauch, Macis, Minze, Nelke, Raute, Sesam, Sesel
6 Ingwer, Kaneel, Kassia, Kassie, Kerbel, Kresse, Kubebe, Meiran, Muskat, Piment, Porree, Safran, Salbei, Wermut
7 Beifuss, Catchup, Cayenne, Fenchel, Ketchup, Kuemmel, Kurkuma, Lorbeer, Majoran, Melisse, Oregano, Paprika, Pfeffer, Quendel, Sukkade, Thymian, Vanille, Zwiebel
8 Boretsch, Estragon, Kapsikum, Kardamom, Ketschup, Lavendel, Mostrich, Rosenoel, Rosmarin, Sellerie, Zichorie, Zitronat
9 Basilikum, Borretsch, Engelwurz, Knoblauch, Koriander, Sternanis, Tripmadam, Wacholder, Weinblatt
10 Muskatnuss, Petersilie
11 Bohnenkraut, Gurkenkraut, Krauseminze, Meerrettich, Pfefferminz, Waldmeister
12 Gewuerznelke, Liebstoeckel, Lorbeerblatt, Muskatbluete, Pfefferkraut, Schnittlauch
14 Cayennepfeffer
Gewürz ...
· *aus* **bestimmten Gemüseschoten**
12 Rosenpaprika
· *aus* **einem Myrtengewächs**
13 Nelkenpfeffer
· *für* **Glühwein**
4 Zimt
· *aus* **Südamerika**
5 Chili
· *für* **Süßspeisen**
7 Vanille
Gewürzbeet
14 Kraeutergarten
Gewürzbehälter
11 Salzstreuer
Gewürzblatt
7 Lorbeer
Gewürzgebäck
11 Spekulatius
Gewürzinseln
8 Molukken
Gewürzknospe
5 Kaper, Nelke
Gewürzkonzentrat
11 Essigessenz
Gewürzkörner
6 Piment
Gewürzkraut
15 Zitronenmelisse
Gewürzkugel
10 Muskatnuss
Gewürzlikör
8 Anisette
gewürzlos
4 fade
Gewürzmenge
5 Prise
Gewürzmischung
5 Curry
Gewürzmischung aus der Chilischote
12 Tabascososse
Gewürznuss
6 Muskat
Gewürzpflanze
4 Dill, Dost
7 Beifuss, Majoran, Oregano
8 Origanum, Rosmarin
9 Basilikum, Knoblauch
11 Kerbelkraut
12 Gartenkerbel
16 Gartenpetersilie
Gewürzständer
6 Menage
gewürzt
6 pikant
gewürzt(e, er, es) ...
· **Aufguss**
8 Marinade
· **Backwerk**
8 Anisbrot
· **geschmortes Eintopfgericht**
17 Rindfleischragout
· **Milchprodukt**
14 Kraeuterbutter
· **Mischgericht aus Fleisch**
17 Rindfleischragout
· **Schweine- und Rinderhack**
4 Mett
· **Soße**
9 Remoulade
· **Tomatensaft**
8 Sangrita
Gewürzwaren
10 Spezereien
Gewürzwein
5 Bowle
6 Punsch
9 Gluehwein
gewusst wie
7 Know-how
Geysir
6 Quelle
12 Springquelle
gezahntes ...
· **Schneidewerkzeug**
5 Saege
9 Lochsaege
11 Saegemesser

Gezeiten
4 Ebbe, Flut, Tide
5 Tiden
Gezeitendifferenz
8 Tidenhub
Gezeter
8 Geschrei
gezielte Beeinflussung
12 Manipulation
geziert
6 unecht
9 etepetete
10 affektiert, manieriert, zimperlich
11 gekuenstelt
gezierte Haltung
4 Pose
geziertes ...
· **Benehmen**
5 Getue, Schau
6 Gehabe
10 Stutzertum
14 Affektiertheit
gezogen(e, er, es) ...
· **Metall**
5 Draht
· **Strich**
5 Linie
· **Wechsel**
6 Tratte
7 Rimesse
gezuckert
5 suess
8 gesuesst, kandiert
gezuckerte Mandeln
7 Krokant
Gibbonaffe
3 Lar
5 Unklo
6 Hulock
7 Siamang
Gicht
9 Arthritis
10 Zipperlein
Gichtkraut
15 Schluesselblume
Gichtrose
7 Paeonie
11 Pfingstrose
Giebelfeld ...
· **antiker Tempel**
5 Aetos
8 Tympanon, Tympanum
Giebelwand
5 Gehre

Gier
4 Lust
5 Drang, Sucht, Trieb
6 Hunger
7 Geluest, Habgier
8 Begehren, Begierde, Habsucht
9 Raffsucht, Verlangen
12 Besessenheit, Leidenschaft
gierig
11 habsuechtig
gießen, befeuchten
10 bewaessern
Gießerei
8 Formerei
Gießereifacharbeiter
6 Former
Gießgefäß
5 Kanne
Gift
5 Toxin
7 Toxikum
Gift ...
· *in der* **Brechnuss**
9 Strychnin
· *des* **Eisenhutes**
8 Aconitin, Akonitin
· *der* **Fieberrinde**
6 Chinin
· *der* **Herbstzeitlose**
9 Colchicin, Kolchizin
· *im* **Kokastrauch**
6 Cocain, Kokain
· *im* **Mohn**
5 Opium
· *im* **Tabak**
7 Nikotin
· *in der* **Tollkirsche**
7 Atropin
Giftgas
4 Cyan, Lost, Zyan
5 Chlor
7 Senfgas
9 Gelbkreuz
10 Blausaeure, Kohlenoxid
13 Kohlenmonoxid
giftig
8 virulent
giftig(e, er, es) ...
· **Ausdünstung**
6 Miasma
· **Desinfektionsmittel**
6 Kresol

· **exotisches Reptil**
15 Brillenschlange, Klapperschlange
· **Halbmetall**
5 Arsen
· **Liliengewächs**
8 Einbeere
· **Salz**
8 Zyankali
· **Schwermetall**
4 Blei
· **Spinne**
8 Tarantel
11 Kreuzspinne
· **Staude**
8 Einbeere
· **Waldstaude**
4 Aron
· **Zierstrauch**
9 Goldregen
10 Seidelbast
Giftpflanze
4 Aron, Mohn
5 Bilse, Tabak
8 Aronstab, Einbeere, Eisenhut, Giftheil, Hohlzahn, Kornrade, Magsamen, Nieswurz, Ranunkel, Sadebaum, Sturmhut, Tollkorn, Zehrwurz
9 Alpenmohn, Aronsstab, Blutkraut, Brechnuss, Digitalis, Dornapfel, Dullkraut, Feigbohne, Fingerhut, Giftbeere, Giftwende, Goldregen, Spaltpilz, Tollbeere, Tollkraut, Wollblume
10 Belladonna, Christwurz, Feuerblume, Hahnenfuss, Kellerhals, Schierling, Schlafmohn, Seidelbast, Stechapfel, Tollgerste, Trollblume, Wolfsbeere, Wolfsmilch
11 Bilsenkraut, Bingelkraut, Bittersuess, Klatschmohn, Mottenkraut, Schlafbeere, Stachelnuss, Taumellolch, Teufelsauge, Teufelswurz, Tollkirsche, Wanzenkraut, Wiesenlolch, Wiesenraute
12 Koenigskerze, Moenchs-

kappe, Purgierkraut, Schoellkraut, Teufelsbeere
Giftpilz
7 Lorchel
8 Erdstern, Risspilz
9 Faelbling, Gichtpilz
10 Satanspilz, Schirmling, Speiteufel
11 Fliegenpilz, Giftreizker, Pantherpilz
12 Gichtmorchel, Giftegerling, Stinkmorchel
13 Birkenreizker
19 Knollenblaetterpilz
Giftschlange
3 Ara
4 Naja
5 Aspis, Kobra, Mamba, Otter, Viper
8 Lachesis, Surukuku
9 Hornviper, Puffotter, Sandviper
10 Aspisviper, Kreuzotter
11 Grubenotter
12 Buschmeister
15 Brillenschlange, Klapperschlange
Giftspinne ...
· *der* **Mittelmeerländer**
8 Tarantel
11 Malmignatte
Giftstoff
4 Blei
5 Arsen
6 Cocain, Codein, Curare, Cyanid, Kodein, Kokain, Kurare, Zyanid
7 Arsenik
8 Thallium, Zyankali
9 Strychnin
10 Blausaeure
Giftwarnungszeichen
9 Totenkopf
Gigant
4 Held
5 Huene, Riese
6 Koloss
gigantische ...
· **Götter der griechischen Sage**
7 Titanen
· **Märchenwesen**
6 Riesen
gigantisches Märchenwesen
5 Riese
Gigolo
8 Betreuer
10 Eintaenzer
Gilde
5 Zunft
6 Innung
Gimpel
3 Tor
5 Tropf
8 Dompfaff, Dummkopf
14 Einfaltspinsel
Ginsterkatze
7 Genette
10 Zibetkatze
Gipfel
3 Pik, Piz
4 Peak, Pico, Ziel
5 Krise, Kuppe, Zenit
6 Spitze, Wipfel
8 Scheitel
10 Hoehepunkt
Gipfel ...
· *der* **Berner Alpen**
8 Wildhorn
· *der* **Hohen Tauern**
15 Dreiherrnspitze
· *im* **Kanton Wallis**
11 Aletschhorn
· *des* **Kilimandscharo**
4 Kibo
· *im* **Pinzgau**
14 Schwarzes Hendl
Gipfelgruppe der Alpen
10 Drei Zinnen
Gipfelstürmer
11 Bergsteiger
Gipsarbeit
5 Stuck
Gipsart
9 Alabaster
Gipser
10 Stuckateur, Stukkateur
Gipsornamentik
5 Stuck
giraffenartiges Tier
5 Okapi
Giraffengazelle
7 Gerenuk
Gischt
6 Schaum
8 Brandung
12 Spruehwasser, Wellenschaum
Gitarrenart
5 Banjo
7 Klampfe
9 Balalaika
Gitter
4 Netz, Rost
6 Raster
Gittergewebe
4 Gaze
5 Tuell
6 Etamin
7 Kanevas, Stramin
Gitterleinen
7 Kanevas, Stramin
Gitterschlange
6 Python
Gitterstab
6 Tralje
Gittersystem bei Abbildungen
6 Raster
Glace
3 Eis
Glacé
9 Lammleder
11 Zickelleder
Gladiole
8 Siegwurz
12 Schwertlilie
Glanz
3 Erz
4 Pomp, Ruhm
6 Glorie, Pracht, Reflex, Schein
7 Flitter
8 Brillanz, Schimmer
10 Schoenheit, Spiegelung
11 Widerschein
glänzend
5 blank
8 brillant
9 fulminant
glänzend poliert
5 blank
glänzend(e, er, es) ...
· **Gewebe**
4 Taft
5 Glacé, Seide
6 Glacee
· **Kohle**
9 Anthrazit
· **Laufbahn**
8 Karriere
· **Metall**
4 Gold

5 Chrom
6 Platin, Silber
· **Steinkohle**
9 Anthrazit
· **Stoff**
4 Silk, Taft
5 Atlas, Lurex, Rayon, Reyon, Satin, Seide
6 Damast
7 Luester
· **Tortenüberzug**
10 Fettglasur
· **Überzug**
4 Lack
5 Lasur
6 Glasur

Glanzkattun
6 Chintz

glanzlos
4 matt

Glanznummer
4 Clou
10 Attraktion

Glanzpunkt
4 Clou
9 Sensation, Zugnummer
10 Attraktion, Hoehepunkt

Glanzschicht ...
· *bei* **Muscheln**
8 Perlmutt
10 Perlmutter

Glanzüberzug
4 Lack
5 Email, Lasur
6 Glasur
7 Emaille

glanzvolle Show
5 Revue

glanzvolles Ballfest
7 Bal paré

Glarner Spezialität
12 Zigerkrapfen

Glas
6 Becher
9 Werkstoff
12 Trinkgefaess

Glas des Fensters
7 Scheibe

glasartig(e, er, es) ...
· **Schmelzmasse**
6 Fritte
· **Überzug**
6 Glasur
7 Emaille

Glasbarsch
5 Snook
6 Chanda

Glasbehälter für ...
· **Arzneien**
7 Ampulle
· **Fische**
8 Aquarium
· **Getränke**
7 Flasche
13 Einwegflasche
· **Kleintiere**
9 Terrarium

Glasbruchstücke
7 Scherbe

gläserner Schauschrank
7 Vitrine

Glasflasche
6 Ballon, Flakon, Phiole
7 Karaffe

Glasflasche mit Stöpsel
7 Karaffe

glasglänzender Edelstein
12 Koenigstopas

glasglänzendes ...
· **Mineral**
6 Berryl, Orthit, Pennin

Glasglocke
5 Sturz

Glashaus
9 Treibhaus

glasierte ...
· **Tonware**
6 Kachel
7 Fayence
8 Majolika

glasklarer Kunststoff
9 Plexiglas

Glaskolben
7 Retorte

Glaslichtbild
3 Dia

Glasopal
6 Hyalit

Glasplatte ...
· *mit* **Liniennetz**
6 Gitter, Raster

Glasröhrchen
7 Ampulle, Pipette
8 Buerette
11 Reagenzglas

Glasröhrchen mit Injektionslösung
7 Ampulle

Glasschmelze
5 Email
7 Emaille

Glasschneider
7 Diamant
8 Stahlrad

Glasschrank
7 Vitrine

Glasstableuchte
10 Neonroehre

Glasur
4 Guss
7 Schmelz
8 Ueberzug
10 Zuckerguss

glatt
4 eben, plan
5 blank, flach
8 muehelos, rutschig
9 glitschig
11 reibungslos, schluepfrig

Glätte
7 Politur

glatter Stock
4 Stab

Glattrochen
6 Fleten

glattschaliger Pfirsisch
9 Nektarine

Glättwerkzeug
5 Feile, Hobel
6 Raspel
8 Kalander
10 Sandpapier

Glatze
6 Platte
8 Kahlkopf

Glaube
10 Bekenntnis, Konfession, Zuversicht
12 Ueberzeugung

Glaube ...
· *an* **einen einzigen Gott**
12 Monotheismus
· *an* **Gott**
8 Religion
· *im* **Islam**
4 Iman
· *an* **viele Götter**
12 Polytheismus

glauben
8 annehmen, vermuten
9 mutmassen

Glaubensabtrünniger
6 Ketzer

7 Renegat
9 Dissident
10 Haeretiker
Glaubensanhänger
6 Christ
Glaubensbekenntnis
5 Credo
10 Bekenntnis
Glaubensbewegung
11 Reformation
Glaubenseifer
10 Fanatismus
Glaubenseiferer
5 Zelot
9 Fanatiker
Glaubensgemeinschaft
5 Sekte
6 Kirche
10 Bekenntnis, Konfession
12 Christenheit
Glaubensgruppe
► Glaubensgemeinschaft
Glaubensheld
9 Maertyrer
Glaubenslehre
8 Dogmatik
Glaubenslehrer im Islam
4 Imam
Glaubensloser
7 Atheist
Glaubenssatz
5 Dogma
Glaubenswechsel
10 Konversion
Glaubersalz
13 Natriumsulfat
gläubig
5 fromm
9 religioes
Gläubiger
8 Kreditor
gläubiger Moslem
5 Hafis
glaubwürdig
7 serioes
11 authentisch
Glaubwürdigkeit
6 Kredit
Glazialzeit
7 Eiszeit
8 Diluvium
gleich
3 nun
4 egal, pari
5 jetzt
6 analog, direkt, ebenso, sofort
7 homogen, homolog, synonym
8 momentan, umgehend
9 identisch, kongruent
11 einheitlich
12 bevorstehend
gleich ...
· **bleibend**
4 stet
6 stetig
7 dauernd
8 konstant, staendig
9 andauernd, anhaltend, dauerhaft
10 bestaendig
12 fortwaehrend, unveraendert
· **gestimmt**
11 sympathisch
· **laufend**
8 synchron
· **laufende Linie**
9 Parallele
· **lautend**
7 homonym
Gleichaltriger
11 Jahrgaenger
gleichartig
4 egal
Gleichartigkeit
12 Homogenitaet
gleichbedeutend
7 homonym, synonym
gleichberechtigt
11 emanzipiert
12 paritaetisch
gleicher Meinung
5 einig
gleichermaßen
2 so
4 auch, dito, item
6 ebenso, ferner
9 ebenfalls
gleichförmig
7 monoton, uniform
15 abwechslungslos
Gleichförmigkeit
8 Einerlei
9 Monotonie
gleichgerichtet
8 parallel
gleichgestaltig
8 isomorph
Gleichgewicht
4 Ruhe
7 Balance
8 Harmonie, Ruhelage
14 Ausgewogenheit
Gleichgewichtslehre
6 Statik
gleichgültig
4 egal
7 achtlos
8 einerlei
9 apathisch
11 indifferent
15 desinteressiert
Gleichheit
9 Egalitaet, Kongruenz
10 Identitaet
Gleichklang im Vers
4 Reim
gleichlaufend
8 parallel
gleichmachen
11 nivellieren
Gleichmaß
4 Takt
8 Harmonie, Rhythmus
9 Symmetrie
10 Proportion
gleichmäßig ...
· **flach**
4 eben
· **hoch**
4 eben
Gleichmäßigkeit
9 Monotonie
12 Uniformitaet
gleichmütig
5 ruhig
7 stoisch
8 gelassen
gleichmütiger Mensch
7 Stoiker
Gleichnis
4 Bild
6 Symbol
8 Sinnbild
9 Allegorie
gleichnishafte Redewendung
8 Metapher
Gleichrichterröhre
5 Diode
6 Triode
gleichsam
3 wie

5 quasi
9 sozusagen
14 gewissermassen
gleichseitiges ...
· **Parallelogramm**
5 Raute
7 Quadrat, Rhombus
gleichsinnig
6 analog
7 homolog
Gleichstellung
8 Paritaet
12 Emanzipation
Gleichwert
4 Pari
Gleichwertigkeit
8 Paritaet
11 Aequivalenz
14 Kongenialitaet
15 Ebenbuertigkeit
gleichzahlig
6 isomer
gleichzeitig
8 simultan, synchron
Gleis
4 Spur
6 Strang
7 Schiene
9 Bahnsteig
Gleisabschnitt
5 Block
7 Strecke
Gleisanlage
4 Damm
6 Signal, Weiche
7 Bettung, Oberbau, Schiene
8 Bahndamm, Kreuzung, Schotter, Schranke, Schwelle, Unterbau
9 Ladegleis, Prellbock, Stellwerk, Vorsignal, Warnkreuz
10 Abzweigung, Gleiswaage, Handweiche, Prellblock, Signalmast
11 Ablauframpe, Bahnkoerper, Blocksignal, Drehscheibe, Gleisbremse, Hauptsignal, Oberleitung
12 Abstellgleis, Hauptstrecke, Nebenstrecke, Rangiergleis
13 Gleiskreuzung, Rangierhuegel, Stromfuehrung, Ueberfuehrung, Unterfuehrung
Gleisbautrupp
5 Rotte
Gleiskette
5 Raupe
Gleisner
8 Heuchler
14 Scheinheiliger
gleisnerisch
9 unredlich
gleißend
4 hell
5 grell
9 strahlend
Gleisstrecke
7 Schiene
Gleitbahn
7 Rutsche
Gleitbahngerüst
5 Riese
gleitend(e, er, es) ...
· **Abwärtsbewegung**
6 Rutsch
· **Bewegung**
8 Rutschen
· **Tonfolge**
8 Arpeggio
9 Glissando
Gleitmittel
5 Wachs
Gleitschiene
4 Kufe
Gleitschritt beim Tanzen
8 Glissade
Gleitschutz ...
· *an* **Reifen**
5 Rille, Spike
6 Profil, Spikes
11 Schneekette
Gletscher
4 Kees
6 Ferner
7 Eisfeld, Glacier
8 Eisstrom
Gletscherbach
10 Keeswasser
Gletscherbrocken
7 Eisberg
Gletschereinschnitt
4 Riss
5 Bruch
6 Spalte
7 Schrund
Gletscherfloh
13 Springschwanz
Gletschergeröll
7 Moraene
Gletscherschlucht
3 Kar
Gletscherschnee
4 Firn
Glibber
4 Seim
5 Gelee
7 Gallert, Pudding, Schleim
8 Gallerte, Schmiere
Glied
4 Teil
5 Linie, Organ, Penis
7 Segment
11 Extremitaet, Koerperteil
15 Geschlechtsteil
Glied ...
· *des* **Fußes**
3 Zeh
4 Zehe
· *der* **Hand**
6 Finger
· *einer* **mathematischen Formel**
4 Term
Gliederband
5 Kette
Gliederfüßer
6 Spinne
Gliedermessstab
9 Zollstock
Gliederpuppe
10 Hampelmann, Marionette
Gliederreißen
6 Rheuma
Gliedertier
5 Assel, Krebs, Milbe
6 Insekt, Spinne
8 Kerbtier
9 Bandassel, Krebstier, Rollassel
10 Mauerassel, Ringelwurm
11 Kellerassel, Krustentier, Ringelkrebs, Schnurassel, Wasserassel
15 Tausendfuessler
Gliederung
4 Plan
5 Kette, Linie
6 Aufbau, System
7 Gefuege, Ordnung

8 Struktur
9 Anordnung
10 Aufteilung
11 Disposition, Gruppierung
Gliederzittern
6 Tremor
Gliedmaße
11 Extremitaet
Gliedmaße ...
· *des* **Affen**
3 Arm
· *des* **Menschen**
3 Arm
Gliedmaßen
4 Arme
5 Beine
Gliedmaßenteil
8 Unterarm
Gliedstaat
4 Land
6 Kanton
7 Provinz
10 Bundesland
11 Bundesstaat
glimmen
7 gluehen
glimmendes Feuer
4 Glut
Glimmstängel
7 Zigarre
9 Zigarette, Zigarillo
glitschig
5 glatt
8 rutschig
Glitzerplättchen
9 Paillette
global
6 gesamt
8 weltweit
9 allgemein, umfassend
Globetrotter
13 Weltenbummler, Weltreisender
Globus
7 Erdball
8 Erdkugel
Glocke
7 Klingel, Schelle
Glocke in London
6 Big Ben
Glockenblumengewächs
7 Lobelie
glockenförmiges Trinkgefäß
5 Kelch
Glockenklang
7 Gelaeut
8 Gelaeute
Glockenklöppel
9 Schwengel
Glockenschläger
6 Rapier
Glockenschwengel
8 Kloeppel
Glockenturm
9 Campanile, Kampanile
Glockenturm des Londoner Parlamentsgebäudes
6 Big Ben
Glockenwalzenspiel
11 Leierkasten
glockig fallender Damenmantel
7 Swinger
Gloria
3 Lob
4 Ehre, Ruhm
5 Glanz
9 Lobgesang
Glosse
7 Artikel
9 Anmerkung, Kommentar
Glück
4 Heil
5 Dusel, Segen
6 Erfolg, Freude, Zufall
7 Bonheur, Fortune
8 Gedeihen, Geschick
9 Schicksal, Seligkeit
Glück ...
· **verheißend**
5 rosig
· **wünschen**
11 gratulieren
Glucke
4 Huhn
5 Henne
9 Bruthenne
Glücksbringer
7 Amulett, Schwein
8 Talisman
9 Kleeblatt
11 Maskottchen
16 Schornsteinfeger
Glückseligkeit
5 Wonne
6 Freude
10 Eudaemonie
11 Verzueckung
Glückseligkeitslehre
13 Eudaemonismus
Glücksfall
6 Chance
Glücksgöttin
5 Tyche
7 Fortuna
Glückskäfer
12 Marienkaefer
Glückspflanze
4 Klee
9 Kleeblatt
Glückspielstadt in Nevada
8 Las Vegas
Glücksspiel
4 Poch
5 Lotto, Makao, Poker
6 Mau Mau, Pokern
7 Knobeln, Roulett, Tombola
8 Bakkarat, Lotterie, Roulette, Wuerfeln
15 Siebzehnundvier
Glücksspieler
6 Zocker
9 Hasardeur
Glückssymbol
9 Kleeblatt
16 Schornsteinfeger
Glückstor
14 Zufallstreffer
Glückwunsch
11 Gratulation
Glückwünschender
9 Gratulant
Glückwunschkarte
7 Billett
Glucose
13 Traubenzucker
glühen
7 glimmen
glühend(e, er, es) ...
· **Erdkern**
5 Magma
· **Gasausbrüche der Sonnenoberfläche**
13 Protuberanzen
· **Masse**
4 Glut
· **Verehrer**
7 Anbeter
· **Vulkanausfluss**
4 Lava
Glühlampe
5 Birne

Glut
4 Lohe
5 Feuer, Hitze
7 Gefuehl, Passion
12 Begeisterung
Glutin
6 Kleber
8 Gelatine
Glykose ▶ Glucose
Gnade
4 Gabe, Huld
6 Ablass
8 Erbarmen, Nachlass
9 Nachsicht, Vergebung, Verzeihen
10 Verzeihung
Gnadenbrief
6 Brevet
gnadenlos
12 unbarmherzig
Gnadenmittel
9 Sakrament
Gnom
5 Geist, Troll, Wicht, Zwerg
6 Kobold
8 Erdgeist
Gnome
10 Denkspruch, Sinnspruch
Gnoseologie
15 Erkenntnislehre
Gnosis
8 Einsicht
10 Erkenntnis
14 Gotterkenntnis
Gnu
11 Kuhantilope
Goal ...
· *beim* **Fußball**
3 Tor
7 Treffer
9 Torschuss
Goalkeeper ...
· *beim* **Fußball**
7 Tormann, Torwart
9 Torhueter
11 Schlussmann, Torwaechter
Goalmann ▶ Goalkeeper
Goethes ...
· **Geliebte**
5 Brion
· **Mutter**
3 Aja
· **Sekretär**
9 Eckermann
Goethestadt
9 Frankfurt
Gold der Ostsee
9 Bernstein
Goldamsel
5 Pirol
Goldauflage
5 Dublé
6 Dublee
Goldblume
12 Chrysantheme
Goldbrasse
5 Orade
Goldbutt
7 Scholle
Golddukaten
5 Taler
Goldene Stadt
4 Prag
Goldfischart
15 Schleierschwanz
Goldfürst
5 Nabob
9 Foerderer
goldgelb
6 orange
goldgelb glänzende Leuchte
12 Messinglampe
Goldgräber
6 Digger
Goldgräberstück
5 Claim
Goldhase
5 Aguti
Goldklumpen
6 Nugget
Goldland
8 Eldorado
Goldmacher
5 Adept
9 Alchemist, Alchimist
Goldmacherkunst
8 Alchemie, Alchimie
Goldmakrele
6 Dorade
Goldminenanteil
5 Claim
Goldmittel
4 Etat
Goldmünze
4 Onza
5 Agnet, Altin, Altyn, Dobra, Eagle, Escud, Krone, Toman
6 Aureus, Condor, Doblon, Florin, Fonduk, Guinee, Gulden, Rijder
7 Dukaten, Duplone, Fiorino, Florino, Guelden, Hidalgo, Pistole, Solidus, Zechine
8 Caroldor, Dareikos, Florenus, Louisdor, Napoleon
9 Augustdor, Rosenobel, Sovereign
11 Napoleondor
12 Christiandor
13 Friedrichsdor
Goldparmäne
5 Apfel
7 Renette
Goldschmied
8 Juwelier
Goldverzierung auf Büchern
6 Filete
Goldwurz
6 Akelei
Golf
3 Bai, Bay
5 Bucht
9 Meerbusen
11 Meeresbucht
Golfabschlagplatz
3 Tee
Golfjunge
6 Caddie
Golfschlägerart
4 Iron, Wood
5 Spoon
6 Driver
Golfschlägerträger
6 Caddie
Golfspieler
6 Golfer
Golfziel
4 Hole, Loch
Goliath
5 Huene, Riese
Gondel
4 Boot, Kahn, Korb
6 Nachen, Schiff
8 Schaukel
10 Ballonkorb
Gondelführer
10 Gondoliere
Gondellied
9 Barcarole, Barkarole
Gondelstadt
7 Venedig

Gong
6 Tamtam
Gönner
6 Maezen
7 Sponsor
9 Foerderer, Protektor
10 Schirmherr
gönnerhaft
6 jovial
Göre
5 Range
8 Maedchen
Gorgo
6 Medusa, Meduse
Gorgone
6 Medusa, Stheno
7 Euryale
Gose
9 Weissbier
Gospel
9 Spiritual
Gosse
5 Rinne
9 Rinnstein
Gössel
4 Gans
9 Gaenschen
Gote
5 Patin
10 Taufzeugin
gotisch(e, er, es) ...
· **Bibelübersetzer**
7 Ulfilas, Wulfila
· **Schrift**
7 Fraktur
· **Türmchen**
5 Fiale
Gott
4 Herr
7 Demiurg
8 Herrgott
Gott ...
· *der* **Dichtkunst**
7 Apollon
· *des* **Donners**
4 Thor
5 Donar
· *der* **Ehe**
5 Hymen
· *des* **Feuers**
4 Agni, Loki
6 Vulkan
8 Hephaest, Vulcanus, Vulkanus
10 Hephaestos, Hephaistos
· *des* **Friedens**
5 Freyr, Janus
· *der* **Fruchtbarkeit**
5 Freyr
6 Hermes
7 Bacchus
8 Dionysos, Saturnus
· *der* **Germanen**
5 Donar
· *des* **Gewitters**
4 Thor
5 Donar
· *des* **Handels**
6 Hermes, Merkur
· *der* **Heilkraft**
8 Aesculap, Aeskulap
9 Asklepios
11 Aesculapius
· *des* **Islam**
5 Allah
· *der* **Juden**
5 Jahwe
6 Jehova
· *der* **Kanaanäer**
4 Baal
· *des* **Krieges**
3 Tyr, Ziu
4 Mars
· *des* **Lichtes**
5 Apoll
6 Apollo, Balder, Baldur
7 Apollon, Mithras
· *der* **Liebe**
4 Amor, Eros
6 Cupido
· *des* **Meeres**
6 Neptun
7 Okeanos
8 Poseidon
· *der* **Mohammedaner**
5 Allah
· *der* **Natur**
3 Pan
· *der* **Parsen**
9 Zoroaster
11 Zarathustra
· *der* **Sonne**
2 Ra, Re
3 Hor, Sol, Tum
6 Helios, Osiris
7 Serapis
· *des* **Todes**
4 Loki
8 Thanatos
· *der* **Unterwelt**
5 Hades, Orkus, Pluto
6 Anubis, Erebus, Pluton
7 Serapis
· *des* **Weines**
7 Bacchus
8 Dionysos
· *der* **Zeit**
5 Janus
6 Kronos
Gotte
5 Patin
10 Taufzeugin
Götterberg
5 Olymp
Götterbote
6 Hermes, Merkur
Götterbotin
3 Gna
Götterburg
7 Walhall
8 Walhalla
göttergleicher Held
5 Heros
Gotterkenntnis
6 Gnosis
Gotterlebnis
11 Offenbarung
Götterlehre
10 Mythologie
Göttersage
5 Mythe
6 Mythos, Mythus
Göttersitz der Asen
6 Asgard
Götterspeise
8 Ambrosia
Götterspruch
6 Orakel
Göttertrank
6 Nektar
Göttervater der nordischen Sage
4 Odin
Gottes heilige Schrift
5 Bibel
Gottesacker
8 Friedhof, Kirchhof
Gottesbote
5 Engel
8 Erzengel
Gottesdienst
4 Kult
5 Messe, Mette, Ritus

6 Kultus, Ritual
7 Andacht

gottesdienstlich
6 sakral

gottesdienstliche ...
· **Handlung**
5 Opfer, Segen
6 Gesang
7 Andacht, Beichte
8 Anbetung
9 Abendmahl, Fuerbitte, Kommunion
10 Absolution, Einseg-nung

gottesdienstlicher Gesang
7 Eleison

Gottesdienstordnung
6 Agende

gottesfürchtig
5 fromm

Gottesgabe
5 Gnade
9 Begnadung

Gottesgelehrtheit
9 Theologie

Gottesgunst
5 Segen

Gotteshaus
3 Dom
6 Kirche, Pagode, Tempel
7 Kapelle, Moschee
8 Basilika, Muenster, Synagoge
10 Kathedrale

Gotteshaus in München
16 Liebfrauenkirche

Gotteslästerung
6 Frevel
8 Sakrileg
10 Blasphemie, Entweihung

Gotteslehre
9 Theologie

Gottesleugner
7 Atheist

Gottessohn
5 Jesus
7 Heiland
8 Christus, Erloeser
13 Jesus Christus

Gottesurteil
5 Ordal

Gottgläubiger
6 Theist

Gottheit ...
· *der* **Germanen**
3 Ase
4 Wane

Gottheitslob-preisung
10 Aretalogie

Göttin ...
· *des* **Ackerbaus**
5 Ceres
7 Demeter
· *der* **alten Ägypter**
4 Isis
· *der* **Blumen**
5 Flora
· *der* **Eintracht**
8 Harmonia
9 Concordia
· *der* **Erde**
4 Gaea
· *der* **Familie**
4 Juno
· *der* **Gerechtigkeit**
4 Dike
7 Nemesis
8 Justitia
· *der* **Gesundheit**
7 Hygieia
· *des* **Glücks**
5 Tyche
7 Fortuna
· *des* **Herdes**
4 Frea
5 Frigg, Frija, Vesta
6 Hestia
· *der* **Jagd**
5 Diana
7 Artemis
· *der* **Klugheit**
5 Metis
6 Athena
· *der* **Kunst**
4 Muse
· *der* **Liebe**
5 Venus
9 Aphrodite
· *des* **Mondes**
4 Luna
6 Selene
· *der* **Morgenröte**
3 Eos
6 Aurora
· *der* **Nacht**
3 Nyx
6 Hekate
· *der* **Rache**
5 Furie
7 Erinnye, Megaere
· *des* **Rechts**
6 Themis
8 Justitia
· *des* **Schachs**
6 Caissa
· *der* **Schönheit**
5 Venus
6 Freyja
9 Aphrodite
· *des* **Sieges**
4 Nike
8 Victoria, Viktoria
· *der* **Sorgen**
4 Cura
· *des* **Todes**
3 Hel
· *des* **Unheils**
3 Ate
· *der* **Unsterblichkeit**
5 Iduna
· *der* **Unterwelt**
3 Hel
6 Hekate
10 Persephone, Proserpina
· *der* **Vergeltung**
7 Nemesis
· *der* **Weisheit**
6 Athena, Athene
7 Minerva
· *der* **Wissenschaft**
6 Athena, Athene
· *der* **Zeit**
4 Hore

Göttinger Dichterbund
8 Hainbund

göttlich(e, er, es) ...
· **Bacchusbegleiter**
3 Pan
· **Tugend**
6 Glaube
· **Walten**
9 Schicksal, Vorsehung

Gottlosigkeit
6 Asebie

gottselig
6 heilig

Gottvertrauen
6 Glaube

Götze
4 Idol
6 Abgott
7 Fetisch

G

G

Götze des Geldes
6 Mammon
Götzenbild
4 Idol
Götzendienst
9 Idolatrie
Gourmand
9 Vielfrass
Gourmet
9 Geniesser
13 Feinschmecker
Gouvernante
10 Erzieherin, Kinderfrau
Gouvernement
6 Bezirk
7 Provinz
8 Distrikt
Gouverneur
10 Kommandeur
11 Statthalter
12 Befehlshaber
Grab
5 Gruft
6 Krypta
8 Monument, Pyramide, Urnenmal
9 Mausoleum
Graben
4 Dole, Siel
5 Gosse, Rinne
8 ausheben
12 ausschachten
Gräberfeld ...
· *des* **Altertums**
9 Nekropole
10 Nekropolis
Grabgefäß
4 Urne
Grabgerät
6 Spaten
7 Schippe
8 Schaufel
Grabgewölbe
5 Gruft
Grabinschrift
7 Epitaph
Grabmal
5 Kreuz, Stein, Stele, Tumba
7 Epitaph, Marterl, Mastaba, Tumulus
8 Pyramide
9 Grabstein, Mausoleum
10 Grabplatte
Grabmale in Ägypten
9 Pyramiden
Grabmalstadt in Indien
4 Agra
Grabrede
7 Nachruf
Grabsäule
5 Stele
Grad
7 Einheit
9 Abstufung
10 Einstufung, Einteilung
12 Unterteilung
Grad ...
· *beim* **Judo**
3 Kyu
· *beim* **Judo Judo**
3 Dan
· *bei den* **Pfadfindern**
6 Venner
Gradeinheit ...
· *der* **Temperatur**
6 Kelvin
7 Celsius, Réaumur
10 Fahrenheit
Gradeinteilung
5 Skala
Gradierwerk
6 Saline
10 Rieselwerk
Gradleiste
5 Skala
Grafentitel ...
· *in* **England**
4 Earl, Lord
8 Viscount
· *in* **Frankreich**
5 Comte
7 Marquis
Grafik
6 Plakat
8 Diagramm
9 Schaubild
10 Kunstblatt
grafisch(e, er, es) ...
· **Beruf**
6 Aetzer, Faktor, Setzer
7 Anleger, Drucker, Graveur, Metteur
8 Kolorist, Typograf, Ziseleur
9 Korrektor, Lithograf, Typograph
10 Handsetzer, Lithograph
11 Buchdrucker, Lichtsetzer, Webdesigner
13 Kupferstecher
22 Kommunikationsdesigner
· **Betrieb**
7 Offizin
8 Binderei, Setzerei
9 Druckerei, Druckhaus
· **Darstellung**
6 Schema
· **Erzeugnis**
4 Buch, Heft
5 Druck, Repro
6 Grafik, Plakat, Poster
7 Affiche, Collage, Graphik, Journal, Katalog, Zeitung
8 Kalender, Prospekt
grafische Darstellung
▶ grafisch(e, er, es) ...
grafischer Beruf
▶ grafisch(e, er, es) ...
grafischer Betrieb
▶ grafisch(e, er, es) ...
grafisches Erzeugnis
▶ grafisch(e, er, es) ...
Grafologie
18 Handschriftenkunde
20 Handschriftendeutung
Grafschaft in der Republik Irland
4 Cork
Gralskönig
8 Amfortas
Gralsritter
7 Titurel
8 Lanzelot, Parzival
9 Lohengrin
Gram
4 Harm, Leid
5 Sorge
6 Kummer, Trauer
Grammatik
11 Sprachlehre
grammatikalischer ...
· **Begriff**
4 Fall, Satz, Verb
5 Aktiv, Dativ, Futur, Genus, Kasus, Modus, Silbe, Stamm, Vokal
6 Adverb, Objekt, Passiv, Plural, Syntax, Tempus, Umlaut
7 Ablativ, Artikel, Beugung, Einzahl, Genitiv, Mitlaut, Neutrum,

Numerus, Perfekt, Satzbau, Subjekt, Vokativ, Zukunft
8 Adjektiv, Attribut, Dingwort, Fuerwort, Gerundiv, Mehrzahl, Nennform, Numerale, Partizip, Praesens, Pronomen, Singular, Zahlwort, Zeitform, Zeitwort
9 Akkusativ, Diphthong, Femininum, Gegenwart, Hauptsatz, Imperativ, Imperfekt, Indikativ, Infinitiv, Konsonant, Leideform, Nebensatz, Nominativ, Praedikat
10 Apposition, Beifuegung, Geschlecht, Komparativ, Konjunktiv, Maskulinum, Selbstlaut, Steigerung, Substantiv, Superlativ
11 Deklination, Konjugation

Grammmolekül
3 Mol

Grandseigneur
4 Herr
8 Kavalier
9 Gentleman

Grapefruit
10 Pampelmuse

Graph
9 Schaubild
13 Flussdiagramm

Graphik ▶ Grafik

graphischer Beruf
▶ grafisch(e, er, es) ...

graphischer Betrieb
▶ grafisch(e, er, es) ...

graphische Darstellung
▶ grafisch(e, er, es) ...

graphisches Erzeugnis
▶ grafisch(e, er, es) ...

Gras der Dünen
11 Strandhafer

grasähnliche Pflanze
5 Binse

Grasart
4 Aira
5 Lolch
6 Bambus, Schilf
7 Esparto
8 Alfagras
10 Schilfrohr

Grasebene Nordamerikas
7 Praerie

Grasfläche
5 Matte, Rasen, Wiese

Grasflur mit Bäumen
7 Savanne

Grasgattung ▶ Grasart

Grashüpfer
11 Heuschrecke

Grasland
3 Alm, Alp
5 Anger, Matte, Pampa, Weide, Wiese
6 Llanos, Pampas, Pussta, Puszta, Steppe
7 Praerie, Savanne

Grasplatz im Dorf
5 Anger

Grasschneider
6 Maeher

Grasschnitt
7 Grummet

grassieren
6 wueten

Grasspitze
5 Spier

Grasstängel
4 Halm

Grassteppe in ...
· **Afrika**
7 Savanne
· **Nordamerika**
7 Praerie
· **Südamerika**
5 Pampa
· **Ungarn**
6 Pussta, Puszta

Grat
4 Kamm
5 Kante
9 Kammlinie

Gratifikation
6 Zulage
7 Praemie

gratis
4 frei
7 umsonst
9 kostenlos
13 unentgeltlich

Gratisprobe
13 Produktmuster

Gratulation
12 Glueckwunsch

grau
4 gris

Graubär ...
· **Nordamerikas**
6 Grisli
7 Grizzly

graue Vögel
6 Tauben

Grauen
5 Angst, Graus
6 Furcht, Greuel, Horror
7 Abscheu, Graeuel, Schreck
8 Schauder
9 Entsetzen, Schrecken

grauenvoll
7 makaber
10 graesslich

graues Einerlei
6 Alltag

graugelb
4 falb

graugelbes ...
· **Pferd**
5 Falbe
8 Isabelle

grausam
3 roh
4 wild
6 brutal
7 herzlos
8 viehisch
10 barbarisch
12 unbarmherzig

grausamer (alt)römischer Kaiser
4 Nero

Grausamkeit
6 Haerte

Grausamkeiten
9 Rohheiten

Grausen ▶ Grauen

Grautier
4 Esel, Maus

grauweißes Pferd
13 Apfelschimmel

gravierend
9 belastend
13 schwer wiegend

Gravitation
11 Schwerkraft
15 Massenanziehung
18 Erdanziehungskraft

Grazer ...
· **Flughafen**
9 Thalerhof

G

· **Schloss**
9 Eggenberg
Grazie
5 Anmut
8 Liebreiz
grazil
4 rank, zart
5 apart
graziles ...
· **Huftier**
7 Gazelle
8 Antilope
Greenhorn
7 Neuling
9 Anfaenger
greifbar
4 real, wahr
7 konkret
8 effektiv, wirklich
9 materiell
greifen
6 nehmen
8 erfassen
Greifer
6 Bagger
Greiforgan
4 Hand
Greiforgan ...
· *der* **Elefanten**
7 Ruessel
· *der* **Kraken**
8 Tentakel
Greifvogel
5 Adler, Falke, Geier, Milan, Weihe
7 Bussard, Habicht, Sperber
Greifvogelnest
5 Horst
Greifwerkzeug
5 Zange
8 Pinzette
10 Kneifzange
greisenhaft
5 senil
13 altersschwach
Greisenhaftigkeit
10 Senilitaet
Greisenhaupt
6 Kaktus
grell
7 knallig
9 gleissend
greller Farbton
8 feuerrot
Gremium
9 Ausschuss
11 Institution
Gremium in Straßburg
15 Europaparlament
Grenzabgabe
4 Maut, Zoll
Grenzabgabenbehörde
7 Zollamt
Grenzbarriere
8 Schranke
10 Schlagbaum
Grenzbeamter
8 Zoellner
Grenze
4 Ende, Rain, Rand
5 Kante, Limes, Limit
7 Schluss
8 Schranke
10 Markierung, Trennlinie
11 Demarkation
Grenze ...
· *zwischen* **Äckern**
4 Rain
· *eines* **Grubenfeldes**
11 Markscheide
Grenzfall
6 Extrem
Grenzfläche ...
· *eines* **Körpers**
5 Seite
· *in der* **Wetterkunde**
5 Front
Grenzfluss zwischen
· **Armenien und Iran**
4 Aras
· **Norwegen und Finnland**
4 Tana
· **Polen und Deutschland**
4 Oder
6 Neisse
· **Russland und China**
4 Amur
6 Ussuri
· **Serbien und Bosnien**
5 Drina
Grenzgebiet
4 Mark
Grenzgebirge ...
· *in* **Westeuropa**
9 Pyrenaeen
· **zweier Erdteile**
4 Ural
Grenzkontrolle
15 Zollabfertigung
Grenzkontrollpunkt
10 Checkpoint
Grenzpassierdokument
4 Pass
7 Triptyk
Grenzstein
3 Mal
5 Terme
Grenzübergang ► Grenzübertritt
Grenzübertritt
8 Ausreise, Einreise
Grenzwall ...
· *in* **China**
12 Grosse Mauer
17 Chinesische Mauer
· *der* **Römer**
5 Limes
Grenzwert in der Mathematik
5 Limes
Grieche
7 Hellene
Griechen ...
· *bei* **Homer**
6 Danaer
7 Achaeer
Griechenland
6 Hellas
griechisch für ...
· **allein**
4 mono
· **auf, hinauf**
3 ana
· **darauf, darüber**
3 epi
· **Erde**
3 geo
· **falsch**
6 pseudo
· **fern**
4 tele
· **gegen**
4 anti
· **gleich**
3 iso
· **groß**
4 mega
· **Leben**
3 bio
· **Luft**
4 aero
· **neu**
3 neo

- **Stern**
  5 astro
- **weg**
  3 apo
- **zehn**
  4 deka

griechisch(e, er, es) ...

- **Anisbranntwein**
  4 Ouzo
- **Arzt**
  11 Hippokrates
- **Astronom**
  5 Meton
  7 Eudoxus
  8 Hipparch
  9 Aristarch
  10 Hipparchos, Ptolemaeus, Ptolemaios
  11 Aristarchos
- **Baumeister**
  9 Sostratos
  11 Deinokrates, Kallikrates, Kallimachos
- **Bauwerk**
  8 Theseion
  9 Parthenon
  11 Erechtheion
- **Berg**
  3 Ida
  4 Oeta, Ossa
  5 Athos, Olymp
- **Bergland**
  6 Epirus
- **Bergnymphe**
  6 Oreade
- **Bibelübersetzung**
  11 Septuaginta
- **Bildhauer**
  5 Myron
  6 Skopas
  7 Antenor, Phidias
  8 Ageladas, Kresilas, Lysippos, Paionios, Pheidias, Polyklet
  10 Praxiteles
- **Buchstabe**
  2 My, Ny, Pi, Xi
  3 Chi, Eta, Phi, Psi, Rho, Tau
  4 Beta, Iota, Jota, Zeta
  5 Alpha, Delta, Gamma, Kappa, Omega, Sigma, Theta
  6 Lambda
  7 Digamma, Epsilon, Omikron, Ypsilon
- **Dichter**
  6 Alkman
- **Dichterin**
  6 Sappho
  7 Corinna, Korinna
- **Dichterross**
  7 Pegasus
- **Dodekanes-Insel**
  5 Leros
- **Erfinder**
  5 Heron
  9 Ktesebios
  10 Archimedes
- **Fabeldichter**
  5 Aesop
- **Fährmann der Unterwelt**
  6 Charon
- **Feldgeist**
  3 Pan
- **Feldherr**
  4 Ajax
  5 Kimon
  6 Nikias
  8 Leonidas, Timoleon
  9 Agamemnon, Miltiades, Pelopidas
  10 Alkibiades, Lysimachos
  11 Epaminondas
- **Fladenbrot**
  4 Pita
- **Fleischspezialität**
  5 Gyros
- **Fleischspieß**
  8 Souflaki
- **Flieger der Sage**
  6 Ikaros, Ikarus
  8 Daedalos, Daedalus
- **Fluss der Unterwelt**
  4 Styx
  5 Lethe
  7 Acheron
- **Fußsoldat**
  6 Hoplit
- **Gebirge**
  4 Oeta
- **geharzter Weißwein**
  7 Retsina
- **Geograf**
  6 Strabo
  7 Marinus, Strabon
  10 Ptolemaeus
- **Geschichtsschreiber**
  7 Herodot
  8 Logograf
  9 Logograph
  10 Thukydides
- **Gesetzgeber**
  5 Solon
  6 Drakon
- **Gott**
  3 Pan
  4 Eros, Zeus
  5 Apoll, Hymen, Ladon, Momos, Pluto
  6 Aeolus, Apollo, Arolos, Asopos, Boreas, Erebos, Helios, Hermes, Hypnos, Ikelos, Kratos, Kronos, Nereos, Nereus, Peneos, Pluton, Triton, Uranos
  7 Alpheus, Anteros, Apollon, Bacchus, Chronos, Ganymed, Okeanos, Peneios, Phoebus, Priapos, Proteus
  8 Acheloos, Aeskulap, Alpheios, Dionysos, Morpheus, Palaimon, Poseidon, Thanatos
  9 Apeliates, Asklepios, Hymenaeos, Phantasos
  10 Hephaestos, Hephaistos
- **Gott der Dichtkunst**
  7 Apollon
- **Gott der Heilkunde**
  8 Aeskulap
  9 Asklepios
- **Gott der Liebe**
  4 Eros
- **Gott der Zeit**
  6 Kronos
  7 Chronos
- **Gott des Handels**
  6 Hermes
- **Gott des Krieges**
  4 Ares
- **Gott des Lichts**
  6 Apollo
- **Gott des Meeres**
  6 Nereus
  7 Okeanos
  8 Poseidon
- **Gott des Weins**
  8 Dionysos
- **Götterberg**
  5 Olymp
- **Götterbote**
  6 Hermes

G

- **Götterbotin**
  4 Iris
- **Göttermutter**
  4 Hera
- **Götterriese**
  5 Titan
- **Göttervater**
  4 Zeus
- **Göttin**
  3 Ate, Bia, Eos, lno, Nyx
  4 Aura, Dike, Enyo, Eris, Eros, Gaea, Gaia, Hebe, Hera, Iris, Klio, Leto, Nike, Ossa, Styx
  5 Elpis, Erato, Keren, Metis, Tyche
  6 Alekto, Athene, Eirene, Hekate, Hestia, Peitho, Selene, Tethys, Thalia, Themis, Thetis, Urania
  7 Artemis, Astraea, Demeter, Eunomia, Euterpe, Megaera, Nemesis, Plejade
  8 Aletheia, Erinnyen, Harmonia, Kalliope
  9 Aphrodite, Melpomene, Mnemosyne, Tisiphone
  10 Amphitrite, Elleithyia, Persephone
  11 Terpsichore
  12 Pallas Athene
- **Göttin der Anmut**
  6 Aglaia
- **Göttin der Ehe**
  4 Hera
- **Göttin der Erde**
  4 Gaea, Gaia
- **Göttin der Gerechtigkeit**
  4 Dike
  6 Themis
  7 Nemesis
- **Göttin der Gesundheit**
  7 Hygieia
- **Göttin der Jagd**
  7 Artemis
- **Göttin der Jahreszeiten**
  4 Dike, Hore
- **Göttin der Jugend**
  4 Hebe
- **Göttin der Kunst**
  4 Muse
- **Göttin der Liebe**
  9 Aphrodite
- **Göttin der Morgenröte**
  3 Eos
- **Göttin der Nacht**
  3 Nyx
  6 Hekate
- **Göttin der Rache**
  7 Erinnye
- **Göttin der Schönheit**
  9 Aphrodite
- **Göttin der Verblendung**
  3 Ate
- **Göttin der Weisheit**
  6 Athene
- **Göttin der Zwietracht**
  4 Eris
- **Göttin des Ackerbaus**
  7 Demeter
- **Göttin des Friedens**
  6 Eirene
- **Göttin des Glücks**
  5 Tyche
- **Göttin des Mondes**
  6 Selene
- **Göttin des Sieges**
  4 Nike
- **Göttin des Streits**
  4 Eris
- **Göttin des Unheils**
  3 Ate
- **Grabsäule**
  5 Stele
- **Held vor Troja**
  4 Ajax
  6 Nestor
  8 Achilles, Diomedes, Odysseus
  9 Achilleus, Agamemnon, Patroklos
- **Helden**
  10 Argonauten
- **Heldengedicht**
  5 Ilias
  6 Iliade
  7 Odyssee
- **Heros**
  7 Aktaeon
- **Hirtengott**
  3 Pan
- **Höllenhund**
  8 Kerberos, Zerberus
- **Insel**
  3 Ios, Kea, Kos
  4 Milo
  5 Chios, Delos, Korfu, Kreta, Leros, Milos, Naxos, Paros, Psara, Samos, Syros, Telos, Thera, Thira, Tinos
  6 Aegina, Andros, Euboea, Gaudos, Ikaria, Ithaka, Kandia, Lemnos, Lesbos, Leukas, Lipsos, Patmos, Rhodos, Skyros, Thasos
  7 Amorgos, Kefalos, Kerkyra, Kythera, Mykonos, Nikaria, Pelagos, Salamis
  8 Mytilene, Santorin, Skiathos, Skopelos, Skorpios
  9 Alonnesos, Kassandra
  10 Chalkidike, Samothrake
  11 Kephallenia, Samothrakei
- **Inselgruppe**
  9 Dodekanes
- **Jahreszeitgöttinnen**
  5 Horen
- **Joghurtspeise**
  6 Zaziki
  8 Tsatsiki
- **Jüngling**
  6 Adonis, Ephebe
  7 Narziss
- **Kirchenlehrer**
  10 Athanasius
- **Kirchenvater**
  8 Irenaeus
- **Klosterberg**
  5 Athos
- **Kolonie in Unteritalien**
  4 Elea
  7 Paestum
- **Kriegerin**
  7 Amazone
- **Kultort**
  5 Delos
  6 Delphi
  7 Eleusis, Olympia
- **Kunstgöttinenen**
  5 Musen
- **Küstenlandschaft**
  4 Elis
- **Kykladeninsel**
  3 Ios
  5 Paros
- **Landschaft**
  4 Elis
  5 Doris
  6 Achaia, Argeia, Attika, Epirus, Lokris, Phokis
  7 Argolis, Laurion

Boeotien, Lakonien, Magnesia, Thrakien, Thrazien
9 Messenien
10 Makedonien, Mazedonien, Thessalien

- **Lauteninstrument**
6 Busuki
- **Mathematiker**
5 Heron, Meton
6 Euklid, Pappus, Thales
7 Eudoxos, Hippias
8 Archytas
10 Apollonius, Archimedes, Pythagoras
11 Hippokrates
12 Eratosthenes
- **Mediziner**
11 Hippokrates
- **Meernymphe**
7 Nereide
8 Ozeanide
- **Meerschlange**
5 Hydra
- **Mönchsrepublik**
5 Athos
- **Münze**
5 Obole
6 Lepton, Obolos, Obolus, Talent
7 Drachme
- **Musenberg**
7 Parnass
- **Musikinstrument**
4 Lyra
6 Busuki
7 Kithara
8 Barbiton
- **Name von Troja**
5 Ilion
- **Naturgottheit**
6 Nymphe
- **Nobelpreisträger für Literatur**
6 Elytis
- **Nymphe**
4 Echo
6 Daphne, Oreade
7 Kalypso, Nereide
- **Philosoph**
4 Zeno
5 Plato, Zenon
6 Epikur, Platon, Thales
7 Gorgias, Hippias, Leukipp, Phaedon, Phaidon, Proklos
8 Demokrit, Diogenes, Heraklit, Plutarch, Sokrates
9 Leukippos
10 Anaxagoras, Aristippos, Chrysippos, Demokritos, Empedokles, Parmenides, Protagoras, Pythagoras, Theophrast
11 Anaximander, Aristoteles
- **Physiker**
5 Heron
10 Archimedes
- **Priesterin in Delphi**
6 Pythia
- **Rachegöttin**
7 Erinnye
8 Eumenide
- **Rechtsbegriff**
5 Nomos
- **Reeder**
7 Onassis
- **Rennbahn**
9 Hippodrom
- **Rhetoriker**
7 Gorgias
- **Riese der Sage**
5 Argus, Atlas, Titan
- **Ringerschule**
9 Palaestra
- **Rosinenbranntwein**
4 Raki
- **Sagenfluss**
5 Lethe
- **Sagengestalt**
3 Ino
4 Ajax, Leda
5 Danae, Jason, Medea, Niobe
6 Achill, Castor, Helena, Ikarus, Kastor, Pollux, Zyklop
7 Ariadne, Elektra, Jokaste, Laokoon, Oedipus, Orpheus, Theseus
8 Antigone, Daedalus, Eurydike, Herakles, Herkules, Odysseus, Penelope, Tantalus
9 Agamemnon, Deukalion, Euphorion, Hesperide, Iphigenie
10 Kassiopeia, Prometheus
- **Sagenheld**
5 Orion
- **Sagenkönig**
5 Midas, Minos, Thoas
6 Augias, Nestor
7 Oedipus
8 Menelaos
9 Agamemnon
- **Sagenkönigin**
5 Niobe
- **Sagenriese**
5 Titan
- **Sagenwesen**
7 Kentaur, Zentaur
- **Sänger**
5 Arion
6 Ibykus
7 Orpheus
8 Rhapsode
- **Sängerin**
6 Callas
9 Mouskouri
- **Schriftsteller**
5 Aesop, Homer
6 Hesiod, Platon, Sappho
7 Alkaeus, Herodot, Korinna
8 Anakreon, Diodorus, Menander, Plutarch, Theokrit, Xenophon
9 Aeschylus, Aischylos, Euripides, Sophokles
10 Empedokles, Thukydides, Xenophanes
11 Archilochos, Bakchylides, Demosthenes, Kallimachos, Kazantzakis
12 Aristophanes, Eratosthenes
- **Seher**
9 Teiresias
- **Seherin**
9 Kassandra
- **Sonnengott**
6 Helios
8 Hyperion
- **Spezialität**
5 Gyros
- **Sporadeninsel**
3 Kos
- **Staatsmann**
5 Kimon, Kleon, Timon
6 Kineas, Lykurg
7 Kanaris
8 Kolettis, Perikles

G

8 Kolettis, Perikles
9 Aristides, Papandreu, Venizelos
10 Alkibiades, Karamanlis, Papandreou
11 Kleisthenes
12 Themistokles

· **Stamm**
5 Dorer
6 Aeoler, Dorier, Ionier
7 Achaeer, Aeolier

· **Stirnbinde**
5 Mitra

· **Süßwein**
5 Samos

· **Tempelsklave**
8 Herodule

· **Tempelstadt**
6 Delphi

· **Tonhalle**
5 Odeon

· **Trinkgelage**
9 Symposion, Symposium

· **Tyrann**
6 Hieron

· **Ungeheuer**
5 Gorgo, Hydra
6 Scylla, Skylla, Szylla
9 Charybdis
10 Minotaurus

· **Unterwelt**
5 Hades
8 Tartarus

· **Unterweltfluss**
5 Lethe

· **Versfuß**
8 Daktylus
9 Distichon

· **Verwaltungsbezirk**
5 Nomos

· **Volkstanz**
7 Sirtaki

· **Volksversammlung**
5 Agora

· **Wächter**
5 Argus

· **Währung**
7 Drachme

· **Waldgeist**
5 Satyr

· **Waldgott**
3 Pan

· **Wegemaß**
7 Stadion

· **Weichkäse**
4 Feta

· **Wein**
5 Samos

· **Weiser**
4 Bias
5 Solon
6 Chilon, Thales
10 Pythagoras

· **Wettkampf**
4 Agon

· **Zauberin**
5 Circe, Kirke
6 Hekate

· **Zeitform**
6 Aurist

griechische Vorsilbe für ...

· **an**
3 epi

· **auf**
3 epi

· **darauf**
3 epi

· **darüber**
3 epi

· **eigen**
4 auto

· **fern**
4 tele

· **gleich**
3 iso

· **neu**
3 neo

· **selbst**
4 auto

· **über**
3 epi

Griesgram
8 Murrkopf
10 Miesepeter

Griff
4 Heft
5 Knauf, Stiel
6 Halter, Henkel, Klinke
8 Handhabe

Griff an der Tür
10 Tuerklinke

griffbereit
5 parat

Griffbrett
8 Tastatur

Griffstange am Barren
4 Holm

Grill
4 Rost
8 Barbecue, Bratrost

Grille
5 Laune, Zirpe
6 Insekt, Spleen, Zikade
7 Einfall, Marotte
8 Heimchen, Schrulle
11 Heuschrecke

Grillgitter
4 Rost

Grimasse
6 Fratze

Grimbart
5 Dachs

Grimm
3 Wut
4 Rage, Zorn
5 Groll

Grind
6 Schorf
7 Flechte, Schmutz
9 Ausschlag
10 Hirschkopf

Grippe
9 Influenza

Grips
8 Klugheit, Schlaeue, Verstand
9 Koepfchen
10 Schlauheit
11 Intelligenz

Grisli
8 Graubaer

grob
3 rau, roh
4 derb, rauh
5 plump, ruede
6 barsch, rabiat, ruppig
7 schroff
8 ordinaer
10 ungehobelt, unhoeflich

grob ...

· **gemahlenes Getreide**
6 Schrot

· **gesäubert**
9 besenrein

grob(e, er, es) ...

· **Beleidigung**
7 Affront

· **Feile**
6 Raspel

· **Filter**
4 Sieb

· **Geröll für Straßenbau**
8 Schotter
· **Gewebe**
5 Drell
6 Nessel, Rupfen
10 Beiderwand
· **Holzfeile**
6 Raspel
· **Kerl**
6 Flegel
7 Grobian
· **Kohlenstaub**
4 Grus
· **Längsmuster**
13 Blockstreifen
· **Leinwand**
5 Blahe
· **Mehl**
6 Griess
· **Mensch**
7 Luemmel, Rohling
9 Wuestling
· **Sand**
4 Kies
· **Schimpfwort**
5 Luder
· **Ungezogenheit**
8 Flegelei
· **Verweis**
7 Rueffel
· **Witz**
4 Zote
· **Wollstoff**
3 Aba
5 Loden
grobborstiges Reinigungsgerät
13 Wurzelbuerste
Grobheit
9 Frechheit
Grobian
5 Rowdy
6 Flegel, Ruepel
7 Rohling
Groll
3 Pik, Wut
4 Hass, Zorn
5 Grimm
11 Erbitterung
grollen
7 donnern, krachen
grönländisch(e, er, es) ...
· **Apostel**
5 Egede
· **Bewohner**
6 Eskimo
· **Boot**
5 Kajak, Umiak
· **Hauptort**
7 Godthab
· **Kap**
8 Farewell
· **Raubfisch**
6 Eishai
· **Schneehütte**
4 Iglu
Grönlandwal
8 Glattwal
groß(e, er, es) ...
· **Abstand**
5 Ferne
· **Anfangsbuchstabe**
7 Initial
8 Initiale
· **Ansehen**
4 Ruhm
· **Ansiedlung**
5 Stadt
· **Anstrengung**
8 Strapaze
· **Antilleninsel**
4 Kuba
5 Haiti
7 Jamaika
10 Puerto Rico
· **Anzahl**
5 Menge
· **Arbeitsstätte**
9 Werkhalle
· **arktisches Gewässer**
13 Nordpolarmeer
· **Aufbewahrungsraum**
5 Halle
· **Aufsehen**
5 Trara
· **Baumbestand**
4 Wald
· **Beil**
3 Axt
· **Bettuch**
5 Laken
· **bischöfliche Kirche**
3 Dom
· **Blumengefäß**
9 Bodenvase
· **Blütenflor**
11 Blumenwiese
· **Buch**
7 Foliant
· **Deckenlampe**
12 Kronleuchter
· **deutscher Dichter**
6 Goethe
· **Dummheit**
6 Eselei
· **Dummheiten**
8 Eseleien
· **Eile**
4 Hast
6 Stress
· **Einfahrt**
3 Tor
· **Einkaufsstätte**
5 Laden
9 Warenhaus
10 Supermarkt
14 Einkaufscenter
· **Erderhebung**
4 Berg
· **Eulenart**
3 Uhu
· **Fabrikraum**
9 Werkhalle
· **Fass**
5 Tonne
· **festlicher Geschirrteil**
11 Platzteller
· **Fluss**
5 Strom
· **Gartenanlage**
4 Park
· **Gefäß**
4 Fass
· **Gefäß für Gewächse**
12 Pflanzkuebel
· **Geist der Algonkin-Indianer**
6 Manitu
· **Geschäft für Bekleidung**
8 Modehaus
· **Gesteinsgebilde**
4 Fels
· **Getreidespeicher**
4 Silo
· **Gewässer**
4 Meer
5 Ozean
· **Gewichtseinheit**
1 t
5 Tonne
· **Grabmal**
9 Mausoleum
· **Gräserart**
4 Rohr

· **Greifvogel**
5 Adler, Geier
· **Grundbesitzungen**
11 Latifundien
· **Güterausstellung**
5 Messe
· **Hast**
5 Hetze
· **Held vor Troja**
6 Achill
· **Hitze**
4 Glut
· **Holzgefäß**
5 Zuber
· **Holzstück**
5 Klotz
· **Kirche**
3 Dom
8 Muenster
10 Kathedrale
· **Klavier**
7 Fluegel
· **Kloster**
5 Abtei
· **kostbarer Hänge-leuchter**
15 Kristallluester
· **Krach**
5 Laerm, Radau
· **kreisförmiger Ohrring**
6 Creole
· **Kuchenteller**
12 Tortenplatte
· **Längeneinheit**
9 Lichtjahr
· **längliches Gefäß**
4 Trog
· **Langschwanz-papagei**
3 Ara
· **Lärm**
5 Radau
7 Getoese
· **Mann**
5 Huene
· **Märchenfrau**
6 Riesin
· **Meeresbucht**
3 Bai
· **Meeresraubfisch**
7 Blauhai
· **Meeressäugetier**
3 Wal
6 Narwal
7 Blauwal
12 Groenlandwal
· **Menschenaffe**
7 Gorilla
9 Orang Utan
· **Misere**
5 Elend
· **Missgeschick**
7 Unstern
8 Desaster
· **Mönchskloster**
5 Abtei
· **Musikinstrument**
5 Orgel
· **Musiktheatergebäude**
9 Opernhaus
· **Nachkommenschaft**
14 Kinderreichtum
· **Pflanze**
6 Staude
· **Pfütze**
5 Pfuhl, Suhle
· **Qual**
9 Martyrium
· **Raubtier**
4 Baer
· **Raubtier in Afrika**
5 Loewe
· **Raum**
5 Halle
· **Raum für Festlichkeiten**
4 Saal
· **Robbe**
8 Seeloewe
· **Säugetier**
7 Elefant, Nashorn
· **Schüssel**
8 Weitling
· **Schwimmvogel**
6 Schwan
7 Pelikan
· **Sportanlage**
7 Stadion
· **Strom in Ostasien**
4 Amur
· **Stück Stoff zum Trocknen**
12 Badehandtuch
· **Sumpfgebiet**
4 Moor
· **Talent**
5 Genie
· **Tanzfest**
4 Ball
· **Tanzraum**
4 Saal
· **Theater**
5 Odeon
· **Trockenheit**
6 Duerre
· **Truppenverband**
5 Armee, Korps
· **Unglück**
11 Katastrophe
· **Unternehmen**
7 Konzern
· **Vogelkäfig**
7 Voliere
· **Warendepot**
5 Lager
· **weibliches Raubtier**
6 Baerin
· **Welle**
4 Woge
· **Wespenart**
8 Hornisse
· **Wohngebäude**
9 Mietshaus

großartig
5 famos, super
6 feudal, superb
7 pfundig, sueperb
8 grandios, imposant
9 bedeutend, praechtig
10 monumental, prachtvoll

Großbauernhof
3 Gut

Großbehälter
9 Container

Großbehäter für eine Energie
9 Gasometer

Großbetrieb ...
· *im* **Einzelhandel**
8 Kaufhaus
9 Warenhaus
10 Supermarkt

großblütiger Zierstrauch
15 Rispenhortensie

Großbrand
12 Feuersbrunst

Großbuchstabe
6 Versal
8 Majuskel, Versalie

Größe
4 Mass, Wert
6 Format
7 Ausmass
9 Dimension, Koryphaee
10 Ausdehnung

Größe ...
· *eines* **dreidimensionalen Gebildes**
10 Rauminhalt
· *im* **Showgeschäft**
4 Diva, Star
Großeinkaufsstätte
6 Center
Großeltern, Eltern und Kinder
12 Grossfamilie
Größenfestsetzung
7 Normung
Größenlehre
10 Arithmetik, Mathematik
Größenverhältnis
10 Proportion
Größenwahn
11 Megalomanie
12 Gigantomanie
größer(e, er, es) ...
· **Beet**
7 Rabatte
· **Binnengewässer**
3 See
· **Blumenstrauß**
6 Bukett
· **Blutentnahme**
8 Aderlass
· **Fahrt**
5 Reise
· **Fließgewässer**
5 Fluss
· **gebundenes Druckwerk**
4 Buch
· **Gewässer**
3 See
10 Binnenmeer
· **Hohlmaß**
10 Hektoliter
· **Junge**
5 Knabe
· **Landschaftsbereich**
9 Naturpark
· **Landwirtschaft**
3 Gut
4 Farm
8 Plantage
· **militärische Übung**
8 Manoever
· **Ort**
5 Stadt
9 Metropole
10 Subzentrum
· **Pflanzung**
8 Plantage
· **Schöpflöffel**
11 Suppenkelle
· **Truppenteil**
5 Armee
7 Brigade
8 Division
· **Zeitabschnitt**
6 Epoche
Großeule
3 Uhu
Großfamilie
4 Clan, Klan
5 Sippe
großflächige wachsende Pflanze
11 Bodendecker
Großgräser
4 Rohr
Großgrasstamm
10 Bambusrohr
Großgrundbesitz
3 Gut
9 Rittergut
11 Laendereien, Latifundien
Großhandel
6 en gros
Großhandelsmarkt
5 Messe
Großhändler
8 Grossist
großherzig
4 edel
6 guetig
Großherzigkeit
7 Edelmut
Großherzogtum
9 Luxemburg
Großindustrieller
6 Magnat
11 Schlotbaron
17 Industriekapitaen
Großinsel in der Arktis
9 Groenland
großjährig
7 muendig
9 erwachsen
11 volljaehrig
Großkatze
4 Puma
5 Loewe, Tiger
6 Gepard, Jaguar, Ozelot
7 Leopard, Panther
Großkaufhaus
6 Center
Großkind
5 Enkel
Großkreis der Erdkugel
8 Aequator
Großmachtbestrebungen
13 Imperialismus
Großmaul
5 Protz
7 Angeber, Prahler
11 Wichtigtuer
12 Aufschneider
Großmogul
5 Akbar
großmolekularer Kunststoff
5 Plast
großmütig
4 edel
6 guetig
8 generoes
Großmutter
3 Oma
Großpflanze
4 Baum
Großpflanzung
8 Plantage
Großraubtier in Afrika
5 Loewe
Großraumflugzeug
5 Jumbo
8 Jumbo Jet
Großspiel (Skat)
5 Grand
Großstadt in ... ► Stadt ...
Großstadtbahn
5 Metro, S-Bahn, U-Bahn
8 Hochbahn
14 Untergrundbahn
größt(e, er, es) ...
· **Binnenhafen Europas**
8 Duisburg
· **deutsche Stadt**
6 Berlin
· **Drüsenorgan des Körpers**
5 Leber
· **Erdteil**
5 Asien
· **estnische Ostseeinsel**
5 Oesel
· **europäische Eule**
3 Uhu
· **Fluss in Südafrika**
7 Sambesi

G

- **Fluss zur Donau**
  6 Theiss
- **Foodmesse der Welt**
  5 Anuga
- **Gebirge in Europa**
  5 Alpen
- **Gesellschaftsinsel**
  6 Tahiti
- **hessische Talsperre**
  7 Edersee
- **Hirschart**
  4 Elch
- **Hochland der Erde**
  5 Tibet
- **Hörsaal der Uni** (Kurzwort)
  7 Audimax
- **indische Stadt**
  8 Kalkutta
- **Insel der Erde**
  9 Groenland
- **Insel Deutschlands**
  6 Ruegen
- **Insel Kroatiens**
  3 Krk
- **Kaskade Mitteleuropas**
  9 Rheinfall
- **Landblock der Erde**
  8 Eurasien
- **Landsee in Europa**
  9 Ladogasee
- **Landtier Europas**
  6 Wisent
- **lebender Vogel**
  7 Strauss
- **lebendes Landtier**
  7 Elefant
- **lebendes Säugetier**
  3 Wal
- **Nagetier**
  5 Biber
- **Planet unseres Sonnensystems**
  7 Jupiter
- **Planetoid**
  5 Ceres
- **See Deutschlands**
  8 Bodensee
- **Stadt Boliviens**
  5 La Paz
- **Stadt Marokkos**
  10 Casablanca
- **Strom in Afrika**
  3 Nil
- **Strom in Amerika**
  8 Amazonas
- **Strom in Asien**
  12 Jangtsekiang
- **Strom in Europa**
  5 Wolga
- **Talsperre in Hessen**
  7 Edersee
- **Teil des Körpers**
  4 Leib
- **Wasserfläche**
  12 Stiller Ozean
- **Wüste**
  6 Sahara

Großtierverband
5 Herde

Großvater
3 Opa

Großwesir
7 Premier

Großwildpark in Afrika
9 Serengeti

Großwuchs
11 Gigantismus

großwüchsiger ...
- **Laubbaum**
  7 Platane
- **Mensch**
  5 Huene, Riese

großzügig
3 lax
6 kulant
8 generoes
9 freigebig, spendabel

grotesk
6 bizarr
7 komisch, seltsam
8 verzerrt
10 eigenartig, wunderlich
11 fantastisch, verschroben
12 phantastisch

Groteskschrift
7 Antiqua
10 Sans Serife

Grotte
6 Hoehle

Grottenmolch
3 Olm

Grube
4 Loch, Mine
5 Falle, Kuhle, Mulde, Zeche
8 Bergwerk

Grübelei
9 Reflexion
10 Reflektion

grübeln
9 sinnieren

Grubengas
6 Methan

grüblerisches Nachdenken
8 Tiefsinn

Gruft
4 Grab
6 Krypta

Grummet
3 Heu

Grün von Knollen
5 Kraut

grün(e, er, es) ...
- **Edelstein**
  6 Beryll
  7 Smaragd
- **Halbedelstein**
  4 Jade
- **Schmuckstein**
  4 Jade
- **Zweig als Hutschmuck**
  5 Bruch

Grünanlage
4 Beet, Park
5 Rasen, Wiese
6 Garten
7 Rabatte

grünblau
4 bleu

Grund
4 Fond, Sinn
5 Basis, Boden, Motiv
6 Anlass, Beginn, Faktor, Quelle
7 Anstoss, Terrain, Umstand, Ursache, Vorwand

Grund und Boden
6 Fundus

Grundbalken der Wasserfahrzeuge
4 Kiel

Grundbaustein der Lebewesen
5 Zelle

Grundbegriff
9 Kategorie

Grundbesitz
9 Laenderei
10 Immobilien

11 Laendereien
14 Liegenschaften
Grundbesitzer
4 Sass
5 Sasse
6 Magnat
8 Gutsherr
Grundbuch
8 Kataster
Gründe für ein Urteil
8 Indizien
Gründer ...
· *des* **deutschen Reiches**
8 Bismarck
· *der* **Heilsarmee**
5 Booth
· *des* **Jesuitenordens**
6 Loyola
8 Ignatius
· *der* **olympischen Spiele**
9 Coubertin
· *von* **Pennsylvanien**
4 Penn
· *von* **Prag**
7 Libussa
· *des* **Protestantismus**
6 Luther
· *von* **Rom**
5 Remus
7 Romulus
· *des* **Roten Kreuzes**
6 Dunant
11 Henri Dunant
· *des* **Sozialismus**
4 Marx
· *des* **türkischen Reichs**
5 Osman
· *der* **UdSSR**
5 Lenin
Gründerin
· *von* **Karthago**
4 Dido
Grundfarbe
3 Rot
4 Blau, Gelb
Grundfeste
5 Basis
9 Fundament
Grundfläche
5 Areal, Basis
Grundform
3 Typ
5 Typus
6 Urbild
Grundform des Jazz
5 Blues
Grundgedanke
5 Thema
Grundgehalt
5 Fixum
Grundgesetz
6 Charta
10 Verfassung
Grundkapital
5 Stock
Grundlage
4 Fond
5 Basis, Boden
6 Fundus, Sockel
8 Unterbau, Ursprung
9 Fundament
13 Ausgangspunkt
Grundlage des Rechnens
10 Einmaleins
Grundlast
8 Servitut
grundlegende Änderung
7 Umbruch
gründlich
5 exakt, genau
7 penibel
8 intensiv
11 sorgfaeltig
12 gewissenhaft
gründlich säubern
6 putzen
gründliche Prüfung
10 Erdauerung
Grundlinie
5 Basis
Grundlinie beim Tennis
8 Baseline
grundlos
11 unmotiviert
12 unbegruendet
Grundmasse für Hamburger
11 Hackfleisch
Grundmaterial
8 Rohstoff
Grundmodell
5 Urtyp
Grundpfandrecht
8 Hypothek
Grundrechenart
6 Teilen
8 Abziehen, Addition, Division
9 Malnehmen, Zuzaehlen
11 Subtraktion
14 Multiplikation
Grundrichtung
5 Trend
Grundriss
4 Plan
6 Skizze
9 Fundament
Grundsatz
5 Axiom, Dogma, Regel
6 Gesetz, Maxime
7 Prinzip
Grundsatzerklärung
8 Manifest, Programm
11 Deklaration
grundsätzlich
9 elementar
11 fundamental, prinzipiell
Grundschleppnetz
5 Trawl
Grundschuld
8 Hypothek
Grundschulfach
5 Lesen, Musik, Sport
6 Turnen, Werken
7 Rechnen
9 Sachkunde, Schreiben
11 Heimatkunde
12 Handarbeiten
Grundstein
9 Fundament
Grundstock ▶ Grundlage
Grundstoff
7 Element
Grundstoff ...
· *für* **Alkohol im Wein**
6 Zucker
· *für* **Arzneimittel**
5 Droge
· *für* **Farben**
6 Anilin
· *einer* **Gruppe**
7 Edelgas
· *für* **Kerzen**
7 Stearin
· *der* **Papierherstellung**
4 Holz
· *für* **Puder**
4 Talk
· *für* **Säcke**
5 Sisal
· *für* **Salben**
7 Lanolin
8 Vaseline

G

Grundstoff für Parfums
16 Pomeranzenschale
Grundstoffteilchen
4 Atom
Grundstück
5 Areal
6 Besitz
7 Anwesen, Bauland, Terrain
8 Parzelle
9 Besitztum, Immobilie
12 Liegenschaft
Grundstück ...
· *mit* **Haus**
7 Anwesen
9 Heimwesen
Grundstückseinfriedung
4 Rain, Zaun
Grundstücksmiete
5 Pacht
Grundstücksvermittler
6 Makler
Grundstücksverzeichnis
8 Kataster
Grundstufe (Grammatik)
7 Positiv
Gründünger
6 Lupine
Gründungsmitglied ...
· *der* **NATO**
3 USA
6 Island, Kanada
7 Belgien, Italien
8 Norwegen, Portugal
9 Daenemark, Luxemburg
10 Frankreich
11 Niederlande
15 Grossbritannien
Grundzug
5 Wesen
7 Merkmal
13 Wesensmerkmal
16 Charakteristikum
grüne(e, er, es) ...
· **Bestandteil einer Speise**
10 Blattsalat
· **Gemüse mit Sahne**
10 Rahmspinat
· **Gemüsepflanze**
11 Blattspinat
Grüne Insel
6 Irland
Grünes
13 Suppengemuese
Grünfläche
5 Rasen, Wiese
Grünfläche in der Wüste
4 Oase
Grünfutter
4 Gras, Klee
6 Lupine
Grünland
3 Alm
5 Egart, Weide, Wiese
6 Koppel
grünlich(e, er, es) ...
· **Farbe**
4 oliv
· **Pflanzenfarbstoff**
11 Chlorophyll
· **Schmuckstein**
4 Jade
Grünreizker
10 Ritterling
Grünrock
6 Jaeger
8 Foerster, Waidmann
12 Forstbeamter
Grunzochse
3 Jak, Yak
Gruppe
4 Chor, Liga
5 Block, Herde, Rotte, Rudel, Schar, Serie, Sippe, Zweig
6 Klasse, Partei
7 Familie, Gattung, Komplex, Sektion
8 Fraktion
9 Abteilung, Kategorie, Kollektiv
12 Organisation
Gruppe ...
· **gemeinsamer Pkw-Nutzer**
16 Fahrgemeinschaft
· *der* **Gesellschaft**
5 Stand
· **gleichartiger Dinge**
5 Serie
· *von* **Menschen**
5 Kreis
· *von* **Mitarbeitern**
4 Team
· *von* **Nahrungsmitteln**
8 Backwerk
· *von* **organischen Substanzen**
5 Fette
· *der* **Ostalpen**
6 Tauern
10 Karawanken
· *von* **Polstermöbeln**
12 Klubgarnitur
· *der* **Säuger**
9 Nagetiere
· **übermütiger Kinder**
11 Rasselbande
· **von Polstermöbeln**
12 Klubgarnitur
· *der* **Westfinnen**
5 Esten
· *von* **Wildschweinen**
5 Rotte
Gruppenakkord
7 Gedinge
Gruppentanz
6 Reigen
8 Laendler
9 Polonaise, Quadrille
Gruppentänzer
8 Figurant
Gruppenunterkunft
4 Heim
Gruppierung
9 Anordnung
13 Konstellation
Gruß
3 Ade, Hei
5 Adieu
6 Servus, Tschau
7 Tschues
Gruß ...
· *zum* **Abschied**
3 Ade
· *unter* **Personen**
10 gruess Gott
guatemaltekisch(e, er, es) ...
· **Berg**
5 Fuego
6 Tacema
9 Tajamulco
· **Münze**
7 Centavo, Quetzal
· **Nobelpreisträger für Literatur**
8 Asturias
· **Ureinwohner**
4 Maya
5 Mayas
6 Ladino
· **Vulkan**
5 Fuego

Guckkasten
7 Diarama
11 Kaleidoskop
Guckloch
5 Spion
Guerilla
8 Partisan
Guillotine
8 Fallbeil
Gullivers Zwergenland
7 Liliput
gültig
9 abgemacht, anerkannt, offiziell
11 verbindlich
gummiartige Kunststoffe
6 Elaste
Gummibaum Australiens
10 Eukalyptus
Gummiharzart
5 Asant
Gummiherstellung
13 Vulkanisation
Gummilack
9 Schellack
Gummirohstoff
9 Kautschuk
Gummiüberschuh
8 Galosche
Gunst
4 Huld
5 Gnade, Guete, Hilfe
9 Zuneigung
10 Protektion, Wohlwollen
Gunst Gottes
5 Segen
günstig
7 gelegen, passend
8 opportun
10 erfreulich
11 vorteilhaft
günstig(e, er, es) ...
· **Bodenzustand**
4 Gare
· **Gelegenheit**
6 Chance
· **Humusform**
4 Mull
· **Urteil**
3 Lob
· **Zeitpunkt**
6 Chance
8 Okkasion
11 Gelegenheit
Günstling
7 Favorit, Protegé
8 Liebkind, Liebling
11 Schuetzling
Gurgel
4 Hals
5 Kehle
6 Rachen
7 Schlund
8 Kehlkopf
9 Halsorgan
Gurkenkraut
4 Dill
9 Borretsch
Gurt
4 Band
6 Riemen
Gürtel
4 Band, Gurt, Zone
6 Koppel, Riemen
9 Halteband, Halterung, Hueftband
10 Leibriemen
11 Hueftriemen, Ringstrasse
Gürtel des Kimonos
3 Obi
Gürtellinie
6 Taille
Gürtelrand der Hose
4 Bund
Gürtelschließe
6 Spange
7 Schloss
8 Schnalle
Gürtelweite
6 Taille
Gurtförderer
4 Band
10 Fliessband
11 Foerderband
Gussbarren
6 Massel
Gussform ...
· *im* **Druckwesen**
5 Mater
· *für* **Stahl**
7 Kokille
Gusto
7 Neigung
8 Vorliebe
9 Geschmack
Gut
3 Hof
4 edel, fein, Habe, lieb, Ware, wohl
5 prima
6 Besitz, Fracht, Ladung
7 Anwesen, Domaene, Produkt
8 Eigentum
gut ...
· **aussehender Mann**
4 Beau
· **bekömmlich**
12 vertraeglich
· **erzogen**
5 artig
· **gelaunt**
4 froh
6 heiter
· **im Geschmack**
6 lecker
· **situiert**
5 reich
10 wohlhabend
· **temperiert**
4 warm
· **trainiert**
3 fit
· **trinkbar**
7 sueffig
gut(e, er, es) ...
· **Ausgang eines Films**
8 Happyend
· **Bekannter**
6 Freund
7 Intimus, Kamerad, Kollege
10 Vertrauter
· **Benehmen**
3 Pli
7 Anstand
· **Bodenzustand**
4 Gare
· **Charaktereigenschaft**
11 Ehrlichkeit
· **Einfall**
4 Idee
· **Einvernehmen**
9 Eintracht
· **Entwicklung**
8 Gedeihen
· **Ergebnis**
6 Erfolg
· **Frau im Märchen**
3 Fee
· **Geist**
11 Schutzengel

· **Kondition**
7 Fitness
· **Laune**
5 Humor
10 Heiterkeit
· **Rat**
4 Tipp
· **Ruf**
8 Renommee
· **Segelwind**
5 Brise
· **Segelwinde**
6 Brisen
· **Wetter**
12 Sonnenschein
Gutachten
9 Expertise
Gutachter
7 Experte
17 Sachverstaendiger
gutartig
4 brav
7 benigne
gutartige ...
· **Geschwulst**
4 Myom
5 Warze
6 Adenom
Gutdünken
8 Ermessen
Güte
4 Wert
5 Gnade, Gunst
7 Edelmut
8 Grossmut, Sanftmut, Toleranz
9 Qualitaet
10 Humanitaet, Wohlwollen
Güte einer Flüssigkeit
15 Wasserqualitaet
Güteklasse
5 Sorte
Güterausstellung
5 Messe
Güteraustausch
6 Handel
Güterbeförderung
9 Transport
Gütereinkauf
6 Import
Gütertransport
11 Fernverkehr
Güterverkauf
6 Export
Gütetest
19 Qualitaetskontrolle
Guthaben
5 Haben
gütig
10 freundlich
11 nachsichtig
gutmütige Dummheit
7 Einfalt
Gutsarbeiter
5 Inste
Gutschein
3 Bon
5 Bonus, Kupon, Talon
6 Coupon
Gutschrift
5 Bonus
6 Rabatt, Skonto
Gutshof
7 Gehoeft
Gutspersonal
7 Gesinde
Gutsverwalter
5 Meier
11 Rentmeister
Guttural
8 Kehllaut
Gymnasialklasse (veraltet)
5 Prima, Sexta
6 Quarta, Quinta, Tertia
7 Sekunda
Gymnasiallehrer
10 Studienrat
14 Oberstudienrat
Gymnasiast
12 Oberschueler
14 Mittelschueler
gymnastische ...
· **Übung**
5 Rolle
6 Spagat
9 Kniebeuge
12 Atemtraining, Strecksprung
gymnastischer Künstler
7 Akrobat
gymnastisches ...
· **Gerät**
4 Ball, Seil, Stab
5 Keule
6 Hantel, Reifen
Gynäkologie
15 Frauenheilkunde

H

Haar
4 Bart, Fell
5 Braue, Faser, Flaum, Locke, Tolle, Welle
6 Borste, Frisur, Maehne, Schopf, Wimper
8 Bueschel, Straehne
Haar ...
· **aufbauschen**
9 toupieren
· *des* **Schweines**
6 Borste
haarartige Oberfläche (Teppich)
4 Flor
Haarausschnitt katholischer Geistlicher
6 Tonsur
Haarbogen über dem Auge
5 Braue
Haarbusch
7 Panasch
Haarbüschel
5 Tolle
6 Schopf, Zottel
8 Straehne
Haare bei Löwen
6 Maehne
Haarersatz
6 Toupet
8 Peruecke
Haarfarbe
3 rot
4 grau
5 blond
7 schwarz
8 rotblond
9 hellblond
11 dunkelblond, flachsblond, mittelblond
Haarfarbe, Farbton
10 strohblond
Haarfärbemittel
5 Henna

haarfein
8 kapillar
Haarfett
6 Pomade
Haargarnteppich
6 Bouclé, Buklee
Haargebilde der Vögel
8 Gefieder
Haargefäß
9 Kapillare
Haarklammer
6 Spange
9 Haarnadel
Haarkleid
4 Balg, Fell, Pelz
haarklein
5 genau
7 praezis
Haarklemmen
5 Clips, Klips
Haarknoten
4 Dutt
7 Chignon
Haarkringel
5 Locke
Haarlocke
5 Tolle, Welle
haarlos
4 kahl
haarloser Kopf
6 Glatze
Haarmähne ▶ Haarbüschel
Haarnadelkurve
10 Spitzkehre
Haarpflegegerät
4 Foen, Kamm
5 Foehn, Haube
6 Schere
7 Buerste
12 Trockenhaube
Haarpflegemittel
3 Gel
5 Spray
6 Pomade
7 Shampoo
8 Festiger, Haarfett, Schampon, Shampoon
10 Haarwasser, Softtoener
11 Brillantine
Haarpflegeprodukt, Spülung
11 Conditioner
Haarpfleger
5 Bader
6 Figaro
7 Barbier, Friseur, Frisoer
8 Coiffeur
Haarpflegerin
9 Frisoerin
Haarreihe ...
· *in* **Augennähe**
6 Brauen
7 Wimpern
Haarröhrchen
9 Kapillare
Haarschmuck
6 Diadem, Spange
Haarschneider/-in
7 Friseur
9 Friseurin
Haarschopf
5 Tolle
8 Bueschel
Haarspalter
6 Pedant
7 Sophist
8 Rabulist
Haarspalterei
9 Sophistik
10 Rabulistik
13 Wortklauberei
15 Spitzfindigkeit
Haarspange
5 Fibel
7 Agraffe
Haarstoff
4 Filz
Haarteil
6 Toupet
Haartracht
4 Dutt, Pilz, Pony, Zopf
6 Fasson, Frisur, Knoten, Tonsur
8 Afrolook, Bubikopf, Igelkopf, Pilzkopf, Scheitel
9 Pagenkopf
10 Dauerwelle, Ponyfrisur
11 Wasserwelle
Haartrockner
4 Foen
5 Foehn
Haarverlängerung
9 Extension
Haarwaschmittel
7 Shampoo
Haarwellen
6 Locken
Haarwickel
9 Papillote
Haarwuchs
4 Bart
5 Tolle
6 Maehne
Haarwuchs über dem Auge
6 Brauen
Haarzopf
7 Flechte
Habe
3 Gut
4 Geld
6 Besitz
7 Kapital
8 Eigentum
9 Barschaft, Vermoegen
10 Immobilien
Haben
4 Plus
Habgier
4 Geiz, Gier, Neid
8 Geldgier, Habsucht, Raffgier
9 Raffsucht
13 Besitzstreben
habgieriger ...
· **Mensch**
6 Raffke
7 Knauser
8 Geizhals, Raffzahn
10 Geizkragen
Habichtsschwamm
7 Rehpilz
Habit
5 Anzug, Kleid
6 Gewand, Tracht
8 Kleidung
10 Gewohnheit
Habitus
7 Gebaren, Haltung
9 Auftreten, Verhalten
Habseligkeiten
6 Besitz, Sachen
Habsucht ▶ Habgier
Hackbraten
12 Falscherhase
Hackbrett
6 Zimbal
Hacke
4 Haue
5 Karst
Hacken
5 Ferse
6 Absatz
Hackfleisch
4 Hack, Mett

7 Haschee
13 Schabefleisch
Hackfleischfüllung in Speisen
5 Farce
Hackfleischklößchen
7 Bulette
10 Frikadelle
Hackfrucht
5 Ruebe
6 Moehre
9 Kartoffel, Kohlruebe, Mohrruebe
10 Steckruebe
Hackwerkzeug
4 Beil
Hader
4 Zank
5 Fehde, Zwist
6 Fetzen, Lumpen, Streit
7 Haendel
hadern
6 zanken
8 streiten
Hades
5 Orkus
6 Hoelle
9 Unterwelt
10 Totenreich
Hafen
4 Port
Hafen ... (▶ auch Hafenstadt ...)
· *im* **alten Phönizien**
5 Sidon
· *in der* **Bretagne**
5 Brest
7 Lorient
· *in* **Libyen**
5 Derna
· *am* **Panamakanal**
5 Colon
· *in* **Südindien**
6 Madras
· *in der* **Volksrepublik China**
6 Ningpo
Hafen von Edinburgh
5 Leith
Hafenanlage
3 Kai
4 Damm, Dock, Kran, Mole, Pier, Quai, Steg
5 Dalbe, Reede
6 Becken, Poller

Hafenarbeiter
6 Stauer
11 Schauermann
Hafenboot
4 Kahn
5 Prahm
6 Faehre, Kutter, Schute
7 Pinasse
8 Barkasse, Leichter
9 Schlepper
Hafenbrücke
4 Pier
Hafendamm
3 Kai
4 Mole, Pier
Hafeninsel vor New York
5 Ellis
Hafenmauer ▶ Hafendamm
Hafenpfahlgruppe
5 Dalbe
Hafenstadt ...
· *an der* **Adria**
4 Bari
5 Fiume
6 Ancona, Triest
7 Venedig
8 Brindisi
· *an der* **Agäis**
5 Athen
6 Smyrna
8 Saloniki
· *in* **Ägypten**
4 Sues, Suez
6 Abukir
8 Port Said
10 Alexandria
· *in* **Alaska**
4 Nome
5 Sitka
· *in* **Algerien**
4 Bone, Oran
6 Algier, Annaba, Bougie
· *des* **alten Rom**
5 Ostia
· *in* **Argentinien**
11 Buenos Aires
· *in* **Aserbaidschan**
4 Baku
· *in* **Äthiopien**
7 Massaua
· *in* **Australien**
5 Perth
6 Darwin, Sydney
8 Adelaide, Brisbane
9 Melbourne

· *in* **Belgien**
4 Gent
7 Bruegge, Ostende
9 Antwerpen
· *in* **Birma**
6 Rangun
· *auf* **Bornholm**
6 Roenne
· *in* **Brasilien**
3 Rio
4 Para
5 Bahia, Belem, Ceara, Natal
6 Campos, Ilheus, Maceio, Recife, Santos
7 Camocim, Niteroi, São Luiz, Vitoria
8 Belmonte, Salvador
9 Caravelas, Fortaleza, Joinville, Rio Grande
10 Pernambuco
11 Porto Alegre, São Salvador
12 Rio de Janeiro
· *in* **Bulgarien**
5 Varna, Warna
· *in* **Chile**
5 Arica, Yanes
6 Huasco
7 Caldera, Iquique
8 Valdivia
9 Las Serena
10 San Antonio, Valparaiso
11 Antofagasta, Puerto Montt
· *in* **China**
4 Amoy, Wusi
5 Lueta, Macao
6 Antung, Dairen, Kanton, Minhou, Ningpo, Tainan
7 Nanking, Tschifu, Yungkia
8 Anschang, Futschou, Hongkong, Shanghai, Tientsin, Tsingtau
9 Ninghsien, Schanghai, Tangschan, Weihaiwei, Wentschou
10 Hangtschou, Yanptschou
11 Tschinkiang
· *in* **Dänemark**
5 Arhus
· *am* **Dollart**
5 Emden
· *am* **Don**
4 Asow
6 Rostow

· *in* **England**
5 Dover
· *in* **Estland**
5 Reval
6 Paernu, Pernau
· *am* **finnischen Meerbusen**
7 Tallinn
8 Helsinki
9 Kronstadt
· *in* **Finnland**
3 Abo
4 Kemi, Nemi, Oulu, Vasa
5 Borga, Hanko, Kotka, Turku, Vaasa
6 Hangoe
7 Kokkola
8 Helsinki, Uleaborg
· *in* **Frankreich**
4 Caen, Sète
5 Brest
6 Calais, Cannes, Dieppe, Nantes, Toulon
7 Bayonne, Le Havre, Lorient, Quimper
8 Bordeaux, Boulogne
9 Abbeville, Cherbourg, Dunkerque, Marseille, Martigues, Saint Malo
10 Concarneau, Douarnenez, La Rochelle
11 Duenkirchen
12 Saint Nazaire
· *in* **Gabun**
10 Libreville, Port Gentil
· *in* **Gambia**
8 Bathurst
· *in* **Ghana**
5 Accra
· *am* **Golf von Akaba**
5 Elath
· *am* **Golf von Salerno**
6 Amalfi
· *in* **Griechenland**
5 Athen, Aulis, Bolos
6 Kabala, Kandia, Patras, Pyrgos
7 Chalkis, Kalamae, Kalamai, Kavalla, Korinth, Laurion, Piraeus, Prebeza, Preveza
8 Nauplion, Saloniki
9 Epidauros, Heraklion
12 Thessalonike
· *in* **Großbritannien**
4 Bath, Hull
5 Barry, Blyth, Dover, Flint, Fowey, Hythe, Leith, Poole
6 Cromer, Dundee, Exeter, Jarrow, London, Maldon
7 Bristol, Cardiff, Harwich, Ipswich, Newport, Norwich, Rhondda, Swansea
8 Brighton, Hastings, Plymouth, Ramsgate, Yarmouth
9 Blackpool, Liverpool, Newcastle, Rochester
10 Birkenhead, Eastbourne, Folkestone, Gloucester, Portsmouth, Sunderland
11 Bournemouth, Southampton
· *in* **Guinea**
7 Conakry
· *auf* **Haiti**
12 Port-au-Prince
· *auf* **Hawaii**
4 Hilo
· *bei* **Hongkong**
5 Makao, Makau
· *auf* **Honschu** (Japan)
5 Osaka
6 Numazu
· *in* **Humberside** (England)
4 Hull
· *in* **Indien**
6 Bombay, Kandia, Madras
8 Kalkutta
· *am* **Indischen Ozean**
4 Aden
5 Perth
6 Bombay, Durban
7 Colombo
8 Djakarta, Kalkutta
· *der* **Indischen Union**
6 Bombay, Madras
8 Kalkutta
· *in* **Indonesien**
6 Padang
7 Jakarta
8 Djakarta, Semarang, Surabaja
· *im* **Irak**
5 Basra
· *im* **Iran**
5 Ahwas
6 Abadan
8 Baendaer, Schahpur
· *in* **Irland**
4 Cork
6 Dublin
· *auf* **Island**
9 Reykjavík
· *in* **Israel**
4 Akka
5 Eilat, Elath, Haifa
6 Ashdod
· *in* **Italien**
4 Bari, Fano
5 Gaeta, Genua, Grado, Paola
6 Amalfi, Ancona, Neapel, Reggio, Rimini, Tarent, Triest
7 Catania, Livorno, Messina, Otranto, Palermo, Salerno, Syrakus, Venedig
8 Brindisi, Cagliari, La Spezia, Molfetta, Piombino, Siracusa, Sorrento
· *auf* **Jamaika**
8 Kingston
· *in* **Japan**
4 Kobe, Moje
5 Akita, Atami, Iwaki, Kochi, Omuta, Osaka, Otaru, Sakai, Tokio
6 Nagoja, Nagoya, Numazu
7 Aeomori, Tschiba
8 Hakodate, Jokohama, Kanasawa, Nagasaki, Schimizu, Yokohama
· *auf* **Java**
8 Semarang
· *in* **Kambodscha**
9 Phnom Penh
· *in* **Kamerun**
5 Duala
· *in* **Kanada**
6 Quebec
7 Halifax, Toronto
8 Montreal
9 Vancouver
· *an der* **Kanalküste**
5 Dover, Gorey, Poole
6 Calais, Dieppe
8 Weymouth
· *am* **Kaspischen Meer**
4 Baku
9 Astrachan
· *in* **Kenia**
7 Mombasa

H

- *in* **Kolumbien**
  9 Cartagena
  12 Barranquilla, Buenaventura
- *auf* **Korsika**
  6 Bastia
- *auf* **Kreta**
  5 Kanea, Sitia
  10 Herakleion
- *auf der* **Krim**
  5 Jalta
- *in* **Kroatien**
  4 Omis, Pola, Pula, Senj
  5 Fiume, Koper, Kotor, Porec, Split, Zadar
  6 Ragusa, Rijeka, Trogir, Ulcinj
  7 Abbazia, Opatija, Sibenik
  9 Dubrovnik
- *auf* **Kuba**
  7 Havanna
- *in* **Lettland**
  5 Libau
- *im* **Libanon**
  5 Saida, Sidon
  6 Beirut
  7 Tripoli
- *in* **Liberia**
  8 Monrovia
- *in* **Libyen**
  5 Derna, Sirte
  6 Tobruk
  7 Bengasi
  8 Tripolis
- *in* **Litauen**
  4 Riga
- *auf* **Mallorca**
  5 Palma
- *in* **Marokko**
  4 Safi
  5 Ceuta, Rabat
  6 Agadir, Tanger, Tetuan
  10 Casablanca, Darel Beida
- *in* **Mexiko**
  7 Tampico
  8 Mazatlan, Veracruz
- *am* **Mittelmeer**
  4 Akko, Bari, Bone, Oran, Pola, Sète, Suez
  5 Athen, Ceuta, Derna, Genua, Haifa, Izmir, Jaffa, Palma, Sidon, Sirte
  6 Ankona, Bastia, Beirut, Durres, Malaga, Neapel, Patras, Ragusa, Smyrna, Tobruk, Toulon, Triest
  7 Bengasi, Durazzo, Korinth, Livorno, Messina, Palermo, Piraeus, Salerno, Venedig
  8 Brindisi, Port Said, Saloniki, Tripolis
- *in* **Mosambique**
  5 Beira
- *auf* **Neuguinea**
  6 Madang
- *auf* **Neuseeland**
  8 Auckland
  10 Wellington
- *der* **Niederlande**
  9 Amsterdam, Rotterdam
  10 Vlissingen
- *in* **Nordamerika**
  5 Diego, Tampa
  6 Mobile
  7 Buffalo, New York, Norfolk, Oakland, Seattle
  8 Portland
  9 Baltimore, Galveston
  10 Charleston, Los Angeles, Sacramento
  12 Jacksonville, Philadelphia
- *in* **Nordirland**
  7 Belfast
- *in* **Nordostitalien**
  6 Triest
- *an der* **Nordsee**
  4 Hull, Leer
  5 Brake, Emden, Husum
  6 Bergen, Bremen, Dundee, Narvik
  7 Esbjerg, Hamburg
  8 Aberdeen, Cuxhaven
  9 Rotterdam, Stavanger
  10 Folkestone, Zeebruegge
  11 Bremerhaven
  12 Kristiansand
  13 Wilhelmshaven
- *in* **Nordspanien**
  6 Bilbao
- *in* **Norwegen**
  4 Oslo
  6 Bergen, Halden, Horten, Larvik, Namsos, Narvik
  7 Alesund, Arendal, Drammen, Tromsoe
  8 Kirkenes
  9 Drontheim, Haugesund, Stavanger, Trondheim, Trondhjem
  10 Hammerfest
  11 Fredrikstad
  12 Kristiansand, Kristiansund
- *in* **Ostfriesland**
  4 Leer
  5 Emden
- *in* **Ostpreußen**
  6 Elbing, Labiau, Pillau
  11 Koenigsberg
- *an der* **Ostsee**
  3 Abo
  4 Kiel, Oulu, Riga, Umea
  5 Libau, Lulea, Memel, Pitea, Turku, Wisby, Ystad
  6 Danzig, Wiborg, Wismar
  7 Gdingen, Luebeck, Rostock, Stettin
  9 Stockholm, Stralsund
- *in* **Pakistan**
  9 Karatschi
- *in* **Panama**
  5 Colon
  6 Balboa, Panama
- *in* **Paraguay**
  8 Asuncion
- *am* **Persischen Golf**
  6 Abadan
- *in* **Peru**
  5 Chala, Pisco
  6 Callao
  7 San Juan
- *der* **Philippinen**
  6 Manila
- *in* **Polen**
  6 Danzig
  7 Gdingen, Stettin
- *in* **Pommern**
  7 Kolberg, Stettin
  8 Sassnitz
  9 Stralsund
- *in* **Portugal**
  5 Porto, Sines
  7 Setubal
  8 Lissabon
- *am* **Roten Meer**
  5 Akaba, Akiba
  6 Djidda
- *in* **Russland**
  6 Moskau
  8 Murmansk
  9 Astrachan

11 Archangelsk, Wladiwostok
15 Sankt Petersburg
· *in* **Saudi-Arabien**
5 Katif
6 Damman, Djidda
· *in* **Schleswig-Holstein**
4 Kiel
5 Husum
9 Flensburg
· *in* **Schottland**
5 Leith, Perth
6 Dunbar, Dundee, Irvine, Methil
7 Glasgow
8 Aberdeen, Greenock
9 Edinburgh
· *am* **Schwarzen Meer**
5 Batum
6 Batumi, Odessa, Rostow
· *in* **Schweden**
4 Umea
5 Kivik, Lulea, Ystad
6 Gaevle, Kalmar, Malmoe
7 Varberg
8 Halmstad
9 Goeteborg, Nykoeping, Stockholm, Sundsvall
10 Karlskrona, Nynaeshamm, Oskarshamm, Trelleborg
12 Haelsingborg
· *in* **Senegal**
5 Dakar
10 Saint Louis
· *in* **Sierra Leone**
8 Freetown
· *auf* **Sizilien**
5 Patti
6 Agosta, Cefalu, Licata, Mazara
7 Augusta, Marsala, Messina, Palermo
· *am* **Solling**
5 Uslar
· *in* **Somalia**
3 Eil
4 Mait
10 Mogadischu
· *in* **Spanien**
4 Vigo
5 Cádiz, Ceuta, Gijon, Mahon, Palma
6 Bilbao, Málaga, Tarifa
7 Almería, Melilla
8 Alicante, La Coruña, Valencia
9 Algeciras, Barcelona, Cartagena, Santander
12 San Sebastian
15 Palma de Mallorca
· *auf* **Sri Lanka**
5 Galle
6 Jaffna
7 Colombo
· *in* **Südafrika**
6 Durban
8 Kapstadt
· *der* **Südafrikanischen Republik**
6 Durban
8 Kapstadt
· *in* **Südarabien**
4 Aden
· *in* **Südfrankreich**
6 Toulon
· *in* **Süditalien**
7 Salerno
· *in* **Südjemen**
4 Aden
· *in* **Südportugal**
4 Faro
· *auf* **Taiwan**
5 Takao
6 Taipeh
· *in* **Tansania**
5 Tanga
10 Daressalam
· *in* **Thailand**
7 Bangkok
· *in* **Togo**
4 Lome
· *in* **Tunesien**
4 Sfax, Susa
5 Gabes, Tunis
6 Sousse
7 Biserta, Bizerta, Bizerte
· *der* **Türkei**
5 Izmir
6 Mersin, Samsun, Smyrna
7 Giresun
8 Istanbul
· *in der* **Ukraine**
6 Odessa
· *in* **Uruguay**
10 Montevideo
· *in den* **USA** ► Hafenstadt in Nordamerika
· *in* **Vietnam**
6 Cholon, Saigon
8 Haiphong
· *am* **Weißen Meer**
11 Archangelsk
· *in* **Westengland**
7 Bristol
· *in* **Westfrankreich**
5 Brest
· *auf* **Zypern**
7 Larnaka
8 Limassol
9 Famagusta

Haferflockenbrei
6 Muesli
8 Porridge

Haff
6 Lagune
7 Ufersee
9 Strandsee

Hafner
7 Toepfer

Haft
6 Arrest, Kerker
9 Gewahrsam
10 Gefaengnis
14 Gefangenschaft
15 Freiheitsstrafe

Haftanstalt
3 Bau
5 Knast
6 Karzer, Kerker
9 Zuchthaus
10 Gefaengnis
15 Vollzugsanstalt

Haftbarmachung
7 Regress

Häftling
9 Arrestant
10 Gefangener, Straefling

Haftraum
5 Zelle
7 Verlies

Haftsumme
7 Kaution

Haftung
6 Obligo
7 Gewaehr
8 Garantie
10 Sicherheit
11 Buergschaft
15 Gewaehrleistung

Haftungsfrist
12 Garantiezeit

Haftzeher
5 Echse, Gecko, Tokee
8 Eidechse
10 Mauergecko
Hagelkorn
7 Graupel
8 Schlosse
Hagens Beiname
6 Tronje
hager
5 duenn, duerr, mager
6 schmal
7 knochig
9 asketisch
10 ausgezehrt
Hagestolz
11 Junggeselle
13 Einzelgaenger
Hahn
6 Gockel
11 Wetterfahne
12 Abzugsbuegel
Hahn in der Fabel
7 Henning
Hähne und Ventile
9 Armaturen
Hahnenfußgewächs
6 Akelei
7 Anemone
8 Eisenhut, Feigwurz, Nieswurz, Ranunkel, Waldrebe
9 Haarkraut
10 Trollblume
11 Dotterblume, Rittersporn, Teufelsbart
14 Adonisroeschen, Kuechenschelle, Leberbluemchen, Schwarzkuemmel
15 Scharbockskraut
16 Sumpfdotterblume
Hahnenschrei
8 Kikeriki
Haifischart
9 Katzenhai
11 Menschenhai
haifischartiges ...
· **Tier**
6 Rochen
10 Seedrachen
Haifischflosse
5 Finne
Hain
3 Loh
4 Tann, Wald
5 Forst

Hairückenflosse
5 Finne
Häkelmasche
9 Staebchen
Haken
6 Krampe
20 Aufhaengevorrichtung
Hakenbüchse
8 Arkebuse
Hakenschlinge
4 Oese
halb offene Bogenhalle
6 Loggia
Halbaffe
4 Lori, Maki, Vari
5 Indri, Katta, Komba, Lemur, Potto
6 Galago, Kukang, Lemure, Pukang
8 Faulaffe
9 Duennleib, Fuchsaffe, Ohrenmaki
10 Fingertier
halbamtlich
9 offizioes
Halbbogen
5 Folio
Halbdunkel
7 Daemmer
8 Schummer
9 Zwielicht
10 Daemmerung
Halbedelstein
4 Jade, Onyx, Opal
5 Achat, Gagat, Topas
6 Adular, Granat, Jaspis, Korund, Plasma
7 Karneol, Spinell
8 Almandin, Amethyst, Haematit, Heliodor, Malachit
9 Aquamarin, Blutstein, Chalzedon, Demantoid, Heliotrop, Tigerauge
10 Chrysopras, Kascholong, Katzenauge, Rauchtopas
11 Lapislazuli
12 Bergkristall
Halbedelstein mit Farbmustern
12 Harlekinopal
halber Teil
7 Haelfte

Halbesel
6 Onager
8 Maulesel, Maultier
Halbfreier
4 Lite
8 Hoeriger
Halbgefrorenes
6 Sorbet
7 Sorbett
9 Scherbett
Halbgeschwister
11 Stiefbruder
14 Stiefschwester
Halbgott
4 Held
5 Heros
halbhohe Fußbekleidung
12 Stiefeletten
Halbinsel ...
· *in der* **Adria**
7 Istrien
· *in* **Afrika**
6 Somali
· *in* **Ägypten**
5 Sinai
· *in* **Amerika**
6 Alaska, Avalon, Seward
7 Florida
8 Labrador
11 Kalifornien
· *in* **Asien**
5 Korea, Sinai
10 Kleinasien
· *im* **Bodensee**
5 Hoeri
· *in* **Dänemark**
8 Juetland
· *bei* **Danzig**
4 Hela
· *in* **Europa**
4 Krim
5 Athos, Morea, Wales
6 Attika
7 Istrien, Kintyre
8 Bretagne, Cornwall, Juetland
9 Gallipoli, Kassandra
10 Chalkidike, Peloponnes
· *in* **Frankreich**
5 Medoc
8 Bretagne
9 Normandie
· *in* **Griechenland**
5 Athos, Morea
6 Attika

8 Sithonia
10 Chalkidike, Peloponnes
· *in* **Großbritannien**
5 Wales
8 Cornwall
· *in* **Hinterindien**
7 Malakka
· *in* **Kanada**
8 Labrador
· *in* **Kroatien**
7 Istrien
· *in* **Mexiko**
7 Yukatan
· *in* **Nahost**
5 Sinai
· *in* **Neufundland**
6 Avalon
· *in* **Nordamerika**
7 Florida
8 Labrador
· *in* **Nordrussland**
4 Kola
· *in* **Ostasien**
5 Korea
· *in der* **Ostsee**
4 Hela
· *im* **Persischen Golf**
5 Katar
· *im* **Roten Meer**
5 Sinai
· *auf* **Rügen**
5 Zudar
· *in* **Russland**
4 Kola, Krim
5 Kanin
6 Taimyr
11 Kamtschatka
· *im* **Schwarzen Meer**
4 Krim
5 Taman
· *in* **Südostasien**
12 Hinterindien
· *in* **Südosteuropa**
6 Balkan
· *im* **Südwesten von Großbritannien**
5 Wales
· *in der* **Türkei**
9 Gallipoli
· *in* **Vorderasien**
7 Arabien

Halbjahr
8 Semester

Halbkanton ...
· *der* **Schweiz**
8 Obwalden
9 Appenzell, Nidwalden

Halbkontinent
11 Nordamerika, Suedamerika

Halbkugel
11 Hemisphaere

halblange Pumphose
13 Knickerbocker

Halblicht in der Frühe
16 Morgendaemmerung

Halbmesser
6 Radius

Halbmetall
5 Arsen, Selen
6 Tellur
7 Antimon
8 Silicium, Silizium
9 Germanium

Halbmond
6 Sichel

halbplastisches Bildwerk
6 Relief

Halbporzellan
7 Fayence
8 Majolika

halbrunde Nische
6 Exedra

Halbschlaf
6 Doesen
9 Schlummer

Halbschmarotzerstrauch
6 Mistel

Halbschuh
5 Pumps
6 Opanke
7 Slipper
8 Mokassin

halbseiden
8 verrucht
9 anruechig

Halbseidengewebe
8 Eolienne

halbseitiger Kopfschmerz
8 Migraene

halbsteife Masse
7 Gallert

Halbstiefel
11 Stiefelette

Halbteil
7 Haelfte

Halbton ...
· *über* **a**
3 ais
· *unter* **d**
3 des, dis
· *in* **der Musik**
1 b
2 as, es
3 ais, ces, cis, des, dis, eis, fes, fis, ges, gis, his

halbwarm
3 lau

Halbwelt
9 Demimonde, Unterwelt

Halbweltdame
7 Kokotte
9 Kurtisane

Halbwisser
9 Dilettant

Halbwüchsige/Halbwüchsiger
4 Teen, Twen
6 Teenie
8 Teenager
9 Backfisch

Halbwüchsiger
7 Bursche

halbzahmer Vogel
5 Taube

Halbziege
4 Thar

Halfter
4 Joch, Zaum
6 Kummet

Hall
3 Ruf, Ton
4 Echo
5 Klang, Sound
6 Schall
8 Resonanz

Halle
4 Aula, Saal
5 Foyer

Halle ...
· **Odins**
7 Walhall
8 Walhalla

Hallenkirche
8 Basilika

Hallensische Münze
7 Haeller

Hallig
5 Habel, Hooge, Oland
6 Groede
8 Suedfall

9 Langeness, Norderoog, Suederoog
10 Nordstrand
Hallighügel
5 Warft
Halluzination
4 Wahn
8 Fantasie, Trugbild
9 Phantasie
Halmfrüchte
8 Getreide
Halmgewächs
4 Gras
8 Getreide

H

Halogen
3 Jod
4 Brom
5 Astat, Chlor, Fluor
Halsabschneider
6 Gauner
8 Wucherer
Halsbekleidung
5 Schal
6 Kragen
Halsbinde
6 Binder, Fliege
7 Schlips
8 Krawatte, Plastron, Schleife
Halsbinde katholischer Priester
6 Kollar
Halseisen
7 Pranger
Halsentzündung
6 Angina
Halsfalte des Rindes
5 Wamme
Halskette
7 Collier, Kollier
Halskrankheit
10 Diphtherie
Halskrause
6 Fraese, Kroese
Halsorgan
6 Gurgel
8 Kehlkopf
Halsschlagader
7 Karotis
Halsschmuck
5 Kette
7 Collier, Kollier
13 Korallenkette, Perlencollier, Perlenkollier
Halsschmuck der Bronzezeit
6 Lunula
halsstarrig
4 stur
11 eigensinnig
Halsteil
5 Kehle, Zunge
6 Gaumen, Genick, Gurgel, Mandel, Nacken, Rachen
7 Mandeln, Schlund
8 Kehlkopf
9 Zaepfchen
10 Adamsapfel, Luftroehre, Zungenbein
12 Schilddruese, Speiseroehre
Halsteil an der Kleidung
6 Kragen
Halstuch
5 Schal, Stola
8 Cachenez
Halstuch ...
· *aus* **bestimmter Wolle**
13 Kaschmirschal
· *aus* **einer feinen Wolle**
13 Kaschmirschal
Halswirbel
5 Atlas
Halt
4 Rast, Stop
5 Pause, Stopp
7 Station
hält die Getränke kühl
9 Eiskuebel
haltbar
5 solid
6 robust
9 dauerhaft
10 bestaendig, konsistent
17 widerstandsfaehig
haltbare Fleischware
10 Dauerwurst
Haltbarkeit
10 Soliditaet
Haltbarmachung
13 Konservierung, Sterilisation
15 Pasteurisierung
Halteband
4 Gurt
7 Traeger
15 Sicherheitsgurt
Haltebolzen
4 Niet
Halteeinrichtung
6 Bremse
9 Notbremse
Haltegestell
8 Staender
Halteklotz
6 Poller
Haltekraft
9 Kohaesion
halten
7 stoppen
13 stehenbleiben
Haltepflock
5 Pilar
Halter für ein Wachslicht
14 Kerzenstaender
Haltestation
7 Bahnhof
Haltestelle
4 Stop
5 Stopp
7 Station
Haltetau
4 Stag
Haltevorrichtung
5 Griff
6 Bremse
Haltevorrichtung für Leibriemen
15 Guertelschlaufe
Haltezeichen (Musik)
7 Fermate
haltlos
5 labil
7 schwach
14 unzuverlaessig, willensschwach
Haltung
3 Air
4 Pose, Stil
5 Tenue
6 Gehabe, Pflege
7 Fassung, Gebaren, Habitus, Positur
8 Aussehen, Benehmen, Betragen
9 Attituede, Auftreten
Halunke
4 Dieb, Lump
6 Bandit, Gauner, Schuft
Hamburger ...
· **Gewässer**
6 Alster

- **Luxushotel**
  8 Atlantik
  16 Vier Jahreszeiten
- **Promenade**
  13 Jungfernstieg
- **Reeder**
  6 Ballin
  8 Woermann
- **Schauspieler**
  4 Vahl
- **Schauspielerin**
  5 Kabel
- **Schriftsteller**
  4 Leip
- **Sehenswürdigkeit**
  5 Hafen
  6 Michel
  7 Rathaus
- **Sportverein** (Abkürzung)
  3 HSV
- **Stadtkanal**
  5 Fleet
- **Stadtteil**
  5 Lurup
  6 Altona, Eilbek
  7 Barmbek
  8 Ottensen
  9 Wandsbeck
  10 Blankenese, Eidelstedt, Uhlenhorst, Winterhude
  11 Eimsbuettel
  12 Harvestehude
- **Vergnügungsviertel**
  7 St. Pauli
  10 Reeperbahn, Sankt Pauli
- **Wahrzeichen**
  6 Michel
  15 Michaeliskirche
- **Weihnachtsmarkt**
  3 Dom
- **Witzfigur**
  4 Erna
  6 Hummel
  9 Klein Erna

Hamburger Starkoch
10 Wollenberg

Hamilkars Sohn
8 Hannibal

hämisch
9 malizioes
11 schadenfroh

hamitisches ...
- **Volk**
  6 Massai, Tuareg

Hammelfett
4 Talg

Hammelfleisch
12 Schoepsernes

Hammelkeule
5 Gigot

Hammer ...
- *der* **Bergleute**
  8 Faeustel
  9 Schlaegel

Hammerklavier
5 Piano
10 Pianoforte

Hamsterecke des Hauses
11 Vorratsraum

hamstern
6 horten

Hand ...
- *beim* **Tier**
  5 Pfote, Tatze
  6 Pranke

Handarbeit
5 Weben
6 Naehen
7 Flicken, Haekeln, Sticken, Stopfen
8 Knuepfen, Stricken
11 Nadelarbeit
15 Teppichknuepfen

Handarbeiterin
9 Stickerin

Handarbeitsart ▶ Handarbeit

Handarbeitsbehälter
8 Naehkorb

Handarbeitshilfe
11 Stickrahmen

Handarbeitsmaterial
9 Naehseide
10 Strickzeug

Handarbeitsstoff
7 Stramin

Handarbeitstätigkeit
5 Weben

Handarbeitsutensil
9 Naehnadel
11 Stricknadel

Handarbeitsvorlage
12 Strickmuster

Handarbeitszubehör
11 Haekelnadel

Handballausdruck
3 Tor
4 Ecke
6 Abwehr, Abwurf, Anwurf
7 Abspiel, Eckwurf, Einwurf, Torraum
8 Freiwurf, Torlinie
11 Anwurfkreis, Mittellinie, Seitenlinie, Siebenmeter
12 Torraumlinie
13 Freiwurflinie

Handbeutel
9 Pompadour

Handbewegung
4 Wink
5 Geste
8 Abwinken, Zuwinken
10 Fingerzeig

Handbuch
6 Manual
9 Leitfaden
10 Kompendium

Handdreschgerät
6 Flegel

Handdruckgerät
7 Stempel

Händeklatschen
7 Applaus, Beifall

Handel
4 Deal, Kauf
7 Einkauf, Kommerz, Verkauf
8 Vertrieb
9 Geschaeft

Handel ...
- *mit* **Diebesgut**
  8 Hehlerei
- **Treibender**
  8 Kaufmann

Handeln
3 Tun
6 wirken
7 agieren
10 Taetigkeit
12 taetig werden

handelnd
5 aktiv
6 taetig

Handelnder
6 Akteur

Handelsbrauch
3 Uso
4 Usus
6 Usance

Handelsgehilfe
5 Clerk
6 Kommis

Handelsgott
6 Hermes, Merkur

Handelsgut
3 Gut
4 Ware
7 Artikel, Produkt
Handelsmann
6 Hoeker
7 Kraemer
8 Grossist, Kaufherr, Kaufmann, Troedler
9 Exporteur, Hausierer, Importeur
13 Grosshaendler, Kleinhaendler
14 Einzelhaendler
Handelsmarke
5 Marke
9 Trademark
12 Warenzeichen
Handelsname
5 Firma
Handelsniederlassung
5 Depot
6 Kontor
7 Filiale
8 Faktorei
10 Vertretung
11 Zweigstelle
Handelsplatz
5 Markt, Messe
6 Boerse
Handelsplatz für Meerestiere
10 Fischmarkt
Handelspreis einer Währung
4 Kurs
Handelsschiff
6 Tanker
8 Frachter
15 Containerschiff
Handelsspanne
5 Marge
Handelsunternehmen
9 Geschaeft
Handelsvertreter
5 Agent
6 Makler, Nepper
9 Reisender, Schlepper
Handelsvertretung
7 Agentur
Handelsvollmacht
7 Prokura
Handelswaren
6 Gueter
8 Produkte

Handelszeichen ▶ Handelsmarke
handfester Mann
4 Kerl
Handfeuerwaffe
6 Gewehr
7 Muskete, Pistole
8 Revolver
16 Maschinenpistole
17 Parabellumpistole
Handfischnetz
5 Hamen
7 Kescher
Handgelenk
4 Rist
handgemein ▶ handgreiflich
Handgemenge
9 Pruegelei
11 Schlaegerei
Handgepäck
5 Mappe
6 Beutel, Koffer, Tasche
7 Seesack
8 Rucksack
9 Reisekorb
10 Aktenmappe, Handkoffer, Handtasche
11 Aktentasche, Reisetasche
12 Hutschachtel
handgeschriebene Vorlage
10 Manuskript
handgezogener Wagen
6 Karren
handgreiflich
7 konkret
8 taetlich
9 drastisch
12 gewalttaetig
Handgriff
5 Hebel, Knauf, Stiel
6 Buegel, Henkel
8 Schlaufe, Schlinge
Handhabe
6 Anlass
11 Druckmittel
Handhabung
4 Dreh
5 Griff, Stiel
6 Praxis, Umgang
7 Einsatz, Technik
8 Gebrauch
Handharmonika
9 Akkordeon
15 Schifferklavier

Handikap
7 Vorgabe
8 Nachteil
11 Behinderung
Handklapper
11 Kastagnette
Handklaviatur
6 Manual
Handknöchel
6 Knobel
Handlanger
6 Helfer
8 Komplize
12 Beistehender
13 Helfershelfer
Händler
7 Kraemer, Tandler
8 Antiquar, Troedler
9 Hausierer
11 Marketender
Händlerin bei der Feldtruppe
13 Marketenderin
Handlesekunst
10 Chirologie
11 Chiromantie
Handleuchte
7 Laterne
handlich
6 bequem
9 nuetzlich, praktisch
Handluftwedler
7 Faecher
Handlung
3 Akt, Tat
5 Thema
6 Ablauf, Aktion, Inhalt
7 Vollzug, Vorgang
8 Ereignis, Fortgang
10 Geschehnis, Vorkommnis
12 Unternehmung
Handlungsablauf
9 Geschehen
Handlungsbevollmächtigter
9 Prokurist
Handlungsgehilfe
▶ Handelsgehilfe
Handlungsgerüst ...
· *eines* **Werkes**
5 Fabel, Story
Handlungsreisender
▶ Handelsreisender
Handlungsvollmacht
7 Prokura

Handlungsweise
3 Tun
Handmähgerät
5 Sense
6 Sichel
Handout
4 Text
6 Papier
10 Manuskript
Handpflege
9 Manikuere
Handpflegegerät
10 Hautschere
Handpflegemittel
3 Oel
4 Fett, Lack
5 Creme, Paste, Salbe, Seife
8 Glyzerin, Vaseline
Handpflegereinigungsgerät
12 Nagelbuerste
Handpflegeutensil
10 Hautschere
Handpuppe
10 Marionette
Handpuppenbühne
13 Kaspertheater
14 Kasperltheater
15 Kasperletheater
Handpuppenfigur
4 Hexe
6 Gretel, Kasper
8 Kasperle, Polizist
11 Grossmutter
Handramme
5 Hoyer
Handreichung
5 Hilfe
6 Dienst
7 Service
9 Assistenz
Handrührgerät
5 Mixer
Handsäge
12 Fuchsschwanz
Handschelle
6 Fessel
Handschlitten
5 Rodel
Handschrift
5 Codex, Kodex
8 Eigenart
Handschriftendeuter
9 Grafologe
10 Graphologe
Handschuh
3 Kid
8 Faeustel
10 Faeustling
Handschuhleder
3 Kid
5 Glacé, Nappa
6 Glacee
Handstableuchte
12 Taschenlampe
Handstandüberschlag
10 Flickflack
Handstempel
9 Petschaft
Handstreich
4 Coup
6 Putsch
9 Ueberfall
Handtäschchen
8 Ridikuel
Handtaschenklassiker
8 Kellybag
9 Birkinbag
Handteil
4 Rist
5 Nagel, Sehne
6 Daumen, Finger, Teller
8 Knoechel
9 Nagelbett
10 Ringfinger
11 Fingerkuppe, Fingernagel, Kleinfinger, Zeigefinger
12 Fingerspitze, Mittelfinger
Handtrommel
8 Tamburin
Handtuchstoff
7 Frottee
Handturngerät
4 Stab
5 Keule
6 Hantel, Reifen
Handwagen
6 Karren
handwarm
3 lau
Handwärmer
4 Muff
Handwerk
6 Gewerk, Metier
Handwerker
5 Maler, Weber
6 Gerber, Gipser, Glaser, Maurer, Setzer, Wirker
7 Drucker, Graveur, Sattler, Schmied, Spinner, Toepfer
8 Klempner, Schuster, Spengler, Tischler, Zimmerer
9 Boettcher, Drechsler, Emailleur, Kloeppler, Leinweber, Lohgerber, Polsterer, Schleifer, Schlosser, Schreiner, Steinmetz, Taeschner
10 Dachdecker, Elektriker, Fassbinder, Kuerschner, Ofensetzer, Stuckateur, Stukkateur, Tapezierer, Zimmermann
11 Anstreicher, Goldschmied, Knopfmacher, Schuhmacher, Stellmacher
12 Installateur
15 Heizungsmonteur, Moebelschreiner
Handwerkerdiplom
12 Meisterbrief
13 Gesellenbrief
Handwerkergerät
9 Loetlampe
Handwerkerlehrgang
11 Toepferkurs
Handwerkertitel
7 Geselle, Meister
12 Zunftmeister
Handwerkervereinigung
5 Gilde, Zunft
6 Innung
handwerklich ...
· **Erfahrener**
9 Praktiker
· **gebrautes, aromatisches Bier** (2 Wörter)
9 Craftbeer
handwerkliche Arbeit
6 Faktur
Handwerksberuf ▶ Handwerker
Handwerksbetrieb
12 Buchbinderei
Handwerksgehilfe
5 Stift
7 Geselle
Handwerkszeug
3 Axt
4 Ahle, Beil

H

5 Feile, Hobel, Kelle, Saege, Zange
6 Beitel, Bohrer, Hammer, Messer, Pinsel, Raspel, Schere, Spaten
7 Buerste, Meissel, Stichel
8 Schaufel, Spachtel
9 Zollstock
10 Brecheisen, Kneifzange, Loetkolben, Stemmeisen
11 Drillbohrer, Wasserwaage
12 Bohrmaschine
15 Schraubenzieher

Handzettel
8 Prospekt
9 Flugblatt

H

Handziehwagen
5 Karre
6 Karren

hanebüchen
9 unerhoert

Hanfabfall
4 Werg

Hanfbindfaden
6 Kordel

Hanffaser
5 Sisal

Hanfpflanze
4 Aloe

Hanfprodukt
4 Seil
6 Strick

Hang
5 Piste
6 Faible, Spleen
7 Neigung
8 Vorliebe
9 Boeschung

Hängebrückenpfeiler
5 Pylon

Hängelampe
5 Ampel

hängendes Warengestell
9 Wandregal

Hannibals ...
· **Bruder**
9 Hasdrubal
· **Vater**
8 Hamilkar

hänseln
6 foppen, necken

Hanseschiff
5 Kogge

Hansestadt
4 Riga
5 Emden, Halle, Koeln, Lemgo, Memel, Reval, Soest, Thorn
6 Bergen, Berlin, Bremen, Danzig, Dorpat, Elbing, Goslar, Krakau, Wismar, Zwolle
7 Arnheim, Breslau, Bruegge, Hamburg, Kolberg, Luebeck, Pleskau, Rostock, Stettin, Utrecht
8 Deventer, Duisburg, Hannover, Muenster, Nowgorod
9 Amsterdam, Antwerpen, Falsterbo, Frankfurt (Oder), Lippstadt, Lueneburg, Magdeburg, Salzwedel, Stralsund
10 Osnabrueck
11 Koenigsberg
12 Braunschweig

Hansestadt ...
· *in* **Schleswig-Holstein**
7 Luebeck
· *an der* **Trave**
7 Luebeck

Hansestädter
6 Bremer
9 Hamburger, Luebecker, Rostocker

Hanswurst
4 Narr
5 Clown
6 Kasper
8 Harlekin, Kasperle

Happening
7 Meeting, Treffen
8 Ereignis
10 Geschehnis

Haremswächter
6 Eunuch

Häresie
8 Ketzerei
16 Gotteslaesterung

harfenartiges ...
· **Instrument**
4 Lyra
5 Leier

Harke
6 Rechen

Harlekin
4 Narr
5 Clown
6 Kasper
9 Hanswurst

Harm
4 Gram, Leid
5 Sorge
6 Kummer
7 Schmerz
12 Verbitterung

harmlos
9 friedlich
13 ungefaehrlich

harmlos(e, er, es) ...
· **Schlange**
12 Ringelnatter
· **Streit**
8 Kabbelei
· **Tanzvergnügen**
10 Ringelpiez

Harmonie
6 Friede
7 Einheit, Frieden
8 Ebenmass, Einklang
9 Einigkeit, Eintracht, Konsonanz
12 Einvernehmen

Harmonielehre
8 Harmonik

Harmonika
9 Akkordeon, Bandoneon
15 Schifferklavier

harmonisch(e, er, es) ...
· **Klangfolge**
7 Melodie
· **Töne**
5 Klang
· **Wesen**
16 Ausgeglichenheit
· **Zustand**
6 Friede

Harn
4 Urin

Harnisch
3 Wut
4 Zorn
6 Panzer
7 Kuerass
8 Ruestung

Harnvergiftung
7 Uraemie

Harpune
5 Speer
6 Spiess
9 Wurfspeer
10 Wurfspiess

Harry-Potter-Darsteller
9 Radcliffe
hart
4 fest, stur
5 ehern
6 eisern, stabil, streng
7 rigoros
9 unbeugsam
10 drakonisch
12 unerbittlich
hart(e, er, es) ...
· **Gestein**
6 Basalt, Granit
· **Innenteil**
4 Kern
· **Kräuterkäse**
10 Schabziger
· **Metall**
5 Chrom, Titan, Widia
6 Tantal
7 Iridium
· **militärische Ausbildung**
5 Drill
· **Mineral**
5 Stein
· **Papier**
5 Pappe
· **Reibkäse**
8 Parmesan
· **Salzei**
5 Solei
· **Tonart**
3 Dur
· **Tonschiefer**
6 Adinol
· **Ziegel**
7 Klinker
Härte
7 Strenge
10 Konsequenz, Widerstand
11 Grausamkeit
härtestes Mineral
7 Diamant
Hartgeld
6 Muenze
7 Muenzen
Hartgummi
6 Ebonit
Hartgummischeibe beim Eishockey
4 Puck
Hartholz
5 Paduk
6 Makore
9 Eisenholz, Kasuarine
Hartkäse
5 Gouda
7 Cheddar, Chester, Gruyère
8 Parmesan
Hartkernfrüchte
9 Steinobst
Hartmetall
5 Titan
hartnäckig
4 stur
9 verbissen
11 halsstarrig
hartnäckige Sturheit
12 Verbohrtheit
Hartriegelgewächs
6 Cornus
8 Liguster
Hartschalenfrucht
4 Nuss
6 Mandel
Hartschalenkoffer für Kosmetia
10 Beautycase
hartschalige Früchte
9 Schalobst
Hartung
6 Januar
7 Jaenner
Hartwurst
6 Salami
Haruspex
9 Wahrsager
Harzabflussrinne am Baum
6 Lachte
Harzart
5 Elemi, Kopal
6 Benzoe, Dammar, Guajak, Mastix, Myrrhe, Storax, Styrax
7 Galipot, Ladanum
8 Sandarak
9 Bernstein, Gummigutt, Kautschuk, Schellack, Terpentin, Weihrauch
Harzgipfel
7 Brocken
Harzkurort
8 Schierke
9 Bad Sachsa, Braunlage
11 Bad Harzburg, Wernigerode
Harzöl
9 Terpentin
Harzprodukt
11 Kolophonium
harzreiches ...
· **Kiefernholz**
4 Kien
· **Nadelholz**
4 Kien
Hasard
6 Glueck, Zufall
12 Gluecksspiel
Häscher
7 Buettel, Scherge
Hase ...
· *im* **Märchen**
5 Lampe
11 Muemmelmann
13 Meister Lampe
Haselmaus
5 Bilch, Relle
9 Schlaefer
14 Haselschlaefer
Haselschwamm
7 Porling
Haselwurz
6 Asarum
9 Brechwurz
Haselwurzkampfer
6 Asaron
Hasenampfer
9 Sauerklee
hasenartiges ...
· **Tier**
4 Mara
5 Aguti
9 Kaninchen, Karnickel
10 Chinchilla, Murmeltier
Hasenbein
4 Lauf
Hasenbock
7 Rammler
Hasenfell
5 Kanin
Hasenfuß
5 Memme
8 Feigling
9 Angsthase
Hasenlager
5 Sasse
Hasenmännchen
7 Rammler
Hasenmaus
10 Chinchilla
Hasenpanier
5 Angst
6 Flucht, Furcht
8 Feigheit

Hasenschwanz
5 Blume
Häsin
5 Zibbe, Zippe
8 Satzhase, Setzhase
Hass
5 Groll, Odium
7 Abscheu
11 Feindschaft
hässlich
4 mies
10 abstossend
hässlich(e, er, es) ...
· **Anblick**
6 Fratze
8 Grimasse
· **Angewohnheit**
5 Unart
6 Laster
· **Wesen**
8 Scheusal, Ungetuem
Hast
4 Eile
5 Hetze, Tempo
6 Stress
hasten
5 eilen
6 hetzen
hastiges Umhereilen
8 Rennerei
hätscheln
9 liebkosen
10 streicheln
Hatz
4 Jagd
5 Hetze
10 Verfolgung
Haube
4 Dach, Helm
5 Kappe
7 Aufsatz, Kalotte
8 Woelbung
Haube für Milchprodukte
11 Kaeseglocke
Haubenpapagei
6 Kakadu
Haubitze
9 Geschuetz
Hauch
4 Atem, Aura, Odem, Spur
6 Anflug, Nuance, Pneuma
7 Fluidum, Luftzug
hauchdünne ...
· **Nudeln**
11 Tagliatelle
· **Pfannkuchen**
6 Crepes
Haudegen
5 Recke
6 Soldat
7 Veteran
Haue
5 Hiebe, Keile, Senge
7 Dresche, Pruegel
8 Schlaege
9 Abreibung
Haufen
4 Pulk, Wust
5 Masse, Menge, Schar, Stoss
6 Anzahl, Stapel
7 Schwarm
11 Garbenstand
Haufenwolke
7 Kumulus
häufig
3 oft
10 wiederholt
häufig(e, er, es) ...
· **Flussname in Bayern**
4 Ache
· **Papageienname**
4 Lora
Häufigkeit
8 Frequenz
Häufung
5 Masse
10 Ansammlung
12 Akkumulation
Haumesser
7 Machete
Haun
3 Uhu
Haupt
4 Boss, Chef, Kopf
6 Leiter
7 Fuehrer
9 Anfuehrer
Hauptausdehnung
6 Laenge
Hauptbrücke in Venedig
6 Rialto
Hauptbuch
7 Journal
9 Kontobuch
Haupteingang
6 Portal
8 Haustuer
Hauptfigur
4 Held
11 Protagonist
12 Titelgestalt
Hauptfluss
5 Strom
Hauptgedanke
5 Thema
Hauptgeistlicher der anglikanischen Kirche
4 Dean
Hauptgeschäftsstelle
8 Zentrale
Hauptgeschäftsstraße
13 Einkaufsmeile
Hauptgewicht
11 Schwerpunkt
Hauptgott ...
· *der* **Philister**
5 Dagan, Dagon
Hauptgrundsatz
6 Maxime
Hauptheiligtum des Islam
5 Kaaba
Hauptinsel ...
· *der* **Balearen**
8 Mallorca
· **Japans**
6 Honshu
· *der* **Marianen**
4 Guam
· *der* **Philippinen**
5 Luzon
Hauptkirche
3 Dom
8 Basilika, Muenster
10 Kathedrale
Häuptling
6 Kazike
Hauptmahlzeit
5 Diner
11 Mittagessen
Hauptmasse
4 Gros
9 Ueberzahl
10 Hauptmenge
Hauptmasse des Körpers
5 Rumpf
Hauptmündungsarm des Rheins
4 Waal
Hauptort ...
· *auf* **Bornholm**
6 Roenne
· *auf* **Elba**
12 Portoferraio

- *auf* **Gotland**
  5 Visby, Wisby
- *von* **Graubünden**
  4 Chur
- *auf* **Grönland**
  8 Godthaab
- *des* **Kantons Obwalden**
  6 Sarnen
- *des* **Kantons Uri**
  7 Altdorf
- *auf* **Madeira**
  7 Funchal
- *auf* **Mallorca**
  5 Palma
- *auf* **Malta**
  8 Valletta
- *von* **Nidwalden**
  5 Stans
- *auf* **Sylt**
  10 Westerland
- *von* **Tahiti**
  7 Papeete
- *auf* **Zypern**
  7 Nikosia

Hauptperson ...
- *einer* **Feier**
  7 Jubilar
  9 Jubilarin
  15 Geburtstagskind

Hauptpflanze der Wiesen
4 Gras

Hauptplatz von Städten
5 Markt

Hauptpriel im Wattenmeer
6 Seegat

Hauptpunkt
6 Pointe

Hauptraum des altrömischen Hauses
6 Atrium

Hauptregister der Orgel
9 Prinzipal

Hauptreisezeit
6 Saison
10 Hochsaison

Hauptsache
4 Clou
6 Gehalt, Pointe
8 Substanz
9 Kernpunkt
11 Quintessenz

hauptsächlich in Heim und Familie Tätiger
8 Hausmann

Hauptschlagader
5 Aorta

Hauptschneide am Pflug
5 Schar

Hauptspeise der Tibeter
6 Dsamba

Hauptstadt
8 Kapitale
9 Metropole
14 Regierungssitz

Hauptstadt ...
- *von* **Afghanistan**
  5 Kabul
- *von* **Ägypten**
  5 Kairo
- *von* **Albanien**
  6 Tirana
- *von* **Algerien**
  6 Algier
- *des* **alten Elam**
  4 Susa
- *von* **Andorra**
  14 Andorra la Vella
- *von* **Angola**
  6 Loanda, Luanda
- *von* **Argentinien**
  11 Buenos Aires
- *von* **Armenien**
  6 Eriwan
- *von* **Aserbaidschan**
  4 Baku
- *des* **Assyrerreiches**
  5 Assur
  6 Ninive
- *von* **Äthiopien**
  10 Addis Abeba
- *von* **Australien**
  8 Canberra
- *von* **Baden-Württemberg**
  9 Stuttgart
- *der* **Bahamas**
  6 Nassau
- *von* **Bahrain**
  6 Manama
- *der* **Balearen**
  5 Palma
- *von* **Bali**
  8 Denpasar
- *von* **Bangladesh**
  5 Dacca, Dhaka
- *von* **Barbados**
  10 Bridgetown
- *von* **Baschkirien**
  3 Ufa
- *von* **Bayern**
  8 Muenchen
- *von* **Belgien**
  8 Bruessel
- *von* **Bengalen**
  8 Kalkutta
- *von* **Benin**
  9 Porto Novo
- *von* **Bolivien**
  5 Sucre
- *von* **Bosnien und Herzegowina**
  8 Sarajevo, Sarajewo
- *von* **Botswana**
  8 Gaberone
- *von* **Brandenburg**
  7 Potsdam
- *von* **Brasilien**
  8 Brasilia
- *von* **Brunei**
  7 Begawan
- *von* **Bulgarien**
  5 Sofia
- *von* **Burgenland**
  10 Eisenstadt
- *von* **Burundi**
  9 Bujumbura
- *von* **Chile**
  8 Santiago
  15 Santiago de Chile
- *der* **chinesischen Provinz Schenzi**
  4 Xian
- *der* **chinesischen Volksrepublik**
  6 Peking
- *von* **Colorado**
  6 Denver
- *von* **Costa Rica**
  7 San José
- *von* **Dänemark**
  10 Kopenhagen
- *von* **Deutschland**
  6 Berlin
- *der* **Dominikanischen Republik**
  12 Santo Domingo
- *von* **Ecuador**
  5 Quito
- *von* **El Salvador**
  11 San Salvador
- *von* **Eritrea**
  6 Asmara

H

- *von* **Estland**
  5 Reval
  7 Tallinn
- *in* **Europa**
  3 Rom
  6 Lisboa, Madrid
- *in* **Fernost**
  5 Tokio
- *von* **Fidschi**
  4 Suva
- *von* **Finnland**
  8 Helsinki
- *von* **Frankreich**
  5 Paris
- *von* **Gabun**
  10 Libreville
- *von* **Gambia**
  6 Banjul
- *von* **Georgien**
  6 Tiflis
- *von* **Ghana**
  5 Accra, Akkra
- *der* **Goldküste**
  5 Accra
- *von* **Griechenland**
  5 Athen
- *von* **Großbritannien**
  6 London
- *von* **Guatemala**
  13 Guatemala City
- *von* **Guinea**
  7 Conakry
- *von* **Guinea-Bissau**
  6 Bissau
- *von* **Guyana**
  10 Georgetown
- *von* **Haiti**
  12 Port au Prince
- *von* **Hawai**
  8 Honolulu
- *von* **Hessen**
  9 Wiesbaden
- *von* **Holland**
  9 Amsterdam
- *von* **Honduras**
  11 Tegucigalpa
- *von* **Indien**
  8 Neu Delhi, New Delhi
- *der* **Indischen Union**
  5 Delhi
- *von* **Indonesien**
  7 Jakarta
  8 Djakarta
- *des* **Irak**
  6 Bagdad
- *des* **Iran**
  7 Teheran
- *von* **Irland**
  6 Dublin
- *von* **Island**
  9 Reykjavik
- *von* **Israel**
  9 Jerusalem
- *von* **Italien**
  3 Rom
- *von* **Jamaika**
  8 Kingston
- *von* **Japan**
  5 Tokio
- *von* **Jemen**
  4 Sana
- *von* **Jordanien**
  5 Amman
- *von* **Kambodscha**
  8 Pnompenh
- *von* **Kamerun**
  6 Jaunde
- *von* **Kanada**
  6 Ottawa
- *des* **Kantons Uri**
  7 Altdorf
- *der* **Kapverdischen Inseln**
  5 Praia
- *von* **Kärnten**
  10 Klagenfurt
- *von* **Katar**
  4 Doha
- *von* **Kenia**
  7 Nairobi
- *von* **Kolumbien**
  6 Bogota
- *der* **Komoren**
  6 Moroni
- *des* **Kongo**
  8 Kinshasa
  11 Brazzaville
- *von* **Kreta**
  9 Heraklion
- *von* **Kroatien**
  6 Zagreb
- *von* **Kuba**
  6 Habana
  7 Havanna
  8 La Habana
- *von* **Kuwait**
  6 Kuwait
- *von* **Ladakh**
  3 Leh
- *von* **Laos**
  9 Vientiane
- *von* **Lesotho**
  6 Maseru
- *von* **Lettland**
  4 Riga
- *des* **Libanon**
  6 Beirut
- *von* **Liberia**
  8 Monrovia
- *von* **Libyen**
  8 Tripolis
- *von* **Liechtenstein**
  5 Vaduz
- *von* **Litauen**
  5 Wilna
  7 Vilnius
- *von* **Luxemburg**
  9 Luxemburg
- *von* **Madagaskar**
  12 Antananarivo
- *des* **Malaiischen Bundes**
  11 Kuala Lumpur
- *von* **Malawi**
  8 Lilongwe
- *von* **Malaysia**
  11 Kuala Lumpur
- *der* **Malediven**
  4 Male
- *von* **Mali**
  6 Bamako
- *von* **Mallorca**
  5 Palma
- *von* **Malta**
  8 Valletta
- *von* **Marokko**
  5 Rabat
- *von* **Mecklenburg-Vorpommern**
  8 Schwerin
- *von* **Mexiko**
  10 Mexiko City
- *von* **Moçambique**
  6 Maputo
- *von* **Monaco**
  6 Monaco
- *der* **Mongolei**
  9 Ulan Bator
- *von* **Montenegro**
  9 Podgorica
- *in* **Nahost**
  7 Teheran
- *von* **Namibia**
  7 Windhuk
  8 Windhoek
- *von* **Nepal**
  8 Katmandu

· *von* **Neuseeland**
10 Wellington
· *von* **Nicaragua**
7 Managua
· *der* **Niederlande**
9 Amsterdam
· *von* **Niederösterreich**
12 Sankt Poelten
· *von* **Niedersachsen**
8 Hannover
· *von* **Niger**
6 Niamey
· *von* **Nigeria**
5 Abuja
· *in* **Nordafrika**
5 Tunis
6 Algier
· *in* **Nordeuropa**
4 Oslo
· *von* **Nordirland**
7 Belfast
· *von* **Nordrhein-Westfalen**
11 Duesseldorf
· *von* **Norwegen**
4 Oslo
· *von* **Oberösterreich**
4 Linz
· *von* **Oman**
6 Maskat
· *von* **Ontario**
7 Toronto
· *von* **Oregon**
5 Salem
· *in* **Ostasien**
6 Taipeh
· *von* **Österreich**
4 Wien
· *von* **Ostflandern**
4 Gent
· *von* **Pakistan**
9 Islamabad
· *von* **Panama**
10 Panama City
· *von* **Paraguay**
8 Asuncion
· *von* **Peru**
4 Lima
· *der* **Philippinen**
6 Manila
· *der* **Phönizier**
5 Sidon, Tyros
· *von* **Polen**
8 Warschau
· *von* **Portugal**
8 Lissabon
· *von* **Puerto Rico**
7 San Juan
· *der* **Republik Irland**
6 Dublin
· *der* **Republik Korea**
5 Seoul
· *von* **Rheinland-Pfalz**
5 Mainz
· *von* **Ruanda**
6 Kigali
· *von* **Rumänien**
8 Bukarest
· *von* **Russland**
6 Moskau
· *des* **Saarlandes**
12 Saarbruecken
· *von* **Sachsen**
7 Dresden
· *von* **Sachsen-Anhalt**
9 Magdeburg
· *von* **Sambia**
6 Lusaka
· *von* **San Marino**
9 San Marino
· *von* **Sankt Helena**
9 Jamestown
· *von* **Sardinien**
8 Cagliari
· *von* **Saudi-Arabien**
4 Riad
· *von* **Schleswig-Holstein**
4 Kiel
· *von* **Schottland**
9 Edinburgh
· *von* **Schweden**
9 Stockholm
· *der* **Schweiz**
4 Bern
· *von* **Senegal**
5 Dakar
· *von* **Serbien**
7 Belgrad
· *der* **Seychellen**
8 Victoria
· *von* **Sierra Leone**
8 Freetown
· *von* **Simbabwe**
6 Harare
· *von* **Singapur**
8 Singapur
· *von* **Sizilien**
7 Palermo
· *der* **Slowakei**
9 Pressburg
10 Bratislava
· *von* **Slowenien**
9 Ljubljana
· *von* **Somalia**
10 Mogadischu
· *von* **Spanien**
6 Madrid
· *von* **Sri Lanka**
7 Colombo
· *der* **Steiermark**
4 Graz
· *von* **Südafrika**
7 Tshwane
· *der* **Südafrikanischen Republik**
7 Tshwane
· *des* **Sudan**
7 Khartum
· *von* **Südkarolina**
8 Columbia
· *von* **Südkorea**
5 Seoul
· *von* **Swasiland**
7 Mbabane
· *von* **Syrien**
8 Damaskus
· *von* **Tahiti**
7 Papeete
· *von* **Taiwan**
6 Taipeh
· *von* **Tansania**
6 Dodoma
· *von* **Texas**
6 Austin
· *von* **Thailand**
7 Bangkok
· *von* **Thüringen**
6 Erfurt
· *von* **Tibet**
5 Lhasa
· *von* **Togo**
4 Lome
· *von* **Trinidad und Tobago**
11 Port of Spain
· *des* **Tschad**
8 Ndjamena
· *der* **Tschechischen Republik**
4 Prag
· *von* **Tunesien**
5 Tunis
· *der* **Türkei**
6 Ankara
· *von* **Uganda**
7 Kampala

H

· *der* **Ukraine**
4 Kiew
· *von* **Ungarn**
8 Budapest
· *von* **Uruguay**
10 Montevideo
· *der* **USA**
10 Washington
· *von* **Usbekistan**
9 Taschkent
· *des* **US-Staates Georgia**
7 Atlanta
· *von* **Venezuela**
7 Caracas
· *der* **Vereinigten Arabischen Emirate**
5 Dubai
· *von* **Vietnam**
5 Hanoi
· *der* **Volksdemokratischen Republik Korea**
10 Pjoengjang
· *der* **Volksrepublik China**
6 Peking
· *von* **Vorarlberg**
7 Bregenz
· *von* **Wales**
7 Cardiff
· *von* **Wallis**
4 Sion
· *von* **Weißrussland**
5 Minsk
· *von* **Westaustralien**
5 Perth
· *von* **Westsamoa**
4 Apia
· *von* **Wisconsin**
7 Madison
· *der* **Zentralafrikanischen Republik**
6 Bangui
· *von* **Zypern**
7 Nikosia

Hauptstierkämpfer
7 Matador

Hauptstraße ...
· *in* **Berlin**
6 Kudamm
15 Kurfuerstendamm
· *in* **Düsseldorf**
3 Koe
12 Koenigsallee
· *in* **London**
10 Piccadilly
· *in* **Paris**
13 Champs Elysées

Haupttür
6 Pforte
7 Eingang

Hauptturm ...
· *der* **Burg**
9 Bergfried, Burgfried

Hauptverkehr
8 Rushhour
9 Stosszeit

Hauptvolk der Kelten
7 Gallier

Hauptwerk von Thomas Morus
6 Utopia

Hauptwort
5 Nomen
8 Dingwort
10 Substantiv

Hauptzeit einer Woche
6 Alltag

Hauptzeuge
9 Kronzeuge

Haus
3 Bau
4 Heim
5 Villa
6 Huette
7 Bauwerk
8 Bungalow, Dynastie, Gebaeude
12 Mietskaserne

Haus ...
· *während der* **Errichtung**
3 Bau
· *eines* **Feldarbeiters**
4 Kate
· *für* **Geselligkeiten**
6 Kasino
· *mit* **Hof**
8 Hofstatt
· *für* **Kunstausstellungen**
6 Museum
7 Galerie

Hausabschluss
4 Dach
5 First

Hausanbau
5 Erker

Hausangestellte
4 Magd
7 Koechin
8 Dienerin, Maedchen
13 Haushaelterin
14 Dienstmaedchen, Wirtschafterin

Hausangestellter
5 Lakai
6 Butler, Diener
7 Bursche
11 Hausmeister

Hausbesitzer
4 Wirt
8 Hauswirt
9 Vermieter

Hausboot
6 Sampan

Häuschen ...
· *auf der* **Alm**
10 Sennhuette
· *im* **Grünen**
11 Gartenlaube

Hauseigner
9 Vermieter

Hauseingang
3 Tor
4 Tuer
6 Pforte, Portal

Hauseinrichtung
6 Moebel

Häuser an Seen
11 Pfahlbauten

Häuserkomplex
5 Block, Reihe
8 Quartier, Siedlung

Hauserrichter
7 Erbauer

Häuservermittler
6 Makler
16 Immobilienmakler

Häuserviereck
5 Block

Hauserweiterung
5 Anbau, Annex

Häuserzwischenraum
7 Bauwich

Hausfest
4 Fete
5 Party

Hausflur
3 Ern
4 Gang
5 Diele
8 Korridor

Hausfrauenschutzkleidung
15 Kleiderschuerze

Hausfront
7 Fassade

Hausgeist
4 Puck
5 Wicht, Zwerg
6 Kobold
16 Heinzelmaennchen
Hausglocke
4 Gong
Hausgötter ...
· *der* **alten Römer**
5 Laren, Manen
7 Penaten
Hausgrille
8 Heimchen
Haushalt
4 Etat
6 Budget
haushaltführende Ehefrau
8 Hausfrau
Haushaltsführung
9 Oekonomie
Haushaltsgefäß
5 Kanne
9 Schuessel
Haushaltsgerät
3 Mop
4 Foen, Herd, Mopp, Wolf
5 Besen, Eimer, Mixer
6 Leiter, Messer, Schere
8 Backofen, Kochherd, Kochtopf
9 Putzeimer, Schrubber
11 Buegeleisen, Schaumkelle, Staubsauger
12 Kaffeemuehle, Kuechenwaage, Kuehlschrank, Wasserkocher
13 Waschmaschine
14 Kaffeemaschine, Teppichklopfer, Tiefkuehltruhe
15 Buechsenoeffner, Schnellkochtopf
16 Dampfbuegeleisen
Haushaltsgerät mit Warmluft
15 Waeschetrockner
Haushaltsituation
8 Etatlage
Haushaltsplan
4 Etat
6 Budget
11 Voranschlag
Haushaltstextilien
7 Waesche
Haushaltszubehör
11 Buegelbrett
Hausherr ▶ Hausbesitzer
Haushofmeister im Mittelalter
5 Meier
Haushuhnrasse
7 Leghorn
Hausierer
6 Hoeker
Hausierhandel
10 Kolportage
Hauskleid
7 Negligé
8 Negligee
10 Déshabillé
Hausknecht
3 Enk
Häuslerwohnung
4 Kate
häusliche Feier
13 Cocktailparty
Hausmeier der Merowinger
10 Majordomus
Hausmeister
6 Pedell
7 Portier
8 Hauswart
9 Kalfakter
Hausmeisterin in Frankreich
9 Concierge
Hausrat
6 Moebel
8 Geschirr, Inventar, Mobiliar
Hausrock
5 Joppe
6 Janker
Hausschuhe
8 Latschen
9 Pantoffel, Schlappen
Hausse
4 Boom
Haussier
13 Boersenmakler
Haustier
3 Kuh, Ren, Sau
4 Bock, Eber, Ente, Esel, Gans, Hahn, Hase, Huhn, Hund, Kalb, Lamm, Pony, Pute, Rind
5 Biene, Bulle, Erpel, Geiss, Henne, Kater, Katze, Ochse, Pferd, Puter, Ruede, Schaf, Stier, Stute, Taube, Welpe, Ziege
6 Faerse, Ferkel, Fohlen, Ganter, Glucke, Gockel, Hammel, Hengst, Kapaun, Kueken, Tauber, Widder
7 Fuellen, Goessel, Hamster, Huendin, Kuecken, Rammler, Rentier, Schwein, Wallach
8 Enterich, Grautier, Maulesel, Maultier, Perlhuhn, Truthahn
9 Kaninchen, Karnickel, Schafbock, Siamkatze, Truthenne
11 Goldhamster
13 Kanarienvogel, Wellensittich
Haustier ...
· *der* **Anden**
4 Lama
· *der* **Lappen**
3 Ren
7 Rentier
· **reiner Abstammung**
9 Rassehund
· *in* **Südamerika**
4 Lama
6 Alpaka
Haustiere
4 Vieh
Haustürklingel
4 Gong
6 Glocke
7 Klingel, Schelle
Hausveränderung
5 Umbau
Hausvorbau
5 Altan, Erker
6 Balkon, Loggia
7 Veranda
Hauswart
7 Portier
11 Hausmeister
Hauswiese
8 Hofstatt
Hauswirt
9 Vermieter
Hauswurz
11 Sempervivum
Haut
4 Balg, Fell
5 Pelle
7 Schicht
9 Epidermis

Haut am Geweih
4 Bast
Hautabschürfung
8 Schrunde
Hautabsonderung
8 Schweiss
Hautarzt
11 Dermatologe
Hautatmung
12 Perspiration
Hautausschlag
4 Akne
5 Ekzem
6 Herpes
7 Flechte, Kraetze
Hautauswuchs
5 Warze
9 Gruebchen
Hautbemalung
6 Tattoo
Hautbewuchs
4 Bart, Haar
5 Flaum
Hautbräunanlage
8 Solarium
Haute Couturier
13 Modeschoepfer
Hautentzündung
5 Ekzem
10 Dermatitis
Hauterkrankung
4 Akne
9 Ausschlag
Hauterkrankung bei Haustieren
6 Raeude
Hautfalte
6 Runzel
Hautfalte zum Schutz des Auges
3 Lid
Hautfarbe
5 Teint
Hautfärbemittel
5 Rouge
8 Schminke
Hautfarbstoff
7 Pigment
Hautfleck
3 Mal
9 Muttermal
10 Leberfleck
13 Sommersprosse
Hautflügler
4 Emse, Imme
5 Biene, Wespe
6 Ameise, Hummel
8 Hornisse
Hautglätten (chirurgisch)
6 liften
Hautjucken
8 Pruritus
Hautknötchen
5 Papel, Warze
Hautkrankheit
4 Akne
5 Ekzem, Finne
6 Herpes
7 Flechte, Kraetze
8 Furunkel
10 Dermatitis
11 Guertelrose
15 Schuppenflechte
Hautkrankheitslehre
12 Dermatologie
Hautoberschicht
9 Epidermis
Hautöffnung
4 Pore
Hautpflege im Sommer
18 Sonnenschutzmittel
Hautpflegemittel
3 Oel
5 Creme, Puder, Salbe
8 Vaseline
Hautpflegemittel für Säuglinge
7 Babyoel
Hautpilzerkrankung
7 Flechte
11 Pilzflechte
Hautplättchen
7 Schuppe
Hautpustel
6 Pickel
Hautrötung
11 Sonnenbrand
Hautschutz im Sommer
11 Sonnencreme
Hautstraffung
7 Lifting
Hautunreinheit
6 Pickel, Pickel
8 Mitesser
Hautverfärbung
5 Roete
Hautverhärtung
8 Hornhaut, Schwiele
Hautverzierung
12 Taetowierung
Hautwucherung
5 Warze
Hautzeichnung
12 Taetowierung
Hauwerkzeug
3 Axt
4 Beil
6 Hammer
Havarie
11 Schiffbruch
13 Zusammenstoss
Hawaiigitarre
7 Ukulele
Hawaiiinsel
4 Maui, Oahu
5 Kauai, Kaula, Lanai
6 Hawaii, Niihau
7 Molokai
8 Kahulaui
9 Kahoolawe
Headline
12 Ueberschrift
Hebel ...
· *im* **Auto**
9 Schaltung
· *im* **Flugzeug**
14 Steuerknueppel
· *am* **Steuerruder**
5 Pinne
Hebelbewegung
3 Hub
Heber ...
· *für* **Flüssigkeiten**
7 Pipette
8 Saugrohr
9 Giftheber
Hebevorrichtung
4 Baum, Dock, Kran, Lift
5 Winde
6 Aufzug
7 Baukran
8 Elevator, Hebebaum, Schleuse
9 Fahrstuhl
11 Flaschenzug, Paternoster
12 Gabelstapler, Lastenaufzug
Hebewerk ...
· *für* **Schiffe**
4 Dock
8 Schleuse
hebräisch für ...
· **„es geschehe"**
4 amen

- **Gott**
  5 Eloah
  6 Adonai
- **Sohn**
  3 Ben

hebräisch(e, er, es) ...
- **Buchstabe**
  3 Mem
  5 Aleph, Dalet, Gimel, Lamed, Resch, Sajin, Schin
- **Gruß**
  6 Shalom
  7 Schalom
- **Münze**
  5 Sekel
  7 Schekel
- **Name Gottes**
  5 Eloah
- **Namensteil**
  3 Ben

Hebrideninsel
3 Rum
4 Coll, Eigg, Iona, Jura, Muck, Mull, Nist, Skye
5 Barra, Canna, Islay, Lewis, Tiree
6 Harris, Staffa

Hebung ...
- *in* **der Metrik**
  5 Arsis
- *des* **Wasserspiegels**
  4 Stau

hecheln
5 atmen
7 lechzen

Hecht
8 Schnoeck
10 Wasserwolf

Hechtbarsch
6 Zander

Heckbalken (Schiff)
6 Steven

Hecke
3 Hag

Heckengewächs ▶ Heckenpflanze

Heckenpflanze
5 Buchs
7 Rotdorn
8 Hagedorn, Liguster
9 Hainbuche, Weissdorn

Heckenrose
8 Hagedorn
9 Hundsrose

Heckenschütze
8 Guerilla, Partisan
11 Franktireur

Hede
4 Werg

Hederich
7 Unkraut
12 Ackerrettich

Heer
5 Armee
6 Truppe
11 Streitmacht

Heeresabteilung
5 Armee, Korps
8 Division, Kompanie, Regiment
9 Bataillon

Heeresangehöriger
6 Soldat
8 Offizier

Heeresfuhrwesen
5 Train

Heeresgefolge
5 Tross

Heeresteil
5 Armee

Heeresverband
5 Armee
10 Armeekorps

Heerführer
7 General
8 Feldherr, Stratege
9 Marschall

Heerführer ...
- *im* **30-jährigen Krieg**
  5 Tilly
  11 Wallenstein

Heerkönig der Sweben
8 Ariovist

Heerschar
6 Truppe
7 Einheit, Verband

Heerschau
6 Parade

Heerschersitz
5 Thron

Heerwesen
8 Militaer

Hefe
4 Germ, Pilz
6 Baerme

hefeähnliche Pilzart
4 Kahm

Hefegebäck
7 Brioche, Krapfen
8 Berliner, Schnecke
11 Germknoedel, Pfannkuchen

HefeStreuselGebäck
12 Butterkuchen

Heft
5 Griff, Stiel
6 Kladde
7 Journal, Magazin
11 Zeitschrift

Heft fürs erste Kolorieren
7 Malbuch

heftig
4 akut, jaeh, wild
5 stark
6 hitzig
8 impulsiv, vehement
9 ungestuem
12 vordringlich

heftig ...
- **ansteigend**
  5 steil
- **verlaufend** (Krankh.)
  4 akut
- **ziehen**
  6 zerren

heftig(e, er, es) ...
- **Abneigung**
  4 Ekel, Hass
  7 Abscheu
- **Anprall**
  5 Stoss
- **Erregung**
  6 Affekt
  10 Ereiferung
- **Fall**
  5 Sturz
- **Gefühlsdrang**
  12 Leidenschaft
- **Gemütsbewegung**
  6 Affekt
- **Kopfschmerz**
  8 Migraene
- **Krampf**
  5 Kolik
- **Regen**
  4 Guss
  11 Wolkenbruch
- **Sehnsucht**
  7 Heimweh
- **Stoß**
  7 Anprall
- **Sturm**
  3 Boe

H

5 Orkan
8 Unwetter
· **Unwille**
3 Wut
4 Zorn
7 Raserei
· **Verlangen**
4 Gier
5 Manie, Sucht, Trieb
6 Begier
8 Begehren, Begierde
· **Windstoß**
3 Boe
· **Wut**
4 Rage, Zorn
· **Zank**
6 Streit

Heftigkeit
8 Vehemenz

Heftmaschine
6 Tacker

Heftzwecke
10 Reissnagel, Reissstift

Hege
6 Pflege, Schutz
8 Schonung

Hege der Grünfläche
11 Rasenpflege

Hegemonie
13 Vorherrschaft
16 Vormachtstellung

Hegezeit
9 Schonzeit

Hehler
8 Komplize
9 Mittaeter, Mitwisser
10 Hintermann
13 Helfershelfer

Hehlerware
4 Sore
5 Beute
9 Diebesgut

hehr
4 rein
6 sublim
7 erhaben

Heide
5 Lehde
7 Atheist
12 Unglaeubiger

Heidedichter
5 Loens

Heidekraut
5 Erika
6 Azalee
7 Bruesch
12 Glockenheide

Heidelbeere
9 Bickbeere, Blaubeere, Waldbeere
12 Schwarzbeere

Heidelberger ...
· **Bibliothek**
8 Palatina
· **Hofnarr**
6 Perkeo
15 Clemens Pankert

Heidenapostel
6 Paulus

Heidenbekehrer
7 Apostel
9 Missionar

Heidentum
9 Atheismus
10 Paganismus

Heidepflanze
5 Erika, Gagel
7 Ginster
9 Machandel, Wacholder

Heideschaf
12 Heidschnucke

heidnisch
10 unglaeubig

heidnisch(e, er, es) ...
· **Brauchtum**
5 Magie
6 Mantik
8 Zauberei
· **Wesen**
7 Goetter
· **Zauberer**
6 Theurg
· **Zauberkunst**
8 Theurgie

Heiduck
5 Lakai
6 Diener
8 Soeldner

heikel
7 delikat, kitzlig, prekaer
8 diffizil
9 schwierig
10 unangenehm
13 zweischneidig

heikle Situation
5 Krise

heil
4 ganz, Wohl
5 Gnade, Hilfe
6 gesund, Gloria, Glueck, intakt, Nutzen
7 integer
8 Gedeihen
9 Besserung
10 unverletzt, unversehrt

Heil- ...
· *und* **Duftpflanze**
8 Lavendel
· *und* **Pflegeanstalt**
6 Klinik, Kurbad, Spital
7 Kurhaus
8 Badehaus, Hospital, Lazarett
9 Armenhaus
10 Altersheim, Findelhaus, Pflegeheim, Sanatorium, Waisenhaus
11 Muetterheim
· *und* **Zierpflanze**
5 Malve
12 Koenigskerze

Heil- und ...
· **Gewürzpflanze**
8 Kraeuter
· **Gewürzpflanzen**
8 Kraeuter

Heil-, ...
· **Gewürzpflanze**
13 Wiesenkuemmel
· **Gewürzpflanzenanlage**
12 Kraeuterbeet

Heiland
5 Jesus
7 Messias
8 Erloeser

Heilanzeige
10 Indikation

Heilbad
6 Kurort

Heilbäderkunde
11 Balneologie

Heilbehandlung
3 Kur
8 Therapie

Heilbehandlung ...
· *mit* **Meerwasser**
16 Thalassotherapie
· *durch* **Nadelstiche**
10 Akupunktur
· *durch* **Punktmassage**
10 Akupressur

· *bei* **Rheuma**
6 Heubad
Heilbutt
7 Scholle
10 Plattfisch
heilen
8 kurieren
Heilerde
4 Moor
5 Fango
Heilgehilfe
5 Bader
7 Masseur, Pfleger
10 Sanitaeter
14 Krankenpfleger
Heilgetränk
5 Trank
11 Kamillentee
heilig
5 sankt
6 sakral
9 gottselig
10 sakrosankt
heilig(e, er, es) ...
· **deutsche Königin**
9 Kunigunde
· **Handlung**
5 Gebet, Segen, Taufe, Weihe
7 Firmung, Trauung
9 Abendmahl, Kommunion, Sakrament
· **Schrift der Inder**
4 Veda, Weda
· **Schrift der Parsen**
6 Awesta
· **Schrift des Islam**
5 Koran
· **Stadt des Lamaismus**
5 Lhasa
· **Stier der alten Ägypter**
4 Apis
· **Tier der Inder**
3 Kuh
4 Affe
Heilige
4 Afra
5 Lucia
6 Hedwig
7 Barbara
8 Mathilde, Perpetua, Theresia, Walpurga
9 Elisabeth, Hildegard, Walpurgis
10 Bernadette
Heilige ...
· **Nacht**
11 Christnacht
· *der* **russischen Kirche**
4 Olga
· **Schrift**
5 Bibel
· **Schrift für die Kleinen**
11 Kinderbibel
Heiligenbild der Ostkirche
5 Ikone
Heiligenerzählung
7 Legende
9 Martyrium
Heiligenlehre
10 Hagiologie
Heiligenschein
6 Glorie, Nimbus
7 Aureole
8 Gloriole
Heiliger
4 Anno, Neri, Pius, Veit
5 Benno, Bruno, Hanno, Morus, Sales
6 Arnulf, Damian, Kosmas, Martin, Medard, Rochus, Servaz
7 Emmeran, Norbert, Zyprian
8 Antonius, Basilius, Benedikt, Canisius, Cyrillus, Hubertus, Ignatius, Leonhard, Mamertus, Nikolaus, Polykarp, Quirinus, Sebaldus, Willigis, Zyriakus
9 Bellarmin, Dominikus, Gervasius, Januarius, Korbinian, Mauritius, Pantaleon, Sebastian, Servatius
10 Athanasius, Augustinus, Borromaeus, Franziskus, Hieronimus, Laurentius, Pankratius
11 Apollinaris
12 Chrisostomus
Heiliger Vater
5 Papst
Heiliges Land
10 Palaestina
Heiligsprechung
12 Kanonisation
13 Kanonisierung
Heiligtum ...
· *der* **alten Griechen**
5 Olymp
6 Delphi
7 Eleusis, Olympia
· *des* **Islam**
5 Kaaba, Mekka
6 Medina
heilkräftig
6 gesund
8 lindernd, nahrhaft
9 staerkend, wohltuend
11 bekoemmlich
heilkräftig(e, er, es) ...
· **Harz**
5 Asant
· **Schlamm**
5 Fango
· **Wurzel**
7 Ginseng
Heilkraut
10 Odermennig
Heilkunde
7 Medizin
Heilkundiger
4 Arzt
9 Mediziner, Therapeut
heilkundiger Kentaur
6 Chiron
heillos
6 unklar
9 verfahren
10 verwickelt
Heilmaßnahme
3 Kur
Heilmittel
3 Bor, Jod, Tee
5 Droge, Pille, Salbe
6 Arznei, Balsam, Chinin, Natron
7 Aspirin, Insulin, Kampfer, Medizin
8 Borsalbe
9 Impfstoff, Pharmakon
10 Medikament, Penicillin
11 Sulfonamide
12 Antibiotikum
13 Therapeutikum
Heilmittelart
6 Arznei
7 Medizin
Heilmittelhersteller
9 Apotheker
10 Pharmazeut

12 Pharmakologe
15 Pharmaindustrie
Heilmittelrohstoff
5 Droge
Heilmittelverschreibung
6 Rezept
Heilnahrung
5 Diaet
9 Schonkost
Heilpaste
5 Salbe
Heilpflanze
4 Aloe, Anis, Lein, Senf, Ysop
5 Alant, Asant, Inula, Malve, Minze, Raute, Senna, Sesel, Ziest
6 Akonit, Alante, Arnika, Enzian, Germer, Hopfen, Ingwer, Kalmus, Mistel, Salbei, Szilla, Wermut
7 Beifuss, Betonie, Bryonie, Eibisch, Fenchel, Ginseng, Kamille, Kuemmel, Kurkuma, Majoran, Melisse, Quendel, Rettich, Rizinus, Sanikel, Schlehe, Thymian
8 Angelika, Baerlapp, Baldrian, Beinwell, Blutwurz, Eberwurz, Eisenhut, Faulbaum, Gamander, Holunder, Labkraut, Lavendel, Nieswurz, Rosmarin, Sanddorn, Wallwurz, Wegerich, Wundklee, Wurmfarn
9 Aberraute, Blutkraut, Digitalis, Engelwurz, Fingerhut, Gichtrose, Hamamelis, Hauhechel, Knoblauch, Kreuzdorn, Leinkraut, Mannstreu, Sabadille, Steinwurz, Wacholder, Weissdorn
10 Augentrost, Baerenwurz, Belladonna, Berberitze, Bibernelle, Bitterklee, Bitterwurz, Blasentang, Brennessel, Eisenkraut, Huflattich, Loewenzahn, Pimpernell, Schafgarbe, Schierling
11 Brennnessel, Schoenmalve, Waldmeister
12 Koenigskerze, Pfefferminze
18 Tausendguldenkraut
19 Tausendgueldenkraut
Heilpraktiker
10 Homoeopath
14 Chiropraktiker
Heilquelle
13 Thermalquelle
Heilquellengetränk
13 Mineralwasser
Heilsbotschaft
10 Evangelium
Heilschlaf
11 Hibernation
Heilschlamm
5 Fango
Heilstätte ▶ Heil- und Pflegeanstalt
Heilteepflanze
7 Fenchel
12 Pfefferminze
Heiltrank
3 Tee
7 Elixier, Theriak
Heilung
8 Erholung, Genesung
9 Gesundung
Heilverfahren
3 Kur
10 Akupunktur, Allopathie
12 Homoeopathie
13 Phytotherapie
Heilverfahren mit Wasser
16 Thalassotherapie
Heim
4 Asyl, Hort
6 Krippe
7 Wohnung, Zuhause
8 Internat
10 Frauenhaus, Waisenhaus
Heim ...
· *für* **gefangene Tiere**
6 Kaefig
· *eines* **Geistlichen**
9 Pfarrhaus
· *für* **Mittellose**
9 Armenhaus
· *im* **Urlaub**
13 Ferienwohnung
Heim in einem alten Haus
13 Altbauwohnung
Heimarbeiter
6 Faktor
Heimat
7 Wohnort, Zuhause
8 Wohnsitz
9 Vaterhaus, Vaterland
10 Elternhaus, Geburtsort
11 Geburtsland
Heimat ...
· *des* **Abraham**
2 Ur
· *des* **heiligen Franziskus**
6 Assisi
· *von* **Jesus**
8 Nazareth
· *des* **Odysseus**
6 Ithaka
· *des* **Sokrates**
5 Athen
Heimaterde
7 Scholle
heimatlos
10 ungeborgen, vertrieben
Heimatplanet
4 Erde
Heimatstaat
9 Vaterland
Heimatvertriebener
9 Umsiedler
10 Aussiedler
11 Fluechtling
Heimfahrt
10 Rueckreise
Heimgegangener
5 Toter
12 Verstorbener
heimischer ...
· **Straßenvogel**
5 Spatz, Taube
8 Schwalbe, Sperling
heimisches ...
· **Waldtier**
3 Reh
6 Hirsch
11 Wildschwein
· **Wildtier**
4 Hase
5 Dachs, Fuchs, Iltis, Otter
6 Marder, Wiesel
Heimkunft
9 Rueckkehr
heimlich
6 geheim, latent, okkult
7 diskret
9 inkognito, insgeheim, unbemerkt, verborgen

heimlich(e, er, es) ...
· **Absprache**
12 Konspiration
· **Botschaft**
8 Kassiber
· **Gerede**
6 Raunen
8 Gemunkel
· **Gericht**
4 Feme
· **Groll**
5 Pieke
12 Ressentiment
· **Zorn**
5 Groll
Heimlichkeit
9 Geheimnis, Getuschel
10 Diskretion, Gefluester
13 Leisetreterei
Heimlichtuer
5 Spion
7 Kiebitz, Spaeher, Spanner, Spitzel
8 Lauscher, Naseweis
11 Schnueffler
12 Kundschafter
Heimreise
9 Rueckkehr
10 Rueckfahrt
Heimschule
7 Alumnat
8 Internat
Heimstätte bei Bielefeld
6 Bethel
Heimtücke
6 Kabale
7 Arglist, Bosheit, Intrige
8 Perfidie
9 Heuchelei
10 Hinterlist
12 Niedertracht
heimtückische Falle
10 Hinterhalt
Heimweh
9 Langezeit, Nostalgie
Heimwerker
7 Bastler
Heimzahlung
5 Rache
8 Revanche
10 Vergeltung
Heimzögling
7 Interne
8 Interner

Hein ► Freund Hein
Heinzelmännchen
4 Gnom
5 Wicht, Zwerg
6 Kobold
7 Wichtel
9 Daeumling
Heirat
7 Trauung
8 Hochzeit
11 Vermaehlung
14 Eheschliessung
Heirat von zwei Paaren
14 Doppelhochzeit
Heiratsangebot
6 Antrag
Heiratsantrag
6 Freite
7 Werbung
Heiratsgut
7 Mitgift
9 Aussteuer
heiratslustiger Mann
6 Freier
Heiratsmöglichkeit
6 Partie
Heiratsschwindler
9 Betrueger
11 Hochstapler
Heiratssymbol
7 Ehering
8 Trauring
11 Myrtenkranz
heiser
3 rau
4 rauh
6 tonlos
10 kraechzend
heiß machendes Gerät
8 Erhitzer
heiß(e, er, es) ...
· **alkoholisches Getränk**
4 Grog
6 Punsch
9 Gluehwein
16 Feuerzangenbowle
· **Jazz**
3 Hot
· **Klimazone**
6 Tropen
· **Quelle**
6 Geysir, Therme
· **Springquelle**
6 Geiser, Geysir

· **Wüstenwind**
5 Samum
6 Kamsin
· **Zone**
6 Tropen
heißblütig
7 lebhaft
15 temperamentvoll
Heißgetränk
3 Tee
4 Grog
8 Jagertee
Heißhunger
7 Appetit
9 Kohldampf
Heißluftbad
5 Sauna
8 Dampfbad
Heißsporn
8 Hitzkopf
9 Desperado
10 Choleriker
12 Draufgaenger
Heißwasserbereiter
6 Boiler
11 Tauchsieder
17 Durchlauferhitzer
Heißwasserbetrieb
11 Pfeifkessel
heiter
4 froh, klar
5 fidel
6 lustig, munter, sonnig
9 froehlich, vergnuegt
heiter(e, er, es) ...
· **Bühnenstück**
5 Posse
7 Schwank
8 Burleske, Komoedie
9 Lustspiel
· **Erzählung**
8 Anekdote
· **Gemüt**
5 Humor
· **Musikstück**
7 Scherzo
· **Schauspieler**
7 Komiker
· **Sinnesart**
5 Humor
· **Stimmung**
13 Froehlichkeit
· **Zwischenfall**
10 Intermezzo

Heiterkeit
5 Humor
8 Frohsinn
Heiterkeit erregende Wirkung
5 Komik
Heiterkeitsauslöser
3 Gag
4 Witz
5 Gaudi
6 Pointe
Heiz- und Treibgas
5 Butan
Heizfeld eines Ceranherdes
8 Kochzone
Heizgerät ▶ Heizungsanlage
Heizgitter
4 Rost
Heizkörper
4 Ofen
8 Radiator
Heizmaterial
3 Gas, Oel
4 Holz, Koks, Torf
5 Butan, Kohle
6 Erdgas, Propan
7 Brikett, Heizoel
8 Naturgas, Stadtgas
9 Brennholz, Holzkohle
10 Braunkohle, Steinkohle
11 Eierbrikett
Heizstoff
9 Propangas
Heizungsanlage
4 Ofen
5 Kamin
6 Kessel
7 Gasofen, Oelofen
8 Radiator, Strahler
9 Kohleofen
10 Kachelofen, Oelheizung
11 Fernheizung
14 Zentralheizung
16 Fussbodenheizung
17 Nachtspeicherofen
hektisch
6 erregt
7 gereizt, nervoes
Held
5 Heroe, Heros, Recke, Titan
6 Gigant
7 Krieger
8 Halbgott
15 Hauptdarsteller
Held/Heldin ...
· *der* **Argonautensage**
5 Medea
· *der* **Artussage**
4 Erek
5 Iwein
8 Lancelot
· *der* **Edda**
3 Dam, Dan
· *der* **griechischen Sage**
6 Hektor
7 Theseus
8 Achilles
· *der* **indischen Sage**
3 Nal
4 Manu
· *des* **Nibelungenliedes**
9 Siegfried
· *bei* **Schiller**
5 Damon
· *bei* **Shakespeare**
7 Othello
· *bei* **Swift**
8 Gulliver
· *der* **Tristansage**
6 Isolde
· *vor* **Troja**
4 Ajax
6 Achill, Aeneas, Hektor, Nestor
8 Achilles, Odysseus
Heldendarsteller
5 Heroe
8 Tragoede
Heldendarstellerin
7 Heroine
Heldenepos
3 Cid
5 Ilias
6 Iliade
7 Odyssee
Heldengedicht
4 Epos
6 Mythos
7 Epopoee
heldenhaft
8 heroisch
heldenhafte Symphonie
6 Eroica
Heldensage
6 Mythos
Heldentum
9 Heroismus
Heldin
6 Heroin
7 Heroine
17 Hauptdarstellerin
Helenenkraut
5 Alant
Helfer
5 Adept
6 Maezen, Mentor, Retter
7 Adlatus, Famulus, Gehilfe
8 Beistand, Ratgeber
9 Assistent
10 Handlanger
12 Beistehender
Helfer ...
· *bei* **Entscheidungen**
7 Berater
· *in* **Finanzangelegenheiten**
13 Steuerberater
· *aus* **Gefahr**
6 Retter
· **in allem**
8 Faktotum
· *bei der* **katholischen Messe**
10 Messdiener
12 Ministranten
Helferin ...
· *im* **Märchen**
3 Fee
· *aus der* **Not**
8 Retterin
· *von* **Theseus**
7 Ariadne
Helfershelfer
6 Hehler
8 Komplize
9 Mitwisser
10 Hintermann
Helikopter
12 Hubschrauber
Helikopterflügel
5 Rotor
Heliodor
6 Beryll
Heliotrop
9 Edelstein
11 Sonnenwende
Helium
7 Edelgas
hell
4 klar
5 blank, licht
hell(e, er, es) ...
· **Biersorte**
4 Pils

· **durchsichtige Farbschicht**
5 Lasur
· **englisches Bier**
3 Ale
· **Flamme**
4 Lohe
· **Freude**
5 Jubel
· **Haarfarbe**
5 blond
· **Kopf**
11 Schlaumeier
· **Mineral**
6 Leuzit
· **Rebsorte**
14 Weissburgunder
· **Schein**
5 Blitz, Licht
· **Stern**
4 Wega
5 Rigel
9 Nordstern
10 Abendstern
· **Vulkangestein**
4 Bims
Hellas
12 Griechenland
Helldunkelmalerei
11 Clair-obscur
Helldunkelzone
9 Zwielicht
hellenistische Umgangssprache
5 Koine
Hellespont
11 Dardanellen
hellgrüner Kunstsaphir
6 Amaryl
hellhaarig
5 blond
hellhaarige Frau
8 Blondine
Helligkeit
5 Glanz, Licht
6 Strahl
Helligkeitsregler
6 Dimmer
hellroter ...
· **Wein**
4 Rosé
8 Schiller
9 Schilcher
11 Weissherbst
Hellsehen
9 Prophetie
14 zweites Gesicht
Hellseher
5 Augur
7 Prophet
8 Haruspex
9 Wahrsager
hellster Fixstern
6 Sirius
hellviolett
4 lila
Helmbiene
6 Drohne
Helmbusch
7 Panasch
Helmschmuck
6 Zimier
Helvetia
7 Schweiz
He-Man
10 Frauenheld
Hemd
6 Chiton, Kittel, Tunika
Hemdbrust
5 Jabot
8 Plastron
9 Brustlatz
10 Chemisette
hemdsärmelig
3 rau, roh
4 rauh
5 leger
10 ungehobelt
Hemdteil
5 Knopf
6 Aermel, Kragen
9 Knopfloch
11 Manschetten
Hemisphäre
9 Halbkugel
10 Erdhaelfte
Hemlocktanne
5 Tsuga
hemmen
6 stauen
7 bremsen, hindern
12 verlangsamen
hemmend
9 repressiv
Hemmschuh
6 Bremse
9 Hindernis
Hemmung
6 Buerde
7 Skrupel
8 Handikap
hemmungslos
10 skrupellos
Hemmvorrichtung
6 Bremse
Hemmvorrichtung am Fahrrad
12 Felgenbremse
Hengst ...
· **Odins**
8 Sleipnir
· **Siegfrieds**
5 Grane
Henkel
5 Griff
9 Handgriff
Henkelgefäß
4 Krug, Topf, Vase
5 Kanne, Tasse
7 Karaffe, Terrine
Henkelglas
11 Bierkruegel
Henkergerüst
6 Galgen
8 Fallbeil, Schafott
10 Guillotine, Richtblock
Henkerseil
6 Strang, Strick
Henne
4 Huhn
6 Glucke, Hinkel
herabhängende ...
· **Hautfalte**
5 Wamme, Wampe
herablassend
10 hochmuetig, hochnaesig
11 duenkelhaft
herabsetzen
8 abwerten
Herabsetzung
5 Abbau
7 Senkung
9 Abwertung, Reduktion
11 Degradation
12 Degradierung, Diffamierung, Ermaessigung
13 Deklassierung
15 Diskriminierung
herabstürzende Schneemasse
6 Lawine
herabwürdigen
8 abwerten

H

Herabwürdigung
15 Diskriminierung
Herabzählen zum Start
9 Countdown
Heraldik
11 Wappenkunde
heraldisches Abzeichen
6 Wappen
Herantransport
6 Anfuhr
9 Lieferung
heranwachsend
4 jung
Heranwachsende
4 Maid
5 Teeni
8 Maedchen
Heranwachsender
8 Teenager
9 Juengling
12 Jugendlicher
heranziehen
8 zuechten
herausfordernd
9 provokant
10 ostentativ, provokativ
12 provozierend
herausfordernde Körperhaltung
7 Positur
Herausforderung
5 Duell, Wette
11 Provokation
Herausgabe
7 Edition
Herausgeber
6 Editor
8 Verleger
9 Publizist
Herausgeber von Musikalien
6 Editor
herausgestülpt
7 wulstig
herausragender, offener Hausanbau
11 Betonbalkon
herausragendes Mannequin
10 Supermodel
Herausschneiden ...
· *eines* **Körperteils**
9 Resektion
· *eines* **Organs**
12 Exstirpation
Herausziehen eines Zahnes
10 Extraktion

herb
3 rau
4 rauh
5 ernst, sauer
6 bitter, streng
7 sproede
9 abweisend
herbeibringen
11 apportieren
Herberge
6 Hospiz, Obdach
8 Quartier
10 Unterkunft
Herberge ...
· *im* **Orient**
3 Han
4 Chan
12 Karawanserei
Herbergswirt
6 Balbos
Herbstblume
5 Aster, Malve
6 Dahlie
8 Goldrute
12 Chrysantheme
14 Herbstzeitlose
Herbstfest in den Bergen
10 Almabtrieb
herbstliche Gemüseart
9 Spitzkohl
Herbstmonat
7 Oktober
8 Dezember, November
9 September
Herbstmond
9 September
Herbstrose
5 Malve
Herd
4 Rost
5 Grill
8 Barbecue, Bratrost
10 Kochstelle
11 Feuerstelle
12 Feuerstaette
Herd einer Schmiede
4 Esse
Herde
3 Zug
5 Masse, Menge, Meute, Rotte, Rudel, Schar
6 Gruppe, Haufen
7 Schwarm

Herdentier ...
· *als* **Anführer**
10 Leithammel
· *der* **Lappen**
3 Ren
hereditär
7 erblich
9 angeboren
10 kongenital
Hergang
6 Ablauf
7 Verlauf
9 Geschehen, Tatablauf
Hering nach dem Laichen
4 Ihle
Heringsart
6 Matjes, Tarpon
7 Sardine, Sprotte
8 Anchovis, Rollmops, Sardelle
9 Anschovis, Bueckling
Heringsbrühe
4 Lake
Heringsfisch
4 Alse
8 Anchovis
Herkommen
7 Abkunft, Gebluet
8 Ursprung
9 Tradition
10 Abstammung, Deszendenz, Provenienz
herkömmlich
6 usuell
9 klassisch
12 traditionell
13 konventionell
Herkules
11 Kraftmensch
Herkunft ▶ Herkommen
Herkunftsbezeichnung auf Briefen
8 Absender
Herkunftskunde
10 Etymologie
Herkunftsland
6 Heimat
Herkunftszeichen einer Ware
5 Marke
Herleitung
9 Deduktion, Induktion
11 Abstraktion

Hermann ...
· *der* **Cherusker**
5 Armin
8 Arminius
Hermanns Gegner
5 Varus
Hermaphrodit
7 Zwitter
12 Zwitterwesen
Hermelin
6 Wiesel
Hermelinfell
5 Lasky
heroisch
6 tapfer
10 heldenhaft
heroisches Handeln
9 Heldentat
Heros
4 Held
8 Halbgott
Herr
8 Gebieter
9 Herrscher
Herr ...
· *in* **Afrika**
5 Bwana
· *auf* **Englisch**
3 Sir
6 Master, Mister
· *auf* **Französisch**
8 Monsieur
· *in der* **Hölle**
5 Satan
6 Teufel
· *auf* **Indisch**
5 Sahib
· *auf* **Italienisch**
6 Signor
7 Signore
· *auf* **Lateinisch**
7 Dominus
· *auf* **Russisch**
8 Gospodin
13 Towarischtsch
· *auf* **Spanisch**
3 Don
5 Señor
· *auf* **Türkisch**
6 Efendi
7 Effendi
Herrenbekleidungs-stück
3 Cut
4 Hemd, Hose, Slip
5 Anzug, Frack, Sakko, Weste
6 Mantel, Schuhe
7 Smoking
8 Oberhemd, Pullover
9 Unterhemd, Unterhose
Herrenbinder
8 Krawatte
Herrendienst
4 Fron
Herrenhaus der Ritterburg
5 Palas
Herrenhut
6 Melone
7 Homburg
Herrenhut aus weichem Filz
9 Borsalino
Herrenjackett
5 Sakko
Herrenklubjacke
6 Blazer
Herrenkosmetik
16 Aftershavelotion
herrenloses Gebiet
12 Niemandsland
Herrenlotion
12 Rasierwasser
Herrenmantel
6 Ulster
7 Paletot
8 Havelock
Herrenpilz
9 Steinpilz
Herrenreiterin
7 Amazone
Herrenschicht im alten Peru
4 Inka
Herrenschlupfschuh mit flachem Absatz
6 Loafer
Herrenschoßrock
3 Cut
5 Frack
Herrentier (Biologie)
6 Primat
Herrichtung von Speisen
11 Zubereitung
Herrin
6 Domina
herrisch
6 barsch, bruesk, scharf
9 anmassend
10 despotisch, tyrannisch
herrlich
5 famos, prima
7 bestens
9 glanzvoll, koestlich, praechtig, wunderbar
10 grossartig, prachtvoll, wundervoll
Herrschaft
5 Macht
6 Gewalt, Hoheit, Regime
8 Regiment
9 Regierung
10 Oberhoheit
12 Staatsgewalt
Herrschaft ...
· *der* **Ärzte**
11 Iatrokratie
· *der* **Minderheit**
10 Oligarchie
· *der* **Reichen**
11 Plutokratie
· *des* **Volkes**
10 Demokratie
herrschaftlich
6 feudal
7 vornehm
herrschaftliche Kutsche
8 Equipage
herrschaftlicher Diener
5 Lakai
Herrschaftsaneignung
6 Putsch
10 Usurpation
Herrschaftsbereich
7 Domaene
Herrschaftsgebiet
11 Territorium
13 Hoheitsgebiet
Herrschaftsgebiet des Staates
13 Hoheitsgebiet
Herrschaftslosigkeit
8 Anarchie
Herrscher
3 Zar
6 Despot, Dynast, Kaiser, Koenig, Regent, Tyrann
7 Monarch
8 Diktator, Verweser
9 Oberhaupt, Souveraen
10 Gouverneur, Landesherr, Praesident, Vizekoenig
Herrschergeschlecht
8 Dynastie
Herrscherhaus
8 Dynastie
10 Geschlecht

Herrscherin
8 Fuerstin, Kaiserin, Koenigin, Regentin
10 Gebieterin
Herrscherkaste im alten Peru
4 Inka
Herrschersitz
5 Thron
Herrscherstab
6 Zepter
Herrschersymbol
5 Krone
6 Diadem, Zepter
11 Reichsapfel
Herrschertitel
3 Zar
4 Emir, Herr, Khan
5 Kalif, Mogul, Negus, Schah, Tenno
6 Fuerst, Kaiser, Koenig, Mikado, Regent, Sultan
11 Grossherzog, Maharadscha, Prinzregent
herrschsüchtiger ...
· **Mensch**
6 Despot, Tyrann
herstellen
5 bauen
Hersteller
6 Macher
8 Erzeuger
9 Fabrikant, Produzent
Hersteller ...
· *von* **Behältern aus Leder**
8 Taschner
· *von* **Maßanzügen**
15 Herrenschneider
Herstellung ...
· *von* **Büchern**
5 Druck
· *eines* **Milchprodukts**
14 Kaesebereitung
Herstellungsort von Bier
8 Brauhaus
Herstellungsverfahren
7 Technik
Herstellungsweise
6 Bauart
7 Machart, Technik
Hertransport
6 Anfuhr
Herummäkeln
9 Noergelei
herumtollen
5 toben
6 balgen
Herumtreiber
7 Gammler, Strolch, Stromer
8 Faulpelz, Tagedieb, Vagabund
9 Bummelant, Faulenzer
13 Landstreicher
14 Stadtstreicher
hervorheben
7 betonen
12 akzentuieren
Hervorhebung
6 Akzent
8 Betonung
9 Nachdruck
13 Akzentuierung
hervorragend
5 prima
7 eminent
8 blendend, dominant, grandios
9 exzellent, prominent
10 grossartig
11 dominierend, vorzueglich
12 vortrefflich
13 ausgezeichnet
hervorragende Leistung
11 Meisterwerk
hervorragender Meister
8 Virtuose
hervorstechende Eigenschaft
16 Charakteristikum
Hervortreten der Eingeweide
5 Bruch
hervortretender Kehlkopf
10 Adamsapfel
Herz
3 Cor
5 Seele
6 Kardia
Herz im Kartenspiel
5 Coeur
Herzangst
14 Angina Pectoris
herzanregendes ...
· **Mittel**
7 Koffein
9 Digitalis
12 Strophanthin
Herzattacke
7 Infarkt
11 Herzinfarkt
Herzblatt
8 Liebling
Herzeleid
6 Kummer, Trauer
7 Schmerz
12 Liebeskummer
Herzensbrecher
10 Frauenheld
Herzenswunsch
9 Sehnsucht
Herzerkrankung
12 Kardiopathie
herzhaft
6 deftig
Herzkrampf ► Herzangst
herzlich
5 innig, intim
9 liebevoll
herzlos
3 roh
4 hart
6 brutal
7 grausam, inhuman
Herzog ...
· *von* **Bayern**
7 Tassilo
· *auf* **Englisch**
4 Duke
· *auf* **Französisch**
3 Duc
· *der* **Gallier**
13 Vercingetorix
· *der* **Sachsen**
8 Widukind
· *von* **Toledo**
4 Alba
· *der* **Ungarn**
5 Arpad
Herzogin ...
· *von* **Cambridge**
9 Catherine
· *von* **York**
5 Sarah
Herzschlag
4 Puls
7 Systole
8 Diastole
Herzstromkurve
3 EKG
18 Elektrokardiogramm
Herzvorkammer
6 Atrium

Hessen
7 Chatten
hessisch(e, er, es) ...
· **Großtalsperre**
7 Edersee
· **Landschaft**
8 Wetterau
· **Stadt im Rheingau**
8 Eltville
· **Weinbaugebiet**
8 Rheingau
Hetäre
5 Metze
13 Prostituierte
Hetäre ...
· *des* **griechischen Altertums**
5 Thais
6 Phryne
7 Aspasia
hethitische Hauptstadt
7 Hattusa
hethitischer ...
· **Herrscher**
8 Labarnas, Mursilis, Telepinu
10 Hattusilis
Hetze
4 Eile
6 Pogrom, Stress
9 Agitation, Demagogie
14 Ueberstuerzung
hetzen
5 jagen
9 verfolgen
Hetzer
8 Agitator, Demagoge
10 Aufwiegler, Hetzredner
12 Einpeitscher
Hetzhund
6 Packer
9 Hatzruede
Hetzjagd
4 Hatz
Heuboden
5 Tenne
Heuchelei
3 Lug
5 Getue, Luege, Mache
10 Falschheit, Muckerturm
11 Falschspiel, Verstellung
Heuchler bei Molière
8 Tartuffe
heuchlerisch
12 pharisaeisch
heuchlerischer Frömmler
6 Mucker
Heugabel
5 Forke
Heugestell
5 Reute
6 Heinze, Reiter, Reuter
Heuhaufen
5 Dieme
Heuhüpfer
5 Werre
6 Grille
8 Heimchen, Heupferd
11 Grashuepfer
Heumond
4 Juli
Heurigenlokal
13 Buschenschank
Heurigenmusiker
10 Schrammeln
Heurigenunterhaltung
14 Schrammelmusik
Heuschnitt
4 Mahd
5 Grumt, Oehmd
7 Grummet
Heuschober
6 Stadel
Heuschreckenart
6 Grille
8 Heupferd
10 Heuhuepfer
11 Grashuepfer
15 Gottesanbeterin
heutiger Name von ...
· **Abessinien**
10 Aethiopien
· **Ceylon**
8 Sri Lanka
· **Persien**
4 Iran
· **Reval**
7 Tallinn
Heutrockengestell ▶ Heugestell
Hexe
5 Circe, Drude, Kirke
8 Daemonin, Zauberin
Hexenaustreiber
8 Exorzist
Hexenberg
7 Brocken
Hexenbesen
6 Mistel
8 Wollgras
Hexenfest
14 Walpurgisnacht
Hexenmeister
6 Magier
8 Schamane, Zauberer
Hexenschuss
7 Lumbago
13 Muskelschmerz
Hexer ▶ Hexenmeister
Hexerei
5 Magie
6 Zauber
8 Zauberei
Hibiskus
6 Ibisch
7 Eibisch
Hieb
6 Schlag
7 Streich
Hiebe
4 Haue
5 Senge
7 Dresche, Pruegel
8 Schlaege
9 Abreibung
Hiebwaffe
5 Degen, Dolch, Lanze
6 Messer, Saebel
7 Florett, Schwert
10 Hellebarde
Hiebwunde
8 Schmarre
hier Ansässiger
8 Hiesiger
Hierarchie
9 Rangfolge
11 Rangordnung
Hieroglyphen
13 Bilderschrift
14 Schriftzeichen
Hiesiger
12 Eingeborener
HI-FI-Musikgeräte
12 Stereoanlage
Hifthorn
8 Jagdhorn
10 Signalhorn
Hifthorn Rolands
7 Olifant
Hijacker
9 Luftpirat
Hilfe
4 Heil
6 Ausweg, Schirm, Schutz

7 Loesung, Rettung, Stuetze, Sukkurs
9 Assistenz, Errettung
Hilfe ...
· *aus* **Gefahr**
6 Ausweg
7 Rettung
· *aus* **Mitleid**
8 Erbarmen
Hilfeleistung
5 Zutun
7 Rettung
8 Beistand
Hilfesignal
3 SOS
hilflos
6 ratlos
hilfloser Zustand
12 Ratlosigkeit
hilfreich
4 edel
hilfreich(e, er, es) ...
· **Gesinnung**
5 Guete
· **Hausgeister**
16 Heinzelmaenn-chen
· **Mensch**
9 Samariter
10 Wohltaeter
· **Vorschlag**
3 Rat
Hilfsarbeiter
10 Handlanger
Hilfsbau aus Leitern
7 Geruest
hilfsbedürftige Lage eines Schiffes
6 Seenot
hilfsbereit
9 kollegial
10 barmherzig
Hilfsgeistlicher
5 Vikar
6 Diakon, Kaplan
10 Praedikant
Hilfsgelder
9 Subsidien
12 Subventionen
Hilfskraft
8 Adjutant, Schoeffe
9 Assistent, Beisitzer
10 Handlanger
11 Mitarbeiter
Hilfsmittel
6 Geraet
7 Kruecke
8 Requisit
10 Instrument, Ressourcen, Utensilien
Hilfsoffizier
8 Adjutant
Hilfspolizistin
9 Politesse
Hilfstätigkeit
9 Fuersorge
Hilfsutensil für kleine Nichtschwimmer
14 Schwimmfluegel
Hilfszeitwort
4 sein
5 haben
6 wollen
Himalajabewohner
7 Tibeter
8 Nepalese
Himalajagipfel
5 Kamet
11 Nanga Parbat
12 Mount Everest
Himalajastaat
5 Nepal
6 Bhutan
himbeerfarben
6 fraise
Himmel
8 Jenseits
9 Baldachin, Firmament
11 Sternenzelt
himmelblau
4 azur
Himmelsbote
5 Engel
Himmelsbrot
5 Manna
Himmelserscheinung
5 Blitz
8 Abendrot
9 Morgenrot, Nordlicht
10 Polarlicht
14 Wetterleuchten
Himmelsfärbung
5 Roete
8 Abendrot
9 Morgenrot
Himmelsforscher
8 Astronom
Himmelsgerste
6 Dinkel
Himmelsgewölbe
7 Sphaere
9 Firmament
Himmelskönigin
5 Maria
7 Madonna
Himmelskörper
4 Mond
5 Komet, Sonne, Stern
6 Meteor, Planet
7 Gestirn, Trabant
8 Fixstern, Meteorit, Satellit
9 Planetoid
11 Wandelstern, Zwergplanet
13 Sternschnuppe
Himmelskugel
7 Sphaere
9 Firmament
Himmelskunde
10 Astronomie, Sternkunde
Himmelsleiter
10 Sperrkraut
Himmelslichter
6 Sterne
Himmelspförtner
6 Petrus
Himmelsrichtung (Abkürzung)
2 NO, NW, SO, SW
3 Ost
4 Nord, Sued, West
5 Osten
6 Norden, Sueden, Westen
Himmelsschauspiel
9 Feuerwerk
Himmelsschlüssel
6 Primel
15 Schluesselblume
Himmelsstürmer
10 Prometheus
Himmelsverfärbung ...
· *im* **Osten**
9 Morgenrot
· *im* **Westen**
8 Abendrot
Himmelswächter
7 Heimdal
Himmelswesen
5 Engel
8 Erzengel
Himmelszelt
9 Firmament
himmlisch
9 goettlich

10 aetherisch, ambrosisch
12 paradiesisch
himmlisches ...
· **Wesen**
5 Engel
8 Erzengel
hin und ...
3 her
Hin- und Herfahrender
7 Pendler
hinablassbare Schiffstreppe
8 Fallreep
hinaufführender Weg
7 Anstieg
hinderlich
7 hemmend, laestig
8 stoerend
10 nachteilig
hindern
6 hemmen, stauen
hindernde Angelegenheit
5 Quere
Hindernis
5 Mauer
6 Huerde, Klippe, Sperre
7 Engpass, Hemmnis, Hemmung
8 Barriere, Blockade, Schranke
9 Barrikade, Hemmschuh
Hindernis ...
· *im* **Pferdesport**
4 Oxer, Wall
5 Knick, Mauer
6 Gatter, Graben, Huerde
· *beim* **Rennen**
6 Huerde
· *in der* **Schifffahrt**
4 Riff, Wehr
5 Barre, Nebel
7 Eisberg, Untiefe
8 Katarakt, Sandbank, Schleuse, Treibeis
· *im* **Sport**
6 Huerde
· *beim* **Springreiten**
4 Reck
· *im* **Verkehr**
5 Nebel
6 Unfall
8 Glatteis, Sperrung
9 Baustelle, Umleitung
Hindernisbahn
8 Parcours
Hindernispfahl
8 Palisade
Hindernisrennen
11 Huerdenlauf
Hinderniswand
8 Eskalade
Hinderung an weiterem Tun
7 Einhalt
hinduistisch(e, er, es) ...
· **Asket**
5 Sadhu
· **Fest**
3 Hul
· **Gottheit**
4 Agni, Diti, Iama, Kali, Maja, Rama
5 Aditi, Durga, Indra, Shiva, Surja
6 Brahma, Schiwa, Skanda, Varuna, Vishnu
7 Ganesha, Kasjapa, Krishna, Lakshmi, Parvati, Parwati, Wischnu
8 Ganescha, Karikeja, Krischna, Lakschmi
· **Hauptgott**
6 Schiwa
· **heilige Schrift**
4 Veda, Weda
· **Lehrer**
4 Guru
· **Sekte**
4 Sikh
Hinfahrt
7 Anfahrt, Anreise
hinfällig
5 elend, krank, siech
Hinführung zum Haus
9 Zuleitung
Hingabe
4 Lust
5 Eifer, Opfer
7 Passion
11 Aufopferung
12 Leidenschaft
hingebungsvoll
7 ergeben
hinhaltend
10 zoegerlich
11 ausweichend, dilatorisch
Hinkelstein
6 Dolmen, Menhir
hinken
6 lahmen
7 humpeln
hinlänglich
5 genug
7 sattsam
9 genuegend
11 ausreichend
Hinlänglichkeit
7 Genuege
Hinnahme
7 Duldung
Hinreise
7 Anfahrt
8 Hinfahrt
Hinrichtung
9 Exekution
Hinrichtungsgerät
3 Rad
5 Kreuz
6 Galgen, Strang, Strick
7 Garotte
8 Fallbeil, Richtaxt, Schafott
9 Halseisen, Richtbock
10 Guillotine, Richtstuhl
Hinsicht
5 Bezug
6 Aspekt
8 Einblick
9 Beziehung
hinter
4 nach
7 folgend
hinter(e, er, es) ...
· **Autositz**
4 Fond
· **Backenzahn**
5 Molar
8 Mahlzahn
· **Fußteil**
5 Ferse
6 Hacken
· **Hosentasche**
13 Gesaesstasche
· **Keule vom Schwein**
8 Schinken
· **Körperende**
6 Steiss
· **Körperpartie**
7 Ruecken
· **Kraftfahrzeugteil**
10 Kofferraum
· **Schiffsteil**
4 Back, Heck
12 Achterschiff
· **Teil des Fußes**
5 Erbse, Ferse

· **Teil des Halses**
6 Genick, Nacken
· **Teil des Rachens**
7 Schlund
· **Zehenseite**
5 Koete
Hinterbänkler
12 Abgeordneter
Hinterbliebene, ...
· **Hinterbliebener**
5 Waise, Witwe
6 Witwer
7 Witfrau, Witmann
Hintergedanke
4 List
6 Tuecke
7 Arglist
10 Heimtuecke, Hinterlist
Hintergrund
4 Fond
5 Folie, Tiefe
7 Kulisse
8 Prospekt
10 Background
Hintergrundlärm
9 Geraeusch
Hinterhalt
5 Falle, Lauer
hinterhältig
6 falsch, gemein, perfid
7 boshaft
8 verlogen
9 arglistig, intrigant, tueckisch
10 raenkevoll
13 heimtueckisch
15 niedertraechtig
hinterher
4 dann
Hinterindien
12 Suedostasien
hinterindisch(e, er, es) ...
· **Halbinsel**
7 Malakka
· **Königreich**
4 Laos
· **Staat**
4 Laos
7 Vietnam
8 Thailand
10 Kambodscha
· **Strom**
5 Menam
6 Mekong
7 Irawadi
· **Völkergruppe**
4 Thai
· **Wildrind**
5 Gayal
Hinterlassenschaft
4 Erbe
8 Nachlass
9 Erbschaft
hinterlegte ...
· **Bürgschaft**
5 Pfand
7 Kaution
hinterlegter letzter Wille
9 Testament
Hinterlegtes
5 Pfand
Hinterleib der Insekten
7 Abdomen
Hinterlist
6 Betrug, Kabale, Raenke, Tuecke
7 Arglist, Bosheit, Intrige
8 Perfidie
12 Machenschaft
hinterlistig
7 boshaft
hinterlistige Intrigen
6 Raenke
Hintern
2 Po
7 Gesaess
14 Allerwertester
Hinterschiff
4 Back, Heck
12 Achterschiff
Hinterseite
6 Revers
7 Ruecken
9 Kehrseite
10 Rueckseite
hinterster Schiffsbaum
9 Besanmast
Hintertreffen
6 Verzug
10 Rueckstand
hintertreiben
9 vereiteln
10 verhindern
12 konspirieren
hinterwäldlerisch
8 spiessig
11 provinziell
12 kleinkariert
Hinterziehung
6 Betrug
12 Veruntreuung
14 Unterschlagung
Hinundherlaufen
7 Gerenne
hinunter
6 nieder
8 abwaerts
hinweg
4 fort
5 davon
7 Anfahrt, Anreise
8 Anmarsch
Hinweis
3 Rat, Tip
4 Avis, Tipp, Wink
7 Zeichen
10 Fingerzeig
hinweisend
9 deiktisch
12 demonstrativ
hinweisendes ...
· **Fürwort**
2 da
4 dies, dort, jene
5 diese, jener, jenes
6 dieser, dieses, solche
7 solcher, solches
Hinweistafel
6 Schild
9 Wegweiser
10 Ortsschild
Hinweiszeichen
5 Pfeil
Hinzufügung
6 Anlage
8 Addendum, Nachtrag
10 Ergaenzung, Supplement
11 Nachschrift
hinzuzuzählende Zahl
7 Summand
Hiob
3 Job
Hiobsbotschaft
16 Ungluecksmeldung
Hippe
5 Geiss, Ziege
Hippie
10 Blumenkind
Hippies
12 Blumenkinder

Hippologiefachberuf
10 Pferdewirt
14 Pferdezuechter
Hirn
6 Bregen
7 Braegen
Hirnanhangdrüse
9 Hypophyse
Hirngespinst
4 Trug
6 Utopie
7 Phantom
8 Fantasie, Illusion, Tagtraum, Trugbild, Wahnidee
9 Phantasie, Schimaere
10 Einbildung
11 Luftschloss
Hirnhautentzündung
10 Meningitis
hirnrissig ▶ hirnverbrannt
Hirnstromkurve
3 EEG
hirnverbrannt
4 irre
6 absurd
7 sinnlos
8 toericht, unsinnig
Hirschart
3 Dam, Elk, Reh, Ren
4 Axis, Elch, Elen, Pudu, Sika
6 Wapiti
7 Rentier
Hirschbrunftgeschrei
7 Roehren
Hirschfänger
6 Messer
10 Jagdmesser
Hirschkuh
5 Hinde
6 Hindin
Hirschziege
8 Antilope
Hirseart
5 Fench
7 Fennich
Hirt ...
· *auf* **der Bergweide**
4 Senn
5 Almer
Hirtenbrief
13 Sendschreiben
Hirtendichtung
7 Bukolik
Hirtenflöte
5 Frula
6 Syrinx
8 Schalmei
9 Panfloete
Hirtengott
3 Pan
Hirtenjunge
9 Halterbub
Hirtenlied
6 Ekloge, Idylle
8 Madrigal
9 Pastorale
Hirtenlieddichter
9 Bukoliker
Hirtenvolk
4 Afar
5 Tussi
6 Lappen, Massai, Tuareg
7 Jakuten, Nomaden
8 Beduinen, Tungusen
Hirtenwaffe
14 Steinschleuder
Histologie
11 Gewebskunde
Histörchen
5 Story
7 Episode
8 Anekdote, Schnurre
Historie
10 Geschichte
Historik
15 Geschichtskunde
Historiograf
19 Geschichtsschreiber
historisch(e, er, es) ...
· **Aufzeichnungen**
7 Annalen, Chronik
· **Autor**
8 Chronist
· **Bauwerk**
8 Stadttor
· **Bereich der City**
8 Altstadt
· **Flotte Spaniens**
6 Armada
· **Gebäude in Dresden**
7 Zwinger
· **Gebiet der Karpaten**
8 Galizien
· **Landschaft in Arabien**
4 Saba
· **Landschaft in Kleinasien**
6 Karien
· **Landschaft in Mittelitalien**
6 Latium
· **lettisches Gebiet**
7 Kurland
· **Name der Schweiz**
17 Eidgenossenschaft
· **Name von Frankreich**
7 Gallien
· **norditalienische Landschaft**
8 Venetien
· **rumänische Landschaft**
8 Walachei
13 Siebenbuergen
· **spanische Flotte**
6 Armada
· **spanische Provinz**
8 Asturien, Galicien
9 Aragonien
11 Estremadura
· **spanisches Gebiet**
9 Aragonien
· **südarabische Landschaft**
4 Saba
· **Waldwiese im Kanton Uri**
6 Ruetli
· **Zeitbericht**
7 Chronik
Hit
6 Erfolg, Renner
7 Reisser
10 Bestseller
Hitinterpret
15 Schlagersaenger
Hitsche
8 Fussbank
Hitze
4 Glut
5 Feuer
12 Leidenschaft
Hitzebläschen
6 Pustel
7 Wimmerl
Hitzemesser
9 Pyrometer
11 Thermometer
hitzig
6 furios
7 reizbar
9 ungestuem
12 unbeherrscht
Hitzkopf
9 Fanatiker

10 Brausekopf, Choleriker, Heisssporn
12 Draufgaenger
Hobby
11 Liebhaberei
12 Steckenpferd
Hobbyarbeit
8 Bastelei
Hobbyfischer
6 Angler
Hobelabfall
4 Span
6 Spaene
Hobelmaschine
6 Fraese
Hobelwerkzeug ▶ Hobelmaschine
hoch ...
· **achtbar**
7 wuerdig
· **aufragendes Gestein**
4 Fels, Wand
8 Felswand
· **begabter Mensch**
5 Genie
6 Genius
· **gelegenes, trockenes Küstenland**
5 Geest
· **hervorstehen**
5 ragen
· *im* **Preis**
5 teuer
hoch liegend
4 oben
Hochachtung
6 Anwert, Tribut
7 Respekt
8 Reverenz
9 Ehrfurcht, Verehrung
12 Ehrerbietung
Hochadel in Russland
5 Bojar
hochaktuell
7 brisant
8 explosiv
Hochamt
5 Messe
13 Pontifikalamt
hochbedeutsam
7 epochal
Hochbehälter für Wasser
10 Wasserturm
hochbetagt
3 alt
5 greis, uralt
8 steinalt
Hochbetrieb
3 Run
6 Trubel
7 Andrang, Ansturm
Hochbild in der Grafik
6 Relief
Hochburg
7 Zentrum
Hochdruckgebiet
4 Hoch
11 Antizyklone
Hochdruckkrankheit
10 Hypertonie
Hochebene
7 Plateau
Hochebene ...
· *in* **Asien**
5 Pamir, Tibet
· *an der* **Donau**
4 Baar
· *in* **Spanien**
6 Meseta
· *in* **Südamerika**
5 Punas
· *im* **Sudan**
6 Darfur
hochempfindlich
8 sensibel, sensitiv
11 feinfuehlig
hoch
· **Kontrollgerät**
6 Sensor
hochexplosiv
7 brisant
hochfahrend
8 arrogant
11 duenkelhaft, eingebildet
hochfeine modische Erscheinung
7 Eleganz
Hochfläche
7 Plateau
Hochform
7 Topform
Hochfrequenzgleichrichter
8 Detektor
Hochgebirge ...
· *in* **Amerika**
5 Anden
11 Kordilleren
· *in* **Asien**
8 Himalaja, Nanschan
9 Karakorum
· *in* **Europa**
5 Alpen
· *zwischen* **Frankreich und Spanien**
9 Pyrenaeen
· *auf der* **Iberischen Halbinsel**
12 Sierra Nevada
· *in* **Südamerika**
5 Anden
· *in* **Tibet**
6 Dangla
hochgebirgig
5 alpin
Hochgebirgsblume
6 Enzian
9 Edelweiss
Hochgebirgsmulde
3 Kar
Hochgebirgsrind
3 Jak, Yak
Hochgebirgstier
5 Gemse
6 Gaemse
8 Gamsbock
Hochgebirgsweide
3 Alm
4 Alpe
Hochgebirgswild
5 Gemse
6 Gaemse
hochgeboren
5 adlig
Hochgefühl
5 Wonne
8 Euphorie
15 Glueckseligkeit
Hochgericht
6 Galgen
8 Schafott
Hochgeschwindigkeitszug
3 ICE, TGV
10 Shinkansen
hochgestimmt
5 selig
10 euphorisch
hochgewachsen
4 lang, rank
5 gross
hochgezüchtet
4 edel
Hochglanz
5 Wachs
7 Politur

hochglänzendes Satingewebe
10 Atlasseide
hochgradig ...
· **ausgeprägt**
5 krass
· **Begeisterter**
3 Fan
hochgradiger Schwachsinn
7 Idiotie
Hochgrasebene ...
· *in* **Südamerika**
5 Llano
6 Llonos
Hochhaus
13 Wolkenkratzer
hochherzig
4 edel
8 generoes
9 freigebig, selbstlos, spendabel
11 grossmuetig
12 altruistisch
Hochherzigkeit
7 Edelmut
hochkant
8 aufrecht
Hochkonjunktur
4 Boom
6 Hausse
Hochkonzentrat
6 Essenz
Hochland ...
· *in* **Asien**
4 Iran
5 Pamir, Tibet
6 Dekhan
8 Armenien, Mongolei
9 Kurdistan
· *in* **Brasilien**
5 Goias
· *im* **Donauquellgebiet**
4 Baar
· *in* **Jordanien**
5 Kerak
· *in* **Libyen**
5 Barka
· *in* **Südamerika**
4 Puna
· *in* **Südfrankreich**
8 Auvergne
· *am* **Toten Meer**
4 Edon
· *in den* **USA**
11 Great Plains
· *in* **Vorderasien**
8 Armenien
· *zwischen* **Werra und Fulda**
5 Rhoen
· *in* **Zentralasien**
5 Tibet
Hochländer
7 Schotte
Hochlandschaft
7 Gebirge
Hochleistungssportler
6 Athlet
Hochmeister ...
· *des* **Deutschen Ordens**
7 Hermann, Winrich
8 Albrecht, Heinrich
Hochmut
7 Duenkel
8 Arroganz
9 Anmassung, Eitelkeit
12 Blasiertheit
16 Ueberheblichkeit
hochnäsig
5 stolz
12 herablassend
Hochnäsigkeit ▶ Hochmut
Hochofenwerk
8 Schmelze
9 Eisenwerk
11 Eisenhuette
hochprozentiger Auszug
10 Konzentrat
hochroter Farbstoff
6 Purpur
Hochruf
5 Hurra, Vivat
8 Lebe hoch
Hochrufmusik
5 Tusch
Hochschätzung
7 Achtung, Respekt
Hochschaukel für Artisten
6 Trapez
Hochschlag beim Tennis
3 Lob
Hochschulabsolvent
10 Akademiker
Hochschulabteilung
9 Fakultaet
Hochschulbereich
7 Dekanat
Hochschulbesuch
7 Studium
Hochschule
2 FH, PH, TH, TU
3 ETH, FHS, Uni
9 Alma Mater
12 Universitaet
Hochschule für Gestaltung
7 Bauhaus
Hochschuleinrichtung
7 Seminar
8 Institut
9 Fakultaet
11 Fachbereich
Hochschüler
7 Student
11 Studierende
Hochschulfestsaal
4 Aula
Hochschulhalbjahr
8 Semester
Hochschulkurs
7 Seminar
Hochschullehrer
6 Dozent, Lektor
9 Professor
10 Ordinarius
12 Privatdozent
15 Extraordinarius
16 Lehrbeauftragter
Hochschullehrraum
8 Hoersaal
11 Sprachlabor
Hochschulprüfer
10 Examinator
Hochschulreife
6 Abitur, Matura
Hochschulsaal
8 Hoersaal
10 Auditorium
Hochschulstadt in Deutschland ▶ deutsche Universitätsstadt
Hochseefisch ▶ Fisch
Hochseefischereifahrzeug
6 Kutter
7 Trawler
Hochsitz
6 Ansitz, Kanzel
7 Anstand
10 Jagdkanzel
Hochsprunggerät
4 Stab
Hochsprungleiste
5 Latte
Hochsprungstil
4 Flop
8 Straddle

H

höchst
4 sehr
6 extrem
7 maximal
8 ueberaus, ungemein
9 aeusserst
höchst(e, er, es) ...
· **Begabung**
5 Genie
· **Begeisterung**
7 Ekstase
· **Berg Amerikas**
9 Aconcagua
· **Berg auf Kreta**
3 Ida
· **Berg der Anden**
9 Aconcagua
· **Berg der britischen Inseln**
8 Ben Nevis
· **Berg der Erde**
7 Everest
12 Mount Everest
· **Berg der Hardt**
6 Kalmit
· **Berg der Rhön**
11 Wasserkuppe
· **Berg der Türkei**
6 Ararat
· **Berg des Bayrischen Waldes**
5 Arber
· **Berg des Kaukasus**
6 Elbrus
· **Berg des nördlichen Schwarzwaldes**
12 Hornisgrinde
· **Berg Deutschlands**
9 Zugspitze
· **Berg Europas**
9 Montblanc
· **Berg im Harz**
7 Brocken
· **Berg im Riesengebirge**
11 Schneekoppe
· **Berg im Schwarzwald**
8 Feldberg
· **Berg in Afrika**
14 Kilimandscharo
· **Berg in Amerika**
8 Acocagua
· **Berg in Asien**
12 Mount Everest
· **Berg in Australien**
9 Aconcagua
· **Berg in den Ostalpen**
7 Bernina
· **Berg in der Türkei**
6 Ararat
· **Berg in Finnland**
13 Haltiatunturi
· **Berg in Japan**
4 Fuji
7 Fudschi
11 Fudschijama
· **Berg in Kanada**
5 Logan
9 Mont Logan
· **Berg in Österreich**
13 Grossglockner
· **Berg in Slowenien**
7 Triglav
· **Chef**
8 Oberster
· **Cheftitel**
8 Direktor
· **deutsches Gericht**
17 Bundesgerichtshof
· **Diplomat**
11 Botschafter
· **Fußballklasse**
10 Bundesliga
· **Gebäude der Welt**
10 Sears Tower
· **Gebirge der Erde**
8 Himalaja
· **Gebirge Europas**
5 Alpen
· **Gebirgszug der Karpaten**
5 Tatra
· **Genauigkeit**
7 Akribie
· **germanischer Gott**
5 Wodan, Wotan
· **Gesangsstimme**
6 Sopran
· **Glückseligkeit im Buddhismus**
7 Nirwana
· **Gott der Germanen**
5 Wodan, Wotan
· **griechischer Gott**
4 Zeus
· **Gut des Lebens**
10 Gesundheit
· **indische Gottheit**
5 Indra
· **jüdischer Feiertag**
9 Jom Kippur
· **katholischer Gerichtshof**
4 Rota
· **Offizier**
7 General
· **päpstliches Gericht**
4 Rota
10 Rota Romana
· **Punkt des Himmelsgewölbes**
5 Zenit
· **Rang eines Diplomaten**
11 Botschafter
· **Richter im alten Rom**
7 Praetor
· **Schuh**
7 Stiefel
· **Sorgfalt**
7 Akribie
· **Spielkarte**
2 As
3 Ass
· **Spitze**
6 Gipfel
· **Stadt der Erde**
12 Cerro de Pasco
· **Steigerungsform**
10 Superlativ
· **Vulkan Europas**
5 Aetna
· **Wesen**
4 Gott
Hochstand ► Hochsitz
Hochstapler
6 Gauner
7 Blender
9 Betrueger
10 Schwindler
höchstbegabter Mensch
5 Genie
höchstens ► höchst
höchstentwickelte Säugetiere
8 Primaten
höchstentwickeltes Lebewesen
6 Mensch
Hochstimmung
8 Euphorie
Höchstleistung
5 Atout
6 Rekord
Höchstmaß
7 Maximum
Höchstwert
7 Maximum, Optimum
10 Superlativ

Hochtal ...
· *im* **Berner Oberland**
11 Grindelwald
· *in* **Graubünden**
6 Greina
7 Engadin
· *im* **Salzkammergut**
5 Gosau
· *in* **Tirol**
9 Stubaital
Hochtourist
8 Alpinist
9 Kletterer
11 Bergsteiger
hochtrabend
7 pompoes
10 pathetisch
11 bombastisch, schwuelstig
Hochverräter
5 Spion
11 Staatsfeind
15 Landesverraeter
Hochwasser
4 Flut
8 Sintflut
9 Sturmflut
10 Springflut
15 Ueberschwemmung
Hochwasserschutz
4 Damm
5 Deich
Hochweide
3 Alm
4 Alpe
hochwertig
5 prima
7 kostbar
8 exquisit
9 exzellent
11 erstklassig, vorzueglich
12 hervorragend, vortrefflich
13 ausgezeichnet
hochwertiger, hölzerner Fußbodenbelag
15 Edelholzparkett
Hochwildart
4 Elch
6 Hirsch
7 Damwild, Rotwild
11 Schwarzwild
Hochzahl
8 Exponent
Hochzeit
6 Heirat
7 Trauung
11 Vermaehlung
14 Eheschliessung
Hochzeiter
10 Braeutigam
Hochzeiterin
5 Braut
Hochzeitsgewand
10 Brautkleid
Hochziel
5 Ideal
7 Vorbild
Hocker
7 Schemel
8 Taburett
Höcker
6 Buckel
Hocker ...
· *für* **Musiker**
12 Klavierstuhl
15 Klavierstockerl
höckerloses Kamel
4 Lama
Höckertier
4 Zebu
5 Kamel
8 Dromedar
11 Trampeltier
Hoden
8 Testikel
Hof
3 Gut
5 Platz
6 Besitz
7 Anwesen, Gefolge
8 Residenz
Hof ...
· *um* **ein Licht**
4 Halo
· *der* **Sonne, des Mondes**
4 Halo
7 Aureole
Hofbeamter
6 Schenk
9 Kaemmerer, Marschall, Truchsess
10 Hofmeister, Kammerherr, Mundschenk, Seneschall
Hofburg
5 Pfalz
Hoffart
7 Hochmut
Hoffnung
5 Trost
9 Erwartung, Sehnsucht, Verlangen
Hoffnungsfreude
10 Optimismus
hoffnungslos
8 desperat
9 ausweglos
10 deprimiert
11 verzweifelt
Hoffnungslosigkeit
12 Verzweiflung
Hoffnungsschimmer
10 Lichtblick
höfische ...
· **Dichtung**
4 Epos
9 Minnelied, Minnesang
höfischer ...
· **Tanz**
6 Pavane
7 Menuett
höflich
4 nett
5 artig
6 galant
10 freundlich, ritterlich
höflich ...
· **auffordern**
6 bitten
8 ersuchen
höflich(e, er, es) ...
· **Anrede**
3 Ihr, Sie
4 Ihre
· **Benehmen**
3 Pli
7 Anstand, Schliff
8 Manieren
· **Entgegenkommen**
10 Galanterie
· **Mensch**
8 Kavalier
9 Gentleman
Höflichkeit
4 Takt
8 Bravheit
9 Artigkeit
10 Galanterie
Höflichkeitsbezeugung
5 Gruss
10 Handschlag, Verbeugung, Verneigung
Höfling
8 Kavalier, Schranze
Höfling von Dionysos
8 Damokles

H

Hofmaler Napoleons
6 Gérard
Hofnarr in Heidelberg
6 Perkeo
Hofritter
7 Paladin
Hofschranze
11 Schmarotzer
Hofsitte
8 Etikette
Hofstatt
9 Bauernhof
Hoftierbehausung
11 Hundehuette
Hoftracht
4 Gala
hoh(e, er, es) ...
· **Ansehen**
4 Ruhm
· **Auszeichnung**
3 Lob
· **Bauwerk**
4 Esse, Turm
6 Kirche, Schlot
8 Hochhaus, Wachturm
9 Sendemast
11 Fernsehturm, Schornstein
13 Wolkenkratzer
· **Bauwerk mit Plattform**
13 Aussichtsturm
· **Beamter im alten China**
8 Mandarin
· **Beamter im alten Rom**
7 Praetor
· **Begabung**
5 Genie
6 Talent
· **Behörde**
11 Ministerium
· **Blutdruck**
10 Hypertonie
· **Cheftitel**
8 Direktor
· **Damenschuhe** (High ...)
5 Heels
· **evangelischer Feiertag**
10 Karfreitag
· **Fabrikschornstein**
4 Esse
6 Schlot
· **Gesinnung**
7 Edelmut
· **Herrenhut**
8 Zylinder
· **katholischer Würdenträger**
8 Kardinal
· **Kirchenfest**
6 Ostern
9 Pfingsten
11 Weihnachten
· **Laufgestell**
6 Stelze
· **Männerhalskragen**
12 Vatermoerder
· **Offizier**
7 Admiral, General
· **Offizier bei den Römern**
5 Legat
· **Offiziersrang**
7 General
· **Pferdesportschuh**
11 Reitstiefel
· **Richtergremium**
5 Senat
· **schlanker Pfahl**
4 Mast
· **Schneiderkunst**
12 Haute Couture
· **Schuh mit Umschlag**
14 Stulpenstiefel
· **Spielkarte**
2 As
3 Ass
· **Staatsbeamter**
3 Eli
8 Minister
· **Stangen mit Trittklötzen**
7 Stelzen
· **Streben**
8 Ambition
10 Idealismus
· **Temperatur**
5 Hitze
· **Tempo**
13 Schnelligkeit
· **trockenes Küstenland**
5 Geest
· **TV-Gebäude**
11 Fernsehturm
· **weithin sichtbares Seezeichen**
10 Leuchtturm
· **Wiedergabetreue**
4 HiFi
· **Wuchs**
6 Laenge
14 Koerpergroesse
Höhe
4 Berg
5 Kuppe
6 Gipfel, Spitze
8 Erhebung
Hoheit
9 Majestaet
Hoheit im Karneval
14 Karnevalsprinz
Hoheitsgebiet eines Staates
11 Territorium
Hoheitsgewalt
14 Souveraenitaet
Hoheitsrecht
5 Regal
Hoheitszeichen
5 Adler, Fahne
6 Banner, Emblem, Flagge, Symbol, Wappen
7 Kokarde, Stander
9 Standarte
11 Feldzeichen, Wahrzeichen
Höhenlage
6 Niveau
Höhenlinien
12 Niveaulinien
Höhenmesser
7 Echolot, Sextant
9 Aerometer
Höhenruder
8 Leitwerk
Höhensonne
7 UV-Lampe
9 Strahlung
10 Quarzlampe
11 Bestrahlung
Hohenstaufenanhänger
9 Gibelline
10 Ghibelline
Höhensteuer
8 Leitwerk
Höhenunterschied
8 Gefaelle
Hohenzollernprinzessin
4 Mira
Höhenzug
7 Gebirge
Höhenzug ...
· *in* **Baden-Württemberg**
3 Alb
4 Jura
11 Schwarzwald
· *bei* **Bonn**
13 Siebengebirge

- *bei* **Braunschweig**
  3 Elm
- *bei* **Einbeck**
  4 Hils
- *im* **Elsass**
  7 Vogesen
- *in* **Franken**
  3 Alb
  11 Steigerwald
- *bei* **Hameln**
  3 Ith
- *bei* **Hannover**
  3 Ith
  7 Deister
- *am* **Harz**
  5 Heber
- *im* **Harzvorland**
  3 Elm
- *im* **Hunsrück**
  8 Idarwald
- *der* **Karpaten**
  5 Tatra
- *im* **Lennegebirge**
  6 Homert
- *in* **Niedersachsen**
  3 Elm, Ith
  4 Hils
  7 Deister, Solling
- *in* **Nordostfrankreich**
  8 Ardennen
- *im* **Odenwald**
  5 Tromm
- *bei* **Paderborn**
  4 Egge
- *in der* **Pfalz**
  9 Hunsrueck
- *im* **Sauerland**
  4 Ebbe, Haar
- *in* **Schwaben**
  3 Alb
- *in* **Thüringen**
  4 Duen
  5 Finne
  9 Hainleite
- *im* **Weserbergland**
  3 Ith
  4 Hils
  7 Solling
- *in* **Westfalen**
  4 Haar
- *bei* **Wolfenbüttel**
  4 Asse

Hohepriester
3 Eli

Höhepunkt
4 Akme, Clou
5 Krise, Zenit
6 Finale, Klimax, Krisis, Spitze
7 Maximum, Optimum
8 Epitasis
9 Sensation

höher stehend
5 ueber

höher(e, er, es) ...
- **Beamte**
  5 Raete
  15 Regierungsraete
- **Beamtenanwärter**
  8 Assessor
- **Fußbodenteil**
  7 Estrade
- **geistliche Behörde**
  10 Ordinariat
- **katholischer Geistlicher**
  7 Dechant
- **kaufmännische Schule**
  15 Handelsakademie
- **Kochkunst**
  11 Gastronomie
  12 Haute Cuisine
- **Kriegskunst**
  9 Strategie
- **Mathematik**
  20 Differentialrechnung, Differenzialrechnung
- **Schule**
  6 Lyzeum
  9 Gymnasium
  10 Oberschule, Realschule
- **Schüler**
  9 Pennaeler
  10 Gymnasiast
  12 Realschueler
- **türkischer Titel**
  3 Beg, Bei
- **Vorgesetzter beim Militär**
  8 Offizier
- **Wichtigkeit**
  7 Vorrang
  10 Prioritaet

hohl
4 leer
11 phrasenhaft
13 unausgefuellt

hohl(e, er, es) ...
- **Abgussform**
  7 Matrize
- **Grasstängel**
  4 Halm
- **Stange**
  4 Rohr
  6 Roehre

Hohlbauwerk
6 Tunnel

Höhle
5 Druse
6 Grotte
7 Kaverne
8 Hohlraum

Höhle ...
- *auf* **Capri**
  11 Blaue Grotte
- *in der* **Dordogne**
  7 Lascaux
- *von* **geringer Tiefe**
  6 Grotte
- *des* **Reineke Fuchs**
  10 Malepartus
- *in* **Spanien**
  8 Altamira

Höhlenbewohner
5 Dachs, Fuchs

Höhlenkunde
12 Spelaeologie

Höhlenmensch
12 Neandertaler

Höhlentropfstein
9 Stalagmit, Stalaktit

Höhlenwohnung des Wildes
3 Bau

Hohlform für Gusserzeugnisse
5 Model

Hohlgang im Körper
6 Fistel

Hohlhering
4 Ihle

Hohlkopf
4 Depp, Fant, Geck
5 Laffe
6 Fatzke
7 Angeber
9 Duemmling

Hohlkörper
4 Ball, Rohr
5 Blase, Kugel, Tubus
6 Ballon, Huelle, Roehre
7 Trommel
8 Zylinder

Hohlmaß
5 Eimer, Fuder, Kanne, Liter
7 Gallone

8 Scheffel
9 Deziliter
10 Hektoliter, Milliliter, Zentiliter

Hohlmaß ... (Abkürzung)
· *für* **100 Liter**
2 hl
10 Hektoliter
· *für* **Wein**
5 Fuder

Hohlmetallwerkzeug
13 Gewindebohrer

Hohlnadel
7 Kanuele

H

Hohlorgan
5 Blase

Hohlpfanne
10 Dachziegel

Hohlpflanze
4 Rohr

Hohlraum
5 Leere
6 Hoehle
7 Kaverne

Hohlraum ...
· *im* **Gestein mit Kristallen**
5 Druse
· *in* **Gussstücken**
6 Lunker
· *im* **Körper**
5 Zyste
· *in* **Zellen und Organen**
5 Lumen

Hohlspiegel
9 Reflektor

Hohltier
5 Hydra, Polyp
6 Meduse, Qualle
7 Koralle, Schwamm, Seemoos, Seerose
8 Seefeder
9 Wachsrose
10 Blumentier, Nesseltier, Seeanemone

Hohlwurz
12 Lerchensporn

Hohlziegel
6 Hourdi

Hohn
5 Spott
6 Ironie, Satire
8 Zynismus
9 Sarkasmus

höhnisch
7 zynisch
8 ironisch
10 spoettisch
11 sarkastisch, schadenfroh

Höhrensagen
5 Ondit

Höker
7 Kraemer, Tandler
9 Hausierer
10 Kolporteur

Hokuspokus
2 Uz
3 Jux, Ulk
4 Witz
5 Spass, Trick, Unfug
6 Unsinn, Zauber
8 Gaukelei, Zauberei
11 Schabernack

hold
7 anmutig, huebsch

Holder
8 Holunder

Holdseligkeit
5 Anmut
6 Charme
8 Liebreiz

Holland
11 Niederlande

Holländer
4 Mast
6 Geraet
7 Gebaeck, Mynheer, Zigarre
8 Maschine, Mastbaum, Mijnheer
10 Sagenfigur, Windmuehle
11 Reissgeraet
12 Sagengestalt, Schlittschuh
13 Niederlaender, Reissmaschine

holländisch(e, er, es) ...
▶ niederländisch
· **Spezialität**
10 Goudakaese

Hollandmädchen
6 Meisje

Hölle
4 Qual
5 Hades, Orkus
7 Inferno
9 Totenwelt, Unterwelt

Hölle im Koran
5 Sakar

Höllenfürst
5 Hades, Pluto, Satan
6 Teufel
8 Mephisto

Höllenhund
8 Kerberos, Zerberus

Höllenmaschine
5 Bombe
9 Zeitbombe

Höllenspektakel
5 Laerm, Radau

Höllenstein
5 Lapis
12 Silbernitrat

höllisch
6 rasant
8 infernal
9 teuflisch
12 infernalisch

höllisches ...
· **Geschehen**
7 Inferno
· **Tempo**
6 Rasanz

holprig
6 uneben
7 rumplig

holsteinisches Bauernhäuschen
4 Kate

Holunder
6 Holder, Holler
7 Flieder

Holunderstaude
11 Hollerbusch

Holz ...
· *für* **Stuhlfüße**
6 Kantel
· **verarbeitender Betrieb**
8 Saegerei
9 Saegewerk
12 Papiermuehle

Holz- oder Eisenanlage auf Spielplätzen
14 Klettergeruest

Holzabfälle
11 Saegespaene

Holzart
4 Arbe, Arve, Eibe, Erle, Espe, Ilex, Iper, Teak, Ulme
5 Ahorn, Birke, Birne, Buche, Eiche, Esche, Forle, Limba, Linde, Palme, Pinie, Tanne, Weide, Zeder
6 Akazie, Fichte, Foehre,

Kiefer, Makore, Mispel, Pappel, Pisang, Quitte
7 Flieder, Hickory, Laerche, Platane, Robinie, Ruester, Schlehe
8 Birnbaum, Ebenholz, Kastanie, Mahagoni, Nussbaum, Oleander, Pistazie, Rotbuche, Rottanne, Zypresse
9 Apfelbaum, Bergahorn, Blutbuche, Buchsbaum, Eberesche, Edeltanne, Hainbuche, Haselnuss, Korkeiche
10 Berberitze, Bergkiefer, Eukalyptus, Feigenbaum, Kirschbaum, Lebensbaum, Mammutbaum, Mandelbaum, Palisander, Sandelholz, Steineiche

Holzbearbeitungswerkzeug
3 Axt
4 Beil, Keil
5 Saege
6 Raspel

Holzbehälter
5 Kiste, Truhe
6 Kasten
7 Schrank

Holzbehandlungsmittel
5 Beize

Holzblasinstrument
4 Oboe
6 Fagott, Floete
7 Alphorn
8 Schalmei
10 Klarinette
11 Blockfloete

Holzblasmusiker
12 Klarinettist

Holzblatt
7 Furnier

Holzblättchen
4 Span
8 Splitter

Holzbottich
5 Zuber

Holzbrett
5 Bohle, Diele, Latte
6 Balken, Leiste

Holzdeckblatt
7 Furnier

Holzeinlegearbeit
8 Intarsie

holzen
6 foulen

hölzern(e, er, es) ...
· **Behälter**
4 Fass
5 Kiste
6 Kasten
· **Flugzeugrippe**
5 Spant
· **Fußform**
7 Leisten
· **Geschirr für Rinder**
4 Joch
· **Klapperinstrument**
12 Kastagnetten
· **Lagerstätte**
8 Pritsche
· **Milchgeschirr**
8 Melchter
· **Stuhl**
8 Stabelle
· **Wandtäfelung**
6 Paneel
· **Zielstück** (Eisschießen)
5 Daube

Holzfällerwerkzeug
5 Saege

Holzfärbemittel
5 Beize

Holzfaserprodukt
6 Papier

Holzfass
4 Kufe

Holzfußboden
5 Diele
6 Dielen, Riemen
7 Parkett

Holzgebäude
9 Blockhaus

Holzgeflecht
5 Flake

Holzgeist
8 Methanol

Holzgewächs ▶ Holzart

Holzgummi
5 Xylan

Holzhaufen des Köhlers
6 Meiler

Holzhaus
4 Bude
6 Huette

Holzhütte
4 Bude
5 Baude

holzige Kletterpflanze
5 Liane

Holzknecht
6 Holzer
11 Holzfaeller
12 Waldarbeiter

Holzkohlenhersteller
7 Koehler

Holzkonservierungsmittel
11 Karbolineum

Holzkopf
7 Grobian
8 Dummkopf

Holzkugelspiel
6 Boccia

Holzliege
8 Pritsche

Holzmessgerät
6 Kluppe

Holzpantoffel ▶ Holzschuh

Holzplanke
5 Brett

Holzraummaß
4 Ster
5 Faden
7 Klafter
9 Festmeter, Raummeter

Holzrinne für Grubenwasser
6 Fluder

Holzrohrpflanze
6 Bambus

Holzrutschbahn
6 Leiste

Holzschädling
5 Nonne
7 Spanner, Spinner
8 Holzbock, Holzwurm, Totenuhr
12 Borkenkaefer

Holzschalenfrucht
4 Nuss
7 Walnuss
8 Paranuss

Holzscheit
6 Kloben

Holzschlag
5 Maiss

Holzschneidebetrieb
8 Saegerei

Holzschneidekunst
10 Xylografie
11 Xylographie

Holzschneider
8 Xylograf
9 Xylograph

H

Holzschuh
4 Clog
7 Pantine
Holzschuhe
5 Clogs
Holzspaltwerkzeug
3 Axt
4 Beil, Keil
Holzsplitter
4 Span
6 Spaene
8 Schiefer
Holzstäbchen
5 Speil
Holzstange
5 Latte
Holzstoff
6 Lignin
Holzstoß des Köhlers
6 Meiler
Holzstreifen
6 Leiste
Holztäfelung
6 Paneel
Holztransport auf Gewässern
10 Floesserei
Holzung
3 Hau
4 Hieb
6 Rodung
9 Einschlag
holzverarbeitender Betrieb
8 Saegerei
Holzverhau
15 Lattenverschlag
Holzverpackung
5 Kiste
6 Kasten
Holzweg
6 Irrweg
9 Sackgasse
Holzzaun
6 Gatter
Holzzeichnung
5 Maser
8 Maserung
Holzzucker
6 Xylose
homerische ...
· **Dichtung**
5 Ilias
7 Odyssee
· **Versform**
9 Hexameter
Homers Übersetzer
4 Voss
Hommage
12 Ehrerbietung
homogen
11 einheitlich
homogene Körper
9 Kristalle
homonym
10 mehrdeutig, wortgleich
Homöopathie
14 Naturheilkunde
honett
6 ehrbar
9 ehrenhaft
11 respektabel
Honig ...
· **liebendes Tier**
4 Baer
· **sammelnde Insekten**
6 Bienen, Wespen
7 Hummeln
9 Hornissen
Honigbiene
4 Imme
Honigdachs
5 Ratel
Honigfalke
7 Bussard
13 Wespenbussard
Honiggebäck
9 Lebkuchen
Honiggras
6 Meddel
Honiginsekt
4 Imme
5 Biene
6 Hummel
Honigklee
8 Hornklee
9 Steinklee
Honigkuchen
9 Lebkuchen, Lebzelten
11 Pfeffernuss
Honiglikör
10 Baerenfang
Honigmond
13 Flitterwochen
Honigpilz
10 Hallimasch
Honigproduzent
5 Biene
Honigsaft
4 Seim
6 Nektar
Honigseim
6 Nektar
11 Bluetensaft
Honigwabe
5 Rosse
Honigwein
3 Met
honorabel ► honett
Honorar
4 Gage
7 Entgelt
9 Bezahlung, Ehrensold
10 Verguetung
Honoratioren
11 Oberschicht
honorig
9 ehrenhaft
honoris causa
11 ehrenhalber
Hopfen
10 Bierwuerze
Hopfensteckling
7 Fechser
Hopfentrank
4 Bier
Hora
6 Stunde
12 Gebetsstunde
Hörapparat
8 Hoerrohr
hörbar(e, er, es) ...
· **Laut**
9 Geraeusch
· **Luftschwingung**
3 Ton
6 Schall
· **Ton**
4 Laut
5 Klang
6 Schall
· **Zeichen**
6 Signal
7 Fanfare
horchen
8 lauschen
Horcher
5 Spion
7 Spitzel
8 Lauscher
Horde
5 Bande, Meute, Rotte, Schar
6 Gruppe, Haufen
Horen
4 Dike

6 Eirene
7 Eunomia
Hörerschaft
8 Publikum
10 Auditorium
Horizont
4 Kimm
7 Kimming, Kimmung
8 Sehkreis
13 Gesichtskreis
Horizontale
10 Waagrechte
11 Waagerechte
Horizontlinie
7 Skyline
Hormon
6 Cholin, Inkret, Prolan
7 Insulin, Oestron
8 Androgen, Cortison, Gestagen, Glucagon, Glukagon, Histamin
9 Adrenalin, Oestrogen
11 Progesteron, Testosteron
Hormonpräparat
10 Anabolikum
Horn
7 Kornett
Horn der Gämse
7 Krickel
hornähnlicher Stoff
6 Chitin
hornartige Körpersubstanz
4 Haar
Hornblättchen (Fisch)
7 Schuppe
8 Schuppen
Hörnchen
4 Kipf
6 Gipfel, Kipfel
7 Kipferl
Hornhaut ...
· *des* **Auges**
6 Cornea, Kornea
Hornhauttrübung im Auge
6 Pannus
Hornhautübertragung
13 Keratoplastik
Hornhautverdickung
5 Warze
Hornklee
5 Lotus
Hornmelone, Kürbisgewächs
6 Kiwano
Hornplättchen an Finger und Zeh
5 Nagel
Hornplatte ...
· *im* **Gaumen der Wale**
5 Barte
· *der* **Schildkröte**
7 Karette
10 Schildpatt
Hornschuh bei Tieren
3 Huf
Hornstoff
7 Keratin
Horntier
3 Kuh, Ren
4 Elch, Gams, Rind, Zebu
5 Gemse, Schaf, Ziege
6 Gaemse, Hirsch
7 Rentier
8 Antilope
Hornung
7 Februar
Hornvieh
4 Rind
Hörorgan
3 Ohr
Hörrohr des Arztes
10 Stethoskop
Horror
5 Angst
6 Furcht
7 Abscheu, Grausen
8 Schauder
9 Entsetzen
Horror ...
· *im* **Schlaf**
8 Albtraum, Alptraum
Horrorfilm
8 Thriller
Hörsaal
10 Auditorium
Horst
4 Nest
6 Genist
9 Flugplatz, Vogelnest
Hort
8 Zuflucht
9 Tagesheim
10 Kinderheim
11 Spielschule
12 Kindergarten
hörunfähig
4 taub
Hose
5 Jeans
6 Shorts
8 Bermudas, Hot Pants, Hotpants, Pantalon
9 Beinkleid, Bluejeans, Pantalons
13 Knickerbocker
Hose mit Jacke
5 Anzug
Hosenform
7 Jodphur
Hosensaumverstärkung
9 Stossband
Hospital
4 Heim
6 Klinik, Spital
8 Lazarett
11 Krankenhaus
Hospitant
4 Gast
10 Gasthoerer
12 Gastschueler
Hospiz
4 Heim
5 Hotel
8 Gasthaus, Herberge
Hostess
10 Stewardess
11 Begleiterin
Hostie
6 Oblate
14 Abendmahlsbrot
Hostienbehälter
5 Pyxis
8 Ziborium
Hostienschrein
10 Tabernakel
Hostienteller
6 Patene
Hostientraeger
9 Monstranz
Hotdog
8 Sandwich
10 Wuerstchen
Hotel
7 Gasthof, Pension
8 Herberge
Hotel für Autofahrer
5 Motel
Hotelangestellte
7 Koechin
9 Kellnerin
14 Zimmermaedchen
Hotelangestellter
3 Boy
4 Koch, Ober, Page

7 Barmann, Liftboy, Piccolo, Pikkolo, Portier
9 Pfoertner
10 Hausdiener
13 Etagenkellner

Hotelbediensteter ▶ Hotelangestellter

Hotelbesitzer
8 Hotelier
9 Gastronom

Hotelboy
4 Page

Hoteldiener
3 Boy
4 Page

H

Hotelgewerbe
10 Hotellerie
11 Gastronomie

Hotelhalle
6 Lounge

Hotelpage
3 Boy

Hotelraum mit zwei Betten
12 Doppelzimmer

Hotelwohnung
9 Apartment
11 Appartement

Hotte
4 Korb
8 Tragkorb

Hottentottendorf
4 Kral

Hottentottenhütte
6 Pontok

Hottentottenstamm
4 Nama
6 Korana

hübsch
4 nett
5 apart, fesch, flott
6 adrett, schoen

Hubschrauber
10 Helikopter

Hubschrauberflügel
5 Rotor

Hufentzündung der Pferde
4 Rehe

Hüft- oder Brustband
8 Schaerpe

Hufteil der Paarhufer
5 Klaue

Hüften
6 Becken, Lenden, Schoss, Seiten

Hüftgelenkregulierungshilfe
10 Spreizhose

Hüftgelenksverrenkung
8 Luxation

Hüfthalter
6 Mieder
7 Korsett
9 Korselett

Hüfthorn Rolands
7 Olifant

Huftier
3 Gnu, Kuh, Ren
4 Elch, Elen, Esel, Rind
5 Kamel, Pferd, Tapir
6 Hirsch
7 Elefant, Giraffe, Nashorn, Rentier, Schwein
8 Antilope, Dromedar, Maulesel, Maultier
9 Erdferkel
10 Flusspferd

hüftlange Bluse
6 Kasack

Hüftweh
7 Ischias

Hügel
4 Nock
5 Buehl, Hubel
8 Erhebung

Hügel ...
· *in* **Athen**
7 Areopag
· *in* **Jerusalem**
4 Zion
7 Oelberg
8 Golgatha
· *am* **Meeresufer**
9 Sandduene
· *in* **Rom**
7 Aventin, Caelius, Kapitol, Palatin, Viminal
8 Esquilin, Quirinal
· *mit* **Sternwarte bei Rom**
5 Mario

hügelfrei
4 eben

hügelfreies Gebiet
5 Ebene

hügelig
6 bergig

hügellos
4 eben

Hugenotte
10 Protestant

Hugenottenführer
5 Rohan
7 Coligny

Huhn
5 Henne
6 Glucke, Hinkel, Poulet
8 Poularde

Hühnerhund
6 Setter

Hühnerprodukt
2 Ei
5 Feder

Hühnerprodukte in einer Soße
9 Saureeier

Hühnerrasse
6 Cochin
7 Leghorn, Minorka
9 Faverolle, Italiener, Orpington, Wyandotte
10 Andalusier, Brahmahuhn
11 Australorps, Blausperber

Hühnervogel
4 Guan, Mitu, Pfau
5 Fasan, Hokko
7 Rebhuhn, Wachtel
8 Auerhahn, Auerhuhn, Birkhuhn, Feldhuhn, Perlhuhn, Truthahn
9 Edelfasan, Goldfasan, Haselhuhn, Jagdfasan, Steinhuhn, Truthenne
10 Schneehuhn

Huld
5 Gnade, Gunst
10 Wohlwollen

Huldigung
7 Beifall, Hommage, Ovation
8 Anbetung
9 Adoration

huldvoll
7 gnaedig
11 wohlwollend

Hülle
4 Etui, Haut
5 Bezug, Decke, Pelle
6 Bluete, Frucht, Huelse, Kapsel, Kuvert, Mantel, Schale, Schutz
7 Packung
8 Futteral, Konvolut, Ueberzug, Umschlag

9 Kartusche
10 Umhuellung, Verpackung
Hülle ...
· *der* **Chromosomen**
6 Matrix
· *aus* **Ei und Bröseln**
6 Panade, Panier
· *der* **Insektenpuppe**
5 Kokon
hüllenlos
5 nackt
10 entkleidet
Hülse ...
· *von* **Früchten**
4 Pale
6 Schote
Hülsenfrucht
5 Bohne, Erbse, Linse
6 Bohnen
9 Sojabohne
Hülsenfrüchtlergewürz
10 Kassiazimt
human
8 tolerant
10 menschlich, wohltaetig
Humanismus
12 Zivilisation
Humanist
5 Ramus
6 Hutten
7 Erasmus, Grotius
8 Petrarca, Reuchlin
10 Pirkheimer
11 Melanchthon
Humbug
2 Uz
3 Ulk
5 Unfug
6 Unsinn
7 Nonsens, Quatsch
Hummer
5 Krebs
8 Languste
Humor
4 Witz
5 Laune, Spass
6 Ironie
8 Frohsinn
10 Heiterkeit
humorlos
5 ernst
7 trocken
humorvoll
4 urig
6 heiter
7 burlesk, drollig, grotesk, komisch
8 ironisch
9 satirisch
humpeln
6 hinken, lahmen
Humuserde
11 Mutterboden
Humusgemisch für Zierpflanzen
10 Blumenerde
humusreich
5 humos
Hund
8 Klaeffer
hundeartiges ...
· **Raubtier**
4 Wolf
5 Dingo, Fenek, Fuchs
6 Hyaene
7 Schakal
Hundeblume
10 Loewenzahn
Hundegebell
8 Geklaeff
Hundegras
6 Quecke
Hundehütte
4 Kaue
6 Kotter
Hundejunges
5 Welpe
Hundekläffen
6 Gebell
Hundekrankheit
6 Raeude, Staupe
7 Tollwut
Hundelaut
3 wau
Hundelaute
6 Bellen, Gebell
Hundeleben
3 Not
5 Armut, Elend
6 Jammer, Misere
Hundemännchen
5 Ruede
Hundename
3 Rex
4 Bazi, Hexe, Karo
5 Bello, Hasso, Lumpi, Waldi
6 Flocki
Hunderasse
3 Fox
4 Chin, Fido, Mops
5 Boxer, Dogge, Pudel, Spitz
6 Barsoi, Basset, Beagle, Bracke, Bullie, Collie, Dackel, Hunter, Saluki, Scotch, Setter, Teckel
7 Afghane, Bobtail, Griffon, Mastiff, Pointer, Rattler, Sheltie, Spaniel, Terrier, Whippet
8 Bluthund, Chow Chow, Pekinese, Pinscher, Windhund
9 Bulldogge, Dobermann, Schnauzer, Windspiel, Wolfshund
10 Dalmatiner, Foxterrier, Hirtenhund, Leonberger, Rottweiler, Zwergpudel
11 Bullterrier, Huehnerhund, Irish Setter, Rehpinscher, Vorstehhund
12 Bernhardiner, Gordonsetter, Pudelpointer, Schaeferhund
13 Cockerspaniel, Rauhaardackel, Scotchterrier, Zwergpinscher
14 Neufundlaender, Rauhhaardackel
15 Airedaleterrier, Riesenschnauzer
hundertäugiger Riese
5 Argus
Hundertjahrfeier
11 Zentenarium
Hundertschaft
8 Zenturie
Hundertstel (Vorsatz)
5 Zenti
7 Prozent
Hundeschar
5 Meute
Hundeschwanz
4 Rute
Hundeunterkunft
6 Huette
7 Zwinger
Hundewache
10 Nachtwache
Hundeweibchen
7 Huendin
Hundezecke
8 Holzbock

Hundezüchter
8 Kynologe
Hundezwinger
6 Kennel
Hundskopfaffe
5 Magot, Makak
6 Pavian, Rhesus
8 Mandrill
9 Meerkatze
10 Rhesusaffe
Hundsstern
6 Sirius
Hüne
5 Riese
6 Gigant
hünenhaft
5 gross
6 riesig
Hünenstein
6 Dolmen, Menhir
Hunger
7 Appetit
8 Begierde
9 Kohldampf
Hungerblümchen
5 Wesel
Hungerjahre
14 Nachkriegszeit
Hungerkur
6 Fasten
9 Nulldiaet
15 Schlankheitskur
Hungerleider
5 Armer
7 Bettler
9 Schlucker
10 Habenichts
Hungertyphus
11 Fleckfieber
Hunnenkönig
5 Etzel
6 Attila
hunnenverwandter Reiternomade
5 Aware
Hupe
4 Horn
hüpfen
6 hopsen
8 springen
Hürde
6 Pferch
8 Barriere
9 Hindernis
Hürdenlauf
15 Hindernisrennen
Hürdenläufer
8 Steepler
Hurenkind
13 Ausgangszeile
Hurrikan
5 Orkan
6 Taifun, Zyklon
7 Tornado
11 Wirbelsturm
hurtig
3 fix
5 rapid, rasch
7 behende, eilends, schnell
8 behaende
Husar
6 Reiter
11 Kavallerist
Husarenmütze
6 Kalpak, Kolpak
7 Tschako
Husarenrock
6 Attila
Husarenstück
11 Handstreich
Hussit
9 Utraquist
10 Kalixtiner
Hussitenführer
5 Ziska, Zizka
6 Prokop
Hustenmittel
4 Anis
6 Kodein, Salbei
10 Eukalyptus
Hut ...
· *der* **Cowboys**
7 Stetson
· *der* **Kleriker**
6 Birett
Hutaffe
5 Makak
Hüter
4 Hirt
5 Hirte
6 Patron
8 Bewacher, Waechter
Hüter ...
· *des* **heiligen Grals**
7 Titurel
· *von* **Kleinkindern**
10 Babysitter
· *von* **Lämmern und Schafen**
8 Schaefer
· *des* **Nibelungenhorts**
8 Alberich
· *der* **wild lebenden Tiere**
6 Jaeger
Hüterin der Erde
4 Hera
Hutform
6 Melone, Panama
7 Filzhut, Homburg
8 Sombrero, Strohhut, Zylinder
9 Dreispitz, Zweispitz
10 Kalabreser, Schlapphut
11 Florentiner
Hutmacherin
8 Modistin
12 Putzmacherin
Hutrand
6 Krempe
Hutschlange ▶ Brillenschlange
Hutstroh
5 Tagal
Hütte
4 Bude, Kate
5 Baude
8 Schuppen
9 Eisenwerk, Haeuschen, Verschlag
10 Schutzhaus
Hütte für Viehfutter
9 Heustadel
Hüttenkunde
11 Metallurgie
Hüttenkundler
10 Metallurge
Hüttner
7 Kaetner
hutzelig
5 klein
6 faltig
Hybride
7 Bastard
Hybris
8 Uebermut
9 Frevelmut
13 Vermessenheit
Hydra
5 Polyp
6 Untier
8 Schlange

Hydrotherapie
7 Badekur
Hygiene
10 Sauberkeit
12 Reinlichkeit
16 Gesundheitslehre
17 Gesundheits-pflege
Hygieneartikel
6 Tampon
8 Sacktuch
11 Taschentuch
Hygieneutensil
16 Toilettenartikel
hygienisch
6 sauber
8 reinlich, sanitaer
hygienische ...
· **Einrichtung**
3 Bad
8 Toilette
· **Maßnahme**
7 Asepsis
10 Isolierung
11 Quarantaene
12 Desinfektion
Hymne
3 Ode
4 Lied
7 Loblied
9 Lobgesang
hypnotischer Schlafzustand
6 Trance
Hypophyse
10 Hirnanhang
16 Hirnanhangdruese
Hypothek
6 Kredit
11 Grundschuld
Hypothese
7 Annahme, Theorie
9 Bedingung, Vermutung
10 Mutmassung
13 Unterstellung, Voraussetzung
hypothetisch
6 fiktiv
Hysterie
7 Neurose
11 Reizzustand
hysterisch
9 aufgeregt
11 ueberspannt

I

Iason ▶ Jason
iberischer ...
· **Staat**
7 Spanien
8 Portugal
Ibis
10 Stelzvogel
11 Storchvogel
ichbezogener Mensch
12 Egozentriker
Ichmensch
6 Egoist
Ichsucht
8 Egoismus
10 Egozentrik, Eigenliebe, Eigensucht
11 Selbstsucht
ideal
7 perfekt, Vorbild
8 Leitbild
9 imaginaer, Leitstern
10 vollkommen, Wunschbild
11 Leitgedanke, vorbildlich
ideale ...
· **Partnerin**
9 Traumfrau
· **Wunschkörpergestalt**
10 Traumfigur
ideales Eiland
10 Trauminsel
Idee
4 Plan, Sinn, Spur
5 Linie, Thema, Wesen
6 Gehalt, Urbild
7 Einfall, Gedanke
9 Eingebung, Intuition
11 Kleinigkeit, Leitgedanke, Ueberlegung, Vorstellung
12 Grundgedanke
ideenarm
11 einfallslos, fantasielos
12 phantasielos
ideenreich
7 kreativ
12 fantasievoll
13 phantasievoll
identische Bedingungen
17 Chancengleichheit
Identität
10 Gleichheit
16 Uebereinstimmung
Identitätsurkunde
7 Ausweis
Identitätszeichen
8 Ohrmarke
Idiom
7 Dialekt
11 Redewendung
Idiot
4 Depp, Narr
7 Trottel
8 Dummkopf
15 Schwachsinniger
Idol
6 Abgott, Goetze
7 Fetisch
11 Goetzenbild
Idyll
13 Stimmungsbild
idyllisch
5 still, traut
8 heimelig, traulich
9 arkadisch, friedlich, laendlich
10 gemuetlich, ungestoert
11 beschaulich
Iffland-Ring-Träger
7 Meinrad
Ignoranz
10 Unkenntnis
15 Beschraenktheit
illegal
8 verboten
9 illegitim
11 unzulaessig
12 gesetzwidrig, rechtswidrig, ungesetzlich
14 unrechtmaessig
illegitim (▶ auch illegal)
9 unehelich
illiquid
6 pleite
16 zahlungsunfaehig
illoyal
6 untreu
9 unredlich
Illusion
4 Trug, Wahn
5 Traum

6 Schein, Utopie
8 Fantasie, Trugbild, Wahnbild
9 Phantasie
10 Einbildung, Wunschbild
11 Luftschloss
16 Selbsttaeuschung

Illustration
4 Bild, Foto
5 Photo
6 Grafik
7 Graphik
8 Diagramm, Vignette
9 Abbildung, Faksimile, Schaubild, Zeichnung
11 Bebilderung, Darstellung
17 Veranschaulichung

I

Illustriertencover
9 Titelbild

illustriertes Kinderbuch
10 Bilderbuch

Iltisart
5 Frett
9 Frettchen
11 Stinkmarder

im ...
· **bestimmten Augenblick**
7 jeweils
· **Dampf gar kochen**
8 duensten
· **Dampf garen**
8 duensten
· **Dampf garkochen**
8 duensten
· **Fahrzeug befindliche Person**
7 Insasse
· **Fernsehen direkt übertragen**
4 live
· **Garten arbeiten**
9 gaertnern
· **gleichen Umschlag liegend**
5 anbei
· **Haar getragene Klammer**
6 Spange
· **Kleinen** (franz.)
8 en détail
· **Meer treibender Gletscherbrocken**
7 Eisberg
· **Ofen eine knusprige Kruste herstellen**
11 ueberbacken
· **Raum befindlich**
5 innen
· **Stande (imstande)**
6 faehig, irreal
7 kapabel
· **Stil von**
3 à la
· **Tabakrauch enthaltener Stoff**
4 Teer
· **Trend**
3 hip
6 modern
· **Wasser weichen lassen**
7 quellen

imaginär
10 unwirklich
11 eingebildet
12 phantastisch

Imagination
8 Fantasie
9 Phantasie
10 Einbildung

Imbiss
5 Jause, Snack
6 Bissen, Happen
8 Brotzeit, Mahlzeit

Imbiss ...
· **einnehmen**
6 jausen
7 jausnen
· *im* **Freien**
8 Picknick

Imbissstätte
13 Jausenstation

Imbissstube
8 Snackbar

Imbisswagen
13 Wuerstelstand

Imitat einer Tierhaut
10 Kunstleder

Imitation
7 Parodie
10 Faelschung, Falsifikat, Nachahmung

Imitator
9 Nachahmer

imitiertes Wildleder
5 Nubuk

Imker
14 Bienenzuechter

Imme
5 Biene

immens
5 enorm, gross
6 riesig
8 gewaltig
10 gigantisch
12 unermesslich

immer
4 ewig
5 stets
7 zeitlos
8 staendig

immer Gleiches
8 Einerlei

immerdar
4 ewig

immergrüne Beerenpflanze
10 Spitzblume

immergrünes ...
· **Gewächs**
4 Efeu, Ilex
5 Vinca
6 Mistel
8 Oleander, Rosmarin
9 Buchsbaum, Hundsgift

Immigrant
11 Einwanderer

Immigration
12 Einwanderung

immobil
11 unbeweglich

Immobilieneigner
15 Hauseigentuemer

immun
6 gefeit
10 geschuetzt
11 abgehaertet
12 unangreifbar
13 unempfindlich

Immunisierung
7 Impfung
13 Schutzimpfung
14 Schluckimpfung

Imperativ
11 Befehlsform

Imperium
5 Reich
9 Weltreich
11 Kaiserreich
12 Machtbereich

impertinent
5 frech
6 dreist
7 laestig, vorlaut
9 ungezogen
10 dummdreist, ungehoerig
11 zudringlich
12 aufdringlich, unverschaemt

Impetus
4 Hang
7 Neigung, Tendenz
Impfflüssigkeit ▶ Impfstoff
Impfpustel
5 Pocke
Impfstoff
5 Serum
6 Lymphe, Vakzin
7 Vakzine
Impfstoffe
4 Sera
5 Seren
Impfung
13 Immunisierung
Implantation
12 Einpflanzung
Import
7 Einfuhr
Imprägniermittel (für Holz)
11 Karbolineum
Impresario
7 Manager
Impression
8 Eindruck
10 Empfindung
Imprimatur
13 Druckfreigabe
Improvisation
9 Extempore, Impromptu
13 Stegreifspiel
Impuls
5 Stoss
6 Anreiz
7 Ansporn, Anstoss, Antrieb
8 Anregung
16 Bewegungsgroesse
impulsiv
7 spontan
impulsives ...
· **Handeln**
12 Spontanitaet
13 Spontaneitaet
in ...
· **... und Braus**
4 Saus
· **Angriff nehmen**
7 angehen
· *der* **Anlage**
5 anbei
10 beiliegend
· **Besitz nehmen**
8 aneignen
· **bester Form**
3 fit
· **Betracht ziehen**
8 bedenken
· **Betrieb**
2 an
· **der Höhe**
4 oben
· **der Tiefe**
5 unten
· **diesem Augenblick**
4 eben
· **diesem Jahr**
5 heuer
· **Düsseldorf beliebtes Getränk**
7 Altbier
· **Ei und Brösel wenden**
8 panieren
· **eigener Person**
6 selbst
· **etwas graben**
7 wuehlen
· *der* **Farbe eines bestimmten Edelsteins**
9 smaragden
· **Fett geröstetes Mehl**
8 Einbrenn
9 Einbrenne
· **Form**
3 fit
8 tauglich
· **fremde Länder fahren**
6 reisen
· **Fülle vorhanden**
6 ueppig
· **Gang bringen**
9 ankurbeln
10 aktivieren
· **geringer Entfernung**
3 nah
· **Gläsern konservieren**
9 einwecken
· **großen Mengen**
6 en gros
· **größerem Umfang**
4 mehr
· **heißem Fett zubereitete Speise**
9 Frittuere
· **heißer Butter schwenken**
9 sautieren
· **höchstem Maß begabt**
6 genial
· **hohem Grade**
4 sehr
· **jungen Jahren begangener Fehler**
12 Jugendsuende
· **Kürze**
4 bald
· **kurzer Zeit**
4 bald
· *der* **Mitte geteilt**
4 halb
· *der* **Musik**
6 legato
· *der* **Nähe von**
3 bei
5 neben
· **naher Zukunft**
4 bald
· **Obhut genommenes Mädchen**
13 Pflegetochter
· **praktischer Ausbildung Stehende**
12 Praktikantin
· **Reichweite**
3 nah
· **Richtung auf**
4 nach
· *der* **Schale gegarter Erdapfel**
13 Pellkartoffel
· **Schwung bringen**
10 aktivieren
· **Streifen geschnittenes Gemüse**
8 Julienne
· **Teeblättern enthaltenes Koffein**
4 Tein
· **vergangener Zeit**
6 damals
· **vier Teile zerlegen**
8 vierteln
· **vorgerücktem Alter**
7 bejahrt
· *die* **Wege leiten**
11 arrangieren
· **zwei Tagen**
11 uebermorgen
inaktiv
4 faul
6 traege
8 untaetig
Inangriffnahme
6 Angang
10 Initiative

I

Inbegriff
4 Kern
5 Summe, Wesen
6 Gehalt, Inhalt
8 Substanz
9 Charakter, Hoechstes, Innerstes
11 Quintessenz
Inbegriff ...
· **alles Seienden**
4 Welt
· *des* **Bösen**
5 Satan
6 Daemon, Teufel
· **höchster Vollkommenheit**
5 Ideal
· *der* **Persönlichkeit**
9 Charakter
inbegriffen
9 inklusive
Inbesitznahme
9 Eroberung
Inbild
5 Ideal
Inbrunst
12 Enthusiasmus, Leidenschaft
Index
8 Register
11 Verzeichnis
Indianer im alten Mexiko
6 Azteke
Indianerbehausung
6 Wigwam
Indianerboot
4 Kanu
6 Piroge
Indianerfrau
5 Squaw
Indianergebiet
8 Reservat
Indianergott
6 Manitu
Indianerpfeife
7 Kalumet
Indianerpferd
7 Mustang
Indianerschuh
8 Mokassin
Indianerschutzgebiet
8 Reservat
11 Reservation
Indianerstamm
4 Dene, Hopi, Inka, Maja, Maya
5 Creek, Huron, Sioux
6 Dakota, Indios, Navaho, Navajo
7 Apachen, Azteken, Guarani, Huronen, Olmeken, Quechua
8 Cherokee, Comanche, Delaware, Irokesen, Mixteken, Tolteken
9 Apatschen, Mohikaner, Zapoteken
11 Komantschen
12 Kommantschen, Tscherokesen
Indianertrophäe
5 Skalp
Indianerwaffe
8 Tomahawk
Indianerzelt
4 Tipi
6 Wigwam
indianisch(e, er, es) ...
· **Friedenspfeife**
7 Kalumet
· **Gottheit**
6 Manitu
· **Kulturvolk**
4 Maya
· **Ortsvorsteher**
6 Kazike
· **Pfeilgift**
6 Curare, Kurare
· **Siegestrophäe**
5 Skalp
· **Stammeszeichen**
5 Totem
· **Zelt**
4 Tipi
Indienstnahme
11 Einstellung
indifferent
7 neutral
8 tolerant
10 unbestimmt
12 teilnahmslos
13 gleichgueltig
Indigestation
18 Verdauungsstoerung
Indignation
11 Entruestung
12 Veraergerung
Indigofarbe
6 Anilin
Indikativ
17 Wirklichkeitsform
Indio vor Kolumbus
4 Inka
indirekt
9 abhaengig, mittelbar
indirekte Route
5 Umweg
indisch(e, er, es) ...
· **Amtssprache**
5 Hindi
· **Anrede für Europäer**
5 Sahib
· **Anrede für Herr**
5 Sahib
· **Antilope**
6 Nilgau
· **Asket**
4 Jogi, Yogi
5 Fakir
· **Berg**
3 Abu
8 Satpatra
· **Brillenschlange**
5 Kobra
· **Bundesstaat**
5 Assam, Bihar
6 Kerala, Sikkim
· **Büßer**
4 Yogi
· **Dichter**
6 Tagore
7 Rushdie
· **Dichtung**
7 Rigweda
· **Ehrentitel**
7 Mahatma
· **Feuergott**
4 Agni
· **Flächenmaß**
5 Bigha
· **Flachs**
4 Jute
· **Fluss**
6 Ganges
8 Krischna
11 Brahmaputra
· **Frauengewand**
4 Sari
· **Fürstin**
4 Rani
5 Begum
8 Maharani
· **Gaukler**
5 Fakir
· **geistlicher Lehrer**
4 Guru

- **Gesellschaftsschicht**
  5 Kaste
- **Gewand**
  4 Sari
- **Gewicht**
  3 Ser
- **Gewürzmischung**
  8 Tandoori
- **Gong**
  6 Tamtam
- **Gottheit**
  6 Brahma, Schiwa
  7 Wischnu
  8 Krischna
- **Großfürst**
  11 Maharadscha
- **Großstadt**
  6 Madras
- **Hafenstadt**
  6 Bombay, Madras, Mumbai
  8 Kalkutta
- **Halbziege**
  4 Tahr, Thar
- **Hauptgott**
  5 Indra
- **Hautmalereien mit Henna**
  7 Mehndis
- **Heiliger**
  4 Guru, Jogi, Yogi
  5 Sadhu
- **Held**
  4 Rama
- **Hirschart**
  10 Axishirsch
- **Holzart**
  10 Sandelholz
- **Kaste**
  5 Paria, Sudra
  6 Parias, Shudra
  8 Vaischya
  9 Brahmanen, Brahminen
  10 Kschatriya
  11 Radschputen
- **Kastenloser**
  5 Paria
- **Landsmann**
  7 Bengale
- **Liebeslehrbuch**
  9 Kamasutra
- **Münze**
  3 Pie
  4 Anna, Lakh
  5 Rupie
- **Nobelpreisträger**
  5 Raman
  6 Tagore
- **Oasenstadt**
  7 Bikanir
- **philosophisches System**
  4 Joga
- **Politiker**
  5 Desai, Nehru
  6 Gandhi
- **Provinz**
  3 Goa
  4 Kurg
  5 Assam, Bihar
  6 Katsch, Orissa, Punjab
  7 Manipur, Tripura
  8 Bengalen, Kaschmir
  9 Pandschab
  10 Haidarabad
  11 Radschastan
- **Religion**
  9 Sikhismus
  10 Buddhismus, Hinduismus
  11 Brahmaismus
  12 Dschainismus
- **Religionsstifter**
  6 Buddha
- **Rind**
  4 Zebu
- **Sänfte**
  8 Palankin
- **Schrift**
  4 Urdu, Weda
- **Teeanbaugebiet**
  5 Assam
- **Tempeltänzerin**
  8 Bajadere
- **Währungseinheit**
  5 Rupie
- **Waldbock**
  6 Nilgau
- **Wasserbüffel**
  7 Kerabau
- **Wasserpfeife**
  4 Huka
- **Wickelgewand**
  4 Sari
- **Witwe**
  4 Sati
- **Wüste**
  5 Tharr

indiskret
7 taktlos

Indiskretion
7 Klatsch, Rederei, Tratsch
10 Geschwaetz
11 Klatscherei
13 Taktlosigkeit
15 Vertrauensbruch

Individualist
13 Einzelgaenger

Individualität
8 Eigenart
15 Einzigartigkeit, Persoenlichkeit

individuell
11 persoenlich
13 eigentuemlich

individuelles ...
- **Fitnessprogramm**
  16 Personaltraining
- **Herrenkleidungsstück**
  9 Massanzug

Individuum
6 Person
11 Einzelwesen
12 Einzelperson

Indiz
7 Hinweis
9 Anzeichen
15 Verdachtsmoment

Indoeuropäer
5 Slawe

Indogermane
5 Kelte

indogermanischer ...
- **Stamm**
  5 Arier, Daker
  6 Balten, Italer, Kelten, Slawen
  7 Albaner, Illyrer, Iranier, Phryger, Romanen, Thraker
  8 Armenier, Germanen, Griechen, Hethiter, Italiker
  9 Indoarier

indolent
6 traege
10 schmerzlos

indonesisch(e, er, es) ...
- **Berg**
  3 Awu
  4 Gede
  5 Dempo, Kelut
  6 Leuser, Makian, Merapi, Semeru
  7 Tambora
  8 Kerintji
  10 Papantajan
  12 Puntjak Djaya

· **Hafenstadt**
6 Padang
8 Semarang, Surabaja
14 Tandjungperiuk
· **Hüftrock**
6 Sarong
· **Insel**
4 Alor, Bali, Buru, Cebu, Java, Laut, Nias, Roti, Sawu
5 Ambon, Banka, Buton, Ceram, Ceres, Sumba, Timor, Wetar
6 Bangka, Borneo, Butung, Flores, Lombok, Madura, Sebuku, Wowoni
7 Celebes, Sumatra, Sumbawa
8 Billiton, Relitung, Sulawesi
9 Halmahera
· **Inselbewohner**
8 Balinese
· **Inselgruppe**
8 Molukken
10 Sulainseln
11 Sundainseln, Tigerinseln
12 Nassauinseln
14 Mentaweiinseln
· **Kleidungsstück**
6 Sarong
· **Münze**
3 Sen
· **Pfeilgift**
4 Upas
· **Politiker**
7 Suharto, Sukarno
· **Reisgericht**
10 Nasigoreng, Nasi-goreng
· **Stadt**
5 Ambon, Medan
6 Padang
7 Bandung, Batavia, Jakarta
8 Djakarta, Makassar
9 Palembang, Pontianak
10 Dschakarta
· **Volksstamm**
4 Bugi
5 Batak, Dajak, Moken
7 Malaien
· **Vulkan**
8 Krakatau
· **Währung**
6 Rupiah
· **Wildrind**
4 Anoa
· **Würzsoße**
6 Sambal
Industrieanlage
4 Werk
Industriediamant
4 Bort
industriell(e, er, es) ...
· **Ausdruck**
5 Serie, Trust
6 Fabrik
7 Kartell, Normung
10 Fliessband, Rohprodukt, Veredelung
· **Betriebsstätte**
6 Fabrik
· **Kunststoff**
10 Chemikalie
Industrieluftreiniger
10 Entstauber
Industriemaß für Normgrößen
3 DIN
Industrienorm
3 DIN
inegal
8 ungleich
inexakt
7 ungenau
infam
6 ehrlos, gemein
7 ruchlos
11 schaendlich
12 veraechtlich
15 niedertraechtig
Infant
11 Thronfolger
Infant von Spanien
6 Felipe
infantil
8 kindisch, kindlich
Infektion
10 Ansteckung
11 Virusbefall
Infektionsausbreitung
6 Seuche
7 Endemie
8 Epidemie, Pandemie
Infektionskrankheit
4 Aids, Lues, Pest, Ruhr
5 Lepra, Mumps, Polio
6 Angina, Grippe, Masern, Pocken, Seuche, Typhus
7 Aussatz, Cholera, Malaria, Roeteln, Tetanus, Tollwut, Tripper
8 Blattern, Gasbrand, Schanker, Wundrose
9 Gonorrhoe, Influenza, Milzbrand, Scharlach
10 Diphtherie, Gelbfieber, Paratyphus, Windpocken
11 Fleckfieber, Flecktyphus, Guertelrose, Keuchhusten, Starrkrampf, Tuberkulose, Ziegenpeter
12 Denguefieber, Genickstarre
13 Poliomyelitis, Wechselfieber
14 Kindbettfieber, Kinderlaehmung
15 Rueckfallfieber, Schlafkrankheit, Wundstarrkrampf
17 Lungenentzuendung
infernal
9 hoellisch, teuflisch
Inferno
5 Chaos
6 Hoelle
9 Unterwelt
Infinitiv
8 Nennform
infizieren
9 anstecken
11 uebertragen
Inflation
14 Geldentwertung
Influenza
6 Grippe
infolgedessen
4 ergo
Information
7 Meldung
8 Auskunft
9 Botschaft, Nachricht
10 Mitteilung
Informationen
5 Daten
Informationsbüro
11 Berichthaus
Informationseinheit
3 Bit
4 Byte
Informationsmittel
4 Buch, Film
5 Radio
6 Plakat, Presse

7 Journal, Katalog, Lexikon, Zeitung
8 Anschlag, Prospekt, Rundfunk, Sachbuch
9 Fernsehen, Flugblatt
10 Broschuere
11 Flugschrift, Zeitschrift
12 Illustrierte
13 Enzyklopaedie

Informationsspeicher
3 RAM

Ingenieurschule
2 TH, TU
3 ETH
9 Technikum
13 Polytechnikum
14 Fachhochschule

Ingredienzien
7 Zutaten

Ingwerbier
9 Gingerale

Ingwergewürz
8 Kardamom

Inhaber
6 Eigner
8 Besitzer
11 Eigentuemer

Inhaber ...
· *eines* **Lokals**
4 Wirt
8 Gastwirt
9 Gastronom

Inhaberpapier
5 Aktie
10 Obligation, Pfandbrief

inhaftieren
9 verhaften
10 arretieren, festnehmen

Inhaftierter
10 Gefangener

inhalieren
8 einatmen

Inhalt
4 Kern, Saft, Sinn
5 Masse, Thema
6 Gehalt, Ladung
7 Inneres, Materie, Volumen
8 Fuellsel, Fuellung, Handlung, Substanz, Wortlaut
9 Bedeutung

Inhalt ...
· **entfernen**
6 leeren
· *einer* **zu backenden Frucht**
17 Bratapfelfuellung

Inhaltsangabe
5 Index, Liste
6 Aufbau, Expose, Rubrum
7 Synopse
8 Register, Resuemee, Synopsis
10 Gliederung, Uebersicht
11 Aufstellung, Deklaration, Verzeichnis
12 Sachregister

inhaltslos
4 leer
7 trivial

Inhaltslosigkeit
5 Leere

Inhaltsübersicht
8 Resuemee

Inhaltsverzeichnis
5 Index
8 Register

Initialen von ...
· **Dürer**
2 AD
· **Fontane**
2 TF
· **Gauguin**
2 PG
· **Gershwin**
2 GG
· **Hals** (Maler)
2 FH
· **Kästner**
2 EK
· **Pitt**
2 WP
· **Rathenau**
2 WR
· **Renoir**
2 AR
· **Rubens**
3 PPR

Initiative
7 Anstoss, Antrieb
8 Anregung, Befugnis
10 Einleitung
14 Inangriffnahme
15 Entschlusskraft
18 Unternehmungsgeist

Initiator
7 Urheber
9 Schoepfer

Injektion
7 Spritze
12 Einspritzung

Injektionen-Schutznachweis
8 Impfpass

Injektionsnadel
7 Kanuele

Inkakaiser
9 Atahualpa

Inkarnation
9 Inbegriff

inkognito
6 geheim
8 heimlich, verdeckt
9 unerkannt

Inkraftsetzung
12 Bestaetigung

Inkrimination
7 Anklage
13 Anschuldigung, Beschuldigung

Inkunabel
10 Fruehdruck
11 Wiegendruck

Inland
10 Binnenland

Inlandgewässer
9 Binnensee

inmitten
8 zwischen

innehalten
9 pausieren

innen
4 drin
5 darin, intus

innen leer
4 hohl

Innenausstattung
9 Interieur

Innendurchmesser von Rohren
7 Kaliber

Innengarten
6 Atrium

Innenhof
6 Atrium

Innenorgan
4 Herz, Milz
5 Leber, Lunge, Magen, Niere

Innenraum
9 Interieur

Innenseite des Armgelenks
8 Armbeuge

Innenstadt
4 City
7 Zentrum
9 Stadtkern
Innenstürmer
6 Inside
Innenteil ...
· *von* **Früchten**
4 Kern
· *der* **Hand**
11 Handflaeche
inner(e, er, es) ...
· **Anspannung**
6 Unruhe
· **Antrieb**
5 Drang
· **Bereitschaft**
4 Lust
· **Einstellung**
9 Attituede
· **Erregtheit**
6 Unruhe
· **Gewissheit**
6 Glaube
10 Zuversicht
· **Harmonie**
7 Frieden
· **Körperteil**
5 Organ
· **Ordnung**
7 Gefuege
· **Organ des Menschen**
4 Darm, Herz, Milz
5 Blase, Galle, Leber, Lunge, Magen, Niere
· **Organe**
10 Eingeweide
· **Rindenschicht**
4 Bast
· **Schwung**
3 Pep
4 Elan
5 Feuer
11 Temperament
· **Teil einer Frucht**
4 Kern
· **Teil unseres Planeten**
7 Erdkern
· **Trieb**
4 Gier
5 Drang
8 Instinkt
· **Unruhe**
5 Sorge
6 Unrast
· **Verhältnisse**
7 Interna
· **Verlangen**
5 Drang
· **Zerrissenheit**
9 Zwiespalt
innerasiatische Wüste
4 Gobi
innerasiatisches ...
· **Gebirge**
4 Alai
5 Altai
Innereien
8 Gekroese
10 Eingeweide
Inneres
4 Kern
Inneres der Knochen
4 Mark
innerhalb
5 innen
6 binnen
innerhalb kurzer Zeit
4 bald
innerlich
6 intern
innerlich erfüllt
7 beseelt
innerster Reaktorkern
4 Core
Innerstes in der Pflaume
4 Kern
Innewerden eines Geschehens
7 Erleben
innewohnend
8 immanent
9 inhaerent
innewohnende Kraft
7 Energie
innig
5 intim
8 vertraut
innige Zuneigung
5 Liebe
inniges Verlangen
9 Sehnsucht
Innigkeit
12 Herzlichkeit
Innung
5 Gilde, Zunft
6 Gewerk
Input
7 Eingabe
ins ...
· **Eis gehauenes Loch**
4 Wune
· **Haus liefernder Handelsbetrieb**
11 Versandhaus
· **Stocken geraten**
6 stauen
Insasse
6 Mieter
8 Bewohner, Fahrgast, Fluggast
9 Beifahrer, Mitfahrer, Passagier
Insasse ...
· *einer* **Pflegeanstalt**
7 Kranker, Patient
· *einer* **Strafanstalt**
9 Arrestant, Haeftling
10 Gefangener
15 Strafgefangener
Insassin
10 Bewohnerin
Inschrift
7 Epigraf, Legende, Widmung
8 Epigramm, Epigraph
9 Zueignung
11 Inskription
Inschrift ...
· *in* **einem Buch**
7 Widmung
· *am* **Kreuz Christi**
4 INRI
Inschriftenkunde
9 Epigrafik
10 Epigraphik
Insekt
4 Floh, Imme, Kerf, Laus
5 Biene, Motte, Wanze, Wespe
6 Ameise, Bremse, Falter, Fliege, Grille, Hummel, Kaefer, Muecke, Schabe, Spinne, Zikade
7 Erdfloh, Libelle, Moskito, Ohrwurm, Reblaus, Schnake, Termite
8 Filzlaus, Heimchen, Heupferd, Holzbock, Hornisse, Kakerlak, Kerbtier, Kopflaus, Qualster
9 Anopheles, Baumwanze, Gallwespe, Grabwespe, Maikaefer, Sandwespe

10 Bienenlaus, Biesfliege, Blattwanze, Blattwespe, Bohrfliege, Feldgrille, Goldfliege, Mauerwespe, Schildlaus, Schwaermer
11 Faltenwespe, Goldjungfer, Heuschrecke
12 Hirschkaefer, Schlupfwespe
13 Eintagsfliege, Schmetterling
14 Gluehwuermchen, Tausendfuesser
15 Tausendfuessler

Insekt mit Stachel
5 Biene

Insekten ...
· **fressende Pflanze**
8 Taublatt
9 Fettkraut, Nepenthes, Sonnentau
12 Fliegenfalle
14 Wasserschlauch
17 Venusfliegenfalle

Insektenart
8 Kerbtier

Insektenbauwerk
4 Wabe
5 Stock

Insektenbekämpfungsmittel
3 DDT
7 Kampfer
10 Insektizid
11 Mottenkugel
12 Mottenpulver
14 Fliegenfaenger

Insektenforscher
10 Entomologe

Insektenfresser
4 Igel
5 Vogel
8 Maulwurf
9 Spitzmaus
10 Fledermaus
11 Ameisenbaer

Insektenlarve
4 Made
5 Puppe, Raupe
9 Engerling

Insektenlockstoff von Pflanzen
10 Blumenduft

Insektenordnung
6 Kaefer

Insektenpanzerstoff
6 Chitin

Insektenprodukt
5 Honig

Insektenpuppe
5 Kokon

Insektenschlupfloch
10 Wespennest

Insektenwaffe
7 Stachel

Insel
3 Oie
5 Atoll
6 Eiland, Hallig
7 Schaere

Insel ...
· *bei* **Afrika**
5 Malta, Pemba
7 Reunion, São Tomé, Sokotra
8 Sansibar
9 Mauritius
10 Madagaskar
11 Fernando Poo
· *in der* **Ägäis**
3 Kos
5 Chios, Imroz, Samos
6 Euboea, Imbros, Lemnos, Lesbos, Limnos
7 Kythira, Thassos
8 Mytilini
10 Samothraki
· *bei* **Alexandria**
6 Pharos
· *der* **Antillen**
5 Haiti
· *im* **Ärmelkanal**
4 Sark
5 Wight
6 Jersey
7 Aurigny
8 Alderney, Guernsey
· *bei* **Athen**
7 Salamis
· *bei* **Australien**
5 Timor
9 Neuguinea, Tasmanien
10 Neuseeland
· *der* **Balearen**
5 Ibiza
7 Menorca
8 Mallorca
· *im* **Bodensee**
6 Mainau
9 Reichenau
· *im* **Chiemsee**
10 Krautinsel
14 Frauenchiemsee, Herrenchiemsee
· *vor der* **chinesischen Küste**
6 Hainan
· *der* **Circe** (Odyssee)
3 Aia
· *vor* **Estland**
5 Dagoe, Oesel
· *vor* **Florida**
4 Kuba
· *im* **Golf von Neapel**
5 Capri
6 Ischia
· *bei* **Greifswald**
3 Oie
· *im* **griechischen Mythos**
3 Aea
· *vor* **Grönland**
6 Island
· *der* **Großen Antillen**
4 Cuba, Kuba
5 Haiti
6 Tobago
7 Jamaika
8 Trinidad
10 Puerto Rico
· *der* **Hawaii-Gruppe**
4 Maui, Oahu
5 Kauai, Lanai
6 Hawaii, Niihau
7 Molokai
· *der* **Hebriden**
4 Skye
· *im* **hohen Norden**
5 Thule
· *vor* **Indien**
6 Ceylon
8 Sri Lanka
· *im* **Indischen Ozean**
6 Ceylon
7 Reunion, Sokatra
8 Sri Lanka
9 Mauritius, Rodrigues
10 Madagaskar
· *in der* **Irischen See**
3 Man
8 Anglesey
· *vor* **Kanada**
8 Bathurst, Melville, Somerset
9 Anticosti, Vancouver
10 Baffinland, Parryinsel

I

11 Neufundland
13 Viktoriainsel
· *der* **Kanaren**
5 Ferro, Palma
6 Gomera, Hierro
9 Lanzarote, Teneriffa
11 Gran Canaria
13 Fuerteventura
· *in der* **Karibik**
10 Martinique
· *der* **Kleinen Antillen**
7 Bahamas, Grenada
8 Bermudas
10 Carriaceen, Grenadinen, Turkinseln
12 Caicosinseln, Cayman-inseln, Virgininseln
13 Leewardinseln
14 Jungferninseln, Wind-wardinseln
· *bei* **Kreta**
3 Dia
· *der* **Kykladen**
5 Delos, Melos, Naxos
· *bei* **Madeira**
10 Porto Santo
· *an der* **Magalhãesstraße esstraße**
9 Feuerland
· *vor* **Malakka**
6 Penang
· *bei* **Mallorca**
7 Cabrera
9 Dragonera
· *der* **Marianen**
4 Guam
· *bei* **Marseille**
2 If
· *im* **Mittelmeer**
2 If
3 Kos
4 Elba
5 Capri, Chios, Delos, Ibiza, Korfu, Kreta, Leros, Malta, Milos, Naxos, Samos
6 Euboea, Ischia, Ithaka, Lemnos, Lesbos, Rhodos, Zypern
7 Cabrera, Korsika, Kythera, Menorca, Minorca, Salamis
8 Mallorca, Santorin, Sizilien, Skorpios
9 Dragonera, Sardinien
· *vor* **Neapel**
5 Capri
6 Ischia
· *bei* **New York**
5 Ellis
9 Nantucket
10 Long Island
11 Ellis Island
· *in* **Norddalmatien**
3 Rab
· *im* **nördlichen Eismeer**
12 Wrangelinsel
· *im* **Nordmeer**
6 Island
9 Groenland
· *in der* **Nordsee**
3 Als
4 Roem, Sylt
5 Amrum, Fanoe, Foehr, Hooge, Juist, Manoe, Texel
6 Borkum, Mellum, Roemoe
7 Ameland, Baltrum, Neu-werk
8 Langeoog, Pellworm, Trischen, Vlieland
9 Helgoland, Norderney, Wangeroog
10 Nordstrand, Scharhoern, Spiekeroog, Wangerooge
12 Terschelling
· *vor* **Ostafrika**
8 Sansibar
· *in* **Ostasien**
8 Sachalin
· *vor der* **Ostküste Nord-amerikas**
10 Long Island
· *vor der* **Ostküste Sibiriens**
8 Sachalin
· *in der* **Ostsee**
3 Fyn, Oie
4 Moen, Moon, Poel, Vilm
5 Alsen, Dagoe, Oesel, Ruden
6 Fuenen, Oeland, Ruegen, Samsoe, Ummanz, Usedom, Wollin
7 Falster, Fehmarn, Got-land, Laaland, Lolland, Seeland
8 Bornholm, Saaremaa
9 Hiddensee, Langeland
· *im* **Pazifik**
4 Guam
5 Timor
6 Hawaii, Honshu, Tahiti, Taiwan
7 Kiuschu
8 Eniwetok
· *der* **Philippinen**
4 Cebu
5 Bohol, Leyte, Luzon, Panay, Samar
6 Negros
7 Mindoro, Palawan
8 Mindanao
· *vor* **Pommern**
3 Oie
4 Vilm
5 Ruden
6 Ruegen, Usedom, Wollin
9 Hiddensee
· *in der* **Pommerschen Bucht**
6 Usedom
· *vor* **Portsmouth**
5 Wight
· *im* **Rhein**
11 Nonnenwerth
· *bei* **Rügen**
3 Oie
9 Hiddensee
· *im* **Saronischen Golf**
6 Aegina
· *vor* **Schweden**
6 Oeland
7 Gotland
8 Bornholm
· *vor* **Sizilien**
5 Malta
6 Lipari, Salina, Ustica
7 Alicudi, Vulcano
9 Lampedusa, Stromboli
11 Pantelleria
· *der* **Sporaden**
3 Kos
5 Leros
· *im* **Stillen Ozean**
3 Aru
4 Ebon, Wake
5 Nauru
6 Taiwan
7 Formosa
9 Neuguinea
13 Neukaledonien
· *der* **südlichen Sporaden**
3 Kos
· *bei* **Sumatra**
4 Nias

6 Bangka
8 Belitung
· *bei* **Trinidad**
6 Tobago
· *bei* **Venezuela**
6 Tobago
7 Tortuga
8 Trinidad
9 Margarita
· *im* **Wattenmeer**
6 Hallig
· *vor* **Wismar**
4 Poel
· *im* **Zürichsee**
6 Ufenau

Inselbau bei Bingen
10 Maeuseturm

Inselbewohner
9 Insulaner

Inselchen bei Rügen
3 Oie

Inseleuropäer
3 Ire
5 Brite, Korse, Sarde
6 Kreter
8 Malteser, Zypriote
9 Islaender
10 Englaender, Sizilianer
12 Groenlaender

Inselgruppe
8 Archipel

Inselgruppe ...
· *der* **Ägäis**
8 Kykladen, Sporaden
9 Dodekanes
· *bei* **Alaska**
7 Aleuten
· *zwischen* **Alaska und Sibirien**
7 Aleuten
· *im* **Atlantik**
6 Azoren
7 Lofoten
8 Bermudas
16 Kanarische Inseln
· *im* **Beringmeer**
7 Aleuten
· *östlich von* **Florida**
7 Bahamas
· *im* **Golf von Bengalen**
9 Andamanen, Nikobaren
· *vor der* **griechischen Küste**
14 Ionische Inseln
· *im* **Indischen Ozean**
9 Amiranten, Andamanen, Kerguelen
10 Maskarenen
11 Kokosinseln
13 Keelinginseln
· *in der* **Karibik**
7 Bahamas
8 Antillen
· *vor der* **Küste Norwegens**
6 Ofoten
7 Lofoten
· *im* **Mittelmeer**
8 Balearen
· *vor der* **Nordküste Schottlands**
12 Orkneyinseln
· *im* **Pazifik**
5 Samoa
6 Hawaii
7 Fidschi
8 Marianen
9 Karolinen
11 Mikronesien
· *im* **Persischen Golf**
13 Bahreininseln
· *im* **Stillen Ozean**
7 Aleuten, Kurilen
8 Marianen
9 Karolinen, Marquesas
10 Neuseeland
11 Tongainseln
12 Hawaiiinseln, Neue Hebriden
13 Gilbertinseln
15 Galapagosinseln
· *der* **Südsee**
19 Gesellschaftsinseln

Inselkette bei Alaska
7 Aleuten

Inseln ... ▶ Inselgruppe ...

Inseln im Wattenmeer
8 Halligen

Inselstaat
4 Eire, Kuba
5 Haiti, Japan, Malta, Nauru, Samoa, Tonga
6 Ceylon, Irland, Island, Tuvalu, Zypern
7 Fidschi, Jamaika
8 Kiribati, Malaysia, Sri Lanka
9 Mauritius
10 Indonesien, Madagaskar, Neuseeland
11 Philippinen
15 Grossbritannien
17 Trinidad und Tobago

Inselstaat ...
· *der* **Antillen**
5 Haiti
7 Jamaika
· *vor* **Indien**
8 Sri Lanka
· *im* **Indischen Ozean**
8 Sri Lanka
· *in der* **Karibik**
4 Kuba
7 Grenada
· *in* **Mittelamerika**
4 Kuba
· *im* **Mittelmeer**
5 Malta
· *in* **Ostasien**
5 Japan
· *im* **Pazifik**
5 Tonga
· *der* **USA**
6 Hawaii
· *in* **Westindien**
8 Dominica

Inselstaat im Pazifik
5 Tonga

Inselvolk ...
· *in* **der Südsee**
7 Kanaken
· *in* **Europa**
6 Briten

Inselwelt ...
· *im* **Pazifik**
8 Ozeanien
10 Polynesien
11 Mikronesien

Inserat
7 Annonce, Anzeige

insgesamt
4 alle, ganz
5 alles, total
8 pauschal, zusammen
9 gaenzlich

In-sich-Gehen
4 Reue
5 Busse
6 Umkehr
7 Einkehr
10 Meditation

Insignien
11 Amtszeichen
12 Ehrenzeichen

insolvent
6 pleite
8 bankrott
16 zahlungsunfaehig
Inspektion
8 Aufsicht, Behoerde, Pruefung
9 Kontrolle
10 Verwaltung
12 Besichtigung, Ueberwachung
13 Ueberpruefung
Inspektionsleiter
10 Inspekteur
Inspiration
4 Idee
7 Einfall
8 Anregung
9 Eingebung
11 Erleuchtung
12 Geistesblitz
inspirieren
8 eingeben
12 beeinflussen
Installateur
7 Monteur
10 Handwerker
Installation
6 Einbau
Instandhaltung
6 Pflege
7 Service, Wartung
12 Kundendienst
inständiges Bitten
6 Flehen
Instandsetzer
10 Reparateur
Instandsetzung
7 Flicken, Stopfen
9 Reparatur
11 Renovierung
12 Ausbesserung, Restauration
13 Restaurierung
Instandsetzung von Grund auf
9 Sanierung
Instantgetränk
12 Pulverkaffee
Instinkt
5 Trieb
6 Ahnung
7 Gefuehl
instinktiv
15 gefuehlsmaessig
Institut
7 Anstalt, Seminar
Institution
8 Stiftung
11 Einrichtung
Instruktion
7 Weisung
9 Anleitung, Anweisung, Belehrung
10 Unterricht, Vorschrift
11 Richtschnur
13 Unterrichtung
instruktiv
9 lehrreich
11 interessant
Instrument
6 Geraet, Mittel
7 Apparat
8 Maschine, Werkzeug
11 Hilfsmittel, Vorrichtung
Instrument ...
· *des* **Arztes**
5 Nadel, Sonde
6 Klemme
7 Kanuele, Spritze
8 Hoerrohr, Lanzette, Pinzette, Skalpell
9 Hohlnadel
10 Stethoskop
11 Wundklammer
12 Augenspiegel, Seziermesser
· *zur* **Ermittlung der Geschwindigkeit**
10 Tachometer
· *zum* **Messen des Luftdrucks**
9 Barometer
· *zum* **Messen elektrischer Spannungen**
9 Voltmeter
· *zum* **Messen elektrischer Ströme**
11 Amperemeter
· *der* **Optik**
4 Lupe
6 Brille, Kamera
8 Fernglas, Fernrohr
9 Mikroskop, Projektor, Reflektor
Instrumentalstück
6 Sonate
8 Sinfonie
9 Symphonie
Instrumentenart
5 Piano
intakt
4 ganz, heil
10 unberuehrt, unversehrt
Intarsienmaterial
8 Ebenholz
Intellekt
5 Geist
8 Vernunft, Verstand
13 Denkvermoegen
Intellektueller
7 Egghead
intelligent
4 klug
Intelligenz
8 Klugheit
12 Gescheitheit
14 Aufgewecktheit
intensivieren
8 steigern
11 verstaerken
Intention
4 Idee, Plan, Ziel
5 Zweck
7 Absicht, Vorsatz
8 Vorhaben
10 Entschluss
11 Vorstellung
12 Zielrichtung
Interesse
6 Anteil, Belang, Wunsch
7 Neigung
11 Anteilnahme, Beteiligung
Interesselosigkeit
9 Lethargie
Interessengemeinschaft
6 Verein
Interessengruppe
5 Lobby
7 Kartell
Interessenverband
13 Pressuregroup
Interessenvertreter
5 Agent
7 Manager
8 Lobbyist
international
17 zwischenstaatlich
international geltende Vorschrift
8 Seerecht
international(e, er, es) ...
· **Autorenverband**
3 PEN

· **Bank**
8 Weltbank
· **Bündnis**
4 Liga, Pakt
7 Allianz
· **Fußballverband**
4 FIFA
· **Gesellschaft**
6 Jetset
· **Hilfssprache**
9 Esperanto
· **Kriminalpolizei**
8 Interpol
· **Kulturorganisation**
6 UNESCO
· **Luftfahrtverband**
4 IATA
· **Modedesigner**
5 Renta
· **Notsignal**
3 SOS
· **Olympisches Komitee**
3 IOC
· **Organisation**
2 AU, EG, EU, UN
3 EWG, UNO
4 EFTA, NATO
5 SEATO
6 UNICEF
16 Vereinte Nationen
· **Polizei**
8 INTERPOL
· **Rohstoffkartell**
4 OPEC
· **Satzung**
6 Charta
· **Schachverband**
4 FIDE
· **Schriftstellerverband**
3 PEN
· **Schwimmverband**
4 FINA
· **Seenotruf**
3 SOS
· **Skiverband**
3 FIS
· **Sportwettkämpfe**
9 Olympiade
17 Weltmeisterschaft
19 Europameisterschaft
· **Staatengemeinschaft**
2 EG, EU
4 EFTA
· **Tennisverband**
3 ATP
· **Verrechnungsverfahren**
8 Clearing
· **Verteidigungsgemeinschaft**
4 NATO
5 SEATO
· **Warenaustausch**
10 Welthandel
· **Wirtschaftsgemeinschaft**
2 EG
3 EWG
Internatsschüler
6 Alumne
7 Interne
8 Zoegling
internieren
9 isolieren
11 inhaftieren
Interpellation
7 Anfrage
Interpretation
7 Deutung
9 Auslegung
10 Ausdeutung, Erklaerung
Interpunktion
14 Zeichensetzung
Interpunktionssymbol
14 Ausrufezeichen
Intervall
4 None, Prim, Sext, Terz
5 Quart, Quint
6 Dezime, Oktave
7 Abstand, Sekunde, Septime
8 Tonstufe
10 Tonabstand, Zeitspanne
11 Zeitabstand
12 Zwischenraum
Interview
9 Befragung
intim
5 innig
8 vertraut
intim(e, er, es) ...
· **Anrede**
2 du
· **Bekannte**
8 Freundin
· **Freundin**
8 Geliebte
· **Lokal**
3 Bar
· **Räumlichkeit**
7 Separee
Intimität
15 Vertraulichkeit
intolerant
9 unduldsam
Intoleranz
13 Unduldsamkeit
Intrige
6 Kabale, Raenke
8 Komplott
11 Raenkespiel
12 Machenschaft
Intrigen
6 Raenke
14 Machenschaften
Intrigenspiel ▶ Intrige
Intuition
7 Einfall
9 Eingebung
10 Anschauung
12 Geistesblitz
Inulaheilpflanze
5 Alant
Invasion
7 Einfall
9 Besetzung
Inventar
7 Bestand
11 Aufstellung, Einrichtung, Verzeichnis
investieren
7 anlegen
9 einsetzen, einweisen
10 einfuehren
investiertes ...
· **Finanzmittel**
12 Eigenkapital
· **Geld**
13 Kapitalanlage
Investor
7 Anleger
Investoren
7 Anleger
inwendig
5 innen, intus
6 intern
Inzest
11 Blutschande
ionisch(e, er, es) ...
· **Insel**
5 Korfu
6 Leukas
· **Philosoph**
11 Anaximander
· **Tempel**
11 Erechtheion

irakisch(e, er, es) ...
- **Königsname**
  6 Faisal
- **Münze**
  3 Fil
  4 Rial
  5 Dinar
  6 Dirham
- **Ölhafen**
  3 Fao
- **Zentralgebiet**
  12 Mesopotamien

Iran
  7 Persien

iranisch(e, er, es) ... ▶ auch persisch(e, er, es) ...
- **Anrede** (Herr)
  3 Aga
- **Exkaiserin**
  5 Farah
- **Exportartikel**
  3 Oel
- **Geistlicher**
  6 Mullah
  9 Ayatollah
- **Gitarre**
  5 Sitar
- **Hafenstadt**
  6 Abadan
- **Herrschertitel**
  5 Schah
- **Münze**
  4 Rial
  5 Dinar
- **Politiker**
  6 Rohani
  8 Chomeini, Morsadeq
  14 Ahmadinedschad
- **Provinz**
  13 Aserbeidschan
- **Reitervolk**
  6 Alanen
- **Religion**
  9 Parsismus
- **Religionsstifter**
  9 Zoroaster
  11 Zarathustra
- **Revolutionsführer**
  8 Chomaini, Khomeini
- **Saiteninstrument**
  3 Tar
  5 Sitar
- **Währung**
  4 Rial
- **Wüste**
  3 Lut
  5 Kawir, Kewir

irdenes Geschirr
  8 Steingut

irgendwann
  6 jemals

irisch(e, er, es) ...
- **Apostel**
  7 Patrick
  8 Colomban
  10 Kolumbanus
- **Berg**
  6 Keeper, Nephin
  7 Brandon, Errigal
- **Freiheitskämpfer**
  8 Casement
- **Geheimbund**
  6 Fenier
- **Hafenstadt**
  4 Cork
- **Hutdesigner**
  6 Treacy
- **Insel**
  4 Aran
  6 Achill, Mullet
  8 Valentia
- **Luftverkehrszentrum**
  7 Shannon
- **Mathematiker**
  8 Hamilton
- **Missionar**
  6 Gallus
  8 Columban
- **Name von Irland**
  4 Eire
- **Nationalheiliger**
  7 Patrick
- **Nobelpreisträger für Frieden**
  8 Corrigan, Mac Bride, Williams
- **Nobelpreisträger für Literatur**
  7 Beckett
- **Nobelpreisträger für Physik**
  6 Walton
- **Nobelpreisträger/-in für Literatur**
  4 Shaw
  5 Yeats
- **Parlament**
  4 Dail
  11 Dail Eireann
- **Physiker**
  7 Tyndall
- **Politiker**
  8 Casement, Costello
- **Rebellenarmee**
  3 IRA
- **Sagengestalt**
  6 Ossian
- **Schriftsteller**
  4 Shaw
  5 Joyce, Synge, Yeats
  7 Beckett
- **Tanz**
  4 Reel
- **Untergrundorganisation**
  3 IRA
- **Volksstamm in Schottland**
  6 Skoten
- **Wahrzeichen**
  8 Shamrock

Irische Glocke
  12 Muschelblume

irisch-keltischer Bewohner Schottlands
  5 Skote

Irisgewächs
  12 Schwertlilie

Irland
  4 Eire

Ironie
  5 Spott
  10 Spoettelei

ironisch ...
- *für* **Geliebte**
  8 Dulcinea, Dulzinea

ironische Dichtung
  6 Satire

ironischer Kritiker
  9 Satiriker

irr
  8 unsicher
  9 zweifelnd

irreal
  10 unwirklich

Irreführung
  5 Bluff
  10 Taeuschung

irren
  9 fehlgehen

Irrfahrt
  7 Odyssee

Irrgarten
  9 Labyrinth

Irrglaube ▶ Irrlehre

Irrlehre
8 Haeresie, Ketzerei
11 Heterodoxie
Irrsinn
5 Manie
8 Wahnsinn
Irrtum
6 Errata, Fehler
7 Erratum
8 Versehen
10 Denkfehler, Fehlurteil
Isaaks ...
· **Frau**
7 Rebekka
· **Mutter**
5 Sarah
· **Sohn**
4 Esau
5 Jakob
· **Vater**
7 Abraham
Isegrim
4 Wolf
islamisch(e, er, es) ...
· **Asket**
4 Sufi
8 Derwisch
· **Bethaus**
7 Moschee
· **Bettelmönch**
5 Fakir
8 Derwisch
· **Fastenmonat**
7 Ramadan
· **Frauenhaus**
5 Harem
· **Gebetsrufer**
7 Muezzin
· **Geistlichkeit**
5 Ulema
· **Gelehrtentitel**
5 Mulla
6 Mullah
· **Gelehrter**
5 Ulema
· **Gesetzeskundiger**
5 Mufti, Ulema
6 Mullah
· **Gott**
5 Allah
· **Gotteshaus**
7 Moschee
· **Gottheit**
5 Allah
· **Heiliges Buch**
5 Koran
· **Heiligtum**
5 Kaaba
· **Herrschertitel**
4 Imam
5 Kalif, Mufti, Wesir
6 Sultan
· **Hochschule**
7 Medrese
· **Konfession**
8 Schiiten, Sunniten
· **Lehrbuch**
5 Sunna
6 Hadith
· **Mekkapilger**
7 Hadschi
· **Minister**
5 Wesir
10 Grosswesir
· **Name Jesu**
4 Huri
· **Name von Jesus**
3 Isa
· **Ordensmitglied**
8 Derwisch
· **Pilgerziel**
5 Mekka
6 Medina
· **Prediger**
6 Schech, Scheik
7 Scheich
· **Prophet**
8 Mohammed
· **Recht**
7 Scharia
· **Rechtsgelehrter**
5 Mufti, Ulema
· **Religionsbuch**
5 Koran
· **Republik**
4 Iran
11 Mauretanien
· **Richter**
4 Kadi
· **Schicksal**
6 Kismet
· **Schutzgeist**
5 Malik
6 Asrael, Ridvan
7 Gabriel, Israfil, Michael
· **Symbol**
8 Halbmond
· **Theologe**
7 Ghazali, Ibn Sina
8 Alghazel, Averroes, Ibn Rushd
· **Vorbeter**
4 Imam
· **Wallfahrtsort**
5 Mekka
6 Medina
Islamit
6 Moslem, Muslim
8 Muselman
isländisch(e, er, es) ...
· **Dichtung**
4 Edda, Saga
· **Erzählung**
4 Saga
· **Geschichtsschreiber**
15 Snorri Sturluson
· **Heldengedicht**
12 Frithjofsage
· **Maler**
7 Jonsson
· **Münze**
5 Aurar, Eyrir
· **Nobelpreisträger für Literatur**
7 Laxness
· **Ringkampf**
5 Glima
· **Schriftsteller**
7 Laxness
8 Svensson
10 Gunnarsson
11 Gudmundsson
· **Springquelle**
6 Geiser, Geisir, Geysir
· **Vulkan**
5 Askia, Hekla
Islandmoos
10 Lungenmoos
Ismailitenoberhaupt
7 Aga Khan
Isolation
11 Abkapselung, Absonderung, Quarantaene
Isoldes Geliebter
7 Tristan
Isolierbehälter für Getränke
12 Thermoskanne
Isolierflasche
12 Dewar-Gefaess
14 Thermosflasche
Isoliermaterial
4 Filz, Glas, Kork, Teer, Werg
5 Gummi, Pappe, Seide

6 Asbest
7 Bitumen, Glimmer
8 Paraffin, Torfmull
9 Glaswolle, Holzwolle, Kieselgur, Kunstharz, Porzellan, Teerpappe
11 Schaumstoff
12 Astbestpappe

isoliert
6 allein, einsam
10 vereinsamt

isolierte Leitung
5 Kabel

Isotop ...
· *des* **Wasserstoffs**
7 Tritium
9 Deuterium

I

israelisch(e, er, es) ...
· **Amtssprache**
6 Iwrith
· **Autor**
6 Kishon
13 Ephraim Kishon
· **Badeort**
5 Eilat, Elath
· **Berg**
5 Tabor
6 Jermak, Karmel, Semawe
7 Oelberg
· **Flughafen**
3 Lod
· **Hafenstadt**
5 Eilat, Haifa, Jaffa
· **Kollektiv**
6 Kibbuz
· **König**
3 Asa, Ela
4 Abia, Ahab, Ahas, Saul
5 David, Josia
6 Salomo
7 Herodes, Salomon
· **Modeschöpfer**
5 Elbaz
· **Monatsname**
4 Elul
· **Münze**
6 Agorot
· **Nobelpreisträger für Frieden**
5 Begin, Peres, Rabin
· **Nobelpreisträger für Literatur**
5 Agnon
· **Parlament**
7 Knesset
· **Parteibündnis**
5 Likud
· **Politiker**
5 Barak, Begin, Dajan, Dayan, Ebban, Peres
7 Eschkol, Schamir, Schasar, Sharett
8 Goldmann, Weizmann
9 Ben Gurion, Netanjahu
· **Politikerin**
4 Meir
· **Richter und Seher**
6 Samuel
· **Sängerin**
4 Lavi
· **See**
10 Genezareth
11 Tiberiassee
· **Stamm**
3 Dan, Gad
4 Juda, Levi
5 Asser, Ruben
6 Joseph, Reuben, Simeon
7 Sebulon
8 Benjamin, Isaschar, Naphtali
· **Stammvater**
3 Ham, Sem
4 Noah
5 Jakob
6 Japhet
7 Abraham
· **Topmodel**
7 Refaeli
8 Ginzburg
· **Wüste**
5 Negev
· **Wüstenwind**
8 Scharaff

Israelit
4 Jude
8 Hebraeer

Israels Bürger
7 Israeli

Isthmus
8 Landenge

italienisch für ...
· **„Die Blauen"** (Sport)
7 Azzurri
· **Abend**
4 sera
· **acht**
4 otto
· **Apotheke**
8 farmacia
· **Arzt**
6 medico
7 dottore
8 condotto
· **Autobahn**
10 autostrada
· **Bad**
5 bagno
· **Badestrand**
4 lido
· **Bahnhof**
8 stazione
· **Bart**
5 barba
· **Bejahung**
2 si
· **Berg**
5 monte
· **Bier**
5 birra
· **Birne**
4 Pera
· **bissfest gekocht** (2 Wörter)
7 aldente
· **bitte**
5 prego
· **Bozen**
7 Bolzano
· **Brief**
7 lettera
· **Brot**
4 pane
· **Brücke**
5 ponte
· **Buch**
5 libro
· **Dame**
7 signora
· **danke**
6 grazie
· **Doktor**
7 dottore
· **drei**
3 tre
· **Eier**
4 Uova
· **ein**
2 un
· **eine**
3 una
· **eins**
3 uno
· **Engel**
6 angelo

- **Familie**
  8 famiglia
- **Feuer**
  5 fuoco
- **Fische**
  5 Pesci
- **Flasche**
  9 bottiglia
- **Fleischgerichte**
  5 Carni
- **Frau**
  5 Donna
  7 signora
- **Fräulein**
  9 signorina
- **Früchte**
  6 frutti
- **fünf**
  6 cinque
- **Gasthaus**
  7 albergo, osteria, taverne
  9 trattoria
- **Geld**
  5 soldi
- **Gendarmerie**
  11 carabinieri
- **genug**
  5 basta
- **Gericht aus frittiertem Tintenfisch**
  8 Calamari
- **geröstetes Brot**
  10 Bruschetta
- **gestern**
  4 ieri
- **Getränke**
  7 Bevande
- **Gold**
  3 oro
- **Graf**
  5 conte
- **Gräfin**
  8 contessa
- **gut**
  4 bene
- **Hand**
  4 mano
- **Haus**
  4 casa
- **heilig**
  5 santa
- **Herr**
  6 signor
  7 signore
- **Herrin**
  5 donna
- **heute**
  4 oggi
- **Huhn; Hähnchen**
  5 Pollo
- **Hülsenfrüchte**
  6 Legumi
- **hundert**
  5 cento
- **ich**
  2 io
- **Insel**
  5 isola
- **Italien**
  6 Italia
- **ja**
  2 si
- **Jahr**
  4 anno
- **Junge**
  7 ragazzo
- **Kaffeezubereiter**
  7 Barista
- **Kartoffeln**
  6 Patate
- **Käse** (Mz.)
  8 Formaggi
- **Kasse**
  5 cassa
- **klein**
  7 piccolo
- **kleiner Junge**
  7 bambino
- **Kleinkind**
  7 bambino
- **Kohl**
  6 Cavolo
- **krank**
  6 malato
- **Kunst**
  4 arte
- **Land**
  8 campagna
- **Leben**
  4 vita
- **Lebewohl**
  4 ciao
  5 addio
- **Liebe**
  5 amore
- **Lied**
  7 canzone
- **Mädchen**
  7 ragazza
- **Mailand**
  6 Milano
- **Marktplatz**
  6 piazza
- **Meer**
  4 mare
- **Meister**
  7 Maestro
- **Milch**
  5 latte
- **Mittagsruhe**
  6 siesta
- **Mond**
  4 luna
- **Musiklehrer**
  7 Maestro
- **Mutter**
  5 madre
- **Neapel**
  6 Napoli
- **nein**
  2 no
- **neun**
  4 nove
- **nichts**
  6 niente
- **Onkel**
  3 zio
- **Palast**
  7 palazzo
- **perlend** (von Weinen)
  9 Frizzante
- **Pilze**
  6 Funghi
- **Platz**
  6 piazza
- **rote Erde**
  10 Terracotta
- **Rotwein** (2 Wörter)
  9 Vinorosso
- **sechs**
  3 sei
- **See**
  4 lago
- **sieben**
  5 sette
- **Sohn**
  6 figlio
- **Sonne**
  4 sole
- **Speiseeis**
  6 gelato
- **Spinat** (Mz.)
  7 Spinaci

I

I

- **Stadt**
  5 citta
- **Straße**
  3 via
  6 strada
- **Stunde**
  3 ora
- **Suppe** (Mz.)
  8 Minestre
- **Süßspeisen**
  5 Dolci
- **Tag**
  6 giorno
- **Tänzerin**
  9 ballerina
- **tausend**
  5 mille
- **Theater**
  6 teatro
- **Tochter**
  6 figlia
- **Tomaten**
  8 Pomodori
- **Tonsilbe**
  2 fa
- **Tor**
  5 porta
- **Turm**
  5 torre
- **Vater**
  5 padre
- **vier**
  7 quattro
- **Vorspeise**
  9 antipasto
- **Vorspeisen**
  9 Antipasti
- **vorwärts**
  6 avanti
- **Weg**
  3 via
- **Wein**
  4 vino
- **Weißwein**
  10 Vinobianco
- **Wirtshaus**
  7 osteria
- **Zahn**
  5 dente
- **zehn**
  5 dieci
- **Zeit**
  5 tempo
- **Zug**
  5 treno
- **zwanzig**
  5 venti
- **zwei**
  3 due

italienisch(e, er, es) ...

- **Abenteurer**
  8 Casanova
  10 Cagliostro
- **Abschiedsgruß**
  4 Ciao
- **Adelsfamilie**
  4 Este
  6 Borgia, Medici, Orsini
  7 Farnese
  8 Borghese
  9 Malatesta
- **Adelstitel**
  4 Duca
  5 Conte
  8 Contessa, Marchesa, Marchese, Principe, Visconte
  11 Principessa
- **Adriahafen**
  4 Bari
  6 Ancona, Pesaro, Rimini, Triest
  7 Pescara, Venedig, Venezia
  8 Barletta, Brindisi, Molfetta
- **Adriaseebad**
  4 Fano
  5 Grado
  6 Rimini
- **alkoholisches Getränk**
  6 Grappa
- **Alpengewässer**
  8 Comer See
- **Alpenjäger**
  6 Alpini
- **Alpental**
  5 Aosta
  7 Veltlin
- **Anrede**
  6 Signor
  7 Signora, Signore
  9 Signorina
- **Art der Kaffeezubereitung**
  8 Espresso
- **Artikel**
  1 i
  2 il, la, le, lo
  3 gli
- **Astronom**
  5 Ricco
  6 Secchi
  7 Galilei
  12 Schiaparelli
- **autonomes Gebiet**
  8 Aostatal
- **Autorennstrecke**
  5 Monza
- **Badeort**
  4 Como, Riva
  5 Grado, Lecco, Ostia
  6 Amalfi, Ancona, Cervia, Jesolo, Limone, Rimini
  7 Alassio, Sorrent
  8 Sorrento
- **Bandnudeln**
  10 Fettuccine
- **Barockmaler**
  4 Reni
- **Basilikumsoße**
  5 Pesto
- **Baumeister**
  7 Bernini, Carlone
  8 Bramante
  9 Barromini
  12 Brunelleschi
  15 Leonardo da Vinci
- **Bejahung**
  2 si
- **Berg**
  4 Tosa
  5 Aetna, Vesuv
  6 Amiata, Cimone, Ortler, Serino, Tofana
  7 Antelao, Antenna, Bernina, Pollino, Rotondo, Schlern
  8 Adamello, Cevedale
  9 Falterona, Marmolata, Monte Rosa
  10 Presanella
  11 Gennargentu, Pramaggiore, Rosengarten
- **Bergmassiv**
  7 Apennin
  8 Abruzzen
  9 Dolomiten, Gran Sasso
  12 Gran Paradiso
- **Bergsteiger**
  7 Trenker
- **Bildhauer**
  4 Rosa
  5 Manzu, Paggi, Puget
  6 Marini
  10 Giacometti

12 Brunelleschi, Michelangelo
15 Leonardo da Vinci
- **Botaniker**
6 Alpini
7 Delpino
8 Saccardo
9 Bertoloni, Cesalpino
- **Brechtinterpretin**
5 Milva
- **Buchdrucker**
6 Bodoni
- **Bußprediger**
10 Savonarola
- **Dichter**
5 Dante, Tasso
- **Diktator**
9 Mussolini
- **Dirigent**
6 Sabata
9 Toscanini
- **Entdecker**
5 Cabot, Colon
- **Erfinder**
5 Volta
7 Galilei, Galvani, Marconi
8 Grimaldi
10 Cascariolo, Torricelli
15 Leonardo da Vinci
- **Erzähler**
7 Baldini
- **Exkönig**
7 Umberto
- **Exkönigin**
5 Elena
- **Fernsehen**
3 RAI
- **Filmdiva**
5 Loren
- **Filmfestspiele**
8 Biennale
- **Filmproduzent**
5 Ponti
- **Filmregisseur**
5 Leone
7 Fellini, Trenker
- **Fingerspiel**
4 Mora
- **Frauenheld**
8 Casanova
- **Frauenname**
3 Pia
5 Bella, Doria, Elena
9 Francesca
- **Freiheitskämpfer**
7 Mazzini
9 Garibaldi
- **Fremdenführer**
8 Cicerone
- **Frischkäse**
7 Ricotta
10 Mozzarella
- **Fürstengeschlecht**
4 Este
6 Borgia, Medici, Orsini
7 Farnese
9 Maladesta
- **Gartenkeramik**
10 Terracotta
- **Gaststätte**
7 Albergo, Osteria, Taverne
9 Trattoria
- **Gebirge**
7 Apennin
8 Abruzzen
9 Dolomiten
- **Gebirgsgruppe**
8 Abruzzen
- **Gebirgstruppe**
6 Alpini
- **Gedichtform**
7 Kanzone
- **Geheimbund**
5 Mafia
6 Maffia
7 Camorra
10 Cosa Nostra
- **Geigenbauer**
5 Amati, Santo
10 Stradivari
- **Geigenvirtuose**
8 Paganini
- **Geistlicher**
5 Abate
6 Abbate
- **Gendarmen**
11 Carabinieri
- **Geograf**
6 Nobile
9 Marco Polo
- **Geologe**
9 Capellini
- **Gesangsstil**
8 Belcanto
- **Goldmünze**
6 Florin
- **Gondelführer**
10 Gondoliere
- **Gondellied**
9 Barkarole
- **Gruß zum Abschied**
4 Ciao
- **Hafenstadt**
4 Bari, Fano
5 Gaeta, Genua, Grado
6 Amalfi, Ancona, Neapel, Reggio, Rimini, Tarent, Triest
7 Catania, Livorno, Marsala, Messina, Otranto, Palermo, Ravenna, Salerno, Sorrent, Syrakus, Venedig
8 Brindisi, Cagliari, La Spezia, Molfetta, Piombino, Siracusa, Sorrento
9 Gallipoli
12 Castellamare
- **Hafenstädter**
12 Neapolitaner
- **Halbinsel**
7 Apulien
9 Kalabrien
- **Hartkäse**
8 Parmesan
- **Hauptstadt**
3 Rom
4 Roma
- **Hauptstädterin**
8 Roemerin
- **Hefegebäck**
5 Pizza
- **Heiliger**
4 Neri
5 Franz
8 Antonius
10 Franziskus
11 Filippo Neri
14 Franz von Assisi
- **Herrschergeschlecht**
► italienische Adelsfamilie
- **Historiker**
5 Croce
- **Humanist**
4 Pico
5 Valla
- **Insel**
4 Elba
5 Capri, Ponza
6 Giglio, Ischia, Linosa, Lipari, Salina, Ustica
7 Alicudi, Asinara, Capraia, Caprera, Panaria, Pia-

nosa, Procida, Tremiti, Vulcano
8 Filicudi, Sizilien
9 Favignana, Giannutri, Lampedusa, Sardinien, Stromboli, Ventotene
11 Monte Cristo, Pantelleria
· **Inselbewohner**
5 Sarde
10 Sizilianer
· **Jahrmarkt**
5 Fiera
· **Jongleur**
8 Rastelli
· **Kaffeegetränk**
8 Espresso
10 Cappuccino
· **Kalbsschnitzelgericht**
11 Saltimbocca
· **Kartoffelklößchen** (Mz.)
7 Gnocchi
· **Käse**
8 Pecorino
9 Formaggio
· **Käsesorte**
9 Provolone
10 Gorgonzola
· **Klosterbruder**
3 Fra
· **Komponist**
3 Feo, Gui
4 Nono, Paer, Peri
5 Abaco, Boito, Cesti, Lotti, Sarti, Verdi, Ziani
6 Anerio, Busoni, Pacini
7 Bellini, Casella, Corelli, Menotti, Piccini, Puccini, Rossini, Salieri, Tartini, Torelli, Toselli, Vivaldi, Zarlino
8 Albinoni, Cimarosa, Clementi, Gabrieli, Giordano, Marenzio, Mascagni, Respighi, Spontini, Steffani
9 Cherubini, Donizetti, Malipiero, Paisiello, Pergolesi, Scarlatti, Stradella
10 Boccherini, Monteverdi, Palestrina, Zingarelli
11 Frescobaldi, Leoncavallo
· **König**
7 Emanuel, Humbert, Umberto

· **Kräuterlikör**
7 Rosolio
· **Kriegshafen**
6 Ancona
8 Brindisi, La Spezia
· **Kuchen**
9 Panettone
· **Kugelspiel**
6 Boccia
· **Kunstphilosoph**
3 Eco
· **Kurort bei Genua**
5 Nervi
· **Küstenstreifen**
5 Adria
7 Riviera
· **Lagunenstadt**
7 Venedig
· **Landschaft**
5 Aosta
6 Emilia, Friaul, Friuli, Latium, Marche, Molise
7 Apulien, Piemont, Romagna, Toskana, Umbrien
8 Abruzzen, Aostatal, Benevent, Campagna, Etrurien, Ligurien, Sizilien, Venetien
9 Kalabrien, Kampanien, Lombardei, Sardinien
10 Basilicata, Monferrato
13 Emilia Romagna
· **Liebesabenteurer**
8 Casanova
· **luftgetrocknete Spezialität**
13 Parmaschinken
· **Maisgericht**
7 Polenta
· **Maler**
4 Afro, Cima, Reni, Rosa
5 Carra, Credi, Dolei, Lippi, Palma, Sarto
6 Giotto, Guardi, Piombo, Sodoma, Tizian, Vasari
7 Alberti, Bellini, Bertini, Chirico, da Vinci, Raffael, Solario, Tiepolo, Uccello
8 Leonardo, Pissarro
9 Segantini
10 Botticelli, Modigliani, Signorelli, Tintoretto
12 Michelangelo
15 Leonardo da Vinci

· **Malerfamilie**
7 Bellini
· **Mandelgebäck**
8 Amaretti
· **Mandellikör**
8 Amaretto
· **Männername**
4 Aldo, Nino, Tino
5 Mario, Vitus
6 Angelo, Benito
7 Lorenzo
9 Francesco
· **Mathematiker**
5 Betti, Peano
7 Cardano, Cremona, Ferrari, Galilei
8 Beltrami, Brioschi, Volterra
9 Cavalieri
10 Torricelli
· **Mediziner**
5 Porro
6 Pacini, Scarpa
8 Lombroso, Malpighi, Morgagni
9 Eustachio
10 Montessori
· **Modedesigner**
6 Elkann
7 Gabbana
8 Moschino
· **Modedesignerin**
9 Biagiotti
· **Modeschöpfer**
5 Valli
6 Armani
7 Cavalli, Cerruti, Versace
9 Schuberth, Valentino
13 Giorgioarmani
· **Modeschöpferfamilie**
5 Fendi
7 Missoni
· **Modeschöpferin**
5 Prada
· **Modeunternehmer**
5 Gucci
· **Mönch**
6 Frater
· **Motorroller**
5 Vespa
· **Münze**
4 Lira, Lire
5 Scudo, Soldo
6 Florin
9 Centesimo

- **Mystiker**
11 Bonaventura
- **Nachrichtenagentur**
4 ANSA
- **Name der Etsch**
5 Adige
- **Name von Meran**
6 Merano
- **Name von Neapel**
6 Napoli
- **Name von Rijeka**
5 Fiume
- **Name von Rom**
4 Roma
- **Name von Venedig**
7 Venezia
- **Naturforscher**
7 Galilei
- **Nobelpreisträger für Chemie**
5 Natta
- **Nobelpreisträger für Frieden**
6 Moneta
- **Nobelpreisträger für Literatur**
7 Deledda, Montale
8 Garducci
9 Quasimodo
10 Pirandello
- **Nobelpreisträger für Medizin**
5 Bovet, Golgi
8 Dulbecco
- **Nobelpreisträger für Physik**
5 Fermi
6 Rubbia
- **Novellensammlung**
9 Dekameron
- **Nudelart**
9 Makkaroni, Spaghetti
- **Nudelgericht**
7 Lasagne, Ravioli
10 Cannelloni
11 Tagliatelle
- **Nudeln** (spiralig gedreht)
7 Fusilli
10 Maccheroni
- **Opernkomponist**
5 Verdi
6 Busoni
7 Bellini
9 Donizetti
- **Ordensbruder**
3 Fra
6 Frater
- **Ordensgründer**
4 Neri
5 Franz
8 Benedikt
10 Franziskus
11 Filippo Neri
14 Franz von Assisi
- **Ordenspriester**
5 Padre
- **Palast**
7 Palazzo
- **Pasteten aus Nudelteig**
7 Ravioli
- **Pflaume**
6 Susine
- **Philosoph**
4 Pico
5 Bruno, Croce
6 Ficino
7 Gentile
8 Guardini
10 Campanella
- **Physiker**
5 Fermi, Volta
6 Rubbia
7 Galilei, Galvani
8 Avogadro
10 Torricelli
- **Polarflieger**
6 Nobile
- **Politiker**
4 Moro, Zoli
5 Amari, Balbo, Craxi, Leone, Nenni, Nitti, Pella, Rumor, Segni
6 Cavour, Crispi, Nicola, Scelba, Sforza
7 Boselli, Cairoli, Colombo, Fanfani, Gasperi, Orlando, Saragat
8 Badoglio, Giolitti, Salandra, Tambroni
9 Andreotti, De Gasperi, Garibaldi, Mussolini, Togliatti
10 Berlinguer, Berlusconi
11 Machiavelli
- **Polizist**
11 Carabiniere
- **Priestertitel**
5 Padre
- **Provinz**
4 Bari
5 Lecce, Massa, Padua, Parma, Pavia, Siena, Terni, Turin, Udine
6 Mantua, Novara, Pesaro, Tarent, Trient, Verona
7 Bologna, Brescia, Caserta, Cosenza, Ferrara, Florenz, Livorno, Mailand, Messina, Ravenna, Viterbo
9 Frosinone
- **Radrundfahrt**
4 Giro
- **Rechtsgelehrter**
3 Azo
- **Region**
7 Toskana
- **Region in Norditalien**
8 Aostatal
- **Reisender**
9 Marco Polo
- **Reisspeise**
7 Risotto
- **Rennstrecke**
5 Monza
- **Revolutionär**
7 Mazzini
9 Garibaldi
- **Rinderschmorgericht**
9 Stufatino
- **Rivieraseebad**
7 San Remo
- **Rotwein**
7 Chianti
9 Lambrusco
12 Valpolicella
- **Rundfunkanstalt**
3 RAI
- **Sahnedessert**
10 Pannacotta
- **Sänger**
5 Conte, Gigli, Lanza
6 Caruso
9 Celentano, del Monaco
- **Sängerin**
7 Bartoli
- **Schaumwein**
8 Spumante
- **Schauspielerin**
4 Duse, Muti
5 Loren
9 Cardinale
12 Lollobrigida

· **Schiffer**
10 Gondoliere
· **Schimmelkäse**
10 Gorgonzola
· **Schnelltanz**
10 Tarantella
· **Schriftsteller**
3 Eco
4 Rosa, Todi
5 Betti, Boito, Dante, Gozzi, Negri, Pocci, Pulci, Svevo, Tasso, Verga
6 Alvaro, Amicis, Ariost, Marino, Papini, Pavese, Silone, Tomasi, Vasari
7 Allieri, Aretino, Ariosto, Boiardo, Buzzati, Chirico, Colonna, Deledda, Giraldi, Goldoni, Guarini, Manzoni, Montale, Moravia, Pascoli
8 Bandello, Carducci, Leopardi, Petrarca
9 Alighieri, Bacchelli, Bartolini, Boccaccio, Crescenzo, d'Annunzio, Guareschi, Lampedusa, Malaparte, Marinetti, Mirandola, Pogazzaro, Quasimodo, Ungaretti
10 Cavalcanti, Guinicelli, Metastasio, Mussolinio, Pirandello
11 Machiavelli
14 Dante Alighieri
· **Schuhdesigner**
9 Ferragamo
· **See**
7 Idrosee, Iseosee
8 Comer See, Gardasee
10 Luganer See
11 Misurinasee
12 Lago Maggiore
· **Seebad**
6 Amalfi
· **Seefahrer**
8 Kolumbus, Vespucci
9 Verrazano
· **Sopranistin**
7 Tebaldi
· **Speisenbeilage**
7 Gnocchi
· **Stadt an der Etsch**
6 Trient
· **Strom**
2 Po
· **Süßspeise**
8 Tiramisu
· **Süßwein**
7 Marsala
· **Tanz**
6 Pavane
10 Saltarello, Tarantella
· **Teigware**
9 Canelloni, Makkaroni, Spaghetti
10 Cannelloni, Tortellini
· **Tenor**
5 Gigli, Lanza
6 Caruso
9 Pavarotti
14 Benjamino Gigli
· **Tonsilbe**
2 do, fa, la, mi, re, so
· **Tonware**
8 Majolika
· **Verschwörer**
6 Fiesco
· **Volksstamm**
6 Umbrer
7 Sabiner
8 Samniter
· **Vulkan**
5 Aetna, Vesuv
9 Stromboli
· **Vulkaninsel**
9 Stromboli
· **Währung**
4 Lira, Lire
· **Wallfahrtsort**
6 Assisi, Loreto
· **Weichkäse**
10 Mascarpone
· **Weinbauort**
4 Asti
6 Tramin
7 Termeno
· **Weinbaustadt**
4 Asti
· **Weinschenke**
7 Osteria, Taverne
9 Trattoria
· **Weinsorte**
4 Asti, Fara, Faro, Gavi, Giro
5 Eloro, Soave, Zucco
6 Barolo, Epomeo
7 Barbera, Chianti, Lacrima, Marsala, Moscato, Vesuvio
8 Falerner, Malvasia, Nebbiolo, Prosecco
9 Bardolino
· **Weißbrotspezialität**
8 Ciabatta
· **Weltgeistlicher**
5 Abate
· **Wirtshaus**
7 Osteria
· **Wolfsspinne**
8 Tarantel
· **Wurstsorte**
6 Salami
10 Mortadella
· **Zupfinstrument**
7 Mandola

J

Jabot
6 Krause
Jacke und Pulli aus gleichem Material
7 Twinset
Jackenart
4 Rock, Wams
5 Joppe, Sakko, Weste
6 Bolero, Janker, Kittel
7 Jackett, Spenzer
Jackenkleid
7 Kostuem
Jackettform
9 Einreiher
Jagd
4 Hatz
5 Hetze, Tempo
8 Jaegerei, Waidwerk, Weidwerk
10 Verfolgung

Jagd mit ...
- **Falken**
  5 Beize
- **Hunden**
  4 Hatz
- **Vögeln**
  9 Falknerei

Jagdausdruck ▶ weidmännischer Begriff

jagdbar(e, er, es) ...
- **Borstentier**
  11 Wildschwein
- **Tier**
  3 Reh
  4 Hase
  5 Dachs, Fuchs
  6 Hirsch
  7 Rebhuhn
  11 Wildschwein
- **Vogel**
  5 Fasan
  7 Rebhuhn, Wachtel
  8 Auerhahn, Schnepfe
- **Waldtier**
  3 Reh
  4 Wild

Jagdbereich
6 Gehege, Revier

Jagdbeute
8 Trophaee

Jagdbezirk
6 Revier

Jagdergebnis
4 Fang
5 Beute
7 Strecke
8 Trophaee

jagdfreie Monate
9 Schonzeit

Jagdfrevel
8 Wilderei
12 Wilddieberei

Jagdfrevler
8 Wilddieb, Wilderer

Jagdgebiet
6 Revier

Jagdgehilfe
7 Treiber

jagdgerecht
13 waidmaennisch, weidmaennisch

Jagdgeschichten
12 Jaegerlatein

Jagdgewehr mit 3 Läufen
8 Drilling

Jagdgewehrart
8 Drilling
12 Schrotflinte

Jagdgöttin
5 Diana
7 Artemis

Jagdhelfer
7 Treiber

Jagdhorn
6 Piston
8 Hifthorn

Jagdhund
3 Fox
6 Bracke, Dackel, Setter, Teckel
7 Spaniel, Terrier
10 Foxterrier
11 Vorstehhund

Jagdhundrudel
5 Meute
6 Koppel

Jagdhütte
9 Forsthaus

Jagdkanzel
6 Ansitz

Jagdleopard
6 Gepard

Jagdmesser
6 Nicker
7 Knicker, Weidner
13 Hirschfaenger

Jagdmunition
4 Blei
5 Kugel
6 Schrot
9 Rehposten
10 Bleischrot, Vogeldunst

Jagdpferd
6 Hunter

Jagdreise in Afrika
6 Safari

Jagdrevier
4 Jagd
6 Gehege

Jagdruf
6 Halali

Jagdsignalinstrument
8 Hifthorn

Jagdtasche
8 Weidsack

Jagdvergehen
7 Wildern
8 Wilderei
10 Wildfrevel
12 Wilddieberei

Jagdwaffe
3 Ger
4 Bola
5 Bogen, Keule, Lanze, Pfeil, Speer
6 Flinte, Gewehr, Spiess
7 Harpune
8 Armbrust, Blasrohr, Bumerang, Drilling, Saufeder
9 Schleuder, Wurfspeer
10 Jagdmesser, Wurfspiess
13 Hirschfaenger

Jagdwagen
5 Break

jagen
6 hetzen
8 pirschen
9 verfolgen

Jäger
6 Nimrod
8 Schuetze, Waidmann, Weidmann
9 Gruenrock
11 Jagdflieger
12 Jagdflugzeug

Jäger ...
- *im* **Alten Testament**
  6 Nimrod, Nimrud
- *der* **griechischen Sage**
  5 Orion
  7 Aktaeon

Jägeranstand
6 Ansitz
8 Hochsitz
9 Hochstand
10 Jagdkanzel

Jägerei
8 Waidwerk, Weidwerk

Jägerlatein
5 Luege
14 Aufschneiderei

Jägerrucksack
4 Aser

Jägerwort für Iltis
4 Ratz

jäh
4 kurz
5 steil
6 abrupt, heftig
7 schroff
8 impulsiv
9 ruckartig
10 blindlings, ploetzlich
12 unvermittelt

jäh(e, er, es) ...
· **Fall**
5 Sturz
· **Windstoß**
3 Boe
· **Wut**
5 Furor
Jahrbücher
7 Annalen, Chronik
8 Almanach, Kalender, Tagebuch
11 Ephemeriden
Jahresabschluss
6 Bilanz
8 Inventur
9 Silvester
Jahresende
9 Silvester
Jahresfest junger Menschen
16 Kindergeburtstag
Jahresring am Baum
6 Flader
Jahrestag mit tobenden Gästen
16 Kindergeburtstag
Jahresteil
3 Tag
5 Monat, Woche
7 Quartal
8 Semester
9 Trimester
Jahreswende
7 Neujahr
9 Silvester
Jahreszeit
4 Lenz
6 Herbst, Saison, Sommer, Winter
9 Fruehjahr, Fruehling
Jahrfünft
7 Lustrum
Jahrgeld
7 Apanage
Jahrhundert
8 Saekulum
Jährling
5 Enter
Jahrmarkt
3 Dom
4 Dult, Kerb
5 Messe
6 Kirmes, Kirtag, Rummel
9 Kirchweih, Volksfest
Jahrmarktsattraktion
▶ Jahrmarktsvergnügen
Jahrmarktsfahrzeug
9 Karussell
Jahrmarktsvergnügen
8 Autodrom, Lotterie, Schaukel
9 Karussell, Riesenrad
10 Achterbahn, Ponyreiten
11 Autoscooter, Geisterbahn, Schiessbude
14 Schiffschaukel
15 Kettenkarussell, Spiegelkabinett
Jahrtausend
10 Millennium
Jahrzehnt
9 Dezennium
jähzornig
10 cholerisch
12 unbeherrscht
jähzorniger Mensch
10 Choleriker
Jak
10 Grunzochse
Jakobs ...
· **Bruder**
4 Esau
· **Frau**
3 Lea
5 Rahel
6 Rachel
· **Vater**
5 Isaak
Jalousie
8 Rolladen
9 Rollladen
10 Eifersucht
12 Sonnenschutz
Jam
3 Mus
9 Fruchtmus, Marmelade
Jamaika-Popmusik
6 Reggae
Jammer
3 Not
4 Leid, Pech, Pein, Qual
5 Klage
6 Kummer, Misere
7 Lamento, Notlage, Schmerz
8 Unglueck, Wehklage
jammervoller Zustand
5 Elend
Janhagel
5 Plebs
6 Poebel
8 Abschaum
Janker
5 Jacke
9 Hausjacke
Januar
7 Eismond, Hartung, Jaenner
10 Schneemond
Japan
6 Nippon
japanisch(e, er, es) ...
· **Adelsschicht**
7 Samurai
· **Arzt**
4 Hata
· **Automobilmarke**
5 Honda
6 Suzuki, Toyota
8 Daihatsu
10 Mitsubishi
· **Badeort**
5 Oakan
7 Atakawa, Odawara
· **Berg**
3 Aso
4 Akan, Fuji, Hida
5 Oakan
6 Mihara, Misaka, Nantai, Ontake, Sakura
7 Abukuma, Fujisan
8 Kitagami
11 Fudschijama
· **Binnensee**
7 Biwasee
· **Birne** (Apfelbirne)
5 Nashi
· **Blumensteckkunst**
7 Ikebana
· **Brettspiel**
2 Go
· **Buddhismus**
3 Zen
· **Feldherrentitel**
6 Shogun
· **Flächenmaß**
3 Seh
4 Kung, Schu, Tang
5 Tschi, Tsubu
6 Tsjubo
· **Frauengewand**
6 Kimono

- **Gedichtform**
  5 Haiku
- **Gemälde auf Seide oder Papier**
  8 Kakemono
- **Gericht aus Kugelfischen**
  4 Fugu
- **Gericht aus rohem Fisch**
  7 Sashimi
- **Geschmacksrichtung**
  5 umami
- **Gesellschafterin**
  6 Geisha
- **Gewand**
  6 Kimono
- **Gewicht**
  2 Go, Mo, Ri, To, Wu
  3 Ken, Kin, Mon, Rin, Sai, Tan
  4 Kwan, Scho, Tael
  5 Momme, Picul, Shaku, Tschi, Tsubo
- **Grünteesorte**
  6 Sencha
- **Herrschertitel**
  5 Tenno
  6 Mikado
- **Hirschart**
  4 Sika
- **Hochadel**
  6 Daimio
- **Holzschnittkünstler**
  7 Sharaku
  8 Harunobu, Toyokuni
- **Hosenrock**
  6 Hakama
- **Insel**
  3 Oki
  4 Sado
  5 Hondo, Jesso, Osumi
  7 Honschu, Kiuschu, Kyuschu
  8 Hokkaido, Schikoku
- **Kaiser**
  7 Akihito
  8 Hirohito
- **Kaisertitel**
  5 Tenno
- **Kampfsport**
  4 Budo, Judo, Sumo
  5 Kendo
  6 Aikido, Karate
  8 Jiu-Jitsu
  9 Taekwondo
- **Karren**
  7 Rikscha
- **Keramik**
  4 Yaki
- **Kimonogürtel**
  3 Obi
- **Kleidungsstück**
  3 Obi
  6 Kimono
- **Krebsfleischimitat**
  6 Surimi
- **Kriegerstand**
  7 Samurai
- **Kultspiegel**
  6 Kagami
- **Kunst des Blumensteckens**
  7 Ikebana
- **Kunst des Bogenschießens**
  5 Kyudo
- **Kurzgedichtform**
  3 Uta
  5 Tanka
- **Längenmaß**
  2 Bu, Ma
  3 Ken, Sun
  4 Keng, Sasi
  6 Schaku
- **Lokal**
  7 Teehaus
- **Maler**
  5 Korin
  6 Koetsu
  7 Hokusai, Utamaro
  9 Mitsunaga
- **Maskenspiel**
  2 No
- **Mathematiker**
  7 Kodaira
  8 Hironaka
- **Mediziner**
  8 Kitasato
- **Meerrettich**
  6 Wasabi
- **Meile**
  2 Ri
- **Modedesigner**
  6 Miyake
- **Modeschöpfer**
  13 Yohjiyamamoto
- **Münze**
  3 Jen, Sen, Yen
- **Musikinstrument**
  4 Biwa, Koto
  5 Bieva
  7 Samisen
- **Name von Japan**
  6 Nippon
- **Nationalgericht**
  8 Sukiyaki
- **Nationalgetränk**
  3 Tee
  4 Sake
  8 Reiswein
- **Nationalreligion**
  12 Schintoismus
- **Nationaltracht**
  3 Obi
  6 Kimono
- **Nobelpreisträger für Chemie**
  5 Fukui
- **Nobelpreisträger für Frieden**
  4 Sato
- **Nobelpreisträger für Literatur**
  2 Oe
  8 Kawabata
- **Nobelpreisträger für Physik**
  6 Yukawa
  8 Tomonaga
- **Physiker**
  6 Yukawa
  8 Tomonaga
- **Politiker**
  3 Ito
  4 Sato, Tojo
  5 Ikeda, Okuma
  6 Banzan, Komura
  7 Katsura
  8 Hatoyama, Joschida, Nakasone, Yamagata
- **Präfektur**
  3 Ken
- **Prosadichtung**
  5 Nikki
- **Puppenspiel**
  6 Joruri
  7 Bunraku
- **Reisgott**
  5 Inari
- **Reiswein**
  4 Sake
- **Religion**
  8 Tenrikyo
  10 Buddhismus
  12 Schintoismus

- **Richtung des Buddhismus**
  3 Zen
- **Riesenstatue**
  8 Daibutsu
- **Rind, Schwarzvieh**
  5 Wagyu
- **Ringen**
  4 Sumo
- **Ritter**
  7 Samurai
- **ritueller Selbstmord**
  8 Harakiri
- **Rohfischspeise**
  5 Sushi
- **Rollbild**
  8 Kakemono
- **Schlafunterlage**
  5 Futon
- **Schrift**
  8 Hiragana, Katakana
- **Schwertfechten**
  5 Kendo
- **Selbstmordart**
  7 Seppuku
  8 Harakiri
- **Selbstverteidigung**
  4 Judo
  6 Aikido, Karate
  8 Jiu-Jitsu
- **Silbenschrift**
  8 Hiragana, Katakana
- **Stadt auf Honshu**
  3 Ono
  4 Kobe
  5 Osaka
- **Tänzerin**
  6 Geisha
- **Tempelbau**
  6 Pagode
- **Theaterstil**
  2 No
  6 Kabuki
  7 Bunraku
- **Todesflieger**
  8 Kamikaze
- **Trommel**
  5 Kakko
- **Ureinwohner**
  4 Aino, Ainu
- **Verwaltungsbezirk**
  3 Ken
- **Währung**
  3 Sen, Yen
- **Wallfahrtsort**
  3 Ise
  4 Nara
  5 Kioto, Kyoto, Nikko, Tenri
  8 Kotohira, Miyajima
- **Wegmaß**
  2 Ri
- **Wintersportort**
  7 Sapporo
- **Zwergbaum**
  6 Bonsai

Jargon
5 Idiom, Slang
7 Mundart
11 Fachsprache
12 Kauderwelsch
14 Ausdrucksweise

Jasons ...
- **Gefolgsleute**
  10 Argonauten
- **Schiff**
  4 Argo

jauchzen
10 frohlocken

Jause
6 Imbiss, Vesper
16 Zwischenmahlzeit

Jause in Tirol
7 Marende

Jausenstation
9 Almhuette, Alphuette
11 Gaststaette

javanische Färbemethode
5 Batik

Jazzbegriff
3 Bop, Cat, Hot, Rag
4 Band, Beat, Cool, Jump, Lead, Riff, Scat
5 Bebop, Blues, Brass, Break, Combo, Drive, Growl, Shake, Sound, Stomp, Swing
6 Bounce, Chorus, Gospel, Leader
7 Bigband, Hardbop, Oldtime, Ragtime, Skiffle, Twobeat
8 Bluenote, Cool Jazz, Free Jazz
9 Dixieland, Headgroup, Spiritual, Statement
10 Bandleader, Commercial, Creolejazz, Jamsession
11 Chicagostil, Rhythmgroup, Traditional
12 Boogie-Woogie
13 Improvisation
14 Rhythm and Blues, Rhythmusgruppe

Jazzensemble
4 Band
5 Combo
7 Bigband

Jazzführungsstimme
4 lead

Jazzinstrument
4 Bass
5 Banjo, Drums, Orgel, Piano
6 Becken, Floete, Timbal, Zymbal
7 Cornett, Gitarre, Klavier, Kornett, Posaune, Saxofon, Violine, Xylofon
8 Saxophon, Sousafon, Trompete, Vibrafon, Xylophon
9 Sousaphon, Vibraphon
10 Klarinette, Schlagzeug
11 Synthesizer
12 Hammondorgel

Jazzkapelle
4 Band

Jazzmusikant
6 Jazzer

Jazzmusiker
3 May, Ory
4 Byrd, Cole, Getz
5 Baker, Basie, Brown, Davis, Ellis, Young
6 Barber, Barnet, Bechet, Blakey, Dorsey, Garner, Herman, Joplin, Kenton, Miller, Mingus, Oliver, Parker, Powell
7 Brubeck, Coleman, Goodman, Hampton, Hawkins, Jackson, Jarrett, Johnson, Rollins, Vaughan, Webster
8 Eldridge, Gershwin, Grapelli, King Cole, Mulligan, Peterson
9 Armstrong, Doldinger, Ellington, Gillespie, Henderson, Reinhardt
11 Beiderbecke
12 Mangelsdorff

Jazzstil
3 Rag
5 Bebop, Blues, Dixie, Swing
9 Dixieland

Jazzstil der 40er-Jahre
5 Bebop
Jazztanz im 4/4-Takt
9 Jitterbug
je
3 pro
je ...
· **Hundert**
7 Prozent
· **Tausend**
8 Promille
jeder ohne Ausnahme
4 alle
jedermann
4 alle
jederzeit
5 immer, stets
8 staendig
jedoch
4 aber
5 indes
6 allein
jegliches
5 alles
11 saemtliches
jemand ...
· *der* **alles ablehnt**
9 Neinsager
· *eines* **Amtes entheben**
9 abberufen
· *der* **etwas verzehrt**
5 Esser
· *der* **Geld zurücklegt**
6 Sparer
· *der* **Gott um Hilfe bittet**
5 Beter
· *mit* **mehr Schein als Sein**
7 Blender
· *der* **sein Auto abstellt**
6 Parker
· *der eine* **Straftat begeht**
6 Taeter
· *der* **weggelaufen ist**
10 Ausreisser
jemand, ...
· *der* **sehr emotional ist**
14 Gefuehlsmensch
· *der* **sich zeitig aus dem Bett begibt**
14 Fruehaufsteher
jemandem Achtung erweisen
5 ehren
jemanden ...
· **demütig um etwas bitten**
6 flehen
8 anflehen
jemenitische ...
· **Hauptstadt**
4 Sana
5 Sanaa
jenseitig
7 drueben
9 himmlisch
12 transzendent
Jenseits
5 Hades
6 Himmel, Hoelle
9 Fegefeuer, Unterwelt
jenseits der Alpen
10 transalpin
Jerusalem
4 Zion
Jesus
7 Heiland
8 Christus
10 Gottessohn
Jet
14 Duesenflugzeug, Duesenmaschine
Jeton
4 Chip
9 Spielgeld
10 Spielmarke
Jetset
11 Oberschicht
jetzig
9 derzeitig
jetziger Vorrat
7 Bestand
jetzt
3 nun
4 eben, itzo, just
5 heute
6 gerade
7 derzeit
8 momentan
12 gegenwaertig
14 augenblicklich
Jetztzeit
5 Heute
7 Neuzeit
9 Gegenwart
Job
5 Beruf
6 Arbeit, Stelle
9 Geschaeft, Verdienst
10 Anstellung, Taetigkeit
12 Arbeitsplatz
13 Arbeitsstelle
14 Beschaeftigung
Jobber
8 Haendler
9 Spekulant
10 Boersianer
16 Boersenspekulant
Jobbertum
8 Agiotage
Jobpause aufgrund von Nachwuchs
16 Erziehungsurlaub
Jobvermittler
10 Arbeitsamt
Joch
4 Last
6 Buerde, Travee
12 Flaechenmass
Jodverbindung
5 Jodat, Jodid, Jodit
8 Jodoform
10 Jodtinktur
Jogging
9 Dauerlauf
Johannisbeere
7 Ribisel
8 Ahlbeere
10 Gichtbeere
Johannisbrot
6 Karube
Johannisnacht
8 Sonnwend
10 Mittsommer
11 Sonnenwende
Johannistag
7 Johanni
Johanniter
8 Malteser
Jokus
2 Uz
3 Jux, Ulk
5 Spass, Unfug
6 Scherz
11 Schabernack
Jolle
7 Beiboot
9 Ruderboot, Segelboot
jonglieren
11 balancieren
Joppe
4 Rock, Wams
5 Jacke

jordanisch(e, er, es) ...
· **Hafenstadt**
5 Akaba
· **König**
7 Hussein
8 Abdullah
· **Königin**
3 Nur
· **Währungseinheit**
4 Fils
5 Dinar
Journal
4 Heft
5 Blatt, Organ
7 Magazin, Zeitung
8 Tagebuch
10 Periodikum
11 Zeitschrift
Journal für Bargeld
10 Kassenbuch
Journalist
8 Reporter
9 Kolumnist, Redakteur
13 Korrespondent
16 Berichterstatter
Journalistik
13 Zeitungswesen
20 Zeitungswissenschaft
jovial
9 leutselig
11 goennerhaft, wohlgesinnt, wohlwollend
Jubel
6 Freude
7 Applaus, Beifall, Triumph
Jubelfeier
9 Jubilaeum
jubelnder Sieger
11 Triumphator
Jubelruf
8 Hosianna
Jubiläum
7 Festtag
8 Ehrentag
9 Gedenktag, Jahrestag
11 Gedenkfeier, Jahresfeier
Jubiläumsfahrt nach 25 Jahren Ehe
20 Silberhochzeitsreise
juckende Anschwellung
7 Quaddel
juckender ...
· **Hautausschlag**
7 Kraetze
11 Nesselsucht

Judas' Beiname
9 Ischariot
Jude
7 Israeli
8 Hebraeer, Israelit
Judenfeindlichkeit
14 Antisemitismus
Judenkirsche
10 Belladonna, Geissblatt
Judentum
9 Judaismus, Zionismus
10 Semitismus
jüdisch(e, er, es) ...
· **Bewegung**
9 Zionismus
· **Bezeichnung für Nichtjuden**
3 Goi
· **Bibelauslegung**
8 Midrasch
· **Brautzelt**
6 Chuppa
· **Brot**
5 Matze
· **Deutsch**
8 Jiddisch
· **Ehrentitel**
5 Rabbi
· **Ernährungsart**
7 koscher
· **Erzieher Samuels**
3 Eli
· **Feiertag**
5 Purim
6 Passah, Sabbat
7 Neujahr
8 Chanukka
9 Jom Kippur
10 Wochenfest
14 Gesetzesfreude
15 Laubhuettenfest, Versoehnungstag
· **Freudenfest**
5 Purim
· **Frühlingsmonat**
5 Nisan
· **Gebetbuch**
7 Tefilla
· **Gedenkfest**
6 Passah
· **Geheimlehre**
7 Kabbala
· **Geistlicher**
8 Rabbiner

· **Gelehrter**
5 Rabbi
8 Rabbiner
· **Gemeindevorsteher**
6 Parnes
· **Gesetzbuch**
5 Thora
6 Talmud
8 Midrasch
10 Pentateuch
· **Gesetzeslehrer**
5 Rabbi
· **Gotteshaus**
8 Synagoge
· **heiliger Berg**
5 Horeb, Sinai
· **Heiligtum**
10 Bundeslade
· **Hohepriester**
3 Eli
· **König**
3 Asa, Ela
4 Ahab, Ahas, Saul
5 David, Hosea, Josia
6 Hiskia, Salomo
7 Herodes, Manasse, Salomon, Zedekia
8 Rehabeam
· **König zur Zeit Jesu**
7 Herodes
· **Lichterfest**
8 Chanukka
· **Losfest**
5 Purim
· **Monatsname**
3 Mem
· **Obergewand**
6 Kaftan
· **Passahmonat**
5 Nisan
· **Philosoph**
5 Buber, Cohen
6 Maimon, Philon
7 Gabirol, Spinoza
10 Maimonides
11 Mendelssohn
· **Politiker**
5 Begin, Dajan, Peres
7 Schamir
8 Weizmann
9 Ben Gurion
· **Politikerin**
4 Meir
· **Priester**
3 Eli

4 Esra
5 Aaron
7 Ananias, Kaiphas
· **Religion**
9 Mosaismus
· **Religionsbuch**
6 Talmud
· **Religionsstifter**
5 Moses
· **religiöse Bewegung**
12 Chassidismus
· **Ruhetag**
6 Sabbat
· **Sagengestalt**
5 Golem
· **Schriftrolle**
5 Thora
· **Seelsorger**
8 Rabbiner
· **siebenarmiger Leuchter**
6 Menora
· **Staat**
6 Israel
· **Überrock**
6 Kaftan
· **Versöhnungsfest**
9 Jom Kippur
Judograd
3 Dan, Kyu
Judogürtel
3 Obi
Judosportler
6 Judoka
Jugendbuchautor
4 Ende
Jugendfreund
8 Gespiele
Jugendgöttin
5 Iduna
jugendlich
4 jung
6 pueril
7 juvenil
Jugendliche
4 Girl
5 Teeny
6 Teenie
8 Maedchen, Teenager
jugendliche Liebhaberin
5 Naive
Jugendlicher
4 Teen, Twen
5 Junge, Knabe
7 Bursche
8 Teenager
jugendliches Aussehen einer Frau
18 Maedchenhaftigkeit
Jugendliebe ...
· **Goethes**
5 Brion
10 Friederike
16 Friederike Brion
Jugendlokal
9 Diskothek
Jugendschriftsteller
3 May
Jugendsprache für modern
3 hip
Jugendstrafe
6 Arrest
Jugendzeit
4 Lenz
8 Kindheit
9 Pubertaet
jugoslawisch(e, er, es) ...
· **Staatsmann**
4 Tito
6 Djilas
· **Teilrepublik**
7 Serbien
· **Währungseinheit**
4 Para
5 Dinar
Juice einer Südfrucht
5 Osaft
Juli
5 Heuet
6 Heuert
7 Heumond
Julias Geliebter
5 Romeo
Julmond
8 Dezember
jung(e, er, es) ...
· **Baumtrieb**
11 Schoessling
· **Birke**
4 Maie
7 Maibaum
· **Buche**
7 Heister
· **Ergussgestein**
5 Dazit
· **Gans**
7 Goessel
· **Geflügel**
6 Kueken
· **Haustier**
4 Kalb, Kitz, Lamm
5 Farre, Welpe
6 Faerse, Ferkel, Fohlen, Kueken
· **Hering**
6 Matjes
· **Hirsch**
4 Kalb
10 Hirschkalb
· **Hoteldiener**
4 Page
· **Huhn**
6 Kueken
· **Hund**
5 Welpe
· **Kerl**
5 Spund
· **Kohlenart**
10 Braunkohle
· **Kuh**
4 Kalb
6 Faerse
· **Leute um die 20**
5 Twens
· **Mädchen**
4 Girl, Maid
6 Maedel
8 Teenager
9 Backfisch
· **Mann**
7 Bursche
· **Masthuhn**
8 Poularde
· **Mensch**
4 Baby, Kind, Twen
· **Mensch um die 20**
4 Twen
· **Pferd**
5 Enter
6 Fohlen
7 Fuellen
· **Pflanze der Mutterpflanze**
7 Ableger
· **Pflanzenspross**
5 Trieb
7 Ableger
· **Reh**
4 Kitz
7 Rehkalb, Rehling
· **Rind**
4 Kalb
· **Sängergruppe**
10 Kinderchor
· **Schaf**
4 Lamm

· **Schwein**
6 Ferkel
7 Laeufer
· **Seehund**
6 Heuler
· **Stier**
5 Farre
· **Vögel im Nest**
4 Brut
· **Waldanpflanzung**
8 Schonung
· **Wein**
4 Most
5 Neuer
6 Sauser
9 neuer Wein
12 Federweisser
· **Wildsau**
5 Bache
· **Wildschwein**
10 Frischling
· **Ziege**
4 Kitz
8 Kitzlein, Zicklein
· **Zuchttier**
4 Brut, Wurf
5 Fasel

Junge
3 Boy, Bub
4 Bube
5 Knabe
6 Bengel, Knirps

jungenhaft
6 pueril
10 burschikos

Jünger ...
· **Jesu**
5 Judas, Lukas, Simon
6 Markus, Paulus, Petrus, Thomas
7 Andreas, Apostel, Jakobus
8 Johannes, Matthias
9 Matthaeus, Philippus, Thaddaeus
13 Bartholomaeus

Jungfernzeugung
14 Parthenogenese

Jungfrau ...
· **Maria**
7 Madonna
· *von* **Orléans**
7 Johanna
12 Jeanne d'Arc

jungfräulich
6 keusch
10 unberuehrt

Junggeselle
7 Lediger
9 Hagestolz

Junghandwerker
7 Geselle

Jungherr
6 Junker

Jungknecht
3 Enk

Jüngling
3 Boy
4 Twen
5 Junge, Knabe
6 Adonis, Ephebe, Junior
7 Bursche
12 Jugendlicher

Jünglingsalter
10 Adoleszenz

Jungpferd in der Ausbildung
7 Remonte

Jungpflanzen auseinandersetzen
8 pikieren

Jungrind
4 Kalb
5 Farre, Kalbe
6 Faerse

Jungschaf
4 Lamm

jüngst
7 neulich
9 kuerzlich

Jungsteinzeit
11 Neolithikum

Jüngstenrecht
7 Minorat

jüngster Lehrling
5 Stift

Jungtertiär
6 Neogen

Jungtier großer Huftiere
4 Kalb

Jungtiere der Säuger
4 Wurf

Jungtierkrankheit
6 Laehme

Jungvögel im Nest
4 Brut

Juni
7 Brachet
9 Brachmond

Jupiter
6 Fulgur

Jupitermond
2 Jo
5 Elara
6 Ananke, Europa
7 Ganymed
8 Kallisto

Jupon
9 Unterrock

Jura
5 Recht
6 Rechte
12 Jurisdiktion, Jurisprudenz
14 Rechtsprechung

Juraformation
4 Lias, Malm
6 Dogger

Jurarandgewässer
14 Neuenburger See

Jurist
5 Notar
6 Anwalt
7 Advokat, Richter
9 Justitiar, Justiziar, Justizrat
12 Rechtsanwalt, Staatsanwalt

Juristenberuf
6 Anwalt
7 Richter
12 Rechtsanwalt, Staatsanwalt

Juristenmantel
5 Talar

juristisch ...
· **erstreiten**
9 einklagen
· *für* **Sache**
3 Res

juristisch(e, er, es) ...
· **Begriff**
3 BGB, Eid, Tat
4 Haft, Spur, StGB
5 Alibi, Frist, Indiz, Klage, Notar, Recht, U-Haft, Zeuge
6 Arrest, Beweis, Delikt, Gesetz, Karenz, Klient, Mandat, Partei, Schuld, Schwur, Strafe, Taeter, Tatort, Urteil
7 Anklage, Anzeige, Aussage, Injurie, Instanz,

Kaution, Klaeger, Klausel, Mandant, Meineid, Protest, Prozess, Verhoer
8 Amnestie, Berufung, Fahndung, Paragraf, Revision, Schoeffe, Unschuld, Verdacht, Vergehen, Verstoss
9 Einspruch, Festnahme, Kassation, Paragraph, Plaedoyer, Praejudiz, Protokoll, Verfahren, Vergleich
10 Abtrennung, Anfechtung, Bestrafung, Bewaehrung, Falsifikat, Freispruch, Gesetzbuch, Haftbefehl, Steckbrief, Tateinheit, Verbrechen, Verhaftung, Vernehmung
11 Angeklagter, Begnadigung, Gestaendnis, Lokaltermin, Strafantrag, Strafgesetz, Verjaehrung
12 Beweismangel, Beweismittel, Geschworener, Gnadengesuch, Justizirrtum, Kreuzverhoer, Nebenklaeger, Strafprozess, Strafvollzug, Untersuchung, Verurteilung, Zivilprozess
13 Fingerabdruck, Rechtsbeugung, Schwurgericht, Strafaufschub, Strafregister
14 Beweisaufnahme, Rechtsbeistand, Wiederaufnahme
15 Indizienprozess, Spurensicherung
17 Untersuchungshaft

· **Berufung**
11 Appellation

· **Bestreitung**
10 Anfechtung

· **Gegebenheiten**
10 Rechtslage

Jury
12 Kampfgericht, Preisgericht

Jus ► Jura

just
4 eben
5 genau
6 gerade, soeben

justieren
6 eichen
10 ausrichten, einstellen

Justierer
6 Eicher
10 Einrichter

Justiz
12 Rechtspflege

Justizbeamter
10 Amtsanwalt
15 Justizassistent, Justizinspektor, Justizsekretaer, Vollzugsbeamter
18 Gerichtsvollzieher, Justizangestellter

Justizbehörde
7 Gericht
11 Amtsgericht, Landgericht
13 Bundesgericht
14 Arbeitsgericht, Bezirksgericht
17 Oberlandesgericht
18 Verwaltungsgericht

Justizirrtum
10 Fehlurteil

Juwel
5 Perle
6 Schatz
7 Kleinod, Schmuck
8 Pretiose, Preziose
9 Edelstein
11 Kostbarkeit
13 Schmuckstueck

Juwelengewicht
4 Gran
5 Karat

Juwelier
11 Goldschmied
13 Silberschmied

Juwelier am Zarenhof
7 Faberge

Jux
2 Uz
3 Ulk
5 Jokus, Spass
6 Scherz
10 Albernheit

Jux am 1. des 4. Monats
11 Aprilscherz

jwd
6 einsam
9 abgelegen

K

Kabale
4 List
6 Raenke
7 Arglist, Intrige
8 Anschlag, Komplott
10 Hinterlist
11 Raenkespiel
12 Machenschaft

Kabarett
6 Brettl
16 Kleinkunstbuehne

Kabarettansager
12 Conférencier

Kabarettlied
4 Song
7 Chanson, Couplet
9 Quodlibet

Kabarettsänger
6 Diseur
10 Chansonier
11 Chansonnier

Kabarettsängerin
11 Chansonette

Kabarettszene
6 Sketch
7 Parodie
8 Blackout, Black-out

Kabbelei
4 Zank
6 Streit
8 Zankerei
11 Kontroverse
18 Auseinandersetzung

Kabel
5 Draht
7 Leitung
9 Drahtseil, Telegramm

Kabeljau
5 Bolch
6 Dorsch
8 Laberdan
10 Klippfisch, Stockfisch
11 Schellfisch

Kabine
5 Zelle
6 Gondel
10 Schlafraum
12 Telefonzelle, Umkleideraum

Kabinett
4 Raum
6 Gemach, Zimmer
9 Nebenraum, Regierung
11 Nebenzimmer
13 Beratungsraum
20 Regierungsmannschaft

Kabinettschef
7 Kanzler

Kabinettsmitglied
13 Innenminister
14 Aussenminister, Finanzminister, Justizminister, Kultusminister

Kachel
6 Fliese, Platte

K

Kadaver
3 Aas
10 Tierleiche

Kader
12 Linientreuer
13 Stammpersonal

Kadett
8 Zoegling
9 Faehnrich

Käferart
6 Gerber
8 Gelbrand, Hausbock, Heldbock, Totenuhr
9 Aaskaefer, Gluehwurm, Maikaefer, Oelkaefer, Saegebock, Schreiner, Totenwurm
10 Bohrkaefer, Eichenbock, Gerberbock, Junikaefer, Kornkaefer, Laufkaefer, Mehlkaefer, Mistkaefer, Pappelbock, Sandkaefer, Skarabaeus, Spiessbock, Zimmerbock
11 Blattkaefer, Blattroller, Diebskaefer, Glanzkaefer, Goldschmied, Klopfkaefer, Sandlaeufer, Schabkaefer, Speckkaefer, Stutzkaefer, Weichkaefer
12 Apfelstecher, Baumruessler, Blattwickler, Borkenkaefer, Grundlaeufer, Hirschkaefer, Kurzfluegler, Kurzruessler, Leuchtkaefer, Marienkaefer, Pillendreher, Rebenstecher, Taumelkaefer, Totengraeber
13 Nashornkaefer, Ruesselkaefer
14 Gelbrandkaefer, Gluehwuermchen, Johanniskaefer, Pflaumenbohrer, Schattenkaefer
15 Blatthornkaefer, Kartoffelkaefer, Strauchruessler, Trichterwickler, Waldsandlaeufer

Käferlarve
8 Mehlwurm
9 Engerling

Käferschnecke der Meere
6 Chiton

Kaffee ohne Milch
9 Schwarzer

Kaffeeart
5 Mokka
6 Brasil, Santos
7 Brauner, Melange
8 Espresso
10 Cappuccino
11 Einspaenner

Kaffeegefäß
5 Kanne

Kaffeehaus
4 Café
9 Cafeteria

Kaffeerückstand
4 Satz

Kaffeewirkstoff
7 Koffein

Kaffeezusatz
8 Zichorie

Kaffeezutat
5 Sahne
10 Dosenmilch

Kaffernhirse
4 Dari
6 Sorgho
7 Sorghum

Kaffernstamm
8 Amaxhosa

Käfig
5 Bauer, Koben
6 Pferch
7 Voliere, Zwinger
9 Terrarium
10 Vogelbauer

Käfigvogel
3 Beo
7 Papagei
13 Wellensittich

kahl
9 unbelaubt

Kahlkopf
6 Glatze, Platte

Kahlstelle
6 Tonsur
7 Bloesse

Kahn
4 Boot, Trog
5 Zelle
6 Arrest, Gondel, Nachen, Schiff

Kains ...
· **Bruder**
4 Abel
· **Mutter**
3 Eva
· **Vater**
4 Adam

Kaiseite
4 Kaje

Kaiser
9 Imperator

Kaiser ...
· *der* **Franzosen**
8 Napoleon
· **Friedrich I.**
10 Barbarossa

kaiserlose Zeit
11 Interregnum

Kaiserreich
8 Imperium

Kaiserresidenz im Mittelalter
5 Pfalz

Kaiserschmarren
7 Omelett

Kaiserstadt
6 Aachen

Kaisertitel ...
· *im* **alten Rom**
9 Imperator
· *in* **Äthiopien**
5 Negus
12 Negus Negesti
· *in* **Frankreich**
8 Empereur
· *im* **Iran**
5 Schah
12 Schahinschah

- *in* **Japan**
  5 Tenno
  6 Mikado
- *in* **Russland**
  3 Zar

Kajüte
6 Kabine
kakaohaltige Leckerei
10 Schokolade
Kakaoprodukt
10 Schokolade
Kakerlak
6 Schabe
10 Ungeziefer
Kakteenart
6 Cereus, Peyotl
7 Opuntia, Opuntie
10 Igelkaktus
11 Blattkaktus, Kugelkaktus
12 Greisenhaupt, Warzenkaktus
Kalamität
6 Klemme
7 Notlage
9 Missstand
10 Uebelstand
12 Verlegenheit
Kalauer
4 Witz, Zote
Kälberferment
3 Lab
Kalbfleischgericht
9 Ragoutfin
Kalbsbrustdrüse
5 Bries
Kalbsleder
3 Kid
7 Boxcalf
Kalbsmilch
5 Bries
6 Thymus
Kaldaunen
8 Gekroese
9 Innereien
10 Eingeweide
Kaldaunengericht
5 Fleck
Kalender
8 Almanach
Kalendertag
5 Datum
Kalendertage ...
- *im* **alten Rom**
  4 Iden
  5 Nonen
  8 Kalenden

Kalesche
7 Kutsche
Kalif
3 Ali
Kalif ...
- *von* **Bagdad**
  5 Harun, Mamun
  8 Suleiman
  16 Harun al Raschid

Kalifengeschlecht
9 Abbasiden, Omaijaden
Kalifenname
4 Omar
kalifornische ...
- **Stadt**
  7 Oakland
  8 Pasadena
  9 San Diego, Sausalito
  11 Los Angeles
  13 San Francisco, San Franzisko

Kaliumkarbonat
9 Pottasche
Kaliumverbindung
8 Salpeter
9 Pottasche
Kalkanstrich
7 Tuenche
Kalkart
3 Gur
Kalkgebirge
5 Karst
Kalkgebirge in Slowenien
5 Karst
Kalkgesteinsrinnen
6 Karren
Kalkgipfel der Berner Alpen
5 Eiger
kalkhaltiger Lehm
5 Loess
Kalkinsel bei Neapel
5 Capri
Kalkmassiv im Salzkammergut
9 Dachstein
kalkreicher Ton
5 Tegel
Kalkspat
6 Kalzit
7 Siderit
8 Magnesit
Kalkstein
6 Donith, Kreide, Marmor
9 Travertin
Kalkül
8 Rechnung
10 Berechnung
Kalkulation
8 Rechnung
10 Berechnung
16 Kostenberechnung
17 Kostenvoranschlag
kalorienfreie Fastenkur
9 Nulldiaet
Kalorienreduzierte Kost
15 Reduktionsdiaet
kalorienreduzierte Kostaufstellung
9 Diaetplan
kalorienreduziertes Milchprodukt
10 Magerquark
kalorienreiches Nahrungsmittel
10 Dickmacher
Kalorienverbrauch
13 Energieumsatz
kalt
5 kuehl
6 frigid
7 frostig
kalt ...
- **angerichtete Gemüsesuppe**
  8 Gazpacho
- **stellen**
  7 kuehlen

kalt(e, er, es) ...
- **Adriawind**
  4 Bora
- **Dessert aus Sachsen**
  17 Fuerstpuecklereis
- **Frauenschönheit**
  4 Vamp
- **Gericht**
  5 Salat
- **Jahreszeit**
  6 Winter
- **Niederschlag**
  8 Eisregen
- **Nordostwind**
  4 Bise
- **Speise**
  5 Salat
- **Süßspeise**
  8 Flammeri

K

- **Tage im Mai**
  10 Eisheilige
- **Vorspeisenbuffet**
  8 Salatbar
- **Weißwein-Mixgetränk**
  11 Gespritzter
  Wind in Südfrankreich
  7 Mistral

kaltblütig
7 herzlos

Kälte
5 Frost
6 Kuehle
11 Frigiditaet

Kälte ...
- **empfinden**
  7 frieren
- *ohne* **Schnee**
  5 Frost

Kältepackung
9 Eisbeutel

K

Kälteprodukt
3 Eis

Kälteschutz aus gegerbter Tierhaut
14 Lederhandschuh

Kältesteppe
6 Tundra

Kaltgetränk
5 Bowle

kaltherzig
10 hartherzig
12 gefuehlskalt

Kaltspeise
3 Eis
5 Salat
9 Feldsalat
10 Nudelsalat, Wurstsalat
11 Gurkensalat
13 Endiviensalat, Haeuptelsalat
14 Erdaepfelsalat, Kartoffelsalat

Kaltstarthilfe
5 Choke

Kaltwasserheilverfahren
9 Kneippkur

Kalumet der Indianer
14 Friedenspfeife

Kalvarienberg
8 Golgatha

Kalziumverbindung
6 Karbid

Kamarilla
6 Clique, Partei
9 Hofpartei

Kambodschaner
3 Moi
5 Khmer

Kamel
8 Dromedar
11 Trampeltier

kamelartiges ...
- **Tier**
  4 Lama, Pako
  6 Alpaka, Vicuna
  7 Guanako, Huanako, Vikunja

kamelzüchtende Araberstämme
8 Beduinen

Kamerad
5 Spezi
6 Freund, Kumpan, Kumpel, Macker
7 Genosse, Kollege, Partner
9 Begleiter, Gefaehrte
10 Vertrauter

Kameradschaft
5 Treue
12 Gemeinschaft, Zusammenhalt
13 Verbundenheit

kameradschaftlich Verbundener
6 Freund

Kameraeinstellung
6 Totale
7 halbnah

Kameralinse
6 Okular

Kameralinsensystem
5 Optik

Kameramann
9 Operateur

Kamerareise
10 Fotosafari
11 Photosafari

Kamerazubehör
4 Film
6 Filter
12 Sonnenfilter, Teleobjektiv

Kamin
4 Esse
5 Spalt
6 Schlot
9 Felsspalt
11 Feuerstelle, Schornstein
12 Felsschlucht

Kaminholzstück
6 Scheit

Kaminkehrer
5 Feger
16 Schornsteinfeger

Kaminschwärze
4 Russ

Kamisol
4 Wams
5 Weste
10 Unterjacke

Kamm
4 Grat, Hals
6 Nacken
7 Ruecken
11 Bergruecken, Rueckenteil
13 Frisiergeraet

Kammer
4 Raum
5 Laden, Lager, Stube
6 Zimmer
7 Gericht, Instanz
8 Behoerde, Hohlraum, Kabinett, Wohnraum

Kammer ...
- *des* **englischen Parlaments**
  8 Oberhaus
  9 Unterhaus

Kammerdiener
5 Lakai

Kammerjäger
11 Desinfektor

Kammerjungfer
4 Zofe

Kammgarnstoff
6 Melton

Kammmacherwerkzeug
4 Iler
10 Schabeisen

Kampagne
6 Saison
7 Feldzug
9 Wahlkampf

Kampf im Untergrund
8 Guerilla

Kampfabschnitt
5 Front

Kampfaxt
5 Barte

Kampfbahn
5 Arena

Kämpfer
8 Streiter

Kampfer aus Petersilienöl
5 Apiol

Kämpfer zur Ritterzeit
5 Recke
Kampferfolg
4 Sieg
kampferhaltiges Einreibemittel
9 Opodeldok
kämpferisch
8 militant
11 martialisch
Kampfesweise
6 Taktik
7 Technik
9 Strategie
Kampfgefährte
7 Genosse, Kamerad, Partner
11 Mitstreiter
Kampfgerät
5 Waffe
Kampfgericht
4 Jury
Kampfgewinn
4 Sieg
Kampfhandlung
4 Raid
7 Angriff, Attacke, Gefecht, Treffen
8 Invasion, Kanonade, Schlacht
9 Defensive, Offensive
10 Belagerung, Kleinkrieg
Kampfjungfrau
7 Amazone
8 Walkuere
Kampflinie
5 Front
Kampfmittel ...
· *der* **Arbeitgeber**
11 Aussperrung
· *der* **Arbeitnehmer**
6 Streik
Kampfplanung
6 Taktik
9 Strategie
Kampfplatz
4 Ring
5 Arena
8 Walstatt
12 Schlachtfeld
16 Kriegsschauplatz
Kampfreihe
7 Phalanx
Kampfrichter
14 Schiedsrichter
Kampfspiel
5 Match
7 Treffen, Turnier
9 Wettkampf
10 Konkurrenz, Wettstreit
Kampfspiel der Ritter
6 Buhurt
Kampfsportart
4 Judo
5 Boxen
6 Karate, Ringen
7 Fechten
9 Schiessen
kampfunfähig
2 ko
Kampfwaffe der Indianer
9 Streitaxt
Kampfwagen ...
· *der* **Antike**
8 Quadriga
11 Streitwagen, Viergespann
Kampfzeuge
9 Sekundant
Kampfzone
5 Front
kampieren
6 lagern, zelten
12 uebernachten
Kanaans Bewohner
10 Kanaaniter
Kanadas Bewohner
8 Kanadier
kanadisch(e, er, es) ...
· **Ballspiel**
8 Lacrosse
· **Berg**
4 Hunt
5 Logan
6 Robson
8 Columbia
10 Carruthers
· **Bucht**
8 Jamesbai
9 Baffinbai, Hudsonbai
· **Elch**
5 Moose
· **Hafenstadt**
6 Quebec
7 Halifax, Toronto
8 Montreal
9 Vancouver
· **Halbinsel**
5 Gaspe
6 Ungava
8 Labrador, Melville
13 Neuschottland
· **Hauptstadt**
6 Ottawa
· **Insel**
5 Banks, Brook, Coats, Devon, Sable, Wales
6 Brelon, Edward, Mansel
8 Bathurst, Melville, Somerset, Victoria
9 Anticosti, Vancouver
10 Baffinland
11 Neufundland
13 Viktoriainsel
· **Männermodel**
5 Aubry
· **Nobelpreisträger für Medizin**
7 Banting
· **Pianist**
5 Gould
· **Politiker**
7 Trudeau
· **Provinz**
5 Yukon
6 Quebec
7 Alberta, Ontario
8 Columbia, Franklin, Keewatin, Manitoba
9 Mackenzie
11 Neufundland
· **Sänger, Komponist**
4 Anka
· **Schlitten**
8 Toboggan
· **See**
7 Eriesee
8 Huronsee
9 Baerensee, Oberer See
10 Ontariosee
11 Michigansee, Winnipegsee
· **Supermodel**
11 Evangelista
· **Topmodel**
4 Stam
5 Rocha
Kanaille
4 Lump
6 Schuft
7 Schurke
8 Spitzbub
Kanal
5 Fleet
6 Gracht

Kanal ...
· *in* **Ägypten**
9 Sueskanal, Suezkanal
· *zwischen* **Frankreich und England**
11 Aermelkanal
· *zwischen* **Maas und Schelde**
11 Albertkanal
· *zwischen* **Nordsee und Ostsee**
15 Nordostseekanal
Kanalbauwerk
8 Schleuse
Kanalhafen
5 Dover
6 Calais, Dieppe, St. Malo
7 Le Havre, Ostende
8 Boulogne, Plymouth
9 Cherbourg, Saint Malo
10 Portsmouth
11 Bournemouth, Southampton
Kanalinsel
4 Herm, Sark
5 Wight
6 Jersey
7 Aurigny
8 Alderney, Guernsey
9 Eddystone
Kanalisationsanlage
2 WC
4 Siel
5 Gully
6 Kloake
7 Ausguss, Klosett
8 Senkloch
9 Rinnstein, Senkgrube
10 Rieselfeld
11 Klaeranlage
Kanalschacht
5 Gully
Kanalstraße in den Niederlanden
6 Gracht
Kanalstufe
4 Wehr
8 Schleuse, Stauwehr
Kanapee
4 Sofa
5 Diwan, Liege
8 Ruhebett
Kanarische ...
· **Insel**
5 Ferro, Palma
6 Gomera, Hierro
8 La Palma
9 La Gomera, Lanzarote, Teneriffa
12 Gran Canaria
13 Fuerteventura
Kandel
9 Dachrinne
Kandelaber
8 Leuchter
11 Armleuchter, Lichthalter
12 Kerzenhalter
Kandidat
8 Aspirant, Bewerber
9 Anwaerter, Pruefling
kandierte ...
· **Apfelsine**
8 Orangeat
· **Backzutat**
8 Orangeat, Zitronat
Kaneel
4 Zimt
Kaninchenbock
7 Rammler
Kaninchenfell
5 Kanin
9 Biberette
Kaninchenkrankheit
10 Myxomatose
Kanker
11 Weberknecht
Kannegießer
10 Schwaetzer
19 Stammtischpolitiker
kannenartiges Gefäß
4 Krug
Kannenkraut
13 Schachtelhalm
Kannenschnabel
6 Tuelle
Kannibale
15 Menschenfresser
Kanon
11 Richtschnur
12 Kettengesang
Kanoniker
7 Domherr
8 Chorherr
9 Kapitular
10 Stiftsherr
kanonisieren
14 heiligsprechen
Kante
4 Ecke, Rand, Saum
Kantenband
9 Vorleimer
Kantenstreifen
4 Rand
Kantine
5 Messe
6 Casino, Kasino
7 Essraum
10 Speiseraum
12 Verkaufsraum
14 Betriebskueche
Kantine der Studenten
5 Mensa
Kanton ...
· *der* **Schweiz**
3 Uri, Zug
4 Bern, Genf
5 Basel, Waadt
6 Aargau, Glarus, Luzern, Schwyz, Tessin, Wallis
7 Thurgau, Zuerich
8 Freiburg, Obwalden
9 Appenzell, Neuenburg, Nidwalden, Solothurn
10 Basel Land, St. Gallen
11 Basel Stadt, Graubuenden, Innerrhoden, Unterwalden
12 Ausserrhoden, Sankt Gallen, Schaffhausen
· *und* **Stadt der Schweiz**
3 Zug
4 Genf
5 Basel
6 Glarus, Luzern, Schwyz
7 Zuerich
12 Sankt Gallen, Schaffhausen
kantonales Ministerium
9 Direktion
Kantonsautokennzeichen ...
· *der* **Schweiz**
2 AG, AI, AR, BE, BL, BS, FR, GE, GL, GR, JU, LU, NE, NW, OW, SG, SH, SO, SZ, TG, TI, UR, VD, VS, ZG, ZH
Kanufahrer
6 Kanute
Kanüle
9 Hohlnadel
Kanzel
4 Sitz
5 Stand, Stuhl
6 Ansitz

7 Anstand, Cockpit
8 Hochsitz, Katheder
9 Lehrstuhl
11 Fuehrerraum
12 Chorschranke, Predigtstuhl
13 Felsvorsprung, Pilotenkabine

Kanzelrede
7 Predigt

Kanzelredner
8 Prediger
11 Geistlicher

Kanzlei
11 Sekretariat

Kanzleiformat
5 Folio

Kanzler
7 Premier
14 Regierungschef

Kap
10 Vorgebirge

Kap ...
- *in* **Afrika**
5 Verde
- *in* **Algerien**
3 Fer
- *am* **Kanal**
5 Hague
- *in* **Nordwestfrankreich**
6 Frehel
- *in* **Nordwestspanien**
5 Bares
10 Finisterre
- *auf* **Rügen**
6 Arkona
- *in* **Südamerika**
5 Hoorn

Kapelle
4 Band
5 Combo
6 Gruppe, Kirche
8 Ensemble, Musikzug
9 Orchester
10 Gotteshaus, Kirchenbau
11 Kirchenraum

Kapellmeister
8 Dirigent
10 Bandleader

Kapellmeisterstab
9 Taktstock

Kapergut
5 Prise

kapern
10 aufbringen

Kapern eines Schiffes
6 entern

Kapholländer
4 Bure
10 Afrikander
11 Afrikaander

Kapital
4 Geld, Habe
5 Stock
6 Besitz, Fundus, Gelder
8 Eigentum, Substanz
9 Vermoegen
10 Grundstock

Kapitalanlage
10 Investment
11 Investition

Kapitalanteil
5 Aktie
7 Einlage

Kapitale
10 Hauptstadt

Kapitalertrag
4 Zins
6 Zinsen
7 Rendite
9 Dividende

Kapitalgesellschaft
2 AG, KG
3 OHG
4 GmbH
18 Aktiengesellschaft
21 Kommanditgesellschaft

Kapitalmarkt
6 Boerse

Kapitalnutzungsentschädigung
4 Zins

Kapitalverbrechen
4 Mord

Kapitän
9 Hauptmann, Kommodore
10 Kommandant
11 Seeoffizier
12 Spielfuehrer

Kapitän bei Jules Verne
4 Nemo

Kapitel
9 Abschnitt
13 Geistlichkeit

Kapitel des Korans
4 Sure

Kapitelherr
7 Domherr
8 Chorherr
9 Kapitular
10 Stiftsherr

Kapitell
11 Pfeilerkopf, Saeulenkopf

Kapitular
7 Domherr

Kapitulation
8 Ergebung
9 Uebergabe
13 Verpflichtung

Kaplan
5 Vikar

Käppchen ...
- *der* **Richter**
6 Barett
- *der* **Verbindungsstudenten**
7 Zerevis

Kappe
5 Haube
6 Deckel, Kaeppi, Kapuze, Muetze
10 Verschluss
11 Schuhspitze

Kappes
4 Kohl

Käppi
7 Tschako

Kapriole
6 Sprung
8 Narretei, Uebermut
10 Bocksprung, Dressurakt, Luftsprung
13 Dressursprung, Dressuruebung

Kapsel
6 Huelle, Huelse
8 Futteral, Gehaeuse, Satellit
9 Behaelter
10 Raumschiff
12 Raumfahrzeug

Kapstachelbeere
8 Physalis

kaputt
3 hin
6 defekt
8 ruiniert
9 verdorben, zerstoert

Kapuzenwindbluse
6 Anorak

Kapuziner
5 Orden
12 Franziskaner

Kapuzinerkresse
12 Kletterkraut

Kapuzinerpilz
9 Roehrling
15 Birkenroehrling
Kapverdische ...
· **Insel**
3 Sal
4 Fogo, Maio
5 Brava, Praia
8 Boavista
9 Sao Antao, Sao Tiago
11 Sao Vicente
Karacho
5 Tempo
Karaffe
7 Flasche
11 Glasflasche, Weinflasche, Zierflasche
13 Wasserflasche
Karambolage
6 Unfall
13 Zusammenprall, Zusammenstoss
Karawane
3 Zug
5 Treck
7 Kolonne
Karawanentier
5 Kamel
Karawanserei
3 Han
8 Herberge, Quartier
10 Unterkunft
Karbolsäure
6 Phenol
Kardinalstracht
12 Purpurmantel
Kardinalsversammlung zur Papstwahl
8 Konklave
Kardinaltugend
7 Glauben, Staerke
8 Hoffnung, Klugheit
11 Maessigkeit
13 Gerechtigkeit
Karenz
9 Sperrzeit, Wartezeit
10 Sperrfrist
karg
5 knapp
6 frugal
8 aermlich, armselig, duerftig
9 spaerlich
11 kuemmerlich

kärgliches Arbeitsentgelt
10 Hungerlohn
Karibenfisch
7 Piranha
Karibikinsel
7 Antigua
karierter ...
· **Rock der Schotten**
4 Kilt
· **Textilstoff**
6 Pepita
kariertes Gewebe
6 Pepita
Karies
10 Zahnfaeule
Karikatur
7 Cartoon
8 Zerrbild
9 Spottbild
karitative ...
· **Anstalt**
4 Asyl, Heim
5 Stift
8 Hospital
9 Altenheim, Wohlfahrt
10 Pflegeheim
karitativer Warenverkauf
5 Basar
Karneval
8 Fasching, Fasnacht
9 Fastnacht
Karnevalistin
7 Naerrin
Karnevalsausschuss
8 Elferrat
Karnevalsdonnerstag
18 Altweiberfastnacht
Karnevalsgeck
4 Jeck, Narr
Karnevalsgremium
8 Elferrat
Karnevalshut
11 Narrenkappe
Karnevalskleidung
17 Fastnachtskostuem
Karnevalsrednerpult
5 Buett
Karnevalsruf
5 alaaf, helau
Karnevalssitzung
7 Session
Karnevalsveranstaltung
10 Maskenball, Maskenfest
11 Kostuemball, Kostuemfest

12 Mummenschanz
15 Rosenmontagszug
Karo
5 Farbe, Figur, Raute
6 Dessin, Muster
7 Viereck
11 Kartenfarbe
13 Wuerfelmuster
Karo ...
· *beim* **Kartenspiel**
7 Schelle
8 Eckstein, Schellen
karolingische Silbermünze
5 Denar
karolingischer Gelehrter
6 Alkuin
Karotte
6 Moehre
9 Gelbruebe, Mohrruebe
10 Gelbe Ruebe
Karpatenlandschaft
8 Bukowina
10 Buchenland
Karpatenteil
5 Tatra
8 Beskiden
karpfenartiger ...
· **Fisch**
4 Albe, Blei, Nase, Orfe
5 Aitel, Aland, Barbe, Hasel, Laube
6 Brasse, Doebel, Erling, Schlei, Ukelei
7 Brachse, Elritze, Guester, Pfrelle, Ploetze, Rotauge, Schleie
8 Blaunase, Goldorfe, Nerfling, Peitzger, Rotfeder, Schmerle
9 Goldfisch, Karausche
10 Bitterling, Gruendling, Weissfisch
11 Bartgrundel
12 Steinbeisser
14 Schlammbeisser
Karpfenfisch ► karpfenartiger Fisch
Karree
7 Quadrat, Viereck
12 Haeuserblock, Rippenstueck
Karren
5 Wagen
7 Karrete, Rikscha, Vehikel
8 Karrette

9 Handwagen
10 Kleinwagen, Schubkarre
Karriere
8 Laufbahn
karrieresüchtig
9 ehrgeizig
Karrierist
7 Streber
Karstfluss
7 Fiumare
Karsttrichter
6 Doline
Kartäuserkloster in Frankreich
10 Chartreuse
Karte
4 Plan
5 Blatt
7 Billett
Karte im Tarockspiel
5 Pagat
Kartei
12 Zettelkasten
Karteikartenreiter
3 Tab
Kartenausteiler
5 Geber
Kartenfarbe
3 Pik
4 Herz, Karo
5 Kreuz
8 Eckstein
Kartenglücksspiel
5 Poker
8 Bakkarat
15 Siebzehnundvier
Kartenmischgriff
5 Volte
Kartenrest beim Geben
5 Talon
Kartenspiel (Abkürzung)
4 Doko, Jass, Poch, Romé, Skat, Tapp
5 Pharo, Poker, Rommé, Whist
6 Boston, Bridge, Pikett, Rommee, Tarock, Watten
7 Canasta
8 Bakkarat, Patience, Quartett
9 Schafkopf, Schnapsen
10 Doppelkopf, Schafskopf
13 Einundzwanzig
14 Schwarzer Peter
15 Sechsundsechzig, Siebzehnundvier
Kartenspiel ...
· *für* **drei Personen**
4 Skat
· *zur* **Zukunftsdeutung**
5 Tarot
Kartenspielausdruck
2 As, Re
3 Pik
4 Auge, Bock, Bube, Dame, Hand, Herz, Karo, Null, Ober, Satz, Solo
5 Atout, Blatt, Bluff, Farbe, Geber, Grand, Joker, Jolly, Junge, Kreuz, Pagat, Point, Runde, Stich, Talon, Treff, Unter, Valet, Volte
6 Eichel, Herzen, Kontra, mauern, mogeln, Ouvert, passen, Trumpf
7 Einsatz, Kiebitz, mischen, Renonce, Schelle, Schwarz, Sequenz, Spieler, Vorhand
8 bedienen, bekennen, Eckstein, Full Hand, Hochzeit, Schellen, Schippen
9 Grand Hand, kiebitzen, schneiden, Schneider, Schueppen
10 Hinterhand, Mittelhand, Null ouvert, Schippchen
Kartenspielrunde
10 Skatpartie
Kartenverteiler
5 Geber
Kartenwissenschaft
11 Kartografie
12 Kartographie
Karthager
6 Punier
karthagischer ...
· **Feldherr**
8 Hamilkar, Hannibal
9 Hasdrubal
· **Seefahrer**
5 Hanno
Karthagos Gründerin
4 Dido
Kartoffel
6 Batate
8 Erdapfel
10 Grundbirne
Kartoffelbrei
6 Pueree
Kartoffelgericht
6 Roesti
16 Erdaepfelgulasch
Kartoffelmehl
7 Staerke
Kartoffeln zu Mus machen
9 quetschen
Kartoffelpuffer
6 Plinse
11 Reibekuchen
Kartoffelspezialität aus Thüringen
12 Ofendetscher
Kartoffelstäbchen
12 Pommes frites
Karton
5 Pappe
9 Schachtel
13 Pappschachtel
kartoniertes Buch
9 Paperback
Kartothekbehälter
12 Karteikasten
Kartusche
6 Huelse, Ladung, Rahmen
8 Ornament
10 Zierstueck
Karwochentag
10 Karfreitag, Karsamstag
15 Gruendonnerstag
Karzer
5 Zelle
6 Kerker
Kaschemme
6 Kneipe
8 Spelunke
Kaschmirtuch
9 Paschmina
Käsegericht
6 Fondue
Käserest fein zerteilt
11 Molkepulver
Kasernenschrank
5 Spind
Käsesorte
4 Brie, Tome
5 Gouda, Quark
6 Edamer, Harzer
7 Chester, Gervais, Gruyère, Romadur, Stilton
8 Belpaese, Muenster, Parmesan, Tilsiter, Vacherin
9 Allgaeuer, Camembert,

Greyerzer, Handkaese, Limburger, Rahmkaese, Roquefort, Schweizer
10 Emmentaler, Gorgonzola, Hollaender
11 Appenzeller, Schafskaese, Ziegenkaese

Käsesorte ...
- *aus* **dem Allgäu**
11 Weisslacker
- *mit* **roter Rinde**
6 Edamer

Käsestadt ...
- *in* **Belgien**
7 Limburg
- *in* **Holland**
4 Edam

Käsewasser
5 Molke

Kasinochip
5 Jeton

Kaskade
10 Wasserfall
11 Wasserspiel

Kasper
10 Spassvogel

Kassation
10 Entlassung
22 Nichtigkeitserklaerung

Kassenansturm
3 Run

Kassenbestand
3 Ist

Kassenführer
9 Kassierer

Kassenprüfer
7 Revisor

Kassenschlager
3 Hit
6 Renner
7 Reisser
8 Knueller
10 Bestseller, Longseller

Kassenschrank
4 Safe
6 Tresor

Kassensturz
8 Revision

Kassenverwalter
13 Schatzmeister

Kassenwart
11 Saeckelwart

Kassenzettel
3 Bon
5 Beleg
8 Quittung

Kasserolle
4 Topf
8 Kochtopf

Kassette
6 Huelle, Kasten
9 Behaelter, Kaestchen, Schatulle

kastanienbraun
5 maron

Kastanienfrucht
6 Marone

Kaste
5 Stand
6 Klasse
7 Schicht

Kaste in Ostindien
5 Cudra

Kastell
4 Burg
5 Feste
7 Festung, Schloss
9 Zitadelle
11 Befestigung
12 Festungswerk

Kastellmauerrest
9 Burgruine

Kasten
4 Lade
5 Kiste, Truhe
7 Schrank, Schrein
9 Behaelter, Schublade
10 Turngeraet

kastenloser Inder
5 Paria

Kastenmöbel
5 Truhe
7 Kommode

Kastors ...
- **Bruder**
6 Pollux
- **Mutter**
4 Leda
- **Vater**
4 Zeus

Kastrat
6 Eunuch
10 Entmannter
14 Verschnittener

kastriert(e, er, es) ...
- **Bulle**
5 Ochse
- **Eber**
4 Barg, Bork
- **Hahn**
6 Kapaun
- **Hengst**
7 Wallach
- **Stier**
5 Ochse

Kasus
4 Fall
10 Vorkommnis

Katalog
10 Uebersicht
11 Aufstellung, Verzeichnis
16 Warenverzeichnis

Katapult
9 Schleuder
12 Wurfmaschine
14 Startschlitten
17 Flugzeugschleuder

Katarakt
4 Star
10 Wasserfall
13 Stromschnelle
14 Linsentruebung

Kataster
8 Flurbuch
9 Grundbuch

Katastrophenart
4 Ruin
5 Chaos, Krieg
6 Seuche, Unheil
7 Absturz, Debakel, Havarie, Umsturz
8 Einsturz, Epidemie, Erdbeben, Unglueck, Unwetter
9 Dammbruch, Explosion, Kollision, Sturmflut, Tragoedie, Untergang, Wassernot
10 Deichbruch, Grossbrand, Grossfeuer, Hochwasser, Hungersnot
11 Schiffbruch
12 Feuersbrunst, Lawinensturz
14 Vulkanausbruch
15 Flugzeugabsturz, Ueberschwemmung
16 Schiffsuntergang

Kate
6 Huette
12 Bauernhuette

Kategorie
6 Gruppe, Klasse, Rubrik
7 Gattung, Ordnung

K

Kategorie der Tonkunst
6 E-Musik
Kater ...
· *in* **der Fabel**
4 Murr
6 Murner
18 Gestiefelter Kater
Katharsis
9 Reinigung
10 Laeuterung
Katheder
4 Pult
6 Kanzel
9 Lehrstuhl
10 Rednerpult
12 Predigtstuhl
Kathedrale
3 Dom
8 Muenster
14 Bischofskirche
Kathedrale ...
· *in* **Paris**
10 Notre Dame
12 Invalidendom
katholisch(e, er, es) ...
· **Altardiener**
7 Akoluth
10 Ministrant
· **Aufsichtsgeistlicher**
5 Dekan
· **Bettelorden**
9 Kapuziner, Minoriten
10 Augustiner, Karmeliter
11 Dominikaner
12 Franziskaner
· **Bischofstreffen**
6 Konzil
· **Bittgebet**
7 Litanei
· **Feier der Eucharistie**
9 Messopfer
· **Feiertag**
11 Allerseelen
12 Fronleichnam
13 Allerheiligen
· **Frauenorden**
12 Klarissinnen
15 Karmeliterinnen, Salesianerinnen
· **Gebet**
8 Ave-Maria
10 Vaterunser
· **Gebetskranz**
10 Rosenkranz
· **Geistlicher**
8 Kleriker, Priester
· **Geistlichkeit**
6 Klerus
7 Kapitel
· **Gnadenmittel**
6 Ablass
8 Nachlass
10 Absolution
12 Lossprechung
· **Gottesdienst**
5 Messe
· **Heilige**
4 Afra
5 Lydia
7 Barbara
8 Veronika
9 Katharina
· **Heiliger**
5 Georg, Vitus
7 Blasius, Erasmus
8 Achatius, Aegidius, Nikolaus
13 Christophorus
· **Hilfsgeistlicher**
5 Vikar
· **Hilfspriester**
5 Kurat
· **Kirchenfürst**
10 Erzbischof
· **Kirchenlehrer**
6 Gregor
8 Augustin
9 Ambrosius
10 Athanasius, Augustinus, Hieronymus
· **Kirchenmusiker**
3 Ett
· **Kultperson**
7 Heilige
8 Heiliger
· **Küster**
6 Mesner
7 Messner
· **Lobgesang**
6 Gloria, Tedeum
· **Messdiener**
10 Ministrant
· **Messgebet**
6 Sekret
· **Orden**
8 Jesuiten, Mauriner
9 Kapuziner, Minoriten, Ursulinen
10 Augustiner, Karmeliter, Kartaeuser, Trappisten
11 Dominikaner
12 Benediktiner, Franziskaner, Kluniazenser
13 Zisterzienser
· **Ordensfrau**
5 Nonne
· **Ordenspriester**
5 Pater
· **Priestergewand**
4 Albe
5 Stola
8 Pluviale
· **Priesterstand**
6 Klerus
· **Religionslehrer**
8 Katechet
· **Sakrament**
3 Ehe
5 Busse, Taufe
6 Oelung
7 Firmung
9 Abendmahl
11 Eucharistie
13 Priesterweihe
14 Krankensalbung
· **Seelenmesse**
7 Requiem
· **Stundengebet**
4 Hora, None, Prim
· **Würdenträger**
14 Kurienkardinal
Kattun
4 Mako
5 Zietz
6 Chintz, Kaliko
8 Indienne
9 Schirting
Katzen- oder Hundefuß
5 Pfote
Katzenart
3 Rex
4 Eyra, Manx, Onze, Puma, Siam, Unze
5 Birma, Khmer, Korat, Loewe, Luchs, Mungo, Tiger
6 Angora, Gepard, Jaguar, Ozelot, Perser
7 Leopard, Panther
8 Kurzhaar, Manguste
9 Bergloewe, Ichneumon, Siamkatze, Wildkatze

10 Abessinier, Chinchilla, Kartaeuser, Khmerkatze
11 Angorakatze, Perserkatze, Silberloewe
12 Ginsterkatze, Koenigstiger
13 Schneeleopard
katzenartiges ...
· **afrikanisches Raubtier**
6 Serval
· **Raubtier**
5 Luchs
Katzenauge
5 Quarz
9 Edelstein
13 Rueckstrahler
Katzenbär des Himalaja
5 Panda
Katzenfisch
4 Wels
9 Zwergwels
Katzenfuß
5 Pfote
Katzengold
6 Biotit
7 Glimmer
13 Biotitglimmer
Katzenjammer
5 Kater
Katzenlaut
4 miau
Katzenmusik
6 Jaulen, Miauen
7 Gedudel
8 Gejammer, Gewimmer
9 Charivari, Geklimper, Klimperei
Katzensilber
7 Glimmer
8 Muskovit
11 Kaliglimmer
Kau- ...
· *und* **Genussmittel**
5 Betel
9 Betelnuss
Kauf
5 Bezug
6 Erwerb
9 Erwerbung
11 Anschaffung
Kauf von Waren
6 Erwerb
Käufer
5 Kunde
8 Abnehmer, Erwerber
9 Konsument
11 Verbraucher
Käufer von Diebesgut
6 Hehler
Kaufhaus
9 Warenhaus
Kaufhaus in Moskau
3 GUM
Kaufherrengeschlecht in Augsburg
6 Fugger
Kaufinteressent
5 Kunde
käuflich
4 feil
9 unredlich
11 bestechlich, erhaeltlich
Kaufmann
7 Kraemer
8 Haendler
10 Discounter
kaufmännisch
9 merkantil
kaufmännisch für heute
4 dato
kaufmännisch(e, er, es) ...
· **Angebot**
7 Offerte
· **Begriff**
3 Uso
4 Nota, Rate, Soll, Tara, Usus, Ware
5 Abruf, Bonus, Damno, Debet, Firma, Haben, Kassa, Kasse, Konto, Kunde, Lager, Markt, Netto, Order, Preis, Saldo, Summe
6 Absatz, Aktiva, Bilanz, Brutto, Budget, Detail, Engros, Erloes, Ertrag, Export, Faktur, Franko, Import, Konsum, Kredit, Option, Profit, Rabatt, Skonto, Spesen, Storno, Ultimo, Umlage, Usance, Zufuhr
7 Abnahme, Angebot, Artikel, Ausfuhr, Branche, Buchung, Einfuhr, Einkauf, Faktura, Inkasso, Kaeufer, Magazin, Monopol, Offerte, Passiva, Prokura, Prozent, Solvenz, Verkauf, Zahlung
8 Einnahme, Inventar, Inventur, Quittung, Rohstoff, Unkosten, Vertrieb
9 Abbuchung, Abschluss, Abzahlung, Anzahlung, Bezahlung, Emballage, Forderung, Hauptbuch, Insolvenz, Kondition, Lagergeld, Lagerraum, Lieferant, Lieferung, Nachfrage, Provision
10 Anlagewert, Ausverkauf, Verbuchung
13 Zahlungsfrist
14 Mehrwertsteuer, Schlussverkauf
· **Beruf**
6 Makler
7 Manager, Revisor
8 Grossist, Haendler, Lagerist
9 Expedient, Exporteur, Importeur, Kassierer, Kontorist, Prokurist, Reisender, Vertreter, Verwalter
10 Buchhalter, Einkaeufer, Kalkulator, Konzipient, Verkaeufer
11 Werbeleiter
12 Filialleiter
14 Einzelhaendler, Verkaufsleiter
15 Vertriebsleiter
17 Geschaeftsfuehrer
· **Eintragung**
7 Buchung
· **Lieferungsanweisung**
5 Abruf
· **Rechnungsführung**
11 Buchhaltung
· **Sonderaktion**
20 Saisonschlussverkauf
· **Unternehmen**
5 Firma
7 Betrieb
Kaufmannsgehilfe
6 Kommis
Kaufsumme
5 Preis
Kaufwert von Waren
5 Preis

Kaukasier
5 Alane, Aware
8 Georgier
kaukasisch(e, er, es) ...
· **Spießlaute**
3 Tar
· **Steinbock**
3 Tur
· **Teppich**
5 Kasak, Kelim, Sumak
6 Kasach
· **Volksstamm**
5 Lasen
6 Alanen, Awaren
8 Georgier
12 Tscherkessen
13 Tschetschenen
Kaukasusberg
6 Elbrus, Kasbek
Kaukasusbergvolk
7 Osseten
Kaukasusbewohner
8 Grusiner
Kaukasusfluss
5 Terek
Kaukasushirsch
5 Maral
Kaulbarsch
7 Schroll
11 Pfaffenlaus
Kaulkopf
6 Quappe
kaum ...
· **ausreichend**
5 knapp
· **vorkommend**
3 rar
6 selten
kausal
11 begruendend, ursaechlich
Kautabak
5 Priem
Kaution
5 Pfand
8 Garantie
9 Haftsumme
11 Buergschaft
14 Mietsicherheit
Kautschukart
4 Buna
5 Latex
Kautschukbaum
5 Ficus, Hevea
9 Castilloa, Gummibaum
Kautschukmilch
5 Latex
Kauwerkzeug
4 Zahn
6 Gebiss, Zaehne
Kauz
10 Sonderling
kauziger Mensch
6 Unikum
Kavalier
9 Gentleman
Kavallerie
8 Reiterei
Kavallerieangriff
7 Attacke
Kavallerieeinheit
8 Eskadron
9 Schwadron
Kavallerieoffizier
11 Rittmeister
Kavalleriesäbel
8 Pallasch
Kavalleriesoldat
8 Dragoner
Kavallerist
4 Ulan
5 Husar
6 Reiter
8 Dragoner
10 Kuerassier
Kaventsmann
14 Prachtexemplar
Kaverne
6 Hoehle
8 Hohlraum
Kaviar
6 Beluga
8 Malossol
Kaviarfisch
5 Stoer
Kaviarlieferant
5 Stoer
6 Beluga, Hausen, Scherg
7 Sterlet
Kaviarsorte
6 Beluga
keck
4 kess
5 frech
6 dreist, munter
9 anmassend, schneidig
10 unbefangen
kecke Kühnheit
12 Verwegenheit
Keckheit
7 Schneid
9 Frechheit
10 Forschheit
13 Ungeniertheit
Keeper
7 Barmann, Tormann, Torwart
Keeper im Nachtlokal
8 Barmixer
Kegel
5 Konus
kegelähnlicher Körper
6 Konoid
Kegelbruder
6 Kegler
kegelförmig
7 konisch
kegelförmiger ...
· **Berggipfel**
5 Kofel, Kogel
· **Zapfen**
5 Konus
Kegelschnittlinie
5 Kreis
6 Gerade
7 Ellipse, Parabel
8 Hyperbel
Kegelstumpf
5 Konus
Kegelwurf
5 Schub
Keglergruß
7 Gut Holz
Kehlkopf
6 Gurgel
Kehlkopfdiphtherie
5 Krupp
Kehlkopfentzündung
10 Laryngitis
Kehlkopfteil
6 Deckel
8 Kehlsack
9 Stimmband
Kehlsackvogel
7 Pelikan
Kehraus
6 Finale
11 Schlusstanz
Kehrbesen
5 Feger
Kehrbild
7 Negativ
Kehre
5 Kurve, Wende

7 Drehung
10 Serpentine, Turnuebung
14 Haarnadelkurve
Kehre im Kunstflug
4 Turn
kehren
5 fegen
Kehrgerät
5 Besen, Feger
8 Schaufel
9 Handfeger
Kehrgerät mit langem Griff
10 Stielbesen
Kehricht
5 Dreck, Muell, Staub, Unrat
6 Abfall
7 Schmutz
Kehrreim
7 Refrain
Kehrschleife
10 Serpentine
Kehrseite
5 Verso
6 Envers, Revers
7 Ruecken
9 Gegenteil
10 Rueckseite
11 Hinterseite
13 Schattenseite
Kehrwiederkeule
8 Bumerang
Kehrwisch
9 Handfeger
keifen
6 zetern
Keil an Kleidern
7 Zwickel
Keile
4 Haue
7 Dresche, Pruegel
8 Schlaege
9 Abreibung
Keiler
4 Eber
11 Wildschwein
Keilerei
8 Rauferei
9 Pruegelei
11 Schlaegerei
keilförmiger Stoffrest
5 Godet
Keilschriftmaterial
8 Tontafel
10 Steintafel
Keilschwanzsittich
3 Ara
Keim
4 Same
5 Samen, Virus
6 Ansatz
7 Erreger
8 Bakterie, Bazillus, Ursprung
Keimdrüse
6 Gonade
10 Germinalie
keimfrei
6 steril
9 aseptisch
keimfrei machen
13 sterilisieren
Keimfreiheit
7 Asepsis
11 Sterilitaet
Keimgut
5 Samen
Keimgut des Flachses
9 Leinsamen
Keimkorn
5 Spore
Keimling
6 Embryo, Frucht
9 Samenkorn
Keimlinge ...
· *im* **Boden**
7 Aussaat
· *für* **neue Pflanzen**
4 Saat
keimtötend
12 antiseptisch
keimtötendes Mittel
12 Antiseptikum
Keimtötung
12 Desinfektion
Keimträger
4 Same
8 Saatkorn
Keimzelle
2 Ei
4 Same
5 Gamet, Samen
6 Pollen
Keimzelle des Farnes
5 Spore
kein ...
· **Erz enthaltend** (Gestein)
4 taub
· **Fachmann**
4 Laie
· **Regelfall**
8 Ausnahme
keinesfalls
3 nie
7 niemals
KeksSchokoKuchen
10 Kalterhund
Kelch
4 Glas
5 Pokal
6 Becher, Bluete, Huelle
7 Gefaess
kelchförmiges Weinglas
6 Roemer
Kelle
12 Biberschwanz
14 Maurerwerkzeug, Schoepfloeffel
Kellerei
9 Weinlager
Kellereibehälter
8 Weinfass
Kellerfenster
4 Luke
Kellergeschoss
10 Souterrain
Kellergewölbe
9 Kasematte
Kellermeister
6 Kuefer
Kellerungeziefer
5 Assel
6 Schabe
Kellner
4 Ober
6 Garçon
7 Steward
8 Bediener
9 Servierer
14 Gaestebediener
Kellnerlehrling
7 Piccolo, Pikkolo
Kelte in Schottland
5 Gaele
Kelten
4 Iren
6 Gaelen, Skoten
8 Bretonen, Schotten, Walliser
Kelter
10 Obstpresse
13 Traubenpresse
Kelterer
6 Winzer

Kelterrückstand
6 Treber
7 Trester
keltisch(e, er, es) ...
· **Barde**
6 Ossian
· **Name von Irland**
4 Erin
· **Priester**
6 Druide
· **Sagengestalt**
4 Erek
5 Artus
6 Isolde, Merlin, Ossian
7 Tristan
8 Parsifal, Parzifal
Kenner
7 Experte, Gourmet, Koenner
8 Fachmann, Gourmand
10 Kapazitaet
13 Feinschmecker
17 Sachverstaendiger
Kenner der Gesteine
9 Lithologe
Kenntnis
5 Kunde, Notiz
6 Wissen
8 Einblick
9 Erfahrung
Kenntnis durch eigenen Augenschein
8 Einblick
Kenntniserwerb ► Kenntnisse aneignen
Kenntnisnahme
8 Einsicht
kenntnisreich
7 belesen
8 gebildet
Kenntnisse aneignen
6 lernen
Kennwort
5 Motto
6 Losung, Parole
Kennzahl
6 Nummer
7 Chiffre
Kennzeichen
3 Art, Mal
4 Norm, Note, Zahl
5 Kreuz, Marke, Punkt
6 Emblem
7 Merkmal, Symptom
8 Attribut
14 Charakteristik, Hoheitszeichen
Kennzeichen ...
· *für* **deutsche Normteile**
3 DIN
· **staatlicher Macht und Würde**
9 Insignien
kennzeichnend
7 markant, typisch
16 charakteristisch
kennzeichnendes Merkmal
12 Charakterzug
Kennzeichnung
10 Markierung
11 Signalement
14 Charakteristik
Kennziffer
7 Chiffre
13 Telefonnummer
Kentaur
6 Chiron, Nessos, Nessus
10 Fabelwesen
kentern
6 kippen
10 umschlagen
Keramiker
6 Hafner
7 Haefner, Toepfer
keramisches ...
· **Erzeugnis**
4 Krug, Vase
6 Fliese, Kachel, Roehre, Schale, Teller
7 Fayence, Tonware
8 Geschirr, Majolika, Steingut, Tonfigur
9 Porzellan, Schamotte, Steinzeug
· **Pflanzgefäß**
7 Tontopf
Kerbe
5 Kimme, Rille, Rinne
6 Furche
7 Scharte
10 Einschnitt
Kerbtier
4 Kerf, Wurm
6 Insekt, Kaefer, Spinne
Kerker
4 Turm
5 Bagno, Zelle
7 Verlies
9 Zuchthaus
10 Gefaengnis
11 Arrestzelle
Kern
7 Nukleus
Kernenergie
9 Atomkraft
11 Atomenergie
14 Nuklearenergie
Kernforschung
13 Nuklearphysik
Kerngehäuse des Obstes
6 Griebs
kernig
4 urig
Kernland von Vietnam
5 Annam
kernlose ...
· **Apfelsinenart**
5 Navel
· **Mandarine**
10 Clementine, Klementine
· **Rosine**
9 Sultanine
Kernobst
5 Apfel, Birne
6 Mispel, Quitte
Kernobstgewächs
8 Birnbaum
9 Apfelbaum
Kernpunkt
4 Clou
11 Quintessenz
Kernreaktor
4 Pile
10 Atommeiler
11 Uranbrenner
Kernschleife
9 Chromosom
Kernschleifen
11 Chromosomen
Kernteilchen
5 Meson, Quark
6 Proton
7 Neutron, Nukleon
8 Elektron
Kerntruppe eines Heeres
5 Kader
Kernwaffe
9 Atombombe
11 Kobaltbombe
14 Neutronenbombe
16 Wasserstoffbombe
Kerwe
9 Jahrmarkt

Kerze
5 Licht
Kerzenfaden
5 Docht
Kerzenfett
7 Stearin
Kerzenleuchter ▶ Kerzenständer
Kerzenmaterial
4 Talg
5 Wachs
7 Stearin
8 Paraffin
9 Unschlitt
11 Bienenwachs
Kerzenständer
8 Flambeau
10 Kandelaber
11 Armleuchter
kess
4 chic, keck
5 fesch, flott, frech
6 dreist
7 vorlaut
9 schneidig
12 selbstsicher
Kessel
8 Kochtopf
Kesselpauken
7 Timpani
Kesseltreiben
4 Jagd
5 Hetze
9 Treibjagd
12 Hetzkampagne
Kettchenanhänger
7 Amulett
Kette
4 Band
5 Faden, Folge, Reihe, Serie
6 Fessel, Kordon
7 Collier
8 Girlande
10 Armschmuck
11 Halsschmuck
Kette ...
· *von* **Schienenfahrzeugen**
3 Zug
· *beim* **Tanzen**
6 Chaine
Kettenfahrzeug
4 Tank
5 Raupe
6 Panzer
7 Traktor, Trecker
9 Bulldozer
12 Planierraupe
Kettengeräusch
7 Rasseln
8 Gerassel
Kettengesang
5 Kanon
Kettenglied
6 Schake
Kettenpanzer
7 Bruenne
8 Harnisch, Ruestung
Kettenteil
5 Glied
6 Schake
Kettfaden
6 Chaine
Ketzerei
8 Haeresie, Irrlehre
Ketzergericht
8 Autodafé
11 Inquisition
keuchender Atem
5 Puste
Keule
5 Waffe
7 Pistill
8 Schenkel, Schinken, Schlegel
9 Schlaegel
10 Schlagholz
Keulenärmel
5 Gigot
Keulenfleisch
8 Schinken
Keulenstück des Rindes
4 Ziem
Keuschheit
8 Reinheit, Unschuld
11 Virginitaet
17 Jungfraeulichkeit
Keyboard
12 Elektroorgel
Kfz-...
· **Fahrgestell**
7 Chassis
· **Motorteil**
11 Kurbelwelle
· **Produktion**
18 Automobilindustrie
· **Rundfunkgerät**
9 Autoradio
· **Standbeleuchtung**
9 Parklicht
· **Testbauwerk**
9 Windkanal
· **Unterbau**
6 Rahmen
Kfz-Kennzeichen der Länderregierung von ...
· **Baden-Württemberg**
3 BWL
· **Bayern**
3 BYL
· **Brandenburg**
3 BRB
· **Hessen**
3 HEL
· **Niedersachsen**
2 NL
· **Nordrhein-Westfalen**
3 NWL
· **Rheinland-Pfalz**
3 RPL
· **Saarland**
3 SAL
· **Sachsen**
3 LSN
· **Sachsen-Anhalt**
3 LSA
· **Schleswig-Holstein**
2 SH
· **Thüringen**
3 THL
Kfz-Kennzeichen der Nationen von ...
· **Äthiopien**
3 ETH
· **Botswana**
2 RB
· **Grenada**
2 WG
· **Guatemala**
3 GCA
· **Hongkong**
2 HK
· **Indonesien**
2 RI
· **Kenia**
3 EAK
· **Kroatien**
2 HR
· **Kuwait**
3 KWT
· **Laos**
2 LS
· **Lesotho**
2 LS

- **Lettland**
  2 LV
- **Litauen**
  2 LT
- **Mali**
  3 RMM
- **Niger**
  2 RN
- **Panama**
  2 PA
- **Peru**
  2 PE
- **Russland**
  3 RUS
- **Slowenien**
  3 SLO
- **Südafrika**
  2 ZA
- **Tansania**
  3 EAT
- **Togo**
  2 TG
- **Trinidad und Tobago**
  2 TT
- **Vietnam**
  2 VN
- *der* **Zentralafrikanischen Republik**
  3 RCA

Kfz-Kennzeichen von ...
(▶ auch Nationalitätenkennzeichen)

- **Aachen (Würselen)**
  2 AC
- **Aalen**
  2 AA
- **Aargau**
  2 AG
- **Ahrweiler**
  2 AW
- **Aichach**
  3 AIC
- **Aichach-Friedberg**
  3 AIC
- **Alb-Donau-Kreis**
  2 UL
- **Allgäu**
  2 KE
- **Altenburg**
  3 ABG
- **Altenburger Land**
  3 ABG
- **Altenkirchen**
  2 AK
- **Altmarkkreis Salzwedel**
  3 SAW
- **Altötting**
  3 AOE
- **Alzey**
  2 AZ
- **Alzey-Worms**
  2 AZ
- **Amberg**
  2 AM, AS
- **Amberg-Sulzbach**
  2 AS
- **Ammerland**
  3 WST
- **Amstetten**
  2 AM
- **Anhalt-Zerbst**
  3 AZE
- **Anklam**
  3 OVP
- **Annaberg**
  3 ANA
- **Ansbach**
  2 AN
- **Apolda**
  2 AP
- **Appenzell-Außerrhoden**
  2 AR
- **Appenzell-Innerrhoden**
  2 AI
- **Arnstadt**
  2 IK
- **Aschaffenburg**
  2 AB
- **Aschersleben**
  3 ASL
- **Aschersleben-Staßfurt**
  3 ASL
- **Aue**
  3 ASZ
- **Aue-Schwarzenberg**
  3 ASZ
- **Augsburg**
  1 A
- **Aurich**
  3 AUR
- **Bad Aussee**
  2 BA
- **Bad Doberan**
  3 DBR
- **Bad Dürkheim Weinstraße**
  4 DUEW
- **Bad Ems**
  3 EMS
- **Bad Freienwalde**
  3 MOL
- **Bad Hersfeld**
  3 HEF
- **Bad Homburg v. d. Höhe**
  2 HG
- **Bad Kissingen**
  2 KG
- **Bad Kreuznach**
  2 KH
- **Bad Liebenwerda**
  2 EE
- **Bad Neuanahr-Ahrweiler**
  2 AW
- **Bad Neustadt/Saale**
  3 NES
- **Bad Oldesloe**
  2 OD
- **Bad Reichenhall**
  3 BGL
- **Bad Salzungen**
  3 WAK
- **Bad Schwalbach**
  4 RUED
- **Bad Segeberg**
  2 SE
- **Bad Tölz**
  4 TOEL
- **Bad Tölz-Wolfratshausen**
  4 TOEL
- **Baden-Baden**
  3 BAD
- **Balingen**
  2 BL
- **Bamberg**
  2 BA
- **Barnim**
  3 BAR
- **Basel-Land**
  2 BL
- **Basel-Stadt**
  2 BS
- **Bautzen**
  2 BZ
- **Bayreuth**
  2 BT
- **Beeskow**
  3 LOS
- **Belzig**
  2 PM
- **Bentheim**
  3 NOH
- **Berchtesgadener Land**
  3 BGL

- **Bergen**
 4 RUEG
- **Bergheim**
 2 BM
- **Bergisch Gladbach**
 2 GL
- **Bergstraße**
 2 HP
- **Berlin**
 1 B
- **Bern**
 2 BE
- **Bernburg**
 3 BBG
- **Bernkastel-Wittlich**
 3 WIL
- **Biberach**
 2 BC
- **Bielefeld**
 2 BI
- **Bingen**
 2 MZ
- **Birkenfeld Nahe**
 3 BIR
- **Bitburg**
 3 BIT
- **Bitburg-Prüm**
 3 BIT
- **Bitterfeld**
 3 BTF
- **Bludenz**
 2 BZ
- **Böblingen**
 2 BB
- **Bochum**
 2 BO
- **Bodensee**
 2 LI
- **Bodenseekreis**
 2 FN
- **Bonn**
 2 BN
- **Bördekreis**
 3 BOE
- **Borken**
 3 BOR
- **Botschafts-personal**
 2 BN
- **Bottrop**
 3 BOT
- **Brake Unterweser**
 3 BRA
- **Brandenburg**
 3 BRB
- **Braunau am Inn**
 2 BR
- **Braunschweig**
 2 BS
- **Bregenz**
 1 B
- **Breisgau-Hochschwarz-wald**
 2 FR
- **Bremen**
 2 HB
- **Bruck an der Leitha**
 2 BL
- **Bruck an der Mur**
 2 BM
- **Bund**
 2 BD
- **Bundespost**
 2 BP
- **Bundeswehr**
 1 Y
- **Burg**
 2 JL
- **Burgenlandkreis**
 3 BLK
- **Büsingen am Hoch-rhein (Kreis Kon-stanz)**
 4 BUES
- **Calw**
 2 CW
- **Celle**
 2 CE
- **Cham**
 3 CHA
- **Chemnitz**
 1 C
- **Chemnitzer Land**
 2 GC
- **Cloppenburg**
 3 CLP
- **Coburg**
 2 CO
- **Cochem**
 3 COC
- **Cochem-Zell**
 3 COC
- **Coesfeld**
 3 COE
- **Coswig**
 3 AZE
- **Cottbus**
 2 CB
- **Cuxhaven**
 3 CUX
- **Dachau**
 3 DAH
- **Dahme-Spreewald**
 3 LDS
- **Darmstadt**
 2 DA
- **Daun**
 3 DAU
- **Deggendorf**
 3 DEG
- **Delitzsch**
 2 DZ
- **Delmenhorst**
 3 DEL
- **Demmin**
 2 DM
- **Dessau**
 2 DE
- **Detmold**
 3 LIP
- **Deutsche Bahn**
 2 DB
- **Deutschlandsberg**
 2 DL
- **Diepholz**
 2 DH
- **Dillingen a.d. Donau**
 3 DLG
- **Dingolfing**
 3 DGF
- **Dingolfing-Landau**
 3 DGF
- **Diplomatischen Korps (corps diplomatique)**
 2 CD
- **Dippoldiswalde**
 2 DW
- **Dithmarschen**
 3 HEI
- **Döbeln**
 2 DL
- **Donau-Ries**
 3 DON
- **Donauwörth**
 3 DON
- **Donnersbergkreis**
 3 KIB
- **Dornbirn**
 2 DO
- **Dortmund**
 2 DO
- **Dresden**
 2 DD
- **Duisburg**
 2 DU

K

- **Düren**
  2 DN
- **Düsseldorf**
  1 D
- **Ebersberg**
  3 EBE
- **Eberswalde**
  3 BAR
- **Eferding**
  2 EF
- **Eichsfeld (Heiligenstadt)**
  3 EIC
- **Eichstätt**
  2 EI
- **Eilenburg**
  2 EB
- **Eisenach**
  2 EA
- **Eisenberg**
  3 SHK
- **Eisenstadt**
  1 E
- **Eisenstadt-Umgebung**
  2 EU
- **Eisleben**
  2 ML
- **Elbe-Ester**
  2 EE
- **Emden**
  3 EMD
- **Emmendingen**
  2 EM
- **Emsland (Meppen)**
  2 EL
- **Ennepe-Ruhr-Kreis**
  2 EN
- **Enzkreis**
  2 PF
- **Erbach Odenwald**
  3 ERB
- **Erding**
  2 ED
- **Erftkreis**
  2 BM
- **Erfurt**
  2 EF
- **Erlangen**
  2 ER
- **Erlangen-Höchstadt (Erlangen)**
  3 ERH
- **Eschwege**
  3 ESW
- **Essen**
  1 E
- **Esslingen Neckar**
  2 ES
- **Euskirchen**
  2 EU
- **Eutin**
  2 OH
- **Fallingbostel**
  3 SFA
- **Feldbach**
  2 FB
- **Feldkirch**
  2 FK
- **Feldkirchen**
  2 FE
- **Flensburg**
  2 FL
- **Forchheim**
  2 FO
- **Forst**
  3 SPN
- **Frankenthal Pfalz**
  2 FT
- **Frankfurt/Main**
  1 F
- **Frankfurt/Oder**
  2 FF
- **Freiberg**
  2 FG
- **Freiburg (in CH)**
  2 FR
- **Freiburg/Breisgau**
  2 FR
- **Freising**
  2 FS
- **Freistadt**
  2 FR
- **Freudenstadt**
  3 FDS
- **Freyung**
  3 FRG
- **Freyung-Grafenau**
  3 FRG
- **Fribourg (Kanton)**
  2 FR
- **Friedberg Hessen**
  2 FB
- **Friedrichshafen**
  2 FN
- **Friesland**
  3 FRI
- **Fulda**
  2 FD
- **Fürstenfeld**
  2 FF
- **Fürstenfeldbruck**
  3 FFB
- **Fürth**
  3 FUE
- **Ganserndorf**
  2 GF
- **Garmisch-Partenkirchen**
  3 GAP
- **Gelsenkirchen**
  2 GE
- **Genf**
  2 GE
- **Gera**
  1 G
- **Germersheim**
  3 GER
- **Gießen**
  2 GI
- **Gifhorn**
  2 GF
- **Glarus**
  2 GL
- **Glauchau**
  2 GC
- **Gmünd**
  2 GD
- **Gmunden**
  2 GM
- **Göppingen**
  2 GP
- **Görtlitz**
  2 GR
- **Goslar**
  2 GS
- **Gotha**
  3 GTH
- **Göttingen**
  3 GOE
- **Grafschaft Bentheim**
  3 NOH
- **Graubünden**
  2 GR
- **Graz**
  1 G
- **Graz-Umgebung**
  2 GU
- **Greifswald**
  3 HGW
- **Greiz**
  3 GRZ
- **Grevesmühlen**
  3 NWM
- **Grieskirchen**
  2 GR

- **Grimma**
  3 MTL
- **Grimmen**
  3 NVP
- **Gröbming**
  2 GB
- **Großenhain**
  2 RG
- **Groß-Gerau**
  2 GG
- **Gummersbach**
  2 GM
- **Günzburg**
  2 GZ
- **Güssing**
  2 GS
- **Güstrow**
  3 GUE
- **Gütersloh**
  2 GT
- **Hagen**
  2 HA
- **Halberstadt**
  3 HBS
- **Haldensleben**
  2 OK
- **Halle**
  2 SK
  3 HAL
- **Hallein**
  2 HA
- **Hamburg**
  2 HH
- **Hamburg-Bergedorf**
  2 HH
- **Hamburg-Harburg**
  2 HH
- **Hameln**
  2 HM
- **Hameln-Pyrmont**
  2 HM
- **Hamm**
  3 HAM
- **Hanau**
  2 HU
- **Hannover**
  1 H
- **Hansestadt Bremen, Bremerhaven, Bremen-Nord, Bremen-Vegesack**
  2 HB
- **Hansestadt Greifswald**
  3 HGW
- **Hansestadt Hamburg**
  2 HH
- **Hansestadt Lübeck**
  2 HL
- **Hansestadt Rostock**
  3 HRO
- **Hansestadt Stralsund**
  3 HST
- **Hansestadt Wismar**
  3 HWI
- **Harburg**
  2 WL
- **Hartberg**
  2 HB
- **Haßberge**
  3 HAS
- **Haßfurt**
  3 HAS
- **Havelland**
  3 HVL
- **Heide/Holstein**
  3 HEI
- **Heidelberg**
  2 HD
- **Heidenheim Brenz**
  3 HDH
- **Heilbronn**
  2 HN
- **Heinsberg**
  2 HS
- **Helmstedt**
  2 HE
- **Heppenheim Bergstraße**
  2 HP
- **Herford**
  2 HF
- **Hermagor**
  2 HE
- **Herne**
  3 HER
- **Hersfeld-Rotenburg**
  3 HEF
- **Herzogtum Lauenburg**
  2 RZ
- **Hildburghausen**
  3 HBN
- **Hildesheim**
  2 HI
- **Hochsauerlandkreis**
  3 HSK
- **Hochtaunuskreis**
  2 HG
- **Hof**
  2 HO
- **Hofheim am Taunus**
  3 MTK
- **Hohenlohe-Kreis**
  4 KUEN
- **Hollabrunn**
  2 HL
- **Holzminden**
  3 HOL
- **Homberg**
  2 HR
- **Homburg Saar**
  3 HOM
- **Horn**
  2 HO
- **Höxter**
  2 HX
- **Hoyerswerda**
  2 HY
- **Husum**
  2 NF
- **Idar-Oberstein**
  3 BIR
- **Ilmenau**
  2 IL
- **Ilm-Kreis**
  2 IK
- **Imst**
  2 IM
- **Ingolstadt**
  2 IN
- **Innsbruck**
  1 I
- **Innsbruck-Land**
  2 IL
- **Itzehohe**
  2 IZ
- **Jena**
  1 J
- **Jennersdorf**
  2 JE
- **Jerichower Land**
  2 JL
- **Jever**
  3 FRI
- **Judenburg**
  2 JU
- **Jura**
  2 JU
- **Kaiserslautern**
  2 KL
- **Kamenz**
  2 KM
- **Karlsruhe**
  2 KA
- **Karlstadt**
  3 MSP

- **Kassel**
  2 KS
- **Kaufbeuren**
  2 KF
- **Kelheim**
  3 KEH
- **Kempten**
  2 KE
- **Kiel**
  2 KI
- **Kirchdorf an der Krems**
  2 KI
- **Kirchheimbolanden**
  3 KIB
- **Kirchlengern**
  2 HF
- **Kitzbühel**
  2 KB
- **Kitzingen**
  2 KT
- **Klagenfurt**
  1 K
- **Klagenfurt-Land**
  2 KL
- **Kleve**
  3 KLE
- **Knittelfeld**
  2 KF
- **Koblenz**
  2 KO
- **Köln**
  1 K
- **Königs Wusterhausen**
  3 LDS
- **Konstanz**
  2 KN
- **Konsularischen Vertretungen (corps consulaire)**
  2 CC
- **Korbach**
  2 KB
- **Korneuburg**
  2 KO
- **Köthen**
  4 KOET
- **Krefeld**
  2 KR
- **Krems (Bezirk)**
  2 KR
- **Krems an der Donau**
  2 KS
- **Kronach**
  2 KC
- **Kufstein**
  2 KU
- **Kulmbach**
  2 KU
- **Künzelsau**
  4 KUEN
- **Kusel**
  3 KUS
- **Kyffhäuserkreis**
  3 KYF
- **Lahn-Dill-Kreis**
  3 LDK
- **Lahnstein**
  3 EMS
- **Landau**
  4 SUEW
- **Landau Pfalz**
  2 LD
- **Landeck**
  2 LA
- **Landsberg a. Lech**
  2 LL
- **Landshut**
  2 LA
- **Lauenburg**
  2 RZ
- **Lauf a. d. Pegnitz**
  3 LAU
- **Lauterbach Hessen**
  2 VB
- **Leer (Ostfriesland)**
  3 LER
- **Leibnitz**
  2 LB
- **Leipzig**
  1 L
- **Leipzig Land**
  1 L
- **Leoben (Bezirk)**
  2 LN
- **Leoben (Stadt)**
  2 LE
- **Leverkusen**
  3 LEV
- **Lichtenfels**
  3 LIF
- **Lienz**
  2 LZ
- **Liezen**
  2 LI
- **Lilienfeld**
  2 LF
- **Limburg Lahn**
  2 LM
- **Limburg-Weilburg**
  2 LM
- **Lindau**
  2 LI
- **Linz**
  1 L
- **Linz-Land**
  2 LL
- **Lippe**
  3 LIP
- **Löbau-Zittau**
  2 ZI
- **Lörrach**
  3 LOE
- **Lübeck**
  2 HL
- **Lüchow**
  3 DAN
- **Lüchow-Dannenberg**
  3 DAN
- **Lüdenscheid**
  2 MK
- **Ludwigsburg**
  2 LB
- **Ludwigshafen Rhein**
  2 LU, RP
- **Ludwigslust**
  3 LWL
- **Lüneburg**
  2 LG
- **Luzern**
  2 LU
- **Magdeburg**
  2 MD
- **Main-Kinzig-Kreis**
  2 HU
- **Main-Spessart**
  3 MSP
- **Main-Tauber-Kreis**
  3 TBB
- **Main-Taunus-Kreis**
  3 MTK
- **Mainz**
  2 MZ
- **Mainz-Bingen**
  2 MZ
- **Mannheim**
  2 MA
- **Mansfelder Land**
  2 ML
- **Marburg Lahn**
  2 MR
- **Marburg-Biedenkopf**
  2 MR
- **Marienberg**
  3 MEK

- **Märkischer Kreis**
  2 MK
- **Märkisch-Oderland**
  3 MOL
- **Marktoberdorf**
  3 OAL
- **Marl**
  2 RE
- **Mattersburg**
  2 MA
- **Mayen-Koblenz, Koblenz**
  3 MYK
- **Mecklenburg-Strelitz**
  3 MST
- **Meiningen**
  2 SM
- **Meißen**
  3 MEI
- **Melk**
  2 ME
- **Memmingen**
  2 MM
- **Merseburg**
  2 MQ
- **Merseburg-Querfurt**
  2 MQ
- **Merzig Saar**
  3 MZG
- **Merzig-Wadern**
  3 MZG
- **Meschede**
  3 HSK
- **Mettmann**
  2 ME
- **Miesbach**
  2 MB
- **Miltenberg**
  3 MIL
- **Mindelheim**
  2 MN
- **Minden**
  2 MI
- **Minden-Lübbecke**
  2 MI
- **Mistelbach**
  2 MI
- **Mittlerer Erzgebirgs-kreis**
  3 MEK
- **Mittweida**
  2 MW
- **Mödling**
  2 MD
- **Mönchengladbach**
  2 MG
- **Montabaur**
  2 WW
- **Mosbach**
  3 MOS
- **Mühldorf a. Inn**
  3 MUE
- **Mühlhausen**
  2 UH
- **Muldentalkreis**
  3 MTL
- **Mülheim a. d. Ruhr**
  2 MH
- **München**
  1 M
- **Münster**
  2 MS
- **Murau**
  2 MU
- **Müritz**
  4 MUER
- **Mürzzuschlag**
  2 MZ
- **Naumburg**
  3 BLK
- **Neckar-Odenwald-Kreis**
  3 MOS
- **Neubrandenburg**
  2 NB
- **Neuburg/Donau**
  2 ND
- **Neuburg-Schrobenhausen**
  2 ND
- **Neuenburg**
  2 NE
- **Neumarkt/Opf.**
  2 NM
- **Neumünster**
  3 NMS
- **Neunkirchen (in A)**
  2 NK
- **Neuruppin**
  3 OPR
- **Neusiedl am See**
  2 ND
- **Neuss**
  2 NE
- **Neustadt Weinstraße**
  2 NW
- **Neustadt/Aisch**
  3 NEA
- **Neustadt/Aisch-Bad Windsheim**
  3 NEA
- **Neustadt/Waldnaab**
  3 NEW
- **Neustrelitz**
  3 MST
- **Neu-Ulm**
  2 NU
- **Neuwied Rhein**
  2 NR
- **Nidwalden**
  2 NW
- **Niederschlesischer Ober-lausitzkreis**
  3 NOL
- **Nienburg**
  2 NI
- **Niesky**
  3 NOL
- **Nordfriesland**
  2 NF
- **Nordhausen**
  3 NDH
- **Nordhorn**
  3 NOH
- **Nordvorpommern**
  3 NVP
- **Nordwestmecklenburg**
  3 NWM
- **Northeim**
  3 NOM
- **Nürnberg**
  1 N
- **Nürnberger Land**
  3 LAU
- **Oberallgäu**
  2 OA
- **Oberbergischer Kreis**
  2 GM
- **Oberböhmsdorf**
  3 SOK
- **Oberhausen**
  2 OB
- **Oberhavel**
  3 OHV
- **Oberpullendorf**
  2 OP
- **Oberspreewald-Lausitz**
  3 OSL
- **Oberwart**
  2 OW
- **Obwalden**
  2 OW
- **Odenwaldkreis**
  3 ERB
- **Oder-Spree**
  3 LOS
- **Offenbach/Main**
  2 OF

- **Offenburg**
  2 OG
- **Ohrekreis**
  2 OK
- **Oldenburg**
  2 OL
- **Oldesloe**
  2 OD
- **Olpe**
  2 OE
- **Oranienburg**
  3 OHV
- **Ortenaukreis**
  2 OG
- **Oschersleben**
  3 BOE
- **Osnabrück**
  2 OS
- **Ostalbkreis**
  2 AA
- **Ostallgäu**
  3 OAL
- **Osterholz**
  3 OHZ
- **Osterholz-Scharm-beck**
  3 OHZ
- **Osterode Harz**
  3 OHA
- **Ostholstein**
  2 OH
- **Ostprignitz-Ruppin**
  3 OPR
- **Ostvorpommern**
  3 OVP
- **Paderborn**
  2 PB
- **Parchim**
  3 PCH
- **Pasewalk**
  3 UER
- **Passau**
  2 PA
- **Peine**
  2 PE
- **Perg**
  2 PE
- **Perleberg**
  2 PR
- **Pfaffenhofen/Ilm**
  3 PAF
- **Pfarrkirchen**
  3 PAN
- **Pforzheim**
  2 PF
- **Pinneberg**
  2 PI
- **Pirmasens**
  2 PS
- **Pirna**
  3 PIR
- **Plauen**
  1 V
  2 PL
- **Plön Holstein**
  4 PLOE
- **Postdam-Mittelmark**
  2 PM
- **Potsdam**
  1 P
- **Prenzlau**
  2 UM
- **Prignitz**
  2 PR
- **Quedlinburg**
  3 QLB
- **Radkersburg**
  2 RA
- **Rastatt**
  2 RA
- **Rathenow**
  3 HVL
- **Ratzeburg**
  2 RZ
- **Ravensburg**
  2 RV
- **Recklinghausen**
  2 RE
- **Regen**
  3 REG
- **Regensburg**
  1 R
- **Remscheid**
  2 RS
- **Rems-Murr-Kreis**
  2 WN
- **Rendsburg**
  2 RD
- **Rendsburg-Eckern-förde**
  2 RD
- **Reutlingen**
  2 RT
- **Reutte**
  2 RE
- **Rheingau-Taunus-Kreis**
  4 RUED
- **Rhein-Hunsrück-Kreis**
  3 SIM
- **Rheinisch-Bergischer Kreis**
  2 GL
- **Rhein-Lahn-Kreis**
  3 EMS
- **Rhein-Neckar-Kreis**
  2 HD
- **Rhein-Sieg-Kreis**
  2 SU
- **Rhön-Grabfeld**
  3 NES
- **Ried im Innkreis**
  2 RI
- **Riesa-Großenhain**
  2 RG
- **Rohrbach im Mühlkreis**
  2 RO
- **Rosenheim**
  2 RO
- **Rostock**
  3 HRO
- **Rotenburg/Wümme**
  3 ROW
- **Roth**
  2 RH
- **Rottal-Inn**
  3 PAN
- **Rottweil**
  2 RW
- **Rügen**
  4 RUEG
- **Saale-Holzlandkreis**
  3 SHK
- **Saale-Orla-Kreis**
  3 SOK
- **Saalfeld**
  3 SLF
- **Saalfeld-Rudolstadt**
  3 SLF
- **Saalkreis**
  2 SK
- **Saarbrücken**
  2 SB
- **Saarlouis**
  3 SLS
- **Saarpfalz-Kreis**
  3 HOM
- **Sächsische Schweiz**
  3 PIR
- **Salzburg**
  1 S
- **Salzburg-Umgebung**
  2 SL
- **Salzgitter**
  2 SZ

- **Salzwedel**
  3 SAW
- **Sanftenberg**
  3 OSL
- **Sangerhausen**
  3 SGH
- **Sankt Gallen**
  2 SG
- **Sankt Ingbert**
  3 IGB
- **Sankt Johann im Pongau**
  2 JO
- **Sankt Wendel**
  3 WND
- **Schaffhausen**
  2 SH
- **Schärding**
  2 SD
- **Schaumburg**
  3 SHG
- **Scheibbs**
  2 SB
- **Schleswig**
  2 SL
- **Schleswig-Flensburg**
  2 SL
- **Schmalkalden-Meiningen**
  2 SM
- **Schönebeck**
  3 DBK, SBK
- **Schwabach**
  2 SC
- **Schwäbisch Hall**
  3 SHA
- **Schwalm-Eder-Kreis**
  2 HR
- **Schwandorf**
  3 SAD
- **Schwarzwald-Baar-Kreis**
  2 VS
- **Schwaz**
  2 SZ
- **Schwechat**
  2 SW
- **Schweinfurt**
  2 SW
- **Schwelm**
  2 EN
- **Schwerin**
  2 SN
- **Schwyz**
  2 SZ
- **Segeberg**
  2 SE
- **Siegburg**
  2 SU
- **Siegen**
  2 SI
- **Siegen-Wittgenstein**
  2 SI
- **Sigmaringen**
  3 SIG
- **Simmern**
  3 SIM
- **Soest**
  2 SO
- **Solingen**
  2 SG
- **Solothurn**
  2 SO
- **Soltau-Fallingbostel**
  3 SFA
- **Sömmerda**
  4 SOEM
- **Sondershausen**
  3 KYF
- **Sonneberg**
  3 SON
- **Sonthofen**
  2 OA
- **Speyer**
  2 SP
- **Spittal an der Drau**
  2 SP
- **Spree-Neiße**
  3 SPN
- **St. Pölten (Bezirk)**
  2 PL
- **St. Pölten (Stadt)**
  1 P
- **St. Veit an der Glan**
  2 SV
- **Stade**
  3 STD
- **Stadthagen**
  3 SHG
- **Starnberg**
  3 STA
- **Steinburg**
  2 IZ
- **Steinfurt**
  2 ST
- **Stendal**
  3 SDL
- **Steyr**
  2 SR
- **Steyr-Land**
  2 SE
- **Stollberg**
  3 STL
- **Stormarn**
  2 OD
- **Stralsund**
  3 HST
- **Straubing**
  2 SR
- **Straubing-Bogen**
  2 SR
- **Stuttgart**
  1 S
- **Südl. Weinstraße**
  4 SUEW
- **Suhl**
  3 SHL
- **Tamsweg**
  2 TA
- **Tauberbischofsheim**
  3 TBB
- **Teltow-Fläming**
  2 TF
- **Tessin**
  2 TI
- **Thurgau**
  2 TG
- **Tirschenreuth**
  3 TIR
- **Torgau**
  2 TO
- **Torgau-Oschatz**
  2 TO
- **Traunstein**
  2 TS
- **Trier**
  2 TR
- **Trier-Saarburg**
  2 TR
- **Tübingen**
  3 TUE
- **Tulln**
  2 TU
- **Tuttlingen**
  3 TUT
- **Uckermark**
  2 UM
- **Uecker-Randow**
  3 UER
- **Uelzen**
  2 UE
- **Uhrfahr-Umgebung**
  2 UU
- **Ulm Donau**
  2 UL

- **Unna**
  2 UN
- **Unstrut-Hainich**
  2 UH
- **Unterallgäu**
  2 MN
- **Uri**
  2 UR
- **Vechta**
  3 VEC
- **Verden**
  3 VER
- **Verden Aller**
  3 VER
- **Viersen**
  3 VIE
- **Villach**
  2 VI
- **Villach-Land**
  2 VL
- **Villingen-Schwenningen**
  2 VS
- **Vöcklabruck**
  2 VB
- **Vogelsbergkreis**
  2 VB
- **Vogtlandkreis**
  1 V
- **Voitsberg**
  2 VO
- **Völkermarkt**
  2 VK
- **Völklingen**
  2 VK
- **Waadt**
  2 VD
- **Waiblingen**
  2 WN
- **Waidhofen an der Ybbs**
  2 WY
- **Waldeck-Frankenberg**
  2 KB
- **Waldhofen an der Thaya**
  2 WT
- **Waldshut**
  2 WT
- **Waldshut-Tiengen**
  2 WT
- **Wallis**
  2 VS
- **Waren**
  4 MUER
- **Warendorf**
  3 WAF
- **Wartburgkreis**
  3 WAK
- **Weiden/OPf.**
  3 WEN
- **Weilheim i. OB**
  2 WM
- **Weilheim-Schongau**
  2 WM
- **Weimar**
  2 WE
- **Weimarer Land**
  2 AP
- **Weißenburg i. B.**
  3 WUG
- **Weißenburg-Gunzenhausen**
  3 WUG
- **Weißenfels**
  3 WSF
- **Weißeritzkreis**
  2 DW
- **Weiz**
  2 WZ
- **Wels**
  2 WE
- **Wels-Land**
  2 WL
- **Werdau**
  1 Z
- **Wernigerode**
  2 WR
- **Werra-Meißner-Kreis**
  3 ESW
- **Wesel**
  3 WES
- **Weser**
  2 NI
- **Wesermarsch**
  3 BRA
- **Westerstede**
  3 WST
- **Westerwald**
  2 AK, WW
- **Wetteraukreis**
  2 FB
- **Wetzlar**
  3 LDK
- **Wien**
  1 W
- **Wiener Neustadt (Bezirk)**
  2 WB
- **Wiener Neustadt (Stadt)**
  2 WN
- **Wien-Umgebung**
  2 WU
- **Wiesbaden**
  2 WI
- **Wildeshausen**
  2 OL
- **Wilhelmshaven**
  3 WHV
- **Winsen Luhe**
  2 WL
- **Wismar**
  3 HWI
- **Wittenberg**
  2 WB
- **Wittlich**
  3 WIL
- **Wittmund**
  3 WTM
- **Wolfenbüttel**
  2 WF
- **Wolfsberg**
  2 WO
- **Wolfsburg**
  3 WOB
- **Worms**
  2 WO
- **Wunsiedel i. Fichtelgebirge**
  3 WUN
- **Wuppertal**
  1 W
- **Würzburg**
  3 WUE
- **Zell am See**
  2 ZE
- **Zittau**
  2 ZI
- **Zollernalbkreis**
  2 BL
- **Zossen**
  2 TF
- **Zug**
  2 ZG
- **Zürich**
  2 ZH
- **Zweibrücken**
  2 ZW
- **Zwettl**
  2 ZT
- **Zwickau**
  1 Z
- **Zwickauer Land**
  1 Z

Kfz-Signale geben
5 hupen

Kfz-Versicherung
9 Vollkasko

K

Kick
5 Stoss, Tritt
Kicker
10 Fussballer
15 Fussballspieler
Kickstarter
8 Anlasser
Kidnapper
10 Entfuehrer
13 Kindesraeuber
16 Kindesentfuehrer
kiebig
4 keck
5 frech
6 dreist
Kiebitz
6 Kiwitt
9 Zuschauer
Kiefer
6 Foehre
Kieferkrampf
10 Maulsperre
Kiefernart
4 Arve
5 Pinie, Zirbe
6 Foehre, Zirbel
7 Latsche
9 Legfoehre
10 Bergkiefer
12 Aleppokiefer
13 Schwarzkiefer
Kiefernbaum
8 Zypresse
Kiefernharz
9 Terpentin
Kiefernholzspan
4 Kien
Kiefernzapfen
9 Kienapfel
Kielflügel
7 Cembalo
Kielraum des Schiffes
5 Bilge
Kielwasser
3 Sog
4 Spur
Kies
4 Geld
7 Geroell
Kieselalge
8 Diatomee
Kieswüste
5 Serir
Kilometerstein
9 Markstein
11 Meilenstein
15 Verkehrszeichen
Kilt
12 Schottenrock
Kimm
8 Horizont, Sehkreis
Kimme
5 Kerbe
10 Einschnitt
Kimonogürtel
3 Obi
Kind
3 Boy, Bub
4 Baby, Girl
5 Junge, Knabe
8 Maedchen, Tragling
9 Saeugling
11 Sproessling
Kind ...
· *des* **Agamemnon**
7 Elektra, Orestes
9 Iphigenie
· *in* **der Jugendsprache**
3 Kid
Kinder
6 Blagen, Rangen
9 Trabanten
Kinder fressendes Nachtweib
5 Lamia
Kinderbett
5 Wiege
14 Gitterbettchen
Kinderei
5 Unfug
6 Unsinn
10 Albernheit
Kinderfahrzeug
6 Roller
7 Dreirad, Kettcar
10 Dreiradler, Tretroller
11 Seifenkiste
Kinderfrau
4 Amme
5 Bonne, Nurse
10 Babysitter, Erzieherin
11 Gouvernante
Kindergarten
4 Hort
6 Krippe
12 Krabbelstube
Kinderhandpuppe
7 Kasperl
Kinderheilkunde
10 Paediatrie
Kinderkartenspiel
14 Schwarzerpeter
Kinderkrankheit
5 Krupp, Mumps, Polio
6 Masern
7 Roeteln
8 Rachitis
9 Scharlach
10 Diphtherie, Windpocken
11 Keuchhusten, Ziegenpeter
14 Kinderlaehmung
Kinderlähmung
5 Polio
13 Poliomyelitis
kinderleicht
8 muehelos
Kinderlesestoff
10 Bilderbuch
Kindermädchen ▶ Kinderfrau
Kindermundtuch
4 Latz
9 Laetzchen, Serviette
Kinderpflegerin ▶ Kinderfrau
Kinderroller
10 Trottinett
Kindersicherung an Ein- und Ausgängen
16 Tuerschutzgitter
Kinderspaß zu Ostern
10 Eiersuchen
Kinderspeise
3 Mus
4 Brei
Kinderspiel
6 Fangen, Hoppen
7 Diabolo, Haschen, Kriegen
10 Verstecken
12 Kippel-Kappel, Seilspringen
17 Versteckenspielen
Kinderspielecke
10 Sandkasten
Kinderspielzeug
4 Ball, Lego, Tute
5 Puppe, Teddy
6 Roller
7 Dreirad, Kreisel
8 Katapult, Schaukel
9 Baukasten, Stofftier, Teddybaer
10 Sandkasten

11 Puppenstube, Puppenwagen
13 Schaukelpferd
16 Stehaufmaennchen
Kindertagesstätte
4 Hort
Kindertanz
12 Ringelreihen
Kindertrompete
4 Tute
Kindervergnügen ► Kinderspiel
Kinderzimmermöbel
11 Wickeltisch
Kindesannahme
8 Adoption
Kindesentführer
9 Kidnapper
Kindeskind
5 Enkel
7 Enkelin
Kindesraub
10 Kidnapping
Kindesräuber
9 Kidnapper
kindisch
6 albern, simpel
8 infantil
9 laeppisch
10 einfaeltig
kindisches Getue
7 Alberei
kindlich
4 naiv
Kindslage
5 Situs
7 Positio
8 Querlage
Kino
11 Filmtheater
17 Lichtspieltheater
Kinodarsteller
16 Filmschauspieler
Kinooperateur
10 Vorfuehrer
14 Filmvorfuehrer
Kinostück
4 Film
7 Tonfilm
8 Farbfilm, Streifen
9 Spielfilm, Stummfilm
Kipf
9 Hoernchen
Kipferl
9 Hoernchen
Kippwagen
4 Lore
Kirche
9 Sakralbau
Kirchenältester
9 Presbyter
Kirchenanbau
9 Sakristei
Kirchenausschluss
4 Bann
15 Exkommunikation
Kirchenbann
7 Anathem
Kirchenbauwerk
3 Dom
6 Pagode, Tempel
7 Bethaus, Dschami, Kapelle, Moschee
8 Basilika, Muenster, Synagoge
10 Gotteshaus, Kathedrale
Kirchendiener
6 Mesner
7 Kuester, Messner, Sigrist
9 Gloeckner
Kirchenerneuerung
11 Reformation
Kirchenfürst
7 Bischof
8 Kardinal
Kirchengalerie
6 Empore
Kirchengemeinde
6 Pfarre
7 Pfarrei
8 Sprengel
11 Pfarrbezirk
Kirchengemeinschaft
8 Oekumene
Kirchengesang
6 Choral
Kirchengesetz
5 Kanon
Kircheninstrument
5 Orgel
Kirchenlehre
5 Dogma
Kirchenlied
5 Credo, Kyrie
6 Choral, Gloria, Tedeum
9 Halleluja
Kirchenmann
11 Geistlicher
Kirchenmusiker
3 Ett
6 Kantor
8 Organist
Kirchenmusikerin
10 Organistin
Kirchenmusikinstrument
5 Orgel
Kirchenpräsident
7 Praeses
Kirchenprovinz
8 Dioezese
Kirchenraub
8 Sakrileg
11 Sakrilegium
Kirchenrede
7 Predigt
Kirchensonntag
5 Okuli
6 Exaudi, Judika, Rogate
7 Kantate, Laetare
8 Estomihi, Jubilate, Palmarum
9 Invokavit
10 Trinitatis
11 Palmsonntag, Reminiszere, Sexagesimae
13 Septuagesimae
Kirchenspaltung
7 Schisma
Kirchenspiel
7 Pfarrei
Kirchenstaat
7 Vatikan
Kirchenstrafe
4 Bann
Kirchenversammlung
6 Konzil, Synode
Kirchenvorstand
12 Presbyterium
Kirchenvorsteher
5 Dekan
7 Dechant
Kirchhof
8 Friedhof
10 Totenacker
11 Gottesacker
kirchlich
6 sakral
8 klerikal
kirchlich(e, er, es) ...
· **Bauwerk**
3 Dom
6 Kirche, Tempel
7 Kapelle
8 Muenster
10 Kathedrale

K

· **Bezirk**
6 Bistum
8 Dioezese
· **Bittgesang**
7 Litanei
· **Brauchtum**
6 Ritual
· **Dokument**
10 Taufschein, Trauschein
· **Einkommen**
8 Kommende, Pfruende
· **Feier**
12 Gottesdienst
· **Feiertag**
6 Ostern
9 Pfingsten
10 Epiphanias, Karfreitag
11 Allerseelen, Himmelfahrt, Weihnachten
12 Fronleichnam
13 Allerheiligen, Erntedank-fest
16 Reformationsfest
· **Fest**
5 Agape
· **Gesang**
5 Kyrie
7 Eleison
9 Kyrieleis
12 Kyrieeleison
· **Gnadenmittel**
9 Sakrament
· **Handlung**
5 Gebet, Messe, Ritus, Segen, Taufe, Weihe
6 Ablass
7 Andacht, Beichte, Fir-mung, Hochamt, Predigt, Requiem, Segnung, Trauung
8 Totenamt
9 Abendmahl, Kommunion, Sakrament
10 Einsegnung, Prozession, Totenmesse
11 Eucharistie, Vermaeh-lung
12 Konfirmation
13 Priesterweihe
· **Kunstwerk**
9 Altarbild
· **Lobgesang**
6 Tedeum
· **Pfründe**
10 Benefizium
· **Umzug**
10 Prozession
· **Würdenträger**
6 Probst
7 Bischof, Praelat

Kirchturm ...
· *in* **Italien**
9 Campanile, Kampanile

Kirchweih
4 Kerb
5 Kilbi
6 Kirmes
9 Jahrmarkt

Kirgisendorf
3 Aul

Kirgisenhütte
5 Jurte

Kirmes
4 Kerb
9 Jahrmarkt, Kirchweih

Kirmesbude
12 Lachkabinett

Kirmesfahrzeug
9 Karussell, Riesenrad
10 Achterbahn
11 Geisterbahn

KirschCremeKuchen-schnitte
10 Donauwelle

Kirschenart
7 Morelle
8 Amarelle, Weichsel
12 Sauerkirsche
15 Schattenmorelle

Kirschlikör
6 Cherry
10 Maraschino

kirschrot
6 cerise

Kirschwasser
7 Obstler, Schnaps

Kismet
5 Fatum
9 Schicksal

Kissen
7 Polster

Kissenbezugsstoff
6 Inlett

Kissenfüllung
6 Daunen
11 Flaumfedern

Kissenhülle
5 Bezug

Kiste
6 Kasten

Kitsch
4 Tand
6 Schund

Kittchen
3 Bau
5 Knast
10 Gefaengnis
12 Strafanstalt
15 Vollzugsanstalt

kitten
6 kleben, leimen

Kitzbühler Alpenpass
5 Thurn

Kitzel
4 Reiz

Kitzler
8 Clitoris, Klitoris

kitzlig
6 heikel
9 schwierig

Kladde
4 Heft
7 Diarium
8 Tagebuch
14 Geschaeftsbuch

kläffen
6 bellen

Klage
6 Jammer
7 Lamento, Querele, Seufzer
10 Beschwerde

klageführende Person
9 Klaegerin

Klagegedicht
6 Elegie

Klagegeschrei
7 Lamento

Klagelaut
6 Geheul
7 Seufzer, Wehlaut
10 Schluchzer

Klagelied
6 Elegie
7 Lamento
9 Jeremiade

Klageliederdichter
8 Elegiker

klagende Töne
8 Gejammer

Klageruf ► Klagelaut

kläglich
5 elend
9 miserabel
10 lamentabel
11 erbaermlich, jaemmerlich

Klamauk
2 Uz
3 Fez, Ulk
5 Spass
6 Scherz, Unsinn
10 Albernheit
Klammer
5 Klipp
Klammeraffe
9 Breitnase, Kapuziner
Klamotten
6 Lumpen
Klampfe
7 Gitarre
9 Zupfgeige
10 Bauklammer
Klang
3 Ruf, Ton
4 Echo, Hall, Laut, Name
5 Musik
6 Akkord, Gesang, Schall
8 Nachhall
Klangfarbe
6 Timbre
7 Tonfall
Klangfülle
5 Sound
Klanggestaltungslehre
8 Harmonik
Klangkörper
9 Orchester
Klangkörper mit Klöppel
6 Glocke
klanglich
9 akustisch
klanglos
6 heiser
Klangnachahmung
11 Lautmalerei
Klangschönheit
7 Eufonie
8 Euphonie, Harmonie
klangvoll
5 sonor
9 eufonisch
10 euphonisch, harmonisch
11 volltoenend
12 wohlklingend
Klangwirkung
7 Akustik
Klangwirkung beim Jazz
5 Sound
Klappe
4 Bett
6 Deckel
Klapper
6 Rassel
7 Ratsche
11 Kastagnette
Klappergerät
7 Ratsche
18 Karfreitagsratsche
klappern
7 rasseln, rattern
klapprig
3 alt
10 hinfaellig
klappriges Pferd
7 Klepper
Klaps
6 Schlag
klar
4 fein, hell, rein
6 gewiss, lauter, sauber, sicher
7 praezis
9 eindeutig, wolkenlos
11 startbereit, startfertig, transparent
12 durchsichtig, einleuchtend
klar(e, er, es) ...
· **Branntweinsorte**
10 Doppelkorn
· **Flüssigkeit**
6 Wasser
· **Rinderbrühe**
15 Fleischbouillon
· **Schnaps**
4 Korn
· **Wahl**
12 Entscheidung
Klarer
7 Schnaps
Klärung
10 Aufloesung
Klasse
4 Rang
5 Kaste, Stand, Stufe
6 Gruppe, Rubrik
7 Gattung, Schicht
9 Abteilung, Kategorie
Klassenbester
15 Vorzugsschueler
Klassenbezeichnung ...
· *im* **Gymnasium**
5 Prima, Sexta
6 Quarta, Quinta, Tertia
7 Sekunda
Klassenerster
6 Primus
Klassenfahrt
11 Maturareise
Klassenprüfung
11 Schularbeit
Klassifikation
10 Einteilung, Gliederung
11 Gruppierung
klassische Ergänzung zum Matjes
13 Pellkartoffel
klassisches ...
· **Anzugmuster**
13 Nadelstreifen
· **Fleischgericht** (2 Wörter)
15 Wienerschnitzel
Klatsch
4 Fama
6 Gerede
7 Geraune, Rederei, Tratsch
8 Geruecht, Nachrede
10 Geschwaetz
11 Hoerensagen, Verleumdung
Klatschbase
11 Laestermaul
Klaue
5 Pfote, Tatze
6 Kralle, Pranke
11 Handschrift
Klause
5 Zelle
9 Eremitage
11 Einsiedelei
Klausner
6 Eremit
10 Einsiedler
Klaviatur
8 Tastatur
Klavier
5 Piano
7 Celesta, Fluegel, Pianino, Spinett
10 Fortepiano, Pianoforte
11 Kielfluegel, Klavizimbel
Klavierjazz (Kurzwort)
3 Rag
Klavierspieler
7 Pianist
Klavierstück träumerischen Inhalts
8 Notturno

Klebeetikett
5 Label
Klebemittel ▶ Befestigungsmittel
klebendes Verbandsmaterial
8 Pflaster
Klebereiweiß
7 Aleuron
klebrig
4 zaeh
6 pappig, viskos
klebrige Flüssigkeit
7 Schleim
Klebstoff ▶ Befestigungsmittel
Klebstoff zum Insektenfang
11 Fliegenleim
Klecks
5 Fleck
8 Spritzer
Kleid
4 Robe
6 Gewand
7 Kostuem
Kleid ...
· *der* **Vögel**
6 Federn
8 Gefieder
Kleidausschnitt
9 Décolleté, Dekolleté
10 Dekolletee
Kleiderablage
9 Garderobe
Kleideraufhänger
5 Haken
6 Buegel
9 Garderobe
Kleideraufschlag
6 Revers
Kleiderbesatz
5 Borte, Litze
6 Braeme, Spitze, Tresse, Volant
7 Ruesche
Kleiderform
7 Schnitt
Kleidergestell
8 Staender
Kleidergewebe
5 Stoff
Kleiderhaken
6 Buegel
Kleidermode
4 Maxi, Midi, Mini
Kleidernaht
8 Abnaeher
Kleiderpracht
4 Gala, Putz
Kleiderpräsentation
10 Modenschau
Kleiderrand
4 Saum
Kleidersaum
6 Umnaht
Kleiderschädling
5 Motte
Kleiderschließe
5 Knopf
15 Reissverschluss
Kleiderschnitt
4 Mode
5 Façon
6 Fasson
Kleiderschutz ...
· *beim* **Gärtnern**
14 Gartenschuerze
· *zum* **Vorbinden**
15 Traegerschuerze
Kleidersitte
4 Mode
Kleiderstoff
4 Samt, Taft, Tuch
5 Satin, Seide, Tweed
6 Cloqué
Kleiderteil
4 Hose, Rock
5 Bluse, Jacke, Kleid, Weste
6 Tasche
Kleiderumschlag
4 Saum
Kleiderverschluss
5 Haken, Knopf
7 Guertel
8 Schnalle
9 Knopfloch
15 Reissverschluss
Kleiderverzierung
7 Ruesche
Kleidung
5 Habit, Kluft
6 Gewand, Outfit
9 Garderobe
Kleidung ...
· *in* **der warmen Jahreszeit**
10 Sommermode
· *aus* **Maschenware**
10 Strickmode
· **öffnen oder schließen**
8 knoepfen
· **säubern**
10 abbuersten
Kleidungsausstatter bei Film und TV
14 Kostuembildner
kleidungslos
5 nackt
Kleidungsstück
2 BH
3 Cut, Hut
4 Cape, Gurt, Hemd, Hose, Kilt, Muff, Pelz, Robe, Rock, Slip, Tuch, Wams
5 Anzug, Bluse, Dress, Frack, Gilet, Haube, Jacke, Joppe, Jupon, Kappe, Kleid, Kutte, Pulli, Pumps, Sakko, Schal, Schuh, Socke, Stola, Weste
6 Anorak, Barett, Bikini, Binder, Bolero, Fliege, Gewand, Janker, Jumper, Kaeppi, Kapuze, Kasack, Kimono, Kittel, Kragen, Livree, Mantel, Melone, Muetze, Schurz, Socken, Stulpe, Tracht, Tresse, Turban, Ulster, Umhang
7 Gehrock, Guertel, Jackett, Kapotte, Komplet, Kostuem, Overall, Sandale, Schlips, Skihemd, Smoking, Soutane, Spenzer, Stiefel, Strumpf, Stutzen, Sweater, Taghemd, Tschako, Uniform, Vorhemd
8 Badehose, Galosche, Gamasche, Halstuch, Keilhose, Kniehose, Kopftuch, Krawatte, Oberhemd, Pelerine, Polohemd, Pullover, Pumphose, Reifrock, Reithose, Sacktuch, Schihemd, Schleier, Schuerze, Strohhut, Turnhose, Zierrock
9 Badeanzug, Ballkleid, Halbschuh, Handschuh, Hausanzug, Hausjacke, Hausschuh, Hemdbluse, Hosenrock, Kaeppchen, Panamahut, Pantoffel,

Pelzjacke, Pelzschuh, Regenhaut, Soeckchen, Sporthemd, Sporthose, Turnschuh, Ueberwurf, Unterhemd, Unterhose, Unterrock, Windjacke, Wollsocke
10 Bademantel, Chemisette, Faltenrock, Hausmuetze, Lederjacke, Lodenanzug, Morgenrock, Pelzmantel, Pelzmuetze, Pluderhose, Sakkoanzug, Sandalette, Sportanzug, Sportschuh, Suedwester, Trenchcoat, Wollmuetze
11 Knabenanzug, Kniestrumpf, Kombination, Ledermantel, Lodenmantel, Plisseerock, Pudelmuetze, Regenmantel, Regenumhang, Reisemantel, Staubmantel, Strickjacke
13 Buestenhalter

Kleidungsstück ...
· *für* **Babys**
16 Strampelhoeschen
· *für* **Damen**
15 Bolerojaeckchen
· *der* **Inderin**
4 Sari
· *in* **Japan**
6 Kimono
· *für* **Säuglinge**
12 Babyhemdchen
· *für* **Schwangere**
13 Umstandskleid

Kleidungstendenz
9 Modetrend

Kleidungsweise
4 Stil
6 Tracht

klein
5 luett
6 gering, winzig
8 niedlich, zierlich
10 bescheiden
11 unbedeutend
12 geringfuegig

klein kariertes Gewebe
6 Pepita

klein(e, er, es) ...
· **Abhandlung**
5 Essay
· **Abteilung**
5 Trupp
6 Gruppe
· **amerikanische Münze**
4 Cent
· **Anhöhe**
6 Huegel
· **Ansiedlung**
3 Ort
4 Dorf
6 Weiler
7 Flecken
· **Apfelsine**
7 Satsuma
9 Mandarine
10 Klementine
· **Ast**
5 Zweig
· **Aufklärungsschiff**
5 Aviso
· **Axt**
4 Beil
· **Bach**
7 Rinnsal
· **Bauernhaus**
4 Kate
· **Behälter**
4 Dose, Etui
· **Beiboot**
5 Dingi
· **Beitrag**
6 Obolus
10 Scherflein
· **belegte Brotscheibe**
11 Schnittchen
· **Berg**
6 Huegel
· **Betrüger**
5 Filou
6 Mogler
· **Beule**
5 Delle
· **Bild**
8 Miniatur
· **Blutgefäß**
9 Kapillare
· **Bohrer**
5 Fritt
· **Brotstücke**
6 Krumen
· **Brücke**
4 Steg
· **Buchstabe**
8 Minuskel
· **Bucht**
4 Anse
· **Burg**
7 Kastell
· **chirurgisches Messer**
8 Skalpell
· **Dachfenster**
3 Luk
4 Luke
· **Decke**
12 Tischlaeufer
· **Deckelbehälter**
4 Dose
· **Deichschleuse**
4 Siel
· **deutsches Bundesland**
8 Saarland
· **dicklicher Mensch**
6 Moppel
· **Dolch**
7 Stilett
· **Eingangstür**
6 Pforte
· **Eiterbläschen**
6 Pustel
· **Engelsfigur**
5 Putte
· **Erbgutträger**
2 Id
· **Erdgeist**
4 Gnom
5 Zwerg
· **Eule**
4 Kauz
· **Fahne**
6 Wimpel
7 Stander
· **Fahrzeugschaden**
5 Panne
· **Falke**
4 Weih
· **Fass**
5 Tonne
· **Federdeckbett**
7 Plumeau
· **Feier**
5 Party
· **Feingebäck**
4 Keks
· **Feldbahnwagen**
4 Lore
· **Feldhuhn**
7 Wachtel
· **Felsstück**
5 Stein

K

- **Fenster**
  4 Luke
- **Fest**
  4 Fete
- **Feuererscheinung**
  5 Funke
- **Filmstar**
  7 Starlet
- **Fließwasser**
  4 Bach
- **Fluss**
  4 Ache, Bach
- **Fluss in Baden**
  3 Oos
- **französische Kneipe**
  6 Bistro
- **Furche**
  5 Rille
- **Futterbehälter**
  4 Napf
- **Garnspule**
  9 Roellchen
- **Gartenhaus**
  5 Laube
- **Gebäude im Freien**
  5 Laube
  10 Gartenhaus
- **Gebietskörperschaften**
  9 Gemeinden
- **Gefährt**
  5 Karre
- **Gefäß für Salz**
  7 Streuer
- **Gefecht**
  12 Scharmuetzel
- **Geldspende**
  7 Almosen
  10 Scherflein
- **Gemeinde**
  6 Weiler
- **Geschenk**
  8 Praesent
- **Gewässer**
  4 Bach
  5 Teich
  6 Weiher
  7 Tuempel
  9 Dorfteich
- **Gewichtseinheit**
  4 Gran, Unze
  5 Gramm
  10 Milligramm
- **Glaubensgemeinschaft**
  5 Sekte
- **Grünanlage für Gemüse**
  10 Nutzgarten
- **Haarringel**
  9 Loeckchen
- **Handtasche ohne Henkel**
  6 Clutch
- **Handziehwagen**
  5 Karre
  6 Karren
- **Haus**
  4 Kate
- **Heringsart**
  7 Sprotte
- **Heringsfisch**
  7 Sardine, Sprotte
  8 Anchovis, Sardelle
- **Heuschrecke**
  6 Grille
- **Hindernis im Garten**
  13 Schneckenzaun
- **Hirschart**
  3 Reh
- **Hocker**
  7 Schemel
- **Höhle**
  6 Grotte
- **Holzquader**
  8 Bauklotz
- **Hütte**
  4 Bude, Kate
- **Imbiss**
  5 Snack
  13 Appetithappen
- **Insel**
  6 Eiland
- **Insel bei Greifswald**
  3 Oie
- **Insel im Wattenmeer**
  6 Hallig
- **Jazzorchester**
  5 Combo
- **Junge**
  4 Bubi
  5 Pimpf
- **Kahn**
  6 Nachen
- **Kammer**
  9 Stuebchen
- **Kanal**
  5 Fleet
  6 Gracht
- **Karpfenfisch**
  6 Ukelei
  7 Elritze
  10 Bitterling
- **Kehrgerät**
  9 Handbesen
- **Kellerkrebs**
  5 Assel
- **Kerbtier**
  6 Kaefer
- **Kerl**
  5 Pimpf, Wicht
  6 Knirps
  7 Steppke
- **Kind**
  4 Baby
  9 Saeugling
- **Kirche**
  7 Kapelle
- **Klavier**
  7 Pianino
- **Kneipe**
  5 Pinte
- **Krabbe, Schalentier**
  6 Shrimp
- **Kraftrad**
  5 Moped
- **Krebse** (italienisch)
  6 Scampi
  7 Skampis
- **kroatische Insel**
  3 Rab
- **Krume**
  7 Kruemel
- **Küstenschiff**
  4 Ewer
- **Ladenkaufmann**
  7 Kraemer
- **Laster**
  5 Unart
- **Mähgerät**
  6 Sichel
- **Mahlzeit**
  5 Snack
  6 Imbiss
- **Märchenfigur**
  5 Zwerg
- **Marderart**
  5 Iltis
- **Meereskrebs**
  6 Krabbe
- **Meereskrebse, pikant angerichtet**
  12 Krabbensalat
- **Menge**
  4 Spur
  5 Dosis

- **Mensch**
  4 Kind
- **Merkbuch**
  9 Notizheft
- **Modeladen**
  8 Boutique
- **Mörser**
  7 Boeller
- **Motorboot**
  8 Barkasse
- **Motorrad**
  6 Mokick
- **Mücke**
  5 Gelse
- **Musikerbesetzung**
  3 Duo
  4 Trio
  5 Combo
- **Musikstück**
  8 Sonatine
- **Nadelholzpflanze**
  13 Zwergkonifere
- **Nagel**
  5 Stift
- **Nagetier**
  4 Maus
  5 Ratte
  7 Hamster
  8 Feldmaus
- **Operationsmesser**
  8 Lanzette
- **Orchester**
  7 Kapelle
- **Papageienvogel**
  7 Sittich
- **Pferderasse**
  4 Pony
- **Planeten**
  11 Planetoiden
- **Platzdecke**
  3 Set
- **Prophet**
  5 Hosea
- **Quantum**
  5 Prise
- **Rassehund**
  4 Mops
- **Raubtier**
  5 Iltis
  6 Marder
- **Raum**
  4 Koje
  5 Zelle
- **Rechnung**
  4 Nota
- **Rille**
  6 Furche
- **Robbe**
  6 Heuler
- **Rosine**
  8 Korinthe
- **Sack**
  6 Beutel
- **Schallplatte**
  6 Single
- **Schar**
  5 Trupp
  6 Truppe
- **Schellentrommel**
  8 Tamburin
- **Schiff**
  4 Boot, Naue
- **Schlafgelegenheit**
  10 Kinderbett
- **Schmuckfältchen**
  4 Smok
- **Schnellimbiss**
  5 Snack
- **Schramme**
  4 Ritz
- **Schrank mit Aufsatz**
  7 Vertiko
- **Schwindel**
  7 Mogelei
- **Segelschiff**
  9 Einmaster
- **Sense**
  6 Sichel
- **Set**
  11 Untersetzer
- **Skulptur**
  9 Statuette
- **Sofa**
  10 Zweisitzer
- **Spaziergang**
  6 Bummel
- **Specht**
  9 Wendehals
- **Speisekrebs**
  7 Garnele
- **Spielkugel**
  6 Murmel
- **Spinnentier**
  5 Milbe
- **Spinnentiere**
  6 Milben
- **Sportrennwagen**
  6 Gokart
- **Sportsegelboot**
  5 Dingi
- **sprachliche Einheit**
  6 Phonem
- **Sprung**
  7 Huepfer
- **Standbild**
  9 Statuette
- **stehende Gewässer**
  6 Teiche
  7 Tuempel
- **Stein**
  6 Kiesel
- **Straftat**
  8 Vergehen
- **Straße**
  5 Gasse
- **Strauchfrucht**
  5 Beere
- **Stuhl ohne Lehne**
  6 Hocker
  8 Taburett
- **Sundainsel**
  4 Bali
  5 Solor, Timor, Wetar
  6 Flores
- **Tanzlokal**
  3 Bar
- **Teich**
  6 Weiher
  7 Tuempel
- **Teig-, Fleischkugel**
  10 Kloesschen
- **Teigstück**
  7 Nockerl
- **Teil der Materie**
  4 Atom
  5 Quark
  8 Molekuel
  17 Elementarteilchen
- **Teppich**
  5 Matte
  7 Bruecke
- **Testtrinkmenge**
  12 Probeschluck
- **Trommel**
  5 Bongo
- **Tropenvogel**
  7 Kolibri
- **Trupp**
  5 Schar
- **Verkaufshaus**
  5 Kiosk
- **Verletzung**
  4 Riss

- **Verrücktheit**
  4 Tick
- **Vertiefung**
  5 Delle
- **Vielzahl von Menschen**
  6 Gruppe
- **vorlautes Mädchen**
  4 Goer
  5 Goere
- **Wald**
  3 Hag
  4 Hain
- **Walze**
  5 Rolle
- **Wanderung**
  4 Tour
- **Wandtresor**
  4 Safe
- **Warenrechnung**
  4 Nota
- **Warenschild**
  7 Etikett
- **Wasserfahrzeug**
  4 Boot, Kahn, Kanu
  5 Dingi
  6 Nachen
  10 Paddelboot
- **Wasserlauf**
  4 Bach
  7 Rinnsal
- **Wattenmeerinsel**
  6 Hallig
- **Weißbrot**
  6 Semmel
- **Wesen**
  5 Zwerg
- **Wohngebäude**
  15 Einfamilienhaus
- **Zahnrad**
  6 Ritzel
- **Zeiteinheit**
  7 Sekunde
- **Zeitspanne**
  2 Nu
  5 Weile
  6 Moment
  10 Augenblick
- **Zeitungsaufsatz**
  7 Artikel
- **Ziergegenstände**
  6 Nippes
  10 Nippsachen
- **Zigarre**
  9 Zigarillo
- **Zweig**
  4 Reis
- **Zweige**
  6 Reiser
- **Zwiebel**
  9 Schalotte

Kleinasiat
6 Tuerke

Kleinasiatin
7 Tuerkin

kleinasiatisch(e, er, es) ...
- **Gebetsteppich**
  5 Melas
- **Küstenlandschaft**
  6 Ionien
- **Stadt**
  5 Milet
  7 Ephesus

Kleinbär
5 Koati, Panda
6 Schupp
9 Kakamizli, Nasenbaer, Waschbaer
11 Katzenfrett

Kleinbauernhaus
4 Kate

Kleinbild
8 Miniatur

Kleinbuchstabe
8 Minuskel

kleinbürgerlich
8 spiessig
9 engherzig
10 engstirnig
11 philistroes
13 philisterhaft

Kleincomputer
14 Taschenrechner

Kleindarsteller
7 Statist
8 Komparse

kleinere ...
- **Grasfläche im Dorf**
  5 Anger
- **Schauspieleraufgabe**
  10 Nebenrolle
- **Stücke abbeißen**
  5 nagen

kleineres Musikstück
8 Sonatine

Kleinformat bei Büchern
6 Duodez

kleinformatige Klassikerausgabe
6 Aldine

Kleinfrucht, Zimmerpflanze
14 Zwergapfelsine

Kleingarten
14 Schrebergarten

Kleingartenanlage
13 Laubenkolonie

Kleingärtner
12 Laubenpieper
16 Schrebergaertner

Kleingebäck
4 Keks
6 Waffel
7 Biskuit, Cracker
9 Anisbogen

Kleingeld
7 Muenzen

Kleinhändler
7 Kraemer

Kleinhäusler
9 Keuschler

Kleinholz
5 Bruch
9 Brennholz

Kleinigkeit
4 Deut, Fitz, Idee, Spur
5 Hauch
6 Bissen, Happen, Imbiss
8 Bisschen, Lappalie
9 Bagatelle

Kleinigkeiten
8 Minuzien
10 Petitessen
11 Quisquilien

Kleinigkeitskrämer
6 Pedant
11 Haarspalter

kleinkariert
8 borniert
10 engstirnig, pedantisch

Kleinkind
4 Baby
9 Saeugling

Kleinkind-Beinbekleidung
12 Babyhoeschen

Kleinkindbetreuer
10 Babysitter

Kleinkindmessgerät
9 Babywaage

kleinkörnig
4 fein

Kleinkraftrad
4 Mofa

K

5 Moped
6 Mokick

Kleinkram
7 Plunder
8 Lappalie

Kleinkunstbühne
6 Brettl
7 Varieté
8 Kabarett, Varietee

kleinlaut
5 scheu
8 verlegen
9 bedrueckt, verstimmt
14 zurueckhaltend

kleinlich
7 penibel
8 pingelig, pinselig, spiessig
9 engherzig
10 banausisch, pedantisch
12 kleinkariert

kleinlich(e, er, es) ...
· **Auslegung**
8 Deutelei, Deuterei
· **Beamter**
9 Buerokrat
· **Mensch**
6 Pedant
· **Tadel**
9 Noergelei

Kleinmalerei
8 Miniatur

Kleinod
5 Bijou, Juwel
6 Schatz
7 Schmuck
8 Pretiose, Preziose
9 Edelstein

Kleinodien
7 Juwelen
9 Pretiosen, Preziosen
10 Edelsteine

Kleinpapagei
7 Sittich

Kleinschmetterling
5 Motte

kleinst(e, er, es) ...
· **bedeutungstragende Spracheinheit**
5 Monem
· **Blutgefäße**
10 Kapillaren
· **deutsche Münze**
8 Eurocent
· **Energiemenge**
5 Quant
· **Erbgutträger**
2 Id
· **Erdteil**
10 Australien
· **Lebewesen**
5 Viren
8 Mikroben
· **Menge**
4 Spur
5 Hauch
· **Teil der Materie**
5 Quark
· **Teilchen**
4 Atom
· **Wert einer physikalischen Größe**
5 Quant

Kleinstaat ...
· *in* **Europa**
6 Monaco
7 Andorra, Vatikan
9 Luxemburg
10 San Marino
12 Vatikanstadt
13 Liechtenstein

Kleinstlebewesen
15 Mikroorganismus

Kleinstplanet
8 Asteroid

Kleintaxi
7 Minicar

Kleintierfanggerät
10 Mausefalle

Kleinverkauf
12 Detailhandel

Kleinvieh
5 Schaf, Ziege
9 Gefluegel, Kaninchen

Kleinwohnung
9 Apartment

kleinwüchsiges Nagetier
9 Zwerghase

Kleinzeug
4 Kram

Kleister
4 Leim

Klemme
4 Enge
7 Dilemma, Notlage
10 Kalamitaet
11 Zwickmuehle

Klemmer
7 Kneifer
8 Pincenez

Klempner
8 Blechner, Spengler
9 Schlosser
12 Installateur

Klempnerwerkzeug
9 Rohrzange

Klepper
4 Gaul
6 Maehre

Kleptomane
4 Dieb

Kleriker
11 Geistlicher

Kletterausrüstung
4 Helm, Seil
5 Haken, Stock
6 Hammer, Pickel
9 Eispickel
10 Reepschnur, Steigeisen
11 Kombihammer
14 Kletterguertel

Klettereidechse
5 Gecko

Kletterer
8 Alpinist
11 Bergsteiger

Kletterpflanze
4 Efeu, Wein
5 Bohne, Liane
6 Hopfen, Klimme
7 Bryonie, Glyzine
8 Klematis, Wistaria, Zaunrebe
15 Kapuzinerkresse

Kletterpflanze mit Haftwurzeln
4 Efeu

Kletterstaude
12 Zimmerhopfen

Kletterstrauch
10 Zimmerrebe

Kletterstrauch mit Weinbeeren
8 Rebstock

Klettertier
4 Affe

Klettertour
11 Bergsteigen

Klettertrieb
5 Ranke

Klettervogel
6 Specht

Klicker
6 Murmel
Klient
5 Kunde
7 Mandant
12 Auftraggeber
Klient eines Rechtsanwalts
7 Mandant
Klientel
10 Kundschaft
Kliff
4 Ufer
Klimaanpassung
15 Akklimatisation
Klimakterium
12 Wechseljahre
Klimakunde
12 Klimatologie
Klimax
10 Hoehepunkt
Klinge
14 Messerschneide
Klingel
6 Bimmel, Glocke
7 Schelle
klingender Raumschmuck für Kinder
11 Musikmobile
Klinik
6 Spital
8 Hospital
11 Krankenhaus
Klinikabteilung
8 Ambulanz
Klinikbereich
12 Ambulatorium
Klinikmediziner
8 Chefarzt, Oberarzt
13 Assistenzarzt
Klinke
5 Griff
9 Tuergriff
Klinker
6 Ziegel
10 Hartziegel
11 Ziegelstein
Klipp zum Aufhängen von Wäsche
14 Waescheklammer
Klippe
4 Fels, Riff
6 Felsen
Klippfisch
6 Dorsch
8 Kabeljau
klirren
9 scheppern
Klischee
9 Abklatsch, Vorurteil
10 Druckstock
Klopffestigkeitsmaß für Kraftstoffe
9 Oktanzahl
Klopfkäfer
8 Totenuhr
9 Totenwurm, Trotzkopf
Klops
5 Kloss
7 Bulette, Knoedel
12 Fleischkloss
Klosett
2 WC
5 Abort
8 Toilette
Kloß
5 Klops
7 Klumpen, Knoedel
Kloß mit Pflaumenfüllung
14 Powidelknoedel
Kloster
5 Abtei, Stift
7 Konvent, Priorat
Kloster ...
· *in* **Bayern**
5 Ettal
10 Wessobrunn
· *am* **Bodensee**
5 Hegne
6 Birnau
9 Reichenau
· *in* **Frankreich**
5 Cluny
6 Corbie, Fleury
10 Chartreuse
· *bei* **Garmisch**
5 Ettal
· *in* **Griechenland**
5 Athos
· *bei* **Hannover**
6 Loccum
· *bei* **Höxter**
6 Corvey
· *in* **Italien**
12 Monte Cassino
· *bei* **Lhasa**
4 Sera
· *in* **Österreich**
4 Melk
· *in* **Portugal**
5 Belem
· *im* **Schwarzwald**
12 Sankt Blasien
· *in der* **Schweiz**
10 Einsiedeln
· *in* **Tibet**
4 Sera
Klosteranwärter
6 Novize
Klosterbruder
3 Fra
5 Pater
6 Frater, Moench, Novize
11 Laienbruder
Klosterdorf in Oberbayern
5 Ettal
Klosterfrau
5 Nonne
7 Novizin
14 Laienschwester
15 Ordensschwester
Klostergemeinschaft
5 Orden
7 Konvent
klösterliches Stift
5 Abtei
Klosterneuling
6 Novize
Klosteroberer
5 Prior
Klosterschlafsaal
11 Dormitorium
Klosterspeisesaal
11 Refektorium
Klosterteil
5 Zelle
6 Remter
7 Klausur
11 Dormitorium, Refektorium
Klostervorsteher
3 Abt
5 Prior
6 Oberer
Klostervorsteherin
6 Oberin
9 Aebtissin
Klosterzelle
6 Klause
Klotz
5 Block, Trumm
6 Kloben
Klub
6 Verein, Zirkel
11 Vereinigung

K

Klubjacke
6 Blazer
Kluft
4 Riss
6 Spalte
7 Abstand, Distanz
8 Kleidung, Schlucht
9 Differenz, Klamotten, Zwiespalt
klug
5 weise
6 clever, findig, ratsam, schlau
7 gewitzt
9 geschickt
11 intelligent, verstaendig
klug Vorgehender
8 Taktiker
Klugheit
5 Ratio
8 Verstand, Weisheit
10 Scharfsinn
11 Intelligenz
Klugscheißer
12 Besserwisser
17 Allesbesserwisser
Klumpen
5 Masse
6 Batzen
7 Brocken, Scholle
klumpig
· **werden** (Milch)
8 gerinnen
Klüngel
6 Clique
10 Sippschaft
Klytämnestras Mann
9 Agamemnon
Knabberei zum Kaffee
7 Gebaeck
Knabbergebäck
11 Salzstangen
knabbern
5 nagen
8 muemmeln
9 anbeissen
Knabe
3 Boy, Bub
4 Bube
5 Junge
Knabenkraut
6 Orchis
knackige Vorspeise
12 Nuesslisalat
Knall
4 Bums
5 Krach, Stoss
6 Schlag, Schuss
9 Explosion
10 Detonation, Feuerstoss
Knalleffekt
6 Pointe
knapp
3 eng, rar
4 karg, kurz
7 lapidar
8 duerftig
9 lakonisch, spaerlich
Knappe
6 Diener
knappe ...
· **literarische Abhandlung**
5 Essay
· **Unterhose**
4 Slip
Knappe des Don Quichotte
11 Sancho Pansa
Knast
10 Gefaengnis
11 Haftanstalt
12 Strafanstalt
15 Vollzugsanstalt
Knäuel
3 Ile
Knauf
5 Griff
Knauser
8 Geizhals
10 Geizkragen
Knauserei
4 Geiz
13 Engherzigkeit
knausern
7 knapsen
knebeln
7 fesseln
13 unterdruecken
Knecht
3 Enk
6 Diener
Knecht des Abraham
7 Elieser
knechtisch
6 servil
Kneifer
7 Klemmer, Zwicker
8 Pincenez
Kneifwerkzeug
5 Zange
Kneipe
5 Beize, Lokal, Pinte
7 Schenke
8 Gasthaus, Spelunke
9 Bierabend
10 Wirtschaft
Knetkur
7 Massage
Knetmasse
3 Ton
4 Fimo, Teig
5 Knete
9 Plastilin
Knettherapie
7 Massage
Knick
4 Ecke
5 Falte, Hecke, Kante, Kniff
Knick in der Buchseite
8 Eselsohr
knickrig
6 geizig
9 knauserig
Kniebeuge als Ehrerbietung
6 Knicks
kniefreie ...
· **Hose**
6 Shorts
8 Bermudas
Kniegeige
5 Cello, Gambe
11 Violoncello
Knieholz
6 Kiefer
7 Latsche
9 Legfoehre
knielanger Anorak
5 Parka
Knierock der Schotten
4 Kilt
Knies
6 Aerger, Streit
Kniestrumpf
7 Stutzen
Kniff
4 Dreh
5 Falte, Trick
7 Finesse
Kniff im Stoff
5 Falte
Knirps
7 Steppke
Knobel
7 Wuerfel

8 Knoechel
12 Handknoechel
Knobelbecherzubehör
7 Wuerfel
Knöchelgegend
6 Fessel
knöchelhohe ...
· **Schuhe**
5 Boots
· **Stiefeletten** (... Boots)
5 Ankle
Knochen
7 Gebeine, Skelett
Knochen ...
· **betreffend**
5 ossal
6 ossaer
· *des* **Brustkorbs**
5 Rippe
9 Brustbein
13 Schulterblatt
14 Schluesselbein
· *des* **Schädels**
6 Kiefer
Knochenbestandteil
4 Kalk, Mark
Knochenbruch
7 Fraktur
Knochenerweichung
8 Rachitis
18 englische Krankheit
Knochenfischart
3 Aal
4 Wels
5 Hecht, Lachs, Stint
7 Karpfen, Scholle, Seehase
8 Seekatze
9 Seeteufel
10 Kugelfisch, Zitterwels
11 Lungenfisch
Knochengelenk
4 Knie
8 Ellbogen, Knoechel
10 Ellenbogen
Knochengerüst
6 Gebein
7 Gerippe, Skelett
Knocheninneres
4 Mark
Knochenkunde
10 Osteologie
Knochenleim
6 Glutin
8 Gelatine
Knochenlücke im kindlichen Schädel
10 Fontanelle
Knochenriss
6 Fissur
Knochenverbindung
6 Gelenk
Knochenverletzung
4 Riss
5 Bruch
6 Fissur
knochig
5 hager, mager
Knödel
5 Klops, Kloss
Knollenfrucht ...
· *der* **Tropen**
6 Batate, Maniok
Knollengemüse
4 Bete, Taro
5 Ruebe
7 Rettich, Zwiebel
8 Kohlrabi, Sellerie
9 Kartoffel
Knollengewächs
6 Krokus
knopfartiger Griff
5 Knauf
knorke
5 super
9 trefflich
Knorpelfisch
3 Hai
5 Stoer
6 Rochen
Knorpelscheibe im Knie
8 Meniskus
Knospe
4 Keim
6 Spross
Knoten (Haartracht)
4 Dutt
Knotenschnur der Inka
5 Quipu
Knöterichgewächs
6 Ampfer
knotige ...
· **Hauterhebung**
5 Warze
6 Pickel
Knüller
3 Hit
7 Reisser
9 Sensation
10 Bestseller
Knüpfarbeit
7 Teppich
8 Makramee
Knüppel
5 Stock
7 Pruegel
knusprig
5 kross
11 appetitlich
knusprige Fleischoberfläche
12 Bratenkruste
Knute
8 Peitsche
Koalition
4 Bund, Liga
5 Union
7 Allianz
8 Buendnis
10 Verbindung
11 Vereinigung
15 Zusammenschluss
Koben
5 Stall
9 Viehstall
Kobold
4 Butz, Gnom, Puck
5 Dogge, Geist, Troll, Wicht, Zwerg
6 Schrat
7 Bilwiss, Kerkops
8 Erdgeist
9 Hausgeist, Waldgeist
11 Heinzelmann
13 Klabautermann
Kobra
15 Brillenschlange
Kochanweisung
6 Rezept
12 Sossenrezept
Kochbrühe
3 Sud
kochen
6 sieden
Kochgefäß
4 Topf
6 Boiler, Kessel, Pfanne, Tiegel
7 Braeter, Retorte
8 Kochtopf
9 Teekessel
10 Bratpfanne, Kasserolle
12 Schmorpfanne
Kochgefäße
8 Geschirr

Kochgefäßverschluss
10 Topfdeckel
Kochgerät
7 Gasherd
Kochkunst
11 Gastronomie
Kochkunst: überglänzen
9 glacieren
Kochraum
6 Kueche
Kochsalz
14 Natriumchlorid
kochsalzhaltiges Wasser
4 Sole
Kochsalzlösung
4 Lake, Sole
Kochstelle
4 Herd
6 Platte
7 Gasherd
11 Elektroherd
13 Heissluftherd
15 Mikrowellenherd
Kochtemperatur
10 Siedepunkt
Kochutensil
4 Topf
12 Ruehrloeffel
Kochvorgang
5 Garen
Kochvorrichtung mit Wärmekreislauf
10 Umluftherd
Kochvorschrift
6 Rezept
Köder
5 Luder, Pilke
10 Lockmittel, Lockspeise
koffeinhaltiges Getränk
4 Cola
Kogge
7 Galeone, Galione
9 Karavelle
11 Hanseschiff
Kognomen
7 Beiname
Kohäsion
10 Bindekraft, Haltekraft
Kohl
5 Kraut
6 Kappes
Kohlart
6 Spinat
7 Rotkohl, Wirsing
9 Rosenkohl, Weisskohl
10 Blumenkohl
Kohldampf
6 Hunger
Kohlehydrat
6 Zucker
7 Staerke
Kohlenabbaufront
5 Streb
Kohlenart
9 Holzkohle
10 Braunkohle, Steinkohle
Kohlenaufschüttung
▶ Kohlenberg
Kohlenberg
5 Halde
Kohlenbergwerk
5 Grube, Zeche
Kohlenbrenner
7 Koehler
Kohlenhydrat ▶ Kohlehydrat
Kohlenprodukt
3 Gas
4 Buna, Grus, Koks, Pech, Russ, Teer
6 Benzin, Benzol, Kresol, Phenol
7 Brikett, Heizoel, Pyridin
8 Azetylen, Gichtgas, Methanol, Paraffin
9 Dachpappe, Farbstoff, Kokskohle, Nusskohle
10 Kokereigas, Kunststoff, Naphthalin
kohlensaures ...
· **Natrium**
4 Soda
· **Salz**
8 Carbonat, Karbonat
Kohlenschicht
5 Floez
Kohlenstaub
4 Grus, Russ
Kohlenstaublunge
8 Silikose
Kohlenstoffverbindung
6 Karbid
Kohlenwagen der Lok
6 Tender
Kohlenwasserstoff
5 Oktan
6 Aethan, Methan
10 Naphthalin
Kohlenwasserstoffgas
5 Butan
Kohleprodukt
4 Teer
Köhlerhaufen
6 Meiler
Kohlgemüse
7 Wirsing
8 Brokkoli
Kohlroulade
11 Krautwickel
kokettes ...
· **Spiel**
5 Flirt
9 Taendelei
kokettieren
7 flirten
Kokosgebäck
7 Makrone
Kokosnussprodukt
5 Kopra
Koksarbeiter
5 Koker
Koksschlacke
6 Sinder
Kokswerk
7 Kokerei
Kolbenfrucht
4 Mais
Kolbengetreide
4 Mais
Kolbenweg beim Motor
3 Hub
Kolchose
9 Kollektiv
25 Produktionsgenossenschaft
Kollaps
6 Schock
13 Zusammenbruch
15 Schwaecheanfall
Kolleg
7 Anstalt
8 Institut
9 Vorlesung
Kollege
6 Kumpel
11 Mitarbeiter
13 Berufsgenosse
14 Arbeitskamerad, Arbeitskollege
Kollegin
13 Mitarbeiterin
Kollektion
7 Auswahl
8 Sammlung
9 Sortiment

Kollektiv
6 Kibbuz
8 Kolchose, Kombinat, Sowchose
12 Gemeinschaft
14 Genossenschaft
Kollision
13 Zusammenprall, Zusammenstoss
Kolloid
3 Gel
Kölner ...
· **Karnevalsruf**
5 alaaf
· **Oberbürgermeister**
8 Adenauer
· **Popgruppe**
3 BAP
· **Stadtteil**
5 Deutz
8 Holweide
· **Wahrzeichen**
3 Dom
· **Witzfigur**
6 Schael
7 Tuennes
Kölnisch Wasser
12 Eau de Cologne
Kolonialwaren
10 Viktualien
12 Genussmittel, Lebensmittel, Suedfruechte
Kolonist
7 Siedler
Kolonisten in Südafrika
5 Buren
Kolonnade
11 Saeulengang
Kolonne
5 Reihe
9 Abteilung
Kolonne von Ziffern
11 Zahlenreihe
Kolonnennachbar
9 Nebenmann
Kolonnenspitze
4 Tete
Koloratur
7 Triller
Koloriermittel
9 Farbstoff
kolorierter Teil der Pflanze
12 Bluetenfarbe
Kolorierung
8 Faerbung
koloritlose Erscheinung
13 Farblosigkeit
Koloss
5 Huene, Riese
6 Gigant
8 Ungetuem
15 Riesenstandbild
kolossal
5 enorm
6 riesig
8 gewaltig
10 gigantisch
kolumbianisch(e, er, es) ...
· **Autor**
5 Nunez
6 Isaacs
7 Marquez
· **Berg**
5 Huila
6 Cumbal, Purace, Tolima
· **Hafenstadt**
9 Cartagena
12 Barranquilla, Buenaventura
· **Münze**
4 Peso
7 Centavo
· **Nobelpreisträger für Literatur**
7 Marquez
13 Garcia Marquez
· **Politiker**
5 Nunez
Kombattant
8 Kaempfer
Kombination
8 Garnitur, Synthese
9 Anordnung
10 Verbindung
Kombination mehrerer Textilfasern
11 Mischgewebe
Kombiwagen
7 Caravan
Komet
4 Wolf
5 Biela, Encke, Kopff
6 Brooks, Halley, Olbers, Tempel
8 Asteroid, Kohoutek, Winnecke
komfortabel
6 bequem
8 wohnlich
9 behaglich
10 annehmlich, gemuetlich
komfortable Mietwohnung
16 Luxusappartement
komfortabler Dampfer
10 Luxusliner
komfortables Auto
15 Strassenkreuzer
Komfortwohnhaus
5 Villa
8 Bungalow
Komiker
8 Humorist, Parodist
10 Komoediant
11 Spassmacher
komisch
4 urig
7 grotesk, spassig
9 humorvoll
11 laecherlich
komisch(e, er, es) ...
· **Bühnenwerk**
5 Posse
8 Komoedie
· **Einfall**
3 Gag
4 Witz
· **Figur in der Oper**
5 Buffo
Komitee
9 Ausschuss
Kommandant
7 Fuehrer, General
8 Kapitaen, Offizier
9 Kommodore
12 Befehlshaber
Kommandeur ► Kommandant
Kommandeursflagge
7 Stander
Kommanditist
9 Teilhaber
14 Gesellschafter
Kommando
3 Ruf
4 Wort
6 Befehl, Signal
7 Weisung
13 Befehlsgewalt
Kommen in Scharen
7 Zustrom
kommende Zeit
7 Zukunft
Kommentar
6 Glosse, Kritik

K

7 Deutung
9 Anmerkung, Auslegung, Bemerkung
10 Erklaerung, Standpunkt
12 Erlaeuterung
kommerziell
13 geschaeftlich, kaufmaennisch
Kommis
16 Handlungsgehilfe
Kommiss
6 Barras
8 Militaer
Kommission
7 Gremium
9 Ausschuss
Kommunalbeamter
7 Landrat
Kommunalobligation
10 Wertpapier
Kommune
8 Gemeinde
Kommunikation
7 Verkehr
9 Austausch
10 Mitteilung, Verbindung
Kommunikation zur Eingangstür
12 Sprechanlage
Kommunikationsmittel
6 Medium
Kommunion
11 Eucharistie
Komödie
5 Farce, Posse
6 Sketch
7 Schwank
8 Burleske, Schnurre
9 Lustspiel
Kompagnon
6 Sozius
10 Mitinhaber
kompakt
4 fest, hart
5 dicht
6 massiv, stabil
9 gedrungen
kompakte Handtaschenform
6 Boxbag
Komparativ
16 Steigerungsstufe
Komparse
7 Statist
Kompassscheibe
8 Windrose
Kompassstift
5 Pinne
kompetent
6 befugt
10 zustaendig
11 ermaechtigt
Komplement
10 Ergaenzung
komplett
9 vollendet
12 vollstaendig
13 abgeschlossen
komplette Briefmarkenserie
4 Satz
komplettes ...
· **Essen**
5 Menue
8 Mahlzeit
Komplettierung
18 Vervollstaendigung
Komplex
6 Ganzes, Gebiet, Gruppe
7 Bereich, Neurose
12 Verknuepfung
Komplice ▶ Komplize
Kompliment
9 Artigkeit
12 Schmeichelei
Komplize
9 Mittaeter, Mitwisser
13 Helfershelfer
kompliziert
9 schwierig
10 verwickelt
Komplott
7 Intrige
13 Verschwoerung
Komponist
10 Tondichter
Komponist von ...
· **La Traviata**
5 Verdi
· **Othello**
5 Verdi
Komposition
9 Tonstueck
Komposition für drei Instrumente
4 Trio
kompostierte Borke
11 Rindenhumus
Kompottart
7 Roester
8 Apfelmus
Kompottpflanze
9 Rhabarber, Zwetschge
Kompresse
7 Auflage, Verband
8 Umschlag
Kompression
11 Verdichtung
komprimierte Luft
9 Pressluft
Kompromiss
8 Einigung
9 Ausgleich, Kuhhandel, Vergleich
13 Uebereinkunft, Zugestaendnis
14 Uebereinkommen
15 Zwischenloesung
kompromittiert
8 blamiert
13 blossgestellt
Kondition
7 Fitness
9 Bedingung
10 Verfassung
Konditorei
10 Confiserie, Konfiserie
13 Feinbaeckerei
Konditoreierzeugnis
5 Torte
6 Kuchen
7 Gebaeck
10 Amerikaner
11 Apfelkuchen, Kaesekuchen, Rodonkuchen
12 Apfelstrudel, Erdbeertorte
13 Erdbeerkuchen
16 Schokoladentorte
Konditorware
9 Nusstorte
Kondolenz
7 Beileid
11 Anteilnahme
Konfekt
5 Drops
6 Bonbon
7 Praline
9 Naschwerk
10 Teegebaeck, Zuckerware
Konfektionsherstellung
18 Textilverarbeitung
Konfektionskategorie bei Kleidung
12 Uebergroesse

Konfektionskleidung eines Modeschöpfers
11 Pretaporter
Konferenz
6 Tagung
7 Sitzung, Treffen
8 Beratung, Kongress
11 Besprechung
13 Zusammenkunft
Konfession
10 Bekenntnis
Konfirmation
10 Einsegnung
Konfiseur
8 Konditor
11 Feinbaecker
Konfiskation
10 Einziehung
13 Beschlagnahme
Konfiszierung ▶ Konfiskation
Konfitüre
9 Marmelade
Konfitürebehälter
15 Marmeladeneimer
Konfitürenbehälter
14 Marmeladenglas
Konflikt
5 Zwist
6 Streit
9 Differenz, Zwiespalt
11 Kontroverse, Widerstreit
konform
5 einig
10 linientreu
Konfrontation
13 Zusammenprall
18 Gegenueberstellung
konfus
3 irr
4 wirr
9 verworren
Konglomerat
7 Gemenge
Kongregation
5 Orden
12 Bruderschaft
Kongress
6 Tagung
7 Treffen
9 Konferenz, Parlament
11 Versammlung
13 Zusammenkunft
Kongresspalast in Washington
7 Kapitol
Konifere
9 Nadelholz
König der Niederlande
15 Willemalexander
König, Königin ... (▶ auch unter den einzelnen Ländern)
· *von* **Akkad**
5 Argon
· *der* **Albaner**
4 Zogu
· *im* **alten Israel**
4 Ahab
5 David
· *im* **Alten Testament**
2 Og
· *von* **Argos**
4 Abas
· *von* **Assyrien**
6 Sargon
8 Sanherib
9 Semiramis
12 Assurbanipal
· *der* **Azteken**
9 Montezuma
10 Cuauhtemoc
· *der* **Blumen**
4 Rose
· *von* **Böhmen**
7 Ottokar
· *von* **Bulgarien**
5 Boris
· *der* **Elfen**
3 Erl
6 Oberon
7 Titania
· *der* **englischen Sage**
4 Lear
5 Artus
6 Arthur
· *von* **Georgien**
6 Tamara, Thamar
· *der* **griechischen Sage**
5 Kreon, Midas, Minos, Thoas
6 Augias, Danaus, Nestor
8 Menelaos, Menelaus
9 Agamemnon
· *der* **Hunnen**
5 Etzel
6 Attila
· *und* **Hüter des Grals**
7 Titurel
· *des* **Irak**
6 Faisal
· *des* **Iran**
4 Resa, Reza
11 Resa Pahlawi
· *über* **Israel und Juda**
5 David
7 Salomon
· *von* **Jerusalem**
7 Balduin
· *von* **Jordanien**
3 Nur
· *von* **Juda**
5 Abium, Achaz, Joram, Josia, Ozias
6 Ahasja, Asarja, Joahas, Josias, Jotham
7 Manasse
· *der* **keltischen Sage**
5 Artus
· *von* **Kreta**
5 Minos
· *von* **Libyen**
5 Idris
· *von* **Lydien**
4 Atys
5 Gyges
7 Kroesus
· *von* **Marokko**
6 Hassan
· *der* **Merowinger**
8 Chlodwig, Dagobert
· *von* **Mykene**
6 Atreus
9 Agamemnon
· *von* **Neapel**
5 Murat
· *im* **Nibelungenlied**
5 Etzel
7 Gunther
8 Siegmund
9 Siegfried
· *der* **nordischen Sage**
6 Nidhad
· *von* **Norwegen**
5 Sonja
· *der* **Ostgoten**
4 Teja
6 Totila
7 Witigis
8 Dietrich
10 Theoderich
· *von* **Pergamon**
7 Attalos

- *eines* **persischen Epos**
  5 Mobed
- *von* **Phrygien**
  5 Midas
- *von* **Preußen**
  5 Luise
- *von* **Pylos**
  6 Neleus, Nestor
- *von* **Schottland**
  11 Maria Stuart
- *von* **Sparta**
  4 Agis, Leda
  8 Leonidas, Menelaos
  9 Agesilaus
  10 Archidamos
- *der* **Sueben**
  8 Ariovist
- *von* **Theben**
  5 Kreon, Niobe
  6 Kadmos
  7 Oedipus
  10 Amphitryon
- *von* **Troja**
  7 Priamus
- *von* **Ungarn**
  4 Zita
- *der* **Vandalen**
  7 Gelimer
  9 Geiserich
- *der* **Westgoten**
  6 Eurich
  7 Alarich, Athaulf
  8 Roderich
  9 Amalarich
- *der* **Zwerge**
  6 Laurin

königlicher Fußballklub von Madrid
4 Real
königliches Spiel
6 Schach
Königreich
9 Monarchie
Königreich ...
- *in* **Europa**
  7 Belgien, Holland, Spanien
  8 Norwegen, Schweden
  9 Daenemark
  11 Niederlande
  15 Grossbritannien
- *im* **Himalaja**
  6 Bhutan
- *in* **Nahost**
  9 Jordanien
  12 Saudi-Arabien
- *in* **Südostasien**
  4 Siam
  8 Thailand

Königsberger Philosoph
4 Kant
Königssohn
5 Prinz
königstreu
12 royalistisch
konisch zulaufendes Rohrstück
5 Duese
konjugieren
6 beugen
Konjunktion
2 da
3 als, und
4 aber, auch, dass
9 Bindewort
Konjunkturrückgang
9 Rezession
konkret
4 real
8 greifbar, leibhaft, wirklich
11 anschaulich, koerperlich, sinnfaellig
15 gegenstaendlich
Konkurrent
6 Gegner, Rivale
11 Mitbewerber, Nebenbuhler, Widersacher
Konkurrentin
13 Nebenbuhlerin
Konkurrenzkampf
10 Wettbewerb
konkurrieren
10 wetteifern
12 rivalisieren
Konkurs
6 Pleite
8 Bankrott
Können
5 Kunst
6 Talent, Wissen
9 Vermoegen
10 Faehigkeit
Können beim Zubereiten von Speisen
9 Kochkunst
Könner
3 Ass
6 Kenner
7 Experte, Meister
8 Fachmann, Virtuose
9 Koryphaee, Kuenstler, Routinier
10 Kapazitaet
Konsekration in der katholischen Kirche
5 Weihe
Konsequenz
5 Folge
7 Schluss
8 Ausdauer
9 Folgerung, Nachspiel, Weiterung
10 Zaehigkeit
konservative Partei in England
6 Tories
Konservenbehältnis
4 Dose
7 Buechse
konservieren
8 einlegen, erhalten
9 einmachen
13 haltbar machen
konservierte ...
- **Fleischware**
  16 Raeucherschinken
- **Leiche**
  5 Mumie
- **Minestrone**
  10 Dosensuppe

Konserviertes
12 Eingemachtes
14 Tiefgefrorenes
konserviertes Ei
5 Solei
Konservierungsstoff
4 Salz
Konservierungsverfahren
7 poekeln
Konsonant
7 Mitlaut
Konsorte
7 Genosse
8 Komplize
9 Mittaeter
Konsortium
12 Zweckverbund
Konspiration
13 Verschwoerung
konstant
3 fix
4 stet
6 stetig

10 bestaendig
15 unveraenderlich

Konstitution
6 Aufbau
7 Zustand
8 Befinden, Eigenart, Struktur
9 Anordnung
10 Verfassung
14 Beschaffenheit

Konstrukteur
7 Erbauer
8 Erfinder
9 Errichter, Ingenieur, Techniker

Konstruktion
6 Aufbau, Bauart
9 Konstrukt
10 Gestaltung

Konsultation
8 Beratung
9 Befragung

Konsum
7 Verzehr
9 Verbrauch

konsumieren
9 verzehren
11 verbrauchen

Kontakt
8 Fuehlung
10 Beruehrung, Verbindung
12 Stromschluss
13 Fuehlungnahme

Kontaktblättchen
7 Lamelle

kontaktfreudig
6 sozial
8 gesellig

Kontenabschluss
5 Saldo
6 Bilanz

Konterfei
4 Bild
6 Abbild
7 Bildnis
8 Ebenbild, Portraet
10 Fotografie
12 Photographie

kontern
8 erwidern, parieren
9 reagieren

Kontertanz
9 Quadrille

Kontinent
5 Asien
6 Afrika, Europa
7 Amerika, Erdteil
8 Festland
10 Australien

Kontingent
6 Anteil

Kontor
5 Buero
13 Niederlassung

Kontoseite
4 Soll
5 Debet, Haben

Kontoseitendifferenz
5 Saldo

Kontrahent
6 Gegner
11 Widersacher
12 Gegenspieler

Kontrakt
4 Pakt
7 Vertrag
8 Abkommen
9 Abmachung
10 Konvention
12 Vereinbarung

Kontrakt von Paaren
10 Ehevertrag

Kontrast
9 Abstufung, Gegensatz
11 Unterschied

Kontrollbeamter
9 Inspektor
10 Inspekteur

Kontrollbeobachtung mit Aufzeichnung
17 Videoueberwachung

Kontrollbildschirm
7 Monitor

Kontrolle
8 Aufsicht, Pruefung, Revision
10 Durchsicht, Inspektion
12 Nachpruefung, Ueberwachung

Kontrolle der Emissionen eines PKW
9 Abgastest

Kontrolleur
7 Revisor

Kontrollgang
7 Streife

kontrollierter Durchgang
6 Sperre

Kontrollturm auf Flughäfen
5 Tower

Kontrolluhr
8 Stechuhr
10 Stempeluhr
20 Zeiterfassungsgeraet

Kontur
6 Umriss
9 Randlinie
10 Silhouette
11 Umrisslinie

Konus
5 Kegel

Konvent
5 Stift
7 Kloster
11 Versammlung
13 Zusammenkunft
15 Zusammenschluss

Konvention
6 Brauch
7 Vertrag
8 Abkommen, Kontrakt
9 Herkommen, Tradition
13 Uebereinkunft

Konversation
9 Gespraech, Plauderei
12 Unterhaltung

Konversion
9 Bekehrung

Konzentration
14 Aufmerksamkeit

Konzentrationsausgleich
6 Osmose

konzentrierte Lösung
6 Essenz

konzentrierter Auszug
6 Essenz

Konzept
4 Plan
6 Skizze
7 Entwurf
8 Programm, Vorhaben

Konzern
5 Trust

Konzerthaus
5 Odeon

Konzerthaus in Hamburg
15 Elbphilharmonie

Konzertunternehmer
7 Manager
10 Impresario

Konzertveranstalter
8 Promoter

Konzession
6 Lizenz
8 Befugnis

9 Erlaubnis, Zulassung
11 Einraeumung, Genehmigung
13 Zugestaendnis

Konzil
6 Synode
11 Versammlung

Koog
6 Marsch, Polder

Kopenhagener ...
· **Sehenswürdigkeit**
11 Seejungfrau
12 Meerjungfrau
· **Volkspark**
6 Tivoli

Köper
9 Gewebeart

Kopf
5 Haupt
7 Fuehrer
9 Anfuehrer, Oberhaupt

Kopf bei Säulen
8 Kapitell

Kopfauswuchs ...
· *beim* **Wild**
6 Geweih
7 Gehoern

Kopfbedeckung
3 Fez, Hut, Ros
4 Helm, Tuch
5 Haube, Inful, Kappe, Mitra, Tiara, Toque
6 Barett, Birett, Kaeppi, Kalpak, Kapuze, Kolpak, Melone, Muetze, Panama, Turban
7 Filzhut, Homburg, Kalotte, Kapotte, Tschako
8 Kopftuch, Peruecke, Sombrero, Strohhut, Tschapka, Zylinder
9 Dreispitz, Kaeppchen, Kapotthut, Sturzhelm, Zweispitz
10 Kalabreser
11 Pudelmuetze
12 Baskenmuetze

Kopfbedeckung ...
· *der* **Bischöfe**
5 Inful, Mitra
· *in* **heißen Ländern**
10 Tropenhelm
· *der* **Kleriker**
6 Birett
· *im* **Orient**
3 Fes, Fez

Kopfbedeckung in den USA
9 Cowboyhut

Kopfbewuchs
4 Haar

Kopffüßer
5 Krake, Polyp, Sepia
6 Kalmar
7 Ammonit, Oktopus
8 Nautilus, Seepolyp
11 Tintenfisch

Kopfjäger auf Borneo
5 Dajak

Kopfkohl
5 Kabis

Kopflederzeug für Reittiere
4 Zaum

kopflos
7 panisch
9 uebereilt
12 ueberstuerzt

Kopfpolsterbezug
12 Kissenhuelle

Kopfschlagader
7 Carotis, Karotis

Kopfschmerzen
5 Kater
8 Migraene
13 Brummschaedel

Kopfschmuck
4 Haar, Kamm, Zopf
5 Feder, Haube, Krone, Locke
6 Bluete, Diadem, Spange
7 Ohrring
8 Schleife
9 Nasenring, Stirnband, Stirnreif

Kopfschmuck ...
· *der* **Hirsche**
6 Geweih
· *von* **Tieren**
6 Maehne

Kopfschutz
4 Helm

Kopfschutz ...
· *aus* **gegerbter Tierhaut**
10 Lederhaube
· *im* **Sommer**
9 Sonnenhut

Kopfskelett
8 Schaedel

Kopfsprung
7 Koepfer
8 Koepfler
11 Hechtsprung

Kopfstimme
6 Fistel
7 Falsett

Kopfteil
3 Lid, Ohr
4 Auge, Bart, Haar, Kinn, Mund, Nase, Zahn
5 Backe, Braue, Lippe, Stirn, Wange
6 Gebiss, Genick, Kiefer, Nacken, Stirne, Wimper
7 Antlitz, Gesicht, Wimpern
8 Augenlid, Kinnlade, Schaedel, Schlaefe
9 Kinnbacke, Oberlippe
10 Augenbraue, Oberkiefer, Ohrmuschel, Unterlippe
11 Hinterhaupt, Unterkiefer
12 Ohrlaeppchen

Kopfteil ...
· *bei* **Tieren**
4 Horn, Kamm, Maul
5 Aeser, Lefze, Licht
6 Geweih, Taster
7 Fuehler, Gehoern, Ruessel
8 Lauscher, Schnabel, Schnauze

Kopftracht der Schwestern
5 Haube

Kopie
5 Abzug, Repro
6 Doppel
8 Duplikat
9 Abschrift
10 Ablichtung, Nachahmung
11 Durchschlag, Nachbildung
12 Durchschrift, Reproduktion, Zweitschrift

Koppel
5 Weide, Wiese
7 Guertel

Koralleninsel
4 Riff
5 Atoll

Koranabschnitt
4 Sure

Koranschule
8 Medresse

Koranteil
5 Sunna

Korb
5 Kiepe, Zaine

Korb ...
- *für* **Esswaren**
  5 Kober
- *zum* **Fischfang**
  5 Reuse
- *am* **Heißluftballon**
  6 Gondel

Korbballspiel
10 Basketball

Korbblütler
5 Aster, Inula
6 Arnika, Cosmea, Dahlie, Distel, Klette, Kosmee, Saflor, Wermut, Zinnie
7 Beifuss, Endivie, Kamille, Lattich, Tagetes
8 Eberwurz, Estragon, Georgine, Goldrute, Masslieb, Zichorie
9 Artemisia, Bocksbart, Edelweiss, Kornblume, Margerite
10 Huflattich, Knopfkraut, Loewenzahn, Schafgarbe
11 Gaenseblume, Kugeldistel, Ringelblume, Sonnenblume, Wucherblume
12 Chrysantheme, Flockenblume, Massliebchen

Korbflasche
6 Ballon

Korbgriff
6 Henkel

Kordel
6 Bendel
7 Baendel

kordial
8 herzlich
11 vertraulich

Kordilleren in Südamerika
5 Anden

Kordon
5 Kette
6 Sperre
7 Spalier
10 Absperrung

Korken
6 Pfropf
7 Stopfen
8 Stoepsel

Kormoran
7 Scharbe, Seerabe

Kornblume
4 Rade
5 Zyane

kornblumenblau
10 ultramarin

Körnerfrucht
4 Korn, Mais, Reis
5 Durra, Emmer, Hafer, Hirse
6 Dinkel, Gerste, Roggen, Weizen
7 Einkorn, Sorghum
8 Getreide

Körnersilo
16 Getreidespeicher

Kornett
6 Piston
9 Faehnrich

körnig
9 granuloes

körniger Hochgebirgsschnee
4 Firn

Kornkeimgut
12 Saatgetreide

Kornmahlbetrieb
6 Muehle
9 Muellerei
12 Wassermuehle

Kornpflanzen
8 Getreide

Kornspeicher
12 Getreidesilo

Körper
4 Ding, Leib, Soma
5 Sache
6 Korpus, Objekt
10 Gegenstand

Körper ...
- *mit* **acht Flächen**
  8 Oktaeder
- *eines* **Lebewesens**
  4 Leib

Körperabsonderung
3 Kot
4 Harn, Urin
5 Galle
6 Sekret
7 Traenen
8 Schweiss

Körperanschwellung
5 Beule

Körperart (Geometrie)
5 Kegel
6 Prisma, Quader
7 Wuerfel
8 Pyramide, Zylinder

Körperausscheidung
4 Harn

Körperausstrahlung
2 Od

Körperbau
5 Wuchs
6 Statur
12 Konstitution

Körperbauforscher
6 Anatom

Körperbaulehrer
6 Anatom

Körperbautyp
8 Pykniker
9 Leptosome
10 Astheniker, Athletiker

Körperbedeckung
4 Haut
5 Haare

körpereigene Abwehrsubstanz
10 Interferon

Körpereiweiß
5 Enzym

Körpererfrischung
3 Bad
5 Sauna
6 Dusche
8 Dampfbad

Körperertüchtigung
5 Spiel, Sport
6 Turnen
7 Jogging
9 Gymnastik
12 Breitensport
14 Leibesuebungen

Körperfleck
3 Mal
9 Muttermal
10 Leberfleck
13 Sommersprosse

Körperflüssigkeit
4 Blut
6 Lymphe, Sekret

Körperfunktionsteil
5 Organ

Körpergelenk
4 Knie
6 Genick
8 Ellbogen
10 Ellenbogen

Körpergestalt
5 Figur

Körperglied
3 Arm
4 Bein, Fuss, Hand
7 Oberarm
8 Unterarm

Körpergröße
6 Laenge
Körperhaltung in tiefer Kniebeuge
5 Hocke
Körperhülle
4 Haut
Körperknetkur
7 Massage
Körperkraft
7 Staerke
14 Brachialgewalt
Körperlänge
7 Groesse
körperlich
7 konkret
8 physisch
9 somatisch
körperlich ...
· **beeinträchtigt**
5 krank
· **entwickelt**
4 reif
körperlich(e, er, es) ...
· **Anspannung**
6 Stress
· **Befinden**
18 Gesundheitszustand
· **Belastung**
6 Stress
· **Beschaffenheit**
6 Physis
12 Konstitution
· **Bestform**
7 Fitness
· **Erscheinungsbild**
6 Statur
· **Ertüchtigungszimmer**
11 Fitnessraum
· **Leiden**
9 Gebrechen
· **Peinigung**
6 Folter
· **Überbelastung**
6 Stress
13 Alltagsstress
· **Verfassung**
9 Kondition
· **Wirkstoff**
6 Hormon
· **Zustand**
17 Allgemeinbefinden
Körpermaß der Tabelle
14 Schulterbreite
Körpermitte
5 Nabel
Körperorgan
4 Darm, Herz, Milz
5 Blase, Galle, Leber, Lunge, Magen, Niere
6 Gehirn
Körperpartie
5 Bauch, Brust, Lende
6 Huefte
Körperpflege
7 Hygiene
8 Kosmetik
Körperpflegemittel
9 Deoroller
Körperreinigung
3 Bad
5 Sauna
6 Dusche
8 Dampfbad, Duschbad
Körperschaft
6 Gruppe, Innung, Verein
7 Gremium, Verband
9 Ausschuss
11 Korporation, Vereinigung
12 Gesellschaft
13 Handelskammer
14 Genossenschaft
Körperschwäche
8 Asthenie
Körperschwere eines Neugeborenen
14 Geburtsgewicht
Körperspray
9 Deodorant
Körperteil
3 Arm, Ohr, Zeh
4 Auge, Bein, Fuss, Haar, Hals, Hand, Haut, Kinn, Knie, Kopf, Leib, Mund, Nase, Nerv, Wade, Zehe
5 Bauch, Brust, Ferse, Haupt, Kreuz, Lende, Magen, Organ, Rumpf, Sehne, Stirn, Wange
6 Achsel, Becken, Daumen, Druese, Fessel, Finger, Gebiss, Gehirn, Gelenk, Genick, Gewebe, Huefte, Kiefer, Leiste, Muskel, Nacken, Schoss, Steiss, Stirne, Taille, Wirbel
7 Gerippe, Gesaess, Gesicht, Knochen, Knorpel, Oberarm, Ruecken, Skelett
8 Ellbogen, Schaedel, Schenkel, Schulter, Unterarm
9 Brustkorb, Rueckgrat, Unterleib
10 Ellenbogen
12 Oberschenkel
13 Unterschenkel
Körperteil ...
· *der* **Egel**
8 Saugnapf
· *des* **Elefanten**
7 Ruessel
· *des* **Tintenfischs**
7 Fangarm
körperumschlingendes Kleidungsstück
10 Wickelrock
Körperwäsche
3 Bad
Körperwuchs
5 Figur
6 Statur
korpulent
4 dick
7 beleibt
korrekt
5 genau
7 richtig
8 tadellos
10 fehlerfrei, ordentlich
11 einwandfrei
12 gewissenhaft
Korrektur
8 Revision
12 Berichtigung, Verbesserung
15 Richtigstellung
Korrekturabzug
5 Fahne
10 Druckfahne
Korrekturzeichen
8 Deleatur
Korrespondent
9 Berichter
10 Journalist
12 Briefpartner
16 Berichterstatter
Korrespondenz
12 Briefwechsel
Korridor
4 Flur, Gang
5 Diele

7 Passage, Vorraum
8 Hausflur
korrodieren
6 rosten
9 verfallen
Korrosionsverhütung
10 Rostschutz
korrupt
11 bestechlich
Korsar
5 Pirat
8 Bukanier
10 Flibustier, Freibeuter, Seeraeuber
Korsett
6 Mieder
8 Leibchen
Korsikas Bewohner
6 Korsen
korsische ...
· **Berühmtheit**
8 Napoleon
· **Hauptstadt**
7 Ajaccio
Korso
5 Umzug
7 Festzug
8 Auffahrt
Kosakenbluse
6 Kasack
Kosakenführer
6 Ataman, Hetman, Otaman
Kosakenpeitsche
5 Knute
7 Nagaika
Koseform, Kosename, Kosewort ...
· *für* **Anastasia**
5 Stasi
· *für* **Ilona**
4 Ilka
· *für* **Karl Heinz**
5 Kalle
· *für* **kleiner Junge**
4 Bubi
· *für* **Ronald**
5 Ronny
· *für* **Therese**
4 Resi
· *für* **Ulrich**
3 Uli
Kosename ...
· *der* **Eva Peron**
5 Evita
· *für* **Goethes Mutter**
3 Aja
· *der* **Großmutter**
3 Oma, Omi
· *des* **Großvaters**
3 Opa
· *der* **Kaiserin von Österreich**
4 Sisi
5 Sissi
· *der* **Katze**
5 Mieze
· *für* **Knaben**
4 Bubi
· *der* **Mutter**
4 Mama, Mami
· *des* **Vaters**
4 Papa, Papi, Paps
5 Daddy
Kosewort
8 Liebling
Kosmetik
10 Hautpflege
13 Koerperpflege
17 Schoenheitspflege
Kosmetik- und Wellnesseinrichtung
15 Schoenheitsfarm
Kosmetiker
8 Visagist
Kosmetikerin
10 Visagistin
Kosmetikfarbe zum Umranden der Augen
5 Kajal
Kosmetikum gegen Körpergeruch
8 Deostift
Kosmetikzubehör
11 Schminktopf
kosmetisch(e, er, es) ...
· **Artikel**
3 Bad, Oel
5 Creme, Gloss, Henna, Puder, Rouge, Spray
6 Aceton, Azeton, Make-up, Parfum, Pomade, Talkum
7 Parfuem, Shampoo
8 Badesalz, Schminke
9 Badeseife, Fettcreme, Fettpuder, Haarspray, Nagellack, Zahncreme, Zahnpasta
10 Duftwasser, Foenlotion, Hautlotion, Nachtcreme, Tagescreme
11 Lippenstift
13 Konturenstift, Wimperntusche
15 Reinigungsmilch
16 Augenbrauenstift
18 Nagellackentferner
· **Begriff**
7 Peeling
9 porentief
· **Creme**
9 Hautsalbe
· **Gesichtspflege**
6 Makeup
· **Hautbehandlung**
7 Peeling
· **Hautpaste**
5 Creme
· **Mittel**
11 Mandelkleie
· **Verschönerung**
6 Makeup
kosmetisch-chirurgischer ...
· **Eingriff**
11 Facelifting
20 Schoenheitsoperation
kosmisch
12 interstellar
kosmischer Kleinkörper
6 Meteor
Kosmonaut
9 Astronaut
14 Weltraumfahrer
Kosmos
3 All
7 Weltall
9 Universum
Kost
5 Essen
6 Speise
7 Nahrung
8 Proviant
10 Ernaehrung, Versorgung
11 Verpflegung
Kost ...
· *für* **die Jüngsten**
11 Babynahrung
· *und* **Wohnung**
7 Pension
· *in* **Zeiten der Enthaltsamkeit**
12 Fastenspeise

kostbar
4 edel
7 erlesen
8 prezioes, wertvoll
kostbar(e, er, es) ...
· **Andenken**
8 Reliquie
· **Besitz**
6 Schatz
· **Besteckteil**
13 Silberloeffel
· **Drucke**
10 Inkunabeln
· **Fingerschmuck**
12 Brillantring
· **Gewebe**
4 Samt
5 Seide
6 Brokat
· **Kasten**
7 Schrein
· **Kleid**
4 Robe
· **Kleiderbesatz**
6 Braeme
· **Mineral**
9 Edelstein
· **Pelzart**
4 Nerz
9 Persianer
· **Stirnreif**
6 Diadem
Kostbarkeit
5 Juwel
6 Schatz
7 Kleinod, Schmuck
8 Pretiose, Preziose
10 Geschmeide
11 Erlesenheit
Kosten
6 Spesen
7 Aufwand
8 Ausgaben, Auslagen
9 Gebuehren, probieren, versuchen
11 abschmecken
Kosten für eine Ware
5 Preis
Kostenabrechnung
11 Liquidation
Kostenaufteilung
6 Umlage
kostenfrei
4 frei
6 franko, gratis
7 umsonst
13 unentgeltlich
kostenlose Beförderung
9 Nulltarif
kostenloses Produktmuster
11 Gratisprobe
Kostenpunkt
5 Preis
Kostenvoranschlag
7 Angebot
11 Kalkulation
köstlich
4 fein
5 prima
6 lecker
7 delikat, erlesen
9 delizioes
11 appetitlich, schmackhaft
Kostprobe
11 Degustation
Kostschüler ...
· *im* **Heim**
6 Alumne
7 Alumnus
kostspielig
5 teuer
kostspielige Lebensführung
5 Luxus
Kostümball
10 Maskenball, Maskenfest
Kostümfest
9 Maskerade
10 Maskenball
kostümieren
10 verkleiden
Kot
8 Faekalie
9 Exkrement
Kot des Wildes
6 Losung
Kotau
9 Bueckling
10 Verbeugung
Kotelett
9 Karbonade
12 Rippenstueck
Kotelett vom Schwein
6 Karree
Krabbe
5 Krebs
7 Garnele
8 Krevette
Krach
4 Zank
5 Knall, Laerm, Radau, Zwist
6 Streit, Tumult, Unruhe
7 Getoese, Krawall
8 Gepolter, Stoerung
9 Explosion, Spektakel
10 Detonation
11 Kontroverse, Zerwuerfnis
Krachen beim Gewitter
7 donnern
krächzender Vogel
4 Rabe
krackseln
8 klettern
Kraft
5 Macht, Wucht
6 Gewalt, Potenz
7 Antrieb, Dynamik, Energie, Staerke
9 Nachdruck
11 Intensitaet
Kraft aus Atomen
11 Kernenergie
Kraftarm
5 Hebel
Kraftbrühe
8 Bouillon, Consommé
Kraftdroschke
4 Taxe, Taxi
Kräfteaufwand
11 Anstrengung
Kräfteeinsatz ...
· *vor* **dem Ziel**
5 Spurt
8 Endspurt
Krafteinheit
4 Pond
6 Newton
Kraftfahrer
6 Lenker
9 Chauffeur, Schoffoer
12 Automobilist
Kraftfahrzeug
3 Bus, Lkw, Pkw
4 Auto, Jeep, Krad, Mofa
5 Coupé, Kombi, Moped, Truck
6 Cabrio, Kabrio, Laster, Mokick
7 Lastzug, Omnibus, Traktor, Trecker
8 Kleinbus, Kraftrad, Lastauto, Motorrad, Roadster
9 Automobil, Cabriolet,

Lastwagen, Limousine, Rennwagen, Tankwagen
10 Kabriolett, Kombiwagen, Kraftwagen, Sportwagen
11 Fernlastzug, Motorroller, Zugmaschine
12 Kleinomnibus
15 Sattelschlepper

Kraftfahrzeug für Land- und Wasserfahrt
17 Amphibienfahrzeug

Kraftfahrzeugkennzeichen
▶ Kfz-Kennzeichen

Kraftfahrzeugraum
6 Garage
8 Parkhaus
10 Tiefgarage

Kraftfahrzeugschein
9 Zulassung

Kraftfahrzeugtyp
5 Kombi
7 Autobus

Kraftfahrzeugwartung
10 Inspektion

Kraftfutter
8 Sojamehl

kräftig
4 derb
5 stark
6 deftig, robust, stabil

kräftig ...
· **gewürzt**
6 pikant, scharf

kräftigen
8 staerken

kräftiger Hieb
6 Schlag

Kräftigung nach Krankheit
14 Rekonvaleszenz

kraftlos
4 flau, lahm, matt
7 schlapp, schwach
11 geschwaecht, lethargisch
12 schwaechlich

Kraftlosigkeit
8 Asthenie

Kraftmaschine
5 Motor
7 Turbine
9 Generator

Kraftmensch
6 Athlet
8 Herkules

Kraftrad (Kurzbezeichnung)
4 Krad

Kraftspiel auf Jahrmärkten
5 Lukas

Kraftstoff
5 Super
6 Benzin, Diesel

Kraftstoff auffüllen
6 tanken

Kraftstoffbehältnis
4 Tank
8 Kanister
11 Reservetank

Kraftstoffstation
10 Tankstelle

Kraftübertragung
12 Transmission

kraftvoll
5 stark
6 kernig, markig
7 wuchtig

Kraftwagen
4 Auto
9 Automobil

Kraftwagenaufbau
10 Karosserie

Kraftwagengestell
7 Chassis

Kraftwerkstyp
3 AKW

Kragen
7 Goeller

Kragenform
10 Stehkragen

Kragstein
7 Konsole

Krake
5 Polyp
11 Kopffuesser, Tintenfisch

Krakeel
6 Gezank, Streit, Unruhe

Kralle
5 Klaue

Kram
4 Tand, Zeug
7 Krempel, Plunder, Troedel
8 Altwaren
9 Firlefanz

Krampe
5 Haken
7 Klammer

Krampf
7 Spasmus
10 Konvulsion

Krampfader
6 Varize

krampfartig
9 spasmisch

krampfartige Schmerzanfälle
5 Kolik

krampfartiges Muskelzucken
3 Tic

Krampfzustand
6 Starre
7 Spasmus

Kranichvogel
6 Trappe

krank
5 malad, siech
6 malade
7 leidend
11 unpaesslich

Kranke beim Arzt
9 Patienten

Krankenbahre
5 Trage

Krankenbehandlung
8 Therapie

Krankenbericht
8 Bulletin

Krankenbesuch
6 Visite

Krankenbetreuer
7 Pfleger
9 Schwester
11 Heilgehilfe

Krankenfahrzeug
9 Rollstuhl

Krankengymnast
15 Physiotherapeut

Krankenhaus
6 Hospiz, Klinik, Spital
7 Charité, Spittel
8 Hospital, Lazarett
10 Poliklinik, Sanatorium

Krankenhaus ...
· *in* **Berlin**
7 Charité
· *in* **Paris**
7 Bicètre

Krankenhausabteilung
8 Ambulanz

Krankenkost
5 Diaet
9 Schonkost

Krankenliege
5 Bahre, Trage

Krankenpflegerin für Babys
19 Saeuglingsschwester

Krankensalbung
6 Oelung
Krankentrage
5 Bahre
Krankentransportliege
5 Trage
Krankenvorgeschichte
8 Anamnese
Krankenwagen
7 Rettung
Krankenwärter
7 Pfleger
Kranker
7 Patient
9 Leidender
krankhaft
6 morbid
12 pathologisch
krankhafte Mordwut
4 Amok
krankhafter Kauftrieb
9 Oniomanie
Krankheit
5 Uebel
6 Leiden, Seuche
8 Allergie, Epidemie, Siechtum
9 Gebrechen
11 Beschwerden
Krankheit ...
· *der* **Atemwege**
6 Asthma
10 Bronchitis
Krankheitsanzeichen
7 Symptom
Krankheitsbestimmung
8 Diagnose
Krankheitsereignis
6 Anfall, Insult, Krampf
7 Attacke
krankheitserregend
8 pathogen, virulent
Krankheitserreger
4 Keim
5 Kokke, Virus
6 Vibrio
7 Mikrobe, Parasit
8 Bakterie, Bazillus, Trichine, Tuberkel
11 Spirochaete
Krankheitserregerfreiheit
7 Asepsis
Krankheitserregervernichtung
12 Desinfektion
krankheitsfrei
6 gesund
Krankheitsheuchler
8 Simulant
11 Hypochonder
Krankheitskeim
7 Erreger
Krankheitslehre
10 Pathologie
Krankheitssymptom
6 Anfall, Fieber, Husten, Niesen
7 Schmerz
8 Mattheit
9 Ausschlag, Erbrechen, Schwindel
11 Ohrensausen
Krankheitsvorgeschichte
8 Anamnese
Krankheitszeichen
7 Symptom
Kränkung
4 Tort
6 Insult, Unbill
7 Affront, Injurie
10 Schmaehung, Verletzung
11 Beleidigung
Kranz
7 Gebinde
Krapfen
7 Beignet
krass
6 extrem
kraterförmige Vertiefung
4 Maar
Kratersee ...
· *bei* **Rom**
4 Nemi
7 Nemisee
kratzbürstig
9 abweisend
13 unzugaenglich
Krätze
7 Skabies
kratzende Bewegung
8 scharren
Kratzer
7 Blessur
8 Schramme
Krause
7 Ruesche
krauses ...
· **Gewebe**
5 Krepp
· **Haar**
6 Locken
Kraut ...
· *mit* **Brennhaaren**
6 Nessel
· *des* **Eppichs**
15 Schnittsellerie
Kräuteraufguss
14 Pfefferminztee
Kräuterpflanze
10 Knoeterich
Kräutersoße
9 Remoulade
11 Vinaigrette
krautige ...
· **Pflanze**
4 Farn
6 Staude
8 Wegerich
Krawall
5 Krach, Laerm, Radau
6 Streit, Unruhe
Krawattenart
6 Binder, Fliege
7 Schlips
12 Selbstbinder
Kreation Dianes von Fürstenberg
11 Wickelkleid
Kreationsschöpfer
10 Modemacher
kreativer Hotelkonditor
9 Patissier
Kreatur
4 Tier
6 Mensch
7 Pflanze
9 Geschoepf, Lebewesen
Krebs
6 Krabbe
krebsartiges Kellertier
5 Assel
Krebstier
5 Assel, Krebs
6 Granat, Hummer, Krabbe
7 Daphnie, Garnele
8 Krevette, Languste
10 Mauerassel
11 Krustentier, Schalentier
Kredenz
8 Anrichte
Kredit
7 Anleihe
8 Darlehen

Kredit auf ein Pfand
9 Beleihung
Kreditanstalt
4 Bank
9 Sparkasse
12 Geldinstitut
Kreditaufnahme
7 Anleihe
Kreditbrief
10 Akkreditiv
Kreditgrenze bei Handelsverträgen
5 Swing
Kreditnehmer
9 Schuldner
Kreditor
10 Glaeubiger
Kreditseite (Buchführung)
5 Haben
Kreditwürdigkeit
8 Bonitaet
Kreidefarben-Malerei
7 Pastell
Kreidefelsen auf Rügen
13 Stubbenkammer
Kreideformation
6 Neokom
Kreidegebirge auf Kreta
3 Ida
Kreidezeichnung
7 Pastell
Kreis
4 Klub, Ring
5 Kranz, Kurve, Runde
6 Bezirk, Gebiet, Zirkel
9 Ortslinie
12 Kegelschnitt
Kreis von Menschen
5 Runde
Kreisabschnitt
7 Segment
Kreisachtel
6 Oktant
kreisartig
4 rund
Kreisausschnitt
6 Sektor
Kreisberührungslinie
8 Tangente
Kreisel
5 Rotor
Kreiselbewegung der Erdachse
11 Praezession
kreisförmig
4 rund
8 rundlich, zirkular
9 zirkulaer
Kreishalbmesser
6 Radien, Radius
Kreislauf
11 Zirkulation
kreisrund(e, er, es) ...
· **Gemälde**
5 Tondo
· **Haarausschnitt**
6 Tonsur
· **Schneehütte**
4 Iglu
Kreisschnittlinie
7 Sekante
Kreisumfang
10 Peripherie
Kreiszahl
2 Pi
Krem
5 Creme, Salbe
krepieren
7 bersten, platzen
8 verenden
10 detonieren
11 explodieren, zerspringen
Kreppgewebe
6 Krepon
Kretin
5 Idiot
15 Schwachsinniger
kretische Hauptstadt
9 Heraklion
kretischer Sagenkönig
5 Minos
Kreuz ...
· *im* **Freien**
9 Bildstock
· *beim* **Kartenspiel**
5 Treff
kreuz und ...
4 quer
Kreuzbild Jesu
8 Kruzifix
Kreuzblütler
4 Kohl, Raps, Senf
6 Crambe, Isatis, Neslia
7 Levkoje, Rettich
8 Goldlack, Meerkohl
9 Kruzifere, Mauersenf, Rosenkohl
11 Schaumkraut
13 Brunnenkresse
17 Wiesenschaumkraut
Kreuzbruder
8 Geissler
10 Flagellant
13 Geisselbruder
Kreuzesinschrift
4 INRI
Kreuzfahrer
7 Tankred
Kreuzgeflecht
6 Gitter
Kreuzigungsstätte ...
· **Jesu**
8 Golgatha
13 Kalvarienberg
Kreuzkraut
7 Senecio
10 Greiskraut
11 Jakobskraut
Kreuzstab des Papstes
6 Ferulu
Kreuzträger Jesu
5 Simon
Kreuzung ...
· *zwischen* **Pferd und Esel**
8 Maulesel, Maultier
Kreuzungsstelle großer Verkehrswege
11 Knotenpunkt
Kriecherei
13 Byzantinismus
kriecherisch
6 servil
12 unterwuerfig
Kriechtier
3 Boa
4 Teju, Wurm
5 Echse, Gecko, Kobra, Mamba, Otter, Urutu, Viper, Waran
6 Kaiman, Leguan, Natter, Python, Reptil
8 Anaconda, Eidechse, Krokodil, Matamata, Schlange
9 Alligator, Schleiche
10 Chamaeleon
12 Schildkroete
14 Blindschleiche
Kriechtierordnung
9 Eidechsen, Krokodile, Schlangen
13 Schildkroeten

Krieger
5 Degen, Recke
6 Kaempe, Soldat
7 Landser, Veteran
8 Kaempfer, Soeldner
Kriegerin der griechischen Sage
7 Amazone
kriegerisch
11 martialisch
Kriegerstand im Mittelalter
6 Ritter
Kriegsbereitmachung
13 Mobilisierung
Kriegsentschädigung
10 Reparation
Kriegsfahrzeug
4 Jeep, Tank
6 Panzer
Kriegsflotte der Spanier
6 Armada
Kriegsflugzeug
4 Jabo
5 Stuka
6 Bomber, Jaeger
Kriegsflugzeugverband
7 Staffel
10 Luftflotte
Kriegsführung
6 Taktik
9 Strategie
Kriegsgebiet
5 Front
Kriegsgott ...
· *der* **Germanen**
3 Ziu
· *der* **Griechen**
4 Ares
· *der* **nordischen Sage**
3 Tiu, Tyr, Ziu
· *der* **Römer**
4 Mars
Kriegskunst
6 Taktik
9 Strategie
Kriegsmaschine
6 Widder
8 Katapult
9 Rammklotz, Schleuder
10 Sturmhaken
kriegsmäßige Truppenübung
8 Manoever
Kriegsministerium der USA
8 Pentagon
Kriegsschar
5 Horde
Kriegsschiff
4 Hulk
5 Aviso, Kogge, U-Boot
6 Bireme, Galion, Tender, Triere
7 Galeere, Galeone, Kreuzer, Liburne, Monitor, Pentere, Trireme
8 Fregatte, Galeasse, Korvette, Wachboot
9 Karavelle
10 Minenleger, Zerstoerer
11 Minensucher, Schnellboot, Torpedoboot
12 Linienschiff, Unterseeboot
13 Panzerkreuzer
14 Schlachtschiff
15 Flugzeugtraeger
Kriegsschule der USA
9 Westpoint
Kriemhilds ...
· **Bruder**
6 Gernot
7 Gunther
8 Giselher
· **Gatte**
9 Siegfried
· **Mutter**
3 Ute
Kriminalautorin
4 Leon, Noll
6 Millar, Vargas
8 Christie
14 Agatha Christie
Kriminalpolizei
5 Kripo
kriminell
8 strafbar
12 ungesetzlich
14 verbrecherisch
kriminelles ...
· **Vergehen**
4 Mord, Raub
6 Betrug
9 Diebstahl
10 Erpressung, Hochverrat
12 Menschenraub
Krimskrams
7 Plunder, Troedel
Kristallbildung
15 Kristallisation
Kristallgestein
5 Druse
kristalliner ...
· **Kalkstein**
6 Marmor
· **Schiefer**
5 Gneis
kristallisierter Zucker
6 Kandis
Kriterium
7 Merkmal
8 Massstab
Kritik
6 Urteil
8 Pruefung
9 Rezension
11 Besprechung, Beurteilung
13 Stellungnahme
Kritik ...
· **der Kritik**
10 Metakritik
· **übende Übertreibung**
6 Satire
Kritikaster
8 Meckerer, Noergler
10 Beckmesser
12 Besserwisser
17 Allesbesserwisser
Kritiker
9 Rezensent
kritische Anmerkung
9 Kommentar
kroatisch(e, er, es) ...
· **Hafen**
5 Fiume
6 Rijeka
· **Hauptstadt**
5 Agram
6 Zagreb
· **Insel**
3 Krk
5 Ciovo, Silba
· **Physiker**
5 Tesla
· **Würdenträger**
3 Ban
Krokodil
6 Kaiman
9 Alligator
Krokusart
6 Safran
Krone des Papstes
5 Tiara

Kronleuchter
7 Luester
Kronprinz
9 Thronerbe
11 Thronfolger
Krönungsmantel
8 Pluviale
Kropf
6 Struma
Kropfstorch
6 Marabu
kross
8 knusprig
Kröte mit flachem Körper
4 Unke
Krötenart
3 Aga
4 Unke
Krücke
5 Stock
Krume
7 Broesel, Brosame, Kruemel
Krümel
7 Brosame
krumme ...
· **Linie**
5 Kurve
7 Spirale
krümmen
6 beugen, biegen
Krummholzart
6 Foehre, Kiefer
7 Latsche
9 Legfoehre
10 Bergkiefer
Krummholzkiefer
7 Latsche
Krummsäbel
7 Jatagan
Krümmung
5 Bogen, Kurve
7 Biegung
10 Abweichung
Kruste
5 Borke, Rinde
6 Schale, Schorf
Krustentier ► Krebstier
krustiger Ausschlag am Kopf
11 Milchschorf
kubanisch(e, er, es) ...
· **Berg**
8 Turquino
· **Dichter**
5 Casal
· **Exportartikel**
6 Zucker
10 Zuckerrohr
· **Longdrink mit Rum und Minze**
6 Mojito
· **Modetanz**
5 Rumba
· **Regierungschef**
6 Castro
· **Revolutionär**
10 Che Guevara
· **Tanz**
8 Habanera
· **Währungseinheit**
4 Peso
7 Centavo
Kübel
4 Fass
5 Balge, Eimer
7 Bottich
8 Holzfass
9 Waschfass
Kübelwagen
4 Jeep
Küchen- und Essgeräte
8 Geschirr
Küchenabfall
5 Muell
11 Speisereste
Kuchenauflage
6 Glasur
8 Streusel
Küchenbecken
6 Spuele
7 Ausguss
10 Spuelstein
Küchenchef
4 Koch
Küchendunst
6 Wrasen
Küchendunsthaube
11 Wrasenabzug
Kücheneinrichtung
4 Herd
5 Abzug, Grill
6 Spuele
7 Ausguss
8 Anrichte, Backofen, Kochherd
10 Eisschrank, Muelleimer, Spuelstein
11 Abfalleimer, Spuelbecken
12 Besenschrank, Brotmaschine, Kuehlschrank
14 Kaffeemaschine
15 Geschirrschrank
Küchenfett
9 Speiseoel
Küchengegenstand
4 Form, Korb, Sieb, Topf
5 Blech, Eimer, Grill, Kanne, Kelle, Mixer, Quirl, Reibe, Tasse
6 Kessel, Pfanne, Platte, Raspel, Schale, Teller
7 Buerste, Eieruhr, Oeffner
8 Kochtopf, Teekanne, Trichter
9 Backblech, Entsafter, Holzbrett, Nudelholz, Reibeisen, Schuessel
10 Bratpfanne, Eierkocher, Kasserolle, Kuchenform, Messbecher, Roemertopf, Schneerute, Topflappen, Untertasse
11 Holzloeffel, Kaffeekanne, Kochloeffel, Ruehrgeraet, Schneebesen, Waffeleisen
12 Dosenoeffner, Kaffeemuehle, Schoepfkelle, Spuelbuerste
14 Kaffeemaschine
15 Buechsenoeffner
Küchengehilfe
4 Aide
Küchengerät ► Küchengegenstand
10 Nudelbrett
11 Passiersieb, Ruestmesser
12 Kaffeefilter
13 Schaumloeffel
14 Kaffeemaschine, Zitronenpresse
15 Schaumschlaeger
Küchengerätehalter
11 Messerblock
Kuchengewürz
4 Anis, Zimt
Küchengewürz
4 Anis, Dill, Salz, Senf, Ysop, Zimt
5 Chili, Curry, Essig, Nelke
6 Ingwer, Kerbel, Muskat, Piment, Safran, Salbei, Wermut
7 Beifuss, Fenchel, Kuemmel, Lorbeer,

Majoran, Melisse, Oregano, Paprika, Pfeffer, Thymian, Vanille, Zwiebel
8 Estragon, Kardamom, Rosmarin
9 Basilikum, Borretsch, Engelwurz, Knoblauch, Koriander, Peterling, Wacholder
10 Bibernelle, Muskatnuss, Petersilie, Pimpinella
11 Bohnenkraut, Gurkenkraut, Suppenkraut
12 Gewuerznelke, Liebstoeckel, Schnittlauch

Küchenhobel
6 Hachel

Küchenkleid
8 Schuerze

Küchenkraut
9 Borretsch
10 Petersilie

Küchenkrepp
10 Papiertuch

Küchenmaß
10 Messbecher

Küchenschabe
8 Kakerlak

Küchenschädling ▶ Küchenungeziefer

Kuchenstück
13 Quarkschnitte

Kuchentreibmittel
10 Backpulver

Küchenungeziefer
6 Schabe
8 Kakerlak

Küchenutensil
11 Tortenheber
12 Geschirrtuch

Küchenutensil, Quirl
12 Schwingbesen

Kuchenverzierung
11 Puderzucker

Kuchenzutat
2 Ei
4 Anis, Mehl
6 Rosine
8 Orangeat, Zitronat
10 Backpulver

kuckucksartiger ...
· **Vogel**
3 Ani
6 Didrik
9 Wiedehopf

Kudelkraut
7 Thymian

Kufenfahrzeug
3 Bob
9 Schlitten

Küfer
6 Binder
7 Kuebler
9 Boettcher
13 Bottichmacher

Kugel
6 Kuller

Kugelabschnitt
7 Kalotte, Segment

kugelartiger Griff
5 Knauf

Kugelbakterie
5 Kokke
6 Kokkus

Kügelchen
5 Pille
7 Globuli
8 Pastille

kugelförmig
4 rund

kugelförmiger Glasbehälter
6 Ballon

Kugelkappe
7 Kalotte

Kugelspiel
6 Boccia, Kegeln, Pelota
7 Billard
8 Roulette

Kugelsportler
6 Kegler

Kuh vor dem ersten Kalben
6 Faerse

Kuhantilope
3 Gnu
11 Haartebeest

Kuhblume
10 Hahnenfuss, Loewenzahn
16 Sumpfdotterblume

Kuhhandel
10 Kompromiss

kühl
4 herb, kalt
5 steif
6 frisch
7 frostig
8 sachlich
9 foermlich
10 reserviert
13 unpersoenlich
14 zurueckhaltend

Kuhle
4 Loch
5 Grube, Mulde
7 Erdloch

Kühlmaterial
3 Eis
10 Trockeneis

Kühlschrankausstattung
9 Defroster

Kühlungsmittel bei Schmerzen
9 Eisbeutel

Kuhmilchgetränk
5 Kefir

kühn
4 keck
5 mutig
6 forsch, tapfer
7 beherzt
9 waghalsig
10 couragiert
13 unerschrocken

kühne ...
· **Unternehmung**
6 Wagnis
· **Unternehmungslust**
7 Wagemut

Kuhorgan
5 Euter

kujonieren
12 schikanieren
13 unterdruecken

Kukumber
5 Gurke

Kulanz
14 Entgegenkommen

kulinarische Genüsse
12 Tafelfreuden

kulinarischer Genuss
12 Gaumenfreude

Kult
5 Ritus
8 Anbetung
9 Verehrung
13 Vergoetterung
15 Gottesverehrung

Kultbild der Ostkirche
5 Ikone

Kulthandlung
5 Gebet, Opfer

kultische ...
· **Bräuche**
5 Riten
7 Rituale

kultischer Brauch
5 Ritus
kultivieren
8 veredeln
kultiviert
7 elegant, erlesen
8 gebildet
13 geschmackvoll
Kultivierung
14 Nutzbarmachung
Kultrequisit
9 Weihrauch
Kultstätte
6 Tempel
9 Heiligtum
Kultstätte des Zeus
7 Olympia
Kultur
4 Hege
5 Anbau, Zucht
6 Pflege
7 Bildung
8 Bebauung
9 Erziehung, Gesittung, Lebensart
12 Zivilisation
Kulturbeutel
10 Necessaire, Nessessaer
Kulturboden
4 Gare
Kulturdenkmal
8 Monument
kulturelle Einrichtung in Wien
10 Staatsoper
kulturelles Angebot
12 Kinoprogramm
Kulturepoche
5 Gotik
6 Antike, Barock, Empire, Rokoko
7 Klassik, Moderne, Neuzeit, Romanik
8 Altertum, Romantik
10 Humanismus
11 Biedermeier, Mittelalter, Postmoderne, Renaissance
12 Klassizismus
Kulturerde
7 Kompost
Kulturerscheinung
5 Kunst
9 Literatur
12 Wissenschaft, Zivilisation
Kulturformen des Weins
9 Rebsorten
Kulturgruppe
6 Ethnie
Kulturhochzeit
7 Klassik
Kulturpflanze ...
· *der* **Tropen**
3 Tee
4 Kola, Mate, Reis, Soja
5 Kakao, Olive, Tabak
6 Kaffee, Maniok, Orange
7 Erdnuss, Oelbaum
10 Feldfrucht, Kaffeebaum
Kulturstätte
4 Oper
6 Museum
7 Galerie, Theater
8 Akademie, Sammlung
10 Bibliothek, Glyptothek, Pinakothek
12 Konzerthalle, Universitaet
Kulturteil bei Zeitungen
10 Feuilleton
Kümmelbranntwein
4 Koem
7 Aquavit
Kummer
4 Crux, Gram, Harm, Last, Leid
5 Sorge
6 Trauer
7 Schmerz
10 Betruebnis
13 Enttaeuschung, Seelenschmerz
kümmerlich
4 karg
7 popelig
8 armselig
9 spaerlich
kümmerlich dahinleben
10 vegetieren
Kumpan
6 Kumpel
7 Genosse, Kamerad, Partner
8 Komplize
9 Gefaehrte, Teilhaber
Kunde
4 Fama, Maer, Sage
5 Lehre, Maere
6 Klient
7 Kaeufer, Mandant, Meldung
8 Abnehmer, Kenntnis
9 Konsument, Nachricht
11 Information, Verbraucher
Kundendienst
7 Service
Kundenwerber
9 Vertreter
11 Akquisiteur
18 Handlungsreisender
Künder
5 Seher
6 Mahner
7 Prophet
9 Weissager
Kundgebung
9 Aufmarsch
11 Versammlung
13 Demonstration, Protestmarsch
kundiger ...
· **Mensch**
6 Weiser
· **Schiffsführer**
5 Lotse
Kündigung der Mitgliedschaft
8 Austritt
Kundschaft
8 Klientel
Kundschafter
5 Agent, Spion
7 Spaeher, Spitzel
künftig
5 in spe
Kunst des ...
· **Scherenschnittes**
11 Psaligrafie
12 Psaligraphie
· **Schönschreibens**
11 Kalligrafie
12 Kalligraphie
· **Zeichnens**
6 Grafik
7 Graphik
Kunstausstellung
5 Salon
15 Gemaeldegalerie
Kunstbeurteiler
8 Kritiker
15 Theaterkritiker
Kunstdruck
6 Grafik
7 Graphik

Kunstdünger
4 Kali
10 Thomasmehl
Künstelei
14 Manieriertheit
Kunstepoche
8 Romantik
10 Jugendstil
11 Renaissance
Kunstfaser
5 Acryl, Dolan, Lycra, Nylon, Orlon, Rayon, Redon, Reyon
6 Acetat, Azetat, Diolen, Dralon, Grilon, Perlon, Tergal
7 Acrylan, Cupresa, Helanca, Nyltest, Trevira
9 Courtelle, Zellwolle
kunstfertig
7 virtuos
8 versiert
10 routiniert
Kunstflugfigur
4 Turn
5 Rolle
7 Looping
Kunstflugschneise
4 Turn
Kunstförderer
6 Maezen
7 Goenner
Kunstfreund
7 Aesthet
Kunstgalerie
11 Ausstellung
Kunstgattung
4 Epik, Tanz
5 Lyrik, Musik, Prosa
6 Grafik, Mosaik, Mystik, Poesie
7 Graphik, Keramik, Malerei, Plastik
8 Baukunst, Dichtung
9 Literatur
10 Schauspiel
11 Architektur, Bildhauerei, Schnitzerei
Kunstgewerbestil ...
· *zwischen* **1920 und 1940** (2 Wörter)
7 Artdeco
· **1920-40** (2 Wörter)
7 Artdeco
Kunstgewerbler
9 Modelleur
kunstgewerbliche ...
· **Handarbeit**
7 Gobelin, Keramik, Teppich
Kunstglied
8 Prothese
Kunstgöttin
4 Muse
Kunstgriff
4 Dreh
5 Finte, Kniff, Trick
7 Finesse
12 Manipulation
Kunstgriff beim Kartenmischen
5 Volte
Kunstgummi
4 Buna
Kunsthandlung
7 Galerie
kunsthandwerkliches Spielzeug
14 Porzellanpuppe
Kunstharz
5 Resol
6 Ebonit
7 Bakelit
Kunstharzbeschichtung ...
· *für* **Bratgeschirr**
6 Teflon
9 Hostaflon
Kunstharzkitt
6 Asplit
Kunstkautschuk
4 Buna
Kunstleder
4 Skai
Künstler
4 Mime, Poet
5 Autor, Clown, Maler
6 Geiger, Kantor, Magier, Solist
7 Akrobat, Dichter, Gaukler, Komiker, Literat, Lyriker, Maestro, Meister, Musiker, Pianist, Saenger, Statist, Taenzer
8 Dirigent, Fotograf, Grafiker, Jongleur, Organist, Radierer, Virtuose, Vokalist, Zauberer, Zeichner
9 Bildhauer, Graphiker, Komponist, Regisseur, Romancier
10 Choreograf, Komoediant, Librettist, Photograph
11 Choreograph, Chorsaenger, Illustrator, Kabarettist
12 Opernsaenger, Schauspieler
13 Kapellmeister
14 Schriftsteller
16 Filmschauspieler
Künstlerentgelt ► Künstlerhonorar
Künstlerfete
11 Atelierfest
Künstlergruppe
8 Ensemble
Künstlerhonorar
4 Gage
Künstlerimitator
8 Parodist
Künstlerin ...
· *bei* **Bühne und Film**
4 Diva, Star
9 Ballerina, Saengerin, Taenzerin
künstlerisch
7 musisch
künstlerisch(e, er, es) ...
· **Entwurf**
10 Konzeption
· **Leiter einer Bühne**
9 Intendant
· **Leiter in einer Werbeagentur**
11 Artdirector
· **Morgenvorstellung**
7 Matinee
· **Thema**
5 Sujet
Künstlerkolonie ...
· *bei* **Bremen**
9 Worpswede
11 Fischerhude
Künstlerkontrakt
10 Engagement
Künstlername von Victoria Beckham
4 Posh
Künstlernamenszug
9 Autogramm
Künstlerpaar
3 Duo

Künstlerviertel von ...
· **München**
9 Schwabing
· **Paris**
10 Montmartre
Künstlerwerkstatt
6 Studio
7 Atelier
Künstlerzeichen
8 Signatur
künstlich
6 unecht
11 artifiziell
künstlich herbeigeführter Schlaf
7 Narkose
künstlich(e, er, es) ...
· **Atmung**
14 Wiederbelebung
· **Brutstätte**
10 Nistkasten
· **Damm**
4 Wall
5 Buhne, Deich
· **Erdtrabant**
8 Satellit
· **Ersatz für Glieder und Zähne**
8 Prothese
· **Gewässer**
7 Stausee
· **Glucke**
8 Brutofen
· **Haarkräuselung**
10 Dauerwelle
· **Haarteil**
6 Toupet
· **Hindernis**
6 Verhau
· **Höhle**
6 Grotte
· **Kautschuk**
4 Buna
· **Lichtspender**
5 Kerze, Lampe
7 Leuchte
· **Mensch**
6 Cyborg
7 Android
10 Homunkulus
· **Saphir**
6 Amaryl
· **Süßstoff**
9 Saccharin
· **Wangenrot**
5 Rouge
· **Wasserbecken**
6 Bassin
· **Wasserfall**
7 Kaskade
· **Wasserlauf**
5 Kanal
6 Graben
· **Wasserstraße**
5 Kanal
· **Weltsprache**
3 Ido
6 Lincos, Novial
7 Mondial
9 Esperanto, Volapueck
· **Zahnersatz**
5 Krone
6 Gebiss
7 Bruecke
8 Prothese
· **Zahnfüllung**
6 Plombe
Kunstmuseum in Paris
6 Louvre
Kunstobjekt
6 Feelie
Kunstrichtung
5 Gotik
6 Barock, Empire, Rokoko
7 Klassik, Moderne, Romanik
8 Kubismus, Romantik
9 Dadaismus, Realismus
10 Futurismus, Jugendstil
11 Biedermeier, Manierismus, Renaissance
12 Naturalismus
15 Expressionismus, Impressionismus
Kunstrichtung ...
· *des* **18. Jahrhunderts**
6 Rokoko
· *im* **Mittelalter**
7 Romanik
· *in der* **Zeit Napoleons**
6 Empire
Kunstsammlung
6 Museum
7 Galerie
8 Kabinett
10 Glyptothek, Kollektion, Pinakothek
Kunstsammlung ...
· *in* **Amsterdam**
11 Rijksmuseum
· *in* **Essen**
8 Folkwang
· *in* **Florenz**
5 Pitti
8 Bargello, Uffizien
· *in* **Frankfurt/Main**
7 Staedel
· *in* **Leningrad**
9 Eremitage
· *in* **Madrid**
5 Prado
· *in* **München**
10 Pinakothek
· *in* **Paris**
6 Louvre
· *in* **Wien**
9 Albertina
Kunstseidenwirkware
9 Charmeuse
kunstsinnig
7 musisch
Kunstsprache ▶ künstliche Weltsprache
Kunstsprung
5 Salto
Kunststil ▶ Kunstrichtung
Kunststoff
3 PVC
4 Skai
5 Acryl, Akryl, Plast
6 Ebonit, Igelit, Teflon
7 Bakelit, Eternit, Plastik, Resopal, Silikon, Vinidur
8 Astralon, Galalith, Hostalen, Perbunan, Polyamid
9 Duroplast, Kunstharz, Moltopren, Plexiglas, Polyakryl, Zelluloid, Zellulose
10 Polystyrol
12 Polyaethylen
16 Polyvinylchlorid
Kunststück
8 Leistung
11 Meisterwerk
Kunsttanz
7 Ballett
Kunsttänzer
7 Stepper
Kunsttöpfer
9 Keramiker

Kunstturnen
9 Akrobatik
Kunstturner im Zirkus
7 Akrobat
Kunstveranstaltung
9 Happening
kunstvolles Bücherzeichen mit Namen
8 Exlibris
Kunstwerk
3 Bau, Dom
4 Bild, Oper
5 Drama, Figur, Posse
6 Fresko, Grafik, Kirche, Statue
7 Gedicht, Graphik, Musical, Oelbild, Plastik
8 Aquarell, Dichtung, Gemaelde, Komoedie, Operette, Portraet, Skulptur
9 Standbild, Symphonie, Tonstueck, Tragoedie, Zeichnung
11 Holzschnitt, Komposition, Kupferstich, Musikstueck
13 Buehnenstueck
Kunterbunt
8 Allerlei, gemischt
9 Potpourri
10 Mischmasch
13 Durcheinander
Kupferlegierung
6 Bronze
7 Messing
Kupferoxid
6 Patina
9 Gruenspan
Kupferstecher
6 Aetzer
Kupferstechkunst
12 Chalkografie
13 Chalkographie
Kupferstich
9 Radierung
Kupfer-Zinn-Legierung
6 Bronze
kupieren
11 beschneiden
Kupon
3 Bon
8 Quittung
9 Abschnitt, Gutschein
Kuppe
6 Gipfel
Kuppel
8 Gewoelbe
9 Kugeldach
Kuppelaufsatz
7 Laterne
Kuppelbau
7 Rotunde
kuppelförmige Indianerhütte
6 Wigwam
Kur
7 Heilung
8 Erholung, Therapie
12 Verschickung
14 Heilbehandlung
Kuranstalt
10 Sanatorium
Kuranwendung
3 Bad
7 Massage, Moorbad
9 Wannenbad
Kurare
9 Pfeilgift
Kuratel
13 Vormundschaft
Kurator
9 Verwalter
kürbisähnliche ...
· **Frucht**
5 Gurke
6 Melone
kürbisartige Südfrucht
6 Melone
Kürbisflasche
5 Gurde
9 Kalabasse, Kalebasse
Kürbisgewächs
6 Melone
Kurdenstamm
6 Awrami, Kalhur
Kurier
4 Bote
11 Abgesandter
Kurierdienst
9 Botengang
kurieren
6 heilen
kurios
7 seltsam
10 eigenartig
Kuriosität ▶ Kuriosum
Kuriosum
15 Merkwuerdigkeit
Kurort
3 Bad
6 Seebad
7 Heilbad
Kurort ...
· *im* **Allgäu**
9 Hindelang, Sonthofen
10 Oberstdorf
· *in den* **Ardennen**
3 Spa
· *in* **Bayern**
5 Prien
· *in* **Belgien**
3 Spa
6 Knokke
7 Ostende
· *am* **Comer See**
8 Bellagio
· *im* **Engadin**
4 Sils
5 Davos
10 Pontresina
· *im* **Ermstal**
5 Urach
· *an der* **Etsch**
3 Ala
5 Meran
· *in* **Florida**
5 Miami
· *in* **Frankreich**
3 Aix, Pau
5 Vichy
· *am* **Gardasee**
4 Riva
6 Limone
7 Gardone, Torbole
· *am* **Genfer See**
8 Montreux
· *in* **Graubünden**
5 Arosa
· *im* **Harz**
5 Elend, Grund, Thale
6 Seesen
7 Altenau
8 Harzburg
· *an der* **Isar**
5 Toelz
· *im* **Kanton Bern**
6 Gstaad
9 Adelboden
· *im* **Kanton Sankt Gallen**
5 Ragaz
9 Rorschach
· *im* **Kanton Uri**
9 Andermatt

- *am* **Karwendel**
10 Mittenwald
- *in* **Kroatien**
7 Opatija
- *am* **Lago Maggiore**
6 Ascona, Stresa
7 Locarno
- *an der* **Lahn**
3 Ems
6 Nassau
- *am* **Luganer See**
6 Lugano
- *am* **Meer**
6 Seebad
- *bei* **Montreux**
4 Caux
- *an der* **Mosel**
8 Bertrich
- *am* **Neckar**
4 Horb
- *in* **Niedersachsen**
6 Eilsen
- *in* **Oberbayern**
7 Aibling
- *an der* **Ostsee**
11 Travemuende
- *an der* **Riviera**
5 Nervi, Nizza
6 Cannes
7 Rapallo
- *im* **Salzkammergut**
5 Ischl
6 Aussee, Fuschl
- *in* **Sankt Gallen**
5 Ragaz
- *in* **Schleswig-Holstein**
5 Ploen
- *im* **Schwarzwald**
7 Triberg, Wildbad
- *in der* **Schweiz**
5 Amden, Arosa, Davos, Flims, Ragaz, Scuol
6 Ascona, Buochs, Gstaad, Heiden, Leysin, Lugano, Maloja
8 Klosters, Montreux
9 Adelboden, Andermatt
10 Interlaken
11 Sankt Moritz
- *in* **Slowenien**
4 Bled
- *im* **Spessart**
3 Orb
- *in* **Südtirol**
3 Ala
5 Bozen, Meran, Tione
6 Levico
- *am* **Taunus**
5 Soden
- *am* **Tegernsee**
5 Egern
- *im* **Tessin**
6 Ascona
- *im* **Weserbergland**
7 Pyrmont

Kurort mit Heilquelle
6 Solbad

Kurpfuscher
10 Scharlatan
11 Quacksalber

Kurs
4 Bahn, Lauf, Wert
5 Loipe, Piste, Preis, Route, Stand
6 Kursus, Umlauf
7 Gelaeuf, Strecke
8 Lehrgang, Parcours, Rennbahn, Richtung
11 Rennstrecke, Rundstrecke
12 Boersenpreis, Flugrichtung
13 Fahrtrichtung

Kursabschlag
7 Disagio

Kursanstieg
6 Hausse

Kursbestimmung
10 Navigation

Kursbuch
8 Fahrplan

Kürschnerprodukt
10 Pelzmantel

Kurserholung
7 Reprise

Kursgebühr
4 Taxe

kursierende Vermutungen
9 Geruechte

Kurssturz
6 Baisse

Kursunterschied
4 Agio
5 Ekart

Kursus
8 Lehrgang
10 Unterricht

Kurve
5 Bogen, Kehre, Kreis, Linie
7 Biegung, Ellipse, Parabel, Rundung, Spirale
8 Hyperbel

Kurve ...
- **berührende Gerade**
8 Tangente
- **schneidende Gerade**
7 Sekante
- *einer* **Straße**
10 Wegbiegung

Kurven ... (Abkürzung)
- *der* **Gehirnströme**
3 EEG
- *der* **Herzströme**
3 EKG

Kurvenabschnitt
5 Bogen

kurvenlose Strecke
6 Gerade

kurvenreiche ...
- **Bergstraße**
10 Serpentine
- **Straße im Gebirge**
10 Serpentine

kurz ...
- **danach**
4 bald
- **gebratene Rinderscheibe**
9 Beefsteak
- **hochheben**
7 luepfen
- **und bündig**
7 lapidar
- **und treffend**
9 lakonisch
- **zusammengefasst**
10 summarisch

kurz für ...
- **an das**
3 ans
- **von dem**
3 vom
- **zu der**
3 zur

kurz(e, er, es) ...
- **Abstand**
5 Naehe
- **Aufzeichnung**
5 Notiz
- **Augenblick**
2 Nu
- **Ausgussröhrchen**
6 Tuelle
- **Äußerung**
9 Bemerkung

K

- **Begebenheit**
  7 Episode
- **Bewegung**
  4 Ruck
- **Bühnenauftritt**
  5 Szene
- **Fahrtunterbrechung**
  4 Halt
- **Fassonschnitt**
  14 Kurzhaarfrisur
- **feierliche Veranstaltung**
  7 Festakt
- **Gesichtshaar**
  11 Bartstoppel
- **Haartracht**
  15 Buerstenschnitt
- **Herrenstrumpf**
  5 Socke
- **Hose**
  6 Shorts
- **Imbiss**
  5 Snack
- **Jäckchen**
  6 Bolero
- **Lanze**
  6 Spiess
- **Mantel**
  5 Caban
- **Moment**
  2 Nu
  10 Augenblick
- **Regenschauer**
  4 Guss
- **Reise**
  4 Trip
- **Schlüpfer**
  4 Slip
- **Sinnspruch**
  5 Gnome
- **Strumpf**
  5 Socke
- **Teil der Damengarderobe**
  9 Minikleid
- **Unterhose**
  4 Slip
- **Vermerk**
  5 Notiz
- **Zeitspanne**
  9 Atempause

kurzärmeliges ...
- **Baumwollhemd**
  5 Shirt
  7 T-Shirt
- **Trikothemd**
  6 Tshirt

Kurzatmigkeit
6 Asthma

Kurzdrama
6 Sketch

Kürzel
5 Sigel

Kürzel für Name unbekannt
2 NN

kürzere ...
- **Abhandlung**
  5 Essay
- **Prosaerzählung**
  7 Novelle

kürzeste ...
- **Distanz zwischen zwei Punkten**
  9 Luftlinie
- **Entfernung**
  9 Luftlinie
- **Verbindung zweier Punkte**
  6 Gerade
  8 Geodaete

Kurzform ...
- *für* **Antitranspirantmittel**
  8 Deospray
- *für* **helle Kräutersoße**
  9 Bearnaise
- *für* **medizinische Untersuchung**
  11 Ultraschall
- *für* **spanischen Rotwein**
  5 Tinto
- *für* **textiles Stoffmuster**
  11 Hahnentritt
- *für* **türkisches Fleischgericht**
  6 Doener

Kurzform für ... (▶ auch Abkürzung für ...)
- **Abitur**
  3 Abi
- **Akkumulator**
  4 Akku
- **Alfred**
  3 Alf
- **Alphabet**
  3 Abc
- **Aluminium**
  3 Alu
- **an dem**
  2 am
- **Autobus**
  3 Bus
- *eine* **Berliner Hauptstraße**
  6 Kudamm
- **Charlotte**
  5 Lotte
- **daran**
  4 dran
- **darin**
  4 drin
- **Denkschrift**
  4 Memo
- **Diapositiv**
  3 Dia
- *eine* **Düsseldorfer Hauptstraße**
  3 Koe
- **Eduard**
  3 Edi
- **Edward**
  3 Ted
- **Elisabeth**
  4 Else
- **Fernschreiben**
  5 Telex
- **Fernsehen**
  2 TV
- **Franziska**
  5 Fanni
- **Gangsterbande**
  4 Gang
- **Gerhard**
  4 Gerd
- **Geschwindigkeitsmesser**
  5 Tacho
- **Hochschule**
  3 Uni
- **internationale Kriminalpolizei**
  8 Interpol
- **Johannes**
  4 Hans
- **Judith**
  5 Jutta
- **Juliane**
  3 Lia
- **Kapitänleutnant**
  5 Kaleu
- **Katharine**
  5 Trine
- **Kraftfahrzeug**
  4 Auto
- **Kraftrad**
  4 Krad
- **Kriminalfilm**
  5 Krimi

- **Kriminalpolizei**
  5 Kripo
- **Kriminalroman**
  5 Krimi
- **Kunibert**
  4 Kuno
- **Kurzschrift**
  5 Steno
- **Lokomotive**
  3 Lok
- **Omnibus**
  3 Bus
- **Pariser U-Bahn**
  5 Metro
- **Personenwagen**
  3 Pkw
- *einen* **Polizisten**
  6 Schupo
- **Pullover**
  5 Pulli
- **Rettich**
  4 Radi
- **Rundfunkgerät**
  5 Radio
- **Sanitäter**
  4 Sani
- *einen* **Schiedsrichter**
  6 Schiri
- *ein* **Schienenfahrzeug**
  3 Lok
  4 E-Lok
- **Schnellbahn**
  5 S-Bahn
- **Schutzpolizei**
  6 Schupo
- **Spielmarke**
  4 Chip
  5 Jeton
- **Spiritus**
  5 Sprit
- **Stadt in Brasilien**
  3 Rio
- **Stereofonie**
  6 Stereo
- **Straßenbahn**
  4 Tram
- **Studienbeihilfe**
  6 Bafoeg
- **Teledialog**
  3 Ted
- **Telekopie**
  3 Fax
- **Tiergarten**
  3 Zoo
- **Totalisator**
  4 Toto
- **Transformator**
  5 Trafo
- **Turbinenantrieb**
  5 Turbo
- **Ulrike**
  4 Ulla
- **Universität**
  3 Uni
- **Untergrundbahn**
  5 U-Bahn
- **US-Amerikaner**
  3 Ami
- *ein* **Verkehrsmittel**
  3 Bus
  4 Obus, Tram
  5 S-Bahn, U-Bahn
- **von dem**
  3 vom
- **Wilhelm**
  5 Willi
- **Zustimmung**
  2 ok

Kurzgeschichte
5 Story
7 Episode, Novelle

Kurzgottesdienst
7 Andacht

Kurzhalsgiraffe
5 Okapi

kurzlebiges Insekt
13 Eintagsfliege

kürzlich
7 juengst, neulich

kurzlockig
5 kraus

Kurzname der Taylor
3 Liz

Kurzreise
4 Trip

Kurzrock
4 Mini

Kurzschrift
5 Steno
10 Stenogramm
11 Stenografie
12 Stenographie

Kurzschriftler
9 Stenograf

Kurzsichtigkeit
6 Myopie

Kurzstreckenlauf
6 Sprint

Kurzstreckenläufer
8 Sprinter

Kurzübersicht
6 Abriss, Skizze
8 Abstract

Kürzung
5 Abzug
6 Rabatt, Skonto
8 Nachlass

Kurzunterschrift
6 Signum

Kurzware
4 Band, Garn
5 Borte, Faden, Haken, Knopf, Litze, Nadel, Seide, Wolle, Zwirn
6 Schnur
8 Naehgarn
9 Bindfaden, Naehnadel, Naehseide

Kurzweil
5 Spass
11 Abwechslung
12 Unterhaltung, Zeitvertreib

Kurzweil mit Karten
11 Kartenspiel

Kurzwort für ...
- **Abgasreiniger**
  3 Kat
- **Amerikaner**
  3 Ami
- **Bartschergerät**
  8 Rasierer
- **bekannte Person**
  5 Promi
- **Benjamin**
  3 Ben
- **brasilianische Hafenstadt**
  3 Rio
- **Brigitte**
  5 Gitta, Gitte, Gitti
- **Doppelkopf**
  4 Doko
- **Eduard**
  3 Ede
- **ehemaligen Abgastest**
  3 ASU
- **Eisenbahnfahrzeug**
  4 E-Zug
- **Fernschreiben**
  5 Telex
- **Firmensymbol**
  4 Logo

- **Flugabwehrkanone**
  4 Flak
- **Forschungsraum**
  5 Labor
- **fotografische Nachbildung**
  5 Repro
- **Frachtstücke**
  5 Kolli
- **Helligkeit**
  5 Helle
- **High Fidelity**
  4 HiFi
- **in das**
  3 ins
- **Jazzart aus New Orleans**
  5 Dixie
- **Kameraobjektiv**
  4 Tele
- **Karoline**
  4 Lina, Line
- **Kategorie der Tonkunst**
  6 E-Musik
- **Kfz-Abgasreiniger**
  3 Kat
- **Kompaktschallplatte**
  2 CD
- **Küstenmotorschiff**
  5 Kuemo
- *ein* **Leichtmetall**
  3 Alu
- **Lichtbild**
  4 Foto
- **Luftreifen**
  4 Pneu
- **Margarete**
  5 Grete
  6 Gretel
- *eine* **Nachrichtenagentur**
  3 ANP, dpa
- **Oberleitungsbus**
  4 Obus
- **offenes Auto**
  6 Cabrio
- **Patrick**
  3 Pat
- **Radio Luxemburg**
  3 RTL
- **Raumtonverfahren**
  6 Stereo
- **Rauschgift**
  3 LSD
- **spannendes Buch**
  5 Krimi
- **Sprengstoff**
  3 TNT
- **Stenografie**
  5 Steno
- **Stromspeicher** (Mehrzahl)
  5 Akkus
- **Stromspeichergerät**
  4 Akku
- **Umspanner**
  5 Trafo
- **Werbefilm**
  4 Spot

kuschelige Kinderwagenausstattung
8 Lammfell

kuschen
9 gehorchen
11 unterwerfen

Kusine
4 Base

Kuss
5 Bussi
6 Bussel
7 Busserl, Schmatz

Küste
6 Strand
7 Gestade
10 Meeressaum, Meeresufer

Küstenabtragung
8 Abrasion

Küstenbewohner
6 Friese

Küstenfahrzeug
4 Ewer
6 Feluke, Kutter
9 Schaluppe

Küstenflachmeer
6 Schelf

Küstenform
3 Bai, Bay, Kap
4 Golf, Haff, Lido, Riff, Ufer, Watt
5 Bucht, Busen, Delta, Fjord, Kliff, Liman
6 Bodden, Foerde, Lagune, Strand
7 Gestade, Nehrung
9 Halbinsel, Landzunge, Meerbusen, Steilufer, Strandsee
10 Felskueste, Meeresufer

Küstenfrachtsegler
8 Galeasse

Küstengebiet
5 Geest

Küstengewässer
4 Watt
10 Wattenmeer

Küstenhochland
5 Geest

Küstenkatastrophe
9 Sturmflut
15 Ueberschwemmung

Küstenschifffahrt
8 Kabotage

Küstenstreifen ...
- *am* **Mittelmeer**
  5 Adria
  7 Riviera
  11 Côte d'Azur

Küstenvogel
5 Moewe

Küstenzone
7 Litoral

Küster
6 Mesner
7 Messner, Sigrist
8 Kirchner
9 Gloeckner

Kutsche
3 Cab
5 Break, Coach, Coupé, Wagen
6 Fiaker
8 Droschke, Fuhrwerk, Kalesche
11 Einspaenner
12 Zweispaenner

Kutscher
6 Fahrer, Fiaker, Lenker

Kutte
9 Ueberrock
11 Moenchsrock

Kuttelsuppe aus dem Tessin
7 Busecca

Kuvert
6 Gedeck, Huelle
8 Konvolut, Umschlag
9 Enveloppe
13 Briefumschlag

Kuvertüre
4 Guss
6 Glasur
8 Ueberzug
19 Schokoladenueberzug

Kykladeninsel
3 Ios, Kea, Kos
4 Keos
5 Delos, Milos, Naxos, Syros, Thira, Tinos

7 Mykonos, Serifos
8 Santorin
Kyklop
8 Polyphem
kyrillisches Alphabet
6 Asbuka

L

Lab
7 Ferment
Labans ...
· **Tochter**
3 Lea
5 Rahel
labberig
3 fad
5 schal
11 abgestanden
laben
9 erquicken
10 erfrischen
labende Erfrischung
5 Trank
Laberdan
6 Dorsch
Labial
10 Lippenlaut
labil
6 unstet
8 instabil, unsicher
9 anfaellig
10 schwankend
12 unbestaendig
13 beeinflussbar
Laborgefäß
6 Kolben, Tiegel
7 Retorte
10 Glaskolben
11 Reagenzglas
13 Schmelztiegel
Laborgehilfe
8 Laborant
Laborgerät
5 Abzug, Tubus
6 Ballon, Filter, Mensur
7 Pipette
8 Dreifuss
9 Exhauster, Konverter
12 Messzylinder
13 Bunsenbrenner
Labsal
5 Trank, Trost, Trunk
6 Balsam
7 Wohltat
9 Linderung
10 Erquickung
11 Erfrischung
Labung
6 Labsal
Labyrinth
9 Irrgarten
Lache
7 Pfuetze
Lacheffekt im Witz
6 Pointe
lächerlich
4 doof
5 banal
6 albern
7 grotesk, komisch, skurril
8 lachhaft
lächerlicher ...
· **Vorfall**
7 Blamage
· **Vorgang**
5 Farce, Posse
Lachfalten, Augenfalten
13 Kraehenfuesse
lachsartiger ...
· **Fisch**
4 Anke
5 Renke, Stint
7 Felchen, Forelle, Maraene
9 Rheinsalm
Lachsfisch
4 Salm
5 Stint
7 Kapelan
Lachsforelle
4 Anke
Lack dünn auftragen
8 lasieren
Lackaffe
4 Beau, Geck
5 Dandy
7 Angeber, Stutzer
Lackel
6 Flegel
8 Dummkopf
Lackmus
7 Reagenz
14 PH-Wert-Anzeiger
Lacküberzug
5 Lasur
6 Firnis, Glasur
Lade
4 Fach
5 Truhe
7 Schrein
9 Behaelter, Schubfach
11 Schubkasten
Ladebaum
4 Kran
8 Ausleger
Ladebühne
5 Rampe
Ladefähigkeit
8 Nutzlast
Ladeflächendecke
5 Plane
Ladeklappe
3 Luk
4 Luke
Laden
4 Shop
8 Boutique
9 Geschaeft
Laden für Fußbekleidung
14 Schuhgeschaeft
Ladendiener
6 Kommis
Ladengeschäft
4 Shop
Ladenhüter
4 Kram
13 Schleuderware
Ladentheke für leicht verderbliche Waren
10 Kuehlregal
Ladentisch
5 Theke
6 Tresen
Ladenzeile
15 Einkaufszentrum
lädiert
10 ramponiert
11 beschaedigt
Ladung
3 Gut
4 Last
5 Fuhre, Kargo

6 Buerde, Fracht
7 Ballast
8 Nutzlast
12 Aufforderung
13 Elektrizitaet

Ladykiller
8 Casanova
10 Frauenheld

ladylike
9 damenhaft

Laertes' Sohn
8 Odysseus

Laffe
4 Beau, Fant, Geck
5 Dandy, Protz
6 Fatzke
7 Stutzer

Lage
3 Ort
5 Platz, Runde
6 Stelle
7 Haltung
8 Position, Stellung
9 Situation
13 Konstellation

Lage ...
· **Bier**
5 Runde
· *der* **Dinge**
13 Konstellation
· *des* **Fetus**
5 Situs
7 Positio
· *von* **Organen**
5 Situs

Lagebezeichnung
4 oben, vorn
5 innen, links, unten
6 aussen, hinten, mitten, rechts

Lager
4 Bett, Sofa
5 Couch, Depot, Liege
6 Kammer, Vorrat
7 Magazin
12 Sammelstelle

Lager ...
· *für* **Feldfrüchte**
5 Miete
· *für* **Kohlen**
5 Halde
6 Keller

Lagerfeuerbackware
9 Stockbrot

Lagerhaus ...
· *für* **Getreide**
12 Getreidesilo, Kornspeicher

Lagerpfandschein
7 Warrant

Lagerpflanze
4 Alge, Moos, Pilz
7 Flechte

Lagerraum
5 Halle
8 Speicher

Lagerstatt
4 Bett

Lagerverwalter
8 Lagerist
10 Magazineur

Lagune
4 Haff
5 Bucht, Liman
7 Ufersee
9 Strandsee

Laguneninsel bei Venedig
6 Murano

Lagunenstadt
7 Venedig

lähmende Furcht
6 Grauen

lähmender Schrecken
9 Entsetzen

Lähmung
8 Paralyse

Laichgebiet der Aale
11 Sargassosee

Laichzeit
6 Laiche

Laie
7 Amateur
9 Dilettant

Laienbruder
6 Frater

laienhaft
11 amateurhaft
13 dilettantisch

Laienrichter
8 Schoeffe
12 Geschworener

Laiin
9 Amateurin

Lakai
6 Diener
11 Schmeichler

Lake
11 Salzloesung

Laken
7 Bettuch
8 Betttuch

lakonisch
4 kurz
5 knapp
8 wortkarg

Lakritzstaude
16 Suessholzstrauch

Lamaart
4 Pako
6 Alpaka
7 Guanako

Lambrie
10 Fussleiste

lamentieren
6 keifen, zetern

Lamento
5 Klage
6 Jammer
8 Gejammer, Geschrei, Wehklage
10 Beschwerde

Lammfell
7 Karakul, Krimmer
9 Persianer

Lammfellmütze
6 Kalpak, Kolpak

lammfromm
4 zahm

Lampe
19 Beleuchtungskoerper

Lampe ...
· *in* **der Tierfabel**
4 Hase
· *mit* **UV-Licht**
11 Hoehensonne

Lampen am Auto
12 Scheinwerfer

Lampenart
4 Spot
5 Ampel
6 Sucher
7 Laterne, Luester
8 Leuchter, Strahler
9 Spotlight, Wandlampe
10 Kandelaber
12 Kronleuchter, Scheinwerfer, Taschenlampe

Lampenfieber
5 Angst
6 Unruhe
11 Nervositaet
14 Pruefungsangst

L

Lampengestell
10 Kandelaber
Lampion
5 Ampel
7 Laterne
13 Papierlaterne
lancieren
8 foerdern
11 hochspielen
Land
4 Erde
5 Acker, Boden, Grund, Staat
6 Gebiet, Gegend
7 Gefilde, Terrain
8 Erdboden
11 Territorium
Land ...
· *der* **Bundesrepublik**
6 Bayern, Berlin, Bremen, Hessen
7 Hamburg, Sachsen
8 Saarland
10 Thueringen
11 Brandenburg
13 Niedersachsen, Sachsen-Anhalt
14 Rheinland-Pfalz
17 Baden-Wuerttemberg, Schleswig-Holstein
18 Nordrhein-Westfalen
21 Mecklenburg-Vorpommern
· *des* **ehemaligen deutschen Reichs**
8 Preussen
· *im* **Himalaja**
5 Tibet
· *am* **Jordan**
4 Moab
· *am* **Kaukasus**
8 Georgien
· *der* **Kelten**
7 Gallien
· *am* **mittleren Nil**
6 Nubien
· *im* **Naturzustand**
7 Wildnis
· *des* **Sonnenaufgangs**
5 Japan
· *der* **tausend Seen**
8 Finnland
· *der* **unbegrenzten Möglichkeiten**
3 USA
7 Amerika
· *im* **Wasser**
5 Insel
Landarbeiter
6 Knecht
Landarbeiterin
4 Magd
Landbesitz
3 Gut, Hof
4 Farm
5 Ranch
7 Gehoeft, Gutshof
9 Bauernhof, Rittergut
10 Immobilien, Latifundie
14 Liegenschaften
Landbesitzerkaste in Indien
6 Dschat
Landbewohner
8 Haeusler
Landebahn für Flugzeuge
5 Piste
Landedelmann
6 Junker
Landenge vor Korinth
7 Isthmus
Landeplatz ...
· *der* **Arche Noah**
6 Ararat
· *für* **Flugzeuge**
5 Horst, Piste
8 Flugfeld, Rollbahn, Roll feld
9 Flughafen, Flugplatz
· *für* **Schiffe**
3 Kai
5 Hafen, Reede
Länder ...
· **jenseits der Meere**
8 Uebersee
· **Vorderasiens**
6 Nahost
11 Naher Osten
Länderei ▶ Landbesitz
Ländervertretung der BRD
9 Bundesrat
landesfremd
6 extern
Landeshauptmann im alten Polen
7 Starost
Landesherr
7 Monarch
8 Potentat
9 Souveraen
Landesherr Jesu
7 Herodes
Landessprache in Togo
3 Ewe
Landesteg
12 Anlegestelle
Landesteg im Hafen
13 Anlegebruecke
Landesteil
3 Gau
5 Kreis
6 Bezirk
7 Provinz
Landesteil ...
· *von* **Bayern**
7 Franken
8 Schwaben
9 Oberpfalz
10 Oberbayern
11 Oberfranken
12 Niederbayern, Unterfranken
13 Mittelfranken
· *von* **Dänemark**
8 Juetland
· *von* **Österreich**
5 Tirol
8 Kaernten
10 Steiermark, Vorarlberg
· *der* **Tschechischen Republik**
7 Boehmen, Maehren
Landesverrat
8 Spionage
Landesverweser
6 Regent
Landesverweseramt
12 Regentschaft
landesweiter Ausstand
13 Generalstreik
Landevorhaben
6 Anflug
Landfläche
4 Flur
Landfremdling
6 Gringo
Landgut
3 Hof
4 Farm
5 Ranch
Landgut ...
· *in* **Südamerika**
8 Estanzia, Hazienda
Landhaus
5 Baude
6 Chalet

7 Cottage, Datscha
8 Bungalow

Landkarte
4 Plan
14 Messtischblatt

Landkartenwerk
5 Atlas

Landkartenzeichner
9 Kartograf
10 Kartograph

Landkreis in Schleswig-Holstein
8 Stormarn

Landkultur
8 Ackerbau
9 Viehzucht

landläufig
6 gemein
7 ueblich

ländlich
5 rural
8 rustikal
9 bukolisch, idyllisch
10 baeuerlich

ländlich(e, er, es) ...
· **Ansiedlung**
3 Gut, Ort
4 Dorf
6 Weiler
· **Besitz**
7 Anwesen, Gehoeft
· **Feier**
5 Kerwe
6 Kirmes
10 Heimatfest
· **Gartengestaltung**
12 Bauerngarten
· **Gemeinde**
4 Dorf
10 Dorfschaft
· **Hotel**
7 Gasthof
· **Leben**
6 Idylle
· **Ort**
4 Dorf
· **Wirtshaus**
7 Gasthof

Landmacht ...
· *eines* **Staates**
4 Heer
5 Armee

Landmann
5 Bauer
8 Agrarier

Landmesser ▶ Landvermesser

Landnase
3 Kap
9 Halbinsel

Landpartie
7 Ausflug

Landpolizei
11 Gendarmerie

Landpolizist
7 Gendarm

Landschaft
3 Gau
4 Moor, Wald
5 Heide
6 Bezirk, Gebiet, Gegend, Region

Landschaft ...
· *in* **Afghanistan**
5 Balch
· *in* **Ägypten**
5 Gosen
· *im* **alten Palästina**
6 Judaea
· *im* **Alten Testament**
7 Aramaea
· *der* **Antike**
4 Saba
6 Phokis
7 Aeolien
9 Bithynien
· *in* **Äthiopien**
6 Harrar, Ogaden
· *in* **Baden**
5 Hegau
6 Albgau
9 Kraichgau
· *im* **Baltikum**
7 Kurland, Livland
9 Semgallen
10 Lettgallen
· *in* **Belgien**
5 Fagne
6 Fagnes, Kempen
7 Brabant
8 Ardennen, Flandern, Hennegau
· *in* **Böhmen**
8 Egerland
· *zwischen* **Donau und Theiß**
5 Banat
· *bei* **Düsseldorf**
10 Neandertal
· *zwischen* **Elbe und Bober**
7 Lausitz
· *in* **Finnland**
8 Karelien, Lappland
· *im* **Kanton Luzern**
9 Entlebuch
· *in* **Kleinasien**
5 Troas
6 Ionien
8 Phrygien
· *bei* **Lyon**
6 Bresse
· *in* **Mesopotamien**
8 Chaldaea
· *am* **Mittelmeer**
7 Riviera
8 Provence
· *am* **Mittelrhein**
5 Pfalz
· *zwischen* **Mosel und Rhein**
5 Eifel
· *in der* **Niederlausitz**
9 Spreewald
· *in* **Niedersachsen**
4 Harz
6 Hadeln
7 Emsland, Solling
9 Stedingen
· *in* **Norditalien**
6 Friaul
· *in* **Nordrhein-Westfalen**
10 Ruhrgebiet
· *am* **Oberrhein**
7 Ortenau
· *in* **Ostpreußen**
7 Ermland, Masuren, Samland
· *in* **Pakistan**
5 Bugti
6 Punjab
9 Pandschab
· *in* **Palästina**
8 Galilaea
· *bei* **Paris**
4 Brie
· *in* **Portugal**
5 Beira
· *in* **Rumänien**
5 Banat
6 Moldau
8 Bukowina, Walachei
· *in* **Sankt Gallen**
10 Toggenburg
· *in* **Schleswig-Holstein**
6 Angeln
8 Probstei, Stormarn
12 Dithmarschen

L

· *in der* **Schweiz**
4 Jura
7 Engadin
8 Emmental
· *in* **Sibirien**
5 Taiga
· *in* **Spanien**
8 Asturien, Galicien
9 Aragonien, Kastilien
10 Andalusien, Katalonien
11 Estremadura
· *in* **Süddeutschland**
7 Allgaeu
· *in* **Tirol**
9 Zillertal
· *in* **Ungarn**
6 Pussta, Puszta
· *in* **Westfalen**
7 Hellweg
9 Sauerland
· *bei* **Wien**
5 Lobau
landschaftlich für ...
· **Amsel**
5 Merle
· **Blaubeere**
12 Schwarzbeere
· **dicker Brei**
4 Pamp
5 Pampe
· **Kleister**
4 Papp
· **Pfifferling**
7 Rehling
· **quer**
6 zwerch
· **Reibeisen**
6 Raffel
· **Singdrossel**
5 Zippe
· **Widder**
5 Staer
· **Wurzel**
4 Wurz
Landschaftsbeschreibung
10 Topografie
11 Topographie
Landschaftsbild
8 Szenerie
Landschaftsform
2 Au
3 Aue, Tal
4 Berg, Moor, Moos
5 Bruch, Ebene, Geest, Heide, Karst, Pampa, Taiga
6 Kueste, Marsch, Pussta, Puszta, Steppe, Tundra, Wueste
7 Gebirge, Praerie
8 Bergland, Hochland, Tiefland
9 Flachland, Hochebene, Niederung
11 Hochgebirge
13 Mittelgebirge
Landschaftsgarten
4 Park
Landschaftsplaner
18 Gartenbauarchitekt
Landsknecht
6 Soldat
8 Soeldner
Landsknechtseinheit
5 Haufe
Landsknechtswaffe
4 Pike
10 Hellebarde
Landsmann ...
· *in* **Österreich**
6 Wiener
7 Steirer, Tiroler
9 Kaerntner
10 Salzburger
12 Vorarlberger
13 Burgenlaender
17 Oberoesterreicher
Landspitze
3 Kap
4 Riff
7 Nehrung
9 Halbinsel
Landstraße
8 Chaussee
Landstreicher
5 Tramp
6 Penner
7 Bettler
8 Streuner, Vagabund
9 Schnorrer
10 Pennbruder
13 Uebernachtler
Landstreitkräfte
4 Heer
5 Armee
6 Truppe
Landstrich
4 Zone
6 Gebiet, Region
Landstück für den Kleinanbau
6 Garten
Landungsbrücke
4 Pier
Landungsplatz der Arche Noah
6 Ararat
Landvermesser
7 Geodaet
8 Geometer
Landvogt bei Wilhelm Tell
7 Gessler
Landvorsprung ▶ Landspitze
Landwirt
5 Bauer
6 Farmer
7 Agronom
8 Agrarier
landwirtschaftlich
9 agrarisch
landwirtschaftlich(e, er, es) ...
· **Arbeiter**
6 Knecht
· **Beruf**
6 Melker
· **Betrieb**
3 Gut, Hof
4 Farm
5 Ranch
8 Plantage
9 Bauernhof
11 Huehnerfarm
· **Ertrag**
5 Ernte
· **Fahrzeug**
7 Traktor
· **Feldmaß**
4 Joch
· **Gebäude**
5 Stall, Tenne
7 Scheune
8 Heuboden
· **Gerät**
4 Egge
5 Forke, Gabel, Hacke, Harke, Pflug, Sense
6 Rechen, Sichel, Spaten
7 Traktor
8 Heugabel, Heuharke
9 Mistgabel
10 Maehbinder
12 Dreschflegel, Maehdrescher

- **Großbetrieb**
  3 Gut
  4 Farm
- **Nährstoffverteil-maschine**
  14 Duengerstreuer
- **Nutzfläche**
  4 Feld
  5 Acker, Weide
- **Nutztier**
  3 Kuh
  4 Rind
  8 Milchkuh
- **Nutztiere**
  4 Vieh
- **Nutzung des Bodens**
  8 Ackerbau
- **Personal**
  7 Gesinde
- **Produkt**
  2 Ei
  5 Milch
  7 Fleisch, Gemuese
  8 Getreide
  9 Gefluegel, Kartoffel
- **Tätigkeit**
  5 eggen, saeen
- **Zugmaschine**
  7 Traktor

Landwirtschaftsorganisation der UN
3 FAO

Landzunge ▶ Landspitze

lang
9 gestreckt
10 ausgedehnt

lang ...
- **blühende Zimmerpflanze**
  10 Crossandra
- **gestreckte Erdaufschüttung**
  4 Damm

lang(e, er, es) ...
- **Abendkleid**
  4 Robe
- **Beständigkeit**
  15 Dauerhaftigkeit
- **Binde**
  6 Fasche
- **Festkleider**
  5 Roben
- **Gebäudeteil**
  5 Trakt
- **Gegenstand**
  6 Stange
- **Heldengedicht**
  4 Epos
- **Hiebwaffe**
  6 Saebel
- **Hundeschwanz**
  4 Rute
- **Kleidermode**
  4 Maxi
- **Oberteil des Stiefels**
  6 Schaft
- **Skalpell**
  8 Bistouri
- **Stäbe**
  7 Stangen
- **Stab**
  6 Stange
- **Strand**
  4 Lido
- **Vertiefung**
  5 Rinne
- **Wollstrumpf ohne Fuß**
  9 Legwarmer
- **Zeiträume**
  5 Jahre

Langarmaffe
3 Lar

langatmig
3 oed
10 langweilig
12 ausfuehrlich

langbeiniger ...
- **Wasservogel**
  4 Ibis
  6 Storch
  8 Flamingo

langbeiniges Steppentier
7 Giraffe

langblühende Zimmerstaude
11 Silberwinde

Länge
5 Dauer
7 Ausmass
9 Abmessung, Dimension

Längengleichheit
9 Isometrie

Längengrad ▶ Längenkreis

Längenkreis
8 Meridian

Längenmaß (Abkürzung)
2 cm, km, My
4 Elle, Fuss, Rute, Zoll
5 Faden, Kabel, Meile, Meter
6 Parsec
7 Klafter
8 Seemeile
9 Dezimeter, Kilometer, Lichtjahr, Nanometer
10 Mikrometer, Millimeter, Zentimeter
11 Millimikron

Längentreue (Kartografie)
9 Isometrie

länger(e, er, es) ...
- **Fahrt**
  5 Reise
- **Riss**
  5 Ritze
  6 Spalte
- **Vortrag**
  4 Rede
- **Wegfahrt**
  5 Reise
- **Zeitraum**
  4 Jahr

Langeweile
4 Oede
8 Einerlei
9 Tristheit

Langfinger
4 Dieb
10 Kleptomane

langfristige ...
- **Kreditnahme**
  7 Anleihe
  8 Darlehen, Hypothek

langhaariger Hühnerhund
6 Setter

langhaariges Lama
6 Alpaka

Langhalsflasche
6 Phiole

langhalsige Gitarre
5 Banjo

langhalsiger Stelzvogel
6 Storch

Langhalstier
7 Giraffe

Langlaufbahn im Skisport
5 Loipe

langlebiger Schlager
9 Evergreen

länglich ...
- **rund**
  4 oval
  10 elliptisch

länglich(e, er, es) ...
- **Biskuit**
  8 Biskotte
- **Brotform**
  6 Wecken
- **Gebäck**
  7 Weckerl
- **Keks**
  14 Loeffelbiskuit
- **Teigstück**
  7 Nockerl
- **Verdickung**
  5 Wulst
- **Vertiefung**
  3 Nut
  5 Rille, Rinne
- **Weißbrot**
  12 Semmelwecken

Langmut
6 Geduld
8 Ausdauer
9 Nachsicht
11 Duldsamkeit

langmütig
8 geduldig

L

Langobardenkönig
4 Tato
6 Alboin, Audoin, Klaffo
7 Agilulf, Aistulf, Aripert, Authari, Rothari
8 Walthari
10 Desiderius

Langohr
4 Esel, Hase

langohriges Jagdtier
4 Hase

längs
7 entlang

längs gerippter Stoff
4 Cord

langsam
4 faul
6 traege
7 saeumig
9 saumselig

langsam ...
- *in* **der Musik**
  5 largo, lento, tardo
  6 adagio
- **garen im geschlossenem Topf**
  8 schmoren

langsam(e, er, es) ...
- **amerikanischer Tanz**
  5 Blues
- **Filmwiedergabe**
  8 Zeitlupe
- **französischer Tanz**
  7 Gavotte
- **Gangart**
  5 Trott
- **Gesellschaftstanz**
  5 Blues
- **moderner Tanz**
  7 Slowfox
- **mühselige Arbeit**
  10 Ochsentour
- **Musikstück**
  5 Largo
  6 Adagio
- **spanischer Tanz**
  9 Sarabande
- **Tanz**
  5 Blues
  7 Slowfox
- **Tonstück**
  6 Adagio
- **Volkstanz**
  8 Laendler

Langschwanzpapagei
3 Ara
5 Arara

Längsfaden eines Gewebes
5 Kette

Langspielplatte
2 LP

Längsrinne
5 Riefe

längst(e, er, es) ...
- **Fluss von Albanien**
  4 Drin
- **Gebirge der Erde**
  11 Kordilleren
- **Strom der Erde**
  8 Amazonas

Längsteil des Schiffes
4 Kiel

langstieliges Essgerät
14 Joghurtloeffel

Längsträger eines Schiffes
4 Kiel

Langstreckenwettbewerb
4 Giro
6 Rallye
9 Radrennen
10 Autorennen
12 Marathonlauf
14 Motorradrennen
15 Sechstagerennen

Languste
5 Krebs
11 Panzerkrebs, Ritterkrebs

langweilig
3 fad, oed
4 fade, oede
6 droege
7 monoton
8 einerlei, ennuyant
9 eintoenig, langatmig

langweilig(e, er, es) ...
- **Dorf**
  4 Kaff
- **Geschwätz**
  6 Sermon
- **Schwätzer**
  8 Salbader

Langzeitprüfung
9 Dauertest

Lanze
5 Speer
6 Spiess
10 Hellebarde

Lanzenreiter
4 Ulan

laotischer Grenzfluss
6 Mekong

lapidar
4 kurz
5 knapp
8 wortkarg

Lappalie
9 Bagatelle, Petitesse
10 Banalitaet, Nebensache, Quisquilie
11 Kleinigkeit

Lappen
6 Fetzen, Lumpen

Lappenkuh
3 Ren

Lappenzelt
4 Kote

läppisch
6 albern, simpel
8 infantil, kindisch

Lapsus
9 Fehltritt
11 Versprecher

Larifari
5 Unfug
6 Gerede, Unsinn

Lärm
5 Krach, Radau, Rumor, Trara
6 Getobe, Rabatz, Randal, Trubel, Tumult, Unruhe

7 Aufruhr, Getoese, Klamauk, Krakeel, Krawall
9 Spektakel
12 Ruhestoerung
Lärm um nichts
5 Trara
lärmen
7 groelen, rumoren
8 schreien
9 krakeelen
11 randalieren
Lärmen vor der Hochzeit
11 Polterabend
lärmend(e, er, es) ...
· **Gespenst**
11 Poltergeist
· **Schreien**
7 Groelen
· **Treiben**
10 Remmidemmi
· **Unfug**
6 Randal
7 Randale
Lärminstrument
6 Knarre, Rassel
7 Klapper
Larve
4 Made
5 Maske, Mumme, Puppe, Raupe
9 Engerling
Larve ...
· *des* **Maikäfers**
9 Engerling
· *des* **Schmetterlings**
5 Raupe
lasch
3 lax
5 leger
6 salopp
7 laessig, schlaff
Lasche
5 Zunge
6 Nippel
Laschenkragen
8 Beffchen
Läsion
5 Wunde
10 Verletzung
lässig
3 lax
5 lasch, leger
6 bequem, locker, salopp, traege
7 langsam
10 nonchalant
11 ungezwungen
lässige ...
· **Sprache**
5 Idiom, Slang
lässiger Gang
5 Trott
Lässigkeit
7 Laxheit
11 Nonchalance
lässlich
11 verzeihlich
12 entschuldbar
läßt garantiert keine Sonne durch
10 Sunblocker
Last
4 Crux, Joch, Krux
5 Muehe, Plage
6 Buerde, Fracht, Kummer, Ladung
7 Gewicht
Last- und Reittier in der Wüste
5 Kamel
Lastenheber
4 Kran
7 Stapler
9 Seilwinde
11 Flaschenzug
12 Gabelstapler
Lastensegler
6 Glider
Laster
3 Lkw
5 Manie, Sucht, Truck
6 Suende
7 Unsitte
Lästerung
5 Fluch
12 Beschimpfung
13 Verwuenschung
lästig
6 genant
8 stoerend
9 penetrant
10 unangenehm
12 aufdringlich, beschwerlich
13 unsympathisch
lästig(e, er, es) ...
· **Insekt**
4 Floh, Laus
5 Wanze, Wespe
6 Bremse, Fliege, Muecke
7 Schnake
8 Sandfloh
· **Kind**
5 Blage
11 Nervensaege
· **Lärmen**
9 Groelerei
· **Mensch**
7 Stoerer
12 Stoerenfried
· **Tier**
5 Biest
Lastkraftwagen
5 Truck
6 Brummi, Camion
Lastrahmen (Technik)
6 Pallet
Lastschiff
4 Kahn
6 Tanker
8 Frachter
11 Transporter
Lasttier
4 Esel, Lama, Muli
5 Kamel, Pferd
8 Dromedar, Maulesel, Maultier
11 Trampeltier
Lastträger im Himalaja
6 Sherpa
Lasur
8 Ueberzug
11 Farbschicht, Lackschicht
Lasurstein
11 Lapislazuli
laszív
8 erotisch, sinnlich
10 anstoessig, unzuechtig
Lateinamerikaner
6 Kreole
lateinamerikanischer ...
· **Indianer**
5 Indio
· **Tanz**
5 Mambo, Raspa, Rumba, Samba
9 Chachacha
Lateineuropäer
6 Romane
lateinisch für ...
· **aber**
3 sed
· **Abscheu**
6 horror

- **acht**
  4 octo
- **Acker**
  4 ager
- **also**
  4 ergo
- **anders**
  5 alias
- **Anhang**
  5 annex
- **Anstand**
  5 mores
- **Art**
  5 modus
- **Arzt**
  7 medicus
- **Asien**
  4 Asia
- **auch**
  5 alias
- **aus**
  2 ex
- **Ausspruch**
  6 diktum
- **Baum**
  5 arbor
- **Bedingung**
  8 conditio
- **Berg**
  4 mons
- **bete**
  3 ora
- **bete und arbeite**
  11 ora et labora
- **Bezirk**
  5 regio
- **Brot**
  5 panis
- **Bruder**
  6 frater
- **Buch**
  5 liber
- **Buchseite**
  6 pagina
- **Buchstabe**
  6 litera
- **dafür**
  3 pro
- **dagegen**
  6 contra
- **das Gute**
  5 bonum
- **das heißt, das ist**
  5 id est
- **derselbe**
  4 idem
- **deshalb**
  4 ergo
- **Dichter**
  5 poeta
- **Ding**
  3 res
- **drei**
  3 tre
  4 tres
- **durch**
  3 per
- **ebenso**
  4 item
- **Ehre**
  5 honor
- **eins**
  4 unus
- **einst**
  4 olim
- **Eisen**
  6 ferrum
- **eitel, nichtig**
  4 inan
- **Ende**
  5 finis
- **Erde**
  5 terra
- **Erinnerung**
  7 memoria
- **Fall**
  5 casus
- **folglich**
  4 ergo
- **Freund**
  6 amicus
- **Freundin**
  5 amica
- **Frieden**
  3 pax
- **fünf**
  7 quinque
- **für**
  3 pro
- **Gattung**
  5 genus
- **Gebiet**
  5 regio
- **gegen**
  6 contra
- **Gegend**
  5 regio
- **Gegenstand**
  3 res
- **Gerücht**
  4 fama
- **Geschlecht**
  5 sexus
- **Gesetz**
  3 lex
- **Glaube**
  5 fides
- **gleichfalls**
  4 dito
- **Glück**
  7 fortuna
- **glücklich**
  5 felix
- **Gold**
  5 aurum
- **Gott**
  4 deus
- **groß**
  6 magnus
- **Grund**
  5 causa
- **Hafen**
  6 portus
- **Hand**
  5 manus
- **Haus**
  5 domus, villa
- **Hund**
  5 canis
- **ich**
  3 ego
- **ich glaube**
  5 credo
- **ich kam**
  4 veni
- **ich liebe**
  3 amo
- **im Ganzen**
  6 in toto
- **im Jahre**
  4 anno
- **immer**
  6 semper
- **innen**
  5 intus
- **Irrtum**
  5 error
- **jugendlich**
  7 juvenil
- **König**
  3 rex
- **Königin**
  6 regina

L

- **Körper**
  6 corpus
- **Kranz**
  6 corona
- **Kreuz**
  4 crux
- **Krone**
  6 corona
- **Kunst**
  3 ars
- **Last**
  4 onus
- **lebe wohl**
  4 vale
- **Leben**
  4 vita
- **leer**
  4 inan
- **Licht**
  5 lumen
- **Liebe**
  4 amor
- **Löwe**
  3 leo
- **Luft**
  3 aer
- **Mann, Mensch**
  4 homo
- **Meer**
  4 mare
- **Mensch**
  4 homo
- **Methode**
  3 via
- **mittels**
  3 per
- **Mond**
  4 luna
- **Mühe**
  4 onus
- **Mutter**
  5 mater
- **Nacht**
  3 nox
- **Name**
  5 nomen
- **neun**
  5 novem
- **nichtig**
  4 inan
- **nichts**
  5 nihil
- **niemand**
  4 nemo
- **Odysseus**
  6 Ulixes
- **ohne**
  4 sine
- **Ordensbruder**
  6 Frater
- **Pöbel**
  5 Plebs
- **Recht**
  3 ius
- **Redner**
  6 orator
- **rückwärts**
  5 retro
- **Ruf** (Leumund)
  4 fama
- **Sache**
  3 res
- **Schicksal**
  5 fatum
- **sechs**
  3 sex
- **sei gegrüßt**
  3 ave
  5 salve
- **Seite**
  6 pagina
- **sieben**
  6 septem
- **Sieg**
  8 victoria
- **siehe da**
  4 ecce
- **Sitten**
  5 mores
- **so**
  3 ita, sic
- **Sohn**
  6 filius
- **sonst**
  5 alias
- **Sprache**
  6 lingua
- **Stadt**
  4 urbs
- **Stein**
  5 lapis
- **Stelle**
  5 locus
- **Stern**
  6 astrum
- **Straße**
  3 via
- **Stunde**
  4 hora
- **Tag**
  4 dies
- **Tochter**
  5 filia
- **Tor**
  5 porta
- **und**
  2 et
- **Vater**
  5 pater
- **Vaterland**
  6 patria
- **Vernunft**
  5 ratio
- **Volk**
  7 populus
- **vor**
  4 ante, prae
- **Vorzeichen**
  4 omen
- **Wasser**
  4 aqua
- **Weg**
  3 via
- **Werk**
  4 opus
- **Wolf**
  5 lupus
- **Zahl**
  7 numerus
- **Zauberer**
  5 magus
- **zehn**
  5 decem
- **Zeichen**
  6 signum
- **Zeit**
  6 tempus
- **Zuhörerschaft**
  10 Auditorium
- **zur Sache**
  5 ad rem
- **Zustand**
  6 status
- **zwei**
  3 duo
- **Zweifel**
  6 dubium
- **zwischen**
  5 inter

lateinisch für Zahn
  4 Dens

lateinisch(e, er, es) ...
- **Bibelübersetzung**
  5 Itala

7 Vulgata
· **Dichter**
5 Horaz
6 Vergil
8 Ausonius
10 Prudentius
· **Druckschrift**
7 Antiqua
· **Grußwort**
3 ave
5 salve
· **Name eines Erdteils**
4 Asia
· **Name für Irland**
8 Hibernia
· **Name für Köln**
15 Colonia Agripina
· **Name für Österreich**
7 Austria
· **Name für Paris**
7 Lutetia
· **Name für Polen**
7 Polonia
· **Name für Wien**
9 Vindobona
· **Name von Spanien**
8 Hispania
· **Sprachprüfung**
7 Latinum
· **Vorsilbe (drei)**
3 tri
· **Vorsilbe (halb)**
4 semi
· **Vorsilbe (jenseits)**
5 trans
· **Vorsilbe (nach)**
2 ad
· **Vorsilbe (rückwärts)**
5 retro
· **Vorsilbe (viel)**
5 multi
· **Vorsilbe (zu)**
2 ad

Laterne
5 Lampe
7 Aufsatz, Lampion, Leuchte

Latifundium
10 Landbesitz
12 Liegenschaft

Latona
4 Leto

Latonas ...
· **Sohn**
5 Apoll
6 Apollo
7 Apollon
· **Tochter**
5 Diana

Latrine
2 WC
5 Abort, Lokus
7 Abtritt, Klosett
12 Donnerbalken

Latsche
5 Schuh
6 Foehre, Kiefer
8 Knieholz, Schlappe
9 Pantoffel, Schlappen

Latte
5 Brett, Laban
6 Leiste, Stange
8 Kantholz, Kerbholz

Lattengestell
5 Horde
7 Spalier
8 Holzrost

Lattenkiste
6 Steige
9 Obstkiste

Lattenzaun
6 Staket

Latz
9 Serviette

Laub der Bäume
8 Blaetter

Laubbaum
4 Erle, Espe, Ulme
5 Ahorn, Birke, Birne, Buche, Eiche, Esche, Linde, Weide
6 Akazie, Ginkgo, Mispel, Pappel
7 Lorbeer, Oelbaum, Platane, Robinie, Walnuss
8 Birnbaum, Kastanie, Nussbaum, Rotbuche, Salweide
9 Apfelbaum, Bergahorn, Blutbuche, Buchsbaum, Eberesche, Feldahorn, Hagebuche, Hainbuche, Korkeiche, Mangobaum
10 Eukalyptus, Feigenbaum, Weissbuche
11 Trauerweide
12 Silberpappel

Laubbaum mit essbaren Früchten
12 Edelkastanie

Laubbaumfrucht
6 Eichel, Marone
8 Kastanie
9 Buchecker

Laube
8 Pavillon
10 Gartenhaus

Laubengang
6 Arkade
7 Pergola

Laubenland
14 Schrebergarten

Laubgewinde
5 Kranz
6 Feston
8 Girlande

Laubhüttenfest
9 Erntedank

Laubwerk in der Kunst
9 Feuillage

Lauchgemüse ▶ Lauchpflanze

Lauchpflanze
5 Bolle
6 Porree
7 Zipolle, Zwiebel
9 Knoblauch, Schalotte

Laudatio
7 Lobrede

Lauf
4 Bahn, Gang, Kurs
6 Sprint
7 Jogging

Laufart ...
· *des* **Pferdes**
4 Trab
6 Traben

Laufbahn
3 Weg
8 Aufstieg, Karriere
9 Werdegang
15 Curriculum Vitae

Laufbrett
4 Steg

Laufbrücke
7 Gangway
8 Stelling

Laufbursche
3 Boy
4 Bote, Page

Laufdisziplin
6 Sprint
8 Marathon
9 Dauerlauf
11 Huerdenlauf

laufend
11 unablaessig
13 unaufhoerlich
laufende Rechnung
12 Kontokorrent
Läufer
5 Figur, Stein
6 Athlet
7 Teppich
11 Schachfigur
Lauferei
6 Gerenn
7 Gerenne
Lauffläche ...
· *des* **Fußes**
5 Sohle
· *des* **Schuhwerks**
5 Sohle
Laufgarten für Pferde
7 Paddock
Laufhindernis
6 Graben, Huerde
Laufinneres bei Feuerwaffen
5 Seele
Laufjunge ▶ Laufbursche
Laufkäfer
11 Goldschmied
13 Puppenraeuber
Laufkampf
10 Wettrennen
Laufleine für Pferde
5 Longe
Laufschiene
4 Kufe
Laufschuhe
6 Spikes
Laufstange
6 Stelze
Laufsteg bei Modenschauen
7 Catwalk
Laufvogel
3 Emu, Moa
4 Kiwi
5 Nandu
7 Strauss
Laufwettbewerb (▶ auch Laufdisziplin)
6 Rennen
Lauge
4 Base
Lauge zum Bleichen
6 Beuche
laugenartige Verbindung
6 Alkali

Laune
4 Lust
5 Mucke
6 Grille, Spleen
7 Einfall, Marotte
8 Allueren, Kapriole, Schrulle, Stimmung
launisch
5 labil
6 bizarr
10 kaprizioes
11 grillenhaft
14 wetterwendisch
Lausbub
5 Range
6 Bengel, Knirps, Lauser
9 Schlingel
10 Frechdachs
13 Dreikaesehoch
Lausbub ...
· *bei* **Wilhelm Busch**
3 Max
6 Moritz
Lauscher
5 Ohren
7 Horcher
Läuseei
5 Nisse
Läuseeier
6 Nissen
Läuseharke
4 Kamm
Lausei
5 Nisse
Läusetyphus
11 Fleckfieber
Laut
3 Ton
5 Klang
13 geraeuschvoll
Laut ...
· *des* **Hundes**
3 wau
· *der* **Kuh**
3 muh
· *der* **Rinder**
3 muh
· *durch* **Senkung des Gaumensegels**
5 nasal
laut(e, er, es) ...
· **Anruf**
5 hallo
· **Ausruf**
6 Schrei
· **Äußerung**
3 Ruf
5 Zuruf
6 Ausruf
8 Gebruell
· **Beifall**
7 Applaus, Ovation
· **Brausen**
5 Tosen
· **Geräusch**
5 Knall
· **Heiterkeit**
5 Jubel
6 Trubel
· **Jammern**
7 Gezeter
· **Klage**
6 Jammer
· **Schallquelle**
6 Sirene
· **Schreien**
8 Gebruell
· **Tadel**
7 Schelte
· **Tonstärke in der Musik**
5 forte
· **Trauer**
5 Klage
· **Unruhe**
6 Trubel
· **Warnung**
5 Alarm
7 Mahnruf
· **zänkisches Streiten**
7 Gekeife
Lautbildung im Kehlkopf
15 Stimmhaftigkeit
Laute ...
· *von* **Hühnern**
8 Gegacker
· *von* **Hunden**
6 Bellen, Gebell
lauter
3 pur
4 rein
6 schier
7 ehrlich, integer
8 gediegen, makellos
10 aufrichtig
Lauterkeit
11 Ehrlichkeit, Integritaet
14 Aufrichtigkeit
Läuterung
9 Katharsis, Reinigung

L

Lautlehre
8 Phonetik
lautlos
5 leise, ruhig, still
8 unbewegt
lautstark schimpfen
9 krakeelen
lautstarke Musik
10 Fortissimo
Lautstärkeeinheit
3 Fon
4 Phon
lautstarkes Streiten
11 Krakeelerei
lauwarmer Raum der römischen Thermen
10 Tepidarium
lavieren
9 taktieren
lax
5 leger
6 locker
7 laessig, schlaff
11 nachlaessig
Laxans
13 Abfuehrmittel
Lay-out, ...
· **Layout**
6 Skizze
7 Entwurf
10 Gestaltung, Gliederung
Lazarett
8 Hospital
11 Krankenhaus
Leanders Geliebte
4 Hero
Leas Gatte
5 Jakob
leasen
6 mieten
7 pachten
Leasing
8 Mietkauf
Lebemann
7 Playboy
8 Casanova
9 Bonvivant
Leben
4 Sein, Vita
6 Dasein
8 Existenz
Leben ...
· *im* **Wohnwagen**
10 Caravaning
· **zerstörender Stoff**
4 Gift
lebender Zaun
5 Hecke
lebendig
4 agil, rege
5 queck, quick, vital
6 belebt
7 beseelt, lebhaft, schnell
9 organisch
11 anschaulich
Lebensabend
5 Alter
10 Altersjahr
Lebensabschnitt
5 Alter
6 Jugend
8 Kindheit
Lebensanfang
6 Geburt
Lebensanstrengung
12 Daseinskampf
Lebensart
6 Fasson
Lebensbaum
5 Thuja
Lebensbeginn
6 Geburt
lebensbejahender Mensch
8 Optimist
Lebensbeschreiber
7 Biograf
8 Biograph
Lebensbeschreibung
8 Memoiren
9 Biografie
10 Biographie
13 Autobiografie
14 Autobiographie
Lebensbund
3 Ehe
Lebensdarstellung
9 Biografie
10 Biographie
13 Autobiografie
14 Autobiographie
Lebensdauer
5 Alter
lebensdurstig ▶ lebenshungrig
Lebensende
3 Tod
7 Ableben
Lebenserinnerungen
8 Memoiren
lebensfremd
6 droege
7 trocken
10 akademisch
11 theoretisch
13 unrealistisch
Lebensfreude
4 Lust
Lebensfrische
10 Gesundheit
Lebensführungskosten
9 Unterhalt
Lebensgefährte
4 Mann
5 Gatte
6 Gemahl
7 Ehemann, Partner
10 Ehepartner
Lebensgefährtin
4 Frau
6 Gattin
7 Ehefrau
8 Gemahlin
9 Partnerin
Lebensgefährtin von Lennon (Yoko)
3 Ono
Lebensgemeinschaft
3 Ehe
7 Familie
Lebensgemeinschaft mit Kindern
7 Familie
Lebensgrundsatz
6 Devise, Maxime
Lebenshauch
4 Atem, Odem
lebenshungrig
8 begierig
10 lebensfroh
13 unersaettlich
Lebenskosten
9 Unterhalt
Lebenskraft
10 Vitalitaet
Lebenskunde
8 Biologie
Lebenskünstler
9 Geniesser
Lebensmittel ▶ Nahrungsmittel
8 Esswaren
Lebensmittel erhitzen
6 kochen

Lebensmittelkonserve
10 Dosensuppe
Lebensmittelverbrauchsprotokoll
19 Ernaehrungstagebuch
Lebensmut
10 Optimismus
lebensnotwendig
10 essentiell, essenziell
Lebensnotwendigkeit
10 Beduerfnis
Lebensprinzip ▶ Lebensgrundsatz
Lebensraum (biologisch)
6 Biotop
Lebenssaft
4 Blut
Lebensunterhalt
8 Alimente
Lebensverband ...
· **großer Tiere**
5 Herde
· **wilder Tiere**
5 Herde, Rudel
lebensverneinender Mensch
9 Pessimist
Lebensweisheit
6 Spruch
lebenswichtige ...
· **Stoffe für den Körper**
8 Vitamine
14 Spurenelemente
lebenswichtiger ...
· **Vorgang**
6 Atmung
9 Verdauung
lebenswichtiges ...
· **Element**
10 Naehrstoff
· **Gewürz**
4 Salz
Leberabsonderung
5 Galle
Leberentzündung
9 Hepatitis
Leberfleck
9 Muttermal
Lebersekret
5 Galle
Lebewesen
4 Tier
5 Wesen
6 Mensch
7 Kreatur, Pflanze
9 Geschoepf
10 Individuum, Organismus
Lebewohl
3 Ade
5 Adieu
lebhaft
3 vif
4 agil, rege
5 aktiv, alert, flink, quick, vital
6 munter
8 impulsiv
10 aufgeweckt
15 temperamentvoll
lebhaft(e, er, es) ...
· **Erörterung**
7 Debatte
10 Diskussion
11 Wortgefecht
· **Kind**
5 Range
8 Wildfang
· **Musikstück**
5 Rondo
7 Allegro
Lebhaftigkeit
7 Schwung
8 Uebermut
10 Munterkeit
11 Temperament
Lebkuchenart
11 Weinbeisser
Lebkuchengebäck
6 Printe
Lebkuchenstadt
9 Nuernberg
Lebkuchenunterlage
6 Oblate
leblos
3 tot
5 starr
8 erstarrt
Leck
4 Loch
lecker
4 fein
7 delikat
9 koestlich
11 appetitlich, schmackhaft
Leckerbissen
10 Schmankerl
11 Delikatesse, Schleckerei
12 Spezialitaet
13 Koestlichkeit
Leckerei ...
· *aus* **dem Meer**
12 Miesmuscheln
· *für* **Ziervögel**
11 Kolbenhirse
Leckereien verzehren
7 naschen
Leckermaul
7 Gourmet
8 Gourmand
9 Geniesser
Ledas ...
· **Gatte**
9 Tyndareos
· **Sohn**
6 Castor, Kastor, Pollux
· **Tier**
6 Schwan
· **Tochter**
6 Helena
Lederart
3 Kid
5 Glacé, Kroko, Nappa, Nubuk
6 Glacee
7 Boxkalf, Chagrin, Chamois, Juchten, Rindbox, Rossbox, Saffian
8 Chevreau, Krokodil, Maroquin, Saemisch
9 Lackleder, Wildleder
11 Ziegenleder
Lederbearbeiter
6 Gerber
7 Sattler
8 Schuster
11 Schuhmacher
Lederer
6 Gerber
Lederfett
6 Abfett, Degras
Lederfleck
7 Riester
Lederflicken auf dem Schuh
7 Riester
Ledergeschirr
5 Siele
Ledergurt
6 Riemen
7 Guertel
Lederhandwerker
7 Sattler
Lederhaut
5 Kutis

L

Lederhersteller
6 Gerber
Lederimitat
9 Alcantara
Ledermesser
5 Kneif
ledern
4 zaeh
Lederpeitsche
5 Knute
7 Nagaika
Lederriemen
4 Gurt
7 Guertel
Lederriemenpeitsche
5 Knute
Lederstreifen
6 Riemen
Lederteil zum Ausbessern
7 Flicken
Lederwams
6 Koller
Lederwarenstadt
9 Offenbach
ledig
4 frei
13 allein stehend, unverheiratet
ledig(e, er, es) ...
· **Frau**
9 Fraeulein
· **Gräfin**
7 Komtess
8 Komtesse
· **Mann**
11 Junggeselle
lediglich
3 nur
5 bloss
leer
4 hohl
6 blanco, vakant
9 unbesetzt
10 unbedruckt
13 unausgefuellt
leer(e, er, es) ...
· **Ausflüchte**
12 Fisimatenten
· **Gerede**
6 Schmus
8 Larifari
· **Redensart**
6 Phrase
7 Floskel
· **Zwischenraum**
5 Spalt
6 Luecke
Leere
4 Oede
6 Nichts, Vakuum
Leeren von Straßen
8 Raeumung
Leergewicht (Verpackung)
4 Tara
Leergut
5 Kiste
6 Karton, Kasten
9 Behaelter, Container
10 Pappkarton
Leergutgebühr
5 Pfand
Leerlauf
9 Nichtstun
Leerseite
5 Vakat
Leerstelle
5 Blank
Leerverkäufe (Börse)
5 Fixen
Lefze
9 Tierlippe
legal
7 legitim
10 gesetzlich
12 rechtmaessig
13 gesetzmaessig
Legation
13 Gesandtschaft
Legehuhn
5 Henne
legendär(e, er, es) ...
· **englische Popgruppe**
7 Beatles
13 Rolling Stones
· **Rockmusiker**
7 Hendrix
· **Springpferd von Winkler**
5 Halla
· **Wunderschale**
4 Gral
Legende
4 Fama, Saga, Sage
10 Aufschrift, Erklaerung, Erzaehlung, Geschichte
16 Bildunterschrift
Legendenspiel
7 Mirakel
leger
3 lax
6 salopp
7 laessig
11 ungezwungen
Legföhre
7 Latsche
Leghuhn
5 Henne
Legierung
5 Dural, Talmi
6 Bronze, Tombak
7 Messing
8 Mischung
10 Konstantan
Legionär
6 Soldat
8 Soeldner
legitim
5 legal
12 rechtmaessig
Legitimation
4 Pass
7 Ausweis, Urkunde
8 Befugnis
12 Berechtigung
Legitimationspapier
15 Personalausweis
Leguan
8 Basilisk
Lehen
7 Benefiz
Lehm
6 Erdart
11 Baumaterial
Lehmart
3 Ton
5 Loess
Lehnsessel ▶ Lehnstuhl
lehnsfreies Land
5 Allod
Lehnsmann
6 Vasall
Lehnsmänner
8 Vasallen
lehnsrechtlich
6 feudal
Lehnstuhl
8 Fauteuil
Lehnswesen
11 Feudalismus
Lehramt
8 Dozentur
9 Professur
Lehranstalt
2 PH, TH, TU
3 ETH, FHS, Uni

6 Lyzeum, Schule
7 Seminar
8 Akademie, Internat
9 Gymnasium, Technikum
10 Fachschule, Hochschule, Realschule
11 Grundschule, Hauptschule, Volksschule
12 Berufsschule, Mittelschule, Sonderschule, Universitaet
13 Gewerbeschule, Handelsschule, Kunstakademie, Polytechnikum, Realgymnasium
14 Fachhochschule, Ganztagsschule, Konservatorium
18 Kunstgewerbeschule
22 Technische Universitaet

Lehrausflug
9 Exkursion

Lehrbefähigung
8 Fakultas
12 Venia Legendi

Lehrberuf
7 Drogist

Lehrbuch
5 Fibel
9 Leitfaden
10 Kompendium

Lehre ...
· *von der* **Arzneimittelherstellung**
9 Pharmazie
· *vom* **Auge**
14 Ophthalmologie
· *von den* **ausgestorbenen Lebewesen**
14 Palaeontologie
· *vom* **Bau der Erde**
8 Geologie
· *vom* **Bau der Lebewesen**
8 Anatomie
· *von der* **belebten Natur**
8 Biologie
· *von der* **Bewegung**
7 Kinetik
8 Mechanik
· *von der* **Bewegung der Flüssigkeiten**
12 Hydrodynamik
· *von der* **Bewegung geworfener Körper**
9 Ballistik
· *von den* **Beziehungen der Lebewesen zur Umwelt**
9 Oekologie
· *vom* **Blutserum**
9 Serologie
· *von* **den Textilgeweben**
10 Stoffkunde
· *von* **der Vermessungen**
16 Markscheidekunde
· *von der* **Dichtkunst**
6 Poetik
· *vom* **Drama**
11 Dramaturgie
· *von den* **Eigenschaften der Stoffe**
6 Chemie
· *von der* **Einheit allen Seins**
8 Monismus
· *von der* **Erziehung**
10 Paedagogik
· *von der* **Erzverarbeitung**
11 Metallurgie
· *von den* **Figuren**
9 Geometrie
· *von den* **Frauenkrankheiten**
12 Gynaekologie
· *von den* **Geisteskrankheiten**
11 Psychiatrie
· *von den* **Giften**
11 Toxikologie
· *vom* **Gleichgewicht**
6 Statik
· *von* **Gott**
9 Theologie
· *von den* **Gründen und Ursachen allen Seins**
10 Metaphysik
· *von den* **Harnwegskrankheiten**
8 Urologie
· *von den* **Hautkrankheiten**
12 Dermatologie
· *vom* **Klima**
12 Klimatologie
· *von den* **Knochen**
10 Osteologie
· *vom* **Körperbau**
8 Anatomie
· *von den* **Kräften**
6 Statik
7 Dynamik
· *von den* **Kräften der Natur**
6 Physik
· *von den* **Krankheiten**
10 Pathologie
· *vom* **Leben**
8 Biologie
· *von den* **Lebenserscheinungen**
11 Physiologie
· *vom* **Licht**
5 Optik
· *von der* **Liebe**
6 Erotik
· *vom* **Liebesleben**
6 Erotik
· *vom* **Menschen**
13 Anthropologie
· **Mohammeds**
5 Islam
· *von den* **Nerven**
10 Neurologie
· *von der* **Redekunst**
8 Rhetorik
· *vom* **richtigen Denken**
5 Logik
· *vom* **Schall**
7 Akustik
· *vom* **Schönen**
9 Aesthetik
· *vom* **Sein**
9 Ontologie
· *vom* **Sittlichen**
5 Ethik
· *von den* **Sprachlauten**
8 Phonetik
· *von den* **Stoffen**
6 Chemie
· *vom* **Verhalten der Tiere**
9 Ethologie
· *von den* **Versmaßen**
6 Metrik
· *von* **W. Ostwald**
9 Energetik
· *von den* **Wappen**
8 Heraldik
· *vom* **Wasser**
10 Hydrologie
· *vom* **Wetter**
12 Meteorologie
· *von den* **Zahlen**
10 Arithmetik
· *von den* **Zeichen**
8 Semiotik
· *von der* **Zeitrechnung**
11 Chronologie
· *von den* **Zwecken**
10 Teleologie

Lehrer
6 Dozent, Lektor, Mentor, Pauker
8 Erzieher, Magister
9 Paedagoge, Professor
12 Schulmeister
Lehrer ...
· **Alexanders des Großen**
11 Aristoteles
· *des* **Aristoteles**
6 Platon
· *an einer* **Hochschule**
6 Dozent
· *für* **Körperbau**
6 Anatom
· *der* **Redekunst**
6 Rhetor
Lehrerausbildungsanstalt
7 Seminar
23 paedagogische Hochschule
lehrerhaft
16 schulmeisterlich
Lehrerin an einem Gymnasium
13 Studienraetin
Lehrertisch
4 Pult
8 Katheder
Lehrfach in der Schülersprache
5 Mathe
Lehrfahrt
9 Exkursion
Lehrgang
4 Kurs
6 Kursus
8 Schulung
10 Unterricht
Lehrgang für Berufstätige
9 Abendkurs
lehrhafte Erzählung
5 Fabel
lehrhafter Sinnspruch
5 Gnome
Lehrherr
7 Meister
9 Ausbilder
Lehrling
5 Azubi, Stift
9 Volontaer
10 Anlernling
14 Auszubildender
Lehrmeinung
5 Dogma, These
7 Doktrin, Theorem, Theorie
10 Anschauung, Auffassung
Lehrmeister
9 Ausbilder
Lehrmittel
19 Anschauungsmaterial
lehrreich
10 instruktiv
lehrreicher Satz
6 Spruch
lehrreiches Tiermärchen
5 Fabel
Lehrsatz ▶ Lehrmeinung
Lehrstelle
16 Ausbildungsplatz
Lehrstoff
6 Pensum
Lehrstück
7 Parabel
Lehrversuch
10 Experiment
Lehrzeit
10 Ausbildung
Leib
5 Bauch, Wanst
7 Abdomen, Koerper
Leibbinde
8 Schaerpe
Leibbürge
6 Geisel
Leibchen
6 Mieder
7 Korsett
9 Korselett
Leibeigenarbeit
4 Fron
Leibeigenschaft
9 Sklaverei
Leibeserziehung
5 Spiel, Sport
6 Turnen
9 Gymnastik
Leibesfrucht
5 Fetus
6 Embryo, Foetus
Leibesmasse, Leibesschwere
14 Koerpergewicht
Leibesmitte
6 Taille
Leibesübung ▶ Leibeserziehung
leibhaftig
4 real
7 konkret
8 dinghaft, wirklich
Leibkleidung
12 Unterwaesche
leiblich
9 somatisch
Leibrente
7 Apanage
Leibriemen
4 Gurt
6 Koppel
7 Guertel
Leibschmerzen
5 Kolik
11 Magenkrampf
12 Bauchgrimmen
Leibwache
5 Garde
7 Eskorte
9 Bedeckung
Leibwache ...
· *der* **Fürsten**
5 Garde
· *des* **Papstes**
14 Schweizergarde
Leibwächter orientalischer Herrscher
10 Mamelucken
Leichenausgrabung
11 Exhumierung
Leichenbegängnis
9 Trauerzug
10 Beerdigung, Bestattung
Leichenfeierlichkeiten
10 Funeralien
Leichenmahl
7 Schmaus
Leichenöffnung
7 Beschau, Sektion
8 Autopsie
9 Obduktion
Leichenverbrennungsanlage
11 Krematorium
Leichenzug
7 Kondukt
13 Trauergefolge
Leichnam
5 Toter
leicht ...
· **beeinflussbar**
5 labil
· **brodeln, sieden**
8 koecheln
· **ergraut** (Haare)
7 meliert

· **feucht**
5 klamm
· **nachgebend**
5 weich
7 formbar
· **reiben**
7 wischen
· **säuerlich** (Wein)
4 herb
· **schwachsinnig**
5 debil
· **tönendes Hautöl**
11 Sanddornoel
· **warm**
3 lau
4 mild
· **zu kränkender Mensch**
6 Mimose
leicht(e, er, es) ...
· **Beiboot**
3 Gig
· **Beule**
5 Delle
· **Einspänner**
3 Gig
5 Buggy
· **Erregbarkeit**
11 Nervositaet
· **feminine Sommerbekleidung**
11 Strandkleid
· **Freiheitsentzug**
6 Arrest
· **Fußbekleidung**
7 Sandale
· **Haft**
6 Arrest
· **Hautverbrennung**
11 Sonnenbrand
· **Holzart**
5 Balsa
· **Kost**
8 Reisbrei
· **Krankheit**
10 Erkaeltung
· **Kutsche**
8 Kalesche
· **Luftzug**
5 Brise, Hauch
· **Mädchen**
5 Dirne
9 Flittchen
· **Morgenmantel**
7 Negligé
8 Negligee
· **Naturstoff**
4 Kork
· **Nutzholz**
5 Balsa
· **Pferdezaum**
6 Trense
· **Rausch**
7 Schwips
· **Ruderboot**
3 Gig
· **Schlag**
5 Klaps
· **Sommerschuh**
10 Sandalette
· **sportlicher Schlupfschuh**
6 Slipon
· **Stoß**
5 Knuff, Stups
6 Schubs
· **Verletzung**
7 Kratzer
· **Vertiefung**
5 Delle
· **Wind**
5 Brise, Hauch
Leichtathlet
5 Geher
6 Werfer
7 Laeufer
8 Springer
11 Speerwerfer
12 Diskuswerfer, Mehrkaempfer
14 Huerdenlaeufer
15 Marathonlaeufer
leichtathletische ...
· **Übung**
4 Lauf, Wurf
5 Gehen, Stoss
6 Laufen, Sprint, Sprung, Werfen
7 Stossen
8 Springen
9 Bahngehen, Speerwurf, Zehnkampf
10 Diskuswurf, Dreisprung, Fuenfkampf, Hammerwurf, Hochsprung, Weitsprung
11 Huerdenlauf, Speerwerfen, Staffellauf
12 Diskuswerfen, Hammerwerfen, Kugelstossen, Marathonlauf
14 Stabhochsprung
16 Langstreckenlauf
leichtathletisches ...
· **Gerät**
4 Stab
5 Kugel, Speer
6 Diskus, Hammer
11 Staffelholz
leichtfertig
6 frivol
10 unbesonnen
11 gedankenlos
leichtfertiges Mädchen
8 Grisette
leichtgläubig
4 naiv
6 arglos
leichtlebig
5 flott
7 sorglos
11 unbeschwert
Leichtmetall
3 Alu
6 Kalium
7 Caesium, Kalzium, Natrium
8 Duralium
9 Aluminium, Magnesium
Leichtöl
5 Sprit
6 Benzin, Benzol, Diesel
7 Gasolin, Heizoel
leichtsinnig ▶ leichtfertig
leichtsinniger ...
· **Mensch**
7 Strizzi
8 Hallodri
Leid
3 Weh
4 Gram, Harm, Pein
5 Uebel
6 Kummer, Trauer
7 Schmerz
8 Unglueck
Leideform
6 Passiv
Leiden
8 Siechtum
9 Gebrechen, Martyrium
Leiden Christi
7 Passion
leidend
5 krank

leidender Mensch
7 Kranker
Leidenschaft
5 Liebe, Trieb
6 Affekt, Begier, Pathos
7 Hingabe, Passion
8 Begierde, Inbrunst
10 Fanatismus
12 Begeisterung, Enthusiasmus
leidenschaftlich erregt
8 gluehend
leidenschaftlich(e, er, es) ...
· **Eiferer**
9 Fanatiker
· **Gefühl**
8 Inbrunst
· **Hingabe**
7 Passion
12 Besessenheit
· **Jäger**
6 Nimrod
· **Leser**
9 Leseratte
11 Buecherwurm
· **Mensch**
10 Heisssporn
· **Verlangen**
8 Begierde
· **Wut**
4 Rage
7 Raserei
Leidenschaftlichkeit
6 Furore
11 Temperament
Leidensgeschichte Jesu
7 Passion
Leidensweg Christi
8 Kreuzweg
leidig
10 unangenehm
12 unerfreulich
leidlich
8 passabel
9 annehmbar
Leidtragender
6 Dulder
Leier
4 Lyra
Leierkasten
9 Drehorgel
leiern
6 drehen
8 hersagen

Leihanstalt
9 Pfandhaus
leihen
6 leasen, mieten
7 pachten
Leihgebühr ...
· *beim* **Getränkekauf**
13 Flaschenpfand
· *für* **Glasbehälter**
13 Flaschenpfand
Leihgeld von der Bank
8 Darlehen
Leihwagen
4 Taxi
8 Mietauto
Leim
6 Kleber
8 Gelatine, Kleister
9 Klebstoff
leimartig
6 viskos
7 klebrig, viskoes
leimen
6 kitten, kleben
Lein
6 Flachs
12 Faserpflanze
Leine
3 Tau
4 Seil
6 Riemen, Schnur, Strick
Leinen
6 Linnen
Leinengewebe
5 Drell, Linon
6 Inlett, Linnen
9 Weisszeug
Leingewächs
6 Flachs
Leinöl
6 Firnis
Leintuch
5 Laken
Leinwand
5 Blahe, Plane
Leinwandgewebe
6 Canvas
Leinwandkünstler
8 Filmstar
Leipziger ...
· **Buchhändler**
5 Reich
· **Ereignis**
5 Messe
15 Fruehjahrsmesse

leise
6 sachte
7 schwach
leise ...
· **husten**
8 huesteln
· **lachen**
7 kichern
· **sprechen**
6 raunen
7 wispern
9 fluestern
leise!
3 pst
5 still
leises ...
· **Aufbegehren**
4 Muck
· **Wehen**
4 Atem
5 Hauch
Leiste ...
· *an* **Gebäuden**
6 Gesims
· *an* **Wertpapieren**
5 Juxta
Leistung
3 Tat
6 Arbeit, Effekt, Ertrag
8 Resultat
9 Verdienst
Leistung über das Normale hinaus
6 Zugabe
leistungsfähig
3 fit
5 vital
6 potent
9 effizient
Leistungsfähigkeit
6 Potenz
7 Ability, Energie
9 Kondition, Potenzial
10 Kapazitaet, Spannkraft
Leistungskämpfer
8 Sportler
Leistungskraft
6 Potenz
7 Energie
Leistungslehre
9 Ergonomie
Leistungslohn
6 Akkord
Leistungsnoten
8 Zensuren

Leistungsschulung
6 Uebung
Leistungssportler
6 Athlet
Leistungsstärkster
6 Bester
Leistungssteigerung ...
· *durch* **Wiederholung**
6 Uebung
8 Training
Leistungsübung
15 Fitnesstraining
Leitbild
4 Idol
5 Ideal
7 Vorbild
Leitbündel höherer Pflanzen
5 Xylem
leitende Angestellte
10 Direktrice
leitender ...
· **Angestellter**
8 Direktor
9 Prokurist
12 Personalchef
14 Betriebsleiter
16 Abteilungsleiter
17 Geschaeftsfuehrer
Leiter
4 Boss, Chef
7 Fuehrer, Manager
8 Direktor, Vorstand
9 Anfuehrer, Konduktor, Oberhaupt, Vorsteher
Leiter ...
· *eines* **Bautrupps**
6 Polier
7 Meister
· *einer* **Behörde**
13 Amtsvorsteher
· *einer* **Bühne**
9 Intendant
· *des* **Burenkrieges gegen England**
7 Krueger
· *des* **Donkosakenchors**
6 Jaroff
· *der* **Egerländer Musikanten**
5 Mosch
· *eines* **Fernsehsenders**
9 Intendant
· *einer* **Hochgebirgstour**
11 Bergfuehrer
· *einer* **Hochschulfakultät**
5 Dekan
· *eines* **Kirchenchors**
6 Kantor
· *eines* **Klosters**
3 Abt
5 Prior
· *eines* **Landkreises**
7 Landrat
· *einer* **Meuterei**
14 Raedelsfuehrer
· *eines* **Nonnenklosters**
9 Aebtissin
· *eines* **Orchesters**
8 Dirigent
13 Kapellmeister
· *einer* **Redaktion**
13 Chefredakteur
· *einer* **Rundfunkanstalt**
9 Intendant
· *einer* **Schule**
6 Rektor
8 Direktor
· *eines* **Spielmannszuges**
12 Tambourmajor
· *einer* **Sportmannschaft**
8 Kapitaen, Teamchef
· *eines* **Theaters**
9 Intendant
· *einer* **Universität**
6 Rektor
· *einer* **Urkundensammlung**
8 Archivar
· *eines* **Verlages**
8 Verleger
Leiterin
6 Chefin
10 Direktrice
11 Vorgesetzte
Leiterin ...
· *eines* **Betriebes**
19 Geschaeftsfuehrerin
· *eines* **Haushalts**
8 Hausdame
· *eines* **Nonnenklosters**
6 Oberin
Leiterteil
4 Holm
7 Sprosse
Leitfaden
5 Kanon
6 Abriss
8 Handbuch, Lehrbuch
9 Vademekum
10 Kompendium
11 Instruktion
Leitgedanke
5 Motto, Thema, These
6 Devise, Maxime
7 Prinzip
8 Thematik
10 Grundmotiv
Leitsatz
5 Regel, These
6 Maxime
7 Doktrin, Prinzip
Leitseil für Pferde
5 Longe
Leitspruch
5 Motto
6 Devise, Losung
10 Wahlspruch
Leitstelle
8 Zentrale
Leitung
4 Rohr
5 Draht, Kabel
6 Aegide
8 Aufsicht, Fuehrung
9 Direktion
10 Management
Leitungsdraht
5 Litze
Leitwerk
6 Steuer
11 Hoehenruder, Seitenruder
Leitwerkfläche
6 Flosse
Lektion
5 Lehre
6 Lesung, Pensum
Lektion aus der Bibel
6 Lesung
Lektüre
4 Buch
7 Zeitung
9 Lesestoff, Literatur
Lektüre für Kinder
12 Maerchenbuch
Lemma
9 Stichwort
Lemuride
4 Lori, Maki, Vari
5 Geist, Indri, Katta, Potto
6 Kukang
8 Gespenst, Halbaffe
10 Totengeist, Totenseele
Lendenbraten
5 Filet

Lendentuch der Inder
5 Dhoti
lenkbar
8 flexibel
lenken
6 fahren
7 steuern
Lenker
5 Pilot
6 Fahrer, Volant
7 Fuehrer
8 Kutscher, Steuerer
9 Chauffeur
Lenkhilfe beim Kfz
5 Servo
Lenkrad
6 Steuer, Volant
9 Steuerrad
Lenkriemen für Reittiere
8 Zaumzeug
Lenkvorrichtung ▶ Lenkrad
lentement
7 langsam
Lenz
5 Maerz
7 Lenzing
9 Fruehling
Lenzing
5 Maerz
Leopard
4 Puma
7 Panther
Lepra
7 Aussatz
Lernabschnitt
6 Pensum
7 Lektion
Lernaufgabe
6 Pensum
lernender ...
· **junger Mensch**
7 Student
8 Lehrling, Schueler
9 Studiosus
10 Praktikant
Lernmittel
8 Lesebuch
Lernpensum
7 Lektion
Lernzeit
5 Lehre
7 Studium
Lesart
7 Deutung, Fassung, Version
8 Variante
9 Auslegung
10 Abwandlung
14 Interpretation
Lesbierin
7 Tribade, Urlinde, Urninde
Lese (Wein)
5 Ernte
Lesebuch
5 Fibel
7 ABC-Buch
Lesebühne
4 Ambo
Lesegestörter
13 Legastheniker
Leseglas
4 Lupe
Lesepult
4 Ambo
Leserschaft
8 Publikum
Leseschwäche
11 Legasthenie
Lesestoff
8 Lektuere
9 Literatur
Lesestörung
9 Paralexie
Leseunkundiger
10 Analphabet
letal
8 toedlich
Lethargie
9 Traegheit
18 Teilnahmslosigkeit
lethargisch
5 muede
6 passiv, traege
12 teilnahmslos
Letos ...
· **Sohn**
5 Apoll
6 Apollo
7 Apollon
· **Tochter**
7 Artemis
Lette
5 Balte
Letter
9 Buchstabe
Letterngießform
5 Mater
lettisch(e, er, es) ...
· **Hafenstadt**
5 Libau
· **Hauptstadt**
4 Riga
· **Landschaft**
7 Kurland, Livland
9 Semgallen
10 Lettgallen
· **Münze**
3 Lat
· **Volkslied**
5 Daina
· **Volksstamm**
5 Kuren
· **Währung**
3 Lat
Lettland in der Landessprache
7 Latvija
letzt(e, er, es) ...
· **Abschnitt der Steinzeit**
13 Jungsteinzeit
· **Anstrengung**
8 Endspurt
· **Aufforderung**
9 Ultimatum
· **Aztekenherrscher**
9 Montezuma
· **Buchstabe des griechischen Alphabets**
5 Omega
· **deutscher Kaiser**
7 Wilhelm
· **Haltestelle**
10 Endstation
· **Kaiser Äthiopiens**
13 Haile Selassie
· **Kaiser Chinas**
4 Pu Yi
· **Kaiserin Österreichs**
4 Zita
· **Karnevalstag**
14 Aschermittwoch
· **König Ägyptens**
5 Faruk
· **König des Irak**
6 Faisal
· **König in Libyen**
5 Idris
· **König Italiens**
7 Umberto
· **Mittel**
11 Ultima Ratio
· **Rest im Glase**
5 Neige
· **Ruhestätte**
4 Grab

- **russischer Zar**
  8 Nikolaus
- **Schah von Persien**
  11 Reza Pahlevi
- **Schliff**
  6 Finish
- **Tag des Jahres**
  9 Silvester
- **Tag des Monats**
  6 Ultimo
- **Willenserklärung**
  9 Testament

letztwillige Verfügung
9 Testament

Leu
5 Loewe

Leuchte
5 Ampel, Lampe
6 Talent
7 Laterne, Luester
9 Koryphaee

leuchtendes Blau
10 Ultramarin

Leuchter
8 Flambeau
10 Kandelaber

Leuchterscheinung im Sumpf
8 Irrlicht

Leuchtgasbehälter
9 Gasometer

Leuchtkäfer
14 Gluehwuermchen

Leuchtkörper
5 Lampe
10 Neonroehre

Leuchtkörperart
9 Leselampe

Leuchtöl
9 Petroleum

Leuchtpunkte
7 Lichter

Leuchtröhrenfüllung
4 Neon

Leuchtröhrenstrahlung
9 Neonlicht

Leuchtstab
10 Neonroehre
12 Taschenlampe

Leuchtstärkemaßeinheit (Abkürzung)
2 lx
3 Lux
4 Phot

Leuchtstoff
8 Naturgas, Phosphor

Leuchtturm
6 Pharus
9 Leitfeuer
10 Richtfeuer

Leuchtturm ...
- *von* **Alexandrien**
  6 Pharos, Pharus

Leuchtzeichen
5 Fanal

Leugner der Dreifaltigkeit
9 Unitarier

Leugnung ...
- *der* **Erkenntnisfähigkeit**
  12 Agnostizimus
- *der* **Existenz Gottes**
  9 Atheismus

Leukom
4 Star

Leumund
3 Ruf
7 Ansehen, Geltung
8 Prestige, Renommee

Leute
4 Volk
8 Menschen

Leute ...
- *mit* **Emotionen**
  8 Gemueter
- *eines* **Gebiets**
  9 Talschaft

Leute, die man besser kennt
14 Bekanntenkreis

leutselig
6 jovial
15 entgegenkommend

lexikalische Einheit
5 Lexem

Liasebene bei Stuttgart
6 Filder

libanesisch(e, er, es) ...
- **Modeschöpfer**
  4 Saab
- **Volksteil**
  6 Drusen

Libation
10 Trankopfer

Libelle
6 Agrion
13 Wasserjungfer

liberal
10 freigiebig, freisinnig
11 grosszuegig
14 vorurteilsfrei

liberianischer ...
- **Stamm**
  4 Gola
  5 Gissi

libysch(e, er, es) ...
- **Bucht**
  5 Syrte
  11 Grosse Syrte
- **Geröllwüste**
  5 Serir
- **König**
  5 Idris
  14 Idrisel Senussi
- **Landesteil**
  6 Fessan, Fezzan
  9 Cyrenaica, Cyrenaika
  13 Tripolitanien
- **Oase**
  3 Gat
  5 Djalo, Kufra, Ubari
- **Politiker**
  8 Gaddhafi
- **Residenzstadt**
  7 Bengasi

licht
4 hell
5 Feuer, Kerze
9 schuetter

Licht ...
- *am* **Nachthimmel**
  4 Mond
  5 Stern

Lichtanlage
11 Beleuchtung

lichtarme Fläche hinter Körpern
8 Schatten

Lichtband
8 Spektrum

Lichtbild
4 Foto
5 Photo
8 Portraet, Portrait
10 Fotografie
12 Photographie

Lichtbildgerät
4 Foto
6 Kamera
10 Filmkamera
11 Fotoapparat
12 Photoapparat

Lichtbildner
8 Fotograf
10 Photograph

Lichtbildwerfer
6 Beamer
9 Projektor
Lichtblick
5 Trost
6 Chance, Freude
8 Aussicht, Hoffnung
Lichtbrecher
5 Linse
6 Prisma
Lichtbrechung
10 Refraktion
Lichtbündler
5 Laser
lichtdurchflutet
4 hell
Lichtdurchlass
4 Luke
7 Fenster
9 Oberlicht
lichte Glut
4 Lohe
Lichteinlass ▶ Lichtdurchlass
lichtempfindliche Filmschicht
8 Emulsion
Lichtengel
6 Cherub, Seraph
Lichterblume
10 Loewenzahn
Lichterscheinung ...
· *bei* **elektrischer Entladung**
5 Blitz, Bogen, Funke
9 Elmsfeuer
lichtes Rosa
4 pink
Lichtfülle
4 Flut
5 Helle
10 Helligkeit
Lichtgehäuse
7 Laterne
Lichtgott
5 Apoll
6 Apollo, Baldur
7 Apollon, Mithras
Lichthof ...
· *um* **die Sonne**
7 Aureole
· *um den* **Mond**
4 Halo
Lichtlehre
5 Optik
lichtlos
6 dunkel, duster
7 duester, finster
lichtloser ...
· **Raum**
4 Loch
6 Kabuff
Lichtmast
10 Kandelaber
Lichtmessgröße
3 Lux
Lichtmessung
10 Fotometrie
11 Photometrie
Lichtöffnung ...
· *am* **Foto**
6 Blende
· *am* **Mikroskop**
8 Objektiv
Lichtquant
6 Photon
Lichtquelle
10 Gluehbirne
16 Energiesparlampe
Lichtquelle ...
· *am* **Bett**
9 Leselampe
15 Nachttischlampe
Lichtreflektor
7 Spiegel
Lichtschein
6 Strahl
Lichtschimmer
6 Schein
11 Widerschein
Lichtspiegelung
5 Glanz
Lichtspielhaus
4 Kino
7 Kintopp
11 Filmtheater
Lichtspielstück
4 Film
Lichtspieltheater
8 Autokino
Lichtstärkemaßeinheit (Abkürzung)
2 cd
7 Candela
Lichtstärkemesser
9 Fotometer
10 Photometer
Lichtstreifen
6 Strahl
Lichtstrommaßeinheit (Abkürzung)
2 lm
5 Lumen
Lichttaste
8 Schalter
Lichttastenart
14 Serienschalter
Lichtüberempfindlichkeit
14 Sonnenallergie
Lichtverstärker
5 Laser
Lido
6 Strand
lieb
4 nett, wert
5 artig, teuer, traut
7 huebsch
9 zaertlich
11 sympathisch
Liebe
3 Sex
4 Amor, Eros
5 Sexus
9 Zuneigung
Liebe im Mittelalter
5 Minne
Liebelei
5 Flirt
7 Affaere, Liaison
14 Techtelmechtel
liebenswertes Wohlwollen
14 Freundlichkeit
liebenswürdig
4 nett, wert
6 galant
8 angenehm, charmant, hoeflich
10 freundlich
12 zuvorkommend
15 entgegenkommend
liebenswürdiger Plauderer
8 Charmeur
Liebesabenteuer
7 Romanze
Liebesapfel
6 Tomate
10 Paradeiser
Liebesbeweis
4 Kuss
5 Brief, Bussi
7 Busserl
8 Umarmung

Liebesbezeigung ▶ Liebesbeweis
Liebesbund
3 Ehe
Liebesdiener
8 Charmeur
10 Schoentuer
11 Schmeichler
Liebesdienerin
5 Dirne, Metze, Nutte
7 Hetaere
8 Callgirl, Erostess
13 Prostituierte
15 Freudenmaedchen
Liebesepisode
7 Romanze
Liebesgabe
6 Spende
7 Almosen
Liebesgott
4 Amor, Eros
Liebesgötter in Kindergestalt
6 Eroten
Liebesgottfigur
5 Erote
8 Amorette
Liebesgöttin
4 Lada
5 Venus
6 Freyja
7 Astarte
9 Aphrodite
Liebesheirat
11 Neigungsehe
Liebeskraft
6 Potenz
Liebeskunst
6 Erotik
Liebesleben
11 Sexualitaet
Liebesmahl der Urchristen
5 Agape
Liebesspiel der Vögel
4 Balz
Liebestrank
13 Aphrodisiakum
Liebestrieb
4 Eros
5 Sexus
6 Libido
Liebesverhältnis
6 Gspusi
7 Liaison

liebevolle Zuneigung
9 Innigkeit
liebevolles An-sich-Drücken
8 Umarmung
Liebhaber
3 Fan
5 Buhle, Galan
6 Freund, Schatz
8 Verehrer
9 Anhaenger, Geliebter
Liebhaber von Promiunterschriften
16 Autogrammsammler
Liebhaberei
5 Hobby
7 Passion
12 Steckenpferd
Liebhaberin
8 Freundin, Geliebte
10 Verehrerin
liebkosen
10 streicheln
Liebkosung
8 Umarmung
13 Zaertlichkeit
lieblich
5 suess
7 huebsch
Lieblingsessen
11 Leibgericht
Lieblingsfrau Mohammeds
6 Aischa
Lieblingsgaststätte
10 Stammlokal
Lieblingsjünger Buddhas
6 Ananda
liebloser Elternteil
11 Rabenmutter
Liebreiz
5 Anmut
6 Charme, Grazie
Liebschaft ▶ Liebelei
Liebschaften
7 Amouren
8 Affaeren
Lied
4 Song
5 Weise
7 Chanson, Couplet, Melodie
Lied in der Oper
4 Arie
liedartig
7 lyrisch

Liederabschnitt
7 Strophe
Liederinterpret
7 Saenger
Liederjan
4 Lump
liederlich
10 anstoessig
11 nachlaessig
liederlicher Mensch
9 Haderlump
Liedform
3 Ode
4 Arie, Leis, Song
5 Blues, Hymne, Kanon
6 Choral, Gospel, Hymnus
7 Ballade, Chanson, Couplet, Kanzone, Sestine
8 Madrigal, Schlager
9 Barkarole, Quodlibet, Spiritual, Volkslied
liedhafte Gefühlsdichtung
5 Lyrik
liedmäßiges Tonstück
6 Arioso
Liedteil
7 Refrain, Strophe
Liedvortrag
6 Gesang
Lieferant eines Molkereiprodukts
9 Milchmann
Lieferanweisung
5 Abruf
Lieferauftrag
10 Bestellung
Lieferstelle
12 Bezugsquelle
Lieferung
6 Anfuhr
7 Sendung, Versand
9 Transport
10 Zustellung
Liegemöbel
4 Bett
Liegenschaften
10 Immobilien
Liegesofa
5 Diwan
Liegesofas
6 Diwane
Liegestatt
4 Bett, Sofa
5 Couch, Diwan
7 Kanapee

8 Ottomane, Pritsche, Ruhebett
9 Klappbett
10 Doppelbett, Himmelbett
11 Haengematte
12 Chaiselongue

Lift
6 Aufzug
8 Seilbahn
9 Fahrstuhl
11 Paternoster

Liga
4 Bund, Pakt
7 Allianz, Verband
8 Buendnis
9 Koalition
11 Vereinigung

Ligaangehöriger
6 Ligist

Ligatur
7 Bindung
9 Koppelung

Lignose
11 Sprengstoff

Ligula
8 Bandwurm
10 Riemenwurm

Liguster
9 Rainweide

Liierter
10 Vertrauter
12 Verbuendeter

Likör
6 Cherry
7 Allasch, Curaçao, Rosolio
8 Amaretto, Anisette
9 Cointreau
10 Chartreuse, Eierlikoer, Maraschino
12 Benediktiner

Liliengewächs
4 Aloe
5 Agave, Binse, Lilie, Tulpe, Yucca
6 Funkie, Germer, Scilla
7 Spargel, Zwiebel
8 Affodill, Einbeere, Germerig, Maiblume
9 Baerlauch, Blaustern, Goldstern, Graslilie, Hyazinthe, Weisswurz
10 Feuerlilie, Maeusedorn
13 Maigloeckchen
14 Herbstzeitlose

Liman
4 Haff
9 Strandsee

Limerick
7 Gedicht
12 Spottgedicht

Limes
6 Grenze
9 Grenzwall, Grenzwert

Limette
6 Limone

Limit
6 Grenze
11 Preisgrenze
22 Hoechstgeschwindigkeit
26 Geschwindigkeitsbegrenzung

Limnograf
5 Pegel
10 Flutmesser

Limnologie
16 Suesswasserkunde

Limonade
6 Brause
7 Sprudel

Limone
7 Limette

limos
7 sumpfig
9 schlammig

lind
4 mild
5 sanft

lindern
7 mildern

Linderungsmittel
6 Balsam
11 Analgetikum
13 Schmerzmittel

Lindwurm
6 Drache

Lineal mit Querleiste
12 Reissschiene

linear
10 geradlinig
13 linienfoermig
14 eindimensional

Linie
4 Bahn
5 Bogen, Kurve
6 Gerade, Kontur, Strich, Umriss

Linie ...
· *im* **Gesicht**
9 Lineament

· *vom* **Nord- zum Südpol**
8 Erdachse

· *vom* **Süd- zum Nordpol**
8 Erdachse

Linienführung
6 Duktus

Linienführung beim Straßenbau
6 Trasse

Liniengitter
6 Raster

Liniennetz
6 Raster

Linienschiff
5 Liner

Linienzeichnung
9 Guilloche

link(e, er, es) ...
· **Kontoseite**
4 Soll
5 Debet

· **Nebenfluss des Rheins**
3 Ahr

· **Schiffsseite**
8 Backbord

· **Wagenpferd**
11 Sattelpferd

linkisch
5 steif
8 ungelenk
11 toelpelhaft, ungeschickt

linksorientiert
13 sozialistisch

linksrheinisches ...
· **Bergland**
5 Eifel
7 Vogesen
9 Hunsrueck

Linse
4 Lupe
6 Okular
8 Objektiv
13 Huelsenfrucht

Linsensystem
5 Optik

Liparische ...
· **Insel**
6 Lipari, Salina, Ustica
7 Alicudi, Panarea, Vulcano
8 Filicudi
9 Stromboli

Lippe bei Tieren
5 Lefze

Lippenblütler
7 Labiate

L

Lippenblütlerart
4 Dost, Isop, Ysop
5 Ajuga, Minze, Polei, Ziest
6 Andorn, Salbei
7 Guensel, Majoran, Melisse, Quendel, Thymian
8 Brunelle, Gamander, Hohlzahn, Lavendel
9 Basilikum
10 Floehkraut, Goldnessel, Gundermann, Taubnessel, Wolfstrapp
11 Bohnenkraut
12 Pfefferminze
13 Basilienkraut, Schwarznessel

Lippenlaut
6 Labial

Lippenschminke
5 Rouge

liquid
8 fluessig
14 zahlungsfaehig

Liquidation
15 Totalausverkauf

Lissabonner Kloster
5 Belem

List
5 Finte, Kniff, Trick
6 Tuecke
10 Raffinesse, Taeuschung

Liste
7 Katalog, Tabelle
8 Register
10 Uebersicht
11 Aufstellung, Verzeichnis

Liste ...
· *der* **Heiligen**
5 Kanon
· *der* **Hits**
6 Charts
· **mustergültiger Autoren**
5 Kanon
· *von* **Rebensäften**
9 Weinkarte
· **verbotener Bücher**
5 Index
· *von* **Vorfahren**
10 Ahnentafel

listenförmige Aufstellung
7 Tabelle

listige ...
· **Bitte um Antwort**
9 Fangfrage
· **Schläue**
12 Gerissenheit

Litauen in der Landessprache
7 Lietuva

Litauer
5 Balte

litauischer Honiglikör
11 Meschkinnis

litauisches Königsgeschlecht
10 Jagellonen

literarisch(e, er, es) ...
· **Abhandlung**
5 Essay
· **Berater im Theater**
9 Dramaturg
· **Beruf**
6 Lektor
8 Kritiker
14 Schriftsteller
· **Erzählform**
7 Novelle
· **Fehde**
7 Polemik
· **Jahrbuch**
8 Almanach
· **Kritiker**
9 Rezensent
· **Unterhaltungsteil** (Zeitung)
10 Feuilleton
· **Werk**
4 Epos
5 Drama, Essay, Roman
7 Ballade, Gedicht, Novelle
8 Dichtung, Sachbuch
10 Erzaehlung, Jugendbuch, Kinderbuch, Shortstory
14 Kurzgeschichte

Literat
14 Schriftsteller

Literat von Format
9 Klassiker

Literatur
8 Dichtung, Lektuere
10 Schrifttum

literaturbewandert
7 belesen

litschiähnliche Tropenfrucht
8 Rambutan

Liturgie
5 Ritus
6 Kultus
13 Wechselgesang

liturgisch(e, er, es) ...
· **Gegenstand**
5 Altar, Kelch, Kreuz
6 Hostie, Missal, Patene
7 Missale
8 Reliquie, Ziborium
9 Monstranz, Paramente
10 Tabernakel
12 Raeucherfass
· **Gesang**
6 Choral
7 Antifon
8 Antiphon
· **Gewand**
4 Albe
7 Soutane
8 Parament
· **Jahr**
11 Kirchenjahr

Litze
4 Band
5 Borte
6 Besatz, Leiter, Schnur, Tresse

livländischer Kümmellikör
7 Allasch

livrierter ...
· **Diener**
5 Lakai
6 Butler

Lizenz
5 Recht
8 Befugnis
9 Erlaubnis, Zulassung
10 Konzession
11 Genehmigung

Lkw-Beiwagen
9 Anhaenger

Lob
4 Ruhm
5 Eloge, Hymne, Preis
8 Laudatio
10 Kompliment, Wuerdigung
11 Anerkennung

Lobby
7 Vorraum
8 Vorhalle
10 Wandelgang
11 Wandelhalle
13 Pressuregroup
16 Interessengruppe

loben
7 ruehmen

Lobeserhebung
5 Eloge
11 Anerkennung
Lobgedicht auf Mohammed
5 Burda
Lobgesang auf Dreieinigkeit
6 Gloria
Lobrede
5 Eloge
8 Enkomion
Loch
4 Gatt, Leck
5 Grube, Ritze
6 Hoehle, Krater, Luecke
7 Auslauf, Einlauf
8 Oeffnung
Loch ...
· *in* **der Nadel**
4 Oehr
· *im* **Eis**
4 Wune
5 Wuhne
löcherig
6 poroes
12 durchlaessig
Lochstechgerät
4 Ahle
Lochung
11 Perforation
Lochvorbohrer
6 Pfriem
Locke
11 Haarkringel
lockend
9 anziehend, attraktiv, einladend
lockender Antrieb
6 Anreiz
Lockenwickler
9 Papillote
locker
3 lax, los
4 lose
7 laessig
8 zwanglos
9 entspannt
11 ungezwungen
locker ...
· **machen**
6 loesen
7 lockern
· **sitzend**
4 weit
locker(e, er, es) ...
· **Fasermaterial**
5 Watte
· **Gestein**
4 Tuff
· **Sand an Flüssen**
9 Treibsand
lockern
6 loesen
9 aufbinden
Lockgerät des Jägers
7 Blatter
Lockmittel
5 Luder
6 Koeder
Lockspitzel
5 Agent, Spion
16 Agent provocateur
Lockvogel ▶ Lockmittel
Lodenbekleidung
14 Hubertusmantel
lodern
3 loh
lodernd(e, er, es) ...
· **Feuersglut**
4 Lohe
· **Flamme**
4 Lohe
· **Glut**
6 Flamme
· **Licht**
6 Fackel
Lofoteninsel (Norwegen)
6 Hindoe, Mosken
logarithmische ...
· **Maßeinheit**
3 Bel
7 Dezibel
logarithmisches ...
· **Maß**
5 Pegel
11 Schallpegel
Logarithmus (Abkürzung)
2 ld, lg, ln
3 log
Logbuch
15 Schiffstagebuch
Loge
12 Theaterplatz
Logenbruder
10 Freimaurer
Loggia
7 Veranda
Logierbetrieb
5 Hotel, Motel
logieren
6 hausen, wohnen
11 beherbergen
Logis
6 Bleibe
8 Quartier
10 Unterkunft
logischer Beweis
9 Deduktion
logisches Denkvermögen
5 Ratio
Logopäde
18 Sprachheilkundiger
Logos
8 Vernunft
Lohe
6 Flamme
Lohengrins ...
· **Frau**
4 Elsa
· **Vater**
8 Parzival
Lohn
4 Gage, Sold
5 Heuer
6 Erwerb, Gehalt, Salaer
7 Entgelt, Honorar
9 Bezahlung, Einkommen, Verdienst
Lohnabzug ...
· *bei* **Arbeitnehmern**
10 Lohnsteuer
12 Krankenkasse
13 Kirchensteuer
18 Rentenversicherung
24 Arbeitslosenversicherung
lohnend
8 lukrativ, rentabel
10 profitabel
12 eintraeglich
Lohnkutscher
6 Fiaker
Lohnsatz
5 Tarif
Lohntabelle ▶ Lohnsatz
Löhnung der Schiffsmannschaft
5 Heuer
Loirestädter
8 Orleaner
Lokal
3 Bar
4 Café
5 Beize, Pinte
6 Kneipe

7 Gasthof, Schenke, Stehbar, Tanzbar, Tearoom
8 Gasthaus, Nachtbar, Snackbar, Spelunke
9 Diskothek, Kaschemme, Nightclub
10 Restaurant, Wirtschaft
11 Gaststaette
14 Gastwirtschaft

Lokal ...
· *in* **einem Seebad**
9 Strandbar
· *im* **Wildweststil**
6 Saloon

Lokalart ...
· *im* **Freien**
10 Biergarten
12 Schanigarten

Lokalbesitzer
4 Wirt
8 Gastwirt, Kneipier
9 Gastronom

Lokalinhaber
4 Wirt
8 Gastwirt, Kneipier
9 Gastronom

Lokalpatriotismus
14 Kantoenligeist

Lokalpolitiker in Österreich
16 Bezirkshauptmann

Lokomotivbeiwagen
6 Tender

lombardische Adelsfamilie
8 Visconti

Londoner ...
· **Anlage**
8 Hydepark
· **Bauwerk**
5 Tower
6 Big Ben
9 Parlament, Saint Paul
11 Tower Bridge
16 Westminsterabtei
· **Brücke**
11 Tower Bridge
· **Glockenturm**
6 Big Ben
· **Schriftsteller**
7 Dickens
· **Stadtteil**
3 Lee
4 City, Soho
5 Brent, Stoke
6 Ealing, Eltham, Hoxton, Poplar
7 Chelsea, Croydon, Eastend, Holborn, Lambeth, Mayfair, Pimlico, Westend
8 Kingston, Richmond
9 Bayswater, Belgravia, Greenwich, Southwork, Tottenham, Wimbledon
10 Kennington, Kensington, Paddington
11 Notting Hill, Westminster, Whitechapel
· **Theater**
5 Globe
· **Zentralflughafen**
7 Croydon
8 Heathrow

Looping
5 Rolle, Salto
8 Schleife
9 Luftrolle
11 Ueberschlag

lorbeergekrönter Dichter
9 Laureatus

Lorbeerrose
6 Kalmia

los
4 hopp
5 Fatum
6 Kismet
7 Fuegung
9 Schicksal
10 Bestimmung
20 Lotterieanteilschein

Los ohne Gewinn
5 Niete

losbinden
6 loesen
7 lockern
9 aufbinden

Löschtruppe
9 Feuerwehr

Löschung
6 Storno

lose
6 locker
9 schuetter

Lösegeldzahlung
7 Loskauf

lösen
7 lockern
9 aufbinden, losbinden

Löser von Denkaufgaben
5 Rater

loses Blatt Papier
6 Zettel

löslich
7 solubel

Loslösung
10 Abtrennung

Lossprechung
10 Absolution

Lostrennung
7 Schisma
8 Spaltung

Losung
5 Motto
6 Devise, Parole, Slogan
7 Wildkot

Lösung
6 Ausweg
7 Gemisch
8 Ergebnis, Resultat
10 Verteilung

Lösung ...
· *eines* **Falles**
11 Aufklaerung
· *aus einer* **Gewohnheit**
8 Absprung
· *zum* **Käsesalzen**
5 Beize
· *von* **Kochsalz**
4 Lake, Sole
· *eines* **Vertrags**
10 Kuendigung

Lösungsmittel
5 Xylol
6 Aceton, Azeton, Benzin, Benzol, Dioxan, Toluol
7 Alkohol, Dekalin
9 Terpentin
10 Chloroform
11 Waschbenzin

Lot
8 Senkblei
10 Senkrechte

Lötblei
3 Lot

lothringer Speckkuchen
14 Quichelorraine

lothringisches Eisenerz
7 Minette

Lotion
18 Feuchtigkeitscreme

Lotion für Männer nach der Rasur
10 Aftershave

Lötmaterial
4 Zinn
Lötmetall
3 Lot
Lotos
10 Wasserrose
lotrecht
8 vertikal
9 senkrecht
lotrechter Dach-abschluss
6 Giebel
Lotse
5 Pilot
Lotterie
4 Toto
5 Lotto
7 Tombola
9 Verlosung
Lotterieanteilschein
3 Los
Lotteriebegriff
3 Los
5 Niete
6 Gewinn
7 Einsatz, Ziehung
14 Annahmeschluss
Lotteriefehllos
5 Niete
Lotterieschein
3 Los
Lotteriescheinzahl
9 Losnummer
Lötwerkzeug
6 Kolben
Lounge
5 Foyer
Löwe ...
· *in* **der Dichtung**
3 Leo, Leu
5 Nobel
loyal
4 treu
7 ergeben, redlich
14 regierungstreu
Loyalität
11 Redlichkeit
14 Anstaendigkeit
Lübecker ...
· **Komponist**
9 Buxtehude
· **Schriftstellerfamilie**
4 Mann
· **Spezialität**
8 Marzipan
· **Wahrzeichen**
10 Holstentor
luchsäugig
13 scharfsichtig
Lücke
4 Loch, Riss
5 Ritze, Spalt
6 Lakune, Spalte
7 Bresche
8 Hohlraum, Oeffnung
9 Desiderat, Durchlass
Lücke für Angreifer
7 Bresche
Lude
9 Zuhaelter
Luder
3 Aas
4 Lump
6 Koeder
7 Kadaver
10 Tierleiche
ludolfsche ...
· **Zahl**
2 Pi
9 Kreiszahl
Luft ...
· **holen**
5 atmen
· *der* **Lungen**
4 Atem, Odem
Luftbewegung
3 Boe, Zug
4 Wind
5 Brise, Hauch, Orkan, Sturm
6 Taifun
7 Tornado
8 Hurrikan, Scirocco, Windhose
10 Luftwirbel, Wasserhose, Wirbelwind
11 Wirbelsturm
Lüftchen
5 Brise, Hauch
luftdicht
10 hermetisch
Luftdichtemesser
9 Aerometer
Luftdruckanzeiger
7 Aneroid
Luftdruckmaß
3 Bar
4 Torr
6 Pascal
11 Atmosphaere
Luftdruckmesser
8 Barograf
9 Barograph, Barometer
luftdurchlässig
7 undicht
Lufteinschluss im Glas
5 Blase
luftelektrische Entladung
5 Blitz
lüften
7 luepfen
Luftfahrt
7 Aviatik
9 Flugwesen
10 Aeronautik
Luftfahrtbegriff
11 Schallmauer
13 Flugsicherung
Luftfahrtpionier
10 Lilienthal
Luftfahrzeug
3 Jet
6 Ballon
8 Flugzeug, Zeppelin
10 Freiballon, Helikopter, Luftschiff
12 Fesselballon, Hub-schrauber, Lastensegler
13 Segelflugzeug, Sportflug-zeug, Sportmaschine
14 Duesenflugzeug
15 Heissluftballon
Luftfeuchtigkeits-messer
10 Hygrometer
Luftfeuchtigkeitsnieder-schlag
3 Tau
luftförmige Stoffe
4 Gase
luftförmiger Stoff
3 Gas
Luftgeist
5 Ariel
luftgetrocknete Wurst
6 Salami
Lufthohlraum im Wasser
5 Blase
Lufthülle der Erde
11 Atmosphaere
luftige Fußbekleidungen
12 Sommerschuhe
luftiges ...
· **Kleidungsstück**
13 Bermudashorts

· **Oberteil**
3 Top
· **Outfit für warme Tage**
11 Sommerkleid
Luftikus
8 Windhund
9 Hansdampf
10 Leichtfuss
Luftkissenfahrzeug
10 Hovercraft
Luftkissenzug
9 Aerotrain
Luftklappe
5 Choke
6 Ventil
luftleerer Raum
6 Vakuum
Luftleitblech am Auto
7 Spoiler
Luftpirat
8 Hijacker
10 Entfuehrer
18 Flugzeugentfuehrer
Luftpostleichtbrief
9 Aerogramm
Luftreifen
4 Pneu
Luftreiniger
6 Filter
Luftreise
4 Flug, Trip
11 Charterflug
Luftröhre
7 Trachea, Trachee
Luftröhrenast
8 Bronchie
Luftröhrenkatarrh
10 Bronchitis
Luftrolle
5 Salto
7 Looping
Luftsack im Auto
6 Airbag
Luftschiff
8 Zeppelin
Luftschiff Amundsens
5 Norge
Luftschiffer
8 Aeronaut
Luftschiffpionier
7 Eckener
Luftschloss
5 Traum
6 Utopie
8 Chimaere, Illusion
9 Schimaere, Traumbild
Luftschraube
9 Propeller
Luftschutzgebäude
6 Bunker
Luftspiegelung
11 Fata Morgana
Luftsportart
9 Segelflug
14 Drachenfliegen
Luftsportgerät
13 Segelflugzeug
Luftsprung
5 Salto
8 Kapriole
Luftstrom
3 Zug
7 Windzug
Luftströmung
3 Boe
4 Wind
5 Orkan, Sturm
6 Trombe
7 Thermik
Luftströmung ...
· *nach* **oben**
7 Aufwind
· *nach* **unten**
6 Abwind
Lufttrübung
4 Smog
5 Dunst, Nebel
9 Hochnebel
Luftumwälzer
10 Ventilator
Lüftung
11 Klimaanlage, Ventilation
Luftverkehrsmittel
8 Flugzeug
Luftverkehrszentrum
7 Airport
9 Flughafen
Luftverschmutzung
4 Smog
Luftverunreinigung
8 Emission
9 Immission
Luftwechsel
11 Ventilation
Luftwirbel
9 Turbulenz
Luftzufuhr im Bergwerk
11 Bewetterung
Luftzufuhrteil an der Orgel
4 Balg
Luftzug
4 Wind
Luftzug machen
6 blasen
Lüge
4 Trug
5 Bluff
6 Betrug, Verrat
8 Unwahres
9 Geflunker, Heuchelei, Schwindel
10 Unwahrheit
Lügenbaron
12 Muenchhausen
Lügengeschichte
9 Flunkerei
Lügner
8 Fabulant
9 Betrueger
10 Schwindler
Luke
11 Dachfenster
lukrativ
7 lohnend
8 rentabel
10 profitabel
12 eintraeglich
14 Gewinn bringend
lukullisch
6 ueppig
13 schwelgerisch
Lulatsch
5 Riese
Lumbago
11 Hexenschuss
lumbecken
6 binden, heften
11 broschieren
Lumme
3 Alk
6 Teiste
Lümmel
6 Bengel, Flegel, Ruepel
7 Grobian
Lump
6 Bandit, Ganove, Gauner, Schuft
7 Halunke, Schurke
8 Ehrloser
9 Liederjan
Lumpen
6 Fetzen, Lappen

Lumpenpack
3 Mob
Lunch
11 Mittagessen
Lungenbläschen
8 Alveolen
Lungenentzündung
9 Pneumonie
Lungenkrankheit
6 Asthma
8 Silikose
Lungenschwindsucht
11 Tuberkulose
Lungentätigkeit
6 Atmung
Lupe
5 Linse
9 Brennglas
19 Vergroesserungsglas
Lurchlarve
6 Quappe
Lurchtier
3 Olm
4 Unke
5 Molch
6 Frosch, Kroete
8 Amphibie
10 Laubfrosch, Salamander
Lust
5 Laune, Spass, Trieb, Wonne
6 Freude, Genuss, Libido, Rausch
7 Geluest, Wollust
8 Begierde
9 Interesse, Verlangen
10 Beduerfnis, Vergnuegen
11 Verzueckung
Lüster
12 Kronleuchter
lüsterner Mensch
9 Luestling
Lustgefilde
7 Elysium
8 Paradies
lustig
4 froh
5 fidel
6 heiter, munter, sonnig
7 drollig, komisch, spassig
8 amuesant
9 froehlich, vergnuegt
11 possierlich

lustig(e, er, es) ...
· **Bühnenstück**
7 Schwank
· **Einfall**
3 Gag
4 Witz
6 Bonmot, Pointe
· **Erzählung**
9 Humoreske
· **Fete**
11 Budenzauber
· **Figur**
5 Clown
7 Bajazzo, Kasperl
8 Harlekin, Witzbold
9 Hanswurst
· **Kinderspaß**
14 Kissenschlacht
· **Lied**
7 Gstanzl
· **Mensch**
10 Spassvogel
· **Reim**
13 Scherzgedicht
· **Scherz**
5 Spass
· **Spaß**
6 Scherz
· **Streich**
5 Posse
6 Possen
· **Unfug**
2 Uz
3 Fez, Ulk
5 Spass
Lüstling
4 Faun, Roué
9 Wuestling
15 Schuerzenjaeger
Lustschloss ...
· *bei* **Paris**
9 Malmaison
· *im* **Park von Versailles**
7 Trianon
· *bei* **Potsdam**
9 Sanssouci
· *in* **Wien**
11 Schoenbrunn
Lustspiel
5 Farce, Posse
6 Sketch
7 Schwank
8 Burleske, Komoedie
Lutheraner
10 Protestant

Luthers ...
· **Bibeldrucker**
5 Lufft
· **Zuflucht**
8 Wartburg
Lutscher
5 Lolli
luxemburgischer ...
· **Landesteil**
7 Gutland, Oesland
· **Radrennfahrer**
4 Gaul
7 Schleck
luxuriös(e, er, es) ...
· **Kleinstwohnung**
9 Apartment
· **Schiff**
5 Jacht, Yacht
· **Schlafstätte**
10 Himmelbett
Luxus
4 Pomp
6 Pracht
7 Aufwand
9 Wohlleben
Luxusrestaurant
14 Schlemmerlokal
Luxusschiff
5 Jacht
Luxuswagen
10 Salonwagen
Luzerner Hausberg
7 Pilatus
luzid
4 hell, klar
12 durchsichtig
Luzifer
5 Satan
6 Teufel
7 Satanas
9 Beelzebub
11 Morgenstern
Lymphknotenschwellung
4 Bubo
Lymphorgan
4 Milz
Lyrik
6 Poesie
8 Dichtung
10 Dichtkunst
Lyriker
4 Poet
7 Dichter
lyrisch
13 stimmungsvoll

lyrisch(e, er, es) ...
· **Chorwerk**
7 Kantate
· **Dichtung**
3 Ode
· **Dichtungsform**
5 Epode
· **Werk**
3 Lai, Ode
4 Lied
5 Hymne
6 Elegie, Hymnus, Sonett
7 Gedicht

M

machbar
8 moeglich
11 praktikabel, realistisch
Mache
5 Getue, Schau
6 Gehabe
8 Ziererei
machen
3 tun
6 bilden
7 handeln, treiben
8 bereiten, bewirken, erzeugen, fertigen, schaffen
9 erledigen
10 ausfuehren, herstellen
11 fabrizieren, produzieren, unternehmen, vollfuehren
Machenschaft
6 Raenke
7 Intrige, Umtrieb
8 Komplott
Macht
5 Druck, Kraft
6 Gewalt, Potenz
7 Groesse, Staerke
8 Einfluss, Regiment
9 Nachdruck, Regierung, Vermoegen
10 Herrschaft
12 Staatsgewalt
Machtbereich
5 Reich
7 Sphaere
8 Imperium
Machterweiterungsstreben
13 Imperialismus, Kolonialismus
Machthaber
4 Herr
6 Despot, Regent, Tyrann
7 Monarch
8 Diktator, Gebieter, Potentat
9 Herrscher
mächtig
5 gross, stark
6 massig, massiv, riesig
7 wuchtig
8 gewaltig, kraeftig
9 kraftvoll, souveraen
10 ueberlegen
12 beherrschend, wirkungsvoll
13 einflussreich
mächtige Flotte
6 Armada
mächtigste Handelsstadt des Altertums
8 Karthago
machtlos
7 hilflos, schwach
8 kraftlos, unfaehig
11 ohnmaechtig
12 unvermoegend
Machtmissbrauch
8 Willkuer
machtvoll ▶ mächtig
Machwerk
6 Pfusch
8 Elaborat
Macke
4 Tick
6 Mangel, Spleen
Mädchen
4 Dirn, Girl, Maid
6 Dirndl, Maedel
8 Teenager
9 Backfisch
Mädchen ...
· *für* **alles**
8 Faktotum
· *in* **Uniform**
9 Majorette
Mädchenfrisur
13 Pferdeschwanz
mädchenhaft-romantisch
9 verspielt
Mädchenname
11 Geburtsname
Mädchenoberschule
6 Lyzeum
Mädchenspielzeug
5 Puppe
Madenfresser
3 Ani
Madenhackerkuckuck
3 Ani
Madenkrankheit
6 Myiase
Madenwurm
6 Oxyure
Madonna
5 Maria
12 Gottesmutter
Magazin
5 Depot, Lager
6 Kammer
7 Arsenal
8 Speicher
Magenfüller
10 Quellstoff
Magenkatarrh
9 Gastritis
Magenkrampf
5 Kolik
Magensaft
3 Lab
Magensaftbestandteil
6 Lipase, Pepsin
Magenschleimhautentzündung
9 Gastritis
Magenspiegelung
12 Gastroskopie
Magenteil ...
· *bei* **Wiederkäuern**
5 Wanst
6 Pansen
8 Labmagen
9 Netzmagen
mager
5 duenn, duerr, hager

7 knochig, schlank
8 duerftig
magerer Boden für Sukkulenten
11 Kakteenerde
Magie
6 Zauber
7 Hexerei
13 schwarze Kunst
Magier
15 Zauberkuenstler
magisch(e, er, es) ...
· **Formel**
12 Zauberspruch
· **Gegenstand**
7 Amulett, Fetisch
8 Talisman
11 Maskottchen
· **Zeichen**
10 Drudenfuss, Pentagramm
Magnesiumoxid
10 Bittererde
Magnesiumsilikat
4 Talk
6 Talkum
10 Meerschaum
Magnetende
3 Pol
7 Nordpol, Suedpol
Magnetteil
5 Anker
Magyar
5 Ungar
Mahd
7 Schnitt
Mähgerät
5 Sense
6 Sichel
11 Rasenmaeher
Mahl
5 Essen
6 Speise
7 Gericht
Mahl im Freien
8 Picknick
Mahlprodukt
4 Mehl
6 Griess, Schrot
Mahlrückstand
5 Kleie
Mahlzeit
5 Diner, Essen, Jause, Lunch, Menue
6 Brunch, Gelage, Imbiss, Souper, Speise, Vesper
7 Bankett, Schmaus
8 Brotzeit, Dejeuner, Picknick
9 Abendbrot, Nachtmahl
10 Abendessen
11 Fruehstueck, Fuenfuhrtee, Mittagessen
Mahlzeit ...
· *in* **England**
5 Lunch
6 Dinner
Mahlzeit, das Speisen
16 Nahrungsaufnahme
Mahnbrief
7 Epistel, Monitum
Mähne
5 Tolle
6 Frisur, Schopf
mahnen
6 ruegen
8 monieren
Mahnmal
7 Denkmal
8 Monument
Mahnruf
7 Memento, Monitum
9 Menetekel
Mahnung zur Vorsicht
7 Warnung
Mähre
4 Gaul, Ross
5 Pferd
7 Klepper
Maibowlengewürz
11 Waldmeister
Maifröste
10 Eisheilige
Maikäferlarve
9 Engerling
Mailand auf Italienisch
6 Milano
Mailänder ...
· **Adelsgeschlecht**
6 Sforza
· **Fußballverein**
5 Inter
· **Opernhaus**
5 Scala
· **Sehenswürdigkeiten**
3 Dom
5 Scala
Mainmetropole
9 Frankfurt
Mainzelmännchen
3 Det, Edi
Mais
7 Kukuruz
Maischemaß
5 Eiche
Maisfladen
8 Tortilla
Maiskolbenhüllblätter
8 Lieschen
Maisschnaps
6 Chicha
10 Tschitscha
Maisspeise
5 Sterz
7 Polenta
12 Tuerkensterz
Majestät
6 Hoheit, Wuerde
11 Erhabenheit
majestätisch
7 erhaben
8 herrlich
Majorat
14 Aeltestenrecht
Majorität
8 Mehrheit
9 Ueberzahl
15 Stimmenmehrheit
makaber
7 duester
10 grauenvoll
11 schauerlich
Makel
5 Fleck, Odium
6 Mangel
7 Schande
11 Schandfleck
12 Kainszeichen
Mäkelei
9 Noergelei
makellos
4 rein
6 sauber
7 integer, richtig
8 tadellos
9 untadelig
10 fehlerfrei, unbefleckt, vollkommen
11 einwandfrei
mäkeln
7 meckern
8 kritteln, noergeln
10 bekritteln
11 kritisieren, raesonieren
Make-up
5 Puder

M

8 Schminke
11 Lippenstift
Make-up ...
· *der* **Augen**
8 Eyeliner
11 Lidschatten
13 Wimperntusche
Make-up-Utensil
9 Puderdose
11 Puderquaste
Makiaffe
4 Vari
5 Katta, Lemur
6 Lemure
Makkaroni
6 Nudeln
9 Teigwaren
Makler
6 Broker, Sensal
7 Mittler
10 Vermittler
Maklergebühr
8 Courtage, Sensalie
Makrelenart
8 Tunfisch
9 Thunfisch
Makrelenhecht
5 Saira
Makulatur
6 Abfall
9 Altpapier, Fehldruck
Mal
5 Fleck, Makel, Marke, Narbe
7 Zeichen
10 Markierung
11 Kennzeichen
Malaiendolch
4 Kris
Malaiengewand
6 Sarong
Malaienorchester
7 Gamelan
8 Gamelang
malaiisch(e, er, es) ...
· **Archipel**
9 Insulinde
12 Australasien
· **Boot**
4 Prau
· **Bund**
8 Malaysia
· **Bundesstaat**
5 Kedah, Perak
6 Pahang, Perlis
8 Kelantan, Selangor
· **Dolch**
4 Kris
· **Dorfsiedlung**
7 Kampong
· **Gedichtform**
6 Pantum
· **Hackmesser**
6 Parang
· **Halbinsel**
7 Malakka
· **Hüftgewand**
6 Sarong
· **Münzeinheit**
3 Sen
· **Segelboot**
4 Prau
· **Staat**
8 Malaysia
· **Volksstamm**
5 Batak, Bukit, Dajak
· **Wildhund**
5 Adjag
Malaria
11 Sumpffieber
Malariaheilmittel
6 Chinin
7 Atebrin
Malariamücke
7 Moskito
9 Anopheles
Malefizkerl
12 Draufgaenger
Maler
8 Tuencher
10 Tapezierer
11 Anstreicher
Maler und Holzschnitzer
5 Grien
Malereibedarf
5 Farbe
6 Firnis, Pinsel
Malergerät ▶ Malgerät
malerisch
9 pittoresk
Malerkreis der Romantik
9 Nazarener
Malermaterial
3 Oel
4 Lack
5 Farbe, Tinte
6 Firnis, Tusche
8 Oelfarbe
10 Acrylfarbe
11 Plakatfarbe, Wasserfarbe
12 Terpentinoel
Malerwerk
8 Gemaelde
9 Zeichnung
Malerzeichenstift
6 Roetel
Malgerät
6 Pinsel, Spatel
7 Palette
8 Spachtel
9 Staffelei
Malheur
4 Pech
6 Pleite, Unfall
8 Reinfall, Unglueck
12 Missgeschick
maliziös
7 boshaft
8 haemisch
Malutensil
11 Tuschkasten
malvenfarbig
4 lila
5 mauve
7 violett
Malvengewächs
6 Althee, Ibisch
7 Eibisch
8 Hibiskus
Malweise
6 Pastos
8 Aquarell
9 Tachismus
Malzzucker
7 Maltose
Mammon
4 Geld
6 Zaster
8 Reichtum
Mammutbaum
7 Sequoie
Mamsell
9 Fraeulein
man sagt, er sei störrisch
4 Esel
manche
6 einige
Mandant
5 Kunde
6 Klient
12 Auftraggeber
Mandarinenart
7 Satsuma
10 Klementine

Mandat
7 Auftrag, Vertrag
Mandelbitterstoff
6 Amarin
Mandelentzündung
6 Angina
mandelförmige Gloriole
8 Mandorla
Mandelgebäck
7 Makrone
Mandelkonfekt
5 Nugat
6 Nougat
7 Krokant
8 Marzipan
Mandelkrähe
4 Rake
5 Racke
8 Blaurake
Mandel-Nüsse-Rosinen-Mischung
15 Studentenfutter
Mangel
3 Not
5 Manko, Minus
6 Bedarf, Defekt, Fehler
7 Defizit, Schaden
9 Desiderat
14 Buegelmaschine
Mangel ...
· *an* **Ausdauer**
8 Ungeduld
· *an* **Beachtung**
17 Vernachlaessigung
· *an* **Erfahrung**
7 Unreife
· *an* **Erfolg**
17 Ergebnislosigkeit
· *an* **Gefühl**
18 Kaltschnaeuzigkeit
· *in der* **Herstellung**
18 Fabrikationsfehler
· *an* **klaren Wegen**
4 Irre
· *an* **Lebenserfahrung**
7 Unreife
· *an* **Nötigem**
10 Entbehrung
· *an* **Veränderung**
10 Langeweile
· *an* **Vorsicht**
10 Leichtsinn
Mängelanzeige
11 Reklamation
Mangelhaftigkeit
18 Unvollstaendigkeit
Mängelhaftung
11 Waehrschaft
Mangelkrankheit
5 Oedem
7 Skorbut
8 Beriberi, Rachitis
mangelnd(e, er, es) ...
· **Anerkennung**
6 Undank
· **Glaube**
7 Zweifel
· **Ruhe**
6 Hektik, Stress
· **Selbstvertrauen**
12 Unsicherheit
Mangoldrippe
10 Krautstiel
Manie
4 Hang
5 Sucht, Trieb
7 Neigung, Passion
12 Besessenheit, Leidenschaft
Manier
3 Art
4 Stil
5 Weise
Manieren
5 Sitte
8 Benehmen, Betragen
9 Auftreten, Lebensart
Manifest
6 Erlass
8 Programm
10 Erklaerung, Kundgebung
Maniküre
10 Handpflege
Maniküregerät mit abgerundeten Spitzen
15 Babynagelschere
Manikürgerät
10 Nagelfeile
11 Nagelschere
Maniokmehl
7 Tapioka
Maniokwurzel
7 Kassawa
Manipulation
4 Dreh
5 Kniff, Trick
7 Methode
9 Verfahren
10 Kunstgriff
12 Machenschaft
manipulieren
7 steuern
9 handhaben
12 beeinflussen
manieriert
7 geziert
11 ueberspannt
manisch
6 erregt
8 besessen
11 tobsuechtig
Manko ▶ Mangel
Mann
4 Adam, Kerl
5 Gatte
Mann ...
· *aus* **fernen Ländern**
4 Exot
· *mit* **großem Vermögen**
5 Nabob
· *mit* **hoher Stimme**
5 Tenor
8 Tenorist
· *auf* **Jasons Schiff**
8 Argonaut
· *im* **Paradies**
4 Adam
· *ohne* **Schatten**
9 Schlemihl
· **unter 20**
9 Juengling
Mann von ... ▶ Gatte von ...
Mann, ...
· *der* **auf dem Mond war**
4 Bean, Duke
5 Irwin, Scott, Young
6 Aldrin, Cernan, Conrad
7 Schmitt, Shepard
8 Mitchell
9 Armstrong
Manna
11 Himmelsbrot
Männchen vieler Tiere
4 Bock
Mannen
8 Vasallen
Mannen ...
· *des* **Jason**
10 Argonauten
· **Siegfrieds**
10 Nibelungen
Mannequin
5 Model

M

6 Modell
12 Vorfuehrdame
Männer ...
· *mit* **Kindern**
6 Vaeter
· **verschleißende Frau**
4 Vamp
Männeranrede
4 Herr
Männerfigur aus Othello
4 Jago
Männerhass
9 Misandrie
Männerhaus ...
· *bei* **den Naga**
6 Morung
· *auf* **den Palauinseln**
3 Bai
Männerjacke
5 Joppe, Sakko
Männerkleidung
4 Hemd, Hose
5 Anzug
10 Herrenhemd
Männerkurzname
3 Edi, Max, Pit, Tim, Uli, Utz, Wim
4 Alex, Axel, Dirk, Fred, Gerd, Hein, Hias, Klas, Kurt, Lutz, Pepi, Rolf, Rudi, Sepp, Sigi, Theo, Toni
5 Beppo, Bernd, Bernt, Fritz, Heini, Heinz, Klaus, Micha, Tommy, Willi
6 Hannes, Jochen, Niklas
7 Bastian, Frieder
Männername ▶ männlicher Vorname
Männerstimme ▶ Männerstimmlage
Männerstimmlage
4 Bass
5 Tenor
7 Bariton
11 Bassbariton
Manneskraft
6 Potenz
Manneszierde
4 Bart
Manneszucht
9 Disziplin
mannhaft
5 mutig, viril
Mannigfaltigkeit
8 Vielfalt
15 Diversifikation
männlich
8 maskulin
männlich(e, er, es) ...
· **Artikel**
3 der
· **Biene**
6 Drohne
· **Blutsverwandter**
5 Agnat
· **Borstentier**
4 Eber
· **Ente**
5 Erpel
· **Falke**
6 Terzel
· **französischer Artikel**
2 le
· **Fürwort**
2 er
· **Gans**
6 Ganser, Ganter
· **Geflügeltier**
4 Hahn
6 Ganter
· **Geschwister**
6 Bruder
7 Brueder
· **Gesichtshaartracht**
4 Bart
· **Haarschmuck**
4 Bart
· **Hanfpflanze**
5 Femel
· **Hase**
7 Rammler
· **Haushaltsvorstand**
13 Familienvater
· **Haustier**
4 Bock, Eber, Hahn
5 Bulle, Erpel, Kater, Ochse, Ruede, Stier
6 Ganter, Hammel, Hengst
7 Rammler, Schoeps, Wallach
8 Truthahn
10 Ziegenbock
· **Horntiere**
6 Boecke
· **Hund**
5 Ruede
· **Junggeflügel**
9 Haehnchen
· **Katze**
5 Kater
· **Kehlkopf**
10 Adamsapfel
· **Kind**
3 Bub
4 Sohn
5 Junge, Knabe
· **Kindeskind**
9 Enkelsohn
· **Kosename**
4 Toni
· **Kurzname**
3 Adi, Alf, Edi, Teo, Utz
4 Gerd, Jost, Toni
5 Benno, Heini, Heino
· **Mannequin**
8 Dressman
· **Modevorführer**
8 Dressman
· **Nachkomme**
4 Sohn
5 Junge, Knabe
· **Pferd**
6 Hengst
· **Reh**
4 Bock
· **Rind**
5 Bulle, Ochse, Stier
· **Rollenfach**
9 Liebhaber
· **Säugetier**
14 Elefantenbulle
· **Schaf**
6 Hammel, Widder
7 Schoeps
· **Schwein**
4 Eber
· **Substantiv**
10 Maskulinum
· **Supermodel**
9 Vanderloo
· **Tier**
9 Maennchen
· **Tracht**
9 Lederhose
· **Verwandter**
3 Opa
5 Eidam, Enkel, Neffe, Oheim, Onkel, Vater
6 Bruder, Cousin, Vetter
7 Urenkel
10 Grossvater
12 Urgrossvater

- **Vogel**
  4 Hahn
  5 Erpel
  6 Roller, Tauber
- **Vorfahr**
  3 Ahn
- **Vorname**
  3 Alf, Bob, Ivo, Kai, Kay, Leo, Max, Odo, Udo, Ulf, Uli, Urs, Uwe
  4 Adam, Alex, Arne, Arno, Axel, Bodo, Carl, Curt, Dirk, Egon, Eike, Emil, Enno, Erek, Erik, Falk, Fred, Gerd, Gero, Golo, Hans, Hugo, Ilja, Immo, Ingo, Jens, Jost, Karl, Knut, Kuno, Kurt, Lutz, Niko, Nils, Olaf, Otto, Paul, Ralf, Rolf, Rudi, Theo, Till, Tilo, Toni, Veit, Wolf
  5 Achim, Adolf, Alban, Albin, Alois, Aloys, Alwin, Anton, Armin, Arnim, Artur, Benno, Beppo, Bernd, Boris, Botho, Bruno, Claus, David, Edgar, Edwin, Einar, Elmar, Enzio, Erich, Ernst, Erwin, Eugen, Ewald, Felix, Fiete, Frank, Franz, Fritz, Georg, Goetz, Guido, Hanno, Harri, Harro, Harry, Hasso, Heinz, Horst, Ignaz, Jakob, Jobst, Joerg, Josef, Klaus, Lewin, Malte, Oskar, Otmar, Peter, Ralph, Roger, Simon, Thilo, Tomko, Urban, Willi, Willy, Xaver
  6 Adrian, Albert, Alfons, Alfred, Anatol, Anselm, Ansgar, Arnold, Arnulf, Arthur, August, Detlef, Dieter, Edmund, Eduard, Egbert, Fabian, Gerald, Germar, Gernot, Gerold, Gerwig, Gerwin, Gregor, Gunnar, Gustav, Harald, Heiner, Helmut, Henner, Herwig, Hilmar, Holger, Hubert, Isidor, Jochen, Johann, Julian, Julius, Justus, Kaspar, Kilian, Konrad, Lorenz, Lothar, Lucien, Ludger, Markus, Martin, Michel, Moritz, Oliver, Rainer, Rasmus, Robert, Roland, Rudolf, Rupert, Stefan, Thomas, Tobias, Ulrich, Viktor, Volker, Walter, Wenzel, Werner
  7 Agrippa, Amadeus, Andreas, Balduin, Bertold, Bertram, Clemens, Dankrad, Dietmar, Dominik, Eginald, Eilbert, Emanuel, Erasmus, Florian, Friedel, Gabriel, Gerhard, Gilbert, Gisbert, Guenter, Hartmut, Helmuth, Herbert, Hermann, Joachim, Juergen, Karsten, Kasimir, Lambert, Leopold, Manfred, Michael, Norbert, Philipp, Richard, Severin, Steffen, Stephan, Tankred, Tassilo, Theodor, Tilmann, Vinzenz, Walther, Wilhelm, Wolfram
  8 Adalbert, Augustin, Benedikt, Benjamin, Bernhard, Berthold, Burkhard, Dagobert, Dietrich, Eberhard, Fridolin, Giselher, Gottlieb, Guenther, Heinrich, Heribert, Hubertus, Johannes, Jonathan, Leonhard, Matthias, Nikolaus, Reginald, Reinhart, Ruprecht, Siegbert, Siegmund, Theobald, Traugott, Valentin, Wilfried, Winfried, Wladimir, Wolfgang
  9 Alexander, Balthasar, Christian, Christoph, Ferdinand, Friedhelm, Gottfried, Karlheinz, Ladislaus, Sebastian, Severinus, Siegfried, Sylvester
  10 Friedemann, Hildebrand, Stanislaus
- **Waldtier**
  7 Rehbock
- **Waldvogel**
  8 Auerhahn
- **Wassertier**
  5 Erpel
  8 Enterich
- **Wildschwein**
  6 Keiler
- **Ziege**
  4 Bock
- **Zuchtpferd**
  6 Hengst

Mannsbild
4 Kerl
7 Bursche

Mannschaft
3 Elf
4 Crew, Team
6 Equipe, Gruppe
8 Aufgebot
9 Besatzung, Formation

Mannschaftsdienstgrad
8 Schuetze
9 Gefreiter

Mannschaftsführer
8 Kapitaen, Teamchef
12 Spielfuehrer

Mannschaftsraum auf Schiffen
5 Logis

Mannschaftsspiel
5 Rugby
8 Fussball, Korbball
9 Prellball

mannstoll
9 nymphoman

Mannweib
6 Virago
7 Zwitter
12 Hermaphrodit

Manöver
10 Kunstgriff
13 Truppenuebung
15 Scheinmassnahme

Manövrierbahn
10 Rangierlok

Mansarde
11 Dachwohnung

Manschetten
7 Stulpen
9 Aufschlag

Mantel ...
- *ohne* **Ärmel**
  11 Wetterfleck
- *mit* **Kapuze**
  6 Burnus

M

· **katholischer Geistlicher**
5 Cappa
Mantelart
4 Cape
6 Ulster, Umhang
7 Paletot
8 Havelock
10 Dufflecoat, Trenchcoat
mantelartige Bekleidung
6 Umhang
mantelartiger ...
· **Überrock der Juden**
6 Kaftan
· **Umhang**
6 Poncho
· **Umhang der Araber**
3 Aba
Mantelaufschlag
6 Revers
Mantelrückenspanne
8 Dragoner
Mantelschnitt
6 Raglan, Ulster
Mantelstoff
5 Loden, Tweed
8 Popeline
Manteltarif
11 Rahmentarif
Mantelteil
6 Aermel
Manteltier
5 Salpe
8 Tunikate
10 Seescheide
Mantille
6 Umhang
Manufaktur
6 Fabrik
10 Handarbeit
Manufakturware
9 Textilien
Manuskript
4 Text
7 Handout
8 Original
9 Urschrift
11 Handschrift, Satzvorlage
12 Tischvorlage
Manuskriptbearbeiter
6 Lektor
9 Redakteur
Manuskriptschreiber
11 Ghostwriter
Mappe mit Grafiken
9 Portfolio
Maquisard
8 Partisan
Mär
4 Fama, Saga, Sage
5 Fabel, Kunde, Maere
8 Maerchen
9 Nachricht
10 Erzaehlung
Märchen der Gebrüder Grimm
10 Sterntaler
Märchendichter
5 Grimm
Märchenerzählerin ...
· *aus* **Tausendundeiner Nacht**
12 Scheherazade, Scheherezade
Märchenfigur
3 Alp, Fee, Nix, Rok
4 Elfe, Gnom, Hexe, Mohr, Muck, Neck, Nixe, Oger, Puck, Spuk
5 Drude, Engel, Geist, Greif, Holle, Hulda, Kater, Lampe, Prinz, Riese, Satan, Troll, Wicht, Zwerg
6 Adebar, Aladin, Drache, Eckart, Gretel, Kobold, Koenig, Laurin, Moloch, Nimrod, Nymphe, Oberon, Riesin, Schrat, Teufel, Undine
7 Ali Baba, Alraune, Einhorn, Haensel, Isegrim, Jorinde, Olifant, Reineke, Sindbad, Zwergin
8 Alberich, Erdgeist, Genoveva, Gespenst, Grimbart, Gulliver, Ilsebill, Irrwisch, Joringel, Klingsor, Koenigin, Lanzelot, Lindwurm, Meerfrau, Melusine, Nikolaus, Rapunzel, Rosenrot, Ruprecht, Sandmann, Zauberer, Zauberin
9 Beelzebub, Berggeist, Daeumling, Eiskoenig, Erlkoenig, Frau Holle, Goldmarie, Huckebein, Osterhase, Pechmarie, Ruebezahl, Vogel Rock, Zwerg Nase
10 Mann im Mond, Prinzessin, Tatzelwurm, Vogel Greif, Waldschrat, Wassermann, Wassernixe
11 Kalif Storch
12 Aschenputtel, Dornroeschen, Froschkoenig, Gaenseliesel, Hans im Glueck, Koenig Laurin, Meerjungfrau, Moosweiblein, Rotkaeppchen, Scheherezade, Suppenkaspar
13 Aschenbroedel, Rattenfaenger, Sandmaennchen, Struwwelpeter, Zappelphilipp
14 Harun al Raschid, Schneewittchen, Weihnachtsmann
15 Rumpelstilzchen, Schneeweisschen
16 Heinzelmaennchen
17 Gestiefelter Kater
Märchenfigur ...
· *aus* **Frau Holle**
9 Goldmarie, Pechmarie
Märchengestalt
► Märchenfigur
märchenhaft
6 irreal
9 fabelhaft, sagenhaft, traumhaft, wunderbar
11 fantastisch
12 phantastisch
Märchenland
7 Liliput
15 Schlaraffenland
Märchenland ...
· *der* **griechischen Sage**
3 Aea, Ais
Märchenriese
4 Oger
9 Ruebezahl
Märchentanz
10 Feenreigen
Märchenvogel
3 Ruk
4 Roch, Ruch
Märchenwesen
3 Fee
4 Hexe
5 Elfen, Zwerg
marderähnliches Pelztier
4 Nerz

M

Marderart
4 Jerf, Mink, Nerz, Ratz
5 Dachs, Frett, Iltis, Otter, Skunk, Zobel
6 Grison, Wiesel
7 Zorilla
8 Hermelin, Seeotter
9 Frettchen, Stinktier, Vielfrass
10 Fischotter
Marderhund
4 Enok
Märe
5 Kunde
9 Nachricht
Marge
6 Spanne
8 Toleranz
9 Spielraum
Marginalie
6 Glosse
9 Anmerkung
13 Randbemerkung
Maria mit Leichnam Christi
5 Pieta
Marianeninsel
4 Guam, Rota
5 Agana, Pagan
6 Saipan, Tinian
Marienbildnis
7 Madonna
Mariendarstellung
▶ Marienbildnis
Marienkäfer
11 Siebenpunkt
15 Herrgottskaefer
Marille
8 Aprikose
Marinade beim Kochen
5 Beize
Marine in den USA
4 Navy
Marinedenkmal bei Kiel
5 Laboe
Marinedienstgrad
4 Maat
5 Kaleu
7 Admiral, Matrose
8 Kapitaen, Obermaat
9 Bootsmann
16 Kapitaenleutnant
Marineleitung
12 Admiralitaet
Marineoffizier
7 Admiral
17 Fregattenkapitaen
Marineoffiziersschüler
6 Kadett
9 Seekadett
mariniert(e, er, es) ...
· **Blütenknospe**
5 Kaper
· **Dornhaifleisch**
6 Seeaal
· **Fischart**
8 Rollmops
Marionette
11 Gelenkpuppe
12 Gliederpuppe
Marionettenakteur
13 Puppenspieler
Marionettenbühne
13 Puppentheater
markant
7 typisch
10 auffaellig, auffallend
11 bezeichnend, einpraegsam
13 eindrucksvoll
16 charakteristisch
Marke
3 Mal
7 Merkmal, Stempel, Zeichen
10 Briefmarke
11 Kennzeichen, Wertzeichen
12 Warenzeichen
13 Firmenzeichen
15 Postwertzeichen
Marketing
16 Absatzfoerderung
Markgraf Ottos des Großen
4 Gero
Markierung ...
· *von* **Grenzen**
10 Grenzstein
· *an* **Messgeräten**
4 Grad
5 Skala
markig
6 kernig
9 kraftvoll
märkischer ...
· **Dichter**
5 Arnim
7 Fontane
Markomannenkönig
6 Marbod
Markt
5 Messe
Markt ...
· *im* **alten Griechenland**
5 Agora
· *im* **alten Rom**
5 Forum
· *im* **Orient**
5 Basar, Bazar
· *für* **Trödelwaren**
9 Flohmarkt
marktbeherrschende ...
· **Organisation**
5 Trust
7 Konzern
Marktbude
5 Stand
Marktschreier
8 Haendler
10 Scharlatan
marktschreierischer Lärm
6 Tamtam
Marktstand
4 Bude
Marktwert
4 Kurs
5 Preis
Marmel
6 Marbel, Murmel
7 Klicker
Marmelade
3 Jam, Mus
7 Kompott
10 Konfituere
13 Brotaufstrich
marokkanisch(e, er, es) ...
· **Gebirge**
3 Rif
5 Atlas
· **König**
6 Hassan
· **Leder**
8 Maroquin
· **Sultansschloss**
6 Kasbah
· **Volksteil**
6 Berber, Mauren
7 Kabylen
10 Rifkabylen
Marone
12 Edelkastanie
Marotte
4 Tick

M

5 Laune, Macke
6 Fimmel, Spleen
8 Eigenart, Schrulle
9 Eigenheit
Marsch
4 Koog
6 Helder, Polder
7 Neuland
Marsch von Truppen
7 Heerzug
Marschboden
4 Fenn, Klei
7 Schlick
Marschformation
7 Kolonne
Marschgepäck
8 Rucksack
9 Tornister
11 Ausruestung
Marschgruppe
5 Rotte
Marschhügel
4 Warf
5 Warft
Marschinseln im Wattenmeer
8 Halligen
Marschland
4 Koog
Marschland ...
· *zwischen* **Hunte und Weser**
9 Stedingen
· *der* **Niederlande**
6 Betuwe
Marschlandschaft ...
· *in* **Niedersachsen**
6 Hadeln
· *an der* **Unterelbe**
9 Kehdingen
Marschpause
4 Rast
5 Biwak
Marschverpflegung
8 Proviant
Marschweg
5 Route
Marshallplan (Abkürzung)
3 ERP
Marsmond
6 Deimos, Phobos
Marter
4 Pein, Qual
6 Folter, Leiden, Tortur
9 Peinigung
Marterl
9 Votivbild
martialisch
9 streitbar
11 kriegerisch
Martinstag
7 Martini
Märtyrer
5 Alban, Georg, Menas, Simon
6 Damian, Gereon, Markus, Petrus
7 Blasius, Emmeram, Erasmus, Florian, Pankraz, Stephan
8 Ignatius, Polykarp
9 Sebastian, Stephanus
10 Bonifatius, Laurentius, Pankratius, Valentinus
13 Bartholomaeus
Märtyrerin
6 Agatha
7 Barbara
8 Dorothea
9 Felicitas, Margareta
März
7 Lenzing
8 Lenzmond
Masche
3 Gag
5 Trick
8 Schlaufe, Schleife, Schlinge
Maschengefüge
8 Netzwerk
Maschenware
6 Gewirk
8 Geflecht
Maschenwerk
4 Netz
Maschine
6 Geraet
7 Apparat
11 Mechanismus
Maschine ...
· *für* **Erdarbeiten**
5 Ramme, Raupe
6 Bagger
7 Scraper, Skraper
· *zur* **Getreidereinigung**
5 Tarar
· *zum* **Glätten**
5 Walze
· *zum* **Heben von Lasten**
4 Kran
11 Flaschenzug
· *zur* **Stromerzeugung**
9 Generator
· *zum* **Tuchaufrauen**
5 Karde
· *zum* **Verdichten**
10 Kompressor
· *zum* **Zerschneiden von Baumstämmen**
11 Gattersaege, Kettensaege
maschinelle Vervielfältigung
5 Druck
Maschinenart
3 Lok
5 Motor, Pumpe, Ramme
6 Bagger, Dynamo, Geraet
7 Apparat, Turbine, Windrad
8 Flugzeug, Motorrad
9 Generator, Triebwerk
11 Mechanismus
maschinenartig
10 maschinell, mechanisch
Maschinenaufsteller
7 Monteur
Maschinenelement
7 Zahnrad
Maschinengruppe
8 Aggregat
Maschinenmeister
10 Maschinist
Maschinenmensch
7 Roboter
Maschinensatz
8 Aggregat
maschinenschriftliche Druckvorlage
10 Typoskript
Maschinenstartpower
13 Antriebspower
Maschinentätigkeit ohne Arbeitsnutzen
8 Leerlauf
Maschinenteil
3 Rad
4 Keil, Niet
5 Achse, Backe, Feder, Hebel, Kette, Konus, Lager, Niete, Rolle, Rotor, Stift, Welle
6 Bolzen, Bremse, Kolben, Kurbel, Ventil, Zapfen

7 Trommel
8 Anlasser, Exzenter, Getriebe, Kupplung, Schraube, Zylinder
9 Gestaenge
Maschinerie
4 Werk
7 Apparat, Betrieb
8 Getriebe
9 Apparatur
11 Mechanismus
masernähnliche Krankheit
7 Roeteln
Maserung
4 Ader
6 Muster
7 Geaeder
Maskareneninsel
7 Réunion
9 Mauritius, Rodriguez
Maskaron
5 Larve, Maske
6 Fratze
8 Grimasse
14 Fratzengesicht
Maske
5 Larve
6 Huelle
7 Fassade
10 Kopfschutz
Maskenball
7 Redoute
9 Maskerade
11 Gschnasfest, Kostuemfest
12 Mummenschanz
Maskenbildnerin
10 Visagistin
Maskenkleidung
7 Kostuem
Maskenmantel
6 Domino
Maskerade
11 Verkleidung
13 Kostuemierung
Maskierung ▶ Maskerade
Maskottchen
7 Amulett
8 Talisman
14 Gluecksbringer
maskuliner Mensch
4 Mann
Maß
5 Model
6 Format, Mensur
7 Quantum
8 Standard
Maß ...
· *zur* **Bestimmung der Schwere des Obstsaftes**
11 Mostgewicht
· *für* **Länge und Breite der Füße**
12 Schuhgroesse
Maß- und Gewichtskunde
10 Metrologie
Massage
7 Knetkur
Masse
4 Gros
5 Menge, Stoff
7 Bestand, Materie
8 Substanz
10 Quantitaet
Masse ...
· *zum* **Backen**
4 Teig
· *im* **Erdinnern**
5 Magma
· **harten Gesteins**
4 Fels
· *zum* **Kauen**
8 Kaugummi
Massebegriff
6 Dichte
Maßeinheit
5 Tonne
Maßeinheit ...
· *in der* **Akustik**
3 Bel
· *für die* **Dehnbarkeit von Fasern**
3 Den
6 Denier
· *für die* **elektrische Kapazität**
5 Farad
· *für die* **elektrische Leistung**
4 Watt
· *für die* **elektrische Spannung**
4 Volt
· *für die* **elektrische Stromstärke**
6 Ampere
· *für den* **elektrischen Widerstand**
3 Ohm
· *für die* **Energie**
5 Joule
· *für die* **Entfernung**
9 Kilometer
· *der* **Frequenz**
5 Hertz
· *für die* **Induktion**
5 Henry
· *für die* **Kraft**
6 Newton
8 Kilopond
· *für* **Länge**
5 Meter
· *der* **Lautstärke**
3 Fon
4 Phon
· *für die* **Lichtstärke**
5 Lumen
· *auf* **Skalen**
4 Grad
· *für das* **spezifische Mostgewicht**
7 Oechsle
· *für die* **Stärke radioaktiver Strahlung**
3 Rad, Rem
4 Gray
5 Curie
7 Sievert
9 Becquerel
· *der* **Telegrafiergeschwindigkeit**
4 Baud
· *der* **Wärmemenge**
5 Joule
7 Kalorie
· *für die* **Zeit**
7 Sekunde
Maßeinteilung (Technik)
5 Skala
10 Skalierung
Massenangst
5 Panik
Massenansturm
3 Run
7 Andrang
Massenaufmarsch
4 Demo
10 Kundgebung
13 Demonstration, Protestaktion
Massenerkrankung
6 Seuche
7 Endemie
8 Epidemie, Pandemie

Massengutbehälter
6 Bunker
9 Container
Massenherstellung von Bekleidung
10 Konfektion
Massenkundgebung
► Massenaufmarsch
Massenmedium
9 Fernsehen
Massenopfer
9 Hekatombe
Masseteilchen
4 Atom
7 Molekel
8 Molekuel
9 Korpuskel
maßgebend
8 normativ
9 gewichtig, kompetent
13 einflussreich
15 richtungweisend
maßgebend(e, er, es) ...
· **Persönlichkeit**
10 Autoritaet
· **Umstand**
6 Faktor
· **Zeuge**
9 Kronzeuge
massig
4 dick
5 breit
6 robust, schwer
7 kompakt, wuchtig
8 kraeftig, maechtig
mäßig
3 mau
4 flau
6 gering
7 moderat, schwach
13 mittelmaessig
mäßig ...
· **kalt**
5 kuehl
6 frisch
· **langsames Tonstück**
7 Andante
· **warm**
3 lau
4 mild
7 lauwarm
mäßig warme Trockensauna
8 Laconium
mäßiger ...
· **Wind**
5 Brise, Hauch
Mäßigkeit
9 Temperenz
massiver ...
· **Rundkörper**
5 Kugel, Rolle
8 Zylinder
Maßliebchen
15 Gaensebluemchen
maßlos
5 enorm
6 extrem, ueppig
8 exzessiv
9 unbaendig, ungeheuer
10 exorbitant
13 unersaettlich
maßloser Zorn
3 Wut
maßloses ...
· **Begehren**
4 Gier
5 Manie, Sucht
Maßlosigkeit
6 Exzess
Maßnahme
3 Akt, Tat
6 Aktion
8 Handlung, Regelung, Vorgehen
Maßnahme ...
· *zur* **Entschlackung**
13 Fruehjahrskur
· *am* **Jahresbeginn**
13 Fruehjahrskur
· *zur* **Stadterhaltung**
17 Altstadtsanierung
· *zur* **Verzögerung des Altersprozesses**
9 Antiaging
maßregeln
6 tadeln
9 bestrafen
Maßstab
4 Norm
6 Lineal
8 Standard
Mast
5 Besan, Pfahl
7 Vortopp
8 Fockmast
9 Grossmast
Mastbaumbefestigung
3 Gei
Mastgeflügel
4 Hahn, Huhn
6 Kapaun, Poulet
8 Mastgans, Poularde
Mastix
4 Harz
mastloses ...
· **Boot**
4 Ewer, Kahn
5 Barke
6 Gondel, Nachen
Mastspitze
4 Topp
Mastteil
3 Rah
4 Bram, Raah
Matador
6 Torero
13 Stierkaempfer
Match
4 Game
5 Kampf, Spiel, Wette
6 Partie
7 Treffen
9 Wettkampf
Matchteilnehmer
7 Spieler
Mater
4 Form
6 Mutter
7 Matrize
Mater ...
· **dolorosa**
5 Pieta
7 Madonna
10 Marienbild
Material
5 Masse, Stoff
6 Gehalt, Inhalt, Mittel
8 Rohstoff, Substanz
9 Werkstoff
Material ...
· *zum* **Abschminken**
8 Wattepad
· *zum* **Beschreiben**
6 Papier
· *zum* **Dachdecken**
9 Teerpappe
· *zum* **Einwickeln**
10 Packpapier
· *der* **Elefantenstoßzähne**
9 Elfenbein
· *für* **Flaschenpfropfen**
4 Kork

· *des* **Fußballes**
5 Leder
· *zur* **Isolierung**
9 Glasfaser
· *für* **Kämme**
10 Schildpatt
· *zur* **Kerzenherstellung**
7 Stearin
· *des* **Töpfers**
3 Ton
· *zur* **Wärmeerzeugung**
10 Brennstoff
Materialbeschaffer
10 Einkaeufer
Materiallehre
10 Stoffkunde
Materialschwund bei Gummireifen
6 Abrieb
Materialverlust
6 Abrieb
7 Schwund
Materie
4 Fach
5 Masse, Stoff
6 Gebiet
8 Substanz
materiell
12 substantiell, substanziell
materieller Schaden
7 Verlust
Materieteilchen
4 Atom
8 Molekuel
Mathematiker
4 Abel, Ries
5 Gauss, Riese
6 Briggs, Cantor, Euklid, Guldin, Ludolf, Newton, Pappus, Pascal
7 Cardano, Hilbert, Lambert, Laplace, Leibniz, Neumann, Riemann
8 Lagrange, Pluecker, Poincaré
9 Descartes
10 Archimedes, Pythagoras
Mathematikteilgebiet
7 Algebra, Numerik
8 Analysis
9 Geometrie
10 Arithmetik
12 Stereometrie
13 Trigonometrie
mathematisch für ...
· **Abziehen**
11 Subtraktion
· **Dazuzählen**
8 Addition
· **Malnehmen**
14 Multiplikation
· **Teilen**
8 Division
mathematisch(e, er, es) ...
· **Ausdruck für ein Ganzes**
6 Eintel
· **Begriff**
3 Lot, Pol
4 Grad, Zahl
5 Achse, Basis, Binom, Bogen, Bruch, Ebene, Fokus, Glied, Hoehe, Kante, Kegel, Komma, Kreis, Kubus, Kugel, Kurve, Linie, Mitte, Punkt, Radix, Raute, Sehne, Seite, Sinus, Summe, Tiefe
6 Breite, Faktor, Formel, Gerade, Inhalt, Laenge, Lineal, Mittel, Nenner, Polare, Potenz, Prisma, Quader, Radius, Sektor, Spitze, Strahl, Teiler, Trapez, Umfang, Vektor, Winkel, Wurzel, Zirkel
7 Achteck, Algebra, Divisor, Dreieck, Einheit, Ellipse, Flaeche, Kathete, Komplex, Kosinus, Loesung, Maximum, Minimum, Numerus, Parabel, Produkt, Prozent, Quadrat, Rhombus, Segment, Sekante, Sphaere, Spirale, Tangens, Teilung, Vieleck, Viereck, Volumen, Wuerfel, Zaehler, Zentrum
8 Abszisse, Addition, Dezimale, Dividend, Division, Exponent, Fuenfeck, Funktion, Hyperbel, Integral, Ordinate, Primzahl, Pyramide, Quotient, Rechteck, Resultat, Scheitel, Schenkel, Sechseck, Tangente, Zylinder
9 Asymptote, Diagonale, Differenz, Dimension, Geometrie, Gleichung, Grundzahl, Halbkreis, Kongruenz, Konstante, Kubikzahl, Parallele, Quersumme, Symmetrie, Vertikale
10 Brennpunkt, Entfernung, Grundlinie, Halbierung, Halbmesser, Hypotenuse, Komponente, Koordinate, Mittelwert, Peripherie, Proportion, Regeldetri, Senkrechte, Sinuskurve, Unbekannte
11 Durchmesser, Horizontale, Koeffizient, Logarithmus, Mengenlehre, Mittelpunkt, Oberflaeche, Perspektive, Progression, Subtraktion, Waagerechte
12 Differential, Differenzial, Grundflaeche, Schnittpunkt, Stereometrie
15 goldener Schnitt
· **Dreisatzrechnung**
10 Regeldetri
· **Figur**
5 Kegel, Kreis, Kubus, Kugel, Raute
6 Prisma, Quader, Trapez
7 Ellipse, Quadrat, Rhombus, Vieleck, Viereck, Wuerfel
8 Pyramide, Zylinder
· **Funktion**
5 Sinus
7 Cosinus, Kosinus, Tangens
9 Cotangens, Kotangens
11 Logarithmus
· **Gerät**
6 Lineal, Zirkel
12 Winkelmesser
14 Rechenschieber
· **Größe**
10 Koordinate
11 Logarithmus
· **Kegelschnitt**
5 Kreis
7 Ellipse, Parabel
8 Hyperbel
· **Linie**
5 Kurve
6 Gerade, Strahl
7 Strecke

· **Relation**
9 Gleichung
· **Symbol**
6 Formel
8 Integral
· **Verbindungslinie**
6 Polare
· **Zeichen**
3 mal
4 plus
5 minus
· **Zeichnung**
8 Diagramm
Matratzenauflage im Bett
10 Lattenrost
Matratzenschoner
8 Aufleger
Matratzenstoff
5 Drell
Matratzenunterlage im Bett
10 Lattenrost
Mätresse
5 Buhle
8 Geliebte
Mätresse ...
· **Ludwigs XIV.**
9 Fontanges
10 Lavalliere
· **Ludwigs XV.**
7 Dubarry
9 Pompadour
Matrize
4 Form
5 Mater
8 Gussform
9 Druckform
Matrose
7 Mariner, Seemann
9 Blaujacke
Matrosengepäck
7 Seesack
Matrosenhemd
6 Troger
Matrosenlied
6 Shanty
Matrosenlöhnung
5 Heuer
Matrosenschlafstatt
4 Koje
11 Haengematte
matt
3 mau
4 flau
5 muede
6 kaputt, truebe
7 schwach
8 glanzlos
10 erschoepft
matt glänzendes Schmuckstück
5 Perle
Matte
8 Vorleger
10 Flechtwerk
Matte aus Reisstroh
6 Tatami
matter Schein
8 Schimmer
mattfarbig
5 blass
mattgelb
5 creme
Mattkohlenart
5 Durit
Matura
3 Abi
6 Abitur
13 Reifepruefung
14 Hochschulreife
mau
8 duerftig, schlecht
Mauer
4 Wand
8 Hauswand
9 Steinwand
10 Ziegelwand
Maueraufbau
6 Zinnen
Mauerbewurf
4 Putz
7 Verputz
Mauerbogen auf Säulen
6 Arkade
Mauerbrei
7 Moertel
Mauerbruch
7 Bresche
Mauerkrone
6 Zinnen
Mauerleiste
4 Sims
Mauerlücke
7 Scharte
Mauerpfeiler
6 Lisene
Mauerritze
4 Fuge
Mauersalat
7 Lattich
Mauerstein
6 Ziegel
Mauerstreifen
6 Lisene
Mauerverkleidung
4 Gips, Putz
6 Paneel, Tapete
Mauervertiefung
6 Nische
Mauerverzierung
4 Sims
5 Fries
7 Risalit
Mauervorsprung
5 Erker
Mauerwerk
8 Gemaeuer
Maul
4 Mund
6 Rachen
7 Schlund
8 Schnauze
Maul ...
· *bei* **Schafen und Ziegen**
6 Muffel
· *des* **Wildes**
5 Aeser
Maulaffe
6 Gaffer
Maulbeergewächs
5 Feige
10 Feigenbaum
Maulesel
4 Muli
Maulform
7 Ruessel
Maulheld
7 Angeber, Poltron
12 Aufschneider
Maulschelle
8 Ohrfeige, Watschen
10 Backpfeife
13 Backenstreich
Maultier ▶ Maulesel
maulwurfsgrau
5 taupe
Maulwurfsgrille
5 Werre
Maurermasse
5 Speis
Maurerwerkzeug
5 Kelle
7 Senklot
8 Faeustel, Senkblei, Spachtel

9 Reibbrett
11 Richtscheit, Wasserwaage
maurisches Schloss bei Granada
8 Alhambra
Mausoleum
7 Grabmal
Maut
4 Zoll
7 Gebuehr, Wegzoll
Maxime
5 Motto
6 Devise
7 Prinzip
9 Grundsatz
11 Lebensregel, Richtschnur
Maya-Gottheit
7 Hunahan, Hunahpu, Hurakan, Itzamna
8 Kukulkan
Maya-Stadt in Guatemala
5 Tikal
Mäzen
6 Patron
7 Goenner
9 Foerderer
Mechanikerberuf
12 Autospengler
13 Autoschlosser
Mechanikteilgebiet
6 Statik
7 Dynamik
9 Kinematik
mechanisch
10 maschinell
11 automatisch
12 selbsttaetig
mechanisch(e, er, es) ...
· **Absperrorgan**
6 Ventil
· **Arbeitsgerät**
9 Maschinen
· **Klavier**
7 Pianola
· **Musikinstrument**
11 Orchestrion
· **Werkzeug**
10 Motorsaege
Mechanismus
4 Werk
7 Apparat
8 Getriebe, Maschine
9 Triebwerk
11 Maschinerie
Mechanismus eines Zeitmessgeräts
7 Uhrwerk
Meckerer
6 Pedant
8 Krittler, Noergler
9 Noergeler, Querulant
11 Kritikaster
12 Besserwisser
mecklenburgisch(e, er, es) ...
· **Adelsgeschlecht**
6 Buelow, Moltke
10 Bernstorff
· **Dichter**
6 Reuter
· **Fluss**
5 Peene
· **Landschaft**
10 Seenplatte
· **Ostseeinsel**
6 Usedom, Wollin
Medaille
5 Orden
12 Auszeichnung
Medaillon
10 Bildkapsel
Medeas ...
· **Heimat**
7 Kolchis
· **Mann**
5 Jason
Medikament
6 Arznei
7 Medizin
9 Pharmakon, Praeparat
10 Heilmittel
Medikament ...
· *für* **Malariakranke**
6 Chinin
· *für* **Zuckerkranke**
7 Insulin
Medikamentform
5 Pille, Salbe
6 Dragee, Kapsel, Pulver
7 Aerosol
8 Granulat, Pastille, Tablette
9 Zaepfchen
Meditationsübung
19 Entspannungsmethode
Medizin
6 Arznei
10 Heilmittel
Mediziner
4 Arzt
6 Doktor
7 Medikus
8 Oberarzt
12 Heilkundiger
medizinisch für ...
▶ medizinischer Fachausdruck für ...
medizinisch(e, er, es) ...
· **Angestellte**
12 Arzthelferin
· **Ausweis einer Gebärenden**
10 Mutterpass
· **Betäubung**
7 Narkose
· **Creme**
9 Heilsalbe
· **Einspritzung**
9 Injektion
· **Gerät**
7 Spritze
· **Instrument**
5 Nadel, Sonde, Zange
6 Schere
7 Spritze
8 Pinzette, Skalpell
· **Körperbehandlung**
7 Knetkur, Massage
· **Messgerät**
12 Fiebermesser
17 Fieberthermometer
· **Pflanze**
9 Heilkraut
· **Ringelwurm**
8 Blutegel
· **Röhrchen**
8 Katheter
· **Saugwurm**
8 Blutegel
· **Wissenschaftler**
6 Anatom
medizinischer Fachausdruck für ...
· **Abführmittel**
6 Laxans
· **Anfall**
6 Insult
· **Atemstillstand**
5 Apnoe
· **Benommenheit**
5 Amenz
· **Betäubung**
11 Anaesthesie

- **Bläschenausschlag**
  6 Herpes
- **Blase**
  5 Bulla
- **Blasengeschwulst**
  5 Zyste
- **Boden eines Hohlorgans**
  6 Fundus
- **Brechreiz**
  6 Nausea
- **Darmverschluss**
  5 Ileus
- **den Fetus betreffend**
  5 fetal
- **die Lenden betreffend**
  6 lumbal
- **Eizelle**
  6 Ovulum
- **Fettgeschwulst**
  5 Lipom
- **Gehunfähigkeit**
  6 Abasie
- **Gewebewassersucht**
  5 Oedem
- **Hals**
  6 Collum
- **Hautentzündung**
  5 Ekzem
- **Hautknötchen**
  6 Papula
- **Hautlappen zur Transplantation**
  5 Patch
- **Kehlkopf**
  6 Larynx
- **Knochengeschwulst**
  6 Osteom
- **Knochennaht**
  5 Sutur
- **Knochenriss**
  6 Fissur
- **Körperkraft**
  7 Sthenie
- **krankhafte Angst**
  6 Phobie
- **Krankheit**
  6 Morbus
- **Kurzsichtigkeit**
  6 Myopie
- **Leber**
  5 Hepar
- **Lunge**
  5 Pulmo
- **Milz**
  4 Lien
- **Nacken**
  6 Cervix
- **Narbenbildung**
  5 Ulose
- **Nerv**
  6 Nervus
- **Ohrentzündung**
  6 Otitis
- **Rückenmarksschwindsucht**
  5 Tabes
- **Schmerz**
  5 Dolor
- **schwanger**
  6 gravid
- **Streuherd einer Infektion**
  5 Focus, Fokus
- **Teillähmung**
  6 Parese
- **Tollwut**
  5 Lyssa
- **Übel**
  5 Malum
- **Verletzung**
  7 Laesion
- **Versteifung**
  5 Rigor
- **weibliche Brust**
  5 Mamma

Medizinmann
8 Schamane

Medizinstudent
7 Famulus

Medusa
5 Gorgo
7 Gorgone
9 Ungeheuer

Meduse
6 Qualle

Meer
3 See
5 Indik, Ozean
6 Ostsee
7 Eismeer, Nordsee, Pazifik, Suedsee
8 Atlantik
9 Polarmeer
10 Mittelmeer
12 Stiller Ozean
14 Indischer Ozean
16 Pazifischer Ozean

Meer zwischen England und Irland
10 Irische See

Meerbusen
4 Golf

Meerbusen in Ostengland
4 Wash

Meerdrachen
6 Rochen

Meerenge ...
- *zwischen* **Amerika und Asien**
  13 Beringstrasse
- *zwischen* **Frankreich und England**
  5 Kanal
  11 Aermelkanal
- *bei* **Istanbul**
  8 Bosporus
- *in* **Nordeuropa**
  4 Belt, Sund
- *zwischen* **Schweden und Jütland**
  8 Kattegat
- *zwischen* **Spanien und Marokko**
  19 Strasse von Gibraltar
- *in* **Südosteuropa**
  8 Bosporus
  10 Hellespont
  11 Dardanellen

Meeresalgen
4 Tang

Meeresbewegung
4 Ebbe, Flut, Tide, Woge
5 Welle
7 Brecher, Duenung, Seegang
8 Brandung, Nippflut
9 Sturmflut
10 Springflut

Meeresblumentier
7 Koralle

Meeresbrise
7 Seeluft

Meeresbucht
3 Bai, Bay
4 Golf, Haff
5 Bucht, Busen, Firth, Fjord
6 Bodden, Foerde

Meeresbusen
5 Bucht

Meeresfisch
6 Seeaal
9 Knurrhahn

Meeresgestade
6 Kueste, Strand

M

Meeresgott
5 Aegir
6 Neptun, Nereus, Pontos, Thetis, Triton
7 Okeanos, Phorkys, Proteus
8 Poseidon
Meeresgöttin
3 Ran
Meereshohltier
5 Hydra, Polyp
6 Qualle
7 Koralle
Meereskrebs
6 Granat, Hummer, Krabbe
7 Garnele
8 Languste
15 Einsiedlerkrebs
Meereskunde
12 Ozeanografie
13 Ozeanographie
Meeresküste
4 Lido, Ufer
6 Strand
7 Gestade
9 Steilufer
Meeresmuschel
6 Auster
Meeresnymphe
4 Nixe
6 Sirene, Undine
Meerespflanze
4 Alge, Tang
8 Plankton
9 Braunalge, Gruenalge
11 Meerlattich
Meeresraubfisch
3 Hai
6 Rochen
7 Dornhai, Muraene
Meeresraubtier
8 Seeadler
9 Meerotter
Meeresraum
6 Kueste
Meeressäugetier
3 Wal
5 Robbe
6 Delfin, Narwal, Seekuh, Seiwal
7 Blauwal, Delphin, Finnwal
8 Tuemmler
9 Pelzrobbe
Meeressaum
7 Gestade
Meeresschlamm
7 Schlick
Meeresschnecke
6 Nerite, Seeohr
8 Nautilus
Meeresspeisefisch
6 Hering, Seeaal
8 Kabeljau
Meeresstraße ...
• *zwischen* **Frankreich und England**
5 Kanal
11 Aermelkanal
Meeresströmung
5 Drift, Strom, Trift
Meerestiefenmessgerät
7 Echolot
Meerestier
3 Aal, Hai, Wal
4 Butt
5 Fisch, Krake, Polyp, Robbe
6 Auster, Delfin, Granat, Hering, Hummer, Krabbe, Narwal, Qualle, Rochen, Seekuh, Seeohr
7 Blauwal, Delphin, Finnwal, Flunder, Garnele, Koralle, Makrele, Meerkuh, Pottwal, Sardine, Scholle, Seehase, Seehund, Seeigel, Seewolf, Walross, Zahnwal
8 Grindwal, Kabeljau, Languste, Seegurke, Seekatze, Seelachs, Seeloewe, Seestern, Seezunge, Tuemmler
9 Steinbutt
10 Einsiedler, Meereichel, Meerspinne, Meerteufel, Schwertwal, Seedrachen, Seeelefant
11 Tintenfisch
12 Seepferdchen
Meeresufer
6 Kueste, Strand
7 Gestade
Meeresvogel
3 Alk
4 Lund
5 Lumme, Moewe
7 Pinguin, Scharbe, Toelpel, Tordalk
8 Albatros, Kormoran
9 Bootsmann
10 Eistaucher, Seetaucher
Meeresvogel der Nordmeere
3 Alk
Meeresweichtier
7 Muschel
8 Nautilus
Meereswoge
5 Welle
Meerfee
8 Melusine
Meerkatze
5 Diana
6 Makake
7 Mangabe
8 Mandrill
meerkatzenartiger Affe
6 Rhesus
Meerrettich
4 Kren
Meerteufel
6 Rochen
Meerwassertherapie
8 Thalasso
Meerweib
8 Melusine
Megafon
10 Sprachrohr
13 Fluestertuete
Megäre
5 Furie
7 Erinnye
Mehlart
6 Griess, Schrot
mehlartiges Mineral
3 Gur
mehligkochende Kartoffelsorte
6 Bintje
Mehlklößchen
5 Nocke
Mehlschwitze
4 Roux
9 Einbrenne
Mehlspeise
5 Crêpe
7 Auflauf, Omelett
8 Omelette
9 Gugelhupf
11 Hefekloesse, Mohnstrudel, Nussstrudel, Pfannkuchen

M

12 Apfelstrudel
13 Topfenstrudel
15 Kirschenstrudel
Mehlspeise mit Pflaumenmus
11 Germknoedel
mehr
4 plus
mehr als zehn
3 zig
Mehrarbeit
12 Ueberstunden
mehrarmige Flussmündung
5 Delta
mehrarmiger Anker
7 Draggen
mehrdeutig
5 ambig
7 ambigue
10 ambivalent
Mehrehe
9 Polygamie
mehrere
6 einige
7 etliche
mehrfach
3 oft
7 haeufig
10 wiederholt
mehrfacher ...
· **Familienzuwachs**
15 Mehrlingsgeburt
· **Schweizer Bundespräsident**
5 Etter
Mehrfachgeburt
9 Drillinge, Vierlinge, Zwillinge
mehrfädiges Strickgarn
5 Twist
mehrfarbig
4 bunt
Mehrgebotenes
6 Zugabe
Mehrheit
4 Gros
9 Ueberzahl
10 Majoritaet
mehrjährige Grünpflanze
6 Staude
mehrlagiger Werkstoff
7 Laminat
mehrmastiges ...
· **Segelschiff**
7 Schoner
10 Dreimaster
Mehrphasenstrom
9 Drehstrom
12 Wechselstrom
Mehrpreis
7 Aufgeld
10 Aufzahlung
mehrsätziges ...
· **Tonstück**
4 Fuge
5 Suite
6 Sonate
8 Sinfonie
mehrseitig
12 multilateral
mehrsprachig
9 polyglott
mehrstimmig
7 polyfon
8 polyphon
mehrstimmig(e, er, es) ...
· **Hirtenlied**
8 Madrigal
· **Tonstück**
5 Kanon
· **Vokalkomposition**
7 Motette
mehrteilige Erzählung
17 Fortsetzungsroman
mehrteiliges ...
· **Musikstück**
4 Oper
9 Oratorium
Mehrzahl
6 Plural
Meidungsgebot
4 Tabu
Meierei
8 Molkerei
Meiereiprodukt
▶ Milchprodukt
14 Molkereibutter
Meierhof ▶ Meierei
Meiler
11 Atomreaktor
Meilerprodukt
9 Holzkohle
meinethalben
▶ meinetwegen
meinetwegen
2 ja
13 einverstanden
Meinung
6 Glaube, Urteil
7 Annahme, Ansicht, Glauben
8 Erachten
9 Vermutung
10 Auffassung, Schaetzung, Standpunkt
12 Dafuerhalten, Ueberzeugung
Meinungsaustausch
7 Debatte
10 Diskussion
15 Streitgespraech
Meinungsforscher
8 Demoskop
Meinungsforschung
4 Test
7 Umfrage
9 Befragung
10 Demoskopie
Meinungsverschiedenheit
6 Streit
7 Dissens
9 Divergenz
Meisenart
7 Kleiber
9 Blaumeise, Kohlmeise
10 Gruenmeise
meißelartiges Werkzeug
6 Beitel
meist die erste Schlafstelle
10 Gitterbett
Meister
4 Herr
6 Kenner, Lehrer
7 Experte, Koenner, Maestro, Vorbild
8 Champion, Fachmann, Lehrherr, Magister, Virtuose
9 Rekordler
Meister Lampe im Märchen
4 Hase
meisterhaft
7 perfekt, virtuos
9 exzellent
11 erstklassig
12 hervorragend
meisterliches ...
· **Können**
5 Kunst
10 Perfektion
Meistersängerlied
3 Bar

Meisterschaft
10 Championat
Meisterschütze der nordischen Sage
4 Egil
Meistersinger ...
· *bei* **Wagner**
4 Zorn
5 Foltz, Moser, Ortel, Sachs
6 Pogner
7 Kothner, Schwarz
8 Stolzing
Meistersingerstadt
9 Nuernberg
Mekkapilger
7 Hadschi
Melancholie
9 Schwermut, Truebsinn
10 Depression
11 Traurigkeit
Meldereiter
8 Stafette
9 Ordonnanz
Meldung
7 Rapport
9 Nachricht
Meldung einer strafbaren Handlung
7 Anzeige
meliert
8 scheckig
9 gescheckt
10 grauhaarig
11 gesprenkelt
melierter ...
· **Wollstoff**
7 Marengo
8 Shetland
meliorieren
10 verbessern
Melodie
4 Lied, Sang
5 Weise
6 Gesang
Melodienallerlei
6 Medley
9 Potpourri
Melonenbaum
6 Papaya
Memento
6 Aufruf
7 Mahnruf, Mahnung
Memme
8 Feigling
9 Angsthase, Hasenfuss
Memoiren
12 Erinnerungen
13 Lebensbericht
Memorial
7 Denkmal
8 Monument
Menagerie
3 Zoo
8 Tierpark
10 Tiergarten
Menagerie im Zirkus
9 Tierschau
Mendikant
12 Bettelmoench
Menelaos' ...
· **Frau**
6 Helena
· **Mutter**
6 Aerope
· **Vater**
6 Atreus
Menge
4 Zahl
5 Dosis, Masse, Prise, Schar
6 Anzahl, Fuelle, Haufen, Klasse, Ration
7 Portion, Quantum
8 Vielfalt, Vielheit, Vielzahl
10 Quantitaet
Menge ...
· **abgesetzter Güter**
6 Umsatz
· **gleichartiger Waren**
6 Posten
· **zwischen zwei Fingern**
5 Prise
mengenmäßig
11 quantitativ
Mengenzuteilung
9 Dosierung
Mensagutschein
10 Essenkarte
Mensch
4 Frau, Kind, Mann
6 Person
10 Individuum
Mensch ...
· *der* **Antike**
7 Germane
· *der* **Arktis**
6 Eskimo
· *mit* **Freude am Quälen**
6 Sadist
· *mit* **grobem Benehmen**
7 Raubein
8 Rauhbein
· *mit* **gutem Appetit**
5 Esser
· *ohne* **Hautfarbstoff**
6 Albino
· *ohne* **Kunstsinn**
7 Banause
· *des* **Ostens**
5 Asiat
· **osteuropäischer Völker**
5 Slawe
· *eines* **östlichen Erdteils**
5 Asiat
· *der* **Pyrenäen**
5 Baske
· *mit* **überspannten Ideen**
7 Fantast
8 Phantast
· *der* **Vorzeit**
12 Neandertaler
· *in den* **Zwanzigern**
4 Twen
· **zwischen 20 und 29 Jahren**
4 Twen
Menschen
5 Leute
Menschen ...
· *der* **Antike**
7 Gallier
· **fressender Riese**
4 Oger
Menschenaffe
7 Gorilla
9 Orang Utan
10 Schimpanse
menschenähnliche ...
· **Zauberwurzel**
6 Alraun
7 Alraune
menschenähnliches ...
· **Tier**
4 Affe
10 Anthropoid
Menschenalter
10 Generation
Menschenansammlung
5 Masse
7 Auflauf
9 Getuemmel
10 Kundgebung
13 Demonstration
19 Massenveranstaltung

M

Menschenansiedlung
3 Ort
4 Dorf
5 Stadt
Menschenbildnis
8 Portraet
Menschenfeind
10 Misanthrop
Menschenfresser
9 Kannibale
Menschenfresser im französischen Märchen
4 Oger
menschenfreundlich
5 human
6 sozial
10 humanitaer
13 naechstenlieb
15 philanthropisch
Menschengattung
5 Rasse
Menschengeschiebe
10 Draengelei
Menschengewühl
9 Gedraenge
Menschenhai
7 Blauhai
Menschenhasser
▶ Menschenfeind
Menschenkenntnis
9 Erfahrung
11 Psychologie
21 Einfuehlungsvermoegen
Menschenkunde
13 Anthropologie
menschenleer
6 einsam
9 unbewohnt
Menschenliebe
13 Philanthropie
14 Naechstenliebe
Menschenmenge
▶ Menschenansammlung
Menschenraub
10 Kidnapping
11 Entfuehrung
13 Verschleppung
Menschenschlag
5 Rasse
Menschenverachtung
12 Misanthropie
menschlich
5 human
10 humanitaer

menschlich(e, er, es) ...
· **Erblehre**
12 Humangenetik
· **Gemeinwesen**
5 Staat
· **Glaube**
8 Religion
· **Natur**
5 Seele, Wesen
· **Tonfigur**
5 Golem
· **Verbindung**
7 Kontakt
13 Kommunikation
· **Vernunft**
5 Logos
· **Verständigungsmittel**
6 Gestik
7 Sprache
Menschlichkeit
10 Humanitaet
14 Naechstenliebe
Menschwerdung
11 Inkarnation
Menstruation
4 Tage
5 Regel
7 Periode
13 Monatsblutung
mental
7 geistig
10 gedanklich
Mentalität
7 Denkart
9 Denkweise, Sinnesart
Mentor
6 Helfer
7 Berater
8 Ratgeber
Menü
6 Gedeck
11 Speisefolge
12 Speisenfolge
Menübeilage
4 Reis
6 Nudeln
7 Knoedel
12 Pommes frites
14 Bratkartoffeln, Salzkartoffeln
Menüverzeichnis
11 Speisekarte
Meridian
12 Laengenkreis

Meridian durch Greenwich
12 Nullmeridian
Meridianeinstellmarke für Fernrohre
4 Mire
Meriten
8 Vorzuege
10 Verdienste
merkantil
13 kaufmaennisch
Merkbuch
6 Agenda, Merker
8 Memorial
9 Notizbuch, Notizheft
merken
6 achten
7 spueren, wittern
8 behalten
10 einpraegen, wahrnehmen
Merkmal
3 Mal
4 Sema
5 Indiz, Marke
6 Moment, Signum
7 Symptom, Zeichen
8 Attribut, Eigenart, Gepraege
9 Anzeichen, Charakter, Kriterium, Wesenszug
10 Indikation, Markierung
11 Eigenschaft, Kennzeichen
12 Besonderheit
16 Charakteristikum
Merkspruch
7 Sentenz
8 Epigramm
12 Eselsbruecke
Merkvers ▶ Merkspruch
merkwürdig
6 bizarr, kurios
7 abwegig, seltsam
9 sonderbar
10 eigenartig
merkwürdiger Mensch
6 Unikum
Merkzeichen
6 Anhalt
8 Notabene
Merkzettel
4 Memo
Mesalliance
10 Missheirat
Mesner
7 Kuester

9 Gloeckner
13 Kirchendiener
Mesopotamien
8 Assyrien
10 Babylonien
13 Zweistromland
Messband
9 Metermass
Messbandeinteilung
5 Skala
messbar
10 mensurabel
Messbuch ...
· *der* **Priester**
6 Missal
7 Missale
Messdiener
9 Sakristan
10 Ministrant
Messe
11 Ausstellung
Messe ...
· *für* **Verstorbene**
7 Requiem
11 Seelenmesse
Messebetreuerin
7 Hostess
Messepriester
8 Altarist
Messer ...
· *des* **Chirurgen**
8 Lanzette, Skalpell
· *und* **Gabel, übergroß**
14 Vorlegebesteck
Messer, ...
· **Gabel, Löffel**
7 Besteck
10 Essbesteck
messerartiges Küchengerät
17 Kartoffelschaeler
Messerblatt
6 Klinge
8 Schneide
Messerschneide
6 Klinge
Messerspur
7 Schnitt
Messestadt ...
· *des* **Buchhandels**
7 Leipzig
9 Frankfurt
· *der* **Fotografie**
5 Koeln
· *der* **Industrie**
8 Hannover
· *der* **Mode**
7 Mailand
11 Duesseldorf
· *der* **Spielwaren**
9 Nuernberg
· *an der* **Wolga**
5 Gorki
Messfeieroblate
6 Hostie
Messgefäß
6 Becher
Messgerät
3 Log, Lot, Uhr
5 Lehre, Waage
6 Lineal
7 Echolot, Kompass, Sextant
8 Bandmass, Barograf, Messstab, Metronom, Senkblei
9 Aerometer, Barograph, Barometer, Manometer, Metermass, Voltmeter, Zaehlrohr, Zollstock
10 Hygrometer, Messschnur, Mikrometer, Schublehre, Tachometer, Voltameter
11 Amperemeter, Chronometer, Elektroskop, Schieblehre, Thermometer, Wasserwaage
12 Elektrometer
13 Geigerzaehler
Messgerät ...
· *für* **Babys**
15 Saeuglingswaage
· *für* **elektrische Ladungen**
11 Elektroskop
Messgewand
4 Albe
5 Kasel
Messias
7 Heiland
8 Erloeser
Messing
6 Tombak
Messlatte der Landmesser
5 Jalon
Messwerkzeug ▶ Messgerät
Messwert ...
· *für* **Preisänderungen**
5 Index
19 Lebenshaltungsindex
Metall
3 Cer
4 Blei, Gold, Niob, Uran, Zink, Zinn
5 Chrom, Eisen, Titan
6 Barium, Bismut, Erbium, Indium, Kalium, Kobalt, Kupfer, Mangan, Neodym, Nickel, Osmium, Platin, Radium, Silber, Tantal, Tellur, Wismut
7 Antimon, Cadmium, Caesium, Gallium, Hafnium, Iridium, Kadmium, Kalzium, Lanthan, Lithium, Natrium, Niobium, Rhenium, Rhodium, Terbium, Thorium, Vanadin, Wolfram, Yttrium
8 Francium, Polonium, Rubidium, Samarium, Scandium, Silicium, Silizium, Thallium, Thullium, Vanadium
9 Aluminium, Beryllium, Germanium, Magnesium, Molybdaen, Palladium, Plutonium, Ruthenium, Strontium, Ytterbium, Zirkonium
10 Promethium, Technetium
11 Quecksilber
12 Protactinium
Metall ...
· *mit* **Goldüberzug**
5 Dublé
6 Dublee
Metallabfall
7 Schrott
9 Altmetall
Metallarbeiter ▶ Metallberuf
Metallbarren
5 Ingot
Metallbearbeitungsmaschine
6 Fraese, Presse
8 Drehbank
Metallberuf
6 Dreher, Former, Nieter
7 Fraeser, Giesser, Schmied
9 Schlosser
10 Schweisser
Metallbetrieb
8 Schmiede
9 Giesserei
10 Klempnerei
11 Schlosserei

M

Metallblatt
5 Folie
Metallblock
5 Ingot
Metallbolzen
4 Niet
5 Niete
metalldurchwirkter Stoff
4 Lame
metallenes ...
· **Altmaterial**
7 Schrott
· **Essgeschirr**
9 Blechnapf
Metallfaden
5 Draht
Metallfadengewebe
4 Lamé
Metallfolie
8 Stanniol
Metallfraß
4 Rost
9 Gruenspan, Korrosion
Metallgefäß
4 Topf
6 Kessel
Metallgeld
6 Muenze
Metallgemisch
9 Legierung
Metallgestein
8 Eisenerz
metallhaltiges Gestein
3 Erz
Metallhandwerker
7 Schmied
Metallhülse
9 Kartusche
metallisches ...
· **Element**
4 Zinn
7 Antimon
· **Teil an Türen und Fenstern**
8 Beschlag
Metallkunde
11 Metallurgie
Metalllegierung
5 Dural
6 Alpaka, Bronze, Tombak
7 Messing
9 Duralumin, Weissgold
10 Konstantan
Metallmischung
9 Legierung
Metallornament
6 Niello
8 Filigran
Metallplatte
5 Blech
Metallplatte mit bildlicher Darstellung
8 Plakette
Metallring
4 Oese
Metallsalz der Halogene
6 Haloid
Metallschlinge
6 Masche
Metallschmelzgefäß
6 Muffel, Tiegel
Metallstange
6 Barren
Metallstecher
7 Graveur
8 Ziseleur
Metallstift
4 Niet
5 Haken, Nagel
6 Bolzen, Zwecke
Metallstrang ▶ Metallfaden
Metallteile verbinden
6 loeten
Metallteller für Hostien
6 Patene
Metallüberzug
7 Emaille
Metallurgie
12 Huettenkunde
Metallverzierung ▶ Metallornament
Metallzeichnung
6 Gravur
Metapher
8 Sinnbild
Meteor
5 Bolid
10 Feuerkugel
13 Sternschnuppe
Meteorismus
10 Blaehsucht
Meteorologie
11 Wetterkunde
meteorologisch(e, er, es) ...
· **Begriff**
4 Hoch, Tief
5 Klima
7 Isobare, Zyklone
9 Kaltfront, Warmfront
10 Hitzewelle
11 Antizyklone, Kaeltewelle, Windstaerke
12 Niederschlag
14 Stoerungsfront
· **Bericht**
· **Mitteilung**
11 Wetterkarte
13 Wetterbericht
Meteorstrom
7 Lyriden
8 Leoniden
9 Perseiden
12 Quadrantiden
Methode
3 Art, Weg
4 Stil
5 Weise
9 Verfahren
Methylalkohol
8 Methanol
9 Holzgeist
Metier
4 Fach
5 Beruf
6 Gebiet, Sparte
7 Gewerbe
8 Handwerk
Metronom
9 Taktgeber
10 Taktmesser
Metropole
10 Hauptstadt
11 Mittelpunkt
Metzger
7 Selcher
9 Fleischer
10 Schlachter
Metzgerei
12 Schlachterei
14 Fleischhauerei
Metzgereierzeugnis
5 Wurst
7 Fleisch, Pastete
8 Schinken
9 Mettwurst
10 Leberwurst
11 Beinfleisch
12 Fleischwurst, Rauchfleisch
Meute
5 Horde, Rudel, Schar
6 Koppel
Meuterei
8 Aufstand, Erhebung

mexikanisch(e, er, es) ...
· **Autor**
3 Paz
5 Nervo, Reyes
7 Fuentes
· **Badeort**
7 Orizaba
8 Acapulco
· **Branntwein**
7 Tequila
· **Dip aus Avocados**
9 Guacamole
· **Goldmünze**
7 Hidalgo
· **Halbinsel**
7 Yucatan, Yukatan
· **Haupthafen**
7 Tampico
8 Mazatlan, Veracruz
· **Hut**
8 Sombrero
· **Indianer**
4 Maya
5 Indio
6 Azteke, Ladino
8 Zapoteke
· **Indianervolk**
7 Azteken
· **Insel**
6 Cedros
7 Clarion, Cozumel, Socorro, Tiburon
9 Guadelupe, Magdalena
· **Kaktus**
6 Peyote, Peyotl
· **Mantel**
6 Poncho
· **Melonenbaum**
6 Papaya
· **Münze**
4 Peso
7 Centavo
· **Nationalgetränk**
6 Pulque
· **Präsident**
6 Juarez
· **Raubtier**
6 Ozelot
· **Schnaps**
6 Mescal
· **Schwanzlurch**
7 Axolotl
· **Staat**
7 Yucatan, Yukatan
· **Stadt**
5 El Oro
· **Umschlagtuch**
5 Serap
6 Serape
· **Währung**
4 Peso
· **Wüste**
6 Sonora
· **Zwerghund**
9 Chihuahua

mickerig
7 schwach
8 duerftig
11 kuemmerlich
16 zurueckgeblieben

Microsoft-Begründer
5 Gates

Mieder
6 Taille
7 Korsage, Korsett
8 Leibchen
9 Korselett
11 Huefthalter, Schnuerleib

Mieder der Schwarzwaldtracht
5 Libli

Miene
3 Air

Mienenspiel
5 Mimik

Miere
10 Vogelkraut

mies
3 mau
4 flau
5 uebel
6 unwohl
8 aermlich, schaebig

Miesepeter ▶ Miesmacher

miesmachen
9 verleiden

Miesmacher
4 Unke
8 Noergler, Querkopf
9 Defaetist, Griesgram, Pessimist

Miesmacherei
11 Defaetismus, Pessimismus

Mietauto
4 Taxe, Taxi
9 Leihwagen

Mietautowarteplatz
9 Taxistand

Miete
4 Zins
5 Grube, Pacht
8 Erdgrube, Wohnzins

mieten
6 leasen
7 pachten

Mietfahrzeug
4 Taxe, Taxi
7 Minicar
8 Droschke
9 Leihwagen

Mietflugzeug
15 Chartermaschine

Mietunternehmen
7 Verleih

Mietverhältnis
5 Pacht
7 Leasing
11 Franchising

Mieze
5 Katze

Mikroorganismen
5 Pilze

Mikroskopart
7 Binokel

Milbenart
5 Zecke
8 Holzbock

Milch schonend erhitzen
14 pasteurisieren

Milchbonbon
9 Karamelle

Milcheiweiß
6 Kasein

Milcherzeugnis
15 Molkereiprodukt

Milchfett
4 Rahm

Milchgetränk
5 Kakao

milchig
5 trueb
6 unklar
14 undurchsichtig

milchige Flüssigkeit
8 Emulsion

milchigtrübes Bier
10 Hefeweizen

Milchkaffee
7 Melange

Milchkraut
12 Frauenmantel

Milchorgan der Kuh
5 Euter
Milchprodukt
4 Rahm
5 Kaese, Kefir, Quark, Sahne
6 Butter, Jogurt, Topfen
7 Joghurt
9 Dickmilch, Hartkaese, Pastmilch, Vollmilch
10 Dosenmilch, Magermilch, Sauermilch, Weichkaese
11 Buttermilch, Kaffeesahne, Milchpulver, Schlagsahne
12 Kondensmilch
13 Raeucherkaese
Milchsaft zur Kautschukgewinnung
5 Latex
Milchschleuder
10 Zentrifuge
Milchschorf
5 Grind
Milchschüssel
5 Satte
Milchschwamm
11 Pfifferling
Milchspeise
8 Reisbrei
Milchstraße
7 Galaxis
Milchsuchinstinkt bei Kleinkindern
10 Saugreflex
Milchtier
3 Kuh
Milchwirt
5 Meier
Milchwirtschaftsbetrieb
7 Meierei
8 Molkerei, Sennerei
Milchzucker
7 Lactose, Laktose
mild
3 lau
4 lind, zart
5 sacht, sanft
6 guetig
7 lauwarm
milde ...
· **Gabe**
6 Spende
7 Almosen
milder ...
· **Südwestwind**
6 Zephir, Zephyr
mildern
7 lindern
mildtätig
6 sozial
9 karitativ
Mildtätigkeit
14 Naechstenliebe
Milieu
5 Scene
6 Umwelt
8 Umgebung
11 Lebenskreis
13 Nachbarschaft
Milieumaler Bayerns
8 Spitzweg
Milieuzeichner Berlins
5 Zille
militant
12 kaempferisch
Militär
4 Heer
5 Armee
6 Barras, Truppe
7 Kommiss
9 Wehrmacht
Militärakademie in den USA
9 West Point
Militärarzt
9 Feldscher
Militärfahrzeug
11 Knebelwagen
Militärflughafen
5 Basis
Militärflugzeug
12 Duesenjaeger
Militärgegner
8 Pazifist
Militärgewehr
9 Karabiner
Militärhospital
8 Lazarett
12 Feldlazarett
militärisch(e, er, es) ...
· **Abendsignal**
13 Zapfenstreich
· **Abteilung**
9 Formation
· **Ausrüstung**
10 Bewaffnung
13 Spielmannszug
· **Befehl**
8 Kommando
· **Bezeichnung für Flughafen**
12 Fliegerhorst
· **Bündnis**
4 Pakt
7 Entente
· **Dienstgrad**
4 Maat
5 Major
6 Oberst, Rekrut, Soldat, Spiess
7 Admiral, General, Matrose
8 Adjutant, Kanonier, Kapitaen, Korporal, Leutnant, Obermaat, Offizier, Schuetze
9 Bootsmann, Faehnrich, Feldwebel, Gefreiter, Grenadier, Hauptmann, Kommodore, Marschall
10 Kommandant, Kommandeur, Zugfuehrer
13 Generaloberst, Unteroffizier
· **Dienstkleidung**
7 Uniform
· **Ehrengruß**
5 Salut
· **Einheit**
3 Zug
5 Armee, Korps
7 Brigade
8 Division, Kompanie, Regiment
9 Abteilung, Bataillon, Flottille, Schwadron
· **Einübung**
5 Drill
· **Erkennungswort**
6 Parole
· **Feldlager**
5 Biwak
· **Führer**
7 General
· **Führung**
4 Stab
11 Generalstab
· **Geleit**
7 Eskorte
· **Hinterland**
6 Etappe
· **Kapelle**
8 Musikzug
10 Musikkorps

· **Kennwort**
6 Parole
· **Kopfbedeckung**
4 Helm
· **Löhnung**
4 Sold
8 Wehrsold
· **Meldegänger**
9 Ordonnanz
· **Musikstück**
6 Marsch
· **Nachschub**
5 Tross
· **Schutzanlage**
6 Bunker
· **Seewesen**
6 Marine
· **Stammpersonal**
5 Kader
· **Streife**
10 Patrouille
· **Tauglichkeitsprüfung**
9 Musterung
· **Übung**
5 Drill
8 Manoever
10 Exerzieren
· **Wache**
6 Posten
· **Weckruf**
6 Appell
Militärkrankenhaus
▶ Militärhospital
Militärmusik
6 Marsch
Militärperson
6 Soldat
Militärpferd
7 Remonte
Militärpolizei
10 Feldjaeger
Militärrang (▶ auch militärischer Dienstgrad)
11 Divisionaer
Militärregierung
5 Junta
Miliz
11 Buergerwehr
Millennium
11 Jahrtausend
milliardenfach
4 giga
Milliardstel einer Einheit
4 Nano
Millionenfaches einer Tonne
9 Megatonne
Milzentzündung
8 Lienitis
Mime
10 Darsteller, Komoediant
12 Schauspieler
Mimik
11 Mienenspiel
Mimikry
8 Tarnform
Mimir (germanische Sagenwelt)
5 Zwerg
10 Quellgeist
mimisch
16 schauspielerisch
Mimose
11 Sinnpflanze
Mimosengewächs
6 Akazie
mimosenhaft
4 zart
11 empfindlich
Minarett
11 Moscheeturm
minder
7 weniger
8 geringer
Minderausgabe
9 Ersparnis
minderbemittelt
3 arm
4 dumm
Minderbetrag
5 Minus
7 Defizit
Minderheit
10 Minoritaet
Minderheitenwohnviertel
5 Getto
6 Ghetto
minderjährig
8 minorenn
9 unmuendig
minderwertig
4 mies
5 uebel
6 billig
8 inferior, schlecht
9 miserabel
10 mangelhaft, schluderig
minderwertig(e, er, es) ...
· **Buch**
8 Schwarte
9 Schmoeker
· **Essen**
5 Frass
· **Literatur**
6 Schund
· **Nachahmung**
9 Imitation
· **Pferd**
7 Klepper
· **Schnaps**
5 Fusel
· **Stück**
8 Klamotte
· **Tabak**
7 Knaster
· **Ware**
4 Tand
6 Kitsch, Schund
7 Gelumpe, Plunder
9 Ausschuss
Mindestmaß ▶ Mindestwert
Mindestwert
7 Minimum
Mine
5 Bombe, Zeche
8 Bergwerk
13 Sprengkoerper
Mineral
3 Erz, Gur, Wad
4 Gips, Jade, Kalk, Mika, Opal, Spat, Talk
5 Alaun, Augit, Baryt, Borat, Jodit, Mocha, Pyrit, Quarz, Rutil, Trass
6 Adular, Apatit, Asbest, Azurit, Bauxit, Biotit, Bromit, Galmei, Grafit, Jadeit, Jaspis, Kainit, Kaolin, Karbid, Korund, Kreide, Leuzit, Olivin, Sylvin
7 Andesin, Asphalt, Chromit, Disthen, Dolomit, Glimmer, Graphit, Idokras, Ilmenit, Limonit, Melanit, Minette, Monazit, Nephrit, Peridot, Porphyr, Quarzit, Siderit, Silikat
8 Akantith, Aluminit, Anorthit, Aragonit, Arkansit, Feldspat, Kalkspat, Kryo-

lith, Labrador, Lazulith, Magnesit, Magnetit, Manganit, Muskovit, Nephelin, Pegmatit, Periklas, Periklin, Phosphat, Salpeter, Schwefel, Sodalith, Tellurit, Zinkspat, Zinnober
9 Alabaster, Anthrazit, Bleiglanz, Chalzedon, Eisenkies, Eisenspat, Flussspat, Glaukonit, Gruenerde, Hyalophan, Kieselgur, Lanthanit, Mondstein, Orthoklas, Steinsalz, Stephanit, Tigerauge, Travertin, Vanadinit, Wolframit, Zinnstein
10 Bittererde, Brauneisen, Braunkohle, Eisenglanz, Feuerstein, Katzenauge, Kobaltkies, Kupferkies, Manganspat, Meerschaum, Pechblende, Phosphorit, Schwerspat, Steinkohle, Zinkblende
11 Glaubersalz
12 Bergkristall, Schwefelkies

Mineralfarbe
5 ocker

Mineraliengemenge
7 Gestein

Mineraliengewinnung
5 Abbau

mineralische ...
· **Ablagerung**
6 Sinter
· **Faser**
6 Asbest

Mineralkörner
4 Kies, Sand

Mineralogie
13 Gesteinskunde

Mineralölprodukt
6 Benzin, Diesel
7 Asphalt, Bitumen, Heizoel, Naphtha
9 Petroleum

Mineralölverarbeitung
7 Kracken
11 Raffinieren
12 Destillieren

Mineralwachs
7 Zeresin

Mineralwasser
4 Soda
7 Selters, Sprudel
11 Tafelwasser

Mineralwasser für alkoholische Getränke
5 Tonic

Miniaturnachbau eines Wasserfahrzeuges
12 Modellschiff

Miniaturstrauchrose
12 Kussroeschen

Miniaturwelt bei Klagenfurt
10 Minimundus

Minicomputer mit Touchscreen
6 Tablet

Minister
11 Ressortchef
18 Regierungsmitglied

Minister ...
· *im* **Islam**
5 Wesir
· *unter* **Karl dem Großen**
7 Einhard

Ministerpräsident
14 Regierungschef

Ministerrunde
8 Kabinett

Ministrant
10 Messdiener

Minnesänger
5 Barde
9 Spielmann
10 Troubadour

Minorität
10 Minderheit, Minderzahl

Minoritätenwohnviertel
5 Getto
6 Ghetto

Minus
5 Manko
6 Fehler, Mangel
7 Defizit, Verlust, weniger
10 Fehlbetrag

Minuskel
14 Kleinbuchstabe

minuziös
7 penibel
9 haargenau, kleinlich
10 pedantisch
12 gewissenhaft

mir gehörend
4 mein

Mirakel
6 Wunder
9 Wundertat

Misanthrop
13 Menschenfeind

Mischarznei
6 Mixtur

Mischbecher
6 Shaker

Mischbrett des Malers
7 Palette

mischen (Getränke)
5 mixen

Mischfarbe
4 Grau, Lila
5 Braun, Gruen

Mischgericht
7 Eintopf
8 Labskaus

Mischgetränk
(▶ auch Mixgetränk)
4 Fizz, Flip
5 Drink
8 Cocktail

Mischgewebe
10 Halbleinen

Mischkristalle
(Hochfrequenztechnik)
6 Ferrit

Mischmasch
8 Mischung
9 Charivari, Potpourri
12 Sammelsurium
13 Durcheinander

Mischpulttechniker
10 Tonmeister

Mischsalat aus dem Libanon
7 Taboule

Mischspeise ...
· *mit* **Fleischstückchen**
6 Ragout
· *mit* **Fleischstücken**
12 Wuerzfleisch

Mischung ...
· *zur* **Bierbereitung**
6 Maisch
7 Maische
· *zum* **Legieren** (Küchensprache)
8 Klarmehl
· *aus* **Obstsorten**
11 Fruchtsalat

Mischvolk in Russland
7 Tataren

miserabel
5 elend, uebel
8 duerftig, schlecht
9 klaeglich
11 erbaermlich, jaemmerlich, kuemmerlich, schaendlich
12 minderwertig
13 bedauernswert

Misere
3 Not
5 Elend
7 Notlage

Misogamie
8 Ehescheu

Miss World
19 Schoenheitskoenigin

Missachtung
8 Aechtung

Missal, Missale
8 Messbuch

Missbehagen
6 Unlust
8 Verdruss
15 Unzufriedenheit

Missbildung
8 Anomalie
11 Abnormitaet, Deformation

missbilligen
6 tadeln

missbilligende Äußerung
5 Tadel

Missbilligung
5 Ruege, Tadel
7 Verweis
9 Ablehnung

Missbrauch
6 Abusus
11 Schindluder

Misserfolg
4 Flop, Pech
5 Panne
6 Fiasko, Pleite
8 Schlappe
10 Fehlschlag
13 Zusammenbruch

Missetat
5 Untat
6 Delikt, Frevel, Suende
8 Verstoss
10 Verbrechen

Missetäter
7 Frevler, Suender
10 Boesewicht, Delinquent, Verbrecher
11 Uebeltaeter

Missfallen
5 Unmut
7 Abscheu
8 Verdruss
11 Verstimmung
15 Unzufriedenheit

Missfallensäußerung
6 Buhruf, Murren

missgelaunt
10 aergerlich

Missgeschick
4 Pech
5 Panne
6 Unbill, Unfall
7 Malheur
8 Desaster, Unglueck
10 Fatalitaet, Kalamitaet

Missgestimmtheit
5 Unmut
6 Aerger

missglückte Poesie
7 Gereime

missglückter Rennbeginn
9 Fehlstart

Missgriff
4 Bock
6 Lapsus, Patzer
7 Fauxpas
9 Fehlgriff

Missgunst
4 Neid

missgünstig
6 scheel
8 neidisch
11 schadenfroh

Missgünstiger
6 Neider

Misshandlung
4 Qual
6 Folter, Marter
8 Schikane
9 Peinigung, Quaelerei

Misshandlungsspur
7 Strieme
10 Bluterguss

Missheirat
11 Mesalliance

Mission
7 Auftrag, Sendung
9 Botschaft
13 Gesandtschaft

Missionar ...
· *der* **Burgunder**
8 Columban
· *der* **Deutschen**
10 Bonifatius
· *der* **Eskimos**
5 Egede
· *der* **Franken**
6 Kilian
· *der* **Friesen**
10 Willibrord
· *der* **Grönländer**
5 Egede
· *der* **Iren**
7 Patrick
· *der* **Slawen**
6 Kyrill
9 Methodius
· *der* **Westgoten**
7 Wulfila

missionarischer Erfolg
9 Bekehrung

Missionsbischof in China
5 Anzer

Missklang
9 Dissonanz, Kakofonie
10 Kakophonie
11 Disharmonie

misslich
7 prekaer
8 schlecht
9 schwierig
10 aergerlich, bedenklich
12 unerfreulich

missliche ...
· **Lage**
3 Not
5 Elend
· **Verfassung**
10 Uebelstand

Misslingen
9 Scheitern

misslungene Arbeit
6 Pfusch

Missmut
5 Grant
6 Aerger
7 Unwille
8 Verdruss

Missstand
5 Uebel
10 Kalamitaet

Missstimmung
5 Unmut

misstönend
9 dissonant
12 unharmonisch
13 disharmonisch
Misstrauen
3 Arg
7 Argwohn, Skepsis
8 Verdacht
misstrauische Frau
11 Skeptikerin
misstrauischer Mensch
9 Skeptiker
Missvergnügen
6 Unlust
Missverhältnis
7 Ametrie
10 Asymmetrie, Diskrepanz
13 Disproportion
Missverständnis
6 Fehler, Irrtum
Misswirtschaft
10 Korruption, Vergeudung
17 Vetternwirtschaft
Mist
4 Dung
6 Abfall
7 Duenger
Mistgabel
5 Forke
Mistkäfer
10 Rosskaefer, Skarabaeus
12 Pillendreher
Mistral
8 Fallwind
mit
3 per
5 durch
mit ...
· **... und Recht**
3 Fug
· **Abneigung gemischte Sympathie**
9 Hassliebe
· *den* **Augen wahrnehmen**
5 sehen
· **Ausnahme**
6 ausser
· **Bäumen eingefasste Straße**
5 Allee
· **Cayennepfeffer gewürzte Tunke**
5 Chili
· **Creme gefülltes Gebäck**
6 Eclair
· **der Hand**
7 manuell
· **einer Hand geführtes Ruder**
5 Skull
· **Faden hergestellte Verbindung**
4 Naht
· **feinsten Löchern versehen**
6 poroes
· **Fleischsaft überziehen**
9 glacieren
· **Fleiß und Eifer arbeitend**
5 emsig
· **Flüssigkeit getränkt**
4 nass
· **Frühstück**
5 garni
· **geflochtenen Haaren versehen**
7 bezopft
· **geringem Nährwert**
11 kalorienarm
· **Geschmackstoffen versehen**
13 aromatisieren
· **Gott reden**
5 beten
· **großen Kräften ausgestattet**
5 stark
· **großer Flamme brennen**
6 lodern
· *der* **Hand greifen**
6 nehmen
· **Haut und Haar in Kilogramm**
14 Koerpergewicht
· **Holz getäfelter Fußboden**
7 Parkett
· **Käse und Schinken gefülltes Schnitzel**
10 Cordon bleu
· **kochendem Wasser übergießen**
9 abbruehen
· *einer* **Kruste überbacken**
11 gratinieren
· **Leitungsdrähten versehen**
9 verkabeln
· *dem* **Löffel in Bewegung bringen**
7 ruehren
· **Make-up**
10 geschminkt
· *dem* **Messer zerschneiden**
10 schnetzeln
· **Metallbolzen verbinden**
6 nieten
· **Metallfäden durchwirktes Gewebe**
4 Lamé
· **Nachdruck**
9 energisch
· **Namen erwähnen**
6 nennen
· *von der* **Partie**
5 dabei
7 zugegen
· *einem* **Preis markieren**
11 auszeichnen
· **rauer Stimme**
6 heiser
· **Reis gefüllte Weinblätter**
10 Dolmadakia
· **Reißzwecken befestigen**
6 pinnen
· **Schnüren besetzter Husarenrock**
6 Attila
· *der* **Sense schneiden**
6 maehen
· **Speckstreifen durchziehen**
7 spicken
· *einem* **Tuch reiben**
7 wischen
· **Vorliebe**
4 gern
5 gerne
· **Wasser säubern**
9 abspuelen
· **Wasserfarben gemaltes Bild**
8 Aquarell
· *den* **Zähnen abtrennen**
9 abbeissen
· *der* **Zunge säubern**
8 ablecken
Mitarbeit
5 Hilfe
7 Beitrag
9 Teilnahme
10 Teamarbeit
11 Kooperation
Mitarbeiter
6 Helfer

7 Famulus, Gehilfe, Geselle, Gespann, Kollege
9 Assistent
Mitarbeiter ...
· **Brechts**
5 Neher
· *des* **Feindes**
13 Kollaborateur
· *der* **Zeitung**
8 Redaktor
9 Redakteur
Mitarbeitergruppe
4 Stab, Team
Mitarbeiterin
8 Kollegin
Mitbegründer ... (▶ auch Begründer, Gründer)
· *der* **amerikanischen Unabhängigkeit**
7 Steuben
· *des* **Marxismus**
6 Engels
· *der* **Republik Österreich**
5 Adler
· *von* **Rom**
5 Remus
7 Romulus
· *der* **Zeisswerke**
4 Abbe
Mitbesitz
6 Anteil
Mitbesitzer
9 Teilhaber
Mitbesitzer von Firmen
9 Aktionaer
Mitbewerber
6 Rivale
10 Konkurrent
Mitbewohner
11 Untermieter
Mitbringsel
8 Andenken, Geschenk, Souvenir
miteinander
8 zusammen
9 gemeinsam
16 gemeinschaftlich
Mitempfinden ▶ Mitgefühl
Mitentdecker ...
· *der* **Kernspaltung**
4 Hahn
10 Strassmann
Miterfinder ...
· *des* **Automotors**
4 Bell, Benz, Otto
6 Diesel
7 Daimler
8 Shockley
· *des* **Telefons**
4 Akne
· *des* **Transistors**
5 Finne
Mitesser
6 Pickel, Pustel
Mitfahrer
6 Sozius
Mitgefühl
4 Takt
5 Guete
6 Anteil
7 Beileid, Mitleid
9 Interesse, Teilnahme
11 Anteilnahme
mitgerissen
10 begeistert
Mitgift
9 Aussteuer
Mitglied
7 Genosse, Kollege
13 Vereinsbruder, Vereinsfreund
Mitglied ...
· *einer* **Band**
12 Schlagzeuger
· *des* **englischen Hochadels**
4 Earl, Lord, Peer
· *einer* **Familie**
4 Kind
5 Vater
6 Mutter
10 Verwandter
· *einer* **Flugzeugbesatzung**
9 Navigator
· *des* **französischen Hochadels**
4 Pair
· *der* **germanischen Götterfamilie**
3 Ase
· *eines* **islamischen Ordens**
8 Derwisch
· *eines* **katholischen Ordens**
6 Jesuit
12 Benediktiner
· *eines* **Klosters**
5 Nonne, Pater
6 Moench
· *einer* **legendären Popgruppe**
6 Beatle
12 Rolling Stone
· *eines* **Parlaments**
11 Deputierter
12 Abgeordneter
· *der* **Regierung**
8 Minister
· *des* **Senats**
7 Senator
· *eines* **sizilianischen Geheimbundes**
7 Mafioso
· *des* **Stadtrats**
8 Ratsherr
Mitglied der Chaine des Rotisseurs
8 Confrere
Mitglieder eines Preisgerichts
7 Juroren
Mitgliedergruppe
▶ Mitgliederzusammenschluss
Mitgliederzusammenschluss
4 Club, Klub
6 Verein
7 Verband
Mitgliedsaufnahme
8 Beitritt
Mitgliedsausweis einer Ladenkette
11 Kundenkarte
Mitgliedsgebühr
7 Beitrag
mithin
4 also, ergo
5 somit
8 folglich
Mitinhaber
6 Sozius
7 Partner
9 Kompagnon, Teilhaber
Mitläufer
7 Jasager
8 Fussvolk
9 Stimmvieh
Mitlaut
9 Konsonant
Mitleid ▶ Mitgefühl
Mitleidende
15 Leidensgenossin
Mitmachen
9 Teilnahme
Mitra
5 Infel, Inful
14 Bischofsmuetze
mitreißend
6 furios

9 fulminant
11 begeisternd
mitreißende Kraft
7 Schwung
Mitschuldiger
8 Komplize
Mitschüler
14 Klassenkamerad
mitschwingender Ton
8 Beiklang
Mitspieler
4 Aide
7 Partner
Mitstudent
11 Kommilitone
Mittag als Himmelsrichtung
6 Sueden
Mittagessen
5 Diner, Lunch
Mittagskreis
8 Meridian
Mittagsruhe
6 Siesta
Mittagsruhe in südlichen Ländern
6 Siesta
Mittagstisch für Studenten
5 Mensa
Mittäter
6 Hehler, Kumpan
8 Komplize
13 Helfershelfer
Mitte
7 Zentrum
10 Brennpunkt
mitteilen
12 unterrichten
15 benachrichtigen
Mitteilung
5 Kunde
6 Angabe, Report
7 Aussage, Bericht
8 Kundgabe
9 Botschaft, Nachricht, Zuschrift
11 Information
13 Kommunikation
16 Benachrichtigung
Mitteilung ...
· **am schwarzen Brett**
7 Aushang
· *vom* **Fiskus**
14 Steuerbescheid
· **im Gefängnis**
8 Kassiber
Mitteilung des Wohnnungswechsels
9 Ummeldung
Mittel
6 Arznei
10 Medikament
12 Durchschnitt
· *von* **Größen**
6 Medium
Mittel ...
· *des* **Ausdrucks**
5 Geste
· *zur* **Beruhigung**
6 Codein, Kodein
8 Baldrian
· *zur* **Bodenverbesserung**
11 Rindenmulch
· *für* **ein strahlendes Gebiss**
9 Zahnweiss
· *zum* **Einreiben**
7 Hautoel
· *gegen* **Eisglätte**
9 Streusalz
· *bei* **Erkältungskrankheiten**
16 Lindenbluetentee
· **gegen Blutarmut**
5 Eisen
· *zur* **Gewichtsabnahme**
13 Schlankmacher
· *gegen* **Heiserkeit**
9 Emser Salz
· *gegen* **Unkraut**
11 Rindenmulch
· **zum Blutstillen**
5 Alaun
· **zur Fiebersenkung**
6 Chinin
mittel-, norddeutsch für Krautwickel
11 Kohlroulade
mittelalterlich(e, er, es) ...
· **Adliger**
6 Ritter
· **Ausrufer**
6 Herold
· **Baugenossenschaft**
9 Bauhuette
· **Befestigung**
4 Burg
· **Berufsgenossenschaft**
5 Gilde, Zunft
6 Innung
· **Besitzform**
5 Lehen
· **Bezeichnung für Liebe**
5 Minne
· **Burgherr**
6 Ritter
· **Chemie**
8 Alchemie, Alchimie
· **Frauengemach**
8 Kemenate
· **Gefolgsleute**
8 Vasallen
· **geistliches Schauspiel**
14 Mysterienspiel
· **Gutsverwalter**
5 Meier
· **Humanist**
7 Erasmus
· **Kaufmannsbund**
5 Hanse
· **Kopfbedeckung**
6 Barett
· **Kriegsschiff**
7 Galeere, Galeone
· **Kunststil**
5 Gotik
· **Lehnsleute**
8 Vasallen
· **Lehnsmann**
6 Vasall
· **Musikant**
9 Spielmann
· **norwegischer Dichter**
6 Skalde
· **Philosophie**
10 Scholastik
· **Reiterkampfspiel**
7 Turnier
· **Saiteninstrument**
7 Psalter
· **Sänger**
10 Troubadour
12 Minnesaenger
· **Schandpfahl**
7 Pranger
· **Schlagwaffe**
11 Morgenstern
· **Schusswaffe**
8 Arkebuse, Armbrust
· **Segelschiff**
5 Kogge
7 Galeere, Galeone
9 Karavelle, Karawelle
· **Seuche**
4 Pest
6 Pocken
8 Blattern, Syphilis

· **Sklavendienst**
4 Fron
· **spanische Flotte**
6 Armada
· **Städtebund**
5 Hanse
· **Tanzlied**
5 Rondo
7 Rondeau
· **Troubadour**
12 Minnesaenger
· **Vereinigung**
5 Gilde, Zunft
· **Verwaltungsbeamter**
8 Landvogt
· **Waffe**
4 Pike
5 Gleve
6 Spiess
7 Schwert
8 Armbrust
10 Hellebarde
11 Morgenstern
· **Wunderdoktor**
9 Eisenbart

Mittelamerikaner
8 Panamaer
9 Mexikaner
12 Nicaraguaner
13 Salvadorianer

mittelamerikanisch(e, er, es) ...
· **Indianer**
5 Indio
· **Indianerstamm**
4 Cuna, Maya
5 Aruak, Mayas
7 Azteken, Kariben
8 Karaiben, Mixteken, Tolteken
9 Zapoteken
· **Inselgruppe**
8 Antillen
10 Westindien
· **Inselstaat**
4 Kuba
· **Politiker**
6 Duarte
· **Republik**
9 Costa Rica
· **Staat**
6 Mexiko, Panama
8 Honduras
9 Costa Rica, Guatemala, Nicaragua
10 El Salvador
· **Wasserstraße**
11 Panamakanal

Mittelasiat
7 Kirgise

mittelasiatischer Fürstentitel
4 Khan

mittelbar
8 indirekt
10 vermittelt

mitteldeutsch für dünnen Kaffee
5 Lorke

mitteldeutsche ...
· **Landschaft**
4 Harz
6 Anhalt
7 Lausitz, Pommern, Sachsen
9 Havelland, Spreewald, Uckermark
10 Thueringen
11 Brandenburg, Mecklenburg

mitteldeutsches Gebiet
► mitteldeutsche Landschaft

Mitteleuropäer
5 Ungar
6 Magyar

Mitteleuropäerin
7 Ungarin

mitteleuropäisch(e, er, es) ...
· **Gebirge**
7 Sudeten
8 Karpaten
· **Hauptstadt**
4 Prag
· **Staat**
8 Slowakei
20 Tschechische Republik
· **Strom**
5 Rhein
· **Volk**
9 Schweizer, Tschechen
· **Zeit** (Abkürzung)
3 MEZ
· **Zugvogel**
5 Racke

mittelgroßer Rassehund
5 Boxer

Mittelhülse eines ades
4 Nabe

Mittellinie
5 Achse

mittellos
3 arm

mittelloser ...
· **Mensch**
5 Armer
10 Habenichts

Mittellosigkeit
3 Not
5 Armut, Elend
11 Pauperitaet
14 Beduerftigkeit

Mittelmeerfisch
5 Orade, Umber
7 Muraene, Sardine
8 Tunfisch
9 Thunfisch
11 Sterngucker

Mittelmeerfischerboot
7 Tartane

Mittelmeergewächs
5 Myrte
13 Dattelpflaume

Mittelmeerhafen ► Hafenstadt am Mittelmeer

Mittelmeerinsel ► Insel im Mittelmeer

Mittelmeerinsulaner
5 Korse, Sarde
6 Kreter
8 Malteser

Mittelmeerküste
5 Adria
7 Riviera

Mittelmeerschiff
6 Feluke

Mittelmeer-Sommerwinde
7 Elesien

Mittelmeerstaat
5 Malta
6 Israel, Libyen, Monaco, Syrien, Zypern
7 Italien, Libanon, Marokko, Spanien, Tuerkei
8 Aegypten, Albanien, Algerien, Kroatien, Tunesien
9 Slowenien
10 Frankreich
12 Griechenland

M

Mittelmeerteil
5 Adria, Syrte
7 Aegaeis
Mittelmeerwind
7 Etesien, Mistral
9 Schirokko
Mittelpunkt
4 Kern
7 Zentrum
8 Zentrale
9 Metropole
Mittelpunkt eines Geschehens
10 Angelpunkt
mittels
3 per
mittelschnelle ...
· **Pferdegangart**
4 Pass, Trab
5 Toelt
mittelsibirischer Fluss
3 Ona
Mittelsmann
5 Agent
6 Makler
7 Mittler
10 Handlanger, Vermittler
Mittelsperson im Spiritismus
6 Medium
Mittelstück des Rades
4 Nabe
mittelwarm
3 lau
Mittelwert
7 Schnitt
12 Durchschnitt
Mittelwort
8 Partizip
11 Partizipium
mitten
7 zentral
Mitternachtsmesse
5 Mette
Mittler
6 Medium
Mittlergebühr
9 Provision
Mittönen
8 Resonanz
9 Widerhall
Mittwoch nach Fastnacht
14 Aschermittwoch
mitunter
8 zuweilen
12 gelegentlich
Mitwirkung
9 Mitarbeit
11 Kooperation
Mix aus Bikini und Badeanzug
8 Monokini
Mixbecher
6 Shaker
Mixgetränk
4 Fizz, Grog, Hipp, Sour
5 Bowle, Daisy, Shake, Sling, Spezi
6 Cooler, Crusta, Punsch
7 Cobbler, Collins, Schorle
8 Cocktail, Highball
9 Gluehwein
11 Krambambuli, Tuerkenblut
Mixgetränk aus Bier/ Limonade
12 Alsterwasser
Mixtur
8 Mischung
Mnemotechnik
13 Gehirnjogging
19 Gedaechtnisschulung
Moa
7 Strauss
11 Riesenvogel
Mob
6 Poebel
8 Gesindel
Möbel mit Zeitmesswerk
8 Standuhr
Möbelbezugstoff
7 Epinglé
Möbelholzart
4 Teak
Möbelpflegemittel
7 Politur
Möbelplüsch
6 Mokett
Möbelstil
6 Rokoko
10 Jugendstil
11 Biedermeier, Chippendale
Möbelstück
4 Bank, Bett, Bord, Pult, Sofa
5 Couch, Diwan, Liege, Regal, Stuhl, Tisch, Truhe
6 Hocker, Sessel
7 Buefett, Ehebett, Kanapee, Kommode, Kredenz, Schemel, Schrank, Schrein, Spiegel, Vertiko, Vitrine
8 Anrichte, Esstisch, Fussbank, Ottomane, Sitzbank, Sitzecke, Stellage, Teewagen
9 Bettcouch, Garderobe, Lehnstuhl, Stehlampe
10 Blumenbank, Doppelbett, Klubsessel, Korbsessel, Nachttisch, Rauchtisch
11 Ohrensessel, Wandschrank
12 Ausziehtisch, Besenschrank, Buecherregal, Chaiselongue, Schreibtisch
13 Buecherkasten, Schaukelstuhl
14 Buecherschrank, Kleiderschrank, Kuechenschrank, Schirmstaender
Möbelstück zum Wäscheglätten
11 Buegeltisch
mobil
4 agil
5 aktiv, flink
7 behende
8 behaende
9 beweglich
13 transportabel
19 unternehmungslustig
mobile ...
· **Kinderumzäumung**
10 Laufgitter
· **Verpflegung**
10 Feldkueche
mobiles Kälteelement
9 Kuehlakku
Mobiliar
6 Moebel
8 Inventar
11 Ausstattung, Einrichtung
Mobiliar ...
· *für* **draußen**
12 Gartenmoebel
· *am* **Tresen**
9 Barhocker
mobilisierte Kräfte
8 Energien

Modalität
3 Art
5 Weise
Mode
5 Sitte
6 Brauch
7 Fashion
13 Zeitgeschmack
Mode ...
· **ab 1947**
8 New Look
· *der* **überkurzen Röcke**
4 Mini
Modefarbe
4 bleu
Modefarbe: Mix aus Grau und Beige
6 Greige
Modegeck ▶ Modenarr
Modegeschäft
8 Boutique, Hutsalon
Model und Ehefrau McConaugheys
5 Alves
Modell
3 Typ
5 Dummy
6 Bauart, Muster
7 Entwurf
8 Dressman, Prototyp
9 Mannequin
Modellentwerfer
8 Designer
Modelliermasse
3 Ton
4 Gips
5 Knete
9 Knetmasse, Plastilin
Modemacher
11 Trendsetter
Modenarr
4 Beau, Geck, Snob
5 Dandy, Stenz
7 Stutzer
Moder
8 Faeulnis
Moderator
7 Ansager
8 Sprecher
Moderatorin der Vorher/Nachher Show
11 Gundiszambo
Moderbestandteil des Bodens
5 Humus
Moderfleisch
3 Aas
Modergeruch
4 Muff
Moderichtung der 50er-Jahre
7 Newlook
modern
2 in
3 hip
7 aktuell, im Trend, modisch, zeitnah
8 neuartig
11 neuzeitlich
modern ...
· *und* **auffallend**
6 fetzig, poppig
modern(e, er, es) ...
· **Beleuchtungsgerät**
12 Halogenlampe
· **Flugsport**
11 Gleitsegeln, Paragliding
· **Gymnastik**
7 Aerobic, Pilates
10 Stretching
11 Callanetics
· **Kinderspielzeug**
12 Rutscherauto
· **Küchengerät**
15 Geschirrspueler
· **Kunstwerk**
10 Assemblage
· **Lichtortung**
5 Radar
· **Musikart**
3 Pop
· **Musikrichtung**
4 Rave
· **Option von Krankenhäusern**
9 Roomingin
· **Option von Wochenstationen**
9 Roomingin
· **Popmusik**
4 Beat
· **Rechenanlage**
8 Computer
17 Elektronenrechner
· **Sportdress**
12 Jogginganzug
· **Tanzmusik**
4 Beat
6 Techno
· **Unterkunft**
5 Motel
Modeschöpfer
6 Lauren
9 Couturier
13 Claudemontana, Karllagerfeld, Yohjiyamamoto
Modeschöpfer und Designer
13 Giorgioarmani
Modeschöpferin
9 Jilsander, Utaraasch
10 Cocochanel
Modeschöpfung
8 Creation, Kreation
Modestil
4 Look
8 Creation, Kreation
Modetanz
4 slop
5 Mambo, Tango, Twist
7 Lambada, Letkiss
9 Bossa Nova, Cha-Cha-Cha
Modetrend der 80er
15 Schulterpolster
Modevorführdame
5 Model
9 Mannequin
Modezeichnung
8 Figurine
Modifikation
5 Abart
9 Aenderung
10 Abwandlung
12 Veraenderung
Modifizierung ▶ Modifikation
modisch
4 chic
6 modern, schick
7 elegant
modisch(e, er, es) ...
· **Damenhut**
4 Bibi
· **Feinheit**
7 Eleganz
· **Frisur**
8 Afrolook
· **Holzschuh**
4 Clog
· **Kragenform**
15 U-Boot-Ausschnitt

- **Kunstart**
  6 Pop-Art
- **Minibikini**
  5 Tanga
- **Ohrschmuck**
  4 Clip
  5 Klipp
  7 Stecker
- **Richtung**
  4 Look
- **Strickart**
  11 Wabenmuster
- **Tanzgymnastik**
  7 Aerobic
- **Zubehör**
  9 Stecktuch
  11 Accessoires

Modistin
9 Midinette
11 Hutmacherin
12 Putzmacherin

Modus
3 Art
4 Form, Stil
5 Weise

Modus ...
- **Vivendi**
  9 Abmachung
  10 Koexistenz

möglich
7 denkbar, machbar
10 potentiell, potenziell
11 praktikabel
13 durchfuehrbar

möglicher Käufer
11 Interessent

möglicherweise
9 eventuell
10 vielleicht

Möglichkeit
13 Eventualitaet

Möglichkeitsform
10 Konjunktiv

Mohairrohstoff
11 Angorawolle

Mohammedaner
6 Moslem, Muslim
7 Islamit
8 Sarazene

mohammedanisch(e, er, es) ... (► auch islamisch(e, er, es) ...)
- **Bettelmönch**
  8 Derwisch
- **Fastenmonat**
  7 Ramadan
- **Frauengemach**
  5 Harem
- **Fürstentitel**
  4 Emir
- **Gebetsrufer**
  7 Muezzin
- **Gebetsteppich**
  6 Namasi
- **Geistlichkeit**
  5 Ulema
- **Glaubensbuch**
  5 Koran
- **Gotteshaus**
  7 Moschee
- **Heiligtum**
  5 Kaaba
- **Herrscherdynastie in Indien**
  5 Mogul
- **hoher Geistlicher**
  9 Ajatollah, Ayatollah
- **Kopfbedeckung**
  6 Turban
- **Name für Gott**
  5 Allah
- **Name für Jesus**
  3 Isa
- **Orden**
  7 Senussi
- **Paradiesjungfrau**
  4 Huri
- **Rechtsgelehrter**
  4 Kadi
  5 Mufti, Ulema
- **Religionsbuch**
  5 Koran
- **Sekte**
  7 Sufiten
  8 Schiiten, Sunniten
  10 Wahhabiten
- **Tempel**
  7 Moschee
- **Vorbeter**
  4 Imam
- **Wallfahrtsort**
  5 Mekka
  6 Medina

Mohammeds ...
- **Helfer**
  4 Omar
- **Lieblingsfrau**
  6 Aischa
- **Nachfolger**
  4 Omar
  5 Kalif, Osman
  7 Abu Bakr, Abu Bekr
- **Schwiegersohn**
  3 Ali
- **Tochter**
  6 Fatima

Mohrenmaki
6 Akumba

Mohrrübe
6 Moehre
7 Karotte
9 Gelbruebe
10 Gelbe Ruebe

Mohrrübenfarbstoff
7 Karotin

Molch
3 Olm
5 Lurch
10 Salamander
12 Schwanzlurch
15 Feuersalamander

Mole
4 Damm, Pier
10 Ankerplatz, Hafenmauer

Molkerei
7 Meierei
9 Milchwerk

Molkereibetrieb
8 Kaeserei

Molkereierzeugnis ► Milchprodukt

Molkereiprodukt ► Milchprodukt

mollig
4 dick, warm
8 dicklich
9 behaglich

Molukkeninsel
3 Obi
4 Buru
5 Ambon, Ceram

Moment
2 Nu
5 Weile
9 Zeitpunkt
10 Augenblick

Momentaufnahme
13 Schnappschuss

Monacos ...
- **Bürger**
  10 Monegassen

· **Fürstenhaus**
8 Grimaldi
· **Landesfürst**
6 Albert
7 Rainier
· **Landesfürstin**
6 Gracia
14 Gracia Patricia
Monarch
6 Koenig, Regent
8 Potentat
9 Herrscher
15 Staatsoberhaupt
Monarchenansprache
9 Thronrede
Monarchensohn
5 Prinz
Monarchentitel
6 Kaiser, Koenig
monarchische Sitzung
7 Kronrat
Monarchist
8 Royalist
Monatsanfang
6 Erster
Monatsblutung
5 Regel
7 Periode
8 Menarche
12 Menstruation
Monatsende
6 Ultimo
Monatsletzter ▶ Monatsende
Monatslohn
6 Gehalt
Monatsmitte im römischen Kalender
4 Iden
Monatsname
3 Mai
4 Juli, Juni
5 April, Feber, Heuet, Maerz
6 August, Heuert, Januar
7 Brachet, Eismond, Ernting, Februar, Hartung, Heumond, Hornung, Jaenner, Julmond, Lenzing, Neblung, Oktober
8 Dezember, Eismonat, Gilbhart, Heilmond, Heumonat, Lenzmond, Nebeling, November, Weinmond, Windmond
9 Brachmond, Erntemond, Lenzmonat, Nebelmond, Ostermond, Rosenmond, Scheiding, September, Weidemond, Wonnemond
10 Augustmond, Brachmonat, Christmond, Heiligmond, Herbstmond, Ostermonat, Schneemond, Wandelmond, Wintermond
11 Christmonat
14 Fruehlingsmond
Mönch
3 Abt
5 Pater, Prior
6 Eremit, Frater, Novize, Oberer
8 Klausner
10 Einsiedler, Ordensmann
12 Ordensbruder
Mönch ...
· *in* **der Probezeit**
6 Novize
· *am* **letzten Zarenhof**
8 Rasputin
Mönchsbehausung
5 Zelle
6 Klause
7 Kloster
9 Eremitage
11 Einsiedelei
Mönchsgewand
5 Kutte
Mönchsoberer
3 Abt
5 Prior
Mönchsorden
8 Jesuiten
9 Kapuziner, Minoriten, Theatiner
10 Augustiner, Barfuesser, Basilianer, Johanniter, Karmeliter, Kartaeuser, Trappisten
11 Dominikaner, Trinitarier
12 Benediktiner, Franziskaner, Kluniazenser, Konventualen
13 Zisterzienser
Mönchsstaat in Griechenland
5 Athos
Mönchszelle
5 Cella
Mond
5 Monat
7 Trabant
8 Satellit
14 Himmelskoerper
Mond betreffend
5 lunar
Mond des ...
· **Jupiter**
2 Io
6 Europa
7 Ganymed
8 Kallisto
· **Mars**
6 Deimos, Phobos
· **Neptun**
6 Nereid, Triton
· **Pluto**
6 Charon
· **Saturn**
4 Rhea
5 Dione, Mimas, Titan
6 Phoebe, Tethys
7 Japetus
8 Hyperion
9 Enceladus
· **Uranus**
5 Ariel
6 Oberon
7 Miranda, Titania, Umbriel
mondän
7 elegant, vornehm
Mondauto der NASA
5 Rover
Mondfahrtunternehmen
6 Apollo
Mondfinsternis
7 Eklipse
Mondgestein
6 Adular
Mondgott
5 Chons, Thoth
Mondgöttin
4 Luna
6 Selene
Mondhof
4 Halo
Mondphase
7 Neumond
8 Halbmond, Vollmond
Mondsonde
4 Luna
5 Lunik
6 Apollo, Ranger
8 Satellit
9 Raumsonde

Mondsucht
10 Lunatismus
Mondsüchtiger
13 Schlafwandler
Mondzeiger
6 Epakte
mongolisch(e, er, es) ...
· **Fürst**
4 Batu
5 Timur
6 Kublai
8 Tamerlan
13 Dschingis Chan, Dschingis Khan, Tschingis Khan
· **Grenzgebirge**
5 Altei
· **Herrschertitel**
4 Khan
· **Nationaltracht**
3 Del
· **Nomade**
5 Hunne
· **Stamm**
3 Mon
4 Boja
5 Kitan
6 Hunnen
7 Tataren
10 Kalmuecken
· **Statthalter**
7 Perwane
monieren
6 mahnen, ruegen
Monitor
10 Bildschirm, Empfaenger
monochromatisch
9 einfarbig
Monogamie
6 Einehe
Monokel
7 Einglas
monoklinisches Mineral
8 Malachit
Monolog
15 Selbstgespraech
Monomanie
8 fixe Idee
Monophthong
5 Vokal
10 Selbstlaut
Monopol
8 Dominanz, Vorrecht
monoton
5 trist
9 eintoenig
10 einfoermig, langweilig
Monotonie
8 Einerlei
17 Gleichfoermigkeit
Monster ► Monstrum
Monstranz
7 Gefaess
12 Altargefaess, Schaugefaess
14 Hostientraeger
monströs
8 gewaltig
13 ungeheuerlich
Monstrum
6 Untier
8 Scheusal
9 Ungeheuer
Montage
6 Aufbau, Einbau
11 Befestigung, Zusammenbau
12 Installation
Montageeinrichtung
10 Fliessband
Montageplatz an einem Rennkurs
3 Box
Monteurkittel
7 Overall
montiertes Bild
7 Collage
Montur
5 Kluft
7 Uniform
8 Kleidung
14 Dienstkleidung
Monument
6 Statue
7 Denkmal, Mahnmal
8 Ehrenmal, Memorial
9 Standbild
18 Erinnerungszeichen
Monumentenpflege
13 Denkmalschutz
Moor
4 Fenn, Moos, Ried
5 Bruch, Sumpf
6 Morast
Moorbad
14 Schlammpackung
Moorboden
4 Torf
Moorleuchten
8 Irrlicht, Irrwisch
Moorpflanze
5 Gagel
9 Sonnentau
Moorprodukt
4 Torf
Mopp
10 Federwisch, Staubbesen
Moral
4 Ehre
5 Ethik, Ethos
11 Sittenlehre
12 Sittlichkeit
Moralbegriff
4 Ehre
5 Sitte
moralisch
8 sittlich
10 anstaendig
moralische ...
· **Gesinnung**
5 Ethos
· **Verkommenheit**
10 Verderbnis
Moralist
12 Sittenlehrer
13 Moralprediger
Moralphilosoph
7 Ethiker
Moralphilosophie
5 Ethik
Morast
4 Fenn, Moor, Ried
5 Bruch, Sumpf
7 Schlamm
9 Sumpfland
morbid
6 morsch
10 kraenklich
12 schwaechlich, zerbrechlich
mordähnliche Straftat
9 Totschlag
Mordanschlag
8 Attentat
Mörder ...
· **Heinrichs IV.**
9 Ravaillac
· **Kotzebues**
4 Sand
· **Siegfrieds**
5 Hagen
Mörderin Marats
6 Corday
Mordlauf
4 Amok

Morgen als Himmelsrichtung
5 Osten
Morgenfeier
▶ Morgenunterhaltung
Morgenfeuchtigkeit
3 Tau
4 Reif
Morgengabe
7 Mitgift
9 Aussteuer
Morgengebet
4 Prim
6 Laudes
Morgengrauen
12 Tagesanbruch
13 Sonnenaufgang
Morgenland
6 Nahost, Orient
7 Levante
10 Naher Osten
Morgenländer
6 Araber
9 Orientale
10 Levantiner
morgenländischer ...
· **Herrscher**
5 Kalif, Mogul
6 Sultan
· **König**
6 Kaspar
8 Melchior
9 Balthasar
Morgenrock
7 Negligé
9 Hausanzug
10 Déshabillé
morgens
5 frueh
10 vormittags
Morgenstern
5 Keule, Venus, Waffe
7 Luzifer
10 Phosphoros
Morgenunterhaltung
7 Matinee
Morgenveranstaltung
▶ Morgenunterhaltung
Moritat
4 Lied
11 Schauerlied
Moritateninterpret
14 Baenkelsaenger
morsch
3 alt
4 faul
6 morbid, muerbe
8 bruechig
9 verrottet
10 baufaellig
Morseapparat
8 Telegraf
9 Telegraph
Mörser zum Schießen
7 Boeller
Mörserkeule
8 Stoessel
Mörtel
4 Putz
5 Speis
Mörtelbestandteil
4 Sand
Moscheenturm
8 Minarett
Moschus
5 Bisam
Moschusbestandteil
6 Muskon
Moschuskrautgewächs
5 Adoxa
Moselstädter
7 Trierer
Moskau in der Landessprache
6 Moskwa
Moskauer ...
· **Bauwerk**
5 Kreml
· **Gedenkstätte**
14 Leninmausoleum
· **Paradefeld**
10 Roter Platz
· **Tageszeitung**
6 Prawda
· **Universität**
10 Lomonossow
Moslem
6 Muslim
7 Islamit
8 Muselman
Most
8 Obstwein
Mostgewicht (Einheit)
7 Oechsle
Mostrich
4 Senf
Motiv
4 Idee
5 Grund, Thema
6 Anlass
10 Beweggrund
Motivanordnung ...
· *um* **ein Wappen**
4 Semé
5 Semis
Motivbastelei
10 Steckspiel
Motor
7 Antrieb
8 Maschine
9 Triebwerk
Motorboot
8 Barkasse
Motorenerfinder
4 Otto
6 Diesel, Wankel
Motorengeräusch
7 tuckern
Motorenteil
6 Kolben, Ventil
7 Kuehler
8 Anlasser, Vergaser, Zylinder
9 Verteiler
10 Zuendkerze
Motorfahrrad
4 Mofa
5 Moped, Solex
6 Mokick
Motorfahrzeug
3 Lkw, Pkw
4 Auto
5 Moped
6 Roller
7 Omnibus, Traktor, Trecker
8 Motorrad
9 Lastwagen
11 Motorroller
motorgetriebenes Zerkleinerungsgerät
9 Haecksler
Motorleistungsbasis
7 Hubraum
motorloses Flugzeug
13 Segelflugzeug
Motorrad
4 Krad
8 Kraftrad
10 Feuerstuhl
11 Motorroller
Motorradfahrerschutz
4 Helm
Motorradgeräusch
8 Knattern
9 Geknatter

Motorradhänger
8 Beiwagen
Motorrad-Schnellfahrer
5 Raser
Motorradteil
3 Rad
4 Sitz, Tank
5 Gabel, Motor
6 Lenker, Rahmen, Reifen, Sattel
7 Auspuff
Motorradwettkampf
14 Sandbahnrennen
Motorschlepper
7 Traktor, Trecker
11 Zugmaschine
Motorsport im Gelände
9 Motocross
Motorsportler
10 Rennfahrer
Motortätigkeit ohne Leistung
8 Leerlauf
Mottengift ▶ Mottenmittel
Mottenkraut
9 Honigklee
Mottenmittel
5 Eulan
7 Kampfer
9 Nexalotte
10 Naphthalin
Motto
6 Devise
8 Kennwort, Leitwort
10 Leitspruch, Wahlspruch
motzen
7 meckern
13 widersprechen
möwenartiger Vogel
11 Seeschwalbe
Mozartoper
11 Don Giovanni
Mozartstadt
8 Salzburg
Mückenart
5 Gelse
6 Gnitte, Gnitze
7 Moskito, Schnake
müde
4 matt
6 fertig, kaputt
7 schlapp
10 abgespannt, erschoepft, schlaefrig
11 abgekaempft
Müdigkeit
14 Schlaefrigkeit
Müdigkeitszeichen
7 Gaehnen
Muffel
9 Wildschaf
10 Miesepeter
Mühe
4 Fron, Last
5 Plage
7 Muehsal
8 Strapaze
9 Plackerei
10 Schinderei
11 Anstrengung
mühelos
6 bequem, leicht
7 einfach
11 nicht schwer
15 unproblematisch
mühevolle Arbeit
5 Plage
Mühlenabfallprodukt
5 Kleie
Mühlenbesitzer
7 Mueller
Mühlenbesitzerin
9 Muellerin
Mühlennebenprodukt
5 Kleie
7 Gruesch
Mühlenprodukt
4 Mehl
6 Griess
Mühlensandstein
4 Grit
Mühsal
4 Last, Qual
5 Plage
6 Buerde, Kummer, Tortur
8 Strapaze
9 Plackerei
10 Schinderei
11 Anstrengung
mühsam
7 laestig
8 diffizil
11 anstrengend, strapazioes
mühsames Verfahren
8 Prozedur
Mulde
3 Kar
5 Grube, Kuhle, Senke
6 Becken
10 Vertiefung
Mulde vor Hochgebirgswänden
3 Kar
muldenförmiges Futtergefäß
4 Trog
Müll
5 Dreck, Unrat
6 Abfall
7 Schmutz
8 Kehricht
Müllabladeplatz
7 Deponie
Müllbehälter
5 Tonne
Müllgefäß im Haushalt
11 Abfalleimer
multipel
8 mehrfach
11 vielfaeltig
Mumm
3 Mut
4 Elan
5 Kraft
7 Schneid, Schwung
11 Muskelkraft
Mümmelmann
4 Hase
mümmeln
5 nagen
8 knabbern
Mummenschanz
9 Maskerade
10 Maskenball, Maskenfest
11 Verkleidung
Mumps
11 Ziegenpeter
Münchener ...
· **Attraktion**
11 Oktoberfest
· **Baumeister**
5 Seidl
6 Klenze
· **Bildhauer**
6 Knappe, Koelle
· **Festplatz**
5 Wiesn
14 Theresienwiese
· **Flughafen**
4 Riem
· **Gemäldegalerie**
10 Pinakothek
· **Grünanlage**
16 Englischer Garten

· **Jahrmarkt**
4 Dult
· **Kabarettist**
8 Valentin
10 Weiss Ferdl
· **Kabarettistin**
9 Karlstadt
· **Rockgruppe**
5 Relax
· **Spezialität**
4 Bier, Radi
10 Weisswurst
· **Sportanlage**
14 Olympiastadion
· **Studentenviertel**
9 Schwabing
· **Symbolfigur**
7 Bavaria
14 Muenchner Kindl
· **Tierpark**
10 Hellabrunn
· **Vergnügungsviertel**
9 Schwabing
· **Verkehrszentrum**
7 Stachus
· **Volksfest**
11 Oktoberfest
· **Wahrzeichen**
12 Frauenkirche

Mund ...
· **betreffend**
4 oral
· *der* **Tiere**
4 Maul

Mundart
5 Idiom
7 Dialekt

mundartlich für ...
· **Ameise**
4 Emse
· **Ausguck**
3 Lug
· *sich* **balgen**
7 rangeln
· **Gämse**
4 Gams
· **Holunder**
6 Holler
· **Hose**
4 Buex
· **Hülse**
4 Pale
· **Schote**
4 Pale

Mundausschlag
7 Aphthen

Mündel, Betreuter
9 Pflegling

Mundfessel
6 Knebel

mündig
8 majorenn
11 volljaehrig
12 grossjaehrig

mündlich
4 oral
6 verbal

mündliche Erzählung
4 Sage

mündlicher Bericht
7 Aussage

Mundschenk des Zeus
7 Ganymed

Mundschenkin der griechischen Götter
4 Hebe

Mundteil
4 Zahn
5 Lippe, Zunge
6 Gaumen, Gebiss, Kiefer, Rachen
7 Schlund

Mundtuch
9 Serviette

Mundtuchhalter
14 Serviettenring

Mündung eines Flusses in Frankreich
10 Rhonedelta

Mündungsarm ...
· *der* **Donau**
5 Kilia
6 Sulina
10 Sankt Georg
· *der* **Oder**
5 Peene, Swine
· *des* **Rheins**
3 Lek
4 Oude, Waal
7 Merwede
· *der* **Weichsel**
5 Nogat

Mündungsform
5 Delta
8 Trichter

Mündungsgebiet der Rhone
8 Camargue

Mündungstrichter ...
· *der* **Garonne**
7 Gironde
· *der* **Schelde**
5 Honte

Mundvoll
6 Bissen, Happen

Mundvorrat
6 Ration
8 Proviant

Münster
3 Dom
6 Kirche
10 Kathedrale

Münsterstadt
3 Ulm
8 Freiburg
10 Strasbourg, Strassburg

Münsterstadt in Württemberg
3 Ulm

munter
3 vif
4 agil, rege, wach
5 aktiv, alert, fidel, flink, mobil, quick
6 frisch
7 behende, lebhaft
8 behaende, lebendig
9 beweglich
10 aufgeweckt

munter werden
8 erwachen

Munterkeit
11 Temperament

Münzanstalt
6 Praege

Münze
10 Geldmittel, Geldstueck, Metallgeld
14 Zahlungsmittel
16 Waehrungseinheit

Münze ...
· **in mehreren arabischen Staaten**
4 Fils
· **in vielen Ländern**
4 cent
· *in* **mehreren arabischen Staaten**

Münzen und Scheine
7 Bargeld

Münzenkunde
10 Numismatik

M

Münzfälscher
6 Kipper
Münzkunde ▶ Münzenkunde
Münzprüfer
7 Wardein
Münzrückseite
6 Revers
Münzstätte
6 Praege
Münzuhr ...
· *für* **das Auto**
7 Parkuhr
10 Parkometer
12 Parkingmeter
Münzvorderseite
5 Avers
mürbe
6 morbid, morsch
8 bruechig
9 broecklig, verfallen
Mürbeteigboden mit Steinfrüchten
13 Pfirsichtorte
Murks
6 Pfusch
Murmel
5 Kugel
6 Letsch, Marbel, Marmel
7 Klicker
8 Schusser
murmeln
6 raunen
7 Geraune
9 fluestern, Gestammel
murren
6 maulen
mürrisch
5 boese
7 grantig
8 unwillig
9 abgeneigt
10 aergerlich
11 aufgebracht
mürrisch aufstehender Mensch
12 Morgenmuffel
mürrischer Mensch
9 Griesgram
Murrkopf
4 Unke
6 Muffel
8 Noergler
9 Griesgram
10 Miesepeter, Miesmacher
11 Kritikaster
Mus
4 Brei
muschelähnliches Organteil
6 Koncha
Muschelart
6 Auster
9 Pfahlwurm
11 Miesmuschel, Perlmuschel
13 Jakobsmuschel
Muschelgeld
5 Kauri
Muschelkügelchen
5 Perle
10 Zuchtperle
Muschelprodukt
5 Perle
8 Perlmutt
10 Perlmutter
Muschelschale
8 Coquille
Muse ...
· *des* **Gesangs**
7 Euterpe
· *der* **Geschichte**
4 Klio
· *der* **Liebesdichtung**
5 Erato
· *des* **Lustspiels**
6 Thalia
· *der* **Musik**
10 Polyhymnia
· *des* **Schachspiels**
6 Caissa
· *der* **Sternkunde**
6 Urania
· *des* **Tanzes**
11 Terpsichore
· *des* **Trauerspiels**
9 Melpomene
Muselman
6 Moslem, Muslim
8 Sarazene
Musenberg
7 Helikon, Parnass
Musenkuss
11 Inspiration
Musenquelle
10 Hippokrene
Musenross
7 Pegasus
Musensohn
9 Kuenstler
Musentempel
7 Theater
Musentochter
11 Kuenstlerin
Musestunden
8 Freizeit
Museum
7 Galerie
8 Kabinett, Sammlung
10 Glyptothek, Pinakothek
13 Kunstsammlung
15 Gemaeldegalerie
Museum in ...
· **Amsterdam**
11 Rijksmuseum
· **Basel**
13 Kunstsammlung
· **Florenz**
8 Uffizien
· **Frankfurt/Main**
7 Staedel
11 Senckenberg
· **Madrid**
5 Prado
· **München**
10 Glyptothek, Pinakothek
15 Deutsches Museum
· **Paris**
6 Louvre
11 Musée d'Orsay
· **St. Petersburg**
9 Eremitage
Museumsbeamter
6 Kustos
7 Kustode
Musical ...
· *von* **Andrew Lloyd Webber**
4 Cats
5 Evita
· *von* **Cole Porter**
10 Kiss me Kate
· *von* **Frederick Loewe**
10 My fair Lady
Musicalgestalt
5 Eliza
Musicalgestalt bei Gershwin
4 Bess
Musik
5 Klang
8 Tonkunst
Musik ...
· *für* **acht Stimmen**
6 Oktett
· *für* **drei Stimmen**
7 Terzett
· *für* **sechs Stimmen**
7 Sextett

· *für* **sieben Stimmen**
7 Septett
· *für* **zwei Stimmen**
5 Duett
Musikalien
5 Noten
10 Partituren
musikalisch gestaltetes Bühnenstück
4 Oper
musikalisch(e, er, es) ...
· **Begriff**
5 largo
6 a tempo, adagio, da capo, Tonart
7 andante
9 Dominante
· **Beruf**
7 Saenger
8 Dirigent
9 Komponist
· **Blasinstrument**
4 Horn, Oboe
6 Fagott, Floete
7 Saxofon
8 Saxophon, Schalmei, Trompete
· **Bühnenwerk**
4 Oper
5 Revue
7 Musical
8 Operette
9 Singspiel
· **Ehrung**
5 Tusch
· **Einzeldarbietung**
4 Solo
· **Gesangswerk**
7 Kantate
· **Intervall**
4 None, Prim, Sext, Terz
5 Prime, Quart, Quint, Sexte
6 Dezime, Oktave, Quarte, Quinte
7 Sekunde, Septime
· **Klangkörper**
16 Streichorchester
· **Kunstfertigkeit**
12 Virtuositaet
· **Leitung**
12 Stabfuehrung
· **Produkt**
9 Kunstwerk
· **Schlaginstrument**
4 Gong
5 Pauke
7 Trommel
8 Triangel
10 Schlagzeug
· **Schlusssatz**
6 Finale
· **Signal**
5 Tusch
· **Streichgerät**
5 Bogen
· **Streichinstrument**
4 Bass
5 Cello, Geige, Viola
7 Violine
8 Bratsche
9 Bassgeige
11 Violoncello
· **Takt- und Zeitmaß**
8 Rhythmus
· **Thema**
5 Motiv
· **Titel**
3 GMD
20 Generalmusikdirektor
· **Übungsstück**
6 Etuede
· **Verzierung**
7 Triller
· **Vorspiel**
7 Prélude
10 Ouvertuere, Praeludium
· **Werk**
4 Opus
· **Zeichen**
14 Bassschluessel
· **Zeitmaß**
8 Lentando, Rhythmus
· **Zwischenspiel**
5 Piece
musikalischer Fachterminus für ...
· **alle**
5 tutti
· **anmutig**
8 grazioso
· **anschwellend**
9 crescendo
· **ausdrucksvoll**
10 espressivo
· **bebend**
7 tremolo, vibrato
· **beseelt**
7 animato
· **bewegt**
5 mosso
· **breit**
5 largo
· **ein wenig**
4 poco
· **einstimmig**
7 unisono
· **erregt**
7 agitato
· **ersterbend**
7 morendo
· **feierlich**
8 maestoso
· **fließend**
7 andante
· **gebunden**
6 legato
· **gedehnt**
5 lento
· **gehalten**
6 tenuto
· **gehend**
7 andante
· **gemäßigt**
8 moderato
· **getragen**
5 lento
7 portato
10 portamento
· **gezupft**
9 pizzicato
· **gleitend**
9 glissando
· **heiter**
7 allegro
· **klagend**
7 dolente
8 doloroso
9 lacrimoso, lamentoso
· **langsam**
5 largo, lento
6 adagio
· **laut**
5 forte
· **lebhaft**
7 allegro
· **leidenschaftlich**
7 furioso
· **leise**
5 piano
· **liedartig**
9 cantabile
· **lustig**
7 scherzo

· **mehr**
3 piu
· **mit**
3 con
· **mittel**
5 mezzo
· **mittellaut**
10 mezzo forte
· **pointiert**
8 staccato
· **ruhig**
10 tranquillo
· **ruhiger werdend**
7 calando
· **sanft**
5 dolce
· **scherzhaft**
11 capriccioso
· **schnell**
6 presto, rapido
7 allegro
· **schwächer werden**
8 smoranzo
· **schwer**
5 grave
· **schwingend**
7 tremolo, vibrato
· **sehr**
6 troppo
· **sehr laut**
10 fortissimo
· **sehr leise**
10 pianissimo
· **singend**
6 arioso
· **sprechend**
8 parlando
· **stark**
5 forte
· **stürmisch**
7 furioso
· **süß**
5 dolce
· **tändelnd**
7 giocoso
· **traurig**
5 mesto
· **wachsend**
9 crescendo
· **Wiederholung**
6 da capo
· **wild**
7 furioso
· **würdevoll**
8 maestoso
· **zärtlich**
7 amoroso
· **ziemlich**
5 assai
· **zittern**
7 tremolo
· **zögernd**
10 ritardando
· **zurückhaltend**
8 ritenuto
Musikant im Mittelalter
9 Spielmann
Musikapparat
8 Musikbox
11 Orchestrion
Musikaufführung ▶ Musikdarbietung
Musikautomat
7 Jukebox
8 Musicbox, Musikbox
Musikbearbeiter
9 Arrangeur
Musikbearbeitung
11 Arrangement
Musikdarbietung
3 Duo
4 Arie, Fuge, Lied, Oper, Satz, Tanz, Trio
5 Blues, Credo, Duett, Hymne, Kanon, Messe, Missa, Rondo, Suite
6 Choral, Etuede, Gesang, Marsch, Pavane, Reigen, Sonate, Tedeum
7 Ballett, Intrada, Kantate, Konzert, Menuett, Motette, Musical, Passion, Prelude, Requiem, Romanze, Tokkata
8 Berceuse, Chaconne, Fantasie, Kavatine, Laendler, Madrigal, Nocturno, Notturno, Operette, Serenade, Sinfonie, Sonatine
9 Capriccio, Humoreske, Impromptu, Kantabile, Larghetto, Oratorium, Ouverture, Pastorale, Polonaise, Potpourri, Quadrille, Rezitativ, Rhapsodie, Sarabande, Symphonie, Variation
10 Intermezzo, Ouvertuere, Paraphrase, Praeludium
11 Kammermusik, Passacaglia
12 Divertimento
Musikdose
8 Spieluhr
Musikdrama
4 Oper
Musikensemble
3 Duo
4 Band, Chor, Trio
5 Combo
6 Oktett
7 Bigband, Kapelle, Septett, Sextett
8 Musikzug, Quartett
9 Orchester
10 Sinfoniker
11 Blaskapelle, Kirchenchor, Symphoniker
14 Philharmoniker
Musikergruppe ▶ Musikensemble
Musikerin
11 Harfenistin
Musikhalle
5 Odeon
11 Konzertsaal
Musikhochschule
14 Konservatorium
Musikinstrument
3 Tar
4 Bass, Drum, Gong, Horn, Lure, Lyra, Oboe, Tuba, Zink
5 Banjo, Cello, Gambe, Geige, Harfe, Laute, Leier, Orgel, Pauke, Piano, Viola
6 Becken, Cornet, Fagott, Floete, Rassel, Zimbal, Zither
7 Alphorn, Bandola, Cembalo, Fanfare, Fluegel, Gitarre, Helikon, Klavier, Kornett, Mandola, Musette, Posaune, Saxofon, Spinett, Trommel, Violine, Xylofon
8 Bratsche, Guitarre, Hautbois, Jagdhorn, Saxophon, Schalmei, Tamburin, Triangel, Trompete, Tympanon, Vibrafon, Xylophon
9 Akkordeon, Bandoneon, Bassgeige, Drehorgel,

Harmonika, Mandoline, Tambourin, Vibraphon, Zupfgeige
10 Klarinette, Klavichord, Kontrabass, Querfloete, Schlagzeug
11 Blockfloete, Fluegelhorn, Kastagnette, Leierkasten, Tschinellen, Violoncello
12 Englischhorn, Glockenspiel, Hammondorgel
13 Mundharmonika, Ziehharmonika
15 Schifferklavier

Musikinstrumentenmacher
10 Orgelbauer

Musikkapelle
▶ Musikensemble

Musiknote
2 as, be, es
3 ais, ces, cis, des, dis, eis, fes, fis, ges, gis, his

Musikrechtegesellschaft
4 Gema

Musikrichtung
3 Pop
4 Beat, Soul

Musikrichtung der 60er-Jahre
4 Beat

Musiksaal ▶ Musikhalle

Musikschule
14 Konservatorium

Musikstück
4 Opus, Werk
6 Marsch, Sonate
8 Fantasie
9 Phantasie
11 Komposition

Musikstück ...
· *für* **drei**
4 Trio
· *für* **drei Stimmen**
7 Terzett

Musiktheatergebäude
9 Opernhaus

Musiktonträger
2 CD, MC
7 Tonband
12 Schallplatte
15 Langspielplatte

Musikveranstaltung
7 Konzert
11 Liederabend
15 Solistenkonzert

Musikweise
7 Melodie

Musikwerk ▶ Musikdarbietung

Musikzeichen
4 Note
14 Bassschluessel
16 Violinschluessel

Musikzeichen in den Psalmen
4 Sela

musisch
11 kunstsinnig
13 kuenstlerisch

musisch Tätiger
9 Kuenstler

musischer Bereich
5 Kunst

Musizierender
6 Solist
7 Musiker, Musikus
8 Virtuose
9 Interpret

Musiziergerät
10 Instrument

Muskatblüte
5 Mazis

Muskel ...
· *des* **Oberarmes**
6 Bizeps
11 Deltamuskel

Muskelansatzstrang
5 Sehne

Muskelerschlaffung
6 Atonie

Muskelfaser
5 Fiber, Sehne

Muskelgesamtheit
10 Muskulatur

Muskelkraft
4 Mumm
7 Staerke

Muskelkraftmesser
8 Ergostat
9 Ergometer

Muskelkrampf
7 Tetanie
10 Katalepsie

Muskelmotor
4 Herz

Muskelprotz
6 Athlet
8 Herkules
10 Kraftprotz

Muskelreißen
6 Rheuma
12 Rheumatismus

Muskelschmerz
7 Myalgie

Muskelschwund
8 Atrophie

Muskelstrecker
8 Expander

Muskeltraining
12 Bodybuilding

Muskeltraining mit Sit-ups
13 Bauchtraining

Muskelverhärtung
11 Verspannung

Muskelzittern
6 Tremor

Muskelzucken
3 Tic

Muskelzucker
6 Inosit

Muskelzusammenziehung
6 Krampf

muskulös
8 kraeftig
10 athletisch
14 durchtrainiert

muskulöser Mann
6 Athlet

Muslim
6 Moslem
7 Islamit
8 Muselman

Muss
5 Gebot, Zwang
6 Befehl
7 Pflicht

Muße
4 Ruhe
5 Otium
8 Freizeit

müßig
6 traege
8 untaetig
13 ueberfluessig

Müßiggang
8 Faulheit
9 Nichtstun

Müßiggänger
7 Bummler, Flaneur, Gammler
8 Faulpelz, Tagedieb
9 Faulenzer

Muster
3 Typ

4 Form, Norm, Plan
5 Dekor, Ideal, Model, Probe
6 Dessin, Fasson, Modell, Schema, Urform
7 Aufriss, Entwurf, Exempel, Vorbild, Vorlage
8 Analogie, Beispiel, Exemplar, Formular, Prototyp, Standard
9 Paradigma, Schablone

Muster-, Modellzeichnerin
10 Designerin

Musterbeispiel
9 Inbegriff, Paradigma

Mustergewand
11 Modellkleid

Mustergewicht
6 Etalon

mustergültig
5 ideal
8 normativ
9 kanonisch, klassisch
10 vollkommen
11 vorbildlich
12 exemplarisch
14 paradigmatisch

Musterkollektion
9 Sortiment

Musterstickerei
11 Applikation

Musterung
8 Maserung

Musterzeichner
8 Designer

Musterzeichnung
6 Skizze
7 Entwurf

Mut
6 Traute
7 Courage, Schneid, Wagemut
9 Kuehnheit
10 Tapferkeit
11 Beherztheit
15 Furchtlosigkeit

mutig
7 beherzt
10 couragiert

mutiger Mensch
4 Held

mutlos
4 feig
10 aengstlich

Mutlosigkeit
8 Feigheit
10 Depression

mutmaßen
7 glauben
8 annehmen, vermuten

mutmaßlich
7 putativ
10 praesumtiv
11 anscheinend

Mutmaßung
9 Vermutung

Mutprobe
6 Risiko, Wagnis

Mutter ...
- *von* **Abel**
3 Eva
- *von* **Achill**
6 Thetis
- *von* **Amor**
5 Venus
- *der* **Antigone**
7 Jokaste
- *der* **Aphrodite**
5 Dione
- *von* **Apoll**
4 Leto
6 Latona
- *der* **Artemis**
4 Leto
- *von* **Baldur**
5 Frigg, Frija
- *von* **Caligula**
9 Agrippina
- *von* **Castor**
4 Leda
- *der* **Elektra**
13 Klytaemnestra
- *von* **Eros**
9 Aphrodite
- *von* **Esau**
7 Rebekka
- *der* **Freia**
5 Skadi
- *von* **Gernot**
3 Ute
- *von* **Giselher**
3 Ute
- *von* **Goethe**
3 Aja
- *von* **Gunther**
3 Ute
- *von* **Hektor**
6 Hekabe, Hekuba
- *der* **Helena**
4 Leda
- *der* **Hera**
4 Rhea
- *von* **Herakles, Herkules**
7 Alkmene
- *von* **Hermes**
4 Maja
- *der* **Iphigenie**
13 Klytaemnestra
- *von* **Jakob**
7 Rebekka
- *von* **Jesus**
5 Maria
- *von* **Joseph**
5 Rahel
- *von* **Kain**
3 Eva
- *der* **Kassandra**
6 Hekabe, Hekuba
- *der* **Kriemhild**
3 Ute
- *von* **Mars**
4 Juno
- *der* **Medea**
5 Ideia
- *von* **Nero**
9 Agrippina
- *der* **Nibelungen**
3 Ute
- **oder Vater**
10 Elternteil
- *von* **Ödipus**
7 Jokaste
- *von* **Orest**
13 Klytaemnestra
- *von* **Paris**
6 Hekabe, Hekuba
- *von* **Perseus**
5 Danae
- *von* **Salomo**
8 Bathseba
- *von* **Samuel**
5 Hanna
- **sein, ohne Vater**
16 Alleinerziehende
- *von* **Siegfried**
9 Sieglinde
- *von* **Thor**
6 Frigga
- *von* **Zeus**
4 Rhea

Mutter von ...
- **Elisabeth I.**
4 Anna

M

Mutterboden
5 Humus
Mutter-Kind-Zimmer im Krankenhaus
9 Roomingin
Mutterkuchen
8 Plazenta
Muttermal
10 Geburtsmal, Leberfleck
Muttermilch geben
7 stillen
Muttermörder ...
· *in* **der griechischen Sage**
5 Orest
7 Orestes
Mutterrecht
11 Matriarchat
Mutterschaf
5 Zippe
Mutterschwein
3 Sau
mutterseelenallein
6 einsam
Muttersöhnchen
5 Memme
8 Feigling
9 Angsthase, Hasenfuss
Muttertier
4 Alte
Mutterwitz
5 Humor
8 Schlaeue
11 Gewitztheit
Mutwille
6 Frevel
8 Uebermut
9 Frechheit
10 Leichtsinn
mutwilliger Streich
8 Eskapade
Mütze
13 Kopfbedeckung
Mütze der Couleurstudenten
7 Zerevis
Mützenabzeichen
7 Kokarde
Mutzuspruch
5 Trost
Myriade
10 Riesenzahl
Myrtenbaum
10 Eukalyptus
Myrtengewächs
14 Zylinderputzer
mysteriös
6 dunkel, obskur, unklar
7 seltsam
9 unfassbar
11 raetselhaft
13 geheimnisvoll
Mysterium
6 Wunder
7 Mirakel, Raetsel
mystisches Verbot
4 Tabu
mythisch
9 legendaer, sagenhaft
mythischer ...
· **Drache**
8 Lindwurm
9 Leviathan
Mythos
7 Legende
10 Heldensage
11 Goettersage
Mythus ► Mythos

N

Nabelschwein
6 Pekari
Nabenbohrer
5 Naber
Nabob
7 Kroesus, Reicher
nach
6 hinter
7 folgend
nach ...
· **Art von**
3 à la
· **außen gewandt**
13 extravertiert
· **außen gewölbt**
6 konvex
· **außen gewölbter Spiegel**
12 Woelbspiegel
· **draußen**
6 hinaus
· **hohen Zielen Strebender**
8 Idealist
· **innen gekrümmter Spiegel**
11 Hohlspiegel
· **innen gewandt**
13 introvertiert
· **innen gewölbt**
6 konkav
· **Johannes Schroth benannte Diät**
10 Schrothkur
· **oben**
5 empor
7 peu à peu
9 aufwaerts
· **oben wirkende Kraft**
8 Auftrieb
· **Steuern**
5 netto
· **und**
9 peu à peu
11 allmaehlich
· **unten**
5 herab, hinab
8 Imitator
Nachahmung
5 Kopie
6 Mimese, Replik
7 Parodie, Plagiat
8 Attrappe, Klischee
9 Abklatsch, Imitation
10 Falsifikat
Nachahmung ...
· *eines* **Edelsteins**
6 Imitat, Simili
· *des* **Vogellautes**
4 Piep
Nachbar
8 Anlieger, Anrainer, Anwohner
9 Nebenmann
10 Anstoesser
Nachbar an der Tafel
9 Tischherr
Nachbarin an der Tafel
9 Tischdame
Nachbarinsel Gotlands
5 Faroe
Nachbarplanet der Erde
5 Venus

Nachbarschaft
5 Naehe
6 Milieu, Umwelt
Nachbarstaat ...
· *des* **Libanon**
6 Isreal
· *von* **Namibia**
6 Angola
· *von* **Syrien**
4 Irak
· *der* **Türkei**
4 Irak
Nachbarstadt ...
· *von* **Stockholm**
5 Nacka, Solna
Nachbarvolk der Juden im Alten Testament
8 Moabiter
nachbessern
12 retuschieren
Nachbesserung
8 Retusche
Nachbildung
5 Kopie, Repro
6 Imitat, Modell
7 Plagiat
8 Attrappe, Klischee
9 Abformung, Abklatsch, Faksimile, Imitation, Karikatur
10 Faelschung, Falsifikat, Wiedergabe
12 Reproduktion
Nachbildung ...
· *eines* **Edelsteins**
6 Simili
· *der* **Erdkugel**
6 Globus
· *eines* **Geldscheins**
6 Bluete
· *einer* **Handschrift**
9 Faksimile
· *eines* **Kunstwerkes**
5 Kopie
6 Replik
9 Reflexion
10 Faelschung
Nachdenken
10 Meditation
Nachdichtung im Scherz
7 Parodie
Nachdruck
6 Akzent
7 Emphase, Gewicht, Reprint
8 Betonung
10 Neuauflage
11 Intensitaet
12 Reproduktion
nachdrücklich
8 deutlich
10 emphatisch, ostentativ
11 kategorisch, zielstrebig
12 eindringlich
nacheinander
9 sukzessiv
11 sequentiell, sequenziell
Nachen
4 Boot, Kahn
5 Nauen
Nachfahr
11 Abkoemmling
12 Angehoeriger
Nachfolger
4 Erbe
5 Adept
7 Epigone, Juenger
8 Schueler
Nachfolger des heiligen Petrus
5 Linus
Nachforschung
5 Suche
7 Enquete
8 Fahndung, Pruefung
9 Recherche
10 Ermittlung
Nachfrage
6 Bedarf
8 Kauflust
9 Interesse
10 Beduerfnis
nachgeahmt(e, er, es) ...
· **Druckerzeugnis**
9 Faksimile
· **Industrieprodukt**
6 Imitat
· **Wildleder**
5 Nubuk
nachgebend
7 formbar
Nachgebühr
10 Strafporto
nachgiebig
5 weich
7 formbar
10 konziliant
14 willensschwach
Nachhall
4 Echo
8 Resonanz
9 Widerhall
nachher
4 dann
Nachhilfelehrer
9 Repetitor
Nachkomme
4 Erbe, Kind, Sohn
5 Enkel
6 Spross
7 Enkelin, Epigone, Tochter, Urenkel
8 Nachfahr
9 Enkelkind, Urenkelin
10 Deszendent, Grossenkel, Kindeskind
11 Sproessling, Stammhalter
Nachkommen ...
· *bei* **Tieren**
4 Brut, Wurf
5 Junge
Nachkommenschaft
6 Kinder
10 Deszendenz
Nachkommenschaft aus Eiern
4 Brut
Nachkömmling
9 Spaetling
12 Nesthaekchen
Nachlass
4 Erbe
5 Abzug
6 Erbgut, Rabatt, Skonto
7 Diskont, Erbteil
8 Erbmasse, Kuerzung
9 Erbschaft, Reduktion
12 Ermaessigung
18 Hinterlassenschaft
Nachlass ...
· **empfangen**
5 erben
· **zeitlicher Sündenstrafen**
6 Ablass
Nachlassanteil
5 Legat
Nachlassempfänger
4 Erbe
Nachlassempfängerin
5 Erbin
Nachlassen der Kräfte
9 Ermattung
Nachlassgut
8 Erbmasse

nachlässig
3 lax
5 leger
6 salopp
9 fluechtig, schlampig, schludrig
10 liederlich
12 unordentlich
Nachlässigkeit
7 Laxheit
11 Nonchalance
Nachlassnehmer
4 Erbe
Nachlassvermögen
9 Erbschaft
Nachlassverwalter
7 Vormund
Nachmittagsmahlzeit
5 Jause
6 Vesper
11 Fuenfuhrtee
Nachnahmesendung
13 Einzugsmandat
Nachname
12 Familienname
Nachprüfer
7 Revisor
10 Controller
11 Kontrolleur
Nachprüfung
8 Revision
10 Durchsicht
Nachrede
6 Epilog, Gerede
7 Affront, Klatsch, Tratsch
8 Gemunkel, Munkelei
10 Laesterung
11 Verleumdung
Nachricht
4 Avis, News
5 Kunde, Maere
7 Meldung
8 Bescheid, Depesche
9 Botschaft, Schreiben
10 Mitteilung
11 Information
Nachrichtenagentur (Abkürzung)
2 AP
3 ADN, DPA, UPI
4 TASS
Nachrichtenagentur der früheren DDR (Abkürzung)
3 ADN
Nachrichtenbüro
7 Agentur
Nachrichtenbüro in Moskau
4 TASS
Nachrichtenmittel
5 Anruf, Brief, E-Mail, Kabel, Radio, Telex
6 Presse
7 Telefax, Telefon, Zeitung
8 Eilbrief, Funkbild, Hoerfunk, Rohrpost, Rundfunk, Satellit, Telegraf
9 Fernsehen, Telefonat, Telegramm, Telegraph
11 Zeitschrift
12 Fernsprecher
13 Fernschreiber
Nachrichtensoldat
6 Funker
Nachrichtenüberbringer
4 Bote
Nachrichtenvogel
10 Brieftaube
Nachrichter
6 Henker
Nachruf
6 Epilog
8 Grabrede, Nekrolog
10 Wuerdigung
Nachsatz ...
· *im* **Brief**
2 PS
10 Postskript
12 Postskriptum
Nachschlagewerk
7 Lexikon
8 Handbuch
10 Diktionaer, Kompendium
11 Woerterbuch
13 Enzyklopaedie
14 Formelsammlung
Nachschlagewerk
· *für* **Personennamen**
10 Adressbuch
Nachschlüssel
8 Dietrich
12 Passepartout
nachschnüffeln
10 spionieren
Nachschrift
2 PS
10 Postskript
12 Postskriptum
Nachschubgebiet
6 Etappe
Nachschubtruppe
5 Train, Tross
Nachschubwesen
8 Logistik
Nachsicht
5 Gnade
6 Geduld
7 Langmut
nachsichtig
4 mild
5 milde
6 guetig
7 duldsam, gnaedig
8 geduldig, tolerant
10 glimpflich, weitherzig
Nachsilbe
6 Suffix
Nachsommer
15 Altweibersommer
Nachspeise
3 Eis
4 Obst
6 Kuchen
7 Dessert, Kompott, Pudding
8 Eiscreme, Fruechte
Nachspiel
5 Folge
6 Epilog
Nächstenliebe
5 Agape
7 Caritas, Karitas
10 Altruismus, Humanitaet
13 Philanthropie
14 Barmherzigkeit, Mildtaetigkeit
Nachströmung
3 Sog
Nacht ...
· *zum* **01. Mai**
14 Walpurgisnacht
· *zum* **25. Dez**
12 Heilige Nacht
· *zu* **Neujahr**
9 Silvester
Nachtblindheit
11 Hemeralopie
Nachteil
5 Damno, Manko, Minus
6 Fehler, Mangel
7 Schaden, Verlust
8 Einbusse
Nachtfalter
4 Eule
5 Motte, Nonne

6 Glucke
7 Spanner
12 Kupferglucke
14 Fichtenspinner, Schwammspinner

Nachtgespenst
3 Alb, Alp
4 Mahr
5 Drude
9 Nachtmahr, Traummahr

Nachtgewand
6 Pyjama
9 Nachthemd
11 Schlafanzug

Nachtgottesdienst
5 Mette

Nachtgöttin
3 Nyx
6 Hekate

Nachtgreifvogel
3 Uhu

Nachtisch
7 Dessert

Nachtischgedeck
13 Dessertteller

Nachtlager
4 Bett
6 Bleibe, Obdach

Nachtlager im Freien
5 Biwak

nächtlich jagender Raubvogel
4 Eule

nächtlich(e, er, es) ...
· **Blutsauger**
6 Vampir
· **Firmament**
11 Nachthimmel
· **Ruhelager**
4 Bett
· **Wachrunde**
7 Streife
10 Scharwache

Nachtlokal
3 Bar
7 Dancing, Tanzbar
9 Discothek, Diskothek, Nightclub

Nachtmusik
8 Nocturne, Notturno, Serenade

Nachtrag
6 Anhang, Zusatz
10 Ergaenzung

nachträgliche Montage
6 Einbau

Nachtragsgesetz
7 Novelle

Nachtraubvogel
4 Eule

Nachtsäugetier
10 Fledermaus

Nachtschattengewächs
5 Tabak
6 Tomate
7 Paprika, Solanum
9 Aubergine, Kartoffel
10 Stechapfel
11 Bilsenkraut, Eierpflanze, Tollkirsche

Nachtspeicherofen
10 Heizgeraet

Nachttier
4 Igel
5 Katze

Nachtvogel
3 Uhu
4 Eule, Kauz
10 Nachtigall

Nachtwind am Genfer See
6 Morget

Nachweis
5 Alibi, Beleg
6 Attest, Beweis, Quelle
7 Urkunde
8 Dokument
12 Beglaubigung
13 Bescheinigung

Nachweis der Abwesenheit vom Tatort
5 Alibi

nachweisbare Tatsache
4 Fakt

Nachwort
6 Epilog

Nachwuchspferd
7 Remonte

Nachzügler
12 Schlusslicht

Nackenpartie
6 Genick

Nackenstück vom Schlachttier
4 Kamm

nackt
5 bloss
10 ausgezogen, huellenlos, textilfrei
11 unbekleidet

Nacktbadender
6 Nudist

Nacktdarstellung
3 Akt

nacktes Gestein
4 Fels

nackthalsige Storchenart
6 Marabu

Nacktkultur
3 FKK
8 Nudismus
10 Naturismus
17 Freikoerperkultur

Nacktsektierer im Mittelalter
6 Adamit

Nadelarbeit
7 Haekeln, Sticken, Stopfen
8 Haekelei, Stricken
10 Handarbeit

nadelartiges Werkzeug
4 Ahle

Nadelbaum
4 Arve, Eibe
5 Forle, Pinie, Tanne, Thuja, Thuya, Zeder
6 Fichte, Foehre, Kiefer, Zirbel
7 Laerche, Latsche
8 Zypresse
9 Araukarie, Douglasie, Edeltanne, Legfoehre, Wacholder
10 Lebensbaum, Mammutbaum, Weisstanne
12 Zirbelkiefer
13 Douglasfichte, Omorikafichte
14 Latschenkiefer

Nadelgehölz
10 Tannenwald

Nadelholz
8 Konifere

Nadelholzgewächs
5 Zeder
10 Lebensbaum

Nadelloch
4 Oehr

Nadelöffnung ▶ Nadelloch

Nadelrips
7 Epinglé

Nadelwald
4 Tann

Nagel
5 Stift

6 Zwecke
10 Heftzwecke, Reissstift
11 Metallstift, Reisszwecke
Nagelpflege
9 Manikuere, Pedikuere
nagen
8 knabbern, muemmeln
9 anbeissen
nagender Kummer
4 Gram
Nagetier
3 Feh
4 Hase, Maus
5 Biber, Bilch, Otter, Ratte
6 Nutria, Ziesel
7 Hamster, Lemming
9 Kaninchen, Karnickel, Schermaus
10 Bisamratte, Chinchilla, Murmeltier
11 Goldhamster
13 Eichhoernchen
14 Stachelschwein
15 Meerschweinchen, Siebenschlaefer
Nagetiere
5 Hasen
nah
6 unweit
Nähbetrieb
9 Stepperei
nahe
3 bei, eng
5 dicht
10 benachbart
nahe ...
· **Verwandte**
6 Eltern, Mutter
7 Tochter
9 Schwester
naher ...
· **Verwandter**
4 Sohn
5 Vater
6 Bruder
nähere Erklärung
12 Erlaeuterung
Näherin
8 Grisette
11 Schneiderin
Näherung
13 Approximation
nahezu
4 fast
6 beinah
7 beinahe
8 ziemlich
10 annaehernd
Nähfaden
4 Garn
5 Zwirn
Nähfaden zum Heften
8 Reihgarn
Nähgarn
5 Zwirn
Nähgerät
5 Nadel
6 Schere
9 Fingerhut, Naehnadel
12 Naehmaschine
Nähhilfsmittel
15 Schneiderkreide
Nählinie
4 Naht
Nählinie am Kleiderrand
8 Saumnaht
Nähmaschinentyp
8 Overlock
Nähmaterial
4 Garn
5 Faden, Seide, Wolle, Zwirn
9 Naehseide
Nahost
6 Orient
7 Levante
Nahostbewohner
5 Syrer
6 Araber
7 Israeli
9 Orientale
Nahosthalbinsel
7 Arabien
Nährboden
8 Agar-Agar, Substrat
nahrhaftes Getränk
5 Kakao
Nährmutter
4 Amme
5 Bonne
Nährstoff
4 Fett
7 Eiweiss, Vitamin
11 Mineralsalz
12 Kohlenhydrat
nährstoffreiche Haustiernahrung
11 Kraftfutter
Nahrung
4 Kost
5 Essen
6 Futter, Speise
8 Proviant
9 Naturalie
12 Lebensmittel
Nahrung ...
· *für* **junge Greifvögel**
6 Atzung, Speise
· *für* **Kleinstkinder**
8 Babykost
· *für* **Nutztiere**
6 Futter
· **zerkleinern**
5 kauen
Nahrungsaufnahme
5 Essen
Nahrungsaufnahme ...
· *des* **Rotwildes**
5 Aesen
· *des* **Wildes**
6 Aesung
Nahrungsmangel
10 Hungersnot
Nahrungsmittel
2 Ei
3 Oel
4 Brot, Fett, Korn, Mais, Mehl, Obst, Pilz, Reis
5 Fisch, Hirse, Honig, Kaese, Milch, Speck, Wurst
6 Butter, Graupe, Griess, Nudeln, Roggen, Weizen, Zucker
7 Fleisch, Gemuese, Schmalz
8 Backware, Schinken
9 Gefluegel, Kartoffel, Margarine, Marmelade, Suessware, Teigwaren
10 Naturalien, Schokolade
11 Rindfleisch
12 Haferflocken
Nahrungsstoffe
12 Lebensmittel
Nährwerteinheit
5 Joule
7 Kalorie
9 Kilojoule
11 Kilokalorie
Nahtbesatz
6 Paspel
9 Passepoil
Nähutensil ▶ Nähwerkzeug
10 Stopfnadel
11 Nadelkissen
Nahverkehrsmittel
9 Lokalbahn

Nähvorgang
5 Stich
Nähwerkzeug
5 Nadel
6 Schere
9 Fingerhut
10 Stecknadel
16 Sicherheitsnadel
naiv
4 dumm
5 offen
6 arglos
8 infantil, kindisch, kindlich
Naivität
12 Kindlichkeit
13 Unbedarftheit
Najade
11 Wassergeist
Name ...
· *des* **alten Babylonien**
5 Sumer
· *einer* **amerikanischen Raumstation**
6 Skylab
· *für* **Astarte**
5 Istar
7 Ischtar
· *für* **Attila**
5 Etzel
· *von* **Babylon im Alten Testament**
5 Babel
· *des* **Bären**
4 Petz
5 Teddy
· **britischer Flüsse**
4 Avon
· *des* **Dachses**
8 Grimbart
· *aus der* **deutschen Fabel**
5 Lampe, Nobel
6 Adebar
7 Isegrim, Reineke
8 Grimbart
11 Muemmelmann
· **deutscher Kaiser**
10 Maximilian
· *vieler* **deutscher Städte**
8 Neustadt
· *für* **Donar**
4 Thor
· *von* **dreizehn Päpsten**
3 Leo
· *der* **Erinnyen**
9 Eumeniden
· *der* **ersten Mondfähre**
5 Eagle
· *der* **ersten Raumsonde**
7 Sputnik
· *eines* **finnischen Sees**
8 Enaresee, Inarisee
· *des* **Fuchses**
7 Reineke
· *des* **Gebietes zwischen Euphrat und Tigris**
12 Mesopotamien
13 Zweistromland
· **Gottes im Islam**
5 Allah
· *der* **Griechen bei Homer**
6 Danaer
· *für* **Griechenland**
6 Hellas
· *des* **Hasen**
5 Lampe
11 Muemmelmann
· *von* **Heiligen**
8 Ignatius
· *von* **Herrschern**
4 Karl
· *für den* **Igel**
5 Mecki
· *eines* **Inkagottes**
7 Kontiki
· *für* **Jerusalem**
4 Zion
· *für das* **Kaiserreich Japan**
6 Nippon
· *des* **Katers im Märchen**
4 Murr
5 Felix, Hinze
· *für* **Kleinasien**
9 Anatolien
· *für* **Libyen**
5 Barka
· *des* **Löwen**
3 Leu
5 Nobel
· **mehrerer französischer Städte**
3 Aix
· **mehrerer Kalifen**
4 Omar
· **norwegischer Könige**
4 Olaf
· *für* **Odin**
5 Wotan
· *von* **Päpsten**
3 Leo
4 Pius
· *der* **Pariser Untergrundbahn**
5 Metro
· *für* **Persien**
4 Iran
· **persischer Könige**
6 Darius
· *von* **polnischen Städten**
5 Biala
· *der* **Pyrenäenhalbinsel**
6 Iberia
· *eines* **russischen Sees**
9 Ladogasee
· *des* **Satans**
7 Luzifer
· *der* **Schweizer**
11 Eidgenossen
· *von* **sechzehn Päpsten**
6 Gregor
· *von* **spanischen Königen**
6 Alfons
7 Alfonso
· **spanischer Königinnen**
8 Isabella
· *von* **Sportvereinen**
3 TUS
· *des* **Storches**
6 Adebar
· *von* **Troja bei Homer**
5 Ilion
· *der* **vier Wochen vor Weihnachten**
6 Advent
· **von 8 Päpsten**
5 Urban
· *des* **Wolfes**
7 Isegrim
· *von* **Zeitungen**
8 Anzeiger
9 Tageblatt
· *von* **zwei deutschen Dichtern**
8 Brentano
· *von* **zwei Rheinzuflüssen**
3 Ill
· **zweier Sternbilder**
4 Hund
· *von* **zwölf Päpsten**
4 Pius
Namengebung
5 Taufe
9 Benennung

Namenkunde
12 Onomatologie
13 Onomasiologie
namenlos
6 anonym
9 inkognito
Namensbestandteil in ...
· **Frankreich**
2 de
· **Holland**
3 van
· **Schottland**
2 Mc
3 Mac
Namenskärtchen
12 Visitenkarte
Namenszeichen
7 Paraphe
Namenszug
6 Signum
7 Paraphe
8 Initiale, Signatur
9 Autogramm, Monogramm
12 Unterschrift
namhaft
7 bekannt
8 beruehmt, illuster
9 angesehen, bedeutend
10 geschaetzt, renommiert
namibisches
· **Topmodel**
8 Prinsloo
Nansens Polarschiff
4 Fram
Napf
5 Satte
9 Schuessel
Napfkuchen
9 Gugelhupf
Napoli
6 Neapel
Narbe
5 Maser
7 Schmiss
8 Schmarre
Narbe am Bauch
5 Nabel
Narbenleder
5 Nubuk
7 Chagrin, Saffian
Narkose
10 Betaeubung
11 Anaesthesie
Narkosefacharzt
12 Anaesthesist
Narkosemittel
6 Aether, Curare, Evipan, Kurare
7 Lachgas
8 Novocain
10 Chloroform
Narr
3 Fex, Tor
4 Jeck
5 Clown
6 Kasper
7 Bajazzo
8 Dummkopf, Grazioso, Harlekin
9 Hanswurst
11 Spassmacher
12 Eulenspiegel
13 Possenreisser
Narrenfigur im italienischen Theater
7 Bajazzo
Narrengestalt
8 Harlekin
Narrenkleidung
7 Kostuem
16 Karnevalskostuem
Narrenrednerpult
5 Buett
Narretei
2 Uz
3 Jux
5 Posse, Unfug
12 Mummenschanz
Narrheit
7 Torheit
11 Absurditaet
närrisch
4 jeck, toll
6 albern, lustig
9 vergnuegt
11 ausgelassen
närrische ...
· **Zeit**
8 Fasching, Karneval
9 Fastnacht
Narzissenart
7 Tazette
9 Amarillis
10 Osterblume
11 Osterglocke
13 Maerzenbecher
Narzissmus
11 Selbstliebe
18 Selbstverliebtheit
Naschwerk
5 Nugat
6 Nougat
7 Bonbons, Gebaeck, Konfekt, Praline
8 Leckerei, Pralinen, Rumkugel
10 Schaumkuss, Schokolade, Suesswaren
13 Suessigkeiten
näselnd
5 nasal
Nasenaffe Borneos
6 Kihonk
Nasenantilope
6 Orongo
Nasengeschwulst
5 Polyp
Nasenheilkunde
10 Rhinologie
Nasenlaut
5 Nasal
Nasenlöcher beim Pferd
8 Nuestern
Nasenspiegel
9 Rhinoskop
Nasenwucherung
5 Polyp
10 Nasenpolyp
naseweis
4 kess
5 frech
7 altklug, vorlaut
9 vorwitzig
naseweises kleines Mädchen
5 Goere
Nashorn
10 Rhinozeros
nass
5 humid, klamm
6 feucht
10 beschlagen
Nassauer
9 Schnorrer
11 Schmarotzer
Nässe
7 Feuchte
12 Feuchtigkeit
Nässe draußen
11 Regenwetter
nasser Straßenschmutz
6 Matsch

Nasszelle
2 WC
3 Bad
6 Dusche
Nation
4 Land, Volk
5 Staat
Nationalabzeichen
6 Emblem, Flagge
Nationalfahne ...
· **Frankreichs**
9 Trikolore
· *der* **USA**
13 Sternenbanner
Nationalgetränk in ...
· **Deutschland**
4 Bier
· **Frankreich**
4 Wein
· **Holland**
7 Genever
· **Japan**
3 Tee
4 Sake
· **Mexiko**
6 Pulque
· **Russland**
5 Wodka
· **Schottland**
6 Whisky
Nationalheiliger der Iren
7 Patrick
Nationalheld ...
· **Albaniens**
10 Skanderbeg
· **Italiens**
9 Garibaldi
· *der* **Schweiz**
4 Tell
11 Wilhelm Tell
· *der* **Tiroler**
5 Hofer
Nationalheldin ...
· *der* **Franzosen**
12 Jeanne d'Arc
20 Jungfrau von Orleans
· *der* **Tschechen**
7 Libussa
Nationalhymne Deutschlands
15 Deutschlandlied
nationalistisch
14 chauvinistisch, revanchistisch

Nationalitätenkennzeichen von ...
· **Ägypten**
2 ET
· **Albanien**
2 AL
· **Alderney**
3 GBA
· **Andorra**
3 AND
· **Argentinien**
2 RA
· **Australien**
3 AUS
· **Belgien**
1 B
· **Bolivien**
3 BOL
· **Brasilien**
2 BR
· **Bulgarien**
2 BG
· **Bundesrepublik Deutschland**
1 D
· **Chile**
3 RCH
· **Dänemark**
2 DK
· **Finnland**
2 SF
· **Frankreich**
1 F
· **Fürstentum Liechtenstein**
2 FL
· **Gibraltar**
3 GBZ
· **Griechen-land**
2 GR
· **Großbritannien**
2 GB
· **Guernesey**
3 GBG
· **Holland**
2 NL
· **Indien**
3 IND
· **Irak**
3 IRQ
· **Iran**
2 IR
· **Irland**
3 IRL
· **Island**
2 IS
· **Israel**
2 IL
· **Italien**
1 I
· **Japan**
1 J
· **Jemen**
3 ADN
· **Jersey**
3 GBJ
· **Jordanien**
3 JOR
· **Jugoslawien**
2 YU
· **Kanada**
3 CDN
· **Libanon**
2 RL
· **Luxem-burg**
1 L
· **Malta**
1 M
· **Man**
3 GBM
· **Marokko**
2 MA
· **Mexiko**
3 MEX
· **Monaco**
2 MC
· **Neuseeland**
2 NZ
· **Niederlande**
2 NL
· **Nordirland**
2 GB
· **Norwegen**
1 N
· **Österreich**
1 A
· **Pakistan**
3 PAK
· **Polen**
2 PL
· **Portugal**
1 P
· **Rumänien**
2 RO
· **San Marino**
3 RSM
· **Schweden**
1 S

- **Schweiz**
  2 CH
- **Spanien**
  1 E
- **Syrien**
  3 SYR
- **Tunesien**
  2 TN
- **Türkei**
  2 TR
- **Ungarn**
  1 H
- **USA**
  3 USA
- **Vatikanstadt**
  1 V
- **Volksrepublik China**
  2 TJ
- **Zypern**
  2 CY

Nationalökonom
9 Volkswirt
Nationalpark in Tansania
9 Serengeti
Nationalspiel ...
- *der* **Basken**
  6 Pelota
- *in* **Deutschland**
  8 Fussball
- *in den* **USA**
  8 Baseball
  10 Basketball

Nationalzirkus der Schweiz
4 Knie
nativ
9 angeboren
10 kongenital
Natriumkarbonat
4 Soda
Natriumverbindung
4 Soda
6 Natron
8 Kochsalz, Salpeter
11 Glaubersalz
Natur
3 Art
5 Wesen
Naturalien
9 Rohstoffe
12 Lebensmittel
Naturalienleistung
7 Deputat
Naturallohn
7 Deputat
Naturapotheke
12 Heilkraeuter
Naturarzt
6 Kneipp
9 Physiater
naturbelassen
10 biologisch
naturbelassene Speise
12 Vollwertkost
naturbelassene, gesunde Nahrung
12 Vollwertkost
Naturbursche
10 Wurzelsepp
Naturdünger ▶ natürlicher Dünger
Naturell
3 Art
5 Wesen
6 Anlage
8 Eigenart
9 Charakter, Wesenszug
10 Gemuetsart
11 Veranlagung
Naturereignis
3 Boe, Eis, Tau
4 Ebbe, Flut, Reif, Wind, Woge
5 Blitz, Brise, Foehn, Frost, Hagel, Hitze, Komet, Nebel, Orkan, Regen, Sturm, Welle, Wolke
6 Donner, Lawine, Meteor, Monsun, Passat, Schnee, Taifun, Zyklon
7 Graupel, Raureif, Schauer, Tornado
8 Abendrot, Erdbeben, Gewitter, Gezeiten, Hurrikan, Irrlicht, Rauhreif, Seebeben, Unwetter, Windhose
9 Elmsfeuer, Erdrutsch, Morgenrot, Nordlicht, Sturmflut
10 Kugelblitz, Polarlicht, Regenbogen
11 Wirbelsturm, Wolkenbruch
12 Graupelregen
13 Sternschnuppe
14 Meeresleuchten, Mondfinsternis, Vulkanausbruch, Wetterleuchten
16 Sonnenfinsternis
Naturerscheinung ▶ Naturereignis
Naturerzeugnisse
10 Naturalien
naturfarben
5 ekrue
Naturforscher
7 Biologe
Naturgeist
4 Elfe, Nixe
Naturgummi
9 Kautschuk
Naturheilkunde
10 Physiatrie
naturheilkundliches Verfahren
7 Luftbad
Naturheilmittel
5 Licht
6 Waerme, Wasser
13 Melissengeist
Naturismus ▶ Nacktkultur
Naturkatastrophe
5 Orkan
6 Lawine, Taifun
7 Tornado
8 Erdbeben, Hurrikan, Seebeben
9 Erdrutsch
10 Hochwasser
14 Vulkanausbruch
15 Ueberschwemmung
Naturkraft
2 Od
11 Magnetismus, Schwerkraft
13 Elektrizitaet
Naturkunde
8 Biologie
9 Tierkunde
10 Naturlehre
13 Pflanzenkunde
15 Naturgeschichte
natürlich
4 echt, naiv
7 einfach
8 schlicht
11 ungezwungen
13 urspruenglich
natürlich(e, er, es) ...
- **Augenschutz**
  3 Lid
- **Baustoff**
  11 Kiefernholz

N

· **Begabung**
5 Genie
6 Anlage, Talent
· **Brennstoff**
3 Gas, Oel
4 Dung, Holz, Torf
5 Kohle
6 Erdgas, Erdoel
9 Holzkohle
· **Dünger**
4 Dung, Mist
5 Guano
6 Jauche
7 Kompost
· **Einfriedung**
5 Hecke
· **Erdabtragung**
7 Erosion
· **Fensterputzlappen**
9 Ledertuch
· **fetthaltige Babykost**
10 Folgemilch
· **Goldklumpen**
6 Nugget
· **Grundstoff**
3 Erz
10 Mineralien
· **Helligkeit**
11 Sonnenlicht
· **Kopfschmuck**
4 Haar
8 Echthaar
· **Schutz der Augen**
3 Lid
5 Braue
· **Textilprodukt**
14 Baumwollgewebe
· **Therapieform**
6 Biokur
· **Verschleiß**
9 Abnutzung
· **Zaun**
3 Hag
5 Hecke, Knick
Naturprodukt ► natürlicher Brennstoff, natürlicher Grundstoff
naturrein
13 unverfaelscht
Naturschutzgebiet ...
· *in* **Afrika**
8 Kalahari
9 Serengeti
11 Kruegerpark
· *in* **Norddeutschland**
4 Watt
16 Lueneburger Heide
· *in* **Schwaben**
8 Federsee
· *in der* **Schweiz**
7 Engadin
· *in den* **USA**
8 Yosemite
11 Yellowstone
Naturseidenfaden
5 Grège
Naturtheater
15 Freilichtbuehne
Naturtrieb
8 Instinkt
Naturtrompete
7 Fanfare
naturtrüber Gerstensaft
10 Kellerbier
Naturvölker
9 Primitive
Naturwissenschaft
6 Chemie, Physik
7 Botanik, Medizin
8 Biologie, Geologie, Zoologie
9 Biochemie, Biophysik, Geophysik
10 Astronomie, Hydrologie
11 Mineralogie
12 Klimatologie, Meteorologie
Naturwissenschaftler
7 Biologe, Geologe, Zoologe
8 Astronom, Chemiker, Physiker
9 Botaniker, Genetiker
10 Mineraloge
11 Biochemiker, Biophysiker, Klimatologe, Meteorologe
Naturwissenschaftlerin
8 Biologin
10 Astronomin, Physikerin
Naumburger Domfigur
3 Uta
Nautik
16 Schiffahrtskunde
17 Schifffahrtskunde
Nautiker
5 Lotse
8 Kapitaen
9 Navigator
10 Steuermann
Nautilus
11 Tintenfisch
nautisch(e, er, es) ...
· **Gerät**
3 Log
4 Bake, Boje, Mire
5 Pegel, Tonne
6 Flagge, Oktant, Sender
7 Bussole, Echolot, Kompass, Sextant
8 Fernrohr, Periskop, Teleskop
9 Nebelhorn, Sturmball
10 Empfaenger, Leuchtturm, Seezeichen
11 Feuerschiff, Leuchtfeuer
14 Kreiselkompass
· **Geschwindigkeitsmaß**
6 Knoten
· **Hilfsmittel**
8 Seekarte
· **Längenmaß**
8 Seemeile
· **Maß**
5 Faden, Kabel
6 Knoten
8 Seemeile
· **Planbild**
8 Seekarte
· **Tiefenmaß**
5 Faden
6 Fathom
· **Winkelmessgerät**
6 Oktant
Navigation
6 Ortung
14 Kursfestlegung
18 Standortbestimmung
Navigationsgrundlage
8 Seekarte
neapolitanisch(e, er, es) ...
· **Gericht**
5 Pizza
15 Pizza Margherita
· **Hefegebäck**
5 Pizza
· **Volkstanz**
10 Tarantella
Nebel
3 Fog
4 Smog
5 Dampf, Dunst, Wasen
6 Brodem, Wrasen
Nebel in England
3 Fog
Nebelhorn
7 Foghorn

nebelig
5 trueb
6 diesig
Nebeling
8 November
Nebelmonat
8 November
Nebelrauch über Städten
4 smog
Nebelreich der nordischen Sage
8 Niflheim
neben
8 seitlich
nebenan Wohnende
8 Nachbarn
nebenbei
5 extra
9 en passant
10 beilaeufig
nebenbei bemerkt
7 apropos
Nebenbestimmung
7 Klausel
Nebenbewohner
7 Nachbar
Nebenbuhler
6 Rivale
10 Konkurrent
12 Gegenspieler
Nebenbuhlerin
12 Konkurrentin
Nebendarsteller
7 Statist
8 Komparse
nebeneinander laufend
8 parallel
Nebeneinnahme
6 Zubrot
Nebenfluss ...
· *der* **Aare**
2 Aa
3 Sur
4 Emme, Orbe, Suhr
5 Reuss, Saane
· *der* **Ahr**
5 Wirft
6 Adenau
· *der* **Aisne**
4 Aire
· *der* **Aller**
3 Ise
4 Fuse, Ihma, Ilme, Oker
5 Leine, Wiehe
6 Boehme, Lachte, Lehrde, Oertze, Wietze
· *des* **Amazonas**
3 Ica
4 Jary, Napo, Paru, Tefé
5 Jurua, Xingu
6 Japura, Javari, Uatuma
· *des* **Amur**
3 Gan, Kur, Tyr, Uli, Una
4 Seja
5 Amgun
6 Bureja, Ussuri
· *des* **Arno**
3 Era
4 Elsa, Pesa
5 Greve, Sieve
6 Chiana, Pescia
7 Ombrone
· *des* **Arno in der Toskana**
3 Era
· *des* **Bug**
3 Lug
4 Rata
5 Ingul, Narew, Navar
6 Bushok, Kodyma, Liwiec
· *des* **Dnjepr**
3 Ros, Sož, Wop
4 Drut, Orel, Osma, Psel, Ross, Sosh, Suba, Sula, Sura, Udai
5 Desna, Irpen, Irput, Psjol, Sosch, Supoi
6 Samara
7 Pripjet
8 Beresina
· *des* **Don**
3 Jug, Sal
5 Aksei, Donez, Hawia, Ilawa, Jelan, Karai, Sosna, Usman
6 Bitjug, Choper, Mescha, Tschir
· *der* **Donau**
2 Oh
3 Alt, Ilm, Ilz, Inn, Ipf, Jiu, Lom, Nar, Nau, Olt, Pek, Sau, Sed, Sil, Sió, Wit
4 Aach, Aist, Asma, Bera, Drau, Egan, Egau, Elta, Enns, Erfa, Gran, Isar, Kamp, Lanz, Lech, Naab, Nera, Oltu, Osam, Osma, Paar, Raab, Riss, Rodl, Save, Shit, Skit, Vils, Vuka, Waag, Ybbs
5 Abens, Aluta, Arzer, Brenz, Cerna, Drave, Eipel, Guenz, Iller, Isker, Isper, Kapos, Krems, Laber, March, Muehl, Naarn, Pruth, Rakos, Ranna, Regen, Schyl, Serul, Shill, Skjet, Temes, Timok, Traun, Tulln, Ussel, Zamma, Zusam
6 Ablach, Bakony, Borcea, Gaissa, Jalpug, Jantra, Lauter, Leitha, Mindel, Morawa, Ogosta, Rottum, Sereth, Theiss, Trasen
7 Agostul, Altbach, Argesul, Arschis, Bielach, Brigach, Cibrica, Ostrach, Sarming, Wolfach
8 Altmuehl, Sereskul, Woernitz
· *der* **Donau bei Passau**
3 Ilz
· *der* **Donau in Bayern**
3 Inn
· *der* **Donau in Österreich**
4 Enns
5 Traun
· *der* **Dordogne**
4 Bave, Isle, Loue
6 Vézère
· *der* **Drau**
3 Mis, Mur
4 Ache, Gail, Gurk, Isel, Miss, Okor, Rina, Sill
5 Drann, Miess, Moell
6 Bednya, Genest, Lavant, Lieser
7 Bisztra, Vellach
· *der* **Drina**
3 Lim
4 Piva, Tara
5 Draca, Jadar, Praca
· *des* **Duero**
3 Côa, Oca, Tua
4 Cega, Esla, Nela
5 Adaja, Aguas, Jopin, Riaza, Tiron, Ulron
· *der* **Dwina**
3 Wym
4 Meha, Obol, Waga
5 Jemza, Witba, Wyler
· *des* **Ebro**
3 Cea, Ega, Oca, Oja
4 Arba, Arya, Cega, Nela

5 Adago, Duero, Grado, Sabio, Segre, Ucero
6 Aguado, Aragon, Arvigo, Yeltes

- *des* **Eisack**

5 Rienz

- *der* **Elbe**

3 Aue, Upa
4 Aupa, Eger, Ehle, Elde, Este, Ihle, Iser, Ohra, Ohre, Oste, Sude
5 Adler, Aland, Biela, Biese, Bille, Boize, Havel, Luehe, Medem, Mulde, Saale, Stoer
6 Alster, Auscha, Elster, Erlitz, Jeetze, Loucna, Mettau, Moldau, Orlice, Pinnau, Polenc, Polenz
7 Cidlina, Ilmenau, Jeetzel, Tetrowa
8 Pantsche, Rossbach, Schwinge

- *der* **Ems**

3 Ahe
4 Hase, Leda
5 Werse

- *der* **Enns**

5 Salza

- *der* **Enz**

5 Glems
6 Nagold

- *der* **Etsch**

3 Nos
4 Noce
5 Alpon, Fibia, Silla, Solda, Tasso
6 Avisio, Eisack, Fratta, Isarco

- *der* **Fulda**

3 Ufe
4 Ahne, Aule, Eder, Solz
5 Bauna, Beise, Haune, Losse
6 Nieste, Schmer

- *des* **Ganges**

3 Son
4 Kosi
5 Gogra

- *der* **Garonne**

3 Lot
4 Gers, Hers, Noue, Tarn
5 Baïse, Ciron, Dropt
8 Dordogne

- *der* **Havel**

4 Rhin
5 Doeln, Dosse, Nuthe, Plane, Plaue, Spree
6 Briese, Buckau, Polzow
7 Stremme, Wublitz

- *der* **Ijssel**

2 Aa

- *der* **Ill**

4 Thur

- *der* **Ilz**

3 Ohe

- *des* **Inn**

3 Alz
4 Ache, Aill, Alpe, Isen, Rott, Sill
6 Mattig, Ziller
7 Salzach

- *der* **Isar**

4 Finz, Riss
5 Achen, Ammer, Amper, Sempt
6 Jachen, Mosach
7 Ellbach, Loisach, Moosach, Rottach

- *der* **Isère**

3 Arc
4 Drac, Fure
5 Doron
6 Bagnol, Bourne, Ozeins

- *der* **Isère aus den Meeralpen**

3 Arc

- *der* **Kinzig**

3 Elm
7 Wolfach

- *des* **Kongo**

4 Rubi, Ruki
5 Ituri, Kasai, Sanga
6 Bologo, Cassai, Kassai, Lomami, Ubangi

- *der* **Kura**

4 Aras

- *der* **Lahn**

3 Aar, Ohm, Ulm
4 Dill, Weil

- *der* **Leine**

4 Ilme
8 Innerste

- *der* **Lena**

3 Sin
4 Anga, Beri
5 Aldan, Witim
6 Olekma, Wiljuj

- *der* **Loire**

4 Ance, Aron, Cher
5 Arzon, Indre, Maine, Sèvre
6 Allier

- *der* **Maas**

3 Bar, Kil, Rur
4 Amer, Chee, Geer, Geul, Jaar, Merk, Neer, Roer
5 Anden, Domel, Donel, Jeker, Lesse, Niers, Vaise, Vence, Wamme
6 Barnob, Chiers, Crelle, Houile, Hoyoux, Mouzon, Ourthe, Sambre, Samson, Semois
7 Wiseppe

- *des* **Mains**

3 Erf, Iff, Itz, Kem, Mud
4 Aalb, Kell, Lohr, Sinn, Unke, Wern
5 Kahle, Nidda, Saale
6 Bieber, Elsawa, Kinzig, Rodach, Tauber, Vokach
7 Rednitz, Regnitz

- *des* **Mississippi**

4 Ohio
8 Arkansas, Illinois, Missouri, Red River
9 Wisconsin

- *des* **Missouri**

6 Kansas

- *der* **Moldau**

5 Otava, Sazau
6 Beraun, Salawa, Sazawa
7 Maltsch, Mastnik, Wottawa

- *der* **Morava**

4 Ibar

- *der* **Mosel**

3 Alf, Bey, Syr
4 Ache, Eltz, Kyll, Orne, Saar, Salm
5 Andry, Brohl, Euron, Luetz, Madon, Ruwer, Sauer
6 Endert, Lieser, Seille
7 Meurthe, Vologne

- *der* **Mur**

5 Muerz

- *der* **Naab**

4 Vils

- *der* **Nagold**

5 Wuerm

- *der* **Nahe**

4 Glan, Idar
6 Simmer

- *des* **Neckars**
  3 Enz
  4 Aich, Erms, Fils, Murr, Prim, Rems, Sulm
  5 Ammer, Echaz, Eyach, Glatt, Jagst, Ulfen, Zaber
  6 Echatz, Elsenz, Kocher, Lauter
- *der* **Neiße**
  5 Lubst
- *der* **Nidda**
  6 Wetter
- *des* **Niger**
  4 Bani
  5 Benue
  6 Sokoto
- *des* **Nil**
  6 Atbara
- *des* **Ob**
  2 Ui
  3 Ass, Ket, Kot, Sob, Tom, Wag
  4 Agan, Alei, Anui, Bija, Inja, Iset
  5 Jugan, Matyn, Polui, Salym, Sinja, Sosva, Susun, Tabla, Tobel, Wagai
  6 Kaslim, Surgut
  7 Irtysch
- *der* **Oberelbe**
  4 Eger
- *der* **Oder**
  3 Aal
  4 Ihna, Lohe, Ohle, Olsa, Oppa, Thue
  5 Bober, Finow, Lenze, Ochel, Peene, Swine, Weide, Zinna
  6 Birsau, Lubina, Neisse, Ploene, Stober, Warthe
  7 Bartsch, Iseritz, Pleiske, Proskau
- *der* **Oise**
  3 Nar
  4 Foss, Yore
  5 Aisne
- *der* **Oka**
  3 Pra, Upa, Zna
  4 Guss, Ugra
  6 Moskwa
- *der* **Oker**
  4 Gose, Ilse
  5 Ecker, Radau
  8 Schunter
- *des* **Oranjefluss**
  4 Vaal
- *des* **Orinoco**
  4 Meta
  5 Apure
- *des* **Po**
  4 Adda, Arda, Enza, Nura, Nure, Orco, Taco, Taro
  5 Banne, Grana, Lonoa, Matra, Oglio, Parma, Sesia
  6 Agogne, Bianco, Curone, Lambro, Lemina, Mincio, Ongina, Panaro, Tanaro, Tessin, Ticino
- *des* **Pregel**
  4 Alle, Auer, Ihme
  5 Droje, Nehne
  6 Auxine, Inster
- *der* **Regnitz**
  5 Aisch
  7 Wiesent
- *des* **Rheins**
  2 Ay
  3 Ahr, Alb, Eck, Eis, Elz, Erg, Ill, Oos, Ren, Sar
  4 Aach, Aare, Birs, Erft, Lahn, Main, Murg, Nahe, Ruhr, Saye, Sayn, Selz, Sieg, Siga, Sorn, Thur, Wied
  5 Acher, Argen, Biber, Brohl, Issel, Itter, Lippe, Modau, Moder, Mosel, Nette, Nolla, Pfinz, Rench, Salza, Sauer, Toess, Vecht, Wehre, Wiese
  6 Albula, Aubach, Birsig, Durach, Elzach, Ergolz, Fechte, Gutach, Kander, Kinzig, Kraich, Lauter, Neckar, Queich, Tamina, Wisper, Wupper, Wutach
  7 Emscher
- *des* **Rheins bei Duisburg**
  4 Ruhr
- *des* **Rheins bei Mannheim**
  6 Neckar
- *des* **Rheins in der Schweiz**
  4 Aare
- *der* **Rhone**
  3 Ain, Lez
  4 Arve, Cece, Dalo, Doux, Fier, Flon, Gard, Gier, Glan, Visp
  5 Berre, Binna, Canca, Dolon, Drôme, Furan, Garon, Isère, Lonza, Morge, Saône
- *der* **Ruhr**
  4 Baar, Inde
  5 Lenne, Roehr, Sorpe, Valme, Volme, Wenne
- *der* **Rur**
  4 Urft
- *der* **Saale**
  3 Ilm
  4 Bode, Orla, Roda
  5 Fuhne, Hasel, Lauer, Luppe, Perse, Rinne, Salza
  6 Barget, Brehne, Elster, Geisel, Lamilz, Laucha, Leutra, Wipper, Ziethe
  7 Gleisse, Lomnitz, Loquitz, Regnitz, Selbitz, Sorbitz, Unstrut
- *der* **Saar**
  4 Bist, Nied
  5 Blies, Prims
  8 Sulzbach
- *der* **Salzach**
  3 Ach
  8 Saalbach
- *der* **Saône**
  5 Doubs
- *der* **Sauer**
  3 Our
  5 Pruem
- *der* **Save**
  3 Una
  4 Gurk, Krka
  5 Bosne, Drina, Vrbas
- *der* **Seine**
  4 Aube, Epte, Eure, Oise
  5 Cally, Loing, Marne, Nauxe, Orvin, Ource, Sarce, Yonne
  6 Brevon
- *des* **Severn**
  3 Rea, Wye, Yeo
  4 Avon
- *der* **Spree**
  4 Uske
  5 Dahme, Panke, Wuhle
- *des* **Tarn**
  5 Agout
- *der* **Theiß**
  4 Sajo
  5 Maros
- *der* **Themse**
  3 Lea, Oek
  4 Cole, Coln, Cray
  5 Brent, Glyme
- *des* **Tiber**
  3 Aja, Nar

4 Anio, Naja, Nera
5 Allia, Farfa, Treja, Vezza
6 Chiana
· *der* **Unstrut**
4 Gera
5 Heime, Helme
6 Wipper
· *der* **unteren Donau**
6 Sereth
· *der* **Warthe**
3 Lis, Ner, Oxa
4 Obra
5 Lenza, Netze
6 Cybina, Glowna, Grabia, Prosna, Samica
· *der* **Weichsel**
3 Bug, Lea, Leg, San, Wda
4 Laka, Mjen, Nida, Raba, Sola, Spla
5 Brahe, Brake, Bzura, Ferse, Grime, Ilash, Liebe
6 Bosura, Chodel, Czarna, Montau, Pilica, Wieprz
· *der* **Weichsel in Polen**
3 San
· *der* **Werra**
3 Arn, Dam
4 Elte
6 Ulster
7 Hoersel
· *der* **Weser**
3 Arn, Aue, Ils
4 Alen, Esse, Lune
5 Aller, Baune, Bever, Emmer, Exter, Fulda, Hamel, Hunte, Lesum, Nethe, Ochte, Werra, Werre
6 Diemel, Drepte, Geeste, Niemen, Ochtum
· *der* **Wolga**
2 Ik
3 Oka, Sok, Usa
4 Ilet, Kama, Masa, Neja, Pura, Sura, Utka
5 Ainga, Dubna, Irgis, Jelan, Kudma, Nemda, Rudka, Tmaka, Usola
6 Alatyr, Besdna, Mescha, Mologa, Ossuga, Samara, Sestra, Twerza, Unscha

Nebenform
5 Abart
8 Variante
9 Variation

Nebenfrau
5 Kebse
8 Geliebte
9 Konkubine, Maetresse

Nebenfrau Abrahams
5 Hagar

Nebengebäude eines Hotels
10 Dependance

Nebenhandlung
7 Episode
13 Zwischenspiel

nebenher ▶ nebenbei

Nebenkosten
8 Hausgeld

Nebenmann
7 Nachbar

Nebenmeer ...
· *des* **Atlantiks**
6 Ostsee
7 Karibik, Nordsee
10 Mittelmeer

Nebenort
11 Nachbardorf

Nebenprodukt ...
· *des* **Getreides**
5 Stroh
· *der* **Weingärung**
9 Weinstein

Nebenraum
7 Alkoven, Separee
8 Kabinett

Nebenraum der Kirche
9 Sakristei

Nebenrichter
9 Beisitzer

Nebenrolle ...
· *beim* **Theater**
6 Charge
7 Episode

Nebensache
7 Episode
8 Lappalie
9 Bagatelle
11 Kleinigkeit

nebensächlich
9 periphaer, unwichtig
10 episodisch
13 bedeutungslos

Nebensächliches
7 Beiwerk
8 Staffage

Nebenstelle
7 Agentur, Filiale
11 Zweigstelle

neblig
5 trueb
6 diesig, truebe
7 dunstig
9 verhangen

Neblung
8 November

necken
4 uzen
6 foppen
8 haenseln

Neckerei
2 Uz
6 Uzerei
8 Fopperei
9 Haenselei
11 Schabernack

Necking
11 Liebesspiel

neckische Bezeichnung
6 Uzname

neckischer ...
· **Geist**
6 Kobold, Schrat

Neffe
6 Nepote

Neffe ...
· **Abrahams**
3 Lot
· *des* **Königs Artus**
6 Gawein

Neffe, Nichte
13 Schwesterkind

Negation
4 nein
10 Verneinung

negativ ...
· **geladenes Atom**
5 Anion
· **geladenes Teilchen**
5 Anion
8 Elektron

negativ(e, er, es) ...
· **Auswirkung**
7 Schaden
8 Nachteil
· **Charakterzug**
6 Laster
8 Untugend
· **Elektrode**
7 Kathode
· **Mitteilung**
6 Absage

Negativdruckform
5 Mater

negieren
9 verneinen
Negligé
10 Morgenrock
12 Morgenmantel
nehmen
7 greifen
8 erfassen
Nehrung
4 Lido
neidisch
6 scheel
12 missguenstig
13 eifersuechtig
neidloses Zugestehen
7 Goennen
Neige
4 Ende, Rest
Neigung
3 Zug
4 Hang, Lust
5 Drang, Gusto, Trend, Trieb
6 Abhang, Faible, Tendre
7 Tendenz
8 Gefaelle, Schraege, Vorliebe
9 Interesse, Schwaeche
11 Inklination
Neigung ...
· *eines* **Geländes**
9 Abdachung
· *nach* **unten**
8 Gefaelle
Neinsager
8 Nihilist
Nelkengewächs
5 Knaul, Miere
10 Vogelkraut
Nelkenpfeffer
6 Piment
Nemesis
12 Rachegoettin
Nenner
6 Teiler
7 Divisor
Nennform
9 Infinitiv
Nennwert
4 Pari
8 Parikurs
Nennwort
5 Nomen
8 Adjektiv, Zahlwort
9 Namenwort
10 Substantiv
Neon
7 Edelgas
Nepotismus
9 Schiebung
17 Vetternwirtschaft
21 Guenstlingswirtschaft
Nepp
6 Betrug
8 Gaunerei
neppen
10 schroepfen
14 uebervorteilen
Nereide
6 Nymphe, Thetis
7 Galatea
8 Galateia
10 Amphitrite, Meernymphe
11 Wassergeist
Nerfling
5 Aland
Nervatur
7 Aderung
Nerven betreffend
6 neural
Nervenarzt
9 Neurologe
10 Psychiater
Nervenbündel
8 Hektiker
Nervenentzündung
8 Neuritis
Nervenerkrankung
9 Neuralgie
Nervenerschütterung
6 Schock
Nervenfaser
8 Fibrille
Nervenfasergeschwulst
6 Neurom
Nervengeflecht
4 Glia
6 Plexus
Nervengift, glättet Falten
5 Botox
Nervenheilkunde
10 Neurologie
Nervenkitzel
9 Sensation
Nervenknoten
8 Ganglion
Nervenkrankheit
6 Neurom
7 Neurose
8 Hysterie, Neuritis, Psychose
9 Neuralgie
Nervensäge
10 Quaelgeist
12 Stoerenfried
Nervenschmerz
9 Neuralgie
nervenschwach
7 nervoes, reizbar
Nervenschwäche
11 Nervositaet
12 Neurasthenie
Nervenstärkungsmittel
8 Baldrian, Lecithin, Lezithin
Nervenzelle
6 Neuron
Nervenzentrum
3 ZNS
4 Hirn
6 Gehirn
19 Zentralnervensystem
nervös
6 erregt, fahrig
7 gereizt, pikiert, rastlos, reizbar
8 hektisch
9 chaotisch
13 nervenschwach
14 neurasthenisch
nervöse Betriebsamkeit
6 Hektik
nervöses Muskelzucken
3 Tic
Nervosität
6 Unruhe
7 Aufruhr
Nerz
4 Mink
6 Marder
Nesselpflanze
5 Ramie
Nesselqualle
5 Polyp
6 Meduse
Nesseltier
5 Polyp
6 Qualle
Nest
4 Heim
5 Horst
Nest ...
· *des* **Adlers**
5 Horst

- *des* **Eichhörnchens**
  5 Kobel
- *mit* **Eiern**
  6 Gelege

Nestgelege
4 Brut, Eier
Nesthäkchen
13 Nachkoemmling
nestjunge Vögel
4 Brut
Nestorpapagei
3 Kea
nett
4 lieb
5 artig
6 adrett, proper
8 niedlich, zierlich
11 possierlich, sympathisch
netto
4 rein
Nettoertrag
10 Reinerloes, Reingewinn
Nettogewinn
10 Reinerloes, Reingewinn
Netz
4 Garn
5 Falle
8 Geflecht, Gespinst
Netz ... (Abkürzung)
- *zur* **Datenfernübertragung**
  3 DSL
  4 ISDN

netzartig
7 filiert
netzartiges ...
- **Gewebe**
  5 Lacis, Tuell

Netzhaut des Auges
6 Retina
Netzmacher
6 Seiler
Netzschlange
6 Python
Netzstoff
5 Filet
Netzwerk
5 Filet
neu
6 rezent
9 unbenutzt
11 ungebraucht
neu(e, er, es) ...
- **Ortsteil**
  8 Siedlung
- **Stern**
  4 Nova
  9 Supernova
- **Zeile**
  6 Alinea

neuartig
6 modern
9 originell
Neubekehrter
8 Proselyt
9 Konvertit
Neubildung von Gewebe
12 Regeneration
Neue ...
- *auf* **einem Gebiet**
  11 Anfaengerin
- **Welt**
  7 Amerika

Neuerer
10 Reformator
13 Revolutionaer
Neuerscheinung
5 Novum
8 Novitaet
9 Nouveauté
Neuerung
5 Novum
6 Reform
8 Kreation, Novitaet
11 Fortschritt, Renovierung
Neugeborenes
4 Baby
9 Saeugling
11 Kleinstkind
Neugestaltung ▶ Neuerung
Neugetaufter
7 Neophyt
Neugier
9 Interesse
10 Wissbegier
12 Wissbegierde, Wissensdurst
Neuguinea
5 Irian
Neuguineas ...
- **Urbevölkerung**
  5 Papua
  6 Papuas

Neuheit ▶ Neuerscheinung
Neuigkeit
9 Nachricht, Sensation
neuindische Sprache
7 Bengali
Neuland vor dem Deich
6 Groden
neulateinisch ...
- *für* **Berlin**
  8 Berolina
- *für* **Leipzig**
  6 Lipsia

neulich
7 juengst
9 kuerzlich
Neuling
6 Novize
9 Anfaenger, Debuetant, Greenhorn
13 Gruenschnabel
neun Musizierende
6 Nonett
Neun Töchter des Zeus
5 Musen
Neunauge
8 Lamprete
Neuneck
7 Nonagon
Neunmalkluger
12 Besserwisser, Oberschlauer
neuntägige katholische Andacht
6 Nonene
neunte Stufe der Tonleiter
4 None
Neuntonintervall
4 None
neununddreißigster Präsident der USA
6 Carter
Neuordnung
6 Reform
14 Reorganisation
Neureicher
5 Protz, Yuppi
6 Raffke
7 Parvenu
11 Selfmademan
14 Emporkoemmling
Neurologe
10 Nervenarzt
neurologische Heilanstalt
12 Nervenklinik
Neurose
5 Manie
6 Phobie
8 Hysterie
16 Gemuetskrankheit
neuseeländisch(e, er, es) ...
- **Bergsteiger**
  7 Hillary

· **Frucht**
4 Kiwi
· **Inselgruppe**
14 Aucklandinseln
· **Papagei**
3 Kea
· **Schnepfenstrauß**
4 Kiwi
· **Singvogel**
3 Poe
· **Urvolk**
5 Maori
6 Maoris
Neusilber
6 Alpaka
8 Argentan
Neusteinzeit
11 Neolithikum
neutral
8 objektiv, sachlich
9 blockfrei, parteilos, saechlich
10 unbefangen
11 indifferent, unbeteiligt
12 unparteiisch
Neuverfilmung
6 Remake
Neuzeit
7 Moderne
11 Postmoderne
New Yorker ...
· **Börsenviertel**
10 Wallstreet
· **Chinesenviertel**
9 Chinatown
· **Geschäftsstraße**
8 Broadway
· **Künstlerviertel**
16 Greenwich Village
· **Stadtteil**
5 Bronx
6 Harlem
· **Wahrzeichen**
15 Freiheitsstatue
Nibelungengestalt
3 Ute
4 Atli, Mime
5 Etzel, Hagen
6 Attila, Gernot, Volker
7 Gunther
8 Alberich, Brunhild, Dankwart, Giselher
9 Brunhilde, Kriemhild, Siegfried
10 Hildebrand
Nibelungenmutter
3 Ute
Nibelungenschwert
7 Nothung
Nibelungenstadt
5 Worms
Nibelungenvolk
9 Burgunder
Nice
5 Nizza
nicht ...
· **abfärbend** (Lippenstift)
8 kussecht
· **alle**
6 einige, manche
· **alt**
3 neu
4 jung
· **Altes**
5 Neues
· **amtlich**
9 offizioes
11 inoffiziell
· **analog**
7 digital
· **aufgefallen**
9 unbemerkt
· **aufhörend**
9 unendlich
· **außen**
5 innen
· *für* **Außenstehende**
6 geheim
· **außergewöhlich**
6 profan
· **begabt**
12 untalentiert
· **behelligen**
10 verschonen
· **bekömmlich**
6 giftig
· **berufsmäßiger Sportler**
7 Amateur
15 Breitensportler
18 Feierabendsportler
· **beteiligt**
7 neutral
12 unparteiisch
· **beweisbedürftiges Prinzip**
5 Axiom
· **billig**
5 teuer
· **breit**
3 eng
6 schmal
· **dahinter**
5 davor
· **deutlich**
6 unklar
· **dick**
5 duenn
· **diese**
4 jene
· **dunkel**
4 hell
· **durch zwei teilbar**
8 ungerade
· **ehrlich**
8 unlauter
· **eines**
6 keines
· **Einheimische, Fremde**
12 Auslaenderin
· **erforderlich**
8 unnoetig
· **ernsthaft**
9 verspielt
· **ertragreich**
10 unrentabel
· **exakt**
7 ungenau
10 unpraezise
· **fest**
8 fluessig
10 gasfoermig
· **fleißig**
4 faul
· **flügger Vogel**
8 Nestling
· **freundlich**
9 abweisend
· **ganz in der Sonne**
12 Halbschatten
· **gebraucht**
3 neu
· **gebunden**
4 frei
· **gemeinschaftsfähig**
7 asozial
· **genau**
7 ungenau
· **gern**
10 halbherzig
· **geschleudertes Bienenprodukt**
10 Wabenhonig
· **geschlossen**
5 offen
· **gesund**
5 krank

- **glatt**
  4 rauh
- **gleichmäßig**
  6 inegal
- **groß**
  5 klein
- **hart**
  5 weich
- **häufig**
  6 selten
- **heil**
  6 kaputt
- **heiß**
  4 kalt, warm
  7 lauwarm
- **hergeben**
  8 behalten
- **hinter**
  3 vor
- **hoch**
  7 niedrig
- **hügeliges Gebiet**
  5 Ebene
- **hungrig**
  4 satt
- **im Raum**
  6 aussen
  8 draussen
- **innen**
  6 aussen
- **jene**
  5 diese
- **jung**
  3 alt
- **kalt**
  4 warm
- **kaputt**
  4 ganz
  6 intakt
- **klappen**
  6 hapern
  7 stocken
- **klug**
  4 dumm
- **kostbar**
  7 wertlos
- **krank**
  6 gesund
- **kurz**
  4 lang
- **langsam**
  7 schnell
- **laut**
  5 leise, ruhig, still
- **lebendig**
  3 tot
- **leer**
  8 gefuellt
- **leicht verderblich**
  7 haltbar
  9 dauerhaft
- **liegen**
  6 sitzen, stehen
- **massiv**
  4 hohl
- **mehr als**
  3 nur
  5 bloss
- **mehr im Trend**
  3 out
- **militärisch**
  5 zivil
- **mit**
  4 ohne
- **nackt**
  9 bekleidet
- **nah**
  4 fern, weit
- **nass**
  7 trocken
- **neues Auto**
  14 Gebrauchtwagen
- **normal**
  6 abnorm
  8 abnormal
- **nur einer**
  5 viele
- **oben**
  5 unten
- **öffentlich**
  6 geheim, privat
- **offiziell**
  6 privat
- **oft**
  6 selten
- **pikant**
  4 mild
- **positiv**
  7 negativ
- **präzise**
  7 ungenau
- **rechtzeitig**
  5 spaet
- **reich**
  3 arm
- **rostender Stahl**
  7 Nirosta
- **rund**
  5 eckig
  6 kantig
- **sauer**
  5 suess
- **schlafend**
  4 wach
- **schlaff**
  6 straff
- **schlecht**
  3 gut
- **schmal**
  5 breit
- **schwer**
  6 leicht
- **sehr viel**
  7 maessig
- **selten**
  3 oft
- **sesshafter Mensch**
  6 Nomade
- **sprechen**
  9 schweigen
- **stationär**
  8 ambulant
- **stehen**
  6 liegen, sitzen
- **straff**
  7 schlaff
- **süß**
  4 herb
  5 sauer
  6 bitter
  7 trocken
- **teuer**
  9 preiswert
- **trocken**
  6 feucht
- **umkehrbar**
  12 irreversibel
- **verblassend, lichtbeständig**
  8 farbecht
- **verboten**
  5 legal
- **verbürgt**
  9 offizioes
- **verderblich**
  7 haltbar
- **vereint**
  8 getrennt
- **verschwenderisch**
  7 sparsam
- **verschwiegen**
  9 indiskret

- **vertieft**
  5 flach
- **vertraut**
  5 fremd
- **viel**
  5 wenig
- **vorhersehbares Geschehen**
  6 Zufall
- **warm**
  4 kalt
- **weich**
  4 fest, hart
  6 stabil
- **weit**
  3 nah
- **weiter**
  4 halt
- **weiterführende Straße**
  9 Sackgasse
- **wirklich**
  6 irreal
- **wissend**
  4 naiv
  8 ignorant
  10 ahnungslos
- **zahlender Zuschauer**
  8 Zaungast
- **zeitgemäß**
  8 veraltet
- **zu zähmen**
  9 unbaendig

Nichtachtung
8 Verstoss
10 Ungehorsam, Verachtung
11 Versaeumnis

Nichtfachleute
5 Laien

Nichtfachmann
4 Laie
7 Amateur
9 Dilettant, Liebhaber

Nichtgeistlicher
4 Laie

nichtig
4 inan
5 eitel
7 wertlos
9 ungueltig, unwirksam
13 bedeutungslos

Nichtiges
4 Kram, Tand
9 Firlefanz
11 Quisquilien

Nichtigkeit
8 Lappalie
10 Banalitaet

Nichtjude
3 Goi

Nichtleiter
8 Isolator

nichtmetallisches Element
5 Chlor

nichtprofessioneller Speisenzubereiter
9 Hobbykoch

Nichtprofi
7 Amateur

Nichtromane in Südamerika
6 Gringo

Nichts
4 Null, Zero
6 Vakuum

nichts ...
- **als**
  3 nur
  5 bloss
  9 lediglich
- **anderes**
  3 nur
- **Böses**
  5 Gutes
- **sagend**
  4 fade
  5 banal, platt
  11 phrasenhaft

nichtsesshafter ...
- **Mensch**
  6 Nomade
  8 Vagabund

Nichtskönner
8 Stuemper

Nichtsnutz
4 Lump
8 Versager
11 Taugenichts

Nichtsoldat
8 Zivilist

Nichtstattfinden
7 Ausfall

Nichtstuer
6 Drohne
7 Gammler, Stromer
8 Faulpelz, Tagedieb
9 Faulenzer
14 Muessiggaenger

Nichtstun
4 Ruhe
5 Musse
8 Erholung, Freizeit
11 Muessiggang

Nichtswisser
8 Dummkopf, Stuemper

nichtswürdig
6 ehrlos
9 miserabel
12 veraechtlich

nichtswürdiger ...
- **Mensch**
  4 Lump
  6 Schuft
  7 Halunke

Nickel-Eisen-Erdkern
4 Nife

Nickel-Kupfer-Legierung
5 Monel

nie
6 nimmer
7 niemals

nie endend
4 ewig

nieder(e, er, es) ...
- **englische Adelsstufe**
  6 Knight
- **Kriechtier**
  4 Wurm
  9 Regenwurm
- **Lebewesen**
  4 Wurm
  5 Echse
  6 Amoebe, Getier
  9 Einzeller, Regenwurm
- **Pflanze**
  4 Moos
  7 Flechte
- **Programmiersprache**
  5 BASIC
- **Ruf** (Leumund)
  4 Fama
- **Umgangssprache**
  5 Slang
  6 Jargon
- **Volk**
  5 Plebs
  6 Poebel
- **Waldpflanze**
  4 Moos
- **Wasserpflanze**
  4 Alge
- **Wasserstand**
  4 Ebbe
- **Weltgeistlicher in Frankreich**
  4 Abbé

niederdeutsch für ...
- **abgelaichter Hering**
  4 Ihle
- **Affe**
  3 Aap
- **Bauer**
  3 Bur
- **betrunken**
  4 duhn
- **Brotkanten**
  5 Knust
- **Erle**
  5 Eller
- **Eule**
  2 Ul
- **Färse**
  6 Sterke
- **Feldstück**
  4 Kamp
- **Fohlen**
  5 Enter
- **Geisterseher**
  13 Spoekenkieker
- **Haff**
  4 Noor
- **Häusler**
  6 Kossat
- **Iltis**
  3 Ilk
- **klein**
  5 luett
- **kleine Mücke**
  6 Knitte
- **kleine Ostseebucht**
  4 Wiek
- **Kloß**
  5 Kloot
- **Köter**
  5 Toele
- **Kugel**
  5 Kloot
- **Kümmelschnaps**
  4 Koem
- **Mädchen**
  5 Deern
- **Meister**
  4 Baas
- **Moor**
  4 Fenn
- **nein**
  3 nee
- **Röhricht**
  4 Reet
- **Ruß**
  4 Sott
- **Schilf**
  4 Reet
- **Schwanz**
  5 Stert
- **Schwanzende**
  5 Sterz
- **Stadtkanal**
  5 Fleet
- **Tagelöhner**
  5 Inste
- **Topf**
  4 Pott
- **Trockenraum**
  5 Stove
- **Vogteiverwalter**
  5 Drost
- **Wasserstrudel**
  4 Neer

niederdeutsche ...
- **Mundart**
  5 Platt
  12 Plattdeutsch

niederdeutscher ...
- **Schriftsteller**
  3 Lau
  4 Fock
  5 Fehrs, Groth, Raabe, Storm
  6 Reuter
  8 Claudius

Niedergang
4 Fall, Ruin
7 Abstieg, Verfall, Zerfall
9 Untergang
12 Degeneration

niedergeschlagen
4 down
6 mutlos
7 traurig
10 deprimiert

Niederholz
6 Geaest
8 Dickicht, Knieholz
9 Gestruepp, Unterholz

Niederkunft
6 Geburt
10 Entbindung

Niederlage
7 Debakel, Schmach, Verlust
8 Schlappe

niederländisch für ...
- **eins**
  3 een
- **ich**
  2 ik
- **ihr**
  2 ze
- **Pudding**
  3 Vla
- **Salat**
  3 Sla
- **sie**
  2 ze
- **von**
  3 van

niederländisch(e, er, es) ... (► auch holländisch)
- **Admiral**
  5 Tromp
  6 Ruyter
- **Antilleninsel**
  4 Saba
  5 Aruba
  7 Bonaire, Curaçao
- **Architekt**
  6 Floris
- **Astronom**
  6 Sitter
  7 Huygens
- **Bildhauer**
  5 Vries
  6 Floris, Keyser, Leyden, Sluter
  8 Tassaert
- **Botaniker**
  5 Vries
  6 Hotton
  7 Jacquin
- **Branntwein**
  7 Genever
- **Chemiker**
  4 Hoff
  8 van't Hoff
- **Dirigent**
  6 Kempen
  10 Mengelberg
- **Edelmann**
  5 Hoorn
  6 Egmont
- **Fayencestadt**
  5 Delft
- **Fluggesellschaft**
  3 KLM
- **Flugzeugkonstrukteur**
  6 Fokker
- **Flüsschen**
  3 Eem
- **Flusskanal**
  3 Eem

- **Forscher**
  6 Jansen
  7 Huygens
  11 Leeuwenhoek
  13 Musschenbroek
- **Freiheitskämpfer**
  5 Geuse
- **Fürstenhaus**
  7 Oranien
  13 Nassau-Oranien
- **Gemeinde in Gelderland**
  3 Ede
- **Grafiker**
  6 Escher
- **Großstadt**
  7 Utrecht
  9 Amsterdam, Rotterdam
- **Gulden** (franz. Bez.)
  6 Florin
- **Hafenstadt**
  6 Helder
  9 Amsterdam, Rotterdam
  10 Vlissingen
- **Herrscher**
  7 Oranier
- **Historiker**
  4 Dozy
  5 Kalff
  8 Huizinga
  10 Halbertsma
- **Humanist**
  7 Erasmus, Grotius
- **Insel**
  5 Texel
  6 Rottum
  7 Ameland
  8 Schouwen, Vlieland
  9 Walcheren
  12 Terschelling
- **Kanalstraße**
  6 Gracht
- **Käseart**
  5 Gouda
  6 Edamer
- **Käsestadt**
  4 Edam
  5 Gouda
  7 Alkmaar
- **Komponist**
  5 Isaac, Larue, Lasso, Monte
  6 Pijper
  8 Ockeghem, Willaert
  10 Andriessen
- **König**
  15 Willem Alexander
- **Königin**
  7 Beatrix, Juliana
  8 Hortense
  10 Wilhelmina
- **Kupferstecher**
  6 Rubens
  7 Sadeler, Soutman
- **Küstenschiff**
  3 Kag
- **Maler**
  3 Bol, Dou, Mor, Vos
  4 Cuyp, Dyck, Eyck, Goes, Gogh, Hals, Kalf, Laer, Neer
  5 Bosch, Bouts, David, Goyen, Lucas, Metsu, Noort, Orley, Steen, Velde, Witte
  6 Mabuse, Mander, Massys, Ostade, Patini, Potter, Rubens, Scorel, Weyden
  7 Beyeren, Brouwer, Hobbema, Memling, Seghers, Snyders, Teniers, van Dyck, van Eyck, van Gogh, Vermeer
  8 Breughel, Brueghel, Doesburg, Jordaens, Mondrian, Mostaert, Ruisdael, Ruysdael, Snijders, Terborch
  9 Rembrandt
- **Malerfamilie**
  7 Bruegel
  8 Breughel, Brueghel
- **Mathematiker**
  6 Stevin
  7 Brouwer, Huygens
  8 Snellius
- **Mediziner**
  6 Camper, Ruysch
  7 Swieten
  9 Boerhaave
  10 Halbertsma
- **Münze**
  4 Cent, Deut, Duit
  6 Florin, Gulden, Rijder
- **Mystiker**
  6 Jansen
- **Nachrichtenagentur**
  3 ANP
- **Name der Rur**
  4 Roer
- **Namensbestandteil**
  3 van
- **Naturwissenschaftler**
  5 Vries
  7 Huygens
  8 Snellius
  11 Leeuwenhoek
- **Nobelpreisträger für Chemie**
  8 van't Hoff
- **Nobelpreisträger für Frieden**
  5 Asser
- **Nobelpreisträger für Medizin**
  7 Eijkman
  9 Einthoven, Tinbergen
- **Nobelpreisträger für Physik**
  7 Lorentz, Zernike
  10 van der Meer
  11 van der Waals
  15 Kamerlingh Onnes
- **Ort**
  4 Best
- **Philosoph**
  7 Spinoza
  8 Geulincx
- **Physiker**
  6 Bakker, Stevin, Zeeman
  7 Huygens, Lorentz, Zernike
  10 van der Meer
  15 Kamerlingh Onnes
- **Politiker**
  4 Witt
  5 Hoorn
  7 Grotius
- **Prinzgemahl**
  5 Claus
- **Provinz**
  7 Geldern, Seeland
  9 Friesland, Groningen
  11 Nordbrabant, Nordholland, Suedholland
- **Radrennfahrer**
  9 Zoetemelk
- **Residenzstadt**
  7 Den Haag
- **Rheinmündungsarm**
  3 Lek
- **Schachgroßmeister**
  6 Timman
- **Schachweltmeister**
  4 Euwe
- **Schauspieler**
  8 Heesters
- **Schnaps**
  7 Genever

· **Schriftsteller**
5 Beets, Borel, Costa, Eeden, Hooft, Klaas, Kloos, Leeuw, Maehl
6 Donker, Gorter, Hartog, Lulofs, Luyken, Merode, Mulder, Nyhoff, Roland, Verway, Vondel, Winter
7 Mulisch
8 Bemmelen, Couperus, Gossaert, Hinrichs, Schendel, Wetering
9 Nooteboom
13 Ammers-Kueller
· **Seebad**
8 Nordwijk
9 Zandvoord
12 Scheveningen
· **Seefahrer**
6 Tasman
7 Barents
· **Showmaster**
7 Carrell
· **Showstar**
8 Heesters
· **Stadt mit dem Käsemarkt**
7 Alkmaar
· **Stadtkanal**
6 Gracht
· **Topmodel**
5 Kroes
· **TV-Star**
3 Mol
· **Währung**
6 Gulden
· **Zoologe**
11 Leeuwenhoek
Niederlassung
3 Ort
4 Dorf
5 Depot, Lager, Stadt
7 Agentur, Filiale, Kolonie
8 Siedlung
10 Dependance, Vertretung
11 Zweigstelle
Niederlegung
7 Aufgabe
10 Beendigung
niederösterreichische ...
· **Stadt**
5 Krems, Tulla
6 Zwettl
8 Moedling
9 Amstetten, Stockerau
10 Hollabrunn, Korneuburg
11 Neunkirchen
niederösterreichischer Fluss
5 Thaya
niedersächsisch(e, er, es) ...
· **Dichter**
5 Raabe
· **Höhenzug**
3 Ith
Niederschlag
3 Tau
4 Reif
5 Dunst, Hagel, Nebel, Regen
6 Schnee
7 Graupel, Raureif, Schauer
8 Rauhreif
10 Dauerregen
11 Nieselregen, Wolkenbruch
13 Schnuerlregen
Niederschlag ...
· *beim* **Boxen**
2 ko
9 Knock-out
niederschlagarmes Gebiet
6 Wueste
niederschmetternd
11 vernichtend
12 deprimierend, katastrophal
Niederschrift
5 Notiz
6 Diktat
9 Protokoll
10 Manuskript, Stenogramm
Niederschrift im Register
7 Eintrag
Niedertracht
7 Arglist, Bosheit, Infamie
8 Gaunerei, Perfidie
10 Gemeinheit
niederträchtig
3 arg
5 boese, infam
7 ruchlos
Niederung
2 Au
3 Aue, Tal
5 Ebene, Mulde, Senke
9 Tiefebene
Niederwild
4 Hase
5 Dachs, Fasan, Fuchs, Iltis
6 Marder
7 Rebhuhn
8 Schnepfe, Wildente, Wildgans
9 Kaninchen
niedlich
4 fein, nett
5 suess
6 putzig
7 drollig, huebsch, reizend
8 charmant, zierlich
11 possierlich
niedrig
4 tief
5 flach
6 gemein
niedrig(e, er, es) ...
· **Hilfsgeistlicher**
9 Koadjutor
· **Kaste in Indien**
5 Paria
· **Lebewesen**
6 Amoebe
9 Einzeller
· **Liegesofa**
5 Diwan
8 Ottomane
· **Stuhl ohne Lehne**
8 Taburett
· **Umgangssprache**
5 Idiom, Slang
6 Jargon
niedrigstes Skatsolo
4 Karo
Niedrigwasser
4 Ebbe
niemals
3 nie
6 nimmer
10 nimmermehr
11 keinesfalls
niemand
6 keiner
Nierenausscheidung
4 Harn, Urin
Nierenbaum
6 Acajou
Nierenentzündung
9 Nephritis
Nierensekret
4 Urin
Niesen nachahmender Ruf
7 hatschi
Nießbrauch
13 Nutzungsrecht
Niete
4 Null

6 Bolzen
8 Versager
Niflheim (Sagenwelt)
6 Hoelle
Nigerianer
6 Joruba, Yoruba
nigerianischer Autor
6 Achobe
Nikolausbegleiter
7 Krampus
14 Knecht Ruprecht
Nilland
6 Nubien
Nilort in Oberägypten
6 Nakada
Niloten im Sudan
4 Nuer
Nilpferd im Alten Testament
8 Behemoth
Nilstadt mit Stauwerk
6 Assuan
Nimbus
7 Ansehen
8 Prestige
14 Heiligenschein
nimmer
3 nie
7 nie mehr, niemals
nimmermüde
7 rastlos
9 unentwegt
Nimmersatt
4 Ibis
6 gierig, Marabu, Storch
9 Vielfrass
13 unersaettlich
Nimrod
6 Jaeger
8 Waidmann, Weidmann
Nippon
5 Japan
Nirgendland
6 Utopia
Nische ...
· *in* **Gaststätte**
7 Separee, Separée
· *im* **Gebirge**
3 Kar
Nistplatz der Vögel
4 Nest
Niveau
4 Grad, Rang
5 Level, Stand, Stufe
Niveauunterschied
7 Neigung
8 Gefaelle, Schraege
Nixe
6 Undine
7 Lorelei, Loreley
8 Melusine
11 Wassergeist
12 Meerjungfrau
Noahs Schiff
5 Arche
nobel
4 edel
5 adlig
7 honorig, vornehm
8 gepflegt
9 freigebig
10 kultiviert
Nobelunterkunft
10 Grandhotel
Noblesse
4 Adel
7 Edelmut
11 Vornehmheit
13 Freigebigkeit
noch
6 ferner
9 ausserdem
Nomade
7 Beduine
11 Wanderhirte
Nomadenstamm ...
· *in* **Mittelasien**
8 Kirgisen
· *in* **Nordafrika**
6 Tuareg
Nomadenzelt
5 Jurte
Nomadenzeltdorf
3 Aul
Nomen
8 Nennwort
9 Hauptwort
Nominativ
7 Werfall
nominell
10 vorgeblich
Nominierung
9 Ernennung
10 Bestallung
11 Aufstellung, Designation
nonchalant
5 leger
7 formlos, laessig
11 ungezwungen
Nonne
6 Oberin
Nonne in der Probezeit
7 Novizin
Nonnenorden
14 Ursulinerinnen
17 Benediktinerinnen
Nonnenschleier
6 Weihel
Nonsens
6 Unsinn
7 Quatsch
Noppengewebe
6 Bouclé
Nordafrikaner
5 Maure
6 Araber, Berber, Kabyle, Libyer
7 Beduine, Numider, Senussi
8 Aegypter, Fellache, Tunesier
10 Marokkaner
11 Mauretanier
nordafrikanisch(e, er, es) ...
· **Gebirge**
3 Rif
5 Atlas, Aurès
7 Ahaggar
· **Gericht**
6 Kuskus
8 Couscous
· **Gewicht**
5 Uckia
· **Grasart**
4 Alfa
5 Halfa
· **Hauptstadt**
5 Kairo, Rabat, Tunis
6 Algier
7 Khartum
8 Tripolis
· **Hirsegericht**
6 Kuskus
· **Landschaft**
6 Nubien, Sahara
8 Nildelta
· **Mischvolk**
6 Mauren
· **Reitersoldat**
5 Spahi
· **Staat**
5 Sudan

N

6 Libyen
7 Marokko
8 Aegypten, Algerien, Tunesien
11 Mauretanien
· **Völkergruppe**
6 Berber
· **Wüste**
6 Sahara
· **Wüstenfuchs**
5 Fenek

Nordamerikaner
6 Yankee
8 Kanadier

nordamerikanisch(e, er, es) ... [▶ auch amerikanisch(e, er, es) ...]
· **Bär**
6 Grisli
7 Grizzly
9 Waschbaer
· **Bauernhof**
4 Farm
5 Ranch
· **Beutelratte**
7 Opossum
· **Büffel**
5 Bison
· **Erfinder**
4 Bell
5 Morse
6 Edison
· **Fallensteller**
7 Trapper
· **Farmer**
7 Rancher
· **Gewässer**
7 Eriesee
9 Oneidasee
10 Ontariosee
· **Goldmünze**
5 Eagle
· **Grasebene**
7 Praerie
· **Halbinsel**
6 Alaska
7 Florida
8 Labrador
· **Hirsch**
6 Wapiti
· **Indianer**
3 Ute
5 Sioux
6 Apache, Dakota, Hurone
7 Irokese
9 Mohikaner
· **Indianerfrau**
5 Squaw
· **Indianerzelt**
4 Tipi
6 Wigwam
· **Insel**
9 Manhattan
· **Inselkette**
7 Aleuten
· **Katarakte**
13 Niagarafaelle
· **Klaviermusikstil**
3 Rag
· **Nerz**
4 Mink
· **Nussbaum**
7 Hickory
· **Panzerechse**
9 Alligator
· **Pelztier**
9 Waschbaer
10 Bisamratte
· **Pelztierjäger**
7 Trapper
· **Präriewolf**
6 Kojote
· **Preiselbeere**
9 Cranberry
· **Rentier**
6 Karibu
· **Rind**
5 Bison
· **Schachweltmeister**
7 Fischer
· **Schneesturm**
8 Blizzard
· **See**
7 Eriesee
9 Baerensee, Oberer See
10 Ontariosee
· **Staat**
6 Kanada
· **Staatenbund**
3 USA
· **Steppengebiet**
7 Praerie
· **Steppentier**
11 Praeriehund
· **Strom**
11 Mississippi
· **Teamsport**
8 Baseball
· **Variante des Jazz** (Kurzwort)
5 Dixie
· **Viehfarm**
5 Ranch
· **Wapitihirsch**
3 Elk
· **Wasserfall**
7 Niagara
· **Wildpferd**
7 Mustang
· **Wildrind**
5 Bison
· **Wirbelsturm**
7 Tornado
· **Wühlmaus**
10 Bisamratte

Nordatlantikpakt (Abkürzung)
4 NATO

nordatlantisches Inselvolk
9 Islaender

nordbayerische Stadt
5 Naila

nordchinesisches Hochland
8 Mongolei

norddeutsch für ...
· **Dachboden**
5 Lucht
· **einjähriges Fohlen**
5 Enter
· **einjähriges Kalb**
5 Enter
· **Erle**
5 Eller
· **Haff**
4 Noor
· **Iltis**
3 Ilk
· **Jahrmarkt**
6 Rummel
· **klein**
5 luett
· **Kümmelbranntwein**
4 Koem
· **Mädchen**
5 Deern
· **Napf**
5 Satte
· **Scholle** (Fisch)
4 Butt
· **Seil**
4 Reep

norddeutsch für gewürztes Gehacktes
10 Hackepeter

N

norddeutsch(e, er, es) ...
[► auch niederdeutsch(e, er, es) ...]
- **Bauernstube**
  5 Pesel
- **Dachdeckmaterial**
  4 Reet
- **Dichter**
  5 Kinau
- **Fluss**
  3 Ems
  5 Eider, Peene, Trave
  6 Alster, Warnow
- **Gebiet**
  8 Holstein
- **Gericht**
  8 Labskaus
- **Höhenzug**
  3 Elm, Ith
- **Kleinbauernhaus**
  4 Kate
- **Küstenhochland**
  5 Geest
- **Küstensegler**
  4 Ewer
- **Landschaftsform**
  5 Geest, Heide
  6 Marsch
- **Maler**
  5 Runge
  9 Modersohn
- **Männername**
  4 Dirk
- **Mittelgebirge**
  4 Harz
- **Sandküste**
  12 Ostseestrand
- **Süßspeise**
  11 Rotegruetze

Norddeutscher
  6 Friese
  9 Ostfriese

Nordeuropa
  12 Skandinavien

Nordeuropäer
  5 Daene, Finne, Lappe
  7 Schwede
  8 Norweger
  9 Islaender
  12 Skandinavier

Nordeuropäerin
  6 Daenin
  8 Schwedin

nordeuropäisch(e, er, es) ...
- **Einmannboot**
  5 Skiff
- **Felseninsel**
  7 Schaere
- **Hafenstadt**
  3 Abo
  4 Oslo, Umea
  5 Lulea, Wisby
  6 Aarhus, Bergen, Kalmar, Malmoe, Narvik, Roenne
  7 Aalborg
  8 Helsinki
  9 Stockholm
  10 Kopenhagen
- **Halbinsel**
  12 Skandinavien
- **Hauptstadt**
  4 Oslo
  8 Helsinki
  9 Reykjavik, Stockholm
  10 Kopenhagen
- **Haustier**
  3 Ren
- **Hirschart**
  3 Elk, Ren
  4 Elch, Elen
- **Insel**
  6 Island
  8 Bornholm
  9 Groenland
- **Königreich**
  8 Norwegen, Schweden
  9 Daenemark
- **Landschaft**
  8 Lappland
- **Meerenge**
  4 Belt, Sund
- **Schwimmvogel**
  3 Alk
  5 Lumme
- **Sprache**
  8 Daenisch
- **Staat**
  6 Island
  8 Finnland, Norwegen, Schweden
  9 Daenemark
- **Trinkspruch**
  4 skål
- **Volk**
  4 Iren
  6 Daenen, Finnen, Lappen
  8 Norweger, Schweden
  9 Islaender

nordeuropäische
- **Sprache**
  10 schwedisch

nordfinnische Stadt
  5 Inari

nordfinnisches ...
- **Gewässer**
  8 Enaresee, Inarisee

nordfranzösisch(e, er,es) ...
- **Departement**
  4 Nord
  11 Pas-de-Calais
- **Fluss**
  5 Somme
- **Hafenstadt**
  6 Calais
  7 Le Havre
  8 Boulogne
  9 Cherbourg
  11 Duenkirchen
- **Industriestadt**
  5 Lille
  7 Roubaix
- **Landschaft**
  8 Picardie
  9 Normandie
- **Stadt**
  4 Caen, Laon
  5 Arras, Reims

nordfriesische ...
- **Insel**
  4 Sylt
  5 Amrum, Foehr
  8 Pellworm
  10 Nordstrand

Nordgermane
  5 Gaute
  6 Friese
  8 Normanne, Waraeger, Wikinger

nordgermanische ...
- **Meeresriesin**
  3 Ran
- **Sagengestalt**
  6 Ingeld

nordgriechische ...
- **Halbinsel**
  10 Chalkidike
- **Landschaft**
  8 Thrakien

nordhessische Großstadt
  6 Kassel

nordhessischer Luftkurort
  7 Arolsen

nordiranisches Gebirge
6 Elburs
nordirische Grafschaft
4 Down
nordirländische Grafschaft
6 Tyrone
nordisch(e, er, es) ...
[▶ auch germanisch(e, er, es) ..., nordeuropäisch(e, er, es) ...]
· **Apostel**
5 Egede
· **Dichter**
6 Skalde
· **Dichtung**
4 Edda, Saga
· **Gnom**
5 Troll
· **Gott des Donners**
5 Donar
· **Gott des Feuers**
4 Loki
· **Götter**
4 Asen
· **Götterbotin**
3 Gna
· **Götterhimmel**
6 Asgard
· **Göttermutter**
5 Freia, Freya
· **Göttervater**
4 Odin
5 Wotan
· **Göttin**
4 Idun
5 Iduna
6 Gefion
· **Göttin der Jugend**
4 Idun
5 Iduna
· **Großwild**
4 Elen
· **Herdentier**
3 Ren
· **Hirschart**
4 Elch
· **Jagdhorn**
4 Lure
· **Kobold**
5 Troll
· **Männername**
3 Age, Dag, Ole
4 Arne, Erik, Jens, Knut, Lars, Nils, laf, Sven
5 Helge
· **Meerriese**
5 Aegir
· **Münze**
4 Oere
9 Kleingeld
· **Name des Elchs**
4 Elen
· **Nutztier**
3 Ren
· **Prosadichtung**
4 Saga
· **Reifriese**
5 Hymir
· **Riesenhirsch**
4 Elch
· **Sagengestalt**
4 Egil
6 Fafnir
8 Walkuere
· **Sagenriese**
6 Fafner, Fafnir
· **Sagenschütze**
4 Egil
· **Sagenzwerg**
6 Nordri
· **Schellfisch**
4 Leng
· **Schicksalsgöttin**
5 Norne
· **Schicksalswesen**
5 Idise, Norne
· **Schwimmvogel**
5 Lumme
· **Tauchvogel**
3 Alk
· **Totengöttin**
3 Hel
· **Totenreich**
3 Hel
8 Niflheim
· **Trinkspruch**
4 Skal
· **Weihnacht**
3 Jul
· **Wurfwaffe**
3 Ger
norditalienisch(e, er, es) ...
· **Gewässer**
7 Idrosee, Iseosee
8 Gardasee
· **Großstadt**
5 Turin
7 Bologna, Mailand
· **Landschaft**
9 Suedtirol
· **Provinz**
6 Novara
· **Region**
9 Lombardei
· **Seeort**
4 Iseo
· **Stadt**
4 Como, Pisa
5 Arona, Padua, Udine
6 Mantua, Modena, Triest, Varese, Verona
· **Tanzlied**
11 Barzelletta
· **Weichkäsesorte**
8 Taleggio
nördlich
6 boreal
nördlicher Hügel Roms
6 Pincio
nördlichst(e, er, es) ...
· **Punkt der Erde**
7 Nordpol
· **Punkt Europas**
7 Nordkap
· **Staat der USA**
6 Alaska
· **Stadt Europas**
10 Hammerfest
· **Stadt in Schweden**
6 Kiruna
· **Teil Skandinaviens**
8 Lappland
Nordlicht
10 Polarlicht
Nordmeerinsel
6 Island
Nordmeerinselgruppe
8 Faeroeer
Nordosteuropäer
4 Este
5 Balte, Finne, Lette
7 Litauer
Nordpolargebiet
6 Arktis
Nordpolargewässer
7 Eismeer
nordrussische ...
· **Halbinsel**
4 Kola
5 Kanin
Nordschottland
10 Kaledonien
Nordseebad
3 Wyk
4 List

5 Juist
6 Borkum, Buesum, Duhnen, Kampen, Rantum
7 Baltrum
8 Cuxhaven, Langeoog
9 Helgoland, Norderney
10 Spiekeroog, Wangerooge, Westerland

Nordseebucht
7 Dollart
9 Jadebusen

Nordseefrachtboot
4 Ewer

Nordseegarnele
5 Porre
6 Granat, Krabbe

Nordseehalbinsel
10 Eiderstedt

Nordseeinsel
4 Sylt
5 Amrum, Fanoe, Foehr, Hooge
6 Borkum, Mellum
7 Baltrum
8 Langeoog, Pellworm
9 Helgoland, Norderney
10 Nordstrand, Spiekeroog, Wangerooge

Nordseeinsulaner
12 Helgolaender

N

Nordseekrabbe
7 Garnele

Nordseeküstenbewohner
9 Ostfriese

Nordseevolk
7 Friesen

Nordskandinavier
5 Lappe

nordspanisch(e, er, es) ...
· **Fluss**
4 Ebro
· **Grenzstadt**
4 Irún
· **Küstenfluss**
3 Ter
· **Provinz**
7 Navarra
· **Stadt**
4 Irún
5 Gijon
8 Figueras

Nordstaat der USA
6 Alaska

Nordteil des Pazifik
10 Beringmeer

Nordwestafrikaner
5 Maure

nordwestdeutscher Fluss
3 Ems

Nordwesteuropäer
3 Ire
5 Brite
7 Schotte, Waliser
9 Islaender
10 Englaender

nordwesteuropäische Insel
6 Irland

nordwesteuropäischer ...
· **Staat**
4 Eire
6 Irland, Island
15 Grossbritannien

nordwestrussisches Gewässer
8 Onegasee

Nordwind
4 Bora
6 Boreas
7 Mistral

Nörgler
7 Maekler
8 Meckerer
9 Querulant
10 Beckmesser, Miesmacher
11 Kritikaster
12 Besserwisser

Norm
3 DIN
5 Kanon, Regel
6 Etalon, Muster
8 Standard
11 Richtschnur

normal
7 ueblich
8 regulaer
10 regelrecht
11 gewoehnlich, normgerecht

Normalmaß
8 Standard

Normalmaßstab
6 Etalon

Normandiehalbinsel
8 Calvados, Cotentin

Normanne
8 Wikinger

Normannenfürst
5 Roger, Rurik
7 Tankred
8 Guiscard

Normannenstamm
3 Rus

normannische ...
· **Insel**
4 Herm, Sark
5 Sercq
6 Jersey
8 Alderney, Guernsey

Normgröße für Papier
6 Format

normieren
15 standardisieren

Normlängenmaß
7 Urmeter

normwidrig
6 abnorm, anomal

Normzahl von Schlägen beim Golf
3 Par

Norne
3 Urd
5 Skuld
8 Verdandi, Werdandi

Norne der Vergangenheit
3 Urd

norwegisch(e, er, es) ...
· **Bildhauer**
7 Sinding
8 Vigeland
· **Chemiker**
6 Hassel
8 Bergmann
· **Dichter**
5 Ibsen
· **Dichter im Mittelalter**
6 Skalde
· **Dichterin**
6 Undset
· **Eiskunstläuferin**
5 Henie
· **Erzähler**
6 Hamsun
· **Firnfeld**
5 Fjell
· **Forscher**
9 Heyerdahl
· **Geograf und Forschungsreisender**
6 Nansen
8 Amundsen

· **Grenzfluss**
4 Tana
· **Hafenstadt**
4 Oslo
6 Bergen
9 Stavanger
· **Hauptstadt**
4 Oslo
· **Insel**
6 Andoey
· **Inselgruppe**
7 Lofoten
11 Spitzbergen
· **Komponist**
5 Grieg
· **Königsname**
6 Haakon
· **Längenmaß**
4 Alen
· **Literat**
3 Lie
· **Maler**
4 Dahl, Lund
5 Munch
· **Mathematiker**
3 Lie
· **Mediziner**
6 Hansen
· **Meeresbucht**
5 Fjord
· **Meteorologe**
4 Mohn
· **Münze**
4 Oere
5 Krone
· **Name für Norwegen**
5 Norge
· **Nobelpreisträger für Chemie**
6 Hassel
· **Nobelpreisträger für Frieden**
5 Lange
6 Nansen
· **Nobelpreisträger für Literatur**
6 Hamsun, Undset
9 Bjoernson
· **Oberhaus**
7 Lagting
· **Pazifist**
5 Lange
· **Polarforscher**
6 Nansen
8 Amundsen, Sverdrup
· **Politiker**
3 Lie
6 Hambro, Nansen
8 Quisling
· **Schriftsprache**
6 Bokmal
· **Schriftsteller**
3 Lie, Moe
5 Ibsen
6 Hamsun, Undset
8 Kielland
9 Bjoernson
11 Gulbranssen
· **Sprachforscher**
5 Bugge
· **Unterhaus**
9 Odelsting
· **Verwaltungsbezirk**
5 Fylke, Troms
6 Opland
7 Hedmark, Oppland, Ostfold
· **Volksvertretung**
8 Storting
· **Volkswirtschaftler**
6 Frisch
· **Zeichner**
11 Gulbransson
· **Zoologe**
4 Sars
Nostalgie
7 Heimweh
Not
5 Elend
6 Misere
Not ...
· **leidend**
3 arm
5 elend
9 bettelarm, mittellos
10 beduerftig
Notbehelf
6 Ersatz
11 Provisorium
notdürftiger Ersatz
6 Behelf
Note
6 Zensur
Note ...
· *beim* **Doktorexamen**
4 rite
9 cum laude
15 magna cum laude, summa cum laude
Noten
10 Musikalien
Notengestell
8 Staender
Notenschrift im MA
6 Neumen
Notenschriftzeichen
5 Bogen, Kreuz
Notenständer
4 Pult
Notenständer der Dirigenten
4 Pult
Notfallgerät
13 Feuerloescher
notgedrungen
6 ungern
12 unfreiwillig
17 gezwungenermassen
Notgroschen
9 Ersparnis
Nothelfer
5 Georg, Vitus
7 Barbara, Blasius, Erasmus
8 Achatius, Aegidius, Cyriakus
9 Dionysius, Katharina, Margareta, Pantaleon
10 Eustachius
13 Christophorus
Nothilfsdienst
17 Alarmbereitschaft
nötig
7 geboten, obligat
8 dringend, zwingend
9 notwendig
12 erforderlich
Notiz
7 Eintrag, Vermerk
9 Anmerkung, Bemerkung
12 Aufzeichnung
Notizbuch
5 Kodex
6 Agenda
7 Diarium
8 Merkbuch, Merkheft
Notizpapierstück
6 Zettel
Notlage
5 Armut, Elend
6 Klemme, Mangel, Misere
7 Dilemma, Malaise

Notlösung
6 Behelf
11 Provisorium
Notlüge
6 Flause
7 Ausrede, Vorwand
9 Ausflucht
Notmanöver bei Flugzeugen
12 Bauchlandung
notorisch
7 bekannt
11 beruechtigt, offenkundig
Notpfennig ► Notgroschen
Notruf
3 SOS
5 Hilfe
6 Mayday
Notsignal
5 Alarm
Notunterkunft
4 Asyl
6 Obdach
7 Baracke
notwendig
6 noetig
7 obligat
8 zwingend
13 obligatorisch
notwendiger Gegenstand
7 Utensil
November
8 Nebelung, Windmond
9 Nebelmond, Windmonat
10 Nebelmonat
Novität
5 Novum
7 Neuheit
8 Création, Kreation
9 Neuigkeit, Nouveauté
Novität der Mode
7 Neuheit
Nu
6 Moment
7 Sekunde
10 Augenblick
Nuance
4 Idee, Spur
7 Toenung
8 Feinheit, Schatten
Nuancierung
9 Abstufung
nüchtern
8 besonnen, objektiv, sachlich
9 prosaisch
Nuckel aus bestimmten Kunststoff
13 Silikonsauger
Nudelart
5 Nocke
7 Lasagne, Nockerl
8 Rigatoni, Spaetzle, Spagetti
9 Canelloni, Makkaroni, Spaghetti
10 Tortellini
11 Maultaschen
Nudismus ► Naturismus
nuklear
6 atomar
Nuklearphysik
10 Kernphysik
17 Hochenergiephysik
Nukleus
8 Zellkern
Null beim Roulette
4 Zero
Null-Null
2 WC
5 Abort
8 Toilette
Nulltarif
13 gebuehrenfrei
Numerale
8 Zahlwort
numidischer ...
· **König**
4 Iuba, Juba
5 Iobas, Jobas
numinos
9 goettlich
Numismatik
10 Muenzkunde
Nummer
4 Zahl
6 Numero, Ziffer
10 Darbietung
nummerisch
7 digital
nun
2 so
4 dann
5 jetzt
nur
5 bloss
6 allein, eigens
9 lediglich
15 ausschliesslich
nur ...
· **gedacht**
6 ideell
9 imaginaer
· **geistig vorhanden**
6 ideell
· **mit Mühe**
4 kaum
· *mit* **natürlicher Düngung**
12 biodynamisch
· *mit* **organischer Düngung**
12 biodynamisch
· **zum Schein**
8 pro forma
Nürnberger ...
· **Bildhauer**
5 Stoss
6 Krafft
· **Buchdrucker**
6 Hergot
· **Buchhändler**
4 Palm
· **Erfinder**
7 Henlein
12 Peter Henlein
· **Geograf**
6 Behaim
· **Humanist**
11 Pirckheimer
· **Kupferstecher**
5 Beham, Solis
· **Maler**
6 Duerer
· **Meistersinger**
5 Sachs
9 Hans Sachs
· **Schuhmacherpoet**
5 Sachs
9 Hans Sachs
· **Sehenswürdigkeit**
9 Mauthalle
10 Duererhaus
· **Spezialität**
9 Lebkuchen
Nurse
4 Amme
5 Bonne
10 Babysitter, Kinderfrau
Nussart
7 Erdnuss, Walnuss
8 Kolanuss, Paranuss

N

9 Haselnuss, Kokosnuss
10 Cashewnuss
nussartige ...
· **Frucht**
5 Ecker
6 Eichel, Mandel
8 Kastanie
9 Buchecker
Nussbaum
7 Walnuss
12 Haselstrauch
Nusskonfekt
5 Nugat
6 Nougat
7 Krokant
Nussstrauch
5 Hasel
10 Haselbusch
Nut
5 Kerbe, Rille
10 Vertiefung
Nut und ...
5 Feder
Nute
4 Fuge
11 Einfraesung
Nuten einarbeiten
7 fraesen
nutzbares Mineral
3 Erz
Nutzboden
5 Acker, Krume
Nutzen
4 Heil
6 Gewinn
7 Vorteil
Nutzland
4 Feld
5 Acker, Weide, Wiese
6 Garten
Nutzleistung
6 Output
8 Ausstoss
nützlich
6 ratsam
7 passend
8 opportun
9 hilfreich
nützlich(e, er, es) ...
· **Bodenbewohner**
9 Regenwurm
· **Hinweis**
3 Tip
4 Tipp
· **Insekt**
4 Imme
5 Biene
10 Honigbiene
· **Insektenfresser**
4 Igel
Nützlichkeitsdenken
13 Utilitarismus
nutzlos
8 unnoetig
11 entbehrlich
Nutznießer
8 Benutzer
Nutztier
3 Kuh, Sau
4 Ente, Esel, Gans, Hahn, Huhn, Pute, Rind
5 Ochse, Pferd, Puter, Schaf, Ziege
7 Schwein
Nutztier ...
· *der* **Lappen**
3 Ren
· *in* **Schottland**
5 Schaf
· *in* **südlichen Ländern**
4 Esel
· *in der* **Wüste**
5 Kamel
Nutztiere
4 Vieh
Nutztierfütterung
4 Mast
8 Maestung
Nutztierverband
9 Viehherde
Nutzung ...
· *gegen* **Entgelt**
5 Miete, Pacht
7 Leasing
Nutzungserlaubnis
6 Lizenz
Nutzungsnehmer gegen Entgelt auf Zeit
8 Paechter
Nutzungsrecht
11 Niessbrauch
Nutzungsrecht im Mittelalter
5 Lehen
Nutzwald
5 Forst
Nymphe
4 Echo
6 Daphne, Dryade, Egeria, Najade, Oreade
7 Galatea, Kalypso, Nereide
8 Galateia, Okeanide
Nymphomanie
9 Liebeswut
13 Mannstollheit

O

Oase in ...
· **Ägypten**
4 Siwa
5 Siwah
6 Charga, Dachla
7 Farafra
8 Baharieh, Bahariya
· **Algerien**
4 Aflu
6 Biskra
7 Gardaia
· **Arabien**
3 Kaf
· **Libyen**
3 Gat
5 Kufra, Nalut
6 Mursuk
7 Audjila, Gadames
· **Saudi-Arabien**
5 Hajil, Hufuf
· **Tunesien**
3 Dus
5 Nefta
Obdach
4 Asyl, Heim
5 Logis
6 Bleibe, Schutz
8 Herberge, Zuflucht
9 Heimstatt
10 Nachtlager
12 Unterschlupf
Obdachlosenheim
4 Asyl

Obdachloser in Paris
8 Clochard
Obduktion
7 Sektion
8 Autopsie
Obelisk
6 Saeule
obendrein
4 dazu
5 hinzu
Ober
7 Kellner
8 Bediener
9 Bedienung, Servierer
ober(e, er, es) ...
· **Bauchgegend**
10 Magengrube
· **Dachkante**
5 First
· **Erdschicht**
5 Boden
· **Hausabschluss**
4 Dach
· **Inntal**
7 Engadin
· **Raumabschluss**
5 Decke
6 Kuppel
8 Gewoelbe
· **Säulenabschluss**
8 Kapitell
· **Schicht der Atmosphäre**
13 Stratosphaere
· **Teil der Bühne**
12 Schnuerboden
· **Teil der Erdkruste**
4 Sial
· **Teil der Scheune**
8 Heuboden
9 Heubuehne
· **Teil des menschlichen Rumpfes**
5 Brust
8 Schulter
Oberarmmuskel
6 Bizeps
7 Trizeps
Oberbau bei Kraftfahrzeugen
10 Karosserie
oberbayerisch(e, er, es) ...
· **Abtei**
5 Ettal
· **Gewässer**
9 Tegernsee
10 Koenigssee
14 Starnberger See
· **Kloster**
5 Ettal
· **Klosterlikör**
7 Ettaler
· **Königsschloss**
9 Linderhof
12 Schleissheim
14 Herrenchiemsee, Neuschwanstein
· **Kreisstadt**
6 Dachau
· **Kurort**
5 Kruen, Prien, Toelz
6 Inzell, Kochel, Kreuth, Murnau, Oberau
7 Aibling, Grainau, Grassau, Wallgau, Wiessee
9 Lenggries
10 Bad Aibling, Bad Wiessee, Schliersee
13 Berchtesgaden
· **Landschaft**
7 Allgaeu
8 Chiemgau
· **Maler**
6 Haider
· **Ort**
6 Inzell
· **Passionsspielort**
12 Oberammergau
· **See**
6 Eibsee
7 Simssee
8 Ammersee, Chiemsee, Ostersee, Wuermsee
9 Kochelsee, Tegernsee
10 Koenigssee, Schliersee, Staffelsee, Walchensee
11 Spitzingsee, Waginger See
14 Starnberger See
· **Stadt**
7 Kempten
8 Freising
9 Starnberg
10 Traunstein
Oberbefehlshaber
8 Feldherr
13 Feldmarschall
Oberer
8 Guardian, Superior
Oberfläche des Körpers
4 Haut
Oberflächenbeschaffenheit
4 eben, rauh
5 glatt
Oberflächenglättung
6 Ebnung
oberflächlich
5 flach
6 seicht
7 trivial, ungenau
9 fluechtig
oberflächlicher Mensch
8 Luftikus
oberfränkische ...
· **Stadt**
3 Hof
4 Selb
5 Naila
6 Coburg
7 Bamberg
8 Bayreuth, Kulmbach, Neustadt
9 Wunsiedel
11 Lichtenfels
obergäriges ...
· **Bier**
3 Alt
4 Gose
6 Weisse
7 Altbier, Koelsch
9 Weissbier
Obergeschoss
5 Etage
8 Beletage
9 Penthouse
Obergewalt
8 Supremat
10 Suprematie
Obergewand ...
· *mit* **Ärmeln**
9 Dalmatika
· *der* **orthodoxen Juden**
6 Kaftan
· *der* **Römer**
4 Toga
6 Tunika
· *bei* **Turkvölkern**
6 Chalat
oberhalb von
5 ueber
Oberhaupt
4 Boss, Chef
6 Leiter, Regent
7 Fuehrer

8 Gebieter
9 Herrscher, Souveraen
Oberhaupt ...
· *im* **alten Russland**
3 Zar
· *der* **athenischen Akademie**
5 Plato
6 Platon
· *der* **äthiopischen Kirche**
5 Abuna
· *der* **Familie**
5 Vater
· *von* **Genua und Venedig**
4 Doge
· *im* **Islam**
5 Kalif
· *der* **katholischen Kirche**
5 Papst
· *der* **Kosaken**
6 Hetman
· *des* **Lamaismus**
9 Dalai-Lama
· *einer* **Monarchie**
6 Kaiser, Koenig
· *einer* **Republik**
16 Staatspraesident
· *eines* **Ritterordens**
11 Hochmeister
· *der* **Schiiten**
4 Imam
Oberhaut
9 Epidermis
Oberhirt
5 Papst
7 Bischof
8 Kardinal
oberirdische Förderung von Bodenschätzen
7 Tagebau
oberitalienische ...
· **Landschaft**
7 Piemont, Poebene
· **Provinz**
7 Ferrara
· **Stadt**
5 Parma
7 Ravenna
Oberkeuper
4 Raet
Oberkörperteil
6 Achsel
8 Schulter
Oberlauf ...
· *der* **Amper**
5 Ammer
· *des* **Jarmuk**
5 Harir
Oberleitung
9 Direktion, Fahrdraht
Oberleitungsverkehrsmittel
4 Obus
9 Eisenbahn
10 Trolleybus
12 Strassenbahn
Obermauer ...
· *der* **Basilika**
5 Gaden
9 Obergaden
10 Lichtgaden
Oberon
11 Elfenkoenig
oberösterreichisch(e, er, es) ...
· **Gewässer**
7 Mondsee
8 Traunsee
· **Kurort**
8 Bad Ischl
· **Stadt**
4 Ried
5 Steyr
7 Braunau, Gmunden
oberpfälzische Stadt
6 Amberg
Oberpriester im antiken Rom
8 Pontifex
Oberschenkel
5 Keule
Oberschicht
4 Adel
5 Creme, Elite
8 Upper Ten
10 Hautevolee, Schickeria
11 High Society
12 Honoratioren
13 Establishment
Oberschule
6 Lyzeum
9 Gymnasium
Oberschulfach
6 Latein
Oberschulklasse ► Klasse einer höheren Schule
Oberschullehrer
10 Studienrat
Oberschwelle
5 Sturz
oberst(e, er, es) ...
· **Beamter eines Kreises**
7 Landrat
· **Behörde der katholischen Kirche**
7 Vatikan
· **Bergkante**
4 Grat
· **Bischof eines Landes**
6 Primas
· **Dachkante**
5 First
· **deutsches Gericht**
18 Verfassungsgericht
· **Ende eines Mastes**
4 Topp
· **Exekutivorgan eines Staates**
9 Regierung
· **Gott der alten Inder**
5 Indra
· **Gott der Asen**
4 Odin
· **Gott der Germanen**
4 Odin
· **Gott der Griechen**
4 Zeus
· **Gott der Römer**
7 Jupiter
· **Hautschicht**
9 Epidermis
· **Juraformation**
4 Malm
· **Kante eines Bergrückens**
4 Grat
· **Lederschicht**
5 Narbe
· **Öffnung des Hochofens**
5 Gicht
· **Schiffsrand**
4 Bord
· **Schiffswand**
4 Bord
· **Staatsgewalt**
9 Regierung
· **Teil des Getreidehalms**
5 Aehre
· **Teile eines Baumes**
6 Wipfel
· **Vertreter des Ministers**
15 Staatssekretaer
· **Verwaltungsbehörde**
11 Ministerium
· **Vorgesetzter**
4 Chef

obersteirische Stadt
10 Schladming
Oberstimme
7 Diskant
Oberstock ▶ Obergeschoss
Oberteil
3 Top
Oberteil ...
· *des* **Bikini**
7 Bandeau
· *für* **Kleinstkinder**
13 Wolljaeckchen
Oberton
9 Konsonanz
Obhut
6 Aegide, Pflege, Schutz
9 Fuersorge, Gewahrsam
15 Beaufsichtigung
Objekt
4 Ding
5 Sache
8 Entitaet
10 Gegenstand
objektiv
4 fair, Zoom
5 Linse
7 gerecht, neutral
8 sachlich, wirklich
10 Gummilinse, unbefangen
12 unparteiisch
Oblate
6 Hostie
Obliegenheit
7 Pflicht
Obliegenheiten
6 Agenda
7 Pflicht
11 Anforderung
13 Verpflichtung
obligat
6 noetig
14 vorgeschrieben
Obligation
7 Anleihe
10 Wertpapier
Obmann
6 Leiter
12 Vorsitzender
Obolus
6 Abgabe
7 Beitrag
10 Scherflein
Obrigkeit
10 Autoritaet

Observatorium
10 Sternwarte
obskur
6 dunkel
7 nebulos
9 anruechig
obsolet
9 ueberholt
10 altmodisch
Obst ...
· *aus* **dem Backofen**
9 Bratapfel
· **verarbeitender Betrieb**
8 Mosterei
Obstart, ...
· **Obstsorte**
5 Apfel, Birne, Feige
6 Ananas, Banane, Dattel, Limone, Orange, Quitte, Traube
7 Kirsche, Kuerbis, Marille, Pflaume, Renette, Zitrone
8 Aprikose, Erdbeere, Himbeere, Pfirsich, Reinette, Zwetsche
9 Apfelsine, Blaubeere, Brombeere, Mandarine, Mirabelle, Reneklode, Ringlotte, Zwetschge
10 Clementine, Grapefruit, Klementine, Pampelmuse, Weintraube
11 Heidelbeere, Reineclaude
12 Preiselbeere, Sauerkirsche, Schwarzbeere, Stachelbeere
13 Johannisbeere
15 Schattenmorelle
Obstbaumtrieb
5 Lotte
Obstbrei
3 Mus
Obstflüssigkeit
4 Saft
10 Fruchtsaft
Obstgebäck
14 Pflaumenkuchen
Obstgehölz
6 Mispel
Obstgehölztriebe kürzen
8 kupieren
Obstgericht
7 Kompott
9 Obstsalat

Obstgetränk
9 Apfelsaft
Obstinneres
4 Kern
Obstipation
11 Verstopfung
Obstkern
5 Stein
Obstkerngehäuse
6 Griebs
Obstkistchen
6 Steige
Obstkuchen
12 Orangentorte
Obstkuchen mit Südfrüchten
12 Bananentorte
Obstler
7 Schnaps
Obstmarmelade
3 Jam
Obstmixgetränk
8 Smoothie
Obstpresse
6 Kelter
9 Entsafter
Obstprodukt
4 Saft
9 Marmelade
10 Konfituere
Obstsaft
4 Most
Obstsaft pressen
6 mosten
Obstschädling
4 Made
Obstschnaps
12 Himbeergeist, Kirschwasser
Obstsorte ▶ Obstart
Obstspeise ▶ Obstgericht
Obsttag
7 Fasttag
obszön
8 schamlos
10 anstoessig
12 unanstaendig
öd
10 langweilig
öde
3 tot
4 kahl, leer
5 wuest
6 einsam
8 unbelebt

9 abgelegen
10 langweilig
öde Gegend
9 Wuestenei
Odem
4 Atem
5 Hauch
Odeur
4 Duft
6 Geruch
9 Duftstoff
10 Riechstoff, Wohlgeruch
Odin
5 Wodan, Wotan
Odins ...
· **achtbeiniges Pferd**
8 Sleipnir
· **Rabe**
5 Hugin, Munin
· **Speer**
7 Gungnir
· **Wolf**
4 Geri
5 Freki
Odium
5 Makel
13 Anruechigkeit
Ödland
6 Brache
Odontologie
13 Zahnheilkunde
Odyssee
8 Irrfahrt
Ofengitter
4 Rost
Ofensetzer
6 Hafner
7 Haefner
Ofensetzerbetrieb
8 Hafnerei
offen
4 frei
5 frank
6 vakant
10 aufrichtig
offen(e, er, es) ...
· **Auto**
9 Kabriolet
· **Bekanntmachung der Heirat**
8 Aufgebot
· **Eisenbahngüterwagen**
4 Lore
· **Feuerstelle**
5 Kamin
10 Lagerfeuer
· **Hausvorbau**
6 Balkon
· **Küstensegelschiff**
6 Feluke
· **Mitteilung**
9 Postkarte
· **oberer Hemdabschluss**
14 Schillerkragen
· **Pkw** (Kurzwort)
6 Cabrio, Kabrio
· **Stelle in der Haut**
5 Wunde
· **Umgang**
5 Altan
7 Soeller
· **Verletzung**
5 Wunde
· **Wettbewerb im Sport**
4 Open
· **Wunde**
10 Verletzung
· **zweisitziger Sportwagen**
8 Roadster
offenbar
7 evident
8 deutlich, manifest, sichtbar
Offenbarung
10 Apokalypse, Bekenntnis
Offenheit
11 Ehrlichkeit
14 Aufrichtigkeit, Freimuetigkeit
Offenherzigkeit ▶ Offenheit
offenkundig ▶ offenbar
Offenkundigkeit
7 Evidenz
offensichtlich ▶ offenbar
Offensive
7 Angriff, Attacke
öffentlich
5 offen
6 publik
7 amtlich
9 allgemein, offiziell, staatlich
öffentlich(e, er, es) ...
· **Abgabe**
4 Zoll
6 Steuer, Tribut
7 Gebuehr
· **Anhörung**
7 Hearing
· **Ankläger**
12 Staatsanwalt
16 Oberstaatsanwalt
· **Ärgernis**
5 Eklat
7 Skandal
· **Aushang**
8 Anschlag
· **Aushang vor der Eheschließung**
8 Aufgebot
· **Auszeichnung**
5 Orden
6 Ehrung
· **Bediensteter**
14 Standesbeamter
· **Behörde**
3 Amt
· **Bekanntmachung**
7 Aushang
· **Beweis der Hochachtung**
6 Ehrung
· **Darbietung**
13 Veranstaltung
· **Empörung**
7 Aufruhr
· **Erklärung**
8 Manifest
9 Statement
· **Fürsorge**
9 Wohlfahrt
· **Geldwesen**
8 Finanzen
· **Mitteilung**
7 Aushang
11 Bekanntgabe, Kundmachung
14 Bekanntmachung
· **Park**
6 Anlage
· **Verkehrsmittel**
3 Bus, Zug
4 Bahn, Obus, Taxi, Tram
5 S-Bahn, U-Bahn
6 Faehre
7 Autobus, Omnibus, Tramway
8 Hochbahn, Trambahn
9 Eisenbahn, Stadtbahn
10 Trolleybus
11 Personenzug, Schnellbahn, Schwebebahn

12 Strassenbahn
14 Untergrundbahn
· **Verleumdung**
7 Rufmord
· **Versorgungsanbindung**
13 Hausanschluss
· **Versteigerung**
4 Gant
· **Werbeanschlag**
6 Plakat
· **Werbemittel**
6 Plakat
Öffentlichkeit
5 Forum
8 Publikum
13 Allgemeinheit
Öffentlichkeitsarbeit
15 Public Relations
offerieren
8 anbieten
Offerte
7 Angebot, Anzeige
9 Vorschlag
10 Anerbieten
Offertvorlage
14 Angebotslegung
offiziell
7 amtlich
9 foermlich
offiziell(e, er, es) ...
· **Empfang**
7 Audienz
· **Schriftstück**
7 Urkunde
8 Dokument
· **Widerruf**
7 Dementi
Offizier
5 Major
6 Oberst
7 Admiral, General
8 Kapitaen, Leutnant
9 Hauptmann, Marschall
Offizier ...
· **Caesars**
6 Brutus
· *bei* **König David**
4 Uria
Offiziersanwärter
6 Kadett
9 Faehnrich, Seekadett
12 Fahnenjunker
Offiziersdienstgrad
6 Oberst
7 General
8 Leutnant
14 Oberstleutnant
Offiziersgehilfe
8 Adjutant
Offiziersheim
6 Kasino
Offiziersrang ▶ Offiziersdienstgrad
Offiziersregierung
5 Junta
Offiziersspeiseraum
5 Messe
Offizin
8 Apotheke
9 Druckerei
offiziös
11 halbamtlich
Öffnen des Fasses
7 Anstich
Öffnung
3 Luk, Tor
4 Leck, Loch, Luke, Mund, Oehr, Pore, Tuer
5 Ritze, Spalt, Tuere
6 Luecke
7 Fenster
8 Ausstieg
9 Oberlicht
Öffnung ...
· *eines* **Saales**
7 Einlass
· *auf* **Schiffen**
3 Luk
· *eines* **Vulkans**
6 Krater
oft
5 meist
7 haeufig
10 wiederholt
öfter
10 wiederholt
Oheim
3 Ohm
5 Onkel
ohne ...
· **Abwechslung**
8 einerlei
· **Abzug**
6 brutto
· **Anzeichen von Leben**
6 leblos
· **Bedürfnis**
4 satt
9 zufrieden
· **Begleitung**
4 solo
6 allein, einsam
· **Besitzer**
9 herrenlos
· **bestimmte Planung**
7 ziellos
· **Bezahlung**
6 gratis
7 umsonst
9 geschenkt
· **Empfindung**
4 taub
· **Falten**
5 glatt
· **Feingefühl**
7 taktlos
· **festes Ziel**
7 planlos
· **Feuchtigkeit**
7 trocken
· **Halt**
7 nonstop
· **Hörvermögen**
4 taub
· **Inhalt**
4 leer
· **Kenntnisse**
10 unerfahren
· **Kunstverstand**
7 Banause
· **Kunstverständnis**
8 amusisch
· **Lärm**
5 leise, ruhig, still
· **Laut**
5 stumm
6 tonlos
· **Makel**
8 tadellos
· **Nachsicht**
9 gnadenlos
· **Namensangabe**
6 anonym
· **Planung**
7 ziellos
· **Schallschutz**
10 hellhoerig
· **Schuhe und Strümpfe**
7 barfuss
· **Sehvermögen**
5 blind
· **Sinn und Zweck**
7 sinnlos, witzlos

· **Sprechvermögen**
5 stumm
· **Stein** (Obst)
7 kernlos
· **Umweg**
6 direkt
· **Vaterland**
9 heimatlos
· **Verbindlichkeit**
5 quitt
· **Würze**
4 fade
· **Zusatznahrung gedeihendes Baby**
9 Stillkind
ohne Tierprodukte
5 vegan
ohnehin
7 sowieso
Ohnmacht
7 Kollaps
16 Bewusstlosigkeit
Ohr ...
· *des* **Wildes**
5 Loser
6 Teller
8 Lauscher
Ohren der Hasen
7 Loeffel
Ohrenarzt
7 Otologe
ohrenbetäubend
4 laut
Ohrenentzündung
6 Otitis
Ohrenheilkunde
8 Otiatrie, Otologie
Ohrenrobbe
7 Seebaer
Ohrenschmerz
7 Otalgie
Ohrenschmuck
4 Clip, Ring
5 Clips, Klipp
7 Ohrring
Ohrenspiegel
7 Otoskop
Ohrenteil
7 Muschel
9 Laeppchen
Ohreulenart
4 Asio, Bulu
Ohrfeige
7 Watsche
8 Watschen
10 Backpfeife
11 Maulschelle
13 Backenstreich
Okeanide
5 Doris, Hippo, Metis, Pluto, Tyche
6 Admete, Eidyia, Lanthe, Okyroe, Peitho
7 Elektra, Kalypso, Petraia, Rhodeia
8 Kalliroe, Plexaure, Polydora
9 Galaxaure
10 Kallirrhoe
Okkasion
11 Gelegenheit
16 Gelegenheitskauf
okkult
6 geheim
7 magisch
9 verborgen
13 spiritistisch, uebersinnlich
Okkultist
9 Spiritist
18 Geisterbeschwoerer
okkultistische Sitzung
6 Séance
Okkupation
7 Einfall
8 Invasion
9 Besetzung, Einmarsch
ökologisches Milieu
6 Umwelt
Ökonom
8 Landwirt
9 Verwalter, Volkswirt
Ökonomie
9 Bauernhof
10 Wirtschaft
11 Haushaltung, Sparsamkeit
13 Rentabilitaet
14 Landwirtschaft
15 Volkswirtschaft
16 Wirtschaftskunde, Wirtschaftslehre
18 Wirtschaftlichkeit
23 Wirtschaftswissenschaft
ökonomisch
7 sparsam
14 wirtschaftlich
Ökotrophologie
20 Hauswirtschaftslehre
Oktober
8 Gilbhard, Weinmond
Oktogon
7 Achteck
Okular
5 Linse
Okzident
9 Abendland
ölartiger Stoff
7 Elaidin
Ölbaumfrucht
5 Olive
Ölbaumgewächs
6 Jasmin
7 Flieder
8 Liguster
11 Goldflieder
Ölbaumharz
5 Elemi
Ölbehälter
4 Fass, Tank
5 Kanne
Oleander
12 Rosenlorbeer
ölen
6 fetten
9 einfetten, schmieren
Ölfrucht
5 Olive
6 Mandel
7 Erdnuss
Ölhafen im Iran
6 Abadan
ölig
6 fettig, tranig
9 schmierig
ölig(e, er, es) ...
· **Arzneimittel**
6 Oleosa
· **Fischfett**
4 Tran
· **Flüssigkeit**
8 Glyzerin
Olivengewächs
7 Oelbaum
olivgrüner Papagei
3 Kea
Olm
8 Amphibie
9 Amphibium
Ölpflanze
4 Hanf, Lein, Mohn, Nuss, Raps, Senf, Soja
5 Kapok, Narde, Olive, Sesam
6 Flachs

7 Erdnuss, Oelbaum, Rizinus
8 Oelpalme
9 Baumwolle, Ruebsamen
10 Kokospalme, Mandelbaum
11 Sonnenblume
ölreiche Hartfrucht
8 Paranuss
Ölröhre
8 Pipeline
Ölsamenpflanze
4 Lein, Raps
Ölsäure
5 Olein
ölsaures Salz
5 Oleat
Ölschiff
6 Tanker
Ölstadt am Kaspischen Meer
4 Baku
Öltransportschiff
6 Tanker
10 Tankschiff
Olympiastadt 1996
7 Atlanta
olympisch(e, er, es) ...
· **Auszeichnung**
8 Medaille
12 Goldmedaille
14 Bronzemedaille, Silbermedaille
· **Bootsklasse**
7 Tempest
· **Bootsportart**
6 segeln
· **Disziplin**
· **Frauen-Leichtathletikdisziplin**
11 Siebenkampf
· **Frauenturndisziplin**
9 Achtkampf
· **Gremium** (Abkürzung)
3 NOK
· **Weltkomitee** (Abkürzung)
3 IOC
Omelette
6 Plinse, Plinze
10 Eierkuchen
11 Pfannkuchen
13 Palatschinken
Omelette mit Füllung
18 Topfenpalatschinke
Omen
7 Vorbote
9 Anzeichen, Menetekel
10 Vorzeichen
ominös
10 bedenklich, unheilvoll
Omnibus
3 Bus, Car
7 Autobus
omnipotent
9 goettlich
11 allmaechtig
Ondit
7 Klatsch, Tratsch
8 Geruecht
11 Hoerensagen
Onkel
3 Ohm
5 Oheim
Oper von ...
· **Beethoven**
7 Fidelio
· **Bellini**
5 Norma
· **Berg**
4 Lulu
6 Wozzek
· **Berlioz**
16 Benvenuto Cellini, Fausts Verdammnis
· **Bizet**
6 Carmen
13 Perlenfischer
· **Blacher**
7 Die Flut
· **Borodin**
10 Fuerst Igor
· **Britten**
20 Ein Sommernachtstraum
· **Busoni**
8 Turandot
9 Brautwahl
11 Doktor Faust
· **d'Albert**
8 Tiefland
· **Debussy**
19 Pelleas und Melisande
· **Dvo?ák**
7 Rusalka
9 Jakobiner
· **Egk**
5 Circe
7 Revisor
8 Columbus, Peer Gynt
10 Der Revisor
· **Flotow**
6 Martha
9 Stradella
· **Fortner**
12 Bluthochzeit
· **Gershwin**
12 Porgy and Bess
· **Gluck**
5 Orfeo
6 Armida
7 Alceste, Orpheus
8 Alkestis, Antigone, Telemach
14 Paris und Helena
· **Händel**
4 Ezio, Poro
5 Poros, Serse, Siroe, Teseo
6 Admeto, Alcina, Almira, Oreste, Ottone, Xerxes
7 Orlando, Rinaldo
8 Atalanta, Berenice
9 Agrippina, Feramonde, Rodelinde
· **Haydn**
9 Apotheker
15 Welt auf dem Monde
· **Henze**
12 Koenig Hirsch
· **Hindemith**
9 Cardillac
12 Neues vom Tage
14 Mathis der Maler
15 Harmonie der Welt
· **Honegger**
6 Judith
8 Antigone
10 Jeanne d'Arc
· **Humperdinck**
13 Koenigskinder, Marketenderin
16 Haensel und Gretel
· **Kaminski**
13 Juerg Jenatsch
· **Lortzing**
6 Undine
9 Hans Sachs
10 Opernprobe
11 Wildschuetz
13 Waffenschmied
16 Zar und Zimmermann
· **Lully**
7 Alceste
· **Meyerbeer**
7 Dinorah, Prophet
9 Nordstern, Struensee
10 Hugenotten

- **Milhaud**
  5 Medea
  7 Bolivar
- **Monteverdi**
  5 Orfeo
  7 Orpheus
- **Mozart**
  5 Titus, Zaide
  7 Don Juan
  8 Idomeneo
  10 Lucio Silla
  11 Don Giovanni
  12 Cosi fan tutte, Zauberfloete
  15 Die Zauberfloete, Figaros Hochzeit
  18 Gaertnerin aus Liebe
  19 Bastien und Bastienne
  23 Entfuehrung aus dem Serail
- **Mussorgsky**
  12 Boris Godunow
- **Offenbach**
  21 Hoffmanns Erzaehlungen
- **Orff**
  4 Mond
  5 Kluge
  8 Antigone
  10 Bernauerin
- **Pergolesi**
  16 Die Magd als Herrin
- **Pfitzner**
  10 Palestrina
  12 Arme Heinrich
  13 Christelflein
- **Prokofieff**
  7 Spieler
- **Puccini**
  5 Edgar, Tosca
  6 Bohème, Mantel
  8 La Bohème, Turandot
  9 Der Mantel, La Rondine
  12 Manon Lescaut
  14 Gianni Schicchi
  15 Madame Butterfly
- **Rossini**
  7 Othello
  9 Semiramis
  11 Wilhelm Tell
  15 Diebische Elster
  17 Barbier von Sevilla
- **Schönberg**
  15 Glueckliche Hand
- **Schostakowitsch**
  4 Nase
  11 Lady Macbeth
- **Schubert**
  15 Haeusliche Krieg
- **Schütz**
  5 Dafne
- **Smetana**
  4 Kuss
  7 Dalibor, Libussa
  10 Zwei Witwen
  17 Die verkaufte Braut
- **Strauß**
  6 Daphne, Salome
  7 Ariadne, Elektra, Guntram
  8 Arabella
  9 Capriccio, Feuersnot
  10 Intermezzo
  11 Friedenstag
  13 Liebe der Danae, Rosenkavalier
  15 Ariadne auf Naxos
  16 Frau ohne Schatten
  18 Die schweigsame Frau
- **Strawinsky**
  5 Mavra
  10 Nachtigall, Oedipus Rex, Petruschka
- **Tschaikowsky**
  7 Mazeppa
  9 Pique Dame
  11 Eugen Onegin
- **Verdi**
  4 Aida
  6 Aroldo, Ernani
  7 Macbeth, Nabucco, Othello
  8 Falstaff
  9 Don Carlos, Rigoletto
  10 La Traviata, Maskenball, Troubadour
  11 Luise Miller
- **Wagner**
  4 Feen
  6 Rienzi
  8 Parsifal, Walkuere
  9 Lohengrin, Rheingold, Siegfried
  11 Tannhaeuser
  12 Liebesverbot
  13 Meistersinger
  16 Tristan und Isolde
  17 Goetterdaemmerung
  22 Der fliegende Hollaender
- **Weber**
  6 Oberon
  7 Silvana
  8 Preziosa
  9 Abu Hassan, Euryanthe
  10 Drei Pintos
  12 Peter Schmoll
  14 Der Freischuetz
- **Weill**
  16 Dreigroschenoper
- **Weingartner**
  9 Sakuntala
  10 Dame Kobold

Operation
  7 Schnitt
  8 Eingriff, Manoever
  10 Handhabung

Operationsarzt
  7 Chirurg

Operationsmesser
  8 Lanzette, Skalpell

operative ...
- **Entfernung eines Gliedes**
  10 Amputation
- **Entfernung von Organen**
  7 Ektomie
  12 Exstirpation
- **Entfernung von Organteilen**
  9 Resektion
- **Heilkunde**
  9 Chirurgie
- **Maßnahme**
  8 Eingriff

Operette von ...
- **Benatzky**
  13 Liebe im Schnee
  15 Im weissen Roessl
  16 Kleinstadtzauber, Lachende Vagabund
- **Berté**
  18 Das Dreimaederlhaus
- **Dostal**
  15 Die Vielgeliebte
- **Fall**
  11 Fidele Bauer
  13 Liebe Augustin
- **Gilbert**
  8 Puppchen
  9 Annemarie
  12 Autoliebchen, Kinokoenigin, Weib in Purpur
  14 Frau im Hermelin, Keusche Susanne

· **Jessel**
17 Schwarzwaldmaedel
· **Kalman**
8 Bajadere
12 Faschingsfee
13 Graefin Mariza
14 Herbstmanoever
15 Csardasfuerstin, Hollandweibchen
16 Zirkusprinzessin
· **Kollo**
8 Juxbaron, Marietta
10 Maedel ahoi
12 Frau ohne Kuss, Tolle Komtess
13 Wie einst im Mai
18 Drei alte Schachteln
· **Kreisler**
5 Sissy
· **Künneke**
8 Liselott
9 Traumland
10 Grosse Name
12 Lady Hamilton, Zauberin Lola
13 Herz ueber Bord
14 Dorf ohne Glocke, Lockende Flamme
15 Grosse Suenderin
16 Vetter aus Dingsda, Wenn Liebe erwacht
· **Lehar**
6 Cloclo
8 Giuditta, Paganini
9 Frasquita, Juxheirat
10 Friederike, Zarewitsch
11 Sterngucker
12 Fuerstenkind, Goettergatte, Ideale Gattin, Libellentanz, Lustige Witwe, Rastelbinder, Wiener Frauen
13 Der Zarewitsch, Endlich allein, Tangokoenigin, Zigeunerliebe
15 Die lustige Witwe
16 Graf von Luxemburg, Land des Laechelns
· **Lehár**
3 Eva
· **Lincke**
6 Grigri
8 Casanova, Frau Luna
10 Lysistrata
12 Berliner Luft
13 Venus auf Erden
14 Ein Liebestraum
15 Nakiris Hochzeit
· **Offenbach**
8 Banditen
10 Die Kreolin
12 Pariser Leben
13 Schoene Helena
16 Herr und Frau Denis
21 Orpheus in der Unterwelt
· **Raymond**
7 Marielu
11 Maske in Blau
13 Lauf ins Glueck, Perle von Tokay
14 Flieder aus Wien
15 Auf grosser Fahrt, Ball der Nationen, Geliebte Manuela
16 Saison in Salzburg
· **Stolz**
5 Maedi
7 Peppina
11 Tanzgraefin
12 Venus in Seide
13 Gluecksmaedel, Tanz ins Glueck
14 Karneval in Wien
15 Verlorene Walzer
16 Eine einzige Nacht, Prinzessin Titipa
· **Strauß**
6 Indigo, Jakuba
10 Cagliostro, Fledermaus, Simplicius, Wiener Blut
11 Waldmeister, Walzertraum
12 Lustige Krieg
13 Karneval in Rom, Zigeunerbaron
14 Ritter Patzmann
15 Fuerst in Ninetta, Prinz Methusalem
18 Eine Nacht in Venedig
· **Suppé**
9 Boccaccio, Fatinitza, Gascogner
11 Afrikareise
12 Donna Juanita
14 Flotte Burschen
15 Dichter und Bauer, Schoene Galathee
16 Banditenstreiche
· **Zeller**
16 Der Vogelhaendler

Operettenform
7 Musical
Operettenkomponist
4 Fall
5 Kollo, Lehár, Stolz, Suppé
6 Kálmán, Lincke
7 Abraham, Gilbert, Raymond, Strauss
8 Benatzky, Kuenneke
9 Offenbach
Opernarie
8 Kavatine
opernartiges Musikwerk
9 Oratorium
Opernfach
3 Alt
4 Bass
5 Buffo, Tenor
6 Sopran
7 Bariton
15 Koloratursopran
Opernfigur
4 Bess
Opernfigur ...
· *im* **Freischütz**
6 Agathe
· *bei* **Mozart**
6 Figaro
· *bei* **Verdi**
8 Falstaff
Opernhaus in ...
· **London**
12 Covent Garden
· **Mailand**
5 Scala
· **New York**
3 Met
12 Metropolitan
· **Paris**
5 Opera
Opernkomponist
3 Egk
4 Berg, Orff, Wolf
5 Bizet, Gluck, Henze, Verdi, Weber, Weill
6 Busoni, Dvorak, Mozart, Wagner
7 Berlioz, Blacher, Britten, Fortner, Haendel, Puccini, Rossini, Strauss
8 Lortzing, Pfitzner
9 Beethoven, Hindemith, Meyerbeer, Pergolesi

10 Monteverdi, Mussorgski, Strawinsky
12 Tschaikowski
Opernlied
4 Arie
8 Kavatine
Opernteil
3 Akt
4 Arie, Chor, Solo
5 Duett
6 Arioso, Aufzug, Finale
7 Terzett
8 Quartett
9 Ouverture, Rezitativ
10 Intermezzo, Ouvertuere
Operntextbuch
8 Libretto
Operntextbuchautor
10 Librettist
Opernvorspiel
10 Ouvertuere
Opfer
6 Obolus, Spende, Tribut
7 Almosen, Hingabe
10 Scherflein
Opferbereitschaft
7 Hingabe
Opferfreudigkeit
7 Hingabe
Opfergabe
5 Votiv
Opferschale
6 Phiale
Opfertisch
5 Altar
Opfertod
9 Martyrium
Ophthalmologe
9 Augenarzt
Opiumalkaloid
8 Narcotin, Narkotin
opiumhaltiges Arzneimittel
5 Opiat
Opiumpflanze
4 Mohn
Opponent
5 Feind
6 Gegner
12 Gegenspieler
opportun
7 passend
9 nuetzlich
10 angebracht
Opposition
11 Gegenpartei
Optik
10 Lichtlehre
Optimismus
8 Hoffnung
10 Zuversicht
12 Lebensfreude
14 Lebensbejahung
Optimum
7 Maximum
10 Hoehepunkt
Option
8 Vorrecht
optisch wahrnehmen
5 sehen
optisch(e, er, es) ...
· **Autosignalgerät**
9 Lichthupe
· **Gerät**
4 Lupe
5 Linse
6 Brille, Kamera, Okular
8 Fernglas, Fernrohr, Objektiv, Periskop, Teleskop
9 Mikroskop
11 Fotoapparat
· **Telegraf**
8 Semaphor
· **Untersuchungsverfahren**
11 Mikroskopie
· **Wahrnehmen**
5 Sehen
· **Zielgerät**
7 Diopter
opulent
6 ueppig
9 reichlich
Opuntie
12 Feigenkaktus
Opus
4 Werk
6 Oeuvre
9 Kunstwerk
11 Komposition
Orakel
9 Menetekel
10 Weissagung
11 Offenbarung
Orakelpriester
5 Augur
Orakelpriesterin ...
· *der* **Antike**
6 Pythia
7 Sibylle
Orakelstätte ...
· *der* **alten Griechen**
5 Delos
6 Delphi
orale Gesundheitspflege
11 Mundhygiene
Orange
5 Navel
7 Satsuma
9 Apfelsine, Mandarine, Pomeranze
10 Clementine
Oratorium von ...
· **Bach**
15 Johannespassion
16 Matthaeuspassion
· **Händel**
4 Saul
5 Josua
6 Esther, Joseph, Salomo, Samson, Semele
7 Deborah, Jephtha, Messias, Susanna
8 Belsazar, Herakles, Theodora
13 Alexanderfest
· **Haydn**
10 Schoepfung
12 Jahreszeiten
· **Mendelssohn**
5 Elias
Orchester
7 Kapelle
Orchesterleiter
8 Dirigent
10 Bandleader
13 Kapellmeister
Orchestermitglied
7 Musiker
Orchesterstück zu einem Bühnenwerk
10 Ouvertuere
Orchestersuite ...
· *von* **Händel**
11 Wassermusik
15 Feuerwerksmusik
Orchesterwerk
8 Sinfonie
Orchestrion
12 Musikautomat
Orchideenart
6 Dingel, Laelia, Orchis
7 Ragwurz, Vanille
8 Cattleya, Nestwurz, Oncidium

9 Braunelle, Zahnlippe, Zweiblatt
10 Braendlein, Venusschuh
11 Frauenschuh, Knabenkraut
13 Kuckucksblume
Orchideengattung
11 Frauenschuh
Orchideenknolle
5 Salep
Orden
8 Medaille
10 Dekoration
12 Auszeichnung, Ehrenzeichen
Ordensältester der Derwische
3 Pir
Ordensband
6 Kordon
Ordensbruder
3 Fra
6 Frater, Moench
Ordenschefin
6 Oberin
Ordensfrau
5 Nonne
Ordensgeistlicher
5 Pater
Ordensoberer
5 Prior
7 General
Ordensritter
6 Komtur
Ordensschwester
5 Nonne
11 Klosterfrau
Ordensstifter
4 Neri
6 Loyola
7 Chantal, Liguori
8 Benedikt
9 Dominikus
10 Franziskus
Ordenstracht
5 Habit
ordentlich
4 brav
8 tuechtig
ordentlich zupacken
7 klotzen
ordentlicher ...
· **Professor**
10 Ordinarius
16 Lehrstuhlinhaber
· **Zustand eines Schiffes**
5 Trimm
Order
6 Befehl
7 Auftrag, Mission
9 Anordnung
10 Bestellung
Orderpapier
7 Wechsel
ordinär
6 gemein, unfein
7 taktlos, vulgaer
11 alltaeglich, gewoehnlich
Ordination
13 Priesterweihe
Ordinationszimmer
12 Sprechzimmer
ordnende Festlegung
8 Regelung
Ordnung
5 Nomos
8 Regelung
9 Disziplin
Ordnungsbegriff
5 Folge, Reihe
Ordnungsbegriff ...
· *der* **Biologie**
3 Art
5 Rasse, Sorte
6 Klasse
7 Gattung, Ordnung
Ordnungsbehörde
7 Polizei
Ordnungsform
6 Schema, System
7 Prinzip
10 Hierarchie
ordnungsgemäß
4 rite
Ordnungsgruppe
5 Menge
6 Klasse
9 Kategorie
Ordnungshüter
6 Schupo
7 Gendarm, Polizei
8 Polizist
Ordnungsmaßnahme
8 Regelung
Ordnungsprinzip
▶ Ordnungsform
Ordnungssystem
6 Kartei
8 Alphabet
Ordnungstruppe
7 Polizei
Ordnungszahl
6 Nummer
11 Ordinalzahl
ORF-Zusatzinformation
8 Teletext
Organ
4 Darm, Herz, Milz
5 Blase, Galle, Leber, Lunge, Magen, Niere
6 Gehirn
11 Gallenblase
Organ ...
· *einer* **AG**
12 Aufsichtsrat
· *im* **Bauch**
4 Milz
· *der* **Fische**
6 Flosse
· *im* **Hals**
12 Schilddruese
· *der* **Kuh**
5 Euter
· *im* **Mund**
5 Zunge
· *im* **Rachen**
6 Mandel
· *der* **Sekretion**
6 Druese
· *der* **Stimmbildung**
8 Kehlkopf
Organeinpflanzung
12 Implantation
Organisation
6 Aufbau
7 Ordnung, Verband
10 Gliederung
Organisation ... (Abkürzung)
· *der* **UN**
3 FAO, ILO, IRO, ITU, UIT, UPU, WHO, WMO
4 IAEO, UNDP
5 UNIDO
6 ECOSOC, UNCTAD, UNESCO, UNICEF
Organisationsprinzip
6 System
Organisator
6 Macher
7 Manager
organisch(e, er, es) ...
· **Bestandteile des Bodens**
5 Humus

O

- **chemische Verbindung**
  5 Ester
  7 Aldehyd
- **Fett**
  4 Talg
- **Giftstoff**
  5 Toxin
- **Gruppe von Kleinkindern**
  10 Spielkreis
- **Hilfstätigkeit**
  7 Karitas
  9 Fuersorge, Wohlfahrt
  11 Sozialhilfe
- **Säure**
  5 Olein
  9 Oelsaeure
  11 Aminosaeure, Essigsaeure
  13 Ameisensaeure, Salizylsaeure
  14 Zitronensaeure
- **Stickstoffblase**
  4 Amin
- **Verbindung**
  4 Amin
  5 Furan, Indol, Keton, Orzin, Purin
  6 Ketone
  7 Aldehyd, Derivat
- **Verbrechergruppe**
  5 Mafia
- **Wirkstoff**
  5 Enzym
  7 Ferment

Organismus eines Lebewesens
7 Koerper

Organist
6 Kantor

Organübertragung
15 Transplantation

Organverpflanzung
15 Transplantation

Orgelmusik
4 Fuge
10 Praeludium

Orgelpfeifenreihe von gleicher Klangfarbe
8 Register

Orgelregister
7 Fistula

Orgelspieler
8 Organist

Orgelspielerin
10 Organistin

Orgeltaste
6 Clavis

Orgelteil
5 Pedal, Taste
6 Manual, Pfeife
8 Register, Windlade, Windwerk

Orgie
6 Exzess, Gelage
9 Trinkfest, Voellerei
13 Ausschweifung

Orient
5 Osten
6 Nahost
10 Morgenland

Orientale
5 Kurde, Syrer
6 Araber, Iraker, Iraner, Perser, Syrier, Tuerke
8 Armenier, Libanese
9 Jordanier

Orientalin
7 Tuerkin
8 Araberin, Iranerin

orientalisch(e, er, es) ...
- **Badeanlage**
  6 Hammam
- **Badehaus**
  6 Hammam
- **Bauer**
  8 Fellache
- **Bettelmönch**
  5 Fakir
  8 Derwisch
- **Branntwein**
  4 Raki
- **Ehrentitel**
  7 Scheich
- **Färbemittel**
  5 Henna
- **Flöte**
  3 Nei
- **Frauengemach**
  5 Harem
- **Frauenhose**
  8 Schalwar
- **Frauenname**
  6 Fatima
- **Fürstentum**
  6 Emirat
- **Gebetsteppich**
  5 Konya, Ladik
- **Gedichtform**
  5 Gasel
  6 Ghasel
- **Genussmittel**
  3 Kat
  5 Betel
  9 Betelnuss
- **Gottheit**
  2 Ea
  4 Baal
  5 Istar
  7 Astarte
- **Haarfärbemittel**
  5 Henna
- **Hammelfleischgericht**
  5 Kebab
- **Händlerviertel**
  5 Basar, Bazar
- **Hausbauform**
  5 Liwan
- **Herrschertitel**
  6 Sultan
- **Kaumittel**
  5 Betel
- **Königreich**
  9 Jordanien
  12 Saudi-Arabien
- **Kopfbedeckung**
  3 Fes, Fez
  6 Turban
- **Krummschwert**
  7 Jatagan
- **Küstenschiff**
  3 Dau
  4 Dhau
- **Liebesgöttin**
  5 Istar
  7 Astarte
- **Mantel**
  6 Burnus
- **Märchenerzähler**
  6 Meddah
- **Märchenfigur**
  6 Aladin
  7 Ali Baba
- **Markt**
  5 Basar, Bazar
- **Musikinstrument**
  10 Kemantsche
- **Naturgott**
  6 Adonis
- **Ölpflanze**
  5 Sesam

- **Palast**
  6 Serail
- **Pflegezeremoniell**
  8 Rasulbad
- **Polizeisoldat**
  6 Kawass
- **Reisegesellschaft**
  8 Karawane
- **Reiseintopf**
  5 Pilau, Pilaw
- **Richter**
  4 Kadi
- **Rock**
  3 Aba
- **Schautanz**
  9 Bauchtanz
- **Spezialität** (2 Wörter)
  15 Tuerkischepizza
- **Spießlaute**
  3 Tar
- **Teppich**
  5 Kelim
- **Titel**
  3 Aga, Bei
  4 Emir, Khan
  5 Kalif, Mogul, Schah
  6 Pascha, Sultan
  7 Scheich
- **Trinkgeld**
  10 Bakschisch
- **Überrock**
  6 Kaftan
- **Wanderhirt**
  7 Beduine
- **Warenmarkt**
  5 Basar, Bazar
- **Wasserkanne**
  5 Ibrik
- **Wasserpfeife**
  4 Huka
  5 Hukka
  6 Kalian, Shisha
  8 Nargileh
- **Weiser**
  5 Harim
- **Zauberwort**
  5 Sesam
- **Zither**
  6 Sewuri

Orientierungsfähigkeit
8 Ortssinn

Orientierungshilfe im Kinderzimmer
10 Nachtlicht

Orientierungszeichen für Schiffe
4 Bake

Orientteppich aus Persien
3 Mir

Orientteppichsorte
3 Mir
4 Arak, Ghom, Nain
5 Herat, Heris, Kelim, Mahal, Saruk, Senne
6 Afghan, Anatol, Berber, Bidjar, Kerman, Kirman, Perser, Sarugh, Smyrna, Tabriz
7 Bergama, Buchara, Hamadan, Isparta, Karaman, Kaschan, Keshuan, Mesched, Schiras, Schiraz, Taebris, Teheran
8 Luristan, Meschhed, Serabend
9 Ferraghan
10 Muschkabed

Original
4 Kauz
6 Unikum, Urbild
7 Vorlage
9 Urfassung, Urschrift

Originaldokument
9 Urschrift

originär
13 urspruenglich

Orkneyinsel
3 Hoy
4 Eday, Fara
6 Burray, Flotta, Pomona, Sanday
7 Westray
8 Mainland, Stronsay

Ornament
5 Dekor
6 Feston, Zierde
7 Rosette
8 Arabeske, Maeander, Palmette, Zickzack
10 Rankenwerk, Verzierung

Ornamentform
8 Akanthus

Ornat
6 Gewand
12 Festkleidung

Ornithologe
12 Vogelkundler

Ort
4 Dorf
5 Markt, Platz, Punkt, Stadt
6 Stelle, Weiler
7 Flecken, Staette
8 Gemeinde, Siedlung
9 Ortschaft

Ort ...
- *zum* **Abstellen von Fahrzeugen**
  8 Parkhaus
  9 Parkplatz
  10 Tiefgarage
- *bei* **Alexandria**
  6 Abukir
- *auf* **Ameland**
  3 Nes
- *in* **Arkansas** (USA)
  4 Etta
- *am* **Arlberg**
  5 Zuers
- *der* **Begegnung**
  7 Staette
- *zur* **Entspannung und Rast**
  8 Ruhezone
- *am* **Gardasee**
  4 Riva
  7 Torbole
- *der* **Geborgenheit**
  10 Elternhaus
- *der* **Gefallenen** (Sagenwelt)
  7 Walhall
  8 Walhalla
- *am* **Genfer See**
  5 Evian
- *der* **Grabstätte von Gerhart Hauptmann**
  9 Hiddensee
- *der* **griechischen Götter**
  5 Olymp
- *bei* **Gronau**
  3 Epe
- *mit* **großem Warenangebot**
  16 Einkaufsparadies
- *im* **Kanton Freiburg**
  6 Murten
  7 Greyerz
- *der* **Kardinäle zur Papstwahl**
  8 Konklave
- *der* **Karl-May-Festspiele**
  8 Segeberg
- *bei* **London**
  5 Ascot
- *bei* **Luxor**
  6 Karnak

O

· *im* **Münsterland**
3 Epe
· *im* **Münsterland bei Gronau**
3 Epe
· *in* **Nordfinnland**
2 Ii
· *der* **nordischen Sage**
7 Walhall
8 Asenheim, Walhalla
· *in* **Oberitalien**
5 Garda
· *der* **Olympischen Winterspiele**
6 Nagano
· *in* **Ostfriesland**
5 Esens
· *der* **Qual**
6 Hoelle
7 Inferno
· *in* **Salzburg**
10 Hofgastein, Saalfelden
· *in der* **Schweiz**
10 Kuessnacht
· *der* **Seeschlacht 1805**
9 Trafalgar
· *der* **Seligen**
8 Jenseits
· *der* **Seligkeit**
4 Eden
7 Elysium
8 Paradies
· *in* **Sibirien**
3 Amo
· *in* **Südtirol**
6 Salurn
· *auf* **Sylt**
4 List
6 Kampen, Keitum, Morsum, Rantum
7 Hoernum
8 Braderup
10 Westerland
12 Wenningstedt
· *nahe der* **Thur**
11 Muehlhausen
· *in* **Tirol**
3 Erl
4 Zirl
7 Soelden
9 Hintertux
· **verbotener Glücksspiele**
11 Spielhoelle
· *der* **Verdammnis**
6 Hoelle
8 Tartarus
· *des* **Wirkens Albert Schweitzers**
9 Lambarene
· *der* **zentralen Wärmequelle**
12 Heizungsraum
· *der* **Zusammenkunft**
10 Treffpunkt

Orter
5 Radar
9 Navigator

orthodox
13 rechtglaeubig
14 strenggläubig

orthodox(e, er, es) ...
· **Geistlicher**
4 Pope
· **Klostervorsteher**
6 Igumen
· **Politiker**
13 Konservativer

Orthografie
15 Rechtschreibung

orthopädisch geformte Kinderschuhe
14 Lauflernschuhe

örtlich ...
· **begrenzt**
3 eng
5 lokal

örtlich(e, er, es) ...
· **Betäubung**
16 Lokalanaesthesie
· **Dienststelle für Sicherheit**
13 Polizeirevier
· **Verwaltung**
17 Buergermeisteramt

Örtlichkeit
10 Lokalitaet

ortsansässig
6 hiesig
8 heimisch
10 beheimatet, eingeboren
11 eingesessen, einheimisch

Ortsansässige
11 Einwohnerin

Ortsbeschreibung
10 Topografie
11 Topographie

Ortsbestimmung
4 dort
12 Lokalisation

ortsfest
7 immobil
10 stationaer
11 unbeweglich

ortskundiger Schiffsführer
5 Lotse

Ortsnachrichten (Zeitung)
7 Lokales

Ortsveränderung
5 Reise, Umzug

Ortszentrum
10 Innenstadt

Ortung
7 Peilung

Ortungsverfahren
5 Radar

Öse
4 Oehr, Ring
8 Schlaufe, Schleife, Schlinge

Osmane
6 Tuerke

Ostafrikaner
6 Somali
7 Ugander
8 Kenianer

ostafrikanisch(e, er, es) ...
· **Eingeborenensoldat**
6 Askari
· **Hausrindrasse**
11 Watussirind
· **Insel**
8 Sansibar
10 Madagaskar
· **Inselgruppe**
7 Komoren
10 Seychellen
· **Inselstaat**
10 Madagaskar
· **Nomade**
6 Massai
· **Sprache**
7 Suaheli
· **Staat**
5 Kenia, Sudan
6 Ruanda, Uganda
7 Burundi, Somalia
8 Tansania
10 Aethiopien
· **Stamm**
6 Massai
· **Überlandreise**
6 Safari
· **Verkehrssprache**
9 Kisuaheli

· **Volk**
7 Suaheli
Ostalpengruppe
6 Tauern
Ostasiat
7 Chinese, Japaner
8 Koreaner
10 Vietnamese
ostasiatisch(e, er, es) ...
· **Bär**
10 Kragenbaer
· **Halbinsel**
5 Korea
· **Heilpflanze**
7 Ginseng
· **Heilverfahren**
10 Akupunktur
· **Nutzpflanze**
4 Reis, Soja
· **Personengefährt**
7 Rikscha
· **Reitervolk**
6 Hunnen
· **Staat**
5 China, Japan, Korea
6 Taiwan
8 Mongolei
9 Nordkorea, Suedkorea
· **Tagelöhner**
4 Kuli
· **Teilvolk**
12 Nordkoreaner
· **Tempel**
6 Pagode
· **Verkehrsmittel**
7 Rikscha
· **Volk**
7 Japaner
· **Wirbelsturm**
6 Taifun
· **Wurzel**
7 Ginseng
· **Zierbaum**
6 Ginkgo
Ostasien
7 Fernost
11 Ferner Osten
ostdeutsch für Butterbrot
5 Bemme
Ostdeutsch für Grütz-, Topfwurst
11 Tiegelwurst
ostdeutsch(e, er, es) ...
· **Gemüsespezialität**
10 Blitzgurke
· **Kuchenspezialität**
11 Eierschecke
Osten
6 Orient
10 Morgenland
Osterbrauch
6 Marsch
österliche Bastelarbeit
11 Eierfaerben
Ostermond
5 April
Österreicher
6 Wiener
7 Tiroler
9 Kaerntner
10 Salzburger
12 Vorarlberger
13 Burgenlaender, Steiermaerker
österreichisch für ...
· **Abitur**
6 Matura
· **Anzahlung**
6 Akonto
· **Aprikose**
7 Marille
· **Beeren einzeln abpflücken**
8 abrebeln
· **Berghang**
5 Leite
· **Eckball**
6 Corner
· **Felskopf**
4 Nock
· **flott**
5 fesch
· **Geldbeutel**
7 Saeckel
· **Gericht aus Herz und Lunge**
8 Beuschel
· **Gewebe**
4 Webe
· **knusprig**
5 resch
· **Krankenhaus**
6 Spital
· **Mais**
7 Kukuruz
· **Männlein**
5 Mandl
· **Matthias**
5 Hiasl
· **Meerrettich**
4 Kren
· **Milchkaffee**
7 Melange
· **Nikolaus**
6 Nikolo
· **Pflaumenmus**
6 Powidl
· **Pilz**
10 Schwammerl
· **Reifeprüfung**
6 Matura
· **Rettich**
4 Radi
· **schick**
5 fesch
· **Schienenstrang**
7 Geleise
· **Schnapsgläschen**
8 Stamperl
· **sowieso**
2 eh
· **Stechmücke**
5 Gelse
· **Stoffrand**
5 Endel
· **Taxifahrer**
6 Taxler
· **Theke**
6 Schank
· **Tomate**
10 Paradeiser
· **Torhüter**
6 Keeper
· **Verzehr**
11 Konsumation
· **Waldschlucht**
5 Dobel
· **Weste**
5 Gilet
österreichisch(e, er, es) ...
· **Abtei**
4 Melk
13 Kremsmuenster
· **Adelstitel**
4 Edle
5 Edler
· **Alpenpass**
4 Fern, Lueg
5 Achen, Loibl, Stein, Strub, Thurn
6 Flexen, Gerlos, Tauern, Wurzen

7 Arlberg, Brenner, Reschen, Seeberg
9 Poetschen, Semmering
10 Katschberg, Zirlerberg
11 Timmelsjoch

· **Amtsehrentitel**
6 Hofrat

· **Anatom**
5 Hayek, Hyrtl

· **Archäologe**
6 Arneth
7 Gomperz, Schoell

· **Arzt**
5 Freud
6 Barany, Dittel
11 Semmelweiss

· **Ausdruck für Mietkutsche**
6 Fiaker

· **Autorin**
5 Busta, Ebner
6 Lavant
8 Jellinek

· **Backwerk** (2 Wörter)
11 Linzertorte

· **Bergsteiger**
4 Buhl
12 Purtscheller

· **Bezeichnung für ein Viehfutter**
6 Runkel

· **Bildhauer**
5 Mandl, Opitz, Zuern
6 Gasser, Pacher
7 Wotruba
8 Hrdlicka

· **Biologe**
6 Mendel

· **Botaniker**
6 Kerner, Mendel, Schenk
10 Haberlandt

· **Bundeskanzler**
4 Figl, Raab
5 Klima
7 Faymann, Kreisky
8 Dollfuss, Sinowatz
9 Schuessel, Vranitzky
11 Schuschnigg

· **Bundesland**
4 Wien
5 Tirol
8 Kaernten, Salzburg
10 Burgenland, Steiermark, Vorarlberg
15 Oberoesterreich
17 Niederoesterreich

· **Bundespräsident**
8 Waldheim

· **Chemiker**
4 Auer
5 Gintl, Pregl
6 Paneth

· **Chirurg**
6 Lorenz

· **Dirigent**
4 Jahn
5 Boehm, Haydn, Krips, Motti
6 Gielen, Krauss, Mahler, Paulik, Schalk, Schuch, Walter
7 Herbeck, Kabasta, Karajan, Kleiber
11 Weingartner

· **Erfinder**
12 Madersperger

· **Ex-Skifahrer**
6 Sailer

· **Feingebäck**
7 Krapfen

· **Feldmarschall**
4 Daun
5 Eugen, Ligne
6 Laudon
8 Radetzky

· **Fernsehanstalt**
3 ORF

· **Filmkomiker**
4 Sima
5 Moser
9 Hoerbiger

· **Flächenmaß**
4 Joch

· **Flugzeugbauer**
6 Etrich

· **Forscher**
4 Auer
6 Mendel, Ressel
7 Neisser

· **Freiheitskämpfer**
12 Messenhauser

· **Geograf**
4 Merz

· **Gewicht**
4 Deka

· **Gewichtseinheit**
4 Deka

· **Grenzstadt an der Thaya**
3 Laa

· **Grenzstadt nördlich von Wien**
3 Laa

· **Gruß**
6 Servus
11 Habe die Ehre
12 Kuess die Hand

· **Hafenstadt am Bodensee**
7 Bregenz

· **Hauptstädter**
6 Wiener

· **Historiker**
6 Kaplan

· **Hörnchengebäck**
7 Kipferl

· **Ingenieur**
6 Kaplan

· **Instrumentalvirtuose**
5 Gulda
6 Czerny, Morini
8 Kreisler
9 Hofhaimer

· **Instrumentenbauer**
12 Boesendorfer

· **Kaiserin**
4 Zita
5 Sissi

· **Kloster**
4 Melk

· **Koch und Hotelier**
6 Sacher

· **Komponist**
3 Fux
4 Berg, Fall, Toch, Wolf
5 Einem, Gluck, Haydn, Jarno, Lehár, Loewe, Stolz, Suppé
6 Dostal, Hummel, Kálmán, Kienzl, Krenek, Lanner, Mahler, Mozart, Webern, Zeller
7 Raymond, Stamitz, Strauss
8 Benatzky, Bruckner, Schubert
10 Schoenberg

· **Kurort**
4 Hall, Lech, Zell
5 Baden, Ischl, Lofer, Zuers
6 Aussee, Fuschl, Ramsau, Reutte, Velden
7 Gmunden, Mondsee, Ossiach, Seefeld, Villach

10 Badgastein, Kitzbuehel, Sankt Anton
11 Poertschach
· **Landeshauptstadt**
4 Graz, Linz, Wien
7 Bregenz
8 Salzburg
9 Innsbruck
10 Eisenstadt, Klagenfurt
· **Landschaft**
5 Lobau
6 Pongau, Wachau
7 Pinzgau
9 Zillertal
10 Innviertel
11 Waldviertel, Weinviertel
13 Salzkammergut
· **Landsmann**
7 Steirer, Tiroler
· **Literat**
4 Roth
5 Kafka, Kraus, Musil
8 Rosegger
11 Stefan Zweig
· **Logiker**
6 Goedel
· **Lyriker**
5 Rilke
6 Kramer
· **Maler**
3 Alt
5 Klimt, Kubin
9 Defregger, Kokoschka
13 Hundertwasser
· **Mathematiker**
6 Hlawka
9 Wirtinger
· **Mediziner** ▶ Arzt
· **Mime**
5 Moser
· **Minnesänger**
4 Aist
12 Lichtenstein
· **Münze**
5 Taler
6 Heller
7 Dukaten, Kreuzer
8 Groschen
9 Schilling
· **Nationalökonom**
5 Hayek, Mayer, Mises
· **Neurologe**
5 Freud
· **Nobelpreisträger für Chemie**
5 Pregl
9 Zsigmondy
· **Nobelpreisträger für Frieden**
5 Fried
7 Suttner
· **Nobelpreisträger für Medizin**
5 Loewi
6 Barany, Frisch, Lorenz
11 Landsteiner
13 Wagner Jauregg
· **Nobelpreisträger für Physik**
4 Hess
5 Pauli
· **Nobelpreisträger für Wirtschaft**
5 Hayek
· **Nobelpreisträger/-in für Literatur**
7 Jelinek
· **Operettenkomponist**
5 Lehar
· **Pazifist**
5 Fried
7 Suttner
8 Lammasch
· **Philosoph**
4 Hahn, Mach
5 Riehl
6 Popper
7 Meinong
12 Wittgenstein
· **Physiker**
4 Hess, Mach
5 Pauli
6 Lecher
· **Pianist**
5 Demus, Gulda
· **Politiker**
4 Figl, Mock
7 Kreisky
8 Dollfuss, Sinowatz
11 Schuschnigg
· **Psychologe**
5 Freud
· **Regelwerk**
6 OE-Norm
· **Regisseur**
4 Lang
5 Forst, Hartl, Pabst
6 Meisel, Ucicky
9 Lindtberg, Reinhardt
· **Rennfahrer**
5 Lauda
· **Rundfunk** (Kurzwort)
3 ORF
· **Sänger**
8 Juergens
· **Sängerin**
6 Lolita
· **Schauspieler**
4 Matz
5 Forst, Kainz, Moser, Niese, Waltz
6 Hansen, Krones, Moissl, Muliar, Odilon, Thimig, Tiller
7 Bergner, Kortner, Nestroy, Raimund, Reimers, Schratt
8 Lewinsky, Tressler
9 Bleibtreu, Gallmeyer, Hoerbiger, Reinhardt
10 Stranitzky
· **Schauspielerin**
7 Wessely
· **Schriftsteller**
3 Kay
4 Brod, Roth
5 Broch, Celan, Fried, Jandl, Kafka, Kraus, Kubin, Lenau, Musil, Rilke, Trakl
6 Handke, Werfel
7 Doderer, Meyrink, Nestroy, Stifter
8 Roda Roda, Rosegger
9 Kokoschka
10 Schnitzler
11 Anzengruber, Grillparzer
12 Hofmannsthal
· **Schriftstellerin**
7 Jelinek
8 Bachmann
9 Aichinger
10 Mayroecker
11 Noestlinger
15 Ebner-Eschenbach
· **Spezialität vom Rind**
10 Tafelspitz
· **Staatsmann**
4 Bach, Beck
5 Beust, Bruck, Seitz
6 Badeni, Miklas, Renner, Seipel, Taaffe

7 Kaunitz, Koerner, Schober, Stadion
8 Dollfuss
9 Gleispach
10 Metternich
11 Bartenstein
12 Pillersdorff
13 Khevenhueller, Schwarzenberg
· **Stadt in der Steiermark**
8 Eisenerz
· **Stadt in Tirol**
7 Landeck
· **Süßspeise**
6 Pofese
· **Tenor**
6 Tauber
· **Verhaltensforscher**
6 Lorenz
· **Wort für Gehalt**
6 Salaer
· **Wort für Kaffee**
7 Brauner
· **Wort für Sahne**
11 Schlagobers
· **Wort für Straßenbahn**
4 Tram
· **Wort für Tabakladen**
6 Trafik
· **Wort für Tomate**
10 Paradeiser
· **Wort für Weste**
5 Gilet
· **Zoologe**
4 Kner
6 Frisch
· **Zukunftsforscher**
5 Jungk
österreichisch-deutscher Modedesigner
12 Baldessarini
Osteuropäer
4 Este, Pole
5 Balte, Finne, Lette, Russe, Slawe, Ungar
6 Tuerke
7 Bulgare, Litauer, Rumaene, Ruthene, Slowake
8 Tscheche, Ukrainer
10 Weissrusse
Osteuropäerin
5 Polin
6 Russin
osteuropäisch(e, er, es) ...
· **Grenzgebirge**
4 Ural
· **Hirtenflöte**
5 Kawal
· **Jude**
11 Aschkenasim
· **Völkergruppe**
6 Slawen
ostfinnischer ...
· **Volksstamm**
8 Karelier, Udmurten
ostfranzösischer Landsmann
9 Elsaesser
ostfranzösisches ...
· **Grenzland**
6 Elsass
10 Lothringen
ostfriesisch(e, er, es) ...
· **Blödelbarde**
4 Otto
· **Hafenstadt**
4 Leer
5 Emden, Jever
6 Norden
· **Insel**
5 Juist
6 Borkum
7 Baltrum, Memmert
8 Langeoog
9 Norderney
10 Wangerooge
11 Spiekerooge
· **Stadt**
4 Leer
5 Esens, Jever, Varel
6 Aurich, Norden
· **Vogelschutzinsel**
7 Memmert
Ostgermane
4 Gote
ostgermanischer ...
· **Stamm**
5 Goten
7 Gepiden
9 Bastarner, Burgunder
Ostgotenkönig
4 Teja
5 Kniwa
6 Aorich, Berich, Totila
7 Ararich, Erarich, Lidibad, Walamer, Widemer, Witigis
8 Dietrich, Geberich, Hunimund, Ildibald
10 Theoderich
ostgotischer Held
10 Hildebrand
ostgotisches ...
· **Herrschergeschlecht**
6 Amaler
9 Amelungen
osthamitischer Volksstamm
7 Boraner
osthessische Stadt
5 Bebra
ostiranischer Nomade
5 Alane
ostkanadische Halbinsel
8 Labrador
östlich(e, er, es) ...
· **Mittelmeerländer**
7 Levante
· **Sonnenland der griechischen Sage**
3 Aea, Aia
· **Teil des Pfälzer Waldes**
6 Haardt
östlichste Insel Kanadas
11 Neufundland
östlichster Punkt Islands
6 Gerpir
ostmitteldeutsch für Schmalzbrot
9 Fettbemme
ostpreußisch für Quark
6 Glumse
ostpreußisch(e, er, es) ...
· **Dichterin**
6 Miegel
· **Hauptstadt**
11 Koenigsberg
· **Honiglikör**
10 Baerenfang
· **Landschaft**
7 Ermland, Masuren, Samland
8 Natangen
· **Ordensburgruine**
5 Balga
· **Pferderasse**
9 Trakehner
· **Schlachtort**
5 Rudau
· **Schriftsteller**
5 Grass, Halbe
9 Sudermann
· **Warmbier mit Eiern**
4 Flip
Ostregion von Nigeria
6 Biafra

oströmisch(e, er, es) ...
- **Feldherr**
  6 Narses
  7 Belisar
- **Hauptstadt**
  6 Byzanz
  14 Konstantinopel
- **Kaiser**
  4 Leon
  5 Zenon
  6 Fabius, Julian, Valens
  8 Arkadios
  9 Justinian
  10 Konstantin, Theodosius
- **Kaiserin**
  3 Zoe
  5 Irene
  6 Eirene
  8 Theodora

Ostseeanwohner
4 Este, Pole
5 Daene, Finne, Lette, Russe
7 Schwede
9 Deutscher

Ostseebad
4 Binz, Deep
5 Cranz, Dahme, Laboe
6 Bansin, Eldena, Nidden, Rettin, Sellin
7 Ahlbeck, Goehren, Kolberg, Koserow, Mueritz, Selling
8 Groemitz, Haffkrug, Hohwacht, Niendorf
10 Scharbeutz, Timmendorf
11 Heringsdorf, Swinemuende, Travemuende, Warnemuende

Ostseebad bei Kiel
5 Laboe

Ostseebucht bei Rostock
6 Grabow

Ostseehafen
3 Åbo
4 Kiel, Riga
5 Libau, Luleå, Memel, Reval, Turku, Visby
6 Danzig, Kalmar, Malmoe, Pillau, Windau, Wismar
7 Gdingen, Luebeck, Rostock, Stettin
8 Helsinki
9 Leningrad, Stockholm, Stralsund
10 Greifswald, Karlskrona, Puttgarden
11 Swinemuende, Travemuende

Ostseehalbinsel
4 Hela
5 Darss
6 Zingst
7 Wustrow

Ostseeinsel
3 Oie
4 Moen, Poel
5 Alsen, Dagoe, Oesel
6 Anholt, Fuenen, Oeland, Ruegen, Samsoe, Ummanz, Usedom, Wollin
7 Fehmarn, Gotland, Lolland, Seeland
8 Bornholm
9 Hiddensee, Langeland

Ostseemeerenge
4 Belt, Sund
8 Oeresund
11 Fehmarnsund

Ostsibirier
6 Ewenke
7 Tunguse

ostspanischer Küstenfluss
3 Ter

ostspanisches Seebad
8 Benidorm

Osttiroler
7 Lienzer

Ostwind in den Tropen
6 Passat

Otter
5 Viper
6 Marder, Natter
8 Schlange

Ottomane
5 Couch, Liege

Outsider
12 Aussenseiter

Ouvertüre
8 Vorspiel

oval
6 eirund
9 eifoermig
10 elliptisch

ovale Kurve
7 Ellipse

Ovation
6 Ehrung
7 Applaus, Beifall
9 Huldigung
12 Ehrbezeugung

Ovulation
8 Eisprung

Ovulationshemmer
5 Pille
13 Antibabypille

Oxidation
6 Rosten

Ozean
4 Meer
7 Pazifik
8 Atlantik, Weltmeer

Ozeanografie
11 Meereskunde

Ozelot
9 Raubkatze, Wildkatze
11 Pardelkatze
12 Pantherkatze

Ozon
4 Aran

P

Paar
4 zwei

Paarbund
3 Ehe

Paarhufer, ...
- **Paarzeher**
  3 Gnu, Jak, Kuh, Reh, Ren, Sau, Yak
  4 Elch, Elen, Gams, Lama, Rind, Zebu
  5 Bison, Gemse, Kamel, Okapi, Schaf, Ziege
  6 Alpaka, Gaemse, Hammel, Hirsch, Muffel, Nilgau, Seekuh, Wapiti, Widder, Wisent
  7 Bueffel, Gazelle, Giraffe, Guanako, Rentier, Schwein

8 Antilope, Dromedar, Nilpferd
9 Bergziege, Schafbock, Steinbock
10 Flusspferd, Grunzochse, Hartebeest

paarige ...
· **Innenorgane**
5 Lunge
6 Nieren
7 Mandeln
· **Körperteile**
4 Arme
5 Augen, Beine, Ohren
6 Fuesse, Haende

Paarlauffigur (Eiskunstlauf)
5 Lasso

Paarungszeit
4 Balz
6 Brunft

Paarungszeit ...
· **bestimmter Vögel** (weidmännisch)
6 Brunft
· *beim* **Hirsch** (weidmännisch)
6 Brunft, Brunst
· *der* **Vögel**
4 Balz

Paarverhältnis (Soziologie)
5 Dyade

Pacht
4 Zins
5 Miete

pachten
6 leasen, mieten

Pächter ...
· *eines* **Gutes**
5 Meier
· *eines* **Lokals**
8 Gastwirt

Pachtgeld
4 Zins
5 Miete
7 Entgelt
8 Mietzins

Pachthof
3 Gut
5 Ferme
7 Domaene

Pachthof im Mittelalter
8 Lehnsgut

Pack
3 Mob
6 Bagage, Poebel

packend
8 spannend
11 interessant

Packpapier
9 Emballage

Packwagen
6 Waggon

Pädagoge
6 Lehrer, Pauker
8 Erzieher
15 Wissenschaftler

Pädagogin
10 Erzieherin
13 Schullehrerin

pädagogisch(e, er, es) ...
· **Akademie**
7 Seminar
· **Beurteilung**
3 Lob
4 Note
5 Tadel
6 Zensur
7 Zeugnis
· **Maßnahme**
4 Kanu
5 Ruder
6 Strafe
9 Erziehung

Paddelboot
5 Kajak
7 Einbaum
8 Faltboot, Kanadier

Päderast
11 Paedophiler

Pädiatrie
15 Kinderheilkunde

Page
3 Boy
6 Diener
9 Edelknabe

Paketgut
4 Post

pakistanisch(e, er, es) ...
· **Amtssprache**
4 Urdu
7 Bengali
· **Hafenstadt**
9 Karatschi
· **Landschaft**
9 Pandschab
· **Nobelpreisträger für Physik**
5 Salam
· **Politiker**
5 Mirza
6 Bhutto
8 Ajub Khan
· **Strom**
5 Indus
· **Währungseinheit**
3 Pie
4 Anna
5 Annas, Rupie

Pakt
4 Bund, Liga
7 Allianz, Entente, Vertrag
8 Abkommen, Buendnis, Kontrakt
9 Abmachung

Paladin
7 Berater
10 Vertrauter
11 Beschuetzer, Gefolgsmann

Paladin ...
· **Karls des Großen**
6 Oliver, Roland

Palast ...
· *in* **Florenz**
5 Pitti
6 Medici
7 Strozzi, Vecchio
8 Bargello, Uffizien
· *bei* **Granada**
8 Alhambra
· *in* **Leningrad**
12 Winterpalais
· *in* **London**
16 Buckingham Palace
· *des* **Papstes**
7 Lateran, Vatikan
· *in* **Paris**
6 Elysée, Louvre
9 Trocadéro
· *in* **Rom**
7 Lateran, Vatikan
8 Quirinal
9 Barberini
· *in* **St. Petersburg**
5 Brera
· *eines* **Sultans**
6 Serail
· *in* **Venedig**
11 Dogenpalast

palastartiges Gebäude
7 Schloss

Palasthund
8 Pekinese

Palästinenserführer
6 Arafat

Palatschinke
7 Omelett
8 Omelette
Palauinsel
5 Merir
6 Angaur
Palmblatt
5 Wedel
Palmblattfaser
8 Piassava
Palmblatthut
8 Sombrero
Palmenart
3 Agu, Dum, Ita
5 Yucca
6 Rotang
7 Pandane
8 Oelpalme
9 Rohrpalme, Sagopalme, Weinpalme
10 Kokospalme
11 Dattelpalme, Zuckerpalme
12 Faecherpalme, Koenigspalme
Palmenfaser
6 Africe
Palmenfrucht
6 Dattel
9 Kokosnuss
Palmenfrüchte
7 Datteln
Palmenhaus
9 Orangerie, Treibhaus
Palmenmarkmehl
4 Sago
Palmenprodukt
9 Kokosfett, Kokosmehl
Palmfächer
5 Punka
Palmfrüchte
11 Kokosnuesse
Palmlilie
5 Yucca
Palmsonntag
8 Palmarum
Palmwein
5 Toddy
Pampashase
4 Mara
Pampashirsch
6 Guazuy
Pampashirt
6 Gaucho
Pampasstrauß
5 Nandu
Pampelmuse
10 Grapefruit
panamerikanische Organisation (Abkürzung)
3 OAS
Pandschab
14 Fuenfstromland
Pandurenführer
6 Trenck
Panflöte
6 Syrinx
Panier
5 Fahne
6 Banner
10 Wahlspruch
Paniermehl
7 Broesel
8 Weckmehl
10 Semmelmehl
13 Semmelbroesel
Panik
5 Angst
6 Grauen
9 Entsetzen, Schrecken
10 Verwirrung
11 Massenangst
panikartiger Ansturm
3 Run
Pankreashormon
7 Insulin
Panne
6 Defekt
7 Schaden
13 Reifenschaden
Panorama
8 Aussicht
9 Rundblick
10 Ueberblick
Pantherkatze
4 Onze
5 Irbis
6 Jaguar
Pantine
9 Holzschuh
Pantoffelblume
10 Tigerblume
11 Frauenschuh
Pantoffelheld
7 Simandl, Trottel
11 Duckmaeuser, Waschlappen
12 Schwaechling
Pantoffelkino
9 Fernsehen
Pantoffeln
10 Hausschuhe
Pantoffeltierchen
10 Infusorium
14 Wimpertierchen
15 Aufgusstierchen
Pantograf
14 Storchschnabel
Pantomime
14 Gebaerdenspiel
Panzer
4 Tank
6 Schutz
8 Harnisch, Ruestung
10 Kampfwagen
Panzerechse
6 Gavial, Kaiman
8 Krokodil
9 Alligator
11 Hechtkaiman, Nilkrokodil
12 Gangesgavial
Panzerhemd
7 Bruenne
Panzerschrank
4 Safe
6 Tresor
8 Bankfach
Papageienart
3 Ara, Kea
4 Jako, Kaka, Lori
5 Arara, Makao
6 Kakadu, Kakapo, Lorius, Nymphe
7 Amazone, Rosella, Sittich
8 Arakanga, Ararauna
10 Erdpapagei
11 Graupapagei, Rosenkakadu
13 Wellensittich
14 Nymphensittich
Papageienblume
7 Amarant
Papageienkrankheit
10 Psittakose
Papageienname
4 Lora
7 Lorchen
Papier mit musikalischen Zeichen
10 Notenblatt
Papierabfall
9 Altpapier, Makulatur
papierähnliches Schreibmaterial
7 Papyrus

Papierart
5 Krepp, Pappe, Velin
6 Karton, Leinen
7 Buetten
9 Oelpapier, Pergament
10 Packpapier
11 Chinapapier
12 Offsetpapier, Seidenpapier, Umweltpapier
14 Zeitungspapier
15 Recyclingpapier
16 Kunstdruckpapier

Papierbehälter
5 Tuete
7 Sackerl

Papierblättchen
8 Konfetti

papierdünn gewalztes Zinn
8 Stanniol

Papierformat
3 DIN
5 Folio, Oktav, Quart
6 Duodez

Papiergeld
4 Note
6 Schein
8 Banknote

Papierklebstoffseite
10 Gummierung

Papierlaterne
7 Lampion

Papiermitteilung
13 Schriftstueck

Papiersorte
7 Buetten

Papierstaude
7 Papyrus

Papierstreifen
12 Luftschlange

Papierstück
6 Zettel

Papierzählmaß
4 Ries

Pappdruckmatrize
5 Mater

Pappe
6 Karton

Pappel mit fast runden Blättern
4 Espe

Pappelart
4 Espe
5 Abele, Alber
11 Spitzpappel, Weisspappel
12 Silberpappel, Zitterpappel

Pappschachtel
6 Karton

Pappumrahmung
12 Passepartout

Pappuntersatz
10 Bierdeckel

Pappverpackung
9 Kartonage

Paprikaart
5 Chili

Papst
9 Oberhirte

päpstlich
5 papal

päpstlich(e, er, es) ...

· **Anrede**
13 Heiliger Vater
14 Eure Heiligkeit

· **Behörde**
4 Rota
5 Kurie

· **Botschafter**
7 Nuntius

· **Erlass**
5 Breve, Bulle
9 Enzyklika

· **Gerichtshof**
4 Rota

· **Gesandter**
5 Legat

· **Gesandtschaft**
8 Legation
9 Nuntiatur

· **Gewand**
5 Falda, Fanon
6 Fanone
7 Pallium

· **Jahrgelder**
7 Annaten

· **Kirche**
9 Petersdom
10 Sankt Peter
12 Peterskirche

· **Kopfbedeckung**
7 Kalotte
8 Pileolus

· **Krone**
5 Tiara

· **Leibwache**
10 Nobelgarde
14 Schweizergarde

· **Obergewalt**
8 Supremat

· **Palast in Rom**
7 Lateran

· **Rechtsentscheidungen**
10 Dekretalen

· **Residenz**
7 Vatikan

· **Richter**
7 Uditore

· **Rundschreiben**
9 Enzyklika

· **Tragsessel**
5 Sedia

· **Zentralbehörde**
5 Kurie

Papstname
3 Leo
4 Paul, Pius
5 Cajus, Donus, Eugen, Felix, Konon, Lando, Linus, Soter, Urban
6 Agapet, Agatho, Calixt, Cletus, Fabian, Gregor, Johann, Julius, Kalixt, Lucius, Markus, Martin, Petrus, Sixtus, Viktor
7 Adeodat, Anterus, Clemens, Damasus, Hadrian, Hilarus, Hyginus, Marinus, Romanus, Sergius, Stephan, Theodor, Tomanus, Zosimus
8 Agapetus, Anicetus, Benedikt, Eusebius, Fabianus, Formosus, Gelasius, Honorius, Innozenz, Johannes, Liberius, Nikolaus, Pelagius, Poniamus, Siricius, Valentin, Vigilius, Vitalian
9 Alexander, Coelestin, Cornelius, Deusdedit, Dionysius, Euaristus, Hormisdas, Marcellus, Paschalis, Severinus, Silverius, Sisinnius, Sylvester, Symmachus, Zacharias, Zoelestin
10 Anastasius, Bonifacius, Eleutherus, Franziskus, Konstantin, Melchiades, Sabinianus, Simplicius, Zephyrinus
11 Eutychianus, Marcellinus, Telesphorus

12 Johannes Paul
13 Christophorus
Papstpalast
7 Vatikan
Papstpalast in Rom
7 Lateran
Papyrusboot des Thor Heyerdahl
2 Ra
Parabel
5 Kurve
9 Gleichnis
12 Kegelschnitt
Parade
7 Defilee
9 Aufmarsch, Vorbeizug
12 Truppenschau, Vorbeimarsch
Parade im Sport
6 Abwehr
Paradebett
10 Himmelbett
Paradeiser
6 Tomate
Paradeschritt
12 Stechschritt
13 Gleichschritt
Paradies
4 Eden
6 Himmel
7 Elysium, Nirwana
8 Eldorado
9 Seligkeit
10 Garten Eden
Paradiesapfel ► Paradeiser
Paradiesgarten
4 Eden
Paradiesjungfrau im Islam
4 Huri
Paradieswächter
5 Engel
6 Cherub
Paradigma
7 Vorbild
14 Musterbeispiel
Paragraf
9 Abschnitt
parallel
12 aequidistant
13 gleichlaufend
15 nicht schneidend
Parallele
9 Vergleich
Parallelogramm
5 Raute
7 Quadrat, Rhombus
8 Rechteck
parapsychologischer ...
· **Begriff**
4 Aura
10 Telekinese, Telepathie, Teleplasma
Parasit
9 Schnorrer
11 Schmarotzer
16 Trittbrettfahrer
Parasitenart
6 Laeuse
Parasol
12 Sonnenschirm
Parasolpilz
10 Schirmling
parat
6 bereit, fertig
8 greifbar
Paravent
10 Wandschirm
Parcourshindernis
4 Oxer, Rick
12 Wassergraben
15 Trakehnergraben
Pardelkatze
6 Ozelot
Pardon
10 Verzeihung
14 Entschuldigung
Parentel
7 Familie
12 Abkoemmlinge
Parfüm
9 Duftstoff
Parfümduftstoff
5 Ambra
7 Moschus
Parfümflasche
6 Flacon, Flakon
Parfümriechmittel
9 Duftstoff
Pariakaste in Indien
6 Balahi
Pariser ...
· **Bauwerk**
10 Eiffelturm
· **Bettler**
8 Clochard
· **Existenzialistenviertel**
12 Montparnasse
· **Gassenjunge**
5 Gamin
· **Kathedrale**
9 Notre Dame
· **Kirche**
10 Sacre Coeur
12 Invalidendom
14 Sainte Chapelle
· **Kulturzentrum**
14 Centre Pompidou
· **Künstlerviertel**
10 Montmartre
· **Leichenschauhaus**
6 Morgue
· **Modeschöpfer**
4 Dior, Fath
8 Givenchy
· **Modeschöpferin**
6 Chanel
· **Modistin**
9 Midinette
· **Prachtstraße**
13 Champs Elysées
· **Siegesdenkmal**
7 Obelisk
13 Arc de Triomphe
· **Universität**
8 Sorbonne
· **Universitätsviertel**
13 Quartier Latin
· **Untergrundbahn**
5 Métro
· **Varieté**
11 Moulin Rouge
· **Vergnügungsviertel**
10 Montmartre
Pariser Modehaus
13 Christiandior
Park
6 Anlage, Garten, Gehege
11 Gruenanlage
12 Gruenflaeche
Park in Badeorten
9 Kurgarten
Parkraum
6 Garage
10 Tiefgarage
Parlament
5 Senat
6 Kammer
7 Landtag
8 Kongress
9 Bundestag
15 Volksvertretung
16 Abgeordnetenhaus

Parlament ...
· *in* **Isreal**
7 Knesset
· *in* **Lettland**
6 Saeima
· *in* **Polen**
4 Sejm
Parlamentär
13 Unterhaendler
Parlamentarier
9 Politiker
11 Deputierter
12 Abgeordneter
14 Volksvertreter
Parlamentarierzusammen-schluss
8 Fraktion
parlamentarische ...
· **Abstimmung**
4 Wahl
9 Ballotage
11 Akklamation
12 Hammelsprung
· **Beratung**
6 Lesung
Parlamentsgebäude ...
· *in* **Berlin**
9 Reichstag
· *in* **Washington**
7 Kapitol
Parlamentsgruppe
5 Linke
6 Rechte
Parole
5 Motto
6 Devise, Losung, Slogan
8 Kennwort
11 Losungswort
Paroli
6 Abwehr
9 Gegenwehr
10 Widerstand
Part
5 Rolle
6 Anteil, Partie, Stimme
8 Teilhabe
Part eines Gesangstückes
6 Stimme
Parteifreund
7 Genosse
Parteigenosse
8 Mitglied
parteiisch
8 befangen
10 unsachlich
14 voreingenommen
parteilos
7 neutral
Parteizeitung
5 Organ
parterre
9 ebenerdig
11 Erdgeschoss
Partie
4 Teil, Tour, Trip
5 Match, Rolle, Spiel
7 Ausflug
Partie ...
· *des* **Körpers**
4 Kopf
5 Bauch, Brust
7 Ruecken
Partisan
8 Guerilla
10 Guerillero
11 Franktireur
13 Freischaerler
14 Heckenschuetze
Partitur
9 Notentext
Partiturteil
6 Partie, Stimme
Partizip
10 Mittelwort
Partner
6 Sozius
9 Kompagnon, Teilhaber
10 Mitinhaber, Mitspieler
Party
4 Ball, Fest, Fete
5 Feier
8 Hausball, Hausfest
10 Gartenfest
12 Gesellschaft
Party ...
· *im* **Freien**
9 Grillfest
10 Sommerfest
Partygetränk
5 Bowle
Parvenue
14 Emporkoemmling
Parze
5 Moira
6 Klotho
7 Atropos
8 Lachesis
17 Schicksalsgoettin
Pass
7 Ausweis
12 Legitimation
Pass ... (▶ auch Alpenpass)
· *in* **Graubünden**
6 Maloja
· *in* **Griechenland**
11 Thermopylen
· *im* **Hindukusch**
6 Chawak
· *der* **Karawanken**
5 Loibl
· *in* **Ligurien**
5 Giovi
· *bei* **Tieren**
7 Gangart
· *in den* **Vogesen**
15 Col de la Schlucht
passabel
7 gangbar
8 leidlich
9 annehmbar
Passage
9 Durchgang, Uebergang
10 Durchfahrt, Ueberfahrt
Passagier
8 Fahrgast, Fluggast
9 Reisender
Passagierjet
14 Duesenflugzeug
Passah
6 Ostern
9 Osterfest
Passahbrot
5 Matze
Passahfest
5 Azyma
passatartiger Wind im Mittelmeer
7 Etesien
passé
9 ueberholt
passend
5 habil
6 faehig, genehm
7 gelegen
8 angenehm, geeignet, guenstig, opportun
9 nuetzlich
10 angebracht
Passepartout
12 Bilderrahmen
Passion
4 Hang
5 Hobby, Liebe

6 Faible, Leiden
17 Leidensgeschichte
Passionsblumengewächs
6 Adenia
Passionssonntag
6 Judika
7 Laetare
Passionsspielort
3 Erl
7 Selzach
11 Sankt Gallen
12 Oberammergau
Passionsspielort in Tirol
3 Erl
Passionswoche
8 Karwoche
passiv
7 leidend
8 untaetig
12 teilnahmslos
passives Verhalten
12 Inaktivitaet
Passsichtvermerk
5 Visum
Passus
9 Abschnitt
Paste
5 Creme
Paste ...
· *aus* **gemahlenen Sesamkörnern**
6 Tahini
· *aus* **Oliven, Anchovis und Kapern**
8 Tapenade
Pastenbehältnis
4 Tube
9 Toepfchen
Pastetenart
7 Bouchee, Pirogge, Ravioli, Rissole, Timbale
8 Grisette, Krustade
9 Piroschki
Pastor
7 Pfarrer
8 Priester
10 Seelsorger
Pastorengewand
5 Talar
Pastorenmütze
6 Barett
Pate
8 Gevatter
9 Taufzeuge
Patengeschenk
7 Einbund
Patenkind
8 Firmling
9 Taeufling
patent
5 famos
8 tuechtig
9 brauchbar, geschickt
patentfähige Neuheit
9 Erfindung
Patentnutzung
10 Auswertung
Patentverschluss
10 Druckknopf
15 Reissverschluss
Paternoster
4 Lift
6 Aufzug
10 Vaterunser
pathetische Rede
11 Deklamation
pathogen
12 krankmachend
pathologisch
9 krankhaft
Patient
6 Klient
7 Kranker
Patin
5 Godel
Patina
8 Edelrost
Patisserieerzeugnis
5 Torte
6 Kuchen
9 Tortelett
10 Tortelette
11 Apfelkuchen, Kaesekuchen
12 Apfelstrudel, Erdbeertorte
13 Erdbeerkuchen
patriotische Haltung
12 Chauvinismus
Patriotismus
15 Vaterlandsliebe
Patrizier
7 Buerger
Patron
10 Schutzherr
14 Schutzheiliger
Patron ...
· *der* **Adligen**
5 Georg
· *der* **Angler**
6 Petrus
· *der* **Ansager in Rundfunk und Fernsehen**
7 Gabriel
· *der* **Apotheker**
6 Damian, Kosmas
7 Michael
· *der* **Arbeiter**
5 Josef
7 Jacobus
9 Tarsicius
· *der* **Architekten**
6 Thomas
· *der* **Armen**
3 Ivo
5 Franz
6 Damian, Kosmas
10 Laurentius
· *der* **Artisten**
5 Georg
· *der* **Ärzte**
5 Lukas
6 Damian, Kosmas
9 Pantaleon
· *der* **Aussätzigen**
7 Lazarus
· *der* **Autofahrer**
13 Christophorus
· *der* **Bäcker**
10 Laurentius
· *der* **Bauhandwerker**
8 Matthias
· *von* **Bayern und München**
5 Benno
· *der* **Bergsteiger**
8 Bernhard
· *der* **Bettler**
6 Martin
7 Alexius
8 Aegidius
· *der* **Bibliothekare**
10 Laurentius
· *der* **Bildhauer**
5 Lukas
6 Thiemo
8 Johannes
· *von* **Böhmen**
6 Wenzel
7 Nepomuk
· *der* **Brautleute**
8 Wunibald
· *der* **Briefmarkensammler**
7 Gabriel

- *der* **Dichter**
  5 David
  6 Gregor
  7 Prosper
- *der* **Einsamen**
  5 Franz
  8 Aegidius
- *gegen* **Fallsucht**
  8 Valentin
- *der* **Familie**
  5 Josef
- *des* **Fernsehens**
  7 Gabriel
- *gegen* **Feuersnot**
  7 Florian
- *der* **Finanzbeamten**
  9 Matthaeus
- *der* **Fischer**
  6 Petrus
- *der* **Flieger**
  5 Elias
- *der* **Förster**
  8 Hubertus
- *der* **Gärtner**
  4 Adam
  13 Christophorus
- *der* **Gefangenen**
  8 Leonhard
- *der* **Gepäckträger**
  9 Aquilinus
- *gegen* **Gewitter**
  7 Donatus
- *der* **Goldschmiede**
  7 Eligius
- *gegen* **Halskrankheiten**
  7 Blasius
- *der* **Handwerker**
  5 Josef
- *der* **Haustiere**
  8 Aegidius, Antonius
- *der* **Hutmacher**
  9 Philippus
- *der* **Infanteristen**
  9 Mauritius
- *der* **Ingenieure**
  5 Josef
- *der* **Jäger**
  8 Hubertus
  10 Eustachius
- *der* **Juristen**
  3 Ivo
- *der* **katholischen Kirche**
  6 Joseph
- *der* **Kaufleute**
  7 Michael
- *der* **Kinder**
  8 Nikolaus
- *der* **Kinobesitzer**
  8 Johannes
- *der* **Klempner**
  7 Wilhelm
- *der* **Köche**
  9 Paschalis
  10 Laurentius
- *der* **Kranken**
  8 Johannes
- *der* **Künstler**
  5 Lukas
- *der* **Kupferschmiede**
  4 Veit
- *der* **Liebenden**
  5 Anton
- *der* **Maler**
  5 Lukas
- *der* **Männer**
  8 Bernhard
- *der* **Musiker**
  3 Leo, Odo
  5 David
  6 Arnold, Gregor
  8 Germanus, Johannes
- *von* **Nürnberg**
  8 Sebaldus
- *der* **Optiker**
  6 Hubert
- *gegen* **Pest**
  6 Rochus
  7 Cyprian
- *der* **Pferde**
  5 Georg
  6 Martin
  7 Eligius, Stephan
  8 Leonhard
  9 Mauritius
  10 Hippolytus
- *der* **Philosophen**
  6 Justin
- *der* **Pilger**
  7 Jakobus
- *der* **Polizisten**
  7 Severus
- *der* **Prediger**
  12 Chrysostomus
- *der* **Reisenden**
  5 Anton, Josef
  6 Martin
  13 Christophorus
- *der* **Reiter**
  5 Georg
  7 Michael
- *des* **Rundfunks**
  7 Gabriel
- *der* **Sänger**
  3 Leo
  6 Gregor
  8 Johannes
- *der* **Sattler**
  9 Crispinus
- *der* **Schauspieler**
  5 Vitus
- *der* **Schiffer**
  6 Petrus
  8 Nikolaus
  13 Christophorus
- *der* **Schlosser**
  6 Petrus
- *der* **Schmiede**
  4 Eloi
  7 Eligius
- *der* **Schneider**
  6 Martin
- *der* **Schreiner**
  5 Josef
- *der* **Schriftsteller**
  5 Franz
  8 Johannes
- *der* **Schuhmacher**
  9 Crispinus
- *der* **Schüler**
  8 Nikolaus
- *der* **Schützen**
  9 Sebastian
- *von* **Schweden**
  5 Erich
- *der* **Schweine**
  8 Antonius
- *der* **Schweiz**
  5 Klaus
- *der* **Soldaten**
  6 Adrian
- *der* **Steinmetzen**
  8 Reinhold
- *der* **Stenografen**
  7 Kassian
- *der* **Studenten**
  8 Aloysius
- *der* **Tierärzte**
  6 Eligus
- *der* **Tischler**
  5 Josef
  6 Petrus,
  Rochus
  7 Guntmar,
  Joachim
  8 Matthias

· *der* **Uhrmacher**
6 Petrus
7 Eligius
· *von* **Venedig**
6 Markus
· *der* **Verfolgten**
7 Raimund
· *der* **Waisen**
3 Ivo
5 Josef
7 Vinzenz
10 Hieronymus
· *gegen* **Wassernot**
7 Nepomuk
· *des* **Wetters**
6 Petrus
Patronen-kammer
7 Magazin
Patronin
13 Schutzheilige
Patronin ...
· *der* **Architekten**
7 Barbara
· *der* **Armen**
4 Anna
· *der* **Artilleristen**
7 Barbara
· *der* **Augen-kranken**
5 Lucia
· *der* **Autofahrer**
9 Franziska
· *der* **Bauern**
8 Notburga
· *der* **Bergleute**
7 Barbara
· *der* **Bettler**
9 Elisabeth
· *der* **Bibliothekare**
9 Katharina
· *der* **Bildhauer**
6 Martha
· *der* **Brautleute**
6 Hedwig
· *der* **Büßerinnen**
4 Afra
· *der* **Dichter**
8 Caecilia
· *des* **Elsass**
6 Odilia
· *der* **Feuerwehr**
7 Barbara
· *der* **Fischer**
6 Verena
· *der* **Gärtner**
3 Eva
7 Gertrud
· *gegen* **Gewitter**
7 Barbara
· *der* **Hausfrauen**
4 Anna
6 Martha, Sabina
· *der* **Kaufleute**
4 Anna
· *der* **Kirchenmusik**
8 Caecilia
· *der* **Köche**
7 Barbara
· *der* **Lehrerinnen**
6 Ursula
· *der* **Mädchen**
7 Barbara
9 Katharina, Margereta
· *gegen* **Mäuse- und Rattenplage**
7 Gertrud
· *der* **Musik**
8 Caecilia, Caecilie
· *der* **Mütter**
4 Anna
6 Monika
· *der* **Philosophen**
9 Katharina
· *der* **Reisenden**
7 Eulalia, Gertrud
· *der* **Sänger**
8 Caecilia
· *von* **Schlesien**
6 Hedwig
· *der* **Stewardessen**
4 Bona
· *der* **Torwarte**
5 Lucia
· *der* **Verfolgten**
9 Elisabeth
· *der* **Waisen**
9 Elisabeth
· *der* **Wissenschaftler**
9 Katharina
· *der* **Witwen**
4 Anna
6 Sophia
· *gegen* **Zahnschmerzen**
10 Appollonia
Patrouille
7 Streife
10 Spaehtrupp
Patsche
3 Not
6 Klemme
12 Verlegenheit
Pauke
7 Timpani, Trommel
pauschal
4 grob
9 insgesamt
Pauschalluftreise
11 Charterflug
Pause
4 Rast, Ruhe
5 Kopie
6 Siesta
8 Freizeit, Halbzeit
13 Unterbrechung
Pausenangabe in der Musik
5 tacet
Pavianart
8 Mandrill
Pavillon
10 Gartenhaus, Messehalle
17 Ausstellungshalle
Pazifist
12 Kriegsgegner
14 Friedensfreund
PC-Arbeitsspeicher
3 RAM
PC-System
3 DOS
5 Linux, MacOS
Pech
8 Unglueck
Pechkohle
3 Jet
4 Jett
5 Gagat
Pechleuchte
6 Fackel
Pedant
9 Buerokrat
11 Haarspalter
12 Federfuchser
pedantischer Verwaltungs-angestellter
9 Buerokrat
Peddigrohr
6 Rattan
Pediküre
10 Fusspflege
Pein
4 Qual
7 Schmerz
peinigen
7 martern, quaelen

P

Peinigung
6 Folter, Marter
peinlich
5 fatal
6 heikel
10 unangenehm
peinlich ...
· **berührt**
8 betreten
· **genau**
7 penibel
11 sorgfaeltig
peinlich(e, er, es) ...
· **Angelegenheit**
7 Affaere
· **Bloßstellung**
7 Blamage
· **Gefühl**
5 Scham
· **Vorfall**
5 Eklat
7 Affaere, Skandal
Peitsche
5 Knute
7 Fuchtel, Geissel, Nagaika
8 Kantschu
10 Karbatsche
12 Ochsenziemer
Peitschenspur
7 Strieme
pejorativ
9 abwertend
11 abschaetzig
Pelerine
6 Umhang
11 Regenschutz
pelikanartiger Vogel
8 Kormoran
Pelle
4 Darm, Haut
6 Schale
Pelz ...
· *der* **Biberratte**
6 Nutria
· *eines* **Raubtieres**
9 Dachsfell
· *der* **Robben**
4 Seal
· *des* **sibirischen Eichhörnchens**
3 Feh
· *des* **Sumpfbibers**
6 Nutria
Pelzart
3 Feh, Kid
4 Nerz
5 Bisam
6 Angora, Ozelot
9 Persianer
pelzartiger ...
· **Stoff**
7 Webpelz
· **Wollplüsch**
9 Biberette
Pelzcape
9 Nerzstola
Pelze im Handel
10 Rauchwaren
Pelzkragen
3 Boa
Pelzsamt
6 Felbel
Pelztier
4 Baer, Hase, Lamm
5 Biber, Bisam, Fuchs, Iltis, Luchs, Robbe, Schaf, Ziege, Zobel
6 Marder, Murmel, Ozelot, Wiesel, Ziesel
7 Leopard, Seehund
8 Hermelin
9 Kaninchen
10 Bisamratte, Chinchilla, Polarfuchs
11 Silberfuchs
Pelztier der Arktis
10 Polarfuchs
Pelztierjäger
7 Trapper
Pelzverarbeiter
10 Kuerschner
Pelzwerk
9 Rauchware
Penalty
10 Strafstoss
Pendant
11 Gegenstueck
Pendelbewegung
10 Schwingung
Pendeluhr
9 Regulator
Penelopes ...
· **Mann**
8 Odysseus
· **Sohn**
8 Telemach
10 Telemachos
Pension
5 Rente
11 Altersrente, Fremdenheim
Pensionär
7 Rentner
Pensum
7 Aufgabe, Lektion
9 Lehrstoff, Lernstoff
11 Lernaufgabe
Pentagon
8 Fuenfeck
Pentagramm
10 Drudenfuss
Penthouse
13 Attikawohnung
Penthouse, komfortables Zuhause
12 Luxuswohnung
Pep
4 Elan
7 Dynamik, Schwung
perfekt
9 abgemacht, vollendet
10 vollkommen
11 meisterhaft
perfid
6 gemein
Perforation
7 Lochung
pergamentartiges Papier
5 Velin
Pergola
10 Laubengang
Perigäum
8 Erdnaehe
Periode
4 Aera
6 Epoche, Zyklus
8 Menarche, Zeitraum
12 Menstruation
Periodenzahl
8 Frequenz
Peripherie
4 Rand
6 Umfang
Periskop
7 Sehrohr
Perlwein
4 Sekt
10 Champagner
permanent
7 dauernd
13 unaufhoerlich
permanente ...
· **Streiterei**
7 Gezaenk, Gezanke
Perons Frau
5 Evita

Perpendikel
6 Pendel
Perron
5 Rampe
8 Auffahrt
9 Bahnsteig, Plattform
Perser
6 Iraner
Perserteppich ▶ Orientteppich
Perseusstern
5 Algol
7 Algenib
Persianerschaf
7 Karakul
Persien
4 Iran
persisch(e, er, es) ...
▶ auch iranisch(e, er, es) ...
· **Dichter**
4 Omar
5 Hafis, Saadi
6 Nisami, Nizami
7 Dschami, Firdusi, Marwasi
8 Dschelal, Firdausi
· **Fee**
4 Peri
· **Flohteppich**
3 Mir
· **Flöte**
3 Nei
· **Frauenname**
5 Leila
7 Suleika
· **Gottheit**
5 Haoma
6 Ormuzd
7 Ahriman, Mithras
· **Hauptstadt im Altertum**
4 Susa
· **heilige Schrift**
6 Avesta, Awesta
· **Herrschergeschlecht**
9 Abbasiden
· **Kaisertitel**
5 Schah
· **Klassiker**
5 Saadi
· **König**
5 Cyrus, Kores, Kyros, Nadir
6 Darius, Ismail, Xerxes
8 Kambyses
10 Artaxerxes
· **langer Schleier**
6 Tschad
· **Laute**
3 Tar
· **Lichtgott**
6 Ormuzd
7 Mithras
· **Lyriker**
5 Feisi
· **Münze**
4 Kran, Rial
5 Dinar, Toman
6 Schahi
8 Dareikos
· **Provinz**
4 Fars
5 Gilan
6 Kerman
8 Kuhistan
· **Reisspeise**
5 Pilaf, Pilaw
· **Religion**
9 Parsismus
10 Mazdaismus
· **Religionsstifter**
4 Mani
5 Manes
9 Zoroaster
11 Zarathustra
· **Saiteninstrument**
3 Tar
· **Schriftsprache**
7 Pehlewi
· **Statthalter**
6 Satrap
· **Teppichstadt**
7 Hamadan, Taebris
· **Titel**
5 Mirsa, Mirza
· **Wasserpfeife**
6 Kalian, Kaliun
· **Wüste**
5 Kawir
Person
6 Mensch
10 Individuum
11 Einzelwesen
Person ...
· *im* **Fahrzeug**
7 Insasse
· *von* **nebenan**
9 Nachbarin
· *im* **Ruhestand**
6 Emerit
7 Rentner
10 Pensionaer
Personal
7 Gesinde
11 Belegschaft, Mitarbeiter
12 Dienerschaft
Personal im Lokal
9 Bedienung
Personalausweis
4 Pass
9 Kennkarte, Reisepass
16 Identitaetskarte
Personen des Familienkreises
9 Verwandte
Personenaufspürer
7 Fahnder
Personenaufzug ▶ Aufzug
Personenbeförderungsmittel
4 Auto
7 Autobus
8 Flugzeug
Personenbeschreibung
10 Steckbrief
11 Signalement
Personenbezeichnung
4 Name
Personenkraftwagen
3 Pkw
4 Auto
5 Coupé
6 Spider
8 Roadster
9 Cabriolet, Limousine
10 Kabriolett
Personenstandsbehörde
10 Standesamt
Personenstandssachbearbeiterin
14 Standesbeamtin
persönlich
5 eigen
6 privat, selbst
11 individuell
persönlich(e, er, es) ...
· **Anrede**
2 du
· **Anrede für Fremde**
3 Sie
· **Ansicht**
7 Meinung
· **Ausdrucksweise**
4 Stil
· **Codenummer** (Bank)
3 Pin

- **deutsches Fürwort**
  2 du, er, es
  3 dir, ich, ihm, ihr, sie, uns, wir
  4 euer, sich
- **Eigenart**
  12 Angewohnheit
- **englisches Fürwort**
  1 I
  2 he, it, we
  3 she, you
  4 they
- **Festtag**
  9 Namenstag
  10 Geburtstag
  12 Hochzeitstag
- **französisches Fürwort**
  2 il, je, tu
  3 ils
  4 elle, nous, vous
  5 elles
- **Fürwort**
  5 ihren
- **Gedenkfeier**
  9 Jubilaeum
- **Geheimzahl** (Abkürzung)
  3 PIN
- **Habe**
  8 Eigentum

Persönlichkeit
9 Charakter

Persönlichkeitsbild
5 Image
11 Psychogramm

Persönlichkeitsschutz
10 Immunitaet

Persönlichkeitszerfall
5 Lysis

Perspektive
8 Ausblick, Aussicht
10 Durchblick
11 Blickwinkel, Voraussicht

peruanisch(e, er, es) ...
- **Branntwein**
  5 Pisco
- **Bürgermeister**
  7 Alkalde
- **Eroberer**
  7 Pizarro
- **Exportartikel**
  4 Blei, Zink
  5 Eisen, Guano, Kakao, Wolle
  6 Erdoel, Kaffee, Kupfer, Silber
  9 Baumwolle
  10 Zuckerrohr
- **Gebirge**
  5 Anden
  11 Kordilleren
- **Hafenstadt**
  5 Chala, Pisco
  6 Callao
  7 San Juan
- **Herrscherkaste**
  4 Inka
  5 Inkas
- **Modefotograf**
  7 Testino
- **Münze**
  3 Sol
  7 Centavo
- **Provinz**
  3 Ica
  4 Puno
  5 Junin, Piura
  6 Ancash, Callao, Loreto
- **Schafkamel**
  4 Lama, Pako
  6 Alpaka, Vicuña
  7 Guanako, Vikunja
- **Schriftsteller**
  6 Ortega
  7 Alegria
- **See**
  8 Titicaca
  11 Titicacasee
- **Währung**
  3 Sol

pervers
7 abartig
15 widernatuerlich

Pessimist
4 Unke
9 Defaetist
12 Schwarzseher

pessimistisch voraussagen
5 unken

Pest
12 schwarzer Tod

Petersilie
7 Peterle
9 Peterling

Petrarcas Geliebte
5 Laura

petrochemischer Betrieb
13 Oelraffinerie

Petschaft
6 Siegel

Pfad
3 Weg

Pfad ...
- *zwischen* **Ackerland**
  7 Feldweg
- *in* **einer Grünanlage**
  9 Gartenweg

Pfadfinder
5 Scout
8 Boyscout

Pfadfindertreffen
8 Jamboree

Pfahl
6 Pflock, Stange
7 Pfosten

Pfahlsperre
8 Palisade

Pfalzgraf
7 Palatin

Pfand
6 Geisel
7 Kaution
10 Sicherheit

Pfandleihanstalt
10 Versatzamt

Pfandmarke für Schubwagen in Märkten
17 Einkaufswagenchip

Pfandrecht an Immobilien
8 Hypothek

Pfannengericht
5 Steak
7 Omelett, Ruehrei
8 Omelette
10 Eierkuchen
15 Kartoffelpuffer

Pfannenmehlspeise
9 Schmarren
15 Griessschmarren, Kaiserschmarren

Pfannkuchen
6 Plinse
7 Krapfen, Omelett
8 Omelette
10 Eierkuchen, Eierspeise
11 Eiertaetsch
13 Palatschinken

Pfannkuchenart
8 Berliner

Pfarramt
8 Pastorat

Pfarrbezirk
8 Parochie

Pfarrei
8 Sprengel

Pfarrer
6 Pastor
8 Priester
10 Seelsorger
11 Geistlicher
Pfarrwohnung
8 Pastorat
Pfefferfresser (Vogel)
5 Tukan
Pfeffergefäß
7 Streuer
Pfeffergurke
9 Cornichon
Pfefferkuchenart
6 Printe
Pfefferschoten
8 Peperoni
Pfeifenanzünder
7 Fidibus
Pfeifenmann
14 Schiedsrichter
Pfeifenmaterial
10 Meerschaum
11 Bruyèreholz
Pfeifenstrauch
6 Jasmin
10 Osterluzei, Schneeball
Pfeifentabak
4 Shag
Pfeifton
5 Pfiff
Pfeil
8 Geschoss
9 Wegweiser
Pfeil des Stierkämpfers
10 Banderilla
Pfeilbehälter
7 Koecher
Pfeiler
6 Saeule
7 Pfosten, Stuetze
8 Pilaster, Staender
Pfeiler ...
· *der* **Antike**
4 Ante
· *bei* **Hängebrücken**
5 Pylon
Pfeilerabschluss
8 Kapitell
pfeilerartiger Mauerstreifen
6 Lisene
Pfeilerbüste
5 Herme
Pfeilgift
4 Upas
6 Kurare
Pfeilhecht
6 Pikuda
9 Barrakuda
Pfeilkraut
10 Sagittaria
Pfeilschusswaffe
5 Bogen
Pfeilwurfspiel
5 Darts
Pfeilwurz
7 Tapioka
Pfennigfuchser
7 Knauser, Knicker
8 Geizhals
10 Geizkragen
13 Rappenspalter
Pferch
6 Koppel
8 Viehzaun
11 Einzaeunung
Pferd
4 Gaul, Ross
6 Maehre
7 Klepper
8 Einhufer
Pferd von ...
· **Don Quichote**
9 Rosinante
· **Kara ben Nemsi**
3 Rih
· **Odin**
8 Sleipnir
· **Old Shatterhand**
9 Hatatitla
· **Siegfried**
5 Grane
· **Winnetou**
7 Iltschi
pferdeähnliches ...
· **Fabeltier**
7 Einhorn, Zentaur
· **Tier**
5 Zebra
Pferdeart
4 Pony
5 Falbe, Fuchs, Rappe, Stute
6 Jucker, Maehre, Rappen, Zelter
7 Brauner, Mustang, Schecke, Wallach
8 Isabelle, Schimmel
9 Goldfuchs
12 Grauschimmel
13 Apfelschimmel
Pferdebahn
4 Tram
Pferdebesitz
7 Gestuet
8 Marstall
9 Rennstall
Pferdebürste
8 Striegel
11 Kardaetsche
Pferdedecke
7 Woilach
Pferdefuhrwerk
6 Fiaker
7 Karosse, Kutsche
8 Droschke, Equipage, Kalesche
Pferdefußbeschlag
8 Hufeisen
Pferdefußteil
3 Huf
Pferdegangart
4 Pace, Trab
6 Galopp
7 Schritt
Pferdegeräusch
12 Hufgeklapper
Pferdegeschirr
8 Reitzeug
10 Sielenzeug
Pferdegeschirrteil
4 Zaum
5 Siele, Sporn
6 Gebiss, Sattel, Sporen, Trense
7 Halfter, Kandare
11 Steigbuegel
Pferdejunges
6 Fohlen
7 Fuellen
Pferdekrankheit
4 Rehe, Rotz, Spat
5 Druse, Leist, Mauke
6 Koller
Pferdekunde
10 Hippologie
Pferdekutsche
6 Fiaker
8 Droschke
9 Planwagen
Pferdelaufleine
5 Longe

Pferdename bei Karl May
3 Rih
Pferdenasenloch
7 Nuester
Pferdeputzgerät ▶ Pferdebürste
Pferderasse
3 Kob
4 Pony
5 Tatar
6 Araber, Berber, Hunter, Perser, Tatare
7 Belgier, Hackney, Suffolk
8 Halbblut, Kaltblut, Turkmene, Vollblut, Warmblut
9 Haflinger, Ostfriese, Pinzgauer, Trakehner
10 Holsteiner, Lipizzaner
11 Oldenburger
12 Hannoveraner, Shetlandpony
Pferderennbahn
9 Hippodrom
Pferderennen
5 Derby
12 Galopprennen
Pferderennplatz
4 Riem
5 Ascot, Epsom
8 Daglfing
9 Iffezheim, Vincennes
10 Baden-Baden
Pferd-Esel-Kreuzung
8 Maulesel
Pferdesport
4 Polo, Turf
5 Derby
6 Reiten
7 Dressur
8 Military, Springen
10 Trabrennen
12 Galopprennen
Pferdesportanlage
8 Reitbahn
Pferdesportler
6 Jockey, Reiter
12 Springreiter
13 Dressurreiter, Turnierreiter
21 Vielseitigkeitsreiter
Pferdesportlerin
8 Reiterin
Pferdesportrequisit
9 Reitgerte
Pferdestallplatz
3 Box
Pferdestammbuch
8 Stutbuch
Pferdestärke (Abkürzung)
2 PS
Pferdewagen
6 Fiaker
7 Kutsche
9 Planwagen
Pferdeweide
6 Koppel
Pferdezaum
6 Trense
7 Halfter
Pferdezuchtbetrieb
7 Gestuet
Pfiff
5 Kniff
8 Pfeifton
11 Hoerzeichen
14 Pfeifgeraeusch
Pfifferling
8 Gelbling
14 Eierschwammerl
pfiffig
6 findig
7 gewitzt
Pfingstgrün
4 Maie
Pfingstrose
7 Paeonie
Pfingstvogel
5 Pirol
Pfirsichart
9 Nektarine
Pflanzbehälter für einen Hausvorbau
12 Balkonkasten
Pflanze ...
· *ohne* **Blattgrün**
4 Pilz
· *ohne* **Blüten**
10 Kryptogame
13 Sporenpflanze
· *zur* **Düngung**
6 Lupine
· *mit* **Haftfrüchten**
6 Klette
· *mit* **Heilwirkung**
4 Aloe
6 Arnika
7 Melisse
· *auf* **Meeresböden**
7 Seegras
· *des* **Mittelmeergebietes**
5 Agave
· *der* **See**
10 Meeresalge
· *der* **Sukkulenten**
6 Kaktee, Kaktus
Pflanze aus kegelförmigem Spross
12 Zwiebelblume
Pflanzenableger
6 Senker
Pflanzenanbau
6 Kultur
8 Plantage
10 Baumschule
Pflanzenart
4 Alge, Baum, Farn, Gras, Mohn, Moos, Pilz
5 Blume, Busch, Kraut
6 Staude
7 Flechte, Strauch
Pflanzenauszug
4 Harz
5 Wachs
6 Essenz
7 Tinktur
Pflanzenesser
10 Vegetarier
Pflanzenfarbstoff
10 Blattgruen
11 Chlorophyll
Pflanzenfaser
4 Bast, Hanf
5 Sisal
6 Flachs
9 Baumwolle
Pflanzenfett
3 Oel
7 Keimoel, Leinoel
9 Margarine
15 Sonnenblumenoel
Pflanzengattung
8 Wegerich
Pflanzenkeim
4 Same
5 Samen, Spore
Pflanzenkost
5 Salat
7 Gemuese, Rohkost
12 Vegetabilien
Pflanzenkostbeete
13 Gemuesegarten
Pflanzenkostesser
10 Vegetarier

Pflanzenkrankheit
7 Mehltau
12 Blauschimmel
Pflanzenkrankheit durch Pilze
7 Mehltau
Pflanzenkunde
7 Botanik
10 Phytologie
Pflanzenlaus
9 Blattlaus
10 Schildlaus
Pflanzenleim
7 Staerke
Pflanzenmilch
9 Gummiharz, Kautschuk
Pflanzennährstoff
4 Dung, Kali
7 Duenger
10 Thomasmehl
11 Nitrophoska
Pflanzenornament
8 Arabeske
Pflanzenprodukt
8 Baumharz
9 Baumwolle
Pflanzenreich
5 Flora
Pflanzensammlung
9 Herbarium
Pflanzenschädling
7 Reblaus
9 Blattlaus
Pflanzenschössling
5 Trieb
6 Senker
7 Ableger
Pflanzenschutzmittel
8 Fungizid, Pestizid
10 Bakterizid, Insektizid
Pflanzenspross ▶ Pflanzenschössling
Pflanzenstachel
4 Dorn
Pflanzenstängel
4 Halm
5 Stiel
6 Strunk
8 Grashalm
Pflanzenteil
3 Ast
4 Dorn, Halm, Laub
5 Aehre, Beere, Blatt, Borke, Dolde, Faser, Kelch, Nadel, Narbe, Ranke, Rinde, Rispe, Stamm, Stiel, Trieb, Wedel, Zweig
6 Bluete, Frucht, Knolle, Knospe, Kolben, Schote, Senker, Spross, Traube, Wipfel, Wurzel
7 Ableger, Griffel, Stachel, Stempel, Stengel, Zwiebel
8 Staengel
9 Kaetzchen
Pflanzentrieb
5 Ranke
6 Spross
7 Ableger
11 Schoessling
Pflanzenund Zubehörmarkt
12 Gartencenter
Pflanzenwelt ▶ Pflanzenreich
Pflanzenwuchs
10 Vegetation
Pflanzenwuchsform
5 Hecke
6 Staude
Pflanzenzucht in Nährlösung
11 Hydrokultur
Pflanzenzuchtbetrieb
10 Baumschule, Gaertnerei
Pflanzenzüchter
8 Gaertner
Pflanzgefäß
12 Blumenkasten
Pflanzgut
4 Saat
pflanzlich
9 vegetabil
11 vegetarisch
pflanzlich(e, er, es) ...
· **Bindemittel**
8 Agaragar
· **Brennstoff**
4 Torf
· **Färbemittel**
6 Safran
· **Farbstoff**
7 Carotin, Karotin
· **Klettertrieb**
5 Ranke
· **Ölart**
7 Sojaoel
9 Disteloel
· **Zellverbindung**
6 Gewebe
Pflanzung
6 Kultur
8 Plantage
10 Baumschule
Pflasterart
9 Kopfstein
Pflaumenart
8 Quetsche, Spilling, Zwetsche
9 Damaszene, Mirabelle, Pruenelle, Reneklode, Zwetschge
11 Reineclaude
Pflaumenschnaps
7 Quetsch
9 Slibowitz, Sliwowitz
Pflege
4 Hege
5 Obhut, Sorge
7 Service, Wartung
9 Betreuung, Fuersorge
Pflege ...
· *der* **Gesundheit**
7 Hygiene
· *von* **Wild**
4 Hege
Pflegeanstalt von Bodelschwingh
6 Bethel
Pflegebefohlener
7 Muendel, Patient
Pflegeheim ▶ Heil- und Pflegeheim
pflegeintensive Haartracht
14 Langhaarfrisur
pflegeleichte ...
· **Frisur**
15 Kurzhaarschnitt
· **Haartracht**
14 Kurzhaarfrisur
Pflegeprodukt für die Frisur
7 Haarkur
Pfleger (Kurzwort)
4 Sani
5 Tutor
7 Kurator, Vormund, Waerter
8 Betreuer
10 Fuersorger, Sanitaeter
Pfleger ...
· *von* **Kunstdenkmälern**
11 Konservator
· *von* **Wild**
5 Heger
6 Jaeger

P

Pflegestätte ▶ Heil- und Pflegeheim
Pflegestätte für herrenlose Kreaturen
8 Tierheim
Pflegeutensil ...
· *für* **bestimmte Vierbeiner**
12 Hundebuerste
· *mit* **Griff**
12 Stielbuerste
Pflegling ▶ Pflegebefohlener
Pflegschaft
7 Kuratel
Pflegschaftsübernahme
8 Adoption
Pflicht
5 Gebot
6 Dienst
7 Aufgabe
9 Imperativ
11 Anforderung
12 Obliegenheit
Pflichtbeitrag
10 Kontingent
pflichteifrig
9 beflissen
Pflock ▶ Pfosten
pflügen
6 ackern
Pflugmesser
4 Sech
5 Schar
Pflugspur
6 Furche
Pflugteil
4 Baum, Sech
5 Schar
7 Grindel
9 Pflugbaum
Pforte
3 Tor
4 Tuer
6 Portal
7 Eingang, Einlass
Pforte zu einer Grünanlage
10 Gartentuer
Pfortendrehzapfen
5 Angel
Pförtner
7 Portier
9 Concierge
Pförtnerraum
4 Loge
Pfosten
5 Pfahl
6 Balken, Pflock, Poller, Strebe
7 Pfeiler
Pfosten für die Pferdehalteleine
5 Pilar
Pfote
5 Klaue, Tatze
6 Pranke
11 Handschrift
Pfriem
4 Ahle
7 Ginster
Pfropfen
5 Spund
6 Korken
7 Stopfen
8 Stoepsel
Pfropfen in den Blutgefäßen
9 Thrombose
Pfropfzweige auf einem Wildling
10 Edelreiser
Pfründe
6 Besitz
7 Benefiz
9 Praebende
Pfuhl
5 Sumpf
Pfuhlschnepfe
6 Limosa, Limose
Pfuscher
8 Stuemper
Pfütze
5 Lache
Phäake
12 Genussmensch
Phädras ...
· **Mann**
7 Theseus
· **Schwester**
7 Ariadne
· **Vater**
5 Minos
Phänomen
6 Wunder
7 Vorgang
8 Ereignis
11 Erscheinung
Phantasie (▶ Fantasie)
Phantom
8 Gespenst, Trugbild
11 Truggestalt
Pharaonengattin
9 Nofretete
Pharaonengrab
8 Pyramide
Pharaonenname
5 Menes
6 Cheops, Ramses
8 Chephren, Echnaton
9 Amenhotep
11 Tutenchamun
Pharisäer
8 Heuchler
Pharmazeut
9 Apotheker
12 Pillendreher
Pharmazeutin
11 Apothekerin
Pharus
10 Leuchtturm
Phase
7 Stadium
9 Abschnitt
Phase ...
· *der* **frühen Kindheit**
17 Kindergartenalter
· *der* **kindlichen Entwicklung**
10 Schulalter
Philanthrop
10 Wohltaeter
14 Menschenfreund
Philatelist
18 Briefmarkensammler
philatelistischer Begriff
13 Ersttagsbrief
Philemons Frau
6 Baucis
Philharmonie
9 Musiksaal
philippinisch(e, er, es) ...
· **Diktator**
6 Marcos
· **Einwohner**
6 Tagale
7 Negrito
· **Insel**
4 Cebu
5 Bohol, Luzon, Samar
6 Negros, Tablas
7 Mindoro
8 Camiguin, Mindanao
· **Politiker**
6 Enrile
· **Politikerin**
6 Aquino

· **Ureinwohner**
4 Aeta
8 Filipino
· **Urmensch**
7 Negrito
· **Vulkan**
3 Apo
5 Mayon
8 Urdaneta
Philisterstadt im A.T.
5 Ekron
Philosoph
6 Denker
15 Weisheitssucher
philosophische ...
· **Disziplin**
5 Ethik, Logik
9 Aesthetik, Dialektik, Ontologie
10 Metaphysik
· **Lehre**
10 Finalismus
· **Richtung**
8 Monismus
9 Realismus
10 Empirismus, Idealismus, Nihilismus
12 Positivismus, Pragmatismus
13 Materialismus, Rationalismus
16 Existentialismus, Existenzialismus
· **Schule**
4 Stoa
7 Kyniker
Phiole
7 Flasche, Gefaess
11 Glasflasche
Phlegma
9 Traegheit
14 Dickfelligkeit
17 Schwerfaelligkeit
phlegmatisch
6 traege
11 lethargisch
phönizische ...
· **Kolonie**
8 Karthago
· **Stadt**
5 Sidon
Phonozubehör
10 Magnetband
Photoapparat (▶ Fotoapparat)
Phrase
6 Gerede, Tirade
7 Floskel, Wendung
phrygische Göttin
6 Kybele
phrygischer Sagenkönig
5 Midas
physikalische ...
· **Arbeitseinheit**
3 Erg
· **Erscheinungsform**
15 Aggregatzustand
· **Größe der Thermodynamik**
8 Entropie
· **Grundgröße**
4 Zeit
5 Masse
6 Ladung, Laenge
· **Krafteinheit**
4 Pond
6 Newton
· **Untersuchung**
15 Spektralanalyse
· **Zustandsgröße**
8 Entropie
physikalischer ...
· **Begriff**
3 Gas, Ion, Mol, Ton, Weg
4 Atom, Bahn, Fall, Feld, Grad, Kern, Last, Raum, Zeit
5 Achse, Anode, Blitz, Dampf, Druck, Ebene, Farbe, Fokus, Hebel, Hoehe, Kraft, Kurve, Licht, Linse, Masse, Optik, Rolle, Stoff, Stoss, Strom, Welle
6 Dichte, Isotop, Kaelte, Ladung, Laenge, Leiter, Magnet, Moment, Pendel, Schall, Sender, Strahl, Vakuum, Waerme
7 Akustik, Beugung, Biegung, Drehung, Dynamik, Einheit, Element, Energie, Gewicht, Kathode, Kreisel, Materie, Messung, Reibung, Schwere, Spiegel, Volumen
8 Atomkern, Auftrieb, Batterie, Bewegung, Brechung, Drehzahl, Emission, Fernrohr, Flugbahn, Frequenz, Influenz, Isolator, Leistung, Maschine, Mechanik, Molekuel, Rotation, Spannung, Spektrum, Struktur
9 Anziehung, Bildpunkt, Bildweite, Dimension, Elektrode, Entladung, Expansion, Induktion, Konstante, Koppelung, Luftdruck, Nullpunkt, Potential, Potenzial, Reflexion, Strahlung, Traegheit
10 Aufloesung, Brennpunkt, Brennweite, Entfernung, Fallgesetz, Instrument, Kapazitaet, Lichtstrom, Magnetfeld, Oszillator, Rauminhalt, Reichweite, Schwingung, Siedepunkt, Temperatur
Physiotherapeutin
9 Masseurin
physische
· **Stärke**
5 Kraft
Piano
7 Klavier
Pianotasten
9 Klaviatur
Picke
4 Haue
5 Hacke
10 Kreuzhacke, Spitzhacke
Pickel
4 Akne
6 Pustel
8 Mitesser
Piefke
7 Banause
8 Spiesser
Pigment
9 Farbstoff
13 Hautfarbstoff
Pigmentmangel
10 Albinismus
Pik
5 Groll
pikant
6 scharf
8 gewuerzt

9 prickelnd
10 anstoessig, anzueglich
pikant(e, er, es) ...
· **Hefeteigfladen**
15 Tuerkischepizza
· **Kaltgericht**
12 Fleischsalat
· **Kochzutat**
12 Paradeismark
· **Soße**
7 Catchup, Ketchup
8 Ketschup
9 Remoulade
13 Béchamelsauce, Béchamelsosse
· **Tunke zum Würzen**
14 Worcestersosse
Pikanterie
4 Reiz
Pike
5 Lanze
6 Spiess
pikiert
7 gereizt, nervoes
8 verletzt
9 beleidigt, verstimmt
10 indigniert
Piktografie
13 Bilderschrift
Pilgerart in Indien
4 Puri
Pilgerfahrt
9 Wallfahrt
Pilgerfahrt ...
· *nach* **Mekka**
5 Omrah
6 Hadsch
Pilgerherberge
6 Hospiz
Pilgerziel
13 Wallfahrtsort
Pilgerzug
10 Prozession
Pille
6 Arznei, Dragee
8 Pastille, Tablette
17 Verhuetungsmittel
Pillendreher
9 Apotheker
Pilot
7 Flieger
15 Flugzeugfuehrer
Pilotenkabine
6 Kanzel
7 Cockpit
Pilz
7 Schwamm
Pilzart
6 Bovist, Glucke, Marone
7 Lorchel, Morchel, Parasol, Rehling, Reizker
8 Egerling, Eierpilz, Hefepilz, Trueffel
9 Gruenling, Hexenpilz, Kapuziner, Krempling, Steinpilz, Suessling, Taeubling
10 Birkenpilz, Champignon, Hallimasch, Satanspilz, Schirmpilz, Ziegenbart, Zungenpilz
11 Fliegenpilz, Pfifferling
19 Knollenblaetterpilz
Pilzbelag in der Mundhöhle
4 Soor
Pilzfäden
5 Myzel
8 Myzelium
Pilzkeime
6 Sporen
Pilzkrankheit
6 Mykose
Pilzkunde
9 Mykologie
Pilzvernichtungsmittel
8 Fungizid
Pimpernuss
8 Pistazie
Pinakothek
16 Gemaeldesammlung
Pincenez
7 Kneifer
pingelig
9 engherzig, kleinlich
Pinselform
5 Quast
Pionier
11 Bahnbrecher, Vorkaempfer, Wegbereiter
13 Schrittmacher
Pionier ...
· *des* **Automobilbaus**
4 Benz
5 Horch
6 Diesel
7 Daimler
· *der* **Raketentechnik**
5 Nebel
Pipette
9 Saugheber
10 Saugroehre
Pirat
10 Freibeuter, Seeraeuber
Piratenschiff
6 Korsar
Piratenwaffe
10 Enterhaken
Pirolart
6 Buelow
8 Bieresel, Bierhahn
Pirsch
4 Jagd
Piste
8 Rennbahn
11 Rennstrecke
Piste ...
· *auf* **Flugplätzen**
8 Rollbahn
9 Landebahn, Startbahn
· *der* **Skilangläufer**
5 Loipe
Pistolentasche
7 Halfter
Pitcher
6 Werfer
Pizzagewürz
7 Oregano, Origano
9 Basilikum
Plackerei
7 Muehsal
8 Strapaze
Plage
4 Last, Pein, Qual
5 Elend, Muehe, Uebel
6 Leiden, Tortur
7 Muehsal
8 Strapaze
11 Anstrengung
Plagegeister (Sage)
6 Druden
Plakat
6 Poster
8 Anschlag
13 Werbeanschlag
plakatartiges Bild
6 Poster
plakativ
10 auffaellig
Plakatsäule
13 Litfasssaeule
Plakette
8 Medaille
9 Abzeichen

11 Zierschmuck
12 Anstecknadel, Gedenkmuenze

Plan
4 Idee
6 Design, Skizze
7 Absicht, Entwurf, Konzept, Projekt
8 Vorhaben
10 Uebersicht

Planbild
5 Karte

Planbild der Erde
5 Karte

Plane
5 Blahe, Decke
6 Plache
9 Abdeckung
10 Persenning
11 Regenschutz, Schutzdecke
12 Wetterschutz

Plane beim Camping
10 Zeltblache

Planet
4 Erde, Mars
5 Pluto, Venus
6 Merkur, Neptun, Saturn, Uranus
7 Jupiter
11 Wandelstern

Planetenbegleiter
4 Mond
7 Trabant
8 Satellit

Planetenkonstellation
10 Opposition
11 Konjunktion

Planetoid
4 Eros, Juno
5 Ceres, Vesta
6 Pallas
7 Ganymed

Planierung
9 Einebnung

Planke
5 Bohle, Brett, Diele

Plänkelei
5 Kampf
6 Streit
12 Scharmuetzel

planmäßig
7 gezielt
10 methodisch
12 systematisch

planmäßig(e, er, es) ...
· **Lehren**
10 Unterricht
· **Tilgung**
12 Amortisation
· **Übung**
8 Training

Planspiel
10 Experiment

Plantagenbesitzer
8 Pflanzer

planvoll
8 taktisch
10 methodisch

planvoll(e, er, es) ...
· **Maßnahme**
6 Aktion
8 Handlung
· **Tötung**
4 Mord
· **Vorgehen**
6 Taktik
7 Methode
9 Strategie
· **Vorsorge**
6 Sparen
12 Versicherung

Plastik
5 Figur
6 Bueste, Statue
8 Skulptur

Plastik ...
· *aus* **gebranntem Ton**
10 Terrakotta, Terrakotte

Plastikhaut
5 Folie

plastisch(e, er, es) ...
· **Bildwerk**
8 Skulptur
· **Brustbild**
6 Bueste
· **Kleindarstellung**
6 Modell
· **Schaubild**
7 Diorama

plastisch-ästhetischer Operationsarzt
18 Schoenheitschirurg

Plateau
9 Hochebene, Tafelland
11 Hochflaeche

platt
3 fad
4 eben, fade, plan
5 banal, flach
6 seicht
7 trivial, witzlos
8 geistlos
12 abgedroschen

Plättapparat
13 Waeschemangel

Platte
6 Fliese, Glatze, Kachel
7 Scheibe, Tablett
8 Kahlkopf
9 Glatzkopf

plätten
7 buegeln

Plattengestein
8 Schiefer

Plattenhülle
5 Cover

Plattensammlung
9 Diskothek

Plattenspieler
9 Grammofon
10 Grammophon

Plätterin
9 Bueglerin

Plattfisch
4 Butt
7 Flunder, Scholle
8 Heilbutt
9 Steinbutt

Plattfisch, Schollenart
8 Rotzunge

Plattform
5 Basis, Ebene
6 Buehne, Perron, Podest
7 Ausguck
8 Terrasse

Plattform im Obergeschoss
12 Dachterrasse

Plattfuß am Auto
11 Reifenpanne

Plättgerät
5 Eisen
6 Mangel
11 Buegeleisen, Heissmangel
14 Buegelmaschine

Plattheit ► Platitüde

Plattitüde
7 Fadheit
10 Banalitaet

Plattwurm
8 Bandwurm

Plättzubehör
11 Buegelbrett

P

Platz
3 Ort
4 Feld, Rang, Raum
5 Markt
6 Posten, Stelle
7 Staette
8 Position
9 Spielfeld
Platz ...
· *für den* **Autolenker**
10 Fahrersitz
· *in* **Berlin** (Kurzwort)
4 Alex
· *für* **Geschenke**
10 Gabentisch
· *in* **München**
7 Stachus
· *im* **Parlament**
4 Sitz
platz sparende Ablage
10 Klapptisch
Platzangst
11 Agoraphobie
14 Klaustrophobie
Platzanweiser
6 Ordner
9 Billeteur
Plätzchen
8 Pastille
Plätzchengewürz
4 Anis, Zimt
5 Macis, Mazis
6 Nelken
7 Vanille
Platzdeckchen
3 Set
platzen
7 bersten, knallen
9 krepieren
10 detonieren
11 explodieren, zerspringen
Platzmangel
4 Enge
9 Gedraenge
11 Ueberfuelle
Platzmiete
9 Standgeld
Platzsparend gebautes Gebäude
9 Stadthaus
Platzvormerkung
12 Reservierung
Plauderei
7 Plausch, Schnack
12 Konversation, Unterhaltung
Plauderer
7 Causeur
Playboy
8 Lebemann
Pleite
4 Ruin
6 Misere
7 Debakel, Konkurs
8 Bankrott, Reinfall
Plejaden
13 Siebengestirn
Plötze (Fisch)
7 Rotauge
plötzlich
4 jaeh
6 abrupt
7 spontan
11 unversehens
12 unvermittelt
plötzlich auftretend
4 akut
plötzlich(e, er, es) ...
· **Angriff**
9 Ueberfall
· **Angst**
7 Schreck
9 Schrecken
· **Anhalten**
4 Ruck
· **Begreifen**
11 Erleuchtung
· **Blutgefäßverschluss**
7 Embolie
· **Einfall**
4 Idee
· **Erkenntnis**
11 Offenbarung
· **Idee**
7 Einfall
· **Krankheit**
6 Anfall
· **Kreuzschmerz**
11 Hexenschuss
· **Massenangst**
5 Panik
· **Schadensereignis**
6 Unfall
· **Schwächeanfall**
7 Kollaps
· **Unwohlsein**
6 Anfall
· **Wechsel ins Gegenteil**
8 Umschlag
· **Wettererscheinung**
8 Gewitter
· **Windstoß**
3 Boe
· **Wutausbruch**
6 Koller
Plumeau
7 Zudecke
8 Oberbett
11 Schlafdecke
plump
4 grob
6 traege
9 boeotisch, unfoermig
10 unbeholfen
13 schwerfaellig
plumps
5 plauz
7 pardauz
Plunder
4 Kram, Tand
7 Krempel, Troedel
10 Krimskrams
Plünderer
8 Marodeur
Plünderung
9 Raeuberei
Plural
8 Mehrzahl
Plus
11 Ueberschuss
Plüschgewebe
6 Mokett
Pluspol
5 Anode
Plutomond
6 Charon
Pöbel
3 Mob
4 Pack
5 Masse, Plebs
6 Bagage
8 Gesindel
10 Lumpenpack
Pocken
8 Blattern
Pockenimpfstoff
6 Lymphe
Pockennarbe
7 Blatter
Pockholz
6 Guajak
Poem
7 Gedicht

Poesie
6 Zauber
8 Stimmung
12 Versdichtung
Poet
7 Dichter, Lyriker
Poetin
9 Dichterin
poetisch
11 bilderreich, dichterisch
13 stimmungsvoll
poetisch für ...
· **Adler**
3 Aar
· **Atem**
4 Odem
· **Bauer**
7 Saemann
· **Bier**
11 Gerstensaft
· **Boot**
6 Nachen
· **Brunnen**
4 Born
5 Bronn, Brunn, Quell
· **darüber**
5 darob
· **Erquickung**
4 Labe
· **Flügel**
7 Fittich
· **Frühling**
4 Lenz
· **Gedicht**
4 Poem
· **Glanz**
5 Glast
· **Hauch**
4 Odem
· **Hecke**
3 Hag
· **Heuchler**
8 Gleisner
· **Himmelsbläue**
4 Azur
· **Insel**
6 Eiland
· **Kahn**
6 Nachen
· **Kammer**
6 Gelass
· **Kartoffel**
8 Erdapfel
· **kleiner Raum**
6 Gelass
· **Kopf**
5 Haupt
· **Krieger**
11 Sattelsmann
· **Küste**
7 Gestade
· **Lebenshauch**
4 Odem
· **Leinen**
6 Linnen
· **Liebe**
5 Minne
· **Löwe**
3 Leu
· **Lüge**
3 Lug
· **Mädchen**
4 Maid
· **Pferd**
4 Ross
· *unser* **Planet**
7 Erdball
· **Schwanz**
7 Schweif
· **Tod**
4 Hein
· **Träne**
6 Zaehre
· **Ufer**
7 Gestade
· **Unklarheit**
6 Irrsal
7 Wirrsal
· **Unwahrheit**
3 Lug
· **Viehhüter**
5 Hirte
· **Wohlgeruch**
4 Arom
· **Wunsch**
6 Begehr
· **Zimmer**
6 Gemach
poetisches ...
· **Werk**
3 Ode
4 Poem
7 Ballade, Gedicht
Pointe
3 Gag
4 Clou, Witz
pointierte Kurzgeschichte
8 Anekdote
Pokal
3 Cup
5 Kelch, Preis
6 Becher
7 Gefaess
8 Trophaee
10 Ehrenpreis
12 Turnierpreis
Pökelflüssigkeit
4 Lake
8 Salzlake
pökeln, konservieren
9 einsalzen
Pol
9 Drehpunkt, Zielpunkt
polar
8 arktisch
11 antarktisch, unvereinbar
14 gegensaetzlich
polares Gewässer
7 Eismeer
Polarforscher
6 Andrée
8 Amundsen
Polargebiet
6 Arktis
9 Antarktis, Groenland
Polargewässer
7 Eismeer
Polarhund
5 Laiki
Polarinsel
9 Groenland
Polarleuchten
9 Nordlicht
Polarschiff Nansens
4 Fram
Polarstern
9 Nordstern
Polartier
7 Eisbaer, Pinguin, Seehund, Walross
9 Blaufuchs
Polder
4 Koog
6 Marsch
Pole betreffend
5 polar
Polhöhe
9 Elevation
Polier- und Gleitmittel
6 Talkum
Poliermittel
5 Wachs
7 Politur
9 Bimsstein

Polierschiefer
3 Gur
8 Bergmehl
9 Kieselgur
poliert
4 eben
5 glatt
Politesse
15 Hilfspolizistin
Politikwissenschaft
11 Politologie
politisch(e, er, es) …
· **Ansprache**
8 Wahlrede
· **Begriff**
7 Junktim
8 Anarchie
10 Demokratie
14 Souveraenitaet
· **Druck**
10 Repression
· **Extremist**
5 Ultra
· **Gebilde**
5 Staat
· **Gemeinschaft**
4 Volk
6 Nation
· **Gewalttat**
8 Attentat
· **Gruppe**
6 Partei
· **Handstreich**
6 Putsch
· **Heißsporn**
9 Desperado
· **Hetzredner**
8 Agitator
· **Mordanschlag**
8 Attentat
· **Partei in den USA**
10 Demokraten
12 Republikaner
· **Programm**
8 Manifest
· **Redner**
8 Agitator
· **Streitschrift**
8 Pamphlet
· **Tagesschriftsteller**
9 Publizist
· **Theoretiker**
8 Ideologe
· **Tötungsverbrechen**
8 Fememord
· **Umsturz**
10 Revolution
· **Vereinigung**
6 Partei
· **Versammlung**
7 Meeting
· **Verschwörung**
12 Konspiration
· **Werber**
8 Agitator
· **Werbung**
9 Agitation
10 Propaganda
· **Zusammenschluss**
6 Partei
Politur
5 Glanz
7 Glaette, Schliff
8 Ueberzug
12 Glanzschicht
Polizei (Jargon)
5 Polyp
7 Polente, Polypen
Polizei auf dem Lande
11 Gendarmerie
Polizeiauto
10 Peterwagen
Polizeibeamter
5 Bobby
6 Schupo
7 Gendarm
8 Detektiv
10 Schutzmann
11 Kriminalist
12 Wachtmeister
Polizeibeamter …
· *in* **Frankreich**
4 Flic
· *in den* **USA**
3 Cop
7 Sheriff
Polizeibüttel
7 Scherge
Polizeidienststelle
6 Revier
Polizeifahrzeug
(Abkürzung)
4 Krad
Polizeifessel
11 Handschelle
12 Handschellen
Polizeigewahrsam
4 Haft
Polizeihelm
7 Tschako
polizeiliche …
· **Aktion**
6 Razzia, Sperre
7 Verhoer
8 Fahndung
9 Festnahme
10 Absperrung, Verhaftung
11 Haussuchung
15 Spurensicherung
polizeilicher …
· **Begriff**
4 Spur
5 Indiz
6 Taeter, Tatort
8 Tatwaffe
Polizeiorganisation
7 Europol
8 Interpol
Polizeipatrouille
7 Streife
11 Funkstreife
Polizeitruppe
11 Gendarmerie
Polizeiwache
6 Revier
12 Dienststelle
Polizist ▶ Polizeibeamter
Polizisten (Jargon)
6 Bullen
polnisch für Posen
6 Poznan
polnisch(e, er, es) …
· **Adel**
9 Schlachta
· **Adelstitel**
6 Magnat
· **Arbeiterführer**
6 Walesa
10 Lech Walesa
· **Chemiker**
5 Curie, Wloka
6 Fajans
7 Starost
· **Flächenmaß**
5 Morga
· **Gewerkschaftsführer**
6 Walesa
· **Grenzfluss**
4 Oder
· **Hafenstadt**
6 Danzig, Gdansk
7 Gdingen, Stettin
· **Herrscherhaus**
7 Piasten
10 Jagellonen

· **Komponist**
6 Chopin
· **König**
7 Kasimir
8 Jagiello
10 Stanislaus
· **Krauttopf**
5 Bigos
· **Landschaft**
5 Posen
7 Masuren
8 Galizien, Masowien
10 Pomesanien
11 Pommerellen
· **Marschall**
9 Pilsudski
· **Mathematiker**
6 Banach, Borsuk
· **Nationalheiliger**
10 Stanislaus
· **Nationaltanz**
7 Mazurka
9 Krakowiak
· **Nobelpreisträger für Frieden**
6 Walesa
· **Nobelpreisträger/-in für Literatur**
6 Milosz
7 Reymont
10 Szymborska
11 Sienkiewicz
· **Parlament**
4 Sejm
· **Philosoph**
10 Kolakowski
· **Physiker**
6 Infeld
· **Pianist**
6 Chopin
· **Politiker**
4 Beck, Pyka
5 Ochab
6 Bierut, Gierek, Walesa
7 Gomulka, Rapacki
8 Morawski, Moscicki, Zawadski
9 Jagielski, Pilsudski
· **Schriftsteller**
3 Lem
4 Asch, Prus
5 Gruda, Tuwim
6 Hlasko, Milosz, Mrozek
7 Rembeck, Reymont, Wybicki
8 Malewska, Zeromski
11 Sienkiewicz
· **Stadt an der Oder**
6 Oppeln
· **Statthalter**
7 Woiwode
· **Tanz**
7 Mazurka
9 Polonaise
· **Topmodel**
5 Rubik
· **Währungseinheit**
5 Zloty
Polster
6 Kissen, Pfuehl
8 Matratze
Polsterliege
5 Diwan
Polstermaterial
5 Daune, Feder, Kapok, Watte
7 Seegras
8 Rosshaar
11 Schaumgummi, Schaumstoff
Polstermöbel
4 Bett, Sofa
5 Couch, Diwan, Liege
6 Sessel
7 Kanapee
8 Fauteuil, Ottomane
10 Clubsessel, Klubsessel
12 Chaiselongue
13 Fernsehsessel
Polstersitzbank
4 Sofa
Poltergeist
6 Kobold, Schrat
13 Klabautermann
poltern
7 rumoren, rumpeln
polternder Lärm
7 Getoese
Polygamie
7 Vielehe
polynesische ...
· **Inselgruppe**
5 Samoa
6 Hawaii
Polyp
5 Krake
11 Tintenfisch
Polypen
11 Wucherungen
Pomeranzenart
10 Bergamotte
Pomeranzenlikör
7 Curacao
Pomp
5 Prunk
6 Pracht
7 Aufwand
popelig
8 armselig
Popmusik ...
· *der* **60er-Jahre**
4 Beat
· *aus* **Jamaika**
6 Reggae
Popmusikbegriff
3 Hit, Rap
4 Band, Bass, Beat, Show, Soul
5 Sound
6 Reggae
7 Session
8 Hardrock
10 Heavy Metal
Popmusiktanzlokal
9 Diskothek
poppig
4 bunt
Poptitan
6 Bohlen
populär(e, er, es) ...
· **Künstler**
8 Filmstar
· **Liedchen**
3 Hit
8 Schlager
11 Gassenhauer
Popularität
11 Beliebtheit
porig
6 poroes
porös
5 porig
12 durchlaessig
poröses Vulkangestein
4 Bims
Portal
3 Tor
6 Pforte
7 Eingang
Portemonnaie
10 Geldbeutel, Geldboerse
Portepee
6 Quaste

Portier
8 Hauswart
9 Pfoertner
Portion
4 Teil
6 Ration
7 Quantum
Porträt
4 Bild
7 Bildnis
8 Gemaelde, Kopfbild
9 Konterfei
11 Nachbildung
portugiesisch für ...
· **Bergkette**
5 Serra
· **heilig** (bei Namen)
3 São
5 Macau
portugiesisch für scharfe Chili
8 Piripiri
portugiesisch(e, er, es) ...
· **Adelstitel**
7 Fidalgo
· **Asienbesitzung**
5 Macao
· **Entdecker**
4 Diaz, Gama
5 Pinto
6 Cabral
8 Magellan
9 Magalhaes
10 Magallanes
11 Vasco da Gama
· **Erfinder**
5 Nunez
· **Geschlecht**
8 Braganza
· **Heerführer**
7 Almeida
· **Insel**
6 Flores
7 Madeira
8 Berlenga, Desertas, Terceira
· **Inselgruppe**
6 Azoren
9 Kapverden
· **Königsname**
5 Pedro
6 Alfons
7 Alfonso, Emanuel
8 Fernando
9 Ferdinand
· **Landschaft**
5 Beira
7 Algarve
· **Mathematiker**
5 Nunez
· **Mediziner**
5 Moniz
8 Giraldes
· **Münze**
7 Centavo
· **Nobelpreisträger für Literatur**
8 Saramago
· **Nobelpreisträger für Medizin**
5 Moniz
· **Politiker**
4 Pais
5 Costa, Eanes, Gomes, Lopes
6 Soarez
7 Caetano, Salazar
8 Oliveira
· **Prinzentitel**
6 Infant
· **Provinz**
7 Algarve
· **Schriftsteller**
4 Dias, Lobo
5 Braga, Dinis, Nobre, Pires
6 Pessoa
8 Carneiro, Pascoaes, Saramago
9 Fernandes
10 Alcoforado, Figueiredo
· **Seefahrer**
4 Diaz, Gama
8 Magellan
11 Vasco da Gama
· **Statthalter in Ostindien**
11 Albuquerque
· **Süßwein**
7 Madeira
· **Währungseinheit**
4 Real, Reis
5 Dobra
6 Escudo
7 Centavo
· **Wallfahrtsort**
6 Fatima
· **Weinsorte**
8 Portwein
Porzellanerde
6 Kaolin
8 Kaolinit
Porzellanmanufaktur
4 Selb, Wien
5 Delft
6 Sèvres
7 Meissen
Porzellanschnecke
5 Kauri
Porzellanstadt
4 Selb
Porzellantasse
13 Kaffeehaeferl
Porzellantrinkgefäß
8 Teetasse
Porzellanverzierung
5 Dekor
Posament
4 Band
5 Borte, Galon, Litze
6 Besatz, Franse, Pompon, Quaste, Schnur, Tresse
7 Troddel
Posaune der alten Germanen
4 Lure
Pose
5 Mache
7 Haltung, Theater
8 Gebaerde, Stellung
9 Federkiel
Position
3 Amt, Ort
4 Lage
6 Posten, Stelle
7 Haltung
8 Stellung
10 Anstellung, Taetigkeit
14 Beschaeftigung
Position eines Flugzeugs festlegen
5 orten
Positionsermittler
5 Orter
positiv
6 gewiss
8 bejahend, bestimmt
10 zutreffend
positiv ...
· **geladene Elektrode**
5 Anode
· **geladenes Atomteil**
6 Proton
· **geladenes Elementarteilchen**
8 Positron
· **geladenes Ion**
6 Kation

positiv(e, er, es) ...
· **Charakterzug**
6 Tugend
· **Elektrode**
5 Anode
· **Ergebnis**
6 Erfolg
· **Kontostand**
4 Plus
8 Guthaben
· **Mitteilung**
6 Zusage
Positur ► Pose
Posse
7 Schwank
Possen
2 Uz
3 Ulk
4 Witz
5 Farce, Spass, Unfug
6 Scherz, Unsinn
7 Streich
8 Burleske, Groteske, Komoedie
9 Lustspiel
11 Schabernack
possenhaft
7 burlesk
Possenreißer
3 Tor
4 Narr
5 Clown
6 Kasper
7 Bajazzo, Kasperl
8 Harlekin, Witzbold
9 Hanswurst
10 Komoediant, Spassvogel
11 Spassmacher
Possenreißer ...
· *in* **der Antike**
5 Mimus
· *am* **Fürstenhof**
7 Hofnarr
possierlich
4 nett
6 lustig
7 drollig
8 niedlich, zierlich
Postadresse
9 Anschrift
postalischer ...
· **Begriff**
5 Porto
6 Inland
7 Ausland
9 Frankatur
12 Postleitzahl
13 Eilzustellung
Postanschrift
7 Adresse
Postaufgeber
9 Adressant
Postbediensteter
7 Postler
Postbeförderung im Krieg
8 Feldpost
Postbote
9 Zusteller
12 Brieftraeger
Postdienststelle
7 Fernamt
12 Fernmeldeamt
Postdynastie
13 Thurn und Taxis
Posteinwurfstelle
11 Briefkasten
Posten
3 Amt
5 Menge, Wache
6 Hueter, Stelle
7 Ausguck, Quantum, Spaeher
8 Position, Stellung
10 Anstellung, Beobachter, Bleischrot, Teilbetrag
Posten von Waren
6 Partie
Postenkette
6 Kordon
10 Absperrung
Poster
6 Plakat
Postformular
10 Paketkarte
Postgebäude
7 Postamt
13 Fernsprechamt, Telegrafenamt
14 Telegraphenamt
Postgebühr
5 Porto
Postillion
8 Kutscher, Schwager
12 Postkutscher
Postkutscher
8 Schwager
10 Postillion
Postselbstempfänger
7 Abholer
Postsendung
5 Brief, Kabel, Karte, Paket, Telex
7 Telefax
8 Depesche, Eilbrief, Eilpaket, Luftpost, Rohrpost
9 Anweisung, Paeckchen, Postkarte, Telegramm, Wertbrief, Wertpaket
10 Drucksache
Postskript
2 PS
8 Nachsatz, Nachtrag
11 Nachschrift
Postulat
7 Annahme
8 Begehren
9 Forderung, Probezeit, Verlangen
10 Behauptung
13 Voraussetzung
Postversandstück
5 Paket
Postversendungsart
12 Einschreiben
Postwertzeichen
5 Marke
9 Freimarke
10 Briefmarke
Postzusteller
4 Bote
8 Postbote
12 Brieftraeger
Potentat
9 Herrscher
10 Machthaber
Poularde
8 Masthuhn
Pracht ► Pomp
Prachtbau
5 Villa
6 Palast
7 Schloss
Prachtentfaltung
5 Prunk
Prachtexemplar
11 Kaventsmann
Prachtfink
7 Astrild
Prachtgebäude
7 Schloss
8 Prunkbau
prächtig
5 famos, prima
6 feudal, superb

7 kostbar, opulent, pompoes, vornehm
8 blendend, herrlich, splendid
9 fulminant, glaenzend, prunkvoll
10 grossartig, prachtvoll
13 ausgezeichnet

prächtige Zimmerpflanze
11 Korbmarante

prächtiges Grab
9 Mausoleum

Prachtkutsche
7 Karosse
13 Staatskarosse

Prachtstraße
5 Allee
6 Avenue
9 Boulevard

Prachtstraße in Paris
13 Champs Elysées

Prachttor
6 Portal

prachtvoll ▶ prächtig

prachtvolle Zimmerpflanze
14 Drillingsblume

Prachtwicke
5 Donia, Donie

Prädestination
13 Vorbestimmung

Prädikant
8 Prediger

Prädikat
4 Note
6 Zensur
7 Aussage, Beiwort
9 Bewertung
11 Beurteilung

Prädikat ...
· *bei* **Doktorprüfungen**
4 rite
9 cum laude
15 magna cum laude, summa cum laude
· *bei* **Weinen**
7 Auslese
8 Kabinett

Prag in der Landessprache
5 Praha

Prägeform
5 Mater

Prägemaschine
8 Kalander

prägende Wirkung
8 Eindruck

Prager ...
· **Burg**
9 Hradschin
· **Stadtteil**
10 Kleinseite

Prägestempel
6 Stanze

Prägewerkzeug
6 Stanze

Pragmatiker
6 Macher

Prags sagenhafte Gründerin
7 Libussa

Prägung auf Stein
6 Gravur

prähistorisches ...
· **Werkzeug**
6 Eolith
9 Faustkeil

prahlen
7 angeben

Prahler
7 Angeber
11 Wichtigtuer

Prahlerei
6 Angabe

Prahlhans
4 Snob
5 Protz
7 Angeber, Blender, Prahler
8 Maulheld
9 Bramarbas, Flunkerer, Grossmaul, Renommist
10 Gernegross, Windmacher
11 Wichtigtuer
12 Aufschneider, Schwadroneur

praktikabel
7 machbar
13 durchfuehrbar

Praktikant
9 Volontaer
14 Auszubildender

Praktikerfertigkeit
7 Routine

praktisch
6 patent
8 guenstig
11 pragmatisch

Praline mit Alkohol
14 Weinbrandbohne

Pralinen
7 Konfekt
9 Naschwerk

Pralinenfüllung
4 Krem, Nuss
5 Creme, Nugat
6 Cognac, Kognak, Likoer, Nougat
7 Krokant
8 Marzipan
10 Knickebein

Pralinenpackung
11 Bonbonniere

prall
4 dick
6 stramm

Präludium
8 Vorspiel

Prämie
5 Bonus
6 Gewinn
7 Beitrag, Gebuehr
8 Nachlass, Zuschlag, Zuschuss
9 Belohnung
13 Gratifikation

pränatale Maßnahmen
19 Geburtsvorbereitung

Pranger ...
· *in* **Lübeck**
4 Kaak
· *im* **Mittelalter**
11 Schandpfahl

Pranke
5 Klaue, Pfote, Tatze
10 Gliedmasse

präparierter Boden für Samen
8 Saaterde

Präposition
2 an, in, um, zu
3 auf, aus, bei, von, vor
4 fuer, nach, ohne, samt, seit
5 durch, neben, nebst, statt, trotz, ueber, unter, wegen
6 ausser, binnen, hinter, laengs, unweit
7 naechst, zufolge
8 jenseits, oberhalb, waehrend, zwischen
9 diesseits, innerhalb, unterhalb
10 ausserhalb

Präriepferd
7 Mustang

Präriewolf
6 Kojote

Präsent
4 Gabe
8 Geschenk
11 Mitbringsel
Präsentationsfläche bei Modenschauen
8 Laufsteg
Präsenz
9 Gegenwart
11 Anwesenheit
Präsident ...
· *der* **Bundesrepublik Deutschland**
3 Rau
5 Gauck, Heuss, Wulff
6 Herzog, Luebke, Scheel
8 Carstens
9 Heinemann
14 von Weizsaecker
· *des* **HSV**
6 Seeler
· *der* **Palästinenser**
5 Abbas
6 Arafat
prassen
9 schlemmen
Prasserei
9 Voellerei
13 Verschwendung
prätentiös
11 duenkelhaft, eingebildet
Praxismediziner
10 Kassenarzt
präzise
5 exakt, genau, knapp
8 treffend
12 gewissenhaft
Präzisionszeitmesser
11 Chronometer
Prediger
10 Praedikant
11 Geistlicher
12 Kanzelredner
Predigerorden
11 Dominikaner
Predigerstand
6 Kanzel
Predigt
6 Sermon
Predigtbuch
8 Postille
Predigtstuhl
6 Kanzel
8 Katheder
Preis
4 Wert
5 Pokal
6 Betrag, Gewinn, Kosten, Tribut
7 Entgelt, Gebuehr, Praemie
8 Trophaee
9 Gegenwert
Preis ...
· *ohne* **Abzug**
5 netto
6 brutto
· *der* **Beförderung**
6 Fracht
12 Frachtkosten
· *von* **Devisen**
11 Wechselkurs
· *einer* **Dienstleistung**
7 Gebuehr
· *für* **Kapitalnutzung**
4 Zins
· *für* **Leistungen**
5 Tarif
· *des* **US-Geldes**
10 Dollarkurs
· *von* **Wertpapieren**
4 Kurs
Preisabzug
6 Rabatt, Skonto
8 Nachlass
13 Preisnachlass
Preisauftrieb
6 Hausse
8 Teuerung
9 Inflation
Preisbrecher
10 Discounter
Preiselbeere
10 Kronsbeere
preisen
7 ruehmen
Preisgabe
7 Aufgabe
8 Verzicht
12 Kapitulation
13 Entaeusserung
Preisgericht
4 Jury
Preisgrenze
5 Limit
preisgünstige Warenofferte
13 Sonderangebot
Preisliste
7 Katalog
8 Prospekt
Preisnachlass ▶ Preisabzug
Preisschätzung
4 Taxe
Preisschild
7 Etikett
Preisspanne
5 Marge
Preissturz ...
· *an der* **Börse**
5 Slump
6 Baisse
7 Deroute
Preisträger
6 Sieger
8 Gewinner
Preistreiber
8 Wucherer
Preisüberhöhung
4 Nepp
Preisunterbietung
7 Dumping
Preisvorschlag
5 Gebot
7 Angebot, Offerte
preiswert
6 billig
8 wohlfeil
prekär
6 heikel
7 kitzlig
8 diffizil
9 schwierig
Premier
18 Ministerpraesident
Premiere
10 Eroeffnung
13 Urauffuehrung
15 Erstauffuehrung
Pressbraunkohle
7 Brikett
Pressearbeitsplatz
9 Redaktion
Presseberichterstatter
8 Reporter
13 Korrespondent
Presseerzeugnis
7 Journal, Magazin, Zeitung
11 Zeitschrift
12 Illustrierte
13 Morgenzeitung
Pressefeldzug
8 Kampagne

Presseschriftstellerei
12 Journalismus
Pressfalte
7 Plissee
Pressholztafel
10 Spanplatte
Presskohle
7 Brikett
Pressrückstand
7 Trester
Pressspan
5 Pappe
Prestige
3 Ruf
5 Image
7 Ansehen, Geltung
8 Renommee
Preuße
7 Borusse
preußisch(e, er, es) ...
· **Adelsgeschlecht**
5 Arnim
6 Buelow
· **Arzt**
10 Sauerbruch
· **Chemiker**
5 Bayer
· **Dynastie**
12 Hohenzollern
· **Feldmarschall**
4 Roon
6 Moltke
7 Wrangel
8 Bluecher
9 Gneisenau
· **Finanzminister**
5 Stein
· **Freikorpsführer**
6 Schill
7 Luetzow
· **General**
4 Roon
5 Boyen, Goltz, Yorck
6 Moltke, Zieten
7 Wrangel
8 Bluecher, Seydlitz
9 Gneisenau
10 Clausewitz, Schlieffen
11 Scharnhorst
· **Heerführer**
9 Gneisenau
· **Kriegsminister**
4 Roon
5 Stein
· **Provinz**
5 Posen
7 Pommern
8 Hannover
9 Schlesien, Westfalen
11 Brandenburg, Ostpreussen
· **Reformer**
5 Stein
10 Hardenberg
11 Scharnhorst
· **Schlachtenort**
4 Jena
6 Torgau
9 Auerstedt
· **Staatsmann**
4 Dohm, Falk, Roon
5 Beuth, Bonin, Stein
6 Abeken, Goertz, Schoen
7 Caprivi, Roedern, Zedlitz
8 Bismarck, Humboldt, Radowitz
9 Achenbach, Hansemann, Ladenberg
10 Hardenberg
prickelnd
6 pikant
8 reizvoll
Priem
8 Kautabak
Priester
5 Pater
6 Kaplan, Pastor
7 Dechant, Pfarrer
10 Seelsorger
11 Geistlicher
Priester ...
· *der* **Ostkirche**
4 Pope
· *der* **Schiiten**
9 Ajatollah, Ayatollah
Priestergewand
4 Albe
5 Talar
6 Sutane
7 Soutane
priesterliche Handlung
7 Segnung
Priesterstand
6 Klerus
Priesterumhang
5 Stola
Priesterweihe
10 Ordination
Primärpublikation
9 Erstdruck
11 Erstauflage
Primat
4 Affe
Primelart
7 Aurikel
13 Alpenveilchen
15 Schluesselblume
primitiv
6 billig
8 duerftig
primitiv(e, er, es) ...
· **Befestigung**
5 Pfeil
8 Ringwall
· **Haus**
8 Turandot
· **Indianerboot**
6 Piroge
· **Schusswaffe**
4 Asyl
5 Bogen
6 Huette
· **Unterkunft**
5 Eugen
6 Huette
Prinzessin ...
· *von* **Monaco**
8 Caroline
9 Stephanie
· *von* **Wales**
5 Diana
Prinzip
5 Axiom
6 Maxime
9 Grundsatz
prinzipielle Ablehnung des Krieges
10 Pazifismus
Prise
5 Beute, Dosis, Hauch, Zutat
6 Rapuse, Schuss, Zusatz
7 Portion, Quantum
privat
11 persoenlich
private ...
· **Angestellte**
12 Hausgehilfin
· **Fleischverwertung**
15 Hausschlachtung
privater Autoweg zum Haus
8 Einfahrt

Privatkasse
9 Schatulle
Privatkrieg
5 Fehde
Privatschule
8 Internat
Privatsekretär Ciceros
4 Tiro
Privileg
8 Vorrecht
9 Freibrief
11 Sonderrecht
pro
2 je
Proband
14 Versuchsperson
Probe
4 Test
6 Uebung
7 Versuch
8 Pruefung
9 Kontrolle
10 Experiment
12 Untersuchung
Probeabzug
7 Andruck
Probedruck
5 Fahne
proben
5 ueben
7 pruefen
Probezeit im Kloster
8 Noviziat
probieren
9 verkosten
Problem
5 Frage
7 Aufgabe, Raetsel
9 Geheimnis
Problemzonen Übergewichtiger
11 Fettpolster
Produkt
4 Ware
6 Ertrag
8 Ergebnis, Resultat
Produkt ...
· *der* **Auster**
5 Perle
· *zur* **Beinenthaarung**
9 Kaltwachs
· *der* **Bienen**
5 Honig, Wachs
· **erfolgreicher Jagd**
11 Wildfleisch
· *der* **Forstwirtschaft**
4 Holz
· *aus* **Kohle**
4 Teer
· *aus* **Kokosnüssen**
4 Fett
5 Kopra
· *zur* **Körperreinigung**
8 Duschgel
· *vom* **Lande**
5 Milch
· *aus dem* **Moor**
4 Torf
· *vom* **Rind**
10 Nierenfett
· *der* **Textilindustrie**
5 Tuche
6 Stoffe
· *aus* **Tierhaut**
5 Leder
Produkte aus Getreide
11 Naehrmittel
Produktion
9 Erzeugung, Fertigung
11 Anfertigung, Fabrikation, Herstellung
Produktionsbereich in der Textilbranche
8 Buegelei
Produktionsstätte
4 Werk
6 Fabrik
Produzent
8 Erzeuger
10 Hersteller
Professional
5 Profi
14 Berufssportler
Professor im Ruhestand
8 Emeritus
Profil
6 Umriss
7 Ansicht, Schnitt
Profit
6 Ertrag, Gewinn, Nutzen
7 Vorteil
8 Einnahme
9 Verdienst
Prognose
10 Voraussage, Vorhersage
Programm
4 Plan
6 Ablauf
7 Abfolge, Absicht
8 Vorhaben
11 Verzeichnis
12 Nummernfolge, Tagesordnung
13 Theaterzettel
Programm ...
· *zur* **Blutdruckstärkung**
17 Kreislauftraining
· *für* **eine EDV-Anlage**
8 Software
Programmankündiger
7 Ansager
Programmankündigung
6 Ansage
Programmansage
10 Conférence
programmatische Grundsatzerklärung
8 Manifest
Programmerläuterung (Fernsehen)
6 Ansage
Programmgestalter
9 Animateur
Programmierhochsprache
5 Algol
Programmiersprache
5 Basic
Projekt ▶ Plan
Projektil
8 Geschoss
Projektionsapparat
7 Diaskop, Episkop
9 Projektor
10 Bildwerfer, Epidiaskop
17 Overheadprojektor
19 Tageslichtprojektor
Proklamation
6 Appell, Aufruf
11 Bekanntgabe, Deklaration
14 Bekanntmachung
Prolog
7 Vorrede, Vorwort
8 Vorspiel
10 Einleitung
Prolog in einem Buch
18 Einleitungskapitel
Promenade
5 Korso
10 Spazierweg
prominent
7 bekannt
8 beruehmt
prominentes Werbegesicht
11 Testimonial

P

Promovierender
9 Doktorand
Propaganda
7 Reklame, Werbung
9 Agitation, Publicity
Prophet
5 Seher
6 Mahner
7 Kuender
9 Weissager
Prophet ...
· *im* **Alten Testament**
3 Eli, Gad
4 Amos, Esra, Hiob, Joel, Jona, Nabi, Osee
5 Elias, Elisa, Hosea, Jonas, Josua, Micha, Nahum
6 Daniel, Haggai, Isaias, Jesaja, Nathan, Obadja, Samuel
7 Habakuk, Jeremia, Jesajas, Nehemia
8 Ezechiel, Hesekiel, Jeremias, Maleachi, Sacharja, Zephanja
9 Malachias, Zephanias
Prophetin
7 Seherin
11 Weissagerin
Prophetin ...
· *im* **alten Israel**
6 Debora
7 Deborah
Prophezeiung
6 Orakel
10 Vorhersage, Weissagung
Proportion
8 Ebenmass
10 Gleichmass
11 Verhaeltnis
Prosa
8 Dichtung
Prosaerzählung
5 Roman
Prosawerk
4 Saga
5 Roman
7 Novelle
10 Erzaehlung, Shortstory
14 Kurzgeschichte
Prospekt
10 Preisliste
12 Werbeschrift
Prostituierte
5 Dirne, Nutte
7 Hetaere, Kokotte
8 Callgirl
14 Liebesdienerin, Strichmaedchen
15 Freudenmaedchen
Protein
7 Eiweiss
Protest
4 Veto
9 Einspruch
10 Auflehnung, Opposition, Widerstand
Protestant
6 Hussit
9 Calvinist, Hugenotte, Kalvinist
10 Lutheraner
11 Zwinglianer
12 Reformierter
protestantische Gottesdienstordnung
6 Agende
protestantischer ...
· **Feiertag**
10 Karfreitag
15 Reformationstag
16 Buss- und Bettag
Protestaufmarsch
10 Kundgebung
13 Demonstration
Protestkundgebung
(Kurzwort)
4 Demo
Protokoll
7 Bericht
13 Niederschrift
Protokollant
14 Schriftfuehrer
Prototyp
6 Modell, Muster
8 Testfall
Protz
4 Snob
7 Angeber, Prahler
10 Gernegross
11 Wichtigtuer
Provenienz
8 Herkunft, Ursprung
10 Abstammung
provenzalisch(e, er, es) ...
· **Minnesänger**
8 Trouvère
10 Troubadour
· **Sprache**
9 Languedoc
· **Tanz**
8 Rigaudon
9 Farandole, Olivettes
10 Faranduola
Proviant
6 Vorrat
10 Mundvorrat, Wegzehrung
11 Verpflegung
Provinz ...
· *in* **Belgien**
7 Brabant
8 Hennegau
· *in* **China**
5 Honan, Kansu
7 Schansi
· *in* **Indien**
8 Bengalen
· *in* **Irland**
6 Ulster
· *in* **Italien**
6 Rovigo
· *in* **Kanada**
7 Alberta, Ontario
8 Manitoba
· *in den* **Niederlanden**
7 Utrecht
· *in* **Spanien**
6 Oviedo
8 Alicante
9 Tarragona
Provision
12 Gewinnanteil
Provision ...
· *des* **Börsenmaklers**
7 Kurtage
8 Courtage
provokant
10 anstoessig, aufreizend
Provokation
15 Herausforderung
Prozedur
6 Ablauf
7 Vorgang
9 Verfahren
Prozess
6 Ablauf
7 Hergang, Verlauf, Vorgang
9 Geschehen
12 Rechtsstreit
17 Gerichtsverfahren
Prozession
5 Umzug
8 Bittgang
9 Pilgerzug, Wallfahrt

Prozesspartei
7 Anklage
11 Angeklagter
12 Verteidigung
Prozessteilnehmer
7 Klaeger, Richter
Prozessunterlagen
5 Akten
Prozessvorsitzender
7 Richter
prüde
7 geziert, sproede
9 schamhaft
10 zimperlich
prüfen
6 eichen, proben, testen
7 checken, mustern
8 erproben
9 probieren
10 beurteilen
prüfend
8 kritisch
prüfend berühren
6 tasten
Prüfer
6 Tester
7 Revisor
9 Probierer
10 Examinator, Inspizient
11 Kontrolleur, Untersucher
Prüfer von Pkw-Neuheiten
10 Autotester
Prüfling
8 Kandidat
9 Doktorand
Prüfstein
9 Kriterium
Prüfung
4 Test
5 Probe
6 Examen
8 Revision
9 Kontrolle
10 Experiment, Inspektion
11 Exploration
Prüfung ...
· *im* **Griechischen**
7 Graecum
· *von* **Handelsgütern**
9 Warentest
· *im* **Lateinischen**
7 Latinum
· *von* **Messgeräten**
5 Eiche
6 Eichen
· *im* **Motorradsport**
5 Trial
· *von* **Zuchttieren**
7 Koerung
Prüfung ablegen
10 maturieren
Prüfungsarbeit
4 Test
7 Klausur
Prüfungsergebnis
▶ Examensnote
Prüfungsprädikat
4 Note
6 Zensur
Prüfungsurkunde
6 Diplom
7 Zeugnis
Prüfungsverfahren
4 Test
Prügel
4 Haue
5 Hiebe, Keile, Keule, Senge, Stock
8 Schlaege
Prügelei
8 Keilerei, Rauferei
11 Schlaegerei
Prügelknabe
11 Suendenbock
Prügelstrafe
9 Bastonade
Prunk
4 Pomp
5 Luxus, Staat
6 Pracht
9 Gepraenge
Prunkbau ▶ Prachtbau
prunklos
8 schlicht
Prunksarg
9 Sarkophag
Prunkschiff der Dogen von Venedig
9 Buzentaur
prunkvoll
7 pompoes
9 luxurioes, praechtig
prunkvoll(e, er, es) ...
· **Grabmal**
9 Mausoleum
· **Mahlzeit**
9 Festessen
· **Tor**
6 Portal
· **Trinkbecher**
5 Pokal
Prunkwagen
7 Karosse
Prunusgewächs
10 Schlehdorn
Psalmendichter
5 David
Psalmenzeichen
4 Sela
Pseudonym
8 Deckname
10 Nom de plume
Pseudonym ...
· *für* **Alfred Henschke**
7 Klabund
· *für* **Aurore Dupin-Dudevant**
10 George Sand
· *für* **Charles Dickens**
3 Boz
· *für* **Charles Ed. Jeanneret**
11 Le Corbusier
· *für* **Domenico Theotokopuli**
7 El Greco
· *für* **Emile Herzog**
12 Andre Maurois
· *für* **Ferdinand Raimann**
7 Raimund
· *für* **Frank Lateur**
14 Stijn Streuvels
· *für* **Freih. Friedrich v. Hardenberg**
7 Novalis
· *für* **Friedrich Richter**
8 Jean Paul
· *für* **Gerhard Kremer**
8 Mercator
· *für* **Greta Gustafson**
10 Greta Garbo
· *für* **Hans Böttcher**
10 Ringelnatz
· *für* **Hans Kienau**
9 Gorch Fock
· *für* **Henri Beyle**
8 Stendhal
· *für* **Jacob Liebmann Beer**
9 Meyerbeer
· *für* **Jacopo Robusti**
10 Tintoretto
· *für* **Jean Baptiste Poquelin**
7 Moliere
· *für* **Jeanne F. Bourgois**
12 Mistinguette

- *für* **John Griffith**
  10 Jack London
- *für* **Kurt Suckert**
  15 Curzio Malaparte
- *für* **Margarete Zelle**
  8 Mata Hari
- *für* **Mathis Nithardt**
  18 Matthias Gruenewald
- *für* **Max Winterfeld**
  11 Jean Gilbert
- *für* **Niembsch Edler von Strehlenau**
  13 Nikolaus Lenau
- *für* **Samuel Langborne Clemens**
  9 Mark Twain

Psyche
5 Seele, Wesen
11 Seelenleben

Psyches Geliebter
4 Amor

psychische Belastung
6 Stress

Psychoanalytiker
4 Jung
5 Adler, Freud

psychologischer
- **Ballast**
  11 Seelenmuell

psychologisches Experiment
4 Test

Psychotherapeut
10 Eheberater, Seelenarzt

psychotherapeutischer Spezialist
10 Eheberater

Pubertät
17 Entwicklungsalter, Entwicklungsjahre

publik
7 bekannt
11 oeffentlich

Publikation
17 Veroeffentlichung

Publikum
5 Leser
6 Gaeste, Hoerer
8 Besucher, Zuhoerer
9 Fernseher, Zuschauer
15 Oeffentlichkeit

Publikumsliebling
4 Idol

Publizist
5 Autor
6 Texter
8 Verleger
9 Redakteur
10 Journalist
14 Schriftsteller

pudelartige Schoßhunde
8 Malteser

Puder
6 Pulver

puderartiges Mineral
4 Talk

Pudergrundstoff
4 Talk
6 Talkum

Puderzucker
5 Farin
8 Farinade

Puffer aus Tauwerk
6 Fender

Puffmais
7 Popcorn

Pulk von Flugtieren
7 Schwarm

Pulli mit Kopfbedeckung
15 Kapuzenpullover

Pullover
6 Jumper
7 Sweater, Twinset
11 Strickjacke

Pullover aus Plüsch
5 Nicky

Puls
10 Herzschlag

Pulsader
7 Arterie
10 Schlagader

Pult
6 Kanzel
8 Katheder

Pulver
5 Puder, Staub

pulverförmiger Holzabfall
9 Saegemehl

pulverisierter Geschmacksgeber
14 Gewuerzpaprika

Pulverladung in Metallhülsen
9 Kartusche

pulvriges Mineral
3 Gur

Puma
7 Panther
11 Silberloewe

Pump
6 Kredit
7 Anleihe

Pumphose
13 Knickerbocker

Pumps ...
- *mit* **Fersenriemchen**
  6 Slings
- *mit* **kleiner Zehenöffnung**
  7 Peeptoe

Pumpstyp
8 Riemchen

Pumpventil bei Blasinstrumenten
6 Piston

Punkt
3 Ort
6 Stelle
11 Satzzeichen

Punkt ...
- *in der* **Antarktis**
  3 Pol
  7 Suedpol
- *in der* **Arktis**
  3 Pol
  7 Nordpol
- *der* **Erdachse**
  7 Nordpol
- *der* **größten Sonnenferne eines Planeten**
  5 Aphel
- *der* **größten Sonnennähe eines Planeten**
  7 Perihel
- *im* **Telegramm**
  4 stop
- *auf dem* **Würfel**
  4 Auge
- *auf der* **Y-Achse** (mathematisch)
  8 Ordinate

Punkt, runder Fleck
6 Tupfen

Punkte im Gesicht
14 Sommersprossen

Punktestand beim Sport
5 Score

Punktgleichheit
8 Einstand
9 Ausgleich

pünktlich
5 exakt, frueh
6 prompt, strikt, zeitig
7 praezis

11 rechtzeitig
12 zuverlaessig
Punktscheinwerfer
4 Spot
Punschterrine
5 Bowle
Puppe
5 Larve
Puppe für Autotests
5 Dummy
Puppenbühne
15 Kasperletheater
18 Marionettentheater
Puppenhülle bei Insekten
5 Kokon
Puppenkörper
4 Balg
Puppenmutter
5 Kruse
Puppenspiel ► Puppenbühne
Puppentheater
17 Marionettenbuehne
pur
4 rein
6 lauter
11 unverduennt
13 unverfaelscht
Püree
3 Mus
13 Kartoffelbrei
Purgatorium
9 Fegefeuer
Purpura
10 Bluterguss
Purzelbaum
6 Kobolz
10 Purzelbock
Push-upBH
9 Wonderbra
Puste
4 Atem
Pusztaschenke
6 Csarda
Pute/r
8 Truthahn
9 Truthenne
Putsch
7 Revolte, Umsturz
8 Aufstand, Erhebung
9 Rebellion
13 Staatsstreich
Putz
6 Zierat
7 Schmuck, Zierrat
10 Aufmachung
Putzbrett des Maurers
11 Kartaetsche
putzen
8 reinigen
Putzlappen
8 Reibtuch
11 Scheuertuch
Putzlumpen
13 Scheuerlappen
Putzmacherin
8 Modistin
9 Midinette
11 Hutmacherin
Putzmaterial
12 Poliermittel
Putzmittel
8 Reiniger
Putzsucht
9 Eitelkeit
11 Gefallsucht
Putztisch
8 Toilette
12 Frisiertisch
Putztuch
6 Lappen
Putzzimmer
7 Boudoir
Pygmäenstamm
4 Aeta, Akka, Kivu
5 Wedda
6 Bafoto, Semang
Pyjama
11 Schlafanzug
Pylon
7 Pfeiler
15 Brueckenpfeiler
Pyramidenort ...
· *in* **Ägypten**
5 Giseh, Gizeh,
Medum
Pyrenäenberg
5 Aneto
6 Nethou
7 Canigou
9 Maladetta, Mont Perdu,
Vignemale
Pyrenäenbewohner
5 Baske
Pyrenäenhalbinsel
7 Iberien
Pyrenäenpass
9 Tourmalet
11 Roncevalles
Pyrenäenstaat
7 Andorra
Pyrenäenvolk
6 Basken
Pyrenäenzwergstaat
7 Andorra
Pyrotechniker
11 Feuerwerker

Q

Quackelbeere
9 Wacholder
Quacksalber
8 Pfuscher, Salbader,
Stuemper
10 Medikaster,
Scharlatan
11 Kurpfuscher
Quader
5 Stein
6 Prisma
8 Baustein
Quadrant
11 Kreissektor
12 Viertelkreis
Quadrat
6 Karree, Potenz
7 Viereck
8 Rechteck
quadratisches
· **Kopftuch**
7 Bandana
quadratisches
· **Halstuch oder Haarband**
9 Nickituch
quadratischer Raum
(Typografie)
7 Geviert
Quadriga
11 Viergespann
Quadrille
10 Kontertanz
Quadrillefigur
3 Ete

Quadrofonie
9 Raumklang
Quagga
5 Zebra
Qual
3 Not
4 Last, Leid, Pein
5 Muehe, Plage
6 Folter, Marter, Tortur, Unheil
7 Muehsal, Schmerz
9 Martyrium, Peinigung
12 Misshandlung
quälen
7 martern
8 peinigen, striezen
10 kujonieren
13 maltraetieren
quälend(e, er, es) ...
· **Arbeit**
5 Muehe
· **Empfindung**
7 Schmerz
· **Gedanke**
9 Gruebelei
· **Schmerz**
4 Pein
· **Schuld**
5 Scham
Quälgeist
5 Drude
11 Nervensaege
qualifiziert
8 geeignet
9 befaehigt
13 fachmaennisch
Qualität
4 Wert
5 Guete
11 Eigenschaft
14 Beschaffenheit
Qualitätsbegriff
5 Marke
Qualitätserzeugnis
13 Markenartikel
Qualitätsniveau
8 Standard
Qualitätswein
13 Beerenauslese
Qualle
5 Polyp
6 Meduse
8 Hohltier
Qualm
5 Dampf, Dunst, Rauch, Wolke
6 Brodem
15 Zigarettenrauch
Quantität
4 Zahl
5 Menge
6 Anzahl
7 Ausmass, Groesse
Quantitätsmitteilung
12 Mengenangabe
Quantum
5 Dosis, Menge
6 Anteil, Anzahl, Ration
7 Einheit, Portion
Quappe
8 Truesche
Quark
6 Topfen
10 Weisskaese
17 Elementarteilchen
Quarte
9 Intervall
Quartier
5 Logis
6 Bezirk, Bleibe
7 Viertel
10 Unterkunft
12 Stadtviertel
Quarz mit Versteinerungen
12 Muschelachat
Quarzabart
5 Mocha
Quarzart
9 Tigerauge
Quarzgang
5 Pfahl
Quarzsteinchen
6 Kiesel
Quast
6 Pinsel
Quaste
5 Tolle
6 Bommel, Pompon, Zottel
7 Puschel, Troddel
8 Portepee, Posament
Quatsch
5 Unfug
6 Unsinn
Quecksilber (Alchimie)
6 Merkur
Quecksilberverbindung
7 Amalgam, Kalomel
8 Sublimat
quecksilbrig
7 lebhaft
Queen
8 Koenigin
Quelle
4 Born
5 Bronn
7 Brunnen
8 Herkunft, Ursprung
10 Wasserader
Quellennymphe der Griechen
6 Najade
Quellfluss ...
· *der* **Donau**
4 Breg
7 Brigach
· *des* **Kongo**
6 Lukuga
7 Lualaba, Luapula
· *der* **Lippe**
5 Pader
· *des* **Nil**
6 Kagera
9 Blauer Nil
· *des* **Pregel**
6 Inster
· *des* **Rheins**
11 Hinterrhein, Vorderrhein
· *der* **Weser**
5 Fulda, Werra
Quellgebiet des Rheins
5 Adula
Quellgöttin
6 Egeria, Najade
8 Arethusa
Quellnymphe
▶ Quellgöttin
Quendel
7 Thymian
quer
6 zwerch
7 schraeg, travers
8 diagonal
Querabmessung
6 Breite
Queraxt ▶ Querbeil
Querbalken
8 Traverse
9 Architrav
Querbeil
7 Dechsel
Quercus
5 Eiche
Querele
5 Hader, Klage, Zwist
6 Streit

Querfaden beim Weben
6 Schuss
Querfeldeinmotorradrennen
9 Motocross
Querholz ...
· *der* **Eisenbahnschienen**
8 Schwelle
· *der* **Leiter**
7 Sprosse
Querholzfahne
6 Banner
querköpfig
4 stur
7 trotzig
8 obstinat
11 hartnaeckig
Querlinie
9 Diagonale
12 Transversale
Querne
6 Muehle
Querschiff
8 Transept
Querschiff im Bauernhaus
5 Flett
Querschnitt
6 Mittel, Profil
12 Durchschnitt
Querstange ...
· *des* **Barrens**
4 Holm
· *am* **Schiffsmast**
3 Rah
4 Rahe
Querstrich im Druckwesen
6 Serife
Querulant
8 Noergler, Quengler
10 Miesmacher, Streithahn
12 Streithammel
Querversteifung
8 Traverse
Quetschung
9 Kontusion
Queue
12 Billardstock
Quiche
10 Lauchtorte
quietistisch
8 geduldig
17 schicksalsergeben
Quintessenz
4 Kern
5 Wesen
6 Pointe
9 Inbegriff, Kernpunkt
10 Hauptsache
Quisquilie
11 Kleinigkeit
quitt
4 wett
12 ausgeglichen
quittieren
9 verlassen
11 bestaetigen
12 bescheinigen
Quittung
3 Bon
5 Beleg
12 Bestaetigung, Beweisstueck, Beweiszettel, Kassenzettel
13 Bescheinigung
Quiz
10 Fragespiel
Quizaufgabe
9 Ratespiel
Quizmannschaft
8 Rateteam
Quodlibet
8 Allerlei, Mischung
13 Durcheinander
Quote
4 Satz, Teil
6 Anteil
10 Teilbetrag

R

Rabatt
5 Abzug
6 Skonto
8 Abschlag, Nachlass
10 Verguetung
13 Preisnachlass
Rabatte mit fruchttragenden Stauden
11 Erdbeerbeet
Rabatz ► Radau
Rabe ...
· **Odins**
5 Hugin, Munin
Rabenvogel
5 Dohle
6 Elster, Haeher, Kraehe
8 Kolkrabe
12 Eichelhaeher
rabiater ...
· **Mensch**
7 Grobian, Rohling
Rache
8 Revanche, Vendetta
10 Vergeltung
Rachegöttin
5 Furie
6 Alekto
7 Erinnye, Megaere
8 Eumenide
9 Tisiphone
Rachen
7 Schlund
Rachenblütler
9 Braunwurz, Fingerhut, Leinkraut
10 Ehrenpreis, Loewenmaul
12 Koenigskerze
Rachenbräune
10 Diphtherie
Rachenmandel
8 Tonsille
Rächerin des Frevels
7 Nemesis
Rachsucht
8 Rankuene
Rackenvogel
9 Wiedehopf
Radabstand
9 Spurweite
Radarmessung
6 Ortung
13 Lokalisierung
Radau
5 Krach, Laerm
6 Tumult, Unruhe
12 Ruhestoerung
Radaufhängung
5 Achse
Rädelsführerin
11 Anstifterin
Räderfahrzeug
5 Wagen
Rädertierchen
10 Rotatorien

Räderverbindung
5 Achse
Räderwerk
8 Getriebe, Mechanik
11 Mechanismus
Radfahrer
6 Radler
Radhülse
4 Nabe
Radierung
5 Stich
8 Gravuere
15 Kaltnadelarbeit
radikal
6 extrem
9 fanatisch
13 kompromisslos
radikale Jugendgruppierung
9 Skinheads
Radio
8 Rundfunk
Radio direkt
4 live
radioaktiv(e, er, es) ...
· **Abfall**
9 Atommuell
· **Edelgas**
5 Radon
· **Element**
4 Uran
5 Astat, Radon
6 Curium, Radium
7 Fermium, Thorium
8 Aktinium, Francium, Polonium, Thallium
9 Neptunium, Plutonium
12 Protaktinium
· **Niederschlag**
7 Fallout
Radiodarbietung
9 Hoerspiel
Radioempfangsteil
5 Tuner
Radioquelle im Kosmos
6 Pulsar
Radiosendernamensanzeige (Abkürzung)
3 RDS
Radiowellenbereich (Abkürzung)
3 UKW
Radiowesen
4 Funk
Radiozubehör
7 Antenne
Radius
10 Halbmesser
Radkranz
5 Felge
Radmittelteil
4 Nabe
Radrennbahn
8 Velodrom
Radrennfahrer
6 Steher
7 Flieger
14 Strassenfahrer
17 Verfolgungsfahrer
Radschutzkuppel
5 Radum
Radsportanlage
8 Rennbahn
Radsportmehrkampf
6 Omnium
Radteil ▶ Fahrradteil
Radwettbewerb
10 Verfolgung
11 Giro d'Italia
12 Steherrennen, Tour de France
14 Strassenrennen
15 Sechstagerennen
16 Spanienrundfahrt
Raffel
5 Reibe
10 Zahnluecke
raffen
6 horten, reffen, zerren, ziehen
8 hamstern
9 drapieren, schuerzen
Raffgier
4 Geiz
7 Habgier
8 Habsucht
9 Raffsucht
Raffinade
6 Zucker
raffiniert
5 smart
6 schlau
7 gewieft, gewiegt
8 gerieben, gerissen
10 trickreich
12 durchtrieben
Raffsucht
4 Gier
8 Habsucht
Rage
3 Wut
4 Zorn
6 Aerger
7 Raserei
Ragout aus Wildgeflügel
5 Salmi
Ragwurzelknolle
5 Salep
Rahels Mann
5 Jakob
Rahenende
4 Nock
Rahm
5 Obers, Sahne
Rahmbonbon
7 Karamel
8 Karamell
9 Karamelle
Rahmen
5 Zarge
7 Chassis, Gestell
10 Einfassung
Rahmenteil des Motorrads
9 Fussraste
Rainweide
8 Liguster
Raketenforscher
6 Oberth
Rammbock
5 Ramme
Rammpfahl
6 Pilote
Rampe
6 Perron
8 Auffahrt
9 Plattform
Ramsch
4 Kram
6 Schund, Tinnef
7 Plunder, Troedel
13 Schleuderware
Rand
4 Ende, Saum, Ufer
5 Kante
6 Grenze
14 Kantenstreifen
Rand ...
· *des* **Billardtisches**
5 Bande
· *eines* **Gewässers**
4 Ufer
· *der* **Schlafstätte**
9 Bettkante
Randalierer
8 Hooligan

Randbeet
7 Rabatte
Randbemerkung
6 Glosse
8 Fussnote
10 Marginalie
Randbesatz (Kleidung)
5 Borte
Randeinfassung
4 Saum
Randgebiet
10 Peripherie
Randgebirge des Pamir
4 Alai
Randleiste
4 Sims
6 Gesims
Randmeer des Atlantiks
7 Nordsee
Randstickerei
8 Langette
Randstreifen ...
· **neben der Fahrbahn**
7 Bankett
8 Bankette
Randverdickung
5 Wulst
Randverstärkung aus Leder
5 Keder
Randverzierung
5 Sicke
8 Vignette
Rang
4 Grad
5 Stand, Stufe, Titel
6 Balkon, Empore, Klasse, Wuerde
7 Ansehen, Geltung
8 Renommee, Stellung
9 Bedeutung
10 Dienstgrad, Plazierung
11 Platzierung
Rangältester
5 Doyen
Rangbezeichnung
4 Note
5 Titel
9 Praedikat
Range
4 Goer, Kind
5 Goere
8 Wildfang
Rangordnung
10 Hierarchie
12 Stufenleiter
Rangstufe
6 Charge
Rangstufe ...
· *beim* **Judo**
3 Dan, Kyu
· *im* **Schachsport**
12 Grossmeister
Rangverlust
12 Degradierung
Rangwürde
5 Titel
rank
7 schlank
11 geschmeidig
Ränke ▶ Ränkespiel
Ranke des Weinstocks
4 Rebe
Ranken- oder Schlinggewächs
14 Kletterpflanze
rankender Zimmerstrauch
13 Passionsblume
Rankengewächs
4 Efeu, Wein
5 Liane
6 Hedera, Hopfen
Rankenwerk
8 Arabeske, Ornament
Ränkeschmied
9 Intrigant
11 Quertreiber
Ränkespiel
4 List
6 Kabale, Tuecke
7 Arglist, Intrige
8 Komplott
10 Hinterlist
12 Machenschaft
13 Verschwoerung
Rankgewächs
4 Efeu
Ranzen
7 Raenzel
8 Rucksack
9 Felleisen, Tornister
11 Schultasche
rapid
5 rasch
6 rasant
7 schnell
8 reissend
Rapport
7 Bericht, Meldung
rar
5 knapp
6 selten
Rarität
10 Seltenheit
11 Kostbarkeit
rasant
6 rasend
7 schnell
9 schneidig
14 flachgestreckt
rasch
5 eilig, flink, flott, rapid
6 behend, hurtig, prompt, sofort
7 behaend, schnell
9 geschwind
rasch die Stimmung wechselnd
8 launisch
rasch(e, er,e s) ...
· **Bewegung**
4 Ruck
· **Kreiswendung beim Fechten**
5 Volte
· **Reaktion**
6 Impuls
Rasen
5 Wasen, Wiese
Rasenballspielerin
8 Golferin
Rasenbesäumer
15 Kantenschneider
rasend
4 toll
5 rapid
6 furios, rabiat, tobend
7 wuetend
9 fanatisch
rasend(e, er, es) ...
· **Beifall**
6 Furore
· **Krieger**
9 Berserker
· **Verlangen**
8 Begierde
· **Weib**
5 Furie
7 Maenade, Megaere
Rasenpflanze
4 Gras
Rasenspiel
4 Golf, Polo
5 Rugby

6 Hockey
7 Kricket, Krocket
8 Fussball, Handball
Rasensport-Wettkampf
11 Golfturnier
Rasensprenger
6 Regner
9 Sprinkler
Rasenstück
4 Sode
Raserei
3 Wut
4 Rage
Raspel
5 Feile, Reibe
Rassehund
6 Basset, Beagle
7 Afghane, Spaniel, Terrier
8 Pekinese
9 Bulldogge
Rassel
6 Knarre
Rassenhass
9 Rassismus
Rassentrennung
9 Apartheid
Rassepferd
6 Araber
rassig
5 apart
9 schnittig
Rast
4 Ruhe
5 Pause
Rast im Gasthaus
7 Einkehr
rasten
5 ruhen
Rastlosigkeit
6 Unruhe
11 Nervositaet
Rat
3 Tip
4 Tipp, Wink
7 Hinweis
8 Zuspruch
Rate
4 Teil
5 Quote
6 Anteil, Betrag
10 Teilbetrag
raten
9 empfehlen
11 vorschlagen
Ratespiel
4 Quiz
Ratgeber
6 Helfer, Mentor
7 Berater
9 Leitfaden, Vademekum
10 Kompendium
Ratgeber ...
· *eines* **Fürsten**
7 Paladin
· **Karls des Großen**
6 Alkuin
· **Telemachs**
6 Mentor
· *vor* **Troja**
6 Nestor
· *am* **Zarenhof**
8 Rasputin
Ratio
8 Vernunft, Verstand
Ration
5 Dosis
6 Anteil
7 Portion
ratlos
7 hilflos, perplex
Rätoromane
7 Ladiner
8 Friauler
ratsam
4 klug
9 nuetzlich
14 empfehlenswert
Ratsche
6 Knarre
Ratschlag ▶ Rat
Rätselart
4 Quiz
5 Rebus
7 Homonym, Logical, Problem
8 Anagramm, Scharade, Suchbild
9 Kreuzwort, Mysterium, Palindrom
13 Roesselsprung, Silbenraetsel, Zahlenraetsel
15 Schwedenraetsel
16 Kreuzwortraetsel
Rätselfreund
5 Rater
6 Loeser
rätselhaft
8 pythisch
10 mysterioes
11 enigmatisch
13 geheimnisvoll
rätselhafte ...
· **Naturkraft**
2 Od
· **Weissagung**
6 Orakel
Ratsherr
7 Senator
8 Alderman, Stadtrat
rattern
7 rasseln
8 klappern
rau
4 derb, grob
6 barsch, heiser, uneben
8 klanglos
Raub
4 Fang, Sore
5 Beute, Prise
6 Rapuse
9 Diebstahl
15 Eigentumsdelikt
Raubbau
10 Kahlschlag
Räuber
4 Dieb
6 Bandit
7 Brigant
10 Verbrecher
Räuberei
11 Pluenderung
Räuberhauptmann ...
· *aus* **dem Hunsrück**
14 Schinderhannes
· *und* **Sagenheld in Altengland**
10 Robin Hood
räuberisch(e, er, es) ...
· **Eidechse**
5 Waran
· **Insekt**
7 Libelle
8 Gelbrand
· **Singvogel**
7 Wuerger
10 Neuntoeter
· **Vogel**
6 Elster
Raubfisch
3 Aal, Hai
4 Salm, Wels
5 Hecht, Lachs
6 Barsch, Dorsch, Eishai, Huchen, Rochen, Zander

7 Blauhai, Forelle, Piranha
8 Kabeljau, Saegehai, Saibling, Tigerhai
11 Bachforelle

Raubinsekt
7 Libelle

Raubkatze
4 Puma
5 Luchs, Tiger
6 Gepard, Ozelot

Raubmarder
5 Zobel

Raubtier
4 Baer, Nerz, Puma, Ratz, Wolf
5 Dachs, Dingo, Fuchs, Iltis, Katze, Loewe, Luchs, Mungo, Skunk, Tiger, Zobel
6 Gepard, Grisli, Hyaene, Jaguar, Kuguar, Marder, Ozelot, Panter, Pardel, Serval, Wiesel
7 Eisbaer, Grizzly, Leopard, Panther, Schakal
8 Eisfuchs, Hermelin, Wildhund
9 Frettchen, Ichneumon, Stinktier, Vielfrass, Waschbaer, Wildkatze
10 Baummarder, Edelmarder, Fischotter, Polarfuchs, Zibetkatze
11 Pharaoratte, Silberloewe, Steinmarder
12 Koenigstiger

Raubtier der Arktis
7 Eisbaer

Raubtiergebiss
4 Fang

Raubtiernahrung
7 Fleisch

Raubtierpfote
5 Klaue, Tatze
6 Pranke

Raubvogel ▶ Greifvogel

Raubvogelfüße
6 Klauen

Raubvogelnest
5 Horst

Raubwild
5 Dachs, Fuchs, Iltis
6 Marder, Wiesel
8 Hermelin
9 Frettchen

Rauch
5 Abgas, Dunst, Qualm
8 Schmauch, Schwaden

Rauchabzug
8 Ofenrohr

rauchende Schwefelsäure
5 Oleum

Räucherfisch
3 Aal
9 Bueckling

Räuchermittel
5 Myrre
6 Myrrhe
9 Weihrauch
10 Sandelholz

Raucherutensil
6 Ascher, Pfeife
7 Fidibus
9 Feuerzeug
12 Aschenbecher
14 Pfeifenstopfer
15 Pfeifenstaender

Rauchfang
4 Esse
5 Kamin
6 Schlot
11 Schornstein

Rauchkraut
5 Tabak

Rauchkrautbehälter
10 Tabaksdose
12 Tabaksbeutel

Rauchware
4 Fell, Pelz

Raufbold
5 Rowdy
7 Rohling
9 Schlaeger
11 Halbstarker

Rauferei
7 Haendel
8 Keilerei
9 Pruegelei
10 Raufhandel
11 Handgemenge, Schlaegerei

Raufutter
3 Heu
8 Haecksel

Raum
3 All
4 Erde, Saal, Welt
5 Flett, Gaden, Halle, Pesel, Platz, Salon, Stube
6 Gelass, Gemach, Kabine, Kammer, Kosmos, Zimmer
7 Kajuete, Weltall
8 Weltraum
9 Universum
10 Lokalitaet

Raum ...
· *für* **Akkus**
12 Batteriefach
· *im* **antiken Tempel**
5 Cella
· *unter dem* **Dach**
3 Oke
5 Boden
6 Buehne
8 Speicher
10 Dachkammer
· *für* **die Jüngsten**
11 Kinderstube
· *zum* **Essen**
10 Speisesaal
· *für den* **Geistlichen**
9 Sakristei
· *für* **große Feiern**
8 Festsaal
· *in* **Klöstern**
6 Klause
· *für* **Kraftfahrzeuge**
6 Garage
· *zwischen* **Mauersteinen**
4 Fuge
· *des* **Motorkolbens**
7 Hubraum
· *zwischen* **Schiffsboden und Schiffshaut**
5 Bilge
· *für* **Sträflinge**
5 Zelle
· *zur* **Übernachtung**
11 Schlafstube
· *zum* **Umziehen**
14 Ankleidekabine
· **unterm Dach**
11 Bodenkammer
· *für* **Wagen**
6 Remise

Raumbegrenzung
4 Wand
5 Boden, Decke
9 Fussboden

Raumbegriff
5 Hoehe
6 Breite, Laenge
8 Richtung
9 Abmessung, Dimension

Räume mit Toiletten, Waschgelegenheiten
13 Sanitaertrakt
Raumeingang
4 Tuer
Raumfahrer
9 Astronaut, Kosmonaut, Taikonaut
Raumfahrtbasis (USA)
12 Kap Canaveral
13 Cape Canaveral
18 Kennedy Space Center
Raumfahrtbegriff
3 ISS
4 Mach
5 Duese, Schub, Stufe
6 Kapsel
8 Machzahl, Satellit
9 Astronaut, Countdown, Koppelung, Kosmonaut, Raumanzug, Raumsonde, Taikonaut, Treibsatz, Wasserung
10 Landestufe, Mondfaehre, Raumkapsel, Raumschiff, Startrampe, Startstufe, Umlaufbahn, Umlaufzeit
11 Raumstation
16 Schwerelosigkeit
Raumfahrtbehörde der USA
4 NASA
Raumfahrtprojekt
6 Apollo, Gemini, Skylab
7 Mission
15 Weltraummission
Raumfahrtzentrum
7 Houston
9 Kosmodrom
Raumgestalter
14 Innenarchitekt
Rauminhalt
7 Volumen
17 Fassungsvermoegen
Rauminhalt ...
· *bei* **Schiffen**
7 Tonnage
· *eines* **Schiffes**
3 BRT
räumlich ...
· **begrenzt**
3 eng
5 klein
räumliche ...
· **Distanz**
7 Abstand
· **Sehweise**
11 Perspektive
Raumluftbeeinflussung
12 Klimatechnik
Raummaß
4 Ster
5 Liter
7 Klafter
9 Festmeter, Raummeter
10 Kubikmeter
Raummaß ...
· *für* **Langholz**
9 Festmeter
· *bei* **Schiffen** (Abkürzung)
3 BRT, NRT
· *für* **Schnittholz**
9 Festmeter
Raumschiff
6 Kapsel, Rakete
7 Shuttle, Station
8 Satellit
10 Mondfaehre
Raumschiff ...
· *der* **Amerikaner**
5 Faith, Sigma
6 Apollo, Aurora, Gemini
7 Freedom
10 Friendship
11 Liberty Bell
· *der* **Sowjets**
5 Sojus
6 Wostok
7 Sputnik, Woschod
Raumsonde
8 Satellit
9 Mondsonde
Raumsonde ...
· *der* **Amerikaner**
7 Mariner, Voyager
8 Explorer, Vanguard
10 Discoverer
· *der* **Sowjets**
5 Lunik
7 Sputnik
Raumton
11 Quadrofonie, Stereofonie
12 Quadrophonie, Stereophonie
Raumüberwölbung
6 Kuppel
raunen
7 munkeln, murmeln
8 Gemunkel
9 fluestern
raupenartiges Garn
8 Chenille
Rausch
5 Dusel
6 Affekt, Taumel
7 Schwips
8 Erregung
rauschen
5 tosen
7 brausen
Rauschgift
3 LSD
4 Koks
5 Crack, Droge, Opiat, Opium
6 Drogen, Heroin, Kokain
7 Alkohol, Morphin
8 Meskalin, Morphium, Muskarin
9 Haschisch, Marihuana
10 Narkotikum
Rauschgold
7 Flitter
Rauschzustand
4 Trip
8 Delirium
Raute
4 Karo
6 Staude
7 Pflanze, Rhombus, Strauch, Viereck
14 Parallelogramm
Rauware
5 Biber
6 Molton
7 Flanell
8 Barchent, Velveton
Reagenzmittel
7 Lackmus
Reaktion
10 Gegenkraft
12 Gegenwirkung, Rueckwirkung
Reaktion im Schachspiel
8 Gegenzug
reaktionär
13 rueckstaendig
16 rueckschrittlich
Reaktionsauslöser
11 Katalysator
reaktionsträges Element
7 Edelgas

Reaktorkatastrophe (Abkürzung)
3 GAU
8 Supergau
real
5 reell
7 konkret
8 dinglich, wirklich
12 tatsaechlich
Realität
6 Dasein
Rebell
8 Empoerer, Meuterer
9 Insurgent
10 Aufruehrer
13 Aufstaendiger
15 Aufstaendischer
rebellieren auf dem Schiff
7 meutern
Rebellion
8 Aufstand
Rebenanlage
8 Weinberg
Rebenfrüchte
7 Trauben
11 Weintrauben
Rebensaft
4 Wein
Rebensaft aus grünen Trauben
9 Weisswein
Rebensäfte
5 Weine
Rebensorte
5 Faber, Pinot
6 Merlot
7 Gutedel
8 Riesling, Silvaner, Traminer
9 Burgunder, Huxelrebe, Rulaender, Scheurebe, Veltliner
10 Trollinger
11 Muskateller, Portugieser
14 Mueller-Thurgau, Spaetburgunder
15 Gewuerztraminer
Rebensorte an der Mosel
8 Riesling
Rebsorte
9 Chasselas
Rebsorte, Ruländer
13 Grauburgunder
Rechen
5 Harke
Rechenanlage
8 Computer
12 Heimcomputer, Tischrechner
16 Elektronengehirn, Personalcomputer
17 Elektronenrechner
Rechenart ▶ Rechnungsart
Rechenaufgabe
7 Exempel
Rechenbrett
6 Abakus
Rechenergebnis
5 Summe
7 Produkt
8 Endsumme, Quotient, Resultat
9 Differenz
Rechenkunst
10 Arithmetik
Rechenpfennig
5 Jeton
Rechenschaft
7 Bericht, Rapport
8 Auskunft
Rechenübung
7 Aufgabe
Rechenzeichen
4 plus
5 minus
Rechnen ...
· *mit* **Brüchen**
13 Bruchrechnung
· *mit* **Buchstaben**
7 Algebra
· *mit* **Zahlen**
10 Arithmetik
Rechnung
4 Nota
5 Zeche
6 Faktur
7 Faktura
8 Quittung
11 Kalkulation, Liquidation
Rechnungsamt
5 Kasse
6 Rentei
7 Rentamt
9 Finanzhof, Kaemmerei
Rechnungsart
8 Addition, Division
11 Subtraktion
14 Multiplikation
Rechnungsbetrag
6 Posten
Rechnungsführer
7 Rendant
Recht
3 Ius, Jus
6 Gesetz
8 Anspruch, Befugnis
9 Erlaubnis, Vollmacht, Zulassung
10 Konzession
11 Genehmigung
recht(e, er, es) ...
· **Donauzufluss**
4 Save
· **Kontoseite**
5 Haben
6 Kredit
· **Schiffsseite**
10 Steuerbord
Rechte eines Schutzherrn
9 Patronate
Rechteck
4 Karo
5 Raute
7 Quadrat, Rhombus, Viereck
8 Rhomboid
14 Parallelogramm
rechteckig
6 oblong
rechteckig behauener Stein
6 Quader
Rechtfertigung
13 Justifikation
rechtgläubig
8 orthodox
Rechthaber
9 Trotzkopf
12 Besserwisser
rechtliche ...
· **Grundlage eines Staates**
10 Verfassung
11 Grundgesetz
Rechtlosigkeit ...
· *im* **Mittelalter**
4 Acht, Bann
rechtmäßig
5 legal, loyal
7 legitim
10 gesetzlich
Rechtsanwalt
6 Jurist
7 Advokat
8 Syndikus

9 Justitiar, Justiziar
Rechtsanwaltskunde
6 Klient
7 Mandant
Rechtsbrauch
4 Usus
rechtschaffen
4 brav
6 bieder, honett
7 achtbar, ehrlich, honorig, redlich
Rechtschreibebuch
5 Duden
Rechtschreibübung
6 Diktat
Rechtschreibung
11 Orthografie
12 Orthographie
Rechtsextremist
7 Neonazi
8 Faschist
10 Chauvinist
11 Nationalist
Rechtsgelehrter ...
· *der* **Mohammedaner**
5 Mufti, Ulema
Rechtsgrund
5 Titel
Rechtsgrundlage
6 Gesetz
10 Verordnung
16 Gewohnheitsrecht
Rechtskundige
8 Juristin
Rechtskundiger
6 Jurist
Rechtsmittel
6 Rekurs
8 Berufung, Revision
Rechtsnachfolge
10 Sukzession
Rechtsnorm ...
· *zum* **Schutz geistigen Eigentums**
9 Copyright
12 Urheberrecht
Rechtsorgan
6 Justiz
7 Gericht
Rechtspflege
6 Justiz
12 Jurisdiktion
Rechtsprecher
7 Richter
Rechtsprechung
9 Judikatur
12 Jurisdiktion
Rechtsradikaler
► Rechtsextremist
Rechtsspruch
6 Urteil
Rechtsstreit
7 Prozess
9 Verfahren
Rechtsverdreher
7 Kasuist
8 Rabulist
Rechtsvorschrift
6 Gesetz
10 Verordnung
Rechtsweg
7 Instanz
Rechtswesen
12 Jurisdiktion
rechtswidrig
7 illegal
8 verboten
9 illegitim, unerlaubt, untersagt
12 ungesetzlich
rechtswidrige ...
· **Aneignung**
4 Raub
9 Diebstahl
10 Usurpation
Rechtswidrigkeit
8 Vergehen, Verstoss
10 Verbrechen
Rechtswissenschaft
3 Jus
4 Jura
12 Jurisprudenz
rechtwinklig
9 senkrecht
10 orthogonal
rechtwinkliger ...
· **Behälter**
3 Box
5 Kiste
6 Karton, Kasten, Steige
rechtzeitig
5 frueh
6 prompt
10 puenktlich
Recke
4 Held
6 Kaempe
7 Krieger
recyclingfähiges flüssiges Fett
6 Altoel
Rede
7 Referat, Vortrag
9 Ansprache
Rede vor Gericht
9 Plaedoyer
Rededuell
6 Disput
11 Disputation
15 Streitgespraech
Redefluss
5 Suada
Redekunst
8 Rhetorik
Redensart
5 Idiom
6 Phrase, Slogan
7 Floskel
Rederei
5 Ondit
7 Gefasel, Klatsch, Tratsch
10 Geschwaetz
Redeschlacht
7 Debatte
Redeschwall
5 Suada
6 Erguss, Tirade
9 Redefluss
11 Wortschwall
Redeweise
10 Sprechstil
Redewendung ► Redensart
redlich
4 fair, treu
5 loyal, reell
6 bieder, ehrbar, honett, wacker
7 ehrlich, integer
10 anstaendig
13 rechtschaffen
Redlichkeit
10 Loyalitaet
11 Ehrlichkeit
14 Anstaendigkeit
Redner
6 Orator, Rhetor
8 Demagoge, Referent, Sprecher
12 Vortragender
Rednerplatz
4 Pult
6 Kanzel, Podest, Podium
8 Katheder, Tribuene

redselig
9 leutselig
10 mitteilsam
Reede
10 Ankerplatz
reell
7 ehrlich
8 wirklich
10 anstaendig
13 rechtschaffen
Referent
6 Kustos, Redner
9 Dezernent, Gutachter
10 Bearbeiter
Referenz
8 Auskunft
10 Empfehlung
Reflektor
7 Spiegel
8 Fernrohr, Teleskop
11 Hohlspiegel
13 Rueckstrahler
15 Spiegelteleskop
Reflexion
10 Spiegelung
11 Ueberlegung
Reform
10 Erneuerung, Neuordnung
12 Umgestaltung
Reformator
3 Hus
6 Calvin, Luther
7 Zwingli
10 Bugenhagen
11 Melanchthon
Reformer
9 Erneuerer
11 Verbesserer
reformiert
11 evangelisch
14 protestantisch
Refrain
8 Kehrreim
Regal
4 Bord, Fach, Rack
7 Gestell
8 Staender, Stellage
12 Warengestell
14 Buechergestell
rege
3 vif
4 agil
5 aktiv, emsig
6 eifrig, munter, wendig
7 lebhaft, rastlos, ruestig
9 umtriebig
10 betriebsam
Regel
4 Norm
5 Kanon
6 Gesetz
7 Komment, Ordnung, Periode, Prinzip, Satzung
8 Leitsatz
11 Richtschnur
Regelabweichung
11 Abnormitaet
Regeldetri
8 Dreisatz
regelmäßig
6 normal, stetig
8 geordnet, regulaer, zyklisch
10 rhythmisch
11 symmetrisch
regelmäßig(e, er, es) ...
· **Achteck**
7 Oktogon
· **Bewegung eines Körpers**
10 Schwingung
· **Elternersatz**
11 Tagesmutter
· **Gärtnerservice**
10 Graspflege
· **Lehren**
10 Unterricht
· **Sitzungstermin**
8 Jour fixe
· **Viereck**
7 Quadrat
· **Wechsel**
6 Turnus
Regelmäßigkeit
8 Ebenmass
regeln
6 leiten, ordnen
7 richten
9 justieren
10 dirigieren, regulieren
regelrecht
6 normal
8 regulaer
9 kanonisch
Regelumkehrung beim Tanz
9 Damenwahl
Regelverstoß ...
· *beim* **Fußball**
7 abseits
· *im* **Sport**
4 Foul
7 rempeln
Regelwerk
5 Kanon
regelwidrig
6 abnorm, anomal
8 verboten
regelwidrige Stellung (Fußball)
7 abseits
Regelwidrigkeit
4 Foul
8 Anomalie
10 Abweichung
11 Abnormitaet
Regenabfluss ...
· *am* **Haus**
6 Traufe
9 Dachrinne
regenarmes ...
· **Gebiet**
6 Steppe, Wueste
Regenauffangbehälter
5 Tonne
8 Zisterne
Regenbogenhaut
4 Iris
Regengöttin
7 Plejade
Regenkleidung, ...
· **Regenschutz**
4 Cape
6 Anorak, Kapuze, Schirm, Umhang
7 Oelzeug
8 Gamasche, Pelerine
9 Parapluie, Windjacke
10 Gummischuh, Trenchcoat, Waterproof
11 Regenmantel, Regenschirm
Regenquelle
5 Wolke
Regenschauer
4 Guss
Regenschirm
9 Parapluie
Regent
7 Monarch
8 Potentat
9 Herrscher, Oberhaupt
Regenträger
5 Wolke

Regenumhang
4 Cape
Regenwasserlache
7 Pfuetze
Regenwolke
6 Nimbus
Regie
7 Leitung
8 Fuehrung
12 Spielleitung
Regiearbeit
12 Inszenierung
Regieassistentin ...
· *beim* **Film**
10 Scriptgirl, Skriptgirl
regierende Fürstin
8 Regentin
Regierender an Fürstenstelle
6 Regent
Regierung
5 Junta, Senat
8 Kabinett
9 Staatsrat
Regierungsbehörde
11 Ministerium
Regierungschef
7 Kanzler, Premier
13 Bundeskanzler
15 Premierminister
18 Ministerpraesident
Regierungsfeier
9 Staatsakt
regierungsfeindlicher Zusammenschluss
6 Fronde
Regierungsform
6 Regime
8 Diktatur
16 Parlamentarismus
Regierungsmitglied
8 Minister
Regierungssitz
8 Residenz
10 Hauptstadt
Regierungssitz in Moskau
5 Kreml
regierungstreu
5 loyal
Regierungsvertreter
8 Diplomat
10 Gouverneur
Regierungszeit des Papstes
10 Pontifikat
Region
4 Zone
6 Bezirk, Gebiet, Gegend
8 Distrikt
10 Landschaft, Landstrich
Regisseur
11 Spielleiter
Register
5 Liste
10 Uebersicht
11 Aufstellung, Verzeichnis
Registratur
6 Ablage
12 Aktenschrank
13 Aktensammlung
Registraturmappe
6 Ordner
Regler
9 Regulator
10 Einsteller, Thermostat
12 Steuergeraet
Regress
14 Ersatzanspruch
regsam ▶ rege
regulär
6 normal
7 ueblich
Regungslosigkeit
6 Starre, Torpor
Reh
4 Bock, Kalb, Kitz
5 Bambi, Geiss, Ricke
6 Gabler
8 Spiesser
rehfarbig
7 chamois
Rehfüßchen
11 Pfifferling
Rehjunges
4 Kitz
Rehwildlaute
6 fiepen
Reibeisen
5 Reibe
6 Raffel, Raspel
Reibelaut
8 Frikativ
Reibkeule
7 Pistill
Reibung
8 Friktion
reibungslos
5 glatt
reich
6 potent
7 betucht, opulent
8 Imperium
9 beguetert, bemittelt
10 vermoegend, wohlhabend
11 gut situiert
Reich ...
· *der* **Feuerriesen**
10 Muspelheim
· **Gottes**
6 Himmel
· *der* **Kälte**
8 Niflheim
· *der* **Mitte**
5 China
· *der* **Riesen**
6 Utgard
· *des* **Satans**
6 Hoelle
· *der* **Toten**
5 Hades, Orkus
9 Unterwelt
13 Schattenreich
reich an Aufbaustoffen
8 nahrhaft
reich(e, er, es) ...
· **Mann**
5 Nabob
7 Kroesus
10 Millionaer
11 Milliardaer
· **Nichtstuer**
7 Playboy
· **Traummann**
13 Maerchenprinz
reichlich
6 ueppig
7 opulent
Reichspräsident
5 Ebert
10 Hindenburg
Reichsritter
5 Geyer
6 Hutten
9 Sickingen
12 Berlichingen
Reichweite
6 Radius
13 Aktionsradius, Wirkungskreis
Reif
6 Diadem
Reife des Weines
5 Firne

Reifen
3 Rad
4 Pneu
Reifendruckmaß
4 Atue, Torr
Reifeprüfling
8 Maturand
10 Abiturient
Reifeprüfung
3 Abi
6 Abitur, Matura
Reifezeit
9 Pubertaet
Reifrock
9 Krinoline
Reihe
4 Satz
5 Folge, Kette, Serie
6 Zyklus
7 Abfolge, Kolonne, Sequenz, Stufung
9 Formation
Reihe ...
· *von* **acht Tönen**
6 Oktave
· *von* **Buchstaben**
5 Zeile
· **zusammengehöriger Dinge**
4 Satz
Reihenfolge
5 Serie
6 Ablauf, Turnus, Umlauf
7 Abfolge, Wechsel
10 Aufteilung, Gliederung
Reim
4 Vers
Reimform
7 Endreim
8 Stabreim
reimloses Gedicht
3 Ode
Reimschmied
8 Reimling
9 Poetaster
11 Dichterling
rein
3 pur
4 klar
6 lauter, sauber
8 gediegen
10 fleckenlos
rein ...
· **begrifflich**
8 abstrakt
· **nach Abzug**
5 netto
· **zahlenmäßig**
9 numerisch
Reineke
5 Fuchs
reiner Quarz
12 Bergkristall
Reinfall
4 Flop, Pech
6 Fiasko, Pleite
7 Blamage
10 Misserfolg, Niederlage
13 Blossstellung
Reingewicht
5 Netto
Reingewinn
11 Ueberschuss
Reinheit
10 Sauberkeit
14 Unberuehrtheit
Reinigung
3 Bad
9 Katharsis, Purgation
10 Laeuterung
12 Purifikation
Reinigungsanlage
10 Raffinerie
12 Waschstrasse
Reinigungsgefäß für Kleinstkinder
13 Babybadewanne
Reinigungsgerät
2 Ul
3 Mop, Ule
4 Mopp
5 Besen, Feger, Wedel, Wisch
6 Feudel, Filter
7 Buerste, Klopfer, Schwamm, Wischer
9 Kehrbesen, Staubtuch
11 Staubsauger
Reinigungsgerät ...
· *mit* **Borsten**
15 Flaschenbuerste
· *für* **Fußbekleidung**
12 Schuhbuerste
Reinigungsmittel
4 Soda
5 Seife
9 Terpentin
12 Schmierseife
Reinigungsmittel ...
· *für* **Bodenbeläge**
13 Teppichschaum
· *für* **Säuglinge**
9 Babyseife
Reinlichkeit
7 Hygiene
10 Sauberkeit
reinrassig
4 edel
reinster Zucker
9 Raffinade
Reisbranntwein
5 Arrak
Reise
4 Flug, Tour, Trip
5 Fahrt
7 Ausflug
Reiseausweis
4 Pass
9 Reisepass
15 Personalausweis
Reisebedarf
10 Necessaire, Nessessaer
Reisedauer
8 Fahrzeit
Reisedecke
5 Plaid
Reisegepäck
6 Bagage, Koffer, Tasche
7 Seesack
8 Rucksack
10 Handkoffer, Necessaire, Nessessaer
Reisegesellschaft ...
· *in* **Afrika**
6 Safari
· *im* **Orient**
8 Karawane
Reiselust
7 Fernweh
reisen zu Fuß
7 wandern
Reisender
7 Tourist
8 Fahrgast, Fluggast
9 Passagier, Vertreter
12 Globetrotter
13 Weltenbummler
Reisenecessaires
14 Naehutensilien
Reiseproviant
10 Mundvorrat, Wegzehrung
Reisestrecke
5 Route

Reiseweg
4 Kurs
5 Linie, Route
7 Strecke
Reiseweg von Schiffen
4 Kurs
Reisewesen
9 Tourismus, Touristik
Reisgericht
5 Pilaf, Pilaw
6 Paella
7 Risotto
8 Risibisi, Risipisi
Reisgericht mit Schafsfleisch
11 Hammelpilaw
Reisigbündel
8 Faschine
Reißbrettstift
10 Heftzwecke
11 Reisszwecke
reißend
5 rapid
6 rapide, rasant
Reißer
3 Hit
8 Knueller, Schlager
10 Bestseller
Reißlinie
11 Perforation
Reißverschluss
4 Zipp
Reiswein
4 Sake
Reitbahn
4 Turf
5 Arena
6 Manege
8 Parcours
9 Hippodrom
10 Tattersall
Reitdromedar
5 Mehar
Reiter
6 Jockey
Reiter ...
· *auf* **Karteikarten**
3 Tab
· *im* **zaristischen Russland**
5 Kosak
Reiterabteilung
9 Schwadron
Reiterangriff
7 Attacke

Reiteraufzug ▶ Reiterzug
Reiterei
10 Kavallerie
Reitereinheit
▶ Reiterabteilung
Reiterfahne
9 Standarte
Reiterin
7 Amazone
Reiterkampfspiel im Mittelalter
7 Turnier
Reitermannschaft
6 Equipe
Reiternomade
5 Avare
Reitersäbel
8 Pallasch
Reiterschau in den USA
5 Rodeo
Reitersitz
6 Sattel
Reitersoldat
4 Ulan
5 Husar
8 Dragoner
10 Kuerassier
Reiterspiel
4 Polo
Reitertruppe
10 Kavallerie
Reitervolk ...
· *der* **Antike**
7 Skythen
· *in* **Asien**
6 Hunnen
Reiterzug
9 Kavalkade
Reitfigur ...
· *der* **hohen Schule**
5 Volte
6 Levade, Pesade
8 Kapriole
9 Pirouette
Reithalle
10 Tattersall
Reithindernis
6 Gatter
Reithose
8 Breeches
Reitjacke
7 Kollett
Reitknecht
5 Groom

Reitkunst
10 hohe Schule
Reitpeitsche
5 Gerte
Reitpferd
3 Cob
Reitschule ▶ Reithalle
Reitsitz ▶ Reitersitz
Reitstiefelbeschlag
5 Sporn
Reitstock
5 Gerte
Reittier
3 Jak, Yak
4 Esel, Muli
5 Kamel, Mulus, Pferd
8 Dromedar, Maulesel, Maultier
11 Trampeltier
Reitzubehör
5 Gerte
6 Sattel, Sporen
8 Zaumzeug
10 Sattelgurt
Reiz
5 Anmut
6 Charme, Scharm
8 Stimulus, Zugkraft
9 Anziehung
10 Attraktion, Verlockung, Versuchung
Reiz ferner Länder
6 Exotik
reizbar
6 fahrig
7 nervoes
9 irritabel
10 cholerisch
13 nervenschwach
reizbarer Mensch
10 Choleriker
Reizker
9 Gruenling
10 Hirschling
Reizleiter
4 Nerv
reizlos
3 fad, oed
7 farblos
8 unsinnig
9 eintoenig
10 einfoermig, langweilig
Reizmittel
9 Stimulans

Reizorgan
4 Nerv
Reizorgane in einem Bereich
10 Fussnerven
Reizstoff ...
· *im* **Kaffee**
7 Koffein
· *der* **Nasenschleimhaut**
10 Niespulver
· *im* **Tabak**
7 Nikotin
· *im* **Tee**
4 Tein
Reizung
9 Affektion
11 Stimulation
reizvoll
5 apart
7 huebsch
9 anziehend, attraktiv, besonders
11 interessant
12 stimulierend
Reklamation
9 Einspruch
10 Beschwerde
12 Beanstandung
Reklame
7 Werbung
10 Propaganda
Reklame machen
6 werben
Reklameeinfassung eines Spielfeldes
10 Werbebande
Reklamemittel ▶ Werbeträger
Rekurs
8 Berufung
9 Einspruch
Relation
9 Beziehung
11 Verhaeltnis
relevant
7 wichtig
9 bedeutsam
Religion
5 Islam
8 Judentum, Taoismus
9 Jainismus
10 Buddhismus, Hinduismus
11 Christentum
Religionsbekenntnis
10 Konfession

Religionsbuch ...
· *der* **Christen**
5 Bibel
· *der* **Inder**
4 Veda, Weda
· *des* **Islam**
5 Koran
· *der* **Juden**
6 Talmud
Religionsfrevel
8 Sakrileg
Religionsgelehrter
8 Theologe
Religionsgemeinschaft
5 Sekte
6 Kirche
16 Kultgemeinschaft
Religionslehrbuch
11 Katechismus
Religionslehrer
8 Katechet
Religionsstifter
4 Mani
5 Jesus, Manes, Moses
6 Buddha, Laotse
7 Gautama
8 Christus, Konfutse, Mohammed
9 Konfuzius, Kungfutse, Siddharta, Zoroaster
11 Zarathustra
Religionswissenschaft
9 Theologie
Religionswissenschaftlerin
9 Theologin
religiös(e, er, es) ...
· **Ansprache**
7 Predigt
· **Brauch**
5 Ritus
6 Ritual
· **Eiferer**
5 Zelot
· **Erneuerung**
11 Reformation
· **Gemeinschaft**
5 Orden, Sekte
· **Handlung**
4 Kult
5 Messe, Opfer
· **Lied**
5 Psalm
6 Choral
· **Minderheit**
8 Diaspora

· **Oberhaupt der Schiiten**
4 Imam
· **Schrift**
7 Traktat
· **Überzeugung**
7 Glauben
· **Übung**
5 Gebet
6 Askese, Fasten
7 Andacht
10 Meditation
· **Vergehen**
6 Suende
9 Todsuende
· **Zeremoniell**
6 Ritual
Relikt
4 Rest
13 Ueberbleibsel
Reliquienschrein
9 Reliquiar
Rembrandts ...
· **Frau**
6 Saskia
9 Hendrikje
Reminiszenz
7 Anklang
10 Erinnerung
Remus' Zwillingsbruder
7 Romulus
Rendezvous
11 Verabredung
12 Stelldichein
renitent
13 widerspenstig
Rennbahn
5 Korso, Piste
8 Motodrom
Rennbeginn
5 Start
Rennende
4 Ziel
Rennhindernis
4 Oxer
6 Huerde
Rennpferd
6 Araber, Traber
Rennpferd für lange Strecken
6 Steher
Rennplatz ▶ Reitbahn
Rennplatz in England
5 Ascot
Rennreiter
6 Jockey

Rennruderboot
3 Gig
5 Einer
6 Achter, Vierer, Zweier
Rennschlitten
3 Bob
8 Skeleton
Rennschuhe der Sprinter
6 Spikes
Rennstall
7 Gestuet
Rennstrecke
4 Bahn
Rennstrecke ...
· *in* **Berlin**
4 Avus
· *in der* **Eifel**
12 Nuerburgring
· *in* **Frankreich**
6 Le Mans
· *bei* **Speyer**
14 Hockenheimring
Rennwette
4 Toto
11 Totalisator
Renommee
3 Ruf
6 Nimbus
7 Ansehen, Geltung, Leumund
Renommist
7 Angeber
renovieren, wiederbeleben
8 erneuern
Renovierung
11 Ueberholung
Rente
7 Pension
8 Ruhegeld
Rentier
3 Ren
Rentner
7 Rentier
10 Pensionaer
Reparatur
14 Instandsetzung
Report
7 Bericht, Meldung
Reportage
7 Bericht
Reproduktion
5 Repro
9 Nachdruck
10 Wiedergabe
13 Fortpflanzung

Reptilart
3 Boa
4 Teju
5 Echse, Gecko, Kobra, Otter, Viper, Waran
6 Kaiman, Leguan, Natter, Python
7 Saurier
8 Anakonda, Basilisk, Eidechse, Iguanide, Krokodil, Schlange
9 Alligator, Puffotter, Sandviper, Schleiche
10 Chamaeleon, Kreuzotter, Mauergecko
11 Dinosaurier, Panzerechse
12 Ringelnatter, Schildkroete
Republik ... ▶ Staat ...
Reputation
7 Ansehen, Geltung
Reserve
6 Ersatz, Vorrat
8 Vorsicht
9 Ruecklage
Reservenuckel
12 Ersatzsauger
Residenz ...
· *des* **Agamemnon**
6 Mykene
· *des* **Papstes**
7 Vatikan
· *in* **Paris**
6 Louvre
9 Tuilerien
Resistenz
8 Ausdauer
9 Gegenwehr
10 Haertegrad, Widerstand
resolut
6 forsch
7 beherzt
9 energisch
11 tatkraeftig
12 entschlossen
Resonanz
4 Echo
7 Anklang, Wirkung
8 Aufnahme
9 Widerhall
Respekt
7 Achtung
9 Ehrfurcht
12 Ehrerbietung

Respiration
6 Atmung
respirieren
5 atmen
Ressentiment
4 Neid
5 Groll
7 Gefuehl
9 Abneigung, Vorurteil
10 Antipathie
Ressort
11 Amtsbereich
Rest
5 Neige, Torso
6 Relikt
8 Fragment, Residuum, Rudiment
10 Rueckstand
13 Ueberbleibsel
Rest ...
· *im* **Glase**
5 Neige
· *beim* **Kartengeben**
5 Talon
Restaurant
5 Lokal
8 Gasthaus
10 Grillstube, Rotisserie
11 Gartenlokal, Speiselokal
17 Speisegaststaette
18 Feinschmeckerlokal
Restaurant mit Selbstbedienung
9 Cafeteria
Restbetrag
5 Saldo
restlich
6 uebrig
11 verbleibend
restlos
4 ganz
5 total
12 vollstaendig
Restvorkommen
6 Relikt
Resultat
5 Fazit
6 Effekt
8 Ergebnis
retour
7 zurueck
11 rueckwaerts
Retrolook der 20er- bis 70er-Jahre
7 Vintage

rettende Lösung
6 Ausweg
Retter
8 Befreier, Erloeser
Rettich
4 Radi
8 Hederich
10 Radieschen
Rettung
4 Heil
5 Hilfe
6 Ausweg
7 Bergung, Entsatz
9 Befreiung, Erloesung
Rettungsassistent
4 Sani
10 Sanitaeter
Rettungsgerät ...
· *in* **der Luftfahrt**
10 Fallschirm
· *in* **der Schifffahrt**
9 Hosenboje
12 Rettungsring
13 Rettungsinsel
Rettungshund
12 Bernhardiner
Rettungsmöglichkeit
6 Ausweg
Rettungsschlitten der Bergwacht
5 Ackja
Rettungswagen
8 Ambulanz
Reue
5 Scham
8 Bedauern
13 Gewissensbiss
reuig
13 schuldbewusst
Revanche
5 Rache
10 Vergeltung
Reverenz
5 Gruss
10 Verbeugung
Revier
6 Bezirk, Gebiet
7 Bereich
8 Schonung
11 Forstbezirk
Revision
8 Pruefung
13 Ueberpruefung

Revolte ▶ Rebellion
Revue
4 Show
5 Schau
6 Parade
Rezeptesammlung
8 Kochbuch
Rezitation
6 Lesung
7 Vortrag
9 Vorlesung
11 Deklamation
Rheinfelsen
7 Lorelei, Loreley
Rheinhafen
4 Kehl
5 Basel, Koeln, Mainz, Neuss, Wesel
6 Bingen
7 Arnheim, Koblenz
8 Duisburg, Mannheim
9 Dordrecht, Karlsruhe
10 Strasbourg, Strassburg
11 Duesseldorf
rheinisches ...
· **Mittelgebirge**
5 Eifel
6 Taunus
· **Wort für närrisch**
4 jeck
Rheinlastkahn
3 Aak
Rheinmündungsarm
3 Lek
4 Oude, Waal
7 Merwede
Rheintochter
8 Woglinde
9 Wellgunde
10 Flosshilde
Rhesusaffe
5 Makak
Rhetor
6 Redner
Rhetorik
9 Redekunst
Rheumatismus
7 Reissen
Rhinozeros
7 Nashorn
Rhombus
5 Raute
rhythmisch(e, er, es) ...
· **Ausdrucksform**
4 Tanz
· **Bewegung**
4 Tanz
10 Eurhythmie
· **Schwerpunkt im Jazz**
4 Beat
Rhythmuslehre
8 Rhythmik
Rhythmuswechsel
5 Break
Richtblei
3 Lot
7 Senklot
8 Senkblei
richten
8 urteilen
9 justieren
10 dirigieren
11 orientieren
Richter Israels
6 Gideon
Richtergremium
5 Senat
Richterin im Alten Testament
6 Debora
richterliche ...
· **Anordnung**
10 Verfuegung
· **Verfügung**
6 Dekret
Richterspruch
6 Urteil
richtig
4 wahr
7 korrekt, passend
8 treffend
10 zutreffend
Richtlinie
4 Norm
5 Kanon, Regel
6 Maxime
7 Prinzip
8 Massstab, Standard
9 Direktive, Leitfaden
10 Vorschrift
Richtmaß ▶ Richtlinie
Richtschnur
4 Norm
5 Regel
8 Standard
Richtung
4 Kurs
7 Tendenz, Verlauf
9 Direktion

Richtungsänderung
7 Wendung
Richtungsanzeiger
5 Pfeil
6 Winker
7 Blinker, Kompass
9 Wegweiser
Richtungswinkel (Astronomie)
6 Azemut
richtungweisend
11 massgeblich
14 programmatisch
Riechfläschchen
6 Flakon
Riechorgan
4 Nase
Riechstoff
5 Amber, Ambra, Bisam, Myrre, Odeur, Zibet
6 Myrrhe, Parfum
7 Juchten, Moschus, Parfuem
8 Lavendel, Rosenoel
9 Duftstoff
15 Bittermandeloel
Riechstoffkonzentrat
6 Essenz
Ried
4 Moor
5 Sumpf
9 Roehricht
Riedgras
5 Segge
Riedgrasgattung
5 Binse
Riegel
5 Barre
6 Balken, Sperre
Riemen
4 Gurt
5 Ruder, Siele
7 Guertel
13 Lederstreifen
Riemenantrieb
12 Transmission
Riemengabel am Ruderboot
5 Dolle
Riemenschuh
7 Sandale
10 Sandalette
Riese
5 Huene
6 Gigant, Koloss
Riese ...
· *im* **Alten Testament**
4 Enak
7 Goliath
· *der* **deutschen Heldensage**
6 Fafner, Fafnir, Fasold
· *im* **französischen Märchen**
4 Oger
· *der* **griechischen Sage**
5 Argus, Atlas
6 Kyklop, Titane, Zyklop
8 Polyphem
Riesenechse
7 Saurier
8 Krokodil
Rieseneidechse
5 Waran
Riesenelefant ...
· *der* **Eiszeit**
6 Mammut
8 Mastodon
Riesenfaultier
2 Ai
Riesengeier
6 Kondor
Riesengras
6 Bambus
riesengroß
8 gewaltig, kolossal
10 gigantisch, huenenhaft
riesenhaft
6 immens
8 kolossal
9 pyramidal, titanisch
10 gigantisch, zyklopisch
11 titanenhaft
Riesenhirsch
3 Elk
4 Elch, Elen
Riesenkänguru
6 Boomer
Riesenkrabbe
7 Simagan
Riesenlaufvogel Neuseelands
3 Moa
Riesenpapagei
3 Kea
Riesenrochen
12 Teufelsfisch
Riesenschachtelhalm
7 Kalamit
Riesenschildkröte
7 Karette, Tortuga
Riesenschlange
3 Boa
6 Python
8 Anakonda
14 Boa Constrictor
Riesenstandbild
6 Koloss
riesenstark
10 herkulisch
Riesentier
6 Koloss
8 Ungetuem
Riesentier der Vorzeit
7 Saurier
Riesentintenfisch
5 Krake
Riesenvogel
3 Moa, Ruk
4 Dodo, Roch, Rock
5 Greif
6 Dronte
Riesenvolk im Alten Testament
8 Enakiter
Riesenwuchs
11 Akromegalie
riesig
5 enorm
6 immens
8 kolossal, maechtig
riesige ...
· **Wassermasse**
4 Meer
5 Ozean
Riff
4 Bank, Fels
6 Felsen, Klippe
riffbildendes Nesseltier
7 Koralle
rigid
5 starr, steif
Rigole
5 Rinne
12 Abzugsgraben
rigoros
4 hart
6 streng
12 unerbittlich
Rille
3 Nut
4 Fuge, Nute
5 Delle, Kerbe, Rinne
6 Furche
10 Vertiefung

Rind
3 Kuh
4 Kalb
5 Bulle, Farre, Kalbe, Ochse, Stier
6 Faerse, Farren, Kalbin, Starke
Rind ...
· *im* **Orient**
3 Jak, Yak
4 Zebu
7 Banteng
Rinde
5 Borke
6 Kruste
Rinde einer bestimmten Backware
10 Brotkruste
Rindenteil
4 Bast, Kork
Rinder
8 Hornvieh
Rinderart
3 Jak, Yak
4 Anoa, Gaur, Zebu
5 Bison, Gayal
6 Wisent
7 Banteng, Bueffel, Kerabau
Rinderbrühe mit Einlage
14 Frittatensuppe
Rinderfett
4 Talg
Rinderhack
5 Tatar
Rinderhirt
6 Cowboy, Gaucho
Rinderwahn (Abkürzung)
3 BSE
Rindslendenstück
5 Filet, Steak
9 Beefsteak, Rumpsteak
Ring
4 Reif
6 Reifen
Ring ...
· *um* **Gestirne**
3 Hof
4 Halo
7 Aureole
8 Lichthof
· *des* **Saturn**
4 Anse
Ringelblume
9 Calendula
Ringelkrebs
5 Assel
Ringeltier
4 Wurm
Ringelwurm
4 Egel
8 Blutegel
9 Regenwurm
Ringen ...
· *in* **Island**
5 Glima
· *nach* **Luft**
7 Atemnot
Ringer (Freistil)
7 Catcher
Ringerausbildungsstätte in der Antike
9 Palaestra
Ringergriff
5 Hebel
6 Nelson
12 Doppelnelson
ringförmige Koralleninsel
5 Atoll
ringförmiges ...
· **amerikanisches Gebäck**
5 Bagel
· **Gebäck**
5 Donut
7 Kringel
Ringmauer
6 Zingel
Ringrichter
7 Referee
Rinne
6 Rigole
12 Abzugsgraben
Rinne ...
· *an* **Berghängen**
5 Runse
· *am* **Dach**
6 Traufe
· *im* **Wattenmeer**
5 Priel
Rinnleiste antiker Tempel
4 Sima
Rinnsal
4 Bach
5 Priel
Rinnstein
5 Gosse, Rinne
Rippenfell
6 Pleura
Rippenstück
8 Kotelett
9 Entrecote, Karbonade, Schnitzel
Rippenstück eines Borstenviehs
14 Schweinekarree
ripsartiger ...
· **Stoff**
7 Popelin
8 Popeline
Ripsgewebe
7 Ottoman
Risiko
6 Gefahr, Wagnis
Risikobereitschaft
3 Mut
risikofreudiger Geschäftsmann
9 Spekulant
Rispengras
3 Poa
Riss
4 Fuge, Ritz
5 Ritze, Spalt
6 Furche, Luecke, Spalte, Sprung
7 Schlitz
8 Schramme
Rist
5 Spann
11 Fussruecken, Handruecken
Ritter
8 Edelmann
9 Chevalier
Ritter ...
· *der* **Artusrunde**
4 Erek
5 Iwein
6 Gawein
7 Tristan
8 Lancelot, Lanzelot, Parsifal, Parzifal, Parzival
· *der* **französischen Sage**
8 Blaubart
· *des* **Pedals**
13 Radrennfahrer
Ritterkleidung
8 Ruestung
ritterlich
4 fair
6 galant
8 hoeflich
11 hilfsbereit
12 zuvorkommend

R

ritterlich(e, er, es) ...
- **Besitz**
  3 Gut
  4 Burg
- **Kampfspiel**
  5 Tjost
  6 Buhurt
  7 Turnier
- **Liebe**
  5 Minne
- **Liebhaber**
  5 Galan
- **Wettkampf**
  7 Turnier

Ritterorden
7 Templer
8 Malteser
10 Johanniter
11 Kreuzritter

Ritterrüstung
6 Panzer
7 Bruenne
8 Harnisch
10 Kettenhemd

Rittersitz
4 Burg

Ritual
4 Kult, Usus
5 Opfer
6 Brauch, Kultus
9 Zeremonie
12 Gottesdienst

Ritus ▶ Ritual

Ritze
4 Fuge, Riss
6 Spalte

Ritzmesser
8 Lanzette

Rivale
5 Feind
6 Gegner
8 Opponent
10 Konkurrent
11 Nebenbuhler
12 Gegenspieler

Rivalität
10 Konkurrenz, Wettstreit

Rivalitätsgefühl
10 Eifersucht

Roadster
10 Sportwagen

Robbenart
4 Seal
7 Seebaer, Seehund, Walross
8 Seeloewe
10 Seeelefant

Robbenfell
4 Seal
8 Sealskin

Robinsons Gefährte
7 Freitag

robust
4 derb, fest, grob
5 stark
6 stabil
8 kraeftig
10 dickfellig
17 widerstandsfaehig

robuste Fußbekleidung
11 Wanderschuh

robustes Schneidewerkzeug
13 Teppichmesser

Rochenart
5 Flete, Manta
6 Fleten
10 Dornrochen, Engelfisch, Saegefisch
12 Zitterrochen

Rock der Schotten
4 Kilt

Rockaufschlag
6 Revers

Rocklänge
8 kniefrei

Rodel
8 Skeleton
9 Schlitten

Rodelbahn
5 Piste

Rodelban
8 Eiskanal

Rodung eines Waldgebiets
9 Abholzung

Rogen vom Stör
6 Kaviar

roh
4 grob
5 ruede
6 brutal, rabiat
9 ungekocht
10 barbarisch

Rohbaumwolle
4 Lint

rohe ...
- **Beleidigung**
  6 Insult
  12 Beschimpfung
- **Gewalt**
  14 Brachialgewalt

Roherdöl
7 Naphtha

rohes Rindfleisch
5 Tatar

rohes, geschabtes Rindfleisch
14 Tatarbeefsteak

Rohform einer Plastik
5 Bosse

Rohholzbearbeitungsbetrieb
9 Saegewerk

Rohkost
6 Muesli
7 Koerner

Rohling
5 Rowdy
6 Barbar, Bestie, Ruepel
7 Grobian, Rabauke, Vandale, Wandale
8 Raufbold, Unmensch

Rohmaterial des Töpfers
3 Ton

Rohpetroleum
6 Erdoel

Rohr
4 Gras, Halm
5 Binse
6 Bambus, Schilf
11 Hohlkoerper

Rohransatzstück
5 Muffe

Röhrchen
7 Kanuele
9 Trinkhalm

Rohrdurchmesser
7 Kaliber

röhrenförmige Hülle
6 Huelse

Röhrennudeln
9 Makkaroni

Röhricht
4 Ried

Rohrleitung ...
- *für* **Abwässer**
  4 Siel
  5 Kanal
- *für* **Erdöl**
  8 Pipeline

Rohrleitungsverschluss
4 Hahn

Röhrling
7 Boletus

Rohrstück mit Gewinde
6 Nippel

Rohrverbindungsstück
4 Trap
5 Muffe
6 Buchse, Nippel
7 Flansch
8 Dichtung
Rohrverengung
5 Duese
Rohschrift
6 Kladde
7 Konzept
Rohseide
4 Ecru
5 Ekrue, Grège
Rohstoff
8 Material
9 Werkstoff
Rohstoff für ...
· **Benzingewinnung**
6 Erdoel
· **Bier**
4 Malz
6 Hopfen
· **Briketts**
10 Braunkohle
· **Düngemittel**
8 Ammoniak
· **Keramik**
3 Ton
· **Kerzen**
5 Wachs
7 Stearin
· **Lakritz**
9 Suessholz
· **Parfüme**
5 Ambra, Zibet
7 Moschus
· **Schokolade**
5 Kakao
· **Textilien**
5 Seide, Wolle
6 Leinen
9 Baumwolle
10 Kunstfaser
Rohstoffe
10 Naturalien
11 Materialien
Rohwolle des Schafes
5 Vlies
Rolands ...
· **Hifthorn**
7 Olifant
· **Kaiser**
4 Karl
13 Karl der Grosse
· **Schwert**
8 Durendal
9 Durendart
Rollbahn
5 Piste
9 Landebahn, Startbahn
Rolle
3 Rad
4 Part, Text
5 Spule, Walze
6 Partie
8 Zylinder
Rolle in einem Theaterstück
4 Part
Rollenfach
4 Alte, Held
5 Naive
6 Heldin
7 Heroine
9 Bonvivant, Liebhaber
Rollenlager
10 Kugellager
Rollfeld ► Rollbahn
Rollkörper
3 Rad
5 Walze
8 Zylinder
Rollladen
5 Rollo
7 Markise, Rouleau
8 Jalousie
Rom in der Landessprache
4 Roma
Roman in 3 Bänden
8 Trilogie
Roman von ...
· **Anet**
6 Ariane
· **Anzengruber**
13 Sternsteinhof
· **Bachmann**
6 Malina
· **Camus**
4 Fall, Pest
· **Cervantes**
10 Don Quijote
· **Charrière**
8 Papillon
· **Colette**
4 Gigi
6 Chérie
· **Cooper**
12 Lederstrumpf
· **Cronin**
9 Zitadelle
· **Dahn**
10 Kampf um Rom
· **Defoe**
14 Robinson Crusoe
· **Dickens**
11 Oliver Twist
16 David Copperfield
· **Dostojewski**
5 Idiot
15 Schuld und Suehne
· **Eco**
14 Der Name der Rose
21 Das Foucaultsche Pendel
· **Flaubert**
12 Madame Bovary
· **Fontane**
8 Stechlin
10 Effi Briest
· **Freytag**
5 Ahnen
12 Soll und Haben
· **Frisch**
7 Stiller
9 Homo Faber
· **Goethe**
14 Wilhelm Meister
· **Grass**
12 Blechtrommel
· **Grimmelshausen**
14 Simplicissimus
· **Hamsun**
6 Hunger
· **Hemingway**
6 Fiesta
· **Hesse**
11 Steppenwolf
15 Glasperlenspiel
· **Joyce**
7 Ulysses
· **Kafka**
7 Amerika, Prozess, Schloss
· **Kerouac**
9 Unterwegs
· **Kipling**
3 Kim
13 Dschungelbuch
· **Lenz**
13 Deutschstunde
· **Mark Twain**
9 Tom Sawyer
15 Huckleberry Finn
· **Melville**
8 Moby Dick
· **Mitchell**
15 Vom Winde verweht

- **Pasternak**
  14 Doktor Schiwago
- **Remarque**
  12 Triumphbogen
  19 Im Westen nichts Neues
- **Scott**
  7 Ivanhoe
- **Stevenson**
  11 Schatzinsel
- **Thomas Mann**
  10 Zauberberg
  12 Buddenbrooks
- **Tolstoi**
  12 Anna Karenina, Auferstehung
  15 Krieg und Frieden
- **Traven**
  11 Totenschiff
- **Voltaire**
  7 Candide
- **Wallace**
  6 Ben Hur
- **Zola**
  4 Nana
  8 Germinal

Romanabschnitt
  7 Kapitel

Romanfigur ...
- *bei* **Beecher Stowe**
  3 Tom
- *bei* **Erich Kästner**
  4 Emil
  6 Fabian
- *bei* **Jeremias Gotthelf**
  3 Uli
- *bei* **John Irving**
  4 Garp
- *bei* **Pasternak**
  4 Lara
- *bei* **Thomas Mann**
  5 Krull
  10 Felix Krull

Romanschreiber
  9 Romancier

romantische Beleuchtung
  11 Kerzenlicht

römisch(e, er, es) ...
- **Adelsfamilie**
  6 Orsini
  8 Borghese
- **Amtstitel**
  8 Magister
- **Architekt**
  6 Vitruv
- **Bauwerk**
  7 Lateran, Vatikan
  8 Pantheon, Quirinal
  9 Kolosseum
  10 Engelsburg
- **Bauwerk in Trier**
  10 Porta Nigra
- **Beamter**
  5 Aedil
  6 Zensor
  7 Auditor, Praetor
  8 Praefekt, Quaestor
- **Brandstifter**
  4 Nero
- **Brunnen**
  5 Trevi
- **Dichter**
  4 Ovid
  6 Catull, Seneca
- **Feinschmecker**
  8 Lucullus
- **Feldherr**
  6 Caesar
  7 Agrippa
- **Festung**
  7 Kastell
- **Geister der Toten**
  5 Manen
- **Geschichtsschreiber**
  6 Livius
  7 Sallust, Tacitus
- **Gewand**
  4 Toga
  6 Tunika
- **Gott**
  3 Sol
  4 Amor, Faun, Mars, Mors
  5 Janus, Jocus, Liber, Pluto
  6 Apollo, Cupido, Erebus, Merkur, Neptun, Quirin, Saturn, Somnus, Tellus, Vulkan
  7 Bacchus, Jupiter, Pluvius, Priapus
  8 Aesculap, Favonius, Lupercus, Pilumnus, Quirinus, Silvanus, Terminus
  9 Vertumnus
- **Gott des Handels**
  6 Merkur
- **Göttin der Fruchtbarkeit**
  5 Ceres
- **Göttin der Jagd**
  5 Diana
- **Göttin der Morgenröte**
  6 Aurora
- **Göttin des Glücks**
  7 Fortuna
- **Grenzwall**
  5 Limes
- **Hausgeister**
  5 Laren
- **Hausgötter**
  7 Penaten
- **Heereseinheit**
  6 Legion
- **Heiliger**
  4 Neri
- **hoher Beamter**
  5 Aedil
- **Hügel**
  6 Pincio
  7 Aventin, Caelius, Capitol, Kapitol, Palatin, Pincius, Vatikan, Viminal
  8 Esquilin, Quirinal
  9 Janiculus
- **Kaiser**
  4 Nero, Otho
  5 Carus, Galba, Nerva, Nirva, Titus
  6 Caesar, Decius, Gallus, Julian, Probus, Trajan, Valens
  7 Gratian, Hadrian, Maximus, Severus
  8 Antonius, Augustus, Aurelian, Berengar, Caligula, Claudius, Domitian, Galerius, Honorius, Julianus, Oktavian, Tiberius, Valerian, Valerius
  9 Caracalla, Gratianus, Justinian, Mark Aurel, Maxentius, Maximinus, Vespasian, Vitellius
  10 Diokletian, Konstantin
  12 Heliogabalus
- **Kaisergeschlecht**
  6 Julier
  7 Flavier
  8 Claudier
- **Kaiserin**
  9 Agrippina
- **Kaisertitel**
  8 Princeps
  9 Imperator

- **Kalendertag**
  3 Ide
  4 None
- **Kalendertage**
  4 Iden
  5 Nonen
- **König**
  4 Numa
  6 Tullus
  7 Romulus
- **Kriegsgott**
  4 Mars
- **Liebesgott**
  4 Amor
  6 Cupido
- **Liebesgöttin**
  5 Venus
- **Mahlzeit**
  4 Cena
- **Mediziner**
  5 Galen
  6 Celsus
  7 Galenus
- **Meeresgott**
  6 Neptun
- **Monatsmitte**
  4 Idus
- **Mondgöttin**
  4 Luna
- **Münze**
  5 Denar
  7 Sesterz
- **Obergewand**
  4 Toga
- **Philosoph**
  6 Seneca
- **Polizist**
  5 Aedil
- **Priesterin**
  8 Vestalin
- **Prokurator**
  7 Pilatus
- **Quellnymphe**
  6 Egeria
- **Rebell**
  9 Spartakus
- **Rhetoriker**
  6 Cicero
- **Ritter**
  8 Maecenas
- **Schriftsteller**
  4 Ovid
  5 Horaz, Lucan
  6 Caesar, Catull, Cicero, Livius, Lukrez, Seneca, Sueton, Terenz, Vergil, Vitruv
  7 Juvenal, Lucanus, Martial, Plautus, Plinius, Sallust, Tacitus
- **Silbermünze**
  5 Dinar
  7 Sesterz
- **Soldat**
  9 Legionaer
- **Sonnengott**
  3 Sol
- **Staatsmann**
  4 Cato
  5 Sulla, Varus
  6 Aetius, Brutus, Caesar, Cicero, Drusus, Marius
  7 Cassius, Crassus
  8 Antonius, Boethius, Oktavian, Pompejus
  9 Fabricius
- **Stadttor in Trier**
  10 Porta Nigra
- **Statthalter**
  5 Varus
- **Statthalter in Judäa**
  7 Pilatus
- **Todesgott**
  4 Mors
- **Totengeist**
  5 Lemur
- **Totengott**
  5 Orkus
- **Totenklage**
  6 Naenie
- **Trauergesang**
  6 Naenie
- **Vogelschauer**
  5 Augur
- **Volkstribun**
  6 Rienzi
  8 Gracchus
- **Zeitgott**
  5 Janus
- **Zensor**
  4 Cato
- **Ziffern für 2000**
  2 MM

Romulus' Zwillingsbruder
  5 Remus

Rosenart
  7 Teerose
  8 Moosrose, Samtrose
  9 Essigrose, Hundsrose
  10 Heckenrose
  11 Kletterrose
  13 Apothekerrose

rosenförmige Verzierung
  7 Rosette

Rosengarten
  8 Rosarium

Rosengewächs der Gattung Sorbus
  8 Elsbeere

Rosenlorbeer
  8 Oleander

Rosenpflanzung ► Rosengarten

Rosinenart
  6 Zibebe
  8 Korinthe
  9 Sultanine

Ross
  4 Gaul
  5 Pferd
  6 Maehre
  7 Klepper

Rostbraten
  8 Grillade
  9 Roastbeef

Röstbrot
  5 Toast

rösten
  6 darren
  7 grillen, toasten

Rostschutzmittel
  7 Mennige

Röstvorrichtung
  5 Darre

Rot beim Roulette
  5 Rouge

rot(e, er, es) ...
- **Edelstein**
  5 Rubin
- **Farbstoff**
  5 Eosin
  6 Karmin, Purpur
  7 Fuchsin
  8 Karmesin, Zinnober
- **Farbton**
  4 rosa
- **Färbung des Himmels**
  8 Abendrot
  9 Morgenrot
- **Färbung hoher Berggipfel**
  12 Alpengluehen
- **Gartenfrucht**
  6 Tomate
  7 Paprika
  8 Erdbeere

R

· **Mineralfarbstift für Zeichnungen**
6 Roetel
· **Planet**
4 Mars
· **Rebsorte aus dem Beaujolais**
5 Gamay
· **Rübe**
4 Bete
5 Rahne, Rande
· **Schminke**
5 Rouge
· **Teerfarbstoff**
5 Eosin
· **Umhang des Toreros**
4 Capa
· **wild wachsende Früchte**
10 Hagebutten
· **Würztunke**
14 Tomatenketchup
Rotalgen
7 Seetang
Rotation
5 Drall
6 Umlauf
7 Drehung
Rotation eines Tennisballes
5 Drall
Rotationsmaschine
6 Presse
13 Druckerpresse, Schnellpresse
Rotbeerenstrauch
15 Traubenholunder
rotbraune Farbe
5 Siena
rotchinesischer Diktator
3 Mao
rotgelbe ...
· **Erde**
4 Lehm
5 Loess
rotierender ...
· **Körper**
5 Rotor, Walze
7 Kreisel
rotierendes Töpfergerät
11 Drehscheibe
Rotte
5 Meute, Rudel, Schar, Trupp
6 Gruppe, Haufen
Rottgefäß
15 Thermokomposter
Rotwein mit Gewürzen
9 Gluehwein
Rotweinbowle
7 Sangria
Rotwild
6 Hirsch
Rouletteausdruck für schwarz
4 noir
Roulettebegriff
3 Jeu, Rot
4 Chip, noir, pair, Zero
5 Jeton, Reihe, rouge
6 Cheval, gerade, impair, manque
7 Drittel, Dutzend, schwarz
8 Croupier, ungerade
Route
3 Weg
4 Kurs
7 Strasse, Strecke
8 Reiseweg
Routinier
7 Experte, Koenner
Rowdy
6 Ruepel
7 Grobian, Rohling
8 Raufbold
RTL-Soap
8 Unteruns
Rübenart
4 Bete
5 Rahne, Rande, Wruke
6 Moehre
7 Karotte
8 Kohlrabi
9 Gelbruebe, Mohrruebe
11 Runkelruebe, Zuckerruebe
Rubens' ...
· **Frau**
6 Helene
8 Isabella
Rübensaft
5 Sirup
Rübenvarietät, Gemüse
8 Rotebete
Rubrik
4 Fach
6 Spalte
7 Kolonne
12 Ueberschrift
ruchlos
5 boese, infam
6 gemein
10 anstoessig
15 niedertraechtig
ruckartig öffnen
10 aufreissen
Rückball beim Tennis
6 Return
rückbezüglich
8 reflexiv
Rückbildung
10 Regression
12 Degeneration
Rückblick
10 Erinnerung
11 Reminiszenz
13 Retrospektive
Rückbuchung
6 Storno
Rücken und Deckel eines Buches
7 Einband
Rückenknochen
6 Steiss
10 Steissbein
Rückenlast
5 Hucke
Rückenmarkschwindsucht
5 Tabes
Rückenteil
5 Kreuz, Lende
9 Rueckgrat
12 Wirbelsaeule
Rückenteil des Pferdes
9 Widerrist
Rückentrage
5 Kiepe
Rückerstattung
11 Restitution
Rückfahrt
9 Heimreise
Rückfall
9 Atavismus
Rückgang
9 Rezession
Rückgrat
12 Wirbelsaeule
Rückgratknochen
6 Wirbel
Rückgriff
7 Regress
14 Ersatzanspruch
Rückhalt
6 Schutz

Rückhandschlag beim Tennis
8 Backhand
Rücklage
6 Vorrat
7 Bestand, Reserve
9 Ersparnis
11 Notgroschen
Rücklage auf der Bank
9 Sparkonto
rückläufig
9 regressiv
Rückreise
9 Heimfahrt
Rucksack
4 Aser
6 Ranzen
9 Tornister
Rückschau ▶ Rückblick
rückschrittlich ▶ rückständig
Rückseite ...
· *des* **Blattes**
5 Verso
· *der* **Münze**
6 Revers
Rücksendung an den Verkäufer
7 Retoure
Rücksicht
7 Achtung, Respekt
14 Aufmerksamkeit
Rücksichtnahme
4 Takt
7 Anstand
rücksichtslos
3 roh
4 hart, wild
5 krass
6 bruesk, brutal, gemein, rabiat
7 inhuman, radikal, rigoros
8 unsozial
9 fanatisch
rücksichtslos(e, er, es) ...
· **Ausnützung**
7 Raubbau
· **Gewaltherrschaft**
6 Terror
· **Mensch**
7 Rohling
rücksichtsvoll
4 zart
6 galant, sozial
7 diskret
Rücksitz
4 Fond
Rückstand
4 Rest, Soll
5 Neige
6 Relikt, Schuld, Verzug
7 Passiva
8 Residuum, Rudiment
13 Hintertreffen
Rückstand ...
· *bei der* **Bierherstellung**
6 Treber
· *beim* **Brennen und Keltern**
7 Trester
· *bei der* **Erdölgewinnung**
5 Masut
· *bei der* **Spirituserzeugung**
8 Schlempe
· *aus* **Steinkohlenteer**
4 Pech
· *der* **Wundheilung**
5 Narbe
· *bei der* **Zuckergewinnung**
7 Melasse
rückständig
8 dekadent
11 reaktionaer
rückständiger Schuldner
7 Restant
Rückstoßflugkörper
6 Rakete
Rückstoßflugzeug
9 Duesenjet
Rückstoßgeschoss
6 Rakete
Rückstrahler
9 Reflektor
10 Katzenauge
Rückstrahlung
6 Albedo
9 Reflexion
10 Reflektion
Rückteil von Stadthäusern
9 Hinterhof
Rücktritt
6 Bremse
9 Abdankung, Demission
rückwärtiger Kopfteil
11 Hinterhaupt
Rückwendung zu vergangenen Zeiten
9 Nostalgie
rückwirkend
7 reaktiv
9 regressiv
Rückwirkung
8 Reaktion
Rückzahlung
7 Tilgung
10 Erstattung
Rückzug
6 Flucht
rüde
4 derb, grob
5 plump
6 barsch, bruesk
7 schroff
10 unhoeflich
Rudel
5 Herde, Horde, Meute, Rotte
Rudel von Jagdhunden
5 Meute
Ruder
5 Skull
6 Paddel, Riemen, Steuer
8 Leitwerk
rüder Bursche
4 Kerl
Ruderbank
5 Ducht
Ruderboot
3 Gig
5 Einer, Kajak, Skiff, Skull
6 Achter, Gondel, Vierer
8 Kanadier
Ruderbootsart
6 Zweier
Ruderfüßer
7 Pelikan, Toelpel
8 Kormoran
Ruderlager
5 Dolle
Ruderschiff
6 Bireme, Triere
7 Galeere, Trireme
8 Galeasse
Ruderstange
5 Stake
Ruf
4 Echo, Ehre, Fama

5 Klang
6 Nimbus
7 Ansehen, Geltung, Leumund
8 Prestige, Renommee
10 Reputation

Ruf
· *zum* **Wenden des Segelschiffs**
3 Ree

Ruf...
· *zur* **Aufmerksamkeit**
7 Achtung
· *zur* **Bereitschaft**
5 Alarm
· *an* **Pferde** (Halt)
3 Brr
· *am* **Telefon**
5 Hallo

Rüffel
5 Ruege, Tadel
7 Verweis

Rufmord
4 Tort
6 Insult
7 Injurie
10 Schmaehung
11 Verleumdung
12 Diffamierung

Rufname
7 Vorname
8 Taufname

Rufname von Brecht
4 Bert

Ruftrichter
7 Megafon
8 Megaphon

Rufwort ...
· *für* **Kellner**
4 Ober
· *am* **Telefon**
5 hallo

Rüge ▶ Rüffel

rügen
6 mahnen, tadeln
8 monieren

Ruhe
4 Rast
5 Musse, Pause
6 Stille
11 Entspannung

Ruhebett mit Rückenlehne
7 Kanapee

Ruhegehalt
5 Rente
7 Pension
8 Ruhegeld

ruhelos
6 unstet
7 nervoes, rastlos

Ruhelosigkeit
6 Unrast

Ruhemöbel
4 Bett, Sofa
5 Couch, Diwan, Liege
6 Sessel
7 Kanapee
8 Ottomane
9 Liegesofa
12 Chaiselongue

Ruhemöbel für draußen
11 Gartenliege

ruhen
6 rasten

Ruhepause
4 Rast
6 Siesta

Ruheplatz ...
· *eines* **Toten**
4 Grab
5 Gruft
9 Mausoleum

Ruheständler
7 Rentier, Rentner
8 Emeritus
10 Pensionaer

Ruhestörung
5 Krach, Laerm, Radau
6 Tumult
7 Getoese, Krawall

Ruhetag
6 Sabbat
7 Festtag, Sonntag
8 Feiertag

Ruhezeit nach der Entbindung
10 Wochenbett

ruhig
5 leise, still
7 gefasst, lautlos, stoisch
8 gelassen
9 friedlich

ruhiges Musikstück
7 Andante

Ruhm
6 Glorie, Nimbus

Ruhmesglanz
6 Nimbus

Ruhmeshalle ...
· *an der* **Donau**
8 Walhalla
15 Befreiungshalle

Ruhmsucht
9 Prahlerei
13 Geltungsdrang

Rührgerät
5 Quirl

Ruhrgroßstädter
7 Essener

Ruhrmetropole
5 Essen

Rührmichnichtan
6 Mimose
11 Springkraut

rührselig
9 larmoyant
11 sentimental

Rührstab
5 Quirl

Ruin
6 Fiasko, Misere, Pleite
7 Debakel, Konkurs, Verfall
9 Untergang
10 Niedergang
13 Zusammenbruch

Ruinenstätte ...
· *am* **Euphrat**
4 Mari
7 Babylon
· *in* **Griechenland**
6 Mykene, Tiryns
7 Olympia
· *in* **Italien**
7 Pompeji
11 Herkulaneum
· *in* **Kambodscha**
6 Angkor
· *in* **Kleinasien**
4 Myra, Side
5 Milet, Perge, Troja
6 Didyma
7 Ephesus
8 Pergamon
· *in* **Marokko**
9 Volubilis
· *in* **Mesopotamien**
6 Ninive

· *in* **Syrien**
7 Baalbek, Palmyra
· *am* **Tigris**
5 Assur
· *in* **Tunesien**
8 Karthago
· *in der* **Türkei**
3 Ani
· *am* **Vesuv**
7 Pompeji
rumänisch(e, er, es) ...
· **Adelsfamilie**
5 Ghika
7 Stirbey, Sturdza
· **Berg**
5 Bihor, Negoi
6 Mandra
7 Bihorul, Peleaga
· **Dirigent**
11 Celibidache
· **Dramatiker**
7 Ionesco
· **Gebirge**
8 Karpaten
· **Kleinmünze**
3 Ban
· **König**
5 Carol
7 Michael
9 Ferdinand
· **Königin**
9 Elisabeth
11 Carmen Sylva
· **Landschaft**
6 Moldau
8 Bukowina, Walachei
9 Gheorghiu
13 Siebenbuergen
· **Mediziner**
5 Babes
· **Münze**
3 Ban
4 Banu
· **Münzen**
3 Lei
· **Politiker**
9 Ceausescu, Dimitroff
· **Steppe**
7 Baragan
· **Tafelland**
10 Dobrudscha
· **Währungseinheit**
3 Leu
4 Bani, Banu

Rumgetränk
4 Grog
Rummel
5 Laerm
6 Trubel, Tumult, Wirbel
7 Betrieb, Treiben
9 Getuemmel, Jahrmarkt
rumoren
7 poltern, rumpeln
rumpeln
7 poltern, rumoren
Rumpf
4 Leib
Rumpf einer Statue
5 Torso
Rumpfknochen
6 Becken
Rumpfteil
6 Flanke
rumplig
6 uneben
7 holprig
Rumtreiber
8 Vagabund
Run
7 Ansturm
rund geschliffener Edelstein
8 Cabochon
rund(e, er, es) ...
· **Durchgang**
8 Torbogen
· **Gebäck**
7 Kringel
· **Gemälde**
5 Tondo
· **Griff**
5 Knauf
· **Heizkörper**
11 Kanonenofen
· **Hohlkörper**
4 Rohr
· **Körper**
5 Kugel, Walze
8 Zylinder
· **Lendenschnitte**
9 Tournedos
· **Metallstift**
6 Bolzen
· **Öffnung**
4 Loch
· **Saal**
7 Rotunde

· **Scheibe am Skistock**
6 Teller
· **Schiffsfenster**
8 Bullauge
· **Schneehütte der Eskimos**
4 Iglu
· **Stütze**
6 Saeule
· **Vorführfläche**
6 Manege
Rundbau
7 Rotunde
Rundbeet
7 Rondell
Rundbild
5 Tondo
Rundblick
7 Umschau
8 Panorama
Rundbogen auf 2 Pfeilern
6 Arkade
Runddorf
4 Kral
Runde
5 Kreis
6 Korona, Umlauf, Zirkel
9 Spielzeit, Umdrehung
Rundfahrt
4 Tour
Rundfunkapparat
5 Radio
9 Auroradio
11 Kofferradio, Radiogeraet
Rundfunksender (Abkürzung)
2 BR, HR, RB, SR
3 NDR, SDR, SFB, SWF, SWR, WDR
4 Rias
Rundfunkstation
6 Sender, Studio
rundfunktechnischer ...
· **Begriff**
2 FM
3 Ton, UHF, UKW, VHF
4 Band
5 Dipol, Hertz, Welle
6 Sender, Studio
7 Antenne, Empfang
8 Frequenz, Mikrofon, Programm, Rauschen, Resonanz
9 Kurzwelle, Langwelle,

9 Kurzwelle, Langwelle, Mikrophon, Mischpult, Senderaum, Sendezeit
11 Mittelwelle
12 Wellenlaenge
14 Ultrakurzwelle

Rundfunkteilnehmer
6 Hoerer

Rundgang einer Wache
5 Ronde

Rundgemälde
8 Panorama

Rundgesang
5 Kanon

Rundkörper
5 Kugel

Rundkurs für Testfahrten
8 Autodrom

Rundlauf
5 Runde

rundliche ...
- **Öffnung**
4 Loch
- **Strauchfrucht**
5 Beere

Rundmaul
5 Inger
6 Bricke, Pricke
8 Neunauge

Rundornament
7 Rosette

Rundreise
4 Tour
7 Tournee

Rundschreiben
8 Zirkular

Rundsiedlung in Afrika
4 Kral

Rundtanz
5 Polka
6 Reigen, Walzer

Rune
9 Buchstabe
13 Geheimzeichen
14 Schriftzeichen

Runenalphabet
7 Futhark

Runzel
5 Falte

Rüpel
5 Rowdy
6 Flegel
7 Grobian, Luemmel, Rabauke

Rüsche
6 Krause
12 Faltenbesatz

Rüssel eines Reinigungsgerätes
19 Staubsaugerschlauch

Rüsseltier
5 Tapir
7 Elefant
11 Ameisenbaer

russisch für ...
- **auf geht's, los!**
5 dawai
- **halt**
4 stoj
- **hundert**
3 sto
- **nein**
4 njet

russisch(e, er, es) ...
- **Abenteurer**
8 Rasputin
- **Adliger**
5 Bojar
- **alkoholisches Getränk**
5 Kwass, Wodka
- **Bauernhaus**
4 Isba
- **Berg**
4 Alai, Moma, Muja
5 Altai, Kamen
6 Elbrus, Kasbek
8 Pik Lenin, Putorana, Stanowoi
- **Bezeichnung für Erlass**
4 Ukas
- **Bildhauer**
4 Gabo
6 Sadkin
7 Zadkine
10 Archipenko
- **Branntwein**
5 Wodka
- **Bretterwagen**
6 Telega
- **Chemiker**
10 Mendelejew
- **Dorfgemeinschaft**
3 Mir
- **Dreigespann**
6 Troika
- **Dynastie**
7 Romanow
- **Eichhörnchen**
3 Feh
- **Flugzeugtyp** (Abkürzung)
3 Mig
- **Flussschiff**
5 Kivik
- **Frauengewand**
7 Sarafan
- **Frauenname**
4 Nina, Olga
6 Tamara
9 Anastasia
- **Fürst**
8 Potemkin, Wladimir
9 Demetrius
- **Gebirge**
4 Ural
- **gefüllte** Teigtaschen
8 Piroggen
- **Geheimpolizei**
7 Ochrana
- **Geistlicher**
4 Pope
- **Getränk**
5 Kwass
- **Grenzfluss**
4 Amur
- **Grenzgebirge**
4 Ural
5 Altai
- **Großbauer**
5 Kulak
- **Grütze**
6 Kascha
- **Halbinsel**
4 Krim
- **Harfe**
5 Gusli
- **Heilige**
4 Olga
- **Heiligenbild**
5 Ikone
- **Heiliger**
5 Boris, Georg
7 Andreas
- **Herrscherhaus**
7 Romanow
- **Herrschertitel**
3 Zar
- **Hochgeschwindigkeitszug**
5 Sokol
- **Insel**
8 Sachalin
- **Instrumentalvirtuose**
6 Gilels, Kremer
7 Richter

R

8 Oistrach, Skrjabin
14 Rostropowitsch
· **Juwelier**
7 Faberge
· **Kaiserin**
9 Katharina
· **Kleinbauer**
7 Muschik
· **Kohlsuppe**
10 Borschtsch
· **Komponist**
5 Serow
6 Glinka
7 Arensky, Borodin, Tanejew
8 Assafiew, Glasunow, Skrjabin
9 Balakirew
10 Mussorgski, Prokofieff, Strawinsky
11 Rachmaninow
12 Rachmaninoff, Tschaikowsky
13 Katschaturian
14 Rimsky Korsakow
15 Schostakowitsch
· **Kosmonaut**
5 Sudow, Titow
6 Leonow, Wolkow
7 Chrunow, Gagarin, Jegorow, Komarow, Kubasow, Pazajew, Schonin, Wolynow
8 Beljajew, Bykowski, Gorbatko, Kubassow, Patsajew, Popovich
9 Beregowoi, Feokistow, Jelisajew, Nikolajew, Schatalow
10 Feoktistow, Jelissejew, Popowitsch
11 Dobrowolski
13 Filiptschenko
14 Rukawischnikow
· **Kosmonautin**
11 Tereschkowa
· **Krondiamant**
5 Orlow
· **Kronprinz**
10 Zarewitsch
· **Landhaus**
7 Datscha
· **Landschaft**
8 Bukowina, Galizien, Podolien, Sibirien
11 Bessarabien
· **Längenmaß**
5 Werst
· **Lederpeitsche**
7 Nagaika
· **Maler**
7 Chagall, Lewitan
9 Jawkensky, Kandinsky
· **Männername**
4 Igor, Iwan
· **Mediziner**
6 Pawlow
8 Haffkine, Voronoff
9 Bechterew
· **Mönch**
8 Rasputin
· **Mondfahrzeug**
8 Lunochod
· **Musikinstrument**
5 Bayan, Domra, Gusla, Gusli
7 Pischna
9 Balalaika
· **Nachrichtenagentur**
4 TASS
· **Nachrichtenbüro**
4 TASS
· **Nationalgericht**
10 Borschtsch
· **Nationalgetränk**
5 Wodka
· **Nobelpreisträger für Chemie**
8 Semjonow
· **Nobelpreisträger für Frieden**
8 Sacharow
11 Gorbatschow
· **Nobelpreisträger für Literatur**
5 Bunin
9 Pasternak
10 Scholochow
12 Solschenizyn
· **Nobelpreisträger für Medizin**
6 Pawlow
11 Metschnikow
12 Metschnikoff
· **Nobelpreisträger für Physik**
4 Tamm
5 Basow, Frank
6 Landau
7 Kapitza
9 Prochorow
11 Tscherenkow
· **Parlament**
4 Duma
· **Pfannkuchen** (Mz.)
5 Blini
· **Politiker**
5 Lenin, Malik, Putin, Rykow, Witte
6 Jelzin, Stalin
7 Gromyko, Kalinin, Kamenew, Mikojan, Molotow, Trotzki
8 Andropow, Bulganin, Kerenski, Kossygin, Malenkow, Semjonow, Sinowjew
9 Breschnew, Plechanow
11 Gorbatschow, Tschernenko
13 Chruschtschow
· **Raumfahrtzentrum**
8 Baikonur
· **Raumkapsel**
5 Lunik
· **Raumschiffserie**
5 Sojus
· **Reichsgründer**
5 Rurik
· **Reitersoldat**
5 Kosak
· **Revolutionär**
5 Lenin
6 Stalin
7 Bakunin, Trotzki
9 Kropotkin
· **Saiteninstrument**
9 Balalaika
· **Sauerkrautsuppe**
8 Schtschi
· **Schachspieler**
5 Keres
7 Jusupow
8 Awerbach
9 Bronstein
10 Tschigorin
· **Schachweltmeister**
3 Tal

6 Karpow
7 Smyslow, Spasski
8 Kasparow
9 Botwinnik, Petrosjan
· **Schaffell**
7 Krimmer
· **Schlittenhunde**
5 Laiki
· **Schnaps**
5 Wodka
· **Schriftsteller**
4 Blok
5 Gogol, Gorki
6 Herzen
7 Nabokov, Tolstoi
8 Belinski, Nekrasow, Puschkin, Samjatin
9 Ehrenburg, Lermontow, Nekrassow, Pasternak, Plechanow, Tschechow, Turgenjew
10 Majakowski, Scholochow, Tjuttschew
11 Dostojewski
12 Dostojewskij, Jewtuschenko, Solschenizyn
· **See**
7 Aralsee
8 Eltonsee, Ilmensee, Onegasee, Sasiksee, Sewansee, Uchtasee
9 Baikalsee, Kunduksee, Ladogasee, Tengissee
11 Balkaschsee
13 Asowsches Meer, Schwarzes Meer
14 Kaspisches Meer
· **Stadt am Südural**
3 Ufa
· **Stadt an der Oka**
4 Orel
· **Tänzer**
5 Lifar
6 Fokine
7 Nurejew
9 Nijinskij
· **Tänzerin**
7 Pawlowa, Ulanowa
· **Techniker**
5 Popow
9 Iljuschin
· **Teemaschine**
7 Samowar
· **Topmodel**
9 Vodianova
· **Verneinung**
4 njet
· **Verwaltungsgebiet**
6 Oblast
· **Währungseinheit**
5 Rubel
6 Kopeke
· **Waldgürtel**
5 Taiga
· **Wegemaß**
5 Werst
· **Weltgeistlicher**
4 Pope
· **Weltraumschiff**
5 Sojus
6 Saljut, Wostok
7 Sputnik, Woschod
· **Windhunde**
7 Barsois
· **Wüste**
7 Karakum
8 Kysylkum, Mujunkum
· **Zarenname**
4 Igor, Iwan, Oleg, Paul
5 Jurij, Pawel, Peter, Pjotr
6 Alexej, Andrej, Feodor
7 Godunow, Michail, Nikolaj
8 Dimitrij, Nikolaus
9 Alexander
· **Zarin**
4 Anna
9 Elisabeth, Katharina
· **Zoologe**
11 Kowalewskij, Metschnikow
· **Zupfinstrument**
5 Domra

Rüster
4 Ulme
rüstig
3 fit
6 gesund
rustikal
5 plump
10 baeuerlich
Rüstungsteil
4 Helm
6 Visier
8 Harnisch
10 Kettenhemd
Rute
4 Stab
5 Gerte, Stock, Zweig
7 Schwanz
10 Angelstock
rutschig
5 glatt
9 glitschig

S

Saal für Festlichkeiten
4 Aula
Saalbau
4 Oper
5 Odeon
9 Festhalle
10 Tattersall
12 Philharmonie
Saatgut
4 Same
5 Samen
8 Saemerei
Sabbat
7 Ruhetag, Samstag
9 Sonnabend
Sabbatbrot der Juden
7 Barches
Säbelart
7 Sarrass
8 Pallasch
Säbelquaste
8 Portepee
Saccharide, Bestandteil der Nahrung
13 Kohlenhydrate
Sachbearbeiter
8 Referent
Sachbereich
4 Fach
6 Gebiet, Sektor, Sparte
9 Disziplin
10 Sachgebiet
Sachbeschädigung
8 Sabotage

sachbezogen
8 objektiv
11 pragmatisch
sachdienlich
12 zweckmaessig
Sache
4 Ding, Fall
5 Chose
6 Objekt
10 Gegenstand
13 Angelegenheit
Sachen
4 Zeug
Sachgebiet ▶ Sachbereich
Sachkenntnisse
7 Realien
sachkundig
9 kompetent
13 fachmaennisch
Sachlage
9 Situation
sachlich
8 objektiv
9 nuechtern
11 realistisch
sächlich(e, er, es) ...
· **Artikel**
3 das
· **Fürwort**
2 es
· **Hauptwort**
7 Neutrum
Sachsenfürst
6 Gibeke
Sachsenherzog
8 Widukind
9 Wittekind
Sachsenkaisergeschlecht
7 Ottonen
Sächsisch für Brotschnitte
5 Bemme
sächsisch(e, er, es) ...
· **Adelsgeschlecht**
12 Liudolfinger
· **Burg**
5 Werla
· **Evangeliendichtung**
7 Heliand
· **Hauptstadt**
7 Dresden
· **Heiligtum**
11 Irminsaeule
· **Spezialität** (2 Wörter)
15 Dresdnerstollen
17 Leipzigerallerlei
· **Süßspeise**
14 Quarkkaeulchen
sacht
5 leise, sanft
8 behutsam
10 vorsichtig
Sachverhalt
7 Umstand
8 Tatsache
Sachverständigengutachten
7 Enquete
9 Expertise
Sachverständiger
7 Experte
8 Fachmann
9 Gutachter
Sachverzeichnis
7 Katalog
8 Register
Sack
6 Beutel
Sackgasse
6 Impass
Sackleinwand
4 Jute
Sackpfeife
7 Musette
9 Dudelsack
Safe
6 Tresor
11 Geldschrank
13 Panzerschrank
Safran
6 Krokus
Saft
4 Most
5 Juice, Sirup
saftig
9 sukkulent
saftige ...
· **chinesische Frucht mit rauer Schale**
7 Litschi
· **Frucht eines Nachtschattengewächses**
13 Fleischtomate
Sage
4 Fama, Maer, Saga
5 Kunde, Maere
6 Mythos
7 Legende
Sägeabfall
4 Span
6 Spaene
9 Saegemehl
Sägefisch
6 Rochen
sagenhaft
9 legendaer
sagenhaft(e, er, es) ...
· **Amazonenkönigin**
11 Penthesilea
· **asiatisches Frauenvolk**
8 Amazonen
· **assyrische Königin**
9 Semiramis
· **äthiopische Königstochter**
9 Andromeda
· **Dänenkönig**
5 Beowa
· **Dänenprinz**
6 Hamlet
· **Drachentöter**
5 Georg
· **englischer König**
4 Lear
5 Artus
· **Erfinder des Bieres**
9 Gambrinus
· **Goldland**
5 Ophir
6 Dorado
8 Eldorado
· **griechisches Meerungeheuer**
6 Skylla
9 Charybdis
· **Gründer von Rom**
5 Remus
7 Romulus
· **Held der Schweiz**
4 Tell
· **Insel**
5 Thule
8 Atlantis
· **Insel bei Plato**
8 Atlantis
· **Insel im hohen Norden**
5 Thule
· **keltischer Barde**
6 Ossian
· **keltischer König**
4 Lear
· **König**
5 Artus
· **König von Kreta**
5 Minos
· **König von Mykene**
9 Agamemnon

S

- **König von Phrygien**
  5 Midas
  8 Tantalus
- **König von Sparta**
  8 Menelaos
- **König von Theben**
  5 Kreon
  7 Oedipus
- **König von Zypern**
  9 Pygmalion
- **Königin von Sparta**
  4 Leda
- **Königin von Theben**
  5 Niobe
- **menschenfressender Riese**
  4 Oger
- **Sänger der griechischen Sage**
  7 Orpheus
- **Schweizer Nationalheld**
  4 Tell
  10 Winkelried
- **Seefahrer aus 1001 Nacht**
  7 Sindbad
- **Seeschlange**
  5 Hydra
- **sumerischer König**
  10 Gilgamesch
- **versunkenes Land**
  8 Atlantis
- **Vogel**
  3 Rok
  4 Rock
  7 Phoenix
- **Volk am Rhein**
  10 Nibelungen
- **Wunder wirkende Schale**
  4 Gral

Sagenkunde
10 Mythologie
Sagenname Attilas
5 Etzel
Sagentier
6 Drache
Saharastaat
4 Mali
Sahne
4 Rahm
5 Creme, Flott, Obers
11 Schlagobers
Sahnebonbon
6 Toffee
9 Karamelle
sahnig
6 cremig
Saison
9 Hauptzeit, Reisezeit
10 Jahreszeit
saisonaler Wandel des Outfits
14 Fruehjahrsmode
Saitenauflage der Gitarre
4 Steg
Saiteninstrument
3 Tar
4 Lyra
5 Banjo, Cello, Gambe, Geige, Harfe, Laute, Leier, Piano, Viola
6 Cymbal, Fiedel, Zither
7 Bandola, Bandura, Cembalo, Fluegel, Gitarre, Klampfe, Klavier, Pianino, Violine
8 Bratsche
9 Balalaika, Hackbrett, Mandoline, Oktachord, Zupfgeige
10 Klavichord, Kontrabass
11 Violoncello
sakrale Handlung
9 Sakrament
Sakrament
3 Ehe
5 Taufe
7 Beichte, Firmung
9 Abendmahl
11 Eucharistie
13 Priesterweihe
Sakramentsempfänger
8 Firmling
Sakramentszeuge
8 Taufpate
Sakrileg
16 Gotteslaesterung
Säkulum
11 Jahrhundert
Salamander
6 Triton
Salatpflanze
5 Gurke
6 Ampfer, Kresse
7 Endivie, Lattich, Mangold
8 Chicorée, Rapunzel, Zichorie
9 Feldsalat, Kopfsalat, Radicchio, Schikoree
10 Ackersalat
13 Brunnenkresse
Salatsoße
8 Dressing
Salatzichorie
8 Chicoree
Salatzutat
3 Oel
Salbader
9 Schwafler
10 Schwaetzer
Salbe
4 Krem
5 Creme, Masse, Paste
8 Liniment
Salbe für Säuglinge
9 Babycreme
Salbenbehälter
4 Dose, Tube
Salbengrundlage
7 Lanolin
8 Vaseline
Salinenarbeiter in Halle
7 Hallore
salopp
5 leger
7 laessig
11 ungezwungen
salopp für ...
- **Geld**
  5 Knete
- **nein**
  3 nee

salopp(e, er, es) ...
- **Gruß**
  6 Servus
- **Hose**
  5 Jeans
- **Sprache**
  6 Jargon

salpetersaures Salz
6 Nitrat
Salz ...
- *der* **Borsäure**
  5 Borat
- *des* **Bromwasserstoffs**
  6 Bromid
- *der* **Chlorsäure**
  7 Chlorat
- *der* **Essigsäure**
  6 Acetat, Azetat
- *der* **Gerbsäure**
  6 Tannat
- *des* **Hämatins**
  6 Haemin

· *der* **Kieselsäure**
7 Silicat, Silikat
· *der* **Kohlensäure**
4 Kalk, Soda
8 Carbonat, Karbonat
· *der* **Milchsäure**
6 Lactat, Laktat
· *der* **Ölsäure**
5 Oleat
· *der* **Phosphorsäure**
8 Phosphat
· *der* **Salpetersäure**
6 Nitrat
· *der* **salpetrigen Säure**
6 Nitrit
· *der* **Salzsäure**
7 Chlorid
· *der* **Schwefelsäure**
6 Sulfat
· *der* **Zitronensäure**
6 Citrat, Zitrat
Salzbergwerk
6 Saline
Salzbildner
7 Halogen
Salzbrühe zum Einlegen von Fleisch
4 Lake
Salzburger Spezialität
11 Mozartkugel
Salzgebäck
6 Brezel
Salzgefäß
7 Streuer
Salzgestein
5 Halid
Salzgewinnungsanlage
6 Saline
11 Gradierwerk
Salzgras ▶ Strandwegerich
salzhaltiges Wasser
4 Sole
Salzlake
6 Poekel
Salzsee in ...
· **Algerien**
6 Schott
· **Australien**
7 Eyresee
· **Palästina**
9 Totes Meer
Salztrog für das Vieh
5 Lecke
Salzwasser
4 Sole
Salzwasserei
5 Solei
Salzwerk ▶ Salzbergwerk
Samen
4 Keim, Saat
7 Keimgut
Samen ...
· **ausstreuen**
5 saeen
· *des* **Johannisbrotbaums**
5 Karat
Samenbehälter
6 Frucht
Samenhülse
6 Schote
Samenkapsel
4 Kern
5 Stein
Sämerei
5 Samen
7 Saatgut
Sammelband
8 Konvolut
Sammelbecken
8 Zisterne
9 Reservoir
Sammelbegriff für ...
· **Früchte**
4 Obst
· **Getreide**
4 Korn
· **jagdbare Tiere**
4 Wild
· **Körnerfrüchte**
8 Getreide
· **Lebensmittel**
7 Nahrung
· **Leibesübungen**
5 Sport
· **Nutztiere**
4 Vieh
· **unerwünschte Pflanzen**
7 Unkraut
· **Untugenden**
6 Laster
Sammelbuch
5 Album
Sammelmappe
6 Hefter
Sammelstelle
5 Depot, Lager
Sammelwerk
9 Thesaurus
Sammelwort für Nutztiere
4 Vieh
Sammlung
8 Kollekte
9 Besinnung, Sortiment
10 Kollektion
Sammlung ...
· **altfriesischer Gesetze**
9 Asegabuch
· **altindischer Opferhymnen**
7 Rigveda
· **altnordischer Dichtung**
4 Edda
· **altrömischer Rechtssprüche**
9 Pandekten
· *von* **Fahrplänen**
8 Kursbuch
· *von* **Gedichten**
10 Anthologie
· **getrockneter Pflanzen**
9 Herbarium
· **jüdischer Gesetze**
6 Talmud
· **neuer Kräfte**
8 Erholung
· *von* **Schriftstücken**
5 Aktei
· *von* **Wachsfiguren**
10 Panoptikum
Samsons ...
· **Geliebte**
6 Dalila, Delila
Samstag
9 Sonnabend
Samtart
6 Velvet
7 Velours
10 Manchester
samtartiges Glacéleder
5 Mocha
Samtblume
7 Tagetes
sämtliche
4 alle
sandalenartiger Schuh
6 Opanke
Sandbank
4 Riff
5 Barre
10 Doggerbank
Sandberg am Meer
5 Duene
Sandelholzöl
8 Santalol
sandfarben
5 beige

Sandfloh
6 Chique, Jigger
Sandgras
11 Strandhafer
sandhaltiger Ton
4 Lehm
Sandhose
6 Trombe
sandige Landzunge
7 Nehrung
sandiger Boden
5 Geest
sandiges Meerufer
6 Strand
Sandlandschaft
6 Wueste
Sandsteppe in Afrika
8 Kalahari
Sandsturm
5 Habub
6 Haboob
8 Scharaff
9 Karaburan
Sandwichinseln
6 Hawaii
Sandwüste
4 Gobi
sanft
4 lind, mild, zahm, zart
5 leise, ruhig, sacht, still, weich
6 sachte
Sänfte
5 Sedia
8 Palankin
11 Portechaise
Sanftmut
5 Milde
sangbare ...
· **Weise**
4 Lied
7 Melodie
Sänger ...
· *der* **alten Germanen**
6 Skalde
· *der* **alten Griechen**
8 Rhapsode
· *der* **alten Kelten**
5 Barde
· *der* **griechischen Sage**
7 Orpheus
8 Rhapsode
· *von* **Kabarettliedern**
11 Chansonnier
· *im* **Mittelalter**
9 Spielmann
Sängerdirigent
6 Kantor
10 Chorleiter
Sängergruppe
4 Chor, Trio
8 Ensemble, Quartett
11 Kirchenchor, Liedertafel, Maennerchor
13 Gesangsverein
sanitäre ...
· **Einrichtung**
5 Bidet
6 Dusche
8 Toilette
9 Badewanne
Sanktion
6 Strafe
Saphir
6 Korund
Sarahs ...
· **Mann**
7 Abraham
· **Sohn**
5 Isaak
Sardelle
8 Anchovis
Sarggestell
8 Katafalk
Sarkasmus
4 Hohn
5 Spott
Satan
5 Urian
6 Samiel, Teufel
7 Luzifer
8 Diabolus, Mephisto
9 Beelzebub
Satellit
4 Mond
7 Sputnik, Trabant
9 Begleiter
12 Erdbegleiter
Satellit der USA
10 Discoverer
Satellitenbahn
5 Orbit
Satin
5 Atlas
satirische Zeichnung
7 Cartoon
Satisfaktion
10 Genugtuung
Satrap
11 Gefolgsmann, Statthalter
Satteldecke
7 Woilach
10 Schabracke
sattelfest
4 firm
Sättigung
10 Saturation
Sattler
6 Riemer
9 Polsterer, Taeschner
Sattlerahle
6 Pfriem
Saturnmond
5 Titan
Satyr
4 Faun
6 Daemon
9 Luestling, Waldgeist
Satz
4 Text
6 Sprung
9 Ausspruch
10 Behauptung
Satz beim Tennis
3 Set
Satzaussage
9 Praedikat
Satzbruch
9 Anakoluth
Sätze aussprechen
5 sagen
Satzteil
6 Objekt
7 Subjekt
9 Praedikat
Satzung
6 Statut
7 Ordnung
Satzvorlage
10 Manuskript
Satzzeichen
5 Divis, Kolon, Komma, Punkt
7 Klammer
9 Apostroph, Beistrich, Semikolon
10 Parenthese
11 Bindestrich, Doppelpunkt, Strichpunkt
12 Fragezeichen
14 Ausrufezeichen, Gedankenstrich
17 Ausrufungszeichen

18 Abfuehrungszeichen, Anfuehrungszeichen
Satzzeichensetzung
13 Interpunktion
sauber
4 rein
5 blank
6 adrett, frisch, proper
8 makellos, reinlich
10 fleckenlos
Sauberkeit
7 Hygiene
8 Reinheit
12 Reinlichkeit
säubern
8 reinigen
säubernder Kosmetikartikel
15 Reinigungscreme
Säuberung
7 Waesche
8 Hausputz
9 Reinigung
Säuberung bestimmter Körperteile
13 Haendewaschen
Sauce ▶ Soße
sauer
4 herb
6 unreif
Sauerdorn
10 Berberitze
Sauergras
5 Segge
Sauerkirschenart
7 Marelle, Morelle
8 Amarelle, Weichsel
15 Schattenmorelle
Sauerklee
9 Hasenkohl
11 Gluecksklee, Hasenampfer
säuerlich (Wein)
7 trocken
Sauerstoffform
4 Ozon
Sauerstoffverbindung
4 Oxid
Sauertopf
8 Murrkopf
11 Knasterbart
saugende Strahlpumpe
7 Ejektor
Säugeorgan
5 Euter, Zitze
Säugetier ...
· *des* **Meeres**
5 Robbe
· *mit* **Stacheln**
4 Igel
Säugetierart, ...
· **Säugetiergattung**
4 Wale
5 Affen, Nager
6 Robben
7 Sirenen
8 Huftiere, Primaten, Seekuehe, Zahnarme
9 Elefanten, Halbaffen, Nagetiere, Paarhufer, Paarzeher, Raubtiere
11 Beuteltiere, Unpaarhufer, Unpaarzeher
12 Fledermaeuse
saugfähige Höscheneinlage
15 Zellstoffwindel
saugfähiges Baumwollgewebe
7 Frottee
Säugling
4 Baby
11 Kleinstkind
12 Neugeborenes
Säuglingsbekleidung
11 Babywaesche
Säuglingsnahrung
3 Mus
4 Brei, Saft
5 Milch
9 Milchbrei
Säuglingswickeltuch
6 Windel
Saugröhre
7 Pipette
10 Stechheber
Saugströmung
3 Sog
Saugwurm
4 Egel
8 Blutegel
9 Leberegel
Säule
7 Obelisk, Pfeiler, Stuetze
Säulen ...
· *des* **Herakles**
5 Abila, Kalpe
Säulenabschluss
8 Kapitell
Säulenbogen
6 Arkade
Säulendeckplatte
6 Abakus
Säulenform
8 Baluster
Säulenfuß
6 Sockel
Säulenfußstück
5 Basis
Säulengang
9 Kolonnade
Säulenhalle
4 Stoa
8 Portikus
9 Gloriette
Säulenheiliger
6 Stylit
Säulenplatte
6 Sockel
7 Plinthe
Säulenwulst
6 Entase
7 Entasis
Sauls ...
· **Sohn**
8 Jonathan
· **Widersacher**
5 David
Saulus' späterer Name
6 Paulus
Saum
4 Naht, Rand
5 Biese, Borde
6 Besatz
8 Traglast, Umschlag
10 Einfassung
säumig
4 faul
6 traege
12 im Rueckstand
säumiger Schuldner
7 Restant
saure ...
· **Speisewürze**
5 Essig
12 Zitronensaft
Säureart
10 Salzsaeure
13 Koenigswasser
14 Salpetersaeure, Schwefelsaeure
SB-Restaurant
9 Cafeteria
Schabe
8 Kakerlak

Schabefleisch
4 Hack
5 Tatar
9 Gehacktes
Schabeisen der Kammmacher
4 Iler
Schabernack ▶ Spaß
schäbig
4 mies
8 aermlich
Schablone
4 Form
6 Muster, Schema
7 Vorlage
Schachausdruck
3 Zug
4 matt, patt
5 Bauer, Brett, Pferd, remis, Stein
6 Gambit, gardez, Partie
7 Rochade
8 Abtausch, Endspiel, Offizier
9 en passant
10 Eroeffnung, Fianchetto, schachmatt
12 Haengepartie
13 Roesselsprung
Schachbegegnung
6 Partie
Schachfigur
4 Dame, Turm
5 Pferd
6 Koenig
7 Laeufer
8 Koenigin, Springer
Schachstein
5 Bauer, Figur
Schachtbau
7 Stollen
Schachtel
3 Box
6 Karton
7 Packung, Schuber
10 Bonboniere
11 Bonbonniere
Schachtsohle
5 Teufe
Schachweltmeister
3 Tal
4 Euwe
5 Anand
6 Karpow, Lasker
7 Fischer, Smyslow, Spasski
8 Aljechin, Kasparow, Steinitz
9 Botwinnik, Petrosjan
10 Capablanca
schade
6 leider
Schädel
4 Kopf
Schädelinhalt
4 Hirn
6 Gehirn
Schädelknochen
6 Kiefer
8 Jochbein, Keilbein, Kinnlade
9 Nasenbein, Stirnbein
10 Oberkiefer
11 Unterkiefer
13 Schlaefenbein
Schädellehre
11 Kraniologie
Schädelnaht
5 Sutur
Schaden
5 Damno, Panne
6 Defekt
7 Verlust
8 Einbusse, Stoerung
Schaden ...
· *am* **Autorad**
9 Plattfuss
11 Reifenpanne
· *in* **der Schifffahrt**
7 Havarie
Schadenersatz
7 Regress
10 Reparation
Schadenfeuer
5 Brand
Schadenfreiheitsrabatt
5 Bonus
schadenfroh
7 boshaft
8 haemisch
Schadensbeseitigung
8 Behebung
Schadensereignis
6 Unfall
Schadensfeuer
5 Brand
Schadenversicherung
5 Kasko
9 Teilkasko, Vollkasko
schadhaft
6 defekt, kaputt
10 fehlerhaft
schadhafte ...
· **Stelle**
4 Leck, Loch, Riss
5 Bruch
6 Defekt
schädlich(e, er, es) ...
· **Eisenbelag**
4 Rost
· **Genussmittel**
7 Alkohol, Nikotin
· **Insekt**
5 Motte
7 Termite
9 Maikaefer
· **Nagetier**
4 Maus
5 Ratte
· **Neigung**
6 Laster
· **Stoff**
4 Gift
Schädling
7 Parasit
11 Schmarotzer
Schädling ...
· *im* **Garten**
8 Schnecke
9 Wuehlmaus
· *einer* **Knollenfrucht**
15 Kartoffelkaefer
· *des* **Waldes**
12 Borkenkaefer
· *des* **Weinstocks**
7 Reblaus
Schaf
4 Bock, Lamm
5 Zibbe
6 Hammel, Widder
Schafart
6 Merino
7 Mufflon
8 Schnucke, Shetland
12 Heidschnucke
schafartiges Horntier
4 Thar
Schäferspiel
9 Pastorale
Schaffell
5 Vlies
Schaffenskraft
6 Potenz
12 Kreativitaet

Schaffner
10 Kondukteur
12 Zugbegleiter
Schafinseln
8 Faeroeer
Schafkamel
4 Lama
Schafkrankheit
5 Maedi
Schaflaut
4 maeh
Schafleder
3 Kid
5 Nappa
7 Chamois
Schafrasse ► Schafart
Schafscheren
5 Schur
Schafsfett
4 Talg
Schafskäse
7 Brimsen
Schafsmilchprodukt
14 Roquefortkaese
Schaft
4 Halm, Kiel
5 Stiel
Schafwolle
6 Merino
Schafwollfett
7 Lanolin
Schäkerei
5 Flirt
9 Taendelei
schal
3 fad
8 labberig
11 abgestanden
Schal aus Federn
3 Boa
schalartiger Umhang
5 Stola
Schale von Bauchfüßern
17 Schneckengehaeuse
schälen
6 pellen
Schalenfrucht
4 Nuss
6 Mandel, Marone
7 Erdnuss, Walnuss
8 Kastanie, Paranuss
9 Haselnuss, Kokosnuss
Schalentier
5 Krebs
6 Auster, Hummer, Krabbe
7 Garnele, Muschel
8 Languste
Schalk
4 Narr
6 Schelm
10 Spassvogel
12 Eulenspiegel
Schalkragen
5 Fichu
Schall
3 Ton
4 Echo, Hall
5 Klang, Knall, Sound
7 Akustik
9 Geraeusch, Widerhall
Schallalarmgerät
6 Sirene
Schallintensität
11 Lautstaerke
Schalllehre
7 Akustik
Schallplatte
2 CD, LP
6 Single
7 Scheibe
15 Langspielplatte
Schallplattenetikett
5 Label
Schallplattenhülle
5 Cover
Schallplattensammlung
9 Diskothek
Schallreflexion
4 Echo
8 Nachhall
Schallsignalgerät
4 Hupe
6 Sirene
9 Nebelhorn
Schalltrichter
7 Megafon
8 Megaphon
13 Fluestertuete
Schallumwandler
8 Mikrofon
9 Mikrophon
Schaltanlage
6 Relais
Schaltbrett
7 Armatur
Schalteinrichtung ► Schaltelement
Schaltelement (Elektronik)
6 Relais
Schalter
5 Griff, Hebel, Knopf, Taste
6 Klinke, Regler, Relais
Schalterstellung
2 an, on
3 aus, ein, off
Schaltstufe ...
· *beim* **Auto**
4 Gang
10 Retourgang
15 Rueckwaertsgang
Scham
4 Reue
5 Scheu
Schamane
8 Zauberer
schamhaft
6 keusch, pruede
11 schuechtern
schamlos
5 frech
6 frivol
7 obszoen
12 unanstaendig
schamlose Frechheit
11 Frivolitaet
Schamteile
10 Genitalien
Schande
5 Makel
6 Verruf
7 Blamage, Schimpf, Schmach, Skandal
13 Blossstellung
Schandfleck
5 Makel
schändlich
5 infam
8 schnoede
11 schmaehlich
Schandpfahl
7 Pranger
Schandtat
4 Mord, Raub
5 Untat
10 Verbrechen
Schankgefäß
4 Glas, Krug
5 Kanne
Schankraum
9 Gaststube
Schanktisch
3 Bar
5 Theke

6 Buffet, Tresen
8 Anrichte
Schanzpfahl
8 Palisade
Schanzwerk
7 Redoute
15 Schuetzengraben
Schar
5 Haufe, Menge, Meute, Rotte, Rudel, Trupp
6 Gruppe, Haufen
Scharbockskraut
8 Feigwurz
10 Hahnenfuss
12 Loeffelkraut
scharf
10 schneidend
11 geschliffen
scharf ...
· **auslaufend**
5 spitz
· **gebacken**
5 kross
· **gewürzt**
6 pikant
· **umrissen**
7 markant
10 profiliert
scharf schmeckende Salatpflanze
12 Gartenkresse
scharf(e, er, es) ...
· **Antwort**
6 Replik
· **Biegung**
5 Knick
· **Einstellung des Auges**
13 Akkommodation
· **Falz**
5 Knick
· **Geräusch**
5 Knall
· **Gewürz**
5 Chili, Curry
7 Pfeffer
8 Kardamom
· **Gewürzsoße**
7 Tabasco
· **Gewürztunke**
10 Chilisosse
12 Tabascososse
· **Kante**
4 Grat
· **Kurve**
5 Kehre
14 Haarnadelkurve
· **militärische Ausbildung**
5 Drill
· **Paprikaart**
5 Chili
· **Span**
8 Splitter
· **Stofffalte**
5 Kniff
11 Buegelfalte
· **Tierzehe**
6 Kralle
· **Werkzeug**
4 Beil
5 Saege
6 Messer, Schere
· **Widerspruch**
7 Protest
· **Wurzel**
4 Kren
11 Meerrettich
scharfkantige Vertiefung
5 Kerbe
Scharfsinn
4 Witz
5 Geist
6 Esprit
8 Verstand
9 Intellekt, Koepfchen
11 Intelligenz
Scharlatan
10 Schwindler
11 Kurpfuscher, Quacksalber
Scharmützel
7 Gefecht
Scharnier
6 Gelenk
Scharte
5 Kerbe, Narbe
Schattenbild
6 Umriss
10 Silhouette
Schattenreich
5 Hades, Orkus
7 Abyssus
8 Tartarus
Schattenriss ▶ Schattenbild
Schattenstab
6 Gnomon
schattiertes Gewebe
5 Ombré
Schattierung
6 Nuance
7 Toenung
Schatulle
8 Kassette
15 Schatzkaestlein
Schatz
4 Hort
5 Juwel
7 Kleinod, Liebste
8 Geliebte, Liebster, Reichtum
9 Geliebter, Vermoegen
schätzen
5 ehren
6 achten
8 bewerten
Schatzkästlein
9 Schatulle
Schätzung
4 Taxe
6 Zensus
7 Kalkuel
Schau
4 Show
5 Revue
11 Ausstellung
Schau lebender Tiere
9 Menagerie
Schaubild
5 Graph
6 Schema
8 Diagramm
Schaubühne
7 Theater, Varieté
8 Varietee
Schauder
4 Ekel
6 Grauen, Horror
7 Abscheu, Grausen
9 Entsetzen
Schauer
4 Guss
Schauerballade
7 Moritat
Schaufahrt
5 Korso
Schaufel
6 Spaten
7 Schippe
Schaufel beim Wild
6 Geweih
schaufelähnliches Werkzeug
6 Spatel
Schaufelmaschine
5 Raupe
6 Bagger

Schaufenster
7 Auslage, Vitrine
Schaufenster des Westens
6 Berlin
Schaufensterauslage
7 Etalage
Schaufenstergestalter
10 Dekorateur
Schaufensterware
7 Auslage
10 Dekoration
Schaukämpfer
7 Catcher
9 Gladiator
Schaukasten
7 Vitrine
12 Schaufenster
Schaukel
5 Wippe
8 Gautsche
Schaukelbett
5 Wiege
schaukeln
6 wippen
Schaukelreck
6 Trapez
Schaum
6 Geifer, Gischt
8 Brandung
schaumartige Speise
6 Mousse
Schaumgebäck
6 Baiser
7 Meringe
11 Baisertorte
13 Windbaeckerei
Schaumgebäck aus Eischnee und Zucker
6 Baiser
Schaumgebilde
11 Seifenblase
Schaumkrone (Bier)
5 Blume
Schaumwein
4 Sekt
8 Schampus, Spumante
10 Champagner
Schauplatz
3 Ort
5 Szene
8 Szenerie
Schauplatz ...
· *für* **Stierkämpfe**
5 Arena
· *im* **Theater**
6 Buehne
Schauprodukt
5 Dummy
8 Attrappe
schaurig
7 gruslig
8 gruselig
10 unheimlich
Schauseite
5 Avers, Front
7 Fassade, Gesicht
11 Vorderfront
Schauspiel
5 Drama, Posse, Spiel
8 Komoedie, Melodram
9 Lustspiel, Tragoedie
11 Trauerspiel
13 Buehnenstueck, Theaterstueck, Tragikomoedie
Schauspiel mit Musikbegleitung
8 Melodram
Schauspiel von ...
· **Aristophanes**
10 Lysistrata
· **Beckett**
14 Warten auf Godot
· **Brecht**
4 Baal
11 Herr Puntila
13 Mutter Courage
15 Leben des Galilei
· **Büchner**
7 Woyzeck
10 Dantons Tod
13 Leonce und Lena
· **Calderon**
10 Dame Kobold
17 Richter von Zalamea
· **Corneille**
7 Oedipus
8 Horatius
· **Dumas**
12 Kameliendame
· **Dürrenmatt**
18 Besuch der alten Dame
· **Euripides**
5 Medea
7 Elektra
· **Gide**
13 Koenig Oedipus
· **Goethe**
5 Faust, Goetz
6 Egmont, Stella
7 Clavigo
9 Iphigenie
11 Geschwister
13 Torquato Tasso
· **Gogol**
6 Heirat
7 Revisor, Spieler
· **Goldoni**
7 Luegner
11 Mirandolina
· **Gorki**
9 Nachtasyl
· **Grillparzer**
5 Medea
6 Sappho
10 Argonauten
13 Traum ein Leben
· **Hauptmann**
5 Weber
6 Ratten
8 Griselda
9 Biberpelz, Rose Bernd
12 Florian Geyer
16 Fuhrmann Henschel, Vor Sonnenaufgang
· **Hebbel**
9 Demetrius
· **Hofmannsthal**
9 Jedermann
· **Ibsen**
4 Nora
8 Peer Gynt
14 Fest auf Solhaug
· **Kleist**
11 Penthesilea
15 Prinz von Homburg
16 Hermannsschlacht
· **Lessing**
6 Nathan
13 Emilia Galotti
14 Nathan der Weise
16 Minna von Barnhelm
· **Moliere**
9 Tartueffe
· **Molnar**
6 Liliom
· **Nestroy**
17 Lumpazivagabundus
· **Osborne**
18 Blick zurueck im Zorn
· **Priestley**
17 Ein Inspektor kommt

· **Racine**
7 Phaedra
11 Britannicus
· **Sartre**
12 Ehrbare Dirne
· **Schiller**
6 Fiesco
9 Demetrius, Don Carlos
10 Die Raeuber
11 Maria Stuart, Piccolomini, Wallenstein, Wilhelm Tell
14 Kabale und Liebe
15 Braut von Messina
18 Jungfrau von Orleans
· **Schnitzler**
6 Reigen
· **Scribe**
13 Ein Glas Wasser
· **Shakespeare**
4 Lear
5 Sturm
6 Hamlet
7 Macbeth, Othello, Richard
8 Coriolan, Heinrich
10 Koenig Lear
11 Was ihr wollt
12 Julius Caesar, Mass fuer Mass
13 Romeo und Julia
14 Wintermaerchen
15 Ende gut alles gut
17 Sommernachtstraum, Viel Laerm um nichts, Wie es euch gefaellt
18 Kaufmann von Venedig
· **Shaw**
7 Candida
9 Pygmalion
14 Heilige Johanna
18 Caesar und Cleopatra, Frau Warrens Gewerbe
· **Sophokles**
7 Elektra
8 Antigone
· **Sternheim**
4 Hose
· **Strindberg**
9 Totentanz
· **Thoma**
5 Moral
· **Tschechow**
5 Moewe
10 Onkel Wanja
12 Kirschgarten
· **Wedekind**
4 Lulu
11 Liebestrank
20 Die Buechse der Pandora
· **Zuckmayer**
14 Schinderhannes
17 Des Teufels General

Schauspielautor
10 Dramatiker

Schauspieldichter
10 Dramatiker

Schauspieler
4 Mime
6 Akteur
7 Statist
10 Darsteller

Schauspieler auf der Bühne
6 Akteur

Schauspieleraufgabe
5 Rolle

Schauspielergehalt
4 Gage

Schauspielergruppe
8 Ensemble

Schauspielerin
4 Diva, Star
7 Aktrice

Schauspielgestaltung
11 Dramaturgie

Schauspielhaus
7 Theater

Schauspielkunde
11 Dramaturgie

Schauspielkunst
5 Mimik

Schauspielschüler
5 Eleve

Schauspielschülerin
6 Elevin

scheckig
7 meliert

Scheckzahlungsverkehr
4 Giro

scheel
8 neidisch
12 missguenstig

Scheibe
4 Puck, Teil
6 Diskus, Platte

Scheibe Brot
8 Schnitte

Scheibenkurbel
8 Exzenter

Scheichtum ...
· *am* **Persischen Golf**
5 Dubai, Katar

Scheidelinie
6 Grenze

Scheiding
9 September
10 Herbstmond

Scheidung
8 Trennung

Scheidungs- und Heiratsparadies in Schottland
11 Gretna Green

Scheidungsparadies in Amerika
4 Reno

Schein
4 Note, Trug
5 Glanz
8 Banknote, Dokument, Gefunkel, Trugbild
10 Taeuschung

Scheinakazie
7 Robinie

Scheinangriff
5 Finte

scheinbar
7 paradox
8 pro forma
9 angeblich, imaginaer

Scheinfrucht der Rose
9 Hagebutte

Scheingelehrter
7 Sophist

Scheinhandlung
5 Farce, Finte

scheinheilig
6 bigott, FALSCH
10 froemmelnd

Scheinmaßnahme
5 Trick

Scheinmedikament
7 Placebo

Scheinwissen
9 Sophistik

Scheitel
6 Gipfel
7 Maximum

Scheitelpunkt
5 Zenit

Schelle
7 Klammer, Klingel
8 Ohrfeige, Watschen
10 Backpfeife

Schellen
4 Karo
8 Eckstein
Schellenbaum
7 Bumbass
Schellentrommel
8 Tamburin
Schellfischart
3 Sei
4 Leng
6 Dorsch, Merlan, Quappe, Seeaal
8 Kabeljau, Truesche
Schelm
4 Narr
5 Filou, Wicht
6 Schalk
8 Witzbold
9 Spitzbube
10 Spassvogel
12 Eulenspiegel
Schelmenstreich
14 Eulenspiegelei
Schelmenstueck
13 Narrenstreich
Schelte
5 Ruege, Tadel
6 Kritik
Schema
4 Norm, Plan
6 Muster, Umriss
9 Schablone
Schemel
6 Hocker
8 Fussbank, Taburett
schemenhaft
6 unklar
12 verschwommen
Schenke
4 Krug
5 Beize, Lokal, Pinte
6 Kneipe
8 Destille
9 Ausschank, Kretscham, Wirtshaus
10 Wirtschaft
14 Gastwirtschaft
schenken
5 geben
6 opfern, widmen
7 spenden, stiften
9 bescheren
10 dedizieren
schenkende Nächstenliebe
5 Agape

Schenkender
5 Geber
7 Spender, Stifter
8 Schenker
scheppern
7 klirren
scheppernder Lärm
8 Gerassel
Scheren ...
· *des* **Hundefells**
7 Trimmen
· *der* **Schafe**
5 Schur
scherenloser Hummer
8 Languste
Scherenschnitt
10 Silhouette
Scherereien
18 Unannehmlichkeiten
Scherflein
4 Gabe
6 Obolus, Spende
7 Almosen
Schermesser
12 Rasierklinge
Scherz ▶ Spaß
5 Spass
Scherzartikel
10 Knallerbse
11 Knallbonbon
17 Feuerwerkskoerper
Scherzgedicht
8 Limerick
13 Schuettelreim
scherzhaft: Fernsehen
8 Heimkino
scherzhafte Nachahmung
7 Parodie
scherzhaftes ...
· **Musikstück**
7 Scherzo
9 Capriccio
Scherzwort für ...
· **Ahnung**
6 Animus
· **Arzt**
7 Medikus
· **Bär**
5 Teddy
· **Bayer**
8 Bajuware
· **behäbige Frau**
5 Madam
· **Beistand**
7 Adlatus

· **Binnenländer**
9 Landratte
· **Bücherfreund**
9 Leseratte
· **Fahrrad**
8 Tretesel
9 Drahtesel
· **Friseur**
6 Figaro
· **Gatte**
10 Ehegespons
· **Geige**
6 Fiedel
· **gelbe Öljacke**
11 Friesennerz
· **Gewehr**
6 Knarre
· **Helfer**
7 Adlatus
· **Lastwagen**
6 Brummi
· **Lehrer**
6 Pauker
· **Nacktheit**
10 Evakostuem
11 Adamkostuem
· **Pessimist**
4 Unke
· **Schilling**
11 Alpendollar
· **schlechte Handschrift**
5 Klaue
· **Schule**
5 Penne
· **Schwarzseher**
4 Unke
· **USA**
8 Uncle Sam
· **Wasser**
10 Gaensewein
scheu
7 zaghaft
10 aengstlich
11 schreckhaft
Scheuer
6 Stadel
7 Scheune
8 Speicher
scheuer Waldvogel
7 Kuckuck
Scheuerlappen
6 Feudel
9 Aufnehmer
10 Putzlappen
Scheune ▶ Scheuer

S

Scheunenboden
5 Tenne
Scheusal
4 Ekel
7 Monster, Rohling
8 Monstrum
9 Ungeheuer
scheußlich
4 fies
10 abstossend
Schicht
4 Lage
5 Belag, Floez, Kaste
6 Turnus
8 Ueberzug
Schichten aus zerkleinerten Pflanzen
6 Mulche
Schichtwolke
7 Stratus
schick
5 fesch, flott, smart
7 elegant
13 geschmackvoll
Schickeria
6 Jetset
12 Schickimicki
schicklich
6 dezent
10 angemessen
Schicklichkeitsgefühl
4 Takt
7 Anstand
20 Fingerspitzengefuehl
Schicksal
3 Los
5 Fatum, Karma
6 Kismet
7 Fuegung
9 Schickung, Vorsehung
15 Praedestination
Schicksal im Islam
6 Kismet
schicksalhafter Moment
11 Sternstunde
schicksalhaftes Leid
6 Tragik
Schicksalsdeutung
6 Mantik
8 Horoskop
10 Astrologie, Divination, Wahrsagung
Schicksalsglaube
10 Fatalismus
Schicksalsgöttin
3 Ate, Urd
5 Moira, Norne, Parze, Skuld
6 Klotho
7 Atropos
8 Lachesis, Werdandi
schiebende Menschen
9 Gedraenge
Schiebestange bei Flussbooten
5 Stake
Schiebewände japanischer Räume
6 Fusuma
Schiebung
6 Betrug
12 Manipulation
Schiedsrichter
6 Schiri
7 Arbiter
11 Pfeifenmann
Schiedsspruch
6 Urteil
schief
5 krumm
6 scheel
7 schraeg
schiefe ...
· **Ebene**
5 Neige
8 Schraege
Schiefer
3 Lei
Schieferfelsen
3 Lei
Schiefergestein
5 Gneis
Schieferschreiber
7 Griffel
schiefwinkliges Quadrat
5 Raute
Schiene
5 Gleis
7 Geleise
Schienenabstand
9 Spurweite
Schienenabzweigung
6 Weiche
Schienenechse
4 Teju
Schienenfahrzeug
3 Lok, Zug
4 Lore
6 Tender, Waggon
8 Dampflok, Draisine
Schienenstrang
5 Gleis
7 Geleise
Schienentransportmittel
3 Zug
9 Eisenbahn
Schienenweg
4 Bahn
schier
4 fast, rein
Schierlingstanne
5 Tsuga
Schießer
6 Marmel, Murmel
Schießpatronen
8 Munition
Schiff ...
· **älterer Art**
7 Dampfer
· *der* **griechischen Sage**
4 Argo
· **Iasons**
4 Argo
· *des* **Kolumbus**
4 Nina
5 Pinta
10 Santa Maria
· *der* **Kolumbusflotte**
4 Nina
5 Pinta
10 Santa Maria
· *im* **Linienverkehr**
6 Faehre
· *mit einem* **Mast**
9 Einmaster
· **Noahs**
5 Arche
· *mit* **Rudersklaven**
7 Galeere
· *zum* **Übersetzen**
6 Faehre
Schiffahrt
8 Seereise
schiffbarer Stadtkanal
5 Fleet
Schiffbruch
7 Havarie
9 Strandung, Untergang
Schiffer
4 Maat
7 Matrose, Seemann
Schifferklavier
9 Akkordeon, Harmonika
Schifffahrt auf dem Meer
8 Seereise

Schifffahrtsbehörde
6 Seeamt
Schifffahrtsgesellschaft
8 Reederei
Schifffahrtshindernis
4 Riff
5 Nebel
7 Eisberg, Packeis
Schifffahrtskunde
6 Nautik
10 Navigation
Schifffahrtskundiger
8 Nautiker
Schifffahrtsstraße
6 Seeweg
Schifffahrtsunternehmen
8 Reederei
Schifffahrtsunternehmer
6 Reeder
Schiffsagenda
7 Logbuch
Schiffsanlegeplatz
3 Kai
4 Dock
5 Hafen, Reede
Schiffsaufbau
4 Mast
7 Kajuete
Schiffsausbesserungs-anlage
4 Dock
11 Trockendock
Schiffsausguck
8 Mastkorb
Schiffsbalken
5 Spant
6 Planke, Steven
Schiffsbaum
4 Mast
Schiffsbauplatz
4 Dock
5 Helge, Werft
7 Helling
Schiffsbelader
6 Stauer
Schiffsbesatzung
4 Crew
10 Mannschaft
Schiffsbeschädigung
4 Leck
7 Havarie
Schiffsbesitzer
6 Eigner
Schiffsbestand
6 Flotte

Schiffsbewegung
8 Stampfen
Schiffsbrüstung
6 Reling
Schiffsdeck
4 Bord
Schiffsdecköffnung
4 Luke
Schiffsebene
4 Deck
Schiffseigner
6 Reeder
Schiffseinstieg
3 Luk
Schiffsfahrer
7 Matrose, Seemann
Schiffsfenster
8 Bullauge
Schiffsflaschenzug
4 Gien
Schiffsflaschenzug zum Taustraffen
5 Takel
Schiffsfracht
5 Kargo
Schiffsführer
5 Lotse
8 Kapitaen
9 Faehrmann
10 Steuermann
Schiffsführung
10 Navigation
Schiffsgeländer
6 Reling
Schiffsgeschwindigkeits-messer
3 Log
Schiffsgrundbalken
4 Kiel
Schiffshaltetau
3 Gei
4 Reep, Stag
5 Kabel
6 Brasse, Trosse
Schiffsheckrundung
5 Bille
Schiffshilferuf (Abkürzung)
3 SOS
Schiffshindernis
6 Felsen, Klippe
7 Eisberg
Schiffshinterteil
4 Back, Heck
12 Achterschiff

Schiffsjournal
7 Logbuch
8 Tagebuch
Schiffsjunge
5 Moses
Schiffskantine
5 Messe
Schiffskatastrophe ▶ Schiffbruch
Schiffskellner
7 Steward
Schiffskobold
13 Klabautermann
Schiffskoch
6 Smutje
Schiffskommando
3 Ree
Schiffskran
5 Davit, Takel
8 Ladebaum, Lademast
Schiffsküche
8 Kombuese
Schiffsladung
5 Kargo
6 Fracht
Schiffslandeplatz
5 Hafen
Schiffslandungsplatz
7 Anleger
Schiffsleinwand
5 Segel
10 Persenning
Schiffslenkvorrichtung
5 Ruder
6 Steuer
Schiffsliegestelle
10 Ankerplatz
Schiffsmannschaft
4 Crew
8 Equipage
9 Besatzung
Schiffsmannschaftsraum
5 Logis
Schiffsmast
5 Besan
Schiffsnotausruestung
8 Notanker
12 Rettungsboot, Rettungsring
Schiffsnotruf
3 SOS
Schiffsoffizier
8 Kapitaen
10 Steuermann

Schiffsöffnung
3 Luk
4 Luke
Schiffsöffnung zum Verstauen
8 Ladeluke
Schiffsorientierungsmittel
7 Kompass
8 Seekarte
Schiffsquerwand
6 Schott
Schiffsrand
4 Bord
Schiffsraum
6 Kabine
Schiffsrauminhalt
7 Tonnage
Schiffsraummaß
3 BRT
19 Bruttoregistertonne
Schiffsreisender
9 Passagier
Schiffsrippe
5 Spant
Schiffsruine
5 Wrack
Schiffsschraube
9 Propeller
Schiffssegel
5 Besan
Schiffsseil
4 Reep
Schiffsseite
3 Lee, Luv
8 Backbord
10 Steuerbord
Schiffssignalgerät
9 Nebelhorn
Schiffsspeisekammer
6 Pantry
Schiffssteuer
5 Pinne, Ruder
Schiffstachometer
3 Log
Schiffstagebuch ▶ Schiffsjournal
Schiffstagesstrecke
5 Etmal
Schiffstau
4 Reep, Stag
Schiffstaufe
10 Stapellauf
Schiffstreppe
8 Fallreep
Schiffstyp
4 Ewer, Yawl
5 Barke, Brigg, Jacht, Kogge, Liner, Prahm, U-Boot, Yacht
6 Faehre, Kutter, Schute, Segler, Tanker
7 Dampfer, Klipper, Kreuzer, Schoner, Steamer, Trawler
8 Barkasse, Frachter, Fregatte, Korvette
11 Dampfschiff, Faehrschiff, Feuerschiff, Segelschiff
15 Flugzeugtraeger
Schiffstyp älterer Art
7 Dampfer
Schiffsunfall ▶ Schiffbruch
Schiffsverband
6 Armada, Flotte, Konvoi
7 Eskader
9 Flottille, Geleitzug
10 Geschwader
Schiffsvorderteil
3 Bug
12 Vorderschiff
Schiffswinde
5 Spill
9 Gangspill
10 Ankerspill
Schiffswohnraum
5 Salon
7 Kajuete
Schiffszubehör
3 Tau
5 Anker
10 Ankerkette, Ankerwinde
Schiitenführer
4 Imam
schiitischer Nationalheiliger
3 Ali
Schikane
7 Bosheit
10 Schinderei
13 Schwierigkeit
Schild
5 Tafel
6 Aegide, Plakat
7 Etikett
15 Verkehrszeichen
Schild des Zeus
5 Aegis
Schildbürger der Antike
9 Abderiten
Schildbürgerstreich
8 Dummheit
15 Schwabenstreich
Schildchen
7 Etikett
Schilddrüsenerkrankung
5 Kropf
6 Struma
7 Basedow
Schilderung
10 Erzaehlung
Schilderung friedlichen Lebens
6 Idylle
Schildkrötenart
6 Karett
8 Matamata
Schildkröteninseln
9 Galapagos
Schildkrötenprodukt
10 Schildpatt
Schildlausfett
3 Age
Schildträger (Antike)
6 Hoplit
Schilf
4 Reet, Ried, Rohr
5 Binse
9 Roehricht, Teichrohr
schillerndes Gewebe
9 Changeant
Schimmel
4 Spor
5 Pferd
Schimmer
5 Glanz
6 Nuance, Schein
schimpfen
5 toben
6 keifen
7 fluchen, geifern, meckern
8 schelten
Schinderei
4 Qual
5 Drill
7 Muehsal
8 Schikane
Schindmähre
7 Klepper
9 Rosinante
Schinken
13 Schweinskeule
Schirm
6 Knirps

7 Parasol
9 Parapluie
Schirmdach
9 Baldachin
Schirmherr
6 Patron
9 Protektor
Schirmherr der Winzer
4 Goar
schirmlose Mütze
6 Barett
Schirmpilz
7 Parasol
Schirrzeug
6 Sielen, Trense, Zuegel
7 Kandare
Schlacht
5 Kampf
8 Bataille
Schlachter
7 Metzger, Selcher
9 Fleischer
12 Fleischhauer
Schlachtfeld
8 Walstatt
Schlachtfett ...
· *vom* **Rind**
4 Talg
· *vom* **Schwein**
5 Speck
Schlachtort ...
· *in* **Apulien**
6 Cannae (216 v. Ztr)
· *in* **Assyrien**
9 Gaugamela (331 v. Ztr)
· *in* **Böhmen**
12 Koeniggraetz (1868)
· *bei* **Brüssel**
8 Waterloo
· *in* **Dänemark**
7 Dueppel (1864)
· *in* **den USA**
10 Gettysburg (1863)
· *an der* **Elbe**
6 Torgau (1760)
· *in* **Flandern**
8 Bouvines (1214)
10 Langemarck (1914)
· *beim* **Gardasee**
9 Solferino (1859)
· *in* **Griechenland**
7 Salamis
8 Marathon (490 v. Ztr)
11 Thermopylen (480 v Ztr.)
· *in* **Jugoslavien**
5 Zenta (1697)
· *in* **Kleinasien**
5 Issos, Issus (333 v Ztr)
· *bei* **Leipzig**
7 Luetzen (1632)
· *bei* **Liegnitz**
9 Wahlstatt (1241, 1813)
· *an der* **Maas**
5 Sedan (1870)
· *in* **Mähren**
10 Austerlitz (1805)
· *bei* **Merseburg**
8 Rossbach
· *bei* **Moskau**
8 Borodino (1812)
· *in* **Oberitalien**
7 Magenta (1859), Marengo (1800)
· *in* **Ostpreußen**
10 Tannenberg (1410, 1914)
· *bei* **Potsdam**
10 Fehrbellin (1675)
· *in* **Schlesien**
7 Leuthen (1745)
14 Hohenfriedberg (1745)
· *in* **Schottland**
6 Dunbar (1296, 1650)
· *in der* **Schweiz**
7 Sempach (1386)
· *in* **Südengland**
8 Hastings (1066)
· *in* **Thüringen**
9 Auerstedt (1806)
· *in* **Ungarn**
6 Mohacs (1526, 1687)
· *bei* **Verona**
8 Custozza (1848, 1866)
· *bei* **Wien**
6 Wagram (1809)
· *auf* **Zypern**
7 Salamis (450 v. Ztr)
Schlachtrind
5 Ochse
Schlachttier zum Passahfest
4 Lamm
Schlachtvieh-Oberschenkel
5 Keule
Schlackenberg
5 Halde
Schlaf
9 Schlummer
10 Nickerchen
schlafähnlicher ...
· **Zustand**
6 Trance
7 Hypnose
Schlafanzug
6 Pyjama
Schlafbedürfnis
10 Muedigkeit
schlafbedürftig
5 muede
Schlafbekleidung
6 Pyjama
9 Nachthemd
11 Schlafanzug
Schlafbringer
8 Sandmann
Schlafdecke
6 Kolter
7 Plumeau, Zudecke
8 Oberbett
Schlafenszeit
5 Nacht
Schlaferlebnis
5 Traum
8 Albtraum, Alptraum
schlaff
3 lax
4 lose
5 inert, lasch, muede
6 traege
7 laessig, schlapp
8 untaetig
Schlafgesang
10 Wiegenlied
Schlafkammer
5 Gaden
Schlaflosigkeit
7 Asomnie
Schlafmaus
► Siebenschläfer
schlafmohnhaltiges Arzneimittel
5 Opiat
Schlafmütze
8 Transuse
10 Tranfunzel
Schlafnische
7 Alkoven
schläfrig
5 muede
Schlafsaal in Klöstern
11 Dormitorium
Schlafstatt
4 Bett
11 Haengematte

Schlafstätte en miniature
10 Kinderbett
Schlafstätten übereinander
10 Etagenbett
Schlafstelle auf Schiffen
4 Koje
schlafwandelnd
9 somnambul
Schlafzimmermöbel
7 Ehebett
10 Doppelbett
Schlag
4 Hieb
5 Stoss
7 Streich
Schlag auf die Wange
8 Ohrfeige
Schlagader
5 Aorta
7 Arterie
Schlagaderbewegung
4 Puls
Schlaganfall
9 Apoplexie
Schlagart ...
· *beim* **Golf**
4 Putt
5 Drive, Pitch
· *beim* **Tennis**
5 Slice, Smash, Twist
6 Volley
7 Topspin, Vorhand
9 Rueckhand
Schlagballspiel
8 Baseball
Schlagbaum
5 Barre
8 Barriere, Schranke
Schlagbecken
4 Gong
Schläge
4 Haue
5 Hiebe, Keile, Senge
7 Dresche, Pruegel
Schläge zur Strafe
7 Pruegel
Schlager
3 Hit
10 Bestseller
11 Gassenhauer
14 Verkaufserfolg
Schläger
5 Rowdy
7 Grobian, Rohling
8 Raufbold
Schlagerfestival
9 Hitparade
Schlagershow von Laien
7 Karaoke
schlagfertig
6 witzig
10 geistreich
Schlaggerät
4 Rute
5 Keule, Stock
8 Peitsche
Schlagholz
8 Schlegel
9 Schlaegel
Schlaginstrument
4 Gong
5 Pauke
6 Becken, Glocke, Piatti, Rassel, Tamtam, Zimbal
7 Klapper, Trommel, Xylofon
8 Tamburin, Triangel, Vibrafon
10 Schlagzeug
11 Kastagnette, Kesselpauke
12 Schellenbaum
schlagkräftiger Boxer
7 Puncher
Schlagrahm
5 Obers, Sahne
schlagrhythmische Art von Popmusik
4 Beat
Schlagrhythmus im Jazz
4 Beat
Schlagspuren am Körper
8 Striemen
Schlagtrommel
5 Pauke
Schlagwaffe
5 Keule
Schlagwerkzeug
6 Hammer
10 Niethammer
Schlagwort
5 Motto
6 Parole, Slogan
Schlagwort ...
· *der* **französischen Revolution**
7 Égalité, Liberté
10 Fraternité
Schlagzeile
5 Titel
8 Headline
12 Ueberschrift
Schlagzeug ...
· *einer* **Band**
4 Drum
5 Drums
schlaksiger Bursche
8 Lulatsch
Schlamm
4 Moor
5 Dreck, Sumpf
6 Matsch, Modder, Morast
7 Schlick
Schlammbank
5 Barre
Schlammboden
6 Morast
Schlammfang
5 Gully, Gumpe
10 Sinkkasten
Schlammfisch
4 Wels
schlammig
5 limos
Schlammpackung
5 Fango
Schlammsprudel
5 Salse
Schlammstrom
4 Mure
5 Lahar
Schlammvulkan
5 Salse
Schlange im Dschungelbuch
3 Kaa
schlangenähnliches ...
· **Tier**
3 Aal
14 Blindschleiche
Schlangenanbeter
5 Ophit
Schlangenart, Schlangengattung
3 Boa
5 Aspis, Kobra, Mamba, Otter, Viper
6 Assala, Natter, Python
8 Aeskulap, Anakonda, Surukuku
9 Hornviper, Mussurana, Puffotter, Sandviper
10 Aspisviper, Kreuzotter
12 Eierschlange, Ringelnatter

13 Aspisschlange, Schlingnatter
15 Boa Constrictor, Brillenschlange, Klapperschlange, Koenigsschlange

schlangenförmiger ...
· **Fisch**
3 Aal
7 Muraene
8 Neunauge

Schlangenlinie
10 Serpentine

schlank
4 rank
5 duenn, hager, mager
6 grazil, schmal
11 geschmeidig

schlanker Schaumweinkelch
10 Sektfloete

schlapp
5 muede
7 schlaff, schwach
8 kraftlos
10 abgespannt

Schlappe
6 Fiasko, Pleite, Schlag
7 Debakel, Verlust
8 Einbruch, Einbusse

Schlapphut
10 Kalabreser

Schlappohren in der Jägersprache
6 Behang

schlau
4 klug
5 smart
6 clever, findig
7 gewitzt, pfiffig
8 gerissen, versiert
11 intelligent

Schlauberger
5 Filou, Fuchs
9 Pfiffikus
10 Schlaukopf, Schlitzohr
11 Schlaumeier

Schlauchpilz
7 Morchel

schlaue ...
· **Tat**
4 List
5 Trick

schlauer Mensch ► Schlauberger

Schlaufe
4 Oese
6 Masche
8 Schleife, Schlinge

Schlaufe an Kleidungsstücken
10 Aufhaenger

Schlawiner
10 Tunichtgut
11 Schlaumeier

schlecht
3 arg
4 mies
5 boese, elend, uebel
8 duerftig, misslich
9 miserabel, verdorben
12 minderwertig, ungeniessbar

schlecht ...
· *über* **jemanden reden**
8 laestern
· **schneidend**
6 stumpf

schlecht(e, er, es) ...
· **Angewohnheit**
5 Unart
6 Laster
· **Arbeit**
6 Pfusch
· **Branntwein**
5 Fusel
· **Buch**
6 Schund
8 Schinken
· **Charaktereigenschaft**
4 Geiz, Neid
· **Essen**
5 Frass
· **Gegenleistung**
6 Undank
· **Geschäftsgang**
6 Flaute
· **Getränk**
7 Gesoeff
· **Laune**
11 Verstimmung
· **Leistung**
8 Machwerk
· **Lichtquelle**
6 Funzel
· **Luft**
4 Mief
· **Mensch**
4 Lump
6 Gauner
7 Schurke
10 Boesewicht
· **Pferd**
6 Maehre
7 Klepper
· **Ruf**
10 Misskredit
· **Schrift**
5 Klaue
9 Gekritzel
· **Schulnote**
5 Fuenf
· **sportliche Kondition**
8 Formtief
· **Tabak**
7 Knaster
· **Vergeltung**
6 Undank
· **Ware**
6 Schund, Tinnef
9 Wertloses
· **Wetter**
9 Sauwetter
· **Wohnung**
9 Behausung

Schlechtes
5 Uebel
9 Missstand

schlechthin
10 katexochen

Schlechtigkeit
3 Arg

Schlechtwetterzone
4 Tief
5 Front

Schleckerei
11 Suessigkeit

Schlehe
11 Schwarzdorn

Schleicher
11 Leisetreter, Schmeichler

Schleichhandel
9 Schmuggel
12 Schwarzmarkt

Schleichkatze
5 Mungo
6 Musang, Poiana
7 Genette
9 Ichneumon

Schleier ...
· *im* **Iran**
8 Tschador, Tschadyr

· *in* **Spanien**
8 Mantille
schleierartiges ...
· **Gewebe**
4 Flor, Gaze
5 Tuell, Voile
7 Chiffon
schleierhaft
8 nebuloes
Schleife
7 Schlips
8 Schlaufe, Schlinge
schleiffähiger Kalkstein
6 Marmor
Schleiffläche
7 Facette
Schleifmaterial
10 Sandpapier
Schleifmittel
9 Bimsstein, Schmirgel
Schleimgeschwulst
5 Myxom
6 Hygrom
Schleimhautentzündung
7 Katarrh
schlemmen
7 prassen
Schlemmer
6 Lukull
7 Gourmet
8 Lukullus
13 Feinschmecker
Schlendrian
4 Stil
5 Trott
9 Lebensart
Schleppangel
5 Darge
Schlepper
7 Traktor, Trecker
Schleppkahn
5 Prahm, Zille
6 Schute
Schleppnetz
5 Zeese
schlesisch(e, er, es) ...
· **Berggeist**
9 Ruebezahl
· **Groschen**
5 Beehm, Boehm
· **Hauptstadt**
7 Breslau
· **Naturheilkundiger**
10 Priessnitz
· **Töpferstadt**
7 Bunzlau
· **Witzfigur**
5 Antek
7 Frantek
schleswig-holsteinische ...
· **Insel**
4 Sylt
5 Amrum, Foehr, Hooge
7 Fehmarn
10 Nordstrand
Schleuder
8 Balliste, Katapult
10 Zentrifuge
Schleudern des Speers
4 Wurf
Schleuderwaffe
4 Bola
5 Speer
8 Bumerang
Schleuderware
6 Ramsch, Schund
schleunigst
4 bald
6 sofort
7 express, schnell
Schleuse im Deich
4 Siel
schlicht
6 frugal, simpel
7 einfach
11 spartanisch
Schlichter
7 Mittler
10 Vermittler
Schlichtwerkzeug
5 Feile
Schlick
6 Matsch, Morast
7 Schlamm
Schließe
6 Spange
7 Agraffe
8 Schnalle
Schließer
7 Portier
9 Pfoertner
Schließfalte am Sehorgan
8 Augenlid
schließlich
7 endlich
9 letztlich
Schließvorrichtung
6 Riegel
7 Schloss
Schliff
3 Pli
5 Drill, Glanz
7 Politur
schlimm
3 arg
5 boese, uebel
schlimm(e, er, es) ...
· **Geschehen**
6 Unheil
· **Lage**
3 Not
· **Lebenslage**
3 Not
5 Elend
6 Misere
10 Kalamitaet
· **Treiben**
7 Unwesen
Schlinge
6 Knoten, Masche
8 Schlaufe, Schleife
Schlingel
5 Range
6 Bengel
7 Lausbub
schlingender Zimmerstrauch
10 Dipladenie
Schlingpflanze
4 Efeu, Wein
5 Liane, Winde
6 Hopfen
10 Osterluzei
Schlingpflanze tropischer Regenwälder
5 Liane
Schlips
6 Binder, Fliege
8 Krawatte, Plastron, Schleife
Schlipsschmuckstück
14 Krawattennadel
Schlitten
3 Bob
5 Ackia, Pulka, Rodel
8 Skeleton, Toboggan
9 Bobsleigh
Schlittengleitschiene
4 Kufe
Schlittenhund
5 Husky
Schlittschuharena
7 Eisbahn
10 Eisstadion

Schlittschuhsport
7 Eislauf, Eistanz
9 Eishockey
Schloss
6 Palais, Palast
8 Residenz
Schloss ...
· *bei* **Aberdeen**
8 Balmoral
· *in* **Baden-Württemberg**
8 Bruchsal
10 Heidelberg
11 Sigmaringen
12 Hohenzollern, Schwetzingen
· *in* **Bayern**
8 Schachen
9 Linderhof
11 Nymphenburg
12 Schleissheim
14 Herrenchiemsee, Neuschwanstein
· *bei* **Bonn**
6 Bruehl
· *bei* **Brüssel**
6 Laeken
· *in* **Düsseldorf**
7 Benrath
· *bei* **Eisenach**
8 Wartburg
· *bei* **Ettal**
9 Linderhof
· *bei* **Füssen**
14 Hohenschwangau
· *am* **Genfer See**
7 Chillon
· *bei* **Gmunden**
10 Cumberland
· *in* **Granada**
8 Alhambra
· *bei* **Innsbruck**
6 Ambras
· *bei* **Kassel**
13 Wilhelmshoehe
· *in* **Lienz**
5 Bruck
· *an der* **Loire**
4 Usse
5 Blois
6 Chinon, Saumur
7 Amboise
8 Chambord, Cheverny
· *bei* **Madrid**
8 Escorial
· *in* **München**
11 Nymphenburg
· *in* **Oberfranken**
4 Banz
· *in* **Paris**
6 Louvre
9 Tuilerien
10 Versailles
13 Fontainebleau
· *in* **Potsdam**
9 Sanssouci
· *in* **Salzburg**
8 Mirabell
9 Klessheim
· *im* **Salzkammergut**
6 Fuschl
· *in* **Schweden**
9 Gripsholm
· *in* **Spanien**
8 Escorial
· *bei* **Stuttgart**
8 Solitude
9 Solituede
· *an der* **Themse**
7 Windsor
· *in* **Versailles**
7 Trianon
· *in* **Wien**
7 Hofburg
9 Belvedere
11 Schoenbrunn
schlossartiges ...
· **Gebäude**
6 Palast
7 Kastell
Schlossbeamter
▶ Schlossvogt
Schlossberg von Prag
9 Hradschin
Schlosskerker
7 Verlies
Schlossvogt
9 Kastellan
Schlot
4 Esse
5 Kamin
9 Rauchfang
11 Schornstein
Schlotbaron
13 Industrieller
Schlucht
5 Cañon, Kamin, Klamm, Kluft
7 Abgrund, Couloir
Schlummer
6 Schlaf
Schlumpf
5 Wicht
Schlüpfer
4 Slip
9 Unterhose
schlüpfrig
5 glatt
6 frivol, lasziv, pikant
7 obszoen
9 anruechig
Schlüpfschuh
7 Slipper
Schlupfwinkel
8 Versteck
Schluss
4 Ende
5 basta
6 Finale
7 Ausgang
8 Endpunkt, Ergebnis, Resultat
Schlusseffekt
6 Pointe
Schlüssel einer Geheimschrift
4 Code
Schlüsselblume
6 Primel
12 Becherprimel, Kissenprimel
Schlüsselteil
4 Bart
Schlussergebnis
8 Resultat
11 Endresultat
Schlussfolgerung
5 Fazit
Schlussformel nach dem Segen
4 Amen
Schlussgesang
6 Exodos
Schlussleuchte
10 Ruecklicht
Schlussnummer
6 Finale
Schlussphase ...
· *bei* **Wettläufen**
5 Spurt
6 Finish
Schlussresultat
11 Endergebnis

Schlussstellung ...
· *beim* **Schach**
4 Matt, Patt
Schlussteil eines Wortes
6 Endung
Schlussvermerk in alten Büchern
5 Finis
Schlusswendung (Musik)
4 Koda
6 Kadenz
Schlusswort
4 Amen
6 Epilog
Schlusszeichen
5 Punkt
12 Fragezeichen
14 Ausrufezeichen
Schmach
6 Unehre
7 Schande, Schimpf
13 Blossstellung
schmachtender Liebhaber
7 Seladon
schmackhaft
6 lecker
7 delikat
schmackhafte Backware
11 Gewuerzbrot
schmackhafter machen
7 wuerzen
Schmähschrift
8 Pamphlet
Schmähung
4 Tort
6 Anwurf
7 Affront, Injurie, Schande
9 Invektive
11 Beleidigung
12 Diffamierung
schmal
3 eng
4 karg
5 duenn, hager
7 schlank
8 begrenzt
schmal abgenähtes Fältchen an Kleidern
5 Biese
schmal(e, er, es) ...
· **Bergrücken**
4 Grat
· **Brett**
5 Latte
6 Leiste
· **Brücke**
4 Steg
· **Durchlass**
4 Enge
· **Einschnitt im Gebirge**
6 Engtal
· **Felsschlucht**
5 Klamm
· **Felsspalt**
5 Kamin
· **Fußweg**
4 Pfad
· **Gewässerstelle**
8 Meerenge
· **Gewebestreifen**
4 Band
· **Handtasche**
6 Clutch
· **Latte**
6 Leiste
· **Meeresarm in Skandinavien**
5 Fjord
· **Meeresbucht**
6 Foerde
· **Öffnung**
4 Ritz
5 Ritze, Spalt
· **Schrank**
5 Spind
· **Seeweg**
8 Meerenge
· **Spalt**
5 Ritze
· **Stelle**
4 Enge
· **Stelle des Rumpfes**
6 Taille
· **Stoffstreifen**
11 Schraegband
· **Straße**
3 Weg
5 Gasse
7 Engpass
· **Teil einer Flasche**
4 Hals
· **Treppe**
6 Stiege
· **Vertiefung**
5 Rinne
· **Weg**
4 Pfad
schmalwüchsig
8 leptosom
Schmalz mit ausgelassenem Speck
11 Griebenfett
Schmarotzer
7 Parasit
8 Nassauer
9 Schnorrer
Schmarotzerpflanze
6 Mistel
schmeckt ...
· *auf* **Sommerpartys** (2 Worte)
15 Gemischtersalat
· *zu* **Sommersalaten**
10 Fladenbrot
Schmeichelei
5 Eloge
7 Lobrede
9 Flatterie
10 Kompliment
schmeichelnde Betörung
9 Umgarnung
Schmeichler
8 Charmeur
9 Kalfaktor
11 Leisetreter, Liebediener
Schmeißfliege
7 Brummer
Schmelze
6 Glasur
7 Emaille
schmelzen
5 tauen
Schmelzfluss
7 Emaille
Schmelztopf
6 Tiegel
Schmelzüberzug
5 Email
Schmer
4 Fett
Schmerz
3 Weh
4 Gram, Harm, Leid, Pein, Qual
Schmerzen mildern
7 lindern
schmerzhaft(e, er, es) ...
· **Anfall**
5 Kolik
· **Erkrankung**
6 Rheuma
7 Ischias
9 Arthritis

- **Gliederreißen**
  6 Rheuma
- **Hornhautverdickung**
  11 Huehnerauge
- **Muskelkontraktion**
  6 Krampf
- **Überdehnung**
  7 Zerrung

schmerzliches Mitgefühl
7 Beileid
Schmerzlosigkeit
9 Analgesie
Schmerznachlassen
9 Linderung
Schmetterball
5 Smash
Schmetterling
6 Falter
Schmetterlingsart
4 Baer, Eule
5 Fuchs, Motte, Nonne
6 Apollo, Bohrer, Falter, Moench, Ritter
7 Admiral, Kuhauge, Spanner, Spinner, Wickler, Zygaene
8 Blaukopf, Dickkopf, Forleule, Gelbling, Sandauge, Zuensler
9 Postillon, Tagfalter, Totenkopf, Weissling
10 Pfauenauge
11 Brauner Baer
12 Apfelwickler
13 Kohlweissling
18 Oleanderschwaermer
Schmetterlingsblütler
4 Klee, Soja
5 Bohne, Erbse, Linse, Wicke
6 Lupine
7 Erdnuss, Ginster, Luzerne, Robinie
8 Glyzinie, Hornklee, Saubohne
9 Goldregen
12 Besenginster
Schmetterlings-gespinst
5 Kokon
Schmetterlingslarve
5 Puppe, Raupe
Schmied ...
- *in* **der Sage**
  4 Mime
  7 Wieland
  8 Alberich

schmiedbares Eisen
5 Stahl
Schmiedeblock
6 Amboss
Schmiedeform
6 Gesenk
Schmiedegerät
4 Esse
5 Zange
6 Amboss, Gesenk, Hammer
9 Blasebalg
Schmiedeherd
4 Esse
schmieren
5 oelen
6 fetten
9 einfetten
Schmierheft
6 Kladde
Schmiermittel
3 Oel
4 Fett
Schmiernippel
5 Oeler
Schmierstoffart
16 Naehmaschinenoel
Schmiervorrichtung
5 Oeler
Schminke
5 Rouge
6 Make-up
Schminkutensil
10 Kajalstift
11 Wattebausch
Schmöker
4 Buch
8 Lektuere, Schwarte
Schmorgefäß
6 Tiegel
10 Kasserolle
Schmu
6 Betrug
9 Schwindel
Schmuck
4 Zier
6 Zierat
7 Kleinod, Zierrat
10 Edelsteine, Geschmeide
Schmuckband
14 Papierschlange
Schmuckbefestigung am Körper
8 Piercing
schmücken
9 verzieren
schmückend
9 dekorativ
schmückend(e, er, es) ...
- **Auszeichnung**
  5 Orden
- **Beiwerk**
  6 Zierat
  7 Zierrat
- **Federn**
  9 Aigretten

Schmückendes
5 Stolz
6 Zierde
Schmuckform
7 Rosette
Schmuckgefäß auf Terrassen
12 Blumenkuebel
Schmuckgewinde
5 Kranz
6 Feston
8 Girlande
Schmuckhändler
8 Juwelier
Schmuckkasten
9 Schatulle
Schmuckknopf am Ohr
6 Bouton
Schmuckkügelchen
5 Perle
schmucklos
8 schlicht
12 unauffaellig
Schmuckmaterial
4 Gold, Jade
5 Email, Gemme, Juwel
6 Perlen, Platin, Silber, Strass
7 Koralle
8 Perlmutt
9 Bernstein, Edelstein, Elfenbein
Schmuckring
4 Reif
6 Diadem
Schmuckspange
5 Fibel
6 Fibula, Heftel
7 Agraffe, Brosche
Schmuckstein
4 Jade, Jett, Onyx, Opal
5 Achat, Pyrop, Rubin, Topas
6 Beryll, Cyanit, Granat,

Jadeit, Jaspis, Korund, Saphir, Zitrin
7 Amaryll, Karneol, Smaragd, Tuerkis
8 Amethyst, Malachit, Obsidian
9 Aquamarin, Bernstein, Cordierit, Tigerauge
10 Rosenquarz
11 Lapislazuli

Schmuckstreifen
5 Fries

Schmuckstück
4 Band, Clip, Reif, Ring
5 Kette, Kreuz, Nadel, Perle
6 Diadem, Spange
7 Armband, Armreif, Brosche, Collier, Kleinod, Kollier, Ohrring
8 Halsband, Uhrkette
9 Anhaenger, Armspange, Halskette, Medaillon

Schmuckstück ...
· *an der* **Fessel**
12 Fusskettchen
· *am* **Fuß**
9 Zehenring
· *bei* **Naturvölkern**
9 Nasenring

Schmuckteil
9 Edelstein

schmuckvolle Gestaltung des Leibes
14 Koerpermalerei

Schmuckwarengeschäft
10 Bijouterie

schmuddelig
7 dreckig
9 schmierig, schmutzig

Schmuggel
14 Schleichhandel

Schmuggelware
11 Konterbande

Schmus
6 Gerede
8 Gewaesch
10 Geschwaetz

schmusebedürftige Frau
19 Schmeichelkaetzchen

Schmusefigur
11 Kuscheltier

Schmutz
3 Kot
5 Dreck, Staub, Unrat
6 Abfall

Schmutzbrei
6 Matsch

Schmutzflüssigkeit
8 Abwasser

schmutzfrei
4 rein

schmutzig
7 dreckig
8 unsauber
11 schmuddelig
12 unanstaendig

schmutziger ...
· **Abfall**
5 Muell, Unrat

schmutziges Geschirr zum Spülen
7 Abwasch

Schmutzstelle
5 Fleck

Schmutzteilchen
9 Staubkorn

Schnabelkrokodil
6 Gavial

Schnalle
7 Agraffe
9 Schliesse

Schnapsfabrik
8 Destille
9 Brennerei

Schnapssorte
4 Korn
5 Wodka
6 Enzian, Klarer, Kognak
7 Obstler

Schneckenlinie
7 Spirale
14 Schraubenlinie

Schneckenschale
4 Haus

Schneeabsturz
6 Lawine

Schneebluse
6 Anorak

Schneefahrzeug
9 Schlitten

Schneeform
4 Firn
6 Flocke, Harsch
9 Altschnee, Neuschnee
12 Pulverschnee

schneefrei
4 aper
5 gruen

Schneehütte der Eskimos
4 Iglu

Schneeleopard
5 Irbis

Schneemensch
4 Yeti
6 Kangmi

Schneerose
8 Nieswurz
10 Christrose

Schneerutsch ► Schneeabsturz

Schneeschmelze
9 Tauwetter

Schneeschuh
3 Ski
4 Schi

Schneesturm ...
· *in* **Amerika**
8 Blizzard
· *in* **Sibirien**
5 Metel, Purga

Schneid
3 Mut
4 Elan, Mumm
7 Courage
11 Beherztheit

Schneide
4 Grat
6 Klinge
14 Schnittflaeche

Schneide ...
· *am* **Pflug**
5 Schar
· *einer* **Sense**
6 Dengel

Schneidegerät für Köche
13 Kuechenmesser

schneidend
6 scharf

Schneider
8 Tailleur
9 Couturier

Schneider in Max und Moritz
5 Boeck

Schneiderbedarf
8 Naehgarn

Schneiderkunst
12 Haute Couture

Schneidersitz
11 Unterschlag

Schneidewerkzeug
8 Vierkant
11 Metallsaege

schneidig
4 kess

5 fesch, flott
6 forsch, stramm, zackig
9 schmissig
11 schwungvoll
schneidiger Mensch
12 Draufgaenger
Schneidwerkzeug
5 Saege
6 Messer, Schere
11 Rosenschere
14 Schneidbrenner
Schneidwerkzeug aus gefaltetem Stahl
11 Japanmesser
Schneise
8 Lichtung
10 Kahlschlag
schnell
3 fix
5 eilig, flink, quick, rapid, rasch
6 behend, hastig, hurtig, rasant, rasend
9 geschwind
schnell ...
· **atmen**
6 japsen
· **beförderte Fracht**
6 Eilgut
· **gehen**
6 laufen
· **härtende Masse**
4 Gips
· **machen**
7 beeilen
· **trocknender Anstrich**
6 Firnis
· **wärmende Küchenhilfe**
10 Mikrowelle
· **wärmendes Küchengerät** (Kurzwort)
10 Mikrowelle
· **zugestellte Postsendung**
8 Eilbrief
schnell(e, er, es) ...
· **Auto**
7 Flitzer
· **Autofahrer**
5 Raser
· **Bewegung**
5 Husch
6 Wirbel
· **Musikstück**
7 Allegro
· **Reitkamel**
6 Mehari
· **Schiff**
5 Jacht
14 Luftkissenboot
· **Sportfahrzeug**
8 Rennauto
· **Sprechgesang** (Popmusik)
3 Rap
· **Steppentier**
7 Gazelle
· **Tanz**
5 Polka
10 Saltarello, Tarantella
· **Tonfolge**
7 Passage
· **unvorbereitetes Handeln**
13 Improvisation
· **Verkehrsmittel**
8 Flugzeug
Schnellfahrer
5 Raser
Schnellfahrstraße
8 Autobahn
Schnelligkeitsgrad
5 Tempo
Schnellrestaurant
11 Imbisshalle
Schnellzusteller
7 Eilbote
Schnepfenvogel
4 Kiwi
5 Knutt, Triel
7 Kiebitz
9 Bekassine
10 Brachvogel, Sanderling
11 Rotschenkel
12 Kampflaeufer, Regenpfeifer, Steinwaelzer, Waldschnepfe
13 Strandlaeufer, Wasserlaeufer
14 Austernfischer
schnippisch
6 bissig, patzig, scharf
Schnitt
6 Fasson
11 Kleiderform
Schnittblume
7 Gerbera
Schnitte
6 Stulle
11 Brotscheibe
Schnittholz
5 Brett, Latte
6 Latten, Leiste
Schnittkante
8 Schneide
Schnittlinie
7 Sekante
Schnittlinie zweier Flächen
5 Kante
Schnittmeister beim Film
6 Cutter
Schnitzer
4 Bock
6 Fehler, Lapsus
8 Versehen
9 Missgriff
11 Versprecher
Schnitzmaterial
4 Bein, Holz
9 Elfenbein
10 Lindenholz, Sandelholz
Schnuller
6 Sauger
Schnupftabak
6 Makuba
Schnur
4 Band
5 Faden, Leine, Litze
6 Bendel, Kordel
7 Baendel, Strippe
9 Bindfaden
Schnur ...
· *am* **Fesselballon**
8 Notleine
· *am* **Webstuhl**
5 Helfe
Schnürband
6 Nestel, Senkel
Schnurfabrikant
6 Seiler
Schnürjacke der Husaren
6 Dolman
Schnürkordel für Präsente
12 Geschenkband
Schnürleib
6 Mieder
7 Korsett
Schnurre
5 Farce, Posse
7 Marotte
Schnürriemen
4 Gurt
7 Guertel

schnurrig
6 witzig
9 originell
Schnürsenkel
6 Nestel
9 Schuhband
12 Schuhbaendel
Schock
6 Schlag
7 Schreck
schockierendes Vorkommnis
7 Skandal
Schokoladegebäck
10 Mohrenkopf
Schokoladencremekuchen
11 Panamatorte
Schokoladenrohstoff
5 Kakao
11 Kakaobutter
Schokoladenstreifen
5 Rippe
Schokoüberzugsmasse für Gebäck
10 Kuvertuere
Scholar
6 Vagant
7 Student
Schollenart
4 Butt
7 Flunder
schon
3 nur
6 allein, zeitig
7 bereits, laengst
schön
4 fein, zart
7 anmutig, reizend
11 entzueckend
schön(e, er, es) ...
· **Anblick**
10 Augenweide
· **Frau**
6 Beauté
· **Frau der Antike**
6 Helena
· **Jüngling**
6 Adonis
7 Narziss
8 Antinoos, Hyazinth
· **Jüngling der griechischen Sage**
6 Adonis
· **Mädchen im Paradies des Islam**
4 Huri
· **Mann**
4 Beau
6 Adonis
· **Mineralien**
6 Gemmen
10 Edelsteine
· **Regelmäßigkeit**
15 Ebenmaessigkeit
Schöngeist
7 Aesthet
9 Belesprit
schöngeistige Literatur
12 Belletristik
Schönheit
6 Beauté
Schönheitsgöttin
5 Venus
9 Aphrodite
Schönheitslehre
9 Aesthetik
Schönheitspflästerchen
6 Mouche, Musche
Schönheitspflege
8 Kosmetik
9 Manikuere, Pedikuere
11 Bodyfitness
Schönheitspflegebetrieb
12 Friseursalon
13 Kosmetiksalon
Schönheitspflegemittel
10 Kosmetikum
Schönheitswettbewerb
8 Misswahl
Schonkost
5 Diaet
Schönling
4 Beau
Schönschreibekunst
11 Kalligrafie
12 Kalligraphie
schonungslos
4 hart
6 brutal, streng
7 radikal, rigoros
Schöpfer
4 Gott
5 Autor
7 Urheber
8 Erfinder
9 Initiator
Schöpfer ...
· *von* **„Wum"**
6 Loriot
· *des* **Kommissar Maigret**
7 Simenon
· *der* **Logarithmen**
6 Buergi, Napier
· *der* **Micky Maus**
6 Disney
· **moderner Kraftwagen**
7 Daimler
· *der* **Relativitätstheorie**
8 Einstein
· *der* **Roten Armee**
7 Trotzki
· *des* **Sherlock Holmes**
5 Doyle
· *des* **Wiener Walzers**
6 Lanner
Schöpfer von Theaterkleidung
14 Kostuembildner
schöpferisch
7 kreativ
schöpferisch begabter Mensch
5 Genie
schöpferischer Gedanke
4 Idee
schöpferisches Nichtstun
5 Musse
Schöpferkraft
11 Genialitaet
Schöpferwesen
4 Gott
8 Herrgott
Schöpflöffel
5 Kelle
Schöpfung
3 All
4 Welt, Werk
5 Natur
7 Weltall
8 Kreation
9 Universum
Schöpfungsgeschichte
7 Genesis
Schoppen
11 Babyflasche
Schöps
6 Hammel
8 Dummkopf
10 Schafskopf
Schorf
5 Borke, Grind
6 Kruste
Schornstein
4 Esse
5 Kamin

6 Schlot
9 Rauchfang
Schornsteinfeger
13 Kaminreiniger
15 Rauchfangkehrer
Schoßhund
8 Malteser, Pekinese
Schössling
5 Trieb
6 Spross
7 Ableger
Schössling an veredelten Pflanzen
9 Wildtrieb
Schote
4 Pale
Schotte irischer Herkunft
5 Skote
Schottenrock
4 Kilt
Schottenstoff
5 Plaid
6 Tartan
schottisch(e, er, es) ...
· **Adelsgeschlecht**
6 Stuart
· **Archipel**
14 Shetlandinseln
· **Branntwein**
6 Whisky
· **Dynastie**
6 Stuart
· **Eisspiel**
7 Curling
· **Erfinder**
4 Watt
6 Dunlop
· **Gewässer (Loch ...)**
4 Ness
· **Golf**
10 Firth of Tay
12 Firth of Clyde, Firth of Forth, Firth of Lorne
· **Hafen bei Edinburgh**
5 Leith
· **Hauptstadt**
9 Edinburgh
· **Insel**
3 Rum
4 Coll, Fair, Iona, Mull, Skye
5 Barra, Islay, Lewis, Tiree
6 Harris, Orkney
7 Kintyre
· **Inselgruppe**
6 Orkney
8 Hebriden, Shetland
12 Orkneyinseln
14 Shetlandinseln
· **Kleidungsstück**
4 Kilt
· **Komponist**
5 Field
· **König**
5 Jakob
6 Duncan
7 Macbeth, Malcolm
· **Königshaus**
6 Stuart
· **Männername**
6 Gordon
· **Mathematiker**
5 Neper
6 Lister, Napier
· **Mediziner**
6 Cronin
· **Missionar**
11 Livingstone
· **Musikinstrument**
9 Dudelsack
· **Namensbestandteil**
2 Mc
3 Mac
· **Nationalgericht**
8 Porridge
· **Physiker**
7 Maxwell
8 Brewster
· **Pionier des Fernsehens**
5 Baird
· **Reformator**
4 Knox
· **Sagenheld**
6 Fingal
· **Schäferhund**
6 Collie
· **See**
8 Loch Ness
· **Seefahrer**
7 Selkirk
· **Seeungeheuer**
6 Nessie
· **Sippe**
4 Clan, Klan
· **Stammesverband**
4 Clan
· **Volksstamm**
6 Pikten, Skoten
· **Whisky**
4 Malt
6 Scotch
schräg
4 quer
6 schief
7 geneigt, travers
8 diagonal
schräg gestellt (Schrift)
6 kursiv
schräg(e, er, es) ...
· **Auffahrt**
5 Rampe
· **Lage eines Schiffes**
11 Schlagseite
· **Schiffsbauplatz**
7 Helling
· **Schleifkante**
4 Fase
· **Stütze**
6 Steife, Strebe
Schräge
7 Neigung
8 Gefaelle
Schräglinie
8 Traverse
9 Diagonale
Schrägstellung
7 Neigung
Schrägstütze
6 Strebe
Schramme
4 Riss, Ritz
7 Blessur, Kratzer
Schrankabteil
4 Fach
schrankartiger Kochherd
5 Grude
Schranke
6 Gitter, Huerde, Sperre
8 Barriere
10 Schlagbaum
Schraubenanker
6 Duebel
Schraubenankerart
10 Holzduebel
Schraubenantilope
4 Kudu
Schraubengang
7 Gewinde
Schraubenlinie
► Schneckenlinie
Schraubenpalme
7 Pandane, Pandang
8 Pandanus
Schraubenschlüssel
8 Franzose
10 Englaender

Schraubensicherung
6 Mutter, Splint
Schraubhülse
7 Fassung
Schraubstock
6 Zwinge
10 Feilkloben
Schrebergartenanlage
13 Laubenkolonie
Schrebergartenhäuschen
5 Laube
Schrebergärtner
12 Laubenpieper
Schrecken
5 Graus, Panik
6 Furcht, Grauen, Horror, Schock
Schreckensherrschaft
6 Terror
8 Despotie
Schreckgespenst
7 Buhmann
Schreckgestalt
7 Monster
8 Monstrum
9 Ungeheuer
schrecklich
7 grausam
schreckliche Katastrophe
7 Inferno
Schrecklichkeit
6 Greuel
7 Abscheu, Graeuel
Schrei
3 Ruf
Schreibart ▶ Schreibweise
Schreibbuch
4 Heft
Schreiben
5 Brief
8 Dokument
13 Schriftstueck
Schreiber
5 Autor
6 Aktuar
8 Chronist, Skribent
9 Kontorist, Sekretaer
Schreiberling
6 Pedant
8 Reimling
12 Federfuchser
Schreibflüssigkeit
5 Tinte
Schreibgerät
5 Feder
6 Kreide
7 Fueller, Griffel
9 Bleistift
11 Federhalter, Fuellhalter
14 Kugelschreiber
Schreibgerät ...
· *der* **Antike**
6 Stilus
7 Calamus
Schreibheftart
6 Kladde
Schreibkraft
8 Typistin
13 Datentypistin, Stenotypistin
Schreibkunst
11 Kalligrafie
Schreibkünstler im Mittelalter
6 Modist
Schreibmaterial
6 Papier
9 Pergament
Schreibschrank
9 Sekretaer
Schreibstift
· **Einlage**
4 Mine
Schreibstift in der Antike
6 Stylos
Schreibstube
5 Buero
6 Kontor, Office
7 Kanzlei
Schreibtafel der Antike
9 Diptychon
Schreibunkundiger
10 Analphabet
Schreibutensilienbehälter
4 Etui
9 Maeppchen
Schreibwarenartikel
4 Heft
Schreibweise
4 Stil
6 Duktus
7 Diktion
· *der* **Rur**
4 Roer
Schreibzeugetui
11 Federpennal
schreien
7 groelen, laermen
schreiend
5 grell
12 schockfarben
Schrein
4 Lade, Sarg
5 Truhe
Schreiner
8 Tischler
Schreinerwerkzeug
5 Feile, Hobel, Saege
6 Bohrer, Hammer, Raspel, Zwinge
9 Putzhobel
schreiten
5 gehen
Schreittanz
6 Reigen
Schreitvogel
4 Ibis
6 Marabu, Reiher, Storch
7 Kranich, Sichler
8 Flamingo, Kahlibis, Loeffler, Schnepfe, Waldrapp
10 Nimmersatt, Rohrdommel
11 Fischreiher
13 Klaffschnabel
Schreivogel
4 Rabe
6 Kraehe
Schrift
4 Buch, Heft, Text
8 Skriptur
10 Broschuere
Schrift über das Weltende
10 Apokalypse
Schriftart
5 Times
6 Futura
7 Fraktur, Gotisch, Lapidar, Memphis, Univers, Walbaum
8 Claudius, Elzevier, Garamond
Schriftblindheit
6 Alexie
Schriftenbündel
4 Akte
Schriftensammlung
5 Aktei
Schriftform
5 mager
6 kursiv
7 grotesk
8 halbfett

Schriftführer
9 Schreiber
Schriftgrad
4 Perl, Text
5 Kanon, Petit, Sabon
6 Borgis, Cicero, Korpus, Mignon, Tertia
7 Garmond, Kolonel, Missale
10 Viercicero
11 Nonpareille
Schriftleiter
6 Lektor
9 Redakteur
Schriftleiterin
11 Redakteurin
schriftlich(e, er, es) ...
· **Ankündigung**
4 Avis
· **Antrag**
7 Eingabe
· **Arzneiverordnung**
6 Rezept
· **Aufstellung**
5 Liste
· **Bescheinigung**
8 Quittung
· **diplomatische Mitteilung**
4 Note
· **Gesuch an eine Behörde**
6 Antrag
· **Hinweis**
5 Notiz
7 Vermerk
· **Kaufangebot**
7 Offerte
· **Machwerk**
8 Elaborat
· **Niederlegung**
11 Beurkundung
· **Unterlage**
5 Beleg
8 Dokument
· **Vermerk**
5 Notiz
10 Eintragung
Schriftreihe
5 Zeile
Schriftrepro
9 Faksimile
Schriftrolle
5 Thora
7 Papyrus
9 Pergament
Schriftsatz
4 Text
Schriftsetzer
7 Metteur
8 Typograf
9 Typograph
13 Textgestalter
Schriftsprache ...
· *im* **Buddhismus**
4 Pali
· *im* **Hinduismus**
8 Sanskrit
Schriftstelle
5 Zitat
6 Passus
7 Passage
Schriftsteller
4 Poet
5 Autor
7 Dichter, Literat, Lyriker
Schriftstück
4 Akte
7 Urkunde
8 Dokument, Skriptum
9 Schreiben
10 Manuskript
Schrifttilgung
5 Rasur
Schrifttum
9 Literatur
Schriftunkundiger
10 Analphabet
Schriftwerk über Heilpflanzen
12 Kraeuterbuch
Schriftzeichen
4 Rune
6 Letter
9 Buchstabe
11 Hieroglyphe
Schriftzeichen unserer Vorfahren
5 Runen
Schriftzug
6 Duktus
8 Signatur
schrill
4 laut
5 grell
6 scharf
schrill tönen
7 klirren
schriller Ruf
6 Schrei
schrilles Schreien
9 Gekreisch
Schritt
5 Tritt
Schrittmacher
7 Pionier
9 Vordenker
11 Wegbereiter
Schrittsportler
5 Geher
Schrittzähler
9 Hodometer, Pedometer, Potometer
schroff
3 rau
4 grob, jaeh, rauh
5 steil
6 barsch, bruesk, streng, wirsch
schroffe ...
· **Küste**
9 Steilufer
· **Zurechtweisung**
6 Abfuhr
Schrotgewehr
6 Flinte
Schrott
8 Alteisen
schrottreifes ...
· **Auto**
5 Wrack
9 Rostlaube
Schrulle
4 Tick
5 Laune
6 Fimmel, Grille, Spleen
7 Marotte
schrullig
10 wunderlich
Schrumpfkopf
7 Tsantsa
Schubfach
4 Lade
6 Kasten
Schublade
4 Fach
Schubs
5 Stups
Schubs an die Nase
7 Stueber
Schubstange
6 Pleuel
schüchtern
5 scheu

7 zaghaft
8 befangen, verlegen
schüchterner Liebhaber
7 Seladon
Schuft
4 Lump
5 Kujon
6 Gauner
7 Halunke, Schurke
8 Ehrloser
Schuhband
6 Nestel, Senkel
13 Schnuersenkel
Schuhflicken
7 Riester
Schuhform
7 Leisten, Spanner
Schuhmacher
8 Schuster
Schuhmacherwerkzeug
4 Ahle, Dorn
5 Kneif, Zange
6 Hammer, Pfriem, Raspel
7 Leisten
Schuhmaterial
5 Leder
9 Wildleder
Schuhputzmittel
6 Wichse
Schuhsohle aus Rohkautschuk
5 Krepp
Schuhteil
4 Oese
5 Kappe, Sohle, Zunge
6 Absatz, Futter, Lasche, Nestel, Riemen, Schaft, Senkel
9 Oberleder
10 Brandsohle
Schulabteilung
6 Klasse
14 Jahrgangsstufe
Schulanfänger
11 Abc-Schuetze
13 Erstklaessler
14 Taferlklassler
Schularbeit
6 Pensum
7 Aufgabe, Aufsatz, Lektion
11 Hausaufgabe
Schulartikel
4 Heft
5 Atlas, Fibel, Mappe, Stift, Tafel, Tinte
6 Lineal, Ranzen, Tasche, Zirkel
7 Fueller, Spitzer
8 Ringbuch
14 Taschenrechner
Schulbesucher
8 Schueler
Schulbetrieb
10 Unterricht
Schuld
4 Reue, Soll
6 Frevel, Suende
7 Pflicht, Unrecht
Schuldbekenntnis
11 Gestaendnis
Schuldbewusstsein
4 Reue
Schulden
4 Soll
5 Minus
Schuldentilgung
9 Abzahlung
10 Abstottern
Schuldgefühl
4 Reue
7 Skrupel
8 Einsicht
13 Gewissensbiss
Schuldiener
6 Pedell
Schuldlosigkeit
8 Unschuld
Schuldner
7 Debitor, Restant
9 Debitoren
Schuldokument
7 Zeugnis
Schuldverschreibung
4 Bond
7 Anleihe, Wechsel
10 Obligation, Pfandbrief, Wertpapier
Schule
5 Penne
11 Lehranstalt
Schule mit Heim
8 Internat
Schüler
5 Adept, Eleve
6 Alumne, Hoerer
8 Zoegling
9 Anhaenger, Pennaeler
Schülerin
13 Schulmaedchen
Schulfach
5 Ethik, Lesen, Musik, Sport
6 Chemie, Latein, Physik, Turnen, Werken
7 Deutsch, Rechnen
8 Biologie, Englisch, Erdkunde, Religion, Zeichnen
9 Geografie, Sachkunde
10 Geographie, Geschichte, Griechisch, Handarbeit, Mathematik, Naturkunde
11 Heimatkunde, Sozialkunde
12 Franzoesisch
14 Kunsterziehung, Leibesuebungen
15 Schoenschreiben
Schulfestsaal
4 Aula
schulfreier Zeitraum
6 Ferien
Schulgefängnis
6 Karzer
schulische Besprechung
15 Lehrerkonferenz
Schulleiter
6 Rektor
8 Direktor
Schullesebuch
5 Fibel
7 Abc-Buch
Schulmeister
6 Lehrer, Pauker
8 Erzieher, Magister
9 Paedagoge
Schulnote
6 Zensur
9 Praedikat
Schulort am Bodensee
5 Salem
Schulranzen
9 Tornister
Schulraum
6 Klasse
13 Klassenzimmer
Schulreise
12 Klassenfahrt
Schulsaal
4 Aula
Schulschreibbuch
4 Heft
Schulstadt in England
4 Eton
Schultasche
5 Mappe

6 Ranzen
9 Tornister
Schulterbinde
8 Schaerpe
Schulterstück
5 Passe
6 Klappe
9 Epaulette
Schultertuch
5 Fichu, Schal, Stola
Schultertuch des Papstes
5 Orale
Schulterumhang
5 Stola
8 Mantille
Schultornister
6 Ranzen
Schulübung
6 Diktat
Schulurkunde
7 Zeugnis
Schulveranstaltung
4 Fest
7 Ausflug
9 Exkursion, Schulfest
11 Elternabend
15 Elternsprechtag
Schulverwaltungsakt
10 Versetzung
Schulzensur
4 Note
Schulzeugnisnote
6 Zensur
schummeln
6 mogeln
Schund
4 Kram
5 Dreck
6 Kitsch, Ramsch, Tinnef
7 Plunder, Schmutz
9 Wertloses
Schuppenkriechtier
5 Echse, Waran
8 Eidechse, Schlange
Schuppfisch
5 Eitel
6 Doebel
Schürfrecht
5 Claim
Schurke ▶ Schuft
Schürzenbruststück
4 Latz
Schürzenjäger
7 Don Juan
10 Frauenheld
Schuss ins Ziel
7 Treffer
Schüssel
4 Kumm, Napf
5 Kumme, Satte
6 Platte, Schale
7 Terrine
Schussfolge
5 Salve
Schussgeräusch
5 Knall
schusskräftiger Fußballspieler
6 Bomber
schusslig
6 fahrig
9 zerfahren, zerstreut
Schuster
11 Schuhmacher
Schusterjunge
12 Anfangszeile
Schustermesser
5 Kneif
Schusternagel
5 Pinne
Schusterpfriem
4 Ahle
Schusterschemel
8 Dreibein
Schutt
6 Abraum
8 Truemmer
12 Bruchgestein
Schutt aus der Eiszeit
7 Moraene
Schuttberg
5 Halde
Schuttfeld
4 Gand
Schüttstroh
5 Streu
Schuttstrom im Hochgebirge
4 Mure
Schutz
3 Hut
4 Wehr
5 Mauer, Obhut
6 Abwehr, Aegide
7 Deckung
10 Protektion, Sicherheit
12 Verteidigung
Schutz ...
· *gegen* **Feuchtigkeit**
14 Impraegnierung
· *von* **Pflanzen**
4 Hege
· *gegen* **Sicht**
7 Tarnung
· *für* **Wunden**
5 Binde
· *gegen* **Zauberei**
7 Amulett
8 Talisman
Schutz bei Stromüberlastung
14 Hauptsicherung
Schutzanlage
4 Wehr
Schutzanlage ...
· *an* **Ufern**
4 Damm, Wehr
5 Deich
Schutzanstrich
6 Firnis
Schutzanzug
7 Overall
Schutzbedeckung für Lebensmittel
10 Glasglocke
Schutzbegleitung
6 Geleit
12 Leibwaechter
Schutzbehausung ...
· *im* **Gebirge**
5 Baude
6 Huette
10 Berghuette
Schutzbinde
7 Bandage
Schutzbinde des Fechters
8 Plastron
Schutzblech
10 Kotfluegel
Schutzdach für Statuen
10 Tabernakel
Schutzdamm am Meer
5 Deich
Schutzdecke
5 Plane
Schütze der nordischen Sage
4 Egil
schützen
6 decken
8 behueten
10 abschirmen
schützend(e, er, es) ...
· **Begleitung**
6 Geleit
7 Eskorte

· **Glanzschicht**
7 Politur
· **Kopfbedeckung**
4 Helm
Schützenzug
7 Peloton
Schutzfärbung
7 Mimikry
9 Tarnfarbe
Schutzgebiet
8 Reservat
9 Bannmeile
11 Protektorat
Schutzgehege für Tiere
8 Reservat
Schutzheilig(e, er) ...
· *der* **Alpinisten**
8 Bernhard
· *der* **Apotheker und Drogisten**
5 Vitus
· *der* **Autofahrer**
13 Christophorus
· *der* **Bergleute**
7 Barbara
· *der* **Bettler**
6 Martin
· *der* **Feuerwehr**
7 Barbara, Florian
· *der* **Fischer**
6 Petrus
· *der* **Jäger**
8 Hubertus
· *der* **Künstler**
5 Lukas
· *der* **Liebenden**
5 Anton
· *der* **Mädchen**
7 Barbara
9 Katharina, Margareta
· *der* **Männer**
8 Bernhard
· *der* **Reisenden**
13 Christophorus
· *von* **Venedig**
6 Markus
· *des* **Wetters**
6 Petrus
Schutzherr im Mittelalter
4 Vogt
Schutzherrschaft
6 Aegide, Mandat
9 Patronage
11 Protektorat
Schutzhügel
5 Warft
Schutzhülle
5 Plane
6 Kuvert
8 Futteral, Umschlag
Schutzinjektion
7 Impfung
Schutzkissen an Schiffen
6 Fender
Schützling
6 Klient
7 Muendel, Protegé
Schutzmann
6 Schupo
8 Polizist
Schutzmittel ...
· *vor* **Vereisung**
10 Entfroster
11 Frostschutz
Schutzraum
6 Bunker
9 Kasematte
10 Unterstand
Schutzverband
7 Bandage
Schutzwaffe
6 Schild
Schutzwall
4 Damm
Schutzzeichen ...
· *gegen* **Geister**
10 Drudenfuss, Pentagramm
Schwaben
6 Sueben, Sweben
Schwabenstreich
8 Dummheit
20 Schildbuergerstreich
schwäbisch(e, er, es) ...
· **Bildhauer**
6 Fehrle
· **Fürstengeschlecht**
7 Staufer
10 Zaehringer
12 Hohenzollern
· **Gericht**
10 Maultasche
· **Hauptstadt**
8 Augsburg
· **Hochland**
3 Alb
· **Höhenzug**
3 Alb
4 Jura
· **Nudelpastete**
10 Maultasche
· **Meer**
8 Bodensee
· **Mehlspeise**
8 Spaetzle
· **Philosoph**
5 Hegel
· **Reformator**
5 Brenz
· **Schriftsteller**
5 Hauff, Hebel
6 Uhland
7 Moerike, Wieland
8 Schiller, Schubart
10 Hoelderlin
· **Spezialität**
8 Spaetzle
11 Maultaschen
schwach
4 flau, lahm, matt
5 elend, leise
6 muerbe
7 hilflos
8 kraftlos
10 hinfaellig
schwach hörbar
5 leise
schwach(e, er, es) ...
· **Hitze**
6 Waerme
· **Kenntnis**
6 Ahnung
· **Lichtschein**
8 Schimmer
· **Mitlaut**
5 Lenis
Schwäche
5 Makel
6 Fehler
8 Nachteil
Schwächeanfall
7 Kollaps
schwächlich
4 flau
8 kraftlos
10 asthenisch
Schwachsinn
6 Demenz
7 Idiotie
10 Debilitaet
Schwachstelle
13 Achillesferse

Schwaden
5 Dampf, Dunst, Nebel, Qualm, Rauch, Wasen
6 Brodem, Wrasen
schwalbenähnlicher Vogel
6 Segler
schwanger
6 gravid
Schwangerschaftsabbruch
10 Abtreibung
Schwank
5 Farce, Posse
8 Burleske, Groteske, Komoedie
9 Lustspiel
schwankend
5 labil
8 unsicher
Schwankung
11 Fluktuation
Schwanz ...
· *des* **Federwilds**
5 Stoss
· *des* **Fuchses**
5 Lunte
· *des* **Hirsches**
5 Wedel
· *von* **Kaninchen und Hasen**
5 Blume
· *bei* **Vögeln**
5 Sterz
· *des* **Wolfs**
4 Rute
Schwanzende
5 Sterz
schwanzloser ...
· **Halbaffe**
4 Lori
· **Langarmaffe**
6 Gibbon
Schwanzlurch
3 Olm
5 Molch
7 Axolotl
10 Salamander
15 Feuersalamander
Schwanzwurzel des Vogels
7 Buerzel
Schwäre
5 Wunde
Schwarm
4 Pulk
Schwärmer
3 Fan
7 Fantast, Utopist
8 Idealist, Phantast, Traeumer
schwärmerisches Gedicht
7 Romanze
Schwarte
5 Speck
9 Schmoeker
schwarz(e, er, es) ...
· **Erdteil**
6 Afrika
· **Farbe beim Roulette**
4 noir
· **Großvogel**
8 Kolkrabe
· **Jura**
4 Lias
· **Kunst**
8 Alchimie
· **Metallverzierung**
6 Niello
· **Mineral**
6 Niobit
8 Columbit
· **Pferd**
5 Rappe
· **Singvogel**
3 Beo
· **Tod**
4 Pest
· **Vogel**
6 Kraehe
8 Kolkrabe
Schwarzamsel
5 Merle
Schwarzbrotart
12 Pumpernickel
Schwarzdorn
7 Schlehe
10 Schlehdorn
Schwarzdrossel
5 Amsel
Schwarzfersenantilope
6 Impala
Schwarzkittel
11 Wildschwein
Schwarzkünstler
5 Adept, Hexer, Seher
8 Zauberer
9 Alchemist, Alchimist
Schwarzmeerhafen in der Ukraine
6 Odessa
Schwarzpulver
11 Sprengstoff
13 Schiesspulver
Schwarzseher
4 Unke
9 Defaetist, Pessimist
10 Miesmacher
Schwarzwal
5 Grind
8 Grindwal
Schwarzwalddorf
7 Kniebis
Schwarzwaldgipfel
6 Blauen, Kandel
7 Kniebis
8 Feldberg, Hornkopf
12 Hornisgrinde, Schauinsland
Schwarzwaldsee
7 Titisee
9 Mummelsee
Schwarzwaldspezialität
11 Kirschtorte
12 Kirschwasser
Schwarzwasserfieber
7 Malaria
schwarz-weißer Rabenvogel
6 Elster
Schwarzwild
3 Sau
4 Eber
5 Bache, Basse
6 Keiler
7 Laeufer, Wildsau
10 Frischling
11 Wildschwein
schwatzen
7 kloenen
8 plaudern
9 parlieren
schwätzen
8 plappern
Schwebereck
6 Trapez
Schwebesitz
8 Schaukel
schwedisch(e, er, es) ...
· **Altistin**
6 Onegin
· **Asienforscher**
5 Hedin
· **Astronom**
6 Gylden
7 Celsius
· **Autorenpaar**
6 Myrdal

· **Autorin**
8 Lindgren
9 Lagerloef
· **Berg**
7 Sylarna
9 Areskutan
10 Kebnekaise
11 Ammarfjaell, Sarektjakko
· **Botaniker**
5 Fries, Linné
6 Agardh
8 Acharius, Afzelius
· **Chemiker**
5 Cleve, Nobel
7 Bergman, Scheele
8 Nylander, Svedberg
9 Arrhenius, Atterberg, Berzelius
· **Dynastie**
4 Wasa
· **Erfinder**
5 Nobel
· **Filmdiva**
5 Garbo
· **Filmregisseur**
7 Bergman
· **Filmschauspielerin**
5 Garbo
7 Bergman, Leander
· **Forscher**
5 Hedin
· **Grafiker**
7 Larsson
· **Ingenieur**
5 Dalen, Laval, Ruths
6 Andree
8 Ericsson
· **Insel**
5 Alnoe
6 Oeland
7 Gotland
· **Inselgruppe**
8 Schaeren
· **Königin**
6 Louise, Silvia
9 Christine
· **Königsgeschlecht**
4 Wasa
10 Bernadotte
· **Königsname**
4 Karl, Olaf
5 Adolf, Oskar
6 Gustav, Johann
9 Christian
· **Krankenschwester**
12 Braendstroem
· **Kriegshafen**
10 Karlskrona
· **Krimiautor**
7 Mankell
8 Sjoewall, Wahloeoe
· **Landschaft**
5 Skane
7 Dalarna, Halland, Schonen, Smaland, Soederm
8 Lappland, Svealand
9 Goetaland, Vaermland
10 Norrbotten
· **Maler**
4 Zorn
7 Larsson
· **Männermodel**
12 Schenkenberg
· **Mathematiker**
4 Abel
7 Ahlfors
10 Hoermander
13 Mittag-Leffler
· **Name eines nordfinnischen Sees**
5 Enare
· **Name für Schweden**
7 Sverige
· **Name für Turku** (Finnland)
3 Åbo
· **Naturforscher**
5 Linné, Nobel
· **Nobelpreisträger für Chemie**
6 Alfven
8 Svedberg, Tiselius
9 Arrhenius
12 Euler Chelpin
· **Nobelpreisträger für Frieden**
8 Branting
9 Arnoldson
10 Soederblom
13 Hammarskjoeld
· **Nobelpreisträger für Literatur**
5 Sachs
7 Johnson
9 Karlfeldt, Lagerloef, Martinson
10 Heidenstam, Lagerkvist
· **Nobelpreisträger für Medizin**
5 Euler
6 Granit, Wiesel
8 Theorell
10 Bergstroem, Gullstrand, Samuelsson
· **Nobelpreisträger für Physik**
5 Dalen
8 Siegbahn
· **Nobelpreisträger für Wirtschaft**
5 Ohlin
6 Myrdal
· **Politiker**
5 Palme
13 Hammarskjoeld
· **Preisstifter**
5 Nobel
· **Schriftsteller**
7 Johnson
8 Lindgren
10 Gustafsson, Strindberg, Swedenborg
11 Gyllenstein
· **Schriftstellerin**
9 Lagerloef
· **Tennisspieler**
4 Borg
6 Edberg
8 Wilander
· **Universitätsstadt**
4 Lund
7 Uppsala
· **Verwaltungseinheit**
4 Laen
· **Währungseinheit**
4 Oere
5 Krone

schwefelähnliches Nichtmetall
5 Selen

Schwefelkies
5 Pyrit

Schwefelsalz
6 Sulfat, Sulfid, Sulfit
7 Vitriol

Schwefelsäure
5 Oleum

Schweif
7 Schwanz

Schweifstern
5 Komet

Schweigen
4 Ruhe
6 Stille
schweigsam
5 stumm
8 wortkarg
12 verschwiegen
Schweinefett
4 Flom
6 Flomen, Liesen, Schmer
7 Schmalz
Schweinefleischspeise
7 Eisbein
Schweinehackfleisch
4 Mett
Schweineparasit
5 Finne
8 Bandwurm, Trichine
Schweinshaxe
7 Eisbein
Schweiß
5 Sudor
13 Transpiration
Schweißdrüsenmündung
4 Pore
Schweiz
8 Helvetia
9 Helvetien
Schweiz ...
· *auf* **Französisch**
6 Suisse
· *auf* **Italienisch**
8 Svizzera
Schweizer ...
· **Hartkäse**
6 Sbrinz
7 Gruyere
· **Rebsorte, Riesling-Silvaner**
14 Muellerthurgau
schweizerisch für ...
· **Aperitif**
5 Apero
· **Bergspitze**
3 Piz
· **Bergwiese**
5 Matte
· **fahrbarer Bagger**
4 Trax
· **Fahrrad**
4 Velo
· **Flussbarsch**
4 Egli
· **Gehalt**
6 Salaer
· **hundert qm**
3 Are
· **Innenstürmer**
6 Inside
· **Kahn**
4 Naue
· **Krankenhaus**
6 Spital
· **Lohn**
6 Salaer
· **Nordostwind**
4 Bise
· **Speiseeis**
5 Glace
· **Walnuss**
8 Baumnuss
schweizerisch(e, er, es) ...
· **Abitur**
6 Matura
· **Alpenmassiv**
5 Adula
· **Alpenpass**
7 Bernina
· **Archäologe**
8 Bachofen
· **Begründer des Roten Kreuzes**
6 Dunant
· **Berg**
3 Aul, Dom, Err
4 Alis, Rigi
5 Badus, Eiger, Etzel, Pizol, Toedi
6 Harder, Moench, Niesen
7 Bernina, Pilatus, Piz Buin, Saentis
8 Faulhorn, Jungfrau, Piz Palue
9 Monte Rosa
10 Matterhorn, Wetterhorn
14 Finsteraarhorn
· **Bergwiese**
6 Ruetli
· **Bezeichnung für ein Viehfutter**
6 Runkel
· **Bildhauer**
4 Bill, Vela
5 Gieng, Rossi
10 Giacometti
· **Bodenmaß**
3 Are
· **Botaniker**
5 Godet
6 Bauhin, Haller
· **Bundesstaat**
6 Kanton
· **Chemiker**
5 Abegg, Stoli
6 Karrer, Pictet
7 Mueller
10 Reichstein
· **Chirurg**
6 Kocher
· **Clown**
5 Grock
· **Dirigent**
6 Muench
· **Dramatiker**
3 Ott
6 Frisch
11 Duerrenmatt
· **Erzieher**
6 Girard
10 Pestalozzi
· **Flächenmaß**
3 Are
· **Gebäck**
8 Leckerli
· **General**
6 Dufour
· **Gletscher des Monte Rosa**
6 Gorner
· **Gletscherpilot**
6 Geiger
· **Grenzort**
7 Chiasso
· **Hartkäse**
6 Sbrinz
· **Häuschen**
6 Chalet
· **Historiker**
8 Bachofen
10 Burckhardt
· **Hochtal**
7 Engadin
· **Humanist**
4 Wyle
6 Servet
7 Lemnius, Neander
8 Vadianus
9 Frischlin
· **Ingenieur**
5 Favre
6 Bodmer
· **Jugenderzieher**
10 Pestalozzi
· **Kanton**
3 Uri, Zug
4 Bern, Genf, Jura

5 Basel, Waadt
6 Aargau, Glarus, Luzern, Schwyz, Tessin, Wallis
7 Thurgau, Zuerich
8 Freiburg, Obwalden
9 Appenzell, Neuenburg, Nidwalden, Solothurn
11 Graubuenden, Innerrhoden, Sankt Gallen
12 Ausserrhoden, Schaffhausen

- **Kantonshauptstadt**
3 Zug
4 Bern, Chur, Genf, Sion
5 Aarau, Basel, Stans
6 Genève, Glarus, Luzern, Sarnen, Schwyz, Sitten
7 Altdorf, Herisau, Liestal, Zuerich
8 Delémont, Delsberg, Freiburg, Fribourg, Lausanne
9 Appenzell, Neuchâtel, Neuenburg, Solothurn
10 Bellinzona, Frauenfeld
11 Sankt Gallen
12 Schaffhausen

- **Käsegericht**
6 Fondue
8 Raclette

- **Kloster**
11 Sankt Gallen

- **Komponist**
5 Bloch, Frank
6 Lauber, Martin
7 Schoeck
8 Honegger

- **Kupferstecher**
6 Merian

- **Landhaus**
6 Chalet

- **Landschaft**
7 Engadin, Saastal
8 Emmental

- **Landsmann**
8 Aargauer

- **Luftfahrtgesellschaft**
5 Swiss
8 Swissair

- **Luftkurort**
5 Arosa, Davos, Evian
6 Ascona, Lugano
9 Adelboden

- **Maler**
4 Bill, Klee
8 Boecklin

- **Mathematiker**
5 Euler
6 Buergi, Guldin
9 Bernoulli

- **Mechaniker**
6 Bodmer

- **Mediziner**
3 His
4 Jung
5 Forel, Garre
6 Haller, Yersin
7 Niehans

- **Münze**
6 Batzen, Rappen
7 Kreuzer

- **Musikalclown**
5 Grock

- **Nationalheld**
4 Tell
10 Winkelried
11 Wilhelm Tell

- **Naturforscher**
6 Haller

- **Naturheilkundiger**
5 Rikli

- **Nobelpreisträger für Chemie**
6 Karrer, Prelog, Werner
7 Ruzicka

- **Nobelpreisträger für Frieden**
5 Gobat, Lange
6 Dunant
8 Ducommun

- **Nobelpreisträger für Literatur**
5 Hesse
9 Spitteler

- **Nobelpreisträger für Medizin**
4 Hess
5 Arber
6 Kocher
7 Mueller
10 Reichstein

- **Nordostwind**
4 Bise

- **Pass**
4 Jaun, Ofen
5 Furka
6 Julier, Maloja, Pillon, Susten
7 Bernina, Bruenig, Grimsel, Simplon, Umbrail
8 Gotthard, Spluegen, Wildhaus
13 San Bernardino, Sankt Bernhard, Sankt Gotthard

- **Philanthrop**
6 Dunant

- **Physiker**
5 Bloch, Debye
9 Bernoulli

- **Politiker**
4 Ador, Droz, Frey, Haab, Zemp
5 Etter, Ruffy, Welti
6 Escher, Forrer, Hammer, Schenk

- **Psychologe**
4 Jung
5 Meili
6 Piaget

- **Reformator**
6 Calvin
7 Zwingli

- **Sagenheld**
4 Tell

- **Schauspieler**
5 Adorf

- **Schriftsteller**
4 Anet, Heer, Hohl, Zahn
5 Ramuz
6 Bodmer, Frisch, Haller, Keller, Widmer
7 Bichsel, Braeker, Gessner, Lavater
8 Gotthelf, Zschokke
11 Duerrenmatt

- **Schriftstellerin**
5 Spyri

- **Theologe**
5 Barth, Bovet
7 Lavater

- **Währungseinheit**
6 Rappen
7 Franken

- **Wallfahrtsort**
10 Einsiedeln

- **Wintersportort**
5 Arosa, Davos
6 Gstaad
7 Zermatt
9 Andermatt
11 Sankt Moritz

- **Zirkusfamilie**
4 Knie

schweizerisch-französischer Strom
5 Rhône
schweizerisch-italienischer Modedesigner
6 Strano
schwelendes Feuer
4 Glut
schwelgerisch
14 genusssuechtig
Schwellung
5 Beule, Delle
Schwemmland
6 Marsch
7 Schlick
schwenkbare Hausöffnung
11 Kippfenster
Schwenkbecher
6 Shaker
schwer
6 massig, massiv
7 wuchtig
8 diffizil
9 schwierig
11 kompliziert
schwer ...
· **erhältlich**
3 rar
6 selten
· **verkäufliche Ware**
11 Ladenhueter
schwer(e, er, es) ...
· **Arbeit**
8 Ochserei
· **Bildhauerhammer**
5 Masse
· **Bodenart**
4 Klei, Lehm
· **Bürde**
4 Last
· **Infektionskrankheit**
7 Cholera
· **Leid**
6 Tragik
· **Nervenleiden**
9 Veitstanz
· **Reaktorstörfall**
(Abkürzung)
3 GAU
· **Schiffstakel**
4 Gien
· **Schlag**
4 Hieb
· **Straftat**
13 Raubueberfall
· **Sturm**
5 Orkan
· **Traum**
3 Alb, Alp
· **Treuebruch**
6 Verrat
· **Verbrechen**
4 Mord
· **Verleumdung**
7 Rufmord
· **Wasserstoff**
9 Deuterium
· **Zugmaschine**
9 Bulldozer
Schwerathlet
5 Boxer, Heber
6 Ringer
7 Catcher
12 Gewichtheber
schwerathletische Kampfsportart
6 Ringen
Schweremessgerät
5 Waage
Schwerenöter
8 Casanova
10 Frauenheld
schwerfällig
4 faul
5 plump, traeg
10 unbeholfen
schwerhörig
4 taub
13 hoerbehindert
Schwerkraft
11 Gravitation
Schwermetall
4 Blei, Gold, Uran, Zink, Zinn
5 Chrom, Eisen
6 Kobalt, Kupfer, Mangan, Nickel, Platin, Silber, Tantal, Wismut
7 Cadmium, Kadmium, Wolfram
11 Quecksilber
Schwermut
7 Phlegma
9 Truebsinn
10 Depression
11 Melancholie
Schwerpunkt
11 Baryzentrum
schwerreicher ...
· **Mann**
5 Nabob
7 Kroesus
9 Plutokrat
Schwerspat
5 Baryt
Schwertfechtkunst
5 Kendo
Schwerthülle
7 Scheide
Schwertlilie
4 Iris
6 Krokus
8 Gladiole, Siegwurz
9 Schwertel
Schwertteil
5 Knauf
6 Klinge
8 Schneide
Schwertwal
8 Butskopf
Schwerverbrechen
4 Mord
Schwester ...
· *des* **Apoll**
5 Diana
7 Artemis
· *der* **Aurora**
4 Luna
· *der* **Burgunderkönige**
9 Kriemhild
· *von* **Castor und Pollux**
6 Helena
· *der* **Elektra**
9 Iphigenie
· *des* **Hänsel**
6 Gretel
· *des* **Hektor**
9 Kassandra
· *der* **Iphigenie**
7 Elektra
· *von* **Joringel**
7 Jorinde
· *der* **Maria**
6 Martha
· *des* **Orest**
7 Elektra
9 Iphigenie
· *des* **Paris**
9 Kassandra
· *der* **Rahel**
3 Lea
· *von* **Rosenrot**
15 Schneeweisschen

S

- *von* **Schneeweißchen**
  8 Rosenrot
- *von* **Vater oder Mutter**
  5 Tante
- *des* **Zeus**
  4 Hera
  6 Hestia
  7 Demeter

Schwestersohn
5 Neffe

Schwiegersohn
5 Eidam

Schwiegersohn …
- **Labans**
  5 Jakob
- **Mohammeds**
  3 Ali

Schwiegervater Jakobs
5 Laban

Schwiele
5 Beule
8 Hornhaut

schwierig
6 heikel, subtil
7 prekaer
8 diffizil, kritisch, misslich
10 bedenklich, unangenehm
13 problematisch

schwierige …
- **Aufgabe**
  7 Problem
- **Lage**
  3 Not
  5 Krise
  6 Klemme
  7 Dilemma

Schwierigkeit (Sport)
8 Schikane
12 Komplikation

Schwierigkeit …
- *mit* **der Körperfülle**
  12 Figurproblem
- *einer* **Rennstrecke**
  8 Schikane

Schwierigkeiten mit dem Gewicht
12 Figurproblem

Schwimmart
5 Brust, Kraul
6 Delfin
7 Ruecken
9 Butterfly
13 Schmetterling

Schwimmbassin
6 Becken

schwimmende Brückenstütze
6 Ponton

Schwimmkäfer
8 Gelbrand
14 Gelbrandkaefer

Schwimmkleidung der Damen
9 Badeanzug

Schwimmstil
5 Kraul

Schwimmvogel
3 Alk
4 Ente, Gans
5 Erpel, Lumme, Moewe
6 Ganter, Saeger, Schwan
7 Pelikan, Pinguin, Scharbe, Taucher, Toelpel
8 Albatros, Kormoran
9 Eiderente, Lachmoewe
10 Sturmvogel

Schwindel
5 Dusel, Luege
6 Betrug, Taumel, Unsinn
12 Benommenheit

Schwindelgefühl
5 Dusel

schwindelig
10 bluemerant

schwindeln
6 mogeln

Schwindler
6 Mogler

Schwindsucht
11 Tuberkulose

Schwingblättchen
7 Membran

Schwinge
7 Fittich, Fluegel

Schwingkörper
6 Pendel

Schwingung
9 Vibration
11 Oszillation

Schwingungsdauer
7 Periode

Schwingungseinheit
5 Hertz

Schwingungsschreiber
11 Oszillograf
12 Oszillograph

Schwingungsweite
9 Amplitude

Schwingungszahl
8 Frequenz

Schwingungszustand
5 Phase

Schwitzbad
5 Sauna
10 Sudatorium

Schwof
4 Tanz
14 Tanzvergnuegen

schwüler …
- **Wind in Italien**
  8 Scirocco
  9 Schirokko

Schwund
6 Fading
9 Abnutzung
10 Nachlassen

Schwung
3 Pep
4 Elan
5 Drive, Kraft, Verve, Wucht
6 Pathos
7 Dynamik
8 Vehemenz
10 Vitalitaet
11 Temperament

Schwungholen
6 Anlauf

Schwungübung am Pferd
5 Finte

schwungvoll
5 flott, vital
6 zackig
8 spritzig
9 dynamisch

Schwur
3 Eid
8 Geluebde
9 Geloebnis

Séance
7 Sitzung

Sechseck
7 Hexagon

Sechsergruppe
7 Sextett

Sechsflächner
7 Wuerfel
8 Hexaeder

sechsstrahliger Stern
9 Hexagramm

sechsstufiges Intervall
5 Sexte

sechst(e, er, es) …
- **griechischer Buchstabe**
  4 Zeta

· **Sinn**
9 Spuernase
· **Ton**
5 Sexte
Sediment
10 Ablagerung
Sedimentgestein
3 Ton
4 Gips, Kies, Lehm, Sand
6 Kreide, Mergel, Sinter
7 Dolomit
9 Kalkstein, Sandstein
See
4 Meer
See ...
· *bei* **Berchtesgaden**
10 Koenigssee
· *bei* **Berlin**
7 Wannsee
10 Mueggelsee, Tegeler See
11 Krumme Lanke, Ploetzensee
13 Glienicker See
· *in* **Finnland**
5 Enare, Ensre, Inari
6 Orisee
7 Oulusee
8 Enaresee, Inarisee, Saimasee
· *am* **Fuß der Zugspitze**
6 Eibsee
· *in* **Irland**
8 Allensee, Neaghsee
· *in* **Italien**
7 Idrosee, Iseosee
8 Comer See, Gardasee
10 Bolsenasee, Luganer See
12 Lago Maggiore
· *in* **Kärnten**
11 Woerther See
· *in* **Österreich**
6 Almsee, Irrsee
7 Abersee, Mattsee, Mondsee, Plansee
8 Achensee, Attersee, Traunsee, Walchsee
9 Fuschlsee, Grundlsee, Hintersee, Zeller See
11 Woerther See, Wolfgangsee
13 Neusiedler See
· *in* **Ostpreußen**
8 Mauersee
11 Spirdingsee
· *in* **Palästina**
10 Genezareth
· *in* **Pennsylvanien**
7 Eriesee
· *in* **Peru**
11 Titicacasee
· *in* **Pommern**
4 Leba
· *bei* **Rom**
7 Nemisee
· *in* **Russland**
7 Aralsee
8 Ilmensee, Kaspisee, Onegasee, Sasiksee, Uchtasee
9 Baikalsee, Kunduksee, Ladogasee, Tengissee
10 Imandrasee, Lakschasee
11 Balkaschsee
· *in* **Schottland**
4 Ness
8 Loch Ness, Mareesee
· *im* **Schwarzwald**
7 Titisee
9 Mummelsee
10 Schluchsee
· *in* **Schweden**
8 Amungsee
9 Maelarsee, Siljansee, Vaenersee
10 Vaettersee
· *in der* **Schweiz**
8 Urner See, Zuger See
9 Bieler See, Genfer See, Langensee, Murtensee, Sarner See, Thuner See
10 Greifensee, Grimselsee, Luganer See, Zuerichsee
11 Brienzer See, Luzerner See, Murtener See, Zuercher See
12 Zuericher See
19 Vierwaldstaetter See
· *in* **Ungarn**
7 Balaton
10 Plattensee
· *an der* **Zugspitze**
6 Eibsee
See und Stadt in Nordamerika
4 Erie
Seealgen
4 Tang
Seeanemone
7 Aktinie
Seebad ...
· *an der* **Adria**
6 Cervia, Pineto, Rimini
7 Abazzia, Opatija
· *am* **Atlantik**
5 Royan
7 Hendaye, La Baule
8 Biarritz
· *in* **Belgien**
6 Knokke
7 Ostende
· *in* **Bulgarien**
5 Varna
· *an der* **Cote d'Azur**
6 Cannes, Menton
· *in* **Florida**
5 Miami
· *an der* **französischen Riviera**
6 Cannes
· *am* **Golf von Salerno**
6 Amalfi
· *in* **Holland**
12 Scheveningen
· *auf* **Mallorca**
6 Arenal
· *in* **Ostpreußen**
5 Cranz
6 Nidden
· *in* **Pommern**
4 Binz, Deep
6 Bansin, Eldena, Sellin
7 Ahlbeck, Kolberg
9 Zinnowitz
11 Heringsdorf, Swinemuende
· *an der* **Riviera**
5 Nizza
6 Cannes, Menton, Savona, Sestri
7 Mentone, Rapallo, San Remo
8 St. Tropez
· *bei* **Rom**
5 Ostia
· *auf* **Rügen**
4 Binz
5 Baabe
6 Sellin
7 Goehren
8 Sassnitz
· *in* **Spanien**
12 San Sebastian

· *auf* **Sylt**
6 Kampen
10 Westerland
Seebecken in Afrika
3 Iro
Seegang
5 Welle
7 Duenung
Seegurke
7 Trepang
Seeheld der Hanse
6 Beneke
Seehose
10 Wirbelwind
Seehund
5 Robbe
Seehundpelz
4 Seal
Seejungfrau
4 Nixe
6 Sirene
Seekrankheit
6 Nausea
Seekunde
10 Limnologie
Seele
5 Anima
6 Gemuet, Psyche
10 Innenleben
Seelenbild der Frau
5 Anima
Seelenheilkunde
11 Psychiatrie
Seelenmesse
7 Requiem
8 Totenamt
Seelenruhe
8 Ataraxie
10 Stoizismus
12 Gelassenheit
Seelenschmerz
4 Leid
6 Kummer
Seelentrost
4 Labe
Seelentröster aus Plüsch
11 Kuscheltier
Seelenvogel
7 Harpyie
Seelenwanderung
13 Reinkarnation
Seelenwärmer
9 Wolljacke
seelisch
9 psychisch
13 charakterlich
seelisch(e, er, es) ...
· **Beeinflussung**
10 Suggestion
· **Belastung**
6 Stress
· **Erschütterung**
6 Schock, Trauma
· **Krankheit**
5 Manie
8 Psychose
13 Schizophrenie
· **Regung**
6 Affekt
7 Gefuehl
· **Schmerz**
4 Leid, Qual
· **Stärkung**
5 Trost
· **Störung**
8 Psychose
· **Trost**
6 Labung
8 Zuspruch
· **Widerstand**
7 Hemmung
Seelsorger
6 Pastor
7 Pfarrer
8 Priester
11 Geistlicher
Seemacht
6 Flotte, Marine
Seemann
4 Maat
7 Matrose
8 Kapitaen
seemännisch für ...
· **ausladen**
8 loeschen
9 leichtern
· **Bett**
4 Koje
· **Bootskran**
5 Davit
· **Decköffnung**
4 Luke
· **Eimer**
5 Puetz
· **Gezeiten**
4 Tide
· **hinten**
7 achtern
· **hinteres Schiffsende**
4 Heck
· **Kerbe, Rille**
4 Keep
· **Küche**
8 Kombuese
· **leer pumpen**
6 lenzen
· **linke Schiffsseite**
8 Backbord
· **Lohn**
5 Heuer
· **Mastspitze**
3 Top
· **Pfosten zum Festmachen**
6 Poller
· **Raum für Leckwasser**
5 Bilge
· **rechte Schiffsseite**
10 Steuerbord
· **Ruder**
6 Riemen
· **rudern**
6 pullen
· **Schiffsbrüstung**
6 Reling
· **Schiffsjunge**
5 Moses
· **Schiffstau**
4 Reep
6 Trosse
· **Segel**
4 Fock
· **Stahlseil**
4 Want
· **Tau zum Festmachen**
9 Fangleine
· **Tauwindung**
5 Toern
· **Treppe zum Schiff**
8 Fallreep
· **vorderes Schiffsteil**
3 Bug
· **Winde**
5 Spill
· **Windschattenseite**
3 Lee
· **Windseite**
3 Luv
Seemannsbekleidung
7 Oelzeug
Seemannsgericht
8 Labskaus
Seemannshut
10 Suedwester

Seemannskleidung
7 Oelzeug
Seemannslied
6 Shanty
Seemannslohn
5 Heuer
Seemannsruf
4 Ahoi
Seengebiet ...
· *in* **Ostpreußen**
7 Masuren
· *bei* **Pellworm**
5 Hever
· *bei* **Rügen**
6 Libben
Seenot
11 Schiffbruch
Seenotruf
3 SOS
Seerabe
8 Kormoran
Seeräuber
5 Pirat
6 Korsar
8 Korsaren
10 Freibeuter
Seeräuber aus Wismar
12 Stoertebeker
Seeräuberbeute
5 Prise
Seeräuberei
9 Piraterie
Seeräuberschiff
6 Korsar
Seerose
5 Lotos
9 Teichrose
10 Lotosblume, Purpurrose
Seesäugetier
3 Wal
5 Robbe
6 Delfin, Narwal
7 Delphin, Seehund, Walross
8 Seeloewe
Seeschaden
7 Havarie
11 Schiffbruch
Seestreitkräfte
6 Armada, Flotte, Marine
12 Kriegsmarine
Seetang
5 Algen
Seeuntiefe
8 Sandbank
Seevogel ► Meeresvogel
Seevögel der Nordmeere
4 Alke
Seewalze
7 Trepang
Seezeichen
4 Bake, Boje
5 Tonne
8 Heulboje
10 Leuchtturm
11 Feuerschiff, Leuchtfeuer
Segel am hintersten Mast
5 Besan
Segelart
4 Fock
5 Besan, Royal
7 Kluever
8 Rahsegel
9 Bramsegel, Focksegel, Spinnaker
10 Grosssegel
Segelausflug
5 Toern
Segelausrüstung
8 Takelage, Takelung
Segelbaum
4 Mast
Segelbefehl
3 Ree
Segelbefestigungsring
5 Legel
Segelbefestigungstau
3 Gei
Segelbootstyp
3 Dau
4 Bark, Ewer, Finn, Hulk, Slup, Star, Yawl
5 Brigg, Dingi, Jacht, Jolle, Kogge, Tjalk, Yacht
6 Delfin, Feluke, Kutter, Logger, Soling
7 Clipper, Delphin, Drachen, Galeone, Klipper, Kreuzer, Schoner, Scooter
8 Dschunke, Fregatte, Galeasse, Korvette, Starboot, Trimaran
9 Katamaran
14 Flying Dutchman
Segelflugströmung
7 Aufwind, Thermik
Segeljacht
4 Slup
Segelkommando
3 Ree
Segelleine ► Segeltau
Segelquerstange
► Segelstange
Segelschiff
4 Bark
6 Ketsch
9 Einmaster, Karavelle
10 Brigantine, Dreimaster, Viermaster, Vollschiff, Windjammer, Zweimaster
Segelschlitten
8 Eisjacht
Segelschnürtau
3 Gei
Segelstange
3 Raa, Rah
4 Dirk, Rahe, Stag
6 Gaffel
9 Besanbaum, Bugspriet
Segeltau
3 Gei
5 Brass, Schot
6 Brasse, Schote
Segeltaueinfassung
4 Liek
Segeltuch
10 Persenning
Segelwind
5 Brise
Segen
4 Heil
5 Weihe
6 Glueck
Segment
9 Abschnitt
Segnung
11 Benediktion
sehen
9 erblicken
Seher
7 Kuender, Prophet
9 Weissager
Seherin
9 Prophetin
11 Weissagerin
Seherin ...
· *der* **griechischen Sage**
9 Kassandra
· *in* **Troja**
9 Kassandra
Sehkreis
8 Horizont
Sehnenverziehung
7 Zerrung

sehnig
7 drahtig
Sehnsucht
5 Drang, Trieb
7 Fernweh, Heimweh
9 Nostalgie, Verlangen
Sehnsucht ...
· *nach* **der Ferne**
7 Fernweh
· *nach* **zu Hause**
7 Heimweh
sehnsuchtsvolle Erinnerung
9 Nostalgie
Sehöffnung des Auges
7 Pupille
Sehorgan
4 Auge
sehr
3 arg
7 hoechst
8 ueberaus
sehr ...
· **alte Stadt in Babylonien**
2 Ur
· **alter Mann**
5 Greis
· **betagt**
5 uralt
· **dickes Papier**
6 Karton
· **fein**
8 exquisit
· **feucht**
4 nass
· **gehaltvoll**
5 stark
· **genau**
7 penibel
9 kleinlich
· **gepflegt**
10 kultiviert
· **gering**
7 minimal
· **groß**
6 riesig
· **große Hitze**
4 Glut
· **große Längeneinheit**
6 Parsec
9 Lichtjahr
· **große Menge**
6 Unmass, Unzahl
7 Unmasse
· **großer Geldbetrag**
7 Unsumme
· **großer Innenraum**
4 Saal
· **hartes Tiefengestein**
6 Granit
· **häufig**
3 oft
· **hell**
5 grell
· **kalt**
5 eisig
· **kalte Teile des Meeres**
7 Tiefsee
· **kleine Insel**
6 Eiland
· **kleines Teilchen**
4 Atom
· **kräftig**
5 flach, stark
· **kurze Kleidung**
4 Mini
· **kurzer Rock**
4 Mini
· **langsames Musikstück**
5 Largo
· **leichte Holzart**
5 Balsa
· **mächtig**
5 stark
· **mager**
5 duerr
· **naher Verwandter**
6 Bruder
· **oft**
4 x-mal
· **reicher Mann**
5 Nabob
· **schlimm**
3 arg
· **schnell**
5 rapid
6 rapide, rasant
8 reissend
· **schneller Fahrer**
5 Raser
· **starker Wind**
5 Sturm
· **streng**
10 drakonisch
· **vertraut**
5 intim
· **warm**
5 heiss
· **winzig**
7 minimal
sehr kurze Damenbekleidung
8 Minirock
Sehrohr von U-Booten
8 Periskop
Sehvermögen
10 Augenlicht
seicht
5 banal
seicht(e, er, es) ...
· **Bucht**
4 Anse
5 Trame
· **Bühnenstück**
8 Klamotte
· **Flussübergang**
4 Furt
· **Gebiet der Nordsee**
4 Watt
· **Stelle im Meer**
7 Untiefe
· **Strandsee**
6 Lagune
Seidelbast
6 Daphne
Seidenfrottee
8 Bourette
Seidengarn
5 Grège
8 Chenille
Seidengewebe
4 Taft
5 Atlas, Ekrue, Honan, Japon, Ponge, Satin, Twill
6 Batist, Brokat, Damast, Faille, Ramage, Tussah
7 Chiffon, Epingle, Foulard, Organza
8 Duchesse, Eolienne, Florette, Shantung
12 Crêpe de Chine
Seidenplüsch
6 Felbel
Seidenstoff
5 Toile
Seifenbaumgewächs
3 Aki
8 Quillaja
Seifenlösung
5 Lauge
Seihgerät
4 Sieb
Seil
5 Leine
6 Schnur, Strang, Strick

Seil zum Segelzusammenholen
6 Geitau
Seilbahnkabine
6 Gondel
Seilfähre
10 Gierfaehre
Seilmacherwerkstatt
8 Seilerei
Seilmaterial
4 Hanf
5 Sisal
Seilscheibe
6 Haspel
seiltanzen
11 balancieren
Seilzug
5 Winde
Sein
5 Leben
6 Dasein
8 Existenz
Seinebrücke in Paris
8 Pont Neuf
Seinemetropole
5 Paris
Seinslehre
9 Ontologie
Seite
6 Flanke
Seite ...
· *in* **der Buchführung**
4 Soll
5 Debet, Haben
6 Kredit
· *des* **rechtwinkligen Dreiecks**
7 Kathete
10 Hypotenuse
· *der* **Streichholzschachtel**
11 Reibflaeche

S

Seiten eines Buches vor Textbeginn
7 Titelei
Seitenanhänger am Motorrad
8 Beiwagen
Seitenansicht
6 Profil, Umriss
Seitenbestimmung
5 links
Seitenbrett beim Fass
5 Daube
Seitengewehr
8 Bajonett
Seitenhänger am Motorrad
8 Beiwagen
Seitenruder
8 Leitwerk
Seitenspross bei Kakteen
6 Kindel
Seitensprung
8 Ehebruch, Eskapade
Seitensprünge (Reiten)
9 Eskapaden
Seitenstreifen an Straßen
7 Bankett
Seitenstück
7 Pendant
8 Analogon
Seitental des Inn (Tirol)
7 Oetztal
Seitenteil eines Gebäudes
6 Giebel
Seitenverhältnis ...
· *im* **Dreieck**
5 Sinus
6 Sekans
7 Kosinus, Tangens
8 Kosekans
9 Cotangens, Kotangens
Seitenzahl
6 Pagina
seitlich
5 neben
7 lateral
seitlich ...
· **ausgedehnt**
5 breit
· **benachbart**
7 nebenan
seitliche ...
· **Ausdehnung**
6 Breite
· **Körperpartie**
5 Lende
· **Raumbegrenzung**
4 Wand
seitwärts
7 lateral
sekkant
12 aufdringlich
Sekretär Ciceros
4 Tiro
Sekretärin
5 Tipse
13 Stenotypistin, Vorzimmerdame
Sekretorgan
6 Druese
Sekt
8 Schampus
10 Champagner, Schaumwein
Sektierer
6 Ketzer
12 Abtruenniger
Sektion
6 Gebiet
9 Abschnitt, Abteilung, Obduktion
11 Fachbereich
15 Leichenoeffnung
Sektionschef
16 Abteilungsleiter
Sektor
4 Zone
6 Bezirk, Gebiet
9 Abschnitt
10 Ausschnitt
Sekundant
5 Zeuge
6 Helfer
8 Beistand
Selbstachtung
5 Stolz
10 Ehrgefuehl
Selbstanerkennung
8 Eigenlob
Selbstbedienungsladen
8 Kaufhaus
10 Supermarkt
Selbstbedienungsrestaurant
9 Cafeteria
Selbstbeeinflussung
14 Autosuggestion
Selbstbeherrschung
5 Zucht
9 Disziplin
Selbstbetrug
14 Augenwischerei
Selbstbewunderer
7 Narziss
Selbstbewusstsein
5 Stolz
7 Duenkel
Selbstbezeichnung
· *der* **Eskimos**
5 Inuit
Selbstbezogenheit
8 Autismus
12 Introversion
Selbstbiografie
8 Memoiren
13 Autobiografie
14 Autobiographie

selbstgefällig
5 eitel
11 duenkelhaft
selbstgenügsam
6 autark
selbstgerechter Mensch
10 Pharisaeer
Selbstgespräch
7 Monolog
Selbstlaut
5 Vokal
Selbstlernender
10 Autodidakt
selbstlos
11 grossherzig
12 altruistisch
14 uneigennuetzig
selbstlos helfend
10 wohltaetig
selbstloser Mensch
8 Altruist
Selbstmord ...
· *der* **Japaner**
7 Seppuku
8 Harakiri
Selbstmordflieger
8 Kamikaze
Selbstporträt
6 Selfie
selbstständig
4 frei
6 autark
7 autonom
9 souveraen
11 unabhaengig
selbstständiges Kloster
5 Abtei
selbststeuernd
11 automatisch
Selbstsucht
8 Egoismus
10 Egozentrik, Eigenliebe
selbstsüchtiger Mensch
6 Egoist
selbsttätiger Apparat
7 Automat
Selbsttäuschung
8 Illusion
10 Einbildung
Selbstüberschätzung
6 Hybris
7 Duenkel
Selbstverherrlichung
8 Eigenlob
Selbstverliebtheit
10 Narzissmus
selbstverständlich
4 logo
7 logisch
Selbstverteidigung ...
· *als* **Sport**
4 Judo
5 Kendo
6 Aikido, Karate
7 Jujutsu
8 Jiujitsu
9 Taekwondo
Selbstverwaltung
9 Autonomie
selig
4 froh
6 wonnig
9 beglueckt
10 gluecklich
selige Ruhe (Buddhismus)
7 Nirwana
Seligkeit
5 Wonne
selten
3 rar
10 sporadisch, vereinzelt
selten gewordenes Insekt
9 Maikaefer
selten(e, er, es) ...
· **Blitzerscheinung**
10 Kugelblitz
· **Briefmarke**
9 Mauritius
· **Erde**
3 Cer, Zer
6 Erbium, Neodym
7 Holmium, Lanthan, Terbium, Thulium, Yttrium
8 Actinium, Europium, Lutetium, Samarium, Scandium
9 Praseodym, Ytterbium
10 Dysprosium, Gadolinium, Promethium
· **Erdmetall**
3 Cer
· **Gelegenheit**
8 Okkasion
13 Sonderangebot
· **Naturschauspiel**
5 Komet
14 Mondfinsternis
16 Sonnenfinsternis
Seltenheit
8 Raritaet
11 Kostbarkeit
seltsam
6 bizarr, kauzig, kurios
7 grotesk, komisch, ominoes, skurril
8 frappant
9 sonderbar, wunderbar
10 eigenartig, wunderlich
11 merkwuerdig, verschroben
seltsam(e, er, es) ...
· **Angewohnheit**
4 Tick
6 Spleen
· **Zeitgenosse**
6 Unikum
Semantik
15 Bedeutungslehre
Semester
8 Halbjahr
15 Studienhalbjahr
Semifinale
15 Vorschlussrunde
Semiten
5 Juden, Syrer
6 Araber
8 Aramaeer, Hebraeer
10 Babylonier, Israeliten, Kanaaniten, Phoenizier
semitisch(e, er, es) ...
· **Gottheit**
4 Baal
5 Hadad, Istar
6 Moloch
7 Astarte
· **Volksangehöriger**
8 Israelit
Semmel mit knuspriger Kruste
15 Kaiserbroetchen
Sems Nachkommen
7 Semiten
Senatsmitglied
7 Senator
Sendeapparat
10 Funkgeraet
Sendefolge
8 Programm
Sender in Westberlin
4 RIAS

Senderkette des ersten deutschen TV-Programms (Abkürzung)
3 ARD
Sendschreiben
5 Breve
7 Epistel
9 Enzyklika
11 Hirtenbrief
Sendung
3 Amt
4 Post
5 Beruf
7 Aufgabe, Auftrag, Mission
8 Berufung
12 Ausstrahlung
Senf
8 Mostrich
Senfgas
6 Yperit
Senfkohl
5 Rauke
sengende Hitze
4 Glut
Senior
9 Aeltester
Seniorenbetreuerin
14 Altenpflegerin
Senkblei
3 Lot
9 Richtblei
Senkblei zum Messen der Wassertiefe
3 Lot
Senke
3 Tal
5 Grube, Mulde
Senke ...
· *im* **Karstgebiet**
5 Polje
· **vulkanischen Ursprungs**
4 Maar
Senkgrube
6 Kloake
7 Latrine
Senkkasten
7 Caisson
Senkloch
5 Gully, Gumpe
senkrecht
5 steil
8 lotrecht, vertikal
senkrecht(e, er, es) ...
· **Achse**
8 Ordinate
· **Bauglied**
7 Pfeiler, Stuetze
· **Reihe**
6 Spalte
7 Kolumne
· **Schleifenflug**
7 Looping
· **Stütze**
6 Saeule
7 Pfeiler
Senkung
5 Abbau
12 Herabsetzung
Senkwaage
10 Araeometer
Senn
6 Kaeser
Senner
6 Alpner
7 Almhirt
Sensation
8 Ereignis, Knueller
Sensengriff
5 Worbe
Sensenmann
3 Tod
10 Freund Hein
Sensenschneide
6 Dengel
sensibel
10 empfindsam
11 empfindlich, feinfuehlig, verletzlich
Sentenz
5 Gnome
6 Devise, Maxime
9 Ausspruch
11 Lebensregel
Sentiment
7 Gefuehl
10 Empfindung
separat
4 solo
5 extra
7 einzeln
8 getrennt
9 gesondert
11 abgesondert
13 abgeschlossen
separater Raum für Zuschauer
4 Loge
separierte Glaubensgruppe
5 Sekte
Sepiaschale
6 Schulp
September
9 Scheiding
10 Herbstmond
serbisch(e, er, es) ...
· **Geheimbund**
8 Omladina
· **Hauptstadt**
7 Belgrad, Beograd
· **Name der Drau**
5 Drave
· **Physiker**
5 Tesla
· **Schriftsteller**
5 Rajic
6 Andric
· **Schuh**
6 Opanke
Serie
5 Folge, Reihe
serienmäßiger Bekleidungsstil
15 Konfektionsmode
seriös
8 gediegen
9 ernsthaft
10 anstaendig
12 glaubwuerdig
Serpentine
5 Kehre
7 Windung
Serum
9 Impfstoff
Service
12 Kundendienst
Serviceanlage für Fernfahrer
7 Autohof
Servierbrett
6 Platte
7 Tablett
Servierer
4 Ober
7 Kellner
8 Bediener
Servierer im Nachtlokal
9 Barkeeper
Serviererin
9 Bedienung
Serviergefäß für starken Kaffee
10 Mokkakanne
Servierteller für Fleischgerichte
12 Bratenplatte

Serviette
4 Latz
8 Mundtuch
Sessel
6 Chaise
8 Fauteuil
9 Lehnstuhl
Session
6 Tagung
7 Sitzung
Setzereileiter
6 Faktor
Setzmaschine
8 Linotype, Monotype
Seuche
4 Aids, Pest, Ruhr
6 Pocken, Typhus
7 Cholera
8 Epidemie
Seuche im Mittelalter
4 Pest
Seufzer
5 Klage
Sexualforschung
9 Sexologie
Sexus
6 Erotik
18 Geschlechtlichkeit
sexy
6 lasziv
9 attraktiv
Seziermesser
8 Skalpell
Shaker
9 Mixbecher
10 Mixgefaess
Shakespeares ...
· **Geburtsort**
9 Stratford
· **Theater**
5 Globe
13 Globe Theatre
shoppen gehen
9 einkaufen
Show
5 Schau
Showtänzerin
9 Revuegirl
sibirisch(e, er, es) ...
· **Eichhörnchen**
3 Feh
· **Fluss zum Ob-Busen**
3 Tas
· **Frostnebel**
5 Morok
· **Grenzgebirge**
5 Altai
· **Kältesteppe**
6 Tundra
· **Marderart**
5 Zobel
· **Pelztier**
5 Zobel
· **Volksstamm**
7 Jakuten, Tataren, Wogulen
8 Ostjaken, Tungusen
9 Burjaeten, Jukagiren, Samojeden
10 Jenissejer
12 Tschuktschen
· **Waldsteppe**
5 Taiga
sibirisch-mongolisches Grenzgebirge
5 Altai
sich ...
· **bräunen**
6 sonnen
· **brausen**
7 duschen
· **entspannen**
7 relaxen
· **entwickeln, gedeihen**
7 mausern
· *auf* **etwas einstellen**
11 arrangieren
· **gegenseitig ärgern**
6 zanken
· *im* **Schlamm wälzen**
6 suhlen
· **schnell fortbewegen**
5 eilen
· *an* **Speisen gütlich tun**
11 delektieren
· **spöttelnd äußern**
8 mokieren
· **täuschen**
5 irren
· *mit* **Waren versehen**
9 einkaufen
· *dem* **Zugriff entziehen**
7 fliehen
9 entkommen
Sichelmesser
5 Hippe
sicher
4 firm
6 gefeit
7 fraglos
8 bestimmt, geborgen
10 zweifellos
sichere Zuflucht
4 Hort
sicheres Benehmen
6 Aplomb
Sicheres, ...
· *aus* **dem man folgern kann**
6 Anhalt
12 Anhaltspunkt
Sicherheit
5 Pfand
6 Schutz
7 Gewaehr, Kaution
8 Garantie
9 Gewahrsam
10 Gewissheit
11 Buergschaft
Sicherheit ...
· *für* **eine Forderung**
5 Pfand
· **Leistender**
6 Buerge
Sicherheitsbehörde
7 Polizei
Sicherheitsfach
12 Schliessfach
Sicherheitsgerät für Nichtschwimmer
14 Schwimmguertel
Sicherheitsglas
7 Sekurit
11 Verbundglas
Sicherheitsklausel
6 Kautel
Sicherheitspflegeutensil
15 Babynagelschere
Sicherheitsschrank
4 Safe
6 Tresor
Sicherheitsvorrichtung
6 Riegel
7 Schloss
11 Alarmanlage
Sicherung für den Sauger
14 Schnullerkette
Sicherungsstift
6 Splint
Sicherungsvorrichtung bei Überdruck
6 Ventil
Sicht ...
· *über* **die Landschaft**
8 Ausblick

· *zum* **Meer**
8 Seeseite
sichtbare Schilddrüsenvergrößerung
5 Kropf
Sichtgrenze
8 Horizont
Sichtvermerk ...
· *im* **Pass**
5 Visum
17 Einreiseerlaubnis
Sichtvermerke im Pass
4 Visa
Sieb
5 Seihe
6 Filter, Seiher
Siebeneck
8 Heptagon
Siebenergruppe
7 Septett
Siebengestirn
8 Plejaden
Siebensachen
4 Kram, Tand
Siebenschläfer
5 Bilch
9 Bilchmaus
siebter ...
· **Buchstabe im griechischen Alphabet**
3 Eta
· **Ton vom Grundton an**
7 Septime
siebzehnter Buchstabe im griechischen Alphabet
3 Rho
Siechtum
9 Krankheit
sieden
7 bruehen
Siedler
8 Kolonist
Siedlerkollektiv in Israel
6 Kibbuz
Siedlung
3 Gut, Ort
4 Dorf
5 Stadt
6 Weiler
7 Flecken, Kolonie
Siedlungsform
8 Runddorf
12 Strassendorf
Sieg
6 Erfolg, Gewinn
7 Triumph
Siegelstempel
9 Petschaft
Sieger
6 Bester, Erster
8 Gewinner
12 Preistraeger
Siegerin
10 Gewinnerin
Siegerpreis
3 Cup
5 Coupe, Kranz, Palme, Pokal
7 Lorbeer
8 Medaille, Plakette, Trophaee
12 Lorbeerkranz
Siegesanwärter
7 Favorit
Siegesgöttin
4 Nike
8 Viktoria
Siegeszeichen
8 Trophaee
Siegfrieds ...
· **Frau**
9 Kriemhild
· **Mörder**
5 Hagen
· **Mutter**
9 Sieglinde
· **Schwert**
7 Balmung
· **Volk**
10 Nibelungen
Siegwurz
8 Gladiole
sierra-leonische Währung
5 Leone
Siesta
6 Schlaf
11 Mittagsruhe
Sigel
10 Abkuerzung
Signal
7 Zeichen
Signal ...
· *zum* **Ende eines Ballspiels**
7 Abpfiff
· *der* **Sirene**
7 Heulton
Signaleinrichtung
4 Horn, Hupe
5 Ampel
6 Glocke, Sirene, Summer
9 Nebelhorn
10 Leuchtboje, Leuchtturm
Signalfarbe
3 Rot
Signalflagge
7 Stander
Signalgerät bei der Jagd
4 Horn
Signalhorn am Fahrzeug
4 Hupe
Signalmesser
6 Sensor
Signalwort beim Start
3 los
Signatur
6 Siegel, Signum
7 Zeichen
8 Kennzahl
9 Namenszug
12 Unterschrift
Signum
5 Marke
8 Signatur
Silbenrätsel
8 Scharade
Silberauflage
5 Dublé
6 Dublee
silberblättrige Zierstaude
10 Pampasgras
Silbergeld
6 Muenze
Silberglanz
8 Argentit
silberglänzendes Metall
4 Zinn
Silberlegierung für Münzen
6 Billon
Silberlöwe
4 Puma
Silberpapier
8 Alufolie, Stanniol
9 Zinnfolie
Silberpappel
4 Albe
5 Abele
Silberstreifen
16 Hoffnungszeichen
silberweißes ...
· **Metall**
5 Eisen, Titan
6 Barium, Wismut

Silhouette
6 Umriss
12 Schattenbild, Schattenriss
Silo
14 Futterspeicher
16 Getreidespeicher
Silvesterfreude
7 Knaller
9 Feuerwerk
Silvestergebäck
7 Krapfen
Silvestergetränk
6 Punsch
Simsstreifen
5 Fries
Sinfonie von ...
· **Beethoven**
6 Eroica, Neunte
9 Pastorale
· **Berlioz**
12 Phantastique
· **Mozart**
7 Jupiter
· **Schubert**
9 Tragische
12 Unvollendete
· **Schumann**
10 Rheinische
· **Tschaikowsky**
10 Pathétique
singbare Tonfolge
7 Melodie
singbares ...
· **Gedicht**
4 Lied
7 Ballade
Singgemeinschaft
3 Duo
4 Chor
Single mit Kind
17 Alleinerziehender
Singspiel
8 Operette
Singstimme ▶ Gesangsstimme
Singular
7 Einzahl
Singvogel
4 Fink, Star
5 Ammer, Amsel, Fitis, Meise, Pirol, Spatz
6 Gimpel, Lerche, Zeisig
7 Drossel, Girlitz, Kleiber, Ortolan
8 Bergfink, Buchfink, Dompfaff, Henfling, Schwalbe, Sprosser
9 Blaumeise, Braunelle, Goldammer, Gruenfink, Gruenling, Kohlmeise, Stieglitz
10 Bachstelze, Distelfink, Grasmuecke, Nachtigall, Rotschwanz, Schmaetzer, Zaunkoenig
11 Blaudrossel, Heidelerche, Kernbeisser, Rohrsaenger, Rotkehlchen
12 Goldhaenchen, Haubenlerche, Mehlschwalbe
13 Kreuzschnabel, Rauchschwalbe, Seidenschwanz
14 Schwarzdrossel
Sinken der Börsenkurse
6 Baisse
Sinkkasten
5 Gully
Sinn
4 Ziel
5 Zweck
Sinn für Schallwahrnehmungen
6 Gehoer
Sinnbild
6 Symbol
8 Metapher
9 Allegorie, Gleichnis
Sinnbild ...
· **boshaften Zorns**
6 Geifer
· *des* **Christentums**
5 Kreuz
· *der* **Weisheit**
4 Eule
Sinndeutung
14 Interpretation
sinnende Versenkung
10 Meditation
Sinnesart
5 Wesen
9 Charakter, Gesinnung
11 Mentalitaet
Sinnesorgan
3 Ohr
4 Auge, Haut, Nase
5 Zunge
6 Gehoer
Sinnestaumel
4 Lust
Sinnestäuschung
4 Wahn
8 Illusion, Trugbild
11 Fata Morgana
13 Halluzination, Vorspiegelung
Sinneswerkzeug
5 Organ
sinnfällig
7 konkret
Sinngedicht
5 Xenie
6 Xenion
8 Epigramm
10 Aphorismus
Sinngehalt
9 Bedeutung
sinngleich
7 synonym
sinnliche Liebe
6 Erotik
Sinnlichkeit
6 Erotik
sinnlos
6 absurd, albern
7 abwegig, paradox
8 toericht, unnoetig
9 unlogisch
11 widersinnig
16 widerspruechlich
sinnloses Schießen
8 Ballerei
Sinnpflanze
6 Mimose
Sinnspruch ▶ Sentenz
sinnvolle Wortzusammenstellung
4 Satz
Siouxindianer
4 Iowa
Sippe
4 Clan
7 Familie, Gattung
8 Parentel
14 Verwandtschaft
Sippenbesitz der Germanen
4 Odal
Sippenkunde
10 Genealogie
Sippenstrafe
9 Blutrache
Sippschaft
6 Clique
8 Kluengel

Sisalpflanze
5 Agave
Sitte
4 Mode, Usus
5 Moral
6 Brauch
7 Anstand, Komment
8 Benehmen, Manieren
9 Tradition
10 Gewohnheit
Sitten
5 Mores
Sittenlehre
5 Ethik, Moral
Sittenprediger
8 Moralist
sittenstreng
11 puritanisch
Sittichpapagei
3 Ara
sittlich
6 dezent, ehrbar
9 moralisch
10 anstaendig
sittlich(e, er, es) ...
· **Forderung**
5 Gebot
8 Postulat
· **Tüchtigkeit**
6 Tugend
sittlicher Begriff
▶ ethischer Begriff
sittsam
6 dezent, ehrbar
8 zuechtig
10 anstaendig
· **Forderung**
5 Gebot
8 Postulat
Situation
4 Lage
7 Umstand, Zustand
8 Sachlage, Stellung
situiert
8 gestellt
Situs
7 Positio
9 Kindslage
Sitz
5 Platz
6 Mandat, Stelle, Stimme
7 Domizil
8 Residenz

Sitz ...
· *des* **Denkvermögens**
6 Gehirn
· *der* **EG**
8 Bruessel
· *der* **Gene**
8 Zellkern
· *der* **Götter bei den Griechen**
5 Olymp
· *einer* **griechischen Philosophenschule**
4 Elea
· *der* **Musen**
7 Parnass
· *der* **russischen Regierung**
5 Kreml
· *im* **Theater**
4 Loge, Rang
7 Galerie, Parkett
9 Sperrsitz
· *der* **UN**
7 New York
· *der* **UNESCO**
5 Paris
Sitzbadewanne ▶ Sitzwaschbecken
Sitzbank im Ruderboot
5 Ducht
Sitzgarnitur
13 Polstermoebel
Sitzgelegenheit
4 Bank, Sofa
5 Couch, Stuhl
6 Baenke, Hocker, Sessel
7 Schemel
8 Fauteuil, Taburett
13 Schaukelstuhl
Sitzgelegenheit im Grünen
8 Parkbank
Sitzmöbel
5 Stuhl
6 Sessel
Sitzmöbel auf Schiffen
9 Deckchair
Sitzmöbelteil
5 Lehne
Sitzplatzreihen
8 Gestuehl
Sitzpolster
6 Kissen
11 Stuhlkissen
Sitzschale im Auto
10 Kindersitz

Sitzsofa
7 Kanapee
Sitzstreik in Amerika
5 Sit-in
Sitzung
6 Séance, Tagung
9 Konferenz
11 Besprechung
Sitzungsbericht
9 Protokoll
Sitzungsdauer
7 Session
Sitzungsperiode
7 Session
Sitzwaschbecken
5 Bidet
Sixpack bei Männern
15 Waschbrettbauch
sizilianisch(e, er, es) ...
· **Geheimbund**
5 Mafia
· **Hauptstadt**
7 Palermo
· **Pizzagericht**
9 Sfincione
· **Stadt**
7 Catania, Messina, Syrakus
8 Siracusa
· **Vulkan**
5 Aetna
Skala
9 Tonleiter
10 Gradleiste
Skaldenlied
5 Drapa
Skaleneinteilung
4 Grad
Skalpell
12 Seziermesser
Skandal
5 Eklat
7 Affaere
8 Aufsehen
9 Aergernis
Skandinavier
5 Daene, Finne
7 Schwede
8 Norweger
9 Islaender
Skandinavierin
8 Schwedin
skandinavisch für Prost
4 skål

skandinavisch(e, er, es) ...
- **Fluggesellschaft**
  3 SAS
- **Königreich**
  8 Norwegen, Schweden
  9 Daenemark
- **Männername**
  4 Stig
- **Meerenge**
  4 Belt, Sund
  9 Kattegatt
- **Meeresarm der Nordsee**
  9 Skagerrak
- **Münze**
  4 Oere
- **Staat**
  6 Island
  8 Finnland, Norwegen, Schweden
  9 Daenemark
- **Staat in der Landessprache**
  5 Norge
- **Währung**
  4 Oere
  5 Krone
- **Wühlmaus**
  7 Lemming

Skatausdruck
2 Re
4 Null, Solo
5 Grand, passe
6 Kontra, Ramsch
10 Null ouvert
11 Grand ouvert

Skatspielart
4 Hand

Skeleton
9 Schlitten
13 Rennschlitten

Skelett
7 Gebeine, Gerippe
11 Knochenmann
14 Knochengeruest

Skelettknochen
6 Gebein

Skepsis
7 Zweifel
9 Vorbehalt
14 Zurueckhaltung

Ski
3 Ski

Skibahn
5 Loipe, Piste

Skihindernislauf
6 Slalom

Skilanglaufspur
5 Loipe

Skilauftechnik
6 wedeln

Skilift
8 Seilbahn
10 Sesselbahn
11 Schlepplift

Skipetar
7 Albaner
8 Albanier

Skispur
5 Loipe

Skiwettbewerb
6 Skibob, Slalom
7 Skiflug
8 Biathlon, Langlauf, Springen
11 Kombination, Skispringen
12 Abfahrtslauf, Riesenslalom

Skiwiese
5 Piste

Skizze
4 Plan
6 Layout, Umriss
7 Aufriss, Entwurf
9 Zeichnung
15 Musterzeichnung

Sklave
11 Leibeigener

Sklavenführer in Rom
9 Spartakus

Sklavenschiff
7 Galeere

Skonto
5 Abzug
6 Rabatt
8 Nachlass

Skript
8 Drehbuch

Skriptum
9 Schreiben
10 Mitschrift

Skrotum
9 Hodensack

Skrupel
7 Zweifel
8 Bedenken

Skulptur
5 Figur
6 Bueste, Glypte, Statue
7 Plastik

Skythenstamm
6 Alanen

Slalom
7 Torlauf

Slang
6 Jargon

Slapstick
3 Gag

Slawe
4 Pole
5 Russe, Serbe, Sorbe, Wende
6 Kroate
7 Bulgare, Kassube, Ruthene, Slowake, Slowene
8 Kaschube, Tscheche, Ukrainer

Slawenapostel
6 Kyrill
8 Cyrillus
9 Methodius
10 Konstantin

slawisch(e, er,es) ...
- **Frauenname**
  4 Jeni
- **Gottheit**
  7 Triglaw
- **Volkslied**
  5 Dumka

Slogan
10 Schlagwort

slowakischer Schafskäse
8 Liptauer

smart
6 schlau
8 gerissen

Smoking
11 Ausgehanzug

Snob
4 Beau, Geck, Gent
5 Protz
7 Angeber, Stutzer
11 Vornehmtuer

so ...
- **gut wie möglich**
  7 bestens
- **weit**
  3 bis
  7 solange

Sockel
5 Basis
9 Piedestal, Postament

Sodawasser
7 Selters, Sprudel

soeben
4 just
6 gerade
Sofa
5 Couch
7 Kanapee
8 Ottomane, Sitzbank
12 Chaiselongue
sofern
4 wenn
5 falls
sofort
4 itzo
5 jetzt
6 gleich, prompt
7 alsbald, stracks
8 sogleich, umgehend
13 unverzueglich
14 augenblicklich
sofort löslich
7 instant
Sog
13 Saugstroemung
sogar
5 zudem
9 ueberdies
sogleich ▶ sofort
Sohn
6 Filius
11 Sproessling
Sohn von ...
· **Abraham**
5 Isaak
6 Ismael
· **Adam**
4 Abel, Kain, Seth
· **Agamemnon**
5 Orest
7 Orestes
· **Alkmene**
8 Herakles, Herkules
· **Aphrodite**
4 Eros
· **Atreus**
8 Menelaos
· **Dädalus, Daidalos**
6 Ikaros, Ikarus
· **David**
6 Salomo
7 Absalom, Salomon
· **Elisabeth II.**
6 Andrew
· **Frigga**
3 Tyr
4 Thor
· **Gott**
5 Jesus
· **Hekabe, Hekuba**
5 Paris
6 Hektor
· **Hermes**
3 Pan
7 Daphnis
· **Isaak**
4 Esau
5 Jakob
· **Jakob**
3 Dan, Gad
4 Juda, Levi
5 Asser, Josef, Ruben
6 Joseph, Simeon
7 Sebulon
8 Isaschar, Naphtali
· **Jokaste**
7 Oedipus
· **Judas**
4 Onan
· **Juno**
4 Mars
8 Vulcanus
· **Jupiter**
4 Mars
5 Apoll
6 Apollo, Kastor, Merkur, Pollux
7 Apollon, Bacchus
8 Herakles, Herkules, Vulcanus
9 Mercurius
· **Klytämnestra**
5 Orest
7 Orestes
· **Kronos**
4 Zeus
5 Hades
6 Pluton
8 Poseidon
· **Leda**
6 Castor, Kastor, Pollux
· **Leto**
6 Apollo
7 Apollon
· **Noah**
3 Ham, Sem
6 Japhet
· **Odin**
3 Tyr
4 Thor
5 Widar
6 Balder, Baldur, Hermod, Hoeder, Hoedur
· **Parsifal, Parzival**
9 Lohengrin
· **Peleus**
6 Achill
8 Achilles
· **Poseidon**
6 Triton
· **Priamos, Priamus**
5 Paris
6 Hektor
· **Rhea**
4 Zeus
5 Hades, Orkus
6 Neptun, Pluton
7 Jupiter
8 Poseidon
· **Siegmund**
9 Siegfried
· **Thor**
5 Magni
· **Ute**
6 Gernot
7 Gunther
8 Giselher
· **Venus**
4 Amor
· **Zeus**
4 Ares
5 Apoll, Minos
6 Apollo, Castor, Hermes, Kastor, Pollux
7 Apollon, Bakchos, Perseus
8 Dionysos, Hephaest, Herakles, Herkules, Sarpedon, Tantalus
10 Hephaestos, Hephaistos
Sohn von, vom, von der ...
· **Bruder**
5 Neffe
· **Kindeskind**
7 Urenkel
· **Onkel**
6 Vetter
· **Schwester**
5 Neffe
· **Tante**
6 Vetter
Söhne ...
· *des* **Zeus**
9 Dioskuren
10 Tantaliden

S

Sojaspeise
4 Tofu
solange
3 bis
6 so weit
Soldat
6 Kaempe
7 Krieger, Landser, Veteran
8 Soeldner
9 Legionaer, Schweizer
Soldat in Ausbildung
6 Rekrut
Soldaten des Kölner Karnevals
6 Funken
Soldatengruppe
5 Trupp
Soldatenkleidung
7 Uniform
Soldatenlohn
4 Sold
Soldatenmütze
6 Kaeppi
Soldatenunterkunft
7 Kaserne
Soldatenwesen
8 Militaer
Söldner
7 Heiduck
9 Legionaer
11 Reislaeufer
Söldnertruppe
6 Legion
9 Freikorps
solid
4 fest
6 massiv
7 haltbar
8 gediegen
9 dauerhaft
Soll
5 Debet
Söller
5 Altan
solo
6 allein
solvent
7 betucht
14 zahlungsfaehig
somit
4 also, ergo
6 mithin
7 demnach
8 folglich

Sommerende
15 Altweibersommer
Sommerfrische
10 Urlaubsort
13 Feriendomizil
sommerlich(e, er, es) ...
· **Augenaccessoire**
12 Sonnenbrille
· **Bekleidung**
11 Strandanzug
· **Erfrischung**
3 Bad, Eis
· **Kleidung**
6 T-Shirt
· **Kopfbedeckung**
8 Strohhut
· **Möbel für draußen**
11 Gartenstuhl
· **Nachspeise**
3 Eis
· **Pflegemittel**
11 Sonnencreme
· **Schleckerei**
8 Eiscreme
· **Schuhwerk**
8 Sandalen
· **Temperatur**
5 Hitze
6 Waerme
· **Vergnügung**
7 Ausflug
Sommermonat
4 Juni
Sonderausgabe
10 Extrablatt
Sonderausstattung
6 Extras
sonderbar
5 eigen
6 bizarr, kurios
7 seltsam, skurril
10 wunderlich
11 merkwuerdig, waehlerisch
sonderbarer Mensch
▶ Sonderling
Sonderdruck
9 Separatum
Sonderfall
8 Ausnahme
Sonderform
5 Abart
8 Variante
9 Variation

Sondergericht im MA
4 Feme
Sonderklasse
5 Elite
Sonderling
4 Kauz
6 Unikum
8 Original
13 Eigenbroetler, Einzelgaenger
Sonderraum
6 Separé
7 Separee
Sonderrecht
8 Privileg
Sondervermögen
5 Fonds
Sondervorführung
6 Zugabe
7 Einlage
Sonderzubehör
5 Extra
Sonderzuwendung
5 Bonus
7 Praemie
13 Gratifikation
Sonnabend
7 Samstag
Sonne betreffend
5 solar
Sonnenblende
8 Jalousie
Sonnendach
7 Markise
Sonnenferne
5 Aphel
Sonnenfinsternis
7 Eklipse
Sonnengott der ...
· **Ägypter**
2 Ra, Re
· **Germanen**
8 Heimdall
· **Griechen**
6 Helios
· **Inder**
5 Indra, Surja
· **Römer**
3 Sol
Sonnengöttin
5 Neith
Sonnenhof
4 Halo
7 Aureole

Sonnenkraft
12 Solarenergie
Sonnenland
3 Aea, Aia
Sonnenland ...
· *der* **griechischen Sage**
3 Aea, Aia
Sonnenlichtwandler
10 Solarzelle
Sonnenlook für die Haare
11 Straehnchen
Sonnennähe
7 Perihel
Sonnenschirm
7 Parasol
Sonnenschutzdach
7 Markise
Sonnenuhr
6 Gnomon
sonnig
6 heiter
Sonnwende
10 Mittsommer, Mittwinter
Sonnwendfeier
7 Johanni
12 Johannisfest
13 Johannisfeuer
Sonografie bei Schwangeren
11 Ultraschall
sonor
11 volltoenend
sonst ...
· **auch genannt**
5 alias
6 anders
· **genannt**
5 alias
Sorge
4 Gram, Leid
5 Angst
6 Kummer, Unruhe
9 Betreuung
Sorgfalt
11 Akkuratesse
sorgfältig
5 exakt, genau
7 akkurat, penibel
10 gruendlich
12 gewissenhaft
Sorghumhirse
5 Durra
sorglos
4 naiv
9 unbedacht, unbesorgt
sorgsam
8 behutsam
sorgsam behandelt
8 gepflegt
Sorte
3 Art, Typ
4 Form
7 Gattung, Spezies
sortieren
6 ordnen
Sortierer von Jungtieren
5 Sexer
Sortiment
7 Auswahl
8 Sammlung
12 Warenangebot
16 Musterkollektion
Sortiment an Pflegepräparaten
14 Frischkosmetik
Sortimenter
12 Buchhaendler
Soße
3 Jus
5 Beize, Tunke
6 Bruehe, Stippe
8 Marinade
9 Remoulade
10 Mayonnaise
11 Hollandaise
Soubrette
9 Saengerin
Soufflé
7 Auflauf
Souffleur
8 Einsager
Souper
9 Nachtmahl
10 Abendessen
Souterrain
14 Kellergeschoss
Souvenir
8 Andenken, Geschenk
10 Erinnerung
souverän
8 maechtig
sowieso
7 ohnehin
sowjetisch(e, er, es) ...
► russisch(e, er, es) ...
sowjetischer ...
· **Politiker**
5 Lenin
6 Stalin
7 Trotzki
Sowjetunion (Abkürzung)
5 UdSSR
Sozialarbeiterin
10 Betreuerin
sozialdemokratischer ...
· **Politiker**
5 Bebel
6 Brandt, Wehner
7 Kautsky, Schmidt
9 Luxemburg, Schroeder
10 Liebknecht, Ollenhauer, Schumacher
soziale ...
· **Ächtung**
7 Boykott
· **Position**
5 Stand
sozialistische Staatsform
10 Raetestaat
Sozialmaßnahme
5 Rente
11 Sozialhilfe
16 Altersversorgung
Sozialpartner
11 Arbeitgeber
12 Arbeitnehmer
Sozialprestige
7 Ansehen
Sozialprodukt
14 Volkseinkommen
Sozius
9 Kompagnon, Teilhaber
sozusagen
5 quasi
Spachtelmasse
4 Gips
Spagat
9 Bindfaden
13 Spreizschritt
14 Spreizstellung
Spaghetti
9 Teigwaren
11 Fadennudeln
Späher
5 Spion
7 Spitzel
10 Beobachter
12 Kundschafter
Spähtrupp
10 Patrouille
Spalte
4 Riss
5 Kluft, Ritze
6 Fissur, Luecke, Rubrik
7 Kolumne

Spalteneinsteller
9 Tabulator
Spaltgerät
3 Axt
4 Beil, Keil
6 Fimmel
Spaltkeil
6 Fimmel
Spaltpilz
7 Bazille
8 Bakterie, Bazillus
Spaltung
7 Schisma, Teilung
8 Trennung
Spaltungsirresein
13 Schizophrenie
Spaltwerkzeug ▶ Spaltgerät
Span
6 Spliss
8 Spleisse, Splitter
9 Schnitzel
spanabhebende Maschine
6 Fraese
Spange
5 Fibel
6 Fibula, Heftel
7 Agraffe, Brosche, Klammer, Schmuck
9 Schliesse
12 Anstecknadel
Spanien
6 España, Iberia
7 Iberien
spanisch für ...
· **Abend**
5 tarde
· **Appetithappen** (Mz.)
5 Tapas
· **auf!**
3 olé
· **Bedienung**
8 servicio
· **drei**
4 tres
· **eins**
3 uno
· **Fluss**
3 rio
· **Frau**
4 doña
6 señora
· **Fräulein**
8 Senorita
· **Freund**
5 amigo
· **Freunde**
6 Amigos
· **Gebirgszug**
6 sierra
· **Gipfel**
4 pico
· **Haus**
4 casa
· **heilig**
3 san
· **Herr**
3 don
5 señor
· **hurra**
3 olé
· **kleiner Junge**
5 chico
· **Küste**
5 costa
· **los**
3 olé
· **Meer**
3 mar
· **Mutter**
5 madre
· **See**
4 lago
· **Sonne**
3 sol
· **Stier**
4 toro
· **Strand**
5 playa
· **Tintenfisch**
9 calamares
· **Weißwein**
10 Vinoblanco
· **zwei**
3 dos
spanisch(e, er, es) ...
· **Adelsgeschlecht**
6 Borgia
· **Adelstitel**
6 Grande
7 Hidalgo
· **Anrede**
4 Doña
5 Señor
6 Señora
8 Señorita
· **Architekt**
5 Gaudi
6 Donoso
7 Herrera
· **Artikel**
2 el, la, lo
3 las, los
· **Arzt**
6 Servet
· **Aussprachezeichen**
5 Tilde
· **Bevölkerungsteil**
6 Basken
8 Asturier, Gallegos
9 Aragonier, Kastilier, Katalanen
10 Andalusier
· **Bildhauer**
4 Miró
5 Macho, Silve
7 Alvarez, Vazquez
8 Montanez, Olivieri
9 Moratillo, Valdevira
· **Burg**
7 Alcazar, Alkazar
8 Alcazaba
· **Bürgermeister**
7 Alcalde, Alkalde
· **Clown**
5 Rivel
· **Degen**
6 Espada
· **Dessertwein**
6 Malaga, Sherry
· **diakritisches Zeichen**
5 Tilde
· **Dorfrichter**
7 Alcalde, Alkalde
· **Entdecker**
5 Colon
6 Balboa, Cortez, Torres
7 Almagro, Pizarro
· **Flieder**
5 Lilak
· **Flotte**
6 Armada
· **Fluggesellschaft**
6 Iberia
· **Form von Havanna**
6 Habana
8 La Habana
· **Frauenname**
3 Ana
5 Elena
· **Fruchtgarten**
6 Huerta
· **Gebirge**
9 Pyrenaeen

12 Sierra de Gata, Sierra Morena, Sierra Nevada
13 Picos de Europa
· **gefüllte Tortilla**
9 Enchilada
· **Gehöft**
8 Estanzia
· **Geiger**
8 Sarasate
· **Gemäldesammlung**
5 Prado
· **Golf**
7 Biscaya, Biskaya
· **Hafen in Marokko**
5 Ceuta
· **Halbinsel an der Südspitze**
9 Gibraltar
· **Handklapper**
11 Kastagnette
· **Hauptstadt**
6 Madrid
· **Heerführer**
4 Alba
· **Herrschername**
4 Karl, Luis
6 Alfons, Carlos, Felipe
7 Alfonso, Philipp
8 Fernando
9 Ferdinand
10 Juan Carlos
· **Herzog**
4 Alba
· **Hochland**
9 Kastilien
· **Hochruf**
3 olé
· **Insel**
5 Ibiza
7 Cabrera, Menorca, Minorca
8 Mallorca
9 Teneriffa
10 Formentera
· **Inselgruppe**
7 Kanaren
8 Balearen
16 Kanarische Inseln
· **Instrumentalvirtuose**
6 Casals
7 Albeniz, Segovia
· **Jacke**
6 Bolero
· **kalte Tomatensoße**
5 Salsa
· **Kampfstier**
4 Toro
· **Kap**
3 Nao
4 Gata
5 Creus, Palos
7 Ortegal
9 Trafalgar
10 Finisterre
· **Kartenspiel**
6 Lomber
· **Kloster**
5 Silos, Yuste
8 Escorial
· **Komponist**
5 Vives
7 Albeniz, Cassado, de Falla
8 Sarasate
· **König**
10 Juan Carlos
· **Königin**
3 Ena
6 Sophie
8 Isabella
· **Königsname**
6 Alfons, Alonso
· **Küste**
10 Costa Brava, Costa Verde
11 Costa Blanca, Costa del Sol, Costa Dorada
12 Costa de la Luz
13 Costa Smeralda
· **Küstenfluss**
3 Ter
· **Landgut**
5 Finca
· **Landschaft**
4 Leon
6 Aragon, Mancha, Murcia, Oviedo
7 Navarra
8 Asturien, Galicien, La Mancha
9 Aragonien, Kastilien
10 Andalusien, Baskenland, Kantabrien, Katalonien
11 Estremadura
12 Altkastilien, Neukastilien
· **Maler**
4 Dalí, Goya, Gris, Miró
5 Gréco, Masip, Saura
6 Cerezo, Pereda, Ribera
7 El Gréco, Murillo, Picasso, Ribalta
8 Zurbaran
9 Navarrete, Velasquez
· **Männername**
4 Juan
5 Pedro, Ramon
6 Felipe
· **Mehrzahlartikel**
3 las, los
· **Modeschöpfer**
10 Balenciaga
· **Münze**
4 Duro, Onza, Real
5 Medio
6 Doblon
· **Name des Kolumbus**
5 Colon
· **Nationalgericht**
6 Paella
· **Nationalheld**
3 Cid
· **Nobelpreisträger für Literatur**
4 Cela
7 Jimenez
9 Benavente, Echegaray
10 Aleixandre
· **Nobelpreisträger für Medizin**
5 Cajal
· **Operntenor**
7 Domingo
8 Carreras
· **Ordensstifter**
8 Ignatius
· **Parlament**
6 Cortes
· **Politiker**
4 Alba, Dato
5 Ayala, Azana, Maura, Rivas
6 Franco
7 Durruti, Narvaez, Sagasta
8 Olivarez
· **Prinz**
6 Infant
9 Don Carlos
· **Provinz**
4 Jaen, Leon, Lugo
5 Avila, Cadiz
6 Burgos, Cuenca, Gerona, Huelva, Huesca, Lerida, Madrid, Malaga, Murcia, Orense, Oviedo, Toledo, Zamora
7 Almeria, Badajoz,

Biscaya, Cordoba, Granada, Logrono, Navarra, Segovia, Sevilla
8 Albacete, Alicante, Baleares, La Coruña, Valencia, Zaragoza
9 Barcelona, Castellon, Guipuzcoa, Las Palmas, Salamanca, Santander, Tarragona
10 Ciudad Real, Pontevedra
11 Guadalajara
· **Ragout als Füllung**
8 Salpikon
· **Reisgericht**
6 Paella
· **Rotweinbowle**
7 Sangria
· **Saiteninstrument**
7 Bandola
9 Bandurria
· **Schloss**
8 Escorial
· **Schriftsteller**
4 Cela, Ruiz, Vega
5 Avila, Lorca, Rioja, Rueda, Silva
6 Aleman
7 Guillen, Herrera, Jimenez, Unamuno
8 Calderon, Saavedra
9 Benavente, Cervantes, Echegaray
10 Alexeindre, Lope de Vega, Santillana
11 Garcia Lorca
· **Schuhdesigner**
7 Blahnik
· **Spitzenschleier**
8 Mantille
· **Stadt am Tajo**
6 Toledo
· **Statthalter in den Niederlanden**
4 Alba
· **Stoßdegen**
6 Espada
· **Süßwein**
6 Malaga
· **Tanz**
5 Folia, Jaleo
6 Bolero
8 Fandango, Flamenco, Habanera
9 Esmeralda, Sarabande
10 Saltarello, Seguidilla
· **Tänzerin**
5 Otero
6 Pepita
· **Tenor**
7 Domingo
8 Carreras
· **Thronerbe**
6 Felipe
· **Topmodel**
6 Sastre
· **Ureinwohner**
6 Iberer
· **Volksfest**
6 Fiesta
· **Volksvertretung**
6 Cortes
· **Vorname**
5 Pedro
· **Währungseinheit**
6 Peseta, Pesete
7 Centimo
· **Wand**
8 Paravent
· **weiblicher Pluralartikel**
3 las
· **Wein**
5 Rioja
6 Sherry
· **Weinbaugebiet**
5 Rioja
· **Weinschenke**
6 Bodega
· **Weinstadt**
5 Jerez
· **Zigeunertanz**
6 Gitana

spanisch-französische ...
· **Grenzstadt**
4 Irun
7 Cerbère
8 Port Bou

Spanne
5 Marge
7 Abstand
8 Zeitraum
9 Abschnitt, Differenz

spannen
6 dehnen
8 strecken

spannend(e, er, es) ...
· **Buch**
5 Krimi
· **Film**
7 Reisser
· **Lektüre** (Kurzwort)
5 Krimi
· **Roman**
8 Thriller
· **TV-Sendung**
12 Fernsehkrimi

Spannkraft
8 Tatkraft
10 Vitalitaet

Spannung
7 Tension
8 Erregung
9 Erwartung
11 Nervositaet

spannungsgeladen
8 explosiv

Spannungsmesser
9 Voltmeter

Spannungsquelle
4 Netz
8 Batterie

Spannungsumwandler
13 Transformator

Spannungszustand der Organe
5 Tonus

sparen
7 knapsen

Spargel
9 Asparagus

spargelähnliches Gemüse
13 Schwarzwurzel

Spargeld
9 Ruecklage
11 Notgroschen

Spargelkohl
8 Brokkoli

spärlich
4 karg
5 duenn, knapp, licht
8 duerftig
9 schuetter
11 kuemmerlich

spärliches Flüsschen
7 Rinnsal

spartanisch
4 hart, karg
6 streng
10 bescheiden

spartanisch(e, er, es) ...
· **Ältestenrat**
7 Gerusia

- **Aristokrat**
  8 Spartiat
- **Aufseher**
  5 Ephor
- **Bürger**
  8 Perioeke
- **Feldherr**
  8 Leonidas, Lysander
  9 Pausanias
- **Gesetzgeber**
  6 Lykurg
- **König**
  4 Agis
  8 Leonidas, Menelaos
  9 Agesilaus
- **Senat**
  7 Gerusia
- **Senator**
  6 Geront
- **Staatssklave**
  5 Helot

Sparte
4 Fach
5 Zweig
6 Gebiet
7 Bereich
9 Abteilung, Disziplin
10 Fachgebiet

Spaß
2 Uz
3 Fez, Jux, Ulk
4 Witz
5 Gaudi, Jokus, Posse, Unfug
6 Freude, Scherz
7 Streich
10 Amuesement, Vergnuegen
11 Schabernack, Vergnuegung

Späße
5 Faxen

spaßig
5 ulkig
7 drollig

Spaßmacher ► Spaßvogel

Spaßvogel
4 Narr
5 Clown
6 Kasper, Schalk, Schelm
7 Bajazzo, Kasperl, Komiker, Pierrot
8 Harlekin, Witzbold
9 Hanswurst
13 Possenreisser

Spaßvogel ...
- *am* **Fürstenhof**
  7 Hofnarr
- *im* **Zirkus**
  5 Clown

spät am Tag
6 abends

Spateisenstein
5 Flinz

späterer Teil des Lebens
5 Alter

Spatz
8 Sperling
10 Webervogel

Spaziergänger
7 Flaneur
8 Wanderer

Speaker
8 Sprecher, Vorstand
10 Praesident
12 Vorsitzender

Specht
9 Wendehals

Spechtmeise
7 Kleiber

Speckfalte am Hals
10 Doppelkinn

speckig
9 schmutzig

Speckstein
4 Talk
6 Talkum
10 Mineraloel

Speckwürfel
6 Griebe, Griefe
7 Grammel

Spedition
11 Fuhrbetrieb
15 Fuhrunternehmen

Speer
3 Ger
5 Lanze
6 Spiess

Speer ...
- *des* **Odin**
  7 Gungnir
- *des* **Stierkämpfers**
  10 Banderilla

Speichel
6 Geifer, Saliva, Spucke
7 Auswurf

Speichellecker
8 Kriecher
11 Schmeichler

Speicher
5 Boden
7 Magazin
9 Dachboden

Speicherinhalt von Computern
5 Datei

Speis
7 Moertel

Speise
4 Kost, Mahl
5 Essen
7 Gericht, Nahrung
8 Mahlzeit

Speise ...
- *in der* **Dose**
  8 Konserve
- *in* **Gelee**
  5 Aspik
- *der* **Götter**
  8 Ambrosia
- *der* **Juden in der Wüste**
  5 Manna
- *in* **Teighülle**
  7 Pastete

Speiseeisspezialität
7 Cassata

Speisefärbezutat
6 Safran

Speisefett
3 Oel
6 Butter, Schmer
7 Schmalz
8 Sesamoel
9 Kokosfett, Margarine

Speisefisch
3 Aal
4 Anke, Butt, Salm
5 Hecht, Lachs, Orade, Renke, Stoer
6 Dorsch, Hering, Schlei, Seeaal, Zander
7 Felchen, Flunder, Forelle, Karpfen, Makrele, Sardine, Schleie, Scholle, Seehase, Sprotte
8 Heilbutt, Kabeljau, Seezunge, Tunfisch
9 Pangasius, Steinbutt, Thunfisch
10 Goldbrasse

Speisefisch aus dem Meer
6 Seeaal

Speisefrüchte
4 Obst

S

Speisegang
7 Dessert
9 Vorspeise
10 Nachspeise
12 Hauptgericht
Speisegaststätte ▶ Restaurant
Speisegewürz
4 Salz, Senf, Zimt
5 Curry, Essig
6 Ingwer, Muskat, Nelken, Piment
7 Lorbeer, Paprika, Pfeffer
8 Kardamom
9 Koriander, Weinessig
Speisekrebs
6 Hummer
7 Garnele
Speisekupon
10 Essenmarke
Speisen zur Selbstbedienung
13 Kaltesbuefett
Speisenart
4 Brei
Speisenbestandteil
5 Zutat
7 Gewuerz
Speisender
5 Esser
Speisenfolge
4 Menu
5 Menue
6 Gedeck
Speisenzubereiter
4 Koch
Speisenzutat
4 Salz
Speiseöl
11 Kuechenfett
Speisepilz
6 Bovist, Marone, Reherl
7 Kuhmaul, Kuhpilz, Lorchel, Morchel, Parasol, Rehling, Reizker
8 Egerling, Eselsohr, Gehlchen, Gelbfuss, Gelbling, Hasenohr, Lackpilz, Perlpilz, Reifpilz, Rotkappe, Saftling, Tintling, Trueffel
9 Braetling, Ellerling, Graukappe, Gruenling, Klumpfuss, Krempling, Mousseron, Steinpilz, Taeubling
10 Butterpilz, Champignon, Dotterpilz, Hallimasch, Kaiserling, Ritterling, Schirmpilz, Schmerling, Ziegenbart
11 Eierschwamm, Pfifferling, Stoppelpilz, Ziegenlippe
12 Habichtspilz, Rothaeubchen, Struppelkopf
13 Kapuzinerpilz, Totentrompete
14 Herbsttrompete
Speiseraum
5 Mensa, Messe
6 Kasino
7 Kantine
11 Refektorium
Speiseraum der Studenten
5 Mensa
Speisesack des Jägers
4 Aser
Speisestätte für Studenten
5 Mensa
Speisewürze
4 Salz, Senf
7 Ketchup, Pfeffer
8 Ketschup, Mostrich
Speisewurzel
6 Moehre
7 Rettich
10 Radieschen
11 Meerrettich
Speisezimmer in Burgen
6 Remter
Speisezutaten
11 Suppengruen
Spektabilität
5 Dekan
Spektakel
5 Krach, Laerm
7 Klamauk
Spektrum
9 Farbfolge
Spekulant
6 Jobber
13 Gluecksritter
Spelunke
9 Kaschemme
spendabel
10 freigiebig
11 grosszuegig
Spende
4 Gabe
6 Obolus
7 Almosen
8 Donation, Geschenk, Stiftung
10 Scherflein
Spendenbehältnis an Kirchentüren
10 Opferstock
Spender
5 Geber
7 Stifter
Spendierlaune
14 Freizuegigkeit
Sperberfalke
7 Habicht
Sperling
5 Spatz
10 Webervogel
Sperre
4 Wehr, Zaun
6 Gitter, Huerde, Riegel
7 Embargo
8 Barriere, Blockade, Schranke
Sperrfrist
6 Karenz
9 Wartezeit
11 Quarantaene
Sperrgestell
8 Stellage
Sperrklinke
5 Raste
Sperrstoß beim Fechten
5 Arret
Sperrung beim Buchdruck
7 Spatium
Sperrvorrichtung
5 Raste
6 Riegel
11 Arretierung
Sperrvorrichtung an Maschinen
11 Arretierung
Sperrzeit ▶ Sperrfrist
Sperrzeit bei der Jagd
9 Schonzeit
Spesen
6 Kosten
7 Aufwand, Diaeten
8 Auslagen, Unkosten
Spezi
6 Freund, Kumpan
7 Intimus, Kollege
10 Vertrauter

Spezialgebäck
12 Fruechtebrot
Spezialgebiet
7 Domaene
9 Disziplin
11 Hausstrecke
Spezialgebiet der Medizin (Abkürzung)
3 HNO
Spezialist
8 Facharzt, Fachmann
Spezialität aus Ungarn
17 Szegedinergulasch
Spezíallandwirt
9 Obstbauer
Spezialschiff
10 Eisbrecher
speziell
9 besonders
speziell ...
· **behandelter Balg des Schafes**
8 Babyfell
· **gedeckter Tisch**
9 Festtafel
speziell(e, er, es) ...
· **Bäckereiprodukt**
11 Gerstenbrot
· **Eingang**
11 Schiebetuer
· **Ernährung**
5 Diaet
· **Essgerätesatz**
12 Fischbesteck
· **Form von Fruchtgehölzen**
11 Spalierobst
· **Kochgefäß**
14 Alugrillpfanne
· **Kost für Kleinkinder**
13 Fertignahrung
· **Lenker**
5 Lotse
· **Möbel zum Windelwechsel**
13 Wickelkommode
· **Schaufel für das Dessert**
10 Eisloeffel
· **Teil des Essbestecks**
12 Mokkaloeffel
· **Tunke**
9 Sojasosse
· **Wandverkleidung**
10 Fototapete
· **Würzflüssigkeit**
13 Estragonessig

spezifische Masse
6 Dichte
spezifisches Gewicht
6 Wichte
Sphäre
5 Kreis, Kugel
6 Umwelt
7 Bereich
8 Umgebung
Spiegelei
6 Setzei
Spiegelsamt
5 Panne
Spiegelung
6 Reflex
9 Reflexion
10 Reflektion
11 Widerschein
Spiegelung auf Flächen
5 Glanz
spiegelungsgleich
11 symmetrisch
Spiel
4 Game
5 Match
6 Partie
11 Zerstreuung
12 Zeitvertreib
Spiel ...
· *mit* **28 Steinen**
6 Domino
· *zu* **mildtätigen Zwecken**
7 Benefiz
· *beim* **Skat**
4 Null, Solo
5 Grand
10 Null ouvert
Spielabfolge
8 Programm
Spielanfang beim Fußball
7 Anstoss
Spielart
5 Abart
6 Nuance
8 Variante
Spielbankangestellter
8 Croupier
Spielbeginn ...
· *beim* **Faustball**
6 Angabe
· *beim* **Fußball**
7 Anstoss
Spielbetrag
7 Einsatz

Spieleinsatz ...
· *beim* **Glücksspiel**
4 Mise
5 Poule
Spieler
5 Profi
6 Akteur, Zocker
7 Amateur
9 Hasardeur
Spieler eines Saiten-instruments
9 Gitarrist
Spieler, der die Karten verteilt
5 Geber
Spielergebnis
5 Score
8 Resultat
Spielfeldrand
3 Aus
5 Bande
Spielfigur
5 Kegel
Spielgeld
4 Chip
5 Jeton
Spielgerät
4 Ball
9 Schlaeger
Spielgewinn ...
· *im* **Tennis**
4 Game, Satz
Spielkarte
2 As
4 Asse, Bube, Dame, Ober
5 Bauer, Joker, Unter
6 Koenig
Spielkarte ...
· **die sticht**
6 Trumpf
· *mit* **Narrenbild**
5 Joker
· *im* **Tarock**
5 Kaval
Spielkartenfarbe
3 Pik, Rot
4 Herz, Karo
5 Coeur, Kreuz, Treff
6 Eichel, Herzen
7 Schippe
8 Eckstein, Schellen
Spielkartenstapel
5 Talon
Spielklasse
4 Liga

S

Spielkügelchen
6 Murmel
Spielleiterin
11 Regisseurin
Spielleitung
5 Regie
Spielmann
7 Pfeifer
Spielmarke
4 Chip
5 Fiche, Jeton
6 Plaque
Spielplan
8 Programm
10 Repertoire
Spielraum
5 Marge
8 Toleranz
Spielrunde
6 Partie
Spielscheibe beim Eishockey
4 Puck
Spielstein
5 Figur
Spielstein ...
· *beim* **Schach**
5 Bauer, Figur
Spieltisch der Orgel
7 Manuale
Spielunterbrechung
5 Pause
7 Wechsel
8 Halbzeit
Spielwiese
11 Tummelplatz
Spielwürfel
6 Knobel
Spielzeit
6 Saison
Spielzeug
4 Ball, Reif, Ring
5 Puppe, Teddy
6 Ballon, Rassel, Roller
7 Klapper, Kreisel
8 Spieluhr
9 Baukasten, Bausteine, Eisenbahn, Stofftier, Teddybaer
10 Hampelmann, Luftballon
11 Puppenstube
12 Brummkreisel, Puppenkueche
14 Steinbaukasten
Spielzeug, das beim Zahnen hilft
9 Beissring
Spielzubehör
13 Wuerfelbecher
Spieß
3 Ger
4 Pike
5 Lanze, Speer
9 Partisane
10 Hellebarde
Spieß der Landsknechte
4 Pike
Spießer
6 Hirsch, Pedant
7 Banause, Rehbock
9 Philister
10 Kleingeist
Spießgeselle
8 Komplice, Komplize, Konsorte
13 Helfershelfer
Spill
5 Winde
Spind
4 Lade
7 Schrank
Spindel
6 Kunkel
Spinett
7 Cembalo
12 Clavicembalo
Spinnenart
5 Milbe, Zecke
6 Kanker
8 Holzbock, Skorpion, Tarantel
11 Kreuzspinne, Vogelspinne, Weberknecht, Wolfsspinne
Spinnenbau
4 Netz
Spinnenkrebs
6 Krabbe
Spinnentiere
10 Arachniden
Spinnereiabfall
4 Werg
Spinnereiprodukt
4 Garn, Tuch
5 Faden, Stoff, Wolle
Spinngerät
3 Rad
6 Rocken
Spinnhülse
4 Kops
Spinnmaschine
9 Selfaktor
Spion
5 Agent, V-Mann
7 Spaeher, Spitzel
8 Lauscher
12 Kundschafter
Spionageinstrument
5 Wanze
12 Abhoergeraet
Spionin
7 Agentin
8 Mata Hari
Spiralnebel
7 Galaxie
Spiritist
9 Okkultist
12 Geisterseher
13 Spoekenkieker
spiritistische ...
· **Mittelsperson**
6 Medium
· **Sitzung**
6 Séance
spirituell
7 geistig
Spiritus
5 Geist, Sprit
7 Alkohol
9 Weingeist
Spital
6 Klinik
8 Hospital
10 Altersheim
11 Krankenhaus
spitz
6 mokant
10 spoettisch
spitz(e, er, es) ...
· **Berg**
3 Pik
· **Gegenstand**
5 Nadel
· **Metallstift**
5 Nagel
· **Pflanzenteil**
4 Dorn
7 Stachel
· **Stechwerkzeug**
4 Ahle, Dorn
5 Dolch, Nadel
6 Messer, Pfriem

Spitzbart
11 Henriquatre
Spitzbube
4 Dieb
5 Filou
6 Ganove, Gauner
7 Stehler
9 Betrueger
10 Langfinger
Spitze
4 Zahn
5 Zacke, Zinke
spitze Bemerkung
9 Stichelei
Spitze einer Truppe
4 Tete
Spitzel
5 Agent, Spion
Spitzen herstellen
9 kloeppeln
Spitzenband an Frauenhauben
5 Barbe
Spitzenkoch ...
· *aus* **Bad Neuenahr**
10 Steinheuer
· *aus* **Heppenheim**
10 Steinheuer
Spitzenkönner
2 As
3 Ass
4 Asse, Star
5 Crack
8 Champion
9 Koryphaee
Spitzenkönner beim Tennis
5 Crack
Spitzenkragen
6 Berthe
Spitzenkünstler
4 Star
Spitzenleistung
6 Rekord
10 Superlativ
Spitzenreiter
6 Leader
15 Tabellenfuehrer
Spitzenschlager
3 Hit
Spitzensportler
► Spitzenkönner
Spitzenstück des Rinderfilets
9 Tournedos
Spitzentechnologie
8 Hightech
Spitzenwert (Technik)
4 Peak
spitzfindig
6 subtil
10 pedantisch, raffiniert
11 kasuistisch, sophistisch
12 rabulistisch
15 haarspalterisch
Spitzfindigkeit
13 Haarspalterei, Wortklauberei
Spitzgiebel
7 Wimperg
Spitzhacke
5 Picke
6 Pickel
Spitzkeil
5 Picot
Spitzname
6 Uzname
7 Beiname
Spitzname ...
· **Eisenhowers**
3 Ike
· *des* **englischen Soldaten**
5 Tommy
· *der* **französischen Polizisten**
4 Flic
· *des* **US-Amerikaners**
6 Yankee
Spitzname für Rihanna
4 Riri
Spitzpfeiler
7 Obelisk
Spitztürmchen
5 Fiale
Spleen
4 Tick
5 Laune, Macke
6 Fimmel, Grille
7 Einfalt, Marotte
8 Schrulle
spleenig
10 wunderlich
Spleißnadel
3 Fid
Splitter
4 Span
splitterfreies Glas
7 Sekurit
Spökenkieker
9 Spiritist
Sponsor
9 Finanzier, Geldgeber
spontan
5 adhoc
8 impulsiv
13 unreflektiert
Sporadeninsel
5 Samos
6 Chalke, Ikaria, Patmos, Rhodos, Skyros
8 Skiathos, Skopelos
9 Alonnisos
Spore
5 Zelle
8 Keimkorn
Sporenpflanze
4 Farn, Moos, Pilz
13 Schachtelhalm
Sporn
4 Dorn, Kufe
6 Spitze
7 Stachel
8 Fortsatz
Sport ...
· *für* **die ganz Kleinen**
12 Kinderturnen
· *zur* **Körperertüchtigung**
15 Fitnesstraining
Sportanlage
3 Bad
4 Bahn, Feld
5 Arena, Forum, Loipe, Piste
7 Bobbahn, Boxring, Eisbahn, Freibad, Schanze, Stadion
8 Motodrom, Parcours, Polofeld, Reitbahn, Rennbahn, Rundkurs, Velodrom
9 Fechtbahn, Flugplatz, Hallenbad, Kegelbahn, Reithalle, Rennplatz, Spielfeld, Turnhalle
10 Schwimmbad, Sportplatz, Tattersall
11 Radrennbahn, Rennstrecke
13 Sprungschanze
Sportanlage in Gaststätten
9 Kegelbahn
Sportanzug
5 Dress
6 Trikot

Sportart
4 Golf, Judo, Polo, Tanz
5 Boxen, Gehen, Rugby
6 Angeln, Boccia, Hockey, Karate, Kegeln, Laufen, Reiten, Ringen, Rodeln, Rudern, Segeln, Slalom, Tennis, Turnen
7 Billard, Bowling, Curling, Eislauf, Eistanz, Fechten, Kricket, Krocket, Paddeln, Radball, Radpolo, Skilauf, Tauchen
8 Baseball, Biathlon, Eissport, Fussball, Handball, Jiu-Jitsu, Korbball
9 Badminton, Bobfahren, Eishockey, Eislaufen, Faustball, Gymnastik, Prellball, Radfahren, Schiessen, Schwimmen, Segelflug, Skilaufen, Speerwurf, Zehnkampf
10 Basketball, Diskuswurf, Dreisprung, Fuenfkampf, Hammerwurf, Hochsprung, Kanuslalom, Paarlaufen, Slalomlauf, Trabrennen, Volleyball, Wasserball, Weitsprung
11 Bergsteigen, Bodenturnen, Huerdenlauf, Skilanglauf, Skispringen, Speerwerfen, Staffellauf, Tischtennis, Zwoelfkampf
12 Abfahrtslauf, Diskuswerfen, Gewichtheben, Hammerwerfen, Kugelstossen, Marathonlauf, Riesenslalom, Schwimmsport

Sportausbilder
7 Trainer

Sportauto
9 Rennwagen

Sportbegriff
8 Endrunde

Sportbekleidung
7 Leggins

Sportbekleidung für die Füße
15 Gymnastikschuhe

Sportbetreuer
7 Manager

Sportboot
3 Gig
4 Kanu
5 Einer, Kajak, Skiff
6 Achter, Vierer, Zweier
7 Skuller
8 Faltboot, Inborder, Kanadier

Sportdress
14 Trainingsanzug

Sportfeld
5 Arena
7 Stadion

Sportfest
7 Turnier
9 Olympiade
13 Meisterschaft

Sportfischer
6 Angler

Sportgebäude
9 Turnhalle

Sportgerät
3 Bob, Rad, Ski, Tau
4 Ball, Bock, Puck, Reck, Reif, Schi, Seil, Stab
5 Angel, Bogen, Degen, Kegel, Keule, Pfeil, Rodel, Ruder, Skier, Speer
6 Balken, Barren, Diskus, Flinte, Gewehr, Hammer, Hantel, Huerde, Saebel, Skibob, Tandem, Trapez
7 Billard, Buechse, Florett, Pistole, Rennrad
8 Armbrust, Fussball, Handball, Rhoenrad, Skeleton
9 Angelrute, Bobsleigh, Faustball, Federball, Prellball, Rollschuh, Rugbyball, Schlaeger, Schlitten, Seitpferd, Trampolin
10 Basketball, Schlagball, Tennisball, Wasserball

Sportgerät ...
· *der* **Werfer**
5 Speer
6 Diskus, Hammer

Sportgröße ▸ Spitzenkönner

Sportgrundsatz
8 Fair Play, Fairness, Fairplay

Sportklasse
4 Liga

Sportlehrer
5 Coach
7 Trainer

Sportler
6 Golfer
7 Fechter
12 Diskuswerfer, Wasserballer

Sportler ...
· *ohne* **Bezahlung**
7 Amateur
· *der* **Leichtathletik**
5 Geher

sportlich ...
· **anständig**
4 fair
· **durchtrainiert**
3 fit
6 topfit
· **gestählt**
7 drahtig

sportlich(e, er, es) ...
· **Ärmelweste**
10 Lumberjack
· **Auseinandersetzung**
5 Kampf
· **Auszeichnung**
5 Pokal, Preis
7 Urkunde
8 Medaille, Trophaee
· **Bergsteigen**
10 Alpinismus
· **Endspiel**
6 Finale
· **Höchstleistung**
6 Rekord
· **Jackett**
6 Blazer
· **Kleidung**
5 Dress
6 Jersey, Trikot
8 Turnzeug
12 Jogginganzug
14 Trainingsanzug
· **Kopfbedeckung**
12 Schirmmuetze
· **Kraft- und Leistungsübungen**
14 Aufbautraining
· **Kurzarmhemd**
9 Poloshirt
· **Laufschuhe**
6 Spikes

- **Mantel**
  6 Raglan
- **Rückstufung**
  7 Abstieg
- **Übung**
  8 Training
- **Vorkampf**
  12 Ausscheidung
- **Wahlübung**
  4 Kuer
- **Wettkampf**
  5 Match, Spiel
  6 Rennen
  7 Regatta, Turnier
  9 Mehrkampf, Olympiade

Sportmannschaft
3 Elf
4 Crew, Team
5 Riege
6 Equipe

Sportmodedesigner
6 Bogner

Sportpaddelboot
5 Kajak

Sportpferd
6 Renner, Traber
7 Flieger

Sportplatzbeleuchtung
9 Flutlicht

Sportpokal
3 Cup

Sportpreis
3 Cup
5 Pokal
7 Urkunde
8 Medaille, Plakette, Schaerpe
10 Ehrennadel

Sportruderboot ▶ Sportboot

Sportschlitten
3 Bob
5 Rodel
8 Skeleton
9 Bobsleigh

Sportsegelboot
4 Yawl
5 Jacht, Jolle, Yacht
7 Tempest
9 Katamaran

Sportstätte ▶ Sportanlage

Sporttipp
5 Wette

Sporttrophäe ▶ Sportpreis

Sportübungsleiter
7 Trainer

Sportveranstalter
8 Promoter

Sportveranstaltung
5 Derby, Match, Spiel
6 Rallye, Rennen
7 Regatta, Turnier
9 Olympiade, Wettkampf
12 Laenderkampf, Laenderspiel
13 Meisterschaft
15 Sechstagerennen
17 Weltmeisterschaft
19 Europameisterschaft

Sportverein in Madrid
4 Real

Sportwagen
6 Spider
8 Roadster

Sportwettbewerb
6 Rennen

Sportwette
4 Toto

Spott
4 Hohn
6 Ironie, Satire
7 Parodie
9 Sarkasmus
11 Verhoehnung

Spottbild
9 Karikatur

Spottdrossel
8 Spoetter

Spötter
7 Zyniker
12 Spottdrossel

Spottgedicht
6 Satire
8 Epigramm
10 Persiflage

spöttisch
5 spitz
6 bissig, mokant
7 boshaft, zynisch
8 ironisch
9 hoehnisch, satirisch
11 laesterlich, schadenfroh

spöttische Bemerkung
6 Glosse

spöttischer Kritiker
9 Satiriker

Spottname für den Deutschen
6 Michel

Spottschrift
6 Satire

Spottvers ▶ Spottgedicht

sprachbegabter ...
- **Singvogel**
  3 Beo
- **Vogel**
  3 Beo

Sprache
6 Latein
7 Deutsch, Indisch
8 Arabisch, Englisch, Russisch, Spanisch
9 Flaemisch, Ungarisch
10 Griechisch
11 Italienisch
12 Franzoesisch

Sprache ...
- *der* **alten Römer**
  6 Latein
- *der* **Antike**
  6 Latein
- *in* **Westafrika**
  3 Ewe

Spracheigentümlichkeit
5 Idiom

Spracherzieher
9 Logopaede

Sprachforscher
8 Linguist
9 Philologe

Sprachheilkunde
10 Logopaedie

Sprachkundiger
11 Dolmetscher

Sprachkunstwerk in Versen
7 Gedicht

sprachlos
5 platt, still, stumm
7 perplex

Sprachrohr
7 Megafon
8 Megaphon
13 Fluestertuete

sprachunfähig
5 stumm

Sprachwissenschaft
10 Linguistik, Philologie

sprachwissenschaftlich(e, er, es) ...
- **Eigenschaftswort**
  8 Adjektiv
- **Fürwort**
  12 Praeposition
- **Hauptwort**
  10 Substantiv

- **Teilgebiet**
  6 Syntax
  8 Phonetik, Semantik
  9 Grammatik
  10 Etymologie
  11 Morphologie
- **Zeitwort**
  4 Verb

Spray
12 Spruehmittel

Sprechbehinderter
9 Stotterer

Sprechdauer im Parlament
8 Redezeit

sprechen
5 reden

Sprecher
6 Redner
7 Ansager, Speaker
9 Moderator
11 Kommentator, Wortfuehrer

Sprecherziehung
8 Rhetorik

Sprechgesang
8 Parlando
9 Rezitativ

Sprechstil
9 Redeweise

Sprechstunde
10 Ordination

sprechunfähig
5 stumm

Sprechwerkzeug
4 Zahn
5 Lippe, Zunge
6 Stimme
8 Kehlkopf

Sprechzimmer
6 Praxis
10 Ordination

Spreeathen
6 Berlin

Spreizschritt
6 Spagat

Spreizsprung
9 Graetsche

Sprengel
6 Pfarre
7 Pfarrei
8 Dioezese, Parochie
10 Amtsbezirk, Kirchspiel

sprengend
7 brisant
8 explosiv

Sprengkörper
4 Mine
5 Bombe
6 Rakete
7 Granate, Torpedo

Sprengkörper mit Uhrzünder
9 Zeitbombe

Sprengkraft
7 Brisanz

Sprengschlag
9 Explosion
10 Detonation

Sprengstoff
3 TNT
5 Hexyl
6 Lyddit, Pulver
7 Dynamit, Ekrasit, Kinetit, Melinit, Roburit
13 Nitrogelatine, Nitroglyzerin, Schiesspulver, Schwarzpulver
14 Trinitrotoluol

Spreu
4 Kaff
5 Spelz
6 Abfall, Spelze

Springbrunnen
8 Fontaene

springende ...
- **heiße Quelle**
  6 Geiser, Geysir

Sprinterschuhe
6 Spikes

Spritze
9 Injektion

Spritzenmann
13 Feuerwehrmann

Spritzer (Cocktail)
4 Dash

spritziges alkoholisches Getränk
8 Perlwein

Spritztour
7 Ausflug
9 Abstecher

spröde
4 herb
6 pruede
9 abweisend, engherzig
13 unzugaenglich

Spross
5 Trieb
6 Spitze
9 Nachkomme
11 Schoessling

Sprossanlage (Biologie)
6 Knospe

Sprosse
5 Stufe
8 Querholz
9 Hautfleck

Sprossen des Hirschgeweihs
5 Enden

Sprossengestell
6 Leiter

Sprossenpilz
4 Hefe

Sprössling ...
- *einer* **Pflanze**
  6 Senker
  7 Ableger

Spruch
5 Xenie
8 Epigramm
10 Aphorismus

Spruchband ...
- *in* **Comics**
  11 Sprechblase
- *bei* **Demonstrationen**
  11 Transparent
- *auf* **Gemälden**
  9 Banderole

Spruchgedicht
7 Priamel

Spruchsammlung
3 Ana

Sprudel
6 Wirbel
7 Selters
13 Mineralwasser

sprudelnd kochen
7 brodeln

Sprühbilder
8 Graffiti

Sprühmittel
5 Spray

Sprühregen
11 Nieselregen

Sprühvorrichtung
5 Duese

Sprühwasser
6 Gischt

Sprung
4 Riss, Satz
5 Spalt
6 Hopser
7 Huepfer, Kaskade

Sprung ...
- *beim* **Eislauf**
  4 Axel, Flip, Lutz

7 Salchow, Toeloop
10 Rittberger
· *mit* **Überschlag**
5 Salto
Sprunganlage für Wintersportler
7 Schanze
Sprunglaufhindernis
6 Huerde
Spucke
6 Geifer
8 Speichel
Spuk
5 Geist
8 Gespenst
Spule
5 Rolle, Walze
6 Huelse
Spulenring
6 Wirtel
Spülstein
7 Ausguss
Spur
4 Idee
5 Hauch, Indiz
7 Faehrte, Merkmal
11 Kennzeichen, Kleinigkeit
12 Anhaltspunkt
Spur des Schalenwilds
7 Faehrte
spüren
6 merken
10 wahrnehmen
Spürjagd
6 Pirsch
Spürsinn
7 Riecher
8 Instinkt
10 Findigkeit
Sputnik
8 Satellit
Staat ...
· *in* **Afrika**
5 Kongo, Zaire
6 Guinea, Ruanda, Tschad
7 Burundi
8 Djibouti, Tunesien
· *der* **Apenninenhalbinsel**
7 Italien, Vatikan
9 San Marino
· *im* **Atlantik**
6 Irland, Island
7 England
15 Grossbritannien
· *der* **Balkanhalbinsel**
8 Albanien
9 Bulgarien, Rumaenien
11 Jugoslawien
12 Griechenland
· *im* **Baltikum**
7 Litauen
· *im* **Himalaja**
5 Nepal
6 Bhutan, Sikkim
· *in* **Hinterindien**
4 Laos
5 Birma
7 Vietnam
8 Malaysia, Singapur, Thailand
10 Kambodscha
· *am* **Horn von Afrika**
8 Djibouti
· *in* **Indien**
5 Assam
· *in* **Indochina**
7 Vietnam
· *auf der* **Insel Hispaniola**
5 Haiti
· *im* **Kongogebiet**
5 Zaire
· *in* **Mittelamerika**
4 Kuba
5 Haiti, Kongo
6 Belize, Panama
7 Jamaika
8 Honduras
9 Costa Rica, Guatemala, Nicaragua
10 El Salvador
22 Dominikanische Republik
· *in* **Mitteleuropa**
5 Polen
6 Ungarn
7 Schweiz
8 Slowakei
9 Luxemburg
11 Deutschland, Oesterreich
13 Liechtenstein
20 Tschechische Republik
· *im* **Mittelmeer**
5 Malta
6 Zypern
· *im* **Nahen und Mittleren Osten**
4 Irak, Iran, Oman
5 Jemen, Katar, Qatar
6 Israel, Kuwait, Kuweit, Syrien, Zypern
7 Bahrain, Bahrein, Libanon, Tuerkei
9 Jordanien
11 Afghanistan
12 Saudi-Arabien
17 Vereinigte Emirate
· *in* **Nordafrika**
5 Sudan
6 Libyen
7 Marokko
8 Aegypten, Algerien, Tunesien
11 Mauretanien
· *in* **Nordamerika**
3 USA
6 Canada, Kanada
17 Vereinigte Staaten
· *in* **Nordeuropa**
6 Island
8 Finnland, Norwegen, Schweden
9 Daenemark
· *in* **Nordostafrika**
5 Sudan
· *im* **Orient**
4 Iran
· *in* **Ostafrika**
5 Kenia
6 Malawi, Ruanda, Rwanda, Uganda
7 Djibuti, Somalia
8 Simbabwe, Tansania
9 Mauritius
10 Aethiopien, Madagaskar, Moçambique, Seychellen
· *in* **Ostasien**
5 China, Japan, Korea
6 Taiwan
8 Mongolei
9 Nordkorea, Suedkorea
11 Philippinen
· *in* **Osteuropa**
7 Ukraine
· *in* **Ozeanien**
5 Irian, Nauru
7 Fidschi
10 Australien, Neuseeland
14 Papua Neuguinea
· *der* **Pyrenäenhalbinsel**
7 Andorra, Spanien
8 Portugal
· *in* **Südafrika**
6 Sambia
7 Lesotho, Namibia
8 Botswana, Simbabwe

9 Rhodesien
10 Suedafrika
· *in* **Südamerika**
4 Peru
5 Chile
6 Guyana
7 Ecuador, Grenada, Surinam, Uruguay
8 Bolivien, Paraguay
9 Brasilien, Kolumbien, Venezuela
11 Argentinien
· *in* **Südarabien**
5 Jemen
· *in* **Südasien**
5 Nepal
6 Bhutan, Indien
8 Pakistan, Sri Lanka
10 Bangladesh
· *in* **Südeuropa**
5 Malta
6 España, Italia, Monaco
7 Andorra, Italien, Spanien
8 Portugal
9 San Marino
12 Vatikanstaat
· *in* **Südostasien**
4 Laos
5 Birma, Burma
7 Vietnam
8 Malaysia, Singapur, Thailand
9 Malediven
10 Indonesien, Kambodscha
· *in* **Südosteuropa**
6 Zypern
7 Serbien
8 Albanien, Kroatien
9 Bulgarien, Rumaenien
11 Jugoslawien
12 Griechenland
· *in* **Südwestafrika**
6 Angola
· *der* **USA**
4 Iowa
5 Idaho, Texas
6 Kansas, Nevada
7 Arizona, Indiana
· *in* **Vorderasien**
4 Iran
· *in* **Westafrika**
4 Mali, Togo
5 Benin, Gabun, Ghana, Kongo, Niger
6 Angola, Guinea
7 Kamerun, Liberia, Nigeria, Senegal
11 Burkina Faso, Mauretanien, Sierra Leone
12 Guinea Bissau
15 Elfenbeinkueste
· *in* **Westeuropa**
6 Irland
7 Belgien
10 Frankreich
11 Niederlande
15 Grossbritannien
· *in* **Zentralamerika**
9 Guatemala
· *auf* **zwei Kontinenten**
7 Tuerkei

Staaten ...
· **bildendes Insekt**
6 Ameise
7 Termite

Staatenbund in Eurasien (Abkürzung)
3 GUS

Staatenbündnis
2 UN
3 UNO
7 Allianz, Entente
8 Alliance
11 Voelkerbund

staatlich(e, er, es) ...
· **Ausfuhrverbot**
7 Embargo
· **Beihilfe für Familien**
10 Elterngeld
· **Mietzuschuss**
8 Wohngeld
· **Rechtspflege**
6 Justiz
· **Stellenvermittlung**
10 Arbeitsamt
· **Unternehmen**
4 Post
· **Verkehrsbetrieb**
4 Bahn
· **Vollziehungsgewalt**
9 Exekutive
· **Vorschrift**
6 Gesetz
10 Verordnung
· **Wirtschaftslenkung**
10 Dirigismus

Staatsabgabe
6 Steuer
7 Gebuehr

Staatsangehörigkeit
13 Nationalitaet

Staatsangestellter
7 Beamter

Staatsbediensteter
7 Beamter

Staatsdiener
7 Beamter

Staatsdienerin
7 Beamtin

Staatseigentum
5 Aerar

Staatsetat
6 Budget
8 Haushalt

Staatsform
8 Despotie, Diktatur, Republik, Tyrannei, Tyrannis
9 Monarchie
10 Demokratie, Oligarchie
11 Feudalismus
12 Absolutismus, Staendestaat
15 Volksdemokratie

Staatsführung
9 Regierung

Staatsgebiet
11 Territorium
13 Hoheitsgebiet

Staatsgemeinschaft
4 Volk
6 Nation

Staatsgut
7 Domaene

Staatshaushalt
4 Etat
6 Budget

Staatskasse
6 Fiskus

Staatskunst
10 Diplomatie

Staatskutsche
7 Karosse
8 Equipage

Staatsmann
9 Politiker

Staatsoberhaupt
6 Regent
7 Monarch
10 Praesident

Staatsorgan
9 Regierung

Staatsrat im antiken Rom
5 Senat

S

Staatssäckel ▶ Staatskasse
Staatsschatz
5 Aerar
Staatssklave in Sparta
5 Helot
Staatsstreich
6 Putsch
Staatssymbol
5 Fahne, Hymne
6 Farben, Flagge, Wappen
Staatsteil ...
· **außerhalb der Grenzen**
7 Exklave, Kolonie
9 Besitzung
Staatsverbrechen
10 Hochverrat
12 Landesverrat
Staatsverfassung
11 Grundgesetz
12 Konstitution
Staatsvertreter
6 Konsul
8 Diplomat
11 Botschafter
Staatsvolk
6 Nation
Staatszuschuss
10 Subvention
Stab
4 Team
5 Stock
6 Beirat, Stange
7 Leitung, Stecken
Stäbchen zum Feuer machen
11 Streichholz
Stäbchenspiel
6 Mikado
Stand des Ritters
8 Edelmann
Stabholz
5 Latte
stabil
4 fest, hart
6 robust
7 haltbar
9 dauerhaft, standfest
10 bestaendig
stabile Kopfbedeckung
4 Helm
stabiler Verband
4 Gips
Stabilisator von Hüfte und Hüftgelenk
13 Gesaessmuskel
Stabreim
12 Alliteration
Stabsoffizier
6 Oberst
Stabtierchen
8 Bakterie
Stachel
4 Dorn
5 Sporn
6 Borste, Spitze
Stachelhäuter
7 Seeigel
8 Seestern, Seewalze
stachelige Pflanze
10 Igelkaktus
stacheliger Säulenkaktus
15 Madagaskarpalme
Stachelinsekt
5 Wespe
Stachelkeule
11 Morgenstern
Stachelpflanze
4 Rose
6 Distel, Kaktee, Kaktus
Stacheltier
4 Igel
14 Stachelschwein
Stadel
7 Scheuer, Scheune, Schober
8 Schuppen
Stadion
5 Arena
8 Rennbahn
9 Hippodrom
10 Sportplatz
Stadium
5 Phase, Stufe
9 Abschnitt
Stadt ...
· *als* **Gemeinde**
7 Kommune
· *in* **Nevada** (Las Ö)
5 Vegas
Stadt, Gemeinde ...
· *an der* **Aa**
5 Ahaus
· *an der* **Aare**
5 Aarau, Olten
9 Solothurn
· *in* **Abchasien**
7 Suchumi
· *an der* **Adria**
4 Bari, Pula
5 Split, Zadar
6 Ancona, Rijeka, Rimini, Triest
7 Venedig
8 Brindisi
9 Dubrovnik
· *in* **Afghanistan**
5 Kabul
7 Baghlan, Maimana
· *in* **Afrika**
3 Fes, Ibo
4 Sais, Sues, Suez
5 Akkra, Beira, Dakar, Duala, Giseh, Gizeh, Kairo, Lagos, Tunis
6 Abukir, Agadir, Aleppo, Algier, Assuan, Banjul, Durban, Harare, Jaunde, Kankan, Kigali, Luanda, Meknes, Tabora, Tanger, Tetuan, Theben, Tobruk
7 Abidjan, Bengasi, Bizerta, Conakry, Entebbe, Kampala, Kasanga, Khartum, Mascara, Mombasa, Nairobi, Njangwe, Rosette, Windhuk
8 Freetown, Gaborone, Kapstadt, Kinshasa, Monrovia, Port Said, Pretoria, Sansibar, Timbuktu, Tripolis, Windhoek
9 Dschibuti, Gaberones, Granville, Jamestown, Kimberley, Salisbury
10 Addis Abeba, Alexandria, Casablanca, Daressalam, Marrakesch, Moçambique, Mogadischu
11 Brazzaville, Livingstone
12 Antananarivo, Johannesburg
· *in* **Ägypten**
2 On
4 Edfu, Gise, Kena, Sues, Suez
5 Giseh, Gizeh, Kairo, Luxor
6 Abukir, Assuan
8 Port Said
9 El Alamein
10 Alexandria
· *in* **Albanien**
5 Berat, Korçë, Vlorë
6 Tirana

- *in* **Algerien**
  4 Bone, Oran
  5 Batna, Sétif
  6 Algier, Annoba
- *an der* **Aller**
  5 Celle
  6 Verden
  7 Gifhorn
- *im* **Allgäu**
  4 Isny
  6 Wangen
  7 Fuessen, Kempten
  9 Sonthofen
  10 Oberstdorf
- *im* **alten Ägypten**
  4 Sais
  5 Luxor
  7 Memphis
  10 Alexandria, Heliopolis
- *im* **alten Babylon**
  5 Akkad
- *im* **alten Griechenland**
  5 Argos, Athen, Milet
  6 Abdera, Mykene, Smyrna, Sparta, Theben
- *im* **alten Persien**
  4 Susa
  10 Persepolis
- *in* **Amerika**
  3 Rio
  4 Erie, Hull, Leon, Lima, Reno, Yuma
  5 Akron, Bahia, Belém, Colón, La Paz, Macon, Miami, Omaha, Quito, Salem, Tampa, Tulsa
  6 Albany, Austin, Balboa, Bogotá, Boston, Dallas, Denver, Duluth, Easton, El Paso, Habana, Helena, Joplin, Lowell, Manaus, Mexiko, Newark, Newton, Paraná, Puebla, Quebec, Recife, Santos, Tucson
  7 Atlanta, Augusta, Bristol, Buffalo, Chelsea, Chester, Chicago, Clinton, Detroit, Halifax, Hoboken, Houston, Key West, La Plata, Lincoln, Madison, Memphis, Mendoza, New York, Newport, Oakland, Olympia, Raleigh, Reading, Santa Fé, Seattle, Tampico, Toronto, Tucuman, Wichita
  8 Amarillo, Appleton, Asunción, Bradford, Brasilía, Columbus, Hamilton, Las Vegas, Montreal, New Haven, Pasadena, Portland, Richmond, San Diego, San Pedro, Santiago, Sao Paulo, Savannah, Veracruz, Winnipeg
  9 Anchorage, Annapolis, Baltimore, Cambridge, Cleveland, Davenport, Des Moines, Fort Worth, Guayaquil, Hollywood, Knoxville, Lakehurst, Lancaster, Lexington, Long Beach, Mansfield, Milwaukee, Nashville, Palm Beach, Princeton, Rochester, Vancouver
  10 Birmingham, Bridgeport, Charleston, Cincinnati, Evansville, Harrisburg, Jersey City, Kansas City, Los Angeles, Louisville, Montgomery, New Orleans, Paramaribo, Pittsburgh, Providence, Sacramento, San Antonio, Valparaíso, Washington
  11 Buenos Aires, Grand Rapids, Minneapolis, San Salvador, Springfield
  12 Indianapolis, Oklahoma City, Philadelphia, Port au Prince, Rio de Janeiro, Salt Lake City, San Francisco
- *in* **Angola**
  6 Lobito, Luanda
  8 Benguela
- *in* **Argentinien**
  5 Junín, Salta
  6 Arenas, Atucha, Parana, Viedma
  7 Córdoba, La Plata, Mendoza, Rosario, San Juan, Santa Fe, Tucuman
  9 Santa Cruz
  11 Buenos Aires, Mar del Plata
- *in* **Armenien**
  6 Eriwan
- *bei* **Arnheim**
  3 Ede
- *am* **Arno**
  4 Pisa
  7 Florenz
- *bei* **Arras**
  4 Sens
- *in* **Aserbaidschan**
  4 Baku
- *in* **Asien**
  4 Aden, Agra, Aksu, Baku, Gaza, Gifu, Hama, Kobe, Mito, Oman, Omsk, Riad, Sana, Sian, Tais, Tura
  5 Adana, Amman, Basra, Batum, Bursa, Delhi, Haifa, Hanoi, Herat, Izmir, Jaffa, Kabul, Kelat, Kioto, Lhasa, Mekka, Osaka, Sanaa, Seoul, Tokio
  6 Abadan, Aleppo, Ankara, Bagdad, Beirut, Bombay, Djidda, Eriwan, Kanton, Lahore, Madras, Madura, Manila, Medina, Peking, Penang, Rangun, Saigon, Taipeh, Tiflis
  7 Alma Ata, Bandung, Bangkok, Batavia, Benares, Colombo, Irkutsk, Isfahan, Jakutsk, Karachi, Lucknow, Nanking, Sapporo, Schiras, Taebris, Teheran, Tel Aviv
  8 Damaskus, Djakarta, Hongkong, Jokohama, Kalkutta, Katmandu, Mandalay, Nagasaki, Neu Delhi, Rourkela, Shanghai, Singapur, Tientsin, Tsingtau, Yokohama
  9 Ahmedabad, Allahabad, Antiochia, Hiroshima, Jerusalem, Karatschi, Phnom Penh, Samarkand, Schanghai, Singapore, Taschkent, Trapezunt, Tschengtu, Ulan Bator
  10 Haidarabad, Hiroschima, Pjoengjang, Port Arthur, Rawalpindi

11 Nowosibirsk, Wladiwostok
- *in* **Assyrien**
5 Assur
6 Kalach, Ninive
9 Dur Sargon
- *in* **Äthiopien**
3 Imi
4 Adua
5 Aksum, Desse, Dollo, Harar
6 Dessiè, Gondar, Harrar
8 Diredaua, Dschimma, Lalibela
10 Addis Abeba
- *in* **Australien und Ozeanien**
4 Eyre, Suva, Thio
5 Bowen, Derby, Eucla, Numea, Perth, Taree
6 Albany, Cairns, Darwin, Hobart, Madang, Nelson, Rabaul, Sydney, Timaru
7 Bendigo, Bunbury, Dunedin, Fanning, Honiara, Ipswich, Maytown, Russell, Winston, Wyndham
8 Adelaide, Auckland, Bathurst, Brisbane, Canberra, Cooktown, Hamilton, Hokitika, Somerset, Wangarai, Windorah
9 Esperance, Fremantle, Geraldton, Granville, Longreach, Melbourne
10 Wellington
12 Alice Springs, Christchurch
- *in* **Baden-Württemberg**
3 Ulm
4 Aach, Calw, Horb, Isny, Kehl, Lahr, Owen, Weil
5 Aalen, Buehl, Lorch, Urach
6 Achern, Asperg, Buchen, Hirsau, Nagold, Singen, Wangen
7 Ehingen, Haslach, Lauffen, Marbach, Mosbach, Rastatt, Triberg, Wildbad, Wimpfen, Wolfach
8 Backnang, Balingen, Biberach, Breisach, Bruchsal, Fellbach, Freiburg, Gaggenau, Konstanz, Leonberg, Loerrach, Mannheim, Rottweil, Sinsheim, Stockach, Tettnang, Waldshut, Weinheim, Wertheim, Wiesloch
9 Besigheim, Duerrheim, Eislingen, Ellwangen, Esslingen, Ettlingen, Heilbronn, Karlsruhe, Maulbronn, Meersburg, Oehringen, Offenburg, Pforzheim, Stuttgart, Tuebingen, Vaihingen, Villingen, Weinsberg
10 Baden-Baden, Bietigheim, Blaubeuren, Boeblingen, Crailsheim, Furtwangen, Geislingen, Gengenbach, Goeppingen, Heidelberg, Heidenheim, Hockenheim, Kuenzelsau, Muehlacker, Neckarsulm, Nuertingen, Pfullingen, Plochingen, Radolfzell, Ravensburg, Reutlingen, Rottenburg, Saeckingen, Tailfingen, Tuttlingen, Waiblingen, Weingarten
11 Emmendingen, Ludwigsburg, Mergentheim, Rheinfelden, Sigmaringen, Ueberlingen
12 Freudenstadt, Kornwestheim, Schwenningen, Schwetzingen, Sindelfingen
14 Donaueschingen
- *auf den* **Balearen**
5 Ibiza, Mahón, Palma
- *im* **Baltikum**
4 Riga
5 Memel, Reval, Wilna
- *in* **Bayern**
2 Au
3 Hof, Lam
4 Cham, Selb
5 Bogen, Bruck, Ebern, Naila, Regen, Toelz
6 Amberg, Coburg, Dachau, Erding, Fuerth, Landau, Laufen, Lindau, Neu-Ulm, Passau, Roding, Weiden
7 Aibling, Aichach, Altdorf, Ansbach, Arzberg, Bamberg, Fuessen, Hofheim, Kelheim, Kempten, Nabburg, Neuburg, Pegnitz, Zwiesel
8 Augsburg, Bad Toelz, Bayreuth, Erlangen, Freising, Garching, Garmisch, Grafenau, Kehlheim, Kulmbach, Landshut, Lauingen, Mainburg, Miesbach, Muenchen, Neumarkt, Parsberg, Penzberg, Weilheim, Zirndorf
9 Dillingen, Forchheim, Gemuenden, Griesbach, Guenzburg, Karlstadt, Kissingen, Kitzingen, Koetzting, Landsberg, Memmingen, Nuernberg, Obernburg, Plattling, Rosenberg, Rosenheim, Schwabach, Sonthofen, Starnberg, Straubing, Trostberg, Vilshofen, Wegscheid, Wertingen, Wolfstein, Wuerzburg, Wunsiedel
10 Altoetting, Bad Aibling, Beilngries, Burghausen, Deggendorf, Dingolfing, Eichstaett, Immenstadt, Ingolstadt, Kaufbeuren, Miltenberg, Muenchberg, Oberstdorf, Ochsenfurt, Ottobeuren, Regensburg, Rothenburg, Schwandorf, Traunstein, Vilsbiburg, Wasserburg
11 Donauwoerth, Eggenfelden, Lichtenfels, Noerdlingen, Reichenhall, Schweinfurt, Taufkirchen, Weissenburg
12 Dinkelsbuehl, Feuchtwangen, Gunzenhausen, Koenigshofen, Marktredwitz, Pfaffenhofen, Pfarrkirchen, Waldmuenchen
13 Aschaffenburg, Berchtesgaden, Tirschenreuth

14 Bad Reichenhall, Burglengenfeld, Wolfratshausen
- *in* **Belgien**
  3 Ans, Ath, Hal, Huy, Spa
  4 Arel, Gand, Gent, Lier, Mons
  5 Aalst, Arlon, Eeklo, Eupen, Gheel, Halle, Herve, Jumet, Leuze, Liège, Menen, Namur, Ronse, Tielt, Ypern
  6 Aarlen, Bergen, Binche, Boussu, Deurne, Dinant, Duffel, Izegem, Landen, Leuven, Lierre, Loewen, Meenen
  7 Bruegge, Hoboken, Limburg, Lokeren, Louvain, Malmedy, Mecheln, Ostende, Tournai
  8 Bastogne, Bruessel, Kortrijk, Luettich, Mechelen, Verviers
  9 Antwerpen, Charleroi, Roeselare
  10 Anderlecht
  13 Blankenberghe
- *im* **Bergischen Land**
  4 Haan
  7 Schwelm, Velbert
  8 Solingen
  9 Remscheid, Wuppertal
  10 Gevelsberg
- *an der* **Bergstraße**
  8 Bensheim, Weinheim
  10 Heidelberg, Heppenheim
- *bei* **Berlin**
  5 Nauen
  6 Bernau
- *mit dem* **berühmten Grabmal**
  4 Agra
- *in* **Birma**
  5 Akjab, Bhamo
  6 Lashio, Rangun
  7 Rangoon
- *am* **Bodensee**
  6 Hagnau, Lindau, Uttwil
  7 Bregenz, Kesswil
  8 Konstanz
  9 Meersburg, Rorschach
  10 Allensbach, Kressbronn, Nonnenhorn, Radolfzell, Romanshorn, Wasserburg
  11 Langenargen, Ueberlingen
  15 Friedrichshafen
- *in* **Böhmen**
  4 Eger
- *in* **Bolivien**
  5 La Paz, Oruro, Sucre
  6 Camiri, Potosí, Tarija
- *bei* **Bologna**
  5 Imola
- *auf* **Bornholm**
  6 Neksoe, Roenne
- *in* **Brandenburg**
  5 Forst, Guben, Peitz, Zinna
  6 Bernau, Kyritz, Luckau, Seelow, Teltow, Werder
  7 Cottbus, Luebben, Potsdam, Schwedt, Templin
  8 Kuestrin, Prenzlau, Rathenow
  9 Frankfurt, Jueterbog, Neuruppin, Perleberg
  10 Eberswalde, Fehrbellin
  11 Brandenburg, Liebenwerda, Luckenwalde, Oranienburg, Wittenberge
- *in* **Brasilien**
  3 Ipu, Rio
  5 Bahia, Belem
  6 Manaus, Recife, Santos
  7 Alagoas, Camocim, Corumba, Miranda, Pelotas, Vitória
  8 Belmonte, Bragança, Brasilia, Santarem, São Paulo, Teresina
  9 Rio Grande
  12 Rio de Janeiro
- *im* **Breisgau**
  8 Breisach, Freiburg
  11 Emmendingen
- *südlich von* **Bremen**
  4 Syke
- *an der* **Brenz**
  10 Heidenheim
- *in der* **Bretagne**
  6 Rennes
- *in* **Bulgarien**
  3 Lom
  4 Ruse
  5 Sofia, Warna
  7 Tarnovo
- *in* **Burgund**
  4 Dôle, Lons, Sens
  5 Autun, Bourg, Dijon, Mâcon, Nancy
  6 Beaune, Chalôn, Épinal
  7 Auxerre, Belfort, Moulins
  8 Besancon
- *auf* **Ceylon**
  5 Galle, Kandy
  6 Jaffna
  7 Colombo, Negombo
- *in der* **Champagne**
  5 Reims
- *am* **Chiemsee**
  5 Obing, Prien
  6 Bernau
- *in* **Chile**
  8 Valdivia
  10 Concepción, Valparaíso
  11 Antofagasta
  15 Santiago de Chile
- *in* **China**
  3 Kia, Uma
  4 Ansi, Hami, Sian, Taku, Wuhu, Wusi
  5 Hofei, Hsian, Hukou, Jenan, Kalun, Kirin, Lhasa, Paoki, Pautu, Tihwa, Tsepo, Wuhan, Wuhsi, Wuwei
  6 Anking, Dairen, Haikou, Juemen, Kalgan, Kanton, Kuefow, Linhai, Minhou, Mukden, Ningpo, Peking, Schasi, Sining, Tainan, Taipeh
  7 Anschan, Fuschun, Hanyang, Kaifeng, Kunming, Kweilin, Kweisui, Nanking, Nanning, Nantung, Tschifu, Wanhien
  8 Futschou, Hangjang, Hsingtai, Pinkiang, Schantou, Shanghai, Sotschou, Tientsin
  9 Kintschou, Ninghsien, Schanghai, Suetschau, Tschengtu, Urumtschi, Wutschang
- *in* **Costa Rica**
  5 Limón
  7 Cartago, Heredia, San José
- *an der* **Côte d'Azur**
  5 Nizza
  6 Cannes

· *in* **Dalmatien**
5 Split, Zadar
6 Trogir
9 Dubrovnik
· *in* **Dänemark**
3 Bov
4 Aars, Asaa, Hals, Ribe, Tarm
5 Aarup, Fakse, Hobro, Koege, Skive, Thule, Varde, Vejle
6 Aarhus, Alborg, Brande, Gedser, Maribo, Nusted, Nyborg, Odense, Roedby, Roenne, Skagen, Viborg
7 Aalborg, Esbjerg, Horsens, Korsoer, Randers, Tondern
8 Roskilde, Slagelse
9 Hirtshals, Nykoebing, Svendborg
10 Fredericia, Helsingoer, Kalundborg, Koebenhavn, Kopenhagen, Sonderburg
11 Skanderborg, Soenderborg
13 Frederikshavn
· *am* **Dnjepr**
4 Kiew
8 Smolensk
· *am* **Don**
4 Asow
6 Rostow
7 Sodonsk
9 Woronesch
· *an der* **Donau**
3 Ulm
4 Linz, Melk, Wien
5 Grein, Krems
6 Neu-Ulm, Passau
7 Belgrad, Neuburg
8 Budapest
9 Dillingen, Guenzburg, Pressburg, Straubing, Vilshofen
10 Bratislava, Ingolstadt, Regensburg, Riedlingen, Tuttlingen
11 Donauwoerth, Sigmaringen
14 Donaueschingen
· *an der* **Drau**
5 Esseg, Lienz
7 Marburg, Maribor, Spittal, Villach
· *bei* **Dresden**
5 Pirna
· *bei* **Düsseldorf**
5 Neuss
· *in* **Ecuador**
4 Loja
5 Macas, Quito
6 Ambato, Cuenca, Ibarra
· *in der* **Eifel**
4 Daun
5 Mayen, Pruem
6 Adenau
7 Bitburg
8 Wittlich
10 Gerolstein
· *an der* **Elbe**
4 Aken
5 Barby, Pirna, Stade, Wedel
6 Aussig, Dessau, Melník, Torgau
7 Dresden, Hamburg, Meissen, Strehla
8 Cuxhaven, Radebeul
9 Lauenburg, Magdeburg
10 Geesthacht, Wittenberg
· *im* **Elsass**
6 Colmar, Zabern
7 Hagenau, Saverne
8 Mulhouse
10 Muelhausen, Strasbourg, Strassburg
11 Weissenburg
12 Schlettstadt
· *an der* **Else**
5 Melle
· *an der* **Ems**
4 Leer
5 Emden, Rheda
6 Lathen, Lingen, Meppen, Rheine, Weener
9 Emsdetten, Warendorf
· *im* **Emsland**
6 Lingen
· *in* **England**
4 Bath, Eton, Hull, York
5 Derby, Dover, Epsom, Ewell, Goole, Hedon, Leeds, Leigh, Leith, Lewes, Rugby, Ryton, Selby, Stoke, Wells
6 Ashton, Bolton, Dundee, Durham, Exeter, Harlow, Hetton, Hexham, Ilford, Kendal, London, Morley, Neston, Oldham, Oxford, Penryn, Settle
7 Bedford, Bristol, Chatham, Chelsea, Chester, Halifax, Harwich, Ipswich, Margate, Norfolk, Norwich, Reading, Swindon, Warwick, Westham, Windsor
8 Barnsley, Bradford, Brighton, Coventry, Hastings, Kingston, Plymouth, Ramsgate, Richmond, Stafford, Stockton, Wallasey
9 Blackburn, Blackpool, Cambridge, Greenwich, Lancaster, Leicester, Liverpool, Newcastle, Rochester, Salisbury, Sheffield, Southport, Stratford, Tottenham, Worcester
10 Birmingham, Canterbury, Eastbourne, Folkestone, Manchester, Nottingham, Portsmouth, Shrewsbury, Twickenham
11 Bournemouth, Northampton, Southampton
· *an der* **englischen Ostküste**
4 Hull
· *im* **Erzgebirge**
3 Aue
· *in* **Estland**
5 Reval
· *an der* **Etsch**
3 Ala
5 Bozen, Meran
6 Trient, Verona
· *am* **Euphrat**
7 Babylon
· *auf* **Fehmarn**
4 Burg
· *in* **Finnland**
3 Åbo, Ljo
4 Oulu, Pori, Vasa
5 Lahti, Turku, Vaasa
6 Hamina, Kuopio
7 Kokkola, Tampere, Varkaus
8 Helsinki, Uleaborg
11 Helsingfors

- *am* **Fläming**
  6 Baruth
- *in* **Florida**
  5 Miami
- *auf* **Föhr**
  3 Wyk
- *auf* **Formosa** (Taiwan)
  6 Taipeh
- *bei* **Frankfurt**
  5 Hanau
- *in* **Frankreich**
  2 Ax, Ay, Gy
  3 Aix, Apt, Bar, Dax, Gap, Luz, Pau, Puy
  4 Agen, Albi, Alès, Auch, Caen, Laon, Lons, Lyon, Metz, Nice, Sens, Sete, Toul
  5 Arles, Arras, Blois, Bourg, Brest, Cluny, Digne, Dijon, Dinan, Douai, Évron, Guise, Lagny, Laval, Lille, Mâcon, Meaux, Melun, Nancy, Nîmes, Niort, Nizza, Noyon, Paris, Reims, Rodez, Rouen, Sedan, Tours, Vichy, Vitry
  6 Amiens, Angers, Bayeux, Beaune, Bitche, Cahors, Calais, Cannes, Chinon, Cognac, Colmar, Dieppe, Épinal, Évreux, Fécamp, Fréjus, Givors, Grasse, Hyères, Le Mans, Limoux, Loches, Longwy, Millau, Nantes, Nantua, Nevers, Orange, Pantin, Poissy, Prades, Rennes, Roanne, Senlis, Sèvres, Tarbes, Toulon, Troyes, Verdun, Vienne
  7 Alençon, Antibes, Auxerre, Avignon, Bayonne, Belfort, Béziers, Bourges, Épernay, Forbach, Hagenau, Le Havre, Limoges, Lorient, Lourdes, Orléans, Quimper, Roubaix, Saverne, Valence
  8 Aubusson, Aurillac, Beauvais, Besançon, Biarritz, Bordeaux, Boulogne, Chartres, Grenoble, Maubeuge, Mulhouse, Narbonne, Poitiers, Toulouse
  9 Angoulème, Cherbourg, Dunkerque, Lunéville, Marseille, Montluçon, Périgueux, Perpignan, Rochefort, Saint Malo, Tourcoing
  10 Argenteuil, Douarnenez, La Rochelle, Muelhausen, Strasbourg, Strassburg, Versailles
  11 Aix les Bains, Carcassonne, Charleville, Chateauroux, Duenkirchen, Montpellier, Muehlhausen
- *in den* **französischen Alpen**
  3 Gap
- *an der* **Fulda**
  5 Bebra
  6 Kassel
- *auf* **Fünen**
  5 Aarup
  6 Assens, Odense
  9 Svendborg
- *am* **Ganges**
  5 Patna
  7 Benares
  9 Allahabad
- *am* **Gardasee**
  4 Riva, Salò
- *an der* **Garonne**
  4 Agen
  8 Toulouse
- *im* **Gelderland**
  3 Ede
- *am* **Genfer See**
  8 Lausanne
- *in* **Georgien**
  6 Batumi, Tiflis
- *in* **Ghana**
  5 Accra
  6 Kumasi, Tamale
- *am* **Golf von Biskaya**
  8 Biarritz
- *am* **Golf von Salerno**
  6 Amalfi
- *auf* **Gotland**
  5 Visby
- *auf* **Gran Canaria**
  9 Las Palmas
- *in* **Griechenland**
  4 Arta, Elea
  5 Argos, Athen, Aulis, Bolos, Chios, Milet, Volos
  6 Abdera, Croton, Delphi, Edessa, Janina, Kroton, Megara, Mykene, Patras, Sparta, Theben
  7 Chalkis, Eleusis, Korinth, Larissa, Mykenae, Piraeus, Stagira
  8 Saloniki
  9 Epidaurus, Heraklion
- *bei* **Gronau**
  3 Epe
- *in* **Guayana**
  10 Georgetown
- *in* **Guinea**
  7 Conakry
- *bei* **Halle an der Saale**
  9 Merseburg
- *westlich von* **Hamburg**
  5 Stade
- *am/im* **Harz**
  5 Thale
  6 Goslar, Seesen
  8 Gernrode, Herzberg, Osterode
  9 Braunlage
  10 Nordhausen
  11 Bad Harzburg, Quedlinburg, Wernigerode
- *an der* **Havel**
  7 Potsdam
  8 Rathenow
  11 Brandenburg, Oranienburg
- *auf* **Hawaii**
  8 Honolulu
- *im* **Hegau**
  5 Engen
- *bei* **Herford**
  5 Enger
- *in* **Hessen**
  3 Elm, Orb
  5 Bebra, Fulda, Hanau, Lorch, Nidda, Soden
  6 Bad Orb, Erbach, Kassel, Langen, Lorsch, Vilbel
  7 Alsfeld, Dieburg, Giessen, Herborn, Homberg, Korbach, Limburg, Marburg, Nauheim, Wetzlar
  8 Bensheim, Eltville, Eschwege, Fritzlar, Hersfeld, Huenfeld, Weilburg

9 Allendorf, Bad Vilbel, Darmstadt, Frankfurt, Friedberg, Melsungen, Oberursel, Offenbach, Viernheim, Wiesbaden
10 Bad Homburg, Bad Nauheim, Biedenkopf, Gelnhausen, Heppenheim, Hofgeismar, Lauterbach, Pfungstadt, Ruedesheim
11 Bad Hersfeld, Koenigstein, Lampertheim, Neu Isenburg
12 Ruesselsheim, Schluechtern

· *am* **Hohentwiel**
6 Singen

· *auf* **Honshu** (Japan)
3 Ono

· *im* **Hunsrück**
7 Morbach, Simmern
10 Kastellaun

· *in* **Indien**
4 Agra, Puna, Puri
5 Delhi, Patna, Poona
6 Bhopal, Bombay, Madras
7 Benares, Lucknow
8 Kalkutta, Neu Delhi, Rourkela, Varanasi
9 Allahabad
10 Darjeeling, Haidarabad

· *in* **Indonesien**
5 Ambon, Medan
6 Melang, Padang
7 Bandung, Batavia, Jakarta
8 Djakarta, Makassar
9 Palembang
10 Dschakarta

· *am* **Inn**
4 Hall, Rott
6 Passau, Schwaz, Woergl
7 Braunau
8 Kufstein
9 Innsbruck, Rosenheim
10 Schaerding, Wasserburg

· *im* **Irak**
2 Ur
4 Anah, Uruk
5 Akkad, Arbil, Assur, Basra, Erbil, Mosul
6 Bagdad, Mossul, Ninive, Ramadi
7 Babylon, Kerbela

· *im* **Iran**
3 Bam, Kum, Lar
4 Susa
6 Abadan
7 Asfahan, Hamadan, Isfahan, Schiras, Taebris, Teheran
8 Astrabad, Baendaer, Meschhed

· *in* **Irland**
4 Cork
5 Gorey, Kells
6 Dublin, Galway, Mohill
7 Dundalk, Wexford

· *an der* **Isar**
5 Toelz
6 Landau
8 Freising, Landshut, Muenchen
9 Plattling
10 Dingolfing

· *in* **Israel**
4 Akka
5 Eilat, Haifa, Jaffa
6 Eilath
7 Tel Aviv
8 Nazareth, Tiberias
9 Jerusalem

· *in* **Italien**
3 Ala, Nus, Rom
4 Asti, Avio, Bari, Ceva, Como, Dego, Enna, Este, Fano, Nola, Pisa, Riva, Roma, Susa, Vibo
5 Aosta, Bozen, Capua, Eboli, Forli, Gaeta, Genua, Grado, Imola, Lecce, Lecco, Lucca, Meran, Monza, Narni, Padua, Parma, Pavia, Prato, Siena, Turin, Udine
6 Amalfi, Ancona, Aquila, Arezzo, Ascoli, Ascona, Assisi, Brixen, Faenza, Mantua, Milano, Modena, Napoli, Neapel, Novara, Reggio, Rimini, Rivoli, Stresa, Tarent, Torino, Trento, Trient, Triest, Urbino, Verona
7 Bergamo, Bologna, Bolzano, Brescia, Carrara, Catania, Cremona, Ferrara, Firenze, Florenz, Lignano, Livorno, Mailand, Marsala, Messina, Orvieto, Palermo, Perugia, Pescara, Pistoia, Rapallo, Ravenna, Salerno, San Remo, Sorrent, Spoleto, Syrakus, Treviso, Venedig, Venezia, Vicenza, Viterbo
8 Agrigent, Brindisi, Frascati, La Spezia, Monreale, Sorrento
9 Agrigento
11 Domodossola, Ventimiglia

· *in* **Jakutien**
7 Jakutsk

· *auf* **Jamaika**
8 Kingston

· *in* **Japan**
3 Ono, Ube
4 Kobe
5 Kioto, Kyoto, Osaka, Tokio, Tokyo
7 Sapporo
8 Jokohama, Kawasaki, Nagasaki, Yokohama
9 Hiroshima

· *auf* **Java**
7 Bandung, Kalisat
8 Djakarta

· *im* **Jemen**
4 Aden

· *in* **Jordanien**
4 Maan
5 Amman, Irbid, Kerak
6 Hebron, Nablus
7 Jericho

· *in* **Kanada**
6 Ottawa, Quebec
7 Calgary, Halifax, Toronto
8 Bathurst, Edmonton, Montreal, Victoria, Winnipeg
9 Vancouver

· *am* **Kanal**
6 Calais

· *auf den* **Kanarischen Inseln**
9 Las Palmas

· *im* **Kanton Zürich**
5 Uster

· *bei* **Karlsruhe**
7 Rastatt

- *in* **Kasachstan**
  6 Uralsk
  7 Alma Ata
- *am* **Kaspischen Meer**
  4 Baku
  9 Astrachan
- *in* **Kenia**
  5 Nyeri
  7 Mombasa, Nairobi
- *in* **Kirgisien**
  2 Os
  4 Osch
- *am* **Kocher**
  5 Aalen
- *in* **Kolumbien**
  3 Uré
  4 Anzá, Beté, Cali
  6 Bogotá
  8 Medellín
- *am* **Kongo**
  8 Kinshasa
  11 Brazzaville
  12 Leopoldville
- *auf* **Korsika**
  5 Corte
  6 Bastia
  7 Ajaccio
- *im* **Kreis Hildesheim**
  4 Elze
- *im* **Kreis Unna**
  5 Kamen
- *auf* **Kreta**
  9 Heraklion
- *auf der* **Krim**
  5 Jalta
  7 Kertsch
  10 Sewastopol
- *auf* **Kuba**
  5 Banes, Pinar, Sagua
  7 Baracoa, Havanna
  8 La Habana
  10 Guantanamo
- *am* **Lago Maggiore**
  5 Arona
  6 Ascona, Stresa
  7 Locarno
- *an der* **Lahn**
  3 Ems
  4 Diez
  6 Bad Ems, Nassau
  7 Giessen, Laasphe, Limburg, Marburg, Wetzlar
  8 Weilburg
- *im* **Landkreis Hof**
  5 Rehau
- *in* **Laos**
  5 Pakse
  9 Vientiane
- *am* **Lech**
  6 Reutte
  7 Fuessen
  8 Augsburg, Schongau
  9 Landsberg
- *an der* **Leine**
  4 Elze
  6 Alfeld, Freden, Gronau
  8 Hannover, Northeim
  10 Goettingen
- *an der* **Lena**
  7 Jakutsk
- *in* **Lettland**
  4 Riga
- *im* **Libanon**
  3 Sur
  5 Sahle, Saida, Seida, Sidon
  6 Batrun, Beirut
  7 Baalbek, Tripoli
  8 Tripolis
- *in* **Liberia**
  8 Monrovia
- *in* **Libyen**
  7 Bengasi
  8 Tripolis
- *in* **Liechtenstein**
  5 Vaduz
- *an der* **Lippe**
  6 Luenen
- *im* **Lipper Bergland**
  5 Lemgo
- *in* **Litauen**
  5 Wilna
- *an der* **Loire**
  5 Blois, Tours
  6 Angers, Nantes, Nevers, Saumur
  7 Amboise, Orléans
- *in der* **Lüneburger Heide**
  5 Celle
  6 Soltau, Uelzen, Winsen
  7 Munster
  8 Walsrode
  9 Lueneburg
- *bei* **Lüttich**
  3 Ans
- *in* **Luxemburg**
  4 Esch
  5 Wiltz
  6 Mersch
  7 Vianden
  8 Clervaux
  9 Dudelange, Luxemburg
  10 Echternach, Ettelbruck, Luxembourg
- *an der* **Maas**
  5 Namur, Sedan, Venlo
  6 Dinant, Verdun
  7 Seraing
  8 Beaumont, Luettich, Mezières
  10 Maastricht
- *auf* **Madeira**
  7 Funchal
- *am* **Main**
  5 Hanau
  8 Hassfurt, Kulmbach, Wertheim
  9 Frankfurt, Kitzingen, Offenbach, Wuerzburg
  10 Miltenberg
  11 Lichtenfels, Schweinfurt
  12 Ruesselsheim
  13 Aschaffenburg
- *in* **Malaysia**
  11 Kuala Lumpur
- *auf* **Malta**
  5 Mdina, Rabat
  6 Hamrun
- *in* **Marokko**
  3 Fes
  4 Ifni, Safi, Taza, Ujda
  5 Ceuta, Nador, Rabat
  6 Agadir, Meknes, Tanger, Tetuan
  7 Djerada, Tetouan
  10 Casablanca, Marrakesch
- *in* **Mecklenburg-Vorpommern**
  5 Waren
  6 Demmin, Grabow, Roebel, Wismar
  7 Doberan, Grimmen, Parchim, Rostock, Teterow, Wolgast
  8 Guestrow, Schwerin
  9 Stralsund
  10 Greifswald
  11 Warnemuende
- *an der* **Memel**
  6 Tilsit
- *bei* **Meran**
  4 Lana
- *in* **Mexiko**
  4 León
  5 El Oro, La Paz, Tepic
  6 Oaxaca, Tuxtla

7 Rosario, Tampico
8 Acapulco, Veracruz
10 Mexico City, Mexiko City
11 Guadalajara
· *am* **Michigansee**
9 Milwaukee
· *an der* **Mittelelbe**
5 Pirna
· *in* **Mittelengland**
5 Leeds
· *in* **Mittelfranken**
7 Ansbach
· *in* **Mittelitalien**
5 Rieti
6 Assisi
· *am* **Mittelrhein**
5 Unkel
· *in* **Mittelschweden**
4 Idre
· *in* **Moçambique**
5 Beira
6 Maputo
7 Angoche, Nampula
8 Quissico
10 Moçambique
15 Lourenco Marques
· *an der* **Moldau**
4 Prag
· *bei* **Mönchengladbach**
7 Viersen
· *an der* **Mosel**
4 Metz, Toul, Zell
5 Treis, Trier
6 Cochem, Épinal
7 Koblenz
8 Schweich
9 Beilstein, Zeltingen
10 Bernkastel, Thionville
11 Diedenhofen
· *südlich von* **Moskau**
4 Tula
· *bei* **München**
6 Erding, Erding
· *an der* **Nagold**
4 Calw
· *an der* **Nahe**
4 Kirn
6 Bingen
9 Kreuznach
10 Birkenfeld
12 Bingerbrueck
13 Idar-Oberstein
· *in* **Namibia**
6 Tsumeb, Usakos
7 Windhuk
· *nördlich von* **Neapel**
4 Nola
· *in* **Nebraska** (USA)
5 Omaha
· *am* **Neckar**
4 Horb, Sulz
7 Lauffen, Marbach, Wimpfen
8 Eberbach, Mannheim, Rottweil
9 Esslingen, Heilbronn, Stuttgart, Tuebingen
10 Heidelberg, Nuertingen, Plochingen, Reutlingen, Rottenburg
11 Ludwigsburg
· *in* **Nepal**
5 Patan
8 Katmandu
· *auf* **Neuseeland**
4 Hutt
6 Napier, Nelson
7 Dunedin
8 Auckland, Hokitika
9 Lyttelton
10 Palmerston, Wellington
12 Christchurch
· *in* **Nevada**
4 Reno
· *in* **Nicaragua**
4 León
5 Boaco, Rivas
6 Masaya
7 Granada, Managua
· *in den* **Niederlanden**
3 Ede, Epe
4 Edam
5 Assen, Breda, Delft, Gouda, Hoorn, Marum, Sneek, Venlo, Weert, Zeist
6 Almelo, Arnhem, Bergen, Boxtel, Ermelo, Gennep, Huizen, Kampen, Leiden, Lochem, Meppel, Rhenen, Velsen, Zwolle
7 Alkmaar, Arnheim, Den Haag, Haarlem, Helmond, Hengelo, Katwijk, Tilburg, Utrecht, Zaandam
8 Deventer, Enschede, Nimwegen, Rijswijk, Schiedam
9 Amsterdam, Dordrecht, Eindhoven, Groningen, Harlingen, Hilversum, Rotterdam, Zandvoort
10 Amersfoort, Leeuwarden, Maastricht, Middelburg, Vlissingen
· *am* **Niederrhein**
5 Moers, Neuss
· *in* **Niedersachsen**
4 Elze, Leer
5 Brake, Celle, Emden, Esens, Jever, Melle, Peine, Stade, Uslar, Varel, Zeven
6 Aurich, Bergen, Goslar, Hameln, Lehrte, Lingen, Loehne, Meppen, Norden, Sachsa, Seesen, Soltau, Uelzen, Verden, Winsen
7 Einbeck, Rinteln
8 Cuxhaven, Diepholz, Hannover, Harzburg, Nienburg, Nordhorn, Northeim, Osterode, Walsrode
9 Braunlage, Buxtehude, Helmstedt, Lueneburg, Oldenburg, Papenburg, Wolfsburg
10 Dannenberg, Duderstadt, Goettingen, Hildesheim, Holzminden, Osnabrueck, Salzgitter
11 Delmenhorst, Gandersheim
12 Braunschweig, Quakenbrueck
13 Fallingbostel, Wilhelmshaven, Wolfenbuettel
· *am* **Niger**
3 Aba, Ado, Gao
4 Fafa
5 Asaba, Bamba, Jebba, Segou
6 Bamako, Lokoja
8 Timbuktu
· *in* **Nigeria**
3 Ife
· *am* **Nil**
5 Giseh, Gizeh, Kairo, Luxor
6 Assuan, Atbara, Barbar, Shambe
7 Dongola, Karaima, Khartum
10 Alexandria
· *in* **Nordbaden**
8 Mannheim

- *in* **Nordbayern**
  6 Coburg
  8 Erlangen
- *in* **Nordfrankreich**
  5 Arras, Lille
  6 Amiens
- *in* **Nordirland**
  5 Larne
  6 Armagh, Bangor
  7 Belfast
  11 Londonderry
- *in* **Norditalien**
  4 Como
  5 Aosta, Turin, Udine
  7 Venedig
- *in* **Nordostfrankreich**
  4 Laon
- *in* **Nordostitalien**
  5 Udine
  6 Triest
- *am* **Nordrand des Fichtelgebirges**
  5 Rehau
- *in* **Nordrhein-Westfalen**
  4 Bonn, Haan, Hamm, Marl, Olpe, Porz, Rees, Unna, Werl
  5 Ahaus, Ahlen, Enger, Essen, Hagen, Herne, Kamen, Kleve, Koeln, Lemgo, Moers, Neuss, Rheda, Soest, Wesel
  6 Aachen, Altena, Beckum, Bochum, Borken, Brilon, Bruehl, Bueren, Dueren, Ennepe, Geseke, Greven, Herten, Hilden, Honnef, Huerth, Kalkar, Kempen, Kerpen, Lennep, Liblar, Lohmar, Luenen, Menden, Minden, Rheine, Rheydt, Siegen, Witten, Xanten
  7 Alsdorf, Bottrop, Detmold, Dorsten, Frechen, Geldern, Herford, Hoexter, Homberg, Juelich, Krefeld, Opladen, Schwelm, Velbert, Viersen, Warburg
  8 Arnsberg, Bensberg, Bergheim, Dortmund, Duisburg, Emmerich, Erkelenz, Gladbeck, Iserlohn, Meschede, Monschau, Muelheim, Muenster, Ratingen, Schwerte, Siegburg, Solingen
  9 Attendorn, Bad Honnef, Berleburg, Bielefeld, Burscheid, Dinslaken, Godesberg, Hattingen, Lippstadt, Paderborn, Remscheid, Salzuflen, Schleiden, Troisdorf, Warendorf, Wuppertal
  10 Eschweiler, Euskirchen, Gevelsberg, Guetersloh, Leverkusen, Oberhausen, Oeynhausen
  11 Duesseldorf, Gummersbach, Tecklenburg, Wanne-Eickel
  12 Grevenbroich, Luedenscheid, Wattenscheid
  13 Burgsteinfurt, Castrop-Rauxel, Gelsenkirchen, Koenigswinter
  14 Recklinghausen, Wermelskirchen
- *in der* **Nordschweiz**
  5 Basel
- *in* **Nordspanien**
  4 Irun, Leon
  6 Gerona
- *in* **Nordwestböhmen**
  4 Asch
- *in* **Nordwestfrankreich**
  4 Laon
- *in der* **Normandie**
  4 Caen
- *in* **Norwegen**
  2 Mo, Os
  4 Oslo
  6 Bergen, Narvik
  7 Tromsoe, Vadheim
  9 Drontheim, Stavanger, Trondheim
  10 Hammerfest
  12 Kristiansand
- *am* **Nürburgring**
  6 Adenau
- *in* **Oberfranken**
  6 Coburg
  7 Bamberg
- *in* **Oberitalien**
  5 Padua, Udine
  6 Trient, Verona
  7 Ravenna
- *in der* **Oberpfalz**
  6 Amberg
  8 Neumarkt
- *in* **Oberschlesien**
  6 Lipine, Oppeln
  7 Beuthen, Ratibor
  8 Gleiwitz, Neustadt
  9 Kattowitz, Kreuzburg, Rosenberg
  10 Hindenburg
- *an der* **Oder**
  6 Glogau, Oppeln, Ostrau
  7 Beuthen, Breslau, Ratibor, Stettin
  8 Kuestrin, Neumarkt
  9 Frankfurt
- *an der* **Oka**
  4 Orel
- *in* **Ostbelgien**
  5 Eupen
- *in* **Österreich**
  3 Egg, Laa
  4 Enns, Graz, Haag, Hall, Igls, Lech, Linz, Melk, Wels, Wien, Ybbs, Zell
  5 Baden, Bruck, Gurgl, Ischl, Krems, Lienz, Raabs, Spitz, Steyr
  6 Aspang, Gmuend, Kaprun, Krimml, Leoben, Reutte, Schwaz, Woergl
  7 Bludenz, Braunau, Bregenz, Ehrwald, Gmunden, Jenbach, Lambach, Landeck, Seefeld, Soelden, Spittal, Villach
  8 Dornbirn, Eisenerz, Kufstein, Pertisau, Salzburg
  9 Amstetten, Feldkirch, Gloggnitz, Hallstatt, Innsbruck, Mayrhofen
  10 Bad Gastein, Eisenstadt, Hofgastein, Kitzbuehel, Klagenfurt, Sankt Anton, Schaerding
  11 Poertschach
- *in* **Ostfriesland**
  4 Leer
  5 Esens
- *an der* **Ostküste der USA**
  6 Boston
- *im* **östlichen Ruhrgebiet**
  4 Unna

- *in* **Ostpreußen**
  4 Lyck
  10 Allenstein
- *an der* **Ostsee**
  4 Kiel
  6 Danzig, Wismar
  7 Gdingen, Koeslin, Kolberg, Luebeck, Rostock, Stettin
  9 Flensburg, Stockholm, Stralsund
  10 Greifswald
  11 Koenigsberg, Swinemuende, Travemuende, Warnemuende
- *in* **Osttirol**
  5 Lienz
- *am* **Ouse**
  5 Goole
- *in* **Pakistan**
  6 Lahore
  9 Hyderabad, Islamabad, Karatschi
  10 Haiderabad, Rawalpindi
- *in* **Palästina**
  4 Gaza
- *in* **Paraguay**
  5 Pilar
  8 Asunción
- *bei* **Paris**
  5 Sevre
- *auf dem* **Peloponnes**
  6 Mykene
- *an der* **Penne**
  6 Anklam
- *in* **Pennsylvanien**
  4 Erie
- *am* **Persischen Golf**
  6 Abadan
- *in* **Peru**
  3 Ica
  4 Lima
  5 Cuzco
- *in der* **Pfalz**
  6 Landau
  9 Pirmasens
- *auf den* **Philippinen**
  6 Manila
- *am* **Po**
  4 Susa
  5 Turin
  7 Cremona, Ferrara
- *in der* **Poebene**
  5 Padua
- *in* **Polen**
  3 Buk
  4 Lodz
  5 Posen, Thorn
  6 Danzig, Krakau, Krakow, Lublin
  7 Breslau, Gdingen, Stettin, Wroclaw
  8 Bromberg, Katowice, Warschau, Zakopane
  9 Kattowitz
  13 Tschenstochau
- *in* **Pommern**
  4 Leba
- *mit der* **Porta Nigra**
  5 Trier
- *in* **Portugal**
  4 Beja, Faro
  5 Braga, Évora, Lagos, Olhão, Porto, Sines, Viseu
  6 Aveiro, Guarda, Leiria, Lisboa, Oporto, Pombal, Sintra, Tavira
  7 Coimbra, Setúbal
  8 Abrantes, Bragança, Lissabon, Santarém
- *im* **Pyrenäenvorland**
  3 Pau
- *bei* **Recklinghausen**
  4 Marl
- *am* **Rhein**
  4 Bonn, Chur, Kaub, Kehl, Linz, Porz, Weil
  5 Basel, Brohl, Koeln, Mainz, Moers, Neuss, Vaduz, Wesel, Worms
  6 Bingen, Honnef, Sinzig, Speyer, Xanten
  7 Arnheim, Boppard, Homberg, Koblenz, Neuwied, Remagen
  8 Breisach, Dormagen, Duisburg, Eltville, Emmerich, Kevelaer, Konstanz, Loerrach, Mannheim, Nimwegen, Waldshut
  9 Andernach, Bacharach, Bad Honnef, Godesberg, Iffezheim, Ingelheim, Karlsruhe, Oberwesel, Oppenheim, Wiesbaden
  10 Leverkusen, Ruedesheim, Saeckingen
  11 Duesseldorf, Germersheim, Rheinfelden
  12 Ludwigshafen, Schaffhausen
- *in* **Rheinland-Pfalz**
  3 Ems
  4 Dahn, Kaub, Kirn, Konz, Zell
  5 Alzey, Kusel, Mainz, Mayen, Pruem, Trier, Worms
  6 Adenau, Bad Ems, Bingen, Cochem, Ehrang, Kandel, Landau, Mendig, Nassau, Speyer
  7 Bendorf, Bitburg, Koblenz, Neuwied, Remagen, Simmern
  8 Neuenahr, Neustadt, Saarburg, Wittlich
  9 Ahrweiler, Andernach, Edenkoben, Ingelheim, Kreuznach, Montabaur, Oppenheim, Pirmasens, Sankt Goar
  10 Baumholder, Birkenfeld, Deidesheim
  11 Bad Neuenahr, Frankenthal, Germersheim
  12 Altenkirchen, Bad Duerkheim, Bad Kreuznach, Bingerbrueck, Ludwigshafen, Zweibruecken
  13 Bad Bergzabern, Idar-Oberstein, Schifferstadt
  14 Bernkastel-Kues, Kaiserslautern, Traben-Trarbach
- *an der* **Rhône**
  4 Genf, Lyon
  5 Arles
  6 Orange, Vienne
  7 Avignon, Valence, Viviers
  10 Montélimar
- *am* **Rhônedelta**
  5 Arles
- *an der* **Riviera**
  5 Nizza
  6 Cannes, Monaco
  7 San Remo
- *an der* **Ruhr**
  5 Essen
  6 Dueren, Wetter, Witten
  8 Arnsberg, Duisburg, Herdecke, Meschede, Muelheim, Schwerte
  9 Hattingen
  10 Oberhausen

· *im* **Ruhrgebiet**
4 Hamm, Marl, Unna
5 Essen, Hagen, Herne
6 Bochum, Herten, Luenen, Menden, Wetter, Witten
7 Bocholt, Bottrop
8 Dortmund, Duisburg, Gladbeck, Herdecke, Muelheim, Schwerte
9 Hattingen
10 Oberhausen
11 Wanne-Eickel
12 Wattenscheid
13 Castrop-Rauxel, Gelsenkirchen
14 Recklinghausen

· *in* **Rumänien**
4 Arad
8 Bistritz, Bukarest
9 Bucureşti, Constanţa, Konstanza, Kronstadt
11 Klausenburg
12 Hermannstadt

· *in* **Russland**
3 Ufa
4 Omsk, Perm, Tula, Twer
5 Gorki, Kasan, Kirow, Tomsk
6 Gorkij, Maikop, Moskau, Rostow
7 Irkutsk, Saratow
8 Murmansk, Nowgorod, Smolensk
9 Astrachan, Krasnodar, Wolgograd, Woronesch
11 Archangelsk, Nowosibirsk, Wladiwostok
13 Jekaterinburg
15 Sankt Petersburg

· *an der* **Saale**
3 Hof
4 Jena
5 Halle, Leuna
6 Koesen, Wettin
8 Bernburg, Naumburg, Saalfeld
9 Merseburg

· *an der* **Saar**
6 Merzig
8 Mettlach, Saarburg
9 Dillingen, Saarlouis
11 Saargemuend, Voelklingen
12 Saarbruecken

· *im* **Saarland**
4 Bous
6 Lebach, Merzig, Tholey, Wadern
7 Bexbach, Brebach, Freisen, Homburg, Losheim
8 Mettlach, Sulzbach
9 Dillingen, Dudweiler, Ottweiler, Saarlouis
11 Blieskastel, Neunkirchen, Puettlingen, Sankt Wendel, Voelklingen
12 Saarbruecken, Sankt Ingbert

· *in* **Sachsen**
3 Aue
5 Borna, Pirna, Riesa
6 Coswig, Grimma, Kamenz, Loebau, Nossen, Plauen, Torgau, Werdau, Wurzen, Zittau
7 Bautzen, Doebeln, Dresden, Leipzig, Meissen, Oschatz, Zwickau
8 Annaberg, Auerbach, Chemnitz, Freiberg, Naumburg, Oelsnitz, Radebeul, Schandau, Zschopau
11 Schulpforta

· *in* **Sachsen-Anhalt**
4 Burg
5 Halle, Leuna, Nebra, Thale, Zeitz
6 Dessau, Zerbst
7 Koethen, Rosslau, Stendal
8 Bernburg, Eisleben, Mansfeld
9 Magdeburg, Merseburg, Salzwedel
10 Bitterfeld, Wittenberg
11 Elbingerode, Halberstadt

· *in* **Sambia**
5 Kabwe, Kitwe, Mongu
6 Lusaka

· *auf* **Sardinien**
4 Bosa
5 Milis, Nuoro, Olbia
6 Ozieri
8 Cagliari

· *in* **Saudi-Arabien**
4 Djuf, Hail, Riad, Taif
5 Mekka
6 Djidda, Er Riad, Medina
7 Bureida, Dhahran

· *im* **Sauerland**
4 Olpe
5 Hagen, Hemer
6 Altena, Brilon, Menden
7 Werdohl
8 Arnsberg, Iserlohn, Meschede
9 Allendorf, Attendorn
11 Plettenberg
12 Luedenscheid

· *an der* **Save**
6 Zagreb
7 Belgrad

· *mit dem* **schiefen Turm**
4 Pisa

· *in* **Schleswig-Holstein**
3 Wyk
4 Kiel, Leck
5 Eutin, Heide, Husum, Marne, Ploen, Wedel
6 Moelln, Preetz
7 Itzehoe, Kappeln, Luebeck, Malente
8 Elmshorn, Niebuell, Oldesloe, Segeberg
9 Flensburg, Lauenburg, Pinneberg, Ratzeburg, Rendsburg, Schleswig
10 Ahrensburg, Geesthacht
11 Bad Oldesloe, Bad Segeberg, Glueckstadt, Neumuenster, Norderstedt, Travemuende
12 Eckernfoerde

· *in* **Schottland**
3 Ayr
5 Leith, Perth
6 Dundee
7 Glasgow
8 Aberdeen, Greenock
9 Edinburgh, Inverness, Kirkcaldy

· *am* **Schwarzen Meer**
5 Batum, Jalta, Warna
6 Batumi, Odessa
9 Konstanza
10 Sewastopol

· *im* **Schwarzwald**
4 Calw, Lahr
5 Buehl
6 Achern, Hirsau, Nagold

7 Todtnau, Triberg, Wildbad, Wolfach
8 Freiburg, Gaggenau, Loerrach, Neustadt, Rottweil
9 Villingen, Waldkirch
10 Alpirsbach, Baden-Baden, Furtwangen
11 Emmendingen
12 Freudenstadt, Schwenningen

· *in* **Schweden**
2 Ed
3 Eda, Los
4 Idre, Lund, Umeå
5 Visby
6 Avesta, Kiruna, Malmoe, Moelle
7 Oerebro, Uppsala
9 Goeteborg, Haparanda, Nykoebing, Stockholm
10 Karlskrona, Landskrona, Trelleborg
11 Norrkoeping
12 Haelsingborg, Kristianstad

· *in der* **Schweiz**
3 Zug
4 Bern, Biel, Chur, Genf, Oron, Pfyn, Sion, Thun, Trub
5 Aarau, Arbon, Arosa, Baden, Basel, Brugg, Davos, Flims, Ilanz, Nidau, Olten, Ragaz, Rueti, Salux, Spiez, Stans, Stein, Vevey
6 Aargau, Ascona, Brienz, Genève, Glarus, Lugano, Luzern, Morsee, Moudon, Murten, Saanen, Sarnen, Schwyz, Siders, Sitten
7 Altdorf, Herisau, Liestal, Locarno, Muerren, Sargans, Thalwil, Yverdon, Zermatt, Zuerich
8 Bad Ragaz, Burgdorf, Freiburg, Fribourg, Grenchen, Klosters, Lausanne, Martigny
9 Andermatt, Appenzell, Engelberg, Meiringen, Neuchâtel, Neuenburg, Rorschach, Solothurn
10 Bellinzona, Einsiedeln, Frauenfeld, Interlaken, Pontresina, Rapperswil, Winterthur
11 Grindelwald, Rheinfelden, Sankt Gallen
12 Schaffhausen

· *und* **See in Nordamerika**
4 Erie

· *an der* **Seine**
5 Melun, Paris, Rouen
6 Troyes
7 Corbeil, Le Havre

· *im* **Senegal**
5 Dakar, Thiès
7 Kaolack

· *in* **Serbien**
3 Nis

· *in* **Sibirien**
4 Omsk
7 Irkutsk

· *in* **Siebenbürgen**
5 Sibiu

· *in* **Sierra Leone**
8 Freetown

· *in* **Simbawe**
6 Harare

· *auf* **Sizilien**
4 Enna
7 Messina, Palermo, Syrakus
8 Agrigent, Taormina

· *in der* **Slowakei**
7 Kaschau, Pistyan, Rosenau
8 Preschau
9 Pressburg
10 Bratislava

· *am* **Solling**
5 Uslar

· *in* **Somalia**
10 Mogadischu

· *in* **Spanien**
4 Irún, Jaén, León, Lugo, Vigo
5 Altea, Ávila, Béjar, Cádiz, Ceuta, Elche, Gijon, Jerez, Lorca, Palma, Ronda
6 Alcalá, Bailén, Bilbao, Burgos, Coruña, Cuenca, Gerona, Huelva, Huesca, Lérida, Madrid, Malaga, Molina, Murcia, Orense, Oviedo, Sagunt, Teruel, Toledo, Tolosa, Zamora
7 Almería, Badajoz, Cáceres, Cordoba, Granada, Linares, Logroño, Sagunto, Segovia, Sevilla
8 Albacete, Alicante, Aranjuez, Badalona, La Coruña, Pamplona, Santiago, Valencia, Zaragoza
9 Algeciras, Barcelona, Cartagena, Castellón, Salamanca, Santander, Saragossa, Tarragona
10 Pontevedra, Valladolid
11 Guadalajara
12 San Sebastian
15 Palma de Mallorca

· *an der* **Spree**
6 Berlin

· *im* **Staat New York**
5 Atica

· *in der* **Steiermark**
6 Leoben
8 Eisenerz

· *in* **Südafrika**
6 Durban
8 Kapstadt, Pretoria
9 Kimberley
10 East London
12 Johannesburg

· *im* **Sudan**
3 Wad
6 Atbara, Obeidh, Sennar
7 Dongola, Kassala, Khartum
9 Port Sudan

· *in* **Südasien**
5 Delhi

· *in* **Süddeutschland**
3 Ulm

· *im* **Süden von Nordrhein-Westfalen**
6 Siegen

· *in* **Südfrankreich**
5 Nîmes

· *in* **Südgriechenland**
6 Sparda

· *in* **Südkorea**
5 Pusan, Seoul
6 Kunsan

· *in* **Südspanien**
7 Granada

· *in* **Südtirol**
3 Ala
5 Bozen, Eppan, Meran

6 Brixen, Merano
7 Bolzano, Bruneck
· *im* **Südural**
3 Ufa
· *in* **Südwestengland**
6 Exeter
· *auf* **Sylt**
4 List
10 Westerland
· *in* **Syrien**
6 Aleppo
8 Damaskus
· *am* **Tarn**
4 Albi
· *im* **Taunus**
7 Idstein
8 Bad Soden, Kronberg
9 Friedberg, Oberursel
10 Bad Homburg, Bad Nauheim
11 Koenigstein
· *bei* **Teheran**
3 Rai
· *in* **Texas**
6 Dallas, El Paso
7 Houston
· *an der* **Thaya**
3 Laa
· *an der* **Themse**
6 London, Oxford
7 Windsor
8 Richmond
10 Twickenham
· *in* **Thüringen**
4 Gera, Jena, Suhl
5 Berka, Gotha, Greiz
6 Apolda, Erfurt, Koesen, Weimar, Worbis
7 Ilmenau, Schleiz
8 Eisenach
9 Eisenberg
11 Langensalza, Liebenstein
· *am* **Thüringer Wald**
8 Eisenach
9 Sonneberg
· *am* **Tiber**
3 Rom
5 Ostia
7 Perugia
· *am* **Tigris**
5 Assur
6 Bagdad
· *in* **Tirol**
4 Imst
· *in* **Togo**
4 Lomé
5 Mango
· *in der* **Toskana**
4 Pisa
5 Siena
· *in der* **Tschechischen Republik**
3 Dux
4 Eger, Laun, Prag, Saaz, Tepl
5 Iglau, Orlau, Plana, Plzeň, Semil, Stein, Tabor, Tarna, Znaim
6 Bruenn, Kanitz, Karwin, Kladno, Levice, Lewenz, Ostrau, Patzau, Pilsen
7 Altsohl, Budweis, Gablonz, Olmuetz, Teplitz, Teschen, Troppau, Zwittau
8 Falkenau, Graslitz, Karlsbad, Schoenau
9 Marienbad, Pardubitz, Prossnitz
10 Austerlitz
12 Koeniggraetz
· *in* **Tunesien**
4 Susa
5 Gabès, Gafsa, Tunis
6 Sousse
7 Biserta, Biserte
· *in der* **Türkei**
4 Enos, Kars, Urfa
5 Izmir
6 Ankara, Smyrna
8 Istanbul
14 Konstantinopel
· *in* **Turkmenistan**
4 Merw
· *in* **Uganda**
5 Jinja, Mbale
7 Entebbe, Kampala
· *in der* **Ukraine**
4 Kiew, Lwow, Uman
5 Jalta
6 Odessa
7 Charkow, Poltawa
10 Sewastopol
· *in* **Umbrien**
6 Assisi
· *in* **Ungarn**
4 Eger, Pécs, Raab, Tata
6 Szeged
8 Budapest, Debrecen, Szegedin
9 Kecskemét
· *am* **unteren Don**
4 Asow
· *in* **Unterfranken**
5 Ebern
· *in* **Uruguay**
10 Montevideo
· *in den* **USA**
4 Erie, Gary, Reno
5 Akron, Omaha, Salem, Tampa, Tulsa
6 Albany, Austin, Berlin, Boston, Dallas, Denver, Durham, Ithaca, Newark
7 Atlanta, Buffalo, Chicago, Concord, Detroit, Houston, Jackson, Lincoln, Madison, Memphis, New York, Oakland, Phoenix, Raleigh, Reading, San José, Santa Fé, Seattle
8 Amarillo, Columbus, Hartford, Oklahoma, Pasadena, Portland, Richmond, San Diego, Savannah, Syracuse
9 Annapolis, Baltimore, Cleveland, Knoxville, Nashville, New Jersey, Pittsburg
10 Birmingham, Charleston, Harrisburg, Los Angeles, New Orleans, Sacramento, Saint Louis, Washington
11 Minneapolis, Springfield
12 Indianapolis, Philadelphia, San Francisco
· *in* **Usbekistan**
9 Samarkand, Taschkent
· *im* **US-Staat Georgia**
8 Savannah
· *im* **US-Staat Nevada**
4 Reno
· *in* **Venetien**
4 Este
· *am* **Vesuv**
6 Neapel
7 Pompeji
· *in* **Vietnam**
3 Hué
5 Hanoi

6 Da Nang, Saigon
8 Haiphong
· *in* **Vorderindien**
6 Madras
· *in* **Wales**
6 Bangor
7 Cardiff, Rhondda, Swansea
· *an der* **Warthe**
5 Posen
9 Landsberg
· *an der* **Weichsel**
4 Kulm
5 Plock, Thorn
6 Krakau, Leslau, Modlin
8 Bromberg, Warschau
· *an der* **Weinstraße**
8 Neustadt
9 Edenkoben
10 Deidesheim
12 Bad Duerkheim
13 Bad Bergzabern
· *an der* **weißen Elster**
4 Gera
· *in* **Weißrussland**
5 Brest, Minsk
6 Grodno
· *westlich von* **Wesel**
6 Xanten
· *an der* **Weser**
4 Hoya
5 Brake
6 Bremen, Hameln, Minden, Vlotho
7 Hoexter, Muenden, Rinteln
8 Nienburg
9 Nordenham
10 Holzminden
11 Bodenwerder, Bremerhaven
· *in* **Westchina**
3 Uma
· *in* **Westfrankreich**
6 Angers
· *in* **Westsibirien**
5 Abasa
· *in* **Westspanien**
4 Leon
· *an der* **Wolga**
3 Bui
4 Twer
5 Gorki, Kasan, Wolok
6 Gorkij, Sysran
7 Kalinin, Saratow
8 Kostroma
9 Astrachan
10 Stalingrad
· *an der* **Zwickauer Mulde**
3 Aue
· *bei* **Zwolle** (Niederlanden)
3 Epe
· *auf* **Zypern**
7 Larnaka, Nikosia
9 Famagusta

Stadtbezirk ...
· *von* **Wien**
7 Hernals, Liesing, Penzing
8 Hietzing
9 Mariahilf, Simmering
10 Josefstadt
12 Leopoldstadt

Stadtburg ...
· **Alt-Roms**
7 Kapitol
· *von* **Athen**
9 Akropolis
· *von* **Granada**
8 Alhambra
· *in* **Krakau**
5 Wawel
· *in* **London**
5 Tower
· *in* **Moskau**
5 Kreml
· *von* **Prag**
9 Hradschin
· *in* **Rom**
10 Engelsburg

Städtebund im Mittelalter
5 Hanse

Städter
7 Buerger

Stadtgebiet
7 Viertel

städtisch
5 urban
8 kommunal

städtisch(e, er, es) ...
· **Grünfläche**
4 Park
6 Anlage
· **Verkehrsmittel**
3 Bus
4 Obus, Tram
5 S-Bahn, U-Bahn
7 Autobus, Omnibus
8 Hochbahn, Trambahn
9 Stadtbahn
10 Trolleybus
11 Schwebebahn
12 Strassenbahn
· **Versorgungsbetrieb**
8 Fuhrpark
10 Gasanstalt, Wasserwerk
18 Elektrizitaetswerk
· **Verwaltungsbehörde**
8 Stadtrat

Stadtkanal
5 Fleet
6 Gracht

Stadtmitte
4 City
7 Zentrum

Stadtoberhaupt
14 Buergermeister

Stadtrat
5 Senat
9 Magistrat

Stadtstaat im alten Griechenland
5 Polis

Stadtstreicher
6 Penner
7 Gammler
10 Pennbruder

Stadtteil
7 Viertel

Stadtteil ...
· *von* **Berlin**
6 Pankow
· *von* **Hamburg**
6 Altona
· *von* **Istanbul**
6 Galata
· *von* **London**
4 Soho
7 Chelsea
· *von* **München**
4 Laim, Riem
· *von* **New York**
5 Bronx
6 Harlem
8 Brooklyn
9 Manhattan

Stadtviertel
8 Quartier

Stadtzentrum
4 City

Stafette
6 Kurier
7 Eilbote, Staffel
11 Staffellauf

Staffellauf
8 Stafette

Staffelung
7 Stufung
stählerner Schutz an Häusern
13 Fenstergitter
Stahlnageltherapie
13 Ohrakupunktur
Stahl-Nickel-Legierung
5 Invar
Stahlross
3 Rad
4 Velo
7 Fahrrad
Stahlschrank
4 Safe
6 Tresor
Stahlseil
5 Kabel
6 Trosse
Stall
5 Koben
Stallabteil
3 Box
Stalldung
4 Mist
Stallhase
9 Kaninchen
Stallmist
4 Dung
7 Duenger
Stallunterlage
5 Spreu, Streu
Stamm ...
· *in* **Südafrika**
5 Pondo
· *der* **Usbeken**
4 Arab
Stammbaumkunde
10 Genealogie
stammelnd
13 unartikuliert
Stammesverband
4 Clan
5 Sippe
8 Parentel
Stammeszeichen
5 Totem
Stammgast
7 Habitue
Stammhalter
4 Kind, Sohn
stämmig
6 robust
10 untersetzt

Stammmiete
10 Abonnement
Stammmutter
3 Eva
4 Ahne
Stammtafel bei Zuchtpferden
8 Stutbuch
Stammtruppe
5 Kader
Stammvater
3 Ahn
7 Ahnherr
9 Patriarch
Stammvater ...
· *der* **Arkader**
5 Arkas
· *der* **Edomiter**
4 Esau
· *der* **Hamiten**
3 Ham
· *der* **Israeliten**
7 Abraham
· *der* **Menschen**
4 Adam
· *eines* **Riesengeschlechts**
4 Enak
· *der* **Semiten**
3 Sem
Stampfer
7 Pistill
8 Stoessel
Stand
4 Bude, Rang
6 Status
Stand ...
· *der* **Aristokratie**
4 Adel
· *der* **Dinge**
6 Status
7 Zustand
9 Situation
Standard
4 Norm
11 Richtschnur
Standarte
5 Fahne
6 Banner, Flagge
Standbild
6 Statue
8 Monument
10 Bildsaeule
Standbild am Naumburger Dom
3 Uta

Ständchen
8 Serenade
Stander ► Standarte
Ständer
6 Stativ
7 Etagere, Gestell
8 Stellage
Ständerpilz
10 Champignon, Hallimasch
11 Pfifferling
standesgemäß
14 repraesentativ
standesungemäß
12 morganatisch
standfest
6 stabil
standhaft
6 eisern
8 aufrecht
9 unbeugsam
ständig
4 stet
5 immer, stets
7 dauernd
8 bleibend
9 andauernd, chronisch
14 gleichbleibend
ständig ...
· **klirrendes Geräusch**
8 Gerassel
· **mäkelnder Mensch**
8 Noergler
· **tätige Sportler**
6 Aktive
ständig(e, er, es) ...
· **Ärger**
4 Qual
· **Besucher**
9 Stammgast
· **Herummäkeln**
9 Noergelei
· **Käufer**
5 Kunde
· **Unzufriedenheit**
9 Noergelei
· **Wiederholung**
6 Uebung
Ständigkeit
9 Permanenz
Standleuchte
9 Stehlampe
10 Kandelaber
Standort
5 Platz

6 Stelle
8 Position
Standortbestimmung
6 Ortung
Standpauke
7 Schelte
12 Strafpredigt
Standplatz beim Jagen
6 Ansitz
Standpunkt
7 Ansicht, Meinung
8 Position
10 Anschauung, Auffassung
Standpunkt ...
· *der* **prinzipiellen Relativität**
12 Relativismus
· *der* **prinzipiellen Verneinung**
10 Nihilismus
Standwirbel beim Eislauf
9 Pirouette
Stange
4 Stab
Stange zum Schieben von Flößen
5 Stake
Stängel
5 Stiel
Stängel von Wiesenpflanzen
8 Grashalm
Stängelabschnitt
6 Knoten
Stangenbiss am Pferdegeschirr
7 Kandare
Stangengemüse
7 Spargel
14 Bleichsellerie
Stangenweißbrot
5 Flûte
8 Baguette
Stangenzelt der Indianer
4 Tipi
Stangenzimt
6 Kaneel
Stanze
6 Presse
7 Strophe
Stapel
5 Stoss
Star
12 Beruehmtheit
14 Augenkrankheit
Starallüren
7 Duenkel, Hochmut
Starenvogel
3 Beo
stark
6 baerig, heftig, robust
8 intensiv, kraeftig, maechtig
stark ...
· **abfallend**
11 abschuessig
· **ansteigend**
5 steil
· **duftende Sommerblume**
6 Reseda
· **gewürzte Dauerwurst**
6 Salami
· **mitgenommen**
10 ramponiert
· **vergrößerndes Leseglas**
4 Lupe
· **wirkendes Schmerzmittel**
5 Opiat
· **zunehmend**
12 galoppierend
stark gesüßt
7 zuckrig
stark(e, er, es) ...
· **Abneigung**
4 Hass
· **Anprall**
5 Stoss
· **Ausdünstung**
9 Duftwolke
· **Brett**
5 Bohle
· **Dauerbelastung**
6 Stress
· **Drang**
5 Zwang
· **Durst**
5 Brand
· **Erkältung**
6 Grippe
· **Essbedürfnis**
11 Heisshunger
· **Feuchtigkeit**
6 Naesse
· **Gefühl der Feindschaft**
4 Hass
· **Gemütsbewegung**
6 Affekt
· **Haar**
6 Borste
· **Handmesser**
5 Kneif, Kneip
· **Hebung im Vers**
5 Iktus
· **Hitze**
4 Glut
· **Kaffee**
5 Mokka
8 Espresso
· **Mann**
5 Huene
· **Muskelzusammenziehung**
6 Krampf
· **Nähfaden**
5 Zwirn
· **Schiffsflaschenzug**
4 Gien
· **Schiffsseil**
8 Ankertau
· **Schiffstau**
6 Trosse
· **Seil**
3 Tau
· **Streben nach Erfolg**
7 Ehrgeiz
· **Strick**
3 Tau
4 Seil
· **Sturm**
7 Tornado
· **Tau**
6 Trosse
· **Trosse**
5 Kabel
· **Verlangen**
4 Gier
5 Trieb
· **Wind**
5 Orkan, Sturm
· **Windstoß**
3 Boe
· **Zweig**
3 Ast
Starkbier
8 Bockbier
10 Doppelbock
Stärke
5 Kraft, Macht
6 Anzahl, Umfang
11 Intensitaet, Kohlehydrat
12 Kohlenhydrat
Stärkemehl
4 Sago
7 Kassawa, Tapioka
9 Arrowroot

stärkendes Mittel
7 Tonikum
stärkster Sturm
5 Orkan
Stärkungsmittel
7 Tonikum
Starlet
9 Sternchen
14 Schauspielerin
starr
4 stur
5 rigid, steif, stier
7 rigoros
9 unbeugsam
10 regungslos, ungelenkig
11 unbeweglich
Starre
15 Unbeweglichkeit
starrer Lehrsatz
5 Dogma
starrflügeliges Insekt
7 Libelle
starrköpfig
4 stur
7 trotzig
8 renitent
Starrköpfigkeit
5 Trotz
Starrkrampf
7 Tetanus
Starrsinn
8 Sturheit
starrsinnig ▶ starrköpfig
Start
6 Abflug, Anfang, Beginn
7 Abfahrt, Abreise
8 Aufbruch
Start einer Rakete
7 Take-off
Startbahn ...
· *für* **Flugzeuge**
5 Piste
8 Rollfeld
starten
8 anfangen, beginnen
Starter bei Motoren
8 Anlasser
Starthilfe an Autos
5 Choke
Starverehrer
3 Fan
Station
4 Rast
6 Sender
7 Bahnhof
10 Aufenthalt, Haltepunkt
11 Haltestelle
Statist
8 Figurant, Komparse
Statistin
9 Komparsin
statistisch erhobene Informationen
5 Daten
statistische ...
· **Darstellung**
5 Graph
8 Diagramm
9 Schaubild
Stativ
8 Staender
12 Untergestell
Stätte ...
· *zur* **Darbringung von Opfern**
5 Altar
· *für* **Hilfsbedürftige**
6 Bethel
· *bei* **Jerusalem**
8 Golgatha
· *für* **Kranke**
8 Hospital
· *für die* **Toten**
8 Friedhof
statthaft
7 erlaubt
9 gestattet, zulaessig
Statthalter
6 Satrap
8 Resident
10 Gouverneur, Vizekoenig
Statthalter ...
· *von* **Jerusalem**
7 Nehemia
· *für* **Mohammed**
5 Kalif
· *der* **Niederlande**
4 Alba
stattlich
5 gross
10 ansehnlich, beachtlich
Statue
7 Denkmal, Plastik
9 Standbild
Statuenbruchstück
5 Torso
Statur
5 Figur, Wuchs
7 Gestalt
Status
4 Lage
5 Stand
6 Befund
7 Zustand
8 Stellung
10 Verfassung
Statut
7 Satzung
10 Verordnung
Stauanlage
4 Damm, Wehr
8 Schleuse
9 Talsperre
Staubablagerung aus dem Quartär
5 Loess
Staubbesen
3 Mop
4 Mopp
Staubfaden
8 Filament
Staublunge
8 Silikose
Staubsturm in Marokko
5 Sahel
Staubwischer
5 Wedel
Staudamm
9 Talsperre
Staudenart
5 Canna, Raute
6 Hopfen, Kalmus
8 Einbeere, Goldlack, Skabiose, Wegwarte
Stauung
5 Stase
8 Stockung
10 Stagnation
Stauwerk
4 Wehr
Stechapfel
6 Datura
Stechbeitel
10 Stemmeisen
stechend riechendes Gas
5 Chlor
stechender Pflanzenteil
4 Dorn
stechendes ...
· **Insekt**
5 Biene, Wespe
6 Bremse
7 Schnake
8 Hornisse

Stecher
7 Graveur
Stechfliege ▶ Stechmücke
Stechgerät
4 Ahle, Dorn
5 Nadel
Stechheber
7 Pipette
10 Saugroehre
Stechinsekt
5 Wespe
Stechmücke
5 Gelse
6 Bremse, Dassel, Gnitte, Gnitze
7 Moskito, Schnake
9 Anopheles
Stechpalmenart
4 Ilex
Stechwerkzeug
8 Vierkant
steckbares Bauteil
5 Modul
Stecken
4 Stab
5 Stock
6 Stange
Steckenpferd
5 Hobby
11 Liebhaberei
Steckling
7 Ableger
8 Setzling
Stegreifauftritt
6 Sketch
13 Improvisation
stehen ...
· **bleiben**
6 halten
7 stoppen
stehendes ...
· **Gewässer**
3 See
5 Teich
7 Tuempel
Stehlampe auf einem Möbelstück
12 Tischleuchte
Stehler
4 Dieb
9 Spitzbube
steif
5 starr
9 unbeugsam
10 ungelenkig
11 unbeweglich
steif(e, er, es) ...
· **Hut**
4 Bibi
6 Bowler, Melone
8 Zylinder
· **Kragen**
12 Vatermoerder
· **Papier**
5 Pappe
· **Seidenstoff**
4 Taft
· **Tragtasche**
5 Mappe
Steig
3 Weg
4 Pfad
Steigen ...
· *der* **Börsenkurse**
6 Hausse
· *und* **Fallen des Wassers**
4 Tide
· *der* **Geldmenge**
9 Inflation
steigender Luftstrom
7 Aufwind
steigern
10 verbessern
12 vergroessern
Steigerung
10 Eskalation
Steigerung von gut
6 besser
Steigerungsstufe
6 Elativ
10 Komparativ, Superlativ
Steiggerät
6 Leiter
Steighilfe
6 Leiter
steil
4 jaeh
7 schroff
11 abschuessig
steil aufragendes Feldgebilde
4 Wand
steil(e, er, es) ...
· **Abfall einer Felsenküste**
5 Kliff
6 Klippe
· **Bergpfad**
5 Steig
· **Felswand**
4 Fluh
· **Rinne im Gebirge**
5 Kamin
· **Treppe**
6 Stiege
· **Weg**
5 Steig, Stieg
steilwandige ...
· **Schlucht**
5 Cañon, Klamm
Stein
10 Felsstueck
Stein mit erhaben geschnittenem Bild
5 Kamee
Steinbock
3 Tur
Steinchen
6 Kiesel
Steinchenspiel
6 Domino
Steindruck
11 Lithografie
12 Lithographie
steinern(e, er, es) ...
· **Prunksarg**
9 Sarkophag
· **Wand**
5 Mauer
Steinfigur in Ägypten
6 Sphinx
Steinfruchtgehölz
11 Walnussbaum
Steingarten
7 Alpinum
Steingrab ...
· *der* **Vorzeit**
6 Dolmen
10 Huenengrab
Steingut
7 Fayence, Keramik, Tonware
8 Irdengut, Majolika
Steingutflasche
5 Kruke
Steinhacke
5 Bille
Steinkohle
9 Anthrazit
10 Glanzkohle
12 Schwarzkohle
Steinkohlenprodukt
3 Gas

4 Koks, Teer
6 Anilin, Benzol
Steinkohlenteer
7 Bitumen
Steinkohlenzeit
6 Karbon
Steinmal der Kelten
6 Menhir
Steinmetz
9 Bildhauer
Steinobst
5 Mango
7 Kirsche, Pflaume
8 Aprikose, Pfirsich, Zwetsche
9 Mirabelle, Reneklode, Zwetschge
11 Reineclaude
Steinobstsorte
12 Suesskirsche
steinreicher ...
· **Mann**
5 Nabob
7 Kroesus
Steinsäule
6 Menhir
7 Obelisk
Steinschlag
8 Schotter
Steinschleudermaschine
8 Balliste, Bombarde
Steinwand
5 Mauer
Steinwüste der Sahara
6 Hamada
Steinzeitabschnitt
11 Neolithikum
12 Altsteinzeit, Mesolithikum
13 Jungsteinzeit
14 Palaeolithikum
Steinzeitbehausung
4 Abri
8 Pfahlbau
Steinzeitgerät
9 Faustkeil
Steiß
7 Gesaess
Stellage
7 Etagere, Gestell
8 Staender
Stelldichein
4 Date
9 Tete-a-tete
10 Rendezvous
Stelle
5 Platz
7 Staette
Stelle ...
· *als* **Arbeitsplatz**
3 Job
4 Rang
8 Position, Stellung
· *mit* **geringer Meerestiefe**
7 Untiefe
8 Sandbank
· *in einem* **Text**
5 Zitat
6 Passus
7 Passage
Stelle,
· **wo etwas aufhört**
4 Ende
Stellen
4 Orte
Stellmacher
6 Wagner
10 Wagenbauer
Stellung
3 Amt
4 Lage, Rang
5 Stand, Stufe
6 Status
7 Positur
8 Position
13 Konstellation
Stellung ...
· *im* **Schachspiel**
4 Matt, Patt
Stellungnahme
9 Gutachten, Kommentar
Stellvertreter
4 Vize
8 Adjutant
9 Prokurist, Substitut
10 Ersatzmann
Stellvertreter ...
· *des* **Abtes**
5 Prior
· *eines* **Herrschers**
11 Statthalter
· *des* **Rektors**
9 Konrektor, Prorektor
Stelze
7 Eisbein
Stelzvogel ► Schreitvogel
Stemmeisen
6 Beitel
7 Meissel
11 Stechbeitel
Stemmleiste an Leiterwagen
5 Lisse
Stempel
6 Siegel
7 Abdruck, Griffel
8 Praegung
Stenografie
5 Steno
11 Kurzschrift
stenografisches Kürzel
5 Sigel
Stenz
4 Geck
7 Flaneur
Steppenart
5 Pampa
6 Llanos, Pussta, Puszta, Tundra
7 Praerie
Steppenpferd
7 Mustang
Steppentier
3 Gnu
5 Zebra
6 Kojote
7 Gazelle, Giraffe, Mustang
8 Antilope
Steppenwolf
6 Kojote
Sterbehilfe
10 Euthanasie
sterbend
8 moribund
Sterbeort ...
· **Bismarcks**
13 Friedrichsruh
· **Goethes**
6 Weimar
· **Hofers**
6 Mantua
· **Napoleons**
11 Sankt Helena
· **Shakespeares**
9 Stratford
· **Wagners**
8 Bayreuth
· **Wallensteins**
4 Eger
Stereoanlagenteil
3 Box
5 Tuner
11 Verstaerker
Stereofonie
7 Raumton

Stereometrie
9 Raumlehre
stereotyp
10 formelhaft
12 abgedroschen
steril
8 keimfrei
9 aseptisch
11 unfruchtbar
Stern ...
· *im* **großen Bären**
5 Merak
· *im* **großen Wagen**
5 Alkor
· *in der* **Jungfrau**
5 Spika
· *in der* **Leier**
4 Wega
· *im* **Orion**
5 Rigel
· *im* **Pegasus**
4 Enig
· *im* **Perseus**
5 Algol
· *im* **Schwan**
5 Deneb
· *im* **Skorpion**
7 Antares
· *im* **Walfisch**
4 Mira
Sternbild
3 Leo
4 Baer, Lyra, Mira, Wega
5 Adler, Algol, Fisch, Krebs, Leier, Loewe, Lupus, Stier, Waage, Wagen
6 Castor, Fliege, Gemini, Pollux, Schwan, Widder
7 Centaur, Pegasus
8 Berenice, Jungfrau, Schuetze, Skorpion
9 Aldebaran, Andromeda, Steinbock, Zwillinge
10 Cassiopeia, Wassermann
11 Grosser Baer, Grosser Hund, Kleiner Baer, Kleiner Hund
12 Grosser Loewe, Kleiner Loewe
Sternbild ...
· **Löwe**
3 Leo
· **Zwillinge**
6 Gemini
Sternblume
5 Aster
Sterndeuter
9 Astrologe
Sterndeuter Wallensteins
4 Seni
Sterne betreffend
6 astral
Sternfahrt
6 Rallye
Sternforscher
8 Astronom
13 Astrophysiker
Sternfrucht
9 Karambole
Sternhaufen im Krebs
8 Praesepe
Sternkunde
10 Astronomie
Sternschnuppe
5 Bolid
6 Meteor
8 Meteorit
10 Feuerkugel
Sternschnuppenschwarm im Löwen
8 Leoniden
Sternstunde
11 Gluecksfall
Sternwarte
13 Observatorium
Sterz
7 Puerzel, Schwanz
stet
8 staendig
9 andauernd
stet(e, er, es) ...
· **Fröhlichkeit**
10 Heiterkeit
· **Gleichklang**
8 Harmonie
· **Zueinanderhalten**
5 Treue
· **Zuversicht**
10 Optimismus
Stethoskop
8 Hoerrohr
stetig
10 bestaendig
Stetigkeit
8 Konstanz
12 Kontinuitaet
14 Beharrlichkeit
stets
4 stet
5 immer
7 dauernd
8 staendig
9 andauernd, jederzeit, permanent
Steuer
5 Pinne, Ruder
6 Abgabe, Lenker, Umlage, Volant
7 Beitrag, Gebuehr, Lenkrad
10 Lenkstange
Steuer ...
· *im* **Auto**
6 Volant
7 Lenkrad
Steuerband
9 Banderole
Steuerbehörde
9 Finanzamt
Steuerer
6 Fahrer, Lenker
Steuergerät
6 Regler
10 Einsteller
Steuerstreifen ► Steuerband
Steuerungsanlage
6 Relais
Steuerungsscheibe
8 Exzenter
Steuerungswissenschaft
10 Kybernetik
Steuerzahler
7 Buerger
13 Staatsbuerger
Steuerzeichen ► Steuerband
Stewardess
7 Hostess
15 Flugbegleiterin
Stichart
· *beim* **Nähen**
11 Kettenstich
stichhaltig
7 triftig
8 zwingend
9 stringent
10 schluessig
Stichkarte ...
· *beim* **Kartenspiel**
5 Atout, Joker
6 Trumpf
Stichprobe
4 Test
Stichwaffe
5 Degen, Dolch, Lanze

6 Spiess
7 Florett, Schwert, Stilett
8 Bajonett
Stichwort
5 Lemma
Stichwortverzeichnis
5 Index
Stickerei
6 Feston
Stickereibegriff
10 Stielstich
Stickereielement
10 Kreuzstich
Stickrahmen
6 Tambur
Stickstoffverbindung
4 Azid
6 Nitrat, Nitrid, Nitrit
8 Salpeter
stieben
8 spruehen
11 zerstaeuben
Stiefmütterchen
5 Viola
6 Pensee
Stieg ▶ Steig
Stiege
6 Treppe
7 Aufgang
Stieglitz
10 Distelfink
Stiel
7 Stengel
8 Staengel
Stielbrille
7 Lorgnon
9 Lorgnette
stier
5 starr
6 glasig
Stiergott der alten Ägypter
4 Apis
Stierkämpfer
6 Torero
7 Matador
8 Toreador
Stierkämpferdegen
5 Spada
6 Espada
Stierkämpferin
6 Torera
Stierkämpferpfeil
10 Banderilla
Stierkämpfertuch
4 Capa
Stierkampfplatz
5 Arena
Stiertreiber in der Arena
5 Chulo
Stift
5 Abtei, Nagel
7 Kloster, Konvikt
8 Lehrling
Stift in Rennschuhen
5 Spike
Stifter
5 Geber
7 Spender
8 Schenker
Stiftsherr
7 Domherr
9 Kapitular
Stiftskirche
5 Abtei
8 Muenster
Stiftsvorsteher
3 Abt
6 Propst
Stiftsvorsteherin
6 Domina
Stiftung
8 Donation, Dotation
9 Fundation
10 Stipendium
11 Institution
Stil
3 Art
4 Note
6 Bauart, Manier
7 Diktion, Machart
9 Lebensart
Stil in der napoleonische Zeit
10 Empirestil
Stilepoche
5 Gotik
6 Barock, Empire, Rokoko
7 Klassik, Moderne, Romanik
8 Romantik
10 Jugendstil
11 Biedermeier, Renaissance
12 Klassizismus
still
5 leise, ruhig
7 lautlos
9 friedlich
10 schweigsam
12 verschwiegen
still(e, er, es) ...
· **Andacht**
5 Gebet
13 Kontemplation
· **Trauer**
6 Wehmut
· **Versenkung**
10 Meditation
· **Zorn**
5 Groll
Stille
4 Ruhe
9 Silentium
Stiller Ozean
7 Pazifik
Stillschweigen
9 Silentium
Stillstand
4 Halt, Stau, Stop
5 Stopp
10 Stagnation
Stilrichtung der Popmusik
6 Reggae
Stimmabgabe
4 Wahl
5 Votum
Stimmbezirk
9 Wahlkreis
Stimmbildungslehre
8 Phonetik
Stimme
5 Organ, Votum
Stimmenmehrheit
10 Majoritaet
Stimmenminderheit
10 Minoritaet
Stimmenzug der Orgel
8 Register
stimmfähig
14 wahlberechtigt
Stimmlage
▶ Gesangsstimme
Stimmritze
7 Glottis
Stimmung
5 Laune
10 Heiterkeit
11 Atmosphaere
Stimmungskanone
11 Entertainer, Unterhalter
Stimmungslage
9 Tiefpunkt
Stimmungsmache
10 Propaganda

stimmungsvoll
7 lyrisch
8 poetisch
10 romantisch
stimmungsvolle Dichtung
5 Lyrik
stimmungsvoller Lichterglanz
12 Kerzenschein
Stimmzettelbehälter
4 Urne
8 Wahlurne
stinkendes ...
· **Gummiharz**
5 Asant, Asunt
Stinktier
5 Skunk
Stippe
5 Sauce, Sosse, Tunke
Stirnband
6 Diadem
Stirnbinde
5 Inful
Stirnfleck
6 Blesse
Stirnreif ▶ Stirnband
Stirnschmuck der Hirsche
6 Geweih
Stirnseite
5 Front
7 Fassade
11 Vorderseite
Stöberhund
7 Spaniel
Stock
4 Rute, Stab
5 Gerte
Stöckelschuh, Pumps
8 Stiletto
stocken
6 hapern, stauen
stockendes Weinen
11 Geschluchze
Stockung
4 Stau
10 Stagnation, Stillstand
Stockwerk
5 Etage
8 Geschoss
Stoff
4 Zeug
5 Masse, Sujet
6 Gewebe, Inhalt
7 Materie
8 Material, Substanz
Stoff ...
· *für* **Gardinen**
6 Edamin
· *aus* **gekräuseltem Zwirn**
7 Frottee
· *im* **Tabakrauch**
4 Teer
· *eines* **Vortrags**
5 Thema
Stoff herstellen
5 weben
Stoffart
4 Cord, Filz, Gaze, Jute, Kord, Lamé, Mako, Rips, Samt, Taft, Werg
5 Atlas, Biber, Drell, Drill, Krepp, Linon, Loden, Pikee, Satin, Seide, Serge, Tuell, Tweed, Twill, Voile
6 Batist, Bouclé, Brokat, Damast, Etamin, Fresko, Inlett, Jersey, Kaliko, Kattun, Koeper, Leinen, Linnen, Molton, Nessel, Pepita, Perkal, Ratine, Sammet, Velour
7 Chiffon, Flanell, Flausch, Frottee, Marengo, Plissee, Pluesch, Velours
8 Chenille, Drillich, Jacquard, Kammgarn, Kaschmir, Musselin, Popeline
9 Baumwolle, Gabardine
10 Manchester
Stoffbahn zum Babytransport
9 Tragetuch
Stoffbär
5 Teddy
Stoffbehausung
4 Zelt
Stoffdach
9 Baldachin
Stoffdekoration
8 Draperie
10 Drapierung
Stoffeinsatz
7 Zwickel
Stofffärbeverfahren
4 Ikat
5 Batik
Stofffetzen
6 Lappen
Stoffkonzentration in bestimmter Flüssigkeit
12 Wasserhaerte
Stoffkunde
6 Chemie
stofflich
4 real
9 materiell
12 substantiell, substanziell
stofflos
6 ideell
11 immateriell
Stoffmuster
4 Karo
6 Dessin
8 Streifen
9 Fischgrat
16 Fischgraetmuster
Stoffrand
5 Borte
Stoffrollen
6 Ballen
Stoffsammlung
10 Repertoire
Stoffschaden
4 Loch, Riss
11 Winkelhaken
Stoffstreifen
4 Bahn, Band
5 Binde
Stoffstück zum Abtrocknen
15 Kuechenhandtuch
Stoffteil zum Ausbessern
7 Flicken
Stoffwechselkrankheit
5 Gicht
Stoffzersetzung
9 Verwesung
stoisch
5 ruhig
8 gelassen
Stola
12 Umhaengetuch, Umschlagtuch
Stolz
7 Duenkel, Hochmut
8 Arroganz
10 hochnaesig
12 herablassend
13 Selbstachtung
Stopfgarn
5 Twist
stopp
4 halt

stoppen
6 halten
13 stehen bleiben
Stöpsel
4 Kork, Zapf
5 Spund
6 Korken, Pfropf, Zapfen
8 Pfropfen
Stör
6 Beluga, Hausen
7 Sterlet
Storch
6 Adebar
storchähnlicher ...
· **Vogel**
4 Ibis
6 Marabu, Reiher
7 Kranich, Pelikan
8 Flamingo
10 Nimmersatt
Storchenschnabel
9 Pantograf
10 Pantograph
störend
7 laestig
10 behindernd, hinderlich, unangenehm
11 irritierend
12 unerfreulich
störendes Geräusch
9 Geklapper
Störenfried
10 Plagegeist, Quaelgeist
störrisch
4 stur
8 obstinat, renitent
11 dickkoepfig, starrsinnig
13 widerspenstig
Störrogen
6 Kaviar
Störung
5 Panne
Störung im Wirtschaftsleben
5 Krise
Stoß
4 Ruck
Stoß ...
· *beim* **Billardspiel**
5 Dublé
6 Dublee
· *mit* **dem Fuß**
5 Tritt
Stoßabfänger
6 Puffer
13 Stossdaempfer
Stoßdegen
6 Rapier
7 Florett
Stoßwaffe ▶ Stichwaffe
stoßweise windig
5 boeig
Stoßzahnmaterial
9 Elfenbein
Stoßzeit
6 Saison
7 Andrang
8 Rushhour
11 Hochbetrieb
Strafanstalt
9 Zuchthaus
10 Gefaengnis
15 Vollzugsanstalt
strafbar
7 illegal
9 kriminell
12 gesetzwidrig
strafbare ...
· **Handlung**
6 Delikt
8 Straftat, Vergehen
10 Verbrechen
Strafe
5 Rache
10 Vergeltung
Straferlass
8 Amnestie
11 Begnadigung
straff
4 fest
6 stramm
8 gespannt
straff gefüllt
5 prall
straffällige Frau
8 Taeterin
straffende Körperpackung
11 Thalgomince
straffrei
5 immun
Strafpredigt
6 Sermon
7 Epistel, Rueffel
10 Standpauke
Strafrede
15 Gardinenpredigt
Strafstoß ...
· *beim* **Eishockey**
7 Penalty
· *beim* **Fußball**
5 Elfer
8 Elfmeter
· *beim* **Handball**
11 Siebenmeter
Straftat
4 Mord, Raub
6 Betrug, Delikt
8 Vergehen, Verstoss
9 Totschlag
10 Verbrechen
12 Menschenraub
Straftäter
10 Delinquent, Verbrecher
Strafverschickung
11 Deportation
Strafzettel
9 Protokoll
10 Knoellchen
Strahlaustrittsöffnung
5 Duese
Strahlenbrecher
5 Linse
6 Prisma
Strahlenbrechung
10 Refraktion
strahlender Schein
5 Glanz
Strahlenfacharzt
9 Radiologe
13 Roentgenologe
Strahlenflosser
6 Barsch
7 Makrele, Seehase
9 Stichling
strahlenförmig
6 radial
Strahlenkranz
6 Glorie, Korona, Nimbus
7 Aureole
8 Gloriole
Strahlenkranz der Sonne
6 Korona
Strahlenrückwurf
9 Reflexion
10 Reflektion
Strahlentierchen
11 Radiolarien
Strahler
8 Radiator

Strahler zur indirekten Beleuchtung
12 Deckenfluter
Strahltriebwerk
3 Jet
5 Duese
Strahlung
4 Aura
9 Emanation, Radiation
Strahlungsmessgerät
9 Dosimeter, Zaehlrohr
13 Geigerzaehler
stramm
3 eng
5 drall, prall
stramm gespannt
6 straff
Strand
4 Lido
6 Kueste
7 Gestade
Strandbad bei Venedig
4 Lido
Strandsee
4 Haff, Noor
6 Lagune
Strandwegerich
5 Andel
Strang des Bogens
5 Sehne
Strapaze
4 Qual
5 Muehe, Plage
7 Muehsal
9 Plackerei
11 Anstrengung
strapaziös
12 beschwerlich
Straße ...
· *in* **Berlin**
6 Kudamm
15 Kurfuerstendamm
· *in* **Frankfurt**
4 Zeil
· *in* **Hamburg**
13 Jungfernstieg
· *in* **Mannheim**
7 Planken
· *in* **New York**
8 Broadway
10 Wallstreet
· *in* **Paris**
13 Champs-Elysées
· *bei* **Rom**
8 Via Appia

Straßenbahn
4 Tram
11 Elektrische
Straßenbaumaschine
5 Ramme, Raupe, Walze
6 Bagger
Straßenbaumaterial
5 Beton
6 Splitt
7 Asphalt, Bitumen
8 Schotter
Straßenbegrenzung
10 Leitplanke
Straßenbelag
7 Asphalt
Straßenbeleuchtung
5 Lampe
7 Laterne
Straßenbenutzungsgebühr
4 Maut, Zoll
Straßendecke
5 Belag
8 Pflaster
17 Kopfsteinpflaster
Straßenhund
5 Toele
6 Koeter
Straßenkante
9 Bordstein
Straßenkrümmung
5 Kurve
Straßenlampe
7 Laterne
Straßenmarkierung
13 Zebrastreifen
Straßenpöbel
3 Mob
Straßenräuber
6 Bandit
7 Brigant
11 Wegelagerer
Straßensperre
9 Barrikade
Stratege
8 Feldherr, Taktiker
Strategie
6 Taktik
sträuben
8 plustern
Strauch
6 Staude
Strauch ...
· *mit* **aromatischen Blättern**
11 Lorbeerbaum

· *mit* **birnenartigen Früchten**
6 Mispel
· *mit* **stechenden Spitzen**
9 Dornbusch
Strauchart
4 Efeu, Rose
7 Flieder, Ginster, Schlehe
8 Holunder, Liguster, Oleander, Rosmarin, Sanddorn
Strauchdieb ► Straßenräuber
Strauchfrucht
5 Beere
7 Ribisel
8 Himbeere
9 Brombeere, Hagebutte, Haselnuss
11 Heidelbeere
12 Preiselbeere, Stachelbeere
13 Johannisbeere
Strauchfrüchte
10 Beerenobst
Strauchreihe
5 Hecke
Strauchtrieb
11 Schoessling
Strauß
4 Bund
5 Kampf
6 Bukett, Streit
7 Gebinde
Straußenvogel
3 Emu, Moa
4 Kiwi
5 Nandu
6 Kasuar
Strebe
6 Steife
7 Stuetze
Streben
5 Drang
7 Tendenz
8 Ambition, bemuehen, trachten
Streben ...
· *nach* **Erfolg**
7 Ehrgeiz
· *nach* **Reinheit**
8 Purismus
· *nach* **Vollkommenheit**
15 Perfektionismus

Strebsamkeit
5 Eifer
6 Fleiss
7 Ehrgeiz
Strecke
3 Weg
Strecke im Bergwerk
5 Abhau
strecken
6 dehnen
7 spannen
Streckenende im Bergbau
3 Ort
Streckenstrich
5 Tiret
11 Satzzeichen
14 Gedankenstrich
Streckenteil
9 Abschnitt
Streckmuskel
8 Abduktor
Streich
2 Uz
3 Jux, Ulk
4 Coup, Hieb
5 Farce, Posse, Spass, Unfug
6 Scherz
11 Schabernack
streichbare Masse
5 Paste
Streicheleinheit
13 Zaertlichkeit
14 Aufmerksamkeit
streichfähiger Aufschnitt
12 Schmierkaese
Streichgerät (Musik)
5 Bogen
Streichhölzer
7 Zuender
Streichinstrument
4 Bass
5 Cello, Gambe, Geige, Viola
6 Fiedel
7 Violine
8 Bratsche
9 Bassgeige
10 Kontrabass
11 Violoncello
Streifen
7 Lamelle
Streifen ...
· *im* **Glas**
8 Schliere
· *auf der* **Haut**
8 Striemen
· *zu* **Steuerzwecken**
9 Banderole
· *an der* **Uniform**
5 Biese, Litze
Streifzug
9 Exkursion
Streifzug durch Geschäfte
14 Einkaufsbummel
Streik
8 Ausstand
19 Arbeitsniederlegung
Streikbrecher
15 Arbeitswilliger
Streit
4 Zank
5 Fehde, Hader, Stunk, Zwist
6 Disput
7 Knatsch, Querele, Strauss
8 Kabbelei, Konflikt, Rauferei, Reiberei
11 Feindschaft, Kontroverse
Streitaxt der Indianer
8 Tomahawk
streitbar
8 militant
9 aggressiv
streiten
6 hadern, zanken
9 krakeelen
Streiterei
9 Zaenkerei
Streitgespräch
6 Disput
7 Debatte, Polemik
11 Disputation
Streithammel
7 Eiferer
9 Querulant
10 Staenkerer
Streitkräfte
5 Armee
Streitmacht ▶ Streitkräfte
5 Armee
Streitobjekt
9 Zankapfel
Streitsache
7 Affaere
Streitschrift
8 Pamphlet
streitsüchtig ▶ streitbar
streitsüchtiger Mensch
7 Haderer
Streitwagen der Antike
4 Biga
streng
4 hart
5 genau, rigid, starr
6 strikt
7 rigoros
12 unnachgiebig
streng ...
· **vegetarisch**
5 vegan
· **verboten**
4 tabu
streng(e, er, es) ...
· **antiker Gesetzgeber**
6 Drakon
· **Ausbildung**
5 Drill
· **Geschmack**
5 Herbe
· **Kälte**
5 Frost
· **Lebensweise**
6 Askese
· **Lehrer**
6 Pauker
Strenge
6 Haerte
12 Rigorositaet
strenggläubig
5 fromm
8 orthodox
Streublumen
11 Millefleurs
Streufrucht
6 Kapsel
Streupulver
6 Talkum
Strich
5 Linie
6 Gerade, Strahl
7 Strecke
Strichelung
9 Schraffur
Strichpunkt
9 Semikolon
Strick
4 Seil
5 Leine
6 Schnur, Strang
9 Bindfaden
Strick zum Binden von Gefangenen
6 Fessel

S

Strickbeutel
9 Pompadour
Strickgewebe
6 Jersey
Strickmaterial
5 Wolle
9 Baumwolle
Strickware
9 Trikotage
Striegel
11 Kardaetsche
strikt
5 genau
6 streng
10 konsequent
strikte ...
· **Absage**
3 nie
· **Anordnung**
6 Befehl
stringent
11 stichhaltig
Strippe
6 Schnur
strittig
10 kontrovers
Strohhut
6 Panama
8 Sombrero
11 Florentiner
Strohpuppe
6 Popanz
Strohunterlage
5 Streu
Strolch
4 Lump
6 Schelm
7 Stromer
8 Vagabund
Strom
13 Elektrizitaet
Strom ...
· **erzeugender Fisch**
9 Zitteraal
· *zum* **Weißen Meer**
5 Dwina
Stromabnehmer
9 Kollektor
Stromaustrittsstelle
7 Kathode
9 Elektrode
Stromeintrittsstelle
5 Anode
9 Elektrode

strömende Wassermasse
4 Flut
Stromentnahmestelle
6 Buchse
9 Steckdose
Stromer
8 Vagabund
13 Landstreicher
Stromerzeuger
6 Dynamo
7 Turbine
8 Batterie
9 Generator
Stromleitung
5 Draht, Kabel, Litze
Strommaßeinheit
4 Volt, Watt
6 Ampere
7 Coulomb
Strommessgerät
9 Voltmeter
10 Voltameter
11 Amperemeter
Stromschnelle
8 Katarakt
10 Wasserfall
Stromspeicher
4 Akku
8 Batterie
11 Akkumulator
Stromstärkemessgerät
11 Amperemeter
Stromumformer
13 Transformator
Strömung
3 Sog
5 Drift, Trend, Trift
7 Tendenz
Strömungsform
6 Wirbel
7 Strudel
Stromzuführer
► Stromeintrittsstelle
Strophe
4 Vers
6 Stanze
9 Versreihe
Strudel
3 Sog
4 Neer
6 Trubel, Wirbel
10 Mehlspeise
12 Wasserwirbel

Struktur
6 Aufbau
7 Gefuege
strukturlos
6 amorph
Strumpfart
5 Socke
7 Stutzen
9 Soeckchen
11 Strumpfhose
Strumpfhalter
6 Straps
struppig
7 borstig
8 zerzaust
Stube
4 Raum
6 Kammer, Zimmer
Stubenvogel
7 Papagei
13 Kanarienvogel, Wellensittich
Stubenwagen, Erstlingsbettchen
8 Babykorb
Stück
4 Teil, Werk
Stück ...
· *vom* **Ganzen**
4 Teil
· **Mitbesitz**
6 Anteil
· **Papier**
5 Blatt
· *für* **sechs Instrumente**
7 Sextett
· *für* **zwei Instrumente**
3 Duo
Stück der Innereien
8 Kaldaune
Stuckarbeit
9 Stuckatur, Stukkatur
Stückchen Mull
6 Tupfer
Stücklohn
6 Akkord
Stückzahlmaß
4 Gros
6 Mandel, Schock
7 Dutzend
Studentenbetreuer
5 Tutor
Studentenbewegung der 60er-Jahre (Abkürzung)
3 APO

Studentenblume
7 Tagetes
Studentenkantine
5 Mensa
Studentenregister
8 Matrikel
Studentenverbindung
5 Korps
11 Korporation
Studentenvertretung
4 Asta
studentisches Trinkgelage
7 Kommers
Studie
6 Skizze, Uebung
7 Entwurf
9 Vorarbeit
12 Untersuchung
Studienanstalt
3 Uni
10 Hochschule
12 Universitaet
Studienbeihilfe
6 Bafoeg
10 Stipendium
Studieneinschreibung
15 Immatrikulation
Studienende
15 Exmatrikulation
Studienfach
11 Germanistik
Studienfahrt
9 Exkursion
Studiengenossin
12 Kommilitonin
Studienhalbjahr
8 Semester
Studienkamerad
11 Kommilitone
Studienveranstaltung
6 Kolleg, Uebung
7 Seminar
9 Praktikum, Vorlesung
Studierter
10 Akademiker
studierter Mediziner
4 Arzt
Studio
7 Atelier
Stufe
5 Level, Tritt
6 Absatz, Etappe, Niveau
7 Sprosse
10 Tonabstand
Stufenaufgang
6 Treppe
10 Freitreppe
12 Wendeltreppe
Stufenfolge von Tönen
9 Tonleiter
stufenförmiger ...
· **Dachabschluss**
13 Treppengiebel
· **Wasserfall**
7 Kaskade
stufenweise
8 graduell
11 allmaehlich
Stuhl mit Armlehne
6 Sessel
Stuhl, Sessel, Bank oder Sofa
15 Sitzgelegenheit
Stuhlfläche
4 Sitz
Stuhlteil
4 Bein, Sitz
5 Lehne
11 Sitzflaeche
Stulle
4 Brot
8 Schnitte
stumm
6 tonlos
7 wortlos
9 sprachlos
10 schweigsam
stumm(e, er, es) ...
· **Bühnendarsteller**
7 Statist
8 Komparse
· **Mitspielerin**
9 Komparsin
· **Spiel**
9 Pantomime
Stummfilmgag
9 Slapstick
Stummfilmstar
6 Keaton
7 Chaplin
Stümper
8 Pfuscher
9 Dilettant
Stümperarbeit
6 Pfusch
Stumpf
4 Rest
6 Strunk
stumpfsinnig
6 stupid
13 gleichgueltig
Stunde(n) der Nahrungsaufnahme
9 Tischzeit
Stundenfrau
14 Haushaltshilfe
Stundengebet
4 Hora, Hore
Stundenglas
7 Sanduhr
Stundung
8 Aufschub
10 Moratorium
12 Prolongation
stur
8 obstinat
11 halsstarrig, hartnaeckig
12 uneinsichtig, unnachgiebig
13 unzugaenglich
Sturheit
5 Trotz
9 Eigensinn, Starrsinn
Sturm
4 Wind
5 Orkan
6 Taifun
7 Tornado
8 Blizzard, Hurrikan
Sturm auf die Banken
3 Run
Sturmbock
6 Widder
12 Mauerbrecher
stürmen
7 erobern
9 einnehmen
stürmisch
5 rapid
6 feurig, furios
8 vehement
9 turbulent, ungestuem
Sturmvogel
8 Albatros
Sturz
4 Fall
stürzende Schneemasse
6 Lawine
Stuss
6 Gerede, Unsinn
7 Nonsens, Quatsch

Stützbalken
6 Strebe
7 Pfosten, Traeger
Stütze
10 Tragsaeule
Stütze ...
· *für* **elektrische Leitungen**
4 Mast
· *beim* **Gehen**
5 Stock
· *am* **Stuhl**
4 Bein
· *am* **Tisch**
4 Bein
stützendes Bauteil
7 Pfeiler
Stutzer
4 Beau, Geck, Gent, Snob
5 Dandy
6 Mantel
7 Angeber
8 Modenarr
Stützfaden im Webstuhl
5 Helfe
Stützgewebe
11 Bindegewebe
Stützholz im Bergbau
7 Stempel
Stützkerbe
5 Raste
Stützmieder
7 Korsett
Stütztau
4 Want
Stützverband
7 Bandage
8 Armbinde
Stüze beim Stillen
11 Stillkissen
stylen, festigen
5 gelen
Styling: nasses Aussehen
7 Wetlook
Suada
9 Redefluss
11 Wortschwall
subaltern
11 untertaenig
12 unterwuerfig
Subjekt
6 Person
10 Individuum
14 Satzgegenstand
subjektiv
9 einseitig
10 parteiisch, unsachlich
14 voreingenommen
subjektives Wohlbefinden
8 Euphorie
Subkontinent
6 Indien
12 Hinterindien
Subkultur
11 Underground
sublim
10 feinsinnig
submarin
12 unterseeisch
Substanz ...
· *des* **Elefantenzahns**
9 Elfenbein
· *im* **Kopf**
4 Hirn
Substitut
14 Stellvertreter
subtrahieren
8 abziehen
Subtraktionszeichen
5 minus
subtropische ...
· **Dickblattpflanze**
5 Agave
· **Eidechse**
5 Gecko
Subvention
8 Beihilfe, Zuschuss
14 Unterstuetzung
Suche
8 Fahndung
Suchgerät
5 Sonde
Sucht
4 Gier
5 Manie
9 Verlangen
10 Hoerigkeit
12 Besessenheit
13 Abhaengigkeit
Suchtstoff
5 Droge
Südafrikaner
4 Bure
südafrikanisch(e, er, es) ...
· **Antilope**
3 Gnu
6 Passan
· **Arzt**
7 Barnard
· **Bürgerrechtler**
7 Mandela
· **Form der Rassentrennung**
9 Apartheid
· **Frucht**
15 Kapstachelbeere
· **Kolonisten**
5 Buren
· **Landesteil**
7 Kapland, Namibia
9 Transvaal
10 Basutoland
· **Nobelpreisträger für Frieden**
4 Tutu
5 Klerk
7 Luthuli, Mandela
· **Nobelpreisträger für Medizin**
7 Theiler
· **Politiker**
5 Botha, Smuts
6 Flores, Rhodes
7 Hertzog, Mandela
8 Strijdom
· **Präsident**
7 Mandela
· **Regierungssitz**
8 Pretoria
· **Schriftsteller**
11 Breytenbach
· **Schriftstellerin**
7 Lessing
8 Gordimer
· **Staat**
7 Namibia
8 Botswana
· **Teesorte**
10 Rooibostee
· **Topmodel**
9 Swanepoel
· **Volksstamm**
4 Zulu
5 Bantu, Xhosa
6 Herero
· **Währungseinheit**
4 Cent, Rand
· **Wüste**
8 Kalahari
Südamerikaner
7 Chilene, Guyaner
8 Peruaner
9 Uruguayer
10 Bolivianer, Paraguayer
11 Argentinier, Brasilianer, Kolumbianer, Venezolaner
12 Ecuadorianer

S

südamerikanisch(e, er, es) ...
- **Ameisengattung**
  6 Azteca
- **ärmelloser Mantel**
  6 Poncho
- **Aufgussgetränk**
  7 Matetee
- **Biberratte**
  6 Nutria
- **Bussard**
  5 Aguja
- **Cowboy**
  6 Gaucho
- **Drogenpflanze**
  4 Koka
- **Echsenart**
  6 Leguan
- **Edelholz**
  10 Palisander
- **Eingeborenenboot**
  6 Piroge
- **Farm**
  8 Estanzia, Hazienda
- **Faultier**
  2 Ai
  4 Unau
  10 Zweifinger
- **Freiheitskämpfer**
  7 Bolivar
- **Gebirge**
  5 Anden
  11 Kordilleren
- **Gebirgstier**
  4 Lama
  7 Guanako
- **Geier**
  6 Kondor
- **Goldhase**
  5 Aguti
- **Goldmünze**
  6 Condor
- **Grassteppe**
  5 Pampa
  6 Llanos
  7 Savanne
- **Großkatze**
  6 Ozelot
- **Halbwildpferd**
  6 Bronco
- **Huftier**
  5 Tapir
- **Indianer**
  5 Indio
- **Indianerhäuptling**
  6 Kazike
- **Indianerstamm**
  3 Ona
  4 Inka, Pano, Tupi
  5 Aruak, Guato
  6 Aimara, Kreole, Tukano
  7 Chibcha, Guarani, Kariben, Puelche
  8 Karaiben, Ketschua
  9 Araukaner, Pueltsche
- **Insektenfresser**
  11 Ameisenbaer
- **Kamelart**
  4 Lama
  6 Alpaka
  7 Guanako
- **Krokodilart**
  6 Kaiman
- **Kuckucksvogel**
  3 Ani
- **Lama**
  6 Alpaka
- **Lasttier**
  4 Lama
- **Laufvogel**
  5 Nando
- **Nagetier**
  4 Paka
- **Papagei**
  3 Ara
- **Pelztier**
  10 Chinchilla
- **Pfefferfresser**
  5 Tukan
- **Pfeilgift**
  6 Kurare
- **Raubfisch**
  7 Piranha
- **Raubtier**
  4 Onze, Puma, Unze
  6 Jaguar, Kuguar, Ozelot
  9 Nasenbaer
  11 Silberloewe
- **Riesengeier**
  6 Kondor
- **Rinderhirt**
  6 Gaucho
- **Rüsseltier**
  5 Tapir
- **Schachmeister**
  7 Mecking
- **Schildkröte**
  5 Arrau
  8 Matamata
- **Schlange**
  3 Boa
  8 Anakonda
- **Schleuderwaffe**
  4 Bola
- **Schulterdecke**
  6 Poncho
- **Staat**
  4 Peru
  5 Chile
  6 Guyana
  7 Ecuador, Ekuador, Surinam, Uruguay
  8 Bolivien, Paraguay
  9 Brasilien, Kolumbien, Venezuela
  11 Argentinien
  17 Trinidad und Tobago
- **Stechpalme**
  5 Yerha
- **Steppenbewohner**
  7 Llanero
- **Storch**
  6 Jaribu
- **Strauchpflanze**
  4 Koka
- **Straußenvogel**
  4 Rhea
  5 Nandu
- **Strohhut**
  8 Sombrero
- **Sturm**
  7 Pampero
- **Tanz**
  5 Mambo, Raspa, Rumba, Samba, Tango
  7 La Bamba
  9 Bossanova
- **Teesorte**
  4 Mate
- **Ureinwohner**
  4 Inka
  5 Indio
- **Viehhirt**
  4 Peon
  6 Gaucho
- **Vogel**
  3 Ani
  5 Kazik, Tukan, Urubu
  6 Kassik, Kondor
  7 Kolibri, Papagei
- **Vogeldünger**
  5 Guano

- **Vulkan**
  8 Cotopaxi
  10 Chimborazo
- **Währung**
  4 Peso
- **Wurfgerät**
  4 Bola
- **Zweizehenfaultier**
  2 Ai
  4 Unau

sudanesisch(e, er, es) ...
- **Hafenstadt**
  9 Port Sudan
- **Volk**
  5 Banda, Benue, Gurma, Hausa
  6 Haussa
- **Währungseinheit**
  5 Pfund
  7 Piaster

südarabisch(e, er, es) ...
- **Gebiet**
  4 Oman, Saba
  5 Jemen
- **Hafenstadt**
  4 Aden
- **Küstenwind**
  5 Karif
- **Sultanat**
  4 Oman
  5 Dubai, Qatar
  6 Maskat

Südasiat
  5 Inder

südasiatischer ...
- **Halbesel**
  6 Onager
- **Staat**
  6 Indien

Südasisatinnen
  10 Inderinnen

S

süddeutsch für ...
- **Berghang**
  5 Leite
- **bestimmten Eierkuchen**
  15 Kaiserschmarren
- **Bierrettich**
  4 Radi
- **Fahrrad fahren**
  6 radeln
- **Gänserich**
  6 Ganser
- **Geldbeutel**
  7 Saeckel
- **große Rosine**
  6 Zibebe
- **Hagebutte**
  5 Hiefe
- **Josef**
  4 Sepp
- **Kohl**
  5 Kraut
- **längliches Brot**
  4 Kipf
- **Mädchen**
  6 Maedel
- **Maulesel**
  4 Muli
- **Pferd**
  4 Ross
- **Putzfrau**
  9 Zugehfrau
- **Rettich**
  4 Radi
- **Rote Rübe**
  5 Rahne
- **Scheune**
  6 Stadel
- **schneefrei**
  4 aper
- **Sebastian**
  5 Wastl
- **sowieso**
  2 eh
- **süddeutsche Weizenart**
  5 Emmer
- **Unterbein**
  4 Haxe
- **Weinberg**
  7 Wingert

Süddeutscher
  5 Bayer

süddeutscher ...
- **Höhenzug**
  3 Alb
  5 Alpen
  11 Schwarzwald
  16 Schwaebische Alb
- **Name eines Fleischgerichts**
  11 Rindsbraten

Südeuropäer
  7 Grieche, Spanier
  8 Malteser
  9 Italiener, Jugoslawe
  10 Portugiese

südeuropäisch(e, er, es) ...
- **Nutztier**
  4 Esel
- **Sprachfamilie**
  7 Romanen
- **Wolfsspinne**
  8 Tarantel

südfranzösisch(e, er, es) ...
- **Adelsgeschlecht**
  6 Albret
- **Badeort**
  5 Nizza
  6 Cannes, Hyeres
  8 Biarritz, St. Tropez
- **Brotaufstrich**
  8 Tapenade
- **Fallwind**
  7 Mistral
- **Fischereihafen**
  4 Sete
- **Gebirge**
  9 Pyrenaeen
- **Großstadt**
  5 Nizza
  8 Toulouse
  9 Marseille
- **Küstenfluss**
  3 Tet
- **Provinz**
  9 Languedoc
  10 Roussillon
- **Stadt an der Garonne**
  4 Agen
- **Wallfahrtsort**
  7 Lourdes

Südfrucht
  4 Kiwi
  5 Feige, Mango
  6 Ananas, Banane, Citrus, Dattel, Limone, Mandel, Melone, Orange, Pisang, Rosine, Zibebe
  7 Avocado, Zitrone
  8 Aprikose
  9 Apfelsine, Kokosnuss, Mandarine, Nektarine, Pomeranze
  10 Bergamotte, Clementine, Grapefruit, Pampelmuse
  12 Johannisbrot, Zitrusfrucht

südjemenitische Hafenstadt
  4 Aden

südländisch(e, er, es) ...
- **Hülsenfrucht**
  4 Erve
- **Kürbisgewächs**
  6 Melone

- **Nadelbaum**
  5 Pinie, Zeder
  8 Zypresse
- **Ölfrucht**
  5 Olive
- **Pflanze**
  5 Agave, Palme

südlichst(e, er, es) ...
- **Spitze von Südamerika**
  8 Kap Hoorn
- **Teil Amerikas**
  9 Feuerland
- **Teil der Hauptinsel Groß-britannien**
  7 England

Südostasiat
4 Thai
5 Khmer, Laote
6 Malaie
7 Birmane, Siamese
10 Vietnamese
11 Thailaender
13 Kambodschaner

südostasiatisch(e, er, es) ...
- **Gewürzpflanze**
  6 Ingwer
- **Halbinsel**
  7 Malakka
- **Insel**
  4 Bali, Java
  5 Luzon, Timor
  6 Borneo, Taiwan
  7 Celebes, Formosa, Sumatra
- **Inselgruppe**
  8 Molukken
- **Schleichkatze**
  8 Manguste
- **Tagelöhner**
  4 Kuli
- **Zwergbüffel**
  4 Anoa

südostasiatisches Bergvolk
4 Akka

Südostasienpakt
5 SEATO

Südosteuropäer
5 Serbe
6 Kroate
7 Albaner, Bulgare, Grieche, Rumaene, Slowene
8 Albanier, Tscheche
9 Jugoslawe

Südosteuropäerin
6 Serbin

südosteuropäischer ...
- **Grenzfluss**
  5 Pruth
- **Großraum**
  6 Balkan

Südpolarforscher
5 Scott
8 Amundsen

Südpolargebiet
9 Antarktis

südportugiesische Provinz
7 Algarve

Südseeinsel
5 Fidji, Samoa, Timor, Tonga
6 Tahiti
7 Fidschi, Salomon
8 Eniwetok
9 Neuguinea

Südseeinselgruppe
5 Fidji
7 Fidschi
8 Marianen

Südslawe
5 Serbe
6 Kroate

südspanischer Weinort
5 Jerez

Südtiroler ...
- **Backware**
  13 Schuettelbrot
- **Kurort**
  5 Bozen, Meran
  6 Brixen
  7 Bruneck
- **rote Rebsorte**
  7 Lagrein

Südwein
5 Jerez, Samos
6 Malaga, Sherry
7 Madeira, Marsala
8 Portwein

Südwestafrika
7 Namibia

südwestafrikanischer Staat
6 Angola

südwestasiatische Halbinsel
7 Arabien

Südwester
3 Hut
13 Kopfbedeckung

Südwind Italiens
5 Ostro

Sühne
5 Busse
6 Strafe
10 Vergeltung

Sühneleistung
8 Bussgeld

Sultanat ...
- *am* **arabischen Meer**
  4 Oman
- *auf* **Borneo**
  6 Brunei
- *im* **Osten der arabischen Halbinsel**
  4 Oman

Sultanserlass
5 Irade

Sultansname
5 Ahmed, Harun, Osman
6 Achmed, Mehmed
7 Mustafa, Saladin, Soliman
8 Mohammed

Sultanspalast
6 Serail

Sultansschloss ...
- *in* **Marokko**
  5 Kasba
  6 Kasbah

Sülze
5 Aspik, Gelee

sumerisch(e, er, es) ...
- **Gott**
  3 Anu, Sin
  6 Dumuzi, Innini, Sabitu, Tammuz
  8 Ningersu
  9 Schamasch
  11 Ereschkigal
- **Göttin**
  5 Istar
  6 Inanna, Ninlil
  7 Ischtar
- **Held**
  10 Gilgamesch
- **Stadtstaat**
  6 Nippur
- **Unterwelt**
  6 Arallu

Summation
8 Addition

Summe
5 Fazit, Total
6 Betrag
8 Ergebnis, Resultat

Summe ...
- **aller Einsätze** (Poker)
  3 Pot

· **aller Erbfaktoren**
5 Genom
· *des* **Geldes**
6 Betrag
· *der* **Lebensjahre**
5 Alter
· *der* **Ziffern einer Zahl**
9 Quersumme
Summe für Eigenbedarf/Kinder
11 Taschengeld
summen
6 surren
Sumpf
3 Aue
4 Fenn, Luch, Moor, Moos, Ried, Venn
5 Bruch, Pfuhl
6 Bruehl, Morast
Sumpfbiber
6 Nutria
Sumpffieber
7 Malaria
Sumpfgebiet
4 Moor
Sumpfgras
5 Binse
Sumpfhuhn
5 Ralle
sumpfiger Teich
5 Pfuhl
Sumpfland
6 Morast
Sumpfotter
4 Nerz
Sumpfpflanze
5 Binse, Porst, Simse
6 Schilf
7 Papyrus
9 Weiderich
Sumpfschnepfe
9 Bekassine
Sumpfvogel
4 Ibis
5 Ralle
7 Kiebitz, Kranich
8 Flamingo
9 Bekassine, Blesshuhn, Teichhuhn
Sundainsel
4 Bali, Java
5 Banka, Sumba, Timor
6 Borneo, Flores
7 Celebes, Sumatra

Sünde
6 Frevel, Schuld
8 Vergehen, Verstoss
Sündenbock
12 Pruegelknabe
Sündennachlass
6 Ablass
Sündenvergebung
10 Absolution
superkurzer Rock
4 Mini
Suppe
6 Potage
8 Consommé
Suppengemüse
8 Julienne
Suppenschüssel
7 Terrine
surrealistisch(e, er, es) ...
· **Maler**
4 Dalí, Miró
5 Ernst
7 Chirico
9 Margritte
· **Regisseur**
6 Buñuel
· **Schriftsteller**
6 Aragon, Breton, Eluard
surren
6 summen
Surrogat für ein Heißgetränk
12 Kaffeeersatz
süß
8 niedlich
süß konservieren
10 einzuckern
süß(e, er, es) ...
· **Backware**
5 Torte
6 Kuchen
7 Gebaeck
10 Plaetzchen
· **Belag**
15 Schokoladenguss
· **Brotaufstrich**
11 Ruebensirup
· **Frankfurter Gebäck**
13 Bethmaennchen
· **Kaltspeise**
14 Schokoladeneis
· **Kürbisgewächs**
10 Netzmelone
11 Galiamelone, Honigmelone

· **Obstbranntwein**
12 Kirschlikoer
· **Schnaps**
10 Anislikoer
· **Tortenfüllung**
4 Krem
Süß-, Salzwassergemisch
5 Brack
Süßholzsaft
8 Lakritze
Süßigkeit
5 Drops, Lolli, Nugat
6 Bonbon, Nougat
7 Konfekt, Praline
8 Marzipan
9 Karamelle
10 Schokolade
11 Sahnebonbon
Süßigkeit mit Kaffeegeschmack
15 Mokkaschokolade
Süßkartoffel
6 Batate
süßsauer belegtes Gebäck
15 Rhabarberkuchen
Süßspeise
4 Krem
5 Creme
7 Auflauf, Dessert, Kompott, Pudding
10 Nugatcreme
11 Plumpudding
13 Goetterspeise
Süßstoff
6 Stevia
8 Sacharin
9 Saccharin
Süßwasserfisch
7 Muraene
Süßwasserpolyp
5 Hydra
Süßwasserraubfisch
5 Hecht
Süßwasserspeisefisch
3 Aal
4 Wels
5 Hecht
7 Forelle
Süßwein ► Südwein
Symbol
7 Zeichen
8 Sinnbild
Symbol ...
· *für das* **Christentum**
5 Kreuz

· *für* **Eitelkeit**
4 Pfau
7 Spiegel
· *für* **elektrische Spannung**
5 Blitz
· *für den* **Evangelisten Johannes**
5 Adler
· *für den* **Evangelisten Lukas**
5 Stier
· *für den* **Evangelisten Markus**
5 Loewe
· *für den* **Evangelisten Matthäus**
5 Engel
· *für* **Frieden**
5 Taube
8 Oelzweig
· *für* **Gift**
9 Totenkopf
· *der* **Herrscherwürde**
5 Krone
6 Zepter
· *für den* **Islam**
8 Halbmond
· *für das* **Judentum**
10 Davidstern
· *für* **Kühnheit**
5 Adler
· *für* **Leiden**
5 Kreuz
· *für die* **Liebe**
4 Herz
· *für* **List**
5 Fuchs
· *für den* **Meeresgott Poseidon**
8 Dreizack
· *für* **Parapsychisches**
3 Psi
· *für* **Standhaftigkeit**
4 Fels
· *für* **Unfreiheit**
5 Kette
· *für die* **Unschuld**
4 Lamm
Symbole der Macht und Würde
9 Insignien
Symbolfarbe für ...
· **Hoffnung**
5 gruen
· **Liebe**
3 Rot
· **Neid**
4 gelb
· **Treue**
4 blau
· **Umweltbewusstsein**
5 gruen
Symbolfigur des Frühlingsfestes
9 Osterhase
sympathisch
4 nett
9 attraktiv
14 liebenswuerdig
Symptom
7 Merkmal, Zeichen
9 Anzeichen
Synagogenraum
6 Genisa, Geniza
Synagogenvorbeter
6 Chasan
synonym
10 sinngleich
15 gleichbedeutend
Synthese
10 Verbindung
12 Verknuepfung
synthetisch(e, er, es) ...
· **Droge** (Abkürzung)
3 LSD
· **Faser**
5 Dolan, Nylon, Orlon, Redon
6 Dralon, Perlon
· **Kautschuk**
4 Buna
syrisch(e, er, es) ...
· **Bibelübersetzung**
8 Peschita
· **Christen**
9 Jakobiten, Maroniten
11 Nestorianer
14 Thomaschristen
· **Gebirge**
6 Hermon
11 Antilibanon
· **König**
6 Hazael
9 Antiochus
· **Münze**
5 Pfund
7 Piaster
· **Volksteil**
6 Drusen, Kurden
System
3 Bau
4 Form
6 Aufbau
7 Gefuege, Ordnung
8 Struktur
System verabredeter Zeichen
4 Code
Systematik ...
· *zur* **Gewichtsreduktion**
12 Kalorienplan
16 Schlankheitsplan
systematisches ...
· **Vorgehen**
7 Methode
8 Methodik
Systematisierung
10 Gliederung
Szenerie
10 Dekoration, Landschaft
11 Buehnenbild, Hintergrund

T

Tab
6 Reiter
12 Karteireiter
Tabak ...
· *von* **minderer Qualität**
5 Kraut
7 Knaster
Tabakblume
7 Petunie
Tabakdose
9 Tabatiere
Tabakgift
7 Nikotin
Tabakkonsument
7 Raucher
Tabakladen ...
· *in* **Frankreich**
5 Tabac

· *in* **Österreich**
6 Trafik
Tabakprodukt
7 Stumpen, Zigarre
9 Zigarette, Zigarillo
Tabaksorte
4 Shag
5 Priem
6 Brasil, Kruell, Orient, Scraps
7 Havanna, Sumatra
8 Kautabak, Machorka, Virginia
11 Feinschnitt, Grobschnitt
Tabakspfeife
5 Piepe
Tabakware
7 Stumpen, Zigarre
9 Zigarette, Zigarillo
Tabelle
5 Liste, Tafel
10 Uebersicht
11 Aufstellung
Tabelle ...
· *von* **Festtagen**
11 Kalendarium
· *für* **Gebühren**
5 Tarif
· *der* **Mantissen**
16 Logarithmentafel
· *für* **Steuern**
5 Tarif
Tabellenführer
6 Leader
13 Spitzenreiter
Tabernakel
8 Ziborium
Tableau
4 Bild
5 Tafel
8 Gemaelde
Tablett
12 Servierbrett
Tablette
5 Pille
8 Pastille
9 Komprette
tabu
8 verboten
11 unantastbar
Taburett
5 Stuhl
6 Hocker
Tachograf
14 Fahrtschreiber
16 Fahrtenschreiber
Tachometer
22 Geschwindigkeitsmesser
Tadel
5 Ruege
7 Rueffel, Verweis
tadellos
2 ok
Tafel
5 Brett, Tisch
6 Platte
8 Festmahl
9 Festessen
Tafelgeräte
11 Essgeschirr
Tafelgerätegarnitur
10 Essbesteck
Tafelgeschirr
7 Service
Tafelland
7 Plateau
Täfelung
6 Paneel
taftbindiger Kleiderstoff
5 Chaly
Tag ...
· *der* **Arbeit**
11 Maifeiertag
· *der* **Eheschließung**
12 Hochzeitstag
Tag der Woche ▶ Wochentag
Tageblatt
7 Zeitung
Tagebuch
7 Diarium, Journal
Tagedieb
7 Gammler
Tagegelder
7 Diaeten
Tagelöhner
8 Haeusler
Tagelöhner in Ostasien
4 Kuli
Tagesabschnitt
5 Abend
Tagesanbruch
6 Fruehe, Morgen
16 Morgendaemmerung
Tagesangabe
5 Datum
Tagesbericht
8 Bulletin
Tagesereignis
11 Aktualitaet
Tagesfieber
8 Ephemera
Tagesmutter
5 Bonne
14 Kindermaedchen
Tagesordnung
6 Agenda
8 Programm
Tagesordnungspunkt
3 TOP
Tagesstätte für den Nachwuchs
10 Kinderhort
Tagesstrecke eines Schiffes
5 Etmal
Tagesverzeichnis
8 Kalender
11 Kalendarium
Tageswechsel
11 Mitternacht
Tageszeit
5 Abend, Nacht
6 Mittag, Morgen
9 Vormittag
10 Daemmerung, Nachmittag
Tageszeitungstitel
8 Anzeiger
Tagetes
14 Studentenblume
Tagewerk
6 Pensum
Tagfalter ▶ Schmetterling
Taggreifvogel
3 Aar
4 Weih
5 Adler, Falke, Geier, Milan
6 Kondor
7 Bussard, Habicht, Sperber
8 Aasgeier, Seeadler
10 Fischadler, Steinadler
tägliche Arbeitsleistung
7 Tagwerk
Tagtraum
8 Illusion
9 Wachtraum
13 Halluzination
Tagundnachtgleiche
12 Aequinoktium
Tagung
7 Konvent, Meeting, Session, Sitzung
8 Kongress

9 Konferenz
11 Versammlung
13 Zusammenkunft
Tagungsbericht
9 Protokoll
taillenloses Kleid
7 Haenger
Taiwan
7 Formosa
Takelage
9 Segelwerk
Takt
3 Akt
4 Werk
6 Aktion
7 Anstand, Bildung
8 Handlung
10 Zweiachtel
11 Dreiviertel, Feingefuehl, Zartgefuehl
20 Fingerspitzengefuehl
taktlos
6 unfein
8 ordinaer
9 indiskret
11 beleidigend, instinktlos
Taktlosigkeit
7 Fauxpas
9 Schnitzer
12 Indiskretion
Taktmaß
6 Metrum
taktmäßige Gliederung
8 Rhythmus
Taktmesser
8 Metronom
taktvoll
6 dezent
7 diskret
12 unauffaellig
Tal ...
· *in den* **Cevennen**
7 Ardèche
· *bei* **Freiburg**
10 Hoellental
· *der* **oberen Adda**
7 Veltlin
· *in den* **Ötztaler Alpen**
7 Pitztal
· *der* **Salzach**
7 Pinzgau
· *in* **Vorarlberg**
8 Montafon
Talar
4 Robe
5 Ornat
10 Amtstracht
Talbrücke
7 Viadukt
Tälchen ohne Wasser
5 Delle
Talenge (Schweiz)
5 Cluse
Talent
4 Gabe
6 Anlage
7 Neigung
8 Begabung
talentiert
6 begabt
Talglicht
5 Kerze
Talisman
7 Amulett
11 Maskottchen
14 Gluecksbringer
Talisman zu Silvester
14 Gluecksschwein
Talismananhänger
7 Amulett
Talk
7 Steatit, Saponit
10 Speckstein
11 Seifenstein
Talkessel
5 Mulde, Senke, Wanne
Tallandschaft ...
· *in den* **Dolomiten**
7 Ampezzo
· *an der* **Donau**
5 Lobau
6 Wachau
· *in* **Italien**
7 Veltlin
· *im* **Nahen Osten**
5 Bekaa
· *in der* **Schweiz**
6 Tessin, Wallis
Talmudteil
6 Gemara
7 Mischna
Talschaft ...
· *in* **Graubünden**
10 Praettigau
11 Oberengadin
· *in der* **Steiermark**
7 Ennstal
Talsperre
7 Stausee
8 Staudamm
Talüberführung
7 Viadukt
Tand
4 Kram
5 Talmi
6 Ramsch
7 Plunder, Troedel
9 Firlefanz
11 Flitterwerk
Tändel
5 Flirt
8 Liebelei
14 Techtelmechtel
Tank
6 Kessel, Panzer
9 Behaelter
11 Panzerwagen
Tankschiff
6 Tanker
Tannenbaumschmuck
5 Kerze, Kugel, Stern
7 Lametta
10 Engelshaar
Tante
5 Muhme
Tantieme
12 Gewinnanteil
Tanz
3 Fox
4 Jive, Reel, Step
5 Bebop, Blues, Conga, Mambo, Polka, Raspa, Rumba, Samba, Stepp, Swing, Tango, Twist
6 Bolero, Boston, Cancan, Galopp, Pavane, Reigen, Shimmy, Walzer
7 Calypso, Csardas, Gavotte, Lambada, Letkiss, Madison, Mazurka, Menuett, Musette, Onestep, Ragtime, Slowfox, Twostep
8 Anglaise, Cakewalk, Chaconne, Fandango, Foxtrott, Habanera, Kotillon, Laendler, Onestepp, Rundtanz, Schieber, Twostepp
9 Allemande, Bossanova, Cha-Cha-Cha, Jitterbug, Krakowiak, Pasodoble, Polonaese, Quadrille, Quickstep, Rock'n'Roll, Sarabande

10 Breakdance, Charleston, Kasatschok, Kontertanz, Kreuzpolka, Quickstepp, Saltarello, Seguidilla, Tarantella
11 Black-Bottom, Lambethwalk
12 Boogie-Woogie, Rheinlaender
13 Schuhplattler
Tanz ...
· *auf* **Hawaii**
4 Hula
· **weiblicher Geister**
11 Elfenreigen
· *der* **Zwanzigerjahre**
10 Charleston
Tanzbegriff
9 Damenwahl
Tanzdiele
3 Bar
9 Diskothek
Tanzdrehung
9 Pirouette
Tanzensemble
7 Ballett
9 Formation
Tänzerin in Indien
8 Bajadere
Tanzfest
4 Ball
Tanzfigur
8 Arabeske
Tanzfigur der Quadrille
3 Ete
Tanzgestaltung
12 Choreografie
13 Choreographie
Tanzgruppe
► Tanzensemble
Tanzkunst
9 Choreutik
Tanzlehrer für Kunsttanz
14 Ballettmeister
Tanzlied im Mittelalter
5 Rondo
Tanzlokal
5 Disko
7 Dancing
9 Diskothek
Tanzmädchen
4 Girl
Tanzorchester
4 Band
12 Musikkapelle
Tanzschritt
3 Ete, Pas
4 Step
5 Stepp
6 Chasse, Croise
Tanzschuh
8 Eskarpin
Tanzsportler
7 Stepper
Tanztruppe
7 Ballett
Tanztruppenmädchen
4 Girl
Tanzveranstaltung
4 Ball, Fest
5 Party
Tanzwiedergabe
12 Choreografie
13 Choreographie
taperig
5 senil
10 hinfaellig
Tapetenart
8 Raufaser
9 Rauhfaser
Tapetenleim
8 Kleister
tapfer
4 brav
5 mutig
7 beherzt
10 couragiert
tapfer(e, er, es) ...
· **Frau**
6 Heldin
· **Handeln**
9 Heldentat
· **Kämpfer**
4 Held
Tapferkeit
3 Mut
7 Bravour, Courage, Schneid
11 Beherztheit
Tarantel
11 Wolfsspinne
Tarnfärbung
6 Mimese
7 Mimikry
Tarockfigur
6 Kavall, Reiter
Tarockkarte
5 Pagat, Skues
Tartarus
6 Hoelle
Taschenbesatz
5 Patte
Taschenbuch
8 Ratgeber
9 Paperback, Vademekum
Taschenklappe
5 Patte
Taschenklappmesser
6 Veitel
Taschenpistole
8 Terzerol
Taschenspieler
6 Magier
7 Gaukler
8 Zauberer
15 Zauberkuenstler
Taschenspielergeheimnis
5 Trick
Tastatur
5 Pedal
6 Manual
9 Klaviatur
tastbar
8 palpabel
Tastbrett
8 Tastatur
Tastempfindung
7 Gefuehl
Tasten ...
· *eines* **Instruments**
6 Klavis
· *eines* **Klaviers**
8 Tastatur
9 Klaviatur
Tasteninstrument
5 Orgel, Piano
7 Celesta, Cembalo, Fluegel, Klavier, Spinett
8 Keyboard
9 Akkordeon, Harmonika, Harmonium
10 Clavichord, Klavichord, Konzertina, Pianoforte
11 Klavizimbel
12 Clavicembalo, Hammondorgel
15 Schifferklavier
Tastorgan ...
· *des* **Menschen**
4 Haut
· *bei* **Tieren**
5 Palpe
7 Fangarm, Fuehler
8 Tentakel

T

Tastsinnlehre
6 Haptik
Tastuntersuchung
9 Palpation
Tat
3 Akt
4 Werk
6 Aktion
8 Handlung
Tatablauf
7 Hergang
Tatar
4 Hack
9 Gehacktes
13 Schabefleisch
Tatbestand
4 Fakt
6 Faktum
11 Sachverhalt
Tatendrang
4 Elan
7 Energie, Hingabe, Passion, Schwung
10 Aktivitaet, Initiative
12 Begeisterung, Enthusiasmus
Täter
10 Delinquent
Tatform
5 Aktiv
Tatgenossen
9 Komplizen, Konsorten
Tathinweis
5 Indiz
tätig
4 agil, rege
5 aktiv
Tätiger in der Dritten Welt
18 Entwicklungshelfer
tätiger Sportler
7 Aktiver
Tätigkeit
3 Job
5 Beruf
6 Arbeit, Dienst
8 Funktion
10 Aktivitaet
14 Beschaeftigung
Tätigkeit ...
· **sichtbarer Art**
8 Bewegung
· *einer* **Stenotypistin**
18 Maschinenschreiben
Tätigkeiten daheim
10 Hausarbeit
Tätigkeitsdrang
5 Trieb
10 Aktivitaet
Tätigkeitswort
4 Verb
6 Tuwort
tatkräftig
5 aktiv
7 resolut
9 dynamisch, energisch, schneidig, zupackend
12 entschlossen
tatkräftiges Streben
6 Fleiss
tätlich
13 handgreiflich
tätliche Beleidigung
11 Realinjurie
tätlicher Angriff
9 Ueberfall
Tätlichkeit
7 Haendel
8 Rauferei
9 Pruegelei
10 Raufhandel
11 Schlaegerei
Tatmensch
7 Realist
Tätowierung der Oberhaut mit Pigmenten
15 Permanentmakeup
Tatsache
4 Fakt
6 Faktum
8 Ereignis, Wahrheit
9 Politikum, Realitaet
12 Wirklichkeit
Tatsachen
5 Daten
6 Fakten
Tatsachenmensch
7 Realist
tatsächlich
4 real
7 konkret
8 effektiv, faktisch, realiter, wirklich
tatsächlich(e, er, es) ...
· **Bestand**
3 Ist
· **Ereignis**
4 Fakt
· **Existenz**
6 Dasein
· **Handlung**
7 Realakt
· **Sachwert**
8 Realwert
· **Situation**
8 Sachlage
Tatze
5 Klaue, Pfote
6 Pranke, Pratze
Tau
4 Seil
5 Kabel, Leine
6 Strick, Trosse
Tau zum Segelspannen
5 Schot
taub
12 hoerunfaehig
13 eingeschlafen
taube Schicht
6 Abraum
Taubefestigung
6 Poller
Taubenart
9 Krontaube, Lachtaube, Wildtaube
10 Brieftaube, Kropftaube
11 Felsentaube, Ringeltaube, Turteltaube
12 Tuerkentaube
Taubenvogel
6 Dronte
taubes Gestein
5 Berge
Taubheit
15 Gehoerlosigkeit
Taubnessel
6 Lamium
Tauchboot
5 U-Boot
12 Unterseeboot
Taucher
10 Froschmann
Taucherente
6 Dueker
Tauchvogel
3 Alk
5 Lumme
7 Pinguin, Taucher
9 Eiderente
10 Seetaucher
Taueinfassung beim Segel
4 Liek
Tauende
4 Tamp
6 Tampen

Taufname
7 Vorname
Taufzeuge
4 Pate
6 Goetti
8 Gevatter
Taufzeugin
5 Gotte, Patin
Taugenichts
4 Lump
7 Lorbass
8 Faulpelz, Tagedieb
9 Bummelant, Faulenzer
10 Tunichtgut
tauglich
3 fit
6 in Form, probat
9 brauchbar
Tauglichkeit
7 Eignung
Tauglichkeitsprüfung
4 Test
9 Musterung
Tauhersteller
6 Seiler
Taumel
6 Rausch
9 Schwindel
12 Benommenheit, Ueberschwang
taupe
12 maulwurfgrau
Tauproduzent
6 Seiler
Tausch
7 Wechsel
Tauschmittel
4 Geld
Täuschung
4 Dreh, List, Trug, Wahn
5 Bluff, Finte, Kniff, Mache, Trick
6 Betrug, Humbug, Irrtum, Schein
7 Arglist, Phantom
8 Fantasie, Gaunerei, Illusion, Trugbild
9 Blendwerk, Phantasie, Schwindel
10 Einbildung, Hinterlist
11 Betruegerei, Machination, Verstellung
12 Irrefuehrung, Manipulation
13 Halluzination, Mystifikation, Vorspiegelung
Täuschung durch Luftspiegelung
11 Fata Morgana
Tauschwert des Geldes
9 Kaufkraft
tausend ...
· **Billiarden**
8 Trillion
· **Billionen**
9 Billiarde
· **Milliarden**
7 Billion
· **Millionen**
9 Milliarde
· **Tausender**
7 Million
Tausendfüßer
5 Assel
10 Kugelassel
11 Schnurassel, Skolopender
Tausendkorn
10 Bruchkraut
Tausendschön
12 Massliebchen
15 Gaensebluemchen
Tausendstel
8 Promille
Tauwerk
9 Kabelgarn
Taxi
8 Mietauto
9 Taxameter
13 Kraftdroschke
Taxus
4 Eibe
Teamsportart
5 Rugby
6 Hockey
7 Radball
8 Fussball, Handball
9 Eishockey
10 Basketball, Volleyball, Wasserball
11 Voelkerball
Technik ... (Sport)
· *der* **Ausübung**
4 Stil
· *in* **Fahrzeugen**
12 Bordcomputer
· *in* **Kaffeemaschinen**
12 Brueheinheit
Techniker
9 Ingenieur
Technikerkontor
14 Ingenieurbuero
technisch(e, er, es) ...
· **Beruf**
9 Architekt
10 Baumeister
· **Facharbeiterin**
12 Mechanikerin
· **Gerät**
7 Apparat
· **Kraftarm**
5 Hebel
· **Lehranstalt**
9 Technikum
13 Polytechnikum
15 Ingenieurschule
· **Richtungsermittler**
6 Peiler
· **Vorrichtung**
7 Apparat
9 Apparatur
Technodroge
7 Ecstasy
Techtelmechtel
5 Flirt
8 Liebelei
9 Taendelei
Teckel
6 Dackel
9 Dachshund
Teegebäck
7 Konfekt
Teegefäß
5 Kanne
Teegewicht
3 Tub
Teemaschine
7 Samowar
Teenager
4 Girl
6 Teenie
9 Backfisch
14 Halbwuechsiger
Teepflanze
5 Malve
7 Kamille
teerartige ...
· **Masse**
4 Pech
7 Asphalt, Bitumen
teeren
6 pichen
9 kalfatern
12 asphaltieren

Teil ... 807

Teerfarbstoff
6 Anilin
Teerprodukt
4 Pech
6 Anilin
11 Karbolineum
Teesorte
4 Mate
5 Assam, Pekoe
6 Broken
10 Darjeeling
Teewirkstoff
4 Tein
Teich
6 Weiher
7 Tuempel
Teichblume
7 Seerose
10 Wasserrose
Teichhuhn
5 Ralle
9 Blesshuhn
Teichlandschaft
12 Wassergarten
Teichoskopie
10 Mauerschau
Teichpflanze
6 Kalmus
Teichröhricht
10 Rohrkolben
Teig bearbeiten
6 kneten
teigige ...
· **Hautschwellung**
8 Myxoedem
· **Masse**
5 Paste
Teigkugel
5 Kloss
Teigplättchen
6 Oblate
Teigroller
9 Nudelholz
Teigtreibmittel
4 Germ, Hefe
9 Sauerteig
10 Backpulver
Teigware ▶ Nudelart
Teigwaren in gebogener Form
9 Hoernchen
Teigwarengericht
12 Nudelauflauf
Teil
4 Part
5 Glied
6 Anteil, Bissen, Happen, Partie, Sektor, Stueck
7 Brocken, Portion
9 Abschnitt
11 Bruchstueck
Teil ... (▶ auch Teilgebiet ...)
· *der* **Adresse**
4 Name
· *der* **Alpen**
5 Adula
6 Tauern
8 Raetikon
9 Dolomiten, Karwendel, Meeralpen
10 Karawanken
· *des* **Alphabets**
9 Buchstabe
· *der* **altrömischen Kohorte**
7 Manipel
· *der* **Anrede**
7 Rufname
· *des* **Apennin**
8 Abruzzen
· **arabischer Namen**
3 Ibn
· *der* **Arbeitsplatzausstattung**
11 Bueromoebel
· *einer* **archtektonischen Anlage**
11 Wohnelement
· *des* **Armes**
4 Hand
6 Finger
7 Oberarm
8 Unterarm
10 Ellenbogen, Handgelenk
· *des* **Atlantiks**
7 Nordsee
11 Aermelkanal
· *des* **Atlas**
9 Weltkarte
· *des* **Atoms**
6 Proton
7 Neutron
8 Elektron
· *der* **Augenlider**
7 Wimpern
· *des* **Auges**
3 Lid
4 Iris
5 Linse
6 Retina
7 Pupille, Sehnerv, Wimpern
8 Augapfel, Hornhaut, Netzhaut
9 Bindehaut
14 Regenbogenhaut
· *am* **Auto**
11 Stossstange
12 Bremstrommel
· *der* **Automechanik**
8 Getriebe
11 Kardanwelle
· *des* **Automotors**
6 Kolben, Ventil
8 Vergaser, Zylinder
10 Zuendkerze
· *des* **Autorades**
5 Felge
6 Reifen
· *des* **Autos**
5 Motor
· *des* **Baggers**
4 Seil
5 Raupe
6 Kabine
7 Greifer
· *des* **Bahnhofs**
9 Bahnsteig
· *des* **Baltikums**
7 Estland, Litauen, Livland
8 Lettland
· *der* **Bar**
5 Theke
· *des* **Barrens**
4 Holm
· *des* **Baumes**
3 Ast
4 Laub
5 Blatt, Gabel, Krone, Rinde, Stamm, Zweig
6 Wipfel, Wurzel
· *der* **Bayerntracht**
9 Lederhose
· *von* **Befestigungen**
6 Bastei
8 Bollwerk
· *des* **Beines**
4 Fuss, Knie, Wade
8 Schenkel
9 Kniekehle
10 Schienbein
12 Oberschenkel
13 Achillessehne, Unterschenkel

T

- *der* **Beleuchtung**
11 Lichtquelle
12 Lampenschirm
- *der* **Berliner Stadtautobahn**
4 Avus
- *des* **Bestecks**
5 Gabel
6 Messer
7 Loeffel
13 Kaffeeloeffel
- *der* **Bettwäsche**
5 Laken
8 Leintuch
9 Bettbezug
10 Kopfkissen
14 Kissenueberzug
- *des* **Bettzeugs**
10 Keilkissen
16 Ueberschlaglaken
- *der* **Bibel**
14 Altes Testament, Neues Testament
- *der* **Bibliothek**
12 Buecherregal
- *des* **Bienenstocks**
4 Wabe
- *des* **Billardtisches**
5 Bande
10 Bespannung
- *der* **Blechinstrumente**
6 Ventil
- *der* **Blume**
6 Bluete
- *der* **Blüte**
5 Kelch, Narbe
7 Stempel
10 Kelchblatt
11 Staubbeutel
12 Fruchtknoten, Staubgefaess
- *des* **Blutfarbstoffes**
8 Haematin
- *des* **Bodensees**
7 Obersee
8 Untersee
- *vom* **Bogen**
5 Sehne
- *des* **Bogens**
5 Sehne
- *der* **Bremse**
5 Belag
- *der* **Brille**
4 Steg
- *der* **Britischen Insel**
5 Wales
7 England
10 Schottland
- *des* **britischen Parlaments**
8 Oberhaus
9 Unterhaus
- *des* **Bruches**
6 Nenner
7 Zaehler
- *des* **Brustkorbes**
5 Rippe
- *des* **Buches**
5 Blatt, Bogen, Seite, Titel
6 Deckel
7 Einband, Ruecken, Titelei, Vorwort
8 Register, Umschlag
9 Impressum
10 Titelseite
- *einer* **Buchreihe**
4 Band
- *von* **Buchstaben**
6 Serife
- *des* **Bühnenbildes**
7 Kulisse
- *des* **Bühnenstücks**
3 Akt
5 Szene
6 Aufzug
- *des* **Bundeshauses**
10 Plenarsaal
- *einer* **Burg**
4 Turm
5 Mauer, Zinne
6 Graben
8 Wachturm
- *des* **Bürgersteigs**
9 Bordstein
- *des* **Camps**
10 Lagerfeuer
- *des* **Daches**
4 Walm
5 First, Haube, Raehm, Rinne
6 Giebel, Kandel, Pfette, Sparre, Strebe, Traufe
- *der* **Damengarderobe**
11 Sommerkleid
- *der* **Dampfmaschine**
6 Kolben, Regler, Ventil
8 Exzenter, Schieber, Zylinder
10 Schwungrad
- *der* **deutschen Hauptstadt**
9 Ostberlin
- *der* **Dinarischen Alpen**
5 Karst
- *der* **Diskothek**
11 Tanzflaeche
- *des* **Doppelkontinents**
11 Suedamerika
- **dorischer Säulen**
6 Entase
- *des* **Dramas**
3 Akt
- *der* **Drehorgel**
5 Walze
6 Kurbel
- *der* **Eifel**
4 Venn
- *eines* **Eingangs**
12 Tuerschwelle
- *des* **Elektroherdes**
10 Kochplatte
- *der* **Erdatmosphäre**
10 Exosphaere
11 Ionosphaere, Mesosphaere
12 Troposphaere
13 Stratosphaere
- *der* **Erziehung**
12 Schulbildung
- *des* **Essbestecks**
5 Gabel
6 Messer
7 Loeffel
- *des* **Essgeschirrs**
6 Teller
12 Suppenteller, Tieferteller
- *des* **Fahrrades**
4 Netz, Pneu
5 Gabel, Kette, Lampe
6 Bremse, Glocke, Mantel, Rahmen, Reifen, Sattel, Ventil
8 Freilauf, Schlauch
10 Handbremse, Ruecklicht
12 Scheinwerfer
14 Gepaecktraeger
- *des* **Fahrrads**
5 Pedal
6 Lenker
9 Kettenrad
10 Lenkstange
- *des* **Fahrzeugs**
5 Achse
- *des* **Fensters**
7 Scheibe
11 Glasscheibe

- *des* **Fernrohrs**
  5 Tubus
  6 Okular
- *des* **festlich gedeckten Tisches**
  10 Tafelgabel
- *des* **Fingers**
  5 Nagel
  6 Gelenk
  8 Knoechel
  9 Nagelbett
  11 Fingernagel
- *einer* **Flasche**
  4 Hals
- *des* **Flughafens**
  5 Tower
  8 Rollfeld, Terminal
  9 Landebahn, Startbahn
- *des* **Flugzeuges**
  5 Rumpf
  6 Duesen
  9 Armaturen, Propeller
  11 Fahrgestell, Tragfluegel
  12 Hoehensteuer
- *der* **Funkeinrichtung**
  6 Sender
  7 Antenne
  9 Sendemast
  10 Empfaenger
- *des* **Fußballs**
  5 Blase
  6 Ventil
- *einer* **Fußbekleidung**
  10 Schuhsohle
- *des* **Fußes**
  3 Zeh
  4 Rist
  5 Enkel, Ferse, Hacke, Sohle, Spann
  6 Ballen, Hacken
  8 Knoechel, Zehnagel
- *der* **Ganganlage**
  11 Schalthebel
- *vom* **Ganzen**
  7 Drittel
- *des* **Gartens**
  4 Beet
  5 Laube
  8 Rundbeet, Terrasse
  12 Gewaechshaus
- *der* **Gärtnerei**
  9 Fruehbeet
- *des* **Gasthauses**
  10 Schankraum
- *des* **Gaumens**
  9 Zaepfchen
- *des* **Gebäudes**
  5 Trakt
- *des* **Gebisses**
  4 Zahn
  6 Kiefer, Zaehne
  9 Stockzahn
- *des* **Gedichtes**
  4 Vers
  7 Strophe
- *der* **Geige**
  4 Hals, Steg
  5 Boden, Decke, Saite, Zarge
  6 Buegel
  9 Schalloch
  10 Bassbalken, Griffbrett, Schallloch
- *des* **Geschirrs**
  9 Essteller
- *des* **Gesichts**
  3 Lid, Ohr
  4 Auge, Bart, Kinn, Mund, Nase
  5 Backe, Braue, Lippe, Stirn, Wange
  6 Kiefer, Wimper
  8 Jochbein, Schlaefe
  9 Gruebchen, Oberlippe
  10 Augenbraue, Unterlippe
  12 Nasenruecken
- *des* **Getriebes**
  7 Zahnrad
  9 Kettenrad
- *des* **Gewehrs**
  4 Lauf
  6 Kolben
  7 Schloss
- *der* **Glocke**
  8 Kloeppel
- *von* **Großbritannien**
  5 Wales
  7 England
  10 Nordirland, Schottland
- *der* **Grünanlage**
  10 Gartenbeet
- *des* **Gürtels**
  8 Schnalle
- *des* **Hades**
  8 Tartarus
- *des* **Halses**
  5 Kehle, Zunge
  6 Genick, Gurgel, Mandel, Nacken
  7 Mandeln, Schlund
  8 Kehlkopf
  10 Adamsapfel, Luftroehre, Zungenbein
  12 Schilddruese, Speiseroehre
- *der* **Hand**
  4 Rist
  6 Ballen, Daumen, Finger
  10 Handgelenk, Ringfinger
  11 Fingernagel, Kleinfinger, Zeigefinger
  12 Mittelfinger
- *des* **Hauses**
  4 Dach, Raum, Tuer
  5 Boden
  6 Giebel, Keller, Treppe, Zimmer
  7 Fenster, Wohnung
  8 Haustuer, Mansarde, Speicher
  9 Dachboden
  11 Schornstein
- *des* **Heimes**
  10 Wohnzimmer
- *des* **Helmes**
  6 Visier
- *des* **Hemdes**
  6 Kragen
- *der* **Herrenoberbekleidung**
  4 Hemd
- *des* **hessischen Berglandes**
  5 Rhoen
  6 Soehre
  8 Meissner
  10 Vogelsberg
- *des* **Hubschraubers**
  5 Rotor
  6 Kabine
- *des* **Hühnereis**
  6 Dotter, Eigelb
  7 Eiweiss
- *des* **Jacketts**
  6 Aermel, Revers
- *eines* **Jahres**
  5 Monat
- *eines* **Jugendzimmers**
  10 Juniorbett
- *der* **Kabbala**
  5 Sohar
- *der* **Kalbskeule**
  10 Frikandeau
- *eines* **kalten Büfetts**
  11 Salatplatte

· *der* **Kamera**
5 Linse
6 Blende
8 Objektiv
14 Transporthebel
15 Selbstausloeser
16 Blendenautomatik
17 Belichtungsmesser
18 Weitwinkelobjektiv
· *der* **Karpaten**
5 Tatra
8 Beskiden
9 Hohe Tatra
· *der* **Karteikarte**
3 Tab
6 Reiter
· *der* **katholischen Messe**
5 Credo, Kredo
8 Graduale
10 Praefation
11 Offertorium
· *der* **Kette**
5 Glied
· *des* **Kimonos**
3 Ogi
· *einer* **Kirche**
4 Turm
5 Altar, Apsis, Orgel
6 Empore, Kanzel
9 Sakristei
12 Glockenstuhl
13 Kirchenschiff
· *des* **Klaviers**
5 Pedal, Saite, Taste
8 Tastatur
9 Klaviatur
· *der* **Kleidung**
5 Bluse
6 Aermel
· *von* **Kleidungsstücken**
6 Aermel
· *der* **Kletterausrüstung**
4 Seil
· *der* **Kletterpflanze**
9 Efeuranke
· *von* **Kletterpflanzen**
5 Ranke
· *des* **Klosters**
5 Zelle
6 Klause
7 Klausur
9 Kreuzgang
11 Dormitorium, Refektorium
· *des* **Knies**
9 Menioskus
11 Kniescheibe
· *des* **Knoblauchs**
4 Zehe
· *der* **Knochen**
4 Mark
· *einer* **Kopfbedeckung**
9 Hutkrempe
13 Muetzenschild, Muetzenschirm
· *des* **Kopfes**
3 Ohr
4 Auge, Kinn, Mund, Nase
5 Augen, Backe, Braue, Lippe, Ohren, Stirn, Wange
6 Gehirn, Kiefer, Wangen
7 Antlitz, Gesicht
8 Kinnlade, Schaedel, Schlaefe
9 Stirnbein
10 Hinterkopf, Oberkiefer, Ohrmuschel
11 Unterkiefer
13 Kieferknochen
· *eines* **Körperglieds**
8 Unterarm
· *der* **Körperpflege**
7 Fussbad
10 Haarpflege
· *des* **Körpers**
3 Arm, Ohr
4 Bein, Fuss, Hals, Knie, Kopf, Leib, Nase, Wade
5 Bauch, Brust, Haupt, Kreuz, Lende, Organ, Rumpf
6 Becken, Genick, Huefte, Leiste, Taille, Weiche
7 Gesaess, Ruecken
8 Schenkel, Schulter
9 Unterleib
· *des* **Kraftfahrzeugs**
3 Rad
4 Hupe, Tank
5 Motor
6 Bremse, Reifen, Volant
7 Auspuff, Blinker, Chassis, Kuehler, Lenkrad
8 Anlasser, Batterie, Gashebel, Getriebe, Kupplung, Vergaser, Zuendung
9 Lichthupe
10 Handbremse, Karosserie
11 Fahrgestell, Gelenkwelle, Kardanwelle
12 Differential, Scheinwerfer, Schlusslicht
13 Lichtmaschine, Rueckstrahler, Stossdaempfer
14 Scheibenbremse
15 Scheibenwischer
· *des* **Kreisumfangs**
4 Grad
· *der* **Kücheneinrichtung**
6 Spuele
· *des* **Kühlschranks**
8 Absorber
· *des* **Lichtes**
8 Infrarot
12 Ultraviolett
· *einer* **Lichtöffnung**
12 Fenstergriff
· *des* **Löschzuges**
15 Feuerwehrleiter
· *der* **Luft**
4 Neon, Ozon
5 Argon, Xenon
6 Helium
10 Sauerstoff, Stickstoff
12 Kohlensaeure
· *des* **Magens der Wiederkäuer**
6 Pansen
8 Labmagen
9 Netzmagen
13 Blaettermagen
· *des* **Mantels**
6 Aermel
· *der* **Mark Brandenburg**
7 Altmark, Neumark
13 Niederlausitz
· *der* **Maschine**
3 Rad
4 Keil, Niet
5 Achse, Feder, Kette, Konus, Lager, Stift, Welle
6 Bolzen, Bremse, Kolben, Kurbel, Ventil, Zapfen
7 Trommel
8 Exzenter, Getriebe, Schieber, Schraube, Zylinder
9 Gestaenge
· *des* **Mastes**
3 Raa
4 Bram, Mars, Rahe
5 Royal, Wante

T

Teil ... 811

6 Brasse, Saling, Spiere, Stenge
7 Pardune
8 Stag Topp
· *der* **Mathematik**
7 Algebra
9 Geometrie
10 Arithmetik
12 Stereometrie
13 Trigonometrie
16 Integralrechnung
20 Differentialrechnung
· *des* **menschlichen Bauchs**
9 Unterleib
· *des* **Menüs**
5 Salat, Suppe
7 Dessert
9 Nachtisch, Vorspeise
11 Hauptspeise
· *der* **Messe**
5 Credo, Kredo
· *des* **Messers**
4 Heft
5 Griff
6 Klinge
· *eines* **Metallbandes**
5 Glied
11 Kettenglied
· *des* **Mittelmeeres**
5 Adria, Syrte
7 Aegaeis
· *der* **Mittelmeerküste**
5 Adria
7 Riviera
9 Cote d'Azur
· *eines* **Möbelstücks**
9 Tischbein
· *des* **Moleküls**
4 Atom
· *des* **Monats**
5 Woche
· *des* **Motors**
6 Kolben, Pleuel, Ventil
9 Verteiler
· *der* **Motorschaltung**
4 Gang
· *der* **Motorzündanlage**
9 Verteiler
· *des* **Mundes**
5 Lippe, Zunge
6 Gaumen, Gebiss, Kiefer, Lippen, Rachen, Zaehne
7 Schlund
9 Oberlippe
10 Oberkiefer, Unterlippe
11 Unterkiefer
· *von* **Musikinstrumenten**
5 Bogen, Saite, Taste
11 Orgelpfeife
· *des* **Nachtlagers**
9 Bettdecke
16 Ueberschlaglaken
· *der* **Nadel**
4 Oehr
· *des* **nördlichen Eismeeres**
7 Karasee
9 Laptewsee
· *des* **Nordpolarmeeres**
10 Barentssee
· *der* **Nordtiroler Kalkalpen**
18 Wettersteingebirge
· *der* **Oberkörperbekleidung**
6 Aermel
· *des* **Oberkörpers**
5 Brust
· *des* **Ofens**
4 Rost
8 Ofenrohr
· *des* **Ohres**
6 Amboss, Vorhof
7 Muschel
8 Schnecke
10 Gehoergang, Ohrmuschel
11 Steigbuegel, Trommelfell
· **optischer Instrumente**
6 Okular
8 Objektiv
· *der* **Orgel**
5 Pedal
6 Manual, Pfeife
8 Register, Windlade, Windwerk
· *der* **Ostsee**
4 Belt, Sund
· **Palästinas**
6 Kanaan
· *der* **Panade**
13 Semmelbroesel
· *der* **Pandekten**
5 Codex
· *des* **Pazifiks**
7 Suedsee
· *der* **Personalabteilung**
9 Lohnbuero
· *der* **Personalien**
6 Zuname
· *der* **Personenbenennung**
8 Nachname
· *des* **Pfälzer Waldes**
6 Haardt
· *des* **Pfeilbogens**
5 Sehne
· *des* **Pferdefußes**
3 Huf
· *des* **Pferdegeschirrs**
4 Zaum
5 Siele
6 Kummet, Sattel, Sielen, Trense
7 Halfter
8 Kandarre
11 Steigbuegel
· *des* **Pferdestalles**
3 Box
· *der* **Pflanze**
5 Blatt
6 Bluete, Wurzel
· *des* **Pfluges**
4 Sech
5 Schar, Sterz
· *der* **Physik**
5 Optik
7 Akustik, Dynamik
8 Mechanik
· *eines* **Produktes**
6 Faktor
· *der* **Pyrenäen**
9 Maladetta
· *eines* **Quotienten**
7 Divisor
8 Divident
· *des* **Rades**
4 Nabe, Pneu
5 Felge, Kranz
6 Reifen, Ventil
8 Schlauch, Speichen
· *des* **Radios**
5 Skala, Tuner
6 Sender
7 Antenne, Roehren
12 Lautsprecher
· *der* **Raubtierpfote**
5 Tatze
6 Kralle
· *der* **Rauchergarnitur**
9 Feuerzeug
11 Streichholz
12 Aschenbecher
· *eines* **Reaktors**
4 Core
· *einer* **Rechnung**
6 Posten

- *des* **Reitgeschirrs**
  6 Sattel
  11 Steigbuegel
- *des* **Reitstiefels**
  5 Sporn
- *des* **Rheingaugebirges**
  10 Niederwald
- *des* **Rheinischen Schiefergebirges**
  5 Eifel
  6 Taunus
  8 Ardennen
  9 Hunsrueck
  10 Westerwald
  13 Siebengebirge
- *des* **Rindermagens**
  6 Pansen
- *der* **Ritterburg**
  5 Palas
  9 Bergfried
  10 Burggraben
- *der* **römischen Thermen**
  11 Frigidarium
- *des* **Rückgrates**
  6 Wirbel
  9 Kreuzbein
- *des* **Ruderbootes**
  5 Dolle, Ruder
  6 Riemen
- *eines* **Ruders**
  5 Blatt
- *des* **Rumpfes**
  4 Leib
  5 Bauch, Brust
  7 Ruecken
- *der* **Rüstung**
  4 Helm
  6 Visier
  7 Bruenne
- *einer* **Sandalette**
  14 Fersenriemchen
- *der* **sanitären Einrichtung**
  9 Badewanne
- *des* **Sattels**
  7 Zwiesel
- *des* **Satzes**
  4 Wort
- *von* **Saudi-Arabien**
  4 Asir
- *des* **Sauerlandes**
  14 Bergisches Land
- *einer* **Säule**
  6 Entase
  8 Kapitell
- *des* **Scheinwerfers**
  9 Reflektor
- *der* **Scheune**
  5 Tenne
- *des* **Schiffes**
  3 Bug
  4 Deck, Heck, Kiel, Mast
  5 Anker, Ruder, Segel
  6 Kabine, Steven
  7 Kajuete
  8 Kombuese, Laderaum
- *der* **Schiffssteuerung**
  5 Ruder
- *von* **Schirmmützen**
  9 Sturmband
- *eines* **Schlachtviehs**
  16 Schweineschulter
- *des* **Schlafanzugs**
  10 Pyjamahose
- *des* **Schlafzimmers Verheirateter**
  7 Ehebett
- *des* **Schlittens**
  4 Kufe
- *des* **Schlüssels**
  4 Bart
- *der* **Schmiedewerkstatt**
  4 Esse
  6 Amboss
- **schottischer Namen**
  2 Mc
  3 Mac
- *der* **Schraube**
  6 Mutter
  7 Gewinde
- *der* **Schreibmaschine**
  4 Type
  5 Taste, Wagen, Walze
  8 Farbband, Tastatur
  9 Tabulator
- *des* **Schuhs**
  5 Ferse, Kappe, Leder, Sohle, Zunge
  6 Absatz, Hacken, Lasche, Schaft
  8 Fussbett, Schnalle
  10 Brandsohle
- *der* **Schulter**
  6 Achsel
  13 Schulterblatt
- *an* **Schusswaffen**
  5 Abzug
- *der* **Schwäbischen Alp**
  5 Hardt
- *des* **Schwarzen Meeres**
  12 Asowsche Meer
- *des* **Schwerts**
  5 Knauf
- *der* **Schwimmbekleidung**
  9 Badekappe
- *des* **Segelschiffes**
  4 Mast
  5 Segel
  8 Takelage
- *des* **Sehorgans**
  8 Augapfel
- *des* **Services**
  10 Eierbecher
  11 Kaffeekanne
- *der* **Setzmaschine**
  6 Taster
- *einer* **Sitzgarnitur**
  12 Lederpolster
- *von* **Sitzmöbeln**
  10 Stuhllehne
- *des* **Sitzmöbels**
  5 Lehne
  8 Armlehne
  9 Stuhlbein
- *des* **Skeletts**
  7 Knochen
- *der* **Sonne**
  13 Chromosphaere
- *einer* **Spieluhr**
  5 Walze
- *des* **Spinnrades**
  5 Spule
  7 Spindel
- *eines* **Sportanzugs**
  14 Trainingsjacke
- *des* **Sportunterrichts**
  6 Turnen
- *der* **Sprache**
  4 Wort
- *des* **Sprengkörpers**
  7 Zuender
- *der* **Spüle**
  9 Ueberlauf
- *des* **Stadions**
  8 Tribuene
- *einer* **Statue**
  5 Torso
- *des* **Stempels** (Botanik)
  5 Narbe
  7 Griffel
- *des* **Sternenhimmels**
  12 Milchstrasse
- *des* **Stiefels**
  6 Schaft

- *des* **Stillen Ozeans**
  7 Suedsee
  8 Bandasee, Rossmeer, Sundasee
  10 Beringmeer
  12 Korallenmeer
- *der* **Straße**
  12 Fahrstreifen
- *einer* **Strecke**
  9 Abschnitt
- *der* **Streichinstrumente**
  4 Steg
- *des* **Stuhles**
  4 Bein, Sitz
  5 Lehne
- *der* **Südalpen**
  9 Dolomiten
- *der* **Sudeten**
  8 Altvater
  11 Isergebirge
  12 Eulengebirge
  13 Glatzer Kessel, Riesengebirge
- *einer* **Summe**
  5 Glied
  7 Summand
- *der* **Synagoge**
  6 Genise
- *des* **Tafelbestecks**
  12 Dessertgabel
- *eines* **Tafelgeschirrs**
  9 Untersatz
- *des* **Tages**
  5 Abend, Nacht
  6 Mittag, Morgen
  9 Vormittag
  10 Nachmittag
- *der* **Takelage**
  9 Bramsegel
- *des* **Talmud**
  6 Gemara
  7 Haggada, Halacha, Mischna
- *der* **Talsperre**
  8 Staudamm
- *der* **Tankstelle**
  10 Zapfsaeule
- *des* **Telefons**
  5 Gabel
  6 Hoerer
  12 Waehlscheibe
- *des* **Tennisspiels**
  4 Satz
- *des* **Teutoburger Waldes**
  6 Osning
- *des* **Theaterstücks**
  3 Akt
- *des* **Thermostaten**
  8 Bimetall
- *des* **Tierkopfes**
  4 Maul
  5 Augen, Ohren
  6 Geweih, Maehne
  8 Schnauze
- *der* **Treppe**
  5 Stufe
  6 Podest
  9 Gelaender
- *einer* **tropischen Gewürzpflanze**
  12 Ingwerwurzel
- *der* **Trosse**
  7 Kardeel
- *der* **Tür**
  5 Haspe
  6 Klinke
  7 Klopfer, Laibung, Schloss
  8 Gewaende, Schwelle
- *der* **Türkei**
  9 Anatolien
- *des* **TV-Gerätes**
  10 Bildroehre
- *eines* **Übergewandes**
  12 Mantelkragen, Manteltasche
- *der* **Uhr**
  5 Feder, Unruh
  6 Pendel, Zeiger
  8 Gangwerk, Gehaeuse, Zugfeder
  10 Schlagwerk
  11 Perpendikel, Zifferblatt
  14 Sekundenzeiger
- *des* **Uhrwerks**
  5 Anker
- *der* **Uniform**
  5 Biese, Litze
  6 Emblem, Kordel
  7 Kokarde
  9 Epaulette
  10 Fangschnur
  12 Achselstueck
  13 Schwalbennest
  14 Schulterstueck
- *des* **Unterschenkels**
  4 Wade
- *der* **Unterwäsche**
  4 Slip
- *der* **Unterwelt**
  6 Limbus
- *des* **Urlaubs**
  9 Ferientag
- *des* **USA-Parlaments**
  5 Senat
  19 Repraesentantenhaus
- *des* **Velos**
  5 Pedal
  6 Lenker
  10 Lenkstange
- *des* **Verdauungsapparates**
  4 Darm
  5 Magen
  8 Dickdarm
  9 Duenndarm
  16 Zwoelffingerdarm
- *von* **Vietnam**
  5 Annam
- *des* **Visiers**
  4 Korn
  5 Kimme
  10 Fadenkreuz
- *der* **Vogelfeder**
  4 Kiel
- *vom* **Vogelhals**
  5 Kropf
- *des* **Vogelkleides**
  5 Feder
  6 Federn
- *des* **Wagens**
  3 Rad
  5 Runge
  6 Achsen, Bremse, Raeder
  7 Chassis
  8 Deichsel, Wagenrad
  10 Karosserie
- *der* **Wasserwaage**
  7 Libelle
- *des* **Webstuhls**
  4 Rief
- *der* **weiblichen Bekleidung**
  5 Bluse
- *des* **Weinstocks**
  4 Rebe
- *des* **Weserberglandes**
  3 Ith
  4 Egge, Hils
  6 Vogler
  7 Deister, Solling, Suentel
  8 Bramwald
  13 Reinhardswald, Wiehengebirge
  15 Teutoburger Wald
- *der* **Westalpen**
  14 Berner Oberland

· *der* **Westkarpaten**
5 Tatra
· *der* **Wirbelsäule**
10 Steissbein
· *der* **Woche**
3 Tag
7 Sonntag
· *von* **Wohngrundstücken**
9 Hinterhof
· *der* **Wohnung**
3 Bad
5 Diele
6 Balkon, Keller, Kueche
7 Essecke
8 Mansarde, Speicher, Toilette
9 Esszimmer
10 Badezimmer, Wohnzimmer
12 Kinderzimmer, Schlafzimmer
· *der* **Wohnungseinrichtung**
6 Lampen, Moebel
8 Gardinen, Teppiche
11 Anbaumoebel
· *des* **Wortes**
5 Silbe
9 Buchstabe
· *der* **Wurzel**
6 Knolle
· *des* **Zahnes**
6 Wurzel
· *des* **Zaumzeugs**
6 Trense
7 Kandare
· *der* **Zeitung**
7 Beilage
· *des* **Zellkerns**
9 Chromoson
· *des* **Ziergartens**
10 Blumenbeet
· *der* **Zigarre**
5 Blatt
7 Umblatt
· *eines* **Zimmers**
4 Tuer
· *des* **Zodiakus**
9 Sternbild
· *des* **Zuschauerraumes**
4 Loge
7 Galerie, Parkett
Teil der Druckvorstufe
18 Desktop-Publishing
Teilaufnahme einer Person
9 Brustbild
Teilbereich
9 Abschnitt
Teilbesitz
6 Anteil
Teilbetrag
4 Rate
5 Quote
6 Anteil
8 Abschlag
Teilchen
4 Atom
8 Partikel
9 Korpuskel
Teilchenstrahlung (Physik)
20 Korpuskularstrahlung
teilen
10 dividieren
Teiler (Bruchrechnung)
6 Nenner
7 Divisor
Teilgebiet der ...
· **Biologie**
7 Botanik, Genetik
8 Zoologie
13 Anthropologie
· **EDV**
18 Computerdiagnostik
· **Geologie**
9 Geophysik
· **Mathematik**
7 Algebra
8 Analysis
9 Geometrie
13 Trigonometrie
Teilgebiet der Energietechnik
13 Waermetechnik
Teilhaber
6 Sozius
7 Partner
9 Aktionaer, Kompagnon
12 Kommanditist
14 Gesellschafter
Teilhaberschaft
10 Konsortium
Teilkraft
10 Komponente
Teilnahme
7 Beileid, Mitleid
9 Interesse
10 Mitgefuehl
13 Partizipation
teilnahmslos
5 dumpf
6 passiv, stumpf
8 untaetig
9 apathisch
11 indifferent, lethargisch
13 gleichgueltig
15 desinteressiert
Teilnahmslosigkeit
7 Apathie
9 Lethargie
Teilnehmer
11 Partizipant
Teilnehmer
· *am* **Zweikampf**
8 Duellant
Teilnehmerin mit geringen Chancen
14 Aussenseiterin
Teilstamm der Franken
6 Salier
Teilstrecke
6 Etappe
9 Abschnitt
Teilstrich
4 Grad
Teilstück
7 Portion
Teilung
8 Division, Spaltung, Trennung
9 Zerlegung
10 Entzweiung, Halbierung
Teilungslinie der Erdhalbkugeln
8 Aequator
teilweise
8 partiell
Teilzahlkontrakt
12 Ratenvertrag
Teilzahlung
4 Rate
9 Ratenkauf
Teint
9 Hautfarbe
13 Gesichtsfarbe
Telefon
5 Handy
10 Smartphone
12 Fernsprecher, Mobiltelefon
Telefonat
5 Anruf
9 Gespraech
13 Ferngespraech
Telefonbenützer
7 Anrufer

Telefongespräch
9 Telefonat
Telefonhäuschen
15 Fernsprechzelle
telefonisch bestellbare Prostituierte
8 Callgirl
Telefonleitung
7 Strippe
Telefonnebenstelle
6 Klappe
Telefonnummer bei Gefahr
6 Notruf
Telefonserviceleistung
7 Hotline
Telefonvermittlung
8 Zentrale
Telegraf
13 Fernschreiber
Telegrafistenberuf
6 Funker
Telegramm
8 Depesche
12 Eilnachricht
Telegrammschlüssel
4 Code
Telekopie
3 Fax
Telemachs ...
· **Mutter**
8 Penelope
· **Vater**
8 Odysseus
Telemark
10 Skischwung
11 Schischwung
Teleskop
8 Fernrohr
9 Reflektor, Refraktor
Television
9 Fernsehen
Telexapparat
13 Fernschreiber
Teller für Aufschnitt
11 Wurstplatte
Tells Gegner
7 Gessler
Tempel ...
· *auf der* **Akropolis**
9 Parthenon
10 Erechtheum
11 Erechtheion
· *für* **alle Götter**
8 Pantheon
· *der* **Athene**
9 Parthenon
· *im* **Fernen Osten**
6 Pagode
· *im* **Islam**
7 Moschee
· *im* **Judentum**
8 Synagoge
Tempelberg ...
· *von* **Jerusalem**
4 Sion, Zion
Tempeldiener
5 Levit
Tempelfest der Juden
8 Chanukka
Tempelpfeiler
5 Pylon
Tempelsklave im Altertum
9 Hierodule
Tempeltänzerin in Indien
8 Bajadere
Temperament
5 Feuer
7 Schwung
9 Wesensart
10 Choleriker, Gemuetsart, Munterkeit
temperamentvoll
6 feurig, rassig
Temperatur unter 0 Grad
5 Frost
Temperaturbezeichnung
3 lau
4 kalt, warm
5 eisig, heiss, kuehl
7 frostig
Temperaturmaß
4 Grad
Temperaturmaßeinheit
6 Kelvin
7 Celsius
10 Fahrenheit
Temperaturmessgerät
9 Pyrometer
11 Thermometer
13 Thermoelement
Temperaturregler
10 Thermostat
Tempo
4 Hast
7 Karacho
8 Zeitmass
15 Geschwindigkeit
Tempobeschleunigung
5 Spurt
8 Endspurt
12 Akzeleration
Tempobezeichnung ...
· *in* **der Musik**
5 grave, largo, lento
6 adagio, presto, vivace
7 allegro, andante
8 ritenuto
10 allegretto, diminuendo, largamente, ritardando, stringendo
11 accelerando, prestissimo, vivacissimo
Tempoerhöhung
5 Spurt
Tempolehre in der Musik
6 Agogik
Tempomesser
5 Tacho
10 Tachometer
temporär
9 zeitweise
10 zeitweilig
14 voruebergehend
Temporennen
8 Wettlauf
Tendenz
3 Zug
4 Hang, Kurs
5 Trend
7 Absicht, Neigung, Streben
8 Richtung, Stimmung
9 Stroemung
Tendre
7 Neigung
8 Vorliebe
tennisähnliches Ballspiel
6 Squash
Tennisausdruck
2 As
3 Ass, Lob, Set
4 Asse, Satz, Spin
5 Deuce, Match, Mixed, Slice
6 Doppel, Einzel, Racket, Rakett, Volley
7 Service, Vorhand
8 Backhand, Einstand, Flugball, Tiebreak
9 Aufschlag, Matchball, Rueckhand
10 Grundlinie
11 Dameneinzel

12 Aufschlaeger, Herreneinzel
13 Schmetterball
Tennisball hinter der Linie
3 aus
Tennisbegriff ▶ Tennisausdruck
Tennisgröße
5 Crack
Tennisgrundlinie
8 Baseline
Tennishauptplatz
11 Centrecourt, Centre-Court
Tennissatz
3 Set
Tennisschlag
3 Lob
Tennisschläger
6 Racket, Rakett
Tennisspielart
5 Mixed
6 Doppel, Einzel
Tennisstar
4 Graf
5 Lendl
6 Becker
Tenniswanderpokal
8 Daviscup
10 Davispokal
Tenniswettkampf
7 Turnier
Teppich
10 Bodenbelag
Teppich ...
· *aus* **langen Wollfäden**
7 Flokati
· *im* **Schlafzimmer**
13 Bettumrandung
Teppichart
5 Kelim, Ladik, Sumak
6 Mihrab, Perser
7 Bruecke, Buchara, Flokati, Taebris
8 Meschhed
13 Orientteppich
teppichartige Stickerei
10 Tapisserie
Teppichklopfer
7 Pracker
Teppichoberfläche
4 Flor
Teppichrandfaden
6 Franse
Termin
3 Tag
5 Datum, Frist
9 Zeitpunkt
Termin ...
· *für* **eine Hausarbeit**
8 Waschtag
· *vor* **Ort**
11 Lokaltermin
Terminbareinlage
15 Festgeldauftrag
Termindruck
7 Zeitnot
Terminkalender
6 Agenda
8 Merkbuch
Terminus technicus
11 Fachbegriff
Termitenfresser
11 Ameisenbaer
Terrain
5 Areal, Boden, Grund
6 Gebiet
8 Gelaende
Territorium eines hohen Adligen
11 Fuerstentum
Tessinwein
6 Merlot
Test
5 Probe
7 Umfrage, Versuch
8 Pruefung
9 Erprobung
10 Experiment
16 Eignungspruefung
Testamentverwahrer
5 Notar
Testamentzusatz
8 Kodizill
Testat
6 Attest
7 Zeugnis
12 Bestaetigung
13 Bescheinigung
Testator
9 Erblasser
testen
7 pruefen
8 erproben
9 probieren, versuchen
Tester
7 Pruefer
11 Untersucher
Testfrage
4 Item
Testikel
5 Hoden
Testperson
7 Proband
Tetanus
12 Muskelkrampf
15 Wundstarrkrampf
teuer
4 lieb, wert
8 wertvoll
11 kostspielig
Teuerung
15 Preissteigerung
Teufel
5 Satan, Urian
7 Luzifer
8 Diabolus, Mephisto
9 Beelzebub
10 Antichrist
14 Mephistopheles
Teufelsaustreiber
8 Exorzist
Teufelsbart
10 Kuhschelle
Teufelsbeere
10 Belladonna
Teufelsfisch
6 Rochen
Teufelskirsche
10 Belladonna
11 Tollkirsche
Teufelskreis
13 Zirkelschluss
Teufelsrochen
5 Manta
Teufelssitz
6 Hoelle
Teufelsweib
4 Hexe
teuflisch
8 infernal
9 hoellisch, satanisch
10 daemonisch, diabolisch
12 infernalisch
teuflischer Geist
6 Daemon
teure Rohedelsteine
9 Diamanten
Text
8 Wortlaut
9 Inschrift
10 Aufschrift, Manuskript, Stenogramm, Typoskript
12 Formulierung

Text ...
· *auf* **Münzen**
10 Aufschrift
· *aus* **Versalien**
12 Blockschrift
Textauslegung
7 Exegese
Textbuch für Opern
8 Libretto
Textdichter von Lilli Marleen
4 Leip
Texter
10 Librettist
Textilarbeiter
5 Weber
6 Walker, Wirker
7 Faerber, Spinner
8 Stricker
Textilbetrieb
7 Weberei
8 Wirkerei
9 Faerberei, Spinnerei
textile Wandbekleidung
11 Stofftapete
textiler Möbelüberzug
5 Husse
Textilerzeugnis
4 Samt, Taft, Tuch
5 Drell, Loden, Satin, Seide, Stoff
6 Gewebe, Gradel, Leinen, Spitze
9 Dekostoff
textiles Oberteil
3 Top
Textilfacharbeiterin
10 Strickerin
Textilfärbeverfahren
5 Batik
Textilfasern verfilzen
6 Walken
Textilgrundstoff
5 Faser, Seide, Wolle
9 Baumwolle
10 Kunstfaser, Naturfaser
11 Chemiefaser
Textilhandwerker
9 Schneider
Textilien
4 Zeug
9 Wirkwaren
Textilmaschine
8 Webstuhl
Textilprodukt
4 Tuch
5 Decke
Textilrohstoff
5 Wolle
9 Baumwolle
10 Schurwolle
11 Merinowolle
Textilstoff
8 Wolltuch
Textilstueck in der Küche
9 Spueltuch
Textiltechnik
11 Nadelarbeit
Textreproduktion
7 Abdruck
Textstelle
5 Zitat
6 Passus
7 Passage
Thailand
4 Siam
thailändisch(e, er, es) ...
· **Amtssprache**
4 Thai
· **Hohlmaß**
3 Sad
4 Than
· **Königin**
7 Sirikit
· **Längenmaß**
3 Kup
· **Währung**
4 Baht
Theater
4 Show
5 Revue
6 Buehne
9 Opernhaus
11 Schaubuehne
12 Kammerspiele
14 Schauspielhaus
Theateragent
10 Impresario
Theaterberuf
10 Souffleuse
Theaterfigur
7 Staberl
Theaterleiter
9 Intendant
Theatermannschaft
8 Ensemble
Theatermiete
10 Abonnement
Theaterplatz
4 Loge, Rang
7 Galerie, Parkett
8 Parterre
9 Sperrsitz
Theaterrolle
4 Part
7 Rotulus
Theatersitzplatz
4 Loge
Theaterspielfläche
6 Buehne
Theaterspielstätte im Freien
15 Freilichtbuehne
Theaterspielzeit
6 Saison
Theatervorhalle
5 Foyer
Theatervorstellung
11 Auffuehrung
Theaterzettel
8 Programm
Theaterzubehör
8 Requisit
thebanische Königin
5 Niobe
thebanischer Königssohn
7 Oedipus
Theke
6 Tresen
10 Ladentisch
11 Schanktisch
Thema
5 Motiv
6 Inhalt
7 Aufgabe, Gedanke
9 Leitmotiv
Thema ...
· *einer* **Gestaltung**
5 Sujet
· *eines* **Werkes**
5 Sujet
Themenstellung
8 Thematik
Theoderichs Volk
8 Ostgoten
theologische Studienanstalt
6 Kolleg
theologischer Gegner Luthers
3 Eck
Theorem
8 Lehrsatz

Theoretiker ...
· *der* **Psychoanalyse**
4 Jung
5 Adler, Freud
· *des* **Sozialismus**
4 Marx
6 Engels
Theorie
11 Lehrmeinung
therapeutische Bodenmasse
8 Heilerde
Therapie
10 Behandlung
Therapie mit konzentrierten Wirkstoffen
11 Ampullenkur
Thermometerskala
6 Kelvin
7 Celsius, Réaumur
10 Fahrenheit
These
7 Annahme, Doktrin
8 Lehrsatz, Leitsatz
10 Behauptung
thrakisches Reitervolk
5 Geten
Thriller
5 Krimi
7 Reisser
10 Gruselfilm, Horrorfilm
Thronerbe ► Thronfolger
Thronfolge
10 Sukzession
Thronfolger
8 Erbprinz, Kronerbe
9 Kronprinz
Thronfolger ...
· *im* **alten Russland**
10 Zarewitsch
· *in* **Spanien**
6 Infant
Thronhimmel
9 Baldachin
Thronräuber
9 Usurpator
Thuja
10 Lebensbaum
Thunfisch
4 Thon
7 Makrele
Thüringer ...
· **Fleischspezialität**
10 Mutzbraten
· **Getränkespezialität**
9 Rumkaffee
thüringisch für Kessel-, Wellfleisch
10 Topfbraten
Thusneldas ...
· **Gatte**
5 Armin
7 Hermann
8 Arminius
Thymian
7 Quendel
Thymusdrüse des Kalbs
5 Bries
tibetanisch(e, er, es) ...
· **Buddhist**
7 Lamaist
· **Form des Buddhismus**
9 Lamaismus
· **Gazelle**
3 Goa
· **Hausrind**
3 Jak, Yak
· **Kultgerät**
12 Gebetsmuehle
· **Lastträger**
6 Sherpa
· **Mönch**
4 Lama
5 Bonze
· **Nobelpreisträger für Frieden**
9 Dalai-Lama
· **Oberhaupt**
9 Dalai-Lama
Tick
5 Macke
6 Fimmel, Spleen
7 Marotte
8 Schrulle
Ticket
7 Billett
9 Fahrkarte, Flugkarte
14 Eintrittskarte
Tide
4 Ebbe, Flut, Stau
6 Gezeit
tief ...
· **betrübt sein**
7 trauern
· **greifend**
7 radikal
· **liegende Landschaft**
3 Tal
5 Senke
9 Niederung
tief(e, er, es) ...
· **Abneigung**
4 Hass
· **Abzugsgraben**
6 Rigole
· **Achtung**
9 Ehrfurcht
· **Bedauern**
4 Reue
· **Bescheidenheit**
5 Demut
· **Betrübnis**
6 Trauer
· **Bewusstlosigkeit**
4 Koma
· **enge Täler**
10 Schluchten
· **Erdrinne**
6 Graben
· **Fall**
5 Sturz
· **Felsenkluft**
7 Abgrund
· **Felsspalt**
5 Kluft
· **Frauenstimme**
3 Alt
· **Freude**
5 Wonne
· **innere Freude**
11 Beglueckung
· **Kleiderausschnitt**
9 Dekolleté
10 Dekolletee
· **Knabenstimme**
3 Alt
· **Kniff im Kleidungsstück**
11 Kellerfalte
· **Männerstimme**
4 Bass
· **Misstrauen**
7 Argwohn
· **Nachtruhe**
6 Schlaf
· **Temperatur**
6 Kaelte
· **Verehrung**
8 Anbetung
· **Zuneigung**
5 Liebe
Tiefdruckgebiet
7 Zyklone
Tiefe
7 Abgrund

Tiefebene
9 Niederung
Tiefengestein
6 Diorit
8 Plutonit
15 Intrusivgestein
Tiefenmesser
7 Echolot
Tiefenmessung
6 Lotung
Tiefgangskala am Schiff
6 Ahming
Tiefkühlkost
11 Gefrierware
Tiefland ...
· *in* **Mittelasien**
5 Turan
· *in* **Südamerika**
6 Llanos
tiefsinnig
7 profund
tiefste Wolken
5 Nebel
Tiefstpunkt
7 Minimum
Tieftemperaturtechnik
11 Kryotechnik
Tiegel
10 Kasserolle
Tier ...
· *der* **Amphibien**
5 Lurch
· *mit* **Federn**
5 Vogel
· *der* **Geflügelfarm**
8 Legehuhn
· *zum* **Scheren**
5 Pudel, Schaf
· *als* **Sinnbild der Ängstlichkeit**
4 Hase
· *mit* **weißem Stirnfleck**
6 Blesse
Tierabrichter
8 Dompteur
Tierabrichtung
7 Dressur
Tierart
4 Wurm
5 Fisch, Polyp, Vogel
6 Amoebe, Insekt, Reptil
7 Schwamm
8 Amphibie, Hohltier, Molluske
9 Amphibium, Schaltier, Weichtier
10 Saeugetier, Wirbeltier
14 Gliederfuesser
Tierarzt
10 Veterinaer
Tierbändiger ► Tierabrichter
Tierbehausung
3 Bau
4 Nest
5 Bauer, Horst, Stall, Zelle
6 Gehege, Hoehle, Kaefig
7 Voliere, Zwinger
8 Aquarium
9 Exotarium, Terrarium
10 Bienenkorb, Vogelbauer
11 Bienenstock, Hundehuette, Vogelkaefig
12 Taubenschlag
Tierbrut
4 Wurf
6 Gelege
Tiere ...
· *aus* **fernen Ländern**
6 Exoten
· *der* **Primaten**
5 Affen
Tiereingeweide
7 Innerei, Kutteln
Tierfangeinrichtung
4 Netz, Rute
5 Angel, Eisen, Falle, Grube, Lasso, Reuse
8 Leimrute, Schlinge
9 Fallgrube, Fangeisen, Vogelherd
10 Mausefalle
Tierfänger in Kanada
13 Fallensteller
Tierfell
4 Balg, Pelz
Tierfett
4 Talg, Tran
5 Speck
7 Schmalz
Tierfigur aus deutschen Märchen
4 Esel
Tierflanke
5 Wamme
Tierfuß
3 Huf
4 Fang
5 Klaue, Pfote, Tatze
6 Pranke
Tierfutter
3 Heu
4 Gras, Klee
Tiergarten
3 Zoo
Tiergemeinschaft
5 Herde, Meute, Rudel
Tiergruppe
3 Zug
4 Flug
5 Herde, Horde, Meute, Rotte, Rudel
6 Sprung
7 Schwarm
Tierhaarprodukt
4 Filz
tierhaft
10 animalisch
Tierhand
5 Pfote
Tierhaut
4 Balg, Fell, Pelz
5 Decke, Leder
Tierhaut mit Fell
4 Balg
Tierhautbearbeiter
6 Gerber
Tierhautprodukt
5 Leder
9 Kalbleder, Wildleder
Tierhöhle
3 Bau
tierisch
10 animalisch
11 bestialisch
tierisch(e, er, es) ...
· **Duftstoff**
7 Moschus
· **Fett**
4 Talg, Tran
· **Körperteil**
3 Huf
4 Horn, Kamm, Maul
5 Euter, Zitze
6 Geweih
7 Fittich, Fluegel, Fuehler, Ruessel, Schwanz
8 Schnabel, Schnauze
· **Pflanzenangreifer**
11 Schaedlinge
· **Plankton**
5 Krill
· **Produkt**
15 Schweinefleisch

- **Regung**
  5 Trieb
- **Speisefett**
  7 Schmalz
- **Zellverbindung**
  6 Gewebe

Tierkadaver
3 Aas
Tierkenner
7 Zoologe
Tierkleid
4 Fell
Tierkrankheit
4 Rips, Rotz, Spat
5 Darre
6 Koppen, Laehme, Nagana, Raeude, Staupe
7 Rotlauf, Tollwut
9 Milzbrand
10 Rinderpest
Tierkreis
8 Zodiakus
Tierkreiszeichen
5 Krebs, Loewe, Stier, Waage
6 Fische, Widder
8 Jungfrau, Schuetze, Skorpion
9 Steinbock, Zwillinge
10 Wassermann
Tierkunde
8 Zoologie
Tierlaus
5 Milbe
Tierleiche
3 Aas
7 Kadaver
Tierlippe
5 Lefze
Tiermärchen
5 Fabel
Tiermund
4 Fang, Maul
5 Aeser
6 Rachen
8 Schnabel, Schnauze
Tiernahrung
6 Futter
Tierpark
3 Zoo
Tierparkleiter
11 Zoodirektor
Tierpflege
4 Hege
Tierpfote
5 Tatze
Tierprodukt
2 Ei
4 Fell, Fett, Horn, Pelz, Talg, Tran
5 Feder, Honig, Leder, Milch, Speck, Wolle
7 Fleisch, Schmalz
8 Schinken
9 Elfenbein
10 Eiderdaune, Flaumfeder
Tierrudel ► Tiergruppe
Tierschau
9 Menagerie
Tierschenkel
5 Keule
Tierseuche
3 BSE
7 Tollwut
11 Vogelgrippe
Tierwaffe
4 Gift, Horn, Zahn
5 Hauer, Klaue, Tatze
6 Gebiss, Geweih, Kralle, Pranke
7 Stachel
8 Schaufel
9 Stosszahn
Tierweide
6 Koppel
Tierwelt
5 Fauna
Tierwohnung
3 Bau
4 Nest
5 Stall
6 Hoehle, Kaefig
7 Zwinger
8 Aquarium
9 Terrarium
Tierzahnwunde
4 Biss
Tierzehe
5 Klaue
6 Kralle
Tiger oder Löwe
9 Raubkatze
Tigerkatze
6 Ozelot
Tigerpferd
5 Zebra
Tigerschlange
6 Python
Tilgung
9 Bezahlung, Loeschung
11 Stornierung
12 Amortisation
Tinktur
6 Auszug
Tinnef
6 Schund
Tintenfederhalter
7 Fueller
Tintenfisch
5 Krake, Polyp, Sepia
6 Kalmar
8 Argonaut, Nautilus, Oktopode, Seepolyp
Tintenfischfangarm
8 Tentakel
Tintenfischringe
8 Calamari
Tintenfleck
6 Klecks
Tintenstift
7 Fueller
Tintentrockner
8 Loescher
11 Loeschblatt
Tipp
3 Rat
4 Wink
5 Ezzes
7 Hinweis
9 Andeutung, Ratschlag
10 Empfehlung, Fingerzeig
tipptopp
7 korrekt
8 tadellos
Tirade
5 Suada, Suade
6 Erguss
Tiroler ...

- **Bauernmaler**
  9 Defregger
- **Bergmassiv**
  9 Dolomiten
- **Freiheitskämpfer**
  5 Hofer
- **Geigenbauer**
  7 Stainer
- **Hauptstadt**
  9 Innsbruck
- **Kurort**
  3 Erl
  4 Igls, Oetz, Zell
  6 Schwaz, Woergl

- **Landwein**
  8 Traminer
- **Passionsspielort**
  3 Erl
- **See**
  8 Achensee
- **Tal**
  6 Stubai, Ziller
- **Volksheld**
  5 Hofer
- **Weinort**
  6 Terlan, Tramin
  7 Kaltern
- **Zwergkönig**
  6 Laurin

Tisch und Stühle für draußen
12 Balkonmoebel

tischartiges Möbel
4 Pult

Tischdeckchen
3 Set

Tischdecke
9 Tafeltuch

Tischdeckenart
9 Wachstuch

Tischdekor für den festlichen Anlass
12 Tafelschmuck

Tischgesellschaft
10 Tafelrunde

Tischglocke
4 Gong

Tischkugelspiel
7 Billard

Tischler
9 Schreiner

Tischlerabfall
4 Span
9 Saegemehl

Tischlermaterial
4 Leim

Tischlerwerkzeug
5 Feile, Hobel, Saege
6 Beitel, Bohrer, Raspel
9 Bandsaege, Hobelbank
10 Stemmeisen

Tischserviette
3 Set

Tischsignalgerät
4 Gong

Tischtennis
8 Pingpong

Tischtuch
5 Decke

Tischzeug
6 Gedeck
7 Besteck, Service
9 Tischtuch
10 Servietten

Titan
5 Huene, Riese

Titanias Gatte
6 Oberon

Titanin
4 Rhea
6 Tethys, Themis

Titel
6 Anrede
8 Headline
10 Aufschrift
12 Ueberschrift

Titel ...

- **ägyptischer Könige**
  6 Pharao
- **arabischer Fürsten**
  4 Emir
- **asiatischer Fürsten**
  4 Chan, Khan
- *des* **äthiopischen Kaisers**
  5 Negus
- *von* **Beamtinnen**
  6 Raetin
- *für* **Botschafter und Gesandte**
  9 Exzellenz
- *der* **französischen Welt-geistlichen**
  4 Abbé
- *für den* **Freiherrn**
  5 Baron
- *der* **Gattin Aga Khans**
  5 Begum
- *der* **Geistlichen in England und Amerika**
  8 Reverend
- *im* **Handwerk**
  7 Meister
- *an* **Hochschulen**
  7 Oberrat
- *eines* **indischen Fürsten**
  4 Raja
  7 Radscha
  8 Maharaja
  11 Maharadscha
- *einer* **indischen Fürstin**
  4 Rani
  5 Begum
  8 Maharani
- *eines* **indischen Herrschers**
  5 Mogul
- *eines* **innerasiatischen Fürsten**
  4 Chan, Khan
- *des* **iranischen Kaisers**
  5 Schah
- *von* **islamischen Gelehrten**
  5 Mulla
  6 Mullah
- *eines* **islamischen Herrschers**
  6 Sultan
- *eines* **islamischen Ministers**
  5 Wesir
- *des* **japanischen Kaisers**
  5 Tenno
  6 Mikado
- *für einen* **jüdischen Gesetzeslehrer**
  5 Rabbi
- *der* **Kardinäle**
  7 Eminenz
- *von* **mohammedanischen Herrschern**
  6 Sultan
- *der* **Nachfolger Mohammeds**
  5 Kalif
- *von* **nicht regierenden Fürsten**
  5 Prinz
- *d.* **Oberhaupts der Tibeter**
  9 Dalai-Lama
- *des* **Oberhaupts von Venedig**
  4 Doge
- *der* **Ordensobersten**
  5 Prior
- *eines* **Pädagogen**
  10 Oberlehrer, Studienrat
- *des* **Papstes**
  8 Pontifex
- *von* **römischen Feldherren**
  9 Imperator
- *der* **römischen Kaiser**
  8 Princeps
- *der* **russischen Kaiserin**
  5 Zarin
- *des* **russischen Kaisers**
  3 Zar

· *eines* **Schachmeisters**
12 Grossmeister
· *des* **spanischen Hochadels**
6 Grande
· *des* **Thronfolgers**
9 Kronprinz
· *für* **türkische Offiziere**
3 Aga
· *von* **unverheirateten Gräfinnen**
8 Komtesse
· *des* **Vizekönigs von Ägypten**
7 Khedive
Titelbild
5 Cover
Titelbildchen
8 Vignette
Titelbildmädchen
9 Covergirl
Titelblatt bei alten Büchern
10 Frontispiz
Titelfigur von ...
· **Anouilh**
5 Medea
8 Antigone, Eurydike
· **Beethoven**
7 Fidelio
· **Bellini**
5 Norma
· **Berg**
4 Lulu
7 Wozzeck
· **Berlin**
5 Annie
· **Bizet**
6 Carmen
· **Böll**
13 Katharina Blum
· **Borodin**
4 Igor
· **Busch**
3 Max
4 Fips
6 Moritz
· **Byron**
7 Manfred
· **Carroll**
5 Alice
· **Cocteau**
5 Orphe
· **Colette**
4 Gigi
5 Cheri
6 Mitsou
8 Claudine
· **Corneille**
3 Cid
· **Defoe**
8 Robinson
14 Robinson Crusoe
· **Disney**
5 Bambi, Dumbo
· **Dostal**
6 Clivia, Monika
· **du Maurier**
7 Rebecca
8 Mary Anne
· **Egk**
8 Columbus
· **Euripides**
5 Orest
· **Flaubert**
6 Bovary
· **Flotow**
6 Martha
· **Freytag**
4 Ingo
· **Frisch**
7 Stiller
· **Genet**
5 Nanon
· **Gershwin**
4 Bess
5 Porgy
· **Giraudoux**
6 Judith, Undine
7 Elektra
· **Gluck**
5 Paris
6 Armida, Helena
7 Alceste, Orpheus
8 Euridice, Eurydike
· **Goethe**
5 Faust, Goetz, Tasso
6 Egmont, Stella
7 Clavigo, Hermann, Werther
8 Dorothea
9 Iphigenie
· **Gounod**
5 Faust
9 Margarete
· **Grillparzer**
5 Medea
6 Sappho
7 Libussa
· **Händel**
6 Xerxes
· **Hauptmann**
4 Elga
5 Pippa
7 Hannele
8 Griselda
9 Rose Bernd
12 Florian Geyer
13 Michael Kramer
· **Hebbel**
5 Gyges, Julia
6 Judith
7 Herodes
8 Genoveva, Marianne
· **Hindemith**
6 Mathis
· **Hölderlin**
8 Hyperion
· **Humperdinck**
6 Gretel
7 Haensel
· **Ibsen**
4 Nora
· **Kalman**
6 Mariza
· **Kästner**
4 Emil
6 Fabian
· **Kleist**
8 Guiskard
9 Kaethchen
10 Amphitryon
11 Penthesilea
· **Krenek**
5 Jonny
· **Lehar**
3 Eva
8 Giuditta, Paganini
9 Frasquita
10 Friederike, Zarewitsch
· **Lessing**
5 Minna
6 Nathan
· **Lincke**
8 Frau Luna
· **Mann**
5 Krull, Lotte
10 Felix Krull
· **May**
8 Winnetou
· **Millöcker**
7 Dubarry
8 Jonathan

- **Molière**
  8 Tartuffe
  10 Amphitryon
- **Molnar**
  6 Liliom
- **Mozart**
  6 Figaro
  7 Bastien
  9 Bastienne
- **Offenbach**
  6 Helena
  7 Orpheus
- **Pagnol**
  5 Cesar, Fanny
  6 Marius
- **Pfitzner**
  10 Palestrina
- **Porter**
  4 Kate
- **Pucchini**
  5 Manon, Tosca
  8 Angelica, Turandot
  9 Butterfly
- **Racine**
  7 Phaedra
- **Rossini**
  4 Tell
  7 Barbier
- **Schiller**
  4 Tell
  6 Fiesco
  11 Wallenstein
- **Schnitzler**
  6 Anatol
- **Shakespeare**
  4 Lear
  5 Julia, Romeo
  6 Caesar, Hamlet
  7 Macbeth, Othello
- **Shaw**
  6 Caesar
  7 Candida
- **Sophokles**
  4 Aias, Ajas, Ajax
  7 Elektra, Oedipus
  8 Antigone
- **Strauss**
  6 Salome
  7 Ariadne, Elektra
  8 Arabella
- **Strawinsky**
  7 Oedipus
- **Suppe**
  8 Galathee
  9 Fatinitza
- **Swift**
  8 Gulliver
- **Thomas**
  6 Mignon
- **Tolstoi**
  8 Karenina
  12 Anna Karenina
- **Tschaikowsky**
  6 Onegin
  7 Mazeppa
- **Verdi**
  4 Aida
  7 Othello
  8 Falstaff
  9 Rigoletto
- **Wagner**
  6 Isolde
  7 Tristan
  9 Lohengrin, Siegfried
  11 Tannhaeuser
- **Weber**
  6 Oberon
  9 Abu-Hassan, Euryanthe
- **Wedekind**
  4 Lulu
- **Zola**
  4 Nana
- **Zuckmayer**
  13 Katharina Knie
  14 Schinderhannes
  15 Barbara Blomberg

Titelträger
7 Titular

Titelverleihung
9 Ernennung

Titulierung
6 Anrede

Toast
9 Roestbrot
11 Trinkspruch

toben
6 balgen
11 herumtollen

tobend
6 rasend
7 wuetend

Tobsucht
7 Raserei

Tobsüchtiger
9 Berserker, Wueterich

Töchter ...
- *des* **Atlas**
  6 Hyaden
- *des* **Danaos**
  8 Danaiden
- *des* **Nereus**
  8 Nereiden
- *des* **Zeus**
  5 Horen, Musen

Tochter von ...
- **Agamemnon**
  7 Elektra
  9 Iphigenie
- **Alkinoos**
  8 Nausikaa
- **Amonasro**
  4 Aida
- **Äolus**
  7 Alkyone
- **Athene**
  3 Bia
- **Atlas**
  7 Kalypso
- **Ceres**
  10 Proserpina
- **Danaus**
  7 Danaide
- **David**
  6 Thamar
- **Demeter**
  10 Persephone
- **Dione**
  9 Aphrodite
- **Faun**
  4 Maja
- **Franz Liszt**
  6 Cosima
- **Gäa**
  4 Rhea
  6 Phoebe, Tethis, Themis
- **Heinrich VIII**
  9 Elisabeth
- **Hekabe, Hekuba**
  9 Kassandra
- **Helena**
  8 Hermione
- **Helios**
  5 Circe
- **Hera**
  4 Hebe
  10 Eileithyia
- **Herodias**
  6 Salome
- **Hyperion**
  3 Eos
  6 Aurora
- **Jokaste**
  8 Antigone
- **Jupiter**
  5 Diana, Irene, Venus

T

7 Minerva
8 Iuventus
10 Proserpina
· **Kadmos**
3 Ino
6 Semele
· **Kaiser Augustus**
5 Julia
· **Karl dem Großen**
4 Emma
· **Klytämnestra**
7 Elektra
9 Iphigenie
· **König Lear**
5 Regan
7 Goneril
8 Cordelia
· **Kronos**
4 Hera, Here
6 Hestia
7 Demeter
· **Laban**
3 Lea, Lia
5 Rahel
· **Latona**
5 Diana
· **Leda**
6 Helena
· **Leto**
7 Artemis
· **Menelaos**
8 Hermione
· **Minos**
7 Ariadne
· **Mohammed**
5 Fatme
6 Fatima
· **Nehrus**
6 Indira
· **Nereus**
7 Galatea
· **Ödipus**
6 Ismene
8 Antigone
· **Okeanos**
5 Dione
· **Priamos**
9 Kassandra
· **Rhea**
4 Hera, Juno
5 Ceres, Vesta
6 Hestia
7 Demeter
· **Rigoletto**
5 Gilda
· **Saturn**
4 Juno
5 Ceres, Vesta
· **Scipio Afrikanus**
8 Cornelia
· **Skadi**
5 Freia
· **Tantalus**
5 Niobe
· **Theia**
3 Eos
6 Aurora, Selene
· **Themis**
4 Dike
6 Eirene
· **Thyestes**
7 Pelopia
· **Uranus**
4 Rhea
5 Theia
6 Phoebe, Tethis, Themis
· **Ute**
9 Kriemhild
· **Zeus**
4 Dike, Hebe
6 Athene, Eirene, Helena
7 Artemis
9 Aphrodite
10 Eileithyia, Persephone

Tochtermann
5 Eidam
13 Schwiegersohn

Tod
6 Exitus
7 Ableben
10 Freund Hein, Lebensende

todbringender ...
· **Stoff**
4 Gift
5 Toxin

Todesangst
6 Phobie

Todesanzeige
11 Partezettel

Todesfall
7 Ableben

Todesgott
5 Hades, Orkus, Pluto
6 Anubis
8 Thanatos

Todesgöttin
3 Hel

Todeskampf
6 Agonie

Todeslauf
4 Amok

Todesstrafe im Mittelalter
7 raedern

Todesweihe
8 Viatikum
10 Wegzehrung
14 Krankensalbung

todgeweiht
8 moribund

tödlich
5 letal

tödliche ...
· **Seuche**
6 Pocken
7 Cholera
9 Pestilenz

tödliches ...
· **Gift**
7 Arsenik
8 Zyankali

Todsünde
4 Geiz, Neid, Zorn
7 Hochmut, Wollust
8 Faulheit
9 Voellerei

Toga
6 Mantel, Umhang

Toilette
2 WC
3 Klo
5 Abort, Lokus
7 Klosett
13 Wasserklosett

Toilettenartikel
11 Badeschwamm

Toilettentisch
14 Frisierkommode

Tokios ...
· **alter Name**
3 Edo
· **Hauptverkehrsstraße**
5 Ginza

Töle
4 Hund
6 Koeter

tolerant
7 duldsam, liberal
8 geduldig
12 freiheitlich

Toleranz
7 Duldung
11 Duldsamkeit

toll
4 wild
9 unbaendig
tolldreist
5 frech, kuehn
Tolle
5 Locke
8 Pueschel
10 Haarschopf
toller Einfall
8 Kapriole
Tollkirsche
10 Belladonna
12 Teufelsbeere
Tollkirschengift
7 Atropin
Tollkraut
10 Schierling
11 Bilsenkraut
Tollpatsch
4 Narr
7 Toelpel, Trottel
Tomatenkaltspeise
12 Tomatensalat
13 Paradeissalat
Tomatensoße
7 Ketchup
8 Ketschup
Ton
4 Laut
5 Klang, Knack, Pfiff
6 Schall
Ton aus spitzem Mund
5 Pfiff
Tonabstand
5 Stufe
9 Intervall
tonangebend
9 kompetent
Tonarchiv
9 Phonothek
Tonart
3 Dur
4 Moll
Tonaufnahmegerät (Kurzform)
5 Mikro
Tonband
4 Tape
Tonbandgerät
8 Recorder, Rekorder, Tapedeck
17 Kassettenrecorder, Kassettenrekorder
Tonbezeichnung
3 Ais, Ces, Cis, Des, Dis, Fis, Ges, Gis, His
Tonblasinstrument
7 Okarina
Tondichter
9 Komponist
Tondichtung
11 Komposition
tönen
8 bleichen
9 aufhellen
Tonerde
5 Bolus, Ocker
Tonerdesilikat
3 Bol
5 Bolus
tönern
5 irden
tönernes Blasinstrument
7 Okarine
Tonerzeuger ...
· *bei* **Musikinstrumenten**
5 Saite
10 Luftsaeule
Tonfall
6 Akzent
8 Betonung
10 Aussprache
Tonfigur der jüdischen Mystik
5 Golem
Tonflasche
5 Kruke
Tonfolge
7 Melodie, Passage
Tongefäß
4 Krug
Tongeschirr
5 Hafen
7 Keramik
10 Roemertopf
Tongeschlecht ▶ Tonart
Tonhalle
5 Odeon
Tonhebung
5 Iktus
Tonintervall
4 None, Prim, Sext, Terz
5 Prime, Quart, Quint, Sexte
6 Dezime, Oktave, Quarte, Quinte
7 Sekunde, Septime
Ton-Kalk-Gestein
6 Mergel
Tonkennzeichen
4 Note
Tonkonserve
8 Kassette
12 Schallplatte
Tonkunst
5 Musik
Tonkunstart
6 E-Musik, U-Musik
Tonkünstler
7 Musiker, Saenger
8 Dirigent
9 Komponist
Tonlehre
8 Phonetik
Tonleiter
5 Skala
Tonleitersystem
11 Solmisation
tonlos
5 stumm
6 atonal, heiser
Tonne
4 Fass
6 Barrel
7 Gefaess, Gewicht
tonnenartiges Seezeichen
4 Boje
tonreicher Boden
4 Klei
Tonschicht
6 Letten
Tonschöpfung
11 Komposition
Tonschrift im Mittelalter
6 Neumen
Tonsetzer
9 Komponist
Tonsillitis
17 Mandelentzuendung
Tonspeicher
10 Magnetband
12 Schallplatte
Tonstück ▶ Musikstück
Tonträger
2 CD
8 Cassette, Kassette
12 Schallplatte
Tönung
6 Nuance
Tonware ▶ Töpferware
Tonwarenhersteller
7 Toepfer

Tonwiedergabegerät
8 Recorder, Rekorder
14 Plattenspieler
17 Kassettenrecorder, Kassettenrekorder
Tonwiedergabetechnik
4 Mono
6 Quadro, Stereo
Tonwirbel
7 Triller
Tonzeichen
4 Note
5 Noten
Tonzusammenklang
6 Akkord
Topf
4 Pott
Topfen
5 Quark
10 Weisskaese
Töpfer
6 Hafner
7 Haefner
9 Keramiker
10 Ofensetzer
Töpfereiprodukt ▶ Töpferware
Töpferkunst
7 Keramik
Töpfermaterial
3 Ton
Töpferware
6 Fliese, Kachel
7 Fayence, Keramik
8 Majolika, Steingut
9 Porzellan
10 Terrakotta
Töpferwerkstatt
7 Poterie
Topfgriff
5 Stiel
6 Henkel
Topfschließe
6 Deckel
Topinambur
8 Erdbirne
Topmodel
9 Mannequin
13 Starmannequin
Topmodel-Moderatorin
9 Heidiklum
Tor
4 Depp, Goal, Narr, Tuer
6 Pforte, Portal
7 Treffer
8 Dummkopf, Einfahrt
Tor beim Fußball
4 Goal
Torero
13 Stierkaempfer
Torfart
4 Darg
Torfstück
4 Sode
Torheit
5 Unfug
6 Eselei, Unsinn
8 Dummheit, Kinderei, Narretei, Wahnwitz
9 Bloedsinn
10 Albernheit
Torhüter
6 Keeper
7 Tormann, Torwart
8 Goalmann
9 Torsteher
10 Goalkeeper
töricht
4 dumm, naiv
6 albern, stupid, unklug
8 kindisch, unsinnig
9 naerrisch
10 einfaeltig
töricht(e, er, es) ...
· **Einfall**
6 Flause
· **Gerede**
5 Stuss
6 Unsinn
7 Gefasel, Nonsens
· **Handlung**
6 Eselei
· **Mensch**
5 Idiot
· **Verhalten**
7 Idiotie
Torjäger
8 Stuermer
15 Spitzenstuermer
Torlauf ...
· *im* **Skisport**
6 Slalom
12 Riesenslalom
Tormann
6 Keeper
7 Torwart
10 Goalkeeper
Tornado
11 Wirbelsturm
Tornister
6 Ranzen
8 Rucksack
11 Schulranzen
Torpfosten auf dem Spielfeld
10 Goalstange
Torschütze
10 Goalgetter
Tort
6 Unbill
9 Kraenkung
Törtchen
9 Tortelett
Tortenfüllung
11 Buttercreme
Tortengussmaterial
7 Fondant
8 Gelatine
Tortillachip aus Maismehl
5 Nacho
Tortur
4 Pein, Qual
5 Plage
6 Folter, Marter
7 Muehsal
Torwächter
7 Portier
9 Pfoertner
Torwart ▶ Tormann
Torwartaktion
10 Fussabwehr
11 Faustabwehr
tosen
7 brausen
8 rauschen
tot
3 oed
6 leblos
8 entseelt
total
4 ganz
6 gesamt
7 voellig
9 gaenzlich
12 vollstaendig
totale ...
· **Unordnung**
5 Chaos
· **Verneinung**
10 Nihilismus
Totalisator
11 Wettannahme

T

totalitär
10 autoritaer
12 autokratisch, diktatorisch
14 selbstherrlich
tote ...
· **Fracht**
7 Ballast
· **Rinde**
5 Borke
Totem
7 Amulett
9 Talismann
14 Gluecksbringer
Totenacker
8 Friedhof, Kirchhof
totenähnlich
9 scheintot
Totenamt ▶ Totenmesse
Totenbeschwörung
11 Nekromantie
Toteneröffnung
7 Sektion
9 Obduktion
Totenfährmann
6 Charon
Totenführer
6 Hermes
Totengedenkstein
9 Grabstein
Totengedenkworte
8 Grabrede
Totengefäß
4 Sarg, Urne
Totengeister
5 Manen
6 Zombie
7 Lemuren
Totengeleit
7 Kondukt
Totengott ▶ Todesgott
Totengöttin ▶ Todesgöttin
Totengruft
4 Grab
6 Krypta
9 Mausoleum
Totenklage
6 Naenie
Totenknochen
7 Gebeine
Totenmesse
7 Requiem
Totennachruf
8 Nekrolog
Totenreich
3 Hel
5 Hades, Orkus
6 Hoelle
8 Niflheim
9 Unterwelt
Totenschrein
4 Sarg
9 Sarkophag
Totenstadt
10 Nekropolis
Totentrage
5 Bahre
Totenverehrung
8 Manismus
Totenvogel
9 Steinkauz
toter ...
· **Bestand**
8 Inventar
· **Körper**
6 Leiche
8 Leichnam
· **Tierkörper**
3 Aas
7 Kadaver
Toter mit Hinterlassenschaft
9 Erblasser
Totgewicht
7 Ballast
Totospiel
5 Wette
Totschläger
6 Killer
Tötung
9 Ermordung, Exekution
11 Hinrichtung, Liquidation
Toupet
8 Haarteil
Tour
4 Trip
5 Fahrt, Reise
7 Ausflug, Tournee
9 Exkursion, Wanderung
14 Gastspielreise
Tour im Gebirge
13 Bergwanderung
Tourenzähler
14 Drehzahlmesser
Tourismus
14 Fremdenverkehr
Tourist
8 Urlauber
9 Reisender
Touristenbegleiter
9 Animateur
11 Reiseleiter
14 Fremdenfuehrer
Touristikunternehmen
10 Reisebuero
touristisches Angebot
10 Cluburlaub
toxisch
6 giftig
Trab auf der Stelle
6 Piaffe
Trabant
4 Mond
8 Satellit
9 Begleiter
11 Gefolgsmann
12 Erdbegleiter, Leibwaechter
Trabrennwagen
5 Sulky
Trachom
9 Granulose
trachten
7 streben
8 bemuehen
Trachtengewand
11 Dirndlkleid
Trachtenjacke
6 Janker
11 Lodenjanker
Trachtenkleid
6 Dirndl
Trachtenstoff
5 Loden
Trachtenzubehör der Österreicher
10 Tirolerhut
trächtig
6 gravid
7 tragend
9 schwanger
Tradition
4 Usus
5 Sitte
6 Brauch
10 Gewohnheit
14 Ueberlieferung
traditionell(e, er, es) ...
· **Festessen**
14 Weihnachtsgans
· **Gericht der chinesischen Küche**
20 Haifischflossensuppe

- **Putenfüllung** (Mz.)
  9 Kastanien
- **Trocknungsort**
  12 Waescheleine

träg
4 faul
5 inert
7 langsam, schlaff
8 behaebig, indolent, untaetig
9 apathisch
11 lethargisch
12 phlegmatisch
13 schwerfaellig

Tragbalken
4 Holm
9 Architrav

Tragband
4 Gurt

tragbar
8 portabel
13 transportabel

tragbar(e, er, es) ...
- **Behälter**
  4 Korb
  5 Eimer, Kiepe
  8 Kanister
  9 Tornister
- **Computer**
  6 Laptop
- **Fernsehgerät**
  8 Portable
- **Funksprechgerät**
  12 Walkie-Talkie
- **TV-Gerät**

tragbare Schlafstätte
9 Reisebett

Tragbett
5 Bahre, Trage
9 Tragbahre

Tragbrett
7 Tablett

Tragebehälter
4 Korb

Tragegestell
5 Bahre

tragen im Herbst die reifen Trauben
5 Reben

tragend(e, er, es) ...
- **Balken**
  6 Pfette
- **Bauteil**
  6 Balken, Saeule, Strebe
  7 Pfeiler, Stuetze

Träger
6 Balken, Saeule, Strebe
7 Pfeiler, Stuetze

Träger ...
- *von* **elektronischen Bauteilen**
  7 Platine
- *der* **Erbanlagen**
  3 Gen
  9 Chromosom
- *für* **Gepäck**
  10 Dienstmann
- *für* **Golfgeräte**
  6 Caddie
- *im* **Himalaja**
  6 Sherpa
- *einer* **Kraftsporttruppe**
  9 Untermann
- *von* **Musikaufzeichnungen**
  7 Tonband
- *der* **Segel und Rahen**
  8 Mastbaum

trägerloses Kleiderteil
7 Korsage

Tragetasche
6 Beutel
12 Plastiktuete

Tragetasche zum Shoppen
14 Einkaufsbeutel

Tragfähigkeit
8 Nutzlast

Trägheit
6 Unlust
7 Phlegma
8 Faulheit, Indolenz
9 Lethargie

Traghimmel
9 Baldachin

tragischer Streit eines Paares
12 Ehetragoedie

tragisches ...
- **Geschehen**
  5 Drama
  9 Tragoedie
  11 Trauerspiel

Tragkorb
5 Hotte, Kiepe
6 Buette, Kietze

Traglast
6 Buerde

Traglufthalle
5 Radom

Tragödie
11 Trauerspiel

Tragödie ...
- *von* **Euripides**
  7 Alkeste
- *von* **Goethe**
  5 Faust
  6 Egmont

Tragpfosten
6 Strebe

Tragsäule
7 Pfeiler, Pfosten, Stuetze

Tragsessel
5 Sedia
7 Saenfte
8 Palankin
11 Portechaise

Tragstütze
7 Pfeiler, Pfosten

Tragtier
4 Esel, Lama, Muli
5 Kamel, Pferd
7 Elefant
8 Dromedar, Maultier

Tragweite
6 Folgen
7 Ausmass

Train
5 Tross

Trainer
5 Coach
8 Betreuer
9 Ausbilder
11 Sportlehrer

Training
6 Uebung
7 Jogging

Trainingsgerät der Boxer
9 Maisbirne

Trainingsmaschine für Piloten
9 Simulator

Trainingsstudio
13 Fitnesscenter

Traininszentrum
13 Fitnessstudio

Trajekt
6 Faehre
10 Autofaehre
11 Faehrschiff
15 Eisenbahnfaehre

Trakehner
5 Pferd

Traktandum
3 TOP
18 Tagesordnungspunkt

Traktat
10 Abhandlung
11 Flugschrift
Traktor
7 Trecker
9 Schlepper
11 Zugmaschine
Trällersilbe
2 la
Trambahn
12 Strassenbahn
Tramp
8 Vagabund
12 Globetrotter
13 Landstreicher, Weltenbummler
Trampeltier
5 Kamel
Tramper
8 Anhalter
10 Hitchhiker
11 Autostopper
Tran
3 Oel
Trance
14 Daemmerzustand
19 Entrueckungszustand
Tranchiergarniturteil
12 Fleischgabel
Träne
6 Zaehre
Tränen vergießen
6 weinen
tranig
5 oelig
6 fettig, traege
7 langsam
9 schmierig, troedelig
Trank der Götter
6 Nektar
Tranquilizer
17 Beruhigungsmittel
Transaktion
13 Bankgeschaeft, Geldgeschaeft
Transfer
12 Uebertragung, Ueberweisung
13 Ueberfuehrung
Transferbetrag
12 Abloesesumme
Transformator
5 Trafo
8 Umformer
9 Umspanner
17 Spannungsumformer
Transfusion
12 Uebertragung
16 Blutuebertragung
Transistor
11 Verstaerker
Transit
9 Durchfuhr, Durchgang
17 Durchgangsverkehr
Translation
8 Bewegung
12 Uebertragung, Verschiebung
Transparent
10 Leuchtbild, Spruchband
12 durchsichtig
14 durchscheinend
Transparentbild
3 Dia
10 Diapositiv
transparenter ...
· **Anstrich**
5 Lasur
9 Lasierung
transparentes Geschirrteil
10 Glasteller
Transpiration
8 Schweiss
9 Schwitzen
Transplantation
17 Organverpflanzung
Transport
7 Versand
9 Spedition
12 Befoerderung
transportabel
9 beweglich
transportable Sitzgelegenheit
10 Klappstuhl
Transportarbeiter
6 Packer
Transportart
6 Eilgut
10 Expressgut
Transportbehälter
4 Fass, Sack
5 Kanne, Kiste
6 Karton
7 Collico, Hobbock
8 Kanister
9 Container
12 Einkaufsnetz
Transportbehälter für Kleinstkinder
15 Babytragetasche
Transportbetrieb
9 Spedition
Transportfahrzeug (Abkürzung)
3 Lkw
6 Karren
7 Lastzug
8 Lastauto
9 Lastwagen
19 Befoerderungsmittel
Transportfirma ▶ Transportbetrieb
Transportgerät ...
· *für* **Kranke**
5 Bahre, Trage
9 Rollstuhl, Tragbahre
Transportgut
6 Fracht, Ladung
Transportkosten
8 Rollgeld
13 Frachtgebuehr
Transportmittel
3 Bus, Rad
4 Bahn
5 Karre, Wagen
7 Omnibus, Stapler
8 Flugzeug, Reisebus, Seilbahn
9 Eisenbahn, Lastwagen
11 Lieferwagen
12 Gabelstapler
Transportschiff für Öl und Benzin
6 Tanker
Transportwaren
6 Gueter
Transportwesen
9 Spedition
Transuran
6 Curium
7 Fermium
8 Americum, Nobelium
9 Berkelium, Neptunium, Plutonium
10 Lawrencium
11 Californium, Einsteinium, Mendelevium
Transversalmauer
8 Querwand
Trapez
7 Viereck
8 Querholz

11 Schwebereck
12 Schaukelreck
Trapezkünstler
6 Artist
Trasse
4 Spur
7 Faehrte
Tratsch
5 Ondit
6 Gerede
7 Klatsch
8 Gemunkel, Geruecht
10 Geschwaetz
Tratsche
11 Klatschbase
Traubenanbaugebiet
8 Weinberg
Traubenernte
4 Lese
8 Weinlese
Traubenpresse
6 Kelter
Traubensaft
4 Most, Wein
Traubensorte ▶ Rebensorte
Traubentrage
5 Kiepe
Traubenzucker
7 Glukose, Glykose
8 Dextrose
Trauer
6 Wehmut
7 Pietaet
8 Truebsal
9 Schwermut, Tristesse
10 Betruebnis
11 Melancholie
Trauerband
4 Flor
Traueressen
7 Kondukt
14 Leichenschmaus
Trauerfeier
5 Messe
7 Requiem
9 Abdankung
Trauerkloss
6 Muffel
10 Miesepeter
Trauerspiel
9 Tragoedie
Trauerspieldichter
8 Tragiker
Trauerzug
7 Kondukt
10 Beerdigung
Traufe
10 Regenrinne
traulich
5 innig
8 heimelig
9 idyllisch
Trauma
10 Verletzung
Traumdeuter
9 Wahrsager
Träumer
7 Fantast
8 Phantast
Träumerei
7 Reverie
8 Fantasie
9 Phantasie
Traumerscheinung
6 Utopie, Vision
7 Phantom
8 Fantasie, Illusion, Trugbild
9 Phantasie, Schimaere
12 Hirngespinst
Traumgespenst
3 Alb, Alp
traumhaft
4 toll
5 super
9 visionaer, wunderbar
10 unwirklich
11 fantastisch
12 phantastisch
Traumined
8 Feigling
9 Hasenfuss
Traumland
6 Dorado
8 Atlantis, Eldorado
Traumlehre
11 Oneirologie
Traummahr
3 Alb, Alp
13 Nachtgespenst
traurig
5 trist
6 truebe
7 desolat
8 betruebt, freudlos, trostlos
12 schwermuetig
13 melancholisch
trauriges Geschehen
5 Drama
traut
4 lieb
8 traulich, vertraut
9 behaglich
10 anheimelnd, gemuetlich
Traute
3 Mut
Trauung
6 Heirat
8 Hochzeit
11 Vermaehlung
14 Eheschliessung
Trauzeuge
8 Beistand
Travellerscheck
11 Reisescheck
travers
4 quer
7 schraeg
Traverse
8 Ausleger
10 Querbalken
Travestie
7 Parodie
10 Umdichtung
Trawl
11 Schleppnetz
Trawler
11 Fischerboot
Trebegänger
12 Herumtreiber
Treber
7 Trester
18 Kelterrueckstaende
Treck
3 Zug
7 Kolonne
8 Karawane
12 Auswanderung, Wagenkolonne
Trecker
7 Traktor
9 Schlepper
Treff
5 Kreuz
6 Eichel
Treffen
5 Match, Spiel
9 Begegnung
10 Rendezvous
13 Zusammenkunft

Treffen unterwegs
9 Begegnung
treffend
7 praezis, triftig
8 frappant
9 praegnant
treffende Schilderung einer Person
14 Charakteristik
treffender Ausspruch
6 Bonmot
Treffer
3 Tor
6 Erfolg, Gewinn
7 Reisser
10 Glueckslos
11 Gluecksfall
Treffer ...
· *bei* **Ballspielen**
3 Tor
· *beim* **Basketball**
4 Korb
· *zum* **Remis**
9 Ausgleich
13 Ausgleichstor
17 Ausgleichstreffer
trefflich
7 bestens
11 vorzueglich
Treffpunkt für Hasardeure
11 Spielkasino
treffsicher
9 praegnant
Treib- und Brenngas
6 Propan
Treibballspiel zu Pferd
4 Polo
Treiben
6 Trubel
treibende ...
· **Kraft**
5 Agens
7 Energie
treibender Rhythmus
5 Drive
Treibgas
5 Butan
6 Propan
Treibgut
9 Strandgut, Treibholz
Treibhaus
9 Kaldarium
12 Gewaechshaus
Treibjagd
4 Hatz
8 Hetzjagd
13 Kesseltreiben
Treibjagdausbeute
7 Strecke
Treibladung
9 Kartusche
Treibmittel beim Backen
▶ Gärmittel
Treibnetz
5 Fleet
Treibschlag beim Golf
5 Drive
Treibstange
12 Pleuelstange
Treibstoff
3 Gas
5 Sprit
6 Benzin, Diesel, Methan, Propan
7 Gasolin, Holzgas
9 Dieseloel, Schweroel
10 Kraftstoff
12 Leichtbenzin, Schwerbenzin
Treibstoffanzeiger
9 Benzinuhr
Treibstoffbehälter
4 Fass, Tank
5 Tonne
6 Barrel, Bunker, Kessel
8 Kanister
Treidelpfad
8 Leinpfad
Trema
10 Trennpunkt
Tremolo
7 Vibrato
Trenchcoat
11 Regenmantel
Trend
7 Neigung, Tendenz
8 Richtung
Trendel
7 Kreisel
trendige Fußbekleidung
13 Cowboystiefel
Trendsetter
11 Protagonist
13 Schrittmacher
Trendsetter mit Szenebewusstsein
7 Hipster
trennen
6 teilen
8 scheiden
9 isolieren, losloesen
10 separieren
Trennfläche
4 Wand, Zaun
5 Mauer
6 Planke
Trenngefäß nach Getränkeaufguss
7 Teesieb
Trennkommando beim Boxen
5 Break
Trennlinie zwischen Staaten
6 Grenze
Trennpunkt über Vokalen
5 Trema
Trennschleuder
10 Zentrifuge
Trennung
7 Schisma, Teilung
8 Spaltung
9 Scheidung, Sezession
10 Entzweiung, Separation
11 Demarkation
Trennung ...
· **flüssiger Stoffe**
12 Destillation
· *der* **Rassen**
9 Apartheid
Trennungslinie
6 Grenze
17 Demarkationslinie
Trennungslinie der Frisur
8 Scheitel
Trennungsstrich
5 Divis
Trennungsverfahren
7 Dialyse
12 Destillation
Trense
10 Pferdezaum
Trepanation
16 Schaedeloeffnung
Treppe
5 Stufe
6 Stiege
7 Aufgang
Treppe ...
· *beim* **Flugzeug**
7 Gangway
· **nach oben**
7 Aufgang
· *beim* **Schiff**
8 Fallreep

T

Treppenabsatz
6 Podest
Treppenhalle
9 Vestibuel
Treppenhalterung
16 Stiegengelaender
Treppenteil
5 Stufe
6 Podest
9 Gelaender
Treppenzaun
9 Gelaender
Tresen
5 Theke
10 Ladentisch
11 Schanktisch
Tresor
4 Safe
11 Geldschrank
12 Stahlschrank
13 Panzerschrank
Tresse
5 Biese, Borte, Litze
6 Besatz
8 Borduere
Tresse an Livreen
5 Galon
Trester
6 Treber
11 Obstschnaps
Treter für die ersten Schritte
13 Lauflernschuh
Trethebel
5 Pedal
11 Kickstarter
treu
5 loyal
6 getreu
7 ergeben
9 verbunden
11 anhaenglich
Treubruch
6 Verrat
7 Felonie, Untreue
8 Ehebruch
12 Ehrlosigkeit
treuer Gefolgsmann
7 Paladin
Treuhänder
7 Kurator
10 Sachwalter
Treuhandgebiet
6 Mandat
treuherzig
4 naiv
6 arglos
10 einfaeltig
treulos
6 perfid, unstet, untreu
7 perfide
10 abtruennig
treuloser ...
· **Geheimnisbrecher**
6 Petzer
9 Verraeter
Triade
8 Dreiheit, Dreizahl
Triangel
7 Dreieck
Triasformation
6 Keuper
11 Muschelkalk
13 Buntsandstein
Tribunal
7 Gericht
11 Gerichtshof
Tribüne in Kirchen
6 Empore
Tribut
4 Zoll
6 Abgabe, Steuer
Trichter im Karst
6 Doline
Trichtermündung
7 Aestuar
Trichterwickler
11 Blattroller
Trick
4 Dreh, List
5 Finte, Kniff
7 Finesse
10 Kunstgriff, Taeuschung
Trick eines Zauberkünstlers
5 Magie
Trickbetrüger
13 Bauernfaenger
Trickfilmfigur
5 Goofy
6 Donald
9 Micky Maus
trickreich
6 listig, schlau
8 gerissen
11 verschlagen
Trident
8 Dreizack
Trieb
5 Drang
6 Impuls, Libido, Spross
7 Ableger
9 Sehnsucht, Verlangen
11 Schoessling
12 Leidenschaft
Trieb zum Stehlen
11 Kleptomanie
triebartig
8 impulsiv
10 instinktiv
triebhaft
10 animalisch
Triebkraft
5 Agens, Motor
7 Dynamik, Energie
Triebwerk
5 Motor
8 Maschine
triefend
4 nass
triftig
9 plausibel
11 stichhaltig
14 wohl begruendet
Trigonometrie
15 Dreiecksmessung
trigonometrische ...
· **Funktion**
5 Sinus
7 Cosinus, Kosinus, Tangens
9 Cotangens, Kotangens
trikolor
10 dreifarbig
Trikot
6 Jersey
Trikotage
8 Wirkware
10 Strickware
Trikothemd
5 Shirt
6 T-Shirt
Trilogie des Äschylus
7 Orestie
Trimm-dich-Läufer
6 Jogger
Trinität
13 Dreieinigkeit
14 Dreifaltigkeit
Trinitatisfest
19 Dreifaltigkeitsfest
Trinkbedürfnis
5 Durst
Trinkbehältnis für Heißgetränke
7 Teeglas

Trinkflüssigkeiterhitzer
12 Wasserkocher
Trinkgefäß
4 Glas, Horn, Krug, Mass
5 Kelch, Pokal, Tasse
6 Becher, Bembel, Humpen, Roemer, Schale, Seidel
7 Stiefel
8 Bierglas, Bierkrug, Schoppen, Sektglas, Stamperl, Teetasse, Weinglas, Weinkrug
9 Obertasse
10 Likoerglas, Sektschale
13 Schnabeltasse
Trinkgefäß ...
· *der* **Germanen**
7 Methorn
· *für* **Kleinkinder**
10 Teeflasche
Trinkgelage
5 Orgie
8 Sauferei, Zecherei
9 Bacchanal
10 Besaeufnis, Zechgelage
Trinkgeld
18 Bedienungszuschlag
19 Bedienungsaufschlag
Trinkgeld im Orient
10 Bakschisch
Trinkgenosse
6 Kumpan, Zecher
Trinkgesellschaft
5 Runde
7 Kommers
10 Stammtisch
Trinkglas für Rebensaft
9 Weinkelch
Trinkglasform
9 Kelchglas
Trinkgruß ...
· *der* **Studenten**
7 Fiduzit
9 Schmollis
Trinklied ...
· *der* **Studenten**
6 Kantus
11 Kommerslied
Trinkröhrchen
9 Strohhalm
Trinkschokolade
5 Kakao
Trinkspruch
5 Prost, Toast
6 Prosit
Trinkstube
3 Bar
5 Lokal
6 Kneipe
10 Wirtschaft
Trinkwunsch
5 Durst
Trio
7 Terzett
Trip
5 Fahrt, Reise
7 Ausflug
9 Kurzreise
10 Kurzurlaub
Tripper
9 Gonorrhoe
Triptychon
9 Altarbild
Trisektion
11 Dreiteilung
trist
4 grau, oede
6 truebe
7 traurig
8 betruebt, freudlos
Tristans Geliebte
6 Isolde
Triste
10 Heuschober
trisyllabisch
10 dreisilbig
Triton
12 Meergottheit
trittartige Erhöhung
6 Podium
Trittholz an der Leiter
7 Sprosse
Triumph
4 Sieg
5 Jubel
6 Erfolg, Freude
10 Genugtuung
11 Siegesfeier, Siegesjubel
Triumvirat
8 Dreibund
15 Dreimaennerbund
16 Dreierherrschaft
trivial
5 banal, platt
6 seicht
11 alltaeglich, gewoehnlich
12 abgedroschen
triviale Medizinergeschichte
9 Arztroman
trocken
4 arid
5 duerr, mager
6 droege
10 langweilig
trocken(e, er, es) ...
· **Ebene**
6 Steppe
· **Flusslauf**
5 Creek
· **Gebäck**
4 Keks
7 Knaecke
8 Zwieback
· **Getreidehalme**
5 Stroh
· **Gras**
3 Heu
· **Grasland**
6 Steppe
Trockenbett eines Flusses
4 Wadi
Trockenblume
10 Strohblume
Trockenfutter
3 Heu
Trockengestell
5 Darre, Horde
6 Reiter, Reuter, Spinne
Trockengras
3 Heu
Trockenheit
6 Duerre
Trockenlegung
8 Drainage
13 Entwaesserung
Trockenmittel
8 Sikkativ
Trockenobst
9 Doerrobst
Trockensteppe ...
· *in* **Afrika**
8 Kalahari
· *in* **Südamerika**
5 Pampa
Trockenvorrichtung
▶ Trockengestell
Troddel
6 Bommel, Quaste
Troddelblume
10 Soldanella
Trödel
4 Kram, Tand
6 Ramsch

7 Altware, Plunder
10 Krimskrams
Trödelbasar
9 Flohmarkt
Trödelkram
7 Krempel
Trödler
11 Althaendler
16 Altwarenhaendler
Trog
5 Mulde, Wanne
trogartiges Gefäß
5 Wanne
Troja
5 Ilion, Ilium, Truva
trojanisch(e, er, es) ...
· **Burg**
8 Pergamon
· **Priester**
7 Laokoon
· **Prinz**
7 Troilos
· **Sagengestalt**
6 Hekabe, Hekuba, Helena
9 Kassandra
· **Sagenheld**
5 Paris
6 Achill, Aeneas, Hektor, Nestor
7 Priamos, Priamus
8 Achilles
· **Späher**
5 Dolon
Troll
5 Wicht
6 Daemon, Kobold
Trolleybus
4 Obus
19 Oberleitungsomnibus
Trommel
4 Drum
5 Bongo, Cassa, Conga, Pauke
6 Tamtam, Timbal
7 Timpano
8 Tamburin
Trommelfeuer
8 Kanonade
Trommelstock
8 Schlegel
Trommler
7 Drummer, Tambour
12 Schlagzeuger
Trompete
6 Busine
7 Clairon, Fanfare
Trompetenbaum
7 Katalpa
Trompetengeige
10 Trumscheit
Trompetenschmettern
7 Fanfare
Trompetenschnecken
14 Tritonshoerner
Tropenbaum
5 Palme
6 Akazie, Baobab, Mastix, Sapote
9 Mangobaum, Tamarinde
10 Muskatnuss
11 Dattelpalme
12 Faecherpalme
13 Affenbrotbaum
Tropenfieber
7 Malaria
Tropenfrucht
5 Mango
6 Ananas, Banane
7 Erdnuss
8 Maracuja
9 Kokosnuss, Tamarinde
Tropengewuerz
7 Vanille
Tropenkleiderfarbe
4 Kaki
5 Khaki
Tropenkrankheit
5 Lepra
7 Aussatz, Malaria
8 Beriberi, Pellagra
10 Gelbfieber
11 Bilharziose
15 Schlafkrankheit
Tropenvogel
3 Ara, Beo, Kea
4 Lori
5 Arara, Tukan
6 Kakadu, Kondor
7 Kolibri, Papagei
Tropenwind
6 Monsun, Passat
Tröpfchenbildung im Gras
3 Tau
Tropfsteinform
9 Stalagmit, Stalagtit
Tropfsteinhöhle
6 Grotte
tropisch(e, er, es) ...
11 Schwertfarn
· **Ameise**
7 Termite
· **Anpflanzung**
8 Plantage
· **Baumechse**
10 Chamaeleon
· **Baumeidechse**
6 Leguan
· **Baumfrucht**
8 Paranuss
9 Kokosnuss
· **Baumharz**
5 Elemi
· **Baumsteppe**
7 Savanne
· **Baumwachs**
8 Carnauba
· **Blume**
8 Orchidee
· **Bodenfrucht**
7 Erdnuss
12 Aschantinuss
· **Echse**
5 Agame, Gecko, Waran
6 Leguan
10 Chamaeleon
· **Edelholzart**
4 Teak
5 Limba
8 Ebenholz, Mahagoni
10 Palisander
· **Faserpflanze**
4 Jute
5 Agave
· **Feldfrucht**
6 Ananas
· **Frucht**
5 Guave, Mango
· **Fruchtbaum**
11 Dattelpalme
· **Gemüsesorte**
4 Okra
· **Genussmittel**
3 Tee
5 Kakao
6 Kaffee
· **Gewürz**
4 Zimt
6 Kaneel, Muskat
7 Pfeffer, Vanille
· **Gewürzlilie**
4 Amom

· **Graspflanze**
6 Bambus
· **Holz**
8 Mahagoni
· **Insekt**
7 Moskito, Termite
· **Kaltspeise**
10 Meloneneis
· **Kletterpflanze**
5 Liane
· **Knollenpflanze**
4 Jams, Taro, Yams
6 Batate, Maniok
· **Kopfbedeckung**
8 Sombrero
10 Tropenhelm
· **Kuckucksvogel**
3 Ani
· **Landschaftsform**
5 Busch
6 Steppe, Urwald, Wueste
7 Savanne
8 Mangrove
9 Dschungel, Regenwald
· **Laubbaum**
6 Akazie
· **Meeressäuger**
6 Seekuh
· **Niederschlagsperiode**
9 Regenzeit
· **Pflanze**
4 Koka
5 Agave
6 Aralie
12 Faecherpalme
· **Pflanze im Kübel**
9 Topfpalme
· **Rahmapfel**
9 Cherimoya
· **Raubfisch**
9 Barrakuda
· **Regenwälder am Amazonas**
6 Selvas
· **Riesengras**
6 Bambus
· **Säugetier**
3 Gnu
4 Affe, Puma
5 Kamel, Loewe, Tapir, Tiger, Zebra
6 Jaguar, Ozelot
7 Elefant, Gazelle, Giraffe, Leopard, Nashorn
8 Antilope, Nilpferd
· **Schalenfrüchte**
9 Erdnuesse
· **Schlingpflanze**
5 Liane
· **Schwirrvogel**
7 Kolibri
· **Stärkeknolle**
6 Maniok
· **Sumpfwald**
9 Dschungel
· **Vegetationsform**
6 Urwald
9 Dschungel, Regenwald
· **Vogel**
7 Papagei
· **Wetterperiode**
9 Regenzeit
· **Wind**
6 Passat
· **Wirbelsturm**
6 Taifun
· **Ziervogel**
4 Pfau
Tross
5 Train
7 Gefolge
10 Mitlaeufer
Trosse
3 Tau
4 Seil
10 Schiffstau
11 Schiffsseil
Trossschiff
6 Tender
Trost
5 Hilfe
6 Labsal
8 Beistand, Zuspruch
Trost, Ermunterung
12 Seelenbalsam
trostlos
3 oed
4 oede
5 trist
7 desolat, traurig
10 langweilig, vereinsamt
trostlose Wüstenei
4 Oede
Trostlosigkeit
4 Oede
Trostpflaster
6 Ersatz
14 Entschaedigung
Trottel
4 Depp
5 Idiot
8 Dummkopf
11 Schwachkopf
Trottinett
10 Tretroller
Trottoir
6 Gehweg
7 Fussweg
8 Gehsteig
12 Buergersteig
Trotz
8 Renitenz
9 Eigensinn
15 Dickkoepfigkeit
17 Widerspenstigkeit
trotzdem
7 dennoch, obschon
8 obgleich
trotzig
6 zornig
8 renitent
10 aufmuepfig
11 dickkoepfig, eigensinnig
trotzig reden
6 maulen
Troubadour
12 Minnesaenger
Trouble
9 Aufregung
trüb
14 undurchsichtig
trübe
5 trist
6 diesig, neblig
7 dunstig, milchig, traurig
Trubel
6 Rummel, Tumult
7 Treiben
9 Gedraenge, Getuemmel
11 Hochbetrieb
trübes Bier
9 Weissbier
Trübsal
4 Leid
5 Elend
6 Kummer, Trauer
7 Schmerz
9 Schwermut, Tristesse
10 Depression
11 Resignation
Trübsinn
9 Schwermut
11 Melancholie
Truchsess
10 Hofbeamter, Seneschall

Trug
3 Arg
4 List
6 Betrug, Schein
9 Blendwerk
10 Taeuschung
16 Sinnestaeuschung
Trugbild
6 Vision
7 Phantom
8 Fantasie, Illusion, Wahnbild
9 Phantasma, Schimaere
11 Fata Morgana
trügerisch
10 taeuschend, unwirklich
11 illusorisch
12 irrefuehrend
trügerische Hoffnung
8 Illusion
Trugschluss
6 Irrtum
10 Denkfehler
Trugwahrnehmung
11 Fata Morgana
13 Halluzination
Truhe
4 Lade
7 Schrein
Trümmer
5 Reste, Ruine, Teile, Torso, Wrack
6 Schutt
8 Scherben
12 Bruchstuecke
Trumpf im Kartenspiel
5 Atout
Trumpfneun beim Jassen
4 Nell
Trunkenbold
7 Saeufer, Trinker
Trunkenheit
4 Suff
6 Rausch
Trunksucht
4 Suff
12 Alkoholismus
Trupp
6 Gruppe
9 Abteilung
Truppe
4 Heer
5 Armee

Truppe ...
· *auf* **fremdem Gebiet**
8 Besatzer
· *zu* **Pferd**
10 Kavallerie
Truppenabteilung
7 Brigade
8 Kompanie
Truppeneinheit ▶ Truppenabteilung
Truppenfahne
9 Standarte
Truppengattung
4 Heer
6 Marine
9 Luftwaffe
10 Artillerie
Truppenschau
6 Parade
Truppenspitze
4 Tete
6 Vorhut
Truppenstandort
8 Garnison
Truppenteil
7 Einheit, Nachhut
8 Division, Kompanie, Regiment
Truppenübung
8 Manoever
Truppenunterkunft
7 Kaserne
Truppenverband der alten Römer
6 Legion
Truppenverpflegung
6 Menage
Truppenverstärkung
7 Reserve
Trüsche
6 Quappe
8 Aalrutte
Trust
4 Pool
7 Kartell, Konzern
Truthahn
5 Puter
Truthenne
4 Pute
trutzig
6 massiv
8 maechtig
tschechisch für ...
· **Eger**
4 Cheb
· **Elbe**
4 Labe
· **Prag**
5 Praha
tschechisch(e, er, es) ...
· **Bierstadt**
6 Pilsen
7 Budweis
· **Bildhauer**
5 Hajek
· **Dirigent**
7 Kubelik
· **Gebiet**
7 Maehren
· **Instrumentalvirtuose**
7 Kubelik
· **Komponist**
4 Hába
6 Dvorak
7 Smetana
· **Landesteil**
7 Boehmen, Maehren
· **Langstreckenläufer**
7 Zatopek
· **Maler**
5 Kupka
· **Männername**
5 Karel
· **Münze**
5 Krone
6 Heller
· **Nobelpreisträger für Chemie**
9 Heyrovský
· **Nobelpreisträger für Medizin**
4 Cori
· **Politiker**
5 Havel, Husak
6 Dubcek
7 Svoboda
· **Reformator**
3 Hus
· **Sänger**
4 Gott
· **Schachmeister**
4 Reti
· **Schriftsteller**
5 Čapek, Hasek, Havel, Kafka
6 Neruda
8 Comenius
· **Stadt**
4 Eder, Eger
5 Znaim

T

6 Pilsen
· **Topmodel**
7 Kurkova, Nemcova
9 Herzigova
tschechisch-amerikanisches
· **Exmodel**
9 Porizkova
Tuba
7 Helikon
9 Bombardon
Tubeninhalt
5 Pasta, Paste
Tubenmasse ▶ Tubeninhalt
Tuberkel
9 Knoetchen
tuberkulös
15 schwindsuechtig
Tubifex
11 Brunnenwurm
Tubus
4 Rohr
12 Zwischenring, Zwischenrohr
Tuch
5 Laken, Stoff, Wolle
tuchbespannte Liege
10 Liegestuhl
Tuchent
9 Federbett
Tuchhalle
10 Gewandhaus
Tuchmacher
5 Weber
Tuchstock beim Stierkampf
6 Muleta
tüchtig
4 brav
6 begabt, faehig, wacker
8 fleissig, tauglich
9 geschickt
10 ordentlich
11 intelligent
Tücke
4 List
7 Arglist, Bosheit
10 Hinterlist
15 Verschlagenheit
17 Hinterhaeltigkeit
tückisch
6 perfid
9 arglistig
12 hinterlistig
tüftelig
9 schwierig
tüfteln
7 basteln
Tugend
3 Mut
5 Treue
tugendhaft
4 edel
6 ehrbar, keusch
7 achtbar, sittsam
8 zuechtig
Tugendlehre
5 Ethik, Moral
Tülle
7 Ausguss
8 Schnauze
Tulpe
4 Glas
5 Blume
12 Trinkgefaess
Tulpenbaum
8 Magnolie
Tummelplatz
10 Spielwiese
16 Kinderspielplatz
Tümmler
5 Taube
6 Delfin
7 Delphin
Tumor
10 Geschwulst
Tümpel
5 Pfuhl, Suhle, Teich
Tumult
5 Krach, Laerm, Rumor
6 Rummel, Trubel, Unruhe
7 Aufruhr, Getoese, Treiben
8 Wirrwarr
9 Getuemmel
tumultartige Auflehnung
7 Aufruhr
tun
6 machen
7 handeln
10 ausfuehren
Tun ...
· *mit* **Absicht**
7 Vorsatz
8 Mutwille
Tüncher
5 Maler
11 Anstreicher
tunesische ...
· **Insel**
6 Djerba
8 Dscherba, Kerkenna
Tunichtgut
4 Lump
6 Schuft
11 Taugenichts
Tunke
3 Jus
5 Sauce, Sosse
6 Stippe
Tunke ...
· *aus* **Eigelb und Öl**
9 Majonaese
10 Mayonnaise
· *für* **eine Mischspeise**
10 Salatsosse
Tunkenschüssel
8 Sauciere
tunlichst
6 lieber
10 moeglichst
Tunnel ...
· *im* **Erdreich**
4 Gang
7 Stollen
Tupfen
5 Fleck, Punkt
8 Sprenkel
Tupfer
6 Tampon
Tür
6 Pforte, Portal
7 Ausgang, Eingang, Einlass
9 Durchlass
Tür ...
· *ins* **Freie**
7 Ausgang
· *bei* **Gefahr**
10 Notausgang
· *ins* **Haus**
7 Eingang
Turbine
13 Kraftmaschine
turbulent
7 unruhig
8 wirbelnd
10 stuermisch
Turbulenz
6 Unruhe
13 Durcheinander, Wirbelbildung
Türeinfassung
5 Zarge
Türenteil
5 Angel, Griff, Haken, Sturz

6 Klinke, Rahmen, Riegel, Zapfen
7 Klopfer, Pfosten, Schloss
8 Druecker, Schwelle

Turfsportanlage
14 Pferderennbahn

Türglocke
7 Klingel, Schelle

Türgriff
6 Klinke
8 Schnalle

Türhaken
5 Haspe

Türhüter
7 Portier
9 Pfoertner

Türke
6 Osmane

türkisch(e, er, es) ...

· **Anisbranntwein**
4 Raki

· **Anrede**
3 Bei
5 Bajan
6 Efendi
7 Effendi

· **Beamter**
3 Bei
4 Vali, Wali
5 Mudir, Wesir
6 Pascha

· **Berg**
6 Ararat

· **Binnenmeer**
11 Marmarameer

· **Branntwein**
4 Rake, Raki

· **Dichter**
4 Baki

· **Dynastie**
11 Seldschuken

· **Gebäck**
7 Baklava

· **Gebetsteppich**
5 Milas

· **Gebirge**
6 Taurus

· **Geige**
5 Keman

· **Gewässer**
11 Marmarameer

· **Gewicht**
4 Okka

· **Hausschuh**
8 Babusche

· **Herrschertitel**
6 Sultan

· **Hochland**
9 Anatolien

· **Insel**
3 Ada
5 Imroz
6 Imbros
7 Tenedos

· **Kerntruppe**
12 Janitscharen

· **Kopfbedeckung**
3 Fes, Fez

· **Krummsäbel**
7 Jatagan

· **Längsflöte**
5 Kaval

· **Leibrock**
6 Dolman

· **Männername**
7 Buelent, Mustafa

· **Meerenge**
8 Bosporus
11 Dardanellen

· **Münze**
4 Kuru, Para
5 Kurus
7 Piaster

· **Name von Smyrna**
5 Ismir, Izmir

· **Nationalspeise**
5 Dolma
8 Tschorba

· **Nomadenvölker**
6 Awaren
8 Kirgisen

· **Politiker/-in**
5 Oezal
6 Ciller, Ecevit
7 Demirel, Erdogan
8 Atatuerk

· **Polizist**
6 Kawass

· **Priester**
4 Imam

· **Regierungskanzlei**
5 Divan, Diwan

· **Reichsgründer**
5 Osman

· **Riemenpeitsche**
10 Karbatsche

· **Ruinenstadt**
3 Ani

· **Spießbraten**
6 Doener

· **Spießchen**
5 Kebab

· **Sultan**
5 Ahmed, Hamid, Murad, Osman, Selim
6 Mahmud, Mehmed
7 Bajazet, Mustafa, Soliman
8 Mohammed, Suleiman

· **Tabakspfeife**
8 Tschibuk

· **Titel**
3 Aga, Beg, Bei, Bey, Dei
4 Baba, Gazi
5 Ghasi, Mudir
6 Efendi, Pascha
7 Effendi, Muschir

· **Volksstamm**
6 Kurden

türkisch-tatarischer Herrschertitel
4 Khan

Turktatare
5 Aware, Tatar
6 Jakute, Usbeke
7 Kasache, Kirgise
8 Turkmene
9 Baschkire

Turkvolkangehöriger
5 Tatar

Turm ...

· *der* **Burg**
9 Bergfried

· **italienischer Kirchen**
9 Campanile, Kampanile

· *einer* **Moschee**
8 Minarett

· *in* **Paris**
10 Eiffelturm

turmartiger Kuppelaufbau
7 Laterne

Turmdach
4 Helm

Turmdachart
12 Zwiebelhaube
13 Zwiebelkuppel

Türmer
9 Gloeckner
12 Turmwaechter

Turmkrähe
5 Dohle

Turmtor ägyptischer Tempel
5 Pylon

Turnabteilung
5 Riege
Turnergruppe ► Turngruppe
turnerische Darbietung
6 Uebung
Turnerstellung
5 Beuge
Turngerät
3 Tau
4 Bock, Reck, Ring, Seil
5 Pferd, Ringe
6 Barren, Hantel, Kasten, Leiter, Reifen, Stange, Trapez
8 Rhoenrad
9 Trampolin
10 Springseil
11 Kletterseil
12 Sprossenwand, Stufenbarren
13 Kletterstange, Schwebebalken
15 Balancierbalken
Turngruppe
5 Riege
Turnier
5 Match
9 Wettkampf
10 Kampfspiel, Wettbewerb
Turniereinsatzbetrag
9 Startgeld
Turnierpreis
3 Cup
5 Pokal
Turnierreiterin
7 Amazone
Turniertanz
5 Tango
6 Walzer
9 Paso doble
12 Wiener Walzer
Turnkünstler
6 Artist
7 Akrobat
Turnleibchen
9 Sporthemd
Turnübung
3 Rad
4 Kuer
5 Beuge, Felge, Hocke, Kehre, Kerze, Kippe, Rolle, Salto, Welle, Wende
6 Flanke, Schere, Spagat, Sprung, Stuetz
8 Klimmzug
9 Graetsche, Handstand, Hockwende, Kopfstand, Umschwung
10 Aufschwung, Bauchwelle, Bodenrolle
11 Doppelsalto, Riesenfelge, Riesenwelle, Ueberschlag
Turnus
6 Umlauf
7 Wechsel
11 Reihenfolge
Turnvater
4 Jahn
Türöffner
8 Druecker
Türscharnier
5 Angel
Türsperre für kleine Mitfahrer
15 Kindersicherung
Türverschluss
5 Haken
6 Riegel
7 Schloss
Türvorhang
8 Portiere
Türvorleger
5 Matte
9 Fussmatte
10 Abstreifer
Türzapfen
5 Angel
6 Kloben
Tusch
6 Signal
7 Fanfare
Tuschezeichengerät
10 Rapidograf
11 Rapidograph
Tute
10 Signalhorn
Tutel
13 Vormundschaft
Tutor
7 Vormund
8 Erzieher
TV-...
· **Beruf**
16 Fernsehansagerin
· **Bildwiedergabe**
5 Video
· **direkt**
4 live
· **Gerät**
9 Fernseher
· **Gesprächsleiter**
9 Moderator
· **Justierdiagramm**
8 Testbild
· **Kabelprogramm**
3 SAT
· **Kanalwähler**
5 Tuner
· **Kontrollgerät**
7 Monitor
· **Quizmaster**
4 Heck
6 Lembke
7 Elstner, Thoelke
9 Rosenthal
11 Frankenfeld, Kulenkampff
· **Senderaum**
6 Studio
13 Fernsehstudio
· **Showmasterin**
3 Mol
5 de Mol
· **Stück**
9 Spielfilm
11 Fernsehfilm
· **Talkmaster**
3 Bio
6 Biolek
· **Unterhaltung**
· **Zuschauerzahl**
14 Einschaltquote
TV-Frauenmagazin
8 Monalisa
TV-Sendung für Vorschulkinder
12 Sesamstrasse
Typ
3 Art
5 Genre
6 Bauart, Macker, Modell, Muster, Urbild, Urform
7 Gattung
9 Grundform, Kategorie
Typanum
11 Trommelfell
Type
6 Letter
Typhon
10 Wirbelwind
Typhus
11 Fleckfieber
typisch
11 bezeichnend

13 eigentuemlich, kennzeichnend
16 charakteristisch
typische Landeskleidung
6 Tracht
Typografie
12 Schriftkunst
Tyrann
6 Despot
8 Diktator
15 Gewaltherrscher
Tyrannei
8 Despotie, Diktatur

U

U-Bahn in Paris
5 Metro
übel
3 arg, mau
4 mies
5 boese
6 gemein
8 misslich, schlecht
12 minderwertig
übel ...
· **gesinnt**
7 illoyal
· **riechende Blume**
8 Aasblume
· **riechender Qualm**
6 Brodem
Übelkeit
4 Ekel
6 Nausea
9 Brechreiz, Schwindel
übellaunig
7 grantig
10 aergerlich
Übelstand
9 Missstand
10 Kalamitaet
Übeltat
6 Boeses
8 Vergehen
10 Verbrechen, Verfehlung
12 Unangenehmes
Übeltäter
7 Frevler, Suender
10 Boesewicht, Verbrecher
11 Missetaeter
üben
6 proben
über
3 via
über eine Tat Informierter
9 Mitwisser
überall
6 passim
8 allseits
10 allerorten
Überanstrengung
6 Stress
8 Strapaze
12 Ueberlastung
Überbein
8 Ganglion
Überbelastung
6 Stress
Überbleibsel
4 Rest
5 Abhub, Neige, Ruine, Wrack
6 Relikt, Stumpf
7 Stummel
8 Residuum, Rudiment, Truemmer
Überbleibsel einer Wunde
5 Narbe
Überbleibsel, Rest
6 Abfall
Überblick
5 Schau
8 Panorama
überbrachtes Geschenk
4 Gabe
Überbringer
4 Bote
6 Kurier
9 Zusteller
Überbringerin
5 Botin
überbrühen, abbrühen
11 blanchieren
überdacht(e, er, es) ...
· **Anbau**
12 Wintergarten
· **Durchgang**
7 Passage
· **Hausvorbau**
7 Veranda
· **Schlafmöbel**
10 Himmelbett
· **Sportstätte**
11 Tennishalle
· **Verkaufstisch**
10 Marktstand
überdeckend
8 dominant
überdeckt
8 rezessiv
Überdeckung eines Gebäudes
4 Dach
überdeutlich
5 krass
überdies
5 sogar, zudem
9 ausserdem
Überdruss
4 Ekel
6 Degout
7 Abscheu
8 Sattheit
9 Abneigung
10 Widerwille
Überecklinie
9 Diagonale
Übereifer
4 Hast
10 Fanatismus
übereilt
6 hastig
10 vorschnell
Übereinandergeschichtetes
6 Stapel
Übereinkommen
6 Abrede
7 Vertrag
8 Abkommen, Einigung, Kontrakt
9 Abmachung, Agreement
Übereinkunft
7 Vertrag
8 Einigung, Kontrakt
9 Abmachung, Agreement
10 Kompromiss, Konvention
11 Arrangement
übereinstimmend
5 einig
6 analog
7 homolog, konform

8 parallel
9 identisch, kongruent
10 konkordant
13 gleich lautend
Übereinstimmung
6 Akkord
7 Konsens, Unitaet
8 Analogie, Harmonie
9 Einigkeit, Eintracht
10 Konkordanz, Konvergenz
11 Gleichklang
12 Solidaritaet
überempfindlich
8 sensitiv
10 allergisch
11 mimosenhaft
13 hypersensibel
Überempfindlichkeit
8 Allergie
11 Reizbarkeit
18 Hypersensibilitaet
Überfahrt
7 Passage
Überfall
7 Angriff, Attacke
Überfluss
7 Opulenz
8 Schwemme
9 Redundanz
überfrachtet
6 ueppig
7 pompoes, protzig
11 bombastisch, schwuelstig
überfromm
6 bigott
10 froemmelnd
Überführung
8 Transfer
Überfüllung
9 Gedraenge
Übergang bei Flüssen
4 Furt
Übergangszeit
7 Interim
übergeschnappt
9 verrueckt
Übergetretener
9 Konvertit
Übergewand
5 Kotze
6 Anorak, Mantel, Umhang
Übergewicht
8 Mehrheit
10 Adipositas, Majoritaet, Praevalenz
13 Praeponderanz
übergewichtig
9 korpulent
überglücklich
5 happy, selig
übergroß
6 riesig
8 kolossal
10 gigantisch
übergroße ...
· **Menge**
5 Masse
6 Unmass
7 Unmasse
übergroßer ...
· **Mensch**
5 Huene, Riese
überheblich
8 arrogant, blasiert
9 anmassend
10 hochmuetig, hochnaesig
11 duenkelhaft, hoffaehrtig
Überheblichkeit
6 Hybris
7 Duenkel, Hochmut
8 Arroganz
Überhitzung
10 Hitzschlag, Waermestau
11 Sonnenstich
überhöhter ...
· **Preis**
4 Nepp
6 Wucher
überholt
3 out
5 passé
Überholung
11 Renovierung
12 Ausbesserung
überirdisch
6 mental
7 geistig, magisch
8 abstrakt, feenhaft, jenseits, spukhaft
9 goettlich, himmlisch, spiritual
10 aetherisch, daemonisch, unwirklich
11 immateriell
12 gespenstisch, metaphysisch, transzendent, unkoeperlich
14 transzendental
überirdisches ...
· **Wesen**
3 Fee
4 Elfe
5 Engel
7 Goettin
überklug ▶ überschlau
überladen ▶ überfrachtet
Überlagerung von Wellen
11 Interferenz
Überlandleitung
20 Hochspannungsleitung
Überlandreise in Afrika
6 Safari
Überlandstraße
8 Chaussee
Überlassung
7 Zession
9 Abtretung
Überlassung von Wohnraum
10 Vermietung
Überläufer
9 Deserteur
überlegen
8 maechtig
9 souveraen
Überlegenheit
8 Dominanz
13 Superioritaet
überlegt
8 gemessen
9 umsichtig
10 methodisch
überlieferte ...
· **Geschichte**
4 Maer, Sage
7 Legende
Überlieferung
4 Usus
5 Sitte
6 Brauch
8 Historie
9 Tradition
übermäßig
5 enorm
7 horrend
8 gewaltig
9 ungeheuer
übermäßig Ehrgeiziger
7 Streber

übermenschliches ...
· **Wesen**
4 Gott
6 Daemon
7 Demiurg
Übermut
6 Hybris
15 Ausgelassenheit
übermütig
6 albern
11 ausgelassen
übermütiger ...
· **Streich**
8 Kapriole
11 Schabernack
14 Eulenspiegelei
Übernachtungsgelegenheit
5 Hotel
7 Gasthof, Pension
8 Herberge
12 Schutzhuette
Übernahme
9 Rezeption
übernatürliches Geschehen
6 Wunder
Überordnung
8 Supremat
Überpflanzung von Organen
15 Transplantation
überprüfen
6 testen
Überprüfung
4 Test
8 Revision
9 Kontrolle
10 Inspektion
überquellen
8 strotzen
überragend
6 genial
7 erhaben
8 dominant
überraschend
3 neu
8 frappant
10 ploetzlich, unerwartet
13 ungewoehnlich
überrascht
7 perplex
8 verdutzt
10 verbluefft
Überraschungsangriff
4 Coup
7 Attacke
9 Ueberfall
11 Handstreich
Überredungskunst
8 Rhetorik
10 Propaganda
überreichlich
6 ueppig
Überreife von Weintrauben
10 Edelfaeule
überreizt
7 nervoes
8 hektisch
Überrest
6 Relikt
8 Fragment
Überreste von Heiligen
9 Reliquien
übersandter Wechsel
7 Rimesse
überschäumend
12 bacchantisch
Überschlag
5 Salto
10 Berechnung, Purzelbaum, Schaetzung
11 Kalkulation
überschlau
7 vorlaut
8 naseweis
11 neunmalklug
überschnelle Verdauung
9 Durchfall
Überschrift
5 Titel
8 Headline
11 Schlagzeile
Überschuh
8 Galosche
Überschuss
4 Plus
6 Ertrag, Gewinn
7 Rendite
8 Einnahme
10 Reingewinn
überschwänglich
► überspannt
Überschwemmung
10 Hochwasser
Überseedampfer
10 Ozeanriese
überseeisch
8 exotisch
überseeischer Besitz
7 Kolonie
Übersetzboot
6 Faehre
Übersetzer
11 Dolmetscher
Übersetzschiff
6 Faehre
Übersetzungsgrundlage
6 Urtext
Übersicht
5 Liste
6 Schema
7 Tabelle
9 Schaubild
11 Aufstellung
Übersiedlung ...
· *in* **eine andere Wohnung**
5 Umzug
· *in* **einen anderen Staat**
10 Emigration
11 Immigration
12 Einwanderung
übersinnlich
6 mental, okkult
8 mystisch
10 spirituell
12 metaphysisch, transzendent
übersinnliches Geheimnis
9 Mysterium
übersorgfältig
7 penibel
10 pedantisch
16 hundertprozentig
übersorgfältiger ...
· **Mensch**
6 Pedant
11 Haarspalter
12 Federfuchser
überspannt (► auch übertrieben)
8 spleenig
9 exaltiert, fanatisch
10 exorbitant, hysterisch, verstiegen
11 extravagant, exzentrisch
überspielt Hautunreinheiten
11 Abdeckstift
überstehendes Schneebrett
7 Waechte
übersteigert(e, er, es) ...
► übertrieben(e, er, es) ...
Überstrumpf
8 Gamasche

Überstürzung
4 Eile
5 Hetze
Überträger ...
· *beim* **Wechsel**
6 Girant
9 Indossant
Überträgerin ...
· *der* **Malaria**
9 Anopheles
· *der* **Schlafkrankheit**
12 Tsetsefliege
Übertragung
8 Transfer
9 Abtretung
11 Livesendung, Transfusion
13 Transposition
15 Transplantation
Übertragung ...
· *von* **Krankheitskeimen**
9 Infektion
10 Ansteckung
· **mittels Radiowellen**
4 Funk
Übertretung
6 Delikt
8 Vergehen, Verstoss
9 Fehltritt
übertrieben
6 extrem
9 aeusserst
10 exorbitant
11 exaggeriert
übertrieben ...
· **sparsam**
6 geizig
9 knauserig
übertrieben(e, er, es) ...
· **Abwehr**
8 Ziererei
· **Eitelkeit**
9 Putzsucht
· **Männlichkeit**
8 Machismo
· **Prunk**
4 Pomp
· **Schmeicheln**
10 Lobhudelei
· **Schnelligkeit**
7 Raserei
· **Sparsamkeit**
4 Geiz
9 Knauserei
· **Stolz**
6 Hybris
7 Duenkel
· **Vaterlandsliebe**
13 Nationalismus
· **Verehrung**
10 Fanatismus
Übertritt zum anderen Glauben
10 Konversion
Übervorteilung
4 Nepp
6 Betrug, Wucher
8 Gaunerei
Überwachung
8 Aufsicht
9 Kontrolle
10 Inspektion
11 Supervision
Überwachungsinstrument
12 Abhoergeraet
13 Fernsehkamera
Überwachungsorgan bei Aktiengesellschaften
12 Aufsichtsrat
überwältigend
7 eminent, stupend
8 grandios
Überweisung
8 Transfer
überwiegende Mehrheit
9 Ueberzahl
überwiegender Teil
4 Gros
Überwurf
4 Cape
5 Stola
6 Poncho, Umhang
Überwurfkragen
8 Pelerine
Überzeitarbeit
12 Ueberstunden
Überzeugung
6 Glaube
7 Ansicht, Meinung
10 Standpunkt
Überziehanzug
7 Overall
8 Blaumann
überzuckerte Arzneipille
6 Dragee
überzuckertes Naschwerk
6 Dragee
Überzug
4 Lack
5 Farbe, Lasur
6 Glasur, Huelle
11 Deckschicht
Ubiquitaet
12 Allgegenwart
übl(e, er, es) ...
· **Angewohnheit**
5 Unart
6 Laster
· **Arzt**
11 Kurpfuscher
· **Behandlung**
6 Unbill
· **Beigeschmack**
5 Odium
· **Geruch**
7 Gestank
· **Geschäft**
9 Kuhhandel
· **Kneipe**
8 Spelunke
· **Nachrede**
7 Rufmord
11 Verleumdung
12 Denunziation
13 Anschwaerzung
14 Verunglimpfung
· **Ruf**
10 Misskredit
üblich
6 normal, usuell
8 regulaer
11 gewoehnlich, landlaeufig
13 gebraeuchlich, konventionell
18 vorschriftsmaessig
U-Boot-Sehrohr
8 Periskop
übrig gebliebene Backmasse
8 Teigrest
übrige ...
· **Dinge**
4 Rest
10 Remittende, Restposten
übrigens
7 apropos
9 en passant
Übung
5 Drill, Probe
8 Training
Übung der hohen Schule
6 Levade
Übungen
10 Exerzitien

Übungsgerät ...
· *für* **Boxer**
12 Punchingball
· *für* **Piloten**
9 Simulator
Übungskurs an Hochschulen
7 Seminar
Übungskursus
7 Seminar
8 Training
Übungsleiter
7 Trainer
Übungsstück
6 Etuede
Ufer
6 Kueste, Strand
7 Gestade
Uferbefestigung
3 Kai
4 Damm, Mole, Pier
5 Buhne, Deich, Mauer
Ufergras
5 Binse, Segge
6 Schilf
Uferstraße
3 Kai
Uhr
10 Zeitmesser
11 Chronometer
Uhr ...
· *mit* **integriertem Rundfunkgerät**
11 Radiowecker
· *mit* **Läutwerk**
6 Wecker
Uhreinstellung in Zonen
8 Ortszeit
Uhrenart
6 Wecker
7 Atomuhr, Pendule
8 Quarzuhr, Stoppuhr
9 Pendeluhr
10 Armbanduhr, Chronograf, Digitaluhr
11 Chronograph, Chronometer
Uhrengeräusch
6 ticken
Uhrenteil
4 Chip, Werk
5 Anker, Unruh
6 Pendel, Zeiger
7 Zahnrad
8 Gehaeuse, Zugfeder
9 Federhaus
10 Federstift, Schlagwerk
11 Perpendikel, Zifferblatt
12 Repetierwerk, Sprungdeckel
Uhrkette
9 Charivari
Uhrkettenanhänger
8 Berlocke
Ukas
6 Befehl, Erlass
10 Vorschrift
ukrainische ...
· **Hafenstadt**
6 Odessa
· **Hauptstadt**
4 Kiew
· **Landschaft**
8 Bukowina
Ulanenmütze
8 Tschapka
Ulanenrock
6 Ulanka
Ulcus
14 Magengeschwuer
Ulk
2 Uz
3 Fez, Jux
4 Witz
5 Gaudi, Spass
6 Scherz, Unsinn
7 Klamauk
11 Schabernack
ulkig
7 drollig, komisch, spassig
Ulme
4 Iper
7 Ruester
ultimativ
10 letztmalig
ultimatives Wort
8 entweder
um ...
· **Almosen bitten**
7 betteln
· **Almosen Bittender**
7 Bettler
· **jeden Preis**
7 partout
8 durchaus
Umbildung
9 Umformung
Umdrehung
4 Tour
8 Rotation
9 Reversion
Umfang
5 Dicke
7 Ausmass, Groesse, Staerke
9 Dimension
10 Ausdehnung, Peripherie
umfassend
6 gesamt, global
8 komplett
9 allgemein, universal
12 erschoepfend, vollstaendig
15 enzyklopaedisch
Umformer
13 Transformator
Umfrage
4 Test
7 Enquete
8 Erhebung
9 Interview, Recherche
11 Exploration
Umfragewissenschaft
10 Demoskopie
umfriedeter Bezirk
3 Hag
Umfriedung
4 Fenz, Zaun
5 Hecke, Mauer
6 Gatter, Gitter
Umgang
7 Verkehr
9 Kolonnade
10 Prozession
umgänglich
6 jovial
Umgangsformen
3 Pli
6 Sitten
7 Anstand, Schliff
8 Allueren, Benehmen, Manieren
Umgangssprache
5 Idiom, Slang
6 Jargon
7 Dialekt, Mundart
umgangssprachlich für ...
· **Abschreibzettel**
5 Spick
7 Spicker
· **Alkoholiker**
7 Saeufer
· **Allheilmittel**
12 Patentrezept
· **alter Mann**
3 Opa

- **altes Pferd**
  5 Zosse
- **altes Schiff**
  4 Pott
- **amerikanischer Soldat**
  2 GI
- **angesagt**
  6 trendy
- **anrüchig**
  4 link
- **Arbeit**
  7 Maloche
- **Ärger**
  4 Zoff
  5 Stunk
- **Arzt**
  3 Doc
  7 Medikus
- **Atem**
  5 Puste
- **Auf Wiedersehen**
  6 bye-bye
- **Aufhebens**
  7 Getoens
- **Ausbeuter**
  10 Blutsauger
- **ausgelassene Feier**
  5 Sause
- **ausgemergeltes Pferd**
  7 Klepper
- **Ausleihen von Geld**
  4 Pump
- **Auto**
  5 Karre, Kiste
  9 Rostlaube, Untersatz
  11 Nuckelpinne
- **Badminton**
  9 Federball
- **balgen**
  7 rangeln
- **bankrott**
  6 pleite
- **bedenklich**
  8 brenzlig
- **Benzin**
  5 Sprit
- **beschränkt**
  4 doof
- **beste Schulnote**
  6 Einser
- **Betragen**
  6 Benimm
- **billiges Stundenhotel**
  8 Absteige
- **blauer Monteuranzug**
  8 Blaumann
- **busenfrei**
  8 obenohne
- **darin**
  4 drin
- **darum**
  4 drum
- **Denkhilfe**
  12 Eselsbruecke
- **deshalb**
  4 drum
- **Dorf**
  4 Kaff, Nest
- **dummes Zeug**
  4 Mist
- **Dummheiten**
  6 Zicken
- **Dummkopf**
  5 Nulpe
  6 Haemel
- **Durcheinander**
  4 Wust
  12 Kuddelmuddel
- **Düsenfluzeug**
  3 Jet
- **Ehefrau**
  4 Alte, Olle, Weib
- **eine**
  2 ne
- **einfacher amerikanischer Soldat**
  2 GI
- **einfältig**
  4 doof
- **einfältiger Mensch**
  5 Heini
- **eintönige Musik**
  7 Gedudel
- **erstklassig**
  5 dufte
- **Fahrrad**
  9 Drahtesel
- **Fall**
  6 Plumps
- **Farbklecks**
  6 Tupfer
- **Farbpunkt**
  6 Tupfer
- **Fehlschlag**
  8 Reinfall
- **Feigling**
  5 Memme
  9 Angsthase
- **fein**
  9 picobello
- **feine Arbeiten ausführen**
  7 puzzeln
- **Fernsehen**
  6 Glotze, Roehre
  13 Pantoffelkino
- **Flasche**
  5 Pulle
  6 Buddel
- **flegelhaft**
  7 flapsig
- **foppen**
  4 uzen
- **fragwürdig**
  4 link
- **Fünfmarkstück**
  9 Heuermann
- **Furcht**
  6 Bammel
- **Fußballbegriff**
  4 Ecke
- **Gaststätte**
  6 Kneipe
- **gebackene Kartoffelstäbchen**
  6 Pommes
- **Gefängnis**
  3 Bau
  4 Loch
  5 Knast
- **Geige**
  6 Fiedel
- **Geld**
  4 Kies, Moos
  5 Knete, Pinke
  6 Floehe, Kohlen, Maeuse, Piepen, Zaster
  7 Moneten
  10 Pinkepinke
- **gemein**
  7 schofel
- **Geschäft**
  4 Deal
- **Getränkelage**
  5 Runde
- **Gewehr**
  6 Knarre
- **Gewinn**
  7 Reibach
- **gewitzt**
  5 helle
- **geziert**
  9 etepetete

- **Glück**
  5 Dusel
  6 Massel
  7 Schwein
- **Götterspeise**
  13 Wackelpudding
- **Greisin**
  4 Alte
- **großartig**
  4 toll
  5 dufte, super
  7 pfundig
- **Haarfülle**
  12 Loewenmaehne
- **Haftmittel**
  5 Klebe
- **Hamburger**
  6 Burger
- **hänseln**
  4 uzen
- **harmloser Betrug**
  5 Schmu
- **hässlich**
  4 mies
- **heimlicher Groll**
  3 Pik
- **herbei**
  3 ran
- **herrlich**
  4 toll
- **Hiebe**
  5 Senge
- **Hund**
  5 Toele
  6 Koeter
- **Hunger**
  9 Kohldampf
- **Ischias**
  11 Hexenschuss
- **kalorienreiches Nahrungsmittel**
  10 Dickmacher
- **Kammer**
  6 Kabuff
- **kaputt**
  3 hin
- **keine Ruhe geben**
  8 quengeln
- **keineswegs**
  3 iwo
- **Kleidung**
  4 Zeug
- **kleiner Junge**
  5 Pimpf
  7 Steppke
- **kleiner rundlicher Mensch**
  6 Moppel
- **Kleinstadt**
  4 Nest
- **Konkurs**
  6 Pleite
- **Kurzwort für eine Süßigkeit**
  6 Schoko
- **Kurzwort Mayonnaise**
  4 Mayo
- **Kuss**
  5 Bussi
- **langatmiges Gerede**
  6 Sermon
- **lange, dünne Person**
  12 Bohnenstange
- **langweilig**
  3 fad
- **Lärm**
  5 Trara
- **lärmen**
  7 groelen
- **lärmender Betrieb**
  6 Rummel
- **Lauferei**
  7 Gerenne
- **lautstarkes Schimpfen**
  7 Krakeel
- **Lehrer**
  6 Pauker
- **leichter Betrug**
  5 Schmu
- **leichter Kinderwagen**
  10 Sportkarre
- **Leistung**
  5 Power
- **Leitfigur**
  4 Guru
- **Lutscher**
  5 Lolli
- **Mann von sanftem Wesen**
  6 Softie
- **Marotte**
  6 Fimmel
- **Maschine schreiben**
  6 tippen
- **Milieu**
  5 Szene
- **Militär**
  6 Barras
  7 Kommiss
- **mittellos**
  5 blank
- **Motorrad**
  4 Bike
  10 Feuerstuhl
- **Mut**
  4 Mumm
  6 Traute
- **nach Luft schnappen**
  6 japsen
- **Nachteil**
  5 Haken
- **Neckerei**
  2 Uz
- **Neureicher**
  6 Raffke
- **nicht anrüchig**
  7 astrein
- **nicht eines**
  5 keins
- **nicht vertrauenswürdig**
  4 link
- **Notlage**
  7 Patsche
- **Orangensaft**
  5 Osaft
- **pleite**
  5 blank
- **Polizei**
  7 Polente
- **prahlerischer, großspuriger Mann**
  7 Zampano
- **prima**
  9 picobello
- **Prügel**
  5 Keile
  6 Kloppe
- **Psychiater**
  14 Seelentroester
- **Reifenpanne**
  9 Plattfuss
- **Richter**
  4 Kadi
- **runder steifer Hut**
  6 Melone
- **rundliche Formen bei Teens**
  9 Babyspeck
- **Schein**
  5 Mache
- **Scherz**
  5 Jokus
- **Schläge**
  4 Haue

U

· **schlau**
7 gewieft
· **schlecht**
3 mau
· **schlechter Schnaps**
5 Fusel
· **schlechter Tabak**
7 Knaster
· **schlechtes Essen**
5 Frass
· **schlechtes Fahrzeug**
7 Vehikel
· **Schneid**
4 Mumm
· **schnell**
5 dalli
· **schreien**
7 groelen
· **Schuh**
6 Treter
· **Schule**
5 Penne
· **Schutt**
4 Wust
· **schwer arbeiten**
6 ackern
· **sehr schlecht**
7 aetzend
· **Sonderling**
4 Kauz
· **Spaß**
3 Fez
· **Spleen, Tick**
6 Fimmel
· **sprachlos**
5 platt
· **steifer Hut**
4 Bibi
· **Stil**
5 Style
· **Stoß**
6 Schubs
· **Streit**
4 Zoff
5 Knies, Stunk
· **super**
4 irre
· **Taucher**
10 Froschmann
· **Telefon**
7 Apparat
· **topfartiges Gefäß**
4 Pott
· **Ulk**
3 Fez
· **Unfrieden**
5 Stunk
· **ungeschickt schneiden**
7 saebeln
· **unsauberes Kind**
11 Schmutzfink
· **Unsinn**
3 Fez
4 Mist
· **unverdientes Glück**
5 Dusel
· **Verdienst**
7 Reibach
· **verdorben**
3 hin
· **verdutzt**
4 baff
· **Vergnügen**
3 Fez
· **Verhalten**
6 Benimm
· **Verrücktheit**
6 Fimmel
· **Versager**
5 Niete
7 Flasche
· **Verstand**
4 Hirn
5 Grips
· **vertrösten**
9 abspeisen
· **Volltrunkener**
10 Bierleiche
· **vorteilhafter Kauf**
12 Schnaeppchen
· **wenig Geld**
4 Ebbe
· **widerwärtiger Mensch**
4 Ekel
· **Wirtshaus**
6 Kneipe
· **wütend**
5 sauer
· **Zank, Unfrieden**
5 Knies, Stunk
· **Ziehharmonika**
8 Quetsche
· **Zigarette**
9 Sargnagel
12 Glimmstengel
13 Glimmstaengel
· **Zigarettenstummel**
5 Kippe
· **Zwei**
3 Zwo

umgarnen
8 betoeren
10 bestricken
Umgebung
6 Milieu, Umwelt
7 Sphaere, Umkreis
13 Nachbarschaft
umgehend
5 eilig, rasch
6 direkt, gleich, prompt, sofort
7 schnell
9 schleunig
11 postwendend
13 unverzueglich
Umgehungsstraße
8 Tangente
umgeknickte Buchseite
8 Eselsohr
umgekrempeltes Stiefelstück
6 Stulpe
umgenähter Kleiderrand
4 Saum
umgestalten
9 abaendern
Umgestalter
7 Neuerer
Umgestaltung
6 Reform
9 Aenderung
11 Perestroika
12 Metamorphose
Umhang
3 Boa
4 Cape
5 Kotze, Stola
6 Poncho
8 Pelerine
Umhang aus Tierfell
9 Pelzstola
umherschlendern
9 flanieren
umhertollen
5 toben
umherwandernde Menschen
7 Nomaden
umherziehen
13 vagabundieren
Umherziehende
7 Gaukler, Nomaden
8 Vaganten
9 Clochards, Hausierer
10 Spielleute

U

12 Schausteller
15 Strassensaenger
umherziehende Händlerin
9 Marktfrau
umhüllen (Lebensmittel)
8 panieren
Umhüllung
9 Emballage
10 Verpackung
Umhüllung ...
· *des* **Fahrradschlauchs**
6 Mantel
· *aus* **Papier**
10 Manschette
Umkehr
5 Wende
7 Wendung
9 Bekehrung, Neubeginn, Reversion
10 Konversion
umkehrbar
10 reversibel
Umkehrbild
7 Negativ
umkehren
11 invertieren
Umkehrung
10 Perversion, Verkehrung
Umkippen beim Schiff
7 Kentern
Umklammerung beim Boxen
6 Clinch
Umkleideraum
6 Kabine
9 Garderobe
Umkreis
5 Naehe
8 Umgebung, Umgegend
10 Peripherie
13 Nachbarschaft
Umlage
6 Abgabe, Steuer
7 Beitrag
Umlauf
4 Kurs, Tour
6 Turnus
7 Wechsel
8 Rotation
9 Kreisbahn, Kreislauf
11 Reihenfolge, Zirkulation
14 Nagelkrankheit
Umlaufaufzug
11 Paternoster
Umlaufbahn
5 Orbit
umlaufen
8 rotieren
9 kursieren
11 zirkulieren
Umlaufkörper
8 Satellit
Umlaufzeit
7 Periode
Umlaut
2 ae, oe, ue
9 Diphthong
Umleitung (Medizin)
6 Bypass
umnachtet
8 verwirrt
12 geisteskrank
Umrandung
5 Bande
10 Einfassung
Umriss
6 Kontur, Profil
10 Silhouette
Umriss einer Stadtansicht
7 Skyline
Umrisslinie
6 Kontur
Umrisslinien
8 Konturen
Umsatzanteil
8 Tantieme
9 Provision
Umschlag
6 Huelle, Kuvert, Umsatz, Wickel
7 Couvert, Einband, Packung, Wechsel
9 Aenderung, Enveloppe, Kompresse
10 Buchhuelle
Umschließung
9 Okklusion
umschlossener Teil eines Gebäudes
9 Innenraum
Umschreibung
10 Paraphrase
Umschrift
13 Transkription
15 Transliteration
Umschweife
10 Brimborium
Umsetzer
7 Metteur
Umsicht
6 Obacht
7 Bedacht
8 Sorgfalt, Vorsorge
11 Ueberlegung
umsichtig
4 klug
7 bedacht
8 besonnen
9 ueberlegt
12 diplomatisch
umsonst
4 frei
6 gratis
9 kostenlos, vergebens
10 vergeblich
13 unentgeltlich
Umspanner (Kurzwort)
5 Trafo
13 Transformator
Umstand
6 Faktor, Moment
9 Situation
11 Gegebenheit, Sachverhalt
13 Eventualitaet, Konstellation
umständlich
11 kompliziert, zeremoniell
Umstandskrämer
6 Pedant
Umstandswort
2 da
3 nie, nun, oft
4 bald, dann, dort, eher, ganz, hier, mehr, noch, sehr, viel
5 einst, frueh, heute, immer, jetzt, lange, nicht, schon, spaet, stets, wenig, zuvor
6 abends, Adverb, bisher, damals, danach, ehedem, fortan, jemals, nachts, nimmer, oefter, selten, soeben, vordem, vorher, vorhin
7 bereits, endlich, mittags, nachher, seitdem
8 manchmal
Umstellanlage bei der Eisenbahn
6 Weiche
Umstellung
9 Variation
11 Permutation
Umsturz
6 Putsch

U

7 Revolte
8 Aufstand
10 Revolution, Subversion
13 Staatsstreich
Umstürzler
6 Rebell
9 Anarchist, Putschist
10 Revoluzzer
13 Revolutionaer
umstürzlerisch
9 subversiv
Umtrieb
6 Kabale
7 Intrige
8 Komplott, Rankuene
11 Raenkespiel
umtriebig
5 aktiv
Umwandlung
9 Aenderung
10 Konversion
14 Transformation
Umwandlung von Solarenergie in Strom
11 Fotovoltaik
Umwelt
6 Milieu
8 Ambiente, Umgebung
11 Atmosphaere, Lebenskreis
Umweltbegriff
9 Bioabfall
Umweltforschung
9 Oekologie
Umweltlehre
9 Oekologie
Umweltschutzorganisation
10 Greenpeace
umzäunte ...
· **Viehweide**
6 Gehege, Koppel, Pferch
Umzug
9 Aufmarsch
10 Prozession
13 Demonstration, Protestmarsch
15 Wohnungswechsel
unabänderlich
4 fest
9 definitiv
10 endgueltig
unabänderliches ...
· **Schicksal**
5 Fatum
6 Kismet
unabhängig
4 frei
6 autark
7 absolut, autonom
10 ungebunden
12 selbstaendig
13 eigenstaendig
Unabhängigkeit
8 Autarkie, Freiheit
9 Autonomie
14 Souveraenitaet
Unachtsamkeit
15 Fahrlaessigkeit
unangebracht
6 falsch
10 deplaziert, inopportun
11 deplatziert
unangenehm
3 arg
5 fatal
6 heikel, widrig
7 laestig
8 misslich, peinlich, stoerend
9 schwierig, unliebsam
unangenehm(e, er, es) ...
· **Gewohnheit**
5 Unart
· **Situation**
6 Klemme
7 Dilemma
10 Bredouille, Kalamitaet
· **Tier**
5 Biest
Unangenehmes
5 Uebel
6 Boeses
unangezogen
5 nackt
unannehmbar
12 inakzeptabel, indiskutabel
Unannehmlichkeit
8 Malesche
9 Schererei
Unannehmlichkeiten
7 Trouble
unanständig
7 obszoen, vulgaer
8 schamlos
9 schmutzig
unanständiger Witz
4 Zote
unantastbar
4 tabu
5 immun
6 gefeit, sicher
10 geschuetzt, sakrosankt
Unantastbarkeit
4 Tabu
10 Immunitaet
unartig
5 boese, frech
11 impertinent
unartiges ...
· **Kind**
4 Goer
5 Goere, Range
unaufdringlich
6 dezent
7 diskret
9 gedaempft
unauffällig
7 diskret
8 taktvoll
unaufhörlich
4 ewig
5 immer
6 stetig
7 dauernd
9 pausenlos, permanent, unendlich
14 kontinuierlich
unaufmerksam
7 achtlos
9 zerstreut
14 unkonzentriert
15 desinteressiert
unaufrichtig
6 falsch
unausführbar
13 impraktikabel
unausgebildet
11 rudimentaer
unausgefüllt
4 hohl, leer
6 blanko
unbändig
4 toll, wild
unbändiges Kind
5 Range
unbar
10 bargeldlos
unbare ...
· **Zahlungsweise**
6 Scheck
7 Wechsel
9 Anweisung
11 Kreditkarte
12 Ueberweisung

unbarmherzig
7 grausam
9 gnadenlos
unbearbeitet
3 roh
unbearbeitetes Werkstück
7 Rohling
unbebaut(e, er, es) ...
· **Ackerland**
9 Brachfeld
· **Flurstück**
6 Brache
9 Brachland
· **Streifen zwischen zwei Äckern**
4 Rain
unbedacht
8 impulsiv, voreilig
11 gedankenlos, nachlaessig
12 leichtsinnig
unbedarft
4 dumm, naiv
unbedeckt
5 bloss, nackt, offen
unbedeutend
5 klein
7 nichtig, wertlos
12 nichtssagend
unbedeutende ...
· **Kleinigkeit**
8 Lappalie
9 Bagatelle, Petitesse
10 Quisquilie
unbedingt
6 streng, strikt
7 absolut, partout
8 durchaus
11 kategorisch
13 ausdruecklich
unbedruckt
4 leer
6 blanko
unbefangen
4 keck, naiv
5 frech
8 kindlich, objektiv
unbefestigt
3 los
4 lose
6 locker
unbefestigter Straßenrand
7 Bankett
Unbeflecktheit
8 Reinheit
14 Makellosigkeit

unbefugt
13 eigenmaechtig
unbefugt jagen
7 wildern
unbefugter Jäger
8 Wilderer
unbegrenzt
4 ewig
6 endlos
9 unendlich
10 grenzenlos
unbegründete Krankheitsbefürchtung
12 Hypochondrie
Unbehagen
7 Malaise, Missmut
8 Verdruss
11 Verstimmung
12 Missstimmung
Unbehaglichkeit
8 Ungemach
16 Ungemuetlichkeit
unbeherrschte Reaktion
6 Affekt
Unbeherrschtheit
8 Cholerik, Jaehzorn
unbeholfen ▶ ungeschickt
unbeirrbar
4 stur
6 eisern
unbekannt
5 fremd
6 anonym, obskur
unbekanntes Flugobjekt
3 UFO
unbekleidet
5 bloss, nackt
unbekleidetes Kind
8 Nackedei
unbekümmertes Kind
13 Springinsfeld
Unbekümmertheit
13 Sorglosigkeit
unbelaubt
4 kahl
unbelebt
3 tot
4 oede
11 anorganisch
unbeliebt
10 missliebig
unbemerkt
8 heimlich

unbenützt
3 neu
5 brach
unberechnet
6 gratis
7 umsonst
unberührbar
4 tabu
Unberührtheit
8 Reinheit
11 Virginitaet
17 Jungfraeulichkeit
unbeschädigt
4 ganz, heil
6 intakt
9 brauchbar
unbescheidenes Ansinnen
8 Zumutung
Unbescholtenheit
11 Integritaet
unbeschränkt
7 absolut
11 hemmungslos
12 schrankenlos
unbeschränkte Herrschaft
12 Absolutismus
unbeschwert
5 fidel
6 heiter, lustig
7 sorglos
9 vergnuegt
unbesetzt
4 frei
6 vakant
unbesetzter Posten
6 Vakanz
Unbesetztsein des päpstlichen Stuhles
11 Sedisvakanz
unbesonnen vorwärts
8 drauflos
unbesorgt
7 sorglos
12 unbekuemmert
unbeständig
5 labil
6 unstet
8 instabil, launisch
9 wechselnd
11 flatterhaft, wechselhaft
12 inkonsequent
Unbeständigkeit
12 Inkonsequenz
unbestimmt
3 vag

U

4 vage
5 offen
6 dubios, obskur
7 inexakt
8 fraglich, strittig, ungewiss
11 indifferent, zweifelhaft

unbestimmt(e, er, es) ...
- **Artikel**
3 ein
4 eine
5 einer, eines
- **Fürwort**
3 man
4 jene
- **Sinn**
9 Wankelmut
- **Zahlwort**
4 viel
5 alles, etwas, manch, wenig
- **Zuversicht**
8 Hoffnung

unbeteiligt
7 neutral
8 objektiv

Unbeteiligte
6 Dritte

Unbeteiligtsein
12 Desinteresse

unbeugbar
4 fest
10 inflexibel

unbeugsam
4 fest, hart
5 ehern, starr, steif
9 standhaft
10 beharrlich

unbeweglich
4 fest, stur
5 starr, steif
6 leblos, stabil
7 immobil

Unbeweglichkeit
6 Starre

unbewiesene ...
- **Voraussetzung**
5 Axiom
9 Hypothese

unbewohnt
6 einsam
12 menschenleer

unbewohnter Teil der Erde
10 Anoekumene

unbewölkt
6 heiter, sonnig

unbezahlte Tätigkeit
8 Ehrenamt

unbezahlter Sportler
7 Amateur

Unbill
4 Tort
7 Schaden
9 Kraenkung

unbrauchbares ...
- **Gerät**
7 Schrott
9 Geruempel
- **Schiff**
5 Wrack

unbürgerliches Künstlermilieu
6 Boheme

und
4 plus
5 nebst

und ...
- **so weiter**
3 etc, usw
9 et cetera

undefinierbar ▶ unbestimmt

undicht
4 leck

undichte ...
- **Stelle**
4 Leck, Loch

unduldsam
9 engherzig
10 intolerant

undurchlässig
5 dicht
11 impermeabel

Undurchlässigkeit
6 Dichte

undurchsichtig
4 opak
5 trueb
6 obskur, unklar
7 milchig

undurchsichtige Malfarben
10 Deckfarben

undurchsichtiges Fenstermaterial
9 Milchglas

uneben
4 rauh
7 holprig, rumplig

unecht
6 falsch
8 apokryph, imitiert
10 affektiert, kuenstlich
11 artifiziell

unechter ...
- **Geldschein**
6 Bluete
- **Schmuck**
5 Talmi
6 Simili, Strass
7 Flitter
9 Glasperle, Imitation, Talmiware

uneheliches Kind
7 Bankert

Unehre
7 Schande

unehrenhafter Mensch
4 Lump

unehrlich
7 illoyal

Unehrlichkeit
5 Luege
6 Betrug, Tuecke
8 Gaunerei
9 Schwindel

uneingeschränkt
7 absolut
11 kategorisch

uneinheitlich
9 heterogen

Uneinigkeit
6 Streit
10 Diskordanz, Diskrepanz, Zwietracht
11 Disharmonie

uneinsichtig
4 stur

unempfänglich
5 immun
6 gefeit, steril
9 aseptisch

unempfindlich
10 abgebrueht
11 abgestumpft

unendlich
4 ewig
6 endlos
10 grenzenlos

unendlich viel
7 zahllos

unendliche Dauer
8 Ewigkeit

unendlicher Zeitraum
8 Ewigkeit

unentbehrlich
9 notwendig
unentbehrliches
· **Lebensmittel**
19 Grundnahrungsmittel
unentgeltlich
4 frei
6 franko, gratis
7 umsonst
9 kostenlos
10 kostenfrei
unentgeltliche Tätigkeit
8 Ehrenamt
unentgeltlicher Lotterie-schein
7 Freilos
Unentschieden ...
· *beim* **Schach**
5 Remis
· *beim* **Sport**
5 Remis
unentschlossen
5 labil
10 schwankend
unentwickelt
8 infantil
unerbittlich
4 hart
6 streng
7 rigoros
unerforschtes Gebiet
7 Neuland
unerfüllbar
8 utopisch
unerheblich
9 belanglos
10 irrelevant
unerhört
5 enorm
11 hanebuechen
unerkannt
9 inkognito
unerklärlich
10 mysterioes
11 raetselhaft
unerlässlich
6 noetig
7 obligat
9 notwendig
13 obligatorisch
unerlaubt
4 tabu
8 verboten
9 illegitim, untersagt
unermesslich
5 enorm
6 immens
unermüdlich
10 ausdauernd
unermüdliches Arbeiten
6 Fleiss
unersättlich
10 gefraessig, nimmersatt
Unersättlichkeit
4 Gier
Unerschrockenheit
3 Mut
10 Tapferkeit
11 Beherztheit
unerschütterlich
7 gefasst, stoisch
Unerschütterlichkeit
8 Ataraxie
unerwartet
10 ploetzlich
unerwartetes Geschehen
6 Zufall
unfachgemäß
9 laienhaft
13 dilettantisch
unfaires Spiel beim Fußball
4 Foul
Unfall
4 Pech
5 Panne
6 Defekt
7 Schaden
8 Unglueck
11 Karambolage
12 Missgeschick
13 Zusammenstoss
Unfallschutz im Auto
15 Sicherheitsgurt
Unfehlbarkeit
15 Infallibilitaet
unfein
7 taktlos
8 ordinaer
11 gewoehnlich
unfertiges Werkstück
7 Rohling
unflügger Vogel
8 Nestling
unfolgsam
7 unartig
10 ungehorsam
unförmig
5 plump
6 klobig
9 monstroes
Unfreier
6 Sklave
11 Leibeigener
unfreier Bürger
8 Untertan
unfreiwillig
9 erzwungen
12 notgedrungen
unfreundlich
4 grob
6 barsch
8 unwirsch
unfreundlich antworten
6 murren
Unfriede
4 Zank
5 Hader, Krieg
6 Streit
10 Zwietracht
Unfriede(n)
5 Fehde, Stunk, Zwist
unfrisiert
10 strubbelig
unfruchtbar
3 oed
4 oede
6 steril
8 infertil
unfruchtbare ...
· **Gegend**
6 Wueste
7 Oedland
11 Hochgebirge
Unfruchtbarkeit
11 Sterilitaet
Unfug
2 Uz
3 Jux, Ulk
5 Posse, Spass
6 Rabatz
8 Allotria
11 Schabernack
Ungar
6 Magyar
ungarisch(e, er, es) ...
· **Adelsgeschlecht**
9 Esterhazy
· **Arzt**
10 Semmelweis
· **Binnensee**
7 Balaton
10 Plattensee

- **Dirigent**
  5 Solti
  7 Fricsay
- **Erfinder**
  9 Zsigmondy
- **Frauenname**
  6 Ilonka, Marika
- **Gebirgszug**
  5 Matra
- **Gemüseeintopf**
  7 Letscho
- **Gemüsepflanze**
  7 Paprika
- **Grassteppe**
  6 Pussta, Puszta
- **Großgrundbesitzer**
  6 Magnat
- **Komponist**
  5 Lehar, Liszt
  6 Bartok, Kalman
- **Krankheit**
  11 Fleckfieber
- **Landschaft**
  5 Banat
  6 Pussta, Puszta
- **Männername**
  4 Geza, Imre
- **Mathematiker**
  6 Bolyai, Erdoes
  7 Neumann
- **Münzeinheit**
  6 Forint
- **Nationalgericht**
  15 Zigeunergulasch
- **Nationaltanz**
  7 Czardas
  11 Tschardasch
- **Nobelpreisträger für Literatur**
  7 Kertesz
- **Nobelpreisträger für Medizin**
  6 Bekesy
  13 Szent Gyoergyi
- **Operettenkomponist**
  6 Kalman
  7 Abraham
- **Pferdehirt**
  6 Csikos
  10 Tschikosch
- **Stadt an der Donau**
  3 Vac
- **Süßwein**
  7 Tokaier, Tokajer
- **Währungseinheit**
  6 Forint
- **Wein**
  7 Erlauer, Tokaier
- **Weinort**
  4 Eger
  5 Erlau, Tokaj
- **Würdenträger**
  3 Ban
- **Zigeunerkapellmeister**
  6 Primas

ungarisch-deutsch-österreichischer Star
5 Roekk

ungeachtet
5 trotz

ungebetener ...
- **Gast**
  5 Urian
  12 Eindringling
- **Zuschauer**
  6 Voyeur
  7 Kiebitz
  8 Zaungast

ungebildet
4 dumm
12 unkultiviert

Ungebildeter
7 Banause
8 Boeotier, Ignorant

ungebleicht
5 ecrue, ekrue

Ungeborenes
5 Fetus
6 Embryo

ungebraucht
3 neu

Ungebühr
6 Fehler
7 Fauxpas
8 Verstoss
13 Fehlverhalten

ungebunden
4 frei
5 ledig
7 autonom

ungebunden(e, er, es) ...
- **Dichtung**
  5 Prosa
- **Künstlertum**
  6 Boheme
- **Rede**
  5 Prosa

Ungebundenheit
8 Freiheit
9 Autonomie
16 Selbstaendigkeit
18 Selbststaendigkeit

ungefähr
2 ca
4 etwa, rund
5 circa, zirka
6 nahezu
10 annaehernd
12 approximativ
16 schaetzungsweise

ungefährdet
10 geschuetzt

ungefährlich
7 harmlos
9 friedlich

ungeformt
6 amorph

ungeglättet
4 rauh

Ungeheuer
5 Biest, enorm
6 Bestie, Drache, immens, Unhold
7 Drachen, masslos, Monster
8 gewaltig, Monstrum, Ungetuem
10 gigantisch

Ungeheuer ...
- *der* **Antike**
  6 Medusa
- *der* **griechischen Sage**
  6 Skylla, Tityos, Typhon, Zyklop
  8 Chimaere, Chimaira
  9 Alkyoneus, Charybdis
  10 Minotauros

ungeheuerlich
9 unerhoert

ungehindert
4 frei

ungehobelt
3 rau, roh
4 derb, grob, rauh
5 plump

ungehobelter ...
- **Mensch**
  6 Flegel, Prolet, Ruepel
  7 Grobian

ungehörig
11 impertinent

ungeklärt
5 offen

6 dubios
8 fraglich, strittig
ungekocht
3 roh
ungekochte ...
· Nahrung
7 Koerner, Rohkost
ungekrümmte Linie
6 Gerade
ungeladenes ...
· Elementarteilchen
7 Neutron
8 Neutrino
ungelegen
9 unpassend
10 inopportun
ungelenk
5 steif
8 linkisch
ungelenkig
5 starr, steif
ungelernter ...
· Arbeiter
10 Handlanger
13 Hilfsarbeiter
ungelogen
4 WAHR
7 ehrlich
8 wirklich
Ungemach
4 Leid
5 Uebel
8 Verdruss
10 Widrigkeit
ungemein
4 sehr
ungemischt
3 pur
4 rein
6 lauter
ungemustert
3 uni
ungenannt
6 anonym
9 inkognito
ungenau
4 vage
7 inexakt
9 inakkurat, unpraezis
12 verschwommen
Ungenügen
12 Insuffizienz
17 Unzulaenglichkeit
ungenutzte Kapazität
8 Leerlauf
ungeordnet
4 wirr
6 diffus
9 chaotisch, verworren
13 durcheinander
ungepflegt
6 salopp
9 schlampig
15 vernachlaessigt
Ungerade beim Roulett
6 Impair
ungereimt
6 absurd
7 abwegig
ungereinigte Ölsäure
5 Olein
ungesäuertes ...
· Brot der Juden
5 Matze
6 Matzen
ungeschälter Reis
5 Paddy
ungeschickt
5 plump
6 tapsig
7 hilflos
8 linkisch
9 taeppisch
10 unbeholfen
11 toelpelhaft
13 schwerfaellig
ungeschickter ...
· Mensch
7 Toelpel
9 Tolpatsch
10 Tollpatsch
ungeschicktes Verhalten
11 Entgleisung
ungeschliffener Mensch
6 Flegel
ungesetzlich
7 illegal
8 verboten
9 illegitim, untersagt
10 irregulaer
12 gesetzwidrig, rechtswidrig
ungesetzliches Volksgericht
11 Lynchjustiz
ungesittet
5 ruede
Ungestalt
8 Monstrum
11 Missgebilde
Ungestörtheit
4 Ruhe
ungestüm
5 stark
6 heftig
8 vehement
9 turbulent
ungesund
5 krank, malad, siech
ungeteilt
4 ganz
ungetrübt
4 klar, rein
5 luzid
6 lauter
8 glasklar
12 durchsichtig
Ungetüm
6 Gigant, Koloss
7 Monster
9 Ungeheuer
10 Riesentier
ungeübter Fahrer
14 Sonntagsfahrer
ungewandtes Verhalten
10 Ungeschick
ungewaschen
7 dreckig
9 schmutzig
ungewiss
4 vage
5 offen
8 fraglich, strittig
11 zweifelhaft
ungewöhnlich
5 apart
6 abnorm, anomal, selten
7 seltsam
9 sonderbar, unueblich
13 extraordinaer
17 aussergewoehnlich
ungewöhnliches Unternehmen
9 Abenteuer
ungewohnt
5 fremd
11 andersartig
ungewürzt
3 fad
4 fade
ungezähmt
4 wild
Ungeziefer
4 Floh, Laus
5 Motte, Wanze

6 Schabe
7 Parasit, Schwabe
8 Filzlaus, Kakerlak, Kopflaus
9 Bettwanze, Kakerlake
13 Kuechenschabe

Ungezieferfresser des Gartens
4 Igel

Ungeziefervertilger
12 Kammerjaeger

ungezogen
5 frech
6 pampig

ungezogener ...
· **Junge**
5 Range
6 Bengel, Flegel
7 Luemmel

ungezogenes Mädchen
5 Goere

Ungezogenheit
5 Unart
8 Flegelei

ungezügelt
4 wild
11 hemmungslos

ungezügelte ...
· **Schar**
5 Horde, Meute

ungezwungen
5 leger
6 salopp
7 laessig
10 nonchalant

ungiftig
8 atoxisch
10 geniessbar

Ungläubiger
7 Atheist

unglaublich
4 doll
9 unerhoert
10 skandaloes

unglaubwürdig
9 legendaer
11 zweifelhaft

ungleich
6 inegal
9 different, inhomogen

ungleiches Maß um eine Spiegelachse
10 Asymmetrie

Unglück
3 Not
4 Pech, Ruin
5 Elend
6 Jammer, Misere, Unfall
7 Debakel, Malaise, Malheur
9 Tragoedie
10 Kalamitaet
11 Schlamassel, Verhaengnis

unglücklich
7 unselig

unglückliche ...
· **Fügung**
4 Pech
· **Verbindung**
11 Mesalliance

Unglücksnachricht
14 Hiobsbotschaft

Unglücksrabe
9 Pechvogel

Unglückszahl
8 Dreizehn

Unglueck
12 Missgeschick

Ungnade
10 Missfallen

ungültig
7 nichtig
9 unwirksam

unhaltbar
12 inkonsistent

unhandliche Fracht
8 Sperrgut

unhandlicher Hausabfall
10 Sperrmuell

Unheil
4 Ruin

Unheil ...
· **abwehrender Anhänger**
7 Amulett
8 Talisman
· **ankündigen**
6 drohen
· **bringende Gabe**
14 Danaergeschenk
· **verkünden**
5 unken

unheilbar
9 inkurabel
10 pernizioes
11 irreparabel

Unheilbringerin in der griechischen Sage
7 Pandora

Unheilgöttin
3 Ate

unheilig
6 profan
8 saekular

Unheilsankündigung
12 Kassandraruf

Unheilsprophet
9 Pessimist

Unheilverkünderin Trojas
9 Kassandra

unheilvoll
7 ominoes
10 bedenklich
11 verderblich

unhöflich
4 derb, grob

unhöflich gegenüber Frauen
8 ungalant

unhöflicher ...
· **Mensch**
6 Flegel, Ruepel
7 Grobian, Stoffel

Unhold
5 Troll
10 Boesewicht

Uniform
5 Kluft
6 Montur
11 Dienstanzug
14 Dienstkleidung

Uniform ...
· *der* **Diener**
6 Livree
· *der* **Lakaien**
6 Livree

Uniformrock
7 Litewka

Uniformschmuck
5 Biese, Litze, Orden, Stern
6 Emblem, Kordel, Quaste, Tresse
7 Kokarde, Troddel
8 Epaulett, Portepee
9 Epaulette
12 Achselklappe

Uniformschulterstück
9 Epaulette

Uniformträger
6 Soldat
8 Polizist
11 Eisenbahner

Unikat
12 Einzelstueck

Unikum
4 Kauz

8 Original
10 Sonderling
unintelligent
4 dumm
Union
4 Bund, Liga
7 Allianz, Verband
8 Buendnis
11 Foederation, Staatenbund, Vereinigung
Universalarznei
7 Panazee
13 Allheilmittel
universell
8 weltweit
9 allgemein
Universität
9 Alma Mater
10 Hochschule
Universität ...
· *in* **den USA**
4 Yale
7 Cornell, Harvard
· *von* **Paris**
8 Sorbonne
Universitätsbesucher
7 Student
Universitätsgelände
6 Campus
Universitätslehrstuhl
9 Professur
Universitätsprofessor im Ruhestand
8 Emeritus
Universitätsstadt ...
· *in* **Belgien**
4 Gent
6 Loewen
8 Bruessel, Luettich
· *in* **Dänemark**
5 Arhus
10 Kopenhagen
· *in* **Deutschland**
3 Ulm
4 Bonn, Jena, Kiel
5 Halle, Mainz, Trier
7 Bamberg, Leipzig, Marburg
8 Bayreuth, Freiburg, Muenchen
9 Tuebingen
10 Goettingen, Heidelberg, Regensburg
· *in* **Frankreich**
3 Aix
4 Caen, Lyon
5 Paris, Rouen
8 Bordeaux
9 Marseille
10 Strasbourg, Strassburg
11 Montpellier
· *in* **Griechenland**
5 Athen
· *in* **Großbritannien**
5 Leeds
6 Durham, London, Oxford
8 Aberdeen
9 Cambridge, Liverpool
· *in* **Irland** (Eire)
4 Cork
6 Dublin
· *in* **Italien**
3 Rom
4 Pisa
5 Genua, Padua, Pavia, Turin
7 Bologna, Florenz, Mailand, Messina, Palermo, Perugia
· *in* **Kroatien**
6 Zagreb
· *in* **Lettland**
4 Riga
· *am* **Neckar**
9 Tuebingen
10 Heidelberg
· *in den* **Niederlanden**
6 Leiden
7 Utrecht
9 Amsterdam
· *in* **Norwegen**
4 Oslo
6 Bergen
· *in* **Österreich**
4 Graz, Linz, Wien
8 Salzburg
9 Innsbruck
· *in* **Polen**
6 Krakau
8 Warschau
· *in* **Portugal**
7 Coimbra
8 Lissabon
· *in* **Rumänien**
8 Bukarest
· *in* **Schweden**
4 Lund
7 Uppsala
9 Goeteborg, Stockholm
· *in der* **Schweiz**
4 Bern, Genf
5 Basel
7 Zuerich
8 Fribourg
· *in* **Spanien**
7 Sevilla
8 Santiago
9 Salamanca, Saragossa
· *in der* **Tschechischen Republik**
4 Prag
6 Bruenn
· *in* **Ungarn**
6 Szeged
8 Budapest
· *in den* **USA**
6 Boston
8 Stanford
9 Princeton
Universum
3 All
6 Kosmos
7 Weltall
Unke
6 Frosch, Kroete
9 Pessimist
12 Schwarzseher
Unkenntnis
8 Ignoranz
12 Unwissenheit
unkeusch
10 anstoessig
unkindlich
7 altklug
9 fruehreif
unklar
4 vage, wirr
5 trueb
6 dubios, obskur, truebe
7 milchig, nebulos, ungenau
8 nebuloes
9 verworren
12 schleierhaft
14 undurchsichtig
Unklarheit
13 Verworrenheit
unklug
4 dumm
8 toericht
unkluge Frau
6 Toerin
unkompliziert
6 simpel

7 einfach, trivial
8 muehelos, primitiv
unkörperlich
11 immateriell
Unkosten
6 Spesen
7 Aufwand
8 Ausgaben, Auslagen
Unkraut
4 Rade
5 Lolch, Melde, Miere, Segge, Simse, Winde
6 Distel, Quecke, Trespe
7 Giersch
8 Erdrauch, Hederich, Kornrade
9 Gauchheil
10 Ackerwinde
11 Ochsenzunge
Unkrautvertilgungsmittel
8 Herbizid
unkultivierter ...
· **Mensch**
6 Barbar, Flegel, Ruepel
Unkundiger
4 Laie
7 Fremder
9 Dilettant
unlauter
6 unfair
9 unredlich
unleidlich
9 quengelig
unleserlich beschreiben
10 bekritzeln
unlogisch
6 absurd, falsch
7 abwegig, paradox
9 ungereimt
11 widersinnig
Unlust
9 Abneigung
10 Widerwille
11 Missbehagen
Unmaß
6 Unzahl
7 Myriade, Unmasse
unmäßig
6 gierig
13 unersaettlich
unmäßiges ...
· **Verlangen**
4 Gier
5 Manie
unmenschlich
7 inhuman
10 barbarisch
11 bestialisch
Unmenschlichkeit
8 Teufelei
unmerklich
6 latent
unmittelbar
6 direkt, sofort
7 spontan
unmittelbar danach
7 naechst
Unmodernes
5 Altes
Unmögliches
6 Unding, Utopie
8 Illusion
11 Widerspruch
12 Hirngespinst
unmündig
13 minderjaehrig
Unmut
6 Aerger
7 Unwille
8 Verdruss
10 Missfallen
11 Verstimmung
unnachgiebig
4 hart, stur
6 eisern, streng
7 rigoros
10 konsequent, stoerrisch
12 unerbittlich
unnachsichtig
4 hart
5 rigid
6 streng
12 schonungslos
Unnachsichtigkeit
7 Strenge
unnatürlich
7 geziert, pervers
10 manieriert
11 gekuenstelt
unnötig
11 entbehrlich
13 ueberfluessig
unnötig langer Weg
5 Umweg
unnützes ...
· **Zeug**
4 Kram, Tand
10 Brimborium
UNO-Generalsekretär
3 Ban, Lie
5 Annan, Ghali
6 U Thant
7 Cuellar
8 Waldheim
12 Boutros Ghali
13 Hammarskjoeld
14 Perez de Cuellar
UNO-Organisation
5 UNHCR
6 UNESCO
unordentlich
8 lodderig
9 schlampig, schludrig
unordentliche alte Frau
6 Vettel
unordentlicher ...
· **Mann**
9 Liederjan, Schlamper
Unordentlichkeit
10 Schluderei
11 Schlamperei
unoriginell
8 epigonal
10 eklektisch
11 einfallslos, fantasielos
12 phantasielos
Unpaarzeher
4 Esel, Muli
5 Pferd, Tapir, Zebra
6 Onager
7 Nashorn
8 Maulesel, Maultier
9 Wildpferd
10 Rhinozeros
unparteiisch
7 neutral
8 objektiv
9 blockfrei
10 unbefangen
13 unbeeinflusst
16 unvoreingenommen
Unparteiischer
7 Arbiter
14 Schiedsrichter
unpassend bekleidet
12 underdressed
unpassende Kombination
9 Stilbruch
unpassender Moment
6 Unzeit
unpässlich
5 malad
6 malade

10 kraenkelnd
12 angeschlagen, indisponiert
unpersönlich
6 anonym
8 sachlich
unpünktliches Eintreffen
11 Verspaetung
Unpünktlichkeit
8 Saeumnis
Unrast
4 Eile, Hast
5 Hetze
11 Nervositaet
13 Ruhelosigkeit
Unrat
5 Dreck, Muell
6 Abfall
7 Schmutz
8 Kehricht
unrealistisch
9 weltfremd
10 versponnen
Unrecht
4 Tort
6 Unbill
7 Injurie
unrechtmäßig
7 illegal
9 illegitim
12 gesetzwidrig
unredlich
7 illoyal
8 unlauter
unredliche Bevorzugung
9 Schiebung
unregelmäßig
10 episodisch, irregulaer, sporadisch
unreiner ...
· **Branntwein**
5 Fusel
· **Zucker**
5 Farin
unrichtig
5 irrig
6 falsch
9 inkorrekt
Unrichtigkeit
6 Fehler, Lapsus
Unrichtigkeit im Buch
11 Druckfehler
Unruhe
5 Angst, Laerm, Rumor, Sorge
6 Hektik, Rabatz, Tumult
7 Krawall
8 Spannung
9 Aufregung
11 Nervositaet
Unruhestifter
7 Stoerer
12 Stoerenfried
unruhig
5 emsig
6 erregt
7 gereizt, nervoes, rastlos
unruhiges Kind
13 Zappelphilipp
unsachlich
6 unfair
9 sachfremd, subjektiv
10 parteiisch
11 persoenlich
14 voreingenommen
unsachlicher Angriff
7 Polemik
unsauber
7 dreckig
9 schmierig, schmutzig
unschlüssig Handelnder
8 Zauderer
unschöne Hautdellen
9 Cellulite
unschöpferischer Nachahmer
7 Epigone
Unschuld
8 Reinheit
10 Keuschheit
Unschuldsnachweis
5 Alibi
unselbstständig
9 abhaengig
10 angestellt
unselig
12 ungluecklich
unser(e) ...
· **Erdteil**
6 Europa
· **Planet**
4 Erde
· **Staatsform**
10 Demokratie
· **Welt**
4 Erde
· **Zentralgestirn**
5 Sonne
· **Zuhause**
10 Elternhaus
unsicher
3 irr
4 vage
5 labil
6 dubios
10 schwankend
11 zweifelhaft
unsicher machen
10 irritieren
unsichtbare Wärmestrahlen
8 Infrarot
Unsinn
4 Kohl
5 Stuss, Unfug
6 Humbug
7 Mumpitz, Nonsens, Quatsch, Schnack
8 Kinderei, Larifari
10 Albernheit
Unsinn reden
6 faseln
unsinnig
7 abstrus, sinnlos
Unsinnigkeit
7 Idiotie
Unsitte
6 Laster
8 Untugend
unsittlich
8 verderbt
11 unmoralisch
unsterblich
4 ewig
13 immer waehrend
14 unvergaenglich
unsterblicher Schlager
9 Evergreen
Unsterbliches
5 Seele
Unstern
8 Desaster
unstet
5 labil
7 rastlos, unruhig
11 flatterhaft
12 unbestaendig
unstetes Wesen
13 Ruhelosigkeit
Unstimmigkeit
5 Zwist
6 Streit
9 Differenz, Dissonanz
10 Diskrepanz
12 Inkonsistenz

unstofflich
5 ideal
6 ideell
11 immateriell
unsympathisch
4 fies
10 abstossend
untadeliges Wesen
10 Lauterkeit
Untat
6 Frevel, Greuel
7 Graeuel
8 Verstoss
10 Verbrechen
untätig
4 faul
5 inert
6 passiv, traege
7 schlaff
12 teilnahmslos
Untätigkeit
11 Muessiggang
12 Inaktivitaet
Unteilbares
4 Atom
5 Seele
6 Monade
unter ...
· **Drogen stehend**
4 high
· **fremdem Namen**
9 inkognito
· **keinen Umständen**
7 niemals
· **Umständen**
9 eventuell
unter(e, er, es) ...
· **Dachkante**
6 Traufe
· **Ende des Rumpfes**
6 Steiss
· **Hirnanhang**
9 Hypophyse
· **Juraabteilung**
4 Lias
· **Tabellenbereich**
12 Abstiegszone
Unterarmknochen
4 Elle
7 Speiche
Unterbau
5 Basis
6 Sockel
9 Fundament, Grundlage, Postament
11 Saeulenfuss
12 Untergestell
Unterbau ...
· *bei* **Kraftfahrzeugen**
7 Chassis
11 Fahrgestell
Unterbrechung
5 Pause
8 Stockung, Stoerung
Unterbrechung beim Fußball
8 Halbzeit
unterdrückend
9 repressiv
Unterdrücker
6 Despot, Tyrann
8 Diktator
unterdrückter Ärger
5 Groll
Unterdrückung
6 Terror
9 Knechtung
10 Repression
Untereinheit des US-Dollar
4 cent
Unterentwicklung
11 Hypotrophie
Unterführung
6 Tunnel
Untergang
4 Fall
6 Sinken
7 Verfall
11 Vernichtung, Zerstoerung
Untergangsgefahr für Schiffe
6 Seenot
Untergebene
7 Gesinde
8 Personal
10 Untertanen
untergeordnet
8 inferior
9 subaltern
Untergeschoss
6 Keller
10 Souterrain
Untergestell
6 Sockel
Untergestell der Geschütze
7 Lafette
Untergrund
5 Boden
9 Fundament
12 Illegalitaet
Untergrundbahn ...
· *in* **New York**
12 Metropolitan
· *in* **Paris**
5 Metro
Untergrundkämpfer
10 Guerillero
unterhaltend
7 spassig
8 amuesant
Unterhalter
10 Showmaster
11 Entertainer
unterhaltsame Vorführung
4 Show
unterhaltsamer ...
· **Zeitvertreib**
5 Spiel
10 Amuesement
Unterhaltsbeiträge
8 Alimente
Unterhaltszahlung
8 Alimente
Unterhaltung
5 Kloen, Spiel
7 Diskurs, Schwatz
9 Gespraech, Plauderei
12 Konversation
Unterhaltung beim Essen
14 Tischgespraech
Unterhaltungs- und Kulturteil der Zeitung
10 Feuilleton
Unterhaltungsansager
12 Conferencier
Unterhaltungsliteratur
12 Belletristik
Unterhaltungssendung
4 Quiz
8 Talkshow
9 Ratespiel
Unterhändler
11 Mittelsmann
12 Parlamentaer
Unterhändlerin
10 Abgesandte
11 Beauftragte
Unterhautentzündung
8 Furunkel
Unterhose
4 Slip
10 Schluepfer
unterirdisch(e, er, es) ...
· **Abfluss der Donau**
4 Aach

· **Gang**
7 Stollen
· **Gefängnis**
7 Verlies
· **Gewölbe**
6 Grotte, Hoehle
· **Grabgewölbe**
9 Katakombe
· **Höhlung**
7 Kaverne
· **Kirchenraum**
6 Krypta
· **Schutzraum**
6 Bunker
· **Straße**
6 Tunnel
· **Weg**
6 Tunnel

Unterkleid
5 Jupon
9 Petticoat, Unterrock

Unterkunft
4 Asyl
5 Hotel, Lager, Logis, Motel
6 Bleibe, Obdach
8 Quartier, Zuflucht
15 Absteigquartier

Unterkunft ...
· *in* **der Wüste**
12 Karawanserei
· *für* **Vierbeiner usw.**
8 Tierasyl
· *für* **Wanderer**
8 Herberge

Unterlage
5 Basis, Beleg, Matte
8 Dokument, Substrat
9 Fundament, Grundlage, Postament

Unterlage ...
· *für* **Babys**
8 Lammfell
· *für* **Gebäck**
6 Oblate
· *beim* **Schiffsbau**
6 Stapel

U

Unterlassung
11 Versaeumnis

Unterlegener
9 Verlierer

Unternehmen
4 Werk
5 Firma
6 Fabrik
7 Betrieb
8 Institut, Kommando
9 Exkursion, Geschaeft, Operation
10 Expedition
11 Institution

Unternehmenszusammenschluss
5 Trust
6 Fusion
7 Kartell, Konzern

Unternehmer
7 Manager
9 Fabrikant, Produzent
11 Arbeitgeber

Unternehmung
3 Tat
6 Aktion
8 Handlung
11 Unterfangen

Unternehmungsgeist
4 Elan, Mumm
5 Eifer
7 Energie, Schwung

Unternehmungslust
7 Wagemut
10 Tatendrang

unternehmungslustig
4 agil
5 aktiv
9 dynamisch, umtriebig

Unteroffizier
4 Maat
8 Korporal, Sergeant
9 Bootsmann, Feldwebel

Unterordnung
8 Gehorsam
9 Anpassung
13 Subordination

Unterredung
6 Disput
7 Debatte
9 Gespraech, Interview
10 Diskussion

Unterricht
4 Kurs
6 Kolleg, Kursus
7 Lektion
8 Lehrgang
9 Vorlesung

unterrichten
9 mitteilen
15 benachrichtigen

Unterrichtender
6 Dozent, Lehrer

Unterrichtsanstalt
6 Schule
8 Institut, Internat
9 Gymnasium
10 Fachschule, Hochschule
12 Universitaet
15 Volkshochschule

Unterrichtsfach
5 Lesen
7 Rechnen

Unterrichtsgegenstand
5 Thema
6 Pensum

Unterrichtslehre
8 Didaktik, Methodik

Unterrichtsmittel
8 Lehrbuch

Unterrichtsstunde
7 Lektion

Unterrichtsteilnehmer
7 Student
8 Schueler

Unterrichtsübersicht
8 Lehrplan

Unterrichtung
9 Belehrung
10 Mitteilung
11 Information
12 Orientierung

untersagen
9 verbieten

Untersagung
6 Verbot
12 Interdiktion

Unterscheidungsmerkmal
7 Merkmal
9 Kriterium
16 Charakteristikum

Unterschenkelknochen
9 Wadenbein
10 Schienbein

Unterschied
6 Spanne
7 Abstand
8 Kontrast
9 Differenz, Divergenz
15 Verschiedenheit

Unterschiedsbetrag
5 Saldo

Unterschlupf ► Unterkunft

Unterschrift
8 Federzug, Signatur
9 Autogramm, Namenszug
10 Signierung

Unterschriftskürzel
7 Paraphe
Unterschriftskürzel für Prokura
3 ppa
unterseeisch
8 submarin
untersetzt
6 bullig
8 pyknisch, staemmig
9 gedrungen
unterst(e, er, es) ...
· **Bahnhof einer Seilbahn**
10 Talstation
· **Offiziersrang**
8 Leutnant
· **politische Verwaltungseinheit**
7 Kommune
Unterstand
6 Bunker, Graben
9 Kasematte
Unterstellraum
3 Box
5 Stall
6 Garage, Remise
8 Schuppen
unterstützen
9 ermutigen
10 bestaerken
Unterstützung
5 Hilfe
8 Beihilfe, Beistand
9 Assistenz
10 Foerderung, Subvention
Unterstützung einer Straftat
8 Hehlerei
Unterstützungsgeld ...
· *für* **Bedürftige**
11 Sozialhilfe
· *für* **Studenten**
10 Stipendium
Untersucher
6 Tester
7 Pruefer
Untersuchung
7 Analyse, Enquete
9 Recherche
11 Exploration, Inquisition
Untersuchungsergebnis
6 Befund
8 Diagnose
Untertagearbeiter
8 Bergmann
Untertagebetrieb
5 Zeche
8 Bergwerk
Untertan Attilas
5 Hunne
untertänig
5 devot
7 ergeben, folgsam, fuegsam
11 ehrerbietig
Untertreibung
14 Understatement
untervermietbare Räumlichkeit
16 Einliegerwohnung
Unterwäsche
7 Dessous, Waesche
10 Trikotagen
Unterwäschestück
4 Hemd, Slip
5 Jupon
6 Mieder
7 Korsett
Unterwasserarbeiter
7 Taucher
Unterwasserfahrzeug
5 U-Boot
Unterwasserfelsen
4 Riff
Unterwassergeschoss
7 Torpedo
Unterwasserortungsgerät
5 Sonar
Unterwassersport
7 Tauchen
Unterweisung
5 Lehre
9 Anleitung
10 Unterricht
11 Instruktion
Unterwelt
3 Hel
5 Hades, Orkus
6 Erebos, Erebus, Hoelle
7 Inferno
8 Halbwelt, Jenseits, Tartaros, Tartarus
9 Demimonde
10 Totenreich
13 Schattenreich
Unterwelt ...
· *der* **griechischen Sage**
5 Hades
6 Erebus
· *der* **römischen Sage**
5 Orkus
Unterweltfluss
4 Styx
5 Lethe
7 Acheron
8 Eridanus
Unterweltgöttin der alten Griechen
6 Hekate
Unterwerfung
8 Ergebung
9 Uebergabe
12 Auslieferung, Kapitulation
15 Waffenstreckung
unterwürfig
5 devot
6 servil
7 ergeben, submiss
8 demuetig
unterwürfiger Mensch
8 Kriecher
Unterwürfigkeit
5 Demut
Unterzeichnung
6 Signum
10 Signierung
13 Ratifizierung
untief
5 flach
6 seicht
Untiefe
4 Watt
5 Barre, Syrte
8 Sandbank
Untier
5 Biest
6 Bestie
8 Monstrum
9 Ungeheuer
untreu
6 perfid
7 perfide
10 abtruennig
Untreue
7 Felonie
9 Treubruch
11 Perfiditaet
Untreue von Verheirateten
8 Ehebruch
Untugend ► Unsitte
untunlich
10 inopportun

unüberlegt
7 kopflos, spontan
10 unbesonnen
Unübertreffbares
7 Optimum
12 Nonplusultra
unumschränkt
7 absolut
9 souveraen
10 ganz und gar
unumschränkter ...
· **Herrscher**
6 Despot, Tyrann
8 Diktator
unumwunden
10 rundheraus
ununterbrochen
6 zuegig
7 dauernd
8 staendig
9 jederzeit, permanent
13 unaufhoerlich
unveränderlich
6 stabil
8 konstant
9 stereotyp
10 invariabel
unveränderliche Größe
9 Konstante
unverarbeitetes Material
8 Rohstoff
unverbesserlicher Nörgler
9 Querulant
unverbildet
10 natuerlich
unverbindliche Höflichkeitsform
5 Geste
unverblümt
4 klar
5 offen
6 direkt
unverbraucht
3 neu
6 frisch
unverdächtig
7 astrein, koscher
unverdiente Milde
5 Gnade
unverdientes Glück
5 Dusel
unverdorben
6 lauter
8 makellos

unverdünnt
3 pur
unvereinbar
8 disparat, kontraer
14 gegensaetzlich
15 inkommensurabel
16 widerspruechlich
unverfälscht
3 pur
4 echt, rein, WAHR
6 genuin, lauter
unverfeinert
3 roh
Unverfrorenheit
9 Frechheit
12 Dreistigkeit
Unvergessenes
10 Erinnerung
unvergleichbar
15 inkommensurabel
unvergorener Obstsaft
4 Most
unverheiratet
5 ledig
6 ehelos
Unverheiratete
6 Ledige
unverheiratete Gräfin
8 Komtesse
Unverheirateter
9 Hagestolz
11 Junggeselle
unverholzte Pflanze
5 Kraut
unverkauftes Buch
10 Remittende
unverkennbar
7 typisch
9 praegnant
unverletzlich
4 tabu
5 immun
10 sakrosankt
unverletzt
4 ganz, heil
6 gesund, intakt
7 integer
10 unversehrt
unvermeidlich
7 obligat
9 notwendig
13 obligatorisch
unvermischt
4 echt, rein
6 lauter
8 gediegen
unvermittelt
4 akut, jaeh
6 abrupt, bruesk
10 ploetzlich
unvermittelt auftretend
4 akut
Unvermögen
12 Unfaehigkeit
unvermögend
3 arm
5 elend
unvernünftig
4 dumm
8 geistlos, toericht
unverpackt
4 lose
5 offen
unverschämt
5 frech
6 dreist
11 impertinent
14 herausfordernd
unverschlossen
5 offen
unversehrt ► unverletzt
Unversehrtheit
11 Integritaet
Unversöhnlichkeit
4 Hass
unverständig
4 dumm
8 ignorant
unverträglich
12 inkompatibel
unverzagt
5 mutig
6 tapfer
9 standhaft
10 beharrlich
unverzüglich
6 direkt, gleich, prompt, sofort
8 umgehend
11 postwendend
14 augenblicklich
Unvollendetes
5 Torso
8 Fragment
unvollkommen
4 halb
7 geteilt
unvollständige Statue
5 Torso

unvorbereitete ...
- **Rede**
  8 Stegreif
  9 Extempore

Unvorbereitetsein
16 Ahnungslosigkeit

unwägbar
12 imponderabel

unwahre ...
- **Geschichte**
  12 Jaegerlatein, Seemannsgarn

Unwahrheit
5 Luege
6 Betrug
9 Schwindel

unweit
3 nah

Unwetter in der Wüste
9 Sandsturm

unwichtig
5 banal
7 trivial
9 belanglos
10 irrelevant

unwiderlegbares Argument
6 Beweis

unwiderruflich letzte Aufforderung
9 Ultimatum

unwiderstehlicher ...
- **Drang**
  5 Trieb
- **Reiz**
  6 Zauber

Unwille
5 Unmut
6 Aerger
8 Verdruss
11 Verstimmung

unwillig
9 abgeneigt, muerrisch
10 aergerlich, indigniert

unwillkürlich
7 spontan
10 instinktiv, mechanisch
11 automatisch

unwillkürliche ...
- **Muskelkontraktion**
  6 Krampf
  7 Spasmus
- **Reaktion**
  6 Reflex

unwirklich
5 ideal
6 ideell, irreal
8 abstrakt, utopisch
9 imaginaer
10 spirituell
11 illusorisch

Unwirklichkeit
6 Utopie
8 Illusion, Trugbild
12 Hirngespinst

unwirksam
7 nichtig
9 ungueltig

unwirtlich
3 rau
4 rauh
8 unbequem
12 ungemuetlich

unwissend
4 dumm
8 ignorant
10 ahnungslos

Unwissenheit
7 Agnosie
8 Ignoranz

unwohl
4 mies
5 uebel
8 schlecht

Unwohlsein
9 Uebelkeit
15 Unpaesslichkeit

Unzahl
6 Legion
7 Myriade

unzeitgemäße Einstellung
13 Anachronismus

Unzucht
6 Inzest

unzüchtig
7 obszoen, pervers
9 sittenlos
11 unmoralisch

unzufriedener Mensch
8 Noergler

unzufriedenes Gebrumme
7 Gemurre

unzugänglich
7 finster, trotzig
12 verschlossen

unzulänglich
12 insuffizient

unzureichendes Ersatzmittel
9 Notbehelf

unzusammenhängend
11 inkohaerent

unzuständig
11 inkompetent

unzuverlässig
5 labil
9 inkorrekt
10 schwankend
11 flatterhaft
12 inkonsequent, wankelmuetig

unzweideutig
4 klar
7 praezis
9 eindeutig

unzweifelhaft
6 sicher
9 eindeutig
11 feststehend

Upper ...
- **Ten**
  10 Hautevolee
  11 Oberschicht
  12 High Society

üppig
6 barock
7 opulent
9 luxurioes, redundant
10 lukullisch
14 ueberreichlich

üppig leben
9 schwelgen

üppige blühende Hängepflanze
10 Rachenrebe

üppiges Gelage
9 Bacchanal

Üppigkeit
7 Opulenz
13 Verschwendung

uralte Erzählung
4 Sage

uralter Bericht
4 Maer

Uranofen
6 Meiler

Uranusmond
5 Ariel
6 Oberon
7 Miranda, Titania, Umbriel

Uraufführung
8 Premiere

urban
10 staedtisch

urbar machen
5 roden

Urbevölkerung Europas
6 Kelten
Urbild
6 Muster, Urform
7 Vorbild
8 Original, Prototyp
10 Archetypus
urchristlicher Missionar
8 Barnabas
Urdeutscher
7 Germane
Ureinwohner ...
· **Amerikas**
5 Indio
8 Indianer
· **Australiens**
9 Aborigine
· **Ceylons**
5 Wedda
· **Deutschlands**
8 Germanen
· *von* **Feuerland**
3 Ona
· **Frankreichs**
7 Gallier
· **Indiens**
5 Hindu
· **Italiens**
8 Italiker
· **Japans**
4 Ainu
· **Mexikos**
7 Azteken
· *von* **Neuguinea**
5 Papua
· *von* **Neuseeland**
5 Maori
· **Neuseelands**
5 Maori
· *der* **Philippinen**
4 Aeta
· **Schottlands**
6 Pikten, Skoten
· **Spaniens**
6 Iberer
· *der* **Südseeinseln**
6 Kanake
· *von* **Westeuropa**
5 Kelte
6 Kelten
Ureinwohnerin Amerikas
10 Indianerin
Urfassung ▶ Urtext
Urform ▶ Urbild
Urgeschichte
7 Vorzeit
Urgestalt
5 Typus
Urgrund
7 Prinzip
Urheber
5 Autor
8 Gruender
9 Anstifter, Initiator, Verfasser
Urheberin
7 Autorin
11 Verfasserin
Urheberrecht ▶ Urheberschutz
Urheberschutz
6 Patent
9 Copyright
Urin
4 Harn
Urinal
9 Nachttopf
Urkanton ...
· *der* **Schweiz**
3 Uri
6 Schwyz
11 Unterwalden
Urkontinent
8 Gondwana
Urkunde
4 Akte
5 Bulle
6 Charta
8 Dokument
Urkundenlehre
10 Diplomatik
Urkundensammlung
6 Archiv
8 Regesten
Urkundsbeamter
5 Notar
14 Standesbeamter
Urkundsbehörde
10 Standesamt
Urkundsjurist
5 Notar
Urlaub
6 Ferien
8 Erholung
Urlauber
4 Gast
7 Tourist
Urlaubsmitbringsel
13 Reiseandenken
Urlaubsreisender
7 Tourist
Urlaubssport
6 Segeln, Surfen
7 Wandern
11 Bergsteigen
Urlaubsunternehmung
5 Reise
Urlaubszeit
6 Ferien
Urmasse
5 Chaos
Urmutter
3 Eva
Urnenhalle
11 Kolumbarium
Ursache
5 Grund, Motiv
6 Anlass
10 Beweggrund, Motivation
ursächlich
6 kausal
Ursächlichkeit
11 Kausalitaet
Urschrift ▶ Urtext
Ursprung
4 Keim
6 Anfang, Beginn, Quelle
8 Herkunft
9 Keimzelle
10 Abstammung, Entstehung, Schoepfung
13 Ausgangspunkt
ursprünglich
6 genuin
7 primaer
8 original
9 angeboren, originaer
Ursprünglichkeit
13 Originalitaet
Urstoff
6 Aether
7 Element, Materie
Urteil
5 Votum
6 Kritik, Spruch
7 Sentenz, Verdikt
8 Ermessen
9 Rezension
12 Entscheidung
13 Richterspruch, Schiedsspruch
Urteilsaufhebung
9 Kassation

Urteilsvollstreckung
9 Exekution
Urtext
8 Original
10 Manuskript
Urtierchen
6 Amoebe, Sporen
8 Protozoe
9 Einzeller
urtümlich
4 urig
7 komisch
8 primitiv
9 originaer
urtümliche Pflanze
4 Alge
uruguayische ...
· **Münze**
4 Peso
9 Centesimo
Urvater
4 Adam
Urvater im alten Testament
4 Noah
Urvolk ...
· *von* **Neuguinea**
5 Papua
6 Papuas
Urwald ...
· *in* **Südamerika**
6 Hylaea, Selvas
Urwaldgebiet Sibiriens
5 Taiga
Urwaldgiraffe
5 Okapi
Urwaldpflanze
5 Liane
urweltliches ...
· **Kriechtier**
7 Saurier
· **Rüsseltier**
8 Stegodon
Urwelttier
6 Mammut
7 Saurier
11 Dinosaurier
urwüchsiger ...
· **Kerl**
12 Naturbursche
· **Mensch**
7 Urviech
Urzeit
7 Vorzeit
13 Vorgeschichte
urzeitliches Meer
6 Tethys
Urzeitreptil
7 Saurier
Urzeugung
11 Plasmogonie
urzuständlich
8 primitiv
US-...
· **Amerikaner**
3 Ami
6 Yankee
· **Außenministerium**
16 State Departement
· **Filmpreis**
5 Oscar
· **Flagge**
13 Sternenbanner
· **Geheimdienst** (Abkürzung)
3 CIA
· **Goldmünze**
5 Eagle
· **Nachkriegshilfe**
12 Marshallplan
· **Normungsinstitut**
4 ANSI
· **Polizist zu Pferde**
6 Ranger
· **Raumfahrtbehörde**
4 NASA
· **Soldatensender**
3 AFN
· **Vollzugsbeamter**
7 Sheriff
Usance ► Usus
Usus
5 Sitte
6 Brauch
10 Gewohnheit
13 Gepflogenheit
Utensil ...
· *für* **den Geographie-Unterricht**
9 Wandkarte
· *für* **die Katzenhaltung**
9 Kratzbaum
· *für* **ein Aufgussgetränk**
7 Teesieb
· *zum* **Nähen**
5 Nadel
· *für* **Raucher**
6 Ascher
Utopia
9 Traumland
Utopie
6 Vision
8 Illusion
10 Wunschziel
utopische Maschine
15 Perpetuum mobile
Utopist
7 Fantast
8 Phantast
10 Schwaermer

V

Vademekum
8 Ratgeber
9 Leitfaden
Vagabund
5 Tramp
6 Penner
7 Gammler, Strolch, Stromer
8 Clochard
12 Tippelbruder, Trebegaenger
13 Landstreicher
14 Stadtstreicher
vage
6 unklar
10 unbestimmt
vakant
4 frei
5 offen
9 unbesetzt
Vakat
9 Leerseite
Vakuum
5 Leere
6 Nichts
9 Luftleere
Vampir
7 Dracula
8 Gespenst
10 Blutsauger, Fledermaus

Vandalenherrscher
7 Gelimer, Wisumer
9 Geiserich
Vandalismus
15 Zerstoerungswut
Vanilleersatz
8 Vanillin
variabel
9 wandelbar
13 veraenderlich
Variante
5 Abart
6 Lesart, Nuance
8 Spielart, Wandlung
9 Spielform
10 Abwandlung
12 Umgestaltung, Veraenderung
15 Verschiedenheit
Varieté
5 Revue
12 Tingeltangel
Varietékunst
8 Artistik
Varietékünstler
5 Clown
6 Artist
7 Akrobat
8 Zauberer
Vasall Gunthers
5 Hagen
Vater der, des, von ...
· **Abel**
4 Adam
· **Absalom**
5 David
· **Achill**
6 Peleus
· **Agamemnon**
6 Atreus
· **Aida**
8 Amonasro
· **Ajax**
7 Telamon
· **Andromeda**
7 Cepheus
· **Antigone**
7 Oedipus
· **Apollo**
4 Zeus
7 Jupiter
· **Ares**
4 Zeus
· **Artemis**
4 Zeus
· **Athene**
4 Zeus
· **Bacchus**
4 Zeus
7 Jupiter
· **Baldur**
4 Odin
5 Wodan, Wotan
· **Benjamin**
5 Jacob
· **Castor**
4 Zeus
· **Ceres**
6 Saturn
· **Circe**
6 Helios
· **David**
4 Isai
· **Demeter**
6 Kronos
· **Diana**
7 Jupiter
· **Dione**
6 Uranos
· **Dionysos**
4 Zeus
· **Elektra**
9 Agamemnon
· **Esau**
5 Isaak
· **Fatima**
8 Mohammed
· **Galatea**
6 Nereus
· **Geschichtsschreibung**
7 Herodot
· **Hades**
6 Kronos
· **Ham**
4 Noah
· **Hannibal**
8 Hamilkar
· **Hebe**
4 Zeus
· **Hektor**
7 Priamos
· **Helena**
4 Zeus
· **Helios**
8 Hyperion
· **Hephästos**
4 Zeus
· **Hera**
6 Kronos
· **Herakles**
4 Zeus
· **Herkules**
7 Jupiter
· **Hermes**
4 Zeus
· **Hermione**
8 Menelaos
· **Hestia**
6 Kronos
· **Horus**
6 Osiris
· **Ikarus**
8 Daedalos, Daedalus
· **Iphigenie**
9 Agamemnon
· **Isaak**
7 Abraham
· **Ismael**
7 Abraham
· **Jakob**
5 Isaak
· **Japhet**
4 Noah
· **Joseph**
5 Jakob
· **Juno**
8 Saturnus
· **Jupiter**
8 Saturnus
· **Kain**
4 Adam
· **Kalliope**
4 Zeus
· **Kassandra**
7 Priamos, Priamus
· **Kastor**
4 Zeus
· **Kirchenliedes**
9 Ambrosius
· **Kirke**
6 Helios
· **Kronos**
6 Uranos
· **Landsknechte**
10 Frundsberg
· **Lea**
5 Laban
· **Libertas**
7 Jupiter
· **Lohengrin**
8 Parsifal, Parzival
· **Mars**
7 Jupiter

· **Menelaos**
6 Atreus
· **Menschheit**
4 Adam, Manu
· **Minos**
4 Zeus
· **Mnemosyne**
6 Uranos
· **Mönche**
8 Antonius
· **Neptun**
6 Saturn
· **Niobe**
8 Tantalos
· **Odysseus**
7 Laertes
· **Oedipus**
5 Laios
· **Orestes**
9 Agamemnon
· **Orkus**
6 Saturn
· **Paris**
7 Priamos, Priamus
· **Perseus**
4 Zeus
· **Pluton**
6 Kronos
· **Pollux**
4 Zeus
· **Poseidon**
6 Kronos
· **Proserpina**
7 Jupiter
· **Rahel**
5 Laban
· **Rhea**
6 Uranos
· **Salomo**
5 David
· **Saturn**
6 Uranos
· **Selene**
8 Hyperion
· **Sem**
4 Noah
· **Semele**
6 Kadmos
· **Seth**
4 Adam
· **Siegfried**
8 Siegmund
· **Telemach**
8 Odysseus
· **Tethys**
6 Uranos
· **Theater**
7 Thespis
· **Thor**
4 Odin
5 Wodan, Wotan
· **Thusnelda**
8 Segestes
· **Titanen**
6 Uranos
· **Tyr**
4 Odin
5 Wodan, Wotan
· **Vesta**
8 Saturnus
· **Vulcanus**
7 Jupiter
· **Zeus**
6 Kronos
· **Zyklopen**
6 Uranos
Vater und Mutter
6 Eltern
Vaterherrschaft
► Vaterrecht
Vaterland
6 Heimat
vaterländisch
8 national
11 patriotisch
15 nationalistisch
vaterländisches Lied
13 Nationalhymne
Vaterlandsfreund
7 Patriot
Vaterlandsliebe
12 Patriotismus
väterlicher Lehrmeister
6 Mentor
Vatermörder
6 Kragen
10 Hemdkragen
Vaterrecht
11 Patriarchat
Vatertag
11 Himmelfahrt
Vegetarier
11 Rohkoestler
vegetarisches Kochen
12 Gruenekueche
Vegetationsinsel
4 Oase
Vegetationstypus
5 Heide
Veilchen
5 Viola, Viole
Veilchenart
16 Stiefmuetterchen
veilchenfarbig
7 violett
Veitstanz
6 Chorea
9 Epilepsie, Fallsucht
Venenentzündung
9 Phlebitis
venezianisch(e, er, es) ...
· **Admiral**
3 Emo
· **Boot**
6 Gondel
· **Brücke**
6 Rialto
· **Forschungsreisender**
9 Marco Polo
· **Geschlecht**
7 Dandolo
· **Goldmünze**
7 Zechine
· **Gondelführer**
10 Gondoliere
· **Gondellied**
9 Barcarole, Barkarole
· **Kanal**
11 Canal Grande
· **Kupferstecher**
7 Mocetto
· **Maler**
5 Lotto, Palma
6 Piombo, Tizian
7 Bellini, Tiepolo
8 Crivelli, Veronese
9 Carpaccio, Giorgione
10 Tintoretto
· **Titel**
4 Doge
· **Vorstadt**
6 Mestre
8 Marghera
venezolanische ...
· **Münze**
7 Bolivar, Centimo
venezolanischer Freiheitskämpfer
7 Bolivar
Ventilation
8 Lueftung
Ventilator
12 Winderzeuger

Venuspriesterin
4 Hero
verabredetes Zeichen
6 Signal
Verabredung
4 Date
6 Dating, Termin
7 Meeting, Treffen
10 Rendezvous
12 Stelldichein
Verabschiedung
10 Entlassung, Suspension
verächtlich
5 infam
6 ehrlos
7 zynisch
14 despektierlich
verächtlich für ...
· **Frau**
4 Weib
· **Gesicht**
6 Visage
· **Hund**
5 Toele
6 Koeter
· **Mann**
3 Typ
4 Kerl
· **Pferd**
4 Gaul
5 Zosse
7 Klepper
· **Tier**
5 Biest
verächtlicher ...
· **Ausruf**
3 buh
4 pfui
Verachtung
7 Abscheu
veraltet
3 out
5 passé
6 passee
8 unmodern
10 altmodisch, antiquiert
veraltet für ...
· **Abbild**
9 Konterfei
· **abwesend**
6 absent
· **Adel**
8 Noblesse
· **Ameise**
4 Emse
· **Amtsbote**
6 Weibel
· **Anspruch**
3 Fug
· **Anstand**
6 Dezenz
· **Anwalt**
7 Advokat
· **Banner**
6 Panier
· **Barbier**
5 Bader
· **bäuerlicher Alleinerbe**
6 Anerbe
· **bequem**
6 kommod
· **bescheiden**
6 modest
· **Besuch**
6 Visite
· **Bienenzüchter**
7 Zeidler
· **Bittgesuch**
7 Supplik
· **Bosheit**
6 Malice
· **Bürgersteig**
8 Trottoir
· **Bursche**
9 Juengling
· **Chirurg**
8 Wundarzt
9 Feldscher
· **Cousine**
4 Base
· **Damenzimmer**
7 Boudoir
· **Diele**
6 Entree
· **ebenso**
4 item
· **Edelgas**
5 Niton
· **ehrbar**
7 honorig
· **eilig**
8 pressant
· **Erzieherin**
5 Bonne
· **Fahrrad**
9 Veloziped
· **Feindschaft**
5 Fehde
· **Fernrohr**
5 Tubus
· **Festung**
5 Feste
· **Flugzeug**
8 Aeroplan
· **Freund**
8 Gevatter
· **Friseur**
5 Bader
7 Barbier
· **früher**
7 weiland
· **Furchtgefühl**
5 Graus
· **Gerichtsangestellter**
6 Aktuar
· **Gewürzware**
8 Spezerei
· **Grenzsteine**
6 Termen
· **Grundbesitzer**
5 Sasse
· **Gutsbetrieb**
7 Meierei
· **Gutspächter**
5 Meier
· **Handlungsgehilfe**
6 Kommis
· **Hauspersonal**
7 Gesinde
· **immer**
4 stet
· **Intrige**
6 Kabale
· **jetzt**
4 itzo, itzt
5 anhin, jetzo
· **junger Knecht**
3 Enk
· **Junggeselle**
9 Hagestolz
· **Kaufmannsfrau**
9 Kraemerin
· **Kirchenamt**
6 Pfarre
· **Kirchendiener**
6 Mesner
7 Messner
· **Kneifer**
8 Pincenez
· **Kunde**
4 Maer
· **Kusine**
4 Base
· **Lebensmittel**
10 Viktualien

· **Lehrherr**
9 Prinzipal
· **Lehrling**
5 Stift
· **Liebe**
5 Minne
· **Mädchen**
4 Maid
· **Musikant**
9 Spielmann
· **Nummer**
6 Numero
· **Onkel**
5 Oheim
· **Orient**
10 Morgenland
· **Pilger**
7 Pilgrim
· **Prozession**
6 Umgang
· **Rachsucht**
8 Rankuene
· **Ränkespiel**
6 Kabale
· **Reifrock**
9 Krinoline
· **Rentner**
7 Rentier
9 Privatier
· **Rückzug**
8 Retirade
· **Salatschüssel**
9 Salatiere
· **Schauspieler**
4 Mime
· **Schnellzug**
7 Express
· **Schrecken**
5 Graus
· **Schwiegersohn**
5 Eidam
· **Straßenbahn**
4 Tram
· **Streifwache**
5 Ronde
· **Tabak**
5 Tobak
· **Tischdecke**
5 Tapet
· **Trost**
6 Labsal
· **Türke**
6 Osmane
· **Unglück**
7 Malheur
· **Uniform**
6 Montur
· **unverheiratete Frau**
7 Jungfer
· **Urkunde**
9 Handfeste
· **Verwundung**
7 Blessur
· **Vormundschaft**
7 Kuratel
· **Vornehmheit**
8 Noblesse
· **Vorrang**
9 Prinzipat
· **wahrhaft**
9 veritabel
· **Wegzehrung**
8 Viatikum
· **Wehgeschrei**
5 Zeter
· **Witwe**
7 Witfrau
· **Witwer**
7 Witmann
· **Wunder**
7 Mirakel
· **Zeitung**
7 Gazette
veraltet(e, er, es) ...
· **Anlage zum Mahlen**
10 Windmuehle
· **Flächenmaß**
6 Morgen
· **Getreidemaß**
6 Malter
· **Holzraummaß**
4 Ster
· **Längenmaß**
4 Elle
5 Meile
7 Klafter
· **Tanz**
5 Polka, Rondo
6 Cancan, Galopp, Reigen
7 Menuett
8 Laendler
12 Rheinlaender
· **Wärmemengenmaß**
8 Kalorien
· **Wasserfahrzeug**
10 Raddampfer
· **Zeitmesser**
7 Sanduhr
veraltet: ...
· **Margarine**
14 Pflanzenbutter
· **Petersilie**
11 Steineppich
· **schickes Accessoire**
8 Modeware
veränderlich
5 labil
8 flexibel, variabel
veränderliche ...
· **Größe**
8 Variable
9 Parameter
Veränderung
5 Wende
6 Wandel
8 Mutation
9 Variation
12 Modifikation
verankertes ...
· **Seezeichen**
4 Boje
5 Tonne
Veranlagung
6 Anlage, Talent
7 Eignung
8 Naturell
9 Charakter
10 Faehigkeit
11 Temperament
Veranlasser
9 Initiator
Veranlassung
5 Grund, Motiv
7 Anstoss
10 Motivation
Veranschaulichung
12 Illustration
Veranstalter
7 Manager
8 Promoter
11 Organisator
verantwortungslos
12 leichtsinnig
Veräußerung
7 Verkauf
Verb
6 Tuwort
8 Zeitwort
15 Taetigkeitswort
Verband
4 Bund, Liga
5 Union
6 Verein

7 Bandage
9 Kompresse
12 Gemeinschaft, Organisation
15 Zusammenschluss
Verband ... (Abkürzung)
· *für* **Arbeitsstudien**
4 Refa
· *von* **Flugzeugen**
10 Geschwader
· *von* **Schiffen**
6 Flotte
· *von* **Weinbauern**
20 Winzergenossenschaft
Verbandmaterial
4 Gaze, Mull
5 Binde, Watte
8 Pflaster
12 Heftpflaster
Verbandmull
4 Gaze
verbannen
7 aechten
10 ausstossen
11 deportieren
Verbannung
4 Exil
10 Ausweisung
11 Vertreibung
Verbannungsort ...
· **Napoleons**
4 Elba
12 Sankt Helena
Verbarrikadierung
5 Zubau
verbergen
6 tarnen
9 maskieren
10 kaschieren
Verbesserer
8 Reformer
Verbesserung
6 Reform
8 Retusche
9 Korrektur
Verbeugung
5 Kotau
6 Diener
8 Reverenz
9 Bueckling, Kratzfuss
verbinden
7 koppeln
verbindlich
7 obligat
9 definitiv
10 konziliant
13 obligatorisch
15 entgegenkommend
verbindliche ...
· **Abmachung**
7 Vertrag
8 Kontrakt
Verbindlichkeit
6 Obligo
10 Konzilianz, Obligation
Verbindlichkeiten
7 Passiva
8 Schulden
Verbindung
4 Bund, Naht, Niet
5 Corps, Korps, Nexus, Union
6 Konnex, Textur
7 Allianz, Kontakt, Liaison
8 Kopplung, Kupplung, Synthese
9 Koppelung
11 Assoziation, Kombination, Korporation, Vereinigung
13 Kommunikation
14 Burschenschaft
Verbindung ...
· *zwischen* **Embryo und Mutterkuchen**
11 Nabelschnur
· *zwischen* **Muskel und Knochen**
5 Sehne
· **politischer Maßnahmen**
7 Junktim
Verbindungsbolzen
4 Niet
Verbindungsgelenk ...
· *im* **menschlichen Knochenbau**
4 Knie
10 Ellenbogen, Handgelenk
11 Hueftgelenk
Verbindungslinie
4 Naht
Verbindungslinie ...
· *zwischen* **Orten gleichen Luftdrucks**
7 Isobare
· *zwischen* **Orten gleicher Temperatur**
9 Isotherme
Verbindungsstelle
4 Fuge, Naht
6 Furche
7 Kontakt
Verbindungsstück
4 Niet
5 Muffe, Niete, Stift
6 Bolzen, Klemme, Lasche
7 Flansch
9 Scharnier
Verbindungsstudent
5 Fuchs
6 Bursch
Verbindungsteil zwischen Rädern
5 Achse
verbissen
8 verbohrt
9 energisch, fanatisch
10 konsequent
12 starrkoepfig
verbissener Zorn
7 Ingrimm
verbleibend
6 uebrig
8 restlich
Verblichener
5 Toter
15 Dahingegangener
verblüffend
8 frappant
verblüfft
7 perplex
12 konsterniert
verblüht
4 welk
verbohrt
4 stur
11 eigensinnig
verborgen
6 geheim, latent, okkult
8 heimlich
10 mysterioes
11 raetselhaft
13 geheimnisvoll
verborgene Lade
10 Geheimfach
Verborgenes
6 Schatz
9 Geheimnis
Verborgenheit
6 Latenz
Verbot
4 Tabu
7 Verdikt
11 Untersagung

Verbot ...
· *des* **Alkoholgenusses**
11 Prohibition
· *der* **Ausfuhr**
7 Embargo
· *der* **Wettkampfteilnahme**
6 Sperre
verboten
4 tabu
9 untersagt
verboten(e, er, es) ...
· **Anregung** (Sport)
6 Doping
· **Boxhieb**
10 Tiefschlag
· **Einfuhr**
9 Schmuggel
· **Gefängnisbotschaft**
8 Kassiber
verbrämen
12 beschoenigen
Verbrauch
6 Konsum
9 Nachfrage
11 Verschleiss
Verbraucher
9 Konsument
Verbrauchsmessuhr
10 Gaszaehler
Verbrauchssteuer
6 Akzise
Verbrauchszucker
5 Melis
Verbrechen
4 Mord, Raub
5 Untat
6 Betrug, Delikt, Verrat
8 Sakrileg, Uebeltat
Verbrecher
6 Bandit, Ganove, Gauner
8 Gangster
9 Erpresser, Spitzbube
11 Krimineller, Missetaeter
Verbrecherclique
4 Gang
5 Bande
Verbrecherkneipe
8 Spelunke
9 Kaschemme
Verbrechermilieu
8 Halbwelt
9 Demimonde, Unterwelt
verbreiterte Geweihstangen
9 Schaufeln
verbreitet
8 populaer
Verbreitung ...
· *von* **Angst und Schrecken**
6 Terror
· *von* **Hass**
5 Hetze
· **unwahrer Tatsachen**
11 Verleumdung
Verbrennungserscheinung
5 Feuer, Hitze, Rauch
6 Flamme, Waerme
Verbrennungsrückstand
4 Russ
5 Abgas, Asche
8 Schlacke
Verbrennungsschutz im Küchenbereich
13 Backhandschuh
Verbrennungsstätte für Tote
11 Krematorium
Verbrüderung
15 Fraternisierung, Solidarisierung
Verbundbaustoff
5 Beton
verbündete Mächte
9 Alliierte
Verbündeter
7 Genosse
10 Alliierter
Verbundlinie
4 Naht
verbürgt
10 garantiert
11 authentisch
Verdacht
7 Argwohn, Skepsis, Skrupel, Zweifel
9 Vermutung
10 Misstrauen, Mutmassung
verdächtig
6 dubios, obskur
7 ominoes, suspekt
9 anruechig
11 fragwuerdig
Verdachtsmoment
5 Indiz
12 Anhaltspunkt
verdampfen
6 sieden
11 evaporieren
Verdampfung
11 Evaporation
Verdauung
9 Digestion
Verdauungsferment
3 Lab
Verdauungsflüssigkeit
8 Speichel
9 Magensaft
Verdauungskanal
4 Darm
Verdauungsorgan
4 Darm
5 Galle, Leber, Magen
Verdauungsstörung
11 Indigestion
Verdauungstrakt
4 Darm
Verdeck aus Stoff
5 Plane
verdeckt
6 latent
Verderben ► Verderbnis
verderbliches ...
· **Treiben**
6 Unheil
7 Unwesen
Verderbnis
4 Ruin
6 Unheil
8 Unglueck
9 Untergang
10 Korruption
15 Sittenlosigkeit
verdeutlichende Umschreibung
10 Paraphrase
Verdeutlichung
8 Klaerung
12 Illustration
Verdichter
9 Kondensor
10 Kompressor
Verdichtetes
9 Kondensat
10 Konzentrat
Verdichtung
11 Kompression
13 Konzentration
Verdichtungsgebiet
12 Ballungsraum
13 Agglomeration
Verdickung
5 Wulst
6 Knolle, Knoten
Verdienst
4 Gage, Lohn, Sold

6 Erloes, Erwerb, Gehalt, Gewinn, Salaer
7 Entgelt, Honorar, Meriten
Verdienstauszeichnung
5 Orden
Verdienstspanne
5 Marge
Verdikt
4 Bann
6 Verbot
Verdinglichung
9 Hypostase
14 Hypostasierung
Verdoppelung
11 Duplikation
verdorben
3 hin
6 kaputt
7 korrupt
8 schlecht
12 ungeniessbar
verdorrt
4 welk
5 duerr
Verdrehung
7 Torsion
8 Drillung
11 Entstellung
verdrießliches Gebrumme
7 Gemurre
Verdruss
6 Aerger
7 Missmut, Unwille
9 Unbehagen
11 Verstimmung
Verdruss bereiten
7 aergern
Verdunstung
11 Evaporation
Verdunstungsniederschlag
9 Kondensat
verdutzt
7 perplex
10 verbluefft
11 ueberrascht
veredeln (Botanik)
8 pfropfen
9 okulieren
veredelte Steinkohle
4 Koks
veredeltes Eisen
5 Stahl
Veredelung
10 Kopulation
11 Raffination
Veredler ...
· *von* **Glas mit Säure**
6 Aetzer
· *von* **Metall mit Säure**
6 Aetzer
Verehelichung
6 Heirat
11 Vermaehlung
Verehrer
3 Fan
10 Bewunderer
Verehrer ...
· *des* **Schönen**
7 Aesthet
11 Schoengeist
Verehrerin
7 Groupie
Verehrung
7 Achtung, Respekt
9 Huldigung
11 Hochachtung
Verehrung einer Gottheit
4 Kult
Verehrungsdienst
4 Kult
verehrungswürdig
4 hehr
Verehrungszeremoniell
4 Kult
Vereidigung
9 Geloebnis
Verein
4 Klub
Verein von Freizeitkonditoren
8 Backclub
vereinbar
10 kompatibel
vereinbarter Gesamtbetrag
9 Pauschale
Vereinbarung
9 Absprache
10 Konvention
13 Uebereinkunft
Vereinheitlichung
7 Normung
10 Normierung
16 Standardisierung
Vereinigung
4 Bund, Club, Klub, Liga
5 Junta, Union, Zunft
6 Innung, Partei, Verein
7 Komplex, Verband
8 Buendnis
9 Koalition
11 Assoziation, Foederation, Integration, Kombination, Korporation
12 Gemeinschaft, Gesellschaft, Kongregation, Organisation
vereinsamt
6 allein
7 desolat
8 isoliert
Vereinsangehöriger
8 Mitglied
Vereinsblatt
5 Organ
Vereinslokal
8 Klubhaus, Klubheim
Vereinssatzung
6 Statut
8 Statuten
Vereinsvorsitzender
6 Obmann
Vereinte ... (Abkürzung)
· **Nationen**
2 UN
3 UNO
vereinzelt
3 rar
6 selten
8 isoliert
9 singulaer
10 sporadisch
vereister Schnee
6 Harsch
Vereitelung
7 Boykott
8 Sabotage
11 Sabotierung
Verengung der Blutgefäße
8 Stenosis
Vererbungslehre
7 Genetik
Verfahren
3 Weg
5 Modus
7 Methode, Schiene
8 Prozedur, Vorgehen
12 Rechtsstreit
14 Handlungsweise
Verfahren ...
· *nach* **Kneipp**
15 Wasseranwendung
· *der* **Wahl**
9 Via Regia
10 Koenigsweg

Verfahrensweise
7 Methode
Verfall
4 Ruin
8 Dekadenz
10 Korruption, Niedergang
verfallen
8 dekadent
9 verkommen
11 verwahrlost
verfallenes ...
· **Bauwerk**
5 Ruine
6 Schutt
8 Truemmer
Verfasser
5 Autor
6 Texter
7 Urheber
14 Schriftsteller
Verfasser ...
· *einer* **Lebensbeschreibung**
7 Biograf
8 Biograph
· *einer* **Lebensselbstbeschreibung**
11 Autobiograf
12 Autobiograph
· *von* **Lyrik**
7 Dichter
Verfasserin
7 Autorin
9 Urheberin
Verfassung
7 Satzung, Zustand
9 Kondition
11 Grundgesetz
12 Konstitution
Verfassungsurkunde
6 Charta
Verfechter
7 Eiferer
8 Apologet
Verfehlung
6 Delikt, Fehler, Frevel, Suende
7 Unrecht
8 Verstoss
9 Fehltritt, Missgriff
12 Uebertretung
verfeinert
6 sublim
8 veredelt
10 kultiviert, raffiniert
verfeinerte Lebensweise
6 Kultur
verfemen
7 aechten
11 brandmarken
Verfemter
14 Ausgestossener
Verflachung
12 Nivellierung
14 Gleichmacherei
Verflechtung
6 Konnex
8 Geflecht
12 Zusammenhang
verflossen
2 ex
3 out
5 passé, vorig
6 passee
Verfluchung
7 Bannung
8 Anathema
Verflüssigung
12 Kondensation
verfolgen
5 jagen
6 hetzen
Verfolgung
4 Jagd
5 Hetze
6 Pogrom
8 Fahndung
Verfolgungswahn
8 Paranoia
Verformung
11 Deformation
12 Deformierung
verfrüht
9 vorzeitig
verfügbar
6 bereit, fertig, liquid
10 disponibel
verfügbare Zahlungsmittel
7 Bargeld
Verfügung
5 Edikt
6 Dekret, Erlass
9 Anordnung, Anweisung, Testament
10 Bestimmung, Verordnung
Verfügungsberechtigter
9 Disponent
Verführer
7 Don Juan
8 Casanova, Charmeur
10 Frauenheld
Verführerin ...
· *in* **Homers Odyssee**
5 Circe, Kirke
6 Sirene
verführerisch
4 sexy
9 attraktiv
verführerische Frau
5 Circe
verführerischer Frauentyp
4 Vamp
Verführung zu einer Straftat
10 Anstiftung
Vergangenheitsform
7 Perfekt
9 Imperfekt
11 Praeteritum
15 Plusquamperfekt
vergeblich
7 umsonst
Vergebung
5 Gnade
6 Pardon
10 Verzeihung
Vergehen ► Verfehlung
vergeistigt
10 aetherisch
Vergeltung
4 Dank, Lohn
5 Busse, Rache
6 Strafe, Suehne
8 Revanche
9 Belohnung
10 Bestrafung, Genugtuung
12 Konterschlag
Vergeltung Übender
7 Raecher
Vergeltungsmaßnahme
8 Sanktion
10 Reparation
14 Ersatzanspruch
Vergeudung von Platz
17 Raumverschwendung
Vergiftung
12 Intoxikation
verglaste Veranda
12 Wintergarten
Vergleich
10 Kompromiss
11 Komparation

vergleichbarer ...
· **Fall**
9 Parallele
14 Praezedenzfall
vergleichende Literaturwissenschaft
13 Komparatistik
Vergleichsstufe
7 Positiv
10 Komparativ, Superlativ
Vergleichstabelle des Mietzinses
11 Mietspiegel
vergleichsweise
7 relativ
18 verhaeltnismaessig
vergnatzt
10 aergerlich
Vergnügen
3 Ulk
5 Spass
6 Freude
7 Gaudium
8 Plaesier
10 Amuesement
11 Zerstreuung
Vergnügen ...
· *nach* **dem Skilaufen**
9 Après-Ski
· *nach* **Feierabend**
13 Freizeitspass
vergnügt
4 froh
5 fidel
6 heiter
Vergnügungspark in Kopenhagen
6 Tivoli
Vergnügungsschiff
5 Jacht, Yacht
Vergnügungsstätte
4 Kino
5 Disco
6 Zirkus
7 Theater, Varieté
8 Varietee
11 Rummelplatz
Vergnügungsviertel in ...
· **Hamburg**
10 Reeperbahn, Sankt Pauli
· **München**
9 Schwabing
· **Paris**
10 Montmartre
Vergoldung
6 Doublé, Dublee
vergorener Weißkohl
10 Sauerkraut
Vergötterung
8 Anbetung
9 Adoration
vergreist
5 senil
8 tatterig
vergriffen
11 ausverkauft
Vergrößerung der Schilddrüse
5 Kropf
Vergrößerungsgerät
4 Lupe
8 Fernglas
9 Mikroskop
Vergrößerungsglas
4 Lupe
5 Linse
Vergünstigung
6 Indult, Rabatt, Skonto
8 Nachlass, Privileg
vergüten
10 honorieren
vergütetes Eisen
5 Stahl
Vergütung ► Gehalt
12 Verbesserung
Verhaftung
9 Festnahme
10 Ergreifung, Sistierung
11 Arretierung
12 Inhaftierung
verhalten
6 dezent
7 diskret, Gebaren
8 Benehmen
11 distanziert
14 zurueckhaltend
verhaltener ...
· **Zorn**
5 Grimm, Groll
Verhaltensforscher
6 Lorenz
Verhaltensforschung
9 Ethologie
Verhaltensmaßregel
7 Weisung
10 Spielregel, Vorschrift
Verhaltensmuster
6 Reflex
7 Pattern
Verhaltensregel
6 Maxime
9 Anweisung, Direktive
Verhaltensweise
3 Art
5 Wesen
Verhältnis
5 Bezug, Flirt
7 Liaison
8 Relation
9 Beziehung
10 Liebschaft, Proportion
14 Techtelmechtel
Verhältnisgröße
5 Modul
7 Proporz
verhältnismäßig
7 relativ
12 proportional
Verhältnisteil
5 Quote
Verhältniswahlsystem
7 Proporz
Verhältniswort ► Präposition
Verhältniszahl technischer Größen
5 Modul
Verhandlung
6 Disput, Termin
7 Debatte, Diskurs, Prozess
9 Gespraech, Konferenz
10 Aussprache
11 Besprechung, Lokaltermin
Verhandlungsbericht
9 Protokoll
Verhandlungsgeschick
10 Diplomatie
Verhängnis
4 Ruin
6 Unheil
8 Unglueck
9 Untergang
10 Fatalitaet
11 Katastrophe
verhängnisvoll
5 fatal
7 schlimm
12 katastrophal, ungluecklich
13 schicksalhaft
Verharmlosung
16 Bagatellisierung

verhätschelt
9 verwoehnt
verhätschelter Sprössling
14 Schosskindchen
verheerender Sturm
5 Orkan
verheerendes Unglück
11 Katastrophe
Verheiratete
6 Gatten
7 Ehepaar
8 Eheleute
Verheiratetsein
8 Ehestand
Verherrlichung
9 Apotheose
13 Glorifikation
14 Glorifizierung
Verhinderung ...
· *des* **Zugangs**
6 Sperre
9 Barrikade
10 Absperrung
Verhöhnung
5 Spott
Verhör
10 Vernehmung
11 Inquisition
verhornte Zehe der Huftiere
5 Klaue
verhütend
10 praeventiv
14 prophylaktisch
Verhütung
10 Prophylaxe
Verkalkung
8 Sklerose
Verkauf
6 Absatz, Handel
9 Geschaeft
13 Veraeusserung
Verkaufsapparat
7 Automat
Verkaufsdepot
10 Warenlager
Verkaufseinnahme
6 Erloes
Verkaufserfolg
3 Hit
6 Renner
8 Schlager
10 Bestseller, Longseller
Verkaufsförderung
7 Werbung
Verkaufshäuschen
4 Bude
5 Kiosk
Verkaufskartell
8 Syndikat
Verkaufsleiter
9 Substitut
Verkaufsorganisation
8 Vertrieb
Verkaufspolitik
9 Marketing
Verkaufsraum
5 Laden
6 Budike, Butike
8 Boutique, Kaufhaus
9 Geschaeft, Warenhaus
10 Supermarkt
Verkaufsschau
5 Messe
11 Ausstellung
Verkaufsschlager
▶ Verkaufserfolg
Verkaufsstand
4 Bude
5 Kiosk
9 Marktbude
Verkaufsstände
6 Kioske
Verkaufsstelle
5 Laden
Verkaufsstelle ...
· *für* **Arzneimittel**
8 Apotheke
· *für* **Kosmetika**
11 Parfuemerie
Verkaufstisch
5 Stand, Theke
6 Tresen
Verkaufswaren
12 Konsumgueter
Verkehr
6 Umgang
8 Frequenz
13 Kommunikation
Verkehrsader
20 Hauptverkehrsstrasse
Verkehrsangestellte
11 Busfahrerin
Verkehrsangestellter
9 Busfahrer
Verkehrsflugzeug
7 Clipper
Verkehrsgebäude
7 Bahnhof
10 Busbahnhof
Verkehrshindernis
3 Eis
4 Stau, Wind
5 Nebel, Regen, Sturm
6 Schnee
7 Glaette, Kolonne, Stauung
8 Eisregen, Glatteis, Schlange, Stockung
9 Baustelle, Umleitung
10 Bodennebel, Eisglaette
Verkehrshinweis ...
· *vor* **Bahnübergängen**
4 Bake
5 Ampel
9 Warnkreuz
10 Blinkampel
12 Andreaskreuz
Verkehrslichtanlage
5 Ampel
Verkehrsmittel
3 Bus, Jet, Lkw, Lok, Pkw, Rad, Zug
4 Auto, Bahn, Boot, D-Zug, Kahn, Krad, O-Bus, Post, Tram
5 Moped, S-Bahn, U-Bahn
6 Faehre, Schiff
7 Autobus, Dampfer, Fahrrad, Omnibus, Tramway
8 Flugzeug, Hochbahn, Motorrad, Trambahn
9 Alwegbahn, Automobil, Eisenbahn, Kleinbahn, Lastwagen, Stadtbahn
10 Kraftwagen, Luftschiff, Schnellbus, Schnellzug, Triebwagen, Trolleybus
11 Motorroller, Schnellbahn, Zahnradbahn
12 Hubschrauber, Strassenbahn
13 Kraftfahrzeug
14 Untergrundbahn
Verkehrsmittel auf Schienen
4 Bahn
Verkehrsstockung
4 Stau
8 Schlange
11 Verdichtung
Verkehrsteilnehmer
6 Radler, Reiter
9 Radfahrer

10 Autofahrer, Fernfahrer, Kradfahrer
11 Fussgaenger, Kraftfahrer, Mopedfahrer
12 Rollerfahrer
14 Motorradfahrer

Verkehrsteilnehmerin
8 Radlerin

Verkehrsweg
4 Bahn
7 Highway, Strasse
8 Autobahn, Chaussee
9 Bahnlinie
11 Landstrasse

Verkehrszeichen
5 Ampel
6 Schild, Signal
9 Wegweiser
13 Hinweisschild

Verklärung
9 Apotheose

Verklebung
13 Agglutination

Verkleidung
5 Maske
9 Maskerade
12 Mummenschanz
13 Kostuemierung

verkleinertes Vorbild
6 Modell

Verkleinerung
9 Reduktion

Verkleinerungsform
9 Diminutiv

Verkleinerungswort
11 Diminutivum

verknöchert
3 alt
5 starr
10 unflexibel

Verknüpfung
8 Synthese
11 Assoziation, Kombination

Verkörperung
11 Inkarnation
16 Personifizierung

Verkörperung ...
· *des* **Übels**
5 Satan
6 Teufel
7 Luzifer
9 Beelzebub

Verkosten von Rebensaft
9 Weinprobe

Verköstigung
7 Pension

verkracht
11 gescheitert

verkrusteter Schnee
6 Harsch

verkümmert
11 rudimentaer
16 zurueckgeblieben

verkümmertes Organ
8 Rudiment

Verkünder
5 Rufer
6 Herold
7 Prophet
8 Ausrufer

Verkündiger im Mittelalter
6 Herold

Verkündigung
12 Proklamation
14 Bekanntmachung

verkürzte ...
· **Unterschrift**
6 Signum
10 Initialien

Verkürzung
11 Perspektive

Verladeauffahrt
5 Rampe

Verladebühne
5 Rampe
9 Laderampe

Verladefahrzeug
8 Hublader
12 Gabelstapler

Verladegerät
4 Kran
8 Laufkran

Verlagsabteilung
7 Werbung
8 Lektorat, Setzerei, Vertrieb
11 Herstellung, Korrektorat

Verlagsangestellter
6 Lektor, Setzer
8 Grafiker, Layouter, Reporter
9 Graphiker, Redakteur
10 Cheflektor, Hersteller
13 Chefredakteur

Verlagserzeugnis
4 Buch
7 Journal, Magazin, Zeitung
11 Zeitschrift

Verlagszeichen
6 Signet

Verlangen
4 Gier, Lust
5 Drang, Trieb
6 Begehr, Sehnen, Wunsch
8 Ansinnen, Begehren, Begierde, Gelueste
9 Forderung, Sehnsucht
10 Beduerfnis
12 Leidenschaft

Verlängerung ...
· *der* **Zahlungsfrist**
8 Stundung
10 Moratorium
12 Prolongation

Verlängerungszettel bei Wechseln
7 Allonge

verlangsamen
6 hemmen
7 bremsen

verlassen
3 oed
4 leer, oede
6 allein, einsam
12 menschenleer

verlassene ...
· **Gegend**
4 Oede
7 Einoede
9 Wuestenei

verlassenes Seehundbaby
6 Heuler

Verlässlichkeit
5 Treue
16 Zuverlaessigkeit

Verlauf
6 Ablauf
7 Prozess
8 Fortgang
9 Geschehen

Verlautbarung
8 Bulletin, Kundgabe
10 Aeusserung

Verlegenheit
5 Scham
6 Aporie, Klemme
7 Dilemma
10 Bredouille, Kalamitaet, Zwangslage
11 Schwulitaet, Zwickmuehle

Verleger
6 Editor

Verleih
7 Leasing
verleihen
6 borgen
Verleiher
8 Wucherer
verleiht dem Mund Glanz
9 Lippgloss
Verleihung
6 Lizenz
10 Konzession
Verleihung ...
· *der* **Doktorwürde**
9 Promotion
· *der* **Lehrberechtigung**
12 Habilitation
13 Venia Legendi
Verleitung
10 Anstiftung
11 Verfuehrung
verletzt
4 wund
7 pikiert
8 laediert
Verletzung
4 Biss, Riss
5 Bruch, Stich, Wunde
6 Fissur, Schuss, Trauma
7 Blessur, Fraktur, Zerrung
8 Haematom, Prellung
10 Bluterguss, Brandblase, Erfrierung, Frostbeule, Laedierung, Quetschung, Veraetzung, Verrenkung
11 Verbrennung, Verbruehung
12 Abschuerfung, Knochenbruch, Verstauchung
Verletzung des Urheber-rechts
7 Plagiat
Verleumder
14 Ehrabschneider
Verleumdung
7 Rufmord
8 Diffamie
12 Denunziation, Diffamierung
14 Verunglimpfung
Verlies
5 Zelle
6 Kerker
Verlobte
5 Braut
Verlobter
10 Braeutigam
verlockende ...
· **Wirkung**
4 Reiz
10 Versuchung
Verlockung
4 Reiz
6 Anreiz
10 Anfechtung
verlogen
9 unehrlich, unredlich
verloren
3 weg
4 fort
6 futsch
8 abhanden
verlorener Kampf
10 Niederlage
verlorenes Aufschlagspiel (Tennis)
5 Break
Verlosung
7 Tombola, Ziehung
8 Lotterie
verlottert
11 verwahrlost
16 heruntergekommen
Verlust
5 Manko, Miese, Minus
7 Ausfall, Defizit, Schaden, Schwund
8 Einbusse, Nachteil
9 Minderung
Verlust der Erinnerung
7 Amnesie
Verlustgefahr
6 Risiko
Vermächtnis
4 Erbe
5 Legat
8 Nachlass
9 Erbschaft, Testament
18 Hinterlassenschaft
Vermächtnisnehmer
7 Legatar
Vermählte
7 Ehepaar
Vermählung
6 Heirat
7 Trauung
8 Hochzeit
Vermählungsfest
14 Hochzeitsfeier
vermehren
8 zunehmen
Vermehrung
7 Zunahme, Zuwachs
12 Verdoppelung
Vermehrungsfähigkeit
11 Fertilitaet
vermeintlich
7 putativ
Vermerk
5 Notiz
6 Glosse
7 Eintrag
Vermerk in einem Schriftstück
10 Aktennotiz
vermessene Frechheit
9 Anmassung
vermessenes Bauland
8 Parzelle
Vermessenheit
6 Hybris
7 Duenkel
Vermesser im Bergbau
12 Markscheider
Vermessungskunde
9 Geodaesie
Vermessungsstab
5 Jalon
Vermietung von Gütern
7 Leasing
Verminderung
9 Reduktion
11 Reduzierung, Subtraktion
Vermischtes
5 Varia
Vermisstes
9 Desiderat
Vermittler
4 Baas
5 Agent
6 Makler, Sensal
8 Mediator
10 Kommissaer
12 Parlamentaer
13 Kommissionaer, Unterhaendler
Vermittler ...
· *von* **Rennwetten**
10 Buchmacher
· *für* **Seeleute**
9 Heuerbaas
Vermittlung
12 Intervention

Vermittlungsbüro
7 Agentur
Vermittlungsstelle ...
· *für* **Beschäftigungs-suchende**
9 Jobcenter
10 Arbeitsamt
14 Arbeitsagentur
Vermittlungsvergütung
9 Provision
vermoderte Pflanzenreste
4 Torf
Vermoderung
12 Humifikation
13 Humifizierung
Vermögen
3 Gut
4 Habe
6 Besitz, Potenz
7 Kapital, Koennen
8 Eigentum
10 Faehigkeit
vermögend
5 reich
10 wohlhabend
vermögender ...
· **Mensch**
5 Nabob
7 Kroesus
10 Kapitalist
Vermögenseinbuße
7 Defizit, Verlust
vermögensrechtliche ...
· **Urkunde**
5 Aktie
10 Pfandbrief, Wertpapier
Vermögensstamm
7 Kapital
Vermögensstand
6 Aktiva, Status
Vermögensverwalter
11 Treuhaender
Vermummung
10 Maskierung
vermuten
5 ahnen
8 annehmen
Vermutung
6 Ahnung
7 Annahme, Meinung
9 Hypothese
10 Mutmassung
11 Spekulation
Vernehmung
7 Hearing, Verhoer
11 Einvernahme, Inquisition
Verneigung
5 Kotau
6 Diener
9 Bueckling, Kratzfuss
verneinendes ...
· **Wort**
3 nie
4 nein
5 nicht
6 keiner, nichts
7 niemals, niemand
8 nirgends
Verneinung
8 Negation
9 Negierung
vernichtet
6 kaputt
9 zerstoert
Vernichtung
10 Entfernung
11 Beseitigung, Destruktion, Zerstoerung
Vernichtung einer Urkunde
9 Kassation
Vernissage
10 Eroeffnung
Vernunft
5 Geist, Grips, Ratio
6 Esprit, Raeson, Raison
8 Einsicht, Klugheit, Verstand
9 Intellekt
11 Intelligenz
Vernunftglaube
13 Rationalismus
vernünftig
4 klug
8 rational, sinnvoll
10 einsichtig
11 intelligent
Vernünftigkeit
13 Rationalitaet
vernunftwidrig
7 paradox
8 alogisch, unsinnig
10 irrational
Veröffentlichung
7 Edition
11 Publikation
Verordnung
5 Edikt, Order
6 Dekret, Erlass, Rezept
10 Bestimmung, Verfuegung
Verpackung
9 Emballage
Verpackungsart
4 Dose, Fass, Korb, Sack, Tube
5 Kiste, Tuete
6 Beutel, Karton, Kasten, Papier
7 Flasche
9 Behaelter, Container, Schachtel
10 Packpapier
Verpackungsgewicht
4 Tara
Verpackungsmaterial
11 Papiertuete
Verpflanzung
15 Transplantation
Verpflegung
4 Kost
5 Essen
7 Nahrung
8 Proviant
Verpflegungsanteil
6 Ration
7 Portion
Verpflegungsbeitrag
8 Kostgeld, Zehrgeld
verpflichtend
13 obligatorisch
Verpflichtung
6 Diktat, Obligo
7 Auflage
10 Engagement
12 Schuldigkeit
Verpflichtung ...
· *zum* **Schadenersatz**
7 Haftung
11 Haftpflicht
14 Regresspflicht
Verpflichtungsschein
6 Revers
10 Obligation
Verputzmaterial
4 Gips
5 Stuck
7 Moertel
Verrammelung
9 Barrikade
14 Strassensperre
Verrat
7 Arglist, Felonie, Untreue
9 Treubruch, Wortbruch
15 Vertrauensbruch

V

Verräter
6 Petzer
10 Denunziant
13 Kollaborateur
Verräter Jesu
5 Judas
Verrechnung im Zahlungsverkehr
8 Clearing
Verrenkung
8 Luxation
Verringerung
7 Abnahme
9 Reduktion
11 Dezimierung
14 Einschraenkung
verrucht
7 ruchlos
10 anstoessig
verrückt
3 irr
4 toll
9 irrsinnig, meschugge, naerrisch
verrückte Angewohnheit
▶ Verschrobenheit
Verruf
4 Acht, Bann
5 Makel
10 Misskredit
verrufen
9 anruechig
verrufene Gegend
15 Rotlichtviertel
verrufenes ...
· **Lokal**
8 Spelunke
9 Kaschemme
Vers
4 Reim
9 Distichon
Versager
4 Null
5 Niete
12 Blindgaenger, Schwaechling
Versakzent
5 Iktus
Versal
14 Grossbuchstabe
Versammlung
6 Konzil, Tagung
7 Gremium, Konvent, Meeting
9 Consilium, Konsilium
13 Zusammenkunft
Versammlungsraum
4 Aula, Saal
Versammlungsraum in Klöstern
6 Remter
Versand
9 Spedition
10 Expedition
Versandangestellter
9 Expedient
Versandbehälter (▶ auch Verpackungsart)
9 Container
Versandfirma
9 Spedition
Versandleiter
9 Expedient
Versatzamt
9 Pfandhaus
Versbau
6 Metrik
Verschickung
11 Deportation
Verschiebung des Sehwinkels
9 Parallaxe
verschieden
6 anders, divers
9 divergent, heterogen, inhomogen
10 kunterbunt
15 unterschiedlich
verschiedener Meinung
6 uneins
Verschiedenes
8 Allerlei, Diverses
Verschiedenheit
9 Differenz, Divergenz
10 Diskordanz
14 Heterogenitaet
Verschlag
3 Box
4 Kaue
5 Koben, Stall
6 Remise
verschlagen
6 listig, schlau
9 tueckisch
10 trickreich
12 hinterlistig
13 hinterhaeltig
Verschlagenheit
4 List
6 Tuecke
7 Arglist
10 Hinterlist
verschleiern
6 tarnen
10 vertuschen
Verschleiß
9 Abnutzung
Verschleppung
11 Deportation
12 Verzoegerung
verschließbarer Kasten
8 Kassette
Verschlingung von Schnüren
6 Knoten
verschlissen
9 abgewetzt
10 abgetragen
Verschluss
6 Deckel, Plombe, Riegel, Siegel, Ventil
7 Drossel, Klausur, Schloss
8 Schnalle
Verschlüsselung
4 Code, Kode
7 Chiffre
9 Kodierung
Verschlussplatte
6 Deckel
Verschlussstreifen
9 Banderole
Verschlussteil ...
· *eines* **Hemdes**
11 Kragenknopf
· *eines* **Topfes**
6 Deckel
Verschmelzung
6 Fusion
8 Synthese
9 Legierung
verschmitzter ...
· **Mensch**
6 Schalk, Schelm
10 Spassvogel
verschneiter Abhang
11 Schneelehne
verschneites Gelände
16 Winterlandschaft
Verschnitt verschiedener Weine
5 Cuvee
Verschnittener
6 Eunuch
7 Kastrat

verschnittenes ...
· **männliches Rind**
5 Ochse
· **Masthuhn**
8 Poularde
verschnörkelt
6 barock
verschnürter Packen
7 Buendel
verschobenes ...
· **Quadrat**
5 Raute
· **Rechteck**
14 Parallelogramm
verschönerndes Beiwerk
4 Zier
Verschönerung
4 Zier
5 Dekor
verschroben
6 bizarr
7 drollig, seltsam, skurril
11 exzentrisch
Verschrobenheit
4 Tick
5 Macke
6 Spleen
7 Marotte
8 Schrulle
Verschwender
7 Prasser
Verschwendung
4 Pomp
5 Luxus, Prunk
verschwiegen
5 still
7 diskret
8 taktvoll
Verschwiegenheit
10 Diskretion
verschwommen
6 diffus, unklar
8 unscharf
Verschwörer ...
· *gegen* **Caesar**
6 Brutus
7 Cassius
Verschwörung
8 Komplott
11 Konjuration
12 Konspiration
verschwunden
3 weg

Versdichter ...
· *der* **Antike**
4 Ovid
5 Homer, Horaz
6 Catull, Sappho, Vergil
Verse schmieden
6 reimen
Versehen
6 Fehler, Irrtum, Lapsus
9 Fehlgriff, Schnitzer
11 Fehlschluss
versehentlich
11 faelschlich
Verselbstständigung
12 Emanzipation
versenden
10 abschicken
Versender
9 Expedient
Versenkung
10 Meditation
13 Kontemplation
versessen
7 erpicht
8 begierig
Versfuß ► Versmaß
versicherte Sendung
9 Wertbrief
Versicherung
10 Assekuranz
Versicherungsbeitrag
7 Praemie
Versicherungsschein
6 Police
Version
6 Lesart
7 Fassung
10 Abwandlung
12 Uebersetzung, Uebertragung
Versmaß
5 Jambe
6 Iambus, Jambus, Metrum
8 Anapaest, Daktylus
9 Hexameter, Trochaeus
10 Heptameter, Pentameter
versmäßiger Gleichklang
4 Reim
versöhnlich
10 konziliant
versonnener Mensch
8 Traeumer
versorgen
8 betreuen

Versorgung
4 Kost
6 Pflege
9 Betreuung
10 Ernaehrung
Versorgungsbezüge
5 Rente
7 Pension
Versorgungsschiff
6 Tender
Verspottung ► Spott
Versprechen
3 Eid
6 Schwur
8 Geluebde
9 Geloebnis
Versroman
4 Epos
10 Erzaehlung
Verstand
5 Geist, Ratio
8 Vernunft
9 Denkkraft, Intellekt
11 Intelligenz
verstandesmäßig
8 rational
Verständigung
13 Kommunikation
Verständigungsmittel
5 Mimik
6 Gestik
7 Schrift, Sprache
14 Koerpersprache
verständlich
4 klar
9 plausibel
12 einleuchtend
Verständnis
8 Einsehen, Einsicht
10 Mitgefuehl
Verstärker
5 Tuner
Verstärkerröhre
6 Triode
Verstärkung
14 Intensivierung
Verstauchung
10 Distorsion
Versteck
8 Zuflucht
13 Schlupfwinkel
versteckt
6 geheim, latent
9 verborgen

versteckter Spott
6 Ironie
Versteckheit
6 Latenz
Versteifung
6 Strebe
8 Traverse
Versteigerer
11 Auktionator
Versteigerung
4 Gant
7 Auktion
10 Lizitation
versteinert
6 fossil
12 petrifiziert
versteinert(e, er, es) ...
· **Fischzahn**
10 Otterzunge
· **Harz**
9 Bernstein
· **Kopffüßer**
7 Ammonit
10 Ammonshorn
· **Reste von Lebewesen**
9 Fossilien
10 Petrefakte
verstellbarer Schrauben-schlüssel
10 Englaender
Verstellung
5 Finte, Mache
9 Heuchelei
10 Simulation
verstiegen
11 extravagant, ueberspannt
verstimmt
7 pikiert, unmutig
8 unwillig
9 beleidigt
Verstimmung
5 Groll, Unmut
6 Aerger
7 Unwille
10 Missfallen
verstohlen
8 heimlich
Verstopfung ...
· *der* **Blutgefäße**
7 Embolie
9 Thrombose
verstorben
3 tot
Verstorbener
5 Toter
Verstorbener im Erbrecht
9 Erblasser
verstört
3 irr
Verstoß
4 Foul
6 Delikt, Fehler, Frevel, Lapsus, Suende
7 Fauxpas, Unrecht
8 Sakrileg, Vergehen
10 Verfehlung
Verstoß gegen Gottes Gebot
6 Suende
Versuch
4 Test
5 Probe
8 Pruefung, Vorstoss
10 Experiment
versuchen
6 testen
Versucher
5 Satan
6 Teufel
Versuchsbühne
6 Studio
Versuchsmuster
8 Prototyp
Versuchsraum
5 Labor
12 Laboratorium
Versuchung
4 Reiz
10 Anfechtung, Verlockung
Versündigung
6 Frevel
10 Verfehlung
versunkenes ...
· **Inselreich**
8 Atlantis
· **Schiff**
7 Titanic
vertauschbar
10 kommutabel, kommutativ, permutabel
Verteidiger
6 Anwalt
8 Apologet
12 Fuersprecher
Verteidigung
4 Wehr
6 Abwehr
8 Apologie
9 Defensive
verteidigungsbereit
8 wehrhaft
9 streitbar
11 kampfbereit
Verteidigungsbündnis ...
· *im* **Osten**
15 Warschauer Pakt
· *im* **Westen**
4 NATO
Verteidigungsministerium der USA
8 Pentagon
Verteidigungsmittel
5 Waffe
Verteidigungsrede
8 Apologie
9 Plaedoyer
Verteilung
12 Distribution, Rationierung
vertieft geschnittener Edelstein
8 Intaglio
Vertiefung
3 Nut
4 Nute
5 Delle, Kerbe, Mulde, Rille, Rinne
6 Graben
Vertiefung im Karst
6 Doline
vertikal
8 lotrecht
9 senkrecht
Vertikale
3 Lot
5 Hoehe
10 Senkrechte
vertontes ...
· **Gedicht**
4 Lied
7 Ballade
Vertonung
11 Komposition
Vertrag
4 Pakt
8 Abkommen, Kontrakt
9 Abmachung
12 Vereinbarung
13 Uebereinkunft
Vertrag ...
· *zwischen* **Kirche und Staat**
9 Konkordat
· *zwischen* **Tarifpartnern**
12 Tarifvertrag

verträglich
10 kompatibel
11 bekoemmlich
Vertragsabänderung
8 Revision
Vertragsbestätigung
12 Ratifikation
Vertragspartner
10 Kontrahent
Vertragsspieler
5 Profi
12 Professional
14 Berufssportler
Vertragsvorbehalt
7 Klausel
Vertragsvorspann
9 Praeambel
Vertrauen
6 Glaube
7 Verlass
8 Hoffnung
10 Zuversicht
12 Ueberzeugung
Vertrauensbruch
6 Verrat
7 Untreue
12 Indiskretion
Vertrauensmann einer Gruppe
6 Obmann
vertrauensvoll
6 arglos
11 gutglaeubig
vertraulich
5 intim
6 geheim, intern, privat
7 kordial
8 privatim
9 familiaer
vertrauliche ...
· **Anrede**
2 du
3 ihr
Vertraulichkeit
10 Intimitaet
vertraut
5 intim
9 familiaer
Vertrauter
5 Spezi
6 Freund
7 Intimus, Kamerad
9 Konfident
11 Busenfreund
Vertreter
5 Agent
8 Exponent
9 Reisender
13 Repraesentant
18 Handlungsreisender
Vertreter ...
· *des* **Angeklagten**
11 Verteidiger
· *der* **Anklage**
12 Staatsanwalt
· *einer* **Anschauung**
8 Exponent
· *vor* **Gericht**
6 Anwalt
12 Rechtsanwalt
· *für* **Minderjährige**
7 Kuratel, Vormund
· *eines* **Staates**
6 Konsul
8 Diplomat
9 Gesandter
11 Botschafter
· *des* **Volkes**
12 Abgeordneter
14 Parlamentarier
Vertretervergütung
9 Provision
Vertretung
6 Ersatz
7 Agentur, Prokura
8 Aushilfe
Vertretung ...
· *im* **Ausland**
8 Konsulat
9 Botschaft
13 Gesandtschaft
· *eines* **Elternteils**
12 Mutterstelle
· *des* **Monarchen**
6 Regent
Vertretungsorgan einer Belegschaft
11 Betriebsrat
Vertretungsrecht
9 Vollmacht
Vertrieb
5 Debit
6 Absatz
vertrocknet
4 welk
5 duerr
verulkende Festschrift
11 Bierzeitung
Verunglimpfung
11 Beleidigung
12 Diffamierung
verunreinigte Luft
4 Smog
Verunsicherung
10 Irritation
Verunstaltung
11 Deformation
Veruntreuung
14 Unterschlagung
verunziert
9 entstellt
12 verschandelt
Vervielfachung
14 Multiplikation
Vervielfältigung
5 Abzug, Kopie, Repro
6 Doppel
8 Duplikat
9 Abschrift, Fotokopie
10 Ablichtung, Photokopie
11 Durchschlag, Hektografie
12 Hektographie, Reproduktion
Vervielfältigungszahl
6 Faktor
Vervollständigung
10 Ergaenzung, Komplement, Supplement
11 Integration
14 Komplettierung
verwahrlost
10 verlottert
16 heruntergekommen
Verwahrung
5 Depot, Obhut
7 Protest
11 Deponierung
12 Hinterlegung
Verwalter
4 Vogt
7 Kurator
8 Aufseher, Direktor, Waechter
11 Hausmeister
Verwalter ...
· *eines* **Gutes**
5 Meier
· *der* **Konkursmasse**
16 Konkursverwalter
· *einer* **Sammlung**
6 Kustos

· *einer* **Stiftung**
7 Kurator
· *des* **Vereinsvermögens**
13 Schatzmeister
· *eines* **Warendepots**
8 Lagerist
Verwaltung
3 Amt
5 Regie
6 Bezirk
8 Behoerde
11 Buerokratie
14 Administration
Verwaltungsangestellte
14 Standesbeamtin
Verwaltungsbeamter
7 Landrat
Verwaltungsbeamter ...
· *der* **Kirchengemeinde**
7 Kuester
8 Praefekt
· *im* **Mittelalter**
8 Landvogt
Verwaltungsbehörde
7 Passant
Verwaltungsbezirk ...
· *in* **Frankreich**
11 Département
13 Arondissement
· *in* **Großbritannien**
6 County
10 Grafschaft
· *in* **Polen**
12 Woiwodschaft
· *der* **Schweiz**
6 Kanton
Verwaltungsform
6 Regime
Verwaltungsgebäude
7 Rathaus
17 Buergermeisteramt
Verwandlung
9 Aenderung
12 Metamorphose
Verwandte/Verwandter
3 Oma, Opa
4 Base, Sohn
5 Enkel, Neffe, Oheim, Onkel, Tante, Vater
6 Bruder, Cousin, Kusine, Mutter, Nichte, Vetter
7 Cousine, Enkelin, Tochter, Urenkel
9 Schwester, Urenkelin
10 Grossonkel, Grosstante
11 Grossmutter
12 Urgrossvater
13 Urgrossmutter
Verwandtschaft
4 Clan, Klan
5 Sippe
6 Anhang
7 Familie
8 Parentel
9 Vorfahren
10 Sippschaft
verwegen
4 keck
9 tollkuehn
11 uebermuetig
Verweis
5 Ruege, Tadel
7 Lektion, Rueffel, Vorwurf
9 Ermahnung
Verweisung von der Universität
10 Relegation
Verweltlichung
15 Saekularisation
Verwendbarkeit
7 Eignung
verwerfliche Handlung
8 Missetat
Verwerter von Tierleichen
8 Abdecker
verwesende Tierleiche
3 Aas
Verwesendes
3 Aas
Verwesung
10 Putreszenz
verwickelt
7 heillos, komplex
11 kompliziert
Verwicklung ▶ Verwirrung
Verwindung
5 Drill
7 Torsion
Verwirklichung
10 Erfuellung
11 Realisation
12 Realisierung
verwirrt
3 irr
6 konfus
7 perplex
9 irritiert
Verwirrung
5 Chaos
8 Wirrwarr
9 Konfusion, Unordnung
10 Tohuwabohu
12 Komplikation
13 Durcheinander
verwittertes Gestein
4 Grus
Verwitterungserscheinung ...
· *am* **Eisen**
4 Rost
· *am* **Kupfer**
9 Gruenspan
verworren
4 wirr
6 konfus, unklar
7 abstrus, komplex
verwundbar
8 sensibel
11 empfindlich
Verwunderung
8 Aufsehen
9 Befremden, Erstaunen
13 Ueberraschung
Verwundung
7 Blessur
10 Verletzung
Verwünschung
4 Bann
5 Fluch
Verwüstung
11 Vernichtung
15 Desertifikation
verzagt
6 mutlos
9 entmutigt
13 defaetistisch
Verzauberung
11 Faszination
Verzehr
5 Zeche
6 Konsum
verzehrende ...
· **Begeisterung**
10 Fanatismus
12 Schwaermerei
verzeichnen
8 notieren
12 registrieren
15 inventarisieren
Verzeichnis
5 Index, Liste
7 Katalog
8 Inventar, Konspekt, Register

10 Uebersicht
11 Aufstellung
Verzeichnis ...
· *von* **Büchern**
12 Bibliografie
13 Bibliographie
· *von* **Heilpflanzen**
15 Kraeuterlexikon
· *von* **Studenten**
8 Matrikel
verzeihende ...
· **Güte**
5 Gnade
14 Barmherzigkeit
Verzeihung
6 Pardon
9 Vergebung
Verzeihungsersuchen
7 Abbitte, Beichte
verzerrt
6 bizarr
7 grotesk, skurril
9 karikiert
verzerrtes ...
· **Antlitz**
6 Fratze
8 Grimasse
Verzicht
5 Opfer
6 Abkehr
9 Entsagung
11 Bescheidung
Verzicht ...
· *auf* **tierische Produkte**
10 Veganismus
· *bei* **Wahlen**
15 Stimmenthaltung
verzichten
8 entsagen
verzieren
13 ausschmuecken
verzieren, verschönern
10 schmuecken
verzierender ...
· **Wandstreifen**
5 Fries
8 Ornament
Verziertechnik des Goldschmieds
6 Niello
verzierter ...
· **Anfangsbuchstabe**
7 Initial
· **hölzerner Behälter**
7 Schrein

Verzierung
5 Dekor, Fries
6 Zierat, Zierde
7 Rosette, Schmuck, Zierrat
8 Arabeske, Filigran, Garnitur, Ornament
9 Kartusche
10 Dekoration, Garnierung
Verzierung ...
· *des* **Hauptes**
11 Kopfschmuck
· *in* **Rosenform**
7 Rosette
Verzierungsmotiv
8 Ornament
Verzinsung
5 Rente
7 Rendite
verzögert
10 retardiert
Verzögerungstaktik
11 Obstruktion
Verzückung
4 Lust
6 Trance
7 Ekstase
verzweifelt
6 mutlos
7 verzagt
10 deprimiert
12 hoffnungslos
Verzweifelter
9 Desperado
verzweigte Flussmündung
5 Delta
Verzweigung
8 Gabelung
verzwickt
9 schwierig
Vesper
5 Jause
6 Imbiss
16 Zwischenmahlzeit
Vesperbild
5 Pieta
Vestibül
5 Foyer, Halle
6 Atrium, Lounge
7 Vorraum
8 Vorhalle
Vesuvstadt
6 Napoli, Neapel
Veterinär
8 Tierarzt

Veterinärin
11 Tieraerztin
Veto
9 Einspruch
10 Verwahrung
Vetter
6 Cousin
Vetternwirtschaft
4 Filz
8 Kluengel
9 Patronage
10 Nepotismus, Protektion
11 Filzokratie
Vibrato
7 Tremolo
vibrieren
5 beben
7 zittern
Videoband
4 Tape
Vieh
3 Kuh
4 Rind
5 Schaf, Ziege
7 Schwein
9 Nutztiere
Viehbehausung
5 Stall
Viehfutter
3 Heu
4 Gras, Klee
5 Ruebe
6 Lupine, Rueben, Silage, Treber
7 Melasse
8 Schlempe
Viehfutterhaufen
10 Heuschober
Viehhirt ...
· *in* **den USA**
6 Cowboy
· *in* **Südamerika**
6 Gaucho
Viehhüter
4 Hirt, Peon
5 Hirte
6 Cowboy, Gaucho
viehisch
11 bestialisch
Viehknecht
9 Schweizer
Viehlager
5 Streu
Viehseuche
6 Nagana

7 Tollwut
10 Rinderpest
11 Tuberkulose

Viehtränke
4 Trog

Viehtrift
3 Alm
5 Weide

Viehunterkunft
5 Stall

Viehwasserstelle
7 Traenke

Viehwirtschaftsgebäude
8 Kuhstall

Viehzaun
6 Gatter, Pferch

Viehzuchtbetrieb in Amerika
5 Ranch

viel ...
· **Flüssigkeit enthaltend**
6 saftig
· **Lärm um nichts**
5 Trara
· **Nähr-, Wirkstoff enthaltend**
12 vitaminreich
· **Zeit einnehmend**
4 lang

vielbeiniges ...
· **Gliedertier**
14 Tausendfuesser
15 Tausendfuessler

Vieleck
7 Polygon

Vielehe
9 Polygamie

vielerlei
8 allerlei
10 mancherlei

Vielesser ▶ Vielfraß

vielfach
3 oft

Vielfalt
5 Masse, Menge
6 Fuelle

Vielfalt der äußeren Gestalt
14 Formenreichtum

vielfältig
7 komplex
12 nuancenreich

vielfarbig
4 bunt
9 polychrom

Vielflächner
8 Polyeder

Vielfraß
4 Jerf
6 Marder
8 Gourmand
10 Nimmersatt

Vielfresser
9 Polyphage

vielgestaltig
9 polymorph

Vielgötterei
12 Polytheismus

Vielheit ▶ Vielzahl

vielleicht
9 eventuell
10 vermutlich
14 wahrscheinlich
15 moeglicherweise, voraussichtlich

Vielmännerei
10 Polyandrie

vielschichtig
7 komplex
11 kompliziert

Vielschreiber
8 Polygraf, Skribent
9 Polygraph

vielseitig
4 bunt
8 allround, versiert

vielseitig ...
· **bewandert**
8 versiert
10 kultiviert

vielseitiges Warmwasserbad
14 Erlebnistherme

Vielseitigkeitsprüfung im Reitsport
8 Military

vielsitziger Kraftwagen
7 Omnibus

vielsprachig
9 polyglott

vielstimmig
7 polyfon
8 polyphon

vielstimmige Sängergruppe
4 Chor

Vielweiberei
9 Polygamie, Polygynie

Vielzahl ...
· *an* **Gästen**
7 Andrang
13 Besucherstrom

Viereck
4 Karo
5 Raute
6 Karree, Trapez
7 Quadrat, Rhombus
8 Rechteck, Rhomboid, Tetragon
9 Trapezoid
10 Quadrangel
14 Parallelogramm

viereckige Fahne
6 Flagge

viereckiger ...
· **Körper**
5 Kubus
6 Quader
7 Wuerfel

Vierergruppe
8 Quartett

Viererzug
8 Quadriga

Vierflächner
9 Tetraeder

Vierfüßer in der Biologie
9 Tetrapode

Viergespann in der Antike
8 Quadriga

Vierkanalübertragung
11 Quadrofonie
12 Quadrophonie

Vierkantholzstück
6 Balken

vierschrötig
5 plump
6 robust

vierstellige Zahl
11 zweitausend

vierte Stufe der Tonleiter
6 Quarte

Viertel
5 Quart
8 Quartier

Vierteljahr
7 Quartal

Viertelkreis
8 Quadrant

vierter ...
· **Sonntag vor Ostern**
5 Okuli
· **Ton vom Grundton**
5 Quart

viertgrößter Erdteil
6 Europa

vierundzwanzig Stunden
3 Tag

vierzigster Präsident der USA
6 Reagan
vietnamesisch(e, er, es) ...
· **Landesteil**
5 Annam
· **Revolutionsführer**
9 Ho Chi Minh
· **Südkap**
5 Camau, Kamau
· **Währungseinheit**
4 Dong
7 Centime, Piaster
Viktualien
12 Lebensmittel
Viola
8 Bratsche
violett
4 lila
7 flieder
Violine
5 Geige
6 Fiedel
Violinspieler
6 Geiger
Violoncello
9 Kniegeige
Violone
9 Bassgeige
10 Kontrabass
Vipernart
9 Puffotter
10 Kreuzotter
15 Klapperschlange
Virginität
8 Unschuld
17 Jungfraeulichkeit
viril
8 mannhaft
9 maennlich
virtuos
11 kunstfertig
Virtuose
6 Solist
7 Koenner, Meister
9 Kuenstler
Visage
7 Gesicht
Visagistin
15 Maskenbildnerin
vis-a-vis
10 gegenueber
Visierteil
4 Korn
5 Kimme
Vision
7 Gesicht
8 Trugbild
9 Schimaere, Traumbild
Visionär
5 Seher
Visite
6 Besuch
10 Arztbesuch
Viskosität
10 Zaehigkeit
Visum
17 Einreiseerlaubnis
Vitalität
11 Lebenskraft
12 Lebendigkeit
13 Beweglichkeit
Vitalstofftherapie
15 Algenbehandlung
vitaminhaltiges Fischprodukt
9 Lebertran
Vitaminmangelkrankheit
5 Ekzem, Oedem
7 Skorbut
8 Beriberi, Rachitis
vite
7 schnell
vitiös
5 boese
10 fehlerhaft, lasterhaft
Vivarium
8 Aquarium
9 Behaelter, Terrarium
Vogel
4 Ente, Gans, Star
5 Amsel, Meise, Spatz, Taube
Vogel ...
· *in* **Afrika**
7 Strauss
· *der* **Antarktis**
7 Pinguin
· *in* **Australien**
3 Emu
· *des* **Friedens**
5 Taube
Vogelbau
4 Nest
5 Horst
Vogelbeerbaum
9 Eberesche
Vogelbrutplatz
4 Nest
Vogeldünger
5 Guano
Vogeleier im Nest
6 Gelege
Vogelerbse
5 Wicke
Vogelfänger in der „Zauberflöte"
8 Papageno
Vogelfanggerät
8 Leimrute
Vogelflügel
8 Schwinge
Vogelfutterpflanze
5 Miere
Vogelhaus
5 Bauer
6 Kaefig
7 Voliere
Vogeljagd mit Raubvögeln
5 Beize
Vogeljunge
4 Brut
Vogeljunges
6 Kueken
Vogelkäfig
5 Bauer
7 Voliere
Vogelkralle
5 Klaue
Vogelkrankheit
4 Pips
Vogelkraut
5 Miere
8 Wegerich
10 Knoeterich
Vogelkunde
12 Ornithologie
Vogellaut
4 piep
Vogellaute
11 Gezwitscher
Vogelmännchen
4 Hahn
Vogelnachwuchs
4 Brut
Vogelpaarungszeit
4 Balz
Vogelprodukt
2 Ei
6 Federn
Vogelscheuche
6 Popanz
Vogelschwanz
5 Sterz

Vogelschwinge
7 Fluegel
Vogelweibchen
5 Henne
Vogelwelt
5 Ornis
Vogesen
6 Wasgau
10 Wasgenwald
Vokabel
4 Wort
7 Begriff
Vokabular
10 Wortschatz
11 Woerterbuch
Vokal
10 Selbstlaut
Vokalauslassung
7 Elision
Vokaldehnung
6 Ektase
Vokalmusik
6 Gesang
8 Chorlied
Vokalwerk
7 Kantate
Vokation
8 Berufung
Vokativ
10 Anredefall
Volant
6 Besatz, Steuer
7 Lenkrad
9 Steuerrad
Volk
5 Rasse, Stamm
6 Nation
8 Menschen
12 Bevoelkerung, Gemeinschaft
Volk ...
· *der* **Arktis**
5 Inuit
7 Eskimos
· *auf dem* **Balkan**
10 Makedonier
· *im* **Baltikum**
5 Esten
6 Balten, Letten
7 Litauer
· *in* **Kambodscha**
5 Khmer
· *auf* **Neuguinea**
5 Papua
· *auf* **Neuseeland**
5 Maori
· *in* **Nigeria**
3 Ibo
· *im* **Niltal**
6 Nubier
· *im* **nördlichen Europa**
6 Daenen
· *im* **oberen Nildelta**
6 Nubier
· *im* **Orient**
6 Iraker
· *in* **Ostasien**
8 Koreaner
· *der* **Ostgermanen**
5 Goten
· *in der* **Sahara**
6 Tuareg
· *in* **Südasien**
5 Inder
· *in* **Südeuropa**
9 Italiener
· *in* **Südosteuropa**
8 Bulgaren, Rumaenen
· *in* **Vorderasien**
6 Iraner, Kurden
Volk in Südafrika
7 Kaffern
Völkerfehde
5 Krieg
Völkergemeinschaft
6 Nation
Völkergruppe ...
· *in* **Afrika**
5 Bantu
· *der* **Antike**
5 Goten, Juden
6 Kelten, Roemer
8 Germanen, Griechen
· *im* **Nahen Osten**
6 Araber
Völkerkunde
10 Ethnologie
11 Ethnografie
12 Ethnographie
Völkermord
7 Genozid
völkerrechtliche Vereinigung
11 Staatenbund
Volksabstimmung
9 Plebiszit
10 Referendum
Volksaufwiegler
6 Hetzer
8 Demagoge
Volksfest
3 Dom
4 Dult, Kerb
5 Kerwe, Messe
6 Kirmes, Rummel
8 Fasching, Karneval
9 Jahrmarkt, Kirchweih
13 Schuetzenfest
Volksfest in München
11 Oktoberfest
Volksführer im alten Rom
6 Tribun
Volksgemeinde im alten Griechenland
5 Demos
Volksgruppe
5 Stamm
Volksheer
5 Miliz
Volksheld ...
· *der* **Schweizer**
4 Tell
· *der* **Tiroler**
5 Hofer
Volksherrschaft
10 Demokratie
Volkskunde
8 Folklore
volksmäßig ▶ volkstümlich
Volkspark in Wien
6 Prater
Volksrepublik in Afrika
5 Kongo
Volksschulleiter
6 Rektor
Volksstaat
8 Republik
10 Demokratie
Volksstamm ...
· *in* **Afrika**
3 Edo, Ewe, For, Ful, Ibo, Kru, Suk, Tiv, Vai
4 Akka, Luba, Madi, Nama, Nuba, Zula, Zulu
5 Banda, Bantu, Bongo, Duala, Lunda, Mossi, Musgu
6 Batusi, Haussa, Jaunde, Joruba, Massai, Ovambo, Owambo, Somali
7 Watussi

11 Betschuanen
12 Buschmaenner, Hottentotten
· *in* **Liberia**
3 Kru
Volkstanz
8 Laendler
Volkstanz in Bayern
13 Schuhplattler
Volksteil ...
· *der* **Belgier**
6 Flamen
8 Wallonen
Volkstheater
11 Laienbuehne
volkstümlich
7 beliebt
8 populaer
volkstümlich für ...
▶ umgangssprachlich für ...
volkstümlich für Basilikum
12 Koenigskraut
volkstümlicher Name von Guevara
3 Che
volkstümliches Lied
8 Folksong
Volksverhetzung
9 Demagogie
Volksversammlung bei den alten Germanen
5 Thing
Volksvertreter
11 Deputierter
12 Abgeordneter
14 Parlamentarier
Volksvertretung
5 Senat
6 Kammer
8 Kreistag
9 Bundestag, Parlament
Volkswirt
7 Oekonom
15 Nationaloekonom
Volkszählung
6 Zensus
voll ...
· **entwickelt**
4 reif
12 ausgewachsen
Vollblutpferd
6 Araber
vollbrachte Handlung
3 Tat
vollendet
5 getan
6 fertig
7 perfekt
8 erledigt
10 vollkommen
11 meisterhaft
vollends
4 ganz
5 total
6 global
7 rundweg
9 gaenzlich
Vollendung
6 Finish
voller ...
· **Erwartung**
8 gespannt
9 neugierig
· **Esprit**
10 geistreich
Volleyball
9 Faustball
völlig ▶ vollends
völlig gleich
9 identisch
völlig(e, er, es) ...
· **Alleinsein**
10 Einsamkeit
· **Beinspreize**
6 Spagat
· **Dunkelheit**
10 Finsternis
· **Hoffnungslosigkeit**
12 Verzweiflung
· **Klarheit**
7 Evidenz
· **Überzeugtsein**
7 Glauben
· **Vermögensverlust**
4 Ruin
· **Zusammenbruch**
4 Ruin
volljährig
7 muendig
8 majorenn
vollkommen
5 ideal
7 perfekt
8 komplett, makellos, tadellos
9 vollendet
11 einwandfrei, einzigartig, vorbildlich, vorzueglich
12 vortrefflich
Vollkommenheit
5 Ideal
10 Perfektion
Vollmacht
6 Mandat
7 Prokura
8 Befugnis
12 Autorisation
Vollmechanisierung
10 Automation
Vollschiff
7 Clipper, Klipper
8 Fregatte, Korvette
10 Dreimaster, Viermaster
11 Fuenfmaster
vollständig
4 ganz, heil
5 total
7 perfekt
8 komplett
Vollständigkeit
6 Gaenze
Vollstrecker
8 Exekutor
Vollstrecker ...
· *der* **Todesstrafe**
6 Henker
13 Scharfrichter
Vollstreckung
7 Vollzug
9 Exekution
13 Durchfuehrung
volltönend
5 sonor
9 klangvoll
Volltreffer beim Kegeln
6 Neuner
volltrunken
4 blau, fett
9 berauscht
Volltrunkener
10 Bierleiche
Vollversammlung
6 Plenum
13 Plenarsitzung
vollziehende Gewalt im Staate
9 Exekutive
Vollzug
7 Vorgang
8 Handlung
Vollzugsanstalt
10 Gefaengnis

Volontär
9 Anwaerter
10 Praktikant
vom ...
· **Bischof zelebrierte Messe**
13 Pontifikalamt
· **Hundert**
7 Prozent
· **Tausend**
8 Promille
· **Urtext abweichende Fassung**
6 Lesart
· **Wind angehäufter Sandhügel**
5 Duene
· **Wind gehäufter Schnee**
4 Wehe
von ...
· **Almosen Lebender**
7 Bettler
· **Amts wegen**
9 ex officio
· **ansprechendem Aussehen**
11 aesthetisch
· **außen kommend**
6 exogen
· **Bedeutung**
7 wichtig
· **der Regel abweichend**
6 anomal
· **drei Seiten begrenzte Figur**
7 Dreieck
· **geringem Gewicht**
6 leicht
· **geringer Dicke**
5 duenn
· **geringer Größe**
5 klein
· **geringer Wassertiefe**
6 seicht
· **hohem Wuchs**
4 rank
5 gross
· **innen kommend**
7 endogen
· *der* **Muttermilch entwöhnen**
9 abstillen
· **niedriger Temperatur**
4 kalt
· **oben her**
5 herab
· **Rechts wegen**
6 de jure
· **selbst**
7 spontan
· **vornehmer Gesinnung**
4 edel
· **Wasser umgebenes Land**
5 Insel
6 Eiland
· **Zeus gestürzte Götter**
7 Titanen
vor ...
· **allem anderen**
4 erst
· *dem* **Schlafen nicht vergessen**
11 abschminken
Vorahnung
4 Omen
Voralpensüßwasserfisch
5 Renke
Voranschlag
4 Etat
6 Budget
11 Kalkulation
13 Haushaltsplan
Voranwartschaft bei Erwerb
6 Option
Voranzeige
4 Avis
Vorarbeit ...
· *zu* **einem Werk**
6 Skizze, Studie
7 Entwurf
Vorarbeiter am Bau
6 Polier
Vorausberechnung
11 Kalkulation
Vorausbestellung
12 Subskription
vorausgesetzt
4 wenn
5 falls
6 sofern
10 angenommen
Voraussage
8 Prognose
vorausschauend
11 prophetisch
Voraussetzung
7 Annahme
9 Bedingung, Hypothese, Praemisse
11 Praesumtion
12 Praesumption
voraussetzungslos
7 absolut
11 kategorisch
Voraussicht
6 Ahnung
7 Planung
voraussichtliche Siegerin
9 Favoritin
voraussichtlicher Sieger
7 Favorit
Vorauszahlung
8 Abschlag
9 Vorschuss
Vorbau
5 Altan, Erker
6 Balkon, Loggia
7 Risalit, Soeller, Veranda
Vorbedeutung
4 Omen
Vorbedingung ► Voraussetzung
Vorbehalt
6 Kautel
7 Klausel, Skepsis
vorbei
3 aus
5 passé
6 passee
Vorbeimarsch
6 Parade
7 Defilee
Vorbemerkung
9 Praeambel
vorbereitete
· **Mahlzeit**
13 Fertiggericht
Vorbereitung ...
· *auf* **das Lernen**
9 Vorschule
· *zum* **Wettkampf**
8 Training
Vorbestellung
12 Reservierung
vorbestimmtes ...
· **Schicksal**
5 Fatum
6 Kismet
Vorbestimmung
► Vorherbestimmung
Vorbeter in der Moschee
4 Imam
vorbeugend
10 prohibitiv
14 prophylaktisch

V

vorbeugende ...
· **Maßnahme**
7 Impfung
13 Immunisierung, Schutzimpfung
Vorbeugung
10 Prophylaxe
11 Praevention
Vorbild
4 Idol
5 Ideal
6 Modell, Muster
8 Hochziel, Leitidee
9 Leitstern
vorbildlich
5 ideal
9 klassisch
12 beispielhaft, exemplarisch
13 mustergueltig
vorbildlicher Junge
11 Musterknabe
Vorbindetuch
4 Latz
9 Laetzchen, Serviette
Vorbühne
5 Rampe
10 Proszenium
Vorderansicht ► Vorderseite
Vorderansicht ...
· *des* **Kopfes**
7 Gesicht
· *einer* **Münze**
5 Avers
Vorderasiat
5 Kurde, Parse, Syrer
6 Araber, Iraker, Iraner, Osmane, Perser, Syrier, Tuerke
7 Afghane, Israeli, Jemenit
8 Armenier, Libanese
9 Jordanier
vorderasiatisch(e, er, es) ...
· **Halbinsel**
7 Arabien
· **Hauptstadt**
4 Riad, Sana
5 Amman, Rijad
6 Ankara, Ar Riad, Bagdad, Beirut, Er Riad
7 Teheran
8 Damaskus
9 Jerusalem
· **Kulturvolk** (Antike)
5 Juden
6 Perser
7 Akkader, Assyrer, Iranier, Semiten, Sumerer
8 Hethiter
9 Chaldaeer, Phoeniker
10 Israeliten, Phoenizier
· **Meerenge**
11 Dardanellen
· **Staat**
4 Irak, Iran, Oman
5 Jemen
6 Israel, Syrien
7 Libanon, Persien, Tuerkei
9 Jordanien
12 Saudi-Arabien
· **Strom**
6 Jordan, Tigris
7 Euphrat
Vorderasien
6 Nahost, Orient
7 Levante
Vorderaufbau eines Schiffes
4 Back
Vorderer Orient
6 Nahost
vorderer Rand des Bühnenbodens
5 Rampe
Vorderfront
10 Stirnseite
Vordergiebel
10 Frontispiz
vordergründig
13 durchschaubar, fadenscheinig
14 oberflaechlich
Vorderseite
5 Avers, Front
7 Fassade, Gesicht
10 Stirnseite
vorderst(e, er, es) ...
· **Bühnenteil**
10 Proszenium
· **Kampflinie**
5 Front
Vorderste beim Laufen
5 Erste
Vorderster
6 Erster
Vorderteil ...
· *des* **Halses**
6 Gurgel
8 Kehlkopf
· *des* **Schiffes**
3 Bug
6 Galion
9 Vorschiff
12 Vordersteven
vordringlich
4 akut
8 brennend
Vordruck
8 Formular
9 Formblatt
10 Fragebogen
voreilig
9 verfrueht
10 ungeduldig
12 ueberstuerzt
voreingenommen
8 befangen
9 subjektiv
Voreingenommenheit
9 Feindbild
10 Fanatismus, Intoleranz
12 Befangenheit, Ressentiment
14 Parteilichkeit
Vorentwurf
7 Konzept
Vorfahre
3 Ahn, Oma, Opa
4 Ahne
5 Urahn, Vater
6 Mutter, Urahne
10 Grossvater
11 Grossmutter
Vorfahre Parzivals
7 Titurel
Vorfahren
6 Eltern
7 Urahnen
8 Ureltern
10 Altvordern
11 Grosseltern
Vorfahrenverzeichnis
10 Ahnentafel
Vorfahrin
4 Ahne
Vorfall
5 Eklat
7 Affaere, Affaire, Episode, Skandal
8 Ereignis
Vorfeld einer Festung
6 Glacis
Vorflur
9 Vestibuel

Vorführdame
5 Model
9 Mannequin
Vorführer im Kino
9 Operateur
Vorführfläche im Zirkus
6 Manege
Vorführherr
8 Dressman
Vorführung
4 Show
5 Revue, Schau
Vorgang
6 Ablauf
7 Hergang, Prozess, Vollzug
8 Ereignis, Handlung, Prozedur
11 Begebenheit
Vorgang ...
· *bei der* **Bierherstellung**
7 Gaerung
· *des* **Kochens**
5 Garen
· *beim* **Skatspiel**
6 Reizen
· *bei der* **Weinherstellung**
7 Gaerung
Vorgänger des Fahrrades
8 Draisine
Vorgebirge
3 Kap
vorgeblich
6 fiktiv
10 angenommen
vorgefertigtes Essen
11 Tuetensuppe
Vorgefühl
6 Ahnung
Vorgehen
3 Akt
6 Aktion
7 Schritt
8 Handlung
9 Massnahme
vorgenannt
4 obig
Vorgeschichte
12 Praehistorie
Vorgeschichte einer Krankheit
8 Anamnese
vorgeschichtlich(e, er, es) ...
· **Abschnitt**
6 Urzeit
· **Beil**
4 Kelt
· **Blasinstrument**
4 Lure
· **Fundstätte**
4 Roth
6 La Tène
7 Hallein
8 Altamira, Aurignac, Federsee, Moordorf
9 Cromagnon, Hallstatt, Trundholm
10 Neandertal
· **Grabform**
6 Dolmen
9 Urnengrab
10 Hockergrab, Huegelgrab
· **Hügelgrab**
7 Tumulus
· **Kulturdenkmal**
6 Dolmen, Menhir
8 Megalith
9 Fliehburg
10 Schutzwall, Steinkreis
· **Menschentyp**
8 Aurignac
9 Cromagnon
11 Homo sapiens
12 Neandertaler, Pekingmensch
· **Werkzeug**
8 Steinaxt
9 Faustkeil
Vorgeschichtsperiode
7 Eiszeit
9 Steinzeit
10 Bronzezeit
12 Altsteinzeit
13 Jungsteinzeit
vorgeschobene ...
· **Person**
9 Strohmann
11 Pappkamerad
vorgeschriebene Arzneimenge
5 Dosis
vorgesetzt(e, er, es) ...
· **Behörde**
9 Obrigkeit
· **Mauerteil**
6 Blende
Vorgesetzte
8 Leiterin
9 Fuehrerin
Vorgesetzter
4 Boss, Chef
6 Patron
7 Meister
8 Direktor, Vorstand
vorgezüchtete Grünfläche
9 Rollrasen
Vorhaben
4 Idee, Plan
7 Absicht, Projekt
9 Intention
Vorhafen ...
· *von* **Bremen**
11 Bremerhaven
· *von* **Hamburg**
8 Cuxhaven
Vorhalle
5 Diele, Foyer
6 Atrium, Entree
8 Windfang
9 Vestibuel
Vorhaltung
6 Kritik
7 Vorwurf
Vorhaltungen
5 Szene
vorhanden
2 da
4 real
8 anwesend, effektiv, existent, wirklich
Vorhandenes
6 Vorrat
7 Bestand
Vorhang
5 Store
7 Gardine
Vorhangleiste
8 Karniese
Vorhangstoff
6 Etamin
Vorhemd
9 Chemisett
10 Chemisette
vorher
4 eher, erst
5 zuvor
7 frueher
Vorherbestimmung
3 Los
5 Fatum
6 Kismet
9 Schicksal, Vorsehung
15 Praedestination

Vorherrschaft
6 Primat
8 Dominanz, Fuehrung
9 Hegemonie
10 Praevalenz
12 Uebergewicht
14 Ueberlegenheit
vorherrschend
8 dominant
Vorhersage
3 Tip
4 Tipp
6 Orakel
8 Prognose
9 Prophetie
11 Offenbarung
12 Prophezeiung
Vorhölle
6 Limbus
9 Fegefeuer
11 Purgatorium
Vorhut
10 Avantgarde
vorisraelitisches Palästina
6 Kanaan
vorjähriger Schnee
4 Firn
Vorkämpfer
7 Pionier
11 Protagonist, Wegbereiter
13 Schrittmacher
Vorkämpfertum
14 Avantgardismus
Vorkasse
13 Vorauszahlung
Vorkommnis ▶ Vorfall
4 Fall
5 Kasus
Vorkriegsgebäude
6 Altbau
Vorladung
8 Zitation
Vorlage ▶ Vorbild
Vorlaube am Haus
7 Veranda
Vorläufer des Klaviers
7 Cembalo
vorläufig
9 zunaechst
11 einstweilig, notduerftig
12 provisorisch
vorläufige ...
· **Aufzeichnung**
7 Entwurf
· **Regelung**
7 Interim
11 Provisorium
vorläufiges Resultat
16 Zwischenergebnis
vorlaut ▶ vorwitzig
vorlautes ...
· **Mädchen**
4 Goer
5 Goere
8 Naseweis
Vorleger
5 Matte
9 Fussmatte
Vorlesung
6 Kolleg
7 Lektion
vorlesungsfreie Zeit
14 Semesterferien
Vorlesungsraum ...
· *an der* **Universität**
8 Hoersaal
10 Auditorium
Vorliebe
4 Hang
6 Faible, Tendre
7 Neigung
vormals
5 einst
6 ehedem
7 frueher
Vormerkbuch
6 Agenda, Merker
9 Notizbuch
14 Terminkalender
Vormittags-veranstaltung
7 Matinee
Vormund
5 Tutor
7 Kurator
Vormundschaft
5 Tutel
7 Kuratel
9 Fuersorge
vorn offene Pumps
8 Peeptoes
Vorname
7 Rufname
8 Taufname
Vorname ...
· *von* **Adenauer**
6 Konrad
· *von* **Amundsen**
5 Roald
· *der* **Andersen**
4 Lale
· *der* **Anderson** (Schauspielerin)
6 Pamela
· *von* **Astaire**
4 Fred
· *von* **Atatürk**
5 Kemal
· *der* **Baal** (Schauspielerin)
5 Karin
· *von* **Bartok** (Komponist)
4 Bela
· *von* **Belushi** (Schauspieler)
5 James
· *von* **Berg** (Komponist)
5 Alban
· *der* **Berger** (Schauspielerin)
5 Senta
· *der* **Bisset**
10 Jacqueline
· *von* **Brecht**
4 Bert
· *von* **Bruckner**
5 Anton
· *von* **Carell**
4 Rudi
· *von* **Caruso**
6 Enrico
· *von* **Clarin**
4 Hans
· *von* **Clinton**
4 Bill
· *von* **Cook**
5 James
· *der* **Dagover**
3 Lil
· *der* **Dietrich**
7 Marlene
· *der* **Ekberg**
5 Anita
· *von* **Eulenspiegel**
4 Till
· *des* **Fernsehkochs Oliver**
5 Jamie
· *von* **Feuerbach**
6 Anselm
· *der* **Fonda** (Schauspielerin)
4 Jane
· *von* **Ford** (US-Präsident)
6 Gerald
· *der* **Garbo**
5 Greta
· *der* **Gardner**
3 Ava

V

- *der* **Giehse**
  7 Therese
- *von* **Gorki**
  5 Maxim
- *von* **Gründgens**
  6 Gustaf
- *von* **Hammerskjöld**
  3 Dag
- *von* **Hamsun**
  4 Knut
- *der* **Hayworth**
  4 Rita
- *von* **Hemingway**
  6 Ernest
- *von* **Hood**
  5 Robin
- *der* **Huber** (Tennisspielerin)
  4 Anke
- *von* **Juhnke**
  6 Harald
- *von* **Jürgens** (Sänger)
  3 Udo
- *von* **Kissinger**
  5 Henry
- *der* **Lagerlöf**
  5 Selma
- *der* **Lemper**
  3 Ute
- *des* **Modedesigners Miyake**
  5 Issey
- *der* **Modeschöpferin Chanel**
  4 Coco
- *der* **Modeschöpferin Westwood**
  8 Vivienne
- *des* **Modeschöpfers Mugler**
  7 Thierry
- *des* **Modeschöpfers Rabanne**
  4 Paco
- *des* **Modeschöpfers Saab**
  4 Elie
- *der* **Montez**
  4 Lola
- *von* **Mozart**
  7 Amadeus
  8 Wolfgang
- *des* **Murphy** (Komikers)
  5 Eddie
- *der* **Nielsen** (Schauspielerin)
  4 Asta
- *von* **Paris Hiltons Schwester**
  5 Nicky
- *von* **Picasso**
  5 Pablo
- *der* **Popsängerin Perry**
  4 Katy
- *von* **Schmeling**
  3 Max
- *der* **Schygulla** (Schauspielerin)
  5 Hanna
- *der* **Singerl**
  4 Erni
- *von* **Strawinsky**
  4 Igor
- *des* **Supermodels Banks**
  4 Tyra
- *des* **Supermodels Bündchen**
  6 Gisele
- *des* **Supermodels Campbell**
  5 Naomi
- *des* **Supermodels Crawford**
  5 Cindy
- *des* **Supermodels Lima**
  7 Adriana
- *des* **Supermodels Turlington**
  7 Christy
- *der* **Taylor**
  3 Liz
- *von* **Tolstoi**
  3 Leo
- *des* **Topmodels Ambrosio**
  10 Alessandra
- *des* **Topmodels Casta**
  8 Laetitia
- *des* **Topmodels Cole**
  4 Lily
- *des* **Topmodels Deyn**
  7 Agyness
- *des* **Topmodels Donaldson**
  4 Lily
- *des* **Topmodels Hessler**
  7 Vanessa
- *des* **Topmodels Kroes**
  7 Doutzen
- *des* **Topmodels Patitz**
  7 Tatjana
- *des* **Topmodels Prinsloo**
  6 Behati
- *des* **Topmodels Rocha**
  4 Coco
- *des* **Topmodels Rubik**
  4 Anja
- *des* **Topmodels Swanepoel**
  7 Candice
- *des* **Topmodels Ward**
  5 Gemma
- *des* **Topmodels Wek**
  4 Alek
- *von* **Trenker**
  4 Luis
- *der* **Turner** (Popsängerin)
  4 Tina
- *der* **Versace**
  9 Donatella
- *von* **Washington**
  6 George
- *von* **Welles**
  5 Orson
- *von* **Wontorra**
  5 Joerg
- *von* **Zola**
  5 Emile

vornehm
4 edel
5 nobel
6 feudal
7 elegant
8 exklusiv
10 prachtvoll

vornehm(e, er, es) ...
- **Altrömer**
  9 Patrizier
- **Art**
  8 Noblesse
- **Buhlerin**
  7 Hetaere
  9 Kurtisane
- **Bürger**
  9 Patrizier
- **Gasthof**
  10 Luxushotel
- **Gaststätte**
  13 Etablissement
  15 Nobelrestaurant
- **Gesellschaftsschicht**
  8 Upper Ten
  10 Hautevolee
  11 Highsociety
- **Gesinnung**
  4 Adel
  7 Edelmut
  8 Noblesse
- **Liebhaber**
  5 Galan

V

vornehmes Getue
11 Geziertheit
Vornehmheit
8 Noblesse
Vornehmtuer
4 Snob
5 Laffe, Snobs
Vorort von ...
· **Den Haag**
12 Scheveningen
· **Dresden**
9 Blasewitz
· **Hamburg**
8 Ottensen
10 Blankenese
· **Lissabon**
5 Belem
· **London**
7 Croydon, Wembley
9 Greenwich, Tottenham, Wimbledon
· **Los Angeles**
9 Hollywood
· **Paris**
5 Vitry
6 Clichy, Sèvres
7 Neuilly, St. Denis
9 Vincennes
10 Versailles
· **Rom**
5 Ostia
· **Venedig**
6 Mestre
· **Zürich**
8 Zollikon
Vorplatz ▶ Vorhalle
Vorprüfung für Medizinstudenten
8 Physikum
Vorrang
6 Primat
10 Prioritaet
Vorrat
5 Stock, Store
7 Bestand, Reserve
10 Repertoire
Vorratsgebäude
4 Silo
5 Boden, Depot, Lager
6 Stadel
7 Magazin, Scheuer, Scheune
9 Lagerhaus
12 Speisekammer

Vorratsraum
6 Kammer, Keller
8 Speicher
Vorratsraum ...
· *auf* **Schiffen**
4 Gatt
9 Hellegatt
Vorratsspeicher
4 Silo
Vorratswagen für Kohlen
6 Tender
Vorraum ▶ Vorhalle
Vorraum beim Arzt
11 Wartezimmer
Vorrecht
6 Primat
8 Privileg
11 Privilegium, Sonderrecht
Vorrede
6 Prolog
9 Praeambel
10 Einleitung
Vorreiter ▶ Vorkämpfer
Vorrichtung
7 Apparat
10 Instrument
11 Mechanismus
Vorrichtung ...
· *am* **Fotoapparat**
9 Ausloeser
· *zur* **Lastenbewegung**
5 Hebel
· *am* **Reitstiefel**
5 Spore
· *zum* **Rösten**
6 Roeste
· *am* **Ski**
7 Bindung
· *zum* **Steuern**
7 Lenkung
Vorsager
9 Souffleur
Vorsatz
4 Plan
7 Absicht
8 Vorhaben
9 Intention
vorsätzliche ...
· **Kränkung**
11 Beleidigung
· **Tötung**
4 Mord
Vorschiff
3 Bug

Vorschlag
3 Rat, Tip
4 Tipp
7 Angebot, Offerte
10 Anerbieten, Empfehlung
Vorschlag zur Ehe
13 Heiratsantrag
vorschlagen
5 raten
9 empfehlen
Vorschlussrunde
10 Halbfinale, Semifinale
Vorschrift
4 Norm, Ukas
5 Edikt, Gebot, Kanon, Regel, Ritus
6 Befehl, Dekret, Erlass, Formel, Gesetz, Rezept, Statut
7 Satzung
9 Anordnung, Anweisung, Reglement, Regulativ
10 Bestimmung, Richtlinie, Verfuegung, Verordnung
11 Instruktion
vorschriftsmäßig
6 normal
7 ueblich
8 regulaer
15 ordnungsgemaess
Vorschub
5 Hilfe
8 Beihilfe
14 Unterstuetzung
Vorschule
12 Kindergarten
Vorschuss
8 Abschlag
13 Vorauszahlung
Vorsegel
4 Fock
7 Kluever
Vorsehung
▶ Vorherbestimmung
Vorsicht
6 Obacht
7 Skepsis
11 Achtsamkeit
vorsichtig
8 behutsam
9 umsichtig
Vorsichtsmaßregel
6 Kautel

Vorsilbe
2 ab, an, be, er, in, um, un, zu
3 auf, aus, bei, dar, ein, ent, her, hin, mit, ver, vor, zer
4 nach, ohne
5 Affix, ueber, unter
7 Praefix
Vorsilbe der Verneinung
2 un
Vorsilbe für ...
· **drei**
3 tri
· **jenseits**
5 trans
· **über**
5 trans
· **zwischen**
5 inter
Vorsitz
7 Leitung
10 Praesidium
Vorsitzender
6 Obmann, Senior
8 Chairman
10 Praesident
Vorsitzender der Chaine des Rotisseurs
11 Chancellier
Vorsorge
9 Ersparnis
12 Versicherung
Vorsorgemaßnahme
18 Altersversicherung
Vorspeise
5 Suppe
6 Entree
11 Horsd'oeuvre
Vorspeise mit Teigwaren
10 Nudelsuppe
Vorspiegelung
5 Bluff
10 Taeuschung
Vorspiel
6 Prolog
7 Intrade, Prélude
9 Ouverture
10 Einleitung, Ouvertuere, Praeludium
11 Liebesspiel
12 Introduktion
vorspringend(e, er, es) ...
· **Bollwerk**
6 Bastei
7 Bastion
· **Gebäudeteil**
4 Sims
5 Altan, Erker
6 Balkon, Gesims
7 Risalit
9 Kragstein
· **Spitze**
4 Ecke
Vorspruch ▶ Vorrede
Vorsprung
4 Plus
5 Bonus
Vorstadium der Hölle
▶ Vorhölle
Vorstartphase
9 Countdown, Count-down
Vorsteckstift
6 Splint
Vorsteher
4 Chef
5 Prior
6 Leiter
8 Direktor
Vorsteher ...
· *einer* **Dorfgemeinde**
7 Schulze
· *einer* **Fakultät**
5 Dekan
· *im* **Islam**
4 Imam
7 Scheich
· *eines* **Kirchenchors**
6 Kantor
· *eines* **Klosters**
3 Abt
5 Prior
· *eines* **Orchesters**
8 Dirigent
13 Kapellmeister
· *eines* **Theaters**
9 Intendant
Vorsteherin einer Schwesternschaft
6 Oberin
Vorstellung
4 Idee
8 Fantasie
9 Phantasie
11 Imagination
Vorstoß
7 Angriff, Versuch
Vortäuschung
7 Fiktion
8 Blendung, Gaukelei, Illusion
9 Heuchelei
10 Simulation
Vorteil
4 Plus
6 Ertrag, Gewinn, Nutzen, Profit, Trumpf
8 Guthaben
Vorteil ...
· **bringen**
7 nuetzen
· *im* **Sport**
11 Heimvorteil
· *bei* **Wahlen**
9 Amtsbonus
vorteilhaft
7 positiv
8 guenstig
10 erfreulich
Vortrag
4 Rede
6 Lesung
7 Bericht, Referat
9 Ansprache, Vorlesung
10 Darbietung, Rezitation
11 Deklamation
Vortrag ...
· *vor* **Gericht**
9 Plaedoyer
· *eines* **Liedes**
6 Gesang
Vortragender
6 Dozent, Lehrer, Lektor, Redner, Solist
8 Referent, Sprecher, Vorleser
Vortragskünstler/Vortragskünstlerin
6 Diseur
7 Diseuse
9 Rezitator
10 Chansonier, Deklamator
11 Chansoniere, Chansonnier
12 Chansonnière
Vortragsreihe
6 Zyklus
Vortragsstück eines Sängers
4 Lied
vortrefflich
4 edel
5 bravo, prima
6 superb
7 erlesen, kapital, sueperb
8 exquisit
9 exzellent

11 erstklassig
12 hervorragend
Vortriebskraft
5 Schub
vorübergehend
7 ephemer
8 momentan
9 temporaer
10 episodisch, zeitweilig
vorübergehend ohne Bewusstsein
11 ohnmaechtig
vorübergehende ...
· **Beschäftigung**
3 Job
10 Zeitarbeit
Vorübergehender
7 Passant
Vorurteil ▶ Voreingenommenheit
vorurteilsfrei
7 liberal
8 objektiv
10 unbefangen
11 aufgeklaert
vorurteilslos
7 liberal
10 freisinnig
Vorurteilslosigkeit
13 Objektivitaet
14 Unbefangenheit
Vorwand
5 Finte
7 Ausrede
8 Notluege
9 Ausflucht
vorwärts
6 weiter
vorweg
4 erst
9 zunaechst
Vorwegnahme
12 Antizipation
vorweihnachtliches Gebinde
12 Adventskranz
Vorweihnachtszeit
6 Advent
Vorwerk
6 Vorort
vorwitzig
4 keck, kess
5 frech
6 dreist
8 naseweis

Vorwort
6 Prolog
10 Einleitung
11 Einfuehrung
Vorwurf
5 Ruege, Tadel
6 Anwurf, Kritik
7 Rueffel, Schelte
12 Beanstandung
13 Anschuldigung, Beschuldigung
Vorzeichen
4 Omen
12 Prognostikon
Vorzeichen ...
· *beim* **Rechnen**
4 plus
5 minus
Vorzeigen eines Wechsels
5 Vista
vorzeitig ...
· **erwachsen**
9 fruehreif
· **geborenes Kind**
9 Fruehchen
Vorzimmer ▶ Vorhalle
Vorzimmerdame
11 Sekretaerin
Vorzimmerherr
9 Sekretaer
Vorzug
6 Nutzen
7 Vorteil
vorzüglich ▶ vortrefflich
Votivbild
6 Exvoto
7 Marterl
9 Bildstock
Votum
6 Stimme, Urteil
9 Gutachten
Voyeur
7 Spanner
vulgär
6 gemein
8 ordinaer
11 gewoehnlich
Vulgärausdruck
10 Gossenwort
13 Kraftausdruck
Vulkan ...
· *in* **Afrika**
4 Fako, Meru
11 Kamerunberg
14 Kilimandscharo

· *in* **Amerika**
5 Huila, Misti
6 Colima, Osorno, Sangay, Tolima
7 Jorulla
8 Antisane, Cotopaxi
9 Tajamulco
10 Chimborazo, Lassen Peak
12 Citlaltepetl, Popocatepetl
· *in* **Ecuador**
6 Sangay
8 Antisane, Cotopaxi
10 Chimborazo
· *in* **Guatemala**
9 Tajamulco
· *auf* **Hawaii**
3 Kea, Loa
7 Kilauea
· *auf* **Island**
5 Hekla
· *in* **Italien**
4 Etna
5 Aetna, Vesuv
9 Stromboli
· *in* **Japan**
4 Fuji
7 Fudschi
11 Fudschijama
· *im* **Kaukasus**
6 Elbrus, Kasbek
· *bei* **Kreta**
8 Santorin
· *in* **Mexiko**
6 Colima
7 Jorulla
12 Citlaltepetl, Popocatepetl
· *bei* **Neapel**
5 Vesuv
9 Stromboli
· *auf* **Sizilien**
5 Aetna
· *am* **Südpol**
6 Erebus, Terror
· *in der* **Sundastraße**
8 Krakatau
· *in der* **Türkei**
6 Ararat
Vulkanausbruch
8 Eruption
Vulkanauswurf
4 Lava
Vulkaninsel
6 Hawaii
7 Surtsey
8 Krakatau

vulkanisch(e, er, es) ...
· **Gestein**
4 Bims, Lava, Tuff
· **Magma**
4 Lava
· **Schmelzfluss**
4 Lava
vulkanisierter ...
· **Gummi**
9 Kautschuk
· **Kautschuk**
5 Gummi
Vulkansee
4 Maar
Vulkantrichter
6 Krater
7 Caldera

W

Waadtländer ...
· **Rotwein**
9 Salvagnin
· **Weinanbaugebiet**
8 Chablais
waagerecht
4 eben, plan
10 horizontal
waagerecht ...
· **angelegter Tunnel**
7 Stollen
· **tragende Dachstuhlbalken**
7 Pfetten
waagerecht(e, er, es) ...
· **Bauglied**
4 Sims
6 Gesims
7 Traeger
· **Grubenbau**
7 Stollen
· **Koordinatenachse**
8 Abszisse
· **Segelquerstange**
3 Rah
4 Rahe
· **Stange am Mast**
3 Rah
· **Teil des Dachstuhls**
5 Raehm
Waagerechte
11 Horizontale
wabbelig
5 weich
12 gallertartig
Wabenteil
5 Zelle
wach
4 rege
6 munter
8 vigilant
10 aufgeweckt
Wache
6 Revier
9 Leibgarde
10 Patrouille
Wachmann
8 Polizist, Waechter
Wacholderdrossel
13 Krammetsvogel
Wacholdergetränk
3 Gin
7 Genever, Krammet
11 Kranewitter, Queckholder, Steinhaeger
Wacholderschnaps
3 Gin
7 Genever
11 Kranewitter
Wachrundgang
5 Ronde
10 Patrouille
wachsam
7 achtsam
8 vigilant
10 aufmerksam, hellhoerig
wachsame Augen
10 Argusaugen
wachsartige Substanz
8 Paraffin
Wachsbildnerei
11 Zeroplastik
wachsbleich
4 fahl
5 blass
Wachsfigurenkabinett
10 Panoptikum
Wachsgravierung
10 Zerografie
11 Zerographie
Wachslicht
5 Kerze
Wachsmalerei
9 Enkaustik
Wachspflaume
9 Mirabelle
Wachssalbe
5 Zerat
Wachsscheibe im Bienenstock
5 Favus
Wachstumsbeschleunigung
12 Akzeleration
Wachstumsbewegung von Pflanzen
8 Nutation
Wachstumsverlangsamung
11 Retardation
wachsweich
7 fuegsam
8 gefuegig
10 aengstlich, nachgiebig
Wachszellenbau der Biene
4 Wabe
Wachtelkönig
13 Wiesenknarrer, Wiesenlaeufer
16 Wiesenschnarcher
Wächter
4 Hirt
5 Hirte, Wache
6 Hueter, Posten
7 Waerter
8 Aufseher, Wachmann
9 Aufpasser
11 Beschuetzer
Wächter ...
· *der* **griechischen Sage**
5 Argus
8 Zerberus
· *des* **Minos**
5 Talos
· *des* **Nibelungenhortes**
8 Alberich
· *der* **nordischen Sage**
7 Heimdal
8 Heimdall
· *des* **Paradieses**
6 Cherub
Wachtraum
4 Wahn
8 Illusion, Trugbild

Wachtturm
3 Lug
5 Warte
7 Ausguck
wackelig
8 unsicher, zitterig
wackeln
5 eiern
7 pendeln, torkeln, zittern
9 schwanken, vibrieren
10 schlingern, schlottern
Wackelpeter
15 Gelatinepudding
wacker
6 bieder, tapfer
7 ehrlich
8 tuechtig
13 rechtschaffen
wacklige Schrift
9 Gekritzel
Wadenbein
6 Fibula
Wadenbekleidung
7 Strumpf, Stutzen
9 Struempfe
wadenlange ...
· **Kleidermode**
4 midi
· **Kleidung**
8 Midimode
wadenlanges geschlitztes Beinkleid
9 Caprihose
Waffe ...
· *einer* **Frau**
6 Charme
· *der* **Germanen**
3 Ger
· *von* **Insekten**
7 Stachel
· *der* **Katzen**
6 Zaehne
7 Krallen
· *im* **Mittelalter**
5 Gleve
10 Hellebarde
· *der* **Piraten**
9 Enterbeil
10 Enterhaken
· *der* **Ritter**
5 Lanze
7 Schwert
· *von* **Tieren**
4 Horn
5 Hauer
6 Geweih, Kralle, Zaehne
· *des* **Verstandes**
4 Wort
· *von* **Wilhelm Tell**
8 Armbrust
Waffengang
5 Kampf
Waffengattung
4 Flak, Heer
6 Funker, Marine
7 Flieger
8 Pioniere, Reiterei
9 Luftwaffe
10 Artillerie, Infanterie, Kavallerie
13 Gebirgsjaeger
Waffengefährte des Herakles
6 Iolaos
Waffengürtel
6 Gehenk
Waffenlager
5 Depot
7 Arsenal, Magazin
8 Zeughaus
waffenlos
11 unbewaffnet
waffenlose ...
· **Selbstverteidigung**
4 Budo, Judo
6 Karate
9 Jiu-Jitsu
Waffenmeister
13 Waffenschmied
14 Buechsenmacher
Waffenniederlegung
12 Kapitulation
16 Waffenstillstand
Waffenrock der Ulanen
6 Ulanka
Waffensportart
7 Fechten
9 Schiessen
Waffenstreckung ► Waffenniederlegung
wagemutig ► waghalsig
Wagen
4 Auto, Lore
6 Chaise, Karren, Kipper
7 Karosse, Kibitka
8 Droschke, Fahrzeug
9 Cabriolet, Limousine
10 Kabriolett, Kraftwagen
Wagenabteil
5 Coupé, Kupee
Wagenaufbau
10 Karosserie
Wagenbauer
6 Wagner
11 Stellmacher
Wagenbespannung
5 Plane
Wagendecke
5 Plaid, Plane
Wagenfuhre
6 Ladung
Wagenführer
6 Fahrer, Lenker
8 Kutscher
9 Chauffeur
Wagengestell ► Wagenunterbau
Wagenkolonne
5 Treck
8 Schlange
Wagenladung
5 Fuder, Fuhre
Wagenlenker ► Wagenführer
Wagenoberbau
10 Karosserie
Wagenrücksitz
4 Fond
Wagenschuppen
6 Garage, Remise
10 Tiefgarage
Wagenstange
5 Runge
8 Deichsel
Wagenteil
3 Rad
5 Achse
6 Aufbau, Kasten
7 Chassis
8 Deichsel
10 Karosserie
11 Fahrgestell
Wagenunterbau
6 Rahmen
7 Chassis
Wagenzug
5 Korso, Treck
waghalsig
5 kuehn
6 heikel
7 beherzt
9 tollkuehn, wagemutig
11 gefaehrlich
16 draufgaengerisch

waghalsiger ...
- **Mensch**
 10 Abenteurer
- **Unternehmer**
 9 Spekulant

Wagners ...
- **letzte Ruhestätte**
 8 Bayreuth
- **Villa**
 9 Wahnfried

Wagnis
6 Gefahr, Hasard, Risiko
8 Mutprobe
9 Abenteuer
10 Experiment

Wahl
5 Votum
6 Option
10 Abstimmung

Wahl durch Zuruf
11 Akklamation

Wahlberechtigter
12 Aktivbuerger

wählen
8 optieren, votieren
9 abstimmen, aussuchen
10 auswaehlen
11 entscheiden

Wählerauftrag
6 Mandat

wählerisch
5 eigen
7 maeklig
9 etepetete
13 anspruchsvoll

Wählervotum
6 Stimme

Wahlfeldzug
8 Kampagne
9 Wahlkampf

wahlfrei
8 beliebig
10 alternativ, fakultativ

wahllos
8 beliebig
10 unbesonnen
12 willkuerlich

Wahlmöglichkeit
6 Option

Wahlpropaganda
9 Agitation

Wahlpropagandist
8 Agitator, Demagoge

Wahlspruch
5 Motto
6 Devise, Maxime
10 Leitspruch

Wahlstimme
5 Votum

Wahlübung im Sport
4 Kuer

Wahlverwandtschaft
10 Affinitaet

Wahlvolk
7 Waehler

Wahlvorgang
10 Abstimmung

wahlweise ▶ wahlfrei

Wahlzelle
6 Kabine

Wahlzettelgefäß
4 Urne

Wahn
4 Trug
6 Schein
8 Illusion, Tagtraum
9 Irrglaube, Wachtraum
10 Einbildung
12 Hirngespinst
13 Halluzination

Wahngebilde
14 Phantasmagorie

wahnhafter ...
- **Zustand**
 5 Manie
 12 Besessenheit

wahnsinnig
3 irr
7 abwegig, manisch
8 paranoid, toericht
9 verrueckt
12 geisteskrank
15 geistesgestoert

Wahnvorstellung
8 fixe Idee

Wahnwitz
7 Irrsinn

wahnwitzig
4 irre
9 tollkuehn
10 aberwitzig

WAHR
4 echt
7 richtig
8 wirklich
9 ungelogen
10 zutreffend

während eines großen Zeitraums
5 lange

wahrhaft
8 wirklich
12 tatsaechlich

Wahrhaftigkeit
11 Ehrlichkeit
14 Aufrichtigkeit, Wahrheitsliebe

Wahrheitsbeweis
12 Verifikation

Wahrheitsliebe
14 Aufrichtigkeit

wahrlich ▶ wahrhaft

wahrnehmbar
7 hoerbar
8 fuehlbar, sichtbar
11 perzeptibel

wahrnehmen
6 merken
7 spueren
8 bemerken

Wahrnehmung
4 Reiz
10 Empfindung, Perzeption

Wahrnehmungsart
5 Sehen
6 Hoeren
7 Fuehlen
9 Schmecken

Wahrnehmungsfähigkeit
4 Sinn

Wahrnehmungsorgan
3 Ohr
4 Auge, Nase, Sinn
6 Gehirn

Wahrnehmungsorgane
5 Sinne

Wahrsager
5 Augur, Seher
7 Prophet
8 Mantiker, Telepath
9 Astrologe, Hellseher
11 Kartenleger, Sterndeuter

Wahrsagerei
6 Mantik
11 Hellseherei

Wahrsagerin
11 Hellseherin

Wahrsagerin ...
- *des* **Altertums**
 6 Pythia
 7 Sibylle
 9 Kassandra

wahrsagerisch
12 sibyllinisch

wahrscheinlich
8 moeglich, probabel
9 plausibel
10 praesumtiv, vermutlich
Wahrung
9 Erhaltung
17 Aufrechterhaltung
Währung
6 Valuta
Währung ...
· *in* **Europa**
4 Euro
· *in* **Südamerika**
4 Peso
Währung von ... ► jeweiliger Staat
Wahrzeichen
6 Emblem, Panier, Symbol, Wappen
7 Merkmal
8 Sinnbild
Wahrzeichen von ...
· **Athen**
9 Akropolis, Parthenon
· **Berlin**
8 Funkturm
12 Siegessaeule
16 Brandenburger Tor
· **Braunschweig**
13 Loewendenkmal
· **Bremen**
6 Roland
· **Brüssel**
7 Atomium
· **Dresden**
7 Zwinger
· **Frankfurt/Main**
6 Roemer
· **Freiburg/Breisgau**
8 Muenster
· **Graz**
7 Uhrturm
· **Hamburg**
6 Michel
· **Heidelberg**
7 Schloss
· **Innsbruck**
13 Goldenes Dachl
· **Köln**
3 Dom
· **London**
5 Tower
6 Big Ben
· **Lübeck**
10 Holstentor
· **Mannheim**
10 Wasserturm
· **Moskau**
5 Kreml
· **München**
12 Frauenkirche
· **New York**
15 Freiheitsstatue
· **Paris**
10 Eiffelturm
· **Rio de Janeiro**
9 Zuckerhut
· **Rom**
9 Kolosseum
10 Engelsburg
· **Straßburg**
8 Muenster
· **Trier**
10 Porta Nigra
· **Ulm**
8 Muenster
· **Venedig**
11 Dogenpalast
12 Markuskirche
13 Rialtobruecke
· **Washington**
7 Capitol, Kapitol
· **Wien**
11 Stephansdom
· **Wuppertal**
11 Schwebebahn
Waidmann
6 Jaeger
Waisenkind
8 Findling
Waisenpflegevater
7 Kurator, Vormund
Walart
3 Nar
6 Beluga, Delfin, Narwal
7 Blauwal, Delphin, Finnwal, Pottwal
Wald
3 Hag
4 Hain, Tann
5 Forst
7 Gehoelz
Wald an tropischen Küsten
8 Mangrove
Waldanpflanzung
8 Schonung
Waldarbeiter
10 Holzhacker
11 Holzfaeller
Waldaufseher
5 Heger
8 Foerster
Waldbezirk
6 Revier
Waldblume
6 Akelei
Wäldchen
3 Hag
4 Hain
6 Schlag
7 Gehoelz
Walddurchhau
8 Schneise
Waldfrucht
4 Pilz
5 Beere
8 Erdbeere, Himbeere
9 Blaubeere, Brombeere
11 Heidelbeere
12 Schwarzbeere
Waldgeist
4 Gnom
6 Schrat
7 Schratt
Waldgiraffe
5 Okapi
Waldgott
3 Pan
4 Faun
5 Satyr, Silen
Waldgöttin
6 Nymphe
Waldgrundstück
3 Hag
Waldhuhn
8 Auerhuhn
Waldhüter ► Waldaufseher
Waldkleintier
3 Ilk
4 Hase
5 Iltis
13 Eichhoernchen
Waldlichtung
8 Schneise
waldlose Ebene
5 Heide
Waldmeisterkaltgetränk
8 Maibowle
Waldnymphe
6 Dryade
Waldpflanze
4 Baum, Farn, Moos, Pilz
8 Aronstab

W

9 Sauerklee
10 Immergruen
Waldpflege
4 Hege
Waldrebe
8 Klematis
Waldrevier
5 Forst
Waldschädling
5 Nonne
7 Spanner, Spinner
9 Gallwespe
12 Borkenkaefer
Waldschnepfe
9 Bekassine
Waldschonung
4 Hege
Waldtier
3 Reh
4 Hase, Igel
5 Dachs, Fuchs, Luchs
6 Hirsch, Marder, Wiesel
7 Damwild, Rotwild
9 Kaninchen
11 Wildschwein
13 Eichhoernchen
Waldvogel
6 Haeher, Specht
7 Kuckuck
12 Eichelhaeher
Waldwiese am Vierwaldstätter See
6 Ruetli
Walfanggerät
7 Harpune
Walfangprodukt
4 Tran
5 Ambra, Barte
6 Walrat
9 Fischbein
Wälgerholz
9 Teigrolle
Walhalla
13 Goetterhimmel
walisischer König
5 Artus
walken
9 massieren
Walkie-Talkie
16 Sprechfunkgeraet
Walküre
4 Frau
8 Gerlinde, Helmwige, Ortlinde, Siegrune
9 Grimgerde, Waltraute
10 Rossweisse
12 Schwertleite
Walkürenross bei Wagner
5 Grane
Wall
4 Damm
5 Deich
8 Bollwerk
Wallensteins ...
· **Astrologe**
4 Seni
6 Kepler
· **Berater**
4 Seni
· **General**
4 Illo
· **Sterbeort**
4 Eger
Wallfahrer
6 Pilger
7 Hadschi, Pilgrim
Wallfahrerin
8 Pilgerin
Wallfahrt
6 Hadsch
9 Pilgerzug
12 Pilgerschaft
Wallfahrtsort ...
· *in* **Deutschland**
10 Altoetting
· *an der* **Donau**
6 Beuron
· *in* **Frankreich**
7 Lourdes
· *in* **Italien**
3 Rom
5 Padua
6 Assisi, Loreto
· *der* **Mohammedaner**
5 Mekka
6 Medina
· *in* **Nordrhein-Westfalen**
8 Kevelaer
· *in* **Palästina**
8 Nazareth
· *in* **Polen**
13 Tschenstochau
· *in* **Portugal**
6 Fatima
· *in der* **Schweiz**
10 Einsiedeln
· *in* **Spanien**
8 Santiago
· *in der* **Steiermark**
9 Mariazell
Walliser ...
· **Käsesorte**
8 Raclette
· **Käsespeise**
8 Raclette
· **Rotwein**
5 Goron
Wallung
10 Kongestion
Walnuss
7 Juglans
Walnussbaumgewächs
7 Hickory
Walöl
4 Tran
Wal-Rückenflosse
5 Finne
Walstatt
10 Kampfplatz
12 Schlachtfeld
Walzbruder
8 Vagabund
13 Landstreicher
Walze
5 Rolle
8 Zylinder
Walzerkomponist
6 Chopin, Lanner
7 Strauss
10 Waldteufel
Wälzstelle des Schwarzwilds
5 Suhle
Walzzinn
8 Stanniol
Wams
5 Joppe
7 Kamisol
Wand
5 Mauer
7 Kulisse
8 Paravent
Wandalenherrscher
7 Gelimer, Wisumer
8 Hunerich
9 Geiserich, Gunderich, Hilderich
wandbefestigtes Reinigungsgefäß
11 Waschbecken
Wandbehang
7 Gobelin, Teppich
Wandbekleidung aus Stoff
11 Vliestapete

W

Wandbrett
4 Bord
5 Regal
7 Konsole
Wandel ▶ Wandlung
wandelbar
6 unstet
7 formbar
8 variabel
13 veraenderlich
Wandelformen
7 Abarten
Wandelgang ▶ Wandelhalle
Wandelhalle
5 Foyer, Lobby
7 Pergola
Wandelröschen
7 Lantana
Wandelstern
6 Planet
Wanderbekleidung
12 Kniebundhose
Wanderfisch
3 Aal
5 Lachs, Stoer
6 Hering
Wandergepäck
8 Rucksack
Wanderhändler
9 Hausierer
10 Kolporteur
Wanderhirt
6 Nomade
Wanderlaus
5 Wanze
wandernde Musikanten
10 Spielleute
Wanderpause
4 Rast
6 Vesper
7 Einkehr
Wandersänger
8 Rhapsode
Wandertier
7 Lemming
8 Schwalbe
Wanderung
4 Tour
6 Marsch
7 Ausflug
9 Exkursion
Wandervolk
4 Roma
5 Sinti
6 Tuareg
7 Nomaden
8 Beduinen
Wandgemälde
6 Fresko
Wandgestell
5 Regal
7 Etagere, Konsole
Wandler
5 Trafo
13 Transformator
Wandlung
5 Wende
7 Wechsel
12 Konsekration, Veraenderung
19 Transsubstantiation
Wandlungsprozess des Organismus
6 Altern
Wandmalerei
6 Freske
Wandöffnung
4 Tuer
7 Fenster
Wandpapier
6 Tapete
Wandpfeiler
6 Lisene
8 Pilaster
Wandplatte
6 Fliese, Kachel
Wandschirm
8 Paravent
Wandschmuck
4 Bild
6 Tapete
7 Gobelin, Malerei, Oelbild
Wandtäfelung
6 Paneel
Wandteil beim Fass
5 Daube
Wandteppich
5 Kelim
7 Gobelin
8 Verduere
10 Tapisserie
Wandverkleidung
6 Fliese, Kachel, Tapete
7 Lambris
Wandverkleidung aus Holz
9 Taefelung
Wandvertiefung
6 Nische
Wandverzierung
5 Fries
Wandvorsprung
4 Sims
5 Erker
7 Konsole
Wange
5 Backe
Wangenbein
8 Jochbein
13 Backenknochen
Wangenschminke
5 Rouge
wankelmütig
5 labil
6 unstet, untreu
10 schwankend
11 flatterhaft
12 inkonsequent, unbestaendig
14 unentschlossen, unzuverlaessig
Wanne
5 Zuber
6 Becken, Buette
7 Bottich
Wanze
11 Reisszwecke
12 Abhoergeraet
Wapitihirsch
3 Elk
Wappen
6 Blason, Emblem
9 Abzeichen
Wappenblume
5 Lilie
Wappenfahne
6 Banner
Wappenforscher
10 Heraldiker
Wappenkunde
8 Heraldik
Wappenspruch
6 Devise
Wappentier
3 Aar, Leu
4 Baer
5 Adler, Greif, Loewe
6 Drache, Widder
7 Einhorn
11 Doppeladler
Wappentier Berlins
4 Baer
Wappenträger
6 Herold

Wappenvogel
3 Aar
5 Adler
Wardein
12 Muenzpruefer
Ware
5 Marke
7 Artikel, Produkt
8 Fabrikat
10 Handelsgut
Warenabgabe
7 Verkauf
Warenabrechnung
7 Faktura
Warenanforderung
5 Abruf, Order
Warenangebot
9 Sortiment
Warenart
7 Artikel
Warenaufschrift
7 Etikett
Warenausfuhr
6 Export
Warenausstellung
5 Messe
Warenauswahl
9 Sortiment
10 Kollektion
Warenballen
5 Kollo
Warendepot
4 Silo
5 Lager, Stock
6 Vorrat
7 Magazin
8 Schuppen, Speicher
Wareneinfuhr
6 Import
Warenerwerb
4 Kauf
Warenexportsperre
7 Embargo
Warengattung
7 Artikel
Warenhaus
5 Laden
8 Kaufhaus
10 Supermarkt
Warenhausabteilung
5 Rayon
Warenimport
7 Einfuhr
Warenimportabgabe
4 Zoll
Warenkäufer
8 Abnehmer
Warenlager ▶ Warendepot
Warenmenge
6 Partie, Posten
Warenprobe
6 Muster
Warenraum ▶ Warendepot
Warenrechnung
4 Nota
6 Faktur
7 Faktura
Warenreste
6 Ramsch
11 Remittenden
Warenschau
5 Messe
11 Ausstellung, Mustermesse
Warenschildchen
7 Etikett
Warensendung
9 Lieferung
Warensorte
7 Artikel
Warentransport
7 Versand
12 Befoerderung
Warentransportbehälter
12 Einkaufskorb
Warentransportmittel
3 Lkw
7 Lastzug
9 Gueterzug
Warenverkehr
6 Handel
Warenverzeichnis
5 Liste
7 Katalog
Warenvorrat
5 Lager
7 Bestand
8 Inventar
Warenwert
5 Preis
Warenzeichen
5 Marke
6 Signet
9 Trademark
11 Schutzmarke
12 Handelsmarke
13 Wasserzeichen
Warenzubringer
9 Lieferant
Warenzusammenstellung
9 Sortiment
warm
3 lau
5 heiss
8 herzlich
warm(e, er, es) ...
· **alkoholisches Getränk**
4 Grog
6 Punsch
9 Gluehwein
· **Aufwind**
7 Thermik
· **Fallwind im Gebirge**
5 Foehn
· **Fallwind im Mittelmeerraum**
8 Scirocco
9 Schirokko
· **Gemüseunterlage**
9 Krautbett
· **Heilquelle**
6 Therme
· **hüftlanges Jackett**
6 Kolani
· **Jahreszeit**
6 Sommer
· **Kinderwagenzubehör**
8 Fusssack
· **Meeresströmung**
9 Golfstrom
· **Oberbekleidungsstück**
11 Winterjacke
· **Quelle**
6 Therme
· **Zone**
6 Tropen
Wärme ...
· **abgebend**
8 exotherm
· **aufnehmend**
9 endotherm
· *in* **einem Zimmer**
14 Raumtemperatur
Wärmebehandlung
14 Thermotherapie
Wärmeeinheit
5 Joule
7 Kalorie
Wärmegrad
10 Temperatur
Warmehalteboxen in der Gastronomie
12 Thermoporten
Wärmekammer für Frühchen
10 Brutkasten

Wärmekraftmaschine
17 Achtzylindermotor
Wärmekraftmaschinen
8 Gasmotor
12 Dampfturbine
13 Dampfmaschine
17 Verbrennungsmotor
Wärmelehre
7 Kalorik, Thermik
9 Thermotik
wärmeloser Zustand
6 Kaelte
Wärmemesser
11 Kalorimeter, Thermometer
wärmend(e, er, es) ...
· **Accessoire**
5 Schal
9 Handschuh
· **Getränk ohne Alkohol**
9 Teepunsch
· **Kleidungsstück**
15 Fingerhandschuh
· **Kopfbedeckung**
10 Pelzmuetze
· **Kopfbedeckung für Babys**
13 Wollmuetzchen
· **Oberteil für Kleinkinder**
13 Babyjaeckchen
· **Sitzplatz**
8 Ofenbank
Wärmeplatte
7 Rechaud
9 Stoevchen
Wärmeregler
10 Thermostat
Wärmeschutz
8 Daemmung
9 Isolation
Wärmeschutz in der Küche
13 Backhandschuh
Wärmeschutzbehälter
12 Dewar-Gefaess
14 Thermosflasche
Wärmeschutzmaterial
6 Asbest
8 Styropor
Wärmespender
4 Ofen
5 Feuer, Kamin, Sonne
8 Radiator
9 Heizdecke
10 Heizkissen
11 Heizkoerper
Wärmestrahler
9 Heizsonne
Wärmetauscher
11 Rekuperator
Warmhaltegefäß
12 Dewar-Gefaess
14 Thermosflasche
warmherzig
6 guetig
8 herzlich
11 hilfsbereit, mitfuehlend
Warmwasserbereiter
6 Boiler
17 Durchlauferhitzer
Warnechse
5 Waran
warnend
12 exemplarisch
warnendes Beispiel
7 Exempel
Warner
6 Mahner
Warngerät
4 Horn, Hupe
5 Ampel
6 Glocke, Sirene
7 Klingel
11 Alarmsirene
Warnlicht
5 Ampel
7 Blinker
10 Blinkfeuer, Blinklicht
11 Leuchtfeuer
Warnruf ► Warnzeichen
Warnung bei Gefahr
5 Alarm
Warnzeichen
4 Omen
5 Alarm
6 Signal, Sirene
7 Achtung
9 Menetekel
11 Alarmsignal
Warp
9 Kettfaden
Wartburgbewohner
6 Luther
Wartburgstadt
8 Eisenach
Warte
9 Wachtturm
14 Aussichtspunkt
Wärter
6 Hueter
7 Pfleger
8 Betreuer
Wartezeit
5 Frist
6 Karenz
Wartung
6 Pflege
7 Service
9 Betreuung
Warze
7 Papille
8 Karunkel
Warzenkaktus
10 Coryphanta
Waschbecken
6 Lavabo
Wäsche
5 Linge
7 Dessous
9 Textilien, Unterzeug, Weisszeug
Wäsche ...
· **glätten**
7 buegeln
· **plätten**
7 buegeln
Wäschehalter
7 Klammer
Wäscherolle
6 Mangel
Wäscheseil
5 Leine
Wäschestoff
4 Mako
5 Drell, Linon, Nylon, Zefir
6 Batist, Damast, Dralon, Kattun, Kreton, Leinen, Linnen, Molton, Perkal, Perlon, Zephir
7 Finette, Flanell, Zanella
8 Barchent, Cretonne, Irisette, Kretonne, Popeline
9 Charmeuse
Wäschestück
4 Hemd, Slip
5 Jupon, Laken
6 Mieder, Pyjama, Shorts
7 Bettuch, Dessous, Korsett, Tuchent
8 Badetuch, Betttuch, Bettzeug, Garnitur, Handtuch, Leibchen, Leintuch, Netzhemd

9 Bettbezug, Bettlaken, Chemisett, Korselett, Nachthemd, Unterhemd, Unterhose, Unterrock
10 Chemisette, Déshabillé, Nachtjacke, Schluepfer, Tellertuch, Tischdecke, Unterjacke, Unterkleid
11 Schnupftuch, Strumpfhose

Wäschestück aus Kräuselstoff
11 Frotteetuch

Waschfass
5 Balge, Zuber
6 Kuebel

Waschgefäß
5 Bidet, Wanne, Zuber
6 Buette

Waschlösung
5 Lauge

Waschmittel
4 Soda
5 Borax, Seife
9 Kernseife
12 Neutralseife, Seifenpulver

Waschraum
3 Bad
6 Dusche
8 Toilette
10 Badezimmer

Waschraum der Bergleute
4 Kaue

Wasen
5 Dampf, Dunst, Rasen
11 Schindanger

Wasenmeister
8 Abdecker

Wasserablauf
3 Gat
4 Gatt
5 Gully, Rinne
6 Traufe

Wasserader
6 Quelle

Wasseraerobic
13 Aquagymnastik

wasserarm
4 arid
5 duerr
7 trocken

Wasserbassin, Pool
13 Schwimmbecken

Wasserbauwerk
8 Schleuse
9 Talsperre

Wasserbecken
6 Bassin

Wasserbecken für Kinder
13 Planschbecken

Wasserbehälter
4 Tank
5 Eimer, Wanne, Zuber
6 Bassin, Boiler
8 Kanister, Zisterne
9 Badewanne, Reservoir

Wasserbehandlung
9 Kneippkur
13 Hydrotherapie

Wasserberg
4 Woge
5 Welle

Wasserbewegung
9 Stroemung

Wasserbewohner
5 Fisch
9 Amphibium

Wasserblume
5 Lotos
7 Seerose

Wasserbüffel
4 Arni
7 Kerabau

Wasserdampf
5 Dunst, Nebel

wasserdicht
10 hermetisch, waterproof

wasserdichte Zwischenwand
6 Schott

wasserdichter Umhang
9 Regenhaut

wasserdichtes Kleidungsstück für Babys
14 Windelhoeschen

wasserdurchlässig
4 leck
7 undicht

wasserdurchtränkt
4 nass

wasserentzogenes Gewächs
12 Trockenblume

Wasserfahrzeug (▶ auch Schiff, ▶ Segelschiff)
4 Boot, Kahn, Kanu
5 Floss, Kajak, Prahm
6 Faehre, Gondel, Kutter, Piroge, Schiff, Schute, Tanker
7 Dampfer
8 Faltboot, Frachter, Kanadier, Leichter
9 Motorboot, Ruderboot, Schaluppe, Schlepper, Segelboot
10 Paddelboot, Raddampfer
11 Motorschiff, Schleppkahn, Segelschiff

Wasserfall
7 Kaskade
8 Katarakt
13 Stromschnelle

Wasserfall ...
· *in* **den USA**
7 Niagara
· *in* **Tirol**
6 Krimml

Wasserfarbenmalerei
8 Aquarell

Wasserfee
3 Nix
4 Nixe
6 Nymphe, Undine
8 Melusine

Wasserfläche ...
· *im* **Festland**
15 Binnengewaesser
· **innerhalb eines Atolls**
6 Lagune

Wasserflasche
7 Karaffe

Wasserfloh
7 Daphnie
9 Kladozere

Wasserfontäne
13 Springbrunnen

Wasserförderanlage
7 Brunnen

Wassergefäß ▶ Wasserbehälter

wassergefüllter Vulkankrater
4 Maar

Wassergeist (▶ auch Wasserfee, Wassernymphe)
4 Neck
5 Mimir, Noeck
6 Neptun, Nickel, Triton
10 Wassermann
13 Klabautermann

Wasserglätte
11 Aquaplaning

Wasserhuhn
5 Ralle, Zoppe

wässerig
4 fade
Wasserjungfer ▶ Wasserfee
Wasserkultur
10 Hydroponik
Wasserlache
7 Pfuetze
Wasserlauf
4 Bach
5 Fleet, Fluss, Kanal, Priel, Rinne, Strom
6 Graben, Gracht
7 Rinnsal
8 Wildbach
Wasserlaufverlegung
9 Ableitung
Wasserleitung
4 Rohr
Wasserleitung der Römer
9 Aquaedukt
Wasserlinse
5 Lemna
Wasserloch
4 Kolk
7 Tuempel
wasserloses Flussbett
4 Wadi
wasserlöslicher Klebstoff
4 Leim
Wassermarder
5 Otter
Wassermassen
4 Meer
Wassermelone
6 Arbuse
Wassernymphe
6 Najade
7 Nereide
Wasserpfeife
4 Huka
5 Hocka, Hukah
Wasserpflanze
4 Alge, Tang
5 Lotos
7 Seerose
Wasserpfütze
5 Lache
wasserreiche ...
· **Niederung**
2 Au
5 Sumpf
Wasserreis
11 Schoessling
Wasserreservoir
6 Bassin
7 Stausee
8 Zisterne
9 Talsperre
10 Wasserturm
Wasserrinne im Wattenmeer
5 Priel
Wasserrose
5 Lotos
Wasserschlange der Sage
5 Hydra
Wasserspiel
8 Fontaene
13 Springbrunnen
Wasserspielzeug
9 Gummitier
Wassersport
6 Rudern, Segeln, Surfen
7 Paddeln, Tauchen
9 Kanusport, Schwimmen, Wasserski
15 Wasserskilaufen
Wassersportfahrzeug
9 Hallenbad
Wassersport-Fahrzeug
8 Rennboot
Wassersportgerät
9 Surfbrett
Wassersportler
6 Kanute
7 Ruderer
wassersportliche ...
· **Veranstaltung**
6 Rennen
7 Regatta
Wasserstandsmesser
5 Pegel
Wasserstauwerk
4 Wehr
Wasserstelle
7 Brunnen
Wasserstelle ...
· *in* **der Wüste**
4 Oase
· *für* **Tiere**
7 Traenke
Wasserstoff
11 Hydrogenium
Wasserstoffabart
7 Tritium
9 Deuterium
Wasserstoffkern
6 Proton
Wasserstoffverbindung
6 Hydrat, Hydrid
Wasserstrahl
8 Fontaene
Wasserstraße
5 Fluss, Kanal, Strom
8 Meerenge
Wasserstrauch
9 Hortensie
Wasserstrudel
3 Sog
4 Neer
6 Wirbel
Wassersucht
5 Oedem
Wassertier
5 Fisch
Wassertonne
9 Regenfass
wasserumgebenes ...
· **Land**
5 Atoll, Insel
6 Eiland
wasserundurchlässige, kurze Oberbekleidung
10 Regenjacke
Wasservogel
3 Alk
4 Ente, Gans
5 Lumme, Moewe, Ralle
6 Reiher, Saeger, Schwan
7 Kasarka, Pelikan, Pinguin, Tadorna, Taucher
8 Albatros, Flamingo, Graugans, Kormoran, Saatgans
9 Eiderente, Knaekente, Krickente, Stockente
11 Loeffelente
12 Gaensesaeger, Mandarinente
13 Haubentaucher
Wasserwaagenbestandteil
7 Libelle
Wasserwärmemesser
15 Badethermometer
Wasserwatvogel
8 Flamingo
9 Stockente
Wasserwehr
4 Damm, Stau
5 Deich
8 Staudamm
Wasserwirbel ▶ Wasserstrudel
Wasserwoge
5 Welle

Wasserzapfstelle
7 Hydrant
wässrig(e, er, es) ...
· **Anschwellung**
5 Oedem
· **Auszug**
7 Aufguss
· **Südfrucht**
6 Melone
Watsche
8 Ohrfeige
10 Backpfeife
Wattebausch
6 Tampon, Tupfer
Wattenmeerinsel
6 Hallig
Wattsekunde
5 Joule
Watvogel
4 Ibis
5 Knutt, Triel
6 Limose
7 Kiebitz
8 Schnepfe
9 Bekassine, Kampfhahn
10 Brachvogel, Sanderling
14 Austernfischer
Wau
6 Reseda, Resede
WC
5 Abort
8 Toilette
Webart
6 Koeper
Weberdistel
5 Karde
Webereierzeugnis
4 Tuch, Zeug
5 Loden, Stoff
6 Gewebe, Leinen
8 Textilie
Weberglas
12 Fadenzaehler
Weberkamm
4 Iler, Riet
Weberkante
4 Egge
7 Salband
9 Salleiste, Selfkante
Weberknecht
6 Kanker, Spinne
Webervogel
5 Spatz
8 Sperling

Weblog zum Thema Mode
11 Fashionblog
Wechsel
5 Wende
6 Akzept, Cambio, Kambio, Tausch, Turnus, Umlauf, Wandel
8 Wandlung
9 Aenderung, Umschwung
11 Alternation
12 Umgestaltung, Veraenderung
Wechsel ...
· *im* **Bankgeschäft**
6 Akzept
· *des* **Federkleides**
6 Mauser
· *einer* **Wache**
9 Abloesung
· *des* **Wasserstandes im Meer**
4 Stau, Tide
8 Gezeiten
· *der* **Wohnung**
5 Umzug
Wechselbalg
11 Missgestalt
Wechselbegriff
8 Korrelat
Wechselbeziehung
11 Korrelation
13 Abhaengigkeit
14 Interdependenz
Wechselbürgschaft
4 Aval
Wechselfälle
10 Wandlungen
Wechselfieber
7 Malaria
Wechselgebet
7 Litanei
Wechselgesang
5 Kanon
7 Antifon
8 Antiphon
Wechselgespräch
► Wechselrede
wechselhaft
5 labil
8 launisch, variabel
10 schwankend
13 veraenderlich
Wechseljahre
12 Klimakterium

Wechselkonto
6 Obligo
Wechselkursvergleich
9 Arbitrage
wechselnd
12 alternierend, unbestaendig
wechselnde ...
· **Gemütsstimmung**
5 Laune
6 Grille
· **Meeresbewegung**
4 Tide
Wechselrahmen
12 Passepartout
Wechselrede
6 Dialog
11 Zwiesprache
12 Unterhaltung
13 Zwiegespraech
wechselseitig
6 mutual
7 mutuell
8 reziprok
Wechselstimmung
16 Launenhaftigkeit
Wechseltierchen
6 Amoebe
Wechselverlängerung
12 Prolongation
wechselwarme ...
· **Tiere**
6 Fische, Lurche
7 Wuermer
9 Amphibien, Reptilien
10 Weichtiere, Wirbellose
11 Kriechtiere
Wechselwind im Indischen Ozean
6 Monsun
Wechselwirkung
11 Interaktion
Wechte
9 Ueberhang
10 Schneewehe
Wecken
6 Semmel
9 Broetchen, Weissbrot
Weckergeräusch
7 Rappeln
8 Klingeln
Weckruf
5 Alarm
6 Appell, Signal

Wedel
5 Wisch
7 Buendel, Schwanz
8 Bueschel
weder warm noch kalt
3 lau
weg
2 ab
4 Bahn, fort, Pfad
5 Route
7 abseits, Strasse, Strecke
8 entfernt
Weg ...
· *für* **elektrische Energie**
7 Leitung
· *eines* **Flugkörpers**
4 Bahn
5 Orbit
· *eines* **Flusses**
4 Lauf
· *des* **Kolbens**
3 Hub
· *eines* **Rennens**
7 Strecke
· *zum* **Weideauftrieb**
5 Trift
Wegbeförderung
6 Abfuhr
Wegbereiter
7 Pionier
9 Initiator
11 Protagonist, Vorkaempfer
Wegbiegung
► Wegkrümmung
Wegelagerer
6 Bandit
7 Raeuber
11 Strauchdieb
Wegführung
6 Trasse
11 Trassierung
Weggabe gegen Gebühr
7 Verleih
Weggabelung
10 Abzweigung
Weggang
8 Abschied
11 Ausscheiden
Weggebühr
4 Maut, Zoll
Weggefährte
► Weggenosse
weggelaufenes Kind
10 Ausreisser
Weggenosse
7 Kamerad
9 Begleiter, Gefaehrte
Wegkrümmung
5 Kehre, Kurve
10 Serpentine
Weglaufen
6 Flucht
Wegmal
5 Kreuz
7 Marterl
9 Wegweiser
Wegnahme
6 Entzug
9 Diebstahl
Wegnahme des Eigentums
10 Enteignung
Wegrand
4 Rain
8 Bankette
Wegschnecke
5 Arion
wegschütten
9 ausleeren
Wegstrecke
4 Kurs
5 Route
6 Etappe
Wegweiser
6 Schild
8 Ratgeber
9 Vademekum
13 Hinweisschild
Wegwendung
6 Abkehr
Wegwerfprodukt
13 Einwegflasche
Wegzehrung
8 Proviant
10 Mundvorrat
Wegzeichen
9 Wegweiser
11 Meilenstein
Wegzeichnung
4 Spur
7 Faehrte
Weh
4 Gram, Leid, Pein, Qual, wund
6 Kummer
7 Schmerz
8 verletzt
10 schmerzend
11 schmerzhaft
Wehfrau
7 Hebamme
9 Wehmutter
Wehgeschrei
5 Klage, Zeter
7 Lamento
11 Zetermordio
Wehlaut
7 Seufzer
9 Klagelaut
Wehle
10 Wasserloch
12 Kuestenbucht
wehleidig
8 jammernd
11 empfindlich
Wehmut
6 Trauer
7 Schmerz
9 Nostalgie, Sehnsucht
11 Melancholie
wehmütig
8 elegisch
11 nostalgisch
wehmütiges Klagelied
6 Elegie
Wehmutter
7 Hebamme, Wehfrau
Wehr
8 Stauwerk
9 Staustufe
wehrhaft
9 geruestet
13 kampftuechtig
wehrhaftes Schloss
4 Burg
Wehrmacht
8 Militaer
13 Streitkraefte
Wehrmachtsteil
4 Heer
6 Marine
9 Luftwaffe
Wehrturm
6 Donjon
9 Bergfried
Weib
4 Frau
7 Ehefrau
Weib von ... ► Frau von ...
Weibel
10 Amtsdiener
Weiberfeind
5 Macho
7 Misogyn

W

weiblich
7 feminin
8 fraulich
weiblich(e, er, es) ...
· **Artikel**
3 die
· **Ballettmitglied**
9 Ballerina, Taenzerin
· **Beruf** ▶ Frauenberuf
18 Diplomkosmetikerin
· **Beruf im Bauwesen**
11 Bauleiterin
· **Beruf im Tourismus**
13 Reiseleiterin
· **Berufsbezeichnung**
12 Kosmetikerin
· **Brust**
5 Busen
· **deutsche Sagengestalt**
3 Ute
6 Gudrun
9 Brunhilde, Krimhilde
· **Dramenfigur in Othello**
9 Desdemona
· **Faschingsgeck**
7 Naerrin
· **Ferienreisende**
13 Urlauberinnen
· **Figur aus der Zauberflöte**
6 Pamina
8 Papagena
· **Figur aus Lohengrin**
4 Elsa
· **Figur der Tristansage**
6 Isolde
· **Fuchs**
4 Fehe
5 Faehe
· **Gast**
10 Besucherin
· **Geflügel**
4 Huhn, Pute
5 Henne
· **Geist**
3 Fee
· **Gesellschafter**
11 Teilhaberin
· **Gottheit der Germanen**
4 Asin
· **Grautier**
6 Eselin
· **griechische Sagengestalt**
2 Io, Jo
4 Leda
5 Circe, Kirke, Medea, Niobe
6 Hekabe, Hekuba, Helena, Ismene
7 Alkeste, Alkmene, Ariadne, Elektra
8 Antigone
9 Iphigenie
· **Großraubtier**
6 Loewin
· **Handwerkertitel**
9 Meisterin
· **Handwerksberuf**
11 Schneiderin
· **Harlekin**
9 Kolombine
· **Haustier**
3 Kuh, Sau
4 Huhn, Pute
5 Geiss, Henne, Katze, Stute, Ziege
6 Eselin
7 Huendin
· **Juristenberuf**
9 Richterin
· **Kaninchen**
5 Zibbe
· **Kind**
8 Maedchen
· **Kindeskind**
12 Enkeltochter
· **Kleidungsstück**
12 Traegerkleid
· **Kosename**
2 Lu
3 Evi, Ina, Ira
4 Anni, Erni, Gabi, Leni, Susi, Toni
5 Heidi, Henny, Lotti
· **Kraft, Stärke**
11 Frauenpower
· **Kriegerin**
7 Amazone
· **Kurzname**
3 Lia
4 Elli, Irma, Lene, Lisa, Mina, Thea, Toni
5 Bella, Hanna, Magda, Trine
· **Märchenfigur**
12 Dornroeschen
· **Märchenwesen**
3 Fee
· **Mensch**
4 Frau
· **Mitglied des Magistrats**
9 Senatorin
· **Nachkomme**
7 Enkelin, Tochter
9 Urenkelin
· **Nachtgespenst**
5 Drude
· **Naturgeister**
5 Elfen
· **Naturgottheit**
6 Nymphe
· **Person**
4 Frau
· **Pferd**
5 Stute
· **Pflegeberuf**
16 Krankenschwester
· **Raubtier**
6 Baerin
· **Reh**
5 Ricke
· **Riesenhirsch**
7 Elchkuh
· **Rind**
3 Kuh
· **Rollenfach**
9 Soubrette
· **Sagengestalt**
6 Gudrun
8 Brunhild
9 Kriemhild
· **Schaf**
5 Zibbe
· **Schwein**
3 Sau
· **Spion**
7 Agentin
· **Symbolfigur Deutschlands**
8 Germania
· **Symbolfigur Frankreichs**
8 Marianne
· **Symbolfigur von Berlin**
8 Berolina
· **Taufkind**
12 Patentochter
· **Turndisziplin**
9 Achtkampf
· **Ungeheuer**
6 Medusa, Meduse
· **Verwandte**
3 Oma
4 Base
5 Muhme, Tante
6 Kusine, Mutter, Nichte
7 Cousine, Enkelin, Tochter

9 Schwester, Urenkelin
11 Grossmutter, Schwaegerin
- **Vorfahr**
4 Ahne
- **Vorname**
3 Ada, Eva, Ida, Ina, Ira, Lil, Lin, Mia, Pia, Ria, Uta, Ute
4 Alma, Anna, Elke, Ella, Elsa, Else, Emma, Erna, Ilse, Ines, Inge, Insa, Irma, Lena, Lina, Lisa, Lise, Lola, Lore, Lulu, Nora, Olga, Rita, Ruth, Suse, Susi, Thea, Ulla, Vera, Zita
5 Adele, Agnes, Alice, Almut, Anita, Beate, Bella, Berta, Betti, Doris, Edith, Elise, Ellen, Gerda, Grete, Hanna, Heidi, Heike, Helga, Hilde, Ilona, Irene, Julia, Jutta, Karin, Klara, Linda, Lotte, Lucia, Luise, Luzie, Magda, Maria, Paula, Petra, Sonja, Vroni, Wilma, Xenia, Zenzi
6 Agathe, Amalie, Andrea, Angela, Bertha, Carmen, Elvira, Frieda, Gisela, Gudrun, Helene, Hertha, Ingrid, Judith, Kaethe, Leonie, Margot, Marion, Monika, Regina, Renate, Sabine, Sophie, Ulrike, Ursula, Yvonne
7 Annette, Barbara, Bettina, Christa, Claudia, Corinna, Eulalia, Eveline, Gertrud, Irmgard, Johanna, Kordula, Marlene, Melanie, Pauline, Sibylle, Susanna, Waltrud, Xaveria, Zerline
8 Adelheid, Angelika, Beatrice, Brigitte, Caecilia, Dorothea, Eleonore, Gabriele, Genoveva, Gerlinde, Ingeborg, Jakobine, Kornelia, Marianne, Mathilde, Reinhild, Roswitha, Theresia, Veronika, Walpurga, Waltraud
9 Alexandra, Anastasia, Annabella, Anneliese, Annemarie, Brunhilde, Charlotte, Christina, Elisabeth, Euryanthe, Franziska, Hildegard, Josephine, Katharina, Kriemhild, Magdalena, Philomena, Rosemarie, Sieglinde, Stephanie
10 Christiane, Klementine, Wilhelmine
- **Wassergeist**
4 Nixe
6 Undine
- **Wesen**
6 Frauen
- **Wild**
3 Reh, Sau
4 Fehe
5 Bache, Faehe, Geiss, Ricke
6 Haesin
9 Hirschkuh
- **Wildschwein**
5 Bache
- **Wolf**
3 Feh
4 Fehe
- **Ziege**
5 Geiss

weich
4 mild, soft, zart
5 sanft
6 mollig, wollig
7 formbar

weich(e, er, es) ...
- **Auflage**
7 Polster
- **Barthaar**
5 Flaum
- **Bettfedern**
5 Daune, Flaum
- **Gesäßunterlage**
10 Sitzkissen
- **Gesteinsart**
4 Kalk
6 Kreide
- **Gewebe**
4 Samt
6 Sammet
- **Lederart**
3 Kid
5 Nappa
- **Metall**
4 Blei, Gold
6 Barium
7 Caesium
- **Milchgebäck**
7 Einback
- **Molkereiprodukt**
12 Streichkaese
- **Pergament**
5 Velin
- **Schwermetall**
4 Blei
- **Stoff**
4 Samt
- **Tonart**
4 Moll
- **Unterlage**
6 Kissen
7 Polster
- **Ziegenleder**
3 Kid

Weichbild
11 Stadtgebiet

Weiche
5 Seite
6 Flanke

weichherzig
4 mild
9 gutmuetig
10 mildtaetig

Weichholz
4 Aspe, Erle
5 Linde, Tanne
6 Fichte, Kiefer, Pappel
7 Laerche

Weichkaramell
6 Toffee

Weichkäse
4 Brie
5 Quark
7 Romadur, Stilton
9 Camembert, Limburger, Roquefort
10 Gorgonzola
11 Butterkaese
12 Schmelzkaese

Weichling
5 Memme
8 Feigling
9 Hasenfuss
11 Duckmaeuser

Weichsel
12 Sauerkirsche
15 Schattenmorelle

Weichspeise
4 Brei

7 Pudding
9 Hirsebrei
10 Griessbrei

Weichstock
5 Gerte

Weichteile
10 Eingeweide, Genitalien

Weichtier
5 Krake
7 Muschel
8 Molluske, Schnecke

Weichtier mit Gehäuse
9 Schaltier

Weide im Gebirge
3 Alm

Weidefläche
3 Alm, Alp
4 Alpe
5 Anger, Wiese
6 Koppel
8 Grasland

Weidemonat
3 Mai

weiden
6 grasen

Weiden des Wildes
5 Aesen

Weidengerte
4 Zain

Weidenstock
5 Gerte, Trift

Weidezaun
4 Fenz
6 Gatter

weidlich
8 kraeftig, tuechtig
10 ordentlich

Weidmann
5 Heger
6 Jaeger

weidmännisch für ...

· **Aas**
5 Luder

· **Auge**
5 Licht, Seher

· **Bein**
4 Lauf

· **Blut**
8 Schweiss

· **Dächsin**
4 Fehe
5 Faehe

· **Dachsschwanz**
4 Zain
7 Buerzel, Puerzel

· **des Wildschweins**
7 Puerzel

· **Eckzahn**
5 Haken, Hauer
6 Grandl
7 Grandel

· **Eingeweide**
8 Aufbruch
9 Geraeusch, Gescheide

· **Falkenjagd**
5 Beize

· **fett**
5 feist

· **fressen**
5 aesen

· **Füchsin**
5 Faehe

· **Fuchsschwanz**
5 Fahne, Lunte
6 Stange
9 Standarte

· **Fuß des Federwildes**
8 Staender

· **Hauer**
6 Gewaff

· **Haut am Geweih**
4 Bast

· **Hetzjagd**
4 Hatz

· **Iltis**
4 Ratz

· **Innereien**
9 Geraeusch

· **Jagdbeute**
7 Strecke

· **Jägerrucksack**
4 Aser

· **junges Reh**
4 Kitz

· **junges Wildschwein**
10 Frischling
12 Ueberlaeufer

· **Köder**
5 Luder

· **Kot des Federwildes**
9 Gestueber

· **Kot des Haarwildes**
6 Losung

· **Lockfutter**
7 Kirrung

· **männlicher Hase**
7 Rammler

· **männliches Wildschwein**
6 Keiler

· **Maul**
5 Aeser
6 Geaese

· **Ohr des Haarwildes**
5 Luser
8 Lauscher

· **Ohr des Hasen**
7 Loeffel

· **Ohr des Schwarzwildes**
6 Teller

· **Rüssel des Schwarzwildes**
7 Gebrech

· **Salzstelle**
5 Lecke

· **Schulter des Wildes**
5 Blatt

· **Schwanz des Damm-, Reh- und Rotwildes**
5 Wedel

· **Schwanz des Hasen**
5 Blume

· **Schwanz des Hundes**
4 Rute

· **Schwanz vom Fuchs**
5 Lunte

· **Sprossen am Hirschgeweih**
5 Enden

· **Spur**
5 Tritt
7 Faehrte

· **weibliches Reh**
5 Geiss, Ricke

· **weiden**
5 aesen

· **Wildsau**
5 Bache

· **Wildschweine**
11 Schwarzwild

· **Zunge**
6 Lecker

Weidmesser
5 Hauer
6 Nicker
13 Hirschfaenger

Weidwerk
4 Jagd

Weidwerk mit vielen Hunden
8 Hetzjagd

Weigerung
5 Refus
6 Absage, Refues
9 Ablehnung

Weihe
5 Segen, Taufe
10 Ordination
Weihegeschenk
9 Votivgabe
Weiher
3 See
5 Teich
7 Tuempel
Weihespruch
5 Segen
weihevoll
6 solenn
7 erhaben
9 feierlich
Weihgabe (Ostern)
9 Osterlamm
Weihnachten
10 Christfest
Weihnachtsabend
11 Christabend
12 Heilige Nacht
Weihnachtsbaum
10 Christbaum, Tannenbaum
Weihnachtsbaumschmuck
5 Kerze
7 Lametta
10 Engelshaar, Glaskugeln, Glasspitze
Weihnachtsblume
10 Christrose
Weihnachtsgebäck
6 Printe
7 Stollen
9 Lebkuchen, Zimtstern
10 Plaetzchen
11 Honigkuchen, Kletzenbrot, Spekulatius
13 Christstollen, Pfefferkuchen, Spritzgebaeck
16 Spritzgebackenes
Weihnachtsrose
8 Nieswurz
Weihnachtsschmuck
6 Krippe, Mistel
10 Tannenbaum
Weihnachtsspiel
12 Krippenspiel
Weihnachtssymbol
10 Christkind
Weihnachtszeit
6 Advent
Weihwasserkessel
3 Ama
weiland
5 einst
6 damals
7 ehemals, vormals
9 einstmals
Weile
2 Nu
5 Dauer
6 Moment
10 Zeitspanne
Wein ...
· *von* **blassroter Farbe**
4 Rosé
· *mit* **hoher Süße**
7 Eiswein
Weinart
4 Rosé
7 Eiswein, Rotwein
8 Suedwein
9 Weisswein
Weinbauer
6 Winzer
Weinbeere
6 Rosine, Traube, Zibebe
8 Korinthe
9 Sultanine
Weinbereitungsvorgang
5 Lesen
6 Gaeren, Lagern
7 Keltern
9 Abfuellen
Weinberg
7 Wingert
Weinbergschädling
7 Mehltau, Reblaus
Weinbrand
6 Cognac, Kognak
Weindestillat
9 Weinbrand
Weinduft
6 Bukett
weinerlich
5 weich
9 larmoyant, wehleidig
15 traenenerstickt
weinerlicher Nörgler
7 Raunzer
Weinernte
4 Lese
6 Wimmet
11 Traubenlese
Weingarten ► Weinberg
Weingefäß
4 Fass
7 Flasche
11 Bocksbeutel
Weingeist
7 Alkohol
8 Spiritus
Weinglas
5 Kelch, Pokal
6 Becher, Roemer
11 Stengelglas
12 Staengelglas
Weingott
7 Bacchus
8 Dionysos
Weinlager
8 Kellerei
Weinmaß
5 Fuder
7 Oechsle
Weinmonat
7 Oktober
Weinmond ► Weinmonat
Weinort ...
· *am* **Bodensee**
9 Meersburg
· *in* **Frankreich**
6 Beaune
8 Bordeaux
11 Ribeauvillé
· *in* **Italien**
4 Asti
· *an der* **Mosel**
3 Alf
4 Neef, Perl, Zell
5 Croev
6 Cochem
8 Piesport, Wintrich
9 Zeltingen
10 Bernkastel
11 Trittenheim
14 Bernkastel Kues, Traben-Trarbach
· *in* **Portugal**
5 Porto
· *bei* **Remagen**
5 Erpel
· *am* **Rhein**
6 Bingen
7 Boppard
8 Eltville
9 Bacharach, Ingelheim, Nierstein, Oppenheim, Sankt Goar
10 Nackenheim, Ruedesheim
· *in* **Rheinland-Pfalz**
5 Forst

6 Landau
8 Mussbach, Neustadt
9 Duerkheim, Edenkoben, Kallstadt, Maikammer
10 Deidesheim, Wachenheim
12 Bad Duerkheim, Neuleiningen

· *bei* **Rom**
8 Frascati

· *an der* **Ruwer**
5 Casel
8 Sommerau, Waldrach
9 Gruenhaus
10 Eitelsbach

· *an der* **Saar**
6 Serrig
8 Saarburg
9 Wiltingen

· *auf* **Sizilien**
7 Marsala

· *in* **Spanien**
5 Jerez
6 Malaga

· *in* **Südtirol**
5 Bozen, Eppan, Gries, Meran
6 Brixen, Salurn, Terlan, Tramin
7 Kaltern

· *in* **Ungarn**
5 Erlau, Tokaj

Weinpflanze
4 Rebe
9 Weinstock

Weinpflanzung
4 Ried
7 Rebberg, Rebhang, Wingert
8 Weinberg
10 Weingarten

Weinprädikat
7 Auslese
8 Kabinett
9 Spaetlese
13 Beerenauslese
20 Trockenbeerenauslese

Weinpresse
6 Kelter

Weinprobe, Degustation
10 Verkostung

Weinprüfer
9 Verkoster

Weinrebengewächs, Königswein
9 Kapklimme

Weinreife
5 Firne

Weinschenke
6 Bodega
7 Taverne

Weinsorte
7 Eiswein
8 Kabinett
9 Spaetlese

Weinstadt

· *in* **Franken**
7 Iphofen

Weinstock
4 Rebe

Weinstockschädling
7 Reblaus

Weintraubenernte
4 Lese

Weise
3 Art
4 klug, Lied, reif
5 Genre, Modus, Sitte
6 Brauch
7 gereift, Melodie
8 erfahren
9 Verfahren
10 abgeklaert, einsichtig
14 Beschaffenheit

weise Frau
7 Hebamme

Weiser
6 Denker, Druide
9 Philosoph

weiser Ältester
6 Nestor

Weiser der griechischen Sage
6 Nestor

Weisheit
5 Reife
6 Wissen
8 Klugheit
15 Lebenserfahrung

Weisheitsgöttin
6 Athena, Athene
7 Minerva

Weisheitsliebe
11 Philosophie

weiß
5 blass
6 bleich

weiß(e, er, es) ...

· **Ameise**
7 Termite

· **Baustoff**
4 Gips

· **Blutkörperchen**
10 Leukozyten
11 Lymphozyten

· **Burgunderwein**
7 Chablis

· **Fleck bei Tieren**
6 Blesse

· **Gold**
9 Porzellan

· **Hornhautfleck**
6 Albugo, Leukom

· **Käse**
5 Quark

· **Pferd**
8 Schimmel

· **Priestergewand**
4 Albe

· **Sport**
6 Tennis

· **Stirnfleck**
6 Blesse, Flocke

· **Südafrikaner**
4 Bure

· **Tunke**
13 Béchamelsauce, Béchamelsosse

Weissager
5 Seher
7 Prophet
9 Hellseher

Weissagung
6 Orakel
9 Prophetie
12 Prophezeiung

Weißbinder
8 Tuencher

Weißblütigkeit
9 Leukaemie

weißbrotähnliches ...

· **Gebäck**
4 Kipf, Weck
6 Semmel, Stuten
7 Kipferl
8 Schrippe

Weißbrotbrei
6 Panade

Weißbrötchen
6 Semmel

Weißbuche
9 Hainbuche

Weißdorn
8 Hagedorn
9 Crataegus

Weißfisch
4 Albe, Alse
6 Doebel, Ukelei
7 Elritze, Ploetze, Rotauge
Weißkäse
5 Quark
6 Topfen
Weißkohl
6 Kappes
Weißkopfaffe
4 Saki
Weißling
6 Albino, Merlan
Weißpappel
5 Abele
Weißpfennig
5 Albus
Weißwal
6 Beluga
Weisung
5 Gebot, Order
6 Befehl
7 Auftrag, Geheiss
9 Anordnung, Anweisung, Direktive
11 Instruktion
weit
5 gross
9 geraeumig
12 unermesslich
weit ...
· **abgelegen**
4 fern
· **hergeholt**
7 bemueht, gesucht
· **weg**
4 fern
weit geschnittener Pullover
10 Sweatshirt
weit(e, er, es) ...
· **Beinkleid**
10 Pluderhose
· **Gewand**
6 Kimono
· **Herrenmantel**
6 Raglan, Ulster
· **Jacke**
8 Schlutte
· **Kniehose**
13 Knickerbocker
· **Sicht**
9 Fernblick
· **Wettermantel**
8 Pelerine
· **Zeilenabstand**
11 Durchschuss
weitblickend
4 klug
12 voraussehend
Weite
5 Ferne
6 Breite, Umfang
7 Ausmass
9 Abmessung
Weiterentwicklung
8 Progress
11 Fortschritt
Weiterführung
11 Fortsetzung
Weitergabe des Balles
7 Abspiel
weiterhin
8 kuenftig
9 ausserdem
weitgehend
8 generell
11 grosszuegig, umfangreich
weitherzig
8 tolerant
11 grosszuegig
weithin ...
· **hörbar**
4 laut
· **sichtbares Seezeichen**
10 Leuchtturm
weitläufig
6 diffus
9 langatmig, wortreich
11 schwuelstig
12 ausfuehrlich, umstaendlich
Weitling
9 Schuessel
weitmaschiges Gewebe
4 Gaze
weitreichend
11 folgenreich, umfangreich
weitschweifig ► weitläufig
Weitsichtigkeit
9 Hyperopie
13 Hypermetropie
Weizenart
5 Emmer
6 Dinkel
7 Einkorn
Weizengetränk
9 Weissbier
Weizenkleie
5 Grand
Welfenpartei
7 Guelfen
welk
5 duerr
9 verblueht
11 vertrocknet
Welle
4 Mode, Woge
8 Bewegung
Wellenbewegung
10 Undulation
Wellenbrecher
4 Damm, Mole
5 Buhne
Wellenkamm
5 Krone
11 Schaumkrone
Wellenlängenbereich (Rundfunk)
9 Kurzwelle, Langwelle
11 Mittelwelle
14 Ultrakurzwelle
Wellenlinie
5 Kurve, Sinus
8 Maeander
Wellenreiten
6 Surfen
Wellenschaum
6 Gischt
Wellenschlag
7 Seegang
8 Brandung
wellig
6 uneben
7 holprig
Welsart
6 Bagadu, Waller, Weller
8 Katfisch
9 Zwergwels
10 Katzenwels, Panzerwels, Zitterwels
11 Katzenfisch
Welschkohl
7 Wirsing
Welt
3 All
6 Kosmos
8 Erdkugel, Weltraum
9 Universum
Welt ...
· *der* **Asen**
6 Asgard
· *des* **Feuers**
10 Muspelheim

- *im* **Großen**
  11 Makrokosmos
- *im* **Kleinen**
  11 Mikrokosmos
- *der* **Menschen**
  7 Midgard
- *der* **Toten**
  3 Hel

weltabgewandt
9 asketisch
13 introvertiert
14 einsiedlerisch

Weltalter
4 Aeon
8 Ewigkeit

Weltanschauung
6 Glaube
9 Ideologie
10 Idealismus

Weltbaumeister
7 Demiurg
9 Schoepfer

Weltbevölkerung
10 Menschheit

Weltbürger
10 Kosmopolit

Weltenbummler
12 Globetrotter

Weltende
10 Apokalypse
13 Weltuntergang
17 Goetterdaemmerung

Weltenlenker
4 Gott

Weltentstehungslehre
10 Kosmogonie, Kosmologie

weltfremd
11 verschroben
17 wirklichkeitsfern

weltfremder Theoretiker
8 Ideologe

Weltfußballverband (Abkürzung)
4 FIFA

Weltgeist der antiken Philosophie
4 Nous

Weltgeschichte
8 Historie

Weltgesundheitsorganisation (Abkürzung)
3 WHO

weltgewandt
7 mondaen
13 weltmaennisch

Welthilfssprache
3 Ido
6 Lincos, Novial
7 Mondial
8 Volapuek
9 Esperanto

Weltkinderhilfswerk (Abkürzung)
6 UNICEF

Weltkirchenbewegung
8 Oekumene

Weltkugel
6 Globus

weltlich
6 mundan, profan
7 irdisch
8 saekular

weltlicher Herrscher des Islam
5 Kalif

weltliches Oberhaupt des Lamaismus
9 Dalai Lama

Weltmacht
3 USA
5 China, UdSSR

Weltmachtstreben
13 Imperialismus

Weltmann
8 Kavalier
9 Gentleman

weltmännisch
7 gewandt, mondaen

Weltmeer
5 Ozean
7 Pazifik
8 Atlantik

weltoffen
13 extravertiert

Weltordnung
6 Kosmos

Weltorganisation (Abkürzung)
2 UN
3 UNO

Weltpostverein (Abkürzung)
3 UPU

Weltraum
3 All
6 Kosmos
9 Universum

Weltraumbehörde der USA (Abkürzung)
4 NASA

Weltraumfahrer
9 Astronaut, Kosmonaut

Weltraumfahrerin
11 Astronautin

Weltraumflugkörper
6 Rakete
8 Satellit
11 Raumstation

Weltraumorganisation (Abkürzung)
3 ESA

Weltraumzentrum der USA
7 Houston

Weltreich
6 Empire
8 Imperium

Weltrekordler
8 Champion

Weltreligion
5 Islam
8 Daoismus, Judentum, Taoismus
10 Buddhismus, Hinduismus
11 Christentum
14 Konfuzianismus

Weltschachverband (Abkürzung)
4 FIDE

Weltschlange (indische Sage)
6 Ananta

Weltschmerz
11 Melancholie

Weltseele
5 Atman
6 Pneuma
7 Brahman

Weltsportveranstaltung
9 Olympiade

Weltsprache
7 Deutsch
8 Englisch, Russisch, Spanisch
10 Chinesisch
12 Franzoesisch

Weltstadt
9 Metropole

Weltstadt mit Herz
8 Muenchen

weltumfassend
6 global

Weltumsegler
4 Cook
8 Magellan
9 Magalhaes

weltumspannend
6 global
13 international
weltweite Jugendbewegung
10 Pfadfinder
Wemfall
5 Dativ
Wende
5 Kehre, Kurve, Sorbe
6 Umkehr
7 Wechsel
9 Umschwung
Wendel
7 Spirale
8 Schnecke
Wenden
6 Sorben
11 herumdrehen
Wendepunkt
5 Krise
6 Krisis
Wenderuf beim Segeln
3 Ree
wendig
5 alert
6 clever, regsam
8 flexibel
9 beweglich, geschickt
Wendigkeit
9 Agilitaet
Wendung
5 Idiom
9 Redensart
Wendung ...
· *beim* **Fechten**
5 Volte
· *zum* **Guten**
9 Besserung
Wenfall
9 Akkusativ
wenig
4 agil
wenig ...
· **Raum lassend**
3 eng
· **später**
4 bald
weniger
5 minus
6 minder
10 abzueglich
wenn
5 falls
6 sobald, sofern

Wenzel (Kartenspiel)
4 Bube
5 Unter
Werbeanschlag
6 Plakat
7 Affiche, Aushang
Werbebüro
7 Agentur
Werbegeschenk
6 Zugabe
8 Praesent
Werbekurzfilm
4 Spot
Werbeschlagwort
6 Slogan
Werbeschrift
8 Prospekt
Werbeträger
4 Film, Funk
6 Medium, Presse
7 Zeitung
9 Fernsehen
11 Zeitschrift
12 Illustrierte
Werbung
7 Annonce, Anzeige, Inserat, Offerte, Reklame
10 Propaganda
11 Advertising
Werbung bei Vögeln
4 Balz
Werden
6 Genese
7 Genesis
10 Entstehung
werden oft gezupft
11 Augenbrauen
Werfall
9 Nominativ
Werftanlage
4 Dock
6 Helgen
7 Helling
Werftarbeiter
6 Nieter
Werg
4 Hede
Wergabfall
4 Hede
Werk
3 Tat
4 Opus
6 Fabrik, Oeuvre
7 Betrieb
9 Erzeugnis
10 Schoepfung, Taetigkeit
11 Unternehmen
Werk ...
· *eines* **Künstlers**
4 Opus
· *eines* **Kunstmalers**
9 Stilleben
10 Stillleben
· *mit* **Singstücken**
10 Liederbuch
Werkmeister auf dem Bau
6 Polier
Werkspeiseraum
7 Kantine
Werkstatt ...
· *des* **Künstlers**
6 Studio
7 Atelier
Werkstoff
4 Gips, Glas, Holz
5 Beton, Leder, Stein
6 Metall, Papier
7 Plastik
8 Material, Rohstoff
Werkstoff zur Gartengestaltung
10 Naturstein
Werktag
6 Alltag, Montag
7 Freitag, Samstag
8 Dienstag, Mittwoch
9 Sonnabend, Wochentag
10 Arbeitstag, Donnerstag
werktätige ...
· **Frau**
10 Arbeiterin
· **Person**
8 Arbeiter
10 Arbeiterin
Werktätiger
8 Arbeiter
12 Angestellter, Arbeitnehmer
Werkzeug
3 Axt, Lot
4 Ahle, Anke, Beil, Dorn, Haue, Iler, Kamm, Keil, Riet, Sech
5 Feile, Hacke, Hobel, Karst, Kelle, Nadel, Saege, Walze, Zange
6 Amboss, Beitel, Bohrer, Fimmel, Hammer, Haspel, Kluppe, Knarre, Kratze, Messer, Pfriem, Pinsel,

Raspel, Schere, Spatel, Spaten, Stanze, Zirkel, Zwinge
7 Buerste, Leisten, Meissel, Schaber, Schippe, Spindel, Stichel
8 Faeustel, Reibahle, Schaufel, Schlegel, Spachtel, Stampfer, Stoessel, Strehler
9 Geissfuss, Handsaege, Hobelbank, Hohleisen, Kanthaken, Laubsaege, Naehnadel, Rohrzange, Weberkamm
10 Beisszange, Englaender, Flachzange, Kneifzange, Kombizange, Kreissaege, Loetkolben, Spitzhacke, Stecheisen, Stemmeisen, Stichsaege
11 Blechschere, Drahtschere, Drillbohrer, Kartaetsche, Metallsaege, Nagelbohrer, Wasserwaage
12 Bohrmaschine, Fuchsschwanz, Schraubstock, Stahlbuerste
13 Gewindebohrer, Glasschneider, Schraubzwinge
15 Schraubendreher, Schraubenzieher, Vorschlaghammer

Werkzeug ...
· *im* **Auto**
10 Wagenheber
· *der* **Baumfäller**
3 Axt
· *zum* **Entrosten**
12 Stahlbuerste
· *des* **Graveurs**
7 Stichel
· *für* **Handarbeiten**
9 Naehnadel
· *zum* **Herstellen von Löchern**
6 Bohrer
· *der* **Kammmacher**
4 Iler
· *der* **Kupferstecher**
5 Burin
· *mit* **Libelle**
11 Wasserwaage
· *zum* **Schärfen**
9 Wetzstahl, Wetzstein
12 Dengelamboss
· *des* **Schusters**
4 Ahle
· *des* **Setzers**
11 Winkelhaken
· *zum* **Stechen von Löchern**
4 Ahle

Werkzeugmaschine
5 Saege
6 Fraese, Presse, Stanze
8 Drehbank
9 Hobelbank
12 Bohrmaschine

Wermutart
7 Absinth, Beifuss

wert
4 lieb
5 Guete, Preis, teuer, traut, Valor
6 Nutzen
7 wichtig, wuerdig
9 bedeutsam, Bedeutung, Qualitaet
11 Wichtigkeit

Wertangabe ...
· *an der* **Börse**
4 Kurs
5 Index

Wertbestimmung
4 Taxe

Wertermittler
7 Taxator
9 Gutachter, Schaetzer

Wertfestsetzung
9 Notierung

Wertfestsetzungsbehörde
6 Taxamt

Wertigkeit (Chemie)
6 Valenz

wertlos
8 schlecht
12 minderwertig

wertlos(e, er, es) ...
· **Abfall**
6 Abraum
· **alter Kram**
7 Troedel
· **Arbeit**
8 Machwerk
· **Buch**
9 Scharteke
· **Gegenstand**
8 Klamotte
· **Kram**
4 Tand
· **Pferd**
4 Gaul
· **Schmuck**
4 Tand
7 Flitter
· **Schriftstück**
5 Wisch
· **Ware**
6 Tinnef
· **Wildpflanze**
7 Unkraut

Wertloses
4 Kram, Tand
6 Ramsch, Schund
7 Plunder, Troedel
9 Geruempel

Wertmesser
8 Massstab

Wertminderung
7 Schaden
13 Deterioration
17 Beeintraechtigung

Wertmineral
8 Eisenerz

Wertpapier
5 Aktie
10 Pfandbrief

Wertpapierausgabe
8 Emission

Wertpapierbesitzer
9 Aktionaer

Wertpapiere
4 Bond
5 Aktie
7 Wechsel
8 Effekten
10 Obligation, Pfandbrief
13 Staatsanleihe
18 Kommunalobligation

Wertpapierkäufer
7 Anleger

Wertpapiermarkt
6 Boerse

Wertpapierzins
7 Rendite

Wertsachendepot
4 Safe
6 Tresor
11 Geldschrank
13 Panzerschrank

Wertschätzung
4 Ehre

7 Achtung, Ansehen, Geltung
9 Taxierung, Verehrung
11 Anerkennung

Wertstück
11 Kostbarkeit

Wertstufe
4 Rang

Werturteil
6 Kritik
9 Bewertung, Gutachten
13 Einschaetzung

Wertvergrößerung
7 Zuwachs

wertvoll
5 teuer
7 kostbar
8 prezioes

wertvoll(e, er, es) ...
· **Briefmarke**
9 Mauritius
· **Edelholz**
8 Mahagoni
· **Grundstoff**
10 Edelmetall
· **Holzart**
4 Teak
· **Kernholz**
8 Ebenholz
· **Mineral**
3 Erz
7 Diamant
9 Edelstein
· **Pelz**
4 Nerz
5 Bisam, Zobel
9 Persianer
10 Chinchilla
· **Stein**
5 Juwel
9 Edelstein
· **Werkstoff**
10 Edelmetall

Wertzeichen
5 Marke
10 Briefmarke
12 Stempelmarke

Wesen
3 Art, Typ
5 Natur, Weise
6 Anlage, Essenz, Gemuet, Person
7 Urgrund
8 Eigenart, Naturell
9 Charakter, Geschoepf
10 Gemuetsart
11 Quintessenz, Temperament, Veranlagung

Wesensanlage
3 Art

Wesensart ▶ Wesen

Wesenseinheit
10 Identitaet

Wesensfülle ▶ Wesensgehalt

Wesensgehalt
6 Essenz
8 Substanz
9 Inbegriff
11 Quintessenz

Wesensgleichheit
10 Identitaet

wesensmäßig
10 essentiell, essenziell
12 substantiell, substanziell

Wesensmerkmal
8 Eigenart, Gepraege
16 Charakteristikum

wesentlich
7 wichtig
8 relevant
9 bedeutend, bedeutsam
10 essentiell, essenziell
12 substantiell, substanziell

Wesfall
7 Genitiv

weshalb
5 warum, wieso
8 weswegen

Wespenart
8 Hornisse

westafrikanisch(e, er, es) ...
· **Insel**
7 São Tomé
· **Republik**
4 Togo
5 Benin, Gabun
11 Mauretanien, Sierra Leone
· **Staat**
4 Togo
6 Guinea
7 Liberia, Senegal
· **Volk**
11 Senegalesen

Westbelgier
5 Flame

westdeutsch(e, er, es) ...
· **Großstadt**
5 Essen, Koeln
6 Aachen
· **Landschaft**
9 Rheinland

Weste
5 Gilet
8 Leibchen

Westen
8 Okzident

Westeuropäer
3 Ire
5 Brite
7 Belgier, Schotte, Spanier
8 Franzose
10 Englaender, Hollaender, Portugiese
11 Luxemburger
13 Niederlaender

Westeuropäerin
4 Irin
6 Britin
10 Franzoesin

westeuropäisch(e, er, es) ...
· **Gebirge**
4 Jura
5 Eifel
7 Vogesen
8 Ardennen, Cevennen
9 Pyrenaeen
· **Hauptstadt**
3 Rom
5 Paris
6 Berlin, Dublin, London, Madrid
8 Bruessel, Lissabon
· **Staat**
6 Irland
7 Belgien, Spanien
8 Portugal
9 Luxemburg
10 Frankreich
11 Deutschland, Niederlande
15 Grossbritannien
· **Union** (Abkürzung)
3 WEU
· **Volk**
7 Belgier
9 Franzosen

westfälisch(e, er, es) ...
· **Bezeichnung für Eisbein**
12 Schweinsfuss
· **Landschaft**
5 Senne
9 Sauerland
· **Roggenbrot**
12 Pumpernickel

Westfranzose
7 Brester, Bretone
westfriesische ...
· **Insel**
5 Texel
7 Ameland
8 Vlieland
12 Terschelling
Westgermane
5 Suebe, Sueve, Swebe
6 Chatte, Franke, Friese
8 Alemanne
11 Angelsachse
Westgotenkönig
5 Agila, Liuva, Tulga
6 Eurich
7 Alarich, Athaulf, Sisebut
8 Gundemar, Roderich
9 Amalarich, Witterich
westgotischer ...
· **Bischof**
7 Ulfilas, Wulfila
westgotisches Königsgeschlecht
6 Balten
Westindische ...
· **Insel**
4 Cuba, Kuba
5 Haiti
6 Tobago
7 Curaçao, Grenada, Jamaica, Jamaika
8 Trinidad
10 Guadeloupe, Martinique, Montserrat
11 Puerto Rico
13 Santo Domingo
· **Inselgruppe**
7 Bahamas
8 Antillen
westkanadische Provinz
7 Alberta
westlich(e, er, es) ...
· **Bündnis**
4 NATO
16 Nordatlantikpakt
· **Großmacht**
3 USA
· **Verteidigungspakt**
4 Nato
· **Weltmacht**
3 USA
Westslawe
5 Sorbe, Wende
westslawisches ...
· **Volk**
6 Serben, Wenden
8 Slowaken
9 Tschechen
wett
5 quitt
12 ausgeglichen
Wettannahme beim Pferdesport
11 Totalisator
Wettbewerb
5 Kampf, Match, Spiel
6 Partie
7 Turnier
10 Konkurrenz
Wettbewerbsgegner
10 Konkurrent
Wette beim Fußballsport
4 Toto
Wetteifer
10 Konkurrenz, Rivalitaet
Wetteinrichtung
4 Toto
5 Lotto
Wetter
5 Klima
9 Witterung
Wettererscheinung
3 Eis, Tau
4 Wind
5 Blitz, Frost, Hagel, Hitze, Nebel, Regen, Sturm
6 Donner, Kaelte, Schnee
7 Raureif
8 Gewitter, Rauhreif
14 Graupelschauer
Wetterglas
9 Barometer
Wetterkartenlinie
7 Isobare
Wetterkunde
12 Meteorologie
wetterkundlicher Begriff
► meteorologischer Begriff
Wetterlage
5 Klima
Wetterleuchten
8 Gewitter
Wettermantel
10 Trenchcoat
11 Lodenmantel
Wetterprophet
10 Laubfrosch
11 Meteorologe
Wettersatellit
4 Essa
6 Meteor, Nimbus
Wetterschutz
6 Schirm
8 Pelerine
11 Regenmantel
Wetterschutzkleidung
8 Oeljacke
Wetterschutzvorrichtung
9 Ueberdach
Wetterumhang
8 Pelerine
Wettervorhersage
13 Wetterbericht
Wetterwarte
13 Observatorium
Wettfahrt auf dem Wasser
7 Regatta
Wetthinweis
3 Tip
4 Tipp, Wink
Wettkampf ► Wettbewerb
Wettkampf der alten Griechen
4 Agon
Wettkampfausschluss
16 Disqualifikation
Wettkampfdurchführung
10 Austragung
Wettkämpfer
6 Athlet
7 Spieler
8 Sportler
10 Konkurrent
Wettkampfstätte
5 Arena
7 Stadion
10 Schwimmbad
Wettlauf
6 Rennen
Wettquote
4 Odds
Wettschein
10 Tippzettel
Wettstreit
10 Konkurrenz, Rivalitaet
Wichs
10 Festtracht
Wicht
4 Gnom
5 Zwerg
6 Knirps, Kobold
7 Wichtel
11 Heinzelmann

wichtig
8 relevant
9 bedeutend, bedeutsam
10 wesentlich
12 substantiell, substanziell
wichtig für die Regeneration
9 Nachtruhe
wichtige Persönlichkeit (Abkürzung)
3 VIP
wichtiges ...
· **Eisenerz**
8 Haematit
· **Ereignis**
8 Erlebnis
Wichtigkeit
6 Belang
Wichtigtuer
4 Snob
5 Protz
6 Poseur
7 Angeber, Blender, Prahler
9 Grossmaul, Prahlhans
10 Schwaetzer
12 Aufschneider, Besserwisser
Wichtigtuerei
9 Angeberei
Wickel
6 Huelle
7 Buendel, Packung
8 Umschlag
Wickelgewand ...
· *der* **Inderin**
4 Sari
· *der* **Malaien**
6 Sarong
Wickelkind
4 Baby
9 Saeugling
11 Kleinstkind
Wickeltuch
5 Pareo
6 Windel
12 Dreieckstuch
Wickelvorrichtung
6 Haspel
Wickenart
8 Saubohne
Widder
9 Schafbock, Sternbild
wider
4 anti
5 gegen
6 kontra
8 entgegen
widerborstig
13 kratzbuerstig, unzugaenglich, widerspenstig
Widerfahrnis
10 Geschehnis
Widerhakenfrucht
6 Klette
Widerhall
4 Echo
8 Resonanz
9 Nachklang
widerlich
4 fies
5 eklig
6 gemein
8 ekelhaft
9 haesslich
10 abstossend
Widerling
4 Ekel
8 Fiesling
widernatürlich
6 abnorm
7 pervers
widerrechtlich
7 illegal
8 verboten
9 illegitim
12 gesetzwidrig
widerrechtliche ...
· **Besitzergreifung**
4 Raub
9 Diebstahl
· **Verwendung geistigen Eigentums**
7 Plagiat
Widerrede
4 Veto
7 Antwort, Protest
9 Einspruch
10 Entgegnung
Widerruf
7 Dementi
10 Revokation
12 Berichtigung, Zuruecknahme
15 Richtigstellung
Widersacher
5 Feind
6 Gegner, Rivale
8 Opponent
10 Antagonist, Konkurrent
Widersacher ...
· **Christi**
10 Antichrist
· **Gottes**
5 Satan
6 Teufel
Widerschein
6 Reflex
7 Abglanz
9 Reflexion
10 Spiegelung
widersetzlich ▶ widerspenstig
Widersetzlichkeit
8 Renitenz
widersinnig
6 absurd
7 paradox
8 alogisch
9 unlogisch
Widersinnigkeit
9 Antinomie, Paradoxie
widerspenstig
4 stur
7 trotzig
8 obstinat, renitent
10 stoerrisch, ungehorsam
11 eigensinnig
Widerspiegelung
9 Reflexion
10 Reflektion
widersprechend ▶ widersprüchlich
Widerspruch
4 Veto
7 Einwand, Protest
9 Antinomie, Einspruch, Gegensatz, Paradoxie
10 Diskrepanz, Entgegnung, Gegengrund, Opposition
13 Kontradiktion
15 Unvereinbarkeit
widersprüchlich
7 paradox
8 disparat, kontraer
16 kontradiktorisch
Widerstand
5 Trotz
6 Abwehr
7 Aufruhr
8 Aufstand
9 Gegenwehr, Rebellion, Resistenz
10 Opposition, Untergrund

Widerstandsbewegung
6 Maquis
10 Résistance
widerstandsfähig
4 hart
6 gefeit, robust, stabil
9 resistent
Widerstandsform
6 Streik
13 Generalstreik
Widerstandskämpfer
8 Guerilla, Partisan
13 Freischaerler
14 Heckenschuetze
Widerstandsmaßeinheit
3 Ohm
Widerstandsmesser
8 Ohmmeter
Widerstreit
8 Konflikt, Kontrast
9 Gegensatz, Kollision, Zwiespalt
11 Kontroverse
12 Antagonismus
widerwärtig
3 roh
4 fies
5 eklig, uebel
8 ekelhaft, unschoen
9 haesslich
10 abstossend
11 abscheulich
Widerwille
4 Ekel
6 Unlust
7 Abscheu, Grausen
8 Aversion
9 Abneigung
Widmung
9 Zueignung
10 Dedikation
widrig
7 hemmend
8 kontraer, schlecht
10 hinderlich
Widrigkeit
8 Verdruss
16 Unannehmlichkeit
wie von Sinnen
3 irr
wiebeln
7 stopfen
10 ausbessern
wieder
6 erneut
8 abermals, nochmals
wieder ...
· **benutzbare Transportbehälter**
17 Mehrwegverpackung
· *in* **der Musik**
7 da capo
· *als* **Vorsilbe**
2 re
Wiederauffrischung
12 Regeneration
Wiederaufführung eines Bühnenstückes
7 Reprise
Wiederauftritt
8 Comeback
wiederbeschreibbare Platte
8 Maltafel
Wiedereinfuhr bereits ausgeführter Waren
8 Reimport
Wiedereingliederung
16 Resozialisierung
Wiedererkennung
14 Identifikation
Wiedergabe
10 Darbietung
11 Darstellung
12 Reproduktion
Wiedergabe nackter Menschen
3 Akt
Wiedergeburt
13 Reinkarnation
Wiedergenesung
14 Rekonvaleszenz
Wiedergutmachung
4 Dank
5 Busse
6 Suehne
7 Regress, Revache
9 Abfindung
10 Vergeltung, Verguetung
12 Reparationen
13 Kompensierung
14 Entschaedigung, Schadensersatz
Wiederherstellung
9 Reparatur
10 Renovation
11 Renovierung
12 Restauration
13 Restaurierung
14 Rehabilitation
Wiederherstellung ...
· *der* **Gesundheit**
7 Heilung
8 Genesung
14 Rekonvaleszenz
· *des* **guten Rufes**
14 Rehabilitation
15 Rehabilitierung
wiederholt
3 oft
6 erneut
8 mehrfach, mehrmals, nochmals
Wiederholung
6 da capo
10 Repetition
14 Rekapitulation
Wiederholungskurs
8 Paukkurs
12 Repetitorium
Wiederholungszeichen in Lexika
5 Raute
Wiederkäuer
3 Kuh, Reh, Ren
4 Elch, Elen, Lama, Rind, Zebu
5 Bison, Gemse, Kamel, Okapi, Schaf, Ziege
6 Hirsch, Seekuh, Wisent
7 Bueffel, Gazelle, Giraffe, Moschus, Mufflon, Rentier
8 Antilope, Dromedar
9 Steinbock
10 Dammhirsch
11 Buckelochse, Trampeltier
Wiederkehr
6 Turnus, Zyklus
7 Reprise
8 Heimkehr
wiederkehrend
10 periodisch
wiederkehrender Zeitraum
7 Periode
Wiederkunft
9 Rueckkehr
Wiedertäufer
10 Anabaptist
wiederum
4 aber
8 nochmals
12 andererseits
wiederverflüssigter ...
· **Dampf**
9 Destillat, Kondensat

Wiederverkäufer
14 Einzelhaendler
wiederverwendbares Material
9 Wertstoff
Wiederverwendung von Rohstoffen
9 Recycling
Wiederverwertung eines künstlerischen Stoffes
6 Remake
Wiegendruck
9 Inkunabel
Wiegenfest
10 Geburtstag
Wiemen
5 Latte
Wiener ...
· **Arzt**
5 Freud
11 Auenbrugger, Semmelweiss
· **Bauwerk**
7 Hofburg
9 Belvedere
11 Burgtheater, Schoenbrunn, Stephansdom
· **Belustigungspark**
6 Prater
· **Bezirk**
· **Dichter**
10 Schnitzler
13 Hoffmannsthal
· **Droschke**
6 Fiaker
· **Flughafen**
6 Aspern
9 Schwechat
· **Hausberg**
10 Kahlenberg
12 Leopoldsberg
· **Heurigentreffpunkt**
8 Grinzing, Nussdorf
· **Hotel**
6 Sacher
· **Hügelland**
10 Wienerwald
· **Kneipe**
5 Beisl
6 Beisel
· **Komiker**
4 Sima
5 Moser
9 Hoerbiger
· **Komponist**
5 Haydn, Léhar, Suppé
6 Eysler, Kalman, Lanner, Mahler, Mozart
7 Raymond, Strauss, Ziehrer
8 Korngold, Schubert
9 Heuberger
10 Milloecker
· **Kutsche**
6 Fiaker
· **Maler**
5 Klimt
9 Kokoschka
· **Mimin**
3 Ott
7 Wessely
9 Hoerbiger
· **Nervenarzt**
5 Freud
· **Philosoph**
12 Wittgenstein
· **Praterfigur**
12 Watschenmann
· **Schloss**
9 Belvedere
11 Schoenbrunn
· **Sehenswürdigkeit**
4 Burg
6 Prater
7 Hofburg, Steffel
9 Belvedere, Riesenrad
10 Staatsoper
11 Burgtheater, Schoenbrunn, Stephansdom
14 Kapuzinergruft
· **Spezialität**
11 Sachertorte
· **Tänzerin**
7 Elssler
12 Fanny Elssler
· **Torte**
6 Sacher
· **Vergnügungsviertel**
8 Grinzing
· **Volkspark**
6 Prater
· **Weißbrot**
7 Kipferl
· **Winzerdorf**
8 Grinzing, Nussdorf
9 Sievering
13 Heiligenstadt
· **Witzfigur**
5 Poldi
· **Zitherspieler**
6 Karras
Wiese ▶ Weide
Wiese der Tellsage
6 Ruetli
Wiesel
6 Marder
8 Hermelin
Wiesenblume
4 Klee
6 Akelei
7 Betonie, Luzerne
8 Baerwurz, Kuhblume, Skabiose
9 Bocksbart, Goldstern, Margerite, Weissklee
10 Hahnenfuss, Kuhschelle, Loewenmaul, Loewenzahn
11 Rittersporn, Sauerampfer, Wiesenraute
13 Kuckucksblume
14 Herbstzeitlose
15 Gaensebluemchen, Schluesselblume
Wiesenfläche
5 Rasen
Wiesengras
10 Glatthafer
Wiesengrund
2 Au
3 Aue
Wiesenpflanze
4 Gras, Klee
6 Akelei, Ampfer
8 Wegerich
10 Loewenzahn
11 Butterblume, Dotterblume
13 Johanniskraut
Wiesenunkraut
13 Spitzwegerich
wieso
5 warum
7 weshalb
Wigwam
4 Zelt
12 Indianerzelt
Wikingerschiff
6 Drache
13 Drachenschiff
Wikingersegel
2 Ra
Wikingerstadt bei Schleswig
8 Haithabu

Wikingerstamm
3 Rus
8 Waraeger
9 Normannen

wild
4 toll
6 furios, heftig, zornig
7 wuetend
9 unbaendig, ungestuem
13 unzivilisiert

wild ...
· *in* **der Musik**
7 furioso
· **grünende Ebene**
5 Heide
· **lebende Rinderart**
7 Bueffel
13 Wasserbueffel

wild(e, er, es) ...
· **Angst**
5 Panik
· **Apfel**
9 Holzapfel
· **Bande**
5 Horde, Meute
· **Bestie**
6 Untier
· **Bienenstock**
5 Immer
· **Dickicht**
9 Gestruepp
· **Gelage**
5 Orgie
9 Bacchanal
· **Herumtollen**
7 Toberei
· **Jammern**
6 Geheul
9 Gekreisch
· **Kinderschar**
11 Rasselbande
· **Knabe**
5 Range
· **Krieger**
9 Berserker
· **Kümmel**
10 Pimpernell, Pimpinelle
· **Majoran**
4 Dost
· **Schössling**
11 Wassertrieb
· **Soldatenschar**
10 Soldateska
· **Tier**
6 Bestie
· **Umhertollen, Lärmen**
6 Getobe

Wildart
3 Reh
4 Elch, Elen, Gams, Hase
5 Dachs, Fuchs, Gemse, Iltis, Luchs
6 Gaemse, Hirsch, Marder, Wiesel
7 Damwild, Rebhuhn, Rotwild, Wildsau
8 Auerwild
11 Schwarzwild, Wildschwein

Wildbahn
10 Jagdgebiet, Jagdrevier

Wildblume
5 Erika
6 Akelei, Distel, Wermut
7 Beifuss, Guensel
8 Eberwurz, Eisenhut, Erdrauch, Narzisse, Veilchen
9 Edelweiss, Fingerhut, Kornblume, Mannstreu, Margerite, Pechnelke
10 Ehrenpreis, Hahnenfuss, Heckenrose, Heidekraut, Huflattich, Immergruen, Loewenzahn, Nachtkerze, Schafgarbe
11 Berufskraut, Bilsenkraut, Klatschmohn, Knabenkraut, Rittersporn, Tollkirsche
12 Flockenblume, Glockenblume, Glockenheide, Koenigskerze
13 Habichtskraut, Maigloeckchen, Schwanenblume
14 Herbstzeitlose
15 Hasengloeckchen, Schluesselblume
16 Schneegloeckchen

Wildbretspeise
10 Rehruecken
12 Hasenpfeffer

Wilddieb
8 Wilderer
11 Jagdfrevler

Wildeber
6 Keiler

Wildente
9 Krickente

Wilder
9 Kannibale

Wildesel
6 Onager

Wildfährte
4 Spur

Wildfang
4 Kind
5 Range
6 Racker, Unband

Wildfangvorrichtung
5 Falle, Grube
8 Schlinge

Wildfleisch
8 Wildbret

Wildfrevler ► Wilddieb

Wildgeflügel
5 Fasan
7 Rebhuhn, Wachtel
8 Auerhahn, Schnepfe, Wildente, Wildgans

Wildgericht
8 Rehkeule

Wildgeschmack
8 Hautgout

Wildgruppe
5 Rudel

Wildheit
5 Furor

Wildhund
5 Dingo

Wildkanzel
7 Anstand
8 Hochsitz

Wildkater
5 Kuder

Wildkot
6 Losung

Wildleder
7 Chamois
8 Saemisch

Wildlederimitation
5 Nubuk

Wildledersandalen
9 Mokassins

Wildnis
7 Einoede
9 Wuestenei

Wildpark
3 Zoo
6 Gehege
8 Tierpark
10 Tiergarten, Tiergehege
12 Nationalpark

Wildpark ...
· *in* **Afrika**
9 Serengeti
12 Krueger-Park
· *in* **Amerika**
8 Yosemite
16 Yellowstone Park
24 Yellowstone-Nationalpark
Wildpfad
7 Wechsel
Wildpferd
5 Zebra
7 Mustang
Wildpflanzen
7 Unkraut
Wildpflege
4 Hege
Wildpfleger
5 Heger
6 Jaeger
8 Foerster, Weidmann
Wildragout
5 Civet
12 Hasenpfeffer
Wildrind
2 Ur
3 Jak, Yak
4 Zebu
5 Bison, Sanga
6 Wisent
7 Bueffel
9 Auerochse
Wildsau
5 Bache
Wildschaf
6 Muffel
7 Mufflon
Wildschwein
5 Bache
6 Keiler
10 Frischling
11 Schwarzwild
Wildspur
7 Faehrte
Wildwestfilm
7 Western
Wildwestheld
6 Cowboy
Wildziege
5 Gemse
6 Gaemse
9 Steinbock
Wille
6 Wollen
7 Absicht, Vorsatz
9 Intention
15 Entschlusskraft
willenlos
7 schwach
8 gefuegig, gehorsam
10 nachgiebig
willenloser ...
· **Mensch**
6 Popanz
10 Marionette
Willenlosigkeit
7 Phlegma
17 Antriebsschwaeche
Willensakt
10 Entschluss
Willenskraft
4 Elan
7 Energie
8 Tatkraft
Willensschwäche
7 Phlegma
willentlich
7 bewusst
11 absichtlich, intentional
willfährig ► willenlos
willig
7 fuegsam
12 bereitwillig, dienstfertig
williges Engagement
18 Einsatzfreudigkeit
willkommen
6 genehm
Willkür
5 Laune
14 Subjektivitaet
Willkürherrschaft
8 Despotie, Diktatur, Tyrannei
Willkürherrscher
6 Despot, Tyrann
8 Diktator
willkürlich
8 beliebig
9 arbitraer
Wimpel
5 Fahne
6 Flagge
9 Faehnchen
Wimperntusche
7 Mascara
Wimpertierchen
8 Ziliaten
10 Infusorien
Wims Hund
3 Wum
windabgewandte Schiffsseite
3 Lee
Windart
3 Ora
4 Bora
5 Brise, Foehn, Leste, Orkan, Samum, Sturm
6 Kamsin, Monsun, Passat, Taifun, Zyklon
7 Mistral, Tornado
8 Blizzard, Hurrikan, Scirocco
9 Schirokko
Windbeutel
7 Angeber, Gebaeck
Windbluse
6 Anorak
Windboot fahren
6 surfen
Winde
5 Spill
6 Haspel
7 Spindel
windende Zierpflanze
10 Feuerbohne
Windengewächs
6 Jalape
Winderhitzer
6 Cowper
Winderzeuger
10 Ventilator
Windgeist
7 Harpyie
Windgott
6 Aeolus, Boreas, Zephir, Zephyr
8 Zephyros
Windharfe
10 Aeolsharfe
Windhauch
7 Luftzug
Windhose
6 Trombe
10 Luftwirbel
Windhund
6 Barsoi, Saluki
7 Afghane
9 Afghaaner, Greyhound
10 Frauenheld
windig
5 zugig
8 unsicher, unsolide
11 unglaubhaft

Windjacke
6 Anorak
Windmaschine
8 Geblaese
Windmesser
9 Areometer
10 Anemometer
Windmonat
8 November
Windmond ▶ Windmonat
Windpocken
10 Varizellen
11 Spitzpocken
13 Schafblattern, Spitzblattern
Windrichtung ▶ Himmelsrichtung
Windröschen
7 Anemone
Windsbraut
10 Wirbelwind
Windschattenseite
3 Lee
windschief
7 schraeg
Windschirm
8 Paravent
Windseite
3 Luv
Windspiel
6 Mobile
10 Hunderasse
Windstärkeskala
8 Beaufort
Windstille
5 Kalme
6 Flaute
Windstoß
3 Boe
Windung
5 Kehre, Kurve
6 Wendel
7 Biegung, Drehung, Spirale
8 Schlange, Schnecke
9 Kruemmung
10 Schnoerkel, Serpentine
windzugewandte Schiffsseite
3 Luv
Wingert
8 Weinberg
10 Weingarten
Wink
3 Rat, Tip
4 Tipp
7 Hinweis
9 Andeutung
10 Fingerzeig
Winkel
4 Ecke
Winkel ...
· *in* **der Optik**
9 Parallaxe
· *im* **Raum**
4 Ecke
Winkelbegrenzung
8 Schenkel
Winkelbruchteil
4 Grad
6 Minute
7 Radiant, Sekunde
Winkelfunktion
5 Sinus
6 Sekans
7 Kosinus, Tangens
8 Kosekans
9 Kotangens
Winkelmaßeinheit
4 Grad
Winkelmesser
8 Quadrant
10 Goniometer
Winkelmessgerät
6 Oktant
7 Bussole, Sextant
9 Theodolit
Winkelschnitt
7 Gehrung
Winkelspitze
8 Scheitel
Winkelträger
7 Konsole
Winkelzug
4 Dreh, List
5 Finte, Kniff, Trick
7 Arglist
Winselei
8 Gewimmer
Winteraster
12 Chrysantheme
winterfeste Erika
11 Schneeheide
Wintergrün
4 Efeu
6 Mistel
winterlich
8 hibernal
winterlich(e, er, es) ...
· **Festtag**
11 Heiligabend, Weihnachten
· **Gebilde**
9 Eiszapfen
· **Kälte**
5 Frost
· **Kleidungsstück**
8 Skianzug
· **Niederschlagsform**
5 Hagel
6 Schnee
7 Raureif
8 Rauhreif
· **Plastik**
10 Schneemann
· **Vereisungserscheinung**
8 Glatteis
· **Vergnügen**
9 Skifahren
10 Schifahren
15 Schlittenfahren
18 Schneeballschlacht
Wintermonat
5 Maerz
6 Januar
7 Februar
8 Dezember
Winterniederschlag
6 Schnee
8 Eisregen
Wintersonnenwende
3 Jul
8 Julklapp
Wintersportanlage
4 Lift
5 Loipe, Piste
7 Abfahrt, Bobbahn, Eisbahn, Skilift
8 Eiskanal, Schilift
9 Rodelbahn
10 Eisstadion
12 Kunsteisbahn
13 Sprungschanze
Wintersportart
6 Rodeln, Slalom
7 Curling, Eislauf, Eistanz, Skilauf
8 Biathlon, Schilauf
9 Bobfahren, Eishockey, Eissegeln
11 Skilanglauf, Skispringen
12 Abfahrtslauf,

Eiskunstlauf, Eisschiessen, Schilanglauf, Schispringen
13 Eisschnellauf
14 Eisschnelllauf

Wintersportgerät
3 Bob, Ski
4 Puck, Schi
5 Rodel, Skier, Stein
6 Skibob
7 Schibob
8 Eisstock, Skeleton
9 Schlitten
11 Langlaufski

Wintersportlerinnen
19 Skilanglaeuferinnen

Wintersportort ...
· *im* **Allgäu**
9 Sonthofen
10 Nesselwang, Oberstdorf
· *im* **Bayrischen Wald**
7 Zwiesel
9 Bodenmais
· *im* **Erzgebirge**
14 Oberwiesenthal
· *in* **Frankreich**
8 Chamonix, Grenoble
· *in* **Graubünden**
4 Zuoz
5 Arosa, Davos, Flims
7 Samaden
10 Pontresina
11 Sankt Moritz
· *im* **Harz**
8 Schierke
9 Braunlage
10 Hahnenklee
11 Andreasberg
· *in* **Japan**
7 Sapporo
· *in* **Oberbayern**
6 Inzell, Kreuth
8 Garmisch
10 Ruhpolding
12 Oberammergau
· *im* **Thüringer Wald**
7 Oberhof
8 Steinach
· *in* **Tirol**
10 Kitzbuehel

Winzer
9 Weinbauer

Winzerarbeit
8 Weinlese

Winzergerät
6 Kelter

winzig
5 klein
7 minimal
11 zwergenhaft

winzig(e, er, es) ...
· **Druckschriftgröße**
4 Perl
5 Petit
· **Fließwasser**
7 Rinnsal
· **Insel**
6 Eiland
· **Kleinigkeit**
6 Nuance
· **Vogel**
7 Kolibri
10 Zaunkoenig
13 Goldhaehnchen
· **Wasserlauf**
7 Rinnsal

Winzigkeit
4 Spur
5 Hauch
6 Nuance
8 Schimmer
11 Kleinigkeit

Wipfel
6 Gipfel

Wippe
8 Schaukel

Wippensterz
10 Bachstelze

Wirbel
4 Neer
5 Sturm
6 Trubel, Tumult
7 Strudel
9 Aufregung, Turbulenz

wirbelloses Tier
4 Wurm

wirbelnd
9 turbulent

Wirbelsäule
9 Rueckgrat

Wirbelsäulenknochen
9 Kreuzbein

Wirbelsäulenverkrümmung
6 Buckel

Wirbelsäulenvorstufe
6 Chorda

Wirbelströmung
9 Turbulenz

Wirbelsturm
5 Orkan
6 Taifun, Zyklon
7 Tornado
8 Blizzard, Hurrikan, Sandhose, Windhose
10 Wasserhose

Wirbeltierart
5 Fisch, Lurch, Vogel
6 Reptil
7 Saeuger
8 Amphibie, Rundmaul
10 Kriechtier, Saeugetier

wird nach der Geburt durchtrennt
11 Nabelschnur

Wirkleitwert
10 Konduktanz

wirklich
4 echt, real, WAHR
5 reell
7 aktuell, konkret
8 existent, faktisch
12 tatsaechlich

wirkliche ...
· **Dinge**
6 Fakten
7 Realien
9 Tatsachen
11 Realitaeten
12 Sachverhalte

Wirklichkeit
9 Realitaet

Wirklichkeitsform
9 Indikativ

wirklichkeitsfremd
6 irreal
8 utopisch
11 lebensfremd
13 unrealistisch

Wirklichkeitssinn
9 Realismus

Wirklichkeitstreue
12 Naturalismus

wirksam
5 aktiv
6 probat, taetig
7 wirkend
8 effektiv
9 effizient

Wirksamkeit
8 Funktion
10 Taetigkeit, Taetigsein

Wirkstoff ...
- *im* **Kaffee**
  7 Coffein, Koffein
- *in* **Nahrungsmitteln**
  7 Vitamin
  13 Spurenelement
- *des* **Organismus**
  6 Hormon
- *im* **Tabak**
  7 Nikotin
- *im* **Tee**
  4 Tein
  5 Thein
  7 Coffein, Koffein

Wirkstoffart
6 Jersey

wirkt Glatzen entgegen
15 Haarwuchsmittel

Wirkteppich
5 Kelim
7 Gobelin
8 Aubusson
10 Basselisse

Wirkung
5 Fazit, Folge
6 Aktion, Effekt, Erfolg
8 Ergebnis, Resultat

Wirkungsbereich
13 Aktionsradius

Wirkungsfähigkeit
6 Potenz
9 Potential, Potenzial

Wirkungsgrad
8 Ausbeute
10 Nutzeffekt

Wirkungskraft
4 Aura
7 Dynamik, Energie
9 Potential, Potenzial, Vermoegen
10 Faehigkeit

Wirkungskreis
5 Beruf
7 Domaene, Sphaere
13 Aktionsradius, Gesichtskreis

Wirkungslosigkeit
13 Unwirksamkeit
15 Erfolglosigkeit

Wirkungsstätte ...
- **Keplers**
  4 Graz, Linz
  5 Sagan
- **Rübezahls**
  13 Riesengebirge
- **Schweitzers**
  9 Lambarene

wirkungsvoll
8 imposant
9 effizient
10 effektvoll
11 zugkraeftig

Wirkware
6 Trikot
9 Charmeuse, Trikotage
12 Unterwaesche

wirr
3 irr
6 konfus, unklar
9 chaotisch, verworren
13 durcheinander

Wirrkopf
5 Chaot

Wirrnis
5 Chaos
9 Labyrinth
10 Verwirrung
13 Durcheinander

Wirrung
6 Irrweg

Wirrwarr
4 Wust
5 Chaos
6 Gewirr, Rapuse, Trubel, Tumult, Unruhe
8 Menkenke
9 Charivari, Unordnung
10 Kunterbunt, Tohuwabohu
12 Kuddelmuddel
13 Durcheinander

wirsch
4 wild
6 barsch, zornig
7 schroff
12 unfreundlich

Wirsing
8 Herzkohl
10 Welschkohl

Wirt
8 Gastwirt, Hotelier
9 Gastgeber, Gastronom

Wirtschaft
4 Beiz
5 Beize, Lokal, Pinte
6 Kneipe
7 Schenke
8 Gasthaus, Schwemme
9 Bierstube, Oekonomie, Weinstube, Wirtshaus
10 Restaurant, Trinkstube, Weinkeller
11 Gaststaette, Imbisshalle
14 Gastwirtschaft

Wirtschafterin
7 Mamsell
13 Haushaelterin

Wirtschafterin in Hotels
7 Mamsell

wirtschaftlich
7 sparsam
8 rentabel
11 oekonomisch
12 eintraeglich
14 Gewinn bringend

wirtschaftlich unabhängig
6 autark

wirtschaftlich(e, er, es) ...
- **Aufschwung**
  10 Konjunktur
- **Ertrag**
  5 Ernte
  6 Gewinn
  7 Rendite
- **Gesamtlage**
  10 Konjunktur
- **Hochkonjunktur**
  4 Boom
  6 Hausse
- **Machtstellung**
  7 Monopol
- **Rückgang**
  9 Rezession
- **Ruin**
  6 Pleite
- **Unabhängigkeit**
  8 Autarkie
- **Wettbewerb**
  10 Konkurrenz
- **Zusammenschluss**
  5 Trust
  7 Kartell

Wirtschaftlichkeit
9 Effizienz, Oekonomie
11 Sparsamkeit

Wirtschaftskrieg
7 Boykott, Embargo
8 Blockade

Wirtschaftslage
10 Konjunktur

Wirtschaftslehre
9 Oekonomie
21 Volkswirtschaftslehre

Wirtschaftslenkung
10 Dirigismus
14 Planwirtschaft
Wirtschaftsmathematiker
6 Aktuar
Wirtschaftsprüfer
7 Revisor
Wirtschaftssparte
6 Handel
7 Gewerbe
8 Handwerk
9 Industrie
14 Landwirtschaft
15 Forstwirtschaft
Wirtschaftssystem
14 Planwirtschaft
15 Marktwirtschaft
16 Tauschwirtschaft
Wirtschaftstheoretiker
4 Marx, Owen
5 Smith, Weber
6 Erhard, Keynes, Menger
7 Galtung, Mueller, Ricardo, Sombart
8 Schiller
9 Galbraith, Schmoller
10 Schumpeter
Wirtschaftsverbund
5 Trust
7 Kartell, Konzern
8 Syndikat
10 Konsortium
14 Genossenschaft
Wirtschaftsvertreter eines Staates
6 Konsul
Wirtschaftswald
5 Forst
Wirtschaftswissenschaft
► Wirtschaftslehre
Wirtschaftszweig
3 Bau
7 Branche
Wirtshaus ► Wirtschaft
Wirtshausgelage
8 Zecherei
Wirtshausrechnung
5 Zeche
Wirtsleute
4 Wirt
6 Wirtin
Wisch
6 Zettel
7 Buendel, Schrieb
10 Putzlappen, Staubwedel
Wischer
5 Wedel
Wischlappen
8 Putztuch
9 Staubtuch
Wisent
5 Bison
8 Wildrind
9 Auerochse
Wissbegierde
7 Neugier
9 Interesse
Wissen
8 Kenntnis
9 Erfahrung
Wissender
5 Myste
10 Esoteriker
12 Eingeweihter
Wissenschaft
5 Lehre
6 Chemie, Physik
7 Medizin
8 Biologie, Geologie, Historie, Zoologie
9 Disziplin, Geografie, Theologie
10 Astronomie, Ethnologie, Geographie, Informatik, Mathematik, Paedagogik, Philologie, Soziologie
11 Mineralogie, Philosophie, Psychologie
12 Archaeologie
13 Anthropologie
Wissenschaft von der Raumfahrt
11 Astronautik
Wissenschaftlerin
10 Chemikerin
wissenschaftlich
7 gelehrt
10 akademisch
12 szientifisch
wissenschaftlich gebildeter Landwirt
7 Agronom
wissenschaftlich(e, er, es) ...
· **Abhandlung**
7 Traktat
12 Dissertation
· **Anstalt**
8 Akademie, Institut
· **Arbeit**
6 Studie
· **Arbeitsraum**
5 Labor
10 Bibliothek
12 Laboratorium
13 Observatorium
· **Ausbildungsstätte**
12 Universitaet
· **Begriff**
5 Axiom, Lehre
7 Analyse, Methode, Theorie
8 Methodik, Synthese
9 Forschung, Hypothese
10 Systematik
· **Behauptung**
5 These
· **Betrachtungsweise**
7 Theorie
· **Forschung**
7 Studium
· **Gehilfe**
9 Assistent
· **Sammelwerk**
13 Enzyklopaedie
· **Unterhaltung**
10 Kolloquium
· **Untersuchung**
7 Analyse
· **Versuch**
10 Experiment
· **Vortrag**
6 Kolleg
Wissenschaftsgruppe
9 Fakultaet
Wissensdurst
► Wissbegierde
Wissensgebiet
6 Sparte
7 Domaene
9 Disziplin
Wissensschatz
7 Lexikon
9 Thesaurus
13 Enzyklopaedie
wissenswert
11 interessant
Wissenszweig
► Wissensgebiet
Witfrau
5 Witwe
Witib
5 Witwe

Witmann
6 Witwer
Witterung
5 Klima
6 Wetter
9 Spuersinn
Witterungserscheinung
▶ Wettererscheinung
Witterungsverhältnisse
10 Wetterlage
Witwe
5 Witib
7 Witfrau
Witwe ...
· **Aga Khans**
5 Begum
· *bei* **Max und Moritz**
5 Bolte
Witwenblume
7 Knautia, Knautie
8 Skabiose
Witwentröster
10 Frauenheld
Witwer
7 Witmann
8 Wittmann
Witz
2 Uz
3 Gag, Jux, Ulk
5 Gaudi, Humor, Spass
6 Bonmot, Esprit, Scherz
7 Kalauer
Witzbold
11 Spassmacher
Witzelei
10 Anspielung
Witzgeschichte
8 Anekdote
witzig
5 ulkig
6 launig, lustig
7 humorig, spassig
10 geistreich
witzig(e, er es) ...
· **Einfall**
3 Gag
· **Frohsinn**
5 Humor
· **Geschichtchen**
8 Anekdote
· **Lied**
7 Couplet
· **Spott**
6 Satire
· **Zeichnung**
7 Cartoon
9 Karikatur
Witzwort
6 Bonmot
Witzzeichner
10 Cartoonist
Witzzeichnung
7 Cartoon
Wochenbett
8 Kindbett
Wochenende
7 Weekend
Wochenendstille
12 Sonntagsruhe
Wochentag
5 Feria
6 Alltag, Montag
7 Freitag, Samstag, Sonntag, Werktag
8 Dienstag, Mittwoch
9 Sonnabend
10 Arbeitstag, Donnerstag
Wochenzeitschriften
12 Illustrierte
16 Regenbogenpresse
Woge
5 Welle
7 Brecher
wohingegen
12 andererseits
wohl
3 gut
4 Heil
5 Segen
6 gesund, Glueck, Nutzen
7 Frommen, Vorteil
8 angenehm, Gedeihen
10 Foerderung, Gesundheit
wohl ...
· **oder übel**
12 nolens volens
· **überlegt**
10 durchdacht
11 reflektiert
· **unterrichtet**
10 informiert
wohlauf
6 gesund
Wohlbefinden
7 Behagen
wohlerzogen
7 folgsam
Wohlfahrt
8 Diakonie
9 Fuersorge
11 Armenpflege
wohlfeil
6 billig
8 guenstig
Wohlgefallen
5 Gusto
7 Behagen
9 Sympathie, Zuneigung
Wohlgefälligkeit
5 Anmut
Wohlgefühl
8 Euphorie
wohlgelitten
7 beliebt
wohlgemerkt
8 notabene
wohlgemut
9 froehlich
14 zuversichtlich
wohlgenährt
4 dick
5 feist
9 korpulent
Wohlgeruch
4 Duft
5 Aroma, Odeur
6 Bukett
wohlgesinnt
4 hold
7 geneigt
Wohlgesinnter
6 Freund
wohlhabend
5 reich
10 vermoegend
wohlhabende Menschen
6 Reiche
wohlig
8 angenehm
9 behaglich
Wohlklang
7 Eufonie
8 Euphonie, Harmonie
wohlklingend
9 klangvoll
wohllautend
9 melodioes
wohlproportioniert
6 schoen
11 ebenmaessig
wohlriechend
6 duftig
10 aromatisch

wohlriechende ...
· **Pflanze**
4 Rose
5 Narde
7 Levkoje
· **Phase**
9 Duftwelle
wohlriechendes Haarfett
6 Pomade
wohlschmeckend
6 lecker, pikant
7 delikat
9 delizioes
wohlschmeckender Fungus
10 Speisepilz
Wohlschmeckendes
12 Gaumenfreude
13 Gaumenfreuden
Wohlstand
8 Reichtum
10 Ueberfluss
12 Prosperitaet
Wohlstandsgesellschaft
13 Establishment
18 Konsumgesellschaft
Wohltat
5 Hilfe, Trost
7 Benefiz
9 Troestung
10 Benefizium
Wohltäter
6 Helfer, Maezen
7 Goenner
9 Samariter
11 Philanthrop
wohltätig
9 karitativ
10 humanitaer, mildtaetig
wohltuend
8 angenehm, lindernd
wohltuend mild
4 lind
Wohlverleih (Pflanze)
6 Arnika
Wohlwollen
4 Huld
5 Gnade, Gunst
9 Sympathie, Zuneigung
wohlwollend
6 jovial
7 geneigt, zugetan
Wohngebäude
4 Haus
5 Villa
6 Chalet
8 Bungalow, Hochhaus, Zinshaus
9 Mietshaus, Wohnblock
10 Doppelhaus, Reihenhaus
12 Mietskaserne
13 Wolkenkratzer
Wohngeld ▶ Wohnungsgeld
Wohnhügel ...
· *auf* **den Halligen**
4 Warf, Warp, Wurt
5 Warft
wohnlich
9 behaglich
10 anheimelnd
11 komfortabel
Wohnraum ▶ auch Zimmer
6 Zimmer
Wohnraum ...
· *auf* **Schiffen**
5 Logis
6 Kabine
7 Kajuete
Wohnschiff
8 Hausboot
Wohnsitz
4 Heim
5 Logis
6 Bleibe, Obdach
7 Domizil
9 Behausung
Wohnsitz ...
· *der* **Asen**
6 Asgard
7 Idafeld
· *von* **Fürsten**
8 Residenz
· *der* **Göttin Freya**
8 Folkwang
· *der* **griechischen Götter**
5 Olymp
· *des* **Staatsoberhauptes**
8 Residenz
Wohnteil einer Burg
5 Palas
Wohnung
4 Heim
5 Logis
6 Bleibe, Obdach
7 Zuhause
10 Unterkunft
Wohnung ...
· *eines* **Einsiedlers**
9 Eremitage
· *eines* **Pfarrers**
9 Pfarrhaus
· *für* **Senioren**
9 Wohnstift
10 Altersheim
Wohnung und Kost
7 Pension
Wohnungsanschrift
7 Adresse
Wohnungsgeld
5 Miete
8 Mietzins
Wohnungsnehmerin
8 Mieterin
Wohnungswechsel
5 Umzug
Wohnwagen
7 Caravan
Wohnzins
5 Miete
Wölbung
5 Bogen
7 Rundung
Wolf
5 Lupus
6 Kojote
7 Isegrim
15 Fleischmaschine
Wölfin
5 Faehe
Wolfsjunges
5 Welpe
Wolfskind
10 Findelkind
Wolfsmensch
7 Werwolf
Wolfsmilchgewächs
6 Maniok
Wolfsrachen
12 Lippenspalte
Wolfsspinne
8 Tarantel
Wolkenart
6 Nimbus, Zirrus
7 Kumulus, Stratus
8 Eiswolke
10 Federwolke, Quellwolke
11 Haufenwolke
Wolkenbruch
7 Schauer
Wolkenkratzer
8 Hochhaus
Wolkenkuckucksheim
9 Traumland

wolkenlos
6 heiter
Wollart
6 Angora, Merino, Mohaer, Mohair
Wolldecke
5 Plaid, Vlies
Wolle ...
· *der* **Angoraziege**
6 Mohaer, Mohair
· **lieferndes Tier**
4 Lama, Pako
5 Kamel, Schaf, Ziege
6 Alpaka, Merino
9 Kaninchen
Wolleball
7 Knaeuel
Wollen
5 Wille
Wollfett
7 Lanolin
Wollgewebe
5 Loden
Wollgewinnung
5 Schur
Wollkleidungsstück
15 Kamelhaarmantel
Wollschaf
6 Merino
Wollschnitt beim Schaf
5 Schur
Wollstoff
5 Loden, Tweed
6 Alpaka, Angora, Merino, Mohaer, Mohair, Serail
7 Cheviot, Flausch, Krimmer, Lasting, Marengo
8 Kammgarn, Kaschmir
9 Gabardine, Lambswool
Wolltuch
6 Serail
Wollust
8 Begierde
11 Lustgefuehl
wollüstig
6 gierig
8 luestern
Wonne
4 Lust
6 Freude, Genuss
9 Seligkeit
10 Vergnuegen
Wonnemonat
3 Mai
wonnevoll
8 elysisch
12 paradiesisch
Wort
7 Vokabel
Wort ...
· *der* **Ablehnung**
4 nein
· *der* **Anerkennung**
5 danke
· *des* **Bedauerns**
6 leider
· *beim* **Skat**
2 Re
4 Bock
5 Grand
6 Hirsch, Kontra
· *der* **Zustimmung**
2 ja
Wortabstammungslehre
10 Etymologie
Wortanhängsel
5 Affix
Wortbedeutung
7 Begriff
Wortbedeutungslehre
8 Semantik
Wortbetonung
5 Iktus
Wortblindheit
6 Alexie
Wortbruch
6 Betrug, Verrat
7 Meineid, Untreue
9 Treubruch
13 Treulosigkeit
Wortbrüchiger
9 Verraeter
Worte aussprechen
5 sagen
Wörterbuch
5 Duden
7 Glossar, Lexikon
10 Diktionaer
Worterguss
5 Suada
6 Sermon, Tirade
7 Schwall
Wortfolge
4 Satz
Wortführer
6 Obmann
7 Speaker
8 Sprecher
Wortgefecht
6 Disput, Streit
10 Diskussion, Plaenkelei
11 Disputation, Kontroverse
15 Streitgespraech
Wortgefüge
4 Satz
wortgetreu
9 woertlich
13 wortwoertlich
wortgewandt
6 beredt
8 eloquent
Wortgleichklang
4 Reim
wortkarg
5 still
9 einsilbig, lakonisch
10 schweigsam
Wortklauber
6 Pedant
7 Kasuist, Sophist
8 Rabulist
11 Haarspalter
Wortklauberei
13 Haarspalterei
15 Spitzfindigkeit
Wortkürzungszeichen
5 Sigel, Sigle
7 Kuerzel
Wortlaut
4 Text
wörtlich angeführte Stelle
5 Zitat
wörtliche Wiedergabe
5 Zitat
wortlos
5 still
10 schweigend
wortreich
8 eloquent
13 weitschweifig
Wortreihe
4 Satz
5 Zeile
Wortreihe im Gedicht
4 Vers
Wortsammlung
3 Ana
10 Diktionaer
11 Woerterbuch
Wortschatz
9 Vokabular
Wortschluss
6 Endung

Wortschwall ▶ Worterguss
Wortspiel
6 Bonmot
8 Limerick
9 Parechese
10 Amphibolie
Wortteil
5 Affix, Silbe, Stamm
6 Suffix
7 Praefix
8 Vorsilbe
9 Nachsilbe
Wortüberfluss
9 Redundanz
Wortumbildung
8 Anagramm
Wortvorsatz
7 Praefix
8 Vorsilbe
Wortwechsel ▶ Wortgefecht
Wortwiederholung
7 Anapher
Wotans ...
· **Raben**
5 Hugin, Munin
· **Schlachtross**
8 Sleipnir
· **Wolf**
4 Geri
5 Freki
Wroclaw
7 Breslau
Wruke
9 Kohlruebe
Wucherer
12 Preistreiber
15 Beutelschneider, Halsabschneider
Wucherung
6 Kallus
10 Geschwulst
Wuchs
4 Form
5 Figur
6 Statur
7 Gestalt
10 Vegetation
Wuchsform edler Blumen
9 Stammrose
Wucht
5 Kraft
6 Gewalt, Impuls
7 Energie, Schwung
8 Vehemenz
10 Heftigkeit
wuchtig
6 heftig, massiv
Wühlechse
5 Skink
wund
5 offen
8 verletzt
9 verwundet
Wundabsonderung
4 Blut
5 Eiter
Wundarzneikunde
9 Chirurgie
Wundarzt
7 Chirurg
Wunde
6 Trauma
7 Blessur, Laesion
10 Verletzung
Wunder
7 Mirakel
9 Mysterium
wunderbar
6 schoen
8 herrlich
9 fabelhaft, praechtig
10 grossartig, mirakuloes, prachtvoll
11 fantastisch
12 maerchenhaft, phantastisch
Wunderdoktor
8 Pfuscher
10 Scharlatan
11 Kurpfuscher, Quacksalber
Wunderglaube
10 Aberglaube
11 Mystizismus
Wunderhorn
7 Olifant
Wunderkind
5 Genie
wunderlich
6 bizarr
7 grotesk, seltsam
8 launisch, spleenig
9 schrullig, sonderbar
11 grillenhaft, verschroben
wunderliche ...
· **Eigenschaft**
4 Tick
5 Macke
6 Spleen
7 Marotte
8 Schrulle
Wundermittel
7 Arkanum, Panazee, Theriak
wundersam ▶ wunderlich
wundersames Gefäß
4 Gral
wundertätige Schale
4 Gral
wundervoll ▶ wunderbar
Wunderwerk
7 Mirakel
wunderwirkende Schale
4 Gral
Wundheilmittel
5 Salbe
Wundkruste
6 Schorf
Wundmal
5 Narbe
6 Stigma
Wundmale
8 Stigmata
Wundnähmittel
6 Catgut
Wundrose
8 Erysipel
10 Erysipelas
Wundschorf
6 Kruste
Wundschutz
5 Binde
8 Pflaster
Wundsekret
5 Eiter
Wundstarrkrampf
7 Tetanus
Wunsch
5 Bitte
6 Begehr
7 Geluest
8 Anliegen, Begehren, Begierde, Gelueste, Hoffnung
9 Sehnsucht, Verlangen
Wunschbild
4 Idol
5 Ideal
6 Utopie
Wünschelrute
8 Detektor
Wunschland
6 Dorado, Utopia
7 Elysium
8 Eldorado

wunschlos
9 zufrieden
wunschlos zufrieden
5 selig
Würde
3 Ruf
4 Ehre, Rang
6 Nimbus
7 Achtung, Ansehen, Geltung
8 Renommee
11 Erhabenheit
Würde eines Priors
7 Priorat
würdelos
7 niedrig
9 unachtbar, unwuerdig
würdevoll
8 gemessen
13 gravitaetisch, majestaetisch
würdig
10 angemessen
11 ebenbuertig
Würdigkeit
11 Seriositaet
Würdigung
6 Ehrung
Würdigung ...
· *eines* **Verstorbenen**
7 Nachruf
8 Grabrede, Nekrolog
Wurf ...
· *mit* **gleicher Augenzahl**
5 Pasch
· *des* **Raubwilds**
6 Geheck
Wurfbeil der Indianer
8 Tomahawk
Wurfbild
3 Dia
10 Diapositiv
Würfel
5 Kubus
8 Hexaeder
14 Sechsflaechner
würfelförmig
7 kubisch
Würfelmuster
4 Karo
Wurfgerät
8 Katapult
9 Schleuder
Wurfgeschoss
11 Handgranate
Wurfgeschoss der Antike
8 Balliste
Wurfgeschütz im Mittelalter
5 Blide
Wurfholz
8 Bumerang
Wurfkugel der Gauchos
4 Bola
Wurfkurve
7 Parabel
Wurflehre
9 Ballistik
Wurfleine
5 Lasso
Wurfpfeil
10 Banderilla
Wurfscheibe
6 Diskus
7 Frisbee
Wurfseil
5 Lasso
Wurfspeer
5 Lanze
Wurfspieß
3 Ger
Wurfspieß der Gemanen
3 Ger
Wurfstange
5 Speer
Wurfwaffe
3 Ger
4 Pike
5 Lanze, Speer
6 Spiess
7 Harpune
8 Bumerang, Tomahawk
Würgefessel
6 Knebel
Wurmart
4 Egel
8 Bandwurm, Blutegel, Rundwurm, Sandpier, Sandwurm, Saugwurm, Spulwurm, Trichine
9 Hakenwurm, Leberegel, Plattwurm, Regenwurm
10 Grubenkopf, Ringelwurm, Schnurwurm
14 Raedertierchen
Wurmfortsatz des Blinddarms
8 Appendix
Wurmfortsatzentzündung
12 Appendicitis, Appendizitis
wurmstichig
5 madig, marod
6 defekt
10 zerfressen
Wurmzüngler
10 Chamaeleon
Wurstbrühe mit Buchweizenmehl
6 Panhas
Wurstfuellung
4 Mett
Wurstfüllung aus Schweinefleisch
5 Braet
Wurstgewürz
7 Majoran
Wursthaut
5 Pelle
Wurstsorte
6 Lyoner, Salami
8 Krakauer, Schinken, Teewurst
9 Bierwurst, Blutwurst, Bratwurst, Jagdwurst, Leberkaes, Mettwurst
10 Knackwurst, Landjaeger, Leberwurst, Mortadella, Weisswurst
11 Debrecziner
12 Bierschinken, Fleischkaese, Fleischwurst, Regensburger
13 Schinkenwurst, Zervelatwurst
württembergischer Fürstenname
5 Radix
8 Eberhard
Würz-, Heilpflanze
11 Bergfenchel
Wurzelfüßer
6 Amoebe
Wurzelgemüse
4 Bete, Kren
5 Ruebe
6 Knolle, Moehre
7 Karotte
8 Kohlrabi, Sellerie
9 Mohrruebe
11 Meerrettich
13 Schwarzwurzel
Wurzelmännchen
7 Alraune
Wurzelstock
6 Rhizom

würzen
6 salzen
würzen mittels Gewürztunke
10 marinieren
Würzfertigmix für Chili con Carne
11 Chilipulver
Würzfleisch
6 Ragout
Würzflüssigkeit
3 Oel
5 Essig
Würzgebäck
6 Printe
9 Lebkuchen
würzig
6 pikant
10 aromatisch
würzig(e, er, es) ...
- **Duft**
5 Aroma
- **Fleischspeise in Blätterteig**
7 Pastete
- **Soße**
6 Relish
- **Speisezutat**
8 Dressing
- **Weichkäse**
9 Limburger
würziges ...
- **Backwerk**
13 Knoblauchbrot
- **Fleischgericht**
15 Schweinepfeffer
Würzkraut ▶ Gewuerz
Würzpflanze
4 Mohn
7 Thymian
Würzsoße
8 Dressing
Würztee mit aufgeschäumter Milch
9 Chailatte
Würztunke
7 Ketchup
8 Ketschup, Marinade
9 Majonaese, Remoulade
10 Mayonnaise
wuselig
5 eilig, rasch
7 lebhaft, nervoes
11 geschaeftig
Wust
5 Chaos
6 Gewirr
8 Wirrwarr
9 Unordnung
13 Durcheinander
wüst
3 oed
4 oede, wild, wirr
8 unbebaut
12 unordentlich
Wüste ...
- *in* **Afrika**
5 Namib
6 Sahara
8 Kalahari
- *in* **Arabien**
5 Nefud
- *in* **Australien**
12 Gibsonwueste
14 Victoriawueste
- *in* **Chile**
7 Atacama
- *in* **Indien**
4 Thar
- *in* **Innerasien**
4 Gobi
- *im* **Iran**
3 Lut
- *in* **Israel**
5 Negeb, Negev
- *in der* **Mongolei**
4 Gobi
6 Schamo
- *in* **Südafrika**
8 Kalahari
- *im* **Sudan**
14 Nubische Wueste
- *in* **Turkmenistan**
7 Karakum
- *in den* **USA**
4 Gila
6 Mojawe
- *in* **Zentralasien**
4 Gobi
6 Schamo
Wüstenbewohner
7 Beduine
Wüstenbrot der Bibel
5 Manna
Wüstenbrunnen
3 Bir
Wüstenei
4 Oede
6 Oednis
7 Einoede
Wüsteneidechse
5 Waran
Wüstenflusstal
4 Wadi
Wüstenform
9 Eiswueste
10 Salzwueste, Sandwueste
11 Steinwueste
Wüstenfuchs
6 Fennek
Wüsteninsel
4 Oase
Wüstenlasttier
5 Kamel
8 Dromedar
Wüstenluchs
7 Karakal, Schakal
Wüstenpflanze
10 Igelkaktus
Wüstenrastort
4 Oase
Wüstenschiff
5 Kamel
Wüstenwind
5 Gibli, Leste, Samum
6 Kamsin
7 Chamsin
8 Scirocco
9 Harmattan, Schirokko
wüstes ...
- **Gelage**
5 Orgie
9 Bacchanal
Wüstling
4 Asot, Roué
5 Rowdy
6 Sadist
7 Rohling
8 Libertin, Raufbold
10 Frauenheld
Wut
4 Rage, Zorn
5 Furor, Grimm
6 Aerger
7 Ingrimm, Raserei
Wutausbruch
6 Koller, Rappel, Raptus
7 Raserei
wütend
4 wild
5 boese
6 erregt, rasend, zornig
7 empoert, grimmig
11 aufgebracht

wütendes ...
· **Weib**
5 Furie
7 Megaere
Wüterich
10 Schierling
Wutz
3 Sau
7 Schwein

X

x-Achse
8 Abszisse
Xanthippe
5 Furie
6 Drache
7 Megaere
10 Hausdrache
Xanthippes Gatte
8 Sokrates
xanthochrom
10 gelbfarbig, hellfarbig
xanthoderm
11 gelbhaeutig
Xanthophyll
13 Gelbfarbstoff
Xanthopsie
9 Gelbsehen
Xaveriusverein
14 Missionsverein
x-beliebig
9 irgendein, irgendwer
X-Chromosom
20 Geschlechtschromosom
X-Einheit
14 Laengeneinheit
Xenie
6 Spruch
8 Epigramm, Gastgabe
10 Sinnspruch
Xenokratie
15 Fremdherrschaft
Xenologie
11 Okkultismus
14 Geheimnislehre
Xenon
7 Edelgas
Xenonlampe
18 Gasentladungslampe
xenophil
17 fremdenfreundlich
xenophob
16 fremdenfeindlich
Xenophobie
20 Fremdenfeindlichkeit
Xenophondichtung
8 Anabasis
9 Hellenika
12 Erinnerungen
Xerografie
21 Trockendruckverfahren
Xerokopie
9 Fotokopie
xerotisch
7 trocken
x-mal
3 oft
7 haeufig
8 vielmals
10 wiederholt
X-Strahlen
16 Roentgenstrahlen
Xylan
9 Holzgummi
Xylofon
7 Marimba, Marymba
8 Vibrafon
9 Vibraphon
10 Marimbafon
11 Marimbaphon, Strohfiedel
13 Holzharmonika
Xylograf
13 Holzschneider
Xylografie
11 Holzschnitt
17 Holzschneidekunst
Xylol
14 Loesungsmittel
Xylolith
9 Steinholz
Xylose
10 Holzzucker
Xystos
11 Saeulengang
12 Saeulenhalle
Xystus
9 Promenade

Y

y-Achse
8 Ordinate
Yacht
5 Jacht
18 Vergnuegungsschiff
Yak
10 Grunzochse
Yamsgewächsgattung
5 Tamus
Yankee
10 Amerikaner
14 Nordamerikaner
Yawl
8 Takelung
Yedo, Edo, alter Name für
5 Tokio
Yeoman
5 Bauer
8 Paechter
12 Gemeinfreier
13 Grundbesitzer
Yerba
4 Mate
Yeti
12 Schneemensch
Yggdrasil
9 Weltesche
Ymir
5 Riese
7 Urriese
Yogaform
10 Meditation
Yogi
5 Asket
7 Asketen
Yoldia
11 Nussmuschel
Yoldiameer
6 Ostsee
Yonnezufluss
6 Serein
Youngster
7 Neuling
8 Newcomer

Yperit
7 Senfgas
9 Gelbkreuz
Ypsiloneule
13 Pistolenvogel
Yquem
12 Bordeauxwein
Ysop
11 Josefskraut
Ytong
14 Leichtbaustein
Yucca
9 Palmlilie
Yuppie
10 Aufsteiger, Karrierist, Neureicher
14 Emporkoemmling

Z

Zacke
5 Zinke
6 Spitze
zackig
6 forsch, straff
7 drahtig
zag
10 aengstlich
Zagel
7 Schwanz
zaghaft
6 mutlos
10 halbherzig
11 schuechtern
zäh
4 fest, hart
6 eisern, viskos
10 ausdauernd
11 hartnaeckig
12 dickfluessig
zähe
10 beharrlich, konsistent
zäher Boden
4 Klei
zähflüssig
6 viskos
zähflüssige ...
· **Substanz**
3 Oel
4 Seim, Teig
5 Honig, Paste
zähflüssiger ...
· **Klebstoff**
4 Leim
· **Saft**
4 Seim
Zahl
3 Elf
4 Acht, Drei, Eins, Neun, Null, Vier, Zehn, Zwei
5 Fuenf, Sechs
6 Numero, Nummer, Sieben, Zwoelf
7 Billion, Hundert, Million, Numerus, Tausend, Zwanzig
8 Trillion
9 Billiarde, Milliarde
11 Quadrillion, Quintillion
Zahl ...
· *unter dem* **Bruchstrich**
6 Nenner
7 Zaehler
· *die* **etwas kennzeichnet**
6 Nummer
· *zur* **Kreisberechnung**
2 Pi
· *die* **von einer anderen abgezogen wird**
10 Subtrahend
· *ohne* **Wert**
4 Null
· *unter dem* **Wurzelzeichen**
8 Radikand
· *die* **zu einer anderen zugezählt wird**
7 Summand
Zahlbesessener
11 Arithmomane
zählen
11 nummerieren
zahlender Kunde
7 Kaeufer
Zahlenergebnis
5 Summe
6 Potenz, Wurzel
7 Produkt
8 Quotient
9 Differenz
Zahlenfolge
5 Reihe
Zahlenglücksspiel
5 Lotto
8 Lotterie
Zahlenlehre
10 Arithmetik
Zahlenlehrer
12 Arithmetiker, Mathematiker
Zahlenliste
7 Tabelle
zahlenmäßig
9 numerisch
Zahlenreihe
7 Kolonne
Zahlentafel
7 Tabelle
Zahlenübersicht
5 Tafel
7 Tabelle
9 Statistik
Zähler
6 Gasuhr
8 Dividend
9 Gasmesser
11 Strommesser
Zähler ...
· *von* **Brennstoffverbrauch**
6 Gasuhr
· *in* **der Bruchrechnung**
8 Dividend
zahllos
5 viele
9 reichlich
Zählmaß
4 Gros, Ries
6 Ballen, Mandel, Schock, Stiege, Stueck
7 Dutzend
Zählmaß ...
· *im* **Leder- und Pelzhandel**
6 Decher
· *für* **Papier**
6 Ballen
Zahlmeister
7 Rendant
Zahlpfennig
5 Jeton
Zahlraum in Geschäften
13 Kassenbereich
Zählrohr
13 Geigerzaehler

Zahlstelle
5 Kasse
12 Schalterraum
Zahlstellenbereich
10 Kassenraum
Zahltag
6 Ultimo
Zähluhr
9 Taxameter
Zahlung
7 Ausgabe, Tilgung
9 Ausgleich, Loeschung
Zahlungsabzug
6 Skonto
Zahlungsanweisung
6 Scheck
Zahlungsart
3 bar
5 unbar
Zahlungsaufforderung
7 Mahnung
Zahlungsaufschub
8 Stundung
10 Moratorium
Zahlungsbefehl
7 Mahnung
Zahlungsbescheinigung
5 Beleg
8 Quittung
Zahlungseinstellung
6 Pleite
7 Konkurs
Zahlungserzwingung
19 Zwangsvollstreckung
zahlungsfähig
6 liquid
7 solvent
Zahlungsfähigkeit
6 Kredit
7 Solvenz
Zahlungsfrist
4 Ziel
zahlungskräftig
6 potent
Zahlungsmittel
4 Geld, Note
5 Sorte
6 Devise, Muenze, Scheck, Schein
7 Bargeld, Devisen, Wechsel
8 Banknote, Hartgeld
10 Euroscheck
11 Kreditkarte
Zahlungsmöglichkeit
3 bar
4 Giro
6 Scheck
7 Wechsel
12 Ueberweisung
Zahlungsnachlass
6 Rabatt, Skonto
Zahlungsort
7 Domizil
Zahlungsschalter
5 Kasse
Zahlungstermin
5 Frist
zahlungsunfähig
6 pleite
8 bankrott, illiquid
9 insolvent
Zählwerk ▶ Zähler
Zahlwort
4 neun, zwei
5 sechs
8 Numerale
Zahlzeichen
6 Ziffer
Zahlzeichen für drei
3 III
zahm
5 fromm, kirre
9 friedlich
10 gebaendigt, zutraulich
Zähmung
14 Domestizierung
Zahn
5 Zacke, Zinke
6 Spitze
13 Beisswerkzeug
Zahnarten
7 Eckzahn
8 Fangzahn, Giftzahn, Mahlzahn, Nagezahn
9 Milchzahn, Stosszahn
12 Schneidezahn
13 Weisheitszahn
Zahnarzt
7 Dentist
Zahnbein
6 Dentin
Zahnbelag
6 Plaque
Zahnbestandteil
4 Nerv
5 Krone
7 Schmelz
10 Zahnhoehle
Zahnersatz
5 Krone
6 Gebiss
7 Bruecke
8 Prothese
9 Stiftzahn
Zahnfäule ▶ Zahnkrankheit
6 Karies
Zahnfleischschwund
11 Paradentose, Parodontose
zahnförmiger Mauerrand
5 Zinne
Zahnfüllung
5 Inlay
6 Plombe
Zahnheilkunde
10 Dentologie
11 Odontologie
Zahnkarpfen
5 Guppy, Killi
Zahnkrankheit
6 Fistel, Karies
8 Granulom
11 Paradentose, Parodontose
12 Paradentitis, Parodontitis
Zahnlaut
6 Dental
8 Dentalis
Zahnmark
5 Pulpa
Zahnrad
6 Ritzel
Zahnschmelz
9 Adamantin
Zahntechniker
7 Dentist
Zahnwal
6 Delfin
7 Delphin, Pottwal
11 Gruendelwal, Schweinswal
Zahnwurz
9 Engelwurz
Zähre
6 Traene
Zaine
4 Korb
10 Flechtwerk
Zanderart
5 Hecht
6 Barsch, Schiel, Schill
Zank
5 Hader, Krach, Stunk, Szene, Zwist

6 Disput, Streit
7 Gekeife, Krakeel
8 Kabbelei, Reiberei
9 Unfrieden
11 Kontroverse

zanken
6 hadern
7 belfern
8 streiten

Zankerei
8 Kabbelei

zänkisch
6 hitzig, kiebig
7 grimmig
14 streitsuechtig, unvertraeglich

zänkisch(e, er, es) ...
· **Mensch**
12 Streithammel
· **Schelten**
7 Gekeife
· **Weib**
7 Drachen
9 Xanthippe

zanksüchtiges Weib
9 Xanthippe

Zapfen
5 Konus
6 Bolzen, Duebel
8 Pfropfen, Stoepsel

Zapfenträger
11 Nadelbaeume

Zapfer
4 Wirt
9 Barkeeper

Zapfstelle für Wasser
7 Hydrant

Zapfstellenbediener
8 Tankwart

zappenduster
6 dunkel
7 finster
12 hoffnungslos

Zar, Zarin ...
· *der* **Bulgaren**
6 Simeon
· *von* **Russland**
4 Anna
5 Boris
6 Alexej, Feodor
7 Nikolaj
9 Alexander, Elisabeth, Katharina

Zarenname
4 Iwan, Paul
5 Peter
8 Nikolaus

Zarenpalast in Moskau
5 Kreml

Zarensohn
10 Zarewitsch

Zarentochter
7 Zarewna

Zarge
6 Rahmen
10 Einfassung

zart
4 fein, lind, mild
5 sanft, weich
6 dezent, fragil, grazil, morbid, schoen, subtil
7 delikat, schwach
8 grazioes, sensibel, zierlich
10 aetherisch, empfindsam
11 empfindlich, mimosenhaft

zart gebaut
10 asthenisch

zart(e, er, es) ...
· **Bartwuchs**
5 Flaum
· **Federn**
5 Flaum
· **Gefühle**
4 Takt
5 Liebe
· **Geruch**
4 Duft
· **Malweise**
8 Aquarell

zartes Gemüse
12 Zuckerschote

Zartgefühl
4 Takt
11 Delikatesse, Feingefuehl

Zartheit
5 Milde
6 Grazie
8 Feinheit

zärtlich
4 lieb
5 innig, sanft
8 herzlich
9 liebevoll

zärtliche
· **Unterhaltung**
14 Bettgefluester

Zärtlichkeit
4 Kuss
5 Liebe
8 Schmusen
10 Liebkosung

Zase
5 Fluse
6 Fussel

Zaster
4 Geld
7 Moneten

Zäsur
9 Ruhepunkt
10 Einschnitt

Zauber
5 Magie
6 Charme
7 Hexerei
14 Phantasmagorie

Zauberarzt bei manchen Völkern
11 Medizinmann

Zauberei
5 Magie
7 Hexerei
8 Gaukelei
9 Blendwerk

Zauberer
5 Hexer, Seher
6 Magier
7 Bilwiss, Gaukler, Magiker
8 Schamane
10 Eskamoteur
11 Illusionist
16 Schwarzkuenstler

Zauberer ...
· *der* **Artusrunde**
5 Dolin
6 Merlin
8 Klingsor
· *in* **der keltischen Sage**
6 Merlin
8 Klingsor

Zauberformel
5 Sesam
7 Abraxas
10 Hokuspokus, Simsalabim
11 Abrakadabra
15 Sesam oeffne dich

zauberhaft
7 magisch
10 bezaubernd
11 entzueckend
12 wunderschoen

zauberhafte Gewalt
4 Bann

Zauberin
3 Fee
4 Drud, Hexe
5 Circe, Drude, Kirke, Medea
6 Armida, Medeia
Zauberin ...
· *in* **der Odyssee**
5 Circe, Kirke
Zauberkraft
5 Magie
Zauberkunst
5 Magie
Zauberkünstler ▶ Zauberer
Zaubermittel
6 Alraun
7 Alraune, Elixier
8 Talisman
14 Stein der Weisen
zaubern
5 hexen
Zaubernuss
9 Hamamelis
Zauberpriester
8 Schamane
Zauberschutzmittel
7 Amulett
8 Talisman
Zauberwesen
7 Alraune
Zauberwurzel
7 Alraune
Zauderer
7 Bremser
9 Kunktator
Zaum
6 Trense, Zuegel
7 Halfter, Kandare
Zaumzeug für heftige Pferde
6 Pelham
Zaun
3 Hag
4 Fenz
5 Etter, Hecke
6 Gatter, Gitter, Staket
7 Stakete
11 Einfriedung
Zaungast
6 Voyeur
7 Kiebitz
9 Zuschauer
Zaunlatte
7 Stakete
Zebra
6 Quagga
Zebrastreifen
19 Fussgaengerueberweg
Zebuart
5 Sanga
Zeche
4 Mine
5 Grube
8 Bergwerk
Zecher
7 Saeufer, Trinker
Zechine
7 Dukaten
11 Golddukaten
Zechstein
9 Kalkstein
Zechtour
10 Saufgelage
Zecke
8 Holzbock
10 Blutsauger
Zedent
10 Glaeubiger
11 Kreditgeber
Zeese
11 Schleppnetz
Zehenteil ...
· *der* **Paarhufer**
5 Klaue
· *bei* **Tieren**
5 Klaue
6 Kralle
Zehn Gebote
7 Dekalog
zehnarmiger Tintenfisch
6 Kalmar
Zehncentstück
4 Dime
Zehndollarstück
5 Eagle
Zehneck
7 Dekagon
Zehnereinteilung
6 Dekade
Zehnersystem
13 Dezimalsystem
Zehnflächner
8 Dekaeder
Zehnfußkrebs
8 Dekapode
15 Einsiedlerkrebs
zehnjähriger Zeitraum
6 Dekade
zehntägiger Zeitraum
6 Dekade
zehnteilig
9 dekadisch
Zehntel
4 Dezi
Zehntschaft
7 Dekurie
Zehnzahl
6 Dekade
Zehrung
4 Kost
7 Nahrung
Zeichen
3 Mal, Tip
4 Spur, Tipp, Wink
5 Fanal, Marke, Pfeil
6 Emblem, Signal, Signum, Symbol, Wunder
7 Hinweis, Merkmal
· *des* **Erzbischofs**
7 Pallium
· *des* **Schmerzes**
6 Traene
· *gegen* **Zauberei**
10 Drudenfuss, Pentagramm
Zeichen ...
· *vor* **Bahnübergängen**
4 Bake
· *über dem* **dritten Vokal**
6 i-Punkt
· *für* **Emanation**
2 EM
· *der* **Herrscherwürde**
5 Krone
6 Zepter
· *für* **lange Vokale**
4 Apex
· *für* **Phot**
2 ph
· *zur* **Sprachwiedergabe**
7 Schrift
· *der* **Verkehrsampel**
Rotlicht
Zeichen der Verehrung
8 Handkuss
Zeichen für ... ▶ Symbol für ...
Zeichenerklärung
7 Legende
16 Bildunterschrift
Zeichengerät
5 Stift
6 Zirkel
9 Bleistift, Buntstift, Farbstift, Pantograf, Schablone

10 Pantograph, Reissbrett
12 Winkelmesser
14 Storchschnabel
Zeichenkunst
6 Grafik
7 Graphik
Zeichenmaterial
5 Tinte
6 Papier, Tusche
10 Kohlestift
Zeichensetzung
13 Interpunktion
Zeichensprache
6 Gestik
10 Chirologie
11 Cheirologie
12 Daktylologie
13 Gestikulation
Zeichenstil
9 Radierung
Zeichentinte
6 Tusche
Zeichner
8 Designer, Grafiker
9 Graphiker
zeichnerische ...
· **Darstellung**
4 Plan
6 Grafik, Schema, Skizze
7 Entwurf, Graphik
8 Diagramm
9 Abbildung, Grundriss
10 Piktogramm, Schaltplan
Zeichnung
5 Figur
6 Dessin, Muster, Skizze
9 Abbildung
Zeichnung im Holz
5 Maser
Zeidler
5 Imker
14 Bienenzuechter
Zeige
10 Flurstueck
Zeigegerät ...
· *am* **PC**
4 Maus
5 mouse
zeigen
6 dartun, weisen
Zeiger
5 Zunge
Zeile
5 Linie
6 Alinea

Zeileneinrückung (Druck)
6 Absatz
Zeileneinzug
7 Geviert
Zeilengießmaschine
8 Linotype
Zeiselbär
8 Tanzbaer
Zeiselwagen
11 Leiterwagen
Zeisig
4 Fink
Zeit
5 Frist, Musse, Weile
6 Epoche, Spanne, Tempus
Zeit ...
· *nach* **Arbeitsschluss**
10 Feierabend
· *der* **Ausbildung**
5 Lehre
7 Studium
9 Schulzeit
· *der* **Ausgelassenheit**
8 Fasching, Karneval
· *der* **Dunkelheit**
5 Nacht
· *vor der* **Geschlechtsreife**
9 Pubertaet
· **hinter uns**
13 Vergangenheit
· *nach der* **Hochzeit**
13 Flitterwochen
· *ohne* **Krieg**
7 Frieden
· **vergeuden**
8 plempern
· *von* **vierundzwanzig Stunden**
3 Tag
· **vom Pflanzen bis zum Abholzen**
7 Umtrieb
· **vor uns**
7 Zukunft
· *vor* **Weihnachten**
6 Advent
Zeitabschnitt
3 Tag
4 Aera, Jahr
5 Monat, Woche
6 Dekade, Minute, Stunde
7 Lustrum, Pentade, Sekunde
8 Biennium, Saekulum

9 Dezennium, Lichtjahr, Triennium
10 Millennium
11 Jahrhundert, Jahrtausend
Zeitalter
4 Aeon, Aera
6 Epoche
7 Periode
8 Saekulum
Zeitangabe
5 Datum
7 Uhrzeit
Zeitanzeiger ► Zeitmesser
Zeitbegriff (► auch Zeiteinheit)
2 Nu
4 Aeon, Aera
5 Abend, Datum, Dauer, Frist, Monat, Nacht, Weile
6 Dekade, Epoche, Herbst, Morgen, Sommer, Spanne, Termin, Winter
7 Zukunft
8 Saekulum, Semester
9 Dezennium, Fruehling, Gegenwart, Intervall, Jahrzehnt, Trimester, Vormittag
10 Augenblick, Jahreszeit, Millennium, Nachmittag
11 Jahrhundert, Jahrtausend
13 Vergangenheit
zeitbezogen ► zeitgemäß
Zeiteinheit
3 Tag
4 Jahr
5 Monat, Woche
6 Minute, Stunde
7 Sekunde
Zeiterfassungsgerät
8 Stechuhr
Zeitfolge
11 Chronologie
Zeitform
6 Tempus
7 Futurum, Perfekt, Zukunft
9 Gegenwart, Imperfekt
13 Vergangenheit
15 Plusquamperfekt
Zeitform ...
· *der* **Gegenwart**
8 Praesens
· *der* **Vergangenheit**
7 Perfekt

9 Imperfekt
11 Imperfektum
15 Plusquamperfekt
· *der* **Zukunft**
5 Futur
zeitgemäß
2 in
4 akut
6 heutig, modern
7 aktuell, zeitnah
8 up to date
Zeitgenosse
9 Mitmensch
Zeitgeschmack
4 Mode
9 Modewelle
zeitgleich
8 simultan, synchron
zeitig
5 frueh
Zeitkontrollgerät
8 Stechuhr
zeitlich
8 temporal
zeitlich ...
· **abstimmen**
5 timen
· **beabsichtigtes Kosmetikvorhaben**
15 Schoenheitsplan
· **geordnete Urkundensammlung**
8 Regesten
· **geordneter Bericht**
7 Annalen, Chronik
zeitliche Abstimmung
6 Timing
Zeitlichkeit
16 Vergaenglichkeit
Zeitlohn
10 Akkordlohn
11 Stundenlohn
zeitlos
4 ewig
Zeitmangel
4 Eile, Hast
Zeitmaß (Musik)
4 Takt
5 Largo, Tempo
6 Adagio, Presto
7 Andante
8 Rhythmus
Zeitmesser
3 Uhr
7 Eieruhr, Turmuhr
9 Sonnenuhr
11 Chronometer
Zeitmessgerät
7 Wanduhr
zeitnah ▶ zeitgemäß
Zeitnehmer
7 Stopper
Zeitnot
4 Eile
Zeitpunkt
4 Aera
5 Datum
6 Moment, Termin
Zeitpunkt einer Bilanz
17 Abrechnungstermin
zeitraubend
9 aufwendig
10 aufwaendig, langwierig
Zeitraum (▶ auch Zeiteinheit)
5 Dauer, Frist, Weile
6 Epoche, Spanne
7 Periode
9 Intervall
Zeitrechnung
4 Aera
11 Chronologie
Zeitschaltuhr
5 Timer
Zeitschrift
5 Revue
7 Gazette, Journal, Magazin
12 Illustrierte
Zeitsignal (Schifffahrt)
6 Glasen
Zeitspanne ▶ Zeitraum
Zeittabelle
8 Kalender
Zeitung
5 Blatt, Organ
7 Gazette, Journal
Zeitungsabonnent
5 Leser
Zeitungsanzeige
7 Annonce, Inserat
Zeitungsaufsatz
7 Artikel, Bericht
9 Reportage
11 Leitartikel
Zeitungsbüro
9 Redaktion
Zeitungsfalschmeldung
4 Ente
Zeitungsinserat ▶ Zeitungsanzeige
Zeitungskorrespondent
16 Berichterstatter
Zeitungskunde
12 Journalistik
Zeitungslüge
4 Ente
Zeitungsmacher
8 Verleger
Zeitungsmitarbeiter
5 Autor
6 Faktor, Setzer
8 Fotograf, Reporter
9 Redakteur
10 Journalist
12 Bildreporter, Fotoreporter
13 Chefredakteur, Korrespondent
Zeitungsnachricht
5 Notiz
7 Meldung
Zeitungsname
8 Anzeiger
Zeitungsschreiber
8 Reporter
10 Journalist
16 Berichterstatter
Zeitungsschriftleitung
9 Redaktion
Zeitungsschriftsteller
9 Publizist
10 Journalist
Zeitungsspalte
4 Ecke
6 Rubrik
7 Kolumne
Zeitungsteil
5 Sport
7 Politik
10 Feuilleton, Wirtschaft
Zeitungswesen
6 Presse
11 Publizistik
12 Journalistik
Zeitungszuschrift
10 Leserbrief
Zeitungsmacher
8 Verleger
Zeitvertreib
5 Hobby, Spiel, Sport
8 Kurzweil
9 Spielerei
10 Vergnuegen

11 Liebhaberei, Zerstreuung
12 Raetselraten, Steckenpferd
zeitweilig
8 momentan
9 temporaer
14 voruebergehend
zeitweilige Aufhebung
10 Suspension
zeitweise ausgetrockneter Flusslauf
5 Creek
Zeitwert der Noten
6 Mensur
zeitwidrig
15 anachronistisch
Zeitwort
4 Verb
6 Tuwort
zeitwörtlich
6 verbal
Zellbestandteil
4 Kern
7 Membran
11 Protoplasma
13 Mitochondrien
Zelle im Bienenstock
4 Wabe
Zellengewebe
7 Epithel
Zellenlehre
9 Zytologie
Zellenverband
6 Gewebe
Zellfaden der Pilze
5 Hyphe
Zellgewebsfaser
8 Fibrille
Zellglas
9 Cellophan, Zellophan
Zellhorn
9 Celluloid, Cellulose, Zelluloid, Zellulose
Zellkatalysator
5 Enzym
Zellkern
7 Nukleus
Zellkernbestandteil (Abkürzung)
3 DNA, DNS
Zellkernschleife
9 Chromosom
Zellkernteilung
6 Meiose, Mitose
7 Amitose
Zellkörper
► Zellsubstanz
Zellleib
11 Protoplasma
Zellplasma
11 Protoplasma
Zellstoff ► Zellhorn
Zellstoffverbindung
7 Viskose
Zellsubstanz
11 Protoplasma
zellulär
13 zellenfoermig
Zelluloid
8 Zellhorn
Zelluloseverbindung
7 Viskose
Zellwolle
10 Spinnfaser
Zellwollstoff
8 Tarlatan
zelotisch
9 fanatisch
14 glaubenseifrig
Zelt
4 Tipi
5 Jurte
6 Wigwam
7 Kibitka
Zeltbahn
5 Plane
Zeltdorf der Nomaden
3 Aul
Zelter
6 Camper
10 Damenpferd
Zeltgelände
12 Campingplatz
Zeltlager
4 Camp
5 Biwak
11 Ferienlager
Zeltleben
7 Camping
Zeltpflock
6 Hering
Zeltplatz ► Zeltgelände
Zenit
6 Gipfel
10 Hoehepunkt
13 Scheitelpunkt
Zenotaph
9 Grabstein
11 Gedenkstein
Zensor
7 Pruefer
Zensur
4 Note
7 Zeugnis
8 Benotung
9 Bewertung, Praedikat
11 Beurteilung
Zensuren
7 Zeugnis
Zensus
13 Volkszaehlung
Zenti-
11 Hundertstel-
Zentimetermaß
9 Zollstock
zentralamerikanische Republik
9 Guatemala
Zentralasiat
7 Mongole
zentralasiatisches Hochland
5 Tibet
Zentralgestirn unseres Planetensystems
5 Sonne
Zentralisation
13 Konzentration
15 Zusammenziehung
Zentrifugalkraft
10 Fliehkraft
Zentrifuge
9 Schleuder, Separator
Zentrum
4 City, Kern
5 Mitte
10 Hauptsache, Innenstadt, Stadtmitte
11 Mittelpunkt
Zentrum des Atoms
4 Kern
Zenturie
13 Hundertschaft
Zenturium
7 Fermium
Zeppelin
10 Luftschiff
Zepter
13 Herrscherstab
Zepterdiamant der Zaren
5 Orlow

Zerberus
8 Waechter
11 Hoellenhund
zerbrechlich
6 fragil, morsch
zerbrechliches Material
4 Glas
Zerbrechlichkeit
8 Zartheit
zerbrochen
6 kaputt
7 entzwei
8 diffrakt
Zerbrochenes
5 Bruch
8 Scherben, Truemmer
zerbröckeltes Gestein
4 Grus
Zeremonie
5 Ritus
6 Ritual
12 Kulthandlung
zeremoniell
7 formell
9 feierlich, foermlich
Zerfahrenheit
13 Zerstreutheit
17 Flatterhaftigkeit
Zerfall
4 Ruin
10 Aufloesung, Niedergang, Zersetzung
zerfallenes Bauwerk
5 Ruine
Zerfallserscheinung
4 Rost
5 Moder
8 Schimmel
Zerfallsprodukt des Urans
6 Radium
zergliedern
11 analysieren
13 spezifizieren
Zergliederung
7 Analyse, Sektion
9 Zerlegung
Zerkarie
14 Leberegellarve
zerkleinerte ...
· **Steine**
6 Splitt
8 Schotter
Zerkleinerungsmaschine
6 Muehle
9 Reisswolf
zerklüftet
9 gespalten, zerfurcht
Zerknall
9 Explosion
10 Detonation
zerknirscht
5 reuig
13 schuldbewusst
zerknittern
8 knuellen
zerlegbar
10 dissolubel
12 analysierbar
zerlegen
6 teilen
8 sezieren
11 tranchieren
Zerlegung
7 Analyse
10 Dispersion
Zerlegung einer Verbindung durch Strom
11 Elektrolyse
Zermahlenes
5 Staub
6 Pulver
zermahlenes ...
· **Gestein**
4 Kies, Sand
6 Splitt
8 Schotter
zermalmend
7 brisant
zernagend
8 korrosiv
Zerograf
14 Wachsgravierer
Zeroplastik
10 Wachsfigur
14 Wachsbildnerei
zerplatzen
7 bersten
Zerrbild
6 Fratze
9 Karikatur
zerren
6 ziehen
zerrissen
8 schizoid
Zerrissenheit
9 Zwiespalt
11 Uneinigkeit
zerrüttet
5 marod
zerschlagen
2 ko
10 abgespannt
Zerschlagenes
8 Truemmer
Zerschlagenheit
10 Abspannung, Muedigkeit
12 Erschoepfung
zerschlissen
8 schaebig
9 abgenutzt
zerschlissenes ...
· **Stück**
6 Fetzen
· **Tuch**
6 Fetzen
zersetzen
14 demoralisieren
zersetzend
9 aggressiv
10 destruktiv
Zersetzung
5 Moder
8 Faeulnis
zerspringen
7 bersten, platzen
zerstäuben
6 sieben
8 spruehen
Zerstäubungsflüssigkeit
5 Spray
zerstören
9 ruinieren
10 demolieren
zerstörend
8 korrosiv
9 subversiv
10 destruktiv
zerstörerisch
7 ruinoes
zerstört
6 kaputt
8 ruiniert
zerstörtes ...
· **Gebäude**
5 Ruine
8 Truemmer
· **Schiff**
5 Wrack
Zerstörung
9 Korrosion
Zerstörungswut
11 Vandalismus, Wandalismus

zerstörungswütig
10 wandalisch
zerstoßen
8 pilieren
zerstreut
6 diffus, fahrig
7 nervoes
8 disparat
9 erratisch
12 unaufmerksam
zerstreuter ...
· **Mensch**
5 Chaot
7 Trottel
8 Schussel
Zerstreuung
9 Diffusion
11 Belustigung
12 Unterhaltung
Zerstreuung von Lichtstrahlen
10 Dispersion
Zertifikat
6 Attest
7 Urkunde, Zeugnis
Zerwürfnis
4 Zank
5 Hader, Zwist
6 Streit
10 Zwietracht
zerzaust
7 borstig
8 struppig
10 derangiert
Zettel
5 Wisch
Zettelkasten
6 Kartei
9 Kartothek
Zeug
5 Stoff
8 Schamott
9 Textilien
Zeughaus
7 Arsenal
Zeugnis
6 Attest, Testat, Zensur
7 Urkunde
8 Dokument
9 Bewertung
10 Zertifikat
11 Beurkundung
13 Bescheinigung
Zeugnisnote
3 gut
4 drei, eins, rite
7 sehr gut
8 cum laude
9 genuegend
10 mangelhaft
11 ausreichend, ungenuegend
12 befriedigend
13 magna cum laude, summa cum laude
Zeugungsakt
6 Koitus
9 Beischlaf
zeugungsfähig
6 potent
zeugungsunfähig
6 steril
8 impotent
Zeus geweihte Stätte
7 Olympia
Zeusgeliebte
2 Io
4 Leda
6 Europa
Zibetkatze
7 Civette
Ziborium
5 Kelch
9 Altardach
10 Tabernakel
12 Hostienkelch
Zichorienart
8 Chicorée
9 Schikoree
Zieche
9 Bettbezug
Ziefer
9 Federvieh
Ziege
5 Geiss, Hippe, Ziche, Zippe
6 Zickel
8 Zicklein
9 Geisslein
Ziegel
7 Klinker
9 Backstein, Formstein
Ziegelgebäude
12 Backsteinbau
Ziegenjunges
4 Kitz
Ziegenlaut
4 maeh
Ziegenleder
3 Kid
5 Glacé, Nappa
7 Chagrin, Chamois, Saffian
8 Chevreau, Maroquin
Ziegenpeter
5 Mumps
Ziegenwolle
6 Mohair
Ziehharmonika
9 Akkordeon, Bandoneon, Bandonion
10 Konzertina
15 Schifferklavier
Ziehkind
10 Pflegekind
Ziehmutter
4 Amme
12 Pflegemutter
Ziehung
9 Auslosung
11 Ausspielung
Ziel
4 Ende
5 Frist
7 Absicht, Schluss
8 Endpunkt
9 Intention
14 Bestimmungsort
Ziel ...
· *beim* **Ballspiel**
3 Tor
· *von* **Frachtgut**
14 Bestimmungsort
· *beim* **Golf**
4 Loch
· *im* **Schießsport**
7 Scheibe
8 Tontaube
9 Wurftaube
Zielbahnhof
8 Terminal
zielbewusst ▶ zielstrebig
zielen
8 visieren
Zielgerät
7 Diopter
zielgerichtet
8 strebsam
zielgerichtetes Tun
7 Streben
ziellos
7 planlos
9 irritiert
Zielpunkt
5 Zweck

zielsicher
7 resolut
10 geradlinig
zielstrebig
8 fleissig
9 ehrgeizig
10 konsequent
Zielstrebigkeit
5 Eifer
Zielvorrichtung
4 Korn
5 Kimme
6 Visier
Ziemer
8 Peitsche
ziemlich
13 einigermassen
ziemlich kalt
5 kuehl
Zier (▶ auch Zierrat)
Zier ...
· *des* **Kopfes**
4 Haar
5 Haare
· *des* **Mannes**
4 Bart
Zierband
8 Maeander, Ornament
Zierbildchen
8 Vignette
Zierde ▶ Zierat
Zierde am Hut oder Helm
10 Federbusch
Ziererei
5 Getue, Mache
6 Gehabe
9 Pruederie
11 Affektation
14 Manieriertheit
Zierfiguren
6 Nippes
Zierfisch
5 Barbe, Danio, Guppy, Molly, Platy
6 Gurami
7 Puntius, Rasbora, Scalare
8 Goldorfe
9 Baerbling, Goldfisch
11 Pfauenfisch
13 Korallenfisch, Teleskopfisch
15 Schleierschwanz
Zierfischbehälter
8 Aquarium
Ziergebüsch
7 Boskett
Ziergefäß
4 Vase
Ziergefäß für Pflanzenbehälter
9 Uebertopf
Ziergesang
9 Koloratur
Ziergrasfläche
5 Rasen
Zierholz
6 Leiste
Zierlatte
6 Leiste
zierlich
4 fein, nett, zart
5 klein
6 grazil
7 anmutig
8 niedlich
11 possierlich
zierliche ...
· **Antilope**
7 Gazelle
· **Malerei**
8 Miniatur
Ziernaht
5 Biese
Zierpflanze
Bignonie
4 Efeu, Iris, Mohn, Rose
5 Aster, Canna, Kalla, Lilie, Malve, Nelke, Palme, Phlox, Tulpe, Winde, Yucca, Yukka
6 Akelei, Aralie, Aukuba, Azalea, Azalee, Cissus, Clivia, Dahlie, Daphne, Diptam, Erbsel, Funkie, Kaktus, Klivie, Krokus, Mimose, Mispel, Primel, Resede, Salvie, Szilla, Zinnie
7 Amarant, Ardisie, Aurikel, Begonie, Bigonie, Camelia, Freesie, Fuchsie, Geranie, Kamelie, Lantana, Levkoje, Lobelie, Mahonie, Maranta, Opuntie, Paeonie, Pandane, Petunie, Rizinus, Rotdorn, Tagetes, Teerose, Verbene
8 Akanthus, Bandgras, Caladium, Eisenhut, Evonymus, Gardenie, Georgine, Geranium, Gladiole, Gloxinie, Goldlack, Goldrute, Herlitze, Kornrade, Magnolie, Masslieb, Narzisse, Orchidee, Portulak, Ranunkel, Rosmarin, Tuberose, Veilchen, Zyklamen
9 Amaryllis, Araukarie, Asparagus, Balsamine, Bartnelke, Cineraria, Dickblatt, Eberraute, Fetthenne, Gauchheil, Geissbart, Gummibaum, Heliotrop, Hyazinthe, Korydalis, Mannstreu, Paulownia, Sauerdorn, Schwertel, Zineraria
10 Belladonna, Berberitze, Ehrenpreis, Feuerlilie, Frauenhaar, Geissblatt, Hahnenkamm, Immergruen, Kellerhals, Loewenmaul, Montbretia, Nachtkerze, Nachtviole, Pelargonie, Pimpernuss, Sansiverie, Wachsblume, Winterling, Yuccapalme
11 Kaiserkrone, Kalzeolarie, Klatschmohn, Maennertreu, Pfingstrose, Rittersporn, Schoenlilie, Selaginella, Zimmerlinde, Zimmertanne
12 Chrysantheme, Gauklerblume, Glockenblume, Koenigskerze, Tradeskantie
13 Alpenveilchen, Maigloeckchen
16 Vergissmeinnicht
Zierrat
5 Dekor
6 Pracht, Zierde
7 Rosette, Schmuck
8 Ornament
10 Verzierung
Zierrat aus feinem Draht
8 Filigran
Zierschrank
7 Vertiko

Zierstrauch
5 Buchs, Myrte
6 Azalee, Azalie, Jasmin
7 Eibisch, Flieder, Ginster, Kamelie, Lorbeer
8 Gardenie, Hibiskus, Liguster, Oleander, Sanddorn
9 Alpenrose, Feuerdorn, Forsythie, Goldregen, Hortensie, Weissdorn
12 Philodendron, Rhododendron
Ziervogel
4 Pfau
Ziffer
4 Zahl
6 Numero, Nummer
7 Chiffre
ziffernartig
7 digital
Zigarette
12 Glimmstengel
13 Glimmstaengel
Zigarettendose
4 Etui
Zigarettenkonsumentin
9 Raucherin
Zigarettenrest
5 Kippe
7 Stummel
Zigarrenform
2 Ei
5 Keule
6 Corona
7 Kreisel, Regalia, Stumpen, Trabuco, Veguero
9 Elegantes, Zigarillo
10 Stromlinie
Zigarrenrest
7 Stummel
Zigarrensorte
6 Brasil
7 Havanna, Importe, Sumatra
8 Virginia
9 Fehlfarbe
Zigarrenteil
9 Deckblatt
10 Bauchbinde
Zigeunerkapellmeister
6 Primas
Zigeunerlager
5 Tabor
Zigeunermusiker (Jazz)
8 Reinhard
14 Django Reinhard
Zigeunertanz
6 Gitana
8 Flamenco
Zikade
5 Zirpe
6 Grille
Zilie
4 Haar
11 Augenwimper
Zimmer
4 Bude, Raum
5 Salon, Stube
6 Gelass, Gemach, Kammer
7 Boudoir
8 Kabinett, Wohnraum
9 Esszimmer, Spielraum
10 Bibliothek, Schlafraum
11 Arbeitsraum
12 Herrenzimmer, Kinderzimmer, Schlafzimmer, Speisezimmer
Zimmer-, Blattpflanze
12 Drachenlilie
Zimmer-, Blattstrauch
10 Efeuaralie
Zimmeraralie
6 Fatsie
Zimmerausblick
7 Fenster
Zimmerblühpflanze
9 Topfblume
Zimmerdecke
7 Plafond
Zimmerdekor
11 Wandschmuck
Zimmerefeu
11 Feueraralie
Zimmerei
13 Bautischlerei
Zimmereingang
4 Tuer
Zimmereinrichtung
6 Moebel
8 Mobiliar
11 Moeblierung
Zimmerflucht
5 Suite
11 Appartement
Zimmerhafer
10 Billbergia
Zimmerlinde
10 Sparmannie
Zimmermann
8 Zimmerer
11 Bautischler
Zimmeröffnung
4 Tuer
7 Fenster
11 Durchreiche
Zimmerpflanze
6 Aralie
10 Blumenrohr, Nestananas
11 Fluegelfarn, Zephirblume
13 Flamingoblume
Zimmerpflanze mit Scheinblättern
11 Zierspargel
Zimmerpflanzengefäß
7 Tontopf
Zimmerschmuck
6 Mobile
Zimmertanne
9 Araukarie
Zimmervogel
7 Papagei
13 Kanarienvogel, Wellensittich
Zimmerwinkel
4 Ecke
5 Erker
zimperlich
6 pruede
9 etepetete
11 empfindlich
Zimperlichkeit
9 Pruederie
Zimtapfel
6 Annona, Annone
Zimtsorte
6 Kaneel
Zingel
9 Ringmauer
11 Mantelmauer
Zinke
4 Zahn
5 Zacke
6 Spitze
Zinken
4 Nase
7 Zeichen
14 Schriftzeichen
Zinkerz
6 Galmei
Zinkspat
6 Galmei
12 Zinkkarbonat

Zinkweiß
8 Zinkoxid, Zinkoxyd
Zinne
10 Mauerkrone
Zinnerz
10 Kassiterit
Zinnfolie
8 Stanniol
Zinnkies
7 Stannin
Zinnkraut
6 Graupe
13 Schachtelhalm
Zinnober
4 Kram, Zeug
5 Getue
Zins
5 Miete, Pacht
6 Abgabe, Ertrag, Gewinn, Tribut
13 Kapitalertrag
Zins vom Zins
10 Zinseszins
Zinsabzug
7 Diskont
Zinsertrag
7 Rendite
Zinsfuß
8 Zinssatz
Zinsgutschein
5 Scrip
Zinskaserne
9 Mietshaus
Zinsschein
5 Kupon
6 Coupon
zinstragende Geldsumme
7 Kapital
Zinsvergütung
7 Diskont
Zion
9 Jerusalem
Zipfel
4 Ecke, Ende
Zipperlein
5 Gicht
7 Podagra
9 Arthritis
Zirbeldrüse
8 Epiphyse
Zirbelkiefer
4 Arbe, Arve, Zirm
zirka
4 etwa, rund
9 ungefaehr
Zirkel
4 Klub
5 Kreis
6 Gruppe
13 Zeichengeraet
Zirkelkasten
9 Reisszeug
Zirkular
13 Rundschreiben
zirkulär
10 periodisch
12 kreisfoermig
Zirkulation
6 Umlauf
9 Kreislauf
13 Blutkreislauf
Zirkus
5 Getue, Revue
9 Aufhebens, Aufregung
Zirkusarena
6 Manege
Zirkusgerät
6 Trapez
Zirkuskunst
9 Akrobatik
Zirkuskünstler
5 Clown
6 Artist
7 Akrobat
8 Dompteur
Zirkuskünstlerin
8 Artistin
Zirkusnummer
9 Trapezakt
Zirpe
6 Zikade
zirpende Grille
8 Heimchen
zirpendes ...
· **Insekt**
6 Grille, Zikade
Zirrokumulus
15 Schaefchenwolke
Zirrostratus
13 Schleierwolke
Zirruswolke
10 Faserwolke, Federwolke
Zischlaut
8 Sibilant
Ziseleur
13 Metallstecher
Zisterne
16 Auffangbehaelter
Zisterzienserabtei
7 Citeaux
8 Eberbach
9 Clairvaux, Maulbronn, Port Royal
Zisterzienserabtei ...
· *bei* **Eberswalde**
6 Chorin
· *in* **Tirol**
5 Stams
Zitadelle
4 Burg
5 Feste
7 Festung
Zitat
9 Ausspruch
10 Ausschnitt, Textstelle
Zitatensammlung
3 Ana
9 Analekten
Zitation
9 Vorladung
Zitrone
6 Limone
Zitronenkraut
7 Melisse
zitronensaures Salz
6 Zitrat
Zitrusfrucht
4 Ugli
6 Limone, Orange, Pomelo
7 Limette, Satsuma, Zitrone
9 Apfelsine, Mandarine, Pomeranze
10 Grapefruit, Klementine, Pampelmuse
Zitrusfrüchte
6 Agrumi
zitterig
7 tattrig
10 hinfaellig
zittern
5 beben, Trema
6 Tremor
9 Tatterich, vibrieren
Zitterpappel
4 Espe
Zitterton in der Musik
7 Tremolo
zivil
6 billig, privat
7 maessig
8 gesittet
10 angemessen
11 buergerlich
Zivilisation
6 Kultur

zivilisiert
8 gesittet
Zivilist
7 Buerger
11 Nichtsoldat
Zobel
6 Marder
Zodiakus
9 Tierkreis
Zofe
8 Dienerin
14 Kammermaedchen
Zoff
6 Streit
18 Auseinandersetzung
zögerlich
14 unentschlossen
zögerlicher ...
· **Mensch**
7 Saeumer
8 Zauderer
9 Kunktator
zögern
7 saeumen
Zögling
5 Eleve
6 Alumne, Kadett
8 Schueler
Zölibat
12 Ehelosigkeit
Zoll
4 Maut
6 Abgabe, Akzise, Douane
8 Wegegeld
Zollausschlussgebiet
9 Freihafen
Zollbeamter
8 Zoellner
Zollerklärung
11 Deklaration
Zollpassierschein
6 Carnet
7 Triptik
Zollstock
8 Messstab
9 Meterstab
Zollvergehen
9 Schmuggel
16 illegale Einreise
Zönakel
11 Refektorium
Zone
4 Raum
6 Gebiet, Region
7 Bereich
Zönobium
7 Kloster
Zoo
8 Tierpark
10 Tiergarten
Zooanlage
6 Gehege, Kaefig
7 Voliere, Zwinger
10 Freigehege
Zoologie
9 Tierkunde
Zoom an der Kamera
10 Gummilinse
Zoon politikon
6 Mensch
Zopf
6 Frisur
7 Flechte
8 Geflecht
12 Haargeflecht
zopfig
5 passé
9 ueberholt
10 altmodisch
Zores
6 Aerger
8 Wirrwarr
13 Durcheinander
Zorn
3 Wut
4 Rage
7 Unwille
8 Harnisch
9 Empoerung
Zornausbruch
6 Koller, Rappel, Raptus
7 Raserei
zornig
5 boese
7 fuchtig, wuetend
zornmütig
10 cholerisch, jaehzornig
Zoroaster
11 Zarathustra
Zosse
5 Pferd
Zote
4 Witz
zotig
4 grob
12 unanstaendig
zottig
8 struppig
zottiger Waldgeist
6 Schrat
zu ...
· **Beginn**
7 anfangs
· *einem* **Besuch bitten**
8 einladen
· **dem Zweck**
4 dazu
5 damit
· **Ende gegangen**
4 alle
· **entfernen**
9 abnehmbar
· **essen geben**
8 fuettern
· **etwas anregen**
11 inspirieren
· **genießen, nicht verdorben**
6 essbar
· **Gott Sprechender**
5 Beter
· **keiner Zeit**
3 nie
· *einer* **Kugel gewickelter Faden**
7 Knaeuel
· **nichts zu gebrauchen**
7 unnuetz
· **starke Beanspruchung**
14 Ueberforderung
· **Tage**
8 offenbar, sichtbar
11 offenkundig
· **viel**
10 ueberladen
14 ueberschuessig
· **vorgerückter Stunde**
5 spaet
· **welchem Zweck**
4 wozu
· *einem* **Ziel**
3 hin
Zuave
6 Kabyle
Zubehör
5 Annex, Extra
7 Beiwerk
8 Requisit
10 Accessoire
Zubehördepot
15 Ersatzteillager
Zuber
4 Trog
5 Wanne
6 Buette

7 Bottich
9 Waschfass
zubereiten
10 anfertigen
zubereiteter Weißkohl
10 Sauerkraut
Zubereitungsart eines Teigbodens
11 Blindbacken
Zubringer
4 Bote
8 Conveyer
9 Lieferant
Zucht
5 Anbau, Moral, Mores, Sitte
6 Kultur, Sitten
7 Ordnung
8 Benehmen, Gehorsam
9 Disziplin
Zuchtanlage
4 Farm
7 Gestuet, Zwinger
10 Baumschule, Gaertnerei
11 Austernbank
Züchter
5 Imker
6 Farmer
8 Gaertner, Landwirt, Pflanzer
züchtig
4 rein
6 keusch
7 integer, sittsam
10 tugendhaft, verschaemt
11 unverdorben
züchtigen
8 schlagen
Züchtigung
6 Strafe
7 Pruegel
8 Ohrfeige, Schlaege
10 Backpfeife
Züchtigungsmittel
4 Rute
5 Knute, Stock
6 Riemen
8 Peitsche
9 Rohrstock
Züchtigungsspur
7 Strieme
Zuchtlosigkeit
6 Amoral
14 Demoralisation
Zuchtpferd
5 Stute
6 Hengst
zuchtreifer Stier
5 Farre
Zuchtrennen
5 Derby
Zuchtrind
5 Bulle, Stier
Zuchtschwein
3 Sau
4 Eber
Zuchtstammbuch
8 Herdbuch
Zuchtwahl
9 Selektion
Zucken
3 Tic
4 Tick
Zucker trocken erhitzen
15 karamellisieren
Zuckerart
5 Melis
6 Kandis
7 Glukose, Karamel
8 Dextrose, Fruktose, Karamell
9 Galaktose, Laevulose, Raffinade
11 Milchzucker
12 Fruchtzucker, Kandiszucker
13 Traubenzucker
Zuckerbäcker
8 Konditor
Zuckererbse
4 Kefe
Zuckergebäck
6 Baiser
Zuckerguss
6 Glasur
Zuckerinsel
4 Cuba, Kuba
Zuckerkranker
10 Diabetiker
Zuckerkristalle
6 Kandis
Zuckerl
6 Bonbon
Zuckerlösung
5 Sirup
Zuckermehl
5 Farin
zuckern
7 suessen
zuckerreicher Rebensaft
9 Suesswein
Zuckerrohrschnaps
3 Rum
Zuckerrübenauszug
5 Sirup
Zuckersaft
5 Sirup
Zuckerzeug
5 Nugat
6 Bonbon, Nougat
7 Fondant, Konfekt
Zuckung ► Zucken
Zudecke
7 Plumeau
11 Schlafdecke
Zudecke mit Federfüllung
8 Oberbett
zudringlich
4 keck
9 indiskret, penetrant
Zueignung
7 Widmung
10 Dedikation
Zuerkennung einer Auszeichnung
11 Praemierung
zuerst
5 vorab
6 vorher
7 primaer
11 anfaenglich
Zufahrtsweg
7 Anfahrt
Zufall
5 Tyche
zufällig
9 unwichtig
10 unerwartet
11 aleatorisch
12 akzidentiell
Zuflucht
4 Asyl, Exil, Hort
6 Obdach
8 Refugium, Versteck
13 Schlupfwinkel
Zuflucht Erbittender
7 Asylant
Zufluchtsort
4 Asyl
6 Obdach
8 Refugium
Zufluchtsstätte der Christen in Rom
10 Katakomben

zufrieden
4 satt
9 wunschlos
10 befriedigt
zufriedengestellt
9 saturiert
Zufriedenstellung
12 Satisfaktion
zufügen
8 addieren
9 ergaenzen, vermehren
12 vergroessern
Zufuhr
9 Nachschub
10 Versorgung
Zug
4 Bahn, Wind
5 Treck
6 Gruppe
7 Kolonne, Luftzug, Schluck
Zugabe
5 Bonus
7 Beilage, Praemie
8 Geschenk
9 Dreingabe
13 Gratifikation
Zugabteil
5 Coupé, Kupee
Zugang
3 Tor, Weg
4 Tuer
6 Pforte, Portal
7 Einlass, Zutritt
8 Einfahrt, Eintritt
9 Akzession
zugänglich
5 human, offen
10 erreichbar, verfuegbar
Zugbegleiter
9 Schaffner
10 Zugfuehrer
zugegen
5 dabei
8 anwesend
Zugeherin
8 Putzfrau
zugehörig
10 integriert
zugeknöpft
10 reserviert
Zugeld für standesgemäßes Leben
7 Apanage
zügellos
4 wild
8 dissolut
9 unbaendig
11 hemmungslos, orgiastisch
zügellos(e, er, es) ...
· **Ausgelassenheit**
9 Orgiasmus
· **Ausschweifung**
5 Orgie
· **Gelage**
5 Orgie
· **Kriegsvolk**
10 Soldateska
· **Mensch**
8 Libertin
· **Treiben**
13 Ausschweifung
Zügelung des Übermuts
8 Daempfer
zugemessene ...
· **Arzneimenge**
5 Dosis
· **Menge**
7 Portion
zugeordnetes Gremium
6 Beirat
Zugereister ▶ Zugezogener
Zugeschnürtes
5 Paket
zugespitzt
8 plakativ
9 pointiert
11 akzentuiert
12 aphoristisch
zugespitzter Pfosten
5 Pfahl
Zugeständnis
10 Kompromiss, Konzession
zugestehen
7 goennen
11 konzedieren
zugetan
7 gewogen
zugeteilte ...
· **Arbeit**
6 Pensum
· **Lebensmittelmenge**
6 Ration
zugeteiltes Maß
6 Ration
Zugezogener
7 Fremder
11 Ortsfremder
Zuggeschirr für Ochsen
4 Joch
Zuggestell
4 Joch
zügig
5 flott, rasch
7 schnell
14 ununterbrochen
Zugkraft
4 Reiz
6 Anreiz
10 Verlockung
zugkräftig
9 anreizend, anziehend, attraktiv
12 werbewirksam
zugkräftiges ...
· **Angebot**
3 Hit
4 Clou
7 Angebot, Reisser
9 Sensation
10 Attraktion
13 Sonderangebot
zugleich
8 simultan, zusammen
11 miteinander
Zugluft
8 Durchzug
Zugmaschine
3 Lok
7 Bulldog, Traktor, Trecker
9 Bulldozer, Schlepper
10 Lokomotive
Zugmaschine am Verschiebebahnhof
10 Rangierlok
Zugnummer
3 Hit
4 Clou
10 Attraktion, Glanzpunkt
Zugreise
5 Fahrt
Zugtier
3 Jak, Kuh, Ren, Yak
4 Esel, Hund, Muli, Rind, Zebu
5 Ochse, Pferd
7 Bueffel, Rentier
8 Maulesel, Maultier
Zugtiergeschirr
6 Kummet
zugunfähig (Schach)
4 patt
Zugvogel
4 Ente, Fink, Star
5 Ammer, Fitis, Pirol

6 Lerche, Reiher, Storch
7 Drossel, Kiebitz, Kranich, Kuckuck, Wuerger
8 Schnepfe, Schwalbe, Spoetter, Sprosser, Wildente, Wildgans
9 Wiedehopf
10 Bachstelze, Grasmuecke, Nachtigall, Rotschwanz

Zuhälter
4 Lude

Zuhause
4 Heim
6 daheim, Heimat
7 Wohnung
8 Wohnsitz

Zuhörerbühne
8 Tribuene

Zuhörerschaft
8 Publikum
10 Auditorium

Zukunft
5 Futur
8 Nachwelt

zukünftig
5 in spe

Zukünftiger
9 Verlobter
10 Braeutigam

Zukunftsaussicht
11 Perspektive

Zukunftsform
5 Futur

Zukunftstraum
6 Utopie

Zukunftsvorstellung
6 Vision

Zukunftswarner
5 Rufer

Zukunftswissenschaft
11 Futurologie

Zulage
13 Gratifikation

zulänglich
9 genuegend
11 ausreichend

zulässig
5 legal
7 erlaubt
9 gestattet, statthaft

zulässige ...
· **Abweichung**
8 Toleranz
9 Spielraum

Zulassung
6 Lizenz
9 Admission, Erlaubnis
10 Konzession
11 Approbation, Genehmigung

Zulassungsbeschränkung
14 Numerus clausus

Zulauf
3 Run
7 Andrang, Zustrom
8 Frequenz

zuletzt
7 endlich
12 schliesslich

Zulu
5 Bantu

Zuluspeer
7 Assagai

zum ...
· **Düngen verwendeter Vogelmist**
5 Guano
· **Garen bereit**
13 kuechenfertig
· **Nachtisch gereichtes Getränk**
11 Dessertwein
· **Nennwert**
4 pari
7 nominal
· **nördlichen Klima gehörig**
6 boreal
· **Pflücken geeignet**
4 reif
· **Ritter schlagen**
5 adeln
· **Verzehr geignetes Nahrungsmittel**
10 Speisefett

zumeist
3 oft
12 ueberwiegend

zumindest
10 wenigstens

Zumutung
8 Ansinnen
11 Provokation

zunächst
4 erst
5 vorab

Zunahme
5 Wuchs
8 Wachstum
10 Steigerung, Vermehrung
11 Progression
14 Vergroesserung

Zunahme an Jahren
8 Alterung

Zuname
8 Nachname
12 Familienname

Zuname Napoleons
9 Bonaparte

zündend
9 fulminant

zündende ...
· **Idee**
9 Intuition
12 Geistesblitz

Zunder
7 Pruegel, Schwamm

Zündholz
11 Streichholz
12 Schwefelholz

Zündmittel
5 Lunte
6 Zunder

Zündschnur
5 Lunte

Zündwaren
9 Feuerzeug
14 Streichhoelzer

zunehmend
10 progressiv

Zuneigung
4 Huld
5 Gunst, Liebe
9 Affektion, Sympathie
10 Wohlwollen

Zuneigungsbeweis
15 Liebesbezeigung

Zunft
5 Gilde
6 Innung, Metier
11 Fachverband
13 Berufsverband
17 Berufsvereinigung

zünftig
4 urig
6 kernig
9 originell
10 ordentlich
11 fachgerecht

Zunftkleidung
6 Tracht

Zunge am Schuh
6 Lasche

zungenfertig
8 eloquent

Zungenlaut
7 Lingual
Zungenregister der Orgel
5 Regal
Zuordnung
9 Abbildung
12 Koordination
Zupfgeige
7 Gitarre
Zupfinstrument
3 Tar
4 Lyra
5 Banjo, Harfe, Laute, Leier, Rotta
6 Zither
7 Bandola, Bandura, Gitarre, Klampfe, Mandola, Ukulele
9 Balalaika, Bandurria, Mandoline, Zupfgeige
zur ...
· **Edelpilzsuche ausgebildetes Tier**
15 Trueffelschwein
· **Konservierung süßen**
10 einzuckern
zurechtmachen
6 stylen
zurechtweisen
9 abkanzeln
Zurechtweisung
5 Ruege, Tadel
7 Lektion, Verweis
12 Massregelung
Zurschaustellung
10 Exhibition
zurück
6 retour
11 rueckwaerts
Zurückberufung
7 Rappell
zurückblickend
12 retrospektiv
zurückbringen
11 apportieren
zurückführen
10 reduzieren
Zurückführung
9 Reduktion
Zurückgabe
10 Erstattung
zurückgeblieben
10 retardiert
11 rudimentaer
zurückgegebener Wechsel
7 Rimesse
zurückgehend
9 regressiv
zurückgehende Verpackung
7 Leergut
zurückgehender Haaransatz
15 Geheimratsecken
zurückgelegte ...
· **Gelder**
11 Ersparnisse, Notgroschen
zurückgesandte Ware
7 Retoure
zurückgeschlagener Ball
6 Return
Zurückgezogenheit
9 Eremitage
11 Einsiedelei
zurückhaltend
5 kuehl, scheu
6 dezent, passiv
7 diskret
8 gemessen, taktvoll, unnahbar
10 reserviert
zurückhaltende Phase bei Kindern
8 Fremdeln
Zurückhaltung
4 Takt
5 Scheu
7 Reserve
11 Taktgefuehl
zurücklegen
6 horten, sparen
8 hamstern
11 reservieren
zurückliegende Zeit
13 Vergangenheit
Zurücknahme
7 Dementi
8 Revision, Widerruf
Zurückschall
4 Echo
9 Widerhall
10 Reflektion
zurückschlagen
7 kontern
8 erwidern, parieren
Zurücksetzung
15 Diskriminierung
zurückstrahlen
12 reflektieren
zurücktretend
8 rezessiv
zurückverwandeln in Geld
14 remonetisieren
Zurückweisung
6 Abfuhr
9 Ablehnung
Zuruf
11 Akklamation
Zuruf an Zugtiere (links)
5 huest
zurzeit (Abkürzung)
2 zz
Zusage ► Zusicherung
zusagen
8 gefallen
11 konvenieren
zusagend
11 sympathisch
zusammen
4 alle
5 alles, nebst
6 gesamt
7 addiert, mitsamt, vereint
9 inclusive, inklusive, insgesamt
11 miteinander
Zusammenarbeit
8 Teamwork
11 Kooperation
Zusammenarbeit mit dem Feind
13 Kollaboration
Zusammenballung
10 Anhaeufung
11 Konglomerat
13 Agglomeration
Zusammenbau
7 Montage
12 Installation, Konstruktion
zusammenbauen
9 montieren
Zusammenbruch
2 Ko
4 Ende, Ruin
6 Fiasko, Pleite
7 Debakel, Kollaps, Konkurs, Verfall, Zerfall
8 Bankrott, Desaster
9 Untergang
10 Misserfolg
14 Kladderadatsch

zusammendrücken
12 komprimieren
Zusammenfall
7 Kollaps
10 Koinzidenz
zusammenfassende Kontrolle
17 Abschlusspruefung
zusammenfassender Schlussvortrag bei Gericht
9 Plaedoyer
Zusammenfassung
5 Fazit
6 Abriss, Exposé
7 Exposee, Komplex, Resumee, Summary, Synopse
8 Resuemee
10 Uebersicht
14 Rekapitulation
Zusammenfassung ...
· *mehrerer* **Himmelskörper**
9 Sternbild
· *eines* **musikalischen Werkes**
8 Partitur
· *mehrerer* **Schriftstücke**
8 Konvolut
· *mehrerer* **Schüler**
4 Kurs
6 Klasse
11 Schulklasse
Zusammenfügung
8 Synthese
10 Kompositum, Verbindung
zusammengedrängt
3 eng
5 dicht
zusammengedrückt
11 komprimiert
zusammengefasst
10 summarisch
Zusammengefegtes
8 Kehricht
zusammengehörig(e, er, es) ...
· **Erbanlage**
5 Allel
· **Menschen**
4 Volk
· **Tonfolge**
6 Phrase
Zusammengehöriges
4 Paar
Zusammengehörigkeitsgefühl
10 Gemeinsinn
12 Solidaritaet
Zusammengekochtes
3 Mus
7 Eintopf
zusammengeschnürt
6 beengt
Zusammengeschüttetes
6 Mixtur
zusammengesetztes Wort
10 Kompositum
Zusammengetragenes
8 Sammlung
Zusammengewürfeltes
9 Charivari
11 Konglomerat
Zusammenhalt
6 Konnex
7 Einheit, Kontakt
8 Harmonie
9 Einigkeit, Kohaesion
10 Verbindung
12 Solidaritaet
13 Einmuetigkeit
Zusammenhalteclip für Papiere
12 Bueroklammer
Zusammenhang
5 Nexus
6 Konnex, System
7 Kontext
8 Relation
9 Kohaerenz
10 Konsistenz, Verbindung, Verkettung
11 Mechanismus
12 Verknuepfung
zusammenhängend
9 kohaerent
zusammenhängende Glieder
5 Kette
zusammenhanglos
6 abrupt
8 isoliert
11 unverbunden
Zusammenklang
6 Akkord
8 Harmonie, Wohllaut
9 Einigkeit, Konsonanz
zusammenklappbarer Zylinderhut
13 Chapeau claque
zusammenkleben
6 kitten, leimen
zusammenklingend
9 konsonant
10 harmonisch
Zusammenkommen
9 Begegnung
Zusammenkunft
5 Treff
6 Konzil, Tagung
7 Konvent, Meeting, Session, Sitzung, Treffen
8 Beratung, Jamboree, Kongress
9 Begegnung, Konferenz, Symposion
10 Rendezvous
11 Versammlung
12 Stelldichein
Zusammenleben
3 Ehe
7 Kommune
8 Symbiose
18 Lebensgemeinschaft
zusammenlegbar(e, er, es) ...
· **Behausung**
4 Zelt
· **Boot**
8 Faltboot
11 Klepperboot
12 Schlauchboot
· **Maßstab**
9 Zollstock
· **Nachtlager**
9 Reisebett
· **Tragetasche**
6 Beutel
· **Velo**
12 Klappfahrrad
Zusammenlegung
6 Fusion
11 Vereinigung
12 Arrondierung
zusammenpassend
10 harmonisch, kompatibel
zusammenpressbar
12 kompressibel
Zusammenrottung
6 Tumult
7 Aufruhr
9 Rebellion
13 Demonstration

Zusammenschau
8 Panorama, Synthese
10 Ueberblick, Uebersicht
15 Zusammenfassung
Zusammenschluss
4 Bund, Klub, Liga, Pool
5 Gilde, Trust, Union, Zunft
6 Fusion, Partei, Verein
7 Allianz, Kartell, Verband
8 Syndikat
9 Koalition
11 Foederation, Integration, Vereinigung
14 Genossenschaft
Zusammenschluss ...
· *von* **Handwerkern**
5 Zunft
6 Innung
· *von* **Unternehmen**
4 Pool
5 Trust
6 Fusion
7 Kartell
Zusammenschmelzung von Metallen
9 Legierung
Zusammensein
7 Treffen
9 Tete-a-Tete
10 Rendezvous
Zusammensetzspiel
6 Puzzle
Zusammensetzung
6 Aufbau
8 Struktur, Synthese
11 Komposition
12 Konstruktion
Zusammenstellung
5 Liste
7 Katalog, Tabelle
8 Register
9 Sortiment
11 Verzeichnis
Zusammenstellung ...
· *von* **beliebten Schlagern**
9 Hitparade
· **beliebter Musikstücke**
9 Potpourri
· *von* **Fachausdrücken**
11 Nomenklatur
· *der* **meistverkauften Bücher**
15 Bestsellerliste
· **verschiedener Waren**
9 Sortiment
· *von* **Waren**
7 Katalog
· *von* **Wünschen**
11 Wunschliste
Zusammenstoß
4 Zank
5 Krach
6 Streit, Unfall
7 Havarie
8 Rekontre
9 Kollision
11 Karambolage
zusammentragen
7 sammeln
Zusammentreffen
8 Inzidenz
9 Begegnung
10 Koinzidenz
13 Simultanitaet
14 Simultaneitaet
16 Uebereinstimmung
Zusammentreffen zweier Vokale
6 Hiatus
Zusammentritt
11 Versammlung
Zusammenwirken
8 Synergie
11 Kooperation
zusammenwirkend
10 konzertant
12 synergetisch
zusammenzählen
8 addieren
9 summieren
Zusammenzählung
8 Addition
zusammenziehen
13 konzentrieren
zusammenziehendes Mittel
11 Adstringens
Zusammenziehung
10 Retraktion
11 Kontraktion
13 Konzentration
Zusammenziehung ...
· **zweier Wörter**
5 Krase
6 Krasis
· **zweier Zeichen**
7 Ligatur
Zusatz
6 Anhang
7 Additiv
8 Addendum, Appendix, Fussnote, Nachtrag
9 Anmerkung
10 Ergaenzung, Supplement
Zusatz zur Edelpflanzenförderung
12 Rosenduenger
Zusatzbestimmung
7 Klausel
Zusatzetat
17 Nachtragshaushalt
Zusatzgerät zu einem Hauptgerät
7 Adapter
Zusatzleistung
5 Bonus
6 Extras, Zugabe
7 Praemie
13 Gratifikation
16 Sonderverguetung
zusätzlich
4 dazu, plus
5 extra
7 daneben
10 ergaenzend
zusätzlich zu zahlender Betrag
8 Zuschlag
zusätzlich(e, er, es) ...
· **Ausgaben**
11 Nebenkosten
· **Essensportion**
10 Nachschlag
· **Nahrung**
7 Beikost
Zusätzliches
7 Beiwerk
Zusatzmittel beim Abwasch
16 Geschirrreiniger
Zusatznuckel
12 Ersatzsauger
Zusatzteil der Nähmaschine
7 Saeumer
zuschanden
6 defekt, kaputt
9 zerstoert
Zuschauer
5 Zeuge
6 Gaffer, Voyeur
7 Kiebitz, Spanner
8 Publikum, Zaungast
10 Augenzeuge, Beobachter, Betrachter
Zuschauer beim Kartenspiel
7 Kiebitz

Zuschauerbefragung
8 Teletest
Zuschauerbühne
8 Tribuene
Zuschauermenge
8 Publikum
Zuschauerplatz
4 Loge
6 Balkon
8 Tribuene
9 Sperrsitz
Zuschauerschaft
▶ Zuschauermenge
Zuschauerstandort
9 Stehplatz
Zuschlag ▶ Zusatzleistung
Zuschnitt
5 Façon
6 Fasson, Format
7 Machart
Zuschrift an die Redaktion
10 Leserbrief
Zuschuss
8 Beihilfe
10 Stipendium, Subvention
Zuschuss für Mütter oder Väter
14 Erziehungsgeld
zusehends
5 rasch
8 merklich
11 offenkundig
Zusicherung
8 Garantie
11 Buergschaft, Versprechen
15 Gewaehrleistung
Zuspeise
9 Nachtisch
10 Beigericht
Zuspitzung
5 Krise
10 Wendepunkt
zusprechen
10 addizieren
Zuspruch
3 Rat
5 Trost
6 Zulauf
7 Andrang, Anklang, Beifall
8 Gefallen
11 Ermunterung
Zustand
4 Lage
6 Status
7 Stadium
9 Kondition, Situation
10 Verfassung
12 Konstitution
14 Beschaffenheit
Zustand ...
· *der* **Bedrängnis**
3 Not
· *des* **Bodens**
4 Gare
· *der* **Dinge**
6 Status
· **erhöhter Reizbarkeit**
11 Nervositaet
· **gleicher Meinung**
9 Einigkeit
· **heftiger Gefühlsbewegung**
8 Erregung
· **höchster Glückseligkeit**
8 Euphorie
· *der* **Not**
5 Elend
6 Misere
· **rauschhafter Erregung**
7 Ekstase
· **tiefster Bewusstlosigkeit**
4 Koma
· *der* **Verzückung**
6 Taumel
7 Ekstase
zuständig
9 kompetent
10 massgebend
zuständige Stelle
7 Instanz
Zustandsform
5 Phase, Stufe
7 Stadium
Zusteller
4 Bote
8 Postbote
9 Lieferant, Spediteur
zustimmen
7 bejahen
8 billigen
zustimmende ...
· **Antwort**
2 ja
6 jawohl
Zustimmung
6 Jawort, Plazet
7 Anklang, Beifall, Konsens
9 Billigung, Erlaubnis
11 Akklamation
12 Ratifikation
Zustrom
3 Run
7 Andrang, Ansturm
Zutat
7 Beigabe, Beilage, Beiwerk
10 Ingrediens, Ingredienz
Zutat ...
· *für* **Grog**
3 Rum
· *zu* **Wildgerichten**
15 Cumberlandsosse
Zuteilung
5 Dosis, Prise
6 Anteil, Ration
7 Portion
9 Dosierung
10 Kontingent
zutiefst
7 voellig
10 nachhaltig
Zuträger
6 Petzer
9 Verraeter
10 Denunziant, Kolporteur
zuträglich
8 guenstig
9 nuetzlich
11 bekoemmlich, foerderlich
Zuträglichkeit
10 Konvenienz
zutraulich
4 zahm
5 kirre
9 friedlich
12 anschmiegsam
zutreffend
4 WAHR
5 exakt, genau
7 positiv, richtig
Zutritt
6 Entree
Zutrittsöffnung
8 Einstieg
Zutrunk
5 Prost
6 Prosit
Zutun
5 Hilfe
14 Unterstuetzung
zuverlässig
4 treu
5 reell, solid
7 ergeben
8 gediegen
11 authentisch

Zuverlässigkeit
10 Soliditaet
Zuversicht
6 Glaube
8 Hoffnung
9 Lebensmut, Vertrauen
10 Optimismus
14 Lebensbejahung
zuversichtlicher Mensch
8 Optimist
zuvor
4 eher, erst
6 zuerst
7 frueher
zuvörderst
6 zuerst
9 allererst
zuvorkommend
6 kulant
8 hoeflich
10 freundlich
11 hilfsbereit
zuvorkommender ...
· **Herr**
8 Kavalier
9 Gentleman
Zuwachs
9 Inkrement
10 Akkreszenz, Steigerung
Zuwachs ...
· *an* **Erfahrung**
7 Reifung
· *an* **Jahren**
8 Alterung
Zuwanderer
10 Neubuerger
12 Uebersiedler
zuweilen
8 manchmal
12 gelegentlich
Zuwendung
6 Spende
7 Almosen
8 Dotation, Stiftung
9 Schenkung
11 Anerkennung
zuwider
8 entgegen
Zuwiderhandlung
8 Vergehen, Verstoss
10 Verfehlung
12 Uebertretung
Zuzug
11 Immigration
12 Einwanderung
13 Uebersiedlung
zuzüglich
4 plus
Zwang
4 Gene, Muss
5 Druck
6 Befehl, Gewalt
7 Drohung
8 Pression
9 Noetigung, Verlangen
10 Erpressung, Kompulsion
zwanglos
4 frei
5 leger
6 locker
7 laessig
9 degagiert, entspannt
11 ungezwungen
zwangloser Unterhaltungsstil
10 Plauderton
Zwangsabgabe
4 Maut, Zoll
6 Steuer, Tribut
Zwangsankündigung
7 Drohung
9 Ultimatum
Zwangsanwendung
5 Druck
6 Gewalt, Terror
9 Noetigung
Zwangsarbeit
4 Fron
7 Katorga
Zwangsherrschaft
6 Terror
8 Diktatur, Tyrannei
Zwangsisolierung
11 Quarantaene
Zwangslage
3 Not
5 Krise
6 Klemme
7 Dilemma, Patsche
8 Notstand
9 Zwiespalt
11 Bedraengnis, Zwickmuehle
zwangsläufig
9 notwendig
13 unumgaenglich
Zwangsmaßnahme
6 Sperre, Strafe, Verbot
7 Boykott, Embargo
8 Blockade, Raeumung, Sanktion, Sperrung
9 Ultimatum
11 Repressalie
Zwangsverschickung
11 Deportation
Zwangsverwalter
9 Sequester
Zwangsvollstrecker
18 Gerichtsvollzieher
Zwangsvollstreckung
9 Exekution, Pfaendung
11 Eintreibung
13 Beschlagnahme, Versteigerung
Zwangsvorstellung
8 fixe Idee
9 Obsession
Zwanzigflächner
9 Ikosaeder
Zweck
4 Sinn, Ziel
5 Motiv
6 Nutzen
7 Absicht
8 Funktion
zweckbestimmt
5 final
11 intentional
zweckbestimmte Handlung
9 Massnahme
zweckdienlich
8 adaequat, geeignet
9 nuetzlich, praktisch
11 foerderlich
12 qualifiziert
Zwecke
5 Nagel, Pinne
10 Reissnagel
zweckmäßig
7 passend
8 opportun, sinnvoll, tauglich
9 praktisch, rationell
10 angemessen
11 funktionell, praktikabel
Zweckmäßigkeitsdenken
13 Opportunismus
zwecks
2 um
Zweckverband
4 Club
6 Verein
14 Genossenschaft

zwei
3 zwo
zwei ...
· **Dinge**
4 Paar
· **Menschen**
4 Paar
· **miteinander Vermählte**
7 Ehepaar
· **Musizierende**
3 Duo
· **Rheinzuflüsse**
3 Ill
· **Staaten in den USA**
6 Dakota
8 Carolina, Virginia
· **verlötete Metallbänder**
8 Bimetall
· **Vokale**
6 Hiatus
· **zusammengehörende Dinge**
4 Paar
Zwei- oder Dreijährige(r)
9 Kleinkind
Zweibeiner
6 Mensch
Zweiblatt
8 Orchidee
zweideutig
6 unklar
8 aequivok
11 schluepfrig
zweideutiger Witz
4 Zote
Zweideutigkeit
10 Amphibolie
11 Ambiguitaet
zweidimensionales Gebilde
7 Flaeche
Zweiergesang
3 Ono
5 Duett
Zweiergruppe
3 Duo
4 Paar
Zweiersystem
10 Dualsystem
12 Binaersystem
zweifach
7 doppelt
zweifaches Innenorgan
5 Niere
Zweifel
7 Skepsis, Skrupel
8 Bedenken
9 Vorbehalt
zweifelhaft
6 dubios, obskur
8 fraglich, unsicher
13 problematisch
zweifelhafter Ruf
4 Ruch
zweifellige indische Zylindertrommel
5 Cenda
zweifellos
6 gewiss, sicher
7 fraglos
10 unstreitig
zweifelnd
3 irr
zweifelnde Betrachtungsweise
7 Skepsis
Zweifingerfaultier
4 Unau
Zweifler
9 Skeptiker
zweiflügelige Tür
10 Doppeltuer
Zweifüßer
6 Bipede, Mensch
12 Menschenaffe
Zweig
3 Ast
4 Rute, Zain
5 Gerte
6 Sparte
7 Branche
9 Disziplin
Zweig ... (► auch Teil, ► Teilgebiet)
· *des* **Bauwesens**
6 Erdbau
7 Hochbau, Tiefbau
· *der* **bildenden Kunst**
7 Malerei
· *der* **Indogermanen**
5 Arier
· *der* **Landwirtschaft**
7 Imkerei, Obstbau
8 Ackerbau
9 Viehzucht
11 Getreidebau
· *der* **Mathematik**
9 Geometrie
· *der* **Naturwissenschaft**
6 Chemie, Physik
7 Botanik
8 Biologie, Zoologie
10 Astronomie
· *zur* **Neuzucht**
7 Ableger
· *der* **Physik**
10 Elektronik
· *der* **Textilindustrie**
7 Weberei
9 Spinnerei
· *des* **Weinstocks**
4 Rebe
Zweige gezielt kappen
16 zurueckschneiden
zweigeschlechtlich
8 zwittrig
9 bisexuell
16 hermaphroditisch
zweigesichtig
12 januskoepfig
Zweigespann
4 Biga
Zweiglein
4 Reis
zweigliedriger Ausdruck (Mathematik)
5 Binom
Zweigniederlassung
► Zweigstelle
Zweigstelle
7 Agentur, Filiale
10 Dependance, Vertretung
13 Niederlassung
zweihändiges Schwert
8 Flamberg
Zweiheitslehre
9 Dualismus
zweihenkliger ...
· **Tonkrug**
7 Amphora, Amphore
zweihöckriges Kamel
11 Trampeltier
zweijährig
7 biennal
zweijähriger Eber
12 Ueberlaeufer
zweijähriges Wildschwein
12 Ueberlaeufer
zweijährliche Veranstaltung
8 Biennale
Zweikampf
5 Duell
6 Mensur
Zweikampfhelfer
9 Sekundant

Zweikampfteilnehmer
8 Duellant
zweiköpfiger Bolzen
4 Niet
Zweikorn
5 Emmer
zweimastiges ...
· **Segelschiff**
5 Brigg
· **Sportsegelboot**
4 Yawl
zweipolig
7 bipolar
Zweipolröhre
5 Diode
Zweirad
4 Krad, Mofa, Velo
5 Moped, Vespa
6 Mokick, Roller, Tandem
7 Fahrrad
8 Motorrad
9 Veloziped
11 Motorroller
zweirädriger ...
· **Einspänner**
5 Sulky
7 Dogcart
· **Wagen**
5 Sulky
7 Rikscha
zweireihiger Mantel
6 Ulster
zweischneidiger Dolch
7 Stilett
zweiseitig
9 bilateral
zweisitziger Kraftwagen
5 Coupé
zweisitziges Fahrrad
6 Tandem
zweisprachig
9 bilingual
zweistellige ...
· **Zahl**
4 zehn
7 achtzig
8 neunzehn
zweistimmige ...
· **Musikdarbietung**
3 Duo
5 Duett
zweistöckige Wohnung im Hochhaus
10 Maisonette
Zweistromland
12 Mesopotamien
zweit(e, er, es) ...
· **Berichterstatter**
10 Koreferent
· **Buch Moses**
6 Exodus
· **deutscher Bundeskanzler**
6 Erhard
· **deutscher Bundespräsident**
6 Luebke
· **Fall der Deklination**
7 Genitiv
· **Flugzeugführer**
7 Kopilot
· **Frau Jakobs**
5 Rahel
· **griechischer Buchstabe**
4 Beta
· **Heu**
5 Grumt
7 Grummet
· **Präsident der USA**
5 Adams
· **Sohn Adams**
4 Abel
· **Sohn Noahs**
3 Ham
· **Vergangenheit**
7 Perfekt
Zweitausfertigung
5 Kopie
8 Duplikat
11 Durchschlag
zweiteilig(e, er, es) ...
· **Badeanzug**
6 Bikini
· **Gemälde**
9 Diptychon
· **Riemen im Pferdesport**
9 Martingal
Zweiteilung
10 Dichotomie
zweitgrößte ...
· **Insel der Erde**
9 Neuguinea
· **Stadt der USA**
11 Los Angeles
zweitlängster Fluss in Italien
5 Etsch
zweitrangig
9 sekundaer
14 nebensaechlich
Zweitschrift
► Zweitausfertigung
zweiunddreißigster US-Präsident
9 Roosevelt
zweiwertiger Alkohol
6 Glykol
Zweizahl
4 Dual
zweizählig
4 dual
Zweizehenfaultier
4 Unau
Zweizeiler
9 Distichon
Zwerchfell
10 Diaphragma
Zwerg
4 Gnom
5 Troll, Wicht
6 Knirps, Kobold
7 Wichtel
8 Erdgeist
9 Daeumling
10 Hutzelmann
11 Heinzelmann, Wichtelmann
Zwerg der Edda
5 Gloin
Zwergapfelsine
7 Satsuma
9 Mandarine
10 Klementine
Zwergbüffel
4 Anoa
Zwergenkönig
6 Laurin
8 Alberich
Zwergenland Gullivers
7 Liliput
Zwergfalke
6 Merlin
Zwerghirsch
4 Pudu
Zwerghollunder
6 Attich
Zwerghund
8 Pekinese
11 Rehpinscher
Zwerghunderasse
8 Malteser
Zwergkiefer
7 Latsche
8 Knieholz
9 Legfoehre

Zwergpalme
7 Palmito
Zwergschimpanse
6 Bonobo
Zwergstaat ...
· *in* **Europa**
6 Monaco
7 Andorra
10 San Marino
12 Vatikanstadt
13 Liechtenstein
Zwergvolk auf Malakka
6 Semang
Zwergvölker in Afrika
8 Pygmaeen
Zwergwuchs
8 Nanismus
10 Mikrosomie
Zwetschgenschnaps
9 Slibowitz, Sliwowitz
Zwickel
5 Gehre
Zwicker
6 Brille
7 Klemmer, Kneifer
8 Pincenez
Zwiebelart
7 Zipolle
9 Schalotte
Zwiebelgericht
9 Cipollata
12 Zwiebelsuppe
13 Zwiebelkuchen
Zwiebelgewächs
4 Iris
5 Bolle, Lauch, Lilie, Tulpe
6 Porree
8 Gladiole, Narzisse
9 Hyazinthe, Knoblauch
10 Montbretia
11 Perlzwiebel
12 Schnittlauch, Schwertlilie
14 Herbstzeitlose
16 Schneegloeckchen
Zwiegesang
3 Duo
5 Duett
Zwiegespräch
6 Dialog
9 Tete-a-Tete
Zwielaut
9 Diphthong
10 Doppellaut
Zwielicht
8 Schummer
10 Daemmerung, Halbdunkel
zwielichtig
7 suspekt
zwielichtige Angelegenheit
7 Affaere
Zwiespalt
5 Hader, Zwist
8 Konflikt
10 Diskrepanz
11 Widerstreit
zwiespältig
7 uneinig
Zwietracht
4 Zank
5 Fehde, Hader, Krieg, Zwist
6 Disput, Streit
7 Krakeel
8 Konflikt
9 Differenz, Gegensatz, Unfrieden
10 Diskrepanz
11 Animositaet, Disharmonie, Feindschaft, Uneinigkeit
Zwillich
5 Drell
6 Leinen
Zwillinge der griechischen Sage
9 Dioskuren
Zwillingsbruder von ...
· **Castor**
6 Pollux
· **Esau**
5 Jakob
· **Jakob**
4 Esau
· **Kastor**
6 Pollux
· **Pollux**
6 Castor, Kastor
· **Remus**
7 Romulus
· **Romulus**
5 Remus
zwingen
8 noetigen
zwingend
9 notwendig, stringent
13 obligatorisch, unumgaenglich
Zwinger
6 Gehege, Kaefig
Zwingherr
6 Despot, Tyrann
Zwirn
4 Garn
5 Faden
Zwirn aus verschiedenen Garnen
7 Mouline
zwischen
8 inmitten
zwischen den Gezeiten
4 Stau
Zwischenfall
8 Ereignis, Stoerung
10 Intermezzo
13 Unterbrechung
Zwischenfeld in der Baukunst
6 Metope
Zwischengericht
9 Entremets
Zwischengeschoss
8 Entresol, Mezzanin
Zwischenhandlung
7 Episode
Zwischenherrschaft
11 Interregnum
Zwischenknorpel im Kniegelenk
8 Meniskus
Zwischenlösung
10 Kompromiss
Zwischenmahlzeit
5 Jause
6 Imbiss, Vesper
8 Brotzeit
Zwischenmusik
10 Intermezzo
Zwischenraum
5 Spalt
6 Luecke, Spanne
7 Abstand, Spatium
9 Intervall
Zwischenregierung
11 Interregnum
Zwischenrippe in Kreuzgewölben
6 Lierne
Zwischenrippenstück
8 Kotelett
Zwischenspiel
7 Episode
8 Entreakt
10 Intermezzo

zwischenstaatlich
9 bilateral
12 multilateral
13 international
Zwischenträger
7 Mittler
10 Denunziant
11 Mittelsmann
Zwischenzeit
7 Interim
zwischenzeitlich
10 vorlaeufig, zeitweilig
12 provisorisch
14 voruebergehend
Zwist
4 Zank
5 Fehde, Hader
6 Streit
8 Konflikt, Unfriede
10 Zwietracht
Zwitter
12 Hermaphrodit
zwitterhaft
6 hybrid
8 androgyn
16 hermaphroditisch
Zwölf
7 Dutzend
zwölf Dutzend
4 Gros
Zwölfender
10 Zeitsoldat
Zwölffingerdarm
8 Duodenum
Zwölfflächner
10 Dodekaeder
Zyanwasserstoff
10 Blausaeure
Zykladeninsel ▶ Kykladeninsel
Zyklon
11 Wirbelsturm
Zyklone
15 Tiefdruckgebiet
Zyklonose
17 Wetterfuehligkeit
Zyklop
8 Polyphem
Zyklus
5 Folge, Kreis, Serie
6 Kursus, Umlauf
7 Periode
9 Kreislauf
12 Menstruation
Zylinder
3 Hut
5 Rolle, Walze
zylinderförmiger ...
· **Körper**
5 Rolle, Walze
Zylinderhut
13 Chapeau claque
zylindrisches ...
· **Apothekergefäß**
9 Albarello
· **Gefäß mit Henkel**
5 Eimer
Zymbal
12 Glockenspiel
Zyniker
8 Spoetter
zynisch
10 spoettisch
Zypressengewächs
5 Thuja
zypriotischer Staatsmann
8 Makarios
Zytologie
11 Zellenlehre
Zytosom
5 Zelle
11 Zellkoerper